형법판례시리즈1 (2010년 1월~2014년 6월 대법원 판례 모음)

원문으로 배우는

형법판례

이 수 현

읽기만 해도 이론과 판례가
한 번에 정리되는 형법판례 총정리

비앤엠북스

이 책의 소개

1. 이 책은 2010년 1월~2014년 6월까지 중요 대법원 판례를 수록하였습니다.
2. 사법시험, 변호사시험, 법원행정고시 기출 판례를 반영하였습니다.
3. 경찰간부, 경찰승진, 경찰채용, 7·9급 검찰직 기출 판례를 반영하였습니다.

이 책의 사용법

1. 판시 사항과 판결 요지를 중심으로 정독합니다.
2. 판시 사항과 판결 요지만으로 내용파악이 쉽지 않거나 사실관계를 파악하고자 할 경우에는 판결전문을 정독합니다.
3. 판시 사항에 '적극', '소극'이라는 표현은 판시 사항의 논점에 대하여 '적극'은 긍정의 의미로, '소극'은 부정의 의미로 이해하면 됩니다.

머 리 말

형법을 처음 접하는 수험생은 형법 이론의 난해함과 복잡한 학설에 매우 당혹합니다. 그리고 인내심을 가지고 책을 읽다가도 어느 순간 한계를 느끼면 형법 공부를 부담스러워하곤 합니다. 이처럼 형법이라는 과목이 쉽지 않은 것은 사실이나, 그렇다고 하여 실망하거나 좌절할 필요는 없습니다. 왜냐하면 형법 공부를 처음 하는 사람은 누구나 그런 어려움을 느끼기 때문입니다.

형법은 정직한 과목입니다. 시간을 투입한 만큼 점수가 산출되는 과목이라는 점에서 말입니다.

최근 형법 시험의 두드러진 경향은 판례가 집중적으로 출제되고 있다는 것입니다. 이론과 판례의 비중이 시험의 종류별로 조금씩 차이가 있기는 하나 사법시험 등 5급 공채시험의 경우에는 판례에 이론을 가미하는 형태로 출제가 되고 있어 형법 이론의 숙지에도 노력을 하여야 하지만, 경찰직을 비롯한 7 · 9급 공채시험의 경우 판례 문제가 90% 이상을 차지한다고 해도 과언은 아닐 것입니다.

시중에 많은 형법판례 교재들이 출간되고 있습니다만 판례의 핵심적인 내용만을 소개하다보니 수험생의 입장에서는 읽어도 내용이 파악이 되지 않는 경우가 허다한 것이 사실입니다.

이 책은 수험생들의 그러한 어려움을 조금이나마 해소해주고자 형법판례집으로서는 처음으로 중요 판례들을 선정하여 판례 원문을 소개하였습니다. 판례 원문의 중요 부분을 밑줄 등으로 표시해두었기 때문에 속도감 있게 읽으면서 쉽게 이해할 수 있을 것이라고 기대합니다. 또한 죄명 또는 이론별로 구분해 놓은 기존의 교재와 달리 연도별로 수록하여 형법 이론의 반복학습 효과를 누릴 수 있습니다.

수험생 여러분!

여러분이 인생을 살아가면서 1등 또는 어느 시험이든 합격을 3번만 한다면, 여러분의 인생은 여러분이 생각한 것보다 훨씬 더 아름답게 바뀔 것입니다. 목표를 향해 남들보다 조금 느리고 뒤처지더라도 꾸준히 준비한다면 반드시 성취하리라 믿습니다. 이 책이 그런 여러분의 노력에 보탬이 되기를 기원합니다.

2014년 7월 31일

이 수 현

목 차

2014년 대법원 판례 모음

2013년 대법원 판례 모음

2012년 대법원 판례 모음

2011년 대법원 판례 모음

2010년 대법원 판례 모음

2014년
대법원 판례 모음

대법원 2014.5.22. 선고 2012도7190 전원합의체 판결

【도시및주거환경정비법위반】

판시사항

1 구 도시 및 주거환경정비법 제85조 제5호 위반죄 또는 제86조 제6호 위반죄의 주체로 규정된 '조합의 임원' 또는 '조합임원'의 의미 및 조합설립인가처분이 무효여서 처음부터 같은 법 제13조에서 정한 조합이 성립되었다고 할 수 없는 경우, 그 성립되지 아니한 조합의 조합장, 이사 또는 감사로 선임된 자가 위 '조합의 임원' 또는 '조합임원'에 해당하는지 여부(소극)

2 주택재개발정비사업조합의 임원이었던 피고인들이 공모하여, 총회의 결의 없이 철거감리업체를 선정하거나 정비사업 시행과 관련한 자료 등을 공개하지 아니하였다고 하여 구 도시 및 주거환경정비법 위반으로 기소된 사안에서, 위 조합에 대한 조합설립인가처분이 무효여서 처음부터 조합이 성립되었다 할 수 없으므로, 피고인들은 같은 법 제85조 제5호, 제24조 제3항 제5호 및 제86조 제6호, 제81조 제1항의 각 위반행위에 대한 주체가 될 수 없다고 한 사례

판결요지

1 [다수의견]

(가) 구 도시 및 주거환경정비법(2012. 2. 1. 법률 제11293호로 개정되기 전의 것, 이하 '구 도시정비법'이라 한다) 제8조 제1항, 제13조, 제20조 제1항 제5호, 제21조 제1항, 제85조 제5호, 제86조 제6호를 종합하여 보면, 구 도시정비법 제85조 제5호 위반죄 또는 제86조 제6호 위반죄는 각 규정에서 정한 행위자만이 주체가 될 수 있고, 여기에서 그 주체로 규정된 '조합의 임원' 또는 '조합임원'이란 구 도시정비법 제13조에 따라 정비사업을 시행하기 위하여 토지등소유자로 구성되어 설립된 조합이 구 도시정비법 제21조에 따라 둔 조합장, 이사, 감사의 지위에 있는 자이다.

(나) 구 도시정비법 제18조에 의하면 토지등소유자로 구성되어 정비사업을 시행하려는 조합은 제13조 내지 제17조를 비롯한 관계 법령에서 정한 요건과 절차를 갖추어 조합설립인가처분을 받은 후에 등기함으로써 성립하며, 그때 비로소 관할 행정청의 감독 아래 정비구역 안에서 정비사업을 시행하는 행정주체로서의 지위가 인정된다. 여기서 행정청의 조합설립인가처분은 조합에 정비사업을 시행할 수 있는 권한을 갖는 행정주체(공법인)로서의 지위를 부여하는 일종의 설권적 처분의 성격을 가진다. 따라서 토지등소유자로 구성되는 조합이 그 설립과정에서 조합설립인가처분을 받지 아니하였거나 설령 이를 받았다 하더라도 처음부터 조합설립인가처분으로서 효력이 없는 경우에는, 구 도시정비법 제13조에 의하여 정비사업을 시행할 수 있는 권한을 가지는 행정주체인 공법인으로서의 조합이 성립되었다 할 수 없고, 또한 이러한 조합의 조합장, 이사, 감사로 선임된 자 역시 구 도시정비법에서 정한 조합의 임원이라 할 수 없다.

이러한 법률 규정과 법리에 비추어 보면, 정비사업을 시행하려는 어떤 조합이 조합설립인가처분을 받았다 하더라도 그 조합설립인가처분이 무효여서 처음부터 구 도시정비법 제13조에서 정한 조합이 성립되었다고 할 수 없는 경우에, 그 성립되지 아니한 조합의 조합장, 이사 또는 감사로 선임된 자는 구 도시정비법 제85조 제5호 위반죄 또는 제86조 제6호 위반죄의 주체인 '조합의 임원' 또는 '조합임원'에 해당하지 아니한다고 해석함이 타당하며, 따라서 그러한 자의 행위에 대하여는 구 도시정비법 제85조 제5호 위반죄 또는 제86조 제6호 위반죄로 처벌할 수 없다.

[대법관 신영철, 대법관 고영한, 대법관 김창석, 대법관 김신의 반대의견]

(가) 구 도시 및 주거환경정비법(2012. 2. 1. 법률 제11293호로 개정되기 전의 것) 제24조 제3항, 제

81조 제1항, 제84조, 제85조 제5호, 제86조 제6호를 살펴보면, 조합원 등과 조합의 법적 이익이 정당하게 보호될 수 있기 위해서는 조합의 최종적인 운명에 관계없이 조합설립인가의 시점부터 조합이 공법상의 지위를 상실하는 확정적인 판단을 받는 시점까지, 또는 목적달성으로 그 지위가 소멸되는 시점까지 조합임원에 대한 법적 명령이나 금지가 유효하게 존재한다고 보아야 한다. 왜냐하면, 위 규정들은 조합설립인가처분에 의하여 법적 실체를 갖게 된 조합이 투명하고 공정하게 운영되도록 하기 위한 목적에서 생겨난 것이기 때문이다.

(나) 조합임원이 총회의 의결을 거쳐야 하는 사항임에도 총회의 의결을 거치지 아니하고 그에 관한 사업을 임의로 추진하였다면 그 시점에서 범죄가 성립된다. 그리고 조합임원이 정비사업 시행과 관련한 서류 및 자료를 인터넷과 그 밖의 방법을 병행하여 공개하지 아니하거나 조합원 또는 토지등소유자의 열람·등사 요청에 응하지 아니하였다면 그 시점에서 범죄가 성립된다. 또한, 조합임원이 시공자 등으로부터 금품을 수수하였다면 그 시점에서 범죄가 성립된다.

위 각 행위 시점에서 그 행위자가 객관적으로 조합임원이었고 자신이 조합임원이라는 사실을 분명하게 인식한 상태에서 조합임원에게 주어진 법적 명령이나 금지를 위반한 이상 그 행위 당시의 형벌규정에 의하여 처벌되는 것은 당연하다. 이 점은 범죄가 성립된 시점 이후에 조합설립인가처분 무효확인 또는 취소의 판결이 확정되었다 하더라도 마찬가지이다. 그리고 이러한 결과는 죄형법정주의를 위반하는 것이라고 할 수도 없다. 범죄행위가 기수에 이른 시점 이후에 생겨난 조합설립인가처분 무효 또는 취소라는 사정을 반영하여 이미 성립된 범죄를 그에 관한 재판의 시점에서 달리 평가할 수 있느냐 하는 문제는 죄형법정주의와는 차원을 달리하는 별개의 문제이기 때문이다.

[2] 주택재개발정비사업조합의 임원이었던 피고인들이 공모하여, 총회의 결의 없이 철거감리업체를 선정하거나 정비사업 시행과 관련한 자료 등을 공개하지 아니하였다고 하여 구 도시 및 주거환경정비법(2012. 2. 1. 법률 제11293호로 개정되기 전의 것, 이하 '구 도시정비법'이라 한다) 위반으로 기소된 사안에서, 위 조합에 대한 조합설립인가처분이 무효여서 처음부터 구 도시정비법 제13조에서 정한 조합이 성립되었다 할 수 없으므로, 피고인들은 구 도시정비법 제85조 제5호, 제24조 제3항 제5호 및 제86조 제6호, 제81조 제1항의 각 위반행위에 대한 주체가 될 수 없고, 피고인들이 위 각 위반행위를 하였더라도 위 각 규정 위반죄로 처벌할 수 없다고 한 사례.

전 문

피 고 인 피고인 1 외 1인

상 고 인 피고인들

변 호 인 변호사

원심판결 서울북부지법 2012. 5. 23. 선고 2011노1618 판결

주 문 원심판결을 파기하고, 사건을 서울북부지방법원 합의부에 환송한다.

이 유

1. 가. 구 도시 및 주거환경정비법(2012. 2. 1. 법률 제11293호로 개정되기 전의 것, 이하 '구 도시정비법'이라 한다) 제85조 제5호는 제24조 제3항 제5호에 따라 총회의 의결을 거치지 아니하고 예산으로 정한 사항 외에 조합원의 부담이 될 계약을 임의로 추진하는 '조합의 임원'을 처벌하고, 제86조 제6호는 제81조 제1항을 위반하여 정비사업시행과 관련한 서류 및 자료에 관한 조합원의 열람·등사 요청에 응하지 아니하는 '조합임원'(도시환경정비사업을 토지등소유자가 단독으로 시행하는 경우 그 대표자)을 처벌하는 것으로 각 규정하고 있다.

그리고 구 도시정비법 제8조 제1항은 주택재개발사업을 시행할 수 있는 시행자로서 위 조항 이하에서 말하는 '조합'이란 '제13조의 규정에 의한 조합'을 의미한다고 하면서, 제13조에서 정비사업을 시행하기 위하여 토지등소유자로 구성되는 조합의 설립 요건 및 절차 등에 관하여 정하고 있다. 또한, 구 도시정비법 제20조 제1항 제5호는 위 조항 이하에서 말하는 '조합임원'이란 '제21조의 규정에 의한 조합의 임원'을 각 의미한다

고 하면서, 제21조 제1항에서 조합은 그 임원으로 조합장 1인, 이사, 감사를 둔다고 규정하고 있다.

위 규정들을 종합하여 보면, 구 도시정비법 제85조 제5호 위반죄 또는 제86조 제6호 위반죄는 각 규정에서 정한 행위자만이 주체가 될 수 있고, 여기에서 그 주체로 규정된 '조합의 임원' 또는 '조합임원'이란 구 도시정비법 제13조에 따라 정비사업을 시행하기 위하여 토지등소유자로 구성되어 설립된 조합이 구 도시정비법 제21조에 따라 둔 조합장, 이사, 감사의 지위에 있는 자라 할 것이다.

나. 그런데 구 도시정비법 제18조에 의하면 토지등소유자로 구성되어 정비사업을 시행하려는 조합은 제13조 내지 제17조를 비롯한 관계 법령에서 정한 요건과 절차를 갖추어 조합설립인가처분을 받은 후에 등기함으로써 성립하며, 그때 비로소 관할 행정청의 감독 아래 정비구역 안에서 정비사업을 시행하는 행정주체로서의 지위가 인정된다. 여기서 행정청의 조합설립인가처분은 조합에 정비사업을 시행할 수 있는 권한을 갖는 행정주체(공법인)로서의 지위를 부여하는 일종의 설권적 처분의 성격을 가진다(대법원 2009. 9. 24. 선고 2008다60568 판결, 대법원 2010. 1. 28. 선고 2009두4845 판결 등 참조). 따라서 토지등소유자로 구성되는 조합이 그 설립과정에서 조합설립인가처분을 받지 아니하였거나 설령 이를 받았다 하더라도 처음부터 조합설립인가처분으로서 효력이 없는 경우에는, 구 도시정비법 제13조에 의하여 정비사업을 시행할 수 있는 권한을 가지는 행정주체인 공법인으로서의 조합이 성립되었다 할 수 없고(대법원 2012. 3. 29. 선고 2008다95885 판결, 대법원 2012. 11. 29. 선고 2011두518 판결 등 참조), 또한 이러한 조합의 조합장, 이사, 감사로 선임된 자 역시 구 도시정비법에서 정한 조합의 임원이라 할 수 없다.

이러한 법률 규정과 법리에 비추어 보면, 정비사업을 시행하려는 어떤 조합이 조합설립인가처분을 받았다 하더라도 그 조합설립인가처분이 무효여서 처음부터 구 도시정비법 제13조에서 정한 조합이 성립되었다고 할 수 없는 경우에, 그 성립되지 아니한 조합의 조합장, 이사 또는 감사로 선임된 자는 구 도시정비법 제85조 제5호 위반죄 또는 제86조 제6호 위반죄의 주체인 '조합의 임원' 또는 '조합임원'에 해당하지 아니한다고 해석함이 타당하며, 따라서 그러한 자의 행위에 대하여는 구 도시정비법 제85조 제5호 위반죄 또는 제86조 제6호 위반죄로 처벌할 수 없다 할 것이다.

2. 기록에 의하면 다음과 같은 사실들을 알 수 있다.

가. 이 사건 공소사실의 요지는, ○○○○○주택재개발정비사업조합(이하 '이 사건 조합'이라 한다)의 조합장이었던 피고인 1과 이 사건 조합의 총무이사였던 피고인 2는 공모하여, ① 2009. 12. 16. 조합총회의 결의 없이 철거감리업체인 △△건축사무소를 선정하고, ② 2009. 1. 28. 조합원 공소외 1이 조합과 관련된 사건의 변호사 비용을 공개하여 달라고 신청하였으나 이를 거절하고, ③ 2011. 1. 18. 조합원 공소외 2, 3이 △△건축사무소 선정에 따른 선정일자와 선정방법에 관한 자료, 감리비 지급내역, 철거비 지급내역, 석면관련 지급내역을 공개하여 달라고 신청하였으나 이를 거절함으로써, 구 도시정비법 제85조 제5호, 제24조 제3항 제5호 및 제86조 제6호, 제81조 제1항을 위반하였다는 것이다.

나. 그런데 이 사건 조합의 조합원들인 공소외 1, 4는 서울특별시 동대문구청장을 피고로 하여 서울행정법원 2009구합44478 사건으로 "피고가 2006. 10. 24. 이 사건 조합에 대하여 한 조합설립인가처분이 무효임을 확인한다"는 판결을 구하는 소송을 제기하여 2010. 6. 25. 이 사건 조합에 대한 조합설립인가처분 무효확인판결이 선고되었고, 그 후 2011. 2. 17. 서울고등법원 2010누23011 사건에서 항소가 기각되고 2013. 5. 24. 대법원 2011두7656 사건에서 상고가 기각됨에 따라 위 판결이 확정되었다.

3. 위와 같은 사실관계를 앞서 본 법리에 비추어 보면, 이 사건 조합에 대한 조합설립인가처분이 무효여서 처음부터 구 도시정비법 제13조에서 정한 조합이 성립되었다 할 수 없으므로, 이 사건 조합의 조합장 및 총무이사로 선임된 피고인들은 이 사건 공소사실에 기재된 구 도시정비법 제85조 제5호, 제24조 제3항 제5호 및 제86조 제6호, 제81조 제1항의 각 위반행위에 대한 주체가 될 수 없고, 설령 피고인들이 위 각 위반행위를 하였다고 하더라도 피고인들을 위 각 규정 위반죄로 처벌할 수는 없다.

따라서 피고인들이 이 사건 각 공소사실 기재 각 구 도시정비법 위반행위를 하였는지 등에 관한 상고이유에 대하여 더 나아가 살펴볼 필요 없이, 피고인들이 위 각 위반행위의 주체에 해당함을 전제로 하여 이 사건 구 도시정비법 위반의 각 공소사실을 유죄로 인정한 원심판결에는 구 도시정비법 제85조 제5호 위반죄 및 제86조 제6호 위반죄에 관한 법리를 오해하여 판결에 영향을 미친 위법이 있다 할 것이다.

4. 그러므로 원심판결을 파기하고, 사건을 다시 심리·판단하게 하기 위하여 원심법원에 환송하기로 하여 주문과 같이 판결한다. 이 판결에는 대법관 신영철, 대법관 고영한, 대법관 김창석, 대법관 김신의 반대의견이 있는 외에는 관여 법관의 의견이 일치하였고, 다수의견에 대한 대법관 이인복, 대법관 이상훈, 대법관 김용덕의 보충의견과 반대의견에 대한 대법관 김창석의 보충의견이 있다.

5. 대법관 신영철, 대법관 고영한, 대법관 김창석, 대법관 김신의 반대의견은 다음과 같다.

가. 다수의견은 조합설립인가처분 무효확인판결이 확정되는 경우만을 전제로 하여 의견을 밝히고 있으나, 조합설

립인가처분 취소판결이 확정되는 경우 그 조합설립인가처분은 처분 당시로 소급하여 효력을 상실한다고 보아야 한다는 점에서 이 경우에도 마찬가지 의견을 갖고 있다고 보이므로, 두 경우를 모두 포함하여 살펴본다.

다수의견에 의하면, 조합이 설립인가처분을 받아 정비사업을 시행하다가 그 설립인가처분이 무효나 취소로 확정되는 경우 그 설립인가처분은 당초부터 없었던 것과 같은 결과가 되고, 따라서 조합임원이 구 도시정비법 제24조 제3항이나 제81조 제1항에 의하여 부과된 의무를 이행하지 아니하여 그 행위가 이미 범죄로 성립되었다 하더라도 종래 조합임원에게 부과되었던 의무는 더 이상 유효하게 존재하였다고 볼 수 없으며, 그 결과 이미 범죄로 성립되었던 위 각 규정의 위반행위가 소급하여 범죄가 되지 아니한다는 것이다. 또한, 조합임원이 시공자로부터 금품을 수수함으로써 이미 뇌물수수죄가 성립된 경우라도 소급하여 뇌물수수죄의 성립이 부정된다는 것이다.

이 같은 해석은, 법익보호의 기능을 수행하는 형법(이하 특별형법을 포함하는 의미에서 사용한다)의 관련 조항을 부분적으로 사문화시킴으로써 그 기능을 중대하게 훼손하고, 동시에 행위 시점에서의 범죄의 성립과 처벌이 확정적인 것이 아니라 유동적인 것이 되게 함으로써 행위규범으로서의 형법의 본질 또한 명백하게 훼손한다. 이는 형법이 갖는 독자적 성격과 기능을 도외시한 채 공법이론을 형법의 해석에 무분별하게 투영시킨 결과이다.

나. 조합설립인가처분에 무효 또는 취소사유가 존재함에도 아무도 그 법적 효력을 부정하지 아니하면 그 조합설립인가처분은 실체가 있는 행정처분으로 작용하면서 그에 기초한 공법질서를 형성하게 된다. 또한, 그렇게 형성된 공법질서는 공법상의 실체를 갖는다는 점도 분명하다. 마찬가지로 조합설립인가처분 무효확인 또는 취소의 확정적 판단을 받았다 하더라도 그 판단 시점 이전에는 그 조합설립인가처분은 실체가 있는 행정처분으로 작용하면서 그에 기초한 공법질서를 형성하고 그렇게 형성된 공법질서는 공법상의 실체를 갖는다는 점도 분명하다.

위와 같은 각 경우에 실체를 갖고 존재하였던 공법질서에 대하여 공법적 보호가 어느 정도 범위에서 주어질 수 있느냐 하는 점과는 별도로, 실체를 갖고 존재하였던 공법질서에 대하여 형법적 보호는 주어질 수 있다. 형법은 그 규범목적에 따라 사법이나 공법의 효력과 일치시키지 아니하고 형법적 보호를 부여할 수 있기 때문이다.

그럼에도 다수의견은, 조합설립인가처분이 판결에 의하여 취소되거나 무효로 확인된 경우에는 조합설립인가처분은 처분 당시로 소급하여 효력을 상실하고 이에 따라 당해 조합 역시 조합설립인가처분 당시로 소급하여 도시정비법상 정비사업을 시행할 수 있는 행정주체인 공법인으로서의 지위를 상실한다(대법원 2012. 11. 29. 선고 2011두518 판결 등 참조)는 공법상의 논리를 형법의 해석에 그대로 받아들인 다음, 조합이 공법인으로서의 지위를 소급하여 상실한 이상 조합임원 또한 그 지위를 소급하여 상실한다고 전제한 후, 조합임원으로서의 지위를 상실한 자에 대하여 조합임원임을 전제로 한 형벌규정을 적용할 수 없다고 해석한다.

이러한 해석에 관하여는 다음과 같은 의문이 제기될 수 있다. 조합설립인가처분에 무효사유가 존재함에도 아무도 그 무효사유를 주장하지 아니함으로써 정비사업이 진행되어 준공인가를 받은 후 목적의 달성으로 조합이 소멸한 경우 그 조합은 처음부터 없었던 것이고 그 조합의 임원이라는 지위도 처음부터 없었던 것으로 보아야 하는 것인가? 이 같은 경우 위 각 규정위반이나 뇌물수수에 관한 수사절차 또는 형사재판에서 조합설립인가처분의 무효가 주장된다면 수사기관 또는 법원은 무효사유가 존재하는지 여부를 수사 또는 심리하여야 하고, 무효사유가 인정된다면 위 각 규정위반이나 뇌물수수의 죄에 대하여 수사기관은 불기소처분을 하여야 하고, 법원은 무죄의 선고를 하여야 하는 것인가? 무효사유의 주장은 불복기간에 제한을 받지 않으며 반드시 행정소송의 방법으로 하여야 하는 것도 아니고 행정소송 이외의 다른 소송의 선결문제로도 주장될 수 있기 때문에 제기될 수 있는 의문이다. 나아가 조합임원의 위 각 규정위반이나 뇌물수수의 죄가 유죄로 확정된 후에 조합설립인가처분 무효확인 또는 취소의 판결이 확정되면 재심의 사유가 되는가? 만약 재심이 가능하다면 피고인이 구금을 당하였거나 형 집행을 받은 경우 재심절차에서 무죄가 선고된 후 형사보상도 허용하여야 할 것인데, 이는 불가피한 것으로 받아들여야 하는가? 이러한 의문들은 행정처분 무효의 개념이 다수의견이 생각하는 것처럼 형법의 적용이나 해석의 영역에서도 예외 없이 관철될 수 있는 것이 아님을 시사한다고 할 수 있다.

형법은 법익을 보호하는 기능, 자유를 보장하는 기능과 행위규범 및 재판규범으로서의 기능을 갖고 있다. 형법의 해석에 의문이 제기되는 경우 그에 대한 해결의 열쇠는 이 같은 형법의 기능에 비추어 찾는 것이 올바른 길이라고 생각된다.

다. 다수의견에 의한 해석은 형법의 법익보호 기능을 근본적으로 부정하고 있다고 할 수 있다.

1) 구 도시정비법 제24조 제3항은 정관의 변경, 자금의 차입과 그 방법·이율 및 상환방법, 제61조의 규정에 의한 비용의 금액 및 징수방법, 정비사업비의 사용, 예산으로 정한 사항 외에 조합원의 부담이 될 계약, 시공자·설

계자 또는 감정평가업자의 선정 및 변경, 정비사업전문관리업자의 선정 및 변경, 조합임원의 선임 및 해임, 정비사업비의 조합원별 분담내역, 사업시행계획서의 수립 및 변경, 관리처분계획의 수립 및 변경, 청산금의 징수·지급과 조합 해산시의 회계보고, 그 밖에 조합원에게 경제적 부담을 주는 사항 등 주요한 사항을 결정하기 위하여 필요한 사항으로서 대통령령 또는 정관이 정하는 사항은 총회의 의결을 거쳐야 한다고 규정하고 있다. 한편 구 도시정비법 제85조 제5호는 제24조의 규정에 의한 총회의 의결을 거치지 아니하고 동조 제3항이 정한 사업을 임의로 추진하는 조합의 임원은 2년 이하의 징역 또는 2천만 원 이하의 벌금에 처한다고 규정하고 있다. 이는 조합원들의 권리·의무에 직접적인 영향을 미치는 사항에 대하여 조합원들의 의사가 반영될 수 있도록 절차적 보장을 하기 위한 것이다(대법원 2010. 6. 24. 선고 2009도14296 판결 등 참조).

그리고 구 도시정비법 제81조 제1항은 조합임원은 정비사업시행에 관하여 추진위원회 운영규정 및 정관 등, 설계자·시공자·철거업자 및 정비사업전문관리업자 등 용역업체의 선정계약서, 추진위원회·주민총회·조합총회 및 조합의 이사회·대의원회의 의사록, 사업시행계획서, 관리처분계획서, 해당 정비사업의 시행에 관한 공문서, 회계감사보고서, 그 밖에 정비사업시행에 관하여 대통령령으로 정하는 서류 및 관련 자료를 조합원·토지등소유자 또는 세입자가 알 수 있도록 인터넷과 그 밖의 방법을 병행하여 공개하여야 하며, 조합원 또는 토지등소유자의 열람·등사 요청이 있는 경우 즉시 이에 응하여야 한다고 규정하고 있다. 한편 구 도시정비법 제86조 제6호는 제81조 제1항을 위반하여 정비사업시행과 관련한 서류 및 자료를 인터넷과 그 밖의 방법을 병행하여 공개하지 아니하거나 조합원 또는 토지등소유자의 열람·등사 요청에 응하지 아니하는 조합임원은 1년 이하의 징역 또는 1천만 원 이하의 벌금에 처한다고 규정하고 있다. 조합임원은 조합을 대표하면서 막대한 사업자금을 운영하는 등 각종 권한을 가지고 있기 때문에 조합임원과 건설사간 유착으로 인한 비리가 발생할 소지가 크고, 도시정비법상 정비사업과 관련된 비리는 공사비 증액, 불평등한 계약체결 등과 같이 그 조합 및 조합원의 피해로 직결되어 지역사회 및 국가 전체에 미치는 병폐도 크므로, 정비사업의 투명성·공공성을 확보하기 위하여서는 정비사업의 시행과 관련된 서류 및 자료의 공개가 필요하다. 또한, 조합원이 적시에 정비사업의 시행과 관련된 서류 및 자료를 열람·등사할 수 있도록 하기 위하여서는 직·간접적으로 정비사업시행과 관련된 업무를 수행하고 있는 조합임원 모두에게 정비사업의 시행과 관련된 서류 및 자료의 공개의무를 부과하고 그 요청에 불응하는 조합임원에게 제재를 가하는 것이 필요하다(헌법재판소 2011. 4. 28. 선고 2009헌바90 결정 등 참조). 이러한 이유에서 위와 같은 형벌규정이 생겨난 것이다.

나아가 조합임원에게 생겨날 수 있는 위와 같은 비리를 예방하기 위하여, 구 도시정비법 제84조는 형법 제129조 내지 제132조의 적용에 있어서 조합임원을 공무원으로 본다고 규정함으로써, 조합임원이 시공자 등으로부터 금품을 수수할 경우 뇌물죄로 처벌하도록 하고 있다.

2) 위에서 본 규정들을 살펴보면, 조합원 등과 조합의 법적 이익이 정당하게 보호될 수 있기 위해서는 조합의 최종적인 운명에 관계없이 조합설립인가의 시점부터 조합이 공법상의 지위를 상실하는 확정적인 판단을 받는 시점까지, 또는 목적달성으로 그 지위가 소멸되는 시점까지 위와 같은 조합임원에 대한 법적 명령이나 금지가 유효하게 존재한다고 보아야 한다. 왜냐하면, 위 규정들은 조합설립인가처분에 의하여 법적 실체를 갖게 된 조합이 투명하고 공정하게 운영되도록 하기 위한 목적에서 생겨난 것이기 때문이다.

조합설립인가처분 무효확인 또는 취소의 판결이 확정된 조합에 있어서는 더 이상 위와 같은 규정들에 의하여 조합원 등과 조합의 법적 이익이 보호되어야 할 필요성이 없다는 점이 긍정된다면 다수의견과 같이 해석하여도 무방할 것이다. 그러나 실제로 조합원 등에 의하여 조합설립인가처분 무효확인 또는 취소의 소송이 제기되는 조합이 그렇지 아니한 조합보다 조합의 설립이나 운영에 더 많은 문제를 갖고 있다고 할 수 있고, 그러한 경우에 조합원 등과 조합의 법적 이익을 보호하는 방패 역할을 하는 규범이 바로 위에서 살펴본 형벌규정들이다. 다수의견의 해석에 따른다면, 별다른 문제가 없는 조합의 임원에 대하여는 위 형벌규정들이 적용되는 반면, 문제가 많은 조합의 임원에 대하여는 위 형벌규정들이 적용되지 않는다는 결과가 될 수 있다.

예컨대, 조합에 중대한 문제점이 있다는 점을 알게 된 조합원이 조합임원에게 구 도시정비법 제81조 제1항에 의하여 관련 자료의 공개나 열람·등사를 요청하였음에도 조합임원이 그 같은 문제점이 드러날 것을 우려하여 이에 응하지 아니함으로써 처벌을 받을 사정에 놓이게 되었는데, 그 후 그 조합에 대하여 설립인가처분 무효확인 또는 취소의 판결이 확정되는 경우 다수의견에 의하면 그 조합임원은 처벌할 수 없게 된다. 이 사건이 그러한 경우에 해당하는 것으로 보인다. 정작 관련 자료의 공개나 열람·등사가 긴요한 상황에서 행하여진 가벌적인 행위가 처벌 밖에 놓이게 되는 것이다. 또한, 조합임원이 시공사와 유착하여 도시정비사업을 무리하게 진행하고자 조합설립인가에 필요한 동의율 충족을 위한 동의서 조작 등의 행위를 통하여 조합설립인가를 받은 다음 시공사로부터 뇌물을 수수하였는데, 그 후에 뇌물수수로 처벌받게 될 사정에 이르자 조합설립인가처분이 동의율 미달로 무효이거나 취소되어야 한다고 주장하여 그 주장이 받아들여지는 경우 다수의견에 의하면 그 조합임원은 처벌할 수 없게 된다. 처벌이 더욱 강하게 요구되는 상황에서 법은 침묵을 하게 되는 것이다.

결국, 다수의견에 의한 해석은, 위 형벌규정들이 수행하는 법익보호의 기능 중 핵심적인 부분을 유린하고, 이로 인하여 실질적으로 위 형벌규정들의 부분적 사문화를 초래한다.

라. 다수의견에 의한 해석은 형법의 행위규범 및 재판규범으로서의 기능을 근본적으로 훼손한다. 그리고 국민의 자유와 권리를 보장하는 형법의 기능에도 부합하지 않는다.

1) 형법은 본질적으로 행위규범이라는 점을 전제로 해석되어야 한다. 그러므로 범죄의 성립과 처벌은, 행위 당시의 법률에 의하여야 할 뿐만 아니라(형법 제1조 제1항), 행위 당시의 사정을 기준으로 판단되어야 한다. 행위 당시에 그 행위가 명령규범이나 금지규범을 위반한 것으로 인정되는 이상 그 행위는 범죄로서 성립되는 것이며 가벌적인 것이다.

조합임원이 총회의 의결을 거쳐야 하는 사항임에도 총회의 의결을 거치지 아니하고 그에 관한 사업을 임의로 추진하였다면 그 시점에서 범죄가 성립된다. 그리고 조합임원이 정비사업 시행과 관련한 서류 및 자료를 인터넷과 그 밖의 방법을 병행하여 공개하지 아니하거나 조합원 또는 토지등소유자의 열람·등사 요청에 응하지 아니하였다면 그 시점에서 범죄가 성립된다. 또한, 조합임원이 시공자 등으로부터 금품을 수수하였다면 그 시점에서 범죄가 성립된다.

위 각 행위 시점에서 그 행위자가 객관적으로 조합임원이었고 자신이 조합임원이라는 사실을 분명하게 인식한 상태에서 조합임원에게 주어진 법적 명령이나 금지를 위반한 이상 그 행위 당시의 형벌규정에 의하여 처벌되는 것은 당연하다. 이 점은 범죄가 성립된 시점 이후에 조합설립인가처분 무효확인 또는 취소의 판결이 확정되었다 하더라도 마찬가지이다. 그리고 이러한 결과는 죄형법정주의를 위반하는 것이라고 할 수도 없다. 범죄행위가 기수에 이른 시점 이후에 생겨난 조합설립인가처분 무효 또는 취소라는 사정을 반영하여 이미 성립된 범죄를 그에 관한 재판의 시점에서 달리 평가할 수 있느냐 하는 문제는 죄형법정주의와는 차원을 달리하는 별개의 문제이기 때문이다.

2) 그런데 다수의견에 의하면, 조합설립인가처분 무효확인 또는 취소의 판결이 선고되어 확정되는 경우 위 각 행위의 시점에서 그 행위자는 객관적으로 조합임원이었다고 할 수 없고 그 행위자가 자신을 조합임원으로 인식하였다 하더라도 행위 당시 조합임원에게 주어진 법적 명령이나 금지를 위반하였다고 할 수 없으므로 그 행위 당시의 형벌규정에 의하여 처벌될 수 없다는 것이다.

이는 결국 범죄행위 이후의 수사기관 또는 법원의 사후적인 공법적 평가에 따라 이미 객관적으로 존재하였던 과거의 실체를 소급하여 다른 모습으로 재해석하겠다는 것이다. 이 같은 해석의 관점이 형법의 관점과 갈등을 초래한다. 형법은 행위규범으로서 행위자에게 행위 당시의 실체 그 자체를 전제로 하여 금지나 명령을 한다. 따라서 형법은 행위 당시의 실체 그 자체를 전제로 하여 적용되고 해석되어야 한다. 그럼에도 다수의견은 이러한 형법의 성격을 간과함으로써 행위 당시에 존재하였던 실체를 사후적 평가에 근거하여 의제된 실체로 대체하는 잘못에 이르렀다고 할 수 있다. 그 결과 이미 살펴본 것처럼 법익보호에 실패할 수밖에 없을 뿐만 아니라 다음과 같은 또 다른 근본적인 문제에 직면할 수밖에 없는 것이다.

다수의견에 의하면, 조합설립인가처분에 취소사유가 존재하는 경우 적법한 제소기간 이내에 취소소송이 제기되어 취소의 확정판결이 있은 때에는 그 취소의 효력이 조합설립인가처분 당시에 소급하므로 그 조합임원으로서의 지위는 처음부터 없었던 것이 되어 이미 성립된 도시정비법 위반죄나 뇌물수수죄 또한 행위 당시에 소급하여 성립되지 않는다고 본다. 반면에, 취소소송이 제기되지 아니한 채 제소기간이 경과함으로써 그 조합설립인가처분이 유효로 확정되는 때에는 조합임원으로서의 지위가 유효하게 존속하는 것이 되어 이미 성립된 도시정비법 위반죄나 뇌물수수죄 또한 행위 당시와 마찬가지로 성립되어 처벌된다는 것이다. 이러한 다수의견의 해석에 의하면, 행위 시점에서 이미 성립된 도시정비법 위반죄나 뇌물수수죄는 잠정적인 것이고, 범죄로서 확정적으로 성립되어 처벌되느냐의 여부는 그 후에 조합설립인가처분의 취소를 구하는 소송이 제기되어 취소의 판결이 확정되느냐의 여부에 좌우된다는 결론에 이르게 된다. 범죄의 성립과 처벌이 행위 당시의 시점에서 결정될 수 없는 것이다.

이와 같은 불합리한 사정은 무효사유가 존재하는 경우에는 더욱 현저하다. 왜냐하면, 조합설립인가처분 무효확인을 구하는 소송은 기간의 제한 없이 제기될 수 있으므로 조합설립인가처분에 존재하는 하자로 인하여 언제 조합임원으로서의 지위가 부정될지 그 누구도 분명하게 알 수 없기 때문이다.

결국, 다수의견에 의하면 행위자가 조합임원의 지위에 있는지 여부를 행위 당시에 확정적으로 알 수 없다는 것이 된다. 이는 형법이 금지나 명령을 담은 행위규범으로서 행위자에게 행위 당시에 자신의 행위가 어떤 금지규범이나 명령규범을 침해하는 것인지를 명료하게 제시하여야 한다는 기능을 수행할 수 없음을 의미한다. 그뿐만 아니라, 재판규범으로서도 같은 문제점을 갖는다. 왜냐하면, 피고인이 임원으로 있는 조합의 설립인가처분 무효확인 또는 취소의 소송이 진행 중이거나 장래 제기될 가능성이 남아있는 이상 도시정비법 위반죄나 뇌물수수죄로 공소 제기된 조합임원인 피고인에게 재판규범으로서 도시정비법 위반죄나 뇌물수수죄를 적용하여 처벌하는 것이 타당한지 여부가 재판시점에서 명료하지 않기 때문이다. 이처럼 행위 시점에서 행위자의 행위가 범죄로서 성립되어 처벌대상이 되는지 여부 자체가 확정적일 수 없다는 점은 형법이 범죄의 성립과 처벌의 한계를 행위 시점 이전에 분명하게 제시함으로써 국민의 자유와 권리를 보장하는 기능 또한 제대로 수행할 수 없다는 것을 의미하기도 한다.

그리고 궁극적으로 다수의견에 의한 해석은 범죄가 성립되어 처벌되어야 하고 또한 처벌할 수 있는 행위자에 대하여 면죄부를 주는 결과를 가져올 뿐이다. 그러한 결과는 행위자의 기본권을 보호한다는 가치를 갖는 것도 아니고 법치국가의 이상을 고양시키는 것도 아니며, 오히려 정의의 관념을 현저하게 훼손할 뿐이다.

마. 위와 같은 법리에 비추어 살펴보면, 설령 이 사건 조합에 대한 조합설립인가처분이 사후에 무효로 확인되었다고 하더라도 이 사건 조합이 행정청으로부터 조합설립인가처분을 받아 법인으로 등기한 이상 피고인들은 구 도시정비법 제85조 제5호 및 제86조 제6호의 '조합의 임원' 또는 '조합임원'에 해당한다고 할 것이다. 같은 취지에서 피고인들에 대한 이 사건 공소사실 중 총회 의결 없이 철거감리계약을 체결한 것이 정당행위에 해당하지 아니한다는 원심의 판단에 상고이유 주장과 같이 위법성조각사유 또는 책임조각사유에 관한 법리를 오해하는 등의 위법이 없다.

원심판결에 구 도시정비법 제24조 제3항 제5호의 법리를 오해한 위법이 있다는 주장은, 피고인들이 이를 항소이유로 삼거나 원심이 직권으로 심판대상으로 삼지 아니한 것을 상고심에서 비로소 주장하는 것이어서 적법한 상고이유가 되지 못한다.

그리고 형사소송법 제383조 제4호에 의하면 사형, 무기 또는 10년 이상의 징역이나 금고가 선고된 사건에서만 양형부당을 사유로 한 상고가 허용되므로, 피고인들에 대하여 그보다 가벼운 형이 선고된 이 사건에서 형의 양정이 부당하다는 취지의 주장도 적법한 상고이유가 되지 못한다.

그러므로 피고인들의 상고는 모두 기각되어야 한다.

이상과 같은 이유로 다수의견에 반대하는 취지를 밝힌다.

6. 다수의견에 대한 대법관 이인복, 대법관 이상훈, 대법관 김용덕의 보충의견은 다음과 같다.

이 사건은 조합설립인가처분이 무효여서 처음부터 구 도시정비법에서 정한 정비사업을 시행할 수 있는 행정주체인 조합이 성립되지 아니한 경우이다. 따라서 일단 조합이 유효하게 성립되었다가 조합설립인가처분이 취소되어 사후적으로 조합의 지위를 상실하게 되는 경우와는 다르므로, 서로 구별되어 논의되어야 한다.

아래에서는 이 사건과 같이 조합설립인가처분이 무효인 경우에 관한 다수의견의 법리적인 정당성을 살펴보고, 조합설립인가처분이 취소된 경우에 관하여는 마지막에서 간략히 덧붙이기로 한다.

가. 어떠한 행정처분이 무효라는 것은 외형상 행정처분으로 성립하였으나 그 하자가 중대하고도 명백하여 처음부터 아무런 법적 효력이 발생되지 않는 것을 의미한다. 따라서 무효인 행정처분은 행정처분에 대하여 부여되는 공정력이 인정되지 않으며, 민사소송절차에서도 그 무효를 주장할 수 있다(대법원 2010. 4. 8. 선고 2009다90092 판결 등 참조).

행정소송법 제4조 제2호는 행정처분의 무효확인소송을 항고소송의 한 형태로 규정하고 있지만, 무효확인판결은 문언 그대로 행정처분이 무효임을 확인·선언하는 확인판결에 불과하며, 행정처분의 효력을 상실시키는 형성판결이 아니다. 이러한 점에서 무효확인소송은 어떠한 행정처분을 취소하는 판결이 확정되어야 비로소 그 행정처분의 효력이 소멸되는 형성적 효력이 발생하는 취소소송과는 본질적으로 다르다. 일반적으로 대법원 판례에서 행정처분의 무효를 당연무효라고 표현하고 있는데, 이는 무효인 행정처분은 처음부터 아무런 효력이 없다는 것을 표시하려는 것으로서 무효인 행정처분의 효력에 대한 대법원의 견해는 확립되어 있으므로, 대법원 판례를 변경하지 아니하는 한 이와 다른 해석을 할 수 없다.

한편 행정소송법 제38조 제1항은 취소판결의 효력에 관한 제29조를 무효확인소송의 경우에 준용하여 행성처분의 무효확인판결이 확정되면 그 효력이 소송당사자가 아닌 제3자에 대하여도 미치도록 하고 있지만, 이는 공법상 법률관계를 통일적으로 규율하고 절차적 안정을 기하기 위하여 행정처분에 대한 무효확인판결의 기판력을 대세적으로 확장함으로써 그 행정처분의 유효를 주장하지 못하도록 한 것이지, 무효확인판결에 의하여 행정처분의 효력이 상실되는 새로운 효과가 생긴다는 취지는 아니다. 다시 말하여 무효확인판결은 아무런 효력이 없는 행정처분에 대하여 그 무효를 선언함에 불과한 것이며, 따라서 무효확인판결이 이루어짐으로써 종전의 행정처분이 소급하여 효력을 상실한다거나 당초부터 없었던 것과 같은 결과가 된다는 해석론은 무효인 행정처분에 의하여 어떠한 효력이 발생되었음을 전제로 하는 것이어서 타당하다고 할 수 없다.

나. 앞에서 본 것처럼, 토지등소유자로 구성되는 조합의 조합설립인가신청에 대한 행정청의 조합설립인가처분은 단순히 사인들 사이의 법인설립행위에 대한 보충행위로서의 성질을 가지는 처분이 아니라, 법령에서 정한 일정한 요건을 갖춘 경우에 한하여 공법인으로서 정비사업을 시행할 수 있는 행정주체의 지위를 부여하는 설권적 처분이다.

그러므로 조합설립인가처분이 무효인 경우는 추진위원회가 조합을 설립하기 위하여 정관을 작성하고 창립총회를 마쳤으나 아직 조합설립인가처분을 받지 아니한 경우와 법적으로 아무런 차이가 없으며, 구 도시정비법 제13조에서 정한 토지등소유자로 구성되는 공법인으로서의 조합의 실체는 처음부터 존재하지 않는다. 그리고 이처럼 조합으로서의 법적인 실체와 지위가 인정될 수 없는 이상, 그러한 조합의 임원으로서의 실체와 지위가 인정될 수 없음은 당연할 것이다.

그런데 구 도시정비법 제85조 제5호 및 제86조 제6호는 토지등소유자로 구성된 조합이 정비사업을 시행하면서 그 조합의 업무와 관련하여 구 도시정비법에서 정한 사항을 지키지 아니한 경우에 그 행위를 담당한 조합임원을 처벌하도록 정하고 있다. 이는 구 도시정비법 제13조에 따라 토지등소유자로 구성되어 정비사업을 시행할 수 있는 지위를 가진 조합이 성립되어 행정주체인 공법인이라는 특수한 지위에서 정비사업에 관한 업무를 수행함을 전제로 한다. 그러므로 토지등소유자로 구성되는 조합을 설립하기 위하여 정관을 작성하고 창립총회를 마쳤으나 조합설립인가처분을 받지 못하여 공법인으로서의 조합이 성립되지 못하였다면 법적인 실체를 갖추지 못한 그 조합은 위 규정들의 적용대상이 되지 아니하고, 그 조합의 성립을 예정하여 임원으로 선임된 사람들 역시 조합임원으로서의 법적인 실체나 지위가 없어 위 규정들에 의한 처벌대상이 되지 못한다. 그렇다면 조합설립인가처분이 무효여서 처음부터 효력이 없음에 따라 조합이 성립되지 못하고 조합으로서의 법적인 실체가 인정되지 못하는 경우에도 마찬가지로 위 규정들의 적용대상이 아니라고 보아야 할 것이다.

결국, 조합설립인가처분이 무효이고 나아가 그 무효확인판결이 확정되기까지 하였음에도 과거에 무효인 조합설립인가처분이 있었다는 이유로 유효한 조합의 존재를 전제로 한 어떠한 법률 효과를 인정하는 것은 무효의 법리에 어긋난다. 행정법적인 법률관계에서 조합 및 조합임원으로서의 지위가 인정될 수 없다는 점에서 무효인 조합설립인가처분의 전후에 아무런 차이가 없음에도, 외형상 조합설립인가처분이 있었다는 이유만을 들어 특별한 근거 규정도 없이 유효한 조합 및 조합임원과 마찬가지의 지위를 인정하여 형사처벌의 근거로 삼을 수는 없으며, 이는 행위자의 개별적인 인식 여부에 좌우될 것도 아니다.

다. 대법원은 종래 형사처벌의 전제가 되는 행정처분이 무효인 경우에 형사처벌을 할 수 없다는 견해를 밝혀 왔다. 즉 대법원은 소방시설 설치유지 및 안전관리에 관한 법률 제9조에 의한 소방시설 등의 설치 또는 유지·관리에 대한 명령이 무효인 경우에 위 명령에 따른 의무위반이 생기지 아니하므로 행정형벌을 부과할 수 없다고 판단하였고(대법원 2011. 11. 10. 선고 2011도11109 판결 참조), 또한 조세범처벌법 제9조 제1항의 조세포탈죄는 납세의무자가 국가에 대하여 지고 있는 것으로 인정되는 일정액의 조세채무를 포탈한 것을 범죄로 보아 형벌을 과하는 것으로서, 조세포탈죄가 성립하기 위하여는 조세법률주의에 따라 세법이 정한 과세요건이 충족되어 조세채권이 성립해 있어야 하므로, 세법이 납세의무자로 하여금 납세의무를 지도록 정한 과세요건이 구비되지 않는 한 조세채무가 성립하지 않음은 물론 조세포탈죄도 성립할 여지가 없다고 판단하였다(대법원 1989. 9. 29. 선고 89도1356 판결, 대법원 2005. 6. 10. 선고 2003도5631 판결 등 참조).

이처럼 형사처벌의 전제가 되는 행정처분이 무효인 경우에 형사처벌할 수 없다는 법리는 조합설립인가처분이 무효여서 조합이 성립되지 못한 이 사건의 경우에도 그대로 타당하다고 보아야 한다. 이와 달리 조합설립인가처분이 무효여서 행정주체인 조합이 객관적으로 존재하지 아니함에도 행정주체를 대상으로 한 구 도시정비법 규정들에 대한 위반을 인정하여 처벌하는 해석론은 구 도시정비법에서 정한 규범목적과 보호범위를 벗어난 것일 뿐 아니라, 그동안 대법원에서 밝혀 온 법리에도 배치된다.

그리고 앞서 본 것처럼 행정처분의 무효사유를 주장하는 것에 아무런 절차적인 제한이 없음에 따라 민사소송절차에서도 당연히 무효로 취급되어 법적인 효력이 부정되는 행정처분에 대하여, 형사소송절차에서는 외형상 행정처분이 있으므로 이를 유효한 것과 마찬가지로 취급하여 무효 주장을 제한하여야 하며 그 무효사유의 수사·심리에 대한 부담을 주어서는 아니 된다는 취지의 해석론은 받아들일 수 없다. 행정처분의 무효는 취소와 달리 어떠한 행정처분에 하자가 있어 위법한 것만으로는 부족하고 그 하자가 법규의 중요한 부분을 위반한 중대한 것으로서 객관적으로 명백한 경우로 제한되므로 그 무효를 주장하기 쉽지 않고, 또한 조합설립인가처분에 무효사유가 없음에도 조합임원으로 활동하는 피고인이 스스로 그 무효를 주장하는 경우는 드물 것이므로, 그 부담의 정도가 크다고 할 수 없다. 더욱이 이 사건과 같이 무효확인판결을 통하여 조합설립인가처분이 무효임이 대세적으로 확인되어 이를 심리함에 아무런 부담이 없음에도 불구하고 그 무효라는 법적 효과를 부정하는 것과 같은 결론을 취하여서는 아니 될 것이다. 그뿐 아니라 민사소송이나 행정소송절차와는 달리 무죄추정의 법리가 적용되고 더욱 엄격한 증명이 요구되는 형사소송절차에서는, 무효인 행정처분에 의하여 피고인이 억울하게 처벌을 받지 않도록 하기 위하여 그 무효사유에 대한 심리·판단의 실질적인 부담 여부를 떠나 그에 대한 심리·판단이 필요함은 당연하다. 그동안 대법원에서 형사처벌의 전제가 되는 행정처분이 무효인 경우에 형사처벌할 수 없다는 견해를 취한 것은 이러한 법리적인 판단에 기초한 것이다.

라. 조합설립인가처분이 이루어진 경우에 조합으로서는 인가처분이 유효함을 전제로 정비사업을 추진할 것이므

로, 그 인가처분의 무효 여부를 떠나 그 추진 과정에서의 절차적인 적법성 내지 투명성을 보장할 필요가 있다는 견해에는 수긍할 만한 점이 있다.

그렇지만 법률이 어떠한 행위에 대하여 이행·금지를 명할 것인지, 그리고 나아가 그 의무위반을 처벌할 것인지 여부는 모두 입법정책의 문제에 속한다. 따라서 조합설립인가처분의 효력과는 무관하게 절차적인 적법성 내지 투명성을 보장할 필요가 있다고 하더라도, 이를 구 도시정비법에서 요구하는 법적인 의무로 인정하기 위하여는 구 도시정비법에서 그와 같은 행위의 이행·금지를 명하는 규정을 두어야 하며, 나아가 그 의무위반 행위를 형사처벌하기 위하여는 그에 관한 명확한 규정을 두어야 한다.

그런데 위에서 본 것처럼 위 구 도시정비법 규정들은 성립되기 전의 조합이나 조합임원을 그 규율 대상으로 삼고 있지 않다. 입법자는 토지등소유자로 구성되는 조합이 성립되어 행정주체인 공법인으로서의 지위를 가짐을 고려하여, 공법인으로서 업무 수행과 관련하여 일정한 행위의무를 부과하고 나아가 민법상 사단법인이나 재단법인 등과는 달리 그와 같은 행위의무위반에 대하여 형사처벌할 수 있도록 하는 한편, 성립되지 아니한 조합에 대하여는 이를 위 구 도시정비법 규정들의 적용 대상 내지 형사처벌 대상에서 제외한 것이다.

그리고 설령 어떠한 행위를 이행하도록 하거나 금지할 필요성이 있다고 하더라도, 행위규범 등이 가지는 법익보호 등의 기능을 다할 수 있도록 하기 위해서 반드시 그 위반행위를 형사처벌 대상으로 삼아야 한다는 논리로 이어지지는 않는다. 즉 명령규범이나 금지규범을 위반한 행위에 대하여 어떠한 제재를 할 것인지는 전적으로 입법자가 선택할 문제이다. 입법자는 명령규범이나 금지규범 위반행위에 대하여 민사상 손해배상청구권이나 이행청구권을 부여할 수 있고, 과태료 등 행정벌을 규정할 수도 있으며, 사회생활에 불가결한 법익을 보호하는 것이 형사처벌 이외의 수단만으로는 부족하다고 판단하는 경우에는 형사처벌이라는 강력한 제재수단을 동원할 수도 있는 것이다.

이 사건에서 조합설립인가처분이 무효이기 때문에 피고인들이 총회의 의결을 거치지 아니하고 한 행위 및 자료 등에 관한 열람·등사를 거부한 행위를 형사처벌할 수 없다고 하여, 피고인들의 이러한 행위가 아무 제한 없이 허용된다거나 그에 대한 제재수단이 모두 부정되는 것은 아니라는 점에 유의하여야 한다. 즉 조합이 성립되기 전이라도 조합임원으로 선임된 사람들은 정관 등에서 정한 바에 따라 조합이나 조합원들에 대한 관계에서 일정한 의무를 지므로, 조합임원으로 선임된 피고인들의 이러한 행위는 조합이나 조합원들에 대한 관계에서 민법상 채무불이행 또는 불법행위에 해당하는 경우도 있을 수 있고, 조합임원은 이러한 행위 등을 이유로 총회에서 해임될 수도 있을 것이다. 실제로 기록에 의하면 이 사건 조합의 정관에는 구 도시정비법 제24조 제3항 제5호 및 제81조 제1항과 유사한 조항을 두고 있는 것으로 보이므로, 조합원들은 피고인들이 정관에서 정한 의무를 위반한 것에 대하여 그 의무이행을 요구하는 등의 민사적인 책임을 물을 수 있을 것이다.

마. 형벌법규의 해석은 엄격하여야 하고, 명문의 형벌법규의 의미를 피고인에게 불리한 방향으로 지나치게 확장해석하거나 유추해석하는 것은 죄형법정주의의 원칙에 비추어 허용되지 않는다(대법원 2011. 8. 25. 선고 2011도7725 판결 등 참조).

구 도시정비법 제85조 제5호 및 제86조 제6호에서 정한 '조합의 임원' 또는 '조합임원'은 범죄성립을 위한 구성요건이고, 그러한 구성요건의 존부는 원칙적으로 개별 법령의 해석으로 결정되는 것이지 형사법에 독자적인 개념이나 판단 영역이 있는 것이 아니다. 따라서 조합임원으로 선임된 자라도 조합설립인가처분이 무효여서 구 도시정비법에서 정한 조합 및 조합임원이라는 법적 지위가 인정될 수 없는 이상 구 도시정비법 제85조 제5호 및 제86조 제6호에서 구성요건으로 정한 수범자가 될 수 없으며, 형사처벌을 위하여 달리 볼 수는 없다.

최근 대법원은 구 도시정비법에서 정하는 '정비사업전문관리업자'가 주식회사인 경우에 같은 법 제84조에 의하여 공무원으로 의제되는 '임원'은 형법 제129조 내지 제132조에 해당하는 수뢰행위 당시 상업등기부에 대표이사, 이사, 감사로 등기된 사람에 한정된다고 보아야 하며, 설령 실질적 경영자라고 하더라도 해당 주식회사의 임원으로 등기되지 아니한 사람까지 구 도시정비법 제84조에 의하여 공무원으로 의제되는 정비사업전문관리업자의 '임원'에 해당한다고 해석하는 것은 형벌법규를 피고인에게 불리한 방향으로 지나치게 유추하거나 확장해석하는 것으로서 죄형법정주의의 원칙에 어긋나므로 허용될 수 없다고 판단하였다(대법원 2014. 1. 23. 선고 2013도9690 판결 참조). 또한, 대법원은 구 도시정비법 제86조 제6호 위반죄의 범행주체 중 하나인 '조합임원'은 구 도시정비법 제21조, 제24조 제3항 제8호에 따라 정비사업조합 총회의 의결에 의하여 선임된 조합장 1인, 이사, 감사를 의미하므로, 구 도시정비법 제27조에 의하여 준용되는 민법 중 사단법인에 관한 규정에 따라 해산된 정비사업조합의 청산사무를 집행하는 기관인 '청산인'을 구 도시정비법 제86조 제6호, 제81조 제1항에서 정한 '조합임원'에 해당하는 것으로 해석하는 것은 형벌법규를 피고인에게 불리한 방향으로 지나치게 확장해석하거나 유추해석하는 것으로서 죄형법정주의의 원칙에 어긋나 허용될 수 없다고 판단하였다(대법원 2011. 5. 26. 선고 2010도17145 판결 참조).

이처럼 죄형법정주의의 원칙에 따라 구 도시정비법에서 정한 형벌법규의 구성요건을 엄격하게 해석한 대법원 판결들의 취지는 이 사건의 경우에도 그대로 유지되어야 한다. 앞서 본 것과 같이 유효하게 성립되지 아니한 조합의 경우에 그 업무 추진 과정에서 절차적인 적법성 내지 투명성을 보장할 필요가 있다고 하더라도, 이와 같은 필요성을 반영하여 도시정비법에 새로운 규정을 두어야 한다는 입법론은 별론으로 하고, 구 도시정비법 제85조 제5호 및 제86조 제6호의 구성요건인 '조합의 임원' 또는 '조합임원'을 조합설립인가처분이 무효여서 조합이라는 법적 지위를 전혀 인정할 수 없는 경우까지 포함한다고 해석하는 것은 형벌법규를 피고인에게 불리한 방향으로 확장해석하는 것으로서 죄형법정주의의 원칙에 어긋난다 할 것이다.

바. 조합설립인가처분이 무효인 경우와 달리, 조합설립인가처분에 취소사유가 있는 경우에 당해 조합설립인가처분은 행정처분의 공정력으로 인하여 취소되기 전까지 유효한 것으로 취급되고, 행정청이 조합설립인가처분을 취소하거나 그 처분을 취소하는 판결이 확정되어야 비로소 그 효력을 상실한다. 그런데 취소의 효력에 소급효가 인정되어 그전까지 유효한 것으로 취급된 조합설립인가처분이 소급하여 효력을 상실하므로, 그 처분을 전제로 하는 법률관계에서 발생된 행위를 형사처벌할 수 있는지 문제 될 수 있다.

우선 이와 같이 행정처분 취소에서 발생하는 문제는 취소 전까지 행정처분이 유효한 것으로 취급되었다는 점에서 처음부터 행정처분의 효력이 인정되지 아니하는 행정처분 무효의 경우와는 다르므로, 행정처분이 무효인 경우에 관하여 앞에서 살펴본 법리가 취소의 경우에 그대로 적용된다고 할 수는 없고, 이에 관하여는 취소라는 특수한 사정을 고려하여 합리적으로 판단하여야 할 것이다.

그런데 행정처분이 취소된 경우에 그 취소된 행정처분에 관련된 의무를 위반한 행위가 형사처벌될 수 있는지 문제 된 사안에서, 대법원은 이를 부정하는 견해를 취한 사례가 있다. 대법원은 영업의 금지를 명한 영업허가취소처분 자체가 나중에 행정쟁송절차에 의하여 취소되었다면 그 영업허가취소처분은 처분시에 소급하여 효력을 잃게 되어 그 영업허가취소처분에 복종할 의무가 원래부터 없었음이 확정되었다고 봄이 타당하므로, 그 영업허가취소처분 이후의 영업행위를 무허가영업이라고 볼 수는 없다고 판단하였고(대법원 1993. 6. 25. 선고 93도277 판결), 피고인이 행정청으로부터 자동차 운전면허취소처분을 받았으나 나중에 그 행정처분 자체가 행정쟁송절차에 의하여 취소되었다면 그 운전면허취소처분은 처분시에 소급하여 효력을 잃게 되어 그 운전면허취소처분에 복종할 의무가 원래부터 없었음이 확정되었다고 봄이 타당하므로, 행정행위에 공정력의 효력이 인정된다고 하여 행정소송에 의하여 적법하게 취소된 운전면허취소처분이 단지 장래에 향하여서만 효력을 잃게 된다고 볼 수는 없으며, 따라서 운전면허취소처분을 취소하는 판결이 확정되기 전의 운전행위가 무면허운전에 해당하지 아니한다는 취지로 판단하였다(대법원 1999. 2. 5. 선고 98도4239 판결 참조).

이러한 대법원 판결들에 비추어 보면, 조합설립인가처분이 유효함을 전제로 하여 정비사업을 추진하는 행정주체로서의 공법인인 조합 및 그 조합임원의 지위가 인정되고 그에 따른 일정한 행정법적인 의무가 부과되었다고 하더라도, 조합설립인가처분의 취소에 의하여 그 처분 당시로 소급하여 조합설립인가처분이 효력을 잃게 되면 당해 조합 역시 그 처분 당시로 소급하여 도시정비법상 주택재건축사업을 시행할 수 있는 행정주체인 공법인으로서의 지위를 상실하므로(위 대법원 2008다95885 판결, 위 대법원 2011두518 판결 참조), 그 조합임원의 지위를 전제로 하는 행정법적인 의무 내지 이에 복종할 의무가 원래부터 없게 되었음이 확정되었다고 할 수 있어, 그 행정법적인 의무위반으로 처벌할 수 없다는 해석론으로 이어질 수 있다.

형벌법규가 명령이나 금지를 담은 행위규범으로서 기능하는 면이 있다고 하더라도, 형사처벌 여부는 형사재판을 통하여 최종적으로 확정되는 것이고, 형사재판에서는 공판절차에서 최종적으로 드러난 법률관계 및 사실관계에 의하여 유죄 여부를 가려야 함은 부정할 수 없을 것이다. 비록 행위 당시에는 행정처분에 의하여 위법성 내지는 가벌성을 가지더라도 그 후 행정처분이 취소되어 최종적으로 위법성 내지는 가벌성이 없는 것으로 확정된 경우에, 행위 당시에 존재하였던 과거의 행정법적 의무 및 그 의무위반을 근거로 처벌할 것인지 아니면 이미 행정법적 의무 및 그 의무위반이 없는 것으로 확정된 상태에 기초하여 무죄로 판단할 것인지 문제 될 수 있지만, 과거에 존재하였던 행정법적 의무를 위반한 행위를 처벌할 수 있는 규정이나 근거가 명확하지 아니한 상태에서 과연 이를 처벌하여야 한다는 견해가 타당하다고 할 수 있을지는 의문이다. 오히려 죄형법정주의의 원칙 및 무죄추정의 원칙에 비추어 볼 때에 위와 같은 대법원 판결들과 같은 취지의 해석론이 타당하다는 견해도 충분히 가능할 것이며, 이는 앞으로 조합설립인가처분이 취소되어 문제 된 사안에서 결론이 맺어질 것이다.

이상과 같이 다수의견에 대한 보충의견을 밝힌다.

7. 반대의견에 대한 대법관 김창석의 보충의견은 다음과 같다.

가. 다수의견에 대한 보충의견은, 조합이 설립인가처분 무효확인 또는 취소 판결로 공법상 지위를 상실하면 그 조합은 설립인가처분 시점부터 공법상 실체가 있었다고 할 수 없으며 그 결과 그 조합임원은 설립인가처분 시점부터 도시정비법 위반죄 또는 뇌물수수죄에 규정된 행위주체인 조합임원의 지위에 있었다고 할 수 없다고 한다.

그러나 이 같은 해석은 법적 평가의 문제와 법적 실체의 문제를 혼동하고 있는 것으로 생각된다. 조합이 설립인가처분을 받은 후 정비사업을 진행하여 공법상 실체를 갖고 있었다 하더라도 설립인가처분의 적법요건을 갖추지 못하여 공법상 지위가 부정될 수 있으나, 공법상 지위가 부정된다고 하여 그로 말미암아 설립인가처분 이후부터 그 확정적인 평가의 시점까지 형성된 공법상 실체가 없어지는 것은 아니기 때문이다. 공법적으로는 이미 형성된 공법상 실체를 어떻게 원상회복할 것이냐 하는 문제가 남을 것이나, 그 기간 동안 공법상 실체를 갖고 존재하였던 조합의 임원에게 향하여졌던 형벌규정에 의한 금지나 명령이 해제되는 것으로 보아야 할 근거는 없다. 조합이 공법상 지위를 상실함과 동시에 형벌규정의 규범목적도 더 이상 실현될 필요가 없게 되었다고 할 수 있어야만 달리 볼 수 있기 때문이다. 결국, 설립인가처분 무효확인 또는 취소 판결이 있는 조합의 임원을 구성요건상의 행위주체인 조합임원으로 볼 수 있느냐 하는 문제는 형벌규정의 규범목적을 살펴본 다음 판단되어져야 하는 것이다. 형법 해석에 있어서 보호법익이 무엇이냐를 규명하고자 하는 것은 규범목적을 분명히 하여야만 정당한 해석이 나오기 때문이다.

조합이 불공정하게 운영되고 비리로 얼룩지면 그 결과가 다수의 조합원과 조합에게 영향을 미치고 개인의 문제를 넘어서서 사회적 문제가 될 수 있기 때문에 형벌규정에 의한 금지나 명령으로써 그러한 결과를 억제하고자 한다. 이러한 형벌규정은 설립인가처분을 받은 조합이 목적을 달성하여 소멸하는 경우이든 중도에 설립인가처분 무효나 취소로 공법상 지위를 상실하는 경우이든 어느 경우나 규율대상으로 하는 것이지 전자의 경우에 한하여 규율대상으로 하는 것은 아니다. 후자의 경우가 규율대상에서 제외되어야 할 이유가 없기 때문이다. 설립인가처분 무효나 취소로 조합이 중도에 공법상 지위를 상실한다 하더라도 그 시점까지 조합이 부담하고 있던 의무는 조합원이나 조합의 부담으로 남거나 그 누군가의 부담으로 남게 될 수밖에 없다. 따라서 이 경우에도 조합의 투명하고 공정한 운영에 대한 요구는 존재하고, 이를 실현하기 위하여 형벌규정에 의한 법적 금지나 명령을 하여야 할 필요성 또한 존재한다. 결론적으로, 조합임원에게 향하여진 형벌규정의 규범목적은 조합이 유효하게 존재하는 경우만을 전제로 한 것이라고 할 수 없는 것이다.

나. 다수의견에 대한 보충의견은, 조합설립인가처분 무효확인판결은 당연무효인 조합설립인가처분을 대상으로 하는 것이어서 그 처분이 당초부터 효력이 없었다는 것을 확인하고 선언하는 확인적 효력을 갖는 것이고 취소판결과 같이 형성적 효력을 갖지 않는다는 점을 논리의 기초로 삼아, 조합설립인가처분 무효확인판결의 효력을 형법의 적용이나 해석에까지 절대적으로 관철하고자 한다. 당연무효의 논리에 따라, 조합설립인가처분 무효확인판결이 확정되는 경우, 그 조합이 설립인가처분이 있은 후 무효확인판결이 확정되는 시점까지 조합으로서 공법상 행위를 하여 왔다 하더라도 조합으로서의 외관만을 갖고 있었다고 인정할 수 있을 뿐이고 조합으로서의 공법상 실체를 갖고 있었다고 인정할 수 없으며, 따라서 설립인가처분을 받지 못한 조합과 마찬가지로 볼 수밖에 없다고 한다. 이러한 논리의 연장선에서 그러한 외관만을 갖는 조합의 임원은 설립인가처분을 받지 못한 조합의 임원과 마찬가지의 법적 지위에 있다고 볼 수밖에 없다고 한다.

그러나 이 같은 이해는, 첫째로, 행정처분 무효확인소송의 확인소송으로서의 성격만을 과장하고 민사소송이나 당사자소송으로서의 확인소송과는 다를 수밖에 없는 항고소송으로서의 성격을 충분히 살펴보지 않았다는 점에서, 둘째로, 처분 상대방에게 1회적인 의무를 부담시키는 행정처분과 달리 처분을 통하여 공법인을 형성시키고 이에 기초하여 정비사업이라는 단체법적 질서를 형성하는 조합설립인가처분이 갖는 의미를 고려하지 않았다는 점에서 비판받을 수밖에 없다.

먼저, 조합설립인가처분 무효확인판결은 그 기능이나 효력이라는 측면에서 취소판결과 그다지 큰 차이를 갖지 않는다는 점을 보다 분명하게 인식하여야 한다. 조합설립인가처분에 어떤 하자가 존재하는지, 그 하자가 무효사유에 해당하는지 아니면 취소사유에 해당하는지는 확정적인 판단이 이루어지기까지 누구도 정확히 알 수 없다. 따라서 설령 조합설립인가처분에 무효사유가 존재하더라도 그 점에 관하여 확정적인 판단이 이루어지지 않는 이상, 취소사유가 존재함에도 그 점에 관하여 확정적인 판단이 이루어지지 않는 경우나 어떤 하자도 존재하지 않는 경우와 쉽사리 구별될 수 없으며, 그러한 경우들과 마찬가지로 그 조합은 공법상 지위를 향유한다. 조합설립인가처분에 취소사유가 존재하는 경우와 마찬가지로, 조합설립인가처분 무효확인소송을 통하여 확정적인 판단을 받음으로써 비로소 사실상 조합설립인가처분 시점에 소급하여 공법상 지위가 상실된다고 할 수 있다. 결국, 무효확인소송도 취소소송과 마찬가지로 사실상 형성적 효력을 갖고 있다고 할 수 있다. 이 점 때문에 행정소송법은 행정처분 무효확인소송을 행정처분 취소소송과 함께 항고소송으로 규정하고 있는 것이다.

나아가, 대법원은 이전고시의 효력발생으로 이미 대다수 조합원 등에 대하여 획일적, 일률적으로 처리된 권리귀속 관계를 모두 무효화하고 다시 처음부터 관리처분계획을 수립하여 이전고시 절차를 거치도록 하는 것은 정비사업의 공익적·단체법적 성격에 배치되므로, 이전고시가 효력을 발생하게 된 이후에는 조합원 등이 관리처분계획의 취소뿐만 아니라 무효확인을 구할 법률상 이익이 없다고 봄이 타당하다고 판시한 바 있다(대법원 2012. 3. 22. 선고 2011두6400 전원합의체 판결 참조). 이 같은 판례의 취지에 비추어, 조합설립인가처분 무효확인소송 또한 정비사업의 공익적, 단체법적 성격에서 오는 제약 때문에 사실상 제소기간에 제한을 받게 된다고 보아야 할 것이다. 이는 조합설립인가처분에 무효사유가 존재하더라도 일정 시점을 지나면 그 무효확인을 구할 수 없다는 것이 되고, 그 시점 이후에는 공법상 지위가 부정될 수 없다는 것을 의미한다. 이 점에서 조합설립인가처분 무효확인소송은 다른 무효확인소송의 경우와는 달리 취소소송에 더욱 접근하게 된다는 것을 알 수 있다.

다. 위에서 살펴본 것처럼, 조합은 그 설립인가처분에 무효사유가 존재한다 하더라도 당연무효의 법리에 따라 당연히 공법상 지위를 상실하는 것이 아니라 무효확인소송을 통하여 확정적인 판단을 받지 않는 이상 공법상 지위를 보유하고, 무효확인판결이 확정됨으로써 공법상 지위가 사후적으로 부정된다 하더라도 이미 존재하였던 공법상 실체는 남게 되며, 그 공법상 실체에 대하여 형법이 적용된다고 해석할 수 있느냐의 문제는 형벌규정의 규범목적에 의하여 판단되어져야 하는 것이다.

이상과 같이 반대의견에 대한 보충의견을 밝힌다.

대법원장 양승태(재판장) 양창수 신영철 민일영 이인복 이상훈 김용덕(주심) 박보영 고영한 김창석 김신 김소영 조희대

대법원 2014.5.16. 선고 2014도2521 판결

【강도상해(인정된죄명:준강도)】

판시사항

[1] 준강도죄의 주체(=절도범인)

[2] 피고인이 술집 운영자 갑을 유인·폭행하고 도주함으로써 술값의 지급을 면하여 재산상 이익을 취득하고 상해를 가하였다고 하여 강도상해로 기소되었는데, 원심이 위 공소사실을 '피고인이 술값의 지급을 면하여 재산상 이익을 취득하고 갑을 폭행하였다'는 범죄사실로 인정하여 준강도죄를 적용한 사안에서, 원심이 인정한 범죄사실에는 절도의 실행에 착수하였다는 내용이 포함되어 있지 않음에도 준강도죄를 적용한 원심판결에 법리오해의 잘못이 있다고 한 사례

판결요지

[1] 형법 제335조는 '절도'가 재물의 탈환을 항거하거나 체포를 면탈하거나 죄적을 인멸한 목적으로 폭행 또는 협박을 가한 때에 준강도가 성립한다고 규정하고 있으므로, 준강도죄의 주체는 절도범인이고, 절도죄의 객체는 재물이다.

[2] 피고인이 술집 운영자 갑으로부터 술값의 지급을 요구받자 갑을 유인·폭행하고 도주함으로써 술값의 지급을 면하여 재산상 이익을 취득하고 상해를 가하였다고 하여 강도상해로 기소되었는데, 원심이 위 공소사실을 '피고인이 갑에게 지급해야 할 술값의 지급을 면하여 재산상 이익을 취득하고 갑을 폭행하였다'는 범죄사실로 인정하여 준강도죄를 적용한 사안에서, 원심이 인정한 범죄사실에는 그 자체로 절도의 실행에 착수하였다는 내용이 포함되어 있지 않음에도 준강도죄를 적용하여 유죄로 인정한 원심판결에 준강도죄의 주체에 관한 법리오해의 잘못이 있다고 한 사례.

전 문

피 고 인 피고인

상 고 인 피고인

변 호 인 변호사

원심판결 서울고법 2014. 2. 7. 선고 2013노3133 판결

주 문 원심판결을 파기하고, 사건을 서울고등법원에 환송한다.

이 유 상고이유를 판단한다.

1. 공소사실 및 원심의 판단

가. 이 사건 공소사실은, '피고인은 2013. 8. 3. 12:30 피해자 공소외인이 운영하는 술집에서 피해자로부터 술값 26만 원의 지급을 요구받자 피해자를 유인·폭행하여 술값의 지급을 면하기로 마음먹고, 피해자를 부근에 있는 래미안아파트 뒤편 골목으로 유인한 후, 양손으로 피해자의 어깨 부위를 붙잡아 밀치고 발로 다리를 걸어 바닥에 넘어뜨린 다음 피해자의 몸 위에 올라타 양손으로 피해자의 목을 조르거나 피해자의 입을 손으로 막고 주먹으로 얼굴을 때리려고 하는 등으로 반항하지 못하게 한 다음 그대로 도주함으로써, 술값 26만 원의 지급을 면하여 같은 금액 상당의 재산상 이익을 취득하고 피해자에게 약 2주간의 치료를 요하는 양측 팔꿈치의 찰과상 등의 상해를 가하였다'는 것이다.

나. 이에 대하여 원심은, 피해자가 입은 상해는 강도상해죄에서의 상해에 해당하지 않는다고 보아 강도상해죄를 무죄로 판단하면서, 공소사실의 동일성이 인정되고 피고인의 방어권 행사에 실질적 불이익을 초래하지 않는다는 이유로 공소장 변경 없이 공소사실의 마지막 부분을 '피고인은 피해자에게 지급해야 할 술값 26만 원의 지급을 면하여 같은 금액 상당의 재산상 이익을 취득하고 피해자를 폭행하였다'로 변경하고 이에 관하여 준강도죄를 적용하여 유죄를 선고하였다.

2. 대법원의 판단

가. 형법 제335조는 '절도'가 재물의 탈환을 항거하거나 체포를 면탈하거나 죄적을 인멸한 목적으로 폭행 또는 협박을 가한 때에 준강도가 성립한다고 규정하고 있으므로 준강도죄의 주체는 절도범인이고 절도죄의 객체는 재물이다.

나. 원심이 인정한 범죄사실은 피고인이 피해자에게 지급해야 할 술값의 지급을 면하여 재산상 이익을 취득하고 피해자를 폭행하였다는 것인데, 그 자체로 절도의 실행에 착수하였다는 내용이 포함되어 있지 않고, 기록을 살펴보아도 이를 인정할 만한 사정이 없다.

그럼에도 원심은 위 공소사실에 관하여 준강도죄를 적용하여 유죄로 인정하였는바, 이는 준강도죄의 주체에 관한 법리를 오해하여 판단을 그르친 것이다.

3. 결론

그러므로 나머지 상고이유에 관하여는 판단할 필요 없이 원심판결을 파기하고, 사건을 다시 심리·판단하게 하기 위하여 원심법원에 환송하기로 하여, 관여 대법관의 일치된 의견으로 주문과 같이 판결한다.

대법관 박보영(재판장) 민일영(주심) 이인복 김신

대법원 2014.5.16. 선고 2014도1547 판결

【특정범죄가중처벌등에관한법률위반(뇌물)(인정된죄명:뇌물수수)】

판시사항

뇌물죄에서 금품의 무상대여를 통하여 위법한 재산상 이익을 취득한 경우, 추징의 대상(=금융이익 상당액) 및 그 산정 방법

판결요지

형법 제134조의 규정에 의한 필요적 몰수 또는 추징은 같은 법 제129조 내지 133조를 위반한 자에게 제공되거나 공여될 금품 기타 재산상 이익을 박탈하여 그들로 하여금 부정한 이익을 보유하지 못하게 함에 그 목적이 있다. 금품의 무상대여를 통하여 위법한 재산상 이익을 취득한 경우 범인이 받은 부정한 이익은 그로 인한 금융이익 상당액이라 할 것이므로 추징의 대상이 되는 것은 무상으로 대여받은 금품 그 자체가 아니라 위 금융이익 상당액이라고 봄이 상당하다. 한편 여기에서 추징의 대상이 되는 금융이익 상당액은 객관적으로 산정되어야 할 것인데, 범인이 금융기관으로부터 대출받는 등 통상적인 방법으로 자금을 차용하였을 경우 부담하게 될 대출이율을 기준으로 하거나 그 대출이율을 알 수 없는 경우에는 금품을 제공받은 피고인의 지위에 따라 민법 또는 상법에서 규정하고 있는 법정이율을 기준으로 하여, 변제기나 지연손해금에 관한 약정이 가장되어 무효라고 볼 만한 사정이 없는 한 금품수수일로부터 약정된 변제기까지 금품을 무이자로 차용하여 얻은 금융이익의 수액을 산정한 뒤 이를 추징하여야 한다. 나아가 그와 같이 약정된 변제기가 없는 경우에는, 판결 선고일 전에 실제로 차용금을 변제하였다거나 대여자의 변제 요구에 의하여 변제기가 도래하였다는 등의 특별한 사정이 없는 한, 금품수수일로부터 판결 선고시까지 금품을 무이자로 차용하여 얻은 금융이익의 수액을 산정한 뒤 이를 추징하여야 할 것이다.

전 문

피 고 인 피고인

상 고 인 피고인 및 검사

변 호 인 변호사

원심판결 부산고법 2014. 1. 16. 선고 2012노649 판결

주 문 원심판결의 유죄부분을 파기하고, 그 부분 사건을 부산고등법원에 환송한다. 검사의 나머지 상고를 기각한다.

이 유 상고이유를 판단한다.

1. 피고인의 상고이유에 대하여

원심은 그 판시와 같은 이유를 들어 피고인이 '1억 8,000만 원의 뇌물을 수수하였다'는 공소사실에 대하여 공소장변경 없이 피고인이 '차용금 1억 8,000만 원에 대한 금융이익 상당의 뇌물을 수수하였다'는 범죄사실을 유죄로 인정한 제1심의 판단을 그대로 유지하되, 검사의 양형부당 주장을 받아들여 제1심판결을 파기하고 피고인에게 징역 1년을 선고하였다.

관련 법리에 비추어 기록을 살펴보면, 원심의 이와 같은 판단은 정당하다. 거기에 상고이유의 주장과 같이 논리와 경험칙에 반하여 사실을 잘못 인정하거나 공소장변경 또는 불고불리의 원칙에 관한 법리를 오해하거나 법원의 석명의무를 다하지 아니하는 등의 위법이 있다고 할 수 없다.

2. 검사의 상고이유에 대하여

가. 제1점에 대하여

관련 법리에 비추어 기록을 살펴보면, 원심이 그 판시와 같은 이유를 들어 이 사건 공소사실 중 피고인이 '1

억 8,000만 원의 뇌물을 수수하였다'는 점이 유죄로 인정되지 아니한다는 제1심의 판단을 그대로 유지한 조치는 정당하다. 거기에 상고이유의 주장과 같이 논리와 경험칙에 반하여 사실을 잘못 인정하거나 뇌물죄에 관한 법리를 오해한 위법이 있다고 할 수 없다.

나. 제2점에 대하여

형법 제134조의 규정에 의한 필요적 몰수 또는 추징은 같은 법 제129조 내지 133조를 위반한 자에게 제공되거나 공여될 금품 기타 재산상 이익을 박탈하여 그들로 하여금 부정한 이익을 보유하지 못하게 함에 그 목적이 있다. 금품의 무상대여를 통하여 위법한 재산상 이익을 취득한 경우 범인이 받은 부정한 이익은 그로 인한 금융이익 상당액이라 할 것이므로 추징의 대상이 되는 것은 무상으로 대여받은 금품 그 자체가 아니라 위 금융이익 상당액이라고 봄이 상당하다. 한편 여기에서 추징의 대상이 되는 금융이익 상당액은 객관적으로 산정되어야 할 것인데, 범인이 금융기관으로부터 대출받는 등 통상적인 방법으로 자금을 차용하였을 경우 부담하게 될 대출이율을 기준으로 하거나 그 대출이율을 알 수 없는 경우에는 금품을 제공받은 피고인의 지위에 따라 민법 또는 상법에서 규정하고 있는 법정이율을 기준으로 하여, 변제기나 지연손해금에 관한 약정이 가장되어 무효라고 볼 만한 사정이 없는 한 금품수수일로부터 약정된 변제기까지 금품을 무이자로 차용하여 얻은 금융이익의 수액을 산정한 뒤 이를 추징하여야 한다(대법원 2008. 9. 25. 선고 2008도2590 판결 참조). 나아가 그와 같이 약정된 변제기가 없는 경우에는, 판결 선고일 전에 실제로 차용금을 변제하였다거나 대여자의 변제 요구에 의하여 변제기가 도래하였다는 등의 특별한 사정이 없는 한, 금품수수일로부터 판결 선고시까지 금품을 무이자로 차용하여 얻은 금융이익의 수액을 산정한 뒤 이를 추징하여야 할 것이다.

그럼에도 피고인이 금품을 무이자로 차용함으로써 얻은 금융이익의 객관적 가액을 산정하는 것이 불가능하다고 하여 추징하지 아니한 원심판결에는 형법 제134조에서 규정하고 있는 필요적 추징에 관한 법리를 오해하여 판결에 영향을 미친 위법이 있다. 이 점을 지적하는 검사의 상고이유의 주장은 이유 있다

3. 파기의 범위

주형과 몰수 또는 추징을 선고한 항소심판결 중 몰수 또는 추징부분에 관해서만 파기사유가 있을 때에는 대법원이 그 부분만을 파기할 수 있으나(대법원 1992. 7. 28. 선고 92도700 판결 등 참조), 이 사건의 경우처럼 항소심이 몰수나 추징을 선고하지 아니하였음을 이유로 파기하는 경우에는 항소심판결에 몰수나 추징부분이 없어 그 부분만 특정하여 파기할 수 없으므로 원심판결의 유죄부분 전부를 파기하여야 한다(대법원 2005. 10. 28. 선고 2005도5822 판결 참조).

4. 결론

그러므로 원심판결의 유죄부분을 파기하고 이 부분 사건을 다시 심리·판단하게 하기 위하여 원심법원에 환송하고, 원심판결의 무죄부분에 대한 검사의 나머지 상고는 이유 없으므로 이를 기각하기로 하여, 관여 대법관의 일치된 의견으로 주문과 같이 판결한다.

대법관 김창석(재판장) 양창수(주심) 고영한 조희대

대법원 2014.5.16. 선고 2012도12867 판결

【정치자금법위반·국가공무원법위반·정당법위반】

판시사항

1. 구 정당법 제53조, 제22조 제1항에서 규정하는 공무원이나 사립학교 교원이 정당의 당원이 된 죄와 구 국가공무원법 제84조, 제65조 제1항에서 규정하는 공무원이 정당 그 밖의 정치단체에 가입한 죄가 즉시범인지 여부(적극)
2. 형사소송법 제328조 제1항 제4호에 규정된 '공소장에 기재된 사실이 진실하다 하더라도 범죄가 될 만한 사실이 포함되지 아니한 때'의 의미
3. 정당법상 당원이 될 수 없는 피고인들이 특정 정당에 당원으로 가입하여 당비 명목으로 정치자금을 기부하였다고 하여 정치자금법 위반으로 기소된 사안에서, 위 공소사실이 형사소송법 제328조 제1항 제4호의 공소기각결정 사유에 해당하지 않는다고 한 사례
4. 구 국가공무원복무규정 제27조 제2항 제4호가 명확성 원칙에 위배되거나 모법인 구 국가공무원법 제65조 제4항의 위임범위를 벗어난 것인지 여부

판결요지

1. 구 정당법(2011. 7. 21. 법률 제10866호로 개정되기 전의 것) 제53조, 제22조 제1항에서 규정하는 공무원이나 사립학교의 교원이 정당의 당원이 된 죄와 구 국가공무원법(2010. 3. 22. 법률 제10148호로 개정되기 전의 것) 제84조, 제65조 제1항에서 규정하는 공무원이 정당 그 밖의 정치단체에 가입한 죄는 공무원이나 사립학교의 교원 등이 정당 등에 가입함으로써 즉시 성립하고 그와 동시에 완성되는 즉시범이므로 그 범죄성립과 동시에 공소시효가 진행한다.
2. 형사소송법 제328조 제1항 제4호에 규정된 '공소장에 기재된 사실이 진실하다 하더라도 범죄가 될 만한 사실이 포함되지 아니한 때'란 공소장 기재사실 자체에 대한 판단으로 그 사실 자체가 죄가 되지 아니함이 명백한 경우를 말한다.
3. 정당법상 당원이 될 수 없는 피고인들이 특정 정당에 당원으로 가입하여 당비 명목으로 정치자금을 기부하였다고 하여 정치자금법 위반으로 기소된 사안에서, 위 공소사실에 대하여는 피고인들의 당원 가입행위의 효력, 피고인들이 기부한 돈의 실질적인 성격 및 정치자금법의 구성요건 등을 검토하여 실체적 판단을 하여야 하므로, 공소장 기재사실 자체에 대한 판단만으로도 그 사실 자체가 죄가 되지 아니함이 명백한 경우라고 할 수 없어 형사소송법 제328조 제1항 제4호의 공소기각결정 사유에 해당하지 않는다고 한 사례.
4. 구 국가공무원법(2010. 3. 22. 법률 제10148호로 개정되기 전의 것, 이하 '국가공무원법'이라 한다) 제65조 제4항의 위임을 받아 제정된 구 국가공무원복무규정(2011. 7. 4. 대통령령 제23010호로 개정되기 전의 것, 이하 '구 국가공무원복무규정'이라 한다) 제27조 제2항 제4호도 모법이 금지하는 행위를 고려하여 제한적으로 해석하여야 하는 점, 구 국가공무원복무규정 제27조 제2항 본문은 "제1항의 규정에 의한 정치적 목적을 가지고 다음 각 호의 1에 해당하는 행위를 함을 말한다."고 규정하고 있으므로, 제1항 각 호에서 규정하고 있는 목적 즉, "정당의 조직·조직의 확장 기타 그 목적달성을 위한 것"(제1호), "특정 정당이나 정치단체를 지지 또는 반대하는 것"(제2호), "법률에 의한 공직선거에 있어서 특정의 후보자를 당선하게 하거나 낙선하게 하기 위한 것"(제3호)이라는 목적이 없는 행위는 여기에 해당하지 않는 점 등에 비추어 보면, 구 국가공무원복무규정 제27조 제2항 제4호는 특정 정당 또는 정치단체에 대한 일체의 금전적 또는 물질적 후원행위를 금지한다는 것이 아니고, 금전 또는 물질의 이름이나 구실 또는 이유에 구애되지는 않지만 정당활동이나 선거와 직접

적으로 관련되거나 특정 정당과의 밀접한 연계성을 인정할 수 있는 경우 등 공무원의 정치적 중립성을 훼손할 가능성이 큰 행위로서 특정 정당 또는 정치단체를 지지 또는 반대하는 것이라는 요소가 있는 행위만을 금지하는 것이라고 해석하여야 하며, 그러한 해석하에서 보면 구 국가공무원복무규정 제27조 제2항 제4호가 명확성의 원칙에 위배되었거나 모법인 국가공무원법 제65조 제4항의 위임범위를 벗어났다고 할 수 없다.

전 문

피 고 인 피고인 1 외 87명

상 고 인 피고인들 및 검사

변 호 인 법무법인

원심판결 서울고법 2012. 10. 8. 선고 2012노626 판결

주 문 상고를 모두 기각한다.

이 유

1. 검사의 상고이유를 판단한다.

가. 피고인 1, 9, 19, 43, 82를 제외한 나머지 피고인들에 대한 면소 부분에 대하여

구 정당법(2011. 7. 21. 법률 제10866호로 개정되기 전의 것. 이하 '정당법'이라 한다) 제53조, 제22조 제1항에서 규정하는 공무원이나 사립학교의 교원이 정당의 당원이 된 죄와 구 국가공무원법(2010. 3. 22. 법률 제10148호로 개정되기 전의 것. 이하 '국가공무원법'이라 한다) 제84조, 제65조 제1항에서 규정하는 공무원이 정당 그 밖의 정치단체에 가입한 죄는 공무원이나 사립학교의 교원 등이 정당 등에 가입함으로써 즉시 성립하고 그와 동시에 완성되는 즉시범이므로 그 범죄성립과 동시에 공소시효가 진행한다.

원심은, 위 피고인들에 대한 이 사건 공소사실 중 국가공무원이나 사립학교의 교원이 정당의 당원이 됨으로 인한 정당법위반죄와 국가공무원이 정당에 가입함으로 인한 국가공무원법위반죄 부분에 관한 공소는 위 피고인들에 대한 공소사실에 기재된 가입행위시부터 각 3년의 공소시효가 완성된 후인 2011. 7. 21. 제기되었으므로, 위 피고인들에 대한 이 부분 각 공소사실은 공소시효가 완성되었을 때에 해당한다고 판단하였다.

원심판결 이유를 앞서 본 법리에 비추어 살펴보면, 위와 같은 원심의 판단은 정당하고, 거기에 검사의 상고이유 주장과 같이 공소시효의 기산점에 관한 법리를 오해하는 등의 위법이 없다.

나. 피고인 82 부분에 대하여

원심은, 피고인 82는 당초 ○○○○당을 후원할 의사로 당우에 가입하여 CMS 이체동의를 하였지만, 2006. 1. 20.경 이를 철회하였음이 명백하므로, 그 이후에 인출된 금원에 대하여 여전히 ○○○○당을 후원할 의사로 후원금을 납부하였다고 인정하기에 충분한 증거가 없다고 보아 피고인 82에게 무죄를 선고한 제1심판결을 유지하였다.

원심판결 이유를 기록에 비추어 살펴보면, 위와 같은 원심의 판단은 정당한 것으로 수긍이 가고, 거기에 검사의 상고이유 주장과 같이 논리와 경험의 법칙을 위반하여 자유심증주의의 한계를 벗어나는 등의 위법이 없다.

2. 피고인 82를 제외한 나머지 피고인들(이하 이 항에서는 '피고인들'이라 한다)의 상고이유를 판단한다.

가. 상고이유 제2점에 대하여

형사소송법 제328조 제1항 제4호에 규정된 공소장에 기재된 사실이 진실하다 하더라도 범죄가 될 만한 사실이 포함되지 아니한 때라 함은 공소장 기재사실 자체에 대한 판단으로 그 사실 자체가 죄가 되지 아니함이 명백한 경우를 말한다(대법원 1990. 4. 10. 선고 90도174 판결 등 참조).

이러한 법리에 비추어 기록을 살펴보면, 이 사건 공소사실 중 정당법상 당원이 될 수 없는 피고인들이 ○○○○당에 당원으로 가입하여 당비 명목으로 정치자금을 기부하였다는 부분에 대하여는 피고인들의 당원 가입행위의 효력, 피고인들이 기부한 돈의 실질적인 성격 및 정치자금법의 구성요건 등을 검토하여 실체적 판단을 하여야 하는 것이므로, 공소장 기재사실 자체에 대한 판단만으로도 그 사실 자체가 죄가 되지 아니함이 명백한 경우라고는 할 수 없고, 따라서 이를 가리켜 형사소송법 제328조 제1항 제4호의 공소기각결정 사유에 해당한다고 할 수 없다.

원심의 이유설시에 다소 적절하지 않은 부분이 없지 않으나, 이 부분 공소사실이 피고인들 주장과 같은 공소기각결정 사유에 해당하지 않는다고 본 원심의 판단과 결론은 정당하고, 거기에 형사소송법 제328조 제1항 제4호의 해석에 관한 법리를 오해하는 등의 위법이 없다.

나. 상고이유 제1점 및 제4점에 대하여

피고인의 방어권 행사에 실질적인 불이익을 초래할 염려가 없는 경우에는 공소사실과 기본적 사실이 동일한 범위 내에서 법원이 공소장변경절차를 거치지 아니하고 다르게 사실을 인정하였다고 할지라도 불고불리의 원칙에 위배되지 아니한다(대법원 2011. 6. 30. 선고 2011도1651 판결 등 참조).

원심은, 이 사건 공소사실과 제1심판결이 인정한 범죄사실은 금원 이체의 일시, 액수는 물론 수단 및 방법도 모두 동일하고 단지 그 명목을 '당비'에서 '후원금'으로 달리 평가한 것에 불과하며 피고인들의 변소내용 및 제1심의 심리과정 등에 비추어 공소장변경 없이 위 이체금원의 명목을 위와 같이 변경하여 인정하였다고 하더라도 피고인들의 방어권 행사에 실질적인 불이익이 초래되었다고 할 수 없다는 이유로 공소장변경 없이 직권으로 '당비' 명목을 '후원금' 명목으로 인정한 제1심법원의 조치는 정당하다고 판단하였다.

원심판결 이유를 기록에 비추어 살펴보면, 원심의 위와 같은 판단은 정당하고, 거기에 상고이유 주장과 같이 불고불리의 원칙이나 공소장변경의 필요성에 관한 법리를 오해하는 등의 위법이 없다. 이와 관련된 상고이유 주장은 모두 받아들일 수 없다.

다. 상고이유 제3점에 대하여

원심은, ○○○○당이 후원회 내지 이와 유사한 기구를 설치·운영한 것이라고 보기 어렵고, 정치자금법에서 정하지 않은 방법에 의한 정치자금 수수의 경우 같은 법 제45조 제1항이 적용된다고 판단하였다.

원심판결 이유를 원심이 유지한 제1심이 적법하게 채택한 증거들에 비추어 살펴보면, 위와 같은 원심의 판단은 정당하고, 거기에 상고이유 주장과 같이 논리와 경험의 법칙을 위반하여 자유심증주의의 한계를 벗어나거나 정치자금법의 해석에 관한 법리를 오해하는 등의 위법이 없다.

라. 상고이유 제5점, 제8점, 제9점에 대하여

1) 원심은, 그 판시와 같은 사정을 들어 피고인들이 '○○○○당 가입원서'의 작성 당시 또는 후원금 명목의 금원 이체 당시 미필적으로나마 '그들이 ○○○○당에 후원금 명목의 금원을 이체한다.'는 사실을 인식하고 있었으므로, 피고인들에 대하여는 ○○○○당에 직접 후원금을 지급한다는 점에 대한 고의와 정치적 목적을 가지고 금전으로 ○○○○당을 지지한다는 점에 대한 고의가 인정된다고 판단하였다.

원심판결 이유를 원심이 유지한 제1심이 적법하게 채택한 증거들에 비추어 살펴보면, 위와 같은 원심의 판단은 정당하고, 거기에 상고이유 주장과 같이 논리와 경험의 법칙을 위반하여 자유심증주의의 한계를 벗어나거나 주관적 구성요건에 관한 법리를 오해하는 등의 위법이 없다.

2) 형법 제16조에서 "자기가 행한 행위가 법령에 의하여 죄가 되지 아니한 것으로 오인한 행위는 그 오인에 정당한 이유가 있는 때에 한하여 벌하지 아니한다."고 규정하고 있는 것은 일반적으로 범죄가 되는 경우이지만 자기의 특수한 경우에는 법령에 의하여 허용된 행위로서 죄가 되지 아니한다고 그릇 인식하고 그와 같이 그릇 인식함에 정당한 이유가 있는 경우에는 벌하지 아니한다는 취지이다. 이러한 정당한 이유가 있는지 여부는 행위자에게 자기 행위의 위법의 가능성에 대해 심사숙고하거나 조회할 수 있는 계기가 있어 자신의 지적능력을 다하여 이를 회피하기 위한 진지한 노력을 다하였더라면 스스로의 행위에 대하여 위법성을 인식할 수 있는 가능성이 있었음에도 이를 다하지 못한 결과 자기 행위의 위법성을 인식하지 못한 것인지 여부에 따라 판단하여야 할 것이고, 이러한 위법성의 인식에 필요한 노력의 정도는 구체적인 행위정황과 행위자 개인의 인식능력 그리고 행위자가 속한 사회집단에 따라 달리 평가되어야 한다(대법원 2010. 7. 15. 선고 2008도11679 판결 등 참조).

원심은, 그 판시와 같은 이유를 들어 시도교육청의 연말정산 안내서의 내용이나 중앙선거관리위원회의 질의회답 내용 등 피고인들이 주장하는 사정들만으로는 자신의 지적능력을 다하여 착오를 회피하기 위한 진지한 노력을 다하였다고 볼 수 없으므로, 피고인들의 행위가 법령에 의하여 죄가 되지 아니하는 것으로 오인한 데에 정당한 이유가 있다고 하기 어렵다고 판단하였다.

원심판결 이유를 위 법리와 원심이 유지한 제1심이 적법하게 채택한 증거들에 비추어 살펴보면, 위와 같은 원심의 판단은 정당하고, 거기에 피고인들의 상고이유 주장과 같이 논리와 경험의 법칙을 위반하여 자유심증주의의 한계를 벗어나거나 법률의 착오에 있어서의 정당한 이유의 해석에 관한 법리를 오해하는 등의 위법이 없다.

마. 상고이유 제6점에 대하여

원심은, 피고인들의 행위는 정치자금법이 정한 후원회에 가입한 행위가 아닌 ○○○○당에 직접 후원금 명목의 금원을 납부한 행위로서 정치자금법이 정하지 아니한 방법으로 정치자금을 기부한 행위에 해당한다고 판단하였다.

원심판결 이유를 원심이 유지한 제1심이 적법하게 채택한 증거들에 비추어 살펴보면, 위와 같은 원심의 판단은 정당하고, 거기에 상고이유 주장과 같이 논리와 경험의 법칙을 위반하여 자유심증주의의 한계를 벗어나거나 정치자금법의 해석에 관한 법리를 오해하는 등의 위법이 없다.

바. 상고이유 제7점에 대하여

국가공무원법 제65조 제4항은 '제3항 외에 정치적 행위의 금지에 관한 한계'의 내용에 대하여 각 헌법기관에 위임하는 형식을 취하고 있는바, 독자적인 헌법기관인 국회, 법원, 헌법재판소, 선거관리위원회, 행정부의 기능 및 업무의 특성상 소속 공무원에 대하여 금지하여야 할 정치적 행위의 내용을 개별적으로 구체화할 필요성이 긍정되고, 그 정치적 행위의 내용을 일일이 법률로써 규정하는 것은 입법기술상 매우 곤란하다고 판단되므로 그 위임의 필요성이 인정된다. 또한, 국가공무원법 제65조 제3항은 "공무원은 다른 공무원에게 제1항과 제2항에 위배되는 행위를 하도록 요구하거나, 정치적 행위에 대한 보상 또는 보복으로서 이익 또는 불이익을 약속하여서는 아니 된다."라는 내용으로, 이는 같은 조 제1항과 제2항이 금지하는 정치적 행위에 대하여 적극적으로 교사하는 등의 행위를 막기 위한 보완적인 규정이므로, '제3항 외에 정치적 행위의 금지에 관한 한계'의 구체적인 내용이나 태양은 같은 조 제1항이 금지하는 행위(정당 내지 정치단체의 결성 및 가입 행위)나 같은 조 제2항이 금지하는 행위(선거에서 특정 정당 또는 특정인을 지지 또는 반대하기 위한 능동적·적극적 행위)와 그 직접적 관련성과 밀접한 연계의 정도가 제3항의 경우에 이른다고 볼 수 있는 경우로서 공무원의 정치적 중립성을 훼손할 가능성이 큰 행위에 한하여 정해질 것임은 누구라도 충분히 예상할 수 있다. 따라서 국가공무원법 제65조 제4항이 포괄위임금지원칙을 위반하였다고 할 수 없다(헌법재판소 2014. 3. 27. 선고 2011헌바42 전원재판부 결정 등 참조).

나아가 국가공무원법 제65조 제4항을 위와 같이 해석하는 한 국가공무원법 제65조 제4항의 위임을 받아 제정된 구 국가공무원복무규정(2011. 7. 4. 대통령령 제23010호로 개정되기 전의 것. 이하 '구 국가공무원복무규정'이라 한다) 제27조 제2항 제4호도 모법이 금지하는 행위를 고려하여 제한적으로 해석하여야 하는 점, 구 국가공무원복무규정 제27조 제2항 본문은 "제1항의 규정에 의한 정치적 목적을 가지고 다음 각 호의 1에 해당하는 행위를 함을 말한다."고 규정하고 있으므로, 제1항 각 호에서 규정하고 있는 목적 즉, "정당의 조직·조직의 확장 기타 그 목적달성을 위한 것"(제1호), "특정 정당이나 정치단체를 지지 또는 반대하는 것"(제2호), "법률에 의한 공직선거에 있어서 특정의 후보자를 당선하게 하거나 낙선하게 하기 위한 것"(제3호)이라는 목적이 없는 행위는 여기에 해당하지 않는 점 등에 비추어 보면, 구 국가공무원복무규정 제27조 제2항 제4호는 특정 정당 또는 정치단체에 대한 일체의 금전적 또는 물질적 후원행위를 금지한다는 것이 아니고, 금전 또는 물질의 이름이나 구실 또는 이유에 구애되지는 않지만 정당활동이나 선거와 직접적으로 관련되거나 특정 정당과의 밀접한 연계성을 인정할 수 있는 경우 등 공무원의 정치적 중립성을 훼손할 가능성이 큰 행위로서 특정 정당 또는 정치단체를 지지 또는 반대하는 것이라는 요소가 있는 행위만을 금지하는 것이라고 해석하여야 하며, 그러한 해석하에서 보면 구 국가공무원복무규정 제27조 제2항 제4호가 명확성의 원칙에 위배되었거나 모법인 국가공무원법 제65조 제4항의 위임범위를 벗어났다고 할 수 없다.

같은 취지의 원심판단은 정당하고, 거기에 상고이유의 주장과 같이 포괄위임금지원칙이나 명확성의 원칙에 관한 법리를 오해하는 등의 위법이 없다.

3. 결론

검사의 상고와 피고인 82를 제외한 나머지 피고인들의 상고를 모두 기각하기로 하여, 관여 대법관의 일치된 의견으로 주문과 같이 판결한다.

대법관 이상훈(재판장) 신영철 김용덕 김소영(주심)

대법원 2014.4.30. 선고 2013도8799 판결

【업무상횡령】

판시사항

근로자는 운송회사로부터 일정액의 급여를 받으면서 당일 운송수입금을 전부 운송회사에 납입하고, 운송회사는 이를 월 단위로 정산하기로 하는 약정이 체결된 경우, 근로자가 운송수입금을 임의로 소비한 행위가 횡령죄를 구성하는지 여부(적극) 및 근로자가 사납금을 초과하는 수입금 일부를 배분받을 권리가 있더라도 마찬가지인지 여부(원칙적 적극)

판결요지

운송회사와 소속 근로자 사이에 근로자가 운송회사로부터 일정액의 급여를 받으면서 당일 운송수입금을 전부 운송회사에 납입하되, 운송회사는 근로자가 납입한 운송수입금을 월 단위로 정산하여 그 운송수입금이 월간 운송수입금 기준액인 사납금을 초과하는 경우에는 그 초과금액에 대하여 운송회사와 근로자에게 일정 비율로 배분하여 정산하고, 사납금에 미달되는 경우에는 그 부족금액에 대하여 근로자의 급여에서 공제하여 정산하기로 하는 약정이 체결되었다면, 근로자가 사납금 초과 수입금을 개인 자신에게 직접 귀속시키는 경우와는 달리, 근로자가 애초 거둔 운송수입금 전액은 운송회사의 관리와 지배 아래 있다고 봄이 상당하므로 근로자가 운송수입금을 임의로 소비하였다면 횡령죄를 구성한다. 이는 근로자가 운송회사에 대하여 사납금을 초과하는 운송수입금의 일부를 배분받을 권리를 가지고 있다고 하더라도 다른 특별한 사정이 없는 한 다를 바 없다고 할 것이다.

전　문

피 고 인 피고인 1 외 1인

상 고 인 피고인들

변 호 인 공익법무관

원심판결 대구지법 2013. 6. 28. 선고 2013노344 판결

주　문 상고를 모두 기각한다.

이　유 상고이유(상고이유서 제출기간이 경과된 후에 제출된 '상고이유서'의 기재는 상고이유를 보충하는 범위에서)를 판단한다.

운송회사와 소속 근로자 사이에 근로자가 운송회사로부터 일정액의 급여를 받으면서 당일 운송수입금을 전부 운송회사에 납입하되, 운송회사는 근로자가 납입한 운송수입금을 월 단위로 정산하여 그 운송수입금이 월간 운송수입금 기준액인 사납금을 초과하는 경우에는 그 초과금액에 대하여 운송회사와 근로자에게 일정 비율로 배분하여 정산하고, 사납금에 미달되는 경우에는 그 부족금액에 대하여 근로자의 급여에서 공제하여 정산하기로 하는 약정이 체결되었다면, 근로자가 사납금 초과 수입금을 개인 자신에게 직접 귀속시키는 경우와는 달리, 근로자가 애초 거둔 운송수입금 전액은 운송회사의 관리와 지배 아래 있다고 봄이 상당하므로 근로자가 운송수입금을 임의로 소비하였다면 횡령죄를 구성한다. 이는 근로자가 운송회사에 대하여 사납금을 초과하는 운송수입금의 일부를 배분받을 권리를 가지고 있다고 하더라도 다른 특별한 사정이 없는 한 다를 바 없다고 할 것이다.

앞서 본 법리에 비추어 기록을 살펴보면, 원심이 그 판시와 같은 이유를 들어 피고인들에 대한 이 사건 공소사실을 유죄로 인정한 것은 정당하다. 거기에 상고이유의 주장과 같이 논리와 경험의 법칙을 위반하여 사실을 잘못 인정하거나 업무상 횡령죄에서 '보관자'에 관한 법리를 오해하는 등의 위법이 있다고 할 수 없다.

그러므로 상고를 모두 기각하기로 하여 관여 대법관의 일치된 의견으로 주문과 같이 판결한다.

대법관 김창석(재판장) 양창수(주심) 고영한 조희대

대법원 2014.4.30. 선고 2013도15002 판결

【식품위생법위반·방문판매등에관한법률위반】

판시사항

구 식품위생법 제13조 제1항에서 금지하는 '식품에 관하여 의약품과 혼동할 우려가 있는 광고'의 의미 및 식품 판매자가 식품을 판매하면서 특정 구매자에게 그 식품이 질병 치료에 효능이 있다고 설명하고 상담한 행위가 이에 해당하는지 여부(소극)

판결요지

구 식품위생법(2011. 6. 7. 법률 제10787호로 개정되기 전의 것, 이하 '법'이라고 한다) 제97조 제1호, 제13조 제1항, 제2항, 구 식품위생법 시행규칙(2011. 8. 19. 보건복지부령 제73호로 개정되기 전의 것) 제8조의 내용을 종합하면, 법 제13조 제1항에서 금지하는 '식품에 관하여 의약품과 혼동할 우려가 있는 광고'란 라디오·텔레비전·신문·잡지·음악·영상·인쇄물·간판·인터넷, 그 밖의 방법으로 식품 등의 품질·영양가·원재료·성분 등에 대하여 질병의 치료에 효능이 있다는 정보를 나타내거나 알리는 행위를 의미한다고 보아야 한다. 따라서 식품 판매자가 식품을 판매하면서 특정 구매자에게 그 식품이 질병의 치료에 효능이 있다고 설명하고 상담하였다고 하더라도 이를 가리켜 법 제13조 제1항에서 금지하는 '광고'를 하였다고 볼 수 없고, 그와 같은 행위를 반복하였다고 하여 달리 볼 것은 아니다.

전　문

피 고 인 피고인

상 고 인 피고인 및 검사

원심판결 서울중앙지법 2013. 11. 21. 선고 2013노3200 판결

주　문 상고를 모두 기각한다.

이　유 상고이유를 판단한다.

1. 피고인의 상고에 대하여

피고인은 법정기간 내에 상고이유서를 제출하지 아니하였고(피고인이 제출한 상고이유서는 법정기간 경과 후인 2014. 4. 21. 이 법원에 접수되었다), 상고장에도 그 이유의 기재가 없다.

2. 검사의 상고이유에 대하여

가. 구 식품위생법(2011. 6. 7. 법률 제10787호로 개정되기 전의 것, 이하 '법'이라고 한다) 제97조 제1호는 제13조 제1항을 위반한 자 등을 처벌한다고 규정하고 있고, 법 제13조 제1항은 누구든지 식품에 관하여 의약품과 혼동할 우려가 있는 광고 등을 하여서는 아니 된다고 규정하고 있으며, 같은 조 제2항은 제1항에 따른 허위표시, 과대광고 및 과대포장의 범위와 그 밖에 필요한 사항은 보건복지부령으로 정한다고 규정하고 있다.

이에 따라 법 시행규칙(2011. 8. 19. 보건복지부령 제73호로 개정되기 전의 것) 제8조는 법 제13조에 따른 허위표시 및 과대광고의 범위는 용기·포장 및 라디오·텔레비전·신문·잡지·음악·영상·인쇄물·간판·인터넷, 그 밖의 방법으로 식품 등의 명칭·제조방법·품질·영양가·원재료·성분 또는 사용에 대한 정보를 나타내거나 알리는 행위 중 질병의 치료에 효능이 있다는 내용의 광고 등 어느 하나에 해당하는 것으로 한다고 규정하고 있다.

이러한 관련 규정의 내용을 종합하면, 법 제13조 제1항에서 금지하는 '식품에 관하여 의약품과 혼동할 우려가 있는 광고'라고 함은 라디오·텔레비전·신문·잡지·음악·영상·인쇄물·간판·인터넷, 그 밖의 방법으로 식품 등의 품질·영양가·원재료·성분 등에 대하여 질병의 치료에 효능이 있다는 정보를 나타내거나 알리는 행위를 의미한다고 보아야 한다. 따라서 식품 판매자가 식품을 판매하면서 특정 구매자에게 그 식품이 질병의 치료에 효능이 있다고 설명하고 상담하였다고 하더라도 이를 가리켜 법 제13조 제1항에서 금지하는 '광고'를 하였다고 볼 수 없고, 그와 같은 행위를 반복하였다고 하여 달리 볼 것은 아니다.

나. 이 사건 공소사실의 요지는, 누구든지 식품에 관하여 의약품과 혼동할 우려가 있는 광고를 하여서는 아니 됨

에도 불구하고, 피고인은 공소외 1 주식회사의 다단계 판매조직 총판으로 혼합음료 '○○○○'을 판매하면서, 공소외 2 등 3인을 상대로 당뇨, 관절, 고혈압, 동맥경화 등에 효능이 있는 만병통치약이라고 설명하고 상담하는 등의 방법으로 의약품과 혼동할 우려가 있는 광고를 하였다는 것이다.

원심은, 피고인이 다단계 판매조직 총판의 지위에서 이 사건 식품의 효능을 특정인에게 설명하였다고 하여 법 제13조 제1항에서 금지하는 '광고'를 하였다고 볼 수 없다는 등의 이유로 이 사건 공소사실을 무죄로 판단하였다.

원심판결 이유를 앞서 본 법리와 기록에 비추어 살펴보면, 원심의 위와 같은 판단은 정당한 것으로 수긍할 수 있고, 거기에 상고이유 주장과 같이 법 제13조 제1항이 규정하는 '광고'의 개념에 관한 법리를 오해한 잘못이 없다.

3. 결론

그러므로 상고를 모두 기각하기로 하여 관여 대법관의 일치된 의견으로 주문과 같이 판결한다.

대법관 양창수(재판장) 고영한 김창석(주심) 조희대

대법원 2014.4.30. 선고 2012도7768 판결

【조세범처벌법위반】

판시사항

재화 또는 용역을 공급받은 이가 매매계약에 따른 매입세금계산서를 교부받은 이후에 계약이 해제되어 수정세금계산서를 교부받아야 함에도 공급자에게 다시 재화 또는 용역을 공급한 것처럼 매출세금계산서를 발행한 경우, 구 조세범처벌법상 허위 매출세금계산서 교부에 대한 범의가 인정되는지 여부(적극)

판결요지

구 부가가치세법(2010. 1. 1. 법률 제9915호로 개정되기 전의 것) 제16조 제1항 전문에 따른 세금계산서와 같은 항 후문 및 구 부가가치세법 시행령(2010. 2. 18. 대통령령 제22043호로 개정되기 전의 것) 제59조에 따른 세금계산서는 교부사유, 교부시기 및 작성방법 등이 서로 다른 점, 계약 해제로 인하여 공급을 받은 이가 수정세금계산서를 교부받아야 함에도 공급자에게 매출세금계산서를 교부한 경우 이는 구 부가가치세법 제17조 제2항에 따라 매입세액 불공제 대상이 되는 점, 구 조세범처벌법(2010. 1. 1. 법률 제9919호로 개정되기 전의 것) 제11조의2 제4항의 입법 취지는 실물거래 없이 세금계산서를 수수하는 행위를 처벌함으로써 세금계산서 수수질서의 정상화를 도모하려는 데에 있고 위 규정은 조세포탈 여부가 구성요건이 되는 다른 규정과 달리 세금계산서가 갖는 증빙서류로서의 기능을 중시하고 있는 점 등을 종합하여 보면, 구 조세범처벌법 제11조의2 제4항을 적용함에 있어서 부가가치세법에 의한 세금계산서에 상응하는 재화 또는 용역의 공급이 있었는지의 여부는 각각의 매출세금계산서나 수정세금계산서마다 따로 판단하여야 할 것이다. 따라서 재화 또는 용역을 공급받은 이가 매매계약에 따른 매입세금계산서를 교부받은 이후에 그 계약이 해제되어 수정세금계산서를 교부받아야 함에도 공급자에게 다시 재화 또는 용역을 공급한 것처럼 매출세금계산서를 발행하였다면, 설령 그 과세기간 내의 매출세액과 매입세액의 합계액에 아무런 영향을 미치지 아니한다고 하더라도, 실제로 그에 상응하는 재화 또는 용역을 공급하지 아니한 이상 허위의 매출세금계산서를 교부한다는 사정에 대한 범의가 부정된다고 볼 것은 아니다.

전 문

피 고 인 피고인

상 고 인 검사

변 호 인 법무법인

원심판결 서울서부지법 2012. 6. 14. 선고 2012노28 판결

주 문 원심판결 중 각 매출세금계산서 교부에 의한 조세범처벌법 위반 부분을 파기하고, 이 부분 사건을 서울서부지방법원 합의부에 환송한다. 나머지 상고를 기각한다.

이 유 상고이유를 판단한다.

1. 각 매입세금계산서 수취에 의한 조세범처벌법 위반의 점에 관하여

원심은, 공소외 1 주식회사(이하 '공소외 1 회사'라고 한다)가 2009. 10. 5. 공소외 2 주식회사(이하 '공소외 2 회사'라고 한다)로부터 강관파일 2,000톤을 20억 원(부가가치세 2억 원 별도)에 매수하되 이후 발주수량에 따라 대금을 협의하여 정산하기로 하는 내용의 자재매매계약(이하 '이 사건 매매계약'이라고 한다)을 체결한 점, 피고인은 공소외 2 회사로부터 이 사건 매매계약에 따른 대금을 미리 지급하여 달라는 요구를 받고, 2009. 10. 5.경부터 2009년 12월경까지 대금 지급을 위한 약속어음을 발행하면서 그에 따른 매입세금계산서를 교부받은 점 등

그 판시와 같은 사정에 비추어 피고인에게 재화나 용역의 공급 없이 세금계산서를 교부받는다는 범의가 있었다고 볼 수 없다는 이유로 이 부분 공소사실을 무죄로 판단한 제1심판결을 유지하였다.

원심판결 이유를 기록에 비추어 살펴보면, 원심의 위와 같은 판단은 정당한 것으로 수긍할 수 있다. 거기에 상고이유의 주장과 같이 논리와 경험의 법칙에 반하여 사실을 인정하는 등의 위법이 있다고 할 수 없다.

2. 각 매출세금계산서 교부에 의한 조세범처벌법 위반의 점에 관하여

가. 원심은, 공소외 1 회사는 2010년 1월 중순경 공소외 2 회사와 이 사건 매매계약을 해제하기로 합의한 후 이미 교부된 매입세금계산서로 인한 세금문제를 해결하기 위하여 공소외 1 회사가 공소외 2 회사에게 같은 금액 상당의 매출세금계산서를 교부하는 방법을 취하게 된 점 등 그 판시와 같은 사정에 비추어 피고인이 계약이 해제된 경우 수정세금계산서를 교부하여야 한다는 내용을 알고 있었거나 거래의 관행 등에 따라 쉽게 알 수 있었던 경우라고 할 수 없고 달리 피고인에게 재화 또는 용역의 공급 없이 세금계산서를 교부한다는 범의가 있었음을 인정하기에 부족하다는 이유로 이 부분 공소사실을 무죄로 판단한 제1심판결을 유지하였다.

나. 그러나 원심의 위와 같은 판단은 다음과 같은 이유에서 이를 수긍할 수 없다.

구 부가가치세법(2010. 1. 1. 법률 제9915호로 개정되기 전의 것) 제16조 제1항 전문에 따른 세금계산서와 같은 항 후문 및 구 부가가치세법 시행령(2010. 2. 18. 대통령령 제22043호로 개정되기 전의 것) 제59조에 따른 세금계산서는 교부사유, 교부시기 및 작성방법 등이 서로 다른 점, 계약 해제로 인하여 공급을 받은 이가 수정세금계산서를 교부받아야 함에도 공급자에게 매출세금계산서를 교부한 경우 이는 구 부가가치세법 제17조 제2항에 따라 매입세액 불공제 대상이 되는 점, 구 조세범처벌법(2010. 1. 1. 법률 제9919호로 개정되기 전의 것) 제11조의2 제4항의 입법 취지는 실물거래 없이 세금계산서를 수수하는 행위를 처벌함으로써 세금계산서 수수질서의 정상화를 도모하려는 데에 있고 위 규정은 조세포탈 여부가 구성요건이 되는 다른 규정과 달리 세금계산서가 갖는 증빙서류로서의 기능을 중시하고 있는 점 등을 종합하여 보면, 구 조세범처벌법 제11조의2 제4항을 적용함에 있어서 부가가치세법에 의한 세금계산서에 상응하는 재화 또는 용역의 공급이 있었는지의 여부는 각각의 매출세금계산서나 수정세금계산서마다 따로 판단하여야 할 것이다. 따라서 재화 또는 용역을 공급받은 이가 매매계약에 따른 매입세금계산서를 교부받은 이후에 그 계약이 해제되어 수정세금계산서를 교부받아야 함에도 공급자에게 다시 재화 또는 용역을 공급한 것처럼 매출세금계산서를 발행하였다면, 설령 그 과세기간 내의 매출세액과 매입세액의 합계액에 아무런 영향을 미치지 아니한다고 하더라도, 실제로 그에 상응하는 재화 또는 용역을 공급하지 아니한 이상 허위의 매출세금계산서를 교부한다는 사정에 대한 범의가 부정된다고 볼 것은 아니다.

그럼에도 원심은 그 판시와 같은 이유만을 들어 피고인에게 재화 또는 용역의 공급 없이 세금계산서를 교부한다는 범의가 인정되지 아니한다고 판단하였다. 이러한 원심판단에는 재화 또는 용역의 공급이 없는 세금계산서 교부행위의 범의에 관한 법리를 오해하여 판결에 영향을 미친 위법이 있다. 이를 지적하는 이 부분 상고이유의 주장은 이유 있다.

3. 결론

그러므로 원심판결 중 각 매출세금계산서 교부에 의한 조세범처벌법 위반 부분을 파기하고 이 부분 사건을 다시 심리·판단하게 하기 위하여 원심법원에 환송하며 나머지 상고를 기각하기로 하여, 관여 대법관의 일치된 의견으로 주문과 같이 판결한다.

대법관 김창석(재판장) 양창수(주심) 고영한 조희대

대법원 2014.4.10. 선고 2013도9171 판결

【업무상횡령·식품위생법위반】

판시사항

[1] 유독·유해물질이 들어 있거나 묻어 있는 것 또는 그러할 염려가 있는 식품 등으로서 식품위생법 시행규칙 제3조 각 호에 해당하지 않는 것은 식품위생법상 판매 등이 금지되는지 여부(적극)

[2] 영업자에 의해 판매되는 식품에 실제로 유독·유해물질이 들어 있지 않거나 그로 인하여 사람의 건강을 해한 결과가 발생하지 않았으나 그러한 염려가 있음이 인정되는 경우, 식품위생법상 처벌대상이 되는지 여부(적극)

판결요지

[1] 식품위생법(이하 '법'이라고 한다) 제94조 제1호, 제4조 제2호는 유독·유해물질이 들어 있거나 묻어 있는 것 또는 그러할 염려가 있는 식품, 식품첨가물 등을 판매한 경우에는 처벌하도록 규정하고 있고, 다만 같은 제2호 단서에 의하여 식품의약품안전처장이 인체의 건강을 해칠 우려가 없다고 인정하는 것은 판매 등 금지대상에서 제외하고 있으며, 식품위생법 시행규칙 제3조는 법 제4조 제2호 단서에 따라 판매 등이 허용되는 식품의 범위를 '법 제7조 제1항·제2항에 따른 식품 등의 제조·가공 등에 관한 기준 및 성분에 관한 규격에 적합한 것과 그 기준 및 규격이 정해지지 아니한 것으로서 식품의약품안전처장이 식품위생심의위원회의 심의를 거쳐 유해의 정도가 인체의 건강을 해칠 우려가 없다고 인정한 것'으로 한정하고 있으므로, 이에 해당하지 않는 것은 그 판매 등이 금지된다고 보아야 한다.

[2] 영업자에 의해 유독·유해물질이 들어 있는 식품이 시중에 판매되는 경우, 다수의 소비자들이 위험성을 미처 인식하지 못하고 섭취하게 됨으로써 사람의 생명과 신체에 대한 피해가 광범위하고 급속하게 발생할 우려가 있고, 일단 피해가 발생하면 사후적인 구제는 별 효과가 없는 경우가 대부분이다.

식품으로 인하여 생기는 위생상의 위해를 방지하고 식품영양의 질적 향상을 도모하며 식품에 관한 올바른 정보를 제공하여 국민보건의 증진에 이바지함을 목적으로 하여 제정된 식품위생법 제4조 제2호는 위해식품으로 인하여 생기는 위와 같은 피해의 특수성을 고려하여 유독·유해물질이 들어 있거나 묻어 있는 것 외에 그러할 염려가 있는 것에 대해서까지도 판매하는 등의 행위를 금지하고 있으므로, 실제로 유독·유해물질이 들어 있지 않거나 그로 인하여 사람의 건강을 해한 결과가 발생하지 아니하였더라도 그러한 염려가 있음만 인정된다면 식품위생법 제94조 제1호, 제4조 제2호에 의한 처벌대상이 된다.

전 문

피 고 인 피고인 1 외 1인

상 고 인 피고인들

변 호 인 변호사

원심판결 춘천지법 강릉지원 2013. 7. 9. 선고 2012노357 판결

주 문 상고를 모두 기각한다.

이 유 피고인들의 상고이유를 함께 판단한다.

1. 상고이유 제1점에 대하여

가. 주식회사는 주주와 독립된 별개의 권리주체로서 그 이해가 반드시 일치하는 것은 아니므로, 회사 소유 재산을 주주나 대표이사가 사적인 용도로 임의 처분하였다면 횡령죄의 죄책을 면할 수는 없는 것이고, 업무상횡령죄에 있어서 불법영득의 의사라 함은 자기 또는 제3자의 이익을 꾀할 목적으로 임무에 위배하여 보관하는 타인의 재물을 자기의 소유인 경우와 같이 처분을 하는 의사를 말하고, 사후에 이를 반환하거나 변상, 보전하는 의사가 있다 하더라도 불법영득의 의사를 인정함에는 지장이 없으며, 그와 같이 사후에 변상하거나 보전한 금액을 횡령금액에서 공제해야 하는 것도 아니다(대법원 2005. 8. 19. 선고 2005도3045 판결 등 참조).

나. 원심은, 피고인 2 주식회사(이하 '피고인 회사'라고 한다)가 2008. 9. 1. 주관기관인 ○○대학교 산학협력단, 참여기관인 동해시와 함께 강원도 시·군 신성장동력사업 발굴육성지원사업의 참여기업으로 선정된 사실, 피고인 1은 2009. 4. 3. 위 사업의 1차 기술개발비로 용도를 지정한 지원금 1,600만 원을 피고인 회사의 계좌로 지급받아 피고인 회사를 위하여 업무상 보관 중, 같은 해 4. 6. 처 공소외인의 계좌로 위 돈을 이체하여 그 무렵부터 같은 해 4. 27.까지 사이에 신용카드 대금 결제 등 사적인 용도로 소비한 사실 등을 인정한 다음, 피고인 1의 위 돈의 인출행위가 업무상횡령죄를 구성한다고 보아 이를 유죄로 인정한 제1심을 유지하였다.

원심판결 이유를 앞서 본 법리와 기록에 비추어 살펴보면, 원심의 판시에 일부 부적절한 점이 있기는 하나 원심이 피고인 1의 업무상횡령의 점을 유죄로 인정한 것은 정당하고, 거기에 상고이유의 주장과 같이 논리와 경험의 법칙을 위반하여 자유심증주의의 한계를 벗어난 위법이 없다.

2. 상고이유 제2점에 대하여

가. 식품위생법 제94조 제1호, 제4조 제2호는 유독·유해물질이 들어 있거나 묻어 있는 것 또는 그러할 염려가 있는 식품, 식품첨가물 등을 판매한 경우에는 처벌하도록 규정하고 있고, 다만 같은 제2호 단서에 의하여 식품의약품안전처장이 인체의 건강을 해칠 우려가 없다고 인정하는 것은 판매 등 금지대상에서 제외하고 있으며, 같은 법 시행규칙 제3조는 법 제4조 제2호 단서에 따라 판매 등이 허용되는 식품의 범위를 '법 제7조 제1항·제2항에 따른 식품 등의 제조·가공 등에 관한 기준 및 성분에 관한 규격에 적합한 것과 그 기준 및 규격이 정해지지 아니한 것으로서 식품의약품안전처장이 식품위생심의위원회의 심의를 거쳐 유해의 정도가 인체의 건강을 해칠 우려가 없다고 인정한 것'으로 한정하고 있으므로, 이에 해당하지 않는 것은 그 판매 등이 금지된다고 보아야 한다.

한편, 같은 법 제7조, 제14조에서 식품의약품안전처장은 식품의 성분에 관한 규격을 정하여 고시할 수 있고, 그러한 규격을 실은 공전을 작성·보급하도록 규정하고 있는 취지는 국민보건상 특히 필요하다고 인정되는 판매용 식품의 성분 규격을 미리 정하여 규격에 맞지 아니한 식품의 제조, 판매 등을 금지시키기 위한 것에 불과하므로 식품의 각 품목마다 반드시 그 고시를 하여야 하는 것은 아니고 또 이러한 고시를 아니하였다 하여 유독·유해한 성분을 용인하는 것이라고는 볼 수 없다(대법원 1995. 11. 7. 선고 95도1966 판결 참조).

영업자에 의해 유독·유해물질이 들어 있는 식품이 시중에 판매되는 경우, 다수의 소비자들이 그 위험성을 미처 인식하지 못하고 섭취하게 됨으로써 사람의 생명과 신체에 대한 피해가 광범위하고 급속하게 발생할 우려가 있고, 일단 피해가 발생하면 사후적인 구제는 별 효과가 없는 경우가 대부분이다.

식품으로 인하여 생기는 위생상의 위해를 방지하고 식품영양의 질적 향상을 도모하며 식품에 관한 올바른 정보를 제공하여 국민보건의 증진에 이바지함을 목적으로 하여 제정된 식품위생법 제4조 제2호는 위해식품으로 인하여 생기는 위와 같은 피해의 특수성을 고려하여 유독·유해물질이 들어 있거나 묻어 있는 것 외에 그러할 염려가 있는 것에 대해서까지도 판매하는 등의 행위를 금지하고 있는 것이므로, 실제로 유독·유해물질이 들어 있지 않거나 그로 인하여 사람의 건강을 해한 결과가 발생하지 아니하였더라도 그러한 염려가 있음만 인정된다면 위 규정에 의한 처벌대상이 된다고 할 것이다.

나. 이 사건의 경우 피고인 1이 판매한 대마씨기름에서 테트라하이드로칸나비놀(THC) 성분이 검출되었는데, 테트라하이드로칸나비놀은 마약류 관리에 관한 법률의 규정에 의한 마약류의 성분으로서 식품위생법 제4조 제2호에서 규정한 유독·유해물질이라고 할 것이고, 기록에 의하면 테트라하이드로칸나비놀은 같은 법 제7조의 규정에 의한 고시에 수록된 기준·규격에 적합하지 아니할 뿐만 아니라, 식품위생심의위원회의 심의를 거쳐 유해의 정도가 인체의 건강을 해칠 우려가 없는 것으로 인정된 것도 아닌 사실을 알 수 있다.

따라서 피고인들이 주장하는 바와 같이 테트라하이드로칸나비놀 성분이 들어 있지 않은 대마씨기름의 판매가 가능하고, 피고인 1이 판매한 대마씨기름 중에는 그 성분이 매우 적은 양만 포함되어 있어 인체의 건강에 영향이 없는 경우가 있을 수 있다고 하더라도, 인체의 건강에 유해할 정도의 테트라하이드로칸나비놀이 들어 있을 가능성을 배제할 수 없는 이상, 피고인 1이 판매한 대마씨기름 원액은 같은 법 제4조 제2호에서 판매 등을 금지하고 있는 유독·유해물질이 들어 있거나 그러할 염려가 있는 식품에 해당한다고 할 것이다.

같은 취지에서 이 부분 공소사실을 유죄로 인정한 원심의 판단은 정당하고, 거기에 상고이유의 주장과 같이 식품위생법 제4조 제2호에 정한 '유독·유해물질'에 관한 법리를 오해한 위법이 없다.

3. 상고이유 제3점에 대하여

형법 제16조에서 자기의 행위가 법령에 의하여 죄가 되지 아니한 것으로 오인한 행위는 그 오인에 정당한 이유가 있는 때에 한하여 벌하지 아니한다고 규정하고 있는 것은 일반적으로 범죄가 되는 경우이지만 자기의 특수한 경우에는 법령에 의하여 허용된 행위로서 죄가 되지 아니한다고 그릇 인식하고 그와 같이 그릇 인식함에 정당한 이유가 있는 경우에는 벌하지 아니한다는 취지이고, 이러한 정당한 이유가 있는지 여부는 행위자에게 자기 행위의 위법의 가능성에 대해 심사숙고하거나 조회할 수 있는 계기가 있어 자신의 지적능력을 다하여 이를 회피하기 위한 진지한 노력을 다하였더라면 스스로의 행위에 대하여 위법성을 인식할 수 있는 가능성이 있었음에도 이를 다하지 못한 결과 자기 행위의 위법성을 인식하지 못한 것인지 여부에 따라 판단하여야 할 것이고, 이러한 위법성의 인식에 필요한 노력의 정도는 구체적인 행위정황과 행위자 개인의 인식능력 그리고 행위자가 속한 사회집단에 따라 달리 평가되어야 한다(대법원 2006. 3. 24. 선고 2005도3717 판결 등 참조).

기록에 의하면, 피고인 1이 자기의 행위가 죄가 되지 아니한다고 오인한 근거로 주장하는 검사의 2009. 1. 23.자 불기소처분의 내용은, '피의자가 위 오일이 위해식품이거나 수입 등이 금지된 물품에 해당된다는 사실을 인식하였다고 인정할 증거가 없고, 달리 범의를 인정할 증거가 없다(다만, 본건 처분 이후에 계속하여 THC 성분이 든 식품을 판매하는 행위에 대해서는 별론이다)'라는 것임을 알 수 있다. 그렇다면 피고인 1은 오히려 위 불기소처분에 의하여 자신이 판매하는 대마씨기름에 테트라하이드로칸나비놀 성분이 함유된 사실을 인식하였다고 할 것이므로, 이후에는 자기의 행위가 죄가 되지 아니한다고 오인하였다고 하더라도 정당한 이유가 있는 법률의 착오에 해당한다고 볼 수 없고, 위 피고인이 상고이유에서 주장하는 그 밖의 사정을 아울러 고려하더라도 달리 볼 수 없다.

또한 원심이 확정한 사실관계에 의하면, 위 피고인의 행위는 고의에 의한 것으로 봄이 상당하고, 위 피고인이 자신의 행위가 식품위생법 제94조 제1호, 제4조 제2호의 구성요건에 해당하는지에 대한 오인을 일으켰다고 하여 고의가 없다고 볼 수도 없다.

같은 취지의 원심의 판단은 정당하고, 거기에 상고이유에서 주장하는 바와 같은 법률의 착오 또는 고의의 유무에 관한 법리오해의 위법 등이 있다고 할 수 없다.

4. 결론

상고를 모두 기각하기로 하여, 관여 대법관의 일치된 의견으로 주문과 같이 판결한다.

대법관 이상훈(재판장) 신영철 김용덕 김소영(주심)

대법원 2014.4.10. 선고 2013도229 판결

【직무유기】

판시사항

1 교육기관 등의 장이 징계위원회로부터 교육공무원에 대한 징계의결서를 통보받은 경우, 법정 시한 내에 이를 집행할 의무가 있는지 여부(원칙적 적극)

2 직무유기죄에서 '직무를 유기한 때'의 의미 및 교육기관 등의 장이 교육공무원에 대한 징계의결을 집행하지 못할 법률상·사실상의 장애가 없는데도 징계의결서를 통보받은 날로부터 법정 시한이 지나도록 집행을 유보하는 행위가 직무유기죄를 구성하는지 여부(한정 적극)

판결요지

1 구 교육공무원법(2011. 9. 30. 법률 제11066호로 개정되기 전의 것) 제51조 제1항 전문, 교육공무원 징계령 제16조 본문, 제17조 제1항, 국가공무원법 제82조 제2항 전문 규정과 같이, 교육공무원 징계령 제17조 제1항이 징계처분권자가 징계위원회로부터 징계의결서를 받은 경우에는 받은 날로부터 15일 이내에 집행하여야 한다고 규정하고 있는 점, 교육공무원의 징계에 관한 사항을 징계위원회의 의결사항으로 규정한 것은 임용권자의 자의적인 징계운영을 견제하여 교육공무원의 권익을 보호함과 아울러 징계의 공정성을 담보할 수 있도록 절차의 합리성과 공정한 징계운영을 도모하기 위한 데에 입법 취지가 있는 점, 징계의결서를 통보받은 징계처분권자는 국가공무원법 제82조 제2항에 의하여 해당 징계의결이 가볍다고 인정하는 경우에 한하여서만 심사 또는 재심사를 청구할 수 있는 점 등 교육공무원의 징계에 관한 관련 규정을 종합하여 보면, 교육기관·교육행정기관·지방자치단체 또는 교육연구기관의 장이 징계위원회로부터 징계의결서를 통보받은 경우에는 해당 징계의결을 집행할 수 없는 법률상·사실상의 장애가 있는 등 특별한 사정이 없는 이상 법정 시한 내에 이를 집행할 의무가 있다.

2 형법 제122조에서 정하는 직무유기죄에서 '직무를 유기한 때'란 공무원이 법령, 내규 등에 의한 추상적 성실의무를 태만히 하는 일체의 경우에 성립하는 것이 아니라 직장의 무단이탈, 직무의 의식적인 포기 등과 같이 국가의 기능을 저해하고 국민에게 피해를 야기시킬 가능성이 있는 경우를 가리킨다. 그리하여 일단 직무집행의 의사로 자신의 직무를 수행한 경우에는 직무집행의 내용이 위법한 것으로 평가된다는 점만으로 직무유기죄의 성립을 인정할 것은 아니고, 공무원이 태만·분망 또는 착각 등으로 인하여 직무를 성실히 수행하지 아니한 경우나 형식적으로 또는 소홀히 직무를 수행한 탓으로 적절한 직무수행에 이르지 못한 것에 불과한 경우에도 직무유기죄는 성립하지 아니한다.

따라서 교육기관·교육행정기관·지방자치단체 또는 교육연구기관의 장이 징계의결을 집행하지 못할 법률상·사실상의 장애가 없는데도 징계의결서를 통보받은 날로부터 법정 시한이 지나도록 집행을 유보하는 모든 경우에 직무유기죄가 성립하는 것은 아니고, 그러한 유보가 직무에 관한 의식적인 방임이나 포기에 해당한다고 볼 수 있는 경우에 한하여 직무유기죄가 성립한다고 보아야 한다.

전 문

피 고 인 피고인

상 고 인 검사

변 호 인 변호사

원심판결 광주고법 2012. 12. 11. 선고 (전주)2012노237 판결

주 문 상고를 기각한다.

이 유 상고이유를 판단한다.

1\. 가. 구 교육공무원법(2011. 9. 30. 법률 제11066호로 개정되기 전의 것, 이하 '교육공무원법'이라고 한다) 제51조 제1항 전문은 교육기관·교육행정기관·지방자치단체 또는 교육연구기관의 장(이하 '교육기관 등의 장'이라고 한다)은 그 소속 교육공무원이 국가공무원법 제78조 제1항 각호의 1 및 지방공무원법 제69조 제1항 각호의 1의 징계사유에 해당한다고 인정하는 때에는 지체없이 당해 징계사건을 관할하는 징계위원회에 그 징계의결을 요구하여야 한다고 규정하고 있다. 그리고 교육공무원 징계령은 제16조 본문에서 징계위원회가 징계의결을 한 때에는 지체없이 징계의결서의 정본을 첨부하여 징계의결요구자에게 통고하여야 한다고 규정하고 있고, 제17조 제1항에서 징계처분권자는 징계의결서를 받은 날로부터 15일 이내에 이를 집행하여야 한다고 규정하고 있다. 한편 국가공무원법 제82조 제2항 전문은 징계의결 등을 요구한 기관의 장은 징계위원회의 의결이 가볍다고 인정하면 그 처분을 하기 전에 직근 상급기관에 설치된 징계위원회에 심사나 재심사를 청구할 수 있다고 규정하고 있다.

위와 같이 교육공무원 징계령 제17조 제1항이 징계처분권자가 징계위원회로부터 징계의결서를 받은 경우에는 그 받은 날로부터 15일 이내에 집행하여야 한다고 규정하고 있는 점, 교육공무원의 징계에 관한 사항을 징계위원회의 의결사항으로 규정한 것은 임용권자의 자의적인 징계운영을 견제하여 교육공무원의 권익을 보호함과 아울러 징계의 공정성을 담보할 수 있도록 절차의 합리성과 공정한 징계운영을 도모하기 위한 데에 입법 취지가 있는 점(대법원 2013. 6. 27. 선고 2011도797 판결 참조), 징계의결서를 통보받은 징계처분권자는 국가공무원법 제82조 제2항에 의하여 해당 징계의결이 가볍다고 인정하는 경우에 한하여서만 심사 또는 재심사를 청구할 수 있는 점 등 교육공무원의 징계에 관한 관련 규정을 종합하여 보면, 교육기관 등의 장이 징계위원회로부터 징계의결서를 통보받은 경우에는 해당 징계의결을 집행할 수 없는 법률상·사실상의 장애가 있는 등 특별한 사정이 없는 이상 법정 시한 내에 이를 집행할 의무가 있다고 할 것이다.

나. 한편 형법 제122조에서 정하는 직무유기죄에서 '직무를 유기한 때'란 공무원이 법령, 내규 등에 의한 추상적 성실의무를 태만히 하는 일체의 경우에 성립하는 것이 아니라 직장의 무단이탈, 직무의 의식적인 포기 등과 같이 국가의 기능을 저해하고 국민에게 피해를 야기시킬 가능성이 있는 경우를 가리킨다. 그리하여 일단 직무집행의 의사로 자신의 직무를 수행한 경우에는 그 직무집행의 내용이 위법한 것으로 평가된다는 점만으로 직무유기죄의 성립을 인정할 것은 아니고, 공무원이 태만·분망 또는 착각 등으로 인하여 직무를 성실히 수행하지 아니한 경우나 형식적으로 또는 소홀히 직무를 수행한 탓으로 적절한 직무수행에 이르지 못한 것에 불과한 경우에도 직무유기죄는 성립하지 아니한다(대법원 2013. 4. 26. 선고 2012도15257 판결 등 참조).

다. 따라서 교육기관 등의 장이 징계의결을 집행하지 못할 법률상·사실상의 장애가 없는데도 징계의결서를 통보받은 날로부터 법정 시한이 지나도록 그 집행을 유보하는 모든 경우에 직무유기죄가 성립하는 것은 아니고, 그러한 유보가 직무에 관한 의식적인 방임이나 포기에 해당한다고 볼 수 있는 경우에 한하여 직무유기죄가 성립한다고 보아야 한다.

2\. 원심은, 시국선언에 참여한 교사들에 대한 형사재판의 진행 경과 및 시국선언 참여행위의 정당성 여부에 관한 찬반양론이 대립하였던 점, 전임 전라북도 교육감 공소외인이 재직 당시 위 교사들에 대한 이 사건 징계의결의 집행 유보를 선언하였던 점, 이후 피고인이 이 사건 징계의결의 집행을 유보하게 된 경위와 위 교사들에 대한 형사사건의 대법원판결이 있던 당일 징계의결을 집행한 점, 이 사건 징계의결의 집행 유보로 학생들의 학습권이 침해되었다고 볼 만한 자료가 없는 점 등의 사정을 들어, 피고인이 이 사건 징계의결의 집행을 유보한 행위를 직무의 의식적인 방임이나 포기로 볼 수 없다고 판단하여 피고인에 대하여 무죄를 선고한 제1심판결을 그대로 유지하였다.

원심판결 이유를 앞서 본 법리와 기록에 비추어 살펴보면, 원심의 위와 같은 판단은 정당하고, 거기에 상고이유 주장과 같이 징계의결의 집행과 직무유기죄의 성립에 관한 법리를 오해하는 등의 위법이 없다.

3\. 그러므로 상고를 기각하기로 하여 관여 대법관의 일치된 의견으로 주문과 같이 판결한다.

대법관 김용덕(재판장) 신영철(주심) 이상훈 김소영

대법원 2014.4.10. 선고 2013도12079 판결

【사행행위등규제및처벌특례법위반·게임산업진흥에관한법률위반·상해·위증·범인도피교사】

판시사항

범인이 도피를 위하여 타인에게 도움을 요청하는 행위가 범인도피교사죄를 구성하는 경우와 그 경우 방어권 남용 여부의 판단 기준

판결요지

범인 스스로 도피하는 행위는 처벌되지 아니하므로, 범인이 도피를 위하여 타인에게 도움을 요청하는 행위 역시 도피행위의 범주에 속하는 한 처벌되지 아니하며, 범인의 요청에 응하여 범인을 도운 타인의 행위가 범인도피죄에 해당한다고 하더라도 마찬가지이다. 다만 범인이 타인으로 하여금 허위의 자백을 하게 하는 등으로 범인도피죄를 범하게 하는 경우와 같이 그것이 방어권의 남용으로 볼 수 있을 때에는 범인도피교사죄에 해당할 수 있다. 이 경우 방어권의 남용이라고 볼 수 있는지 여부는, 범인을 도피하게 하는 것이라고 지목된 행위의 태양과 내용, 범인과 행위자의 관계, 행위 당시의 구체적인 상황, 형사사법의 작용에 영향을 미칠 수 있는 위험성의 정도 등을 종합하여 판단하여야 한다.

전 문

피 고 인 피고인

상 고 인 피고인

변 호 인 변호사

원심판결 청주지법 2013. 9. 12. 선고 2013노162, 367, 670 판결

주 문 원심판결을 파기하고, 사건을 청주지방법원 합의부에 환송한다.

이 유 상고이유를 판단한다.

1. 형법 제151조가 정한 범인도피죄에서 '도피하게 하는 행위'란 은닉 이외의 방법으로 범인에 대한 수사, 재판 및 형의 집행 등 형사사법의 작용을 곤란하게 하거나 불가능하게 하는 일체의 행위를 말한다(대법원 2008. 12. 24. 선고 2007도11137 판결 등 참조).

   한편 범인 스스로 도피하는 행위는 처벌되지 아니하는 것이므로, 범인이 도피를 위하여 타인에게 도움을 요청하는 행위 역시 도피행위의 범주에 속하는 한 처벌되지 아니하는 것이며, 범인의 요청에 응하여 범인을 도운 타인의 행위가 범인도피죄에 해당한다고 하더라도 마찬가지이다. 다만 범인이 타인으로 하여금 허위의 자백을 하게 하는 등으로 범인도피죄를 범하게 하는 경우와 같이 그것이 방어권의 남용으로 볼 수 있을 때에는 범인도피교사죄에 해당할 수 있다(대법원 2000. 3. 24. 선고 2000도20 판결 등 참조). 이 경우 방어권의 남용이라고 볼 수 있는지 여부는, 범인을 도피하게 하는 것이라고 지목된 행위의 태양과 내용, 범인과 행위자의 관계, 행위 당시의 구체적인 상황, 형사사법의 작용에 영향을 미칠 수 있는 위험성의 정도 등을 종합하여 판단하여야 할 것이다.

2. 원심은 이 사건 공소사실 중 당시 벌금 이상의 형에 해당하는 죄를 범하고 도피 중이던 피고인이 공소외인에게 자동차를 이용하여 원하는 목적지로 이동시켜 달라고 요구하거나 속칭 '대포폰'을 구해 달라고 부탁함으로써 공소외인으로 하여금 피고인의 요청에 응하도록 하였다는 내용인 범인도피교사의 점을 유죄로 인정하였다.

3. 그러나 원심의 이러한 판단은 그대로 수긍하기 어렵다.

   원심이 적법하게 채택한 증거에 의하여 인정되는 다음과 같은 사정들, 즉, 공소외인은 피고인이 평소 가깝게 지내던 후배인 점, 피고인은 자신의 휴대폰을 사용할 경우 소재가 드러날 것을 염려하여 공소외인에게 요청하여 대포폰을 개설하여 받고, 공소외인에게 전화를 걸어 자신이 있는 곳으로 오도록 한 다음 공소외인이 운전하는 자동차를 타고 청주시 일대를 이동하여 다닌 것으로서, 피고인의 이러한 행위는 형사사법에 중대한 장애를 초래한다고 보기 어려운 통상적 도피의 한 유형으로 볼 여지가 충분하다.

   그런데도 원심은 공소외인의 범인도피행위가 인정된다는 이유만으로 피고인에 대하여 범인도피교사의 점을

유죄로 판단하였으니, 이러한 원심판결에는 범인도피교사죄의 성립요건에 관한 법리를 오해하여 필요한 심리를 다하지 아니함으로써 판결에 영향을 미친 잘못이 있다.

4. 따라서 원심판결 중 범인도피교사 부분은 파기되어야 하는데, 이는 원심이 유죄로 인정한 나머지 부분과 형법 제37조 전단의 경합범 관계에 있어 하나의 형이 선고되었으므로, 결국 원심판결은 전부 파기를 면할 수 없다.
5. 그러므로 나머지 상고이유에 관한 판단을 생략한 채 원심판결을 파기하고, 사건을 다시 심리·판단하게 하기 위하여 원심법원에 환송하기로 하여, 관여 대법관의 일치된 의견으로 주문과 같이 판결한다.

대법관 이인복(재판장) 민일영 박보영 김신(주심)

대법원 2014.4.10. 선고 2012도8374 판결

【도로교통법위반】

판시사항

제1종 운전면허 소지자인 피고인이 정기적성검사기간 내에 적성검사를 받지 아니하였다고 하여 구 도로교통법 위반으로 기소된 사안에서, 피고인이 적성검사기간 도래 여부에 관한 확인을 게을리하여 기간이 도래하였음을 알지 못하였더라도 적성검사기간 내에 적성검사를 받지 않는 데 대한 미필적 고의는 있었다고 봄이 타당한데도, 이와 달리 보아 무죄를 선고한 원심판결에 법리오해 등의 잘못이 있다고 한 사례

판결요지

제1종 운전면허 소지자인 피고인이 정기적성검사기간 내에 적성검사를 받지 아니하였다고 하여 구 도로교통법(2010. 7. 23. 법률 제10382호로 개정되기 전의 것) 위반으로 기소된 사안에서, 운전면허증 소지자가 운전면허증만 꺼내 보아도 쉽게 알 수 있는 정도의 노력조차 기울이지 않는 것은 적성검사기간 내에 적성검사를 받지 못하게 되는 결과에 대한 방임이나 용인의 의사가 존재한다고 봄이 타당한 점 등에 비추어 볼 때, 피고인이 적성검사기간 도래 여부에 관한 확인을 게을리하여 기간이 도래하였음을 알지 못하였더라도 적성검사기간 내에 적성검사를 받지 않는 데 대한 미필적 고의는 있었다고 봄이 타당한데도, 이와 달리 보아 무죄를 선고한 원심판결에 진정부작위범의 미필적 고의에 관한 법리오해 등으로 판단을 그르친 잘못이 있다고 한 사례.

전 문

피 고 인 피고인

상 고 인 검사

원심판결 광주지법 2012. 6. 20. 선고 2012노344 판결

주 문 원심판결을 파기하고, 사건을 광주지방법원 합의부에 환송한다.

이 유 상고이유를 살펴본다.

1. 이 사건 공소사실은 "제1종 운전면허를 받은 사람은 정기적성검사기간 내에 대통령령이 정하는 바에 의하여 운전면허시험기관의 장이 실시하는 정기적성검사를 받아야 함에도 피고인은 정기적성검사기간인 2010. 2. 26.부터 2010. 8. 25.까지 사이에 정당한 사유 없이 정기적성검사를 받지 아니하였다"는 것이다.
2. 원심은, ① 운전면허시험관리단에서 2회에 걸쳐 피고인에게 보낸 정기적성검사 안내통지가 일반(보통)우편의 방법으로 발송되었고, 피고인의 처가 제출한 사실확인서에는 '운전면허적성검사기간 도래에 대한 안내통지문은 전혀 받지 못했다'고 기재되어 있는 점, ② 피고인이 2011. 6. 20. 광주지방경찰청장으로부터 운전면허조건부취소 결정통지서를 받지 않았더라면 정기적성검사를 받아야 할 기간이 언제인지 계속 알지 못하였을 가능성도 있는 점 등에 비추어 보면 운전면허시험관리단이 보낸 정기적성검사 안내통지서가 피고인에게 실제로 송달되었다고 추정할 수 없고, 달리 피고인이 사전에 정기적성검사기간을 알고 있었다는 사실을 인정할 만한 증거도 없으므로, 피고인이 정기적성검사기간을 인식하고도 정당한 이유 없이 정기적성검사를 받지 아니하였다고 단정할 수 없다는 이유로, 피고인에 대한 제1심의 유죄판결을 파기하고 무죄판결을 선고하였다.
3. 가. 그러나 원심의 위와 같은 판단은 제1심과 원심이 적법하게 채택한 증거와 도로교통법 등 관련 법령에 의하여 알 수 있는 다음과 같은 사정에 비추어 볼 때 수긍하기 어렵다.

   ① 운전면허증을 발급하면서는 운전면허를 받는 사람에게 정기적성검사를 받을 의무에 관하여 고지하고 있고, 운전면허증에도 적성검사기간 및 검사를 받지 않을 경우 면허 취소 등의 불이익에 관하여 명시되어 있는 한편, 도로교통법상 적성검사기간이 언제인지를 별도로 통지하도록 규정하고 있지 않고 단지 관할기관이

국민의 편의를 위하여 사전에 안내통지를 해 주는 것에 불과하므로, 운전면허증 소지자는 스스로 운전면허증에 기재된 적성검사기간이 언제인지를 확인하여 적성검사를 받아야 한다는 점과 그 기간을 지키지 못할 경우에는 범칙금이 부과되고 면허가 취소되는 등의 불이익을 받게 된다는 점을 알고 있다고 보아야 한다.

② 따라서 운전면허증 소지자가 운전면허증만 꺼내 보아도 쉽게 확인할 수 있는 정도의 노력조차 기울이지 않는 것은 적성검사기간 내에 적성검사를 받지 못하게 되는 결과에 대한 방임이나 용인의 의사가 존재한다고 봄이 상당하다.

③ 그리고 도로교통법령에 의하면 정기적성검사를 받지 않았다고 하여 곧바로 면허가 취소되는 것이 아니라 적성검사기간 경과 후 1년까지는 적성검사를 받아 운전면허증을 갱신할 수 있고, 그 동안에 운전면허조건부취소결정통지서 등을 적성검사 대상자에게 통지하도록 규정하고 있으며, 대상자는 단지 6만 원 이하 벌금 등의 불이익을 받을 뿐이다(도로교통법이 2010. 7. 23. 법률 제10382호로 개정되면서 적성검사를 받지 않는 사람에 대한 벌칙이 과태료로 변경되었다). 이와 같이 적성검사기간 내 적성검사를 받지 않는 경우에 구제절차가 마련되어 있다는 점 역시 적성검사기간 확인을 게을리하게끔 하는 이유가 된다고 보인다.

이러한 사정에 비추어 보면, 설령 피고인이 적성검사기간 도래 여부에 관한 확인을 게을리하여 기간이 도래하였음을 알지 못하였다고 하더라도 적성검사기간 내에 적성검사를 받지 않는 데 대한 미필적 고의는 있었다고 봄이 상당하다.

그럼에도 원심이 이와 달리 피고인이 정기적성검사기간의 도래를 알지 못하였다는 이유만으로 범죄의 증거가 없는 때에 해당한다고 판단한 것은 논리와 경험의 법칙에 반하여 자유심증주의의 한계를 벗어나거나 진정부작위범의 미필적 고의에 관한 법리를 오해하여 판단을 그르친 것이다.

나. 한편, 원심이 거시한 2008. 12. 24. 선고 2008도9900 판결은 정기적성검사를 받지 않아 면허가 취소되었음에도 운전한 행위가 도로교통법상의 무면허운전에 해당하는지 여부에 관한 사건으로 이 사건과 사안을 달리하여 원용하기에 적절하지 않다.

4. 그러므로 원심판결을 파기하고, 사건을 다시 심리·판단하게 하기 위하여 원심법원에 환송하기로 하여, 관여 대법관의 일치된 의견으로 주문과 같이 판결한다.

대법관 박보영(재판장) 민일영(주심) 이인복 김신

대법원 2014.3.27. 선고 2014도469 판결

【마약류관리에관한법률위반(향정)】

판시사항

1. 아직 판결을 받지 아니한 죄가 이미 판결이 확정된 죄와 동시에 판결할 수 없었던 경우, 형법 제37조 후단 경합범 관계가 성립하는지 여부(소극) 및 형법 제39조 제1항에 따라 동시에 판결할 경우와 형평을 고려하여 형을 선고하거나 형을 감경 또는 면제할 수 있는지 여부(소극)
2. 아직 판결을 받지 아니한 수개의 죄가 판결 확정을 전후하여 저질러지고 판결 확정 전에 범한 죄를 이미 판결이 확정된 죄와 동시에 판결할 수 없었던 경우, 그 수개의 죄 사이에 형법 제37조 전단 경합범 관계가 인정되는지 여부(소극) 및 판결 확정을 전후한 각각의 범죄에 대하여 별도로 형을 정하여 선고하여야 하는지 여부(적극)

판결요지

1. 형법 제37조 후단 및 제39조 제1항의 문언, 입법 취지 등에 비추어 보면, 아직 판결을 받지 아니한 죄가 이미 판결이 확정된 죄와 동시에 판결할 수 없었던 경우에는 형법 제37조 후단의 경합범 관계가 성립할 수 없고 형법 제39조 제1항에 따라 동시에 판결할 경우와 형평을 고려하여 형을 선고하거나 그 형을 감경 또는 면제할 수도 없다고 해석함이 타당하다.
2. 아직 판결을 받지 아니한 수개의 죄가 판결 확정을 전후하여 저질러진 경우 판결 확정 전에 범한 죄를 이미 판결이 확정된 죄와 동시에 판결할 수 없었던 경우라고 하여 마치 확정된 판결이 존재하지 않는 것처럼 그 수개의 죄 사이에 형법 제37조 전단의 경합범 관계가 인정되어 형법 제38조가 적용된다고 볼 수도 없으므로, 판결 확정을 전후한 각각의 범죄에 대하여 별도로 형을 정하여 선고할 수밖에 없다.

전 문

피 고 인 피고인

상 고 인 피고인 및 검사

변 호 인 변호사

원심판결 서울중앙지법 2013. 12. 19. 선고 2013노2692 판결

주 문 원심판결을 파기하고, 사건을 서울중앙지방법원 합의부에 환송한다.

이 유 상고이유(상고이유서 제출기간이 경과한 후에 제출된 보충상고이유서의 기재는 상고이유를 보충하는 범위 내에서)를 판단한다.

형법 제37조 후단 및 제39조 제1항의 문언, 입법 취지 등에 비추어 보면, 아직 판결을 받지 아니한 죄가 이미 판결이 확정된 죄와 동시에 판결할 수 없었던 경우에는 형법 제37조 후단의 경합범 관계가 성립할 수 없고 형법 제39조 제1항에 따라 동시에 판결할 경우와 형평을 고려하여 형을 선고하거나 그 형을 감경 또는 면제할 수도 없다고 해석함이 상당하다(대법원 2011. 10. 27. 선고 2009도9948 판결, 대법원 2012. 9. 27. 선고 2012도9295 판결 등 참조). 한편 아직 판결을 받지 아니한 수개의 죄가 판결 확정을 전후하여 저질러진 경우 판결 확정 전에 범한 죄를 이미 판결이 확정된 죄와 동시에 판결할 수 없었던 경우라고 하여 마치 확정된 판결이 존재하지 않는 것처럼 그 수개의 죄 사이에 형법 제37조 전단의 경합범 관계가 인정되어 형법 제38조가 적용된다고 볼 수도 없으므로, 판결 확정을 전후한 각각의 범죄에 대하여 별도로 형을 정하여 선고할 수밖에 없다(대법원 2011. 6. 10. 선고 2011도2351 판결 참조).

원심판결 이유 및 기록에 의하면, 이 사건 2012. 1. 5.자 및 2012. 1. 17.자 마약류 관리에 관한 법률 위반(향정)죄는 피고인이 서울중앙지방법원에서 같은 죄로 징역 8월에 집행유예 2년을 선고받은 판결이 2012. 2. 29. 확정되

기 전에 범한 것이기는 하나, 피고인에게는 위 전과와 별도로 서울중앙지방법원에서 같은 죄 등으로 징역 1년에 집행유예 2년을 선고받아 2011. 11. 26. 판결이 확정된 전과가 있고, 2012. 2. 29. 판결이 확정된 죄는 위 2011. 11. 26. 판결 확정 전에 범한 것이어서 2012. 2. 29. 판결이 확정된 죄와 이 사건 2012. 1. 5.자 및 2012. 1. 17.자 범죄는 처음부터 동시에 판결할 수 없었음을 알 수 있다.

따라서 2012. 2. 29. 판결이 확정된 죄와 이 사건 2012. 1. 5.자 및 2012. 1. 17.자 범죄 사이에 형법 제37조 후단의 경합범 관계가 성립할 수 없고, 경합범 중 판결을 받지 아니한 죄에 대하여 형을 선고할 때는 그 죄와 판결이 확정된 죄를 동시에 판결할 경우와 형평을 고려하도록 한 형법 제39조 제1항은 여기에 적용될 여지가 없다고 할 것이다. 그렇다고 하여 마치 2012. 2. 29. 확정된 판결이 존재하지 않는 것처럼 이 사건 범죄 중 위 판결 확정 전에 범한 2012. 1. 5.자 및 2012. 1. 17.자 범죄와 위 판결 확정 후에 범한 나머지 범죄 사이에 형법 제37조 전단의 경합범 관계가 인정되어 형법 제38조가 적용된다고 볼 수도 없다. 따라서 이 사건 범죄 중 2012. 1. 5.자 및 2012. 1. 17.자 범죄와 나머지 범죄에 대하여 별도로 형을 정하여 선고할 수밖에 없다.

그렇다면 원심이 2012. 2. 29. 판결이 확정된 죄와 이 사건 2012. 1. 5.자 및 2012. 1. 17.자 범죄 사이에 형법 제37조 후단의 경합범 관계가 성립할 수 없다고 판단한 것은 정당하다. 그러나 원심이 이 사건 범죄 중 위 판결 확정 전에 범한 2012. 1. 5.자 및 2012. 1. 17.자 범죄와 위 판결 확정 후에 범한 나머지 범죄 사이에 형법 제37조 전단의 경합범 관계가 인정됨을 전제로 이 사건 범죄 모두에 대하여 하나의 형을 정하여 선고한 것은 형법 제37조 전단의 경합범에 관한 법리를 오해하여 판결 결과에 영향을 미친 위법이 있다.

그러므로 피고인의 상고이유에 대한 판단을 생략한 채 원심판결을 파기하고 사건을 원심법원에 환송하기로 하여 관여 대법관의 일치된 의견으로 주문과 같이 판결한다.

대법관 김용덕(재판장) 신영철(주심) 이상훈 김소영

대법원 2014.3.27. 선고 2014도342 판결

【횡령(일부인정된죄명:재물은닉)·사기】

판시사항

형법 제37조 전단 경합범 관계 공소사실 중 일부 유죄, 일부 무죄를 선고한 제1심판결에 대하여 검사만이 항소하면서 무죄 부분에 관하여만 항소이유를 기재하고 항소 범위는 '전부'로 표시한 경우, 항소심이 무죄 부분을 유죄로 인정하는 때에는 공소사실 전부에 대하여 하나의 형을 선고하여야 하는지 여부(적극)

판결요지

형법 제37조 전단 경합범 관계에 있는 공소사실 중 일부에 대하여 유죄, 나머지 부분에 대하여 무죄를 선고한 제1심판결에 대하여 검사만이 항소하면서 무죄 부분에 관하여는 항소이유를 기재하고 유죄 부분에 관하여는 이를 기재하지 않았으나 항소 범위는 '전부'로 표시하였다면, 이러한 경우 제1심판결 전부가 이심되어 원심의 심판대상이 되므로, 원심이 제1심판결 무죄 부분을 유죄로 인정하는 때에는 제1심판결 전부를 파기하고 경합범 관계에 있는 공소사실 전부에 대하여 하나의 형을 선고하여야 한다.

전 문

피 고 인 피고인

상 고 인 검사

원심판결 서울중앙지법 2013. 12. 18. 선고 2013노3640 판결

주 문 원심판결을 파기하고, 사건을 서울중앙지방법원 합의부에 환송한다.

이 유 상고이유를 살펴본다.

1. 형법 제37조 전단 경합범 관계에 있는 공소사실 중 일부에 대하여 유죄, 나머지 부분에 대하여 무죄를 선고한 제1심판결에 대하여 검사만이 항소하면서 무죄 부분에 관하여는 항소이유를 기재하고 유죄 부분에 관하여는 이를 기재하지 않았으나 항소 범위는 '전부'로 표시하였다면, 이러한 경우 제1심판결 전부가 이심되어 원심의 심판대상이 되므로, 원심이 제1심판결 무죄 부분을 유죄로 인정하는 때에는 제1심판결 전부를 파기하고 경합범 관계에 있는 공소사실 전부에 대하여 하나의 형을 선고하여야 한다(대법원 2011. 3. 10. 선고 2010도17779 판결 등 참조).
2. 기록에 의하면, ① 제1심은 형법 제37조 전단의 경합범 관계에 있는 이 사건 공소사실 중 피해자 공소외 1에 대한 횡령의 점에 대하여는 유죄를, 피해자 공소외 2에 대한 횡령의 점과 사기의 점에 대하여는 무죄를 각 선고한 사실, ② 이에 검사만이 제1심판결에 대하여 항소하였고, 항소장에 항소의 범위를 '전부'라고 기재한 사실, ③ 원심은 공소장 변경 절차에 따라 위 제1심 무죄 부분 중 피해자 공소외 2에 대한 횡령의 점을 재물은닉의 점으로 변경한 후 이를 유죄로 판단하고, 사기의 점에 대한 제1심의 무죄 판단은 그대로 유지한 사실을 알 수 있다.

   위와 같은 사실관계를 위 법리에 비추어 살펴보면, 제1심에서 유죄로 선고된 피해자 공소외 1에 대한 횡령의 점을 포함한 제1심판결 전부가 이심되어 원심의 심판대상이 되므로, 원심이 피해자 공소외 2에 대한 재물은닉의 점을 유죄로 인정한 이상, 원심으로서는 제1심판결 중 피해자 공소외 2에 대한 사기의 점을 제외한 나머지 부분을 전부 파기하고 형법 제37조 전단의 경합범 관계에 있는 횡령죄와 재물은닉죄에 대하여 하나의 형을 선고하였어야 한다[기록에 의하면, 원심 재판장이 제2회 공판기일에 공판검사로부터 '항소이유서에 기재한 양형부당 주장은 유죄 부분에 대한 양형부당 주장이 아니라 일부 무죄 부분이 유죄로 인정될 경우에 대비하는 취지이다'라는 진술을 듣고, 공판검사와의 협의를 거쳐 항소이유를 '제1심의 무죄 부분에 대한 사실오인과 법리오해 주장'이라고 정리한 사실을 알 수 있으나, 항소취하의 경우 그 방식이 원칙적으로 서면이어야 하고, 예외적으로 법정에서 구술로 하더라도 이를 조서에 기재하여야 하므로(형사소송법 제352조), 위와 같은 사정만을 가지고 검사가 피해자 공소외 1에 대한 횡령 부분에 관하여 항소를 취하하였다고 보기는 어렵다].

그럼에도 불구하고 원심은 제1심판결 중 피해자 공소외 2에 대한 횡령 부분만을 파기하고 이에 대하여 별도의 형을 선고하였는바, 이는 항소심의 심판대상 및 항소취하에 관한 법리를 오해하여 판단을 그르친 것이다.

3. 그러므로 원심판결을 파기하고, 사건을 다시 심리·판단하게 하기 위하여 원심법원으로 환송하기로 하여, 관여 대법관의 일치된 의견으로 주문과 같이 판결한다.

대법관 박보영(재판장) 민일영(주심) 이인복 김신

대법원 2014.3.27. 선고 2014도267 판결

【가축분뇨의관리및이용에관한법률위반】

판시사항

가축분뇨의 관리 및 이용에 관한 법률 제17조 제1항 제1호 전단에서 금지하는 '가축분뇨 배출행위'의 의미 및 가축분뇨 배출시설 안에 있는 가축이 배출시설 인근에 배출한 분뇨를 처리시설에 유입하지 아니하고 그대로 방치한 행위가 이에 해당하는지 여부(적극)

판결요지

가축분뇨의 관리 및 이용에 관한 법률(이하 '법'이라 한다)의 목적(법 제1조), 법 제2조 제3호, 제8호, 제17조 제1항 제1호 전단, 제49조 제2호, 제50조 제4호, 제51조 제1호, 가축분뇨의 관리 및 이용에 관한 법률 시행규칙 제2조 등의 내용을 종합하여 보면, 법 제17조 제1항 제1호 전단에서 금지하는 '가축분뇨 배출행위'는 가축분뇨를 처리시설에 유입하지 아니하고 가축분뇨가 발생하는 배출시설 안에서 배출시설 밖으로 내보내는 행위를 의미하며, 배출시설 안에 있는 가축이 분뇨를 배출시설 인근에 배출한 경우에도 그 분뇨를 처리시설에 유입하지 아니하고 그대로 방치한 경우에는 이에 해당된다고 해석하여야 한다.

전 문

피 고 인 피고인

상 고 인 피고인

변 호 인 법무법인

원심판결 창원지법 2013. 12. 19. 선고 2013노1034 판결

주 문 상고를 기각한다.

이 유 상고이유를 판단한다.

1. 가축분뇨 배출행위에 해당되지 않는다는 주장에 관하여

가축분뇨의 관리 및 이용에 관한 법률(이하 '법'이라 한다)은 가축분뇨를 적정하게 자원화하거나 처리하여 자연환경과 생활환경을 청결하게 하고 수질오염을 감소시킴으로써 환경과 조화되는 축산업의 발전 및 국민보건의 향상과 환경보전에 이바지함을 목적으로 하는데(법 제1조), 배출시설에서 배출되는 가축분뇨를 처리시설에 유입하지 아니하고 배출하는 행위를 하여서는 아니 되고(법 제17조 제1항 제1호 전단), 이를 위반하면 처벌을 받는다(법 제49조 제2호, 제50조 제4호, 제51조 제1호 등).

한편 '배출시설'이라 함은 가축의 사육으로 인하여 가축분뇨가 발생하는 시설 및 장소 등으로서 축사·운동장 그 밖에 환경부령이 정하는 것을 말하고(법 제2조 제3호), 여기서 '환경부령이 정하는 것'이란 착유실, 먹이방, 분만실을 말하며(법 시행규칙 제2조), '처리시설'이라 함은 가축분뇨를 자원화 또는 정화하는 자원화시설 또는 정화시설을 말한다(법 제2조 제8호).

법의 목적, 위 규정들의 내용을 종합하여 보면, 법 제17조 제1항 제1호 전단에서 금지하는 '가축분뇨 배출행위'는 가축분뇨를 처리시설에 유입하지 아니하고 가축분뇨가 발생하는 배출시설 안에서 배출시설 밖으로 내보내는 행위를 의미하며, 배출시설 안에 있는 가축이 분뇨를 배출시설 인근에 배출한 경우에도 그 분뇨를 처리시설에 유입하지 아니하고 그대로 방치한 경우에는 이에 해당된다고 해석하여야 한다.

원심이 이와 같은 취지에서 피고인이 운영하는 가축분뇨 배출시설인 축사 내에서 사육되던 젖소들이 물을 마시러 식수대로 이동하던 중 젖소들의 발에서 지속적으로 떨어진 분뇨가 축사 인근 공터에 쌓여져 있는 것을 처리시설에 유입하지 않고 그대로 방치한 피고인의 행위가 법 제17조 제1항 제1호 전단에 위반된다고 인정한 것은 정당하고, 거기에 상고이유 주장과 같이 관련 법리를 오해하거나 논리와 경험의 법칙을 위반하여 자유심증주의의 한계를 벗어나는 등의 위법이 있다고 할 수 없다.

2. 공소사실이 특정되지 않았다는 주장에 관하여

공소사실의 기재는 범죄의 시일, 장소와 방법을 명시하여 사실을 특정할 수 있도록 하여야 하며(형사소송법 제254조 제4항), 이와 같이 공소사실의 특정을 요구하는 법의 취지는 피고인의 방어권 행사를 쉽게 해주기 위한 데에 있으므로, 공소사실은 이러한 요소를 종합하여 구성요건 해당사실을 다른 사실과 식별할 수 있는 정도로 기재하면 족하고, 공소장에 범죄의 일시, 장소 등이 구체적으로 적시되지 않았더라도 위의 정도에 반하지 아니하고 공소범죄의 성격에 비추어 그 개괄적 표시가 부득이하며 그에 대한 피고인의 방어권 행사에 지장이 없다면 그 공소내용이 특정되지 않았다고 볼 수 없다(대법원 1994. 12. 9. 선고 94도1680 판결, 대법원 2006. 6. 2. 선고 2006도48 판결 참조).

이러한 법리와 기록에 비추어 살펴보면, 이 사건 공소사실에 가축분뇨가 배출된 장소가 축사 인근 공터로 기재되어 있고 배출된 가축분뇨량이 특정되지 않았다고 하더라도, 다른 사실과 구별할 수 있을 정도로 범행의 일시, 장소와 방법 등이 명시되어 있으므로 이로써 공소사실은 특정되었다고 할 것이고, 이로 인하여 피고인의 방어권 행사에 지장을 초래한다고 볼 수 없다. 이 점을 다투는 상고이유 주장도 받아들일 수 없다.

3. 결론

그러므로 상고를 기각하기로 하여 관여 대법관의 일치된 의견으로 주문과 같이 판결한다.

대법관 양창수(재판장) 고영한 김창석(주심) 조희대

대법원 2014.3.27. 선고 2013도13095 판결

【성폭력범죄의처벌및피해자보호등에관한법률위반(카메라등이용촬영)】

판시사항

[1] '아동·청소년' 대상 성폭력범죄가 2012. 12. 18. 법률 제11556호로 전부 개정되어 2013. 6. 19. 시행된 '성폭력범죄의 처벌 등에 관한 특례법' 등에서 정한 등록대상 성폭력범죄에도 해당하는 경우, 같은 법 등의 규정에 따른 공개명령 및 고지명령의 대상이 되는지 여부(소극)

[2] '성폭력범죄의 처벌 등에 관한 특례법' 제42조 제1항에 의하여 새로이 공개명령 및 고지명령의 대상이 된 성폭력범죄(같은 법 제11조 내지 제15조에 정한 것)가 '아동·청소년'을 대상으로 이루어진 경우, 같은 법 부칙(2012. 12. 18.) 제4조 제1항이 적용되는지 여부(소극)

판결요지

[1] 2010. 4. 15. 법률 제10258호 '성폭력범죄의 처벌 등에 관한 특례법'은 신상정보의 공개명령 및 고지명령의 대상에서 '아동·청소년 대상 성폭력범죄를 저지른 자'를 제외함으로써 그 적용 범위를 '성인 대상 성폭력범죄를 범한 자'로 제한하였으며, '아동·청소년의 성보호에 관한 법률'(2009. 6. 9. 법률 제9765호로 전부 개정된 것, 이하 '법률 제9765호 아동성보호법'이라고 한다), '아동·청소년의 성보호에 관한 법률'(2010. 4. 15. 법률 제10260호로 개정된 것)이 별도로 '아동·청소년 대상 성폭력범죄를 저지른 자'를 공개명령 및 고지명령의 대상으로 규정하였다.

그리고 '성폭력범죄의 처벌 등에 관한 특례법'(2012. 12. 18. 법률 제11556호로 전부 개정되어 2013. 6. 19. 시행된 것, 이하 '법률 제11556호 성폭력특례법'이라고 한다) 제47조 제1항, 제49조 제1항은 등록대상 성폭력범죄의 공개명령 및 고지명령에 관하여는 '아동·청소년의 성보호에 관한 법률'(2012. 12. 18. 법률 제11572호로 전부 개정되어 2013. 6. 19. 시행된 것, 이하 '법률 제11572호 아동성보호법'이라고 한다)에 의하도록 정하고 있다.

그러므로 아동·청소년 대상 성폭력범죄의 경우, 법률 제11572호 아동성보호법이 시행된 이후의 범행뿐만 아니라 그 이전 범행이라도 그것이 법률 제11556호 성폭력특례법 등에서 정한 등록대상 성폭력범죄에 해당하는지 여부와는 관계없이 법률 제9765호 아동성보호법 등이 규정하고 있는 공개명령 및 고지명령의 대상이 될 수 있는지만 문제 될 뿐, 법률 제11556호 성폭력특례법 등의 규정에 따른 공개명령 및 고지명령의 대상이 되지는 아니한다.

[2] '성폭력범죄의 처벌 등에 관한 특례법'(2012. 12. 18. 법률 제11556호로 전부 개정되어 2013. 6. 19. 시행된 것, 이하 '법률 제11556호 성폭력특례법'이라고 한다)은 제42조 제1항에서 과거 공개명령 및 고지명령의 대상이 되는 성폭력범죄가 아니었던 일정한 유형의 범죄(같은 법 제11조 내지 제15조에 정한 것)를 공개명령 및 고지명령의 대상이 되는 성폭력범죄로 새로이 규정하는 한편, 부칙 제4조 제1항으로 "이 법 시행 후 제11조부터 제15조(제14조의 미수범만을 말한다)까지의 개정규정의 범죄로 유죄판결이 확정된 자에 대하여는 제42조부터 제50조까지의 개정규정을 적용한다."고 정하여, 위 각 범죄(이하 신설된 제12조는 제외한다)의 범행 시점이 법률 제11556호 성폭력특례법의 시행 이전이라 하더라도 그 시행 이후 유죄판결을 선고할 때에는 개정된 규정에 따라 공개명령 및 고지명령을 할 수 있는 근거를 두고 있는데, 아동·청소년을 상대로 한 위 각 범죄는 그와 별도로 2012. 2. 1. 법률 제11287호로 개정되어 2012. 8. 2. 시행된 '아동·청소년의 성보호에 관한 법률'에서 이미 공개명령 및 고지명령의 대상으로 규정하고 있었던 점 등을 고려하면, 이는 위 각 범죄가 아동·청소년을 대상으로 이루어진 경우에는 적용되지 않는다고 보아야 한다.

전 문

피 고 인 피고인

상 고 인 피고인

변 호 인 법무법인

원심판결 서울고법 2013. 10. 11. 선고 2013노2254, 2013전노250 판결

주 문 원심판결 중 유죄부분을 파기하고, 이 부분 사건을 서울고등법원에 환송한다.

이 유

1. 상고이유에 대한 판단

원심이 유죄로 인정한 2007. 8. 6. 카메라 이용 촬영의 공소사실(이하 '이 사건 범죄'라고 한다)은 구 '성폭력범죄의 처벌 및 피해자보호 등에 관한 법률'[2010. 4. 15. 법률 제10258호 '성폭력범죄의 처벌 등에 관한 특례법'(이하 '법률 제10258호 성폭력특례법'이라고 한다) 부칙 제5조 제10항에 의하여 '성폭력범죄의 피해자보호 등에 관한 법률'로 개정된 뒤 2010. 4. 15. 법률 제10261호 '성폭력방지 및 피해자보호 등에 관한 법률' 부칙 제2조로 폐지] 제14조의2 제1항에 의하여 그 법정형이 5년 이하의 징역 또는 1천만 원 이하의 벌금에 해당하는 범죄로서, 형사소송법 부칙(2007. 12. 21.) 제3조, 구 형사소송법(2007. 12. 21. 법률 제8730호로 개정되기 전의 것) 제249조 제1항 제4호에 의하여 공소시효는 5년이다.

그런데 법률 제10258호 성폭력특례법 제20조 제1항은 "미성년자에 대한 성폭력범죄의 공소시효는 형사소송법 제252조 제1항에도 불구하고 해당 성폭력범죄로 피해를 당한 미성년자가 성년에 달한 날부터 진행한다"고 규정하고, 그 부칙 제3조는 "이 법 시행 전에 행하여진 성폭력범죄로 아직 공소시효가 완성되지 아니한 것에 대하여도 제20조를 적용한다"고 정하였다. 피해자가 1992. 2. 19.생으로서 당시 미성년자였던 이 사건 범죄의 경우, 법률 제10258호 성폭력특례법이 시행된 2010. 4. 15. 기준으로 5년의 공소시효는 아직 완성되지 아니하였으므로, 그 공소시효는 위 규정에 따라 피해자가 성년에 달한 날부터 진행하게 되는데(대법원 2013. 6. 14. 선고 2013도3799 판결 참조), 이 사건 공소는 그처럼 피해자가 성년에 달한 날부터 5년이 경과하지 않은 2013. 3. 14. 제기되었음이 기록상 명백하다.

따라서 이 사건 범죄의 공소시효가 완성되었음을 전제로 한 상고이유 주장은 받아들일 수 없다.

2. 직권 판단

가. (1) 법률 제10258호 성폭력특례법은 신상정보의 공개명령 및 고지명령의 대상에서 '아동·청소년 대상 성폭력범죄를 저지른 자'를 제외함으로써 그 적용 범위를 '성인 대상 성폭력범죄를 범한 자'로 제한하였으며, '아동·청소년의 성보호에 관한 법률'(2009. 6. 9. 법률 제9765호로 전부 개정된 것, 이하 '법률 제9765호 아동성보호법'이라고 한다), '아동·청소년의 성보호에 관한 법률'(2010. 4. 15. 법률 제10260호로 개정된 것, 이하 '법률 제10260호 아동성보호법'이라고 한다)이 별도로 '아동·청소년 대상 성폭력범죄를 저지른 자'를 공개명령 및 고지명령의 대상으로 규정하였다.

그리고 '성폭력범죄의 처벌 등에 관한 특례법'(2012. 12. 18. 법률 제11556호로 전부 개정되어 2013. 6. 19. 시행된 것, 이하 '법률 제11556호 성폭력특례법'이라고 한다) 제47조 제1항, 제49조 제1항은 등록대상 성폭력범죄의 공개명령 및 고지명령에 관하여는 '아동·청소년의 성보호에 관한 법률'(2012. 12. 18. 법률 제11572호로 전부 개정되어 2013. 6. 19. 시행된 것, 이하 '법률 제11572호 아동성보호법'이라고 한다)에 의하도록 정하고 있다.

그러므로 아동·청소년 대상 성폭력범죄의 경우, 법률 제11572호 아동성보호법이 시행된 이후의 범행뿐만 아니라 그 이전 범행이라도 그것이 법률 제11556호 성폭력특례법 등에서 정한 등록대상 성폭력범죄에 해당하는지 여부와는 관계없이 법률 제9765호 아동성보호법 등이 규정하고 있는 공개명령 및 고지명령의 대상이 될 수 있는지만 문제 될 뿐, 법률 제11556호 성폭력특례법 등의 규정에 따른 공개명령 및 고지명령의 대상이 되지는 아니한다[대법원 2012. 1. 12. 선고 2011도15062, 2011전도250(병합) 판결 등 참조].

다만 법률 제11556호 성폭력특례법은 제42조 제1항에서 과거 공개명령 및 고지명령의 대상이 되는 성폭력범죄가 아니었던 이 사건 범죄와 같은 일정한 유형의 범죄(같은 법 제11조 내지 제15조에 정한 것으로서 이 사건 범죄는 제14조에 해당한다)를 공개명령 및 고지명령의 대상이 되는 성폭력범죄로 새로이 규정하는 한편, 부칙 제4조 제1항으로 "이 법 시행 후 제11조부터 제15조(제14조의 미수범만을 말한다)까지의 개정규정의 범죄로 유죄판결이 확정된 자에 대하여는 제42조부터 제50조까지의 개정규정을 적용한다"고 정하여, 위 각 범죄(이하 신설된 제12조는 제외한다)의 범행 시점이 법률 제11556호 성폭력특례법의 시행 이전이라 하더라도 그 시행 이후 유죄판결을 선고할 때에는 개정된 규정에 따라 공개명령 및 고지명령을 할

수 있는 근거를 두고 있는데, 아동·청소년을 상대로 한 위 각 범죄는 그와 별도로 2012. 2. 1. 법률 제11287호로 개정되어 2012. 8. 2. 시행된 '아동·청소년의 성보호에 관한 법률'에서 이미 공개명령 및 고지명령의 대상으로 규정하고 있었던 점 등을 고려하면, 이는 위 각 범죄가 아동·청소년을 대상으로 이루어진 경우에는 적용되지 않는다고 보아야 한다.

(2) 법률 제9765호 아동성보호법은 공개명령 제도를 처음 도입하여 2010. 1. 1. 이후 아동·청소년 대상 성범죄를 범하고 유죄판결이 확정된 자에게 적용되도록 하였다.

그런데 그 뒤 개정된 법률 제9765호 아동성보호법 부칙 제3조 제4항, 법률 제11572호 아동성보호법 부칙 제5조 제1항은 '청소년의 성보호에 관한 법률'(2005. 12. 29. 법률 제7801호로 개정되어 2006. 6. 30. 시행된 것, 이하 '법률 제7801호 청소년성보호법'이라고 한다) 혹은 '청소년의 성보호에 관한 법률'(2007. 8. 3. 법률 제8634호로 전부 개정되어 2008. 2. 4. 시행된 것)에 규정된 범죄(위반행위)를 저질러 '등록·열람결정 또는 열람명령의 대상이 되는 자' 중 법률 제9765호 아동성보호법 혹은 법률 제11572호 아동성보호법 시행 당시까지 아직 확정판결을 받지 아니한 자에 대하여 공개명령을 할 수 있도록 정하고 있다.

이에 비추어 보면, 2010. 1. 1. 이전 범행으로서 법률 제7801호 청소년성보호법 등의 시행 당시 범한 죄에 대하여 공개명령을 하기 위해서는 법률 제7801호 청소년성보호법 등이 정한 등록·열람 또는 열람명령의 요건을 갖추어야 한다[대법원 2013. 8. 22. 선고 2013도5540, 2013전도171(병합) 판결 등 참조].

(3) 법률 제10260호 아동성보호법은 고지명령 제도를 신설하였는데, 그 부칙 제1조, 제4조는 2011. 1. 1. 이후 최초로 아동·청소년 대상 성폭력범죄를 범한 자부터 고지명령을 선고할 수 있도록 규정하였고, 법률 제11572호 아동성보호법 역시 부칙 제8조가 '2011. 1. 1. 이전에 아동·청소년 대상 성폭력범죄를 범하고 아직 유죄판결이 확정되지 아니한 자'에 대하여 일정한 요건 아래 그 유죄판결 확정 후 고지명령을 청구하는 절차를 정한 것 이외에는 곧바로 판결과 동시에 고지명령을 선고할 수 있는 근거를 따로 두고 있지 아니하다.

그렇다면 법률 제11572호 아동성보호법이 시행된 뒤에도 여전히 법률 제10260호 아동성보호법 부칙 규정이 정한 대로 2011. 1. 1. 이후 '아동·청소년 대상 성폭력범죄를 저지른 자'에 대하여만 판결과 동시에 고지명령을 선고할 수 있다[대법원 2014. 2. 13. 선고 2013도14349, 2013전도275(병합) 판결 등 참조].

나. 이 사건 범죄는 2007. 8. 6. 아동·청소년을 상대로 저질러진 카메라 이용 촬영 범행으로서, 그 당시 시행되던 법률 제7801호 청소년성보호법이 정한 등록·열람 요건을 충족하지 못한다. 앞서 본 해당 규정 내용과 관련 법리에 의하면, 이는 법률 제11556호 성폭력특례법은 물론 법률 제11572호 아동성보호법 등의 규정에 따른 공개명령 및 고지명령의 대상이 되지 아니한다고 할 것이다.

그럼에도 원심은 이 사건 범죄에 관하여 피고인이 법률 제11556호 성폭력특례법 부칙 제4조 제1항 등이 정한 공개명령 및 고지명령 대상이 된다고 판단하였다. 이러한 원심판결에는 아동·청소년 대상 성폭력범죄에 대한 공개명령 및 고지명령의 요건, 법률 제11556호 성폭력특례법 부칙 제4조 제1항의 적용 범위 등에 관한 법리를 오해하여 판결에 영향을 미친 위법이 있다. 결국 원심판결 중 이 사건 범죄에 대한 공개명령 및 고지명령 부분은 파기를 면할 수 없다.

다. 나아가 '성폭력범죄의 처벌 등에 관한 특례법' 등에 의한 공개명령 및 고지명령은 대상 성폭력범죄 사건의 판결과 동시에 선고하는 부수처분이므로, 그 공개명령 및 고지명령의 전부 혹은 일부가 위법한 경우 나머지 성폭력범죄 사건 부분에 위법이 없더라도 그 부분까지 전부 파기하여야 한다.

3. 결론

그러므로 원심판결 중 유죄부분을 파기하고, 이 부분 사건을 다시 심리·판단하도록 원심법원에 환송하기로 하여 관여 대법관의 일치된 의견으로 주문과 같이 판결한다.

대법관 조희대(재판장) 양창수 고영한(주심) 김창석

대법원 2014.3.27. 선고 2013도11357 판결

【뇌물수수】

판시사항

임명권자에 의하여 임용되어 공무에 종사하여 온 사람이 나중에 임용결격자이었음이 밝혀져 당초의 임용행위가 무효인 경우 형법 제129조에서 규정한 '공무원'에 해당하는지 여부(적극) 및 그가 직무에 관하여 뇌물을 수수한 경우 수뢰죄로 처벌할 수 있는지 여부(적극)

판결요지

형법이 뇌물죄에 관하여 규정하고 있는 것은 공무원의 직무집행의 공정과 그에 대한 사회의 신뢰 및 직무행위의 불가매수성을 보호하기 위한 것이다. 법령에 기한 임명권자에 의하여 임용되어 공무에 종사하여 온 사람이 나중에 그가 임용결격자이었음이 밝혀져 당초의 임용행위가 무효라고 하더라도, 그가 임용행위라는 외관을 갖추어 실제로 공무를 수행한 이상 공무 수행의 공정과 그에 대한 사회의 신뢰 및 직무행위의 불가매수성은 여전히 보호되어야 한다. 따라서 이러한 사람은 형법 제129조에서 규정한 공무원으로 봄이 타당하고, 그가 그 직무에 관하여 뇌물을 수수한 때에는 수뢰죄로 처벌할 수 있다.

전 문

피 고 인 피고인

상 고 인 피고인

변 호 인 법무법인

원심판결 춘천지법 2013. 9. 4. 선고 2013노445 판결

주 문 상고를 기각한다.

이 유 상고이유를 판단한다.

1. 형법이 뇌물죄에 관하여 규정하고 있는 것은 공무원의 직무집행의 공정과 그에 대한 사회의 신뢰 및 직무행위의 불가매수성을 보호하기 위한 것이다(대법원 2001. 10. 12. 선고 2001도3579 판결, 대법원 2012. 10. 11. 선고 2010도12754 판결 등 참조). 법령에 기한 임명권자에 의하여 임용되어 공무에 종사하여 온 사람이 나중에 그가 임용결격자이었음이 밝혀져 당초의 임용행위가 무효라고 하더라도, 그가 임용행위라는 외관을 갖추어 실제로 공무를 수행한 이상 공무 수행의 공정과 그에 대한 사회의 신뢰 및 직무행위의 불가매수성은 여전히 보호되어야 한다. 따라서 이러한 사람은 형법 제129조에서 규정한 공무원으로 봄이 상당하고, 그가 그 직무에 관하여 뇌물을 수수한 때에는 수뢰죄로 처벌할 수 있다.
2. 위 법리와 기록에 비추어 살펴보면, 피고인이 1974. 11. 27. 지방행정서기보로 최초 임용될 당시 구 지방공무원법(2002. 12. 18. 법률 제6786호로 개정되기 전의 것) 제31조 제4호에서 규정한 임용결격자에 해당하여 피고인에 대한 임용행위가 무효라고 하더라도, 피고인이 그 후 지방공무원으로 계속 근무하면서 이 사건 공소사실 기재 각 범행 당시 지방서기관으로 승진하여 ○○시청 주민생활지원과장으로서의 공무를 수행하고 있었던 이상, 피고인은 형법 제129조에서 규정한 공무원이라고 봄이 상당하다.

   원심이 같은 취지에서 피고인을 형법 제129조에서 규정한 공무원으로 보아 피고인에 대한 이 사건 공소사실을 모두 유죄로 인정한 것은 정당하고, 거기에 죄형법정주의와 형법 제129조에서 규정한 공무원의 해석에 관한 법리를 오해한 잘못이 없다.
3. 그러므로 상고를 기각하기로 하여, 관여 대법관의 일치된 의견으로 주문과 같이 판결한다.

대법관 박보영(재판장) 민일영(주심) 이인복 김신

대법원 2014.3.27. 선고 2011도15631 판결

【무고·모욕】

판시사항

집단표시에 의한 모욕이 집단 구성원 개개인에 대한 모욕죄를 구성하는 경우 및 구체적인 판단 기준

판결요지

모욕죄는 특정한 사람 또는 인격을 보유하는 단체에 대하여 사회적 평가를 저하시킬 만한 경멸적 감정을 표현함으로써 성립하므로 그 피해자는 특정되어야 한다.

그리고 이른바 집단표시에 의한 모욕은, 모욕의 내용이 집단에 속한 특정인에 대한 것이라고는 해석되기 힘들고, 집단표시에 의한 비난이 개별구성원에 이르러서는 비난의 정도가 희석되어 구성원 개개인의 사회적 평가에 영향을 미칠 정도에 이르지 아니한 경우에는 구성원 개개인에 대한 모욕이 성립되지 않는다고 봄이 원칙이고, 비난의 정도가 희석되지 않아 구성원 개개인의 사회적 평가를 저하시킬 만한 것으로 평가될 경우에는 예외적으로 구성원 개개인에 대한 모욕이 성립할 수 있다. 한편 구성원 개개인에 대한 것으로 여겨질 정도로 구성원 수가 적거나 당시의 주위 정황 등으로 보아 집단 내 개별구성원을 지칭하는 것으로 여겨질 수 있는 때에는 집단 내 개별구성원이 피해자로서 특정된다고 보아야 할 것인데, 구체적인 기준으로는 집단의 크기, 집단의 성격과 집단 내에서의 피해자의 지위 등을 들 수 있다.

전 문

피 고 인 피고인

상 고 인 피고인

변 호 인 법무법인

원심판결 서울서부지법 2011. 11. 10. 선고 2011노529 판결

주 문 원심판결을 파기하고, 사건을 서울서부지방법원 합의부에 환송한다.

이 유 상고이유를 판단한다.

1. 모욕의 점에 대하여

가. 모욕죄는 특정한 사람 또는 인격을 보유하는 단체에 대하여 사회적 평가를 저하시킬 만한 경멸적 감정을 표현함으로써 성립하는 것이므로 그 피해자는 특정되어야 한다.

그리고 이른바 집단표시에 의한 모욕은, 모욕의 내용이 그 집단에 속한 특정인에 대한 것이라고는 해석되기 힘들고, 집단표시에 의한 비난이 개별구성원에 이르러서는 비난의 정도가 희석되어 구성원 개개인의 사회적 평가에 영향을 미칠 정도에 이르지 아니한 경우에는 구성원 개개인에 대한 모욕이 성립되지 않는다고 봄이 원칙이고, 그 비난의 정도가 희석되지 않아 구성원 개개인의 사회적 평가를 저하시킬 만한 것으로 평가될 경우에는 예외적으로 구성원 개개인에 대한 모욕이 성립할 수 있다. 한편 구성원 개개인에 대한 것으로 여겨질 정도로 구성원 수가 적거나 당시의 주위 정황 등으로 보아 집단 내 개별구성원을 지칭하는 것으로 여겨질 수 있는 때에는 집단 내 개별구성원이 피해자로서 특정된다고 보아야 할 것인데, 그 구체적인 기준으로는 집단의 크기, 집단의 성격과 집단 내에서의 피해자의 지위 등을 들 수 있다(대법원 2003. 9. 2. 선고 2002다63558 판결, 대법원 2013. 1. 10. 선고 2012도13189 판결 등 참조).

나. 원심은, 국회의원이었던 피고인이 국회의장배 전국 대학생 토론대회에 참여했던 학생들과 저녁회식을 하는 자리에서, 장래의 희망이 아나운서라고 한 여학생들에게 (아나운서 지위를 유지하거나 승진하기 위하여) "다 줄 생각을 해야 하는데, 그래도 아나운서 할 수 있겠느냐. ○○여대 이상은 자존심 때문에 그렇게 못하더라" 라는 등의 말을 함으로써 공연히 8개 공중파 방송 아나운서들로 구성된 △△△△△△연합회 회원인 여성 아

나운서 154명을 각 모욕하였다는 이 부분 공소사실에 대하여, 피고인이 위와 같은 발언을 한 사실이 있음을 인정한 다음 피고인의 이 사건 발언이 여성 아나운서들이라는 집단으로 표시되었고 △△△△△△연합회에 등록된 여성 아나운서의 수가 295명에 이르지만, 피고인의 지위와 이 사건 발언을 하게 된 경위, 표현 내용, 여성 아나운서 집단과 피해자들의 업무의 특수성, 피해자들에 대한 일반의 관심 그리고 피해자들이 생활하는 범위 내의 사람들이 이 사건 발언의 표현 내용과 피해자들을 연결시킬 가능성 등을 종합하여 볼 때, 피고인의 위 발언은 여성 아나운서들 집단의 개별구성원, 적어도 △△△△△△연합회에 등록되어 있는 회원들인 이 사건 피해자들에 대한 사회적 평가를 저하시킬 위험성이 있는 경멸적 표현에 해당한다는 등 그 판시와 같은 이유로 이 부분 공소사실을 유죄로 인정한 제1심판결을 그대로 유지하였다.

다. 그러나 원심의 위와 같은 판단은 다음과 같은 이유에서 그대로 수긍할 수 없다.

원심판결 이유를 앞서 본 법리와 적법하게 채택한 증거에 비추어 살펴보면, 우선 피고인의 이 사건 발언이 여성 아나운서에 대하여 수치심과 분노의 감정을 불러일으키기에 충분한 경멸적인 표현에 해당한다고 본 원심의 판단은 수긍할 수 있다.

그러나 이 부분 공소사실은 여성 아나운서 집단에 속한 개개의 여성 아나운서가 피해자임을 전제로 하고 있으므로 무엇보다도 그 비난의 정도가 여성 아나운서 개개인의 사회적 평가를 저하시킬 정도여야 할 것인데, 기록에 의하여 알 수 있는 다음과 같은 사정 즉, ① 피고인을 수사기관에 고소한 여성 아나운서는 154명이고, △△△△△△연합회에 등록된 여성 아나운서의 수는 295명에 이르며, 피고인의 발언 대상인 '여성 아나운서'라는 집단은 직업과 성별로만 분류된 집단의 명칭으로서 그 중에는 이 사건 고소인들이 속한 공중파 방송 아나운서들로 구성된 △△△△△△연합회에 등록된 사람뿐만 아니라 유선방송에 소속되어 있거나 그 밖의 다양한 형태로 활동하는 여성 아나운서들이 존재하므로 '여성 아나운서'라는 집단 자체의 경계가 불분명하고 그 조직화 및 결속력의 정도 또한 견고하다고 볼 수 없는 점, ② 피고인의 발언 대상이 그 중 피고인을 고소한 여성 아나운서들이 속한 △△△△△△연합회만을 구체적으로 지칭한다고 보기도 어려운 점, ③ 피고인의 이 사건 발언은, 비록 그 발언 내용이 매우 부적절하고 저속하기는 하지만, 앞서 본 여성 아나운서 집단의 규모와 조직 체계, 대외적으로 구성원의 개성이 부각되는 정도에 더하여 그 발언의 경위와 상대방, 발언 당시의 상황, 그 표현의 구체적 방식과 정도 및 맥락 등을 고려해 보면 위 발언으로 인하여 곧바로 피해자들을 비롯한 여성 아나운서들에 대한 기존의 사회적 평가를 근본적으로 변동시킬 것으로 보이지는 아니하는 점, ④ 피해자들을 비롯한 여성 아나운서들은 방송을 통해 대중에게 널리 알려진 사람들이어서 그 생활 범위 내에 있는 사람들이 문제된 발언과 피해자들을 연결시킬 가능성이 있다는 이유만으로 곧바로 그 집단 구성원 개개인에 대한 모욕이 된다고 평가하게 되면 모욕죄의 성립 범위를 지나치게 확대시킬 우려가 있는 점 등을 종합해 보면, 피고인의 이 사건 발언은 여성 아나운서 일반을 대상으로 한 것으로서 그 개별구성원인 피해자들에 이르러서는 비난의 정도가 희석되어 피해자 개개인의 사회적 평가에 영향을 미칠 정도에까지는 이르지 아니하므로 형법상 모욕죄에 해당한다고 보기는 어렵다고 볼 여지가 충분하다.

그럼에도 원심은 이와 달리 그 판시와 같은 이유만으로 피해자 개개인에 대한 모욕의 점에 관한 이 부분 공소사실을 유죄로 인정하였으니, 이러한 원심의 판단에는 집단표시에 의한 모욕죄에 관한 법리를 오해한 위법이 있다. 이를 지적하는 상고이유의 주장은 이유 있다.

2. 무고의 점에 대하여

원심판결 이유를 적법하게 채택한 증거들에 비추어 살펴보면, 원심이 그 판시와 같은 이유를 들어 이 사건 무고의 공소사실을 유죄로 판단한 것은 정당하고, 거기에 상고이유의 주장과 같이 논리와 경험의 법칙을 위반하여 자유심증주의의 한계를 벗어나거나 무고죄에 관한 법리를 오해하는 등의 위법이 없다.

3. 파기의 범위

앞서 본 바와 같이 원심판결 중 모욕 부분은 파기되어야 하고, 원심이 유죄를 선고한 나머지 무고 부분은 위 파기 부분과 형법 제37조 전단의 경합범 관계에 있어 원심에서 하나의 형이 선고되었으므로 결국 원심판결은 전부 파기되어야 한다.

4. 결론

그러므로 원심판결을 파기하고, 사건을 다시 심리·판단하게 하기 위하여 원심법원에 환송하기로 하여, 관여 대법관의 일치된 의견으로 주문과 같이 판결한다.

대법관 이인복(재판장) 민일영 박보영 김신(주심)

대법원 2014.3.13. 선고 2013도16099 판결

【컴퓨터등사용사기·정보통신망이용촉진및정보보호등에관한법률위반·입찰방해·컴퓨터등사용사기미수】

판시사항

형법 제347조의2의 규정 취지 및 컴퓨터등사용사기죄에서 '정보처리', '재산상 이익 취득'의 의미

판결요지

형법 제347조의2는 컴퓨터 등 정보처리장치에 허위의 정보 또는 부정한 명령을 입력하거나 권한 없이 정보를 입력·변경하여 정보처리를 하게 함으로써 재산상의 이익을 취득하거나 제3자로 하여금 취득하게 하는 행위를 처벌하고 있다. 이는 재산변동에 관한 사무가 사람의 개입 없이 컴퓨터 등에 의하여 기계적·자동적으로 처리되는 경우가 증가함에 따라 이를 악용하여 불법적인 이익을 취하는 행위도 증가하였으나 이들 새로운 유형의 행위는 사람에 대한 기망행위나 상대방의 처분행위 등을 수반하지 않아 기존 사기죄로는 처벌할 수 없다는 점 등을 고려하여 신설한 규정이다. 여기서 '정보처리'는 사기죄에서 피해자의 처분행위에 상응하므로 입력된 허위의 정보 등에 의하여 계산이나 데이터의 처리가 이루어짐으로써 직접적으로 재산처분의 결과를 초래하여야 하고, 행위자나 제3자의 '재산상 이익 취득'은 사람의 처분행위가 개재됨이 없이 컴퓨터 등에 의한 정보처리 과정에서 이루어져야 한다.

전　문

피 고 인 피고인 1 외 7인

상 고 인 피고인 1 외 4인 및 검사

변 호 인 법무법인

원심판결 서울중앙지법 2013. 12. 5. 선고 2013노2402 판결

주　문 원심판결 중 피고인 1에 대한 유죄부분 및 피고인 2, 3, 4, 7에 대한 부분을 파기하고, 이 부분 사건을 서울중앙지방법원 합의부에 환송한다. 검사의 상고를 기각한다.

이　유 상고이유를 판단한다.

1. 피고인 1, 2, 3, 4, 7의 상고이유에 대하여

가. 형법 제347조의2는 컴퓨터 등 정보처리장치에 허위의 정보 또는 부정한 명령을 입력하거나 권한 없이 정보를 입력·변경하여 정보처리를 하게 함으로써 재산상의 이익을 취득하거나 제3자로 하여금 취득하게 하는 행위를 처벌하고 있다. 이는 재산변동에 관한 사무가 사람의 개입 없이 컴퓨터 등에 의하여 기계적·자동적으로 처리되는 경우가 증가함에 따라 이를 악용하여 불법적인 이익을 취하는 행위도 증가하였으나 이들 새로운 유형의 행위는 사람에 대한 기망행위나 상대방의 처분행위 등을 수반하지 않아 기존 사기죄로는 처벌할 수 없다는 점 등을 고려하여 신설한 규정이다. 여기서 '정보처리'는 사기죄에 있어서 피해자의 처분행위에 상응하는 것이므로 입력된 허위의 정보 등에 의하여 계산이나 데이터의 처리가 이루어짐으로써 직접적으로 재산처분의 결과를 초래하여야 하고, 행위자나 제3자의 '재산상 이익 취득'은 사람의 처분행위가 개재됨이 없이 컴퓨터 등에 의한 정보처리과정에서 이루어져야 한다.

나. 원심은, 시설공사 발주처인 지방자치단체 등의 재무관 컴퓨터에는 암호화되기 직전 15개의 예비가격과 그 추첨번호를 해킹하여 볼 수 있는 악성프로그램을, 입찰자의 컴퓨터에는 입찰금액을 입력하면서 선택하는 2개의 예비가격 추첨번호가 미리 지정된 추첨번호 4개 중에서 선택되어 조달청 서버로 전송되도록 하는 악성프로그램을 각각 설치하여 낙찰하한가를 미리 알아낸 다음 특정 건설사에 낙찰이 가능한 입찰금액을 알려주어 그 건설사가 낙찰 받게 함으로써 낙찰금액 상당의 재산상 이익을 취득하게 하거나 미수에 그쳤다는 위 피고인들에 대한 컴퓨터등사용사기 또는 그 미수의 공소사실(무죄로 판단한 부분 제외)에 대하여, 사기죄의 기망행위와

피해자의 재산적 처분행위 사이에는 상당인과관계가 있는 것으로 족하고, 이는 컴퓨터등사용사기나 그 미수의 경우에도 마찬가지라고 전제한 다음, 비록 지방자치단체의 최종적 선정절차가 남아있더라도 상당인과관계가 부정되는 것은 아니라는 이유로 이 부분 공소사실을 유죄로 인정하였다.

다. 그러나 원심의 판단은 다음과 같은 이유에서 수긍하기 어렵다.

원심판결 이유 및 기록에 의하면, 피고인 1, 2, 3, 4, 7이 관여한 각 시설공사의 전자입찰은 모두 적격심사를 거치게 되어 있는 사실, 적격심사 대상공사에 대한 전자입찰은 입찰공고, 예비가격 작성, 투찰, 개찰, 적격심사, 낙찰자 선정, 계약의 순서로 이루어지는데, ① 먼저 발주처의 재무관이 입찰공고를 한 다음, ② 개찰 전까지 인증된 재무관용 컴퓨터를 통하여 조달청 서버에서 공사기초금액의 ±3% 범위 내에서 15개의 예비가격을 생성하되, 각 예비가격과 이에 대응하는 추첨번호는 임의로 섞여 재무관의 인증서와 함께 암호화되어 조달청 서버에 전송·저장되고, ③ 입찰자는 입찰기간 중 인증된 입찰자용 컴퓨터를 이용하여 입찰금액을 입력한 다음 예비가격이 표시되지 않는 15개의 추첨번호 중 임의로 2개를 선택하여 조달청 서버에 그 값을 전송·저장하며, ④ 개찰시 시스템에서 자동으로 입찰자들이 선택한 예비가격 추첨번호 중 가장 많이 선택된 상위 4개의 번호에 대응하는 예비가격을 평균하여 공사예정금액을, 여기에 투찰율을 곱한 낙찰하한가를 산정하게 되고, ⑤ 재무관은 낙찰하한가 이상 공사예정가격 이하로서 낙찰하한가에 가장 근접한 입찰금액으로 투찰한 입찰자 순서대로 계약이행경험, 기술능력, 재무상태, 신인도 등을 종합적으로 심사하는 적격심사를 거쳐 일정 점수 이상인 자를 낙찰자로 결정하는 사실, 피고인 1 등은 공소사실 기재와 같은 악성프로그램을 운용하여 15개의 예비가격과 그 추첨번호를 미리 알아내고, 입찰자가 선택한 2개의 추첨번호가 미리 지정한 4개의 추첨번호 중에서 선택되어 저장되도록 함으로써 사전에 낙찰하한가를 알아내어 이를 토대로 특정 건설사에 낙찰가능성이 높은 입찰금액을 알려준 사실 등을 알 수 있다.

위와 같은 사실관계를 앞서 본 법리에 비추어 살펴보면, 적격심사를 거치게 되어 있는 이 사건 각 시설공사의 전자입찰에 있어서 특정 건설사가 낙찰하한가에 대한 정보를 사전에 알고 투찰할 경우 그 건설사가 낙찰자로 결정될 가능성이 높은 것은 사실이나, 낙찰하한가에 가장 근접한 금액으로 투찰한 건설사라고 하더라도 적격심사를 거쳐 일정 기준 이상이 되어야만 낙찰자로 결정될 수 있는 점 등을 감안할 때, 피고인 1 등이 조달청의 국가종합전자조달시스템에 입찰자들이 선택한 추첨번호가 변경되어 저장되도록 하는 등 권한 없이 정보를 변경하여 정보처리를 하게 함으로써 직접적으로 얻은 것은 낙찰하한가에 대한 정보일 뿐, 위와 같은 정보처리의 직접적인 결과 특정 건설사가 낙찰자로 결정되어 낙찰금액 상당의 재산상 이익을 얻게 되었다거나 그 낙찰자 결정이 사람의 처분행위가 개재됨이 없이 컴퓨터 등의 정보처리과정에서 이루어졌다고 보기 어렵다.

그럼에도 이 부분 공소사실이 컴퓨터등사용사기죄 또는 그 미수죄의 구성요건에 해당된다고 보아 이를 유죄로 인정한 원심판결에는 컴퓨터등사용사기죄의 구성요건에 관한 법리를 오해하여 판결 결과에 영향을 미친 위법이 있다. 이 점을 지적하는 상고이유 주장은 이유 있다.

2. 검사의 상고이유에 대하여

원심은, 피고인 1, 6, 5, 8의 2007. 1.경 컴퓨터등사용사기의 공소사실에 대하여, 이 부분 공소사실은 그 범죄의 증명이 부족하다는 이유로 무죄를 선고한 제1심을 유지하였다.

앞서 본 법리와 기록에 비추어 살펴보면, 이 부분 공소사실은 위에서 본 바와 같은 이유로 컴퓨터등사용사기죄의 구성요건에 해당하지 않는다고 할 것이므로 이를 무죄로 판단한 원심은 결론에 있어서 정당하다.

3. 파기의 범위

원심판결 중 피고인 1, 3, 4, 7의 컴퓨터등사용사기 및 그 미수 부분(피고인 1의 무죄부분은 제외)과 피고인 2의 컴퓨터등사용사기 부분에는 앞서 본 바와 같은 파기사유가 있고, 위 각 부분은 원심이 위 피고인들에 대하여 유죄로 인정한 나머지 부분과 상상적 경합관계에 있거나 형법 제37조 전단의 경합범관계에 있어 이들 전부에 대하여 하나의 형을 선고하여야 하므로, 결국 원심판결 중 피고인 1에 대한 유죄부분과 피고인 2, 3, 4, 7에 대한 부분은 전부 파기될 수밖에 없다.

4. 결론

그러므로 피고인 1, 3, 7의 나머지 상고이유에 대한 판단을 생략한 채 원심판결 중 피고인 1에 대한 유죄부분 및 피고인 2, 3, 4, 7에 대한 부분을 파기하고, 이 부분 사건을 다시 심리·판단하게 하기 위하여 원심법원에 환송하며, 검사의 상고를 기각하기로 하여, 관여 대법관의 일치된 의견으로 주문과 같이 판결한다.

대법관 김신(재판장) 민일영 박보영(주심)

대법원 2014.3.13. 선고 2013도12430 판결

【명예훼손·사자명예훼손】

판시사항

형법 제307조 제2항의 '허위사실 적시에 의한 명예훼손죄'에서 적시된 사실이 허위인지, 행위자가 그 허위성을 인식하였는지 판단하는 기준과 위 죄가 미필적 고의에 의하여 성립하는지 여부(적극) 및 형법 제308조의 '사자명예훼손죄' 판단에서도 같은 법리가 적용되는지 여부(적극)

판결요지

형법 제307조 제2항의 허위사실 적시에 의한 명예훼손죄에서 적시된 사실이 허위인지 여부를 판단함에 있어서는 적시된 사실의 내용 전체의 취지를 살펴볼 때 세부적인 내용에서 진실과 약간 차이가 나거나 다소 과장된 표현이 있는 정도에 불과하다면 이를 허위라고 볼 수 없으나, 중요한 부분이 객관적 사실과 합치하지 않는다면 이를 허위라고 보아야 한다. 나아가 행위자가 그 사항이 허위라는 것을 인식하였는지 여부는 성질상 외부에서 이를 알거나 증명하기 어려우므로, 공표된 사실의 내용과 구체성, 소명자료의 존재 및 내용, 피고인이 밝히는 사실의 출처 및 인지 경위 등을 토대로 피고인의 학력, 경력, 사회적 지위, 공표 경위, 시점 및 그로 말미암아 예상되는 파급효과 등의 여러 객관적 사정을 종합하여 판단할 수밖에 없으며, 범죄의 고의는 확정적 고의뿐만 아니라 결과 발생에 대한 인식이 있고 그를 용인하는 의사인 이른바 미필적 고의도 포함하므로 허위사실 적시에 의한 명예훼손죄 역시 미필적 고의에 의하여도 성립하고, 위와 같은 법리는 형법 제308조의 사자명예훼손죄의 판단에서도 마찬가지로 적용된다.

전 문

피 고 인 피고인

상 고 인 피고인

변 호 인 법무법인

원심판결 서울중앙지법 2013. 9. 26. 선고 2013노879 판결

주 문 상고를 기각한다.

이 유 상고이유(상고이유서 제출 기간 경과 후에 제출한 상고이유보충서의 기재는 상고이유를 보충하는 범위 내에서)를 살펴본다.

1. 이 사건 공소사실의 요지

피고인은 2010. 3. 31. 10:00경 서울 종로구 내자동길 20 소재 서울지방경찰청 2층 대강당에서, 서울지방경찰청장으로서 서울지방경찰청 소속 5개 기동단 팀장급 398명을 상대로 기동부대 지휘요원 특별교양을 실시하던 중, 사실은 2009. 5. 23. 사망한 피해자 공소외 1 전 대통령과 관련한 거액이 들어 있는 차명계좌가 그 무렵 검찰수사 중에 발견된 사실이 없어 공소외 1 전 대통령이 그로 인해 자살한 것이 아니고 공소외 1 전 대통령의 배우자인 피해자 공소외 2가 이러한 차명계좌가 드러나는 것을 막기 위해 민주당에 공소외 1 전 대통령의 죽음과 관련한 특검을 하지 못하게 요청한 사실이 없음에도, "작년 노통, 공소외 1 전 대통령 5월 23일 부엉이바위 사건 때 막 또 그 뒤로 뛰쳐나왔지 않습니까. 그런데 여러분들, 공소외 1 전 대통령 뭐 때문에 사망했습니까? 뭐 때문에 뛰어내렸습니까? 뛰어버린 바로 전날 계좌가 발견됐지 않습니까. 차명계좌가, 10만 원짜리 수표가 타인으로, 거액의 차명계좌가 발표돼, 발견이 됐는데 그거 가지고 아무리 변명해도 이제 변명이 안 되지 않습니까? 그거 때문에 부엉이바위에서 뛰어내린 겁니다", "그래서 특검 이야기가 나왔지 않습니까. 특검 이야기가 나와서 특검하려고 그러니까 공소외 2 여사가 민주당에 이야기를 해서 특검을 못하게 한 겁니다. 그 해봐야 다 드러나게 되니까"라고 말하여 공연히 허위사실을 적시하여 피해자들의 명예를 훼손하였다.

2. 이 사건에 적용되는 법리

형법 제307조 제2항의 허위사실 적시에 의한 명예훼손죄에서 적시된 사실이 허위인지 여부를 판단함에 있어서는 적시된 사실의 내용 전체의 취지를 살펴볼 때 세부적인 내용에서 진실과 약간 차이가 나거나 다소 과장된 표현이 있는 정도에 불과하다면 이를 허위라고 볼 수 없으나, 중요한 부분이 객관적 사실과 합치하지 않는다면 이를 허위라고 보아야 한다(대법원 2012. 11. 15. 선고 2010도6343 판결 등 참조). 나아가 행위자가 그 사항이 허위라는 것을 인식하였는지 여부는 성질상 외부에서 이를 알거나 증명하기 어려우므로, 공표된 사실의 내용과 구체성, 소명자료의 존재 및 내용, 피고인이 밝히는 사실의 출처 및 인지 경위 등을 토대로 피고인의 학력, 경력, 사회적 지위, 공표 경위, 시점 및 그로 말미암아 예상되는 파급효과 등의 여러 객관적 사정을 종합하여 판단할 수밖에 없으며(대법원 2005. 7. 22. 선고 2005도2627 판결 등 참조), 범죄의 고의는 확정적 고의뿐만 아니라 결과 발생에 대한 인식이 있고 그를 용인하는 의사인 이른바 미필적 고의도 포함하는 것이므로 허위사실 적시에 의한 명예훼손죄 역시 미필적 고의에 의하여도 성립하고(대법원 2004. 2. 26. 선고 99도5190 판결 등 참조), 위와 같은 법리는 형법 제308조의 사자명예훼손죄의 판단에서도 마찬가지로 적용된다.

3. 이 사건 발언의 허위 여부와 관련된 상고이유에 관하여

가. 원심판결 이유와 원심과 제1심이 적법하게 채택한 증거에 의하면, 차명계좌의 의미에 관한 피고인의 주장이 다음과 같이 달라져 왔음을 알 수 있다.

즉, ① 피고인은 수사기관에서 조사받거나 제1심 재판 과정에서는, 이 사건 강연에서 발언한 '거액의 차명계좌'(이하 '이 사건 차명계좌'라 한다)는 청와대 제2부속실 소속 여자 행정관인 공소외 3, 4 명의로 된 계좌를 의미하고, 공소외 5 ○○실업 회장이 공소외 1 전 대통령의 조카사위인 공소외 6의 계좌로 송금한 미화 500만 달러 등 공소외 5와 관련된 미화 640만 달러를 염두에 두고 발언하거나 전 청와대 비서실 총무비서관인 공소외 7과 관련된 계좌는 아니라고 하였다. ② 그러다가 제1심 변론종결 직전에 이르러서는 종전과 달리, 이 사건 차명계좌는 공소외 1 전 대통령이 스스로 책임을 느낄 수 있거나 그러한 단서가 될 만한 내용을 추적할 수 있는 계좌라고 주장하였고, 원심에서도 차명계좌란 뇌물과 같이 떳떳하지 못한 돈을 관리하는 계좌라는 의미로 이해하였다고 진술하였으며, 피고인의 변호인들 역시 이 사건 발언을 할 당시 특정한 계좌를 염두에 두고 이야기한 것이 아니고 공소외 1 전 대통령과 관련된 계좌를 이야기하는 것으로서 1차적으로 공소외 3, 4의 계좌를 의미하고, 공소외 1 전 대통령이 도덕적으로 책임질 부분이라는 의미에서 2차적으로 공소외 6 명의의 계좌나 공소외 7 전 비서관과 관련된 공소외 8, 9의 계좌도 포함되는 것이라고 주장하였다.

나. 원심판결 이유에 의하면, 원심은 다음과 같은 이유로 피고인이 이 사건 강연에서 차명계좌와 특별검사에 관하여 한 발언이 허위라고 판단하였다.

① 이 사건 차명계좌는 피고인 스스로 진술하는 바와 같이 뇌물과 같이 떳떳하지 못한 돈을 관리하는 계좌로서 노 전 대통령과 그 배우자, 아들, 딸 등이 그 계좌에 있는 돈을 실제로 소유하고 있다는 뜻인바, 피고인이 발언한 '자살의 동기가 될 만한 차명계좌'는 단순한 차명계좌의 의미를 넘어 공소외 1 전 대통령에게 큰 책임과 부담을 줄 수 있는 계좌로서 그동안 알려지지 아니한 새로운 차명계좌를 의미하는 것이라고 봄이 상당하다.

② 공소외 1 전 대통령에 대한 소환조사 또는 사망 전에 공소외 2의 미화 100만 달러, 공소외 6의 미화 500만 달러, 공소외 10의 미화 40만 달러, 공소외 7의 15억 5천만 원 등에 관한 내용은 이미 수사기관에서 조사되거나 언론보도를 통하여 공소외 1 전 대통령의 사망 전에 밝혀진 것으로서 새로운 계좌가 아닐 뿐만 아니라 모두 미화 내지 현금 또는 채권 등으로 수수된 금액이므로 10만 원권 수표가 다량 입금되었다고 하는 이 사건 차명계좌와는 무관하다.

③ 이 사건 차명계좌가 청와대 제2부속실 소속 여자 행정관인 공소외 3, 4 명의의 계좌를 의미하는지에 관하여는, ㉮ 공소외 3, 4 명의의 계좌 예금잔고는 대체로 수백만 원에 불과하고 최고 8,302만 원을 넘지 않는 점, ㉯ 공소외 3, 4는 자신들 명의의 계좌에서의 큰 금액의 거래내역을 구체적으로 해명하고 있고, 그 외 대부분을 차지하는 수백만 원 정도의 입·출금은 공소외 2의 심부름이나 청와대에서의 생활비 지출 등의 지시사항을 이행하기 위한 것이거나 사용처가 구체적으로 기재된 것으로서 일상적인 용도로 보이는 점, ㉰ 2005. 6.부터 2009. 3.까지 위 계좌에 입금된 수표의 발행자금 합계가 99억 원이 넘고 현금 입금액 합계가 2억 9천만 원을 넘는다고는 하나, 그 기간이 약 4년에 이르고 동시에 입금된 10만 원권 수표의 발행일, 발행자 등이 매우 다양하며 일부 큰 금액의 입출금이 반복된 것이 고려되어야 하는 점, ㉱ 위 계좌에는 2005. 7.부터 2008. 10.까지 10만 원권 수표는 197장 합계 1,970만 원이 입금되었을 뿐이고, 그 중 2005년 전에 발행된 10만 원권 수표는 82장 합계 820만 원에 불과한 점, ㉲ 피고인은 검찰에서 '청와대 제2부속실 여자 행정관 2명 명의의 우리은행 삼청동지점 계좌에 2004년경 다수의 헌 10만 원짜리 수표 등 10억 원 이상이 입금되었다가 2008. 2. 공소외 1 전 대통령 퇴임 무렵 이후에 인출되어 사용되었다'는 내용을 들었다고 진술하였으나, 공소외 3, 4 명의의 우리은행 삼청동지점 계좌는 존재하지 않을 뿐 아니라 공소외 3, 4 명의의 다른 은행 계좌에

도 2004년경 10억 원 이상이 입금되었다가 공소외 1 전 대통령 퇴임 후 그 금액이 인출된 내역은 없는 점 등에 비추어 보면, 공소외 3, 4 명의의 계좌가 '공소외 1 전 대통령에게 큰 책임과 부담을 줄 만한 새로운 차명계좌'라고 보기 어렵다.

④ 공소외 10의 미화 40만 달러는 이미 수사기관에서 조사되거나 언론보도된 상태이고, 공소외 10의 외국환거래법위반 부분도 현금이 수수된 것이며, 공소외 11, 12, 10, 13 명의의 2005. 6. 1.부터 2009. 3. 31.까지의 계좌는 그 잔액이 대체로 많아야 수백만 원에 불과하거나 주로 카드대금 등으로 출금된 점 등에 비추어 보면 역시 이 사건 차명계좌로 볼 수 없다.

⑤ 피고인은, 이 사건 2009. 4. 20.자 압수수색영장은 2007. 6. 26. 공소외 14, 10 명의 계좌에서의 송금 또는 환전된 20만 달러의 출처 등에 대한 수사를 위한 것으로서, 공소외 3, 4 계좌 이외에 공소외 11, 12, 10, 13 명의의 금융계좌에 대하여도 또 다른 10만 원권 구권 수표의 흔적이 남아있을 가능성이 있고, 공소외 4 명의의 계좌에 입금된 10만 원권 수표 중 2장은 공소외 8 명의의 기업은행 계좌에서 발행된 10만 원권 수표 200장 중 2장이라는 것이 1차적으로 확인되었고, 대검찰청 중앙수사부가 시중 금융기관에 공소외 8 명의의 기업은행 계좌에서 발행된 10만 원권 수표에 대한 금융거래정보를 요청하였는데, 그 중 신한은행이 회신한 자료에 수표 18장이 중국 위안화로 환전되고 그 명의자가 공소외 10이라는 것이므로, 이는 공소외 8 계좌에서 출금된 돈을 공소외 2가 공소외 10의 환전자금 등으로 사용하였다는 사정이 드러난 것이고 대검찰청 중앙수사부는 공소외 8 계좌에 들어 있는 돈의 실제 주인이 공소외 2라는 사정을 포착한 것이라고 주장하나, 검찰의 의견은 2009. 4. 20.자 계좌추적영장의 집행결과와 관련하여 공소외 10, 13, 11, 12에 대한 계좌추적결과는 현재 검찰에 보관되어 있지 않고 다만 공소외 13 명의의 신한은행 계좌(계좌번호 생략) 거래내역은 보관되어 있다는 것이고, 공소외 8의 계좌는 이미 공소외 1 전 대통령 사망 전에 밝혀진 것으로 새로운 계좌가 아닐 뿐 아니라 10만 원짜리 수표가 입금된 계좌도 아니므로 이 사건 차명계좌라고 볼 수 없다.

⑥ 공소외 1 전 대통령 사망 전부터 민주당에서 주장하였던 특별검사제 도입의 내용은 공소외 5 사건에 연루된 공소외 15 등 공소외 16 전 대통령의 측근 인사의 비리 및 피의사실 공표 등 공소외 1 전 대통령에 대한 검찰 수사의 문제점을 대상으로 한 것으로, 공소외 1 전 대통령과 관련된 차명계좌와는 관련이 없고, 민주당은 특별검사제의 도입을 계속 주장하였으나 정부, 여당이 반대한 것으로 보일 뿐이며, 피고인의 이 사건 발언이 문제 된 후 민주당이 특별검사제의 도입을 반대하였으나, 이는 공소외 1 전 대통령의 사망 및 이 사건 발언 후의 사정에 불과하므로, 결국 이 부분 발언은 허위이다.

다. 상고이유에 관한 판단

(1) 변호인들은 상고이유로, 이 사건 공소사실 전단은 '사실은 공소외 1 전 대통령과 관련한 거액의 차명계좌가 그 무렵 검찰 수사 중에 발견된 사실이 없어'라고 되어 있음에도 원심은 검사가 증명대상으로 특정하지 아니한 '뛰어내리기 전날 10만 원권 수표가 입금된 계좌가 발견되었는지'를 심판대상으로 삼은 잘못이 있고, 위 발언 부분은 이 사건 발언 중 부수적인 내용에 불과하며 명예훼손적인 의미를 담고 있지도 않고, 자살의 동기가 무엇인지는 사실에 관한 발언이 아니라 의견에 불과하므로 심판대상이 될 수 없다고 주장하나, 다음과 같은 이유로 위 주장은 받아들일 수 없다.

① 공소사실을 전체적으로 파악하지 않고 일부분만을 떼어 그 의미를 파악하는 것은 타당하지 아니하다.

② 이 사건 발언의 주요한 내용은 '10만 원권 수표로 거액이 입금된 차명계좌가 뛰어내리기 전날 발견되었고 그로 인하여 공소외 1 전 대통령이 자살하였다'는 것으로서, 10만 원권 수표가 입금된 계좌라거나 공소외 1 전 대통령의 사망 직전 무렵에 발견된 계좌라는 점은 피고인이 적시하려 하였던 계좌가 무엇인지를 파악하는 데 매우 중요한 의미를 가진다.

③ 피고인 역시 수사기관에서부터 자신이 발언한 '거액의 차명계좌'는 10만 원권 수표로 10억 원 이상이 입금된 비자금계좌로서 실제로 존재한다고 주장해 왔다.

④ 원심은 이 사건 차명계좌가 공소외 1 전 대통령의 자살의 동기가 되었다는 사실을 인정한 것이 아니라 단순한 차명계좌의 의미를 넘어 공소외 1 전 대통령에게 큰 책임과 부담을 줄 수 있는 차명계좌로서 그전까지 수사나 언론보고를 통하여 밝혀진 계좌가 아닌 새로운 차명계좌를 의미한다고 받아들인 것이다.

⑤ 앞서 본 바와 같이 피고인과 변호인들은 이 사건 차명계좌의 의미에 관하여 처음에는 10만 원권 수표로 10억 원 이상의 거액이 입금된 청와대 여자 행정관 명의의 계좌를 뜻한다고 주장하였다가, 나중에는 태도를 달리하여 떳떳하지 못한 돈과 관련된 모든 계좌라거나 차명계좌를 밝힐 수 있는 단서가 되는 계좌도 포함된다고 주장하였는바, 변호인들이 위와 같이 공소사실의 특정이나 심판대상과 관련한 잘못을 지적하며 다투는 것은 처음과 달라진 자신들의 주장 내용이 정당하다는 것을 드러내려는 의도에서 비롯된 것으로 보인다.

(2) 변호인들의 이 부분 상고이유 주장의 핵심은 이 사건 발언이 허위인지에 관하여 원심이 잘못된 사실인정을 하였다는 것이나, 위에서 본 사정에 더하여 원심판결 이유를 앞서 본 법리와 원심과 제1심이 적법하게 채택

한 증거에 비추어 살펴보면 원심의 판단은 수긍할 수 있고, 거기에 논리와 경험의 법칙에 반하여 자유심증주의의 한계를 벗어나거나 공소사실의 특정, 사자의 명예훼손죄의 심판대상과 판단기준, 증명책임과 증명의 정도, 차명계좌에 관한 법리를 오해하거나 증명책임을 전도하여 사실을 인정한 잘못이 없다.

4. 피고인의 허위 인식과 관련된 상고이유에 관하여

가. 원심은 다음과 같은 이유로 피고인이 이 사건 발언이 허위인 점을 인식하고 있었다고 보았다.

① 피고인은 2010. 1. 서울지방경찰청장 취임 후에 공소외 17을 다른 사람들과 같이 2번 만났고, 이 사건 발언 전 3번째로 단둘이 만났다고 진술하고 있는데, 공소외 17은 이 사건 발언 전 피고인을 만난 사실이나 피고인에게 이 사건 발언과 같은 내용을 말해 준 사실이 없다고 증언하고 있다.

② 피고인 주장대로 이 사건 발언 전 만난 것까지 공소외 17을 3번 정도 만난 사이이고, 단둘이 만난 것은 이 사건 발언 직전이 처음인데, 만난 지 몇 번 되지도 않은 사람에게 그러한 이야기를 하였고 또 이를 그대로 믿었다는 것은 납득하기 어렵다.

③ 당시 공소외 17의 지위(▽▽▽▽▽▽연구소 이사장)에 비추어 볼 때 공소외 17이 공소외 1 전 대통령에 대한 대검찰청 중앙수사부의 수사상황을 알 수 있는 지위에 있지 않았던 것으로 보이고, 피고인 역시 민감한 사회·정치적 현안에 관하여 많은 정보를 접하는 서울지방경찰청장이었다는 점에서 공소외 17이 피고인보다 고급정보를 더 쉽게 접할 수 있는 지위에 있었기 때문에 공소외 17로부터 들은 내용이 사실이라고 믿었다는 피고인의 주장은 선뜻 이해하기 어렵다.

④ 피고인이 이 사건 발언에서 한 내용은 '차명계좌가, 10만 원짜리 수표가 타인으로, 거액의 차명계좌가 발표돼, 발견이 됐는데…'로 매우 단편적으로 추상적임에도, 이 사건 발언이 문제 된 후 공소외 17에게 '10만 원짜리 수표가 입금된 거액의 차명계좌'가 무엇인지, 그 사실의 진위에 관하여 물어본 일이 없고, 심지어 그 후 공소외 17을 만난 자리에서도 이에 관하여 언급한 일이 없다.

⑤ 피고인은 공소외 17로부터 들은 이야기의 진위에 관하여 다른 경로 등을 통하여 확인할 수 있었던 지위에 있었음에도 달리 이를 확인한 바 없다.

나. 앞서 본 법리와 원심과 제1심이 적법하게 채택한 증거에 비추어 살펴보면, 원심의 위와 같은 판단은 정당한 것으로 수긍할 수 있고, 거기에 논리와 경험의 법칙에 반하여 자유심증주의의 한계를 벗어나거나 증명책임, 명예훼손죄의 주관적 구성요건에 관한 법리오해 등의 잘못이 없다.

5. 결론

그러므로 상고를 기각하기로 하여, 관여 대법관의 일치된 의견으로 주문과 같이 판결한다.

대법관 박보영(재판장) 민일영(주심) 이인복 김신

대법원 2014.3.13. 선고 2012도2468 판결
【무고】

판시사항

[1] 무고죄에서 '형사처분 또는 징계처분을 받게 할 목적'의 인정범위 및 허위 내용의 고소장을 수사기관에 제출한 고소인에게 위 목적이 인정되는지 여부(적극)

[2] 피고인이 수사기관에 '갑이 민사사건 재판과정에서 위조된 확인서를 제출하였으니 처벌하여 달라'는 내용으로 허위 사실이 기재된 고소장을 제출하면서 '갑이 위조된 합의서도 제출하였다'는 취지로 기재하였으나, 고소보충 진술 시 확인서가 위조되었다는 점에 관하여만 진술한 사안에서, 합의서 위조·행사의 무고 부분에 대하여 무죄를 선고한 원심판결에 무고죄의 '신고'에 관한 법리오해 등 위법이 있다고 한 사례

판결요지

[1] 무고죄는 타인으로 하여금 형사처분 또는 징계처분을 받게 할 목적으로 공무소 또는 공무원에 대하여 허위의 사실을 신고하는 때에 성립하고, 무고죄에서 형사처분 또는 징계처분을 받게 할 목적은 허위신고를 함에 있어서 다른 사람이 그로 인하여 형사 또는 징계처분을 받게 될 것이라는 인식이 있으면 족하고 그 결과발생을 희망하는 것까지를 요하는 것은 아니므로, 고소인이 고소장을 수사기관에 제출한 이상 그러한 인식은 있었다고 보아야 한다.

[2] 피고인이 수사기관에 '갑이 민사사건 재판과정에서 위조된 확인서를 제출하였으니 처벌하여 달라'는 내용으로 허위 사실이 기재된 고소장을 제출하면서 '갑이 위조된 합의서도 제출하였다'는 취지로 기재하였으나, 고소보충 진술 시 확인서가 위조되었다는 점에 관하여만 진술한 사안에서, 피고인이 제출한 고소장에 '합의서도 도장을 찍은 바가 없으므로 위조 및 행사 여부를 가려주시기 바랍니다'라고 기재한 내용이 허위의 사실이라면 이 부분에 대해서도 '허위 사실을 신고한 것'으로 보아야 함에도, 이 부분 기재 내용이 '허위의 사실'인지 여부 등에 대해 심리하지 아니한 채 이 부분에 대하여 무죄를 선고한 원심판결에 무고죄의 '신고'에 관한 법리오해 등의 위법이 있다고 한 사례.

전　문

피 고 인 피고인

상 고 인 피고인 및 검사

변 호 인 법무법인

원심판결 서울중앙지법 2012. 2. 8. 선고 2011노2438 판결

주　문 원심판결을 파기하고, 사건을 서울중앙지방법원 합의부에 환송한다.

이　유 상고이유를 판단한다.

1. 피고인의 상고이유 주장에 대한 판단

원심판결 이유를 원심이 적법하게 채택한 증거에 비추어 살펴보면, 원심이 채용 증거에 의하여 판시 사실을 인정한 다음, '공소외인이 위조된 이 사건 확인서를 행사하였다'는 취지의 피고인의 고소내용은 객관적 진실에 반하는 허위의 사실에 해당한다고 하여 이 부분 공소사실을 유죄로 인정한 것은 정당하고, 거기에 상고이유 주장과 같이 형사재판에서 증명의 정도에 관한 법리를 오해하거나 논리와 경험의 법칙을 위반하여 자유심증주의의 한계를 일탈한 위법 등이 없다.

2. 검사의 상고이유 주장에 대한 판단

원심은 직권으로, 이 사건 공소사실 중 피고인이 '공소외인은 2008. 10.경 서울중앙지방법원 2007가합97254

사건의 재판과정에서 위조된 이 사건 합의서를 제출함으로써 위조사문서를 행사하였으니 처벌해 달라'는 내용의 허위사실이 기재된 고소장을 제출하여 공소외인을 무고하였다는 부분에 대해서, 피고인은 '공소외인이 위 재판과정에서 위조된 이 사건 확인서, 주식매매계약서를 행사하였다'는 취지로 고소장을 제출하면서 '이 사건 합의서도 도장을 찍은 바가 없으므로 위조 및 행사 여부를 가려주시기 바랍니다'라고 기재하였고, 고소보충 진술 시에도 오로지 이 사건 확인서, 주식매매계약서가 위조되었다는 점에 관하여만 진술하고 이 사건 합의서에 대하여는 별도로 언급하지 아니한 사실을 인정할 수 있을 뿐이고, 달리 이 부분 공소사실을 인정할 만한 증거가 없으므로 이는 범죄의 증명이 없는 경우에 해당한다고 하여 이 부분 공소사실에 대해서 무죄를 선고하였다.

그러나 원심의 이러한 판단은 다음과 같은 이유로 그대로 수긍하기 어렵다.

무고죄는 타인으로 하여금 형사처분 또는 징계처분을 받게 할 목적으로 공무소 또는 공무원에 대하여 허위의 사실을 신고하는 때에 성립하는 것이고, 무고죄에서 형사처분 또는 징계처분을 받게 할 목적은 허위신고를 함에 있어서 다른 사람이 그로 인하여 형사 또는 징계처분을 받게 될 것이라는 인식이 있으면 족한 것이고 그 결과발생을 희망하는 것까지를 요하는 것은 아니므로, 고소인이 고소장을 수사기관에 제출한 이상 그러한 인식은 있었다고 보아야 할 것이다(대법원 1991. 5. 10. 선고 90도2601 판결, 대법원 2005. 9. 30. 선고 2005도2712 판결 등 참조).

원심이 인정한 사실관계에 의하면, 피고인이 제출한 이 사건 고소장에 '이 사건 합의서도 도장을 찍은 바가 없으므로 위조 및 행사 여부를 가려주시기 바랍니다'라고 기재하였다는 것이므로 그 기재 내용이 허위의 사실이라면 피고인이 이 부분에 대해서도 '허위 사실을 신고한 것'으로 보아야 하고, 그 이후에 피고인이 수사기관에서 고소보충 진술 시 이 사건 합의서에 관해서는 전혀 언급을 하지 않았다고 하더라도 달리 볼 것은 아니라고 할 것이다.

그렇다면 원심으로서는 이 부분 기재 내용이 '허위의 사실'인지 여부 등에 대해서도 심리를 한 다음 이 부분에 관한 무고죄의 성부에 대해서 판단하였어야 할 것이다.

그럼에도 원심은 판시 사정만을 들어 이 부분 공소사실이 범죄의 증명이 없는 경우에 해당한다고 단정하고 말았으니 원심판결에는 무고죄에서의 '신고'에 관한 법리를 오해하여 필요한 심리를 다하지 아니한 위법이 있고, 이러한 위법은 판결에 영향을 미쳤음이 분명하다. 이 점을 지적하는 검사의 상고이유 주장은 이유 있다.

3. 결론

그러므로 원심판결 중 무죄부분은 파기되어야 할 것인데, 이는 원심판결 중 유죄부분과 형법 제37조 전단 경합범 관계에 있다고 할 것이므로 원심판결 전부를 파기하고, 사건을 다시 심리·판단하도록 원심법원에 환송하기로 하여 관여 대법관의 일치된 의견으로 주문과 같이 판결한다.

대법관 김창석(재판장) 양창수 고영한(주심)

이들의 주도 아래 신고된 것과는 다른 내용의 옥외집회 또는 시위로 변경되었다고 볼 만한 자료는 찾을 수 없다.

다. 이러한 사실관계를 앞서 본 법리에 비추어 보면, 이 사건 시위가 당초 신고된 행진방향 등의 범위를 일부 벗어나 진행된 것으로 볼 수 있을지언정, 금지된 시위라거나 신고 없이 개최된 시위라고 보기는 어렵다고 할 것이므로, 이 사건 시위에 대하여 미신고 시위임을 이유로 해산명령을 하였다고 하더라도 그러한 해산명령에 따르지 않은 행위가 집시법 위반죄에 해당한다고 볼 수 없다.

그럼에도 이와 달리 원심은 이 사건 시위가 미신고 시위임을 전제로 집시법 위반죄를 유죄로 인정한 제1심 판결을 그대로 유지하였으니, 이러한 원심판결에는 집시법상 시위의 동일성 및 해산명령불응에 관한 법리를 오해하여 판결에 영향을 미친 잘못이 있고, 이와 같은 취지가 포함된 피고인의 상고이유 주장에는 정당한 이유가 있다.

2. 일반교통방해의 점에 관하여

가. 이 사건 공소사실 중 일반교통방해의 점의 요지는, 피고인이 2011. 8. 27. 22:00경 대학생, 민주노총 소속 조합원 등 2,500명과 함께 '4차 버스시위'에 참여하여 서울 서대문구 경찰청 앞 도로에 연좌한 채 '공소외 1 구속하라'는 등의 구호를 외치다가, 독립문 방향으로 차로를 점거하고 행진을 하는 등 2011. 8. 27. 22:00경부터 같은 달 28. 00:30까지 차로를 점거하여 차량을 통행하지 못하게 함으로써, 위 시위에 참여한 2,500여 명과 공동하여 약 3시간 동안 육로의 교통을 방해하였다는 것인데, 원심은 채택증거를 종합하여, 이 사건 시위의 주최자인 금속노조는 연간 50 ~ 60건의 집회나 시위를 주최하였을 뿐만 아니라 이 사건 시위는 야간옥외시위로서 금지통고 혹은 제한통고의 대상이 된다는 사실을 잘 알고 있었을 것으로 보이며, 실제로 2011. 8. 25.경 서울지방경찰청장이 교통질서 유지를 위하여 이 사건 도로에서의 시위·행진을 금지한 사실, 이 사건 시위 이전인 2011. 8. 26.경 위 금지사실이 기재된 통고서가 금속노조에 송달된 사실을 인정할 수 있다는 이유로, 위 공소사실을 유죄로 인정하였다.

나. 그러나 이러한 원심의 사실인정과 판단은 그대로 수긍하기 어렵다.

기록에 의하면, 금속노조가 2011. 8. 23. 위와 같이 총 45개 장소(진로)에 대한 옥외집회 및 시위 신고를 하였고, 서울지방경찰청장은 2011. 8. 25. 그중 43개 장소(진로)에 대하여는 집시법 제8조 제1, 2항, 제11조, 제12조에 따라 금지통고를 하였으나, '독립문역 1번 출구 ~ △△중공업' 등 2개 장소(진로)에 대하여는 금지통고를 하지 않았고, 2011. 8. 26. 그 신고 중 '독립문역 1번 출구 ~ △△중공업' 등 2개 장소(진로)에 대하여는 주요도로에서의 옥외집회 및 시위라는 이유로 집시법 제12조 제1항에 따라 행진로를 '독립문역 5번 출구 → 서대문역 로터리 → 서울역 앞 → 남영삼거리(버스전용차로를 제외한 진행방향 편도 2개 차로)' 등으로 수정하고, '버스전용차로를 제외한 진행방향 편도 2개 차로를 이용하여 신속하게 진행하되, 남영삼거리(횡단보도 전) 또는 그 이전에서 종료하여야 하고, 행진 시 문화행사·퍼포먼스 등을 이유로 진행방향 편도 2개 차로를 넘어 행진하거나 또는 차도상 정리집회 개최 등 교통소통 방해행위는 금지되며, 행진구간 임의변경, 행진 진행 중 앉거나 서는 등 자의적인 행위는 금지된다'는 등의 교통질서 유지를 위한 조건(이하 '이 사건 조건'이라 한다)을 붙여 제한하기로 결정한 사실, 같은 날 서울남대문경찰서 정보과 소속 공소외 5 경사는 서울 중구 (이하 생략) 신문사 별관 5층에 있는 금속노조 사무실 근처로 찾아가 금속노조에서 경찰과의 연락을 담당해오던 공소외 6 조직국장에게 전화를 걸어 이 사건 조건이 기재된 '교통질서 유지를 위한 조건 통보서'를 전달하겠다고 하였고, 공소외 6이 '우편함에 넣고 가라'고 말하자 위 건물 1층에 있는 금속노조 우편함에 위 통보서를 투입한 다음, 공소외 6에게 '우편함에 넣었으니 수령해 가라'는 내용으로 문자메시지를 보낸 사실, 이 사건 시위가 이루어진 경찰청 앞에서 독립문공원까지의 구간은 위와 같이 서울지방경찰청장이 제한하기로 결정한 위 행진로에 포함되어 있는 사실을 알 수 있다.

위 사실관계에 비추어 살펴보면, 피고인이 참가한 이 사건 시위는 관할 서울지방경찰청장이 집시법 제8조 제1항에 따라 금지한 시위가 아니라 집시법 제12조 제1항에 따라 교통질서 유지를 위한 이 사건 조건을 붙여 제한하기로 결정한 시위라고 할 것이므로, 피고인이 이 사건 시위에 참가한 사실이 인정된다고 하여 곧바로 일반교통방해죄가 성립한다고 할 수는 없다.

따라서 원심으로서는 이 사건 조건이 금속노조에 적법하게 통지되었는지, 이 사건 시위가 당초 신고된 범위를 현저히 일탈하였거나 또는 이 사건 조건을 중대하게 위반하였는지, 실제로 피고인이 위와 같은 일탈 또는 위반에 가담하여 교통방해를 유발하는 직접적인 행위를 하였는지, 그 밖에 피고인의 참가 경위나 관여 정도 등에 비추어 피고인에게 공모공동정범으로서의 죄책을 물을 수 있는지 등에 관하여 나아가 심리하여 보았어야 할 것임에도 불구하고, 원심은 이에 이르지 아니한 채 그 판시와 같은 이유만으로 이 사건 일반교통방해의 점을 유죄로 인정한 제1심판결을 그대로 유지하였으니, 이러한 원심판결에는 집시법상의 교통 소통을 위한 제한 통지 및 일반교통방해죄에 관한 법리를 오해한 나머지 필요한 심리를 다하지 아니하여 판결 결과에 영향을 미친 잘못이 있고, 이 점에 관한 피고인의 상고이유 주장에는 정당한 이유가 있다.

3. 결론

그러므로 원심판결을 파기하고, 사건을 원심법원에 환송하기로 하여 관여 대법관의 일치된 의견으로 주문과 같이 판결한다.

대법관 김신(재판장) 민일영 이인복(주심) 박보영

대법원 2014.3.13. 선고 2011도8330 판결

【정치자금법위반】

판시사항

형사소추를 당하여 피고인이 된 '정치활동을 하는 자'가 형사재판에서 소요될 변호사 선임비용을 제공받은 경우, 정치자금법상 '정치자금 수수'로 볼 수 있는지 여부(원칙적 소극) 및 이때 수수된 변호사 선임비용이 '정치자금'에 해당하는지 판단하는 기준

판결요지

정치활동을 하는 자가 형사소추를 당하여 형사피고인이 된 경우, 그 형사소추는 검사에 의해 이루어진 것이어서 당해 형사재판에서 범죄혐의를 벗거나 유리한 양형을 받기 위해 소극적으로 하는 피고인의 방어 및 변호활동을 일반적으로 정치활동이라고 할 수는 없으므로, 정치활동을 하는 자가 형사재판에서 소요될 변호사 선임비용을 제공받았다고 하더라도 원칙적으로 이를 정치자금 수수라고 볼 수는 없다.

다만 형사재판에서 소요될 변호사 선임비용 명목으로 자금이 수수된 경우라도, 당해 형사재판이 그의 정치활동과 관련된 범죄로 인한 것으로서 자금 수수가 그의 정치활동의 유지를 위한 목적에서 이루어진 것이라면 그러한 자금도 정치자금이 될 수 있다. 이때 수수된 변호사 선임비용이 정치자금에 해당하는지 여부는 당해 형사소추와 피고인의 정치활동과의 관련성, 재판결과가 정치활동의 유지에 미치는 영향, 피고인과 자금제공자의 관계 및 수수된 자금의 규모 등 당해 형사재판을 둘러싸고 자금 수수와 관련하여 나타난 여러 사정을 종합적으로 고려하여 판단하여야 한다.

전 문

피 고 인 피고인 1 외 6인

상 고 인 피고인들 및 검사(피고인 1에 대하여)

변 호 인 변호사

원심판결 대구지법 2011. 6. 9. 선고 2010노4323 판결

주 문 상고를 모두 기각한다.

이 유 상고이유에 대하여 판단한다.

1. 피고인들의 상고이유에 대하여

정치자금법 제45조 제1항은 그 법에 정하지 아니한 방법으로 정치자금을 기부하거나 기부받은 자를 처벌하도록 규정하고 있고, 같은 법 제3조 제1호는 "정치자금"을 '당비, 후원금, 기탁금, 보조금과 정당의 당헌·당규 등에서 정한 부대수입 그 밖에 정치활동을 위하여 정당, 공직선거에 의하여 당선된 자, 공직선거의 후보자 또는 후보자가 되고자 하는 자, 후원회·정당의 간부 또는 유급사무직원 그 밖에 정치활동을 하는 자에게 제공되는 금전이나 유가증권 그 밖의 물건과 그 자의 정치활동에 소요되는 비용'으로 정하고 있으며, 같은 법 제3조 제2호는 "기부"를 '정치활동을 위하여 개인 또는 후원회 그 밖의 자가 정치자금을 제공하는 일체의 행위'로 정하고 있다. 따라서 정치자금법에 의하여 수수가 금지되는 정치자금은 정치활동을 위하여 정치활동을 하는 자에게 제공되는 금전 등 일체를 의미한다고 할 것이다(대법원 2009. 2. 26. 선고 2008도10422 판결 등 참조).

한편 정치활동을 하는 자가 형사소추를 당하여 형사피고인이 된 경우, 그 형사소추는 검사에 의해 이루어진 것이어서 당해 형사재판에서 범죄혐의를 벗거나 유리한 양형을 받기 위해 소극적으로 하는 피고인의 방어 및 변호활동을 일반적으로 정치활동이라고 할 수는 없으므로, 정치활동을 하는 자가 형사재판에서 소요될 변호사 선임비용을 제공받았다고 하더라도 원칙적으로 이를 정치자금 수수라고 볼 수는 없다.

다만 형사재판에서 소요될 변호사 선임비용 명목으로 자금이 수수된 경우라도, 당해 형사재판이 그의 정치활동과 관련된 범죄로 인한 것으로서 자금 수수가 그의 정치활동의 유지를 위한 목적에서 이루어진 것이라면 그러

한 자금도 정치자금이 될 수 있다. 이때 수수된 변호사 선임비용이 정치자금에 해당하는지 여부는 당해 형사소추와 피고인의 정치활동과의 관련성, 재판결과가 정치활동의 유지에 미치는 영향, 피고인과 자금제공자의 관계 및 수수된 자금의 규모 등 당해 형사재판을 둘러싸고 자금 수수와 관련하여 나타난 여러 사정을 종합적으로 고려하여 판단하여야 할 것이다.

원심은 그 판시와 같은 이유를 들어, 피고인 1이 지방선거에서 ○○시장으로 당선되었으나 공직선거법위반죄로 기소되어 제1심에서 당선무효형에 해당하는 벌금 250만 원을 선고받아 시장직을 상실할 위기에 놓이게 되자, 나머지 피고인들과 공소외 종중 등이 피고인 1의 시장직 유지를 위하여 그에게 위 공직선거법위반 사건의 항소심 변호사비용 명목으로 제공한 합계 1억 4,797만 원 상당의 자금은 피고인 1의 정치활동을 위한 정치자금으로 제공된 것이라고 판단하고, 피고인들에 대하여 정치자금법 제45조 제1항의 정치자금부정수수죄가 성립한다고 보아 이 사건 공소사실을 모두 유죄로 인정한 제1심판결을 유지하였다.

원심판결 이유를 앞서 본 법리와 적법하게 채택한 증거들에 비추어 살펴보면, 이러한 원심의 판단은 정당한 것으로 수긍할 수 있고, 거기에 피고인들의 상고이유 주장과 같이 정치자금부정수수죄 및 그 적용법조 등에 관한 법리를 오해하거나 논리와 경험의 법칙을 위반하여 자유심증주의의 한계를 벗어난 위법이 없다.

2. 검사의 상고이유에 대하여

형법 제51조의 사항과 개전의 정상이 현저한지 여부에 관한 사항은 널리 형의 양정에 관한 법원의 재량사항에 속한다고 해석되므로, 상고심으로서는 형사소송법 제383조 제4호에 의하여 사형·무기 또는 10년 이상의 징역·금고가 선고된 사건에서 형의 양정의 당부에 관한 상고이유를 심판하는 경우가 아닌 이상, 선고유예에 관하여 형법 제51조의 사항과 개전의 정상이 현저한지 여부에 대한 원심판단의 당부를 심판할 수 없고, 그 원심판단이 현저하게 잘못되었다고 하더라도 달리 볼 것이 아니다(대법원 2003. 2. 20. 선고 2001도6138 전원합의체 판결 참조).

따라서 검사의 상고이유 주장은 원심이 행한 형의 양정이 부당함을 들어 원심판결을 비난하는 것에 불과하므로 받아들일 수 없다.

3. 결론

그러므로 상고를 모두 기각하기로 하여, 관여 대법관의 일치된 의견으로 주문과 같이 판결한다.

대법관 김신(재판장) 민일영 이인복(주심) 박보영

대법원 2014.2.27. 선고 2013도5356 판결

【특수공무집행방해치상·공무집행방해】

판시사항

1. 도로관리청이 도로의 기능 발휘에 장애가 되는 시설물을 정당한 사유 없이 설치하는 것을 제지할 수 있는지 여부(적극)
2. 피고인들이 갑 시에서 관리하는 도로의 보도에서 농성용 천막을 설치하던 중 이를 제지하려는 갑 시청 소속 공무원들에게 상해 또는 폭행을 가한 사안에서, 도로관리권에 근거하여 적법하게 공무집행을 하는 공무원들에게 폭행 등을 가한 피고인들의 행위는 공무집행방해죄를 구성한다고 한 사례

판결요지

1. 구 도로법(2012. 6. 1. 법률 제11471호로 개정되기 전의 것. 이하 같다) 제20조 제1항 제3호 및 제13조에 따르면 시도는 해당 노선을 인정한 행정청이 도로관리청이 되고, 구 도로법 제37조 제1항의 위임에 따라 마련된 '도로의 구조·시설 기준에 관한 규칙' 제16조 제1항에 따르면 도로에 설치된 보도는 도로의 구성 부분에 해당한다. 그리고 구 도로법 제45조에 따르면 누구든지 정당한 사유 없이 도로에 장애물을 쌓거나 교통에 지장을 끼치는 행위를 하여서는 안 되며, 그러한 행위를 하는 사람에 대하여는 구 도로법 제83조에 따라 도로관리청이 필요한 처분을 하거나 조치를 명할 수 있다. 따라서 도로를 설치하고 그 존립을 유지하여 이를 일반 교통에 제공함으로써 도로의 본래 목적을 발휘하도록 하기 위한 포괄적 관리권을 가지는 도로관리청으로서는 도로의 기능 발휘에 장애가 되는 시설물을 정당한 사유 없이 설치하는 것을 제지할 수 있다.
2. 피고인들이 갑 시에서 관리하는 도로의 보도에서 농성용 천막을 설치하던 중 이를 제지하려는 갑 시청 소속 공무원들에게 상해 또는 폭행을 가한 사안에서, 도로관리청인 갑 시청 소속 공무원들이 보도에서 피고인들의 천막 설치를 제지하거나 설치 중인 천막을 철거하려고 한 행위는 구 도로법(2012. 6. 1. 법률 제11471호로 개정되기 전의 것. 이하 같다) 제83조에 따라 구 도로법 제45조에 규정된 도로에 관한 금지행위를 제지하기 위한 합리적 상당성이 있는 조치로서 보도의 본래 목적을 달성하도록 하기 위한 관리권 범위 내의 행위에 해당하므로, 이러한 도로관리권에 근거하여 적법하게 공무집행을 하는 공무원들에게 폭행 등을 가한 피고인들의 행위는 공무집행방해죄를 구성한다고 한 사례.

전 문

피 고 인 피고인 1 외 1인

상 고 인 검사

변 호 인 변호사

원심판결 광주고법 2013. 4. 24. 선고 (제주)2012노79 판결

주 문 원심판결을 파기하고, 사건을 광주고등법원에 환송한다.

이 유 상고이유를 판단한다.

1. 공무집행방해죄는 적법하게 직무를 집행하는 공무원을 폭행하거나 협박함으로써 성립하는바, 폭행이나 협박 당시의 구체적인 상황에 비추어 객관적·합리적으로 판단할 때 당해 공무원의 직무집행이 그의 권한 범위 내의 행위로서 적법한 것으로 인정될 경우에는 그에 대한 폭행이나 협박은 공무집행방해에 해당한다(대법원 1991. 5. 10. 선고 91도453 판결, 대법원 2013. 8. 23. 선고 2011도4763 판결 등 참조).

한편 구 도로법(2012. 6. 1. 법률 제11471호로 개정되기 전의 것. 이하 같다) 제20조 제1항 제3호 및 제13조에

따르면 시도는 해당 노선을 인정한 행정청이 도로관리청이 되고, 구 도로법 제37조 제1항의 위임에 따라 마련된 도로의 구조·시설 기준에 관한 규칙 제16조 제1항에 따르면 도로에 설치된 보도는 도로의 구성 부분에 해당한다. 그리고 구 도로법 제45조에 따르면 누구든지 정당한 사유 없이 도로에 장애물을 쌓거나 교통에 지장을 끼치는 행위를 하여서는 안 되며, 그러한 행위를 하는 사람에 대하여는 구 도로법 제83조에 따라 도로관리청이 필요한 처분을 하거나 조치를 명할 수 있다. 따라서 도로를 설치하고 그 존립을 유지하여 이를 일반 교통에 제공함으로써 도로의 본래 목적을 발휘하도록 하기 위한 포괄적 관리권을 가지는 도로관리청으로서는 도로의 기능 발휘에 장애가 되는 시설물을 정당한 사유 없이 설치하는 것을 제지할 수 있다.

2. 가. 원심판결 이유 및 원심이 적법하게 채택한 증거들에 의하면, ① 피고인들은 2011. 10. 25. 10:00경 제주시 연동 제주특별자치도청 앞 도로(보도)에서 ○○○○○○총연맹 제주도연맹과 △△△△△△△총연맹 제주도연합이 개최한 '한미FTA 국회비준 저지 농성돌입 기자회견'에 참석하여 기자회견을 한 사실, ② 피고인들은 위 기자회견을 마친 후 같은 날 10:25경 농민단체 회원들과 함께 제주특별자치도청 정문 맞은편 보도로 이동하여 농성용 천막을 설치하기 위하여 천막설치용 파이프를 세우고 있던 중 제주시청 건설교통국 소속 공무원들로부터 보도에 천막이 설치되면 보행자의 안전에 위험이 발생하고 교통에 지장을 초래한다는 이유로 수회에 걸쳐 자진 철거를 요구받은 사실, ③ 그럼에도 피고인들이 계속하여 천막을 설치하려다가 이를 제지하거나 설치 중인 천막을 철거하려는 위 공무원들과 몸싸움을 벌였고, 그 과정에서 피고인들이 위 공무원들에게 상해 또는 폭행을 가한 사실을 알 수 있다.

   나. 이러한 사실을 위 법리에 비추어 보면, 이 사건에서 도로관리청인 제주시청 소속 공무원들이 이 사건 보도에서 피고인들의 천막 설치를 제지하거나 설치 중인 천막을 철거하려고 한 행위는 구 도로법 제83조에 따라 도로의 일부인 보도의 기능 발휘에 장애가 되는 시설물의 설치행위 등 구 도로법 제45조에 규정된 도로에 관한 금지행위를 제지하기 위한 합리적 상당성이 있는 조치로서 보도의 본래 목적을 달성하도록 하기 위한 관리권 범위 내의 행위에 해당하고, 따라서 이러한 도로관리권에 근거하여 적법하게 공무집행을 하는 공무원들에게 폭행 등을 가한 피고인들의 행위는 공무집행방해죄를 구성한다고 할 것이다.

   다. 그럼에도 불구하고 원심은 그 판시와 같은 이유로, 제주시청 건설교통국 소속 공무원들이 피고인들의 천막 설치를 제지하거나 설치 중인 천막을 철거하려고 한 행위가 적법한 직무집행이 아니라고 하여 위 공무원들에게 폭행 등을 가한 피고인들에 대하여 무죄를 선고하였는바, 이는 도로관리청의 도로관리권의 범위에 관한 법리를 오해함으로써 공무집행방해죄상의 공무집행의 적법성에 관한 판단을 그르친 것이다.

3. 그러므로 원심판결을 파기하고, 사건을 다시 심리·판단하게 하기 위하여 원심법원에 환송하기로 하여, 관여 대법관의 일치된 의견으로 주문과 같이 판결한다.

대법관 박보영(재판장) 민일영(주심) 이인복 김신

대법원 2014.2.27. 선고 2013도15500 판결

【도로교통법위반】

판시사항

교통사고를 낸 차의 운전자 등에게 도로교통법 제54조 제2항 본문에서 정한 신고의무가 있는 경우 및 같은 항 단서에도 불구하고 마찬가지로 해석하여야 하는지 여부(적극)

판결요지

도로교통법 제54조 제2항 본문에 규정된 신고의무는, 교통사고가 발생한 때에 이를 지체 없이 경찰공무원 또는 경찰관서에 알려서 피해자의 구호, 교통질서의 회복 등에 관한 적절한 조치를 취하게 함으로써 도로상의 소통장해를 제거하고 피해의 확대를 방지하여 교통질서의 유지 및 안전을 도모하는 데 입법취지가 있다. 이와 같은 도로교통법상 신고의무 규정의 입법취지와 헌법상 보장된 진술거부권 및 평등원칙에 비추어 볼 때, 교통사고를 낸 차의 운전자 등의 신고의무는 사고의 규모나 당시의 구체적인 상황에 따라 피해자의 구호 및 교통질서의 회복을 위하여 당사자의 개인적인 조치를 넘어 경찰관의 조직적 조치가 필요하다고 인정되는 경우에만 있는 것이라고 해석하여야 한다. 그리고 이는 도로교통법 제54조 제2항 단서에서 '운행 중인 차만 손괴된 것이 분명하고 도로에서의 위험방지와 원활한 소통을 위하여 필요한 조치를 한 경우에는 그러하지 아니하다'고 규정하고 있어도 마찬가지이다.

전 문

피 고 인 피고인

상 고 인 검사

원심판결 청주지법 2013. 11. 21. 선고 2013노647 판결

주 문 상고를 기각한다.

이 유 상고이유를 판단한다.

도로교통법 제54조 제2항 본문은, 차의 운전 등 교통으로 인하여 사람을 사상하거나 물건을 손괴한 경우 그 차의 운전자나 그 밖의 승무원은 경찰공무원이 현장에 있을 때에는 그 경찰공무원에게, 경찰공무원이 현장에 없을 때에는 가장 가까운 국가경찰관서(지구대, 파출소 및 출장소를 포함한다)에 사고가 일어난 곳, 사상자 수 및 부상 정도, 손괴한 물건 및 손괴 정도, 그 밖의 조치사항 등을 지체 없이 신고하여야 한다고 규정하고 있다.

이와 같은 도로교통법상의 신고의무는, 교통사고가 발생한 때에 이를 지체 없이 경찰공무원 또는 경찰관서에 알려서 피해자의 구호, 교통질서의 회복 등에 관한 적절한 조치를 취하게 함으로써 도로상의 소통장해를 제거하고 피해의 확대를 방지하여 교통질서의 유지 및 안전을 도모하는 데 그 입법취지가 있다. 이와 같은 도로교통법상 신고의무 규정의 입법취지와 헌법상 보장된 진술거부권 및 평등원칙에 비추어 볼 때, 교통사고를 낸 차의 운전자 등의 신고의무는 사고의 규모나 당시의 구체적인 상황에 따라 피해자의 구호 및 교통질서의 회복을 위하여 당사자의 개인적인 조치를 넘어 경찰관의 조직적 조치가 필요하다고 인정되는 경우에만 있는 것이라고 해석하여야 한다(대법원 1991. 6. 25. 선고 91도1013 판결 등 참조). 그리고 이는 도로교통법 제54조 제2항 단서에서 '운행 중인 차만 손괴된 것이 분명하고 도로에서의 위험방지와 원활한 소통을 위하여 필요한 조치를 한 경우에는 그러하지 아니하다'고 규정하고 있어도 마찬가지이다.

원심판결 이유를 이러한 법리와 기록에 비추어 살펴보면, 원심이 그 판시와 같은 이유로 이 사건 공소사실에 대하여 범죄사실의 증명이 없다고 보아 피고인에게 무죄를 선고한 제1심판결을 그대로 유지한 것은 정당한 것으로 수긍이 가고, 거기에 상고이유의 주장과 같이 논리와 경험의 법칙을 위반하고 자유심증주의의 한계를 벗어나거나 도로교통법 제54조 제2항에 관한 법리를 오해하는 등의 위법이 없다.

그러므로 상고를 기각하기로 하여 관여 대법관의 일치된 의견으로 주문과 같이 판결한다.

대법관 김소영(재판장) 신영철 이상훈(주심) 김용덕

대법원 2014.2.27. 선고 2013도12301,2013전도252,2013치도2 판결

【성폭력범죄의처벌등에관한특례법위반(강간등살인)·특정범죄가중처벌등에관한법률위반(영리약취·유인등)[인정된죄명:특정범죄가중처벌등에관한법률위반(약취·유인)]·주거침입·야간주거침입절도·절도·부착명령·치료명령】

판시사항

1. 미성년자를 약취한 후 강간 목적으로 상해 등을 가하고 나아가 강간 및 살인미수를 범한 경우, 약취한 미성년자에 대한 상해 등으로 인한 특정범죄 가중처벌 등에 관한 법률 위반죄와 미성년자에 대한 강간 및 살인미수행위로 인한 성폭력범죄의 처벌 등에 관한 특례법 위반죄의 죄수 관계(=실체적 경합범)
2. 장기간의 형 집행 및 그에 부수하여 전자장치 부착 등의 처분이 예정된 사람에 대하여 '성폭력범죄자의 성충동 약물치료에 관한 법률'에 의한 약물치료명령을 부과하기 위한 요건
3. '성폭력범죄자의 성충동 약물치료에 관한 법률'에 의한 약물치료명령의 요건인 '성폭력범죄를 다시 범할 위험성'의 의미 및 성도착증 환자로 진단받은 피청구자가 약물치료명령의 요건을 갖춘 것으로 보기 위한 요건과 그 판단 기준

판결요지

1. 미성년자인 피해자를 약취한 후에 강간을 목적으로 피해자에게 가혹한 행위 및 상해를 가하고 나아가 그 피해자에 대한 강간 및 살인미수를 범하였다면, 이에 대하여는 약취한 미성년자에 대한 상해 등으로 인한 특정범죄 가중처벌 등에 관한 법률 위반죄 및 미성년자인 피해자에 대한 강간 및 살인미수행위로 인한 성폭력범죄의 처벌 등에 관한 특례법 위반죄가 각 성립하고, 설령 상해의 결과가 피해자에 대한 강간 및 살인미수행위 과정에서 발생한 것이라 하더라도 위 각 죄는 서로 형법 제37조 전단의 실체적 경합범 관계에 있다.
2. '성폭력범죄자의 성충동 약물치료에 관한 법률'에 의한 약물치료명령(이하 '치료명령'이라고만 한다)은 사람에 대하여 성폭력범죄를 저지른 성도착증 환자로서 성폭력범죄를 다시 범할 위험성이 있다고 인정되는 19세 이상의 사람에 대하여 약물투여 및 심리치료 등의 방법으로 도착적인 성기능을 일정기간 동안 약화 또는 정상화하는 치료를 실시하는 보안처분이다. 이러한 치료명령은 성폭력범죄의 재범을 방지하고 사회복귀의 촉진 및 국민의 보호 등을 목적으로 한다는 점에서 특정 범죄자에 대한 보호관찰 및 전자장치 부착 등에 관한 법률과 치료감호법이 각 규정한 전자장치 부착명령 및 치료감호처분과 취지를 같이 하지만, 원칙적으로 형 집행 종료 이후 신체에 영구적인 변화를 초래할 수도 있는 약물의 투여를 피청구자의 동의 없이 강제적으로 상당 기간 실시하게 된다는 점에서 헌법이 보장하고 있는 신체의 자유와 자기결정권에 대한 가장 직접적이고 침익적인 처분에 해당한다고 볼 수 있다. 따라서 앞서 본 바와 같은 치료명령의 내용 및 특성과 최소침해성의 원칙 등을 요건으로 하는 보안처분의 성격 등에 비추어 장기간의 형 집행 및 그에 부수하여 전자장치 부착 등의 처분이 예정된 사람에 대해서는 위 형 집행 및 처분에도 불구하고 재범의 방지와 사회복귀의 촉진 및 국민의 보호를 위한 추가적인 조치를 취할 필요성이 인정되는 불가피한 경우에 한하여 이를 부과함이 타당하다.
3. '성폭력범죄자의 성충동 약물치료에 관한 법률'에 의한 약물치료명령(이하 '치료명령'이라고만 한다)의 요건으로 '성폭력범죄를 다시 범할 위험성'이란 재범할 가능성만으로는 부족하고 피청구자가 장래에 다시 성폭력범죄를 범하여 법적 평온을 깨뜨릴 상당한 개연성을 의미한다. 그런데 장기간의 형 집행이 예정된 사람의 경우에는 치료명령의 선고시점과 실제 치료명령의 집행시점 사이에 상당

한 시간적 간격이 있어 성충동 호르몬 감소나 노령화 등으로 성도착증이 자연스럽게 완화되거나 치유될 가능성을 배제하기 어렵고, 피청구자의 동의 없이 강제적으로 이루어지는 치료명령 자체가 피청구자의 신체의 자유와 자기결정권에 대한 중대한 제한이 되는 사정을 감안하여 보면, 비록 피청구자가 성도착증 환자로 진단받았다고 하더라도 그러한 사정만으로 바로 피청구자에게 성폭력범죄에 대한 재범의 위험성이 있다고 단정할 것이 아니라, 치료명령의 집행시점에도 여전히 약물치료가 필요할 만큼 피청구자에게 성폭력범죄를 다시 범할 위험성이 있고 피청구자의 동의를 대체할 수 있을 정도의 상당한 필요성이 인정되는 경우에 한하여 비로소 치료명령의 요건을 갖춘 것으로 보아야 한다. 또한 이 경우 법원이 피청구자의 '성폭력범죄를 다시 범할 위험성'을 판단할 때에는 피청구자의 직업과 환경, 동종 범행으로 인한 처벌 전력, 당해 범행 이전의 행적, 범행의 동기, 수단, 범행 후의 정황, 개전의 정 등과 아울러 피청구인의 정신성적 장애의 종류와 정도 및 치료 가능성, 피청구인이 치료명령의 과정에서 받을 약물치료 또는 인지행동치료 등을 자발적이고도 적극적으로 따르고자 하는 의지, 처방 약물로 인하여 예상되는 부작용의 가능성과 정도, 예상되는 형 집행 기간과 그 종료 당시 피청구자의 연령 및 주위환경과 그 후 약물치료 등을 통하여 기대되는 재범방지 효과 등의 여러 사정을 종합적으로 평가하여 판결 시를 기준으로 객관적으로 판단하여야 한다.

전 문

피고인 겸 피부착명령청구자, 피치료명령청구자 피고인 겸 피부착명령청구자, 피치료명령청구자

상 고 인 피고인 겸 피부착명령청구자, 피치료명령청구자

변 호 인 변호사

환송판결 대법원 2013. 8. 14. 선고 2013도6660, 2013전도137, 2013치도1 판결

원심판결 광주고법 2013. 9. 26. 선고 2013노387, 2013전노61, 2013치노3 판결

주 문 상고를 기각한다.

이 유

1. 피고사건에 대하여

상고이유를 판단한다.

미성년자인 피해자를 약취한 후에 강간을 목적으로 피해자에게 가혹한 행위 및 상해를 가하고 나아가 그 피해자에 대한 강간 및 살인미수를 범하였다면, 이에 대하여는 약취한 미성년자에 대한 상해 등으로 인한 특정범죄가중처벌 등에 관한 법률 위반죄 및 미성년자인 피해자에 대한 강간 및 살인미수행위로 인한 성폭력범죄의 처벌 등에 관한 특례법 위반죄가 각 성립하고, 설령 상해의 결과가 피해자에 대한 강간 및 살인미수행위 과정에서 발생한 것이라 하더라도 위 각 죄는 서로 형법 제37조 전단의 실체적 경합범 관계에 있다고 할 것이다.

같은 취지의 원심 판단은 정당하고, 거기에 상고이유 주장과 같이 불가벌적 수반행위나 죄수에 관한 법리를 오해하는 등의 위법이 없다.

한편 피고인 겸 피부착명령청구자, 피치료명령청구자(이하 '피고인'이라고만 한다)의 연령·성행·지능과 환경, 이 사건 각 범행의 동기·수단과 결과, 범행 후의 정황 등 기록에 나타난 양형의 조건이 되는 여러 가지 사정을 살펴보면, 피고인과 국선변호인이 주장하는 정상을 참작하더라도 피고인에 대하여 무기징역을 선고한 원심의 형의 양정이 심히 부당하다고 인정할 현저한 사유가 있다고 볼 수 없다.

2. 부착명령청구사건 및 치료명령청구사건에 대하여

가. 피고인이 피고사건에 관하여 상고를 제기한 이상 부착명령청구사건 및 치료명령청구사건에 관하여도 모두 상고를 제기한 것으로 의제된다. 그러나 상고장에 이유의 기재가 없고, 상고이유서에도 이에 대한 불복이유의 기재를 찾아볼 수 없다.

나. 치료명령청구사건에 관하여 직권으로 판단한다.

1) 「성폭력범죄자의 성충동 약물치료에 관한 법률」에 의한 약물치료명령(이하 '치료명령'이라고만 한다)은 사람에 대하여 성폭력범죄를 저지른 성도착증 환자로서 성폭력범죄를 다시 범할 위험성이 있다고 인정되는 19세 이상의 사람에 대하여 약물투여 및 심리치료 등의 방법으로 도착적인 성기능을 일정기간 동안 약화 또는 정

상화하는 치료를 실시하는 보안처분이다. 이러한 치료명령은 성폭력범죄의 재범을 방지하고 사회복귀의 촉진 및 국민의 보호 등을 목적으로 한다는 점에서 특정 범죄자에 대한 보호관찰 및 전자장치 부착 등에 관한 법률과 치료감호법이 각 규정한 전자장치 부착명령 및 치료감호처분과 그 취지를 같이 하지만, 원칙적으로 형 집행 종료 이후 신체에 영구적인 변화를 초래할 수도 있는 약물의 투여를 피청구자의 동의 없이 강제적으로 상당 기간 실시하게 된다는 점에서 헌법이 보장하고 있는 신체의 자유와 자기결정권에 대한 가장 직접적이고 침익적인 처분에 해당한다고 볼 수 있다. 따라서 앞서 본 바와 같은 치료명령의 내용 및 특성과 최소침해성의 원칙 등을 요건으로 하는 보안처분의 성격 등에 비추어 장기간의 형 집행 및 그에 부수하여 전자장치 부착 등의 처분이 예정된 사람에 대해서는 위 형 집행 및 처분에도 불구하고 재범의 방지와 사회복귀의 촉진 및 국민의 보호를 위한 추가적인 조치를 취할 필요성이 인정되는 불가피한 경우에 한하여 이를 부과함이 상당할 것이다.

한편 치료명령의 요건으로 '성폭력범죄를 다시 범할 위험성'이라 함은 재범할 가능성만으로는 부족하고 피청구자가 장래에 다시 성폭력범죄를 범하여 법적 평온을 깨뜨릴 상당한 개연성을 의미한다. 그런데 장기간의 형 집행이 예정된 사람의 경우에는 치료명령의 선고시점과 실제 치료명령의 집행시점 사이에 상당한 시간적 간격이 있어 성충동 호르몬 감소나 노령화 등으로 성도착증이 자연스럽게 완화되거나 치유될 가능성을 배제하기 어렵고, 앞서 본 바와 같이 피청구자의 동의 없이 강제적으로 이루어지는 치료명령 자체가 피청구자의 신체의 자유와 자기결정권에 대한 중대한 제한이 되는 사정을 감안하여 보면, 비록 피청구자가 성도착증 환자로 진단받았다고 하더라도 그러한 사정만으로 바로 피청구자에게 성폭력범죄에 대한 재범의 위험성이 있다고 단정할 것이 아니라, 치료명령의 집행시점에도 여전히 약물치료가 필요할 만큼 피청구자에게 성폭력범죄를 다시 범할 위험성이 있고 피청구자의 동의를 대체할 수 있을 정도의 상당한 필요성이 인정되는 경우에 한하여 비로소 치료명령의 요건을 갖춘 것으로 보아야 한다. 또한 이 경우 법원이 피청구자의 '성폭력범죄를 다시 범할 위험성'을 판단함에 있어서는 피청구자의 직업과 환경, 동종 범행으로 인한 처벌 전력, 당해 범행 이전의 행적, 그 범행의 동기, 수단, 범행 후의 정황, 개전의 정 등과 아울러 피청구인의 정신성적 장애의 종류와 정도 및 치료 가능성, 피청구인이 치료명령의 과정에서 받을 약물치료 또는 인지행동치료 등을 자발적이고도 적극적으로 따르고자 하는 의지, 처방 약물로 인하여 예상되는 부작용의 가능성과 정도, 예상되는 형 집행 기간과 그 종료 당시 피청구자의 연령 및 주위환경과 그 후 약물치료 등을 통하여 기대되는 재범방지 효과 등의 여러 사정을 종합적으로 평가하여 판결시를 기준으로 객관적으로 판단하여야 할 것이다.

2) 원심은, 피고인이 평소에 여자 아동을 대상으로 하는 음란물 등을 보면서 여아를 상대로 성적 욕구를 해소하려는 환상을 가지고 피해자의 언니 등과 성관계하는 것을 상상해 오다가 결국 이 사건 성폭력범행을 저지르게 된 점, 한국 성범죄자 재범 위험성 평가척도를 적용한 결과 피고인의 성범죄 재범 위험성이 13점으로 '상' 수준에 해당하고, 정신병질자 선별도구의 평가 결과 피고인의 성범죄 재범 위험성은 20점으로 '중' 구간(7점 ~ 24점)에서도 상위 구간에 해당하여 재범 위험성이 높다고 평가된 점, 피고인은 성도착증인 비폐쇄적 유형의 소아기호증의 성적 취향을 가지고 있으며 이 사건 성폭력범죄도 소아기호증이 원인이 되어 저지른 점, 그 밖에 판시 성폭력범죄의 범행 동기나 경위, 피고인의 나이, 성행 및 성에 대한 인식과 태도 등을 종합하여 보면, 피고인에게 성도착증, 성폭력범죄 재범의 위험성이 모두 인정된다고 판단하여 피고인에 대하여 5년간 치료명령을 명한 제1심판결을 유지하였다.

위와 같은 원심판결 이유에 더하여 원심이 적법하게 채택한 증거들에 의하여 알 수 있는 다음과 같은 사정 즉, 피고인의 이 사건 범행은 우발적으로 저지른 범행이라기보다 심야에 피씨(PC)방에서 만난 피해자의 어머니로부터 피해자의 아버지가 술에 취해 잠들어 있다는 말을 듣고 평소 위치를 알고 있던 피해자의 집으로 찾아가 잠을 자고 있던 피해자를 과감하게 이불째로 들고 나와 본인만이 알고 있는 은폐된 장소로 데리고 가 강간범행을 저지르는 등 일련의 범행이 상당히 계획적이고 치밀하게 이루어진 점, 피고인은 미성년자인 피해자의 상태나 반항에 아랑곳하지 아니하고 자신의 성적 욕구를 충족하기 위하여 손가락으로 피해자의 성기 속에 집어넣고 흔들거나 피해자의 볼 등을 물고 심지어는 살인의 의도로 피해자의 목 부위를 강하게 조르는 등 변태적이고 가학적인 행위를 서슴지 아니하였던 점, 피고인은 이 사건 범행 이전부터 성도착증세는 물론 반사회적 인격장애와 병적 도벽, 게임 중독 등의 증상을 보이면서 사회적 유대관계가 없이 생활하여 왔고, 이 사건 형기 복역 도중에 피고인의 성도착증세 등이 치료·완화되리라고 기대하기는 어려워 보이는 점, 피고인이 무기징역형을 복역한다면 이 사건 치료명령이 실제로 집행될 가능성은 없으나, 피고인이 가석방 등으로 출소할 경우를 가정할 경우 피고인은 이 사건과 같이 가학적이고 잔인한 성폭력범죄를 다시 범할 개연성이 매우 높아 치료명령에 대한 피고인의 동의를 대체할 수 있을 정도의 고도의 필요성이 있다고 인정되는 점 등을 종합해 보면, 피고인에 대하여 치료명령의 요건으로서 성폭력범죄의 재범의 위험성이 있다고 판단한 원심의 결론은 수긍할 수 있다고 할 것이다.

3. 결론

그러므로 상고를 기각하기로 하여 관여 대법관의 일치된 의견으로 주문과 같이 판결한다.

대법관 양창수(재판장) 고영한 김창석(주심)

대법원 2014.2.27. 선고 2013도10461 판결

【공공기관의개인정보보호에관한법률위반(일부인정된죄명:주민등록법위반)】

판시사항

[1] 구 공공기관의 개인정보보호에 관한 법률 제23조 제3항에서 정한 '거짓 그 밖의 부정한 방법'의 의미 및 위 조항 위반죄는 처리정보 보유기관의 장이 처리정보를 이용하게 하거나 제공할 수 있는 경우(같은 법 제10조 제3항 각 호)와 관련하여 '거짓 그 밖의 부정한 방법'을 사용하여 처리정보를 열람 또는 제공받은 때에만 성립하는지 여부(소극)

[2] 다른 사람의 주민등록번호를 소지자의 허락 없이 신분확인 외의 용도로 사용한 경우, 주민등록법 제37조 제10호에서 정한 '주민등록번호 부정사용죄'가 성립하는지 여부(소극)

판결요지

[1] ① 구 공공기관의 개인정보보호에 관한 법률(2011. 3. 29. 법률 제10465호로 제정된 '개인정보 보호법'에 의하여 폐지, 이하 '법'이라고 한다) 제23조 제3항은 "거짓 그 밖의 부정한 방법으로 공공기관으로부터 처리정보를 열람 또는 제공받은 자는 2년 이하의 징역 또는 700만 원 이하의 벌금에 처한다."고 규정함으로써 처리정보 보유기관 장의 처리정보의 이용 및 제공의 제한 규정(법 제10조) 또는 개인정보취급자의 누설 등 금지규정(법 제11조) 위반을 전제로 처리정보를 열람 또는 제공받은 자를 처벌한다고 규정하지 아니한 점, ② 오히려 법 제10조, 제11조는 처리정보 보유기관의 장 또는 개인정보취급자에 대한 의무를 규정한 것이고, 법 제23조 제3항은 처리정보 보유기관의 장 또는 개인정보취급자에 대한 법 제10조, 제11조의 의무위반과 관계없이 '거짓 그 밖의 부정한 방법'으로 처리정보를 제공받은 경우에 이를 처벌함으로써 처리정보를 제공받고자 하는 사람에 대하여 '거짓 그 밖의 부정한 방법'을 사용하지 못할 의무를 간접적으로 부과한 규정이라고 볼 수 있는 점, ③ 처리정보 보유기관의 장이 처리정보를 이용하게 하거나 제공할 수 있는 경우(법 제10조 제3항 각 호)와 관련하여 '거짓 그 밖의 부정한 방법'을 사용한 때에만 법 제23조 제3항이 적용되는 것으로 한정하여 해석할 경우 개인정보 보호를 목적으로 한 법의 목적을 충분히 달성하기 어려운 점 등을 고려할 때, 법 제23조 제3항의 "거짓 그 밖의 부정한 방법"이란 법에 따른 절차에 의해서는 처리정보 보유기관으로부터 처리정보를 열람 또는 제공받을 수 없음에도 이를 열람 또는 제공받기 위하여 행하는 위계 기타 사회통념상 부정한 방법이라고 인정되는 것으로서 처리정보 열람 또는 제공에 관한 의사결정에 영향을 미칠 수 있는 적극적 및 소극적 행위를 뜻한다고 봄이 타당하며, 따라서 법 제23조 제3항 위반죄는 처리정보 보유기관의 장이 처리정보를 이용하게 하거나 제공할 수 있는 경우(법 제10조 제3항 각 호)와 관련하여 '거짓 그 밖의 부정한 방법'을 사용하여 처리정보를 열람 또는 제공받은 때에만 성립하는 것은 아니다.

[2] 주민등록법 제37조 제8호에서 "다른 사람의 주민등록증을 부정사용한 자"를 처벌하는 것과 별도로 같은 조 제10호에서 "다른 사람의 주민등록번호를 부정사용한 자"를 처벌하는 규정을 마련한 취지, 위 제10호 규정내용의 문언상 의미 및 개정연혁, 형벌법규의 확장해석을 금지하는 죄형법정주의의 일반원칙 등에 비추어 보면, 주민등록법 제37조 제10호는 공적·사적인 각종 생활분야에서 주민등록증이나 운전면허증과 같이 명의인의 주민등록번호가 기재된 유형적인 신분증명문서를 제시하지 않고 성명과 주민등록번호 등만으로 본인 여부 확인 또는 개인식별 내지 특정이 가능한 절차에서 주민등록번호 소지자의 허락 없이 마치 소지자의 허락을 얻은 것처럼 행세하거나 자신이 소지자인 것처럼 행세하면서 주민등록번호를 사용하는 행위를 처벌하기 위하여 규정된 것으로 보아야 하므로, 다른 사람의 주민등록번호를 그 소지자의 허락 없이 함부로 이용하였다 하더라도 주민등록번호

를 본인 여부 확인 또는 개인식별 내지 특정의 용도로 사용한 경우에 이른 경우가 아닌 한 위 조항에서 정한 주민등록번호 부정사용죄는 성립하지 아니한다.

전 문

피 고 인 피고인

상 고 인 피고인

변 호 인 변호사

원심판결 서울중앙지법 2013. 8. 13. 선고 2013노1276 판결

주 문 원심판결을 파기하고 사건을 서울중앙지방법원 합의부에 환송한다.

이 유 상고이유를 판단한다.

1. 각 공공기관의 개인정보보호에 관한 법률 위반의 점 중 유죄 부분에 관하여

① 구 공공기관의 개인정보보호에 관한 법률(2011. 3. 29. 법률 제10465호로 제정된 '개인정보 보호법'에 의하여 폐지되기 전의 것, 이하 '법'이라고 한다) 제23조 제3항은 "거짓 그 밖의 부정한 방법으로 공공기관으로부터 처리정보를 열람 또는 제공받은 자는 2년 이하의 징역 또는 700만 원 이하의 벌금에 처한다"고 규정함으로써 처리정보 보유기관 장의 처리정보의 이용 및 제공의 제한 규정(법 제10조) 또는 개인정보취급자의 누설 등 금지규정(법 제11조) 위반을 전제로 처리정보를 열람 또는 제공받은 자를 처벌한다고 규정하지 아니한 점, ② 오히려 법 제10조, 제11조는 처리정보 보유기관의 장 또는 개인정보취급자에 대한 의무를 규정한 것이고, 법 제23조 제3항은 처리정보 보유기관의 장 또는 개인정보취급자에 대한 법 제10조, 제11조의 의무위반과 관계 없이 '거짓 그 밖의 부정한 방법'으로 처리정보를 제공받은 경우에 이를 처벌함으로써 처리정보를 제공받고자 하는 사람에 대하여 '거짓 그 밖의 부정한 방법'을 사용하지 못할 의무를 간접적으로 부과한 규정이라고 볼 수 있는 점, ③ 처리정보 보유기관의 장이 처리정보를 이용하게 하거나 제공할 수 있는 경우(법 제10조 제3항 각 호)와 관련하여 '거짓 그 밖의 부정한 방법'을 사용한 때에만 법 제23조 제3항이 적용되는 것으로 한정하여 해석할 경우 개인정보의 보호를 목적으로 한 법의 목적을 충분히 달성하기 어려운 점 등을 고려할 때, 법 제23조 제3항의 "거짓 그 밖의 부정한 방법"이라 함은 법에 따른 절차에 의해서는 처리정보 보유기관으로부터 처리정보를 열람 또는 제공받을 수 없음에도 이를 열람 또는 제공받기 위하여 행하는 위계 기타 사회통념상 부정한 방법이라고 인정되는 것으로서 처리정보 열람 또는 제공에 관한 의사결정에 영향을 미칠 수 있는 적극적 및 소극적 행위를 뜻한다고 봄이 타당하며, 따라서 법 제23조 제3항 위반죄는 처리정보 보유기관의 장이 처리정보를 이용하게 하거나 제공할 수 있는 경우(법 제10조 제3항 각 호)와 관련하여 '거짓 그 밖의 부정한 방법'을 사용하여 처리정보를 열람 또는 제공받은 때에만 성립되는 것은 아니다.

원심이 유지한 제1심이 적법하게 채택한 증거들에 의하면, 피고인은 아파트 동대표선거와 관련한 선거관리위원장이 아니었고, 또한 공소외 1은 당시 동대표선거의 후보자로 입후보한 상황도 아니었음에도 불구하고 마치 그러한 사실이 있는 것과 같이 가장하여 ○○대학교 교무처 학사지원팀에 동대표선거와 관련하여 학력을 조회하는 것처럼 아파트 동대표 명의의 '학적 조회 사실확인 요청의 건'을 우편으로 발송하고, 위 학사지원팀의 담당자가 피고인에게 연락하여 통화할 당시 "공소외 1은 우리 아파트의 동대표선거와 관련한 후보자이고, 내가 이 선거의 선거관리위원회 역할을 하고 있으니 정보를 제공해줘도 아무런 문제가 없다"라는 취지로 거짓말을 한 사실, 위와 같은 피고인의 요청에 따라 학사지원팀의 담당자는 피고인에게 공소외 1의 학력에 대한 처리정보를 제공한 사실, 피고인은 동대표후보자 선거와 관련하여 학적을 조회하는 것처럼 작성한 피고인 명의의 '학적 조회 사실확인 요청의 건'을 발송하여 그와 같은 사정을 모르는 △△대학교 행정대학원 담당자로부터 공소외 1의 학력에 대한 처리정보를 제공받은 사실을 알 수 있다.

앞서 본 법리에 위 사실을 비추어 보면, 피고인이 공소외 1의 학력에 대한 처리정보를 제공받기 위하여 마치 동대표선거와 관련하여 필요한 것처럼 정보처리담당자에게 거짓 내용을 알린 행위는 위계 기타 사회통념상 부정한 방법이라고 인정되는 행위로서 공소외 1의 학력에 대한 처리정보를 제공한 각 정보처리담당자의 의사결정에 영향을 미쳤다고 볼 수 있고, 따라서 피고인의 위 행위와 각 정보처리담당자의 처리정보 제공행위 사이에는 인과관계가 있다고 볼 수 있다.

같은 취지에서 원심이 이 사건 공소사실 중 2011. 4. 8.경 ○○대학교에 대한 공공기관의 개인정보보호에 관한 법률 위반의 점 및 2011. 4. 8.경 △△대학교에 대한 공공기관의 개인정보보호에 관한 법률 위반의 점(공소외 2에게 거짓말을 하였다는 부분을 제외한 부분)을 유죄로 판단한 것은 정당하고, 거기에 상고이유 주장과 같

이 구 공공기관의 개인정보보호에 관한 법률에 관한 법리를 오해하거나 논리와 경험의 법칙을 위반하여 자유심증주의의 한계를 벗어난 잘못이 없다.

2. 주민등록법위반의 점에 관하여

주민등록법 제37조 제8호에서 "다른 사람의 주민등록증을 부정사용한 자"를 처벌하는 것과 별도로 같은 조 제10호에서 "다른 사람의 주민등록번호를 부정사용한 자"를 처벌하는 규정을 마련한 취지, 위 제10호 규정내용의 문언상의 의미 및 개정연혁, 형벌법규의 확장해석을 금지하는 죄형법정주의의 일반원칙 등에 비추어 보면, 주민등록법 제37조 제10호는 공적·사적인 각종 생활분야에서 주민등록증이나 운전면허증과 같이 명의인의 주민등록번호가 기재된 유형적인 신분증명문서를 제시하지 않고 성명과 주민등록번호 등만으로 본인 여부의 확인 또는 개인식별 내지 특정이 가능한 절차에 있어서 주민등록번호 소지자의 허락 없이 마치 그 소지자의 허락을 얻은 것처럼 행세하거나 자신이 그 소지자인 것처럼 행세하면서 그 주민등록번호를 사용하는 행위를 처벌하기 위하여 규정된 것으로 보아야 하므로, 다른 사람의 주민등록번호를 그 소지자의 허락 없이 함부로 이용하였다 하더라도 그 주민등록번호를 본인 여부의 확인 또는 개인식별 내지 특정의 용도로 사용한 경우에 이른 경우가 아닌 한 위 조항 소정의 주민등록번호 부정사용죄는 성립하지 아니한다(대법원 2007. 10. 11. 선고 2006도7821 판결 등 참조).

원심판결 이유에 의하면, 원심은 피고인이 직원채용을 가장하여 허락 없이 공소외 1의 주민등록번호를 기재한 문서를 □□대학교 학적조회팀 담당자에게 발송하여 위 담당자로 하여금 같은 날 학적조회 시스템에 공소외 1의 성명과 주민등록번호를 입력하게 함으로써 공소외 1의 주민등록번호를 부정하게 사용하였다고 판단하였다.

그러나 위 법리에 비추어 볼 때 피고인이 위와 같은 경위로 공소외 1의 주민등록번호를 기재하여 그 정을 모르는 위 학적조회팀 담당자로 하여금 공소외 1의 주민등록번호를 입력하게 한 행위만으로는 타인의 주민등록번호를 신분확인과 관련하여 사용한 것으로 볼 수 없으므로 주민등록번호 부정사용행위에 해당하지 아니한다고 할 것이다.

그런데도 원심이 그 판시와 같은 이유로 이 사건 공소사실 중 주민등록법위반의 점을 유죄로 인정한 것에는 주민등록번호 부정사용에 관한 법리를 오해하여 판결에 영향을 미친 잘못이 있다. 이 점을 지적하는 상고이유 주장은 이유 있다.

3. 파기의 범위

원심판결 중 주민등록법위반죄 부분은 파기되어야 하고, 또한 원심은 그 부분을 포함하여 나머지 유죄 부분에 대하여 형법 제37조 전단의 경합범 관계에 있는 것으로 보아 하나의 형을 선고하였으므로 원심판결 중 유죄 부분은 전부 파기될 수밖에 없다. 나아가 2011. 4. 8.경 △△대학교에 대한 공공기관의 개인정보보호에 관한 법률 위반 부분 중 원심이 이유에서 무죄로 판단한 공소외 2에게 거짓말을 하였다는 부분은 파기되어야 할 나머지 유죄 부분과 일죄의 관계에 있으므로 함께 파기되어야 하고, 원심판결 중 예비적 공소사실인 주민등록법위반 부분이 파기되는 이상 이 부분 주위적 공소사실인 2011. 4. 21.경 □□대학교에 대한 공공기관의 개인정보보호에 관한 법률 위반 부분도 함께 파기될 수밖에 없다고 할 것이다.

결국 원심판결은 전부 파기되어야 한다.

4. 결론

그러므로 원심판결을 파기하고 사건을 다시 심리·판단하도록 원심법원에 환송하기로 하여, 관여 대법관의 일치된 의견으로 주문과 같이 판결한다.

대법관 양창수(재판장) 고영한 김창석(주심)

대법원 2014.2.27. 선고 2011도48 판결

【특정경제범죄가중처벌등에관한법률위반(사기)·업무상횡령·사기·생명윤리및안전에관한법률위반】

판시사항

1 난자의 유상거래를 금지하고 처벌하는 구 생명윤리 및 안전에 관한 법률 제13조 제3항, 제51조 제1항 제5호에서 정한 '재산상의 이익 그 밖에 반대급부를 조건으로' 난자를 이용하는 행위에 난자 제공의 대가로 채무면제 등 소극적 이익을 제공하는 것이 포함되는지 여부(적극) 및 위 규정이 난자를 체세포복제배아의 생성에 이용하는 경우에 적용되는지 여부(적극)

2 피고인이 갑과 공모하여, 갑이 운영하는 병원에서 불임여성들로부터 인공수정 시술비 등을 감면하여 주는 조건으로 난자를 제공받아 체세포복제 배아줄기세포 연구에 이용하였다고 하여 구 생명윤리 및 안전에 관한 법률 위반으로 기소된 사안에서, 피고인의 행위가 같은 법 제13조 제3항에서 금지하는 '재산상의 이익 그 밖에 반대급부를 조건으로' 난자를 이용하는 행위에 해당한다고 본 원심판단을 정당하다고 한 사례

판결요지

1 구 생명윤리 및 안전에 관한 법률(2012. 2. 1. 법률 제11250호로 전부 개정되기 전의 것. 이하 '생명윤리법'이라 한다)은 생명과학기술에 있어서의 생명윤리 및 안전을 확보하여 인간의 존엄과 가치를 침해하거나 인체에 위해를 주는 것을 방지하려는 목적에서 "누구든지 금전 또는 재산상의 이익 그 밖에 반대급부를 조건으로 정자 또는 난자를 제공 또는 이용하거나 이를 유인 또는 알선하여서는 아니된다."고 규정하고(제13조 제3항), 이를 위반하여 금전 또는 재산상 이익 그 밖에 반대급부를 조건으로 정자 또는 난자를 제공하거나 이를 이용한 사람을 3년 이하의 징역에 처하도록 하고 있다(제51조 제1항 제5호).

위와 같은 생명윤리법 규정의 목적과 내용에 비추어 볼 때, 위 조항의 '재산상의 이익 그 밖에 반대급부를 조건으로' 난자를 이용하는 행위에는 난자 제공의 대가로 물건 또는 권리의 이전 등 적극적 이익을 제공하는 것뿐만 아니라 채무면제 등 소극적 이익을 제공하는 것도 포함되고, 한편 난자의 유상거래를 금지하고 처벌하는 위 규정은 난자를 인공수정배아의 생성에 이용하는 경우뿐만 아니라 체세포복제배아의 생성에 이용하는 경우에도 마찬가지로 적용된다.

2 피고인이 갑과 공모하여, 갑이 운영하는 산부인과 병원에서 불임여성들로부터 인공수정 시술비 등을 감면하여 주는 조건으로 난자를 제공받아 체세포복제 배아줄기세포 연구에 이용하였다고 하여 구 생명윤리 및 안전에 관한 법률(2012. 2. 1. 법률 제11250호로 전부 개정되기 전의 것. 이하 '생명윤리법'이라 한다) 위반으로 기소된 사안에서, 피고인이 불임치료를 위한 비용 지출이 예정된 불임환자들에게 비용을 감면하여 주고 난자를 제공받아 체세포복제 배아줄기세포 연구에 이용한 것은 생명윤리법 제13조 제3항에서 금지하는 '재산상의 이익 그 밖에 반대급부를 조건으로' 난자를 이용하는 행위에 해당한다고 본 원심판단을 정당하다고 한 사례.

전 문

피 고 인 피고인

상 고 인 피고인 및 검사

변 호 인 법무법인

원심판결 서울고법 2010. 12. 16. 선고 2009노3100 판결

주 문 상고를 모두 기각한다.

이 유 상고이유를 판단한다.

1. 피고인의 상고이유(상고이유서 제출기간이 경과한 후에 제출된 '참고자료 및 서면 제출', '변호인 의견서', '상고이유보충서', '참고자료 제출' 등의 기재는 상고이유를 보충하는 범위 내에서)에 대하여

가. 업무상 횡령의 점에 관하여

횡령죄는 타인의 재물을 보관하는 자가 그 재물을 횡령하거나 그 반환을 거부하는 것을 내용으로 하는 범죄로서, 어떤 재물이 타인의 재물인가 여부는 민법, 상법, 기타의 민사실체법에 의하여 결정되고(대법원 2011. 4. 28. 선고 2010도15350 판결 등 참조), 이때 재물의 보관이라 함은 재물에 대한 사실상 또는 법률상 지배력이 있는 상태를 의미하며 그 보관이 위탁관계에 기인하여야 할 것임은 물론이나, 위탁관계는 반드시 사용대차·임대차·위임 등의 계약에 의하여 설정될 것을 요하지 아니하고, 사무관리·관습·조리·신의칙 등에 의해서도 성립될 수 있다(대법원 2003. 9. 23. 선고 2003도3840 판결, 대법원 2011. 3. 24. 선고 2010도17396 판결 등 참조).

이 부분 공소사실의 요지는, 피고인은 공소외 1 사단법인(이하 '공소외 1 법인'이라 한다)에서 수행하는 체세포복제기술 개발 등에 관한 연구의 책임자로서 공소외 1 법인으로부터 연구비를 받아 연구과제를 수행하고 연구비를 관리·집행하는 업무를 총괄함에 있어 연구비는 생명공학 연구에 사용하도록 그 용도가 특정되어 있음에도, 공소외 1 법인으로부터 실험용 소 구입비 등의 명목으로 공소외 2 등 명의의 계좌들로 연구비를 송금받아 업무상 보관하던 중, 2001. 3. 14.부터 같은 해 9. 1.까지 위 계좌들로부터 현금을 인출하여 피고인의 매제 공소외 3 명의의 차명 예금계좌로 분산 입금하는 방법으로 13회에 걸쳐 합계 4억 7,550만 원을 은닉·소비하고, 2004. 7. 16. 위 계좌들로부터 현금 1,150만 원을 인출하여 공소외 1 법인 이사장 공소외 4의 딸 결혼식 식대로 지급하는 등 총 4억 8,700만 원을 횡령하였다는 것이다.

원심은, ① 공소외 1 법인은 「공익법인의 설립·운영에 관한 법률」이 정한 공익법인으로서 원칙적으로 그 재산의 취득에 관하여 이사회의 결의를 거쳐야 하지만, 이 사건 연구비는 공소외 5 주식회사(이하 '공소외 5 회사'라 한다) 계열사 등 출연기관들로부터 유상취득한 것이 아니어서 이사회의 결의를 거치지 아니하였다고 하더라도 그 취득을 무효라 할 수 없고, 또한 금전은 원칙적으로 점유의 이전으로 소유권의 변동이 생기므로, 이 사건 연구비는 공소외 1 법인의 소유에 속하는 타인의 재물에 해당하며, ② 피고인은 단체로서의 실체를 가지고 있는 공소외 1 법인의 연구책임자로서 그 연구비를 관리·보관하며 연구 목적에 사용하여야 할 의무를 부담하는 등 횡령죄에 있어 보관자의 지위에 있고, 설령 공소외 1 법인이 피고인의 연구비 사용에 대한 감독을 현실적으로 제대로 하지 아니하였다고 하더라도 그러한 사정만 가지고 공소외 1 법인이 피고인에게 아무런 제한 없이 연구비를 임의로 사용하도록 허용한 것으로 볼 수 없다는 등 그 판시와 같은 이유를 들어 이 부분 공소사실을 유죄로 인정하였다.

원심판결 이유에 의하면, 공소외 1 법인은 공소외 5 회사 계열사와 사이에 생명공학 분야 신기술 및 상품의 공동 개발 등을 위하여 공소외 5 회사 계열사는 공소외 1 법인에 5년간 합계 75억 원을 연구개발비용으로 지급하고 공소외 1 법인은 연구개발 업무를 수행한다는 내용의 공동연구개발 사업협약 등을 체결한 다음, 이에 따라 공소외 5 회사 계결사로부터 이 사건 연구비를 수령한 사실을 알 수 있으므로, 공소외 1 법인이 공동연구개발 사업협약 등에 따라 공소외 5 회사 계열사 등으로부터 수령한 연구비는 금전으로서 위 사업협약 등의 실체법적 효력과 관계없이 공소외 1 법인의 소유에 속한다고 할 것이다. 다만 기록에 나타난 공소외 1 법인과 공소외 5 회사 계열사 사이의 공동연구개발 사업협약 등의 내용에 비추어 볼 때, 원심이 판시와 같은 사정만으로 공소외 1 법인이 공소외 5 회사 계열사로부터 이 사건 연구비를 받은 것이 유상취득에 해당하지 않는다고 단정한 이유설시 부분은 적절하지 아니하나, 이 사건 연구비가 공소외 1 법인의 소유에 속하는 타인의 재물로서 횡령죄의 객체에 해당한다고 판단한 원심의 결론은 정당하다.

나아가 원심판결 이유를 앞서 본 법리 및 원심과 제1심이 적법하게 채택한 증거들에 비추어 살펴보면, 원심이 위와 같은 이유에서 피고인이 공소외 1 법인과의 위탁관계에 기하여 그 연구비를 업무상 보관하는 지위에 있다고 판단한 것은 정당하고, 거기에 상고이유의 주장과 같이 공소기각 결정, 공소장변경의 범위 및 불고불리 원칙에 관한 법리, 횡령죄의 보호법익, 재물의 타인성 및 공익법인의 재산귀속에 관한 법리, 위탁보관관계 및 임의사용 승낙에 관한 법리 등을 오해하여 필요한 심리를 다하지 아니하거나 논리와 경험의 법칙을 위반하고 자유심증주의의 한계를 벗어나 사실을 잘못 인정함으로써 판결에 영향을 미친 위법이 없다. 이와 관련한 상고이유의 주장은 모두 받아들일 수 없다.

나. 공소외 1 법인 연구비 편취의 점에 관하여

사기죄는 타인을 기망하여 그로 인한 하자 있는 의사에 기하여 재물의 교부를 받거나 재산상의 이득을 취득함으로써 성립되는 범죄로서 그 본질은 기망행위에 의한 재물이나 재산상 이익의 취득에 있고(대법원 2004. 4. 9. 선고 2003도7828 판결 등 참조), 한편 2인 이상이 공모하여 범죄에 공동 가공하는 공범관계의 경우 공모는 법률상 어떤 정형을 요구하는 것이 아니고 공범자 상호 간에 직접 또는 간접으로 범죄의 공동실행에 관한 암묵적인 의사연락이 있으면 충분하다(대법원 2002. 6. 28. 선고 2002도868 판결, 대법원 2005. 9. 9. 선고 2005도2014 판결 등 참조).

이 부분 공소사실의 요지는, 피고인이 2000년 10월경 제1심 공동피고인 2와 공모하여, 피고인은 제1심 공동피고인 2에게 '연구원들의 인건비와 여비 등 운영비가 필요하니 실험재료나 기자재를 구입하는 것처럼 비용처리를 하여 운영자금을 마련하라'고 지시하고, 제1심 공동피고인 2는 이에 따라 거래처에 부탁하여 마치 실험용 기자재를 구입하는 것처럼 허위로 작성된 세금계산서, 거래명세서 등을 받아 공소외 1 법인에 제출하여 이에 속은 공소외 1 법인 담당 직원으로 하여금 거래처에 기자재 대금을 송금하게 한 다음 거래처로부터 다시 그 돈을 받는 방법으로 공소외 1 법인으로부터 2회에 걸쳐 합계 5,000만 원을 편취하였다는 것이다.

원심은, 제1심 공동피고인 2의 제1심 및 검찰 진술 등과 그 판시 사정에 비추어 보면 피고인이 제1심 공동피고인 2에게 허위의 증빙서류로 연구비를 부당하게 지급 청구하는 방법으로 재원을 마련하라는 취지로 지시한 사실이 인정되고, 또한 연구팀 최고책임자로서의 피고인의 지위·역할, 제1심 공동피고인 2에 대한 지휘·감독관계, 공소외 1 법인으로부터 수령한 금원의 사용용도 등을 종합하면 피고인이 범행 전체의 핵심적 경과를 조종하거나 촉진하는 등으로 범행에 대한 본질적 기여를 통한 기능적 행위지배를 하였음이 인정된다고 판단하였으며, 나아가 피고인의 편취 범의 및 불법영득의사, 피고인 등의 행위와 공소외 1 법인의 연구비 지급 사이의 인과관계 등이 인정됨을 전제로 이 부분 공소사실을 유죄로 인정한 제1심의 판단을 유지하였다.

원심판결 이유를 앞서 본 법리 및 원심과 제1심이 적법하게 채택한 증거들에 비추어 살펴보면 위와 같은 원심의 판단은 정당하고, 거기에 상고이유의 주장과 같이 사기죄의 범의 및 불법영득의사에 관한 법리, 공모공동정범의 공모행위의 입증방법 및 증명의 정도에 관한 법리, 사기죄에서 기망행위와 재물의 처분 사이의 인과관계에 관한 법리 등을 오해하여 필요한 심리를 다하지 아니하거나 논리와 경험의 법칙을 위반하고 자유심증주의의 한계를 벗어나 사실을 잘못 인정함으로써 판결에 영향을 미친 위법이 없다.

다. 정부연구비 편취의 점에 관하여

이 부분 공소사실의 요지는, 피고인이 실험용 돼지를 구입하지 아니하였음에도 마치 구입한 것처럼 허위의 세금계산서를 작성하고 이를 피고인에 대한 정부연구비의 관리·집행을 담당하는 ○○대학교 △△△△연구소에 증빙자료로 제출하여 연구비를 송금받는 방법으로 2004. 11. 12.부터 2005. 5. 26.까지 5회에 걸쳐 합계 1억 9,266만 원의 정부연구비를 편취하였다는 것이다.

원심은, 피고인이 참여한 정부 연구용역계약의 체결경위와 계약형식, 연구비 수령을 위한 지급신청 절차와 필요한 증빙서류의 내용, 연구용역계약에 따른 연구비의 사용처 제한과 잔존 연구비의 처리절차, 피고인이 연구비 수령을 위하여 사용한 기망행위의 수단이나 방법 등의 제반사정을 종합하면, 피고인이 연구비 집행기관인 ○○대학교 △△△△연구소를 기망하여 연구비를 편취한 사실과 이에 관한 피고인의 불법영득의사를 충분히 인정할 수 있다고 판단하여, 이 부분 공소사실을 유죄로 인정한 제1심의 판단을 유지하였다.

원심판결 이유를 앞서 본 법리 및 원심과 제1심이 적법하게 채택한 증거들에 비추어 살펴보면 위와 같은 원심의 판단은 정당하고, 거기에 상고이유의 주장과 같이 사기죄의 불법영득의사에 관한 법리를 오해하여 필요한 심리를 다하지 아니하거나 논리와 경험의 법칙을 위반하고 자유심증주의의 한계를 벗어나 사실을 잘못 인정함으로써 판결에 영향을 미친 위법이 없다.

라. 구 「생명윤리 및 안전에 관한 법률」(2012. 2. 1. 법률 제11250호로 전부 개정되기 전의 것. 이하 '생명윤리법'이라 한다) 위반의 점에 관하여

생명윤리법은 생명과학기술에 있어서의 생명윤리 및 안전을 확보하여 인간의 존엄과 가치를 침해하거나 인체에 위해를 주는 것을 방지하려는 목적에서 "누구든지 금전 또는 재산상의 이익 그 밖에 반대급부를 조건으로 정자 또는 난자를 제공 또는 이용하거나 이를 유인 또는 알선하여서는 아니된다."고 규정하고(제13조 제3항), 이를 위반하여 금전 또는 재산상 이익 그 밖에 반대급부를 조건으로 정자 또는 난자를 제공하거나 이를 이용한 사람을 3년 이하의 징역에 처하도록 하고 있다(제51조 제1항 제5호).

위와 같은 생명윤리법 규정의 목적과 내용에 비추어 볼 때, 위 조항의 '재산상의 이익 그 밖에 반대급부를 조건으로' 난자를 이용하는 행위에는 난자 제공의 대가로 물건 또는 권리의 이전 등 적극적 이익을 제공하는 것뿐만 아니라 채무면제 등 소극적 이익을 제공하는 것도 포함된다고 할 것이고, 한편 난자의 유상거래를 금지하고 처벌하는 위 규정은 난자를 인공수정배아의 생성에 이용하는 경우뿐만 아니라 체세포복제배아의 생성에 이용하는 경우에도 마찬가지로 적용된다고 할 것이다.

이 부분 공소사실의 요지는, 피고인이 제1심 공동피고인 6과 공모하여 2005. 1. 25.부터 같은 해 8. 17.까지 제1심 공동피고인 6 운영의 산부인과 병원에 인공수정 시술을 받으러 온 불임여성 25명으로부터 인공수정 시술비 및 과배란 주사비 등 합계 37,915,000원을 감면하여 주는 조건으로 인공수정 시술에 사용하고 남은 난자를 제공받아 체세포복제 배아줄기세포 연구에 이용하였다는 것이다.

원심은 그 판시와 같은 이유를 들어, 원래 자신들의 불임치료를 위한 비용 지출이 예정된 불임환자들에게 그 비용을 감면하여 주고 난자를 제공받아 체세포복제 배아줄기세포 연구에 이용한 것은 생명윤리법 제13조 제3항에서 금지하는 '재산상의 이익 그 밖에 반대급부를 조건으로' 난자를 이용하는 행위에 해당하고, 피고인이 위와 같은 행위의 위법성 여부를 확인하는 데 진지한 노력을 다한 것으로 볼 수 없다고 판단하여, 이 부분 공소사실을 유죄로 인정한 제1심의 판단을 유지하였다.

원심판결 이유를 앞서 본 법리 및 원심과 제1심이 적법하게 채택한 증거들에 비추어 살펴보면 위와 같은 원심의 판단은 정당하고, 거기에 상고이유의 주장과 같이 해당 범죄의 적용법조, 구성요건 해당성, 범의 및 비난가능성에 관한 법리를 오해하거나 법률의 해석적용에 관한 헌법 원칙을 위반함으로써 난자 기증의 경위, 시점 등에 관한 필요한 심리를 다하지 아니한 위법 또는 논리와 경험의 법칙을 위반하고 자유심증주의의 한계를 벗어나 사실을 잘못 인정함으로써 판결에 영향을 미친 위법이 없다.

2. 검사의 상고이유에 대하여

가. 사기죄의 요건으로서의 기망은 널리 재산상의 거래관계에서 서로 지켜야 할 신의와 성실의 의무를 저버리는 적극적 또는 소극적 행위를 말하는 것으로서, 반드시 법률행위의 중요 부분에 관한 것일 필요는 없으나, 상대방을 착오에 빠지게 하여 행위자가 희망하는 재산적 처분행위를 하도록 하기 위한 판단의 기초 사실에 관한 것이어야 하고, 어떤 행위가 다른 사람을 착오에 빠지게 한 기망행위에 해당하는지 여부는 거래의 상황, 상대방의 지식, 경험, 직업 등 행위 당시의 구체적 사정을 고려하여 일반적·객관적으로 판단하여야 한다(대법원 2007. 10. 25. 선고 2005도1991 판결 등 참조). 그리고 그 중 소극적 행위로서의 부작위에 의한 기망은 법률상 고지의무 있는 사람이 일정한 사실에 관하여 상대방이 착오에 빠져 있음을 알면서도 그 사실을 고지하지 아니함을 말하는 것으로서, 일반거래의 경험칙상 상대방이 그 사실을 알았더라면 당해 법률행위를 하지 아니하였을 것이 명백한 경우에는 신의칙에 비추어 그 사실을 고지할 법률상 의무가 인정된다고 할 것이나(대법원 2006. 2. 23. 선고 2005도8645 판결 등 참조), 이와 달리 법률관계에 아무런 영향도 미칠 수 없어 상대방의 권리 실현 또는 계약 목적 달성에 장애가 되지 아니하는 사유까지 고지할 의무가 있다고는 볼 수 없다(대법원 1991. 12. 24. 선고 91도2698 판결, 대법원 2011. 1. 27. 선고 2010도5124 판결 등 참조).

나. 이 부분 공소사실의 요지는, 피고인이 체세포복제 배아줄기세포 연구에 관한 2004년 사이언스지 게재 논문(이하 '2004년 논문'이라 한다)과 2005년 사이언스지 게재 논문(이하 '2005년 논문'이라 한다)의 내용을 조작하고 언론 인터뷰 등을 통하여 피고인의 연구성과와 줄기세포의 상용화 가능성 등을 과장한 다음, 공소외 5 회사에 마치 2005년 논문의 내용이 모두 진실하고 줄기세포의 상용화 가능성이 아주 큰 것처럼 거짓말하여 공소외 5 회사로 하여금 2005. 9. 28. 피고인을 위한 연구 후원금 10억 원을 ▽▽▽▽재단에 기부하게 하여 이를 편취하고, 또한 농협중앙회로부터 연구비 지원 의사표시를 받고 위 논문들의 조작 사실 등을 숨긴 채 이를 승낙하여 농협중앙회로 하여금 2005. 9. 1. ▽▽▽▽재단에 피고인을 위한 연구 후원금 10억 원을 지원하게 하여 이를 편취하였다는 것이다.

다. (1) 원심판결 이유 및 원심과 제1심이 적법하게 채택한 증거들에 의하면 다음과 같은 사실을 알 수 있다.

(가) 피고인은 미국의 과학학술지 사이언스지에 세계 최초로 자가핵이식 방법에 의한 인간 체세포복제 배아줄기세포주(논문에 게재된 명칭은 NT-1)를 수립하였다는 내용의 2004년 논문을 게재·발표하였다. 이 논문에는 피고인 연구팀이 유전자지문 분석검사(체세포 제공자의 체세포 유전자와 줄기세포에서 추출한 유전자의 동일성을 비교·분석하여 체세포복제 방식에 의한 줄기세포주의 수립 여부를 확인하는 검사), 배아체 형성검사(줄기세포주의 분화능력을 확인하는 검사의 일종), 테라토마 형성검사(줄기세포의 분화능력을 확인하는 검사의 일종으로서 줄기세포를 실험용 쥐에 투입하여 암세포의 일종인 테라토마의 형성 여부를 관찰하는 검사), 면역염색검사(배아줄기세포에 나타나는 특정 항원의 존재 여부를 확인하는 검사), 각인유전자 역전사효소 중합연쇄반응 검사(줄기세포에 대하여 부계 유전자와 모계 유전자의 발현 여부를 분석함으로써 줄기세포가 체세포복제배아에서 형성된 것인지 아니면 처녀생식에 의한 것인지를 확인하는 검사) 등을 실시하여 위 배아줄기세포주가 정상적으로 수립되었음을 검증하였다는 내용이 포함되어 있다.

(나) 피고인의 연구팀이 자가핵이식 방법에 의한 체세포복제배아 생성을 시도하여 그 과정에서 줄기세포주를 수립하였고, 위와 같은 각종 검사를 실시한 것 자체는 사실이다. 그런데 ① 피고인 연구팀이 실시한 유전자지문 분석검사는 담당 연구원인 제1심 공동피고인 5가 줄기세포 유전자 시료를 확보하지 아니한

채 체세포 제공자라고 생각한 사람의 혈액 유전자만 가지고 줄기세포용 시료와 체세포용 시료를 모두 만들어 검사를 의뢰한 것으로서 체세포복제 방식에 의한 줄기세포주 수립 여부를 확인할 수 있는 제대로 된 검사라고 할 수 없고, ② 테라토마 형성검사의 경우 2004년 논문의 줄기세포가 아니라 이와 무관하게 ◇◇◇◇ 연구소가 수립·보유하는 인공수정 배아줄기세포에 의한 테라토마 사진 등을 마치 피고인 연구팀이 수립한 줄기세포주의 테라토마 사진인 것처럼 논문에 게재한 것이며, ③ 2004년 논문의 줄기세포주가 정상적인 체세포복제 방식으로 수립된 것인지 아니면 처녀생식에 의하여 우연히 수립된 것인지에 대하여는 과학계에서 논란이 계속되고 있다.

(다) 다만 피고인은 ① 제1심 공동피고인 5의 위와 같은 유전자지문 분석검사 조작 사실에 대하여 알지 못하였고, ② 2004년 논문을 사이언스지에 제출한 후 논문에 게재된 테라토마 형성검사와 별도로 위 논문의 줄기세포주(NT-1)에 대한 테라토마 형성검사를 실시하여 논문 최종 게재 전 테라토마가 형성되었다는 실험 결과를 얻었다.

(라) 2004년 논문에 이어서 피고인은 사이언스지에 세계 최초로 타가핵이식 방법에 의한 이른바 환자맞춤형 체세포복제 배아줄기세포주 11개(논문에 게재된 명칭은 NT-2 내지 12)를 수립하였다는 내용의 2005년 논문을 게재·발표하였다. 이 논문에는 피고인 연구팀이 유전자지문 분석검사, 배아체 형성검사, 테라토마 형성검사, 면역염색검사, 핵형검사(줄기세포의 염색체 이상 유무를 확인하는 검사), 면역적합성 검사(체세포 및 줄기세포에서 각 유전자를 추출하여 줄기세포 이식에 따른 면역거부반응 여부를 확인하는 검사) 등을 실시하여 위 배아줄기세포주들이 정상적으로 수립되었음을 검증하였고, 한편 배아줄기세포주 수립을 위하여 총 185개의 난자를 사용하였으며, 전체 배양 과정에서 동물 영양세포를 사용하지 아니하고 인간 영양세포만을 사용하였다는 내용이 포함되어 있다.

(마) 그런데 ① 2005년 논문에 발표된 줄기세포주 11개 중 9개(NT-2 내지 8, 10, 11)는 제1심 공동피고인 5가 ◇◇◇◇ 연구소에서 가져온 인공수정 배아줄기세포를 피고인 연구팀의 배양접시에 옮겨 배양하는 이른바 섞어심기 방법에 의하여 마치 체세포복제 배아줄기세포주가 수립된 것처럼 꾸민 것이고, 나머지 2개(NT-9, 12)는 줄기세포주로 수립되지 아니하였음에도 피고인이 논문에 게재한 것으로서, 결국 2005년 논문에 발표된 환자맞춤형 줄기세포주는 정상적으로 수립된 것이 없다. 또한 ② 2005년 논문에 발표된 각종 검사 중, 면역염색검사, 핵형검사, 테라토마 형성검사의 경우 일부 줄기세포주(NT-2, 3)에 대하여만 검사가 이루어졌는데도 논문에는 마치 모든 줄기세포주에 대하여 검사가 실시된 것처럼 게재되었고, 배아체 형성검사의 경우 검사 자체가 이루어지지 아니하였는데도 검사가 실시된 것처럼 게재되었으며, 유전자지문 분석검사와 면역적합성 검사의 경우 제1심 공동피고인 5가 줄기세포의 유전자 시료를 채취하지 아니한 채 체세포 유전자만 가지고 줄기세포용 시료와 체세포용 시료를 모두 만들어 검사를 의뢰한 것인데도 마치 정상적으로 검사가 실시된 것처럼 게재되었다. 그리고 ③ 피고인 연구팀은 2005년 논문 내용과 달리 실제로는 실험 과정에서 총 275개의 난자를 사용하였고, 줄기세포 배양 과정에서 인간 영양세포 외에 생쥐 영양세포를 상당 기간 사용하였다.

(바) 다만 피고인은 ① 제1심 공동피고인 5가 위와 같은 섞어심기 방법으로 줄기세포주 9개를 수립한 것처럼 실험 결과를 조작하였다는 사실을 알지 못하였고, ② 2개의 줄기세포주(NT-2, 3)에 대한 유전자지문 분석검사와 면역적합성 검사가 정상적으로 이루어진 것으로 알고 있었다. 그리고 ③ 면역염색검사, 핵형검사, 배아체 형성검사, 테라토마 형성검사 등은 체세포와 줄기세포의 동일성 여부를 비교·분석함으로써 줄기세포주 수립 과정에서 체세포복제가 제대로 이루어졌는지를 확인할 수 있는 검사는 아니다.

(사) 2005년 논문이 발표된 후 공소외 5 회사 그룹 공소외 6 회장은 2005년 7월경 피고인을 만나 기업 이익의 사회환원 차원에서 피고인이 줄기세포 연구를 계속할 수 있도록 후원하겠다고 약속하였고, 이에 따라 공소외 5 회사 기술원장 공소외 7이 그 무렵 피고인의 연구실로 찾아가 피고인과 연구 후원금 지원을 논의하였다. 이를 기초로 공소외 5 회사는 피고인이 줄기세포 분야의 선도적 연구에 집중할 수 있도록 안정적인 연구환경을 제공하여 연구심화와 자유로운 국제활동 등에 도움을 준다는 취지에서 피고인의 후원회를 관리하는 ▽▽▽▽재단에 3년간 매년 10억 원씩 합계 30억 원의 연구비를 기부하기로 하고, 2005. 9. 1. 피고인 및 ▽▽▽▽재단과 위와 같은 내용의 연구비 후원계약을 체결하였으며, 이에 따라 같은 달 28. ▽▽▽▽재단에 10억 원을 지급하였다.

(아) 공소외 8 주식회사 사장 공소외 9는 2005년 7월 중순경 피고인의 연구실을 찾아가 연구비를 지원하겠다는 의사를 밝혔고, 이어서 농협중앙회에 피고인에 대한 연구비 후원을 제안하였다. 이에 따라 농협중앙회는 피고인에게 축산발전연구 후원기금으로 10억 원을 지원하기로 결정하고, 2005. 9. 1. ▽▽▽▽재단에 10억 원을 지급하였다. 이 과정에서 피고인은 농협중앙회에 특별한 의견을 표시하거나 요청을

하지는 아니하였다.

(2) 원심은 위와 같은 사실관계 등을 기초로, 피고인이 비록 일부 검증 실험의 데이터 조작에 관여하였다고 하더라도 위 논문들의 본질적 부분에 해당하는 줄기세포주의 수립 여부와 관련하여 2004년 논문의 줄기세포주(NT-1)가 정상적으로 수립된 자가핵이식 줄기세포주이고, 2005년 논문의 줄기세포주 중 적어도 일부(NT-2, 3)가 정상적으로 수립된 환자맞춤형 줄기세포주라는 점 등을 확신하고 있었다고 판단하고, 이와 함께 공소외 5 회사 등의 연구비 후원 경위, 피고인의 언론 인터뷰나 강연 내용 등과 같은 사정을 종합하면, 피고인의 논문 내용 일부 조작행위 또는 언론 인터뷰나 강연 행위 자체는 연구비 편취를 위한 사기죄의 기망행위로 보기 어렵다고 판단하였다.

이어서 원심은, 공소외 5 회사는 별다른 반대급부를 조건으로 하지 아니하고 피고인의 줄기세포 연구비를 후원한 것으로서 줄기세포의 구체적인 실용화 가능성을 염두에 두었다고 볼 수 없고, 피고인이 연구비 후원 논의 과정에서 공소외 7 등에게 '줄기세포가 상용화되면 공소외 5 회사에게 유리한 기회를 줄 수 있지 않겠느냐'는 취지의 말을 하였다고 하더라도 이는 공소외 5 회사 측과의 사업 진행 가능성을 언급한 것에 불과할 뿐 연구비 후원의 반대급부를 약정한 것은 아니므로, 피고인이 연구비 후원계약을 체결하는 과정에서 공소외 5 회사를 적극적으로 기망한 것으로 볼 수 없다고 판단하였다.

또한 원심은, 논문조작 이후 논문의 연구성과와 관련하여 연구비를 지원받은 행위에 대하여는 그 조작 내용과 조작 부분이 논문에서 차지하는 위치나 중요성, 연구비 지원의 동기 및 구체적인 목적 등을 종합적으로 고려하여 논문조작 행위가 있었음을 알았다면 실제 연구성과가 사실이라고 하더라도 연구비 지원을 하지 아니하였을 것이 명백한 경우에 한하여 논문조작 사실에 대한 불고지를 사기죄의 기망행위로 평가할 수 있다고 전제한 다음, ① 공소외 5 회사가 기업 이익의 사회환원의 일환으로서 피고인에게 연구비를 후원하게 된 근본적인 동기는 피고인이 세계 최초로 체세포복제 배아줄기세포주 및 환자맞춤형 배아줄기세포주를 수립하고 그 상용화 가능성을 증대하였다는 데 있고, 일부 검증 실험 데이터의 진실성이나 무오류성은 연구비 후원계약의 체결 여부를 좌우할 본질적 사항이라 볼 수 없는 점, ② 피고인은 제1심 공동피고인 5의 섞어심기 행위 등을 몰랐기 때문에 자신이 달성하였다고 믿고 있던 연구성과를 기초로 줄기세포 연구에 사용하기 위하여 공소외 5 회사로부터 후원금을 받은 것일 뿐, 환자맞춤형 줄기세포주가 전혀 수립되지 아니하였음을 인식하면서도 이를 숨긴 채 연구비를 받은 것은 아닌 점 등을 종합하면, 피고인에게 연구비 편취의 범의가 있었다고 볼 수 없고, 피고인이 보증인적 지위에 기하여 논문조작 사실을 고지할 의무가 있음에도 이를 고지하지 아니함으로써 부작위에 의하여 공소외 5 회사를 기망한 것으로 볼 수도 없다고 판단하였다.

한편 원심은, 농협중앙회 측이 먼저 연구비 지원 의사를 밝혀 피고인은 단순히 이를 승낙하였을 뿐 후원금의 액수, 용도 등을 농협중앙회에서 결정하였고, 후원금의 용도 역시 줄기세포와 직접 관련이 없는 축산발전연구 후원기금인 점 등 그 판시와 같은 사정에 비추어 볼 때, 피고인이 농협중앙회에 대하여 논문조작 사실을 고지할 의무가 있다고 볼 수 없고, 피고인에게 이에 관한 연구비 편취의 범의가 있었다고 단정할 수도 없다고 판단하였다.

라. 원심판결 이유를 앞서 본 법리와 기록에 비추어 살펴보면, 원심이 위와 같은 이유에서 피고인의 행위가 사기죄에서의 적극적 기망 또는 부작위에 의한 기망에 해당한다고 볼 수 없고, 피고인에게 공소외 5 회사 또는 농협중앙회를 기망하여 후원금을 편취하려는 고의가 있다고 인정할 수도 없다고 판단하여, 이 부분 각 공소사실에 대하여 무죄를 선고한 제1심판결을 그대로 유지한 조치는 정당하다.

검사가 주장하는 줄기세포의 상용화 가능성 조작 부분을 더 살펴보아도, 앞서 본 바와 같은 난자의 사용 개수 또는 줄기세포 배양에 사용한 영양세포 등에 관한 2005년 논문의 오류 내용과 정도, 공소외 5 회사 및 농협중앙회의 피고인에 대한 연구비 후원의 동기와 목적 등의 사정을 종합하면, 피고인의 행위가 연구비 편취를 위한 기망행위에 해당한다거나 피고인에게 위와 같은 기망의 고의가 있다고 할 수 없다.

이 부분 원심판결은 정당하고, 거기에 상고이유의 주장과 같이 사기죄에 관한 법리를 오해하거나 논리와 경험의 법칙을 위반하고 자유심증주의의 한계를 벗어나 판결에 영향을 미친 위법이 없다.

3. 결론

그러므로 상고를 모두 기각하기로 하여 관여 대법관의 일치된 의견으로 주문과 같이 판결한다.

대법관 김용덕(재판장) 이상훈(주심) 김소영

대법원 2014.2.27. 선고 2011도3482 판결

【업무상배임】

판시사항

배임죄에서 '타인의 사무처리'로 인정되기 위한 요건

판결요지

배임죄는 타인의 사무를 처리하는 자가 위법한 임무위배행위로 재산상 이득을 취득하여 사무의 주체인 타인에게 손해를 가함으로써 성립하므로, 그 범죄의 주체는 타인의 사무를 처리하는 신분이 있어야 한다. 여기서 '타인의 사무처리'로 인정되려면, 타인의 재산관리에 관한 사무의 전부 또는 일부를 타인을 위하여 대행하는 경우와 타인의 재산보전행위에 협력하는 경우라야만 되고, 두 당사자 관계의 본질적 내용이 단순한 채권관계상의 의무를 넘어서 그들 간의 신임관계에 기초하여 타인의 재산을 보호 내지 관리하는 데 있어야 한다. 만약, 그 사무가 타인의 사무가 아니고 자기의 사무라면, 그 사무의 처리가 타인에게 이익이 되어 타인에 대하여 이를 처리할 의무를 부담하는 경우라도, 그는 타인의 사무를 처리하는 자에 해당하지 않는다.

전　문

피 고 인 피고인

상 고 인 검사

원심판결 수원지법 2011. 2. 15. 선고 2010노6315 판결

주　문 상고를 기각한다.

이　유 상고이유를 판단한다.

1. 배임죄는 타인의 사무를 처리하는 자가 위법한 임무위배행위로 재산상 이득을 취득하여 사무의 주체인 타인에게 손해를 가함으로써 성립하는 것이므로, 그 범죄의 주체는 타인의 사무를 처리하는 신분이 있어야 한다. 여기서 '타인의 사무처리'로 인정되려면, 타인의 재산관리에 관한 사무의 전부 또는 일부를 타인을 위하여 대행하는 경우와 타인의 재산보전행위에 협력하는 경우라야만 되고, 두 당사자 관계의 본질적 내용이 단순한 채권관계상의 의무를 넘어서 그들 간의 신임관계에 기초하여 타인의 재산을 보호 내지 관리하는 데 있어야 한다. 만약, 그 사무가 타인의 사무가 아니고 자기의 사무라면, 그 사무의 처리가 타인에게 이익이 되어 타인에 대하여 이를 처리할 의무를 부담하는 경우라도, 그는 타인의 사무를 처리하는 자에 해당하지 않는다(대법원 2009. 2. 26. 선고 2008도11722 판결, 대법원 2011. 1. 20. 선고 2008도10479 전원합의체 판결 등 참조).
2. 원심판결 이유와 적법하게 채택된 증거들에 의하면, ① 고소인 공소외 1 주식회사(이하 '고소인 회사'라 한다)는 자산운용사인 공소외 2 주식회사(이하 '공소외 2 회사'라 한다)가 구 간접투자자산운용업법(2007. 8. 3. 법률 제8635호로 제정되어 2009. 2. 4.부터 시행된 자본시장과 금융투자업에 관한 법률 부칙 제2조에 의하여 폐지되기 전의 것)에 의하여 설정한 투자신탁의 수탁자인 사실, ② 공소외 2 회사, 고소인 회사, 공소외 3 주식회사(이하 '공소외 3 회사'라 한다), 공소외 4 유한회사(이하 '공소외 4 회사'라 한다) 등은 2007. 12. 24. 이 사건 공동사업약정을 체결하였는데, 이에 따라 공소외 3 회사는 한우사육사업을 영위하는 공소외 4 회사를 설립하고, 중소기업은행은 공소외 4 회사에 대하여 70억 원을 대출하며, 고소인 회사는 공소외 2 회사의 운용지시에 따라 투자자들의 투자금으로 중소기업은행의 위 대출채권을 양수하여 이를 신탁재산으로 보유한 사실, ③ 이 사건 공동사업약정에 의하면, 공소외 4 회사는 위 대출금으로 한우를 사육하여 판매한 다음 그 대금으로 고소인 회사에 대한 대출원금 및 이에 대한 연 8%의 이자를 약정기일마다 분할 변제하되, 그 대출원리금 채무를 담보하기 위하여 공소외 4 회사 소유의 한우를 고소인 회사에 양도담보 목적물로 제공하고, 한우의 폐사로 인한 손해 발생 위험에 대비하여 공소외 4 회사를 피보험자로 하는 가축보험계약을 체결한 후 채무상환기간 동안 이를 유지할 의무를 부담하며, 공소외 3 회사는 공소외 4 회사가 사육한 한우의 매입을 보장할 의무를 부담하는 사실, ④ 한

편 공소외 3 회사와 공소외 4 회사 등은 2007. 12. 24. 이 사건 업무위탁약정을 체결하였는데, 이에 따르면 공소외 3 회사는 한우의 사업소득이 위 대출원리금에 미치지 못하는 경우에는 그 차액을 공소외 4 회사 명의로 개설된 자금관리계정에 입금할 의무를 부담하는 사실 등을 알 수 있다.

3. 위 사실관계를 앞서 본 법리에 비추어 살펴본다.

공소외 4 회사와 고소인 회사 사이의 관계는 동업재산을 합유하면서 이를 기초로 공동사업을 경영한 후 그 이익을 공동으로 분배하고 손실을 공동으로 분담하는 동업관계가 아니라, 한우사육사업의 성패나 그 사업소득의 규모와 무관하게 채무자인 공소외 4 회사가 채권자인 고소인 회사에 대하여 확정적으로 대출원리금 채무를 이행할 의무를 부담하고, 공소외 4 회사의 모회사인 공소외 3 회사가 그 채무 이행을 실질적으로 보증하는 대출채권채무관계에 있다고 할 것이다.

한편 공소외 4 회사는 양도담보권자인 고소인 회사가 양도담보의 목적을 달성할 수 있도록 양도담보 목적물인 한우를 보관할 의무를 부담하고, 그와 관련하여서는 고소인 회사의 사무를 처리하는 자의 지위에 있다고 볼 수 있다. 그렇지만, 공소외 4 회사의 보험료 부담 아래 공소외 4 회사를 피보험자로 하여 가축보험계약을 체결·유지한 것은 공소외 4 회사의 사업 목적물인 한우의 폐사로 인한 손해 발생 위험에 대비하기 위한 것으로서 기본적으로 공소외 4 회사를 위하여 이루어진 것으로 보인다. 비록 이 사건 공동사업 약정에서 위 가축보험계약을 체결·유지하기로 약정하였고 위 가축보험계약이 궁극적으로 고소인 회사에게도 이익이 된다고 하더라도, 그러한 사정만으로 위 가축보험계약의 체결·유지가 고소인 회사의 사무를 대행하는 것으로 볼 수는 없다. 고소인 회사 스스로도 양도담보 목적물에 관하여 피보험이익을 갖고 있어 공소외 4 회사의 협력 없이 가축보험계약을 체결·유지할 수 있다. 이에 비추어 보면, 위 가축보험계약의 체결·유지 의무는 당사자 사이의 약정에 의하여 비로소 발생하는 민사상 채무에 불과하고, 이러한 단순한 채권관계상의 의무를 넘어서서 상호 간의 신임관계에 기초하여 전형적·본질적으로 양도담보 목적물을 보호 내지 관리하여야 하는 의무에 해당한다고 보기에는 부족하다.

따라서 공소외 4 회사가 이 사건 동업약정에 따라 한우에 관하여 가축보험계약을 체결하거나 유지하는 것은 고소인 회사에 대한 민사상 채무를 이행하는 것으로서 공소외 4 회사 자신의 사무이지 이를 가리켜 타인인 고소인 회사의 사무라고 할 수 없다.

4. 원심은 이와 같은 취지에서, 공소외 4 회사가 한우의 폐사로 인한 손해를 담보하기 위해 가축보험을 체결, 관리, 유지하기로 한 것이 공소외 4 회사의 사무라고 보고, 이와 달리 그 사무가 고소인 회사를 위한 사무임을 전제로 하여 공소외 4 회사가 위 가축보험계약을 임의로 해지함으로써 임무에 위배하였다는 업무상 배임의 공소사실 부분에 대하여 범죄의 증명이 없는 경우에 해당한다고 판단하여 무죄를 선고하였다.

따라서 이러한 원심의 판단에 상고이유의 주장과 같이 배임죄에서의 타인의 사무를 처리하는 자에 관한 법리를 오해하는 등의 위법이 있다고 할 수 없다.

5. 그러므로 상고를 기각하기로 하여, 관여 대법관의 일치된 의견으로 주문과 같이 판결한다.

대법관 신영철(재판장) 이상훈 김용덕(주심) 김소영

대법원 2014.2.21. 선고 2013도14139 판결

【마약류관리에관한법률위반(향정)·재물손괴·범인도피교사·절도】

판시사항

절도죄에서 '절취'와 '불법영득의사'의 의미 및 어떠한 물건을 점유자의 의사에 반하여 취거하는 행위가 결과적으로 소유자의 이익으로 된다는 사정 또는 소유자의 추정적 승낙이 있다고 볼 만한 사정이 있는 경우, 불법영득의사가 인정되는지 여부(원칙적 적극)

판결요지

형법상 절취란 타인이 점유하고 있는 자기 이외의 자의 소유물을 점유자의 의사에 반하여 점유를 배제하고 자기 또는 제3자의 점유로 옮기는 것을 말한다. 그리고 절도죄의 성립에 필요한 불법영득의 의사란 타인의 물건을 그 권리자를 배제하고 자기의 소유물과 같이 그 경제적 용법에 따라 이용·처분하고자 하는 의사를 말하는 것으로서, 단순히 타인의 점유만을 침해하였다고 하여 그로써 곧 절도죄가 성립하는 것은 아니나, 재물의 소유권 또는 이에 준하는 본권을 침해하는 의사가 있으면 되고 반드시 영구적으로 보유할 의사가 필요한 것은 아니며, 그것이 물건 자체를 영득할 의사인지 물건의 가치만을 영득할 의사인지를 불문한다. 따라서 어떠한 물건을 점유자의 의사에 반하여 취거하는 행위가 결과적으로 소유자의 이익으로 된다는 사정 또는 소유자의 추정적 승낙이 있다고 볼 만한 사정이 있다고 하더라도, 다른 특별한 사정이 없는 한 그러한 사유만으로 불법영득의 의사가 없다고 할 수는 없다.

전 문

피 고 인 피고인

상 고 인 피고인 및 검사

변 호 인 변호사

원심판결 수원지법 2013. 10. 24. 선고 2013노2656 판결

주 문 원심판결을 파기하고, 사건을 수원지방법원 본원 합의부에 환송한다.

이 유 상고이유를 판단한다.

1. 검사의 상고이유에 대하여

형법상 절취란 타인이 점유하고 있는 자기 이외의 자의 소유물을 점유자의 의사에 반하여 그 점유를 배제하고 자기 또는 제3자의 점유로 옮기는 것을 말한다. 그리고 절도죄의 성립에 필요한 불법영득의 의사란 타인의 물건을 그 권리자를 배제하고 자기의 소유물과 같이 그 경제적 용법에 따라 이용·처분하고자 하는 의사를 말하는 것으로서, 단순히 타인의 점유만을 침해하였다고 하여 그로써 곧 절도죄가 성립하는 것은 아니나, 재물의 소유권 또는 이에 준하는 본권을 침해하는 의사가 있으면 되고 반드시 영구적으로 보유할 의사가 필요한 것은 아니며, 그것이 물건 그 자체를 영득할 의사인지 물건의 가치만을 영득할 의사인지를 불문한다(대법원 2012. 4. 26. 선고 2010도11771 판결 등 참조). 따라서 어떠한 물건을 점유자의 의사에 반하여 취거하는 행위가 결과적으로 소유자의 이익으로 된다는 사정 또는 소유자의 추정적 승낙이 있다고 볼 만한 사정이 있다고 하더라도, 다른 특별한 사정이 없는 한 그러한 사유만으로 불법영득의 의사가 없다고 할 수는 없다(대법원 2003. 1. 24. 선고 2001도991 판결 등 참조).

원심판결 이유와 제1심이 적법하게 채택한 증거들에 의하면, ① 피고인은 2011년 9월경 이 사건 승용차의 소유자인 ○○캐피탈로부터 공소외인 명의로 위 승용차를 리스하여 운행하던 중, 사채업자로부터 1,300만 원을 빌리면서 위 승용차를 인도한 사실, ② 위 사채업자는 피고인이 차용금을 변제하지 못하자 위 승용차를 매도하였고 최종적으로 피해자가 위 승용차를 매수하여 점유하게 된 사실, ③ 피고인은 위 승용차를 회수하기 위해서 피해자와 만나기로 약속을 한 다음 2012. 10. 22.경 약속장소에 주차되어 있던 위 승용차를 미리 가지고 있던

보조열쇠를 이용하여 임의로 가져간 사실, ④ 이후 위 승용차는 공소외인을 통하여 약 한 달 뒤인 2012. 11. 23. 경 ○○캐피탈에 반납된 사실 등을 알 수 있다.

위와 같은 사실관계를 앞서 본 법리에 비추어 살펴보면, 우선 피고인이 자기 이외의 자의 소유물인 이 사건 승용차를 점유자인 피해자의 의사에 반하여 그 점유를 배제하고 자기의 점유로 옮긴 이상 그러한 행위가 '절취'에 해당함은 분명하다. 또한 피고인이 이 사건 승용차를 임의로 가져간 것이 소유자인 ○○캐피탈의 의사에 반하는 것이라고는 보기 어렵고 실제로 위 승용차가 ○○캐피탈에 반납된 사정을 감안한다고 하더라도, 그러한 사정만으로는 피고인에게 불법영득의 의사가 없다고 할 수도 없다.

그럼에도 원심은, 피고인이 ○○캐피탈에게 반납하고자 하는 의도에서 이 사건 승용차를 가져간 것으로 보인다는 등 그 판시와 같은 이유만으로, 피고인의 위와 같은 행위를 절취 행위로 볼 수 없고 피고인에게 불법영득의 의사가 있다고 보기도 어렵다고 판단하여 이 사건 공소사실 중 절도의 점에 대하여 무죄를 선고하였다. 이러한 원심의 판단에는 절도죄의 불법영득의 의사 등에 관한 법리를 오해하여 판결에 영향을 미친 위법이 있다. 이를 지적하는 검사의 상고이유의 주장은 이유 있다.

2. 피고인의 상고이유에 대하여

피고인의 상고이유 주장은, 이 사건 공소사실 중 2012년 9월 중순 21:00경 필로폰 교부의 점과 관련하여 피고인이 그와 같이 필로폰을 교부한 적이 없음에도, 원심이 사실인정을 잘못하여 피고인을 위 공소사실에 대해서 유죄로 판단하였으니 위법하다는 취지이다.

그러나 사실의 인정과 그 전제가 되는 증거의 취사선택 및 평가는 자유심증주의의 한계를 벗어나지 않는 한 사실심법원의 전권에 속한다. 원심판결 이유를 기록에 비추어 살펴보아도 원심이 논리와 경험의 법칙을 위반하여 자유심증주의의 한계를 벗어났다고 볼 만한 사유는 발견할 수 없다. 따라서 위와 같은 상고이유 주장은 원심법원의 전권에 속하는 사항을 비난하는 것에 불과하므로 적법한 상고이유가 되지 못한다.

3. 결론

그렇다면 원심판결 중 무죄 부분은 파기되어야 하고, 한편 피고인의 상고가 이유 없음은 앞에서 본 것과 같으나, 원심이 피고인에 대하여 유죄로 인정한 죄와 무죄로 인정한 죄는 형법 제37조 전단의 경합범 관계에 있으므로 원심판결의 유죄 부분도 무죄 부분과 함께 파기되어야 한다(대법원 2000. 11. 28. 선고 2000도2123 판결 등 참조).

이에 관여 대법관의 일치된 의견으로 원심판결 전부를 파기하고, 사건을 다시 심리·판단하도록 원심법원에 환송하기로 하여 주문과 같이 판결한다.

대법관 김창석(재판장) 양창수 박병대(주심) 고영한

대법원 2014.2.21. 선고 2013도13829 판결

【특정범죄가중처벌등에관한법률위반(조세)】

판시사항

구 조세범 처벌법 제9조 제1항에서 정한 '사기 기타 부정한 행위'의 의미 및 과세대상의 미신고나 과소신고와 아울러 수입이나 매출 등을 고의로 장부에 기재하지 않는 행위 등 적극적 은닉의도가 드러난 경우, 이에 해당하는지 여부(적극)와 그 판단 기준

판결요지

구 조세범 처벌법(2010. 1. 1. 법률 제9919호로 전부 개정되기 전의 것) 제9조 제1항에 규정된 조세포탈죄에서 '사기 기타 부정한 행위'란, 조세의 포탈을 가능하게 하는 행위로서 사회통념상 부정이라고 인정되는 행위, 즉 조세의 부과와 징수를 불가능하게 하거나 현저히 곤란하게 하는 위계 기타 부정한 적극적 행위를 말한다. 따라서 다른 행위를 수반함이 없이 단순히 세법상의 신고를 하지 아니하거나 허위의 신고를 하는 데 그치는 것은 이에 해당하지 않지만, 과세대상의 미신고나 과소신고와 아울러 수입이나 매출 등을 고의로 장부에 기재하지 않는 행위 등 적극적 은닉의도가 나타나는 사정이 덧붙여진 경우에는 조세의 부과와 징수를 불능 또는 현저히 곤란하게 만든 것으로 인정할 수 있다. 이때 적극적 은닉의도가 객관적으로 드러난 것으로 볼 수 있는지 여부는 수입이나 매출 등을 기재한 기본 장부를 허위로 작성하였는지 여부뿐만 아니라, 당해 조세의 확정방식이 신고납세방식인지 부과과세방식인지, 미신고나 허위신고 등에 이른 경위 및 사실과 상위한 정도, 허위신고의 경우 허위 사항의 구체적 내용 및 사실과 다르게 가장한 방식, 허위 내용의 첨부서류를 제출한 경우에는 그 서류가 과세표준 산정과 관련하여 가지는 기능 등 제반 사정을 종합하여 사회통념상 부정이라고 인정될 수 있는지에 따라 판단하여야 한다.

전 문

피 고 인 피고인 1 외 1인

상 고 인 피고인들

변 호 인 법무법인

원심판결 서울고법 2013. 11. 1. 선고 2013노2737 판결

주 문 상고를 모두 기각한다.

이 유 상고이유(상고이유서 제출기간 경과 후에 제출된 피고인 1의 상고이유보충서의 기재는 상고이유를 보충하는 범위 내에서)를 판단한다.

1. 피고인 1의 상고이유에 대하여

구 조세범 처벌법(2010. 1. 1. 법률 제9919호로 전부 개정되기 전의 것, 이하 '구법') 제9조 제1항에 규정된 조세포탈죄에서 '사기 기타 부정한 행위'라 함은, 조세의 포탈을 가능하게 하는 행위로서 사회통념상 부정이라고 인정되는 행위, 즉 조세의 부과와 징수를 불가능하게 하거나 현저히 곤란하게 하는 위계 기타 부정한 적극적 행위를 말한다. 따라서 다른 행위를 수반함이 없이 단순히 세법상의 신고를 하지 아니하거나 허위의 신고를 함에 그치는 것은 이에 해당하지 않지만, 과세대상의 미신고나 과소신고와 아울러 수입이나 매출 등을 고의로 장부에 기재하지 않는 행위 등 적극적 은닉의도가 나타나는 사정이 덧붙여진 경우에는 조세의 부과와 징수를 불능 또는 현저히 곤란하게 만든 것으로 인정할 수 있다 할 것이다(대법원 2012. 6. 14. 선고 2010도9871 판결 등 참조). 이때 적극적 은닉의도가 객관적으로 드러난 것으로 볼 수 있는지 여부는 수입이나 매출 등을 기재한 기본 장부를 허위로 작성하였는지 여부뿐만 아니라, 당해 조세의 확정방식이 신고납세방식인지 부과과세방식인지, 미신고나 허위신고 등에 이른 경위 및 사실과 상위한 정도, 허위신고의 경우 허위 사항의 구체적 내용 및 사실과 다르

게 가장한 방식, 허위 내용의 첨부서류를 제출한 경우에는 그 서류가 과세표준 산정과 관련하여 가지는 기능 등 제반 사정을 종합하여 사회통념상 부정이라고 인정될 수 있는지 여부에 따라 판단하여야 한다.

원심판결 및 제1심과 원심이 적법하게 채택한 증거들에 의하면, ① 공소외 1 주식회사(이하 '공소외 1 회사')는 피고인 2가 운영하던 폐기물소각 처리업체로서 2005. 12. 5. 공소외 2 주식회사에 폐기물소각 인허가권 및 기본 재산을 모두 143억 원에 매도하여 그 후에는 실질적으로 폐업한 상태였던 사실, ② 위 인허가권 등의 기본재산의 장부가액은 본래 82억여 원에 불과하여 공소외 1 회사는 60억 원 이상의 처분이익에 대한 법인세 15억여 원을 납부하여야 할 상황이었고, 한편 피고인 2는 위 143억 원 중 92억여 원을 공소외 1 회사의 장부에 기재하지 않고 임의로 사용하여 공소외 1 회사 재산의 매각에 따른 이익을 정상적으로 신고할 경우 그 92억여 원이 대표자 인정상여로 처리되어 피고인 2도 종합소득세를 납부하여야 할 상황이었던 사실, ③ 이에 피고인 2는 기존에 공소외 1 회사의 세금 신고를 위임하였던 세무사가 있었음에도 직원을 통하여 다른 세무법인의 사무장인 피고인 1을 소개받았고, 공소외 1 회사의 2005년도 법인세 및 피고인 2 개인의 종합소득세를 해결해 달라는 부탁과 함께 피고인 1에게 15억 원을 지급한 사실, ④ 이후 피고인 1은 공소외 3 세무사에게 의뢰하여 2006. 3. 22. 공소외 1 회사의 2005년도 법인세를 전자신고하면서, 신고서에 첨부한 제출서류 중 2005 과세연도에 관한 합계표준 대차대조표에 본래의 장부가액이 82억여 원인 위 인허가권 등 기본 재산의 가액을 142억여 원으로 허위 기재하고, 이에 맞추어 표준손익계산서에 유무형자산처분이익 등을 축소 기재하였으며, 아울러 그 이후 관할 세무서에 제출한 것으로 보이는 2005년 12월 현재의 합계잔액시산표에도 위 기본 재산 등의 가액을 과다하게 기재한 사실, ⑤ 이처럼 본래의 장부가액이 82억여 원인 위 인허가권 등 기본 재산을 143억 원에 양도하여 그 처분이익이 실제는 60억 원 이상 발생하였음에도 불구하고, 피고인 1은 위와 같은 허위의 장부가액 142억여 원을 전제로 처분이익이 56,481,418원에 불과한 것으로 계산하고 이에 따라 법인세 산출세액을 35,294,641원으로 허위 신고한 사실 등을 알 수 있다.

위와 같은 사실관계, 특히 피고인 2가 피고인 1에게 공소외 1 회사의 법인세 신고를 의뢰하게 된 경위 및 법인세를 납부하지 않기 위하여 피고인 1이 취한 구체적인 방법 등 여러 사정을 앞서 본 법리에 비추어 살펴보면, 피고인들의 행위는 단순히 세법상의 신고를 허위로 한 것에 그치는 것이 아니라, 법인세를 포탈하겠다는 적극적 은닉의도가 객관적으로 드러난 경우라고 보기에 충분하다.

원심의 이 부분 이유설시에 다소 부적절한 점이 있기는 하지만, 피고인 1의 이 사건 공소사실상의 행위가 구법 제9조 제1항의 '사기 기타 부정한 행위'에 해당한다고 본 결론은 정당한 것으로 수긍이 간다. 거기에 피고인 1이 상고이유로 주장하는 구법 제9조 제1항의 '사기 기타 부정한 행위'에 관한 법리를 오해하는 등의 위법이 있다고 할 수 없다.

그 밖에 원심의 포탈세액 산정에 오류가 있다거나 법인세법상 손금과 익금에 관한 법리오해의 위법이 있다는 등의 상고이유 주장은 피고인 1이 이를 항소이유로 삼거나 원심이 직권으로 심판대상으로 삼은 바가 없는 것을 상고심에 이르러 비로소 주장하는 것으로서 적법한 상고이유가 되지 못한다.

2. 피고인 2의 상고이유에 관하여

기록에 의하면, 피고인 2는 제1심판결에 대하여 항소하면서 그 항소이유로 양형부당과 함께 사실오인을 주장하였다가 원심 제2회 공판기일에서 사실오인의 주장을 철회하여 항소이유로 양형부당의 사유만을 남겨두었다. 이러한 경우 원심판결에 법리오해의 위법이 있다는 취지의 주장은 적법한 상고이유가 되지 못한다.

3. 결론

이에 관여 대법관의 일치된 의견으로 상고를 모두 기각하기로 하여 주문과 같이 판결한다.

대법관 김창석(재판장) 양창수 박병대(주심) 고영한

대법원 2014.2.21. 선고 2011도8870 판결

【특정경제범죄가중처벌등에관한법률위반(횡령)·업무상배임·횡령】

판시사항

1 회사가 타인의 사무를 처리하는 일을 영업으로 영위하고 있는 경우, 회사 대표이사가 그 타인의 사무를 처리하면서 업무상 임무에 위배되는 행위를 함으로써 회사로 하여금 타인에 대한 채무를 부담하게 한 행위가 회사에 대한 관계에서 업무상배임죄를 구성하는지 여부(적극)

2 주식회사의 임원이 공적 업무수행을 위해서만 사용이 가능한 법인카드를 개인 용도로 계속적, 반복적으로 사용한 행위가 업무상배임죄를 구성하는지 여부(원칙적 적극) 및 법인카드 사용에 대하여 실질적 1인 주주의 양해를 얻었다는 등의 사정만으로 달리 보아야 하는지 여부(소극)

판결요지

1 회사가 타인의 사무를 처리하는 일을 영업으로 영위하고 있는 경우, 회사의 대표이사가 그 타인의 사무를 처리하면서 업무상 임무에 위배되는 행위를 함으로써 재산상 이익을 취득하거나 제3자로 하여금 이를 취득하게 하고 그로 인하여 회사로 하여금 그 타인에 대한 손해배상책임 등 채무를 부담하게 한 때에는 회사에 손해를 가하거나 재산상 실해 발생의 위험을 초래한 것으로 볼 수 있으므로, 이러한 행위는 회사에 대한 관계에서 업무상배임죄를 구성한다.

2 주식회사의 임원이 공적 업무수행을 위하여서만 사용이 가능한 법인카드를 개인 용도로 계속적, 반복적으로 사용한 경우 특별한 사정이 없는 한 임원에게는 임무위배의 인식과 그로 인하여 자신이 이익을 취득하고 주식회사에 손해를 가한다는 인식이 있었다고 볼 수 있으므로, 이러한 행위는 업무상배임죄를 구성한다. 위와 같은 법인카드 사용에 대하여 실질적 1인 주주의 양해를 얻었다거나 실질적 1인 주주가 향후 그 법인카드 대금을 변상, 보전해 줄 것이라고 일방적으로 기대하였다는 사정만으로는 업무상배임의 고의나 불법이득의 의사가 부정된다고 볼 수 없다.

전 문

피 고 인 피고인

상 고 인 피고인 및 검사

변 호 인 변호사

원심판결 서울고법 2011. 6. 16. 선고 2010노1827 판결

주 문 상고를 모두 기각한다

이 유 상고이유를 판단한다.

1. 피고인의 상고이유에 대하여

가. 주차장 임대로 인한 업무상배임의 점

업무상배임죄에서 본인에게 손해를 가한 때라 함은 총체적으로 보아 본인의 재산상태에 손해를 가한 경우를 말하고, 재산상 실해 발생의 위험을 초래하게 한 경우도 포함하는 것이므로, 손해액이 구체적으로 명백하게 산정되지 않았더라도 업무상배임죄의 성립에는 영향이 없다(대법원 2001. 1. 19. 선고 2000도2914 판결, 대법원 2009. 10. 29. 선고 2007도6772 판결 등 참조).

원심은 그 판시와 같은 사정을 들어 피해자 공소외 1 주식회사(이하 '피해자 공소외 1 회사'라 한다)의 대표이사인 피고인이 피해자 공소외 1 회사가 관리하는 ○○주차장과 △△주차장에 관하여 당시 위 각 주차장이 매월 얻는 총 수익보다 적은 200만 원을 임대료로 정하고 통상보다 장기인 5년의 임대기간을 정하여 임대차계약을 체결함으로써 액수 미상의 재산상 이득을 취득하고, 피해자 공소외 1 회사에 같은 금액 상당의 손해를

가하였다고 판단하여 이 부분 공소사실을 유죄로 인정한 제1심판결을 유지하였다.

원심판결 이유를 앞서 본 법리와 적법하게 채택된 증거들에 비추어 살펴보면, 원심의 위와 같은 판단은 정당한 것으로 수긍이 된다. 거기에 상고이유의 주장과 같이 적정 임대료 등에 관한 사실인정과 관련하여 논리와 경험의 법칙을 위반하여 자유심증주의의 한계를 벗어난 위법이 있다거나 업무상배임죄에서의 재산상 손해와 자백의 보강법칙 등에 관한 법리를 오해한 위법 또는 판단누락 등의 위법이 있다고 할 수 없다.

한편 ○○주차장은 그 소유자가 공소외 2므로 피고인이 ○○주차장을 저가에 임대하였다 하더라도 그 피해자는 공소외 2가지 공소외 1 회사라고 할 수 없다는 상고이유의 주장은, 피고인이 항소이유로 주장하지 아니하였고 항소심에서 직권으로 심판대상으로 삼은 사항도 아니므로 적법한 상고이유가 되지 못한다. 뿐만 아니라 적법하게 채택된 증거들에 의하면, 피고인의 위 임대 당시 ○○주차장이 소재하는 건물 및 토지에 관하여는 공소외 2가 아니라 공소외 1 회사 명의로 소유권보존등기 및 소유권이전등기가 마쳐져 있음을 알 수 있으므로, ○○주차장의 소유자가 공소외 2임을 전제로 하는 이 부분 상고이유의 주장은 어느 모로 보나 받아들일 수 없다.

또한 회사가 타인의 사무를 처리하는 일을 영업으로 영위하고 있는 경우, 그 회사의 대표이사가 그 타인의 사무를 처리하면서 업무상 임무에 위배되는 행위를 함으로써 재산상 이익을 취득하거나 제3자로 하여금 이를 취득하게 하고 그로 인하여 회사로 하여금 그 타인에 대한 손해배상책임 등 채무를 부담하게 한 때에는 회사에 손해를 가하거나 재산상 실해 발생의 위험을 초래한 것으로 볼 수 있으므로(대법원 1987. 4. 28. 선고 83도1568 판결, 대법원 2012. 12. 27. 선고 2012도10822 판결 등 참조), 이러한 행위는 그 회사에 대한 관계에서 업무상배임죄를 구성한다고 할 것이다. 이에 비추어, 위 상고이유 주장을 공소외 2가 ○○주차장에 대하여 실질적 지배권을 가지고 있다는 취지로 본다고 하더라도 피고인의 위 주차장 임대행위가 공소외 1 회사에 대하여 업무상배임죄를 구성한다고 한 원심의 판단은 타당하므로, 위 상고이유 주장은 이유 없다. 상고이유에서 원용한 대법원 1984. 10. 10. 선고 82도2595 판결은 타인의 사무를 처리하는 의무의 주체가 법인인 경우에 그 타인에 대한 관계에서 법인의 대표기관이 배임죄의 주체가 될 수 있다고 한 것일 뿐 그 의무 주체인 법인에 대한 관계에서는 배임죄의 주체가 될 수 없다고 한 것은 아니므로, 위와 같은 원심의 판단에 배치되는 것이 아니다.

나. 7억 451만 원에 관한 업무상횡령의 점

업무상횡령죄에서 불법영득의 의사라 함은, 자기 또는 제3자의 이익을 꾀할 목적으로 업무상 임무에 위배하여 보관하는 타인의 재물을 자기의 소유인 경우와 같이 처분하는 의사를 말하고 사후에 이를 반환하거나 변상, 보전하는 의사가 있다 하더라도 이를 인정하는 데는 지장이 없다(대법원 1995. 3. 14. 선고 95도59 판결, 대법원 2012. 6. 14. 선고 2010도9871 판결 등 참조).

원심은 피고인이 피해자 공소외 1 회사의 자금 704,510,000원을 인출할 당시 있었던 주주총회에서의 피고인에 대한 연임승인 안건의 부결, 최대주주이던 남편 공소외 2와의 관계 악화 상황, 피고인의 아버지인 공소외 3과 피해자 공소외 1 회사와의 채권채무관계 부존재, 공소외 2가 공소외 3으로부터 이 사건 부동산 매수자금 705,736,605원을 차용하였다는 피고인의 주장의 일관성 및 증거 부족, 피고인의 위 자금 인출에 대하여 장기간 회계 처리를 하지 아니한 경과, 사후에 위 인출 금원을 피고인에 대한 대여금으로 정리하는 데 대하여 피고인이 동의한 점, 이 사건 각 부동산에 관한 등기관계 등 그 판시와 같은 여러 사정을 종합하여, 피고인이 공소외 2를 대신하여 공소외 3에 대한 차용금을 변제한다는 명목으로 피해자 공소외 1 회사의 자금 704,510,000원을 인출하여 이를 임의소비한 행위는 업무상횡령죄를 구성한다고 판단하여 이 부분 공소사실을 유죄로 인정한 제1심판결을 유지하였다.

원심판결 이유를 앞서 본 법리와 적법하게 채택된 증거들에 비추어 살펴보면, 원심의 위와 같은 판단은 정당하고, 거기에 상고이유의 주장과 같이 업무상횡령죄에서의 고의나 불법영득의사 및 거증책임 등에 관한 법리를 오해하고 논리와 경험의 법칙에 반하여 자유심증주의의 한계를 벗어나거나 판단을 누락하는 등의 위법이 있다고 할 수 없다.

다. 법인카드 사용으로 인한 업무상배임의 점

주식회사와 주주는 별개의 법인격을 가진 존재로서 동일인이라 할 수 없고 주식회사의 손해가 항상 주주의 손해와 일치한다고 할 수도 없으므로, 실질적 1인 주주인 임원이 임무위배행위를 하여 재산상 이익을 취득하거나 제3자로 하여금 이를 취득하게 하고 회사에 손해를 가한 경우에도 업무상배임죄의 죄책을 진다. 따라서 주식회사의 임원이 임무에 위배되는 행위로 재산상 이익을 취득하거나 제3자로 하여금 이를 취득하게 하여 주식회사에 손해를 가한 경우, 그 임무위배행위에 대하여 실질적 1인 주주의 양해를 얻었다고 하더라도 업무상배임죄의 성립에는 지장이 없다(대법원 1983. 12. 13. 선고 83도2330 전원합의체 판결, 대법원 2011. 3. 10. 선고 2008도6335 판결 등 참조).

한편 주식회사의 임원이 공적 업무수행을 위하여서만 사용이 가능한 법인카드를 개인 용도로 계속적, 반복적으로 사용한 경우 특별한 사정이 없는 한 그 임원에게는 임무위배의 인식과 그로 인하여 자신이 이익을 취득하고 주식회사에 손해를 가한다는 인식이 있었다고 볼 수 있으므로, 이러한 행위는 업무상배임죄를 구성한다고 할 것이다. 위와 같은 법인카드 사용에 대하여 실질적 1인 주주의 양해를 얻었다거나 실질적 1인 주주가 향후 그 법인카드 대금을 변상, 보전해 줄 것이라고 일방적으로 기대하였다는 사정만으로는 업무상배임의 고의나 불법이득의 의사가 부정된다고 볼 수 없다.

원심판결 이유를 위 법리와 적법하게 채택된 증거들에 비추어 살펴보면, 원심이 그 판시와 같은 사정을 들어 피고인이 피해자 공소외 1 회사의 법인카드 4장을 개인적인 용도에 사용한 행위는 업무상배임죄를 구성한다고 판단하여 이 부분 공소사실을 유죄로 인정한 제1심판결을 유지한 것은 정당하다. 거기에 상고이유의 주장과 같이 업무상배임죄에서의 고의나 불법이득의사에 관한 법리를 오해하고 논리와 경험의 법칙에 반하여 자유심증주의의 한계를 벗어난 위법이 있다고 할 수 없다.

라. 친족상도례 규정의 적용 여부

원심이 유죄로 인정한 판시 업무상배임죄 및 특정경제범죄가중처벌등에관한법률위반(횡령)죄의 피해자는 피고인의 배우자인 공소외 2가 아니라 공소외 1 회사므로, 형법 제361조에 의하여 준용되는 형법 제328조의 친족상도례 규정은 위 각 범죄에 적용될 여지가 없다. 이 부분 상고이유의 주장 또한 받아들일 수 없다.

2. 검사의 상고이유에 대하여

증거조사에 관하여는 사건의 심리에 필요한지 여부에 따라 법원이 판단할 재량이 있고(대법원 1983. 7. 12. 선고 83도1419 판결 등 참조), 사실의 인정과 그 전제가 되는 증거의 취사선택 및 평가는 논리와 경험칙에 반하여 자유심증주의의 한계를 벗어나지 않는 한 사실심법원의 전권에 속한다(대법원 2013. 11. 28. 선고 2013도10011 판결 등 참조).

기록에 의하면, 원심은 원심 제2회 공판기일에서 검사의 증인 공소외 4에 대한 증인신청을 받아들인 후 검사가 원심 제5회 공판기일에서 위 증인신청을 철회함에 따라 이를 취소한 후 변론을 종결한 다음, 검사가 제출한 증거들만으로는 피고인이 자신의 급여나 상여금, 퇴직금 명목으로 공소외 1 회사의 자금을 횡령하였다고 인정하기 부족하고 달리 이를 인정할만한 증거가 없다고 보아 이 부분 공소사실을 무죄로 판단한 제1심판결을 유지하였다.

원심판결 이유를 관련 증거들에 비추어 살펴보면, 원심이 검사의 증인신청 철회에 따라 공소외 4에 대한 증인채택 결정을 취소한 조치가 위법하다거나 그러한 조치로 인하여 원심이 이 부분 공소사실을 무죄로 판단하게 되었다고 보기 어렵고, 원심의 이 부분 무죄 판단에 논리와 경험의 법칙에 반하여 자유심증주의의 한계를 벗어나거나 필요한 심리를 다하지 아니한 위법이 있다고 할 수 없다. 상고이유의 주장은 받아들일 수 없다.

3. 결론

그러므로 상고를 모두 기각하기로 하여, 관여 대법관의 일치된 의견으로 주문과 같이 판결한다.

대법관 김창석(재판장) 양창수 박병대(주심) 고영한

대법원 2014.2.13. 선고 2013도3243 판결

【수산업법위반】

판시사항

1 수산업법상 어업권자가 양식어장에서 면허를 받아 양식한 것이 아닌 자연산 수산동식물을 포획·채취하는 행위가 허용되는지 여부(원칙적 소극)

2 수산업법이 양식어장에 관리선 등을 둘 수 있도록 규정한 취지 및 관리선 등을 이용하는 경우 양식어장에서 면허를 받아 양식한 수산동식물 이외의 수산동식물을 포획·채취하는 것이 허용되는지 여부(원칙적 소극)

판결요지

1 수산업법상의 양식어업권은 행정관청의 면허를 받아 일정한 수면에서 일정한 종류의 수산동식물을 양식하여 배타적으로 포획·채취할 수 있는 권리이므로, 어업권자가 면허를 받은 양식어장에서 포획·채취하는 경우라고 하더라도 면허를 받아 양식한 것이 아닌 자연산 수산동식물을 포획·채취하는 행위는 그에 대한 별도의 허가 등이 없는 이상 원칙적으로 허용되지 않는다고 보아야 한다.

2 수산업법 제27조 제1항, 제3항, 제4항, 제5항, 어업면허의 관리 등에 관한 규칙 제28조 제8항에서와 같이 수산업법이 양식어장에 어장관리에 필요한 어선(이하 '관리선'이라 한다) 등을 둘 수 있도록 규정한 취지는 양식어장의 보호·관리, 즉 양식어업 면허를 받은 수산동식물을 양식하여 거두어들이는 데에 사용하기 위하여 양식어장 구역에 한하여 수산업법 제41조에서 정한 어업허가를 받지 않고도 수산동식물을 포획·채취할 수 있도록 허용한 것에 불과하다고 볼 것이므로, 관리선 등을 이용한다고 하더라도 양식어장에서 면허를 받아 양식한 수산동식물 이외의 수산동식물을 포획·채취하는 것은 원칙적으로 허용되지 않는다고 할 것이고, 다만 양식어장의 보호·관리에 필요한 범위에 한하여 예외적으로 허용될 수 있을 뿐이라고 보아야 한다.

전　　문

피 고 인 피고인 1 외 2인

상 고 인 피고인들

원심판결 광주지법 2013. 2. 15. 선고 2012노2299 판결

주　　문 상고를 모두 기각한다.

이　　유 상고이유에 대하여 판단한다.

수산업법상의 양식어업권은 행정관청의 면허를 받아 일정한 수면에서 일정한 종류의 수산동식물을 양식하여 배타적으로 포획·채취할 수 있는 권리이므로, 어업권자가 면허를 받은 양식어장에서 포획·채취하는 경우라고 하더라도 면허를 받아 양식한 것이 아닌 자연산 수산동식물을 포획·채취하는 행위는 그에 대한 별도의 허가 등이 없는 이상 원칙적으로 허용되지 않는다고 보아야 한다(대법원 1986. 10. 14. 선고 86도1002 판결, 대법원 2010. 4. 8. 선고 2009도11827 판결 등 참조).

한편 수산업법 제27조 제1, 3, 4항은, 어업권자는 시장·군수·구청장의 지정을 받아 그 어업의 어장관리에 필요한 어선(이하 '관리선'이라 한다)을 사용할 수 있고, 면허받은 어업의 어장에 관리선을 갖추지 못한 어업권자는 시장·군수·구청장의 승인을 받아 다른 어장에서 지정받은 관리선 또는 같은 법에 따라 허가를 받았거나 신고한 어업의 어선을 사용할 수 있으며, 어업권자는 원칙적으로 그 지정 또는 승인을 받은 어장구역 외의 수면에서 수산동식물을 포획·채취 또는 양식하기 위하여 그 관리선 등을 사용할 수 없도록 규정하고 있고, 수산업법 제27조 제5항의 위임에 따라 어업면허의 관리 등에 관한 규칙 제28조 제8항은, 위와 같이 지정받은 관리선 또는 사용승인을 받은 어선은 어장에서 조업하는 어업자 등의 운송 또는 포획·채취한 수산동식물의 운반, 어장에서 양식하거나 서식하는 수

산동식물의 포획·채취, 어장의 오물청소·해적생물 제거, 어장의 경비 또는 불법어업의 감시, 어장의 수산자원조성, 그 밖에 어장의 보호·관리에 관한 용도에 사용할 수 있다고 규정하고 있다. 위와 같이 수산업법이 양식어장에 관리선 등을 둘 수 있도록 규정한 취지는 양식어장의 보호·관리, 즉 양식어업 면허를 받은 수산동식물을 양식하여 거두어들이는 데에 사용하기 위하여 그 양식어장 구역에 한하여 수산업법 제41조에서 정한 어업허가를 받지 않고도 그 수산동식물을 포획·채취할 수 있도록 허용한 것에 불과하다고 볼 것이므로, 관리선 등을 이용한다고 하더라도 그 양식어장에서 면허를 받아 양식한 수산동식물 이외의 수산동식물을 포획·채취하는 것은 원칙적으로 허용되지 않는다고 할 것이고, 다만 양식어장의 보호·관리에 필요한 범위에 한하여 예외적으로 허용될 수 있을 뿐이라고 보아야 한다.

같은 취지에서 원심은, 피고인들의 행위가 이 사건 피조개 양식어장을 관리하기 위한 것이 아니라 키조개를 포획하여 판매하기 위한 것으로 양식어장 관리의 범위를 넘어선 행위라고 판단하여 이 사건 공소사실을 유죄로 인정한 제1심판결을 그대로 유지하였는바, 이러한 원심의 조치는 위 법리에 따른 것으로서 정당하다고 수긍할 수 있고, 거기에 상고이유 주장과 같이 논리와 경험의 법칙을 위반하여 자유심증주의의 한계를 벗어나거나 조업구역 또는 수산업법에 관한 법리를 오해한 위법이 없다.

그러므로 상고를 모두 기각하기로 하여 관여 대법관의 일치된 의견으로 주문과 같이 판결한다.

대법관 김신(재판장) 민일영 이인복(주심) 박보영

대법원 2014.2.13. 선고 2013도14349,2013전도275 판결

【성폭력범죄의처벌및피해자보호등에관한법률위반(특수강도강간등)·특수강도미수·야간주거침입절도미수·부착명령】

판시사항

2012. 12. 18. 법률 제11572호로 전부 개정된 '아동·청소년의 성보호에 관한 법률' 시행 후에도 여전히 2011. 1. 1. 이후 '아동·청소년 대상 성폭력범죄를 저지른 자'에 대하여만 판결과 동시에 고지명령을 선고할 수 있는지 여부(적극)

판결요지

'아동·청소년의 성보호에 관한 법률'(2010. 4. 15. 법률 제10260호로 개정된 것. 이하 '법률 제10260호 아동성보호법'이라고 한다)은 고지명령 제도에 관한 제38조의2, 제38조의3을 신설하였는데, 그 법률 부칙 제1조는 "이 법은 공포한 날부터 시행한다. 다만 제31조의2, 제38조의2 및 제38조의3의 개정규정은 2011년 1월 1일부터 시행한다"고 규정하였으며, 부칙 제4조는 "제38조의2 및 제38조의3의 개정규정은 같은 개정규정 시행 후 최초로 아동·청소년 대상 성범죄를 범하여 고지명령을 선고받은 고지대상자부터 적용한다"고 정하였다.

아울러 '아동·청소년의 성보호에 관한 법률'(2012. 12. 18. 법률 제11572호로 전부 개정되어 2013. 6. 19. 시행된 것. 이하 '법률 제11572호 아동성보호법'이라고 한다) 역시 부칙 제8조 제1항이 "제50조 제1항, 제51조의 개정규정은 2008년 4월 16일부터 2010년 12월 31일 사이에 제2조 제2호의 개정규정의 아동·청소년 대상 성범죄(제11조 제5항의 개정규정의 죄는 제외한다)를 범하고 유죄판결(벌금형은 제외한다)이 확정되어 종전의 규정에 따라 공개명령을 받은 사람에 대하여도 적용하되, 공개기간이 종료된 자는 제외한다"고 규정하고, 제2항은 "이 경우 검사는 여성가족부장관의 요청을 받아 제1항에 규정된 사람에 대하여 제1심판결을 한 법원에 고지명령을 청구한다"고 정하고 있을 뿐, 2011. 1. 1. 이전에 아동·청소년 대상 성폭력범죄를 범하고 아직 유죄판결이 확정되지 아니한 자에 대하여는 위와 같이 일정한 요건 아래 그 유죄판결 확정 후 고지명령을 청구하는 절차 이외에 곧바로 판결과 동시에 고지명령을 선고할 수 있는 근거를 따로 두고 있지 아니하다.

이러한 규정 내용 및 법률 개정의 연혁 등에 비추어 보면, 법률 제11572호 아동성보호법이 시행된 뒤에도 여전히 법률 제10260호 아동성보호법 부칙 규정이 정한 대로 2011. 1. 1. 이후 '아동·청소년 대상 성폭력범죄를 저지른 자'에 대하여만 판결과 동시에 고지명령을 선고할 수 있다고 보아야 한다.

전 문

피고인 겸 피부착명령청구자 피고인 겸 피부착명령청구자

상 고 인 피고인 겸 피부착명령청구자

변 호 인 변호사

원심판결 서울고법 2013. 10. 31. 선고 2013노1693, 1999, 2013전노196, 228 판결

주 문 원심판결 중 피고사건의 제1 제1심판결 판시 각 죄와 제2 제1심판결 판시 제1죄에 관한 부분 및 부착명령청구사건 부분을 파기하고, 이 부분 사건을 서울고등법원에 환송한다. 피고사건에 관한 나머지 상고를 기각한다.

이 유

1. 상고이유를 판단한다.

가. 원심 채택의 증거들에 비추어 살펴보면, 원심이 그 판시와 같은 이유로 피고인 겸 피부착명령청구자(이하 '피고인'이라고 한다)에 대한 제1 제1심판결 판시 각 죄 부분 공소사실을 모두 유죄로 인정한 것은 수긍할 수 있다. 거기에 상고이유의 주장과 같이 논리와 경험의 법칙에 위배하여 사실을 잘못 인정하거나 유죄 인정을 위한 증명의 정도에 관한 법리를 오해하는 등의 위법이 있다고 할 수 없다.

나. 관련 법리에 비추어 기록을 살펴보면, 원심이 그 판시와 같은 이유로 제2 제1심판결 판시 제1죄 부분 공소사실인 '성폭력범죄의 처벌 및 피해자보호 등에 관한 법률' 위반(특수강도강간 등)의 범행이 중지미수가 아닌 장애미수에 해당한다고 판단한 것은 정당하다. 거기에 상고이유의 주장과 같이 논리와 경험의 법칙에 위배하여 사실을 인정하거나 중지미수에 관한 법리를 오해하는 등의 위법이 있다고 할 수 없다.

다. 형사소송법 제383조 제4호에 의하면 양형부당을 이유로 하는 상고는 원심에서 사형, 무기 또는 10년 이상의 징역이나 금고가 선고된 경우에만 할 수 있으므로, 피고인에 대하여 그보다 가벼운 형이 선고된 제2 제1심판결 판시 제2죄 부분 사건에 관하여 형의 양정이 부당하다는 사유를 들어 대법원에 상고하는 것은 허용되지 아니한다.

2. 직권으로 판단한다.

가. (1) '성폭력범죄의 처벌 등에 관한 특례법'(2010. 4. 15. 법률 제10258호로 제정·공포된 것. 이하 '성폭력특례법'이라고 한다)은 신상정보의 공개명령 및 고지명령의 대상에서 '아동·청소년 대상 성폭력범죄를 저지른 자'를 제외함으로써 그 적용 범위를 '성인 대상 성폭력범죄를 범한 자'로 제한하였으며, '아동·청소년의 성보호에 관한 법률'(2009. 6. 9. 법률 제9765호로 전부 개정된 것. 이하 '법률 제9765호 아동성보호법'이라고 한다), '아동·청소년의 성보호에 관한 법률'(2010. 4. 15. 법률 제10260호로 개정된 것. 이하 '법률 제10260호 아동성보호법'이라고 한다)이 별도로 '아동·청소년 대상 성폭력범죄를 저지른 자'를 공개명령 및 고지명령의 대상으로 규정하였다.

그리고 2012. 12. 18. 법률 제11556호로 전부 개정되어 2013. 6. 19. 시행된 '성폭력범죄의 처벌 등에 관한 특례법' 제47조 제1항은 "등록정보의 공개에 관하여는 아동·청소년의 성보호에 관한 법률 제49조, 제50조, 제52조, 제54조, 제55조 및 제65조를 적용한다"고 정하고, 제49조 제1항으로 "등록정보의 고지에 관하여는 아동·청소년의 성보호에 관한 법률 제50조 및 제51조를 적용한다"는 내용의 규정을 두어, 공개명령 및 고지명령에 관하여는 '아동·청소년의 성보호에 관한 법률'(2012. 12. 18. 법률 제11572호로 전부 개정되어 2013. 6. 19. 시행된 것. 이하 '법률 제11572호 아동성보호법'이라고 한다)에 의하도록 정하고 있다.

따라서 아동·청소년 대상 성폭력범죄의 경우, 법률 제11572호 아동성보호법이 시행된 이후의 범행뿐만 아니라 그 이전 범행이라도 그것이 성폭력특례법에서 정한 등록대상 성폭력범죄에 해당하는지 여부와는 관계없이 법률 제9765호 아동성보호법, 법률 제10260호 아동성보호법, 법률 제11572호 아동성보호법이 각각 규정하고 있는 공개명령 및 고지명령의 대상이 될 수 있는지만 문제될 뿐, 성폭력특례법 규정에 따른 공개명령 및 고지명령의 대상이 되지는 아니한다(대법원 2012. 1. 12. 선고 2011도15062, 2011전도250 판결 등 참조).

(2) 법률 제9765호 아동성보호법은 신상정보의 공개명령 제도를 처음 도입하여 2010. 1. 1. 이후 아동·청소년 대상 성범죄를 범하고 유죄판결이 확정된 자에게 적용되도록 하였다.

그런데 2010. 7. 23. 법률 제10391호로 개정된 '아동·청소년의 성보호에 관한 법률'은 법률 제9765호 아동성보호법의 부칙 제3조에 제4항을 신설하여 "제1항에도 불구하고 이 법 시행 당시 법률 제7801호 청소년의 성보호에 관한 법률 일부 개정 법률 또는 법률 제8634호 청소년의 성보호에 관한 법률 전부 개정 법률을 위반하고 확정판결을 받지 아니한 자에 대한 공개명령에 관하여는 제38조에 따른다"고 정하였다. 또한 법률 제11572호 아동성보호법도 같은 취지에서 부칙 제5조 제1항으로 "부칙 제1조에도 불구하고 이 법 시행 당시 법률 제7801호 청소년의 성보호에 관한 법률 일부 개정 법률 또는 법률 제8634호 청소년의 성보호에 관한 법률 전부 개정 법률을 위반하고 확정판결을 받지 아니한 자에 대한 공개명령에 관하여는 제49조의 개정규정에 따른다"는 내용의 규정을 두고 있다.

이는 '청소년의 성보호에 관한 법률'(2005. 12. 29. 법률 제7801호로 개정되어 2006. 6. 30. 시행된 것. 이하 '법률 제7801호 청소년성보호법'이라고 한다) 혹은 2007. 8. 3. 법률 제8634호로 전부 개정된 '청소년의 성보호에 관한 법률'에 규정된 범죄(위반행위)를 저질러 등록·열람결정 또는 열람명령의 대상이 되는 자 중 법률 제9765호 아동성보호법 혹은 법률 제11572호 아동성보호법 시행 당시까지 아직 확정판결을 받지 아니한 자 일반에 대하여 법률 제9765호 아동성보호법 제38조 또는 법률 제11572호 아동성보호법 제49조에 따라 공개명령을 할 수 있도록 규정한 것이라고 해석함이 타당하다[대법원 2013. 8. 22. 선고 2013도5540, 2013전도171(병합) 판결 등 참조]. 한편 법률 제7801호 청소년성보호법은 그 시행일인 2006. 6. 30. 이후 최초로 범죄를 범하고 형의 선고를 받은 자부터 등록·열람결정 규정을 적용하도록 정하였다.

그렇다면 2006. 6. 30. 이전에 이루어진 아동·청소년 대상 성폭력범죄는 법률 제9765호 아동성보호법이나 법률 제11572호 아동성보호법의 규정에 따른 공개명령의 대상이 될 수 없다(대법원 2012. 3. 29. 선고 2011도17241 판결 등 참조).

(3) 법률 제10260호 아동성보호법은 고지명령 제도에 관한 제38조의2, 제38조의3을 신설하였는데, 그 법률 부칙 제1조는 "이 법은 공포한 날부터 시행한다. 다만 제31조의2, 제38조의2 및 제38조의3의 개정규정은 2011년 1월 1일부터 시행한다"고 규정하였으며, 부칙 제4조는 "제38조의2 및 제38조의3의 개정규정은 같은 개정규정 시행 후 최초로 아동·청소년 대상 성범죄를 범하여 고지명령을 선고받은 고지대상자부터 적용한다"고 정하였다.

아울러 법률 제11572호 아동성보호법 역시 부칙 제8조 제1항이 "제50조 제1항, 제51조의 개정규정은 2008년 4월 16일부터 2010년 12월 31일 사이에 제2조 제2호의 개정규정의 아동·청소년 대상 성범죄(제11조 제5항의 개정규정의 죄는 제외한다)를 범하고 유죄판결(벌금형은 제외한다)이 확정되어 종전의 규정에 따라 공개명령을 받은 사람에 대하여도 적용하되, 공개기간이 종료된 자는 제외한다"고 규정하고, 제2항은 "이 경우 검사는 여성가족부장관의 요청을 받아 제1항에 규정된 사람에 대하여 제1심판결을 한 법원에 고지명령을 청구한다"고 정하고 있을 뿐, 2011. 1. 1. 이전에 아동·청소년 대상 성폭력범죄를 범하고 아직 유죄판결이 확정되지 아니한 자에 대하여는 위와 같이 일정한 요건 아래 그 유죄판결 확정 후 고지명령을 청구하는 절차 이외에 곧바로 판결과 동시에 고지명령을 선고할 수 있는 근거를 따로 두고 있지 아니하다.

이러한 규정 내용 및 법률 개정의 연혁 등에 비추어 보면, 법률 제11572호 아동성보호법이 시행된 뒤에도 여전히 법률 제10260호 아동성보호법 부칙 규정이 정한 대로 2011. 1. 1. 이후 '아동·청소년 대상 성폭력범죄를 저지른 자'에 대하여만 판결과 동시에 고지명령을 선고할 수 있다고 보아야 한다.

나. 이 사건 공소사실 중 제2 제1심판결 판시 제1죄 부분 공소사실은 12세의 아동·청소년을 상대로 2005. 9. 15. 범한 성폭력범죄로서 법률 제7801호 청소년성보호법이 시행되기도 전의 범행이다. 앞서 본 해당 규정 내용과 관련 법리에 의하면, 이는 성폭력특례법은 물론 법률 제9765호 아동성보호법, 법률 제10260호 아동성보호법, 법률 제11572호 아동성보호법의 규정에 따른 공개명령 및 고지명령의 대상이 되지 아니한다고 할 것이다.

그럼에도 원심은 이 부분 공소사실에 관하여 피고인이 성폭력특례법 제37조, 제41조가 정한 공개명령 및 고지명령 대상이 된다고 판단하였다. 이러한 원심판결에는 아동·청소년 대상 성폭력범죄에 대한 공개명령 및 고지명령에 관한 법리를 오해하여 판결에 영향을 미친 위법이 있다. 결국 원심판결 중 이 부분 공소사실에 대한 공개명령 및 고지명령 부분은 파기를 면할 수 없다.

다. 나아가 성폭력특례법에 의한 공개명령 및 고지명령은 신상정보 등록대상 성폭력범죄 사건의 판결과 동시에 선고하는 부수처분이므로 그 공개명령 및 고지명령의 전부 또는 일부가 위법한 경우 나머지 피고사건 부분에 위법이 없더라도 그 부분까지 전부 파기하여야 하며, 이처럼 피고사건 부분을 파기하는 이상 그와 함께 심리되어 동시에 판결이 선고되어야 하는 부착명령청구사건 부분 역시 파기하지 않을 수 없다.

3. 그러므로 나머지 상고이유에 대한 판단을 생략한 채 원심판결 중 피고사건의 제1 제1심판결 판시 각 죄와 제2 제1심판결 판시 제1죄에 관한 부분 및 부착명령청구사건 부분을 파기하고 이 부분 사건을 다시 심리·판단하게 하기 위하여 원심법원에 환송하며 피고사건에 관한 나머지 상고를 기각하기로 하여, 관여 대법관의 일치된 의견으로 주문과 같이 판결한다.

대법관 고영한(재판장) 양창수(주심) 박병대 김창석

대법원 2014.2.13. 선고 2013도13915 판결

【횡령·변호사법위반】

판시사항

변호사 아닌 자가 금품 등 이익을 받거나 받을 것을 약속하고 타인의 법률사건에 관한 법률사무를 처리하기 위한 방편으로 타인으로부터 권리를 양수한 것과 같은 외관만 갖춘 뒤 자신이 권리자인 양 해당 법률사무를 취급한 경우, 변호사법 제109조 제1호의 구성요건에 해당하는지 여부(적극)

판결요지

변호사법 제109조 제1호와 변호사법 제112조 제1호의 각 규정취지와 입법 연혁, 각 문언의 내용과 형식 등을 종합하면, 변호사 아닌 자가 금품·향응 또는 그 밖의 이익을 받거나 받을 것을 약속하고 타인의 법률사건에 관한 법률사무를 처리하기 위한 방편으로 그 타인으로부터 권리를 양수한 것과 같은 외관만 갖춘 뒤 마치 자신이 권리자인 양 해당 법률사무를 취급한 경우에는 변호사법 제109조 제1호의 구성요건에 해당한다고 보아야 한다.

전　문

피 고 인 피고인

상 고 인 피고인

변 호 인 변호사

원심판결 청주지법 2013. 10. 25. 선고 2013노377 판결

주　문 상고를 기각한다.

이　유 상고이유를 판단한다.

1. 변호사법 제109조 제1호와 변호사법 제112조 제1호의 각 규정취지와 입법 연혁, 그 각 문언의 내용과 형식 등을 종합하면, 변호사 아닌 자가 금품·향응 또는 그 밖의 이익을 받거나 받을 것을 약속하고 타인의 법률사건에 관한 법률사무를 처리하기 위한 방편으로 그 타인으로부터 권리를 양수한 것과 같은 외관만 갖춘 뒤 마치 자신이 권리자인 양 해당 법률사무를 취급한 경우에는 변호사법 제109조 제1호의 구성요건에 해당한다고 보아야 한다.
   원심판결 이유를 앞에서 본 법리 등 관련 법리와 원심이 적법하게 채택한 증거들에 비추어 살펴보면, 원심이, 피고인이 공소외 1로부터 금품을 받을 것을 약속하고 이 사건 근저당권 배당 관련 사무를 위임받아 처리하면서 그 방편으로 형식적으로 이 사건 채권 및 근저당권을 양수하여 실질적으로 공소외 1을 위하여 이 사건 경매절차에서 소송행위를 한 것이 변호사법 제109조 제1호의 적용대상이 된다고 판단하여 이 부분 변호사법위반의 점을 유죄로 인정한 것은 수긍이 가고, 거기에 상고이유 주장과 같은 죄형법정주의나 공소장변경에 관한 법리오해 또는 채증법칙 위배 등의 위법이 없다.
2. 원심판결 이유를 원심이 적법하게 채택한 증거들에 비추어 살펴보면, 원심이 그 판시와 같은 이유를 들어 이 사건 공소사실 중 피해자 공소외 1에 대한 횡령의 점과 공소외 2 관련 변호사법위반의 점을 모두 유죄로 인정한 것 역시 정당하고, 거기에 상고이유 주장과 같은 횡령죄에 관한 법리오해나 채증법칙 위배, 심리미진 등의 위법이 없다.
3. 그리고 형사소송법 제383조 제4호에 의하면 사형, 무기 또는 10년 이상의 징역이나 금고가 선고된 사건에서만 양형부당을 사유로 한 상고가 허용되는 것이므로, 피고인에 대하여 그보다 가벼운 형이 선고된 이 사건에서 형의 양정이 부당하다는 취지의 주장은 적법한 상고이유가 될 수 없다.
4. 그러므로 상고를 기각하기로 하여 관여 대법관의 일치된 의견으로 주문과 같이 판결한다.

대법관 이인복(재판장) 민일영 박보영 김신(주심)

대법원 2014.2.13. 선고 2011도6907 판결

【성폭력범죄의처벌등에관한특례법위반(장애인에대한준강간등)】

판시사항

구 성폭력범죄의 처벌 등에 관한 특례법 제6조에서 정한 '신체적인 또는 정신적인 장애로 항거불능인 상태'의 의미 및 정신적인 장애가 주된 원인이 되어 '항거불능인 상태'에 있었는지 판단하는 기준

판결요지

구 성폭력범죄의 처벌 등에 관한 특례법(2011. 11. 17. 법률 제11088호로 개정되기 전의 것, 이하 '구 성폭법'이라 한다) 제6조의 '신체적인 또는 정신적인 장애로 항거불능인 상태'란 신체적 또는 정신적 장애 그 자체로 항거불능의 상태에 있는 경우뿐 아니라 신체장애 또는 정신적인 장애가 주된 원인이 되어 심리적 또는 물리적으로 반항이 불가능하거나 현저히 곤란한 상태에 이른 경우를 포함하는 것으로 보아야 하고, 그 중 정신적인 장애가 주된 원인이 되어 항거불능인 상태에 있었는지 여부를 판단함에 있어서는 피해자의 정신적 장애의 정도뿐 아니라 피해자와 가해자의 신분을 비롯한 관계, 주변의 상황 내지 환경, 가해자의 행위 내용과 방법, 피해자의 인식과 반응의 내용 등을 종합적으로 검토해야 한다. 나아가 장애인의 성적 자기결정권을 충실하게 보호하고자 하는 구 성폭법 제6조의 입법 취지에 비추어 보면, 위와 같은 '항거불능인 상태'에 있었는지 여부를 판단할 때에는 피해자가 정신적 장애인이라는 사정이 충분히 고려되어야 하므로, 외부적으로 드러나는 피해자의 지적 능력 이외에 정신적 장애로 인한 사회적 지능·성숙의 정도, 이로 인한 대인관계에서 특성이나 의사소통능력 등을 전체적으로 살펴 피해자가 범행 당시에 성적 자기결정권을 실질적으로 표현·행사할 수 있었는지를 신중히 판단하여야 한다.

전 문

피 고 인 피고인

상 고 인 검사

변 호 인 변호사

원심판결 대구고법 2011. 5. 19. 선고 2010노589 판결

주 문 원심판결을 파기하고, 사건을 대구고등법원에 환송한다.

이 유 상고이유를 판단한다.

1. 구 성폭력범죄의 처벌 등에 관한 특례법(2011. 11. 17. 법률 제11088호로 개정되기 전의 것, 이하 '구 성폭법'이라 한다) 제6조는 "신체적인 또는 정신적인 장애로 항거불능인 상태에 있음을 이용하여 여자를 간음하거나 사람에 대하여 추행을 한 사람은 형법 제297조(강간) 또는 제298조(강제추행)에서 정한 형으로 처벌한다."고 규정하고 있다. 위 규정에서 '신체적인 또는 정신적인 장애로 항거불능인 상태'라 함은, 신체적 또는 정신적 장애 그 자체로 항거불능의 상태에 있는 경우뿐 아니라 신체장애 또는 정신적인 장애가 주된 원인이 되어 심리적 또는 물리적으로 반항이 불가능하거나 현저히 곤란한 상태에 이른 경우를 포함하는 것으로 보아야 할 것이고, 그 중 정신적인 장애가 주된 원인이 되어 항거불능인 상태에 있었는지 여부를 판단함에 있어서는 피해자의 정신적 장애의 정도뿐 아니라 피해자와 가해자의 신분을 비롯한 관계, 주변의 상황 내지 환경, 가해자의 행위 내용과 방법, 피해자의 인식과 반응의 내용 등을 종합적으로 검토해야 할 것이다(대법원 2007. 7. 27. 선고 2005도2994 판결 참조). 나아가 장애인의 성적 자기결정권을 충실하게 보호하고자 하는 구 성폭법 제6조의 입법 취지에 비추어 보면, 위와 같은 '항거불능인 상태'에 있었는지 여부를 판단할 때에는 피해자가 정신적 장애인이라는 사정이 충분히 고려되어야 할 것이므로, 외부적으로 드러나는 피해자의 지적 능력 이외에 그 정신적 장애로 인한 사회적 지능·성숙의 정도, 이로 인한 대인관계에서의 특성이나 의사소통능력 등을 전체적으로 살펴 피해자가 그 범행

당시에 성적 자기결정권을 실질적으로 표현·행사할 수 있었는지 여부를 신중히 판단하여야 한다.

2. 가. 원심은 피해자가 정신지체 장애 3급에 해당하는 여성이기는 하지만 피해자의 전체 지능은 경도의 정신지체 수준에 불과한데다가, 피해자가 이 사건 범행 당시의 정황 등을 구체적으로 진술하고 있고, 범행 당시 피고인의 추행에 대하여 다리를 오므리는 등 소극적인 저항행위를 하였으며, 범행 이후에 교회 전도사에게 피해 사실을 이야기하였다거나 계속 만나자는 피고인의 거듭된 요구를 거절하는 등 그 판시와 같은 사정을 종합하면, 범행 당시 정신적인 장애가 주된 원인이 되어 심리적 또는 물리적으로 반항이 불가능하거나 현저히 곤란한 항거불능의 상태에 있었다고는 보이지 않는다고 판단하여, 공소사실에 대하여 무죄를 선고한 제1심 판결을 그대로 유지하였다.

나. 그러나 원심의 위와 같은 판단은 그대로 수긍하기 어렵다.

원심이 적법하게 채택한 증거들에 의하면, 피해자는 어릴 때부터 말이 없고 자신의 의사표현을 하지 못하는 등의 정신이상 증세를 보여 2005. 2.경(당시 28세) 병원에 내원하여 이에 대한 심리학적 검사가 실시된 사실, 이에 따르면 피해자의 전체 지능지수는 62로서 경도의 정신지체 수준에 해당하는데 그 중 언어적 표현력이나 추상적 사고능력은 다른 영역에 비하여 나은 수행을 보이는 반면, 피해자의 사회연령은 만 7세 8개월로서 '사회지수'는 그보다 낮은 48.94에 불과하고 의사소통능력이 매우 지체되어 있거나 사회적으로 위축되어 있으며 대인관계에서 철회 경향을 가지고 있다는 검사결과가 나온 사실, 피해자는 "피고인의 추행 당시 피고인이 무섭고 겁이 나서 이를 제지하지 못하였다. 피고인이라는 사람 자체가 무서웠으며, 몸을 만질 때 소름이 돋았다."는 취지로 진술한 사실, 피해자가 활동하던 교회의 전도사도 피해자가 평소 말이 거의 없고 사람들과 어울리지 못한다는 취지로 진술한 사실 등을 알 수 있다.

위와 같은 사실관계를 앞서 본 법리에 비추어 보면, 비록 피해자가 이 사건 범행 이후 추행의 경위에 관하여 상세히 진술하는 등 어느 정도의 지적 능력을 가진 것으로 보인다 하더라도, 피해자는 그 사회적 지능 내지 성숙도가 상당한 정도로 지체되어 대인관계 내지 의사소통에 중대한 어려움을 겪어 왔으며 이 사건 범행 당시에도 이러한 정신적 장애로 인하여 피고인의 성적 요구에 대한 거부의 의사를 분명하게 표시하지 못하거나 자신의 다리를 오므리는 것 이상의 적극적인 저항행위를 할 수 없었던 것으로 볼 여지가 충분하다.

나아가 기록에서 알 수 있는 다음과 같은 사정들, 즉 피고인은 피해자를 전화로 불러낸 뒤 자신의 오토바이를 이용하여 인적이 드문 인근 공원으로 데리고 가서 그곳 벤치에 앉자마자 이 사건 추행을 시작하였던 점 및 피고인은 피해자가 다니는 교회 장애인 모임의 부장으로 활동하여 왔던 점 등을 더하여 보면, 피해자가 범행 이후에 교회 전도사에게 위 추행 피해 사실을 이야기하였다거나 계속 만나자는 피고인의 요구를 거절하였다는 사정만으로 피해자가 이 사건 범행 당시에 성적 자기결정권을 실질적으로 표현·행사할 수 있었다고 단정할 수는 없다.

그렇다면 원심으로서는 이 사건 추행 당시 피해자의 사회적 지능·성숙의 정도, 그로 인하여 피해자의 대인관계 내지 의사소통에 미치는 영향, 범행 당시 이러한 정신적 장애로 인하여 피해자가 성적 자기결정에 관한 자신의 의사를 충분히 표시하지 못한 것인지 여부 등에 대하여 보다 면밀히 심리한 다음 '항거불능인 상태'에 있었다고 볼 수 있는지 여부를 판단하였어야 할 것임에도 단지 그 판시와 같은 사정만을 들어 무죄를 선고하였으니, 이러한 원심의 판단에는 구 성폭법 제6조가 정하는 '항거불능'의 판단 기준 내지 범위에 대한 법리를 오해하여 필요한 심리를 다하지 아니한 위법이 있다.

3. 그러므로 원심판결을 파기하고, 사건을 다시 심리·판단하게 하기 위하여 원심법원에 환송하기로 하여 관여 대법관의 일치된 의견으로 주문과 같이 판결한다.

대법관 양창수(재판장) 박병대 고영한(주심) 김창석

대법원 2014.2.13. 선고 2011도15767 판결

【무고·부정수표단속법위반·근로기준법위반】

판시사항

신고사실의 진실성을 인정할 수 없다는 점만으로 허위사실이라고 단정하여 무고죄의 성립을 인정할 수 있는지 여부(소극) 및 부정수표 단속법 제4조 위반죄에 같은 법리가 적용되는지 여부(적극)

판결요지

무고죄는 타인으로 하여금 형사처분이나 징계처분을 받게 할 목적으로 신고한 사실이 객관적 진실에 반하는 허위사실인 경우에 성립되는 범죄이므로 신고한 사실이 객관적 진실에 반하는 허위사실이라는 점에 관하여는 적극적인 증명이 있어야 하며, 신고사실의 진실성을 인정할 수 없다는 점만으로 곧 그 신고사실이 객관적 진실에 반하는 허위사실이라고 단정하여 무고죄의 성립을 인정할 수는 없고, 이는 수표금액의 지급 또는 거래정지처분을 면할 목적으로 금융기관에 거짓 신고를 하는 경우에 성립하는 부정수표 단속법 제4조 위반죄에서도 마찬가지이다.

전 문

피 고 인 피고인

상 고 인 피고인 및 검사

변 호 인 법무법인

원심판결 수원지법 2011. 10. 26. 선고 2010노2332 판결

주 문 원심판결의 유죄 부분 중 각 부정수표 단속법 위반의 점 및 2009. 4. 9. 무고의 점에 대한 부분을 파기하고, 이 부분 사건을 수원지방법원 합의부에 환송한다. 피고인의 나머지 상고 및 검사의 상고를 모두 기각한다.

이 유 상고이유에 대하여 판단한다.

1. 피고인의 상고이유에 대하여

가. 각 부정수표 단속법 위반의 점 및 2009. 4. 9. 무고의 점

1) 형사재판에서 유죄의 인정은 법관으로 하여금 합리적인 의심을 할 여지가 없을 정도로 공소사실이 진실한 것이라는 확신을 가지게 하는 증명력을 가진 증거에 의하여야 하므로, 검사의 입증이 이러한 확신을 가지게 하는 정도에 충분히 이르지 못한 경우에는 설령 유죄의 의심이 든다고 하더라도 피고인의 이익으로 판단하여야 한다.

한편 무고죄는 타인으로 하여금 형사처분이나 징계처분을 받게 할 목적으로 신고한 사실이 객관적 진실에 반하는 허위사실인 경우에 성립되는 범죄이므로 신고한 사실이 객관적 진실에 반하는 허위사실이라는 점에 관하여는 적극적인 증명이 있어야 하며, 신고사실의 진실성을 인정할 수 없다는 점만으로 곧 그 신고사실이 객관적 진실에 반하는 허위사실이라고 단정하여 무고죄의 성립을 인정할 수는 없고(대법원 1998. 2. 24. 선고 96도599 판결, 대법원 2004. 1. 27. 선고 2003도5114 판결 등 참조), 이는 수표금액의 지급 또는 거래정지처분을 면할 목적으로 금융기관에 거짓 신고를 하는 경우에 성립하는 부정수표 단속법 제4조 위반죄에서도 마찬가지라고 할 것이다.

2) 이 사건 공소사실 중 ① 각 부정수표 단속법 위반의 점의 요지는, 피고인은 공소외 1 주식회사(이하 '공소외 1 회사'라 한다)의 대표이사로서 공소외 1 회사의 자금을 담당하던 기획관리부장인 공소외 2를 통하여 공소외 3에게 2006. 5. 11. 수표번호 (번호 1 생략), 액면금 1억 6,840만 원, 지급기일 백지로 된 공소외 1 회사 명의의 당좌수표 1장을, 2006. 8.경 수표번호 (번호 2 생략), 액면금 1억 원, 지급기일 백지로 된 공소외 1 회사 명의의 당좌수표 1장을 각 발행하였고, 공소외 3이 위 각 당좌수표의 지급기일을 2008. 11. 25.로 보충하였다가 공소외 2의 요청에 따라 2008. 12. 31.과 2009. 1. 20. 및 2009. 3. 25.로 각 변경하여 보충한 후 2009. 3.

25. 하나은행 서현역지점에 위 각 당좌수표를 지급제시하였음에도, 2009. 3. 4. 중소기업은행 인덕원지점에서 위 각 당좌수표를 분실하였다고 신고하여 금융기관에 허위신고를 하였다는 것이고, ② 2009. 4. 9. 무고의 점의 요지는, 피고인은 공소외 2가 회사경영자금이 부족할 때마다 공소외 1 회사의 어음을 담보로 돈을 차용하거나 할인받아 40억 원에서 50억 원가량의 자금을 융통하였다는 사실을 알고 있었고, 그 과정에서 위와 같이 공소외 3에게 위 당좌수표 2장을 발행하였고 공소외 3이 그 각 지급기일을 위와 같이 여러 차례 보충하여 은행에 지급제시하였으며, 설령 공소외 2가 공소외 3에게 위 당좌수표 2장을 발행하여 할인받거나 자금을 차용한 사실을 사전에 알지 못하였다고 하더라도 2009. 3.경 공소외 2와 공소외 3을 통하여 공소외 3이 위 당좌수표 2장을 소지하게 된 경위에 대하여 설명을 듣고 공소외 2가 공소외 1 회사의 자금조달을 위하여 공소외 3에게 돈을 빌리고 위 당좌수표 2장을 교부하여 공소외 3이 이를 정당하게 취득하여 소지하고 있음을 잘 알고 있었음에도 불구하고, 공소외 2로 하여금 형사처벌을 받게 할 목적으로 '공소외 2가 위 당좌수표 2장을 위조하여 일자불상경 하나은행 서현동지점에 지급제시하여 행사하였다'는 허위 내용의 고소장을 작성한 다음 2009. 4. 9.경 안양경찰서 민원실에 위 고소장을 제출하여 공소외 2를 무고하였다는 것이다.

이에 대하여 원심은, 그 채택 증거에 의하여 인정되는 판시 사정들에 비추어 피고인이 공소외 3에게 위 각 당좌수표를 발행하여 주었다는 점을 사전에 알고 있었으면서도 지급을 면할 목적으로 허위의 분실신고를 하였고, 공소외 2로 하여금 형사처벌을 받게 할 목적으로 공소외 2가 위 각 당좌수표를 위조하였다는 허위 내용의 고소장을 제출하여 공소외 2를 무고하였다고 봄이 상당하다는 이유로 위 각 공소사실을 유죄로 판단하였다.

3) 그러나 이러한 원심의 판단은 앞서 본 법리 및 기록에 의하여 알 수 있는 다음과 같은 사정에 비추어 그대로 수긍하기 어렵다.

가) 피고인은 이 사건의 경위에 관하여 그 고소 당시부터 다음과 같이 일관되게 주장하고 있다. 즉 피고인은 과거 공소외 1 회사의 운영자금을 급하게 차용하는 경우 공소외 1 회사 명의의 당좌수표를 견질용으로 발행한 적이 있었으나 2005년 말 내지 2006년 초 자금조달 업무를 담당하던 공소외 2에게 당좌수표를 모두 회수하라고 지시하여 백지수표 1장을 포함한 당좌수표 6장을 반환받음으로써 당좌수표를 모두 회수하였다고 생각하였고 그 이후로는 당좌수표를 발행하거나 공소외 2에게 당좌수표 발행을 허락한 사실이 없으며, 2009. 1.경 공소외 3이 공소외 1 회사에 대한 채권을 주장한다고 하여 공소외 2로부터 들었던 대로 약속어음 1억 원 정도를 소지하고 있는 것으로 알았으나 2009. 2. 말경에 이르러서야 공소외 3이 공소외 1 회사 명의의 당좌수표를 소지하고 있고 액면금도 합계 2억 6,840만 원이라는 사실을 처음 알게 되었고, 따라서 공소외 2가 과거 자금조달을 위하여 필요하다면서 받아간 당좌수표용지나 이미 발행되었다가 회수한 당좌수표를 보관하고 있다가 피고인 몰래 공소외 3에게 교부해 주었다고 판단하게 되어 은행에 위 당좌수표 2장이 위조되었다는 취지의 분실신고를 하고 수사기관에 공소외 2를 유가증권위조 등 혐의로 고소하였다는 것이다.

나) 그런데 공소외 2는 수사기관 및 제1심법정에서 2007년 또는 2008년경 피고인의 지시에 따라 소지하고 있던 백지수표 1장을 포함한 당좌수표 6장을 피고인에게 반환한 적이 있다고 진술하였고, 공소외 3은 제1심법정에서 위 각 당좌수표에 대하여 은행에서 지급거절을 당한 후 피고인으로부터 피고인이 직접 발행한 것인지 확인이 안 된 상태에서는 돈을 줄 수 없다는 취지의 문자를 받은 적이 있다고 진술하였으며, 한편 공소외 1 회사의 직원이었던 공소외 4는 수사기관 및 원심법정에서 2009. 1.경 피고인으로부터 공소외 2가 발행해 준 공소외 1 회사 명의의 어음 1억 원 정도를 소지하고 있는 사람이 있으니 만나서 지급일자를 연기하라는 지시를 받고 공소외 2를 따라간 적이 있고, 2009. 2. 27.경에야 공소외 3을 만나게 되어 위 당좌수표 2장을 확인한 다음 피고인에게 '어음이 아니라 당좌수표 2장이고 금액도 2억 6,000만 원 정도 된다'고 알려 주었으며, 처음에는 공소외 2가 피고인에게 일일이 보고를 하고 자금을 융통하다가 나중에는 보고 없이 어음 등을 발행하였고 차입한 자금을 회사에 직접 입금하지 않고 자기 계좌나 어머니의 계좌로 송금받았기 때문에 피고인이 인정하지 못하는 것이라는 취지로 진술하였는바, 위 각 진술 내용은 피고인이 2009. 2. 말까지도 위 당좌수표 2장이 발행되어 공소외 3이 소지하고 있는 사실을 몰랐다는 점을 비롯한 피고인의 위 주장에 부합한다.

그리고 위 2장의 당좌수표의 발행 시기, 경위 및 당시의 채무액 등에 관한 공소외 2, 3의 진술은 경찰에서 조사받을 때부터 제1심법정에 이르기까지 일관되지 못하고 자주 번복될 뿐만 아니라, 그 중 1억 원 당좌수표의 발행 시기, 발행 당시 발행일이 백지였는지 등에 관하여 두 사람의 진술이 모순되며, 특히 두 사람의 진술 중 어느 것도 '1억 원 당좌수표가 2006. 8.경 발행되었다'는 공소사실에는 부합하지 않는다.

한편 피고인은 2005년경 당좌수표와 약속어음의 금액란은 수기로 기재하여 발행하였고, 2007년경 기계를 구입한 이후부터 금액란을 기계로 인쇄하였다고 진술하였고, 공소외 2도 제1심법정에서 공소외 5에게 발행한 액면금 3억 원의 당좌수표(증거기록 970쪽)는 2006. 5. 이후에 발행된 것인데 당시에는 당좌수표나 약속어음에 일자, 금액을 인쇄할 수 있는 기계가 없어 수기로 금액을 작성하였다는 취지로 진술한 바 있다.

그런데 이 사건 각 당좌수표는 모두 금액이 기계로 인쇄되어 있으므로, 위 각 진술에 따르면 위 각 당좌수표는 모두 2007년 이후에 발행되었다는 것이 된다. 따라서 위 각 진술은 1억 6,840만 원 당좌수표가 2006. 5. 11. 발행되었다는 공소외 2, 3의 진술, 1억 원 당좌수표가 2006년에 발행되었다는 공소외 3의 진술 및 공소사실에 모두 배치되고, 오히려 공소외 3으로부터 위 각 당좌수표를 받은 것은 2008. 9.경이라는 말을 들었다는 피고인의 진술을 뒷받침한다.

또한 공소외 2는 위 각 당좌수표를 발행할 당시에 피고인의 승낙을 받았다고 주장하고 있으나, 그 자신의 진술에 따르더라도 공소외 1 회사의 인감도장을 거의 자신이 보관하면서 약속어음이나 당좌수표를 발행하여 왔고, 약속어음을 할인하거나 당좌수표를 담보로 자금을 차용하는 경우 피고인에게 구두로 보고하였을 뿐 정식 결재를 받지 않았으며 위 당좌수표 2장을 회사의 관리대장에 정리해 두거나 원리금 상환내역을 별도로 기록하지 않았다는 것이고, 그 밖에 위 당좌수표 2장이 공소외 3에게 발행될 당시 피고인이 승낙하였음을 인정할 만한 객관적인 자료는 찾을 수 없다.

다) 한편 공소외 2는 2008. 11. 2.경 피고인의 허락 없이 '공소외 1 회사의 공사대금 채권 중 합계 6억 500만 원을 공소외 6 주식회사(이하 '공소외 6 회사'라 한다)에게 양도한다'는 내용의 채권양도증서를 작성하여 주었고, 2008. 12. 11.경 공소외 1 회사 명의의 약속어음 지급기일을 2009. 2. 2.로 연장하면서 피고인과 아무런 상의 없이 위 채권양도증서에 이어 '공소외 6 회사와의 채권채무에 대한 모든 권한을 공소외 2에게 위임한다'는 내용의 공소외 1 회사 명의의 위임장(피고인의 개인 인감도장도 날인되어 있다)을 작성하여 공소외 6 회사의 대표이사 공소외 7에게 교부하여 주는 등 대표이사인 피고인의 결재 없이 마음대로 공소외 1 회사 명의의 문서를 작성한 바 있고, 원심도 이러한 사정 등을 들어 이 부분 공소사실과 함께 기소된 2009. 2. 25.의 무고 공소사실, 즉 피고인이 공소외 2, 7로 하여금 형사처벌을 받게 할 목적으로 '공소외 2와 공소외 7이 공모하여 공소외 1 회사 대표이사 피고인 명의의 약속어음 5장을 위조하여 주고받았다'는 등 허위 내용의 고소장을 작성하여 수사기관에 제출하는 등으로 공소외 2와 공소외 7을 각 무고하였다는 사실에 부합하는 듯한 공소외 2의 진술은 합리적인 의심을 배제할 만한 신빙성이 있다고 보기 어렵다고 판단하였다.

라) 나아가 검사는 이 부분 무고 공소사실에 관하여, 설령 공소외 2가 공소외 3에게 위 당좌수표 2장을 발행한 사실을 사전에 알지 못하였다고 하더라도 2009. 3.경 공소외 2와 공소외 3을 통하여 공소외 3이 위 당좌수표 2장을 소지하게 된 경위에 대하여 설명을 들었으므로 공소외 2가 공소외 1 회사의 자금조달을 위하여 공소외 3에게 돈을 빌리고 위 당좌수표 2장을 교부하여 공소외 3이 이를 정당하게 취득하여 소지하고 있음을 알게 되었다고 할 것이고, 따라서 그 후에 위와 같이 공소외 2를 고소한 것은 무고죄에 해당한다고 주장하나, 위 주장 내용은 그 자체로 위 각 부정수표 단속법 위반 공소사실에 부합하지 않을 뿐만 아니라, 피고인이 2009. 3.경 공소외 2와 공소외 3으로부터 위 당좌수표 2장을 공소외 3이 소지하게 된 경위에 대하여 위와 같은 의문점이 모두 해소될 만한 충분한 설명을 들은 사실을 인정할 만한 증거는 보이지 않는다.

4) 그렇다면 위와 같이 신빙성이 없는 공소외 2, 3의 각 진술과 그 밖에 검사가 제출한 증거들만으로 피고인이 수사기관 및 금융기관에 신고한 내용이 객관적 사실에 반하는 허위임이 합리적 의심 없이 증명되었다고 단정하기 어렵다.

그럼에도 이와 달리 이 부분 각 공소사실을 유죄로 인정한 원심판결에는 논리와 경험법칙을 위반하여 합리적인 자유심증의 범위와 한계를 벗어나 사실을 그릇 인정하였거나 무고죄 및 부정수표 단속법 제4조 위반죄의 성립에 관한 법리를 오해한 위법이 있고, 이는 판결 결과에 영향을 미쳤음이 분명하다. 이 점을 지적하는 상고이유 주장에는 정당한 이유가 있다.

나. 근로기준법 위반의 점

한편 피고인은 원심판결 중 근로기준법 위반의 점에 대하여도 상고하였으나, 상고장에 이유가 기재되어 있지 않고 상고이유서에도 이에 대한 불복이유 기재가 없다.

2. 검사의 상고이유에 대하여

원심판결 이유를 기록에 비추어 살펴보면, 원심이 그 판시와 같은 이유를 들어 이 사건 공소사실 중 2009. 2. 25. 무고의 점에 관하여 범죄의 증명이 없다고 보아, 유죄로 판단한 제1심판결을 파기하고 무죄를 선고한 것은 정당하고, 거기에 논리와 경험법칙을 위반하여 자유심증주의의 한계를 벗어난 위법이 없다.

3. 결론

그러므로 원심판결의 유죄 부분 중 각 부정수표 단속법 위반의 점 및 2009. 4. 9. 무고의 점에 대한 부분을 파기하고 이 부분 사건을 다시 심리·판단하도록 원심법원에 환송하며 피고인의 나머지 상고 및 검사의 상고를 모두 기각하기로 하여, 관여 대법관의 일치된 의견으로 주문과 같이 판결한다.

대법관 김신(재판장) 민일영 이인복(주심) 박보영

대법원 2014.2.13. 선고 2011도10727 판결

【관세법위반·대외무역법위반】

판시사항

[1] 관세법령 및 대외무역법령상 수입 단계에서 제시된 미완성 물품이 완성된 물품과 동일한 호에 분류될 수 있는지 판단하는 기준 및 제시된 미완성 물품이 완성된 물품이 아닌 부분품의 호에 분류되어 그 원산지 표시가 면제되는 경우

[2] 피고인들이 원산지 표시 대상물품인 미완성 램프를 수입하면서 품명 및 원산지 표시 유무를 허위로 신고하였다고 하여 구 관세법 위반으로 기소된 사안에서, 원산지 표시가 면제된다고 보아 무죄를 선고한 원심판단의 결론을 정당하다고 한 사례

[3] 피고인들이 미완성 램프를 수입한 후 국내 가공공정을 통하여 생산한 완제품 램프의 원산지를 국내산으로 기재하는 방법으로 원산지를 거짓으로 표시하거나 오인하게 하는 표시를 하였다고 하여 구 대외무역법 위반으로 기소된 사안에서, 피고인들에게 무죄를 선고한 원심판결에 구 대외무역관리규정 제86조 제2항 제1호 규정에 의한 '수입원료의 수입가격'의 적용범위에 관한 법리오해 등의 위법이 있다고 한 사례

판결요지

[1] 관세법 제50조 제1항 [별표] 관세율표(2013. 1. 1. 법률 제11602호로 개정되기 전의 것) 중 '관세율표의 해석에 관한 통칙' 제2호 가목, 제241조 제1항, 구 관세법(2010. 12. 30. 법률 제10424호로 개정되기 전의 것) 제85조 제1항, 제276조 제1항 제4호, 관세법 시행령 제99조 제1항, 제246조 제1항 제3호, 제2항 제1호, 제2호, '품목분류 적용기준에 관한 고시'(2006. 12. 30. 관세청 고시 제2006-53호) 중 HS 관세율표 해설 통칙 2의 (가) (I), 구 대외무역법(2010. 4. 5. 법률 제10231호로 개정되기 전의 것) 제33조 제1항, 구 대외무역법 시행령(2010. 10. 1. 대통령령 제22419호로 개정되기 전의 것) 제55조, 구 대외무역관리규정(2009. 4. 3. 지식경제부 고시 제2009-60호로 전부 개정되기 전의 것) 제75조 제1항 및 [별표 8], 제82조 제1항 본문 및 제3호, 제85조 제2항 본문의 문언 내용과 체계 및 입법취지 등을 고려하여 보면, 수입 단계에서 제시된 미완성 물품이 완성된 물품 자체는 아니라 하더라도 이미 완성된 물품의 '본질적 특성'을 지닌 물품으로 평가되는 경우에는 완성된 물품과 동일한 호에 분류하여야 하지만, 제시된 미완성 물품이 아직 완성된 물품의 본질적 특성을 갖추지 못한 상태에서 수입 후 국내에서의 가공과정을 통하여 그 물품의 세번과 상이한 세번인 완성된 물품이 생산되는 경우, 즉 '실질적 변형'을 일으키는 제조공정에 투입되는 부품으로서 실수요자가 직접 수입하는 경우에는, 미완성 물품은 완성된 물품이 아닌 부분품의 호에 분류되어야 하며 관련 규정에 따라 (원산지 표시 대상물품인 경우라 하더라도 그) 원산지 표시를 하지 아니할 수 있다고 보아야 한다.

[2] 피고인들이 원산지 표시 대상물품인 미완성 램프를 수입하면서 품명 및 원산지 표시 유무를 허위로 신고하였다고 하여 구 관세법(2010. 12. 30. 법률 제10424호로 개정되기 전의 것) 위반으로 기소된 사안에서, 미완성 램프가 완제품 램프와 동일한 품목번호에 분류될 수 없고 국내에서 가공공정을 통하여 실질적 변형이 일어난 것으로서 원산지 표시가 면제된다고 보아 무죄를 선고한 원심판단의 결론을 정당하다고 한 사례.

[3] 피고인들이 미완성 램프를 수입한 후 국내 가공공정을 통하여 생산한 완제품 램프의 원산지를 국내산으로 기재하는 방법으로 원산지를 거짓으로 표시하거나 오인하게 하는 표시를 하였다고 하여 구 대외무역법(2009. 4. 22. 법률 제9630호로 개정되기 전의 것) 위반으로 기소된 사안에서, 완제품

램프의 총 제조원가 및 '수입원료'인 미완성 램프의 CIF(Cost, Insurance and Freight) 가격기준에 의한 수입원가를 산정하기에 적합한 객관적·합리적 증거에 기초하여 완제품 램프의 총 제조원가 중 '수입원료의 수입가격' 내지 이를 공제한 국내 제조원가의 비율을 산정하여야 함에도, 피고인들이 제출한 '제조원가표'의 기재에 근거하여 우리나라를 완제품 램프의 원산지로 볼 수 있다는 이유로 무죄를 선고한 원심판결에 구 대외무역관리규정(2009. 4. 3. 지식경제부 고시 제2009-60호로 전부 개정되기 전의 것) 제86조 제2항 제1호 규정에 의한 '수입원료의 수입가격'의 적용범위에 관한 법리오해 등의 위법이 있다고 한 사례.

전 문

피 고 인 피고인 1 외 1인

상 고 인 검사

원심판결 인천지법 2011. 7. 14. 선고 2010노3691 판결

주 문 원심판결 중 피고인들에 대한 대외무역법위반 부분을 파기하고, 이 부분 사건을 인천지방법원 본원 합의부에 환송한다. 나머지 상고를 모두 기각한다.

이 유 상고이유를 판단한다.

1. 각 관세법위반의 점에 대하여

가. 관세법 제241조 제1항, 관세법 시행령 제246조 제1항 제3호 및 같은 조 제2항 제1호, 제2호에 의하면, 물품을 수입하고자 하는 자는 당해 물품의 품명, 원산지표시 대상물품인 경우에는 표시유무·방법 및 형태 등을 기재한 수입신고서를 세관장에게 제출하여야 하며, 구 관세법(2010. 12. 30. 법률 제10424호로 개정되기 전의 것) 제276조 제1항 제4호는 위와 같은 신고사항에 대하여 허위로 신고한 자를 처벌하는 규정을 두고 있다.

그리고 이와 같은 '품명' 신고의 기준이 되는 것으로서 수입 물품에 대한 품목분류 원칙과 품목별 관세율 등을 정하고 있는 관세법 제50조 제1항 [별표] 관세율표(2013. 1. 1. 법률 제11602호로 개정되기 전의 것) 중 '관세율표의 해석에 관한 통칙' 제2호 가목은 "각 호에 열거된 물품에는 불완전 또는 미완성의 물품이 제시된 상태에서 완전 또는 완성된 물품의 본질적인 특성을 지니고 있으면 해당 불완전 또는 미완성의 물품이 포함되는 것으로 보며, 미조립 또는 분해된 상태로 제시된 물품도 완전 또는 완성된 물품(이 통칙에 따라 완전 또는 완성된 것으로 분류되는 물품을 포함한다.)에 포함되는 것으로 본다."고 규정하고 있다. 나아가 구 관세법(2010. 12. 30. 법률 제10424호로 개정되기 전의 것) 제85조 제1항, 관세법 시행령 제99조 제1항의 위임에 따라 관세청장이 '품목분류 적용기준에 관한 고시'(2006. 12. 30. 관세청 고시 제2006-53호)에 의하여 품목분류의 적용기준으로 고시한 HS 관세율표 해설 통칙 2의 (가) (I) '불완전 또는 미완성 물품' 조항은 "통칙 2 (가)의 첫 부분은 특정한 물품을 규정하고 있는 각 호의 범위를 확장시켜서, 완전한 물품뿐만 아니라 불완전 또는 미완성된 물품도 분류되도록 한다. 다만, 불완전 또는 미완성 물품은 제시될 때에 완전한 물품 또는 완성된 물품의 주요한 특성을 갖추어야 한다."고 규정하고 있다.

한편 구 대외무역법(2010. 4. 5. 법률 제10231호로 개정되기 전의 것) 제33조 제1항, 구 대외무역법 시행령(2010. 10. 1. 대통령령 제22419호로 개정되기 전의 것) 제55조의 위임에 따라 제정된 구 대외무역관리규정(2009. 4. 3. 지식경제부고시 제2009-60호로 개정되기 전의 것으로, 이하 '구 대외무역관리규정'이라 한다.) 제75조 제1항 및 [별표 8]에 의하여 '원산지 표시'의 신고 대상이 되는 물품이라 하더라도, 구 대외무역관리규정 제82조 제1항 본문은 "제75조에 따라 물품 또는 포장·용기에 원산지를 표시하여야 하는 수입 물품이 다음 각 호의 어느 하나에 해당되는 경우에는 원산지를 표시하지 아니할 수 있다."고 하면서 "수입 후 실질적 변형을 일으키는 제조공정에 투입되는 부품 및 원재료로서 실수요자가 직접 수입하는 경우(실수요자를 위하여 수입을 대행하는 경우를 포함한다.)"(제3호)를 열거하고 있으며, 같은 규정 제85조 제2항 본문은 "실질적 변형이란 해당국에서의 제조·가공과정을 통하여 원재료의 세번과 상이한 세번(HS 6단위 기준)의 제품을 생산하는 것을 말한다."고 규정하고 있다.

위와 같은 관계 법령의 문언 내용과 체계 및 그 입법 취지 등을 고려하여 보면, 수입 단계에서 제시된 미완성 물품이 완성된 물품 자체는 아니라 하더라도 이미 그 완성된 물품의 '본질적 특성'을 지닌 물품으로 평가되는 경우에는 완성된 물품과 동일한 호에 분류하여야 할 것이지만, 제시된 미완성 물품이 아직 완성된 물품의 본질적 특성을 갖추지 못한 상태에서 수입 후 국내에서의 가공과정을 통하여 그 물품의 세번과 상이한 세번인 완성된 물품이 생산되는 경우, 즉 '실질적 변형'을 일으키는 제조공정에 투입되는 부품으로서 실수요자가 직

접 수입하는 경우에는, 그 미완성 물품은 완성된 물품이 아닌 부분품의 호에 분류되어야 하며 관련 규정에 따라 (원산지표시 대상물품인 경우라 하더라도 그) 원산지 표시를 하지 아니할 수 있다고 보아야 할 것이다.

나. 원심은, 램프의 '본질적인 특성'은 소비자들이 이를 현실적으로 사용할 수 있는 것까지 포함한다는 전제하에, 이 사건 미완성 램프가 중국 산둥성 소재 ○○ ○○공장으로부터 수입된 것으로서 안정기 내장형 램프 부품 중 벌브(bulb)와 조립된 안정기(ballast)가 연결된 상태로 제시되었는데, 수입 후 국내의 가공공정을 통하여 소켓과 베이스 등 램프의 홀더에 고정되어 있는 주요 부분품들과의 결합공정이 이루어진 점 등 그 판시와 같은 사정들을 종합해 보면, 이 사건 미완성 램프는 관세율표 통칙 제2호가 말하는 '본질적인 특성'을 지니고 있다고 보기에 부족하므로 완제품 램프와 동일한 호에 분류될 수 없고, 나아가 국내에서의 가공공정이 전체적으로 이 사건 미완성 램프에 대한 '실질적 변형'을 일으키는 공정에 해당하므로 원산지표시가 면제되는 물품으로 보아야 한다는 등의 이유로 피고인들의 이 사건 미완성 램프에 대한 수입신고가 허위라고 볼 수 없다고 판단하여 이 부분 각 공소사실에 대하여 무죄를 선고하였다.

원심의 설시 중 이 사건 미완성 램프가 '본질적인 특성'을 갖추기 위해서는 소비자들이 이를 현실적으로 사용할 수 있어야 한다는 취지의 설시는 적절하다고 할 수 없지만, 이 사건 미완성 램프가 완제품 램프와 동일한 품목번호에 분류될 수 없고 국내에서의 가공공정을 통하여 실질적 변형이 일어난 것으로서 그 원산지표시가 면제된다고 본 결론은 정당하고, 거기에 논리와 경험의 법칙을 위반하여 자유심증주의의 한계를 벗어나거나 관세율표 통칙 제2호 가목의 적용범위 또는 대외무역법 관련 법령상 '실질적 변형' 여부에 관한 법리를 오해하여 판결에 영향을 미친 위법이 없다.

2. 각 대외무역법 위반의 점에 대하여

가. 구 대외무역법(2009. 4. 22. 법률 제9630호로 개정되기 전의 것) 제54조 제7호는 같은 법 제33조 제3항 제1호에서 정하는 '원산지를 거짓으로 표시하거나 원산지를 오인하게 하는 표시를 하는 행위'를 처벌하도록 규정하는데, 같은 법 제35조 제1항 본문은 '수입원료를 사용한 국내생산 물품 등의 원산지 판정 기준'이라는 표제하에 "지식경제부장관은 공정한 거래질서의 확립과 소비자 보호를 위하여 필요하다고 인정하면 수입원료를 사용하여 국내에서 생산되어 국내에서 유통되거나 판매되는 물품 등(이하 이 조에서 "국내생산물품등"이라 한다.)에 대한 원산지 판정에 관한 기준을 관계 중앙행정기관의 장과 협의하여 정할 수 있다."고 규정하고, 그 위임에 따른 구 대외무역관리규정 제86조 제2항 제1호는 "우리나라에서 제조·가공과정을 통해 수입원료의 세번과 상이한 세번(HS 6단위 기준)의 물품을 생산하고, 해당 물품의 총 제조원가 중 수입원료의 수입가격(CIF 가격 기준)을 공제한 금액이 총 제조원가의 51퍼센트 이상인 경우" 우리나라를 원산지로 하는 물품으로 본다고 규정하고 있다.

나. 원심은, 피고인들이 최종적으로 국내 가공공정을 통하여 생산한 이 사건 안정기 내장형 램프 완제품(이하 '완제품 램프'라 한다.)의 원산지에 대하여, 피고인들이 국내 공정을 거쳐 이 사건 미완성 램프와 HS 6단위 세번이 상이한 완제품 램프를 생산하였고, 피고인들이 제출한 제조원가표에 의하면 완제품 램프의 총 제조원가 중 수입원료의 수입가격을 공제한 금액(이하 그와 같은 금액을 '국내 제조원가'라 한다.)의 비율이 일응 54~61%에 이르는 점을 수긍할 수 있으며 달리 그 비율이 51% 이상이 아니라고 볼 만한 증거가 없으므로, 위 대외무역관리규정 제86조 제2항 제1호에 따라 우리나라를 원산지로 볼 수 있다는 이유로 이 부분 공소사실에 대하여 무죄를 선고하였다.

그러나 원심의 위와 같은 판단은 다음과 같은 이유에서 수긍하기 어렵다.

원심이 국내 제조원가의 비율이 54~61%에 이른다고 판단한 주요한 근거로 보이는 '제조원가표'(공판기록 1권 66~71쪽)의 각 기재에 의하면, '수입원료'에 해당하는 이 사건 미완성 램프 자체의 수입가격이 아니라 위 미완성 램프 내지 조립된 안정기의 구성부품인 인쇄회로기판, 인덕터, 다이오드 등의 부품가격을 개별적으로 산정하면서 그 부품별로 원산지가 중국인지 우리나라인지 여부를 구별한 후 그 중 국내에서 생산된 부품의 가격을 '수입원료의 수입가격'이 아닌 국내 제조원가로 분류하는 방식에 의하여 총 제조원가 중 국내 제조원가의 비율을 산정하였음을 알 수 있다.

그런데 앞서 본 관련 규정에 의하면, 이 사건 국내생산 물품의 '수입원료'인 이 사건 미완성 램프의 수입가격은 이른바 '운임·보험료 포함가격'을 의미하는 CIF(Cost, Insurance and Freight) 가격기준에 따라 산정되어야 하므로, 설령 수입원료를 구성하는 개개의 부품 중 국내에서 생산된 부품이 있다고 하더라도 특별한 사정이 없는 한 이는 '수입원료의 수입가격'에 포함되어야 하는 것이지 위 제조원가표의 기재와 같이 이를 국내 제조원가에 포함시켜 산정할 것이 아니다. 한편, 만약 위 제조원가표가 이 사건 미완성 램프의 수입가격을 산정하는 방법의 하나로 각 개별 구성부품의 단가를 기재한 것이라고 하더라도, 이러한 경우에는 이 사건 미완성 램프를 생산하기 위해 투입된 중국 현지에서의 인건비·조립비 등도 마땅히 그 수입원가에 반영되어야 할 것인데, 피고인들이 제출한 위 '제조원가표'에는 개별 부품의 가격 외에 중국 현지 공장에서의 인건비·조립비 등은 전혀 반영되어 있지 아니함을 알 수 있으므로{반면 검사가 제출한 '원자재구성표' 내지 '부품명세표'(증거기록 1권 151쪽, 156쪽)에는 각 개별 구성부품의 단가 이외에도 중국 현지 공장에서의 인건비 등과 국내에서의 인건비 등이 별도로 산정되어 있고, 이에 의하면 중국 공장에서의 인건비가 국내 공장의 인건비보다 오히려 더 많은 비중을 차지하고 있음을 알 수 있다.}, 결국 위 '제조원가표'의 기재만으로 수입원료인 이 사건 미완성 램프의 수입가격을 산정하는 것은 적절하다고 볼 수 없다.

그렇다면 원심으로서는 완제품 램프의 총 제조원가 및 '수입원료'인 이 사건 미완성 램프의 CIF 가격기준에 의한 수입원가를 산정하기에 적합한 객관적·합리적 증거에 기초하여 완제품 램프의 총 제조원가 중 '수입원료의 수입가격' 내지 이를 공제한 국내 제조원가의 비율을 산정하였어야 할 것임에도, 이에 이르지 아니한 채 위 '제조원가표'에 기재된 각 구성부품의 수입원가 등만으로 우리나라를 완제품 램프의 원산지로 볼 수 있다고 섣불리 단정하였으니, 이러한 원심의 판단에는 대외무역관리규정 제86조 제2항 제1호의 규정에 의한 '수입원료의 수입가격'의 적용범위에 관한 법리를 오해하여 필요한 심리를 다하지 아니함으로써 판결에 영향을 미친 위법이 있다. 이 점을 지적하는 검사의 상고이유는 이유 있다.

3. 결론

원심판결 중 피고인들에 대한 대외무역법위반 부분을 파기하고 이 부분 사건을 다시 심리·판단하게 하기 위하여 원심법원에 환송하기로 하며, 나머지 상고는 모두 기각하기로 하여, 관여 대법관의 일치된 의견으로 주문과 같이 판결한다.

대법관 이상훈(재판장) 신영철 김용덕 김소영(주심)

대법원 2014.2.13. 선고 2011도10625 판결

【일반교통방해·공무집행방해·집회및시위에관한법률위반】

판시사항

[1] 도로 관리청이 갖는 도로관리권의 범위 및 구 도로법 제45조에 규정된 금지행위를 하고 있는 위반자에 대하여 도로관리권에 기하여 제지하는 행위가 정당한 직무집행에 속하는지 여부(원칙적 적극)

[2] 피고인이 갑 시청 옆 도로의 보도에서 철야농성을 위해 천막을 설치하던 중 이를 제지하는 갑 시청 소속 공무원들에게 폭행을 가한 사안에서, 도로관리권에 근거한 공무집행을 하는 공무원에 대하여 폭행을 가한 피고인의 행위는 공무집행방해죄를 구성한다고 한 사례

판결요지

[1] 도로 관리청은 도로를 설치하고 존립을 유지하여 이를 일반교통에 제공함으로써 도로로서 본래의 기능이 발휘될 수 있도록 하기 위한 포괄적 관리권을 가지고, 이러한 도로관리권에는 도로 시설물 등을 기능에 적합하도록 유지·관리하는 것뿐 아니라, 도로 관리를 위한 직무집행 행위로서 합리적 상당성이 인정되는 범위 내에서 도로의 기능 발휘에 장애가 되는 행위를 금지하거나 제지하는 등의 사실행위를 할 권한도 포함된다. 그런데 구 도로법(2010. 3. 22. 법률 제10156호로 개정되기 전의 것)에 의하면, 누구든지 정당한 사유 없이 도로를 손궤하는 행위, 도로에 장애물을 쌓아놓는 행위, 그 밖에 도로의 구조나 교통에 지장을 끼치는 행위를 하여서는 아니 되므로(제45조), 위와 같은 금지행위를 하고 있는 위반자에 대하여 도로관리권에 기하여 이를 제지하는 것은 특별한 사정이 없는 한 정당한 직무집행 행위에 속한다고 보아야 한다.

[2] 피고인이 갑 시청 옆 일반국도인 도로의 보도에서 철야농성을 위해 천막을 설치하던 중 이를 제지하는 갑 시청 소속 공무원들에게 폭행을 가한 사안에서, 정당한 사유 없이 보도에 천막을 설치하여 교통에 지장을 끼치는 등 도로법 제45조에 규정된 금지행위를 하는 데 대하여 도로 관리청 소속 공무원이 도로 관리의 목적으로 이를 제지하고 시설물의 설치를 완성하지 못하도록 막는 등의 행위는 도로의 본래 목적을 달성하도록 하기 위한 합리적 상당성이 있는 조치로서 포괄적인 도로관리권의 행사 범주에 속하므로, 도로관리권에 근거한 공무집행을 하는 공무원에 대하여 폭행 등을 가한 피고인의 행위는 공무집행방해죄를 구성한다고 한 사례.

전 문

피 고 인 피고인 1 외 2인

상 고 인 검사

원심판결 수원지법 2011. 7. 20. 선고 2010노6183 판결

주 문 원심판결 중 피고인 3에 대한 부분을 파기하고, 이 부분 사건을 수원지방법원 본원 합의부에 환송한다. 검사의 피고인 1, 2에 대한 상고를 모두 기각한다.

이 유

1. 원심판결 중 유죄 부분에 관하여

검사는 원심판결 중 피고인들을 유죄로 판단한 부분에 대하여도 상고하였으나, 상고장이나 상고이유서에 이에 대한 불복이유의 기재를 찾아볼 수 없다.

2. 원심판결 중 무죄 부분에 관하여

상고이유를 판단한다.

가. 옥외집회에 해당한다는 상고이유 주장에 대하여

(1) 원심은, 피고인 1, 2가 2009. 3. 23. 11:50경부터 13:25경까지 수원시 팔달구 매산로에 있는 경기도의회 건설교통상임위원회 회의실 앞에서 집회신고 없이 집회를 개최하였다는 이 부분 공소사실에 대하여, 위 피고인들이 집회를 개최하였다는 장소인 경기도의회 건설교통상임위원회 회의실 앞은 '옥외'에 해당하지 아니함이 명백하고, 그 장소의 성격상 일반인의 출입이 관리·통제되는 점 등에 비추어 타인이나 공동체의 이익이 침해되는 것을 방지하여 공공의 안녕질서를 유지하기 위한 사전조치를 마련할 필요가 있어 관할 경찰서장에 사전에 신고할 것이 요구되는 장소라고 보기도 어렵다는 이유로 위 피고인들이 주최한 위 집회가 사전신고를 요하는 '옥외집회'에 해당한다고 할 수 없다고 판단하여 이 부분 공소사실을 무죄라고 본 제1심판결을 그대로 유지하였다.

(2) '옥외집회'를 천장이 없거나 사방이 폐쇄되지 아니한 장소에서 여는 집회라고 정의하고 있는 「집회 및 시위에 관한 법률」의 규정 등과 관련 법리에 비추어 기록을 살펴보면, 원심의 위와 같은 판단은 정당하다. 원심판결에는 상고이유로 주장하는 바와 같이 옥외집회에 관한 법리를 오해하는 등으로 판결에 영향을 미친 위법이 있다고 할 수 없다.

나. 천막철거 등 행위가 적법한 공무집행에 해당한다는 상고이유 주장에 대하여

(1) 형법 제136조가 규정하는 공무집행방해죄는 공무원의 직무집행이 적법한 경우에 한하여 성립하는 것이고, 여기서 적법한 공무집행이라고 함은 그 행위가 공무원의 추상적 권한에 속할 뿐 아니라 구체적 직무집행에 관한 법률상 요건과 방식을 갖춘 경우를 가리키는 것이므로, 이러한 적법성이 결여된 직무행위를 하는 공무원에게 대항하여 폭행이나 협박을 가하였다고 하더라도 공무집행방해죄가 성립한다고 볼 수는 없다(대법원 2005. 10. 28. 선고 2004도4731 판결, 대법원 2013. 3. 14. 선고 2011도7259 판결 등 참조). 또한 공무원의 어떠한 공무집행이 적법한지 여부는 행위 당시의 구체적 상황에 기하여 객관적·합리적으로 판단하여야 한다(대법원 2013. 8. 23. 선고 2011도4763 판결 참조).

한편 도로 관리청은 도로를 설치하고 그 존립을 유지하여 이를 일반교통에 제공함으로써 도로로서의 본래의 기능이 발휘될 수 있도록 하기 위한 포괄적 관리권을 가지고, 이러한 도로관리권에는 도로 시설물 등을 그 기능에 적합하도록 유지·관리하는 것뿐 아니라, 도로관리를 위한 직무집행 행위로서의 합리적 상당성이 인정되는 범위 내에서 도로의 기능 발휘에 장애가 되는 행위를 금지하거나 제지하는 등의 사실행위를 할 권한도 포함된다고 할 것이다. 그런데 구 도로법(2010. 3. 22. 법률 제10156호로 개정되기 전의 것, 이하 같다)에 의하면, 누구든지 정당한 사유 없이 도로를 손궤하는 행위, 도로에 장애물을 쌓아놓는 행위, 그 밖에 도로의 구조나 교통에 지장을 끼치는 행위를 하여서는 아니 되므로(제45조), 위와 같은 금지행위를 하고 있는 위반자에 대하여 도로관리권에 기하여 이를 제지하는 것은 특별한 사정이 없는 한 정당한 직무집행 행위에 속한다고 보아야 한다.

다른 한편 시가 관할하는 구역의 일반국도는 시장이 관리청이 되고(구 도로법 제20조 제2항, 제1항 제1호, 제10조 제1항), 도로에 설치된 보도는 도로의 구성부분에 해당한다(2009. 2. 19. 국토해양부령 제101호로 전부 개정되기 전의 구 「도로의 구조·시설 기준에 관한 규칙」 제16조 제1항).

(2) 원심판결 이유 및 원심이 채택한 증거들에 의하면, ① 경기도의회가 2008년 5월경부터 경기도 교통약자의 이동편의 증진에 관한 조례의 제정을 추진하는 과정에서 '○○○ ○○○○ ○○○○ ○○ ○○○○○ ○○연대회의'라는 단체가 위 조례안에 장애인들의 요구사항이 반영되지 않았다며 경기도청, 경기도의회 등지에서 이에 반대하는 내용의 기자회견 및 집회를 수차례 개최하는 등 반발해 왔던 사실, ② 피고인 3은 2008. 12. 23. 18:50경 평택시 비전동에 있는 평택시청 동문 옆 일반국도인 도로의 보도에서 공소외 1 등 △△△△△△△△△△연대 회원 4명과 함께 장애인 활동보조시간 추가 쟁취를 목적으로 한 철야농성을 위해 천막을 설치하려고 한 사실, ③ 위 피고인은 접이식 천막을 펼쳐 기둥과 지붕 부분을 설치하고 이어 기둥 사이에 비닐 장막을 둘러치는 과정에서 이를 제지하면서 천막 설치를 못하도록 하는 평택시청 소속 공무원 공소외 2 등에게 폭행을 가한 사실을 알 수 있다.

이러한 사실들을 위 법리에 비추어 보면, 정당한 사유 없이 보도에 천막을 설치하여 교통에 지장을 끼치는 등 도로법 제45조에 규정된 금지행위를 하는 데 대하여 도로 관리청 소속 공무원이 도로관리의 목적으로 이를 제지하고 시설물의 설치를 완성하지 못하도록 막는 등의 행위는 도로의 본래 목적을 달성하도록 하기 위한 합리적 상당성이 있는 조치로서 포괄적인 도로관리권의 행사 범주에 속한다고 할 것이다. 따라서 그와 같이 도로관리권에 근거한 공무집행을 하는 공무원에 대하여 폭행 등을 가한 위 피고인의 행위는 공무집행방해죄를 구성한다고 볼 수 있다.

한편, 원심이 원용한 대법원 2008. 12. 11. 선고 2008도8214 판결은 천막을 이미 설치하여 상당한 기간 도로를 무단으로 점용하고 있는 상황에서 행정대집행의 요건을 갖추지 못한 공무원의 천막철거 행위가 적법한 공무집행이라고 볼 수 없다는 취지이어서, 천막을 설치하는 도중에 있어 도로에 대한 사실상의 지배 상태

가 형성되지 못하였다고 보이는 이 사건과는 그 사안이 다르므로, 이를 그대로 적용하는 것은 부적절하다.

(3) 그럼에도 불구하고, 원심은 평택시청 공무원들의 천막 설치 제지행위 등이 행정대집행에 관한 법령 규정인 도로법 제65조 제1항 등에만 근거하고 있다고 전제한 다음, 평택시청 공무원들이 도로법 제83조 제1호에 근거한 적법한 철거 등 명령을 하였다고 인정하기 어렵다는 등 그 판시와 같은 이유만을 들어 적법한 공무집행이 아니라고 판단하였으니, 원심판결 중 이 부분 판단에는 공무집행방해죄에 있어서 공무집행의 적법성에 관한 법리를 오해하여 필요한 심리를 다하지 아니한 위법이 있고, 이는 그 판결 결과에 영향을 미쳤음이 분명하다. 이 점을 지적하는 취지의 상고이유의 주장은 이유 있다.

(4) 위와 같이 피고인 3에 대한 이 사건 공소사실 중 공무집행방해의 점에 관하여 파기사유가 있고, 이와 원심이 유죄로 인정한 미신고 집회 주최로 인한 집회 및 시위에 관한 법률 위반, 일반교통방해의 각 공소사실은 형법 제37조 전단의 경합범 관계에 있어 하나의 형을 선고하여야 하므로, 원심판결 중 위 피고인에 대한 부분 전부가 파기대상이 된다.

3. 결론

그러므로 원심판결 중 피고인 3에 대한 부분을 파기하고, 이 부분 사건을 다시 심리·판단하도록 원심법원에 환송하며, 검사의 피고인 1, 2에 대한 상고를 모두 기각하기로 관여 대법관의 의견이 일치되었기에 주문과 같이 판결한다.

대법관 김창석(재판장) 양창수 박병대(주심) 고영한

대법원 2014.2.13. 선고 2010도10352 판결

【의료법위반】

판시사항

의사나 한의사의 의료행위가 '면허된 것 이외의 의료행위'에 해당하는지 판단하는 기준 및 한의사가 전통적으로 내려오는 의료기기나 의료기술 이외에 새로 개발·제작된 의료기기 등을 사용하는 것이 한의사의 '면허된 것 이외의 의료행위'에 해당하는지 판단하는 기준

판결요지

의료법령에는 의사, 한의사 등의 면허된 의료행위의 내용을 정의하거나 구분 기준을 제시한 규정이 없으므로, 의사나 한의사의 구체적인 의료행위가 '면허된 것 이외의 의료행위'에 해당하는지 여부는 구체적 사안에 따라 이원적 의료체계의 입법 목적, 당해 의료행위에 관련된 법령의 규정 및 취지, 당해 의료행위의 기초가 되는 학문적 원리, 당해 의료행위의 경위·목적·태양, 의과대학 및 한의과대학의 교육과정이나 국가시험 등을 통해 당해 의료행위의 전문성을 확보할 수 있는지 여부 등을 종합적으로 고려하여 사회통념에 비추어 합리적으로 판단하여야 한다.

한의사가 전통적으로 내려오는 의료기기나 의료기술(이하 '의료기기 등'이라 한다) 이외에 의료공학의 발전에 따라 새로 개발·제작된 의료기기 등을 사용하는 것이 한의사의 '면허된 것 이외의 의료행위'에 해당하는지 여부도 이러한 법리에 기초하여, 관련 법령에 한의사의 당해 의료기기 등 사용을 금지하는 취지의 규정이 있는지, 당해 의료기기 등의 개발·제작 원리가 한의학의 학문적 원리에 기초한 것인지, 당해 의료기기 등을 사용하는 의료행위가 한의학의 이론이나 원리의 응용 또는 적용을 위한 것으로 볼 수 있는지, 당해 의료기기 등의 사용에 서양의학에 관한 전문지식과 기술을 필요로 하지 않아 한의사가 이를 사용하더라도 보건위생상 위해가 생길 우려가 없는지 등을 종합적으로 고려하여 판단하여야 한다.

전 문

피 고 인 피고인

상 고 인 검사

변 호 인 법무법인

원심판결 서울동부지법 2010. 7. 22. 선고 2010노449 판결

주 문 원심판결 중 무죄부분을 파기하고, 이 부분 사건을 서울동부지방법원 합의부에 환송한다.

이 유 상고이유(상고이유서 제출기간이 경과한 후에 제출된 보충서의 기재는 이를 보충하는 범위 내에서)를 판단한다.

1. 구 의료법(2010. 1. 18. 법률 제9932호로 개정되기 전의 것, 이하 같다)에 따르면, 의료인이란 보건복지가족부장관의 면허를 받은 의사, 한의사 등을 말하고(제2조 제1항), 의사는 의료와 보건지도의 임무를, 한의사는 한방 의료와 한방 보건지도의 임무를 각 수행하며(제2조 제2항 제1호, 제3호), 의사 또는 한의사가 되려는 자는 의학 또는 한의학을 전공하는 대학 또는 전문대학원을 졸업하는 등의 자격을 갖추고 국가시험에 합격한 후 보건복지가족부장관의 면허를 받아야 한다(제5조). 그리고 의료인이 아니면 누구든지 의료행위를 할 수 없고 의료인도 면허된 것 이외의 의료행위를 할 수 없으며(제27조 제1항 본문), 이를 위반한 자는 형사처벌을 받게 되어 있다(제87조 제1항).

   이와 같이 구 의료법에서 의사와 한의사가 동등한 수준의 자격을 갖추고 면허를 받아 각자 면허된 것 이외의 의료행위를 할 수 없도록 하는 이원적 의료체계를 규정한 것은 한의학이 서양의학과 나란히 독자적으로 발전할 수 있도록 함으로써 국민으로 하여금 서양의학뿐만 아니라 한의학으로부터도 그 발전에 따른 의료혜택을 누릴 수 있도록 하는 한편, 의사와 한의사가 각자의 영역에서 체계적인 교육을 받고 국가로부터 관련 의료에 관한 전

문지식과 기술을 검증받은 범위를 벗어난 의료행위를 할 경우 사람의 생명, 신체나 일반공중위생에 발생할 수 있는 위험을 방지하기 위한 것이다.

그런데 의료법령에는 의사, 한의사 등의 면허된 의료행위의 내용을 정의하거나 그 구분 기준을 제시한 규정이 없으므로, 의사나 한의사의 구체적인 의료행위가 '면허된 것 이외의 의료행위'에 해당하는지 여부는 구체적 사안에 따라 이원적 의료체계의 입법 목적, 당해 의료행위에 관련된 법령의 규정 및 취지, 당해 의료행위의 기초가 되는 학문적 원리, 당해 의료행위의 경위·목적·태양, 의과대학 및 한의과대학의 교육과정이나 국가시험 등을 통해 당해 의료행위의 전문성을 확보할 수 있는지 여부 등을 종합적으로 고려하여 사회통념에 비추어 합리적으로 판단하여야 할 것이다.

한의사가 전통적으로 내려오는 의료기기나 의료기술(이하 '의료기기 등'이라 한다) 이외에 의료공학의 발전에 따라 새로 개발·제작된 의료기기 등을 사용하는 것이 한의사의 '면허된 것 이외의 의료행위'에 해당하는지 여부도 이러한 법리에 기초하여, 관련 법령에 한의사의 당해 의료기기 등 사용을 금지하는 취지의 규정이 있는지, 당해 의료기기 등의 개발·제작 원리가 한의학의 학문적 원리에 기초한 것인지, 당해 의료기기 등을 사용하는 의료행위가 한의학의 이론이나 원리의 응용 또는 적용을 위한 것으로 볼 수 있는지, 당해 의료기기 등의 사용에 서양의학에 관한 전문지식과 기술을 필요로 하지 않아 한의사가 이를 사용하더라도 보건위생상 위해가 생길 우려가 없는지 등을 종합적으로 고려하여 판단하여야 한다.

2. 원심은, 한의사인 피고인이 2006. 6.경부터 2009. 9.경까지 피고인 운영의 '○○한의원'에서 잡티제거 등 피부질환 치료를 위한 광선조사기인 아이피엘(IPL, Intense Pulse Light, 이하 'IPL'이라 한다) 1대를 설치하여 공소외인 등 100여 명의 환자를 대상으로 피부질환 치료행위 등을 한 사실을 인정하였다.

원심은 나아가 어떠한 진료행위가 의사만이 할 수 있는 의료행위에 해당하는지 아니면 한의사만이 할 수 있는 한방 의료행위에 해당하는지 여부는 결국 해당 진료행위가 학문적 원리를 어디에 두고 있는가에 따라 판단하여야 하는데, 검사가 제출한 증거들만으로는 IPL이 한의학적 이론에 의한 것이 아니라고 인정하기에 부족하고 달리 이를 인정할 만한 증거가 없으며, 오히려 IPL은 태양광(자연광)과 유사한 제논램프에서 발산되는 빛을 집약하여 인체의 피부에 간헐적으로 조사하는 의료기기로서 빛을 병변에 조사하는 치료기법을 사용한다는 점에서 한방의료기관에서 사용이 허용되는 적외선치료기나 레이저침치료기와 같은 작용원리에 기초하고 있다고 보이는 점, 피고인이 이 사건 IPL을 사용한 것은 환자의 피부에 발생한 병변에 대한 외과적 처치를 목적으로 한 것이 아니라 이러한 병변을 인체의 균형이 무너짐으로 인하여 생긴 경락의 울체로 보고 여기에 한의학에서 전통적으로 내려오는 빛을 사용하여 이를 해소하고 온통경락하기 위한 것으로 보이는 점 등을 종합하여 볼 때, 한의에서 행해지는 IPL의 사용은 현대 이학적인 기기를 이용하여 경락을 자극하고 기혈순행을 높여 질병을 치료하기 위한 것이라고 인정하여, 피고인이 이 사건 IPL을 이용하여 면허된 것 이외의 의료행위를 하였다는 공소사실에 대하여 범죄의 증명이 없는 경우에 해당한다는 이유로 무죄를 선고하였다.

3. 그러나 이러한 원심의 판단은 위 법리와 원심이 적법하게 채택한 증거에 비추어 그대로 수긍하기 어렵다.

피고인에 대한 경찰 피의자신문조서(수사기록 제2권)의 기재에 의하면 IPL은 피부 색소침착, 여드름, 모세혈관 확장의 각 치료 및 미세한 주름제거를 위하여 사용하는 것이고, 증 제7호증의1(논문)의 기재에 의하면 IPL은 주위 조직에 손상을 주지 않는 채 특정한 조직을 파괴하는 선택적 광열용해의 특성을 가지고 있어 특정 색소 제거 등에 활용되고 있다는 것이므로, 이에 의할 때 IPL이 적외선·레이저침을 이용하여 경락에 자극을 주어서 질병을 치료하거나 예방하는 것을 목적으로 하는 적외선치료기·레이저침치료기와 작용원리가 같다고 보거나, 이 사건 IPL을 사용한 피부질환 치료가 빛을 이용하여 경락의 울체를 해소하고 온통경락하기 위한 것으로 보기는 어렵다.

따라서 원심으로서는 우선 피고인이 사용한 IPL의 개발·제작 원리가 한의학의 학문적 원리에 기초하였는지, 만일 그렇지 않다면 피고인이 이를 사용한 경위·목적·태양 등에 의할 때 한의학의 이론이나 원리를 응용 또는 적용하여 사용한 것으로 볼 수 있는지에 대하여 심리하고, 나아가 IPL의 사용에 서양의학에 관한 전문지식과 기술을 필요로 하지 않아 한의사가 이를 사용하더라도 보건위생상 위해가 생길 우려가 없는지 등을 살펴 이를 토대로 이 사건 IPL을 이용한 진료행위가 한의사의 면허된 것 이외의 의료행위에 해당하는지 여부에 대하여 판단하였어야 할 것이다.

그럼에도 원심은 그 판시와 같은 사정들만을 근거로 위 부분 공소사실에 대하여 범죄의 증명이 부족하다고 하여 무죄를 선고하였으니, 원심판결 중 무죄부분에는 결국 한의사의 면허된 의료행위 범위에 관한 법리를 오해하여 필요한 심리를 다하지 아니함으로써 판결에 영향을 미친 위법이 있다.

4. 그러므로 원심판결 중 무죄부분을 파기하고, 이 부분 사건을 다시 심리·판단하도록 원심법원에 환송하기로 하여, 관여 대법관의 일치된 의견으로 주문과 같이 판결한다.

대법관 양창수(재판장) 박병대 고영한(주심) 김창석

대법원 2014.1.29. 선고 2013도14586 판결

【농수산물의원산지표시에관한법률위반·양곡관리법위반·상표법위반】

판시사항

구 농수산물의 원산지 표시에 관한 법률 제6조 제1항 제1호에서 정한 '원산지를 혼동하게 할 우려가 있는 표시를 하는 행위'에 원산지 표시란에는 국내산으로 바르게 표시한 후 국내 유명 특산물의 생산지역명을 표시한 포장재를 사용한 행위가 포함되는지 여부(적극)

판결요지

구 농수산물의 원산지 표시에 관한 법률(2013. 3. 23. 법률 제11690호로 개정되기 전의 것, 이하 '법'이라고 한다) 제14조, 제6조 제1항 제1호, 제3항, 구 농수산물의 원산지 표시에 관한 법률 시행규칙(2013. 1. 8. 농림수산식품부령 제333호로 개정되어 2013. 6. 28. 시행되기 전의 것) 제4조 [별표 5]의 내용을 종합하면, 법 제6조 제1항 제1호에서 규정한 '원산지 표시를 거짓으로 하는 행위'와 '원산지를 혼동하게 할 우려가 있는 표시를 하는 행위'는 구별되고, 원산지 표시란에는 국내산으로 바르게 표시한 후 국내 유명 특산물의 생산지역명을 표시한 포장재를 사용한 행위는 원산지를 혼동하게 할 우려가 있는 표시를 하는 행위에 해당한다.

전 문

피 고 인 피고인

상 고 인 검사

변 호 인 변호사

원심판결 대구지법 2013. 11. 7. 선고 2013노2641 판결

주 문 상고를 기각한다.

이 유

1. 원심판결 중 유죄 부분에 관하여

검사는 원심판결 중 유죄 부분에 대하여도 상고하였으나, 이에 관하여는 불복이유를 제출하지 아니하였다.

2. 원심판결 중 무죄 부분에 관하여

상고이유를 판단한다.

가. 구 농수산물의 원산지 표시에 관한 법률(2013. 3. 23. 법률 제11690호로 개정되기 전의 것, 이하 '법'이라고 한다) 제14조, 제6조 제1항 제1호에 의하여 원산지 표시를 거짓으로 하거나 이를 혼동하게 할 우려가 있는 표시를 하는 행위를 처벌하고 있다. 그리고 법 제6조 제3항에 의하면, 제1항을 위반하여 원산지를 혼동하게 할 우려가 있는 표시 등에 필요한 사항은 농림수산식품부령으로 정하도록 규정하고 있다.

이에 따라 농수산물의 원산지 표시에 관한 법률 시행규칙(2013. 1. 8. 농림수산식품부령 제333호로 개정되어 2013. 6. 28. 시행되기 전의 것) 제4조 [별표 5]에서는 '원산지를 혼동하게 할 우려가 있는 표시를 원산지 표시란에는 원산지를 바르게 표시하였으나 포장재·푯말·홍보물 등 다른 곳에 이와 유사한 표시를 하여 원산지를 오인하게 하는 표시 등을 말한다'고 규정하면서 원산지 표시란에는 "국내산"으로 표시하고 포장재 앞면 등 소비자가 잘 보이는 위치에는 큰 글씨로 "경기특미" 등과 같이 국내 유명 특산물 생산지역명을 표시한 경우를 그 예의 하나로 규정하고 있다.

이러한 관련 규정의 내용을 종합하면, 법 제6조 제1항 제1호에서 규정한 '원산지 표시를 거짓으로 하는 행위'와 '원산지를 혼동하게 할 우려가 있는 표시를 하는 행위'는 구별되고, 원산지 표시란에는 국내산으로 바르게 표시한 후 국내 유명 특산물의 생산지역명을 표시한 포장재를 사용한 행위는 원산지를 혼동하게 할 우려가 있는 표시를 하는 행위에 해당한다고 볼 것이다.

나. 이 부분 공소사실의 요지는, 피고인은 2011. 10.경부터 2012. 10. 22.경까지 경북 안동시에 있는 대원상회 등

으로부터 구입한 '경북 예천산'이 아닌 팥, 찹쌀 등 80,000kg 상당(이하 '이 사건 농산물'이라 한다)을 위조된 예천농업협동조합(이하 '예천농협'이라 한다)의 상표가 표시된 포장지에 넣어 포장한 후 마치 원산지가 '경북 예천군'인 것처럼 표시하여 학교급식업체 등에 판매하여 709곳의 학교, 38곳의 병원 등에 유통되게 하는 등 원산지 표시를 거짓으로 하였다는 것이다. 원심은 포장지에 원산지가 국산으로 표시되어 있고, 포장지에 예천농협의 표시가 있다고 하여 원산지를 경북 예천으로 표시한 것이라고 보기는 어렵고, 이 사건 농산물은 국내에서 생산된 농산물이므로 그 원산지를 '국산'으로 표시한 것이 거짓이라고 보기 어렵다는 이유로 이 부분 공소사실을 무죄로 판단하였다.

원심판결 이유를 앞서 본 법리와 원심에서 적법하게 채택한 증거에 비추어 살펴보면, 원심의 위와 같은 판단은 정당한 것으로 수긍할 수 있고, 거기에 상고이유 주장과 같이 '원산지 거짓 표시'에 관한 법리를 오해하거나 논리와 경험의 법칙을 위반하여 자유심증주의의 한계를 벗어난 잘못이 없다.

3. 결론

그러므로 상고를 기각하기로 하여 관여 대법관의 일치된 의견으로 주문과 같이 판결한다.

대법관 박병대(재판장) 양창수 고영한 김창석(주심)

대법원 2014.1.29. 선고 2013도13937 판결

【뇌물수수·직권남용권리행사방해】

판시사항

뇌물의 내용인 '이익'의 의미 및 '성적 욕구의 충족'이 뇌물의 내용인 이익에 포함되는지 여부(적극)

판결요지

뇌물죄에서 뇌물의 내용인 이익이라 함은 금전, 물품 기타의 재산적 이익뿐만 아니라 사람의 수요·욕망을 충족시키기에 족한 일체의 유형·무형의 이익을 포함하며, 제공된 것이 성적 욕구의 충족이라고 하여 달리 볼 것이 아니다.

전 문

피 고 인 피고인

상 고 인 피고인 및 검사

변 호 인 변호사

원심판결 서울고법 2013. 11. 1. 선고 2013노1418 판결

주 문 상고를 모두 기각한다.

이 유 상고이유를 판단한다.

1. 피고인의 상고이유(상고이유서 제출기간이 경과된 후에 제출된 변론요지서의 기재는 상고이유를 보충하는 범위에서)에 대하여

가. 뇌물죄에서 뇌물의 내용인 이익이라 함은 금전, 물품 기타의 재산적 이익뿐만 아니라 사람의 수요·욕망을 충족시키기에 족한 일체의 유형·무형의 이익을 포함하며(대법원 2002. 11. 26. 선고 2002도3539 판결 등 참조), 제공된 것이 성적 욕구의 충족이라고 하여 달리 볼 것이 아니다.

또한 뇌물죄는 공무원의 직무집행의 공정과 이에 대한 사회의 신뢰 및 직무행위의 불가매수성을 그 보호법익으로 하고 있고, 직무에 관한 청탁이나 부정한 행위를 필요로 하는 것은 아니어서 수수된 금품의 뇌물성을 인정하는 데 특별한 청탁이 있어야만 하는 것은 아니다. 또한 금품이 직무에 관하여 수수된 것으로 족하고 개개의 직무행위와 대가적 관계에 있을 필요는 없고, 공무원이 그 직무의 대상이 되는 사람으로부터 금품 기타 이익을 받은 때에는 사회상규에 비추어 볼 때에 의례상의 대가에 불과한 것이라고 여겨지거나 개인적인 친분관계가 있어서 교분상의 필요에 의한 것이라고 명백하게 인정할 수 있는 경우 등 특별한 사정이 없는 한 직무와의 관련성이 없는 것으로 볼 수 없으며, 공무원이 직무와 관련하여 금품을 수수하였다면 비록 사교적 의례의 형식을 빌어 금품을 주고 받았다 하더라도 그 수수한 금품은 뇌물이 된다(대법원 2001. 10. 12. 선고 2001도3579 판결 등 참조).

한편 공무원이 얻는 어떤 이익이 직무와 대가관계가 있는 부당한 이익으로서 '뇌물'에 해당하는지 여부는 당해 공무원의 직무 내용, 직무와 이익제공자의 관계, 쌍방 간에 특수한 사적인 친분관계가 존재하는지 여부, 이익의 다과, 이익을 수수한 경위와 시기 등의 제반 사정을 참작하여 결정하여야 하고, 뇌물죄가 직무집행의 공정과 이에 대한 사회의 신뢰 및 직무행위의 불가매수성을 보호법익으로 하고 있는 점에 비추어 볼 때, 공무원이 이익을 수수하는 것으로 인하여 사회일반으로부터 직무집행의 공정성을 의심받게 되는지 여부도 뇌물죄의 성립 여부를 판단할 때에 기준이 된다(대법원 2011. 3. 24. 선고 2010도17797 판결 등 참조).

나. 위와 같은 법리 등에 비추어 기록을 살펴보면, 원심이 그 판시와 같은 이유를 들어 이 사건 유사성교행위 및 성교행위가 '뇌물'에 해당한다고 보고 또한 그 직무관련성을 인정하여 이 사건 공소사실 중 뇌물수수의 점을 유죄로 인정한 것은 정당하다. 거기에 상고이유의 주장과 같이 논리와 경험의 법칙을 위반하여 사실을 인정하거나 뇌물죄에서의 직무관련성·대가관계 및 고의에 관한 법리를 오해하는 등의 위법이 있다고 할 수 없다.

2. 검사의 상고이유에 대하여

관련 법리에 비추어 기록을 살펴보면, 원심이 그 판시와 같은 이유를 들어 이 사건 공소사실 중 직권남용권리

행사방해의 점에 대하여 범죄의 증명이 없는 경우에 해당한다는 이유로 무죄를 선고한 것은 수긍할 수 있다. 거기에 상고이유의 주장과 같이 논리와 경험의 법칙을 위반하여 사실을 인정하거나 직권남용권리행사방해죄에 관한 법리를 오해한 위법이 있다고 할 수 없다.

3. 결론

그러므로 상고를 모두 기각하기로 하여 관여 대법관의 일치된 의견으로 주문과 같이 판결한다.

대법관 고영한(재판장) 양창수(주심) 박병대 김창석

대법원 2014.1.29. 선고 2013도12939 판결

【관세법위반】

판시사항

[1] 죄형법정주의 원칙에서 파생되는 '명확성의 원칙'의 의미 및 법규범이 명확성 원칙에 위반되는지 판단하는 방법

[2] '사업자등록번호·통관고유부호'를 물품 수입시 신고사항으로 정하고 있는 구 관세법 시행령 제246조 제1항 제5호가 화주인 납세의무자의 사업자등록번호 등을 신고하도록 정한 것인지 여부(적극)

판결요지

[1] 죄형법정주의의 원칙에서 파생되는 명확성의 원칙은 법률이 처벌하고자 하는 행위가 무엇이며 그에 대한 형벌이 어떠한 것인지를 누구나 예견할 수 있고, 그에 따라 자신의 행위를 결정할 수 있도록 구성요건을 명확하게 규정하는 것을 의미한다. 그러나 처벌법규의 구성요건이 명확하여야 한다고 하여 모든 구성요건을 단순한 서술적 개념으로 규정하여야 하는 것은 아니고, 다소 광범위하여 법관의 보충적인 해석을 필요로 하는 개념을 사용하였다고 하더라도 통상의 해석방법에 의하여 건전한 상식과 통상적인 법감정을 가진 사람이면 당해 처벌법규의 보호법익과 금지된 행위 및 처벌의 종류와 정도를 알 수 있도록 규정하였다면 처벌법규의 명확성에 배치되는 것이 아니다. 또한 어떠한 법규범이 명확한지 여부는 그 법규범이 수범자에게 법규의 의미내용을 알 수 있도록 공정한 고지를 하여 예측가능성을 주고 있는지 여부 및 그 법규범이 법을 해석·집행하는 기관에게 충분한 의미내용을 규율하여 자의적인 법해석이나 법집행이 배제되는지 여부, 다시 말하면 예측가능성 및 자의적 법집행 배제가 확보되는지 여부에 따라 이를 판단할 수 있다. 그런데 법규범의 의미내용은 그 문언뿐만 아니라 입법 목적이나 입법 취지, 입법 연혁, 그리고 법규범의 체계적 구조 등을 종합적으로 고려하는 해석방법에 의하여 구체화하게 되므로, 결국 법규범이 명확성 원칙에 위반되는지 여부는 위와 같은 해석방법에 의하여 그 의미내용을 합리적으로 파악할 수 있는 해석기준을 얻을 수 있는지 여부에 달려 있다.

[2] 구 관세법 시행령(2013. 2. 15. 대통령령 제24373호로 개정되기 전의 것) 제246조 제1항 제5호가 '사업자등록번호·통관고유부호'를 물품 수입시의 신고사항으로 정하고 있는 것은 대체로 수입신고명의의 대여 등으로 인하여 물품의 수입신고명의인과 실제로 납세의무를 부담하는 이가 상이한 경우에 있어서 관세의 부과·징수 및 수입물품의 통관을 적정하게 하고 관세수입을 확보하려는 의도에서 형식상의 신고명의인과는 별도로 실제로 물품을 수입한 자, 즉 화주인 납세의무자에 관한 신고의무를 정하였다고 봄이 상당하다. 그리하여 위 시행령 규정은 이러한 납세의무자에 관한 신고의무를 전제로 그 납세의무자의 구체적인 특정을 위하여 그의 사업자등록번호 등을 신고하도록 정한 것으로 보아야 할 것이다. 그리고 이러한 해석은 통상의 해석방법에 의하여 그 의미내용을 합리적으로 파악할 수 있는 것으로서, 처벌법규의 명확성의 원칙에 반한다거나 자의적으로 처벌 범위를 넓히는 해석이라고 할 수 없다.

전 문

피 고 인 피고인 1 외 1인

상 고 인 피고인 1 및 검사

변 호 인 법무법인

원심판결 부산지법 2013. 10. 11. 선고 2013노1938 판결

주　　문 원심판결을 파기하고, 사건을 부산지방법원 본원 합의부에 환송한다.

이　　유 상고이유를 판단한다.

1. 피고인 1의 상고이유에 대하여

관련 법리에 비추어 기록을 살펴보면, 원심이 그 판시와 같은 이유를 들어 피고인 1에 대한 이 사건 공소사실 중 각 체납처분 면탈로 인한 관세법 위반의 점을 유죄로 인정한 조치는 정당하다. 거기에 상고이유의 주장과 같이 논리와 경험칙에 반하여 사실을 인정하거나 관세법상의 체납처분면탈죄에 관한 법리를 오해하는 등의 위법이 있다고 할 수 없다.

2. 검사의 상고이유에 대하여

가. 죄형법정주의의 원칙에서 파생되는 명확성의 원칙은 법률이 처벌하고자 하는 행위가 무엇이며 그에 대한 형벌이 어떠한 것인지를 누구나 예견할 수 있고, 그에 따라 자신의 행위를 결정할 수 있도록 구성요건을 명확하게 규정하는 것을 의미한다. 그러나 처벌법규의 구성요건이 명확하여야 한다고 하여 모든 구성요건을 단순한 서술적 개념으로 규정하여야 하는 것은 아니고, 다소 광범위하여 법관의 보충적인 해석을 필요로 하는 개념을 사용하였다고 하더라도 통상의 해석방법에 의하여 건전한 상식과 통상적인 법감정을 가진 사람이면 당해 처벌법규의 보호법익과 금지된 행위 및 처벌의 종류와 정도를 알 수 있도록 규정하였다면 처벌법규의 명확성에 배치되는 것이 아니다. 또한 어떠한 법규범이 명확한지 여부는 그 법규범이 수범자에게 법규의 의미내용을 알 수 있도록 공정한 고지를 하여 예측가능성을 주고 있는지 여부 및 그 법규범이 법을 해석·집행하는 기관에게 충분한 의미내용을 규율하여 자의적인 법해석이나 법집행이 배제되는지 여부, 다시 말하면 예측가능성 및 자의적 법집행 배제가 확보되는지 여부에 따라 이를 판단할 수 있다. 그런데 법규범의 의미내용은 그 문언뿐만 아니라 입법 목적이나 입법 취지, 입법 연혁, 그리고 법규범의 체계적 구조 등을 종합적으로 고려하는 해석방법에 의하여 구체화하게 되므로, 결국 법규범이 명확성 원칙에 위반되는지 여부는 위와 같은 해석방법에 의하여 그 의미내용을 합리적으로 파악할 수 있는 해석기준을 얻을 수 있는지 여부에 달려 있다(대법원 2006. 5. 11. 선고 2006도920 판결 등 참조).

나. 원심은 피고인들에 대한 이 사건 공소사실 중 허위신고로 인한 관세법 위반의 점, 즉 "피고인 1과 '○○○○'의 이사인 피고인 2가 공모하여, 피고인 1이 중국으로부터 수입하는 생강의 실제 화주로서 납세의무자임에도 불구하고 34회에 걸쳐 부산세관에 수입신고를 하면서 납세의무자를 '○○○○'으로, 사업자등록번호를 '○○○○'의 사업자등록번호로 허위신고하였다"는 요지의 공소사실에 대하여, ① 구 관세법(2013. 1. 1. 법률 제11602호로 개정되기 전의 것. 이하 같다) 제241조 제1항 및 구 관세법 시행령(2013. 2. 15. 대통령령 제24373호로 개정되기 전의 것. 이하 같다) 제246조 제1항 어디에도 '납세의무자'를 신고대상으로 명시적으로 정하고 있지 아니하고, ② 구 관세법 시행령 제246조 제1항 제5호에서 '사업자등록번호'를 신고사항으로 정한 취지가 실질적으로 '납세의무자'를 신고사항으로 정한 것으로 해석하는 것은 수범자의 예측가능성을 넘어서 처벌 규정의 명확성 원칙에 반할 뿐더러 법문상 근거도 없이 자의적으로 처벌 범위를 넓히는 해석이라는 등의 이유를 들어 이를 무죄로 판단하였다.

다. 그러나 원심의 위와 같은 판단은 이를 수긍할 수 없다.

구 관세법은 수입신고를 하지 아니하고 물품을 수입한 자 등을 밀수입죄(제269조)로, 수입신고를 한 경우에도 과세가격·관세율 등 세액 결정에 영향을 미치는 사항을 허위로 신고한 자 등을 관세포탈죄(제270조)로 각 처벌하는 규정을 두면서 그에 대하여 징역형 또는 벌금형에 처하도록 정하고 있는 한편, 세액 결정에 영향을 미치지 아니하는 부수적인 신고사항 등을 허위로 신고한 이에 대하여는 허위신고죄(제276조)를 두어 벌금형만으로 처벌하도록 정하고 있다. 이러한 구 관세법상 형벌규정의 입법체계는 무신고수입행위 또는 세액 결정에 영향을 주는 주요 사항에 대한 허위신고행위가 아니더라도 관세법령이 정하는 신고사항에 대한 허위신고행위에 대하여는 이를 처벌의 대상으로 삼겠다는 의도에서 나온 것으로 이해된다.

한편 구 관세법 제241조 제1항의 위임에 따라 물품 수입시의 신고사항을 정하고 있는 구 관세법 시행령 제246조 제1항은 제5호에서 '사업자등록번호·통관고유부호'를 신고하여야 할 항목으로 들고 있는데, 여기서 '사업자등록번호·통관고유부호'가 누구의 것인지 등을 명시하고 있지는 아니하다.

그러나 구 관세법 제242조는 "제241조에 따른 신고는 화주 또는 관세사 등의 명의로 하여야 한다"고 하여 물품수입신고를 화주 외에도 관세사 등의 명의로도 할 수 있다고 정한다. 그런데 관세납부의무에 관하여는 구 관세법 제19조 제1항 제1호가 "다음 각 호의 어느 하나에 해당하는 자는 관세의 납세의무자가 된다"라고 정하면서 제1호 본문에서 "수입신고를 한 물품인 경우에는 그 물품을 수입한 화주"를 들고 있다. 여기서 '그 물품을 수입한 화주'라고 함은 그 물품을 수입한 실제 소유자를 의미하고, 그 물품을 수입한 실제 소유자인지 여

부는 구체적으로 수출자와의 교섭·신용장의 개설·대금의 결제 등 수입절차의 관여 방법, 수입화물의 국내에서의 처분·판매의 방법의 실태, 당해 수입으로 인한 이익의 귀속관계 등의 사정을 종합하여 판단하여야 한다(대법원 2003. 4. 11. 선고 2002두8442 판결 등 참조). 그리고 구 관세법 제19조 제1항 제1호 가목이 수입을 위탁받아 수입업체가 대행수입한 물품의 경우 '그 물품의 수입을 위탁한 자'를 화주로 보아 납세의무자로 정하고 있는 것은 위와 같은 취지를 확인하고 있는 규정이라고 보아야 할 것이다.

이러한 법리와 앞서 본 관세법령 등 제반 규정 및 그 입법체계 등을 종합하여 보면, 관세법 시행령 제246조 제1항 제5호가 '사업자등록번호·통관고유부호'를 물품 수입시의 신고사항으로 정하고 있는 것은 대체로 이 사건과 같이 수입신고명의의 대여 등으로 인하여 물품의 수입신고명의인과 실제로 납세의무를 부담하는 이가 상이한 경우에 있어서 관세의 부과·징수 및 수입물품의 통관을 적정하게 하고 관세수입을 확보하려는 의도에서 형식상의 신고명의인과는 별도로 실제로 물품을 수입한 자, 즉 화주인 납세의무자에 관한 신고의무를 정하였다고 봄이 상당하다. 그리하여 위 시행령 규정은 이러한 납세의무자에 관한 신고의무를 전제로 그 납세의무자의 구체적인 특정을 위하여 그의 사업자등록번호 등을 신고하도록 정한 것으로 보아야 할 것이다. 그리고 이러한 해석은 통상의 해석방법에 의하여 그 의미내용을 합리적으로 파악할 수 있는 것으로서, 처벌법규의 명확성의 원칙에 반한다거나 자의적으로 처벌 범위를 넓히는 해석이라고 할 수 없다.

한편 관세청의 '수입통관 사무처리에 관한 고시'[관세청고시 제2011-44호(2011. 10. 31.)] 제2-1-7조 제4항 및 그 별지 제1-2호 '수입신고서 작성요령'이 수입신고서에 '수입자'와 '납세의무자'를 구분하여 기재하도록 하면서 수입자와 납세의무자가 동일한 경우와 상이한 경우를 나누어 그 표시를 달리하도록 하고, 다름 아닌 납세의무자에 관하여 그 성명·주소 등과 함께 관세청장이 지정한 통관고유부호(개인인 경우 기재 생략) 및 국세청장이 지정한 사업자등록번호(사업자등록번호가 없는 개인의 경우는 주민등록번호)를 기재하도록 정하고 있는 것도 이러한 취지에 따른 것이라고 여겨진다.

원심이 들고 있는 대법원 1978. 4. 11. 선고 78도201 판결은 관세법령이 위에서 본 구 관세법 및 구 관세법 시행령의 조항과 같이 개정되기 전의 판례로서 이 사건에 원용하기에 적절하지 아니하다.

그럼에도 그 판시와 같은 이유만으로 이 부분 공소사실을 무죄로 판단한 원심판결에는 관세법상의 허위신고죄에 관한 법리를 오해하는 등으로 판결에 영향을 미친 위법이 있다. 이를 지적하는 상고이유의 주장은 이유 있다.

라. 그렇다면 원심판결 중 피고인 1의 무죄 부분과 피고인 2에 관한 부분은 모두 파기되어야 할 것이다. 한편 피고인 1의 유죄 부분에 대한 상고가 이유 없음은 앞서 판단한 바와 같으나, 원심이 피고인 1에 대하여 유죄로 인정한 각 죄와 무죄로 인정한 각 죄는 형법 제37조 전단의 경합범 관계에 있으므로 피고인 1에 대한 원심판결의 유죄 부분도 무죄 부분과 함께 파기되어야 한다.

3. 결론

그러므로 원심판결 전부를 파기하고, 사건을 다시 심리·판단하게 하기 위하여 원심법원에 환송하기로 하여, 관여 대법관의 일치된 의견으로 주문과 같이 판결한다.

대법관 고영한(재판장) 양창수(주심) 박병대 김창석

대법원 2014.1.29. 선고 2013도12276 판결

【국가보안법위반(잠입·탈출)·국가보안법위반(찬양·고무등)·국가보안법위반(회합·통신등)】

판시사항

[1] 국가보안법 제7조 제1항에서 정한 '반국가단체 등 활동동조죄'에서 '동조행위'의 의미와 판단 기준

[2] 피고인이 북한의 금수산기념궁전을 방문하여 참배함으로써 반국가단체 활동에 동조하였다고 하여 국가보안법 위반으로 기소된 사안에서, 피고인이 방북 이후 북한의 선전·선동 등 활동에 동조하는 행위를 지속하면서 북한의 체제 선전 수단으로 활용되는 금수산기념궁전에서 참배한 행위가 국가보안법 제7조 제1항의 동조행위에 해당함에도, 이와 달리 본 원심판결에 법리오해의 위법이 있다고 한 사례

판결요지

[1] 국가보안법 제7조 제1항에서 정하고 있는 '반국가단체 등 활동동조죄'에서 말하는 '동조행위'라고 함은 반국가단체 등의 선전·선동 및 그 활동과 동일한 내용의 주장을 하거나 이에 합치되는 행위를 하여 반국가단체 등의 활동에 호응·가세하는 것을 말한다. 그리고 국가의 존립·안전이나 자유민주적 기본질서에 실질적 해악을 끼칠 명백한 위험성이 있는 경우에 한하여 국가보안법이 제한적으로 적용되어야 한다는 해석원리는 반국가단체 등 활동동조죄에 대하여도 그대로 적용된다. 따라서 국가보안법 제7조 제1항에 의하여 금지되는 동조행위는 같은 조항에서 규정하고 있는 바의 '반국가단체 등의 활동을 찬양·고무·선전'하는 것과 같이 평가될 정도로 적극적으로 자신이 반국가단체 등 활동에 호응·가세한다는 의사를 외부에 표시하는 정도에 이르러야 한다.

[2] 피고인이 북한의 금수산기념궁전을 방문하여 그곳에 참배함으로써 반국가단체 활동에 동조하였다고 하여 국가보안법 위반으로 기소된 사안에서, 제반 사정을 종합할 때 피고인이 방북 이후 북한의 선전·선동 등 활동에 동조하는 행위를 지속하면서 북한의 체제 선전 수단으로 활용되는 금수산기념궁전에서 참배한 행위가 북한의 활동에 대하여 찬양·선전과 같이 평가될 정도로 적극적으로 호응·가세한다는 의사를 외부에 표시한 것으로 보기에 충분한데도, 이와 달리 본 원심판결에 국가보안법 제7조 제1항의 동조행위에 관한 법리오해의 위법이 있다고 한 사례.

전 문

피 고 인 피고인

상 고 인 검사

변 호 인 법무법인

원심판결 서울중앙지법 2013. 9. 25. 선고 2013노2393 판결

주 문 원심판결 중 유죄 부분 및 금수산기념궁전 참배 행위와 방명록 기재 행위로 인한 국가보안법 위반(찬양·고무 등) 부분을 파기하고, 이 부분 사건을 서울중앙지방법원 합의부에 환송한다. 나머지 상고를 기각한다.

이 유 상고이유를 판단한다.

1. 금수산기념궁전 '참배' 및 방명록 기재 행위로 인한 국가보안법 위반(찬양·고무 등)의 점에 관하여

가. 원심은, 이 사건 반국가단체 등 활동 동조의 공소사실 중 북한에서 개최된 민족통일대축전을 전후하여 피고인이 결의대회에 참석하여 김일성 동상에 헌화하고 다른 참석자들과 함께 결의문을 채택한 행위, 평양시 군중대회, 민족통일대축전 개막식, 8·15 범민족대회 및 대민족회의에 참석하고 연설 및 결의문 채택 등에 대하여 박수를 치는 등으로 호응한 행위 부분에 대하여는 이를 유죄로 판단하는 한편, 피고인이 금수산기념궁전을 방문

하여 참배하고 방명록에 "민족의 태양이신 김일성 주석의 유지를 받들어 90년대 통일 위업을 위해 모든 것을 다할 것이다"라고 기재함으로써 반국가단체 등의 활동에 동조하였다는 공소사실 부분과 관련하여서는 그 중 '금수산기념궁전 방문시 방명록 기재 행위 부분'은 이에 부합하는 듯한 노동신문의 보도 내용만으로는 피고인의 위와 같은 방명록 기재 사실을 인정할 수 없다고 보아 이에 대해 무죄를 선고한 제1심의 판단과 결론을 같이 하고, 나아가 '금수산기념궁전 참배 행위 부분'은 그 판시와 같은 사정을 들어 위 장소에서의 단순한 참배행위만으로는 반국가단체 등의 활동에 호응·가세한다는 의사를 적극적으로 외부에 표시하는 정도에 이르렀다고 보기에 부족하고, 이러한 행위만으로 국가의 존립·안전이나 자유민주적 기본질서에 실질적 해악을 끼칠 명백한 위험성이 있을 정도로 반국가단체 등의 활동에 동조한 것이라고 보기에 부족하다는 이유로 이 부분 공소사실을 유죄로 판단한 제1심을 파기하고 이를 무죄로 판단하였다.

나. 먼저 피고인의 '금수산기념궁전 방문시 방명록 기재 행위 부분'에 관하여 보건대, 이 부분 원심판결 이유를 기록에 비추어 살펴보면, 원심의 위와 같은 판단에 상고이유 주장과 같이 논리와 경험의 법칙을 위반하여 사실을 인정하는 등의 위법이 있다고 할 수 없다.

다. 그러나 피고인의 '금수산기념궁전 참배 행위'가 국가보안법 제7조 제1항에 의하여 금지되는 동조행위에 해당하지 아니한다고 본 원심의 판단은 다음과 같은 이유로 수긍할 수 없다.

국가보안법 제7조 제1항에서 정하고 있는 '반국가단체 등 활동동조죄'에서 말하는 '동조행위'라고 함은 반국가단체 등의 선전·선동 및 그 활동과 동일한 내용의 주장을 하거나 이에 합치되는 행위를 하여 반국가단체 등의 활동에 호응·가세하는 것을 말한다. 그리고 국가의 존립·안전이나 자유민주적 기본질서에 실질적 해악을 끼칠 명백한 위험성이 있는 경우에 한하여 국가보안법이 제한적으로 적용되어야 한다는 해석원리는 반국가단체 등 활동동조죄에 대하여도 그대로 적용된다. 따라서 국가보안법 제7조 제1항에 의하여 금지되는 동조행위는 같은 조항에서 규정하고 있는 바의 '반국가단체 등의 활동을 찬양·고무·선전'하는 것과 같이 평가될 정도로 적극적으로 자신이 반국가단체 등 활동에 호응·가세한다는 의사를 외부에 표시하는 정도에 이르러야 한다(대법원 2008. 4. 17. 선고 2003도758 전원합의체 판결 등 참조).

원심판결 이유 및 적법하게 채택된 증거들에 의하여 인정되는 다음과 같은 사정, 즉 ① 피고인의 당초 방북 목적이 개인적인 차원에서 미전향 장기수였던 공소외인을 만나기 위한 것이었다고는 하나, 이를 위하여 독일 베를린에 있는 조국통일범민족연합 유럽본부에서 5개월간 체류하면서 북한공작원과 회합하여 구체적인 북한 방문 일정 등을 논의하는 과정에서 단순히 개인적으로 공소외인만을 만나는 것이 아니라 피고인이 8월 15일경을 전후하여 열리는 민족통일대축전과 관련한 각종 행사 등에 조국통일범민족연합 유럽본부 관계자 등과 함께 참여할 수도 있고 이를 통하여 북한이 피고인의 행위를 자신들의 체제 선전 수단으로 이용할 가능성이 있음을 알면서도 방북에 이른 점, ② 조국통일범민족연합 유럽본부는 북한을 이롭게 할 목적으로 결성된 이적단체인 조국통일범민족연합 해외본부(대법원 1994. 5. 24. 선고 94도930 판결 등 참조)의 산하 지역단체인데, 피고인은 그와 같은 단체 사무실에서 5개월간 체류하면서 북한의 주장에 동조하는 조국통일범민족연합의 기관지 '조국은 하나'의 편집 등을 도와주기도 한 점, ③ 피고인은 방북 후 20일 이상을 체류하면서 공소외인과 1회 만난 것을 제외하면 그 대부분의 기간 동안 원심이 유죄로 인정한 것과 같이 북한이 주최한 민족통일대축전, 제6차 범민족대회 등에 참석하고 연설 및 결의문 채택 등에 대하여 박수를 치는 등으로 호응하여 적극적으로 북한의 선전·선동 활동에 동조하였고, 이러한 피고인의 의사는 금수산기념궁전 참배에도 이어졌다고 볼 개연성이 있는 점, ④ 금수산기념궁전 참배 행위를 포함한 피고인의 일련의 행위는 노동신문 등의 매체를 통하여 북한의 선전활동에 이용되었는데, 피고인은 공소외인의 집 방문에 관한 노동신문 기사 내용 및 자신이 참석하는 행사의 정치적 성격 및 규모 등에 비추어 자신의 행위가 북한의 선전·선동 활동에 이용되고 있음을 알면서도 이에 동조하는 행위를 계속한 점, ⑤ 피고인이 '참배'하였다는 금수산기념궁전은 반국가단체의 수괴이었던 김일성의 시신이 안치된 곳으로 북한이 그 시설에 부여하는 상징적인 의미로 보아 그에 대한 참배 행위는 망인의 명복을 비는 단순한 가치중립적인 의례행위로 용인될 수 있는 범주에 속한다고 보기 어려운 점, ⑥ 피고인은 김일성 동상 앞에 다른 참석자들과 함께 도열하여 동상을 향해 인사를 하고 그들과 함께 '위대한 수령 김일성 유훈인 90년대 통일을 실현하기 위해 적극 투쟁한다'는 내용의 결의문을 채택하여 적극적으로 북한의 활동에 동조하기도 하였는데, 금수산기념궁전 참배 행위는 위와 같은 동조행위 직후에 이루어진 것으로 일련의 동조행위로 평가할 여지가 충분한 점, ⑦ 피고인은 방북 후에도 다시 베를린으로 가 상당한 기간 동안 조국통일범민족연합 유럽본부 관계자들과 교류하면서 그들의 동향 등에 관해 북한 공작원과 대화를 나누는 등으로 회합하기도 한 점, ⑧ 피고인의 행위가 국가의 존립·안전이나 자유민주적 기본질서에 실질적 해악을 끼칠 명백한 위험성이 있는지 여부를 판단함에 있어서 피고인이 방북한 1995년 당시의 남북관계 및 시대 상황을 반영하여야 하는 점 등을 종합하면, 피고인이 방북 이후 북한의 선전·선동 등 활동에 동조하는 행위를 지속하면서 북한의 체제 선전 수단으로 활용되는 금수산기념궁전에서 참배한 행위는 결국 북한의 활동에 대하여 찬양·선전과 같이 평가될 정도로 적극적으로 호응·가세한다는 의사를 외부에 표시한 것으로 보기에 충분하다고 할 것이다.

그럼에도 원심은 이와 달리 그 판시와 같은 사정만을 들어 피고인의 행위가 반국가단체 등의 활동에 호응·가세한다는 의사를 적극적으로 외부에 표시하는 정도에 이른 것으로 볼 수 없다고 판단하였다. 이러한 원심의 판단에는 국가보안법 제7조 제1항의 '동조' 행위에 관한 법리를 오해함으로써 판결에 영향을 미친 위법이 있다. 이를 지적하는 상고이유의 주장은 이유 있다.

2. 원심이 무죄로 인정한 나머지 국가보안법 위반(찬양·고무 등)의 점에 관하여

원심은 이 부분 각 공소사실에 부합하는 듯한 노동신문의 보도 내용만으로는 이 부분 공소사실을 인정할 수 없다고 보아 이를 모두 무죄로 판단하였다.

원심판결의 이유를 기록에 비추어 살펴보면, 원심의 위와 같은 판단은 정당하고, 거기에 상고이유 주장과 같이 논리와 경험의 법칙을 위반하여 사실을 인정하는 등의 위법이 있다고 할 수 없다.

3. 유죄 부분에 대한 상고이유에 관하여

검사는 원심판결 중 유죄 부분에 대하여도 상고하였으나 상고장에 이유의 기재가 없고 상고이유서에도 이에 관한 불복이유의 기재를 찾아볼 수 없다.

4. 파기의 범위

앞서 본 바와 같은 이유로 금수산기념궁전 참배 행위로 인한 국가보안법 위반(찬양·고무 등)의 점은 파기되어야 하는데, 위 파기 부분은 원심이 무죄로 판단한 금수산기념궁전 방문시 방명록 기재 행위로 인한 국가보안법 위반(찬양·고무 등) 부분과 일죄의 관계에 있으므로 이 부분도 파기되어야 한다. 또한 원심이 유죄로 인정한 범죄사실은 위 파기 부분과 형법 제37조 전단의 경합범 관계에 있어 하나의 형이 선고되어야 하므로 함께 파기되어야 한다. 결국 원심판결 중 원심이 무죄로 판단한 금수산기념궁전 참배 행위와 방명록 기재 행위로 인한 국가보안법 위반(찬양·고무 등) 부분 및 유죄 부분 전부가 파기될 수밖에 없다.

아울러 유죄로 인정된 이 사건 각 범행은 피고인이 공무집행방해죄 등으로 징역 1년을 선고받아 그 형의 집행을 종료한 때로부터 3년 이내에 범한 범죄이므로 누범 가중 규정이 적용되어야 하고, 나아가 집행유예 선고와 관련하여서는 2005. 7. 29. 법률 제7623호로 개정된 형법 부칙 제2조 단서에 의하여 구 형법(2005. 7. 29. 법률 제7623호로 개정되기 전의 것) 제62조 제1항이 적용되어야 한다는 점도 덧붙여 지적하여 둔다.

5. 결론

그러므로 원심판결 중 유죄 부분 및 금수산기념궁전 참배 행위와 방명록 기재 행위로 인한 국가보안법 위반(찬양·고무 등) 부분을 파기하고, 이 부분 사건을 다시 심리·판단하도록 원심법원에 환송하며, 검사의 나머지 상고를 기각하기로 하여 관여 대법관의 일치된 의견으로 주문과 같이 판결한다.

대법관 고영한(재판장) 양창수(주심) 박병대 김창석

대법원 2014.1.23. 선고 2013도9690 판결

【특정범죄가중처벌등에관한법률위반(뇌물)·뇌물공여】

판시사항

구 도시 및 주거환경정비법상 '정비사업전문관리업자'가 주식회사인 경우, 같은 법 제84조에 의하여 공무원으로 의제되는 정비사업전문관리업자의 '임원'은 수뢰행위 당시 상업등기부에 대표이사, 이사, 감사로 등기된 사람에 한정되는지 여부(적극) 및 주식회사의 임원으로 등기되지 아니한 실질적 경영자가 위 '임원'에 해당하는지 여부(소극)

판결요지

구 도시 및 주거환경정비법(2009. 2. 6. 법률 제9444호로 개정되기 전의 것, 이하 '도시정비법'이라고 한다) 제84조는 "형법 제129조 내지 제132조의 적용에 있어서 조합의 임원과 정비사업전문관리업자의 대표자(법인인 경우에는 임원을 말한다)·직원은 이를 공무원으로 본다."라고 규정하고 있는데, 도시정비법은 정비사업전문관리업자가 법인인 경우 공무원으로 의제되는 '임원'에 관하여 더 이상의 자세한 규정을 두고 있지 아니하다. 따라서 위와 같은 '임원'에 해당하는지 여부는 민법, 상법, 기타의 실체법에 의하여 결정하여야 할 것인데, 그 중 주식회사의 법률관계를 규율하고 있는 상법 제312조는 '임원의 선임'이라는 표제하에 "창립총회에서는 이사와 감사를 선임하여야 한다."고 하면서, 구 상법(2007. 8. 3. 법률 제8581호로 개정되기 전의 것) 제317조 제2항은 주식회사의 설립에 있어 등기하여야 할 사항으로 "이사와 감사의 성명 및 주민등록번호"(제8호), "회사를 대표할 이사의 성명·주민등록번호 및 주소"(제9호) 등을 규정하고 있다. 위와 같은 규정들의 문언·체계 및 그 취지 등을 종합하면, 도시정비법에서 정하는 '정비사업전문관리업자'가 주식회사인 경우 같은 법 제84조에 의하여 공무원으로 의제되는 '임원'은 형법 제129조 내지 제132조에 해당하는 수뢰행위 당시 상업등기부에 대표이사, 이사, 감사로 등기된 사람에 한정된다고 보아야 하며, 설령 실질적 경영자라고 하더라도 해당 주식회사의 임원으로 등기되지 아니한 사람까지 도시정비법 제84조에 의하여 공무원으로 의제되는 정비사업전문관리업자의 '임원'에 해당한다고 해석하는 것은 형벌법규를 피고인에게 불리한 방향으로 지나치게 유추하거나 확장해석하는 것으로서 죄형법정주의의 원칙에 어긋나는 것이어서 허용될 수 없다.

전 문

피 고 인 피고인 1 외 1인

상 고 인 피고인 2와 검사

변 호 인 변호사

원심판결 광주고법 2013. 7. 25. 선고 2013노7 판결

주 문 원심판결 중 피고인 2에 대한 유죄 부분을 파기하고, 이 부분 사건을 광주고등법원에 환송한다. 검사의 무죄 부분에 대한 상고를 모두 기각한다.

이 유 상고이유를 판단한다.

1. 피고인 2의 상고이유에 대하여

가. 상고이유 제1점에 대하여

기록에 의하면, 피고인 2는 제1심에서 2012. 2. 10.에 공소장 부본과 함께 국민참여재판 의사확인서를 송달받은 사실을 알 수 있고, 피고인 2가 법정기간 내에 국민참여재판을 원하는지에 관한 의사가 기재된 서면을 제출하지 아니한 이상 국민참여재판을 원하지 아니하는 것으로 간주하므로, 피고인 2에 대한 제1심 재판이 국민참여재판으로 이루어지지 않은 것에 아무런 위법이 없다.

나. 상고이유 제2점에 대하여

(1) 구 도시 및 주거환경정비법(2009. 2. 6. 법률 제9444호로 개정되기 전의 것, 이하 '도시정비법'이라고 한다) 제84조는 "형법 제129조 내지 제132조의 적용에 있어서 조합의 임원과 정비사업전문관리업자의 대표자(법인인 경우에는 임원을 말한다)·직원은 이를 공무원으로 본다."라고 규정하고 있는데, 도시정비법은 정비사업전문관리업자가 법인인 경우 공무원으로 의제되는 '임원'에 관하여 더 이상의 자세한 규정을 두고 있지 아니하다. 따라서 위와 같은 '임원'에 해당하는지 여부는 민법, 상법, 기타의 실체법에 의하여 결정하여야 할 것인데, 그 중 주식회사의 법률관계를 규율하고 있는 상법 제312조는 '임원의 선임'이라는 표제하에 "창립총회에서는 이사와 감사를 선임하여야 한다."고 하면서, 구 상법(2007. 8. 3. 법률 제8581호로 개정되기 전의 것) 제317조 제2항은 주식회사의 설립에 있어 등기하여야 할 사항으로 "이사와 감사의 성명 및 주민등록번호"(제8호), "회사를 대표할 이사의 성명·주민등록번호 및 주소"(제9호) 등을 규정하고 있다.

위와 같은 규정들의 문언·체계 및 그 취지 등을 종합하면, 도시정비법에서 정하는 '정비사업전문관리업자'가 주식회사인 경우 같은 법 제84조에 의하여 공무원으로 의제되는 '임원'은 형법 제129조 내지 제132조에 해당하는 수뢰행위 당시 상업등기부에 대표이사, 이사, 감사로 등기된 사람에 한정된다고 보아야 하며, 설령 실질적 경영자라고 하더라도 해당 주식회사의 임원으로 등기되지 아니한 사람까지 도시정비법 제84조에 의하여 공무원으로 의제되는 정비사업전문관리업자의 '임원'에 해당한다고 해석하는 것은 형벌법규를 피고인에게 불리한 방향으로 지나치게 유추하거나 확장해석하는 것으로서 죄형법정주의의 원칙에 어긋나는 것이어서 허용될 수 없다.

(2) 원심판결 이유에 의하면, 원심은 그 판시와 같은 사정을 종합하여 피고인 2가 공소외 주식회사(이하 '공소외 회사'라고 한다)의 화정지구 재건축 사업을 실질적으로 경영한 사람으로서 도시정비법 제84조에 의하여 공무원으로 의제되는 정비사업전문관리업자의 임·직원으로서 구 특정범죄 가중처벌 등에 관한 법률(2008. 12. 26. 법률 제9169호로 개정되기 전의 것, 이하 같다) 제2조 제1항 제1호, 형법 제129조 제1항에서 정하는 '공무원'에 해당한다고 판단하여 구 특정범죄 가중처벌 등에 관한 법률 위반(뇌물)의 점을 유죄로 인정한 제1심판결을 그대로 유지하였다.

그러나 피고인 2가 이 부분 공소사실 기재와 같은 금전을 수수할 당시 공소외 회사의 대표이사, 이사 또는 감사로 등기되어 있지 않았던 사실은 기록상 분명하고, 원심이 인정한 사실관계에 의하더라도 피고인 2는 공소외 회사의 화정지구 재건축조합정비사업을 실질적으로 경영한 사람일 뿐 공소외 회사로부터 업무에 관한 구체적 지휘·감독을 받는 지위에 있다고 할 수 없어 도시정비법 제84조에서 말하는 '직원'에 해당한다고 보기도 어렵다.

위와 같은 사실관계를 앞서 본 법리에 비추어 보면, 피고인 2는 공소사실 기재와 같은 금전 수수 당시 도시정비법 제84조에서 정하는 정비사업전문관리업자의 '임원'에 해당한다거나 그 '직원'으로 볼 수 없으므로, 결국 구 특정범죄 가중처벌 등에 관한 법률 제2조 제1항 제1호 내지 형법 제129조 제1항이 정하는 뇌물수수죄의 주체인 '공무원'에 해당한다고 할 수 없다.

(3) 그런데도 원심은 그 판시와 같은 이유만으로 피고인 2에 대한 이 부분 공소사실을 유죄로 판단하였으니, 이러한 원심판결에는 죄형법정주의에 관한 법리를 오해하여 형벌법규의 해석을 그르침으로써 판결 결과에 영향을 미친 위법이 있다. 이 점을 지적하는 상고이유의 주장은 이유 있다.

2. 검사의 상고이유에 대하여

가. 무죄 부분 상고이유에 대하여

원심판결 이유를 기록에 비추어 살펴보면, 원심이 그 판시와 같은 이유를 들어 피고인들에 대한 이 사건 공소사실(피고인 2에 대한 유죄 부분 제외)에 대하여 그 범죄의 증명이 없다고 보아 무죄를 선고한 제1심판결을 그대로 유지한 것은 정당하고, 거기에 상고이유의 주장과 같이 논리와 경험의 법칙을 위반하고 자유심증주의의 한계를 벗어나 사실을 잘못 인정하는 등의 위법이 없다.

나. 유죄 부분 상고에 대하여

검사는 원심판결 중 유죄 부분에 대하여도 상고하였으나, 상고장이나 상고이유서에 그 불복이유의 기재가 없다.

3. 결론

그러므로 피고인 2의 나머지 상고이유를 살펴볼 필요 없이 원심판결 중 피고인 2에 대한 유죄 부분을 파기하고, 이 부분 사건을 다시 심리·판단하도록 원심법원에 환송하며, 검사의 무죄 부분에 대한 상고를 모두 기각하기로 하여 관여 대법관의 일치된 의견으로 주문과 같이 판결한다.

대법관 이인복(재판장) 민일영 박보영 김신(주심)

대법원 2014.1.23. 선고 2013도4146 판결

【공직선거법위반】

판시사항

1 공직선거법 제135조 제3항에서 정한 '선거운동', '선거운동과 관련하여'의 의미와 판단 기준

2 국회의원 선거에 출마한 갑 후보자의 회계책임자인 피고인이 을과 선거컨설팅 용역계약을 체결하고 선거운동과 관련하여 용역대금을 지급함으로써 선거비용을 초과 지출하였다고 하여 공직선거법 위반으로 기소된 사안에서, 을이 용역계약을 위하여 한 행위들 중 선거운동기간이 시작되기 전에 한 행위들은 선거운동을 위한 준비행위로서 거기에 소요되는 비용은 선거비용이라고 할 수 없다고 한 사례

판결요지

1 공직선거법 제135조 제3항에서 정한 '선거운동'은 특정후보자의 당선 내지 득표나 낙선을 위하여 필요하고도 유리한 모든 행위로서 당선 또는 낙선을 도모한다는 목적의사가 객관적으로 인정될 수 있는 능동적·계획적인 행위를 말하는 것으로, 단순히 장래의 선거운동을 위한 내부적·절차적인 준비행위에 해당하는 선거운동의 준비행위나 통상적인 정당활동과는 구별되나, 구체적으로 어떠한 행위가 선거운동에 해당하는지 여부를 판단함에 있어서는 단순히 행위의 명목뿐만 아니라 행위의 태양, 즉 행위가 행하여지는 시기·장소·방법 등을 종합적으로 관찰하여 그것이 특정후보자의 당선 또는 낙선을 도모하는 목적의지를 수반하는 행위인지를 판단하여야 한다. 그리고 공직선거법 제135조 제3항의 '선거운동과 관련하여'는 '선거운동에 즈음하여, 선거운동에 관한 사항을 동기로 하여'라는 의미로서, '선거운동을 위하여'보다 광범위하며, 선거운동의 목적 또는 선거에 영향을 미치게 할 목적이 없었다 하더라도 그 행위 자체가 선거의 자유·공정을 침해할 우려가 높은 행위를 규제할 필요성에서 설정된 것이므로, 반드시 금품제공이 선거운동의 대가일 필요는 없고, 선거운동 관련 정보제공의 대가, 선거사무관계자 스카우트 비용 등과 같이 선거운동과 관련된 것이면 무엇이든 이에 포함된다.

2 국회의원 선거에 출마한 갑 후보자의 회계책임자인 피고인이 을과 선거컨설팅 용역계약(이하 '용역계약'이라고 한다)을 체결하고 선거운동과 관련하여 용역대금을 지급함으로써 선거비용을 초과 지출하였다고 하여 공직선거법 위반으로 기소된 사안에서, 제반 사정에 비추어 을이 용역계약을 위하여 한 행위들 중 선거운동기간이 시작되기 전에 한 행위들, 즉 선거전략, 콘셉트, 기본공약에 관한 프레젠테이션을 실시하고, 선거사무소 개소식을 준비하고 사회를 보는 행위 등은 모두 선거운동을 위한 준비행위로서 거기에 소요되는 비용은 선거비용이라고 할 수 없는데도, 이와 달리 본 원심판결에 형사판결의 증명력, 선거비용 확정 등에 관한 법리를 오해하는 등의 위법이 있다고 한 사례.

전 문

피 고 인 피고인

상 고 인 피고인

변 호 인 법무법인

원심판결 서울고법 2013. 4. 4. 선고 2012노4053 판결

주 문 원심판결을 파기하고, 사건을 서울고등법원에 환송한다.

이 유 상고이유(상고이유서 제출기간이 경과한 후에 제출된 상고이유보충서 등의 기재는 상고이유를 보충하는 범위 내에서)를 판단한다.

1. 선거운동 관련 금품수수 부분에 대하여

공직선거법 제135조 제3항 소정의 '선거운동'은 특정후보자의 당선 내지 득표나 낙선을 위하여 필요하고도 유리한 모든 행위로서 당선 또는 낙선을 도모한다는 목적의사가 객관적으로 인정될 수 있는 능동적·계획적인 행위를 말하는 것으로, 단순히 장래의 선거운동을 위한 내부적·절차적인 준비행위에 해당하는 선거운동의 준비행위나 통상적인 정당활동과는 구별되나, 구체적으로 어떠한 행위가 선거운동에 해당하는지 여부를 판단함에 있어서는 단순히 그 행위의 명목뿐만 아니라 그 행위의 태양, 즉 그 행위가 행하여지는 시기·장소·방법 등을 종합적으로 관찰하여 그것이 특정후보자의 당선 또는 낙선을 도모하는 목적의지를 수반하는 행위인지 여부를 판단하여야 한다(대법원 1999. 4. 9. 선고 98도1432 판결 등 참조). 그리고 공직선거법 제135조 제3항의 '선거운동과 관련하여'는 '선거운동에 즈음하여, 선거운동에 관한 사항을 동기로 하여'라는 의미로서, '선거운동을 위하여'보다 광범위하며, 선거운동의 목적 또는 선거에 영향을 미치게 할 목적이 없었다 하더라도 그 행위 자체가 선거의 자유·공정을 침해할 우려가 높은 행위를 규제할 필요성에서 설정된 것이므로, 반드시 금품제공이 선거운동의 대가일 필요는 없고, 선거운동 관련 정보제공의 대가, 선거사무관계자 스카우트 비용 등과 같이 선거운동과 관련된 것이면 무엇이든 이에 포함된다(헌법재판소 2002. 4. 25. 선고 2001헌바26 전원재판부 결정 참조).

원심이 그 채택 증거들에 의하여 그 판시와 같은 사실을 인정한 다음, 2012. 4. 11. 실시된 제19대 국회의원선거의 선거운동기간인 2012. 3. 29.부터 4. 10.까지 사이에 인천 서구·강화군을 선거구에 출마한 ○○○당 공소외 1 후보를 위하여 공소외 2가 3일 동안 한 선거유세는 전형적인 선거운동에 해당하고, 공소외 2가 각종 선거대책회의에 참석하고, 선거운동원의 선거운동 방법이나 지지호소 문자메시지, 전화홍보 방법 등에 관하여 의견을 제시한 행위 등은 단순히 장래의 선거운동을 위한 준비행위에 그치지 아니하고 선거운동과의 관련성이 인정되며, 공소외 2의 위와 같은 행위들과 선거가 끝난 후인 2012. 4. 24. 공소외 1 후보의 회계책임자인 피고인이 공소외 2에게 1,650만 원을 지급한 것과의 대가성이 인정된다고 판단한 것은 위 법리에 따른 것으로 정당하고, 거기에 상고이유 주장과 같이 논리와 경험의 법칙을 위반하고 자유심증주의의 한계를 벗어나 사실을 잘못 인정하거나 공직선거법상 선거운동에 관한 법리를 오해한 위법이 없다.

2. 선거비용 초과지출 부분에 대하여

형사재판에서 공소가 제기된 범죄사실에 대한 입증책임은 검사에게 있는 것이고, 유죄의 인정은 법관으로 하여금 합리적인 의심을 할 여지가 없을 정도로 공소사실이 진실한 것이라는 확신을 가지게 하는 증명력을 가진 증거에 의하여야 하므로(형사소송법 제307조 제2항), 그와 같은 증거가 없다면 설령 피고인에게 유죄의 의심이 간다고 하더라도 피고인의 이익으로 판단할 수밖에 없다(대법원 1991. 8. 13. 선고 91도1385 판결, 대법원 2009. 6. 25. 선고 2008도10096 판결 등 참조).

원심이 적법하게 채택한 증거들과 기록에 의하면, 공소외 1은 2011. 12. 15. 무소속으로 국회의원 예비후보자 등록을 마친 후 선거기획사를 알아보던 중 인천 서구의회 의원 공소외 3의 추천으로 디자인 전문업체인 '△△기획'을 운영하고 있던 공소외 2로부터 2012. 1. 초순경 3회에 걸쳐 선거전략, 콘셉트, 이미지 등에 관하여 프레젠테이션을 받은 사실, 피고인은 공소외 2에 대하여 선거기획행위 외에도 홍보물 인쇄를 하는 것으로 견적을 요구하여 공소외 2로부터 수회에 걸쳐 총금액이 다른 내용의 견적서를 받은 끝에 2012. 2. 20.경 총금액을 5,500만 원(부가가치세 별도)으로 하는 것에 대하여 합의하고 공소외 1의 승인을 얻었을 뿐 서면으로 계약서를 작성하지는 않은 사실, [별지 2] 견적서는 이와 같이 총금액을 결정하는 과정에서 피고인이 공소외 2로부터 최종적으로 받은 견적서로서 기획 및 디자인 항목의 내역 중 '선거 전략수립, 후보자 스케줄링, 언론대응 및 보도자료 생성, SNS 대응전략 수립, 사무소 개소식 기획, 운동원 소품 기획, 전화홍보 기획, 동영상 제작 기획, 각종 선거 이벤트 기획'은 내역별 가격을 나누지 않고 합계액으로 800만 원이 기재되어 있으나, 그 밖의 내역은 '명함기획 및 디자인, 현수막 기획 및 디자인(외벽+내부+길거리), 선거운동원 소품 기획 및 디자인, 각종 소품 기획 및 디자인, 예비 공보물 기획 및 디자인, 본선 공보물 기획 및 디자인, 포스터 기획 및 디자인'으로 나눈 후 각 내역별로 가격이 별도로 기재되어 있는 사실, 이후 공소외 2는 피고인의 요구로 [별지 2] 견적서의 기획 및 디자인 항목의 내역 부분은 그대로 두고 가격 부분을 합하여 3,000만 원으로, 비고란에서 '기획료, 출장비 등 회사경비'와 '디자이너 4인 인건비(시각디자인, 편집디자인)' 부분을 삭제하고, 예비 명함 250만 원을 150만 원으로, 본선 명함 250만 원을 240만 원으로, 예비 공보물제작 900만 원을 400만 원으로, 본선 공보물제작 2,000만 원을 1,510만 원으로, 선거벽보 250만 원을 50만 원으로, 각 수정한 [별지 3] 견적서와 [별지 3] 견적서의 기획 및 디자인 항목의 내역 부분을 모두 합하여 선거기획으로 하고, 비고란에 '선거 전략수립(컨셉 및 이슈, 메시지 기본공약개발 등)'을 추가로 기재한 [별지 1] 견적서를 작성하였는데 피고인이 강화군 선거관리위원회에 제출한 것은 [별지 1] 견적서인 사실, 공소외 2는 자신이 운영하는 △△기획에서 직접 홍보물 등을 디자인하거나 제작한 것이 아니라 다른 업체에 주문하는 방법을 사용하였는데 2012. 1. 17.경 예비후보자 명함 납품에 100만 원, 2012. 2. 말경 선거사무소 개소식 초대장 납품에 165만 원, 예비후보자 홍보물 제작에 400만 원, 그 후부터 2012. 3. 30.까지 선거공보물, 현수막, 선거벽보, 본선용 명함 등 납품에 1,300만 원, 디자인 전문가인 공소외 4에게 선거홍보물 디자인비로 300만 원을 각 지급한 사실, 공소외 2는 위와 같은 홍보물 제작 외에도 2012. 1. 초순경 610만 원을 들여 위 프레젠테이션을 하였고, 2012. 2.경 공소외 1의 ○○○당 복당 신청 후 인천시당에 가서 관계자를 만나 진행 상황을 확인하고, 이후 공천과 관련한 정보를 확인하여 피고인에게 제공하였으며, 2012. 3. 20.경 선거사무소 개소식의 사회를 보고, 예비후보자 홍보물 제작 과정에서 공약과 정책 등을 제안한 사실, 피고인은 공소외 1의 정치자금 계좌에서 △△기획의 명의상 대표자인 공소외 5의 예금계좌로 2012. 2. 24. 1,000만 원, 같은 날 500만 원, 2012. 3. 14. 1,000만 원, 2012. 3. 20. 1,000만 원, 2012. 3. 29. 600만 원, 2012. 3. 30. 750만 원, 같은 날 300만 원, 2012. 4. 2. 100만 원, 2012. 4. 9. 800만 원 등 합계 6,050만 원을 지급하여 이 사건 계약의 용역대금을 모두 지급한 사실을 알 수 있다.

위 사실과 원심이 인정한 사실에 의하여 알 수 있는 다음과 같은 사정, 즉 공소외 2가 수회에 걸쳐 세부내용이 다른 견적서를 작성하였는데 공소외 2의 선거기획 및 홍보물 작업의 실제 내용을 위 견적서들의 내용과 비교하여 보면, 명함과 각종 공보물제작 비용은 [별지 2] 견적서의 가격과는 확연히 다르고, 오히려 [별지 1] 견적서나 [별지 3] 견적서의 가격과 유사하며, 공소외 2가 선거운동기간이 시작되기 전에 선거홍보물 제작 외에 선거전략, 콘셉트, 기본공약에 관한 프레젠테이션 실시, 선거사무소 개소식 준비 및 사회, 정책 및 공약 제안 등의 행위를 하고, 전 □□□당 인천시당 청년위원장 출신인 경험을 살려 당시 무소속이던 공소외 1이 ○○○당에 복당하여 공천을 받는 데 도움을 주는 행위를 한 반면, [별지 2] 견적서나 [별지 3] 견적서의 내역에 기재되어 있는 각종 소품, 동영상 제작, 이벤트 기획을 하였다거나 후보자 스케줄링, 보도자료 생성행위 등을 하였다는 자료가 없고 오히려 공소외 2가 각종 선거대책회의에 참석하고 선거운동원의 선거운동 방법이나 지지호소 문자메시지, 전화홍보 방법 등에 관하여 의견을 제시하는 행위를 하기는 하였으나 사전에 그에 대한 대가를 추가로 받기로 하고 실제로도 선거 종료 후 그에 대한 대가로 1,650만 원을 받은 점에서 견적서의 내역에 있어서도 [별지 2] 견적서 및 [별지 3] 견적서보다는 [별지 1] 견적서가 실제 내용에 근접한 점 등에 비추어 보면, 피고인과 공소외 2는 이 사건 계약을 함에 있어 우선 총금액을 5,500만 원으로 하는 것에 대하여 합의하고, 세부내역은 일의 진행에 따라 실제 소요 비용을 참작하여 정하기로 한 후 최종적으로 작성된 [별지 1] 견적서에 의해 그 내용을 정한 것으로 보는 것이 타당하다. 그리고 공소외 2가 실제로 선거홍보물 제작과 디자인을 위해 다른 업체에 지급한 비용이 2,300만 원 정도여서 [별지 1] 견적서의 홍보물 제작비용을 넘지 않으며, 공소외 2가 이 사건 용역계약을 위해 한 행위들 중 선거운동기간이 시작되기 전에 한 행위들, 즉 선거전략, 콘셉트, 기본공약에 관한 프레젠테이션을 실시하고, 선거사무소 개소식을 준비하고 사회를 보는 행위, 예비후보자 홍보물 제작과정에서 공약, 정책 등을 제안하고, 그 밖에 공소외 2가 전 □□□당 인천시당 청년위원장 출신인 경험을 살려 당시 무소속이던 공소외 1이 ○○○당에 복당하여 공천을 받는 데에 도움을 준 행위들은 모두 선거운동을 위한 준비행위들로서 거기에 소요되는 비용은 선거비용이라고 할 수 없고 달리 피고인이 이 사건 계약금액 중 홍보물 제작비용을 제외한 3,000만 원을 공소외 2의 선거운동과 관련하여 그 대가를 지급한 것으로 볼만한 자료가 없다.

그럼에도 원심이 이 사건 계약은 애초에 [별지 2] 견적서에 따라 체결되었고, 거기에 적힌 선거운동준비행위로서의 선거기획 내지 컨설팅비는 800만 원뿐이라는 이유만으로 피고인이 [별지 1] 견적서에 따라 선거비용 외 정치자금으로 신고한 3,300만 원에서 880만 원(800만 원 및 부가가치세 80만 원)을 제외한 나머지 2,420만 원이 선거비용에 해당한다고 판단하고, 피고인이 지출한 총선거비용은 이미 신고한 179,326,190원에 제1항에서 본 1,650만 원 및 위 2,420만 원을 더한 220,026,190원이며, 이는 강화군 선거관리위원회가 결정·공고한 인천 서구·강화군을 선거구의 선거비용제한액 197,000,000원보다 23,026,190원(200분의 23.3)을 초과하여 선거비용을 지출하였다고 본 것은 형사판결의 증명력, 선거비용 확정 등에 관한 법리를 오해하여 합리적인 의심이 없는 정도의 증명에 이르지 않았음에도 범죄사실을 인정한 위법이 있고, 이를 지적하는 상고이유 주장은 이유 있다.

3. 파기의 범위

원심이 유죄로 인정한 선거비용 초과지출로 인한 공직선거법 위반죄 부분은 위법하므로 파기되어야 하는데, 위 파기 부분은 원심이 무죄로 판단한 나머지 선거비용 초과지출로 인한 공직선거법 위반의 공소사실과 포괄일죄의 관계에 있으므로, 원심판결 중 선거비용 초과지출로 인한 공직선거법 위반죄 부분은 전부 파기되어야 하며, 나머지 유죄 부분도 위 파기대상과 형법 제37조 전단의 경합범 관계에 있어 하나의 형을 선고하여야 할 경우에 해당하므로, 결국 원심판결은 모두 파기될 수밖에 없다.

4. 결론

나머지 상고이유에 대한 판단을 생략한 채 원심판결을 파기하고 사건을 다시 심리·판단하도록 원심법원에 환송하기로 하여, 관여 대법관의 일치된 의견으로 주문과 같이 판결한다.

대법관 이상훈(재판장) 신영철 김용덕 김소영(주심)

대법원 2014.1.23. 선고 2013도11735 판결

【배임수재·배임증재】

판시사항

학교법인의 운영권을 양도하고 양수인으로부터 양수인 측을 학교법인의 임원으로 선임해 주는 대가로 양도대금을 받기로 하는 내용의 '청탁'이 배임수재죄 구성요건인 '부정한 청탁'에 해당하는지 여부(원칙적 소극)

판결요지

사립학교법 제20조 제1항, 제2항, 제20조의2, 제20조의3, 제28조 제1항, 제47조, 제73조 제2호의 내용과 취지 등을 종합적으로 고려하여 보면, 학교법인 운영권의 유상 양도를 금지·처벌하는 입법자의 명시적 결단이 없는 이상 학교법인 운영권의 양도 및 그 양도대금의 수수 등으로 인하여 향후 학교법인의 기본재산에 악영향을 미칠 수 있다거나 학교법인의 건전한 운영에 지장을 초래할 수 있다는 추상적 위험성만으로 운영권 양도계약에 따른 양도대금 수수행위를 형사처벌하는 것은 죄형법정주의나 형벌법규 명확성의 원칙에 반하는 것으로서 허용될 수 없다. 따라서 학교법인의 이사장 또는 사립학교경영자가 학교법인 운영권을 양도하고 양수인으로부터 양수인 측을 학교법인의 임원으로 선임해 주는 대가로 양도대금을 받기로 하는 내용의 '청탁'을 받았다 하더라도, 그 청탁의 내용이 당해 학교법인의 설립 목적과 다른 목적으로 기본재산을 매수하여 사용하려는 것으로서 학교법인의 존립에 중대한 위협을 초래할 것임이 명백하다는 등의 특별한 사정이 없는 한, 그 청탁이 사회상규 또는 신의성실의 원칙에 반하는 것을 내용으로 하는 것이라고 할 수 없으므로 이를 배임수재죄의 구성요건인 '부정한 청탁'에 해당한다고 할 수 없고, 나아가 학교법인의 이사장 또는 사립학교경영자가 자신들이 출연한 재산을 회수하기 위하여 양도대금을 받았다거나 당해 학교법인이 국가 또는 지방자치단체로부터 일정한 보조금을 지원받아 왔다는 등의 사정은 위와 같은 결론에 영향을 미칠 수 없다.

전 문

피 고 인 피고인 1 외 1인

상 고 인 피고인들

변 호 인 법무법인

원심판결 춘천지법 2013. 9. 11. 선고 2013노368 판결

주 문 원심판결을 모두 파기하고, 사건을 춘천지방법원 본원 합의부에 환송한다.

이 유 상고이유(상고이유서 제출기간이 경과한 후에 제출된 각 상고이유보충서의 기재는 상고이유를 보충하는 범위 내에서)를 판단한다.

1. 피고인들의 학교법인 운영권 양도양수 관련 배임수증재의 점에 관하여

가. 형법 제357조에 규정된 배임수재죄 또는 배임증재죄에 있어서의 "부정한 청탁"은 사회상규와 신의성실의 원칙에 반하는 청탁을 말하고, 이를 판단함에 있어서는 청탁의 내용, 이와 관련하여 취득한 재물이나 재산상 이익의 종류·액수 및 형식, 재산상 이익 제공의 방법과 태양, 보호법익인 거래의 청렴성 등을 종합적으로 고찰하여야 한다(대법원 2010. 5. 27. 선고 2010도3399 판결 등 참조).

나. 사립학교법에 의하여 규율되는 학교법인이 기본재산을 매도하고자 할 때에는 관할청의 허가를 받아야 하고(제28조 제1항), 이를 위반하면 형사처벌을 받게 된다(제73조 제2호). 이는 사립학교의 특성과 공적 기능 등에 비추어 사립학교에서 교육사업 수행을 위한 기본재산의 확보가 필수적이고 그 물적 기반이 부실하여 학교의 존립이 위태롭게 되는 경우 수많은 학생, 학부모들이 입게 될 직접적인 피해뿐만 아니라 그로 인한 국가·사회

적 부작용을 감안할 때 일정한 범위 내에서 사립학교의 재산관리에 국가가 관여하는 것이 불가피하다는 점을 고려한 것이다(헌법재판소 2012. 2. 23. 선고 2011헌바14 전원재판부 결정 등 참조).

반면에 학교법인의 이사장 또는 사립학교경영자가 학교법인의 임원을 변경하는 방식을 통하여 학교법인의 운영권을 양수인에게 이전하고 그 대가로 양수인으로부터 운영권 양도에 상응하는 금전을 지급받기로 약정하는 내용의 계약(이하 '운영권 양도계약'이라 한다)을 체결하는 경우가 있는데, 사립학교법은 이러한 운영권 양도계약에 관하여는 이를 제한·금지하는 취지의 규정을 두고 있지 아니할 뿐 아니라 그 운영권의 양도에 교육부장관 등 관할청의 허가를 받을 것을 요구하거나 운영권 양도행위를 형사처벌하는 규정도 두고 있지 않다. 나아가 운영권 양도계약의 경우 학교법인 소유인 기본재산의 소유권에는 아무런 변동을 가져오지 아니하고, 단지 학교법인 이사회의 의결을 통하여 운영권을 이전받는 양수인 내지 그가 지정하는 사람이 학교법인의 임원 등으로 선임되는 형태의 변동이 있게 되는데, 이에 관하여 사립학교법은, 학교법인 이사회가 선임한 임원은 관할청의 승인을 얻어 취임하고(제20조 제1항, 제2항), 새로 선임된 임원이 일정한 행위를 하였을 경우 관할청은 그 임원의 취임승인을 취소하거나 직무집행을 정지할 수 있고(제20조의2, 제20조의3), 임원이 변경된 후 학교법인이 설립허가조건을 위반하거나 정관에 정한 목적의 달성이 불가능할 때에는 교육부장관이 학교법인에 해산을 명할 수 있도록(제47조) 규정하여 관할청에 사후적·행정적인 감독 및 규제 권한을 부여하고 있을 뿐이다.

이러한 관련 규정의 내용과 취지 등을 종합적으로 고려하여 보면, 학교법인 운영권의 유상 양도를 금지·처벌하는 입법자의 명시적 결단이 없는 이상 학교법인 운영권의 양도 및 그 양도대금의 수수 등으로 인하여 향후 학교법인의 기본재산에 악영향을 미칠 수 있다거나 학교법인의 건전한 운영에 지장을 초래할 수 있다는 추상적 위험성만으로 운영권 양도계약에 따른 양도대금 수수행위를 형사처벌하는 것은 죄형법정주의나 형벌법규 명확성의 원칙에 반하는 것으로서 허용될 수 없다.

따라서 학교법인의 이사장 또는 사립학교경영자가 학교법인 운영권을 양도하고 양수인으로부터 양수인 측을 학교법인의 임원으로 선임해 주는 대가로 양도대금을 받기로 하는 내용의 '청탁'을 받았다 하더라도, 그 청탁의 내용이 당해 학교법인의 설립 목적과 다른 목적으로 기본재산을 매수하여 사용하려는 것으로서 학교법인의 존립에 중대한 위협을 초래할 것임이 명백하다는 등의 특별한 사정이 없는 한, 그 청탁이 사회상규 또는 신의성실의 원칙에 반하는 것을 내용으로 하는 것이라고 할 수 없으므로 이를 배임수재죄의 구성요건인 '부정한 청탁'에 해당한다고 할 수 없고, 나아가 학교법인의 이사장 또는 사립학교경영자가 자신들이 출연한 재산을 회수하기 위하여 양도대금을 받았다거나 당해 학교법인이 국가 또는 지방자치단체로부터 일정한 보조금을 지원받아 왔다는 등의 사정은 위와 같은 결론에 영향을 미칠 수 없다.

다. 원심은, 피고인 2가 피고인 1로부터 대가를 받고 피고인 1이 이사장으로 선출되게 하는 방법으로 공소외 1 학교법인(이하 '공소외 1 법인'이라 한다) 및 그 소속 학교 관리운영권을 양도한 것은, 영리법인의 대주주가 보유 주식을 양도함으로써 영리법인의 운영권을 양도한 것과 다름없는 것으로서 비영리 재단법인인 학교법인의 본질과 상충되어 '부정한 청탁'을 받은 경우에 해당한다고 보아 이 부분 공소사실에 대하여 유죄를 선고한 제1심판결을 그대로 유지하였다.

그러나 기록에서 알 수 있는 제반 사정을 앞서 본 법리에 비추어 살펴보면, 피고인들은 공소외 1 법인의 기본재산인 학교 부지 및 건물의 소유권을 처분한 것이 아니라 피고인 1이 공소외 1 법인을 계속 운영한다는 의사의 합치 아래 그 운영권 자체를 양도한 것으로 봄이 상당하고, 달리 피고인 1이 공소외 1 법인의 설립 목적과 다른 목적으로 기본재산을 매수하여 사용하려는 의도로 피고인 2와 이 사건 운영권 양도계약을 체결하였다거나 실제로 이사장 변경 후 학교 운영 이외의 다른 목적으로 공소외 1 법인을 운영하였다고 볼 만한 사정도 찾아볼 수 없어, 설령 피고인 2가 피고인 1로부터 공소외 1 법인의 이사장으로 선임되도록 해 달라는 청탁을 받고 피고인 1로부터 양도대금을 수령하였다고 하더라도 이를 사회상규 또는 신의성실의 원칙에 반하는 것으로 볼 수 없다.

그럼에도 원심은 그 판시와 같은 이유로 피고인들에 대한 이 부분 공소사실을 유죄로 인정하였는바, 이는 배임수증재죄의 구성요건인 부정한 청탁에 관한 법리를 오해하여 판단을 그르친 것이다.

2. 피고인 1의 채용 관련 배임수재의 점에 관하여

가. 원심이 유지한 제1심판결의 채택 증거들을 기록에 비추어 살펴보면, 원심이, 피고인 1이 공소외 2, 3, 4로부터 공소외 1 법인의 교직원으로 채용해 달라는 부정한 청탁을 받고 그 대가로 금전을 교부받았다고 보아 이 부분 각 공소사실에 대하여 유죄를 선고한 제1심판결을 그대로 유지한 것은 수긍이 가고, 거기에 논리와 경험의 법칙에 반하여 자유심증주의의 한계를 벗어난 잘못이 없다.

나. 그런데 제1항에서 본 바와 같이 피고인 1의 공소외 1 법인 운영권 양수에 관한 배임증재의 점은 파기되어야 하고, 파기되는 부분은 원심이 유죄로 인정한 위 각 죄와 형법 제37조 전단의 경합범 관계에 있다는 이유로

위 피고인에게 1개의 형이 선고되었으므로 그 전부가 파기를 면할 수 없다.

3. 결론

그렇다면 원심판결을 모두 파기하고, 사건을 다시 심리·판단하게 하기 위하여 원심법원에 환송하기로 하여, 관여 대법관의 일치된 의견으로 주문과 같이 판결한다.

대법관 박보영(재판장) 민일영(주심) 이인복 김신

대법원 2014.1.16. 선고 2013도9933 판결

【자본시장과금융투자업에관한법률위반·특정경제범죄가중처벌등에관한법률위반(증재등)·특정경제범죄가중처벌등에관한법률위반(수재등)] 】

판시사항

구 자본시장과 금융투자업에 관한 법률 제178조 제1항 제1호에서 정한 '부정한 수단, 계획 또는 기교'의 의미 및 금융투자업자 등이 특정 투자자에 대하여만 투자기회 또는 거래수단을 제공한 행위가 부정한 수단 등에 해당하는지 판단하는 기준

판결요지

구 자본시장과 금융투자업에 관한 법률(2013. 5. 28. 법률 제11845호로 개정되기 전의 것, 이하 '구 자본시장법'이라 한다) 제178조 제1항 제1호는 금융투자상품의 매매, 그 밖의 거래와 관련하여 '부정한 수단, 계획 또는 기교를 사용하는 행위'를 금지하고 있는데, 여기서 '부정한 수단, 계획 또는 기교'란 사회통념상 부정하다고 인정되는 일체의 수단, 계획 또는 기교를 말한다. 나아가 어떠한 행위를 부정하다고 할지는 그 행위가 법령 등에서 금지된 것인지, 다른 투자자들로 하여금 잘못된 판단을 하게 함으로써 공정한 경쟁을 해치고 선의의 투자자에게 손해를 전가하여 자본시장의 공정성, 신뢰성 및 효율성을 해칠 위험이 있는지를 고려해야 할 것인데, 금융투자업자 등이 특정 투자자에 대하여만 투자기회 또는 거래수단을 제공한 경우에는 그 금융거래시장의 특성과 거래참여자의 종류와 규모, 거래의 구조와 방식, 특정 투자자에 대하여만 투자기회 등을 제공하게 된 동기와 방법, 이로 인하여 다른 일반투자자들의 투자기회 등을 침해함으로써 다른 일반투자자들에게 손해를 초래할 위험이 있는지 여부, 이와 같은 행위로 인하여 금융상품 거래의 공정성에 대한 투자자들의 신뢰가 중대하게 훼손되었다고 볼 수 있는지 등의 사정을 구 자본시장법의 목적·취지에 비추어 종합적으로 고려하여 판단하여야 한다.

전 문

피 고 인 피고인 1 외 9인

상 고 인 피고인 1, 2, 4 및 검사

변 호 인 법무법인

원심판결 서울고법 2013. 7. 26. 선고 2013노71 판결

주 문 상고를 모두 기각한다.

이 유 상고이유(상고이유서 제출기간이 지난 후에 제출된 상고이유보충서의 기재는 상고이유를 보충하는 범위 내에서)를 판단한다.

1. 피고인 1, 2, 4의 상고이유에 대하여

가. 구 특정경제범죄 가중처벌 등에 관한 법률(2012. 2. 10. 법률 제11304호로 개정되기 전의 것, 이하 같다) 제5조 제1항의 '금융기관의 임직원이 그 직무에 관하여'라고 하는 것은 '금융기관의 임직원이 그 지위에 수반하여 취급하는 일체의 사무와 관련하여'라는 뜻이고, 금융기관의 임직원이 거래처 고객으로부터 금품 기타 이익을 받은 때에는 그것이 당해 거래처 고객이 종전에 금융기관의 임직원으로부터 접대 또는 수수받은 것을 갚는 것으로서 사회상규에 비추어 볼 때에 의례상의 대가에 불과한 것이라고 여겨지거나, 개인적인 친분관계가 있어서 교분상의 필요에 의한 것이라고 명백하게 인정할 수 있는 경우 등 특별한 사정이 없는 한 직무와의 관련성이 없는 것으로 볼 수 없다. 그리고 위 법률 제5조의 금융기관 임직원이 수수한 금품에 직무행위에 대한 대가로서의 성질과 직무 외의 행위에 대한 사례로서의 성질이 불가분적으로 결합되어 있는 경우에는 그 전부가 불가분적으로 직무행위에 대한 대가로서의 성질을 가지고(대법원 2011. 9. 29. 선고 2011도4397 판결 등 참조), 다만 그 금품의 수수가 수회에 걸쳐 이루어졌고 각 수수행위별로 직무관련성 유무를 달리 볼 여지가 있

는 경우에는 그 행위마다 직무와의 관련성 여부를 가릴 필요가 있을 뿐이다(대법원 2012. 1. 12. 선고 2011도12642 판결 등 참조).

나. 원심판결 이유에 의하면 원심은, 피고인 4가 공소외 1 금융주식회사(이하 '공소외 1 금융회사'라 한다)의 IT지원부 차장으로 근무하면서 피고인 1, 2로부터 전달받은 알고리즘 전략을 프로그램화하여 공소외 1 금융회사의 전산시스템에 탑재할 수 있도록 도움을 주는 업무를 수행하였는데, 피고인 1, 2는 공소외 1 금융회사로부터 그와 같은 서비스를 제공받아 ELW(주식워런트증권, Equity Linked Warrant, 이하 'ELW'라 한다) 매매를 하던 중인 2010. 6. 3.경 피고인 4에게 3억 원을 제공한 점, 피고인 4는 피고인 1, 2에게 공소외 1 금융회사에서 ELW 거래에 사용할 차명계좌를 개설하여 주기도 한 점, 피고인 1, 2는 피고인 4에게 3억 원을 제공한 때로부터 불과 1개월이 지나지 아니하여 추가로 2년간 매월 2,000만 원씩을 지급하기로 하였는데, 위 금액 전부를 공소외 2 증권주식회사(이하 '공소외 2 증권회사'라 한다)에서 피고인 1, 2가 사용할 매매프로그램의 알고리즘 설계를 도와주는 대가로 보기에는 과도한 점, 2010. 6. 3.경에는 피고인 4가 피고인 1, 2의 ELW 거래와 관련하여 피고인 1이 공소외 1 금융회사로부터 받은 인센티브를 나누어 받을 수 있을지 불투명하였고 금액도 확정되지 아니하였던 점 등을 고려하면 피고인 1, 2가 지급한 3억 원 전부에 대하여 직무관련성과 대가성이 인정되고, 피고인 1, 2, 4에게 범의 또한 인정된다고 판단하였는바, 앞에서 본 법리 및 기록에 비추어 살펴보면, 원심의 위와 같은 판단은 정당한 것으로 수긍할 수 있고, 거기에 상고이유의 주장과 같은 구 특정경제범죄 가중처벌 등에 관한 법률 제5조 제1항의 직무관련성이나 범의에 관한 법리를 오해하는 등의 위법이 없다.

2. 검사의 상고이유에 대하여

가. 상고이유 제1점

1) 구 자본시장과 금융투자업에 관한 법률(2013. 5. 28. 법률 제11845호로 개정되기 전의 것. 이하 '구 자본시장법'이라 한다) 제178조 제1항 제1호는 금융투자상품의 매매, 그 밖의 거래와 관련하여 '부정한 수단, 계획 또는 기교를 사용하는 행위'를 금지하고 있는데, 여기서 '부정한 수단, 계획 또는 기교'란 사회통념상 부정하다고 인정되는 일체의 수단, 계획 또는 기교를 말한다(대법원 2011. 10. 27. 선고 2011도8109 판결 등 참조). 나아가 어떠한 행위를 부정하다고 할지는 그 행위가 법령 등에서 금지된 것인지, 다른 투자자들로 하여금 잘못된 판단을 하게 함으로써 공정한 경쟁을 해치고 선의의 투자자에게 손해를 전가하여 자본시장의 공정성, 신뢰성 및 효율성을 해칠 위험이 있는지를 고려해야 할 것인데, 이 사건과 같이 금융투자업자 등이 특정 투자자에 대하여만 투자기회 또는 거래수단을 제공한 경우에는 그 금융거래시장의 특성과 거래참여자의 종류와 규모, 거래의 구조와 방식, 특정 투자자에 대하여만 투자기회 등을 제공하게 된 동기와 방법, 이로 인하여 다른 일반투자자들의 투자기회 등을 침해함으로써 다른 일반투자자들에게 손해를 초래할 위험이 있는지 여부, 이와 같은 행위로 인하여 금융상품 거래의 공정성에 대한 투자자들의 신뢰가 중대하게 훼손되었다고 볼 수 있는지 등의 사정을 구 자본시장법의 목적·취지에 비추어 종합적으로 고려하여 판단하여야 할 것이다.

2) 원심판결 이유에 의하면, 원심은 ① 증권회사가 고객의 주문을 접수하는 방식은 주문전표 방식, 전화·전보·모사전송 등의 방식, 전자통신 방식 및 투자자가 자신의 주문을 증권사 전산시스템을 이용하여 거래소에 직접 제출하여 주문처리 속도를 높이는 DMA(Direct Market Access, 이하 'DMA'라 한다) 방식으로 다양한데, 서로 다른 방식으로 접수된 주문들 사이의 접수시점을 언제로 볼 것인지에 관한 명확한 기준이 없고, 각 수단 사이의 시계 일치에 필요한 기술적 한계를 극복할 방법 또한 없어서 접수순서대로 주문이 체결되도록 하는 것은 사실상 불가능한 점, ② 구 자본시장법에서는 증권회사가 고객들에게 제공하는 거래 방법의 속도 차이에 관하여 아무런 규정도 두고 있지 아니하고, 유가증권시장 업무규정 시행세칙 제123조 및 금융위원회, 금융감독원, 한국거래소의 각 행정지도 공문 등에서도 주문접수시점에 관한 기준이나 DMA 방식의 주문접수를 허용할 것인지에 관한 명확한 언급이 없는 점, ③ 한국거래소 시장감시본부 팀장인 공소외 3, 금융감독원 선임조사역 공소외 4는 관련사건(서울중앙지방법원 2011고합900)의 법정에서 속도 관련 서비스들의 제공에 관한 감독규정이나 감독기관의 공문들에 관하여, 유가증권의 거래에는 원칙적으로 시간 우선의 원칙이 적용되는 것이지만 접수순서에 관한 특별한 기준이 정해져 있지 않을 뿐만 아니라 거래 수단이 다양하여 현실적으로 모든 주문에 대하여 시간 우선의 원칙을 그대로 적용할 수는 없고, 그러한 이유로 감독기관에서는 거래소와 직접 연결된 증권회사의 대외계 서버(일명 FEP 서버)에서 거래소에 이르기까지의 주문프로세스를 부당하게 배정하여 발생하는 속도 차이만을 감독할 뿐이고 그 이전 단계에서는 증권회사가 자율적으로 주문을 처리할 수 있으며, 감독기관도 DMA 방식의 주문접수를 허용하고 있었다는 취지로 증언한 점, ④ 이 사건 당시에도 증권회사들은 거래가 빈번한 우량고객들을 유치하기 위하여 홈트레이딩시스템 속도 향상 등의 서비스를 제공하면서 이를 적극적으로 홍보하였고 외국인투자자나 기관투자자들에게 DMA 서비스를 제공하고 있었으므로, 일반투자자들도 증권회사의 속도 관련 서비스로 인한 차별의 가능성을 예견할 수 있었던 점, ⑤ 이미 투자자의 알고리즘 매매프로그램을 증권회사의 서버에 탑재하여 주문처리 속도를 높이는 등의 DMA 방식이 허용되었던

상황이었으므로, ELW 차익거래를 위하여 이를 이용한 피고인들에게 다른 투자자들의 이익을 해하려는 목적이 있었다고 보기 어려운 점 등에 비추어 피고인들이 증권회사로부터 속도 편의 서비스를 제공받아 ELW를 거래하는 것이 구 자본시장법 제178조 제1항 제1호의 '부정한 수단, 계획 또는 기교'를 사용하는 행위에 해당한다고 보기 어렵다고 판단하였다.

3) 앞서 본 법리와 기록에 비추어 살펴보면, 원심의 판단은 정당하여 수긍할 수 있고, 거기에 상고이유 주장과 같은 구 자본시장법 제178조 제1항 제1호의 '부정한 수단, 계획 또는 기교'에 관한 법리를 오해하는 등의 위법이 없다.

나. 상고이유 제2점

구 특정경제범죄 가중처벌 등에 관한 법률 제5조 제1항 소정의 '금융기관 임직원이 그 직무에 관하여'라 함은 금융기관의 임직원이 그 지위에 수반하여 취급하는 일체의 사무를 말하는 것으로서, 그 권한에 속하는 직무행위뿐만 아니라, 그와 밀접한 관계가 있는 사무 및 그와 관련하여 사실상 처리하고 있는 사무도 포함되지만, 그렇다고 금융기관 임직원이 개인적인 지위에서 취급하는 사무까지 이에 포함된다고 할 수는 없다(대법원 2011. 7. 14. 선고 2010도9826 판결 등 참조).

원심은 그 판시와 같은 사정을 종합하여, 피고인 4가 2010. 7. 14.부터 2011. 2. 28.까지 피고인 1, 2로부터 합계 1억 7,000만 원을 받은 것은 위 피고인들이 공소외 2 증권회사에서 사용할 매매프로그램의 알고리즘 설계를 개인적으로 도와준 것에 대한 대가이고 피고인 4의 공소외 1 금융회사의 직원으로서의 직무와 무관하다고 보아 이 부분에 대하여 무죄를 선고한 제1심판결을 그대로 유지하였다. 앞서 본 법리와 기록에 비추어 살펴보면 원심의 위와 같은 판단은 정당하고, 거기에 구 특정경제범죄 가중처벌 등에 관한 법률 제5조 제1항에서 정한 직무관련성에 관한 법리를 오해하는 등의 위법이 없다.

다. 상고이유 제3점

원심판결 이유에 의하면, 원심은 그 판시와 같은 이유로 피고인 5가 피고인 1, 2로부터 받은 이 부분 공소사실 기재 1억 원은 2010. 6. 3.자 피고인 1, 2와의 고용계약에 근거한 것일 뿐 공소외 2 증권회사의 직원으로서 그 직무에 관하여 이를 수수하였다고 보기 어렵다고 판단하여 이 부분 공소사실에 대하여 무죄를 선고한 제1심판결을 그대로 유지하였다.

관련 법리와 기록에 비추어 살펴보면, 원심의 위와 같은 판단은 정당하고, 거기에 구 특정경제범죄 가중처벌 등에 관한 법률 제5조 제1항에서 정한 직무관련성에 관한 법리를 오해하는 등의 위법이 없다.

라. 상고이유 제4점

1) 구 자본시장법 제176조 제2항 제1호 및 제178조 제2항 위반 여부

원심판결 이유에 의하면, 원심은 그 판시와 같은 이유로 ① 피고인 3, 4, 2 사이에 ELW의 거래가 성황을 이루고 있는 듯이 잘못 알게 하는 매매행위를 하는 것에 관한 순차적인 행위분담이나 기능적 행위지배가 있었다고 인정하기에 부족하고, ② 피고인 3은 자사의 ELW를 홍보하였을 뿐이고 피고인 2도 피고인 3으로부터 추천받은 ELW 중 일부를 선별하여 매매한 것이어서 피고인 3, 2에게 '매매를 유인할 목적'이 있다고 할 수 없으며, ③ 피고인 2의 ELW 매매에 가장매매 또는 통정매매와 같은 기망적인 요소가 있다고 할 수 없어 피고인 1, 2, 4, 3이 일반투자자들을 상대로 '위계'를 사용한 것이라고 보기 어렵다고 판단하여 이 부분 공소사실에 대하여 무죄를 선고한 제1심판결을 그대로 유지하였다.

관련 법리 및 기록에 비추어 살펴보면, 원심의 위와 같은 판단은 정당하고, 거기에 상고이유의 주장과 같은 논리와 경험의 법칙을 위반하여 자유심증주의의 한계를 벗어나 사실을 잘못 인정하거나 구 자본시장법 제176조 제2항에서 정한 '매매를 유인할 목적'이나 같은 법 제178조 제2항에서 정한 '위계'에 관한 법리를 오해하는 등의 위법이 없다.

2) 구 자본시장법 제54조 위반 여부

원심판결 이유를 원심이 유지한 제1심이 적법하게 채택한 증거들에 비추어 살펴보면, 원심이 그 판시와 같은 이유를 들어 피고인 3이 IBK투자증권이 발행한 일부 ELW 종목의 호가제시 정보를 피고인 4에게 제공한 것은 직무상 알게 된 미공개정보를 '누설'한 데 불과할 뿐 '이용'하였다고 인정하기에 부족하다고 판단한 것은 정당하고, 거기에 상고이유의 주장과 같은 논리와 경험의 법칙을 위반하여 자유심증주의의 한계를 벗어나 사실을 잘못 인정하는 등의 위법이 없다.

마. 상고이유 제5점

원심은, 피고인 10이 피고인 4와 인센티브를 나누어 갖기로 한 경위 및 그 과정에서 보인 피고인 4의 태도, 피고인 10은 피고인 1, 2를 만난 사실이 없고 인센티브를 송금받은 계좌주인 공소외 5와 피고인 1, 2 사이의 관계도 알지 못한 점 등의 사정을 종합하여, 검사가 제출한 증거들만으로는 피고인 10에게 고객에게 자신이 받은 인센티브를 지급한다는 인식이 있었다고 인정하기에 부족하다고 보아 이 부분 공소사실에 대하여 무죄

를 선고한 제1심판결을 그대로 유지하였다.

원심판결 이유를 기록에 비추어 살펴보면, 원심의 위와 같은 판단은 정당한 것으로 수긍할 수 있고, 거기에 상고이유 주장과 같이 논리와 경험의 법칙을 위반하여 자유심증주의의 한계를 벗어나 사실을 잘못 인정하는 등의 위법이 없다.

3. 결론

그러므로 상고를 모두 기각하기로 하여 관여 대법관의 일치된 의견으로 주문과 같이 판결한다.

대법관 김용덕(재판장) 신영철(주심) 이상훈 김소영

대법원 2014.1.16. 선고 2013도6969 판결

【특정범죄가중처벌등에관한법률위반(알선수재)·개인정보보호법위반·배임수재·배임증재·변호사법위반방조】

판시사항

금품 등 수수와 같은 대향적 범죄에 공범에 관한 형법총칙 규정이 적용되는지 여부(소극) 및 금품 등 공여자에게 따로 처벌규정이 없는 경우, 공여행위를 교사 또는 방조한 행위가 공여자의 상대방 범행에 대하여 공범관계가 성립하는지 여부(소극)

판결요지

금품 등의 수수와 같이 2인 이상의 서로 대향된 행위의 존재를 필요로 하는 관계에 있어서는 공범이나 방조범에 관한 형법총칙 규정의 적용이 있을 수 없다. 따라서 금품 등을 공여한 자에게 따로 처벌규정이 없는 이상, 그 공여행위는 그와 대향적 행위의 존재를 필요로 하는 상대방의 범행에 대하여 공범관계가 성립되지 아니하고, 오로지 금품 등을 공여한 자의 행위에 대하여만 관여하여 그 공여행위를 교사하거나 방조한 행위도 상대방의 범행에 대하여 공범관계가 성립되지 아니한다.

전　문

피 고 인 피고인 1 외 2인

상 고 인 피고인들 및 검사

원심판결 서울고법 2013. 5. 30. 선고 2013노613 판결

주　문 상고를 모두 기각한다.

이　유 상고이유를 판단한다.

1. 피고인 1의 상고이유에 대하여

원심판결 이유를 원심이 적법하게 채택한 증거들에 비추어 살펴보면, 원심이 그 판시와 같은 이유를 들어 피고인 1에 대한 이 사건 공소사실 중 특정범죄 가중처벌 등에 관한 법률 위반(알선수재), 개인정보보호법 위반, 배임수재의 점이 모두 유죄로 인정된다고 판단한 것은 정당하고, 거기에 상고이유의 주장과 같이 논리와 경험의 법칙을 위반하여 자유심증주의의 한계를 벗어나거나 위 각 범죄에 관한 법리를 오해한 위법이 없다.

그리고 형사소송법 제383조 제4호에 의하면 사형, 무기 또는 10년 이상의 징역이나 금고가 선고된 사건에서만 양형부당을 사유로 한 상고가 허용되므로, 피고인 1에 대하여 그보다 가벼운 형이 선고된 이 사건에서 형의 양정이 부당하다는 주장은 적법한 상고이유가 되지 못한다.

2. 피고인 2의 상고이유에 대하여

원심판결 이유를 원심이 적법하게 채택한 증거들에 비추어 살펴보면, 원심이 그 판시와 같은 이유를 들어 피고인 2에 대한 이 사건 공소사실 중 배임증재의 점이 유죄로 인정된다고 판단한 것은 정당하고, 거기에 상고이유의 주장과 같이 논리와 경험의 법칙을 위반하여 자유심증주의의 한계를 벗어나거나 필요한 심리를 다하지 아니한 위법이 없다.

한편 피고인 2는 원심판결 중 나머지 유죄 부분에 대하여도 상고하였으나, 상고장에 이유의 기재가 없고 상고이유서에도 이에 대한 불복이유의 기재를 찾아볼 수 없다.

3. 피고인 3의 상고이유에 대하여

원심판결 이유를 원심이 적법하게 채택한 증거들에 비추어 살펴보면, 원심이 그 판시와 같은 이유를 들어 피고인 3에 대한 이 사건 공소사실이 유죄로 인정된다고 판단한 것은 정당하고, 거기에 상고이유의 주장과 같이 논리와 경험의 법칙을 위반하여 자유심증주의의 한계를 벗어나거나 개인정보보호법 위반죄에 관한 법리를 오해한 위법이 없다.

그리고 형사소송법 제383조 제4호에 의하면 사형, 무기 또는 10년 이상의 징역이나 금고가 선고된 사건에서

만 양형부당을 사유로 한 상고가 허용되므로, 피고인 3에 대하여 그보다 가벼운 형이 선고된 이 사건에서 형의 양정이 부당하다는 주장은 적법한 상고이유가 되지 못한다.

4. 검사의 상고이유에 대하여

금품 등의 수수와 같이 2인 이상의 서로 대향된 행위의 존재를 필요로 하는 관계에 있어서는 공범이나 방조범에 관한 형법총칙 규정의 적용이 있을 수 없다. 따라서 금품 등을 공여한 자에게 따로 처벌규정이 없는 이상, 그 공여행위는 그와 대향적 행위의 존재를 필요로 하는 상대방의 범행에 대하여 공범관계가 성립되지 아니하고 (대법원 1988. 4. 25. 선고 87도2451 판결, 대법원 2002. 7. 22. 선고 2002도1696 판결 등 참조), 오로지 금품 등을 공여한 자의 행위에 대하여만 관여하여 그 공여행위를 교사하거나 방조한 행위도 상대방의 범행에 대하여 공범관계가 성립되지 아니한다.

원심은, 피고인 2가 처벌 대상이 아닌 피고인 1의 공소외인에 대한 금품 제공행위를 용이하게 할 의사를 갖고 공소외인을 피고인 1에게 소개하는 등의 행위를 하였다면 피고인 2를 방조범으로 처벌할 수는 없다고 전제한 다음, 그 판시와 같은 사정들을 종합하면 검사가 제출한 증거들만으로는 피고인 2가 공소외인의 변호사법 위반의 범행, 즉 공소외인이 공무원에 대한 청탁 명목으로 피고인 1로부터 금품을 받는 범행을 용이하게 하는 행위를 하였다고 단정할 수 없다는 이유로 피고인 2에 대한 이 사건 공소사실 중 변호사법 위반 방조의 점에 관하여 범죄의 증명이 없다고 보아, 이를 유죄로 판단한 제1심판결을 파기하고 무죄를 선고하였다.

원심판결 이유와 원심이 적법하게 채택한 증거들을 앞서 본 법리에 비추어 살펴보면, 원심의 위와 같은 판단은 정당하고, 거기에 상고이유의 주장과 같이 논리와 경험의 법칙을 위반하여 자유심증주의의 한계를 벗어나거나 방조범에 관한 법리를 오해한 위법이 없다.

5. 결론

그러므로 상고를 모두 기각하기로 하여 관여 대법관의 일치된 의견으로 주문과 같이 판결한다.

대법관 김용덕(재판장) 신영철(주심) 이상훈 김소영

대법원 2014.1.16. 선고 2013도14134 판결

【도시및주거환경정비법위반】

판시사항

2012. 2. 1. 개정된 도시 및 주거환경정비법의 '열람·등사 요청에 응할 의무' 조항인 제81조 제6항이 공포 후 6개월이 경과하지 아니하여 시행되지 않는 동안에는 이에 관한 개정 전 규정인 구 도시 및 주거환경정비법 제81조 제1항 중 '열람·등사 요청에 응할 의무' 부분이 여전히 유효하게 존속하는지 여부(적극)

판결요지

구 '도시 및 주거환경정비법'(2012. 2. 1. 법률 제11293호로 개정되기 전의 것. 이하 '구 도시정비법'이라고 한다) 제81조 제1항은 공개의무 부분과 열람·등사 요청에 응할 의무 부분으로 구성되어 있었는데, 2012. 2. 1. 법률 제11293호로 개정된 '도시 및 주거환경정비법'(이하 '개정 도시정비법'이라고 한다)은 전부 개정이 아닌 일부 개정 법률로서 구 도시정비법이 제81조 제1항의 일부로 정하고 있던 열람·등사 요청에 응할 의무 부분을 삭제한 것이 아니라 단지 이를 제81조 제1항의 공개의무 조항과 분리하여 신설된 제81조 제6항에 별도로 정하는 것으로 개정되었고, 개정 도시정비법 제81조 제1항은 구 도시정비법 제81조 제1항 중 공개의무 부분을 개정하는 내용일 뿐 구 도시정비법 제81조 제1항 중 나머지 열람·등사 요청에 응할 의무 부분에 관한 내용은 전혀 포함하고 있지 아니하다. 결국 개정 도시정비법의 공개의무 조항인 제81조 제1항은 단지 구 도시정비법 제81조 제1항 중 공개의무 부분만을 개정하는 규정이라고 할 것이어서, 개정 도시정비법 제81조 제1항이 공포한 날부터 시행됨에 따라 이에 관한 개정 전 규정인 구 도시정비법 제81조 제1항 중 공개의무 부분은 당연히 효력을 상실하게 된다고 하더라도, 개정 도시정비법의 열람·등사 요청에 응할 의무 조항인 제81조 제6항이 공포 후 6개월이 경과하지 아니하여 시행되지 아니하고 있었다면 이에 관한 개정 전 규정인 구 도시정비법 제81조 제1항 중 열람·등사 요청에 응할 의무 부분은 여전히 유효하게 존속하고 있다고 보아야 한다.

전 문

피 고 인 피고인

상 고 인 검사

원심판결 수원지법 2013. 10. 17. 선고 2013노551 판결

주 문 원심판결을 파기하고, 사건을 수원지방법원 본원 합의부에 환송한다.

이 유 상고이유를 판단한다.

1. 이 사건 공소사실의 주요한 취지는 조합임원인 피고인이 2012. 2. 9.부터 같은 해 3. 27. 사이에 조합원들로부터 공소사실 기재 서류들에 대한 열람·등사 요청을 받고도 이에 응하지 아니하였다는 것이다.

원심은 다음과 같은 이유에서 이 사건 '도시 및 주거환경정비법' 위반 공소사실이 범죄로 되지 아니하는 경우에 해당한다고 판단하여 형사소송법 제325조 전단에 의하여 무죄를 선고하였다.

가. 구 '도시 및 주거환경정비법'(2012. 2. 1. 법률 제11293호로 개정되기 전의 것. 이하 '구 도시정비법'이라고 한다) 제81조 제1항은 조합임원에게 정비사업 관련 소정의 서류 및 자료에 관하여 이를 공개할 의무 및 조합원의 열람·등사 요청에 응할 의무를 함께 규정하고, 제86조 제6호에서 위 각 의무의 위반에 대한 처벌조항을 두고 있었다.

그런데 2012. 2. 1. 법률 제11293호로 개정된 '도시 및 주거환경정비법'(이하 '개정 도시정비법'이라고 한다)은 구 도시정비법 제81조 제1항에서 함께 규정하였던 공개의무와 열람·등사 요청에 응할 의무를 분리하여 개정 도시정비법 제81조 제1항에서는 공개의무를, 신설된 같은 조 제6항에서는 열람·복사 요청에 응할 의무를

각각 정하고 있고, 이에 대응하여 처벌규정인 개정 도시정비법 제86조 제6호 역시 공개의무에 관하여는 '제81조 제1항을 위반'하는 행위, 열람·등사 요청에 응할 의무에 관하여는 '제81조 제6항을 위반'하는 행위로 처벌대상을 구분하여 정하고 있다.

한편 개정 도시정비법 부칙 제1조는 개정 도시정비법이 공포 후 6개월이 경과한 날부터 시행되되 그 제81조 제1항의 개정규정은 공포한 날부터 시행되는 것으로 정하였다.

나. 이 사건 공소사실에 범행일시로 기재된 '2012. 2. 9.부터 같은 해 3. 27. 사이'에는 공개의무에 관한 개정 도시정비법 조항인 제81조 제1항만 시행되고 있었을 뿐 열람·등사 요청에 응할 의무에 관한 개정 도시정비법 제81조 제6항 및 이들 두 의무의 위반에 대한 처벌조항인 개정 도시정비법 제86조 제6호는 아직 시행일이 도래하지 아니하였다. 따라서 위 기간 동안은 열람·등사 요청에 응할 의무에 관한 근거규정은 존재하지 아니한 상태이었고, 위 기간에 적용되는 처벌조항은 구 도시정비법 제86조 제6호라고 할 것이다.

다. 이 사건 공소사실 기재 일시에 적용되는 처벌조항인 구 도시정비법 제86조 제6호는 조합임원 등이 '제81조 제1항'을 위반할 것을 구성요건으로 하고 있는데, 위 처벌조항에서 원용하는 '제81조 제1항'은 당시 시행 중이던 개정 도시정비법 제81조 제1항을 가리키는 것으로 보아야 한다. 그렇다면 위 일시에 구 도시정비법 제86조 제6호에 의하여 처벌할 수 있는 행위는 개정 도시정비법 제81조 제1항이 정하고 있는 공개의무 위반에 한정된다고 할 수밖에 없다.

라. 따라서 이 사건 공소사실 기재 일시에 피고인이 조합원의 열람·등사 요청에 응하지 아니하였다고 하더라도 이는 처벌조항인 구 도시정비법 제86조 제6호에서 원용하고 있는 개정 도시정비법 제81조 제1항을 위반한 경우로 볼 수 없으므로, 이 사건 공소사실은 범죄로 되지 아니하는 경우에 해당한다는 것이다.

2. 원심의 위와 같은 판단은 아래와 같은 이유에서 수긍할 수 없다.

가. 구 도시정비법은 제81조 제1항에서 소정 서류 등에 관한 조합임원 등의 공개의무와 열람·등사 요청에 즉시 응할 의무를 함께 정하고, 제86조 제6호에서 제81조 제1항을 위반하여 공개를 하지 아니하거나 열람·등사 요청에 응하지 아니하는 행위를 각 처벌하는 것으로 정하고 있었다.

그런데 개정 도시정비법은 구 도시정비법 제81조 제1항에서 정하고 있던 공개의무와 열람·등사 요청에 응할 의무를 분리하고서 각 15일의 의무이행기한을 추가하는 것으로 하여 공개의무는 제81조 제1항에 그대로 정하고 열람·등사 요청에 응할 의무는 신설된 같은 조 제6항에 별도로 정하였으며 이에 따라 위 각 의무의 위반행위에 대한 처벌조항인 제86조 제6호를 개정하였다. 한편 그 부칙 제1조에 의하여 개정 도시정비법은 공포 후 6개월이 경과한 날부터 시행하도록 하되, 제81조 제1항은 공포한 날부터 시행하는 것으로 정하였다.

나. 위와 같이 구 도시정비법 제81조 제1항은 공개의무 부분과 열람·등사 요청에 응할 의무 부분으로 구성되어 있었는데, 개정 도시정비법은 전부 개정이 아닌 일부 개정 법률로서 구 도시정비법이 제81조 제1항의 일부로 정하고 있던 열람·등사 요청에 응할 의무 부분을 삭제한 것이 아니라 단지 이를 제81조 제1항의 공개의무 조항과 분리하여 신설된 제81조 제6항에 별도로 정하는 것으로 개정되었고, 개정 도시정비법 제81조 제1항은 구 도시정비법 제81조 제1항 중 공개의무 부분을 개정하는 내용일 뿐 구 도시정비법 제81조 제1항 중 나머지 열람·등사 요청에 응할 의무 부분에 관한 내용은 전혀 포함하고 있지 아니하다.

결국 개정 도시정비법의 공개의무 조항인 제81조 제1항은 단지 구 도시정비법 제81조 제1항 중 공개의무 부분만을 개정하는 규정이라고 할 것이어서, 개정 도시정비법 제81조 제1항이 공포한 날부터 시행됨에 따라 이에 관한 개정 전 규정인 구 도시정비법 제81조 제1항 중 공개의무 부분은 당연히 효력을 상실하게 된다고 하더라도, 개정 도시정비법의 열람·등사 요청에 응할 의무 조항인 제81조 제6항이 공포 후 6개월이 경과하지 아니하여 시행되지 아니하고 있었다면 이에 관한 개정 전 규정인 구 도시정비법 제81조 제1항 중 열람·등사 요청에 응할 의무 부분은 여전히 유효하게 존속하고 있다고 보아야 한다.

따라서 열람·등사 요청에 응할 의무 위반으로 인한 이 사건 공소사실에 기재된 범행일시 당시 개정 도시정비법이 공포되었으나 개정 도시정비법의 열람·등사 요청에 응할 의무 조항인 제81조 제6항이 아직 시행되지 아니하고 있었던 이상, 구 도시정비법 제81조 제1항 중 열람·등사 요청에 응할 의무에 관한 부분이 유효하게 존재하고 있었다고 할 것이다.

결국 이 사건 공소사실과 같이 피고인이 그 일시에 조합원의 열람·등사 요청에 응하지 아니하였다면, 이는 당시 유효하던 처벌조항인 구 도시정비법 제86조 제6호가 정하고 있는 구 도시정비법 제81조 제1항 중 마찬가지로 당시 유효하게 시행되고 있던 열람·등사 요청에 응할 의무 부분을 위반한 경우에 해당하므로, 이를 구 도시정비법 제86조 제6호, 제81조 제1항 중 열람·등사 요청에 응할 의무에 관한 부분에 의하여 처벌할 수 있다고 할 것이다.

다. 그럼에도 원심은 앞에서 본 바와 같은 이유로 이 사건 공소사실은 범죄로 되지 아니하는 경우에 해당한다고 판단하여 무죄를 선고하였다.

이러한 원심판결에는 구 도시정비법상의 열람·등사 요청에 응할 의무에 관한 규정의 효력에 관한 법리를 오해하여 필요한 심리를 다하지 아니한 위법이 있다. 이 점을 지적하는 취지의 상고이유 주장은 이유 있다.

3. 그러므로 원심판결을 파기하고 사건을 다시 심리·판단하도록 하기 위하여 원심법원에 환송하기로 하여, 관여 대법관의 일치된 의견으로 주문과 같이 판결한다.

대법관 고영한(재판장) 양창수(주심) 박병대 김창석

대법원 2014.1.16. 선고 2013도12308 판결

【식품위생법위반】

판시사항

식품제조·가공업을 신고업종에서 등록업종으로 변경하는 개정 식품위생법령이 시행된 2012. 12. 8. 이후 이루어진 미신고 식품제조영업을 개정 전 구 식품위생법 제97조 제1호, 제37조 제4항, 구 식품위생법 시행령 제25조 제1항 제1호에 의하여 처벌할 수 있는지 여부(소극)

판결요지

구 식품위생법(2011. 6. 7. 법률 제10787호로 개정되기 전의 것, 이하 같다) 제97조 제1호, 제37조 제4항, 구 식품위생법 시행령(2011. 12. 19. 대통령령 제23380호로 개정되기 전의 것, 이하 같다) 제25조 제1항 제1호와 식품위생법(2011. 6. 7. 법률 제10787호로 개정된 것, 이하 같다) 제37조 제5항, 부칙 제1조, 식품위생법 시행령(2011. 12. 19. 대통령령 제23380호로 개정된 것, 이하 같다) 제26조의2 제1항 제1호, 부칙 제1조의 내용에 의하면, 2012. 12. 8. 이전의 미신고 식품제조영업은 구 식품위생법 제97조 제1호, 제37조 제4항, 구 식품위생법 시행령 제25조 제1항 제1호에 의하여 처벌되지만, 개정된 식품위생법과 식품위생법 시행령이 시행된 2012. 12. 8.부터는 식품제조·가공업이 신고업종에서 등록업종으로 변경되었으므로 그때부터 이루어진 미신고 식품제조영업을 구 식품위생법 제97조 제1호, 제37조 제4항, 구 식품위생법 시행령 제25조 제1항 제1호에 의하여 처벌할 수는 없다.

전　문

피 고 인 피고인

상 고 인 피고인

원심판결 의정부지법 2013. 9. 26. 선고 2013노1467 판결

주　문 원심판결을 파기하고, 사건을 의정부지방법원 본원 합의부에 환송한다.

이　유 상고이유를 판단한다.

1. 공소사실 중 미신고 식품제조영업의 점에 관한 판단

가. 원심판결 이유에 의하면, 원심은 이 사건 공소사실 중 피고인이 공소외 1, 2, 3과 공모하여 2012. 6.경부터 2013. 3. 20.경까지 관할관청에 식품제조 영업신고를 하지 않은 채 식품제조영업을 하였다는 점에 대하여 구 식품위생법(2011. 6. 7. 법률 제10787호로 개정되기 전의 것, 이하 같다) 제97조 제1호, 제37조 제4항, 형법 제30조를 적용하여 유죄로 인정한 제1심판결을 유지하였다.

나. 구 식품위생법 제97조 제1호에 의하면 구 식품위생법 제37조 제4항을 위반한 자는 3년 이하의 징역 또는 3천만 원 이하의 벌금에 처하고, 구 식품위생법 제37조 제4항은 '제36조 제1항 각 호에 따른 영업 중 대통령령으로 정하는 영업을 하려는 자는 대통령령으로 정하는 바에 따라 영업종류별 또는 영업소별로 식품의약품안전청장 또는 특별자치도지사·시장·군수·구청장에게 신고'하도록 규정하였으며, 그 위임에 따라 구 식품위생법 시행령(2011. 12. 19. 대통령령 제23380호로 개정되기 전의 것, 이하 같다) 제25조 제1항 제1호는 영업신고를 하여야 하는 업종으로 '제21조 제1호의 식품제조·가공업'을 규정하였다. 그런데, 구 식품위생법 제37조 제5항이 2011. 6. 7. 법률 제10787호로 개정되면서, '제36조 제1항 각 호에 따른 영업 중 대통령령으로 정하는 영업을 하려는 자는 대통령령으로 정하는 바에 따라 영업종류별 또는 영업소별로 식품의약품안전청장 또는 특별자치도지사·시장·군수·구청장에게 등록'하여야 하는 것으로 변경되었고, 그 위임에 따라 구 식품위생법 시행령이 2011. 12. 19. 대통령령 제23380호로 개정되면서 제25조 제1항 제1호는 삭제되고, 제26조의2 제1항 제1호에 등록하여야 하는 영업으로 '제21조 제1호의 식품제조·가공업'을 규정하였다. 한편 이와 같이 개정된 식품위생법과 그 시행령은 각 부칙 제1조에 따라 2012. 12. 8.부터 시행되었다.

구 식품위생법과 그 시행령의 내용에 의하면, 2012. 12. 8. 이전의 미신고 식품제조영업은 구 식품위생법 제97조 제1호, 제37조 제4항, 그 시행령 제25조 제1항 제1호에 의하여 처벌되지만, 개정된 식품위생법과 그

시행령이 시행된 2012. 12. 8.부터는 식품제조·가공업이 신고업종에서 등록업종으로 변경되었으므로 그때부터 이루어진 미신고 식품제조영업을 구 식품위생법 제97조 제1호, 제37조 제4항, 그 시행령 제25조 제1항 제1호에 의하여 처벌할 수는 없다. 한편 미등록 식품제조영업을 처벌하는 규정은 2013. 7. 30. 법률 제11986호로 개정된 식품위생법 제95조 제2호의2에 마련되어 2013. 10. 31.부터 시행되었다.

피고인의 2012. 6.경부터 2012. 12. 7.까지 미신고 식품제조영업의 점에 대하여 살펴보면, 원심이 그 판시와 같은 이유를 들어 위 부분에 대하여 유죄로 인정한 제1심판결을 유지한 것은 정당하고, 거기에 상고이유 주장과 같이 논리와 경험의 법칙을 위반하여 자유심증주의의 한계를 벗어나거나 미신고 식품제조영업에 관한 법리를 오해한 위법은 없다.

그러나 피고인의 2012. 12. 8.부터 2013. 3. 20.경까지 미신고 식품제조영업의 점에 대하여는 앞서 본 바와 같이 개정된 식품위생법과 그 시행령이 시행된 2012. 12. 8.부터는 식품제조·가공업이 신고업종에서 등록업종으로 변경되었으므로 그때부터 이루어진 미신고 식품제조영업 행위를 구 식품위생법 제97조 제1호, 제37조 제4항, 그 시행령 제25조 제1항 제1호에 의하여 처벌할 수는 없다. 원심이 이에 대하여 유죄를 인정한 제1심판결을 유지한 데에는 법령적용에 위법이 있다.

다. 이 사건 미신고 식품제조영업의 점은 범의의 단일성과 계속성이 인정되는 포괄일죄라고 할 것인데, 앞서 본 바와 같이 2012. 12. 8.부터 2013. 3. 20.경까지 미신고 식품제조영업의 점을 개정된 식품위생법과 그 시행령의 시행에 따라 처벌할 수 없음에도 원심이 그 부분을 포함하여 전부를 유죄로 인정한 것은 위법하다고 할 것이므로, 그 부분뿐만 아니라 그와 포괄일죄의 관계에 있는 나머지 부분도 함께 파기해야 한다.

2. 공소사실 중 미신고 제조식품 판매의 점에 관한 판단

가. 원심판결 이유에 의하면, 원심은 이 사건 공소사실 중 피고인이 공소외 3과 공모하여 2012. 6.경부터 2013. 3. 20.경까지 식품제조업 신고를 하지 아니한 자가 제조한 식품을 판매하였다는 점에 대하여 식품위생법 제94조 제1호, 제4조 제7호, 형법 제30조를 적용하여 유죄로 인정한 제1심판결을 유지하였다.

나. 식품위생법 제94조 제1호에 의하면 식품위생법 제4조를 위반한 자는 7년 이하의 징역 또는 1억 원 이하의 벌금에 처하거나 이를 병과하고, 식품위생법 제4조 제7호는 '영업자가 아닌 자가 제조·가공·소분한 것'을 판매하는 행위를 금지하였으며, 구 식품위생법 제2조 제10호는 영업자를 '제37조 제1항에 따라 영업허가를 받은 자나 같은 조 제4항에 따라 영업신고를 한 자'로 규정하였다. 그런데, 앞서 본 바와 같이 구 식품위생법 제37조 제5항이 2011. 6. 7. 법률 제10787호로 개정되면서, '제36조 제1항 각 호에 따른 영업 중 대통령령으로 정하는 영업을 하려는 자는 대통령령으로 정하는 바에 따라 영업종류별 또는 영업소별로 식품의약품안전청장 또는 특별자치도지사·시장·군수·구청장에게 등록'하여야 하는 것으로 변경되었고, 그 위임에 따라 구 식품위생법 시행령이 2011. 12. 19. 대통령령 제23380호로 개정되면서 제25조 제1항 제1호는 삭제되고, 제26조의2 제1항 제1호에 등록하여야 하는 영업으로 '제21조 제1호의 식품제조·가공업'을 규정하였으며, 아울러 구 식품위생법 제2조 제10호는 영업자를 '제37조 제1항에 따라 영업허가를 받은 자나 같은 조 제4항에 따라 영업신고를 한 자 또는 같은 조 제5항에 따라 영업등록을 한 자'로 규정하였다. 앞서 본 바와 같이, 이와 같이 개정된 식품위생법과 그 시행령은 각 부칙 제1조에 따라 2012. 12. 8.부터 시행되었다.

피고인의 2012. 6.경부터 2012. 12. 7.까지 미신고 제조식품 판매의 점에 대하여 살펴보면, 원심이 그 판시와 같은 이유를 들어 위 부분에 대하여 유죄로 인정한 제1심판결을 유지한 것은 정당하고, 거기에 상고이유 주장과 같이 논리와 경험의 법칙을 위반하여 자유심증주의의 한계를 벗어나거나 미신고 제조식품 판매에 관한 법리를 오해한 위법은 없다.

그러나 피고인의 2012. 12. 8.부터 2013. 3. 20.경까지 미신고 제조식품 판매의 점에 대하여는 앞서 본 바와 같이 개정된 식품위생법과 그 시행령이 시행된 2012. 12. 8.부터는 식품제조·가공업이 신고업종에서 등록업종으로 변경되었으므로 그때부터 이루어진 행위는 '식품제조업 신고를 하지 아니한 자가 제조한 식품을 판매한 것'으로 처벌할 수는 없고 '식품제조업 등록을 하지 아니한 자가 제조한 식품을 판매한 것'으로 처벌할 수 있을 뿐이다.

다. '식품제조업 신고를 하지 아니한 자가 제조한 식품을 판매한 점'과 '식품제조업 등록을 하지 아니한 자가 제조한 식품을 판매한 점'은 그 처벌규정이 같아 죄질과 법정형에 차이가 없기는 하나 이 사건 미신고 제조식품 판매의 점은 이 사건 미신고 식품제조영업의 점과 형법 제37조 전단의 경합범의 관계에 있어 하나의 형이 선고되어야 할 것이므로, 결국 원심판결은 전부 파기되어야 한다.

3. 결론

원심판결을 파기하고, 사건을 다시 심리·판단하도록 원심법원에 환송하기로 하여, 관여 대법관의 일치된 의견으로 주문과 같이 판결한다.

대법관 이상훈(재판장) 신영철 김용덕 김소영(주심)

대법원 2014.1.16. 선고 2013도11649 판결

【보건범죄단속에관한특별조치법위반(부정의료업자)】

판시사항

영리를 목적으로 무면허 의료행위를 업으로 하는 자의 여러 개의 무면허 의료행위가 포괄일죄 관계에 있고 그 중 일부 범행이 '의료법 제27조 제1호 위반'으로 기소되어 판결이 확정된 경우, 확정판결의 기판력이 사실심 판결선고 이전에 범한 '보건범죄 단속에 관한 특별조치법 제5조 제1호 위반' 범행에 미치는지 여부(적극)

판결요지

무면허 의료행위는 그 범죄구성요건의 성질상 동종 범죄의 반복이 예상되는 것이므로, 영리를 목적으로 무면허 의료행위를 업으로 하는 자가 반복적으로 여러 개의 무면허 의료행위를 단일하고 계속된 범의 아래 일정 기간 계속하여 행하고 그 피해법익도 동일한 경우라면 이들 각 행위를 통틀어 포괄일죄로 처단하여야 할 것이다. 한편 포괄일죄의 관계에 있는 범행 일부에 대하여 판결이 확정된 경우에는 사실심 판결선고 시를 기준으로 그 이전에 이루어진 범행에 대하여는 확정판결의 기판력이 미쳐 면소의 판결을 선고하여야 하고, 이러한 법리는 영리를 목적으로 무면허 의료행위를 업으로 하는 자의 여러 개의 무면허 의료행위가 포괄일죄의 관계에 있고 그 중 일부에 대하여 판결이 확정된 경우에도 마찬가지로 적용되며, 그 확정판결의 범죄사실이 '보건범죄 단속에 관한 특별조치법' 제5조 제1호 위반죄가 아니라 단순히 의료법 제27조 제1호 위반죄로 공소제기된 경우라고 하여 달리 볼 것이 아니다.

전　문

피 고 인 피고인

상 고 인 검사

변 호 인 변호사

원심판결 광주지법 2013. 9. 11. 선고 2013노1552 판결

주　문 상고를 기각한다.

이　유 상고이유를 판단한다.

1. 형사재판이 실체적으로 확정되면 동일한 범죄에 대하여 거듭 처벌할 수 없고, 확정판결이 있는 사건과 동일한 사건에 대하여 공소의 제기가 있는 경우에는 판결로써 면소의 선고를 하여야 한다. 이때 공소사실이나 범죄사실의 동일성 여부는 사실의 동일성이 가지는 법률적 기능을 염두에 두고 피고인의 행위와 그 사회적인 사실관계를 기본으로 하되 그 규범적 요소도 고려하여 판단하여야 한다(대법원 2006. 3. 23. 선고 2005도9678 판결, 대법원 2010. 10. 14. 선고 2009도4785 판결 등 참조).

의료법 제27조 제1항 본문은 "의료인이 아니면 누구든지 의료행위를 할 수 없으며 의료인도 면허된 것 이외의 의료행위를 할 수 없다"라고 정하여 무면허 의료행위를 금지하고 같은 법 제87조 제1항 제2호는 무면허 의료행위를 한 자를 처벌하도록 정하고 있다. 이와 별도로 '보건범죄 단속에 관한 특별조치법' 제5조 제1호는 '의사가 아닌 사람이 의료법 제27조의 규정을 위반하여 영리를 목적으로 의료행위를 업으로 한 행위'를 가중처벌하고 있다. 그런데 무면허 의료행위는 그 범죄구성요건의 성질상 동종 범죄의 반복이 예상되는 것이므로, 영리를 목적으로 무면허 의료행위를 업으로 하는 자가 반복적으로 여러 개의 무면허 의료행위를 단일하고 계속된 범의 아래 일정 기간 계속하여 행하고 그 피해법익도 동일한 경우라면 이들 각 행위를 통틀어 포괄일죄로 처단하여야 할 것이다.

한편 포괄일죄의 관계에 있는 범행 일부에 대하여 판결이 확정된 경우에는 사실심 판결선고 시를 기준으로 그 이전에 이루어진 범행에 대하여는 확정판결의 기판력이 미쳐 면소의 판결을 선고하여야 하고(대법원 1994. 8.

9. 선고 94도1318 판결, 대법원 2006. 5. 11. 선고 2006도1252 판결 등 참조), 이러한 법리는 영리를 목적으로 무면허 의료행위를 업으로 하는 자의 여러 개의 무면허 의료행위가 포괄일죄의 관계에 있고 그 중 일부에 대하여 판결이 확정된 경우에도 마찬가지로 적용되며, 그 확정판결의 범죄사실이 '보건범죄 단속에 관한 특별조치법' 제5조 제1호 위반죄가 아니라 단순히 의료법 제27조 제1호 위반죄로 공소제기된 경우라고 하여 달리 볼 것이 아니다.

2. 원심은, 이 사건 공소사실 중 피고인이 의사가 아님에도 제1심판결 별지 범죄일람표 순번 제1번 내지 제13번 기재와 같이 총 13회에 걸쳐 필러 전용 주사기를 이용하여 피시술자의 이마와 볼 부위 등에 필러를 주입하는 '필러 시술'을 하고 그 대가로 합계 976만 원 상당을 대가로 교부받아 영리를 목적으로 의료행위를 업으로 하였다는 공소사실 부분에 대하여, 피고인은 2012. 3. 26. 광주지방법원에서 의료법위반죄로 징역 8월에 집행유예 2년의 판결을 선고받고 그 판결이 2012. 4. 3. 그대로 확정되었는데 위 확정판결의 범죄사실은 피고인이 2010년 6월경부터 2011년 7월경까지 5명으로부터 대가를 받거나 받지 아니하고 무면허로 보톡스나 필러를 주사하는 의료행위를 하였다는 것이고, 피고인은 위 재판이 진행 중임에도 위와 같은 무면허 의료행위를 멈추지 아니하고 범죄사실에 기재된 바와 같이 2012. 10. 22.경까지 동일한 방식으로 무면허 의료행위를 계속하여 온 점, 위 확정판결에서도 피고인이 단일한 범의 아래서 무면허 의료행위를 하였다고 보아 이를 모두 포괄하여 일죄로 처벌하였던 점 등을 종합하여 보면, 피고인에 대한 위 확정판결의 범죄사실과 이 부분 공소사실은 그 범행의 일시·장소 및 무면허 의료시술의 태양 등에 비추어 피고인의 단일하고 계속된 범의 하에 동종의 범행을 동일한 방법으로 하여 온 것으로서 기본적 사실관계가 동일하여 포괄일죄의 관계에 있으므로, 위 확정판결의 효력은 그 사실심판결 선고 이전에 행하여진 이 부분 공소사실에 대하여도 미친다는 이유로 이에 대하여 면소를 선고하였다.

앞서 본 법리에 비추어 기록을 비추어 살펴보면 원심의 위와 같은 조치는 정당한 것으로 수긍할 수 있다. 거기에 상고이유의 주장과 같이 '보건범죄 단속에 관한 특별조치법' 위반의 죄로 공소제기된 무면허 의료행위의 죄수에 관한 법리나 기판력의 범위에 관한 법리를 오해하는 등의 위법이 있다고 할 수 없다. 상고이유에서 들고 있는 대법원판결은 사안을 달리하는 것이어서 이 사건에 원용하기에 적절하지 아니하다.

한편 검사는 원심판결 전부에 대하여 불복한다는 취지의 상고장을 제출하였으나, 상고장에 이유의 기재가 없고 상고이유서에도 나머지 유죄부분에 대한 불복이유의 기재를 찾아볼 수 없다.

3. 그러므로 상고를 기각하기로 하여 관여 대법관의 일치된 의견으로 주문과 같이 판결한다.

대법관 고영한(재판장) 양창수(주심) 박병대 김창석

대법원 2014.1.16. 선고 2011도16649 판결

【의료법위반】

판시사항

[1] 구 의료법에서 의사와 한의사가 동등한 수준의 자격을 갖추고 면허를 받아 각자 면허된 것 이외의 의료행위를 할 수 없도록 하는 이원적 의료체계를 규정한 취지

[2] 의사나 한의사의 구체적인 의료행위가 '면허된 것 이외의 의료행위'에 해당하는지 판단하는 기준 및 한의사가 전통적으로 내려오는 의료기기나 의료기술 이외에 과학기술의 발전에 따라 새로 개발·제작된 의료기기 등을 사용하는 것이 한의사의 '면허된 것 이외의 의료행위'에 해당하는지 판단하는 기준

판결요지

[1] 구 의료법(2012. 2. 1. 법률 제11252호로 개정되기 전의 것. 이하 같다) 제2조 제1항, 제2항 제1호, 제3호, 제5조, 제27조 제1항 본문, 제87조 제1항에서 의사와 한의사가 동등한 수준의 자격을 갖추고 면허를 받아 각자 면허된 것 이외의 의료행위를 할 수 없도록 하는 이원적 의료체계를 규정한 것은 한의학이 서양의학과 나란히 독자적으로 발전할 수 있도록 함으로써 국민으로 하여금 서양의학뿐만 아니라 한의학이 이루고 발전시켜 나아가는 의료혜택을 누릴 수 있도록 하는 한편, 의사와 한의사가 각자의 영역에서 체계적인 교육을 받고 국가로부터 관련 의료에 관한 전문지식과 기술을 검증받은 범위를 벗어난 의료행위를 할 경우 사람의 생명, 신체나 일반 공중위생에 발생할 수 있는 위험을 방지하기 위한 것이다.

[2] 의료법령에는 의사, 한의사 등의 면허된 의료행위의 내용을 정의하거나 구분 기준을 제시한 규정이 없으므로, 의사나 한의사의 구체적인 의료행위가 '면허된 것 이외의 의료행위'에 해당하는지 여부는 구체적 사안에 따라 이원적 의료체계의 입법 목적, 당해 의료행위에 관련된 법령의 규정 및 취지, 당해 의료행위의 기초가 되는 학문적 원리, 당해 의료행위의 경위·목적·태양, 의과대학 및 한의과대학의 교육과정이나 국가시험 등을 통하여 당해 의료행위의 전문성을 확보할 수 있는지 여부 등을 종합적으로 고려하여 사회통념에 비추어 합리적으로 판단하여야 한다. 한의사가 전통적으로 내려오는 의료기기나 의료기술(이하 '의료기기 등'이라 한다) 이외에 과학기술의 발전에 따라 새로 개발·제작된 의료기기 등을 사용하는 것이 한의사의 '면허된 것 이외의 의료행위'에 해당하는지 여부도 이러한 법리에 기초하여 판단하여야 하고, 의료기기 등의 개발·제작 원리가 한의학의 학문적 원리에 기초하지 아니하였다는 사정만으로 한의사가 해당 의료기기 등을 진료에 사용한 것이 그 면허된 것 이외의 의료행위를 한 것이라고 단정할 것은 아니다.

전 문

피 고 인 피고인

상 고 인 피고인

원심판결 부산지법 2011. 11. 25. 선고 2011노2467 판결

주 문 상고를 기각한다.

이 유 상고이유를 판단한다.

구 의료법(2012. 2. 1. 법률 제11252호로 개정되기 전의 것. 이하 같다)에 따르면, 의료인이란 보건복지부장관의 면허를 받은 의사, 한의사 등을 말하고(제2조 제1항), 의사는 의료와 보건지도의 임무를, 한의사는 한방 의료와 한

방 보건지도의 임무를 각기 수행하며(제2조 제2항 제1호, 제3호), 의사 또는 한의사가 되려는 자는 의학 또는 한의학을 전공하는 대학 또는 전문대학원을 졸업하는 등의 자격을 갖추고 국가시험에 합격한 후 보건복지부장관의 면허를 받아야 한다(제5조). 그리고 의료인이 아니면 누구든지 의료행위를 할 수 없고 의료인도 면허된 것 이외의 의료행위를 할 수 없으며(제27조 제1항 본문), 이를 위반한 자는 형사처벌을 받게 되어 있다(제87조 제1항).

이와 같이 구 의료법에서 의사와 한의사가 동등한 수준의 자격을 갖추고 면허를 받아 각자 면허된 것 이외의 의료행위를 할 수 없도록 하는 이원적 의료체계를 규정한 것은 한의학이 서양의학과 나란히 독자적으로 발전할 수 있도록 함으로써 국민으로 하여금 서양의학뿐만 아니라 한의학이 이루고 발전시켜 나아가는 의료혜택을 누릴 수 있도록 하는 한편, 의사와 한의사가 각자의 영역에서 체계적인 교육을 받고 국가로부터 관련 의료에 관한 전문지식과 기술을 검증받은 범위를 벗어난 의료행위를 할 경우 사람의 생명, 신체나 일반 공중위생에 발생할 수 있는 위험을 방지하기 위한 것이다.

그런데 의료법령에는 의사, 한의사 등의 면허된 의료행위의 내용을 정의하거나 그 구분 기준을 제시한 규정이 없으므로, 의사나 한의사의 구체적인 의료행위가 '면허된 것 이외의 의료행위'에 해당하는지 여부는 구체적 사안에 따라 이원적 의료체계의 입법 목적, 당해 의료행위에 관련된 법령의 규정 및 취지, 당해 의료행위의 기초가 되는 학문적 원리, 당해 의료행위의 경위·목적·태양, 의과대학 및 한의과대학의 교육과정이나 국가시험 등을 통하여 당해 의료행위의 전문성을 확보할 수 있는지 여부 등을 종합적으로 고려하여 사회통념에 비추어 합리적으로 판단하여야 할 것이다.

한의사가 전통적으로 내려오는 의료기기나 의료기술(이하 '의료기기 등'이라 한다) 이외에 과학기술의 발전에 따라 새로 개발·제작된 의료기기 등을 사용하는 것이 한의사의 '면허된 것 이외의 의료행위'에 해당하는지 여부도 이러한 법리에 기초하여 판단하여야 할 것이고, 의료기기 등의 개발·제작 원리가 한의학의 학문적 원리에 기초하지 아니하였다는 사정만으로 한의사가 해당 의료기기 등을 진료에 사용한 것이 그 면허된 것 이외의 의료행위를 한 것이라고 단정할 것은 아니다.

원심은 그 채택 증거에 의하여 판시와 같은 사실을 인정한 다음, 이 사건 필러시술이 경혈을 자극하여 경혈과 연결된 인체의 각종 기관들의 기능을 촉진하거나 개선하는 것을 목적으로 한 것이 아니라 피부 부위에 히알루론산을 직접 주입하여 시술한 부위의 피부를 높임으로써 전체적인 얼굴 미관을 개선하려는 것인 점, 한약은 동물·식물·광물에서 채취된 것으로서 주로 원형대로 건조·절단 또는 정제된 생약을 말하는데 이 사건 필러시술로 주입한 히알루론산은 첨단장비를 이용하여 박테리아를 발효시켜 생산하는 것으로서 한약이라고 볼 수 없는 점 등을 종합하면, 이 사건 필러시술은 전적으로 서양의학의 원리에 따른 시술일 뿐이고 거기에 약침요법 등 한의학의 원리가 담겨 있다고는 볼 수 없으므로, 피고인의 이 사건 필러시술행위는 한의사의 면허된 것 이외의 의료행위에 해당한다고 판단하였다.

원심판결 이유를 앞서 본 법리와 원심이 유지한 제1심이 적법하게 채택한 증거들에 비추어 살펴보면 원심의 판단은 정당한 것으로 수긍할 수 있고, 거기에 상고이유의 주장과 같이 한의사의 면허된 의료행위의 범위에 관한 법리를 오해하는 등으로 판결 결과에 영향을 미친 위법이 없다.

그러므로 상고를 기각하기로 하여 관여 대법관의 일치된 의견으로 주문과 같이 판결한다.

대법관 김소영(재판장) 신영철 이상훈(주심) 김용덕

2013년 대법원 판례 모음

대법원 2013.12.26. 선고 2013도9124 판결

【특정범죄가중처벌등에관한법률위반(도주차량)·상해】

판시사항

피고인이 자동차를 후진하다가 갑을 역과하여 사망에 이르게 하고도 구호조치 없이 도주하였다고 하여 특정범죄 가중처벌 등에 관한 법률 위반(도주차량)으로 기소된 사안에서, 제반 사정에 비추어 피고인이 도주의 범의로써 사고현장을 이탈한 것으로 보기 어렵다고 한 사례

판결요지

피고인이 자동차를 후진하여 운전하다가 갑을 역과하여 사망에 이르게 하고도 구호조치 등을 하지 아니하고 도주하였다고 하여 특정범죄 가중처벌 등에 관한 법률 위반(도주차량)으로 기소된 사안에서, 피고인이 사고 직후 직접 119 신고를 하였을 뿐만 아니라, 119 구급차가 갑을 후송한 후 출동한 경찰관들에게 현장 설명을 하고 인적사항과 연락처를 알려 준 다음 사고현장을 떠난 점 등 제반 사정을 종합할 때, 피고인이 사고현장이나 경찰 조사과정에서 목격자 행세를 하고 갑의 발견 경위에 관하여 사실과 다르게 진술하였다는 사정만으로는 도주의 범의로써 사고현장을 이탈한 것으로 보기 어렵다고 한 사례.

전　문

피 고 인 피고인

상 고 인 피고인

변 호 인 변호사

원심판결 춘천지법 2013. 7. 10. 선고 2013노76 판결

주　문 원심판결을 파기하고, 사건을 춘천지방법원 본원 합의부에 환송한다.

이　유 상고이유(상고이유서 제출기간이 지난 후에 제출된 상고이유보충서의 기재는 상고이유를 보충하는 범위 내에서)를 판단한다.

1. 특정범죄 가중처벌 등에 관한 법률 위반(도주차량)의 점에 관하여

가. 특정범죄 가중처벌 등에 관한 법률(이하 '특가법'이라 한다) 제5조의3 제1항에서 정한 '피해자를 구호하는 등 도로교통법 제54조 제1항에 따른 조치를 하지 아니하고 도주한 경우'라 함은 사고 운전자가 사고로 인하여 피해자가 사상을 당한 사실을 인식하였음에도 피해자를 구호하는 등 도로교통법 제54조 제1항에 규정된 의무를 이행하기 이전에 사고현장을 이탈하여 사고를 낸 자가 누구인지 확정될 수 없는 상태를 초래하는 경우를 말한다. 그런데 도로교통법 제54조 제1항의 취지는 도로에서 일어나는 교통상의 위험과 장해를 방지·제거하여 안전하고 원활한 교통을 확보하기 위한 것이므로, 이 경우 운전자가 취하여야 할 조치는 사고의 내용과 피해의 정도 등 구체적 상황에 따라 적절히 강구되어야 하고 그 정도는 건전한 양식에 비추어 통상 요구되는 정도의 것으로서, 여기에는 피해자나 경찰관 등 교통사고와 관계있는 사람에게 사고 운전자의 신원을 밝히는 것도 포함된다 할 것이다. 다만 위 특가법 제5조의3 제1항은 자동차와 교통사고의 급증에 상응하는 건전하고 합리적인 교통질서가 확립되지 못한 현실에서 교통사고를 야기한 운전자가 그 사고로 사상을 당한 피해자를 구호하는 등의 조치를 취하지 않고 도주하는 행위에 강한 윤리적 비난가능성이 있음을 감안하여 이를 가중처벌함으로써 교통의 안전이라는 공공의 이익을 보호함과 아울러 교통사고로 사상을 당한 피해자의 생명과 신체의 안전이라는 개인적 법익을 보호하기 위하여 제정된 것이라는 그 입법 취지와 보호법익에 비추어 볼 때, 사고 운전자가 피해자를 구호하는 등 도로교통법 제54조 제1항에 정한 의무를 이행하기 전에 도주의 범의로써 사고현장을 이탈한 것인지 여부를 판정함에 있어서는 그 사고의 경위와 내용, 피해자의 상해 부위와 정도, 사고 운전자의 과실 정도, 사고 운전자와 피해자의 나이와 성별, 사고 후의 정황 등을 종합적으로 고려하여 합리적으로 판단하여야 한다.

나. 원심은, 이 사건 공소사실 중 특가법 위반(도주차량)의 점에 관하여 피해자가 피고인이 후진으로 운행하던 냉동탑차에 충격되어 넘어진 상태에서 그대로 역과되어 사망에 이르렀다고 전제한 후 그 판시와 같은 사실을 인정한 다음, 피고인은 사고 당시 자신이 냉동탑차를 후진하여 운행하다가 피해자 공소외 1을 역과하였다는 것을 회사 직원 공소외 2로부터 들었을 뿐만 아니라 그 자리에 쓰러져 있는 피해자의 모습을 직접 보았으므로 피고인 자신이 이 사건 사고를 일으켰다는 것을 분명히 인식하였음에도 불구하고, 119 구급대원과 경찰관에게 최초 목격자 행세를 한 뒤 자의로 귀가한 점, 이어 경찰서에 임의출석하여 참고인 조사를 받으면서도 마찬가지로 목격자로 행세하면서 위 차량의 운행 경위, 동행 차량의 존부, 사고의 경위 등에 관하여 허위의 진술을 한 뒤 귀가하였다가 다시 변호사 사무장과 상담한 이후 경찰서에 출석하여 경찰관의 추궁에 따라 비로소 자신이 이 사건 사고를 일으켰음을 인정한 점(피고인은 제1심 및 원심에서 다시 이를 부인하였다) 등 그 판시와 같은 사정들을 종합하여, 피고인의 사고 발생 직후의 위와 같은 행동은 위 사고로 인하여 피해자가 사상을 당한 사실을 인식하였음에도 불구하고 사고차량이나 사고를 낸 사람이 누구인지 확정될 수 없는 상태를 초래한 것으로서 특가법 제5조의3 제1항 소정의 '피해자를 구호하는 등 조치를 취하지 아니하고 도주한 경우'에 해당한다고 보아 위 공소사실 부분을 유죄로 인정하였다.

다. 그러나 원심의 위와 같은 판단은 다음과 같은 이유에서 수긍하기 어렵다.

원심판결 이유 및 기록에 의하여 인정되는 다음과 같은 사정 즉, ① 피고인은 위와 같이 이 사건 사고 직후 직접 119 신고를 하였을 뿐만 아니라, 119 구급차가 피해자를 후송한 후 출동한 경찰관들에게 현장 설명을 하고 자신의 인적사항과 연락처를 알려 준 다음에야 비로소 사고현장을 떠난 점, ② 다만 피고인은 당시 '사람이 쓰러져 있다'는 내용으로만 119 신고를 하였고, 사고현장에 도착한 구급대원과 경찰관에게도 자신이 최초 발견자인 것처럼 이야기한 뒤 귀가하였으며, 다시 몇 시간 후에 경찰서에 자진 출석하여 경찰관 등에게 '자신이 차량을 운전하여 마을 진입로로 들어가다 보니까 길가에 피해자가 쓰러져 있는 것을 발견하고 119에 신고하게 되었다'는 취지로 진술하였던 점, ③ 피고인은 자신의 신원과 연락처 및 운전 차량이 경찰에 의하여 이미 확보된 상태에서 목격자로 행세하며 진술조서를 작성한 지 불과 11시간 정도 후에 다시 경찰서에 출석하여 종전 태도를 바꾸어 사고를 낸 사실을 인정하였던 점, ④ 만약 피고인이 끝까지 사고 운전자임을 인정하지 않았더라도 자신의 인적사항과 운행 차량을 수사기관에 제공한 이상 목격자 등의 진술과 그 후에 이루어진 차량감식 결과 등을 토대로 피고인이 사고 운전자라는 사실이 그다지 어렵지 않게 밝혀졌을 것으로 보이는 점, ⑤ 피고인은 이 사건 사고 당시 피해자에 대한 충격사실을 전혀 알지 못하여 다른 사람의 제지에 의하여 비로소 차량을 멈추게 되었고, 자신이 운전한 차량의 운행 속도와 당시 날씨와 도로 상태, 피해자의 위치와 상태 등에 비추어 선행 차량에 의한 사고 가능성 등을 의심하여 일단 경찰관에게 목격자인 것처럼 진술하였을 개연성도 배제할 수 없는 점 등을 종합해 보면, 피고인이 사고현장이나 경찰 조사과정에서 목격자 행세를 하고 피해자의 발견 경위에 관하여 사실과 다르게 진술하였다는 사정만으로는 피고인이 교통사고를 야기한 후 도주의 범의로써 사고현장을 이탈하여 사고를 낸 자가 누구인지 확정될 수 없는 상태를 초래한 것으로까지 보기는 어렵다고 할 것이다.

그럼에도 원심은 이와 달리 그 판시와 같은 이유만으로 피고인에게 도주의 범의가 인정된다고 단정하여 이 부분 공소사실을 유죄로 인정하였는바, 이는 특가법 제5조의3 제1항에서 규정한 도주에 관한 법리 및 도로교통법 제54조 제1항에서 규정한 교통사고 발생 시의 조치에 관한 법리를 오해하여 판단을 그르친 것이다.

2. 상해의 점에 관하여

원심판결 이유를 원심이 적법하게 채택한 증거들에 비추어 살펴보면, 원심이 이 부분 공소사실이 유죄로 인정된다고 판단한 것은 정당하고, 거기에 논리와 경험칙에 반하여 자유심증주의의 한계를 벗어난 잘못이 없다.

3. 결론

그러므로 원심판결 중 특가법 위반(도주차량)죄 부분은 파기되어야 하는바, 위 죄와 나머지 상해죄가 형법 제37조 전단의 경합범 관계에 있어 하나의 형이 선고되었으므로 나머지 상고이유에 관한 판단을 생략한 채 원심판결 전부를 파기하고, 사건을 다시 심리·판단하도록 원심법원에 환송하기로 하여, 관여 대법관의 일치된 의견으로 주문과 같이 판결한다.

대법관 박보영(재판장) 민일영(주심) 이인복 김신

대법원 2013.12.26. 선고 2013도8085,2013전도165 판결

【성폭력범죄의처벌등에관한특례법위반(친족관계에의한강제추행)·성폭력범죄의처벌등에관한특례법위반(강간등상해)·성폭력범죄의처벌등에관한특례법위반(13세미만미성년자강간)·성폭력범죄의처벌등에관한특례법위반(친족관계에의한강간)·증거위조교사·부착명령】

판시사항

참고인이 타인의 형사사건 등에 관하여 제3자와 대화를 하면서 허위로 진술하고 그 진술이 담긴 대화 내용을 녹음한 녹음파일 또는 이를 녹취한 녹취록을 만들어 수사기관 등에 제출하는 행위가 증거위조죄를 구성하는지 여부(적극)

판결요지

참고인이 타인의 형사사건 등에 관하여 제3자와 대화를 하면서 허위로 진술하고 위와 같은 허위 진술이 담긴 대화 내용을 녹음한 녹음파일 또는 이를 녹취한 녹취록은 참고인의 허위진술 자체 또는 참고인 작성의 허위 사실확인서 등과는 달리 그 진술내용만이 증거자료로 되는 것이 아니고 녹음 당시의 현장음향 및 제3자의 진술 등이 포함되어 있어 그 일체가 증거자료가 된다고 할 것이므로, 이는 증거위조죄에서 말하는 '증거'에 해당한다. 또한 위와 같이 참고인의 허위 진술이 담긴 대화 내용을 녹음한 녹음파일 또는 이를 녹취한 녹취록을 만들어 내는 행위는 무엇보다도 그 녹음의 자연스러움을 뒷받침하는 현장성이 강하여 단순한 허위진술 또는 허위의 사실확인서 등에 비하여 수사기관 등을 그 증거가치를 판단함에 있어 오도할 위험성을 현저히 증대시킨다고 할 것이므로, 이러한 행위는 허위의 증거를 새로이 작출하는 행위로서 증거위조죄에서 말하는 '위조'에도 해당한다고 봄이 상당하다. 따라서 참고인이 타인의 형사사건 등에 관하여 제3자와 대화를 하면서 허위로 진술하고 위와 같은 허위 진술이 담긴 대화 내용을 녹음한 녹음파일 또는 이를 녹취한 녹취록을 만들어 수사기관 등에 제출하는 것은, 참고인이 타인의 형사사건 등에 관하여 수사기관에 허위의 진술을 하거나 이와 다를 바 없는 것으로서 허위의 사실확인서나 진술서를 작성하여 수사기관 등에 제출하는 것과는 달리, 증거위조죄를 구성한다.

전 문

피고인 겸 피부착명령청구자 피고인

상 고 인 피고인 겸 피부착명령청구자

변 호 인 변호사

원심판결 광주고법 2013. 6. 18. 선고 (전주)2013노96, 2013전노15 판결

주 문 상고를 모두 기각한다.

이 유 상고이유를 판단한다.

1. 피고사건에 관하여

가. 증거위조교사의 점을 제외한 나머지 유죄 부분

원심이 유지한 제1심 채택의 증거들에 비추어 살펴보면, 원심이 그 판시와 같은 이유를 들어 이 부분 공소사실을 모두 유죄로 인정한 것은 수긍할 수 있다. 거기에 상고이유의 주장과 같이 논리와 경험칙에 반하는 중대한 사실의 오인이 있다고 할 수 없다.

나. 증거위조교사의 점

(1) 타인의 형사사건 또는 징계사건에 관한 증거를 위조한 경우에 성립하는 형법 제155조 제1항의 증거위조죄에서 '증거'라 함은 타인의 형사사건 또는 징계사건에 관하여 수사기관이나 법원 또는 징계기관이 국가의 형벌

권 또는 징계권의 유무를 확인하는 데 관계있다고 인정되는 일체의 자료를 의미하고, 타인에게 유리한 것이건 불리한 것이건 가리지 아니하며 또 증거가치의 유무 및 정도를 불문한다. 또 여기서의 '위조'란 문서에 관한 죄에 있어서의 위조 개념과는 달리 새로운 증거의 창조를 의미하는 것이다(대법원 2007. 6. 28. 선고 2002도3600 판결 등 참조).

그리하여 참고인이 타인의 형사사건 등에 관하여 제3자와 대화를 하면서 허위로 진술하고 위와 같은 허위진술이 담긴 대화 내용을 녹음한 녹음파일 또는 이를 녹취한 녹취록은 참고인의 허위진술 자체 또는 참고인 작성의 허위 사실확인서 등과는 달리 그 진술내용만이 증거자료로 되는 것이 아니고 녹음 당시의 현장음향 및 제3자의 진술 등이 포함되어 있어 그 일체가 증거자료가 된다고 할 것이므로, 이는 증거위조죄에서 말하는 '증거'에 해당한다.

또한 위와 같이 참고인의 허위 진술이 담긴 대화 내용을 녹음한 녹음파일 또는 이를 녹취한 녹취록을 만들어 내는 행위는 무엇보다도 그 녹음의 자연스러움을 뒷받침하는 현장성이 강하여 단순한 허위진술 또는 허위의 사실확인서 등에 비하여 수사기관 등을 그 증거가치를 판단함에 있어 오도할 위험성을 현저히 증대시킨다고 할 것이므로, 이러한 행위는 허위의 증거를 새로이 작출하는 행위로서 증거위조죄에서 말하는 '위조'에도 해당한다고 봄이 상당하다.

따라서 참고인이 타인의 형사사건 등에 관하여 제3자와 대화를 하면서 허위로 진술하고 위와 같은 허위 진술이 담긴 대화 내용을 녹음한 녹음파일 또는 이를 녹취한 녹취록을 만들어 수사기관 등에 제출하는 것은, 참고인이 타인의 형사사건 등에 관하여 수사기관에 허위의 진술을 하거나 이와 다를 바 없는 것으로서 허위의 사실확인서나 진술서를 작성하여 수사기관 등에 제출하는 것과는 달리, 증거위조죄를 구성한다고 할 것이다.

(2) 원심은, 피고인 겸 피부착명령청구자(이하 '피고인'이라고 한다)가 친딸인 피해자 공소외 1을 강간하였다는 등의 범죄사실로 재판을 받던 중 누나인 공소외 2로 하여금 위 공소외 1이 공소외 2의 딸인 공소외 3과 대화를 하면서 '아빠가 때려서 그것 때문에 화나서 아빠가 몸에다 손댔다고 거짓말하였다'는 취지로 허위진술하는 것을 공소외 2의 휴대폰에 녹음하게 한 다음 위와 같은 허위진술이 담긴 대화 내용을 녹취한 이 사건 녹취록을 만들어 담당재판부에 증거로 제출하게 하였다는 이 부분 공소사실이 증거위조교사죄에 해당한다고 보아 이를 유죄로 인정한 제1심판결을 그대로 유지하였다.

(3) 앞서 본 법리에 비추어 기록을 살펴보면, 원심이 비록 '이 사건 녹취록에 기재된 위 공소외 1의 진술이 피고인의 부탁을 받은 공소외 2에 의하여 허위로 위조된 것으로 볼 수 있다'고 하여 증거위조의 대상이 이 사건 녹취록이 아닌 위 공소외 1의 허위진술이라고 설시한 것이 적절하다고는 할 수 없으나, 결론적으로 이 부분 공소사실이 증거위조교사죄에 해당한다고 판단하여 이를 유죄로 인정한 것은 수긍할 수 있다. 거기에 논리와 경험칙에 반하는 중대한 사실의 오인이 있다거나 증거위조교사죄의 성립에 관한 법리를 오해한 위법이 있다고 할 수 없다.

다. 양형부당의 점

피고인의 연령·성행·환경, 피해자와의 관계, 이 사건 각 범행의 동기·수단과 결과, 범행 후의 정황 등 기록에 나타난 양형의 조건이 되는 여러 가지 사정들을 살펴보면, 피고인에 대하여 징역 10년을 선고한 제1심판결을 그대로 유지한 원심의 형의 양정이 심히 부당하다고 할 수 없다.

2. 부착명령청구사건에 관하여

피고인이 피고사건에 관하여 상고를 제기한 이상 부착명령청구사건에 관하여도 상고를 제기한 것으로 의제된다. 그러나 상고장에 이유의 기재가 없고 상고이유서에도 이에 대한 불복이유의 기재를 찾아볼 수 없다.

3. 결론

그러므로 상고를 모두 기각하기로 하여 관여 대법관의 일치된 의견으로 주문과 같이 판결한다.

대법관 고영한(재판장) 양창수(주심) 박병대 김창석

대법원 2013.12.26. 선고 2013도10896 판결

【공직선거법위반】

판시사항

[1] 공직선거법 제89조 제1항에서 유사기관의 설치 등을 금지하는 취지 및 어떠한 기관 등이 위 금지규정에 위배되는지 판단하는 기준

[2] 공직선거법 제89조 제1항에서 정한 유사기관에 해당하기 위해서는 기관 등의 설립목적인 '선거운동'이 공직선거법상 허용되지 않는 선거운동이어야 하는지 여부(소극)

판결요지

[1] 공직선거법은 제61조 제1항과 제2항에서 선거운동기구인 선거사무소와 선거연락소에 관하여 그 설치 주체를 정당 또는 후보자 등으로 제한하고 설치 숫자 및 장소 등을 엄격히 규제하는 한편, 제89조 제1항에서 누구든지 위 규정에 따라 설치된 선거사무소 또는 선거연락소 외에는 후보자 또는 후보자가 되려는 사람을 위하여 명칭 여하를 불문하고 유사기관을 설립 또는 설치하거나 이용할 수 없다고 하여 이를 금지하고 있다. 이는 후보자 간 선거운동기구의 형평성을 유지하고, 각종 형태의 선거운동기구의 난립으로 인한 과열경쟁 및 낭비를 방지하고자 하는 데 입법 취지가 있으므로, 어떠한 기관·단체·조직 또는 시설이 위 금지규정에 위배되는지 여부는 그것이 선거운동을 목적으로 설치된 것으로서 적법한 선거사무소나 선거연락소와 유사한 활동이나 기능을 하는 것에 해당하는지에 의하여 결정된다. 그리고 여기서 선거운동이란 특정의 선거에 관하여 특정 후보자를 당선되게 하거나 당선되지 못하게 하기 위하여 직접 또는 간접으로 영향을 미칠 수 있는 행위를 하는 것을 가리키므로, 선거운동의 목적이 아닌 순수한 내부적 선거 준비행위의 차원에서 설치된 기관 등은 위 유사기관에 해당하지 않는다.

[2] 어떠한 기관·단체·조직 또는 시설이 '선거운동'을 목적으로 설립되었고 그것이 선거사무소 또는 선거연락사무소처럼 이용되는 정도에 이르렀다면 공직선거법 제89조 제1항에서 정한 유사기관이 되는 것이지, 반드시 그 '선거운동'이 공직선거법상 허용되지 않는 선거운동이어야만 하는 것은 아니다.

전 문

피 고 인 피고인

상 고 인 피고인 및 검사

변 호 인 법무법인

원심판결 서울고법 2013. 8. 30. 선고 2013노2038 판결

주 문 상고를 모두 기각한다.

이 유 상고이유를 판단한다.

1. 피고인의 상고이유에 대하여

가. 공직선거법은 제61조 제1항과 제2항에서 선거운동기구인 선거사무소와 선거연락소에 관하여 그 설치 주체를 정당 또는 후보자 등으로 제한하고 설치 숫자 및 장소 등을 엄격히 규제하는 한편, 제89조 제1항에서 누구든지 위 규정에 따라 설치된 선거사무소 또는 선거연락소 외에는 후보자 또는 후보자가 되려는 사람을 위하여 명칭 여하를 불문하고 유사기관을 설립 또는 설치하거나 이용할 수 없다고 하여 이를 금지하고 있다. 이는 후보자 간 선거운동기구의 형평성을 유지하고, 각종 형태의 선거운동기구의 난립으로 인한 과열경쟁 및 낭비를 방지하고자 하는 데 입법 취지가 있다 할 것이므로, 어떠한 기관·단체·조직 또는 시설이 위 금지규정에 위반되는지 여부는 그것이 선거운동을 목적으로 설치된 것으로서 적법한 선거사무소나 선거연락소와 유사한 활동

이나 기능을 하는 것에 해당하는지 여부에 의하여 결정된다 할 것이다. 그리고 여기서 선거운동이라 함은 특정의 선거에 관하여 특정 후보자를 당선되게 하거나 당선되지 못하게 하기 위하여 직접 또는 간접으로 영향을 미칠 수 있는 행위를 하는 것을 가리키므로, 선거운동의 목적이 아닌 순수한 내부적 선거 준비행위의 차원에서 설치된 기관 등은 위 유사기관에 해당하지 않는다(대법원 1997. 12. 26. 선고 97도2249 판결 등 참조).

원심은 그 판시와 같은 사정 등을 종합하여 보면, 피고인이 설립한 ○○○○○커뮤니케이션(이하 '△△△') 사무실은 그 주된 설립목적이 특정 후보자를 위한 선거운동, 즉 내부적 선거 준비행위의 차원을 넘어 선거인에게 영향을 미치려는 데 있었던 것으로 봄이 상당하므로 공직선거법에서 설립·설치 및 이용을 금지하는 선거사무소와 유사한 기관·단체·조직 또는 시설에 해당한다는 취지로 판단하였다.

기록에 비추어 살펴보면 원심의 위와 같은 판단은 앞서 본 법리에 따른 것으로서 정당하고, 거기에 피고인이 상고이유로 주장하는 공직선거법상 유사기관에 관한 법리를 오해하거나 논리와 경험칙에 반하여 자유심증주의의 한계를 벗어나는 등의 위법이 있다고 할 수 없다.

나. 한편 피고인은, 헌법재판소 2011. 12. 29. 선고 2007헌마1001 등 전원재판부 결정 및 그 이후의 공직선거법 개정에 따라 누구라도 트위터 등 정보통신망을 이용한 선거운동을 할 수 있게 되었으므로 이처럼 허용되는 선거운동을 목적으로 설립된 △△△ 사무실은 유사기관으로 볼 수 없다는 취지의 주장도 하고 있다. 그러나 어떠한 기관·단체·조직 또는 시설이 '선거운동'을 목적으로 설립되었고 그것이 선거사무소 또는 선거연락사무소처럼 이용되는 정도에 이르렀다면 공직선거법 제89조 제1항에서 정한 유사기관이 되는 것이지, 반드시 그 '선거운동'이 공직선거법상 허용되지 않는 선거운동이어야만 하는 것은 아니라 할 것이다. 원심이 인정한 판시 사정들을 종합하여 보면, 피고인이 설립한 △△△ 사무실은 그 주된 설립목적이 선거운동에 있었던 것으로 보일 뿐만 아니라 실질적으로 선거사무소 또는 선거연락사무소처럼 이용되는 정도에 이르렀다고 보인다. 그러므로 설령 피고인이 개인적으로 트위터에 특정 후보를 지지하는 글을 올리는 행위 자체가 공직선거법상 허용되는 선거운동이고 그러한 활동을 하기 위하여 △△△ 사무실이 설치되었다고 하더라도, 원심이 인정한 여러 사정 등에 의하면 △△△ 사무실은 공직선거법에서 그 설치 및 이용 등을 금지하는 '유사기관'에 해당하는 것으로 충분히 인정할 수 있다. 따라서 피고인의 위 주장은 받아들이지 아니한다.

다. 원심은, 피고인이 주장하는 위 헌법재판소 결정은 이 사건에서 문제되는 유사기관 설립행위에 직접 적용되는 것이 아니므로 설령 피고인이 위와 같은 △△△ 사무실의 설립이 법적으로 허용되는 것으로 스스로 오인하였다고 하더라도 그 오인에 정당한 이유가 있다고 볼 수 없다고 판단하였다.

관련 법리와 기록에 비추어 살펴보면 이 부분 원심의 판단도 정당하고, 거기에 피고인이 상고이유로 주장하는 법리오해 등의 위법이 있다 할 수 없다. 또한 앞서 본 바와 같이 △△△ 사무실은 선거운동을 목적으로 설립·이용된 것으로 보인다는 원심의 판단이 정당한 이상, 그 사무실에서의 대선 관련 활동이 단순한 교육 차원에서 이루어진 것이라는 전제하에 원심의 이 부분 판단을 비난하는 피고인의 상고이유의 주장도 받아들일 수 없다.

2. 검사의 상고이유에 대하여

이 부분 원심판결의 이유를 관련 법리와 기록에 비추어 살펴보면, 원심이 △△△ 사무실은 선거운동을 주된 목적으로 하여 설립된 것이고 공소외인 등 7명은 피고인을 도와 선거운동을 하기 위하여 채용된 일종의 근로자로 보인다는 점 등 그 판시와 같은 이유로, 피고인이 공소외인 등 7명으로 하여금 '직무상 행위를 이용하여' 선거운동을 하게 한 것으로 보기는 어렵다고 판단한 것도 정당한 것으로 수긍이 간다. 거기에 검사가 상고이유로 주장하는 법리오해 등의 위법이 있다 할 수 없다.

3. 결론

이에 관여 대법관의 일치된 의견으로 상고를 모두 기각하기로 하여 주문과 같이 판결한다.

대법관 김창석(재판장) 양창수 박병대(주심) 고영한

대법원 2013.12.26. 선고 2012도5875 판결

【근로기준법위반】

판시사항

[1] 근로자퇴직급여 보장법에 따른 퇴직금 지급의무 유무를 판단하기 위하여 '상시 근로자'의 수를 산정할 때 근로기준법 시행령 제7조의2가 적용되는지 여부(소극)

[2] 근로자퇴직급여 보장법에 따른 퇴직금 지급의무 유무를 판단하기 위하여 '상시 근로자'의 수를 산정할 때 기준이 되는 기간(=해당 근로자의 전체 근무기간) 및 상시 근로자 5인 이상인 사업장에 해당하는지 판단하는 기준

판결요지

[1] 근로자퇴직급여 보장법은 근로자 퇴직급여제도의 설정 및 운영에 필요한 사항을 정하기 위해 근로기준법이 정하고 있던 퇴직금제도를 분리하여 별도로 제정되었고, 그 시행일인 2005. 12. 1.부터 사용자의 퇴직금 지급의무 및 그 위반으로 인한 처벌에 관하여 근로자퇴직급여 보장법이 적용되는 점, 근로자퇴직급여 보장법은 근로기준법과 달리 2010. 12. 1.부터는 상시 4인 이하의 근로자를 사용하는 사업에도 적용되는 점, 상시 근로자 산정방법에 관한 근로기준법 제11조 제3항 및 근로기준법 시행령 제7조의2 규정은 근로자퇴직급여 보장법이 시행된 이후에야 신설된 조항이고, 법 문언에 의하더라도 근로기준법을 적용하는 경우 상시 사용하는 근로자 수의 산정방법을 정하고 있는 점, 근로자퇴직급여 보장법에 따른 퇴직금 지급의무 유무를 판단하기 위하여 근로기준법 시행령 제7조의2 규정에 따라 퇴직일 전 1개월 동안의 상시 근로자 수를 산정하는 것은, 경우에 따라 해당 근로자가 상시 근로자 5인 이상인 사업장에서 1년 이상 계속 근무하였음에도 단지 퇴직일 전 1개월 동안의 상시 근로자 수가 4인 이하라는 이유로 사용자에게 퇴직금 지급의무가 없다는 결과를 가져올 수 있어 부당하다고 하지 않을 수 없고, 1년 이상의 계속근로기간이 요구되는 퇴직금제도의 취지에 부합한다고 보기도 어려운 점 등을 종합하면, 근로기준법 시행령 제7조의2 규정은 근로자퇴직급여 보장법 적용에 관한 상시 근로자 수 산정에는 적용되지 아니한다고 봄이 타당하다.

[2] 근로자퇴직급여 보장법에 따른 퇴직금 지급의무 유무를 판단하기 위한 상시 근로자의 수는 해당 근로자의 전체 근무기간을 기준으로 산정하여야 하고, 여기에서 상시라 함은 상태(상태)라고 하는 의미로서 근로자의 수가 때때로 5인 미만이 되는 경우가 있어도 사회통념에 의하여 객관적으로 판단하여 상태적으로 5인 이상이 되는 경우에는 이에 해당하며, 여기의 근로자에는 당해 사업장에 계속 근무하는 근로자뿐만 아니라 그때그때의 필요에 의하여 사용하는 일용근로자를 포함한다고 해석하여야 한다.

전　문

피 고 인 피고인

상 고 인 검사

변 호 인 변호사

원심판결 의정부지법 2012. 4. 27. 선고 2012노10 판결

주　문 원심판결을 파기하고, 사건을 의정부지방법원 본원 합의부에 환송한다.

이　유 상고이유를 판단한다.

이 사건 공소사실의 요지는, 피고인은 양주시 남면 (이하 생략) ○○○○ 대표로서 상시 근로자 5명을 고용하여

건축자재유통업을 경영한 사용자인데, 위 사업장에서 2003. 10. 20.부터 2010. 8. 15.까지 근로한 공소외인의 퇴직금 10,184,097원을 당사자 사이의 지급기일 연장에 관한 합의 없이 그 지급사유 발생일인 퇴직일로부터 14일 이내에 지급하지 아니하였다는 것이다.

원심은, 2005. 1. 27. 법률 제7379호로 제정된 근로자퇴직급여 보장법의 시행일인 2005. 12. 1. 이후 사용자의 근로자에 대한 퇴직금 미지급으로 인한 처벌에는 근로기준법이 아니라 근로자퇴직급여 보장법이 적용되어야 하므로 공소외인이 2010. 8. 15. 위 사업장에서 퇴직한 이 사건의 경우 피고인에 대한 처벌 근거법률은 근로자퇴직급여 보장법이라고 보아야 하고, 근로자퇴직급여 보장법이 상시 4인 이하의 근로자를 사용하는 사업장에도 적용되는 것은 2010. 12. 1.부터이므로 이 사건에 근로자퇴직급여 보장법이 적용되기 위해서는 이 사건 사업장의 상시 근로자 수가 5인 이상이어야 하는데, 근로자퇴직급여 보장법에서의 '상시 근로자'의 개념은 근로기준법상의 개념이 그대로 준용된다고 봄이 상당하다고 판단한 후, 근로기준법 제11조, 근로기준법 시행령 제7조의2 제1항에 의하면 "상시 근로자의 수"는 법 적용 사유 발생일 전 1개월 동안 사용한 근로자의 연인원을 같은 기간 중의 가동 일수로 나누어 산정하도록 되어 있으므로, 이에 따라 공소외인이 퇴직한 2010. 8. 15. 전 1개월 동안 사용한 상시 근로자의 수를 산정해 보면 공소외인이 이 사건 사업장에서 퇴직할 당시 이 사건 사업장은 상시 근로자가 4인 이하인 사업장으로 인정된다고 하여, 피고인에 대하여 무죄를 선고한 제1심판결을 그대로 유지하였다.

그러나 원심이 근로자퇴직급여 보장법의 적용 여부에 관한 상시 근로자 수를 산정함에 있어 근로기준법 시행령 제7조의2 규정에 따라 산정하여야 한다고 판단한 부분은 다음과 같은 이유에서 그대로 수긍하기 어렵다.

근로자퇴직급여 보장법은 근로자 퇴직급여제도의 설정 및 운영에 필요한 사항을 정함으로써 근로자의 안정적인 노후생활 보장에 이바지함을 목적으로 근로기준법이 정하고 있던 퇴직금제도를 분리하여 2005. 1. 27. 제정되어 2005. 12. 1.부터 시행되었는바, 근로자퇴직급여 보장법 제3조, 같은 법 부칙(2005. 1. 27.) 제1조, 같은 법 시행령 부칙(2010. 9. 29.) 제2조에 의하면, 근로자퇴직급여 보장법은 2005. 12. 1.부터 근로자를 사용하는 모든 사업 또는 사업장에 적용하되, 다만 상시 4인 이하의 근로자를 사용하는 사업은 2010. 12. 1.부터 시행하도록 규정하고 있다.

한편 근로기준법 제11조 제1항은 이 법은 상시 5명 이상의 근로자를 사용하는 모든 사업 또는 사업장에 적용한다고 규정하고 있고, 같은 조 제3항은 이 법을 적용하는 경우에 상시 사용하는 근로자 수를 산정하는 방법은 대통령령으로 정한다고 규정하고 있으며, 그 위임을 받은 근로기준법 시행령 제7조의2 제1항은 근로기준법 제11조 제3항에 따른 "상시 사용하는 근로자 수"는 해당 사업 또는 사업장에서 법 적용 사유(휴업수당 지급, 근로시간 적용 등 법 또는 이 영의 적용 여부를 판단하여야 하는 사유를 말한다) 발생일 전 1개월(사업이 성립한 날부터 1개월 미만인 경우에는 그 사업이 성립한 날 이후의 기간을 말한다) 동안 사용한 근로자의 연인원을 같은 기간 중의 가동 일수로 나누어 산정한다고 규정하고 있는데, 근로기준법 제11조 제3항은 2008. 3. 21., 근로기준법 시행령 제7조의2는 2008. 6. 25. 각 신설되어 2008. 7. 1.부터 시행되었다.

근로자퇴직급여 보장법은 근로자 퇴직급여제도의 설정 및 운영에 필요한 사항을 정하기 위해 근로기준법이 정하고 있던 퇴직금제도를 분리하여 별도로 제정되었고, 그 시행일인 2005. 12. 1.부터 사용자의 퇴직금 지급의무 및 그 위반으로 인한 처벌에 관하여 근로자퇴직급여 보장법이 적용되는 점, 근로자퇴직급여 보장법은 근로기준법과 달리 2010. 12. 1.부터는 상시 4인 이하의 근로자를 사용하는 사업에도 적용되는 점, 상시 근로자 산정방법에 관한 근로기준법 제11조 제3항 및 근로기준법 시행령 제7조의2 규정은 근로자퇴직급여 보장법이 시행된 이후에야 신설된 조항이고, 법 문언에 의하더라도 근로기준법을 적용하는 경우 상시 사용하는 근로자 수의 산정방법을 정하고 있는 점, 근로자퇴직급여 보장법에 따른 퇴직금 지급의무 여부를 판단하기 위하여 근로기준법 시행령 제7조의2 규정에 따라 퇴직일 전 1개월 동안의 상시 근로자 수를 산정하는 것은, 경우에 따라 해당 근로자가 상시 근로자 5인 이상인 사업장에서 1년 이상 계속 근무하였음에도 단지 퇴직일 전 1개월 동안의 상시 근로자 수가 4인 이하라는 이유로 사용자에게 퇴직금 지급의무가 없다는 결과를 가져올 수 있어 부당하다고 하지 않을 수 없고, 1년 이상의 계속근로기간이 요구되는 퇴직금제도의 취지에 부합한다고 보기도 어려운 점 등을 종합하면, 근로기준법 시행령 제7조의2 규정은 근로자퇴직급여 보장법 적용에 관한 상시 근로자 수 산정에는 적용되지 아니한다고 봄이 타당하다.

따라서 근로자퇴직급여 보장법에 따른 퇴직금 지급의무 여부를 판단하기 위한 상시 근로자의 수는 해당 근로자의 전체 근무기간을 기준으로 산정하여야 하고, 여기에서 상시라 함은 상태(상태)라고 하는 의미로서 근로자의 수가 때때로 5인 미만이 되는 경우가 있어도 사회통념에 의하여 객관적으로 판단하여 상태적으로 5인 이상이 되는 경우에는 이에 해당한다 할 것이며, 여기의 근로자에는 당해 사업장에 계속 근무하는 근로자뿐만 아니라 그때그때의 필요에 의하여 사용하는 일용근로자를 포함한다고 해석하여야 할 것이다(대법원 2008. 3. 27. 선고 2008도364 판결 참조).

그럼에도 원심은 이 사건 사업장의 상시 근로자 수를 산정함에 있어 공소외인의 전체 근무기간을 기준으로 산정하지 아니한 채 근로기준법 시행령 제7조의2 규정에 따라 공소외인의 퇴직일 전 1개월 동안의 상시 근로자 수를 산정하여 이 사건 사업장에 근로자퇴직급여 보장법이 적용되지 아니한다고 단정하고 말았으니, 원심판결에는 상시 근로자 수 산정에 관한 법리를 오해하여 판결 결과에 영향을 미친 위법이 있다.

그러므로 원심판결을 파기하고, 사건을 다시 심리·판단하게 하기 위하여 원심법원에 환송하기로 하여 관여 대법관의 일치된 의견으로 주문과 같이 판결한다.

대법관 박병대(재판장) 양창수 고영한 김창석(주심)

대법원 2013.12.26. 선고 2012도1268 판결

【학원의설립·운영및과외교습에관한법률위반】

판시사항

구 학원의 설립·운영 및 과외교습에 관한 법률에서 정한 '교습소'의 학습자에 초등학교 취학 전의 유아가 포함되는지 여부(소극)

판결요지

구 학원의 설립·운영 및 과외교습에 관한 법률(2011. 7. 25. 법률 제10916호로 개정되기 전의 것, 이하 '구 학원법'이라 한다)은 제2조 제2호에서 '교습소'란 제4호에 따른 과외교습을 하는 시설로서 학원이 아닌 시설을 말한다고 규정하고, 같은 조 제4호에서 '과외교습'이란 초등학교·중학교·고등학교 또는 이에 준하는 학교의 학생이나 학교 입학 또는 학력 인정에 관한 검정을 위한 시험 준비생에게 지식·기술·예능을 교습하는 행위를 말한다고 규정하고 있다. 이러한 법령의 내용에 의하면, 구 학원법에서 정하는 '과외교습'의 대상자에는 초등학교 취학 전의 유아가 제외됨이 분명하므로, '과외교습'을 전제로 하고 있는 '교습소'의 학습자에는 초등학교 취학 전의 유아가 포함되지 아니한다.

전　문

피 고 인 피고인

상 고 인 피고인

원심판결 서울동부지법 2012. 1. 12. 선고 2011노1219 판결

주　문 원심판결을 파기하고, 사건을 서울동부지방법원 합의부에 환송한다.

이　유 상고이유를 판단한다.

1. 초등학교 학생들을 대상으로 한 교습소 운영에 대하여

원심판결 이유를 관련 법리 및 원심이 적법하게 채택한 증거들에 비추어 살펴보면, 피고인이 필요한 신고 없이 초등학교 학생들을 대상으로 구 학원의 설립·운영 및 과외교습에 관한 법률(2011. 7. 25. 법률 제10916호로 개정되기 전의 것, 이하 '구 학원법'이라 한다)에서 정하는 교습소를 운영하였다고 인정한 원심의 판단에, 상고이유 주장과 같이 논리와 경험의 법칙에 위배하여 자유심증주의의 한계를 벗어나거나 필요한 심리를 다하지 아니하고 구 학원법에서 정하는 교습소, 공소사실의 동일성, 형사소송에서 요구되는 증명의 정도, 죄형법정주의의 원칙 등에 관한 법리를 오해한 위법이 없다.

상고이유에서 들고 있는 대법원판결은 이 사건과 사안을 달리하는 것이어서 이 사건에 원용하기에 적절하지 않다.

2. 유치원생들을 대상으로 한 교습소 운영에 대하여

구 학원법은 제2조 제2호에서 "교습소"란 제4호에 따른 과외교습을 하는 시설로서 학원이 아닌 시설을 말한다고 규정하고, 같은 조 제4호에서 "과외교습"이란 초등학교·중학교·고등학교 또는 이에 준하는 학교의 학생이나 학교 입학 또는 학력 인정에 관한 검정을 위한 시험 준비생에게 지식·기술·예능을 교습하는 행위를 말한다고 규정하고 있다.

이러한 법령의 내용에 의하면, 구 학원법에서 정하는 "과외교습"의 대상자에는 초등학교 취학 전의 유아가 제외됨이 분명하므로, "과외교습"을 전제로 하고 있는 "교습소"의 학습자에는 초등학교 취학 전의 유아가 포함되지 아니한다.

그런데도 이와 달리 피고인이 필요한 신고 없이 5~6세 유치원생을 포함한 학습자를 대상으로 교습하는 등 교습소를 운영하였다는 이 사건 공소사실 부분을 유죄로 판단한 원심판결에는 구 학원법에서 정하는 교습소의 학습자 범위에 대한 법리를 오해한 위법이 있다.

3. 결론

그러므로 원심판결을 파기하고 사건을 다시 심리·판단하게 하기 위하여 원심법원에 환송하기로 하여, 관여 대법관의 일치된 의견으로 주문과 같이 판결한다.

대법관 신영철(재판장) 이상훈 김용덕(주심) 김소영

대법원 2013.12.26. 선고 2011도9013 판결

【학원의설립·운영및과외교습에관한법률위반·영유아보육법위반】

판시사항

유아를 대상으로 교습하는 학원의 교습과정이 실용외국어, 음악, 미술, 무용, 독서실 등 어느 한 가지로 분류되지 않으나 지식·기술·예능을 교습하는 것인 경우, 구 학원의 설립·운영 및 과외교습에 관한 법률에서 정한 '학원'에 해당하는지 여부(적극)

판결요지

구 학원의 설립·운영 및 과외교습에 관한 법률(2011. 7. 25. 법률 제10916호로 개정되기 전의 것, 이하 '학원법'이라고 한다) 제2조 제1호, 제2조의2, 구 학원의 설립·운영 및 과외교습에 관한 법률 시행령(2011. 10. 25. 대통령령 제23250호로 개정되기 전의 것) 제3조의2 제1항 [별표 1], 유아교육법 제2조 제1호의 내용을 종합하면, 유아교육법 제2조 제1호에 따른 유아를 대상으로 교습하는 학원은 그 교습과정을 실용외국어, 음악, 미술, 무용, 독서실 등 어느 한 가지로 분류할 수 없다 하더라도 그 밖의 교습과정으로 지식·기술·예능을 교습하는 것이라면 학원법이 정하는 학교교과교습학원 중 기타 분야 기타 계열의 학원에 해당한다고 봄이 타당하다.

전 문

피 고 인 피고인

상 고 인 피고인

원심판결 서울동부지법 2011. 6. 17. 선고 2011노304 판결

주 문 상고를 기각한다.

이 유 상고이유를 판단한다.

1. 구 학원의 설립·운영 및 과외교습에 관한 법률 위반의 점에 관하여

가. 구 학원의 설립·운영 및 과외교습에 관한 법률(2011. 7. 25. 법률 제10916호로 개정되기 전의 것, 이하 '학원법'이라고 한다) 제2조 제1호에 의하면, "학원"이라 함은 '사인이 대통령령으로 정하는 수 이상의 학습자에게 30일 이상의 교습과정(교습과정의 반복으로 교습일수가 30일 이상이 되는 경우를 포함한다)에 따라 지식·기술(기능을 포함한다)·예능을 교습하거나 30일 이상 학습장소로 제공되는 시설'을 말하고, 학원법 제2조의2에서는 학원의 종류로 '학교교과교습학원'과 '평생직업교육학원'을 구분한 후, '학교교과교습학원'에 유아교육법 제2조 제1호의 규정에 따른 유아를 대상으로 교습하는 학원을 포함하며, 이러한 학원의 종류별 교습과정의 분류는 대통령령으로 정하도록 규정하고 있다. 이에 따라 구 학원의 설립·운영 및 과외교습에 관한 법률 시행령(2011. 10. 25. 대통령령 제23250호로 개정되기 전의 것, 이하 '법 시행령'이라고 한다) 제3조의2 제1항에 따른 [별표 1]에서는 학원법 제2조의2 제2항에 따른 학원의 종류별 교습과정을 분야별 및 계열별로 분류하고 있는데, 그 중 학교교과교습학원에 대해서는 국제화 분야 외국어 계열의 교습과정으로 '보통교과에 속하지 않는 교과로서 유아 또는 초등학교·중학교·고등학교 학생을 주된 교습대상으로 하는 실용외국어'를, 예능 분야 예능 계열의 교습과정으로 '음악, 미술, 무용'을, 독서실 분야 독서실 계열의 교습과정으로 '유아 또는 초등학교·중학교·고등학교 학생을 주된 대상으로 하는 시설'을, 기타 분야 기타 계열의 교습과정으로 '기타 법 제2조의2 제1항 제1호에 해당하는 교습대상으로 교습을 하거나 같은 호에 해당하는 교육과정을 교습하는 학원'을 각 규정하고 있다. 한편 유아교육법 제2조 제1호는, "유아"란 만 3세부터 초등학교 취학 전까지의 어린이를 말한다고 규정하고 있다.

이러한 관련 규정의 내용을 종합하면, 유아교육법 제2조 제1호에 따른 유아를 대상으로 교습하는 학원은 그 교습과정을 실용외국어, 음악, 미술, 무용, 독서실 등 어느 한 가지로 분류할 수 없다 하더라도 그 밖의 교습과정으로 지식·기술·예능을 교습하는 것이라면 학원법이 정하는 학교교과교습학원 중 기타 분야 기타 계열의

학원에 해당한다고 봄이 상당하다.

나. 이 부분 공소사실의 요지는, 피고인이 2008. 9.경부터 2010. 1.경까지 서울 송파구 삼전동 (지번 생략) 소재 건물 4층에서 '○○○○○'라는 상호로 7개의 교실과 미끄럼틀 등 놀이기구를 설치하고, 3세에서 6세까지의 유아 20여 명을 대상으로 매주 월요일부터 금요일까지, 10시부터 14시까지 언어, 인지, 정서, 감각, 신체에 관한 프로그램을 교육하는 등 교육감에게 등록하지 아니하고 학원을 설립·운영하였다는 것인데, 원심은 피고인이 운영하는 ○○○○○ 프로그램이 유아의 창의력, 사고력, 지도력 개발에 초점을 두고 있다고 하더라도 그 과정에서 언어, 예능 등의 교습이 낮은 수준에서나마 일부 이루어짐은 부인할 수 없고, 유아를 대상으로 한 학원은 필연적으로 피교육자의 이해능력을 고려하여 교습방법이 다양화될 수밖에 없으며, 학원법 시행령의 [별표 1]에서 학원 교습과정으로 기타 분야를 두고 있다는 등 그 판시와 같은 이유를 들어 피고인이 운영하는 ○○○○○가 학원법에서 정한 학원에 해당한다고 판단하여 이 부분 공소사실을 유죄로 인정하였다.

원심판결 이유를 앞서 본 법리와 원심에서 적법하게 채택한 증거에 비추어 살펴보면, 원심의 위와 같은 판단은 정당하고, 거기에 상고이유 주장과 같은 학원법에서 규정한 학원의 정의와 등록대상 학원의 해석에 있어서 죄형법정주의에 관한 법리를 오해하거나 논리와 경험칙에 위반하여 자유심증주의의 한계를 벗어나는 등의 위법이 없다. 상고이유에서 들고 있는 대법원 2008. 7. 24. 선고 2008도3654 판결은 이 사건에 적용되는 앞서 본 법령과 달리 학원의 종류별 교습과정에서 기타 계열의 교습과정에 관한 규정이 없던 구 학원법(2006. 9. 22. 법률 제7974호로 개정되기 전의 것) 및 구 학원법 시행령(2007. 3. 23. 대통령령 제19953호로 개정되기 전의 것)이 적용된 사안이므로 이 사건에 원용할 수 없다.

2. 영유아보육법 위반의 점에 관하여

원심은, 피고인은 인가를 받지 아니한 채 전항과 같은 일시, 장소에서 14시부터 18시까지 보육시설의 형태로 ○○○○○를 운영하였다는 구 영유아보육법(2011. 6. 7. 법률 제10789호로 개정되기 전의 것, 이하 '보육법'이라고 한다) 위반의 공소사실에 대하여, 피고인이 맞벌이 부부 등의 자녀를 위하여 정규과정이 끝난 후 남은 유아들을 맡아 간식 등을 제공하면서 지도하고 그에 대한 대가를 받아 온 점에 비추어 이 사건 시설은 보육법상 보육시설의 성격도 겸하고 있다고 보는 것이 타당하다고 판단하여 이 부분 공소사실을 유죄로 인정하였다.

원심판결 이유를 관련 법령과 원심에서 적법하게 채택한 증거에 비추어 살펴보면, 원심의 위와 같은 판단은 정당하고, 거기에 상고이유 주장과 같은 보육법 소정의 보육시설의 해석에 관한 법리를 오해하는 등의 위법이 없다.

3. 결론

그러므로 상고를 기각하기로 하여 관여 대법관의 일치된 의견으로 주문과 같이 판결한다.

대법관 양창수(재판장) 박병대 고영한(주심) 김창석

대법원 2013.12.26. 선고 2011도7185 판결

【부정수표단속법위반】

판시사항

[1] 백지수표의 발행이 부정수표 단속법의 규제를 받는지 여부(원칙적 적극) 및 백지수표를 교부받은 수표소지인이 제3자에게 유통시킬 가능성이 없고 장차 백지보충권을 행사하여 지급제시할 때에는 이미 당좌거래가 정지된 상황에 있을 것임이 수표 발행 당시부터 명백하게 예견되는 경우, 그 백지수표 발행행위를 부정수표 단속법 제2조 제2항 위반죄로 처벌할 수 있는지 여부(소극)

[2] 백지수표의 금액란이 부당보충된 경우, 발행인이 부정수표 단속법 위반죄의 죄책을 지는지 여부 및 그 범위

판결요지

[1] 금액과 발행일자의 기재가 없는 이른바 백지수표도 소지인이 보충권을 행사하여 금액과 날짜를 기입하면 완전무결한 유가증권인 수표가 되는 것이고, 특별한 사정이 없는 한 백지수표를 발행하는 그 자체로서 보충권을 소지인에게 부여하였다고 보아야 하며, 수표면이나 그 부전에 명시되어 있지 않는 한 보충권의 제한을 선의의 취득자에게 대항할 수 없으므로 백지수표도 유통증권에 해당하고, 따라서 백지수표의 발행도 부정수표 단속법의 규제를 받아야 함은 물론이다. 다만 백지수표를 발행한 목적과 경위, 수표소지인 지위의 공공성, 발행인과의 계약관계 및 그 내용, 예정된 백지보충권 행사의 사유 등에 비추어 백지수표를 교부받은 수표소지인이 이를 제3자에게 유통시킬 가능성이 없을 뿐만 아니라 장차 백지보충권을 행사하여 지급제시를 하게 될 때에는 이미 당좌거래가 정지된 상황에 있을 것임이 그 수표 발행 당시부터 명백하게 예견되는 등의 특별한 사정이 인정된다면 그 백지수표는 유통증권성을 가지지 아니한 단순한 증거증권에 지나지 아니하는 것으로서 그러한 백지수표를 발행한 행위에 대해서까지 부정수표 단속법 제2조 제2항 위반죄로 처벌할 수는 없다.

[2] 백지수표의 금액란이 부당보충된 경우, 적어도 보충권의 범위 내에서는 백지수표의 발행인이 그 금액을 보충한 것과 다를 바 없어 백지수표의 발행인은 그 범위 내에서는 부정수표 단속법 위반죄의 죄책을 진다고 할 것이나, 이와 달리 보충권을 넘어서는 금액에 관하여는 발행인이 그와 같은 금액으로 보충한 것과 동일하게 볼 수는 없으므로, 그 발행인에게 보충권을 넘어서는 금액에 대하여까지 부정수표 단속법 위반죄의 죄책을 물을 수는 없다.

전 문

피 고 인 피고인

상 고 인 피고인

변 호 인 법무법인

원심판결 전주지법 2011. 5. 20. 선고 2011노273 판결

주 문 원심판결을 파기하고, 사건을 전주지방법원 본원 합의부에 환송한다.

이 유 상고이유를 판단한다.

1. 수표를 발행한 사람이 예금부족 등의 사유로 인하여 제시기일에 지급되지 아니할 것이라는 결과 발생을 예견하고 수표를 발행하면 부정수표 단속법 제2조 제2항 위반의 죄가 성립하고, 그 예견은 미필적이라도 되며, 기타 지급제시를 하지 않는다는 특약이나 수표를 발행하게 된 경위 또는 지급하지 못하게 된 경위 등에 대내적 사유가 있다는 사정만으로는 그 책임을 면할 수 없다. 따라서 수표금액에 상당한 예금이나 수표금 지급을 위한 당좌예금의 명확한 확보책도 없이 수표를 발행하여 제시기일에 지급되지 아니한 결과를 발생하게 하였다면 부정수

표 단속법 제2조 제2항 위반의 죄에 해당하고, 다만 발행 당시에 그와 같은 결과 발생을 예견하지 아니하였거나 특별한 사정이 있어 수표가 지급제시되지 않으리라고 믿고 있었고 그와 같이 믿은 데에 정당한 이유가 있으면 그 책임을 지지 않는 것이다(대법원 1985. 12. 24. 선고 85도1862 판결, 대법원 2000. 9. 5. 선고 2000도2190 판결 등 참조).

한편 금액과 발행일자의 기재가 없는 이른바 백지수표도 그 소지인이 보충권을 행사하여 금액과 날짜를 기입하면 완전무결한 유가증권인 수표가 되는 것이고, 특별한 사정이 없는 한 백지수표를 발행하는 그 자체로서 보충권을 소지인에게 부여하였다고 보아야 하며, 수표면이나 그 부전에 명시되어 있지 않는 한 보충권의 제한을 선의의 취득자에게 대항할 수 없으므로 백지수표도 유통증권에 해당하고, 따라서 백지수표의 발행도 부정수표 단속법의 규제를 받아야 함은 물론이다(대법원 1973. 7. 10. 선고 73도1141 판결 참조). 다만 백지수표를 발행한 목적과 경위, 수표소지인 지위의 공공성, 발행인과의 계약관계 및 그 내용, 예정된 백지보충권 행사의 사유 등에 비추어 백지수표를 교부받은 수표소지인이 이를 제3자에게 유통시킬 가능성이 없을 뿐만 아니라 장차 백지보충권을 행사하여 지급제시를 하게 될 때에는 이미 당좌거래가 정지된 상황에 있을 것임이 그 수표 발행 당시부터 명백하게 예견되는 등의 특별한 사정이 인정된다면 그 백지수표는 유통증권성을 가지지 아니한 단순한 증거증권에 지나지 아니하는 것으로서 그러한 백지수표를 발행한 행위에 대해서까지 부정수표 단속법 제2조 제2항 위반죄로 처벌할 수는 없다 할 것이다.

그리고 백지수표의 금액란이 부당보충된 경우 적어도 보충권의 범위 내에서는 백지수표의 발행인이 그 금액을 보충한 것과 다를 바 없어 백지수표의 발행인은 그 범위 내에서는 부정수표 단속법 위반죄의 죄책을 진다고 할 것이나, 이와 달리 보충권을 넘어서는 금액에 관하여는 발행인이 그와 같은 금액으로 보충한 것과 동일하게 볼 수는 없으므로, 그 발행인에게 보충권을 넘어서는 금액에 대하여까지 부정수표 단속법 위반죄의 죄책을 물을 수는 없다(대법원 1995. 9. 29. 선고 94도2464 판결, 대법원 1998. 3. 10. 선고 98도180 판결 등 참조).

2. 원심은, 공소외 주식회사(이하 '공소외 회사'라 한다)가 시공하는 ○○○○주공1단지 재건축아파트에 관하여 대한주택보증보험(이하 '대한주택보증'이라 한다)이 2006. 7.경 조합주택시공보증서와 주택분양보증서를 발급하였고, 공소외 회사의 대표이사인 피고인은 보증사고가 발생할 경우 공소외 회사가 대한주택보증에 대하여 부담하는 보증사고로 인한 구상금채무를 담보하기 위하여 대한주택보증에 액면금액 및 발행일이 백지인 이 사건 백지수표 1장을 작성하여 교부한 사실, 공소외 회사가 2007. 9.경 부도가 나 시공을 이행할 수 없는 상태가 되어 보증사고가 발생하자 대한주택보증은 조합주택시공보증계약에 따라 승계시공을 하여 2009. 12. 11.경 준공인가를 받은 사실, 대한주택보증은 2010. 3. 30.경 이 사건 백지수표의 백지 부분을 보충하고 2010. 4. 2. 전북은행에 지급제시하였으나 거래정지처분으로 수표금을 지급받지 못한 사실을 인정하였다. 그리고 나아가 대한주택보증이 위 보증사고로 인하여 공소외 회사에 대하여 취득하는 구상권의 발생시기는 보증채무의 이행을 완료한 때로 보아야 하므로, 대한주택보증은 보증채무의 이행으로 승계시공을 하여 준공인가를 받은 2009. 12. 11.에 공소외 회사에 대하여 구상권을 행사할 수 있었고, 이를 담보하기 위한 이 사건 백지수표상의 권리도 그때부터 행사할 수 있었다고 할 것이어서 2009. 12. 11.부터 6개월이 경과하기 이전인 2010. 3. 30.경 대한주택보증이 이 사건 백지수표의 백지 부분을 보충하여 지급제시한 것은 적법한 지급제시라고 판단하고, 이 사건 공소사실을 유죄로 인정한 제1심판결을 그대로 유지하였다.

3. 그러나 원심의 위와 같은 판단은 수긍하기 어렵다.

가. 원심이 유지한 제1심이 적법하게 채택한 증거들에 의하면 다음 사실을 알 수 있다. 즉, ① 공소외 회사가 대한주택보증에 2006. 7. 12.경 작성하여 교부한 '담보제공증서'에는 "채무자(공소외 회사)가 귀사(대한주택보증)에 대하여 현재 부담하거나 장래 부담하게 될 채무를 담보하기 위하여 담보제공자가 아래 공정증서부약속어음, 당좌수표(이하 '약속어음 등'이라 한다), 상장주식, 정기예금증서(정기적금증서 포함), 국·공채, 보승사채, 지급보증서(지급보증어음 포함), 수익권증서 등을 담보제공하고 다음 각 조항을 확약이행하겠음."이라고 기재되어 있다. ② 조합주택시공보증계약서에 첨부되어 있는 '조합주택시공보증서 약관'(이하 '약관'이라 한다) 제1조 제4호는 "'보증사고'라 함은 다음 각 목의 1의 사유로 인하여 보증회사가 보증채권자에게 보증이행의 협조 또는 공사비의 지급중지를 통보한 때를 말합니다."라고 하면서, '가'목에서 '주채무자가 부도, 파산 등으로 공사이행을 할 수 없다고 보증회사가 인정하는 경우', '나'목에서 '감리자가 확인한 실행공정율(주채무자가 감리자에게 제출하는 예정공정표상의 공정율을 말한다. 이하 같다)보다 25% 이상 미달하여 보증채권자의 이행청구가 있는 경우'를 규정하고 있고, 제3조 제1항은 보증채무의 내용으로 "보증회사는 주채무자가 보증사고로 인하여 당해 조합주택에 대한 시공책임(착공신고일부터 사용검사일까지의 공사이행 책임을 의미한다)을 이행할 수 없게 되는 경우에 제10조에 따라 승계시공하거나 제12조에 따라 손해금을 지급함으로써 시공을 책임집니다."라고 규정하고 있다. ③ 대한주택보증은 2008. 2.경까지 주택분양보증서에 따른 분양보증채무의 이행으로 분양계약을 체결한 수분양자들 중 공소외 회사의 부도를 이유로 계약을 해지한 사람들에게 계약금 및 중도

금의 환급금으로 7,037,880,000원을 지급하였고, 조합주택시공보증서에 따른 시공보증채무의 이행으로 28,238,122,429원을 들여 재건축아파트의 시공을 완료하여 2009. 12. 11.경 준공인가를 받았다. 대한주택보증이 2010. 3. 2. 및 같은 달 29일 작성한 각 채무조서에는 위 재건축아파트의 분양대금 등으로 6,128,068,547원이 회수되어 위 분양보증채무의 이행으로 인한 구상금 채권에 충당됨으로써 그 구상금 채권은 909,811,453원이 남았고, 이를 시공보증채무의 이행으로 인한 구상금 채권액과 합산하는 등으로 계산한 잔존채권액이 12,585,000,000원이라고 수기되어 있는 데 따라 그 금액을 이 사건 백지수표의 백지 부분에 보충하여 지급제시하였다. ④ 한편 대한주택보증의 공소외 회사에 대한 구상권 채권액은 재건축아파트의 분양으로 분양대금이 수취되면 감소하는 구조인데, 대한주택보증의 승계시공이 이루어지는 도중에도 기존 수분양자들은 분양계약에 따라 분양대금을 분납하고 있었고, 미분양분에 대하여도 추가적으로 분양이 이루어져 추가 분양분에 대한 분양대금도 납입되고 있었으며, 이와 같이 납입되는 분양대금은 위 구상금 채권에 충당되었다.

나. 위와 같은 사정을 앞서 본 법리에 비추어 살펴보면, 이 사건 백지수표는 대한주택보증의 공소외 회사에 대한 구상권 행사에 관한 담보 목적으로 교부된 것으로서, 대한주택보증은 공소외 회사가 원래의 시공책임을 이행할 수 없어 승계시공을 한 다음 준공인가가 된 시점에서 확인되는 구상금 채권액으로 백지보충을 하기로 한 것이라고 봄이 상당하다 할 것인데, 그 단계에 이르면 공소외 회사는 이미 훨씬 이전에 부도가 나서 당좌거래가 정지되어 있을 것임이 분명하고 이는 수표 발행 당시부터도 명백하게 예견되어 있던 사정이라 할 것이다. 또한 대한주택보증의 공공기관적 지위, 발행인과의 계약관계 및 그 내용, 예정된 백지보충권 행사의 사유 등에 비추어 보면 승계시공 등이 완료되기 이전에 위 백지수표를 제3자에게 유통시킬 가능성도 없었다고 봄이 타당하다.

따라서 대한주택보증은 이 사건 수표를 교부받을 당시부터 공소외 회사의 파산, 부도 등 약관에 규정된 보증사고가 발생하여 승계시공에 의하여 아파트를 완공한 이후에야 비로소 백지보충권을 행사할 것을 예정하고 있었음이 명백하므로, 이 사건 백지수표는 그 발행 당시부터 유가증권으로서 유통될 가능성은 배제되어 있었고 단지 증거증권 또는 채무이행의 압박수단에 지나지 아니하는 것이어서 피고인이 이러한 백지수표를 발행한 행위에 대해서까지 부정수표 단속법 제2조 제2항 위반죄로 처벌할 수는 없는 것이라고 볼 여지가 충분하다.

뿐만 아니라 이 사건 백지수표에 유통증권성이 인정된다고 하더라도, 앞서 살펴본 것처럼 대한주택보증의 구상금 채권의 액수는 수분양자들의 분양대금 납입 등에 따라 계속 변동하는 상황이었으므로 백지보충을 한 시점에서 최소한 위 백지보충액인 12,585,000,000원을 초과하여야만 피고인에 대하여 그 금액 전부에 대하여 부정수표 단속법 위반의 죄책을 물을 수 있다 할 것인데, 기록을 살펴보아도 당시 수기로 계산된 위 채권액이 맞는 것인지를 제대로 심리하였는지 알 수 있는 자료가 없다.

그렇다면 원심으로서는 이 사건 백지수표가 발행 당시부터 유가증권으로서 유통될 가능성이 배제되어 있었다고 볼 만한 특별한 사정이 있어 이를 발행한 피고인에게 부정수표 단속법 제2조 제2항 위반의 죄책을 물을 수 있는지 여부를 살펴보고, 나아가 그 죄책을 물을 수 있는 경우라고 하더라도 백지보충권 행사 당시의 구상금 채권액이 구체적으로 얼마인지 그리고 그 채권액에 맞게 백지보충권이 행사된 것인지를 살펴보았어야 할 것이다. 그럼에도 원심은 이에 이르지 아니한 채 이 사건 수표의 발행이 부정수표 단속법 제2조 제2항 위반에 해당하는 것으로 섣불리 단정하고 수표금액에 대한 정당한 보충권 행사의 범위에 관하여 필요한 심리를 한 바도 없이 피고인에게 유죄를 인정하였으니, 이러한 원심의 판단에는 부정수표 단속법 제2조 제2항 위반죄에 관한 법리 등을 오해하고 필요한 심리를 다하지 아니한 잘못이 있다.

4. 그러므로 원심판결을 파기하고, 사건을 다시 심리·판단하도록 원심법원에 환송하기로 하여 관여 대법관의 일치된 의견으로 주문과 같이 판결한다.

대법관 김창석(재판장) 양창수 박병대(주심) 고영한

대법원 2013.12.26. 선고 2010도16681 판결

【배임수재】

판시사항

사회복지법인의 운영권을 양도하고 양수인으로부터 양수인 측을 사회복지법인의 임원으로 선임해 주는 대가로 양도대금을 받기로 하는 내용의 '청탁'이 배임수재죄의 성립 요건인 '부정한 청탁'에 해당하는지 여부(원칙적 소극)

판결요지

구 사회복지사업법(2009. 6. 9. 법률 제9766호로 개정되기 전의 것) 제23조 제3항, 제53조 제1호와 제18조 제5항, 제22조, 제26조 제1항 제4호의 내용 및 취지 등을 종합적으로 고려하여 보면, 사회복지법인 운영권의 유상 양도를 금지·처벌하는 입법자의 결단이 없는 이상 사회복지법인 운영권의 양도 및 그 양도대금의 수수 등으로 인하여 향후 사회복지법인의 기본재산에 악영향을 미칠 수 있다거나 사회복지법인의 건전한 운영에 지장을 초래할 경우가 있다는 추상적 위험성만으로 운영권 양도계약에 따른 양도대금 수수행위를 형사처벌하는 것은 죄형법정주의나 형벌법규 명확성의 원칙에 반하는 것이어서 허용될 수 없다. 따라서 사회복지법인의 설립자 내지 운영자가 사회복지법인 운영권을 양도하고 양수인으로부터 양수인 측을 사회복지법인의 임원으로 선임해 주는 대가로 양도대금을 받기로 하는 내용의 '청탁'을 받았다 하더라도, 청탁의 내용이 당해 사회복지법인의 설립 목적과 다른 목적으로 기본재산을 매수하여 사용하려는 것으로서 실질적으로 법인의 기본재산을 이전하는 것과 다름이 없어 사회복지법인의 존립에 중대한 위협을 초래할 것임이 명백하다는 등의 특별한 사정이 없는 한 사회상규 또는 신의성실의 원칙에 반하는 것을 내용으로 하는 청탁이라고 할 수 없으므로 이를 배임수재죄의 성립 요건인 '부정한 청탁'에 해당한다고 할 수 없다. 나아가 사회복지법인의 설립자 내지 운영자가 자신들이 출연한 재산을 회수하기 위하여 양도대금을 받았다거나 당해 사회복지법인이 국가 또는 지방자치단체로부터 일정한 보조금을 지원받아 왔다는 등의 사정은 위와 같은 결론에 영향을 미칠 수 없다.

전 문

피 고 인 피고인 1 외 1인

상 고 인 피고인들

변 호 인 변호사

원심판결 광주지법 2010. 11. 17. 선고 2010노1873 판결

주 문 원심판결을 파기하고, 사건을 광주지방법원 본원 합의부에 환송한다.

이 유 상고이유(상고이유서 제출기간이 경과한 후에 제출된 참고자료제출서의 기재는 상고이유를 보충하는 범위 내에서)를 판단한다.

1. 형법 제357조 제1항이 규정하는 배임수재죄는 타인의 사무를 처리하는 자가 그 임무에 관하여 부정한 청탁을 받고 재물 또는 재산상 이익을 취득하는 경우에 성립하는 범죄로서, 재물 또는 이익을 공여하는 사람과 취득하는 사람 사이에 부정한 청탁이 개재되지 아니하는 한 성립하지 아니한다. 여기서 '부정한 청탁'이라고 함은 반드시 업무상 배임의 내용이 되는 정도에 이를 것을 요하지 아니하고, 사회상규 또는 신의성실의 원칙에 반하는 것을 내용으로 하는 것이면 충분하다. 이를 판단함에 있어서는 청탁의 내용 및 이에 관련한 대가의 액수, 형식, 보호법익인 거래의 청렴성 등을 종합적으로 고찰하여야 하며, 그 청탁이 반드시 명시적임을 요하지 아니한다(대법원 2008. 12. 11. 선고 2008도6987 판결 등 참조).

2. 구 사회복지사업법(2009. 6. 9. 법률 제9766호로 개정되기 전의 것. 이하 '사회복지사업법'이라고만 한다)에 의하여 규율되는 사회복지법인이 기본재산을 매도하고자 할 때에는 반드시 보건복지가족부장관의 허가를 받아야 하고(제23조 제3항), 이를 위반한 자는 형사처벌을 받도록 되어 있다(제53조 제1호). 이는 사회복지사업이라는 공공적 기능을 수행하는 사회복지법인의 기본재산을 매도하는 행위가 임의로 이루어진다면 기본재산을 상실하는 사회복지법인이 그 존립의 재산적 기초가 직접적으로 위협받게 된다는 점 등을 고려하여, 행정적 제재 이외에 형벌의 부과를 가함으로써 사회복지법인의 존속이 위협되는 것을 사전에 예방하고 사회복지사업의 공정·투명·적정을 도모할 필요성이 인정되어 입법자가 명시적으로 결단한 데에 따른 것이다.

이와 달리 사회복지법인을 운영하던 대표이사가 법인의 임원을 변경하는 방식을 통하여 법인의 운영권을 양수인에게 이전하고 그 대가로 양수인으로부터 운영권 양도에 상응하는 금전을 지급받기로 약정하는 내용의 계약(이하 '운영권 양도계약'이라고 한다)을 체결하는 경우에 관하여 사회복지사업법은 이러한 운영권 양도계약을 제한·금지하는 취지의 규정을 두고 있지 아니할 뿐 아니라 그 운영권의 양도에 보건복지부장관 등 주무관청의 허가를 받을 것을 요구하거나 운영권 양도행위를 형사처벌하는 규정도 두고 있지 아니하다. 또한 운영권 양도계약의 경우 사회복지법인 소유인 기본재산의 소유권에는 아무런 변동을 가져오지 아니하며 다만 법인 이사회의 의결을 통하여 운영권을 이전받는 양수인 내지 그가 지정하는 사람이 법인의 임원으로 선임되는 등의 변동이 있게 되는데, 사회복지사업법은 법인이 그와 같이 임원을 임면하는 경우 이를 보건복지가족부장관에게 보고하는 절차만을 정하고 있을 뿐이다(제18조 제5항). 한편 사회복지사업법은 새로 선임된 임원이 보건복지가족부장관의 명령을 정당한 이유 없이 이행하지 아니하는 등 일정한 사유가 있을 경우에는 보건복지가족부장관이 해당 법인에 대하여 그 임원의 해임을 명할 수 있고(제22조), 임원이 변경된 이후 법인이 정관에 정한 목적사업 외의 사업을 하는 등 일정한 사유가 있을 경우에는 보건복지가족부장관이 법인 자체의 설립허가를 취소할 수 있음(제26조 제1항 제4호 참조)을 정하고 있다. 이는 사회복지법인의 운영주체가 임원 임면이라는 방식을 통하여 그 법인의 운영권을 양도할 수 있음을 전제로 하되 다만 이로 인하여 사회복지법인의 기본재산에 손실을 끼치거나 건전한 운영에 지장이 초래될 위험성이 있다는 점을 고려하여 주무관청에 사후적·행정적인 감독 및 규제의 권한을 부여한 것으로 보아야 할 것이다.

이러한 관련 규정의 내용 및 취지 등을 종합적으로 고려하여 보면, 사회복지법인 운영권의 유상 양도를 금지·처벌하는 입법자의 결단이 없는 이상 사회복지법인 운영권의 양도 및 그 양도대금의 수수 등으로 인하여 향후 사회복지법인의 기본재산에 악영향을 미칠 수 있다거나 사회복지법인의 건전한 운영에 지장을 초래할 경우가 있다는 추상적 위험성만으로 운영권 양도계약에 따른 양도대금 수수행위를 형사처벌하는 것은 죄형법정주의나 형벌법규 명확성의 원칙에 반하는 것이어서 허용될 수 없다.

따라서 사회복지법인의 설립자 내지 운영자가 사회복지법인 운영권을 양도하고 양수인으로부터 양수인 측을 사회복지법인의 임원으로 선임해 주는 대가로 양도대금을 받기로 하는 내용의 '청탁'을 받았다 하더라도, 그 청탁의 내용이 당해 사회복지법인의 설립 목적과 다른 목적으로 기본재산을 매수하여 사용하려는 것으로서 실질적으로 법인의 기본재산을 이전하는 것과 다름이 없어 사회복지법인의 존립에 중대한 위협을 초래할 것임이 명백하다는 등의 특별한 사정(대법원 2001. 9. 28. 선고 99도2639 판결 참조)이 없는 한 사회상규 또는 신의성실의 원칙에 반하는 것을 내용으로 하는 청탁이라고 할 수 없으므로 이를 배임수재죄의 성립 요건인 '부정한 청탁'에 해당한다고 할 수 없다. 나아가 사회복지법인의 설립자 내지 운영자가 자신들이 출연한 재산을 회수하기 위하여 양도대금을 받았다거나 당해 사회복지법인이 국가 또는 지방자치단체로부터 일정한 보조금을 지원받아 왔다는 등의 사정은 위와 같은 결론에 영향을 미칠 수 없다.

3. 원심은, 사회복지법인의 대표자는 비록 그 법인의 설립자일지라도 법인이나 그 재산에 대하여 아무런 지분권을 가지지 아니하므로 영리법인의 대주주 또는 대지분권자가 그 보유 주식이나 지분권을 양도함으로써 영리법인의 운영권을 양도한 것과 같은 결과를 수반하는 행위를 할 수 없음에도 불구하고, 피고인들이 상당한 재산을 출연하여 판시 각 사회복지법인을 설립 또는 인수하여 어린이집을 운영하다가 그 출연액을 회수하려는 의도로 법인을 사실상 양도한 것과 같은 결과를 얻기 위하여 대표자 변경과 관련하여 출연액에 상응하는 돈을 받은 것은 후임 대표자 선출과 관련하여 '부정한 청탁'을 받은 경우에 해당한다는 이유로, 이 사건 공소사실에 대하여 유죄를 선고한 제1심판결을 그대로 유지하였다.

그러나 이 사건 각 양도계약의 체결경위, 계약서의 기재사항 및 후임 대표이사 선임 경위 등 기록에서 알 수 있는 제반 사정을 앞서 본 법리에 비추어 살펴보면, 피고인들은 이 사건 각 사회복지법인의 기본재산인 어린이집 부지·건물의 소유권을 처분한 것이 아니라 양수인들이 위 사회복지법인과 어린이집을 계속 운영한다는 의사의 합치 아래 그 운영권 자체를 양도하였다고 할 것이고, 달리 그 양수인들이 어린이집 운영이라는 법인 설립 목적과 다른 목적으로 기본재산을 매수하여 사용하려는 의도로 이 사건 운영권 양도계약을 체결하였다거나 실제로 그 대표이사 변경 이후 어린이집 운영 이외의 다른 목적으로 위 각 법인이 운영되었다고 볼 사정을 찾아볼 수 없다. 따라서 설령 피고인들이 이 사건 운영권 양도계약에 따라 양수인 내지 그가 지정하는 사람을 대표이사로 선임되도록 하여 달라는 청탁을 받고 그 양도대금을 수령하였다고 하더라도 그것이 사회상규 또는 신의성실의 원칙에 반하는 것을 내용으로 하는 청탁이라거나 배임수재죄의 성립요건인 '부정한 청탁'에 해당한다고 할 수 없다.

그럼에도 원심은 그 판시와 같은 이유만으로 피고인들에 대한 이 사건 공소사실을 모두 유죄로 인정하였다. 이러한 원심의 판단에는 배임수재죄의 구성요건인 부정한 청탁에 관한 법리를 오해하여 판결에 영향을 미친 위법이 있다. 이 점을 지적하는 상고이유의 주장은 이유 있다.

4. 그렇다면 나머지 상고이유에 대한 판단을 생략한 채 원심판결을 파기하고, 사건을 다시 심리·판단하게 하기 위하여 원심법원에 환송하기로 하여, 관여 대법관의 일치된 의견으로 주문과 같이 판결한다.

대법관 고영한(재판장) 양창수(주심) 박병대 김창석

대법원 2013.12.12. 선고 2013도8032 판결

【의료법위반】

판시사항

의사인 피고인이 자신이 운영하는 병원에서 VBAC(브이백) 시술을 받은 환자들이 병원 홈페이지에 그 성공소감을 게시하면 분만비를 할인해 주는 방법으로 의료광고를 하였다고 하여 의료법 위반으로 기소된 사안에서, 브이백 시술은 치료에 해당하고, 그 경험담은 의료법 시행령 제23조 제1항 제2호에서 금지하는 '환자의 치료경험담'으로서, 피고인의 행위는 의료광고에 해당한다고 한 사례

판결요지

의사인 피고인이 자신이 운영하는 병원에서 VBAC(Vaginal Birth After Cesarean, 제왕절개 후 자연분만, 이하 '브이백'이라 한다) 시술을 받은 환자들이 병원 홈페이지에 그 성공소감을 게시하면 분만비를 할인해 주는 방법으로 의료광고를 하였다고 하여 의료법 위반으로 기소된 사안에서, 의료법령상 '질병'이나 '치료'에 관하여 정의를 내리고 있는 법조문이 없어 구체적 사안에 따라 사회통념에 의하여 정할 수밖에 없는데, '치료'라는 표현이 좁은 의미의 질병에 대한 의료행위만을 의미하는 용어로 사용되고 있다고 보기 어려운 점, 일반적으로 출산을 앞둔 산모의 상태를 질병으로 분류하기 어렵다고 하더라도 미용성형이나 모발이식수술 등을 받는 사람과 달리 산모는 일반적인 상태에서 벗어난 비정상적인 건강상태에 있다고 할 수 있고, 특히 제왕절개 경험이 있는 산모가 자연분만을 시도하는 경우에는 그렇지 않은 경우에 비하여 산모나 태아의 생명, 신체에 위험을 초래할 가능성이 높아 전문 의료인에 의한 특별한 관리와 검사, 시술이 요구되는 점 등을 고려하면 그러한 상태에 있는 산모의 출산을 돕는 브이백 시술은 치료에 해당하고, 그 경험담은 의료법 시행령 제23조 제1항 제2호에서 금지하는 '환자의 치료경험담'으로서 시술이 갖는 위험성과 경험담의 구체적 내용에 비추어 볼 때, 소비자를 현혹하거나 국민건강에 중대한 위해를 발생하게 할 우려가 있는 의료광고에 해당한다고 한 사례.

전 문

피 고 인 피고인

상 고 인 검사

원심판결 대구지법 2013. 6. 14. 선고 2012노4121 판결

주 문 원심판결을 파기하고, 사건을 대구지방법원 본원 합의부에 환송한다.

이 유 상고이유를 살펴본다.

1. 이 사건 공소사실의 요지는, '의료인은 환자의 치료경험담을 광고하는 의료광고를 하지 못함에도 불구하고 피고인은 2011. 1.경부터 2012. 5.경까지 자신이 운영하는 병원에서 제왕절개를 하고 자연분만으로 출산한 환자들이 위 병원 홈페이지 'VBAC 소감'란에 브이백성공소감이라는 글을 게시하면 분만비의 10%를 할인해 주는 방법으로 유인하여 환자들로 하여금 별도의 로그인 절차 없이 누구나 게시물을 확인할 수 있는 위 병원 홈페이지 게시판에 자신들의 치료경험담을 게시하도록 함으로써 환자의 치료경험담을 불특정 다수의 사람에게 광고하였다'는 것이다.
2. 원심판결 이유에 의하면, 원심은, 의료법 제56조 제2항 제2호, 의료법 시행령 제23조 제1항 제2호의 '치료'란 환자의 비정상적인 건강상태를 전제로 투약, 시술, 처치 등 의학적 방법을 통하여 정상적인 상태로 회복시키는 것으로 이해하여야 하는데, VBAC(Vaginal Birth After Cesarean, 제왕절개 후 자연분만, 이하 '브이백'이라 한다) 시술의 경우 이전에 제왕절개를 한 경험이 있는 산모가 자연분만을 할 경우 실패할 위험성이 높으므로 일반적인 자연분만에 비해 상세한 검사를 하여 자연분만의 가능성 유무를 의사가 판단하고, 분만하는 과정에서도 높은 주의를 기울여 산모를 관찰하며, 산모와 태아에 위험이 발생할 경우 제왕절개 등의 시술을 하게 될 가능성이 있

으므로 반드시 의료인에 의해 이루어져야 하는 의료행위에는 해당하나, 출산이 임박한 상태나 제왕절개의 경험이 있는 산모의 상태를 질병이라고 할 수 없고, 산모로 하여금 출산을 하도록 유도하고 관찰하는 행위를 들어 비정상적인 건강상태를 정상적으로 회복시키는 행위라고도 할 수 없으며, 브이백 시술은 자연적인 출산상황을 회복하려는 데 그 목적이 있으므로 국민건강에 어떤 위해를 발생케 할 우려가 있는 경우에 해당한다고 볼 수 없다는 이유로, 제1심의 유죄판결을 파기하고 피고인에 대하여 무죄를 선고하였다.

3. 그러나 원심의 위와 같은 판단은 다음과 같은 이유로 수긍하기 어렵다.

의료법 제56조 제2항은 '의료법인·의료기관 또는 의료인은 다음 각 호의 어느 하나에 해당하는 의료광고를 하지 못한다'고 규정하면서 제11호에서 '그 밖에 의료광고의 내용이 국민건강에 중대한 위해를 발생하게 하거나 발생하게 할 우려가 있는 것으로서 대통령령으로 정하는 내용의 광고'를 규정하고, 의료법 시행령 제23조 제1항 제2호에서 '특정 의료기관·의료인의 기능 또는 진료 방법이 질병 치료에 반드시 효과가 있다고 표현하거나 환자의 치료경험담이나 6개월 이하의 임상경력을 광고하는 것'을 금지하는 의료광고의 한 예로 규정하고 있다.

그런데 '질병'이나 '치료'에 관하여 정의를 내리고 있는 법조문이 없으므로 결국 구체적 사안에 따라 사회통념에 의하여 이를 정할 수밖에 없다고 할 것인바, '치료'라는 표현이 좁은 의미의 질병에 대한 의료행위만을 의미하는 용어로 사용되고 있다고 보기 어려운 점, 일반적으로 출산을 앞둔 산모의 상태를 질병으로 분류하기 어렵다고 하더라도 미용성형이나 모발이식수술 등을 받는 사람과 달리 산모는 일반적인 상태에서 벗어난 비정상적인 건강상태에 있다고 할 수 있고, 특히 이 사건과 같이 제왕절개의 경험이 있는 산모가 자연분만을 시도하는 경우에는 그렇지 않은 경우에 비하여 산모나 태아의 생명, 신체에 위험을 초래할 가능성이 높아 전문 의료인에 의한 특별한 관리와 검사, 시술이 요구되는 점 등을 고려하면 그러한 상태에 있는 산모의 출산을 돕는 브이백 시술은 치료에 해당하고, 따라서 그에 관한 경험담은 위 시행령에서 금지하는 '환자의 치료경험담'으로서 그 시술이 갖는 위와 같은 위험성과 원심이 적법하게 채택한 증거에 의하여 알 수 있는 이 사건 치료경험담들의 구체적 내용에 비추어 볼 때, 소비자를 현혹하거나 국민건강에 중대한 위해를 발생하게 할 우려가 있는 의료광고에 해당한다고 봄이 상당하다.

그럼에도 불구하고 원심은 브이백 시술이 치료에 해당함을 인정할 증거가 없다는 이유로 그에 관한 치료경험담을 병원 홈페이지를 통해 게시하는 행위 역시 의료법상 금지되는 의료광고가 아니라고 판단하고 말았는바, 이는 의료법 제56조 제2항 제11호, 의료법 시행령 제23조 제1항 제2호에 관한 법리를 오해하거나 필요한 심리를 다하지 아니하여 판단을 그르친 것이다.

4. 그러므로 원심판결을 파기하고, 사건을 다시 심리·판단하게 하기 위하여 원심법원에 환송하기로 하여, 관여 대법관의 일치된 의견으로 주문과 같이 판결한다.

대법관 박보영(재판장) 민일영(주심) 이인복 김신

대법원 2013.12.12. 선고 2013도7947 판결

【공중위생관리법위반】

판시사항

영리의 목적으로 손님이 잠을 자고 머물 수 있는 시설 및 설비 등의 서비스를 계속적·반복적으로 제공하는 행위가 공중위생관리법 제2조 제1항 제2호에서 정한 '숙박업'에 해당하는지 여부(원칙적 적극) 및 같은 시설 등에서 복합유통게임 등을 제공하는 경우 숙박업에서 제외되는지 여부(소극)

판결요지

공중위생관리법(이하 '법'이라고 한다)의 목적, 법 제2조 제1항 제1호, 제2호, 구 공중위생관리법 시행령(2011. 12. 30. 대통령령 제23451호로 개정되기 전의 것) 제2조 제1항의 내용을 종합하여 보면, 영리의 목적으로 손님이 잠을 자고 머물 수 있는 시설 및 설비 등의 서비스를 계속적·반복적으로 제공하는 행위는 법령이 정한 제외규정에 해당되지 않는 이상 법 제2조 제1항 제2호에서 규정한 숙박업에 해당하고, 같은 시설 등에서 복합유통게임 등을 제공한다고 하여 위 숙박업에서 제외되는 것은 아니다.

전 문

피 고 인 피고인

상 고 인 피고인

변 호 인 변호사

원심판결 수원지법 2013. 6. 20. 선고 2012노2529 판결

주 문 상고를 기각한다.

이 유 상고이유를 판단한다.

1. 숙박업소에 해당되지 않는다는 주장에 관하여

공중위생관리법(이하 '법'이라고만 한다)은 공중이 이용하는 영업과 시설의 위생관리 등에 관한 사항을 규정함으로써 위생수준을 향상시켜 국민의 건강증진에 기여함을 목적으로 하고 있고(법 제1조), "공중위생영업"이라 함은 다수인을 대상으로 위생관리서비스를 제공하는 영업으로서 숙박업 등을 말하고, "숙박업"이라 함은 손님이 잠을 자고 머물 수 있도록 시설 및 설비 등의 서비스를 제공하는 영업을 말하며, 다만 농어촌에 소재하는 민박 등 대통령령이 정하는 경우를 제외한다(법 제2조 제1항 제1호, 제2호). 공중위생관리법 시행령에서 규정하는 숙박업에서 제외되는 시설로 ① 농어촌정비법에 따른 농어촌민박사업용 시설, ② 산림문화·휴양에 관한 법률에 따라 자연휴양림 안에 설치된 시설, ③ 청소년활동진흥법 제10조 제1호에 의한 청소년 수련시설을 규정하고 있을 뿐이다(법 시행령 제2조 제1항).

법의 목적, 위 규정들의 내용을 종합하여 보면, 영리의 목적으로 손님이 잠을 자고 머물 수 있는 시설 및 설비 등의 서비스를 계속적·반복적으로 제공하는 행위는 법령이 정한 제외규정에 해당되지 않는 이상 법 제2조 제1항 제2호에서 규정한 숙박업에 해당하고, 같은 시설 등에서 복합유통게임 등을 제공한다고 하여 위 숙박업에서 제외되는 것은 아니다.

원심 및 제1심이 적법하게 채택한 증거들에 의하여 인정되는 다음과 같은 사정들, 즉 ① 피고인이 운영하는 ○○○○○○텔에는 총 48개의 객실이 설치되어 있고, 각 객실은 외부와 완전히 구분·독립되어 있으며, 객실은 VVIP, VVIP스파, VIP, 특실, STANDARD, 단체룸 등 객실의 크기와 설비의 수준 등에 따라 등급이 구분되어 있는 점, ② 각 객실은 침실과 욕실로 나뉘어 있고, 침실에는 침대와 침구, 소파 등이 구비되어 있으며, 욕실에는 욕조와 샤워시설이 갖춰져 있는 점, ③ 각 객실에 구비된 침대와 침구, 욕조와 샤워시설은 일반적인 숙박업소에 비치된 것과 유사한 것으로 간이하게 휴식을 취하기 위한 용도의 것이라고 볼 수 없는 점, ④ 카운터에 비치되어 있는 요금표에 앞서 본 객실 등급 및 용도(숙박과 대실), 이용시기(주중과 주말)에 따라 구분하여 요금이 책정되어 있는 점, ⑤ 손님에게 타월과 1회용 세면백을 제공하였고, 특히 1회용 세면백에는 1회용 면도기 등 위생

용품과 콘돔 등이 들어 있으며, 침대시트 교환, 객실 청소, 모닝콜 등 숙박에 필수적인 부대서비스가 제공된 점, ⑥ 위 '○○○○○○텔'이 있는 건물은 건축물대장에 숙박업소(여관)로 등록되어 있고, 카운터와 객실 및 객실로 통하는 복도로 구성되어 있어 숙박업소에 적합한 구조와 형태를 갖추고 있는 점, ⑦ 피고인이 성남세무서에 '○○○○○○텔'에 대한 사업자등록을 하면서 업태를 '숙박'으로 표시한 점, ⑧ 영업장에 설치된 간판이 '○○ ○○ ○○ 텔 ♨'로 되어 있는바 숙박업소로서의 설비와 서비스를 제공하고 있음을 강조하는 문구와 기호가 포함되어 있는 점, ⑨ 공소외 1, 2, 3은 경찰에서 ○○○○○○텔에서 숙박료를 주고 숙박을 하였다고 진술한 점 등을 앞서 본 법리에 비추어 살펴보면, 피고인의 ○○○○○○텔 운영은 영리의 목적으로 손님이 잠을 자고 머물 수 있는 시설 및 설비 등의 서비스를 계속적·반복적으로 제공하는 행위에 해당하고 법령이 정한 제외규정에 해당되지 아니하므로 법 제2조 제1항 제2호에서 규정한 숙박업에 해당하고, 피고인이 ○○○○○○텔에서 복합유통게임을 제공하였다는 사정만으로 숙박업에서 제외된다고 볼 수는 없다.

같은 취지에서 피고인의 ○○○○○○텔 운영이 법 제2조 제1항 제2호에서 정한 숙박업에 해당한다고 본 원심판단은 정당하고, 거기에 상고이유 주장과 같이 심리를 다하지 않았거나 논리와 경험의 법칙을 위반하여 사실을 인정한 잘못이 없다.

2. 법률의 착오에 해당한다는 주장에 관하여

원심판결 이유를 관련 법리와 원심 및 제1심이 적법하게 채택한 증거들에 비추어 살펴보면, 원심이 그 판시와 같은 사정을 들어 피고인이 한 법률의 착오 주장을 배척한 조치는 수긍할 수 있고, 거기에 법률의 착오에 관한 법리를 오해하거나 논리와 경험의 법칙을 위반한 잘못이 없다.

3. 결론

그러므로 상고를 기각하기로 하여 관여 대법관의 일치된 의견으로 주문과 같이 판결한다.

대법관 박병대(재판장) 양창수 고영한 김창석(주심)

대법원 2013.12.12. 선고 2013도6608 판결

【교통사고처리특례법위반·자동차손해배상보장법위반·도로교통법위반(무면허운전)】

판시사항

피고인에게 금고 5월을 선고한 제1심판결에 대해 피고인만이 항소하였는데, 원심이 제1심과 마찬가지로 유죄를 인정하여 갑죄에 대하여는 금고형을, 을죄와 병죄에 대하여는 징역형을 선택한 후 각 죄를 형법 제37조 전단 경합범으로 처벌하면서 피고인에게 금고 5월, 집행유예 2년, 보호관찰 및 40시간의 수강명령을 선고한 사안에서, 경합범 가중에 관한 형법 제38조 제2항을 간과하여 금고형을 선고한 제1심의 위법을 시정하지 아니한 원심판결에 법리오해의 잘못이 있다고 한 사례

판결요지

피고인에게 금고 5월의 실형을 선고한 제1심판결에 대해 피고인만이 항소하였는데, 원심이 제1심과 마찬가지로 유죄를 인정하여 갑죄에 대하여는 금고형을, 을죄와 병죄에 대하여는 징역형을 선택한 후 각 죄를 형법 제37조 전단 경합범으로 처벌하면서 피고인에게 금고 5월, 집행유예 2년, 보호관찰 및 40시간의 수강명령을 선고한 사안에서, 금고형과 징역형을 선택하여 경합범 가중을 하는 경우에는 형법 제38조 제2항에 따라 금고형과 징역형을 동종의 형으로 간주하여 징역형으로 처벌하여야 하고, 형기의 변경 없이 금고형을 징역형으로 바꾸어 집행유예를 선고하더라도 불이익변경금지 원칙에 위배되지 않는데도, 제1심판결을 파기하면서 제1심의 위법을 시정하지 아니한 원심판결에 경합범 가중에 관한 법리오해의 잘못이 있다고 한 사례.

전 문

피 고 인 피고인

상 고 인 검사

변 호 인 변호사

원심판결 청주지법 2013. 5. 15. 선고 2013노195 판결

주 문 원심판결을 파기하고, 사건을 청주지방법원 본원 합의부에 환송한다.

이 유 상고이유를 판단한다.

1. 불이익변경금지의 원칙은 피고인의 상소권 또는 약식명령에 대한 정식재판청구권을 보장하려는 것으로, 피고인만이 또는 피고인을 위하여 상소한 상급심 또는 정식재판청구사건에서 법원은 피고인이 같은 범죄사실에 대하여 이미 선고 또는 고지받은 형보다 중한 형을 선고하지 못한다는 원칙이다. 불이익변경금지의 원칙을 적용함에 있어서는 주문을 개별적·형식적으로 고찰할 것이 아니라 전체적·실질적으로 고찰하여 그 형의 경중을 판단하여야 하고, 이때 선고된 형이 피고인에게 불이익하게 변경되었는지에 관한 판단은 형법상 형의 경중을 일응의 기준으로 하되, 병과형이나 부가형, 집행유예, 노역장 유치기간 등 주문 전체를 고려하여 피고인에게 실질적으로 불이익한가의 여부에 의하여 판단하여야 할 것이다(대법원 1998. 3. 26. 선고 97도1716 전원합의체 판결, 대법원 2004. 11. 11. 선고 2004도6784 판결 등 참조).

   한편 대법원 1976. 1. 27. 선고 75도1543 판결은, 제1심이 피고인에게 금고 6월을 선고한 데 대하여 피고인만이 항소하였음에도 불구하고 원심이 제1심판결을 파기하고 피고인에 대하여 징역 6월에 집행유예 1년을 선고한 것은 피고인에게 불이익하게 변경되었다고 보아야 한다고 판시한 바 있으나, 이는 형기의 변경 없이 집행유예가 선고된 사정을 전체적·실질적으로 고찰하지 않았다는 점에서 대법원 1998. 3. 26. 선고 97도1716 전원합의체 판결의 취지에 반하는 것임이 분명하므로, 이미 위 전원합의체 판결에 의해서 대법원 1967. 11. 21. 선고 67도1185 판결과 대법원 1993. 12. 10. 선고 93도2711 판결 등이 폐기될 때 함께 폐기된 것으로 봄이 상당하다.
2. 기록에 의하면, 이 사건 공소사실 중 제1심에서 공소기각된 부분을 제외한 나머지 공소사실에 대하여 제1심은

이를 전부 유죄로 인정하여 피고인에게 금고 5월의 실형을 선고하였고, 이에 대하여 피고인만이 항소하였는데, 원심은 제1심과 마찬가지로 위 나머지 공소사실을 모두 유죄로 인정하여 판시 교통사고처리 특례법 위반죄에 대하여는 금고형을, 판시 자동차손해배상 보장법 위반죄와 도로교통법 위반(무면허운전)죄에 대하여는 각 징역형을 각 선택한 후 위 각 죄를 형법 제37조 전단의 경합범으로 처벌하면서 형법 제38조 제1항 제2호, 제50조를 적용하여 피고인에게 금고 5월, 집행유예 2년, 보호관찰 및 40시간의 수강명령을 선고하였음을 알 수 있다.

이를 앞서 본 법리에 비추어 살펴보면, 우선 금고형과 징역형을 선택하여 경합범 가중을 하는 경우에는 형법 제38조 제2항에 따라 금고형과 징역형을 동종의 형으로 간주하여 징역형으로 처벌하여야 할 것임에도 제1심은 이를 간과한 채 피고인에 대하여 금고 5월의 실형을 선고한 위법이 있고, 이에 대해 피고인만이 항소한 이 사건에서 원심이 피고인에 대하여 형기의 변경 없이 위 금고형을 징역형으로 바꾸어 집행유예를 선고하는 것은 불이익변경금지의 원칙에 위반되지 아니하므로, 결국 원심이 피고인의 양형부당 주장을 받아들여 제1심판결을 파기하면서도 제1심의 위와 같은 위법을 시정하지 아니한 것이 제1심판결보다 불이익하게 변경되지 않도록 하기 위한 불가피한 조치라고 볼 수도 없다. 따라서 원심판결에는 경합범 가중에 관한 법리를 오해하여 판결에 영향을 미친 잘못이 있고, 이 점을 지적하는 상고이유 주장은 이유 있다.

3. 그러므로 원심판결을 파기하고, 사건을 다시 심리·판단하도록 원심법원에 환송하기로 하여 관여 대법관의 일치된 의견으로 주문과 같이 판결한다.

대법관 김용덕(재판장) 신영철(주심) 이상훈 김소영

대법원 2013.12.12. 선고 2013도4555 판결

【상관모욕】

판시사항

군형법상 상관모욕죄의 객체인 '상관'에 대통령이 포함되는지 여부(적극)

판결요지

군형법상 상관모욕죄는 상관에 대한 사회적 평가, 즉 외부적 명예 외에 군 조직의 질서 및 통수체계 유지 역시 보호법익으로 하는 점, 상관모욕죄의 입법 취지, 군형법 제2조 제1호, 제64조 제2항 및 헌법 제74조, 국군조직법 제6조, 제8조, 제9조, 제10조, 군인사법 제47조의2, 군인복무규율 제2조 제4호의 체계적 구조 등을 종합하면, 상관모욕죄의 '상관'에 대통령이 포함된다고 보아야 한다.

전 문

피 고 인 피고인

상 고 인 피고인

변 호 인 법무법인

원심판결 고등군사법원 2013. 4. 12. 선고 2012노244 판결

주 문 상고를 기각한다.

이 유 상고이유를 판단한다.

군형법 제64조 제2항은 문서, 도화 또는 우상을 공시하거나 연설 또는 그 밖의 공연한 방법으로 상관을 모욕한 사람은 3년 이하의 징역이나 금고에 처한다고 규정하고 있고, 군형법 제2조 제1호는 '상관'이란 명령복종관계에서 명령권을 가진 사람을 말하고, 명령복종관계가 없는 경우의 상위 계급자와 상위 서열자는 상관에 준한다고 규정하고 있다.

헌법 제74조, 국군조직법 제6조는 대통령은 국군을 통수한다고 규정하고 있고, 국군조직법 제8조는 국방부장관은 대통령의 명을 받아 군사에 관한 사항을 관장한다고 규정하고 있으며, 국군조직법 제9조, 제10조는 합동참모의장과 각군 참모총장은 국방부장관의 명을 받는다고 규정하고 있는 등 대통령과 국군의 명령복종관계를 규정하고 있고, 한편 군인사법 제47조의2의 위임에 의한 군인복무규율 제2조 제4호는 2009. 9. 29. 대통령령 제21750호로 개정되면서 '상관이란 명령복종관계에 있는 사람 사이에서 명령권을 가진 사람으로서 국군통수권자부터 바로 위 상급자까지를 말한다'고 규정함으로써 대통령이 상관이라고 명시하고 있다.

군형법상 상관모욕죄는 상관에 대한 사회적 평가, 즉 외부적 명예 외에 군 조직의 질서 및 통수체계 유지 역시 보호법익으로 하는 점, 상관모욕죄의 입법 취지, 앞서 본 바와 같은 법규범의 체계적 구조 등을 종합하면, 상관모욕죄에서의 '상관'에 대통령이 포함된다고 보아야 한다.

원심은 이와 같은 취지에서 피고인이 자신의 트위터에 상관인 대통령을 욕하는 글을 올려 상관을 모욕하였다는 이 사건 공소사실(무죄 부분 제외)이 유죄로 인정된다고 판단하였는바, 이러한 원심판단은 정당한 것으로 수긍할 수 있고, 거기에 상고이유 주장과 같이 상관모욕죄에서의 '상관' 및 '모욕', 정당행위에 관한 법리를 오해하는 등의 위법이 없다.

그러므로 상고를 기각하기로 하여 관여 대법관의 일치된 의견으로 주문과 같이 판결한다.

대법관 박병대(재판장) 양창수 고영한 김창석(주심)

대법원 2013.12.12. 선고 2013도3950 판결

【일반건조물방화】

판시사항

방화죄의 객체인 '건조물'의 개념

판결요지

형법상 방화죄의 객체인 건조물은 토지에 정착되고 벽 또는 기둥과 지붕 또는 천장으로 구성되어 사람이 내부에 기거하거나 출입할 수 있는 공작물을 말하고, 반드시 사람의 주거용이어야 하는 것은 아니라도 사람이 사실상 기거·취침에 사용할 수 있는 정도는 되어야 한다.

전 문

피 고 인 피고인

상 고 인 검사

원심판결 서울고법 2013. 3. 21. 선고 2012노3969 판결

주 문 상고를 기각한다.

이 유 상고이유를 판단한다.

형법상 방화죄의 객체인 건조물은 토지에 정착되고 벽 또는 기둥과 지붕 또는 천장으로 구성되어 사람이 내부에 기거하거나 출입할 수 있는 공작물을 말하고, 반드시 사람의 주거용이어야 하는 것은 아니라도 사람이 사실상 기거·취침에 사용할 수 있는 정도는 되어야 한다.

원심은, 이 사건 폐가는 지붕과 문짝, 창문이 없고 담장과 일부 벽체가 붕괴된 철거 대상 건물로서 사실상 기거·취침에 사용할 수 없는 상태의 것이므로 형법 제166조의 건조물이 아닌 형법 제167조의 물건에 해당하고, 피고인이 이 사건 폐가의 내부와 외부에 쓰레기를 모아놓고 태워 그 불길이 이 사건 폐가 주변 수목 4~5그루를 태우고 폐가의 벽을 일부 그을리게 하는 정도만으로는 방화죄의 기수에 이르렀다고 보기 어려우며, 일반물건방화죄에 관하여는 미수범의 처벌 규정이 없다는 이유로 제1심의 유죄판결을 파기하고 피고인에게 무죄를 선고하였다.

위 법리에 비추어 기록을 살펴보면, 원심의 위와 같은 사실인정과 판단은 정당하고, 거기에 방화죄에 있어 건조물에 관한 개념을 오해하거나 논리와 경험의 법칙에 반하여 자유심증주의의 한계를 벗어난 잘못이 없다.

그러므로 상고를 기각하기로 하여, 관여 대법관의 일치된 의견으로 주문과 같이 판결한다.

대법관 박보영(재판장) 민일영(주심) 이인복 김신

대법원 2013.12.12. 선고 2013도12266 판결

【산업기술의유출방지및보호에관한법률위반·업무상배임·공갈미수·폭력행위등처벌에관한법률위반(집단·흉기등상해)·상해·간통】

판시사항

'산업기술의 유출방지 및 보호에 관한 법률'상 비밀유지의무의 대상이 되는 산업기술의 의미 및 산업기술과 관련하여 특허등록이 이루어져 산업기술의 내용 일부가 공개된 경우, 비밀유지의무의 대상에서 제외되는지 여부(원칙적 소극)

판결요지

산업기술의 유출방지 및 보호에 관한 법률(이하 '산업기술보호법'이라 한다) 제36조 제2항, 제14조 제2호는 대상기관의 임·직원 또는 대상기관과의 계약 등에 따라 산업기술에 대한 비밀유지의무가 있는 자가 부정한 이익을 얻거나 그 대상기관에게 손해를 가할 목적으로 유출하거나 그 유출한 산업기술을 사용 또는 공개하거나 제3자가 사용하게 하는 행위를 하면 처벌하도록 규정하고 있다. 위 비밀유지의무의 대상인 산업기술은 제품 또는 용역의 개발·생산·보급 및 사용에 필요한 제반 방법 내지 기술상의 정보 중에서 관계중앙행정기관의 장이 소관 분야의 산업경쟁력 제고 등을 위하여 법률 또는 해당 법률에서 위임한 명령에 따라 지정·고시·공고·인증하는 산업기술보호법 제2조 제1호 각 목에 해당하는 기술을 말하고, 부정경쟁방지 및 영업비밀보호에 관한 법률에서의 영업비밀과 달리 비공지성(비밀성), 비밀유지성(비밀관리성), 경제적 유용성의 요건을 요구하지 않는다. 산업기술보호법 제2조 제1호 각 목의 어느 하나의 요건을 갖춘 산업기술은 특별한 사정이 없는 한 비밀유지의무의 대상이 되고, 그 산업기술과 관련하여 특허등록이 이루어져 산업기술의 내용 일부가 공개되었다고 하더라도 그 산업기술이 전부 공개된 것이 아닌 이상 비밀유지의무의 대상에서 제외되는 것은 아니다.

전 문

피 고 인 피고인

상 고 인 피고인

변 호 인 변호사

원심판결 서울중앙지법 2013. 9. 6. 선고 2013노1416 판결

주 문 상고를 기각한다.

이 유 상고이유를 판단한다.

산업기술의 유출방지 및 보호에 관한 법률(이하 '산업기술보호법'이라 한다) 제36조 제2항, 제14조 제2호는 대상기관의 임·직원 또는 대상기관과의 계약 등에 따라 산업기술에 대한 비밀유지의무가 있는 자가 부정한 이익을 얻거나 그 대상기관에게 손해를 가할 목적으로 유출하거나 그 유출한 산업기술을 사용 또는 공개하거나 제3자가 사용하게 하는 행위를 하면 처벌하도록 규정하고 있다. 위 비밀유지의무의 대상인 산업기술은 제품 또는 용역의 개발·생산·보급 및 사용에 필요한 제반 방법 내지 기술상의 정보 중에서 관계중앙행정기관의 장이 소관 분야의 산업경쟁력 제고 등을 위하여 법률 또는 해당 법률에서 위임한 명령에 따라 지정·고시·공고·인증하는 산업기술보호법 제2조 제1호 각 목에 해당하는 기술을 말하고, 부정경쟁방지 및 영업비밀보호에 관한 법률에서의 영업비밀과 달리 비공지성(비밀성), 비밀유지성(비밀관리성), 경제적 유용성의 요건을 요구하지 않는다. 산업기술보호법 제2조 제1호 각 목의 어느 하나의 요건을 갖춘 산업기술은 특별한 사정이 없는 한 비밀유지의무의 대상이 되고, 그 산업기술과 관련하여 특허등록이 이루어져 산업기술의 내용 일부가 공개되었다고 하더라도 그 산업기술이 전부 공개된 것이 아닌 이상 비밀유지의무의 대상에서 제외되는 것은 아니다.

원심판결 이유를 관련 법령의 규정, 위 법리, 원심과 제1심에서 적법하게 채택하여 조사한 증거들에 비추어 살펴

보면, 원심이 그 판시와 같은 사정을 들어 이 사건 신기술들과 관련하여 특허로 등록되어 공중에 기술 일부가 공개되어 있다는 사실만으로 이 사건 신기술들에 대한 비밀유지의무가 없어진다고 할 수 없다고 판단한 조치는 정당한 것으로 수긍이 되고, 거기에 상고이유와 같은 산업기술보호법에서 정한 '산업기술에 대한 비밀유지의무'에 관한 법리를 오해하여 판결에 영향을 미친 잘못이 없다.

그리고 형사소송법 제383조 제4호에 의하면 사형, 무기 또는 10년 이상의 징역이나 금고가 선고된 사건에서만 양형부당을 사유로 한 상고가 허용되므로, 피고인에 대하여 그보다 가벼운 형이 선고된 이 사건에서 형의 양정이 부당하다는 취지의 주장은 적법한 상고이유가 되지 못한다.

그러므로 상고를 기각하기로 하여 관여 대법관의 일치된 의견으로 주문과 같이 판결한다.

대법관 박병대(재판장) 양창수 고영한 김창석(주심)

대법원 2013.12.12. 선고 2012도7198 판결

【뇌물수수】

판시사항

[1] 불이익변경금지 원칙의 의미 및 선고된 형이 피고인에게 불이익하게 변경되었는지 판단하는 기준

[2] 제1심이 뇌물수수죄를 인정하여 피고인에게 징역 1년 6월 및 추징을 선고한 데 대해 피고인만이 항소하였는데, 원심이 제1심이 누락한 필요적 벌금형 병과규정을 적용하여 피고인에게 징역 1년 6월에 집행유예 3년, 추징 및 벌금 50,000,000원을 선고한 사안에서, 원심이 선고한 형은 제1심이 선고한 형보다 무거워 피고인에게 불이익하다고 한 사례

판결요지

[1] 불이익변경금지의 원칙은 피고인의 상소권 또는 약식명령에 대한 정식재판청구권을 보장하려는 것으로서, 피고인만이 또는 피고인을 위하여 상소한 상급심 또는 정식재판청구사건에서 법원은 피고인이 같은 범죄사실에 대하여 이미 선고 또는 고지받은 형보다 중한 형을 선고하지 못한다는 원칙이다. 이러한 불이익변경금지의 원칙을 적용할 때에는 주문을 개별적·형식적으로 고찰할 것이 아니라 전체적·실질적으로 고찰하여 그 경중을 판단하여야 하는데, 선고된 형이 피고인에게 불이익하게 변경되었는지 여부는 일단 형법상 형의 경중을 기준으로 하되, 한 걸음 더 나아가 병과형이나 부가형, 집행유예, 노역장 유치기간 등 주문 전체를 고려하여 피고인에게 실질적으로 불이익한가에 의하여 판단하여야 한다.

[2] 제1심이 뇌물수수죄를 인정하여 피고인에게 징역 1년 6월 및 추징 26,150,000원을 선고한 데 대해 피고인만이 항소하였는데, 원심이 제1심이 누락한 필요적 벌금형 병과규정인 특정범죄 가중처벌 등에 관한 법률(2008. 12. 26. 법률 제9169호로 개정된 것) 제2조 제2항을 적용하여 피고인에게 징역 1년 6월에 집행유예 3년, 추징 26,150,000원 및 벌금 50,000,000원을 선고한 사안에서, 집행유예의 실효나 취소가능성, 벌금 미납 시 노역장 유치 가능성과 그 기간 등을 전체적·실질적으로 고찰할 때 원심이 선고한 형은 제1심이 선고한 형보다 무거워 피고인에게 불이익하다고 한 사례.

전　문

피 고 인 피고인

상 고 인 피고인

원심판결 서울서부지법 2012. 5. 31. 선고 2012노167 판결

주　문 원심판결을 파기하고, 사건을 서울서부지방법원 합의부에 환송한다.

이　유 상고이유(상고이유서 제출기한이 경과하여 제출된 참고서면의 기재는 상고이유를 보충하는 범위 내에서)를 판단한다.

1. 원심판결 이유를 원심이 적법하게 채택한 증거들에 비추어 살펴보면, 원심이 그 판시와 같은 이유를 들어 이 사건 공소사실 중 공소외인으로부터의 뇌물수수의 점이 모두 유죄로 인정된다고 판단한 것은 정당하고, 거기에 논리와 경험의 법칙에 반하여 자유심증주의의 한계를 벗어난 잘못이 없다.

2. 가. 불이익변경금지의 원칙은 피고인의 상소권 또는 약식명령에 대한 정식재판청구권을 보장하려는 것으로서, 피고인만이 또는 피고인을 위하여 상소한 상급심 또는 정식재판청구사건에서 법원은 피고인이 같은 범죄사실에 대하여 이미 선고 또는 고지받은 형보다 중한 형을 선고하지 못한다는 원칙이다. 이러한 불이익변경금지의 원칙을 적용함에 있어서는 주문을 개별적·형식적으로 고찰할 것이 아니라 전체적·실질적으로 고찰하여 그 경중을 판단하여야 하는바, 선고된 형이 피고인에게 불이익하게 변경되었는지의 여부는 일단 형법상 형

의 경중을 기준으로 하되, 한 걸음 더 나아가 병과형이나 부가형, 집행유예, 노역장 유치기간 등 주문 전체를 고려하여 피고인에게 실질적으로 불이익한가의 여부에 의하여 판단하여야 한다(대법원 1998. 3. 26. 선고 97도1716 전원합의체 판결, 대법원 2004. 11. 11. 선고 2004도6784 판결 등 참조).

나. 원심판결 이유 및 기록에 의하면, 제1심은 피고인에 대한 이 사건 공소사실을 전부 유죄로 인정하여 피고인에게 징역 1년 6월 및 추징 26,150,000원을 선고하였고, 이에 대하여 피고인만이 항소하였는데, 원심은 제1심과 마찬가지로 이 사건 공소사실을 모두 유죄로 인정하는 한편 제1심이 누락한 수뢰액 관련 필요적 벌금형 병과규정인 특정범죄 가중처벌 등에 관한 법률(2008. 12. 26. 법률 제9169호로 개정된 것) 제2조 제2항을 적용하여 피고인에게 징역 1년 6월에 집행유예 3년, 벌금 50,000,000원(1일 50,000원으로 환산한 기간 노역장 유치) 및 추징 26,150,000원을 선고하였음을 알 수 있다.

앞서 본 법리에 따라 제1심이 선고한 형과 원심이 선고한 형의 경중을 비교해 볼 때 제1심이 선고한 '징역 1년 6월'의 형과 원심이 선고한 '징역 1년 6월에 집행유예 3년'의 형만을 놓고 본다면 제1심판결보다 원심판결이 가볍다 할 수 있으나, 원심은 제1심이 선고하지 아니한 벌금 50,000,000원(1일 50,000원으로 환산한 기간 노역장 유치)을 병과하였는바, 집행유예의 실효나 취소가능성, 벌금 미납 시의 노역장 유치 가능성 및 그 기간 등을 전체적·실질적으로 고찰하면 원심이 선고한 형은 제1심이 선고한 형보다 무거워 피고인에게 불이익하다고 할 것이다.

결국 피고인만이 항소한 이 사건에서 위와 같은 원심판결은 형사소송법 제368조에 규정된 불이익변경금지의 원칙에 관한 법리를 오해하여 판단을 그르친 것이다.

3. 그러므로 원심판결을 파기하고, 사건을 다시 심리·판단하도록 원심법원에 환송하기로 하여, 관여 대법관의 일치된 의견으로 주문과 같이 판결한다.

대법관 박보영(재판장) 민일영(주심) 이인복 김신

대법원 2013.12.12. 선고 2012도3173 판결

【사기·허위진단서작성】

판시사항

1 허위진단서작성죄의 객체인 '진단서'의 의미와 그 판단 기준

2 의사인 피고인이 환자의 인적사항, 병명, 입원기간 및 그러한 입원사실을 확인하는 내용이 기재된 '입퇴원 확인서'를 허위로 작성하였다고 하여 허위진단서작성으로 기소된 사안에서, 위 '입퇴원 확인서'는 허위진단서작성죄에서 규율하는 진단서로 보기 어려운데도, 이와 달리 보아 유죄를 인정한 원심판결에 법리오해의 위법이 있다고 한 사례

판결요지

1 형법 제233조의 허위진단서작성죄에서 '진단서'란 의사가 진찰의 결과에 관한 판단을 표시하여 사람의 건강상태를 증명하기 위하여 작성하는 문서를 말하고, 위 조항에서 규율하는 진단서에 해당하는지 여부는 서류의 제목, 내용, 작성목적 등을 종합적으로 고려하여 판단하여야 한다.

2 의사인 피고인이 환자의 인적사항, 병명, 입원기간 및 그러한 입원사실을 확인하는 내용이 기재된 '입퇴원 확인서'를 허위로 작성하였다고 하여 허위진단서작성으로 기소된 사안에서, 위 '입퇴원 확인서'는 문언의 제목, 내용 등에 비추어 의사의 전문적 지식에 의한 진찰이 없더라도 확인 가능한 환자들의 입원 여부 및 입원기간의 증명이 주된 목적인 서류로서 환자의 건강상태를 증명하기 위한 서류라고 볼 수 없어 허위진단서작성죄에서 규율하는 진단서로 보기 어려운데도, 이와 달리 보아 유죄를 인정한 원심판결에 허위진단서작성죄의 진단서에 관한 법리를 오해한 위법이 있다고 한 사례.

전 문

피 고 인 피고인

상 고 인 피고인

변 호 인 변호사

원심판결 대구지법 2012. 2. 16. 선고 2011노3008 판결

주 문 원심판결을 파기하고, 사건을 대구지방법원 합의부에 환송한다.

이 유 상고이유에 대하여 판단한다.

1. 사기의 점 및 제1심판결 별지 범죄일람표 (1) 순번 2, 19, 20, 21항을 제외한 나머지 항 기재 허위진단서작성의 점에 대하여

가. 원심판결 이유를 원심이 적법하게 채택한 증거들에 비추어 살펴보면, 원심이 그 판시와 같은 이유를 들어 이 부분 공소사실이 모두 유죄로 인정된다고 판단한 것은 정당하다고 수긍할 수 있고, 거기에 상고이유의 주장과 같이 논리와 경험의 법칙을 위반하여 자유심증주의의 한계를 벗어나거나, 허위진단서작성죄에서의 '진단서'의 개념, 사기죄의 공동정범 성립요건 등에 관한 법리를 오해하여 판결 결과에 영향을 미친 위법이 없다.

나. 한편 이 사건 공소제기가 공소권의 남용에 해당한다는 취지의 주장은 피고인이 이를 항소이유로 삼거나 원심이 직권으로 심판대상으로 삼은 바가 없는 것을 상고이유에서 비로소 주장하는 것으로서, 원심판결에 대한 적법한 상고이유가 되지 못한다. 또한 기록에 비추어 보더라도 원심판결에 상고이유의 주장과 같은 위법은 없다.

2. 제1심판결 별지 범죄일람표 (1) 순번 2, 19, 20, 21항 기재 각 허위진단서작성의 점에 대하여

가. 형법 제233조의 허위진단서작성죄에서 진단서라고 함은 의사가 진찰의 결과에 관한 판단을 표시하여 사람의 건강상태를 증명하기 위하여 작성하는 문서를 말하는 것이고(대법원 1990. 3. 27. 선고 89도2083 판결 등 참조), 위 조항에서 규율하는 진단서에 해당하는지 여부는 서류의 제목, 내용, 작성목적 등을 종합적으로 고려하

여 판단하여야 한다.

나. 원심이 확정한 사실 및 원심이 적법하게 채택한 증거들에 의하면, 피고인은 제1심판결 별지 범죄일람표 (1) 순번 2, 19, 20, 21항을 제외한 나머지 항 기재 환자들에 대해서는 환자의 인적사항, 병명, 진단일 및 '1일 입원하에' 맘모톰 절제술을 시행하였다는 향후치료의견이 기재된 '진단서'를 작성하여 교부한 반면, 제1심판결 별지 범죄일람표 (1) 순번 2, 19, 20, 21항 기재 환자들에 대해서는 환자의 인적사항, 병명, 입원기간 및 그러한 입원사실을 확인한다는 내용이 기재된 '입퇴원 확인서'를 작성하여 환자들에게 교부한 사실을 알 수 있다.

위와 같은 사실관계를 위 법리에 비추어 살펴보면, 피고인이 환자들에게 작성하여 교부한 '입퇴원 확인서'는 그 문언의 제목, 내용 등에 비추어 의사의 전문적 지식에 의한 진찰이 없더라도 확인 가능한 환자들의 입원 여부 및 입원기간의 증명이 주된 목적인 서류로서, 환자의 건강상태를 증명하기 위한 서류라고 볼 수 없으므로, 이를 형법상 허위진단서작성죄에서 규율하는 진단서라고 보기는 어렵다고 할 것이다.

다. 그럼에도 불구하고 원심은 위 '입퇴원 확인서'도 진단서의 일종이라고 판단한 다음, 이 부분 공소사실이 허위진단서작성죄에 해당한다고 판단하였으므로, 이 부분 원심판단에는 허위진단서작성죄에서의 진단서에 관한 법리를 오해하여 판결 결과에 영향을 미친 위법이 있다.

따라서 원심판결 중 제1심판결 별지 범죄일람표 (1) 순번 2, 19, 20, 21항 기재 허위진단서작성의 점에 관한 부분은 파기하여야 하는데, 이와 같이 파기하여야 할 범죄사실과 원심이 유죄로 인정한 나머지 범죄사실은 형법 제37조 전단의 경합범 관계에 있어 하나의 형을 선고하여야 하므로, 결국 원심판결은 전부를 파기할 수밖에 없다.

3. 결론

그러므로 원심판결을 파기하고, 사건을 다시 심리·판단하게 하기 위하여 원심법원에 환송하기로 하여, 관여 대법관의 일치된 의견으로 주문과 같이 판결한다.

대법관 김신(재판장) 민일영 이인복(주심) 박보영

대법원 2013.12.12. 선고 2012도2249 판결

【관세법위반·위조사도화행사】

판시사항

위조된 외국의 화폐, 지폐 또는 은행권이 외국에서 강제통용력이 없고 국내에서 사실상 거래 대가의 지급수단이 되지 않는 경우, 그 화폐 등을 행사한 행위가 위조통화행사죄를 구성하는지 여부(소극) 및 이 경우 위조사문서행사죄 또는 위조사도화행사죄로 의율할 수 있는지 여부(적극)

판결요지

형법상 통화에 관한 죄는 문서에 관한 죄에 대하여 특별관계에 있으므로 통화에 관한 죄가 성립하는 때에는 문서에 관한 죄는 별도로 성립하지 않는다. 그러나 위조된 외국의 화폐, 지폐 또는 은행권이 강제통용력을 가지지 않는 경우에는 형법 제207조 제3항에서 정한 '외국에서 통용하는 외국의 화폐 등'에 해당하지 않고, 나아가 그 화폐 등이 국내에서 사실상 거래 대가의 지급수단이 되고 있지 않는 경우에는 형법 제207조 제2항에서 정한 '내국에서 유통하는 외국의 화폐 등'에도 해당하지 않으므로, 그 화폐 등을 행사하더라도 형법 제207조 제4항에서 정한 위조통화행사죄를 구성하지 않는다고 할 것이고, 따라서 이러한 경우에는 형법 제234조에서 정한 위조사문서행사죄 또는 위조사도화행사죄로 의율할 수 있다고 보아야 한다.

전　문

피 고 인 피고인

상 고 인 피고인 및 검사

변 호 인 변호사

원심판결 서울서부지법 2012. 2. 2. 선고 2011노1167 판결

주　문 원심판결을 파기하고, 사건을 서울서부지방법원 합의부에 환송한다.

이　유 상고이유에 대하여 판단한다.

1. 피고인의 상고이유에 대하여

원심판결 이유를 원심이 적법하게 채택한 증거들에 비추어 살펴보면, 원심이 그 판시와 같은 이유를 들어 피고인에 대한 각 관세법 위반의 점이 유죄로 인정된다고 판단한 것은 정당하고, 거기에 논리와 경험의 법칙을 위반하여 자유심증주의의 한계를 벗어나거나, 관세법 위반죄의 고의 및 공범에 관한 법리를 오해한 위법이 없다.

2. 검사의 상고이유에 대하여

가. 형법상 문서에 관한 죄의 객체인 '문서 또는 도화'는 문자나 이에 준하는 부호를 사용하여 물체 위에 어떤 사람의 의사 또는 관념을 표현한 것으로서, 그 내용이 법률상 또는 사회생활상 의미 있는 사항에 관한 증거가 될 수 있는 것을 말한다.

한편 형법상 통화에 관한 죄는 문서에 관한 죄에 대하여 특별관계에 있으므로 통화에 관한 죄가 성립하는 때에는 문서에 관한 죄는 별도로 성립하지 않는다. 그러나 위조된 외국의 화폐, 지폐 또는 은행권이 강제통용력을 가지지 않는 경우에는 형법 제207조 제3항에서 정한 '외국에서 통용하는 외국의 화폐 등'에 해당하지 않고(대법원 2004. 5. 14. 선고 2003도3487 판결 참조), 나아가 그 화폐 등이 국내에서 사실상 거래 대가의 지급수단이 되고 있지 않는 경우에는 형법 제207조 제2항에서 정한 '내국에서 유통하는 외국의 화폐 등'에도 해당하지 않으므로(대법원 2003. 1. 10. 선고 2002도3340 판결 등 참조), 그 화폐 등을 행사하더라도 형법 제207조 제4항에서 정한 위조통화행사죄를 구성하지 않는다고 할 것이고, 따라서 이러한 경우에는 형법 제234조에서 정한 위조사문서행사죄 또는 위조사도화행사죄로 의율할 수 있다고 보아야 한다.

나. 원심은, 이 사건 10만 파운드화는 영국 중앙은행(BANK OF ENGLAND)에서 1971년에 발행한 5파운드화 권종

을 스캐너 등을 사용하여 10만 파운드화로 위조한 것으로, 일반 모조지 위에 5파운드화 특유의 도안(앞면: 여왕의 초상화, 두 마리 말이 끄는 전차와 천사 등, 뒷면: 웰링턴 공작의 상반신, 전쟁 중에 싸우는 군인들)이 표시되어 있고 그 전면에 "BANK OF ENGLAND, I PROMISE TO PAY THE BEARER ON DEMAND THE SUM OF ONE HUNDRED THOUSAND POUNDS, LONDON FOR THE GOV AND COMP OF THE BANK OF ENGLAND" 등의 기재와 "BU68 953130", "£100000" 등의 표시가 되어 있는 것으로서, 그 도안과 문자내용이 결합되어 통상 화폐가 갖추어야 할 외관상의 객관적 요소들을 갖추어 소지인에 대하여 영국 중앙은행이 100만 파운드(10만 파운드의 오기로 보인다)를 지급할 것을 약속하는 지불수단이라는 외관을 가지게 되었는바, 여기서 도안 부분만이 따로 도화로서 혹은 문자내용 부분만이 따로 문서로서 어떤 사람의 의사 또는 관념을 표현한 것으로 그 내용이 법률상 또는 사회생활상 의미 있는 사항에 관한 증거가 될 수 있다고 볼 수는 없으므로, 이 사건 10만 파운드화에 대한 처벌은 통화에 관한 죄로 의율하여야 하고 문서에 관한 죄로 의율하여서는 안 된다는 이유로 이 사건 공소사실 중 위조사도화행사의 점은 죄가 되지 않는 경우에 해당한다고 판단하였다.

다. 그러나 원심의 이러한 판단은 그대로 수긍하기 어렵다.

원심판결 이유와 원심이 적법하게 채택한 증거들에 따르면, 이 사건 10만 파운드화는 위와 같이 앞면과 뒷면에 영국의 5파운드화 특유의 도안이 표시되어 있는 한편, 앞면에 위와 같이 영국 중앙은행이 그 소지자에게 10만 파운드를 지급할 것을 약속하는 내용과 함께 위 은행 "CHIEF CASHIER"의 서명이 인쇄되어 있는 사실, 영국 중앙은행은 10만 파운드화 권종을 발행하거나 유통시킨 사실이 전혀 없고, 위 10만 파운드화는 1971년에 발행된 5파운드화 권종을 스캐너 등을 이용하여 위조한 것으로 영국에서 강제통용력이 없음은 물론 국내에서 유통되지도 않는 사실 등을 알 수 있다.

위 사실관계를 앞서 본 법리에 비추어 보면, 위 10만 파운드화는 형법 제207조 제3항에서 정한 외국에서 통용하는 외국의 화폐 등이나 형법 제207조 제2항에서 정한 국내에서 유통하는 외국의 화폐 등에 해당하지 않으므로, 피고인이 이를 행사하였다고 하더라도 형법 제207조 제4항에서 정한 위조통화행사죄를 구성하지 않는다고 할 것이고, 한편 비록 위 10만 파운드화가 영국 지폐의 외관을 갖고 있다고 하더라도, 영국 중앙은행 "CHIEF CASHIER"의 의사의 표현으로서 그 내용이 법률상 또는 사회생활상 의미 있는 사항에 관한 증거가 될 수 있는 것이므로, 형법상 문서에 관한 죄의 객체인 '문서 또는 도화'에 해당한다고 할 것이다. 따라서 피고인이 이 부분 공소사실 기재와 같이 위 10만 파운드화를 행사한 행위는 위조사문서행사죄 또는 위조사도화행사죄로 의율할 수 있다고 보아야 한다.

그럼에도 이와 달리 원심은 그 판시와 같은 이유만으로 피고인에 대한 공소사실 중 위조사도화행사의 점이 죄가 되지 않는다고 단정하였으니, 이러한 원심판결에는 형법상 통화에 관한 죄와 문서에 관한 죄의 관계 및 형법상 문서에 관한 죄의 객체에 관한 법리를 오해함으로써 판결 결과에 영향을 미친 위법이 있다고 할 것이다. 이 점을 지적하는 검사의 상고이유 주장에는 정당한 이유가 있다.

3. 결론

원심판결 중 유죄 부분에 대한 피고인의 상고이유 주장을 받아들일 수 없음은 앞서 판단한 바와 같으나, 원심이 유죄로 인정한 피고인에 대한 각 관세법 위반의 점과 무죄로 판단한 위조사도화행사의 점은 형법 제37조 전단의 경합범 관계에 있으므로 원심판결 중 유죄 부분도 위 무죄 부분과 함께 파기되어야 한다.

그러므로 원심판결을 파기하고, 사건을 다시 심리·판단하도록 원심법원에 환송하기로 하여 관여 대법관의 일치된 의견으로 주문과 같이 판결한다.

대법관 김신(재판장) 민일영 이인복(주심) 박보영

대법원 2013.12.12. 선고 2011도9538 판결

【의료법위반·업무상과실치사】

판시사항

[1] 의료법 제23조 제3항의 적용 대상이 되는 전자의무기록에 저장된 '개인정보'의 범위

[2] 전자의무기록을 작성한 당해 의료인이 그 전자의무기록에 기재된 의료내용에 관하여 의료법 제23조 제3항에서 정한 개인정보 변조행위의 주체가 될 수 있는지 여부(소극)

판결요지

[1] 법령 자체에 법령에서 사용하는 용어의 정의나 포섭의 구체적인 범위가 명확히 규정되어 있지 아니한 경우, 그 용어가 사용된 법령 조항의 해석은 그 법령의 전반적인 체계와 취지·목적, 당해 조항의 규정 형식과 내용 및 관련 법령을 종합적으로 고려하여 해석하여야 한다. 이러한 법리를 의료법의 개정 연혁, 내용 및 취지, 의료법 제22조 제1항, 제3항, 제23조 제1항, 제3항, 구 의료법(2011. 4. 7. 법률 제10565호로 개정되기 전의 것) 제66조 제1항 제3호, 의료법 시행규칙 제14조 제1항 제1호, 제3호의 규정, 의무기록에 기재된 정보와 사생활의 비밀 및 자유와의 관계 등에 비추어 보면, 의료법 제23조 제3항의 적용 대상이 되는 전자의무기록에 저장된 '개인정보'에는 환자의 이름·주소·주민등록번호 등과 같은 '개인식별정보'뿐만 아니라 환자에 대한 진단·치료·처방 등과 같이 공개로 인하여 개인의 건강과 관련된 내밀한 사항 등이 알려지게 되고, 그 결과 인격적·정신적 내면생활에 지장을 초래하거나 자유로운 사생활을 영위할 수 없게 될 위험성이 있는 의료내용에 관한 정보도 포함된다고 새기는 것이 타당하다.

[2] 환자를 진료한 당해 의료인은 의무기록 작성권자로서 보다 정확하고 상세한 기재를 위하여 사후에 자신이 작성한 의무기록을 가필·정정할 권한이 있다고 보이는 점, 2011. 4. 7. 법률 제10565호로 의료법을 개정하면서 허위작성 금지규정(제22조 제3항)을 신설함에 따라 의료인이 고의로 사실과 다르게 자신이 작성한 진료기록부 등을 추가기재·수정하는 행위가 금지되었는데, 이때의 진료기록부 등은 의무기록을 가리키는 것으로 봄이 타당한 점, 문서변조죄에 있어서 통상적인 변조의 개념 등을 종합하여 보면, 전자의무기록을 작성한 당해 의료인이 그 전자의무기록에 기재된 의료내용 중 일부를 추가·수정하였다 하더라도 그 의료인은 의료법 제23조 제3항에서 정한 변조행위의 주체가 될 수 없다고 보아야 한다.

전　　문

피 고 인 피고인 1 외 1인

상 고 인 검사

원심판결 서울서부지법 2011. 6. 30. 선고 2011노317 판결

주　　문 상고를 기각한다.

이　　유 상고이유를 판단한다.

1. 피고인들에 대한 공소사실 중 의료법 위반죄 부분의 요지

피고인 1은 서울 마포구 소재 ○○○○병원 응급실 의사이고, 피고인 2는 같은 병원 응급실 간호사이다.

피고인 1은 2008. 8. 23. 22:00경 계단에서 떨어져 두부열상을 입고 내원한 공소외인에 대하여 두부 시티촬영 등 검사를 거쳐 열상부위 봉합 등 치료를 한 후 2008. 8. 24. 01:00경 퇴원하도록 하였고, 피고인 2는 이를 보조하였다.

공소외인은 2008. 8. 24. 17:00경 입에 거품을 물고 눈이 돌아가는 등 뇌출혈 증상을 보여 다른 병원으로 후

송되어 응급 뇌수술을 받았으나 2008. 9. 27. 뇌실질 혈종 등으로 인한 뇌연수 마비로 사망하였다.

피고인 1은 2008. 8. 29. 10:58경 ○○○○병원 전자의무기록 관리시스템에 접속한 후 전자펜을 이용하여 공소외인에 대한 전자진료기록부 내용란 말미 부분에 '지연성 뇌출혈에 대한 가능성 설명하고 의식상태 변화나 오심, 구토 증상 있을 시 대학병원에 가보시라 함'이라는 취지의 내용을 가필한 후 자신의 전자서명을 하였다.

피고인 2는 2008. 8. 24. 이후 일자불상경 위 병원 전자의무기록 관리시스템에 접속한 후 전자펜을 이용하여 공소외인에 대한 전자간호기록부 내용란 말미에 있던 자신의 전자서명을 위 시스템의 지우기 기능을 이용하여 삭제한 후 그 아래에 이어서 '두통 계속되고 오심 심해지면 신경외과 있는 병원으로 가라고 설명함'이라는 취지의 내용을 가필한 후 자신의 전자서명을 하였다.

피고인들은 이로써 정당한 사유 없이 전자의무기록에 저장된 공소외인의 개인정보를 변조하였다.

2. 원심의 판단

원심은 다음과 같은 이유를 들어 피고인들에 대한 이 부분 공소사실은 죄가 되지 아니하는 경우에 해당한다고 판시하여, 이를 유죄로 인정한 제1심판결을 파기하고 무죄를 선고하였다.

의료법 제23조 제3항은 "누구든지 정당한 사유 없이 전자의무기록에 저장된 개인정보를 탐지하거나 누출·변조 또는 훼손하여서는 아니 된다."고 정하고 있는데(이하 '이 사건 규정'이라 한다), 판시와 같은 사정에 비추어 보면, 위 규정이 정하고 있는 '개인정보'란 개인에 관한 정보로서 성명·주민등록번호 등에 의하여 당해 개인을 알아볼 수 있는 부호·문자·음성·음향·영상 및 생체특성 등에 관한 정보(당해 정보만으로는 특정 개인을 알아볼 수 없는 경우에도 다른 정보와 용이하게 결합하여 알아볼 수 있는 것을 포함한다)를 말한다고 봄이 타당하다.

따라서 피고인들의 위와 같은 행위는 가필 내용의 진실 여부를 떠나 진료기록과 간호일지의 내용을 고친 것에 불과할 뿐 개인정보를 고친 것이 아니므로 의료법 제23조 제3항이 규정한 개인정보를 변조한 경우에 해당하지 아니한다.

3. 대법원의 판단

가. 이 사건 규정의 해석

1) 의료법 제22조 제1항은 "의료인은 각각 진료기록부, 조산기록부, 간호기록부, 그 밖의 진료에 관한 기록(이하 '진료기록부 등'이라 한다)을 갖추어 두고 환자의 주된 증상, 진단 및 치료 내용 등 보건복지부령으로 정하는 의료행위에 관한 사항과 의견을 상세히 기록하고 서명하여야 한다."고 규정하고, 제23조 제1항은 "의료인이나 의료기관 개설자는 제22조의 규정에도 불구하고 진료기록부 등을 전자서명법에 따른 전자서명이 기재된 전자문서(이하 '전자의무기록'이라 한다)로 작성·보관할 수 있다."고 규정하며, 의료법 시행규칙 제14조 제1항 제1호는 진료기록부 기재사항으로 '가. 진료를 받은 사람의 주소·성명·연락처·주민등록번호 등 인적사항, 나. 주된 증상(의사가 필요하다고 인정하면 주된 증상과 관련한 병력·가족력을 추가 기록), 다. 진단결과 또는 진단명, 라. 진료경과, 마. 치료 내용(주사·투약·처치 등), 라. 진료 일시'를 규정하고, 같은 항 제3호는 간호기록부 기재사항으로 '가. 간호를 받은 사람의 성명, 나. 체온·맥박·호흡·혈압에 관한 사항, 다. 투약에 관한 사항, 라. 섭취 및 배설물에 관한 사항, 마. 처치와 간호에 관한 사항, 간호 일시'를 규정하고 있다.

의료법 제22조 제3항은 "의료인은 진료기록부 등을 거짓으로 작성하거나 고의로 사실과 다르게 추가기재·수정하여서는 아니 된다."고 규정하고(이하 '허위작성 금지규정'이라 한다), 제23조 제3항은 "누구든지 정당한 사유 없이 전자의무기록에 저장된 개인정보를 탐지하거나 누출·변조 또는 훼손하여서는 아니 된다."고 규정하고 있다.

한편 위와 같은 현행 의료법령은 2011. 4. 7. 법률 제10565호로 개정된 의료법에서 허위작성 금지규정이 신설된 것을 제외하면 이 사건 당시 시행되던 의료법령과 기본적인 내용에서 차이가 없고, 특히 이 사건 규정에는 아무런 변화가 없다.

2) 전자의무기록은 의료정보화를 촉진하기 위하여 2002. 3. 30. 법률 제6686호로 개정된 의료법에서 처음 규정되었고, 이로써 종래 문서 형태로 한정되던 진료기록부 등을 전자의무기록으로 대체할 수 있게 되었다.

그런데 진료기록부 등과 전자의무기록(이하 통칭하여 '의무기록'이라 한다)에는 앞서 본 바와 같이 환자에 관한 다양한 정보가 기재되는데, 전자의무기록의 경우 전자문서의 속성상 진료기록부 등에 비하여 이들 정보가 손쉽게 위·변조되거나 대량으로 유출될 수 있는 위험성이 상존하고 있다. 이에 따라 위 의료법 개정 당시 전자의무기록에 관한 규정을 신설하면서 작성권자로 하여금 전자서명법에 따른 전자서명을 하도록 하는 한편 전자의무기록에 저장된 개인정보를 탐지, 누출, 변조 또는 훼손하는 행위를 금지하는 이 사건 규정을 신설하였다.

3) 의무기록은 의사의 환자에 대한 진단·치료·처방 등에 관한 종합적인 의료기록으로서 이후의 계속되는 환자치료에 이용됨과 아울러 다른 의료종사자에게 제공되어 그 환자로 하여금 적정한 의료를 제공받을 수 있도록 하고, 의료행위가 종료된 이후에는 그 의료행위의 적정성을 판단하는 자료로 사용되는 중요한 기능을 수행한다.

그런데 종래의 의료법은 직접적으로 의무기록의 허위작성을 금지하는 규정을 두지 아니한 채 단순히 의료인의 면허자격정지사유 중 하나로 '진료기록부 등을 허위로 작성한 때(제66조 제1항 제3호)'를 규정하고 있었을 뿐이었고, 그 결과 의료분쟁이 발생하는 경우 의무기록을 허위작성하거나 거짓으로 추가기재·수정하는 사례가 드물지 아니하였다. 이에 따라 2011. 4. 7. 법률 제10565호로 개정된 의료법에서 허위작성 금지규정을 신설하였다.

4) 법령 자체에 그 법령에서 사용하는 용어의 정의나 포섭의 구체적인 범위가 명확히 규정되어 있지 아니한 경우, 그 용어가 사용된 법령 조항의 해석은 그 법령의 전반적인 체계와 취지·목적, 당해 조항의 규정 형식과 내용 및 관련 법령을 종합적으로 고려하여 해석하여야 한다.

이러한 법리를 앞서 본 의료법의 개정 연혁, 내용 및 취지, 관련 법령의 규정, 의무기록에 기재된 정보와 사생활의 비밀 및 자유와의 관계 등에 비추어 보면, 이 사건 규정의 적용 대상이 되는 전자의무기록에 저장된 '개인정보'에는 환자의 이름·주소·주민등록번호 등과 같은 '개인식별정보'뿐만 아니라 환자에 대한 진단·치료·처방 등과 같이 공개로 인하여 개인의 건강과 관련된 내밀한 사항 등이 알려지게 되고, 그 결과 인격적·정신적 내면생활에 지장을 초래하거나 자유로운 사생활을 영위할 수 없게 될 위험성이 있는 의료내용에 관한 정보도 포함된다고 새기는 것이 타당하다.

5) 또한 환자를 진료한 당해 의료인은 의무기록 작성권자로서 보다 정확하고 상세한 기재를 위하여 사후에 자신이 작성한 의무기록을 가필, 정정할 권한이 있다고 보이는 점, 2011. 4. 7. 법률 제10565호로 의료법을 개정하면서 허위작성 금지규정을 신설함에 따라 의료인이 고의로 사실과 다르게 자신이 작성한 진료기록부 등을 추가기재·수정하는 행위가 금지되었는데, 이때의 진료기록부 등은 의무기록을 가리키는 것으로 봄이 타당한 점, 문서변조죄에 있어서 통상적인 변조의 개념 등을 종합하여 보면, 전자의무기록을 작성한 당해 의료인이 그 전자의무기록에 기재된 의료내용 중 일부를 추가, 수정하였다 하더라도 그 의료인은 이 사건 규정이 정한 변조행위의 주체가 될 수 없다고 보아야 한다.

나. 피고인 1에 대한 판단

피고인 1에 대한 이 부분 공소사실 기재에 의하더라도, 피고인 1이 추가 기재하였다는 공소외인의 종전 전자의무기록에는 인적사항과 의료내용만이 저장되어 있었을 뿐 전자서명법에 따른 전자서명이 되어 있지 아니하였음을 알 수 있다.

이 사건 규정은 '전자의무기록'에 저장된 개인정보를 대상으로 하는데, 의료법 제23조 제1항은 전자의무기록의 요건으로 전자서명법에 따른 전자서명이 기재될 것을 요구하고 있음은 앞서 본 바와 같다. 따라서 공소외인의 종전 전자진료기록부와 관련하여 피고인 1에게 진료기록부 작성·서명의무 위반의 죄책을 묻는 것은 별론으로 하고 위 피고인이 '전자의무기록'에 기재된 개인정보를 변조하였다고 할 수는 없다.

원심의 이유 설시 중 이 사건 규정에서 정한 '개인정보'가 개인식별정보에 한정됨을 전제로 한 판단 부분은 부적절하지만, 이 부분 공소사실이 죄가 되지 아니한다는 원심판단은 결론에서 정당하므로, 판결 결과에 영향을 미친 위법이 없다.

다. 피고인 2에 대한 판단

피고인 2에 대한 공소사실 기재에 의하면, 피고인 2는 두부열상 치료를 받고 퇴원한 공소외인에게 뇌출혈 가능성에 따른 관련 증상 및 대응법을 고지한 것처럼 간호기록부에 저장된 의료내용을 변조하였다는 것인데, 앞서 본 법리에 비추어 위 전자간호기록부 작성권자인 피고인 2는 이 사건 규정에서 정한 변조행위의 주체가 될 수 없다.

원심의 이유 설시 중 이 사건 규정에서 정한 '개인정보'가 개인식별정보에 한정됨을 전제로 한 판단 부분은 부적절하지만, 이 부분 공소사실이 죄가 되지 아니한다는 원심판단은 결론에서 정당하므로, 판결 결과에 영향을 미친 위법이 없다.

4. 결론

그러므로 상고를 기각하기로 하여 관여 대법관의 일치된 의견으로 주문과 같이 판결한다.

대법관 박병대(재판장) 양창수 고영한 김창석(주심)

대법원 2013.11.28. 선고 2013도5117 판결

【업무방해】

판시사항

[1] 위계에 의한 업무방해죄의 성립요건 및 컴퓨터 등 정보처리장치에 정보를 입력하는 등의 행위가 입력된 정보 등을 바탕으로 업무를 담당하는 사람의 오인, 착각 또는 부지를 일으킬 목적으로 행해진 경우, 그 행위가 업무를 담당하는 사람을 직접적인 대상으로 이루어진 것이 아니라도 '위계'에 해당하는지 여부(적극)

[2] 갑 정당의 국회의원 비례대표 후보자 추천을 위한 당내 경선과정에서 피고인들이 선거권자들로부터 인증번호만을 전달받은 뒤 그들 명의로 특정 후보자에게 전자투표를 하는 방법으로 위계로써 갑 정당의 경선관리 업무를 방해하였다는 내용으로 기소된 사안에서, 당내 경선에도 직접·평등·비밀투표 등 일반적인 선거원칙이 적용되고 대리투표는 허용되지 않는다는 이유로 피고인들에게 유죄를 인정한 사례

판결요지

[1] 위계에 의한 업무방해죄에서 '위계'란 행위자가 행위목적을 달성하기 위하여 상대방에게 오인, 착각 또는 부지를 일으키게 하여 이를 이용하는 것을 말하고, 업무방해죄의 성립에는 업무방해의 결과가 실제로 발생함을 요하지 않고 업무방해의 결과를 초래할 위험이 발생하면 족하며, 업무수행 자체가 아니라 업무의 적정성 내지 공정성이 방해된 경우에도 업무방해죄가 성립한다. 나아가 컴퓨터 등 정보처리장치에 정보를 입력하는 등의 행위가 그 입력된 정보 등을 바탕으로 업무를 담당하는 사람의 오인, 착각 또는 부지를 일으킬 목적으로 행해진 경우에는 그 행위가 업무를 담당하는 사람을 직접적인 대상으로 이루어진 것이 아니라고 하여 위계가 아니라고 할 수는 없다.

[2] 갑 정당의 제19대 국회의원 비례대표 후보자 추천을 위한 당내 경선과정에서 피고인들이 선거권자들로부터 인증번호만을 전달받은 뒤 그들 명의로 특정 후보자에게 전자투표를 함으로써 위계로써 갑 정당의 경선관리 업무를 방해하였다는 내용으로 기소된 사안에서, 국회의원 비례대표 후보자 명단을 확정하기 위한 당내 경선은 정당의 대표자나 대의원을 선출하는 절차와 달리 국회의원 당선으로 연결될 수 있는 중요한 절차로서 직접투표의 원칙이 그러한 경선절차의 민주성을 확보하기 위한 최소한의 기준이 된다고 할 수 있는 점 등 제반 사정을 종합할 때, 당내 경선에도 직접·평등·비밀투표 등 일반적인 선거원칙이 그대로 적용되고 대리투표는 허용되지 않는다는 이유로 피고인들에게 유죄를 인정한 사례.

전 문

피 고 인 피고인 1 외 1인

상 고 인 피고인들

변 호 인 변호사

원심판결 서울중앙지법 2013. 4. 26. 선고 2013노117 판결

주 문 상고를 모두 기각한다.

이 유 상고이유를 판단한다.

위계에 의한 업무방해죄에서 '위계'란 행위자가 행위목적을 달성하기 위하여 상대방에게 오인, 착각 또는 부지를 일으키게 하여 이를 이용하는 것을 말하고, 업무방해죄의 성립에는 업무방해의 결과가 실제로 발생함을 요하지 않

고 업무방해의 결과를 초래할 위험이 발생하면 족하며, 업무수행 자체가 아니라 업무의 적정성 내지 공정성이 방해된 경우에도 업무방해죄가 성립한다고 할 것이다(대법원 2010. 3. 25. 선고 2009도8506 판결 등 참조). 나아가 컴퓨터 등 정보처리장치에 정보를 입력하는 등의 행위가 그 입력된 정보 등을 바탕으로 업무를 담당하는 사람의 오인, 착각 또는 부지를 일으킬 목적으로 행해진 경우에는 그 행위가 업무를 담당하는 사람을 직접적인 대상으로 이루어진 것이 아니라고 하여 위계가 아니라고 할 수는 없다.

원심판결 이유에 의하면, 원심은, ○○○○당의 제19대 국회의원 비례대표 후보를 추천하기 위한 이 사건 당내 경선에 직접·평등·비밀투표의 원칙이 모두 적용된다는 전제 아래, 이 사건 당내 경선과정에서 피고인들이 선거권자들로부터 인증번호만을 전달받은 뒤 그들 명의로 자신들이 지지하는 후보자인 공소외인에게 전자투표를 한 행위는 이 사건 당내 경선업무에 참여하거나 관여한 여러 ○○○○당 관계자들로 하여금 비례대표 후보자의 지지율 등에 관한 사실관계를 오인, 착각하도록 하여 경선업무의 적정성이나 공정성을 방해한 경우에 해당하고, 위와 같은 범행에 컴퓨터를 이용한 것은 단지 그 범행 수단에 불과하다고 판단하였다.

헌법 제41조 제1항은 '국회는 국민의 보통·평등·직접·비밀선거에 의하여 선출된 국회의원으로 구성한다'고 하고, 공직선거법 제146조 제2항은 '투표는 직접 또는 우편으로 하되, 1인 1표로 한다. 다만, 국회의원선거, 시·도의원선거 및 자치구·시·군의원선거에 있어서는 지역구 의원선거 및 비례대표 의원선거마다 1인 1표로 한다'고 규정하여 국회의원 선거를 포함하여 대의민주주의 선거에 있어서 선거권자 누구나 똑같은 가치의 선거권을 행사하는 보통·직접·평등·비밀선거가 원칙임을 천명하고 있는바, 국회의원 비례대표 후보자 명단을 확정하기 위한 당내 경선은 정당의 대표자나 대의원을 선출하는 절차와 달리 국회의원 당선으로 연결될 수 있는 중요한 절차로서 직접투표의 원칙이 그러한 경선절차의 민주성을 확보하기 위한 최소한의 기준이 된다고 할 수 있는 점, 정당법 제32조는 대의기관의 결의 등에서 대리인에 의한 의결이 금지됨을 분명히 하고 있는데, 이러한 정신은 그보다 가치가 낮다고 할 수 없는 비례대표 후보자 선출을 위한 당내 경선에도 유추될 수 있는 점, ○○○○당이 국회의원 비례대표 선출을 위하여 경선제도를 도입한 목적은 ○○○○당 당규 제3호 '선거관리위원회 및 선거관리 규정' 제1조(목적)에서 밝히고 있듯 비례대표 후보자를 투명하고 공정하게 선정하는 데 있는 점, 위 당규 제9장 투표 제37조(투표종류 및 방법)에서 '투표는 직접투표, 전자투표(당에서 제공하는 인터넷 투표시스템을 말한다), 우편투표(부재자 투표인 경우)로 한다. 직접투표, 전자투표, 우편투표는 동시에 진행한다. 직접투표는 선거권을 가진 당원이 투표소에 직접 방문하여 선거인명부에 등재되었는지 여부를 확인한 후 투표한다'라고 규정하여 직접투표(현장투표)의 경우 대리투표가 금지됨을 명시적으로 선언하고 있는 점, 이 사건 인터넷 전자투표시스템을 이용한 전자투표를 하려면 시스템에 접속하는 과정과 후보자를 선택하여 클릭하는 과정에서 당원명부에 등록된 휴대전화로 전송받은 고유인증번호를 2차례 시스템에 입력하여야 하는데 이는 한 사람이 여러 번 투표권을 행사하거나 대리투표하는 것을 방지하려는 데 그 목적이 있는 점, 선거권자가 특정 후보자에 대한 투표를 위임하는 대리투표에서도 선거권자의 진정한 의사를 왜곡할 위험성은 여전히 존재하는 점 등 원심이 유지한 제1심이 적법하게 채택한 증거들에 의하여 알 수 있는 사정을 종합하여 보면, 이 사건 당내 경선에도 선거권을 가진 당원들의 직접·평등·비밀투표 등 일반적인 선거의 원칙이 그대로 적용되고, 대리투표는 허용되지 않는다고 할 것이다.

그렇다면 원심이 위에서와 같은 이유로 피고인들에 대한 공소사실이 유죄로 인정된다고 판단한 것은 앞서 본 법리에 따른 것으로서 정당하다고 할 것이고, 거기에 위계에 의한 업무방해죄에 관한 법리를 오해한 위법이 없다.

그러므로 상고를 모두 기각하기로 하여, 관여 대법관의 일치된 의견으로 주문과 같이 판결한다.

대법관 민일영(재판장) 이인복 박보영(주심) 김신

대법원 2013.11.28. 선고 2013도1602 판결

【업무상과실치사·산업안전보건법위반】

판시사항

구 산업안전보건법령상 차량계 하역운반기계 등을 사용하여 작업을 하는 경우, 차량계 하역운반기계 등의 운전자 및 그와 더불어 작업 중이어서 차량계 하역운반기계 등에 접촉될 위험이 있는 근로자가 작업지휘자 또는 유도자가 될 수 있는지 여부(원칙적 소극)

판결요지

구 산업안전보건법(2011. 7. 25. 법률 제10968호로 개정되기 전의 것) 제23조 제2항, 제4항과 구 산업안전보건기준에 관한 규칙(2012. 3. 5. 고용노동부령 제49호로 개정되기 전의 것) 제38조 제1항, 제39조 제1항, 제172조 제1항을 종합하여 보면, 차량계 하역운반기계 등을 사용하는 작업을 하는 경우에 사업주는 차량계 하역운반기계 등에 의한 산업재해를 방지하기 위하여 작업지휘자 또는 유도자를 지정·배치하는 것이므로, 특별한 사정이 없는 한 차량계 하역운반기계 등의 운전자 및 그와 더불어 작업 중이어서 차량계 하역운반기계 등에 접촉될 위험이 있는 근로자는 작업지휘자 또는 유도자가 될 수 없다.

전 문

피 고 인 피고인 1 외 2인

상 고 인 검사

원심판결 춘천지법 강릉지원 2013. 1. 22. 선고 2012노353 판결

주 문 원심판결 중 피고인 2, 피고인 3 주식회사에 대한 각 산업안전보건법 위반 부분을 파기하고, 이 부분 사건을 춘천지방법원 강릉지원 합의부에 환송한다. 나머지 상고를 모두 기각한다.

이 유 상고이유를 판단한다.

1. 피고인 1, 2에 대한 각 업무상과실치사 부분

원심은, 공소외 1의 안전모에서 검출된 도료의 화학성분과 집게차의 집게(그래플)에서 검출된 도료의 화학성분이 일치하는 점, 피고인 1이 수사기관에서 공소외 1이 화물트럭의 적재함 위의 공간에서 이동하는 모습을 보지 못하였다고 진술한 점, 공소외 1에 대한 부검 결과 전두부에 거의 직각으로 작용한 강한 외력에 의하여 두부 손상이 초래된 것으로 밝혀진 점, 공소외 1이 추락한 당시의 모습 등을 모두 종합하여 보더라도, 피고인 1이 조작하는 집게에 공소외 1이 충격되었거나 또는 피고인 1의 부주의한 집게 조작으로 공소외 1이 균형을 잃고 바닥으로 떨어진 것이라고 단정할 수 없고, 따라서 피고인 2가 작업현장에 작업지휘자 또는 유도자를 배치하는 등의 위험방지 조치를 하지 아니한 과실로 공소외 1이 화물트럭 위에서 추락하여 사망하였다고 볼 수 없다는 이유로, 이 부분 공소사실에 대하여 무죄를 선고한 제1심판결을 그대로 유지하였다.

원심판결 이유를 그 채택 증거들에 비추어 살펴보면, 원심의 이러한 조치는 수긍이 가고, 거기에 상고이유 주장과 같이 논리와 경험의 법칙에 위배하고 자유심증주의의 한계를 벗어나 사실을 잘못 인정하거나 필요한 심리를 다하지 아니하여 판결에 영향을 미친 위법이 없다.

2. 피고인 2, 피고인 3 주식회사(이하 '피고인 3 회사'라 한다.)에 대한 각 산업안전보건법 위반 부분

구 산업안전보건법(2011. 7. 25. 법률 제10968호로 개정되기 전의 것, 이하 '법'이라 한다.) 제23조 제2항에서 사업주는 굴착, 채석, 하역, 벌목, 운송, 조작, 운반, 해체, 중량물 취급, 그 밖의 작업을 할 때 불량한 작업방법 등으로 인하여 발생하는 위험을 방지하기 위하여 필요한 조치를 하도록 규정하면서 같은 조 제4항에서 제2항에 의하여 사업주가 하여야 할 안전상의 조치사항을 고용노동부령으로 정하도록 위임하고 있고, 그 위임을 받은 구 산업안전보건기준에 관한 규칙(2012. 3. 5. 고용노동부령 제49호로 개정되기 전의 것, 이하 '규칙'이라 한다.) 제38조 제1항, 제39조 제1항에서 사업주는 차량계 하역운반기계 등을 사용하는 작업(화물자동차를 사용하는 도로상의 주행작업은 제외한다.)을 하는 경우 근로자의 위험을 방지하기 위하여 사전조사를 하고 작업계획서를 작

성한 후, 작업지휘자를 지정하여 작업을 지휘하도록 하여야 하고, 다만 작업장소에 다른 근로자가 접근할 수 없거나 한 대의 차량계 하역운반기계 등을 운전하는 작업으로서 주위에 근로자가 없어 충돌 위험이 없는 경우에는 작업지휘자를 지정하지 아니할 수 있다고 규정하고, 규칙 제172조 제1항에서 사업주는 차량계 하역운반기계 등을 사용하여 작업을 하는 경우 하역 또는 운반 중인 화물이나 그 차량계 하역운반기계 등에 접촉되어 근로자가 위험해질 우려가 있는 장소에는 근로자를 출입시켜서는 아니 되며, 다만, 규칙 제39조에 따른 작업지휘자 또는 유도자를 배치하고 그 차량계 하역운반기계 등을 유도하는 경우에는 그러하지 아니하다고 규정하고 있다.

이와 같은 규정들을 종합하여 보면, 차량계 하역운반기계 등을 사용하는 작업을 하는 경우에 사업주는 차량계 하역운반기계 등에 의한 산업재해를 방지하기 위하여 작업지휘자 또는 유도자를 지정·배치하는 것이므로, 특별한 사정이 없는 한 차량계 하역운반기계 등의 운전자 및 그와 더불어 작업 중이어서 차량계 하역운반기계 등에 접촉될 위험이 있는 근로자는 작업지휘자 또는 유도자가 될 수 없다.

원심은, 피고인 1이 집게차를 운전하여 폐기물 포대를 공소외 1의 화물트럭에 싣는 작업을 할 당시, 피고인 2가 작업현장에 작업지휘자 또는 유도자를 배치하는 등 위험을 방지하기 위하여 필요한 조치를 하지 아니한 채 근로자를 출입시켰고, 피고인 3 회사는 그 종업원인 피고인 2가 피고인 3 회사의 업무에 관하여 위와 같은 위반행위를 하였다는 이 부분 공소사실에 대하여, 피고인 3 회사가 묵시적으로 집게차의 유도자로 공소외 1을 배치한 것으로 볼 수 있다는 이유로 무죄를 선고한 제1심판결을 그대로 유지하였다.

그러나 원심의 판단은 다음과 같은 이유로 수긍하기 어렵다.

원심 및 제1심이 인정한 사실과 그 채택 증거들에 의하면, 피고인 3 회사는 2010. 12.경부터 3년간 속초시로부터 속초시 대포동 (지번 생략)에 있는 폐기물소각시설(이하 '이 사건 사업장'이라 한다)의 관리운영을 위탁받아 운영하기로 하였고, 2011. 2.경 속초시 시설관리공단으로부터 공단이 보유한 장비 및 운전자를 지원받기로 약정한 사실, 피고인 3 회사는 2011. 3. 3. 공소외 2 주식회사(이하 '공소외 2 회사'라 한다)와 사이에 공소외 2 회사가 이 사건 사업장에서 발생한 폐기물인 비산재를 1톤당 55,000원의 운반비를 받고 폐기물 처리업자에게 운반하기로 약정하였고, 공소외 1은 공소외 2 회사 소속의 화물트럭 운전사인 사실, 피고인 2는 피고인 3 회사의 속초사업소장으로서 이 사건 사업장 내 근로자의 안전 및 보건을 총괄·관리하는 안전보건관리책임자이고, 이 사건 사고 발생일에도 공소외 1이 화물트럭에 폐기물 포대를 싣는 작업을 할 때에 공소외 3 팀장을 통하여 속초시 시설관리공단으로부터 이 사건 집게차 및 운전사인 피고인 1을 지원받고, 직원인 공소외 4, 5 등으로 하여금 폐기물 포대를 저장창고로부터 상차작업 장소까지 옮기거나 폐기물 포대를 집게의 연결고리에 걸어주도록 지시한 사실, 피고인 2는 위 작업을 위하여 별도로 작업지휘자를 지정하여 작업을 지휘하도록 하거나 집게차의 유도자를 배치하지 아니한 사실, 한편 위 집게차는 총중량 10,530kg의 대형 화물자동차로서 적하작업 등을 위하여 작업부에 이동식 크레인을 탑재한 특수용도형인 사실을 알 수 있다.

사정이 이와 같다면, 공소외 1은 공소외 2 회사 소속의 화물트럭 운전사로서 규칙상의 안전조치가 취해지지 아니한 이 사건 사업장에서 집게차의 운전사인 피고인 1과 수신호를 주고받으면서 폐기물 상차작업을 함께 하게 되었을 뿐이며, 단지 공소외 1이 이 사건 이전에도 위와 같은 상차작업을 한 경험이 있다는 사정만으로 묵시적으로 위 작업의 작업지휘자로 지정되었다거나 또는 화물이나 집게차가 근로자에 접촉되어 근로자에게 위험을 미칠 우려를 배제하기 위하여 집게차의 유도자로 배치되었다고 볼 수 없다.

그럼에도 원심은 그 판시와 같은 이유만으로 피고인 2와 피고인 3 회사에 대한 이 부분 공소사실에 관하여 무죄를 선고한 제1심판결을 유지하였으니, 이러한 원심판결에는 산업안전보건법의 적용 범위에 관한 법리를 오해하거나 필요한 심리를 다하지 아니하여 판결에 영향을 미친 위법이 있고, 이를 지적하는 검사의 상고이유는 이유 있다.

3. 결론

원심판결 중 피고인 2, 피고인 3 주식회사에 대한 각 산업안전보건법 위반 부분을 파기하고, 이 부분 사건을 다시 심리·판단하도록 원심법원에 환송하며, 나머지 상고를 모두 기각하기로 하여, 관여 대법관의 일치된 의견으로 주문과 같이 판결한다.

대법관 이상훈(재판장) 신영철 김용덕 김소영(주심)

대법원 2013.11.28. 선고 2013도10011 판결

【특정범죄가중처벌등에관한법률위반(뇌물)·뇌물공여】

판시사항

1 공무원이 구 건설기술관리법 제5조 제1항에 따른 '지방건설기술심의위원회' 위원으로서 직무를 처리하는 경우, 그 직무가 그 공무원이 취급하는 원래의 직무 범위에 속하지 않더라도 지방건설기술심의위원회 위원의 직무와 관련하여 부당한 금품을 수수한 때에는 뇌물죄가 성립하는지 여부(적극)

2 뇌물죄에서 '직무'의 의미 및 공무원이었던 자가 재직 중에 청탁을 받고 직무상 부정한 행위를 한 후 뇌물의 수수 등을 할 당시 이미 공무원의 지위를 떠난 경우, 형법 제129조 제1항의 수뢰죄로 처벌할 수 있는지 여부(소극)

3 공무원이 고유의 직무와 관련이 없는 일에 관하여 별도의 위촉절차 등을 거쳐 다른 직무를 수행하고 위촉 종료 이후에 종전에 위촉받아 수행한 직무에 관하여 금품을 수수한 경우, 일반 수뢰죄로 처벌할 수 있는지 여부(소극)

판결요지

1 구 건설기술관리법(2012. 1. 17. 법률 제11180호로 개정되기 전의 것) 제45조 제1호는 형법 제129조부터 제132조까지의 뇌물죄 규정을 적용할 때에는 제5조 제1항에 따른 지방건설기술심의위원회(이하 '기술심의위원회'라 한다)의 위원 중 공무원이 아닌 위원은 공무원으로 본다고 규정하고 있다. 이는 심의의 공정성과 투명성을 높이기 위하여 공무원이 아닌 사람이 기술심의위원회의 위원으로서 직무를 처리하는 경우에 그 직무와 관련하여 부당한 금품을 수수하면 공무원으로 보아 형법 제129조부터 제132조까지의 뇌물죄로 처벌하려는 것이다. 위와 같은 의제규정의 내용 및 목적에 비추어 보면, 국가공무원이나 지방공무원 등 공무원이 기술심의위원회의 위원으로서 직무를 처리하는 경우에 그 직무가 그 공무원이 취급하는 원래의 직무 범위에 속하지 아니한다고 하더라도 기술심의위원회 위원의 직무와 관련하여 부당한 금품을 수수한 때에는 뇌물죄가 성립한다.

2 뇌물죄에서 직무란 공무원이 그 지위에 수반하여 공무로서 처리하는 일체의 직무를 말하며, 과거에 담당하였거나 또는 장래 담당할 직무 및 사무분장에 따라 현실적으로 담당하지 않는 직무라고 하더라도 법령상 일반적인 직무권한에 속하는 직무 등 공무원이 그 직위에 따라 공무로 담당할 일체의 직무를 말한다. 다만 형법은 공무원이었던 자가 재직 중에 청탁을 받고 직무상 부정한 행위를 한 후 뇌물을 수수, 요구 또는 약속을 한 때에는 제131조 제3항에서 사후수뢰죄로 처벌하도록 규정하고 있으므로, 뇌물의 수수 등을 할 당시 이미 공무원의 지위를 떠난 경우에는 제129조 제1항의 수뢰죄로는 처벌할 수 없고 사후수뢰죄의 요건에 해당할 경우에 한하여 그 죄로 처벌할 수 있을 뿐이다.

3 국가공무원이 지방자치단체의 업무에 관하여 전문가로서 위원 위촉을 받아 한시적으로 직무를 수행하는 경우와 같이 공무원이 그 고유의 직무와 관련이 없는 일에 관하여 별도의 위촉절차 등을 거쳐 다른 직무를 수행하게 된 경우에는 그 위촉이 종료되면 그 위원 등으로서 새로 보유하였던 공무원 지위는 소멸한다고 보아야 하므로, 그 이후에 종전에 위촉받아 수행한 직무에 관하여 금품을 수수하더라도 이는 사후수뢰죄에 해당할 수 있음은 별론으로 하고 일반 수뢰죄로 처벌할 수는 없다.

전 문

피 고 인 피고인 1 외 3인

상 고 인 피고인들

변 호 인 변호사

원심판결 부산고법 2013. 7. 25. 선고 2013노95 판결

주　　문 원심판결 중 피고인 2, 3, 4에 대한 부분을 파기하고, 이 부분 사건을 부산고등법원에 환송한다. 피고인 1의 상고를 기각한다.

이　　유

1. 피고인 1의 상고이유 제1점에 관한 판단

이 부분 상고이유의 요지는 피고인 1에게는 수뢰의 고의가 없었음에도 불구하고 원심이 잘못된 사실인정을 함으로써 피고인을 유죄로 판단하였으니, 이는 위법하다는 취지이다.

사실의 인정과 그 전제가 되는 증거의 취사선택 및 평가는 논리와 경험칙에 반하여 자유심증주의의 한계를 벗어나지 않는 한 사실심법원의 전권에 속한다. 원심판결 이유를 기록에 비추어 살펴보아도 위 피고인에 대한 공소사실과 관련된 원심의 사실인정이 위 한계를 넘어섰다고는 인정되지 아니한다. 위 상고이유 주장은 이유 없다.

2. 피고인 1의 상고이유 제2, 3점에 관한 판단

가. 구 건설기술관리법(2012. 1. 17. 법률 제11180호로 개정되기 전의 것) 제45조 제1호는 형법 제129조부터 제132조까지의 뇌물죄의 규정을 적용할 때에는 제5조 제1항에 따른 지방건설기술심의위원회(이하 '기술심의위원회'라 한다)의 위원 중 공무원이 아닌 위원은 공무원으로 본다고 규정하고 있다(이하 위 제45조 제1호를 '이 사건 의제규정'이라 한다). 이는 심의의 공정성과 투명성을 높이기 위하여 공무원이 아닌 사람이 기술심의위원회의 위원으로서 직무를 처리하는 경우에 그 직무와 관련하여 부당한 금품을 수수하면 공무원으로 보아 형법 제129조부터 제132조까지의 뇌물죄로 처벌하려는 것이다.

위와 같은 이 사건 의제규정의 내용 및 목적에 비추어 보면, 국가공무원이나 지방공무원 등 공무원이 기술심의위원회의 위원으로서 직무를 처리하는 경우에 그 직무가 그 공무원이 취급하는 원래의 직무 범위에 속하지 아니한다고 하더라도 기술심의위원회 위원으로서의 직무와 관련하여 부당한 금품을 수수한 때에는 뇌물죄가 성립한다고 할 것이다.

나. 원심판결 이유 및 적법하게 채택된 증거에 의하면, 이 사건 공사는 ○○광역시가 일괄입찰 방식으로 추진하면서 그 입찰을 조달청장에게 위임·위탁하여 진행한 사실, 피고인 1은 지방공기업인 ○○도시공사 △△팀 처장으로 재직하던 중 ○○광역시장에 의하여 ○○광역시 건설기술심의위원회(이하 '○○위원회'라 한다) 위원으로 선정되어 이 사건 공사의 입찰에 관한 설계의 심의·평가 등의 직무를 수행하다가 그 직무와 관련하여 입찰 참가 업체의 직원들인 피고인 3, 4로부터 현금을 받은 사실을 알 수 있다.

따라서 이 사건 공사는 ○○광역시가 추진한 것으로 그 설계에 관한 심의 등은 「지방자치단체를 당사자로 하는 계약에 관한 법률」 제7조 제2항에 따라 ○○위원회가 수행하는 것이 맞다고 할 것이고, 비록 이 사건 공사입찰설명서에 「국가를 당사자로 하는 계약에 관한 법률」이 적용되는 것처럼 기재된 부분이 있다 하더라도 이는 오기에 지나지 아니하므로, ○○광역시장이 위 피고인을 평가위원으로 위촉한 것은 정당하다 할 것이다. 그러므로 앞서 본 이 사건 의제규정과 법리에 비추어 위 피고인이 ○○위원회 위원으로서의 직무를 수행하면서 그와 관련하여 돈을 받은 이상 뇌물죄가 성립한다 할 것이다.

상고이유의 주장은 이와 달리 이 사건 공사가 대한민국 소관이라는 전제하에서 ○○광역시가 위 피고인을 공무원인 ○○위원회 위원으로 선임한 것이 위법하여 위 피고인이 뇌물죄의 주체인 공무원에 해당하지 않는다는 취지이므로 받아들일 수 없다.

3. 피고인 2, 3, 4의 각 상고이유에 관한 판단

가. 피고인 2에 대한 이 사건 공소사실과 피고인 3, 4에 대한 이 사건 공소사실 중 피고인 2에 대한 뇌물공여의 점의 요지는 다음과 같다. 즉, "○○광역시는 하수처리장에서 나오는 일명 '슬러지'를 건조하여 자원화하는 하수슬러지 육상처리시설 설치공사를 추진하였는데, 피고인 2는 지식경제부 소속 ▽▽우체국장으로 재직하던 중 위 공사 설계의 심의·평가를 위한 건설기술심의위원으로 선정되어 2010. 5. 19. 입찰에 참가한 각 컨소시엄에서 제출한 설계 평가를 하면서 공소외 1 주식회사(이하 '공소외 1 회사'라 한다) 컨소시엄에 1위 점수를 준 후 2010년 5월 하순경 공소외 1 회사 상무인 공소외 2로부터 공소외 1 회사 컨소시엄에 높은 점수를 준 대가로 현금 3,000만 원을 교부받아 위 직무에 관하여 뇌물을 수수하였고, 피고인 3은 공소외 1 회사의 위 공사 입찰 총괄책임자, 피고인 4는 공소외 1 회사의 국내영업본부 수주지원팀 임원으로서 피고인 2가 위 설계 평가에서 공소외 1 회사 컨소시엄에 1위 점수를 주어 공소외 1 회사 컨소시엄이 낙찰되자 금품을 지급하기로 공모한 후, 피고인 4는 2010. 5. 20. 자신의 사무실에서 상무 공소외 2로 하여금 피고인 2에게 현금 3,000만 원

을 교부하도록 지시하고 공소외 2에게 현금 3,000만 원을 교부하였고, 공소외 2는 2010년 5월 하순경 위와 같이 피고인 2에게 3,000만 원을 교부하여 위 직무에 관하여 뇌물을 공여하였다."라는 것이다.

나. 이에 대하여 원심은, 뇌물죄는 직무집행의 공정과 직무행위의 불가매수성을 그 보호법익으로 하고 있으므로, 뇌물성은 의무위반행위의 유무와 청탁의 유무 및 수수 시기가 언제인지를 가리지 아니하는 것이고, 따라서 과거에 담당하였거나 장래 담당할 직무 및 사무분장에 따라 현실적으로 담당하지 아니하는 직무라 하더라도 뇌물죄에 있어서의 직무에 해당할 수 있으며(대법원 1994. 3. 22. 선고 93도2962 판결 등 참조), 이 사건 의제 규정에 따르면 건설기술심의위원 중 공무원인 위원은 공무원이 아닌 위원과 달리 건설기술심의위원회 위원으로의 위촉 또는 임명 전·후로 공무원의 신분에 변동이 없으므로 뇌물 수수로 인한 형사처벌에 있어서 당연히 공무원으로서 형법 제129조 내지 제132조까지의 규정이 적용된다고 전제한 다음, ▽▽우체국장이던 피고인 2가 ○○위원회의 위원으로 위촉되어 심의를 하고 사례금으로 3,000만 원을 수수한 사실 등 그 판시와 같은 사실을 인정한 후 피고인 2가 공소사실 기재와 같이 피고인 3, 4의 지시를 받은 공소외 2로부터 ○○위원회 위원의 직무수행에 대한 사례금 명목으로 3,000만 원을 교부받을 당시, ○○위원회 위원의 지위에는 있지 않았다고 하더라도 계속하여 지식경제부 소속 ▽▽우체국장의 공무원 지위에 있었으므로, 피고인 2는 공무원으로서 과거에 담당하였던 직무집행의 대가로 위 3,000만 원을 교부받음으로써 그 직무에 관하여 뇌물을 수수하였고, 피고인 3, 4는 피고인 2에게 뇌물을 공여하였다고 보아 위 피고인들에 대한 이 부분 공소사실을 모두 유죄로 판단하였다.

다. 그러나 위와 같은 원심의 판단은 다음과 같은 이유로 수긍하기 어렵다.

(1) 뇌물죄에 있어 직무라 함은 공무원이 그 지위에 수반하여 공무로서 처리하는 일체의 직무를 말하며, 과거에 담당하였거나 또는 장래 담당할 직무 및 사무분장에 따라 현실적으로 담당하지 않는 직무라고 하더라도 법령상 일반적인 직무권한에 속하는 직무 등 공무원이 그 직위에 따라 공무로 담당할 일체의 직무를 말한다(대법원 1995. 6. 30. 선고 94도993 판결 참조). 다만 형법은 공무원이었던 자가 그 재직 중에 청탁을 받고 직무상 부정한 행위를 한 후 뇌물을 수수, 요구 또는 약속을 한 때에는 제131조 제3항에서 사후수뢰죄로 처벌하도록 규정하고 있으므로, 뇌물의 수수 등을 할 당시 이미 공무원의 지위를 떠난 경우에는 제129조 제1항의 수뢰죄로는 처벌할 수 없고 사후수뢰죄의 요건에 해당할 경우에 한하여 그 죄로 처벌할 수 있을 뿐이라 할 것이다.

한편 국가공무원이 지방자치단체의 업무에 관하여 전문가로서 위원 위촉을 받아 한시적으로 그 직무를 수행하는 경우와 같이 공무원이 그 고유의 직무와 관련이 없는 일에 관하여 별도의 위촉절차 등을 거쳐 다른 직무를 수행하게 된 경우에는 그 위촉이 종료되면 그 위원 등으로서 새로 보유하였던 공무원 지위는 소멸한다고 보아야 할 것이므로, 그 이후에 종전에 위촉받아 수행한 직무에 관하여 금품을 수수하더라도 이는 사후수뢰죄에 해당할 수 있음은 별론으로 하고 일반 수뢰죄로 처벌할 수는 없다고 할 것이다.

(2) 원심이 채용한 증거들에 의하면 다음의 사실을 알 수 있다. 즉, 피고인 2는 지식경제부 소속 ▽▽우체국장으로 근무하던 중 이 사건 공사 설계의 심의·평가를 위한 ○○위원회 위원 후보자로 등록한 후 추첨 절차를 거쳐 2010. 5. 17. ○○위원회의 평가위원으로 위촉되었고, 이어서 2010. 5. 18.부터 그 다음 날까지 이틀간 ○○위원회 위원으로서 이 사건 공사의 낙찰자 결정을 위한 설계심의·평가업무를 수행하였으며, 그 후에도 계속하여 ▽▽우체국장으로 근무하였다. 한편, ○○위원회 위원장은 2010. 5. 19. ○○위원회의 설계심의·평가회의를 마치면서 입찰참여 업체들에게 이의가 있을 경우 3일 이내에 서면으로 제출하라고 고지하였는데, ○○광역시는 위 기간 동안 이의가 제기되지 아니하자 2010. 5. 24. ○○위원회 위원 후보자 명부를 폐기하였다. 그 후 피고인 2는 공소사실 기재와 같이 2010년 5월 하순경 피고인 3, 4로부터 3,000만 원을 수수하였다.

(3) 위와 같은 사실관계를 앞서 본 법리에 비추어 보면, 피고인 2는 2010. 5. 19. 또는 늦어도 이의제기 시한인 2010. 5. 24.이 경과함으로써 ○○위원회 위원으로서의 업무가 종료됨과 동시에 ○○위원회 위원으로서의 공무원 지위에서도 벗어났다고 봄이 상당하므로, 피고인 2가 그 후 ○○위원회 위원으로서의 직무 수행에 대한 사례로 피고인 3, 4로부터 금품을 수수하였더라도 이는 공무원이었던 자가 사후에 뇌물을 수수한 것인지가 문제될 수 있을 뿐 ▽▽우체국장으로서의 직무와 관련하여 뇌물을 수수한 것이라고는 볼 수 없다.

라. 그럼에도 불구하고 원심은 단지 피고인 2가 ▽▽우체국장으로서 ○○위원회 위원으로 위촉되어 그 직무를 수행한 후 ○○위원회 위원의 지위를 상실하였으나 계속하여 ▽▽우체국장으로 근무하고 있다는 점만을 이유로 위 피고인이 그 직무에 관하여 피고인 3, 4로부터 금품을 수수하였다고 단정하였으니, 이러한 원심의 판단에는 형법 제129조 제1항의 뇌물죄에 관한 법리를 오해한 나머지 필요한 심리를 다하지 아니하여 판결의 결과에 영향을 미친 위법이 있다. 이 점을 지적하는 취지의 이 부분 상고이유의 주장은 이유 있다.

4. 결론

위에서 본 바와 같이 원심판결의 피고인 3, 4에 대한 부분 중 피고인 2에 대한 뇌물공여 부분은 더 이상 유지될 수 없다고 할 것인데, 원심은 이를 나머지 유죄 부분과 경합범 관계에 있다고 하여 하나의 형을 선고하였으므로 원심판결 중 피고인 3, 4에 대한 부분은 전부 파기할 수밖에 없다.

이에 관여 대법관의 일치된 의견으로, 원심판결 중 피고인 2, 3, 4에 대한 부분을 파기하고, 이 부분 사건을 다시 심리·판단하도록 원심법원에 환송하며, 피고인 1의 상고를 기각하기로 하여 주문과 같이 판결한다.

대법관 김창석(재판장) 양창수 박병대(주심) 고영한

대법원 2013.11.28. 선고 2012도4230 판결

【자본시장과금융투자업에관한법률위반(예비적죄명:도박개장)】

판시사항

[1] 죄형법정주의 원칙에 따른 형벌법규의 해석

[2] 피고인이 선물거래시장의 실제 거래시세정보가 실시간으로 연동되는 사설 선물거래 사이트를 개설한 다음, 회원들이 피고인 계좌로 돈을 입금하면 일정한 적용비율로 환산한 전자화폐를 적립시켜 준 뒤, 회원들이 거래를 할 때마다 수수료를 공제하고, 전자화폐의 환전을 요구받으면 원래의 적용비율에 따라 현금으로 환산하여 주는 방식으로 사이트를 운영한 사안에서, 피고인의 행위를 무인가 금융투자업 영위에 의한 구 자본시장과 금융투자업에 관한 법률 제444조 제1호, 제11조 위반죄로 처벌하는 것은 죄형법정주의에 반하여 허용될 수 없다고 한 사례

판결요지

[1] 죄형법정주의는 국가형벌권의 자의적인 행사로부터 개인의 자유와 권리를 보호하기 위하여 범죄와 형벌을 법률로 정할 것을 요구한다. 그러한 취지에 비추어 보면 형벌법규의 해석은 엄격하여야 하고, 명문의 형벌법규의 의미를 피고인에게 불리한 방향으로 지나치게 확장해석하거나 유추해석하는 것은 죄형법정주의의 원칙에 어긋나는 것으로서 허용되지 아니한다.

[2] 피고인이 선물거래시장의 실제 거래시세정보가 실시간으로 연동되는 사설 선물거래 사이트를 개설한 다음, 회원들이 피고인 계좌로 돈을 입금하면 그들이 선택한 적용비율로 환산한 전자화폐를 적립시켜 준 뒤, 회원들이 선물지수 변동에 따라 전자화폐로 거래를 할 때마다 수수료를 공제하고, 전자화폐의 환전을 요구받으면 원래의 적용비율에 따라 현금으로 환산하여 송금해 주며, 거래 결과 회원들에게 시세 차익이 발생하면 피고인의 손실이 되지만 회원들에게 손실이 발생하면 이익이 되는 구조로 사이트를 운영한 사안에서, 사이트에서 회원들이 거래한 대상이 구 자본시장과 금융투자업에 관한 법률(2013. 5. 28. 법률 제11845호로 개정되기 전의 것, 이하 '구 자본시장법'이라고 한다)에서 정한 금융투자상품에는 해당하나, 피고인은 회원들로 하여금 한국거래소가 개설한 실제 시장에서 이루어지는 선물거래를 할 수 있게 한 것이 아니라 단지 회원들이 선물지수를 기준으로 모의 투자를 할 수 있는 서비스를 제공하고 거래 결과에 따라 환전을 해 준 것에 불과하여 피고인이 회원들을 상대로 직접 매도·매수 등의 행위를 하였다고 볼 수 없고, 그러한 사이트를 개설하여 운영하는 행위를 구 자본시장법 제444조 제1호, 제11조에서 정한 무인가 금융투자업 영위에 의한 자본시장법 위반죄로 처벌하는 것은 형벌법규의 확장해석 또는 유추해석으로서 죄형법정주의에 반하므로 허용될 수 없다고 한 사례.

전 문

피 고 인 피고인

상 고 인 피고인

변 호 인 변호사

원심판결 서울북부지법 2012. 3. 27. 선고 2011노1558 판결

주 문 원심판결을 파기하고, 사건을 서울북부지방법원 합의부에 환송한다.

이 유

1. 상고이유(상고이유서 제출기간이 지난 후에 제출된 상고이유보충서는 상고이유를 보충하는 범위 내에서)를 판단

한다.

가. 무인가 금융투자업 영위에 관한 법리오해 주장에 관하여

원심은 그 판시와 같은 사실을 인정한 다음, 피고인이 운영한 사설 선물거래 사이트 ○○○(이하 '○○○'라고 한다)에서 거래되고 있는 상품은 「구 자본시장과 금융투자업에 관한 법률」(2013. 5. 28. 법률 제11845호로 개정되기 전의 것, 이하 '구 자본시장법'이라고 한다) 제4조 제10항 제5호에서 말하는 '경제적 현상 등에 속하는 위험으로서 합리적이고 적정한 방법에 의하여 가격·이자율·지표·단위의 산출이나 평가가 가능한 것'인 '기초자산'과 연동된 같은 법 제5조 제1항 각 호에서 말하는 계약상의 권리를 말하는 파생상품에 해당하고, 피고인은 자신의 계산으로 파생상품의 매매를 영업으로 함으로써 금융투자업을 영위하였다고 판단하였다.

그러나 원심의 위와 같은 판단은 다음과 같은 이유에서 수긍하기 어렵다.

죄형법정주의는 국가형벌권의 자의적인 행사로부터 개인의 자유와 권리를 보호하기 위하여 범죄와 형벌을 법률로 정할 것을 요구한다. 그러한 취지에 비추어 보면 형벌법규의 해석은 엄격하여야 하고, 명문의 형벌법규의 의미를 피고인에게 불리한 방향으로 지나치게 확장해석하거나 유추해석하는 것은 죄형법정주의의 원칙에 어긋나는 것으로서 허용되지 아니한다(대법원 2011. 8. 25. 선고 2011도7725 판결 참조).

구 자본시장법 제11조는 '누구든지 이 법에 따른 금융투자업인가(변경인가를 포함한다)를 받지 아니하고는 금융투자업(투자자문업 및 투자일임업을 제외한다)을 영위하여서는 아니 된다'라고 규정하고, 같은 법 제444조 제1호에서는 제11조를 위반하여 금융투자업인가(변경인가를 포함한다)를 받지 아니하고 금융투자업(투자자문업 및 투자일임업을 제외한다)을 영위한 자를 5년 이하의 징역 또는 2억 원 이하의 벌금에 처하도록 규정하고 있다. 그리고 같은 법 제6조 제1항은 '금융투자업이란 이익을 얻을 목적으로 계속적이거나 반복적인 방법으로 행하는 행위로서 투자매매업, 투자중개업, 집합투자업, 투자자문업, 투자일임업, 신탁업 중 어느 하나에 해당하는 업을 말한다'라고 규정하고, 같은 조 제2항은 '투자매매업이란 누구의 명의로 하든지 자기의 계산으로 금융투자상품의 매도·매수, 증권의 발행·인수 또는 그 청약의 권유, 청약, 청약의 승낙을 영업으로 하는 것을 말한다'라고 규정하고, 같은 조 제3항은 '투자중개업이란 누구의 명의로 하든지 타인의 계산으로 금융투자상품의 매도·매수, 그 청약의 권유, 청약, 청약의 승낙 또는 증권의 발행·인수에 대한 청약의 권유, 청약, 청약의 승낙을 영업으로 하는 것을 말한다'라고 규정하고 있다. 또한, 같은 법 제3조 제1항은 '금융투자상품이란 이익을 얻거나 손실을 회피할 목적으로 현재 또는 장래의 특정 시점에 금전, 그 밖의 재산적 가치가 있는 것(이하 '금전등'이라고 한다)을 지급하기로 약정함으로써 취득하는 권리로서, 그 권리를 취득하기 위하여 지급하였거나 지급하여야 할 금전등의 총액이 그 권리로부터 회수하였거나 회수할 수 있는 금전등의 총액을 초과하게 될 위험이 있는 것을 말한다'라고 규정하고, 같은 조 제2항은 금융투자상품을 증권과 파생상품으로, 파생상품을 다시 장내파생상품과 장외파생상품으로 구분하고 있다. 나아가 같은 법 제5조 제1항은 '파생상품이란 기초자산이나 기초자산의 가격·이자율·지표·단위 또는 이를 기초로 하는 지수 등에 의하여 산출된 금전등을 장래의 특정 시점에 인도할 것을 약정하는 계약(제1호), 당사자 어느 한 쪽의 의사표시에 의하여 기초자산이나 기초자산의 가격·이자율·지표·단위 또는 이를 기초로 하는 지수 등에 의하여 산출된 금전등을 수수하는 거래를 성립시킬 수 있는 권리를 부여하는 것을 약정하는 계약(제2호), 장래의 일정기간 동안 미리 정한 가격으로 기초자산이나 기초자산의 가격·이자율·지표·단위 또는 이를 기초로 하는 지수 등에 의하여 산출된 금전등을 교환할 것을 약정하는 계약(제3호) 중 어느 하나에 해당하는 계약상의 권리를 말한다'라고 규정하고 있으며, 같은 법 제4조 제10항 제5호는 기초자산의 하나로서 '그 밖에 자연적·환경적·경제적 현상 등에 속하는 위험으로서 합리적이고 적정한 방법에 의하여 가격·이자율·지표·단위의 산출이나 평가가 가능한 것'을 규정하고 있다.

그런데 원심판결 이유와 기록에 의하면 다음과 같은 사정을 알 수 있다.

피고인은 주식회사 하나대투증권에 선물거래 계좌를 개설한 뒤 이른바 홈트레이딩 시스템(Home Trading System, 이하 'HTS'라고 한다)을 통하여 실제 거래시세정보를 제공받고, 프로그램 개발업자로부터 위 거래시세정보가 실시간으로 연동되고 증권회사의 HTS와 유사한 화면을 제공하는 사설 HTS 프로그램을 매수하여 ○○○를 개설한 뒤, 그 사이트의 회원들이 위 HTS 프로그램을 내려받을 수 있도록 설치하였다. ○○○의 운영 방식은 회원들이 가입하여 피고인의 계좌로 돈을 입금하면 피고인은 그들이 선택한 적용비율로 환산한 전자화폐를 적립시켜 주고, 회원들은 사설 HTS를 통하여 코스피200 지수 또는 유럽통화 지수의 변동에 따라 위 전자화폐로 선물거래를 하며, 피고인은 회원들이 거래할 때마다 수수료를 공제하고, 회원들이 전자화폐의 환전을 요구하면 원래의 적용비율에 따라 현금으로 환산하여 송금해 주며, 거래 결과 회원들에게 시세 차익이 발생하면 피고인의 손실이 되지만 회원들에게 손실이 발생하면 피고인의 이익이 되는 구조이다. 회원들이 위와 같이 ○○○에 가입하여 거래하는 이유는, 증권회사에 선물거래계좌를 개설하기 위해서는 위탁증거금 등 일정한 금액을 납부하여야 하지만, ○○○에서는 고액의 위탁증거금 등을 납부하지 않더라도 선물거래를 할

수 있기 때문이다. 한편 피고인이 ○○○에 게시한 이용약관 제12조 제1항에서는 사이트에서 제공하는 서비스의 내용으로 파생상품투자 관련 연습 서비스(제1호), 파생상품투자 관련 정보제공 서비스(제2호), 파생상품투자 관련 전문가 발굴 및 전략 서비스(제3호) 등을 들고 있다.

위와 같은 사실관계를 앞서 본 법 규정에 비추어 살펴보면, ○○○에서 회원들이 거래한 대상이 구 자본시장법에서 정한 금융투자상품에 해당한다고 볼 수는 있으나, 구 자본시장법에서 정한 투자매매업의 행위 태양은 매도·매수, 발행·인수, 그 청약의 권유, 청약, 청약의 승낙(이하 '매도·매수 등'이라고 한다)을 영업으로 하는 것인데, 피고인은 ○○○를 개설, 운영하면서 회원들로 하여금 한국거래소가 개설한 실제 시장에서 이루어지는 선물거래를 할 수 있게 한 것이 아니라 단지 회원들이 그 선물지수를 기준으로 모의 투자를 할 수 있는 서비스를 제공하고 그 거래 결과에 따라 환전을 해 준 것에 불과하므로, 피고인이 회원들을 상대로 직접 매도·매수 등의 행위를 하였다고 볼 수는 없다. 나아가 ○○○와 같은 불법 금융투자 사이트를 운영하는 사람들이 회원들에게 투자금 편취, 전산오류를 빙자한 이익실현기회 박탈 등의 피해를 입히고 있어 처벌할 필요성이 있다고 하더라도, 그러한 사이트를 개설하여 운영하는 행위를 구 자본시장법 제444조 제1호, 제11조에서 정한 무인가 금융투자업 영위에 의한 자본시장법 위반죄로 처벌하는 것은 형벌법규의 확장해석 또는 유추해석으로서 죄형법정주의에 반하므로 허용될 수 없다.

그런데도 원심은 그 판시와 같은 이유만으로 피고인이 금융위원회로부터 금융투자업인가를 받지 아니하고 투자매매업을 영업으로 함으로써 금융투자업을 영위하였다고 섣불리 단정하였으니, 이러한 원심의 판단에는 구 자본시장법 제444조 제1호, 제11조에서 정한 무인가 금융투자업 영위에 관한 법리를 오해한 위법이 있다. 이 점을 지적하는 상고이유 주장은 이유 있다.

나. 유사시설 개설 및 유사시설 이용 매매거래에 관한 법리오해 주장에 관하여

원심은 피고인이 ○○○에서 회원들과 사이에 전자화폐를 이용하여 장내파생상품인 코스피200 선물거래를 하고 거래 결과에 따라 회원들과 손익을 정산한 행위는, 거래소 아닌 자가 구 자본시장법 제377조가 규정한 거래소의 업무인 장내파생상품의 매매에 관한 업무와 장내파생상품의 거래에 따른 매매확인, 채무인수, 차감, 결제증권·결제품목·결제금액의 확정 등의 업무를 수행한 것으로서 금융투자상품 거래시장과 유사한 시설을 이용하여 장내파생상품의 매매거래를 하였다고 판단하였다.

피고인이 개설, 운영한 ○○○는 한국거래소가 개설한 실제 시장에서 거래되는 금융투자상품을 대상으로 하고 있고, 잠재적 투자자라고 할 수 있는 ○○○ 회원들을 보호할 필요성도 있다는 점을 종합하면, 이러한 원심의 판단은 정당하고, 거기에 상고이유 주장과 같이 구 자본시장법 제444조 제27호, 제386조 제2항에서 정한 유사시설 개설 및 유사시설 이용 매매거래에 관한 법리를 오해한 위법이 없다.

2. 나아가 직권으로 살펴본다.

기록에 의하면, 당초 공소장 기재 공소사실에는 무인가 금융투자업 영위에 의한 자본시장법 위반의 점과 유사시설 개설에 의한 자본시장법 위반의 점만 기재되어 있었는데, 검사가 원심 제5회 공판기일에서 종전 공소사실에 유사시설 이용 매매거래 부분의 기재를 보충한 후 위 공소사실을 주위적 공소사실로 하고, 도박개장의 점을 예비적 공소사실로 추가하는 내용의 공소장변경허가신청을 하였고, 원심이 이를 허가하였음을 알 수 있다.

그렇다면 원심은 비록 이 사건 주위적 공소사실이 유죄로 인정된다고 하더라도 위 공소장변경을 허가함으로써 심판대상이 변경되었으므로 직권으로 제1심판결을 파기하고 다시 심리, 판단하였어야 할 것인데도 피고인의 항소를 기각하는 데 그치고 말았으니, 이러한 원심의 조치에는 공소장변경에 관한 법리를 오해한 위법이 있다. 이 점에서도 원심판결은 더 이상 유지할 수 없다고 할 것이다.

3. 결론

그러므로 원심판결을 파기하고, 사건을 다시 심리·판단하게 하기 위하여 원심법원에 환송하기로 하여, 관여 대법관의 일치된 의견으로 주문과 같이 판결한다.

대법관 이인복(재판장) 민일영 박보영 김신(주심)

대법원 2013.11.28. 선고 2011도7229 판결

【특정경제범죄가중처벌등에관한법률위반(사기)·뇌물수수·제3자뇌물취득】

판시사항

갑 주식회사의 실질적 운영자인 피고인 등이 공모하여, 회사에 대한 고의 부도 준비 사실 등을 숨긴 채 갑 회사 명의로 대한주택보증 주식회사와 임대보증금 보증약정을 체결하여 재산상 이익을 취득하였다고 하여 구 특정경제범죄 가중처벌 등에 관한 법률 위반(사기)으로 기소된 사안에서, 사기죄가 성립하지 않는다고 본 원심판결에 사기죄의 기수 시기 등에 관한 법리오해의 위법이 있다고 한 사례

판결요지

갑 주식회사의 실질적 운영자인 피고인 등이 공모하여, 회사에 대한 고의 부도 준비 사실 등을 숨긴 채 갑 회사 명의로 대한주택보증 주식회사(이하 '대한주택보증'이라고 한다)와 임대보증금 보증약정을 체결하여 재산상 이익을 취득하였다고 하여 구 특정경제범죄 가중처벌 등에 관한 법률(2012. 2. 10. 법률 제11304호로 개정되기 전의 것) 위반(사기)으로 기소된 사안에서, 대한주택보증의 임대보증금 보증서 발급이 피고인 등의 기망행위에 의하여 이루어졌다면 그로써 사기죄는 성립하고, 피고인 등이 취득한 재산상 이익은 대한주택보증이 보증한 임대보증금 상당액이며, 임대주택법에 따라 민간건설 공공임대주택 임대사업자의 임대보증금 보증 가입이 강제된다 하여 달리 볼 것이 아닌데도, 이와 달리 보아 사기죄가 성립하지 않는다고 한 원심판결에 사기죄의 기수 시기와 재산상 이익액의 산정에 관한 법리오해의 위법이 있다고 한 사례.

전 문

피 고 인 피고인 1 외 5인

상 고 인 검사

변 호 인 변호사

원심판결 대전고법 2011. 5. 19. 선고 (청주)2010노221 판결

주 문 원심판결 중 피고인 1, 3, 4, 5에 대한 무죄 부분을 파기하고, 이 부분 사건을 대전고등법원에 환송한다. 피고인 2, 6에 대한 상고를 기각한다.

이 유 상고이유를 판단한다.

1. 피고인 1, 3, 4, 5의 특정경제범죄 가중처벌 등에 관한 법률 위반(사기)의 점에 대하여

가. 대한주택보증 주식회사(이하 '대한주택보증'이라고만 한다)는 주택법 제76조에 따라 주택건설에 대한 각종 보증을 함으로써 주택분양계약자를 보호하고 주택건설을 촉진하며 국민의 주거복지 향상 등에 기여하기 위하여 설립된 회사로서, 주택법 제77조 제1항에 따라 주택건설사업자가 건설·공급하는 주택에 대한 분양보증, 하자보수보증, 그 밖에 대통령령으로 정하는 보증업무 등을 업무범위로 하고 있다.

그리고 원심이 적법하게 채택한 증거들에 의하면, 피고인 1, 3, 4, 5(이하 '피고인 1 등'이라 한다)가 대한주택보증에 대하여 공소외 1 주식회사(이하 '공소외 1 회사'라고만 한다)나 공소외 2 주식회사(이하 '공소외 2 회사'라고만 한다) 명의로 보증신청을 하여 임대보증금 보증채무약정(이하 '이 사건 보증약정'이라 한다)이 체결되고 이에 따라 대한주택보증이 임대보증금 보증서를 발급하였는데, 이 사건 보증약정은 보증회사를 대한주택보증, 보증채권자를 임차인, 주채무자를 공소외 1 회사나 공소외 2 회사로 정하면서, 보증회사가 첨부된 임대보증금 산출내역상의 동·호수별로 구분 기재된 보증금액을 한도로 하여 보증책임을 부담하기로 하되, '보증기간 내에 임대차계약이 종료 또는 해지된 경우로서 그 종료 또는 해지일로부터 2개월이 경과하도록 정당한 사유 없이 임대보증금을 반환받지 못한 경우' 또는 '보증기간 내에 주채무자가 파산이나 부도 등으로 임대보증금 반환채무를 이행할 수 없다고 보증회사가 인정하여 그 사실을 보증채권자에게 통지하는 경우'와 같은 보

증사고가 발생하였을 때에는 보증회사가 보증책임을 부담하고, 보증회사가 보증채무를 이행한 경우에는 주채무자에 대하여 구상권을 가지면서 보증채권자가 주채무자에 대하여 가지는 권리를 대위하여 행사할 수 있는 것을 내용으로 하는 사실을 알 수 있다.

나. 위와 같은 사정에 비추어 볼 때, 대한주택보증은 이 사건 보증약정에 따라 공소외 1 회사와 공소외 2 회사가 그 소유인 임대주택의 임차인들에게 부담하는 임대보증금 반환채무에 대한 보증채무를 부담하게 된다고 볼 수 있는데, 대한주택보증의 임대보증금 보증서 발급이 피고인 1 등의 기망행위에 의하여 이루어졌다면, 그로써 곧 사기죄는 성립하는 것이고, 이로 인하여 피고인 1 등이 취득한 재산상 이익은 대한주택보증이 보증한 임대보증금 상당액이라 할 것이다(대법원 2007. 4. 26. 선고 2007도1274 판결, 대법원 2008. 2. 28. 선고 2007도10416 판결 등 참조).

그리고 민간건설 공공임대주택 임차인에 대한 임대보증금 반환을 보장할 목적으로 임대주택법에 따라 임대사업자의 임대보증금 보증 가입이 강제된다 하여 이와 달리 볼 것은 아니므로, 피고인 1 등이 대한주택보증을 기망하여 이 사건 보증약정을 체결하였더라도, 원심판단과 같이 사기죄의 실행의 착수가 이루어지지 아니하거나 재산상 이익을 취득하지 아니한 것으로 볼 수는 없고, 이 사건 보증약정 체결행위의 위법성이 부정되는 것도 아니라고 할 것이다.

다. 그럼에도 원심은 피고인 1 등이 대한주택보증을 기망하여 이 사건 보증약정을 체결하였더라도 사기범행의 실행에 착수하였거나 재산상 이익으로 평가할 만한 보증이익을 취득하였다고 볼 수 없다는 등의 이유로 특정경제범죄 가중처벌 등에 관한 법률 위반(사기)죄가 성립하지 아니한다고 판단함으로써, 사기죄의 기수 시기와 재산상 이익액의 산정에 관한 법리 등을 오해하여 판결에 영향을 미친 위법이 있으므로, 이 점을 지적하는 상고이유 주장은 이유 있다.

2. 피고인 2에 대하여

공동정범이 성립하기 위해서는 2인 이상이 공동하여 죄를 범하여야 하는 것으로서 이에는 주관적 요건인 공동가공의 의사와 객관적 요건인 공동의사에 의한 기능적 행위 지배를 통한 범죄의 실행 사실이 필요한데, 공동가공의 의사는 타인의 범행을 인식하면서도 이를 저지하지 아니하고 용인하는 것만으로는 부족하고 공동의 의사로 특정한 범죄행위를 하기 위하여 일체가 되어 서로 다른 사람의 행위를 이용하여 자기의 의사를 실행에 옮기는 것을 내용으로 하는 것이어야 할 것이다(대법원 1993. 3. 9. 선고 92도3204 판결 등 참조).

원심은 판시와 같은 사정을 근거로, 피고인 2가 피고인 1이 공소외 1 회사와 공소외 2 회사의 일부 재산을 이전하는 행위에 가담하여 이를 도왔더라도 그러한 사정만으로 피고인 2가 피고인 1 등과 공모하여 특정경제범죄 가중처벌 등에 관한 법률 위반(사기) 범행을 저질렀다고 보기는 어렵다고 판단하였다.

앞서 본 법리와 원심이 적법하게 채택한 증거들에 비추어 살펴보면, 원심의 사실인정과 판단은 정당하고, 거기에 공동정범에 관한 법리를 오해하거나 논리와 경험의 법칙을 위반하여 자유심증주의의 한계를 벗어나 사실을 잘못 인정한 위법이 없다.

3. 피고인 6에 대하여

검사는 원심판결 중 피고인 6에 대한 부분에 대해서도 상고하였으나, 상고장이나 상고이유서에 그 이유 기재가 없다.

4. 결론

그러므로 원심판결 중 피고인 1, 3, 4, 5에 대한 무죄 부분을 파기하고, 이 부분 사건을 다시 심리·판단하게 하기 위하여 원심법원에 환송하기로 하며, 피고인 2, 6에 대한 상고를 기각하기로 하여, 관여 대법관의 일치된 의견으로 주문과 같이 판결한다.

대법관 박병대(재판장) 양창수 고영한 김창석(주심)

대법원 2013.11.28. 선고 2011도13007 판결

【외국환거래법위반】

판시사항

1 '대한민국과 외국 간의 지급·추심 및 영수'에 직접적으로 필요하고 밀접하게 관련된 부대업무가 구 외국환거래법 제3조 제1항 제16호 (마)목의 외국환업무에 해당하는지 여부(적극)

2 구 외국환거래법 제27조 제1항 제5호, 제8조 제1항에 위배되는 수개의 무등록 외국환업무를 단일하고 계속된 범의하에 일정 기간 계속하여 행할 경우 죄수관계(=포괄일죄)

3 피고인이 관할관청에 등록하지 아니하고 탈북자들이 중국으로 송금하고자 하는 돈을 피고인 명의의 국내 계좌로 입금받은 다음 환치기 브로커가 지정한 계좌로 송금하였다고 하여 구 외국환거래법 위반으로 기소된 사안에서, 무등록 외국환업무 부대행위의 목적물 가액을 계산하면서 입금액과 송금액을 단순합산한 원심판결에 법리오해의 잘못이 있다고 한 사례

판결요지

1 구 외국환거래법(2011. 4. 30. 법률 제10618호로 개정되기 전의 것, 이하 '법'이라 한다) 제3조 제1항 제16호 (나)목은 '대한민국과 외국 간의 지급·추심 및 수령'이, 같은 호 (마)목은 '위 (나)목 등과 유사한 업무로서 대통령령이 정하는 업무'가 각 '외국환업무'에 해당하는 것으로 규정하고, 구 외국환거래법 시행령(2010. 11. 15. 대통령령 제22493호로 개정되기 전의 것) 제6조 제4호는 '법 제3조 제1항 제16호 (나)목 등의 업무에 딸린 업무'가 위 '대통령령이 정하는 업무'에 해당하는 것으로 규정하고 있는바, '대한민국과 외국 간의 지급·추심 및 영수'에 직접적으로 필요하고 밀접하게 관련된 부대업무는 법 제3조 제1항 제16호 (마)목의 외국환업무에 해당한다.

2 구 외국환거래법(2011. 4. 30. 법률 제10618호로 개정되기 전의 것) 제27조 제1항 제5호, 제8조 제1항에 위배되는 수개의 무등록 외국환업무를 단일하고 계속된 범의하에 일정 기간 계속하여 행할 경우 그 각 행위는 포괄일죄를 구성한다.

3 피고인이 관할관청에 등록하지 아니하고 탈북자들이 북한 거주 가족의 탈북을 위한 비용 등 중국으로 송금하고자 하는 돈을 피고인 명의의 국내 계좌로 입금받은 다음 환치기 브로커가 지정한 계좌로 송금하였다고 하여 구 외국환거래법(2011. 4. 30. 법률 제10618호로 개정되기 전의 것) 위반으로 기소된 사안에서, 무등록 외국환업무 부대행위의 목적물 가액은 피고인이 송금의뢰인으로부터 입금받은 금액만이고 이를 다시 환치기 계좌로 송금한 금액까지 목적물 가액에 합산하여서는 아니되므로, 목적물 가액을 계산하면서 입금액과 송금액을 단순합산한 원심판결에는 목적물 가액 산정에 관한 법리를 오해한 잘못이 있다고 한 사례.

전 문

피 고 인 피고인

상 고 인 피고인

변 호 인 법무법인

원심판결 인천지법 2011. 9. 9. 선고 2011노193 판결

주 문 원심판결을 파기하고, 사건을 인천지방법원 본원 합의부에 환송한다.

이 유 상고이유(상고이유서 제출기간 도과 후에 변호인이 제출한 상고이유보충서의 기재는 상고이유를 보충하는 범위 내에서)를 살펴본다.

1. 죄수 및 공소시효에 관한 법리오해 주장에 관하여

가. 구 외국환거래법(2011. 4. 30. 법률 제10618호로 개정되기 전의 것. 이하 '법'이라 한다) 제3조 제1항 제16호 (나)목은 '대한민국과 외국 간의 지급·추심 및 수령'이, 같은 호 (마)목은 '위 (나)목 등과 유사한 업무로서 대통령령이 정하는 업무'가 각 '외국환업무'에 해당하는 것으로 규정하고, 법 시행령(2010. 11. 15. 대통령령 제22493호로 개정되기 전의 것) 제6조 제4호는 '법 제3조 제1항 제16호 (나)목 등의 업무에 딸린 업무'가 위 '대통령령이 정하는 업무'에 해당하는 것으로 규정하고 있는바, '대한민국과 외국 간의 지급·추심 및 영수'에 직접적으로 필요하고 밀접하게 관련된 부대업무는 법 제3조 제1항 제16호 (마)목의 외국환업무에 해당한다(대법원 2008. 5. 8. 선고 2005도1603 판결 참조). 또한 법 제27조 제1항 제5호, 제8조 제1항에 위배되는 수개의 무등록 외국환업무를 단일하고 계속된 범의하에 일정 기간 계속하여 행할 경우 그 각 행위는 포괄일죄를 구성한다(대법원 2003. 8. 22. 선고 2002도5341 판결 참조).

나. 원심은, 피고인이 탈북자들의 북한 거주 가족의 탈북을 위한 비용, 북한 가족에 대한 송금의뢰 등 중국으로 송금하고자 하는 금원을 피고인 명의의 국내 은행 계좌로 입금받고 다시 환치기 브로커가 지정한 통장으로 송금한 각각의 거래행위가 '대한민국과 외국 간의 지급·추심 및 영수'에 직접적으로 필요하고 밀접하게 관련된 부대업무로서 포괄일죄를 구성한다고 보았는바, 앞서 본 법리와 원심이 적법하게 채택한 증거에 비추어 볼 때 원심의 위와 같은 판단은 정당하고, 거기에 죄수 또는 공소시효에 관한 법리를 오해한 잘못이 없다.

다. 그런데 한편 원심은 무등록 외국환업무 부대행위의 목적물 가액을 계산함에 있어 피고인이 송금의뢰인으로부터 입금받은 돈을 환치기 브로커가 지정한 통장으로 송금한 경우 그 입금된 금액과 송금한 금액을 단순합산하였는바, 위 각 행위가 동일한 법익 침해를 향한 단계적 행위라는 점을 고려하면 위와 같은 경우에 목적물 가액은 피고인이 송금의뢰인으로부터 입금받은 금액만이 되고 이를 다시 환치기 계좌로 송금한 금액까지 목적물의 가액에 합산하여서는 안 된다. 따라서 원심판결에는 무등록 외국환업무 부대행위의 목적물 가액 산정에 관한 법리를 오해한 잘못이 있고, 피고인에게 입금된 금액 중 환치기 계좌로 송금한 금액의 규모 및 벌금형의 법정형이 위반행위의 목적물 가액의 3배 이하(법 제27조)인 점을 고려하면 위와 같은 잘못은 판결에 영향을 미쳤다고 봄이 상당하다.

2. 정당방위와 긴급피난 주장에 관하여

피고인의 정당행위와 긴급피난 주장은 피고인이 이를 항소이유서 제출기간이 경과한 후에 제출한 의견서에서 비로소 항소이유로 주장한 것으로서 원심이 직권으로 심판대상으로 삼은 바가 없으므로 적법한 상고이유가 되지 못한다.

3. 사실오인 주장에 관하여

원심이 적법하게 채택한 증거들에 비추어 살펴보면, 원심이 이 사건 공소사실이 모두 인정된다고 판단한 것은 정당하고, 거기에 논리와 경험의 법칙에 반하여 자유심증주의의 한계를 벗어난 잘못이 없다.

4. 결론

그러므로 원심판결을 파기하고, 사건을 다시 심리·판단하게 하기 위하여 원심법원에 환송하기로 하여, 관여 대법관의 일치된 의견으로 주문과 같이 판결한다.

대법관 박보영(재판장) 민일영(주심) 이인복 김신

대법원 2013.11.28. 선고 2010도12244 판결

【공직선거법위반】

판시사항

1. 국민의 사생활 영역에 관계된 증거의 제출이 허용되는지 판단하는 기준 및 이때 법원이 고려하여야 할 사항
2. 구 공직선거법 제85조 제1항에서 정한 '공무원의 지위를 이용하여'의 의미
3. 구 공직선거법 제86조 제1항 제2호에서 정한 '선거운동의 기획에 참여하는 행위'의 의미 및 공무원이 선거운동의 기획에 '참여'하였다고 인정하기 위한 요건

판결요지

1. 국민의 인간으로서의 존엄과 가치를 보장하는 것은 국가기관의 기본적인 의무에 속하고 이는 형사절차에서도 당연히 구현되어야 하지만, 국민의 사생활 영역에 관계된 모든 증거의 제출이 곧바로 금지되는 것으로 볼 수는 없으므로 법원으로서는 효과적인 형사소추 및 형사소송에서 진실발견이라는 공익과 개인의 인격적 이익 등 보호이익을 비교형량하여 그 허용 여부를 결정하여야 한다. 이때 법원이 그 비교형량을 함에 있어서는 증거수집 절차와 관련된 모든 사정 즉, 사생활 내지 인격적 이익을 보호하여야 할 필요성 여부 및 정도, 증거수집 과정에서 사생활 기타 인격적 이익을 침해하게 된 경위와 침해의 내용 및 정도, 형사소추의 대상이 되는 범죄의 경중 및 성격, 피고인의 증거동의 여부 등을 전체적·종합적으로 고려하여야 하고, 단지 형사소추에 필요한 증거라는 사정만을 들어 곧바로 형사소송에서 진실발견이라는 공익이 개인의 인격적 이익 등 보호이익보다 우월한 것으로 선불리 단정하여서는 아니 된다.
2. 구 공직선거법(2010. 1. 25. 법률 제9974호로 개정되기 전의 것) 제85조 제1항에서 '공무원의 지위를 이용하여'라는 개념은 공무원이 개인의 자격으로서가 아니라 공무원의 지위와 결부되어 선거운동을 하는 행위를 뜻하는 것으로, 공무원의 지위에 있기 때문에 특히 선거운동을 효과적으로 할 수 있는 영향력 또는 편익을 이용하는 것을 의미하고, 구체적으로는 그 지위에 수반되는 신분상의 지휘감독권, 직무권한, 담당사무 등과 관련하여 공무원이 직무를 행하는 사무소 내부 또는 외부의 사람에게 작용하는 것도 포함된다.
3. 구 공직선거법(2010. 1. 25. 법률 제9974호로 개정되기 전의 것) 제86조 제1항 제2호의 '선거운동의 기획에 참여하는 행위'란 당선되게 하거나 되지 못하게 하기 위한 선거운동에는 이르지 아니한 것으로서, 선거운동의 효율적 수행을 위한 일체의 계획 수립에 참여하는 행위를 말하는 것으로 해석하여야 하고, 반드시 구체적인 선거운동을 염두에 두고 선거운동을 할 목적으로 그에 대한 기획에 참여하는 행위만을 의미하는 것으로 볼 수는 없으나, 공무원이 선거운동의 기획에 '참여'하였다고 하기 위해서는 그러한 선거운동방안 제시 등으로 후보자의 선거운동 계획 수립에 직접적·간접적으로 관여하였음이 증명되어야 하고, 단지 공무원이 개인적으로 후보자를 위한 선거운동에 관한 의견을 표명하였다는 사정만으로 선거운동의 효율적 수행을 위한 일체의 계획 수립에 참여하였다고 단정할 수는 없다.

전　문

피 고 인 피고인

상 고 인 피고인 및 검사

변 호 인 법무법인

원심판결 부산고법 2010. 9. 8. 선고 2010노548 판결

주　문 상고를 모두 기각한다.

이　유 상고이유를 판단한다.

1. 피고인의 상고이유에 대하여

가. 전자우편 등의 증거능력에 관한 상고이유에 대하여

1) 통신비밀보호법 제3조 제1항 본문은 "누구든지 이 법과 형사소송법 또는 군사법원법의 규정에 의하지 아니하고는 우편물의 검열·전기통신의 감청 또는 통신사실확인자료의 제공을 하거나 공개되지 아니한 타인 간의 대화를 녹음 또는 청취하지 못한다."고 규정하고, 제4조는 "제3조의 규정에 위반하여 불법검열에 의하여 취득한 우편물이나 그 내용 및 불법감청에 의하여 지득 또는 채록된 전기통신의 내용은 재판 또는 징계절차에서 증거로 사용할 수 없다."고 규정하고 있다. 여기서 '전기통신'이라 함은 전화·전자우편·모사전송 등과 같이 유선·무선·광선 및 기타의 전자적 방식에 의하여 모든 종류의 음향·문언·부호 또는 영상을 송신하거나 수신하는 것을 말하고(같은 법 제2조 제3호), '감청'이라 함은 전기통신에 대하여 당사자의 동의 없이 전자장치·기계장치 등을 사용하여 통신의 음향·문언·부호·영상을 청취·공독하여 그 내용을 지득 또는 채록하거나 전기통신의 송·수신을 방해하는 것을 말한다(같은 법 제2조 제7호). 따라서 '전기통신의 감청'은 위 '감청'의 개념 규정에 비추어 현재 이루어지고 있는 전기통신의 내용을 지득·채록하는 경우와 통신의 송·수신을 직접적으로 방해하는 경우를 의미하는 것이지 전자우편이 송신되어 수신인이 이를 확인하는 등으로 이미 수신이 완료된 전기통신에 관하여 남아 있는 기록이나 내용을 열어보는 등의 행위는 포함하지 않는다 할 것이다(대법원 2012. 7. 26. 선고 2011도12407 판결 참조).

기록에 비추어 살펴보면, 이 사건 증거물로 제출된 전자우편(이하 '이 사건 전자우편'이라 한다)은 이미 수신자인 ○○시장이 그 수신을 완료한 후에 수집된 것임을 알 수 있으므로, 이 사건 전자우편의 수집행위가 통신비밀보호법이 금지하는 '전기통신의 감청'에 해당한다고 볼 수 없고, 따라서 이 사건 전자우편이 통신비밀보호법 제4조에 의하여 증거능력이 배제되는 증거라고 할 수 없다.

2) <u>국민의 인간으로서의 존엄과 가치를 보장하는 것은 국가기관의 기본적인 의무에 속하는 것이고 이는 형사절차에서도 당연히 구현되어야 하는 것이지만, 국민의 사생활 영역에 관계된 모든 증거의 제출이 곧바로 금지되는 것으로 볼 수는 없으므로 법원으로서는 효과적인 형사소추 및 형사소송에서의 진실발견이라는 공익과 개인의 인격적 이익 등의 보호이익을 비교형량하여 그 허용 여부를 결정하여야 한다</u>(대법원 2010. 9. 9. 선고 2008도3990 판결 등 참조). <u>이때 법원이 그 비교형량을 함에 있어서는 증거수집 절차와 관련된 모든 사정 즉, 사생활 내지 인격적 이익을 보호하여야 할 필요성 여부 및 그 정도, 증거수집 과정에서 사생활 기타 인격적 이익을 침해하게 된 경위와 그 침해의 내용 및 정도, 형사소추의 대상이 되는 범죄의 경중 및 성격, 피고인의 증거동의 여부 등을 전체적·종합적으로 고려하여야 하고, 단지 형사소추에 필요한 증거라는 사정만을 들어 곧바로 형사소송에서의 진실발견이라는 공익이 개인의 인격적 이익 등의 보호이익보다 우월한 것으로 섣불리 단정하여서는 아니 된다.</u>

원심판결 이유와 이 사건 기록에 의하여 살펴보면, ○○시 △△동장 직무대리의 지위에 있던 피고인이 원심 판시 일시경 ○○시장 공소외 1에게 ○○시청 전자문서시스템을 통하여 △△1통장인 공소외 2 등에게 ○○시장 공소외 1을 도와 달라고 부탁하였다는 등의 내용을 담고 있는 이 사건 전자우편을 보낸 사실, 그런데 ○○시청 소속 공무원인 제3자가 권한 없이 전자우편에 대한 비밀 보호조치를 해제하는 방법을 통하여 이 사건 전자우편을 수집한 사실을 알 수 있다.

앞서 본 법리에 비추어 볼 때, 제3자가 위와 같은 방법으로 이 사건 전자우편을 수집한 행위는 정보통신망 이용촉진 및 정보보호 등에 관한 법률 제71조 제11호, 제49조 소정의 '정보통신망에 의하여 처리·보관 또는 전송되는 타인의 비밀을 침해 또는 누설하는 행위'로서 형사처벌되는 범죄행위에 해당할 수 있을 뿐만 아니라, 이 사건 전자우편을 발송한 피고인의 사생활의 비밀 내지 통신의 자유 등의 기본권을 침해하는 행위에 해당한다는 점에서 일응 그 증거능력을 부인하여야 할 측면도 있어 보인다. 그러나 이 사건 전자우편은 ○○시청의 업무상 필요에 의하여 설치된 전자관리시스템에 의하여 전송·보관되는 것으로서 그 공공적 성격을 완전히 배제할 수는 없다고 할 것이다. 또한 이 사건 형사소추의 대상이 된 행위는 구 공직선거법(2010. 1. 25. 법률 제9974호로 개정되기 전의 것, 이하 '구 공직선거법'이라 한다) 제255조 제3항, 제85조 제1항에 의하여 처벌되는 공무원의 지위를 이용한 선거운동행위로서 공무원의 정치적 중립의무를 정면으로 위반하고 이른바 관권선거를 조장할 우려가 있는 중대한 범죄에 해당한다. 여기에 피고인이 제1심에서 이 사건 전자우편을 이 사건 공소사실에 대한 증거로 함에 동의한 점 등을 종합하면, 이 사건 전자우편을 이 사건 공소사실에 대한 증거로 제출하는 것은 허용되어야 할 것이고, 이로 말미암아 피고인의 사생활의 비밀이나 통신의 자유가 일정 정도 침해되는

결과를 초래한다 하더라도 이는 피고인이 수인하여야 할 기본권의 제한에 해당한다고 보아야 할 것이다.

3) 따라서 원심이 이 사건 전자우편과 그 내용에 터 잡아 수사기관이 참고인으로 소환하여 작성한 공소외 2, 3, 4에 대한 각 진술조서들의 증거능력을 인정한 조치는 정당하다고 할 것이고, 거기에 상고이유에서 주장하는 바와 같이 이 사건 전자우편 내지 위 진술조서들의 증거능력에 관한 법리를 오해한 위법이 없다.

나. 공무원의 지위를 이용한 선거운동의 점에 관한 법리오해 주장에 대하여

구 공직선거법 제85조 제1항에서의 '공무원의 지위를 이용하여'라는 개념은 공무원이 개인의 자격으로서가 아니라 공무원의 지위와 결부되어 선거운동을 하는 행위를 뜻하는 것으로, 공무원의 지위에 있기 때문에 특히 선거운동을 효과적으로 할 수 있는 영향력 또는 편익을 이용하는 것을 의미하고, 구체적으로는 그 지위에 수반되는 신분상의 지휘감독권, 직무권한, 담당사무 등과 관련하여 공무원이 직무를 행하는 사무소 내부 또는 외부의 사람에게 작용하는 것도 포함된다(대법원 2011. 5. 13. 선고 2011도2996 판결 등 참조). 같은 취지에서 원심이 피고인이 공무원의 지위를 이용하여 공소외 2 등을 상대로 선거운동을 하였다고 판단한 것은 정당하고, 거기에 상고이유 주장과 같이 구 공직선거법 제85조 제1항의 구성요건에 관한 법리를 오해한 위법이 없다.

다. 나머지 상고이유에 대하여

피고인의 상고이유 중 나머지 주장은 사실심인 원심의 전권에 속하는 증거의 취사선택과 사실의 인정을 비난하는 것이거나, 항소이유로 삼은 바 없는 것을 상고심에 이르러 비로소 주장하는 것으로서 모두 적법한 상고이유가 되지 못한다.

2. 검사의 상고이유에 대하여

가. 공무원의 지위를 이용한 선거운동의 점에 관한 상고이유에 대하여

원심은, 이 사건 전자우편의 내용이 인사권자인 ○○시장에게 그 고마움을 표현하고 이에 보답하기 위하여 자신의 행동을 과장한 것에 불과하다고 볼 여지가 있는 데다가, 그 수신 상대방인 공소외 5 등이 피고인으로부터 이 사건 전자우편의 내용과 같은 말을 듣지 못하였다고 일관되게 진술한 점, 피고인이 공소외 5 등과 전화통화를 하거나 만난 사실이 있다는 점에 대한 증거들만으로 공소사실에 대한 증명력이 있다고 보기에 부족한 점 등 그 판시와 같은 사정들을 종합하여 이 부분 주위적 및 예비적 공소사실 모두 그 범죄의 증명이 없다고 보아 각 무죄로 판단하였다.

이 부분 원심의 이유 설시에 일부 부적절한 부분이 없지 않으나, 위 각 증거들만으로는 이 사건 주위적 및 예비적 공소사실에 대한 유죄의 증명이 부족하다고 본 원심의 판단과 결론은 정당하고, 거기에 상고이유 주장과 같이 논리와 경험칙에 반하여 자유심증주의의 한계를 벗어나는 등의 위법이 없다.

나. 선거운동의 기획에 참여하는 행위의 범위에 관한 상고이유에 대하여

구 공직선거법 제86조 제1항 제2호의 '선거운동의 기획에 참여하는 행위'라 함은 당선되게 하거나 되지 못하게 하기 위한 선거운동에는 이르지 아니한 것으로서, 선거운동의 효율적 수행을 위한 일체의 계획 수립에 참여하는 행위를 말하는 것으로 해석하여야 하고, 반드시 구체적인 선거운동을 염두에 두고 선거운동을 할 목적으로 그에 대한 기획에 참여하는 행위만을 의미하는 것으로 볼 수는 없으나(대법원 2007. 10. 25. 선고 2007도4069 판결 등 참조), 공무원이 선거운동의 기획에 '참여'하였다고 하기 위해서는 그러한 선거운동방안 제시 등으로 후보자의 선거운동 계획 수립에 직접적·간접적으로 관여하였음이 증명되어야 할 것이고, 단지 공무원이 개인적으로 후보자를 위한 선거운동에 관한 의견을 표명하였다는 사정만으로 선거운동의 효율적 수행을 위한 일체의 계획 수립에 참여하였다고 단정할 수는 없다.

원심은 그 판시와 같은 사정을 종합하여 피고인이 ○○시장 공소외 1을 위한 선거운동방안을 정리하여 일방적으로 이 사건 전자우편을 보낸 것이고, 이에 대하여 ○○시장 공소외 1은 이 사건 전자우편을 수신하였을 뿐 이에 대하여 간단한 인사말 외에는 실질적으로 답변하거나 선거운동방안을 지시·요구하였다고 볼 만한 자료가 없는 데다가, ○○시장 공소외 1이 피고인의 이 사건 전자우편의 내용을 기초로 선거운동의 계획을 수립하였다거나 이를 검토하여 활용하였다고 볼 만한 아무런 증거도 없는 점 등 그 판시와 같은 이유로 이 사건 전자우편 전송이 위 조항에서 정한 '선거운동의 기획에 참여'한 것으로 볼 수 없다고 판단한 제1심판결을 유지하였다. 원심판결 이유를 위 법리에 비추어 살펴보면 이러한 원심의 판단은 정당하고, 거기에 원심의 전권에 속하는 증거의 취사선택 등에 있어서 논리와 경험의 법칙에 위배하고 자유심증주의의 한계를 벗어나거나 구 공직선거법 제86조 제1항 제2호의 해석에 관한 법리를 오해하는 등의 위법이 없다.

3. 결론

그러므로 피고인의 상고와 검사의 상고를 모두 기각하기로 하여 관여 대법관의 일치된 의견으로 주문과 같이 판결한다.

대법관 양창수(재판장) 박병대 고영한(주심) 김창석

대법원 2013.11.14. 선고 2013도9769 판결

【특정경제범죄가중처벌등에관한법률위반(횡령)·유사수신행위의규제에관한법률위반】

판시사항

유사수신행위를 금지하는 '유사수신행위의 규제에 관한 법률' 제3조의 입법 취지 및 평소 알고 지내는 사람에게 직접 투자를 권유하여 자금을 조달하는 행위가 유사수신행위에 해당하는 경우와 모집 대상이 특정 직업군 등으로 어느 정도 제한되어 있는 경우 달리 보아야 하는지 여부(소극)

판결요지

유사수신행위의 규제에 관한 법률 제3조는 유사수신행위를 일반적으로 금지하면서 제2조에서 '장래에 원금의 전액 또는 이를 초과하는 금액을 지급할 것을 약정하고 예금·적금·부금·예탁금 등의 명목으로 금전을 받는 행위(제2호)' 등을 유사수신행위로 규정하고 있다. 이처럼 유사수신행위를 규제하는 입법 취지는 관계 법령에 의한 허가나 인가를 받지 않고 불특정 다수인으로부터 출자금 등의 명목으로 자금을 조달하는 행위를 규제하여 선량한 거래자를 보호하고 건전한 금융질서를 확립하려는 데에 있다. 이러한 입법 취지 등에 비추어 볼 때, 광고를 통하여 투자자를 모집하는 등 전혀 면식이 없는 사람들로부터 자금을 조달하는 경우는 물론, 평소 알고 지내는 사람에게 직접 투자를 권유하여 자금을 조달하는 경우라도 자금조달행위의 구조나 성격상 어느 누구라도 희망을 하면 투자에 참여할 수 있는 기회가 열려 있다고 한다면 이는 불특정 다수인으로부터 자금을 조달하는 행위로서 유사수신행위에 해당한다. 이 경우 모집의 대상이 특정 직업군 등으로 어느 정도 제한되어 있다고 하더라도 달리 볼 것은 아니다.

전 문

피 고 인 피고인

상 고 인 피고인

변 호 인 법무법인

원심판결 서울고법 2013. 7. 26. 선고 2013노1061 판결

주 문 상고를 기각한다.

이 유 상고이유(상고이유서 제출기간 지난 후에 제출된 상고이유보충서의 기재는 상고이유를 보충하는 범위 내에서)를 판단한다.

1. 상고이유 제1점에 대하여

가. 구성요건에 해당하지 않는다는 주장에 대하여

(1) 「유사수신행위의 규제에 관한 법률」(이하 '법') 제3조는 유사수신행위를 일반적으로 금지하면서 제2조에서 '장래에 원금의 전액 또는 이를 초과하는 금액을 지급할 것을 약정하고 예금·적금·부금·예탁금 등의 명목으로 금전을 받는 행위(제2호)' 등을 유사수신행위로 규정하고 있다. 이처럼 유사수신행위를 규제하는 입법 취지는 관계 법령에 의한 허가나 인가를 받지 않고 불특정 다수인으로부터 출자금 등의 명목으로 자금을 조달하는 행위를 규제하여 선량한 거래자를 보호하고 건전한 금융질서를 확립하려는 데에 있다(대법원 2005. 11. 24. 선고 2003도2213 판결 등 참조).

이러한 입법 취지 등에 비추어 볼 때, 광고를 통하여 투자자를 모집하는 등 전혀 면식이 없는 사람들로부터 자금을 조달하는 경우는 물론, 평소 알고 지내는 사람에게 직접 투자를 권유하여 자금을 조달하는 경우라도 그 자금조달행위의 구조나 성격상 어느 누구라도 희망을 하면 투자에 참여할 수 있는 기회가 열려 있다고 한다면 이는 불특정 다수인으로부터 자금을 조달하는 행위로서 유사수신행위에 해당한다고 봄이 상당하다(대법원 2006. 5. 26. 선고 2006도1614 판결 등 참조). 이 경우 모집의 대상이 특정 직업군 등으로 어느 정

도 제한되어 있다고 하더라도 달리 볼 것은 아니다.

원심은, 전국교수공제회는 연 4회 공제회 미가입 교수들에게 가입을 권유하는 홍보물을 보내는데, 홍보물에는 지로용지, 전국교수공제회 간행물, 입금액 대비 장래 수익을 표시한 도표 등이 첨부되어 있고, 한 회에 발송되는 홍보물의 수는 7~8만 부에 육박하며 그 우편 발송비만도 연 약 3억 원에 이르는 점, 전국교수공제회는 광고비 명목으로 따로 연 2억 원을 사용하고 있고 위와 같이 회원가입 권유를 통한 투자자 모집이나 자금조달은 전혀 친분이나 면식이 없는 사람들을 상대로 한 무차별적인 광고 및 홍보물 등을 통하여 이루어진 점 등 그 판시와 같은 사정을 종합하여, 전국교수공제회가 전임강사 이상의 대학교수와 그 배우자로 회원자격을 한정하고 있다고 하더라도, 그 회원들로부터 장기공제적금이나 목돈수탁금 등 명목으로 돈을 받은 것은 '불특정 다수인'으로부터 자금을 조달하는 행위로서 유사수신행위에 해당한다고 판단하였다.

앞서 본 법리와 기록에 비추어 살펴보면, 위와 같은 원심의 판단은 정당하다. 거기에 관련 법리를 오해하는 등의 위법이 있다 할 수 없다.

(2) 원심은, 전국교수공제회의 조직 및 구성 인원이나 자금 조달 규모, 임원들의 월 급여 액수와 운영 방식, 자금조달의 대상자인 회원자격 및 그 회원의 수, 등기부에 표시된 영업 내용 등에 비추어 볼 때, 피고인은 전국교수공제회를 통하여 친목계의 형태를 넘어 '업'으로 자금조달행위를 한 것이라고 판단하였다.

관련 법리와 기록에 비추어 살펴보면, 원심의 위와 같은 판단도 정당한 것으로 수긍이 된다. 거기에 관련 법리를 오해하는 등의 위법이 있다 할 수 없다.

(3) 한편 이 사건 공소사실은 법 시행 이후인 2000. 1. 12. 이후에 납부된 장기공제적금 등이 유사수신행위의 대상임을 전제로 하고 있음이 기록상 분명하므로, 법 시행 전에 전국교수공제회의 회원으로 가입한 회원들에 대한 부분은 처벌 대상이 될 수 없다는 취지의 상고이유의 주장 또한 받아들일 수 없다.

나. 위법성의 인식이 없었다는 주장에 대하여

이 부분 상고이유의 주장은 당심에 이르러 처음 하는 주장으로서 적법한 상고이유가 될 수 없다. 뿐만 아니라 위와 같이 법 제3조에서 유사수신행위를 일반적으로 금지하고 있는 이상, 다른 법령에 구체적인 인가·허가 또는 등록·신고절차가 마련되어 있지 아니하다면 전국교수공제회가 회원들로부터 장기공제적금 등의 자금을 조달한 것과 같은 방식의 수신행위는 그 자체로 금지되는 것이지, 그러한 절차 규정이 없다고 하여 유사수신행위가 적법하게 된다고 볼 수는 없다.

따라서 인가·허가를 받거나 등록·신고를 하고 싶어도 그와 관련된 법령이 없었다는 등 피고인이 주장하는 사정들만으로 피고인에게 단순한 법률의 부지를 넘어 그러한 그릇된 인식에 정당한 이유가 있었다고 보기도 어렵다.

2. 상고이유 제2점에 대하여

제1심 및 원심이 적법하게 채택하여 조사한 증거들에 의하면, 피고인이 제1심판결 별지 범죄일람표(3) 순번 153, 154의 2010. 5. 7.자 73억 원 횡령 부분에 관하여 불법영득의사가 있었음이 충분히 인정된다. 그 후 2012. 8. 9. 피고인이 그중 48억 원을 전국교수공제회 계좌로 입금하여 반환하였다고 하여 달리 볼 것은 아니다. 이 부분 상고이유의 주장 역시 이유 없다.

특정경제범죄 가중처벌 등에 관한 법률 위반(횡령)의 점과 관련한 피고인의 나머지 상고이유의 주장들은 당초 항소이유로 주장되었다가 원심 제4회 공판기일에서 모두 철회된 것들이므로 적법한 상고이유가 되지 못한다.

3. 상고이유 제3점에 대하여

이 사건 각 범행의 동기, 범행의 구체적인 과정과 수단 및 방법, 피고인의 범행 가담의 정도, 피해 금액의 규모, 피해 회복의 정도, 피고인의 형사처벌에 관한 이 사건 실질적 피해자들의 의사 등 기록에 나타난 여러 사정을 살펴보면, 피고인이 주장하는 모든 정상을 참작하더라도, 원심의 형의 양정이 심히 부당하다고 인정할 현저한 사유가 있다고 할 수 없다. 이 부분 상고이유도 받아들일 수 없다.

4. 결론

이에 관여 대법관의 일치된 의견으로 상고를 기각하기로 하여 주문과 같이 판결한다.

대법관 김창석(재판장) 양창수 박병대(주심) 고영한

대법원 2013.11.14. 선고 2013도7494 판결

【사기】

판시사항

[1] 타인의 사망을 보험사고로 하는 생명보험계약을 체결할 때 제3자가 피보험자인 것처럼 가장하여 체결하는 등으로 그 유효요건이 갖추어지지 못한 경우, 보험계약을 체결한 행위만으로 보험금 편취를 위한 기망행위의 실행에 착수한 것으로 볼 수 있는지 여부(원칙적 소극)

[2] 정범의 실행의 착수 이전에 장래의 실행행위를 예상하고 이를 용이하게 하기 위하여 방조한 경우, 종범이 성립하는지 여부(한정 적극)

판결요지

[1] 타인의 사망을 보험사고로 하는 생명보험계약을 체결함에 있어 제3자가 피보험자인 것처럼 가장하여 체결하는 등으로 그 유효요건이 갖추어지지 못한 경우에도, 보험계약 체결 당시에 이미 보험사고가 발생하였음에도 이를 숨겼다거나 보험사고의 구체적 발생 가능성을 예견할 만한 사정을 인식하고 있었던 경우 또는 고의로 보험사고를 일으키려는 의도를 가지고 보험계약을 체결한 경우와 같이 보험사고의 우연성과 같은 보험의 본질을 해칠 정도라고 볼 수 있는 특별한 사정이 없는 한, 그와 같이 하자 있는 보험계약을 체결한 행위만으로는 미필적으로라도 보험금을 편취하려는 의사에 의한 기망행위의 실행에 착수한 것으로 볼 것은 아니다. 그러므로 그와 같이 기망행위의 실행의 착수로 인정할 수 없는 경우에 피보험자 본인임을 가장하는 등으로 보험계약을 체결한 행위는 단지 장차의 보험금 편취를 위한 예비행위에 지나지 않는다.

[2] 종범은 정범이 실행행위에 착수하여 범행을 하는 과정에서 이를 방조한 경우뿐 아니라, 정범의 실행의 착수 이전에 장래의 실행행위를 미필적으로나마 예상하고 이를 용이하게 하기 위하여 방조한 경우에도 그 후 정범이 실행행위에 나아갔다면 성립할 수 있다.

전　문

피 고 인 피고인

상 고 인 피고인

변 호 인 법무법인

원심판결 서울중앙지법 2013. 6. 13. 선고 2013노489 판결

주　　문 원심판결을 파기하고, 사건을 서울중앙지방법원 합의부에 환송한다.

이　　유 상고이유를 판단한다.

1. 타인의 사망을 보험사고로 하는 생명보험계약을 체결함에 있어 제3자가 피보험자인 것처럼 가장하여 체결하는 등으로 그 유효요건이 갖추어지지 못한 경우에도, 그 보험계약 체결 당시에 이미 보험사고가 발생하였음에도 이를 숨겼다거나 보험사고의 구체적 발생 가능성을 예견할 만한 사정을 인식하고 있었던 경우 또는 고의로 보험사고를 일으키려는 의도를 가지고 보험계약을 체결한 경우와 같이 보험사고의 우연성과 같은 보험의 본질을 해칠 정도라고 볼 수 있는 특별한 사정이 없는 한, 그와 같이 하자 있는 보험계약을 체결한 행위만으로는 미필적으로라도 보험금을 편취하려는 의사에 의한 기망행위의 실행에 착수한 것으로 볼 것은 아니다(대법원 2012. 11. 15. 선고 2010도6910 판결 참조). 그러므로 그와 같이 기망행위의 실행의 착수로 인정할 수 없는 경우에 피보험자 본인임을 가장하는 등으로 보험계약을 체결한 행위는 단지 장차의 보험금 편취를 위한 예비행위에 지나지 않는다 할 것이다.

한편 종범은 정범이 실행행위에 착수하여 범행을 하는 과정에서 이를 방조한 경우뿐 아니라 정범의 실행의 착

수 이전에 장래의 실행행위를 미필적으로나마 예상하고 이를 용이하게 하기 위하여 방조한 경우에도 그 후 정범이 실행행위에 나아갔다면 성립할 수 있다(대법원 1983. 3. 8. 선고 82도2873 판결, 대법원 1996. 9. 6. 선고 95도2551 판결 등 참조).

2. 원심판결 이유에 의하면, 원심은 이 사건의 쟁점은 공소외 1이 사망한 후 공소외 2가 신한생명보험 주식회사 등 3곳의 보험회사에 대하여 보험금 청구를 하면서 공소외 1 명의로 체결된 계약에 법률상 하자가 있음에도 불구하고(피고인이 공소외 2와 공모하여 보험사고를 일으켜 보험금을 청구하였다는 것이 아니다) 마치 유효한 보험계약에 기하여 보험금 청구를 하는 것인 양 보험회사들을 기망하여 8억 원을 편취하였는데 이에 대하여 피고인이 공모하였는지 여부라고 전제한 다음, 피고인이 피보험자인 공소외 1인 것처럼 가장하여 보험금수익자를 공소외 2로 하여 3개 보험회사와 공소외 1 명의로 각 보험계약을 체결한 사실이 인정된다는 이유로, 피고인과 공소외 2는 공모하여 이 사건 공소사실 기재 보험금 편취의 사기 범행을 저지른 공동정범에 해당한다고 판단하였다.

   그러나 원심판결 이유 및 원심이 채용한 증거들을 살펴보아도, 피고인이 원심 판시와 같이 피보험자인 공소외 1 본인인 것처럼 가장하여 이 사건 각 보험계약을 체결하는 데 관여한 사실은 알 수 있지만, 나아가 그 보험계약 체결 당시 공소외 1이 재해 등 자연사가 아닌 사유로 사망할 가능성을 예견할 만한 사정이 있었다거나 공범인 공소외 2가 보험사고를 임의로 일으키려는 의도를 가지고 있었고 피고인이 이를 인식하면서 이 사건 각 보험계약을 체결하였다는 등 피고인의 보험계약 체결행위 자체로 보험사고의 우연성 등 보험의 본질을 해칠 정도에 이른 것으로 볼 수 있는 특별한 사정을 인정할 만한 자료는 발견할 수 없다. 또한 그 후 공소외 1이 살해되고 나서 공소외 2가 위 각 보험계약이 마치 유효하게 체결된 것처럼 보험회사들을 기망하여 보험금을 청구할 때에 피고인이 그에 가담하였다는 점을 인정할 만한 증거도 없다.

   위와 같은 사정을 앞서 본 법리에 비추어 보면, 위 각 보험회사를 기망하여 보험금을 지급받은 편취행위는 다른 특별한 사정이 없는 한 공소외 2가 위 각 보험계약이 유효하게 체결된 것처럼 기망하여 보험회사에 보험금을 청구한 때에 실행의 착수가 있었던 것으로 보아야 할 것이고, 피고인이 그 보험계약의 체결 과정에서 피보험자인 공소외 1을 가장하는 등으로 공소외 2를 도운 행위는 그 사기 범행을 위한 예비행위에 대한 방조의 여지가 있을 뿐이라 할 것이다. 그러므로 피고인의 위와 같은 행위는 그 후 공소외 2가 보험회사에 보험금을 청구하여 이를 지급받음으로써 정범으로서의 실행행위에 나아감에 따라 그에 대한 방조행위가 될 수는 있겠지만, 그 밖에 피고인이 공소외 2의 위 사기 범행에 공동의사에 의한 기능적 행위지배를 통하여 가담하였다는 다른 사정이 인정되지 않는 이상 위 보험계약 체결 단계에서 방조행위를 하였다는 것만으로 피고인을 사기죄의 공동정범으로 처벌할 수는 없다고 할 것이다(대법원 1989. 4. 11. 선고 88도1247 판결 참조).

   원심은 이와 달리 피고인이 위 각 보험계약의 체결행위에 가담한 것만으로도 공소외 2의 사기 범행에 관하여 공동정범이 성립한다고 판단하였으니, 거기에는 공동정범의 주관적 요건인 공동가공의 의사와 사기죄에 있어서 실행의 착수에 관한 법리를 오해하거나 필요한 심리를 다하지 아니하여 판결 결과에 영향을 미친 위법이 있다. 이 점을 지적하는 상고이유의 주장은 이유 있다.

3. 이에 피고인의 나머지 상고이유에 관한 판단을 생략한 채 원심판결을 파기하고, 사건을 다시 심리·판단하도록 원심법원에 환송하기로 하여, 관여 대법관의 일치된 의견으로 주문과 같이 판결한다.

대법관 김창석(재판장) 양창수 박병대(주심) 고영한

대법원 2013.11.14. 선고 2013도2190 판결

【공직선거법위반】

판시사항

[1] 공직선거법 제87조 제2항에서 정한 '후보자가 되고자 하는 자'의 의미
[2] 공직선거법 제87조 제2항에서 설립 내지 설치를 금지하는 '사조직'의 의미
[3] 공직선거법 제82조의4에서 정보통신망을 이용한 선거운동을 폭넓게 허용하는 취지 및 정보통신망을 통한 선거운동과 관련한 공직선거법 규정들을 해석할 때 고려할 사항
[4] 인터넷 공간에서 선거활동을 목적으로 카페 등을 개설하고 회원 등을 모집하여 일정한 모임의 틀을 갖추어 운영하는 인터넷상 활동이 공직선거법상 사조직에 해당하는지 여부(소극) 및 카페 개설을 위한 별도의 준비 모임이나 카페 개설 후 개최한 오프라인 모임이 인터넷상 카페 활동과 구별되는 별도의 조직적인 활동으로서 사조직을 갖춘 것인지 판단하는 기준

판결요지

[1] 공직선거법 제87조 제2항에서 정한 '후보자가 되고자 하는 자'에는 선거에 출마할 예정인 사람으로서 정당에 공천신청을 하거나 일반 선거권자로부터 후보자추천을 받기 위한 활동을 벌이는 등 입후보의사가 확정적으로 외부에 표출된 사람뿐만 아니라 그 신분·접촉대상·언행 등에 비추어 선거에 입후보할 의사를 가진 것을 객관적으로 인식할 수 있을 정도에 이른 사람도 포함된다.
[2] 공직선거법 제87조 제2항은 후보자 간 선거운동기구의 형평성을 유지하고, 각종 형태의 선거운동기구의 난립으로 인한 과열경쟁 및 낭비를 방지하기 위한 규정이고, 위 조항에서 설립 내지 설치를 금지하는 사조직은 선거에서 후보자나 후보자가 되고자 하는 자를 위하여 명칭이나 표방하는 목적 여하를 불문하고 법정 선거운동기구 이외에 설립하거나 설치하는 일체의 사조직을 의미하므로, 비록 회칙이 없고 조직과 임원 및 재정 등에 관하여 구체적으로 정한 바가 없더라도 공직선거법상 사조직에 해당한다.
[3] 공직선거법에서 정한 다른 선거운동과 달리 인터넷 홈페이지 또는 그 게시판·대화방 등에 선거운동을 위한 내용의 글이나 동영상 등 정보를 게시하거나 전자우편을 전송하는 방법을 통한 정보통신망을 이용한 선거운동은 선거운동기간뿐 아니라 선거운동기간 전에도 허용된다(공직선거법 제82조의4 및 헌법재판소 2011. 12. 29. 선고 2007헌마1001 등 전원재판부 결정 참조). 이는 정치적 공론의 과정에서 기존 매체를 통한 일방적인 정보 전달을 넘어 인터넷을 통한 정치과정 참여의 기회와 범위가 넓어질수록 더 충실한 공론의 형성을 기대할 수 있을 것이므로, 실질적 민주주의의 구현을 위하여 인터넷상 일반 유권자의 정치적 표현의 자유가 적극 장려되어야 하는 측면을 고려한 것이다. 따라서 정보통신망을 통한 선거운동과 그 밖의 선거운동은 구분되어야 하며, 정보통신망을 통한 선거운동과 관련한 공직선거법 규정들은 이러한 정보통신망을 통한 선거운동의 특성 및 이를 폭넓게 허용한 입법 취지 등을 고려하여 해석될 필요가 있다.
[4] 인터넷 공간에서의 선거활동을 목적으로 하여 인터넷 카페 등을 개설하고 인터넷 회원 등을 모집하여 일정한 모임의 틀을 갖추어 이를 운영하는 경우에, 이러한 인터넷상의 활동은 정보통신망을 통한 선거운동의 하나로서 허용되어야 하며, 이를 두고 공직선거법상 사조직에 해당한다고 보기 어렵다. 나아가 위와 같은 인터넷 카페 개설을 위하여 별도로 준비 모임을 갖거나 카페 개설 후 일부 회원들이 오프라인에서 모임을 개최하였다 하더라도, 그러한 모임이 인터넷 카페 개설 및 그 활동을 전제로 하면서 그에 수반되는 일시적이고 임시적인 성격을 갖는 것에 그친다면 역시 공직선거법상 사조직에 해당한다고 단정할 수 없고, 이를 넘어서서 인터넷상의 카페 활동과 구별되는 별도

의 조직적인 활동으로서 공직선거법상 사조직을 갖춘 것으로 볼 수 있는지 여부는 해당 인터넷 카페의 개설 경위와 시기, 구성원 및 온라인과 오프라인상 활동 내용 등 제반 사정들을 종합하여 판단하여야 한다. 그리고 이와 같은 해석은 특정 선거와 관련하여 후보자 또는 후보자가 되고자 하는 자를 위하여 인터넷상에 카페를 개설하는 경우에도 마찬가지이다.

전　문

피 고 인 피고인 1 외 7인

상 고 인 피고인들

변 호 인 변호사

원심판결 대구고법 2013. 2. 7. 선고 2012노758 판결

주　문 원심판결을 파기하고, 사건을 대구고등법원에 환송한다.

이　유 상고이유(상고이유서 제출기간이 지난 후에 제출된 상고이유 보충서 등 서면들의 기재는 상고이유를 보충하는 범위 내에서)를 판단한다.

1. 공소사실 불특정에 관한 법리오해 등의 점에 대하여

가. 형사소송법 제254조 제4항은 "공소사실의 기재는 범죄의 일시, 장소와 방법을 명시하여 사실을 특정할 수 있도록 하여야 한다."고 규정하고 있다. 이와 같이 공소사실의 특정을 요구하는 법의 취지는 피고인의 방어권 행사를 쉽게 해주기 위한 데에 있으므로, 공소사실은 이러한 요소를 종합하여 구성요건 해당사실을 다른 사실과 식별할 수 있는 정도로 기재하면 족하고, 공소장에 범죄의 일시, 장소 등이 구체적으로 적시되지 않았더라도 위의 정도에 반하지 아니하고 공소범죄의 성격에 비추어 그 개괄적 표시가 부득이하며 그에 대한 피고인의 방어권 행사에 지장이 없다면 그 공소내용이 특정되지 않았다고 볼 수 없다(대법원 1997. 7. 11. 선고 97도1097, 97감도34 판결, 대법원 2009. 6. 11. 선고 2008도11042 판결 등 참조).

나. 원심은, (1) 이 사건 공소사실은 피고인들이 공모하여 2011. 5. 14. '○사모'의 첫 번째 모임을 거쳐, 2011. 6. 3.경 및 2011. 6. 17.경 '○사모'의 운영진을 구성하여 사조직을 결성하고, 그 모임에서 위와 같은 조직을 결성한 취지를 설명하고 향후 피고인 1의 선거운동을 위하여 인터넷 카페를 개설하기로 하는 논의를 거친 뒤, 2011. 8. 9. '○사모'에서 '△△△사람들'로 명칭을 변경하여 인터넷 카페를 개설한 후 2012. 3. 24. 회원 801명을 갖출 때까지의 일련의 과정을 구체적으로 적시하고 있고, 검사는 '○사모'라는 사조직이 처음부터 피고인 1의 지시 또는 관여 아래 태동하여 설립되었다는 취지로 공소를 제기하였고, 제1심은 이러한 취지에서 이 사건 공소사실을 유죄로 인정하였다는 등의 사정들을 인정하고, (2) 위 사정들에 비추어 살펴보면, 검사가 '○사모' 또는 '△△△사람들'이라는 사조직의 설립시기를 특정하여 이 사건 공소를 제기하였음을 인정할 수 있고, 그 밖에 달리 이 사건 사조직 설립시기의 불특정으로 인하여 피고인들의 방어권 행사에 지장을 초래하였다고 볼 만한 특별한 사정도 찾아볼 수 없으며, 모임의 준비, 구성원의 모집과 충원, 임원의 선정 등 조직결성, 구체적 활동 등 일련의 동태적인 발전과정을 거치게 되는 선거운동을 위한 사조직의 특성을 감안하면, 엄격하게 특정 시점으로 조직의 설립 완료시기를 명시하여 특정하지 않았다고 하더라도 공소사실이 특정되지 않은 것이라고 보기는 어렵다고 판단하여, 공소사실이 특정되지 아니하여 피고인들의 방어권 행사에 중대한 지장을 초래하였다는 피고인들의 항소이유 주장을 받아들이지 아니하였다.

다. 원심판결 이유를 적법하게 채택된 증거들에 비추어 살펴보면, 이와 같은 원심의 판단은 위에서 본 법리에 기초한 것으로 보이고, 또한 이 사건 공소사실이 2011. 5. 14. '○사모'의 첫 번째 모임, 2011. 6. 3.경 및 2011. 6. 17.경의 '○사모'의 운영진 구성, 2011. 8. 9. '△△△사람들'로의 명칭 변경 및 인터넷 카페 개설이 모두 피고인 1의 지시 또는 관여 아래 피고인들의 공모에 의하여 이루어진 것으로 되어 있고 또한 아래에서 보는 바와 같이 피고인 1이 2011. 10. 4. 공직에서 사퇴하기 전에 이미 제19대 국회의원 선거에 입후보할 의사를 가진 것을 객관적으로 인식할 수 있을 정도에 이른 것으로 본 원심의 판단이 위법하지 아니한 이상 상고이유 주장과 같이 '○사모' 조직의 설립시기가 2012. 3. 24.이 아니라 2011. 6. 중순경으로 특정되어야 하는지 여부는 피고인들의 방어권 행사에 영향이 없다고 보이므로, 원심의 판단에 상고이유 주장과 같이 공소사실의 특정에 관한 법리를 오해하거나 판단을 누락하는 등의 사유로 인하여 판결에 영향을 미친 위법이 있다고 할 수 없다.

2. 공직선거법상 사조직 설립에 관한 법리오해 등의 점에 대하여

가. 공직선거법 제87조 제2항은 누구든지 선거에서 후보자(후보자가 되고자 하는 자를 포함한다)의 선거운동을 위하여 그 명칭이나 표방하는 목적 여하를 불문하고 사조직 기타 단체(이하 '공직선거법상 사조직'이라 한다)

를 설립하거나 설치할 수 없도록 금지하고 있다.

(1) 위 조항에서 정한 '후보자가 되고자 하는 자'에는 선거에 출마할 예정인 사람으로서 정당에 공천신청을 하거나 일반 선거권자로부터 후보자추천을 받기 위한 활동을 벌이는 등 입후보의사가 확정적으로 외부에 표출된 사람뿐만 아니라 그 신분·접촉대상·언행 등에 비추어 선거에 입후보할 의사를 가진 것을 객관적으로 인식할 수 있을 정도에 이른 사람도 포함된다(대법원 2004. 4. 28. 선고 2003도4363 판결, 대법원 2009. 1. 15. 선고 2008도10365 판결 등 참조).

(2) 그리고 위 조항은 후보자 간 선거운동기구의 형평성을 유지하고, 각종 형태의 선거운동기구의 난립으로 인한 과열경쟁 및 낭비를 방지하기 위한 규정이고, 위 조항에서 설립 내지 설치를 금지하는 사조직은 선거에서 후보자나 후보자가 되고자 하는 자를 위하여 그 명칭이나 표방하는 목적 여하를 불문하고 법정 선거운동기구 이외에 설립하거나 설치하는 일체의 사조직을 의미하므로, 비록 회칙이 없고 조직과 임원 및 재정 등에 관하여 구체적으로 정한 바가 없더라도 공직선거법상 사조직에 해당한다(대법원 2008. 3. 13. 선고 2007도7902 판결 등 참조).

한편 공직선거법에서 정한 다른 선거운동과 달리 인터넷 홈페이지 또는 그 게시판·대화방 등에 선거운동을 위한 내용의 글이나 동영상 등 정보를 게시하거나 전자우편을 전송하는 방법을 통한 정보통신망을 이용한 선거운동은 선거운동기간뿐 아니라 선거운동기간 전에도 허용된다(공직선거법 제82조의4 및 헌법재판소 2011. 12. 29. 선고 2007헌마1001 등 전원재판부 결정 참조). 이는 정치적 공론의 과정에서 기존 매체를 통한 일방적인 정보 전달을 넘어 인터넷을 통한 정치과정 참여의 기회와 범위가 넓어질수록 더 충실한 공론의 형성을 기대할 수 있을 것이므로, 실질적 민주주의의 구현을 위하여 인터넷상 일반 유권자의 정치적 표현의 자유가 적극 장려되어야 하는 측면을 고려한 것이다(위 헌법재판소 결정 참조). 따라서 정보통신망을 통한 선거운동과 그 밖의 선거운동은 구분되어야 하며, 정보통신망을 통한 선거운동과 관련한 공직선거법의 규정들은 이러한 정보통신망을 통한 선거운동의 특성 및 이를 폭넓게 허용한 입법 취지 등을 고려하여 해석될 필요가 있다.

이에 비추어 보면, 인터넷 공간에서의 선거활동을 목적으로 하여 인터넷 카페 등을 개설하고 인터넷 회원 등을 모집하여 일정한 모임의 틀을 갖추어 이를 운영하는 경우에, 이러한 인터넷상의 활동은 정보통신망을 통한 선거운동의 하나로서 허용되어야 할 것이며, 이를 두고 공직선거법상 사조직에 해당한다고 보기 어렵다. 나아가 위와 같은 인터넷 카페 개설을 위하여 별도로 준비 모임을 갖거나 카페 개설 후 일부 회원들이 오프라인에서 모임을 개최하였다 하더라도, 그러한 모임이 인터넷 카페 개설 및 그 활동을 전제로 하면서 그에 수반되는 일시적이고 임시적인 성격을 갖는 것에 그친다면 역시 공직선거법상 사조직에 해당한다고 단정할 수 없을 것이고, 이를 넘어서서 인터넷상의 카페 활동과 구별되는 별도의 조직적인 활동으로서 공직선거법상 사조직을 갖춘 것으로 볼 수 있는지 여부는 해당 인터넷 카페의 개설 경위와 시기, 구성원 및 온라인과 오프라인상의 활동 내용 등 제반 사정들을 종합하여 판단하여야 한다. 그리고 이와 같은 해석은 특정 선거와 관련하여 후보자 또는 후보자가 되고자 하는 자를 위하여 인터넷상에 카페를 개설하는 경우에도 마찬가지라 할 것이다.

나. 원심은, 제1심판결이 피고인 1의 경력 및 국회의원 선거에서의 당선 경위, 피고인 1의 국회의원 선거 출마 준비과정과 피고인 2, 8의 역할, '○사모'의 구성 및 인터넷 카페 '△△△사람들'의 개설 경과, '△△△사람들'에 게시된 글과 회원들의 활동 내용 등에 관하여 인정한 사실 등을 기초로 하여, (1) ① 피고인 1은 ▽▽▽당 서울시당 조직과장으로 근무하였던 피고인 2를 통하여 2010. 9.경부터 국회의원 선거와 관련된 '□□지역 ○사모 만들기 프로젝트'라는 제목의 보고서를 이메일 등을 통하여 받았고, 자신의 선거운동을 기획하고 총괄한 피고인 2, 8을 통하여 국회의원 선거와 관련한 인터넷 동호회 활용방안 등을 알아보도록 지시하기도 하였으며, ② 피고인 1은 자신의 국회의원 선거 출마에 대비하여 2011. 2.경 이미 피고인 2가 팀장을 맡았던 홍보팀 이외에도 6개 팀을 구성하였고, 2011. 6. 17.경에는 대명콘도에서 워크숍을 개최한 것으로 보이고, ③ 피고인 1은 2010. 12.경 자신이 평소 알고 지내던 대학교수들과 '미래전략회의'를 개최하여 선거운동과 관련한 자문을 받기도 하였으며, ④ 피고인 2, 8은 2011. 1.경부터 피고인 8이 사무총장으로 있는 □□미래발전포럼 사무실에서 '형곡동회의' 또는 '실무회의'를 개최하여 피고인 1의 선거운동에 관한 전략과 선거운동 방법을 논의한 다음 그 회의 결과를 피고인 1에게 수시로 보고하였고, ⑤ 피고인 1은 피고인 2, 8의 지시를 받은 피고인 4가 결성한 2011. 5. 14.자 '○사모' 모임에 참석하여 자신을 소개하거나 향후에 자신을 도와달라는 취지의 인사말을 하였고, 2011. 5. 16.에는 위 모임 참석자들 전부에게 전화까지 하였으며, ⑥ 피고인 1은 2011. 3. 10. 피고인 2에게 '김 팀장 활용방안(□□ 인터넷 동호회) 찾아보도록 하소'라는 내용의 이메일을 보낸 적이 있는데, 이는 제19대 국회의원 선거를 염두에 두고 있었던 것으로 볼 수 있는 사정 등 피고인 1이 2011. 10. 4. 공직에서 사퇴하기 이전에 보여준 접촉대상이나 언행 등에 비추어 보면, 피고인 1이 그 일련의 행위 당시 제19대 국회의원 선거에 입후보할 의사를 가진 것을 객관적으로 인식할 수 있을 정도에 이른 것으로 충분히 인정된다

고 보아 그 당시 피고인 1이 공직선거법 제87조 제2항에서 정한 '후보자가 되고자 하는 자'에 해당한다는 취지로 판단하는 한편, (2) ① '○사모' 또는 '△△△사람들'이라는 모임이 피고인 1의 개인적인 인지도나 인기를 바탕으로 해서 자발적·자생적으로 생겨난 것으로는 보이지 않고, ② 2011. 5. 14. 개최된 '○사모'의 첫 모임 참석자들도 상호 간에 일면식이 없는 사람들이 많아 그 자리에서 상견례가 이루어지기도 하였으며, 피고인 1도 위 모임에 참석하여 자신을 소개하고 향후 자신을 도와달라는 취지의 인사말을 하였고, 피고인 1은 위 모임 이후에 참석자들에게 일일이 전화를 하여 앞으로의 활동을 부탁하기도 하였으며, 그 후로도 피고인 3을 통하여 '○사모'의 두 번째 모임 참석자들의 명단을 이메일로 전해 받은 뒤 참석자들에게 일일이 전화하는 등으로 '○사모'의 활동에 적극적으로 관여하였던 것으로 보이고, ③ '○사모' 또는 '△△△사람들'은 피고인 1이나 나머지 피고인들 등 운영진들의 적극적인 회원 유치활동 등으로 인하여 시간이 흐르면서 카페의 회원들이 증가하였을 뿐만 아니라, 지속적인 회원 증가를 위하여 운영진 워크숍을 개최하고, 정기모임 등을 갖는 등으로 활동을 강화해 2012. 3. 24. 기준으로 801명의 회원을 보유하게 된 사정 등을 종합하여 보면, '○사모'의 초기 활동이 피고인 4 등에 의하여 자발적으로 만들어진 정치인 팬클럽이나 팬카페 수준에 불과하다고 보기는 어렵고, '○사모' 또는 '△△△사람들'은 피고인 1의 선거운동을 위하여 결성된 것으로서 공직선거법 제87조 제2항에서 정한 사조직에 해당한다고 판단하였다.

다. 원심판결 이유를 적법하게 채택된 증거들에 비추어 살펴보면, 피고인 1이 원심 판시 일련의 행위 당시 공직선거법 제87조 제2항에서 정한 '후보자가 되고자 하는 자'에 해당한다고 본 원심의 판단은 앞에서 본 법리에 기초한 것으로서, 거기에 상고이유에서 주장하는 바와 같이 공직선거법 제87조 제2항이 정한 사조직의 설립에 관한 '후보자가 되고자 하는 자'의 요건에 관한 법리를 오해하거나 논리와 경험의 법칙에 반하여 자유심증주의의 한계를 벗어나는 등의 잘못으로 판결에 영향을 미친 위법이 없다.

라. 그러나 '○사모' 또는 '△△△사람들'이 공직선거법상 사조직에 해당한다는 부분에 관한 원심의 판단은 다음과 같은 이유로 수긍하기 어렵다.

(1) 원심판결 이유와 아울러 적법하게 채택된 증거들을 종합하여 보면 아래와 같은 사정들을 알 수 있다.

(가) '○사모'는 2011. 5. 14.경 첫 번째 모임을 가진 뒤 2011. 6. 3.경 및 2011. 6. 17.경 모임을 개최하여 피고인 1을 상임고문, 피고인 5를 고문, 피고인 3을 회장, 피고인 4를 사무장, 피고인 6을 총무, 피고인 2를 간사, 피고인 7을 인터넷 카페 운영자 등으로 하는 운영진을 구성하고, 인터넷 카페 개설 등을 논의하였다.

(나) 이후 2011. 8. 9.경 피고인 7을 카페 운영자로 하여 인터넷 다음 사이트에 '△△△사람들'이라는 명칭의 카페가 개설되었고, 피고인들도 '△△△사람들'의 운영진으로 참여하였는데, '△△△사람들'이 개설된 이후 '○사모'는 별도의 모임이나 활동을 하지 않았다.

(다) 인터넷 카페 '△△△사람들'의 초기화면은 '△△△사람들이란', '공지사항', '□□뉴스', '회원가입인사', '일일출석부' 등의 메뉴로 구성되어 있고, 피고인들은 '□□뉴스'란 등에 피고인 1을 소개하고 선거에 관련된 소식이나 각종 의견 등을 올리기도 하였는데, '△△△사람들'은 회원제로 운영되어 회원이 아닌 사람은 카페에 게시된 글을 읽을 수 없게 되어 있다.

(라) 피고인들은 '△△△사람들'의 회원 수를 늘리기 위해 지인들에게 회원 가입을 부탁하고, 내비게이션 등의 경품을 제공하는 이벤트를 진행하였으며, 이에 2012. 3. 24.까지 □□지역 거주자 519명 등 모두 801명이 '△△△사람들'의 회원으로 가입하였으나, 그중 상당수는 회원 가입 후 별다른 활동을 하지 않았다.

(마) 피고인들은 2011. 8. 21.경 구미시 남통동에 있는 금오산에서 '△△△사람들' 운영진 워크숍 및 결의대회를 개최하는 한편, '△△△사람들' 일부 회원들과 함께 2011. 10. 30.경 구미시 신동에 있는 천생산에서 1차 정식모임을 개최하고, 2011. 12. 2.경 구미시 광평동에 있는 박정희체육관 앞에서 개최된 구미새마을마라톤대회에 참가하고, 2011. 12. 27.경 '△△△사람들' 송년모임을 개최하고, 2011. 12. 31.경 구미시 진평동에 있는 동락공원에서 개최된 제야의 타종식에서 시민들에게 차를 나눠주고, 2012. 2. 19.경 구미시 남통동에 있는 금오산 야영장에서 2차 정식모임을 개최하였는데, 위 각 모임 또는 행사 참가 당시 '△△△사람들(다음카페)' 또는 '다음카페, △△△사람들'이라는 내용의 현수막을 게시하거나 '△△△사람들'이라는 글씨가 인쇄된 어깨띠를 착용하였을 뿐 특별히 피고인 1과 관련된 표시나 행위를 하지 않았다.

(2) 위와 같은 사실관계를 앞서 본 법리에 비추어 살펴보면, 비록 원심 판시와 같이 피고인 1이 선거운동을 위하여 인터넷 동호회를 활용하는 방안을 추진함에 따라 위와 같은 인터넷 카페 활동이 시작되었다고 할 수 있지만, '△△△사람들'은 '○사모' 모임에서의 논의를 거쳐 피고인 1을 지지하는 사람들이 중심이 되어 개설한 인터넷 카페로서, 피고인들을 비롯한 '△△△사람들'의 회원들은 주로 인터넷상에서 카페 게시물 등을 통해 피고인 1을 소개하거나 선거에 관련된 소식 또는 의견을 개진하는 활동을 하여 왔는데, '△△△사람들'에 게시된 글들은 그 회원들만을 대상으로 하고 있어 일반인들에게 공개된 것이 아닐 뿐만 아니라 그와 같이 인터넷 카페에 선거에 관련된 글을 게시하는 행위는 선거운동의 일환으로 널리 허용되므로, 위와 같은 인터넷상의

카페 개설 및 활동에 대하여 공직선거법상 사조직이 구성되었다고 보기 어렵다.

그리고 '○사모'의 2011. 5. 14.자 오프라인상의 모임은 인터넷 카페를 개설하고 인터넷상으로 활동을 하기 위한 준비 모임으로 보일 뿐 이를 인터넷 카페 활동과는 구별되는 조직을 갖추기 위한 행위로 보기에 부족하다. 또한 위 모임에 기초하여 '△△△사람들'이라는 인터넷 카페가 개설된 후에 이루어진 오프라인 모임들도 인터넷 카페 활동을 기본으로 하면서 운영진 등이 중심이 되어 일부 회원들과 함께 친목을 도모하고 결속을 강화하기 위하여 내부적인 모임을 갖거나 카페 활동의 일환으로 마라톤대회나 제야의 타종식 행사에 참가한 것으로 볼 여지가 있으므로, 이를 두고 '○사모' 또는 '△△△사람들'이라는 인터넷상의 카페 활동과는 실질적으로 구별되며 피고인 1의 선거운동을 위한 오프라인상의 조직적인 활동에 해당한다거나 인터넷 카페 내지 그 회원들이 그와 같은 활동을 위한 오프라인상의 조직으로 실질적으로 전환되었다고 단정할 수 있는지 의문이 제기될 수 있다.

따라서 원심이 '○사모'의 구성 내지 '△△△사람들'의 개설 경위와 시기, 구성원 및 그 온라인 및 오프라인상의 활동내용 등에 의하여 알 수 있는 위와 같은 사정들에도 불구하고 '○사모' 또는 '△△△사람들'이 공직선거법 제87조 제2항이 정한 선거운동을 위한 사조직에 해당한다고 인정하려면, '○사모' 내지는 '△△△사람들'이 당초부터 인터넷상의 활동뿐만 아니라 오프라인에서의 활동까지도 주된 목적으로 하여 개설된 것인지, '△△△사람들'의 오프라인 모임이 인터넷상의 카페 활동과 구별할 수 있을 정도로 조직·운영되거나 '△△△사람들'이 실질적으로 오프라인상의 사조직으로 전환된 것인지 여부 내지는 그 시기 등에 관하여 구체적으로 충분히 더 심리하였어야 한다.

(3) 그런데도 이와 달리 원심은 앞에서 본 것과 같은 이유만을 들어, '○사모' 모임이 개최된 이후부터 인터넷 카페 '△△△사람들'이 개설되어 그 회원 수가 801명에 이르게 된 2012. 3. 24.경까지 사이에 이루어진 피고인들의 활동 전부를 공직선거법상 사조직 설립 행위라고 단정하여 '○사모' 또는 '△△△사람들'이 공직선거법상 사조직에 해당된다고 판단하고 말았으니, 이러한 원심판결에는 공직선거법상 사조직의 설립 요건 및 정보통신망을 통한 선거운동 등에 관한 법리를 오해하여 필요한 심리를 다하지 아니함으로써 판결에 영향을 미친 위법이 있다. 이를 지적하는 취지의 상고이유 주장은 이유 있다.

3. 결론

그러므로 피고인들의 나머지 상고이유에 대한 판단을 생략한 채 원심판결을 파기하고, 사건을 다시 심리·판단하게 하기 위하여 원심법원에 환송하기로 하여, 관여 대법관의 일치된 의견으로 주문과 같이 판결한다.

대법관 신영철(재판장) 이상훈 김용덕(주심) 김소영

대법원 2013.11.14. 선고 2012도15254 판결

【뇌물수수】

판시사항

[1] 건설기술관리법 제45조 제2호가 형법상 뇌물죄 규정을 적용할 때 같은 법 제5조의2에 따른 발주청의 '설계자문위원회' 위원 중 공무원이 아닌 위원을 공무원으로 의제하는 취지

[2] 건설기술관리법령에 따라 발주청의 '설계심의분과위원회' 위원으로 임명 또는 위촉된 사람이 설계심의분과위원회 또는 그 위원의 직무와 관련하여 부당한 금품을 수수한 경우, 건설기술관리법 제45조 제2호에서 정한 '설계자문위원회' 위원으로서 직무와 관련하여 부당한 금품을 수수한 것에 해당하여 뇌물죄가 성립하는지 여부(적극)

판결요지

[1] 건설기술관리법(이하 '법'이라 한다) 제45조 제2호가 형법상 뇌물죄의 규정을 적용할 때는 법 제5조의2에 따른 발주청의 설계자문위원회 위원 중 공무원이 아닌 위원을 공무원으로 본다고 규정하고 있는 취지는, 설계자문위원회 심의의 공정성과 투명성을 높이기 위하여 공무원이 아닌 사람이 설계자문위원회의 위원으로서 직무를 처리하는 경우에, 그 직무와 관련하여 부당한 금품을 수수하면 공무원으로 보아 뇌물죄로 처벌하려는 것이다.

[2] 건설기술관리법(이하 '법'이라 한다) 제5조의2 제2항, 구 건설기술관리법 시행령(2013. 2. 20. 대통령령 제24390호로 개정되기 전의 것) 제21조 제1항, 제5항, 제6항, 제10조 제5항의 규정 내용처럼 발주청의 설계심의분과위원회는 설계자문위원회의 하부기관으로서 설계자문위원회가 담당하는 업무 중 일정한 사항을 수행하고, 이를 위하여 설계자문위원회의 위원 중에서 설계심의분과위원회의 위원을 임명 또는 위촉하도록 한 점에 비추어 보면, 설계심의분과위원회 위원은 건설기술관리법령에서 정한 바에 따라 설계자문위원회 위원의 직무를 수행한다고 할 것이다. 따라서 발주청의 설계심의분과위원회의 위원으로 임명 또는 위촉된 사람이 설계심의분과위원회 또는 그 위원의 직무와 관련하여 부당한 금품을 수수한 경우에는 법 제45조 제2호에서 정한 설계자문위원회 위원으로서 그 직무와 관련하여 부당한 금품을 수수한 것에 해당하여 뇌물죄가 성립한다고 봄이 타당하다.

전 문

피 고 인 피고인

상 고 인 검사

변 호 인 법무법인

원심판결 서울고법 2012. 11. 16. 선고 2012노2361 판결

주 문 원심판결을 파기하고, 사건을 서울고등법원에 환송한다.

이 유 상고이유를 판단한다.

1. 공소사실의 요지 및 원심의 판단

이 사건 공소사실의 요지는, 피고인은 ○○대학교 환경조경학과 교수로서, 2010. 5.경 한국환경공단이 설계자문위원회 내 설계심의분과위원회의 위원(전문분야: 건축 및 조경)으로 위촉된 후 2011. 2. 8. '△△ △△일반산업단지 폐수종말처리시설 설치사업' 공사의 심의위원으로 선정되어 설계도서를 심사하면서 입찰 참가업체 중 ▽▽▽▽▽ 컨소시엄에 1위 점수를 부여한 후 같은 해 3. 16. 위 업체의 직원으로부터 그에 대한 사례의 취지로 현금 1,000만 원을 받았다는 것이다.

검사는 피고인이 건설기술관리법(이하 '법'이라 한다) 제45조 제2호(이하 '이 사건 법 규정'이라 한다)에 따라

공무원으로 의제되는 설계자문위원회 위원에 해당한다 하여 피고인을 뇌물수수죄로 기소하였다.

이에 대하여 원심은, 한국환경공단의 설계심의분과위원회의 위원은 따로 설계자문위원회의 위원으로 위촉되지 않는 이상 설계심의분과위원회 위원으로 위촉되었다고 하여 이 사건 법 규정의 설계자문위원회 위원에 해당한다고 할 수 없는데, 피고인은 한국환경공단의 설계심의분과위원회 위원으로 위촉되었을 뿐 설계자문위원회의 위원으로 위촉된 바 없으므로 이 사건 법 규정에 의하여 공무원으로 의제된다고 할 수 없어 뇌물수수죄의 주체가 될 수 없다면서 제1심의 유죄판결을 파기하고 피고인에 대하여 무죄를 선고하였다.

2. 대법원의 판단

가. 이 사건 법 규정이 형법상 뇌물죄의 규정을 적용할 때는 법 제5조의2에 따른 발주청의 설계자문위원회 위원 중 공무원이 아닌 위원을 공무원으로 본다고 규정하고 있는 취지는, 설계자문위원회의 심의의 공정성과 투명성을 높이기 위하여 공무원이 아닌 사람이 설계자문위원회의 위원으로서 직무를 처리하는 경우에, 그 직무와 관련하여 부당한 금품을 수수하면 공무원으로 보아 뇌물죄로 처벌하려는 것이다.

그런데 법 제5조의2 제2항은 설계자문위원회의 구성·기능 및 운영 등에 필요한 사항은 대통령령이 정하는 기준에 따라 발주청이 정하도록 하고 있고, 그 위임에 따라 구 건설기술관리법 시행령(2013. 2. 20. 대통령령 제24390호로 개정되기 전의 것, 이하 '시행령'이라고 한다)은 설계자문위원회가 그 담당 업무 중 대안입찰·일괄입찰의 설계심의에 관한 사항 등 일정한 사항을 효율적으로 수행하기 위하여 설계심의분과위원회를 구성·운영할 수 있다고 규정하면서(제21조 제5항), 설계자문위원회의 위원은 각급 건설기술심의위원회, 다른 발주청의 설계자문위원회 또는 관계 시민단체가 추천하는 사람 및 해당 분야의 전문가 중에서 발주청이 임명하거나 위촉하고(제21조 제1항), 설계심의분과위원회의 위원은 설계자문위원회의 위원으로서 시행령 [별표 2]에서 열거하는 해당 자격 요건을 갖춘 사람 중에서 설계자문위원회의 위원장이 임명하거나 위촉하도록 규정하고 있다(제21조 제6항 본문에 의하여 준용되는 제10조 제5항).

이처럼 발주청의 설계심의분과위원회는 설계자문위원회의 하부기관으로서 설계자문위원회가 담당하는 업무 중 일정한 사항을 수행하고, 이를 위하여 설계자문위원회의 위원 중에서 설계심의분과위원회의 위원을 임명 또는 위촉하도록 한 점에 비추어 보면, 설계심의분과위원회 위원은 건설기술관리법령에서 정한 바에 따라 설계자문위원회 위원의 직무를 수행한다고 할 것이다. 따라서 발주청의 설계심의분과위원회의 위원으로 임명 또는 위촉된 사람이 설계심의분과위원회 또는 그 위원의 직무와 관련하여 부당한 금품을 수수한 경우에는 이 사건 법 규정에서 정한 설계자문위원회 위원으로서 그 직무와 관련하여 부당한 금품을 수수한 것에 해당하여 뇌물죄가 성립한다고 봄이 상당하다.

나. 원심판결 이유와 적법하게 채택된 증거에 의하면 다음과 같은 사실을 알 수 있다.

(1) 한국환경공단은 법 제2조 제5호의 발주청에 해당하는 법인으로서 법 제5조의2에 따라 설계자문위원회를 두고 있고, 한국환경공단의 설계자문위원회는 그 업무 중 일괄입찰·대안입찰 등에 관한 심의 등 일정한 사항을 효율적으로 수행하기 위하여 시행령 제21조 제5항에 따라 설계심의분과위원회를 구성·운영하고 있다.

(2) 피고인은 ○○대학교 환경조경학과 교수로서 건설기술관리법령 및 한국환경공단의 설계자문위원회 운영지침(이하 '이 사건 운영지침'이라 한다)에서 설계심의분과위원회의 위원의 자격 요건으로 규정한 '고등교육법 제2조 제1호에 따른 대학의 기술 관련 학과의 교수'로 인정되어 2010. 5.경 한국환경공단 이사장에 의하여 한국환경공단의 설계심의분과위원회의 위원으로 위촉되었다.

(3) 위와 같은 위촉에 근거하여 피고인은 2011. 12.경까지 한국환경공단이 발주하는 각종 공사의 일괄입찰에 관한 설계도서 심사·평가 등의 업무를 수행하였다.

(4) 그 과정에서 피고인은 2011. 3. 16. 입찰 참가 업체의 직원으로부터 설계도서 심사와 관련하여 해당 업체에 1위 점수를 준 것에 대한 사례의 취지로 현금 1,000만 원을 받았다.

다. 위와 같이 시행령은 설계자문위원회의 위원장이 발주청의 설계심의분과위원회의 위원을 임명 또는 위촉하도록 규정하고 있으나, 피고인은 이 사건 운영지침에 따라 발주청인 한국환경공단 이사장에 의하여 직접 설계심의분과위원회의 위원으로 위촉되었다.

그런데 앞에서 본 바와 같이 건설기술관리법령은 발주청이 설계심의분과위원회의 상위 기관인 설계자문위원회의 위원을 임명 또는 위촉하여 설계자문위원회를 구성할 수 있는 권한을 가지고, 발주청의 설계심의분과위원회의 위원의 경우 설계자문위원회의 위원 중에서 임명 또는 위촉하도록 규정함으로써, 발주청의 설계심의분과위원회의 위원은 기본적으로 발주청에 의한 임명 또는 위촉 절차를 거치는 것을 전제로 설계자문위원회의 업무 중 일정한 사항을 수행하도록 하고 있다. 그리고 시행령이 설계자문위원회의 위원장으로 하여금 발주청의 설계심의분과위원회의 위원을 임명 또는 위촉할 수 있도록 한 것 역시 그에 앞서 설계자문위원회의 구성·운영이 발주청에 의하여 이루어진다는 점을 전제로 하는 것이다.

이 사건 운영지침은 제1조(목적)에서 "이 지침은 법 제5조의2 및 시행령 제21조에 따라서 한국환경공단에서 시행하는 건설공사 및 건설기술 등에 관한 사항을 심의·자문하기 위한 설계자문위원회의 구성과 운영 등에 관하여 필요한 사항을 정함을 목적으로 한다."고 규정함으로써, 이 사건 운영지침이 법과 시행령의 기준 범위 내에서 설계자문위원회의 구성·기능 및 운영 등에 관한 세부 사항을 정하는 것임을 분명히 하고 있으며, 이 사건 운영지침 제19조 제1항은 설계자문위원회의 설계심의, 기술제안서 심의 등의 업무를 효율적으로 수행하기 위하여 설계심의분과위원회를 구성·운영하도록 규정하여 설계자문위원회가 설계심의분과위원회를 구성·운영하는 주체임을 밝히고 있다. 나아가 이 사건 운영지침 제7조 제9호는 '분과위원회 위원으로서 분과위원회 윤리강령을 위반한 경우'를 설계자문위원회의 위원의 해촉사유 중 하나로 규정하고 있는바, 이는 설계심의분과위원회의 위원은 당연히 설계자문위원회의 위원의 지위를 겸한다는 점을 전제로 한 것이다.

한편 이 사건 운영지침은 제19조 제7항에서 '위촉직 설계자문위원은 설계심의분과위원과 겸임할 수 없다'고 규정하고 있는바, 위와 같은 건설기술관리법령 및 이 사건 운영지침의 내용과 효력 등에 비추어 볼 때, 위 규정은 설계자문위원회의 업무 사항 중 제19조 제1항 각 호의 업무는 설계심의분과위원회의 위원을 겸하는 설계자문위원회의 위원이 전담하고 나머지 업무는 설계심의분과위원회의 위원이 아닌 일반 설계자문위원회의 위원이 담당한다는 의미로서, 설계심의분과위원회의 위원을 겸하는 설계자문위원회의 위원과 일반 설계자문위원회의 위원의 업무 영역을 구별하는 취지일 뿐, 설계자문위원회의 위원의 지위와 설계심의분과위원회의 위원의 지위가 양립할 수 없는 관계에 있다는 의미는 아니라고 할 것이다. 만일 이 사건 운영지침 제19조 제7항의 규정이 설계심의분과위원회의 위원은 설계자문위원회의 위원이 될 수 없다는 의미라면 이는 건설기술관리법령에 배치되는 것으로서 구속력이 없고, 따라서 위 규정을 근거로 설계심의분과위원회의 위원이 이 사건 법 규정의 설계자문위원회 위원에 해당하지 않는다고 할 수는 없다.

결국 이 사건에서 발주청인 한국환경공단의 대표자로서 설계자문위원회의 구성·운영권자인 공단 이사장이 피고인을 설계자문위원회 내에 그 하위 기구로서 구성된 설계심의분과위원회의 위원으로 직접 위촉하여 설계자문위원회의 업무 중 일정한 사항을 수행하게 하였다고 하여 그 위촉의 효력 내지 이에 근거한 피고인의 직무 수행의 효력을 부정할 수는 없으며, 피고인이 한국환경공단 이사장으로부터 설계심의분과위원회의 위원으로 위촉된 외에 설계자문위원회의 위원으로 임명 또는 위촉되는 절차나 형식을 따로 거치지 아니하였다 하여 달리 볼 것은 아니다.

라. 위와 같은 사정들을 앞에서 본 법리에 비추어 살펴보면, 피고인은 발주청인 한국환경공단의 설계심의분과위원회의 위원으로 위촉되어 설계자문위원회의 업무 중 일정한 사항을 수행하면서 그 직무와 관련하여 부당한 금품을 받았는바, 이는 피고인이 이 사건 법 규정에 의하여 공무원으로 의제되는 설계자문위원회 위원으로서 그 직무와 관련하여 뇌물을 수수한 것으로 보아야 한다.

이와 달리 피고인이 이 사건 법 규정의 설계자문위원회 위원에 해당하지 않는다고 보아 피고인에 대하여 무죄를 선고한 원심의 조치는 이 사건 법 규정의 해석에 관한 법리를 오해하여 판단을 그르친 것이다.

3. 결론

그러므로 원심판결을 파기하고, 사건을 다시 심리·판단하게 하기 위하여 원심법원에 환송하기로 하여, 관여 대법관의 일치된 의견으로 주문과 같이 판결한다.

대법관 박보영(재판장) 민일영(주심) 이인복 김신

대법원 2013.11.14. 선고 2011도4440 판결

【컴퓨터등사용사기】

판시사항

1 컴퓨터 등 사용사기죄의 구성요건 중 '부정한 명령의 입력'의 의미 및 사무처리시스템의 프로그램 자체에서 발생하는 오류를 적극적으로 이용하여 사무처리의 목적에 비추어 정당하지 아니한 사무처리를 하게 하는 행위가 '부정한 명령의 입력'에 해당하는지 여부(원칙적 적극)

2 피고인이 갑 주식회사에서 운영하는 전자복권구매시스템에서 일정한 조건하에 복권 구매명령을 입력하면 가상계좌로 복권 구매요청금과 동일한 액수의 가상현금이 입금되는 프로그램 오류를 이용하여 복권 구매명령을 입력하는 행위를 반복함으로써 자신의 가상계좌로 구매요청금 상당의 금액이 입금되게 한 사안에서, 피고인의 행위가 컴퓨터 등 사용사기죄에서 정한 '부정한 명령의 입력'에 해당한다고 한 사례

판결요지

1 형법 제347조의2는 컴퓨터 등 정보처리장치에 허위의 정보 또는 부정한 명령을 입력하거나 권한 없이 정보를 입력·변경하여 정보처리를 하게 함으로써 재산상의 이익을 취득하거나 제3자로 하여금 취득하게 하는 행위를 처벌하고 있다. 여기서 '부정한 명령의 입력'은 당해 사무처리시스템에 예정되어 있는 사무처리의 목적에 비추어 지시해서는 안 될 명령을 입력하는 것을 의미한다. 따라서 설령 '허위의 정보'를 입력한 경우가 아니라고 하더라도, 당해 사무처리시스템의 프로그램을 구성하는 개개의 명령을 부정하게 변개·삭제하는 행위는 물론 프로그램 자체에서 발생하는 오류를 적극적으로 이용하여 그 사무처리의 목적에 비추어 정당하지 아니한 사무처리를 하게 하는 행위도 특별한 사정이 없는 한 위 '부정한 명령의 입력'에 해당한다고 보아야 한다.

2 피고인이 갑 주식회사에서 운영하는 전자복권구매시스템에서 은행환불명령을 입력하여 가상계좌 잔액이 1,000원 이하로 되었을 때 복권 구매명령을 입력하면 가상계좌로 복권 구매요청금과 동일한 액수의 가상현금이 입금되는 프로그램 오류를 이용하여 잔액을 1,000원 이하로 만들고 다시 복권 구매명령을 입력하는 행위를 반복함으로써 피고인의 가상계좌로 구매요청금 상당의 금액이 입금되게 한 사안에서, 피고인의 행위는 형법 제347조의2에서 정한 '허위의 정보 입력'에 해당하지는 않더라도, 프로그램 자체에서 발생하는 오류를 적극적으로 이용하여 사무처리의 목적에 비추어 정당하지 아니한 사무처리를 하게 한 행위로서 '부정한 명령의 입력'에 해당한다고 한 사례.

전 문

피 고 인 피고인

상 고 인 검사

원심판결 서울남부지법 2011. 4. 1. 선고 2010노2262 판결

주 문 원심판결을 파기하고, 사건을 서울남부지방법원 합의부에 환송한다.

이 유 상고이유를 판단한다.

1. 형법 제347조의2는 컴퓨터 등 정보처리장치에 허위의 정보 또는 부정한 명령을 입력하거나 권한 없이 정보를 입력·변경하여 정보처리를 하게 함으로써 재산상의 이익을 취득하거나 제3자로 하여금 취득하게 하는 행위를 처벌하고 있다. 여기서 '부정한 명령의 입력'은 당해 사무처리시스템에 예정되어 있는 사무처리의 목적에 비추어 지시해서는 안 될 명령을 입력하는 것을 의미한다(대법원 2010. 9. 9. 선고 2008도128 판결 등 참조). 따라서 설령 '허위의 정보'를 입력한 경우가 아니라고 하더라도, 당해 사무처리시스템의 프로그램을 구성하는 개개

의 명령을 부정하게 변개·삭제하는 행위는 물론 프로그램 자체에서 발생하는 오류를 적극적으로 이용하여 그 사무처리의 목적에 비추어 정당하지 아니한 사무처리를 하게 하는 행위도 특별한 사정이 없는 한 위 '부정한 명령의 입력'에 해당한다고 보아야 할 것이다.

2. 원심은 제1심이 적법하게 채택한 증거들에 의하여, 피고인은 피해자인 공소외 주식회사가 운영하는 인터넷사이트의 가상계좌에서 은행환불명령을 입력하여 가상계좌의 잔액이 1,000원 이하로 되었을 때 전자복권 구매명령을 입력하면 가상계좌로 복권 구매요청금과 동일한 액수의 가상현금이 입금되는 프로그램 오류가 발생하는 사실을 인식하였던 사실, 피고인은 이를 이용하여 그 잔액을 1,000원 이하로 만들고 다시 전자복권 구매명령을 입력하는 행위를 반복함으로써 피고인의 가상계좌로 합계 18,123,800원이 입금되게 한 사실을 인정한 다음, 피고인의 위와 같은 행위는 당해 사이트에서 허용하는 절차에 따라 은행환불명령이나 복권구매명령을 입력한 것으로서, 당해 프로그램상의 오류를 이용한 피고인의 행위에 대하여 '허위의 정보 입력'으로 볼 수 없을 뿐 아니라 '부정한 명령 입력'의 구성요건에도 해당하지 아니한다고 판단하여, 이 사건 공소사실에 대하여 무죄를 선고한 제1심판결을 그대로 유지하였다.

그러나 위와 같은 사실관계를 앞서 본 법리에 비추어 보면, 피고인은 일정한 조건하에 전자복권구매시스템을 구성하는 프로그램의 작동상 오류가 발생한다는 점을 분명히 인식하고서도, 부정한 재산상 이익을 취득할 의도로 일부러 은행환불명령을 통하여 가상계좌의 잔액 1,000원 이하인 상태를 설정한 뒤 전자복권 구매명령을 입력함으로써, 정상적인 사무처리절차와 달리 오히려 자신의 가상계좌에 그 구매요청금 상당의 금액이 입금되도록 한 것이니, 피고인의 이러한 행위가 설령 형법 제347조의2 소정의 '허위의 정보 입력'에 해당하지는 않는다고 하더라도, 이는 프로그램 자체에서 발생하는 오류를 적극적으로 이용하여 그 사무처리의 목적에 비추어 정당하지 아니한 사무처리를 하게 한 행위로서 위와 동일한 형벌규정에 정하여진 '부정한 명령의 입력'에 해당한다고 보아야 할 것이다.

그렇다면 이러한 경우 원심으로서는 피고인의 행위에 대한 정당한 법적 평가로서 이를 형법 제347조의2 소정의 '부정한 명령의 입력'에 의한 컴퓨터 등 사용사기죄로 의율·처단하였어야 할 것임에도, 이와 다른 전제에서 피고인에게 무죄를 선고하였으니, 이러한 원심의 판단에는 컴퓨터 등 사용사기죄의 구성요건 및 그 적용범위에 관한 법리를 오해하여 판결 결과에 영향을 미친 위법이 있다.

3. 그러므로 원심판결을 파기하고, 사건을 다시 심리·판단하게 하기 위하여 원심법원에 환송하기로 하여 관여 대법관의 일치된 의견으로 주문과 같이 판결한다.

대법관 김용덕(재판장) 신영철(주심) 이상훈 김소영

대법원 2013.11.14. 선고 2011도11174 판결

【배임수재·배임증재·공인중개사의업무및부동산거래신고에관한법률위반】

판시사항

배임수재죄 구성요건 중 '부정한 청탁'의 의미와 판단 기준 및 부정한 청탁을 받고 나서 사후에 청탁의 대가로 재물 또는 재산상의 이익을 취득한 경우와 부정한 청탁의 결과로 상대방이 얻은 재물 등의 일부를 상대방으로부터 청탁의 대가로 취득한 경우, 배임수재죄가 성립하는지 여부(적극)

판결요지

임무에 관하여 부정한 청탁을 받고 재물 또는 재산상 이익을 취득하면 배임수재죄는 성립되고, 어떠한 임무위배행위를 하거나 본인에게 손해를 가하는 것을 요건으로 하지 아니하나, 재물 또는 이익을 공여하는 사람과 취득하는 사람 사이에 부정한 청탁이 개재되지 않는 한 성립하지 않는다. 여기서 '부정한 청탁'이란 반드시 업무상 배임의 내용이 되는 정도에 이를 필요는 없고, 사회상규 또는 신의성실의 원칙에 반하는 것을 내용으로 하면 족하며, 이를 판단할 때에는 청탁의 내용 및 이에 관련한 대가의 액수, 형식, 보호법익인 거래의 청렴성 등을 종합적으로 고찰하여야 하며, 청탁이 반드시 명시적일 필요는 없다. 그리고 부정한 청탁을 받고 나서 사후에 재물 또는 재산상의 이익을 취득하였다고 하더라도 재물 또는 재산상의 이익이 청탁의 대가인 이상 배임수재죄가 성립되며, 또한 부정한 청탁의 결과로 상대방이 얻은 재물 또는 재산상 이익의 일부를 상대방으로부터 청탁의 대가로 취득한 경우에도 마찬가지이다.

전 문

피 고 인 피고인 1 외 4인

상 고 인 검사

변 호 인 법무법인

원심판결 서울고법 2011. 8. 11. 선고 2010노3386 판결

주 문 원심판결 중 피고인 1, 2, 3에 대한 배임수재 부분 및 피고인 4, 5에 대한 배임증재 부분을 각 파기하고, 이 부분 사건을 서울고등법원에 환송한다. 나머지 상고를 기각한다.

이 유 상고이유를 판단한다.

1. 배임수재 및 배임증재의 점에 관한 상고이유에 대하여

가. 형법 제357조 제1항이 규정하는 배임수재죄는 타인의 사무를 처리하는 자가 임무에 관하여 부정한 청탁을 받고 재물 또는 재산상 이익을 취득하는 경우에 성립하는 범죄이다. 배임수재죄의 주체로서 '타인의 사무를 처리하는 자'는 타인과의 대내관계에서 신의성실의 원칙에 비추어 그 사무를 처리할 신임관계가 존재한다고 인정되는 자를 의미하고, 반드시 제3자에 대한 대외관계에서 그 사무에 관한 권한이 존재하여야 하는 것은 아니며, 또 그 사무가 포괄적 위탁사무여야 하는 것도 아니고, 사무처리의 근거, 즉 신임관계의 발생근거는 법령의 규정, 법률행위, 관습 또는 사무관리에 의하여도 발생할 수 있다(대법원 2011. 2. 24. 선고 2010도11784 판결 참조). 그리고 배임수재죄에서 '임무에 관하여'는 타인의 사무를 처리하는 자가 위탁받은 사무를 말하는 것이나, 이는 그 위탁관계로 인한 본래의 사무뿐만 아니라 그와 밀접한 관계가 있는 범위 내의 사무도 포함되고, 나아가 고유의 권한으로써 그 처리를 하는 자에 한하지 않고 그 자의 보조기관으로서 직접 또는 간접으로 그 처리에 관한 사무를 담당하는 자도 포함된다(대법원 2006. 3. 24. 선고 2005도6433 판결 등 참조).

한편 임무에 관하여 부정한 청탁을 받고 재물 또는 재산상 이익을 취득하면 배임수재죄는 성립되고, 어떠한 임무 위배 행위를 하거나 본인에게 손해를 가하는 것을 요건으로 하지 아니하나, 재물 또는 이익을 공여하는 사람과 취득하는 사람 사이에 부정한 청탁이 개재되지 않는 한 성립하지 않는다. 여기서 '부정한 청탁'이란 반

드시 업무상 배임의 내용이 되는 정도에 이를 필요는 없고, 사회상규 또는 신의성실의 원칙에 반하는 것을 내용으로 하면 족하며, 이를 판단할 때에는 청탁의 내용 및 이에 관련한 대가의 액수, 형식, 보호법익인 거래의 청렴성 등을 종합적으로 고찰하여야 하며, 청탁이 반드시 명시적일 필요는 없다(대법원 2010. 9. 9. 선고 2010도7380 판결, 대법원 2011. 2. 24. 선고 2010도11784 판결 참조). 그리고 부정한 청탁을 받고 나서 사후에 재물 또는 재산상의 이익을 취득하였다고 하더라도 그 재물 또는 재산상의 이익이 그 청탁의 대가인 이상 배임수재죄가 성립되며, 또한 부정한 청탁의 결과로 상대방이 얻은 재물 또는 재산상의 이익의 일부를 상대방으로부터 그 청탁의 대가로 취득한 경우에도 마찬가지라고 할 것이다.

나. 원심이 인용한 제1심판결 이유 및 기록에 의하면 다음과 같은 사실을 알 수 있다.

(1) 피고인 1은 2000. 7. 1. 공소외 1 회사(이하 "공소외 1 회사"라 한다)에 입사하여 기획영업부 부장으로 근무하면서 임대아파트 분양업무를 담당하였고, 피고인 2는 2001. 4. 1. 공소외 1 회사에 입사하여 기획영업부 과장으로 근무하면서 동탄 및 판교지역 임대아파트 분양팀장의 업무를 담당하였으며, 피고인 3은 1997. 7.경 공소외 1 회사에 입사하여 2006. 5.까지 공소외 1 회사 상무이사로 근무하다가 퇴직하였고, 피고인 4, 5는 공소외 1 회사가 건설한 동탄1차 및 판교1차 아파트 인근에서 부동산중개사무실을 운영하였다. 피고인 1, 3, 4는 고등학교 동문이다.

(2) 공소외 1 회사는 동탄1차 및 판교1차 아파트를 분양하였다가 대량의 해약사태가 발생하여 그중 60세대가 2008. 8.경부터 2009. 3.경까지도 재임대분양이 되지 않는 상황을 맞이하였다. 그런데 분양공고를 거칠 경우 재임대계약이 체결될 때까지 시간이 많이 소요되고 그 사이 회사에서 부담하는 금융이자가 크게 늘어날 우려가 있었다. 이에 공소외 1 회사 경영진은 관련 업무를 담당하고 있던 피고인 1, 2에게 해약세대를 빨리 처리하라고 지시하였다.

(3) 한편 피고인 4는 2008. 8. 29.경 광주로 내려가 피고인 1과 함께 저녁 식사를 하면서 "공소외 1 회사의 해약세대를 제3자에게 임대하게 되면 자신이 중개할 수 있도록 연락해 달라, 한 세대를 중개할 때마다 프리미엄 일부를 주겠다."고 제안하였다.

(4) 그 후 피고인 1은 공소외 1 회사 대표 공소외 2에게 피고인 4의 중개로 해약세대의 분양권을 전매하여 재임대차계약을 체결하는 것에 대해 보고하고 승인을 받은 다음, 2008. 10. 중순경 피고인 2와 함께 동탄 ○○○○○임대아파트 상가 내 피고인 4의 △△부동산 사무실에서 피고인 4를 만나 그 무렵의 프리미엄 시세가 얼마인지, 동탄1차 해약세대에 관하여 재임대차계약이 체결될 경우 프리미엄을 어떻게 분배할 것인지 등에 대해 상호 논의하였다. 그 결과 재계약자들로부터 지급받는 분양대금(임대보증금), 인테리어비와 옵션확장비, 기간이자 등(이하 '분양대금 등'이라고 한다)은 공소외 1 회사의 법인 계좌로 바로 입금하고, 그 외 거래시세에 따라 재계약자들로부터 지급받는 프리미엄은 20평형대의 경우 1,700만 원, 30평형대의 경우 3,000만 원을 각 기본금액으로 하고, 그 기본금액에다가 기본금액을 초과하는 프리미엄의 1/3 해당 금액을 합하여 이를 피고인 1, 2에게 귀속시키기로 합의하였다.

(5) 그와 같은 합의 내용에 따라 피고인 2는 그 무렵 피고인 4에게 동탄1차 해약세대 27세대의 정보를 알려주었고, 피고인 4는 자신이 운영하는 △△부동산 사무소나 다른 부동산중개사무소를 통해 재계약자들을 모집하여 결국 2009. 1. 14.경부터 2009. 3. 18.경까지 사이에 총 17세대에 관하여 재임대차계약이 체결되었다. 한편 그 사이 경기가 회복되자 공소외 1 회사는 나머지 10세대를 직접 처분하겠다고 하면서 피고인 4에게 반납을 요청하였고, 그 요구에 따라 피고인 4는 10세대에 관한 재임대차계약 체결을 중단하였다.

(6) 피고인 4는 2008년 말경 피고인 1에게 판교1차 해약세대에 대하여도 같은 방법으로 재임대차계약을 중개해 주겠다고 제안하였고, 이에 피고인 1, 2는 공소외 1 회사 대표 공소외 2의 승인을 받아 해약된 판교1차 26세대의 정보를 피고인 4, 5가 공동으로 운영하는 ▽▽▽부동산사무소 측에 넘겨주었다. 당시 피고인 1, 2는 피고인 4, 5와 사이에 재계약자들로부터 지급받는 프리미엄 중 23평형의 경우 500만 원, 33평형의 경우 700만 원을 각 기본금액으로 하고 그 기본금액에다가 기본금액을 초과하는 프리미엄의 50%(23평형), 70%(33평형) 해당 금액을 합하여 이를 피고인 1, 2에게 귀속시키기로 약정하였다. 이후 ▽▽▽부동산사무소 등의 중개를 통해 2008. 12. 30.경부터 2009. 2. 26.경까지 사이에 판교1차 26세대에 대하여 재임대차계약이 체결되었다.

(7) 피고인 4는 2009. 7.경 판교1차의 다른 7세대 역시 피고인 1, 2에게 그 정보를 알려달라고 하면서 당시 시세를 고려하여 프리미엄 중 23평형의 경우 3,200만 원, 33평형의 경우 6,500만 원을 각 지급하기로 약정하였다. 그 후 공소외 1 회사는 피고인 4, 5 등의 중개로 2009. 9. 7.경부터 2009. 9. 24.경까지 사이에 위 7세대에 대한 재임대차계약을 체결하였다.

(8) 피고인 2는 공소외 1 회사에서 함께 근무하다가 퇴사한 피고인 3이 경제적으로 어려운 상황에 처한 것을 알고 도움을 주고자 2009. 6.경 피고인 3에게 동탄1차 해약세대 중 11세대의 정보를 알려주었고, 피고인 3은

그 정보를 피고인 4에게 알려주면서 당시 프리미엄 시세에 따라 피고인 4로부터 총 7,000만 원을 지급받기로 하였다. 피고인 4는 이와 별도로 피고인 2에게는 1세대당 300만 원을 주기로 약정하였다. 이후 공소외 1 회사는 피고인 4 등의 중개로 위 11세대 중 10세대에 대하여 재임대차계약을 체결하였다(다만, 피고인 2는 피고인 3이 3,000만 원을 지급받은 1세대와 저층이어서 프리미엄이 형성되지 않은 2세대를 뺀 나머지 7세대에 대하여만 300만 원씩을 지급받아 2,100만 원을 수령하였다).

(9) 위와 같이 피고인 4, 5 등의 중개로 공소외 1 회사와 사이에 재임대차계약을 체결한 재계약자들은 공소외 1 회사 경기지사 사무실에서 공소외 1 회사를 임대인으로 하는 임대차계약서를 작성하고, 해당 프리미엄을 중개인들에게 지급하였다. 그리고 다른 중개인들을 통해 또는 △△부동산이나 ▽▽▽부동산의 종업원들을 통해 프리미엄을 지급받은 피고인 4는 피고인 1, 2와의 앞서 본 각 약정 내용에 따라 2009. 1. 14.경부터 2009. 10. 12.경까지 사이에 수십 회에 걸쳐 피고인 1, 2, 3이 지정한 계좌로 총 10억여 원을 송금하였는데, 프리미엄을 지급받은 시기가 계약된 거래별로 달라서 어떤 송금내역이 어떤 세대의 프리미엄인지 등에 대해서는 명확히 밝혀지지 않았다.

(10) 그리고 공소외 1 회사의 사규에서는 회사이익에 반하는 영리행위 내지 타인에게 부당한 이익을 주는 행위 및 회사 거래처로부터 사례를 수수하는 행위를 금지하고 있다.

(11) 위 아파트들은 공소외 1 회사가 임대를 목적으로 건설한 임대주택으로서 임대주택법령의 적용대상이고 그중에서 판교 지구 아파트의 경우에는 공공건설임대주택에 해당하는 것으로 보이는데, 구 임대주택법(2011. 8. 4. 법률 제11021호로 개정되기 전의 것, 이하 같다) 제20조, 제26조 등 관련 법령에서는 임대주택에 대하여 임차인의 자격, 산정방법, 임대보증금, 임대료 등 임대조건에 관한 기준을 정하고, 일정한 공공건설임대주택에 대하여는 임대조건에 관한 신고의무를 지우며, 또한 주택법 등 관련 법령에 따라 사업계획승인을 받아 건설한 공공건설임대주택의 경우에는 원칙적으로 최초의 임대보증금 및 임대료는 일정한 표준임대보증금 및 표준임대료를 초과할 수 없도록 정하는 등, 국민의 주거생활을 안정시키는 것을 목적으로 하는 구 임대주택법의 취지에 맞게 임대주택의 임대조건에 관하여 규제하고 있다.

다. 위와 같은 사실관계를 앞에서 본 법리에 비추어 보면, 비록 피고인들이 서로 협조하여 공소외 1 회사의 위 임대분양 아파트들 중에서 해약세대에 대한 재임대차계약 사무를 추진한 결과 이를 성공적으로 마칠 수 있었다고 할 것이지만, 임대분양 영업을 하는 회사인 공소외 1 회사에 소속된 직원인 피고인 1, 2는 회사 소유의 임대아파트에 관한 임대 업무를 처리하면서 임대주택법령에서 정한 범위 내에서 공소외 1 회사에 유리한 조건으로 임대가 이루어질 수 있도록 노력하여야 하고, 또한 재임대차계약 과정에서 원래 예정된 분양대금 외에 재계약자들로부터 웃돈에 해당하는 프리미엄을 받을 경우에는 그 프리미엄 수수로 인한 분쟁, 조세 부담 및 해약 시의 반환 문제를 비롯하여 공공건설 임대주택 분양업자인 공소외 1 회사의 분양 과정에서의 공정성·투명성 등에 대한 신뢰와 평판에 대한 악영향 내지는 임대주택법령의 위배 가능성 등을 고려하여 그 수수 사실을 공소외 1 회사 사장 등에게 사전 또는 사후에 알려 승인을 받고 나아가 공소외 1 회사의 지시를 받아 프리미엄을 처리하도록 하여야 할 것이며, 사규에서 정한 바에 따라 그 업무처리 과정에서 중개업자 등으로부터 사례 등 명목으로 금품을 수수하여서는 아니 될 것이다.

그럼에도 공소외 1 회사의 직원인 피고인 1, 2는 재임대차계약 업무를 처리하면서 중개업자인 피고인 4, 5로부터 프리미엄을 배분하여 주겠다는 제의 아래 재임대차계약 중개에 관한 권리를 부여하여 달라는 청탁을 받은 후, 그들에게 중개업무를 전담하게 하여 그들이 중개수수료를 독점적으로 취득할 수 있도록 하였을 뿐 아니라 공소외 1 회사의 사장 등으로부터 구체적인 수권을 받지 아니한 채 그들이 재계약자들로부터 임대보증금 외에 프리미엄을 더 받아 취득할 수 있도록 그들에게 재임대차계약에 관한 중개업무를 전담시키고, 나아가 그에 대한 대가로 그들이 받은 프리미엄의 일부를 일정한 기준에 따라 나누어 받았으므로, 이는 사회상규 또는 신의성실의 원칙에 반하는 부정한 청탁을 받고 그에 대한 대가로 재물을 취득한 것으로서 배임수재에 해당한다고 봄이 상당하다(대법원 2008. 2. 11. 선고 2008도6987 판결 참조).

라. 그런데도 이와 달리, 원심은 피고인들이 해약세대의 임차권 분양을 통해 경제적 이익을 꾀하고자 하는 이해관계가 일치하였고, 피고인들 사이에 수수된 돈은 피고인 4 측에서 따로 마련한 돈이 아니라 재계약자들이 지급한 프리미엄으로서 피고인 1 등에게 배분된 돈이 피고인 4, 5에게 배분된 금액보다 훨씬 많으며, 4차례에 걸쳐 거래 당시 형성된 프리미엄 시세를 기초로 분배비율을 정하면서 피고인 1 측이 그러한 사항을 주도적으로 결정하였으며, 피고인 4 측이 '실제 재임대차계약이 체결된 세대수'를 기준으로 약정된 분배비율에 따라 해당 돈을 피고인 1 등에게 송금하는 방법으로 프리미엄을 정산한 것으로 보인다는 등의 판시 사정들을 종합하면, 피고인들이 피고인 1, 2의 임무와 관련하여 부정한 청탁의 관계로 대가를 공여·취득한다는 인식으로 공소사실과 같은 범행을 저질렀다고 단정하기 어렵다고 판단하였다.

그러나 위에서 본 것과 같이 피고인 4, 5가 받은 프리미엄은 이 사건 아파트 재임대계약 과정에서 발생된 것으로서 공소외 1 회사의 위임·지시에 따라 처리되어야 함에도 중개인에 불과한 그들이 프리미엄을 취득하고 그에 대한 대가로 그중의 일부가 피고인 1, 2에게 지급된 이상 이는 사규에 위반되는 부정하거나 부당한 이득으로 보아야 할 것이고, 비록 피고인 1, 2, 3이 청탁의 대가로 받은 돈이 프리미엄 중에서 상당한 비율을 차지하며 그 비율을 피고인 1 등이 주도적으로 결정하였다고 하더라도 사회상규 또는 신의성실의 원칙에 반하는 부정한 청탁의 대가로 재물을 취득한 것이 아니라고 할 수 없고(대법원 2008. 12. 11. 선고 2008도6987 판결 참조), 그 돈을 주고 받은 피고인들에게 그에 대한 인식이 없었다고 할 수 없다. 따라서 원심이 근거로 든 사정들만으로는 배임증수재죄의 성립에 방해가 되지 아니한다.

마. 결국 위와 같은 원심의 판단은 배임증수재죄에서의 타인의 사무를 처리하는 자와 부정한 청탁 및 그 대가로서의 재물 또는 재산상 이익의 취득에 관한 법리를 오해하여 판결에 영향을 미친 위법이 있다고 할 것이고, 이를 지적하는 상고이유의 주장은 이유 있다.

다만 기록에 의하면, 피고인 4, 2는 제1심법정에서, 피고인 1과 피고인 2가 피고인 4, 5에게 프리미엄의 일부가 공소외 1 회사에 들어간다면서 공소외 1 회사 몫으로 들어가는 계좌와 자기 몫으로 들어가는 계좌를 따로 알려주었고 피고인 4 등이 그에 따라 프리미엄을 나누어 송금하였으나, 회사 몫의 계좌로 들어오는 돈도 피고인 1, 2 등이 차지하였다고 진술하였음을 알 수 있다. 만약 그 진술 내용이 사실이라면, 피고인 4, 5는 공소외 1 회사 몫으로 계좌에 송금된 프리미엄 부분이 공소외 1 회사에 귀속된다고 생각하였을 수 있으므로, 그 프리미엄 부분에 관하여는 피고인 4, 5가 청탁의 대가라는 명목으로 피고인 1, 2 등에게 교부한 것이라고 할 수는 없을 것이다. 그러므로 원심으로서는 이와 같은 피고인들 사이에서의 프리미엄 배분 경위 및 내용에 관한 사실관계를 명확히 하여 부정한 청탁의 대가 금액을 가릴 필요가 있음을 지적하여 둔다.

2. 공인중개사의 업무 및 부동산 거래신고에 관한 법률 위반의 점에 관한 상고이유에 대하여

가. 원심은, 이 사건 프리미엄은 재계약자들이 당시 시세에 따라 분양대금 등을 초과하여 지급한 것으로서 중개수수료 산정대상인 '거래금액'에 포함된다고 볼 수 있고 이를 재계약자들이 피고인 4, 5의 중개행위에 대한 대가로 지급한 중개수수료로 보기 어렵다는 취지로 판단한 제1심판결을 수긍할 수 있다고 인정하여, 사실오인 및 법리오해의 위법을 주장하는 항소이유를 받아들이지 아니하고, 이 사건 공인중개사의 업무 및 부동산 거래신고에 관한 법률 위반의 공소사실에 대하여 범죄의 증명이 없음을 이유로 무죄를 선고한 제1심판결을 그대로 유지하였다.

원심판결 이유를 적법하게 채택된 증거들에 비추어 살펴보면, 재계약자들로부터 법정수수료를 초과하여 중개수수료를 지급받았다는 위 공소사실에 대하여 위와 같이 판단한 원심판결에, 상고이유의 주장과 같이 공인중개사의 업무 및 부동산 거래신고에 관한 법률이 정한 '중개수수료'와 '거래금액'의 의미에 관한 법리를 오해한 위법이 없다.

나. 한편 검사는 상고이유로, 위와 같이 재계약자들이 지급한 프리미엄이 임대인인 공소외 1 회사에 귀속되지 아니하고 중개업자인 피고인 4, 5에게 귀속되었으니 중개수수료로 보아야 한다고 주장한다. 그러나 위 주장은 임대인 공소외 1 회사에 지급될 거래대금 중의 일부를 피고인 4 등이 중개의 대가로 받았다는 것으로서 그 중개수수료를 지급한 계약 당사자가 공소외 1 회사임을 전제로 하는 것이다. 따라서 이는 재계약자들로부터 중개수수료를 받았다는 이 부분 공소사실과 다르고 또한 검사가 항소이유로 삼거나 원심이 직권으로 심판대상으로 삼지 아니한 것을 상고심에 이르러 새로이 주장하는 것이라 할 수 있어 적법한 상고이유에 해당하지 아니한다 할 것이므로, 위와 같은 원심의 판단을 파기할 사유가 되지 못한다.

3. 결론

그러므로 원심판결 중 피고인 1, 2, 3에 대한 배임수재 부분 및 피고인 4, 5에 대한 배임증재 부분을 각 파기하고 이 부분 사건을 다시 심리 판단하게 하기 위하여 원심법원에 환송하며, 나머지 상고를 기각하기로 하여, 관여 대법관의 일치된 의견으로 주문과 같이 판결한다.

대법관 신영철(재판장) 이상훈 김용덕(주심) 김소영

대법원 2013.10.31. 선고 2011도8649 판결

【정치자금법위반】〈청목회 입법로비 사건〉

판시사항

1 정치자금법 제31조 제2항에서 기부금지 대상으로 정한 '법인 또는 단체와 관련된 자금'에 해당하는 경우 및 그 판단 기준

2 전국청원경찰친목협의회 임원인 피고인들이 공모하여, 입법로비를 위하여 협의회 내에서 모금된 자금을 회원 개인 명의의 후원금 명목으로 다수의 국회의원들에게 정치자금으로 기부하였다고 하여 정치자금법 위반으로 기소된 사안에서, 위 자금은 정치자금법 제31조 제2항에서 정한 '단체와 관련된 자금'에 해당한다고 한 사례

3 정치자금 기부자가 당해 정치자금을 받은 공무원이 직접 담당·처리하는 사무에 관하여 청탁하는 일과 관련하여 정치자금을 기부하는 행위가 정치자금법 제32조 제3호에 위배되는지 여부(적극)

판결요지

1 정치자금법 제31조 제1항, 제2항의 입법 취지와 연혁, 각 규정의 내용 및 관계 등에 비추어 볼 때, 정치자금법 제31조 제1항에서 "법인 또는 단체는 정치자금을 기부할 수 없다."고 한 것은 법인 또는 단체 스스로 자신의 자금으로 정치자금을 기부하는 행위를 금지하는 규정이라고 보아야 하고, 한편 정치자금법 제31조 제2항에서 법인 또는 단체 스스로 정치자금을 기부하지 않더라도 그와 관련된 자금으로 정치자금을 기부하는 것을 금지한다고 하여 법인 또는 단체가 기부자금 마련에 어떤 형태로든 관련되기만 하면 모두 정치자금법 제31조 제2항에서 규정한 기부금지 대상인 '법인 또는 단체와 관련된 자금'에 해당한다고 보아서는 안 될 것이지만, 법인 또는 단체가 기부자금의 모집·조성에 주도적·적극적으로 관여함으로써 모집·조성된 자금을 법인 또는 단체가 처분할 수 있거나 적어도 그와 동일시할 수 있는 정도의 자금인 경우에는 '법인 또는 단체와 관련된 자금'에 해당한다고 보아야 한다. 나아가 구체적 사안에서 자금이 법인 또는 단체와 그와 같은 관련이 있는지 여부는 자금 모집과 기부가 이루어진 일련의 과정을 전체적으로 파악하여 판단하여야 한다.

2 전국청원경찰친목협의회(이하 '청목회'라고 한다) 임원인 피고인들이 공모하여, 청원경찰법 개정과정에서 입법로비를 위하여 청목회 내에서 모금된 특별회비 자금을 회원 개인 명의의 후원금 명목으로 다수의 국회의원들에게 정치자금으로 기부하였다고 하여 정치자금법 위반으로 기소된 사안에서, 위 특별회비 자금은 단체인 청목회가 자신의 이름을 사용하여 주도적으로 모집·조성하여 청목회 자신의 의사결정에 따라 기부할 수 있는 돈으로서 정치자금법 제31조 제2항에서 정한 '단체와 관련된 자금'에 해당한다고 한 사례.

3 정치자금법 제32조의 입법 취지, 정치자금법 제32조 제3호가 "누구든지 공무원이 담당·처리하는 사무에 관하여 청탁 또는 알선하는 일과 관련하여 정치자금을 기부하거나 받을 수 없다."고 규정하여 청탁행위와 알선행위를 모두 금지대상으로 하고 있는데 '청탁'은 알선과는 달리 기부행위를 받은 공무원과 분리된 다른 공무원이 담당·처리하는 사무를 당연한 전제로 하고 있지 아니한 점 등에 비추어 보면, 기부자가 당해 정치자금을 받은 공무원이 직접 담당·처리하는 사무에 관하여 청탁하는 일과 관련하여 정치자금을 기부하는 행위 역시 위 조항에 위배된다.

전 문

피 고 인 피고인 1 외 2인

상 고 인 피고인들

변 호 인 법무법인

원심판결 서울고법 2011. 6. 16. 선고 2011노791 판결

주 문 상고를 모두 기각한다.

이 유 상고이유를 판단한다.

1. 정치자금법 제31조 제1항은 "외국인, 국내·외의 법인 또는 단체는 정치자금을 기부할 수 없다."고 하고, 제2항은 "누구든지 국내·외의 법인 또는 단체와 관련된 자금으로 정치자금을 기부할 수 없다."고 규정하고 있다. 정치자금법이 이와 같이 법인 또는 단체의 정치자금 기부를 금지하고 있는 취지는, 법인 또는 단체의 이권 등을 노린 음성적인 정치적 영향력의 행사 및 선거의 공정을 해하는 행위를 차단하고 법인 또는 단체 구성원의 의사를 왜곡하는 것을 방지하는 데에 있다. 한편 단체의 정치자금 기부 금지에 관한 입법이 이루어지는 과정에서 회사 등 법인이나 단체가 임원 등 개인을 통해서 정치자금을 제공함으로써 정치자금법 제31조 제1항에서 정한 바와 같은 단체의 정치자금 기부금지의 취지를 몰각시키는 행위를 규제하여야 할 필요성이 제기됨에 따라 그 규정의 입법 취지를 살리고, 탈법행위를 방지하기 위하여 누구든지 단체와 관련된 정치자금을 기부할 수 없도록 정치자금법 제31조 제2항이 규정되게 되었다.

이러한 입법의 취지와 연혁, 각 규정의 내용 및 관계 등에 비추어 볼 때, 정치자금법 제31조 제1항에서 "법인 또는 단체는 정치자금을 기부할 수 없다."고 한 것은 법인 또는 단체 스스로 자신의 자금으로 정치자금을 기부하는 행위를 금지하는 규정이라고 보아야 하고, 한편 정치자금법 제31조 제2항에서 법인 또는 단체 스스로 정치자금을 기부하지 않더라도 그와 관련된 자금으로 정치자금을 기부하는 것을 금지한다고 하여 법인 또는 단체가 기부자금 마련에 어떤 형태로든 관련되기만 하면 모두 정치자금법 제31조 제2항 소정의 기부금지 대상인 '법인 또는 단체와 관련된 자금'에 해당한다고 보아서는 안 될 것이지만, 법인 또는 단체가 기부자금의 모집·조성에 주도적·적극적으로 관여함으로써 그 모집·조성된 자금을 법인 또는 단체가 처분할 수 있거나 적어도 그와 동일시할 수 있는 정도의 자금인 경우에는 '법인 또는 단체와 관련된 자금'에 해당한다고 보아야 할 것이다. 나아가 구체적 사안에서 그 자금이 법인 또는 단체와 그와 같은 관련이 있는지 여부는 그 자금 모집과 기부가 이루어진 일련의 과정을 전체적으로 파악하여 판단하여야 한다(대법원 2012. 6. 14. 선고 2008도10658 판결, 대법원 2013. 3. 14. 선고 2011도15418 판결 등 참조).

원심은 그 판시와 같은 사정들을 종합하여, 국가기관이나 지방자치단체 등에 근무하는 청원경찰들의 복지향상, 권익보호 등을 위하여 결성된 전국청원경찰친목협의회(이하 '청목회'라고 한다)는 그 회원인 청원경찰들의 공동의 목적 내지 이해관계를 가지고 조직적인 의사형성 및 결정이 가능한 다수인의 지속성 있는 모임이라 할 것이고, 청원경찰법 개정과정에서 입법로비를 위하여 청목회 내에서 모금된 특별회비 약 6억 5,000만 원은, 비록 일반회계와는 구별되는 돈이라고 하여도 단체인 청목회가 자신의 이름을 사용하여 주도적으로 모집·조성하여 청목회 자신의 의사결정에 따라 기부할 수 있는 돈으로서 '단체와 관련된 자금'에 해당하므로 피고인들이 위 자금을 국회의원들에게 정치자금으로 기부한 행위는 정치자금법 제31조 제2항을 위반한 것이라고 판단하였다.

원심판결 이유를 앞서 본 법리와 원심이 적법하게 채택한 증거들에 비추어 살펴보면, 원심의 위와 같은 판단은 정당하고, 거기에 피고인들의 상고이유 주장과 같이 정치자금법 제31조 제2항 소정의 단체와 관련된 자금에 관한 법리를 오해하거나 사실인정에 있어 논리와 경험칙에 반하여 자유심증주의의 한계를 벗어나는 등의 위법이 없다.

2. 정치자금법은 정치자금의 적정한 제공을 보장하고 그 수입과 지출내역을 공개하여 투명성을 확보하는 동시에 정치자금과 관련한 부정을 방지함으로써 민주정치의 건전한 발전에 기여하는 데 그 입법 목적이 있는데, 이러한 입법 목적과 아울러 정치자금법 규정의 내용 및 체계를 종합하면, 정치자금법 제6장의 기부제한에 관한 규정은 그 제1장부터 제5장에서 허용하고 있는 절차와 한도에 따른 정치자금의 기부행위라 하더라도 일정한 경우에는 특별히 이를 허용하지 않는다는 취지이고, 특히 같은 법 제32조는 비록 정치자금의 수수가 위 법이 정한 절차와 한도에 따른 것이라 하더라도 그것이 위 법 조항이 정하는 특정행위와 관련하여 이루어지는 경우에는 공직선거, 공무원이 담당·처리하는 사무, 공법인 등의 공정성과 중립성이 훼손되거나 정경유착으로 인한 부정부패를 야기할 위험이 있다고 보아 이를 미연에 방지하기 위하여 그러한 정치자금의 수수를 금지한 것으로 보아야 할 것이다(대법원 2008. 9. 11. 선고 2007도7204 판결 참조).

위와 같은 정치자금법 제32조의 입법 취지, 정치자금법 제32조 제3호가 "누구든지 공무원이 담당·처리하는 사무에 관하여 청탁 또는 알선하는 일과 관련하여 정치자금을 기부하거나 받을 수 없다."고 규정하여 청탁행위와 알선행위를 모두 금지대상으로 하고 있는데 '청탁'은 알선과는 달리 기부행위를 받은 공무원과 분리된 다른 공무원이 담당·처리하는 사무를 당연한 전제로 하고 있지 아니한 점 등에 비추어 보면, 기부자가 당해 정치자금을 받은 공무원이 직접 담당·처리하는 사무에 관하여 청탁하는 일과 관련하여 정치자금을 기부하는 행위 역시

위 조항에 위반된다고 할 것이다.

원심은, 피고인들이 공무원인 국회의원들이 담당·처리하는 사무인 청원경찰법의 개정에 관하여 자신들이 요구해 오던 청원경찰의 등급제, 정년의 연장 등이 수용되도록 국회의원들에게 청탁하는 일과 관련하여 정치자금을 기부한 점 등 그 판시와 같은 사정에 비추어 보면, 피고인들의 위와 같은 정치자금 기부행위는 정치자금법 제32조 제3호를 위반한 경우에 해당한다고 판단하였다.

원심판결 이유를 앞서 본 법리와 원심이 적법하게 채택한 증거들에 비추어 보면, 원심의 위와 같은 판단은 정당하고, 거기에 상고이유 주장과 같이 정치자금법상 기부행위에 관한 법리를 오해하거나 사실인정에 있어 논리와 경험칙에 반하여 자유심증주의의 한계를 벗어나는 등의 위법이 없다.

3. 단체와 관련된 자금을 국회의원 등에게 기부한 행위로 인한 정치자금법 제31조 제2항 위반죄와 공무원이 담당·처리하는 사무에 관하여 청탁 또는 알선하는 일과 관련하여 정치자금을 기부한 행위로 인한 정치자금법 제32조 제3호 위반죄는, 그 객관적 사실관계가 기부상대방인 국회의원별로 이루어진 하나의 기부행위를 대상으로 한 것으로 1개의 행위가 수 개의 죄에 해당하는 경우로서 형법 제40조에 정해진 상상적 경합관계에 있다고 할 것이므로, 원심이 이와 달리 위 두 죄가 형법 제37조 전단의 실체적 경합관계에 있다고 판단한 것은 잘못이다. 그러나 원심이 그와 같이 죄수평가를 잘못하였다 하더라도 피고인들이 공모하여 수인의 국회의원에게 정치자금을 기부한 이 사건에 있어서는 결과적으로 처단형의 범위에 아무런 차이가 없으므로, 원심의 이러한 잘못이 판결에 영향을 미쳤다고 볼 수 없다(대법원 2003. 2. 28. 선고 2002도7335 판결, 대법원 2004. 4. 9. 선고 2003도7762 판결 등 참조).
4. 피고인들의 나머지 상고이유 주장은 단순히 원심의 증거선택과 사실인정을 다투는 취지에 불과하므로 적법한 상고이유가 되지 못한다.
5. 그러므로 상고를 모두 기각하기로 하여, 관여 대법관의 일치된 의견으로 주문과 같이 판결한다.

대법관 이상훈(재판장) 신영철 김용덕 김소영(주심)

대법원 2013.10.24. 선고 2013도6285 판결

【도로교통법위반(음주운전)】

판시사항

음주운전 시점과 혈중알코올농도 측정 시점 사이에 시간 간격이 있고 그때가 혈중알코올농도의 상승기인 경우, 운전 당시에도 혈중알코올농도가 처벌기준치 이상이었다고 볼 수 있는지 판단하는 기준

판결요지

음주운전 시점과 혈중알코올농도의 측정 시점 사이에 시간 간격이 있고 그때가 혈중알코올농도의 상승기로 보이는 경우라 하더라도, 그러한 사정만으로 무조건 실제 운전 시점의 혈중알코올농도가 처벌기준치를 초과한다는 점에 대한 증명이 불가능하다고 볼 수는 없다. 이러한 경우 운전 당시에도 처벌기준치 이상이었다고 볼 수 있는지 여부는 운전과 측정 사이의 시간 간격, 측정된 혈중알코올농도의 수치와 처벌기준치의 차이, 음주를 지속한 시간 및 음주량, 단속 및 측정 당시 운전자의 행동 양상, 교통사고가 있었다면 그 사고의 경위 및 정황 등 증거에 의하여 인정되는 여러 사정을 종합적으로 고려하여 논리와 경험칙에 따라 합리적으로 판단하여야 한다.

전 문

피 고 인 피고인

상 고 인 검사

원심판결 서울고법 2013. 5. 9. 선고 2013노387 판결

주 문 원심판결을 파기하고, 사건을 서울고등법원에 환송한다.

이 유 상고이유를 판단한다.

1. 음주운전 시점이 혈중알코올농도의 상승시점인지 하강시점인지 확정할 수 없는 상황에서는 운전을 종료한 때로부터 상당한 시간이 경과한 시점에서 측정된 혈중알코올농도가 처벌기준치를 약간 넘었다고 하더라도, 실제 운전 시점의 혈중알코올농도가 처벌기준치를 초과하였다고 단정할 수는 없다. 개인마다 차이는 있지만 음주 후 30분~90분 사이에 혈중알코올농도가 최고치에 이르고 그 후 시간당 약 0.008%~0.03%(평균 약 0.015%)씩 감소하는 것으로 일반적으로 알려져 있는데, 만약 운전을 종료한 때가 상승기에 속하여 있다면 실제 측정된 혈중알코올농도보다 운전 당시의 혈중알코올농도가 더 낮을 가능성이 있기 때문이다.

   그러나 비록 운전 시점과 혈중알코올농도의 측정 시점 사이에 시간 간격이 있고 그때가 혈중알코올농도의 상승기로 보이는 경우라 하더라도, 그러한 사정만으로 무조건 실제 운전 시점의 혈중알코올농도가 처벌기준치를 초과한다는 점에 대한 입증이 불가능하다고 볼 수는 없다. 이러한 경우 운전 당시에도 처벌기준치 이상이었다고 볼 수 있는지 여부는 운전과 측정 사이의 시간 간격, 측정된 혈중알코올농도의 수치와 처벌기준치의 차이, 음주를 지속한 시간 및 음주량, 단속 및 측정 당시 운전자의 행동 양상, 교통사고가 있었다면 그 사고의 경위 및 정황 등 증거에 의하여 인정되는 여러 사정을 종합적으로 고려하여 논리와 경험칙에 따라 합리적으로 판단하여야 한다.
2. 원심판결 이유에 의하면, ① 피고인은 2012. 7. 8. 01:45경까지 '○○국수'에서 안주와 함께 소주 4잔 정도를 마신 사실, ② 이후 피고인은 운전을 시작하여 02:08경까지 운전을 하였고 02:31경 경찰로부터 호흡측정을 받았는데, 그 혈중알코올농도는 0.080%로 측정된 사실, ③ 이에 피고인이 채혈측정을 요구하여 02:43경 서울성북성심의원에서 채혈이 이루어졌으며, 감정의뢰를 받은 국립과학수사연구원의 감정결과에 의한 혈중알코올농도는 0.201%로 측정된 사실 등을 알 수 있다.
3. 우선 주위적 공소사실에 대한 상고이유에 대하여 본다.

   이 부분 공소사실의 요지는 '피고인은 2012. 7. 8. 02:31경 혈중알코올농도 0.201%의 주취 상태로 운전을 하였다'는 것으로서 그 적용법조는 도로교통법 제148조의2 제2항 제1호(혈중알코올농도가 0.2% 이상인 경우)이다.

   그런데 앞서 본 법리와 위 사실관계에 의하면, 피고인의 운전 시점은 혈중알코올농도의 상승시점인지 하강시

점인지를 확정하기 어려운 때인 것으로 보이고 운전을 종료한 때로부터 35분이 경과한 시점에서 측정된 혈중알코올농도가 위 규정이 적용되는 기준치인 0.2%를 불과 0.001% 초과한 경우이므로, 실제 운전 시점의 혈중알코올농도가 위 처벌기준치를 초과하였다고 단정할 수는 없다고 할 것이다.

원심의 이 부분 판단에 다소 부적절한 점은 있으나, 이 부분 공소사실을 무죄로 판단한 결론은 정당하고, 거기에 상고이유로 주장하는 법리오해 등의 위법이 없다.

4. 다음으로 예비적 공소사실에 대한 상고이유에 대하여 본다.

이 부분 공소사실의 요지는 '피고인은 2012. 7. 8. 02:31경 혈중알코올농도 0.08%의 주취 상태로 운전을 하였다'는 것으로서 그 적용법조는 도로교통법 제148조의2 제2항 제3호(혈중알코올농도가 0.05% 이상 0.1% 미만인 경우)이다.

이에 대하여 원심은 그 판시와 같은 이유로, 피고인이 운전을 종료할 당시에도 혈중알코올농도가 0.05% 이상이었다는 점이 합리적 의심을 배제할 정도로 입증되었다고 보기 어렵다고 판단하여 이 부분 공소사실에 대하여 무죄를 선고한 제1심판결을 그대로 유지하였다.

그러나 원심의 위와 같은 판단은 앞서 본 법리와 기록에 비추어 그대로 납득하기 어렵다. 그 이유는 아래와 같다.

① 우선 앞서 본 바와 같이 이 사건의 경우 피고인이 운전을 종료한 시점과 호흡측정을 한 시점의 시간 간격은 23분에 불과하고, 그 측정된 수치가 0.08%로서 처벌기준치인 0.05%를 크게 상회하고 있다.

② 제1심이 증거로 채택한 주취운전자정황진술보고서에는 위 호흡측정 당시의 피고인의 상태에 대해서 '언행은 더듬거림, 보행은 약간 비틀거림, 혈색은 약간 붉음'이라고 기재되어 있고, 제1심이 적법하게 채택한 증거들에 의하면 당시 피고인이 단속된 이유는 피고인이 운전 중 택시와 시비가 되어 정차하여 서로 이야기를 하게 되었는데 택시기사가 술냄새를 맡고 경찰에 신고하였기 때문임을 알 수 있다. 즉 당시 피고인은 외관상으로도 상당히 취해 있었던 것으로 보인다.

③ 비록 앞서 본 '음주 후 30분~90분 사이에 혈중알코올농도가 최고치에 이른다'는 일반적인 기준을 피고인에게 유리하게 적용할 경우 음주 종료 시부터 46분이 경과한 위 호흡측정 당시 및 58분이 경과한 혈액측정 당시에도 여전히 혈중알코올농도의 상승기라고 볼 여지가 있기는 하지만, 피고인의 경찰 및 법정에서의 진술에 의하면 피고인은 2012. 7. 7. 23:30경부터 2시간 이상에 걸쳐 국수, 제육볶음 등의 안주와 함께 술을 마셨다는 것이므로 반드시 상승기에 있었다고 단정하기는 어려워 보인다.

④ 위 호흡측정으로부터 불과 12분만에 피고인의 요구에 따라 혈액측정이 있었고 그 수치가 0.201%로 측정되었는데, 앞서 본 바와 같이 운전 종료시점에 0.2%가 넘었을 것이라고 단정하기는 어렵다고 하더라도, 적어도 0.05% 이상이었을 가능성은 충분해 보인다. 한편 이와 관련하여 원심은 호흡측정수치와 혈액측정수치 사이에 비정상적으로 큰 편차가 있고 혈액을 냉장포장하지 않고 일반포장으로 처리한 점 등 그 판시와 같은 이유로 위 혈액측정결과에 오류가 있을 가능성을 배제하기 어렵다고 판단하였다. 그러나 호흡측정기에 의한 측정의 경우 그 측정기의 상태, 측정방법, 상대방의 협조정도 등에 의하여 그 측정결과의 정확성과 신뢰성에 문제가 있을 수 있어, 혈액의 채취 또는 검사과정에서 인위적인 조작이나 관계자의 잘못이 개입되는 등 혈액채취에 의한 검사결과를 믿지 못할 특별한 사정이 없는 한, 혈액검사에 의한 음주측정치가 호흡측정기에 의한 음주측정치보다 측정 당시의 혈중알코올농도에 더 근접한 음주측정치라고 보는 것이 경험칙에 부합하는 것이므로(대법원 2004. 2. 13. 선고 2003도6905 판결 등 참조), 원심이 든 사정만으로 혈액측정의 결과가 잘못되었다고 볼 수 있는지 의문이다(원심은 단속 경찰관인 공소외인의 증언에 기초하여 피고인의 혈액이 냉장포장되지 않고 일반포장으로 처리되었다고 인정한 것으로 보이나, 위 증언의 취지는 혈액을 채취한 후 경찰서에서는 냉장보관을 하다가 국립과학수사연구원에 택배로 보내는 과정에서 냉장포상이 아닌 일반포장을 하였다는 것에 불과한 것으로 보인다).

결국 운전 종료 당시 피고인의 혈중알코올농도가 0.05% 이상이었다고 보기 어렵다고 한 원심의 위와 같은 판단에는 음주운전에 있어서 혈중알코올농도의 입증에 관한 법리를 오해하여 필요한 심리를 다하지 못하였거나 논리와 경험칙을 위반하여 자유심증주의의 한계를 벗어난 위법이 있다고 할 것이다. 이 점을 지적하는 취지의 상고이유의 주장은 이유 있다.

5. 따라서 원심판결 중 예비적 공소사실에 관한 부분은 파기를 면할 수 없고 이와 동일체의 관계에 있는 주위적 공소사실에 관한 부분 역시 함께 파기될 수밖에 없다.

이에 관여 대법관의 일치된 의견으로 원심판결을 파기하고, 사건을 다시 심리·판단하도록 원심법원에 환송하기로 하여 주문과 같이 판결한다.

대법관 김창석(재판장) 양창수 박병대(주심) 고영한

대법원 2013.10.24. 선고 2012도11518 판결

【집회및시위에관한법률위반】

판시사항

[1] 공중이 자유로이 통행할 수 없는 장소에서 개최되는 옥외집회가 '집회 및 시위에 관한 법률'상 보장 및 규제 대상이 되는 집회에 포함되는지 여부(적극) 및 외형상 천장이 없거나 사방이 폐쇄되지 아니한 장소에서 개최되는 집회라도 미신고 옥외집회 개최행위로 처벌할 수 없는 경우

[2] 피고인들을 포함한 근로자 30여 명이 회사 구내 옥외 주차장에서 미신고 집회를 개최하였다고 하여 '집회 및 시위에 관한 법률' 위반으로 기소된 사안에서, 위 집회는 집회 장소, 목적과 규모·방법 등에 비추어 일반적인 사회생활질서의 범위 안에 있어, 피고인들의 행위를 미신고 옥외집회 개최행위로 처벌할 수 없다고 한 사례

판결요지

[1] 집회 및 시위에 관한 법률(이하 '집시법'이라 한다)에 의하여 보장 및 규제의 대상이 되는 집회란 '특정 또는 불특정 다수인이 공동의 의견을 형성하여 이를 대외적으로 표명할 목적 아래 일시적으로 일정한 장소에 모이는 것'을 말하며, 천장이 없거나 사방이 폐쇄되지 아니한 장소에서의 집회는 설사 그곳이 공중이 자유로이 통행할 수 있는 장소가 아닐지라도 그 장소의 위치와 넓이, 형태 및 참가인원의 수, 집회의 목적과 성격 및 방법 등에 따라서는 공공의 안녕질서에 해를 끼칠 우려가 있다는 점에서 이 또한 집시법에 의하여 보장 및 규제의 대상이 되는 집회에 포함된다. 다만 헌법이 집회의 자유를 보장하는 근본이념과 집시법 제2조 제1호, 제6조 제1항, 제22조 제2항의 내용 및 입법 취지 등을 종합하여 볼 때, 집회의 목적, 방법 및 형태, 참가자의 인원 및 구성, 집회 장소의 개방성 및 접근성, 주변 환경 등에 비추어 집회 과정에서 불특정 다수나 일반 공중 등 외부와 접촉하여 제3자의 법익과 충돌하거나 공공의 안녕질서에 해를 끼칠 수 있는 상황에 대한 예견가능성조차 없거나 일반적인 사회생활질서의 범위 안에 있는 것으로 볼 수 있는 경우에는 설령 외형상 천장이 없거나 사방이 폐쇄되지 아니한 장소에서 개최되는 집회라고 하더라도 이를 집시법상 미신고 옥외집회의 개최행위로 보아 처벌하여서는 아니 된다.

[2] 피고인들을 포함한 근로자 30여 명이 관할 경찰서장에게 신고하지 아니하고 회사 구내 옥외 주차장에서 5회에 걸쳐 집회를 개최하였다고 하여 집회 및 시위에 관한 법률(이하 '집시법'이라 한다) 위반으로 기소된 사안에서, 위 집회는 회사 구내에서 업무시간을 피하여 매번 약 40분씩 한정된 시간 동안 개최된 것이고, 집회의 목적도 오로지 노조활동과 관련하여 회사에 대한 요구사항을 주장하기 위한 것이며, 집회 장소가 회사 안마당 주차장 공간으로서 옥외이기는 하지만 외부인의 출입이 통제·차단되어 그곳에서 위와 같은 목적과 규모 및 방법으로 집회를 개최하더라도 인근 거주자나 일반인의 법익과 충돌하거나 공공의 안녕질서에 해를 끼칠 것으로는 예견되지 아니할 뿐 아니라 일반적인 사회생활질서의 범위 안에 있는 행위로 평가되므로, 피고인들의 행위를 집시법상 미신고 옥외집회 개최행위로 처벌할 수 없다고 한 사례.

전 문

피 고 인 피고인 1 외 3인

상 고 인 검사

원심판결 전주지법 2012. 8. 31. 선고 2012노320 판결

주 문 상고를 기각한다.

이 유 상고이유를 판단한다.

1. 헌법은 집회 및 결사의 자유를 국민의 기본권의 하나로 규정하고 그에 대한 허가제를 금지하면서(제21조), 국민의 자유와 권리는 국가안전보장·질서유지 또는 공공복리를 위하여 필요한 경우에 한하여 법률로써 제한할 수 있도록 하고 있다(제37조 제2항).

집회 및 시위에 관한 법률(이하 '집시법')은 옥외집회나 시위를 주최하려는 자는 일정한 사항을 관할 경찰서장 등에게 사전 신고하도록 하고(제6조 제1항) 그 의무를 위반하는 경우 형사처벌을 하도록 하면서(제22조 제2항), 여기에서 규정한 '옥외집회'라 함은 "천장이 없거나 사방이 폐쇄되지 않은 장소에서 여는 집회를 말한다."고 규정하고 있다(제2조 제1호).

이와 같이 집시법이 옥외집회나 시위를 주최하려는 이로 하여금 일정한 사항을 사전에 신고하도록 규정한 취지는, 관할 경찰서장 등이 그 신고에 의하여 옥외집회나 시위의 성격과 규모 등을 미리 파악하여 적법한 옥외집회나 시위를 보호할 수 있도록 하는 한편, 옥외집회나 시위에 의하여 타인이나 공동체의 법익과 충돌하거나 침해되는 것을 방지하여 공공의 안녕질서를 유지하기 위한 사전조치를 마련하도록 하는 데 있는 것이다(대법원 2011. 12. 22. 선고 2010도15797 판결 참조).

한편 집시법에 의하여 보장 및 규제의 대상이 되는 집회란 '특정 또는 불특정 다수인이 공동의 의견을 형성하여 이를 대외적으로 표명할 목적 아래 일시적으로 일정한 장소에 모이는 것'을 말하며(대법원 2012. 5. 24. 선고 2010도11381 판결 등 참조), 천장이 없거나 사방이 폐쇄되지 아니한 장소에서의 집회는 설사 그곳이 공중이 자유로이 통행할 수 있는 장소가 아닐지라도 그 장소의 위치와 넓이, 형태 및 참가인원의 수, 집회의 목적과 성격 및 방법 등에 따라서는 공공의 안녕질서에 해를 끼칠 우려가 있다는 점에서 이 또한 집시법에 의하여 보장 및 규제의 대상이 되는 집회에 포함된다(헌법재판소 1994. 4. 28. 선고 91헌바14 전원재판부 결정 참조).

다만 헌법이 집회의 자유를 보장하는 근본이념과 앞서 본 집시법의 규정 내용 및 입법 취지 등을 종합하여 볼 때, 집회의 목적, 방법 및 형태, 참가자의 인원 및 구성, 집회 장소의 개방성 및 접근성, 주변 환경 등에 비추어 집회 과정에서 불특정 다수나 일반 공중 등 외부와 접촉하여 제3자의 법익과 충돌하거나 공공의 안녕질서에 해를 끼칠 수 있는 상황에 대한 예견가능성조차 없거나 일반적인 사회생활질서의 범위 안에 있는 것으로 볼 수 있는 경우에는 설령 외형상 천장이 없거나 사방이 폐쇄되지 아니한 장소에서 개최되는 집회라고 하더라도 이를 집시법상 미신고 옥외집회의 개최행위로 보아 처벌하여서는 아니 될 것이다.

2. 원심은, '일반 공중이 자유로이 통행할 수 없는 장소'에서 열리는 옥외집회는 집시법 제6조 제1항 소정의 신고의무의 대상인 옥외집회에 해당하지 아니한다고 전제한 다음, 이 사건 차고지는 공소외 유한회사(이하 '회사'라 한다) 관계자들만이 출입할 수 있는 사유지임이 인정되므로, 이 사건 차고지에서 개최된 이 사건 집회는 일반 공중이 자유로이 통행할 수 없는 장소에서 열린 옥외집회에 해당하여 집시법 제6조 제1항의 신고의무의 대상에 해당하지 아니한다는 이유로 피고인들의 미신고 옥외집회 개최로 인한 집시법 위반의 공소사실 부분에 대하여 모두 무죄를 선고하였다.

원심판결 이유를 앞서 본 법리에 비추어 살펴보면, 우선 원심이 '일반 공중이 자유로이 통행할 수 없는 장소'에서 열리는 옥외집회는 모두 집시법 제6조 제1항 소정의 신고의무의 대상인 옥외집회에 해당하지 아니한다는 전제하에 이 부분 공소사실을 무죄로 판단한 데에는 집시법상 미신고 옥외집회 처벌규정에 관한 법리를 오해한 잘못이 있다.

그러나 원심판결 이유 및 기록에 의하면, ① 피고인들이 이 사건 집회를 개최한 장소는 회사 차고지 공터로서 외부인의 출입이 금지된 곳이며, 차량이 통행할 수 있는 출입구를 제외하고는 사방이 담장과 건물로 막혀 있고, 당시 그곳에는 회사의 영업에 이용되는 택시들 및 사원들의 출·퇴근차량이 주차되어 있었던 사실, ② 피고인들을 포함한 회사 근로자 30여 명이 근로시간이 아닌 자유시간을 이용하여 2010년 2월 17일, 24일, 3월 3일, 10일, 31일에 각 14:00경부터 14:40경까지 이 사건 집회에 참가하고 해산한 사실, ③ 이 사건 집회는 피고인들이 위 회사에 대하여 전북택시일반노동조합(이하 '조합'이라 한다)의 ○○지부를 위 회사의 노조로 인정하고 단체교섭에 응할 것, 노조의 사무실을 제공할 것, 유류 보조금을 지급할 것 등을 요구하기 위하여 개최된 사실, ④ 한편 회사가 위 요구를 거부하자 피고인 1이 위원장으로 있는 위 조합은 회사를 상대로 단체교섭응낙 및 간접강제 가처분신청을 하였고, 이에 대해 법원은 '위 조합의 ○○지부는 노동조합 및 노동관계조정법 등에서 설립을 금지하는 노동조합에 해당하지 않는다'는 이유로 그 가처분신청을 모두 인용한 사실, ⑤ 회사는 피고인들을 이 사건 집시법 위반죄 이외에 업무방해죄로도 고소하였으나 업무방해 부분은 기소되지도 아니하였는데, 이는 당시 피고인들을 비롯한 집회참가자들이 '투쟁가'라는 노래를 함께 부른 정도에 그치고 나아가 회사 업무에 특별한 지장을 초래한 바는 없다는 점 등이 고려된 것으로 보이는 등의 사정을 알 수 있다.

이러한 사실관계를 위 법리에 비추어 살펴보면, 이 사건 집회는 회사 구내에서 업무시간을 피하여 매번 약 40

분씩 한정된 시간 동안에 개최된 것이고, 그 집회의 목적도 오로지 노조활동과 관련하여 회사에 대한 요구사항을 주장하기 위한 것이며, 집회 장소가 회사의 안마당 주차장 공간으로서 옥외이기는 하지만 외부인의 출입이 통제·차단된 장소인 만큼 그곳에서 위와 같은 목적과 규모 및 방법으로 집회를 개최한다고 하여 인근 거주자나 일반인의 법익과 충돌하거나 공공의 안녕질서에 해를 끼칠 수 있을 것으로는 예견되지 아니하는 상황으로 보일 뿐 아니라 이는 일반적인 사회생활질서의 범위 안에 있는 행위로 평가하기에 충분하다. 따라서 비록 이 사건 집회가 신고 없이 회사 구내의 옥외 주차장에서 이루어졌다고 하더라도, 그러한 집회를 연 피고인들의 행위를 집시법상 미신고 옥외집회를 개최한 행위에 해당한다고 하여 처벌할 수는 없다고 할 것이다.

그러므로 원심판결에는 그 이유 설시에서 앞서 본 바와 같이 부적절한 부분이 있기는 하지만, 신고 없이 이루어진 이 사건 집회가 형사처벌의 대상이 되지 않는다고 본 결론에 있어서는 정당하고, 거기에 상고이유 주장과 같이 판결에 영향을 미친 법리오해나 논리와 경험의 법칙을 위반하여 자유심증주의의 한계를 벗어나는 등의 위법이 있다고 할 수 없다.

3. 이에 관여 대법관의 일치된 의견으로 상고를 기각하기로 하여 주문과 같이 판결한다.

대법관 김창석(재판장) 양창수 박병대(주심) 고영한

대법원 2013.10.24. 선고 2011도12708 판결

【건축물의분양에관한법률위반】

판시사항

구 건축물의 분양에 관한 법률 제10조 제1항에서 정한 '분양신고를 하지 아니하고 건축물을 분양한 사람'의 의미 및 적법한 분양신고 요건을 갖추지 못하여 분양신고와 수리라는 규제 절차를 회피하고자 분양신고를 하지 아니한 경우, 같은 법 제10조 제1항, 제5조 제1항 위반죄가 성립하는지 여부(원칙적 적극)

판결요지

구 건축물의 분양에 관한 법률(2011. 3. 9. 법률 제10462호로 개정되기 전의 것) 제2조 제2호, 제5조 제1항, 제3항, 제10조 제1항 등 분양신고 제도에 관한 규정 내용과 취지 등에 비추어 볼 때, 위 법률 제10조 제1항의 '분양신고를 하지 아니하고 건축물을 분양한 사람'이란 적법한 분양신고를 하지 아니한 채 위 법률의 적용 대상인 일정한 건축물에 관하여 그 사용승인 전에 피분양자들과 판매계약, 즉 분양계약을 체결한 사람을 의미하며, 적법한 분양신고를 할 수 있는데도 스스로 이를 하지 아니한 경우뿐만 아니라, 적법한 분양신고의 요건을 갖추지 못한 탓에 분양신고와 수리라는 규제 절차를 회피하고자 분양신고를 하지 아니한 경우에도 특별한 사정이 없는 한 위 범죄가 성립할 수 있다.

전 문

피 고 인 피고인

상 고 인 피고인

변 호 인 변호사

원심판결 서울중앙지법 2011. 9. 2. 선고 2011노2042 판결

주 문 상고를 기각한다.

이 유 상고이유(상고이유서 제출기간이 경과한 후에 제출된 각 상고이유보충서의 기재는 상고이유를 보충하는 범위 내에서)에 대하여 판단한다.

구 건축물의 분양에 관한 법률(2011. 3. 9. 법률 제10462호로 개정되기 전의 것, 이하 '구 건축물분양법'이라고 한다)은 분양사업 실현이 불투명한 상태에서의 분양으로 말미암아 발생하는 피해로부터 피분양자를 보호하기 위한 규제 절차의 하나로서 분양신고 제도를 마련하여, 분양사업자가 일정한 규모 또는 용도의 건축물을 건축법에 의한 사용승인을 받기 전에 분양하려는 경우 건축 허가권자에게 신고하여야 하고(제5조 제1항), 이때 허가권자는 분양신고의 내용을 검토하여 위 법률에 적합한 경우 분양신고를 수리하여야 한다(제5조 제3항)고 규정하는 한편, 위와 같은 분양신고를 하지 아니하거나 거짓 그 밖의 부정한 방법으로 분양신고를 하고 건축물을 분양한 사람을 3년 이하의 징역 또는 3억 원 이하의 벌금에 처한다(제10조 제1항)고 규정하고 있다. 한편 위 법률에서 '분양'이란 분양사업자가 건축하는 건축물의 전부 또는 일부를 2인 이상에게 판매하는 것을 말한다(제2조 제2호).

위와 같은 분양신고 제도에 관한 규정의 내용과 취지 등에 비추어 볼 때, 구 건축물분양법 제10조 제1항의 '분양신고를 하지 아니하고 건축물을 분양한 사람'이라 함은 적법한 분양신고를 하지 아니한 채 위 법률의 적용 대상인 일정한 건축물에 관하여 그 사용승인 전에 피분양자들과 판매계약, 즉 분양계약을 체결한 사람을 의미하며, 적법한 분양신고를 할 수 있는데도 스스로 이를 하지 아니한 경우뿐만 아니라, 적법한 분양신고의 요건을 갖추지 못한 탓에 분양신고와 수리라는 규제 절차를 회피하고자 분양신고를 하지 아니한 경우에도 특별한 사정이 없는 한 위 범죄가 성립할 수 있다고 할 것이다.

원심은, 그 판시와 같은 사정을 종합하여 피고인이 이 사건 건축물의 분양사업자인 공소외 주식회사의 대표이사로서 이 사건 건축물 중 1층과 2층의 상가, 음식점 부분(바닥면적 합계 6,828.53㎡)에 관하여만 분양신고를 하였을

뿐인데, 분양신고가 수리되자 1층, 2층 외에 분양신고 내용에 포함되지 아니한 3층 및 4층의 주차장 부분까지 함께 유상 판매하는 내용의 각 분양계약을 이 사건 건축물의 사용승인 전에 피분양자들과 체결한 사실을 인정한 다음, 이러한 피고인의 주차장 부분 분양 행위는 구 건축물분양법 제10조 제1항, 제5조 제1항에서 규정한 '분양신고를 하지 아니하고 건축물을 분양한 행위'에 해당한다고 판단하여, 이 사건 공소사실을 유죄로 인정하였다.

원심판결 이유를 앞에서 본 법리와 적법하게 채택된 증거에 비추어 살펴보면, 원심의 위와 같은 사실인정과 판단은 정당하다. 그리고 관계 공무원이 분양신고를 하지 않고도 주차장 부분을 분양할 수 있다고 잘못 알려주어 피고인으로 하여금 범죄 성립 여부에 관하여 착오를 일으켰다는 것이 아니라, 단지 '주차장 부분의 분양은 관련 법령에 위반될 소지가 있어 분양신고를 하더라도 수리할 수 없다'는 의견을 밝혔다는 사정만으로는 이 사건 범죄 성립 여부에 어떠한 영향을 미친다고 볼 수 없다. 원심판결에 상고이유에서 주장하는 바와 같이 논리와 경험의 법칙을 위반하여 자유심증주의의 한계를 벗어나거나 구 건축물분양법에 관한 법리를 오해하여 필요한 심리를 다하지 아니한 위법이 없다.

그러므로 상고를 기각하기로 하여, 관여 대법관의 일치된 의견으로 주문과 같이 판결한다.

대법관 김신(재판장) 민일영 이인복(주심) 박보영

대법원 2013.10.17. 선고 2012도4387 판결

【정보통신망이용촉진및정보보호등에관한법률위반·정보통신망이용촉진및정보보호등에관한법률위반(개인정보누설등)·정보통신망이용촉진및정보보호등에관한법률위반(정보통신망침해등)·건조물침입·폭력행위등처벌에관한법률위반(공동주거침입)】

판시사항

정보통신망 이용촉진 및 정보보호 등에 관한 법률 제22조 제1항 전문에 의하여 보호되는 개인정보 주체인 '이용자'는 자신의 개인정보를 수집하려고 하는 정보통신서비스 제공자로부터 정보통신서비스를 제공받아 이용하는 관계를 전제로 하는지 여부(적극)

판결요지

정보통신망 이용촉진 및 정보보호 등에 관한 법률(이하 '정보통신망법'이라 한다) 제22조 제1항 전문의 문언, 같은 법 제2조 제1항 제4호, 제22조 제2항 제1호, 제2호, 제23조 제2항, 구 정보통신망 이용촉진 및 정보보호 등에 관한 법률(2011. 3. 29. 법률 제10465호로 개정되기 전의 것) 제67조 제1항을 포함한 정보통신망법의 전반적인 체계와 취지·목적 등을 종합하여 볼 때, 정보통신망법 제22조 제1항 전문에 의하여 보호되는 개인정보의 주체인 이용자는 자신의 개인정보를 수집하려고 하는 정보통신서비스 제공자로부터 정보통신서비스를 제공받아 이를 이용하는 관계를 전제로 하고 있다고 해석된다.

전 문

피 고 인 피고인 1 주식회사 외 5인

상 고 인 피고인들 및 검사

변 호 인 법무법인

원심판결 서울서부지법 2012. 4. 5. 선고 2012노10 판결

주 문 상고를 모두 기각한다.

이 유 상고이유를 판단한다.

1. 피고인 1 주식회사의 상고이유에 대하여

정보통신망 이용촉진 및 정보보호 등에 관한 법률(이하 '정보통신망법'이라 한다) 제72조 제1항 제1호, 제48조 제1항 위반죄는 정당한 접근권한 없이 또는 허용된 접근권한을 넘어 정보통신망에 침입하면 성립한다(대법원 2011. 7. 28. 선고 2011도5299 판결 등 참조).

원심판결 이유를 위 법리와 적법하게 채택된 증거들에 비추어 살펴보면, 판시와 같은 이유를 들어 피고인 1 주식회사(이하 '피고인 1 회사'라고 한다)에 대한 이 사건 공소사실을 인정할 수 있다고 판단한 원심판결에, 정보통신망법 제48조 제1항에서 정한 "침입"의 개념 내지 정보통신망법 제75조에서 정한 면책 사유에 관한 법리를 오해하여 판결에 영향을 미친 위법이 없다.

2. 피고인 2, 피고인 3, 피고인 4, 피고인 4, 피고인 6의 상고이유에 대하여

원심판결 이유를 앞서 본 법리 및 적법하게 채택된 증거들에 비추어 살펴보면, 판시와 같은 이유를 들어 피고인 4, 피고인 4, 피고인 6에 대한 건조물 침입의 공소사실 및 피고인들에 대한 정보통신망 침입의 공소사실을 인정할 수 있다고 판단한 원심판결에, 상고이유의 주장과 같이 논리와 경험의 법칙을 위반하고 자유심증주의의 한계를 벗어나거나 정보통신망법 제48조 제1항에서 정한 "침입"의 개념에 관한 법리를 오해하여 판결에 영향을 미친 위법이 없다.

3. 검사의 상고이유에 대하여

가. 정보통신망법 제22조 제1항 전문(이하 '이 사건 조항'이라 한다)은, 정보통신서비스 제공자가 이용자의 개인정보를 이용하려고 수집하는 경우에는 개인정보의 수집·이용 목적(제1호), 수집하는 개인정보의 항목(제2호), 개

인정보의 보유·이용 기간(제3호)의 모든 사항을 이용자에게 알리고 동의를 받아야 하는 것으로 규정하고 있다.

이와 같이 이 사건 조항은 그 적용 대상자를 정보통신서비스 제공자로 정하고 나아가 수집 시에 동의를 받아야 하는 개인정보의 주체를 이용자로 제한하고 있으며, 같은 법 제2조 제1항 제4호는 '이용자'를 '정보통신서비스 제공자가 제공하는 정보통신서비스를 이용하는 자'로 정의하고 있다. 그리고 같은 법 제22조 제2항은 이용자의 동의 없이 이용자의 개인정보를 수집·이용할 수 있는 이 사건 조항의 예외적인 경우로서, 정보통신서비스의 제공에 관한 계약을 이행하기 위하여 필요한 개인정보로서 경제적·기술적인 사유로 통상적인 동의를 받는 것이 뚜렷하게 곤란한 경우(제1호), 정보통신서비스의 제공에 따른 요금정산을 위하여 필요한 경우(제2호) 등과 같이 정보통신서비스 제공자와 이용자 사이에 이용관계에 있음을 전제로 하는 상황에서의 특별한 경우를 규정하고 있다. 또한 같은 법 제23조 제2항은 "정보통신서비스 제공자는 이용자의 개인정보를 수집하는 경우에는 정보통신서비스의 제공을 위하여 필요한 최소한의 정보를 수집하여야 하며, 필요한 최소한의 정보 외의 개인정보를 제공하지 아니한다는 이유로 그 서비스의 제공을 거부하여서는 아니 된다."고 규정하여, 이 사건 조항 등에 의하여 수집 가능한 개인정보를 "정보통신서비스의 제공을 위하여 필요한 최소한의 정보"로 제한하고 있다. 구 정보통신망법(2011. 3. 29. 법률 제10465호로 개정되기 전의 것) 제67조 제1항은 정보통신서비스 제공자 외의 자로서 재화 등을 제공하는 자 중 대통령령으로 정하는 자에 대하여 이 사건 조항을 준용하면서, 이 경우 이 사건 조항의 "정보통신서비스 제공자"는 "재화 등을 제공하는 자"로, "이용자"는 "재화 등을 제공받는 자"로 본다고 규정하고 있었다.

위에서 살펴본 이 사건 조항의 문언, 관련 조항들을 포함한 정보통신망법의 전반적인 체계와 취지·목적 등을 종합하여 볼 때, 이 사건 조항에 의하여 보호되는 개인정보의 주체인 이용자는 자신의 개인정보를 수집하려고 하는 정보통신서비스 제공자로부터 정보통신서비스를 제공받아 이를 이용하는 관계를 전제로 하고 있다고 해석된다.

나. 원심은, 피고인 1 회사 직원들인 나머지 피고인들에 의하여 수집된 에스케이 브로드밴드 가입자 전화번호의 보유자들이 피고인 1 회사가 제공하는 정보통신서비스를 이용하고 있음을 인정하기에 부족하므로 그 전화번호 보유자들이 피고인 1 회사에 대한 관계에서 이 사건 조항이 정하는 이용자에 해당한다고 보기 어렵다고 판단하고, 이 사건 조항을 위반하였다는 개인정보 수집으로 인한 정보통신망법 위반의 공소사실에 관하여 범죄의 증명이 없다고 무죄를 선고한 제1심을 유지하였다.

원심판결 이유를 기록에 비추어 살펴보면, 위와 같은 원심의 판단은 앞서 본 법리에 기초한 것으로서, 거기에 검사의 상고이유 주장과 같이 이 사건 조항에 관한 법리를 오해하여 판결에 영향을 미친 위법이 없다.

4. 결론

그러므로 상고를 모두 기각하기로 하여, 관여 대법관의 일치된 의견으로 주문과 같이 판결한다.

대법관 신영철(재판장) 이상훈 김용덕(주심) 김소영

대법원 2013.10.11. 선고 2013도9616 판결

【사기】

판시사항

'배상명령 제도'의 취지 및 피고인이 재판과정에서 배상신청인과 민사적으로 합의하였다는 내용의 합의서를 제출하였고, 합의서 기재 내용만으로는 배상신청인이 변제를 받았는지 여부 등 피고인의 민사책임에 관한 구체적인 합의 내용을 알 수 없는 경우, 사실심법원이 취해야 할 조치

판결요지

소송촉진 등에 관한 특례법 제25조 제1항의 규정에 의한 배상명령은 피고인의 범죄행위로 피해자가 입은 직접적인 재산상 손해에 대하여 피해금액이 특정되고 피고인의 배상책임 범위가 명백한 경우에 한하여 피고인에게 배상을 명함으로써 간편하고 신속하게 피해자의 피해회복을 도모하고자 하는 제도로서, 위 특례법 제25조 제3항 제3호의 규정에 의하면 피고인의 배상책임의 유무 또는 그 범위가 명백하지 아니한 경우에는 배상명령을 하여서는 아니 되고, 그와 같은 경우에는 위 특례법 제32조 제1항에 따라 배상명령신청을 각하하여야 한다. 이러한 취지에 비추어 볼 때, 피고인이 재판과정에서 배상신청인과 민사적으로 합의하였다는 내용의 합의서를 제출하였고, 합의서 기재 내용만으로는 배상신청인이 변제를 받았는지 여부 등 피고인의 민사책임에 관한 구체적인 합의 내용을 알 수 없다면, 사실심법원으로서는 배상신청인이 처음 신청한 금액을 바로 인용할 것이 아니라 구체적인 합의 내용에 관하여 심리하여 피고인의 배상책임의 유무 또는 그 범위에 관하여 살펴보는 것이 합당하다.

전 문

피 고 인 피고인

상 고 인 피고인

변 호 인 변호사

배상신청인 배상신청인

원심판결 서울남부지법 2013. 7. 29. 선고 2013노631 판결

주 문 원심판결 중 피고사건에 관한 상고를 기각한다. 원심판결 중 배상명령 부분을 취소하고, 이 부분 사건을 서울남부지방법원 합의부에 환송한다.

이 유 상고이유를 판단한다.

1. 피고사건에 관하여

형사소송법 제383조 제4호에 의하면, 사형, 무기 또는 10년 이상의 징역이나 금고가 선고된 사건에 한하여 원심판결에 중대한 사실의 오인이 있어 판결에 영향을 미쳤거나 형의 양정이 심히 부당함을 이유로 상고할 수 있으므로, 피고인에 대하여 징역 3월 및 징역 1년 4월이 선고된 이 사건에서, 피고인이 피해자 공소외 1, 공소외 2 주식회사를 기망한 사실이 없다거나 형의 양정이 부당하다는 취지에서 피고인에게 유리한 정상에 관한 판단을 누락하였다는 등의 주장은 모두 적법한 상고이유가 되지 못한다. 나아가 기록을 살펴보아도 원심판결에 피고인과 국선변호인이 주장하는 것과 같은 잘못이 없다.

2. 배상명령에 관하여

가. 소송촉진 등에 관한 특례법 제25조 제1항의 규정에 의한 배상명령은 피고인의 범죄행위로 피해자가 입은 직접적인 재산상 손해에 대하여 그 피해금액이 특정되고 피고인의 배상책임의 범위가 명백한 경우에 한하여 피고인에게 그 배상을 명함으로써 간편하고 신속하게 피해자의 피해회복을 도모하고자 하는 제도로서, 위 특례법 제25조 제3항 제3호의 규정에 의하면 피고인의 배상책임의 유무 또는 그 범위가 명백하지 아니한 경우에는 배상명령을 하여서는 아니 되고, 그와 같은 경우에는 위 특례법 제32조 제1항에 따라 배상명령신청을 각하

하여야 한다(대법원 1996. 6. 11. 선고 96도945 판결, 대법원 2011. 6. 10. 선고 2011도4194 판결 등 참조).

이러한 취지에 비추어 볼 때, 피고인이 재판과정에서 배상신청인과 민사적으로 합의하였다는 내용의 합의서를 제출하였고, 그 합의서 기재 내용만으로는 배상신청인이 변제를 받았는지 여부 등 피고인의 민사책임에 관한 구체적인 합의 내용을 알 수 없다면, 사실심법원으로서는 배상신청인이 처음 신청한 금액을 바로 인용할 것이 아니라 구체적인 합의 내용에 관하여 심리하여 피고인의 배상책임의 유무 또는 그 범위에 관하여 살펴보는 것이 합당하다고 할 것이다.

나. 기록에 의하면, 피고인은 배상신청인이 작성한 "고소인은 피고인과 민·형사적으로 쌍방이 원만하게 합의하였으므로 고소를 전부 취하합니다. 아울러 피고인의 처벌을 원치 아니하오니 재판장님의 사려 깊은 선처를 부탁드립니다."라는 내용의 '합의 및 고소취하서'를 원심에 제출한 사실을 알 수 있다.

이러한 사실관계를 위 법리에 비추어 보면, 이러한 경우 원심으로서는 피고인의 민사책임에 관한 구체적인 합의 내용에 관하여 심리하여 피고인의 배상책임의 유무 또는 그 범위에 관하여 살펴보았어야 한다. 따라서 원심이 이에 이르지 않은 채 배상신청인이 처음 신청한 금액 그대로를 배상액으로 인정한 것은 배상명령에 관한 법리를 오해하여 심리를 다하지 않음으로써 판단을 그르친 것이다.

3. 그러므로 원심판결 중 피고사건에 대한 상고를 기각하고, 원심판결 중 배상명령 부분은 소송촉진 등에 관한 특례법 제33조 제4항에 의하여 취소하고, 이 부분 사건을 다시 심리·판단하게 하기 위하여 원심법원에 환송하기로 하여, 관여 대법관의 일치된 의견으로 주문과 같이 판결한다.

대법관 박보영(재판장) 민일영(주심) 이인복 김신

대법원 2013.10.11. 선고 2012도13948 판결

【학교보건법위반】

판시사항

학교보건법 제6조 제1항에 의하여 학교환경위생 정화구역에서 금지되는 행위는 같은 항 각 호에 열거 규정된 시설에서 영업행위를 하는 것인지 여부(적극)

판결요지

학교보건법 제6조 제1항은 누구든지 학교환경위생 정화구역에서는 다음 각 호의 어느 하나에 해당하는 행위 및 시설을 하여서는 아니 된다고 하면서, 제1호에서는 대기환경보전법 등에 따른 기준을 초과하여 학습과 학교보건위생에 지장을 주는 행위 및 시설이라고 규정하고 있고, 제2호 내지 제19호에서는 축산폐수배출시설(제7호), 호텔, 사행행위장 등 시설 이름만을 열거 규정하고 있는데, 학교보건법 제6조 제1항에 의하여 금지되는 것은 그 문언 및 입법 취지에 비추어 볼 때 각 호에 열거 규정된 각 시설에서 각 영업행위를 하는 것이라고 보아야 한다.

전　문

피 고 인 피고인

상 고 인 검사

원심판결 광주지법 2012. 10. 24. 선고 2012노1407 판결

주　문 원심판결을 파기하고, 사건을 광주지방법원 본원 합의부에 환송한다.

이　유 상고이유를 판단한다.

이 사건 공소사실 중 학교보건법 위반의 점의 요지는, 누구든지 학교환경위생 정화구역에서는 축산폐수배출시설을 하여서는 아니 됨에도 불구하고, 피고인은 2010. 11. 19. 경 ○○○초등학교의 경계선으로부터 104m 지점인 전남 장흥군 안양면 (이하 생략) 외 4필지에 축산폐수배출시설인 오리사육시설을 설치하였다는 것이다.

이에 대하여 원심은, 검사가 공소장에 피고인이 오리사육장을 이용하여 영업행위를 하였는지 여부에 관하여는 전혀 기재하지 않은 채 2010. 11. 19.경 오리사육시설을 "설치"한 사실만을 공소사실로 기재한 점, 피고인도 오리사육장시설을 이용하여 영업행위를 했는지 여부에 관하여는 다투지 아니하고 "오리사육장 설치행위로 약식명령을 발령받아 기판력이 미치고 2010. 11. 19.에는 오리사육장을 설치하지 않았다."는 주장만을 한 점, 피고인이 2010. 11. 19. 오리사육장을 설치했다는 것과 피고인이 오리사육장을 사용하여 영업행위를 하였다는 것은 범행 수단과 방법이 전혀 다른 별개의 사실인 점 등에 비추어 피고인이 오리사육시설을 설치했다는 공소사실을 피고인이 오리사육장에서 "영업행위"를 했다는 취지로 해석하여 판단하는 것은 피고인의 방어권 행사에 제약을 가하여 불측의 판결을 선고하는 결과가 되어 허용될 수 없다고 하여, 피고인이 2010. 11. 19. 오리사육시설을 설치하였음을 인정할 증거가 없다는 이유로 무죄를 선고한 제1심판결이 정당하다고 판단하였다.

그러나 원심의 위와 같은 판단은 다음과 같은 이유에서 그대로 수긍하기 어렵다.

학교보건법 제6조 제1항은 누구든지 학교환경위생 정화구역에서는 다음 각 호의 어느 하나에 해당하는 행위 및 시설을 하여서는 아니 된다고 하면서, 제1호에서는 대기환경보전법 등에 따른 기준을 초과하여 학습과 학교보건위생에 지장을 주는 행위 및 시설이라고 규정하고 있고, 제2호 내지 제19호에서는 축산폐수배출시설(제7호), 호텔, 사행행위장 등 시설 이름만을 열거 규정하고 있는바, 학교보건법 제6조 제1항에 의하여 금지되는 것은 그 문언 및 입법 취지에 비추어 볼 때 각 호에 열거 규정된 각 시설에서의 각 영업행위를 하는 것이라고 보아야 한다(대법원 2000. 11. 16. 선고 98도3665 전원합의체 판결 참조).

기록에 의하면, 검사는 당초 피고인이 2010. 5. 20.경 이 사건 오리사육시설을 설치하였다고 기소하였다가, 피고인이 2010. 4. 20.경 가축분뇨배출시설 설치신고를 하지 아니하고 이 사건 오리사육시설을 설치하여 오리를 사육하였다는 가축분뇨의 관리 및 이용에 관한 법률 위반죄의 범죄사실로 2010. 11. 18. 약식명령을 발령받았음이 밝혀

지자, 공소장의 범죄일시를 2010. 11. 19.경으로 변경한 사실, 제1심은 피고인이 약식명령을 발령받은 이후에도 이 사건 오리사육시설에서 계속 오리를 사육한 사실을 인정하면서도, 학교환경위생 정화구역에 축산폐수배출시설을 함으로써 성립하는 학교보건법 위반죄는 즉시범으로서 피고인이 2010. 11. 19. 다시 오리사육시설을 설치하였음을 인정할 증거가 없다는 이유로 무죄를 선고한 사실, 이에 검사는 항소이유로 학교보건법 제6조 제1항에서 금지하는 행위는 위 대법원 전원합의체 판결 취지에 따라 그 시설의 설치행위뿐 아니라 영업행위를 포함하는 것으로 해석되어야 하므로 이 사건 오리사육시설을 설치하여 그 시설을 계속 사용한 행위는 학교보건법 위반죄에 해당한다고 주장하고, 원심 제1회 공판기일에도 같은 취지로 주장한 사실을 알 수 있다.

위와 같은 학교보건법 제6조 제1항 제7호 규정의 문언을 볼 때, 이 사건 학교보건법 위반의 점에 관한 공소사실은 '축산폐수배출시설을 하여서는 아니 된다'는 위 조항의 문언 형식에 따라 그에 맞추어 기재된 것으로 보이고, 위 대법원 전원합의체 판결 취지에 의하면 위 조항에서 금지되는 것은 오리사육시설의 설치행위 자체뿐만 아니라 오리사육시설에서의 영업행위를 하는 것인바, 위와 같은 공소사실 기재만으로는 그 의미에 관하여 오해의 소지가 있을 수 있으므로 공소사실에 '오리사육시설에서 영업행위를 하였다'는 취지가 기재되었다면 공소사실의 의미가 더 명확하였을 것이나, 그렇게 하지 않았다 하더라도 법 문언에 따라 기재된 위와 같은 공소사실이 불명확하다거나 잘못 기재된 것이라고 볼 수는 없고, 앞서 본 법리에 비추어 볼 때 위 공소사실은 '오리사육시설에서의 영업행위'를 의미하는 것이라고 보아야 한다.

나아가 앞서 보았듯이 검사는 항소이유 및 원심 제1회 공판기일에서의 진술을 통하여 위 공소사실이 오리사육시설의 설치행위 자체가 아닌 오리사육시설에서의 영업행위를 의미하는 것임을 명확히 하기까지 하였고, 그러한 사정을 고려하면 위와 같이 공소사실이 기재되었다고 하여 피고인의 방어권이 침해되었다고 보기도 어렵다.

그렇다면 원심으로서는 이 사건 학교보건법 위반의 점에 관한 공소사실이 오리사육시설에서 영업행위를 하였다는 것임을 전제로 판단을 하였어야 함에도 단지 그 문언에 따라 오리사육시설의 설치행위 자체만을 기소한 것으로 보아 판단한 위법이 있다.

그러므로 원심판결을 파기하고, 사건을 다시 심리·판단하도록 원심법원에 환송하기로 하여 관여 대법관의 일치된 의견으로 주문과 같이 판결한다.

대법관 박병대(재판장) 양창수 고영한 김창석(주심)

대법원 2013.10.11. 선고 2011도13101 판결

【외국환거래법위반】

판시사항

비거주자인 재외동포가 미화 1만 불을 초과하는 국내재산 내지 대외지급수단을 휴대수출하여 지급하고자 하는 경우, 관할세관의 장에게 신고하여야 할 의무가 있는지 여부(원칙적 적극) 및 예외적으로 신고를 요하지 아니하는 경우

판결요지

외국환거래법 제17조, 외국환거래법 시행령 제31조 제2항, 외국환거래규정(1999. 3. 31. 재정경제부 고시 제1999-9호로 제정되고, 2010. 8. 20. 기획재정부 고시 제2010-17호로 개정된 것. 이하 같다) 제4-7조 제1항, 제2항, 제4항, 제5-11조 제1항 제2호 (가)목 (2), 제2항, 제6-2조 제1항 제5호 (가)목, 제6-3조 제1항의 문언 및 취지를 종합하여 보면, 비거주자인 재외동포가 미화 1만 불을 초과하는 국내재산 내지 대외지급수단을 휴대수출하여 지급하고자 하는 경우 원칙적으로 관할세관의 장에게 이를 신고하여야 할 의무가 있고, 다만 외국환거래규정 제5-11조가 규정하는 절차에 따라 지정거래외국환은행의 장의 확인이 담긴 외국환신고(확인)필증의 발행·교부가 있는 경우에는 그와 같은 신고를 요하지 아니한다고 해석하여야 한다.

전 문

피 고 인 피고인

상 고 인 검사

변 호 인 변호사

원심판결 인천지법 2011. 9. 9. 선고 2011노2064 판결

주 문 원심판결을 파기하고 사건을 인천지방법원 본원 합의부에 환송한다.

이 유 상고이유를 판단한다.

1. 외국환거래법 제17조는 "기획재정부장관은 이 법의 실효성을 확보하기 위하여 필요하다고 인정되어 대통령령으로 정하는 경우에는 지급수단 또는 증권을 수출 또는 수입하려는 거주자나 비거주자로 하여금 그 지급수단 또는 증권을 수출 또는 수입할 때 대통령령으로 정하는 바에 따라 신고하게 할 수 있다."고 규정하고, 그 위임에 따른 외국환거래법 시행령 제31조 제2항은 "기획재정부장관은 지급수단등의 수출 또는 수입에 대하여 신고를 하게 하는 경우에는 신고를 하여야 하는 지급수단등의 수출 또는 수입의 범위와 기준, 그 밖에 필요한 사항을 정하여 고시하여야 한다."고 규정하고 있다. 위 시행령의 위임에 따라 제정된 외국환거래규정(1999. 3. 31. 재정경제부 고시 제1999-9호로 제정되고, 2010. 8. 20. 기획재정부 고시 제2010-17호로 개정된 것. 이하 같다) 제6-3조 제1항은 "제6-2조의 규정을 제외하고 거주자 또는 비거주자가 지급수단등을 수출입하고자 하는 경우에는 관할세관의 장에게 신고하여야 한다."고 규정하는데, 제6-2조 제1항 제5호 (가)목에 의하면, 비거주자가 제5-11조의 규정에 의하여 인정된 대외지급수단을 수출하는 경우에는 신고를 요하지 아니한다는 취지로 규정되어 있다. 따라서 비거주자가 대외지급수단을 수출하는 경우 원칙적으로 이를 관할세관의 장에게 신고하여야 하지만, 외국환거래규정 제5-11조의 규정에 의한 절차를 이행한 경우에는 그 신고의무가 없다.

   나아가 외국환은행을 통하지 아니한 지급의 절차를 규정하는 외국환거래규정 제5-11조 제1항은 "다음 각 호의 1에 해당하는 방법으로 지급을 하고자 하는 경우에는 신고를 요하지 아니한다."고 하면서 "재외동포가 해외여행경비, 해외이주비 및 국내재산을 외국에서 직접 지급하는 경우. 다만, 미화 1만 불을 초과하는 대외지급수단을 휴대수출하여 지급하는 경우는 다음 각 목의 1에 한한다."(제2호)고 정하며, 이에 따른 '가목'에서는 "지정거래외국환은행의 장의 확인"을 규정하면서 "(2) 해외이주자, 해외이주예정자 및 재외동포가 대외지급수단을 휴대수출

하여 지급하는 경우"를 들고 있다. 이 경우 "제1항의 규정에 의하여 확인요청을 받은 외국환은행의 장은 지급수단의 취득사실을 확인하고 당해 거주자에게 별지 제6-1호 서식의 외국환신고(확인)필증을 발행·교부하여야 한다."(제2항). 한편 '재외동포의 국내재산 반출절차'를 규정한 외국환거래규정 제4-7조는 재외동포가 본인 명의로 보유하고 있는 국내예금을 국외로 반출하고자 하는 경우, 거래외국환은행을 지정하고(제1항) 재외동포재산반출신청서를 제출할 것(제2항)을 요구하는 이외에, 그 자금은 제5-11조의 규정에 의하여 휴대수출할 수 있다(제4항)는 취지로 규정하고 있다.

결국 위와 같은 법령 규정들의 문언 및 그 취지를 종합하여 보면, 비거주자인 재외동포가 미화 1만 불을 초과하는 국내재산 내지 대외지급수단을 휴대수출하여 지급하고자 하는 경우 원칙적으로 관할세관의 장에게 이를 신고하여야 할 의무가 있고, 다만 제5-11조가 규정하는 절차에 따라 지정거래외국환은행의 장의 확인이 담긴 외국환신고(확인)필증의 발행·교부가 있는 경우에는 그와 같은 신고를 요하지 아니한다고 해석하여야 할 것이다.

2. 원심판결 이유와 원심이 적법하게 채택·유지한 증거들에 의하면, 피고인은 대한민국 국민인 비거주자로서 일본 영주권을 취득한 재외동포인데 2010. 11. 11. 자기 명의의 국민은행 예금계좌에서 인출한 20,355,000원을 일화 1,500,000엔(미화 18,048달러 상당)으로 환전하여 출금한 사실, 당시 피고인은 거래외국환은행 지정신청서, 재외동포재산반출신청서 등의 서류를 국민은행 담당자에게 작성·제출한 사실, 그런데 은행 담당자인 공소외인은 피고인에게 외국환거래규정 제5-11조 제2항의 규정에 의한 외국환신고(확인)필증을 발행·교부하지 않았던 사실, 피고인은 2010. 11. 16. 08:30경 인천공항에서 출발하는 항공편을 통하여 일본으로 출국하면서 위 1,500,000엔을 휴대하였으나, 이를 공항 세관에 신고하지 않았다가 보안검색과정에서 적발된 사실 등을 알 수 있다.

이러한 사실관계를 앞서 본 법리에 비추어 보면, 피고인은 거래외국환은행 지정신청서와 재외동포재산반출신청서를 작성·제출하였을 뿐 이로써 외국환거래규정 제5-11조가 규정하는 지정외국환은행의 장의 확인을 받은 것으로 볼 수 없으므로, 피고인으로서는 여전히 관할세관의 장에게 위 일화의 휴대수출 내지 반출 사실을 신고하여야 할 의무가 있다고 할 것이며, 피고인이 그와 같은 신고의무를 이행하지 않은 채 위 일화를 소지하고 출국하려다가 보안검색대에서 적발된 이상 외국환거래법 제29조 제2항, 제1항 제7호에 정한 지급수단 휴대수출 미수의 죄책을 부담하여야 한다고 할 것이다.

그럼에도 원심은 이와 달리, 피고인이 거래외국환은행을 지정하고 그 은행장에게 재외동포재산반출신청서를 제출한 것만으로 지정거래 외국환은행장의 확인을 받는 등 법령이 요구하는 절차를 모두 마쳤다고 단정한 나머지 피고인은 관할세관의 장에게 위 외화의 휴대수출을 신고할 의무가 없다고 판단하여 피고인에게 무죄를 선고하였으니, 이러한 원심판결에는 재외동포의 지급수단 휴대수출이나 국내재산의 반출절차에 관한 법리를 오해하여 판결 결과에 영향을 미친 위법이 있다. 이 점을 지적하는 상고이유 주장은 이유 있다.

3. 그러므로 원심판결을 파기하고 사건을 다시 심리·판단하도록 원심법원에 환송하기로 하여 관여 대법관의 일치된 의견으로 주문과 같이 판결한다.

대법관 양창수(재판장) 박병대 고영한(주심) 김창석

대법원 2013.9.27. 선고 2013도8385 판결

【청소년보호법위반】

판시사항

청소년유해업소인 유흥주점의 업주가 종업원을 고용할 때 대상자의 연령을 확인하여야 하는 의무의 내용

판결요지

청소년 보호법의 입법목적 등에 비추어 볼 때, 유흥주점과 같은 청소년유해업소의 업주에게는 청소년 보호를 위하여 청소년을 당해 업소에 고용하여서는 아니 될 매우 엄중한 책임이 부여되어 있으므로, 유흥주점의 업주가 당해 유흥업소에 종업원을 고용할 때에는 주민등록증이나 이에 유사한 정도로 연령에 관한 공적 증명력이 있는 증거에 의하여 대상자의 연령을 확인하여야 하고, 만일 대상자가 제시한 주민등록증상의 사진과 실물이 다르다는 의심이 들면 청소년이 자신의 신분과 연령을 감추고 유흥업소 취업을 감행하는 사례가 적지 않은 유흥업계의 취약한 고용실태 등에 비추어 볼 때, 업주로서는 주민등록증상의 사진과 실물을 자세히 대조하거나 주민등록증상의 주소 또는 주민등록번호를 외워보도록 하는 등 추가적인 연령확인조치를 취하여야 할 의무가 있다.

전 문

피 고 인 피고인

상 고 인 검사

원심판결 전주지법 2013. 6. 28. 선고 2013노374 판결

주 문 원심판결을 파기하고, 사건을 전주지방법원 본원 합의부에 환송한다.

이 유 상고이유를 판단한다.

1. 원심판결 이유에 의하면, 원심은, 유흥주점을 운영하는 피고인이 영리를 목적으로 2012. 5. 3. 청소년인 공소외 1, 2, 3(이하 '공소외 1 등'이라 한다)을, 같은 달 4일 위 공소외 1을 각 고용하여 접객행위를 하게 하였다는 이 사건 공소사실에 대하여, 검사가 제출한 증거만으로는 피고인이 공소외 1 등이 청소년임을 알았거나 청소년이라도 무방하다는 미필적 고의로 고용하였다고 단정할 수 없다는 이유로 피고인에 대하여 무죄를 선고한 제1심판결을 그대로 유지하였다.
2. 가. 청소년 보호법의 입법목적 등에 비추어 볼 때, 유흥주점과 같은 청소년유해업소의 업주에게는 청소년 보호를 위하여 청소년을 당해 업소에 고용하여서는 아니 될 매우 엄중한 책임이 부여되어 있다 할 것이므로, 유흥주점의 업주가 당해 유흥업소에 종업원을 고용함에 있어서는 주민등록증이나 이에 유사한 정도로 연령에 관한 공적 증명력이 있는 증거에 의하여 대상자의 연령을 확인하여야 하고, 만일 대상자가 제시한 주민등록증상의 사진과 실물이 다르다는 의심이 들면 청소년이 자신의 신분과 연령을 감추고 유흥업소 취업을 감행하는 사례가 적지 않은 유흥업계의 취약한 고용실태 등에 비추어 볼 때, 업주로서는 주민등록증상의 사진과 실물을 자세히 대조하거나 주민등록증상의 주소 또는 주민등록번호를 외워보도록 하는 등 추가적인 연령확인조치를 취하여야 할 의무가 있다고 할 것이다.

   나. 원심판결 및 제1심판결의 이유와 기록에 의하면, ① 공소외 1 등은 2012. 5. 3. 22:00경 피고인이 운영하는 유흥주점에서 피고인과 함께 있던 피고인의 남편 공소외 4에게 청소년이 아닌 제3자의 주민등록증 3장을 건네주었는데, 공소외 4는 주민등록증상의 사진과 공소외 1 등의 얼굴을 자세히 대조해 보지 아니한 채 송지인 등에게 유흥접객원 명부에 인적 사항을 기재하도록 한 사실, ② 공소외 4는 검찰에서 공소외 1 등으로부터 건네받은 주민등록증상의 사진과 실물이 달라보였는데, 조금이라도 달라 보이면 채용하지 않았어야 하는데 그렇게 하지 못하였다고 진술한 사실, ③ 피고인은 공소외 1 등이 제시한 제3자의 주민등록증을 복사하여 사본을 보관하고 있다가 수사기관에 제출하였는데, 공소외 4는 이 사건 이전에도 이 사건 유흥주점에

서 청소년을 고용하였다는 혐의로 수사를 받다가 신분증을 복사하여 놓았다는 이유로 불기소처분을 받은 전력이 있고, 수사기관의 조사에 대비하여 속칭 보도방을 통하여 일시 고용하는 여종업원들의 신분증을 이 사건 유흥주점 내에 비치된 복사기를 이용하여 복사하여 둔 사실을 알 수 있다.

앞서 본 법리에 비추어 이러한 사실관계를 살펴보면, 청소년유해업소인 유흥주점을 운영하는 피고인으로서는 공소외 1 등이 제시한 주민등록증상의 사진과 실물이 다르다는 의심이 들었다면 청소년의 보호를 위하여 사진과 실물을 자세히 대조해 보는 등 좀 더 적극적인 방법으로 연령확인조치를 취하여야 할 의무가 있었다고 할 것이고, 그럼에도 불구하고 공소외 1 등이 제시한 제3자의 주민등록증만을 확인한 채 그녀들을 고용하여 유흥주점에서 접객행위를 하도록 한 것은 청소년유해업소 업주의 청소년연령확인에 관한 필요한 조치를 다하지 아니한 것이라 할 것이다.

다. 그렇다면 피고인에게는 청소년인 공소외 1 등을 고용하여 유흥주점에서 접객행위를 하게 한다는 점에 관하여 적어도 미필적 고의가 있다고 볼 여지가 있음에도, 원심이, 실물과 주민등록증상의 사진이 다소 달라 보인다고 여겼다는 사정만으로는 피고인이 공소외 1 등이 청소년임을 알았거나 청소년이라도 무방하다는 미필적 고의로 이들을 고용하였다고 단정할 수 없다고 본 것은 청소년 보호법상 연령확인의무에 관한 법리를 오해하여 판단을 그르친 것이다.

3. 그러므로 원심판결을 파기하고, 사건을 다시 심리·판단하게 하기 위하여 원심법원에 환송하기로 하여, 관여 대법관의 일치된 의견으로 주문과 같이 판결한다.

대법관 박보영(재판장) 민일영(주심) 이인복 김신

대법원 2013.9.27. 선고 2011도15744 판결

【주택법위반】

판시사항

구 주택법 제39조 제1항 제1호에서 양도 및 양수를 금지하고 있는 '제32조의 규정에 의하여 주택을 공급받을 수 있는 지위'의 의미 및 그 지위가 인정되기 위한 요건

판결요지

구 주택법(2009. 2. 3. 법률 제9405호로 개정되기 전의 것, 이하 같다) 제39조 제1항 제1호는 같은 법 제32조에 따라 주택을 공급받을 수 있는 지위의 양도 및 양수를 금지하고 있는데, 같은 법 제32조는 다수의 구성원이 주택을 마련하기 위해 설립하는 주택조합의 설립방법과 절차, 구성원의 자격기준 및 조합원에 대한 주택의 우선공급 등 주택조합의 조합원에 대한 주택공급에 관하여 규정하고 있는 점, 구 주택법 제39조 제1항 제2, 3, 4호와 주택법 시행령 제43조 제1항 각 호에서 정한 '주택을 공급받을 수 있는 증서'가 모두 공문서 또는 그에 준하는 공신력 있는 문서인 것과의 균형상 구 주택법 제39조 제1항 제1호에서 정한 '주택을 공급받을 수 있는 지위' 역시 그에 상응하는 효력이 있는 지위를 의미하는 것으로 봄이 타당한 점, 구 주택법 제39조 제2항이 위 '주택을 공급받을 수 있는 지위'가 유효한 것임을 전제로 같은 조 제1항을 위반한 경우 그 '지위'를 무효로 할 수 있다고 규정하고 있는 점, 죄형법정주의의 원칙상 형벌법규의 해석은 엄격하게 하여야 하는 점 등에 비추어 보면, 구 주택법 제39조 제1항 제1호에서 정한 '제32조의 규정에 의하여 주택을 공급받을 수 있는 지위'는 원칙적으로 설립인가를 받거나 신고를 마치고 적법하게 설립된 주택조합의 구성원인 조합원으로서 그 주택조합이 공급하는 주택을 공급받을 수 있는 지위를 의미하고, 이는 구 주택법 등에서 정한 조합원의 자격요건을 갖추고 조합원 가입절차 및 분양절차를 제대로 거쳐야 비로소 인정된다.

전 문

피 고 인 피고인

상 고 인 검사

변 호 인 변호사

원심판결 서울중앙지법 2011. 11. 3. 선고 2011노2943 판결

주 문 상고를 기각한다.

이 유 상고이유에 대하여 판단한다.

구 주택법(2009. 2. 3. 법률 제9405호로 개정되기 전의 것, 이하 같다) 제96조 제1호는 같은 법 제39조 제1항을 위반한 사람을 3년 이하의 징역 또는 3천만 원 이하의 벌금에 처하도록 규정하고 있고, 같은 법 제39조 제1항은 '누구든지 이 법에 의하여 건설·공급되는 주택을 공급받거나 공급받게 하기 위하여 다음 각 호의 1에 해당하는 증서 또는 지위를 양도 또는 양수하거나 이를 알선하여서는 아니 된다'고 규정하면서, 제1호로 '제32조의 규정에 의하여 주택을 공급받을 수 있는 지위', 제2호로 '제69조의 규정에 의한 주택상환사채', 제3호로 '제75조의 규정에 의한 입주자저축의 증서', 제4호로 '그 밖에 주택을 공급받을 수 있는 증서 또는 지위로서 대통령령이 정하는 것'을 들고 있다. 나아가 주택법 시행령 제43조 제1항은 구 주택법 제39조 제1항 제4호에서 '대통령령이 정하는 것'이라 함은 다음 각 호의 1에 해당하는 것을 말한다고 하면서, 제1호로 '시장·군수 또는 구청장이 발행한 무허가건물확인서·건물철거예정증명서 또는 건물철거확인서', 제2호로 '공공사업의 시행으로 인한 이주대책에 의하여 주택을 공급받을 수 있는 지위 또는 이주대책대상자확인서'를 들고 있다.

한편 구 주택법 제39조 제2항은 같은 조 제1항에 위반하여 증서 또는 지위를 양도하거나 양수한 자에 대하여는 국토해양부장관 또는 사업주체가 주택공급을 신청할 수 있는 지위를 무효로 하거나 이미 체결된 주택의 공급계약

을 취소할 수 있도록 규정하고 있고, 구 주택법 제32조는 주택조합을 설립, 변경, 해산하려는 경우에는 관할 시장·군수·구청장의 인가를 받아야 하고, 주택조합은 그 조합원에게 주택을 우선 공급할 수 있으며, 주택조합의 설립방법·설립절차, 구성원의 자격기준 등에 필요한 사항은 대통령령으로 정하도록 규정하고 있다.

위와 같이 구 주택법 제39조 제1항 제1호는 같은 법 제32조에 따라 주택을 공급받을 수 있는 지위의 양도 및 양수를 금지하고 있는데, 같은 법 제32조는 다수의 구성원이 주택을 마련하기 위해 설립하는 주택조합의 설립방법과 절차, 그 구성원의 자격기준 및 그 조합원에 대한 주택의 우선공급 등 주택조합의 조합원에 대한 주택공급에 관하여 규정하고 있는 점, 구 주택법 제39조 제1항 제2, 3, 4호와 주택법 시행령 제43조 제1항 각 호에서 정한 '주택을 공급받을 수 있는 증서'가 모두 공문서 또는 그에 준하는 공신력 있는 문서인 것과의 균형상 구 주택법 제39조 제1항 제1호에서 정한 '주택을 공급받을 수 있는 지위' 역시 그에 상응하는 효력이 있는 지위를 의미하는 것으로 봄이 상당한 점, 구 주택법 제39조 제2항이 위 '주택을 공급받을 수 있는 지위'가 유효한 것임을 전제로 같은 조 제1항을 위반한 경우 그 '지위'를 무효로 할 수 있다고 규정하고 있는 점, 죄형법정주의의 원칙상 형벌법규의 해석은 엄격하게 하여야 하는 점 등에 비추어 보면, 구 주택법 제39조 제1항 제1호에서 정한 '제32조의 규정에 의하여 주택을 공급받을 수 있는 지위'는 원칙적으로 설립인가를 받거나 신고를 마치고 적법하게 설립된 주택조합의 구성원인 조합원으로서 그 주택조합이 공급하는 주택을 공급받을 수 있는 지위를 의미하고, 이는 구 주택법 등에서 정한 조합원의 자격요건을 갖추고 조합원 가입절차 및 분양절차를 제대로 거쳐야 비로소 인정된다고 할 것이다.

같은 취지에서 원심이 그 판시와 같은 이유를 들어 이 사건 공소사실에 대하여 무죄를 선고한 제1심판결을 그대로 유지한 것은 정당하고, 거기에 상고이유 주장과 같이 구 주택법 제39조 제1항 제1호의 주택을 공급받을 수 있는 지위에 관한 법리를 오해한 위법이 없다.

그러므로 상고를 기각하기로 하여 관여 대법관의 일치된 의견으로 주문과 같이 판결한다.

대법관 김신(재판장) 민일영 이인복(주심) 박보영

대법원 2013.9.26. 선고 2013도5856 판결

【강제추행치상(인정된죄명:상해)】

판시사항

[1] '추행'의 의미와 판단 기준 및 강제추행죄의 주관적 구성요건으로 '성욕을 자극·흥분·만족시키려는 주관적 동기나 목적'이 있어야 하는지 여부(소극)

[2] 피고인이, 알고 지내던 여성인 피해자 갑이 자신의 머리채를 잡아 폭행을 가하자 보복의 의미에서 갑의 입술, 귀 등을 입으로 깨무는 등의 행위를 한 사안에서, 피고인의 행위가 강제추행죄의 '추행'에 해당한다고 한 사례

판결요지

[1] '추행'이란 객관적으로 일반인에게 성적 수치심이나 혐오감을 일으키게 하고 선량한 성적 도덕관념에 반하는 행위로서 피해자의 성적 자유를 침해하는 것이고, 이에 해당하는지는 피해자의 의사, 성별, 연령, 행위자와 피해자의 이전부터의 관계, 행위에 이르게 된 경위, 구체적 행위태양, 주위의 객관적 상황과 그 시대의 성적 도덕관념 등을 종합적으로 고려하여 신중히 결정되어야 한다. 그리고 강제추행죄의 성립에 필요한 주관적 구성요건으로 성욕을 자극·흥분·만족시키려는 주관적 동기나 목적이 있어야 하는 것은 아니다.

[2] 피고인이, 알고 지내던 여성인 피해자 갑이 자신의 머리채를 잡아 폭행을 가하자 보복의 의미에서 갑의 입술, 귀, 유두, 가슴 등을 입으로 깨무는 등의 행위를 한 사안에서, 객관적으로 여성인 피해자의 입술, 귀, 유두, 가슴을 입으로 깨무는 행위는 일반적이고 평균적인 사람으로 하여금 성적 수치심이나 혐오감을 일으키게 하고 선량한 성적 도덕관념에 반하는 행위로서, 갑의 성적 자유를 침해하였다고 보는 것이 타당하다는 이유로, 피고인의 행위가 강제추행죄의 '추행'에 해당한다고 한 사례.

전 문

피 고 인 피고인

상 고 인 검사

변 호 인 변호사

원심판결 대전고법 2013. 5. 2. 선고 (청주)2013노37 판결

주 문 원심판결을 파기하고, 사건을 대전고등법원에 환송한다.

이 유 상고이유를 판단한다.

추행이라 함은 객관적으로 일반인에게 성적 수치심이나 혐오감을 일으키게 하고 선량한 성적 도덕관념에 반하는 행위로서 피해자의 성적 자유를 침해하는 것이라고 할 것이고, 이에 해당하는지 여부는 피해자의 의사, 성별, 연령, 행위자와 피해자의 이전부터의 관계, 그 행위에 이르게 된 경위, 구체적 행위태양, 주위의 객관적 상황과 그 시대의 성적 도덕관념 등을 종합적으로 고려하여 신중히 결정되어야 한다(대법원 2002. 4. 26. 선고 2001도2417 판결 등 참조). 그리고 강제추행죄의 성립에 필요한 주관적 구성요건으로 성욕을 자극·흥분·만족시키려는 주관적 동기나 목적이 있어야 하는 것은 아니다(대법원 2006. 1. 13. 선고 2005도6791 판결 등 참조).

원심판결 및 원심이 적법하게 조사한 증거 등에 의하면, 피고인은 경찰 이래 원심에 이르기까지 피해자의 입술, 귀, 유두, 가슴, 어깨 부위를 깨물었음을 인정하는 점, 피해자가 엎어져서 피고인의 머리를 잡아당기는 상황에서 피고인은 감정이 폭발하여 이성적으로 지배할 수 없는 상태에 이르러 그와 같은 행위에 이르렀다고 진술하고 있는 점, 피해자의 진술에 일부 과장이 있기는 하지만 일관되게 피고인이 자신에게 키스를 하려다가 입술을 깨물고, 가

슴을 물었다는 내용의 진술을 하고 있고, 피해자는 이와 같은 피고인의 행위가 자신의 성적 자유를 침해하였다고 생각하여 피고인을 고소하였다고 볼 수 있는 점 등의 사정을 알 수 있다.

사정이 이와 같다면, 피고인의 행위는, 비록 피해자가 피고인의 머리채를 잡아 폭행을 가하자 이에 대한 보복의 의미에서 한 행위로서 성욕을 자극·흥분·만족시키려는 주관적 동기나 목적이 없었다고 하더라도, 객관적으로 여성인 피해자의 입술, 귀, 유두, 가슴을 입으로 깨무는 등의 행위는 일반적이고도 평균적인 사람으로 하여금 성적 수치심이나 혐오감을 일으키게 하고 선량한 성적 도덕관념에 반하는 행위에 해당하고, 그로 인하여 피해자의 성적 자유를 침해하였다고 봄이 타당하다 할 것이므로, 위 법률 조항에서 말하는 '추행'에 해당한다고 평가할 수 있다. 나아가 추행행위의 행태와 당시의 정황 등에 비추어 볼 때 피고인의 범의도 인정할 수 있다.

그렇다면 이 사건 공소사실 중 피고인이 피해자로 하여금 반항하지 못하게 한 후 반항하는 피해자의 입술과 귀, 유두와 가슴 및 어깨 부위를 깨무는 방법으로 추행하였다는 부분에 관하여 원심이 그 판시와 같은 사유를 들어 피고인의 행위가 추행에 이르렀다고 보기 어렵고 또한 당시 피고인에게 피해자를 추행한다는 의사가 있었다고 보기 어렵다는 이유로 이 부분 공소사실에 대하여 무죄라고 판단한 것은 앞서 본 '추행'에 관한 법리를 오해하여 판결에 영향을 미친 위법이 있다고 할 것이다. 이러한 점을 지적하는 상고이유 주장은 이유 있다.

그러므로 원심판결을 파기하고 사건을 다시 심리·판단하도록 원심법원에 환송하기로 하여 관여 대법관의 일치된 의견으로 주문과 같이 판결한다.

대법관 박병대(재판장) 양창수 고영한 김창석(주심)

대법원 2013.9.26. 선고 2013도5214 판결

【특정경제범죄가중처벌등에관한법률위반(횡령)[피고인1,피고인2에대하여각일부예비적죄명및피고인5,피고인6에대하여각예비적죄명:특정경제범죄가중처벌등에관한법률위반(배임)]·특정경제범죄가중처벌등에관한법률위반(배임)(피고인2에대하여일부인정된죄명:업무상배임)·업무상횡령(예비적죄명:업무상배임)·특정범죄가중처벌등에관한법률위반(조세)·독점규제및공정거래에관한법률위반·조세범처벌법위반·증권거래법위반·자본시장과금융투자업에관한법률위반·공무집행방해교사·증거인멸·증거인멸교사·공무집행방해】

판시사항

1 구 증권거래법 제188조의4 제1항 제1호, 제2호에서 금지하고 있는 시장조작행위의 일종인 '통정매매'의 의미 및 매도인과 매수인을 지배·장악하는 주체가 양자의 거래가 체결되도록 주도적으로 기획·조종한 결과 실제 매매가 체결되는 경우가 통정매매에 포함되는지 여부(적극)

2 회사의 이사 등이 계열회사에 회사자금을 대여하거나 계열회사의 채무를 회사 이름으로 지급보증하면서 상당하고도 합리적인 채권회수조치를 취하지 아니한 경우 배임죄가 성립하는지 여부(적극) 및 경영상의 판단에 대한 배임죄의 고의 유무를 판단하는 기준

3 보증인이 변제자력이 없는 피보증인에게 신규자금을 제공하거나 신규자금 차용에 관한 담보를 제공하면서 이미 보증한 채무의 변제에 사용되도록 한 경우, 새로이 손해 발생의 위험을 초래한 것으로 볼 수 있는지 여부(소극)

판결요지

1 구 증권거래법(2007. 8. 3. 법률 제8635호 자본시장과 금융투자업에 관한 법률 부칙 제2조로 폐지) 제188조의4 제1항 제1호 및 제2호에서 금지하고 있는 시장조작행위의 일종인 통정매매란, 상장유가증권 또는 협회중개시장에 등록된 유가증권의 매매거래에 관하여 양 당사자가 미리 통정한 후 동일 유가증권에 대하여 같은 시기에 같은 가격으로 매수 또는 매도하는 행위인데, 이러한 통정매매는 반드시 매도인과 매수인 사이에 직접적인 협의가 이루어져야 하는 것은 아니고 그 중간에 매도인과 매수인을 지배·장악하는 주체가 있어 그가 양자 사이의 거래가 체결되도록 주도적으로 기획·조종한 결과 실제 매매가 체결되는 경우도 포함한다고 해석함이 타당하다.

2 회사의 이사 등이 타인에게 회사자금을 대여하거나 타인의 채무를 회사 이름으로 지급보증함에 있어 그 타인이 이미 채무변제능력을 상실하여 그를 위하여 자금을 대여하거나 지급보증을 할 경우 회사에 손해가 발생하리라는 점을 충분히 알면서 이에 나아갔거나, 충분한 담보를 제공받는 등 상당하고도 합리적인 채권회수조치를 취하지 아니한 채 만연히 대여해 주었다면, 그와 같은 자금대여나 지급보증은 타인에게 이익을 얻게 하고 회사에 손해를 가하는 행위로서 회사에 대하여 배임행위가 되고, 이러한 이치는 그 타인이 자금지원 회사의 계열회사라 하여 달라지지 않는다. 한편 경영상의 판단을 이유로 배임죄의 고의를 인정할 수 있는지는 문제된 경영상의 판단에 이르게 된 경위와 동기, 판단대상인 사업의 내용, 기업이 처한 경제적 상황, 손실발생의 개연성과 이익획득의 개연성 등 제반 사정에 비추어 자기 또는 제3자가 재산상 이익을 취득한다는 인식과 본인에게 손해를 가한다는 인식하의 의도적 행위임이 인정되는 경우인지에 따라 개별적으로 판단하여야 한다.

3 이미 타인의 채무에 대하여 보증을 하였는데, 피보증인이 변제자력이 없어 결국 보증인이 보증채무를 이행하게 될 우려가 있고, 보증인이 피보증인에게 신규로 자금을 제공하거나 피보증인이 신규로 자금을 차용하는 데 담보를 제공하면서 그 신규자금이 이미 보증을 한 채무의 변제에 사용되도록 한 경우라면, 보증인으로서는 기보증채무와 별도로 새로 손해를 발생시킬 위험을 초래한 것이라고

볼 수 없다.

전 문

피고인 피고인 1 외 13인

상고인 피고인 8, 10을 제외한 나머지 피고인들 및 검사(피고인 4, 11, 12, 13, 14를 제외한 나머지 피고인들에 대하여)

변호인 법무법인

원심판결 서울고법 2013. 4. 15. 선고 2012노2794 판결

주 문 원심판결 중 피고인 1의 2007년 양도소득세 포탈에 따른 조세범 처벌법 위반 부분 및 각 독점규제 및 공정거래에 관한 법률 위반 부분을 제외한 나머지 유죄 부분, 피고인 2, 3, 7의 유죄 부분과 피고인 1, 2, 3에 대한 무죄 부분 중 공소외 1 주식회사의 선수금 지급 관련 특정경제범죄 가중처벌 등에 관한 법률 위반(횡령) 부분을 각 파기하고, 이 부분 사건을 서울고등법원에 환송한다. 피고인 1의 원심판결 유죄 부분 중 2007년 양도소득세 포탈에 따른 조세범 처벌법 위반 부분 및 각 독점규제 및 공정거래에 관한 법률 위반 부분에 대한 상고와 피고인 4, 5, 6, 9, 11, 12, 13, 14의 상고, 검사의 피고인 5, 6, 7, 8, 9, 10에 대한 상고 및 피고인 1, 2, 3에 대한 나머지 상고를 모두 기각한다.

이 유 상고이유(상고이유서 제출기간이 경과한 후에 제출된 피고인 1, 2, 3, 4, 5, 6, 7, 9의 각 상고이유보충서의 기재는 상고이유를 보충하는 범위 내에서)를 판단한다.

1. 피고인 1, 2, 6의 특정범죄 가중처벌 등에 관한 법률 위반(조세) 및 조세범 처벌법 위반의 점에 대하여

가. 기록에 의하면 종로세무서장이 검사의 요청에 따라 이 부분 구 조세범 처벌법(2010. 1. 1. 법률 제9919호로 전부 개정되기 전의 것, 이하 같다) 위반의 공소사실과 동일한 사실관계에 관하여 이 사건 공소제기 전에 피고인 1에 대하여 고발조치를 한 사실을 인정할 수 있다. 따라서 피고인 1에 대한 이 부분 공소제기의 절차가 법률의 규정에 위반하여 무효라는 위 피고인의 상고이유 주장은 받아들일 수 없다.

나. 구 조세범 처벌법 제9조 제1항 및 구 특정범죄 가중처벌 등에 관한 법률(2010. 1. 1. 법률 제9919호로 개정되기 전의 것, 이하 '구 특가법'이라고 한다) 제8조에 규정된 '사기 기타 부정한 행위'라 함은 조세의 부과와 징수를 불가능하게 하거나 현저히 곤란하게 하는 위계 기타 부정한 적극적인 행위를 말하는 것이고, 이러한 사기 기타 부정한 행위로 조세를 포탈함으로써 성립하는 조세포탈범은 고의범이지 목적범은 아니므로 피고인에게 조세를 회피하거나 포탈할 목적까지 가질 것을 요하는 것이 아니며, 이러한 조세포탈죄에 있어서 범의가 있다고 함은 납세의무를 지는 사람이 자기의 행위가 사기 기타 부정한 행위에 해당하는 것을 인식하고 그 행위로 인하여 조세포탈의 결과가 발생한다는 사실을 인식하면서 부정행위를 감행하거나 하려고 하는 것이다(대법원 2006. 6. 29. 선고 2004도817 판결, 대법원 2011. 6. 30. 선고 2010도10968 판결 등 참조).

원심은, 피고인 1을 정점으로 조직되어 있는 한화그룹 경영기획실 안에 위 피고인과 그 가족의 재산 관리를 전담하는 팀을 만들고 그 속에 임직원을 여럿 둘 정도로 위 피고인의 차명재산 규모가 방대한 것으로 보이는 점, 실제로 검찰 수사에서 밝혀진 위 경영기획실에서 관리하는 위 피고인의 차명계좌가 총 380여 개 약 1,000억 원에 이르는 점, 피고인 1은 평소에 차명재산을 포함한 재산관리 상황에 대하여 경영기획실로부터 보고를 받아왔고, 종전에도 위 피고인이 보유하는 차명계좌 등 차명재산과 관련하여 위 피고인이나 담당 임원이 형사처벌이나 국세청의 세무조사를 받은 적이 있었던 점 등 그 판시와 같은 사정을 종합하여 피고인 1과 경영기획실에 근무하였던 피고인 2, 6에게는 차명주식 거래로 인한 양도소득세 포탈의 공모 및 고의가 인정된다고 판단하였다. 나아가 원심은, 위 피고인들이 1998. 12. 31. 이전에 차명계좌를 이용하여 주식을 취득할 당시에는 대주주의 상장주식 양도로 인한 양도소득세 납세의무에 대하여 예견할 수 없었고, 상장주식 양도소득세 과세규정이 시행된 1999. 1. 1. 이후에 그 주식을 차명계좌로 보유하다가 매도하는 행위가 있었을 뿐이므로, 양도소득세 과세대상에 해당하는 점과는 별도로 이를 조세포탈죄의 사기 기타 부정한 행위라고 볼 수 없다고 보아 이 사건 각 구 특가법 위반(조세)의 각 과세연도별 공소사실 중 1998. 12. 31. 이전에 차명계좌를 통하여 주식을 취득한 부분에 관하여는 이유에서 각 무죄로 판단한 제1심판결을 그대로 유지하고, 1999. 1. 1. 이후에 차명계좌를 통하여 주식을 취득한 부분에 관하여는 그 양도에 따른 소득미신고 부분이 사기 기타 부정한 행위로써 양도소득세를 포탈한 경우에 해당한다고 판단하였다.

원심판결 이유를 앞서 본 법리와 원심이 적법하게 채택한 증거들에 비추어 살펴보면, 원심의 위와 같은 판단은 정당하고, 거기에 검사와 위 피고인들의 각 상고이유 주장과 같이 논리와 경험칙에 반하여 자유심증주의

의 한계를 벗어나거나 조세포탈죄에 있어서 포탈 범의에 관한 법리를 오해하는 등의 위법이 없다.

다. 한편 상고심은 항소법원 판결에 대한 사후심이므로 항소심에서 심판대상이 되지 않은 사항은 상고심의 심판범위에 들지 않는 것이어서 피고인이 항소심에서 항소이유로 주장하지 아니하거나 항소심이 직권으로 심판대상으로 삼은 사항 이외의 사유에 대하여는 이를 상고이유로 삼을 수 없다(대법원 2000. 3. 28. 선고 99도2831 판결, 대법원 2011. 1. 27. 선고 2010도7947 판결 등 참조).

피고인 1이나 검사의 이 부분 공소사실과 관련한 다음과 같은 상고이유 주장 즉, 이 사건 차명주식 거래로 인한 양도소득세 미신고행위가 조세포탈죄에 있어서의 '사기 기타 부정한 행위'에 해당하지 아니한다거나 원심이 양도소득세 포탈세액을 산정함에 있어서 법령에 위반된 잘못이 있다는 취지의 주장은, 위 피고인이나 검사가 항소심에서 항소이유로 주장하지 아니하였고 항소심에서도 직권으로 심판대상으로 삼은 사항이 아니어서 모두 적법한 상고이유가 되지 못한다.

나아가 살펴보더라도 위 피고인들이 여러 사람의 명의로 개설한 피고인 1의 차명계좌를 이용하여 상당한 기간에 걸쳐 대규모로 차명주식 거래를 한 사실을 은닉한 이상 이러한 위 피고인들의 행위는 조세의 부과징수를 불가능하게 하거나 현저하게 곤란하게 하는 위계 기타 부정한 적극적 행위로서 구 조세범 처벌법 제9조, 구 특가법 제8조가 규정하는 조세포탈죄에 있어서의 '사기 기타 부정한 행위'에 해당함이 명백하고, 피고인 1의 주장과 같이 원심이 포탈세액을 산정함에 있어서 그 계산과정 중에 양도소득기본공제(연 250만 원)를 하지 아니하였다고 하더라도 그로 인하여 전체 포탈세액 산정에 미치는 영향은 매우 미미하여 판결 결과에 영향을 미치는 잘못이 있다고 볼 수 없으며, 그 밖에 원심이 양도소득세 포탈세액을 계산함에 있어서 후입선출법을 적용한 것과 이를 적용하면서도 1년 미만 보유 주식에 관한 세율을 30%로 적용할지 여부에 대하여 검사에게 석명을 구하지 않았다 하더라도 이를 가리켜 판결에 영향을 미친 소송절차상 위법이 있다고 할 수도 없다.

2. 피고인 1, 2의 독점규제 및 공정거래에 관한 법률 위반의 점에 대하여

원심은, 피고인 1이 공소외 2 주식회사(이하 '공소외 2 회사'라고만 한다) 등 4개 회사를 직접 또는 간접으로 차명주주들을 통하여 실질적으로 소유하고 있었던 점, 독점규제 및 공정거래에 관한 법률(이하 '독점규제법'이라고 한다)에 따른 기업집단 지정에 관한 자료 제출은 과거부터 매년 주기적으로 이루어져 왔던 것일 뿐만 아니라 위 자료는 피고인 1의 개인 명의로 제출되는 것인 점, 피고인 2나 그의 지시를 받는 실무자가 피고인 1의 명시적 또는 묵시적 동의도 받지 않고 위와 같은 자료를 독단적으로 제출하였다고 볼 수는 없는 점 등 그 판시와 같은 사정들을 종합하여, 위 피고인들이 공정거래위원회에 2008년도 및 2009년도 상호출자제한기업집단 등 지정을 위한 자료를 제출함에 있어 피고인 1이 사실상 그 사업내용을 지배하는 회사들로서 위 법률에 정한 상호출자제한기업집단 '한화'의 계열회사에 해당하는 공소외 2 회사 등 4개 회사를 누락한 허위 자료를 제출하였다는 이 부분 공소사실을 유죄로 인정하였다.

원심판결 이유를 원심이 적법하게 채택한 증거들에 비추어 살펴보면, 원심의 위와 같은 판단은 정당하고, 거기에 위 피고인들의 상고이유 주장과 같이 논리와 경험칙에 반하여 자유심증주의의 한계를 벗어나거나 관련 법리를 오해하는 등의 위법이 없다.

3. 피고인 2의 자본시장과 금융투자업에 관한 법률 위반 및 증권거래법 위반의 점에 대하여

가. 공소외 3 주식회사 주식 시세조종을 통한 증권거래법 위반 부분

구 증권거래법(2007. 8. 3. 법률 제8635호 자본시장과 금융투자업에 관한 법률 부칙 제2조로 폐지, 이하 '구 증권거래법'이라고 한다) 제188조의4 제1항 제1호 및 제2호에서 금지하고 있는 시장조작행위의 일종인 통정매매라 함은, 상장유가증권 또는 협회중개시장에 등록된 유가증권의 매매거래에 관하여 양 당사자가 미리 통정한 후 동일 유가증권에 대하여 같은 시기에 같은 가격으로 매수 또는 매도하는 행위인데(대법원 1998. 12. 8. 선고 98도3051 판결 등 참조), 이러한 통정매매는 반드시 매도인과 매수인 사이에 직접적인 협의가 이루어져야 하는 것은 아니고 그 중간에 매도인과 매수인을 지배·장악하는 주체가 있어 그가 양자 사이의 거래가 체결되도록 주도적으로 기획·조종한 결과 실제 매매가 체결되는 경우도 포함한다고 해석함이 상당하다. 한편 위 조항 위반죄가 성립하기 위하여는 통정매매 사실 외에 주관적 요건으로 '거래가 성황을 이루고 있는 듯이 잘못 알게 하거나 기타 타인으로 하여금 그릇된 판단을 하게 할 목적'이 있어야 하는데, 이러한 목적은 다른 목적과의 공존 여부나 어느 목적이 주된 것인지는 문제되지 아니하고, 투자자의 오해를 실제로 유발하였는지 여부나 타인에게 손해가 발생하였는지 여부 등도 문제가 되지 아니하며, 당사자가 이를 자백하지 않더라도 그 유가증권의 성격과 발행된 유가증권의 총수, 매매거래의 동기와 태양(순차적 가격상승주문 또는 가장매매, 시장관여율의 정도, 지속적인 종가관여 등), 그 유가증권의 가격 및 거래량의 동향, 전후의 거래상황, 거래의 경제적 합리성 및 공정성 등의 간접사실을 종합적으로 고려하여 판단할 수 있다(대법원 2005. 4. 15. 선고 2005도632 판결, 대법원 2012. 6. 28. 선고 2010도4604 판결 등 참조).

원심은 그 채택 증거들을 종합하여 그 판시와 같은 사실을 인정한 다음 피고인 2는 한화그룹 경영기획실의 재무팀장으로서 매도인인 공소외 3 주식회사(이하 '공소외 3 회사'라고 한다)의 차명주주들과 매수인인 공소외 2 회사를 지배·장악할 수 있는 위치에 있었고, 실제로 동일한 시점에 차명주식 관리자에게는 매도, 공소외 2 회사 측에는 매수의 지시를 내림으로써 상호 제출한 호가에 의하여 공소외 3 회사 주식의 매매가 이루어지도록 하였으니, 이는 구 증권거래법 제188조의4 제1항 제1, 2호의 통정매매에 해당하며, 그 판시와 같은 공소외 2 회사의 공소외 3 회사 주식 매수 시기와 매수량 및 그 기간 동안의 공소외 3 회사의 주가 변동 내역, 공소외 3 회사의 전체 발행주식 수에 대비한 공소외 2 회사의 주식 매수 규모와 매수 세력의 비중 및 시세관여율 등을 종합해 보면 공소외 2 회사의 위와 같은 매수행위는 정상적인 수요·공급에 따라 경쟁시장에서 형성될 시세 및 거래량을 시장요인에 의하지 아니한 다른 요인으로 인위적으로 변동시킬 가능성이 있는 거래에 해당한다고 보아, 위와 같은 매수 및 매도행위를 계획하고 지시한 피고인 2에게 시세조종의 목적이 있었다고 판단하여 원심에서 추가된 이 부분 예비적 공소사실을 유죄로 인정하였다.

원심판결 이유를 앞서 본 법리와 원심이 적법하게 채택한 증거들에 비추어 살펴보면, 원심의 위와 같은 판단은 정당하고, 거기에 피고인 2의 상고이유 주장과 같이 논리와 경험칙에 반하여 자유심증주의의 한계를 벗어나거나 구 증권거래법상 시세조종행위에 관한 법리를 오해하는 등의 위법이 없다.

나. 부정한 수단, 허위표시 문서를 이용한 사기적 부정거래로 인한 자본시장과 금융투자업에 관한 법률 위반 부분 및 허위표시 문서를 이용한 공모사채 발행 관련 증권거래법 위반 부분

1) 원심은, 피고인 2의 자녀들 및 장인 명의의 증권계좌는 위 피고인의 처 공소외 4가 실질적으로 보유하는 것이라고 볼 여지가 있는 점, 공소외 4가 자신이나 딸 등의 명의로 공소외 3 회사 주식을 매수한 시기는 이 사건 주가 급등시기로부터 약 4년 전인 점, 공소외 4가 공소외 3 회사 주식매매를 통해 전체적으로 약 6,000만 원 상당의 손해를 입은 점 등 그 판시와 같은 사정들을 종합하여, 공소외 4가 공소외 3 회사 주식 매도 당시 남편인 피고인 2의 조언을 구했다는 정도로는 피고인 2가 공소외 4 등의 명의를 빌려 공소외 3 회사 주식을 실질적으로 보유하였다거나 부정한 수단으로 이를 매도하여 재산상 이익을 얻었다고 인정하기에 부족하다는 이유로 피고인 2의 이 부분 자본시장과 금융투자업에 관한 법률(이하 '자본시장법'이라고 한다) 위반의 공소사실에 대하여 무죄를 선고한 제1심판결을 그대로 유지하였다.

원심판결 이유를 기록에 비추어 살펴보면 원심의 위와 같은 판단은 정당하고, 거기에 검사의 상고이유 주장과 같이 논리와 경험칙에 반하여 자유심증주의의 한계를 벗어나거나 자본시장법 위반죄의 성립에 관한 법리를 오해하는 등의 위법이 없다.

2) 원심은, 그 판시와 같은 사정을 들어 공소외 5 주식회사(이하 '공소외 5 회사'라고 한다), 공소외 6 주식회사의 각 대표이사가 공모사채를 발행할 당시 공소외 7 주식회사(이하 '공소외 7 회사'라고 한다) 등에 대한 지급보증사실과 연결자금 지원사실을 모두 누락한 채 유가증권신고서 등을 금융감독위원회에 제출하는 방법으로 공모사채를 발행하여 이득을 얻었다는 이 부분 공소사실에 관하여 피고인 2가 공모하였다고 인정할 증거가 부족하다는 이유로 위 피고인에 대하여 무죄를 선고한 제1심판결을 그대로 유지하였다.

원심판결 이유를 기록에 비추어 살펴보면 원심의 위와 같은 판단은 정당하고, 거기에 검사의 상고이유 주장과 같이 논리와 경험칙에 반하여 자유심증주의의 한계를 벗어나거나 공동정범의 성립에 관한 법리를 오해하는 등의 위법이 없다.

4. 피고인 1, 2, 3의 연결자금 제공 및 지급보증 관련 특정경제범죄 가중처벌 등에 관한 법률 위반(배임)의 점에 대하여

가. 공소사실의 특정과 관련한 주장에 관하여

공소사실의 기재에 있어서 범죄의 일시, 장소, 방법을 명시하여 공소사실을 특정하도록 한 취지는 법원에 대하여 심판의 대상을 한정하고 피고인에게 방어의 범위를 특정하여 그 방어권 행사를 쉽게 해 주기 위한 데에 있는 것이므로, 공소사실은 이러한 요소를 종합하여 구성요건 해당사실을 다른 사실과 구별할 수 있을 정도로 기재하면 족하고, 공소장에 범죄의 일시, 장소, 방법 등이 구체적으로 적시되지 않았더라도 공소사실을 특정하도록 한 법의 취지에 반하지 아니하고, 공소범죄의 성격에 비추어 그 개괄적 표시가 부득이한 경우에는, 그 공소내용이 특정되지 않아 공소제기가 위법하다고 할 수 없으며, 특히 포괄일죄에 있어서는 그 일죄의 일부를 구성하는 개개의 행위에 대하여 구체적으로 특정되지 아니하더라도 그 전체 범행의 시기와 종기, 범행방법, 피해자나 상대방, 범행횟수나 피해액의 합계 등을 명시하면 그로써 범죄사실은 특정된 것으로 보아야 할 것이다(대법원 2002. 10. 11. 선고 2002도2939 판결, 대법원 2005. 11. 10. 선고 2004도1164 판결 등 참조).

위와 같은 법리에 비추어 공소외 8 주식회사(이하 '공소외 8 회사'라고 한다) 또는 공소외 9 주식회사(이하 '공소외 9 회사'라고 한다)에 대한 연결자금 제공과 관련한 이 부분 특정경제범죄 가중처벌 등에 관한 법률(이하 '특경법'이라고 한다) 위반(배임)의 공소사실을 살펴보면, 위 피고인들이 한화그룹의 우량 계열회사로 하여

금 단자회사가 발행한 기업어음을 매입하게 하여 단자회사가 그 대금으로 부실 계열회사에 자금을 대여하는 형태로 이루어지는 이 부분 배임행위의 구조와 형태 및 그 구체적 내용으로서 원심 판시 별지 범죄일람표(5)에서 각 기업어음의 매입일자, 매입금액, 발행처, 중개기관, 만기일, 이율, 이자수익, 피해회사 등이 구체적으로 명시되어 있음을 알 수 있으므로, 이로써 이 부분 공소사실은 특정되었다고 볼 것이다. 또한, 이 부분 공소사실에서 비록 연결자금의 제공 대상회사가 공소외 8 회사인지 공소외 9 회사인지가 정확하게 특정되어 있지 않다고 하더라도, 이는 관련 회계서류의 소실로 인한 것으로 부득이한 측면이 있는 데다가 이 부분 연결자금의 제공을 기획하고 주도한 위 피고인들로서는 그 누구보다도 이러한 연결자금의 지급내역을 잘 알고 있거나 이를 쉽게 알 수 있는 관련 정보를 지니고 있었던 것으로 보이므로, 이로 인하여 심판의 대상이 불분명해진다거나 위 피고인들에게 방어의 어려움을 초래한다고 볼 수는 없다. 따라서 이 부분 원심판결에 공소사실의 특정에 관한 법령위반의 잘못이 있다는 위 피고인들의 상고이유 주장은 받아들일 수 없다.

나. 경영판단의 원칙이 적용되어야 한다는 주장에 관하여

배임죄는 타인의 사무를 처리하는 자가 그 임무에 위배하는 행위로써 재산상 이익을 취득하거나 제3자로 하여금 이를 취득하게 하여 본인에게 손해를 가함으로써 성립한다. 어떤 법인이 법인격을 달리하는 다른 법인에 자금을 대여하거나 다른 법인의 채무를 지급보증한 경우, 그 자금을 대여하는 등의 당해 법인의 임원의 행위가 배임죄에 해당하는지를 판단함에 있어서는 그 임원이 사무의 내용, 성질 등 구체적 상황에 비추어 법률의 규정, 계약의 내용 혹은 신의칙상 당연히 할 것으로 기대되는 행위를 하지 않거나 당연히 하지 않아야 할 것으로 기대되는 행위를 함으로써 당해 법인과 임원 사이의 신임관계를 저버리는 행위를 하였는지 및 그러한 행위를 통해 당해 법인에 재산상 실해 발생의 위험을 초래하였는지를 기준으로 판단하여야 한다(대법원 2006. 11. 10. 선고 2004도5167 판결 등 참조). 한편 당해 법인의 임원이 회계처리를 적정하게 하지 아니함으로써 다른 법인에 자금을 대여하거나 지급보증한 사실 자체를 은폐한 경우, 그러한 부적정한 회계처리는 자금대여 등과 관련된 배임행위의 고의를 뒷받침하는 유력한 요소로 평가할 수 있는 것이므로, 그러한 부적정한 회계처리에도 불구하고 배임죄의 성립을 부정하려면 당해 법인과 다른 법인의 관계, 자금대여나 지급보증의 경위와 목적, 자금대여나 지급보증의 방법 등 제반 사정을 종합적으로 고려하여 보다 신중하게 판단할 필요가 있다(대법원 2010. 10. 28. 선고 2009도1149 판결 등 참조).

그러므로 회사의 이사 등이 타인에게 회사자금을 대여하거나 타인의 채무를 회사 이름으로 지급보증함에 있어 그 타인이 이미 채무변제능력을 상실하여 그를 위하여 자금을 대여하거나 지급보증을 할 경우 회사에 손해가 발생하리라는 점을 충분히 알면서 이에 나아갔거나, 충분한 담보를 제공받는 등 상당하고도 합리적인 채권회수조치를 취하지 아니한 채 만연히 대여해 주었다면, 그와 같은 자금대여나 지급보증은 타인에게 이익을 얻게 하고 회사에 손해를 가하는 행위로서 회사에 대하여 배임행위가 되고, 이러한 이치는 그 타인이 자금지원 회사의 계열회사라 하여 달라지지 않는 것이며(대법원 2007. 9. 7. 선고 2007도3373 판결, 대법원 2012. 6. 14. 선고 2012도1283 판결 등 참조), 한편 경영상의 판단을 이유로 배임죄의 고의를 인정할 수 있는지는 문제된 경영상의 판단에 이르게 된 경위와 동기, 판단대상인 사업의 내용, 기업이 처한 경제적 상황, 손실발생의 개연성과 이익획득의 개연성 등 제반 사정에 비추어 자기 또는 제3자가 재산상 이익을 취득한다는 인식과 본인에게 손해를 가한다는 인식하의 의도적 행위임이 인정되는 경우인지에 따라 개별적으로 판단하여야 한다(대법원 2004. 7. 22. 선고 2002도4229 판결, 대법원 2010. 10. 28. 선고 2009도1149 판결 등 참조).

나아가 업무상배임죄가 성립하려면 주관적 요건으로서 임무위배의 인식과 그로 인하여 자기 또는 제3자가 이익을 취득하고 본인에게 손해를 가한다는 인식, 즉 배임의 고의가 있어야 하고, 이러한 인식은 미필적 인식으로도 족하다. 이익을 취득하는 제3자가 같은 계열회사이고, 계열그룹 전체의 회생을 위한다는 목적에서 이루어진 행위로서 그 행위의 결과가 일부 본인을 위한 측면이 있다 하더라도 본인의 이익을 위한다는 의사는 부수적일 뿐이고 이득 또는 가해의 의사가 주된 것임이 판명되면 배임죄의 고의를 부정할 수 없다(대법원 2009. 7. 23. 선고 2007도541 판결, 대법원 2012. 7. 12. 선고 2009도7435 판결 등 참조).

원심은, 공소외 7 회사, 공소외 8 회사, 공소외 9 회사의 설립경위와 그 각 채무액의 증대 원인, 한화그룹 측에서 위 회사들의 지급보증을 떠맡게 된 경위와 과정, 이에 따라 한화그룹 구조조정본부에서 직접 위 회사들에 대한 경영권을 행사하면서 지속적으로 연결자금이나 지급보증을 제공하게 된 사정 등을 종합하여 한화그룹의 계열회사인 피해회사들이 부실 위장계열회사인 공소외 7 회사 등에 그 채권회수를 위한 담보 등을 확보하지 아니한 채 상당한 기간 동안 거액의 연결자금이나 지급보증을 제공하였던 점, 그 과정에서 연결자금 및 지급보증 제공이 피해 계열회사의 입장에서 그 자금지원과 관련한 제반 정보를 수집하여 검토한 후 각 이사회에서 지원 여부를 실질적으로 심의·의결하는 절차를 거쳐 이루어진 것이 아니라 한화그룹 경영기획실에서 일방적으로 결정하여 지시함에 따라 이루어졌고, 공소외 7 회사 등의 사업과 피해 계열회사의 사업의 상호 연계나 관련성 등을 주된 목적으로 한 지원도 아니었던 점, 그 지급의 형식이나 방법에 있어서도 공소외 7 회

사 등이 단자회사로부터 자금을 융통하는 것처럼 보이는 외관을 가장하고 피해 계열회사들은 지급보증한 금액에 대하여도 재무제표에 우발채무로 기재하지 않는 등 한화그룹 계열회사에서 직접 공소외 7 회사 등에 자금을 지원하는 사실을 숨긴 점, 설사 1997년 외환위기 당시의 한화그룹 차원의 공소외 7 회사 등에 대한 지급보증채무의 인수가 일부 불가피한 선택이라는 측면이 있었다고 하더라도, 이후 상당한 시간이 경과하도록 적법한 방법에 따라 부실을 정리하지 않고 돌려막기 식으로 자금지원의 규모를 지속적으로 늘려온 데다가 그 자금지원의 규모도 외환위기 무렵 약 1,000억 원에서 2005년 말에 이르러 약 3,000억 원에 근접하여 그 규모가 대폭 증가하게 된 점 등을 고려해 보면, 위 피해 계열회사들이 위와 같이 채무변제능력을 상실한 공소외 7 회사, 공소외 8 회사, 공소외 9 회사에 거액의 연결자금 및 지급보증을 제공한 행위는 합리적인 경영판단이라고 할 수 없으므로 피고인 1, 2, 3에게 배임의 고의도 인정된다고 판단하였다.

이러한 원심판결 이유에 더하여 원심이 적법하게 채택한 증거들에 의하여 알 수 있는 다음과 같은 사정 즉, 대규모 기업집단의 공동목표에 따른 집단이익의 추구가 사실적, 경제적으로 중요한 의미를 갖는 경우도 있을 수 있으나, 그 기업집단을 구성하는 개별 계열회사도 별도의 독립된 법인격을 가지고 있는 주체로서 그 각자의 채권자나 주주 등 다수의 이해관계인이 관여되어 있고, 사안에 따라서는 대규모 기업집단의 집단이익과 상반되는 고유이익이 있을 수 있는 점, 피지원계열회사에 해당하는 공소외 7 회사와 공소외 8 회사 등은 피고인 1 등이 차명으로 보유하면서 공정거래위원회 등에 계열회사 신고도 하지 아니한 이른바 위장 계열회사로서 과연 그에 대한 지원이 피고인 1 개인이나 그 일가 또는 특정 회사가 아닌 한화그룹 소속 계열회사 전체의 이익을 위한 것인지조차 의문인 점, 게다가 이러한 위장 계열회사에 대한 자금지원은 대규모 기업집단의 탈법행위를 규제하기 위하여 독점규제법 등에서 규정한 출자총액제한, 채무보증제한 등의 각종 법령상 제한을 회피하기 위한 수단으로 악용될 소지가 큰 점, 이 사건 지원행위의 주체가 되는 공소외 10 주식회사(이하 '공소외 10 회사'라고 한다) 등 지원계열회사를 선정하는 과정에서 다른 계열회사와의 형평 등을 감안한 합리적이고 객관적인 기준이 적용되었다고 보기 어려울 뿐만 아니라, 그러한 지원행위로 인하여 상당한 경제적 부담 내지 위험을 안게 된 지원계열회사에 대하여 그 부담이나 위험에 상응하는 현재 또는 장래의 적절한 보상이 마련되지도 아니한 점, 이 사건에서 나중에 연결자금이 회수되거나 지급보증이 해소된 것은 피지원계열회사의 영업수익의 확대나 투자 유치 등 정상적인 경영행위로 인한 것이 아니라 또 다른 배임행위 성립 여부가 문제되는 계열회사 간의 부당한 부동산 내부거래 등 변칙적인 방법을 통해 이루어진 점 등을 종합하면, 원심이 위와 같은 연결자금 제공 등의 행위가 합리적 경영판단에서 비롯된 것이어서 배임죄로 처벌하여서는 아니 된다는 위 피고인들의 주장을 배척하고 이 부분 공소사실을 유죄로 인정한 조치는 정당하여 수긍이 가고, 거기에 위 피고인들의 상고이유 주장과 같이 논리와 경험칙에 반하여 자유심증주의의 한계를 벗어나거나 경영판단의 원칙 및 배임의 고의에 관한 법리를 오해하는 등의 위법이 없다.

다. 피고인 1이 공모하지 않았다는 주장에 관하여

2인 이상이 범죄에 공동 가공하는 공범관계에서 공모는 법률상 어떤 정형을 요구하는 것이 아니고, 2인 이상이 공모하여 어느 범죄에 공동 가공하여 그 범죄를 실현하려는 의사의 결합만 있으면 되는 것으로서, 비록 전체의 모의과정이 없었다고 하더라도 수인 사이에 순차적으로 또는 암묵적으로 상통하여 그 의사의 결합이 이루어지면 공모관계가 성립한다. 그리고 이러한 공모가 이루어진 이상 실행행위에 직접 관여하지 아니한 자라도 다른 공모자의 행위에 대하여 공동정범으로서의 형사책임을 지는 것이고, 이와 같은 공모에 대하여는 직접증거가 없더라도 정황사실과 경험법칙에 의하여 이를 인정할 수 있는 것이다(대법원 2012. 6. 28. 선고 2010도4606 판결, 대법원 2013. 1. 24. 선고 2012도10629 판결 등 참조).

원심은, 피고인 1의 수사기관 및 제1심법정에서의 진술 내용과 피고인 2의 제1심법정에서의 진술 내용 및 한화그룹 경영기획실에서 작성한 관련 문건의 내용, 한화그룹의 일사불란한 지휘체계와 경영기획실의 그룹회장에 대한 충성도와 보고체계, 피고인 1의 그룹 경영에 대한 관심 및 관여의 정도, 주요 사항에 대한 독자적인 의사결정권을 부여받지 못하고 있는 계열회사·경영기획실의 임원과 그룹 회장과의 역학관계 등을 종합하여 이 부분 공소사실에 대한 피고인 1의 인식과 기능적 행위지배가 인정된다고 판단하였다.

앞서 본 법리와 원심이 적법하게 채택한 증거들에 비추어 살펴보면, 원심의 위와 같은 판단은 정당하고, 거기에 피고인 1의 상고이유 주장과 같이 논리와 경험칙에 반하여 자유심증주의의 한계를 벗어나거나 공모공동정범에 관한 법리를 오해하는 등의 위법이 없다.

라. <u>재산상 손해 발생 또는 이득액에 관한 주장에 관하여</u>

1) <u>배임죄에 있어서 '재산상의 손해를 가한 때'는 현실적인 손해를 가한 경우뿐만 아니라 재산상 손해 발생의 위험을 초래한 경우도 포함되고, 일단 손해의 위험을 발생시킨 이상 나중에 피해가 회복되었다고 하여도 배임죄의 성립에 영향을 주지 아니하며, 재산상 손해의 유무에 대한 판단은 본인의 전 재산 상태를 고려하여 경제적 관점에 따라 판단되어야 한다</u>(대법원 2012. 7. 12. 선고 2009도7435 판결 등 참조).

한편 특경법 제3조 제1항은 형법상의 업무상배임죄를 범한 자를 그 범죄행위로 인하여 취득한 이득액이 5억 원 이상인 때 그 이득액에 따라 가중처벌하도록 규정하고 있는바, 여기서 말하는 이득액은 단순일죄의 이득액이나 혹은 포괄일죄가 성립되는 경우의 이득액의 합산액을 의미하고(대법원 2011. 8. 18. 선고 2009도7813 판결 등 참조), 어느 회사의 이사 등이 상당하고 합리적인 채권회수조치를 하지 아니한 채 이미 채무변제능력을 상실한 계열회사를 위하여 자금을 대여하거나 지급보증하는 행위가 배임행위가 될 경우에는 그러한 자금 제공행위나 지급보증행위 자체가 당해 회사에 손해의 위험성을 발생시킨 행위로서 그 제공된 자금액 또는 지급보증금액 전체가 배임죄에 있어서 손해 및 이득액이 된다(대법원 2007. 6. 1. 선고 2006도1813 판결, 대법원 2007. 9. 7. 선고 2007도3373 판결 등 참조).

원심은, 이 부분 공소사실과 관련하여 공소외 7 회사 등에 연결자금이나 지급보증을 제공한 피해회사별로 포괄일죄가 성립함을 전제로 그 각 피해회사가 공소외 7 회사 등에 제공한 연결자금액의 합계 또는 그 연결자금액과 지급보증액의 합계를 업무상배임죄에 있어서의 손해액 내지 특경법 위반(배임)죄에 있어서의 이득액으로 인정하였다.

원심판결 이유를 앞서 본 법리와 원심이 적법하게 채택한 증거들에 비추어 살펴보면, 원심의 위와 같은 판단은 정당하고, 거기에 위 피고인들의 상고이유 주장과 같이 논리와 경험칙에 반하여 자유심증주의의 한계를 벗어나거나 업무상배임죄에 있어서 재산상 손해액이나 특경법 위반(배임)죄에 있어서의 이득액 산정에 관한 법리를 오해하는 등의 위법이 없다. 이와 관련된 상고이유 주장은 모두 받아들일 수 없다.

2) 한편 이미 타인의 채무에 대하여 보증을 하였는데, 피보증인이 변제자력이 없어 결국 보증인이 그 보증채무를 이행하게 될 우려가 있고, 보증인이 피보증인에게 신규로 자금을 제공하거나 피보증인이 신규로 자금을 차용하는 데 담보를 제공하면서 그 신규자금이 이미 보증을 한 채무의 변제에 사용되도록 한 경우라면, 보증인으로서는 기보증채무와 별도로 새로 손해를 발생시킬 위험을 초래한 것이라고 볼 수 없다(대법원 2009. 7. 23. 선고 2007도541 판결, 대법원 2010. 11. 25. 선고 2009도9144 판결 등 참조).

그런데 원심은 그 판시 별지 범죄일람표(4) 중 순번 15와 18, 순번 24와 27, 순번 42와 43 및 순번 2, 29, 33과 36의 각 지급보증과 관련하여, 공소외 7 회사가 피해회사의 지급보증하에 특정 금융기관으로부터 어음담보대출을 받은 뒤 그 어음의 만기도래로 이를 회수하기 위해 공소외 7 회사가 다른 금융기관으로부터 어음담보대출을 받을 때 다시 피해회사가 지급보증을 한 것이라면, 후행지급보증이 설사 선행지급보증의 해소를 위해 이루어진 것이라 하더라도 보증관계에서 그 채권자가 달라진다는 것은 보증인에게 중요한 이해관계를 가지는 것이고, 보증인이 피보증인에게 단순히 자금이나 담보를 제공하는 것을 넘어서 그러한 지원을 위해 추가적인 보증관계를 창설하는 것이므로, 보증인인 피해회사로서는 후행지급보증이 선행지급보증과 별도로 새로운 손해를 발생시킬 위험을 초래한 것이라고 평가할 수밖에 없다는 이유를 들어 위 각 후행지급보증으로 인하여 새로운 재산상 손해가 발생하지 아니하였다는 위 피고인들의 주장을 배척하였다.

그러나 이와 같은 원심의 판단은 다음과 같은 이유에서 그대로 수긍하기 어렵다.

원심이 인정한 위 사실관계에 의하더라도, 피해회사인 공소외 10 회사가 금융기관에 대하여 각 지급보증채무를 실제로 이행하기 전에 공소외 7 회사가 공소외 10 회사의 지급보증 아래 할인받은 어음을 결제하지 못하게 되어, 공소외 10 회사가 현실적, 구체적으로 위 각 어음금을 대위변제하여야 할 상황에서 지원회사인 공소외 10 회사의 위 각 지급보증이 행하여진 것이라면, 이는 위 피고인들이 공소외 7 회사에 대하여 자금을 지원하였으나 공소외 7 회사로 하여금 그 자금으로 지원회사인 공소외 10 회사가 이미 보증을 한 채무를 변제하게 함으로써 결국 자신의 보증채무를 감소시킨 것과 마찬가지여서 위 지급보증으로 인하여 지원회사인 공소외 10 회사에 기왕의 보증행위로 인한 손해와는 다른 별개의 새로운 손해를 발생시킬 위험이 초래되었다고 보기 어렵다고 볼 여지가 크다.

그렇다면 원심으로서는, 그 판시 별지 범죄일람표(4) 중 순번 15와 18, 순번 24와 27, 순번 42와 43 및 순번 2, 29, 33과 36의 각 지급보증 등의 경우가 보증인 지위에 있는 공소외 10 회사가 현실적, 구체적으로 위 각 어음금을 대위변제하여야 할 상황에서 기존에 지급보증한 대출금을 변제하기 위하여 위 각 후행지급보증이 행하여진 것인지, 실제로 후행지급보증한 대출금이 선행지급보증의 대출금을 변제하는 데 사용되었고, 그 후행지급보증한 대출금이 선행지급보증한 대출금 등을 변제하는 데 사용되지 아니할 가능성이 있었는지 등을 면밀히 심리·판단하여, 만약 보증인인 피해회사 공소외 10 회사의 후행지급보증이 선행지급보증과 별도로 새로운 손해를 발생시킬 위험을 초래한 것이 아니라고 평가되는 경우라면 후행지급보증으로 인한 업무상배임죄의 손해액 산정에 있어서 그 후행지급보증의 대상이 된 대출금 상당액을 손해액에서 제외하였어야 할 것이다.

그럼에도 원심은 그 판시와 같은 이유만으로 위 각 지급보증 등의 부분에 관하여 피해회사인 공소외 10 회사에 대하여 새로운 손해를 발생시킬 위험을 초래한 것이라고 단정하여 이 부분 공소사실을 모두 유죄로 인정하였으니, 이러한 원심판결에는 업무상배임죄에 있어서 재산상 손해에 관한 법리를 오해하여 필요한 심리를 다하지 아니한 잘못이 있다.

3) 그러나 그 밖에 이 사건 연결자금을 제공받은 회사로는 공소외 7 회사, 공소외 8 회사, 공소외 9 회사 이외에 도 한화그룹의 다른 계열회사가 존재한다거나 이 사건 연결자금의 구조와 방식 등과 관련하여 기업어음 발행 회사의 신용도 등에 관하여 필요한 심리를 다하지 아니하였다는 주장 또는 최소한 공소외 1 주식회사의 연결자금 제공 부분은 임무위배행위가 아니고 재산상 손해 발생의 위험도 없다는 주장 등 위 피고인들의 이 부분 특경법 위반(배임)의 재산상 손해 발생과 관련한 나머지 상고이유 주장은, 결국 사실심인 원심의 전권에 속하는 증거의 취사선택과 사실의 인정을 비난하는 것이거나 원심이 인정한 사실과 다른 사실을 전제로 하여 원심판단에 각 상고이유 주장과 같은 위법이 있다는 취지에 불과하여 모두 적법한 상고이유가 되지 못한다.

5. 피고인 1, 2의 공소외 9 회사 인수 관련 특경법 위반(배임)의 점에 대하여

배임죄나 업무상배임죄에서 '재산상의 손해를 가한 때'라 함은 현실적인 손해를 가한 경우뿐만 아니라 재산상 실해 발생의 위험을 초래한 경우도 포함되고, 재산상 손해의 유무에 대한 판단은 법률적 판단에 의하지 아니하고 경제적 관점에서 파악하여야 하지만, 여기서 재산상의 손해를 가한다 함은 총체적으로 보아 본인의 재산상태에 손해를 가하는 경우, 즉 본인의 전체적 재산가치의 감소를 가져오는 것을 말하므로 재산상의 손실을 야기한 임무위배행위가 동시에 그 손실을 보상할 만한 재산상의 이익을 준 경우, 예컨대 그 배임행위로 인한 급부와 반대급부가 상응하고 다른 재산상 손해(현실적인 손해 또는 재산상 실해 발생의 위험)도 없는 때에는 전체적 재산가치의 감소, 즉 재산상 손해가 있다고 할 수 없다(대법원 2005. 4. 15. 선고 2004도7053 판결, 대법원 2011. 4. 28. 선고 2009도14268 판결 등 참조).

원심은 그 채택 증거에 의하여 인정되는 그 판시와 같은 사실 및 사정을 종합하여 공소외 11 주식회사(이하 '공소외 11 회사'라고 한다)는 2003. 10.경에 베어링사업 참여나 기계사업의 경쟁력 강화가 아니라 공소외 9 회사를 인수합병하는 과정에서 발생하는 손해를 보상받을 목적으로 공소외 12 주식회사(이하 '공소외 12 회사'라고 한다)를 동반 인수합병했던 것으로 보이고, 그 인수합병의 경위와 목적, 진행된 일련의 절차 등에 비추어 위 두 회사의 인수는 하나의 인수합병 과정에서 이루어진 것으로 평가할 수 있으며, 공소외 9 회사의 인수합병으로 인하여 공소외 11 회사가 입은 재산상 손해액이 있음이 인정되려면 공소외 12 회사의 기업가치가 공소외 9 회사 유상증자 대금과 공소외 12 회사 인수대금을 합한 금액에서 위 유상증자로 인하여 증가한 공소외 9 회사의 순자산가치 상당액을 공제한 금액(약 229억 원)과 비교하여 적다는 점이 충분히 증명되어야 하는데, 상속세 및 증여세법상의 평가방법이나 현금흐름할인법 등에 의하여 추정되는 공소외 12 회사의 가치를 계산해 보면 공소외 12 회사의 당시 기업가치가 약 229억 원보다 적다고 단정할 수 없다는 이유로, 위 피고인들의 이 부분 특경법 위반(배임)의 공소사실을 무죄라고 판단하였다.

앞서 본 법리와 기록에 비추어 살펴보면, 원심의 위와 같은 판단은 정당하고, 거기에 검사의 상고이유 주장과 같이 논리와 경험칙에 반하여 자유심증주의의 한계를 벗어나거나 업무상배임죄에 있어서 재산상 손해액의 산정에 관한 법리를 오해하는 등의 위법이 없다.

6. 피고인 1, 2, 5, 9의 공소외 13 주식회사 주식 저가매도 관련 특경법 위반(배임)의 점에 대하여

가. 비상장주식의 가치평가와 관련된 주장에 관하여

비상장주식을 거래한 경우에 있어서 그 시가는 그에 관한 객관적 교환가치가 적정하게 반영된 정상적인 거래의 실례가 있는 경우에는 그 거래가격을 시가로 보아 주식의 가액을 평가하여야 할 것이나, 만약 그러한 거래사례가 없는 경우에는 거래 당시 당해 비상장법인 및 거래당사자의 상황, 당해 업종의 특성 등을 종합적으로 고려하여, 보편적으로 인정되는 여러 평가방법 중의 하나인 상속세 및 증여세법 시행령 제54조의 평가방법에 따라 주식의 적정가액을 평가할 수 있다(대법원 2007. 2. 8. 선고 2006도483 판결, 대법원 2012. 6. 14. 선고 2012도1283 판결 등 참조).

원심은, 공소외 13 주식회사(이하 '공소외 13 회사'라 한다)는 2004. 12. 31. 기준 순자산이 약 511억 원(주당 순자산가치 178,268원)이고, 자산 중 부동산의 비중이 약 64%인 부동산 과다보유 법인인데, 이처럼 회사재산이 대부분 부동산, 기계장치 등의 고정자산으로 구성되어 있는 경우에는 수익가치보다는 자산가치를 많이 고려하는 것이 적정한 주식가치 평가방법인 점, 위 피고인들이 가치평가에 이용한 현금흐름할인법(DCF)은 영업용 부동산의 가치가 실제보다 적게 반영되어 공소외 13 회사 주식의 가치를 산정하는 데 적절한 방법이 아닌 점과 그 밖에 공소외 11 회사나 공소외 14 주식회사(이하 '공소외 14 회사'라고 한다)의 공소외 13 회사 주식 인수가액, 금융기관의 공소외 13 회사 주식 평가가액, 공소외 13 회사 주식이전의 목적 등 제반 사정에 비추어 보면 비상장주식인 공소외 13 회사 주식의 가치는 '상속세 및 증여세법 시행령'에 따라 순손익가치와 순자산가치의 비율을 2 : 3으로 가중평균하여 계산한 1주당 128,938원(삼일회계법인을 통하여 평가한 주당 167,619원에서 최대주주 관련 할증분 30%를 공제한 금액) 이상이라고 판단하였다.

원심판결 이유를 위 법리와 원심이 적법하게 채택한 증거들에 비추어 살펴보면, 원심의 위와 같은 판단은

정당하고, 거기에 위 피고인들의 상고이유 주장과 같이 논리와 경험칙에 반하여 자유심증주의의 한계를 벗어나거나 비상장주식의 가치평가에 관한 법리를 오해하는 등의 위법이 없다.

나. 업무상배임죄에서의 임무위배행위 및 고의 관련 주장에 관하여

원심은, 공소외 11 회사나 공소외 14 회사의 공소외 13 회사 주식의 인수가격, 금융기관의 공소외 13 회사 주식 평가가격, 한화그룹이 공소외 13 회사 주식에 대한 가치평가를 의뢰한 경위, 공소외 13 회사의 적정가치와 매도가격과의 차이 등 제반 사정에 비추어 보면 위 피고인들에게 업무상배임죄에 있어서의 임무위배행위 및 고의가 인정된다고 판단하였다.

원심판결 이유를 앞서 본 업무상배임죄에 관한 법리와 원심이 적법하게 채택한 증거들에 비추어 살펴보면, 원심의 위와 같은 판단은 정당하고, 거기에 위 피고인들의 상고이유 주장과 같이 논리와 경험칙에 반하여 자유심증주의의 한계를 벗어나거나 업무상배임죄에 있어서의 고의나 임무위배행위에 관한 법리를 오해하는 등의 위법이 없다.

다. 피고인 1이 공모하지 않았다는 주장에 관하여

원심은, 피고인 1의 한화그룹 경영 전반에 관한 관여의 정도, 한화그룹 경영기획실 임원 등 경영자들의 그룹회장에 대한 의존관계, 공소외 13 회사 주식을 매도하게 된 경위 등 제반 사정에 비추어 보면, 피고인 1이 이 부분 공소사실에 대하여 최초에 지시를 하고 그 처리계획을 보고받고 승인하는 등 핵심적 역할을 담당하여 기능적 행위지배를 하였다고 봄이 상당하다고 판단하였다.

원심판결 이유를 앞서 본 공모공동정범에 관한 법리와 원심이 적법하게 채택한 증거들에 비추어 살펴보면, 원심의 위와 같은 판단은 정당하고, 거기에 피고인 1의 상고이유 주장과 같이 논리와 경험칙에 반하여 자유심증주의의 한계를 벗어나거나 공모공동정범에 관한 법리를 오해하는 등의 위법이 없다.

라. 공소외 15 주식회사 소유의 공소외 13 회사 주식 매도 부분 관련 주장에 관하여

공소외 15 주식회사(이하 '공소외 15 회사'라고 한다) 명의의 공소외 13 회사 주식이 공소외 16으로부터 명의신탁 받은 주식이므로 공소외 16의 뜻에 따라 주식을 처분한 것을 업무상배임죄로 의율할 수 없다거나 공소외 15 회사의 주식 처분은 청산단계에서의 유일한 주주와 유일한 채권자의 뜻에 따른 것으로 임무위배행위에 해당하지 않는다는 주장은 항소심에서 심판대상이 되지 않은 것을 상고이유에서 비로소 주장하는 것임이 명백하여 적법한 상고이유에 해당하지 아니한다.

나아가 원심이 적법하게 채택한 증거들에 비추어 살펴보더라도 공소외 15 회사가 공소외 16으로부터 공소외 13 회사 주식을 명의신탁 받은 것이라거나 공소외 13 회사가 공소외 16의 1인 회사라고 단정할 수 없을 뿐만 아니라 유일한 채권자인 공소외 17 주식회사(이하 '공소외 17 회사'라고 한다)가 공소외 13 회사 주식의 저가매도에 동의하였다고 볼 수 없는 이상 이와 관련된 상고이유 주장은 모두 받아들일 수 없다.

7. 피고인 1, 2, 3, 4, 5, 7의 공소외 7 회사·공소외 8 회사 관련 내부거래 등을 통한 특경법 위반(배임)의 점에 대하여

가. 이 부분 공소사실에 관한 원심판결의 유죄 부분 중 여수시 소호동 부동산 저가매도로 인한 특경법 위반(배임) 부분을 제외한 나머지 부분

1) 공소외 7 회사·공소외 8 회사 관련 내부거래 전반에 관한 주장에 관하여

가) 경영판단의 원칙이 적용되어야 한다는 주장에 관하여

원심은, 앞서 본 바와 같이 공소외 7 회사와 공소외 8 회사에 대한 연결자금 및 지급보증 제공행위를 합리적인 경영판단이라고 할 수 없는 점, 한화그룹 전체의 구조조정을 위한 것이라고 하더라도 부동산이나 기업의 가치를 임의로 조작하는 등 불법적인 수단을 동원한 것은 그 목적의 적법성 여부를 떠나 합리화할 수 없는 점, 공소외 7 회사나 공소외 8 회사는 그룹의 정식 계열회사가 아니라 위장 계열회사 또는 그룹 회장의 차명소유회사로 보이는 점, 부동산 내부거래, 회사의 분할·합병·인수 과정에서 피해를 본 한화그룹 계열회사들 내부에서 실질적인 이사회 심의나 결의, 감정평가, 손익분석 등 합리적 경영판단에 필수적인 절차를 거친 바 없는 점 등 제반 사정에 비추어 볼 때 공소외 7 회사·공소외 8 회사 관련 내부거래를 합리적 경영판단으로 볼 수 없다고 판단하였다.

원심판결 이유를 앞서 본 경영판단에 관한 법리와 원심이 적법하게 채택한 증거들에 비추어 살펴보면, 원심의 위와 같은 판단은 정당하고, 거기에 위 피고인들의 상고이유 주장과 같이 논리와 경험칙에 위반하여 자유심증주의의 한계를 벗어나거나 경영판단의 원칙에 관한 법리를 오해하는 등의 위법이 없으며, 이와 같은 공소외 7 회사·공소외 8 회사 관련 내부거래가 형법 제20조 소정의 정당행위에 해당한다고 볼 수도 없다. 이와 관련된 상고이유 주장은 모두 받아들일 수 없다.

나) 공소외 7 회사·공소외 8 회사 관련 내부거래를 전체적으로 하나의 행위로 평가해야 한다는 주장에 관하여

원심은, 공소외 7 회사 및 공소외 8 회사를 매개로 한 부동산 내부거래를 개별적으로 파악하여 각각의 거래

에 있어 매매대상 부동산의 적정가격과 실제 매매대금과의 차액을 손해액 또는 이득액으로 인정하였는바, 원심판결 이유를 원심이 적법하게 채택한 증거들에 비추어 살펴보면, 원심의 위와 같은 판단은 정당하고, 거기에 위 피고인들의 상고이유 주장과 같이 업무상배임죄에 있어서 재산상 손해발생 또는 포괄일죄에 관한 법리를 오해하는 등의 위법이 없다.

위 피고인들이 상고이유에서 들고 있는 계열회사 지원에 관한 대법원 판결들은 사안을 달리하는 것이어서 이 사건에서 원용하기에 적절하지 아니하다.

다) 부동산 적정가격의 산정방식과 관련한 법리오해 주장에 관하여

업무상배임죄가 성립하는 경우 피해자의 손해액을 산정하기 위하여 부동산의 가치를 평가함에 있어서는 해당 부동산의 거래 당시의 시가를 해당 부동산의 객관적 가치로 보아야 하고, '시가'라 함은 정상적인 거래에 의하여 형성된 객관적 교환가격을 의미하는 것이며, 부동산의 시가는 시가 감정에 의하여 평가를 하는 것이 비교적 정확할 것이나 반드시 그것에 한정되는 것이 아니고 합리적인 방법에 의한 것인 한 다른 방법에 의하여 시가를 판단하는 것도 가능하다(대법원 2009. 7. 23. 선고 2009도3712 판결 등 참조).

원심은, 시가 감정 등을 통하여 산정된 부동산의 객관적 가치가 부동산의 적정가치, 즉 시가임을 전제로 매도가격과 적정가격의 차액을 계산하는 방식으로 업무상배임죄에 있어서의 손해액 또는 특경법 위반(배임)죄에 있어서의 이득액을 산정하였는바, 부동산의 적정가격 산정방식에 관한 원심의 위와 같은 판단은 위 법리에 따른 것으로 정당하고, 거기에 위 피고인들의 상고이유 주장과 같이 업무상배임죄에 있어서 부동산의 적정가격 산정방식에 관한 법리오해 등의 위법이 없다.

그 밖에 시가의 30% 범위는 적정가격에 포함된다거나 부동산의 공시지가가 적정가격이라는 취지의 상고이유 주장은 모두 독자적인 견해에 불과하여 받아들일 수 없다.

라) 재산상 손해액을 산정함에 있어 피해회사들이 받은 이득을 공제하여야 한다는 주장에 관하여

원심은, 이 부분 공소사실과 관련하여 부동산 등 내부거래를 통해 피해회사들이 부동산이나 기업을 저가매도하거나 고가매수한 이상 그 자체로 손해가 확정적으로 발생한 것이므로, 설사 위와 같은 저가매도나 고가매수로 인한 재산상 이득이 피해회사들이 기존에 부담하고 있던 연결자금 제공이나 지급보증을 해소하는데 사용되었다고 하더라도 이는 저가매도나 고가매수로 인한 배임죄가 성립한 이후의 사정에 불과하다는 등 그 판시와 같은 이유로 피해회사들이 얻은 이득을 공제하여야 한다는 위 피고인들의 주장을 배척하였다.

원심판결 이유를 앞서 본 배임죄에 있어서 재산상 손해에 관한 법리와 원심이 적법하게 채택한 증거들에 비추어 살펴보면, 원심의 위와 같은 판단은 정당하고, 거기에 위 피고인들의 상고이유 주장과 같이 업무상배임죄에 있어서의 재산상 손해액 산정에 관한 법리를 오해하는 등의 위법이 없다.

위 피고인들이 상고이유에서 들고 있는 대법원 판결들은 사안을 달리하는 것이어서 이 사건에서 원용하기에 적절하지 아니하다.

마) 피고인 1이 공모하지 않았다는 주장에 관하여

원심은, 피고인 1의 공소외 7 회사·공소외 8 회사의 부실처리에 대한 관여의 정도, 공소외 7 회사·공소외 8 회사의 채무처리 과정에 사용된 부동산에 대한 피고인 1의 인식, 한화그룹 경영기획실 임원 등 경영자들의 그룹 회장에 대한 의존관계 등 제반 사정에 비추어 보면, 피고인 1이 이 부분 공소사실에 대하여 핵심적 역할을 담당하여 기능적 행위지배를 하였다고 판단하였다.

원심판결 이유를 위에서 본 법리와 원심이 적법하게 채택한 증거들에 비추어 살펴보면, 원심의 위와 같은 판단은 정당하고, 거기에 피고인 1의 상고이유 주장과 같이 논리와 경험칙에 반하여 자유심증주의의 한계를 벗어나거나 공모공동정범에 관한 법리를 오해하는 등의 위법이 없다.

2) 개별 거래행위에 관한 주장에 관하여

가) 피고인 1, 2, 3, 5의 공소외 18 주식회사 저가매도 관련 특경법 위반(배임) 부분

원심은, 원심에서 이루어진 시가 감정결과에 따라 화성 및 울주 부동산의 적정가액을 808억 3,449만 원으로 평가한 후 적정가액과 매도가격과의 차액 부분을 유죄로 인정하였다.

원심판결 이유를 원심이 적법하게 채택한 증거들에 비추어 살펴보면, 원심의 위와 같은 판단은 정당하고, 거기에 위 피고인들의 상고이유 주장과 같이 논리와 경험칙에 반하여 자유심증주의의 한계를 벗어나거나 업무상배임죄에 있어서 임무위배행위나 고의 또는 부동산의 시가 산정에 관한 법리를 오해하는 등의 위법이 없다.

나) 피고인 1, 2, 3의 공소외 10 회사 소유 부동산 저가매도 관련 특경법 위반(배임)과 공소외 19 주식회사의 공소외 20 주식회사 고가매수 관련 특경법 위반(배임) 부분 및 위 피고인들과 피고인 4의 공소외 21 주식회사의 부동산 고가매수 관련 특경법 위반(배임) 부분

원심은, 이 부분 각 공소사실과 관련하여 각각의 거래에 있어서 부동산이나 주식 등 거래목적물의 적정가

치를 산정한 후 위 피고인들이 거래목적물을 적정가치보다 현저히 저가로 매도하거나 현저히 고가로 매수하는 것은 피해회사에 대한 관계에서 임무위배행위에 해당하고, 거래의 경위 등에 비추어 위 피고인들에게 업무상배임의 고의도 인정된다는 이유로 이 부분 각 공소사실을 유죄로 인정하였다.

원심판결 이유를 원심이 적법하게 채택한 증거들에 비추어 살펴보면, 원심의 위와 같은 판단은 정당하고, 거기에 위 피고인들의 상고이유 주장과 같이 논리와 경험칙에 반하여 자유심증주의의 한계를 벗어나거나 업무상배임죄에 있어서의 임무위배행위나 고의 및 부동산이나 주식의 적정가치 산정에 관한 법리를 오해하는 등의 위법이 없다.

나. 피고인 1, 2, 3, 7의 공소외 17 회사 소유의 여수시 소호동 부동산 저가매도로 인한 특경법 위반(배임) 부분

1) 부동산 시가 산정을 위한 부동산 감정평가를 함에 있어서는 관계 법령에서 들고 있는 모든 산정요인을 구체적·종합적으로 참작하여 그 요인들을 모두 반영하여야 하고, 이를 위한 감정평가서에는 모든 산정요인의 세세한 부분까지 일일이 설시하거나 그 요인들이 평가에 미치는 영향을 수치적으로 나타내지는 않더라도 그 요인들을 특정·명시함과 아울러 각 요인별 참작 내용과 정도를 객관적으로 납득할 수 있을 정도로 설명을 기재하여야 한다. 따라서 부동산 시가 산정을 위한 부동산 감정평가를 할 때 감정평가 대상 토지들과 그 비교표준지와의 개별요인 품등비교를 함에 있어 그 비준치의 적정함을 인정할 만한 구체적인 이유 설시 없이 단순히 비준치를 나열하거나 위와 같은 구체적인 이유 설시를 하지 않은 경우 그 감정평가는 그 기재 내용의 진실성과 정당성을 담보할 수 있을 정도의 합리적인 이유 설시가 없어 위법하다(대법원 1998. 1. 23. 선고 97누17711 판결, 대법원 2002. 6. 28. 선고 2002두2727 판결 등 참조).

한편 이러한 법리는 인근지 평가선례를 참작하는 것이 상당하다고 보아 이를 시가 산정요인으로 반영하여 평가하는 경우에도 마찬가지라 할 것이므로, 인근지 평가선례를 참작하면서도 인근지 평가토지와 평가대상인 토지의 개별요인을 비교하여 평가한 내용 등 산정요인을 구체적으로 명시하지 아니한 감정평가서를 기초로 부동산의 시가를 산정하는 것은 위법하다고 보아야 한다(대법원 2010. 4. 29. 선고 2009두17360 판결, 대법원 2013. 6. 27. 선고 2013두2587 판결 등 참조).

2) 원심은, 여수시 소호동 부동산의 매도 시점과 고려감정평가법인의 감정평가서의 기준시점에 6개월 정도의 차이가 있으나 그동안 공시지가의 변동, 이용 현황, 주변 환경, 공법상 제한 등 시가에 영향을 미치는 중요한 요인에 변화가 있었다고 보이지 않는 점, 위 감정평가서가 기타요인을 비교함에 있어 사용한 인근지 평가선례들도 오히려 매도 시점에 근접하여 있는 점 등 그 판시와 같은 이유로 고려감정평가법인의 감정평가에 위법사유가 없다고 판시한 후, 여수시 소호동 부동산의 적정가치가 위 감정평가에 따른 약 713억 원임을 전제로 이 부분 공소사실을 유죄로 인정하였다.

3) 그러나 이와 같은 원심의 판단은 다음과 같은 이유에서 그대로 수긍하기 어렵다.

기록에 의하면 고려감정평가법인의 감정평가서는 개별요인 비교의 결과만을 기재하였을 뿐 구체적으로 비교표준지와 평가대상 토지의 어떤 요인들을 어떻게 품등비교하였는지, 가격산정요인들이 어떻게 참작되었는지에 관하여 아무런 기재가 없고, 인근의 평가선례를 참작함에 있어서도 시점수정이나 품등비교 등을 모두 누락하였음을 알 수 있다.

더욱이 기록상 인정되는 다음과 같은 사정, 즉 고려감정평가법인의 감정평가는 매수인인 공소외 8 회사가 매매 당시인 2006. 3.경 여수시 소호동 부동산의 시가를 알아보기 위한 목적으로 이루어진 것이 아니라 그로부터 6개월 후인 2006. 9.경 공소외 8 회사를 물적 분할하여 공소외 22 주식회사(이하 '공소외 22 회사'라 한다)를 설립한 후 신설회사인 공소외 22 회사에 대한 자산재평가를 하기 위한 목적에서 이루어진 것으로서 적정가액보다 고평가되었을 가능성을 배제하기 어려운 점 등에 비추어 볼 때 고려감정평가법인의 감정평가는 그 결과에 있어서도 여수시 소호동 부동산의 적정가치와는 상당한 차이가 있을 가능성이 있다.

한편 기록에 의하면 수사 당시 검사의 의뢰에 의한 한국감정원의 탁상감정결과도 여수시 소호동 부동산 중 토지 부분의 시가를 약 674억 원으로 산출하였으나, 위 감정결과에는 2006. 1. 1. 기준의 공시지가가 아닌 2010. 1. 1. 기준의 공시지가를 적용한 오류가 있고, 이러한 오류를 제거할 경우 여수시 소호동 부동산 중 토지 부분의 시가는 약 448억 원에 불과하여 오히려 위 피고인들의 주장에 부합한다.

그렇다면 원심으로서는 고려감정평가법인의 감정결과가 적정가격이라고 섣불리 단정할 것이 아니라 새로운 감정절차를 거쳐 위 부동산의 적정가치를 산정한 후 이를 기초로 피해회사에 손해가 발생하였다고 볼 수 있는지 여부 및 그 손해액의 정도, 나아가 손해액의 규모에 비추어 업무상배임죄의 고의가 인정되는지 여부 등을 면밀히 심리·판단하였어야 할 것이다.

4) 그럼에도 원심은 위 피고인들의 여수시 소호동 부동산에 관한 시가 감정신청을 받아들이지 아니한 채 위와 같이 평가방법에 있어서도 위법사유가 있고 제반 사정에 비추어 그 평가결과에 있어서도 의문점이 있는 고려감정평가법인의 감정평가를 기초로 이 부분 공소사실과 같은 손해액이 인정된다고 단정한 후 이를 전부 유죄

로 인정하였으니, 이러한 원심판결에는 앞서 본 감정평가의 방법 또는 부동산의 시가 산정에 관한 법리를 오해한 나머지 필요한 심리를 다하지 아니하여 판결에 영향을 미친 위법이 있다. 이 점을 지적하는 취지의 위 피고인들의 상고이유 주장은 이유 있다.

다. 이 부분 공소사실에 관한 원심판결의 무죄 부분

1) 피고인 1, 2, 3, 7의 공소외 17 회사 소유의 군산시 금암동 부동산 저가매도 관련 특경법 위반(배임) 부분

원심은, 원심에서 이루어진 시가 감정결과에 따라 군산시 금암동 부동산의 적정가액을 44억 4,041만 원으로 평가한 후, 실제 매도가격과의 차이가 현저히 크지 않은 점 등에 비추어 위 피고인들에게 배임의 고의를 인정하기 어렵다고 보아 이 부분 공소사실에 대하여 무죄를 선고하였다.

원심판결 이유를 기록에 비추어 살펴보면, 원심의 위와 같은 판단은 정당하고, 거기에 검사의 상고이유 주장과 같이 논리와 경험칙에 반하여 자유심증주의의 한계를 벗어나거나 업무상배임죄에 있어서의 고의에 관한 법리를 오해하는 등의 위법이 없다.

2) 피고인 1, 2, 3, 5의 공소외 18 주식회사 저가매도 관련 특경법 위반(배임) 부분

원심은, 앞서 본 바와 같이 원심에서 이루어진 시가 감정결과에 따라 화성 및 울주 부동산의 적정가액을 808억 3,449만 원으로 평가한 후 유죄로 인정된 부분을 초과한 공소사실에 대하여는 범죄의 증명이 없는 경우에 해당한다고 보아 이유에서 무죄라고 판단하였다.

원심판결 이유를 기록에 비추어 살펴보면, 원심의 위와 같은 판단은 정당하고, 거기에 검사의 상고이유 주장과 같이 논리와 경험칙에 반하여 자유심증주의의 한계를 벗어나거나 부동산의 시가 산정에 관한 법리를 오해하는 등의 위법이 없다.

8. 피고인 2의 공소외 23 주식회사 콜옵션 무상양도 관련 업무상배임의 점에 대하여

원심은, 이 사건 콜옵션의 적정가액이 개당 875원에 이른다거나 이를 기준으로 이득액을 산정하여야 한다고 볼 수 없고, 그 밖에 다른 방법으로도 위 콜옵션의 객관적인 가액을 구체적으로 산정하는 것이 사실상 어려운 만큼 피고인 2를 특경법 위반(배임)죄로 의율할 수는 없다는 이유로 피해자 공소외 14 회사, 공소외 17 회사, 공소외 24 주식회사에 대한 각 업무상배임의 점에 관한 공소사실 부분에 대하여는 공소시효 완성을 이유로 면소를 선고한 후, 공소시효가 완성되지 않은 피해자 공소외 10 회사, 공소외 25 주식회사에 대한 업무상배임의 점에 대하여는, 콜옵션은 그 재산적 가치의 액수는 구체적으로 특정하기 어렵더라도 회사 재산으로서 충분한 가치가 있는 만큼 위 피고인이 위 피해회사들로 하여금 이를 무상으로 공소외 26 주식회사에 양도하도록 한 것은 위 피해회사들에 대한 관계에서 임무위배행위가 되고 구체적으로 액수는 산정할 수 없지만 위 피해회사들에 재산상 손해가 발생하였다는 이유로 유죄를 인정하였다.

원심판결 이유를 원심이 적법하게 채택한 증거들에 비추어 살펴보면, 원심의 위와 같은 판단은 정당하고, 거기에 검사나 피고인 2의 상고이유 주장과 같이 논리와 경험칙에 반하여 자유심증주의의 한계를 벗어나거나 콜옵션 양도와 관련된 법률행위의 해석 또는 업무상배임죄에 있어서의 임무위배행위 및 고의에 관한 법리를 오해하는 등의 위법이 없다.

9. 피고인 1, 2, 8, 9, 10의 공소외 27 주식회사 주식 저가매도 관련 특경법 위반(배임)의 점에 대하여

원심은, 위 피고인들이 피고인 1의 장남인 공소외 28에게 공소외 26 주식회사가 보유하는 공소외 27 주식회사(이하 '공소외 27 회사'라고 한다) 주식을 매도함에 있어 임무위배행위를 하였다고 볼 여지가 있으나, 제1심 감정인 공소외 29가 공소외 27 회사의 기업가치를 현금흐름할인법에 따라 평가한 결과 및 공소외 27 회사와 유사기업을 비교한 상대적 기업가치에 따라 평가한 결과 등에 비추어 볼 때 매도 당시 공소외 27 회사의 주당 적정가액이 매도금액인 주당 5,100원을 초과한다는 사실이 합리적 의심 없이 증명된 것으로 볼 수 없다는 이유로 이 부분 공소사실에 대하여 무죄를 선고하였다.

원심판결 이유를 기록과 대조하여 살펴보면, 원심의 위와 같은 판단은 정당하고, 거기에 검사의 상고이유 주장과 같이 논리와 경험칙에 반하여 자유심증주의의 한계를 벗어나거나 비상장주식의 가치평가에 관한 법리를 오해하는 등의 위법이 없다.

10. 피고인 2의 공소외 30 주식회사 저가매도 관련 특경법 위반(배임)의 점에 대하여

원심은, 청원 물류센터의 증축계획이 허위라거나 공소외 30 주식회사의 위 물류센터 임차계획이 없었다고 단정할 수 없고, 당시 공소외 3 회사의 자금 부담으로 청원물류센터를 양수하지 않고 임차한 것이 사실과 다르다고 볼 근거가 없으며, 공소외 30 주식회사에 대한 공소외 31의 가치평가 시 위 물류센터 증축 부분에 관하여 지급할 임차료와 동시에 반영한 매출증대 추정액 22억 원이 불합리하다고 볼 수 없는 점 등에 비추어 공소외 30 주식회사의 매도가격이 적정가액에 미치지 못하는 저가라고 단정할 수 없다는 이유로 피고인 2에 대한 이 부분 공소사실에 대하여 무죄를 선고한 제1심판결을 유지하였다.

원심판결 이유를 기록과 대조하여 살펴보면, 원심의 위와 같은 판단은 정당하고, 거기에 검사의 상고이유 주장

장과 같이 논리와 경험칙에 반하여 자유심증주의의 한계를 벗어나거나 비상장주식의 가치평가에 관한 법리를 오해하는 등의 위법이 없다.

11. 피고인 1, 2, 3의 공소외 19 주식회사 유상증자 대금 출자 관련 특경법 위반(횡령)의 점에 대하여

원심은, 공소외 19 주식회사(이하 '공소외 19 회사'라고 한다)이 공소외 20 주식회사(이하 '공소외 20 회사'라고 한다)를 인수할 당시 공소외 20 회사가 당초 분할계획서상 기재된 약 437억 원뿐만 아니라 공소사실 기재 약 1,456억 원의 채무도 공소외 32 주식회사로부터 승계하는 것을 전제로 인수하였으므로, 공소외 19 회사가 유상증자한 1,401억 원 중 1,311억 원을 채무변제에 사용한 행위는 위탁 취지에 반하여 권한 없이 회사재산을 처분한 횡령행위라고 볼 수 없다고 판단하여 위 피고인들의 이 부분 공소사실에 대하여 무죄를 선고한 제1심판결을 유지하였다.

원심판결 이유를 기록에 비추어 살펴보면, 이미 공소외 19 회사의 공소외 20 회사 고가매수 행위가 특경법 위반(배임)죄로 기소되어 앞서 본 바와 같이 유죄로 판단된 이 사건에 있어서 공소외 20 회사를 인수한 공소외 19 회사가 공소외 20 회사로부터 승계한 채무를 변제한 행위가 별도의 횡령죄가 될 수 없다고 본 원심의 판단은 정당하고, 거기에 검사의 상고이유 주장과 같이 논리와 경험칙에 반하여 자유심증주의의 한계를 벗어나거나 횡령죄의 성립에 관한 법리를 오해하는 등의 위법이 없다.

12. 피고인 1, 2, 3의 공소외 1 주식회사 선수금 지급 관련 특경법 위반(횡령)의 점에 대하여

원심은 그 판시와 같은 증거들을 종합하여, 위 피고인들이 공소외 8 회사의 채무 처리 계획을 진행하기 위하여 공소외 17 회사로 하여금 그 소유의 여수시 소호동 부동산을 441억 원으로 평가하여 공소외 8 회사에 저가매도하도록 한 사실, 이후 공소외 8 회사를 물적 분할하여 공소외 22 회사를 설립한 후 위 부동산을 공소외 22 회사에 귀속시키면서 공소외 8 회사의 단기차입금 채무 약 237억 원도 승계시킨 사실, 그 후 위 부동산을 약 713억 원으로 자산재평가하여 증가된 자산가치에 상응하는 공소외 8 회사의 단기차입금 채무 약 293억 원을 추가로 이전시킨 사실을 인정한 다음, 위 부동산의 적정가격이 약 713억 원임을 전제로 공소외 22 회사를 인수·합병한 공소외 1 주식회사(이하 '공소외 1 회사'라고 한다)가 선수금 578억 원을 공소외 22 회사에 지급하여 위 293억 원가량을 포함한 공소외 8 회사의 단기차입금 채무 전부를 변제하게 한 것은 공소외 1 회사의 채무를 이행한 것이므로 횡령죄가 성립되지 아니한다고 보아 이 부분 공소사실을 무죄로 판단한 제1심판결을 그대로 유지하였다.

그러나 이와 같은 원심의 판단은 아래와 같은 이유로 그대로 수긍하기 어렵다.

위 피고인들이 여수시 소호동 부동산의 적정가격이 713억 원가량임에도 그 소유자인 공소외 17 회사로 하여금 공소외 8 회사에 441억 원에 매도하도록 하였다면 그 저가매도 행위가 공소외 17 회사에 대한 배임행위로 평가될 수 있고, 그 이후에 물적 분할 등에 수반한 채무이전행위, 물적 분할된 공소외 22 회사를 인수·합병한 행위와 그로 인한 채무의 변제행위 등은 위와 같은 배임행위로 인한 손해액으로 이미 평가되어 추가로 손해발생이나 그 위험이 없다고 볼 여지도 있다. 하지만 앞서 살펴본 것처럼 여수시 소호동 부동산의 적정가치의 산정방식에 중대한 위법이 있고, 만약 그 부동산의 적정가치가 실제 매도가액과 별다른 차이가 없어 자산재평가 당시의 감정평가액이 오히려 부풀려진 것이라면 이를 기초로 이루어진 그 이후의 물적 분할 등에 수반한 채무이전행위, 물적 분할된 공소외 22 회사를 인수·합병한 행위와 그로 인한 채무의 변제행위 등은 자산가치를 초과하는 채무의 이전행위나 원인 없는 재산의 출연행위로서 새로운 손해발생의 위험이 있는 별도의 배임행위나 횡령행위에 해당될 수 있다. 즉 원심의 판단은 여수시 소호동 부동산의 적정가치가 713억 원가량임을 전제로 한 것인데, 위와 같이 여수시 소호동 부동산의 적정가치의 산정방식과 적정성에 의문이 있어 그 부동산의 저가매도로 인한 특경법 위반(배임)의 유죄 판단이 파기되어야 한다면, 당연히 위 부동산의 매도행위와 직접적으로 결부되어 있는 이 부분 공소사실에 기재된 그 이후의 배임 또는 횡령행위에 대한 평가도 달라질 수밖에 없는 것이다.

그렇다면 원심으로서는, 위 피고인들의 여수시 소호동 부동산 매도행위가 과연 업무상배임죄에 해당하는지 여부를 먼저 심리한 후에 그 성립 여부에 따라, 공소외 22 회사가 이른바 물적 분할을 통하여 이전받은 여수시 소호동 부동산의 적정가격에 상응하는 범위를 초과하여 공소외 8 회사로부터 단기차입금 채무를 과도하게 승계받도록 한 것인지, 나아가 이후 위 피고인들이 공소외 1 회사로 하여금 공소외 22 회사를 인수·합병하게 한 다음 위와 같은 방법으로 승계한 단기차입금 채무를 변제하기 위해 공소외 22 회사에 선수금 578억 원을 지급하도록 한 행위가 업무상횡령 등 별도의 범죄를 구성하는지에 관하여 면밀히 심리·판단하여야 할 것이다. 따라서 이 부분 공소사실을 무죄로 판단한 원심은 그대로 유지될 수 없고, 이 점을 지적하는 취지의 검사의 상고이유 주장은 이유 있다.

13. 피고인 1, 2의 한화그룹 경영기획실 재무팀 회계2파트 임금 지급 관련 각 특경법 위반(횡령) 등의 점에 대하여

원심은, 한화그룹 경영기획실 재무팀 회계2파트 소속 직원들이 오로지 피고인 1 일가의 재산관리 업무만을 담

당한 것이 아니라 공정거래위원회 상대 업무나 관계 법령상의 각종 신고, 공시업무 등 한화그룹 각 계열회사의 업무도 담당하였다고 보아 위 직원들이 오로지 피고인 1 일가의 재산관리 업무만을 담당하였음을 전제로 하여 위 직원들의 각 소속 회사가 지급한 임금이 각 소속 회사에 대한 횡령죄 또는 배임죄가 된다는 내용의 이 부분 주위적, 예비적 공소사실을 모두 무죄로 판단하였다.

원심판결 이유를 기록에 비추어 살펴보면, 원심의 위와 같은 판단은 정당하고, 거기에 검사의 상고이유 주장과 같이 논리와 경험칙에 반하여 자유심증주의의 한계를 벗어나는 등의 위법이 없다.

14. 피고인 2, 5, 6의 ○○농장 임차보증금 관련 각 특경법 위반(횡령) 등의 점에 대하여

원심은 공소외 14 회사의 관련 결재문서의 내용과 관계 행정청으로부터 초지 내에서의 제한행위허가를 받고 상당한 금액을 투입하여 일부 공사를 실제로 진행한 점 등에 비추어 보면 승마경기장 설치를 위한 이 사건 ○○농장에 관한 임대차계약이 허위 또는 가장행위라고 단정하기 어려워 그 임차보증금에 관한 횡령죄가 성립하지 않고, 그 과정에 위 피고인들에게 어떠한 임무위배행위가 있다고도 할 수 없어 배임죄도 성립하기 어렵다는 이유를 들어 이 부분 주위적, 예비적 공소사실을 모두 무죄로 판단하였다.

원심판결 이유를 기록에 비추어 살펴보면, 원심의 위와 같은 판단은 정당하고, 거기에 검사의 상고이유 주장과 같이 논리와 경험칙에 반하여 자유심증주의의 한계를 벗어나는 등의 위법이 없다.

15. 피고인 11, 12, 13, 14의 공무집행방해(교사 포함) 및 증거인멸(교사 포함)의 점에 대하여

가. 피고인 11의 공무집행방해교사 및 피고인 12의 공무집행방해의 점에 대하여

원심판결 이유를 원심이 적법하게 채택한 증거들에 비추어 살펴보면, 검사, 수사관 등이 원심 판시 건물 고층에 위치한 경영기획실 등에 대한 압수·수색영장을 집행할 목적으로 위 건물 1층 로비에서 위 집행장소로 이동하기 위하여 경비원들의 방해를 제지하고 엘리베이터에 탑승하는 과정에서 발생한 일련의 행위는 형사소송법 제120조 제1항의 압수·수색영장의 집행에 필요한 처분으로서 집행의 목적을 달성하기 위한 필요 최소한도의 범위 내에서 그 수단과 목적에 비추어 사회통념상 상당하다고 인정되고, 이 사건 압수·수색영장의 집행 과정을 보면 위 건물 1층 로비에서 위 건물의 경비원들에게 영장이 제시된 후 그 영장에 기재된 실제 압수·수색장소에 도달하기도 전에 경비원들의 방해로 압수·수색영장의 집행이 중단된 이상 실제 압수·수색장소인 경영기획실 등의 직원이 영장 제시 당시 참여하지 아니하였다고 하여 이를 가리켜 간수자의 참여권이 침해된 것으로 볼 수 없으며, 설령 위 건물 1층 로비에서 이 사건 압수·수색영장의 집행이 이루어진 것으로 볼 수 있다 하더라도 이 사건 압수·수색영장의 집행 당시 위 건물의 간수자인 경비원들에게 영장의 제시가 이루어진 이상 영장의 집행에 간수자의 참여가 이루어졌다고 보아야 할 것이므로, 결국 위 압수·수색영장의 집행에 관한 공무집행이 적법함을 전제로 이 부분 공소사실을 모두 유죄로 인정한 원심의 판단은 정당하고, 거기에 위 피고인들의 상고이유 주장과 같이 공무집행방해나 정당행위에 관한 법리를 오해하는 등의 위법이 없다.

나. 피고인 11, 13, 14의 증거인멸 및 피고인 11의 증거인멸교사의 점에 대하여

형법 제155조 제1항의 증거인멸죄에서 '증거'라 함은 타인의 형사사건 또는 징계사건에 관하여 수사기관이나 법원 또는 징계기관이 국가의 형벌권 또는 징계권의 유무를 확인하는 데 관계있다고 인정되는 일체의 자료를 의미하고, 타인에게 유리한 것이건 불리한 것이건 가리지 아니하며 또 증거가치의 유무 및 정도를 불문하는 것이다(대법원 2007. 6. 28. 선고 2002도3600 판결 등 참조).

원심판결 이유를 원심이 적법하게 채택한 증거들에 비추어 살펴보면, 원심이 그 판시와 같은 이유로 한화그룹 비자금의 관리·운용과 관련된 영상이 촬영되었을 것으로 보이는 CCTV 녹화 하드디스크나 피고인 1의 공소외 33 주식회사에 대한 지배관계 및 비자금 등 수사의 단서가 될 수 있는 위 회사의 관련 서류 및 컴퓨터 파일, 주식 저가매도와 관련한 조세포탈 등의 단서가 될 수 있는 공소외 27 회사의 회계서류를 증거인멸죄의 대상이 되는 증거로 보아 이를 인멸한 행위를 유죄로 판단한 제1심판결을 유지한 조치는 정당하고, 거기에 위 피고인들의 상고이유 주장과 같이 증거인멸죄에 관한 법리를 오해하는 등의 위법이 없다.

16. 파기의 범위

위에서 본 이유로, 원심판결의 유죄 부분 중 ① 피고인 1, 2, 3에 대하여 연결자금 제공 및 지급보증으로 인한 특경법 위반(배임)의 공소사실 중 피해자 공소외 10 회사의 원심 판시 별지 범죄일람표(4) 중 순번 15와 18, 순번 24와 27, 순번 42와 43 및 순번 2, 29, 33과 36의 각 지급보증 부분과 ② 위 피고인들 및 피고인 7에 대한 여수시 소호동 부동산 저가매도로 인한 특경법 위반(배임) 부분 및 원심판결의 무죄 부분 중 ③ 피고인 1, 2, 3에 대한 공소외 1 회사의 선수금 지급 관련 특경법 위반(횡령) 부분은 각 파기되어야 하고, 위 피고인들에 대한 위 각 파기 부분과 원심판결 중 피고인 1의 2007년 양도소득세 포탈에 따른 조세범 처벌법 위반 부분 및 각 독점규제법 위반 부분을 제외한 나머지 유죄 부분(이유무죄 부분 포함), 피고인 2, 3, 7의 각 유죄 부분(피고인 2, 3에 대해서는 각 이유무죄 부분 포함)은 각각 포괄일죄 또는 형법 제37조 전단의 경합범 관계에 있어 이들 전부에 대하여 각각 하나의 형을 선고하여야 하므로 전부 파기될 수밖에 없다.

17. 결론

그러므로 나머지 상고이유에 대한 판단을 생략한 채 원심판결 중 피고인 1의 2007년 양도소득세 포탈에 따른 조세범 처벌법 위반 부분 및 각 독점규제법 위반 부분을 제외한 나머지 유죄 부분(이유무죄 부분 포함), 피고인 2, 3, 7의 유죄 부분(피고인 2, 3에 대해서는 각 이유무죄 부분 포함)과 피고인 1, 2, 3에 대한 무죄 부분 중 공소외 1 회사의 선수금 지급 관련 특경법 위반(횡령) 부분을 각 파기하고, 이 부분 사건을 다시 심리·판단하도록 원심법원에 환송하며, 피고인 1의 원심판결 유죄 부분 중 2007년 양도소득세 포탈에 따른 조세범 처벌법 위반 부분 및 각 독점규제 및 공정거래에 관한 법률 위반 부분에 대한 상고와 피고인 4, 5, 6, 9, 11, 12, 13, 14의 상고, 검사의 피고인 5, 6, 7, 8, 9, 10에 대한 상고 및 피고인 1, 2, 3에 대한 나머지 상고를 모두 기각하기로 하여, 관여 대법관의 일치된 의견으로 주문과 같이 판결한다.

대법관 양창수(재판장) 박병대 고영한(주심) 김창석

대법원 2013.9.26. 선고 2011도1435 판결

【저작권법위반(인정된죄명:저작권법위반방조)·저작권법위반방조】

판시사항

1 온라인서비스이용자의 저작권 침해행위에 대하여 온라인서비스제공자의 책임 감경 또는 면제를 규정한 구 저작권법 제102조 제1항, 제2항, 제103조 제5항이 형사상 책임에도 적용되는지 여부(적극)

2 구 저작권법 제102조 제2항에서 정한 '기술적으로 불가능한 경우'의 의미 및 온라인서비스이용자의 저작권 침해행위에 대하여 온라인서비스제공자가 구 저작권법 제102조 제1항, 제2항, 제103조 제5항에 의하여 형사상 책임을 감경 또는 면제받기 위한 요건

판결요지

1 구 저작권법(2008. 2. 29. 법률 제8852호로 개정되기 전의 것)은 제102조 제1항에서 '온라인서비스제공자가 저작물의 복제·전송과 관련된 서비스를 제공하는 것과 관련하여 다른 사람에 의한 저작물의 복제·전송으로 인하여 그 저작권이 침해된다는 사실을 알고 당해 복제·전송을 방지하거나 중단시킨 경우에는 다른 사람에 의한 저작권의 침해에 관한 온라인서비스제공자의 책임을 감경 또는 면제할 수 있다'고 규정하고, 같은 조 제2항에서 '온라인서비스제공자가 저작물의 복제·전송과 관련된 서비스를 제공하는 것과 관련하여 다른 사람에 의한 저작물의 복제·전송으로 인하여 그 저작권이 침해된다는 사실을 알고 당해 복제·전송을 방지하거나 중단시키고자 하였으나 기술적으로 불가능한 경우에는 그 다른 사람에 의한 저작권의 침해에 관한 온라인서비스제공자의 책임은 면제된다'고 규정하고, 같은 법 제103조 제5항에서 '온라인서비스제공자가 저작권자로부터 불법 저작물의 복제·전송을 중단시킬 것을 요구받고 즉시 그 저작물의 복제·전송을 중단시킨 경우에는 온라인서비스제공자의 책임을 감경 또는 면제할 수 있다'고 규정하고 있는데, 위 각 조항의 입법 취지나 위 각 조항의 해당 문구상 별다른 제한이 없는 점 등에 비추어 보면, 위 각 조항은 형사상 책임에도 적용된다고 보아야 한다.

2 구 저작권법(2008. 2. 29. 법률 제8852호로 개정되기 전의 것, 이하 같다) 제102조 제2항이 규정하고 있는 '기술적으로 불가능한 경우'란 온라인서비스의 제공 자체는 유지함을 전제로 이용자들의 복제·전송행위 중 저작권의 침해행위가 되는 복제·전송을 선별하여 방지 또는 중단하는 것이 기술적으로 불가능한 경우를 말하므로, 비록 온라인서비스이용자들이 해당 온라인서비스를 이용하여 저작물을 복제·전송함으로써 그 저작권을 침해하였다고 하더라도, 온라인서비스제공자가 그와 같은 침해사실을 알고 저작권의 침해가 되는 복제·전송을 선별하여 이를 방지 또는 중단하는 기술적 조치를 다하였다고 인정되는 경우에는 해당 침해행위에 대한 형사상 책임이 면제된다. 그리고 온라인서비스제공자가 구 저작권법 제103조 제5항에 의하여 그 책임을 감경 또는 면제받을 수 있기 위해서는 저작권자로부터 중단 요구를 받은 즉시 그 저작물의 복제·전송을 중단시켜야 하는 점에 비추어, 온라인서비스제공자가 스스로 저작권 침해사실을 알게 된 경우에도 그 즉시 당해 복제·전송을 중단시켜야 구 저작권법 제102조 제1항에 의하여 그 책임을 감경 또는 면제받을 수 있다고 보아야 한다.

전 문

피 고 인 피고인 1 외 7인

상 고 인 피고인들

변 호 인 법무법인

원심판결 서울중앙지법 2011. 1. 11. 선고 2009노723 판결

주 문 상고를 모두 기각한다.

이 유 상고이유를 판단한다.

1. 피고인들의 상고이유에 대하여

가. 방조행위 및 그 범의에 관한 상고이유에 대하여

저작권법이 보호하는 복제권·전송권의 침해를 방조하는 행위란 정범의 복제권·전송권 침해를 용이하게 해주는 직접·간접의 모든 행위로서, 정범의 복제권·전송권 침해행위 중에 이를 방조하는 경우는 물론, 복제권·전송권 침해행위에 착수하기 전에 장래의 복제권·전송권 침해행위를 예상하고 이를 용이하게 해주는 경우도 포함하며, 정범에 의하여 실행되는 복제권·전송권 침해행위에 대한 미필적 고의가 있는 것으로 충분하고, 정범의 복제권·전송권 침해행위가 실행되는 일시, 장소, 객체 등을 구체적으로 인식할 필요가 없으며, 나아가 정범이 누구인지 확정적으로 인식할 필요도 없다(대법원 2005. 4. 29. 선고 2003도6056 판결, 대법원 2007. 12. 14. 선고 2005도872 판결 등 참조).

원심은 그 적법하게 채택된 증거들을 종합하여, 제1심 판시 이 사건 각 사이트에서 불특정 다수의 사이트 이용자들에 의하여 저작재산권자의 동의를 얻지 않은 영화 파일들의 업로드 및 다운로드가 이루어진 사실, 피고인들은 이 사건 각 사이트의 실질적인 운영자로서 위 각 사이트의 운영방식과 이용실태 등을 모두 인식하고 있었음에도 사이트 이용자들에게 영화 파일의 업로드를 유인하거나 다운로드를 용이하게 해주고, 이를 통해 수익을 얻은 사실 등을 인정한 다음, 이러한 사실에 의하면, 피고인들이 이 사건 각 사이트를 운영·관리함으로써 제1심 판시 범죄일람표 1, 2, 6, 8 기재와 같이 위 각 사이트 이용자들의 복제권·전송권 침해행위를 용이하게 하여 이를 방조하였고, 그에 대한 고의가 있음을 인정할 수 있다고 판단하였다.

앞서 본 법리와 적법하게 채택된 증거들에 비추어 살펴보면, 원심의 위와 같은 판단은 정당하여 수긍할 수 있고, 거기에 상고이유의 주장과 같이 논리와 경험의 법칙을 위반하여 자유심증주의의 한계를 벗어나거나 방조행위 및 범의의 성부에 관한 법리를 오해하는 등의 위법이 없다.

나. 기술적 조치 이행으로 인한 책임제한에 관한 상고이유에 대하여

구 저작권법(2008. 2. 29. 법률 제8852호로 개정되기 전의 것, 이하 같다)은 제102조 제1항에서 '온라인서비스제공자가 저작물의 복제·전송과 관련된 서비스를 제공하는 것과 관련하여 다른 사람에 의한 저작물의 복제·전송으로 인하여 그 저작권이 침해된다는 사실을 알고 당해 복제·전송을 방지하거나 중단시킨 경우에는 다른 사람에 의한 저작권의 침해에 관한 온라인서비스제공자의 책임을 감경 또는 면제할 수 있다'고 규정하고, 같은 조 제2항에서 '온라인서비스제공자가 저작물의 복제·전송과 관련된 서비스를 제공하는 것과 관련하여 다른 사람에 의한 저작물의 복제·전송으로 인하여 그 저작권이 침해된다는 사실을 알고 당해 복제·전송을 방지하거나 중단시키고자 하였으나 기술적으로 불가능한 경우에는 그 다른 사람에 의한 저작권의 침해에 관한 온라인서비스제공자의 책임은 면제된다'고 규정하고, 같은 법 제103조 제5항에서 '온라인서비스제공자가 저작권자로부터 불법 저작물의 복제·전송을 중단시킬 것을 요구받고 즉시 그 저작물의 복제·전송을 중단시킨 경우에는 온라인서비스제공자의 책임을 감경 또는 면제할 수 있다'고 규정하고 있는데, 위 각 조항의 입법 취지나 위 각 조항의 해당 문구상 별다른 제한이 없는 점 등에 비추어 보면, 위 각 조항은 형사상 책임에도 적용된다고 봄이 상당하다.

한편 구 저작권법 제102조 제2항이 규정하고 있는 '기술적으로 불가능한 경우'라 함은, 온라인서비스의 제공 자체는 유지함을 전제로 이용자들의 복제·전송행위 중 저작권의 침해행위가 되는 복제·전송을 선별하여 방지 또는 중단하는 것이 기술적으로 불가능한 경우를 말하는 것이므로, 비록 온라인서비스이용자들이 해당 온라인서비스를 이용하여 저작물을 복제·전송함으로써 그 저작권을 침해하였다고 하더라도, 온라인서비스제공자가 그와 같은 침해사실을 알고 저작권의 침해가 되는 복제·전송을 선별하여 이를 방지 또는 중단하는 기술적 조치를 다하였다고 인정되는 경우에는 해당 침해행위에 대한 형사상 책임이 면제된다고 할 것이다. 그리고 온라인서비스제공자가 구 저작권법 제103조 제5항에 의하여 그 책임을 감경 또는 면제받을 수 있기 위해서는 저작권자로부터 중단 요구를 받은 즉시 그 저작물의 복제·전송을 중단시켜야 하는 점에 비추어, 온라인서비스제공자가 스스로 저작권 침해사실을 알게 된 경우에도 그 즉시 당해 복제·전송을 중단시켜야 구 저작권법 제102조 제1항에 의하여 그 책임을 감경 또는 면제받을 수 있다고 봄이 상당하다.

위 법리와 제1심 및 원심에서 적법하게 채택된 증거들에 비추어 살펴보면, 피고인들이 이 사건 각 사이트 이용자들에 의한 제1심 별지 범죄일람표 1, 2, 6, 8 기재의 각 저작재산권 침해사실을 알고서 즉시 그 저작물의 복제·전송을 방지하거나 중단시킨 바가 없으므로, 구 저작권법 제102조 제1항이나 제103조 제5항에 따라 형사상 책임을 감경 또는 면제받을 수 없다. 그리고 피고인들이 이 사건 각 사이트에 취한 기술적 조치는 원심 판시 '금칙어 설정' 또는 '해쉬값 등록·비교'를 통한 필터링 방식뿐으로서, 이러한 기술적 조치만으로는 그

당시 기술수준 등에 비추어 최선의 조치로 보이지 않을 뿐만 아니라 이들 기술적 조치 자체도 제대로 작동되지 아니한 것으로 보이는 이상, 피고인들은 저작권의 침해가 되는 복제·전송을 선별하여 이를 방지하거나 중단하는 기술적 조치를 다하였다고 할 수 없으므로, 구 저작권법 제102조 제2항에 따라 형사상 책임이 면제된다고도 할 수 없다.

같은 취지의 원심판단은 정당하고, 거기에 논리와 경험의 법칙을 위반하여 자유심증주의의 한계를 벗어나거나 구 저작권법 제102조 제1항, 제2항 및 제103조 제5항이 규정한 책임제한에 관한 법리를 오해하거나 판단을 누락하는 등의 위법이 없다.

2. 피고인 1, 피고인 2 주식회사의 공소사실 불특정에 관한 상고이유에 대하여

형사소송법 제254조 제4항에서 범죄의 일시·장소와 방법을 명시하여 공소사실을 특정하도록 한 취지는 법원에 대하여 심판의 대상을 한정하고 피고인에게 방어의 범위를 특정하여 그 방어권 행사를 용이하게 하기 위한 데 있다고 할 것이므로, 공소제기된 범죄의 성격에 비추어 그 공소의 원인이 된 사실을 다른 사실과 구별할 수 있을 정도로 그 일시, 장소, 방법, 목적 등을 적시하여 특정하면 족하고, 그 일부가 다소 불명확하더라도 그와 함께 적시된 다른 사항들에 의하여 그 공소사실을 특정할 수 있고, 그리하여 피고인의 방어권 행사에 지장이 없다면 공소제기의 효력에는 영향이 없다(대법원 2001. 2. 23. 선고 2000도4415 판결, 대법원 2010. 4. 29. 선고 2010도2556 판결 등 참조).

위 법리에 비추어 피고인 1, 피고인 2 주식회사에 대한 이 사건 예비적 공소사실의 특정 여부를 살펴보면, 비록 위 공소사실 중 정범의 범죄 구성요건적 행위에 해당하는 제1심 판시 '○○박스', '△△박스' 사이트 이용자들의 영화 파일 업로드 행위에 관하여 그 이용자들의 성명 등이 기재되어 있지 않으나, 그중 일부는 아이디가 특정되어 있고, 나아가 이용자들이 업로드한 영화의 제목, 업로드한 시기, 업로드한 저장공간 등이 특정되어 있어 그 공소사실을 특정할 수 있고, 그리하여 위 피고인들의 방어권 행사에 지장이 없으므로, 공소제기의 효력에 영향이 없다고 할 것이다.

같은 취지의 원심판단은 정당한 것으로 수긍할 수 있고, 거기에 상고이유의 주장과 같은 공소사실의 특정에 관한 법리를 오해하는 등의 위법이 없다.

3. 피고인 3, 피고인 4 주식회사, 피고인 7, 피고인 8 주식회사의 상습성에 관한 상고이유에 대하여

가. 구 저작권법 제140조 본문에서는 저작재산권 침해로 인한 같은 법 제136조 제1항의 죄를 친고죄로 규정하면서, 같은 법 제140조 단서 제1호에서 영리를 위하여 상습적으로 위와 같은 범행을 한 경우에는 고소가 없어도 공소를 제기할 수 있다고 규정하고 있는바, 같은 법 제140조 단서 제1호가 규정한 '상습적으로'라고 함은 반복하여 저작권 침해행위를 하는 습벽으로서의 행위자의 속성을 말한다고 봄이 상당하고, 이러한 습벽의 유무를 판단함에 있어서는 동종 전과가 중요한 판단자료가 되나 동종 전과가 없다고 하더라도 범행의 횟수, 수단과 방법, 동기 등 제반 사정을 참작하여 저작재산권 침해행위를 하는 습벽이 인정되는 경우에는 상습성을 인정하여야 할 것이며, 한편 같은 법 제141조의 양벌규정의 적용에 있어서는 행위자인 법인의 대표자나 법인 또는 개인의 대리인·사용인 그 밖의 종업원의 위와 같은 습벽 유무에 따라 친고죄인지 여부를 판단하여야 할 것이다(대법원 2011. 9. 8. 선고 2010도14475 판결 등 참조).

나. 제1심 및 원심이 적법하게 조사하여 채택한 증거들에 의하면 다음과 같은 사정들을 알 수 있다.

① 피고인 3은 웹스토리지서비스 제공 사이트인 제1심 판시 '▽▽▽▽' 사이트를 운영하는 법인인 피고인 4 주식회사의 실질적인 1인 주주이자 고문이고, 피고인 7은 위와 같은 성격의 사이트인 제1심 판시 '□□□□□' 사이트를 운영하는 법인인 피고인 8 주식회사의 웹스토리지서비스를 관장하는 사업본부장이다[한편 피고인 3은 2003. 8. 20. 서울중앙지방법원에서 청소년보호법 위반(청소년이용음란물제공)죄, 정보통신망 이용촉진 및 정보보호 등에 관한 법률 위반죄로 징역 8월, 집행유예 1년을, 2005. 12. 1. 서울서부지방법원에서 정보통신망 이용촉진 및 정보보호 등에 관한 법률 위반(음란물유포등) 방조죄로 벌금 700만 원을 각 선고받아 처벌받은 전력도 있다].

② 위 피고인들이 제1심 판시와 같은 방법으로 위 각 사이트를 운영할 경우 회원들이 대부분 정당한 허락 없이 저작재산권에 의한 보호 대상 저작물인 영화 파일을 업로드 내지 다운로드함으로써 복제 및 전송의 방법으로 반복적으로 저작재산권을 침해하는 행위를 조장·방조하는 결과에 이르게 된다.

③ 반면에, 위 피고인들이 행한 저작권 보호를 위한 기술적 조치는, 앞에서 본 바와 같이 당시 기술수준 등에 비추어 최선의 조치로 보이지 않을 뿐만 아니라 그 기술적 조치 자체도 제대로 작동되지 않았다.

④ 위 피고인들은 이러한 사정을 충분히 인식하고 있으면서 위 각 사이트를 개설하여 상당한 기간에 걸쳐 영업으로 이를 운영하면서 수백만 명에 이르는 회원들에게 웹스토리지서비스를 제공하였다.

이러한 사정들과 함께 그 밖에 제1심 및 원심이 적법하게 채택한 증거에 의하여 인정되는 위와 같은 행위에 의한 저작재산권의 침해 정도, 위 각 사이트의 영업 규모 및 매출액 등을 앞서 본 법리에 비추어 살펴보면, 위 피고인들에게는 반복하여 저작권 침해행위를 하는 습벽이 있다고 봄이 상당하므로, 상습성을 인정하

여야 한다.

같은 취지의 원심판단은 정당한 것으로 수긍이 되고, 거기에 상고이유로 주장하는 바와 같이 구 저작권법 제140조 단서 제1호가 규정한 '상습적으로'의 해석에 관한 법리를 오해하는 등의 위법이 없다.

4. 피고인 3, 피고인 4 주식회사의 상고이유에 대하여

가. 공소장 변경 요부에 관한 상고이유에 대하여

법원은 공소사실의 동일성이 인정되는 범위 내에서 공소가 제기된 범죄보다 가벼운 범죄사실이 인정되는 경우에 있어서, 그 심리의 경과 등에 비추어 피고인의 방어에 실질적인 불이익을 주는 것이 아니라면 공소장 변경 없이 직권으로 가벼운 범죄사실을 인정할 수 있다고 할 것이므로, 공동정범으로 기소된 범죄사실을 방조사실로 인정할 수 있다(대법원 2004. 6. 24. 선고 2002도995 판결, 대법원 2012. 7. 12. 선고 2012도5365 판결 등 참조).

위 법리와 기록에 비추어 살펴보면, 이 사건 심리의 경과 등에 비추어 위 피고인들의 방어에 실질적인 불이익을 줄 염려가 없다는 이유로, 위 피고인들에 대하여 저작권법 위반의 공동정범으로 기소된 범죄사실을 공소장 변경 없이 직권으로 저작권법 위반 방조의 범죄사실로 인정한 원심의 조치는 정당한 것으로 수긍할 수 있고, 거기에 공소장 변경 요부에 관한 법리를 오해하는 등의 위법이 없다.

나. 위법수집증거 배제에 관한 상고이유에 대하여

국민의 인간으로서의 존엄과 가치를 보장하는 것은 국가기관의 기본적인 의무에 속하는 것이고 이는 형사절차에서도 당연히 구현되어야 하는 것이지만, 국민의 사생활 영역에 관계된 모든 증거의 제출이 곧바로 금지되는 것으로 볼 수는 없으므로 법원으로서는 효과적인 형사소추 및 형사소송에서의 진실발견이라는 공익과 개인의 인격적 이익 등의 보호이익을 비교형량하여 그 허용 여부를 결정하여야 한다(대법원 2010. 9. 9. 선고 2008도3990 판결 참조).

원심은, 이 사건 고소인 측의 의뢰를 받은 공소외인이 피고인 4 주식회사 운영의 '▽▽▽▽' 사이트에 적용된 검색제한 조치를 무력화하는 기술인 '패치프그로램'을 이용하여 '침해자료 목록 및 화면출력 자료'를 수집하였는데, 위 '패치프로그램'은 네이버 등 포털사이트에서 일반인이 손쉽게 입수할 수 있는 프로그램으로 위 피고인들도 그 존재를 인식하고 있었고, 위 자료는 위 피고인들에 대한 형사소추를 위하여 반드시 필요한 증거이므로 공익의 실현을 위해서 위 자료를 증거로 제출하는 것이 허용되어야 하며, 이로 말미암아 위 피고인들의 영업의 자유나 재산권적 기본권 등이 일정 정도 침해되는 결과를 초래한다 하더라도 이는 위 피고인들이 수인하여야 할 기본권의 제한에 해당된다는 이유로, 위 자료의 증거능력을 인정하였다.

앞서 본 법리에 비추어 보면, 위와 같은 원심판단은 정당한 것으로 수긍이 가고, 거기에 상고이유에서 주장하는 바와 같이 위법수집증거 배제에 관한 법리를 오해하는 등의 위법이 없다.

5. 피고인 3, 피고인 4 주식회사, 피고인 5, 피고인 6 주식회사, 피고인 7, 피고인 8 주식회사의 포괄일죄에 관한 상고이유에 대하여

구 저작권법은 제140조 본문에서 저작재산권 침해로 인한 제136조 제1항의 죄를 친고죄로 규정하면서, 제140조 단서 제1호에서 영리를 위하여 상습적으로 위와 같은 범행을 한 경우에는 고소가 없어도 공소를 제기할 수 있다고 규정하고 있으나, 상습으로 제136조 제1항의 죄를 저지른 경우를 가중처벌한다는 규정은 따로 두고 있지 않다. 따라서 수회에 걸쳐 구 저작권법 제136조 제1항의 죄를 범한 것이 상습성의 발현에 따른 것이라고 하더라도, 이는 원칙적으로 경합범으로 보아야 하는 것이지 하나의 죄로 처단되는 상습범으로 볼 것은 아니다. 그리고 저작재산권 침해행위는 저작권자가 같더라도 저작물별로 침해되는 법익이 다르므로 각각의 저작물에 대한 침해행위는 원칙적으로 각 별개의 죄를 구성한다고 할 것이다. 다만 단일하고도 계속된 범의 아래 동일한 저작물에 대한 침해행위가 일정기간 반복하여 행하여진 경우에는 포괄하여 하나의 범죄가 성립한다고 볼 수 있다(대법원 2012. 5. 10. 선고 2011도12131 판결 참조).

위 법리와 기록에 비추어 살펴보면, 위 피고인들에 대한 이 사건 저작권법 위반 방조의 대상이 되는 저작물이 모두 동일한 저작물은 아니므로, 원심이 위 피고인들의 범행을 경합범으로 보아 경합범 가중을 한 것은 정당하고, 거기에 상고이유의 주장과 같이 죄수판단에 관한 법리를 오해하는 등의 위법이 없다.

6. 그 밖의 피고인들의 상고이유들은 결국 사실심인 원심의 전권에 속하는 증거의 취사선택과 사실의 인정을 비난하는 것에 불과하거나 원심이 인정한 사실과 다른 사실을 전제로 하여 원심판단에 상고이유의 주장과 같은 법리오해 등의 위법이 있다는 것이므로, 모두 적법한 상고이유가 되지 못한다.

7. 결론

그러므로 상고를 모두 기각하기로 하여 관여 대법관의 일치된 의견으로 주문과 같이 판결한다.

대법관 김용덕(재판장) 신영철(주심) 이상훈 김소영

대법원 2013.9.13. 선고 2013도7754 판결

【특정경제범죄가중처벌등에관한법률위반(횡령)】

판시사항

친족상도례에 관한 형법 규정이 특정경제범죄 가중처벌 등에 관한 법률 제3조 제1항 위반죄에도 적용되는지 여부(적극)

전 문

피 고 인 피고인

상 고 인 피고인

변 호 인 변호사

원심판결 광주고법 2013. 6. 13. 선고 2012노512 판결

주 문 원심판결을 파기하고, 사건을 광주고등법원에 환송한다.

이 유 상고이유를 판단한다.

형법 제361조, 제328조의 규정에 의하면, 직계혈족, 배우자, 동거친족, 동거가족 또는 그 배우자 간의 횡령죄는 그 형을 면제하여야 하고 그 외의 친족 간에는 고소가 있어야 공소를 제기할 수 있는바, 형법상 횡령죄의 성질은 '특정경제범죄 가중처벌 등에 관한 법률'(이하 '특경법'이라고 한다) 제3조 제1항에 의해 가중 처벌되는 경우에도 그대로 유지되고, 특경법에 친족상도례에 관한 형법 제361조, 제328조의 적용을 배제한다는 명시적인 규정이 없으므로, 형법 제361조는 특경법 제3조 제1항 위반죄에도 그대로 적용된다.

이 사건 공소사실에 의하더라도 피해자는 피고인의 외사촌이라는 것이므로 횡령으로 인한 이 사건 특경법위반죄는 위에서 본 법리에 비추어 고소가 있어야 공소를 제기할 수 있는 경우이고, 이때 고소기간은 형사소송법 제230조 제1항에 의하여 범인을 알게 된 날부터 6개월이므로 이를 도과한 후의 고소는 부적법하여 효력이 없다. 따라서 원심으로서는 이 사건 공소사실에 관하여 유·무죄 판단을 하기에 앞서 마땅히 피해자의 이 사건 고소가 범인을 알게 된 날부터 6개월 이내에 제기되었는지 여부를 심리한 다음 그 기간이 도과된 후 제기된 것으로 확인되면 형사소송법 제327조 제2호에 의하여 공소기각의 선고를 하여야 했다.

그런데도 원심은 위와 같은 조치에 이르지 아니한 채 이 사건 공소사실에 대하여 유죄를 선고한 제1심판결을 그대로 유지하고 말았으니, 이러한 원심판결에는 특경법위반죄에 있어서 친족상도례의 적용에 관한 법리를 오해하여 필요한 심리를 다하지 아니함으로써 판결에 영향을 미친 위법이 있다. 이 점을 지적하는 상고이유의 주장은 이유 있다.

그러므로 나머지 상고이유에 관한 판단을 생략한 채 원심판결을 파기하고 사건을 다시 심리·판단하게 하기 위하여 원심법원에 환송하기로 하여 관여 대법관의 일치된 의견으로 주문과 같이 판결한다.

대법관 이인복(재판장) 민일영 박보영 김신(주심)

대법원 2013.9.13. 선고 2013도6809 판결

【공갈·도로교통법위반(무면허운전)】

판시사항

공갈죄의 수단인 '협박'의 의의와 판단 기준

전 문

피 고 인 피고인

상 고 인 피고인

변 호 인 변호사

원심판결 대전지법 2013. 5. 23. 선고 2013노283 판결

주 문 원심판결을 파기하고, 사건을 대전지방법원에 환송한다.

이 유 상고이유에 대하여 판단한다.

1. 원심은, 피고인이 피해자에게 돈을 요구하는 내용과 함께 피해자의 명예를 심각하게 훼손할 수 있는 내용을 기재한 메모지를 피해자가 부모님과 함께 거주하는 집 현관에 부착한 점, 피고인은 이 사건 공갈 범행 무렵 하루에도 10여 회 이상 피해자에게 돈을 요구하면서 욕설과 피해자를 협박하는 내용이 담긴 휴대전화 문자메시지를 보낸 점 등을 종합하여 보면, 설령 피고인이 피해자에 대한 금전채권이 있다고 하더라도 사회통념상 용인되기 어려운 정도의 수단과 방법으로 피해자를 협박하여 금원을 교부받은 사실을 충분히 인정할 수 있다는 이유로 공갈의 점에 대하여 유죄를 선고하였다.
2. 그러나 이러한 원심판결은 다음과 같은 이유로 수긍하기 어렵다.

가. 공갈죄의 수단으로서의 협박은 사람의 의사결정의 자유를 제한하거나 의사실행의 자유를 방해할 정도로 겁을 먹게 할 만한 해악을 고지하는 것을 말하고, 해악의 고지는 반드시 명시의 방법에 의할 것을 요하지 않고 언어나 거동에 의하여 상대방으로 하여금 어떠한 해악에 이르게 할 것이라는 인식을 가지게 하는 것이면 족하며, 이러한 해악의 고지가 비록 정당한 권리의 실현 수단으로 사용된 경우라고 하여도 그 권리실현의 수단·방법이 사회통념상 허용되는 정도나 범위를 넘는다면 공갈죄의 실행에 착수한 것으로 보아야 하고, 여기서 어떠한 행위가 구체적으로 사회통념상 허용되는 정도나 범위를 넘는 것인지는 그 행위의 주관적인 측면과 객관적인 측면, 즉 추구된 목적과 선택된 수단을 전체적으로 종합하여 판단하여야 한다(대법원 1995. 3. 10. 선고 94도2422 판결 참조).

나. 원심이 적법하게 채택한 증거에 의하면, 피해자는 피고인과 2002. 1. 3.부터 동거를 하면서 피고인 명의의 국민은행 계좌(계좌번호 생략)를 이용하여 인터넷 게임머니를 환전해주는 사업을 함께 영위하고 있었던 사실, 피해자는 2002. 5. 13. 피고인과 헤어질 목적으로 가출하여 대전에 있는 친정집으로 가면서 피고인의 휴대전화와 국민은행 통장을 들고 나간 사실, 그 바람에 게임머니를 구입하기 위하여 대금을 입금하였음에도 피고인이 그 입금한 고객을 확인할 수 없어서 게임머니 아이템을 공급해 주지 못하자, 고객들이 피고인을 사기죄로 고소하겠다고 위협을 한 사실, 피해자가 휴대전화의 전원을 꺼둔 채 연락을 피하자 피고인은 2002. 5. 14. 피해자가 머물고 있던 대전에 있는 피해자의 친정집에 찾아가 게임머니를 입금한 사람들로부터 고소를 당하게 되었다면서 임의로 가져간 고객정보와 게임머니 환전 사업을 하면서 피고인의 통장에서 임의로 인출해간 돈을 배상하여 준다면 경찰서에 고소를 하지 않겠다는 메모를 붙인 사실, 피해자는 2002. 5. 15. 메모지를 확인하고서야 게임머니를 구입한 내역과 고객정보를 피고인에게 알려준 사실, 피고인은 2012. 5. 17. 피고인과 피해자가 동업으로 게임머니 판매 사업을 하면서 번 3,000만 원 중 절반가량인 1,500만 원 상당은 피고인에게 귀속되어야 한다면서 1,500만 원의 지급을 구하는 손해배상청구소송을 제기하고 그 무렵부터 피해자에게 훔쳐간 장부와 통장을 빨리 반환하라거나 소장 부본을 빨리 송달받으라거나 재판을 통해 자신이 받을 돈을 지급받고 빨리 끝내기를 바란다는 등의 내용으로 된 문자메시지를 여러 차례 보낸 사실, 피해자는 피고인이 민사소송을 제기하자 그 직후 친정집 대문에 메모를 붙인 행위 등에 대하여 폭행 및 협박죄로 고소장을 제출하였는데, 그 당시 고소장에서 피고인이 금품을 요구한다는 내용을 언급한 적은 없었던 사실, 그 이후 피고인과 피해자는 2012. 5. 25. 변호사사무실에서 변호사의 조력을 받아 피해자가 피고인에게 1,500만 원의 배상금을

지급하되 피고인은 위 민사소송을 취하하는 한편 향후 피해자 또는 그 가족들에게 전화나 서면 등으로 면접하지 않고 돈 등을 요구하지 않으며 인터넷 등에 피해자 혹은 'K양' 등의 내용으로 피해자와 관련된 내용을 기재하지 않기로 하며 이를 위반할 경우에는 1,500만 원의 10배의 금액을 피해자에게 배상하기로 하는 내용의 합의각서를 작성한 사실, 피해자는 2012. 5. 25. 자신이 한 형사 고소를 취하하였고 피고인은 같은 날 피해자에게 자신 소유의 에쿠스 자동차를 증여하겠다면서 배송하였으나 피해자가 이를 피고인에게 다시 돌려보낸 사실 등을 알 수 있다.

이러한 사실관계를 앞서 본 법리에 비추어 보면, 피고인이 게임머니 환전 사업에 필수적인 휴대전화와 장부 및 피고인 명의의 예금통장을 피해자가 가출하면서 몰래 가지고 간 행위를 따지는 한편 위 장부와 예금통장 등의 반환을 요구하는 내용의 문자를 보내거나 메모를 친정집에 붙이고, 피해자를 상대로 게임머니 환전 사업을 하면서 번 돈 중 절반의 지급을 구하는 민사소송을 제기한 후 그 소장 부본 수령을 재촉하면서 판결 결과에 따라 빨리 손해배상금을 정산할 것을 요구한 것은 정당한 권리행사라 할 것이고, 그러한 정당한 권리행사를 하면서 다소 위협적인 언사를 사용하였다고 하여도 이는 사회통념상 용인될 정도의 것으로서 공갈죄의 수단인 협박에 해당한다고 보기 어렵다.

나아가 피해자는 피고인에게 1,500만 원을 지급하기로 하는 내용으로 작성된 2012. 5. 25.자 합의각서에 따라서 14,550,000원을 지급하였는데, 앞서 본 바와 같이 이 사건 합의각서의 내용은 피해자가 변호사의 조력 등을 받아 작성한 것으로서 그 내용 대부분이 피해자의 요구사항을 반영한 것일 뿐만 아니라 피고인이 이를 위반할 경우 피고인이 지급받은 돈의 10배에 해당하는 돈을 배상하기로 하는 내용이 들어가 있는 점, 피고인과 피해자가 사실혼 관계에 있었던 점 등을 종합하여 보면, 피해자가 피고인의 협박에 의하여 외포심을 느껴서 이 사건 합의각서를 작성하였다고 보기는 어렵고, 오히려 피해자의 합리적인 판단에 따라 피고인이 제기한 민사소송 등을 취하시키는 한편 피해자 측과 향후 어떠한 접촉도 하지 않겠다는 피고인의 확실한 약속을 문서화하기 위하여 이 사건 합의각서를 작성받기 위한 반대급부로 피해자의 자의적인 선택에 따라 피고인에게 금품을 교부한 것으로 봄이 상당하다.

다. 그럼에도 원심은 이와 달리 피고인이 피해자로부터 금품을 갈취할 고의로 사회통념상 용인되기 어려운 정도의 수단과 방법으로 피해자를 협박하였고, 이에 외포된 피해자가 이 사건 합의각서를 작성한 후 그에 따라 피고인에게 14,550,000원을 지급하였다고 판단하였으므로, 이러한 원심판결에는 논리와 경험의 법칙을 위반하여 자유심증주의의 한계를 벗어나거나, 공갈죄에 관한 법리를 오해하여 판결에 영향을 미친 위법이 있다고 할 것이다.

3. 그러므로 원심판결 중 공갈죄 부분은 파기되어야 할 것이나, 원심은 이를 나머지 죄와 형법 제37조 전단의 경합범으로 처단하여 하나의 형을 선고하였으므로, 원심판결 전부를 파기하고, 사건을 다시 심리·판단하도록 원심법원에 환송하기로 하여, 관여 대법관의 일치된 의견으로 주문과 같이 판결한다.

대법관 김신(재판장) 민일영 이인복(주심) 박보영

대법원 2013.9.13. 선고 2013도6062 판결

【전기통신사업법위반】

판시사항

전기통신사업자와 휴대전화 서비스 이용계약을 체결하고 개통한 휴대전화를 종국적으로 타인에게 양도하여 사용하게 한 행위가 전기통신사업법 제30조 본문에서 금지하고 있는 '전기통신사업자가 제공하는 전기통신역무를 타인의 통신용으로 제공하는 경우'에 해당하는지 여부(적극)

전 문

피 고 인 피고인

상 고 인 피고인

원심판결 서울북부지법 2013. 5. 3. 선고 2013노188 판결

주 문 상고를 기각한다.

이 유 상고이유를 판단한다.

전기통신사업법 제2조는 이 법에서 '전기통신'이란 유선·무선·광선 또는 그 밖의 전자적 방식으로 부호·문언·음향 또는 영상을 송신하거나 수신하는 것을 말하고, '전기통신설비'란 전기통신을 하기 위한 기계·기구·선로 또는 그 밖에 전기통신에 필요한 설비를 말하며, '전기통신역무'란 전기통신설비를 이용하여 타인의 통신을 매개하거나 전기통신설비를 타인의 통신용으로 제공하는 것을 말하고, '이용자'란 전기통신역무를 제공받기 위하여 전기통신사업자와 전기통신역무의 이용에 관한 계약을 체결한 자를 말한다고 규정하고 있고, 제30조는 누구든지 전기통신사업자가 제공하는 전기통신역무를 이용하여 타인의 통신을 매개하거나 이를 타인의 통신용으로 제공하여서는 아니 된다고 하면서, 다만 이용자가 제3자에게 반복적이지 아니한 정도로 사용하도록 하는 경우(제4호) 등을 그 예외로 규정하고 있는바, 전기통신사업자와 사이에 휴대전화 서비스 이용계약을 체결하고 휴대전화를 개통한 다음 그 휴대전화를 종국적으로 타인에게 양도하여 사용하게 한 행위는 전기통신사업법 제30조 본문에서 금지하고 있는 전기통신사업자가 제공하는 전기통신역무를 타인의 통신용으로 제공하는 경우에 해당한다.

원심판결 이유를 원심이 적법하게 채택한 증거들에 비추어 살펴보면, 원심이 위와 같은 취지에서 이 사건 공소사실이 유죄로 인정된다고 판단하여 무죄를 선고한 제1심판결을 파기하고 유죄를 선고한 것은 정당하고, 거기에 논리와 경험의 법칙을 위반하고 자유심증주의의 한계를 벗어나거나 전기통신사업법 제30조에 관한 법리를 오해한 위법이 없다.

그러므로 상고를 기각하기로 하여, 관여 대법관의 일치된 의견으로 주문과 같이 판결한다.

대법관 민일영(재판장) 이인복 박보영(주심) 김신

대법원 2013.9.13. 선고 2011도17909 판결

【사행행위등규제및처벌특례법위반】

판시사항

구 사행행위 등 규제 및 처벌 특례법상 사행행위영업의 일종인 '현상업'에 해당하기 위한 요건

판결요지

구 사행행위 등 규제 및 처벌 특례법(2011. 8. 4. 법률 제11034호로 개정되기 전의 것, 이하 '구 사행행위규제법'이라 한다) 제2조 제1항 제1호는 '사행행위'를 '다수인으로부터 재물 또는 재산상의 이익(이하 '재물 등'이라 한다)을 모아 우연적 방법에 의하여 득실을 결정하여 재산상의 이익 또는 손실을 주는 행위'로 규정하고 있고, 같은 항 제2호는 '사행행위영업'을 '복표발행업, 현상업, 그 밖의 사행행위업'으로 구분하고 있으며, 같은 호 (나)목은 '현상업'을 '특정한 설문 또는 예측에 대하여 그 해답의 제시 또는 적중을 조건으로 응모자로부터 재물 등을 모아 그 설문에 대한 정답자나 적중자의 전부 또는 일부에 대하여 재산상의 이익을 주고 다른 참가자에게 손실을 주는 행위를 하는 영업'으로 규정하고 있다. 따라서 구 사행행위규제법상 현상업은 사행행위영업의 일종으로서, 그 행위는 우연적 방법에 의하여 득실을 결정하여 재산상의 이익 또는 손실을 주는 사행행위에 해당하여야 할 뿐만 아니라, 응모자가 특정한 설문에 대하여 정답을 맞히거나 특정한 예측을 적중시키면 응모자의 전부 또는 일부에게 재산상의 이익을 주고 다른 참가자에게 손실을 주는 행위여야 한다.

전 문

피 고 인 피고인 1 외 1인

상 고 인 검사

변 호 인 변호사

원심판결 부산지법 2011. 12. 9. 선고 2011노3077 판결

주 문 상고를 기각한다.

이 유 상고이유에 대하여 판단한다.

구 사행행위 등 규제 및 처벌 특례법(2011. 8. 4. 법률 제11034호로 개정되기 전의 것, 이하 '구 사행행위규제법'이라 한다) 제2조 제1항 제1호는 "사행행위"를 '다수인으로부터 재물 또는 재산상의 이익(이하 "재물 등"이라 한다)을 모아 우연적 방법에 의하여 득실을 결정하여 재산상의 이익 또는 손실을 주는 행위'로 규정하고 있고, 같은 항 제2호는 "사행행위영업"을 '복표발행업, 현상업, 그 밖의 사행행위업'으로 구분하고 있으며, 같은 호 (나)목은 "현상업"을 '특정한 설문 또는 예측에 대하여 그 해답의 제시 또는 적중을 조건으로 응모자로부터 재물 등을 모아 그 설문에 대한 정답자나 적중자의 전부 또는 일부에 대하여 재산상의 이익을 주고 다른 참가자에게 손실을 주는 행위를 하는 영업'으로 규정하고 있다. 따라서 구 사행행위규제법상의 현상업은 사행행위영업의 일종으로서, 그 행위는 우연적 방법에 의하여 득실을 결정하여 재산상의 이익 또는 손실을 주는 사행행위에 해당하여야 할 뿐만 아니라, 응모자가 특정한 설문에 대하여 정답을 맞히거나 특정한 예측을 적중시키면 그 응모자의 전부 또는 일부에게 재산상의 이익을 주고 다른 참가자에게 손실을 주는 행위여야 할 것이다.

기록에 따르면, 피고인들이 운영한 이 사건 인터넷사이트에서 실시하는 경매절차에 참여하기 위해서는 위 사이트에서 개당 500원에 판매하는 아이템인 칩을 보유하고 있어야 하고, 특정 상품에 대하여 최저입찰가를 10원 내지 30원으로 하는 경매가 개시되면 입찰을 원하는 회원들이 입찰하기 버튼을 클릭할 때마다 1개의 칩이 사용되면서 입찰가가 10원 내지 30원씩 자동으로 올라가게 되며, 현재의 최고 입찰가와 입찰자가 실시각으로 공개되어 그보다 높은 가격에 입찰을 원하는 회원이 미리 공지된 마감시각 전까지 입찰에 참여할 수 있고, 마감시각 15초 이내에 입찰하기 버튼을 클릭하면 마감시각이 15초 연장되며, 결국 이러한 마감시각이 지난 다음 시스템에 기록된 최종 입

찰자 1명이 낙찰자로 결정되어 해당 상품을 그 낙찰가에 구매할 수 있게 되는 사실, 위 인터넷사이트에서는 회원이 해당 상품을 구입할 의사가 있는 경우에만 경매에 참여하도록 공지하여 온 사실, 위 인터넷사이트에서 해당 상품을 곧바로 구입하고자 하는 사람은 위 경매절차에 참가하지 않고 위 사이트에 표시된 즉시구매가격을 지급하는 방법으로도 상품을 구입할 수 있는바, 경매에 참가하였다가 낙찰받지 못한 회원도 일정한 기간 동안 그 상품의 즉시구매가격에서 위와 같이 입찰에 사용한 칩의 가액을 공제한 잔액을 지급하고 그 상품을 구입할 수 있도록 되어 있는 사실 등을 알 수 있다.

위 사실관계를 앞서 본 법리에 비추어 살펴보면, 이 사건 경매절차에서는 최종 입찰자의 입찰가가 실시각으로 공개되어 낙찰을 받고자 하는 입찰자는 경매 마감시각이 지나기 전에 다른 입찰자보다 늦게 입찰버튼을 클릭함으로써 더 높은 입찰가를 제시하여 그 가격으로 낙찰받을 수 있으므로, 이러한 경매방식을 특정한 설문의 정답을 맞히거나 특정한 예측을 적중시키는 것을 조건으로 재산상의 이익을 주는 것이라거나 우연적 방법으로 득실, 즉 낙찰 여부가 결정되는 것이라고 볼 수는 없다. 또한 입찰자가 당해 물품의 시가보다 낮은 가격에 낙찰을 받는다고 하더라도 입찰횟수에 따라 실질적으로는 재산상의 이익을 얻지 못하는 경우도 있을 수 있고, 반대로 낙찰을 받지 못한 입찰자는 일정한 기간 동안 즉시구매가격과 입찰에 소요된 칩 구입비용의 차액만 지급하면 해당 물품을 구입할 수 있도록 되어 있으므로 반드시 손실을 입는다고 단정할 수도 없다. 따라서 피고인들의 위 행위는 구 사행행위규제법상의 사행행위영업의 일종인 현상업에 해당하지 않음은 물론, 같은 법이 정한 사행행위에 해당한다고 보기도 어렵다.

같은 취지에서 피고인들에게 각 무죄를 선고한 제1심판결을 유지한 원심의 조치는 정당하다고 수긍할 수 있고, 거기에 상고이유 주장과 같이 구 사행행위규제법이 정한 현상업에 관한 법리를 오해한 위법이 없다.

그러므로 상고를 기각하기로 하여 관여 대법관의 일치된 의견으로 주문과 같이 판결한다.

대법관 김신(재판장) 민일영 이인복(주심) 박보영

대법원 2013.9.12. 선고 2013도865 판결

【조세범처벌법위반】

판시사항

1. 구 조세범 처벌법 제9조 제1항 또는 조세범 처벌법 제3조 제1항에 규정된 조세포탈죄에서 '사기 기타 부정한 행위'나 '사기 그 밖의 부정한 행위'의 의미
2. 구 법인세법 시행령 제104조 제2항 등 법령에 포탈세액의 추계방법이 규정되어 있는 경우, 이를 적용하여야 하는지 여부(원칙적 적극)

전 문

피 고 인 피고인

상 고 인 피고인

변 호 인 법무법인

원심판결 춘천지법 2012. 12. 26. 선고 2012노67 판결

주 문 상고를 기각한다.

이 유 상고이유를 판단한다.

1. 상고이유 제1점에 대하여

구 조세범 처벌법(2010. 1. 1. 법률 제9919호로 전부 개정되기 전의 것. 이하 같다) 제9조 제1항 또는 조세범 처벌법 제3조 제1항에 규정된 조세포탈죄에서 '사기 기타 부정한 행위'나 '사기 그 밖의 부정한 행위'라 함은, 조세의 포탈을 가능하게 하는 행위로서 사회통념상 부정이라고 인정되는 행위, 즉 조세의 부과와 징수를 불가능하게 하거나 현저히 곤란하게 하는 위계 그 밖의 부정한 적극적 행위를 말한다. 따라서 다른 행위를 수반함이 없이 단순히 세법상의 신고를 하지 아니하거나 허위의 신고를 함에 그치는 것은 이에 해당하지 아니하지만, 과세대상의 미신고나 과소신고와 아울러 수입이나 매출 등을 고의로 장부에 기재하지 아니하는 행위 등 적극적 은닉의도가 나타나는 사정이 덧붙여진 경우에는 조세의 부과와 징수를 불능 또는 현저히 곤란하게 만든 것으로 인정할 수 있다(대법원 2012. 3. 15. 2011도13605 판결, 대법원 2012. 6. 14. 선고 2010도9871 판결 등 참조).

원심은 그 판시와 같이 피고인이 부동산을 개발하여 전매하는 사업을 영위하면서 상당한 양도차익을 얻었음에도 매입·매출에 관한 장부를 기장·비치하지 아니하였고 그 사업과정에 관한 세금계산서를 전혀 발급하거나 발급받지 아니하였으며 법인세 확정신고도 전혀 하지 아니한 사실을 인정한 다음, 이러한 피고인의 행위는 조세의 부과와 징수를 불가능하게 하거나 현저히 곤란하게 하는 적극적 행위로서 사기 기타 부정한 행위에 해당한다고 판단하였다.

원심판결 이유를 앞서 본 법리와 기록에 비추어 살펴보면 원심의 위와 같은 판단은 정당한 것으로 수긍할 수 있고, 거기에 상고이유의 주장과 같이 조세포탈죄에서의 '사기 기타 부정한 행위'에 관한 법리를 오해하거나 이유가 모순되는 등의 위법이 없다.

2. 상고이유 제2점에 대하여

구 법인세법(2010. 12. 30. 법률 제10423호로 개정되기 전의 것. 이하 같다) 제66조 제3항 단서는 '대통령령이 정하는 사유로 장부 기타 증빙서류에 의하여 소득금액을 계산할 수 없는 경우에는 대통령령이 정하는 바에 따라 추계할 수 있다'고 규정하고 있고, 구 법인세법 시행령(2013. 2. 15. 대통령령 제24357호로 개정되기 전의 것. 이하 같다) 제104조 제1항은 '소득금액을 계산함에 있어서 필요한 장부 또는 증빙서류가 없거나 그 중요한 부분이 미비 또는 허위인 경우'를 위에서 본 구 법인세법 규정의 '대통령령이 정하는 사유'의 하나로 규정하고 있으며, 같은 조 제2항 제1호는 구 법인세법 규정에 따른 추계결정 또는 경정을 하는 경우 그 방법의 하나로 '사업수입금액에서 다음 각목의 금액을 공제한 금액을 과세표준으로 하여 그 세액을 결정 또는 경정하는 방법'을 규정하면서 그 각목에서 '매입비용과 사업용고정자산에 대한 임차료로서 증빙서류에 의하여 지출하였거나 지출할 금액', '대표자 및 임원 또는 사용인의 급여와 임금 및 퇴직급여로서 증빙서류에 의하여 지급하였거나 지급할 금액', '사업수입금액에 소득세법 시행령 제145조의 규정에 의한 기준경비율(이하 "기준경비율"이라 한다)을 곱하여 계산한 금액'을 규정하고 있다.

이와 같은 구 법인세법 시행령 제104조 제2항은 추계결정의 방법을 제한적으로 열거하고 있는 것은 아니고, 그 방법이 일반적으로 용인될 수 있는 객관적, 합리적인 것이고 그 결과가 고도의 개연성과 진실성을 가진 것이라면 이에 의한 포탈세액의 추계도 허용된다. 그러나 위와 같이 법령에 추계방법이 규정되어 있는 경우에는 구체적 사안에서 그 방법이 불합리하다고 볼 특별한 사정이 없는 한 이를 적용하여야 한다고 보는 것이 타당하다 (대법원 2011. 4. 28. 선고 2011도527 판결 등 참조).

원심은, 피고인의 법인세 포탈세액은 특별한 사정이 없는 한 위와 같은 구 법인세법 시행령 등의 규정에 따라 기준경비율에 의한 방법으로 추계하여야 하고, 피고인이 부동산의 매입과 매출 당시 그에 관한 장부나 증빙서류를 전혀 작성하지 아니한 이 사건에서 이와 같은 추계방법이 불합리한 결과를 초래한다는 등의 특별한 사정이 인정되지 아니한다고 보아, 피고인의 법인세 포탈세액을 기준경비율에 의한 방법으로 추계결정한 것은 그 방법이 일반적으로 용인될 수 있는 객관적, 합리적인 것이고 그 결과가 고도의 개연성과 진실성을 가진 것이라고 판단하였다.

원심판결 이유를 앞서 본 법령 규정들과 법리 및 기록에 비추어 살펴보면 원심의 위와 같은 판단은 수긍할 수 있고, 거기에 상고이유의 주장과 같이 포탈세액을 추계할 수 있는 경우 또는 포탈세액의 산정에 관한 법리를 오해하여 판결에 영향을 미친 위법이 없다.

3. 결론

그러므로 상고를 기각하기로 하여 관여 대법관의 일치된 의견으로 주문과 같이 판결한다.

대법관 김소영(재판장) 신영철 이상훈(주심) 김용덕

대법원 2013.9.12. 선고 2013도6570 판결

【업무상횡령·강요·업무방해·방실수색·직권남용권리행사방해·특정범죄가중처벌등에관한 법률위반(알선수재)·증거인멸교사·공용물건손상교사】

판시사항

1 구 특정범죄 가중처벌 등에 관한 법률 제3조의 알선수재죄에서 '알선'의 의미 및 알선과 수수한 금품 사이에 대가관계가 있는지 판단하는 기준

2 구 특정범죄 가중처벌 등에 관한 법률 제3조의 알선수재죄에서 피고인이 금품 등을 수수한 사실을 인정하면서도 범의를 부인하는 경우의 증명 방법

3 공모공동정범의 성립요건 및 공모공동정범의 공모자들에게 공모한 범행 외에 부수적으로 파생된 범죄에 대하여도 암묵적 공모와 기능적 행위지배가 존재하는지 판단하는 기준

4 직권남용권리행사방해죄에서 '직권의 남용'의 의미와 판단 기준 및 '의무 없는 일을 하게 한 때'의 의미

전　문

피 고 인 피고인 1 외 4인

상 고 인 피고인들 및 검사

변 호 인 법무법인

원심판결 서울고법 2013. 5. 24. 선고 2012노3504 판결

주　문 상고를 모두 기각한다.

이　유 상고이유(상고이유서 제출기간이 경과한 후에 피고인 4의 변호인이 제출한 상고이유보충서의 기재는 피고인 4의 상고이유를 보충하는 범위 내에서)를 판단한다.

1. 각 특정범죄 가중처벌 등에 관한 법률 위반(알선수재)의 점에 관하여

가. ○○ ○○터미널 개발사업 관련 알선수재 부분에 관한 피고인 2의 상고이유에 대하여

(1) 구 특정범죄 가중처벌 등에 관한 법률(2010. 3. 31. 법률 제10210호로 개정되기 전의 것) 제3조의 알선수재죄는 '공무원의 직무에 속한 사항을 알선한다는 명목'으로 '금품 등을 수수'함으로써 성립하는 범죄로서, '알선'은 일반적으로 '일정한 사항에 관하여 어떤 사람과 그 상대방의 사이에 서서 중개하거나 편의를 도모하는 것'을 의미하므로, 위의 알선수재죄에서 '알선'이라 함은 공무원의 직무에 속하는 일정한 사항에 관하여 당사자의 의사를 공무원 측에 전달하거나 편의를 도모하는 행위 또는 공무원의 직무에 관하여 부탁을 하거나 영향력을 행사하여 당사자가 원하는 방향으로 결정이 이루어지도록 돕는 등의 행위를 의미한다고 할 것이다. 이 경우 공무원의 직무는 정당한 직무행위인 경우도 포함되고, 알선의 상대방이나 그 직무내용이 구체적으로 특정되어 있을 필요는 없으며, 위와 같은 알선의 명목으로 금품 등을 수수하였다면 실제로 어떤 알선행위를 하였는지와 관계없이 위 죄는 성립한다(대법원 2009. 2. 26. 선고 2008도10496 판결, 대법원 2012. 1. 12. 선고 2010도13354 판결 등 참조).

그리고 공무원의 직무에 속한 사항의 알선과 수수한 금품 사이에 대가관계가 있는지 여부는 당해 알선의 내용, 알선자와 이익 제공자 사이의 친분관계 여부, 이익의 다과, 이익을 수수한 경위와 시기 등의 제반 사정을 종합하여 결정하되, 알선과 수수한 금품 사이에 전체적·포괄적으로 대가관계가 있으면 충분하고, 나아가 알선자가 수수한 금품에 그 알선행위에 대한 대가로서의 성질과 그 밖의 행위에 대한 대가로서의 성질이 불가분적으로 결합되어 있는 경우에는 그 전부가 불가분적으로 알선행위에 대한 대가로서의 성질을 가진다고 봄이 타당하다(대법원 2009. 2. 26. 선고 2008도10496 판결, 대법원 2012. 4. 13. 선고 2010도9612 판결 등 참조).

한편 '공무원의 직무에 속한 사항을 알선한다는 명목'으로 금품 등을 수수하였다는 범의는 범죄사실을 구성하는 것으로서 이를 인정하기 위하여는 엄격한 증명이 요구되고, 피고인이 '금품 등을 수수'한 사실을 인정하면서도 범의를 부인하는 경우에는, 이러한 주관적 요소로 되는 사실은 사물의 성질상 범의와 상당한 관련성

이 있는 간접 사실을 증명하는 방법에 의하여 이를 입증할 수 있다(대법원 2002. 3. 12. 선고 2001도2064 판결 등 참조).

(2) 원심은 그 판시와 같은 사정을 종합하여, 피고인 2가 공소외 1, 2로부터 공소외 3 주식회사의 ○○○ ○○터미널 개발사업과 관련하여 서울특별시의 인허가를 받을 수 있도록 도움을 달라는 청탁을 받고, 그와 같은 알선행위의 대가로 합계 1억 6,478만 원 상당의 금품을 수수하였다고 인정한 다음, 피고인 2가 이에 관한 범의를 가지고 있었음을 전제로 이 부분 알선수재의 공소사실을 유죄로 인정한 제1심판결을 그대로 유지하였다.

원심판결 이유를 앞에서 본 법리 및 원심과 제1심이 적법하게 채택한 증거들에 비추어 살펴보면, 원심의 위와 같은 판단은 정당하고, 거기에 상고이유에서 주장하는 바와 같이 법리를 오해하거나 논리와 경험의 법칙을 위반하고 자유심증주의의 한계를 벗어남으로써 판결에 영향을 미친 위법이 없다. 상고이유에서 지적하고 있는 대법원판례는 구체적인 현안이 없는 상황에서 금품을 수수하는 사람에게 잘 보이면 어떤 도움을 받을 수 있다거나 손해를 입을 염려가 없다는 정도의 막연한 기대감 속에 금품 등의 수수가 이루어진 사례에 관한 것으로서, 이 사건과는 사안을 달리하여 원용하기에 적절하지 아니하다. 이 부분에 관한 상고이유의 주장은 모두 받아들일 수 없다.

나. 울산 산업단지 개발 관련 알선수재 부분에 관한 피고인 2와 검사의 각 상고이유에 대하여

(1) 원심은 그 판시와 같은 사정을 종합하여, 피고인 2가 2008. 8. 23. 공소외 4 주식회사의 대표이사 공소외 5로부터 위 회사의 판시 산업단지 개발과 관련하여 담당 공무원에게 영향력을 행사하여 울산광역시의 승인을 받을 수 있도록 도와달라는 부탁을 받고, 2008. 9. 초순경 그와 같은 알선행위의 대가로 공소외 6을 통하여 3,000만 원을 수수하였다고 인정한 다음, 피고인 2가 이에 관한 범의를 가지고 있었음을 전제로 이 부분 알선수재의 공소사실을 유죄로 인정한 제1심판결을 그대로 유지하였다.

원심판결 이유를 앞에서 본 법리 및 원심과 제1심이 적법하게 채택한 증거들에 비추어 살펴보면, 원심의 위와 같은 판단은 정당하고, 거기에 피고인 2가 상고이유에서 주장하는 바와 같이 논리와 경험의 법칙을 위반하고 자유심증주의의 한계를 벗어남으로써 판결에 영향을 미친 위법이 없다.

(2) 한편 원심은, 피고인 2가 위와 같은 알선행위의 대가로 2008. 7. 19. 또는 2008. 7. 20.경 1억 원을 수수하였다는 공소사실에 대하여, 그 판시와 같은 사정을 종합하여 검사가 제출한 증거만으로는 피고인 2가 '공무원의 직무에 속한 사항을 알선한다는 명목'으로 제공되는 것임을 알면서 1억 원을 수수하였다고 인정하기에 부족하다고 보아, 이 부분을 무죄로 판단한 제1심판결을 그대로 유지하였다.

원심판결 이유를 앞에서 본 법리와 기록에 비추어 살펴보면, 원심의 위와 같은 판단은 수긍할 수 있고, 거기에 검사가 상고이유에서 주장하는 바와 같이 알선수재에 관한 법리를 오해하여 판결에 영향을 미친 위법이 없다.

2. 강요, 방실수색, 업무방해의 점에 관하여

가. 피고인 3의 상고이유에 대하여

(1) 형법 제30조의 공동정범은 공동가공의 의사와 그 공동의사에 기한 기능적 행위지배를 통한 범죄 실행이라는 주관적·객관적 요건을 충족함으로써 성립한다. 공모자 중 구성요건 행위 일부를 직접 분담하여 실행하지 아니한 사람이라도 경우에 따라 이른바 공모공동정범으로서의 죄책을 질 수도 있지만, 그러한 죄책을 지기 위하여는 전체 범죄에서 그가 차지하는 지위, 역할이나 범죄 경과에 대한 지배 내지 장악력 등을 종합해 볼 때 단순한 공모자에 그치는 것이 아니라 범죄에 대한 본질적 기여를 통한 기능적 행위지배가 존재하는 것으로 인정되어야 한다. 그리고 이때 범죄의 수단과 태양, 가담하는 인원과 그 성향, 범행 시간과 장소의 특성, 범행과정에서 타인과의 접촉 가능성과 예상되는 반응 등 제반 상황에 비추어, 공모자들이 그 공모한 범행을 수행하거나 목적 달성을 위하여 나아가는 도중에 부수적인 다른 범죄가 파생되리라고 예상하거나 충분히 예상할 수 있는데도 그러한 가능성을 외면한 채 이를 방지하기에 충분한 합리적인 조치를 취하지 아니하고 공모한 범행에 나아갔다가 결국 그와 같이 예상되던 범행들이 발생하였다면, 비록 그 파생적인 범행 하나하나에 대하여 개별적인 의사의 연락이 없었더라도 당초의 공모자들 사이에 그 범행 전부에 대하여 암묵적인 공모는 물론 그에 대한 기능적 행위지배가 존재한다고 보아야 할 것이다(대법원 2010. 12. 23. 선고 2010도7412 판결 등 참조).

(2) 원심은 그 판시와 같은 사정을 종합하여, ① 국무총리실 소속 공직윤리지원관실은 대통령을 비방하는 내용의 동영상을 인터넷에 게재하였다는 이유로 적법한 권한 없이 공소외 7 주식회사 대표이사 공소외 8과 주변 인물을 조사하고 협박하여 공소외 8로 하여금 대표이사를 사직하고 보유한 회사 주식을 처분하게 하였으며, 그 과정에서 회사 사무실을 함부로 수색하고 임직원들의 회사 운영 업무를 방해한 사실, ② 대통령실 노사고용비서관인데도 사실상 국무총리실 공직윤리지원관실 조직을 장악한 피고인 3가 공직윤리지원관실 기획총괄과장인 피고인 1 등을 통하여 위와 같은 조사의 진행상황과 조치계획 등을 보고받고 공직윤리지원관실에 구체

적인 조치를 지시하거나 그와 같은 조치를 승인한 사실 등을 인정한 다음, 이를 기초로 피고인 3가 공직윤리지원관인 피고인 4, 1, 공직윤리지원관실 점검1팀장 공소외 9와 점검1팀원 공소외 10, 11, 12 등과 공모하여, 공소외 8을 협박하여 대표이사 사직, 주식 양도 등 의무 없는 일을 하게 하는 한편, 회사 사무실을 수색하고 위력으로 임직원들의 회사 운영 업무를 방해하였다는 공소사실을 모두 유죄로 인정하였다.

원심판결 이유를 앞에서 본 법리 및 원심과 제1심이 적법하게 채택한 증거들에 비추어 살펴보면, 원심의 위와 같은 판단은 정당하고, 거기에 상고이유에서 주장하는 바와 같이 논리와 경험의 법칙을 위반하고 자유심증주의의 한계를 벗어나 판결에 영향을 미친 위법이 없다.

나. 피고인 1의 상고이유에 대하여

피고인이 제1심판결에 대하여 양형부당만을 이유로 항소한 경우 그 항소심판결에 대하여는 사실오인이나 법리오해 등을 이유로 상고이유로 삼을 수 없다(대법원 2013. 3. 28. 선고 2010도14607 판결 등 참조).

기록에 의하면, 피고인 1은 제1심판결에 대하여 양형부당만을 항소이유로 주장하며 항소하였음을 알 수 있으므로, 피고인 1이 상고심에 이르러서야 비로소 내세우는 범행 가담 정도에 관한 법리오해 등의 주장은 적법한 상고이유가 될 수 없다.

3. 각 직권남용권리행사방해의 점에 관하여

가. 울산 산업단지 개발 관련 직권남용권리행사방해 부분에 관한 피고인 2, 피고인 3, 피고인 4의 상고이유에 대하여

(1) 형법 제123조의 직권남용권리행사방해죄에 있어서 '직권의 남용'이란 공무원이 일반적 직무권한에 속하는 사항을 불법하게 행사하는 것, 즉 형식적·외형적으로는 직무집행으로 보이나 그 실질은 정당한 권한 이외의 행위를 하는 경우를 의미하고, 직권남용에 해당하는지 여부는 공무원의 구체적인 직무행위가 그 목적과 그것이 행하여진 상황에서 볼 때 필요성·상당성이 있었는지, 직권행사가 허용되는 법령상의 요건을 충족하였는지 등의 제반 요소를 고려하여 결정하여야 한다. 그리고 직권남용권리행사방해죄에서 '의무 없는 일을 하게 한 때'란 사람으로 하여금 법령상 의무 없는 일을 하게 하는 때를 의미한다(대법원 2012. 1. 27. 선고 2010도11884 판결 등 참조).

(2) 원심은 그 판시와 같은 사정을 종합하여, ① 피고인 2는 공소외 5로부터 담당 공무원에게 영향력을 행사하여 공소외 4 주식회사가 울산광역시로부터 산업단지 개발 승인을 받을 수 있도록 도와달라는 부탁을 받고 울산광역시 공무원들에게 부당한 압박을 가하려는 의도로 피고인 3를 통하여 공직윤리지원관실을 동원하였고, ② 피고인 3, 피고인 4는 그러한 의도를 인식하면서 피고인 2의 지시 사항을 공직윤리지원관실 점검4팀장 공소외 13, 점검4팀원 공소외 14, 15에게 순차 전달하였으며, ③ 이에 따라 공직윤리지원관실 점검4팀은 공소외 4 주식회사의 이익을 위하여 울산광역시 공무원들에게 부당한 압박을 가하려는 의도로 울산광역시 공무원의 비리 조사 또는 산업단지 인허가에 관한 감사 등을 빙자하여 울산광역시 공무원들로 하여금 감사를 준비하고 관련 자료를 제출하도록 한 사실을 인정한 다음, 이를 기초로 피고인 2, 피고인 3, 피고인 4가 공소외 13, 14, 15와 순차 공모하여 공무원의 직권을 남용하여 울산광역시 공무원들로 하여금 의무 없는 일을 하게 하였다는 공소사실을 유죄로 인정하였다.

원심판결 이유를 앞에서 본 법리 및 원심과 제1심이 적법하게 채택한 증거들에 비추어 살펴보면, 원심의 위와 같은 판단은 정당하고, 거기에 피고인 2, 피고인 3, 피고인 4가 상고이유에서 주장하는 바와 같이 공동정범의 성립요건 또는 직권남용권리행사방해죄에 관한 법리를 오해하거나 논리와 경험의 법칙을 위반하고 자유심증주의의 한계를 벗어남으로써 판결에 영향을 미친 위법이 없다. 이 부분에 관한 상고이유의 주장은 모두 받아들일 수 없다.

나. 공소외 16 주식회사 관련 직권남용권리행사방해 부분에 관한 피고인 3의 상고이유에 대하여

원심은 그 판시와 같은 사정을 종합하여, ① 피고인 3가 친분관계에 있는 공소외 16 주식회사 대표이사 공소외 17로부터 공소외 17의 동생 공소외 18이 설립한 공소외 19 주식회사와 부산광역시 상수도사업본부 구매 담당 공무원들의 유착 관계를 알아봐 달라는 사적인 부탁을 받고 비리에 관한 구체적 자료가 없는데도 공무원들에게 부당한 압박을 가하려는 의도로 공직윤리지원관실에 지시하여 부산광역시 상수도사업본부 구매 담당 공무원들에 대하여 공소외 19 주식회사에 대한 발주를 문제 삼을 것처럼 하면서 자료제출을 요구하도록 하고, ② 그 지시에 따라 공직윤리지원관실 소속 직원이 부산광역시 상수도사업본부 구매 담당 공무원들과 민간기업 사이의 유착의혹 조사를 빙자하여 부산광역시 상수도사업본부 공무원으로 하여금 자재 구매현황 자료를 제출하게 한 사실을 인정한 다음, 이를 기초로 피고인 3가 공직윤리지원관실 직원과 공모하여 공무원의 직권을 남용하여 부산광역시 상수도사업본부 공무원으로 하여금 의무 없는 일을 하게 하였다는 공소사실을 유죄로 인정하였다.

원심판결 이유를 앞에서 본 법리 및 원심과 제1심이 적법하게 채택한 증거들에 비추어 살펴보면, 원심의 위

와 같은 판단은 정당하고, 거기에 상고이유에서 주장하는 바와 같이 공직윤리지원관실의 직무 범위 또는 직권남용권리행사방해죄의 성립요건 등에 관한 법리를 오해하거나 논리와 경험의 법칙을 위반하고 자유심증주의의 한계를 벗어남으로써 판결에 영향을 미친 위법이 없다.

다. 칠곡군수 관련 직권남용권리행사방해 부분에 관한 검사의 상고이유에 대하여

원심은, 피고인 2가 공직윤리지원관실 점검6팀원 공소외 20에게 칠곡군수의 비리의혹에 대한 첩보수집 활동을 승인 또는 지시하여 공소외 20이 공소외 21, 22로 하여금 칠곡군수의 비리의혹과 관련된 사진을 촬영하여 보내게 함으로써 공소외 20의 직권을 남용하여 공소외 21, 22로 하여금 의무 없는 일을 하게 하였다는 공소사실에 대하여, 그 판시와 같은 사정을 종합하여 검사가 제출한 증거만으로는 피고인 2가 공소외 20에게 칠곡군수의 비리의혹에 대한 첩보수집 활동을 승인 또는 지시하였다거나 공소외 20이 고향 친구 공소외 21 또는 공소외 21의 직원 공소외 22에게 의무 없는 일을 하게 한 것으로 볼 수 없다고 판단하여, 이 부분 무죄를 선고한 제1심판결을 그대로 유지하였다.

원심판결 이유를 기록에 비추어 살펴보면, 원심의 위와 같은 판단은 수긍할 수 있고, 거기에 상고이유에서 주장하는 바와 같이 직권남용권리행사방해죄에 관한 법리를 오해하여 판결에 영향을 미친 위법이 없다.

4. 업무상횡령의 점에 관한 피고인 4의 상고이유에 대하여

원심은 그 판시와 같은 사정을 종합하여, ① 피고인 1이 그 판시와 같이 공직윤리지원관실의 특수활동비 중 합계 1,680만 원을 정하여진 목적 또는 용도와 달리 대통령실 고용노사비서관실의 피고인 3 등에게 지급하는 데 사용하였고, ② 피고인 4는 피고인 1 등으로부터 공직윤리지원관실의 특수활동비 일부를 위와 같이 정하여진 목적 또는 용도와 달리 사용한다는 사실을 보고받아 이를 알면서도 승인하였다고 인정하여, 피고인 4의 업무상횡령 공소사실을 유죄로 인정하였다.

원심판결 이유를 원심과 제1심이 적법하게 채택한 증거들에 비추어 살펴보면, 원심의 위와 같은 판단은 정당하고, 거기에 상고이유에서 주장하는 바와 같이 공동정범에서 공모관계의 성립요건 또는 증명방법에 관한 법리를 오해하거나 논리와 경험의 법칙을 위반하고 자유심증주의의 한계를 벗어남으로써 판결에 영향을 미친 위법이 없다. 상고이유에서 지적하고 있는 대법원판례는 이 사건과 사안을 달리하는 것으로서 이 사건에 원용하기에 적절하지 아니하다.

5. 증거인멸교사 및 공용물건손상교사의 점에 관한 피고인 5의 상고이유에 대하여

원심은 그 판시와 같은 사정을 종합하여, ① 공직윤리지원관실의 공소외 8에 대한 불법적인 조사 활동 등과 관련하여 검찰 수사가 임박한 상황에서 대통령실 고용노사비서관실 행정관인 피고인 5가 고용노사비서관인 피고인 3와 함께 공직윤리지원관실 기획총괄과 직원 공소외 23에게 위 조사 활동 등과 관련된 주요 파일이 저장된 컴퓨터 하드디스크를 물리적으로 영구히 손상하도록 지시하고, ② 그 지시에 따라 공소외 23이 공직윤리지원관실에서 피고인 1, 점검1팀원 공소외 10 등의 컴퓨터에서 하드디스크 4대를 떼어낸 후 데이터 삭제 전문 업체에서 디가우저 장비를 이용하여 하드디스크에 저장된 조사 활동 관련 자료의 내용뿐만 아니라 그러한 자료의 유무 등을 확인할 수 있는 저장자료까지 완전히 삭제하고, 하드디스크를 다시 사용할 수 없게 물리적으로 손상하였다고 판단하고, 이에 따라 피고인 5의 증거인멸교사 및 공용물건손상교사의 공소사실을 유죄로 인정하였다.

원심판결 이유를 앞에서 본 법리 및 원심과 제1심이 적법하게 채택한 증거들에 비추어 살펴보면, 원심의 위와 같은 판단은 정당하고, 거기에 상고이유에서 주장하는 바와 같이 법리를 오해하거나 논리와 경험의 법칙을 위반하고 자유심증주의의 한계를 벗어남으로써 판결에 영향을 미친 위법이 없다.

6. 결론

그러므로 상고를 모두 기각하기로 하여 관여 대법관의 일치된 의견으로 주문과 같이 판결한다.

대법관 김소영(재판장) 신영철 이상훈(주심) 김용덕

대법원 2013.9.12. 선고 2013도6424,2013전도134 판결

【성폭력범죄의처벌등에관한특례법위반(장애인위계등간음)·성폭력범죄의처벌등에관한특례법위반(장애인위계등추행)·아동·청소년의성보호에관한법률위반(강간등)·부착명령】

판시사항

'특정 범죄자에 대한 보호관찰 및 전자장치 부착 등에 관한 법률' 제9조 제1항 단서에서 정한 전자장치 부착기간 하한가중 규정이 같은 법 시행 전에 19세 미만의 사람에 대하여 특정범죄를 저지른 경우에도 소급적용되는지 여부(소극)

전 문

피고인 겸 피부착명령청구자 피고인 겸 피부착명령청구자

상 고 인 피고인 겸 피부착명령청구자

변 호 인 변호사

원심판결 부산고법 2013. 5. 9. 선고 2013노124, 2013전노14 판결

주 문 원심판결 중 부착명령청구사건 부분을 파기하고, 이 부분 사건을 부산고등법원에 환송한다. 피고사건에 대한 상고를 기각한다.

이 유

1. 상고이유에 대한 판단

원심판결 이유를 관련 법리와 기록에 비추어 살펴보면, 원심이 피고인 겸 피부착명령청구자(이하 '피고인'이라 한다)에 대한 이 사건 공소사실을 모두 유죄로 인정한 것은 정당하여 수긍할 수 있고, 거기에 상고이유 주장과 같은 법리를 오해하거나 논리와 경험칙을 위반하고 자유심증주의의 한계를 일탈한 위법 등이 없다.

한편 피고인은 심신장애 상태에서 이 사건 범행을 저지른 것이라고 주장하나, 이러한 주장은 항소이유로는 주장하지 않다가 상고심에 이르러 내세우는 주장일 뿐만 아니라 기록을 검토하여 보아도 이 사건 각 범행 당시 피고인이 심신장애 상태에 있었다고 인정되지 않으므로 이 점에 관한 상고이유 주장은 이유 없다.

그리고 기록에 의하면, 피고인은 제1심에서 국민참여재판 의사 확인서를 송달받고도 법정기간 내에 국민참여재판을 원하는지에 관한 의사가 기재된 서면을 제출하지 아니하였고, 피고인이 이를 제출하지 아니한 때에는 국민참여재판을 원하지 아니하는 것으로 간주하므로 피고인에 대한 제1심 재판이 국민참여재판으로 이루어지지 않은 것에 어떠한 위법이 있다고 할 수 없다.

또한 형사소송법 제383조 제4호에 의하면 사형, 무기 또는 10년 이상의 징역이나 금고가 선고된 사건에서만 양형부당을 사유로 한 상고가 허용되므로, 피고인에 대하여 그보다 가벼운 형이 선고된 이 사건에서는 형의 양정이 부당하다는 주장은 적법한 상고이유가 되지 못한다.

2. 직권 판단

원심판결 이유에 의하면 원심은, 특정 범죄자에 대한 보호관찰 및 전자장치 부착 등에 관한 법률 제9조 제1항 제2호는 '법정형의 상한이 3년 이상의 유기징역인 특정범죄를 저지른 경우 전자장치 부착기간을 3년 이상 20년 이하'로 규정하고 있고, 같은 항 단서는 '19세 미만의 사람에 대하여 특정범죄를 저지른 경우에는 부착기간의 하한을 같은 항 각 호에 따른 부착기간 하한을 2배로 가중'하도록 규정하고 있으며, 위 법 부칙(2012. 12. 18. 법률 제11558호) 제2조 제2항은 '19세 미만의 사람에 대하여 성폭력범죄를 저지른 때'(위 법 제5조 제1항 제4호)에 따른 부착명령청구는 개정 법 시행 전에 저지른 성폭력범죄에 대하여도 적용한다고 규정하고 있는데, 피고인이 개정 법 시행 전에 범한 성폭력범죄의 처벌 등에 관한 특례법위반(강간등)죄의 법정형 하한은 5년이고 피해자들의 나이가 13세, 14세, 15세이므로, 결국 위 법 제9조 제1항 제2호에 의한 부착기간은 '6년 이상 20년 이하'가 되므로, 피고인에 대해서는 전자창치 부착기간이 6년 이상이 되어야 한다고 판단한 다음, 피고인에게 5년간의 전자장치 부착 및 준수사항 부과를 명한 제1심판결 중 부착명령청구사건 부분을 파기하고, 피고인에게 6년간의 전자장치 부착 및 준수사항 부과를 명하였다.

그러나 원심의 이러한 조치는 다음과 같은 이유로 수긍할 수 없다.

특정 범죄자에 대한 보호관찰 및 전자장치 부착 등에 관한 법률(이하 '법'이라고 한다)은 제5조 제1항에서 '19세 미만의 사람에 대하여 성폭력범죄를 저지른 때'(제4호) 또는 '신체적 또는 정신적 장애가 있는 사람에 대하여 성폭력범죄를 저지른 때'(제5호)에 해당하고 성폭력범죄를 다시 범할 위험성이 있다고 인정되는 사람에 대하여 전자장치 부착명령을 청구할 수 있다고 규정하고, 제9조 제1항 단서에서 '19세 미만의 사람에 대하여 특정범죄를 저지른 경우에는 부착기간 하한을 같은 항 각 호에 따른 부착기간 하한의 2배로 한다'고 규정하여 구 특정범죄자에 대한 위치추적 전자장치 부착 등에 관한 법률(2012. 12. 18. 법률 제11558호 특정 범죄자에 대한 보호관찰 및 전자장치 부착 등에 관한 법률로 개정되기 전의 것)보다 부착명령청구 요건 및 부착기간 하한가중 요건을 완화·확대하고, 법 부칙(2012. 12. 18. 법률 제11558호)은 제2조 제2항에서 '제5조 제1항 제4호 및 제5호의 개정규정에 따른 부착명령청구는 이 법 시행 전에 저지른 성폭력범죄에 대하여도 적용한다'고 규정하여 피고인이 법 시행 전에 범한 이 사건 각 범죄에 법 제5조 제1항 제4호, 제5호를 적용할 수 있게 되었다. 그런데 법 부칙은 이와 달리 19세 미만의 사람에 대하여 특정범죄를 저지른 경우 부착기간 하한을 2배 가중하도록 한 법 제9조 제1항 단서에 대하여는 그 소급적용에 관한 명확한 경과규정을 두지 않았는바, 전자장치 부착명령에 관하여 피고인에게 실질적인 불이익을 추가하는 내용의 법 개정이 있고, 그 규정의 소급적용에 관한 명확한 경과규정이 없는 한 그 규정의 소급적용은 이를 부정하는 것이 피고인의 권익 보장이나, 법 부칙에서 일부 조항을 특정하여 그 소급적용에 관한 경과규정을 둔 입법자의 의사에 부합한다고 할 것이다(대법원 2013. 7. 25. 선고 2013도6181 등 판결 참조).

그렇다면 법 제9조 제1항 단서가 법 시행 전에 19세 미만의 사람에 대하여 저지른 특정범죄에도 적용됨을 전제로 피고인에게 6년간의 전자장치 부착명령을 선고한 원심판결에는 부착기간 하한가중 규정의 적용에 관한 법리를 오해하여 판결에 영향을 미친 위법이 있다.

3. 결론

그러므로 원심판결 중 부착명령청구사건 부분을 파기하고, 이 부분 사건을 다시 심리·판단하도록 원심법원에 환송하며, 피고사건에 대한 상고를 기각하기로 하여 관여 대법관의 일치된 의견으로 주문과 같이 판결한다.

대법관 양창수(재판장) 박병대 고영한(주심) 김창석

대법원 2013.9.12. 선고 2013도5893 판결

【무고·간통·재물손괴·횡령】

판시사항

강간의 피해자가 배우자 있는 자인 경우, 강간 피해자에게 간통죄가 성립하는지 여부(소극) 및 이때 가해자가 강간죄 외에 상간자로서 간통죄의 죄책을 지는지 여부(소극).

판결요지

강간의 피해자가 배우자 있는 자인 경우 그 성관계는 피해자의 자의에 의한 것이라고 볼 수 없으므로 강간 피해자에게 따로 간통죄가 성립할 수는 없다. 이 경우 가해자도 강간죄의 죄책을 지는 외에 강간 피해자의 배우자가 상간자라고 하여 고소한 데 따른 간통죄의 죄책을 지지는 아니한다.

전　문

피 고 인 피고인 1 외 1인

상 고 인 피고인 2 및 검사

변 호 인 변호사

원심판결 의정부지법 2013. 4. 26. 선고 2012노2572 판결

주　문 원심판결 중 피고인 2에 대한 유죄 부분을 파기하고, 이 부분 사건을 의정부지방법원 본원 합의부에 환송한다. 검사의 상고를 기각한다.

이　유 상고이유를 판단한다.

1. 피고인들에 대한 2011. 10. 19.자 간통의 점에 대하여

가. 강간의 피해자가 배우자 있는 자인 경우 그 성관계는 피해자의 자의에 의한 것이라고 볼 수 없으므로 그 강간 피해자에게 따로 간통죄가 성립할 수는 없다. 이 경우 가해자도 강간죄의 죄책을 지는 외에 강간 피해자의 배우자가 상간자라고 하여 고소한 데 따른 간통죄의 죄책을 지지는 아니한다고 할 것이다.

나. 기록에 의하면, 피고인 1의 남편인 공소외인은 이 부분 공소사실에 대하여 피고인 1을 간통으로, 피고인 2를 상간에 의한 간통으로 고소하였고 이에 따라 위 피고인들 모두에 대하여 간통죄로 의율하는 이 부분 공소가 제기되었는데, 피고인 1은 원심에서, 피고인 2의 강압에 의하여 마치 성관계를 가지는 것처럼 보이는 동영상을 촬영하는 데 응하는 척하였을 뿐 종국적으로 성관계 자체는 이루어진 바가 없다고 주장하였고, 반면 피고인 2는 당시 성관계가 이루어졌다고 주장하였다.

이에 대하여 원심은, 피고인 2가 성관계가 있었다고 자백하고 있는 이상 간음행위가 있었다는 사실은 인정되지만, 이는 피고인 1의 의사에 반하여 강제로 한 것이므로 피고인 1에 대해서는 간통죄가 성립할 수 없고 반면 피고인 2에 대해서는 강간죄와 간통죄가 모두 성립하는데 그중 간통죄로 기소된 이상 간통죄의 죄책을 물을 수 있다고 판단하였다.

다. 직권으로 보건대, 이 사건은 피고인 1의 남편인 공소외인이 간통죄로 고소한 것이라는 점을 감안하면, 원심의 위와 같은 판단 중 우선 피고인 2에 대한 부분은 앞에서 본 법리에 비추어 볼 때 그대로 수긍할 수 없다. 뿐만 아니라 이 사건 동영상에는 피고인 2가 피고인 1에게 성기의 결합을 계속적으로 요구하는 장면만이 나올 뿐 실제 성관계가 이루어진 장면은 나타나지 않는데, 만약 실제로 성기의 결합이 있었다면 피고인 2가 이를 촬영하지 않았을 리 없다고 보이는 점 등에 비추어 볼 때, 과연 당시 피고인들이 성관계에까지 이르렀다는 점이 합리적 의심의 여지가 없을 정도로 증명되었다고 볼 수 있는지에 대해서도 상당한 의문이 든다.

결국 원심의 이 부분 판단은 간통죄에 관한 법리를 오해하였을 뿐만 아니라, 피고인들 사이에 성관계가 있었는지 여부에 대해서도 필요한 심리를 다하지 아니하여 판결에 영향을 미친 위법이 있다.

라. 다음으로 피고인 1에 대한 검사의 이 부분 상고이유에 대하여 본다.

이에 대한 원심의 판단은 결국 간통죄의 성립요소인 성관계 행위 자체는 있었지만 이는 위 피고인의 자의

에 의한 것이라고 볼 수 없다는 취지이나, 앞에서 본 바와 같이 피고인들 사이에 성관계가 있었다는 점부터 합리적 의심의 여지가 없이 증명되었는지 의문이 있다. 다만 피고인 1 부분은 그와 같이 성관계 자체를 인정할 증거가 없다고 보든 원심의 판단처럼 성관계는 인정되지만 자의에 의한 것이 아니라고 보든, 간통죄가 성립할 수 없다는 결과는 동일하다. 즉, 피고인 1에게 간통의 고의가 있었다고 볼 수 없는 이상 위 어느 경우이든 원심이 무죄라고 한 판단 결과는 정당한 것으로 수긍할 수 있다. 이 부분 원심의 사실인정 등과 관련한 검사의 상고이유 주장은 판결 결과에 영향이 없어 받아들일 수 없다.

2. 검사의 나머지 상고이유에 대하여

가. 피고인 1의 무고의 점에 관하여

사실의 인정과 그 전제가 되는 증거의 취사선택은 자유심증주의의 한계를 벗어나지 않는 한 사실심법원의 전권에 속한다. 원심판결 이유를 기록에 비추어 살펴보아도, 이 부분 공소사실에 대해서 검사가 제출한 증거만으로는 합리적 의심을 배제할 만큼의 증명이 있다고 보기 어렵다고 하여 무죄를 선고한 원심의 판단은 정당한 것으로 수긍이 된다. 거기에 자유심증주의의 한계를 벗어난 위법이 있다 할 수 없다. 이 부분 검사의 상고이유 주장은 이유 없다.

나. 피고인들에 대한 2011. 9. 30. 및 2011. 10. 4.경의 각 간통의 점에 대하여

이 부분 공소사실에 대한 유일한 직접증거는 피고인 2의 자백진술뿐인데, 원심은 피고인 1에 대하여 무죄를 선고함에 있어서는 피고인 2의 자백진술을 믿을 수 없다고 하였고, 피고인 2에 대해서는 본인의 자백진술에 대한 보강증거가 없다는 이유로 무죄를 선고하였다.

피고인의 자백진술의 신빙성 유무 등 증거의 취사선택은 사실심법원의 전권에 속하고, 피고인 2의 자백을 신빙할 수 없다고 한 원심판결 이유를 기록에 비추어 살펴보더라도 그것이 논리와 경험의 법칙을 위반하여 자유심증주의의 한계를 벗어난 것이라고는 인정되지 않는다. 따라서 원심이 피고인 2에 대하여 무죄라고 판단한 이유 설시에 일부 부적절한 점이 있다고 해도 판결 결과에는 영향이 없으므로, 이 부분에 관한 검사의 상고이유 주장 역시 받아들일 수 없다.

3. 결론

앞서 본 바와 같이 원심판결 중 피고인 2에 대한 2011. 10. 19.자 간통의 점에 관한 부분은 위법하여 파기되어야 할 것인데, 원심은 피고인 2에 대한 횡령의 점 부분과 위 파기 부분을 모두 유죄로 인정하면서 형법 제37조 전단의 경합범 관계에 있다고 하여 하나의 형을 선고하였으므로, 원심판결 중 피고인 2에 대한 유죄 부분은 전부 파기할 수밖에 없다.

이에 관여 대법관의 일치된 의견으로, 피고인 2에 대한 유죄 부분을 파기하여 이 부분 사건을 다시 심리·판단하도록 원심법원에 환송하고, 검사의 상고는 기각하기로 하여 주문과 같이 판결한다.

대법관 김창석(재판장) 양창수 박병대(주심) 고영한

대법원 2013.9.12. 선고 2013도502 판결

【아동·청소년의성보호에관한법률위반(음란물제작·배포등)】

판시사항

구 아동·청소년의 성보호에 관한 법률 제2조 제5호에서 정한 '아동·청소년이용음란물'에 해당하기 위한 요건

판결요지

형벌법규의 해석은 엄격하여야 하고, 명문규정의 의미를 피고인에게 불리한 방향으로 지나치게 확장해석하거나 유추해석하는 것은 허용되지 않는다는 죄형법정주의의 원칙과 구 아동·청소년의 성보호에 관한 법률(2011. 9. 15. 법률 제11047호로 개정되기 전의 것) 제2조 제4호, 제5호, 제8조 제1항, 구 아동·청소년의 성보호에 관한 법률(2012. 12. 18. 법률 제11572호로 전부 개정되기 전의 것) 제2조 제4호, 제5호, 제8조 제1항의 문언 및 법정형 그 밖에 위 규정들의 연혁 등에 비추어 보면, 위 법률들 제2조 제5호에서 말하는 '아동·청소년이용음란물'은 '아동·청소년'이나 '아동·청소년 또는 아동·청소년으로 인식될 수 있는 사람이나 표현물'이 등장하여 그 아동·청소년 등이 제2조 제4호 각 목의 행위나 그 밖의 성적 행위를 하거나 하는 것과 같다고 평가될 수 있는 내용을 표현하는 것이어야 한다.

전 문

피 고 인 피고인

상 고 인 검사

변 호 인 법무법인 명동

원심판결 서울고법 2012. 12. 21. 선고 2012노3437 판결

주 문 상고를 기각한다.

이 유 상고이유(상고이유서 제출기간이 경과한 후에 제출된 '보충상고이유서'의 기재는 상고이유를 보충하는 범위 내에서)를 판단한다.

형벌법규의 해석은 엄격하여야 하고, 명문규정의 의미를 피고인에게 불리한 방향으로 지나치게 확장해석하거나 유추해석하는 것은 죄형법정주의의 원칙에 어긋나는 것으로서 허용되지 아니한다(대법원 2009. 12. 10. 선고 2009도3053 판결 등 참조).

구 아동·청소년의 성보호에 관한 법률(2011. 9. 15. 법률 제11047호로 개정되기 전의 것) 제2조 제5호와 구 아동·청소년의 성보호에 관한 법률(2012. 12. 18. 법률 제11572호로 전부 개정되기 전의 것) 제2조 제5호는, '아동·청소년'이나 '아동·청소년 또는 아동·청소년으로 인식될 수 있는 사람이나 표현물'이 등장하여 제4호의 어느 하나에 해당하는 행위를 하거나 그 밖의 성적 행위를 하는 내용을 표현하는 것으로서 필름·비디오물·게임물 또는 컴퓨터나 그 밖의 통신매체를 통한 화상·영상 등의 형태로 된 것을 '아동·청소년이용음란물'로 정의하면서, 위 법률들 제8조 제1항에서 '아동·청소년이용음란물'을 제작·수입 또는 수출한 자에 대하여 '5년 이상의 유기징역'에 처하도록 규정하고 있다.

한편 위 법률들 제2조 제4호는 아동·청소년 등에게 대가를 제공하거나 약속하고 같은 호 각 목의 어느 하나에 해당하는 행위를 아동·청소년을 대상으로 하거나 아동·청소년으로 하여금 하게 하는 것을 '아동·청소년의 성을 사는 행위'로 규정하면서, 그 각 목에 '성교 행위', '구강·항문 등 신체의 일부나 도구를 이용한 유사 성교 행위', '신체의 전부 또는 일부를 접촉·노출하는 행위로서 일반인의 성적 수치심이나 혐오감을 일으키는 행위', '자위 행위'를 규정하고 있다.

앞서 본 법리와 위와 같은 관련 규정들의 문언 및 법정형 그 밖에 위 규정들의 연혁 등에 비추어 보면, 구 아동·청소년의 성보호에 관한 법률들 제2조 제5호에서 말하는 '아동·청소년이용음란물'은 '아동·청소년'이나 '아동·청소년 또는 아동·청소년으로 인식될 수 있는 사람이나 표현물'이 등장하여 그 아동·청소년 등이 제2조 제4호 각 목의

행위나 그 밖의 성적 행위를 하거나 하는 것과 같다고 평가될 수 있는 내용을 표현하는 것이어야 한다.

원심이 같은 취지에서 피고인이 제작한 필름 또는 동영상이 위 법률들에서 정한 '아동·청소년이용음란물'에 해당하지 아니한다고 판단하여 이 사건 공소사실 중 피고인이 아동·청소년의 성보호에 관한 법률 위반(음란물제작·배포등)죄를 저질렀다는 점에 대하여 무죄를 선고한 것은 정당하고, 거기에 상고이유의 주장과 같이 '아동·청소년이용음란물'에 관한 법리를 오해한 위법이 없다.

그러므로 상고를 기각하기로 하여 관여 대법관의 일치된 의견으로 주문과 같이 판결한다.

대법관 김소영(재판장) 신영철 이상훈(주심) 김용덕

대법원 2013.9.12. 선고 2012도3529 판결

【국가보안법위반(찬양·고무등)】

판시사항

국가보안법 제7조 제5항의 '이적표현물에 관한 죄'의 법적 성격 및 이적행위를 할 목적의 증명책임 소재(=검사)와 그 증명 방법

전 문

피 고 인 피고인

상 고 인 피고인 및 검사

변 호 인 법무법인

원심판결 수원지법 2012. 2. 22. 선고 2011노1962 판결

주 문 원심판결 중 유죄 부분을 파기하고, 이 부분 사건을 수원지방법원 본원 합의부에 환송한다. 검사의 상고를 기각한다.

이 유 상고이유를 판단한다.

1. 피고인의 상고이유에 대하여

가. 국가보안법 제7조 제5항의 죄는 제1, 3, 4항에 규정된 이적행위를 할 목적으로 문서·도화 기타의 표현물을 제작·수입·복사·소지·운반·반포·판매 또는 취득하는 것으로서 이른바 목적범임이 명백하다. 목적범에서의 목적은 범죄 성립을 위한 초과주관적 위법요소로서 고의 외에 별도로 요구되는 것이므로, 행위자가 표현물의 이적성을 인식하고 제5항 소정의 행위를 하였더라도 이적행위를 할 목적이 인정되지 아니하면 그 구성요건은 충족되지 아니하는 것이다. 그리고 형사재판에서 공소가 제기된 범죄의 구성요건을 이루는 사실에 대한 증명책임은 검사에게 있으므로 행위자에게 이적행위를 할 목적이 있었다는 점은 검사가 증명하여야 하며, 행위자가 이적표현물임을 인식하고 제5항 소정의 행위를 하였다는 사실만으로 그에게 이적행위를 할 목적이 있었다고 추정하여서는 아니 된다. 이 경우 행위자에게 이적행위 목적이 있음을 증명할 직접증거가 없는 때에는 표현물의 이적성의 징표가 되는 사정들에 더하여 피고인의 경력과 지위, 피고인이 이적표현물과 관련하여 제5항 소정의 행위를 하게 된 경위, 피고인의 이적단체 가입 여부 및 이적표현물과 피고인이 소속한 이적단체의 실질적인 목표 및 활동과의 연관성 등 간접사실을 종합적으로 고려하여 판단할 수 있는 것이다(대법원 2010. 7. 23. 선고 2010도1189 전원합의체 판결 등 참조).

나. 원심은, 판시 서적들이 국가보안법상의 이적표현물에 해당한다고 인정한 다음, ① 피고인이 국문학을 전공하였더라도 판시 서적들을 연구 목적으로 활용하였다고 볼 만한 자료가 없는 점, ② 판시 서적들의 판매가격 등에 비추어 피고인이 생계를 목적으로 이를 판매하였다고 보이지 아니하는 점, ③ 피고인은 서적 판매를 위한 인터넷 사이트를 개설할 당시 그 대표를 자신이나 친인척이 아닌 제3자 공소외인으로 등록하였고, 서적을 구매하는 자들에 대하여 어떠한 신분확인도 한 바 없으며, 구매자에게 서적을 배송할 때 서적 보관장소가 아닌 제3자 운영의 주차장에 서적을 맡겨 놓고 택배업체에 전화를 하여 이를 찾아가도록 하는 방법으로 서적을 판매한 점 등을 근거로, 피고인이 판시 서적들의 내용이 이적성을 담고 있음을 충분히 인식하고 반국가단체 등의 활동에 대한 찬양·고무 등 이적행위를 할 목적으로 이를 판매 또는 소지하였다고 보아 그와 같은 피고인의 행위가 국가보안법위반죄에 해당한다고 판단하였다.

다. 그러나 기록에 의하여 알 수 있는 다음과 같은 사정들을 앞서 본 법리에 비추어 살펴보면, 원심이 들고 있는 사정들만으로는 피고인에게 반국가단체 등의 활동에 대한 찬양·고무 등 이적행위를 할 목적이 있었다고 단정하기 어렵고, 오히려 피고인에게 그러한 목적이 있었다는 점에 대하여 합리적인 의심의 여지가 많으므로, 원심의 이 부분 판단은 그대로 수긍할 수 없다.

(1) 피고인은 국문학과 대학원 박사과정에 재학하면서 북한의 문학에 관한 몇 편의 논문을 발표하기도 하였는데, 비록 그 논문의 참고문헌에 판시 서적들이 기재되지는 아니하였으나, 판시 서적들 중 일부는 북한 문학의 전반적인 이해와 연구를 위하여 필요한 서적들로 보이므로, 이를 연구 목적으로 활용하였다는 피고인의 변소를 쉽사리 배척하기 어렵다.

(2) 피고인이 사회과학 서적을 주로 판매하는 인터넷 사이트를 개설하여 운영하면서 판시 서적들도 함께 취급하였으나 그 거래 비중이 그다지 크지 아니하였고, 판시 서적들이 이미 절판되어 시중에서 쉽게 구하기 어려운 반면, 해당 분야의 연구자들 중에는 그에 대한 수요층이 꾸준히 존재하는 점 등을 고려하여 일반 중고서적보다 높은 가격에 이를 판매하였으며, 서적판매 사이트를 운영하는 것 외에 달리 경제활동을 하지는 아니하였다. 이에 비추어 볼 때 피고인은 영리나 생계의 목적으로 판시 서적들을 판매한 것으로 보이고, 그 판매가격을 고려하더라도 피고인의 이러한 서적판매행위가 영리나 생계의 목적을 위한 것이 아니라고 단정하기는 어렵다.

(3) 피고인은 서적판매 사이트를 개설할 당시 그 대표자를 공소외인 명의로 하였으나, 이후 대표자 명의를 피고인 본인으로 변경하였다. 공소외인은 피고인이 서적판매 사이트 운영을 시작할 때 서적을 공급하여 주는 등 피고인의 사업을 처음부터 도와주었다. 피고인은 당시 신용불량 상태에서 본인 명의로 사업자등록을 할 수 없어 공소외인의 명의를 빌렸는데 이후 신용상태를 회복하여 본인 명의로 대표자를 변경하였다고 일관되게 주장하였다. 이러한 주장은 관련 정황과 모순되지 아니하여 수긍이 가는 측면이 있는 반면, 이를 탄핵할 만한 증거는 제출되지 아니하였다.

(4) 인터넷을 통한 물품거래의 현실에 비추어 피고인이 판시 서적들을 판매할 당시 구매자들의 신분을 확인하지 아니한 것이 이례적인 일이라고 보기 어렵고, 더구나 이를 이유로 이적행위의 목적을 추단할 수는 없다.

(5) 서적을 배송할 때 서적보관장소인 사무실이 아닌 주차장까지 배송할 서적들을 내어놓아 택배기사로 하여금 이를 가져가도록 한 이유는 택배기사가 굳이 건물 3층에 있는 사무실까지 방문하지 아니하고 대로변에 있는 주차장에서 배송할 서적을 편하게 가져갈 수 있도록 함으로써 저렴한 비용으로 택배운송계약을 체결하기 위함이었다는 피고인의 변소에 수긍이 가는 반면, 이를 탄핵할 만한 증거는 제출되지 아니하였고, 달리 피고인이 자신의 신분을 감추려 한 흔적도 보이지 아니한다.

(6) 피고인이 이적단체에 가입한 적이 없는 점 및 피고인의 그동안의 경력, 이 사건 서적판매 사이트를 운영하게 된 경위 등 기록에 나타난 여러 사정을 살펴보아도 피고인이 판시 서적들을 판매한 행위에 이적행위를 할 목적이 있었음을 인정할 만한 뚜렷한 사정은 찾아보기 어렵다.

라. 그럼에도 원심은 앞서 본 바와 같은 이유만을 들어 피고인이 반국가단체 등의 활동에 대한 찬양·고무 등 이적행위를 할 목적으로 판시 서적들을 판매 또는 소지하였다고 보아 피고인의 이러한 행위가 국가보안법위반죄에 해당한다고 판단하였으니, 이러한 원심의 조치에는 국가보안법상 이적행위를 할 목적에 관한 법리를 오해하거나 논리와 경험의 법칙을 위반하고 자유심증주의의 한계를 벗어나 증거의 증명력에 대한 판단을 그르침으로써 판결에 영향을 미친 위법이 있다. 이를 지적하는 취지의 상고이유의 주장은 이유 있다.

2. 검사의 상고이유에 대하여

원심판결 이유를 관련 법리와 기록에 비추어 살펴보면, 설령 상고이유의 주장과 같이 그 판시와 같은 서적들을 국가보안법상의 이적표현물이라고 볼 수 없다는 원심의 판단에 일부 부적절한 부분이 있더라도 앞서 본 바와 같은 이유로 피고인에게 이적행위를 할 목적이 있었다고 인정할 수 없는 이상 원심의 위와 같은 판단은 결과적으로 정당한 것으로 수긍할 수 있다. 원심판결에는 상고이유의 주장과 같이 이적표현물에 관한 법리를 오해하거나 자유심증주의의 한계를 벗어나 증거의 증명력을 잘못 판단하는 등으로 판결에 영향을 미친 위법이 없다.

3. 결론

그러므로 피고인의 나머지 상고이유에 대한 판단을 생략한 채 원심판결 중 유죄 부분을 파기하고, 이 부분 사건을 다시 심리·판단하게 하기 위하여 원심법원에 환송하며, 검사의 상고를 기각하기로 하여 관여 대법관의 일치된 의견으로 주문과 같이 판결한다.

대법관 김소영(재판장) 신영철 이상훈(주심) 김용덕

대법원 2013.9.12. 선고 2012도2744 판결

【낙태교사】

판시사항

1 교사자의 교사행위에도 불구하고 피교사자가 범행을 승낙하지 아니하거나 피교사자의 범행결의가 교사자의 교사행위에 의하여 생긴 것으로 보기 어려운 경우, 교사자의 죄책

2 피교사자가 범죄의 실행에 착수한 경우 범행결의가 교사자의 교사행위에 의하여 생긴 것인지 판단하는 기준 및 피교사자가 교사자의 교사행위 당시에는 범행을 승낙하지 않았으나 이후 그 교사행위에 의하여 범행을 결의한 것으로 인정되는 경우, 교사범이 성립하는지 여부(적극)

3 피고인이 결혼을 전제로 교제하던 여성 갑의 임신 사실을 알고 수회에 걸쳐 낙태를 권유하였다가 거부당하였는데, 그 후 갑이 피고인에게 알리지 아니한 채 낙태시술을 받은 사안에서, 갑은 피고인의 낙태교사행위로 낙태를 결의·실행하였다는 이유로, 피고인에게 낙태교사죄를 인정한 원심판단을 정당하다고 한 사례

판결요지

1 교사범이란 정범인 피교사자로 하여금 범죄를 결의하게 하여 그 죄를 범하게 한 때에 성립하므로, 교사자의 교사행위에도 불구하고 피교사자가 범행을 승낙하지 아니하거나 피교사자의 범행결의가 교사자의 교사행위에 의하여 생긴 것으로 보기 어려운 경우에는 이른바 실패한 교사로서 형법 제31조 제3항에 의하여 교사자를 음모 또는 예비에 준하여 처벌할 수 있을 뿐이다.

2 피교사자가 범죄의 실행에 착수한 경우 그 범행결의가 교사자의 교사행위에 의하여 생긴 것인지는 교사자와 피교사자의 관계, 교사행위의 내용 및 정도, 피교사자가 범행에 이르게 된 과정, 교사자의 교사행위가 없더라도 피교사자가 범행을 저지를 다른 원인의 존부 등 제반 사정을 종합적으로 고려하여 사건의 전체적 경과를 객관적으로 판단하는 방법에 의하여야 하고, 이러한 판단 방법에 의할 때 피교사자가 교사자의 교사행위 당시에는 일응 범행을 승낙하지 아니한 것으로 보여진다 하더라도 이후 그 교사행위에 의하여 범행을 결의한 것으로 인정되는 이상 교사범의 성립에는 영향이 없다.

3 피고인이 결혼을 전제로 교제하던 여성 갑의 임신 사실을 알고 수회에 걸쳐 낙태를 권유하였다가 거부당하자, 갑에게 출산 여부는 알아서 하되 더 이상 결혼을 진행하지 않겠다고 통보하고, 이후에도 아이에 대한 친권을 행사할 의사가 없다고 하면서 낙태할 병원을 물색해 주기도 하였는데, 그 후 갑이 피고인에게 알리지 아니한 채 자신이 알아본 병원에서 낙태시술을 받은 사안에서, 피고인은 갑에게 직접 낙태를 권유할 당시뿐만 아니라 출산 여부는 알아서 하라고 통보한 이후에도 계속 낙태를 교사하였고, 갑은 이로 인하여 낙태를 결의·실행하게 되었다고 보는 것이 타당하며, 갑이 당초 아이를 낳을 것처럼 말한 사실이 있다는 사정만으로 피고인의 낙태교사행위와 갑의 낙태결의 사이에 인과관계가 단절되는 것은 아니라는 이유로, 피고인에게 낙태교사죄를 인정한 원심판단을 정당하다고 한 사례.

전 문

피 고 인 피고인

상 고 인 피고인

변 호 인 법무법인

원심판결 서울남부지법 2012. 2. 9. 선고 2011노1216 판결

주 문 상고를 기각한다.

이 유 상고이유를 판단한다.

1. 상고이유 제1, 4점에 관하여

가. 교사범이란 정범인 피교사자로 하여금 범죄를 결의하게 하여 그 죄를 범하게 한 때에 성립하는 것이므로, 교사자의 교사행위에도 불구하고 피교사자가 범행을 승낙하지 아니하거나 피교사자의 범행결의가 교사자의 교사행위에 의하여 생긴 것으로 보기 어려운 경우에는 이른바 실패한 교사로서 형법 제31조 제3항에 의하여 교사자를 음모 또는 예비에 준하여 처벌할 수 있을 뿐이다.

한편 피교사자가 범죄의 실행에 착수한 경우에 있어서 그 범행결의가 교사자의 교사행위에 의하여 생긴 것인지 여부는 교사자와 피교사자의 관계, 교사행위의 내용 및 정도, 피교사자가 범행에 이르게 된 과정, 교사자의 교사행위가 없더라도 피교사자가 범행을 저지를 다른 원인의 존부 등 제반 사정을 종합적으로 고려하여 사건의 전체적 경과를 객관적으로 판단하는 방법에 의하여야 하고, 이러한 판단 방법에 의할 때 피교사자가 교사자의 교사행위 당시에는 일응 범행을 승낙하지 아니한 것으로 보여진다 하더라도 이후 그 교사행위에 의하여 범행을 결의한 것으로 인정되는 이상 교사범의 성립에는 영향이 없다고 할 것이다.

나. 원심판결 이유 및 원심이 적법하게 채택한 증거들에 의하면, 의사인 피고인은 결혼을 전제로 교제하던 공소외인이 아이를 임신한 사실을 알게 되자 전문의 과정을 마쳐야 한다는 등의 이유를 내세우며 공소사실 기재와 같이 수회에 걸쳐 낙태를 권유한 사실, 공소외인은 피고인에게 출산이나 결혼이 피고인의 장래에 방해가 되지 않도록 최선을 다하겠다고 하면서 아이를 낳겠다고 말한 사실, 이에 피고인은 공소외인에게 출산 여부는 알아서 하되 더 이상 결혼을 진행하지 않겠다고 통보한 사실, 피고인은 그 이후에도 공소외인에게 아이에 대한 친권을 행사할 의사가 없다고 하면서 낙태를 할 병원을 물색해 주기도 한 사실, 공소외인은 피고인의 의사가 확고하다는 것을 확인하고 피고인에게 알리지 아니한 채 자신이 알아본 병원에서 낙태시술을 받은 사실 등을 알 수 있다.

다. 이러한 사실관계를 앞서 본 법리에 비추어 보면, 피고인은 공소외인에게 직접 낙태를 권유할 당시뿐만 아니라 출산 여부는 알아서 하라고 통보한 이후에도 계속하여 낙태를 교사하였고, 공소외인은 이로 인하여 낙태를 결의·실행하게 되었다고 봄이 타당하고, 공소외인이 당초 아이를 낳을 것처럼 말한 사실이 있다 하더라도 그러한 사정만으로 피고인의 낙태 교사행위와 공소외인의 낙태 결의 사이에 인과관계가 단절되었다고 볼 것은 아니다.

같은 취지의 원심판단은 정당하고, 거기에 상고이유 주장과 같은 교사범의 성립요건 등에 관한 법리오해 등의 위법이 없다.

2. 상고이유 제2, 3점에 관하여

원심판결 이유를 원심이 적법하게 채택한 증거들에 비추어 살펴보면, 원심이 그 판시와 같은 이유를 들어 이 사건 낙태시술 당시 태아의 사망이 임박해 산모의 건강을 위하여 불가피하게 낙태가 이루어진 것으로 보기 어렵다고 판단한 것은 정당하고, 거기에 상고이유 주장과 같이 논리와 경험의 법칙을 위반하여 자유심증주의의 한계를 벗어나거나 공범종속성의 원칙에 관한 법리를 오해한 위법이 없다.

3. 결론

그러므로 상고를 기각하기로 하여 관여 대법관의 일치된 의견으로 주문과 같이 판결한다.

대법관 박병대(재판장) 양창수 고영한 김창석(주심)

대법원 2013.9.12. 선고 2012도15453 판결

【사회복지사업법위반】

판시사항

사회복지법인이 보건복지부장관의 허가를 받지 않고 기본재산에 관한 임대계약을 갱신한 행위가 구 사회복지사업법 제53조 제1호에 정한 죄에 해당하는지 여부(소극) 및 보건복지부장관이 사회복지법인의 기본재산 임대에 관한 허가를 하면서 '임대기간 만료에 따라 임대기간을 연장하는 경우 재차 기본재산 처분허가를 받는다'라는 내용의 부관을 붙인 경우에도 같은 법리가 적용되는지 여부(적극)

판결요지

구 사회복지사업법(2011. 8. 4. 법률 제10997호로 개정되기 전의 것, 이하 같다) 제23조 제3항, 제53조 제1호 및 구 사회복지사업법 시행규칙(2012. 8. 3. 보건복지부령 제147호로 개정되기 전의 것) 제14조 제2항을 종합하여 보면, 사회복지법인이 기본재산에 관한 임대계약을 갱신하는 경우에는 보건복지부장관의 허가를 받을 필요가 없다고 할 것이므로, 사회복지법인이 보건복지부장관의 허가를 받지 않고 기본재산에 관한 임대계약을 갱신하였다고 하더라도 이는 구 사회복지사업법 제23조 제3항을 위반한 행위라고 할 수 없으므로 같은 법 제53조 제1호에 정한 죄에 해당한다고 볼 수 없다. 이러한 법리는 보건복지부장관이 사회복지법인의 기본재산 임대에 관한 허가를 하면서 '임대기간 만료에 따라 임대기간을 연장하는 경우 재차 기본재산 처분허가를 받는다'라는 내용의 부관을 붙였다고 하더라도 달리 볼 것은 아니다.

전　문

피 고 인 피고인 1 외 1인

상 고 인 피고인들

변 호 인 법무법인

원심판결 수원지법 2012. 11. 22. 선고 2012노3851 판결

주　문 원심판결을 파기하고, 사건을 수원지방법원 본원 합의부에 환송한다.

이　유 상고이유를 판단한다.

원심판결 이유에 의하면 원심은, 그 채용 증거에 의하여 성남시장이 2010. 5. 26.경 사회복지법인의 기본재산인 이 사건 건물에 관한 임대를 허가함에 있어 '이 사건 임대차계약을 갱신하는 경우에도 기본재산의 처분허가를 받아야 한다'는 내용의 부관(이하 '이 사건 부관'이라 한다)을 붙여 이를 허가한 사실, 피고인 2 사회복지법인(이하 '피고인 2 법인'이라고 한다)이 이 사건 임대차계약의 기간이 만료될 무렵인 2011. 7. 27.경 성남시장에게 이 사건 건물 외에도 같은 건물의 1층 증축부분 135.03㎡ 및 2층 895.75㎡까지 추가로 이 사건 임차인에게 3년간 임대하는 것을 내용으로 하는 기본재산의 처분허가를 신청하였으나, 성남시장은 이를 불허하였고, 이에 피고인 2 법인이 재차 기본재산의 처분허가를 신청하였으나, 성남시장은 이를 모두 불허한 사실, 결국 이 사건 임대차계약상의 갱신약정에 따라 이 사건 임차인은 이 사건 건물을 계속하여 임차하며 피고인 2 법인에 2011. 8. 1.경부터 2012. 2. 29.경까지 7회에 걸쳐 임대료 등의 명목으로 합계 509,718,900원을 지급한 사실 등 판시 사실을 인정한 다음, 이 사건 부관은 사회복지사업법령의 규정에 반하여 위법하다고 할 것이나, 성남시장이 처음 위 기본재산의 처분을 허가함에 있어 이 사건 임대차계약의 기간을 3년에서 1년으로 단축하는 내용도 함께 부관으로 붙였는데, 이는 이 사건 부관과 그 내용상 불가분의 관계에 있다고 할 것이고, 따라서 이 사건 부관이 없었더라면 성남시장이 위 처분허가 자체를 하지 않았을 것이라고 보이는 점 등 그 판시 사정을 들어 이 사건 부관의 법령 위반의 하자가 중대하고 명백하여 당연무효라고 할 수는 없으므로 피고인 2 법인이 이 사건 임대차계약을 갱신함에 있어서는 성남시장의 처분허가를 요한다고 할 것이므로 피고인 2 법인의 대표이사인 피고인 1이 허가를 받지 아니하고 사회복지법인의 기

본재산인 이 사건 건물을 임대하고, 피고인 2 법인은 대표이사인 피고인 1이 피고인 2 법인의 업무에 관하여 위와 같은 행위를 하였다는 이 사건 공소사실은 모두 유죄로 인정된다고 판단하였다.

그러나 원심의 위와 같은 판단은 아래와 같은 이유로 그대로 수긍할 수 없다.

구 사회복지사업법(2011. 8. 4. 법률 제10997호로 개정되기 전의 것, 이하 같다) 제53조 제1호는 '같은 법 제23조 제3항의 규정에 위반한 자는 5년 이하의 징역 또는 1,500만 원 이하의 벌금에 처한다'라고 규정하고 있다. 구 사회복지사업법 제23조 제3항은 '법인은 기본재산에 관하여 다음 각 호의 1에 해당하는 경우에는 보건복지부장관의 허가를 받아야 한다. 다만 보건복지부령으로 정하는 사항에 대하여는 그러하지 아니하다'라고 규정하면서 같은 항 제1호로 '매도·증여·교환·임대·담보제공 또는 용도변경하고자 할 때'를 허가를 받아야 하는 사항으로 거시하고 있다.

한편 구 사회복지사업법 시행규칙(2012. 8. 3. 보건복지부령 제147호로 개정되기 전의 것) 제14조 제2항은 '법 제23조 제3항 단서에서 "보건복지부령으로 정하는 사항"이란 기본재산에 관한 임대계약을 갱신하는 경우를 말한다'라고 규정하고 있다.

이러한 규정을 종합하여 보면, 사회복지법인이 기본재산에 관한 임대계약을 갱신하는 경우에는 보건복지부장관의 허가를 받을 필요가 없다고 할 것이므로, 사회복지법인이 보건복지부장관의 허가를 받지 않고 기본재산에 관한 임대계약을 갱신하였다고 하더라도 이는 구 사회복지사업법 제23조 제3항을 위반한 행위라고 할 수 없으므로 같은 법 제53조 제1호에 정한 죄에 해당한다고 볼 수 없다. 이러한 법리는 보건복지부장관이 사회복지법인의 기본재산 임대에 관한 허가를 하면서 '임대기간 만료에 따라 임대기간을 연장하는 경우 재차 기본재산 처분허가를 받는다'라는 내용의 부관을 붙였다고 하더라도 달리 볼 것은 아니다.

그렇다면 사회복지법인인 피고인 2 법인의 대표이사인 피고인 1이 이 사건 부관에도 불구하고 주무관청의 허가를 받지 않고 피고인 2 법인의 기본재산인 이 사건 건물에 관한 이 사건 임대차계약을 갱신하였다고 하더라도, 이러한 행위는 구 사회복지사업법 제23조 제3항을 위반한 행위라고 할 수 없다고 할 것이므로 구 사회복지사업법 제53조에 의하여 처단할 수는 없다.

그럼에도 원심은 이와 달리 피고인들에 대한 이 사건 공소사실을 모두 유죄로 인정하고 말았으니, 원심판결에는 구 사회복지사업법 제53조와 제23조 제3항에 관한 법리를 오해하여 판결에 영향을 미친 위법이 있다. 이 점을 지적하는 상고이유 주장은 이유 있다.

그러므로 원심판결을 파기하고, 사건을 다시 심리·판단하도록 원심법원에 환송하기로 하여 관여 대법관의 일치된 의견으로 주문과 같이 판결한다.

대법관 양창수(재판장) 박병대 고영한(주심) 김창석

대법원 2013.9.12. 선고 2012도15043 판결

【유해화학물질관리법위반】

판시사항

유해화학물질 관리법상 '취급제한물질'을 금지된 특정용도 이외 용도로 제조·수입 등을 하는 영업을 하려는 경우, 같은 법 제34조 제1항 본문에서 정한 환경부장관의 허가를 받아야 하는지 여부(적극)

판결요지

유해화학물질 관리법 제34조 제1항이 정한 취급제한물질영업의 허가와 관련하여, 유해화학물질 관리법은 특정용도로의 제조·수입 등이 금지되는 취급제한물질의 경우 금지하고 있는 특정용도로의 제조·수입 등의 영업 자체가 허용될 수 없는 것이어서 이는 허가의 여지가 없는 것으로 하고, 금지하고 있는 특정용도 이외 용도로의 제조·수입 등의 영업만이 허가를 통하여 허용되는 것으로 정하고 있다고 봄이 상당하다. 따라서 취급제한물질을 금지된 특정용도 이외 용도로 제조·수입 등을 하는 영업을 하려는 이는 유해화학물질 관리법 제34조 제1항 본문이 정한 환경부장관의 허가를 받아야 한다.

전 문

피 고 인 피고인 1 외 1인

상 고 인 피고인들

변 호 인 변호사

원심판결 서울서부지법 2012. 11. 22. 선고 2012노906 판결

주 문 상고를 모두 기각한다.

이 유 상고이유를 판단한다.

1. 이 사건 세척액이 '자동차부품 세척 용도'로 수입되어 유해화학물질 관리법이 정한 취급제한물질에 해당하지 아니한다는 주장에 대하여

가. 유해화학물질 관리법 제2조 제5호는 "취급제한물질이란 특정용도로 사용되는 경우 위해성이 크다고 인정되어 그 용도로의 제조, 수입, 판매, 보관·저장, 운반 또는 사용을 금지하기 위하여 제32조에 따라 환경부장관이 관계 중앙행정기관의 장과 협의하여 지정·고시한 화학물질을 말한다"고 정하고, 같은 법 제34조 제1항 본문은 취급제한물질의 허가에 관하여 "취급제한물질 제조업 또는 수입업 등에 해당하는 영업을 하려는 자는 환경부령으로 정하는 기준에 맞는 취급시설을 갖추어 환경부령으로 정하는 바에 따라 업종별로 환경부장관의 허가를 받아야 한다"고 정하고 있다. 한편 환경부고시인 '취급제한·금지물질에 관한 규정'(이하 '취급제한규정'이라고 한다)은 제3조 [별표 2]로 취급제한물질과 각 물질별로 제조·수입 등이 금지되는 특정용도를 정하고 있다.

나. 유해화학물질 관리법 제34조 제1항이 정한 취급제한물질영업의 허가와 관련하여 아래와 같은 사정들을 고려하면, 유해화학물질 관리법은 특정용도로의 제조·수입 등이 금지되는 취급제한물질의 경우 금지하고 있는 특정용도로의 제조·수입 등의 영업 자체가 허용될 수 없는 것이어서 이는 허가의 여지가 없는 것으로 하고, 금지하고 있는 특정용도 이외 용도로의 제조·수입 등의 영업만이 허가를 통하여 허용되는 것으로 정하고 있다고 봄이 상당하다. 따라서 취급제한물질을 금지된 특정용도 이외의 용도로 제조·수입 등을 하는 영업을 하려는 이는 유해화학물질 관리법 제34조 제1항 본문이 정한 환경부장관의 허가를 받아야 한다고 할 것이다.

① 유해화학물질 관리법 제34조 제1항 본문이 취급제한물질영업의 허가를 받아야 하는 대상을 '취급제한물질 제조업·수입업 등의 영업'이라고만 정하고 있을 뿐 '취급제한물질을 금지되고 있는 특정용도로 제조·수입하는 등의 영업'이라고 정하고 있지 아니하다.

② 또한 유해화학물질 관리법은 "취급금지물질을 모든 용도로의 제조, 수입, 판매, 보관·저장, 운반 또는 사용을 금지하기 위하여 환경부장관이 지정·고시한 화학물질을 말한다"고 정하고 있다(제2조 제6호). 그리고 취급금지물질영업의 허가에 관하여 "누구든지 취급금지물질을 영업목적으로 제조, 수입, 판매, 보관·저장, 운반, 사

용하여서는 아니된다. 다만 시험·연구·검사용 시약을 목적으로 제조·수입·판매하는 영업을 하려는 자가 환경부장관의 허가를 받은 경우는 그러하지 아니하다"고 정하고 있다(제34조 제2항). 즉 유해화학물질 관리법은 모든 용도로의 제조·수입 등이 금지되는 취급금지물질의 경우 그 금지취지에 부합되게 제조·수입 등의 일체 영업이 허가의 대상이 되지 아니하는 것으로 하고, 단지 시험·연구·검사용 시약을 목적으로 제조·수입·판매하는 영업만이 허가를 통하여 허용되는 것으로 정하고 있다.

③ 취급제한물질은 취급금지물질과 비교하여 금지되는 용도 범위가 특정용도로 한정되느냐 한정되지 아니하느냐의 차이가 있을 뿐 대상 용도 범위 내에서는 제조·수입 등이 제한되는 정도가 아니라 금지되는 것으로 되어 있다는 면에서 아무런 차이가 없다. 따라서 취급제한물질영업의 허가에 관한 규정 또한 기본적으로 취급금지물질의 영업허가에 대한 위와 같은 규정 취지에 준하여 해석되어야 할 것이다.

④ 취급제한물질은 특정용도로 사용되는 경우 사람의 건강이나 환경에 피해를 줄 수 있는 위해성이 크다고 인정되어 그 용도로의 제조·수입 등이 금지되는 것인데, 금지되는 특정용도 이외의 용도로 유통되는 취급제한물질이라도 그 유통 과정에서 금지되는 특정용도로 사용될 위험이 있고 이를 예방하기 위하여 금지되는 특정용도 이외의 용도로 유통되는 취급제한물질도 관련 관청의 일정한 관여 하에 적절하게 관리될 필요성이 있다.

다. 그렇다면 피고인 1이 피고인 2 주식회사(이하 '피고인 2 회사'라고 한다)의 대표이사로서 수입한 이 사건 세척액이 유해화학물질 관리법에 근거한 환경부고시인 취급제한규정이 정한 취급제한물질인 노닐페놀에톡시레이트를 함유하고 있는 이상, 이를 취급제한규정이 해당 물질에 대하여 금지되는 것으로 정하고 있는 '가정용 세척제, 잉크, 페인트 용도'가 아니라 피고인들이 주장하는 '자동차부품 세척 용도'로 수입하였다고 하더라도 그 영업을 위하여 유해화학물질 관리법 제34조 제1항 제1호가 정하는 바에 따라 환경부장관의 허가를 받아야 한다고 할 것이다.

따라서 원심이 피고인 1이 피고인 2 회사의 대표이사로서 수입한 이 사건 세척액에 취급제한물질이 함유되어 그 수입업을 위하여 유해화학물질 관리법 제34조 제1항 제1호가 정한 환경부장관의 허가를 받아야 함을 전제로 하여 판단한 것은 정당하다. 거기에 유해화학물질 관리법이 정한 취급제한물질영업의 허가에 관한 법리를 오해한 위법이 있다고 할 수 없다.

또한 원심이 사실오인을 이유로 제1심의 무죄판결을 파기·자판하면서 피고인들에 대하여 환경부장관의 허가를 받지 아니하고 취급제한물질 수입업을 하였다는 유해화학물질 관리법 위반의 범죄사실을 모두 유죄로 인정함으로써 결국 그 공판 과정에서의 주장에 대하여서는 이를 배척한 것으로 볼 수 있다(대법원 2011. 6. 24. 선고 2011도5690 판결 등 참조). 결국 원심판단에 상고이유의 주장과 같이 유해화학물질 관리법이 정한 구성요건인 취급제한물질에 해당하지 아니한다는 주장에 대한 판단을 누락한 위법이 있다고 할 수 없다.

2. 허가를 받지 아니하고 취급제한물질 수입업을 하였다는 유해화학물질 관리법 위반죄의 범의가 없다는 주장에 대하여

관련 법리에 비추어 기록을 살펴보면, 이에 관한 원심의 이유설시에 적절하지 아니한 부분이 없지 아니하나, 피고인 1이 피고인 2 회사의 대표이사로서 허가를 받지 아니하고 취급제한물질 수입업을 하였음에 대한 고의가 인정된다고 판단하여 피고인들에 대한 유해화학물질 관리법 위반죄를 유죄로 인정한 것은 결론에 있어서 수긍할 수 있고, 거기에 상고이유의 주장과 같이 유해화학물질 관리법 위반죄의 범의에 관한 법리를 오해하거나 판단을 누락한 위법이 있다고 할 수 없다.

3. 결론

그러므로 상고를 모두 기각하기로 하여 관여 대법관의 일치된 의견으로 주문과 같이 판결한다.

대법관 고영한(재판장) 양창수(주심) 박병대 김창석

대법원 2013.8.30. 선고 2013도2761 판결

【업무상횡령】

판시사항

관광지조성사업조합의 조합장인 피고인이 정관에서 정한 절차를 거치지 않고 조합 계좌에서 급여 명목의 보수를 수령하여 개인 채무 변제 등에 사용함으로써 횡령하였다는 내용으로 기소된 사안에서, 피고인이 정관에서 정한 이사회 결의 등의 절차를 거쳐 보수를 지급받은 것이 아닌 이상 조합에 대해 보수채권을 주장할 수 없다는 이유로, 횡령죄가 성립할 수 없다는 피고인 주장을 배척한 사례

판결요지

관광지조성사업조합의 조합장인 피고인이 정관에서 정한 절차를 거치지 않고 조합 명의의 계좌에서 급여 명목의 보수를 수령하여 개인 채무 변제 등에 사용함으로써 횡령하였다는 내용으로 기소된 사안에서, 조합 정관인 개발규약이 조합 임원의 보수는 이사회 결의에 따라 지급할 수 있고, 조합 상근임원에 대한 보수는 총회의 인준을 받은 보수규정에 따라야 한다고 규정하고 있음에 비추어, 피고인이 정관에서 정하고 있는 이사회 결의를 거치거나 총회 인준을 받은 보수규정에 따라 보수를 지급받은 것이 아닌 이상 조합에 대하여 보수채권을 주장할 수 없다는 이유로, 피고인이 조합장 직무대행자 또는 조합장으로 근무하여 보수채권을 갖고 있으므로 이사회 결의 등 절차를 거치지 않았더라도 민사상 정산의 문제일 뿐 횡령죄가 성립할 수 없다는 피고인 주장을 배척한 사례.

전 문

피 고 인 피고인

상 고 인 피고인

변 호 인 변호사

원심판결 대전고법 2013. 2. 6. 선고 2012노387 판결

주 문 상고를 기각한다.

이 유 상고이유(상고이유서 제출기간 도과 후에 변호인이 제출한 상고이유보충서의 기재는 상고이유를 보충하는 범위 내에서)를 살펴본다.

1. 원심의 판단

원심판결 이유에 의하면, 원심은, 공소외 1 조합(이하 '이 사건 조합'이라 한다)의 조합장인 피고인이 이 사건 조합의 운영비로 사용하기 위하여 공소외 2로부터 빌린 액면 3천만 원의 약속어음 5매를 이 사건 조합을 위해 보관하던 중 개인 채무 변제를 위하여 공소외 3에게 교부하여 횡령한 점과 이 사건 조합의 개발규약이나 정관에서 정한 이사회 결의를 거치지 않고 이 사건 조합 명의의 계좌에서 총 7,800만 원을 피고인의 급여 명목으로 수령하여 개인 채무 변제 등으로 사용하여 횡령한 점에 대하여 유죄를 선고한 제1심판결을 그대로 유지하였다.

2. 상고이유에 관한 판단

가. 변호인은, 피고인이 이 사건 조합의 조합장 직무대행자 또는 조합장으로 근무하여 보수채권을 갖고 있으므로 정관 등에서 정한 이사회 결의 등 절차를 거치지 않았더라도 이는 민사상 정산의 문제일 뿐 횡령죄가 성립할 수 없다고 주장한다.

살피건대, 원심이 유지한 제1심판결이 적법하게 채택하거나 원심이 채택한 증거에 의하면, 이 사건 조합의 정관인 개발규약 제21조는 조합 임원의 보수는 이사회 결의에 따라 지급할 수 있다고 규정하고, 이 사건 조합의 2004. 6. 2.자 정기총회에서 변경하기로 결의된 정관 제19조에서는 조합 상근임원에 대한 보수는 총회의 인준을 받은 보수규정에 따라야 한다고 규정하고 있음을 알 수 있는바, 피고인이 위 정관에서 정하고 있는 이사회 결의를 거치거나 총회 인준을 받은 보수규정에 따라 보수를 지급받은 것이 아닌 이상 피고인이 이 사건

조합에 대하여 자신의 보수채권을 주장할 수는 없으므로 보수채권이 존재함을 전제로 하는 위 상고이유 주장은 이유 없다.

나. 변호인은, 피고인이 공소외 2로부터 약속어음 5매를 차용하면서 이 사건 조합 총회의 결의를 거치지 아니하여 위 채무부담의 법률효과는 이 사건 조합에 귀속되는 것이 아니라 피고인에게 귀속되므로 피고인이 이 사건 조합을 위하여 약속어음을 보관한 사람의 지위에 있지 않다고 주장한다.

살피건대, 법인의 대표자가 이사회의 결의를 거쳐야 할 대외적 거래행위에 관하여 이를 거치지 아니한 경우라도 그 거래 상대방이 그와 같은 이사회 결의가 없었음을 알거나 알 수 있었을 경우가 아니라면 그 거래행위는 유효하다고 해석되는바(대법원 1989. 5. 23. 선고 89도570 판결 참조), 원심이 유지한 제1심판결이 적법하게 채택하거나 원심이 채택한 증거에 의하면, 2008. 1. 16. 이 사건 조합 정기총회에서 이 사건 조합의 정관 제21조에 '자금의 차입 등을 포함하여 총회의 결의사항을 열거하고 있는 사항들을 이사회에서 결의하여 집행하고 사후 총회에 보고한다'는 문구를 추가하는 내용으로 정관 변경 결의를 한 사실, 위 약속어음 5매를 빌리기 직전 무렵인 2008. 5. 16.자 이 사건 조합의 이사회 회의록에는 조합 운영자금을 공소외 2 등으로부터 차입하는 안건이 가결되었다고 기재되어 있고, 그 전후에 작성된 이사회 회의록들에도 운영자금 차입 안건이 논의, 가결된 것으로 기재된 사실을 알 수 있는 반면, 위 공소외 2가 이 사건 조합이 아닌 피고인 개인에게 위 약속어음 5매를 빌려 준 것이라고 인정할 만한 증거는 찾아볼 수 없으므로, 위 약속어음은 이 사건 조합이 차용한 것이지 피고인이 개인적으로 차용한 것으로는 보기 어렵다. 따라서 변호인의 이 부분 상고이유 주장도 이유 없다.

다. 변호인은, 2004. 6. 2.자 이 사건 조합의 정기총회에서 결의된 정관 제19조에 의한 '보수지급규정'에는 조합장의 급여를 매달 기본급 200만 원과 판공비 30만 원으로 정하고 있으므로 피고인이 받은 횡령액에 위 '보수지급규정'에서 정한 보수는 포함되어서는 안 된다고 주장하나, 기록을 살펴보면 피고인과 변호인은 제1심에서부터 원심에 이르기까지 위 2004. 6. 2.자 정기총회에서 결의된 정관은 무효이고 보수지급규정도 존재하지 않는다고 주장해 왔음을 알 수 있는바, 위 상고이유 주장은 상고심에 이르러 처음으로 하는 주장으로서 적법한 상고이유가 될 수 없다.

라. 그 밖의 상고이유 주장에 관하여 보건대, 원심이 유지한 제1심판결이 채택하거나 원심이 채택한 증거들을 기록에 의하여 살펴보면, 제1심의 유죄판결을 유지한 원심의 조치는 정당하고, 거기에 채증법칙을 위반하거나 논리와 경험의 법칙에 반하여 자유심증주의의 한계를 벗어나거나 횡령죄의 불법영득의 의사 등에 관한 법리를 오해한 잘못이 없다.

3. 결론

그러므로 상고를 기각하기로 하여, 관여 대법관의 일치된 의견으로 주문과 같이 판결한다.

대법관 박보영(재판장) 민일영(주심) 이인복 김신

대법원 2013.8.30. 선고 2013도2761 판결

【업무상횡령】

판시사항

관광지조성사업조합의 조합장인 피고인이 정관에서 정한 절차를 거치지 않고 조합 계좌에서 급여 명목의 보수를 수령하여 개인 채무 변제 등에 사용함으로써 횡령하였다는 내용으로 기소된 사안에서, 피고인이 정관에서 정한 이사회 결의 등의 절차를 거쳐 보수를 지급받은 것이 아닌 이상 조합에 대해 보수채권을 주장할 수 없다는 이유로, 횡령죄가 성립할 수 없다는 피고인 주장을 배척한 사례

판결요지

관광지조성사업조합의 조합장인 피고인이 정관에서 정한 절차를 거치지 않고 조합 명의의 계좌에서 급여 명목의 보수를 수령하여 개인 채무 변제 등에 사용함으로써 횡령하였다는 내용으로 기소된 사안에서, 조합 정관인 개발규약이 조합 임원의 보수는 이사회 결의에 따라 지급할 수 있고, 조합 상근임원에 대한 보수는 총회의 인준을 받은 보수규정에 따라야 한다고 규정하고 있음에 비추어, 피고인이 정관에서 정하고 있는 이사회 결의를 거치거나 총회 인준을 받은 보수규정에 따라 보수를 지급받은 것이 아닌 이상 조합에 대하여 보수채권을 주장할 수 없다는 이유로, 피고인이 조합장 직무대행자 또는 조합장으로 근무하여 보수채권을 갖고 있으므로 이사회 결의 등 절차를 거치지 않았더라도 민사상 정산의 문제일 뿐 횡령죄가 성립할 수 없다는 피고인 주장을 배척한 사례(횡령죄 성립).

전 문

피 고 인 피고인

상 고 인 피고인

변 호 인 변호사

원심판결 대전고법 2013. 2. 6. 선고 2012노387 판결

주 문 상고를 기각한다.

이 유 상고이유(상고이유서 제출기간 도과 후에 변호인이 제출한 상고이유보충서의 기재는 상고이유를 보충하는 범위 내에서)를 살펴본다.

1. 원심의 판단

원심판결 이유에 의하면, 원심은, 공소외 1 조합(이하 '이 사건 조합'이라 한다)의 조합장인 피고인이 이 사건 조합의 운영비로 사용하기 위하여 공소외 2로부터 빌린 액면 3천만 원의 약속어음 5매를 이 사건 조합을 위해 보관하던 중 개인 채무 변제를 위하여 공소외 3에게 교부하여 횡령한 점과 이 사건 조합의 개발규약이나 정관에서 정한 이사회 결의를 거치지 않고 이 사건 조합 명의의 계좌에서 총 7,800만 원을 피고인의 급여 명목으로 수령하여 개인 채무 변제 등으로 사용하여 횡령한 점에 대하여 유죄를 선고한 제1심판결을 그대로 유지하였다.

2. 상고이유에 관한 판단

가. 변호인은, 피고인이 이 사건 조합의 조합장 직무대행자 또는 조합장으로 근무하여 보수채권을 갖고 있으므로 정관 등에서 정한 이사회 결의 등 절차를 거치지 않았더라도 이는 민사상 정산의 문제일 뿐 횡령죄가 성립할 수 없다고 주장한다.

살피건대, 원심이 유지한 제1심판결이 적법하게 채택하거나 원심이 채택한 증거에 의하면, 이 사건 조합의 정관인 개발규약 제21조는 조합 임원의 보수는 이사회 결의에 따라 지급할 수 있다고 규정하고, 이 사건 조합의 2004. 6. 2.자 정기총회에서 변경하기로 결의된 정관 제19조에서는 조합 상근임원에 대한 보수는 총회의 인준을 받은 보수규정에 따라야 한다고 규정하고 있음을 알 수 있는바, 피고인이 위 정관에서 정하고 있는 이사회 결의를 거치거나 총회 인준을 받은 보수규정에 따라 보수를 지급받은 것이 아닌 이상 피고인이 이 사건

조합에 대하여 자신의 보수채권을 주장할 수는 없으므로 보수채권이 존재함을 전제로 하는 위 상고이유 주장은 이유 없다.

나. 변호인은, 피고인이 공소외 2로부터 약속어음 5매를 차용하면서 이 사건 조합 총회의 결의를 거치지 아니하여 위 채무부담의 법률효과는 이 사건 조합에 귀속되는 것이 아니라 피고인에게 귀속되므로 피고인이 이 사건 조합을 위하여 약속어음을 보관한 사람의 지위에 있지 않다고 주장한다.

살피건대, 법인의 대표자가 이사회의 결의를 거쳐야 할 대외적 거래행위에 관하여 이를 거치지 아니한 경우라도 그 거래 상대방이 그와 같은 이사회 결의가 없었음을 알거나 알 수 있었을 경우가 아니라면 그 거래행위는 유효하다고 해석되는바(대법원 1989. 5. 23. 선고 89도570 판결 참조), 원심이 유지한 제1심판결이 적법하게 채택하거나 원심이 채택한 증거에 의하면, 2008. 1. 16. 이 사건 조합 정기총회에서 이 사건 조합의 정관 제21조에 '자금의 차입 등을 포함하여 총회의 결의사항을 열거하고 있는 사항들을 이사회에서 결의하여 집행하고 사후 총회에 보고한다'는 문구를 추가하는 내용으로 정관 변경 결의를 한 사실, 위 약속어음 5매를 빌리기 직전 무렵인 2008. 5. 16.자 이 사건 조합의 이사회 회의록에는 조합 운영자금을 공소외 2 등으로부터 차입하는 안건이 가결되었다고 기재되어 있고, 그 전후에 작성된 이사회 회의록들에도 운영자금 차입 안건이 논의, 가결된 것으로 기재된 사실을 알 수 있는 반면, 위 공소외 2가 이 사건 조합이 아닌 피고인 개인에게 위 약속어음 5매를 빌려 준 것이라고 인정할 만한 증거는 찾아볼 수 없으므로, 위 약속어음은 이 사건 조합이 차용한 것이지 피고인이 개인적으로 차용한 것으로는 보기 어렵다. 따라서 변호인의 이 부분 상고이유 주장도 이유 없다.

다. 변호인은, 2004. 6. 2.자 이 사건 조합의 정기총회에서 결의된 정관 제19조에 의한 '보수지급규정'에는 조합장의 급여를 매달 기본급 200만 원과 판공비 30만 원으로 정하고 있으므로 피고인이 받은 횡령액에 위 '보수지급규정'에서 정한 보수는 포함되어서는 안 된다고 주장하나, 기록을 살펴보면 피고인과 변호인은 제1심에서부터 원심에 이르기까지 위 2004. 6. 2.자 정기총회에서 결의된 정관은 무효이고 보수지급규정도 존재하지 않는다고 주장해 왔음을 알 수 있는바, 위 상고이유 주장은 상고심에 이르러 처음으로 하는 주장으로서 적법한 상고이유가 될 수 없다.

라. 그 밖의 상고이유 주장에 관하여 보건대, 원심이 유지한 제1심판결이 채택하거나 원심이 채택한 증거들을 기록에 의하여 살펴보면, 제1심의 유죄판결을 유지한 원심의 조치는 정당하고, 거기에 채증법칙을 위반하거나 논리와 경험의 법칙에 반하여 자유심증주의의 한계를 벗어나거나 횡령죄의 불법영득의 의사 등에 관한 법리를 오해한 잘못이 없다.

3. 결론

그러므로 상고를 기각하기로 하여, 관여 대법관의 일치된 의견으로 주문과 같이 판결한다.

대법관 박보영(재판장) 민일영(주심) 이인복 김신

대법원 2013.8.23. 선고 2013도5080 판결

【특정범죄가중처벌등에관한법률위반(뇌물)·사기】

판시사항

공모공동정범의 성립요건 및 사기의 공모공동정범이 기망방법을 구체적으로 몰랐던 경우에도 공모관계를 인정할 수 있는지 여부(적극)

전 문

피 고 인 피고인 1 외 1인

상 고 인 피고인 1 및 검사

변 호 인 법무법인

원심판결 서울고법 2013. 4. 25. 선고 2012노3649 판결

주 문 원심판결 중 피고인 2에 관한 부분을 파기하고, 이 부분 사건을 서울고등법원에 환송한다. 피고인 1의 상고와 검사의 피고인 1에 대한 상고를 각 기각한다.

이 유 상고이유(상고이유서 제출기간 경과 후에 제출된 상고이유보충서의 기재는 상고이유를 보충하는 범위 내에서)를 판단한다.

1. 검사의 피고인 1에 대한 상고이유에 관하여

원심판결 이유를 기록에 비추어 보면, 원심이 이 사건 공소사실 중 피고인 1에 대한 특정범죄 가중처벌 등에 관한 법률 위반(뇌물)의 점에 대하여 범행의 증거가 없다는 이유로 무죄로 판단한 것은 정당하고, 거기에 논리와 경험의 법칙에 반하여 자유심증주의의 한계를 벗어나거나 뇌물죄의 직무관련성에 관한 법리 등을 오해한 잘못이 없다.

2. 검사의 피고인 2에 대한 상고이유에 관하여

가. 2인 이상이 범죄에 공동가공하는 공범관계에 있어 공모는 법률상 어떤 정형을 요구하는 것이 아니고 2인 이상이 공모하여 범죄에 공동가공하여 범죄를 실현하려는 의사의 결합만 있으면 되는 것으로서, 순차적으로 또는 암묵적으로 상통하여 그 의사의 결합이 이루어지면 공모관계가 성립하고, 이러한 공모가 이루어진 이상 실행행위에 직접 관여하지 아니한 사람이라도 다른 공범자의 행위에 대하여 공동정범으로서의 형사책임을 진다. 따라서 사기의 공모공동정범이 그 기망방법을 구체적으로 몰랐다고 하더라도 공모관계를 부정할 수 없다(대법원 1997. 9. 12. 선고 97도1706 판결 참조).

나. (1) 원심은 그 판시와 같은 이유로, 검사가 제출한 증거들만으로는 피고인 2가 공무원인 피고인 1이 허위의 공문서를 작성하여 이를 행사하는 방법으로 SH공사를 기망하여 분양신청 자격이 없는 공소외 1로 하여금 아파트를 취득하도록 할 것이라는 사실을 인식하고 명시적 또는 묵시적으로 피고인 1과 이 부분 사기 범행을 공모하였다고 인정하기에 충분하지 않다고 판단하여, 피고인 2의 이 부분 공소범죄사실에 대하여 무죄를 선고하였다.

(2) 그러나 원심의 위와 같은 판단은 이를 수긍할 수 없다.

기록 및 적법하게 채택된 증거들에 의하면 다음과 같은 사실을 알 수 있다.

① 피고인 2는 도시계획사업과 관련된 분양신청권을 매매하는 속칭 '딱지' 매매를 다년간 하여 왔다. ② 피고인 2는 검찰 조사에서, 2004. 11.경 서울시보에서 차년도 도시계획사업과 관련하여 이 사건 후암동 도로확장공사에 대한 내용을 확인하고 공무원인 피고인 1을 찾아가서 위 사업이 언제 이루어지는지 물어본 적이 있다고 진술하였다. ③ 피고인 2는 위 공사와 관련된 사업시행인가고시일 이후에 공소외 1과 위 공사구역 내에 있는 무허가건물에 관한 분양신청권인 '딱지'를 매매하였는데, 사업시행인가고시일 이후에 무허가건물을 매수한 사람은 분양신청권을 적법하게 취득할 수 없다. ④ 공소외 1의 어머니인 공소외 2는 경찰 조사에서, 피고인 2가 위 딱지의 대상이 되는 무허가건물은 공람공고가 있어 팔 수가 없다고 말하였다고 진술하였다. ⑤ 피고인 2는 무허가건물의 실제 소유자인 공소외 3에게 지급될 철거보상금 11,529,000원을 용산구청으로부터 공소외 1의 통장으로 송금받아 이 돈을 피고인 1에게 송금하였다.

이러한 사실에서 알 수 있는 다음과 같은 사정들, 즉 ① 피고인 2는 공소외 1과 이 사건 딱지를 매매할

당시 다년간 딱지매매 영업을 하여 사업시행인가고시일 이후 무허가건물을 매수하면 분양신청권을 받을 수 없다는 사실을 알고 있었던 것으로 보이는 점, ② 피고인 2는 이 사건 후암동 도로확장공사와 관련된 사업시행인가고시일이 언제인지 알지 못하였다고 주장하나, 피고인 2의 진술에 의하더라도 위 공사 계획에 관하여 피고인 1에게 미리 문의한 사실이 있고, 공소외 2가 피고인 2가 당시 공람공고 때문에 해당 무허가건물을 팔 수 없다고 말하였다고 진술한 점에 비추어 보면 피고인 2는 위 공사에 관한 사업시행인가고시일 이후에 이 사건 딱지매매를 한다는 사실을 알고 있었다고 봄이 상당한 점, ③ 피고인 2는 철거보상금을 자신이 보관하고 있던 공소외 1의 통장으로 송금받아 다시 피고인 1에게 송금하였는데 이는 정상적인 보상금 전달 과정이 아닌 점 등을 종합해 보면, 피고인 2는 피고인 1이 SH공사를 기망하기 위하여 사업시행인가고시일 이전에 공소외 1이 무허가건물을 매수하였다는 허위 내용의 공문서를 작성한 사실까지는 구체적으로 알지 못하였다고 하더라도, 피고인 1이 분양신청 자격이 없는 공소외 1로 하여금 분양신청권을 취득할 수 있도록 하기 위해서 적법하지 않은 방법을 사용한다는 사실을 충분히 알고 있었다고 봄이 상당하다.

(3) 그렇다면 이와 다른 전제에서 피고인 2가 명시적 또는 묵시적으로 피고인 1과 이 부분 사기 범행을 공모하였다고 인정할 수 없다고 판단한 원심은 논리와 경험의 법칙에 반하여 자유심증주의의 한계를 벗어나 판단을 그르친 것이다.

3. 피고인 1의 상고이유에 관하여

원심판결 이유를 기록에 비추어 보면 원심이 그 판시와 같은 이유를 들어 피고인 1에 대한 이 사건 공소사실 중 각 사기의 점을 유죄로 판단한 것은 정당하고, 거기에 형사재판에서의 기판력, 공소권남용에 관한 법리를 오해한 잘못이 없다.

그리고 형사소송법 제383조 제4호에 의하면 사형, 무기 또는 10년 이상의 징역이나 금고가 선고된 사건에서만 양형부당을 사유로 한 상고가 허용되므로, 피고인 1에 대하여 그보다 가벼운 형이 선고된 이 사건에서 형의 양정이 부당하다는 취지의 주장은 적법한 상고이유가 되지 못한다.

4. 결론

그러므로 원심판결 중 피고인 2에 관한 부분을 파기하고, 이 부분 사건을 다시 심리·판단하게 하기 위하여 원심법원에 환송하며, 피고인 1의 상고와 검사의 피고인 1에 대한 상고는 각 기각하기로 하여, 관여 대법관의 일치된 의견으로 주문과 같이 판결한다.

대법관 박보영(재판장) 민일영(주심) 이인복 김신

대법원 2013.8.23. 선고 2013도4644 판결

【특정경제범죄가중처벌등에관한법률위반(공갈)(예비적죄명:공갈)·특정범죄가중처벌등에 관한법률위반(알선수재)·위증·위증교사】

판시사항

특정범죄 가중처벌 등에 관한 법률 제3조에서 정한 '공무원의 직무에 속한 사항의 알선'의 의미 및 피고인이 타인과 동업약정을 체결하고 공무원들을 상대로 영업활동을 하였으나 그 약정이 피고인의 알선행위를 용이하게 하기 위한 형식 내지 외관을 갖춘 것에 불과한 경우, 피고인 자신이 아닌 타인의 사무를 위한 알선행위로 볼 수 있는지 여부(적극)

전 문

피 고 인 피고인 1 외 3인

상 고 인 피고인 1 및 검사

변 호 인 변호사

원심판결 광주고법 2013. 4. 9. 선고 (전주)2012노244 판결

주 문 상고를 모두 기각한다.

이 유 상고이유를 판단한다.

1. 피고인 1의 상고이유에 대하여

특정범죄 가중처벌 등에 관한 법률 제3조에서 정한 '공무원의 직무에 속한 사항의 알선'은 그 알선행위가 자신이 아닌 타인의 사무를 위한 것이어야 하므로(대법원 2002. 6. 11. 선고 2000도357 판결, 대법원 2010. 4. 29. 선고 2010도2554 판결 등 참조) 피고인이 타인과 동업약정을 체결하고 그 동업관계에 있어서의 공동 목적을 실현하기 위하여 공무원들을 상대로 영업활동을 한 경우에는 타인의 사무를 위한 알선이라고 볼 수 없을 것이지만, 동업약정이 피고인의 알선행위를 용이하게 하기 위한 형식 내지 외관을 갖춘 것에 불과하다면 이는 피고인 자신이 아닌 타인의 사무를 위한 알선이라고 보아야 한다.

원심은, 그 판시와 같은 사정을 종합하여 보면 공소외 1 유한회사와 공소외 2 주식회사 사이에 체결된 특허사용 및 협약권한 위임계약과 약정은 형식적으로 체결된 것에 불과하므로 이를 근거로 공소외 2 주식회사의 공사수주 관련 업무를 피고인 1 자신의 사무로 볼 수 없다는 이유로 피고인 1에 대한 공소사실 중 특정범죄 가중처벌 등에 관한 법률 위반(알선수재)의 점을 유죄로 인정하였다.

원심판결 이유를 원심이 적법하게 채택한 증거들에 비추어 살펴보면, 원심의 위와 같은 판단은 앞서 본 법리에 따른 것으로서 정당하고, 거기에 상고이유 주장과 같이 논리와 경험의 법칙을 위반하고 자유심증주의의 한계를 벗어나거나 알선수재죄의 '타인의 사무' 및 고의에 관한 법리를 오해하고, 공판중심주의를 위반한 위법이 없다.

2. 검사의 상고이유에 대하여

원심판결 이유를 기록에 비추어 살펴보면, 원심이 그 판시와 같은 이유로 피고인 2, 3, 4에 대한 공소사실 및 피고인 1에 대한 특정범죄 가중처벌 등에 관한 법률 위반(알선수재)의 점을 제외한 나머지 공소사실을 모두 무죄로 판단한 것은 정당하고, 거기에 상고이유 주장과 같이 논리와 경험의 법칙을 위반하고 자유심증주의의 한계를 벗어나거나 관련 법리를 오해하는 등의 위법이 없다.

3. 결론

그러므로 상고를 모두 기각하기로 하여, 관여 대법관의 일치된 의견으로 주문과 같이 판결한다.

대법관 민일영(재판장) 이인복 박보영(주심) 김신

대법원 2013.8.23. 선고 2013도4004 판결

【전자금융거래법위반】

판시사항

[1] 전자금융거래법상 처벌대상인 '접근매체의 양수'의 의미 및 접근매체의 명의자가 양도하거나 명의자로부터 양수한 경우에만 처벌대상이 되는지 여부(소극)

[2] 피고인이 갑으로부터 건네받은 을 명의의 통장 등 접근매체를 병이 지시하는 성명을 알 수 없는 사람에게 '양도'하였다고 하여 전자금융거래법 위반으로 기소된 사안에서, 피고인의 행위는 접근매체의 양도에 해당한다는 이유로, 이와 달리 보아 무죄를 선고한 원심판결에 법리오해의 위법이 있다고 한 사례

판결요지

[1] 전자금융거래법 제49조 제4항 제1호에서 말하는 접근매체의 양수는 양도인의 의사에 기하여 접근매체의 소유권 내지 처분권을 확정적으로 이전받는 것을 의미하고, 단지 대여받거나 일시적인 사용을 위한 위임을 받는 행위는 이에 포함되지 않는다고 보는 것이 타당한데, 같은 법 제6조 제3항 제1호는 접근매체의 양도, 양수행위의 주체에 제한을 두지 않고 있으므로 반드시 접근매체의 명의자가 양도하거나 명의자로부터 양수한 경우에만 처벌대상이 된다고 볼 수 없다.

[2] 피고인이 갑으로부터 건네받은 을 명의 통장 등 접근매체를 병이 지시하는 성명을 알 수 없는 사람에게 양도하였다고 하여 전자금융거래법 위반으로 기소된 사안에서, 피고인은 단순히 접근매체를 사기 범행의 공범들 사이에서 내부적으로 전달하였다기보다 접근매체를 매수한 후 전부를 다시 매도하여 중간 차익을 얻는 행위를 업으로 한 점, 전화금융사기 범행의 특성상 유기적으로 연결된 범죄집단과 달리 행위자들 사이에 충분히 접근매체의 거래가 이루어질 수 있는 점, 접근매체의 유통과정은 취득자가 접근매체를 이용하여 임의로 전자금융거래를 할 수 있음을 전제로 하고 있고 그에 대하여 일정한 가액도 수수되고 있는 점, 전자금융거래법은 전자금융거래의 법률관계를 명확히 하여 전자금융거래의 안전성과 신뢰성을 확보함에 입법목적이 있어 전자금융거래법 위반죄와 사기죄는 보호법익이나 입법목적을 달리하는 점 등을 감안할 때, 피고인의 행위는 접근매체의 양도에 해당한다는 이유로, 이와 달리 보아 무죄를 선고한 원심판결에 전자금융거래법상 접근매체 양도에 관한 법리오해의 위법이 있다고 한 사례.

전 문

피 고 인 피고인 1 외 1인

상 고 인 검사

변 호 인 변호사

원심판결 서울중앙지법 2013. 3. 28. 선고 2013노290 판결

주 문 원심판결 중 무죄 부분을 파기하고, 이 부분 사건을 서울중앙지방법원 합의부에 환송한다.

이 유 상고이유를 판단한다.

1. 피고인 1의 접근매체 양수로 인한 각 전자금융거래법 위반의 점에 대하여

가. 이 부분 공소사실의 요지는, 피고인 1이 ① 2012. 7. 25. 공소외 1로부터 공소외 2 명의의 기업은행 통장, 비밀번호, 현금카드 등 3개의 접근매체를 양수하였고, ② 2012. 8. 29. 공소외 1로부터 공소외 3 주식회사 명의의 농협통장, 현금카드 및 이에 대한 비밀번호 등 6개의 접근매체를 양수하였다는 것이다.

나. 원심은, 피고인 1이 접근매체의 명의자들로부터 직접 이를 양수하였다는 증거가 부족하고 공소외 1이 위 접근

매체들의 소유권 내지 처분권을 양도할 수 있는 지위에 있었음을 인정할 만한 증거도 없다는 등의 이유로 이 부분 공소사실을 무죄로 판단하였다.

다. 그러나 원심의 판단은 아래와 같은 이유로 그대로 수긍하기 어렵다.

원심이 적법하게 채택한 증거들에 의하면, 피고인 1은 피고인 2 등과 함께 서울 동대문구 신설동에 사무실을 차려 놓고 개인 및 법인 명의의 통장을 모집, 판매하여 왔던 사실, 공소외 1은 피고인 1과 수년 전부터 알던 사이로 사업자 등록서류 등을 이용하여 개설된 각 명의인들의 통장, 비밀번호, 현금카드를 갖고 있다가 상호 연락이 되면 피고인 1을 만나 이를 교부하고 통장 1건당 25만 원 정도를 받은 사실, 피고인 1은 공소외 1로부터 위 통장 등을 넘겨받아 보관하거나 당일로 통장 1건당 35만 원 정도에 다시 팔았던 사실, 2012. 7. 25. 피고인 1은 전화금융사기 조직원인 공소외 4의 요청을 받고, 공소외 1로부터 제공받은 공소외 2 명의의 통장, 비밀번호, 현금카드 등 3개의 접근매체를 퀵서비스를 이용하여 보내준 사실, 공소외 2 등 명의의 통장 계좌는 대출, 조건만남 등을 빙자한 사기 범행의 입, 출금계좌로 사용된 사실, 위 통장이나 카드는 현금인출에 사용되고 2~3일 내에 사용이 정지되거나 버려지는 사실, 2012. 8. 29.에도 피고인 1은 공소외 3 주식회사 명의의 통장 등을 공소외 1로부터 제공받아 일부를 보관하다가 체포영장에 의하여 체포되기에 이른 사실을 알 수 있다.

전자금융거래법 제49조 제4항 제1호에서 말하는 접근매체의 양수는 양도인의 의사에 기하여 접근매체의 소유권 내지 처분권을 확정적으로 이전받는 것을 의미하고, 단지 대여받거나 일시적인 사용을 위한 위임을 받는 행위는 이에 포함되지 않는다고 봄이 상당한데, 같은 법 제6조 제3항 제1호는 접근매체의 양도, 양수행위의 주체에 제한을 두지 않고 있으므로 반드시 접근매체의 명의자가 양도하거나 명의자로부터 양수한 경우에만 처벌대상이 된다고 볼 수 없고, 위 인정 사실에 의하면, 공소외 1은 임의로 전자금융거래를 할 수 있는 명의자들의 통장, 비밀번호와 현금카드를 처분하기 위하여 소지하고 있었고, 피고인 1은 공소외 1로부터 위 접근매체 전부를 제공받고 그에 따른 정해진 대가까지 지급하였으며, 달리 이를 대여받거나 일시 사용을 위한 위임을 받았다고 볼 만한 사정은 없다.

여기에 위 접근매체를 교부하게 된 경위, 공소외 1과 피고인 1의 관계, 접근매체의 개수, 교부 이후의 정황 등도 종합하면, 피고인 1은 공소외 1로부터 위 접근매체를 각 양수하였다고 봄이 타당하다.

라. 그럼에도 불구하고 원심이 그 판시와 같은 이유만을 들어 이와 달리 이 부분 공소사실을 무죄로 판단하였으니, 거기에는 전자금융거래법상의 접근매체 양수에 관한 법리를 오해한 위법이 있다.

2. 피고인들의 접근매체 양도로 인한 전자금융거래법 위반의 점에 대하여

가. 이 부분 공소사실의 요지는, 피고인들은 2012. 7. 16. 공소외 5로부터 공소외 6 명의의 기업은행 통장, 비밀번호, 현금카드 등 6개의 접근매체를 건네받은 후 공소외 7의 지시에 따라 퀵서비스를 통해 성명불상의 인출책에게 이를 양도하였다는 것이다.

나. 원심은, 공소외 5에게 공소외 6 등의 통장에 대한 소유권 내지 처분권이 있음을 인정할 증거가 없고, 피고인들이 공범들에게 접근매체를 다시 교부하는 것은 이미 양수가 완료된 접근매체를 사기 범행의 공범들 사이에 그 역할에 따라 내부적으로 전달하는 것에 불과하다는 이유를 들어 이 부분 공소사실을 무죄로 판단하였다.

다. 그러나 원심의 판단은 아래와 같은 이유로 그대로 수긍하기 어렵다.

피고인들이 서울 동대문구 신설동에 사무실을 차려 놓고 개인 및 법인 명의의 통장을 모집, 판매하여 왔던 사실은 앞서 본 바와 같고, 나아가 원심이 적법하게 채택한 증거들에 의하면, 공소외 5(일명 ○○ ○)는 피고인 2의 부탁을 받고 2012. 7. 16. 공소외 6, 8 명의의 통장, 현금카드, 비밀번호 6개를 위 사무실로 가져온 사실, 피고인들은 이를 통장 1건당 25만 원 정도에 매수하기로 하고 개인수첩에 이름, 계좌번호, 비밀번호를 기록한 다음 공소외 7이 요청한 대로 오토바이 퀵서비스를 이용하여 이를 인출책에게 보낸 사실, 공소외 7은 위 통장 등을 넘겨받은 후 그중 사용이 가능한 통장 개수에 따른 대가로 132만 원을 송금하였고, 피고인들은 위 사무실을 함께 사용하던 공소외 9와 이를 나누는 한편 공소외 5에게 통장 매수대금을 지급한 사실, 위 공소외 6 등 명의의 통장 계좌는 전화금융사기 조직원에게 인계된 후 사기 범행의 입, 출금계좌로 사용된 사실, 피고인들 특히 피고인 1은 공소외 7 이외에도 일명 천안 최부장, 강사장 등 불상의 전화금융사기 조직원들과도 통장거래를 하여 왔던 사실을 알 수 있다.

이를 종합하면, 피고인들은 공소외 7의 지시를 받아 단순히 접근매체를 사기 범행의 공범들 사이에서 내부적으로 전달하였다기보다 공소외 5가 구해 온 통장, 비밀번호, 현금카드를 매수한 후 다시 그 전부를 공소외 7 등에게 매도함으로써 중간 차익을 얻는 행위를 업으로 한 것으로 볼 수 있고, 전화금융사기 범행의 경우 그 특성상 유기적으로 연결된 범죄집단과 달리 각 행위자들 사이에 충분히 접근매체의 거래가 이루어질 수 있는 점, 위 접근매체의 유통 과정은 그 취득자가 접근매체를 이용하여 임의로 전자금융거래를 할 수 있음을 전제로 하고 있고 그에 대하여 일정한 가액도 수수되고 있는 점, 전자금융거래법은 전자금융거래의 법률관계를 명확히 하여 전자금융거래의 안전성과 신뢰성을 확보함에 입법목적이 있어 전자금융거래법 위반죄와 사기죄는

그 보호법익이나 입법목적을 달리하는 점 등을 감안할 때, 피고인들의 위 행위는 접근매체의 양도에 해당한다고 봄이 타당하다.

라. 그럼에도 불구하고 원심이 그 판시와 같은 이유만을 들어 이와 달리 이 부분 공소사실을 무죄로 판단하였으니, 거기에는 전자금융거래법상의 접근매체 양도에 관한 법리를 오해한 위법이 있다.

3. 피고인 2의 접근매체 양도로 인한 전자금융거래법 위반의 점에 대하여

가. 이 부분 공소사실의 요지는, 피고인 2가 2012년 7월 말경 공소외 9(원심판결의 공소외 10은 오기로 보인다)로부터 공소외 11 명의의 국민은행, 기업은행 통장 등을 건네받은 후 2012. 8. 2. 오토바이 퀵서비스를 통해 공소외 7이 지시하는 성명불상의 인출책에게 위 통장 등을 양도하였다는 것이다.

나. 원심은, 피고인 2나 공소외 9에게 공소외 11 명의의 통장에 대한 소유권 내지 처분권이 있었음을 인정할 증거가 없고, 피고인 2가 공소외 9로부터 건네받은 접근매체를 전화금융사기의 공범관계에 있는 사람들에게 다시 교부하는 것은 이미 양수가 완료된 접근매체를 사기 범행의 공범들 사이에 그 역할에 따라 내부적으로 전달하는 것에 불과하다는 이유로 이 부분 공소사실을 무죄로 판단하였다.

다. 그러나 원심의 판단은 아래와 같은 이유로 그대로 수긍하기 어렵다.

원심이 적법하게 채택한 증거들에 의하면, 공소외 9는 피고인들의 위 신설동 사무실에 상주하면서 조카인 공소외 11로부터 돈을 달라는 말을 듣고 공소외 11 명의로 통장을 만들어 공소외 7에게 팔기로 한 사실, 공소외 11은 공소외 9와 함께 기업은행, 국민은행을 돌며 통장, 현금카드를 만들었고 이를 공소외 9에게 주며 빨리 팔아달라고 말한 사실, 공소외 9는 공소외 11 명의의 위 통장, 비밀번호, 현금카드 전부를 통장 1건당 25만 원을 받기로 하고 피고인 2에게 교부한 사실, 그로부터 2~3일 후 피고인 2는 공소외 7과 위 통장 등을 어디로 보내는지에 관한 통화를 한 다음 공소외 7로부터 60만 원을 받기로 하고 이를 퀵서비스로 보내준 사실, 피고인 2는 당일 공소외 7로부터 통장 값 70만 원을 보냈다는 전화를 받고 그 중 60만 원을 공소외 9에게 지급한 사실, 공소외 11 명의의 위 통장 계좌는 그 다음날 전화금융사기 범행의 입, 출금계좌로 사용된 사실을 알 수 있다.

이를 종합하면, 피고인 2는 타에 처분하기 위한 목적으로 공소외 9로부터 공소외 11 명의의 각 통장을 매수하였다가, 중간 차익을 얻고자 그 전부를 다시 공소외 7 등에게 매도한 것으로 볼 수 있고, 전화금융사기 범행의 경우 그 특성상 유기적으로 연결된 범죄집단과 달리 각 행위자들 사이에 충분히 접근매체의 거래가 이루어질 수 있는 점, 위 접근매체의 유통 과정은 그 취득자가 접근매체를 이용하여 임의로 전자금융거래를 할 수 있음을 전제로 하고 있고 그에 대하여 일정한 가액도 수수되고 있는 점, 전자금융거래법은 전자금융거래의 법률관계를 명확히 하여 전자금융거래의 안전성과 신뢰성을 확보함에 입법목적이 있어 전자금융거래법 위반죄와 사기죄는 그 보호법익이나 입법목적을 달리하는 점 등을 감안할 때, 피고인 2의 위 행위는 접근매체의 양도에 해당한다고 봄이 타당하다.

라. 그럼에도 불구하고 원심이 그 판시와 같은 이유만을 들어 이와 달리 이 부분 공소사실을 무죄로 판단하였으니, 거기에는 전자금융거래법상의 접근매체 양도에 관한 법리를 오해한 위법이 있다.

4. 결론

그러므로 원심판결 중 무죄 부분을 파기하고, 이 부분 사건을 다시 심리·판단하도록 원심법원에 환송하기로 하여, 관여 대법관의 일치된 의견으로 주문과 같이 판결한다.

대법관 민일영(재판장) 이인복 박보영(주심) 김신

대법원 2013.8.23. 선고 2011도7637 판결

【업무상배임(인정된죄명:업무상횡령)】

판시사항

1. 업무상횡령죄에서 '불법영득의사'의 의미
2. 횡령죄 구성요건 중 '반환의 거부'의 의미와 판단 기준

전　　문

피 고 인 피고인

상 고 인 피고인

변 호 인 법무법인 산지 담당변호사 곽란주

원심판결 대전지법 2011. 5. 26. 선고 2011노223 판결, 2011초기192, 215, 250 각 배상명령신청

주　　문 원심판결을 파기하고, 사건을 대전지방법원 합의부에 환송한다.

이　　유 상고이유에 대하여 판단한다.

1. 업무상횡령죄가 성립하기 위하여는 타인의 재물을 보관하는 사람이 불법영득의 의사로 업무상의 임무에 위배하여 그 재물을 횡령하거나 반환을 거부하여야 하고(형법 제356조, 제355조 제1항), 여기서 '불법영득의 의사'라 함은 타인의 재물을 보관하는 사람이 자기 또는 제3자의 이익을 꾀할 목적으로 업무상의 임무에 위배하여 보관하는 타인의 재물을 자기의 소유인 경우와 같이 사실상 또는 법률상 처분하는 의사를 의미한다(대법원 2002. 2. 5. 선고 2001도5439 판결 등 참조). 그리고 횡령죄에서 '반환의 거부'라고 함은 보관물에 대하여 소유자의 권리를 배제하는 의사표시를 하는 행위를 뜻하므로, 타인의 재물을 보관하는 사람이 단순히 반환을 거부한 사실만으로 횡령죄가 성립하는 것은 아니며, 반환거부의 이유 및 주관적인 의사 등을 종합하여 반환거부행위가 횡령행위와 같다고 볼 수 있을 정도이어야만 횡령죄가 성립할 수 있다(대법원 2006. 2. 10. 선고 2003도7487 판결, 대법원 2008. 12. 11. 선고 2008도8279 판결 등 참조).
2. 원심은, 피고인이 이 사건 상가의 관리업체인 공소외 주식회사(이하 '공소외 회사'라고 한다)의 대표이사로서 상가 구분소유자인 피해자들을 대신하여 구분점포의 임대차계약을 체결하고 임차인들로부터 임대차보증금과 차임을 받아 피해자들을 위하여 업무상 보관하던 중 관리비, 특별관리비, 개발비에 충당한다는 명목으로 그 반환을 거부하였다고 인정한 다음, 피해자들이 공소외 회사에 대하여 위 관리비 등의 지급 채무를 부담하고 있는지 명확하지 않을 뿐만 아니라, 공소외 회사와 피해자들 사이에 점포 임대차보증금과 차임을 위 관리비 등 채무의 변제에 충당하기로 합의한 적도 없다는 등의 이유를 들어 피고인에게 불법영득의 의사가 인정된다고 판단하여, 업무상횡령의 공소사실을 유죄로 인정한 제1심을 유지하였다.
3. 그러나 피고인이 불법영득의 의사로 임대차보증금과 차임의 반환을 거부하였다고 본 원심의 판단은 다음과 같은 이유에서 그대로 수긍하기 어렵다.

가. 원심판결 이유와 적법하게 채택된 증거에 의하면 다음과 같은 사실을 알 수 있다.

(1) 공소외 회사는 피해자들을 비롯한 이 사건 상가의 구분소유자들로부터 상가 관리 업무와 함께 각 구분점포의 임대에 관한 모든 업무의 처리를 위임받아 그 업무를 수행해 왔다.

(2) 공소외 회사와 구분소유자들이 합의한 이 사건 상가의 관리규정에 따르면, 공소외 회사는 상가의 유지관리 및 상가 활성화 관련 업무, 구분점포의 매매·임대차 알선 및 허가에 관한 업무, 관리비의 부과·징수·예치·사용에 관한 업무 등을 담당하고(제21조), 상가의 관리운영권을 가지며(제19조 제3호), 구분소유자 등이 1개월 이상 영업행위를 하지 아니할 경우 새로운 임차계약자를 선정하여 입점시킬 수 있고, 구분소유자들은 공소외 회사의 이러한 조치에 대하여 이의를 제기할 수 없다(제36조).

한편 구분소유자들은 건물의 유지·보수 및 영업관리를 위하여 필요한 비용 등을 부담하고, 상가 활성화를 위하여 적극적으로 참여하며, 임차인이 모집되지 않은 공실 점포에 대하여 임차인이 입주할 때까지 관리비를 부담할 의무가 있다(제6조).

또한 구분소유자 등은 전유부분의 전기료, 상하수도료, 냉난방비와 전유부분 및 공용부분의 관리에 필요한 일체의 비용을 관리비로서 부과 기준에 따라 부담하여야 하는데, 이러한 관리비에는 공용부분 등의 수선·개

조·복구·제거 등 유지와 관리에 필요한 비용, 관리법인인 공소외 회사의 운영에 필요한 비용 등이 포함된다(제33조 제1항). 위와 같이 공소외 회사에 지급하여야 할 관리비 등의 채무는 입점자가 부담하되 구분소유자도 연대하여 책임지며, 임대보증금 등에서 최우선 변제하도록 하고(제8조), 공소외 회사는 구분소유자 등이 관리비를 2개월 이상 체납할 경우 단전·단수·상품 반출입 금지·폐문 등의 조치를 할 수 있다(제33조 제2항).

(3) 피고인이 2007. 1. 21. 공소외 회사의 대표이사로 취임할 당시 이 사건 상가는 구분점포의 임대 진행이 원활하지 않고 상가 영업도 부진한 상태에 있었는데, 피고인은 건물 내·외부 공사를 통하여 상가를 정비하는 방법 등으로 임차인을 모으고 상가를 활성화하고자 하였다.

(4) 공소외 회사는 이 사건 상가의 관리 업무를 담당하면서 구분소유자 등에게 관리비를 부과·징수하여 왔고, 이와 별도로 2007. 12.경, 공소외 회사에 부과된 법인세 및 부가가치세 등의 납부와 공소외 회사가 이 사건 상가의 인테리어 공사비를 마련하고자 차용한 금전의 변제 등을 위하여 필요하다는 이유로, 구분소유자들에게 '특별관리비'를 부과하였다. 또한 공소외 회사는 2008. 2.경 이 사건 상가의 활성화를 위하여 상가 외벽 및 인테리어 공사가 필요한데 그 공사비 지급에 사용한다는 이유로, 구분소유자들에게 '개발비'를 부과하였다.

그런데 공소외 회사는 구분소유자 일부가 참석한 주주 및 집행위원 총회, 분양자 총회 등을 개최하여 참석자들의 의견을 듣고 구분소유자들에게 위와 같은 특별관리비와 개발비를 부과하였고 구분소유자들에게 서면으로 위 개발비의 납부를 요청하기도 하였으나, 그 후 구분소유자 중 일부가 공소외 회사를 상대로 제기한 채무부존재확인 청구소송에서 이 사건 상가 관리단집회의 적법한 의결을 거치지 않았다는 이유로 위 특별관리비와 개발비 채무의 부존재 확인 판결이 선고되어 확정되었다. 당시 이 사건 상가의 구분소유자는 약 500명이었는데, 그 중 250명 이상이 위 개발비를 납부하였다.

(5) 공소외 회사는 구분소유자들과 임대차보증금, 차임, 기간 등 임대차계약의 내용에 관하여 따로 협의하지 않고 이를 스스로 결정하여 이 사건 상가를 임대해 왔고, 임대차계약서의 임대인란에는 구분소유자가 아니라 공소외 회사를 기재하였으며, 임대차계약 체결 후 해당 구분소유자들에게 그 사실을 개별적으로 통지하지는 아니하였는데, 이 사건 각 임대차계약도 2007. 9.부터 2008. 12.까지 사이에 위와 같은 방식으로 체결되었다. 이에 따라 이 사건 각 임대차가 종료할 때의 임대차보증금 반환채무는 공소외 회사가 모두 부담하였다.

(6) 피고인은 이 사건 무렵 구분소유자들로부터 받은 개발비 등과 상가 임차인들로부터 받은 임대차보증금, 차임을 대부분 이 사건 상가의 공사비 지급 등에 사용하였는데, 관리비 등을 체납하지 않은 구분소유자들에 대해서도 그 동의를 얻어 해당 임차인으로부터 받은 차임 등을 구분소유자들에게 반환하지 아니하고 공사비 또는 상가 개발비용 등에 사용하였다.

나. 먼저 위와 같이 공소외 회사가 이 사건 상가에 관하여 구분소유자들로부터 임대에 관한 업무와 상가 관리에 관한 업무를 함께 위임받아 처리해 온 점, 구분소유자들은 건물의 유지·보수 및 영업관리를 위하여 관리비 등 필요한 비용을 부담하고, 이 사건 상가의 활성화를 위하여 적극적으로 참여할 기본적 의무가 있는 점, 공소외 회사는 상가의 유지·관리, 상가 활성화, 관리비의 부과·징수 등의 업무를 담당하고, 관리비 등의 우선 변제와 체납 방지를 위한 여러 조치를 실행할 권한이 있는 점, 이 사건 상가의 관리규정 등에서 공소외 회사가 구분점포의 임대 수익금을 구분소유자의 체납 관리비 등에 충당하는 것을 특별히 제한하고 있지 아니한 점 등에 비추어 보면, 구분소유자가 정당하게 부과된 관리비 등을 체납하는 경우 공소외 회사가 구분소유자의 위임에 따라 구분점포의 임대를 통하여 받는 임대차보증금과 차임 등을 위 관리비 등의 채무 변제에 충당하는 것도 가능하다고 할 것이다.

그리고 위 사실관계에 의하면, 공소외 회사가 구분소유자들에게 부과한 관리비, 특별관리비, 개발비 중 이 사건 상가의 유지·보수와 상가 활성화, 공소외 회사의 운영 등에 필요한 부분은 원래 구분소유자들이 부담하여야 할 것으로서, 적법한 절차를 거쳐 부과되었다면 이에 관한 구분소유자들의 채무로 인정될 수 있었고, 또한 공소외 회사가 이 사건 각 임대차의 임차인들로부터 받은 임대차보증금, 차임 등은 이 사건 상가의 공사비 지급, 임대차 종료 시의 임대차보증금 반환 등에 사용된 것으로 보인다.

위와 같은 사정을 종합하면, 비록 공소외 회사가 적법한 절차를 거쳐 관리비, 특별관리비, 개발비를 부과한 것은 아니라고 하더라도, 피고인이 이 사건 각 임대차의 임차인으로부터 받은 임대차보증금과 차임을 피해자들의 체납 관리비, 개발비 등의 변제에 충당할 수 있다고 믿고서 피해자들의 반환요구에 응하지 아니하고 이를 거절하였을 여지가 충분하다고 할 것이고, 그러한 경우에는 특별한 사정이 없는 한 피고인이 불법영득의 의사로 임대차보증금과 차임을 횡령하였다고 볼 수는 없을 것이다.

다. 그럼에도 원심은 위와 같은 이유만으로 피고인이 불법영득의 의사로 임대차보증금과 차임의 반환을 거부함으로써 이를 업무상 횡령하였다고 단정하였으니, 원심판결에는 반환거부에 의한 업무상횡령죄에서의 불법영득 의사 등에 관한 법리를 오해하여 필요한 심리를 다하지 아니한 위법이 있다. 이 점을 지적하는 상고이유의 주장에는 정당한 이유가 있다.

4. 그러므로 나머지 상고이유에 대해서는 더 살피지 아니한 채 원심판결을 파기하고, 사건을 다시 심리·판단하게 하기 위하여 원심법원에 환송하기로 하여, 관여 대법관의 일치된 의견으로 주문과 같이 판결한다.

대법관 김신(재판장) 민일영 이인복(주심) 박보영

대법원 2013.8.23. 선고 2011도4763 판결

【업무방해·공무집행방해·폭행·상해】

판시사항

공무집행방해죄에서 공무집행의 적법성을 판단하는 기준 및 현행범 체포의 적법성을 판단하는 경우에도 마찬가지인지 여부(적극)

판결요지

공무집행방해죄는 공무원의 적법한 공무집행이 전제로 되는데, 추상적인 권한에 속하는 공무원의 어떠한 공무집행이 적법한지 여부는 행위 당시의 구체적 상황에 기하여 객관적·합리적으로 판단하여야 하고 사후적으로 순수한 객관적 기준에서 판단할 것은 아니다. 마찬가지로 현행범 체포의 적법성은 체포 당시의 구체적 상황을 기초로 객관적으로 판단하여야 하고, 사후에 범인으로 인정되었는지에 의할 것은 아니다.

전　문

피 고 인 피고인

상 고 인 검사

원심판결 서울중앙지법 2011. 4. 7. 선고 2010노4904 판결

주　문 원심판결 중 폭행, 공무집행방해, 상해죄에 관한 부분을 파기하고, 이 부분 사건을 서울중앙지방법원 합의부에 환송한다. 검사의 나머지 상고를 기각한다.

이　유 상고이유를 살펴본다.

1. 업무방해의 점에 관하여

가. 형법상 업무방해죄의 보호대상이 되는 '업무'는 직업 또는 계속적으로 종사하는 사무나 사업으로서 일정 기간 사실상 평온하게 이루어져 사회적 활동의 기반이 되는 것을 의미하고, 그 업무의 기초가 된 계약 또는 행정행위 등이 반드시 적법하여야 하는 것은 아니지만 타인의 위법한 행위에 의한 침해로부터 보호할 가치가 있는 것이어야 한다. 따라서 어떠한 업무의 양도·양수 여부를 둘러싸고 분쟁이 발생한 경우에 양수인의 업무에 대한 양도인의 업무방해죄가 인정되려면, 당해 업무에 관한 양도·양수 합의의 존재가 인정되어야 함은 물론이고, 더 나아가 그 합의에 따라 당해 업무가 실제로 양수인에게 양도된 후 사실상 평온하게 이루어져 양수인의 사회적 활동의 기반이 됨으로써 타인, 특히 양도인의 위법한 행위에 의한 침해로부터 보호할 가치가 있는 업무라고 볼 수 있을 정도에 이르러야 한다(대법원 2007. 8. 23. 선고 2006도3687 판결 참조).

나. 이 부분 공소사실의 요지는, '피고인은 2009. 4. 17. 19:00부터 같은 날 20:00까지 서울 강남구 신사동 (지번 생략)에 있는 피해자 공소외 1 경영의 "○○○" 식당(이하 '이 사건 식당 본점'이라 한다)에서, 위 피해자가 피고인이 사용하고 있던 신용카드를 정지시켜 사용하지 못하게 하였다는 이유 등으로 이 사건 식당 본점에 있는 양은그릇 2개를 양손으로 들고 부딪치며 "이 가게는 내 가게이다. 오늘 내가 골든벨을 울릴 테니 마음껏 드시라."고 소리치고, 컴퓨터 모니터에 표시된 손님들의 주문내역을 지우려고 하는 등 소란을 피워 위력으로 피해자의 식당영업 업무를 방해하였다'는 것이다.

다. 원심판결 이유에 의하면, 원심은 판시와 같은 사실을 인정한 다음, 이 사건 식당 본점 운영권의 양도·양수 합의의 존부 및 그 효력을 둘러싸고 피고인과 피해자 공소외 1 사이에 다툼이 있는 상황에서, 위 피해자가 적법한 양수인이라고 주장하면서 일방적으로 식당 업무용 계좌와 현금카드 비밀번호를 변경하고 피고인을 배제한 채 사실상 단독으로 식당영업을 하였다는 것만으로는 이 사건 식당 본점의 영업주로서의 정상적인 업무에 종사하기 시작하였다거나 그 업무가 기존 영업주인 피고인과의 관계에서 보호할 가치가 있는 정도에 이르렀다고 보기 어렵고, 이 사건 식당 본점의 운영권은 원래 피고인에게 있었을 뿐 그 후 피고인과 위 피해자 사이에 운영권에 관한 양도·양수의 합의가 있었다고 인정되지 않으므로 위 피해자의 이 사건 식당 본점 영업이 업무

방해죄의 보호대상이 되는 업무에 해당한다고 볼 수 없다고 판단하여 이 부분 공소사실에 대하여 피고인에게 무죄를 선고한 제1심판결을 그대로 유지하였다.

라. 위에서 본 법리와 기록에 비추어 살펴보면, 원심의 위와 같은 판단은 정당하고, 거기에 논리와 경험의 법칙에 반하여 자유심증주의의 한계를 벗어나거나 업무방해죄의 업무에 관한 법리를 오해한 잘못이 없다.

2. 공무집행방해, 상해, 폭행의 점에 관하여

가. 공무집행방해죄는 공무원의 적법한 공무집행이 전제로 되는바, 추상적인 권한에 속하는 공무원의 어떠한 공무집행이 적법한지 여부는 행위 당시의 구체적 상황에 기하여 객관적·합리적으로 판단하여야 하고 사후적으로 순수한 객관적 기준에서 판단할 것은 아니다(대법원 1991. 5. 10. 선고 91도453 판결 등 참조). 마찬가지로 현행범 체포의 적법성은 체포 당시의 구체적 상황을 기초로 객관적으로 판단하여야 하고, 사후에 범인으로 인정되었는지에 의할 것은 아니다.

나. 이 부분 공소사실의 요지는, '피고인은 2009. 4. 17. 20:00경 이 사건 식당 본점에서 112신고를 받고 출동한 경찰관들을 도와 피고인을 제지하려던 매형 피해자 공소외 2의 가슴, 낭심 등을 오른발로 1회 걷어차 피해자를 폭행하고, 같은 날 20:00경 이 사건 식당 본점 앞 도로에서, 112신고를 받고 출동한 강남경찰서 청담지구대 소속 경사 공소외 3이 피고인을 현행범인으로 체포하여 순찰차에 태워 동행하려고 하자 순찰차 밑으로 하반신을 넣은 채 저항하다가 피고인을 일으켜 세우려는 위 공소외 3의 얼굴을 머리로 1회 들이받고 위 공소외 3의 왼쪽 어깨를 물어 위 공소외 3에게 상해를 가하여, 경찰관의 현행범인 체포에 관한 정당한 직무집행을 방해함과 동시에 피해자 공소외 3에게 상해를 가하였다'는 것이다.

다. 원심판결 이유에 의하면, 원심은, ① 경찰관이 출동하였을 무렵에는 피고인은 식당 안쪽 자리에 앉아 손님과 식사 중이었고 출동한 경찰관들은 피해자 공소외 1의 말을 듣고 피고인에게 업무방해 혐의로 동행할 것을 요구하였으나 피고인이 동행을 거부하자 위 피해자로부터 사업자등록의 명의가 공소외 1로 되어 있음을 확인하고 다시 피고인에게 동행을 요구하였으나 피고인이 이를 거부하자 피고인을 현행범으로 체포하려고 했던 점, ② 담당 경찰관으로서 이 사건 전에도 피고인의 업무방해 혐의 신고를 받고 이 사건 식당 본점에 출동한 경험이 있던 피해자 공소외 3과, 위 공소외 1의 남편이자 피고인의 매형인 피해자 공소외 2 모두, 피고인이 위 공소외 1의 친동생이고 원래는 이 사건 식당 본점을 운영하다가 현재 별관을 운영하고 있으며 피고인과 위 공소외 1이 본점 운영권을 놓고 분쟁 중인 상황임을 알고 있었던 것으로 보이는 점, ③ 피고인의 행위가 실제로도 업무방해죄를 구성하지 않는 점 등을 고려하면 피해자 공소외 3, 2의 입장에서 피고인이 시간적, 장소적으로 방금 업무방해라는 범죄를 실행한 범인이라는 점에 관하여 죄증이 명백히 존재하였다고 보기 어려워 형사소송법 제211조의 현행범인으로서의 요건을 갖추지 못한 상황이었고, 이러한 상황에서 경찰관이 동행을 거부하는 피고인을 체포하려고 한 것은 적법한 공무집행이라고 볼 수 없으므로, 피고인이 그 체포를 면하려고 저항하는 과정에서 피해자 공소외 3에게 가한 상해와 피해자 공소외 2에게 가한 폭행은 모두 불법 체포로 인한 신체에 대한 현재의 부당한 침해에서 벗어나기 위한 행위로서 정당방위에 해당하여 위법성이 조각된다고 판단하였다.

라. 그러나 원심의 위와 같은 판단은 다음과 같은 이유로 수긍할 수 없다.

원심이 채택한 증거에 의하면, ① 경찰관인 공소외 4는 피고인이 이 사건 식당 본점에서 소란을 피우고 있다는 신고를 받은 즉시 현장에 출동하였고, 현장에 도착하였을 때 피해자 공소외 1과 식당 종업원들이 식당 밖에 나와 손짓하고 있었으며, 식당 안에 들어갔을 때는 피고인이 소란행위를 일시 중단한 채 자리에 앉아 있어 위 공소외 1에게 누가 영업을 방해하였느냐고 묻자 위 공소외 1이 피고인을 지목한 사실, ② 이에 위 공소외 4는 피고인에게 상황을 설명해 달라고 하였고, 피고인은 자신이 가게 사장인데 무슨 영업방해냐고 항의하였으며, 위 공소외 4가 사업자등록증상으로는 피고인이 사장이 아니라고 말하고 나가서 얘기하자고 하였으나, 피고인은 소리를 지르고 위 공소외 4 등에게 욕설을 하며 식당 계산대 쪽을 왔다갔다하면서 양은그릇 2개를 양손에 들고 서로 부딪치는 등의 소란을 피운 사실, ③ 그러자 위 공소외 4가 현행범으로 체포하겠다고 피고인에게 고지하고 수갑을 채우려는 과정에서 피고인이 위 공소외 4를 도우려던 피해자 공소외 2의 낭심을 오른발로 걷어차는 등 폭행하였고, 위 공소외 4와 함께 출동한 다른 경찰관이 피고인의 팔을 등 뒤로 해서 수갑을 채운 후 피고인의 양쪽 겨드랑이에 팔을 끼워 바깥으로 데리고 나가려 하자 피고인이 발로 테이블을 걷어차 넘어뜨렸으며, 바깥에 나가서는 순찰차량 밑에 자신의 하반신을 밀어 넣고 연행되지 않으려고 저항하였고, 그러던 중 피고인을 차량 밑에서 끌어내려는 피해자 공소외 3 경사의 코 부분을 머리로 들이받고 왼쪽 어깨를 물어 상해를 가한 사실을 알 수 있다.

이러한 사실들을 위에서 본 법리에 비추어 보면, 비록 피고인이 식당 안에서 소리를 지르거나 양은그릇을 부딪치는 등의 소란행위가 업무방해죄의 구성요건에 해당하지 않아 사후적으로 무죄로 판단된다고 하더라도, 피고인이 상황을 설명해 달라거나 밖에서 얘기하자는 경찰관의 요구를 거부하고 경찰관 앞에서 소리를 지르고 양은그릇을 두드리면서 소란을 피운 당시 상황에서는 객관적으로 보아 피고인이 업무방해죄의 현행범이라고 인정할 만한 충분한 이유가 있으므로, 경찰관들이 피고인을 체포하려고 한 행위는 적법한 공무집행이라고 보아야 하고, 그 과정에서 피고인이 체포에 저항하며 피해자들을 폭행하거나 상해를 가한 것은 공무집행방해죄 등을 구성한다고 할 것이다. 그럼에도 원심이 이와 달리 판단한 것은 현행범 체포와 공무집행방해 및 정당방위에 관한 법리를 오해하여 판단을 그르친 것이다.

3. 그러므로 원심판결 중 폭행, 공무집행방해, 상해죄에 관한 부분을 파기하고, 이 부분 사건을 다시 심리·판단하게 하기 위하여 원심법원에 환송하며, 검사의 나머지 상고는 기각하기로 하여, 관여 대법관의 일치된 의견으로 주문과 같이 판결한다.

대법관 박보영(재판장) 민일영(주심) 이인복 김신

대법원 2013.8.23. 선고 2011도1957 판결

【저작권법위반(인정된죄명:저작권법위반방조)·컴퓨터프로그램보호법위반(인정된죄명:컴퓨터프로그램보호법위반방조)】

판시사항

[1] 저작재산권 침해로 인한 구 저작권법 제136조 제1항의 죄를 상습으로 수회에 걸쳐 범한 경우의 죄수 관계

[2] 수개의 저작물에 대한 저작재산권 침해행위의 죄수 관계

전 문

피 고 인 피고인 1 외 2인

상 고 인 피고인들

변 호 인 법무법인 동서파트너스 담당변호사 김한주 외 1인

원심판결 서울중앙지법 2011. 1. 21. 선고 2009노2308 판결

주 문 상고를 모두 기각한다.

이 유 상고이유에 대하여 판단한다.

1. 상고이유 제1점에 대하여

원심은 그 적법하게 채택된 증거들을 종합하여, 이 사건 '○○○○' 사이트에서 불특정 다수의 사이트 이용자들에 의하여 저작재산권자의 동의를 얻지 않은 영화파일 및 복제된 컴퓨터프로그램들의 업로드 및 다운로드가 이루어진 사실, 피고인 1, 2는 이 사건 '○○○○' 사이트의 개설·운영자로서 위 사이트의 운영방식과 이용실태 등을 모두 인식하고 있었음에도 사이트 이용자들에게 파일 업로드 및 다운로드, 컨텐츠 분류 및 검색 등의 서비스를 제공하고 이를 통해 수익을 얻은 사실 등 그 판시와 같은 사실을 인정한 다음, 피고인 1, 2가 이 사건 '○○○○' 사이트를 운영·관리함으로써 공소외 1, 2 및 성명불상 업로더들의 저작재산권 침해행위 및 성명불상자들의 불법복제 컴퓨터프로그램 이용행위를 용이하게 한 것이므로 위 피고인들에 대한 이 사건 저작권법 위반 방조 및 컴퓨터프로그램 보호법 위반 방조의 공소사실이 유죄로 인정된다고 판단하였다.

관련 법리와 적법하게 채택된 증거들에 비추어 살펴보면, 원심의 위와 같은 판단은 정당한 것으로 수긍할 수 있고, 거기에 상고이유의 주장과 같이 온라인서비스제공자의 방조책임 성립요건에 관한 법리를 오해한 위법이 없다.

2. 상고이유 제2점에 대하여

구 저작권법(2009. 4. 22. 법률 제9625호로 개정되기 전의 법률, 이하 '구 저작권법'이라 한다)은 제140조 본문에서 저작재산권 침해로 인한 제136조 제1항의 죄를 친고죄로 규정하면서, 제140조 단서 제1호에서 영리를 위하여 상습적으로 위와 같은 범행을 한 경우에는 고소가 없어도 공소를 제기할 수 있다고 규정하고 있으나, 상습으로 제136조 제1항의 죄를 저지른 경우 이를 가중처벌한다는 규정은 따로 두고 있지 않다. 따라서 수회에 걸쳐 구 저작권법 제136조 제1항의 죄를 범한 것이 상습성의 발현에 따른 것이라고 하더라도, 이는 원칙적으로 경합범으로 보아야 하는 것이지 하나의 죄로 처단되는 상습범으로 볼 것은 아니다. 그것이 법 규정의 표현에 부합하고, 상습범을 포괄일죄로 처단하는 것은 그것을 가중처벌하는 규정이 있기 때문이라는 법리적 구조에도 맞다. 그리고 저작재산권 침해행위는 저작권자가 같더라도 저작물별로 침해되는 법익이 다르므로 각각의 저작물에 대한 침해행위는 원칙적으로 각 별개의 죄를 구성한다고 할 것이다. 다만 단일하고도 계속된 범의 아래 동일한 저작물에 대한 침해행위가 일정 기간 반복하여 행하여진 경우에는 포괄하여 하나의 범죄가 성립한다고 볼 수 있다(대법원 2012. 5. 10. 선고 2011도12131 판결 등 참조).

이 사건에서 피고인들에 대한 이 사건 저작권법 위반 방조의 대상이 되는 저작물이 모두 동일한 저작물은 아니므로 위에서 본 법리에 비추어 그 전부가 포괄일죄 관계에 있다고 볼 수는 없다. 따라서 피고인들에 대한 이 사건 저작권법 위반 방조죄가 전부 포괄일죄 관계에 있다는 취지의 피고인들 주장은 받아들일 수 없고, 결국 원심판결에 상고이유의 주장과 같이 구 저작권법 제140조 제1호의 '영리를 위하여 상습적으로'의 법적 의미에 관

한 법리를 오해하고 죄수판단을 그르쳐 판결에 영향을 미친 위법이 있다고 할 수 없다.

3. 상고이유 제3점에 대하여

원심은 그 판시 사정들을 종합하여 보면, 판시 기술적 보호조치 사실만으로는 피고인 1, 2가 이 사건 '○○○○' 사이트 이용자들의 저작재산권 침해행위를 방지하거나 중단시키기 위하여 필요한 노력을 다하였다고 보기 어려우므로 구 저작권법 제102조에 따라 책임을 감면할 수 없다고 판단하였다.

관련 법리와 적법하게 채택된 증거들에 비추어 살펴보면, 원심의 위와 같은 판단은 정당하고, 거기에 논리와 경험의 법칙에 반하여 자유심증주의의 한계를 벗어나거나 구 저작권법 제102조 등의 면책요건이나 방조행위 및 범의의 성부 등에 관한 법리를 오해한 위법이 없다.

4. 결론

그러므로 상고를 모두 기각하기로 하여 관여 대법관의 일치된 의견으로 주문과 같이 판결한다.

대법관 김신(재판장) 민일영 이인복(주심) 박보영

대법원 2013.8.22. 선고 2012도7446 판결

【폐기물관리법위반】

판시사항

일시적 또는 일회적으로 폐기물을 5t 이상 배출하는 시설 등이 구 폐기물관리법 시행령 제2조 제9호에서 정한 '일련의 공사 또는 작업으로 폐기물을 5t 이상 배출하는 사업장'에 해당하는지 여부(적극) 및 위 규정에서 '일련의 작업'의 의미

전 문

피 고 인 피고인 1 외 1인

상 고 인 검사

변 호 인 변호사

원심판결 제주지법 2012. 5. 31. 선고 2011노598 판결

주 문 원심판결을 파기하고, 사건을 제주지방법원 합의부에 환송한다.

이 유 상고이유를 판단한다.

1. 구 폐기물관리법(2010. 7. 23. 법률 제10389호로 개정되기 전의 것. 이하 '법'이라 한다)에 의하면, 그 법의 적용 대상인 '폐기물'은 쓰레기 등으로서 사람의 생활이나 사업활동에 필요하지 아니하게 된 물질을 의미하고, '사업장폐기물'은 대기환경보전법 등 법률에 따라 배출시설을 설치·운영하는 사업장이나 '그 밖에 대통령령으로 정하는 사업장'에서 발생하는 폐기물을 말한다(법 제2조 제1호, 제3호). 그리고 법의 위임규정에 따라 그 시행령(2013. 5. 28. 대통령령 제24543호로 개정되기 전의 것. 이하 '시행령'이라 한다) 제2조는 사업장폐기물을 발생시키는 '사업장'을 규정하고 있는데, 그 대부분은 폐수종말처리시설, 공공하수처리시설, 분뇨처리시설, 폐기물처리시설 등 폐기물의 배출이 당연히 예정되어 있는 사업장이고(제1호 내지 제6호), 그처럼 본래의 기능이 폐기물 배출시설이 아닌 사업장으로는, 1일 평균 300㎏ 이상의 폐기물을 배출하는 사업장(제7호), 착공 때부터 마칠 때까지 5t 이상의 폐기물을 배출하는 건설사업장(제8호)이 있고, 마지막으로 '일련의 공사(제8호에 따른 건설공사 제외) 또는 작업으로 폐기물을 5t(공사를 착공하거나 작업을 시작할 때부터 마칠 때까지 발생하는 폐기물의 양을 말한다) 이상 배출하는 사업장'(제9호)이 규정되어 있다.

   위와 같은 법령 규정의 내용과 입법 취지에 비추어 보면, 폐기물배출 사업장을 규정한 시행령 제2조 중 제9호는 폐기물을 지속적으로 배출하는 제7호의 사업장이나 건설공사 폐기물을 배출하는 제8호의 사업장 이외에 일시적 또는 일회적으로 폐기물을 5t 이상 배출하는 시설 등을 포괄적으로 규율하기 위한 규정이라 할 것이므로, 그 시설의 성격상 본래부터 폐기물을 발생시키는 사업장이 아니라도 이에 해당한다고 보아야 한다. 또한, 위 규정에서 말하는 '일련의 작업' 역시 전체적으로 서로 관련된 목적과 계획 아래 행하여지는 업무수행 과정 등 사실적 행위를 모두 포함하는 의미라고 할 것이어서, 그 형태나 내용에 아무런 제한이 없고 다만 규정 자체의 문언상 건축 등으로 인한 '공사'만이 제외될 뿐이라고 할 것이다.

2. 원심은 ○○농협 또는 그 저온저장고가 시행령 제2조 각 호가 정하는 사업장 중 어디에 해당하는지 확인할 수 있는 자료가 전혀 없고, 이 사건 썩은 무는 임치인 공소외인의 소유로서 임치계약 만료로 공소외인이 반환받아야 하는 것이지 ○○농협에서의 일련의 작업으로 인하여 발생한 폐기물로 볼 수 없으므로, 이 사건 썩은 무가 법 제2조 제3호의 '사업장폐기물'에 해당함을 전제로 한 이 사건 공소사실은 범죄의 증명이 없다는 이유로 그에 관하여 모두 무죄를 선고하였다.

3. 그러나 위와 같은 원심의 판단은 수긍하기 어렵다.

   이 사건 공소사실은 ○○농협이 공소외인과 임치계약을 체결하고 무를 저온저장고에 보관하던 중 계약기간이 만료하였는데도 공소외인이 무를 찾아가지 않아 썩게 되자 피고인들은 이를 무단 투기하는 방법으로 처리하기로 공모한 후, 썩은 무 185.6t을 반출하여 토지에 살포해서 트랙터를 이용하여 흙과 혼합하는 방식으로 무단 처리하고, 그에 대해 주민으로부터 항의를 받게 되자 피고인 2가 위와 같이 무단 처리한 썩은 무 중 15t 가량을 다시 수거하여 자기 소유의 토지 공터 풀숲에 무단 투기하였다는 것이다.

   원심도 인정하였다시피 이 사건에서 '썩은 무'는 법 제2조 제1호에 정한 '폐기물'에 해당함은 분명하다. 그리

고 피고인들이 ○○농협 저온저장고에서 이 사건 썩은 무를 치우는 등 저온저장고를 정리하는 행위를 한 경과를 위에서 본 법리에 비추어 보면, 이는 시행령 제2조 제9호에서 말하는 '일련의 작업'에 해당한다 할 것이다. 따라서 이 사건 공소사실과 같은 사실관계가 인정되는 이상, 특별한 사정이 없는 한 ○○농협 저온저장고는 위 썩은 무의 처리에 관하여 '일련의 작업으로 폐기물을 5t 이상 배출하는 사업장'에 해당한다고 보아야 하고, 이 사건 썩은 무가 원래 공소외인의 소유로서 공소외인이 반환받아야 하는 것이라는 사정은 이와 같은 판단에 아무런 영향을 미치지 않는다고 할 것이다.

결국 이 사건 썩은 무는 '그 밖에 대통령령으로 정하는 사업장에서 발생되는 폐기물'로서 법 제2조 제3호에 정한 '사업장폐기물'에 해당한다 할 것이다. 원심은 이에 관하여 시행령 제2조 제9호로 정한 '사업장'의 의미를 오해하였고 그와 같은 잘못이 판결에 영향을 미쳤으므로, 이를 지적하는 상고이유의 주장은 이유 있다.

4. 이에 원심판결을 파기하고 사건을 다시 심리·판단하도록 원심법원에 환송하기로 하여, 관여 대법관의 일치된 의견으로 주문과 같이 판결한다.

대법관 김창석(재판장) 양창수 박병대(주심) 고영한

대법원 2013.8.22. 선고 2011도3599 판결

【저작권법위반】

판시사항

[1] 저작권법상 '2차적저작물'이 되기 위해서는 원저작물과 실질적 유사성을 유지하여야 하는지 여부(적극) 및 어문저작물인 원저작물을 요약한 요약물이 원저작물과 실질적인 유사성이 있는지 판단하는 기준

[2] 피고인 갑 주식회사의 대표이사인 피고인 을이, 영문 저작물인 원저작물의 내용을 요약한 영문요약물을 병 외국법인에게서 제공받아 한글로 번역한 요약물을 인터넷을 통해 유료로 제공하는 방법으로 원저작물 저작권자의 2차적저작물작성권을 침해하였다고 하여 구 저작권법 위반으로 기소된 사안에서, 피고인들에게 유죄를 선고한 원심판단을 정당하다고 한 사례

판결요지

[1] 저작권법 제5조 제1항은 '원저작물을 번역·편곡·변형·각색·영상제작 그 밖의 방법으로 작성한 창작물'을 '2차적저작물'이라고 규정하고 있으므로, 2차적저작물이 되기 위해서는 원저작물을 기초로 수정·증감이 가해지되 원저작물과 실질적 유사성을 유지하여야 한다. 따라서 어문저작물인 원저작물을 기초로 하여 이를 요약한 요약물이 원저작물과 실질적인 유사성이 없는 별개의 독립적인 새로운 저작물이 된 경우에는 원저작물 저작권자의 2차적저작물작성권을 침해한 것으로 되지는 아니하는데, 여기서 요약물이 원저작물과 실질적인 유사성이 있는지는, 요약물이 원저작물의 기본으로 되는 개요, 구조, 주된 구성 등을 그대로 유지하고 있는지 여부, 요약물이 원저작물을 이루는 문장들 중 일부만을 선택하여 발췌한 것이거나 발췌한 문장들의 표현을 단순히 단축한 정도에 불과한지 여부, 원저작물과 비교한 요약물의 상대적인 분량, 요약물의 원저작물에 대한 대체가능성 여부 등을 종합적으로 고려하여 판단해야 한다.

[2] 피고인 갑 주식회사의 대표이사인 피고인 을이, 영문 저작물인 원저작물의 내용을 요약한 영문요약물을 병 외국법인에게서 제공받아 한글로 번역한 요약물을 피고인 갑 회사의 인터넷 웹사이트를 통해 유료로 제공하는 방법으로 원저작물 저작권자의 2차적저작물작성권을 침해하였다고 하여 구 저작권법(2011. 6. 30. 법률 제10807호로 개정되기 전의 것) 위반으로 기소된 사안에서, 피고인 을이 작성한 번역요약물은 원저작물과 실질적으로 유사하여 2차적저작물에 해당하고, 나아가 피고인들이 병 법인에 문의하여 영문요약물이 원저작물의 저작권과는 무관한 별개의 독립된 저작물이라는 취지의 의견을 받았고, 법무법인에 저작권 침해 관련 질의를 하여 번역요약물이 원저작물의 저작권을 침해하지 않는 것으로 사료된다는 취지의 의견을 받았다는 사유만으로는 피고인들에게 저작권 침해에 대한 고의가 없었다거나 피고인들이 자신의 행위가 저작권 침해가 되지 않는다고 믿은 데 정당한 이유가 있다고 볼 수 없다는 이유로, 피고인들에게 유죄를 선고한 원심판단을 정당하다고 한 사례.

전 문

피 고 인 피고인 1 외 1인

상 고 인 피고인들

변 호 인 법무법인

원심판결 서울중앙지법 2011. 2. 23. 선고 2010노3247 판결

주 문 상고를 모두 기각한다.

이 유 상고이유를 판단한다.

1. 저작권법 제5조 제1항은 '원저작물을 번역·편곡·변형·각색·영상제작 그 밖의 방법으로 작성한 창작물'을 '2차적저작물'이라고 규정하고 있는바, 2차적저작물이 되기 위해서는 원저작물을 기초로 수정·증감이 가해지되 원저작물과 실질적 유사성을 유지하여야 한다. 따라서 어문저작물인 원저작물을 기초로 하여 이를 요약한 요약물이 원저작물과 실질적인 유사성이 없는 별개의 독립적인 새로운 저작물이 된 경우에는 원저작물 저작권자의 2차적저작물작성권을 침해한 것으로 되지는 아니하는데(대법원 2010. 2. 11. 선고 2007다63409 판결 등 참조), 여기서 요약물이 그 원저작물과 사이에 실질적인 유사성이 있는지 여부는, 요약물이 원저작물의 기본으로 되는 개요, 구조, 주된 구성 등을 그대로 유지하고 있는지 여부, 요약물이 원저작물을 이루는 문장들 중 일부만을 선택하여 발췌한 것이거나 발췌한 문장들의 표현을 단순히 단축한 정도에 불과한지 여부, 원저작물과 비교한 요약물의 상대적인 분량, 요약물의 원저작물에 대한 대체가능성 여부 등을 종합적으로 고려하여 판단해야 한다. 한편 저작권의 보호 대상은 인간의 사상 또는 감정을 말, 문자, 음, 색 등에 의하여 구체적으로 외부에 표현한 창작적인 표현형식이고, 거기에 표현되어 있는 내용 즉 아이디어나 이론 등의 사상 또는 감정 그 자체는 원칙적으로 저작권의 보호 대상이 아니므로, 저작권의 침해 여부를 가리기 위하여 두 저작물 사이에 실질적인 유사성이 있는지 여부를 판단함에 있어서도 창작적인 표현형식에 해당하는 것만을 가지고 대비해 보아야 하고, 표현형식이 아닌 사상 또는 감정 그 자체에 독창성·신규성이 있는지를 고려하여서는 안 된다(대법원 2011. 2. 10. 선고 2009도291 판결 등 참조).

   위 법리에 따라 원심이 적법하게 채택하여 조사한 증거를 종합하여 보면, 원심이 그 판시 범죄일람표 각 순번에 대하여 피고인 1이 작성한 번역요약물이 그 원저작물과 실질적으로 유사하여 2차적저작물에 해당한다는 취지로 판단한 것은 정당한 것으로 수긍할 수 있고, 거기에 상고이유 주장과 같은 2차적저작물작성권 침해 판단에 관한 법리오해 및 채증법칙 위반 등의 위법이 없다.

2. 한편 피고인들의 주장과 같이 피고인들이 2008. 4.경 영문 저작물인 이 사건 원저작물의 내용을 영문으로 요약한 이 사건 외국회사에 문의하여 이 사건 영문요약물이 그 원저작물의 저작권과는 무관한 별개의 독립된 저작물이라는 취지의 의견을 받았고, 2009. 2.경 법무법인에 저작권 침해 관련 질의를 하여 번역요약물이 원저작물의 저작권을 침해하지 아니하는 것으로 사료된다는 취지의 의견을 받은 바 있다는 사유만으로는 피고인들에게 저작권 침해에 대한 고의가 없었다거나 이 사건 공소사실 기재 행위가 저작권 침해가 되지 아니한다고 믿은 데에 정당한 이유가 있다고 볼 수 없다.

   같은 취지의 이 부분 원심의 판단은 정당하고, 거기에 상고이유 주장과 같은 고의와 위법성 인식에 관한 법리오해 등의 위법이 없다.

3. 그러므로 상고를 모두 기각하기로 하여 관여 대법관의 일치된 의견으로 주문과 같이 판결한다.

대법관 박병대(재판장) 양창수 고영한 김창석(주심)

대법원 2013.8.14. 선고 2013도6660,2013전도137,2013치도1 판결

【성폭력범죄의처벌등에관한특례법위반(강간등살인)·특정범죄가중처벌등에관한법률위반(영리약취·유인등)·주거침입·야간주거침입절도·절도·부착명령·치료명령】

판시사항

구 특정범죄 가중처벌 등에 관한 법률 제5조의2 제4항이 삭제된 것이 '간음 목적의 약취죄'를 가중처벌하도록 한 종전의 조치가 과중하다는 데서 나온 반성적 조치인지 여부(적극)

전 문

피고인 겸 피부착명령청구자, 피치료명령청구자 피고인

상 고 인 피고인 겸 피부착명령청구자, 피치료명령청구자

변 호 인 변호사

원심판결 광주고법 2013. 5. 16. 선고 2013노100, 2013전노12, 2013치노2 판결

주 문 원심판결을 파기하고, 사건을 광주고등법원에 환송한다.

이 유 직권으로 판단한다.

1. 형벌법령 제정의 이유가 된 법률이념의 변천에 따라 과거에 범죄로 보던 행위에 대하여 그 평가가 달라져 이를 범죄로 인정하고 처벌한 그 자체가 부당하였다거나 또는 과형이 과중하였다는 반성적 고려에서 법령을 개폐하였을 경우에는 형법 제1조 제2항에 따라 신법을 적용하여야 한다(대법원 2003. 10. 10. 선고 2003도2770 판결, 대법원 2010. 3. 11. 선고 2009도12930 판결 등 참조).

2. 가. 원심판결 이유에 의하면, 원심은 이 사건 공소사실 중 피고인 겸 피부착명령청구자, 피치료명령청구자(이하 '피고인'이라 한다)가 간음 목적으로 피해자를 약취한 행위에 대하여 구 특정범죄 가중처벌 등에 관한 법률(2013. 4. 5. 법률 제11731호로 개정되기 전의 것, 이하 '구 특정범죄가중처벌법'이라 한다) 제5조의2 제4항, 구 형법(2013. 4. 5. 법률 제11731호로 개정되기 전의 것, 이하 같다) 제288조 제1항을 적용하여 유죄로 판단한 제1심판결을 유지하였다.

나. 구 특정범죄가중처벌법 제5조의2 제4항은 "형법 제288조·제289조 또는 제292조 제1항의 죄를 범한 사람은 무기 또는 5년 이상의 징역에 처한다."고 규정하고, 구 형법 제288조 제1항은 "추행, 간음 또는 영리의 목적으로 사람을 약취 또는 유인한 자는 1년 이상의 유기징역에 처한다."고 규정하였으나, 원심판결 선고 전 시행된 특정범죄 가중처벌 등에 관한 법률(2013. 4. 5. 법률 제11731호로 개정된 것)에는 제5조의2 제4항이 삭제되고, 형법(2013. 4. 5. 법률 제11731호로 개정된 것) 제288조 제1항은 "추행, 간음, 결혼 또는 영리의 목적으로 사람을 약취 또는 유인한 사람은 1년 이상 10년 이하의 징역에 처한다."고 규정하여 간음 목적의 약취죄에 대한 법정형이 변경되었는데, 그 취지는 간음 목적의 약취의 형태와 동기가 다양함에도 불구하고 무기 또는 5년 이상의 징역으로 가중처벌하도록 한 종전의 조치가 과중하다는 데에서 나온 반성적 조치라고 보아야 할 것이어서, 이는 형법 제1조 제2항의 '범죄 후 법률의 변경에 의하여 그 행위가 범죄를 구성하지 아니하거나 형이 구법보다 경한 때'에 해당한다고 할 것이다.

그렇다면 이 사건 공소사실 중 피고인이 간음 목적으로 피해자를 약취한 행위는 행위시법인 구 특정범죄가중처벌법의 규정에 의해서 가중처벌할 수 없다. 그럼에도 위 부분 공소사실에 대하여 구 특정범죄가중처벌법의 규정을 적용한 제1심판결을 정당하다고 하여 이를 유지한 원심판결에는 형벌법규의 적용에 관한 법리를 오해하여 법령 적용을 잘못한 위법이 있다.

다. 원심은 피고인에 대한 위 부분 공소사실과 나머지 각 공소사실이 형법 제37조 전단의 경합범 관계에 있다는 이유로 하나의 형을 선고하였으므로, 위 부분 공소사실뿐만 아니라 나머지 공소사실 부분도 함께 파기하여야 한다. 한편 아동·청소년의 성보호에 관한 법률 제38조, 제38조의2에 의한 공개명령 및 고지명령 사건은 성폭력범죄 사건의 판결과 동시에 선고하는 부수처분이므로 성폭력범죄에 대한 부분을 파기하는 이상 그 공개명령 및 고지명령 부분도 파기하여야 한다. 나아가 주 사건인 피고사건을 파기하는 이상 그와 함께 심리되어 동시에 판결이 선고되어야 하는 구 특정 범죄자에 대한 위치추적 전자장치 부착 등에 관한 법률(2012. 12. 18. 특정 범죄자에 대한 보호관찰 및 전자장치 부착 등에 관한 법률 제11558호로 개정되기 전의 것) 제9조에 의한

위치추적 전자장치 부착명령 사건과 성폭력범죄자의 성충동 약물치료에 관한 법률 제8조에 의한 치료명령 사건도 함께 파기하여야 한다.

3. 상고이유에 관한 판단을 생략한 채 원심판결을 파기하고 사건을 다시 심리·판단하게 하기 위하여 원심법원에 환송하기로 하여, 관여 대법관의 일치된 의견으로 주문과 같이 판결한다.

대법관 이상훈(재판장) 신영철 김용덕 김소영(주심)

대법원 2013.8.14. 선고 2013도6018 판결

【특정범죄가중처벌등에관한법률위반(절도)】

판시사항

특정범죄 가중처벌 등에 관한 법률 제5조의4 제1항이 적용되는 상습절도죄의 경우, 형법 제25조 제2항에 의한 미수감경이 허용되는지 여부(소극)

전 문

피 고 인 피고인

상 고 인 검사

변 호 인 변호사

원심판결 대구고법 2013. 5. 2. 선고 2013노119 판결

주 문 원심판결을 파기하고, 사건을 대구고등법원에 환송한다.

이 유 상고이유를 판단한다.

"상습적으로 형법 제329조부터 제331조까지의 죄 또는 그 미수죄를 범한 사람은 무기 또는 3년 이상의 징역에 처한다."는 특정범죄 가중처벌 등에 관한 법률(이하 '특가법'이라 한다) 제5조의4 제1항이 적용되는 상습절도죄의 경우 형법 제25조 제2항에 의한 형의 미수감경은 허용되지 아니한다고 할 것이다(대법원 2010. 11. 25. 선고 2010도11620 판결 등 참조).

그럼에도 원심은 이와 달리 그 판시와 같은 이유만으로 특가법 제5조의4 제1항이 적용되는 피고인의 이 사건 범죄에 대하여 형법 제25조 제2항에 의한 형의 미수감경을 한 다음 그 처단형의 범위 내에서 선고형을 정하였으니, 이러한 원심판결에는 특가법 제5조의4 제1항 및 형법 제25조 제2항에 관한 법리를 오해함으로써 판결 결과에 영향을 미친 위법이 있다. 이 점을 지적하는 상고이유의 주장은 이유 있다.

그러므로 원심판결을 파기하고, 사건을 다시 심리·판단하도록 원심법원에 환송하기로 하여 관여 대법관의 일치된 의견으로 주문과 같이 판결한다.

대법관 김용덕(재판장) 신영철(주심) 이상훈 김소영

대법원 2013.8.14. 선고 2013도321 판결

【업무상횡령·직업안정법위반】

판시사항

성매매알선 등 행위에 관하여 동업계약을 체결한 당사자 일방이 상대방에게 동업계약에 따라 성매매의 권유·유인·강요의 수단으로 이용되는 선불금 등 명목으로 사업자금을 제공한 경우, 그 사업자금이 불법원인급여에 해당하는지 여부(적극)

전 문

피 고 인 피고인

상 고 인 검사

원심판결 대구지법 2012. 12. 14. 선고 2012노3381 판결

주 문 원심판결을 파기하고, 사건을 대구지방법원 본원 합의부에 환송한다.

이 유

1. 무죄 부분에 관한 상고이유를 판단한다.

원심은, 피고인은 피해자 공소외인과 동업으로 직업소개소를 운영하기로 하고 피해자로부터 사무실운영비 및 여종업원들에게 지급할 선불금 명목으로 합계 5,800만 원을 지급받아 업무상 보관하던 중 위 돈을 임의로 소비하여 횡령하였다는 이 부분 공소사실에 대하여, 제1심이 채택하여 조사한 증거를 종합하여 인정되는 다음의 사정, 즉 ① 피해자는 피고인이 속칭 '보도방'을 운영한다는 사실을 알고, 위와 같은 명목으로 위 돈을 지급하였다고 일관하여 진술한 점, ② 피해자는 피고인과 보도방 운영을 동업하기로 한 사람으로, 보도방 여종업원들이 선불금을 변제하기 위하여는 유흥업소에서 성매매를 할 수밖에 없는 사정을 잘 알고 있었다고 보이는 점, ③ 결국 피해자는 피고인이 보도방 운영을 통해 성매매를 알선한다는 사실을 알면서도 피고인과의 동업계약에 따라 위 돈을 지급함으로써 피고인의 무등록 유료직업소개사업 및 성매매알선에 적극적으로 협력·조장하였다고 할 것이므로, 위 돈의 지급 원인이 된 동업계약이나 소비대차계약은 선량한 풍속 기타 사회질서에 반하여 무효라고 보아야 하는 점 등의 사정에 비추어 보면, 피해자가 피고인에게 지급한 위 돈의 소유권은 피고인에게 반사적으로 귀속되어 업무상횡령죄의 객체인 '타인의 재물'에 해당하지 않으므로, 피고인에 대한 이 부분 공소사실은 무죄라고 판단하였다.

그러나 원심의 이러한 판단은 다음과 같은 이유로 수긍하기 어렵다.

민법 제746조가 불법의 원인으로 인하여 재산을 급여하거나 노무를 제공한 때에는 그 이익의 반환을 청구하지 못한다고 규정한 것은, 급여를 한 사람은 그 원인행위가 법률상 무효임을 내세워 상대방에게 부당이득반환청구를 할 수 없고, 또 급여한 물건의 소유권이 자기에게 있다고 하여 소유권에 기한 반환청구도 할 수 없어서 결국, 급여한 물건의 소유권은 급여를 받은 상대방에게 귀속된다는 의미이다(대법원 1999. 6. 11. 선고 99도275 판결, 대법원 2008. 10. 9. 선고 2007도2511 판결 등 참조). 한편 성매매 및 성매매알선 등 행위는 선량한 풍속 기타 사회질서에 반하여 성매매할 사람을 고용함에 있어 성매매의 권유·유인·강요의 수단으로 이용되는 선불금 등 명목으로 제공한 금품이나 그 밖의 재산상 이익 등은 불법원인급여로서 반환을 청구할 수 없는바(대법원 2004. 9. 3. 선고 2004다27488, 27495 판결 등 참조), 성매매알선 등 행위에 관하여 동업계약을 체결한 당사자 일방이 상대방에게 그 동업계약에 따라 성매매의 권유·유인·강요의 수단으로 이용되는 선불금 등 명목으로 사업자금을 제공하였다면 그 사업자금 역시 불법원인급여에 해당하여 반환을 청구할 수 없다고 보아야 할 것이다.

그런데 원심판결 이유에 의하면, 원심은 '피해자가 피고인과 동업으로 직업소개소를 운영하기로 하고 피고인에게 그 사무실운영비 및 여종업원들에게 지급할 선불금 명목의 돈을 지급하였다'는 사실로부터 '피해자가, 피고인이 직업소개소 운영을 통해 성매매알선 등 행위를 한다는 사실을 잘 알면서도 동업계약에 따라 위 돈을 지급하여 그 성매매알선 등 행위에 적극적으로 협력하였다'는 사실을 바로 추단한 다음, 피고인이 지급받은 위 돈은 불법원인급여에 해당하므로 업무상횡령죄의 객체인 '타인의 재물'에 해당하지 않는다고 판단하였으나, 기록을 살펴보아도 피고인이 운영하던 직업소개소 소속 여종업원들의 근무시간·장소 및 내용, 접대비용 및 그 지급방법, 피고인의 여종업원들에 대한 관리형태 등을 알 수 있는 자료를 찾을 수 없어 피고인이 성매매알선 등 행위

를 하였다거나, 피해자가 피고인의 성매매알선 등 행위 사실을 알면서 동업계약에 따라 위 돈을 지급하였다고 쉽게 단정할 수 없다.

그렇다면 원심으로서는 앞서 본 법리에 비추어 피고인과 피해자가 과연 성매매알선 등 행위에 관하여 동업계약을 체결하였는지, 피해자가 피고인에게 그 동업계약에 따라 위 돈을 지급하였는지 등을 판별하기 위해 피고인의 직업소개소 운영 실태 등 앞서 든 여러 사정에 관하여 구체적으로 심리하였어야 함에도, 원심이 이에 이르지 아니한 채 앞서 든 이유만으로 피고인이 지급받은 위 돈이 불법원인급여에 해당한다고 판단하고 이 부분 공소사실에 대해 무죄를 선고한 데에는 관련 법리를 오해하여 필요한 심리를 다하지 아니함으로써 판결에 영향을 미친 위법이 있다.

2. 검사는 원심판결 중 유죄 부분에 대하여도 상고하였으나, 상고장에 이유의 기재가 없고 상고이유서에도 이에 대한 불복이유의 기재를 찾아볼 수 없다.
3. 앞서 본 바와 같이 원심판결 중 무죄 부분에 파기사유가 있는데, 원심이 피고인에 대하여 유죄로 인정한 죄와 무죄로 인정한 죄가 형법 제37조 전단의 경합범 관계에 있으므로 원심판결 중 유죄 부분도 무죄 부분과 함께 파기되어야 한다.
4. 그러므로 원심판결을 파기하고, 사건을 다시 심리·판단하도록 원심법원에 환송하기로 하여 관여 대법관의 일치된 의견으로 주문과 같이 판결한다.

대법관 김용덕(재판장) 신영철(주심) 이상훈 김소영

대법원 2013.7.25. 선고 2011도14687 판결

【여신전문금융업법위반】

판시사항

피고인이 '기업구매전용카드'를 이용하여 물품의 판매 또는 용역의 제공을 가장하는 방법으로 자금을 융통하였다고 하여 구 여신전문금융업법 위반으로 기소된 사안에서, 위 카드가 '신용카드'에 해당하지 않는다고 보아 무죄를 인정한 원심판단의 결론을 정당하다고 한 사례

판결요지

피고인이 '기업구매전용카드'를 이용하여 물품의 판매 또는 용역의 제공을 가장하여 거래하는 방법으로 자금을 융통하여 줌으로써 구 여신전문금융업법(2010. 3. 12. 법률 제10062호로 개정되기 전의 것, 이하 같다)을 위반하였다는 내용으로 기소된 사안에서, 기업구매전용카드는 구 여신전문금융업법 제2조 제3호에서 규정한 '신용카드'처럼 실물 형태의 '증표'가 발행되는 것이 아니라 단지 구매기업이 이용할 수 있는 카드번호만이 부여될 뿐이며, 거래방법도 구매기업이 판매기업에 기업구매전용카드를 '제시'할 것이 요구되지 않고, 구매기업이 카드회사에 인터넷 등을 통하여 구매 사실을 통보하면 카드회사가 판매기업에 물품대금을 지급하여 결제가 이루어지게 하는 온라인거래 수단을 지칭하는 데 지나지 않는 점, 구매기업은 카드회사와 가맹점가입계약을 체결한 모든 판매기업과 거래를 할 수 있는 것은 아니고 구매기업이 지정한 특정한 판매기업과 사이에서만 기업구매전용카드를 이용한 거래를 할 수 있을 뿐이므로, 판매기업을 일반 신용카드거래의 가맹점과 동일하게 보기 어려운 점 등을 종합할 때, 기업구매전용카드에 의한 거래는 구 여신전문금융업법 제70조 제2항 제2호에서 정한 '신용카드에 의한 거래'에 해당하지 않는다는 이유로, 기업구매전용카드가 '신용카드'에 해당하지 않는다고 보아 무죄를 인정한 원심판단의 결론을 정당하다고 한 사례.

전 문

피 고 인 피고인

상 고 인 검사

변 호 인 변호사

원심판결 서울중앙지법 2011. 10. 21. 선고 2011노1667 판결

주 문 상고를 기각한다.

이 유 상고이유를 판단한다.

1. 구 여신전문금융업법(2010. 3. 12. 법률 제10062호로 개정되기 전의 것, 이하 같다) 제70조 제2항 제2호 '가'목은 "물품의 판매 또는 용역의 제공 등을 가장하거나 실제 매출금액을 초과하여 신용카드에 의한 거래를 하거나 이를 대행하게 하는 행위"를 통하여 "자금을 융통하여 준 자"는 3년 이하의 징역 등에 처하도록 하고 있고, 같은 법 제2조 제3호는 그 법에서 "신용카드"라 함은 "이를 제시함으로써 반복하여 신용카드가맹점에서 물품의 구입 또는 용역의 제공을 받거나 총리령이 정하는 사항을 결제할 수 있는 증표로서 신용카드업자(외국에서 신용카드업을 영위하는 자를 포함한다)가 발행한 것을 말한다."고 규정하고, 나아가 '직불카드'와 '선불카드'를 신용카드와 별도 종류의 카드로 규정하고 있다.

한편 기록에 의하면, 이 사건 공소사실 기재 기업구매전용카드는 물품 및 용역을 구매하는 기업이 여신전문금융업법에 의한 카드회사와 체결한 약정에 따라 카드회사로부터 부여받은 카드번호에 의하여 특정 판매기업에 대한 물품 등 구매대금의 결제를 요청하면 카드회사가 이를 판매기업에 선지급하고 구매기업은 나중에 그 결제대금과 수수료 등을 카드회사에 상환하는 방식으로 이루어지는 일종의 전자상거래 수단으로서, 일반적인 신용카드처럼 실물 카드가 발급되는 것이 아니라 구매회사가 그 카드거래계약에 의한 대금결제를 할 수 있도록 하는

카드번호만을 부여하는 형태의 지급결제수단이다.

2. 이 사건 공소사실은 위 기업구매전용카드가 구 여신전문금융업법에서 규정한 신용카드에 해당함을 전제로 이를 이용하여 물품의 판매 또는 용역의 제공을 가장하여 거래하는 방법으로 자금을 융통하여 줌으로써 위 법 제70조 제2항 제2호 '가'목을 위반하였다는 것이다.

3. 그러나 죄형법정주의의 원칙상 형벌법규의 해석은 엄격하여야 하고, 명문의 형벌법규의 의미를 피고인에게 불리한 방향으로 지나치게 확장해석하거나 유추해석하는 것은 허용될 수 없다. 이에 비추어 다음의 이유로 위 기업구매전용카드에 의한 거래를 여신전문금융업법 제70조 제2항 제2호가 규정한 '신용카드에 의한 거래'에 해당한다고 보기는 어렵다.

가. 기업구매전용카드는 구 여신전문금융업법 제2조 제3호가 규정한 '신용카드'처럼 실물 형태의 '증표'가 발행되는 것이 아니라 단지 구매기업이 이용할 수 있는 카드번호만이 부여될 뿐이며, 그 거래방법도 구매기업이 판매기업에 기업구매전용카드를 '제시'할 것이 요구되지 않고, 구매기업이 카드회사에 인터넷 등을 통하여 구매사실을 통보하면 카드회사가 판매기업에 물품대금을 지급하여 결제가 이루어지게 하는 온라인거래의 수단을 지칭하는 데 지나지 않는다.

나. 구매기업은 카드회사와 가맹점가입계약을 체결한 모든 판매기업과 거래를 할 수 있는 것은 아니고 구매기업이 지정한 특정한 판매기업과 사이에서만 기업구매전용카드를 이용한 거래를 할 수 있을 뿐이므로, 판매기업을 일반 신용카드거래에 있어서의 가맹점과 동일하게 보기는 어렵다.

다. 기업구매전용카드는 어음제도의 문제점을 개선하기 위한 어음대체결제수단으로 도입된 것으로서, 일반 소비자들을 대상으로 발급되는 신용카드의 회원과 달리 구매기업은 카드회사에 별도의 담보나 보증을 제공하여야 하는 경우도 있는 등 거래구조가 다르고, 기업구매전용카드로 거래를 가장하여 자금을 융통함으로써 신용거래 질서를 해할 우려가 있다고 하는 등의 이유만으로 형벌법규를 확장해석하거나 유추적용할 충분한 근거가 된다고는 할 수 없다.

라. 한편 조세특례제한법 제7조의2 제3항 제5호에서는 '기업구매전용카드'란 "구매기업이 구매대금을 지급하기 위하여 여신전문금융업법에 따른 신용카드업자로부터 발급받는 신용카드 또는 직불카드로서 일반적인 신용카드 가맹점에서는 사용할 수 없고, 구매기업·판매기업 및 신용카드업자 간의 계약에 의하여 해당 판매기업에 대한 구매대금의 지급만을 목적으로 발급하는 것을 말한다."고 규정하여, 기업구매전용카드도 마치 구 여신전문금융업법에 따른 '신용카드 또는 직불카드'의 일종인 듯이 규정하고 있다. 그러나 다른 한편 구 여신전문금융업법 시행령(2010. 5. 4. 대통령령 제22151호로 일부 개정되기 전의 것) 제6조의5 제2항 제1호는 신용카드업자가 신용카드회원에 대한 자금의 융통으로 인하여 발생한 채권의 평균잔액이 일정한 한도를 초과하지 않도록 제한하면서도 그 제한금액에서 "조세특례제한법 제7조의2 제3항 제5호에 따른 기업구매전용카드로 물품을 구입하거나 용역을 제공받는 등으로 인하여 발생한 채권은 제외한다."고 규정하고 있다. 이는 기업구매전용카드는 구 여신전문금융업법상으로도 일반 신용카드나 직불카드와는 달리 취급되어야 한다는 것을 전제한 것으로 볼 수 있다.

4. 그러므로 원심이 피고인에 대하여 무죄를 선고한 이유 설시에는 일부 부적절한 점이 있지만 기업구매전용카드가 신용카드에 해당하지 않는다고 본 결론은 정당하다. 거기에 관련 법리를 오해하여 판결에 영향을 미친 위법은 없으므로, 검사의 상고이유 주장은 이유 없다.

이에 상고를 기각하기로 하여 관여 대법관의 일치된 의견으로 주문과 같이 판결한다.

대법관 김창석(재판장) 양창수 박병대(주심) 고영한

대법원 2013.7.11. 선고 2013도4862,2013전도101 판결

【특정범죄가중처벌등에관한법률위반(영리약취·유인등)·아동·청소년의성보호에관한법률위반(강간등)·부착명령】

판시사항

구 특정범죄 가중처벌 등에 관한 법률 제5조의2 제4항의 삭제가 '추행 목적의 유인죄'를 가중처벌하도록 한 종전의 조치가 과중하다는 데서 나온 반성적 조치로서 형법 제1조 제2항에 따라 신법이 적용되는 경우에 해당하는지 여부(적극)

판결요지

구 특정범죄 가중처벌 등에 관한 법률(2013. 4. 5. 법률 제11731호로 개정되기 전의 것) 제5조의2 제4항은 "형법 제288조·제289조 또는 제292조 제1항의 죄를 범한 사람은 무기 또는 5년 이상의 징역에 처한다."고 규정하고, 구 형법(2013. 4. 5. 법률 제11731호로 개정되기 전의 것) 제288조 제1항은 "추행, 간음 또는 영리의 목적으로 사람을 약취 또는 유인한 자는 1년 이상의 유기징역에 처한다."고 규정하였으나, 원심판결 선고 전 시행된 특정범죄 가중처벌 등에 관한 법률(2013. 4. 5. 법률 제11731호로 개정된 것)에는 제5조의2 제4항이 삭제되고, 형법(2013. 4. 5. 법률 제11731호로 개정된 것) 제288조 제1항은 "추행, 간음, 결혼 또는 영리의 목적으로 사람을 약취 또는 유인한 사람은 1년 이상 10년 이하의 징역에 처한다."고 규정하여 추행 목적의 유인죄에 대한 법정형이 변경되었는데, 그 취지는 추행 목적의 유인의 형태와 동기가 다양함에도 불구하고 무기 또는 5년 이상의 징역으로 가중처벌하도록 한 종전의 조치가 과중하다는 데서 나온 반성적 조치라고 보아야 할 것이어서, 이는 형법 제1조 제2항의 '범죄 후 법률의 변경에 의하여 그 행위가 범죄를 구성하지 아니하거나 형이 구법보다 경한 때'에 해당한다.

전 문

피고인 겸 피부착명령청구자 피고인

상 고 인 피고인 겸 피부착명령청구자

변 호 인 변호사

원심판결 서울고법 2013. 4. 11. 선고 2013노442, 2013전노41 판결

주 문 원심판결을 파기하고, 사건을 서울고등법원에 환송한다.

이 유 직권으로 판단한다.

1. 형벌법령 제정의 이유가 된 법률이념의 변천에 따라 과거에 범죄로 보던 행위에 대하여 그 평가가 달라져 이를 범죄로 인정하고 처벌한 그 자체가 부당하였다거나 또는 과형이 과중하였다는 반성적 고려에서 법령을 개폐하였을 경우에는 형법 제1조 제2항에 따라 신법을 적용하여야 한다(대법원 2003. 10. 10. 선고 2003도2770 판결, 대법원 2010. 3. 11. 선고 2009도12930 판결 등 참조).
2. 가. 원심판결 이유에 의하면, 원심은 이 사건 공소사실 중 피고인 겸 피부착명령청구자(이하 '피고인'이라 한다)가 추행 목적으로 피해자를 유인한 각 행위에 대하여 구 특정범죄 가중처벌 등에 관한 법률(2013. 4. 5. 법률 제11731호로 개정되기 전의 것, 이하 '구 특정범죄가중처벌법'이라 한다) 제5조의2 제4항, 구 형법(2013. 4. 5. 법률 제11731호로 개정되기 전의 것, 이하 같다) 제288조 제1항을 적용하여 유죄로 판단한 제1심판결을 유지하였다.

   나. 구 특정범죄가중처벌법 제5조의2 제4항은 "형법 제288조·형법 제289조 또는 제292조 제1항의 죄를 범한 사람은 무기 또는 5년 이상의 징역에 처한다."고 규정하고, 구 형법 제288조 제1항은 "추행, 간음 또는 영리의 목적으로 사람을 약취 또는 유인한 자는 1년 이상의 유기징역에 처한다."고 규정하였으나, 원심판결 선고 전

시행된 특정범죄 가중처벌 등에 관한 법률(2013. 4. 5. 법률 제11731호로 개정된 것)에는 제5조의2 제4항이 삭제되고, 형법(2013. 4. 5. 법률 제11731호로 개정된 것) 제288조 제1항은 "추행, 간음, 결혼 또는 영리의 목적으로 사람을 약취 또는 유인한 사람은 1년 이상 10년 이하의 징역에 처한다."고 규정하여 추행 목적의 유인죄에 대한 법정형이 변경되었는바, 그 취지는 추행 목적의 유인의 형태와 동기가 다양함에도 불구하고 무기 또는 5년 이상의 징역으로 가중처벌하도록 한 종전의 조치가 과중하다는 데에서 나온 반성적 조치라고 보아야 할 것이어서, 이는 형법 제1조 제2항의 '범죄 후 법률의 변경에 의하여 그 행위가 범죄를 구성하지 아니하거나 형이 구법보다 경한 때'에 해당한다고 할 것이다.

그렇다면 이 사건 공소사실 중 피고인이 추행 목적으로 피해자를 유인한 각 행위는 행위시법인 구 특정범죄가중처벌법의 규정에 의해서 가중처벌할 수 없다. 그럼에도 위 부분 공소사실에 대하여 구 특정범죄가중처벌법의 규정을 적용한 제1심판결을 정당하다고 하여 이를 유지한 원심판결에는 형벌법규의 적용에 관한 법리를 오해하여 법령 적용을 잘못한 위법이 있다.

다. 원심은 피고인에 대한 위 부분 공소사실과 나머지 각 공소사실이 형법 제37조 전단의 경합범 관계에 있다는 이유로 하나의 형을 선고하였으므로, 위 부분 공소사실뿐만 아니라 나머지 공소사실 부분도 함께 파기하여야 한다. 한편, 아동·청소년의 성보호에 관한 법률 제38조, 제38조의2에 의한 공개명령 및 고지명령 사건은 성폭력범죄 사건의 판결과 동시에 선고하는 부수처분이므로 성폭력범죄에 대한 부분을 파기하는 이상 그 공개명령 및 고지명령 부분도 파기하여야 한다. 나아가 주 사건인 피고사건을 파기하는 이상 그와 함께 심리되어 동시에 판결이 선고되어야 하는 특정 범죄자에 대한 보호관찰 및 전자장치 부착 등에 관한 법률 제5조, 제9조에 의한 위치추적 전자장치 부착명령 사건 역시 파기하여야 한다.

3. 그러므로 상고이유에 관한 판단을 생략한 채 원심판결을 파기하고 사건을 다시 심리·판단하게 하기 위하여 원심법원에 환송하기로 하여, 관여 대법관의 일치된 의견으로 주문과 같이 판결한다.

대법관 이상훈(재판장) 신영철 김용덕 김소영(주심)

대법원 2013.6.27. 선고 2013도4279 판결

【성폭력범죄의처벌등에관한특례법위반(카메라등이용촬영)】

판시사항

피고인이 피해자 갑과 인터넷 화상채팅 등을 하면서 휴대전화를 이용하여 갑의 신체 부위를 갑의 의사에 반하여 촬영하였다고 하여 구 성폭력범죄의 처벌 등에 관한 특례법 위반(카메라등이용촬영)으로 기소된 사안에서, 피고인이 촬영한 대상은 갑의 신체 이미지가 담긴 영상일 뿐 갑의 신체 그 자체는 아니라는 이유로 무죄를 인정한 원심판단을 정당하다고 한 사례

판결요지

피고인이 피해자 갑(여, 14세)과 인터넷 화상채팅 등을 하면서 카메라 기능이 내재되어 있는 피고인의 휴대전화를 이용하여 갑의 유방, 음부 등 신체 부위를 갑의 의사에 반하여 촬영하였다고 하여 구 성폭력범죄의 처벌 등에 관한 특례법(2012. 12. 18. 법률 제11556호로 전부 개정되기 전의 것, 이하 '법'이라 한다) 위반(카메라등이용촬영)으로 기소된 사안에서, 갑은 스스로 자신의 신체 부위를 화상카메라에 비추었고 카메라 렌즈를 통과한 상의 정보가 디지털화되어 피고인의 컴퓨터에 전송되었으며, 피고인은 수신된 정보가 영상으로 변환된 것을 휴대전화 내장 카메라를 통해 동영상 파일로 저장하였으므로 피고인이 촬영한 대상은 갑의 신체 이미지가 담긴 영상일 뿐 갑의 신체 그 자체는 아니라고 할 것이어서 법 제13조 제1항의 구성요건에 해당하지 않으며, 형벌법규의 목적론적 해석도 해당 법률문언의 통상적인 의미 내에서만 가능한 것으로, 다른 사람의 신체 이미지가 담긴 영상도 위 규정의 '다른 사람의 신체'에 포함된다고 해석하는 것은 법률문언의 통상적인 의미를 벗어나는 것이므로 죄형법정주의 원칙상 허용될 수 없다는 이유로 피고인에게 무죄를 인정한 원심판단을 정당하다고 한 사례.

전 문

피 고 인 피고인

상 고 인 검사

변 호 인 변호사

원심판결 춘천지법 강릉지원 2013. 4. 2. 선고 2012노371 판결

주 문 상고를 기각한다.

이 유 상고이유(상고이유서 제출기간이 경과한 후에 제출된 의견서의 기재는 상고이유를 보충하는 범위 내에서)를 판단한다.

원심은 이 사건 공소사실 중 성폭력범죄의 처벌 등에 관한 특례법 위반(카메라등이용촬영)의 점에 대하여, 구 성폭력범죄의 처벌 등에 관한 특례법(2012. 12. 18. 법률 제11556호로 전부 개정되기 전의 것, 이하 '법'이라 한다) 제13조 제1항은 "카메라나 그 밖에 이와 유사한 기능을 갖춘 기계장치를 이용하여 성적 욕망 또는 수치심을 유발할 수 있는 다른 사람의 신체를 그 의사에 반하여 촬영"하는 행위를 처벌 대상으로 삼고 있는데, "촬영"의 사전적·통상적 의미는 "사람, 사물, 풍경 따위를 사진이나 영화로 찍음"이라고 할 것이고, 위 촬영의 대상은 "성적 욕망 또는 수치심을 유발할 수 있는 다른 사람의 신체"라고 보아야 함이 문언상 명백하므로 위 규정의 처벌 대상은 '다른 사람의 신체 그 자체'를 카메라 등 기계장치를 이용해서 '직접' 촬영하는 경우에 한정된다고 해석함이 타당하다고 전제한 다음, 이 사건의 경우 피해자는 스스로 자신의 신체 부위를 화상카메라에 비추었고 카메라 렌즈를 통과한 상의 정보가 디지털화되어 피고인의 컴퓨터에 전송되었으며, 피고인은 수신된 정보가 영상으로 변환된 것을 휴대전화 내장 카메라를 통해 동영상 파일로 저장하였으므로 피고인이 촬영한 대상은 피해자의 신체 이미지가 담긴 영상일 뿐 피해자의 신체 그 자체는 아니라고 할 것이어서 법 제13조 제1항의 구성요건에 해당하지 않으며, 검사가 주장하는 형벌법규의 목적론적 해석도 해당 법률문언의 통상적인 의미 내에서만 가능한 것으로, 다른 사람의 신체

이미지가 담긴 영상도 위 규정의 "다른 사람의 신체"에 포함된다고 해석하는 것은 법률문언의 통상적인 의미를 벗어나는 것이므로 죄형법정주의 원칙상 허용될 수 없다는 이유로 이 부분 공소사실에 대하여 범죄가 되지 않는 경우에 해당한다고 보아 무죄를 선고한 제1심판결을 그대로 유지하였다.

법 제13조 제1항의 해석과 입법 취지, 관련 법리 등에 비추어 보면, 원심의 위와 같은 판단은 정당하고, 거기에 상고이유의 주장과 같은 법 제13조 제1항의 해석에 관한 법리오해의 위법이 없다.

그러므로 상고를 기각하기로 하여, 관여 대법관의 일치된 의견으로 주문과 같이 판결한다.

대법관 이상훈(재판장) 신영철 김용덕 김소영(주심)

대법원 2013.6.27. 선고 2013도3246 판결

【부동산등기특별조치법위반·공정증서원본불실기재·불실기재공정증서원본행사·공인중개사의업무및부동산거래신고에관한법률위반·부동산실권리자명의등기에관한법률위반】

판시사항

[1] 거래당사자가 무등록 중개업자에게 중개를 의뢰하거나 미등기 부동산의 전매를 중개 의뢰한 경우, 그 중개의뢰행위가 '공인중개사의 업무 및 부동산 거래신고에 관한 법률' 제48조 제1호, 제9조와 제48조 제3호, 제33조 제7호의 처벌 대상이 되는지 여부(소극) 및 이때 중개의뢰인의 중개의뢰행위를 중개업자의 중개행위에 관한 공동정범 행위로 처벌할 수 있는지 여부(소극)

[2] 이른바 '매입형 분양대행계약'이 단순히 분양대행계약을 체결하면서 수수료를 일반적인 경우와 다르게 정한 것에 불과한 것인지, 건축물을 일괄적으로 매수하여 다시 개별적으로 매각하는 미등기 전매에 해당하는 것인지 판단하는 기준

판결요지

[1] 공인중개사의 업무 및 부동산 거래신고에 관한 법률(이하 '공인중개사법'이라 한다)에서 '중개'는 중개행위자가 아닌 거래당사자 사이의 거래를 알선하는 것이고 '중개업'은 거래당사자로부터 의뢰를 받아 중개를 업으로 행하는 것이므로, 중개를 의뢰하는 거래당사자, 즉 중개의뢰인과 중개를 의뢰받아 거래를 알선하는 중개업자는 서로 구별되어 동일인일 수 없고, 결국 중개는 그 개념상 중개 의뢰에 대응하여 이루어지는 별개의 행위로서 서로 병존하며 중개의뢰행위가 중개행위에 포함되어 흡수될 수 없다. 따라서 비록 거래당사자가 개설등록을 하지 아니한 중개업자에게 중개를 의뢰하거나 미등기 부동산의 전매에 대하여 중개를 의뢰하였다고 하더라도, 공인중개사법 제48조 제1호, 제9조와 제48조 제3호, 제33조 제7호의 처벌규정들이 중개행위를 처벌 대상으로 삼고 있을 뿐이므로 그 중개의뢰행위 자체는 위 처벌규정들의 처벌 대상이 될 수 없으며, 또한 위와 같이 중개행위가 중개의뢰행위에 대응하여 서로 구분되어 존재하여야 하는 이상, 중개의뢰인의 중개의뢰행위를 중개업자의 중개행위와 동일시하여 중개행위에 관한 공동정범 행위로 처벌할 수도 없다고 해석하여야 한다.

[2] 이른바 '매입형 분양대행계약'이 단순히 분양대행계약을 체결하면서 수수료를 일반적인 경우와 다르게 정한 것에 불과한 것인지, 아니면 건축물을 일괄적으로 매수하여 다시 개별적으로 매각하는 미등기 전매에 해당하는 것인지는 당사자 사이에 체결된 계약의 경위와 내용, 대금 지급의 시기와 방법 및 대금이 수분양자로부터 직접 건축주에게 지급되는지 여부, 미분양 시의 처리 방안, 매수인의 특징 여부 등 계약 전후의 제반 사정을 종합하여 판단하여야 한다.

전 문

피 고 인 피고인 1 외 2인

상 고 인 피고인 1 외 1인 및 검사

변 호 인 법무법인

원심판결 인천지법 2013. 2. 20. 선고 2012노3199 판결

주 문 원심판결 중 피고인 1, 피고인 2에 대한 유죄 부분을 파기하고, 이 부분 사건을 인천지방법원 본원 합의부에 환송한다. 검사의 상고를 모두 기각한다.

이 유

1. 직권으로 판단한다.

가. 피고인 1, 피고인 2에 대한 공정증서원본불실기재 및 불실기재공정증서원본행사 부분에 대하여

(1) 부동산의 거래당사자가 거래가액을 시장 등에게 거짓으로 신고하여 신고필증을 받은 뒤 이를 기초로 사실과 다른 내용의 거래가액이 부동산등기부에 등재되도록 하였다면, 공인중개사의 업무 및 부동산 거래신고에 관한 법률에 따른 과태료의 제재를 받게 됨은 별론으로 하고, 형법상의 공정증서원본불실기재죄 및 불실기재공정증서원본행사죄는 성립하지 아니한다(대법원 2013. 1. 24. 선고 2012도12363 판결 참조).

(2) 피고인 1, 피고인 2에 대한 이 사건 공소사실 중 공정증서원본불실기재 및 불실기재공정증서원본행사 부분의 각 요지는, 피고인들이 미분양 빌라를 미등기 전매하면서 이를 원활히 매도하기 위하여, 제3매수인과의 실거래가격보다 높은 매매대금을 기재한 매매계약서를 작성한 후, 인천지방법원 등기소에서 담당 등기공무원에게 소유권이전등기 신청을 하면서 실거래가액을 허위로 작성한 위 매매계약서를 등기원인서류로 제출하여 그 등기부에 위 빌라에 관한 매매가액을 허위 등재하게 하고, 즉시 그곳에 이를 비치하게 하여 각 행사하였다는 것이다.

(3) 그러나 앞에서 본 법리에 비추어 보면, 사실과 다른 내용의 거래가액을 부동산등기부에 등재되도록 한 행위만으로는 형법상의 공정증서원본불실기재죄 및 불실기재공정증서원본행사죄가 성립하지 아니한다.

그럼에도 불구하고 원심은 이 부분 각 공소사실과 같은 행위로 공정증서원본불실기재죄 및 불실기재공정증서원본행사죄가 성립한다고 보고 이를 유죄로 인정하였으니, 이러한 원심판결에는 공정증서원본불실기재죄 및 불실기재공정증서원본행사죄에 관한 법리를 오해하여 판결에 영향을 미친 위법이 있다고 할 것이다.

나. 피고인 1, 피고인 2에 대한 공인중개사의 업무 및 부동산 거래신고에 관한 법률 위반 부분에 대하여

(1) 원심은, 피고인 1, 피고인 2는, ① 부동산 중개사무소 개설등록을 하지 않은 공소외 1에게 위 피고인들이 매도하려는 미등기 전매 건물에 대하여 매수인을 알선해 주면 중개수수료 명목으로 세대당 300만 원을 지급하기로 하는 조건으로 중개 의뢰를 하고 공소외 1로부터 이를 승낙받는 방법으로 공소외 1 등과 공모하여, 2009. 5. 30.경부터 2010. 5. 3.경까지 원심의 별지 범죄일람표 Ⅲ 순번 1부터 25, 32부터 45, 59부터 62번 기재와 같이 부동산 중개사무소 개설등록 없이 중개업을 영위하고, ② 공소외 2 등과 공모하여, 2009. 10. 15.경부터 2010. 4. 14.경까지 원심의 별지 범죄일람표 Ⅲ 순번 26부터 31 및 46부터 58번 기재와 같이 탈세 등 관계 법령을 위반할 목적으로 이전등기를 하지 아니한 부동산의 매매를 중개하는 등 부동산투기를 조장함으로써 중개업자 등의 금지행위를 위반하였다고 판단하였다.

(2) 공인중개사의 업무 및 부동산 거래신고에 관한 법률(이하 '공인중개사법'이라 한다) 제48조 제1호, 제9조는 중개사무소의 개설등록을 하지 아니하고 중개업을 한 행위를, 제48조 제3호, 제33조 제7호는 미등기 부동산의 전매를 중개하는 등 부동산투기를 조장하는 행위를 각각 처벌하고 있다.

공인중개사법에서 "중개"는 "중개대상물에 대하여 거래당사자 간의 매매·교환·임대차 그 밖의 권리의 득실변경에 관한 행위를 알선하는 것"을 말하고(제2조 제1호), "중개업"은 "다른 사람의 의뢰에 의하여 일정한 보수를 받고 중개를 업으로 행하는 것"을 말한다(제2조 제3호). 이와 같이 중개는 중개행위자가 아닌 거래당사자 사이의 거래를 알선하는 것이고 중개업은 거래당사자로부터 의뢰를 받아 중개를 업으로 행하는 것이므로, 중개를 의뢰하는 거래당사자, 즉 중개의뢰인과 중개를 의뢰받아 거래를 알선하는 중개업자는 서로 구별되어 동일인일 수 없고, 결국 중개는 그 개념상 중개 의뢰에 대응하여 이루어지는 별개의 행위로서 서로 병존하며 중개의뢰행위가 중개행위에 포함되어 흡수될 수 없다고 할 것이다.

따라서 비록 거래당사자가 개설등록을 하지 아니한 중개업자에게 중개를 의뢰하거나 미등기 부동산의 전매에 대하여 중개를 의뢰하였다고 하더라도, 공인중개사법의 위 처벌규정들이 중개행위를 처벌 대상으로 삼고 있을 뿐이므로 그 중개의뢰행위 자체는 위 처벌규정들의 처벌 대상이 될 수 없으며, 또한 위와 같이 중개행위가 중개의뢰행위에 대응하여 서로 구분되어 존재하여야 하는 이상, 중개의뢰인의 중개의뢰행위를 중개업자의 중개행위와 동일시하여 중개행위에 관한 공동정범 행위로 처벌할 수도 없다고 해석함이 상당하다(대법원 2011. 10. 13. 선고 2011도6287 판결 등 참조).

이에 비추어 보면, 이 사건에서 피고인 1, 피고인 2가 원심 인정과 같이 피고인 1이 매수하여 소유권이전등기를 마치지 아니한 빌라를 전매하기 위하여 무등록 공인중개인 등에게 그 중개를 의뢰하였더라도, 이는 공인중개사법 제48조 제1호 및 제3호에서 정한 처벌 대상에 해당하지 아니하며, 또한 이를 위 규정들의 적용 대상인 중개행위에 대한 공동정범으로 처벌할 수도 없다.

(3) 그럼에도 원심은 이와 달리, 피고인 1, 피고인 2가 매도인의 지위에서 빌라의 중개를 의뢰한 행위가 무등록 중개사업 영위 및 투기조장행위로 인한 공인중개사법 위반죄의 공동정범에 해당한다고 판단하였으니, 이러한 원심판결에는 공인중개사법 위반죄에서의 공범의 성립에 관한 법리를 오해하여 판결에 영향을 미친 위법이 있다.

2. 피고인 1, 피고인 2의 부동산등기 특별조치법 위반의 점에 대한 상고이유를 함께 판단한다.

가. 부동산등기 특별조치법 제8조 제1호, 제2조 제3항 위반죄의 범죄 주체가 되는 '부동산의 소유권을 이전받을 것을 내용으로 하는 계약을 체결한 자'는 매매·교환·증여 등 소유권이전을 내용으로 하는 계약의 당사자를 의미한다. 부동산에 관하여 1차 매매계약을 체결한 사람이 반대급부의 이행을 완료하기 전에 다시 다른 사람과 2차 매매계약을 체결한 경우, 조세부과 등을 면할 목적으로 1차 매매계약의 반대급부 이행을 완료하고서도 1차 매매계약에 따른 소유권이전등기를 신청하지 아니한 채 60일이 경과하면 그때 위 법조 위반죄가 성립한다(대법원 2007. 1. 25. 선고 2004도45 판결 참조).

이른바 '매입형 분양대행계약'이 단순히 분양대행계약을 체결하면서 수수료를 일반적인 경우와 다르게 정한 것에 불과한 것인지, 아니면 건축물을 일괄적으로 매수하여 다시 개별적으로 매각하는 미등기 전매에 해당하는 것인지는 당사자 사이에 체결된 계약의 경위와 내용, 대금 지급의 시기와 방법 및 대금이 수분양자로부터 직접 건축주에게 지급되는지 여부, 미분양 시의 처리 방안, 매수인의 특정 여부 등 계약 전후의 제반 사정을 종합하여 판단하여야 한다.

나. 원심은, ① 각 빌라별로 빌라 전체에 관하여 건축주와 피고인 1 사이에 피고인 1을 매수인으로 기재한 부동산 매매계약서가 작성되었고, 그 각 매매계약서의 내용도 일반 매매계약과 다르지 않으며, ②피고인이 빌라의 각 세대를 제3자에게 얼마나 분양(매매)했는지 여부에 상관없이 매매대금 전액을 약정일자에 지급해야 하는 것으로서 그 계약의 실질이 매매계약에 해당하고, ③ 13차 하늘미소, 25차 우솔빌 B동의 경우 매매계약서의 특약사항 중에 '본 계약은 전속분양대행계약이다'라는 문구가 기재되어 있기는 하나, 이러한 문구에도 불구하고 그 계약서의 내용은 피고인 1이 매수인으로서 계약 시 계약금으로 일부를 지급하고 약정한 특정 잔금지급기일에 잔금 전부를 일시에 지급한다는 것이어서 그 계약의 실질은 부동산매매계약에 해당하며, ④ 일부 매매계약서에 '매도인은 잔금 전 분양 및 매매를 할 수 있도록 위임하여 준다'는 취지의 특약사항이 있는데, 만약 매매계약이 아닌 분양대행계약이라면 분양대행자가 잔금 지급 이전에 제3자에게 분양할 수 있다고 하는 특약조항 자체가 들어갈 필요가 없다는 등의 사정들을 이유로 하여, 이 부분 공소사실 중 원심의 별지 범죄일람표 I 중 순번 28부터 88, 97부터 142, 163부터 170, 179부터 194번까지의 부분을 피고인 1이 매수한 빌라에 대한 미등기 전매행위에 해당한다고 보아 부동산등기 특별조치법 위반의 점에 대하여 유죄로 판단하였다.

다. 원심판결 이유를 적법하게 채택된 증거들에 비추어 살펴보면, 원심의 위와 같은 판단은 앞서 본 법리에 기초한 것으로서 거기에 상고이유 주장과 같이 논리와 경험의 법칙에 반하여 자유심증주의의 한계를 벗어나거나 미등기 전매에 관한 법리를 오해한 위법이 없다.

3. 피고인 2의 공모공동정범에 관한 법리오해의 상고이유에 대하여 판단한다.

형법 제30조의 공동정범은 공동가공의 의사와 그 공동의사에 의한 기능적 행위지배를 통한 범죄실행이라는 주관적·객관적 요건을 충족함으로써 성립하므로, 공모자 중 구성요건행위를 직접 분담하여 실행하지 아니한 사람도 위 요건의 충족 여부에 따라 공모공동정범으로서의 죄책을 질 수 있다. 한편 구성요건행위를 직접 분담하여 실행하지 아니한 공모자가 공모공동정범으로 인정되기 위하여는 전체 범죄에서 그가 차지하는 지위·역할이나 범죄경과에 대한 지배 내지 장악력 등을 종합하여 그가 단순한 공모자에 그치지 아니하고 범죄에 대하여 본질적인 기여를 함으로써 기능적 행위지배가 존재하는 것으로 인정되어야 한다(대법원 2010. 7. 15. 선고 2010도3544 판결 등 참조).

원심은, 그 판시와 같은 이유를 들어 피고인 2에게 이 사건 범행의 범의가 존재하지 않았다고 볼 수 없고, 또한 이 사건 미등기 전매 행위로 인하여 등기에 따르는 취득세·등록세를 납입하지 않게 되고 피고인 1이 시세 차익을 얻은 사실 역시 인정되어 목적범에서의 목적이 없다고 볼 수 없다고 판단하였다.

앞서 본 법리와 적법하게 채택된 증거들에 비추어 살펴보면 원심의 위와 같은 판단에 상고이유의 주장과 같이 공모공동정범의 성립요건에 관한 법리를 오해한 위법 등이 없다.

4. 검사의 상고이유에 대하여 판단한다.

원심판결 이유에 의하면, 원심은 그 채택 증거들을 종합하여 판시와 같은 사실을 인정한 다음, 원심의 별지 범죄일람표 I 순번 1부터 27, 89부터 96, 143부터 162, 171부터 178번까지의 각 빌라들에 대하여 매매계약이 체결되었다고 인정할 증거가 없다는 이유로, 그에 관한 부동산등기 특별조치법 위반의 공소사실은 범죄의 증명이 없는 경우에 해당하여 무죄라고 판단하였다.

원심판결 이유를 적법하게 채택된 증거들에 비추어 살펴보면, 원심의 위와 같은 판단에 상고이유 주장과 같이 논리와 경험의 법칙에 반하여 자유심증주의의 한계를 벗어나거나 미등기 전매에 관한 법리를 오해한 위법이 없다.

5. 원심판결 중 피고인 1, 피고인 2에 대한 유죄 부분 가운데 공정증서원본불실기재 및 불실기재공정증서원본행사 부분과 공인중개사의 업무 및 부동산 거래신고에 관한 법률 위반 부분은 파기되어야 하는데, 원심은 이 부분이

유죄로 인정된 나머지 범죄사실들과 형법 제37조 전단의 경합범 관계에 있는 것으로 보아 하나의 형을 선고하였으므로, 원심판결 중 피고인 1, 피고인 2에 대한 유죄 부분은 전부 파기를 면할 수 없다.

6. 그러므로 원심판결 중 피고인 1, 피고인 2에 대한 유죄 부분을 파기하고, 이 부분 사건을 다시 심리·판단하게 하기 위하여 원심법원에 환송하며, 검사의 상고를 모두 기각하기로 하여, 관여 대법관의 일치된 의견으로 주문과 같이 판결한다.

대법관 신영철(재판장) 이상훈 김용덕(주심) 김소영

대법원 2013.6.27. 선고 2012도4848 판결

【특정경제범죄가중처벌등에관한법률위반(횡령)·부동산실권리자명의등기에관한법률위반·대부업등의등록및금융이용자보호에관한법률위반·농지법위반·국토의계획및이용에관한법률위반】

판시사항

1 회사의 운영자나 대표 등이 내부 절차를 거쳐 고문 등을 위촉하고 급여를 지급한 행위가 업무상횡령으로 인정되기 위한 요건과 판단 기준

2 법인 명의로 대부업 등록을 하고 실질적으로 법인의 영업으로서 대부업을 한 경우, 해당 법인의 운영을 지배하는 자가 개인 명의로 별도로 대부업 등록을 하지 않았다는 이유로 법인의 실제 운영자를 대부업 등의 등록 및 금융이용자 보호에 관한 법률 제19조 제1항 제1호 위반으로 처벌할 수 있는지 여부(원칙적 소극)

판결요지

1 회사 운영자나 대표 등이 그 내부 절차를 거쳐 고문 등을 위촉하고 급여를 지급한 행위가 업무상횡령으로 인정되기 위해서는 그와 같이 고문 등을 위촉할 필요성이나 정당성이 명백히 결여되거나 그 지급되는 급여가 합리적인 수준을 현저히 벗어나는 경우이어야 한다. 그리고 그에 해당하는지를 판단하기 위해서는 고문 등으로 위촉된 자의 업무수행능력뿐만 아니라, 고문 등의 위촉 경위와 동기, 고문 등으로 위촉된 자와 회사의 관계, 그가 회사 발전에 기여한 내용 및 정도, 고문 등으로 위촉되어 담당하기로 한 업무의 내용 및 중요성, 회사 규모와 당시의 경제적 상황, 고문 등의 위촉으로 인하여 회사가 얻을 것으로 예상되는 유·무형의 이익, 관련 업계의 관행 등을 종합적으로 고려하여 판단하여야 한다.

2 대부업 등의 등록 및 금융이용자 보호에 관한 법률(이하 '대부업법'이라 한다) 제3조 제1항, 제2항, 제19조 제1항 제1호와 대부업법이 대부업·대부중개업의 등록 및 감독에 필요한 사항을 정하고 대부업자와 여신금융기관의 불법적 채권추심행위 및 이자율 등을 규제함으로써 대부업의 건전한 발전을 도모하는 한편 금융이용자를 보호하고 국민의 경제생활 안정에 이바지함을 목적으로 한다는 점(대부업법 제1조)에 비추어 보면, 대부업법 제3조에 따라 대부업 등록을 한 법인이 아무런 실체가 없는 법인으로서 실제로는 법인의 명의가 이용된 것에 불과하고 해당 법인의 실제 운영자가 자신의 대부업을 직접 한 것으로 볼 수 있는 등의 특별한 사정이 없는 한, 법인이 등록을 하고 실질적으로 법인의 영업으로서 대부업을 한 이상 그 법인의 운영을 지배하는 자가 개인 명의로 별도로 대부업 등록을 하지 않았다고 하여 그 운영자를 대부업법 제19조 제1항 제1호의 위반으로 처벌할 수는 없다.

전　문

피 고 인 피고인

상 고 인 피고인

변 호 인 변호사

원심판결 서울고법 2012. 4. 13. 선고 2012노244 판결

주　문 원심판결을 파기하고, 사건을 서울고등법원에 환송한다.

이　유 상고이유(상고이유서 제출기간이 지난 후에 제출된 참고서면, 상고이유보충서 등 서면들의 기재는 상

고이유를 보충하는 범위 내에서)를 판단한다.

1. 특정경제범죄 가중처벌 등에 관한 법률 위반(횡령)의 점에 관한 상고이유에 대하여

가. 회사 운영자나 대표 등이 그 내부 절차를 거쳐 고문 등을 위촉하고 급여를 지급한 행위가 업무상횡령으로 인정되기 위해서는 그와 같이 고문 등을 위촉할 필요성이나 정당성이 명백히 결여되거나 그 지급되는 급여가 합리적인 수준을 현저히 벗어나는 경우이어야 할 것이다. 그리고 그에 해당하는지를 판단하기 위해서는 고문 등으로 위촉된 자의 업무수행능력뿐만 아니라, 고문 등의 위촉 경위와 동기, 고문 등으로 위촉된 자와 회사 사이의 관계, 그가 회사 발전에 기여한 내용 및 정도, 고문 등으로 위촉되어 담당하기로 한 업무의 내용 및 중요성, 회사 규모와 당시의 경제적 상황, 고문 등의 위촉으로 인하여 회사가 얻을 것으로 예상되는 유·무형의 이익, 관련 업계의 관행 등을 종합적으로 고려하여 판단하여야 할 것이다. 한편 불법영득의사를 실현하는 행위로서의 횡령행위가 있다는 점은 어디까지나 검사가 입증하여야 하는 것으로서, 그 입증은 법관으로 하여금 합리적인 의심을 할 여지가 없을 정도의 확신을 생기게 하는 증명력을 가진 엄격한 증거에 의하여야 하고, 이와 같은 증거가 없다면 설령 피고인에게 유죄의 의심이 간다 하더라도 피고인의 이익으로 판단할 수밖에 없다(대법원 1998. 2. 13. 선고 97도1962 판결, 대법원 2002. 11. 26. 선고 2002도5130 판결 등 참조).

나. 원심은, (1) 피고인이 공소외 1 주식회사(이하 '공소외 1 회사'라 한다)의 대주주이자 회장으로서 피고인의 모(모) 공소외 2(이하 '공소외 2'라 한다)을 공소외 1 회사의 고문으로 선임한 후 마치 정상적인 급여를 지급하는 것처럼 가장하여 그 급여 상당액을 횡령하기로 마음먹고, 2005. 8. 25.경부터 2011. 7. 25.경까지 매월 약 800만 원 합계 580,268,340원을 공소외 2 명의의 국민은행 계좌로 입금받아 공소외 2의 생활비 등으로 사용하는 방법으로 공소외 1 회사의 재물을 횡령하였다는 이 사건 공소사실에 대하여, (2) 공소외 2가 월 1~2회 정도 출근하여 경영회의(임원회의, 비상경영회의)에 참석하였고, 연 2회 회장단과 주요임원을 면담하여 업무보고를 받았으며, 2006. 1. 신년하례식에 참석하는 등 공소외 1 회사의 여러 행사에 참석하였고, 영업조직의 분위기 안정과 갈등 해결에 기여하였으며, ○○○마트 경영(청소, 제품의 신선도 유지, 상품 진열, 신설매장에 대한 입소문 모니터링, 개업식 참석)에 기여하였고, 공소외 1 회사 연수원의 주방 청결, 음식 재료선정, 숙소 침구나 환경을 직접 챙겼으며, 제품개발(디자인·색깔)과 서비스 부분 및 플래너의 옷 색깔에 대한 조언을 하고, 경영회의 등에 참석하여 '정도경영, 투명경영, 고객중심 경영'을 강조한 것으로 보인다고 하면서도, (3) 위 사실들과 그 밖의 판시와 같은 사실들을 종합하여 보면 공소외 2가 피고인에게 경영자문을 해주었다는 내용은 특별히 고문의 지위에서 이루어진 것이라기보다는 자신의 아들에게 일상적으로 할 수 있는 내용의 자문으로 보이고, 공소외 2가 공소외 1 회사에 대하여 기여하였다는 업무의 내용도 공소외 2가 결재를 하거나 문서를 남긴 적이 없고 경영회의 등의 회의에서 그 발언 내용(회사 측에서 작성한 소명자료에 의하면 공소외 2의 발언 내용은 회의 주제에 대한 구체적인 자문이나 지시가 아니라 추상적인 내용이다)이 회의록에 기재된 바도 없으며 업무보고를 받을 때 문서로 된 보고서도 없이 업무보고를 받은 것에 비추어 보면, 공소외 2가 공소외 1 회사의 회장인 피고인의 어머니로서 공소외 1 회사의 각종 행사에 참석하고 그에 대한 예우를 받으면 그 기회에 직원들에게 일상적인 말을 한 것으로 보일 뿐 공소외 1 회사의 고문으로서 경영에 대한 조언을 한 것으로 보이지 않는다고 판단하고, 또한 피고인은 공소외 2의 고문으로서의 급여를 자신이 사용하기 위하여 공소외 2를 고문으로 취임시킨 후 공소외 2의 급여 명목으로 입금된 회사의 자금을 개인적인 용도로 사용한 것으로 판단하였으며, (4) 이를 비롯한 판시 판단들을 종합하면, 공소외 1 회사의 실질적 경영자인 피고인이 자신의 지위를 이용하여 자기의 이익을 꾀할 목적으로 공소외 1 회사의 재산을 보존하여야 할 업무상의 임무에 위배하여 자신이 관리·보관하는 공소외 1 회사의 재물을 공소외 2의 급여 명목으로 인출하여 자기의 소유인 것처럼 처분한 것으로 인정된다고 보아, 이 부분 공소사실에 대하여 무죄를 선고한 제1심판결을 파기하고 유죄로 판단하였다.

다. 그러나 원심이 인정한 사실관계에 의하더라도 공소외 2는 2005. 8. 1. 고문으로 임명되기 전부터 고문으로 불리며 위와 같이 여러 가지 방면에서 공소외 1 회사의 성장 및 발전에 기여하였던 것으로 보이고, 고문으로 임명된 후에도 경영회의에 참석하는 등으로 고문 활동을 하였던 것으로 보이며, 실제 이를 뒷받침하는 공소외 1 회사 관계자들의 진술과 사진 등이 제출되어 있는 반면, 이와 반대되는 뚜렷한 증거는 이를 찾아볼 수 없다. 이러한 사정 아래에서 원심 판시의 위와 같은 사정만으로 공소외 2가 공소외 1 회사를 위하여 한 위와 같은 활동을 단순히 아들인 피고인이나 직원들에 대한 일상적인 자문 내지 말이라고 가볍게 볼 수는 없다고 할 것이다.

그리고 원심이 인정한 사실이나 적법하게 채택된 증거들에 의하면, (1) 피고인과 공소외 1 회사의 임원진이 2005. 8. 1. 공소외 2를 공소외 1 회사의 고문으로 위촉한 것은 공소외 2가 위와 같이 회사의 성장과 발전에 기여한 것에 대한 보상과 예우를 위한 측면을 고려하고 아울러 회사 경영 및 운영에 대한 자문·조언과 영업조직의 분위기 안정과 갈등 해결 등 회사 경영에 대한 정신적인 조력자 역할을 기대하였던 것으로 보이고, (2)

공소외 2는 고문으로 위촉된 후 고문계약서에 정해진 대로 위와 같이 경영회의 등에 참석하여 그룹업무 전반에 관하여 자문을 하거나 공소외 1 회사 연수원 운영 등에 관하여 조언을 하였으며, (3) 비록 2010. 7. 30. 치매의 초기증상이라는 진단을 받고 2011. 1. 13. 치매환자로 확진을 받기는 하였으나, 그에 앞서 체결된 2011년도 고문계약의 기간이 2011. 1. 1.부터 2011. 12. 31.까지로 정하여져 있었으므로 그 후에 지급된 고문료는 계약에 근거한 것으로서 그 계약 유지의 적정성을 문제 삼는 것은 별론으로 하고 이를 횡령행위라고 단정할 수 없을 뿐 아니라, (4) 공소외 2는 그 이후에도 경영회의에 참석하고 공소외 1 회사 연수원을 방문하는 등의 종전과 같은 활동을 완전히 중단하지는 않았으며, 또한 치매 진단을 받은 이후에도 고문계약이 유지되었던 것은 공소외 2의 위와 같은 활동과 아울러 장기간의 회사 기여에 대한 보상과 예우를 다한다는 측면이 있었던 것으로 보이며, (5) 한편 공소외 1 회사는 1994년 설립 이후 성장을 거듭하여 그 매출액이 2007년 1,616억 원, 2008년 1,810억 원, 2009년 2,116억 원, 2010년 2,588억 원 이상에 이르렀고 같은 기간 영업이익과 당기순이익도 증가하였던 것으로 보인다.

이러한 사정들을 앞서 본 법리에 비추어 살펴보면, 일반적으로 상당히 고령인 가까운 친족을 회사의 경영진이나 고문으로 참여시키고 보수를 지급하는 행위가 과연 회사를 위한 최선의 행위로서 적절한지에 대하여 기업윤리적인 측면에서 의문이 제기될 수 있고 그 판단에 신중을 기하여야 할 것이지만, 이 사건에서 검사 제출의 증거들이나 원심이 판단 근거로 삼은 사정들만으로는 피고인이 공소외 1 회사 내부의 정상적인 의사결정 절차를 거쳐 공소외 2를 고문으로 위촉하여 공소사실과 같이 급여를 지급한 것이 명백히 그 필요성이나 정당성이 없었다거나 그 지급한 급여 액수가 합리적인 수준을 현저히 벗어나는 행위로서 외형상 급여 명목으로 지급된 것에 불과하고 실질적으로는 피고인이 그 급여 명목의 돈을 자신의 소유인 것처럼 개인적인 용도로 사용·처분한 것이나 마찬가지여서 업무상횡령에 해당하는 행위라고 단정할 수는 없다고 할 것이다.

그럼에도 불구하고 원심은 위와 같은 이유만으로 이 부분 공소사실을 유죄로 판단하고 말았으니, 이러한 원심판결에는 특정경제범죄 가중처벌 등에 관한 법률 위반(횡령)죄에서의 횡령행위의 성립에 관한 법리를 오해하여 판결에 영향을 미친 위법이 있다고 하지 아니할 수 없다. 따라서 상고이유 제2점에 관하여 판단할 필요 없이 공소사실 중 특정경제범죄 가중처벌 등에 관한 법률 위반(횡령)의 점에 관한 원심판단은 파기를 면할 수 없다.

2. 대부업 등의 등록 및 금융이용자 보호에 관한 법률 위반의 점에 관한 상고이유에 대하여

가. 대부업 등의 등록 및 금융이용자 보호에 관한 법률(이하 '대부업법'이라 한다) 제3조 제1항은 여신금융기관을 제외하고 대부업을 하려는 자는 영업소별로 해당 영업소를 관할하는 특별시장·광역시장·도지사 또는 특별자치도지사(이하 '시·도지사'라 한다)에게 등록하여야 한다고 규정하고 있고, 제2항은 그 등록신청서에 기재할 사항을 규정하면서 등록신청인이 법인인 경우에는 출자자의 명칭 또는 성명, 주소와 그 지분율 및 임원의 성명과 주소를 적고, 등록신청인이 개인인 경우로서 업무를 총괄하는 사용인이 있는 경우에는 사용인의 성명과 주소를 적도록 규정하고 있다. 그리고 대부업법 제19조 제1항 제1호는 대부업법 제3조를 위반하여 등록을 하지 아니하고 대부업을 한 자에 대하여 5년 이하의 징역 또는 5,000만 원 이하의 벌금에 처하도록 규정하고 있다. 이러한 규정과 대부업법이 대부업·대부중개업의 등록 및 감독에 필요한 사항을 정하고 대부업자와 여신금융기관의 불법적 채권추심행위 및 이자율 등을 규제함으로써 대부업의 건전한 발전을 도모하는 한편 금융이용자를 보호하고 국민의 경제생활 안정에 이바지함을 목적으로 한다는 점(대부업법 제1조)에 비추어 보면, 대부업법 제3조에 따라 대부업 등록을 한 법인이 아무런 실체가 없는 법인으로서 실제로는 법인의 명의가 이용된 것에 불과하고 해당 법인의 실제 운영자가 자신의 대부업을 직접 한 것으로 볼 수 있는 등의 특별한 사정이 없는 한, 법인이 등록을 하고 실질적으로 법인의 영업으로서 대부업을 한 이상 그 법인의 운영을 지배하는 자가 개인 명의로 별도로 대부업 등록을 하지 않았다고 하여 그 운영자를 대부업법 제19조 제1항 제1호의 위반으로 처벌할 수는 없다고 할 것이다.

나. 원심은 판시 사실들과 사정들을 종합하면, 피고인이 스스로 대부업을 영위할 의도로 공소외 3 주식회사(이하 '공소외 3 회사'라 한다)를 만들어 자신의 명의로 대부업 등록을 하지 아니한 채 공소외 3 회사를 실질적으로 경영하면서 금융이용자에게 금전을 대부하는 방법으로 대부업을 영위한 사실이 인정된다는 이유로, 대부업 등의 등록 및 금융이용자 보호에 관한 법률 위반의 점에 관한 이 사건 예비적 공소사실을 유죄로 인정하였다.

다. 그러나 원심이 인정한 사실에 의하더라도 공소외 3 회사는 공소외 1 회사의 신규사업 진출을 위하여 2010. 8. 27. 설립되어 2010. 9. 13. '공소외 3 회사 대표이사 공소외 4' 명의로 대부업 등록을 한 후, '서울 강남구 (주소 생략) 4층'을 사업장 소재지로 하여, 대표이사 공소외 4와 그 직원들이 2010. 10. 11.부터 2011. 8. 12.까지 3,178건의 대부계약을 체결하여 합계 124억여 원을 대부하고 14억여 원의 이자를 받는 방법으로 대부업을 영위한 회사로서 그 법인의 실체를 갖추고 실질적인 영업을 한 것으로 보이고, 이와 달리 실제로는 피고인이 그 등록 명의를 빌려 자신이 직접 대부업을 한 것으로 보기에는 부족하므로, 앞서 본 법리에 비추어 보면 공소외

3 회사가 대부업 등록을 한 이상 피고인이 대부업 등록을 하지 않았다고 하더라도 피고인을 대부업법 제19조 제1항 제1호 위반으로 처벌할 수는 없다고 할 것이다.

그럼에도 불구하고 원심은 위와 같은 이유로 이 부분 공소사실을 유죄로 판단하고 말았으니, 이러한 원심판결에는 대부업의 등록에 관한 법리를 오해하여 판결에 영향을 미친 위법이 있다고 하지 않을 수 없다.

3. 파기의 범위

원심판결 중 특정경제범죄 가중처벌 등에 관한 법률 위반(횡령)의 점에 관한 공소사실과 대부업 등의 등록 및 금융이용자 보호에 관한 법률 위반의 점 중 예비적 공소사실에 관한 원심 판단 부분은 위와 같은 이유로 위법하여 파기되어야 할 것인데, 원심은 그 부분을 포함하여 판시 유죄 부분에 대하여 형법 제37조 전단의 경합범 관계에 있는 것으로 보아 하나의 형을 선고하였으므로 원심판결 중 유죄 부분은 전부 파기를 면할 수 없다. 나아가 원심판결 중 대부업 등의 등록 및 금융이용자 보호에 관한 법률 위반의 점에 관한 예비적 공소사실 부분이 파기되는 이상, 같은 법률 위반의 점에 관한 주위적 공소사실 부분도 함께 파기될 수밖에 없다고 할 것이므로, 결국 원심판결은 전부 파기되어야 한다.

4. 결론

그러므로 원심판결을 파기하고, 사건을 다시 심리·판단하게 하기 위하여 원심법원에 환송하기로 하여, 관여 대법관의 일치된 의견으로 주문과 같이 판결한다.

대법관 신영철(재판장) 이상훈 김용덕(주심) 김소영

대법원 2013.6.20. 선고 2010도14328 전원합의체 판결

【국외이송약취·피약취자국외이송】

판시사항

1 미성년자약취죄, 국외이송약취죄 등의 구성요건 중 '약취'의 의미와 그 판단 기준 및 미성년자를 보호·감독하는 사람이 해당 미성년자에 대한 약취죄의 주체가 될 수 있는지 여부(한정 적극)와 미성년 자녀의 부모 일방에 대하여 자녀에 대한 약취죄가 성립하기 위한 요건

2 베트남 국적 여성인 피고인이 남편 갑의 의사에 반하여 생후 약 13개월 된 자녀 을을 주거지에서 데리고 나와 약취하고 베트남에 함께 입국함으로써 을을 국외에 이송하였다고 하여 국외이송약취 및 피약취자국외이송으로 기소된 사안에서, 제반 사정을 종합할 때 피고인의 행위를 약취행위로 볼 수 없다는 이유로, 피고인에게 무죄를 인정한 원심판단을 정당하다고 한 사례

판결요지

1 [다수의견]

형법 제287조의 미성년자약취죄, 제288조 제3항 전단[구 형법(2013. 4. 5. 법률 제11731호로 개정되기 전의 것을 말한다. 이하 같다) 제289조 제1항에 해당한다]의 국외이송약취죄 등의 구성요건요소로서 약취란 폭행, 협박 또는 불법적인 사실상의 힘을 수단으로 사용하여 피해자를 그 의사에 반하여 자유로운 생활관계 또는 보호관계로부터 이탈시켜 자기 또는 제3자의 사실상 지배하에 옮기는 행위를 의미하고, 구체적 사건에서 어떤 행위가 약취에 해당하는지 여부는 행위의 목적과 의도, 행위 당시의 정황, 행위의 태양과 종류, 수단과 방법, 피해자의 상태 등 관련 사정을 종합하여 판단하여야 한다. 한편 미성년자를 보호·감독하는 사람이라고 하더라도 다른 보호감독자의 보호·양육권을 침해하거나 자신의 보호·양육권을 남용하여 미성년자 본인의 이익을 침해하는 때에는 미성년자에 대한 약취죄의 주체가 될 수 있는데, 그 경우에도 해당 보호감독자에 대하여 약취죄의 성립을 인정할 수 있으려면 그 행위가 위와 같은 의미의 약취에 해당하여야 한다. 그렇지 아니하고 폭행, 협박 또는 불법적인 사실상의 힘을 사용하여 그 미성년자를 평온하던 종전의 보호·양육 상태로부터 이탈시켰다고 볼 수 없는 행위에 대하여까지 다른 보호감독자의 보호·양육권을 침해하였다는 이유로 미성년자에 대한 약취죄의 성립을 긍정하는 것은 형벌법규의 문언 범위를 벗어나는 해석으로서 죄형법정주의의 원칙에 비추어 허용될 수 없다. 따라서 부모가 이혼하였거나 별거하는 상황에서 미성년의 자녀를 부모의 일방이 평온하게 보호·양육하고 있는데, 상대방 부모가 폭행, 협박 또는 불법적인 사실상의 힘을 행사하여 그 보호·양육 상태를 깨뜨리고 자녀를 탈취하여 자기 또는 제3자의 사실상 지배하에 옮긴 경우, 그와 같은 행위는 특별한 사정이 없는 한 미성년자에 대한 약취죄를 구성한다고 볼 수 있다. 그러나 이와 달리 미성년의 자녀를 부모가 함께 동거하면서 보호·양육하여 오던 중 부모의 일방이 상대방 부모나 그 자녀에게 어떠한 폭행, 협박이나 불법적인 사실상의 힘을 행사함이 없이 그 자녀를 데리고 종전의 거소를 벗어나 다른 곳으로 옮겨 자녀에 대한 보호·양육을 계속하였다면, 그 행위가 보호·양육권의 남용에 해당한다는 등 특별한 사정이 없는 한 설령 이에 관하여 법원의 결정이나 상대방 부모의 동의를 얻지 아니하였다고 하더라도 그러한 행위에 대하여 곧바로 형법상 미성년자에 대한 약취죄의 성립을 인정할 수는 없다.

[대법관 신영철, 대법관 김용덕, 대법관 고영한, 대법관 김창석, 대법관 김신의 반대의견]

공동친권자인 부모 중 일방이 상대방과 동거하며 공동으로 보호·양육하던 유아를 국외로 데리고 나간 행위가 약취죄의 '약취행위'에 해당하는지를 판단하려면, 우선 폭행, 협박 또는 사실상의 힘을 수단으로 사용하여 유아를 범인 또는 제3자의 사실상 지배하에 옮겼는지, 그로 말미암아 다른 공동

친권자의 보호·양육권을 침해하고, 피해자인 유아를 자유로운 생활관계 또는 보호관계로부터 이탈시켜 그의 이익을 침해하였는지를 따져 볼 필요가 있다. 부모 중 일방이 상대방과 동거하며 공동으로 보호·양육하던 유아를 국외로 데리고 나갔다면, '사실상의 힘'을 수단으로 사용하여 유아를 자신 또는 제3자의 사실상 지배하에 옮겼다고 보아야 함에 이론이 있을 수 없다. 친권은 미성년 자녀의 양육과 감호 및 재산관리를 적절히 함으로써 그의 복리를 확보하도록 하기 위한 부모의 권리이자 의무의 성격을 갖는 것으로서, 민법 제909조에 의하면, 친권은 혼인관계가 유지되는 동안에는 부모의 의견이 일치하지 아니하거나 부모 일방이 친권을 행사할 수 없는 등 예외적인 경우를 제외하고는 부모가 공동으로 행사하는 것이 원칙이고(제2항, 제3항), 이혼하려는 경우에도 상대방과의 협의나 가정법원의 결정을 거치지 아니한 채 일방적으로 상대방의 친권행사를 배제하는 것은 허용되지 않는다(제4항). 따라서 공동친권자인 부모의 일방이 상대방의 동의나 가정법원의 결정이 없는 상태에서 유아를 데리고 공동양육의 장소를 이탈함으로써 상대방의 친권행사가 미칠 수 없도록 하였다면, 이는 특별한 사정이 없는 한 다른 공동친권자의 유아에 대한 보호·양육권을 침해한 것으로서 민법을 위반한 행위라고 할 것이다. 그뿐 아니라 유아로서도 다른 공동친권자로부터 보호·양육을 받거나 받을 수 있는 상태에서 배제되는 결과를 강요당하게 되어 유아의 이익을 현저히 해치게 될 것이므로 그 점에서도 위법성을 면할 수 없다. 따라서 어느 모로 보나 부모의 일방이 유아를 임의로 데리고 가면서 행사한 사실상의 힘은 특별한 사정이 없는 한 불법적이라고 할 것이며, 특히 장기간 또는 영구히 유아를 데리고 간 경우에는 그 불법성이 훨씬 더 크다는 점을 부인할 수 없을 것이다.

[2] 베트남 국적 여성인 피고인이 남편 갑의 의사에 반하여 생후 약 13개월 된 아들 을을 주거지에서 데리고 나와 약취하고 이어서 베트남에 함께 입국함으로써 을을 국외에 이송하였다고 하여 국외이송약취 및 피약취자국외이송으로 기소된 사안에서, 제반 사정을 종합할 때 피고인이 을을 데리고 베트남으로 떠난 행위는 어떠한 실력을 행사하여 을을 평온하던 종전의 보호·양육 상태로부터 이탈시킨 것이라기보다 친권자인 모(모)로서 출생 이후 줄곧 맡아왔던 을에 대한 보호·양육을 계속 유지한 행위에 해당하여, 이를 폭행, 협박 또는 불법적인 사실상의 힘을 사용하여 을을 자기 또는 제3자의 지배하에 옮긴 약취행위로 볼 수는 없다는 이유로, 피고인에게 무죄를 인정한 원심판단을 정당하다고 한 사례.

전 문

피 고 인 피고인

상 고 인 검사

변 호 인 변호사

원심판결 대전고법 2010. 10. 8. 선고 2010노363 판결

주 문 원심판결 중 절도 부분을 파기한다. 국외이송약취 및 피약취자국외이송 부분에 대한 상고를 기각한다.

이 유

1. 국외이송약취 및 피약취자국외이송 부분에 관한 상고이유를 판단한다.

가. 형법 제287조의 미성년자약취죄, 제288조 제3항 전단[구 형법(2013. 4. 5. 법률 제11731호로 개정되기 전의 것을 말한다. 이하 같다) 제289조 제1항에 해당한다]의 국외이송약취죄 등의 구성요건요소로서 약취란 폭행, 협박 또는 불법적인 사실상의 힘을 수단으로 사용하여 피해자를 그 의사에 반하여 자유로운 생활관계 또는 보호관계로부터 이탈시켜 자기 또는 제3자의 사실상 지배하에 옮기는 행위를 의미하고, 구체적 사건에서 어떤 행위가 약취에 해당하는지 여부는 행위의 목적과 의도, 행위 당시의 정황, 행위의 태양과 종류, 수단과 방법, 피해자의 상태 등 관련 사정을 종합하여 판단하여야 한다(대법원 2009. 7. 9. 선고 2009도3816 판결 등 참조).

한편 미성년자를 보호·감독하는 사람이라고 하더라도 다른 보호감독자의 보호·양육권을 침해하거나 자신의 보호·양육권을 남용하여 미성년자 본인의 이익을 침해하는 때에는 미성년자에 대한 약취죄의 주체가 될 수 있

는데(대법원 2008. 1. 31. 선고 2007도8011 판결 등 참조), 그 경우에도 해당 보호감독자에 대하여 약취죄의 성립을 인정할 수 있으려면 그 행위가 위와 같은 의미의 약취에 해당하여야 한다. 그렇지 아니하고 폭행, 협박 또는 불법적인 사실상의 힘을 사용하여 그 미성년자를 평온하던 종전의 보호·양육 상태로부터 이탈시켰다고 볼 수 없는 행위에 대하여까지 다른 보호감독자의 보호·양육권을 침해하였다는 이유로 미성년자에 대한 약취죄의 성립을 긍정하는 것은 형벌법규의 문언 범위를 벗어나는 해석으로서 죄형법정주의의 원칙에 비추어 허용될 수 없다고 할 것이다.

따라서 부모가 이혼하였거나 별거하는 상황에서 미성년의 자녀를 부모의 일방이 평온하게 보호·양육하고 있는데, 상대방 부모가 폭행, 협박 또는 불법적인 사실상의 힘을 행사하여 그 보호·양육 상태를 깨뜨리고 자녀를 탈취하여 자기 또는 제3자의 사실상 지배하에 옮긴 경우, 그와 같은 행위는 특별한 사정이 없는 한 미성년자에 대한 약취죄를 구성한다고 볼 수 있다.

그러나 이와 달리 미성년의 자녀를 부모가 함께 동거하면서 보호·양육하여 오던 중 부모의 일방이 상대방 부모나 그 자녀에게 어떠한 폭행, 협박이나 불법적인 사실상의 힘을 행사함이 없이 그 자녀를 데리고 종전의 거소를 벗어나 다른 곳으로 옮겨 자녀에 대한 보호·양육을 계속하였다면, 그 행위가 보호·양육권의 남용에 해당한다는 등 특별한 사정이 없는 한 설령 이에 관하여 법원의 결정이나 상대방 부모의 동의를 얻지 아니하였다고 하더라도 그러한 행위에 대하여 곧바로 형법상 미성년자에 대한 약취죄의 성립을 인정할 수는 없다고 할 것이다.

나. 원심은, 베트남 국적 여성인 피고인이 남편 공소외 1의 의사에 반하여 아들인 피해자 공소외 2를 국외에 이송할 목적으로 주거지에서 데리고 나와 약취하고 이어서 베트남에 함께 입국함으로써 피해자를 국외에 이송하였다는 공소사실에 대하여, ① 피고인이 남편인 공소외 1과 헤어져 베트남으로 돌아갈 것을 결심한 때는 피해자가 태어난 지 만 13개월이 채 안 되었으므로 피해자에게는 아버지보다 어머니의 손길이 더 필요했던 시기인 점, ② 당시 피해자의 아버지인 공소외 1은 직장을 다니고 있었으므로 피고인이 없는 상황에서 공소외 1 혼자 피해자를 양육한다는 것은 사실상 어려웠던 점, ③ 피고인이 아들인 어린 피해자를 집에 혼자 두고 나가는 것이 오히려 친권자의 보호·양육의무를 방기하는 행위로서 더 비난받을 행위로 평가될 수 있는 점, ④ 피해자가 비록 한국이 아닌 베트남에서 양육되고 있기는 하나 그곳은 피해자의 외가이므로 피해자가 한국에서 어머니인 피고인 없이 양육되는 것보다 불리한 상황에 처하였다고 단정하기 어려운 점 등의 사정을 종합하면, 피고인의 행위는 공소외 1의 보호·양육권을 침해한 것이라고 볼 수는 있으나 피해자 본인의 이익을 침해한 것이라고 볼 수는 없어 미성년자에 대한 약취에 해당하지 아니한다는 이유로, 무죄를 선고한 제1심을 그대로 유지하였다.

다. 원심판결 이유와 적법하게 채택된 증거에 의하면, ① 피고인은 베트남 국적의 여성으로서 2006. 2. 16. 공소외 1과 혼인하고 같은 해 4. 30. 입국한 후 2007. 8. 12. 아들 공소외 2를 출산하여 천안시 두정동 소재 주거지에서 거주하며 공소외 1과 공동으로 공소외 2를 보호·양육하여 온 사실, ② 당시 공소외 1은 직장에 다녔고 피고인이 가사를 전담하였기 때문에 공소외 2에 대한 현실적인 보호·양육을 주로 피고인이 맡아왔던 사실, ③ 피고인은 2008. 8. 30. 수원의 친구에게 놀러 갔다가 늦어져 버스를 놓치는 바람에 다음날 귀가하였는데 화가 난 공소외 1로부터 며칠 동안 집을 나가라는 말을 듣고, 공소외 1이 자신을 이제 필요 없다고 생각하는 것 같아 자존심이 상한 데다 국내에는 마땅히 찾아갈 곳이 없어 생후 약 13개월 된 공소외 2를 데리고 친정인 베트남으로 돌아가기로 마음먹은 사실, ④ 피고인은 2008. 9. 3. 공소외 1이 직장에 출근한 사이 공소외 2를 데리고 집을 나와 항공편으로 출국하여 베트남 친정으로 떠났고, 공소외 2를 데리고 가기 위하여 공소외 1 측에 어떠한 폭행, 협박이나 실력행사를 하지 아니한 사실, ⑤ 피고인은 공소외 2의 양육비를 벌기 위하여 공소외 2를 베트남 친정에 맡겨 둔 채 2008. 9. 17. 다시 우리나라에 입국하였고, 그 사이 피고인의 부모 등이 공소외 2를 베트남에서 계속 보호·양육한 사실, ⑥ 한편 피고인은 2010. 5. 13. 공소외 1과 협의하여 피고인을 공소외 2의 친권자 및 양육자로 정하여 이혼하기로 하고 법원으로부터 그 의사를 확인받았는데, 피고인이 그때까지 공소외 1에게 공소외 2를 돌려주는 대가로 금전 등을 부당하게 요구하거나 이를 협의이혼의 조건으로 내세운 적이 없었고, 협의이혼 후 공소외 2의 양육비도 피고인이 부담하기로 한 사실을 알 수 있다.

위와 같은 사정을 종합하여 보면, 피고인이 공소외 2를 데리고 베트남으로 떠난 행위는 어떠한 실력을 행사하여 공소외 2를 평온하던 종전의 보호·양육 상태로부터 이탈시킨 것이라기보다 친권자인 모(모)로서 출생 이후 줄곧 맡아왔던 공소외 2에 대한 보호·양육을 계속 유지한 행위라고 할 것이고, 이를 폭행, 협박 또는 불법적인 사실상의 힘을 사용하여 공소외 2를 자기 또는 제3자의 지배하에 옮긴 약취행위로 볼 수는 없다고 할 것이다.

원심이 그 판시와 같은 사정만을 들어 피고인의 행위로 인하여 공소외 2의 이익이 침해되지 아니하였다고 단정한 것은 적절하다고 볼 수 없으나, 피고인의 행위가 미성년자에 대한 약취에 해당하지 아니한다는 이유로 국외이송약취 및 피약취자국외이송의 공소사실을 모두 무죄로 판단한 원심의 조치는 결론에 있어 정당하고, 거기에 상고이유에서 주장하는 바와 같은 법리오해 등으로 판결 결과에 영향을 미친 위법이 없다.

2. 원심판결 중 절도 부분에 관하여 직권으로 판단한다.

형법 제37조 전단의 경합범으로 동시에 기소된 사건에 대하여 일부 유죄, 일부 무죄의 선고를 하거나 일부의 죄에 대하여 징역형을, 다른 죄에 대하여 벌금형을 선고하는 등 판결 주문이 수 개일 때에는 그 1개의 주문에 포함된 부분을 다른 부분과 분리하여 일부상소를 할 수 있고, 이때 당사자 쌍방이 상소하지 아니한 부분은 분리 확정된다. 그러므로 경합범 중 일부에 대하여 무죄, 일부에 대하여 유죄를 선고한 제1심판결에 대하여 검사만이 무죄 부분에 대하여 항소한 경우, 피고인과 검사가 항소하지 아니한 유죄판결 부분은 항소기간이 지남으로써 확정되어 항소심에 계속된 사건은 무죄판결 부분뿐이고(대법원 2000. 2. 11. 선고 99도4840 판결, 대법원 2010. 11. 25. 선고 2010도10985 판결 등 참조), 그에 따라 항소심이 심리·판단하여야 할 범위는 무죄판결 부분에 한정된다고 할 것이다.

원심판결 이유와 기록에 의하면, ① 피고인은 절도, 국외이송약취 및 피약취자국외이송의 공소사실로 기소되었고, 제1심은 그 중 절도 부분에 대하여 유죄, 나머지 부분에 대하여 무죄를 선고하였으며, ② 제1심판결에 대하여 피고인은 항소하지 아니하고, 검사만이 무죄 부분에 한하여 항소하였는데, 검사가 항소기간이 경과한 후 원심법원에 제출한 항소이유서에는 위 항소 부분에 관한 항소이유 외에 항소하지 아니한 절도 부분에 대한 양형부당의 항소이유까지 기재되어 있고, ③ 한편 원심은 검사가 제1심판결 전부에 대하여 항소한 것으로 보고 심리하여 제1심판결의 유죄 부분과 무죄 부분에 대한 각 항소이유를 배척하고 판결로 검사의 항소를 기각하였음을 알 수 있다.

이러한 사정을 앞에서 본 법리에 비추어 살펴보면, 제1심판결 중 절도죄에 관한 유죄 부분은 항소기간이 지남으로써 이미 확정되어 국외이송약취 및 피약취자국외이송에 관한 무죄 부분만이 원심에 계속되게 되었으므로 원심으로서는 위 무죄 부분만을 심리·판단하였어야 하고, 설령 검사가 항소이유서에 이미 확정된 유죄 부분에 대한 항소이유를 기재하였다고 하더라도 위 유죄 부분은 원심의 심리·판단 대상이 될 수 없다. 그럼에도 원심은 이미 유죄로 확정된 절도 부분까지 다시 심리하여 판결로 이에 대한 검사의 항소를 기각하였으니, 원심판결 중 절도 부분에는 항소심의 심리·판단의 범위에 관한 법리를 오해하여 판결 결과에 영향을 미친 위법이 있다.

3. 그러므로 원심판결 중 절도 부분을 파기하고(다만 이 부분은 이미 확정되어 당초부터 원심의 심판 대상이 아니었으므로 원심에 환송할 수 없고, 이 법원이 이를 파기하는 것으로 충분하다), 국외이송약취 및 피약취자국외이송 부분에 대한 검사의 상고를 기각하기로 하여 주문과 같이 판결한다. 이 판결에는 국외이송약취 및 피약취자국외이송 부분에 관하여 대법관 신영철, 대법관 김용덕, 대법관 고영한, 대법관 김창석, 대법관 김신의 반대의견이 있는 외에는 관여 법관의 의견이 일치하였으며, 다수의견에 대한 대법관 이인복, 대법관 이상훈, 대법관 박병대, 대법관 박보영, 대법관 김소영의 보충의견이 있다.

4. 대법관 신영철, 대법관 김용덕, 대법관 고영한, 대법관 김창석, 대법관 김신의 반대의견은 다음과 같다.

가. 종래 대법원은 여러 판결을 통하여 약취죄에서의 '약취행위'란 폭행, 협박 또는 그 이외의 사실상의 힘을 수단으로 사용하여 피해자를 그 의사에 반하여 자유로운 생활관계 또는 보호관계로부터 이탈시켜 범인 또는 제3자의 사실상 지배하에 옮기는 행위를 의미하고, 미성년자를 보호·감독하는 사람이라고 하더라도 다른 보호·감독자의 보호·양육권을 침해하거나 자신의 보호·양육권을 남용하여 미성년자의 이익을 침해하는 때에는 미성년자에 대한 약취죄의 주체가 될 수 있다는 법리를 선언해 왔다.

다수의견 역시 이러한 법리를 전제로 하면서도, 이 사건에서의 피고인의 행위는 유아인 피해자에 대한 보호·양육 상태를 계속 유지한 것일 뿐 폭행, 협박 또는 불법적인 사실상의 힘을 사용하여 피해자를 피고인 또는 제3자의 지배하에 옮긴 것이 아니어서 약취죄에서 말하는 '약취행위'에 해당하지 않는다고 보았다.

그러나 이러한 다수의견의 견해는 대법원이 선언해 온 미성년자 관련 약취죄에 있어서 '약취행위'의 개념이나 보호법익에 관한 법리를 오해한 것일 뿐만 아니라 형사정책적 측면에서도 국가의 자국민에 대한 보호라는 기본적인 책무를 소홀히 하는 해석론이어서 동의할 수 없다.

나. 앞서 본 법리에 의하여 공동친권자인 부모 중 일방이 상대방과 동거하며 공동으로 보호·양육하던 유아를 국외로 데리고 나간 행위가 약취죄에 있어서의 '약취행위'에 해당하는지를 판단하려면, 우선 폭행, 협박 또는 사실상의 힘을 수단으로 사용하여 유아를 범인 또는 제3자의 사실상 지배하에 옮겼는지, 그로 말미암아 다른 공동친권자의 보호·양육권을 침해하고, 피해자인 유아를 자유로운 생활관계 또는 보호관계로부터 이탈시켜 그의 이익을 침해하였는지를 따져 볼 필요가 있다.

(1) 부모 중 일방이 상대방과 동거하며 공동으로 보호·양육하던 유아를 국외로 데리고 나갔다면, '사실상의 힘'을 수단으로 사용하여 유아를 자신 또는 제3자의 사실상 지배하에 옮겼다고 보아야 함에 이론이 있을 수 없다.

(2) 친권은 미성년 자녀의 양육과 감호 및 재산관리를 적절히 함으로써 그의 복리를 확보하도록 하기 위한 부모

의 권리이자 의무의 성격을 갖는 것으로서, 민법 제909조에 의하면, 친권은 혼인관계가 유지되는 동안에는 부모의 의견이 일치하지 아니하거나 부모 일방이 친권을 행사할 수 없는 등 예외적인 경우를 제외하고는 부모가 공동으로 행사하는 것이 원칙이고(제2항, 제3항), 이혼하려는 경우에도 상대방과의 협의나 가정법원의 결정을 거치지 아니한 채 일방적으로 상대방의 친권행사를 배제하는 것은 허용되지 않는다(제4항).

따라서 공동친권자인 부모의 일방이 상대방의 동의나 가정법원의 결정이 없는 상태에서 유아를 데리고 공동양육의 장소를 이탈함으로써 상대방의 친권행사가 미칠 수 없도록 하였다면, 이는 특별한 사정이 없는 한 다른 공동친권자의 유아에 대한 보호·양육권을 침해한 것으로서 민법을 위반한 행위라고 할 것이다. 그뿐 아니라 유아로서도 다른 공동친권자로부터 보호·양육을 받거나 받을 수 있는 상태에서 배제되는 결과를 강요당하게 되어 아래에서 보는 바와 같이 유아의 이익을 현저히 해치게 될 것이므로 그 점에서도 위법성을 면할 수 없다. 따라서 어느 모로 보나 부모의 일방이 유아를 임의로 데리고 가면서 행사한 사실상의 힘은 특별한 사정이 없는 한 불법적이라고 할 것이며, 특히 장기간 또는 영구히 유아를 데리고 간 경우에는 그 불법성이 훨씬 더 크다는 점을 부인할 수 없을 것이다.

다수의견이 약취죄의 성립을 긍정한 행위 유형, 즉 부모 중 일방이 상대방 단독양육의 자녀를 탈취하여 자신의 지배하에 옮긴 행위와 이 사건과 같이 상대방과 공동양육하는 자녀를 상대방의 의사에 반하여 자신의 단독 지배하에 옮긴 행위는, 양자 모두 정당한 절차와 방법을 거치지 않고 상대방의 자녀에 대한 보호·양육권을 침해하였다는 점에서 그 본질이 같다. 우리나라가 가입한 '국제적 아동탈취의 민사적 측면에 관한 협약'에서 아동에 대한 부모의 단독 보호·양육 상태를 침해하는 행위와 공동 보호·양육 상태를 침해하는 행위를 모두 불법적인 아동탈취행위로 규정하고 있는 점을 보더라도 위와 같은 행위 유형의 구별은 법률상 큰 의미가 없다. 다수의견에 따르면 행위 태양의 일부 비본질적인 차이점을 들어 두 유형의 행위를 형사법상 완전히 달리 취급하게 되는데, 이러한 결론에는 동의하기 어렵다.

(3) 그렇다면, 피고인의 이 사건 행위, 즉 피고인이 남편인 공소외 1과 동거하며 공동으로 보호·양육하던 생후 약 13개월 된 유아인 공소외 2를 친정인 베트남으로 데려간 행위가 약취행위에 해당하는지는 오로지 그것이 피해자인 공소외 2 본인의 이익을 침해하는지 여부에 달려 있다고 하겠다. 이하 항을 바꾸어 살펴본다.

다. 피고인이 공소외 2를 베트남으로 데려간 행위는 공소외 2의 이익을 침해하는 행위로 보기에 충분하다.

(1) 공동친권자 중 일방이 정당한 절차와 방법에 따르지 않고 다른 공동친권자의 의사에 반하여 자녀를 데리고 종전의 국내 거주지를 이탈하여 국외로 이전하는 행위는 자녀의 생활관계 또는 보호관계에 중대한 변경을 가져오는 행위로서 그 자녀의 이익을 심히 침해하는 것이라 아니할 수 없다. 왜냐하면, 위와 같은 행위는 부모 쌍방에 의한 공동 보호·양육관계를 부모 일방에 의한 보호·양육관계로 바꾸는 데서 더 나아가 우리 국적을 가진 자녀가 언어, 풍습, 문화, 생활환경 등이 전혀 다른 외국에서 일방 부모의 보호·양육과 국내 일가친척과의 교류에서 완전히 배제된 채 정체성의 극심한 혼란 및 정서적 불안정 등 상당한 정신적·심리적 충격을 겪으면서 성장해야 하는 생활관계 또는 보호관계의 중대한 변경에 해당함이 분명하기 때문이다.

(2) 다수의견은 피고인의 행위로 인하여 공소외 2 본인의 이익이 침해되지 않았다는 원심의 판단이 적절하지 않다고 하면서도, 공소외 2에 대한 종전 보호·양육 상태의 유지 또는 계속이라는 측면을 애써 강조하고 있으나, 공소외 2의 생활관계 또는 보호관계를 전체적·종합적으로 살펴볼 때 이러한 평가에는 동의할 수 없다. 더욱이 피고인은 베트남으로 떠난 얼마 후 공소외 2를 친정에 맡기고 재입국함으로써 종전의 보호·양육 상태를 계속 유지하였다고 볼 수도 없다(그런 점에서 보면 공소외 2는, 비록 당시 부모인 공소외 1과 피고인 사이의 혼인관계가 사실상 파탄에 직면한 상황이었다고 하더라도, 적어도 아버지인 공소외 1 측으로부터 종전의 거주지에서 보호·양육을 받는 데에는 아무런 지장이 없던 상태에서 부모도 없이 국적도 다른 외가 친척 측으로부터 외국에서 보호·양육을 받을 수밖에 없는 훨씬 열악한 지경에 빠지게 된 것이다).

나아가 이 사건에서 다수의견의 결론이 직장생활을 하는 남편 대신 피고인이 자녀를 현실적으로 보호·양육하여 왔다는 사정을 중요하게 고려한 것이라면 여기에는 더욱 동의할 수 없다. 자녀의 보호·양육에 있어 부모의 역할과 책임은 동등하게 평가되어야 하고 어느 한 쪽을 우위에 둘 수 없으며, 직업활동을 통하여 자녀의 보호·양육을 위한 경제적 기초를 제공하는 것은 현실적인 육아 활동과 마찬가지로 중요하다. 부모 중 육아를 직접 담당한 사람의 보호·양육권이 상대방의 보호·양육권보다 우위에 있다는 듯한 접근 방식은 양성평등의 이념과 가치에 따라 부모가 공동으로 자녀에 대한 보호·양육의 권리를 행사하고 그 의무를 이행하도록 한 법정신에 반한다.

부모는 누구라도 자녀를 자신의 전유물로 여겨서는 아니 되고, 자녀의 신체적·인격적 성장과 보호를 위하여 무엇이 최선인지를 자신이 아닌 자녀의 처지에서 살펴보아야 하며, 자녀의 이익을 위해서 자신의 친권이 양보되어야 한다면 이를 감수하는 성숙된 자세가 필요하다. 부모를 공동친권자로 정한 것은 서로 뜻을 모아 자녀의 성장과 보호를 위하여 최선을 다하라는 것이므로, 어느 일방이 상대방의 견해를 무시하고 자신의 의사나 선택만이 자녀를 위한 것이라고 쉽게 단정하여 이를 일방적으로 강요하거나 강제적으로 실현하여서는 아니 된다. 자녀의 양육에 관하여 부모의 의견이 다르다면 서로 협의를 통하여 바람직한 방안을 강구하여야 하고, 협의가 불가능한 경우에는 가정법원의 결정 절차를 통하여 자녀의 권익을 중심으로 부모와 자녀 모두의 이익이 조화된 합리적인 해결방안을 찾아야 한다. 이러한 협의 및 가정법원의 결정 절차는 혼인관계가 파탄에 이르러 공동친권 행사가 불가능할 때에 그 필요성이 더욱 절실하다고 할 것이며, 부모 중 일방이 이를 무시하여 자녀의 이익에 어긋나는 결과나 우려를 낳는 경우에는 그에 상응한 적절한 제재를 가함으로써 함부로 주관적·개인적인 판단에 의하여 자녀의 복리를 해칠 수 있는 행동을 하지 못하도록 하여야 할 것이다.

라. 덧붙여 국제결혼에 의한 다문화가정이 증가함에 따라 앞으로도 이 사건과 유사한 사례가 잇달아 발생할 수 있을 것으로 보이는데, 공동친권자인 부모 중 일방이 정당한 절차와 방법에 반하여 상대방 몰래 자녀를 데리고 출국해버리는 행위를 처벌할 수 없다고 한다면 형사정책적 측면에서도 중대한 문제가 발생할 수 있음을 염려하지 않을 수 없다.

이 사건에서 피고인의 행위는 이를 어떻게 평가하더라도 법령이 정한 정당한 절차와 방법에 따르지 아니한 채 우리 국민을 외국으로 데리고 간 위법한 행위라는 점을 부정할 수 없다. 그런데 다수의견의 결론대로라면 그러한 명백한 위법행위를 제지할 아무런 법률상 방도가 없게 된다. 이 사건에서 피고인의 절도 범행이 없었다고 가정한다면, 설령 공소외 1이 피고인과 공소외 2의 주거 이탈 사실을 알고 출국 전에 경찰 등에 신고하여 도움을 청하였다고 하더라도 피고인이 공소외 2를 데리고 베트남으로 떠나버리는 것을 막을 수 없었을 것이다.

나아가 이 사건과 같이 일단 자녀가 외국으로 떠나버린 다음에는 자녀를 되찾아올 실효성 있는 방안을 찾기가 더욱 어렵다. 왜냐하면, 우리나라 법원에서 자녀의 인도를 명하는 민사재판 또는 가사재판을 받는다고 하더라도 외국에서 그 재판을 집행한다는 것은 현실적으로 기대할 수 없고, 우리나라가 근래 가입한 '국제적 아동탈취의 민사적 측면에 관한 협약' 등 국제조약에 의한 구제도 조약 가입국이라는 제한된 범위의 국가에 대해서만 시도할 수 있기 때문이다.

이러한 결론이 국민 일반의 정서와 법감정에 현저히 반하는 것임은 두말할 나위가 없다. 그뿐 아니라 이는 부모 중 일방이 아동에 대하여 공동으로 행사되는 양육권(rights of custody)을 배제하고 다른 국가로 아동을 이동하는 행위를 아동의 복리(interests of children)에 대한 침해행위로서 불법적(wrongful) 행위로 간주하는 위 협약에 명백히 배치되는 것으로서, 국제법적인 아동 보호 기준에도 위배된다.

이렇듯 다수의견의 결론은 다문화가정에서 현실적으로 존재하는 문제에 대하여 아무런 해결책을 제시하지 못함으로써 그 제도적 정착과 사회적 배려를 이끌어내는 데 전혀 도움이 되지 못할 뿐만 아니라 국가로 하여금 자국민의 보호라는 가장 기본적인 책무조차 다하지 못하게 하는 해석론으로 이어지게 되어 동의할 수 없다.

마. 위와 같은 법리를 근거로 하여 원심판결 이유에 의하여 알 수 있는 이 사건의 사실관계를 살펴보면, 피고인의 행위는 사실상의 힘을 수단으로 사용하여 유아인 공소외 2를 피고인 또는 제3자의 지배하에 옮기고, 이로써 공소외 2를 종전의 자유로운 생활관계 또는 보호관계로부터 이탈시켜 그의 이익을 해함과 아울러 공동친권자인 공소외 1의 보호·양육권을 침해한 것으로서 특별한 사정이 없는 한 형법 제288조 제3항(구 형법 제289조 제1항, 제2항에 해당한다)의 국외이송약취죄와 피약취자국외이송죄의 구성요건에 해당한다고 할 것이다. 그리고 다수의견과 같이 부모의 일방이 다른 상대방 부모에 의하여 이루어지고 있는 평온한 보호·양육 상태를 깨뜨리고 자녀를 자기의 사실상 지배하에 옮긴 경우에 형법 제287조의 미성년자약취죄를 구성할 수 있다고 보아 부모에 의한 미성년자약취죄의 성립을 긍정하는 이상, 다수의견에 대한 보충의견이 뒤에서 지적하고 있는 여러 약취 관련 범죄들에 관한 법정형 등에 대한 논의는 양형에 관련한 사유에 불과하고, 미성년자를 일방적으로 국외에 데리고 간 행위의 국외이송약취죄 등에 대한 구성요건해당성을 부정할 이유는 되지 못한다.

그런데도 원심은 피고인의 행위가 미성년자에 대한 약취에 해당하지 않는다고 단정한 나머지 이 부분 공소사실에 대하여 무죄를 선고한 제1심을 그대로 유지하고 말았으니, 이러한 원심의 판단에는 미성년자에 대한 국외이송약취죄 또는 피약취자국외이송죄의 해석에 관한 법리 등을 오해하여 판결에 영향을 미친 잘못이 있다. 따라서 이 부분 사건을 다시 심리·판단하게 하기 위하여 원심법원에 파기환송함이 상당하다.

이상과 같이 다수의견에 반대하는 취지를 밝힌다.

5. 다수의견에 대한 대법관 이인복, 대법관 이상훈, 대법관 박병대, 대법관 박보영, 대법관 김소영의 보충의견은 다음과 같다.

가. 반대의견은, 우선 부모 중 일방이 상대방과 동거하며 공동으로 보호·양육하던 자녀를 상대방의 의사에 반하여 자신의 단독 지배하에 옮긴 행위가 정당한 절차와 방법을 거치지 않고 상대방의 유아에 대한 보호·양육권을 침해하였다는 점에서 부모 중 일방이 상대방 단독양육의 자녀를 탈취하여 자신의 지배하에 옮긴 행위와 본질

이 같으므로 그 행위가 약취행위에 해당하는지는 오로지 그것이 자녀 본인의 이익을 침해하는지 여부에 달려 있다고 하고, 나아가 부모 중 일방이 정당한 절차와 방법을 따르지 않고 다른 공동친권자의 의사에 반하여 자녀를 데리고 종전의 국내 거주지를 이탈하여 국외로 이전하는 행위는 자녀의 생활관계 또는 보호관계에 중대한 변경을 가져오는 행위로서 그 자녀의 이익을 심히 침해하는 것이라고 하며, 이에 덧붙여 국제결혼에 의한 다문화가정이 증가하고 있는 상황에서 부모 중 일방이 정당한 절차와 방법에 반하여 상대방 몰래 자녀를 데리고 출국해버리는 행위를 처벌할 수 없다고 한다면 형사정책적인 측면에서 중대한 문제가 발생할 수 있다고 한다.

이 사건 결론이 우리 사회, 특히 국제결혼과 다문화가정의 현실에 미칠 영향과 파장을 생각할 때, 반대의견이 밝힌 우려에 수긍이 가는 측면이 없는 것은 아니다.

그러나 형법의 본질, 미성년자에 대한 약취죄의 입법 취지와 보호법익 등에 비추어 볼 때, 부모가 자녀에 대하여 한 행위의 형법적 의미를 판단함에 있어 그 목적과 의도, 행위 당시의 정황, 행위의 구체적인 태양과 유형, 수단과 방법, 행위 당시 자녀의 상태 등을 깊이 고려하지 아니하고, 단순히 가족관계 법령에서 정한 정당한 절차와 방법을 거치지 아니한 채 자녀를 데리고 외국으로 가 상대방 부모의 자녀에 대한 보호·양육권을 침해하고 자녀의 생활관계 또는 보호관계에 변경을 가져왔다는 이유에서 부모에 대한 국외이송약취죄 등의 성립을 넓게 긍정하려는 해석론에는 동의할 수 없다. 나아가 형사정책적 측면에 관한 반대의견의 견해는 다수의견의 취지가 충분히 전달되지 못한 데서 비롯되었거나 형법 해석의 관점에서는 정당한 비판이 될 수 없다고 본다.

나. 먼저 형법의 본질, 미성년자 관련 약취죄의 입법 취지와 보호법익 등의 관점에서 살펴본다.

(1) 법규범으로서 형법의 본질과 임무는 사회의 존립과 유지에 필요불가결한 기본가치를 보호하는 데 있고, 형법의 규율 대상은 다른 규범이나 사회적 통제수단으로는 해결할 수 없는 중대한 사회유해적 행위 또는 법익침해 행위에 한정된다. 법규범 중에서도 특별히 형법에 대하여 개인의 자유와 권리를 박탈하거나 제한하는 강력한 제재수단을 부여한 취지도 위와 같은 맥락에서 이해하여야 한다.

형법은 제287조, 제288조 등에서 미성년자 관련 약취죄를 두면서 그 구성요건행위를 '약취'라고만 규정하였는데, 위와 같은 형법의 본질과 그 규율 대상에 비추어 보면 형법상 '약취'라는 개념에는 그 자체로서 이미 중대한 사회유해적 행위 또는 법익침해 행위라는 법적 평가가 포함되어 있다고 할 것이다. 약취(약취)의 사전적 의미는 '폭행이나 협박 따위의 수단으로 타인을 자기의 실력적 지배 아래 둠, 또는 그런 행위'로서, 일상적 용법에도 위와 같은 의미가 어느 정도 반영되어 있다.

이와 같은 관점에서 볼 때, '현재 정당한 보호·양육권을 가지고 있지 아니한 부모가 폭행, 협박 또는 불법적인 사실상의 힘을 행사하여 상대방 부모에 의한 종전의 평온한 보호·양육 상태를 깨뜨리고 자녀를 탈취하는 행위'의 경우에는 이러한 행위가 사회의 기본질서와 가치를 침해하는 중대한 것으로서 미성년자에 대한 약취죄를 구성한다는 데에 의문이 없다.

그러나 '정당한 보호·양육권자로서 종전부터 직접 자녀를 보호·양육하여 온 부모가 폭행, 협박 또는 불법적인 사실상의 힘을 행사함이 없이 자녀를 데리고 사는 곳을 옮겨 그 보호·양육을 계속하는 행위'의 경우에는 상대방 부모와의 협의, 가정법원의 결정 등 가족관계 법령에서 정한 절차와 방법을 거치지 아니하였다는 점이 그 행위와 관련된 비난 요소의 거의 전부일 것이다. 그런데 부모의 일방이 가족관계 법령에서 정한 절차와 방법을 거치지 아니하고 친권 또는 보호·양육권을 행사하였다고 하여 과연 사회의 존립과 유지에 필요불가결한 기본가치를 침해하였으니 형법의 규율 대상이 되어야 한다고 할 수 있을까? 지금까지 우리 형법 체계는 이러한 행위를 적어도 약취죄로 파악하지는 아니하였다고 할 수 있다.

각급 법원에서 그동안 이러한 사안이 약취죄로 거의 다루어지지 않은 것도 이 때문일 것이고, 무엇보다 약취죄의 법정형은 이에 대한 입법자의 판단과 의사를 잘 보여준다.

형법 제287조의 미성년자약취죄의 법정형은 10년 이하의 징역형으로서, 미성년의 자녀를 보호·양육하는 부모에 의해 범해질 수 있는 형법상의 다른 범죄, 예를 들어 제271조 제1항의 유기죄(3년 이하의 징역 또는 500만 원 이하의 벌금), 제273조 제1항의 학대죄(2년 이하의 징역 또는 500만 원 이하의 벌금), 제274조의 아동혹사죄(5년 이하의 징역), 제275조 제1항 전문의 유기치상죄(7년 이하의 징역) 등은 물론, 아동에 대한 신체적·정서적 학대행위 등으로 인한 아동복지법 위반죄(아동복지법 제71조 제1항 제2호, 제17조 제3호 내지 제8호, 5년 이하의 징역 또는 3,000만 원 이하의 벌금)보다 뚜렷이 높고, 또한 아동을 매매한 행위(다만 '아동·청소년의 성보호에 관한 법률' 제12조에 따른 매매는 제외)로 인한 아동복지법 위반죄(아동복지법 제71조 제1항 제1호, 제17조 제1호, 10년 이하의 징역 또는 5,000만 원 이하의 벌금)보다도 높다.

그리고 형법 제288조 제3항의 국외이송약취죄 또는 피약취자국외이송죄의 법정형은 2년 이상 15년 이하의 징역형(구 형법 제289조 제1항 또는 제2항에 의하면 3년 이상의 징역형)으로서 일반 미성년자약취죄보다 현저히 높게 규정되어 있다.

이런 사정을 보면, 미성년의 자녀를 직접 보호·양육해 오던 부모의 일방이 폭행, 협박 또는 불법적인 사실상의 힘을 행사함이 없이 자녀를 데리고 사는 곳을 옮겨 그 보호·양육을 계속한 행위는 설령 옮긴 곳이 외국이라고 하더라도 특별한 사정이 없는 한 형법 제287조 등의 '약취'에 해당하지 않는다고 보는 것이 입법자의 의도나 관련 형사법의 전체 체계에 부합하는 해석일 것이다.

반대의견은, 부모 중 일방이 상대방과 동거하며 공동으로 보호·양육하던 유아를 국외로 데리고 나갔다면 '사실상의 힘'을 수단으로 사용하여 유아를 자신 또는 제3자의 사실상 지배하에 옮겼다는 점에 이론이 있을 수 없다고 한다. 그러나 앞에서 살펴본 바와 같이 형법상의 '약취'는 그 자체로서 중대한 사회유해적 행위 또는 법익침해 행위로 평가될 수 있을 정도에 이르러야 하므로, '약취'의 수단으로서의 '사실상의 힘'은 폭행 또는 협박에 준하여 형법의 규율 대상이 될 만한 불법성을 갖춘 것을 의미한다고 할 것이다. 이와 달리 약취죄에서의 '사실상의 힘'을 단순히 자연적·물리적인 개념으로 이해하여 '부모 중 일방이 유아를 국외로 데리고 간 모든 행위'에 약취죄에서 말하는 '사실상의 힘'이 수단으로 사용되었다고 보는 것은 형법의 본질, 입법자의 의도 또는 형사법의 전체 체계를 충분히 고려하지 않은 해석론이라 할 것이므로, 동의할 수 없다.

한편 '국제적 아동탈취의 민사적 측면에 관한 협약'에서 아동에 대한 부모의 단독 보호·양육 상태를 침해하는 행위와 공동 보호·양육 상태를 침해하는 행위를 모두 불법적인 아동탈취행위로 규정하고 있다고 하여, 두 유형의 행위를 형법상 약취죄의 성립 여부에 관하여도 구별하지 않고 똑같이 취급하여야 한다는 논리는 타당하다고 할 수 없다. 가정법원의 결정 등 가족관계 법령에서 정한 절차와 방법을 거치지 아니한 채 자녀를 국외로 데리고 가는 행위가 민사적 측면에서 그 적법성을 인정받을 수 없다는 점은 위 국제조약의 성립 또는 발효와 관계없이 우리 민사법 체계 자체에서도 당연한 결론이라고 할 것이나, 그러한 행위가 형법상 약취죄라는 범죄를 구성하느냐의 문제는 민사적 측면과는 전혀 다른 차원에서 검토되어야 한다.

(2) 형법은 추행·간음·결혼·영리, 노동력 착취·성매매·성적 착취·장기적출 또는 국외이송 등의 불법적인 목적이 있는 경우는 물론이고[제288조(구 형법 제288조 제1항, 제3항, 제289조, 제291조에 해당한다)], 그러한 목적이 없는 경우에도 미성년자를 약취하는 행위를 일반적으로 처벌하고 있는데(제287조), 이는 심신의 발달이 충분하지 아니하고 생각과 경험이 부족한 미성년자의 자유와 안전, 그리고 이를 위한 미성년자에 대한 보호·양육 상태의 유지라는 법익이 형법 규범에 의하여 보호되어야 할 우리 사회의 기본가치에 해당함을 천명한 것으로서, 미성년자 관련 약취죄의 입법 취지를 여기에서 찾을 수 있다.

미성년자 관련 약취죄의 보호법익으로서 미성년자의 자유와 안전 외에 보호·양육자의 보호·양육권을 인정하는 것 또한 그와 같은 보호·양육자에 의한 보호·양육 상태의 유지가 미성년자의 자유와 안전 보장을 위하여 중요하고 필요한 조치이기 때문이라고 할 것이고, 이는 부모의 친권 또는 보호·양육권이 단순한 권리만이 아니라 자녀의 복리를 위한 부모의 의무이기도 하다는 점과 맥락을 같이한다.

형법 제31장의 약취죄를 범한 사람이 피해자를 안전한 장소로 풀어준 때에는 그 형을 감경할 수 있도록 규정한 것도(제295조의2) 미성년자 관련 약취죄의 궁극적인 보호법익은 미성년자의 자유와 안전이라는 점을 시사한다고 하겠다.

따라서 미성년자의 자유와 안전, 그리고 미성년자에 대한 보호·양육 상태의 유지라는 보호법익이 직접 침해되는 경우와 순수한 권리 측면에서의 부모의 보호·양육권 침해만이 문제가 되는 경우는 형법상 미성년자 관련 약취죄의 성립 여부와 관련하여 본질적인 차이를 두지 않을 수 없다.

다. 다음으로 피고인의 행위로 인하여 그 자녀인 공소외 2의 이익이 침해되었는지와 관련하여 살펴본다.

(1) 앞에서 본 형법의 본질, 미성년자 관련 약취죄의 입법 취지와 보호법익, 부모의 친권 또는 보호·양육권의 내용과 성격 등을 고려한다면, 미성년자 본인의 이익이나 복리를 침해하지 아니하고 단지 상대방 부모의 보호·양육권만을 침해하는 행위에 대하여는 원칙적으로 미성년자 관련 약취죄의 성립을 부정하여야 할 것이다.

다만 구체적 사안에서 부모 일방의 행위로 인하여 미성년자 본인의 이익 또는 복리가 침해되었느냐 아니냐는 단순하게 판단할 수 있는 것이 아니고, 그 객관적인 기준과 판단 요소를 정하는 것도 매우 어려운 문제이다. 부모 일방의 행위 결과 미성년자 본인의 이익이나 복리가 침해되었다거나 그 반대로 증진되었다는 것(예를 들어, 상대방 부모에 대한 금전, 체류자격 취득절차의 협조 등 부당한 요구의 수단으로 삼기 위하여 자녀를 데리고 간 경우라면 자녀의 이익이나 복리가 침해되었다고 할 것이고, 친권을 남용하는 상대방 부모에 의해 학대받고 있는 자녀를 데리고 간 경우라면 자녀의 이익이나 복리가 증진되었다고 할 것이다)이 객관적으로 명백하다면 이를 약취죄 성립 여부를 판단함에 있어 중요한 사정으로 고려할 수 있겠으나, 그렇지 아니하고 미성년자 본인의 이익이나 복리를 침해하는 측면과 그 반대의 측면이 모두 존재하며 어느 한 쪽이 다른 쪽을 압도한다고 볼 수 없는 경우에는 이를 범죄 성립 여부에 관한 결정적 기준으로 삼기에 적절하지 않다고 할 것이다.

다수의견이 공소외 2 본인의 이익이 침해되지 아니하였다고 본 원심 판단의 부적절성을 지적한 것은, 피고인의 행위를 무죄로 판단하기에 충분할 만큼 공소외 2 본인의 이익이 침해되지 아니하였다는 점이 객관적으로 명백하고 반대 사정을 압도할 수 있을 정도가 되는지 의문스럽다는 취지에서이다.

(2) 한편 반대의견은, 부모 중 일방이 정당한 절차와 방법에 따르지 않고 상대방 부모의 의사에 반하여 자녀를 데리고 종전의 국내 거주지를 이탈하여 국외로 이전하는 행위는 자녀의 생활관계 또는 보호관계에 중대한 변경을 가져오는 행위로서 그 자녀의 이익을 심히 침해한다고 보며, 부모 쌍방에 의한 공동 보호·양육관계가 부모 일방에 의한 보호·양육관계로 변경된다는 점, 자녀가 언어, 풍습, 문화, 생활환경 등이 전혀 다른 외국에서 상당한 정신적·심리적 충격을 겪으면서 성장하게 되는 점 등을 근거로 제시하고 있다.

그러나 위와 같은 사정 또한 미성년 자녀의 이익 또는 복리 침해 여부를 판단함에 있어서 결정적이 아닌 상대적인 사유에 그치고, 그에 대한 반론의 여지가 충분하다고 본다.

우선 이 사건과 같이 부모의 혼인관계가 파탄에 이르러 부모의 결별이 사실상 예정된 경우라면 피고인의 행위와 관계없이 부모 쌍방에 의한 양육관계가 어느 부모 일방에 의한 양육관계로 변경될 수밖에 없다는 점은 명백하다.

그리고 외국에서의 생활이 반드시 미성년 자녀의 이익을 침해하는 것인지는 쉽게 일반화할 수 없고, 자녀의 보호·양육에 관한 부모 쌍방의 태도, 경제적 여건을 비롯한 생활환경, 자녀의 나이와 특성, 가족 및 친족관계 등 여러 구체적 요소를 복합적으로 고려하여 신중하게 판단하여야 한다. 이러한 점을 고려할 때, 피고인의 행위로 인하여 공소외 2의 이익이나 복리가 침해되었음이 분명하다고 단정할 것은 아니라고 본다. 공소외 2와 같이 우리나라 아버지와 외국인 어머니 사이에서 출생한 자녀가 어머니 없이 우리나라에서 성장하는 경우를 전제할 때, 과연 외국에서 자랐다면 겪어야 했을 정신적·심리적 충격을 경험하지 아니할 것이라고 단정할 수 있는지, 그에 대한 객관적 근거가 무엇인지 알 수 없다. 부모가 이혼하는 경우, 특히 국제결혼을 한 부모가 이혼하는 경우 그 자녀가 정체성 문제, 그 밖의 정신적·심리적 충격을 겪는 것은 어느 나라에서 자라든 개별적인 차이는 있겠으나 대체로 어느 정도 불가피한 측면이 있다고 할 것인데, 이를 자녀를 외국으로 데리고 간 부모만의 책임으로 돌리는 데 대해서는 동의하기 어렵다.

나아가 피고인이 공소외 2를 데리고 베트남으로 떠난 지 얼마 되지 않아 공소외 2를 친정에 맡기고 혼자서 우리나라에 재입국하였다는 사정이 이 사건 결론에 큰 영향을 미칠 것은 아니라고 본다. 피고인이 우리나라에 재입국한 이유는 공소외 2의 양육비를 벌고자 하였기 때문인데, 그동안 공소외 2를 가장 믿을 수 있는 친정에 맡김으로써 피고인 나름대로 최선의 대리 양육자를 정한 것이라고 볼 수 있다.

(3) 양성평등의 원칙과 관련하여 다수의견의 취지가 육아를 직접 담당한 모(모)의 보호·양육권이 직업 활동을 통하여 생활비를 마련하는 부(부)의 보호·양육권보다 우월하다는 것은 결코 아니다. 가족마다 생활 형태와 육아의 방식이 다양한데 이를 일률적으로 말할 수는 없다. 다만 이 사건의 경우에 있어 피고인과 공소외 1의 구체적 생활 형태, 특히 공소외 2의 연령에 따른 보호·양육관계의 특성을 주로 고려하여 판단의 기초 중 하나로 삼은 것이다.

라. 마지막으로 형사정책적 측면과 관련하여 살펴본다.

(1) 우선 다수의견이 부모의 일방에 의한 상대방 부모의 보호·양육권 침해행위의 모든 유형에 대하여 약취죄의 성립을 부정한 것이 아님을 분명히 하고자 한다. 폭행, 협박 또는 불법적인 사실상의 힘을 행사하여 상대방 부모의 평온한 보호·양육 상태를 깨뜨리고 자녀를 탈취하는 경우, 상대방 부모에 대한 부당한 요구의 수단으로 삼기 위하여 자녀를 데리고 가거나 그 밖에 보호·양육권을 남용함으로써 자녀의 자유와 안전, 복리 등을 침해하는 것이 객관적으로 명백한 경우 등에는 원칙적으로 약취죄가 성립한다는 점을 다수의견은 명확하게 판시하였다.

(2) 하지만 미성년의 자녀를 부모가 함께 동거하면서 보호·양육하여 오던 중 부모의 일방이 어떠한 폭행, 협박이나 불법적인 사실상의 힘을 행사함이 없이 자녀를 데리고 사는 곳을 옮겨 자녀에 대한 보호·양육을 계속한 행위는 특별한 사정이 없는 한 형법상 미성년자 관련 약취죄로 처벌할 수 없다.

국제결혼으로 형성된 다문화가정에서 외국인 부모가 정당한 절차와 방법을 거치지 아니한 채 우리나라 부모의 동의 없이 자녀를 데리고 출국하는 사례가 계속 발생하여 그러한 현상이 중대한 사회문제로 이어진 상황임을 고려할 때, 이러한 현실에 대한 반대의견의 우려를 이해할 수는 있다.

그러나 다수의견은 형법의 본질, 미성년자 관련 약취죄의 입법 취지와 보호법익 등을 고려한 원칙적 해석론을 채택함으로써 형법이 예정한 범위를 벗어난 가벌성의 확장 시도를 경계한 것으로서, 이에 대하여 위법행위를 묵인하거나 조장하는 조치로서 심각한 형사정책적 결함을 초래한다고 비판하는 것은 형법 해석의 관점에서는 온당하지 않다고 본다.

다만 이 사건과 같이 부모의 일방이 상대방의 동의나 가정법원의 결정이 없는 상태에서 미성년 자녀를 국외로 데리고 나간 경우에 대해서는 그 행위에 합당한 처벌규정을 제정하고, 여권의 발급·제한과 출입국관리 등 관계되는 제도를 개선하며, 국제결혼 관련 국가와의 외교적 해결방안을 마련해 두는 등 반대의견에서 제기한 문제점의 시정과 해결을 위한 입법적·행정적 노력과 조치가 조속히 이어지기를 기대하고 또한 촉구하고자 한다. 그리고 이를 통하여 근원적이고 종합적인 대책을 세울 수 있다고 본다. 그렇지 아니하고 형법의 원래 임무와 기능에 속한다고 볼 수 없는 문제의 해결을 위하여 입법자와 전체 법체계가 의도한 바와는 달리 형법상 미성년자 관련 약취죄의 가벌성을 확장하려는 시도는 큰 성과를 기대하기도 어렵고 경우에 따라서 상당한 부작용을 낳을 수 있어 동의할 수 없다.

이상과 같이 다수의견에 대한 보충의견을 밝힌다.

대법원장 양승태(재판장) 양창수 신영철 민일영 이인복 이상훈 박병대 김용덕 박보영(주심) 고영한 김창석 김신 김소영

대법원 2013.6.14. 선고 2013도3829 판결

【공갈·상해[인정된죄명:폭력행위등처벌에관한법률위반(상습상해)]·모욕·사기·무고·폭력행위등처벌에관한법률위반(상습상해)·업무방해·폭행[인정된죄명:폭력행위등처벌에관한법률위반(상습상해)]】

판시사항

학생들이 학교에 등교하여 교실에서 수업을 듣는 것이 형법상 업무방해죄의 보호대상이 되는 '업무'에 해당하는지 여부(소극)

판결요지

형법상 업무방해죄의 보호대상이 되는 '업무'라 함은 직업 기타 사회생활상의 지위에 기하여 계속적으로 종사하는 사무 또는 사업을 말하는 것인데, 초등학생들이 학교에 등교하여 교실에서 수업을 듣는 것은 헌법 제31조가 정하고 있는 무상으로 초등교육을 받을 권리 및 초·중등교육법 제12, 13조가 정하고 있는 국가의 의무교육 실시의무와 부모들의 취학의무 등에 기하여 학생들 본인의 권리를 행사하는 것이거나 국가 내지 부모들의 의무를 이행하는 것에 불과할 뿐 그것이 '직업 기타 사회생활상의 지위에 기하여 계속적으로 종사하는 사무 또는 사업'에 해당한다고 할 수 없다.

전 문

피 고 인 피고인

상 고 인 피고인

변 호 인 변호사

배상신청인 황원만

원심판결 대전지법 2013. 3. 13. 선고 2012노303, 476, 1684, 1811 판결

주 문 원심판결의 유죄 부분 중 2007. 3. 30.자 공갈죄 부분을 제외한 나머지 부분을 모두 파기하고, 이 부분 사건을 대전지방법원 합의부에 환송한다. 2007. 3. 30.자 공갈죄 부분에 대한 상고를 기각한다.

이 유

1. 2007. 3. 30.자 공갈죄 부분에 관한 상고이유를 판단한다.

이 부분 공소사실에 관한 원심판결 이유를 원심이 적법하게 채택한 증거와 기록에 비추어 살펴보면, 원심이 그 판시와 같은 이유를 들어 이 부분 공소사실이 유죄로 인정된다고 판단한 것은 정당하고, 거기에 상고이유의 주장과 같이 논리와 경험의 법칙을 위반하여 자유심증주의의 한계를 벗어나거나, 수사 및 재판절차상 잘못으로 판결에 영향을 미친 위법이 없다.

2. 2007. 3. 30.자 공갈죄 부분을 제외한 나머지 부분에 관하여 직권으로 판단한다.

가. 원심은 그 채택 증거들을 종합하여 피고인이 대흥초등학교 1학년 1반 교실 및 1학년 2반 교실 안에서 교사인 공소외 1, 공소외 2에게 욕설을 하거나 피해자인 학생들에게 욕설을 하여 수업을 할 수 없게 한 사실을 인정한 다음, 형법상 업무방해죄의 보호대상이 되는 '업무'에는 학생들이 수업을 듣는 것도 포함됨을 전제로 피고인의 위와 같은 행위로 학생들의 수업 업무가 방해되었다고 판단하여, 피고인에게 업무방해죄의 성립을 인정하였다.

나. 그러나 형법상 업무방해죄의 보호대상이 되는 '업무'라 함은 직업 기타 사회생활상의 지위에 기하여 계속적으로 종사하는 사무 또는 사업을 말하는 것인데(대법원 2004. 10. 28. 선고 2004도1256 판결 등 참조), 초등학생들이 학교에 등교하여 교실에서 수업을 듣는 것은 헌법 제31조가 정하고 있는 무상으로 초등교육을 받을 권리 및 초·중등교육법 제12, 13조가 정하고 있는 국가의 의무교육 실시의무와 부모들의 취학의무 등에 기하여 학생들 본인의 권리를 행사하는 것이거나 국가 내지 부모들의 의무를 이행하는 것에 불과할 뿐 그것이 '직업

기타 사회생활상의 지위에 기하여 계속적으로 종사하는 사무 또는 사업'에 해당한다고 할 수 없으므로, 피고인이 원심 판시와 같은 행위를 하였다고 하더라도 학생들의 권리행사나 국가 내지 부모들의 의무이행을 방해한 것에 해당하는지 여부는 별론으로 하고 학생들의 업무를 방해하였다고 볼 수는 없다.

다. 그럼에도 불구하고, 원심은 이와 달리 학생들이 수업을 듣는 것이 업무방해죄에서 말하는 업무에 해당한다고 단정한 다음 피고인에 대한 이 부분 공소사실을 유죄로 인정하였으니, 이러한 원심판결에는 업무방해죄에서의 업무에 관한 법리를 오해하여 판결에 영향을 미친 위법이 있다.

라. 따라서 원심판결 중 대흥초등학교 학생들에 대한 각 업무방해죄 부분은 파기되어야 하는데, 이 부분은 원심판결의 나머지 유죄 부분 중 2007. 3. 30.자 공갈죄 부분을 제외한 부분과 형법 제37조 전단의 경합범 관계에 있어 하나의 형이 선고되어야 하므로 그 부분을 모두 파기할 수밖에 없다.

3. 그러므로 원심판결의 유죄 부분 중 2007. 3. 30.자 공갈죄 부분을 제외한 나머지 부분을 모두 파기하고, 이 부분 사건을 다시 심리·판단하도록 원심법원에 환송하며, 피고인의 2007. 3. 30.자 공갈죄 부분에 대한 상고를 기각하기로 하여, 관여 대법관의 일치된 의견으로 주문과 같이 판결한다.

대법관 김신(재판장) 민일영 이인복(주심) 박보영

대법원 2013.6.13. 선고 2013도1685 판결

【특정범죄가중처벌등에관한법률위반(뇌물)·배임수재·뇌물수수】

판시사항

공공기관의 운영에 관한 법률 제53조가 공기업의 임직원으로서 공무원이 아닌 사람은 형법 제129조의 적용에서는 이를 공무원으로 본다고 규정하고 있을 뿐 구체적인 공기업의 지정에 관하여는 하위규범인 기획재정부장관의 고시에 의하도록 규정한 것이 죄형법정주의에 위배되거나 위임입법의 한계를 일탈한 것인지 여부(소극)

판결요지

공공기관의 운영에 관한 법률(이하 '법'이라고 한다) 제4조, 제5조 제1항, 제2항, 제3항 제1호 (가)목, 제53조, 공공기관의 운영에 관한 법률 시행령(이하 '시행령'이라고 한다) 제7조의 취지와 내용에 더하여 법의 입법 목적과 경제상황이나 정책상 목적에 따라 공공기관의 사업 내용이나 범위 등이 계속적으로 변동할 수밖에 없는 현실, 국회가 공공기관의 재정상태와 직원 수의 변동, 수입액 등을 예측하기 어렵고 그러한 변화에 대응하여 그때마다 법률을 개정하는 것도 용이하지 아니한 점 등을 감안할 때 공무원 의제규정의 적용을 받는 공기업 등의 정의규정을 법률이 아닌 시행령이나 고시 등 그 하위규범에서 정하는 것에 부득이한 측면이 있고, 법 및 시행령상 '시장형 공기업'의 경우 자산규모가 2조 원 이상으로 직원 정원이 50인 이상인 공공기관으로서 총수입액 중 자체수입액이 85% 이상인 기업을 의미하는 것으로 명시적으로 규정되어 있어서 법령에서 비교적 구체적으로 요건과 범위를 정하여 공공기관 유형의 지정 권한을 기획재정부장관에게 위임하고 있는 것으로 볼 수 있으며, 특히 종래 '기타공공기관'으로 지정되어 있다가 기획재정부장관 고시에 의하여 '시장형 공기업'으로 지정된 기관의 임직원은 고시를 통하여 그 기관이 '시장형 공기업'으로 지정되었는지 여부를 확인할 수 있고, 시장형 공기업의 임직원이라는 의미가 불명확하다고 볼 수도 없는 점 등에 비추어 보면, 법 제53조가 공기업의 임직원으로서 공무원이 아닌 사람은 형법 제129조의 적용에 있어서는 이를 공무원으로 본다고 규정하고 있을 뿐 구체적인 공기업의 지정에 관하여는 그 하위규범인 기획재정부장관의 고시에 의하도록 규정하였다 하더라도 죄형법정주의에 위배되거나 위임입법의 한계를 일탈한 것으로 볼 수 없다.

전 문

피 고 인 피고인

상 고 인 피고인

변 호 인 법무법인

원심판결 부산고법 2013. 1. 17. 선고 2012노208, 504 판결

주 문 상고를 기각한다.

이 유 상고이유를 판단한다.

1. 상고이유 제1점에 대하여

뇌물죄에 있어서 수뢰자가 증뢰자로부터 돈을 받은 사실은 시인하면서도 그 돈을 뇌물로 받은 것이 아니라 빌린 것이라고 주장하는 경우 수뢰자가 그 돈을 실제로 빌린 것인지 여부는 수뢰자가 증뢰자로부터 돈을 수수한 동기, 전달 경위 및 방법, 수뢰자와 증뢰자 사이의 관계, 양자의 직책이나 직업 및 경력, 수뢰자의 차용 필요성 및 증뢰자 외의 자로부터의 차용 가능성, 차용금의 액수 및 용처, 증뢰자의 경제적 상황 및 증뢰와 관련된 경제적 예상이익의 규모, 담보제공 여부, 변제기 및 이자 약정 여부, 수뢰자의 원리금 변제 여부, 채무불이행 시 증뢰자의 독촉 및 강제집행의 가능성 등 증거에 의하여 나타나는 객관적인 사정을 모두 종합하여 판단하여야 한다(대법원 2010. 9. 30. 선고 2009도4386 판결, 대법원 2011. 11. 10. 선고 2011도7261 판결 등 참조).

원심은 그 판시와 같은 이유를 들어, 한국수력원자력 주식회사의 직원인 피고인이 위 회사와 납품계약을 체결

한 ○○산업 대표 공소외인으로부터 받은 합계 5,500만 원의 돈은 차용금이 아니라 그 직무와 관련하여 뇌물로 수수한 것이라고 판단하였다.

원심판결 이유를 앞서 본 법리와 원심이 적법하게 채택한 증거들에 비추어 살펴보면 원심의 위와 같은 판단은 정당하고, 거기에 상고이유 주장과 같이 논리와 경험칙에 반하여 자유심증주의의 한계를 벗어나는 등의 위법이 없다.

2. 상고이유 제2점에 대하여

사회현상의 복잡다기화와 국회의 전문적·기술적 능력의 한계 및 시간경과에 대한 적응능력의 한계로 인하여 형사처벌에 관련된 모든 법규를 예외 없이 형식적 의미의 법률에 의하여 규정한다는 것은 사실상 불가능할 뿐만 아니라 실제에 적합하지도 아니하기 때문에, 입법자의 상세한 규율이 불가능하거나 상황의 변화에 탄력적으로 대응할 필요성이 강하게 요구되는 경우에는 위임법률이 구성요건의 점에서는 처벌대상인 행위가 어떠한 것인지 이를 예측할 수 있을 정도로 구체적으로 정하고, 형벌의 점에서는 형벌의 종류 및 그 상한과 폭을 명확히 규정하는 것을 전제로 위임입법이 허용된다(대법원 2006. 1. 13. 선고 2005도7474 판결, 대법원 2010. 4. 29. 선고 2009도8537 판결 등 참조).

공공기관의 운영에 관한 법률(이하 '법'이라고만 한다) 제53조는 공기업·준정부기관의 임직원으로서 공무원이 아닌 사람은 형법 제129조(수뢰, 사전수뢰) 내지 제132조(알선수뢰)의 적용에 있어서는 이를 공무원으로 본다고 규정하고 있는데, 법 제4조는 기획재정부장관은 국가·지방자치단체가 아닌 법인·단체 또는 기관으로서 다음 각 호의 어느 하나에 해당하는 기관을 공공기관으로 지정할 수 있다고 규정하고 있고, 제5조 제1항은 기획재정부장관은 공공기관을 공기업·준정부기관과 기타공공기관으로 구분하여 지정하되, 공기업과 준정부기관은 직원 정원이 50인 이상인 공공기관 중에서 지정한다고 규정하고 있으며, 같은 조 제2항은 기획재정부장관은 제1항의 규정에 따라 공기업과 준정부기관을 지정하는 경우 공기업은 자체수입액이 총수입액의 2분의 1 이상인 기관 중에서 지정하고, 준정부기관은 공기업이 아닌 공공기관 중에서 지정한다고 규정하고 있다. 나아가 같은 조 제3항은 기획재정부장관은 제1항 및 제2항의 규정에 따른 공기업과 준정부기관을 다음 각 호의 구분에 따라 세분하여 지정한다고 규정하고 있는데, 그 중 제1호의 가목에 의하면 시장형 공기업은 자산규모가 2조 원 이상이고 총수입액 중 자체수입액이 대통령령이 정하는 기준 이상인 공기업으로 규정하고 있고, 이에 따라 법 시행령 제7조는 법 제5조 제3항 제1호 가목에서 "대통령령이 정하는 기준"이란 100분의 85를 말한다고 규정하고 있다. 한편 기획재정부장관이 고시한 '2011년도 공공기관 신규지정, 지정해제 및 변경지정'(기획재정부 고시 2011-1호, 2011. 1. 31. 시행) 제4항에 의하면 한국수력원자력 주식회사를 기타공공기관에서 시장형 공기업으로 변경 지정한다고 되어 있다.

위와 같은 관계 법령의 취지와 내용에 더하여 공공기관의 운영에 관한 기본적인 사항과 자율경영 및 책임경영체제의 확립에 관하여 필요한 사항을 정하여 경영을 합리화하고 운영의 투명성을 제고함으로써 공공기관의 대국민 서비스 증진에 기여함을 목적으로 하는 법의 입법 목적과 경제상황이나 정책상 목적에 따라 공공기관의 사업 내용이나 범위 등이 계속적으로 변동할 수밖에 없는 현실, 국회가 공공기관의 재정상태와 직원 수의 변동, 수입액 등을 예측하기 어렵고 그러한 변화에 대응하여 그때마다 법률을 개정하는 것도 용이하지 아니한 점 등을 감안할 때 공무원 의제규정의 적용을 받는 공기업 등의 정의규정을 법률이 아닌 시행령이나 고시 등 그 하위규범에서 정하는 것에 부득이한 측면이 있는 것이고, 법 및 그 시행령상 '시장형 공기업'의 경우 자산규모가 2조 원 이상으로 직원 정원이 50인 이상인 공공기관으로서 총수입액 중 자체수입액이 85% 이상인 기업을 의미하는 것으로 명시적으로 규정되어 있어서 법령에서 비교적 구체적으로 요건과 범위를 정하여 공공기관 유형의 지정 권한을 기획재정부장관에게 위임하고 있는 것으로 볼 수 있으며, 특히 종래 '기타공공기관'으로 지정되어 있다가 기획재정부장관 고시에 의하여 '시장형 공기업'으로 지정된 기관의 임직원은 고시를 통하여 그 기관이 '시장형 공기업'으로 지정되었는지 여부를 확인할 수 있고, 시장형 공기업의 임직원이라는 의미가 불명확하다고 볼 수도 없는 점 등에 비추어 보면, 법 제53조가 공기업의 임직원으로서 공무원이 아닌 사람은 형법 제129조의 적용에 있어서는 이를 공무원으로 본다고 규정하고 있을 뿐 구체적인 공기업의 지정에 관하여는 그 하위규범인 기획재정부장관의 고시에 의하도록 규정하였다 하더라도 죄형법정주의에 위반되거나 위임입법의 한계를 일탈한 것으로 볼 수 없다.

그리고 부패방지 및 국민권익위원회의 설치와 운영에 관한 법률 제66조 제1항 소정의 형의 감면사유는 필요적인 형의 감면사유가 아니고 법원의 자유재량에 속하는 임의적인 것에 불과하므로, 원심이 피고인이 주장하는 사유를 들어 감경을 하지 않았다고 하여 위법이라 할 수 없고, 또 10년 미만의 징역형이 선고된 이 사건에 있어서 양형부당은 적법한 상고이유로 삼을 수도 없다.

3. 결론

상고를 기각하기로 하여, 관여 대법관의 일치된 의견으로 주문과 같이 판결한다.

대법관 이상훈(재판장) 신영철 김용덕 김소영(주심)

대법원 2013.6.13. 선고 2010도13609 판결

【공무집행방해·공용물건손상·국회회의장소동】

판시사항

1 갑 정당 당직자인 피고인들 등이 국회 외교통상 상임위원회 회의장 앞 복도에서 출입이 봉쇄된 회의장 출입구를 뚫을 목적으로 회의장 출입문 및 그 안쪽에 쌓여있던 집기를 손상하거나, 국회 심의를 방해할 목적으로 회의장 내에 물을 분사한 사안에서, 피고인들의 공용물건손상 및 국회회의장소동 행위를 위법성이 조각되는 정당행위나 긴급피난의 요건을 갖춘 행위로 평가하기 어렵다고 한 사례

2 국회의 경호 업무 등을 담당하는 국회 경위가 상임위원회 위원의 회의장 출입을 막는 행위가 적법한지 여부(원칙적 소극)

3 갑 정당 당직자인 피고인들 등이 국회 외교통상 상임위원회 회의장 출입문 앞에 배치되어 출입을 막고 있던 국회 경위들을 밀어내기 위해 경위들의 옷을 잡아당기거나 밀치는 등의 행위를 한 사안에서, 피고인들의 행위는 적법성이 결여된 직무행위를 하는 공무원에게 대항하여 한 것에 지나지 아니하여 공무집행방해죄가 성립하지 않는다고 한 사례

판결요지

1 갑 정당 당직자인 피고인들 등이 국회 외교통상 상임위원회 회의장 앞 복도에서 출입이 봉쇄된 회의장 출입구를 뚫을 목적으로 회의장 출입문 및 그 안쪽에 쌓여있던 책상, 탁자 등 집기를 손상하거나, 국회의 심의를 방해할 목적으로 소방호스를 이용하여 회의장 내에 물을 분사한 사안에서, 피고인들의 위와 같은 행위는 공용물건손상죄 및 국회회의장소동죄의 구성요건에 해당하고, 국민의 대의기관인 국회에서 서로의 의견을 경청하고 진지한 토론과 양보를 통하여 더욱 바람직한 결론을 도출하는 합법적 절차를 외면한 채 곧바로 폭력적 행동으로 나아가 방법이나 수단에 있어서도 상당성의 요건을 갖추지 못하여 이를 위법성이 조각되는 정당행위나 긴급피난의 요건을 갖춘 행위로 평가하기 어렵다고 한 사례.

2 헌법 제49조가 국회에서의 다수결 원리를 선언하고 있으나, 이는 어디까지나 통지가 가능한 국회의원 모두에게 회의에 출석할 기회가 부여된 바탕 위에서 재적의원 과반수의 출석과 출석의원 과반수의 찬성으로 그 결의가 이루어질 것을 전제로 하고 있다고 해석되는 점, 국회 상임위원회의 의사·의결정족수를 규정한 국회법 제54조의 규정 또한 실질적으로 모든 위원회의 구성원에게 출석의 기회가 보장된 상태에서 자유로운 토론의 기회가 부여되는 것을 전제조건으로 하고 있는 점 등에 비추어 보면 누구든지 국회의원이 본회의 또는 위원회에 출석하기 위하여 본회의장 또는 위원회 회의장에 출입하는 것을 방해하여서는 아니 되며, 특히 국회의 경호 업무 등을 담당하는 국회 경위가 상임위원회 위원의 회의장 출입을 막는 것은 이를 정당화할 만한 특별한 사정이 없는 한 위법하다.

3 한미FTA 비준동의안에 대한 국회 외교통상 상임위원회(이하 '외통위'라 한다)의 처리 과정에서, 갑 정당 당직자인 피고인들이 갑 정당 소속 외통위 위원 등과 함께 외통위 회의장 출입문 앞에 배치되어 출입을 막고 있던 국회 경위들을 밀어내기 위해 국회 경위들의 옷을 잡아당기거나 밀치는 등의 행위를 한 사안에서, 제반 사정에 비추어 외통위 위원장이 을 정당 소속 외통위 위원들이 위원장실에 이미 입실한 상태에서 회의장 출입구를 폐쇄하고 출입을 봉쇄하여 다른 정당 소속 외통위 위원들의 회의장 출입을 막은 행위는 상임위원회 위원장의 질서유지권 행사의 한계를 벗어난 위법한 조치이고, 회의장 근처에 배치된 국회 경위들이 갑 정당 소속 외통위 위원들의 회의장 출입을 막은

행위는 외통위 위원장의 위법한 조치를 보조한 행위에 지나지 아니하여 역시 위법한 직무집행이며, 피고인들이 갑 정당 소속 외통위 위원들을 회의장으로 들여보내기 위하여 그들과 함께 국회 경위들을 밀어내는 과정에서 경위들의 옷을 잡아당기는 등의 행위를 하였더라도, 이러한 행위는 적법성이 결여된 직무행위를 하는 공무원에게 대항하여 한 것에 지나지 아니하여 공무집행이 적법함을 전제로 하는 공무집행방해죄는 성립하지 않는데도, 이와 달리 보아 피고인들에게 유죄를 인정한 원심판결에 공무집행방해죄에 관한 법리오해의 위법이 있다고 한 사례.

전 문

피 고 인 피고인 1 외 4인

상 고 인 피고인들

변 호 인 법무법인

원심판결 서울남부지법 2010. 9. 30. 선고 2009노2244 판결

주 문 원심판결 중 피고인 2, 피고인 4에 대한 부분을 파기하고, 이 부분 사건을 서울남부지방법원 합의부에 환송한다. 피고인 1, 피고인 3, 피고인 5의 상고를 각 기각한다.

이 유 상고이유를 판단한다.

1. 피고인들의 공용물건손상의 점 및 피고인 2의 국회회의장 소동의 점에 대하여

가. 형법 제20조에 규정된 '사회상규에 위배되지 아니하는 행위'라 함은 법질서 전체의 정신이나 그 배후에 놓여 있는 사회윤리 내지 사회통념에 비추어 용인될 수 있는 행위를 말하고, 어떠한 행위가 사회상규에 위배되지 아니하는 정당한 행위로서 위법성이 조각되는 것인지는 구체적인 사정 아래에서 합목적적, 합리적으로 고찰하여 개별적으로 판단되어야 하므로, 이와 같은 정당행위를 인정하려면 첫째 그 행위의 동기나 목적의 정당성, 둘째 행위의 수단이나 방법의 상당성, 셋째 보호이익과 침해이익과의 법익 균형성, 넷째 긴급성, 다섯째 그 행위 외에 다른 수단이나 방법이 없다는 보충성 등의 요건을 갖추어야 한다(대법원 2003. 9. 26. 선고 2003도3000 판결 등 참조). 또한 형법 제22조 제1항의 긴급피난이란 자기 또는 타인의 법익에 대한 현재의 위난을 피하기 위한 상당한 이유 있는 행위를 말하고, 여기서 '상당한 이유 있는 행위'에 해당하려면, 첫째 피난행위는 위난에 처한 법익을 보호하기 위한 유일한 수단이어야 하고, 둘째 피해자에게 가장 경미한 손해를 주는 방법을 택하여야 하며, 셋째 피난행위에 의하여 보전되는 이익은 이로 인하여 침해되는 이익보다 우월해야 하고, 넷째 피난행위는 그 자체가 사회윤리나 법질서 전체의 정신에 비추어 적합한 수단일 것을 요하는 등의 요건을 갖추어야 한다(대법원 2006. 4. 13. 선고 2005도9396 판결 등 참조).

나. 원심판결 이유에 의하면, 피고인들은 공소외 1 등과 공동하여 2008. 12. 18. 10:30경부터 13:30경까지 사이에 국회 외교통상 상임위원회(이하 '외통위'라 한다) 회의장 앞 복도에서 성명불상의 민주당 및 민주노동당 의원, 의원 보좌직원, 당직자 등과 함께 봉쇄된 회의장 출입구를 뚫을 목적으로, 피고인 3은 해머로 출입문을 수회 쳐서 부수고, 피고인 2, 피고인 4, 피고인 5는 각자 해머로 출입문을 수회 치고 떼어낸 후 그 안쪽에 바리케이드로 쌓여있던 책상, 탁자 등 집기를 밀치거나 잡아당겨 부수고, 공소외 1은 출입문을 양손으로 젖혀 떼어낸 후 그 안쪽에 쌓여있던 소파 등 집기를 해머로 쳐서 부수고, 민주당 국회의원 보좌직원들인 공소외 2, 공소외 3은 각자 출입문 안쪽에 쌓여있던 탁자 등 집기를 밀치거나 잡아당겨 부수고, 피고인 1은 출입문 안쪽에 쌓여있던 탁자를 전동그라인더를 이용하여 부순 사실, 피고인 2는 2008. 12. 18. 13:45경 국회 외교통상 상임위원회 회의장 앞 복도에서 위와 같이 회의장 출입구 확보를 위한 시도가 실패로 돌아가자, 한미자유무역협정 비준동의안의 상정 등 심의를 방해하기 위해 민주당 국회의원 보좌직원들인 공소외 3, 공소외 4와 함께 교대로 소화전에 연결된 소방호스를 이용하여 바리케이드 틈 사이로 회의장 내에 물을 분사한 사실을 알 수 있다.

이를 앞서 본 법리와 기록에 비추어 살펴보면, 우선 피고인들의 위와 같은 행위가 공용물건손상죄 및 국회회의장소동죄의 구성요건에 해당한다는 점은 너무나 명백하고, 국민의 대의기관인 국회에서 서로의 의견을 경청하고 진지한 토론과 양보를 통하여 더욱 바람직한 결론을 도출하는 합법적 절차를 외면한 채 곧바로 폭력적 행동으로 나아간 피고인들의 행위는 그 방법이나 수단에 있어서도 상당성의 요건을 갖추지 못하였다고 할 것이므로 이를 위법성이 조각되는 정당행위나 긴급피난의 요건을 갖춘 행위로 평가하기도 어렵다.

따라서 원심의 이유설시에 일부 적절하지 아니한 부분이 없지 않으나, 피고인들의 위법성조각사유 주장을 배척하고 이 부분 공소사실을 모두 유죄로 판단한 원심의 결론은 정당하다. 이와 관련된 상고이유는 모두 받아들일 수 없다.

2. 피고인 2, 피고인 4의 공무집행방해의 점에 대하여

가. 형법 제136조가 정하는 공무집행방해죄는 공무원의 직무집행이 적법한 경우에 한하여 성립하는 것으로, 이러한 적법성이 결여된 직무행위를 하는 공무원에게 대항하여 폭행이나 협박을 가하였다고 하더라도 이를 공무집행방해죄로 다스릴 수는 없고, 이때 적법한 공무집행이라 함은 그 행위가 공무원의 추상적 권한에 속할 뿐 아니라 구체적 직무집행에 관한 법률상 요건과 방식을 갖춘 경우를 가리킨다(대법원 2005. 10. 28. 선고 2004도4731 판결, 대법원 2011. 4. 28. 선고 2007도7514 판결 등 참조).

나. 원심판결 이유에 의하면, 원심은, 국회 상임위원회 위원장은 회의의 성격, 내용과 상황 등을 고려하여 질서유지를 위해 필요한 경우 방청을 제한하는 등의 예방적 조치를 할 수 있고, 방청제한 조치의 실효성을 담보하기 위해 회의장 출입문 바깥에 경위를 증원하여 배치하거나 출입문 개폐시간을 조절하는 등의 부수적인 조치도 취할 수 있는 것이므로, 공소외 5 외통위 위원장이 회의장 점거 등 소란행위가 예상되는 상황에서 이 사건 회의 개최예정일 2일 전에 "① 당일 회의장 출입은 외통위 위원, 회의진행 보좌직원, 외통위 위원별 1인의 보좌직원, 정부 관계공무원, 국회방송 및 국회에서 정한 대표기자단에 한하고, ② 당일 회의의 일반인 방청은 불허하며, ③ 회의장 출입문은 위원장의 지시에 따라 개폐하고, ④ 국회 경위 및 방호원 등은 외통위 위원장의 지시에 따라 회의장 안팎에서 질서유지를 위한 활동을 수행한다."는 내용의 질서유지권을 발동한 것은 국회법 제49조 제1항에 근거한 조치로서 적법하다고 판단한 다음, 민주당 당직자인 피고인 2, 피고인 4가 민주당 소속 외통위 위원 등과 함께 2008. 12. 18. 09:30경부터 10:30경까지 사이에 국회 외통위 회의장 출입문 앞에 배치된 경위들을 밀어내기 위해 경위들의 옷을 잡아당기거나 밀치는 등으로 폭행한 것은 국회 공무원들의 위원회 질서유지에 관한 적법한 공무집행을 방해한 행위에 해당한다는 이유로 피고인 2, 피고인 4에 대한 이 부분 공소사실을 유죄로 인정하였다.

다. 그러나 원심의 위와 같은 판단은 다음과 같은 이유에서 그대로 수긍하기 어렵다.

원심판결 이유와 기록에 의하면, 외통위 위원장은 이 사건 회의 개의 전에 원심이 인정한 바와 같은 내용의 질서유지권을 발동하여 국회 경위 등으로 하여금 외통위 회의장에 대한 경비를 강화하게 하는 등의 조치를 취한 사실, 이 사건 회의 당일 외통위 위원장과 한나라당 소속 외통위 위원 9명이 야당 관계자들의 회의장 점거를 방지하기 위해 미리 회의장과 내부에서 연결되는 외통위 위원장실과 소회의실에서 대기하고 있었는데 08:10경 민주당 공소외 6, 공소외 7 의원과 민주당 소속 외통위 위원인 공소외 8 의원 등이 외통위 위원장실에 들어갔다가 위와 같은 상황을 확인하고 당일 개최 예정이던 민주당 의원총회장으로 향하자 그 직후 내부에 있던 외통위 위원장, 한나라당 소속 외통위 위원들과 국회 경위 등은 유일하게 열려 있던 외통위 위원장 비서실의 문을 잠그고, 의자와 소파, 책상 등으로 바리케이드를 치고 출입을 차단한 사실, 08:40경 이를 알게 된 민주당 및 민주노동당 소속 국회의원, 의원 보좌직원, 당직자 등은 외통위 회의실 앞 복도에서 민주당 소속 외통위 위원들을 입장시켜 줄 것을 주장하면서 출입문 앞에 배치된 국회 경위, 한나라당 국회의원 보좌직원, 당직자들과 실랑이를 벌인 사실, 09:10경 민주당은 원내대책회의를 통해 민주당 소속 모든 국회의원, 당직자, 보좌직원을 국회로 소집할 것을 결정하고, 09:25경 회의장 폐쇄를 확인한 공소외 9 원내대표는 민주당 소속 외통위 위원들과 전 당직자, 보좌직원을 외통위 회의장 앞으로 집결하도록 지시한 사실, 위 지시에 따라 외통위 회의장 앞으로 온 민주당 당직자인 피고인 2, 피고인 4는 민주당 소속 외통위 위원들을 회의장으로 들여보내기 위하여 회의장 출입문을 막고 있는 국회 경위들을 밀어내는 과정에서 국회 경위들의 옷을 잡아당기는 등의 행위를 한 사실, 이 사건 회의의 의사일정이 6개였음에도 오직 한미FTA 비준동의안(이하 '이 사건 동의안'이라 한다)에 대한 의사일정만 진행된 사실, 특히 이 사건 회의가 이 사건 동의안 상정이 예정된 첫 번째 회의였음에도 위와 같은 출입문 폐쇄로 인하여 다른 정당 소속 외통위 위원들 전원의 출입이 봉쇄된 상태에서 회의가 강행된 사실 등을 알 수 있고, 이와 같이 한나라당 소속 외통위 위원 9명이 위원장실에 이미 입실한 상태에서 외통위 위원장 등이 출입문을 시정함에 따라 다른 정당 소속 국회의원, 당직자 등으로서는 한나라당 소속 위원들만으로 이 사건 회의를 강행하려 한다고 오인할 만한 상황이 발생하였고, 그러한 출입문 폐쇄조치가 결국 이 사건 소동에까지 이르게 된 원인을 제공하였던 것으로 보이는 점, 여기에 외통위 위원장이 출입문 폐쇄상태를 유지하여 외통위 위원들의 회의장 출석권을 박탈하면서까지 이 사건 당일 이 사건 동의안에 대한 심사절차를 강행하지 않으면 안 될 긴급한 필요가 있었다는 등의 특별한 사정을 찾아보기 어려운 점 등을 보태어 보면, 외통위 위원장이 위와 같이 회의장 출입구를 폐쇄하고 출입을 봉쇄하여 다른 정당 소속 외통위 위원들의 회의장 출입을 막은 행위는 상임위원회 위원장의 질서유지권 행사의 한계를 벗어난 위법한 조치라고 할 것이다.

나아가 헌법 제49조가 국회에서의 다수결 원리를 선언하고 있으나, 이는 어디까지나 통지가 가능한 국회의원 모두에게 회의에 출석할 기회가 부여된 바탕 위에서 재적의원 과반수의 출석과 출석의원 과반수의 찬성으로 그 결의가 이루어질 것을 전제로 하고 있다고 해석되는 점, 국회 상임위원회의 의사·의결정족수를 규정한

국회법 제54조의 규정 또한 실질적으로 모든 위원회의 구성원에게 출석의 기회가 보장된 상태에서 자유로운 토론의 기회가 부여되는 것을 전제조건으로 하고 있는 점 등에 비추어 보면 누구든지 국회의원이 본회의 또는 위원회에 출석하기 위하여 본회의장 또는 위원회 회의장에 출입하는 것을 방해하여서는 아니 되며, 특히 국회의 경호 업무 등을 담당하는 국회 경위가 상임위원회 위원의 회의장 출입을 막는 것은 이를 정당화할 만한 특별한 사정이 없는 한 위법하다고 할 것이므로, 회의장 근처에 배치된 국회 경위들이 민주당 소속 외통위 위원들의 회의장 출입을 막은 행위는 외통위 위원장의 회의장 출입구를 폐쇄하고 출입 봉쇄 등의 위법한 조치를 보조한 행위에 지나지 아니하므로 역시 위법한 직무집행이라고 할 것이다.

한편 당직자로서 그 직무가 국회의원의 의사활동과 밀접한 관련성이 있어 소속 정당 국회의원의 지시에 따라 회의장 앞으로 소집된 피고인 2, 피고인 4가 민주당 소속 외통위 위원들을 회의장으로 들여보내기 위하여 그들과 함께 출입문을 막고 있는 국회 경위들을 밀어내는 과정에서 국회 경위들의 옷을 잡아당기는 등의 행위를 하였다고 하더라도, 이러한 행위는 적법성이 결여된 직무행위를 하는 공무원에게 대항하여 한 것에 지나지 아니하므로 공무집행이 적법함을 전제로 하는 공무집행방해죄는 성립하지 않는다고 보아야 할 것이다.

그럼에도 이와 달리 국회 경위의 위와 같은 행위가 적법한 직무집행에 해당한다고 판단하여 피고인 2, 피고인 4에 대한 이 부분 공소사실을 유죄로 인정한 원심의 판단에는 공무집행방해죄에 관한 법리를 오해하여 판결에 영향을 미친 위법이 있다. 이를 지적하는 위 피고인들의 상고이유 주장은 이유 있다.

3. 결론

그러므로 원심판결 중 피고인 2, 피고인 4에 대한 공무집행방해 부분 및 이와 형법 제37조 전단 경합범의 관계에 있어 하나의 형이 선고된 나머지 부분을 모두 파기하고, 이 부분 사건을 다시 심리·판단하도록 원심법원에 환송하기로 하며, 피고인 1, 피고인 3, 피고인 5의 상고를 모두 기각하기로 하여 관여 대법관의 일치된 의견으로 주문과 같이 판결한다.

대법관 양창수(재판장) 박병대 고영한(주심) 김창석

대법원 2013.5.16. 선고 2012도14788,2012전도252 전원합의체 판결

【폭력행위등처벌에관한법률위반(집단·흉기등폭행)·준강간·폭력행위등처벌에관한법률위반(집단·흉기등상해)·성폭력범죄의처벌등에관한특례법위반(특수강간)·감금·부착명령】〈부부강간 사건〉

판시사항

형법 제297조에서 규정한 강간죄의 객체인 '부녀(현행: 사람)'에 법률상 처가 포함되는지 여부(적극) 및 혼인관계가 실질적으로 유지되고 있더라도 남편이 반항을 불가능하게 하거나 현저히 곤란하게 할 정도의 폭행이나 협박을 가하여 아내를 간음한 경우 강간죄가 성립하는지 여부(적극)와 남편의 아내에 대한 폭행 또는 협박이 피해자의 반항을 불가능하게 하거나 현저히 곤란하게 할 정도에 이른 것인지 판단하는 기준

판결요지

[다수의견]

(가) 형법(2012. 12. 18. 법률 제11574호로 개정되기 전의 것, 이하 같다) 제297조는 부녀를 강간한 자를 처벌한다고 규정하고 있는데, 형법이 강간죄의 객체로 규정하고 있는 '부녀(현행: 사람)'란 성년이든 미성년이든, 기혼이든 미혼이든 불문하며 곧 여자를 가리킨다. 이와 같이 형법은 법률상 처를 강간죄의 객체에서 제외하는 명문의 규정을 두고 있지 않으므로, 문언 해석상으로도 법률상 처가 강간죄의 객체에 포함된다고 새기는 것에 아무런 제한이 없다. 한편 1953. 9. 18. 법률 제293호로 제정된 형법은 강간죄를 규정한 제297조를 담고 있는 제2편 제32장의 제목을 '정조에 관한 죄'라고 정하고 있었는데, 1995. 12. 29. 법률 제5057호로 형법이 개정되면서 그 제목이 '강간과 추행의 죄'로 바뀌게 되었다. 이러한 형법의 개정은 강간죄의 보호법익이 현재 또는 장래의 배우자인 남성을 전제로 한 관념으로 인식될 수 있는 '여성의 정조' 또는 '성적 순결'이 아니라, 자유롭고 독립된 개인으로서 여성이 가지는 성적 자기결정권이라는 사회 일반의 보편적 인식과 법감정을 반영한 것으로 볼 수 있다. 부부 사이에 민법상의 동거의무가 인정된다고 하더라도 거기에 폭행, 협박에 의하여 강요된 성관계를 감내할 의무가 내포되어 있다고 할 수 없다. 혼인이 개인의 성적 자기결정권에 대한 포기를 의미한다고 할 수 없고, 성적으로 억압된 삶을 인내하는 과정일 수도 없기 때문이다.

(나) 결론적으로 헌법이 보장하는 혼인과 가족생활의 내용, 가정에서의 성폭력에 대한 인식의 변화, 형법의 체계와 그 개정 경과, 강간죄의 보호법익과 부부의 동거의무의 내용 등에 비추어 보면, 형법 제297조가 정한 강간죄의 객체인 '부녀'에는 법률상 처가 포함되고, 혼인관계가 파탄된 경우뿐만 아니라 혼인관계가 실질적으로 유지되고 있는 경우에도 남편이 반항을 불가능하게 하거나 현저히 곤란하게 할 정도의 폭행이나 협박을 가하여 아내를 간음한 경우에는 강간죄가 성립한다고 보아야 한다. 다만 남편의 아내에 대한 폭행 또는 협박이 피해자의 반항을 불가능하게 하거나 현저히 곤란하게 할 정도에 이른 것인지 여부는, 부부 사이의 성생활에 대한 국가의 개입은 가정의 유지라는 관점에서 최대한 자제하여야 한다는 전제에서, 그 폭행 또는 협박의 내용과 정도가 아내의 성적 자기결정권을 본질적으로 침해하는 정도에 이른 것인지 여부, 남편이 유형력을 행사하게 된 경위, 혼인생활의 형태와 부부의 평소 성행, 성교 당시와 그 후의 상황 등 모든 사정을 종합하여 신중하게 판단하여야 한다.

[대법관 이상훈, 대법관 김용덕의 반대의견]

(가) 강간죄에 대하여 규정한 형법 제297조가 개정 형법(2012. 12. 18. 법률 제11574호로 개정되어

2013. 6. 19. 시행 예정인 것, 이하 '개정 형법'이라 한다)에 의하여 개정되기 전에, 강제적인 부부관계에 대하여 행사된 폭행이나 협박을 처벌 대상으로 삼는 것을 넘어서서 강간죄의 성립을 부정하였던 종전의 판례를 변경하여 강간죄로 처벌하여야 한다는 다수의견에 대하여는 다음과 같은 이유로 찬성할 수 없다.

(나) '간음'의 사전적 의미는 '부부 아닌 남녀가 성적 관계를 맺음'이고, 강간은 '강제적인 간음'을 의미하므로 강간죄는 폭행 또는 협박으로 부부 아닌 남녀 사이에서 성관계를 맺는 것이라 할 것이다. 그리고 강간죄는 '부녀'를 대상으로 삼고 있으므로, 결국 강간죄는 그 문언상 '폭행 또는 협박으로 부인이 아닌 부녀에 대하여 성관계를 맺는 죄'라고 해석된다. 강간죄는 제정 당시부터 '배우자가 아닌 사람에 의한 성관계'를 강요당한다는 침해적인 요소를 고려하여 형량을 정하였는데, 특별한 구성요건의 변화 없이 형법 제32장의 제목 변경만으로 강간죄를 부부관계에까지 확대하는 것은 강간죄의 규정 취지와 달리 부부관계에 대하여 과도한 처벌이 이루어지게 되어 죄형균형의 원칙을 벗어나게 된다. 혼인생활과 가족관계의 특수성이 갖는 이익과 성적 자기결정권이 갖는 이익의 형량 등을 고려하여 강간죄에 의한 처벌 여부를 가려야 한다면, 차라리 일반적인 강간죄가 성립된다고 보지 않고 그 폭행 또는 협박에 상응한 처벌을 하는 것이 다양한 유형의 성적 자기결정권 침해에 대처할 수 있고 처의 혼인생활 및 권리 보호에 충실할 수 있다.

전 문

피고인 겸 피부착명령청구자 피고인

상 고 인 피고인 겸 피부착명령청구자

변 호 인 변호사

원심판결 서울고법 2012. 11. 8. 선고 2012노1657, 2012전노145 판결

주 문 상고를 모두 기각한다.

이 유 상고이유를 판단한다.

1. 피고사건에 대하여

가. 전혀 다른 성장배경을 가진 남녀가 서로 만나 혼인하고 자녀를 낳아 양육하면서 가정을 이루는 토대는 부부 사이의 사랑과 신뢰이다. 이러한 사랑과 신뢰는 부부 사이에 건강한 성생활이 유지됨으로써 더욱 견고해질 수 있다. 부부는 가치관, 정신적·육체적 능력, 욕구와 취향 등 인생의 희로애락과 관련된 모든 면에서 차이가 있게 마련이지만, 그러면서도 가정을 평화롭고 행복하게 유지하려면 서로 양보와 배려를 하고 경우에 따라 자기희생도 감수해야 한다. 같은 연유로 성적 욕구와 취향 등도 부부 사이에 서로 다르며 각 가정마다 상당한 차이가 있을 수 있지만, 어떤 경우에도 부부 사이의 성생활을 제3자가 자신의 기준으로 평가하도록 하는 것은 바람직하지 않다. 따라서 국가도 은밀하게 이루어지는 부부 사이의 성생활에 개입하는 것을 극도로 자제하여야 한다.

종래 대법원은 혼인관계가 실질적으로 유지되는 한 아내에 대하여 강제적인 성관계를 한 남편을 강간죄로 처벌할 수 없다고 해석하였다. 이는 가정 내의 폭력을 추방하여야 한다는 요청을 대법원이 외면하거나 가볍게 여기는 것이 아니라 혼인생활에서 부부 사이에 은밀히 이루어지는 성관계에 대한 국가의 개입을 자제하여 조금이라도 가정이 유지되도록 하기 위한 배려라고 새길 것이다.

나. 헌법은 인간의 존엄과 가치, 행복추구권의 보장을 선언하면서(제10조), 혼인과 가족생활이 개인의 존엄과 양성의 평등을 기초로 성립되고 유지되어야 함과 아울러 국가는 이를 적극적으로 보장하여야 하는 의무를 부담함을 천명하고 있다(제36조). 개인의 성적 자기결정권은 위 헌법 규정이 정한 개인의 존엄과 가치, 양성의 평등, 행복추구권에 기초하고 있으므로, 혼인한 부부 사이의 성생활에서도 개인의 성적 자기결정권은 보장되고 보호되어야 한다. 비록 부부 사이에 은밀히 이루어지는 성생활이 국가의 개입을 극도로 자제하여야 하는 영역에 속한다고 하더라도 위 헌법 규정의 적용이 배제되는 성역일 수는 없다.

아내에 대한 성폭력은 매우 사적이고 은밀한 성격을 띠고 있어 잘 노출되지 않는 특성이 있는데다가 반복적이고 지속적인 양상을 보이기 때문에 이에 대한 적절한 대응조치가 취하여지지 않으면 그에 따른 여성의 피해는 점차 심각해질 위험이 있다. 특히 우리나라의 특수한 경제적·문화적·사회적 요인으로 인하여 피해자인

여성이 이혼을 결심하지 못한 채 자포자기의 심정으로 현실을 감내하는 선택을 할 수밖에 없는 경우도 있을 수 있다.

아내에 대한 성폭력이 가정 내부에서 자율적으로 해결되지 못하고 아내의 성적 자기결정권이 심각하게 유린되는 상황이 지속되고 있음에도 국가가 부부 사이의 내밀한 성생활에 관한 문제라는 이유만으로 그 개입을 자제한다면, 헌법이 천명한 개인의 존엄과 양성의 평등에 기초한 혼인생활을 보장할 국가의 책무를 소홀히 하는 것이다. 특히 부부 사이에서도 양성의 평등과 성적 자기결정권이 존중되어야 한다는 인식이 국민들의 보편적 법의식으로 자리잡게 된 오늘날에는, 혼인관계가 파탄에 이른 경우는 물론 혼인관계가 실질적으로 유지되고 있는 경우에도 남편의 성폭력이 아내의 성적 자기결정권을 본질적으로 침해하는 정도에 이르렀다면, 국가가 이에 개입하여 더 이상의 피해를 방지하고 건강한 부부관계가 회복될 수 있도록 적절한 조치를 취해야 하며, 필요한 경우 국가형벌권의 행사도 고려하지 않을 수 없다.

다. 형법 제297조는 부녀를 강간한 자를 처벌한다고 규정하고 있는데, 형법이 강간죄의 객체로 규정하고 있는 부녀란 성년이든 미성년이든, 기혼이든 미혼이든 불문하며 곧 여자를 가리키는 것이다(대법원 1996. 6. 11. 선고 96도791 판결, 대법원 2009. 9. 10. 선고 2009도3580 판결 참조). 이와 같이 형법은 법률상 처를 강간죄의 객체에서 제외하는 명문의 규정을 두고 있지 않으므로, 문언 해석상으로도 법률상 처가 강간죄의 객체에 포함된다고 새기는 것에 아무런 제한이 없다.

한편 1953. 9. 18. 법률 제293호로 제정된 형법은 강간죄를 규정한 제297조를 담고 있는 제2편 제32장의 제목을 '정조에 관한 죄'라고 정하고 있었는데, 1995. 12. 29. 법률 제5057호로 형법이 개정되면서 그 제목이 '강간과 추행의 죄'로 바뀌게 되었다. 이러한 형법의 개정은 강간죄의 보호법익이 현재 또는 장래의 배우자인 남성을 전제로 한 관념으로 인식될 수 있는 '여성의 정조' 또는 '성적 순결'이 아니라, 자유롭고 독립된 개인으로서 여성이 가지는 성적 자기결정권이라는 사회 일반의 보편적 인식과 법감정을 반영한 것으로 볼 수 있다.

라. 민법 제826조 제1항은 부부의 동거의무를 규정하고 있고, 여기에는 배우자와 성생활을 함께 할 의무가 포함된다. 부부의 일방이 정당한 이유 없이 서로 동거하여야 할 부부로서의 의무를 포기하고 다른 일방을 버린 경우에는 재판상 이혼사유인 악의의 유기에 해당할 수 있다(대법원 1986. 5. 27. 선고 86므26 판결, 대법원 1999. 2. 12. 선고 97므612 판결 등 참조). 그러나 부부 사이에 민법상의 동거의무가 인정된다고 하더라도 거기에 폭행, 협박에 의하여 강요된 성관계를 감내할 의무가 내포되어 있다고 할 수 없다. 혼인이 개인의 성적 자기결정권에 대한 포기를 의미한다고 할 수 없고, 성적으로 억압된 삶을 인내하는 과정일 수도 없기 때문이다.

마. 결론적으로, 위와 같은 헌법이 보장하는 혼인과 가족생활의 내용, 가정에서의 성폭력에 대한 인식의 변화, 형법의 체계와 그 개정 경과, 강간죄의 보호법익과 부부의 동거의무의 내용 등에 비추어 보면, 형법 제297조가 정한 강간죄의 객체인 '부녀'에는 법률상 처가 포함되고, 혼인관계가 파탄된 경우뿐만 아니라 혼인관계가 실질적으로 유지되고 있는 경우에도 남편이 반항을 불가능하게 하거나 현저히 곤란하게 할 정도의 폭행이나 협박을 가하여 아내를 간음한 경우에는 강간죄가 성립한다고 보아야 한다.

다만 남편의 아내에 대한 폭행 또는 협박이 피해자의 반항을 불가능하게 하거나 현저히 곤란하게 할 정도에 이른 것인지 여부는, 부부 사이의 성생활에 대한 국가의 개입은 가정의 유지라는 관점에서 최대한 자제하여야 한다는 전제에서, 그 폭행 또는 협박의 내용과 정도가 아내의 성적 자기결정권을 본질적으로 침해하는 정도에 이른 것인지 여부, 남편이 유형력을 행사하게 된 경위, 혼인생활의 형태와 부부의 평소 성행, 성교 당시와 그 후의 상황 등 모든 사정을 종합하여 신중하게 판단하여야 한다.

이와 달리, 실질적인 부부관계가 유지되고 있을 때에는 설령 남편이 강제로 아내를 간음하였다고 하더라도 강간죄가 성립하지 아니한다고 판시한 대법원 1970. 3. 10. 선고 70도29 판결은 이 판결과 배치되는 범위에서 이를 변경하기로 한다.

바. 아울러 혼인관계가 실질적으로 유지되고 있는 부부 사이에서 발생하는 강간죄의 수사와 재판에는 특별한 고려가 필요하다는 점을 지적하여 둔다.

남편의 아내에 대한 강간죄를 수사하는 수사기관이나 그 재판을 담당하는 법원은 수사나 재판과정에서 모멸감, 배신감 등으로 부부 사이의 심리적·정신적 상처가 덧나거나 혼인의 파탄이 촉진되는 일이 없도록 세심한 배려를 하여야 하고, 가정 내의 고통이 장기간 지속되지 않도록 신속하게 절차를 진행하여야 한다. 그리고 부부 모두 가정을 유지하려는 의사가 확고할 때에는 이를 수사나 재판에 있어 중요한 요소로 반영하여야 함은 물론이다.

한편 가정폭력범죄의 처벌 등에 관한 특례법(이하 '가정폭력특례법'이라 한다)이 2012. 1. 17. 법률 제11150호로 개정되면서 형법 제297조의 강간죄 및 이에 대하여 다른 법률에 따라 가중처벌되는 죄도 가정폭력범죄에 해당하게 되었다. 가정폭력특례법은 가정폭력범죄에 대하여는 가정폭력특례법을 다른 법률에 우선하여 적용하고(제3조), 남편의 아내에 대한 강제적인 성행위가 형법상 강간죄의 구성요건을 충족하더라도 형사처벌보다 가정폭력특례법에 따른 보호처분이 적절한 경우에는 이를 가정보호사건으로 처리할 수 있도록 규정하고 있다(제9조 제1항, 제12조, 제40조 제1항 등 참조). 이와 같이 남편의 아내에 대한 강간죄는 형사공판절차가 아니라 가정보호사건으로 처리될 수 있으므로, 검사 또는 법원으로서는 아내에 대한 강간죄를 가정폭력특례법에 따라 가정보호사건으로 처리할 것인지, 아니면 피고사건으로 처리할 것인지를 결정함에 있어 부부 사이에서 발생한 성폭력범죄라는 특수성과 함께 이를 피고사건으로 처리할 경우 적용될 강간죄의 법정형을 아울러 고려하여 신중히 판단하여야 할 것이다.

사. 원심은 그 채택 증거에 의하여 그 판시와 같은 사실을 인정한 다음, 부부인 피고인과 피해자가 불화로 부부싸움을 자주 하면서 각방을 써오던 상황에서 피고인이 흉기를 사용하여 피해자를 폭행, 협박한 후 강제로 성관계를 하였으므로, 준강간죄 및 성폭력범죄의 처벌 등에 관한 특례법 위반(특수강간)죄가 성립한다고 판단하였다.

원심판결 이유를 앞서 본 법리와 기록에 비추어 살펴보면, 원심의 위와 같은 판단은 정당하고, 거기에 상고이유 주장과 같은 강간죄의 객체에 관한 법리를 오해하는 등의 위법이 없다.

2. <u>부착명령 청구사건에 대하여</u>

<u>구 특정 범죄자에 대한 위치추적 전자장치 부착 등에 관한 법률(2012. 12. 18. 법률 제11558호 특정 범죄자에 대한 보호관찰 및 전자장치 부착 등에 관한 법률로 개정되기 전의 것. 이하 '전자장치부착법'이라 한다) 제5조 제1항에 정한 성폭력범죄의 재범의 위험성이라 함은 재범할 가능성만으로는 부족하고 피부착명령청구자가 장래에 다시 성폭력범죄를 범하여 법적 평온을 깨뜨릴 상당한 개연성이 있음을 의미한다. 성폭력범죄의 재범의 위험성 유무는 피부착명령청구자의 직업과 환경, 당해 범행 이전의 행적, 그 범행의 동기, 수단, 범행 후의 정황, 개전의 정 등 여러 사정을 종합적으로 평가하여 객관적으로 판단하여야 하고, 이러한 판단은 장래에 대한 가정적 판단이므로, 판결 시를 기준으로 하여야 한다</u>[대법원 2012. 4. 26. 선고 2012도3337, 2012전도74(병합) 판결 등 참조]. 그리고 전자장치부착법 제5조 제1항 제3호에 정한 '성폭력범죄의 습벽'은 범죄자의 어떤 버릇, 범죄의 경향을 의미하는 것으로서 행위의 본질을 이루는 성질이 아니고 행위자의 특성을 이루는 성질을 의미하는 것이므로, 습벽의 유무는 행위자의 연령·성격·직업·환경·전과, 범행의 동기·수단·방법 및 장소, 전에 범한 범죄와의 시간적 간격, 그 범행의 내용과 유사성 등 여러 사정을 종합하여 판단하여야 한다(대법원 2011. 9. 29. 선고 2011전도82 판결 등 참조).

원심은, 피고인이 흉기를 휴대한 채 자신의 아내인 피해자를 폭행한 후 항거불능 상태에 이른 피해자를 간음하고, 불과 며칠 후에 다시 흉기로 피해자의 반항을 억압한 후 피해자를 강간한 점, 피고인이 성범죄자 재범위험성 검사 도중 피해자의 외도를 의심하여 흥분하고 화를 내는 등 불안정한 정서상태를 보이기도 하였고, 책임을 회피하거나 타인에 대한 공감능력이 부족하다고 평가된 점, 그 밖에 피고인의 나이, 성행, 환경, 이 사건 범행의 동기 및 내용 등을 종합하면, 피고인에게 성폭력범죄의 습벽 및 성폭력범죄를 다시 범할 위험성이 인정된다는 이유로 이 사건 부착명령 청구를 인용한 제1심판결을 그대로 유지하였다.

앞서 본 법리와 기록에 비추어 살펴보면, 이러한 원심의 판단은 정당한 것으로 수긍할 수 있고, 거기에 상고이유 주장과 같은 재범의 위험성에 관한 법리오해 등의 위법이 없다.

3. 결론

그러므로 상고를 모두 기각하기로 하여 주문과 같이 판결한다. 이 판결에는 피고사건 부분에 대한 대법관 이상훈, 김용덕의 반대의견이 있는 외에는 관여 법관의 의견이 일치되었다.

4. 피고사건 부분에 대한 대법관 이상훈, 김용덕의 반대의견은 다음과 같다.

가. 실질적인 혼인관계가 유지되고 있는 경우에 이루어진 부부 사이의 성관계(이하 반대의견의 범위 내에서는 이를 '부부관계'라고 줄여서 쓴다)라고 하더라도 폭행이나 협박을 가하여 강제적으로 이루어졌다면 이를 형사처벌 대상으로 삼아야 한다는 점에서는 다수의견의 견해에 찬성한다.

그렇지만 강간죄에 대하여 규정한 형법 제297조가 개정 형법(2012. 12. 18. 법률 제11574호로 개정되어 2013. 6. 19. 시행 예정인 것, 이하 '개정 형법'이라 한다)에 의하여 개정되기 전에, 강제적인 부부관계에 대하여 행사된 폭행이나 협박을 처벌 대상으로 삼는 것을 넘어서서 강간죄의 성립을 부정하였던 종전의 판례를 변경하여 강간죄로 처벌하여야 한다는 다수의견에 대하여는 다음과 같은 이유로 찬성할 수 없다.

나. 먼저 형법 제297조를 비롯하여 강간과 추행의 죄를 정한 형법 규정의 문언에 비추어 보면, 형법 제297조에서 정한 강간죄의 대상인 성관계에 부부관계가 포함된다고 보기 어렵다.

형법 제297조는 강간죄에 관하여 "폭행 또는 협박으로 부녀를 강간한 자는 3년 이상의 유기징역에 처한다." 라고 규정하고 있다. 위 규정에서 '강간'의 '강'은 '강제하는, 억지로 시키는'이라는 의미를 가지고, '간'은 '간음'이라는 의미를 가진다. '간'이 '간음'을 의미함은 형법 제299조가 준강간에 관하여 "사람의 심신상실 또는 항거불능의 상태를 이용하여 간음 또는 추행을 한 자는 전2조의 예에 의한다."라고 규정하고 있는 점에 비추어 분명하다.

그런데 '간음'의 사전적 의미는 '부부 아닌 남녀가 성적 관계를 맺음'이다. 강간은 '강제적인 간음'을 의미하므로 강간죄는 폭행 또는 협박으로 부부 아닌 남녀 사이에서 성관계를 맺는 것이라 할 것이다. 그리고 강간죄는 '부녀'를 대상으로 삼고 있으므로, 결국 강간죄는 그 문언상 '폭행 또는 협박으로 부인이 아닌 부녀에 대하여 성관계를 맺는 죄'라고 해석된다.

종래 대법원은 실질적으로 부부관계(여기에서의 부부관계는 앞에서 약칭한 바와는 달리 혼인생활관계를 의미하는 것으로 보이며, 이하에서는 '혼인관계'라고 한다)가 없고 따라서 '서로 정교 승낙이나 정교권 포기의 의사표시를 철회한 상태'에 있었다고 단정하기 어려운 경우에는 정교청구권이 없음을 전제로 한 강간죄는 성립하지 않는다는 취지로 판시하였다(대법원 1970. 3. 10. 선고 70도29 판결 참조. 이하 '종전 대법원판결'이라 한다). 이는 위와 같은 법의 문언에 따른 해석으로서, 형법 제297조를 비롯하여 관련 규정들이 개정되지 아니한 상태에서는 섣불리 이와 다른 견해를 취할 것은 아니라고 할 것이다.

다. 형법을 제정하여 강간죄를 규정하면서 '성관계'라는 용어 대신에 위와 같이 '간음'이라는 용어를 사용한 것은 부부 사이의 동거의무 내지는 부부관계의 특수성을 고려하여 강간죄의 처벌 대상에서 부부관계를 제외하려고 한 것으로 보인다.

형법은 제정 당시 강간죄를 규정한 제32장의 제목을 '정조에 관한 죄'로 정하였다. '정조'의 사전적 의미는 '여자의 곧고 깨끗한 절개' 또는 '성적 관계의 순결'이다. 위에서 본 바와 같이 형법은 강제적인 '간음'을 구성요건으로 삼음으로써 '폭행 또는 협박에 의한 강제적인 성관계'가 이루어진다는 침해적인 요소뿐 아니라 '혼인에 의하지 아니한 성관계' 내지 '배우자가 아닌 사람에 의한 성관계'를 강요당한다는 침해적인 요소도 고려하여 강간죄를 구성하고, 그 형량을 일반적인 폭행·협박죄나 강요죄 등에 비하여 현저하게 높게 정한 것으로 보이며, 위 제목은 이와 같은 형법의 취지를 반영한 것으로 보인다. 그리고 형법 제306조는 강간죄를 친고죄로 정하였는데, 이는 피해자의 명예와 인격을 보호하기 위한 것으로서 '간음'을 강간죄의 대상으로 삼은 형법의 위 취지에 비추어 보면 '배우자가 아닌 사람에 의한 성관계'가 외부에 공개되어 피해자의 명예가 손상되지 않도록 하려는 배려가 담겨 있다고 할 수 있다.

그런데 다수의견이 지적하는 바와 같이 형법이 1995. 12. 29. 법률 제5057호로 일부 개정되면서 제32장의 제목이 '강간과 추행의 죄'로 바뀌었지만, 강간죄를 규정한 형법 제297조 및 준강간죄를 규정한 형법 제299조의 규정은 개정되지 아니하였다. 이는 제32장의 제목이 성적 자기결정권을 보호하는 범죄의 명칭으로 적합하지 않다는 것을 고려한 것이라 할 수 있다. 그렇지만 강간죄의 구성요건과 형량이 바뀌지 아니한 이상, 원칙적으로 그 문언에서 벗어나는 해석은 적절하지 않고, 또한 위와 같은 제32장의 제목의 변경만으로 '배우자가 아닌 사람에 의한 성관계'를 강요당한다는 침해적인 요소를 추가적으로 고려하여 형량을 무겁게 정함으로써 그와 같은 성관계를 강요당하는 피해자를 보호하려는 강간죄 규정의 취지가 사라졌다고 보기에는 부족하다. 오히려 위와 같이 강간죄는 제정 당시부터 '배우자가 아닌 사람에 의한 성관계'를 강요당한다는 침해적인 요소를 고려하여 형량을 정하였는데, 특별한 구성요건의 변화 없이 제32장의 제목 변경만으로 강간죄를 부부관계에까지 확대하는 것은 강간죄의 규정 취지와 달리 부부관계에 대하여 과도한 처벌이 이루어지게 되어 죄형균형의 원칙을 벗어나게 된다.

우리나라 혼인제도상 혼인한 부부 사이에서는 동거의무가 인정되는 한편 배우자 이외의 자와의 성관계가 원칙적으로 금지되고 그러한 성관계는 형법상 간통죄에 의하여 처벌된다. 이와 같이 혼인제도와 간통죄에 의하여 규율되는 혼인생활 속에서의 부부관계는 부부 아닌 사람들 사이에서의 성관계와 그 법적·사회적인 의미가 같다고 할 수 없고, 형법은 이를 고려하여 위와 같은 내용으로 강간죄를 구성하였다. 그런데 과연 형법 제32장의 제목 변경만을 이유로 들어 강간죄에 관한 형법 규정을 확장하여 부부관계에까지 적용하려는 것이 형법 개정의 의도였다고 볼 수 있을지는 의문이다. 아래에서 보는 것처럼 강간죄에 관한 형법 규정이 변경되지 아니한 상태에서는, 부부관계에 이르는 과정에 사회적 상당성이 없을 경우에 그 과정의 불법을 규제하는 방식으로 법률을 운용하는 것이 혼인제도 및 형사법제의 기본 틀과 어긋나지 않는 해결방법일 것이다.

라. 위와 같이 부부관계가 강간죄의 적용 대상이 아니라고 하더라도, 폭행 또는 협박에 의한 강제적인 부부관계가 용인될 수는 없다. 강제적인 부부관계에서 행사된 폭행 또는 협박에 대하여는 이를 형사처벌하여야 하며, 그 형사처벌을 통하여 부부관계를 강요당하는 배우자의 성적 자기결정권을 보호하여야 한다. 즉 강제적인 부부관계와 정상적인 부부관계의 차이는 바로 그 강제성에 있으며, 이는 폭행 또는 협박에 의하여 자기결정권이 침해되는 것에서 비롯되므로, 그 침해를 낳는 폭행 또는 협박을 처벌함으로써 자기결정권을 보호할 수 있다.

대법원은 강간죄에 대하여 고소가 없는 경우에 그 수단인 폭행만을 분리하여 공소제기할 수 없다고 보고 있으나 이는 강간죄가 피해자의 의사에 따르는 친고죄임을 고려하였기 때문이며(대법원 2002. 5. 16. 선고

2002도51 전원합의체 판결 참조), 고소가 있는 경우에는 강간의 범행이 인정되지 않더라도 그 수단인 폭행에 대하여 독립적인 처벌이 가능하다고 보고 있다(대법원 2010. 11. 11. 선고 2010도10512 판결 참조).

이에 비추어 보면, 위와 같이 강제적인 부부관계를 강간죄의 대상으로 보지 아니하는 이상 친고죄에 대한 고려는 할 필요가 없고, 강제적인 부부관계에서 행사된 폭행 또는 협박에 대하여는 처벌할 수 있다고 할 것이다.

자기결정권을 침해하는 강제적인 부부관계에서 이루어지는 강제적인 행위, 즉 폭행 또는 협박의 정도는 다양하다. 그런데 부부관계에 대하여 강간죄가 성립되려면, 일반적인 강간죄의 경우와 마찬가지로 그 폭행 또는 협박이 반항을 억압하거나 현저히 곤란하게 할 정도에 이르러야 하며, 나아가 부부관계의 특수성을 고려하여 일반적인 경우보다 더 신중하게 판단되어야 하고 더 증명력을 갖춘 엄격한 증거에 의하여 인정되어야 한다는 해석론을 취하게 되면 강간죄로 처벌될 수 있는 영역은 더 줄어들게 될 것이다. 그리고 이와 같은 제한적인 해석론으로 인하여 오히려 다른 일반적인 강간 사안에서의 폭행, 협박의 개념이나 그 해석에 혼란이 초래될 수도 있다.

따라서 강간죄에 의한 처벌만으로는 성적 자기결정권이 침해된 처의 보호 문제를 해결하기에 부족하고, 그 해결을 위해서는 여전히 강간죄에 이르지 아니한 폭행 또는 협박에 대하여 처벌할 필요성이 있다. 즉 성적 자기결정권이 침해되었으므로 강간죄로 처벌하여야 한다는 단순한 논리가 아니라, 성적 자기결정권이 침해되었으므로 그 침해행위에 대하여 그에 상응한 처벌이 이루어져야 한다는 견해를 취하고 나아가 그 침해 수단의 유형 및 침해 정도에 따라 적절한 양형을 하는 것이 성적 자기결정권의 보호에 더 적합하고 일관된 태도라 생각된다.

다수의견에서는 처에 대한 강간죄가 성립되더라도 형사처벌하지 않고 가정폭력특례법에 따른 보호사건으로 처리할 것인지를 신중하게 판단하여야 한다고 설명하는데, 이는 처에 대한 강간죄라고 하더라도 혼인생활이 계속되는 경우에는 일반적인 강간죄와는 달리 고려되어야 할 요소가 있음을 전제로 하는 것이다. 이처럼 혼인생활과 가족관계의 특수성이 갖는 이익과 성적 자기결정권이 갖는 이익의 형량 등을 고려하여 강간죄에 의한 처벌 여부를 가려야 한다면, 차라리 일반적인 강간죄가 성립된다고 보지 않고 그 폭행 또는 협박에 상응한 처벌을 하는 것이 다양한 유형의 성적 자기결정권 침해에 대처할 수 있고 처의 혼인생활 및 권리 보호에 충실할 수 있다.

이와 같이 강제적인 부부관계, 즉 부부 강간 행위를 폭행 또는 협박죄 등으로 처벌하고 성적 자기결정권 침해 정도에 따라 그에 상응한 형사처벌을 한다는 것은, 부부 강간 행위를 포함하여 처에 대한 다양한 성적 자기결정권 침해 행위를 범죄로 본다는 것이다. 강제적인 부부관계에 대하여 현행 형법상의 강간죄가 성립되지 않는다는 견해를 취한다고 하여, 마치 부부 강간 행위를 범죄로 보지 않는다거나 성적 자기결정권 보호를 외면하는 견해로 오해하여서는 아니 될 것이다.

마. 그뿐 아니라 40여 년간 유지되어 온 종전 대법원판결을 변경하여 부부관계를 강간죄의 적용 대상으로 보아 형사처벌을 확대하는 것에는 신중을 기하여야 한다.

국민에게 법적 안정성과 예측가능성을 부여하기 위해서 헌법 제13조 제1항은 행위 시의 법률에 의하여 범죄를 구성하지 아니하는 행위로 소추되지 않도록 함으로써 죄형법정주의 및 형벌불소급의 원칙을 선언하고 있다. 그런데 장기간 유지되면서 강간죄의 구성요건 해석에 관하여 실질적인 규범력을 형성하였던 종전 대법원판결을 변경하면 그 변경 전에 이루어졌던 행위가 모두 처벌 대상에서 벗어날 수 없게 된다(대법원 1999. 7. 15. 선고 95도2870 전원합의체 판결 참조). 즉 다수의견과 같이 판례를 변경하여 부부관계를 강간죄의 적용 대상으로 확대하면 강간죄 관련 범죄의 공소시효 범위 내에서는 그 변경 전의 모든 강제적인 부부관계가 강간죄 등에 의한 처벌 대상이 되므로, 그 결과 부부관계의 특수성 및 혼인생활의 지속 등으로 인하여 이미 묻힌 사실관계까지 새롭게 들추어내어 형법적 규율 대상으로 삼게 되고 매우 무거운 형에 의한 처벌이 가능하게 된다. 이는 종전 대법원판결을 규범으로 삼아 행위를 하였던 사람들의 예측가능성에서 벗어나는 결과에 이르게 되고, 이미 오래 전에 이루어진 행위에 대하여 사회적 평가의 변경을 근거로 사후적으로 처벌하는 것과 마찬가지라고 할 수도 있으므로, 실질적으로 죄형법정주의나 형벌불소급의 원칙에 어긋나는 것은 아닌지 심각히 살펴보아야 할 것이다.

따라서 그와 같은 결과를 감내하면서까지 판례를 변경하려면 그 행위를 처벌하지 아니하면 국민의 권리 보호나 정의관념에 현저히 반하거나 오히려 해당 규정의 기본취지에 반하는 등의 불가피한 사정이 있어야 할 것이다(대법원 2013. 2. 21. 선고 2010도10500 전원합의체 판결 반대의견 참조).

그런데 위에서 본 바와 같이 강제적인 부부관계를 강간죄로 처벌하지 않더라도, 행사된 폭행 또는 협박에 대하여 처벌이 가능하고 이를 통하여 강간행위에 대한 처벌 및 강간죄의 보호법익인 성적 자기결정권에 대한 보호가 충분히 가능하므로, 굳이 판례를 변경하여야 할 정도의 불가피한 사정이 있다고 볼 수 있는지 의문이다. 2012. 1. 17. 개정된 가정폭력특례법에서는 배우자에 대한 강간 및 강제추행 등의 성범죄를 가정폭력범죄로 추가하여 보호처분 대상으로 삼았음에도, 배우자에 대한 강간죄를 처벌하는 내용의 형법 개정은 이루어지지 아니하였다. 이는 강제적인 부부관계에 대하여 강간죄에 의한 무거운 형사처벌을 수단으로 하여 개입하기에 앞서 그 폭력성에 초점을 맞추어 보호처분을 통해 규율함으로써, 위 특례법의 목적에 맞게 가정폭력범죄로 파괴된 가정의 평화와 안정을 회복하고 건강한 가정을 가꾸며 피해자와 가족구성원의 인권을 보호하려는 취지라고 볼 수도 있다.

그리고 불가피하게 기존 판례의 견해를 변경해야 한다고 하더라도 제한적인 범위 내에서 점진적으로 변경해 나가는 것이 타당하다. 종전 대법원판결은 실질적으로 혼인관계가 인정될 수 없는 상태에 이른 경우에 강간죄의 성립이 가능하다고 보았는데, 여기에서 더 나아가 혼인관계가 완전히 파탄된 상태에 이르지 아니하였더라도 부부관계가 실질적으로 파탄 내지 단절된 경우, 예를 들어 같은 주거에서 생활하더라도 의사결정을 강제하는 폭행, 협박을 수반하지 아니하면 부부관계가 이루어질 수 없는 상태가 지속되는 경우에는 강간죄의 성립을 긍정하는 해석론으로 확대하는 방안은 충분히 고려할 수 있다. 실제로 종전 대법원판결은 위와 같이 실질적인 혼인관계를 언급하고 있지만 그보다는 '서로 정교 승낙이나 정교권 포기의 의사표시를 철회한 상태'를 강간죄가 성립될 수 있는 경우에 대한 직접적인 논거로 삼고 있고, 위와 같은 상태는 실질적으로 부부관계가 파탄에 이른 경우라고 할 수 있으므로, 종전 대법원판결을 변경하지 않고서도 실질적으로 부부관계가 파탄 내지 단절된 경우에 강간죄가 성립될 수 있다는 해석론이 가능하다고 생각된다. 이에 의하면 이 사건에서 원심이 피고인과 피해자 사이에서 실질적으로 부부관계가 파탄 내지 단절되었는지 여부를 심리하여 그와 같은 상태에 있다는 사실이 인정된다면 강간죄로 처벌할 수 있을 것이다.

바. 한편 앞에서 언급한 바와 같이 개정 형법은 제297조 등을 개정하여 곧 그 시행을 앞두고 있다. 개정 형법은 제297조의 강간죄의 객체를 '부녀'에서 모든 '사람'으로 변경하고 친고죄에 관한 형법 제306조를 삭제하는 등 강간과 추행의 죄를 일부 개정하였다. 이는 변화된 시대 상황을 반영하여 다양화된 성범죄에 효과적으로 대처하기 위하여 형법을 개정한 것으로서, 성적 자기결정권을 강제적으로 침해하는 다양한 유형의 강간행위를 모두 규율 대상으로 삼고 또한 피해자의 명예에 관한 고려보다 강간행위에 대한 처벌을 더 우선하려는 것이며, 이러한 취지에서 강간죄의 객체에 관한 구성요건이 확장되고 친고죄에 관한 규정이 폐지된 이상, 종전과는 달리 강간죄의 객체에 배우자도 포함된다는 해석이 충분히 가능하게 되었다고 보인다. 다만 개정 형법에서 '성관계'라는 용어를 사용하지 않고 여전히 '간음'이라는 용어를 그대로 사용하고 있어 문언과 실질이 일치되지 않는 혼란을 초래할 수 있으므로 앞으로 법률 개정을 통하여 정리될 필요가 있다. 또한 강간죄의 확대는 강간죄를 기초로 한 다른 성폭력 관련 범죄의 해석·적용에도 영향을 미칠 수 있다. 예를 들어 2013. 6. 19. 시행 예정인 성폭력범죄의 처벌에 관한 특례법(2012. 12. 18. 법률 제11556호로 전부 개정된 것) 제5조 제4항은 '친족관계에 의한 강간 등 죄'의 주체인 '친족관계에 있는 사람'에서의 '친족'의 범위에 '동거하는 친족'을 추가하였는데, 강간죄를 배우자에게까지 확대한 결과 여기의 '동거하는 친족'에 배우자도 포함하게 된다면 죄형균형의 원칙을 깨뜨릴 우려가 있으므로 일반적인 경우와 달리 '친족'이라는 문언을 제한적으로 해석하여야 한다는 문제가 제기되기도 한다. 그러나 이처럼 강간죄에서의 객체의 확대가 강간 및 강제추행을 비롯한 성폭력에 관한 여러 범죄에서의 해석·운영에 문제를 낳을 수 있다 하더라도, 이는 강간죄의 객체를 확대한 입법에 의한 결단이므로 이를 감내하는 것은 당연하다. 그렇다고 하더라도 이러한 입법이 이루어지기 전에 위와 같은 문제를 안고 있는 해석론을 택하여 판례를 변경하는 것이 형사정책적으로 옳다고 할 수 없다. 오히려 이와 같이 강제적인 부부관계에 대하여 강간죄를 인정할 수 있는 법률 개정이 이루어졌고 곧 그 시행을 앞두고 있다면, 종전 대법원판결을 변경하여 그 전에 이루어진 강제적인 부부관계에 대하여 강간죄로 처벌하여 혼란이나 문제를 낳는 것보다, 개정 법률의 시행을 기다려 그 시행 이후에 이루어진 강제적인 부부관계에 대하여 강간죄로 처벌하는 것이 형사법제 및 형사정책의 기본 원칙인 죄형법정주의 및 형벌불소급의 정신에 더 적합하다고 할 것이다.

사. 이상과 같이 부부관계에서 이루어진 유형력의 행사에 대하여 폭행죄나 협박죄 등으로 처벌하는 것에서 더 나아가 현행 형법에 대한 종전 대법원판결을 변경하여 강간죄의 처벌 대상을 부부관계에게까지 확대하여 해석하고 이를 기초로 이 사건 피고사건 부분을 유죄로 인정하는 취지의 다수의견에는 동의하지 아니하므로, 이에 반대하는 취지를 밝힌다.

대법원장 양승태(재판장) 양창수 신영철(주심) 민일영 이인복 이상훈 박병대 김용덕 박보영 고영한 김창석 김신 김소영

대법원 2013.5.16. 선고 2011도2631 전원합의체 판결

【대통령긴급조치위반·반공법위반】
〈대통령 긴급조치 제4호 위반 사건〉

판시사항

[1] 폐지된 형벌 관련 법령이 당초부터 위헌·무효인 경우, 그 법령을 적용하여 공소가 제기된 피고사건에 대하여 법원이 취할 조치(=무죄의 선고) 및 재심 사건에서 형벌 관련 법령이 당초부터 위헌·무효인 경우 무죄사유에 해당하는지 여부(적극)

[2] 이른바 유신헌법 제53조에 근거를 둔 '대통령긴급조치 제4호'가 그 폐지 이전부터 헌법에 위배되어 무효인지 여부(적극)

판결요지

[1] 형벌에 관한 법령이 헌법재판소의 위헌결정으로 인하여 소급하여 그 효력을 상실하였거나 법원에서 위헌·무효로 선언된 경우, 당해 법령을 적용하여 공소가 제기된 피고사건에 대하여는 형사소송법 제325조에 따라 무죄를 선고하여야 한다. 나아가 재심이 개시된 사건에서 형벌에 관한 법령이 재심판결 당시 폐지되었다 하더라도 그 폐지가 당초부터 헌법에 위배되어 효력이 없는 법령에 대한 것이었다면 형사소송법 제325조 전단이 규정하는 '범죄로 되지 아니한 때'의 무죄사유에 해당하는 것이지, 형사소송법 제326조 제4호에서 정한 면소사유에 해당한다고 할 수 없다.

[2] 구 대한민국헌법(1980. 10. 27. 헌법 제9호로 전부 개정되기 전의 것, 이하 '유신헌법'이라 한다) 제53조에 기한 대통령긴급조치 제4호는 그 발동 요건을 갖추지 못한 채 목적상 한계를 벗어나 민주주의의 본질적 요소인 표현의 자유를 침해하고, 영장주의에 위배되며, 법관에 의한 재판을 받을 권리와 학문의 자유 및 대학의 자율성 등 헌법상 보장된 국민의 기본권을 침해하는 것이므로, 그것이 폐지되기 이전부터 유신헌법은 물론 현행 헌법에 비추어 보더라도 위헌·무효이다.

전 문

피 고 인 피고인

상 고 인 검사

변 호 인 법무법인

원심판결 서울고법 2011. 2. 11. 선고 2009재노53 판결

주 문 상고를 기각한다.

이 유 상고이유를 판단한다.

1. 대통령긴급조치 위반의 점에 관하여

가. 폐지된 형벌 관련 법령이 당초부터 위헌인 경우의 효과

형벌에 관한 법령이 헌법재판소의 위헌결정으로 인하여 소급하여 그 효력을 상실하였거나 법원에서 위헌·무효로 선언된 경우, 당해 법령을 적용하여 공소가 제기된 피고사건에 대하여는 형사소송법 제325조에 따라 무죄를 선고하여야 한다. 나아가 재심이 개시된 사건에서 형벌에 관한 법령이 재심판결 당시 폐지되었다 하더라도 그 폐지가 당초부터 헌법에 위반되어 효력이 없는 법령에 대한 것이었다면 형사소송법 제325조 전단이 규정하는 '범죄로 되지 아니한 때'의 무죄사유에 해당하는 것이지, 형사소송법 제326조 제4호 소정의 면소사유에 해당한다고 할 수 없다(대법원 2010. 12. 16. 선고 2010도5986 전원합의체 판결 참조).

그러므로 구 대한민국헌법(1980. 10. 27. 헌법 제9호로 전부 개정되기 전의 것, 이하 '유신헌법'이라 한다) 제53조에 기한 대통령긴급조치(이하 '긴급조치'라 한다) 제1호 및 제4호 위반으로 유죄판결이 선고되었다가

재심이 개시된 이 사건에서, 긴급조치 제1호와 제4호가 재심판결 당시 이미 해제되어 공소사실에 적용할 법령이 폐지되었다고 하더라도 먼저 긴급조치 제1호와 제4호가 헌법에 위반되는지 여부를 판단하여야 한다. 다만 긴급조치 제1호에 관하여는 이미 대법원 2010. 12. 16. 선고 2010도5986 전원합의체 판결에서 위헌·무효라고 판단한 바 있고 이 사건에서 이와 달리 판단할 사정이 없으므로, 아래에서는 긴급조치 제4호의 위헌 여부에 관하여 살펴본다.

나. 긴급조치 제4호의 위헌 여부

(1) 평상시의 헌법질서에 따른 권력행사 방법으로는 대처할 수 없는 중대한 위기상황이 발생한 경우 이를 수습함으로써 국가의 존립을 보장하기 위하여 행사되는 국가긴급권에 관한 대통령의 결단은 존중되어야 하나, 이 같은 국가긴급권은 국가가 중대한 위기에 처하였을 때 그 위기의 직접적 원인을 제거하는 데 필수불가결한 최소의 한도 내에서 행사되어야 하는 것으로서 국가긴급권을 규정한 헌법상의 발동 요건 및 한계에 부합하여야 하고, 이 점에서 유신헌법 제53조에 규정된 긴급조치권 역시 예외가 될 수는 없다. 유신헌법도 제53조 제1항, 제2항에서 긴급조치권 행사에 관하여 '천재·지변 또는 중대한 재정·경제상의 위기에 처하거나, 국가의 안전보장 또는 공공의 안녕질서가 중대한 위협을 받거나 받을 우려가 있어, 신속한 조치를 할 필요'가 있을 때 그 극복을 위한 것으로 한정하고 있다.

(2) 긴급조치 제4호는 이른바 유신체제의 정권에 반대하는 전국민주청년학생총연맹과 이에 관련되는 제 단체를 조직하거나 이에 가입하는 행위, 그 단체나 구성원의 활동에 동조하거나 구성원과 회합, 통신 기타 방법으로 연락하는 행위, 그 구성원의 활동을 위한 장소, 물건, 금품 기타 편의를 제공하는 행위 및 기타 방법으로 그 단체나 구성원의 활동에 직간접으로 관여하는 일체의 행위, 그리고 학교관계자 감독하의 정상적 수업·연구활동을 제외한 학교 내외의 집회·시위 기타 일체의 개별적·집단적 행위 등을 금지하고, 이와 같이 금지된 행위를 권유, 선동, 선전하거나 방송, 보도, 출판 기타 방법으로 이를 타인에게 알리는 일체의 행위를 금지하며(제1, 3, 5, 6항), 이 조치를 위반하거나 비방한 자는 법관의 영장 없이 체포, 구속, 압수, 수색하고 비상군법회의에서 심판하여 사형, 무기 또는 5년 이상의 유기징역에 처하며, 이 경우 15년 이하의 자격정지를 병과할 수 있고(제8, 9항), 문교부장관은 긴급조치 위반학생에 대한 퇴학·정학처분이나 학생의 조직·결사 기타 학생단체의 해산은 물론, 이 조치 위반자가 소속된 학교의 폐교처분을 할 수 있으며(제7항), 군지역사령관은 서울특별시장, 부산시장 또는 도지사로부터 치안질서 유지를 위한 병력출동의 요청을 받은 때에는 이에 응하여 지원하여야 하도록(제11항) 규정하고 있다.

이러한 긴급조치 제4호는 오로지 유신체제를 유지하고 그에 대한 국민적 저항을 탄압하기 위한 것임이 분명하여 긴급조치권의 목적상의 한계를 벗어난 것일 뿐만 아니라, 위 긴급조치가 발령될 당시의 국내외 정치 및 사회 상황이 긴급조치권 발동의 대상이 되는 비상사태로서 국가의 중대한 위기상황이라거나 국가적 안위에 직접 영향을 주는 중대한 위협을 받을 우려가 있는 상황에 해당한다고 할 수 없으므로, 그러한 상황에서 발령된 위 긴급조치는 유신헌법 제53조가 규정하고 있는 발동 요건을 결여한 것이다.

(3) 또한 국가가 국민의 기본적 인권을 최대한으로 보장하도록 한 유신헌법 제8조나 현행 헌법 제10조의 규정에도 불구하고, 긴급조치 제4호의 내용은 위에서 본 바와 같이 유신헌법 제18조(현행 헌법 제21조)가 규정한 언론·출판과 집회·결사의 자유를 침해하고, 영장 없는 체포 등을 허용하고 민간인을 비상군법회의에서 심판하도록 함으로써 유신헌법 제10조와 제24조(현행 헌법 제12조와 제27조)가 규정한 영장주의 원칙에 위배됨은 물론 법관에 의한 재판을 받을 권리를 침해하며, 학교관계자 감독하의 수업·연구활동을 제외한 일체의 행위 등을 금지하고 문교부장관이 긴급조치에 위반한 학생 및 그 소속 학교에 대한 퇴학·폐교 등 조치를 하게 하는 등으로 유신헌법 제19조(현행 헌법 제22조)가 규정한 학문의 자유를 침해할 뿐만 아니라 현행 헌법 제31조 제4항이 규정하는 대학의 자율성도 침해한 것이다.

(4) 이처럼 긴급조치 제4호는 그 발동 요건을 갖추지 못한 채 목적상 한계를 벗어나 민주주의의 본질적 요소인 표현의 자유를 침해하고, 영장주의에 위배되며, 법관에 의한 재판을 받을 권리와 학문의 자유 및 대학의 자율성 등 헌법상 보장된 국민의 기본권을 침해하는 것이므로, 그것이 폐지되기 이전부터 유신헌법은 물론 현행 헌법에 비추어 보더라도 위헌·무효라 할 것이다.

이와 달리 유신헌법 제53조에 근거를 둔 긴급조치 제4호가 합헌이라는 취지로 판시한 대법원 1975. 2. 25. 선고 74도3509 판결, 대법원 1975. 4. 8. 선고 74도3490 판결, 대법원 1975. 5. 27. 선고 74도3324 판결, 대법원 1975. 7. 8. 선고 74도3499 판결, 대법원 1975. 8. 19. 선고 74도3494 판결과 그 밖에 이 판결의 견해와 다른 대법원판결들은 모두 폐기한다.

다. 소결론

원심은 그 판시와 같은 사정을 들어, 이 부분 공소사실에 적용될 긴급조치 제1호 제3항, 제5항, 긴급조치 제4호 제8항을 포함하여 긴급조치 제1호와 제4호 전부가 헌법에 위반되어 무효라고 판단한 후, 위 긴급조치들이 원심판결 당시 폐지되었다 하더라도 그 폐지가 당초부터 헌법에 위배되어 효력이 없는 법령에 대한 것이었으므로 이 사건에 적용될 수 없음을 이유로 형사소송법 제325조 전단이 규정하는 '범죄로 되지 아니한 때'의 무죄사유에 해당한다고 판단하였다.

원심판결 이유를 앞서 본 법리와 기록에 비추어 살펴보면, 원심의 위와 같은 판단은 정당하고, 거기에 상고이유에서 주장하는 바와 같이 면소판결과 긴급조치 제1호 및 제4호의 위헌 여부 판단에 관한 법리를 오해하거나 논리와 경험법칙을 위반하여 자유심증주의의 한계를 벗어난 위법이 없다.

2. 반공법위반의 점에 관하여

원심판결 이유를 기록에 비추어 살펴보면, 원심이 그 판시와 같은 이유를 들어 이 부분 공소사실과 관련하여 피고인이 대한민국의 존립·안전이나 자유민주적 기본질서를 위태롭게 한다는 정을 알면서 북괴활동을 찬양, 고무하거나 이에 동조하여 반국가단체를 이롭게 하였다고 인정할 증거가 부족하다는 이유로 무죄를 선고한 것은 정당하고, 거기에 논리와 경험법칙을 위반하여 자유심증주의의 한계를 벗어난 위법이 없다.

3. 재심개시결정과 재심판결 간의 모순의 점에 관하여

가. 재심개시결정에 대하여는 형사소송법 제437조에 규정되어 있는 즉시항고에 의하여 불복할 수 있고, 이러한 불복이 없이 확정된 재심개시결정의 효력에 대하여는 더 이상 다툴 수 없으므로, 설령 재심개시결정이 부당하더라도 이미 확정되었다면 법원은 더 이상 재심사유의 존부에 대하여 살펴볼 필요 없이 형사소송법 제436조의 경우가 아닌 한 그 심급에 따라 다시 심판을 하여야 한다(대법원 2002. 7. 12. 선고 2000도4597 판결, 대법원 2004. 9. 24. 선고 2004도2154 판결 등 참조).

나. 이 부분 상고이유의 요지는, 원심은 재심개시결정에서의 이유설시와 달리 피고인이 관여 수사관으로부터 불법체포, 감금 또는 가혹행위를 당하였다고 볼 자료가 없다고 판단함으로써 재심개시결정과 원심판결이 서로 모순되므로 원심판결이 위법하다는 취지이다.

그러나 이 부분 검사의 상고이유가 이미 확정된 재심개시결정의 잘못을 지적하는 취지라면 이는 원심이 한 재심판결에 대한 적법한 상고이유가 될 수 없다. 한편 이 사건 재심개시결정이 확정된 후 원심이 재심대상판결의 기초가 된 증거와 그 이후에 수집된 증거 등을 종합하여 이 사건 공소사실에 대하여 무죄를 선고한 조치는 앞서 본 법리에 따른 것으로서 정당하고, 거기에 상고이유에서 주장하는 바와 같은 이유모순 등의 위법이 없다.

4. 결론

그러므로 상고를 기각하기로 하여 관여 법관의 일치된 의견으로 주문과 같이 판결한다.

대법원장 양승태(재판장) 양창수 신영철 민일영 이인복(주심) 이상훈 박병대 김용덕 박보영 고영한 김창석 김신 김소영

대법원 2013.5.9. 선고 2013도2857 판결

【특정경제범죄가중처벌등에관한법률위반(횡령)·사기·횡령】

판시사항

[1] 횡령액을 기준으로 가중처벌하는 특정경제범죄 가중처벌 등에 관한 법률 제3조를 적용할 때 유의할 사항

[2] 피고인이 피해자 갑으로부터 명의신탁을 받아 보관 중인 부동산에 임의로 근저당권을 설정하였는데, 위 부동산에는 이전에 별도의 근저당권설정등기가 마쳐져 있던 사안에서, 피고인이 부동산을 횡령하여 취득한 이득액은 부동산을 담보로 제공한 피담보채무액 또는 채권최고액이라고 보아야 하는데, 이와 달리 부동산의 시가 상당액을 기초로 이득액을 산정한 원심판결에 법리오해의 잘못이 있다고 한 사례

판결요지

[1] 형법 제355조 제1항의 횡령죄는 타인의 재물을 보관하는 자가 재물을 횡령하거나 반환을 거부함으로써 성립하고 재물의 가액이 얼마인지는 문제되지 아니하는 데 비하여, 횡령으로 인한 특정경제범죄 가중처벌 등에 관한 법률 위반죄에 있어서는 횡령한 재물의 가액이 5억 원 이상 또는 50억 원 이상이라는 것이 범죄구성요건의 일부로 되어 있고 그 가액에 따라 그 죄에 대한 형벌도 가중되어 있으므로, 이를 적용함에 있어서는 횡령한 재물의 가액을 엄격하고 신중하게 산정함으로써 범죄와 형벌 사이에 적정한 균형이 이루어져야 한다는 죄형균형 원칙 및 형벌은 책임에 기초하고 그 책임에 비례하여야 한다는 책임주의 원칙이 훼손되지 않도록 유의하여야 한다.

[2] 피고인이 피해자 갑으로부터 명의신탁을 받아 보관 중인 토지 9필지와 건물 1채에 갑의 승낙 없이 임의로 채권최고액 266,000,000원의 근저당권을 설정하였는데, 당시 위 각 부동산 중 토지 7필지의 시가는 합계 724,379,000원, 나머지 2필지와 건물 1채의 시가는 미상인 반면 위 각 부동산에는 그 이전에 채권최고액 434,000,000원의 근저당권설정등기가 마쳐져 있고, 이에 대하여 갑은 220,000,000원의 피담보채무를 부담하고 있는 사안에서, 피고인이 근저당권설정등기를 마치는 방법으로 위 각 부동산을 횡령하여 취득한 구체적인 이득액은 위 각 부동산의 시가 상당액에서 위 범행 전에 설정된 피담보채무액을 공제한 잔액이 아니라 위 각 부동산을 담보로 제공한 피담보채무액 내지 그 채권최고액이라고 보아야 하고, 이 경우 피고인의 이득액은 5억 원 미만이므로 구 특정경제범죄 가중처벌 등에 관한 법률(2012. 2. 10. 법률 제11304호로 개정되기 전의 것, 이하 '특경가법'이라 한다) 제3조 제1항을 적용할 수 없는데도, 이와 달리 특경가법 위반(횡령)죄를 인정한 원심판결에 법리오해의 잘못이 있다고 한 사례.

전 문

피 고 인 피고인

상 고 인 피고인

변 호 인 변호사

원심판결 서울고법 2013. 2. 8. 선고 2012노2856 판결

주 문 원심판결을 파기하고, 사건을 서울고등법원에 환송한다.

이 유 상고이유를 판단한다.

1. 특정경제범죄 가중처벌 등에 관한 법률 위반(횡령)의 점에 관하여

이 부분 상고이유에 대한 판단에 앞서 직권으로 살펴본다.

가. 이 사건 공소사실 중 특정경제범죄 가중처벌 등에 관한 법률(이하 '특경가법'이라 한다) 위반(횡령)의 점의 요지는 '피고인은 2002년경 피해자 공소외 1과의 명의신탁 약정에 따라 피해자가 매수한 남양주시 와부읍 (주소 1 생략) 전 1,931㎡ 등 토지 9필지와 건물 1채에 관하여 피고인 명의로 소유권이전등기를 마쳐 피해자를 위하여 보관하던 중, 2005. 6. 10. 피해자로부터 승낙을 받지 아니하고 임의로 위 각 부동산에 관하여 각 채권최고액 266,000,000원, 근저당권자 와부농업협동조합으로 하는 근저당권설정등기를 각 마쳤는데, 당시 위 (주소 1 생략) 등 토지 7필지의 시가는 합계 724,379,000원이었고, 나머지 2필지와 건물 1채의 시가는 미상이었던 반면 위 각 부동산에는 2004. 2. 13. 채권최고액 434,000,000원, 근저당권자 와부농업협동조합으로 된 근저당권설정등기가 마쳐져 있었고, 이에 대하여 피해자는 2005. 6. 10.경 220,000,000원의 피담보채무를 부담하고 있었다. 이로써 피고인은 피해자로부터 명의신탁을 받아 피해자를 위하여 보관하던 위 시가 상당액에서 220,000,000원을 공제한 가액 상당인 위 각 부동산을 횡령하였다'라는 것으로서, 제1심은 특경가법 제3조 제1항 제2호, 형법 제355조 제1항을 적용하여 특경가법 위반(횡령)의 죄책을 인정하였고, 원심도 제1심의 위와 같은 판단을 유지하였다.

나. 그런데 형법 제355조 제1항의 횡령죄는 타인의 재물을 보관하는 자가 재물을 횡령하거나 반환을 거부함으로써 성립하고 재물의 가액이 얼마인지는 문제되지 아니하는 데 비하여, 횡령으로 인한 특경가법 위반죄에 있어서는 횡령한 재물의 가액이 5억 원 이상 또는 50억 원 이상이라는 것이 범죄구성요건의 일부로 되어 있고 그 가액에 따라 그 죄에 대한 형벌도 가중되어 있으므로, 이를 적용함에 있어서는 횡령한 재물의 가액을 엄격하고 신중하게 산정함으로써 범죄와 형벌 사이에 적정한 균형이 이루어져야 한다는 죄형균형 원칙 및 형벌은 책임에 기초하고 그 책임에 비례하여야 한다는 책임주의 원칙이 훼손되지 않도록 유의하여야 한다(대법원 2007. 4. 19. 선고 2005도7288 전원합의체 판결 참조).

위와 같은 법리에 비추어 볼 때, 이 사건에서 특경가법 제3조 제1항의 적용과 관련하여 피고인이 근저당권설정등기를 마치는 방법으로 위 각 부동산을 횡령함으로 인하여 취득한 구체적인 이득액은 위 각 부동산의 시가 상당액에서 이 사건 범행 전에 설정된 피담보채무액을 공제한 잔액이 아니라 위 각 부동산을 담보로 제공한 피담보채무액 내지 그 채권최고액이라고 봄이 상당하다.

그렇다면 이 사건에서 피고인의 이득액은 5억 원 미만이므로 위 공소사실에 대하여 더 이상 특경가법 제3조 제1항을 적용할 수 없다.

따라서 위 공소사실에 관하여 위와 같은 피담보채무액 내지 채권최고액을 이득액으로 산정하여야 함에도 불구하고 담보로 제공한 위 각 부동산의 시가 상당액을 기초로 이득액을 산정한 원심판결에는 특경가법의 이득액에 관한 법리를 오해한 잘못이 있다.

다. 원심판결 중 특경가법 위반(횡령) 부분에 위와 같은 잘못이 있다고 보아 원심판결을 파기하는 이상, 위 점에 관한 상고이유에 대하여는 더 나아가 살펴볼 필요가 없다.

2. 횡령 및 사기의 점에 관하여

원심은 제1심이 적법하게 채택한 증거들에 의하여 그 판시와 같은 사실을 인정한 다음, 피고인이 3자 간 명의신탁에 따라 남양주시 와부읍 (주소 2 생략) 답 3,170㎡의 보관자의 지위에 있음에도 불구하고 피해자의 승낙 없이 위 토지에 근저당권설정등기를 마침으로써 횡령하고, 또한 피해자로부터 7,900만 원을 편취하였다고 판단하였다.

기록에 비추어 살펴보면, 원심의 위와 같은 판단은 정당한 것으로 수긍이 가고, 거기에 논리와 경험의 법칙에 반하여 자유심증주의의 한계를 벗어나거나 3자 간 명의신탁에 있어 소유권이전등기청구권의 시효 소멸에 관한 법리를 오해한 잘못이 없다.

3. 파기 범위

그렇다면 원심판결의 특경가법 위반(횡령) 부분은 파기하여야 할 것인바, 원심은 이를 나머지 죄와 형법 제37조 전단의 경합범으로 처단하여 하나의 형을 선고하였으므로, 원심판결 전부를 파기한다.

4. 결론

그러므로 원심판결을 파기하고, 이 사건을 다시 심리·판단하도록 하기 위하여 원심법원에 환송하기로 하여, 관여 대법관의 일치된 의견으로 주문과 같이 판결한다.

대법관 박보영(재판장) 민일영(주심) 이인복 김신

대법원 2013.4.26. 선고 2011도6798 판결

【업무상배임】

판시사항

[1] 업무상배임죄에서 재산상 손해 유무를 판단하는 기준 및 '소극적 손해'의 유무와 범위 산정 방법

[2] 피고인이, 갑이 운영하는 을 주식회사의 부사장으로 대외 영업활동을 하여 그 계약 등을 을 회사에 귀속시키기로 갑과 약정하고도 이를 위반하여 을 회사에 손해를 가하였다고 하여 업무상배임으로 기소된 사안에서, 을 회사의 재산상 손해는 원칙적으로 계약을 체결한 때를 기준으로 계약대금에 기초하여 산정하여야 하는데도, 이와 달리 본 원심판결에 법리오해의 잘못이 있다고 한 사례

판결요지

[1] 업무상배임죄에서 재산상 손해의 유무에 관한 판단은 법률적 판단에 의하지 아니하고 경제적 관점에서 실질적으로 판단하여야 하는데, 여기에는 재산의 처분 등 직접적인 재산의 감소, 보증이나 담보제공 등 채무 부담으로 인한 재산의 감소와 같은 적극적 손해를 야기한 경우는 물론, 객관적으로 보아 취득할 것이 충분히 기대되는데도 임무위배행위로 말미암아 이익을 얻지 못한 경우, 즉 소극적 손해를 야기한 경우도 포함된다. 이러한 소극적 손해는 재산증가를 객관적·개연적으로 기대할 수 있음에도 임무위배행위로 이러한 재산증가가 이루어지지 않은 경우를 의미하므로 임무위배행위가 없었다면 실현되었을 재산 상태와 임무위배행위로 말미암아 현실적으로 실현된 재산 상태를 비교하여 그 유무 및 범위를 산정하여야 한다.

[2] 피고인이, 갑이 운영하는 을 주식회사의 부사장으로 대외 영업활동을 하여 그 활동 및 계약을 을 회사에 귀속시키기로 갑과 약정하고도 을 회사에 알리지 않고 피고인 자신이 을 회사 대표인 것처럼 가장하거나 피고인이 별도로 설립한 병 주식회사 명의로 금형제작·납품계약을 체결함으로써 을 회사에 손해를 가하였다고 하여 업무상배임으로 기소된 사안에서, 을 회사의 재산상 손해는 피고인의 임무위배행위로 을 회사의 금형제작·납품계약 체결기회가 박탈됨으로써 발생하므로, 원칙적으로 계약을 체결한 때를 기준으로 금형제작·납품계약 대금에 기초하여 산정하여야 하며, 계약대금 중에서 사후적으로 발생되는 미수금이나 계약 해지로 받지 못하게 되는 나머지 계약대금 등은 특별한 사정이 없는 한 계약 대금에서 공제할 것이 아닌데도, 이와 달리 금형제작·납품계약 대금 중 미수금 및 계약 해지로 받지 못하게 된 부분은 피고인의 배임행위로 인한 재산상 손해로 인정할 수 없다고 본 원심판결에 업무상배임죄의 재산상 손해에 관한 법리를 오해한 잘못이 있다고 한 사례.

전 문

피 고 인 피고인

상 고 인 검사

원심판결 인천지법 2011. 5. 12. 선고 2011노351 판결

주 문 원심판결을 파기하고, 사건을 인천지방법원 본원 합의부에 환송한다.

이 유 상고이유를 판단한다.

1. 업무상배임죄는 타인의 사무를 처리하는 자가 업무상의 임무에 위배하는 행위로써 재산상의 이익을 취득하거나 제3자로 하여금 이를 취득하게 하여 그 본인에게 손해를 가한 때에 성립하는 범죄로서, 여기에서 '임무에 위배하는 행위'라 함은 처리하는 사무의 내용, 성질 등에 비추어 법령의 규정, 계약의 내용 또는 신의칙상 당연히 하여야 할 것으로 기대되는 행위를 하지 않거나 당연히 하지 않아야 할 것으로 기대되는 행위를 함으로써 사무 처리를 위임한 본인과의 신임관계를 저버리는 일체의 행위를 포함하고(대법원 2004. 6. 24. 선고 2004도520 판

결, 대법원 2008. 5. 29. 선고 2005도4640 판결 등 참조), '재산상의 손해를 가한 때'라 함은 총체적으로 보아 본인의 재산 상태에 손해를 가하는 경우를 말하고, 현실적인 손해를 가한 경우뿐 아니라 재산상 실해 발생의 위험을 초래한 경우를 포함한다.

이러한 재산상 손해의 유무에 관한 판단은 법률적 판단에 의하지 아니하고 경제적 관점에서 실질적으로 판단되어야 하는데, 여기에는 재산의 처분 등 직접적인 재산의 감소, 보증이나 담보제공 등 채무 부담으로 인한 재산의 감소와 같은 적극적 손해를 야기한 경우는 물론, 객관적으로 보아 취득할 것이 충분히 기대되는데도 임무위배행위로 말미암아 이익을 얻지 못한 경우, 즉 소극적 손해를 야기한 경우도 포함된다(대법원 2003. 10. 10. 선고 2003도3516 판결, 대법원 2008. 5. 15. 선고 2005도7911 판결 등 참조). 이러한 소극적 손해는 재산증가를 객관적·개연적으로 기대할 수 있음에도 임무위배행위로 이러한 재산증가가 이루어지지 않은 경우를 의미하는 것이므로 임무위배행위가 없었다면 실현되었을 재산 상태와 임무위배행위로 말미암아 현실적으로 실현된 재산 상태를 비교하여 그 유무 및 범위를 산정하여야 할 것이다(대법원 2009. 5. 29. 선고 2007도4949 전원합의체 판결 참조).

2. 가. 원심판결 이유에 의하면, 원심은 피고인이 2008. 1. 2. 피해자 회사의 부사장 직책으로 대외적 영업활동을 하여 그 활동 및 계약을 피해자 회사에 귀속시키기로 하고, 피해자 회사에 귀속된 금형제작·납품계약을 이행하기 위한 금형제작물량 중 50%는 피고인이 운영하던 공소외 1 주식회사에서, 나머지 50%는 피해자 회사에서 제작하여 그 수익을 1/2씩 나누기로 하는 이 사건 약정을 체결하였음에도, 피해자 회사에 알리지 않고 피고인 자신이 피해자 회사의 대표인 것처럼 가장하거나 피고인이 별도로 설립한 공소외 2 주식회사 명의로 원심판결 별지 범죄일람표 기재와 같이 5회에 걸쳐 합계 163,600,000원의 금형제작·납품계약을 체결한 후, 그 납품대금으로 합계 105,697,880원을 수령하고 피해자 회사에 동액 상당의 재산상 손해를 가하였다고 보아 이 부분에 관하여는 업무상배임죄가 성립한다고 판단하고, 위 금형제작·납품계약 체결 후 받지 못한 미수금 및 거래상대방의 해지에 의하여 받지 못하게 된 나머지 계약대금에 관하여는 재산상 손해를 인정할 수 없다고 보아 무죄로 판단하였다.

나. 원심이 적법하게 채택한 증거들에 의하면, 피해자 회사의 재산상 손해는 피고인의 위와 같은 임무위배행위로 인하여 피해자 회사의 금형제작·납품계약 체결기회가 박탈됨으로써 발생함을 알 수 있다.

그렇다면 이러한 재산상 손해는 피고인이 위와 같은 임무위배행위로 금형제작·납품계약을 체결한 때에 발생되는 것이므로, 원칙적으로 그 임무위배행위로 위 금형제작·납품계약을 체결한 때를 기준으로 위 금형제작·납품계약 대금에 기초하여 산정하여야 할 것이며, 따라서 위 금형제작·납품계약 대금 중에서 사후적으로 발생되는 미수금이나 계약의 해지로 인해 받지 못하게 되는 나머지 계약대금 등은 특별한 사정이 없는 한 위 금형제작·납품계약 대금에서 공제할 것이 아니다. 그럼에도 원심은, 이 사건 금형제작·납품계약 대금 중 미수금 및 계약의 해지로 인해 받지 못하게 된 부분은 피고인의 배임행위로 인한 재산상 손해로 인정할 수 없다고 보아 그 판시와 같은 재산상 손해액에 대하여만 피고인에게 업무상배임죄가 성립한다고 보고 나머지 부분에 대하여는 무죄로 판단하고 말았으니, 이러한 원심의 판단에는 업무상배임죄에서의 재산상 손해에 관한 법리를 오해하여 판결 결과에 영향을 미친 잘못이 있다.

3. 그러므로 원심판결을 파기하고, 사건을 다시 심리·판단하도록 하기 위하여 원심법원에 환송하기로 하여 관여 대법관의 일치된 의견으로 주문과 같이 판결한다.

대법관 김용덕(재판장) 신영철(주심) 이상훈 김소영

대법원 2013.4.26. 선고 2011도10797 판결

【사기·마약류관리에관한법률위반(향정)·정신보건법위반·건강기능식품에관한법률위반】

판시사항

1. 의사인 피고인이 전화를 이용하여 진찰한 것임에도 내원 진찰인 것처럼 가장하여 국민건강보험관리공단에 요양급여비용을 청구함으로써 진찰료 등을 편취하였다는 내용으로 기소된 사안에서, 피고인에게 사기죄를 인정한 원심판단이 정당하다고 한 사례
2. 마약류취급의료업자가 자신의 질병에 대한 치료 기타 의료 목적으로 그에 필요한 범위 내에서 마약 등을 투약하는 등의 행위가 구 '마약류 관리에 관한 법률'상 금지되는 마약류취급자의 '업무 외의 목적'을 위한 투약 등 행위에 해당하는지 여부(소극) 및 이때 자신에 대한 투약이 제3자에 대한 처방전 발부를 통해 이루어진 사정만으로 달리 보아야 하는지 여부(소극)

판결요지

1. 의사인 피고인이 전화를 이용하여 진찰(이하 '전화 진찰'이라고 한다)한 것임에도 내원 진찰인 것처럼 가장하여 국민건강보험관리공단에 요양급여비용을 청구함으로써 진찰료 등을 편취하였다는 내용으로 기소된 사안에서, 당시에 시행되던 구 '국민건강보험 요양급여의 기준에 관한 규칙'(2010. 3. 19. 보건복지부령 제1호로 개정되기 전의 것)에 기한 보건복지부장관의 고시는 내원을 전제로 한 진찰만을 요양급여의 대상으로 정하고 있고 전화 진찰이나 이에 기한 약제 등의 지급은 요양급여의 대상으로 정하고 있지 아니하므로, 전화 진찰이 구 의료법(2009. 1. 30. 법률 제9386호로 개정되기 전의 것) 제17조 제1항에서 정한 '직접 진찰'에 해당한다고 하더라도 그러한 사정만으로 요양급여의 대상이 된다고 할 수 없는 이상, 전화 진찰을 요양급여대상으로 되어 있던 내원 진찰인 것으로 하여 요양급여비용을 청구한 것은 기망행위로서 사기죄를 구성하고, 피고인의 불법이득의 의사 또한 인정된다는 이유로, 피고인에게 유죄를 인정한 원심판단이 정당하다고 한 사례.
2. 의사가 자신의 질병을 직접 진찰하고 투약·치료하는 것이라고 하여 이를 의료행위에 해당하지 아니한다고 할 수 없고, 구 의료법(2009. 1. 30. 법률 제9386호로 개정되기 전의 것)이 이를 금지하는 규정을 두고 있지도 아니하다. 나아가 구 마약류 관리에 관한 법률(2010. 1. 18. 법률 제9932호로 개정되기 전의 것)은 마약류 등의 취급·관리를 적정히 함으로써 그 오용 또는 남용으로 인한 보건상의 위해를 방지하는 것을 목적으로 하는 것인데(제1조), 이 또한 마약류취급자인 의사가 자신에 대한 의료의 목적으로 마약 또는 향정신성의약품(이하 '마약 등'이라고 한다)을 투약하는 등의 행위를 금지하는 규정을 두고 있지 아니한 이상, 의사가 마약 등을 오용이나 남용하는 것이 아니라 자신의 질병에 대한 치료 기타 의료 목적으로 그에 필요한 범위 내에서 투약 등을 하는 것은 허용된다고 할 것이다. 또한 의사 자신에 대한 마약 등의 투약이 의료 목적으로 그에 필요한 범위 내에서 이루어지는 것이라면 그 처방전이 의사 자신이 아니라 제3자에 대한 것으로 발부되었다고 하더라도 그러한 처방전 발부에 대한 법적 책임은 별론으로 하고 그러한 사정만으로 이를 '업무 외의 목적'을 위한 투약이라고 할 수는 없다.

전 문

피 고 인 피고인

상 고 인 피고인

변 호 인 법무법인

원심판결 서울중앙지법 2011. 7. 28. 선고 2011노596 판결

주 문 원심판결 중 유죄 부분을 파기하고, 이 부분 사건을 서울중앙지방법원 합의부에 환송한다.

이 유 상고이유를 판단한다.

1. 개인정신치료요법(집중요법) 시술 가장 요양급여비용 청구로 인한 사기의 점에 관하여

관련 법리에 비추어 기록을 살펴보면, 원심이 그 판시와 같은 이유로 이 부분 공소사실을 유죄로 인정한 것은 수긍할 수 있고, 거기에 상고이유의 주장과 같이 논리와 경험의 법칙을 위반하여 사실을 잘못 인정하거나 자백 및 이에 대한 보강증거에 관한 법리를 오해하는 등의 위법이 있다고 할 수 없다.

2. 유선 진술 청취 후 내원 진찰 가장 요양급여비용 청구로 인한 사기의 점에 관하여

가. <u>구 의료법(2009. 1. 30. 법률 제9386호로 개정되기 전의 것. 이하 같다) 제17조 제1항은 '의료업에 종사하고 직접 진찰한 의사'가 아니면 진단서·검안서·증명서 또는 처방전을 작성하여 환자에게 교부하지 못한다고 정하고 있다. 이 조항은 스스로 진찰을 하지 아니하고 처방전을 발급하는 행위를 금지하는 규정일 뿐이고, 대면 진찰을 하지 아니하였거나 충분한 진찰을 하지 아니한 상태에서 처방전을 발급하는 행위 일반을 금지하는 조항이 아니다. 따라서 죄형법정주의 원칙, 특히 유추해석 금지의 원칙상 전화나 화상 등을 이용하여 진찰(이하 '전화 진찰'이라고 한다)을 하였다는 사정만으로 '직접 진찰'을 한 것이 아니라고 볼 수 없다</u>(대법원 2013. 4. 11. 선고 2010도1388 판결 참조).

한편 구 국민건강보험법(2010. 1. 18. 법률 제9932호로 개정되기 전)에 의하면 요양급여는 가입자 및 피부양자의 질병·부상·출산 등에 대하여 실시하는 진찰·검사, 약제·치료재료의 지급, 처치·수술 기타의 치료, 예방·재활, 입원 등을 말하는데(제39조 제1항), 국민건강보험을 규율하는 법령은 ① 원칙적으로 모든 진료행위를 요양급여대상으로 삼고, 요양급여의 구체적인 적용기준과 방법은 '국민건강보험 요양급여의 기준에 관한 규칙'과 보건복지부장관의 고시에 의하도록 하며, ② 거기에 규정되지 아니한 새로운 형태의 진료행위가 이루어지거나 기존 요양급여기준에 불합리한 점이 있으면 '국민건강보험 요양급여의 기준에 관한 규칙'이 정하는 여러 신청절차를 통하여 이를 요양급여대상으로 포섭하게 하고 있는 것으로 해석된다(대법원 2012. 6. 18. 선고 2010두27639, 27646 전원합의체 판결 등 참조).

나. 이 사건에 관하여 보건대, 제1심의 건강보험심사평가원에 대한 사실조회결과 등에 의하면, 이 부분 공소사실의 일시에 시행되던 구 '국민건강보험 요양급여의 기준에 관한 규칙'(2010. 3. 19. 보건복지부령 제1호로 개정되기 전의 것. 이하 같다)에 기한 보건복지부장관의 고시는 내원을 전제로 한 진찰만을 요양급여의 대상으로 정하고 있고 전화 진찰이나 이에 기한 약제 등의 지급은 요양급여의 대상으로 정하고 있지 아니한 사실을 알 수 있다.

그렇다면 전화 진찰이 구 의료법 제17조 제1항에서 정한 '직접 진찰'에 해당한다고 하더라도 그러한 사정만으로 요양급여의 대상이 된다고 할 수 없는 이상, 피고인이 전화 진찰하였음을 명시적으로 밝히면서 그에 따른 요양급여비용청구를 시도하거나 구 '국민건강보험 요양급여의 기준에 관한 규칙'에서 정한 신청절차를 통하여 전화 진찰이 요양급여대상으로 포섭될 수 있도록 하는 것은 별론으로 하고, 이 사건에서와 같이 전화 진찰을 요양급여대상으로 되어 있던 내원 진찰인 것으로 하여 요양급여비용을 청구한 것은 기망행위로서 사기죄를 구성한다고 할 것이고, 피고인의 불법이득의 의사 또한 인정된다고 보아야 한다.

다. <u>따라서 원심이 전화 진찰은 구 의료법상 진찰행위에 해당하지 아니한다고 판단한 것은 옳다고 할 수 없으나, 피고인이 전화 진찰을 한 것임에도 내원 진찰인 것처럼 요양급여비용을 청구하여 진찰료 등을 편취하였다는 이 부분 사기 공소사실을 유죄로 인정한 것은 결론에 있어서 정당하고, 거기에 상고이유의 주장과 같이 논리와 경험의 법칙을 위반하여 사실을 잘못 인정하거나 사기죄에 있어서의 기망행위나 불법이득의사에 관한 법리를 오해하는 등의 위법이 있다고 할 수 없다.</u>

3. 타인 진료 가장 요양급여비용 청구로 인한 사기의 점에 관하여

관련 법리에 비추어 기록을 살펴보면, 원심이 그 판시와 같은 이유로 이 부분 사기 공소사실을 유죄로 인정한 것은 정당하고, 거기에 상고이유의 주장과 같이 논리와 경험의 법칙을 위반하여 사실을 잘못 인정하거나 사기죄에 있어서의 기망행위·고의·불법이득의사 및 손해 등에 관한 법리를 오해하거나 필요한 판단을 누락한 위법이 있다고 할 수 없다.

4. '마약류 관리에 관한 법률' 위반(향정)의 점에 관하여

가. 이 부분 공소사실의 요지는 다음과 같다.

피고인은 정신과의원을 운영하는 정신과 전문의로서 마약류취급의료업자인데, 마약류취급의료업자는 그 업무 외의 목적을 위하여 향정신성의약품을 투약하거나 향정신성의약품을 기재한 처방전을 발부하여서는 아니됨에도,

① 2008. 10. 23.경 피고인 본인의 불면증 등의 증상을 완화하기 위한 향정신성의약품인 졸피람정 등을 복용하기 위하여 피고인 본인 명의가 아닌 병원 직원 공소외인 명의의 30일분 처방전을 발부한 다음 향정신성의약

품인 졸피뎀 성분이 함유된 졸피람정, 향정신성의약품인 플루파제팜이 함유된 라제팜정을 투약하였고,

② 2009. 2. 24. 위와 같이 피고인 본인을 위하여 위 공소외인 명의의 30일분 처방전을 발부한 다음 향정신성의약품인 알프라졸람 성분이 함유된 알프람정을 투약하였다는 것이다.

나. 원심은 "피고인이 마약류 취급자격이 있는 의사로서 자신의 불면증 등을 해소 내지 완화하기 위하여 처방전을 발부하여 향정신성의약품을 투약하였다고 하더라도 임의로 다른 사람들의 명의를 이용하여 처방전을 발부하여 투약한 것을 업무상의 목적을 위한 것이라고 할 수 없다"는 제1심의 판단을 수긍하고서 이를 전제로 이 부분 공소사실을 유죄로 인정하였다.

다. 그러나 원심의 위와 같은 판단은 아래와 같은 이유에서 수긍할 수 없다.

(1) 구 '마약류 관리에 관한 법률'(2010. 1. 18. 법률 제9932호로 개정되기 전의 것, 이하 '구 마약류관리법'이라고 한다)은 마약류취급자 중 하나인 마약류취급의료업자를 의료기관에서 의료에 종사하는 의사로서 의료 목적으로 마약 또는 향정신성의약품(이하 '마약 등'이라고 한다)을 투약 또는 투약하기 위하여 교부하거나 마약 등을 기재한 처방전을 발부하는 자라고 정하고(제2조 제6호 자목), 나아가 마약류취급자는 업무 외의 목적을 위하여 마약 등을 투약하는 등의 행위를 하여서는 아니된다고 정하고 있다(제5조 제1항, 제4조 제1항 본문).

그런데 의사가 자신의 질병을 직접 진찰하고 투약·치료하는 것이라고 하여 이를 의료행위에 해당하지 아니한다고 할 수 없고, 구 의료법이 이를 금지하는 규정을 두고 있지도 아니하다. 나아가 구 마약류관리법은 마약류 등의 취급·관리를 적정히 함으로써 그 오용 또는 남용으로 인한 보건상의 위해를 방지하는 것을 목적으로 하는 것인데(제1조), 이 또한 마약류취급자인 의사가 자신에 대한 의료의 목적으로 마약 등을 투약하는 등의 행위를 금지하는 규정을 두고 있지 아니하고 있는 이상, 의사가 마약 등을 오용이나 남용하는 것이 아니라 자신의 질병에 대한 치료 기타 의료 목적으로 그에 필요한 범위 내에서 투약 등을 하는 것은 허용된다고 할 것이다.

또한 의사 자신에 대한 마약 등의 투약이 의료 목적으로 그에 필요한 범위 내에서 이루어지는 것이라면 그 처방전이 의사 자신이 아니라 제3자에 대한 것으로 발부되었다고 하더라도 그러한 처방전 발부에 대한 법적 책임은 별론으로 하고 그러한 사정만으로 이를 '업무 외의 목적'을 위한 투약이라고 할 수는 없다.

(2) 기록에 의하면 다음과 같은 사실을 알 수 있다.

(가) 피고인은 '비기질적 불면증'을 이유로 자신에 대하여 처방전을 발부하고서, ① 2007. 12. 21. 향정신성의약품인 라제팜정과 트리람정 30일분을 처방하여 투약하였고, ② 2008. 1. 21. 향정신성의약품인 라제팜정, 졸피람정, 트리람정 및 디아제팜정 15일분을 처방하여 투약하였으며, ③ 2008. 2. 2. 향정신성의약품인 라제팜정, 졸피람정 및 트리람정 30일분, 향정신성의약품인 디아제팜정 15일분을 처방하여 투약하였고, ④ 2008. 4. 1. 향정신성의약품인 라제팜정, 졸피람정, 트리람정, 알프람정 및 로라반정 28일분을 처방하여 투약하였으며, ⑤ 한편 2008. 5. 10.에는 향정신성의약품이 아닌 약품만을 처방하여 투약하였고, ⑥ 2008. 8. 21. 다시 향정신성의약품인 졸피람정 28일분을 처방하여 투약하였다.

(나) 이후 피고인은 이 부분 공소사실과 같이 직원인 공소외인에 대한 처방전 발부를 통하여, ① 2008. 10. 23. 향정신성의약품인 졸피람정과 라제팜정 30일분을 처방하여 투약하였고, ② 2009. 2. 24. 향정신성의약품인 알프람정 30일분을 처방하여 투약하였다.

(다) 그러나 그때부터 피고인에 대하여 경찰 내사가 착수된 2009. 8. 20.경까지 피고인이나 공소외인에 대하여 향정신성의약품에 관한 처방전이 발부된 적이 없었다.

(3) 위와 같은 사실관계에서 알 수 있거나 기록상 추가적으로 드러나는 다음과 같은 사정 등에 비추어 보면, 검사 제출의 증거만으로는 정신과 전문의로서 마약류취급자인 피고인이 공소외인에 대한 처방전 발부를 통하여 향정신성의약품을 자신에게 투약한 것이 피고인이 앓고 있다고 주장하는 기질적 불면증의 치료를 위한 것이 아니라거나 그 치료에 필요한 범위 내에서 이루어진 것이 아니어서 '업무 외의 목적'을 위한 것이었음이 합리적 의심의 여지 없이 증명되었다고 쉽사리 단정할 수 없다.

① 피고인이 2007년 12월경부터 2008년 8월경까지 기질성 불면증을 이유로 정식으로 자신에 대하여 처방전을 발부하여 향정신성의약품을 투약하여 오고 있었다.

② 피고인이 자신이나 공소외인에 대한 처방전 발부를 통하여 향정신성의약품을 투약함에 있어 자신 명의로의 처방기간과 공소외인 명의로의 처방기간이 서로 겹치지 아니하여 피고인이 각 처방에서 정하여진 1일 처방량 이상의 향정신성의약품을 처방받으려고 하지는 아니하였다고 봄이 상당하다.

③ 피고인의 전체 투약기간이 2007년 12월경부터 2009년 2월경까지로 짧지 아니한 기간이기는 하나, 각 처방일시와 처방량을 고려할 때 그 기간 중간에 수개월 동안 투약이 이루어지지 아니한 적이 여러 차례 있었고(㉠ 2008. 4. 1.자 28일분 처방 이후부터 2008. 8. 21.자 28일분 처방 전까지 기간 중 약 3개월, ㉡ 2008. 8. 21.자 28일분 처방 이후부터 공소가 제기된 2008. 10. 23.자 30일분 처방 전까지 기간 중 약 1개월, ㉢

2008. 10. 23.자 30일분 처방 이후부터 공소가 제기된 2009. 2. 24.자 30일분 처방 전까지 기간 중 약 3개월), 2008. 8. 21.자 처방 이후부터는 처방 대상 향정신성의약품의 종류 수가 전보다 상당히 줄어들었다.

④ 공소가 제기된 2009. 2. 24.자 30일분 처방이 이루어진 후부터 피고인에 대하여 내사가 착수된 2009. 8. 20.까지 약 5개월 동안 피고인이 자신이나 공소외인에 대한 처방전 발부를 통하여 향정신성의약품을 처방받은 적이 없었다.

⑤ 기록상 피고인이 공소외인 이외의 제3자에 대한 처방전 발부로 향정신성의약품을 투약하였다거나, 피고인이 자신이나 공소외인에 대한 처방전 발부로 투약하여 온 향정신성의약품이나 그 투약량이 의학적으로 피고인이 종전부터 자신에 대한 처방전에서 증상으로 명시하였던 기질적 불면증의 치료와 무관하다거나 그 치료에 필요한 범위를 벗어난 것이라고 인정할 수 있는 증거가 제출되어 있지 아니하다.

(4) 따라서 이 부분 공소사실을 유죄로 인정한 원심판결에는 논리와 경험의 법칙을 위반하여 사실을 잘못 인정하거나 구 마약류관리법 제5조 제1항이 정한 마약류취급자의 '업무 외의 목적'을 위한 투약 등 행위에 관한 법리를 오해하여 판결에 영향을 미친 위법이 있다고 할 것이다. 이 점을 지적하는 상고이유의 주장은 이유 있다.

5. 파기의 범위

그렇다면 원심판결 중 '마약류 관리에 관한 법률' 위반(향정) 부분은 파기되어야 한다. 그런데 원심이 이 부분과 나머지 유죄 부분을 형법 제37조 전단의 경합범으로 인정하여 하나의 형을 선고하였으므로, 결국 원심판결 중 유죄 부분은 전부 파기를 면할 수 없다.

6. 결론

그러므로 원심판결 중 유죄 부분을 파기하고, 이 부분 사건을 다시 심리·판단하도록 원심법원에 환송하기로 하여, 관여 대법관의 일치된 의견으로 주문과 같이 판결한다.

대법관 고영한(재판장) 양창수(주심) 박병대 김창석

대법원 2013.4.25. 선고 2011도9238 판결

【특정경제범죄가중처벌등에관한법률위반(횡령)·배임수재·배임증재】

판시사항

회사의 이사 등이 보관 중인 회사 자금으로 뇌물을 공여한 경우, 회사에 대하여 업무상횡령죄를 구성하는지 여부(적극) 및 회사 자금으로 부정한 청탁을 하고 배임증재를 한 경우에도 같은 법리가 적용되는지 여부(원칙적 적극)

판결요지

회사가 기업활동을 하면서 형사상의 범죄를 수단으로 하여서는 안 되므로 뇌물공여를 금지하는 법률 규정은 회사가 기업활동을 할 때 준수하여야 하고, 따라서 회사의 이사 등이 업무상의 임무에 위배하여 보관 중인 회사의 자금으로 뇌물을 공여하였다면 이는 오로지 회사의 이익을 도모할 목적이라기보다는 뇌물공여 상대방의 이익을 도모할 목적이나 기타 다른 목적으로 행하여진 것이라고 보아야 하므로, 그 이사 등은 회사에 대하여 업무상횡령죄의 죄책을 면하지 못한다. 그리고 특별한 사정이 없는 한 이러한 법리는 회사의 이사 등이 회사의 자금으로 부정한 청탁을 하고 배임증재를 한 경우에도 마찬가지로 적용된다.

전　문

피 고 인 피고인 1 외 5인

상 고 인 피고인 2 외 1인 및 검사

변 호 인 변호사

원심판결 서울고법 2011. 7. 1. 선고 2010노3069 판결

주　문 피고인 2에 대한 원심판결 중 유죄 부분 및 특정경제범죄 가중처벌 등에 관한 법률 위반(횡령)의 점에 관한 부분을 파기하고, 이 부분 사건을 서울고등법원에 환송한다. 검사의 피고인 1, 3, 4, 6에 대한 상고와 피고인 2에 대한 나머지 상고 및 피고인 5의 상고를 모두 기각한다.

이　유 상고이유에 대하여 판단한다.

1. 특정경제범죄 가중처벌 등에 관한 법률 위반(횡령)의 점에 대하여

가. 법인의 운영자 또는 관리자가 법인을 위한 목적이 아니라 법인과는 아무런 관련이 없거나 개인적인 용도로 착복할 목적으로 법인의 자금을 빼내어 별도로 비자금을 조성하였다면 그 조성행위 자체로써 불법영득의 의사가 실현된 것으로 볼 수 있을 것이나, 그 비자금 조성행위가 당해 비자금의 소유자인 법인 이외의 제3자가 이를 발견하기 곤란하게 하기 위한 장부상의 분식(분식)에 불과하거나 법인의 운영에 필요한 자금을 조달하는 수단으로 인정되는 경우에는 불법영득의 의사를 인정하기 어렵다. 여기서 그 행위자에게 법인의 자금을 빼내어 착복할 목적이 있었는지 여부는 그 법인의 성격과 비자금의 조성 동기, 방법, 규모, 기간, 비자금의 보관방법 및 실제 사용용도 등 제반 사정을 종합적으로 고려하여 판단하여야 한다(대법원 2010. 12. 9. 선고 2010도11015 판결 등 참조).

나. 원심판결 이유에 의하면, 원심은 다음과 같은 사정, 즉 공소외 1 주식회사(이하 '공소외 1 회사'라 한다) 부산지사는 법정관리하에서 허용되는 영업활동비만으로는 선박 회사 등에 지급하여야 할 리베이트, 부산지사 및 본사의 영업활동비와 조직운영비 등을 충당할 수 없었기 때문에 이 사건 비자금을 조성하게 된 점, 공소외 1 회사 본사도 위와 같은 부산지사의 비자금 조성 및 사용에 관해 통지를 받거나 예산을 미리 책정하는 등의 방법으로 관리하고 있었던 점, 위와 같이 조성된 비자금은 대부분 그 목적대로 지출되었던 점, 선박회사 등에 지급된 리베이트 등은 모두 회사의 영업을 위하여 지출된 것으로 보아야 하고 형법상 처벌되는 배임증재 행위에 제공되었다 하여 달리 볼 이유가 없는 점, 공소외 1 회사 전체 및 공소외 1 회사 부산지사의 2001년부터 2007년까지의 매출실적에 비추어 볼 때 본사 법정관리인과 부산지사장이 사용한 영업활동비 등의 액수가 부

당하게 과다하다고 보기 어려운 점, 비자금으로 결제한 카드 사용대금도 거래처 접대 등 영업활동 때문에 발생한 것으로 보이고 과다하다고 볼 수 없으며, 피고인 1의 증권계좌에 입금된 비자금도 그 입금액보다 다른 비자금 관리계좌로 다시 출금된 금액이 더 많을 뿐만 아니라 비자금을 관리하던 피고인 1이 먼저 자신의 개인자금을 회사를 위하여 지출한 후 이를 비자금으로 보전받으면서 증권계좌를 이용하였을 가능성도 있는 점 등을 종합하여 볼 때, 이 사건 비자금 조성행위 자체만으로는 불법영득의 의사가 실현된 것으로 볼 수 없을 뿐만 아니라 구체적 지출 및 송금행위와 관련하여서도 피고인 1, 2, 4, 3의 불법영득의사가 있었다고 보기 어렵다는 이유로, 위 피고인들에 대한 각 특정경제범죄 가중처벌 등에 관한 법률 위반(횡령)의 점에 대하여 범죄의 증명이 없는 때에 해당한다고 보아 전부 무죄로 판단하였다.

다. 앞서 본 법리와 기록에 비추어 살펴보면, 위 각 특정경제범죄 가중처벌 등에 관한 법률 위반(횡령)의 점에 대한 공소사실 중 원심에서 유죄로 인정된 피고인 2의 배임증재의 점과 관련된 회사 비자금 지출로 인한 업무상 횡령행위 부분을 제외한 나머지 업무상 횡령행위 부분을 무죄로 판단한 원심의 조치는 정당한 것으로 수긍할 수 있고, 거기에 검사의 상고이유 주장과 같이 논리와 경험의 법칙을 위반하여 자유심증주의의 한계를 벗어나거나 횡령죄에서의 불법영득의사의 인정기준에 관한 법리 등을 오해한 위법이 있다고 할 수 없다.

라. 그러나 아래에서 보는 바와 같이 원심에서 유죄로 인정된 피고인 2의 배임증재의 점과 관련된 회사 비자금 지출로 인한 업무상 횡령행위 부분에 관한 원심의 판단은 다음과 같은 이유로 수긍할 수 없다.

업무상횡령죄가 성립하기 위해서는 업무로 타인의 재물을 보관하는 자가 불법영득의 의사로써 업무상의 임무에 위배하여 그 재물을 횡령하거나 반환을 거부하여야 할 것이고, 여기서 불법영득의 의사라 함은 타인의 재물을 보관하는 자가 자기 또는 제3자의 이익을 꾀할 목적으로 업무상의 임무에 위배하여 보관하는 타인의 재물을 자기의 소유인 경우와 같이 사실상 또는 법률상 처분하는 의사를 의미한다(대법원 2002. 2. 5. 선고 2001도5439 판결 등 참조). 회사가 기업활동을 함에 있어서 형사상의 범죄를 수단으로 하여서는 안 되므로 뇌물공여를 금지하는 법률 규정은 회사가 기업활동을 함에 있어서 준수하여야 할 것이고, 따라서 회사의 이사 등이 업무상의 임무에 위배하여 보관 중인 회사의 자금으로 뇌물을 공여하였다면 이는 오로지 회사의 이익을 도모할 목적이라기보다는 뇌물공여 상대방의 이익을 도모할 목적이나 기타 다른 목적으로 행하여진 것이라고 봄이 상당하므로, 그 이사 등은 회사에 대하여 업무상횡령죄의 죄책을 면하지 못한다(대법원 2005. 5. 26. 선고 2003도5519 판결, 대법원 2005. 10. 28. 선고 2003다69638 판결 등 참조). 그리고 특별한 사정이 없는 한 이러한 법리는 회사의 이사 등이 회사의 자금으로 부정한 청탁을 하고 배임증재를 한 경우에도 마찬가지로 적용된다.

이러한 법리에 비추어 보면, 아래에서 보는 바와 같이 피고인 2가 공소외 2 주식회사(이하 '공소외 2 회사'라 한다)의 임원 피고인 5에게 부정한 청탁을 하고 업무상 보관 중이던 회사 비자금 237,320,005원을 제공하였다는 배임증재의 공소사실 및 공소외 3 주식회사(이하 '공소외 3 회사'라 한다)의 사장 공소외 4에게 부정한 청탁을 하고 업무상 보관 중이던 회사 비자금 1만 달러를 제공하였다는 배임증재의 공소사실이 유죄로 인정되는 이상, 피고인 2는 이 부분 회사 비자금 지출에 대하여 업무상횡령죄의 죄책을 면할 수 없다고 할 것임에도, 원심은 이러한 배임증재 행위도 회사의 이익을 위한 것이어서 피고인 2에게는 불법영득의사가 있다고 할 수 없다는 등 그 판시와 같은 이유를 들어 이 부분 공소사실에 대하여 무죄를 선고하였으니, 이러한 원심판결에는 횡령죄에서의 불법영득의사에 관한 법리를 오해하여 판결에 영향을 미친 위법이 있다고 할 것이다. 이 점을 지적하는 상고이유의 주장에는 정당한 이유가 있다.

2. 배임수증재의 점에 대하여

가. 피고인 2, 5의 상고이유에 대하여

형법 제357조에 규정된 배임수재죄 또는 배임증재죄에 있어서의 '부정한 청탁'이라 함은 청탁이 사회상규와 신의성실의 원칙에 반하는 것을 말하고, 이를 판단함에 있어서는 청탁의 내용, 이에 관련되어 취득한 재물이나 재산상 이익의 종류·액수 및 형식, 재산상 이익 제공의 방법과 태양, 보호법익인 거래의 청렴성 등을 종합적으로 고찰하여야 하며, 그 청탁이 반드시 명시적일 필요는 없고 묵시적으로 이루어지더라도 무방하다(대법원 2010. 5. 27. 선고 2010도3399 판결 등 참조).

원심판결 이유에 의하면, 원심은 그 채택 증거에 의하여 공소외 2 회사는 국제적 해운선박회사인 공소외 5 외국법인(이하 '공소외 5 법인'이라 한다)이 국내에 설립한 현지법인으로 국내 대리점 역할을 하고 있는 사실, 피고인 5는 공소외 2 회사의 임원으로서 공소외 2 회사의 사무를 처리하면서 피고인 2로부터 공소외 1 회사와 공소외 5 법인 사이의 컨테이너 조작계약의 갱신 등과 관련하여 편의를 봐달라는 청탁을 받고 그 대가로 2004. 12. 9.부터 2007. 8. 17.까지 합계 778,550,223원을 취득하고, 피고인 2는 위 금액 중 237,320,005원을 공여한 사실, 한편 피고인 2는 또 다른 국제적 해운선박회사인 공소외 6 외국법인(이하 '공소외 6 법인'이라 한다)이 국내에 설립한 현지법인인 공소외 3 회사의 사장인 공소외 4에게도 공소외 1 회사와 공소외 6 법인 사이의 컨테이너 조작계약의 갱신 등과 관련하여 편의를 봐달라는 청탁을 하고 그 대가로 2006. 12.경 미화 1만 달러를 공소외 4에게 공여한 사실을 인정한 다음, 피고인들의 위와 같은 행위는 타인의 사무를 처리하는 자가 사회상규 및 신의성실의 원칙에 반하는 부정한 청탁과 함께 금품을 취득하거나 공여한 것으로서 모두 배임수증재죄에 해당하고, 선박회사들에 리베이트를 지급하는 관행이 있었다는 이유만으로는 이러한 행위가 정당화되지 않는다고 판단하였다.

앞서 본 법리와 기록에 비추어 살펴보면 원심의 위와 같은 판단은 정당한 것으로 수긍할 수 있고, 거기에 위 피고인들의 상고이유 주장과 같이 논리와 경험의 법칙을 위반하여 자유심증주의의 한계를 벗어나거나 배임수증재죄에서의 '부정한 청탁'에 관한 법리 등을 오해한 위법이 있다고 할 수 없다.

나. 검사의 나머지 상고이유에 대하여

원심판결 이유에 의하면, 원심은 이 사건 공소사실 중 피고인 2가 국내 해운선박회사인 공소외 7 주식회사의 사장 공소외 8에게 컨테이너 조작계약의 갱신 등과 관련하여 편의를 봐달라는 부정한 청탁을 하고 그 대가로 2006. 11. 24.부터 2009. 9. 16.까지 합계 438,901,690원을 공여하였다는 배임증재의 점, 공소외 3 회사 부산지사장인 피고인 6이 공소외 1 회사 부산지사장인 피고인 4로부터 선박의 접안시각과 하역순서 변경과 관련하여 편의를 봐달라는 부정한 청탁을 받고 그 대가로 2005. 8.경부터 2007. 9.경까지 합계 1억 3,000만 원을 취득하고, 피고인 4는 위 금액 중 5,000만 원을 공여하였다는 배임수증재의 점에 대하여, 위와 같은 금품 수수와 관련하여 위 피고인들 사이에 사회상규 및 신의성실의 원칙에 반하는 부정한 청탁이 있었다고 인정할 증거가 부족하다는 이유로 범죄사실의 증명이 없는 때에 해당한다고 보아 모두 무죄로 판단하였다.

앞서 본 법리와 기록에 비추어 살펴보면 원심의 위와 같은 조치는 정당한 것으로 수긍할 수 있고, 거기에 검사의 상고이유 주장과 같이 논리와 경험의 법칙을 위반하여 자유심증주의의 한계를 벗어나거나 배임수증재죄에서의 '부정한 청탁'에 관한 법리 등을 오해한 위법이 있다고 할 수 없다.

한편 검사는 원심판결 중 유죄 부분에 대하여도 상고하였으나, 상고장에 이유의 기재가 없고 상고이유서에도 이에 대한 불복이유의 기재를 찾아볼 수 없다.

3. 파기의 범위

원심은 피고인 2에 대한 이 사건 공소사실 중 특정경제범죄 가중처벌 등에 관한 법률 위반(횡령)의 점을 모두 무죄로 판단하였고, 위에서 본 바와 같이 그 중 공소외 2 회사 임원 피고인 5에 대한 237,320,005원의 비자금 지출행위 부분 및 공소외 3 회사 사장 공소외 4에 대한 비자금 지출행위 부분은 파기되어야 하는데, 위 파기 부분은 원심이 무죄로 판단한 피고인 2에 대한 나머지 특정경제범죄 가중처벌 등에 관한 법률 위반(횡령)의 공소사실과 포괄일죄의 관계에 있으므로 피고인 2에 대한 원심판결 중 특정경제범죄 가중처벌 등에 관한 법률 위반(횡령)의 점 부분은 전부 파기되어야 하며, 나아가 위 파기 부분은 원심이 유죄로 인정한 피고인 2의 다른 범죄사실과 형법 제37조 전단의 경합범 관계에 있어 하나의 형을 선고하여야 할 경우에 해당하므로, 결국 피고인 2에 대한 원심판결 중 유죄 부분 및 특정경제범죄 가중처벌 등에 관한 법률 위반(횡령)의 점에 관한 부분 전부가 파기될 수밖에 없다.

4. 결론

그러므로 피고인 2에 대한 원심판결 중 유죄 부분 및 특정경제범죄 가중처벌 등에 관한 법률 위반(횡령)의 점에 관한 부분을 파기하고, 이 부분 사건을 다시 심리·판단하도록 원심법원에 환송하며, 검사의 피고인 1, 3, 4, 6에 대한 상고와 피고인 2에 대한 나머지 상고 및 피고인 5의 상고를 모두 기각하기로 하여 관여 대법관의 일치된 의견으로 주문과 같이 판결한다.

대법관 김신(재판장) 민일영 이인복(주심) 박보영

대법원 2013.4.11. 선고 2012도15890 판결

【특정경제범죄가중처벌등에관한법률위반(횡령)·특정경제범죄가중처벌등에관한법률위반(배임)】

판시사항

1 배임죄의 구성요건 중 '재산상의 손해를 가한 때'의 의미와 판단 기준 및 최초 배임행위가 법률적 관점에서 무효라도 그 후 계속적으로 배임행위에 관여하여 본인에게 현실적인 손해를 가한 경우에도 동일한 법리가 적용되는지 여부(적극)

2 피고인 갑이 피고인 을의 자금 지원 등을 통해 병 주식회사를 인수한 다음 피고인 을의 요구에 따라 병 회사로 하여금 별다른 반대급부도 받지 않고 정 주식회사의 피고인 을에 대한 채무를 연대보증하도록 하였는데, 피고인 갑은 그 후 위 연대보증에 기초하여 강제집행을 할 때 병 회사가 아무런 이의를 제기하지 않기로 하는 약정을 피고인 을과 체결하여 병 회사에 손해를 입게 한 사안에서, 피고인들이 배임행위의 무효 여부와는 관계없이 배임죄의 죄책을 진다고 본 원심판단을 수긍한 사례

판결요지

1 배임죄는 타인의 사무를 처리하는 자가 그 임무에 위배하는 행위로써 재산상 이익을 취득하거나 제3자로 하여금 이를 취득하게 하여 본인에게 손해를 가함으로써 성립하는 범죄로서, 여기에서 '재산상의 손해를 가한 때'에는 현실적인 손해를 가한 경우뿐만 아니라 재산상 실해 발생의 위험을 초래한 경우도 포함된다. 재산상 손해의 유무에 대한 판단은 본인의 전 재산 상태와의 관계에서 법률적 판단에 의하지 아니하고 경제적 관점에서 파악하여야 하므로, 법률적 판단에 의하여 당해 배임행위가 무효라 하더라도 경제적 관점에서 파악하여 배임행위로 인하여 본인에게 현실적인 손해를 가하였거나 재산상 실해 발생의 위험을 초래한 경우에는 재산상의 손해를 가한 때에 해당되어 배임죄를 구성한다. 이러한 법리는 최초 배임행위가 법률적 관점에서 무효라고 하더라도 그 후 타인의 사무를 처리하는 자가 계속적으로 배임행위에 관여하여 본인에게 현실적인 손해를 가한 경우에도 마찬가지이다.

2 피고인 갑이 피고인 을의 자금 지원 등을 통해 병 주식회사를 인수한 다음 피고인 을의 적극적인 요구에 따라 병 회사로 하여금 별다른 반대급부도 받지 않고 정 주식회사의 피고인 을에 대한 금전채무와 그 담보 목적으로 정 회사가 발행한 약속어음채무를 연대보증하도록 하였는데, 피고인 갑은 그 후 피고인 을이 위 연대보증에 기초하여 강제집행을 할 때 병 회사가 아무런 이의를 제기하지 않기로 하는 약정(이하 '이의부제기약정'이라 한다)을 피고인 을과 체결하여 피고인 을이 병 회사로부터 약속어음금을 추심하도록 함으로써 병 회사에 손해를 입게 한 사안에서, 피고인 갑이 병 회사의 대표이사로서 회사 재산을 성실히 관리하고 보전해야 할 업무상 임무가 있는데도 채권자인 피고인 을의 요구를 거절하지 못하고 별다른 반대급부도 받지 않은 채 연대보증 및 이의부제기약정 등을 함으로써 피고인 을에게 약속어음금 상당의 재산상 이익을 취득하게 하고 병 회사에 손해를 입게 한 것은 배임행위에 해당하고, 피고인 을도 피고인 갑의 배임행위 전 과정에 적극적으로 가담한 이상 배임죄의 공동정범에 해당하며, 위 배임행위는 대표권남용에 의한 연대보증의 채무부담행위뿐만 아니라 나아가 강제집행 과정에서 이의부제기약정의 체결을 통하여 피고인 을이 약속어음금을 추심하도록 함으로써 직접적으로 병 회사가 추심금 상당의 현실적인 손해를 입게 된 일련의 행위를 모두 포함하는 것으로서, 피고인들의 위와 같은 배임행위가 직접적인 원인이 되어 병 회사가 현실적인 손해를 입은 이상 배임행위의 무효 여부와는 관계없이 배임죄의 죄책을 진다

고 본 원심판단을 수긍한 사례.

전　문

피고인 피고인 1 외 1인

상고인 피고인들

변호인 변호사

원심판결 서울고법 2012. 11. 29. 선고 2012노1232 판결

주　문 상고를 모두 기각한다.

이　유 상고이유(상고이유서 제출기간이 경과한 후에 제출된 피고인들의 상고이유보충서들의 기재는 각 상고이유를 보충하는 범위 내에서)를 판단한다.

1. 피고인 1의 상고이유에 대하여

기록에 의하면, 피고인 1은 제1심판결에 대하여 항소하면서 그 항소이유로 양형부당만을 주장하였음을 알 수 있다. 이러한 경우 원심판결에 채증법칙 위반, 사실오인, 심리미진, 법리오해 등의 위법이 있다는 취지의 주장은 적법한 상고이유가 될 수 없다.

2. 피고인 2의 상고이유에 대하여

가. 배임죄는 타인의 사무를 처리하는 자가 그 임무에 위배하는 행위로써 재산상 이익을 취득하거나 제3자로 하여금 이를 취득하게 하여 본인에게 손해를 가함으로써 성립하는 범죄로서, 여기에서 '재산상의 손해를 가한 때'에는 현실적인 손해를 가한 경우뿐만 아니라 재산상 실해 발생의 위험을 초래한 경우도 포함된다. 재산상 손해의 유무에 대한 판단은 본인의 전 재산 상태와의 관계에서 법률적 판단에 의하지 아니하고 경제적 관점에서 파악하여야 하므로, 법률적 판단에 의하여 당해 배임행위가 무효라 하더라도 경제적 관점에서 파악하여 배임행위로 인하여 본인에게 현실적인 손해를 가하였거나 재산상 실해 발생의 위험을 초래한 경우에는 재산상의 손해를 가한 때에 해당되어 배임죄를 구성한다(대법원 2012. 12. 27. 선고 2012도10822 판결 등 참조). 이러한 법리는 최초 배임행위가 법률적 관점에서 무효라고 하더라도 그 후 타인의 사무를 처리하는 자가 계속적으로 배임행위에 관여하여 본인에게 현실적인 손해를 가한 경우에도 마찬가지라고 할 것이다.

그리고 업무상배임죄의 실행으로 인하여 이익을 얻게 되는 수익자 또는 그와 밀접한 관련이 있는 제3자가 소극적으로 실행행위자의 배임행위에 편승하여 이익을 취득하는 데 그치지 않고 배임행위를 교사하거나 또는 배임행위의 전 과정에 관여하는 등으로 실행행위자의 배임행위에 적극 가담한 경우에는 업무상배임죄의 공동정범이 된다(대법원 2007. 2. 8. 선고 2006도483 판결, 대법원 2012. 5. 24. 선고 2012도2142 판결 등 참조).

나. 원심은 판시 증거들을 종합하여, 피고인 2가 피고인 1에게 인수자금을 대주어 공소외 1 주식회사(이하 '공소외 1 회사'라 한다)를 공소외 2로부터 인수하도록 하고 자신을 등기이사로 등재시켜 회장으로 불리면서 회사 내 사무실을 두어 자신의 지시를 받는 공소외 3 주식회사(이하 '공소외 3 회사'라 한다) 경리부장 이상범으로 하여금 수시로 공소외 1 회사의 회계 상황을 보고받도록 하며 회사 법인인감, 인감증명서, 법인통장을 보관하도록 하는 등의 공소사실 기재 내용과 같이 자신의 전적인 자금 지원 등을 통하여 공소외 1 회사를 인수한 피고인 1에 대하여 큰 영향력을 행사한 사실, 피고인 2는 2008. 9. 22.경 이러한 영향력을 행사하여 자신이 운영하는 공소외 5 주식회사(이하 '공소외 5 회사'라 한다)가 공소외 3 회사에 대하여 가지고 있던 5,297,829,600원의 채권을 공소외 1 회사로부터 회수하기로 마음먹고, 피고인 1에게 공소외 1 회사가 별다른 반대급부도 받지 않고 공소외 3 회사의 공소외 5 회사에 대한 위 금전채무와 위 금전채무의 담보 목적으로 공소외 3 회사가 발행한 63억 원의 약속어음금채무를 연대보증할 것을 적극적으로 요구하여 피고인 1로 하여금 이 사건 연대보증을 하도록 한 사실, 피고인 2는 그 후인 2009. 9. 하순경 공소외 5 회사가 이 사건 연대보증에 기초하여 공소외 1 회사의 유상증자 납입대금 계좌에 채권압류 및 추심명령을 통한 강제집행을 할 때 피고인 1과 사이에 다시 공소외 1 회사가 공소외 5 회사의 위와 같은 강제집행에 아무런 이의를 제기하지 않기로 하는 약정(이하 '이 사건 이의부제기약정'이라 한다)을 체결함으로써 공소외 5 회사가 법원의 배당을 통하여 공소외 1 회사로부터 위 약속어음금 63억 원을 추심하고 그로 인하여 공소외 1 회사에 같은 금액 상당의 손해를 입게 한 사실 등을 인정하였다.

나아가 원심은, (1) 피고인 1이 공소외 1 회사의 대표이사로서 회사의 재산을 성실히 관리하고 보전해야 할 업무상 임무가 있음에도 채권자인 피고인 2의 요구를 거절하지 못하고 별다른 반대급부도 받지 않은 채 이 사건 연대보증 및 이 사건 이의부제기약정 등을 함으로써 공소외 5 회사에 63억 원 상당의 재산상 이익을 취득

하게 하고 그로 인하여 공소외 1 회사로 하여금 63억 원 상당의 손해를 입게 한 것은 배임행위에 해당하고, 피고인 2도 피고인 1의 배임행위의 전 과정에 위와 같이 적극적으로 가담한 이상 배임죄의 공동정범에 해당한다고 판단하여, 이 사건 연대보증이 공소외 1 회사 자체의 영리 목적 또는 경영상 필요에 따라 이루어진 정상적인 거래로서 배임행위가 될 수 없다는 취지의 주장을 배척하고, (2) 또한 이 사건 배임행위는 대표권남용에 의한 이 사건 연대보증의 채무부담행위뿐만 아니라 나아가 이 사건 연대보증에 기초한 강제집행 과정에서 이 사건 이의부제기약정의 체결을 통하여 공소외 5 회사가 63억 원을 추심하도록 함으로써 그로 인하여 직접적으로 공소외 1 회사가 위 추심금 상당의 현실적인 손해를 입게 된 것까지의 일련의 행위를 모두 포함하는 것으로 보고, 피고인 1과 피고인 2의 위와 같은 배임행위가 직접적인 원인이 되어 공소외 1 회사가 현실적인 손해를 입은 이상 그 배임행위의 무효 여부와는 관계없이 배임죄의 죄책을 진다고 보아 이를 다투는 항소이유의 주장을 배척하였다.

다. 원심판결 이유를 위에서 본 법리와 적법하게 채택된 증거들에 비추어 살펴보면, 위와 같은 원심의 사실인정과 판단에 상고이유의 주장과 같이 논리와 경험의 법칙을 위반하고 자유심증주의의 한계를 벗어나거나 업무상배임죄에서의 타인의 사무처리자, 공동정범의 인정, 임무위배행위와 고의, 손해 발생 등에 관한 법리를 오해하거나 판단을 누락하는 등의 위법이 없다.

상고이유로 들고 있는 대법원 판결은 이 사건과 사안이 다르므로 이 사건에 원용하기에 적절하지 않다.

3. 결론

그러므로 상고를 모두 기각하기로 하여, 관여 대법관의 일치된 의견으로 주문과 같이 판결한다.

대법관 신영철(재판장) 이상훈 김용덕(주심) 김소영

대법원 2013.4.11. 선고 2010도13774 판결

【폭력행위등처벌에관한법률위반(공동공갈)(피고인1에대하여인정된죄명:공갈,피고인2에대하여인정된죄명:공갈방조)·폭력행위등처벌에관한법률위반(공동강요)(피고인1에대하여인정된죄명:강요·강요미수,피고인2에대하여인정된죄명:강요방조·강요미수방조)】

판시사항

1 강요죄나 공갈죄의 수단인 '협박'의 의미
2 소비자불매운동 과정에서 이루어진 어떠한 행위가 강요죄나 공갈죄의 수단인 '협박'에 해당하는지 판단하는 기준
3 피고인이, 갑 주식회사가 특정 신문들에 광고를 편중했다는 이유로 기자회견을 열어 갑 회사에 대하여 불매운동을 하겠다고 하면서 특정 신문들에 대한 광고를 중단할 것과 다른 신문들에 대해서도 동등하게 광고를 집행할 것을 요구하고 갑 회사 인터넷 홈페이지에 그와 같은 내용의 팝업창을 띄우게 한 사안에서, 제반 사정을 고려할 때 피고인의 행위가 강요죄나 공갈죄의 수단인 협박에 해당한다고 본 원심판단을 수긍한 사례
4 공갈죄가 성립하기 위하여 공갈의 상대방이 재산상 피해자와 동일하여야 하는지 여부(소극) 및 재물의 교부 외에 반드시 피해자의 전체 재산의 감소가 요구되는지 여부(소극)

판결요지

1 강요죄나 공갈죄의 수단인 협박은 사람의 의사결정의 자유를 제한하거나 의사실행의 자유를 방해할 정도로 겁을 먹게 할 만한 해악을 고지하는 것을 말하는데, 해악의 고지는 반드시 명시적인 방법이 아니더라도 말이나 행동을 통해서 상대방으로 하여금 어떠한 해악에 이르게 할 것이라는 인식을 갖게 하는 것이면 족하고, 피공갈자 이외의 제3자를 통해서 간접적으로 할 수도 있으며, 행위자가 그의 직업, 지위 등에 기하여 불법한 위세를 이용하여 재물의 교부나 재산상 이익을 요구하고 상대방으로 하여금 그 요구에 응하지 않을 때에는 부당한 불이익을 당할 위험이 있다는 위구심을 일으키게 하는 경우에도 해악의 고지가 된다.
2 소비자가 구매력을 무기로 상품이나 용역에 대한 자신들의 선호를 시장에 실질적으로 반영하기 위한 집단적 시도인 소비자불매운동은 본래 '공정한 가격으로 양질의 상품 또는 용역을 적절한 유통구조를 통해 적절한 시기에 안전하게 구입하거나 사용할 소비자의 제반 권익을 증진할 목적'에서 행해지는 소비자보호운동의 일환으로서 헌법 제124조를 통하여 제도로서 보장되나, 그와는 다른 측면에서 일반 시민들이 특정한 사회, 경제적 또는 정치적 대의나 가치를 주장·옹호하거나 이를 진작시키기 위한 수단으로 소비자불매운동을 선택하는 경우도 있을 수 있고, 이러한 소비자불매운동 역시 반드시 헌법 제124조는 아니더라도 헌법 제21조에 따라 보장되는 정치적 표현의 자유나 헌법 제10조에 내재된 일반적 행동의 자유의 관점 등에서 보호받을 가능성이 있으므로, 단순히 소비자불매운동이 헌법 제124조에 따라 보장되는 소비자보호운동의 요건을 갖추지 못하였다는 이유만으로 이에 대하여 아무런 헌법적 보호도 주어지지 아니한다고 단정하여서는 아니 된다. 다만 대상 기업에 특정한 요구를 하면서 이에 응하지 않을 경우 불매운동의 실행 등 대상 기업에 불이익이 되는 조치를 취하겠다고 고지하거나 공표하는 것과 같이 소비자불매운동의 일환으로 이루어지는 것으로 볼 수 있는 표현이나 행동이 정치적 표현의 자유나 일반적 행동의 자유 등의 관점에서도 전체 법질서상 용인될 수 없을 정도로 사회적 상당성을 갖추지 못한 때에는 그 행위 자체가 강요죄나 공갈죄에서 말하는 협박의 개념에 포섭될 수 있으므로, 소비자불매운동 과정에서 이루어진 어떠한 행위가 강요죄나 공갈죄의 수단인 협박에 해당하는지 여부는 해당 소비자불매운동의 목적, 불매운동에 이

르게 된 경위, 대상 기업의 선정이유 및 불매운동의 목적과의 연관성, 대상 기업의 사회·경제적 지위와 거기에 비교되는 불매운동의 규모 및 영향력, 대상 기업에 고지한 요구사항과 불이익 조치의 구체적 내용, 그 불이익 조치의 심각성과 실현가능성, 고지나 공표 등의 구체적인 행위 태양, 그에 대한 상대방 내지 대상 기업의 반응이나 태도 등 제반 사정을 종합적·실질적으로 고려하여 판단하여야 한다.

③ 피고인이, 갑 주식회사가 특정 신문들에 광고를 편중했다는 이유로 기자회견을 열어 갑 회사에 대하여 불매운동을 하겠다고 하면서 특정 신문들에 대한 광고를 중단할 것과 다른 신문들에 대해서도 특정 신문들과 동등하게 광고를 집행할 것을 요구하고 갑 회사 인터넷 홈페이지에 '갑 회사는 앞으로 특정 언론사에 편중하지 않고 동등한 광고 집행을 하겠다'는 내용의 팝업창을 띄우게 한 사안에서, 불매운동의 목적, 그 조직과정 및 규모, 대상 기업으로 갑 회사 하나만을 선정한 경위, 기자회견을 통해 공표한 불매운동의 방법 및 대상 제품, 갑 회사 직원에게 고지한 요구사항의 구체적인 내용, 위 공표나 고지행위 당시의 상황, 그에 대한 갑 회사 경영진의 반응, 위 요구사항에 응하지 않을 경우 갑 회사에 예상되는 피해의 심각성 등 제반 사정을 고려할 때, 피고인의 행위는 갑 회사의 의사결정권자로 하여금 그 요구를 수용하지 아니할 경우 불매운동이 지속되어 영업에 타격을 입게 될 것이라는 겁을 먹게 하여 의사결정 및 의사실행의 자유를 침해한 것으로 강요죄나 공갈죄의 수단으로서의 협박에 해당한다고 본 원심판단을 수긍한 사례.

④ 공갈죄는 다른 사람을 공갈하여 그로 인한 하자 있는 의사에 기하여 자기 또는 제3자에게 재물을 교부하게 하거나 재산상 이익을 취득하게 함으로써 성립되는 범죄로서, 공갈의 상대방이 재산상의 피해자와 같아야 할 필요는 없고, 피공갈자의 하자 있는 의사에 기하여 이루어지는 재물의 교부 자체가 공갈죄에서의 재산상 손해에 해당하므로, 반드시 피해자의 전체 재산의 감소가 요구되는 것도 아니다.

전　문

피 고 인 피고인 1 외 1인

상 고 인 피고인들

변 호 인 법무법인

원심판결 서울중앙지법 2010. 10. 5. 선고 2009노3623 판결

주　문 상고를 모두 기각한다.

이　유 상고이유에 대하여 판단한다.

1. 피고인들의 상고이유에 대하여

가. 강요죄나 공갈죄의 수단인 협박은 사람의 의사결정의 자유를 제한하거나 의사실행의 자유를 방해할 정도로 겁을 먹게 할 만한 해악을 고지하는 것을 말하는데, 해악의 고지는 반드시 명시적인 방법이 아니더라도 말이나 행동을 통해서 상대방으로 하여금 어떠한 해악에 이르게 할 것이라는 인식을 갖게 하는 것이면 족하고, 피공갈자 이외의 제3자를 통해서 간접적으로 할 수도 있으며, 행위자가 그의 직업, 지위 등에 기하여 불법한 위세를 이용하여 재물의 교부나 재산상 이익을 요구하고 상대방으로 하여금 그 요구에 응하지 않을 때에는 부당한 불이익을 당할 위험이 있다는 위구심을 일으키게 하는 경우에도 해악의 고지가 된다(대법원 2003. 5. 13. 선고 2003도709 판결, 대법원 2005. 7. 15. 선고 2004도1565 판결 등 참조).

한편 소비자가 구매력을 무기로 상품이나 용역에 대한 자신들의 선호를 시장에 실질적으로 반영하기 위한 집단적 시도인 소비자불매운동은 본래 '공정한 가격으로 양질의 상품 또는 용역을 적절한 유통구조를 통해 적절한 시기에 안전하게 구입하거나 사용할 소비자의 제반 권익을 증진할 목적'에서 행해지는 소비자보호운동의 일환으로서 헌법 제124조를 통하여 제도로서 보장되나, 그와는 다른 측면에서 일반 시민들이 특정한 사회, 경제적 또는 정치적 대의나 가치를 주장·옹호하거나 이를 진작시키기 위한 수단으로 소비자불매운동을 선택하는 경우도 있을 수 있고, 이러한 소비자불매운동 역시 반드시 헌법 제124조는 아니더라도 헌법 제21조에 따라 보장되는 정치적 표현의 자유나 헌법 제10조에 내재된 일반적 행동의 자유의 관점 등에서 보호받을 가능

성이 있으므로, 단순히 소비자불매운동이 헌법 제124조에 따라 보장되는 소비자보호운동의 요건을 갖추지 못하였다는 이유만으로 이에 대하여 아무런 헌법적 보호도 주어지지 아니한다고 단정하여서는 아니 된다.

다만 대상 기업에 특정한 요구를 하면서 이에 응하지 않을 경우 불매운동의 실행 등 대상 기업에 불이익이 되는 조치를 취하겠다고 고지하거나 공표하는 것과 같이 소비자불매운동의 일환으로 이루어지는 것으로 볼 수 있는 표현이나 행동이 정치적 표현의 자유나 일반적 행동의 자유 등의 관점에서도 전체 법질서상 용인될 수 없을 정도로 사회적 상당성을 갖추지 못한 때에는 그 행위 자체가 강요죄나 공갈죄에서 말하는 협박의 개념에 포섭될 수 있으므로, 소비자불매운동 과정에서 이루어진 어떠한 행위가 강요죄나 공갈죄의 수단인 협박에 해당하는지 여부는 해당 소비자불매운동의 목적, 불매운동에 이르게 된 경위, 대상 기업의 선정이유 및 불매운동의 목적과의 연관성, 대상 기업의 사회·경제적 지위와 거기에 비교되는 불매운동의 규모 및 영향력, 대상 기업에 고지한 요구사항과 불이익 조치의 구체적 내용, 그 불이익 조치의 심각성과 실현가능성, 고지나 공표 등의 구체적인 행위 태양, 그에 대한 상대방 내지 대상 기업의 반응이나 태도 등 제반 사정을 종합적·실질적으로 고려하여 판단하여야 한다(대법원 2013. 3. 14. 선고 2010도410 판결 참조).

원심은 그 채택 증거에 의하여 피고인들이 벌인 이 사건 불매운동의 목적, 그 조직과정 및 규모, 대상 기업으로 공소외 1 주식회사 하나만을 선정한 경위, 기자회견을 통해 공표한 불매운동의 방법 및 대상 제품, 공소외 1 주식회사 직원에게 고지한 요구사항의 구체적인 내용, 위 공표나 고지행위 당시의 상황, 그에 대한 공소외 1 주식회사 경영진의 반응, 위 요구사항에 응하지 않을 경우 공소외 1 주식회사에 예상되는 피해의 심각성 등에 관한 판시 사실을 인정한 다음, 그러한 사실관계에 기초하여 피고인 1이 공소외 1 주식회사에 대하여 불매운동을 하겠다고 하면서 ○○일보, △△일보, ▽▽일보 등 언론사에 대한 광고를 중단할 것을 요구한 행위와 □□□신문, ◇◇신문에 ○○일보 등과 동등하게 광고를 집행할 것을 요구한 행위 및 공소외 1 주식회사의 인터넷 홈페이지에 '공소외 1 주식회사는 앞으로 특정 언론사에 편중하지 않고 동등한 광고 집행을 하겠다'는 내용의 팝업창을 띄우게 한 행위는 모두 공소외 1 주식회사의 의사결정권자로 하여금 그 요구를 수용하지 아니할 경우 이 사건 불매운동이 지속되어 영업에 타격을 입게 될 것이라는 겁을 먹게 하여 그 의사결정 및 의사실행의 자유를 침해한 것으로 강요죄나 공갈죄의 수단으로서의 협박에 해당한다고 판단하였다.

원심판결 이유를 앞서 본 법리와 원심이 적법하게 채택한 증거들에 비추어 살펴보면, 원심의 위와 같은 판단은 정당한 것으로 수긍할 수 있고, 거기에 상고이유 주장과 같이 공갈죄 및 강요죄에서의 협박에 관한 법리를 오해한 위법이 없다.

나. 공갈죄는 다른 사람을 공갈하여 그로 인한 하자 있는 의사에 기하여 자기 또는 제3자에게 재물을 교부하게 하거나 재산상 이익을 취득하게 함으로써 성립되는 범죄로서, 공갈의 상대방이 재산상의 피해자와 같아야 할 필요는 없고(대법원 2005. 9. 29. 선고 2005도4738 판결 참조), 피공갈자의 하자 있는 의사에 기하여 이루어지는 재물의 교부 자체가 공갈죄에서의 재산상 손해에 해당하므로, 반드시 피해자의 전체 재산의 감소가 요구되는 것도 아니다.

원심은, 피고인 1이 공소외 1 주식회사 직원을 협박하여 공소외 1 주식회사가 그 의사에 반하여 □□□신문과 ◇◇신문에 광고를 게재하고 광고료를 지급한 사실 등 그 판시와 같은 사실을 인정한 다음 공갈의 점에 관한 이 부분 공소사실을 유죄로 인정하였다.

원심판결 이유를 앞서 본 법리와 원심이 적법하게 채택한 증거들에 비추어 살펴보면 원심의 위와 같은 판단은 정당하고, 거기에 상고이유 주장과 같은 공갈죄에서의 재산상 이익과 손해 및 인과관계 등에 관한 법리오해의 위법이 없다.

다. 형법 제20조 소정의 '사회상규에 위배되지 아니하는 행위'라 함은 법질서 전체의 정신이나 그 배후에 놓여 있는 사회윤리 내지 사회통념에 비추어 용인될 수 있는 행위를 말하고, 어떠한 행위가 사회상규에 위배되지 아니하는 정당한 행위로서 위법성이 조각되는 것인지는 구체적인 사정 아래서 합목적적, 합리적으로 고찰하여 개별적으로 판단하여야 할 것인바, 이와 같은 정당행위를 인정하려면 첫째 그 행위의 동기나 목적의 정당성, 둘째 행위의 수단이나 방법의 상당성, 셋째 보호이익과 침해이익과의 법익균형성, 넷째 긴급성, 다섯째 그 행위 외에 다른 수단이나 방법이 없다는 보충성 등의 요건을 갖추어야 한다(대법원 2010. 5. 27. 선고 2010도2680 판결 등 참조).

원심은, 피고인들의 이 사건 행위는 그들이 시정하겠다는 언론사들의 왜곡보도와는 별다른 관련성이 없는 공소외 1 주식회사를 불매운동의 대상으로 삼아 그 판시와 같은 방법으로 공소외 1 주식회사 직원의 의사결정 및 의사실행의 자유를 침해한 것으로서 그 방법의 상당성이 인정될 수 없고, 나아가 보충성이나 긴급성, 법익균형성의 요건도 충족되지 않는다고 판단하여 피고인들의 정당행위 주장을 배척하였다.

원심판결 이유를 앞서 본 법리와 기록에 비추어 살펴보면, 원심의 위와 같은 판단은 정당하고, 거기에 상고이유 주장과 같은 정당행위의 요건에 관한 법리오해 등의 위법이 없다.

라. 형법 제16조에서 "자기가 행한 행위가 법령에 의하여 죄가 되지 아니한 것으로 오인한 행위는 그 오인에 정당한 이유가 있는 때에 한하여 벌하지 아니한다."고 규정하고 있는 것은, 단순한 법률의 부지를 말하는 것이 아니고 일반적으로는 범죄가 되지만 자기의 특수한 경우에는 법령에 따라 허용된 행위로서 죄가 되지 아니한다고 그릇 인식하고 그와 같이 그릇 인식함에 정당한 이유가 있는 경우 벌하지 않는다는 취지이고, 이러한 정당한 이유가 있는지 여부는 행위자에게 자기 행위의 위법 가능성에 대해 심사숙고하거나 조회할 수 있는 계기가 있어 자신의 지적능력을 다하여 이를 회피하기 위한 진지한 노력을 다하였더라면 스스로의 행위에 대하여 위법성을 인식할 수 있는 가능성이 있었음에도 이를 다하지 못한 결과 자기 행위의 위법성을 인식하지 못한 것인지 여부에 따라 판단하여야 할 것이며, 이러한 위법성의 인식에 필요한 노력의 정도는 구체적인 행위정황과 행위자 개인의 인식능력, 그리고 행위자가 속한 사회집단에 따라 달리 평가되어야 한다(대법원 2008. 10. 23. 선고 2008도5526 판결 등 참조).

원심판결 이유를 위 법리와 기록에 비추어 살펴보면, 원심이 그 판시와 같은 이유를 들어 피고인들에게 법률의 착오가 존재하지 않는다고 판단한 조치는 정당하고, 거기에 상고이유 주장과 같은 법률의 착오에 관한 법리오해의 위법이 없다.

마. 나머지 상고이유의 주장은 사실심의 전권에 속하는 증거의 취사선택이나 사실인정을 탓하는 것에 불과하여 적법한 상고이유라고 보기 어려울 뿐 아니라, 이 부분 원심의 판단에 그 주장과 같이 증거재판주의와 자유심증주의의 한계를 벗어난 위법이 있다고도 보이지 않는다.

2. 피고인 2의 상고이유에 대하여

가. 형법상 방조행위는 정범이 범행을 한다는 사정을 알면서 그 실행행위를 용이하게 하는 직접, 간접의 모든 행위를 가리키는 것으로서 그 방조는 유형적, 물질적인 방조뿐만 아니라 정범에게 범행의 결의를 강화하도록 하는 것과 같은 무형적, 정신적 방조행위까지도 이에 해당한다(대법원 1997. 1. 24. 선고 96도2427 판결 등 참조).

원심판결 이유를 위 법리와 원심이 적법하게 채택한 증거들에 비추어 살펴보면, 원심이 그 판시와 같은 이유를 들어 피고인 2의 판시 각 행위가 방조범에 해당한다고 판단하여 위 피고인에 대한 이 사건 공소사실을 모두 유죄로 인정한 조치는 정당하고, 거기에 상고이유 주장과 같은 방조범의 성립에 관한 법리오해의 위법이 없다.

나. 검사가 자의적으로 공소권을 행사하여 피고인에게 실질적인 불이익을 줌으로써 소추재량권을 현저히 일탈하였다고 보이는 경우에는 이를 공소권의 남용으로 보아 공소제기의 효력을 부인할 수 있음은 상고이유 주장과 같다(대법원 1999. 12. 10. 선고 99도577 판결, 대법원 2001. 10. 9. 선고 2001도3106 판결 등 참조). 그러나 원심이 적법하게 채택한 증거들에 의하면, 피고인 2는 피고인 1의 기자회견을 촬영하였을 뿐만 아니라 피고인 1이 공소외 1 주식회사 직원 이명희를 만나는 자리에 동석하여 피고인 1의 이 사건 강요 등 범행의 실행행위를 용이하게 한 사실을 알 수 있으므로, 피고인 2에게 그 방조행위에 상응한 책임을 묻는 검사의 이 사건 공소제기가 소추재량권을 현저히 일탈하였다고 볼 수는 없다.

3. 결론

그러므로 상고를 모두 기각하기로 하여 관여 대법관의 일치된 의견으로 주문과 같이 판결한다.

대법관 김신(재판장) 민일영 이인복(주심) 박보영

대법원 2013.3.28. 선고 2010도14607 판결

【컴퓨터등사용사기·정보통신망이용촉진및정보보호등에관한법률위반(정보통신망침해등)·컴퓨터등장애업무방해】

판시사항

[1] 갑 주식회사 대표이사인 피고인이, 갑 회사가 운영하는 웹사이트에서 무료프로그램을 다운로드받을 경우 악성프로그램이 숨겨진 특정 프로그램을 필수적으로 컴퓨터 내에 설치하도록 유도하는 방법으로 컴퓨터 사용자들의 정보통신망에 침입하였다고 하여 구 정보통신망 이용촉진 및 정보보호 등에 관한 법률 위반으로 기소된 사안에서, 악성프로그램이 설치됨으로써 피해 컴퓨터 사용자들의 정보통신망에 침입하였다고 보아 유죄를 인정한 원심판단을 수긍한 사례

[2] 구 정보통신망 이용촉진 및 정보보호 등에 관한 법률 제48조 제3항, 제71조 제5호에서 정한 '정보통신망의 안정적 운영을 방해하는 장애'와 '부정한 명령'의 의미

[3] 정보통신망에서 처리가 예정된 종류의 정보자료인 이상 허위의 정보자료를 처리하게 함으로써 정보통신망 관리자나 이용자의 주관적 입장에서 보아 진실에 반하는 정보처리 결과를 만들어 내었더라도, 정보통신망에서 정보를 수집·가공·저장·검색·송신 또는 수신하는 기능을 물리적으로 수행하지 못하게 하거나 그 기능 수행을 저해하지는 아니하는 경우, '정보통신망 장애'에 의한 구 정보통신망 이용촉진 및 정보보호 등에 관한 법률 위반죄로 처벌할 수 있는지 여부(소극)

[4] 갑 주식회사 대표이사인 피고인이, 컴퓨터 사용자들의 컴퓨터에 설치된 악성프로그램이 자동으로 갑 회사의 서버 컴퓨터로부터 내려받은 작업 리스트에 따라 인터넷 포털사이트의 검색창에 지시된 검색어를 입력하고 그 검색 결과에서 지시된 업체의 웹사이트를 클릭하도록 하여 해당 업체와 관련된 검색어에 대하여 '연관검색어', '자동완성어'를 생성하거나 해당 웹사이트 순위를 향상시킴으로써 정보통신망에 장애를 발생하게 하였다고 하여 구 정보통신망 이용촉진 및 정보보호 등에 관한 법률 위반으로 기소된 사안에서, 피고인에게 유죄를 인정한 원심판결에 법리오해의 위법이 있다고 한 사례

[5] 갑 주식회사 대표이사인 피고인이, 악성프로그램이 설치된 피해 컴퓨터 사용자들이 실제로 인터넷 포털사이트에 해당 검색어로 검색하거나 검색 결과에서 해당 스폰서링크를 클릭하지 않았음에도 그와 같이 검색하고 클릭한 것처럼 인터넷 포털사이트의 관련 시스템 서버에 허위의 신호를 발송하는 방법으로 정보처리에 장애를 발생하게 하였다고 하여 컴퓨터등장애업무방해로 기소된 사안에서, 피고인에게 유죄를 인정한 원심판단을 수긍한 사례

판결요지

[1] 갑 주식회사 대표이사인 피고인이, 갑 회사가 운영하는 웹사이트에서 무료프로그램을 다운로드받을 경우 'eWeb.exe'이라는 악성프로그램이 몰래 숨겨진 'ActiveX'를 필수적으로 컴퓨터 내에 설치하도록 유도하는 방법으로 컴퓨터 사용자들의 정보통신망에 침입하였다고 하여 구 정보통신망 이용촉진 및 정보보호 등에 관한 법률(2008. 6. 13. 법률 제9119호로 개정되기 전의 것) 위반으로 기소된 사안에서, 피해 컴퓨터에 연결된 정보통신망을 이용한 악성프로그램의 피해 컴퓨터 내 설치 경위, 피해 컴퓨터 사용자들이 인식하지 못하는 상태에서 악성프로그램의 실행 및 피해 컴퓨터에 연결된 정보통신망을 이용한 갑 회사 서버 컴퓨터와의 통신, 그 통신에 의한 지시에 따라 피해 컴퓨터와 인터넷 포털사이트 '네이버' 시스템 사이에 연결되는 정보통신망을 이용한 네이버 시스템에 대한 허위 신호 발송 결과 등에 비추어 볼 때, 악성프로그램이 설치됨으로써 피해 컴퓨터 사용자들이 사용하는 정보통신망에 침입하였다고 보아 유죄를 인정한 원심판단을 수긍한 사례.

② 구 정보통신망 이용촉진 및 정보보호 등에 관한 법률(2008. 6. 13. 법률 제9119호로 개정되기 전의 것) 제48조 제3항 및 제71조 제5호는 정보통신망의 안정적 운영을 방해할 목적으로 대량의 신호 또는 정보자료를 보내거나 부정한 명령을 처리하도록 하는 등의 방법으로 정보통신망에 장애가 발생하게 한 자를 처벌하도록 정하고 있으므로, 위 정보통신망 장애 행위로 처벌하기 위해서는 정보통신망의 안정적 운영을 방해하는 장애가 발생되어야 한다. 정보통신망은 전기통신기본법 제2조 제2호의 규정에 따른 전기통신설비를 이용하거나 전기통신설비와 컴퓨터 및 컴퓨터의 이용기술을 활용하여 정보를 수집·가공·저장·검색·송신 또는 수신하는 정보통신체제를 말하므로, 정보통신망의 안정적 운영을 방해하는 장애는 정보통신망에서 정보를 수집·가공·저장·검색·송신 또는 수신하는 기능을 물리적으로 수행하지 못하게 하거나 그 기능 수행을 저해하는 것을 의미한다고 보인다. 따라서 위 규정들에서 정하고 있는 '부정한 명령'은 '대량의 신호 또는 정보자료'를 보내는 것과 마찬가지로 정보통신망의 안정적 운영을 방해하는 장애가 발생될 수 있는 방법의 하나로서 그에 해당하는 명령이라고 해석하여야 하므로, 정보통신망의 운영을 방해할 수 있도록 정보통신망을 구성하는 컴퓨터시스템에 그 시스템의 목적상 예정하고 있지 않은 프로그램을 실행하게 하거나 그 시스템의 프로그램을 구성하는 개개의 명령을 부정하게 변경, 삭제, 추가하거나 프로그램 전체를 변경하게 하는 것이 이에 해당한다.

③ 허위의 정보자료를 처리하게 하였다고 하더라도 그것이 정보통신망에서 처리가 예정된 종류의 정보자료인 이상 구 정보통신망 이용촉진 및 정보보호 등에 관한 법률(2008. 6. 13. 법률 제9119호로 개정되기 전의 것, 이하 '정보통신망법'이라고 한다) 제48조 제3항 및 제71조 제5호에서 정한 '부정한 명령'을 처리하게 한 것이라 할 수 없고, 나아가 그와 같이 허위의 자료를 처리하게 함으로써 정보통신망의 관리자나 이용자의 주관적 입장에서 보아 진실에 반하는 정보처리 결과를 만들어 내었다고 하더라도 정보통신망에서 정보를 수집·가공·저장·검색·송신 또는 수신하는 기능을 물리적으로 수행하지 못하게 하거나 그 기능 수행을 저해하지는 아니하는 이상 형법에서 정한 '정보처리 장애'에 해당하여 컴퓨터등장애업무방해죄가 성립될 수 있음은 별론으로 하고 위 규정들에서 정한 '정보통신망 장애'에 해당한다고 할 수 없으므로, 이를 정보통신망 장애에 의한 정보통신망법 위반죄로 처벌할 수는 없다.

④ 갑 주식회사 대표이사인 피고인이, 컴퓨터 사용자들의 컴퓨터에 설치된 악성프로그램이 자동으로 갑 회사의 서버 컴퓨터로부터 내려받은 작업 리스트에 따라 인터넷 포털사이트 '네이버'의 검색창에 지시된 검색어를 입력하고 그 검색 결과에서 지시된 업체의 웹사이트를 클릭하도록 하여 해당 업체와 관련된 검색어에 대하여 '연관검색어', '자동완성어'를 생성하거나 해당 웹사이트 순위를 향상시킴으로써 네이버의 정보통신망에 장애를 발생하게 하였다고 하여 구 정보통신망 이용촉진 및 정보보호 등에 관한 법률(2008. 6. 13. 법률 제9119호로 개정되기 전의 것, 이하 '정보통신망법'이라고 한다) 위반으로 기소된 사안에서, 피고인이 네이버의 관련 시스템 서버에 마치 컴퓨터 사용자들이 실제로 네이버의 검색창에 검색어를 입력하였거나 해당 업체의 웹사이트를 클릭한 것처럼 사실과 다른 정보자료를 보냈다고 하더라도 그것이 네이버의 관련 시스템에서 통상적인 처리가 예정된 종류의 정보자료여서 정보통신망의 안정적 운영을 방해하는 장애가 발생될 수 있는 방법이 사용되었다고 보기 어려우므로 정보통신망법 제48조 제3항 및 제71조 제5호에서 정한 '부정한 명령'을 처리하게 한 것은 아니고, 나아가 피고인의 위 행위로 네이버의 관련 시스템에서 정보를 수집·가공·저장·검색·송신 또는 수신하는 기능을 물리적으로 수행하지 못하게 되거나 그 기능 수행이 저해되었다고 할 수 없어 '정보통신망 장애'가 발생되었다고 할 수 없으므로 정보통신망 장애에 의한 정보통신망법 위반죄가 성립된다고 할 수 없는데도, 이와 달리 보아 피고인에게 유죄를 인정한 원심판결에 정보통신망법 제48조 제3항에서 정한 부정한 명령과 정보통신망의 장애에 관한 법리오해의 위법이 있다고 한 사례.

⑤ 갑 주식회사 대표이사인 피고인이, 악성프로그램이 설치된 피해 컴퓨터 사용자들이 실제로 인터넷

포털사이트 '네이버' 검색창에 해당 검색어로 검색하거나 검색 결과에서 해당 스폰서링크를 클릭하지 않았음에도 악성프로그램을 이용하여 그와 같이 검색하고 클릭한 것처럼 네이버의 관련 시스템 서버에 허위의 신호를 발송하는 방법으로 정보처리에 장애를 발생하게 하였다고 하여 컴퓨터등장애업무방해로 기소된 사안에서, 피고인의 행위는 객관적으로 진실에 반하는 내용의 정보인 '허위의 정보'를 입력한 것에 해당하고, 그 결과 네이버의 관련 시스템 서버에서 실제적으로 검색어가 입력되거나 특정 스폰서링크가 클릭된 것으로 인식하여 그에 따른 정보처리가 이루어졌으므로 이는 네이버의 관련 시스템 등 정보처리장치가 그 사용목적에 부합하는 기능을 하지 못하거나 사용목적과 다른 기능을 함으로써 정보처리의 장애가 현실적으로 발생하였고, 이로 인하여 네이버의 검색어 제공서비스 등의 업무나 네이버의 스폰서링크 광고주들의 광고 업무가 방해되었다는 이유로 유죄를 인정한 원심판단을 수긍한 사례.

전 문

피 고 인 피고인 1 외 6인

상 고 인 피고인 1 외 3인 및 검사

변 호 인 법무법인

원심판결 서울중앙지법 2010. 10. 14. 선고 2010노750 판결

주 문 원심판결 중 피고인 1에 대한 유죄 부분과 피고인 2, 4에 대한 부분을 각 파기하고, 이 부분 사건을 서울중앙지방법원 합의부에 환송한다. 피고인 3의 상고와 검사의 상고를 모두 기각한다.

이 유 상고이유(상고이유서 제출기간이 경과한 후에 제출된 보충상고이유서의 기재는 상고이유를 보충하는 범위 내에서)를 판단한다.

1. 검사의 상고이유에 대하여

원심은 그 판시와 같은 이유를 들어 피고인 5, 6, 7에 대한 이 사건 공소사실에 대하여 그 범죄의 증명이 없음을 이유로 무죄를 선고하였다.

원심판결 이유를 기록에 비추어 살펴보면, 위와 같은 원심의 판단에 상고이유의 주장과 같이 논리와 경험의 법칙을 위반하여 자유심증주의의 한계를 벗어난 위법이 없다.

2. 피고인 3의 상고에 대하여

피고인을 위한 상소는 하급심법원의 재판에 대한 불복으로서 피고인에게 불이익한 재판을 시정하여 이익된 재판을 청구하는 것을 그 본질로 한다. 따라서 하급심법원의 재판이 피고인에게 불이익하지 아니하면 이에 대하여 피고인은 상소권을 가질 수 없다(대법원 2005. 9. 15. 선고 2005도4866 판결 등 참조).

기록에 의하면, 피고인 3에 대하여 유죄를 선고한 제1심판결에 대하여 위 피고인은 항소를 하지 아니하였고, 검사가 양형부당을 이유로 항소하였으나 원심판결은 검사의 항소를 기각하였으니, 이 부분의 원심판결은 위 피고인에게 불이익한 판결이라고 할 수 없다. 그렇다면 피고인 3은 원심판결에 대하여 상고권이 없다 할 것이어서 이 부분 상고는 부적법하다.

3. 피고인 4의 상고이유에 대하여

가. 정보통신망 침입의 점에 대하여

원심은, 피고인 4의 공소외 1 주식회사(이하 '공소외 1 회사'라 한다)는 그 회사가 운영하는 (인터넷 주소 생략)이라는 웹사이트에서 컴퓨터 사용자들이 무료프로그램을 다운로드받을 경우 eWeb.exe(이하 '이 사건 프로그램'이라 한다)이라는 악성프로그램이 몰래 숨겨진 'ActiveX'를 필수적으로 설치하도록 유도하는 방법으로 그들의 컴퓨터(이하 '피해 컴퓨터'라 한다)에 이 사건 프로그램을 설치하였는데, 이 사건 프로그램의 목적, 기능에 비추어 이 사건 프로그램에 대한 정확한 정보를 제공받았다면 그들이 이를 설치하지 않았을 것으로 보이므로, 그들이 "키워드 프로그램을 설치하겠습니까"라는 공지사항을 확인한 후 'ActiveX'를 설치하였다고 하더라도 그것만으로 이 사건 프로그램의 설치에 동의한 것으로 볼 수 없다고 판단하고, 이 사건 프로그램이 피해 컴퓨터에서 사용자가 인식하지 못하는 상태에서 추가적인 명령 없이 자동으로 실행되면서 공소외 1 회사의 서버 컴퓨터와 주기적으로 HTTP로 통신을 하다가 공소외 1 회사 서버 컴퓨터 작업지시에 따라 피해 컴퓨터로 하여금 네이버[엔에이치엔 주식회사가 정보통신서비스 제공자로서 설치한 인터넷에 관한 종합서비스(인터넷 이용자들은 이를 '포털서비스'라 부른다)이다] 시스템에 연결하여 특정 검색어를 검색하거나 검색 후 나

오는 결과 화면에서 특정 링크를 클릭한 것처럼 네이버 시스템에 허위의 신호를 발송하는 등의 작업을 하도록 한 원심 판시 인정사실에 비추어, 위 피고인이 정당한 접근권한 없이 또는 허용된 접근권한을 초과하여 피해 컴퓨터 사용자들이 사용하는 정보통신망을 침입한 사실을 인정할 수 있다는 이유로, 이를 다투는 항소이유를 받아들이지 아니하고 이 부분 공소사실에 대하여 유죄를 선고한 제1심판결을 그대로 유지하였다.

구 정보통신망 이용촉진 및 정보보호 등에 관한 법률(2008. 6. 13. 법률 제9119호로 일부 개정되기 전의 것, 이하 '정보통신망법'이라고 한다) 제72조 제1항 제1호, 제48조 제1항 위반죄는 정당한 접근권한 없이 또는 허용된 접근권한을 넘어 정보통신망에 침입하면 성립할 수 있다(대법원 2011. 7. 28. 선고 2011도5299 판결 등 참조). 원심 판시에서 알 수 있는 피해 컴퓨터에 연결된 정보통신망을 이용한 이 사건 프로그램의 피해 컴퓨터 내의 설치 경위, 피해 컴퓨터 사용자들이 인식하지 못하는 상태에서의 이 사건 프로그램의 실행 및 피해 컴퓨터에 연결된 정보통신망을 이용한 공소외 1 회사 서버 컴퓨터와의 통신, 그 통신에 의한 지시에 따라 피해 컴퓨터와 네이버 시스템 사이에 연결되는 정보통신망을 이용한 네이버 시스템에 대한 허위 신호 발송 결과 등에 비추어 보면, 이 사건 프로그램이 설치됨으로써 피해 컴퓨터 사용자들이 사용하는 정보통신망에 침입하였다고 판단한 원심판결은 위의 법리에 기초한 것으로서, 거기에 상고이유의 주장과 같이 정보통신망법 제48조 제1항에서 정한 정보통신망의 침입에 관한 법리를 오해하는 등의 사유로 판결에 영향을 미친 위법이 없다.

나. 악성프로그램 유포의 점에 대하여

원심은 이 사건 프로그램이 피해 컴퓨터가 작동하는 동안 사용자가 인식하지 못하는 상태에서 추가적인 명령 없이 자동으로 실행되면서, 공소외 1 회사의 서버 컴퓨터와 주기적으로 통신을 하다가, 그 서버 컴퓨터의 작업지시에 따라 네이버에서 특정 검색어를 검색하거나 검색 후 나오는 결과 화면에서 특정 링크를 클릭한 것처럼 네이버 시스템에 허위의 신호를 발송하는 등의 작업을 하도록 되어 있는데, 이는 피해 컴퓨터 사용자가 의도하지 않은 작업이 자신도 모르는 상태에서 이루어지고 그 과정에서 피해 컴퓨터의 CPU나 네트워크의 점유율을 높여 컴퓨터의 성능 및 인터넷 속도를 저하시킬 수 있으므로, 이 사건 프로그램은 정보통신시스템, 정보자료 또는 프로그램의 운용을 방해할 수 있는 프로그램으로서 정보통신망법 제48조 제2항에서 정한 '악성프로그램'에 해당한다는 이유로, 이 부분 공소사실에 대하여 유죄를 선고한 제1심판결을 그대로 유지하였다.

원심판결 이유를 정보통신망법 제48조 제2항 및 적법하게 채택된 증거들에 비추어 살펴보면, 위와 같은 원심의 판단에 상고이유 주장과 같이 정보통신망법 제48조 제2항에서 정한 '악성프로그램'에 관한 법리를 오해하는 등의 위법이 없다.

다. 정보통신망 장애의 점에 대하여

(1) 정보통신망법 제48조 제3항 및 제71조 제5호는 정보통신망의 안정적 운영을 방해할 목적으로 대량의 신호 또는 정보자료를 보내거나 부정한 명령을 처리하도록 하는 등의 방법으로 정보통신망에 장애가 발생하게 한 자를 처벌하도록 정하고 있으므로, 위 정보통신망 장애 행위로 처벌하기 위해서는 정보통신망의 안정적 운영을 방해하는 장애가 발생되어야 한다. 정보통신망은 전기통신기본법 제2조 제2호의 규정에 따른 전기통신설비를 이용하거나 전기통신설비와 컴퓨터 및 컴퓨터의 이용기술을 활용하여 정보를 수집·가공·저장·검색·송신 또는 수신하는 정보통신체제를 말하므로, 정보통신망의 안정적 운영을 방해하는 장애는 정보통신망에서 정보를 수집·가공·저장·검색·송신 또는 수신하는 기능을 물리적으로 수행하지 못하게 하거나 그 기능 수행을 저해하는 것을 의미한다고 보인다. 따라서 위 규정들에서 정하고 있는 '부정한 명령'은 '대량의 신호 또는 정보자료'를 보내는 것과 마찬가지로 정보통신망의 안정적 운영을 방해하는 장애가 발생될 수 있는 방법의 하나로서 그에 해당하는 명령이라고 해석함이 상당하므로, 정보통신망의 운영을 방해할 수 있도록 정보통신망을 구성하는 컴퓨터시스템에 그 시스템의 목적상 예정하고 있지 않은 프로그램을 실행하게 하거나 그 시스템의 프로그램을 구성하는 개개의 명령을 부정하게 변경, 삭제, 추가하거나 프로그램 전체를 변경하게 하는 것이 이에 해당할 것이다.

그렇지만 비록 허위의 정보자료를 처리하게 하였다고 하더라도 그것이 정보통신망에서 처리가 예정된 종류의 정보자료인 이상 위 규정들에서 정한 '부정한 명령'을 처리하게 한 것이라 할 수 없고, 나아가 그와 같이 허위의 자료를 처리하게 함으로써 정보통신망의 관리자나 이용자의 주관적 입장에서 보아 진실에 반하는 정보처리 결과를 만들어 내었다고 하더라도 정보통신망에서 정보를 수집·가공·저장·검색·송신 또는 수신하는 기능을 물리적으로 수행하지 못하게 하거나 그 기능 수행을 저해하지는 아니하는 이상 형법에서 정한 '정보처리 장애'에 해당하여 컴퓨터등장애업무방해죄가 성립될 수 있음은 별론으로 하고 위 규정들에서 정한 '정보통신망 장애'에 해당한다고 할 수 없으므로, 이를 정보통신망 장애에 의한 정보통신망법 위반죄로 처벌할 수는 없다.

(2) 원심판결 이유와 적법하게 채택된 증거들에 의하면, 피고인 4는 이 부분 공소사실과 같이 2006. 7.경부터

2007. 10.경 이 사건 프로그램을 유포하기 전까지는 피고인 2에게 의뢰하는 방법으로, 그 후부터 2008. 8. 29.까지는 이 사건 프로그램을 이용하는 방법으로 피고인 1이 운영하는 꽃배달 업체인 공소외 2 주식회사 및 제1심판결의 별지 범죄일람표 3 기재 네이버의 해당 업체와 관련된 검색어의 '연관검색어' 생성, '자동완성어' 생성 및 순위 상향 작업을 하여 준 사실, 피고인 2가 한 작업은 수십 대의 전용 컴퓨터에 수십 회선의 ADSL 전용회선을 설치하여 자동으로 인터넷 프로토콜(IP)을 변환하여 실제는 얼마 되지 않는 컴퓨터에서 자동으로 네이버의 검색창을 띄워 '꽃배달' 등의 검색어로 검색을 실시하고 그 검색 결과에서 해당 업체의 웹사이트를 클릭한 것임에도 마치 수많은 컴퓨터 사용자들이 그와 같은 검색을 실시하고 해당 업체의 웹사이트를 클릭한 것처럼 가장한 것이고, 한편 이 사건 프로그램을 이용한 방법은 앞서 본 바와 같이 이 사건 프로그램 등이 설치된 피해 컴퓨터 사용자들이 실제로 네이버의 검색창에 검색어를 입력하지 않고 해당 업체의 웹사이트를 클릭하지 않았음에도 피해 컴퓨터 사용자들이 모르는 사이에 피해 컴퓨터에서 이 사건 프로그램을 구동시켜 이 사건 프로그램이 자동으로 피고인 4가 관리하는 공소외 1 회사의 서버 컴퓨터로부터 수행할 작업 리스트를 내려받고 그 작업 리스트에 따라 네이버의 검색창에 지시된 검색어를 입력하고 그 검색 결과에서 지시된 업체의 웹사이트를 클릭하도록 한 것으로서, 그로 인하여 네이버의 관련 시스템 서버는 피해 컴퓨터 사용자들이 실제로 검색어를 입력하고 해당 웹사이트를 클릭한 것으로 정보처리를 하여 위 피고인들이 의도한 대로 '꽃배달' 등의 검색어에 대하여 '연관검색어', '자동완성어'를 생성하거나 해당 웹사이트의 순위를 향상시킨 사실을 알 수 있다.

(3) 위 사실관계를 앞에서 본 법리에 비추어 살펴보면, 위 피고인들이 네이버의 관련 시스템 서버에 마치 컴퓨터 사용자들이 실제로 네이버의 검색창에 검색어를 입력하였거나 해당 업체의 웹사이트를 클릭한 것처럼 사실과 다른 정보자료를 보냈다고 하더라도 그것이 네이버의 관련 시스템에서 통상적인 처리가 예정된 종류의 정보자료여서 정보통신망의 안정적 운영을 방해하는 장애가 발생될 수 있는 방법이 사용되었다고 보기 어려우므로 위 규정들에서 정한 '부정한 명령'을 처리하게 한 것은 아니고, 나아가 위 피고인의 위 행위로 네이버의 관련 시스템 서버가 컴퓨터 사용자들이 실제로 검색어를 입력하고 해당 웹사이트를 클릭한 것으로 정보처리를 하고 자동완성어나 연관검색어를 생성하거나 해당 웹사이트의 순위를 향상시켰다고 하더라도 위 사실관계에 나타난 사정만으로는 그로써 네이버의 관련 시스템에서 정보를 수집·가공·저장·검색·송신 또는 수신하는 기능을 물리적으로 수행하지 못하게 되거나 그 기능 수행이 저해되었다고 할 수 없어 '정보통신망 장애'가 발생되었다고 할 수 없다. 따라서 아래에서 보는 바와 같이 허위의 정보를 입력하여 정보처리에 장애를 발생시켜 네이버의 검색어 제공서비스 등의 업무를 방해함으로써 컴퓨터등장애업무방해죄가 성립됨은 별론으로 하고, 위 행위에 관한 이 부분 공소사실에 대하여 위 규정들에서 정한 정보통신망 장애에 의한 정보통신망법 위반죄가 성립된다고 할 수는 없다.

(4) 그럼에도 이와 달리, 원심은 이 사건 프로그램에 의하여 네이버의 관련 시스템에 허위의 신호를 발송하게 한 것은 '부정한 명령'을 입력한 것에 해당하고, 그로 인하여 위 피고인이 의도한 대로 '연관검색어', '자동완성어'가 생성되거나 그 순위가 상향되는 결과가 발생한 것은 네이버의 정보통신망에서 정보를 수집·가공·저장·검색하는 데 장애가 현실적으로 발생되었고 네이버의 정보통신망의 안정적 운영을 방해할 목적이 인정된다는 이유로, 피고인 4에 대한 이 부분 공소사실을 정보통신망법 제71조 제5호, 제48조 제3항 위반죄의 유죄로 인정한 제1심판결을 그대로 유지하였다. 따라서 이러한 원심판결에는 정보통신망법 제48조 제3항에서 정한 부정한 명령과 정보통신망의 장애에 관한 법리를 오해하여 판결에 영향을 미친 위법이 있다.

라. 컴퓨터등장애업무방해의 점에 대하여

형법 제314조 제2항은 '컴퓨터 등 정보처리장치 또는 전자기록 등 특수매체기록을 손괴하거나 정보처리장치에 허위의 정보 또는 부정한 명령을 입력하거나 기타 방법으로 정보처리에 장애를 발생하게 하여 사람의 업무를 방해한 자'를 처벌하도록 규정하고 있다. 위 죄가 성립하기 위해서는 위와 같은 가해행위 결과 정보처리장치가 그 사용목적에 부합하는 기능을 하지 못하거나 사용목적과 다른 기능을 하는 등 정보처리에 장애가 현실적으로 발생하였을 것을 요한다고 할 것이나, 정보처리에 장애를 발생하게 하여 업무방해의 결과를 초래할 위험이 발생한 이상, 나아가 업무방해의 결과가 실제로 발생하지 않더라도 위 죄가 성립한다(대법원 2009. 4. 9. 선고 2008도11978 판결 참조).

원심판결 이유에 의하면, 원심은 이 사건 프로그램이 설치된 피해 컴퓨터 사용자들이 실제로 네이버 검색창에 해당 검색어로 검색하거나 검색 결과에서 해당 스폰서링크를 클릭하지 않았음에도 위 피고인이 이 사건 프로그램을 이용하여 그와 같이 검색하고 클릭한 것처럼 네이버의 관련 시스템 서버에 허위의 신호를 발송하는 방법의 작업을 하였으므로, 이는 객관적으로 진실에 반하는 내용의 정보인 '허위의 정보'를 입력한 것에 해당하고, 그 결과 네이버의 관련 시스템 서버에서 실제적으로 검색어가 입력되거나 특정 스폰서링크가 클릭된 것으로 인식하여 그에 따른 정보처리가 이루어졌으므로 이는 네이버의 관련 시스템 등 정보처리장치가 그 사용목적에 부합하는 기능을 하지 못하거나 사용목적과 다른 기능을 함으로써 정보처리의 장애가 현실적으로 발생하였다고 할 것이고, 나아가 이로 인하여 네이버의 검색어 제공서비스 등의 업무나 네이버의 스폰서링크 광고주들의 광고 업무가 방해되었다는 이유로, 이 부분 공소사실에 대하여 모두 유죄를 선고한 제1심판결을 그대로 유지하였다.

위와 같은 원심판결 이유를 적법하게 채택된 증거들에 비추어 살펴보면, 원심의 이러한 판단은 앞에서 본 법리에 따른 것으로서, 거기에 상고이유 주장과 같이 컴퓨터등장애업무방해죄에 관한 법리를 오해하는 등의 위법이 없다.

마. 컴퓨터등사용사기의 점에 대하여

원심은 통상은 공소외 3 유한회사가 '클릭방지시스템'을 구축하여 실시간으로 이를 운용하면서 불법시스템으로 인한 클릭, 특정 형태의 반복 클릭 패턴을 분석하여 걸러진 클릭에 대하여 요금을 청구하지 않는다고 하더라도, 피고인 4가 이 사건 프로그램을 이용하는 방법으로 ○○○○○, △△△△△의 네이버 스폰서링크를 부정클릭함으로써 네이버의 스폰서링크 광고대행사인 공소외 3 유한회사에 제1심판결이 적시한 범죄일람표 1-1 기재 중의 일부 범죄사실과 같이 광고비를 지급하게 한 사실을 충분히 인정할 수 있다는 이유로, 이 부분 공소사실에 대하여 유죄를 선고한 제1심판결을 그대로 유지하였다.

원심판결 이유를 적법하게 채택된 증거들에 비추어 살펴보면, 원심의 위와 같은 판단에 상고이유 주장과 같이 허위의 정보 내지 부정한 명령, 인과관계 및 재산상의 이익 등과 관련하여 컴퓨터등사용사기죄에 관한 법리를 오해하거나 논리와 경험의 법칙에 반하여 자유심증주의의 한계를 벗어나는 등의 위법이 없다.

4. 피고인 2에 대하여

가. 상고이유에 대한 판단

형사소송법 제383조 제4호에 의하면 사형, 무기 또는 10년 이상의 징역이나 금고가 선고된 사건에서만 양형부당을 사유로 한 상고가 허용되므로, 피고인에 대하여 그보다 가벼운 형이 선고된 이 사건에서 형의 양정이 부당하다는 주장은 적법한 상고이유가 되지 못한다.

나머지 상고이유의 주장은 피고인이 이를 항소이유로 삼거나 원심이 직권으로 심판대상으로 삼지 아니한 것을 상고이유에서 비로소 주장하는 것으로서 적법한 상고이유가 되지 못한다.

나. 정보통신망 장애의 점에 대한 직권 판단

원심판결 이유와 적법하게 채택된 증거들에 의하면, 이 부분 공소사실과 같이 피고인 2는 '네이버'의 '꽃배달' 등 검색어와 관련된 불상의 검색어를 검색한 것처럼 조작하여 제1심판결의 별지 범죄일람표 2 기재와 같이 '네이버'의 '꽃배달' 등 검색어와 관련된 '웹사이트 순위' 상향 조작, '연관검색어' 생성, '자동완성어' 생성 작업을 하여 준 사실, 위와 같은 작업은 2006. 5. 22.부터 2008. 2.경까지는 수십 대의 전용 컴퓨터에 수십 회선의 ADSL 전용회선을 설치하여 자동으로 인터넷 프로토콜(IP)을 바꾸는 방법으로, 그 후부터 2008. 6.경까지는 PVPN이라는 프로그램을 이용하여 인터넷 프로토콜을 변환하는 방법으로, 각각 실제는 얼마 되지 않는 컴퓨터에서 자동으로 네이버의 검색창을 띄워 '꽃배달' 등의 검색어로 검색을 실시하고 그 검색 결과에서 해당 업체의 웹사이트를 클릭한 것임에도 마치 수많은 컴퓨터 사용자들이 그와 같은 검색을 실시하고 해당 업체의 웹사이트를 클릭한 것처럼 가장한 것이고, 그로 인하여 네이버의 관련 시스템 서버는 컴퓨터 사용자들이 실제로 검색어를 입력하고 해당 업체의 웹사이트를 클릭한 것으로 정보처리를 함으로써 위 피고인이 의도한 대로 '꽃배달' 등의 검색어에 대하여 '연관검색어', '자동완성어'를 생성하거나 해당 웹사이트의 순위를 향상시킨 사실을 알 수 있다.

위 사실관계를 살펴보면 위 3.의 다.항에서 본 것과 마찬가지로, 위 피고인이 네이버의 관련 시스템 서버에 마치 컴퓨터 사용자들이 실제로 네이버의 검색창에 검색어를 입력하였거나 해당 업체의 웹사이트를 클릭한 것처럼 정보자료를 보냈다고 하더라도 그것이 명령이나 프로그램이 아닌 네이버의 관련 시스템에서 통상적인 처리가 예정된 종류의 정보자료여서 정보통신망의 안정적 운영을 방해하는 장애가 발생될 수 있는 방법이 사용되었다고 보기 어려우므로 위 규정들에서 정한 '부정한 명령'을 처리하게 한 것은 아니고, 나아가 위 피고인의 위 행위로 네이버의 관련 시스템 서버가 컴퓨터 사용자들이 실제로 검색어를 입력하고 해당 웹사이트를 클릭한 것으로 정보처리를 하고 자동완성어나 연관검색어를 생성하거나 해당 웹사이트의 순위를 향상시켰다고 하더라도 위 사실관계에 나타난 사정만으로는 그로써 네이버의 관련 시스템에서 정보를 수집·가공·저장·검색·송신 또는 수신하는 기능을 물리적으로 수행하지 못하게 되거나 그 기능 수행이 저해되었다고 할 수 없어 '정보통신망 장애'가 발생되었다고 할 수 없으므로, 원심이 인정한 바와 같이 허위의 정보를 입력하여 정보처리에 장애를 발생시켜 네이버의 검색어 제공서비스 등의 업무를 방해한 행위로서 컴퓨터등장애업무방해죄가 성립될 수는 있지만, 정보통신망법 제71조 제5호, 제48조 제3항에서 정한 정보통신망 장애에 의한 정보통신망법 위반죄가 성립된다고 할 수는 없다.

그럼에도 원심은 이와 달리 피고인 2에 대한 이 부분 공소사실을 정보통신망법 제71조 제5호, 제48조 제3항 위반죄의 유죄로 인정한 제1심판결을 그대로 유지하였으니, 이러한 원심판결에는 정보통신망법 제48조 제3항에서 정한 부정한 명령과 정보통신망의 장애에 관한 법리를 오해하여 판결에 영향을 미친 위법이 있다.

5. 피고인 1에 대하여

가. 상고이유에 대한 판단

피고인이 제1심판결에 대하여 양형부당만을 이유로 항소한 경우에 그 항소심판결에 대하여는 사실오인이나 법리오해 등을 상고이유로 삼을 수 없다(대법원 2006. 4. 13. 선고 2006도1719 판결 등 참조).

기록에 의하면, 피고인 1은 제1심판결에 대하여 양형부당만을 항소이유로 내세워 항소하였음을 알 수 있으므로, 위 피고인이 상고심에 이르러서야 비로소 내세우는 법리오해, 심리미진, 판단누락 주장은 적법한 상고이유가 될 수 없다.

나. 정보통신망 장애의 점에 대한 직권 판단

위 피고인에 대한 공소사실 중 정보통신망 장애의 점은 2006. 1.경부터 2006. 6.경까지 '꽃배달'과 관련 있는 검색어가 1분에 1회씩 검색된 것처럼 조작하는 프로그램을 사용하여, 그 후부터 2007. 12.경까지 피고인 4와 공모하여 2007. 9.경까지는 피고인 4가 피고인 2가 운영하는 공소외 4 주식회사에 재의뢰하여 위 4.의 나.항에서 본 바와 같은 방법을 이용하고, 2007. 10.경 이후에는 피고인 4가 이 사건 프로그램을 다른 사람들의 피해 컴퓨터에 몰래 설치하여 위 3.의 다.항에서 본 바와 같은 방법을 이용하여, 각각 네이버 등 포털사이트들의 정보통신망의 안정적 운영을 방해할 목적으로 대량의 신호 또는 데이터를 보내거나 부정한 명령을 처리하도록 하는 등의 방법으로 정보통신망에 장애를 발생하게 하였다는 것이다.

그러나 위 3.의 다.항에서 본 피고인 4에 대한 원심판결의 파기이유는 피고인 1에 대한 위 공소사실에도 공통되며, 또한 2006. 1.경부터 2006. 6.경까지의 피고인 1의 위 행위에 대하여도 그 파기이유가 그대로 해당된다고 할 것이다.

그럼에도 원심은 이와 달리 피고인 1에 대한 이 부분 공소사실을 정보통신망법 제71조 제5호, 제48조 제3항 위반죄의 유죄로 인정한 제1심판결을 그대로 유지하였으니, 이러한 원심판결에는 정보통신망법 제48조 제3항에서 정한 부정한 명령과 정보통신망의 장애에 관한 법리를 오해하여 판결에 영향을 미친 위법이 있다 할 것이고, 또한 이는 형사소송법 제392조에서 정한 공동피고인을 위한 파기사유에도 일부 해당된다.

6. 파기의 범위

앞서 본 바와 같이 피고인 1, 2, 4의 정보통신망 장애로 인한 정보통신망법 위반의 점은 각 파기되어야 하고, 피고인 1, 2, 4에 대하여 파기하는 위 각 부분은 원심이 위 피고인들에 대하여 유죄로 인정한 나머지 각 죄와 형법 제37조 전단의 경합범관계 또는 형법 제40조의 상상적 경합범 관계에 있다는 이유로 각 피고인별로 1개의 형이 선고되었으므로, 원심판결 중 피고인 1에 대한 유죄 부분과 피고인 2, 4에 대한 부분은 그 전부가 파기를 면할 수 없다.

7. 결론

그러므로 원심판결 중 피고인 1에 대한 유죄 부분과 피고인 2, 4에 대한 부분을 각 파기하고, 이 부분 사건을 다시 심리·판단하게 하기 위하여 원심법원에 환송하며, 피고인 3의 상고와 검사의 상고를 모두 기각하기로 하여, 관여 대법관의 일치된 의견으로 주문과 같이 판결한다.

대법관 신영철(재판장) 이상훈 김용덕(주심) 김소영

대법원 2013.3.14. 선고 2010도410 판결

【업무방해·정보통신망이용촉진및정보보호등에관한법률위반(정보통신망침해등)】

판시사항

1 소비자불매운동이 위력에 의한 업무방해죄를 구성하는지 판단하는 기준

2 위력 행사의 상대방이 피해자가 아닌 제3자인 경우 피해자에 대한 업무방해죄가 성립하기 위한 요건 및 그 판단 기준

3 인터넷카페의 운영진인 피고인들이 카페 회원들과 공모하여, 특정 신문들에 광고를 게재하는 광고주들에게 불매운동의 일환으로 지속적·집단적으로 항의전화를 하거나 항의글을 게시하는 등의 방법으로 광고중단을 압박함으로써 위력으로 광고주들 및 신문사들의 업무를 방해하였다는 내용으로 기소된 사안에서, 피고인들의 행위가 광고주들에 대하여는 업무방해죄의 위력에 해당하지만, 신문사들에 대하여는 직접적인 위력의 행사가 있었다고 보기에 부족하다고 본 사례

4 정보통신망에 장애가 발생하게 함으로 인한 정보통신망 이용촉진 및 정보보호 등에 관한 법률 위반죄가 성립하기 위하여 정보통신망의 장애가 현실적으로 발생할 것을 요하는지 여부(적극)

판결요지

1 소비자가 구매력을 무기로 상품이나 용역에 대한 자신들의 선호를 시장에 실질적으로 반영하기 위한 집단적 시도인 소비자불매운동은 본래 '공정한 가격으로 양질의 상품 또는 용역을 적절한 유통구조를 통해 적절한 시기에 안전하게 구입하거나 사용할 소비자의 제반 권익을 증진할 목적'에서 행해지는 소비자보호운동의 일환으로서 헌법 제124조를 통하여 제도로서 보장되나, 그와는 다른 측면에서 일반 시민들이 특정한 사회, 경제적 또는 정치적 대의나 가치를 주장·옹호하거나 이를 진작시키기 위한 수단으로서 소비자불매운동을 선택하는 경우도 있을 수 있고, 이러한 소비자불매운동 역시 반드시 헌법 제124조는 아니더라도 헌법 제21조에 따라 보장되는 정치적 표현의 자유나 헌법 제10조에 내재된 일반적 행동의 자유의 관점 등에서 보호받을 가능성이 있으므로, 단순히 소비자불매운동이 헌법 제124조에 따라 보장되는 소비자보호운동의 요건을 갖추지 못하였다는 이유만으로 이에 대하여 아무런 헌법적 보호도 주어지지 아니한다거나 소비자불매운동에 본질적으로 내재되어 있는 집단행위로서의 성격과 대상 기업에 대한 불이익 또는 피해의 가능성만을 들어 곧바로 형법 제314조 제1항의 업무방해죄에서 말하는 위력의 행사에 해당한다고 단정하여서는 아니된다. 다만 그 소비자불매운동이 헌법상 보장되는 정치적 표현의 자유나 일반적 행동의 자유 등의 점에서도 전체 법질서상 용인될 수 없을 정도로 사회적 상당성을 갖추지 못한 때에는 그 행위 자체가 위법한 세력의 행사로서 형법 제314조 제1항의 업무방해죄에서 말하는 위력의 개념에 포섭될 수 있고, 그러한 관점에서 어떠한 소비자불매운동이 위력에 의한 업무방해죄를 구성하는지 여부는 해당 소비자불매운동의 목적, 불매운동에 이르게 된 경위, 대상 기업의 선정이유 및 불매운동의 목적과의 연관성, 대상 기업의 사회·경제적 지위와 거기에 비교되는 불매운동의 규모 및 영향력, 불매운동 참여자의 자발성, 불매운동 실행과정에서 다른 폭력행위나 위법행위의 수반 여부, 불매운동의 기간 및 그로 인하여 대상 기업이 입은 불이익이나 피해의 정도, 그에 대한 대상 기업의 반응이나 태도 등 제반 사정을 종합적·실질적으로 고려하여 판단하여야 한다.

2 업무방해죄의 위력은 원칙적으로 피해자에게 행사되어야 하므로, 그 위력 행사의 상대방이 피해자가 아닌 제3자인 경우 그로 인하여 피해자의 자유의사가 제압될 가능성이 직접적으로 발생함으로써 이를 실질적으로 피해자에 대한 위력의 행사와 동일시할 수 있는 특별한 사정이 있는 경우가 아니라면 피해자에 대한 업무방해죄가 성립한다고 볼 수 없다. 이때 제3자에 대한 위력의 행사로 피

해자의 자유의사가 직접 제압될 가능성이 있는지는 위력 행사의 의도나 목적, 위력 행사의 상대방인 제3자와 피해자의 관계, 위력의 행사 장소나 방법 등 태양, 제3자에 대한 위력의 행사에 관한 피해자의 인식 여부, 제3자에 대한 위력의 행사로 피해자가 입게 되는 불이익이나 피해의 정도, 피해자에 의한 위력의 배제나 제3자에 대한 보호의 가능성 등을 종합적으로 고려하여 판단하여야 한다.

[3] 인터넷카페의 운영진인 피고인들이 카페 회원들과 공모하여, 특정 신문들에 광고를 게재하는 광고주들에게 불매운동의 일환으로 지속적·집단적으로 항의전화를 하거나 광고주들의 홈페이지에 항의글을 게시하는 등의 방법으로 광고중단을 압박함으로써 위력으로 광고주들 및 신문사들의 업무를 방해하였다는 내용으로 기소된 사안에서, 원심이 피고인들이 벌인 불매운동의 목적, 그 조직과정, 대상 기업의 선정경위, 불매운동의 규모 및 영향력, 불매운동의 실행 형태, 불매운동의 기간, 대상 기업인 광고주들이 입은 불이익이나 피해의 정도 등에 비추어 피고인들의 위 행위가 광고주들의 자유의사를 제압할 만한 세력으로서 위력에 해당한다고 본 것은 정당하나, 나아가 피고인들의 행위로 신문사들이 실제 입은 불이익이나 피해의 정도, 그로 인하여 신문사들의 영업활동이나 보도에 관한 자유의사가 제압될 만한 상황에 이르렀는지 등을 구체적으로 심리하여 살펴보지 아니한 채, 신문사들에 대한 직접적인 위력의 행사가 있었다고 보아 유죄를 인정한 원심판결에 업무방해죄의 구성요건인 위력의 대상 등에 관한 법리를 오해하여 심리를 다하지 아니한 잘못이 있다고 한 사례.

[4] 정보통신망 이용촉진 및 정보보호 등에 관한 법률 제48조 제3항은 "누구든지 정보통신망의 안정적 운영을 방해할 목적으로 대량의 신호 또는 데이터를 보내거나 부정한 명령을 처리하도록 하는 등의 방법으로 정보통신망에 장애가 발생하게 하여서는 아니 된다."라고 규정하고 있고, 이는 정보통신망의 안정적 운영 내지 적정한 작동을 보호하기 위한 규정이므로, 위 죄가 성립하기 위해서는 정보통신망이 그 사용목적에 부합하는 기능을 하지 못하거나 사용목적과 다른 기능을 하는 등 정보통신망의 장애가 현실적으로 발생하였을 것을 요한다.

전 문

피 고 인 피고인 1 외 23인

상 고 인 피고인 1 내지 14, 피고인 21 및 검사

변 호 인 변호사

원심판결 서울중앙지법 2009. 12. 18. 선고 2009노677 판결

주 문 원심판결 중 피고인 1, 2, 3, 4, 5, 6, 7, 8, 9, 10, 11, 12, 13, 21에 대한 유죄 부분을 파기하고, 이 부분 사건을 서울중앙지방법원 합의부에 환송한다. 피고인 14 및 검사의 상고를 모두 기각한다. 원심판결의 '이유'란 중 81면 13행의 "피고인 17" 기재 부분 및 113면 18행의 "피고인 23은 동종 전과가 없고, 나머지" 기재 부분 및 113면 19행의 "피고인 17" 기재 부분을 각 삭제하는 것으로 경정한다.

이 유 상고이유에 대하여 판단한다.

1. 피고인 1, 2, 3, 4, 5, 6, 7, 8, 9, 10, 11, 12, 13, 21의 상고이유에 대하여

가. 공소사실 불특정의 점

형사소송법 제254조 제4항에서 범죄의 일시·장소와 방법을 명시하여 공소사실을 특정하도록 한 취지는 법원에 대하여 심판의 대상을 한정하고 피고인에게 방어의 범위를 특정하여 그 방어권 행사를 용이하게 하기 위한 데 있는 것이므로, 공소가 제기된 범죄의 성격에 비추어 그 공소의 원인이 된 사실을 다른 사실과 구별할 수 있을 정도로 그 일시, 장소, 방법, 목적 등을 적시하여 특정하면 충분하고, 그 일부가 다소 불명확하더라도 그와 함께 적시된 다른 사항들에 의하여 그 공소사실을 특정할 수 있고, 그리하여 피고인의 방어권 행사에 지장이 없다면 공소제기의 효력에는 영향이 없다(대법원 2001. 2. 23. 선고 2000도4415 판결, 대법원 2010. 4. 29. 선고 2010도2556 판결 등 참조).

원심은 그 판시와 같은 이유로 이 사건 범행의 일시, 방법, 공모의 내용 등이 피고인들의 방어권 행사에 지장이 없을 정도로 특정되어 있을 뿐만 아니라, 공모의 경위를 포함한 일부 기재가 다소 개괄적으로 이루어져 있다고 하더라도 이는 다수의 사람이 상당한 기간에 걸쳐 다수의 업체를 상대로 광고중단을 압박한 집단적

범행이라는 이 사건의 특성에 비추어 부득이한 것으로 보이므로 이를 들어 위법하다고 할 수 없다고 판단하였는데, 원심판결의 이유를 원심이 적법하게 채택한 증거들과 위 법리에 비추어 살펴보면 원심의 위와 같은 판단은 정당하다고 수긍할 수 있고, 거기에 피고인들이 상고이유로 주장하는 바와 같은 공소사실 특정에 관한 법리오해 등의 위법이 없다.

나. 공소권 남용의 점

원심은 검사의 이 사건 공소제기가 공소권의 남용에 해당한다는 피고인들의 주장에 대하여 그 채택 증거들을 종합하여 이 사건의 발생 상황 및 그 수사 및 공소제기에 이른 경위 등에 관한 판시 사실을 인정한 다음, 검사의 공소제기가 어떠한 의도에서 비롯된 것으로서 그 소추재량권을 현저히 일탈하였다고 볼 수는 없다고 판단하여 이를 받아들이지 아니하였는데, 관련 법리와 기록에 비추어 보면 위와 같은 원심의 판단은 정당하다고 수긍할 수 있고, 거기에 상고이유로 주장하는 바와 같은 공소권 남용에 관한 법리오해 등의 위법은 없다.

다. 광고주들 및 ○○일보사· △△일보사· ▽▽일보사(이하 '이 사건 신문사들'이라고 한다)에 대한 위력에 의한 업무방해의 점

(1) 형법 제314조 제1항에서 말하는 업무방해죄의 '위력'이란 사람의 자유의사를 제압·혼란케 할 만한 일체의 세력을 가리키는 것으로서 반드시 유형력의 행사에 국한되는 것은 아니므로 폭력·협박은 물론 사회적·경제적·정치적 지위와 권세에 의한 압박 등도 이에 포함되고, 그러한 위력으로 인하여 현실적으로 피해자의 자유의사가 제압되는 결과까지 요구되는 것은 아니더라도 적어도 피해자의 자유의사를 제압하기에 충분하다고 평가될 정도의 세력에는 이르러야 한다.

한편 소비자가 구매력을 무기로 상품이나 용역에 대한 자신들의 선호를 시장에 실질적으로 반영하기 위한 집단적 시도인 소비자불매운동은 본래 '공정한 가격으로 양질의 상품 또는 용역을 적절한 유통구조를 통해 적절한 시기에 안전하게 구입하거나 사용할 소비자의 제반 권익을 증진할 목적'에서 행해지는 소비자보호운동의 일환으로서 헌법 제124조를 통하여 제도로서 보장되나, 그와는 다른 측면에서 일반 시민들이 특정한 사회, 경제적 또는 정치적 대의나 가치를 주장·옹호하거나 이를 진작시키기 위한 수단으로서 소비자불매운동을 선택하는 경우도 있을 수 있고, 이러한 소비자불매운동 역시 반드시 헌법 제124조는 아니더라도 헌법 제21조에 따라 보장되는 정치적 표현의 자유나 헌법 제10조에 내재된 일반적 행동의 자유의 관점 등에서 보호받을 가능성이 있으므로, 단순히 소비자불매운동이 헌법 제124조에 따라 보장되는 소비자보호운동의 요건을 갖추지 못하였다는 이유만으로 이에 대하여 아무런 헌법적 보호도 주어지지 아니한다거나 소비자불매운동에 본질적으로 내재되어 있는 집단행위로서의 성격과 대상 기업에 대한 불이익 또는 피해의 가능성만을 들어 곧바로 형법 제314조 제1항의 업무방해죄에서 말하는 위력의 행사에 해당한다고 단정하여서는 아니 된다.

다만 그 소비자불매운동이 헌법상 보장되는 정치적 표현의 자유나 일반적 행동의 자유 등의 점에서도 전체 법질서상 용인될 수 없을 정도로 사회적 상당성을 갖추지 못한 때에는 그 행위 자체가 위법한 세력의 행사로서 형법 제314조 제1항의 업무방해죄에서 말하는 위력의 개념에 포섭될 수 있고, 그러한 관점에서 어떠한 소비자불매운동이 위력에 의한 업무방해죄를 구성하는지 여부는 해당 소비자불매운동의 목적, 불매운동에 이르게 된 경위, 대상 기업의 선정이유 및 불매운동의 목적과의 연관성, 대상 기업의 사회·경제적 지위와 거기에 비교되는 불매운동의 규모 및 영향력, 불매운동 참여자의 자발성, 불매운동 실행과정에서 다른 폭력행위나 위법행위의 수반 여부, 불매운동의 기간 및 그로 인하여 대상 기업이 입은 불이익이나 피해의 정도, 그에 대한 대상 기업의 반응이나 태도 등 제반 사정을 종합적·실질적으로 고려하여 판단하여야 한다(대법원 2009. 9. 10. 선고 2009도5732 판결 등 참조).

그리고 업무방해죄의 위력은 원칙적으로 피해자에게 행사되어야 하므로, 그 위력 행사의 상대방이 피해자가 아닌 제3자인 경우 그로 인하여 피해자의 자유의사가 제압될 가능성이 직접적으로 발생함으로써 이를 실질적으로 피해자에 대한 위력의 행사와 동일시할 수 있는 특별한 사정이 있는 경우가 아니라면 피해자에 대한 업무방해죄가 성립한다고 볼 수 없다. 이때 제3자에 대한 위력의 행사로 피해자의 자유의사가 직접 제압될 가능성이 있는지 여부는 위력 행사의 의도나 목적, 위력 행사의 상대방인 제3자와 피해자의 관계, 위력의 행사 장소나 방법 등 태양, 제3자에 대한 위력의 행사에 관한 피해자의 인식 여부, 제3자에 대한 위력의 행사로 피해자가 입게 되는 불이익이나 피해의 정도, 피해자에 의한 위력의 배제나 제3자에 대한 보호의 가능성 등을 종합적으로 고려하여 판단하여야 할 것이다.

(2) 위와 같은 법리에 따라 먼저 이 사건 광고주들에 대한 업무방해의 점에 관하여 살펴본다.

원심은 그 채택 증거에 의하여 피고인들이 벌인 이 사건 불매운동의 목적, 그 조직과정, 대상 기업의 선정 경위, 불매운동의 규모 및 영향력, 불매운동의 실행 형태, 불매운동의 기간, 대상 기업인 광고주들이 입은 불이익이나 피해의 정도 등에 관한 판시 사실을 인정한 다음, 그러한 사실관계에 터 잡아 피고인들이 공모하여 광고주들에게 지속적·집단적으로 항의전화를 하거나 항의글을 게시하고 그 밖의 다양한 방법으로 광고중단을

압박한 행위는 피해자인 광고주들의 자유의사를 제압할 만한 세력으로서 위력에 해당한다고 판단하였는데, 이러한 원심의 판단은 앞서 본 법리에 비추어 정당하다고 수긍할 수 있고, 거기에 상고이유에서 주장하는 바와 같은 업무방해죄의 위력에 관한 법리를 오해하거나 채증법칙을 위반하여 판결에 영향을 미친 위법이 있다고 볼 수 없다. 그러므로 이와 관련된 상고이유는 모두 받아들이지 아니한다.

(3) 다음으로 이 사건 신문사들에 대한 업무방해의 점에 관하여 살펴본다.

원심은, 이 사건 불매운동이 광고주들로 하여금 이 사건 신문사들이 발행하는 신문들에 광고 게재를 중단하도록 할 목적으로 조직되었고, 피고인들에게 동조한 다수의 사람들에 의하여 실제 광고 게재 중단 요구가 이루어졌으며, 그로 인하여 광고주들이 그 판시와 같이 고객상담 등의 업무에 지장을 받게 된 점 등의 사정을 종합하여 볼 때, 피고인들이 광고주들에게 이 사건 신문사들에 광고 게재를 중단하도록 압박을 가한 행위가 광고주들과 광고계약의 당사자 지위에 있는 이 사건 신문사들에 대하여도 위력의 행사에 해당한다고 보아 이 사건 신문사들을 피해자로 한 이 부분 공소사실도 유죄로 인정하였다.

그러나 앞서 본 바와 같이 업무방해죄의 위력은 원칙적으로 피해자에게 행사되어야 하고 제3자를 향한 위력의 행사는 이를 피해자에 대한 직접적인 위력의 행사와 동일시할 수 있는 예외적 사정이 인정되는 경우에만 업무방해죄의 구성요건인 위력의 행사로 볼 수 있음에도, 원심은 위와 달리 단순히 제3자에 대한 위력의 행사와 피해자의 업무에 대한 방해의 결과나 위험 사이에 인과관계가 인정되기만 하면 곧바로 피해자에 대한 위력의 행사가 있는 것으로 볼 수 있다는 전제에서, 피고인들의 행위로 이 사건 신문사들이 실제 입은 불이익이나 피해의 정도, 그로 인하여 이 사건 신문사들의 영업활동이나 보도에 관한 자유의사가 제압될 만한 상황에 이르렀는지 등을 구체적으로 심리하여 살펴보지 아니한 채, 그것만으로 이 사건 신문사들에 대한 직접적인 위력의 행사가 있었다고 보기에 부족한 판시 사정만을 들어 이 부분 공소사실까지 모두 유죄로 인정하였으니, 이러한 원심의 판단에는 업무방해죄의 구성요건인 위력의 대상 등에 관한 법리를 오해하여 필요한 심리를 다하지 아니함으로써 판결에 영향을 미친 잘못이 있고, 이를 지적하는 피고인들의 상고이유 주장에는 정당한 이유가 있다.

라. 공동정범 성립 여부에 관한 법리오해의 점

형법 제30조의 공동정범은 공동가공의 의사와 그 공동의사에 의한 기능적 행위지배를 통한 범죄실행이라는 주관적·객관적 요건을 충족함으로써 성립하므로, 공모자 중 구성요건행위를 직접 분담하여 실행하지 아니한 사람도 위 요건의 충족 여부에 따라 이른바 공모공동정범으로서의 죄책을 질 수도 있다. 한편 구성요건행위를 직접 분담하여 실행하지 아니한 공모자가 공모공동정범으로 인정되기 위하여는 전체 범죄에 있어서 그가 차지하는 지위·역할이나 범죄경과에 대한 지배 내지 장악력 등을 종합하여 그가 단순한 공모자에 그치는 것이 아니라 범죄에 대한 본질적 기여를 통한 기능적 행위지배가 존재하는 것으로 인정되어야 한다(대법원 2010. 7. 15. 선고 2010도3544 판결 등 참조).

원심은 그 판시와 같은 이유로, 이 사건 광고중단 압박운동의 성격과 경위, 그 규모와 형태, 구체적인 방법과 진행과정, 이를 위하여 조직된 인터넷상의 활동과 관련된 피고인들의 역할 등에 비추어, 피고인 1을 비롯한 위 인터넷상 조직의 운영진이었던 피고인들은 비록 광고중단 압박운동 참여자들의 개별 행위에 대하여 구체적으로 모의하거나 이를 직접 분담하여 실행한 바가 없었다 하더라도 위 범행에 대한 순차적·암묵적인 의사의 결합이 이루어졌다고 볼 수 있다고 판단한 다음, 다만 인터넷상 조직의 운영진이라고 하더라도 피고인들 각자의 활동을 구체적으로 검토하고 광고중단 압박행위에 본질적으로 기여하였는지를 개별적으로 관찰하여, 피고인 1, 2, 3, 4, 5, 6, 7, 8, 9, 10, 11, 12, 13, 21에 대하여는 업무방해행위에 관한 기능적 행위지배가 인정되나, 피고인 17, 18, 19, 20, 22, 23, 24에 대하여는 기능적 행위지배가 인정되지 않는다고 판단하였다.

우선 원심이 적법하게 채택한 증거들에 의하면, 실제 광고주들에게 광고중단 압박을 가하는 전화 등을 한 참여자들 중에는 업무방해의 의사 없이 그와 같은 행위를 한 경우와 그렇지 아니한 경우가 혼재되어 있는 사실을 알 수 있는데, 그 중 업무방해의 의사에 대한 명백한 증명이 없는 참여자들의 개별적 전화걸기 행위 자체는 앞서 본 바와 같은 소비자불매운동의 일환으로 이루어진 적법한 행위로 보아야 할 것이므로, 이와 달리 광고주들에게 전화를 한 참여자들의 행위 전부가 그 내용이나 태양에 상관없이 업무방해죄를 구성한다는 전제에서 피고인들과 그 밖의 참여자들 전체를 공동정범으로 본 원심의 판단이 적절하다고는 할 수 없다.

그러나 원심판결의 이유와 원심이 적법하게 채택한 증거들에 의하면, 피고인들이 광고중단 압박운동의 목적에서 만들어진 인터넷상 조직의 운영진으로서 직접 광고주들 명단을 게재하거나 광고주들 명단을 게재하지 않았다고 하더라도 서로 공모하여 광고중단 압박행위를 하도록 독려하거나 광고주들의 홈페이지 운영에 지장을 초래할 수 있는 자동접속프로그램을 유포하는 등의 방법으로 광고중단 압박운동 참여자들의 개별적인 전화걸기 행위가 집단적인 광고중단의 압박이 되도록 조직한 사실을 알 수 있으므로, 결국 피고인들이 업무방해죄를 범할 의사 없이 광고중단 압박운동에 참여한 사람들을 자신들의 위력 행사에 이용한 행위는 이른바 간접정범을 통하여 그 범행을 실행한 것으로 보아야 할 것이고, 앞서 살펴본 바와 같이 피고인들의 경우 위와 같은 간접정범 형태의 범행에 대하여도 주관적 요건으로서 공모와 객관적 요건으로서 기능적 행위지배가 인정되는 이상 피고인들은 결국 이 부분 범행의 실행에 대하여도 공동정범으로서의 죄책을 면할 수 없다.

따라서 원심의 이유 설시에 일부 부적절한 부분이 없지는 않으나, 위와 같은 취지에서 피고인들 각자의 활동을 구체적으로 검토하여 이 사건 광고중단 압박행위에 본질적으로 기여하였는지를 개별적으로 판단하여 공모공동정범을 인정한 원심의 결론은 정당하고, 거기에 상고이유에서 주장하는 바와 같이 판결에 영향을 미친 공동정범의 성립에 관한 법리오해 등의 위법이 있다고 할 수 없다.

마. 정당행위 요건에 관한 법리오해의 점

형법 제20조 소정의 '사회상규에 위배되지 아니하는 행위'라 함은 법질서 전체의 정신이나 그 배후에 놓여 있는 사회윤리 내지 사회통념에 비추어 용인될 수 있는 행위를 말하고, 어떠한 행위가 사회상규에 위배되지 아니하는 정당한 행위로서 위법성이 조각되는 것인지는 구체적인 사정 아래서 합목적적, 합리적으로 고찰하여 개별적으로 판단되어야 할 것인바, 이와 같은 정당행위를 인정하려면 첫째 그 행위의 동기나 목적의 정당성, 둘째 행위의 수단이나 방법의 상당성, 셋째 보호이익과 침해이익과의 법익균형성, 넷째 긴급성, 다섯째 그 행위 외에 다른 수단이나 방법이 없다는 보충성 등의 요건을 갖추어야 한다(대법원 2010. 5. 27. 선고 2010도2680 판결 등 참조).

이러한 법리에 비추어, 원심이 피고인들의 이 사건 불매운동은 광고주들에게 광고중단을 홍보·호소·설득하는 차원을 넘어서 광고주들에 대한 요구를 관철하기 위하여 광고주들의 자유의사를 제압할 만한 위력을 행사하여 광고주들의 영업활동의 자유를 침해하는 정도에 이르렀다는 점에서 수단이나 방법의 상당성, 법익균형성, 긴급성, 보충성의 요건을 충족시키지 못한다는 이유로 피고인들의 정당행위 주장을 배척한 것은 정당하고, 거기에 상고이유에서 주장하는 바와 같이 정당행위의 요건에 관한 법리오해 등의 위법이 없다.

바. 법률의 착오에 관한 법리오해의 점

형법 제16조에 자기가 행한 행위가 법령에 의하여 죄가 되지 아니한 것으로 오인한 행위는 그 오인에 정당한 이유가 있는 때에 한하여 벌하지 아니한다고 규정하고 있는 것은, 단순한 법률의 부지를 말하는 것이 아니고 일반적으로 범죄가 되는 경우이지만 자기의 특수한 경우에는 법령에 의하여 허용된 행위로서 죄가 되지 아니한다고 그릇 인식하고 그와 같이 그릇 인식함에 정당한 이유가 있는 경우 벌하지 않는다는 취지이고, 이러한 정당한 이유가 있는지 여부는 행위자에게 자기 행위의 위법의 가능성에 대해 심사숙고하거나 조회할 수 있는 계기가 있어 자신의 지적능력을 다하여 이를 회피하기 위한 진지한 노력을 다하였더라면 스스로의 행위에 대하여 위법성을 인식할 수 있는 가능성이 있었음에도 이를 다하지 못한 결과 자기 행위의 위법성을 인식하지 못한 것인지 여부에 따라 판단하여야 할 것이며, 이러한 위법성의 인식에 필요한 노력의 정도는 구체적인 행위정황과 행위자 개인의 인식능력, 그리고 행위자가 속한 사회집단에 따라 달리 평가되어야 한다(대법원 2008. 10. 23. 선고 2008도5526 판결 등 참조).

원심판결의 이유를 위 법리와 기록에 비추어 살펴보면, 원심이 그 판시와 같은 이유를 들어 피고인들에게 법률의 착오가 존재하지 않는다고 판단한 조치는 정당하고, 거기에 상고이유에서 주장하는 바와 같은 법률의 착오에 관한 법리오해의 위법이 없다.

2. 피고인 14의 상고이유에 대하여

업무방해죄에 있어 업무를 '방해한다'고 함은 업무의 집행 자체를 방해하는 것은 물론이고 널리 업무의 경영을 저해하는 것도 포함하고, 업무방해죄의 성립에 있어서는 업무방해의 결과가 실제로 발생할 필요까지는 없고 이를 초래할 위험을 발생시키는 것만으로 충분하다(대법원 1999. 5. 14. 선고 98도3767 판결 등 참조).

원심이 그 채택 증거를 종합하여 피고인이 여행을 할 의사가 없으면서 마치 여행을 할 것처럼 인터넷을 통하여 여행상품에 대한 예약을 한 후 스스로 취소하거나 예약금을 입금하지 아니함으로써 여행사로 하여금 그 예약을 취소하게 하는 등으로 여행사의 관련 업무를 방해하였거나 그 결과를 초래할 위험을 발생시켰다고 보아 이 부분 공소사실을 유죄로 인정한 것은 앞서 본 법리에 따른 것으로서 정당하고, 거기에 상고이유로 주장하는 바와 같이 업무방해죄에 관한 법리 등을 오해하여 판결에 영향을 미친 위법이 있다고 볼 수 없다. 이 부분 상고이유는 받아들이지 아니한다.

3. 검사의 상고이유에 대하여

가. 피고인 17, 18, 19, 20, 22, 23, 24에 대한 상고이유에 관하여

앞서 살펴본 것처럼 형법 제30조의 공동정범은 공동가공의 의사와 그 의사에 기한 기능적 행위지배를 통한 범죄실행이라는 주관적·객관적 요건을 충족함으로써 성립하고 기능적 행위지배가 인정되기 위하여는 범죄에 대한 본질적 기여가 있어야 하는데, 원심판결의 이유를 위 법리와 기록에 비추어 살펴보면, 원심이 위 피고인들에게는 범죄에 대한 본질적 기여를 통한 기능적 행위지배가 인정되지 않는다고 판단하여 이 부분 공소사실

에 대한 공동정범으로서의 죄책을 부정한 조치는 정당하고, 거기에 상고이유에서 주장하는 바와 같은 공동정범의 성립요건이나 기능적 행위지배에 관한 법리오해 등의 위법이 없다.

나. 피고인 2, 3, 11, 12, 13, 21에 대한 상고이유에 관하여

형사소송법 제308조는 증거의 증명력은 법관의 자유판단에 의하도록 자유심증주의를 규정하고 있으므로, 설령 원심의 증거의 증명력에 대한 판단과 증거취사 판단에 그와 달리 볼 여지가 상당한 정도 있는 경우라고 하더라도, 원심의 판단이 논리법칙이나 경험법칙에 따른 자유심증주의의 한계를 벗어나지 아니하는 한 그러한 사정만으로 바로 형사소송법 제383조 제1호가 상고이유로 규정하고 있는 법령 위반에 해당한다고 단정할 수 없고, 또한 원심의 구체적인 논리법칙 위반이나 경험법칙 위반의 점 등을 지적하지 아니한 채 단지 원심의 증거취사와 사실인정만을 다투는 것은, 특별한 사정이 없는 한 사실오인의 주장에 불과하다(대법원 2008. 5. 29. 선고 2007도1755 판결 참조).

검사의 이 부분 상고이유에는 원심의 증거판단 중 어떠한 점이 어떠한 이유로 어떠한 논리법칙이나 경험법칙에 위반하였는지에 관하여 구체적으로 지적하고 있지 않을 뿐 아니라, 원심판결의 이유와 상고이유를 살펴보아도 원심판결에 자유심증주의의 한계를 벗어난 법령 위반에 해당한다고 볼 만한 사정은 보이지 아니하므로, 결국 검사의 이 부분 상고이유 주장은 적법한 상고이유가 되지 못한다.

다. 피고인 15, 16에 대한 상고이유에 관하여

(1) 정보통신망 이용촉진 및 정보보호 등에 관한 법률(이하 '정보통신망법'이라 한다) 위반의 점

정보통신망법 제48조 제1항은 '정당한 접근권한 없이 또는 허용된 접근권한을 초과하여 정보통신망에 침입'하는 행위를 금지하고 있으므로, 정보통신망법은 그 보호조치에 대한 침해나 훼손이 수반되지 않더라도 부정한 방법으로 타인의 식별부호(아이디와 비밀번호)를 이용하거나 보호조치에 따른 제한을 면할 수 있게 하는 부정한 명령을 입력하는 등의 방법으로 침입하는 행위도 금지하고 있다고 보아야 할 것이다. 나아가 정보통신망법 제48조 제1항은 위 규정이 속한 정보통신망법 제6장의 제목이 '정보통신망의 안정성 확보 등'인 데서 나타나듯이 이용자의 신뢰 내지 그의 이익을 보호하기 위한 규정이 아니라 정보통신망 자체의 안정성과 그 정보의 신뢰성을 보호하기 위한 것이므로, 위 규정에서 접근권한을 부여하거나 허용되는 범위를 설정하는 주체는 서비스제공자라 할 것이고, 따라서 서비스제공자로부터 권한을 부여받은 이용자가 아닌 제3자가 정보통신망에 접속한 경우 그에게 접근권한이 있는지 여부는 서비스제공자가 부여한 접근권한을 기준으로 판단하여야 할 것이다(대법원 2005. 11. 25. 선고 2005도870 판결 참조).

원심은, 피고인들이 자동접속프로그램을 이용하여 □□□□□□ 홈페이지에 접속한 것 이외에 로그인 절차를 요구하는 개인정보 등에 권한 없이 접근한 것이 아니므로 □□□□□□ 홈페이지를 침입하였다고 볼 수 없다는 등 그 판시와 같은 이유를 들어 이 부분 공소사실에 대하여 무죄를 선고하였는데, 원심판결의 이유를 위 법리와 기록에 비추어 살펴보면 원심의 위와 같은 판단은 정당하고, 거기에 상고이유에서 주장하는 바와 같은 정보통신망법 제48조 제1항의 해석에 관한 법리오해의 위법이 없다.

(2) 컴퓨터 등 장애 업무방해 및 정보통신망 장애발생의 점

형법 제314조 제2항의 컴퓨터 등 장애 업무방해죄는 "컴퓨터 등 정보처리장치 또는 전자기록 등 특수매체기록을 손괴하거나 정보처리장치에 허위의 정보 또는 부정한 명령을 입력하거나 기타 방법으로 정보처리에 장애를 발생하게 하여 사람의 업무를 방해한 자도 제1항의 형과 같다."라고 규정하고 있고, 여기서 '기타 방법'이란 컴퓨터의 정보처리에 장애를 초래하는 가해수단으로서 컴퓨터의 작동에 직접·간접으로 영향을 미치는 일체의 행위를 말하나, 위 죄가 성립하기 위해서는 위와 같은 가해행위의 결과 정보처리장치가 그 사용목적에 부합하는 기능을 하지 못하거나 사용목적과 다른 기능을 하는 등 정보처리의 장애가 현실적으로 발생하였을 것을 요한다(대법원 2010. 9. 30. 선고 2009도12238 판결 참조). 아울러 정보통신망법 제48조 제3항은 "누구든지 정보통신망의 안정적 운영을 방해할 목적으로 대량의 신호 또는 데이터를 보내거나 부정한 명령을 처리하도록 하는 등의 방법으로 정보통신망에 장애가 발생하게 하여서는 아니 된다."라고 규정하고 있고, 이는 정보통신망의 안정적 운영 내지 적정한 작동을 보호하기 위한 규정이므로, 위 죄가 성립하기 위해서는 정보통신망이 그 사용목적에 부합하는 기능을 하지 못하거나 사용목적과 다른 기능을 하는 등 정보통신망의 장애가 현실적으로 발생하였을 것을 요한다고 할 것이다.

원심은, 그 판시와 같은 이유를 들어 피고인들의 행위로 □□□□□□의 정보처리나 정보통신망에 장애가 발생하였다고 볼 수 없다고 판단하여 이 부분 공소사실에 대하여 무죄를 선고하였는데, 원심판결의 이유를 위 법리와 기록에 비추어 살펴보면, 원심의 위와 같은 판단은 정당한 것으로 수긍할 수 있고, 거기에 상고이유에서 주장하는 바와 같은 형법 제314조 제2항의 구성요건 및 정보통신망법 제48조 제3항의 '장애'의 해석에 관한 법리오해의 위법이 없다.

4. 결론

결국 피고인 1, 2, 3, 4, 5, 6, 7, 8, 9, 10, 11, 12, 13, 21의 이 사건 신문사들에 대한 업무방해의 점은 위에서 본 바와 같은 이유로 모두 파기되어야 하고, 위 피고인들에 대하여 유죄로 인정된 나머지 공소사실도 위 파기 부분과 형법 제37조 전단의 경합범 관계에 있어 함께 파기되어야 하므로, 결국 원심판결 중 위 피고인들에 대한 유죄 부분은 그 전부가 파기되어야 한다.

그러므로 피고인 1, 2, 3, 4, 5, 6, 7, 8, 9, 10, 11, 12, 13, 21에 대한 유죄 부분을 전부 파기하고, 이 부분 사건을 다시 심리·판단하도록 원심법원에 환송하기로 하며, 피고인 14 및 검사의 상고는 이를 모두 기각하기로 한다.

한편 원심판결의 '이유'란 중 81면 13행의 "피고인 17" 기재 부분 및 113면 18행의 "피고인 23은 동종 전과가 없고, 나머지" 기재 부분 및 113면 19행의 "피고인 17" 기재 부분은 오기임이 명백하므로 형사소송규칙 제25조에 의하여 이를 각 삭제하는 것으로 경정하기로 한다.

이에 관여 대법관의 일치된 의견으로 주문과 같이 판결한다.

대법관 김신(재판장) 민일영 이인복(주심) 박보영

대법원 2013.2.28. 선고 2011도16718 판결

【명예훼손·업무방해】

판시사항

정당한 권한 행사가 업무방해죄의 '위력'에 해당하는지 여부(원칙적 소극)

판결요지

업무방해죄의 수단인 위력은 사람의 자유의사를 제압·혼란하게 할 만한 일체의 억압적 방법을 말하고, 이는 제3자를 통하여 간접적으로 행사하는 것도 포함될 수 있다. 그러나 어떤 행위의 결과 상대방의 업무에 지장이 초래되었다 하더라도 행위자가 가지는 정당한 권한을 행사한 것으로 볼 수 있는 경우에는, 행위의 내용이나 수단 등이 사회통념상 허용될 수 없는 등 특별한 사정이 없는 한 업무방해죄를 구성하는 위력을 행사한 것이라고 할 수 없다. 따라서 제3자로 하여금 상대방에게 어떤 조치를 취하게 하는 등으로 상대방의 업무에 곤란을 야기하거나 그러한 위험이 초래되게 하였다 하더라도, 행위자가 제3자의 의사결정에 관여할 수 있는 권한을 가지고 있거나 그에 대하여 업무상 지시를 할 수 있는 지위에 있는 경우에는 특별한 사정이 없는 한 업무방해죄를 구성하지 아니한다.

전 문

피 고 인 피고인

상 고 인 피고인 및 검사

변 호 인 변호사

원심판결 부산지법 2011. 11. 18. 선고 2011노166 판결

주 문 원심판결 중 유죄 부분을 파기하고, 이 부분 사건을 부산지방법원 본원 합의부에 환송한다. 검사의 상고를 기각한다.

이 유 상고이유를 판단한다.

1. 피고인의 상고이유에 대하여

가. 새마을금고를 통한 업무방해의 점

업무방해죄의 수단인 위력은 사람의 자유의사를 제압·혼란하게 할 만한 일체의 억압적 방법을 말하고 이는 제3자를 통하여 간접적으로 행사하는 것도 포함될 수 있다. 그러나 어떤 행위의 결과 상대방의 업무에 지장이 초래되었다 하더라도 행위자가 가지는 정당한 권한을 행사한 것으로 볼 수 있는 경우에는, 그 행위의 내용이나 수단 등이 사회통념상 허용될 수 없는 등 특별한 사정이 없는 한 업무방해죄를 구성하는 위력을 행사한 것이라고 할 수 없다. 따라서 제3자로 하여금 상대방에게 어떤 조치를 취하게 하는 등으로 상대방의 업무에 곤란을 야기하거나 그러한 위험이 초래되게 하였다 하더라도, 행위자가 그 제3자의 의사결정에 관여할 수 있는 권한을 가지고 있거나 그에 대하여 업무상의 지시를 할 수 있는 지위에 있는 경우에는 특별한 사정이 없는 한 업무방해죄를 구성하지 아니한다.

원심은, 그 판시와 같은 이유로 ○○광역시개인택시운송사업조합 새마을금고(이하 '새마을금고'라 한다)의 임원이 되기 위하여는 ○○광역시개인택시운송사업조합(이하 '조합'이라 한다)의 조합원 자격을 갖추어야 하기 때문에 새마을금고가 사실상 조합의 영향력 하에 있어 그 권고사항을 따르지 않을 수 없는 지위에 있음을 이용하여, 조합 이사장 지위에 있는 피고인이 조합 이사장 명의로 새마을금고에 공문을 보내 ○○개인택시신문(이하 '택시신문'이라 한다)에 게재하던 광고를 중단하도록 한 행위가 위력에 의한 업무방해죄에 해당한다고 판단하였다.

그러나 원심판결 이유 및 원심이 적법하게 채택한 증거들에 의하면, 피고인이 이사장으로 근무하는 조합은 개인택시운송사업에 관한 정부시책에 협력하고 택시운송사업의 합리화와 공익성 제고 및 조합원 상호간의 친목도모와 사업의 발전 등 공동의 이익증진을 도모함을 목적으로 하고 있고, 이러한 목적을 달성하기 위한 사

업 중 하나로 새마을금고를 설립한 사실, 새마을금고의 주된 사무소는 조합 내에 두고 그 업무구역도 조합과 동일한 사실, 새마을금고의 임원은 조합의 조합원 자격을 갖추어야 하고, 새마을금고 회원의 구성은 조합원, 조합 산하기관 직원 및 고용원과 그 가족들인 사실, 매주 월요일 오전 조합 이사장실에서 조합 이사장의 주재 아래 조합의 전무, 실장, 부장 및 새마을금고의 상근이사와 상근감사 등이 참석하여 부서장 회의를 개최하는데, 이는 일주일간의 조합 및 새마을금고의 전반적인 업무에 대한 보고 시간으로 활용되는 사실, 택시신문이 2009. 4. 29.경 조합 이사장인 피고인의 택시정보화사업에 관한 잘못된 처리내용을 알리는 기사를 게재하자, 조합 이사회는 그 기사 내용이 조합 집행부를 비방하여 조합을 음해하려 한다고 판단하고 2009. 5. 8.경 회의를 열어 택시신문으로 하여금 '○○개인택시신문'이라는 명칭을 사용하지 못하도록 하는 가처분 신청 및 민·형사 제소 등에 관하여 논의한 사실, 그 과정에서 이사 공소외 1의 긴급 제안에 따라 택시신문에 새마을금고 또는 조합원이 광고를 게재하지 못하도록 하는 방침의 안건이 발의되어 조합 이사장인 피고인의 의사진행에 따라 조합 이사회 만장일치로 통과된 후, 그 결의 내용이 조합 이사장 명의로 '광고게재 금지 권고 통보'라는 공문으로 새마을금고에 전달된 사실, 그 공문에는 조합의 방침에 따르지 않는 새마을금고 소속 조합원은 징계위원회에 회부될 수 있다고 기재되어 있는 사실, 그 후 단발적으로 택시신문에 광고를 게재해 오던 새마을금고는 택시신문 광고를 중단하게 된 사실 등을 알 수 있다.

이러한 사실관계를 앞서 본 법리에 비추어 보면, 제3자의 의사결정에 직접적으로 관여하거나 지시할 권한을 가지고 있는 행위자가 그 권한 범위 내에서 업무상의 지시 등을 하면서 그 실행을 확실하게 하기 위하여 지시 등에 따르지 않는 경우의 제재조치 등을 강조하는 과도한 표현을 사용하였다 하더라도 이는 특별한 사정이 없는 한 행위자 자신의 고유권한을 행사한 범주에서 벗어나는 것은 아니라고 할 것인데, 이 사건 조합의 정관, 새마을금고의 설립 경위, 새마을금고 임원 및 회원의 구성, 조합과 새마을금고 사이에 주기적으로 이루어지는 업무보고 및 의사결정 과정 등을 고려하면, 조합과 새마을금고는 상호간 업무적으로 밀접하게 연관되어 있고 조합이 새마을금고의 업무에 직·간접적으로 관여할 권한을 가지고 있다고 볼 만한 사정도 상당하다고 보인다[피고인과 피해자는 모두 새마을금고가 조합에 소속되어 있거나 조합의 산하기관이라는 취지로 진술하고 있기도 하다(공판기록 217쪽, 수사기록 13, 14, 567쪽 참조)].

따라서 원심으로서는 새마을금고의 일반적인 경영 및 운영에 관한 사항에 대하여 조합 이사회가 논의·결정할 권한이 있는지, 조합 이사회가 새마을금고에 대하여 특정 매체에 광고게재를 중단하도록 의결하는 것이 그 업무상의 권한 범위에 속하는지, 위 이사회결의가 이루어질 당시 새마을금고의 대표자 등도 동석하여 논의 과정에 참여하였는지, 그리고 나아가 그러한 권한 행사가 정당한 권한 행사를 빙자하였다거나 사회통념상 용인되는 범위를 넘는 등 특별한 사정이 있는지 여부 등에 대하여 면밀하게 심리한 다음 피고인의 위 이사회결의 내용 통보 등의 행위가 택시신문에 대한 업무방해죄를 구성하는지 여부를 판단하였어야 할 것이다.

그럼에도 원심은 단지 그 판시와 같은 이유만으로 피고인이 조합 이사장으로서 새마을금고에 광고게재 중단을 요구한 행위가 업무방해죄를 구성하는 위력의 행사에 해당함을 전제로 업무방해죄가 성립한다고 단정하고 말았으니, 이러한 원심의 판단에는 업무방해죄에 있어 위력에 관한 법리를 오해하여 필요한 심리를 다하지 아니한 위법이 있다. 이 점을 지적하는 피고인의 상고이유는 이유 있다.

나. 명예훼손의 점

사실의 인정 및 그 전제로 행하여지는 증거의 취사선택 및 평가는 논리와 경험칙에 반하여 자유심증주의의 한계를 벗어나지 않는 한 사실심 법원의 전권에 속한다. 원심판결 이유를 기록에 비추어 살펴보아도 명예훼손의 점에 관한 원심의 사실인정이 위 한계를 넘어섰다고 볼 사유는 발견할 수 없다. 따라서 이 부분 상고이유의 주장은 원심 법원의 전권에 속하는 사항을 비난하는 것에 불과하므로 받아들일 수 없다.

2. 검사의 상고이유에 대하여

업무방해죄의 '위력'이란 사람의 자유의사를 제압·혼란케 할 만한 일체의 억압적 수단으로서, 유형적이든 무형적이든 묻지 아니하므로, 폭력·협박은 물론 사회적·경제적·정치적 지위와 권세에 의한 압박 등도 이에 포함되고, 피해자 이외의 제3자를 통하여 가해지더라도 상관이 없으며, 그로 인하여 현실적으로 피해자의 자유의사가 제압될 것을 요하는 것은 아니지만 적어도 자유로운 의사결정이나 행동을 하는 것이 현저히 곤란하게 되는 정도에는 이르러야 하고, 그 정도의 위력에 해당하는지는 범행의 일시·장소, 동기와 목적, 인원수 및 행위의 태양, 업무의 종류, 피해자의 지위 등 제반 사정을 고려하여 객관적으로 판단하여야 한다(대법원 2009. 9. 10. 선고 2009도5732 판결 등 참조).

원심은 그 판시와 같은 이유로, 피고인이 공소외 2에게 택시신문에의 광고게재를 중단하도록 요구한 행위가 업무방해죄의 위력에 해당하지 아니하고, 또한 위력에 해당한다 하더라도 업무가 방해되었다거나 업무방해의 결과가 초래될 위험이 발생하지 않았다고 판단하였다. 원심판결 이유를 위 법리 및 기록에 비추어 살펴보면 정당한 것으로 수긍이 가고, 거기에 업무방해죄의 위력 등에 관한 법리오해의 위법이 있다고 할 수 없다.

3. 결론

그러므로 원심판결의 유죄 부분 중 새마을금고를 통한 업무방해 부분은 파기되어야 할 것인데, 명예훼손 부분도 이와 형법 제37조 전단의 실체적 경합관계에 있어 1개의 형이 선고된 이상 함께 파기될 수밖에 없다. 이에 원심판결 중 유죄 부분을 전부 파기하고 이 부분 사건을 다시 심리·판단하도록 원심법원에 환송하고, 검사의 상고는 이를 기각하기로 하여, 관여 대법관의 일치된 의견으로 주문과 같이 판결한다.

대법관 김창석(재판장) 양창수 박병대(주심) 고영한

대법원 2013.2.21. 선고 2010도10500 전원합의체 판결

【횡령】

판시사항

[1] 선행 처분행위로 횡령죄가 기수에 이른 후 이루어진 후행 처분행위가 별도로 횡령죄를 구성하는지 여부 및 타인의 부동산을 보관 중인 자가 그 부동산에 근저당권설정등기를 마침으로써 횡령행위가 기수에 이른 후 같은 부동산에 별개의 근저당권을 설정하거나 해당 부동산을 매각한 행위가 별도로 횡령죄를 구성하는지 여부(원칙적 적극)

[2] 피해자 갑 종중으로부터 토지를 명의신탁받아 보관 중이던 피고인 을이 개인 채무 변제에 사용할 돈을 차용하기 위해 위 토지에 근저당권을 설정하였는데, 그 후 피고인 을, 병이 공모하여 위 토지를 정에게 매도한 사안에서, 피고인들의 토지 매도행위가 별도의 횡령죄를 구성한다고 본 원심판단을 정당하다고 한 사례

판결요지

[1] [다수의견]

(가) 횡령죄는 다른 사람의 재물에 관한 소유권 등 본권을 보호법익으로 하고 법익침해의 위험이 있으면 침해의 결과가 발생되지 아니하더라도 성립하는 위험범이다. 그리고 일단 특정한 처분행위(이를 '선행 처분행위'라 한다)로 인하여 법익침해의 위험이 발생함으로써 횡령죄가 기수에 이른 후 종국적인 법익침해의 결과가 발생하기 전에 새로운 처분행위(이를 '후행 처분행위'라 한다)가 이루어졌을 때, 후행 처분행위가 선행 처분행위에 의하여 발생한 위험을 현실적인 법익침해로 완성하는 수단에 불과하거나 그 과정에서 당연히 예상될 수 있는 것으로서 새로운 위험을 추가하는 것이 아니라면 후행 처분행위에 의해 발생한 위험은 선행 처분행위에 의하여 이미 성립된 횡령죄에 의해 평가된 위험에 포함되는 것이므로 후행 처분행위는 이른바 불가벌적 사후행위에 해당한다. 그러나 후행 처분행위가 이를 넘어서서, 선행 처분행위로 예상할 수 없는 새로운 위험을 추가함으로써 법익침해에 대한 위험을 증가시키거나 선행 처분행위와는 무관한 방법으로 법익침해의 결과를 발생시키는 경우라면, 이는 선행 처분행위에 의하여 이미 성립된 횡령죄에 의해 평가된 위험의 범위를 벗어나는 것이므로 특별한 사정이 없는 한 별도로 횡령죄를 구성한다고 보아야 한다.

(나) 따라서 타인의 부동산을 보관 중인 자가 불법영득의사를 가지고 그 부동산에 근저당권설정등기를 경료함으로써 일단 횡령행위가 기수에 이르렀다 하더라도 그 후 같은 부동산에 별개의 근저당권을 설정하여 새로운 법익침해의 위험을 추가함으로써 법익침해의 위험을 증가시키거나 해당 부동산을 매각함으로써 기존의 근저당권과 관계없이 법익침해의 결과를 발생시켰다면, 이는 당초의 근저당권 실행을 위한 임의경매에 의한 매각 등 그 근저당권으로 인해 당연히 예상될 수 있는 범위를 넘어 새로운 법익침해의 위험을 추가시키거나 법익침해의 결과를 발생시킨 것이므로 특별한 사정이 없는 한 불가벌적 사후행위로 볼 수 없고, 별도로 횡령죄를 구성한다.

[대법관 이상훈, 대법관 김용덕의 별개의견]

(가) 타인의 부동산에 근저당권을 설정하는 선행 횡령행위로 인하여 부동산 전체에 대한 소유권 침해의 위험이 발생함으로써 그에 대한 횡령죄가 성립하는 이상, 그 이후에 이루어진 당해 부동산에 대한 별개의 근저당권설정행위나 당해 부동산의 매각행위 등의 후행 횡령행위는 이미 소유권 침해의 위험이 발생한 부동산 전체에 대하여 다시 소유권 침해의 위험을 발생시킨 것에

불과하므로, 특별한 사정이 없는 한 선행 횡령행위에 의하여 평가되어 버린 불가벌적 사후행위로 보는 것이 논리상 자연스럽다.

(나) 선행 횡령행위로 발생한 소유권 침해의 위험이 미약하여 과도한 비용과 노력을 들이지 아니하고도 그 위험을 제거하거나 원상회복할 수 있는 상태에서 그보다 월등히 큰 위험을 초래하는 후행 횡령행위를 저지른 경우에는 그 행위의 반사회성이나 가벌성이 충분히 인정되고 일반인으로서도 그에 대한 처벌을 감수함이 마땅하다고 여길 만하다. 이와 같은 경우에는 예외적으로 이를 불가벌적 사후행위로 볼 것이 아니라 처벌대상으로 삼을 필요가 있다. 기존의 판례를 변경하지 아니하고도 이러한 해석이 가능하고, 이러한 해석을 하려면 판례를 변경하여야 한다고 보더라도 그 범위 내에서만 제한적으로 변경함으로써 충분하다.

[대법관 이인복, 대법관 김신의 반대의견]

(가) 형법 제355조 제1항에서 규정한 횡령죄는 재물의 영득을 구성요건적 행위로 삼는다는 점에서 재산상의 이익을 대상으로 하는 같은 조 제2항의 배임죄와 구분되는데, 재물에 대한 불법영득의사는 피해자의 소유권 등 본권에 대한 전면적 침해를 본질적 내용으로 하므로 그러한 불법영득의사에 기한 횡령행위가 있을 경우 이미 그에 의한 법익침해의 결과나 위험은 그 소유권 등의 객체인 재물의 전체에 미친다고 볼 수밖에 없고, 따라서 일단 위와 같은 횡령죄가 성립한 후에는 재물의 보관자에 의한 새로운 처분행위가 있다고 하여 별도의 법익침해의 결과나 위험이 발생할 수 없음은 당연한 논리적 귀결이다.

(나) 타인의 부동산을 보관 중인 자가 그 부동산의 일부 재산상 가치를 신임관계에 반하여 유용하는 행위로서, 즉 배임행위로서 제3자에게 근저당권을 설정한 것이 아니라, 아예 해당 부동산을 재물로서 불법적으로 영득할 의사로, 즉 횡령행위로서 근저당권을 설정한 것이라면, 이러한 횡령행위에 의한 법익침해의 결과나 위험은 그때 이미 위 부동산에 관한 소유권 전체에 미치게 되고, 이 경우 후행 처분행위에 의한 추가적 법익침해의 결과나 위험은 법논리상 불가능하다고 보아야 한다.

[2] 피해자 갑 종중으로부터 종중 소유의 토지를 명의신탁받아 보관 중이던 피고인 을이 자신의 개인 채무 변제에 사용할 돈을 차용하기 위해 위 토지에 근저당권을 설정하였는데, 그 후 피고인 을, 병이 공모하여 위 토지를 정에게 매도한 사안에서, 피고인들이 토지를 매도한 행위는 선행 근저당권 설정행위 이후에 이루어진 것이어서 불가벌적 사후행위에 해당한다는 취지의 피고인들 주장을 배척하고 위 토지 매도행위가 별도의 횡령죄를 구성한다고 본 원심판단을 정당하다고 한 사례.

전 문

피 고 인 피고인 1 외 1인

상 고 인 피고인들

변 호 인 법무법인

원심판결 의정부지법 2010. 7. 23. 선고 2010노594 판결

주 문 상고를 모두 기각한다.

이 유 상고이유를 판단한다.

1. 횡령죄는 다른 사람의 재물에 관한 소유권 등 본권을 그 보호법익으로 하고 그 법익침해의 위험이 있으면 그 침해의 결과가 발생되지 아니하더라도 성립하는 위험범이다(대법원 2002. 11. 13. 선고 2002도2219 판결 참조).

그리고 일단 특정한 처분행위(이를 '선행 처분행위'라 한다)로 인하여 법익침해의 위험이 발생함으로써 횡령죄가 기수에 이른 후 종국적인 법익침해의 결과가 발생하기 전에 새로운 처분행위(이를 '후행 처분행위'라 한다)가 이루어졌을 때, 그 후행 처분행위가 선행 처분행위에 의하여 발생한 위험을 현실적인 법익침해로 완성하는 수단에 불과하거나 그 과정에서 당연히 예상될 수 있는 것으로서 새로운 위험을 추가하는 것이 아니라면 후행 처분행위에 의해 발생한 위험은 선행 처분행위에 의하여 이미 성립된 횡령죄에 의해 평가된 위험에 포함되는 것이라

할 것이므로 그 후행 처분행위는 이른바 불가벌적 사후행위에 해당한다.

그러나 후행 처분행위가 이를 넘어서서, 선행 처분행위로 예상할 수 없는 새로운 위험을 추가함으로써 법익침해에 대한 위험을 증가시키거나 선행 처분행위와는 무관한 방법으로 법익침해의 결과를 발생시키는 경우라면, 이는 선행 처분행위에 의하여 이미 성립된 횡령죄에 의해 평가된 위험의 범위를 벗어나는 것이므로 특별한 사정이 없는 한 별도로 횡령죄를 구성한다고 보아야 한다.

따라서 타인의 부동산을 보관 중인 자가 불법영득의사를 가지고 그 부동산에 근저당권설정등기를 경료함으로써 일단 횡령행위가 기수에 이르렀다 하더라도 그 후 같은 부동산에 별개의 근저당권을 설정하여 새로운 법익침해의 위험을 추가함으로써 법익침해의 위험을 증가시키거나 해당 부동산을 매각함으로써 기존의 근저당권과 관계없이 법익침해의 결과를 발생시켰다면 이는 당초의 근저당권 실행을 위한 임의경매에 의한 매각 등 그 근저당권으로 인해 당연히 예상될 수 있는 범위를 넘어 새로운 법익침해의 위험을 추가시키거나 법익침해의 결과를 발생시킨 것이므로 특별한 사정이 없는 한 불가벌적 사후행위로 볼 수 없고, 별도로 횡령죄를 구성한다 할 것이다.

이와 반대되는 취지의 대법원 1996. 11. 29. 선고 96도1755 판결, 대법원 1997. 1. 20. 선고 96도2731 판결, 대법원 1998. 2. 24. 선고 97도3282 판결, 대법원 1999. 4. 27. 선고 99도5 판결, 대법원 1999. 11. 26. 선고 99도2651 판결, 대법원 2000. 3. 24. 선고 2000도310 판결, 대법원 2006. 8. 24. 선고 2006도3636 판결, 대법원 2006. 11. 9. 선고 2005도8699 판결 등은 이 판결과 배치되는 범위에서 이를 변경하기로 한다.

2. 원심은 그 채택 증거에 의하여, 피고인 1은 1995. 10. 20. 피해자 종중으로부터 위 종중 소유인 파주시 적성면 (이하 주소 1 생략) 답 2,337㎡, (이하 주소 2 생략) 답 2,340㎡(이하 위 두 필지의 토지를 합하여 '이 사건 토지'라 한다)를 명의신탁받아 보관하던 중 자신의 개인 채무 변제에 사용하기 위한 돈을 차용하기 위해 이 사건 토지에 관하여 1995. 11. 30. 채권최고액 1,400만 원의 근저당권을, 2003. 4. 15. 채권최고액 750만 원의 근저당권을 각 설정한 사실, 그 후 피고인들이 공모하여 2009. 2. 21. 이 사건 토지를 공소외인에게 1억 9,300만 원에 매도한 사실 등을 인정한 다음, 피고인들이 이 사건 토지를 매도한 행위는 선행 근저당권설정행위 이후에 이루어진 것이어서 불가벌적 사후행위에 해당한다는 취지의 피고인들 주장을 배척하고, 피고인들의 이 사건 토지 매도행위가 횡령죄를 구성한다고 보아 이를 모두 유죄로 인정하였다.

원심판결 이유를 앞서 본 법리와 기록에 비추어 살펴보면, 원심의 위와 같은 판단은 정당하고, 거기에 상고이유의 주장과 같이 논리와 경험의 법칙을 위반하여 자유심증주의의 한계를 벗어나거나 불가벌적 사후행위에 관한 법리를 오해하는 등의 위법이 없다.

3. 그러므로 상고를 기각하기로 하여 주문과 같이 판결한다. 이 판결에 관하여 대법관 이상훈, 대법관 김용덕의 별개의견, 대법관 이인복, 대법관 김신의 반대의견이 있는 외에는 관여 법관의 의견이 일치하였다.

4. 대법관 이상훈, 대법관 김용덕의 별개의견은 다음과 같다.

다수의견은, '타인의 부동산을 보관 중인 자가 불법영득의사를 가지고 그 부동산에 근저당권설정등기를 경료함으로써 일단 횡령행위가 기수에 이르렀다 하더라도 그 후 같은 부동산에 별개의 근저당권을 설정하여 새로운 법익침해의 위험을 추가함으로써 법익침해의 위험을 증가시키거나 해당 부동산을 매각함으로써 기존의 근저당권과 관계없이 법익침해의 결과를 발생시켰다면 이는 당초의 근저당권 실행을 위한 임의경매에 의한 매각 등 그 근저당권으로 인해 당연히 예상될 수 있는 범위를 넘어 새로운 법익침해의 위험을 추가시키거나 법익침해의 결과를 발생시킨 것이므로 특별한 사정이 없는 한 불가벌적 사후행위로 볼 수 없고, 별도로 횡령죄를 구성한다'고 하면서 1996년부터 2006년까지 선고된 이에 반대되는 취지의 많은 대법원 판결들을 변경하려 한다. 그러나 다음과 같은 이유로 다수의견에 그대로 찬동할 수 없다.

가. 횡령죄는 타인의 재물을 보관하는 자가 그 재물을 횡령하는 경우에 성립하는 범죄이고, 횡령죄의 구성요건으로서의 횡령행위란 불법영득의사를 실현하는 일체의 행위를 말한다. 따라서 예를 들어 타인의 재물을 점유하는 자가 그 점유를 자기를 위한 점유로 바꾸려고 하는 의사를 가지고 그러한 영득의 의사가 외부에 인식될 수 있는 객관적 행위를 하였을 때에는 그 재물 전체에 대한 횡령죄가 성립된다(대법원 2010. 2. 25. 선고 2010도93 판결 등 참조).

그리고 횡령죄는 다수의견이 지적하듯이 다른 사람의 재물에 관한 소유권 등 본권을 보호법익으로 하고 그 법익침해의 위험이 있으면 침해의 결과가 발생되지 아니하더라도 성립하는 위험범이다. 따라서 타인의 부동산을 보관 중인 자가 불법영득의사를 가지고 그 부동산에 근저당권설정등기를 경료한 경우 불가분적으로 부동산 전체에 대한 소유권 침해나 소유권 상실의 위험을 발생시키는 것이고, 그로써 부동산 전체에 대한 횡령죄가 성립한다.

한편 횡령행위가 완료된 후 이루어진 횡령물의 처분행위는 그것이 먼저 이루어진 횡령행위에 의하여 평가되어 버린 것으로 볼 수 있는 범위 내의 것이라면 새로운 법익의 침해를 수반하지 않는 이른바 불가벌적 사후행위로서 별개의 범죄를 구성하지 아니한다(대법원 1993. 3. 9. 선고 92도2999 판결, 대법원 2010. 2. 25. 선고 2010도93 판결 등 참조).

이처럼 타인의 부동산에 근저당권을 설정하는 선행 횡령행위로 인하여 부동산 전체에 대한 소유권 침해의 위험이 발생함으로써 그에 대한 횡령죄가 성립하는 이상, 그 이후에 이루어진 당해 부동산에 대한 별개의 근저당권설정행위나 당해 부동산의 매각행위 등의 후행 횡령행위는 이미 소유권 침해의 위험이 발생한 부동산 전체에 대하여 다시 소유권 침해의 위험을 발생시킨 것에 불과하므로, 특별한 사정이 없는 한 선행 횡령행위에 의하여 평가되어 버린 불가벌적 사후행위로 보는 것이 논리상 자연스럽다.

다수의견은 비록 '선행 처분행위로 예상할 수 없는 새로운 위험을 추가함으로써 법익침해에 대한 위험을 증가시키거나 선행 처분행위와는 무관한 방법으로 법익침해의 결과를 발생시키는 경우라면, 특별한 사정이 없는 한'이라는 표현을 사용하여 불가벌적 사후행위가 되지 아니하는 기준을 제시·설명하고는 있으나, 요컨대 이러한 기준에 따르면 타인의 부동산에 대한 근저당권설정이라는 선행 횡령행위 이후에 이루어진 당해 부동산에 대한 별개의 근저당권설정행위 또는 당해 부동산의 매각행위는 원칙적으로 선행 횡령행위에 의하여 평가되어 버린 불가벌적 사후행위가 아니라 별도의 횡령죄를 구성한다는 것이고, 그 구체적인 이유는 '당초의 근저당권 실행을 위한 임의경매에 의한 매각 등 그 근저당권으로 인해 당연히 예상될 수 있는 범위'를 넘어 새로운 법익침해의 위험을 추가시키거나 법익침해의 결과를 발생시켰기 때문이라는 것이다. 그러나 '당초의 근저당권 실행을 위한 임의경매에 의한 매각 등 그 근저당권으로 인해 당연히 예상될 수 있는' 위험이라는 것은 결국은 당해 부동산 전체에 대한 소유권 침해의 위험이므로, 후행 횡령행위가 이와 별개의 부동산 소유권에 대한 침해의 위험을 발생시켰거나 별개의 부동산 소유권을 침해한 것이 아닌 이상, 후행 횡령행위를 원칙적으로 선행 횡령행위의 불가벌적 사후행위라고 보지 아니하는 것은 매우 어색하고, 이는 원칙과 예외가 뒤바뀐 것이라 하지 않을 수 없다.

나. 판례는 그 변경에 신중을 기하여야 한다. 비록 판례의 변경 가능성이 제도적으로 열려 있고 국민이 그에 따른 법률관계의 변화를 감수할 것이 예정되어 있더라도 그렇다. 그래야 법적 안정성이 확보되고 국민이 판례를 의사결정이나 행동의 지침으로 삼을 수 있어 판례가 진정한 규범력을 가지게 된다. 법률 규정에 변동이 없는 상태에서 그 해석과 관련하여 오랜 기간 동안 일정한 방향으로 대법원 판례가 축적된 경우에는 그 판례 변경에 더욱 신중을 기하여야 한다. 축적된 판례의 견해를 바꾸기 위해서는 그와 같은 견해가 시대와 상황의 변화에 따라 정의관념에 크게 어긋나게 되었거나 해당 법률 규정의 취지를 현저히 벗어나게 되는 등 이를 바꾸는 것이 그대로 유지하는 것에 비하여 훨씬 우월한 가치를 가짐으로써 그로 인하여 법적 안정성이 희생되는 것이 정당화될 정도의 사정이 있어야 하고, 단순히 새로운 법적 견해가 다소 낫다거나 보다 합리적으로 보인다는 이유만으로 축적된 판례의 견해를 바꾸는 것은 능사가 아니다. 특히 형사사건에서 종래 처벌대상이 아니라고 보아 오던 행위를 법률 해석을 통하여 새로 처벌대상에 포섭하는 내용의 판례 변경은 이미 종료된 행위까지 소급입법을 통하여 처벌하는 것과 다름없는 효과를 가져오므로 형벌불소급의 원칙이 갖는 취지나 의미에 비추어 더욱 삼갈 필요가 있고, 당해 행위의 반사회성이 분명하여 가벌성이 충분히 인정되고 통상의 수범자라면 기존의 판례에도 불구하고 그에 대한 처벌을 감수함이 마땅하다고 여길 만큼 예외적인 경우에 한하여 행해지는 것이 바람직하다고 본다. 나아가 불가피한 필요에 따라 기존의 판례를 바꾸는 경우에도 그 범위는 되도록 제한적으로 하여야 하고, 가볍게 원칙과 예외를 뒤바꾸거나 전면적으로 변경하는 것은 곤란하다.

대법원은, 오랜 기간 동안 줄곧 부동산 명의수탁자가 수탁부동산에 관하여 임의로 근저당권을 설정함으로써 행한 횡령행위는 그 등기를 경료하였을 때 완성되고, 이후에 다시 당해 부동산에 근저당권을 설정하거나 이를 매도하는 행위는 원칙적으로 횡령물의 처분행위로서 새로운 법익의 침해를 수반하지 아니하는 이른바 불가벌적 사후행위에 해당하여 별도의 횡령죄를 구성하지 아니한다고 판시해 왔다.

그런데 다수의견은, 이와 같이 기존의 대법원 판결들에 의하여 불가벌적 사후행위가 되어 처벌대상이 되지 아니하던 행위에 대하여, 특별한 사정이 없는 한 불가벌적 사후행위로 볼 수 없고 별도의 횡령죄를 구성한다고 함으로써 이를 원칙적인 처벌대상으로 보고 있다. 그러나 앞서 본 횡령죄의 구성요건이나 보호법익, 성격 및 불가벌적 사후행위에 관한 판례의 견해 등에 비추어 보면, '타인의 부동산을 보관 중인 자가 불법영득의사를 가지고 그 부동산에 근저당권설정등기를 경료한 후 같은 부동산에 별개의 근저당권을 설정하거나 해당 부동산을 매각하는 행위'를 불가벌적 사후행위로 보아 원칙적으로 처벌대상에서 제외시키는 기존 대법원 판례의 견해가, 시대와 상황의 변화에 따라 정의관념에 크게 어긋나게 되었거나 형법상 횡령죄 처벌규정의 취지를 현저히 벗어나게 되었다고 할 수 없다. 설령 그것이 정의관념에 다소 반하거나 횡령죄 처벌규정의 취지를 충분히 실현하지 못하는 측면이 있더라도, 위와 같은 후행 횡령행위를 모두 선행 횡령행위와 별도로 처벌하는 것이 기존의 축적된 대법원 판례를 전면적으로 바꾸어 그에 기초한 법적 안정성을 해쳐도 좋을 정도로 우월한 가치를 가진다거나 선행 횡령행위와 별도로 반드시 처벌해야 할 만큼 후행 횡령행위의 반사회성이나 가벌성이 명백하다고 보이지도 않는다.

따라서 다수의견이 이와 같은 사정들을 충분히 고려하지 아니한 채 앞서 본 바와 같은 이유만을 들면서 기존에 축적된 많은 대법원 판결들의 견해를 광범위하게 변경하려는 것은 매우 부당하여 찬성할 수 없다.

다. 다만 기존의 대법원 판례에 따르더라도 선행 횡령행위로 생긴 소유권 침해가 회복된 후에 행해진 후행 횡령행위에 대하여는 횡령죄가 별도로 성립하는 것이므로(대법원 1978. 11. 28. 선고 78도2175 판결, 대법원 1996. 11. 29. 선고 96도1755 판결, 대법원 2000. 3. 24. 선고 2000도310 판결 등 참조), 선행 횡령행위로 발생한 소유권 침해의 위험이 미약하여 과도한 비용과 노력을 들이지 아니하고도 그 위험을 제거하거나 원상회복할 수 있는 상태에서 그보다 월등히 큰 위험을 초래하는 후행 횡령행위를 저지른 경우에는 그 행위의 반사회성이나 가벌성이 충분히 인정되고 일반인으로서도 그에 대한 처벌을 감수함이 마땅하다고 여길 만하다. 이와 같은 경우에는 예외적으로 이를 불가벌적 사후행위로 볼 것이 아니라 처벌대상으로 삼을 필요가 있다. 기존의 판례를 변경하지 아니하고도 이러한 해석이 가능할 것이고, 이러한 해석을 하려면 판례를 변경하여야 한다고 보더라도 그 범위 내에서만 제한적으로 변경함으로써 충분할 것이다. 즉 다수의견이 변경하고자 하는 대법원 판결들은 위와 같이 처벌대상으로 삼을 필요가 있는 경우까지 후행 횡령행위를 불가벌적 사후행위로 보아야 한다고 판시한 것이라고 단정하기는 어려우므로 이를 굳이 변경할 필요가 없고, 설령 변경할 필요가 있더라도 위와 같은 경우까지 후행 횡령행위를 불가벌적 사후행위로 보는 범위 내에서만 변경하면 된다. 나아가 위 대법원 판결들 중 적어도 대법원 1997. 1. 20. 선고 96도2731 판결, 대법원 1999. 11. 26. 선고 99도2651 판결, 대법원 2000. 3. 24. 선고 2000도310 판결, 대법원 2006. 11. 9. 선고 2005도8699 판결 등은 선행 횡령행위로 발생한 소유권 침해의 위험이 상당하여 이를 제거하거나 원상회복하는 데 적지 않은 비용과 노력을 들여야 하는 경우 혹은 후행 횡령행위가 초래하는 위험이 선행 횡령행위로 발생한 위험에 비하여 그다지 크지 않은 경우에 해당하여 후행 횡령행위를 불가벌적 사후행위로 보는 것이 상당한 사안에 관한 판결이므로 이를 변경하는 것이 오히려 타당하지 아니하다고 하겠다.

그런데 이 사건에서, 피고인 1이 피해자 종중으로부터 명의신탁받아 보관 중이던 이 사건 토지에 관하여 1995. 11. 30. 채권최고액 1,400만 원의 근저당권을 설정한 행위나 2003. 4. 15. 채권최고액 750만 원의 근저당권을 설정한 행위는 비록 이 사건 토지 전체의 소유권을 침해할 위험을 초래한 것이어서 토지 전체에 대한 횡령죄를 구성하지만, 그로 인하여 초래된 소유권 침해의 위험이 미약하여 과도한 비용과 노력을 들이지 아니하고도 그 위험을 제거하거나 원상회복할 수 있는 정도라고 못 볼 바 아니고, 이후 피고인들이 공모하여 이 사건 토지를 1억 9,300만 원에 제3자에게 매도한 행위는 위와 같은 선행의 근저당권설정행위로 발생한 위험보다 월등히 큰 위험을 초래하는 것으로서 새로운 법익침해를 수반하는 것이라고 평가할 수도 있으므로, 이를 선행 횡령행위에 의하여 이미 평가되어 버린 불가벌적 사후행위라고 보기는 마땅치 않다. 따라서 피고인들의 이 사건 토지 매도행위가 별도의 횡령죄를 구성한다고 본 원심판결의 결론은 수긍할 만하다.

라. 이상과 같이 피고인들의 상고를 모두 기각하여야 한다는 다수의견의 결론에는 반대하지 아니하나, 그 이유는 달리함이 옳다고 본다. 이에 별개의견으로 이를 밝혀둔다.

5. 대법관 이인복, 대법관 김신의 반대의견은 다음과 같다.

다수의견은 선행 처분행위로 횡령죄가 기수에 이른 뒤 새로운 처분행위가 이루어졌을 때 그 후행 처분행위가 선행 처분행위에 의하여 발생한 위험을 현실적인 법익침해로 완성하는 수단에 불과하거나 그 과정에서 당연히 예상될 수 있는 것이어서 새로운 위험을 추가하는 것이 아니라면 그 후행 처분행위가 이른바 불가벌적 사후행위로서 별개의 범죄를 구성하지 않는다고 전제한 다음, 타인의 부동산을 보관 중인 자가 불법영득의사를 가지고 그 부동산에 근저당권을 설정함으로써 일단 횡령죄가 완성되었다고 하였더라도 그 후 같은 부동산에 새로운 근저당권을 설정하거나 아예 해당 부동산 전체를 매각하는 등의 처분행위를 하는 것은 선행 횡령행위인 근저당권설정행위로 인하여 당연히 예상할 수 있는 범위를 넘어 새로운 법익침해의 위험이나 결과를 낳는 것이므로 특별한 사정이 없는 한 이를 불가벌적 사후행위로 볼 수 없다고 하였다.

그러나 형법 제355조 제1항에서 규정한 횡령죄는 재물의 영득을 그 구성요건적 행위로 삼는다는 점에서 재산상의 이익을 대상으로 하는 같은 조 제2항의 배임죄와 구분되는데, 재물에 대한 불법영득의사는 피해자의 소유권 등 본권에 대한 전면적 침해를 본질적 내용으로 하므로 그러한 불법영득의사에 기한 횡령행위가 있을 경우 이미 그에 의한 법익침해의 결과나 위험은 그 소유권 등의 객체인 재물의 전체에 미친다고 볼 수밖에 없고, 따라서 일단 위와 같은 횡령죄가 성립한 후에는 재물의 보관자에 의한 새로운 처분행위가 있다고 하여 별도의 법익침해의 결과나 위험이 발생할 수 없음은 당연한 논리적 귀결이다.

다수의견은, 부동산에 대한 선행 처분행위인 근저당권설정행위가 횡령죄를 구성한다고 하면서도, 같은 부동산에 새로운 근저당권을 설정하거나 그 부동산을 매각하는 것과 같은 후행 처분행위는 선행 횡령행위를 통해 당연히 예상할 수 있는 범위를 넘어 새로운 법익침해의 위험이나 결과를 낳는 것이라고 하나, 본래 해당 부동산에 관한 근저당권설정행위가 그 부동산 전부에 대한 횡령죄로 평가될 수 있는 것은 그 행위를 둘러싼 여러 객관적 사정에 비추어 근저당권설정행위가 단순한 일부 재산상 가치의 유용이 아니라 재물로서 해당 부동산 전부에 대한 불법영득의사의 객관적 표현이라고 인정되기 때문이고, 결국 어떠한 처분행위가 횡령죄에 해당한다는 것과 그 횡령 대상물에 대한 가벌적인 추가적 법익침해의 위험이나 결과가 가능하다는 것 사이에는 양립불가능한 법률적 평가의 모순이 존재한다.

그럼에도 선행 처분행위의 횡령죄 성립과 후행 처분행위의 처벌가능성을 동시에 긍정하는 것은 위와 같은 모순관계를 도외시한 채 후행 처분행위에 대한 처벌필요성에만 주목한 때문이라고 볼 수밖에 없는데, 다수의견은 여기에 더하여 그 내용이나 범위를 가늠하기 어려운 '특별한 사정'이라는 문구를 통해 후행 처분행위의 처벌가능성에 대한 예외를 상정함으로써 불명확성까지 더하고 있는 것으로 보여 이에 동의하기 어렵다.

요컨대 타인의 부동산을 보관 중인 자가 그 부동산의 일부 재산상 가치를 신임관계에 반하여 유용하는 행위로서, 즉 배임행위로서 제3자에게 근저당권을 설정한 것이 아니라, 아예 해당 부동산을 재물로서 불법적으로 영득할 의사로, 즉 횡령행위로서 근저당권을 설정한 것이라면, 이러한 횡령행위에 의한 법익침해의 결과나 위험은 그때 이미 위 부동산에 관한 소유권 전체에 미치게 되고, 이 경우 후행 처분행위에 의한 추가적 법익침해의 결과나 위험은 법논리상 불가능하다고 보아야 한다.

따라서 이 사건에서 원심의 판단과 같이 피고인의 선행 근저당권설정행위에 따른 법익침해의 결과나 위험이 후행 처분행위에 의한 법익침해의 결과나 위험까지 포함하지 아니한다고 평가하는 것은, 선행행위가 해당 부동산에 대한 불법영득의사에 기한 횡령행위가 아니라 그 부동산의 일부 재산상 가치를 유용한다는 배임행위로서 이루어졌을 때에만 가능하므로, 대법원으로서는 피고인의 선행 근저당권설정행위가 횡령죄를 구성하더라도 후행 처분행위가 불가벌적 사후행위에 해당하지 아니할 수 있다고 본 원심의 논리를 그대로 수긍할 것이 아니라, 선행 근저당권설정행위가 횡령죄가 아닌 배임죄를 구성하는 조건에서만 후행 처분행위의 처벌가능성이 긍정됨을 지적하여 그와 다른 취지의 원심판결을 파기함으로써 원심으로 하여금 선행 처분행위가 과연 횡령행위로서 이루어진 것인지, 아니면 배임행위에 그친 것인지를 추가로 심리·판단한 후 그 결과에 따라 이 사건 공소사실의 유·무죄를 다시 따져보도록 하여야 한다. 그리고 만일 종전 판례들 가운데 타인의 부동산을 보관하는 자가 제3자에게 근저당권을 설정해 준 경우 그 범의나 행위의 성격을 구체적으로 따지지 않고 무조건 불법영득의사가 인정되어 횡령죄를 구성한다고 본 것이 있다면, 위와 같은 법리에 배치되는 한도 내에서 해당 판례를 변경할 필요도 있다.

이상과 같은 이유로 다수의견에 동의하지 아니하므로 이에 반대하는 취지를 밝힌다.

대법원장 양승태(재판장) 양창수 신영철 민일영 이인복 이상훈 박병대 김용덕 박보영 고영한 김창석(주심) 김신 김소영

대법원 2013.2.14. 선고 2011도10302 판결

【특정경제범죄가중처벌등에관한법률위반(횡령)·특정경제범죄가중처벌등에관한법률위반(배임)[일부인정된죄명:특정경제범죄가중처벌등에관한법률위반(횡령)]·부정수표단속법위반·무고·사기】

판시사항

회사의 대표이사가 대표권을 남용하여 회사 명의의 약속어음을 발행한 사실을 상대방이 알았거나 중대한 과실로 알지 못하여 회사가 상대방에 대해 채무를 부담하지 아니하는 경우, 회사에 대하여 배임죄에서의 재산상 실해 발생의 위험이 초래되었다고 볼 수 있는지 여부(원칙적 적극) 및 약속어음이 제3자에게 유통되지 아니한다는 특별한 사정이 있는지 판단하는 기준

판결요지

회사의 대표이사가 대표권을 남용하여 회사 명의의 약속어음을 발행하였다면, 비록 상대방이 그 남용의 사실을 알았거나 중대한 과실로 알지 못하여 회사가 상대방에 대하여는 채무를 부담하지 아니한다 하더라도 약속어음이 제3자에게 유통될 경우 회사가 소지인에 대하여 어음금채무를 부담할 위험은 이미 발생하였다 할 것이므로, 그 약속어음이 제3자에게 유통되지 아니한다는 특별한 사정이 없는 한 경제적 관점에서는 회사에 대하여 배임죄에서의 재산상 실해 발생의 위험이 초래되었다고 봄이 상당하다. 여기에서 그 약속어음이 제3자에게 유통되지 아니한다는 특별한 사정이 있는지 여부는 어음의 발행인과 수취인 기타 관련자들의 관계 및 그들 사이의 종전 거래실제, 유통하지 아니한다는 확약이 있는지 여부 등 약속어음 발행 전후의 구체적 경위와 사정, 발행된 어음의 문면·형식·재질 기타 유통성에 영향을 주는 어음의 외형적 요소, 나아가 약속어음 외에 다른 담보가 제공되었는지 여부, 그 담보의 종류 또는 내용, 어음수취인 기타 관련자들의 권리 추급 기타 그 권리관계의 전개양상 등 여러 사정들을 종합적으로 고려하여 판단하여야 한다.

전 문

피 고 인 피고인 1 외 1인

상 고 인 피고인들 및 검사

변 호 인 변호사

원심판결 서울고법 2011. 7. 14. 선고 2011노319 판결

주 문 피고인들에 대한 원심판결 중 유죄 부분 및 2008. 9. 16.자 '특정경제범죄 가중처벌 등에 관한 법률' 위반(배임) 부분을 파기하고, 이 부분 사건을 서울고등법원에 환송한다. 검사의 나머지 상고를 기각한다.

이 유 상고이유를 판단한다.

1. 피고인들의 상고이유에 대하여

원심판결 이유를 원심이 적법하게 채택한 증거들에 비추어 살펴보면, 원심이 그 판시와 같은 이유를 들어 이 사건 공소사실 중 피고인 2에 대한 '특정경제범죄 가중처벌 등에 관한 법률' 위반(횡령)의 점, 피고인 1에 대한 2008. 5. 9.자 10억 원을 제외한 '특정경제범죄 가중처벌 등에 관한 법률' 위반(횡령)의 점 및 공소외 1에 대한 무고의 점이 모두 유죄로 인정된다고 판단한 것은 수긍할 수 있고, 거기에 상고이유의 주장과 같이 논리와 경험의 법칙에 반하여 사실을 잘못 인정하거나 업무상 횡령죄의 성립에 관한 법리를 오해하는 등의 위법이 없다.

2. 검사의 상고이유에 대하여

가. 2008. 9. 16.자 보증 및 약속어음의 발행·교부로 인한 '특정경제범죄 가중처벌 등에 관한 법률' 위반(배임)의 점에 관하여

(1) 배임죄는 타인의 사무를 처리하는 자가 그 임무에 위배하는 행위로써 재산상 이익을 취득하거나 제3자로 하여금 이를 취득하게 하여 본인에게 손해를 가함으로써 성립하는 범죄이다. 여기에서 '재산상의 손해를 가한 때'라고 함은 현실적인 손해를 가한 경우뿐만 아니라 재산상 실해 발생의 위험을 초래한 경우도 포함된다. 또한 재산상 손해의 유무에 대한 판단은 본인의 재산상태 전체와의 관계에서 법적 판단에 의하지 아니하고 경제적 관점에서 이루어져야 하므로, 법적 판단에 의하여 당해 배임행위가 무효라고 하더라도 경제적 관점에서 파악하여 배임행위로 인하여 본인에게 현실적인 손해를 가하였거나 재산상 실해 발생의 위험을 초래한 경우에는 재산상의 손해를 가한 때에 해당되어 배임죄를 구성한다(대법원 1995. 12. 22. 선고 94도3013 판결 등 참조). 그리고 일단 손해의 위험성을 발생시킨 이상 사후에 피해가 회복되었거나 회복가능성이 생겼다고 하여도 배임죄의 성립에 영향을 주는 것은 아니다(대법원 1995. 2. 17. 선고 94도3297 판결 참조).

한편 회사의 대표이사가 자신의 개인 채무를 담보하기 위하여 회사 명의의 약속어음을 발행하는 것은 다른 특별한 사정이 없는 한 대표권 남용행위에 해당하고, 만일 상대방이 그 사실을 알았거나 중대한 과실로 알지 못하였다면 대표이사가 그와 같이 회사 명의의 약속어음을 발행한 것은 회사에 대하여 효과가 미치지 아니한다고 할 것이므로 회사는 상대방에 대하여 어음금채무를 지지 아니한다. 또한 그 경우 회사는 원칙적으로 상대방에 대하여 민법 제35조 제1항에 의한 손해배상책임 또는 민법 제756조 제1항에 의한 사용자책임을 지지 아니한다(대법원 2011. 9. 29. 선고 2011도8110 판결 등 참조). 그러나 약속어음은 원칙적으로 배서에 의하여 양도할 수 있고(어음법 제11조 제1항, 제77조 제1항), 약속어음상 채무의 이행을 청구받은 자는 그 소지인이 채무자를 해할 것을 알고 어음을 취득한 경우가 아니라면 발행인 또는 종전의 소지인에 대한 인적 관계로 인한 항변으로써 소지인에게 대항하지 못한다(어음법 제17조, 제77조 제1항). 그렇다면 회사의 대표이사가 대표권을 남용하여 회사 명의의 약속어음을 발행하였다면, 비록 상대방이 그 남용의 사실을 알았거나 중대한 과실로 알지 못하여 회사가 상대방에 대하여는 채무를 부담하지 아니한다 하더라도 약속어음이 제3자에게 유통될 경우 회사가 소지인에 대하여 어음금채무를 부담할 위험은 이미 발생하였다 할 것이므로, 그 약속어음이 제3자에게 유통되지 아니한다는 특별한 사정이 없는 한 경제적 관점에서는 회사에 대하여 배임죄에서의 재산상 실해 발생의 위험이 초래되었다고 봄이 상당하다(대법원 2012. 12. 27. 선고 2012도10822 판결 참조). 여기에서 그 약속어음이 제3자에게 유통되지 아니한다는 특별한 사정이 있는지 여부는 어음의 발행인과 수취인 기타 관련자들의 관계 및 그들 사이의 종전 거래실제, 유통하지 아니한다는 확약이 있는지 여부 등 약속어음 발행 전후의 구체적 경위와 사정, 발행된 어음의 문면·형식·재질 기타 유통성에 영향을 주는 어음의 외형적 요소, 나아가 약속어음 외에 다른 담보가 제공되었는지 여부, 그 담보의 종류 또는 내용, 어음수취인 기타 관련자들의 권리 추급 기타 그 권리관계의 전개양상 등 여러 사정들을 종합적으로 고려하여 판단하여야 한다.

(2) 원심은, 피고인들의 2008. 9. 16.자 '특정경제범죄 가중처벌 등에 관한 법률' 위반(배임)의 점에 관하여 그 판시와 같은 사실을 인정한 후, 피고인들이 공모하여 업무상 임무에 위배하여 공소외 2 주식회사(이하 '공소외 2 회사'라고 한다)의 공소외 3 회사(이하 '공소외 3 회사'라고 한다)(대표이사 공소외 4)에 대한 주식인수 증거금 50억 원의 반환채무에 대하여 피해자 공소외 5 주식회사(이하 '피해자 회사'라고 한다)로 하여금 보증을 서게 하고, 아울러 그 담보로 피해자 회사 명의의 액면금 50억 원인 이 사건 약속어음 1장을 발행하여 공소외 3 회사에 교부한 행위는, ① 당시 공소외 3 회사와 피해자 회사는 2008. 9. 16.자 투자합의서를 통하여 공동으로 탄자니아 금광사업을 수행하기로 약정하는 등 협력관계가 유지되고 있었던 점, ② 이 사건 약속어음은 피해자 회사의 50억 원의 보증채무 이행에 대한 담보 명목으로 발행·교부된 것인 점(제1심 증인 공소외 4 역시 법정에서 "이 사건 약속어음을 행사하지 아니하고 담보로 가지고 있을 생각이었다"고 진술하였다), ③ 실제로 공소외 3 회사는 이 사건 약속어음을 그대로 소지하고 있다가 2009. 3. 16. 피해자 회사와 사이에 금전소비대차계약 공정증서를 작성하면서 피해자 회사에 반환한 점 등을 고려할 때, 검사가 제출한 증거들만으로는 발행 당시 이 사건 약속어음이 제3자에게 유통될 위험성이 있었다거나 또는 피고인들이 이러한 위험성을 미필적으로나마 인식하였다고 보기 어렵다는 이유로 이 부분 공소사실을 무죄로 판단하였다.

(3) 그러나 앞서 본 법리에 비추어 보면 원심의 판단은 다음과 같은 이유로 수긍하기 어렵다.

우선 원심판결 이유에 의하더라도 이 사건 약속어음은 공소외 2 회사의 공소외 3 회사에 대한 50억 원의 증거금 반환채무에 대한 피해자 회사의 보증채무(이 보증채무의 부담 자체가 피고인들의 배임적 대표권 행사로 인한 것이다)를 담보할 목적으로 공소외 3 회사의 적극적 요청에 따라 발행되었다는 것이므로, 공소외 3 회사가 위 증거금 반환채권의 실현을 현실적으로 확보하기 위하여 공소외 3 회사가 언제든지 제3자에게 이 사건 약속어음을 배서양도할 가능성이 있었다고 봄이 상당하다. 또한 기록에 의하면 공소외 3 회사는 이후 이 사건 약속어음에 갈음한 금전소비대차계약 공정증서에 터잡아 피해자 회사의 채권에 대하여 압류 및 추심명령에까지 나아간 사실을 알 수 있으므로, 원심이 들고 있는 이 사건 약속어음 발행 당시의 공소외 3

회사와 피해자 회사 사이의 협력관계만으로 이 사건 약속어음의 유통가능성을 부정하기 어렵고, 공소외 3 회사가 이 사건 약속어음을 유통시키지 아니하고 그대로 반환하였다는 사정은 이 사건 약속어음 발행 후 공소외 3 회사의 권리추급과정에서 일어난 우연한 사정에 불과하다. 여기에 더하여 기록에 의하여 알 수 있는 다음과 같은 사정들, 즉 피고인들은 이 사건 약속어음을 발행할 당시 수취인인 공소외 3 회사로부터 유통에 돌리지 아니한다는 어떠한 확약 또는 언질도 받은 바 없는 점, 이 사건 약속어음의 만기가 다가오자 공소외 3 회사에게 금전소비대차계약 공정증서를 작성하여 주고서야 이 사건 약속어음을 반환받은 점, 이 사건 약속어음은 피해자 회사의 거래은행을 지급장소로 미리 인쇄되어 있는 등 은행으로부터 교부받은 정식의 어음용지에 작성된 은행도 어음으로서 그 유통성이 이른바 문방구어음 등에 비하여 높다고 일반적으로 인식되고 있는 점 등을 종합하여 보면, 결국 원심이 든 사정들만으로는 이 사건 약속어음이 제3자에게 유통되지 아니할 특별한 사정이 있다고 볼 수 없다고 할 것이다.

그럼에도 원심은 그 판시와 같은 사정들만으로 이 사건 약속어음이 제3자에게 유통되지 아니할 특별한 사정이 있었다거나 또는 피고인들이 이러한 위험성을 미필적으로나마 인식하였다고 보기 어렵다고 판단하여 피고인들에게 무죄를 선고하였다. 이러한 원심의 판단에는 배임죄에서의 실해 발생의 위험에 대한 법리를 오해하여 판결에 영향을 미친 잘못이 있다.

나. 피고인들의 공소외 6에 대한 사기의 점, 피고인 1의 2008. 5. 9.자 10억 원에 대한 '특정경제범죄 가중처벌 등에 관한 법률' 위반(횡령)의 점에 관하여

원심판결의 이유를 기록에 비추어 살펴보면, 원심이 그 판시와 같은 이유를 들어 피고인들에 대한 이 사건 공소사실 중 공소외 6에 대한 사기의 점, 피고인 1에 대한 2008. 5. 9.자 10억 원에 대한 '특정경제범죄 가중처벌 등에 관한 법률' 위반(횡령)의 점에 관하여 각 범죄의 증명이 없다는 이유로 모두 무죄로 판단한 것은 정당하다. 거기에 상고이유의 주장과 같이 논리와 경험의 법칙에 반하여 사실을 잘못 인정하거나 업무상 배임죄 및 업무상 횡령죄의 성립에 관한 법리를 오해하는 등의 위법이 있다고 할 수 없다.

다. 유죄 부분에 관하여

한편 검사는 원심판결 중 유죄 부분에 대하여도 상고하였으나, 상고장에 이유의 기재가 없고 상고이유서에도 이에 대한 불복이유의 기재를 찾아볼 수 없다.

3. 파기의 범위

항소심이 수개의 범죄사실 중 일부에 대하여는 유죄, 나머지에 대하여는 무죄를 선고하고, 그 판결에 대하여 피고인 및 검사 쌍방이 상고를 제기하였으나 유죄 부분에 대한 피고인의 상고는 이유가 없고 무죄 부분에 대한 검사의 상고만이 이유 있는 경우, 항소심이 유죄로 인정한 죄와 무죄로 인정한 죄가 형법 제37조 전단의 경합범 관계에 있다면 항소심판결의 유죄 부분도 무죄 부분과 함께 파기되어야 한다(대법원 2009. 12. 10. 선고 2009도1166 판결 참조).

이러한 법리에 의하면, 원심판결 중 유죄 부분과 무죄 부분 중 검사의 상고를 받아들여 파기되는 위 2008. 9. 16.자 '특정경제범죄 가중처벌 등에 관한 법률' 위반(배임) 부분은 형법 제37조 전단의 경합범 관계에 있어 그 전체에 대하여 하나의 형이 선고되어야 한다. 따라서 원심판결 중 피고인에 대한 유죄 부분 및 2008. 9. 16.자 '특정경제범죄 가중처벌 등에 관한 법률' 위반(배임)의 점에 대한 무죄 부분은 그 전부를 파기할 수밖에 없다.

4. 결론

그러므로 원심판결 중 유죄 부분 및 위의 2008. 9. 16.자 '특정경제범죄 가중처벌 등에 관한 법률' 위반(배임) 부분을 파기하고, 이 부분 사건을 다시 심리·판단하게 하기 위하여 원심법원으로 환송하며, 검사의 나머지 상고를 기각하기로 하여, 관여 대법관의 일치된 의견으로 주문과 같이 판결한다.

대법관 고영한(재판장) 양창수(주심) 박병대 김창석

대법원 2013.2.14. 선고 2010다108579 판결

【손해배상(기)】

판시사항

[1] 정정보도청구 재판에서 법원이 정정보도의 내용, 위치, 방식 등을 정할 수 있는지 여부(적극) 및 신청인이 구하는 정정보도문에 내용상 제한이나 허용 범위를 벗어나는 부분이 포함되어 있는 경우, 법원이 적절히 수정하여 인용할 수 있는지 여부(적극)

[2] 잡지에 공직자를 비난하는 내용의 기고문을 게재한 행위가 명예훼손이 되는 경우

[3] 인터넷상 가상공동체의 자료실이나 게시판 등에 게시·저장된 자료에 터 잡아 사실관계의 조사나 확인 없이 다른 사람의 명예를 훼손하는 기고문을 게재한 경우, 그 내용이 진실이라고 믿을 만한 상당한 이유가 있다고 볼 수 있는지 여부(소극)

판결요지

[1] 구 언론중재 및 피해구제 등에 관한 법률(2011. 4. 14. 법률 제10587호로 개정되기 전의 것) 제15조 제5항, 제6항의 규정 취지 및 내용과 함께 정정보도청구의 재판에서 적용하여야 할 이른바 무기대등의 원칙을 고려하여 보면, 법원은 사안에 따라 적절한 반론의 효과를 거둘 수 있도록 정정보도의 내용과 위치 및 방식 등을 정할 수 있고, 신청인이 구하는 정정보도문에 내용상의 제한이나 허용 범위를 벗어나는 부분이 포함되어 있으면 법원은 신청인이 구하는 정정보도의 전체적인 취지에 반하지 않는 범위 안에서 적절히 수정하여 인용할 수 있다.

[2] 신문에 비하여 신속성의 요청이 덜한 잡지에 인신공격을 하는 표현으로 비난하는 내용의 기고문을 게재할 경우에는 기사 내용의 진실 여부에 대하여 미리 충분한 조사활동을 거쳐야 할뿐더러, 잡지에 기고한 기고문의 내용이나 표현 방식, 의혹 사항의 내용이나 공익성, 공직자 또는 공직 사회의 사회적 평가를 저하시키는 정도, 기고문을 게재하기까지의 사실 확인을 위한 노력의 정도, 기타 주위의 여러 사정 등을 종합하여 판단할 때, 그 기고문의 게재가 공직자 또는 공직 사회에 대한 감시·비판·견제라는 정당한 언론활동의 범위를 벗어나 악의적이거나 심히 경솔한 공격으로서 현저히 상당성을 잃은 것으로 평가되는 경우에는, 비록 공직자 또는 공직 사회에 대한 감시·비판·견제의 의도에서 비롯된 것이라고 하더라도 공직자 등의 수인 범위를 넘어 명예훼손이 되는 것으로 보지 않을 수 없다.

[3] 민사상으로 타인의 명예를 훼손하는 행위를 한 경우에도 그것이 공공의 이해에 관한 사항으로서 목적이 오로지 공공의 이익을 위한 것인 때에는 진실한 사실이라는 증명이 있으면 그 행위에 위법성이 없고, 또한 증명이 없더라도 행위자가 그것을 진실이라고 믿을 만한 상당한 이유가 있는 경우에는 위법성이 없다고 보아야 한다. 다만 인터넷에서 무료로 취득한 공개 정보는 누구나 손쉽게 복사·가공하여 게시·전송할 수 있는 것으로서, 그 내용의 진위가 불명확함은 물론 궁극적 출처도 특정하기 어려우므로, 특정한 사안에 관하여 관심이 있는 사람들이 접속하는 인터넷상 가상공동체(cyber community)의 자료실이나 게시판 등에 게시·저장된 자료를 보고 그에 터 잡아 달리 사실관계의 조사나 확인을 하지 않고 다른 사람의 사회적 평판을 저하할 만한 사실을 적시한 기고문을 게재하였다면, 설령 행위자가 그 내용이 진실이라 믿었다 한들, 그렇게 믿을 만한 상당한 이유가 있다고 보기 어렵다.

전　문

원고, 피상고인 겸 상고인 원고

피고, 상고인 겸 피상고인 주식회사

원심판결 서울고법 2010. 12. 1. 선고 2010나34892 판결

주 문 상고를 모두 기각한다. 상고비용은 각자가 부담한다.

이 유 상고이유를 판단한다.

1. 원고의 상고이유에 대하여

가. 구 언론중재 및 피해구제 등에 관한 법률(2011. 4. 14. 법률 제10587호로 개정되기 전의 것) 제15조 제5, 6항의 규정 취지 및 내용과 함께 정정보도청구의 재판에서 적용하여야 할 이른바 무기대등의 원칙을 고려하여 보면, 법원은 사안에 따라 적절한 반론의 효과를 거둘 수 있도록 정정보도의 내용과 위치 및 방식 등을 정할 수 있다 할 것이고(대법원 1996. 12. 23. 선고 95다37278 판결 등 참조), 신청인이 구하는 정정보도문에 내용상의 제한이나 허용 범위를 벗어나는 부분이 포함되어 있으면 법원은 신청인이 구하는 정정보도의 전체적인 취지에 반하지 않는 범위 안에서 적절히 수정하여 인용할 수 있다(대법원 2000. 3. 24. 선고 99다63138 판결 등 참조).

나. 기록에 의하면 원고는 이 사건 정정보도문을 피고의 잡지 제2~3면에 게재하여 달라고 청구하였을 뿐 그러한 정정보도가 있음을 표시하는 내용을 목차에 넣도록 청구하지는 않았던 점, 피고의 잡지 2~3면에는 통상 목차가 배치되는 점 등을 감안하여 제1심은 정정보도문의 게재 위치를 특집이 게재되는 앞 페이지인 12면으로 정하면서 표지와 목차에 그 정정보도가 있음을 알리는 표시를 하도록 명하였는데, 원심은 그 중 표지에 표시하도록 한 부분은 제외한 점, 원심 판시 이 사건 기고문이 실린 잡지에서도 표지에는 그 기고문의 제목("인터넷 광장에서 타오르는 촛불 이야기" 또는 부제로 붙인 "이것이 아고라다")은 표시되어 있지 않고 기고자의 닉네임인 '권태로운 창'을 인용하여 단지 "산문 권태로운 창 Pianiste"라고만 기재되어 있는 점, 제1심판결에서는 정정보도문의 내용에 '스마일'이라는 닉네임의 네티즌을 수식하는 표현으로 "진보적인 사상을 헐뜯는 내용의 악의적인 글들을 '아고라'에 게시해" 왔다는 내용을 부가하였으나 원심에서는 이를 제외하였는데, 이 사건 기고문 자체에도 위 수식어 부분과 같은 내용은 없고 단지 "심스마일이 5월 한 달에만 무려 846개의 글을 아고라에 올려 그곳을 혼탁하게 했다."는 내용이 있을 뿐인 점 등을 알 수 있다.

다. 위와 같은 사정을 앞서 본 법리에 비추어 보면, 원심이 정정보도문의 게재 위치를 12면으로 정하고 목차에만 그 게재 사실을 표시하도록 한 데에 아무런 위법 사유가 없고, 또한 위 수식어 부분은 이 사건 기고문 자체에도 없는 내용일 뿐 아니라 거기에 포함된 다른 사실적 주장과도 관련이 없는 것이므로 이를 정정보도문에 포함시키는 것이 오히려 부적절하다 할 것이므로, 원심이 그 부분을 정정보도문에서 제외한 것은 정당한 것으로 수긍이 된다.

또한 원심이 이 사건 기고문 중 문제가 되는 "네티즌들의 추적 결과 원고가 '스마일'이라는 대화명으로 '아고라'에 2008. 5. 한 달 동안 무려 846개의 글을 올려 '아고라'를 혼탁하게 하였음을 밝혀냈다."는 부분(이하 '이 사건 쟁점 부분')의 내용과 분량 및 그 표현방법, 그로 인하여 원고가 입은 피해, 원고가 구하는 정정보도의 내용과 방법 기타 이 사건 변론에 나타난 모든 사정을 종합하여, 원고의 명예회복을 위한 적당한 처분으로서 그 판시와 같은 크기, 게재 방법 및 내용으로 정정보도문의 게재를 명한 것은 정당하고, 거기에 상고이유에서 주장하는 바와 같은 정정보도문에 관한 법리오해의 위법이 있다 할 수 없다.

2. 피고의 상고이유에 대하여

가. 언론·출판의 자유와 명예보호 사이의 한계를 설정함에 있어서 표현된 내용이 공공적·사회적인 의미를 가진 사안에 관한 것인 경우에는 사적인 영역에 속하는 경우와는 달리 언론의 자유에 대한 제한이 완화되어야 하고, 특히 공직자의 도덕성·청렴성이나 그 업무처리가 정당하게 이루어지고 있는지 여부는 항상 국민의 감시와 비판의 대상이 되어야 한다는 점을 감안하면, 이러한 감시와 비판 기능은 그것이 악의적이거나 현저히 상당성을 잃은 공격이 아닌 한 쉽게 제한되어서는 아니 된다(대법원 2003. 1. 24. 선고 2000다37647 판결, 대법원 2003. 9. 2. 선고 2002다63558 판결 등 참조). 다만 신문에 비하여 신속성의 요청이 덜한 잡지에 인신공격을 하는 표현으로 비난하는 내용의 기고문을 게재함에 있어서는 그 기사 내용의 진실 여부에 대하여 미리 충분한 조사활동을 거쳐야 할뿐더러(대법원 1988. 10. 11. 선고 85다카29 판결 참조), 잡지에 기고한 기고문의 내용이나 표현방식, 의혹사항의 내용이나 공익성, 공직자 또는 공직 사회의 사회적 평가를 저하시키는 정도, 기고문을 게재하기까지의 사실확인을 위한 노력의 정도, 기타 주위의 여러 사정 등을 종합하여 판단할 때, 그 기고문의 게재가 공직자 또는 공직 사회에 대한 감시·비판·견제라는 정당한 언론활동의 범위를 벗어나 악의적이거나 심히 경솔한 공격으로서 현저히 상당성을 잃은 것으로 평가되는 경우에는, 비록 공직자 또는 공직 사회에 대한 감시·비판·견제의 의도에서 비롯된 것이라고 하더라도 공직자 등의 수인의 범위를 넘어 명예훼손이 되는 것으로 보지 않을 수 없다(대법원 2007. 12. 27. 선고 2007다29379 판결 등 참조).

나. 한편 민사상으로 타인의 명예를 훼손하는 행위를 한 경우에도 그것이 공공의 이해에 관한 사항으로서 그 목적이 오로지 공공의 이익을 위한 것인 때에는 진실한 사실이라는 증명이 있으면 그 행위에 위법성이 없고, 또한 그 증명이 없더라도 행위자가 그것을 진실이라고 믿을 만한 상당한 이유가 있는 경우에는 위법성이 없다고 보아야 할 것이다. 다만 인터넷에서 무료로 취득한 공개 정보는 누구나 손쉽게 복사·가공하여 게시·전송할 수 있는 것으로서, 그 내용의 진위가 불명확함은 물론 궁극적 출처도 특정하기 어려우므로, 특정한 사안에 관하여 관심이 있는 사람들이 접속하는 인터넷상의 가상공동체(cyber community)의 자료실이나 게시판 등에 게시·저장된 자료를 보고 그에 터 잡아 달리 사실관계의 조사나 확인을 하지 않고 다른 사람의 사회적 평판을 저하할 만한 사실을 적시한 기고문을 게재하였다면, 가사 행위자가 그 내용이 진실이라 믿었다 한들, 그렇게 믿을 만한 상당한 이유가 있다고 보기 어렵다(대법원 2008. 4. 24. 선고 2006다53214 판결 등 참조).

다. 원심은 그 채택 증거를 종합하여 피고가 이 사건 쟁점 부분이 진실이라고 믿었다면서 제시하는 근거들은 이 사건 쟁점 부분의 진위 여부와는 무관하거나, 진위 여부를 확인하기 위한 실제적인 조사 활동이 아닌 정황적 근거에 불과한 사실, 인터넷상에서 여러 사람이 동일한 대화명을 사용하는 것이 가능할 뿐만 아니라, 원고가 피고에게 여러 경로를 통해 자신과 '아고라의 스마일'이 무관함을 해명한 다음 이 사건 계간지의 배포 직전에는 담당 경찰관을 통해 사실관계를 확인하여 줄 것을 요청하면서 담당 경찰관의 전화번호까지 알려 주었음에도 피고는 이 사건 쟁점 부분의 진위 여부를 확인하기 위한 별다른 조치를 취하지 않았던 사실, 이 사건 계간지나 이 사건 기고문의 성격상 이를 신속하게 일반에게 공개할 것이 요청된다고 볼 만한 사정도 없는 사실 등을 인정한 다음, 이 사건 쟁점 부분을 보도한 것은 국회의원인 원고의 자질이라는 공적인 관심 사안에 관한 것인 점을 감안하더라도 악의적이거나 심히 경솔한 공격으로서 명예훼손 행위에 해당한다고 판단하여, 이 사건 쟁점 부분이 진실이라고 믿을 만한 상당한 이유가 있어서 그 보도에 위법성이 없다는 피고의 주장을 배척하였다.

라. 앞서 본 법리 및 기록에 비추어 살펴보면, 원심의 위와 같은 사실인정과 판단은 정당하고, 거기에 상고이유에서 주장하는 바와 같이 논리와 경험의 법칙을 위반하여 자유심증주의의 한계를 벗어나거나, 명예훼손의 위법성 조각에 관한 법리를 오해한 위법이 있다 할 수 없다.

3. 결론

그러므로 상고를 모두 기각하고 상고비용은 각자가 부담하도록 하여, 관여 대법관의 일치된 의견으로 주문과 같이 판결한다.

대법관 김창석(재판장) 양창수 박병대(주심) 고영한

대법원 2013.1.24. 선고 2012도12363 판결

【사기·무고·공전자기록등불실기재·불실기재공전자기록등행사·공인중개사의업무및부동산거래신고에관한법률위반】

판시사항

[1] 공정증서원본불실기재죄 또는 공전자기록등불실기재죄에서 '부실의 사실'의 의미

[2] 부동산 거래당사자가 '거래가액'을 시장 등에게 거짓으로 신고하여 받은 신고필증을 기초로 사실과 다른 내용의 거래가액이 부동산등기부에 등재되도록 한 경우, 공전자기록등불실기재죄 및 불실기재공전자기록등행사죄가 성립하는지 여부(소극)

판결요지

[1] 형법 제228조 제1항이 규정하는 공정증서원본불실기재죄나 공전자기록등불실기재죄는 특별한 신빙성이 인정되는 권리의무에 관한 공문서에 대한 공공의 신용을 보장함을 보호법익으로 하는 범죄로서 공무원에 대하여 진실에 반하는 허위신고를 하여 공정증서원본 또는 이와 동일한 전자기록등 특수매체기록에 그 증명하는 사항에 관하여 실체관계에 부합하지 아니하는 '부실의 사실'을 기재 또는 기록하게 함으로써 성립하므로, 여기서 '부실의 사실'이란 권리의무관계에 중요한 의미를 갖는 사항이 객관적인 진실에 반하는 것을 말한다.

[2] 부동산등기법이 2005. 12. 29. 법률 제7764호로 개정되면서 매매를 원인으로 하는 소유권이전등기를 신청하는 경우에는 등기신청서에 거래신고필증에 기재된 거래가액을 기재하고, 신청서에 기재된 거래가액을 부동산등기부 갑구의 권리자 및 기타사항란에 기재하도록 하였는데, 이는 부동산거래 시 거래당사자나 중개업자가 실제 거래가액을 시장, 군수 또는 구청장에게 신고하여 신고필증을 받도록 의무화하면서 거짓 신고 등을 한 경우에는 과태료를 부과하기로 하여 2005. 7. 29. 법률 제7638호로 전부 개정된 '공인중개사의 업무 및 부동산 거래신고에 관한 법률'과 아울러 부동산 종합대책의 일환으로 실시된 것으로서, 그 개정 취지는 부동산거래의 투명성을 확보하기 위한 데에 있을 뿐이므로, 부동산등기부에 기재되는 거래가액은 당해 부동산의 권리의무관계에 중요한 의미를 갖는 사항에 해당한다고 볼 수 없다. 따라서 부동산의 거래당사자가 거래가액을 시장 등에게 거짓으로 신고하여 신고필증을 받은 뒤 이를 기초로 사실과 다른 내용의 거래가액이 부동산등기부에 등재되도록 하였다면, '공인중개사의 업무 및 부동산 거래신고에 관한 법률'에 따른 과태료의 제재를 받게 됨은 별론으로 하고, 형법상의 공전자기록등불실기재죄 및 불실기재공전자기록등행사죄가 성립하지는 아니한다.

전 문

피 고 인 피고인

상 고 인 검사

변 호 인 법무법인

원심판결 대구지법 2012. 9. 21. 선고 2012노1811 판결

주 문 상고를 기각한다.

이 유 상고이유를 판단한다.

1. 무죄 부분 중 공전자기록등불실기재 및 불실기재공전자기록등행사의 점에 대하여

형법 제228조 제1항이 규정하는 공정증서원본불실기재죄나 공전자기록등불실기재죄는 특별한 신빙성이 인정

되는 권리의무에 관한 공문서에 대한 공공의 신용을 보장함을 보호법익으로 하는 범죄로서 공무원에 대하여 진실에 반하는 허위신고를 하여 공정증서원본 또는 이와 동일한 전자기록 등 특수매체기록에 그 증명하는 사항에 관하여 실체관계에 부합하지 아니하는 '부실의 사실'을 기재 또는 기록하게 함으로써 성립하므로, 여기서 '부실의 사실'이라 함은 권리의무관계에 중요한 의미를 갖는 사항이 객관적인 진실에 반하는 것을 말한다고 봄이 상당하다.

한편 부동산등기법이 2005. 12. 29. 법률 제7764호로 개정되면서 매매를 원인으로 하는 소유권이전등기를 신청하는 경우에는 등기신청서에 거래신고필증에 기재된 거래가액을 기재하고, 신청서에 기재된 거래가액을 부동산등기부 갑구의 권리자 및 기타사항란에 기재하도록 하였는바, 이는 부동산거래 시 거래당사자나 중개업자가 실제 거래가액을 시장, 군수 또는 구청장에게 신고하여 신고필증을 받도록 의무화하면서 거짓 신고 등을 한 경우에는 과태료를 부과하기로 하여 2005. 7. 29. 법률 제7638호로 전부 개정된 '공인중개사의 업무 및 부동산 거래신고에 관한 법률'과 아울러 부동산 종합대책의 일환으로 실시된 것으로서, 그 개정 취지는 부동산거래의 투명성을 확보하기 위한 데에 있을 뿐이므로, 부동산등기부에 기재되는 거래가액은 당해 부동산의 권리의무관계에 중요한 의미를 갖는 사항에 해당한다고 볼 수 없다.

따라서 부동산의 거래당사자가 거래가액을 시장 등에게 거짓으로 신고하여 신고필증을 받은 뒤 이를 기초로 사실과 다른 내용의 거래가액이 부동산등기부에 등재되도록 하였다면, '공인중개사의 업무 및 부동산 거래신고에 관한 법률'에 따른 과태료의 제재를 받게 됨은 별론으로 하고, 형법상의 공전자기록등불실기재죄 및 불실기재공전자기록등행사죄가 성립하지는 아니한다.

같은 취지에서 원심이 이 부분 공소사실에 대하여 무죄를 선고한 제1심판결을 그대로 유지한 조치는 정당하고, 거기에 상고이유의 주장과 같은 법리오해의 위법이 없다.

2. 나머지 무죄 부분에 대하여

원심판결과 원심이 유지한 제1심판결의 이유를 기록에 비추어 살펴보면, 원심이 그 판시와 같은 이유를 들어 이 사건 공소사실 중 각 사기의 점 및 무고의 점에 대하여 범죄의 증명이 없다고 하여 무죄를 선고한 제1심판결을 그대로 유지한 조치 역시 정당하고, 거기에 상고이유의 주장과 같이 논리와 경험의 법칙을 위반하고 자유심증주의의 한계를 벗어나거나 기망행위에 관한 법리를 오해한 위법이 없다.

3. 유죄 부분에 대하여

검사는 상고장에 이 부분의 상고이유를 기재하지 아니하였고, 상고이유서를 제출하지도 아니하였다.

4. 결론

그러므로 상고를 기각하기로 하여 관여 대법관의 일치된 의견으로 주문과 같이 판결한다.

대법관 이인복(재판장) 민일영 박보영 김신(주심)

대법원 2013.1.24. 선고 2012도10629 판결

【특정경제범죄가중처벌등에관한법률위반(횡령)·특정경제범죄가중처벌등에관한법률위반(배임)·상호저축은행법위반·주식회사의외부감사에관한법률위반·업무상배임·업무방해·자본시장과금융투자업에관한법률위반·뇌물공여·특정경제범죄가중처벌등에관한법률위반(사기)·상법위반】

판시사항

1 상호저축은행법 제37조 제1항 제3호, 상호저축은행법 시행령 제30조 제2항 제8호가 포괄위임입법 금지원칙이나 명확성 원칙에 위배되는지 여부(소극)

2 상호저축은행법 시행령 제30조 제2항 제8호에서 정한 '대주주 또는 상호저축은행의 임원이 사실상 그 경영을 지배하고 있다고 인정되는 법인'에 대주주 등이 상호저축은행에 대한 지배력을 매개로 하여 상호저축은행을 통하여 경영을 지배하는 법인이 포함되는지 여부(적극)

3 상호저축은행업 감독업무 시행세칙 제12조 제2호 전단에서 정한 '상호저축은행 대주주집단이 최다출자자인 기업'에 당해 상호저축은행도 포함되는지 여부(소극)

4 불법행위로 인해 근저당권이 소멸된 경우 근저당권자가 입은 재산상 손해액 및 근저당권 이외의 담보권의 경우에도 동일한 법리가 적용되는지 여부(적극)

5 갑 상호저축은행 경영진인 피고인이 영업정지가 임박한 상황에서 갑 저축은행에 파견되어 있던 금융감독원 감독관에게 알리지 아니한 채 영업마감 후에 특정 고액 예금채권자들에게 영업정지 예정사실을 알려주어 예금을 인출하도록 함으로써 파견감독관의 상시감독업무를 방해하였다는 내용으로 기소된 사안에서, 피고인의 행위가 업무방해죄의 '위계'에 해당한다고 본 원심판단을 수긍한 사례

6 허위 작성·공시된 재무제표를 이용한 사기적 부정거래로 인한 자본시장과 금융투자업에 관한 법률 위반죄와 허위 재무제표 작성·공시로 인한 주식회사의 외부감사에 관한 법률 위반죄의 죄수 관계

판결요지

1 상호저축은행법(이하 '법'이라 한다) 제37조 제1항은 대주주나 임원 또는 상호저축은행과 특수한 관계에 있는 자에 대한 부당한 대출로 상호저축은행이 부실화하는 것을 방지함과 아울러 예금주 등 상호저축은행의 채권자를 보호하고자 하는 데 목적이 있고, 위와 같은 입법 목적이나 전체적 내용, 구조 등에 비추어 보면 사물의 변별능력을 갖춘 일반인의 이해와 판단으로 상호저축은행법 시행령(이하 '시행령'이라 한다)에 정해질 특수한 관계에 있는 자는 대주주 등의 실질적 지배하에 있어 상호저축은행의 여신심사가 제대로 이루어지지 않을 위험성이 있는 자라고 충분히 예측할 수 있을 뿐만 아니라, 나아가 시행령 제30조 제2항 제8호는 법 제37조 제1항 제3호로부터 위임받은 사항 중 '대주주 또는 상호저축은행의 임원이 사실상 그 경영을 지배하고 있다고 인정되는 법인'으로 특정하여 구체적인 범위를 상호저축은행업 감독업무 시행세칙에 재위임하고 있으므로, 법 제37조 제1항 제3호, 시행령 제30조 제2항 제8호가 형벌법규의 포괄위임입법 금지원칙이나 죄형법정주의의 명확성의 원칙에 반하는 것으로 볼 수 없다.

2 대주주나 임원 또는 상호저축은행과 특수한 관계에 있는 자에 대한 부당한 대출로 상호저축은행이 부실화하는 것을 방지하기 위한 상호저축은행법 제37조 제1항의 입법 취지 등에 비추어 보면, 상호저축은행법 시행령 제30조 제2항 제8호의 '대주주 또는 상호저축은행의 임원이 사실상 그 경영을 지배하고 있다고 인정되는 법인'에는 대주주 등이 직접 지분을 취득하여 경영을 지배하는 법인뿐만 아니라, 대주주 등이 상호저축은행에 대한 지배력을 매개로 하여 상호저축은행을 통하여 경영

을 지배하는 법인도 포함된다고 해석함이 상당하다.

3 상호저축은행업 감독업무 시행세칙(이하 '시행세칙'이라 한다) 제12조는 "상호저축은행법 시행령(이하 '시행령'이라 한다) 제30조 제2항 제8호의 규정에 의한 '금융감독원장이 금융위원회의 승인을 얻어 정하는 기준에 해당하는 법인등'이라 함은 다음 각 호의 1에 해당하는 기업을 말한다."고 규정하고, 그 제2호에서는 '상호저축은행 임원 또는 대주주집단이 최다출자자인 기업 및 그 기업의 지배기업집단'을 들고 있다. 상호저축은행법 제37조 제1항 제3호는 상호저축은행의 신용공여가 금지되는 대상으로서 대주주 등과 특수한 관계에 있는 자의 범위를 시행령에 위임하고 있고, 시행령 제30조 제2항 제8호는 그 중 일부를 다시 시행세칙에 위임하고 있는데, 위와 같은 조문체계나 대향적 거래인 신용공여의 성격에 비추어 볼 때 시행세칙 제12조 제2호 전단의 '상호저축은행 대주주집단이 최다출자자인 기업'에 당해 상호저축은행은 포함되지 않는다고 해석하여야 한다. 이와 달리 시행세칙 제12조 제2호 전단의 '상호저축은행 대주주집단이 최다출자자인 기업'에 당해 상호저축은행도 포함된다고 보게 되면 상호저축은행이 자신에 대한 신용공여를 하여서는 아니 된다는 내용이 되어 불합리하기 때문이다.

4 타인의 불법행위로 인하여 근저당권이 소멸된 경우 근저당권자로서는 근저당권이 소멸하지 아니하였더라면 그 실행으로 피담보채무의 변제를 받았을 것임에도 불구하고 근저당권의 소멸로 말미암아 이러한 변제를 받게 되는 권능을 상실하게 되는 것이므로, 그 근저당권의 소멸로 인하여 근저당권자가 입게 되는 손해는 근저당 목적물인 부동산의 가액 범위 내에서 채권최고액을 한도로 하는 피담보채권액이라고 할 것이며, 이와 같은 법리는 근저당권 외에 다른 담보권의 경우에도 마찬가지로 적용된다.

5 갑 상호저축은행 경영진인 피고인이 갑 저축은행의 영업정지가 임박한 상황에서 갑 저축은행에 파견되어 있던 금융감독원 감독관에게 알리지 아니한 채 영업마감 후에 특정 고액 예금채권자들에게 영업정지 예정사실을 알려주어 예금을 인출하도록 함으로써 파견감독관의 상시감독업무를 방해하였다는 내용으로 기소된 사안에서, 피고인이 영업정지 예정사실 통지에 관한 파견감독관의 부지를 이용하여 예금채권자들로 하여금 예금을 인출하도록 한 것이 업무방해죄의 위계에 해당한다고 본 원심판단을 수긍한 사례.

6 허위 작성·공시된 재무제표를 이용한 사기적 부정거래로 인한 자본시장과 금융투자업에 관한 법률 위반죄는 허위 재무제표 작성·공시로 인한 주식회사의 외부감사에 관한 법률 위반죄와는 구성요건적 행위의 내용이나 보호법익이 전혀 다르므로, 이들 죄가 상상적 경합관계에 있다거나 전자가 후자의 불가벌적 사후행위에 해당한다고 볼 수 없다.

전 문

피 고 인 피고인 1 외 16인

상 고 인 피고인들 및 검사

변 호 인 변호사

환송판결 대법원 2011. 10. 27. 선고 2009도14464 판결

원심판결 서울고법 2012. 8. 17. 선고 2012노832, 1240 판결

주 문 원심판결 중 피고인 1, 2, 3, 4, 5, 6, 8, 9, 11, 12, 13, 14에 대한 부분을 모두 파기하고, 이 부분 사건을 서울고등법원에 환송한다. 피고인 7, 10, 15, 16, 17의 상고와 검사의 피고인 10, 16, 17에 대한 상고를 모두 기각한다.

이 유 상고이유(상고이유서 제출기간 경과 후에 제출된 각 상고이유보충서는 상고이유를 보충하는 범위 내에서)를 판단한다.

1. 대주주가 경영을 지배하는 특수목적법인(Special Purpose Company, 이하 'SPC'라 한다)에 대한 신용공여로 인한 상호저축은행법 위반의 점에 대하여

가. 포괄위임 금지 위반 등 주장에 대하여

(1) 헌법 제75조는 위임입법의 근거 및 그 범위와 한계를 제시하고 있는데 "법률에서 구체적인 범위를 정하여 위임받은 사항"이란 법률에 이미 대통령령으로 규정될 내용 및 범위의 기본사항이 구체적으로 규정되어 있어서 누구라도 당해 법률로부터 대통령령에 규정될 내용의 대강을 예측할 수 있어야 함을 의미한다. 또한 위임의 구체성·명확성 내지 예측가능성의 유무는 당해 특정조항 하나만을 가지고 판단할 것이 아니라 관련 법조항 전체를 유기적·체계적으로 종합하여 판단하여야 하고 위임된 사항의 성질에 따라 구체적·개별적으로 검토하여야 한다(헌법재판소 2006. 4. 27. 선고 2004헌가19 전원재판부 결정 등 참조). 그리고 법률에서 위임받은 사항을 전혀 규정하지 않고 재위임하는 것은 위임금지의 법리에 반하여 허용되지 아니하나, 법률에서 위임받은 사항에 관하여 대강을 정하고 그 중의 특정사항을 범위를 정하여 하위법령에 다시 위임하는 경우에는 재위임이 허용된다(헌법재판소 2004. 1. 29. 선고 2001헌마894 전원재판부 결정 등 참조).

(2) 상호저축은행법(이하 '법'이라 한다) 제37조 제1항은 "상호저축은행은 다음 각 호의 어느 하나에 해당하는 자(이하 '대주주등'이라 한다)에 대하여 신용공여 및 예금 등을 하거나 가지급금을 지급하지 못하며, 대주주등은 상호저축은행으로부터 신용공여 및 예금 등을 받거나 가지급금을 받지 못한다."고 규정하면서 그 각 호로 '1. 대주주(대통령령으로 정하는 주주를 포함한다), 2. 상호저축은행의 임직원, 3. 제1호와 제2호의 자 또는 상호저축은행과 대통령령으로 정하는 친족 또는 특수한 관계에 있는 자'를 들고 있고, 법 제39조 제2항 제3호는 법 제37조 제1항을 위반한 자를 처벌하도록 규정하고 있다. 그리고 상호저축은행법 시행령(이하 '시행령'이라 한다) 제30조 제2항은 "법 제37조 제1항 제3호에서 '대통령령으로 정하는 친족 또는 특수한 관계에 있는 자'란 다음 각 호의 어느 하나에 해당하는 자를 말한다."고 규정하면서 그 각 호에서 상호저축은행의 대주주 또는 임원 등과 일정한 관계에 있는 법인 및 개인을 특정하여 열거하고 있고, 그 중 제8호에서는 '법 제37조 제1항 제1호에 따른 대주주 또는 상호저축은행의 임원이 사실상 그 경영을 지배하고 있다고 인정되는 법인등으로서 금융감독원장이 금융위원회의 승인을 받아 정하는 기준에 해당하는 법인등'을 들고 있으며, 위 제8호의 위임에 따라 금융감독원장이 정한 상호저축은행업 감독업무 시행세칙(이하 '시행세칙'이라 한다) 제12조는 제1호 내지 제5호에서 대주주 또는 임원과 일정한 관계에 있는 법인 등을 열거하고 있다. 위와 같은 법, 시행령, 시행세칙의 실질적인 내용은 구 상호저축은행법(2010. 3. 22. 법률 제10175호로 개정되기 전의 것)에 있어서도 마찬가지이다.

법 제37조 제1항은 대주주나 임원 또는 상호저축은행과 특수한 관계에 있는 자에 대한 부당한 대출로 상호저축은행이 부실화하는 것을 방지함과 아울러 예금주 등 상호저축은행의 채권자를 보호하고자 하는 데 그 목적이 있다고 할 것이고 (대법원 2008. 7. 10. 선고 2008도3357 판결 참조), 위와 같은 입법 목적이나 그 전체적 내용, 구조 등에 비추어 보면 사물의 변별능력을 갖춘 일반인의 이해와 판단으로서 대통령령에 정해질 특수한 관계에 있는 자는 대주주 등의 실질적 지배하에 있어 상호저축은행의 여신심사가 제대로 이루어지지 않을 위험성이 있는 자라고 충분히 예측할 수 있을 뿐만 아니라, 나아가 시행령 제30조 제2항 제8호는 법 제37조 제1항 제3호로부터 위임받은 사항 중 '대주주 또는 상호저축은행의 임원이 사실상 그 경영을 지배하고 있다고 인정되는 법인'으로 특정하여 그 구체적인 범위를 시행세칙에 재위임하고 있으므로, 법 제37조 제1항 제3호, 시행령 제30조 제2항 제8호가 형벌법규의 포괄위임입법 금지원칙이나 죄형법정주의의 명확성의 원칙에 반하는 것으로 볼 수 없다.

같은 취지의 원심판단은 정당하고, 거기에 피고인 7의 상고이유 주장과 같이 포괄위임입법 금지에 관한 법리오해 등의 위법이 없다.

나. 신용공여에 해당하지 아니한다는 주장에 대하여

법 제2조 제6호는 "'신용공여'란 급부, 대출, 지급보증, 자금지원적 성격의 유가증권의 매입, 그 밖에 금융거래상의 신용위험이 따르는 상호저축은행의 직접적·간접적 거래로서 대통령령이 정하는 것을 말한다. 이 경우 누구의 명의로 하든지 본인의 계산으로 하는 신용공여는 그 본인의 신용공여로 본다."고 규정하고 있다.

원심은, 주식회사 공소외 1 저축은행(이하 '공소외 1 저축은행'이라 하고, 다른 회사들의 경우에도 '주식회사'의 기재는 생략한다) 및 ○○저축은행그룹에 속한 공소외 2 저축은행, 공소외 3 저축은행, 공소외 4 저축은행('공소외 4 상호저축은행'의 오기로 보인다), 공소외 5 저축은행(이하 위 4개 은행을 '계열은행'이라 한다)의 이 사건 각 SPC에 대한 대출이 공소외 1 저축은행이 이 사건 각 SPC를 통하여 부동산 시행사업을 직접 영위하기 위한 목적에서 이루어진 것이라고 하더라도 위 각 대출 또한 법 제37조 제1항에서 금지하고 있는 '신용공여'에 해당한다고 판단하였는바, 원심의 위와 같은 판단은 정당한 것으로 수긍이 가고 거기에 피고인 2, 7의 상고이유 주장과 같이 신용공여의 의미에 관한 법리오해 등의 위법이 없다.

다. SPC의 경영을 지배하는 주체에 관한 주장에 대하여

대주주나 임원 또는 상호저축은행과 특수한 관계에 있는 자에 대한 부당한 대출로 상호저축은행이 부실화

하는 것을 방지하기 위한 법 제37조 제1항의 입법 취지 등에 비추어 보면, 시행령 제30조 제2항 제8호의 '대주주 또는 상호저축은행의 임원이 사실상 그 경영을 지배하고 있다고 인정되는 법인'에는 대주주 등이 직접 지분을 취득하여 경영을 지배하는 법인뿐만 아니라, 대주주 등이 상호저축은행에 대한 지배력을 매개로 하여 상호저축은행을 통하여 경영을 지배하는 법인도 포함된다고 해석함이 상당하다.

원심은 그 채택 증거를 종합하여, 공소외 1 저축은행은 임직원 등의 명의로 이 사건 각 SPC의 주식을 최소 30%에서 최대 100%까지 보유하고 있는데, 공소외 1 저축은행의 최대주주로서 ○○저축은행그룹 회장인 피고인 1이나 부회장인 피고인 2는 이 사건 각 SPC의 주주나 임원 구성을 마음대로 할 수 있는 권한을 가지고 있었고, 대출금 중 일부를 금융자문수수료 명목으로 돌려받는 시기나 금액, 조건 등도 마음대로 정할 수 있었으며 일부 금원은 개인적인 용도로 사용하기도 한 점을 비롯한 판시 사실을 인정한 다음, 이 사건 각 SPC는 공소외 1 저축은행의 대주주 또는 임원인 피고인 1, 2 등이 사실상 경영을 지배하는 법인에 해당한다고 판단하였다.

원심판결 이유를 앞서 본 법리 및 기록에 비추어 살펴보면 원심의 위와 같은 판단은 정당한 것으로 수긍이 가고, 거기에 피고인 2, 4, 5, 8의 상고이유 주장과 같이 이 사건 각 SPC의 경영 지배 주체에 관한 법리를 오해하거나 논리와 경험칙에 반하여 자유심증주의의 한계를 벗어나는 등의 위법이 없다.

라. 시행세칙 제12조 제2호의 해석에 관한 주장에 대하여

(1) 형벌법규의 해석은 엄격하여야 하고 명문규정의 의미를 피고인에게 불리한 방향으로 지나치게 확장해석하거나 유추해석하는 것은 죄형법정주의 원칙에 어긋나는 것으로서 허용되지 않는다(대법원 2011. 8. 25. 선고 2011도7725 판결 등 참조).

시행세칙 제12조는 "시행령 제30조 제2항 제8호의 규정에 의한 '금융감독원장이 금융위원회의 승인을 얻어 정하는 기준에 해당하는 법인등'이라 함은 다음 각 호의 1에 해당하는 기업을 말한다."고 규정하고, 그 제2호에서는 '상호저축은행 임원 또는 대주주집단이 최다출자자인 기업 및 그 기업의 지배기업집단'을 들고 있다. 앞서 본 바와 같이 법 제37조 제1항 제3호는 상호저축은행의 신용공여가 금지되는 대상으로서 대주주 등과 특수한 관계에 있는 자의 범위를 시행령에 위임하고 있고, 시행령 제30조 제2항 제8호는 그 중 일부를 다시 시행세칙에 위임하고 있는바, 위와 같은 조문체계나 대향적 거래인 신용공여의 성격에 비추어 볼 때 시행세칙 제12조 제2호 전단의 '상호저축은행 대주주집단이 최다출자자인 기업'에 당해 상호저축은행은 포함되지 않는다고 해석하여야 한다. 이와 달리 시행세칙 제12조 제2호 전단의 '상호저축은행 대주주집단이 최다출자자인 기업'에 당해 상호저축은행도 포함된다고 보게 되면 상호저축은행이 자신에 대한 신용공여를 하여서는 아니 된다는 내용이 되어 불합리하기 때문이다.

(2) (가) 원심은, 시행세칙 제12조 제2호 전단의 문언상 '상호저축은행 대주주집단이 최다출자자인 기업'에 당해 상호저축은행이 명시적으로 제외되어 있지 아니한 점 등을 이유로 공소외 1 저축은행은 시행세칙 제12조 제2호 전단의 기업에 해당한다고 본 다음, 이 사건 각 SPC는 시행세칙 제12조 제2호 후단의 '그 기업(공소외 1 저축은행)의 지배기업집단'에 해당하므로 이 사건 각 SPC에 대한 대출은 법 제37조 제1항에 따라 금지되는 신용공여에 해당한다고 판단하였는바, 앞서 본 법리에 비추어 보면 원심의 위와 같은 판단에는 형벌법규의 해석에 관한 법리를 오해하여 시행세칙 제12조 제2호의 해석을 그르친 잘못이 있다고 할 것이다.

(나) 다만 시행세칙 제12조 제2호와는 별도로 시행세칙 제12조 제1호는 '대주주집단에 속하는 기업'에 대한 신용공여를 금지하고 있고, 시행세칙 제13조는 "제12조의 규정에 의한 대주주집단은 다음 각 호의 1에 해당하는 자를 말한다."고 규정하면서 그 제3호에서 '실질적으로 상호저축은행의 경영권을 행사하는 자와 그의 특수관계인 및 그의 지배기업집단'을 들고 있으며, 시행세칙 제15조는 지배기업집단의 하나로 제5호에서 "동일인 및 제1호 내지 제4호의 기업이 실질적으로 경영권을 행사하는 기업. 이 경우 실질적으로 경영권을 행사한다 함은 임원의 임면, 임원교환 등 경영에 관여하고 있다고 인정되는 경우를 말한다."고 규정하고 있는바, 원심이 그 채택 증거를 종합하여 적법하게 인정한 사실관계에 의하면, 이 사건 각 SPC는 피고인 1이 공소외 1 저축은행을 통하여 실질적으로 경영권을 행사하는 기업으로서 피고인 1의 지배기업집단에 속하고, 피고인 1은 공소외 1 저축은행의 최대주주로서 공소외 1 저축은행의 경영권을 행사하는 자이므로, 공소외 1 저축은행을 기준으로 볼 때 이 사건 각 SPC는 피고인 1을 중심으로 하는 대주주집단에 속하는 기업으로서 시행세칙 제12조 제1호에 따라 여전히 신용공여 금지대상에 해당한다고 할 것이다.

그리고 시행령 제30조 제2항 제5호는 법 제37조 제1항 제3호의 특수한 관계에 있는 자의 하나로 '상호저축은행의 발행주식 총수(의결권 있는 주식으로 한정한다. 이하 이 항에서 같다) 또는 출자총액의 100분의 30 이상을 소유하거나 출자한 자가 발행주식 총수 또는 출자총액의 100분의 30 이상을 소유하거나

출자한 법인등 및 그 법인등이 발행주식 총수 또는 출자총액의 100분의 30 이상을 소유하거나 출자한 법인등'을 들고 있는바, 원심이 적법하게 인정한 사실관계에 의하면 공소외 1 저축은행은 계열은행 발행주식 총수의 30% 이상을 보유하고 있음을 알 수 있으므로, 계열은행을 기준으로 볼 때 이 사건 각 SPC는 계열은행 발행주식의 30% 이상을 소유한 법인(공소외 1 저축은행)이 30% 이상의 지분을 소유한 법인으로서 시행령 제30조 제2항 제5호에 따라 신용공여 금지대상에 해당한다고 할 것이다.

따라서 공소외 1 저축은행 및 계열은행의 이 사건 각 SPC에 대한 대출이 신용공여 금지대상에 해당한다고 본 원심의 판단은 그 결론에 있어서는 정당하므로, 피고인 2, 4, 5, 7, 8의 이 부분 상고이유 주장은 이유 없음에 귀착된다.

마. 공모관계가 없다는 피고인 5, 7, 8의 주장에 대하여

2인 이상이 범죄에 공동 가공하는 공범관계에서 공모는 법률상 어떤 정형을 요구하는 것이 아니고, 2인 이상이 공모하여 어느 범죄에 공동 가공하여 그 범죄를 실현하려는 의사의 결합만 있으면 되는 것으로서, 비록 전체의 모의과정이 없었다고 하더라도 수인 사이에 순차적으로 또는 암묵적으로 상통하여 그 의사의 결합이 이루어지면 공모관계가 성립한다. 이러한 공모가 이루어진 이상 실행행위에 직접 관여하지 아니한 자라도 다른 공모자의 행위에 대하여 공동정범으로서의 형사책임을 지는 것이고, 이와 같은 공모에 대하여는 직접증거가 없더라도 정황사실과 경험법칙에 의하여 이를 인정할 수 있다(대법원 2004. 12. 24. 선고 2004도5494 판결 등 참조).

원심은, 피고인 5가 공소외 1 저축은행 상무이사 겸 여신심사위원장으로 근무하면서 이 사건 각 SPC에 대한 지배현황 및 대출구조에 대하여 잘 알고 있었으며, 공소외 3 저축은행에 파견되어 근무한 2006. 4.부터 2006. 12.까지의 기간에도 공소외 1 저축은행 여신심사위원장직을 겸임하면서 자신의 도장을 공소외 1 저축은행 직원에게 맡겨두어 대출결재서류에 날인하게 하는 등 이 사건 각 SPC에 대한 대출 과정에서 중요한 역할을 한 점 등 판시 사정을 종합하여 위 파견근무 기간 공소외 3 저축은행 외 나머지 저축은행이 실행한 대출 부분에 대하여도 피고인 5의 공모관계를 인정할 수 있다고 판단하였다. 나아가 피고인 7에 대하여는 공소외 1 저축은행 측의 의뢰를 받아 이 사건 각 SPC에 대한 대출실행을 위하여 SPC들을 설립하고 자금관리를 하여 주었던 점, 피고인 8에 대하여는 공소외 1 저축은행 측에서 이 사건 각 SPC의 경영을 지배하면서 부동산 시행사업을 직접 영위한다는 점을 잘 알면서 공소외 1 저축은행 측의 요청에 따라 아무런 여신심사를 거치지 아니한 채 대출을 실행한 점 등 각 판시 사정을 종합하여, 피고인 7, 8도 이 부분 각 해당 범행에 관하여 피고인 1, 2등과 공동정범의 관계에 있다고 판단하였다.

원심판결 이유를 앞서 본 법리와 기록에 비추어 살펴보면 원심의 위와 같은 판단은 정당한 것으로 수긍이 가고, 거기에 피고인 5, 7, 8의 상고이유 주장과 같이 공동정범에 관한 법리를 오해하거나 논리와 경험칙에 반하여 자유심증주의의 한계를 벗어난 위법이 없다.

바. 검사의 피고인 10, 11, 12, 13에 대한 상고이유에 대하여

원심은, 계열은행 감사인 피고인 10, 11, 12, 13이 이 사건 각 SPC에 대한 대출서류를 검토하는 과정에서 담보가 부실하다거나 일부 SPC가 공소외 1 저축은행과 관련되어 있음을 의심할 수는 있어도 구체적으로 이 사건 각 SPC가 공소외 1 저축은행 측의 지배를 받고 있다는 점까지 알고 있었다고 인정할 만한 증거는 없다고 보아, 위 피고인들에 대한 이 부분 공소사실을 무죄로 판단한 제1심을 유지하였다. 원심판결 이유를 기록과 대조하여 살펴보면 원심의 위와 같은 판단은 정당한 것으로 수긍이 가고, 거기에 검사의 상고이유 주장과 같이 논리와 경험칙에 반하여 자유심증주의의 한계를 벗어난 위법이 없다.

2. 주식회사의 외부감사에 관한 법률 위반의 점에 대하여

가. 피고인 8, 11의 상고이유에 대하여

형법 제16조에 '자기의 행위가 법령에 의하여 죄가 되지 아니하는 것으로 오인한 행위는 그 오인에 정당한 이유가 있는 때에 한하여 벌하지 아니한다'고 규정하고 있는 것은 단순한 법률의 부지를 말하는 것이 아니고 일반적으로 범죄가 되는 경우이지만 자기의 특수한 경우에는 법령에 의하여 허용된 행위로서 죄가 되지 아니한다고 그릇 인식하고 그와 같이 그릇 인식함에 정당한 이유가 있는 경우에는 벌하지 않는다는 취지이다(대법원 2000. 9. 29. 선고 2000도3051 판결 등 참조).

원심은 그 채택 증거를 종합하여, 공소외 3 저축은행 대표이사 또는 감사인 피고인 8, 11이 공소외 3 저축은행 결산기를 앞두고 가결산 결과를 공소외 1 저축은행에 보고한 다음 BIS 비율을 개선하기 위한 목적으로 공소외 1 저축은행이 PF(Project Financing) 대출을 받은 SPC들로부터 금융자문수수료 명목으로 수취한 금원을 돌려받아 수익으로 계상하였는데, 피고인 8, 11은 공소외 1 저축은행이 보내준 위 금융자문수수료가 아직 실현되지 아니한 부동산 시행사업 관련 이익으로서 이를 수익으로 선인식하는 것이 회계상 문제가 있다는 점을 충분히 인식하고 있었다고 판단한 다음, 당시 회계법인 등의 검토 결과에 따랐으므로 법률의 착오에 해

당한다는 취지의 주장에 대하여 위 회계법인 등의 검토 결과는 이 사건에서와 같은 성격의 금융자문수수료를 염두에 두고 작성된 것이 아니므로 그에 따랐다고 하여 위법성의 인식이 없다거나 그 인식의 결여에 정당한 이유가 있다고 볼 수 없다고 판단한 제1심을 유지하였다.

원심판결 이유를 위 법리와 기록에 비추어 살펴보면 원심의 위와 같은 판단은 정당한 것으로 수긍이 가고, 거기에 피고인 8, 11의 상고이유 주장과 같이 법률의 착오에 관한 법리를 오해하는 등의 위법이 없다.

나. 피고인 10, 12, 13의 상고이유에 대하여

원심은, 피고인 10, 12, 13이 금융감독원에서 오랫동안 근무하여 충분한 회계지식을 가지고 있었던 점, 재무제표 공시를 위한 결산은 회사의 감사에게 맡겨진 가장 중요하고도 기본적인 업무인데 위 피고인들은 공소외 2 저축은행, 공소외 4 상호저축은행, 공소외 5 저축은행의 감사로 각 재직하면서 결산기에 임박하여 집중적으로 이루어지는 이 사건 금융자문수수료 수취의 목적이나 구조 등을 잘 알고 있었고, 이 사건 분식결산 규모가 수천억 원에 이를 정도로 거액인 점을 비롯한 판시 사정을 종합하여, 위 피고인들이 허위 재무제표 작성·공시에 관한 고의를 가지고 있었고 위 각 저축은행 대표이사 등과의 공모관계도 인정된다고 판단하였다.

원심판결 이유를 기록에 비추어 살펴보면 원심의 위와 같은 판단은 정당한 것으로 수긍이 가고, 거기에 피고인 10, 12, 13의 상고이유 주장과 같이 논리와 경험칙에 반하여 자유심증주의를 벗어나는 등의 위법이 없다.

다. 검사의 상고이유에 대하여

원심은, 피고인 1 등에 대한 이 부분 공소사실 중 대주주 등에 대한 신용공여금지 규정을 위반하여 대출한 대출채권의 자산건전성을 '고정'으로 분류하여 그에 상응하는 대손충당금을 쌓아야 함에도 이를 '정상'으로 분류하여 대손충당금을 과소 계상함으로써 재무제표를 허위 작성·공시하였다는 점에 대하여는, 이 사건 당시 공소외 1 저축은행 및 계열은행에서의 대출채권 자산건전성 분류는 전산프로그램을 구동하는 방법에 따라 기계적으로 진행되어 피고인 1 등이 이에 개입할 여지가 없었고, 실제로 공소외 1 저축은행 내 결산대비 임원회의에서도 이 사건 각 SPC에 대한 대출채권의 자산건전성 분류 원칙이나 기준설정에 관하여는 논의된 바 없었던 점 등 판시 사정을 종합하여, 피고인 1 등이 위 대출채권의 자산건전성 분류가 허위로 이루어졌음을 알지 못하였다고 보아 무죄로 판단한 제1심을 유지하였다.

원심판결 이유를 기록과 대조하여 살펴보면 원심의 위와 같은 판단은 정당한 것으로 수긍이 가고, 거기에 검사의 상고이유 주장과 같이 법률의 착오에 관한 법리를 오해하거나 논리와 경험칙에 반하여 자유심증주의의 한계를 벗어난 위법이 없다.

3. PF 대출 관련 각 특정경제범죄 가중처벌 등에 관한 법률(이하 '특경법'이라 한다) 위반(배임)의 점에 대하여

가. 효성동 개발사업 관련 담보해지로 인한 특경법 위반(배임)의 점에 관한 피고인 2 상고이유에 대하여

(1) 업무상배임의 고의 및 임무위배행위 관련 주장에 대하여

업무상배임죄에 있어서의 고의는, 업무상 타인의 사무를 처리하는 자가 본인에게 재산상의 손해를 가하고 그로 인하여 자기 또는 제3자의 재산상 이득을 취한다는 의사와 그러한 손익의 초래가 자신의 임무에 위배된다는 인식이 결합되어 성립한다. 경영상 판단과 관련하여 경영자에게 배임의 고의와 불법이득의 의사가 있었는지 여부를 판단함에 있어서도, 문제된 경영상의 판단에 이르게 된 경위와 동기, 판단 대상인 사업의 내용, 기업이 처한 경제적 상황, 손실 발생의 개연성과 이익 획득의 개연성 등의 여러 사정을 고려하여 볼 때 자기 또는 제3자가 재산상 이익을 취득한다는 인식과 본인에게 손해를 가한다는 인식하의 의도적 행위임이 인정되는 경우에 한하여 배임죄의 고의를 인정하여야 하고, 그러한 인식이 없는데도 본인에게 손해가 발생하였다는 결과만으로 책임을 묻거나 단순히 주의의무를 소홀히 한 과실이 있다는 이유로 책임을 물어서는 안 된다(대법원 2007. 11. 15. 선고 2007도6075 판결 등 참조). 그러나 한편, 배임죄에서 말하는 임무위배행위는 처리하는 사무의 내용, 성질 등 구체적 상황에 비추어 법령의 규정, 계약 내용 또는 신의성실의 원칙상 당연히 하여야 할 것으로 기대되는 행위를 하지 않거나 당연히 하지 않아야 할 것으로 기대되는 행위를 함으로써 본인과 맺은 신임관계를 저버리는 일체의 행위를 말하므로, 경영자의 경영상 판단에 관한 위와 같은 사정을 모두 고려하더라도 법령의 규정, 계약 내용 또는 신의성실의 원칙상 구체적 상황과 자신의 역할·지위에서 당연히 하여야 할 것으로 기대되는 행위를 하지 않거나 하지 않아야 할 것으로 기대되는 행위를 함으로써 재산상 이익을 취득하거나 제3자로 하여금 이를 취득하게 하고 본인에게 손해를 가하였다면 그에 관한 고의 내지 불법이득의 의사는 인정된다고 할 것이다(대법원 2011. 10. 27. 선고 2009도14464 판결 등 참조).

원심은 그 채택 증거를 종합하여, 공소외 1 저축은행은 효성동 개발사업을 공소외 6과 함께 하기 위하여 공소외 7 주식회사 등 수개의 SPC를 설립하거나 인수한 다음 공소외 7 주식회사 등에 사업자금을 대출하면서 공소외 7 주식회사 등이 취득한 사업부지에 관한 부동산담보신탁계약상의 수익권증서를 담보물로 취득하였는데, 동일인 대출한도 제한 때문에 사업 추진에 필요한 자금을 ○○저축은행그룹 내에서는 더 이상 대출

할 수 없게 되자, 피고인 2 등은 공소외 7 주식회사 등이 위 사업부지를 다른 금융기관에 담보로 제공하고 대출을 받을 수 있도록 하기 위하여 사업의 전망이나 대출채권 회수가능성 등에 대한 충분한 검토를 하거나 대출규정에 정해진 바에 따라 대체담보를 취득하는 등 채권회수조치를 취하지 아니한 채 위 수익권증서의 기초가 되는 부동산담보신탁계약 해지에 동의하는 방법으로 담보를 해지하여 준 사실을 인정한 다음, 피고인 2 등의 위와 같은 행위는 상호저축은행 임직원으로서 법령의 규정, 계약 내용 또는 신의성실의 원칙상 당연히 하여야 할 것으로 기대되는 행위를 하지 않은 임무위배행위에 해당하고, 피고인 2 등의 업무상배임의 고의 내지 불법이득의 의사도 인정되며 경영상 판단이라는 이유로 위 행위를 정당화할 수도 없다고 판단하였다.

원심판결 이유를 위 법리와 기록에 비추어 살펴보면 원심의 위와 같은 판단은 정당한 것으로 수긍이 가고, 거기에 피고인 2의 상고이유 주장과 같이 업무상배임죄에 있어서 고의나 임무위배행위에 관한 법리를 오해하거나 논리와 경험칙에 반하여 자유심증주의의 한계를 벗어난 위법이 없다.

(2) 재산상 손해액 관련 주장에 대하여

타인의 불법행위로 인하여 근저당권이 소멸된 경우 근저당권자로서는 근저당권이 소멸하지 아니하였더라면 그 실행으로 피담보채무의 변제를 받았을 것임에도 불구하고 근저당권의 소멸로 말미암아 이러한 변제를 받게 되는 권능을 상실하게 되는 것이므로, 그 근저당권의 소멸로 인하여 근저당권자가 입게 되는 손해는 근저당 목적물인 부동산의 가액 범위 내에서 채권최고액을 한도로 하는 피담보채권액이라고 할 것이며(대법원 1997. 11. 25. 선고 97다35771 판결 등 참조), 이와 같은 법리는 근저당권 외에 다른 담보권의 경우에도 마찬가지로 적용된다.

원심은 피고인 2 등의 위와 같은 임무위배행위로 말미암아 공소외 1 저축은행 및 계열은행은 각 담보해지 당시 공소외 7 주식회사 등에 대한 대출채권 잔액 상당의 재산상 손해를 입은 것으로 인정하였다.

그러나 원심의 판단은 다음과 같은 이유에서 수긍하기 어렵다. 이 부분 임무위배행위의 내용은 피고인 2 등이 충분한 담보를 확보하지 아니한 채 부실대출을 하였다는 것이 아니라 대체담보를 확보하지 아니한 채 기존 담보를 해지함으로써 공소외 1 저축은행 및 계열은행에 재산상 손해를 가하였다는 것이므로, 위 법리에 비추어 그 재산상 손해액은 담보물 가액을 한도로 한 대출잔액으로 보아야 할 것이다. 그런데 기록에 의하면, 공소외 7 주식회사에 대한 대출에 관하여 ○○저축은행그룹이 확보한 수익권증서상의 수익금액은 합계 706억 2,000만 원, 담보해지 당시의 대출잔액은 합계 620억 원인 반면 위 담보 해지일 무렵을 기준으로 한 담보물의 감정가격은 460억 2,900만 원 정도에 불과하고, 이와 같이 담보물의 감정가격이 담보해지 당시의 대출잔액에 훨씬 미치지 못하는 상황은 공소외 8 주식회사 등 다른 SPC에 대한 대출에 있어서도 동일함을 알 수 있다. 그렇다면 원심으로서는 각 수익권증서의 우선순위나 담보물의 감정가격 등을 심리하여 각 대출은행별로 담보해지 당시 유효하게 확보하고 있었던 담보물의 가액을 산정한 다음 이를 한도로 한 대출잔액만을 재산상 손해액으로 인정하였어야 함에도 담보물의 가액을 초과하는 대출잔액을 그대로 재산상 손해액으로 인정하였으니, 위와 같은 원심의 판단에는 업무상배임죄에 있어서의 재산상 손해액에 관한 법리를 오해하거나 필요한 심리를 다하지 아니한 잘못이 있다고 할 것이고, 이와 같은 잘못은 판결 결과에 영향을 미쳤음이 분명하다. 이를 지적하는 취지의 피고인 2의 상고이유 주장은 이유 있다.

나. 공소외 4 상호저축은행의 공소외 9 주식회사에 대한 대출 관련 특경법 위반(배임)의 점에 관한 피고인 1, 2, 5의 상고이유에 대하여

이 부분 공소사실의 요지는, 피고인 1, 2, 5는 피고인 4, 12와 공모하여 2008. 12. 30. 충분한 담보확보조치를 취함이 없이 공소외 9 주식회사에 80억 원을 대출함으로써 공소외 4 상호저축은행에 재산상 손해를 가하였다는 것이다.

원심은, 위 대출 당시 ○○저축은행그룹의 공소외 9 주식회사에 대한 기존 대출액이 합계 326억 원에 달하였고, 공소외 9 주식회사의 재무상태가 극도로 악화되어 있었던 점 등에 비추어 위 대출에 관하여 담보로 확보한 수익권증서의 담보가치가 충분하다고 볼 수 없는 점 등을 이유로, 이 부분 공소사실을 무죄로 판단한 제1심을 뒤집고 이를 유죄로 인정하였다.

그러나 원심의 위와 같은 판단은 다음과 같은 이유에서 수긍하기 어렵다. 원심이 배척하지 아니한 증거들에 의하면, 위 대출 당시 작성된 공소외 4 상호저축은행의 여신취급검토안 중 담보내역란에는 '부산 남구 (이하 생략) 외 10필지에 대해 당사 신탁 1순위 수익권증서 발행(증서금액 104억 원)'으로 기재되어 있고, 나아가 2010. 1. 12.자 대출기한연장 심사의견서 중 담보현황란에는 '본 사업지 관련하여 당행 단독 1순위 수익권자로 해당사업 부지는 2005. 10. 20. 사업승인 득한 사업지임. 고려감정평가법인 2008. 3. 18.자 감정가 약 122억 원'이라고 기재되어 있어, 공소외 4 상호저축은행이 위 대출에 관하여 대출액을 초과하는 1순위 우선수익권증서를 담보로 확보하였고 감정가격을 기초로 한 담보가치 또한 위 대출액을 초과하고 있음을 알 수 있어, 위 대출이 충분한 담보확보조치 없이 이루어진 부실대출에 해당한다고 단정할 수 없다. 나아가 원심이 들고 있는

공소외 9 주식회사의 재무제표에 의하더라도, 공소외 9 주식회사에 대한 기존 대출금 326억 원에 대하여는 위 수익권증서의 기초가 된 토지와는 별도의 토지가 담보로 제공되었음을 알 수 있으므로 위와 같은 기존 대출금의 존재가 위 수익권증서의 담보가치에 영향을 미친다고 볼 수도 없으며, 위와 같이 충분한 담보를 확보한 이상 공소외 9 주식회사의 당시 재무상황이 좋지 않았다거나 해당 사업이 제대로 진행되지 않고 있었다는 등 원심이 들고 있는 사정만으로 공소외 4 상호저축은행이 위 대출로 인하여 재산상 손해를 입었다거나 재산상 실해 발생의 위험이 초래되었다고 볼 수는 없다고 할 것이다.

그럼에도 원심이 그 판시와 같은 사정만으로 이 부분 공소사실을 유죄로 인정한 것은 업무상배임죄에 있어서의 임무위배행위에 관한 법리를 오해하고 논리와 경험칙에 반하여 자유심증주의의 한계를 벗어난 위법이 있다. 이 점을 지적하는 취지의 피고인 1, 2, 5의 상고이유 주장은 이유 있다.

다. 피고인 6의 상고이유에 대하여

금융기관의 담당자가 대출을 함에 있어 대출채권의 회수를 확실하게 하기 위하여 상당하고도 합리적인 조치를 강구함이 없이 만연히 대출을 해주었다면 업무위배행위로 제3자로 하여금 재산상 이득을 취득하게 하고 금융기관에 손해를 가한다는 인식이 없었다고 볼 수 없다(대법원 2004. 3. 26. 선고 2003도7878 판결 등 참조).

원심은 그 채택 증거를 종합하여, 공소외 2 저축은행의 전무이사인 피고인 6이 대체담보 확보조치나 실질적인 여신심사를 거침이 없이 단지 피고인 2 등 공소외 1 저축은행 경영진의 요청에 따라 만연히 효성동 개발사업과 관련한 담보를 해지하고 독산동 상가신축 사업 등과 관련한 대출을 실행하였다고 인정한 다음, 이와 같은 행위는 금융기관 임원으로서의 임무에 위배되는 행위에 해당하고 피고인 6의 업무상배임의 고의도 인정된다고 판단하였다.

원심판결 이유를 위 법리와 기록에 비추어 살펴보면 원심의 위와 같은 판단은 정당한 것으로 수긍이 가고, 거기에 피고인 6의 상고이유 주장과 같이 업무상배임죄의 고의에 관한 법리를 오해하거나 논리와 경험칙에 반하여 자유심증주의의 한계를 벗어나는 등의 위법이 없다.

라. 재산상 손해액과 관련한 피고인 8, 11의 상고이유에 대하여

이 부분 각 대출과 관련하여 현재 예금보험공사가 대출금 회수를 진행 중이므로 대출액 전액을 재산상 손해액으로 볼 수 없다는 주장 또는 각 대출금 중 일부 상환받거나 금융자문수수료 등으로 수취한 부분 및 갤러리 대출과 관련하여 사후에 확보한 담보물의 가액 상당액은 손해액 산정에서 제외되어야 한다는 주장은 모두 피고인 8, 11이 항소심에서 항소이유로 주장하지 아니하여 항소심의 심판대상이 되지 않은 사항에 관한 것이므로 적법한 상고이유가 되지 못한다.

나아가 업무상배임죄에서 "재산상의 손해를 가한 때"는 현실적인 손해를 가한 경우뿐만 아니라 재산상 실해 발생의 위험을 초래한 경우도 포함되고, 일단 손해의 위험성을 발생시킨 이상 사후에 담보를 취득하였거나 피해가 회복되었다 하여도 업무상배임죄의 성립에 영향을 주는 것이 아니며(대법원 2005. 10. 28. 선고 2005도5996 판결 등 참조), 부실대출에 의한 업무상배임죄가 성립하는 경우 담보물의 가치를 초과하여 대출한 금액이나 실제로 회수가 불가능하게 된 금액만을 손해액으로 볼 것이 아니라, 재산상 권리의 실행이 불가능하게 될 염려가 있거나 손해발생의 위험이 있는 대출금 전액을 손해액으로 보아야 하므로(대법원 2000. 3. 24. 선고 2000도28 판결 등 참조), 피고인 8, 11의 이 부분 상고이유 주장은 어느 모로 보나 받아들일 수 없다.

마. 범행에 가담하지 아니하였다는 피고인 11, 12, 13의 상고이유에 대하여

원심은 그 채택 증거를 종합하여, 피고인 11, 12, 13은 공소외 3 저축은행, 공소외 4 상호저축은행, 공소외 5 저축은행의 감사들로서 이들 저축은행이 공소외 1 저축은행의 요청에 따라 실행하는 이 부분 각 대출이 대출규정에 위배되고 채권회수조치도 전혀 이루어지지 아니함을 잘 알면서도 아무런 이의를 제기하지 아니한 채 대출관계서류에 결재를 하여 대출을 승인함으로써 피고인 2 등의 배임행위에 가담하였다고 판단하였다.

원심판결 이유를 기록과 대조하여 살펴보면 원심의 위와 같은 판단은 정당한 것으로 수긍이 가고, 거기에 피고인 11, 12, 13의 상고이유 주장과 같이 업무상배임죄의 공동정범에 관한 법리를 오해하거나 논리와 경험칙에 반하여 자유심증주의의 한계를 벗어나는 등의 위법이 없다.

바. 검사의 상고이유에 대하여

(1) 피고인 10에 대한 상고이유에 대하여

원심은, 피고인 10이 공소외 2 저축은행의 효성동 개발사업 관련 담보해지나 이 사건 각 캄보디아 사업 관련 대출의 관련 서류에 사전결재 하였다거나 대출 여부 결정에 관여하였다고 볼 만한 증거가 없는 점을 비롯한 판시 사정을 종합하여, 피고인 10이 이 부분 범행에 가담한 것으로 볼 수 없다고 판단하였다.

원심판결 이유를 기록과 대조하여 살펴보면 원심의 위와 같은 판단은 정당한 것으로 수긍이 가고, 거기에 검사의 상고이유 주장과 같이 논리와 경험칙에 반하여 자유심증주의의 한계를 벗어난 위법이 없다.

(2) 피고인 16, 17에 대한 상고이유에 대하여

업무상배임죄의 실행으로 인하여 이익을 얻게 되는 수익자 또는 그와 밀접한 관련이 있는 제3자를 배임의 실행행위자와 공동정범으로 인정하기 위하여는 실행행위자의 행위가 피해자 본인에 대한 배임행위에 해당한다는 것을 알면서도 소극적으로 그 배임행위에 편승하여 이익을 취득한 것만으로는 부족하고, 실행행위자의 배임행위를 교사하거나 또는 배임행위의 전 과정에 관여하는 등으로 배임행위에 적극 가담할 것을 필요로 한다(대법원 1999. 7. 23. 선고 99도1911 판결 등 참조).

원심은, 이 사건 각 캄보디아 사업이 처음부터 실패가 예정된 무모한 사업이라고 보기 어렵고, 피고인 16, 17은 위 각 사업에 관한 나름의 전문성과 경력을 갖추고 어느 정도 구체적인 사업계획을 마련하였던 점, 피고인 16, 17이 피고인 2 등 공소외 1 저축은행 경영진에게 사업의 성공가능성만을 과장하면서 ○○저축은행그룹의 사업참여를 적극적으로 권유하였다고 볼 수 없고, 일부 사업의 경우 오히려 피고인 2가 적극적으로 사업참여를 제안하기도 하였던 점, 피고인 16, 17은 대출에 관한 공소외 1 저축은행의 내부 의사결정 과정에 개입한 것으로 볼 수 없고 부정한 청탁을 하거나 금품을 제공하였다는 자료도 없는 점 등 판시 사정을 종합하여, 피고인 16, 17이 피고인 2 등의 ○○저축은행그룹에 대한 이 부분 배임행위에 적극 가담한 것으로 볼 수 없다고 하여 무죄로 판단하였다.

원심판결 이유를 위 법리와 기록에 비추어 살펴보면 원심의 위와 같은 판단은 정당한 것으로 수긍이 가고, 거기에 업무상배임죄의 공동정범에 관한 법리를 오해하거나 논리와 경험칙에 반하여 자유심증주의의 한계를 벗어난 등의 위법이 없다.

4. 예금인출 관련 금융감독원 파견감독관에 대한 업무방해 및 업무상배임의 점에 대하여

가. 업무방해의 점에 관한 피고인 5의 상고이유에 대하여

형법 제314조 제1항의 업무방해죄는 위계 또는 위력으로써 사람의 업무를 방해한 경우에 성립하고, 여기서의 '위계'라 함은 행위자의 행위목적을 달성하기 위하여 상대방에게 오인·착각 또는 부지를 일으키게 하여 이를 이용하는 것을 말한다(대법원 2005. 3. 25. 선고 2003도5004 판결 등 참조).

원심은 그 채택 증거를 종합하여, 공소외 1 저축은행의 영업정지가 임박해 있던 상황에서 피고인 5가 공소외 1 저축은행 3층 사무실에서 근무하고 있던 금융감독원 파견감독관에게 알리지 아니한 채 영업마감 후에 전화로 특정 고액 예금채권자들에게 영업정지 예정사실을 알려주어 이들로 하여금 공소외 1 저축은행을 방문하여 예금을 인출하도록 한 사실을 인정한 다음, 피고인 5가 위 영업정지 예정사실 통지에 관한 파견감독관의 부지를 이용하여 위 예금채권자들로 하여금 예금을 인출하도록 한 것은 업무방해죄에 있어서의 위계에 해당한다고 판단하였다.

원심판결 이유를 위 법리와 기록에 비추어 살펴보면 원심의 위와 같은 판단은 정당한 것으로 수긍이 가고, 거기에 피고인 5의 상고이유 주장과 같이 업무방해죄에 있어서 위계에 관한 법리를 오해한 등의 위법이 없다.

나. 업무상배임의 점에 관한 피고인 2, 5, 9의 상고이유에 대하여

(1) 원심은, 상호저축은행 임직원은 상호저축은행의 영업정지가 예상되는 등 향후 예금채권자들에 대한 예금지급 여부가 불투명한 상황에서 특정 예금채권자들만을 우대하여 예금을 우선적으로 인출할 수 있게 하는 등의 방법으로 불공정하게 예금지급 업무를 처리하여서는 아니 될 업무상 임무가 있다고 전제한 다음, 피고인 2, 5, 9가 공소외 1 저축은행 및 공소외 4 상호저축은행의 영업정지가 임박한 상황에서 특정 예금채권자들에게 영업정지 예정사실을 알려주어 이들로 하여금 예금을 인출할 수 있도록 한 것은 상호저축은행 임직원으로서의 임무에 위배되는 행위라고 판단하였다.

원심판결 이유를 앞서 본 법리와 기록에 비추어 살펴보면 원심의 위와 같은 판단은 정당한 것으로 수긍이 가고, 거기에 피고인 5, 9의 상고이유 주장과 같이 업무상배임죄에 있어서의 임무위배행위에 관한 법리를 오해하거나 논리와 경험칙에 반하여 자유심증주의의 한계를 벗어나는 등의 위법이 없다.

(2) 업무상배임죄에서 재산상의 손해를 가한다 함은 총체적으로 보아 본인의 재산상태에 손해를 가하는 경우, 즉 본인의 전체적 재산가치의 감소를 가져오는 것을 말하므로 재산상의 손실을 야기한 임무위배행위가 동시에 그 손실을 보상할 만한 재산상의 이익을 준 경우, 예컨대 그 배임행위로 인한 급부와 반대급부가 상응하고 다른 재산상 손해(현실적인 손해 또는 재산상 실해 발생의 위험)도 없는 때에는 전체적 재산가치의 감소, 즉 재산상 손해가 있다고 할 수 없으나(대법원 2011. 4. 28. 선고 2009도14268 판결 등 참조), 다만 그와 같은 급부 간 대가관계가 존재한다고 하더라도 그 거래의 주된 목적이나 내용, 거래의 규모와 본인인 회사의 재무상태 등 여러 사정에 비추어 회사를 실질적으로 지배하는 자에 대한 자금조달 등의 목적에 이용된 것에 불과하다고 인정되거나 기업의 경영과 자금운영에 구체적 위험을 초래하는 등의 특별한 사정이 있다면 그 거래로 인하여 상대방에게 유동성을 증가시키는 재산상의 이익을 취득하게 하고 반대로 회사에 그에 상응하는 재산상의 손해로서 그 가액을 산정할 수 없는 손해를 가한 것으로 볼 수 있다(대법원 2008. 5. 29. 선고 2005도

4640 판결 등 참조).

원심은, 피고인 2, 5, 9가 영업정지가 임박한 단계에 있는 공소외 1 저축은행 및 공소외 4 상호저축은행의 특정 예금채권자들에게만 그 사실을 알려주어 그들로 하여금 예금을 인출하도록 하여 위 각 저축은행의 자산이 감소되게 함으로써 유동성을 악화시키는 등의 재산상 손해를 입게 하고 위 특정 예금채권자들에게 다른 고객들과 달리 영업정지 직전에 예금 전액을 인출할 수 있는 재산상 이익을 취득하게 하였다고 보아 이 부분 공소사실을 유죄로 판단하였다.

원심판결 이유를 위 법리와 기록에 비추어 살펴보면 원심의 위와 같은 판단은 정당한 것으로 수긍이 가고, 거기에 피고인 2, 5, 9의 상고이유 주장과 같이 업무상배임죄에 있어서의 재산상 손해에 관한 법리오해 등의 위법이 없다.

5. 자본시장과 금융투자업에 관한 법률 위반의 점에 대하여

허위 작성·공시된 재무제표를 이용한 사기적 부정거래로 인한 자본시장과 금융투자업에 관한 법률 위반죄는 허위 재무제표 작성·공시로 인한 주식회사의 외부감사에 관한 법률 위반죄와는 구성요건적 행위의 내용이나 보호법익이 전혀 다르므로, 이들 죄가 상상적 경합관계에 있다거나 전자가 후자의 불가벌적 사후행위에 해당한다고 볼 수 없다.

이와 다른 전제에서 주장하는 피고인 6의 상고이유는 이유 없다.

6. 피고인 14에 대한 특경법 위반(횡령)의 점에 대하여

원심은 그 채택 증거를 종합하여, 피고인 14가 자신의 처 명의의 계좌에 보관하고 있던 공소외 2 저축은행 비자금을 전액 인출하여 그 중 일부는 자신의 인척에게 교부하는 등 개인적인 용도로 사용하고 나머지는 자신의 주거지에 은닉하여 온 점, 피고인 14는 수사기관에서 위 비자금을 인출하여 피고인 6에게 전달하였다고 진술하였다가 이후 진술을 번복한 점 등을 인정한 다음, 피고인 14에게 위 비자금에 관한 불법영득의사를 충분히 인정할 수 있다고 판단하였다.

원심판결 이유를 기록에 비추어 살펴보면 원심의 위와 같은 판단은 정당한 것으로 수긍이 가고, 거기에 피고인 14의 상고이유 주장과 같이 논리와 경험칙에 반하여 자유심증주의의 한계를 벗어난 등의 위법이 없다.

7. 후순위채권 발행 관련 특경법 위반(사기)의 점에 대하여

가. 피고인 8, 11의 상고이유에 대하여

원심은, 피고인 8, 11이 공소외 3 저축은행의 허위 재무제표를 작성·공시한 후 공소외 3 저축은행이 발행하는 후순위채권의 투자자를 모집한 이상 적어도 허위 재무제표를 이용하여 피해자들을 기망하려는 미필적 고의가 있었고, 허위 재무제표와 함께 BIS 비율(자기자본비율), 당기순익 등 주요 내용을 허위로 기재한 경영지표를 공소외 3 저축은행 홈페이지에 공시하거나 직원들을 통하여 피해자들에게 이를 설명하도록 함으로써 피해자들을 기망하였으며, 피해자들의 후순위채권 매입과 위 기망행위 사이에 인과관계도 인정된다고 보아 이 부분 공소사실을 유죄로 판단하였다.

원심판결 이유를 기록과 대조하여 살펴보면 원심의 위와 같은 판단은 정당한 것으로 수긍이 가고, 거기에 피고인 8, 11의 상고이유 주장과 같이 사기죄에 있어서 기망의 고의 등에 관한 법리를 오해하거나 논리와 경험칙에 반하여 자유심증주의의 한계를 벗어나는 등의 위법이 없다.

나. 직권 판단

사기죄에 있어서 수인의 피해자에 대하여 각 피해자별로 기망행위를 하여 각각 재물을 편취한 경우에 그 범의가 단일하고 범행방법이 동일하다고 하더라도 포괄일죄가 성립하는 것이 아니라 피해자별로 1개씩의 죄가 성립하는 것으로 보아야 한다(대법원 1997. 6. 27. 선고 97도508 판결 등 참조).

원심은 피고인 8, 11이 위와 같은 방법으로 피해자 40명을 기망하여 합계 77억 원의 후순위채권을 매입하게 함으로써 공소외 3 저축은행으로 하여금 같은 금액 상당의 재산상 이익을 얻게 하였다는 이 부분 공소사실에 관하여 포괄하여 1개의 사기죄가 성립하는 것으로 보아 특경법 제3조 제1항 제1호로 의율하였다. 그러나 위 법리에 비추어 보면 피해자들에 대한 각 사기 행위가 포괄하여 일죄가 된다고 볼 수 없으므로 피해자별로 독립한 사기죄가 성립된다고 할 것이다. 또한 원심이 적법하게 확정한 사실에 의하면 각 피해자별 사기 범행의 재산상 이익액은 특경법 제3조 제1항 제1호 소정의 50억 원 이상이 되지 못하고, 다만 재산상 이익액이 10억 원인 피해자 공소외 10 주식회사에 대한 사기죄 부분은 특경법 제3조 제1항 제2호에 해당하며 나머지 피해자들에 대한 사기죄는 모두 그 재산상 이익액이 5억 원 미만이어서 형법상 사기죄로 의율할 수밖에 없다. 그럼에도 원심이 이 부분 사기 범행을 특경법 제3조 제1항 제1호로 의율하여 처단한 것은 죄수에 관한 법리를 오해하여 법령의 적용을 그르친 위법이 있다고 할 것이고, 이러한 위법은 판결 결과에 영향을 미쳤음이 분명하다.

8. 피고인 16, 17에 대한 특경법 위반(횡령)의 점에 대하여

회사의 대표이사가 회사를 위한 지출 이외의 용도로 거액의 회사 자금을 인출, 사용함에 있어서 이사회 결의 등 적법한 절차도 거치지 아니하는 것은 통상 용인될 수 있는 범위를 벗어나 대표이사의 지위를 이용하여 회사 자금을 사적인 용도로 임의로 처분하는 것과 다름없어 횡령죄를 구성한다(대법원 2006. 4. 27. 선고 2003도135 판결 등 참조).

원심은 그 채택 증거를 종합하여, 공소외 11 주식회사(이하 '공소외 11 회사'라 한다)를 운영하면서 그 발행주식의 각 50%를 보유하고 있던 피고인 16, 17은 공소외 1 저축은행과 캄보디아 신공항 건설사업을 공동으로 추진하는 과정에서 공소외 11 회사 발행주식의 60%를 공소외 1 저축은행 측에 양도하기로 하면서, 양측에서 대표이사 및 이사 각 1인씩을 추천하여 공소외 11 회사를 공동대표이사 체제로 운영하며 공소외 11 회사의 모든 의사결정은 이사회 및 주주총회 구성원 전원의 합의에 의하기로 약정하고 그와 같은 내용으로 정관 변경까지 마쳤던 사실, 이후 피고인 16, 17은 공소외 11 회사로부터 합계 42억 2,500만 원을 임원포상금 등의 명목으로 인출하여 개인 용도로 사용하였는데, 위 자금지출에 관하여 공소외 11 회사 주주총회나 이사회 결의는 전혀 거치지 아니하였던 사실, 피고인 16, 17은 위 자금인출 과정에서 이사회 결의를 거친 것처럼 날짜를 소급하여 이사회 의사록을 작성하기도 하였고 포상금 지급사실이 나타나지 않도록 지급수수료 항목으로 회계처리를 하거나 허위 용역계약에 따른 용역비를 지급한 것처럼 위장하기도 하였던 사실 등을 인정한 다음, 피고인 16, 17이 위와 같이 공소외 11 회사 정관에 규정된 절차를 거치지 아니한 채 거액의 공소외 11 회사 자금을 포상금 등 명목으로 인출한 행위는 공소외 11 회사의 자금을 사적인 용도로 임의로 처분하는 것과 다름없어 횡령죄를 구성하고 그에 관한 불법영득의사도 인정된다고 판단하였다.

원심판결 이유를 위 법리와 기록에 비추어 살펴보면 원심의 위와 같은 판단은 정당한 것으로 수긍이 가고, 거기에 피고인 16, 17의 상고이유 주장과 같이 업무상횡령죄에 있어서 불법영득의사에 관한 법리를 오해하거나 논리와 경험칙에 반하여 자유심증주의의 한계를 벗어난 위법이 없다.

9. 피고인 17에 대한 특경법 위반(사기)의 점에 대하여

원심은, 피고인 17이 캄보디아 고속도로 및 특별경제구역 개발사업과 관련하여 공소외 12 외국법인 등과 사업관리(PM, Project Management) 용역계약을 체결한 다음 사실은 공소외 12 외국법인 등으로부터 용역비를 받더라도 이를 위 각 사업을 위하여 사용할 의사가 없었음에도 지급받을 용역비 전액을 위 각 사업과 관련된 비용으로 사용할 것처럼 공소외 12 외국법인 등의 자금관리 담당자 공소외 13을 기망하여 합계 4,494,693,843원을 편취하였다는 이 부분 공소사실에 대하여, 피고인 17은 위 용역계약 체결 당시 구체적인 사용계획이나 지출내역에 따라 용역비를 지급받기로 한 것이 아니라 매월 고정금액만을 지급받기로 하였을 뿐이며 정산절차가 예정되어 있지도 아니하여 피고인 17이 공소외 12 외국법인 등으로부터 받은 용역비 전액을 위 각 사업과 관련하여서만 사용하여야 할 의무가 있다고 할 수 없는 점을 비롯한 판시 사정을 종합하여 무죄로 판단한 제1심을 유지하였다.

원심판결 이유를 기록과 대조하여 살펴보면 이는 정당한 것으로 수긍이 가고, 거기에 검사의 상고이유 주장과 같이 논리와 경험칙에 반하여 자유심증주의의 한계를 벗어난 위법이 없다.

10. 골프장 건설사업 관련 특경법 위반(배임)의 점에 대하여

원심은, 피고인 1 등이 객관적이고도 충분한 사업성 검토를 거치지 아니한 채 관련 법령을 위반하여 스스로 골프장 건설사업을 영위할 목적으로 저축은행의 돈을 방만하게 사용하고 대출규정과 절차를 무시한 채 상환능력이 검증되지 아니한 개인과 성공 여부가 극히 불투명한 사업계획을 가진 사업시행자에게 대출채권 확보조치도 제대로 하지 아니한 상태에서 신규대출을 시행한 후 그 여신관리도 부실하게 하면서 만연히 추가대출을 계속 시행함으로써 공소외 1 저축은행 임직원으로서의 임무를 위반하였고, 그 임무위배행위에 대한 인식도 있었으며, 이로 인하여 공소외 1 저축은행에 각 대출금 상당액의 자금회수가 극히 불투명해지게 하는 재산상 손해를 가하였다고 판단하였다.

앞서 본 법리와 기록에 비추어 살펴보면 원심의 위와 같은 판단은 정당한 것으로 수긍이 가고, 거기에 피고인 1의 상고이유 주장과 같이 논리와 경험칙에 반하여 자유심증주의의 한계를 벗어나거나 필요한 심리를 다하지 아니한 등의 위법이 없다.

11. 나머지 상고이유에 대하여

가. 피고인 1의 상고이유에 대하여

원심은, 이 사건 각 SPC에 대한 대출 결정이나 BIS 비율 개선을 위한 재무제표 작성 등 ○○저축은행그룹 내의 주요 현안에 대한 의사결정은 공소외 1 저축은행 임원회의에서 이루어졌는데 피고인 1은 공소외 1 저축은행의 최대주주이자 ○○저축은행그룹 회장으로서 매일 개최되는 위 임원회의에 참석하여 피고인 2 등으로부터 대출 관련 보고를 받았으며, 대출 등에 관한 의사결정을 피고인 2가 주도한 것이기는 하나 이는 피고인 1의 포괄적·최종적인 승인이 없이는 불가능하였던 점 등을 비롯한 판시 사정을 종합하여, 피고인 1이 이 사건

각 범행에 관하여 피고인 2 등과 공동정범의 관계에 있다고 판단한 제1심을 유지하였다.

앞서 본 법리와 기록에 비추어 살펴보면 원심의 위와 같은 판단은 정당한 것으로 수긍이 가고 거기에 피고인 1의 상고이유 주장과 같이 공동정범에 관한 법리를 오해하거나 논리와 경험칙에 반하여 자유심증주의의 한계를 벗어난 위법이 없다.

나. 피고인 6의 상고이유에 대하여

원심은, 공소외 2 저축은행의 이 사건 각 대출 당시 피고인 6은 전무이사 겸 여신심사위원장으로 근무하면서 공소외 2 저축은행의 업무를 총괄하며 대출 관련 서류에 모두 결재하였던 점, 대출 과정에서도 여신심사위원회를 개최하여 사업성이나 대출금의 회수가능성 등에 대한 여신심사를 거친 사실이 없음에도 이를 개최한 것처럼 서류를 허위작성한 후 공소외 1 저축은행에서 요청받은 대로 대출을 실행하였던 점 등을 비롯한 판시 사정을 종합하여, 피고인 6은 피고인 2 등과 함께 이 사건 각 범행을 공모한 공동정범에 해당한다고 판단한 제1심을 유지하였다.

원심판결 이유를 기록과 대조하여 살펴보면 원심의 위와 같은 판단은 정당한 것으로 수긍이 가고, 거기에 피고인 6의 상고이유 주장과 같이 공동정범에 관한 법리를 오해하는 등의 위법이 없다.

다. 피고인 14의 상고이유에 대하여

상명하복 관계에 있는 자들 사이에 있어서도 범행에 공동 가공한 이상 공동정범이 성립하는 데 아무런 지장이 없다(대법원 1995. 6. 16. 선고 94도1793 판결 참조).

원심 및 제1심이 적법하게 채택한 증거들을 앞서 본 법리에 비추어 살펴보면, 피고인 14가 공소외 2 저축은행 영업이사이자 여신심사위원으로 근무하면서 PF 대출실무를 관장하며 대출 관련 서류에 결재하는 등 이 사건 각 해당 범행에 관하여 피고인 2, 3 등과 공모하여 실행행위를 분담한 공동정범이라고 본 원심의 판단은 정당하고, 거기에 피고인 14의 상고이유 주장과 같이 공동정범에 관한 법리를 오해하거나 논리와 경험칙에 반하여 자유심증주의의 한계를 벗어난 위법이 없다.

라. 피고인 15의 상고이유에 대하여

기록에 의하면 피고인 15는 제1심판결에 대하여 항소하면서 그 항소이유로 양형부당만을 주장하였음을 알 수 있는바, 이러한 경우 원심판결에 법리오해 등의 잘못이 있다는 주장은 적법한 상고이유가 되지 못한다.

12. 파기의 범위

위에서 본 이유로 원심판결의 유죄 부분 중 ① 피고인 2에 대한 효성동 개발사업 관련 담보해지로 인한 특경법 위반(배임) 부분, ② 피고인 1, 2, 5에 대한 공소외 4 저축은행의 공소외 9 주식회사에 대한 대출 관련 특경법 위반(배임) 부분 및 ③ 피고인 8, 11에 대한 후순위채권 발행 관련 특경법 위반(사기) 부분은 각 파기되어야 하고, 위 ① 부분에 관하여는 피고인 1, 3, 4, 5, 6, 8, 9, 12, 13, 14, 위 ② 부분에 관하여는 피고인 4, 12에 대하여도 그 파기의 이유가 공통되므로 형사소송법 제392조에 따라 위 공동피고인들에 대하여도 위 각 부분이 파기되어야 한다.

그리고 피고인 1, 2, 3, 4, 5, 6, 8, 9, 11, 12, 13, 14에 대한 위 파기 부분과 원심이 위 피고인들에 대하여 유죄로 인정한 나머지 부분은 각각 형법 제37조 전단의 경합범 관계에 있어 이들 전부에 대하여 각각 하나의 형을 선고하여야 하므로 전부 파기될 수밖에 없다. 한편 원심이 위 피고인들에 대하여 무죄로 판단한 부분은 위와 같이 파기되는 유죄 부분과 상상적 경합 관계 또는 포괄일죄의 관계에 있으므로 위 각 유죄 부분이 파기되는 이상 이들 부분도 모두 함께 파기될 수밖에 없다.

13. 결론

그러므로 피고인 1, 2, 3, 12, 13, 14의 각 양형부당 주장에 대한 판단을 생략한 채 원심판결 중 피고인 1, 2, 3, 4, 5, 6, 8, 9, 11, 12, 13, 14에 대한 부분을 각 파기하고 이 부분 사건을 다시 심리·판단하게 하기 위하여 원심법원에 환송하며, 피고인 7, 10, 15, 16, 17의 상고와 검사의 피고인 10, 16, 17에 대한 상고를 각 기각하기로 하여, 관여 대법관의 일치된 의견으로 주문과 같이 판결한다.

대법관 민일영(재판장) 이인복 박보영(주심)

대법원 2013.1.16. 선고 2011도7164,2011전도124 판결

【성폭력범죄의처벌등에관한특례법위반(13세미만미성년자강간등)(일부인정된죄명:주거침입)·부착명령】

판시사항

피고인이 아파트 엘리베이터 내에 13세 미만인 갑(여, 11세)과 단둘이 탄 다음 갑을 향하여 성기를 꺼내어 잡고 여러 방향으로 움직이다가 이를 보고 놀란 갑 쪽으로 가까이 다가감으로써 위력으로 갑을 추행하였다고 하여 성폭력범죄의 처벌 등에 관한 특례법 위반으로 기소된 사안에서, 피고인의 행위는 위력에 의한 추행에 해당한다고 보아야 하는데도, 이와 달리 본 원심판결에 법리오해의 위법이 있다고 한 사례

판결요지

피고인이 아파트 엘리베이터 내에 13세 미만인 갑(여, 11세)과 단둘이 탄 다음 갑을 향하여 성기를 꺼내어 잡고 여러 방향으로 움직이다가 이를 보고 놀란 갑 쪽으로 가까이 다가감으로써 위력으로 갑을 추행하였다고 하여 성폭력범죄의 처벌 등에 관한 특례법 위반으로 기소된 사안에서, 피고인은 나이 어린 갑을 범행 대상으로 삼아, 의도적으로 협소하고 폐쇄적인 엘리베이터 내 공간을 이용하여 갑이 도움을 청할 수 없고 즉시 도피할 수도 없는 상황을 만들어 범행을 한 점 등 제반 사정에 비추어 볼 때, 비록 피고인이 갑의 신체에 직접적인 접촉을 하지 아니하였고 엘리베이터가 멈춘 후 갑이 위 상황에서 바로 벗어날 수 있었다고 하더라도, 피고인의 행위는 갑의 성적 자유의사를 제압하기에 충분한 세력에 의하여 추행행위에 나아간 것으로서 위력에 의한 추행에 해당한다고 보아야 하는데도, 이와 달리 본 원심판결에 위력에 의한 추행에 관한 법리오해의 위법이 있다고 한 사례.

전 문

피고인 겸 피부착명령청구자 피고인

상 고 인 검사

변 호 인 변호사

원심판결 광주고법 2011. 5. 31. 선고 (전주)2011노37, (전주)2011전노5 판결

주 문 원심판결을 파기하고, 사건을 광주고등법원에 환송한다.

이 유 상고이유를 판단한다.

1. 피고사건에 대하여

가. 피해자 공소외 1에 대한 강제추행의 점

원심판결 이유를 관련 법리 및 기록에 비추어 살펴보면, 위 피해자에 대한 강제추행의 점에 관하여 범죄의 증명이 없다고 본 원심의 판단에, 상고이유로 주장하는 바와 같이 강제추행에 관한 법리를 오해하여 판결 결과에 영향을 미친 위법이 없다. 따라서 이 부분 상고이유의 주장은 이유 없다.

나. 13세 미만의 사람에 대한 위력에 의한 추행의 점

(1) 성폭력범죄의 처벌 등에 관한 특례법 제7조 제5항에서 규정한 13세 미만의 사람에 대한 위력에 의한 추행죄는 '13세 미만의 아동이 외부로부터의 부적절한 성적 자극이나 물리력의 행사가 없는 상태에서 심리적 장애 없이 성적 정체성 및 가치관을 형성할 권익'을 보호법익으로 한다(대법원 2009. 9. 24. 선고 2009도2576 판결 등 참조).

'추행'이란 객관적으로 피해자와 같은 처지에 있는 일반적·평균적인 사람으로 하여금 성적 수치심이나 혐오감을 일으키게 하고 선량한 성적 도덕관념에 반하는 행위로서 구체적인 피해자를 대상으로 하여 피해자의 성적 자유를 침해하는 것을 의미하는데, 이에 해당하는지 여부는 피해자의 의사, 성별, 연령, 행위자와 피해자

의 관계, 그 행위에 이르게 된 경위, 피해자에 대하여 이루어진 구체적 행위태양, 주위의 객관적 상황과 그 시대의 성적 도덕관념 등을 종합적으로 고려하여 판단하여야 한다(대법원 2010. 2. 25. 선고 2009도13716 판결, 대법원 2012. 3. 29. 선고 2012도936 판결 등 참조).

그리고 여기에서 '위력'이란 피해자의 성적 자유의사를 제압하기에 충분한 세력으로서 유형적이든 무형적이든 묻지 않으며, 폭행·협박뿐 아니라 행위자의 사회적·경제적·정치적인 지위나 권세를 이용하는 것도 가능하다. 그리고 위력으로써 추행한 것인지 여부는 피해자에 대하여 이루어진 구체적인 행위의 경위 및 태양, 행사한 세력의 내용과 정도 내지 이용한 행위자의 지위나 권세의 종류, 피해자의 연령, 행위자와 피해자의 이전부터의 관계, 피해자에게 주는 위압감 및 성적 자유의사에 대한 침해의 정도, 범행 당시의 정황 등 여러 사정을 종합적으로 고려하여 판단하여야 한다(대법원 1998. 1. 23. 선고 97도2506 판결, 대법원 2008. 7. 24. 선고 2008도4069 판결 등 참조).

(2) 적법하게 채택된 증거들에 의하면, ① 피고인 겸 피부착명령청구자(이하 '피고인'이라 한다)는 2010. 9. 6. 13:45경 전주시 완산구 서신동 소재 (아파트 명칭 1 생략) 110동 1-2라인의 엘리베이터에서 공소외 2(여, 9세)를 상대로 자위행위를 하고 다가가 어깨에 손을 얹어 만지는 등의 강제추행의 범행을 한 후 불과 1시간 20분 만인 같은 날 15:05경 같은 동 소재 (아파트 명칭 2 생략) 109동 5~6라인 앞에서 피해자 공소외 1(여, 11세)이 혼자 귀가하는 것을 보고 따라가 엘리베이터에 함께 탄 사실, ② 피해자가 자신의 집인 10층 버튼을 누르고 엘리베이터 출입문 옆에 서자 피고인은 그보다 높은 층을 누른 후 엘리베이터 출입문 반대편 벽 쪽에 선 사실, ③ 엘리베이터가 올라가자 피고인은 피해자의 뒤쪽에서 피해자를 바라보고 반바지를 내리고 성기를 꺼내어 손으로 성기를 잡고 위, 아래, 왼쪽, 오른쪽으로 움직인 사실, ④ 엘리베이터가 2층쯤을 통과할 무렵 피해자는 피고인의 행위를 발견하고 놀랐는데 그럼에도 피고인은 자신의 행위를 즉시 멈추지 않은 채 오히려 피해자 쪽으로 더 가까이 다가간 사실, ⑤ 피고인은 이 사건 당시 25세의 건장한 체격의 남자로서 피해자와는 전혀 안면이 없었던 사실을 알 수 있다.

위 사실관계에 의하면, 피고인은 나이 어린 피해자를 구체적인 범행의 대상으로 삼아, 의도적으로 협소하고 폐쇄적인 엘리베이터 내 공간을 이용하여 피해자 외에는 다른 사람이 없어 피해자가 도움을 청할 수 없고 즉시 도피할 수도 없는 상황을 만들어 이 사건 범행을 하였고, 피고인이 피해자를 바라보고 성기를 꺼내어 잡고 움직인 행위는 일반인에게 수치심을 느끼게 하고 성적인 자유의사를 침해하는 행위일 뿐 아니라 그 행위를 목격한 11세의 여자 아이인 피해자에게는 심한 정신적인 충격을 주었을 것으로 보이며, 더욱이 연약한 피해자로서는 위와 같이 벗어날 수 없는 좁은 공간 내에서 자기보다 훨씬 신체가 크고 낯선 피고인을 대하고 있는 사실만으로도 심리적으로 위축되어 있을 터인데 위와 같이 피고인이 피해자를 향하여 성기를 꺼내어 잡고 움직이며 이를 보고 놀란 피해자에게 가까이 다가가기까지 하는 유형적인 행위를 함으로써 피해자에게 준 심리적인 위압감이나 불안감은 매우 컸을 것으로 보인다.

이와 같은 사정들을 앞서 본 법리에 비추어 보면, 비록 피고인이 피해자의 신체에 대하여 직접적인 접촉을 하지 아니하였고 엘리베이터가 10층에서 멈춘 후 피해자가 위 상황에서 바로 벗어날 수 있었다고 하더라도, 피고인이 피해자에 대하여 한 위 행위는 피해자의 성적 자유의사를 제압하기에 충분한 세력에 의하여 추행행위에 나아간 것으로서 위력에 의한 추행행위에 해당한다고 봄이 상당하다.

그런데도 원심은 이와 달리 피고인이 유형력을 행사하지 않았다거나 피해자의 신체에 직접적인 접촉을 하지 않았다는 등의 사정을 들어 위력에 의한 추행으로 보기에 부족하다고 판단하였으므로, 이러한 원심의 판단에는 위력에 의한 추행에 관한 법리를 오해하여 판결 결과에 영향을 미친 위법이 있다. 이 점을 지적하는 상고이유의 주장은 이유 있다.

다. 파기의 범위

원심판결의 피고사건 중 피해자 공소외 1에 대한 위력에 의한 추행의 점에 관한 무죄 부분은 그대로 유지될 수 없는데, 그 부분은 강제추행의 주위적 공소사실 및 원심이 유죄로 인정한 주거침입의 제2차 예비적 공소사실과 동일체의 관계에 있으므로 원심판결 중 피해자 공소외 1에 대한 부분은 모두 파기되어야 한다.

그리고 원심이 유죄로 판단한 피해자 공소외 2에 대한 부분과 피해자 공소외 1에 대한 주거침입의 점은 형법 제37조 전단의 경합범 관계에 있다는 이유로 그 전체에 대하여 하나의 형이 선고되었는데, 위와 같이 피해자 공소외 1에 대한 주거침입의 점을 파기하는 이상, 피해자 공소외 2에 대한 유죄 부분도 파기할 수밖에 없다.

결국 원심판결 중 피고사건 전부를 파기하여야 한다.

2. 부착명령사건에 대하여

상고이유에 관한 판단에 앞서 직권으로 살피건대, 위에서 보는 바와 같이 피고사건의 파기가 불가피한 이상 그와 함께 심리되어 동시에 판결이 선고되어야 하는 부착명령사건 역시 파기될 수밖에 없다.

3. 결론

그러므로 부착명령사건에 관한 상고이유에 대한 판단은 생략한 채 원심판결을 파기하고, 사건을 다시 심리·판단하게 하기 위하여 원심법원에 환송하기로 하여, 관여 대법관의 일치된 의견으로 주문과 같이 판결한다.

대법관 신영철(재판장) 이상훈 김용덕(주심) 김소영

대법원 2013.1.10. 선고 2011도15497 판결

【업무방해】

판시사항

[1] 사용자가 연설, 사내방송 등을 통하여 의견을 표명하는 행위가 노동조합 및 노동관계조정법 제81조 제4호에서 정한 부당노동행위에 해당하기 위한 요건 및 이때 사용자에게 노동조합의 조직이나 운영 및 활동을 지배하거나 이에 개입하는 의사가 있는지 판단하는 방법

[2] 전국철도노동조합이 한국철도공사와 단체교섭 결렬을 이유로 파업을 예고한 상태에서 파업 예정일 하루 전에 사용자 측 교섭위원인 갑이 직원들을 상대로 설명회를 개최하려고 지역 사업소에 도착하자, 노동조합 간부인 피고인들 등이 청사 안으로 들어가지 못하게 몸으로 가로막는 등 위력으로 갑의 업무를 방해하였다는 내용으로 기소된 사안에서, 설명회 개최가 노동조합 운영에 대한 지배·개입의 부당노동행위로서 업무방해죄의 보호법익인 '업무'에 해당하지 않는다는 등의 이유로 피고인들에게 무죄를 선고한 원심판결에 법리오해 등 위법이 있다고 한 사례

판결요지

[1] 사용자가 연설, 사내방송, 게시문, 서한 등을 통하여 의견을 표명하는 경우 표명된 의견의 내용과 함께 그것이 행하여진 상황, 시점, 장소, 방법 및 그것이 노동조합의 운영이나 활동에 미치거나 미칠 수 있는 영향 등을 종합하여 노동조합의 조직이나 운영 및 활동을 지배하거나 이에 개입하는 의사가 인정된다면 노동조합 및 노동관계조정법 제81조 제4호에 규정된 '근로자가 노동조합을 조직 또는 운영하는 것을 지배하거나 이에 개입하는 행위'로서 부당노동행위가 성립하고, 또 그 지배·개입으로서 부당노동행위의 성립에 반드시 근로자의 단결권 침해라는 결과 발생까지 요하는 것은 아니다. 그러나 사용자 또한 자신의 의견을 표명할 수 있는 자유를 가지고 있으므로, 사용자가 노동조합의 활동에 대하여 단순히 비판적 견해를 표명하거나 근로자를 상대로 집단적인 설명회 등을 개최하여 회사의 경영상황 및 정책방향 등 입장을 설명하고 이해를 구하는 행위 또는 비록 파업이 예정된 상황이라 하더라도 파업의 정당성과 적법성 여부 및 파업이 회사나 근로자에 미치는 영향 등을 설명하는 행위는 거기에 징계 등 불이익의 위협 또는 이익제공의 약속 등이 포함되어 있거나 다른 지배·개입의 정황 등 노동조합의 자주성을 해칠 수 있는 요소가 연관되어 있지 않는 한, 사용자에게 노동조합의 조직이나 운영 및 활동을 지배하거나 이에 개입하는 의사가 있다고 가볍게 단정할 것은 아니다.

[2] 전국철도노동조합(이하 '노동조합'라 한다)이 한국철도공사(이하 '철도공사'라 한다)와 단체교섭 결렬을 이유로 파업을 예고한 상태에서 파업 예정일 하루 전에 사용자 측 교섭위원인 갑이 직원들을 상대로 설명회를 개최하려고 지역 차량사업소에 도착하자, 노동조합 간부인 피고인들 등이 청사 안으로 들어가지 못하게 몸으로 가로막는 등 위력으로 갑의 업무를 방해하였다는 내용으로 기소된 사안에서, 갑이 설명회에서 발언하고자 한 내용과 설명회 전 다른 지역 순회설명회에서 표명한 발언 내용 및 그러한 발언 등이 조합원이나 노동조합 활동에 미쳤거나 미칠 수 있는 영향, 당초 예정된 파업의 정당성 여부 등 부당노동행위를 인정하는 전제가 되는 전후 상황 등에 관하여 구체적으로 심리하여, 설명회 개최가 사용자 입장에서 단순히 파업에 대한 의견을 개진하는 수준을 넘어 사용자에게 노동조합의 운영이나 활동을 지배하거나 그 활동에 개입하려는 의사가 있었던 것으로 추단되는지를 판단하지 아니한 채, 설명회 개최가 '근로자가 노동조합을 운영하는 것을 지배하거나 이에 개입하는 행위'로서 업무방해죄의 보호법익인 '업무'에 해당하지 않는다는 등의 이유로 피고인들에게 무죄를 선고한 원심판결에 법리오해 및 심리미진의 위법이 있다고 한 사례.

전 문

피 고 인 피고인 1 외 9인

상 고 인 검사

변 호 인 변호사

원심판결 서울서부지법 2011. 11. 3. 선고 2011노513 판결

주 문 원심판결을 파기하고, 사건을 서울서부지방법원 합의부에 환송한다.

이 유 상고이유를 판단한다.

1. 이 사건 공소사실은, 피고인들과 제1심 공동피고인 11은 공동하여 2010. 5. 11. 10:20경 한국철도공사 서울차량사업소 주차장에서 한국철도공사 ○○본부장 공소외 1이 서울차량사업소의 현업직원을 대상으로 같은 날 10:40경 3층 교양실에서 다음 날로 예정된 파업의 부당성에 대해 설명하기 위해 현장에 도착하자, 공소외 1을 청사 안으로 들어가지 못하게 몸으로 가로막는 등 위력으로 그 정당한 업무를 방해하였다는 것이다.

이에 대하여, 원심은 그 판시와 같은 사정을 들어 공소외 1이 파업이 임박한 상황에서 한국철도공사 산하 현장을 순회하며 직원들을 상대로 설명회를 개최한 것은 부당노동행위에 해당하여 업무방해죄의 보호법익으로서의 업무로 볼 수 없고, 설령 이 사건 설명회 개최가 업무방해죄의 보호법익으로서의 업무에 해당한다고 하더라도 피고인들이 이를 부당노동행위로 오인한 데에 정당한 이유가 있다고 판단하여 무죄를 선고하였다.

2. 그러나 원심의 위와 같은 판단은 다음과 같은 이유에서 수긍하기 어렵다.

가. 먼저 이 사건 설명회 개최가 업무방해죄의 보호법익으로서의 업무에 해당하는지 여부에 대하여 본다.

사용자가 연설, 사내방송, 게시문, 서한 등을 통하여 의견을 표명하는 경우 그 표명된 의견의 내용과 함께 그것이 행하여진 상황, 시점, 장소, 방법 및 그것이 노동조합의 운영이나 활동에 미치거나 미칠 수 있는 영향 등을 종합하여 노동조합의 조직이나 운영 및 활동을 지배하거나 이에 개입하는 의사가 인정된다면 노동조합 및 노동관계조정법 제81조 제4호에 규정된 '근로자가 노동조합을 조직 또는 운영하는 것을 지배하거나 이에 개입하는 행위'로서 부당노동행위가 성립하고, 또 그 지배·개입으로서의 부당노동행위의 성립에 반드시 근로자의 단결권의 침해라는 결과의 발생까지 요하는 것은 아니다(대법원 2006. 9. 8. 선고 2006도388 판결 참조).

그러나 사용자 또한 자신의 의견을 표명할 수 있는 자유를 가지고 있으므로, 사용자가 노동조합의 활동에 대하여 단순히 비판적 견해를 표명하거나 근로자를 상대로 집단적인 설명회 등을 개최하여 회사의 경영상황 및 정책방향 등 입장을 설명하고 이해를 구하는 행위 또는 비록 파업이 예정된 상황이라 하더라도 그 파업의 정당성과 적법성 여부 및 파업이 회사나 근로자에 미치는 영향 등을 설명하는 행위는 거기에 징계 등 불이익의 위협 또는 이익제공의 약속 등이 포함되어 있거나 다른 지배·개입의 정황 등 노동조합의 자주성을 해칠 수 있는 요소가 연관되어 있지 않는 한, 사용자에게 노동조합의 조직이나 운영 및 활동을 지배하거나 이에 개입하는 의사가 있다고 가볍게 단정할 것은 아니라 할 것이다.

원심판결 이유 및 기록에 의하면, ① 한국철도공사가 2009. 11. 24. 이 사건 노동조합과의 단체협약을 해지하자 이 사건 노동조합은 같은 해 11. 26.부터 같은 해 12. 2.까지 파업을 진행하다가 같은 해 12. 3. 업무에 복귀한 사실, ② 이 사건 노동조합은 이후 계속하여 한국철도공사와 단체교섭을 진행하였음에도 교섭이 이루어지지 않자, 2010. 5. 12.까지 교섭이 결렬될 경우 재차 파업을 하겠다고 한국철도공사에 예고(파업 예정일은 2010. 5. 12. 04:00경임)한 사실, ③ 이에 한국철도공사의 ○○본부장이자 단체교섭의 사용자 측 교섭위원 중 한 명인 공소외 1은 2010. 5. 8.부터 같은 달 11일까지 한국철도공사 산하 차량사업소 및 정비단 등 현장을 순회하면서 직원설명회를 개최하기로 하여 파업 예정일 이전 며칠 동안 집중적으로 전국을 이동하며 직원설명회를 개최한 사실, ④ 공소외 1이 2010. 5. 11. 한국철도공사 산하 서울차량사업소에서 약 300여 명에 이르는 직원을 상대로 위와 같은 설명회(이하 '이 사건 설명회')를 개최하려고 위 사업소에 도착하자, 피고인들 및 조합원 30여 명은 건물 1층 현관 앞을 막아서서 '내일이 파업인데 본사에 가서 협상하는 데 가 있어야지 여기 있을 때가 아니다'고 하거나 '파업을 하루 앞두고 성실교섭이나 하지 뭐 하러 왔어. 현장에 설명회를 할 시간이 있으면 다시 돌아가 교섭에 충실히 임해 파업을 막도록 하라'고 하면서 멱살을 잡는 등으로 건물 안으로 들어가지 못하게 가로막은 사실, ⑤ 피고인들의 위와 같은 출입방해 등으로 인하여 공소외 1은 결국 그날 서울차량사업소 2층 회의실에서 과장 등 중간관리자와 차량팀원 일부 등 몇십 명만 참석한 가운데 약 10분간 설명회를 진행하면서 한국철도공사의 현황에 비추어 파업에 무리가 있다는 취지의 발언을 하고 나아가 국민들의 파업에 대한 시각과 국가가 처한 현실 등과 함께 현재로서는 철도가 파업이 된다면 한국철도공사 전체의 위기가 올 수 있다고 언급한 사실을 알 수 있다.

이러한 순회설명회의 경과 등에 비추어 볼 때, 공소외 1이 이 사건 설명회에서 설명하고자 한 내용은 다른

지역설명회에서 한 발언과 유사할 것으로 보이지만, 원심은 그 내용에 대해서는 구체적으로 심리한 바가 없다. 그리고 그 발언의 내용이 이 사건 설명회가 무산된 뒤 중간관리자 등을 상대로 하였던 발언 내용과 별 차이가 없는 것이라면, 이는 파업이 예정된 상황에서 한국철도공사의 전반적 현황과 파업이 회사에 미치는 영향을 설명하면서 파업 참여에 신중할 것을 호소·설득하는 등 사용자 입장에서 노동조합이 예정한 파업방침에 대해 비판적 견해를 표명한 것으로서 사용자 측에 허용된 언론의 자유의 범위를 벗어난 것이라고 단정하기는 어렵다 할 것이다. 다만 원심판결 이유 및 기록에 의하면, 피고인들의 출입방해 행위 당시 서울차량사업소장 공소외 2가 피고인들 등에게 '내일 파업이니까 오신 거예요. 파업하지 말라고. 내일 파업하면 우리 직원들이 많이 다치니까 하지 말라고 얘기하러 오신 거예요'라는 취지로 말한 사실이 인정되기는 한다. 그러나 이는 공소외 2가 서울차량사업소장으로서 피고인들이 공소외 1의 출입을 막아선 상황에서 이를 풀 것을 설득하는 과정에서 우발적으로 한 것으로 보이고, 그 내용도 그 사업소 소속 직원인 피고인들이 파업으로 인해 입을 손해를 우려하는 취지의 충고성 발언으로 볼 수 있는 등 발언 당시의 상황, 발언의 경위 및 시기 등 여러 사정들에 비추어 볼 때, 보복이나 위협 등의 의사가 표시되었다고 보기는 어렵다. 그 밖에 공소외 1이 이 사건 설명회를 개최하려고 한 과정에서 노동조합의 조직이나 운영을 지배하거나 이에 개입하는 의사가 있었던 것으로 볼 만한 행동을 하였다는 자료는 찾아볼 수 없다.

그렇다면 원심으로서는, 비록 이 사건 설명회가 파업이 임박한 시기에 개최된 것이라고 하더라도, 공소외 1이 이 사건 설명회 전 다른 지역에서 한 순회설명회에서 표명한 발언의 내용 및 그러한 발언 등이 조합원이나 노동조합의 활동에 미쳤거나 미칠 수 있는 영향, 그리고 당초 예정된 파업의 정당성 여부 등 지배·개입의 부당노동행위를 인정하는 전제가 되는 전후 상황 등에 대하여 구체적으로 심리하여, 이 사건 설명회 개최가 사용자 입장에서 단순히 파업에 대한 의견을 개진하는 수준을 넘어 조합원에 대해 회유 내지 위협적 효과를 가지는 등의 사정이 있어, 사용자에게 노동조합의 운영이나 활동을 지배하거나 노동조합의 활동에 개입하려는 의사가 있었던 것으로 추단되는지 여부를 판단하였어야 할 것이다. 그럼에도 원심은 이에 이르지 아니한 채 단지 그 판시와 같은 사정만으로 이 사건 설명회 개최가 '근로자가 노동조합을 운영하는 것을 지배하거나 이에 개입하는 행위'로서 업무방해죄의 보호법익으로서의 업무에 해당하지 않는다고 판단하였으니, 이러한 원심의 판단에는 지배·개입에 의한 부당노동행위의 성립에 관한 법리 또는 업무방해죄의 보호법익으로서의 업무에 관한 법리를 오해하여 필요한 심리를 다하지 아니함으로써 판결에 영향을 미친 위법이 있다.

나. 다음으로 부당노동행위로 오인한 데에 정당한 이유가 있는지에 관하여 본다.

형법 제16조에서 자기가 행한 행위가 법령에 의하여 죄가 되지 아니한 것으로 오인한 행위는 그 오인에 정당한 이유가 있는 때에 한하여 벌하지 아니한다고 규정하고 있는 것은, 일반적으로 범죄가 되는 경우이지만 자기의 특수한 경우에는 법령에 의하여 허용된 행위로서 죄가 되지 아니한다고 그릇 인식하고 그와 같이 그릇 인식함에 정당한 이유가 있는 경우에는 벌하지 아니한다는 취지이다(대법원 1992. 5. 22. 선고 91도2525 판결, 대법원 2002. 1. 25. 선고 2000도1696 판결 등 참조). 그리고 그 정당한 이유가 있는지 여부는 행위자에게 자기 행위의 위법 가능성에 대해 신중하게 판단하고 확인해 보는 등으로 위와 같은 착오를 하지 않도록 하기 위한 진지한 노력을 하였더라면 스스로의 행위에 대하여 위법성을 인식할 수 있었음에도 이를 다하지 아니한 결과 그 행위의 위법성을 인식하지 못한 것인지 여부에 따라 판단하여야 할 것이고, 이러한 위법성의 인식에 필요한 노력의 정도는 구체적인 행위의 정황과 행위자 개인의 인식능력 그리고 행위자가 속한 사회집단에 따라 달리 평가되어야 한다(대법원 2006. 3. 24. 선고 2005도3717 판결 등 참조).

원심판결 이유 및 기록에 의하면, 이 사건 노동조합의 간부들인 피고인들은 '사용자 측에서 조합원들이 파업을 못하게 할 의도로 특별교육을 시킨다'고 스스로 판단한 후 앞서 본 바와 같은 방법으로 이 사건 설명회 개최를 저지하였음을 알 수 있다. 그러나 원심 판시와 같은 사정만으로는 피고인들이 이 사건 설명회 개최가 부당노동행위에 해당한다는 착오를 하지 않도록 하기 위한 진지한 노력을 다하였다고 볼 수 없으므로, 설사 이 사건 설명회 개최가 부당노동행위에 해당한다고 오인하였다 하더라도 거기에 정당한 이유가 있다고는 할 수 없다.

따라서 원심이 그 판시와 같은 이유만으로 피고인들의 이 사건 설명회 개최 저지행위가 법령에 의하여 죄가 되지 아니한 것으로 오인한 것이 정당한 이유가 있는 때에 해당한다고 판단한 데에는 형법 제16조의 정당한 이유에 관한 법리를 오해한 잘못이 있다.

3. 그러므로 원심판결을 파기하고, 사건을 다시 심리·판단하게 하기 위하여 원심법원에 환송하기로 하여, 관여 대법관의 일치된 의견으로 주문과 같이 판결한다.

대법관 김창석(재판장) 양창수 박병대(주심) 고영한

2012년
대법원 판례 모음

대법원 2012.12.27. 선고 2012도8421 판결

【정치자금법위반】

판시사항

[1] 후원회지정권자가 후원회를 통하지 아니하고 직접 기부받은 후원금을 정치자금법 제10조 제3항에서 정한 방식으로 후원회 회계책임자에게 전달한 경우, 후원회지정권자를 정치자금법 제45조 제1항 위반죄로 처벌할 수 있는지 여부(소극)

[2] 후원회지정권자가 후원인으로부터 직접 정치자금을 받아 단기간 내에 후원회 회계책임자에게 전달한 시점이 정치자금법 제10조 제3항이 2010. 7. 23. 법률 제10395호로 개정·신설되기 이전인 경우, '범죄 후 법률의 변경에 의하여 그 행위가 범죄를 구성하지 아니한 때'에 해당하여 개정 후 법률이 적용되는지 여부(적극)

판결요지

[1] 정치자금법(이하 '법'이라 한다) 제10조 제3항은 후원회지정권자가 후원금과 기부자의 인적사항을 후원회의 회계책임자에게 전달한 경우에는 해당 후원회가 기부받은 것으로 본다고 규정하고 있을 뿐, 그 이상의 추가적인 요건을 정하고 있지는 않다. 따라서 후원회지정권자가 직접 기부받은 후원금을 위와 같은 방식으로 후원회 회계책임자에게 전달한 이상 설령 기부받은 후원금의 액수가 법에 규정된 한도액을 초과하고, 후원금을 전달받은 회계책임자가 이를 후원회 계좌에 입금하지 않거나, 이를 회계처리하여 선거관리위원회에 보고하지 아니하고, 후원자에게 정치자금영수증을 교부하지 않는 등 법이 정한 절차에 따라 후속처리를 하지 않았다고 하더라도, 그러한 사정만으로 법 제10조 제3항의 적용이 배제되는 것이라고 볼 수는 없다. 이 경우 회계책임자가 정치자금을 법이 정한 방식과 절차에 따라 처리할 의무를 위반한 행위에 대하여 후원회지정권자의 공모사실이 인정된다면 그 규정 위반으로 처벌함은 별론으로 하고, 법 제10조 제3항의 조치를 다한 후원회지정권자를 법 제45조 제1항 위반죄로 처벌할 수는 없다. 형벌법규의 해석은 엄격하여야 하고 명문규정의 의미를 피고인에게 불리한 방향으로 임의로 확장해석하거나 유추해석하는 것은 죄형법정주의 원칙에 어긋나는 것이기 때문이다.

[2] 정치자금법 제10조 제3항은 2010. 7. 23. 법률 개정으로 신설된 규정이기는 하지만, 이는 후원회지정권자가 후원인으로부터 직접 정치자금을 받아 단기간 내에 후원회 회계책임자에게 전달한 경우까지 후원인이 후원회에 직접 입금한 경우와 다르게 취급하여 처벌대상으로 삼은 종전의 조치가 부당하다고 보아 개정한 것으로 이해된다. 따라서 후원회지정권자의 행위 시점이 위 법률 개정 이전이었다 하더라도, 이는 "범죄 후 법률의 변경에 의하여 그 행위가 범죄를 구성하지 아니한 때"에 해당하므로 신법을 적용해야 한다(형법 제1조 제2항).

전 문

피 고 인 피고인

상 고 인 검사

변 호 인 법무법인

원심판결 서울고법 2012. 6. 21. 선고 2012노158 판결

주 문 상고를 기각한다.

이 유 상고이유를 판단한다.

정치자금법(이하 '법'이라 한다) 제2조 제1항 및 제10조 제1항 등에 의하면, 누구든지 법에 의하지 아니하고는 정치자금을 받을 수 없고, 후원인으로부터의 모금은 후원회가 하도록 되어 있다. 따라서 후원회지정권자가 후원회를 통하지 아니하고 직접 정치자금을 받게 되면 "법에 정하지 아니한 방법으로 정치자금을 기부받은 경우"에 해당하여 법 제45조 제1항 위반죄의 책임을 지게 된다(대법원 2011. 6. 9. 선고 2010도17886 판결 등 참조). 그러나 법 제10조 제3항은 "후원인이 후원회지정권자에게 직접 후원금을 기부한 경우 해당 후원회지정권자가 기부받은 날부터 30일 이내에 기부받은 후원금과 기부자의 인적사항을 자신이 지정한 후원회의 회계책임자에게 전달한 경우에는 해당 후원회가 기부받은 것으로 본다."고 규정하고 있으므로, 후원회지정권자가 위 조항에서 정한 요건을 충족한 경우에는 법 제45조 제1항으로 처벌받지 않는다.

그런데 법 제10조 제3항은 후원회지정권자가 후원금과 기부자의 인적사항을 후원회의 회계책임자에게 전달한 경우에는 해당 후원회가 기부받은 것으로 본다고 규정하고 있을 뿐, 그 이상의 추가적인 요건을 정하고 있지는 않다. 따라서 후원회지정권자가 직접 기부받은 후원금을 위와 같은 방식으로 후원회 회계책임자에게 전달한 이상 설령 기부받은 후원금의 액수가 법에 규정된 한도액을 초과하고, 그 후원금을 전달받은 회계책임자가 이를 후원회 계좌에 입금하지 않거나, 이를 회계처리하여 선거관리위원회에 보고하지 아니하고, 후원자에게 정치자금영수증을 교부하지 않는 등 법이 정한 절차에 따라 후속처리를 하지 않았다고 하더라도, 그러한 사정만으로 법 제10조 제3항의 적용이 배제되는 것이라고 볼 수는 없다. 이 경우 회계책임자가 정치자금을 법이 정한 방식과 절차에 따라 처리할 의무를 위반한 행위에 대하여 후원회지정권자의 공모사실이 인정된다면 그 규정 위반으로 처벌함은 별론으로 하고, 법 제10조 제3항의 조치를 다한 후원회지정권자를 법 제45조 제1항 위반죄로 처벌할 수는 없다. 형벌법규의 해석은 엄격하여야 하고 명문규정의 의미를 피고인에게 불리한 방향으로 임의로 확장해석하거나 유추해석하는 것은 죄형법정주의의 원칙에 어긋나는 것이기 때문이다.

한편 위 법 제10조 제3항은 2010. 7. 23. 법률 개정으로 신설된 규정이기는 하지만, 이는 후원회지정권자가 후원인으로부터 직접 정치자금을 받아 단기간 내에 후원회 회계책임자에게 전달한 경우까지 후원인이 후원회에 직접 입금한 경우와 다르게 취급하여 처벌대상으로 삼은 종전의 조치가 부당하다고 보아 개정한 것으로 이해된다(대법원 2011. 4. 14. 선고 2010도2540 판결 참조). 따라서 후원회지정권자의 행위 시점이 위 법률 개정 이전이었다 하더라도, 이는 "범죄 후 법률의 변경에 의하여 그 행위가 범죄를 구성하지 아니한 때"에 해당하므로 신법을 적용할 것이다(형법 제1조 제2항).

위와 같은 법리에 비추어 볼 때, 원심이 피고인은 2010. 5. 20.경 원심 공동피고인으로부터 후원금을 받은 뒤 곧바로 이를 피고인의 후원회 회계책임자인 공소외인에게 전달하고 기부자가 원심 공동피고인이라는 점을 알렸다고 인정되는 이상, 공소외인이 그 뒤에 위 후원금을 법이 정한 절차에 따라 처리하였는지 여부와 상관없이 법 제10조 제3항이 적용된다고 하여 제1심판결을 파기하고 피고인에게 무죄를 선고한 조치는 정당하다. 거기에 상고이유로 주장하는 법리오해나 논리와 경험칙에 반하여 자유심증주의의 한계를 벗어나는 등의 위법이 있다고 할 사유는 없다.

이에 관여 대법관의 일치된 의견으로 상고를 기각하기로 하여 주문과 같이 판결한다.

대법관 김창석(재판장) 양창수 박병대(주심) 고영한

대법원 2012.12.27. 선고 2012도10822 판결

【특정경제범죄가중처벌등에관한법률위반(배임)·특정경제범죄가중처벌등에관한법률위반(횡령)】

판시사항

[1] 배임죄 구성요건 중 '재산상의 손해를 가한 때'의 의미 및 재산상 손해가 있었는지를 판단하는 기준

[2] 회사의 대표이사가 대표권을 남용하여 회사 명의의 약속어음을 발행한다는 사정을 상대방이 알았거나 중대한 과실로 알지 못하여 회사가 상대방에 대해 채무를 부담하지 아니하는 경우, 회사에 대하여 배임죄에서의 재산상 실해 발생의 위험이 초래되었다고 볼 수 있는지 여부(원칙적 적극)

판결요지

[1] 배임죄는 타인의 사무를 처리하는 자가 그 임무에 위배하는 행위로써 재산상 이익을 취득하거나 제3자로 하여금 이를 취득하게 하여 본인에게 손해를 가함으로써 성립하는 범죄로, 여기에서 '재산상의 손해를 가한 때'라 함은 현실적인 손해를 가한 경우뿐만 아니라 재산상 실해 발생의 위험을 초래한 경우도 포함되고, 재산상 손해의 유무에 대한 판단은 본인의 전 재산 상태와의 관계에서 법률적 판단에 의하지 아니하고 경제적 관점에서 파악하여야 하므로, 법률적 판단에 의하여 당해 배임행위가 무효라 하더라도 경제적 관점에서 파악하여 배임행위로 인하여 본인에게 현실적인 손해를 가하였거나 재산상 실해 발생의 위험을 초래한 경우에는 재산상의 손해를 가한 때에 해당되어 배임죄를 구성한다.

[2] 회사의 대표이사가 개인 채무를 담보하기 위하여 회사 명의의 약속어음을 발행하는 것은 대표권 남용행위이고, 만일 상대방이 그 사실을 알고 있었거나 중대한 과실로 알지 못하였다면 대표이사가 회사 명의의 약속어음을 발행한 것은 회사에 대하여 무효이므로 회사는 상대방에 대하여 어음금 채무를 지지 아니할 뿐만 아니라 위와 같은 사정하에서라면 회사는 상대방에 대하여 민법 제35조 제1항에 의한 손해배상책임 또는 민법 제756조 제1항에 의한 사용자책임도 지지 아니한다. 그러나 약속어음은 원칙적으로 배서에 의하여 양도할 수 있고(어음법 제11조 제1항, 제77조 제1항), 약속어음에 의하여 청구를 받은 자는 그 소지인이 채무자를 해할 것을 알고 어음을 취득한 경우가 아니라면 발행인 또는 종전의 소지인에 대한 인적 관계로 인한 항변으로써 소지인에게 대항하지 못하므로(어음법 제17조, 제77조 제1항), 대표이사가 대표권을 남용하여 회사 명의의 약속어음을 발행하였다면, 비록 상대방이 그 사실을 알고 있었거나 중대한 과실로 알지 못하여 회사가 상대방에 대하여는 채무를 부담하지 아니한다 하더라도 약속어음이 제3자에게 유통될 경우 회사가 소지인에 대하여 어음금 채무를 부담할 위험은 이미 발생하였다 할 것이므로, 그 약속어음이 제3자에게 유통되지 아니한다는 특별한 사정이 없는 한 경제적 관점에서는 회사에 대하여 배임죄에서의 재산상 실해 발생의 위험이 초래되었다고 봄이 상당하다.

전 문

피 고 인 피고인

상 고 인 피고인

변 호 인 변호사

원심판결 서울고법 2012. 8. 24. 선고 2012노1550 판결

주 문 상고를 기각한다.

이 유 상고이유를 판단한다.

1. 배임죄는 타인의 사무를 처리하는 자가 그 임무에 위배하는 행위로써 재산상 이익을 취득하거나 제3자로 하여금 이를 취득하게 하여 본인에게 손해를 가함으로써 성립하는 범죄로, 여기에서 '재산상의 손해를 가한 때'라 함은 현실적인 손해를 가한 경우뿐만 아니라 재산상 실해 발생의 위험을 초래한 경우도 포함되고, 재산상 손해의 유무에 대한 판단은 본인의 전 재산 상태와의 관계에서 법률적 판단에 의하지 아니하고 경제적 관점에서 파악하여야 하므로, 법률적 판단에 의하여 당해 배임행위가 무효라 하더라도 경제적 관점에서 파악하여 배임행위로 인하여 본인에게 현실적인 손해를 가하였거나 재산상 실해 발생의 위험을 초래한 경우에는 재산상의 손해를 가한 때에 해당되어 배임죄를 구성한다(대법원 1995. 12. 22. 선고 94도3013 판결 등 참조).

   한편 회사의 대표이사가 개인 채무를 담보하기 위하여 회사 명의의 약속어음을 발행하는 것은 대표권 남용행위이고, 만일 상대방이 그 사실을 알고 있었거나 중대한 과실로 알지 못하였다면 대표이사가 회사 명의의 약속어음을 발행한 것은 회사에 대하여 무효이므로 회사는 상대방에 대하여 어음금 채무를 지지 아니할 뿐만 아니라 위와 같은 사정하에서라면 회사는 상대방에 대하여 민법 제35조 제1항에 의한 손해배상책임 또는 민법 제756조 제1항에 의한 사용자책임도 지지 아니한다(대법원 2011. 9. 29. 선고 2011도8110 판결 등 참조). 그러나 약속어음은 원칙적으로 배서에 의하여 양도할 수 있고(어음법 제11조 제1항, 제77조 제1항), 약속어음에 의하여 청구를 받은 자는 그 소지인이 채무자를 해할 것을 알고 어음을 취득한 경우가 아니라면 발행인 또는 종전의 소지인에 대한 인적 관계로 인한 항변으로써 소지인에게 대항하지 못하므로(어음법 제17조, 제77조 제1항), 대표이사가 대표권을 남용하여 회사 명의의 약속어음을 발행하였다면, 비록 상대방이 그 사실을 알고 있었거나 중대한 과실로 알지 못하여 회사가 상대방에 대하여는 채무를 부담하지 아니한다 하더라도 약속어음이 제3자에게 유통될 경우 회사가 소지인에 대하여 어음금 채무를 부담할 위험은 이미 발생하였다 할 것이므로, 그 약속어음이 제3자에게 유통되지 아니한다는 특별한 사정이 없는 한 경제적 관점에서는 회사에 대하여 배임죄에서의 재산상 실해 발생의 위험이 초래되었다고 봄이 상당하다.

2. 원심은, 피고인이 공소외 1 주식회사로부터 개인적으로 회사 인수자금 50억 원을 차용하면서 그 지급을 담보하기 위하여, 피해자 공소외 2 주식회사의 실제 사주의 지위에서 공소외 3을 공소외 2 주식회사의 형식상 대표이사로 내세운 다음 공소외 4, 3과 함께 임무에 위배하여 공소외 1 주식회사에게 공소외 2 주식회사 명의로 액면금 50억 원의 약속어음을 발행·교부한 이상 그 발행 시점에서 공소외 2 주식회사에 어음금 채무를 부담시키는 것이 되어 경제적 관점에서는 일응 재산상 실해 발생의 위험성이 있었다 할 것이고, 공소외 1 주식회사로부터 배서양도 받은 제3자가 대표권 남용에 의한 어음발행이라는 정을 알았다는 등의 사정으로 공소외 2 주식회사의 어음금 채무가 부정되더라도 이는 범죄성립 후의 사정변경에 불과하며, 공소외 1 주식회사로서는 주가 동향에 따라서는 제3자에게 위 약속어음을 배서양도하는 등으로 대여금 채권을 확보하려고 할 가능성이 있었던 반면, 위 약속어음을 유통시키지 아니할 것이라고 볼 만한 특별한 사정은 없으므로, 피고인 등의 위 약속어음의 발행은 공소외 2 주식회사에 대하여 재산상 실해 발생의 위험을 초래한 것으로서 배임죄를 구성한다고 판단하였다.

   원심판결 이유를 앞서 본 법리와 기록에 비추어 살펴보면, 원심의 위와 같은 판단은 정당하고, 거기에 상고이유에서 주장하는 바와 같이 업무상 배임죄에서의 재산상 손해에 관한 법리를 오해하는 등의 위법이 없다. 상고이유에서 들고 있는 대법원판결들은 사안을 달리하는 것이어서 이 사건에 원용하기에 적절하지 아니하다.

3. 그러므로 상고를 기각하기로 하여 관여 대법관의 일치된 의견으로 주문과 같이 판결한다.

대법관 고영한(재판장) 양창수(주심) 박병대 김창석

대법원 2012.11.29. 선고 2012도10980 판결

【특정경제범죄가중처벌등에관한법률위반(횡령)·특정경제범죄가중처벌등에관한법률위반(배임)·자본시장과금융투자업에관한법률위반】

판시사항

갑 주식회사 대표이사인 피고인이 자신의 채권자 을에게 차용금에 대한 담보로 갑 회사 명의 정기예금에 질권을 설정하여 주었는데, 그 후 을이 피고인의 동의하에 정기예금 계좌에 입금되어 있던 갑 회사 자금을 전액 인출하였다고 하여 구 특정경제범죄 가중처벌 등에 관한 법률 위반으로 기소된 사안에서, 위와 같은 예금인출동의행위는 이미 배임행위로써 이루어진 질권설정행위의 불가벌적 사후행위에 해당하는데도, 이와 달리 배임죄와 별도로 횡령죄까지 성립한다고 본 원심판결에 법리오해의 위법이 있다고 한 사례

판결요지

갑 주식회사 대표이사인 피고인이 자신의 채권자 을에게 차용금에 대한 담보로 갑 회사 명의 정기예금에 질권을 설정하여 주었는데, 그 후 을이 차용금과 정기예금의 변제기가 모두 도래한 이후 피고인의 동의하에 정기예금 계좌에 입금되어 있던 갑 회사 자금을 전액 인출하였다고 하여 구 특정경제범죄 가중처벌 등에 관한 법률(2012. 2. 10. 법률 제11304호로 개정되기 전의 것) 위반으로 기소된 사안에서, 민법 제353조에 의하면 질권자는 질권의 목적이 된 채권을 직접 청구할 수 있으므로, 피고인의 예금인출동의행위는 이미 배임행위로써 이루어진 질권설정행위의 사후조처에 불과하여 새로운 법익의 침해를 수반하지 않는 이른바 불가벌적 사후행위에 해당하고, 별도의 횡령죄를 구성하지 않는데도, 이와 달리 피고인에 대하여 질권설정으로 인한 배임죄와 별도로 예금인출로 인한 횡령죄까지 성립한다고 본 원심판결에 불가벌적 사후행위에 관한 법리오해의 위법이 있다고 한 사례.

전 문

피 고 인 피고인

상 고 인 피고인

변 호 인 변호사

원심판결 서울고법 2012. 8. 24. 선고 2012노741 판결

주 문 원심판결을 파기하고, 사건을 서울고등법원에 환송한다.

이 유

1. 국선변호인과 피고인의 상고이유를 함께 판단한다.

원심판결 이유와 원심이 유지한 제1심판결의 채용 증거들을 기록에 비추어 살펴보면, 원심이 그 판시와 같은 이유를 들어 이 사건 공소사실 중 배임의 점과 허위공시의 점을 모두 유죄로 인정한 제1심판결을 그대로 유지한 조치는 정당하고, 거기에 상고이유의 주장과 같이 논리와 경험의 법칙을 위반하고 자유심증주의의 한계를 벗어나거나 대표권 남용에 관한 법리를 오해한 위법 등이 없다.

2. 직권으로 판단한다.

원심이 유지한 제1심판결의 채용 증거들에 의하면, 피고인은 피해자 회사의 대표이사로서 2011. 4. 7. 자신의 채권자인 공소외인에게 차용금 60억 원에 대한 담보로 피해자 회사 명의의 정기예금 60억 원에 질권을 설정하여 준 사실, 공소외인은 위 차용금과 정기예금의 변제기가 모두 도래한 이후인 2011. 7. 11. 피고인의 동의하에 위 정기예금 계좌에 입금되어 있던 60억 원을 전액 인출한 사실을 알 수 있는바, 제1심은 피고인의 위 질권설정행위를 피해자 회사에 대한 배임행위로 인정하는 한편, 예금인출동의행위를 피고인 자신이 행한 예금인출행위와 동시하여 피해자 회사에 대한 횡령행위로 인정하면서 위 배임죄와 횡령죄는 각각 별개로 성립한다고 판단하

였고, 원심은 제1심판결을 그대로 유지하였다.

그러나 민법 제353조에 의하면, 질권자는 질권의 목적이 된 채권을 직접 청구할 수 있으므로, 피고인의 위와 같은 예금인출동의행위는 이미 배임행위로써 이루어진 질권설정행위의 사후조처에 불과하여 새로운 법익의 침해를 수반하지 않는 이른바 불가벌적 사후행위에 해당하고, 따라서 별도의 횡령죄를 구성하지 않는다고 할 것이다.

그런데도 피고인에 대하여 질권설정으로 인한 배임죄와 별도로 예금인출로 인한 횡령죄까지 성립한다고 판단한 원심판결에는 불가벌적 사후행위에 관한 법리를 오해한 위법이 있고, 이는 판결 결과에 영향을 미쳤음이 분명하므로, 이 부분은 파기를 면할 수 없는바, 원심이 이 부분을 피고인의 나머지 범죄사실과 실체적 경합범의 관계에 있는 것으로 보아 하나의 형을 선고한 이상 원심판결 전부를 파기할 수밖에 없다.

3. 결론

그러므로 나머지 상고이유에 대한 판단을 생략한 채 원심판결을 파기하고, 사건을 다시 심리·판단하게 하기 위하여 원심법원에 환송하기로 하여, 관여 대법관의 일치된 의견으로 주문과 같이 판결한다.

대법관 이인복(재판장) 민일영 박보영 김신(주심)

대법원 2012.11.29. 선고 2012도10392 판결

【정보통신망이용촉진및정보보호등에관한법률위반(명예훼손)】

판시사항

1 소비자가 자신이 겪은 객관적 사실을 바탕으로 인터넷에 사업자에게 불리한 내용의 글을 게시하는 행위에 정보통신망 이용촉진 및 정보보호 등에 관한 법률 제70조 제1항에서 정한 '사람을 비방할 목적'이 있는지 판단하는 방법

2 갑 운영의 산후조리원을 이용한 피고인이 인터넷 카페나 자신의 블로그 등에 자신이 직접 겪은 불편사항 등을 후기 형태로 게시하여 갑의 명예를 훼손하였다고 하여 정보통신망 이용촉진 및 정보보호 등에 관한 법률 위반으로 기소된 사안에서, 제반 사정에 비추어 볼 때 피고인에게 갑을 비방할 목적이 있었다고 보기 어려운데도, 이와 달리 보아 유죄를 인정한 원심판결에 '사람을 비방할 목적'에 관한 법리오해의 위법이 있다고 한 사례

판결요지

1 국가는 건전한 소비행위를 계도하고 생산품의 품질향상을 촉구하기 위한 소비자보호운동을 법률이 정하는 바에 따라 보장하여야 하며(헌법 제124조), 소비자는 물품 또는 용역을 선택하는 데 필요한 지식 및 정보를 제공받을 권리와 사업자의 사업활동 등에 대하여 소비자의 의견을 반영시킬 권리가 있고(소비자기본법 제4조), 공급자 중심의 시장 환경이 소비자 중심으로 이전되면서 사업자와 소비자의 정보 격차를 줄이기 위해 인터넷을 통한 물품 또는 용역에 대한 정보 및 의견 제공과 교환의 필요성이 증대되므로, 실제로 물품을 사용하거나 용역을 이용한 소비자가 인터넷에 자신이 겪은 객관적 사실을 바탕으로 사업자에게 불리한 내용의 글을 게시하는 행위에 비방의 목적이 있는지는 해당 적시 사실의 내용과 성질, 해당 사실의 공표가 이루어진 상대방의 범위, 표현의 방법 등 표현 자체에 관한 제반 사정을 두루 심사하여 더욱 신중하게 판단하여야 한다.

2 갑 운영의 산후조리원을 이용한 피고인이 9회에 걸쳐 임신, 육아 등과 관련한 유명 인터넷 카페나 자신의 블로그 등에 자신이 직접 겪은 불편사항 등을 후기 형태로 게시하여 갑의 명예를 훼손하였다는 내용으로 정보통신망 이용촉진 및 정보보호 등에 관한 법률 위반으로 기소된 사안에서, 피고인이 인터넷 카페 게시판 등에 올린 글은 자신이 산후조리원을 실제 이용하면서 겪은 일과 이에 대한 주관적 평가를 담은 이용 후기인 점, 위 글에 '갑의 막장 대응' 등과 같이 다소 과장된 표현이 사용되기도 하였으나, 인터넷 게시글에 적시된 주요 내용은 객관적 사실에 부합하는 점, 피고인이 게시한 글의 공표 상대방은 인터넷 카페 회원이나 산후조리원 정보를 검색하는 인터넷 사용자들에 한정되고 그렇지 않은 인터넷 사용자들에게 무분별하게 노출되는 것이라고 보기 어려운 점 등의 제반 사정에 비추어 볼 때, 피고인이 적시한 사실은 산후조리원에 대한 정보를 구하고자 하는 임산부의 의사결정에 도움이 되는 정보 및 의견 제공이라는 공공의 이익에 관한 것이라고 봄이 타당하고, 이처럼 피고인의 주요한 동기나 목적이 공공의 이익을 위한 것이라면 부수적으로 산후조리원 이용대금 환불과 같은 다른 사익적 목적이나 동기가 내포되어 있다는 사정만으로 피고인에게 갑을 비방할 목적이 있었다고 보기 어려운데도, 이와 달리 보아 유죄를 인정한 원심판결에 같은 법 제70조 제1항에서 정한 명예훼손죄 구성요건요소인 '사람을 비방할 목적'에 관한 법리오해의 위법이 있다고 한 사례.

전　문

피 고 인 피고인

상 고 인 피고인

변 호 인 변호사 김숙희

원심판결 서울북부지법 2012. 8. 9. 선고 2012노729 판결

주 문 원심판결을 파기하고, 사건을 서울북부지방법원 합의부에 환송한다.

이 유 상고이유를 판단한다.

1. 정보통신망 이용촉진 및 정보보호 등에 관한 법률 제70조 제1항에서 정한 '사람을 비방할 목적'이란 가해의 의사나 목적을 필요로 하는 것으로서, 사람을 비방할 목적이 있는지는 해당 적시 사실의 내용과 성질, 해당 사실의 공표가 이루어진 상대방의 범위, 그 표현의 방법 등 그 표현 자체에 관한 제반 사정을 고려함과 동시에 그 표현으로 훼손되거나 훼손될 수 있는 명예의 침해 정도 등을 비교·고려하여 결정하여야 한다. 또한 비방할 목적은 행위자의 주관적 의도의 방향에서 공공의 이익을 위한 것과는 상반되는 관계에 있으므로, 적시한 사실이 공공의 이익에 관한 것인 경우에는 특별한 사정이 없는 한 비방할 목적은 부인된다. 공공의 이익에 관한 것에는 널리 국가·사회 그 밖에 일반 다수인의 이익에 관한 것뿐만 아니라 특정한 사회집단이나 그 구성원 전체의 관심과 이익에 관한 것도 포함한다(대법원 2009. 5. 28. 선고 2008도8812 판결, 대법원 2010. 11. 25. 선고 2009도12132 판결, 대법원 2012. 1. 26. 선고 2010도8143 판결 등 참조). 나아가 그 적시된 사실이 이러한 공공의 이익에 관한 것인지는 그 표현이 객관적으로 국민이 알아야 할 공공성·사회성을 갖춘 공적 관심 사안에 관한 것으로 사회의 여론 형성이나 공개토론에 기여하는 것인지 아니면 순수한 사적인 영역에 속하는 것인지 여부, 피해자가 그와 같은 명예훼손적 표현의 위험을 자초한 것인지 여부, 그리고 그 표현으로 훼손되는 명예의 성격과 그 침해의 정도, 그 표현의 방법과 동기 등 제반 사정을 고려하여 판단하여야 하고, 행위자의 주요한 동기나 목적이 공공의 이익을 위한 것이라면 부수적으로 다른 사익적 목적이나 동기가 내포되어 있더라도 비방할 목적이 있다고 보기는 어렵다(대법원 2005. 10. 14. 선고 2005도5068 판결, 대법원 2011. 11. 24. 선고 2010도10864 판결 등 참조).

   한편 국가는 건전한 소비행위를 계도하고 생산품의 품질향상을 촉구하기 위한 소비자보호운동을 법률이 정하는 바에 따라 보장하여야 하며(헌법 제124조), 소비자는 물품 또는 용역을 선택하는 데 필요한 지식 및 정보를 제공받을 권리와 사업자의 사업활동 등에 대하여 소비자의 의견을 반영시킬 권리가 있고(소비자기본법 제4조), 공급자 중심의 시장 환경이 소비자 중심으로 이전되면서 사업자와 소비자 사이의 정보 격차를 줄이기 위해 인터넷을 통한 물품 또는 용역에 대한 정보 및 의견 제공과 교환의 필요성이 증대되므로, 실제로 물품을 사용하거나 용역을 이용한 소비자가 인터넷에 자신이 겪은 객관적 사실을 바탕으로 사업자에게 불리한 내용의 글을 게시하는 행위에 비방의 목적이 있는지는 앞서 든 제반 사정을 두루 심사하여 더욱 신중하게 판단하여야 한다.

2. 원심은, 피고인이 2011. 12. 26.경부터 같은 달 30일경까지 정보통신망인 인터넷 카페에 게시한 글의 게재 경위, 내용과 표현 방법 등을 볼 때 피고인이 피해자를 비방할 목적으로 위 글을 게재하였다고 판단하였다.

3. 그러나 원심의 위와 같은 판단은 다음 이유로 수긍하기 어렵다.

가. 적법하게 채택·조사한 증거들과 기록에 의하면, 다음 사실을 알 수 있다.

1) 피고인은 2011. 12. 12. 둘째 아이를 출산하고, 다른 사람의 이용 후기를 보고 예약해 둔 피해자 운영의 이 사건 산후조리원에서 2011. 12. 14.부터 2011. 12. 27.까지 250만 원을 들여 산후조리를 하였다.

2) 피고인은 2011. 12. 26. 16:17경부터 같은 달 30일 01:29경까지 사이에 9회에 걸쳐 임신, 육아 등과 관련한 유명 인터넷 카페나 자신의 블로그 등에 이 사건 산후조리원 이용 후기를 게시하였다. 피고인은 게시한 글에서 이 사건 산후조리원이 친절하고, 좋은 점도 많이 있다는 점도 언급하면서 산후조리원을 이용할 예정인 임산부들의 신중한 산후조리원 선택에 도움을 주고자 글을 작성한다는 점을 밝히기도 했다.

3) 피고인이 게시한 글의 주요 내용은 온수 보일러 고장, 산후조리실 사이의 소음, 음식의 간 등 피고인이 13박 14일간 이 사건 산후조리원에서 지내면서 직접 겪은 불편했던 사실을 알리는 것이거나, 환불을 요구하며 이용 후기에 올리겠다는 피고인의 항의에 피해자 측이 "막장으로 소리 지르고 난리도 아니다."며 이용 후기로 산후조리원에 피해가 생길 경우 피고인에게 손해배상을 청구하겠다는 취지로 대응했다거나, 피고인의 이용 후기가 거듭 삭제되는 것을 항의하는 것이다. 인터넷 카페에 게시된 피고인의 글에 대하여 카페 회원들이 댓글을 다는 방법으로 피고인에게 공감을 표시하거나, 피고인이 너무 예민하게 반응한 것이라며 피고인과 함께 산후조리원에서 지낸 카페 회원들이, 신생아실에서 언성을 높인 피고인의 태도를 나무라기도 하는 등 활발한 찬반 토론이 이루어지기도 했다.

나. 이러한 사실관계에서 알 수 있는 다음 사정, 즉 ① 피고인이 인터넷 카페 게시판 등에 올린 글은 피고인이 이 사건 산후조리원을 실제 이용한 소비자로서 겪은 일과 이에 대한 주관적 평가를 담은 이용 후기인 점, ② 이

사건 글에 '피해자의 막장 대응' 등과 같이 다소 과장된 표현이 사용되기도 했지만, 이는 출산으로 몸과 마음 모두 급격하고 예민한 변화를 겪는 피고인이 제기한 불만에 대응하는 피해자 태도의 문제점을 지적하는 것이고, 인터넷 게시글에 적시된 주요 내용은 객관적 사실에 부합하는 점, ③ 산후조리원에 관한 정보는 출산을 앞둔 임산부들의 관심과 이익에 관한 것으로, 피고인은 자신도 이용 후기를 보고 이 사건 산후조리원을 선택한 것처럼 산후조리원을 이용하려는 임산부의 신중한 선택에 도움을 주기 위해 인터넷에 이 사건 글을 게시하게 됐다고 동기를 밝힌 점, ④ 피고인이 같은 내용의 글을 반복 게시하였지만, 이는 자신의 글이 피해자 측의 요청 등으로 인터넷에서 삭제되거나 게시가 중단된 것에서 기인한 것으로 볼 수 있는 점, ⑤ 피고인이 게시한 글의 공표 상대방은 인터넷 카페 회원이나 산후조리원 정보를 검색하는 인터넷 사용자들에 한정되고 그렇지 않은 인터넷 사용자들에게 무분별하게 노출되는 것이라고 보기 어려운 점, ⑥ 산후조리원을 이용한 모든 산모가 만족할 수는 없으므로 영리 목적으로 산후조리 서비스를 제공하는 피해자로서는 불만이 있는 산모들의 자유로운 의사 표명을 어느 정도 수인하여야 하는 점, ⑦ 산후조리원 이용에 불편을 겪었다는 내용의 글로 피해자의 사회적 평가가 저하한 정도는 인터넷 이용자들의 자유로운 정보 및 의견 교환에 따른 이익에 비해 더 크다고 보기 어려운 점 등의 제반 사정을 앞서 본 법리에 비추어 보면, 피고인이 적시한 사실은 산후조리원에 대한 정보를 구하고자 하는 임산부의 의사결정에 도움이 되는 정보 및 의견 제공이라는 공공의 이익에 관한 것이라고 봄이 타당하고, 이처럼 피고인의 주요한 동기나 목적이 공공의 이익을 위한 것이라면 부수적으로 산후조리원 이용대금 환불과 같은 다른 사익적 목적이나 동기가 내포되어 있더라도 그러한 사정만으로 피고인에게 비방할 목적이 있다고 보기는 어렵다.

다. 그럼에도 원심은 그 판시와 같은 이유로 피고인에게 피해자를 비방할 목적이 있었다고 보아 이 사건 공소사실을 유죄로 판단하고 말았으니, 이러한 원심판단에는 정보통신망 이용촉진 및 정보보호 등에 관한 법률 제70조 제1항에서 정한 명예훼손죄의 구성요건요소인 '사람을 비방할 목적'에 관한 법리를 오해하여 판결에 영향을 미친 위법이 있다.

이 점을 지적하는 취지의 상고이유 주장은 이유 있다.

4. 그러므로 나머지 상고이유에 대한 판단을 생략한 채 원심판결을 파기하고, 사건을 다시 심리·판단하게 하기 위하여 원심법원에 환송하기로 하여 관여 대법관의 일치된 의견으로 주문과 같이 판결한다.

대법관 김용덕(재판장) 신영철(주심) 이상훈 김소영

대법원 2012.11.29. 선고 2012도10269 판결

【도로교통법위반(음주운전)·도로교통법위반(무면허운전)】

판시사항

1. 도로교통법 제148조의2 제1항 제1호의 '도로교통법 제44조 제1항을 2회 이상 위반한' 것에 구 도로교통법 제44조 제1항 위반 음주운전 전과도 포함된다고 해석하는 것이 형벌불소급원칙이나 일사부재리원칙 또는 비례원칙에 위배되는지 여부(소극)
2. 형의 실효 등에 관한 법률 제7조 제1항 각 호에 따라 형이 실효되었거나 사면법 제5조 제1항 제1호에 따라 형 선고의 효력이 상실된 구 도로교통법 제44조 제1항 위반 음주운전 전과가 도로교통법 제148조의2 제1항 제1호의 '도로교통법 제44조 제1항을 2회 이상 위반한' 것에 해당되는지 여부(적극)

판결요지

1. 도로교통법 제148조의2 제1항 제1호는 도로교통법 제44조 제1항을 2회 이상 위반한 사람으로서 다시 같은 조 제1항을 위반하여 술에 취한 상태에서 자동차 등을 운전한 사람에 대해 1년 이상 3년 이하의 징역이나 500만 원 이상 1,000만 원 이하의 벌금에 처하도록 규정하고 있는데, 도로교통법 제148조의2 제1항 제1호에서 정하고 있는 '도로교통법 제44조 제1항을 2회 이상 위반한' 것에 개정된 도로교통법이 시행된 2011. 12. 9. 이전에 구 도로교통법(2011. 6. 8. 법률 제10790호로 개정되기 전의 것) 제44조 제1항을 위반한 음주운전 전과까지 포함되는 것으로 해석하는 것이 형벌불소급의 원칙이나 일사부재리의 원칙 또는 비례의 원칙에 위배된다고 할 수 없다.
2. 형의 실효 등에 관한 법률 제7조 제1항 각 호에 따라 형이 실효되었거나 사면법 제5조 제1항 제1호에 따라 형 선고의 효력이 상실된 구 도로교통법(2011. 6. 8. 법률 제10790호로 개정되기 전의 것) 제44조 제1항 위반 음주운전 전과도 도로교통법 제148조의2 제1항 제1호의 '도로교통법 제44조 제1항을 2회 이상 위반한' 것에 해당된다고 보아야 한다.

전 문

피 고 인 피고인

상 고 인 피고인

변 호 인 변호사

원심판결 서울고법 2012. 8. 9. 선고 2012노1259 판결

주 문 상고를 기각한다.

이 유 상고이유를 판단한다.

1. 양형부당 상고이유에 관하여

형사소송법 제383조 제4호에 의하면 사형, 무기 또는 10년 이상의 징역이나 금고가 선고된 사건에서만 양형부당을 사유로 한 상고가 허용되므로, 피고인에 대하여 그보다 가벼운 형이 선고된 이 사건에서 형의 양정이 부당하다는 취지의 주장은 적법한 상고이유가 되지 못한다.

2. 나머지 상고이유에 관하여

도로교통법(2011. 6. 8. 법률 제10790호로 개정되어 2011. 12. 9. 시행된 것) 제148조의2 제1항 제1호는 도로교통법 제44조 제1항을 2회 이상 위반한 사람으로서 다시 같은 조 제1항을 위반하여 술에 취한 상태에서 자동차 등을 운전한 사람에 대해 1년 이상 3년 이하의 징역이나 500만 원 이상 1,000만 원 이하의 벌금에 처하도록 규정하고 있는바, 도로교통법 제148조의2 제1항 제1호에서 정하고 있는 "도로교통법 제44조 제1항을 2회 이상 위반한" 것에 개정된 위 도로교통법이 시행된 2011. 12. 9. 이전에 구 도로교통법 제44조 제1항을 위반한 음주

운전 전과까지 포함되는 것으로 해석하는 것이 형벌불소급의 원칙이나 일사부재리의 원칙 또는 비례의 원칙에 위배된다고 할 수 없다.

그리고 형의 실효 등에 관한 법률 제7조 제1항이 그 각 호의 형을 받은 사람이 자격정지 이상의 형을 받지 아니하고 형의 집행을 종료하거나 그 집행이 면제된 날부터 그 각 호에 정해진 기간이 경과한 때에 그 형은 실효된다고 규정한 취지는 집행유예기간이 경과한 때에는 형의 선고는 효력을 잃는다고 규정한 형법 제65조와 마찬가지로 그저 형의 선고의 법률적 효과가 없어진다는 것일 뿐, 형의 선고가 있었다는 기왕의 사실 자체의 모든 효과까지 소멸한다는 것은 아니고, 또한 사면법 제5조 제1항 제1호가 일반사면으로 형 선고의 효력이 상실된다고 규정한 취지도 형의 선고의 법률적 효과가 없어진다는 것일 뿐, 형의 선고가 있었다는 기왕의 사실 자체의 모든 효과까지 소멸한다는 것은 아니다(대법원 1995. 12. 22. 선고 95도2446 판결, 대법원 2004. 10. 15. 선고 2004도4869 판결 등 참조). 따라서 형의 실효 등에 관한 법률 제7조 제1항 각 호에 따라 형이 실효되었거나 사면법 제5조 제1항 제1호에 따라 형 선고의 효력이 상실된 구 도로교통법 제44조 제1항 위반 음주운전 전과도 도로교통법 제148조의2 제1항 제1호의 "도로교통법 제44조 제1항을 2회 이상 위반한" 것에 해당된다고 보아야 한다.

이와 다른 주장을 내세우는 나머지 상고이유 주장은 모두 받아들일 수 없다.

3. 결론

그러므로 상고를 기각하기로 하여, 관여 대법관의 일치된 의견으로 주문과 같이 판결한다.

대법관 민일영(재판장) 이인복 박보영(주심) 김신

대법원 2012.11.29. 선고 2011도7361 판결

【특정경제범죄가중처벌등에관한법률위반(횡령)】

판시사항

이른바 계약명의신탁 방식으로 명의수탁자가 당사자가 되어 명의신탁 약정이 있다는 사실을 알고 있는 소유자와 부동산에 관한 매매계약을 체결하고 그 명의로 소유권이전등기를 마친 경우, 명의수탁자가 명의신탁자나 매도인에 대한 관계에서 '타인의 재물을 보관하는 자' 또는 '타인의 사무를 처리하는 자'의 지위에 있는지 여부(소극)

판결요지

명의신탁자와 명의수탁자가 이른바 계약명의신탁 약정을 맺고 명의수탁자가 당사자가 되어 명의신탁 약정이 있다는 사실을 알고 있는 소유자와 부동산에 관한 매매계약을 체결한 후 매매계약에 따라 부동산의 소유권이전등기를 명의수탁자 명의로 마친 경우에는 부동산 실권리자명의 등기에 관한 법률(이하 '부동산실명법'이라 한다) 제4조 제2항 본문에 의하여 수탁자 명의의 소유권이전등기는 무효이고 부동산의 소유권은 매도인이 그대로 보유하게 되므로, 명의수탁자는 부동산 취득을 위한 계약의 당사자도 아닌 명의신탁자에 대한 관계에서 횡령죄에서 '타인의 재물을 보관하는 자'의 지위에 있다고 볼 수 없고, 또한 명의수탁자가 명의신탁자에 대하여 매매대금 등을 부당이득으로 반환할 의무를 부담한다고 하더라도 이를 두고 배임죄에서 '타인의 사무를 처리하는 자'의 지위에 있다고 보기도 어렵다. 한편 위 경우 명의수탁자는 매도인에 대하여 소유권이전등기말소의무를 부담하게 되나, 위 소유권이전등기는 처음부터 원인무효여서 명의수탁자는 매도인이 소유권에 기한 방해배제청구로 말소를 구하는 것에 대하여 상대방으로서 응할 처지에 있음에 불과하고, 그가 제3자와 한 처분행위가 부동산실명법 제4조 제3항에 따라 유효하게 될 가능성이 있다고 하더라도 이는 거래 상대방인 제3자를 보호하기 위하여 명의신탁 약정의 무효에 대한 예외를 설정한 취지일 뿐 매도인과 명의수탁자 사이에 위 처분행위를 유효하게 만드는 어떠한 신임관계가 존재함을 전제한 것이라고는 볼 수 없으므로, 말소등기의무의 존재나 명의수탁자에 의한 유효한 처분가능성을 들어 명의수탁자가 매도인에 대한 관계에서 횡령죄에서 '타인의 재물을 보관하는 자' 또는 배임죄에서 '타인의 사무를 처리하는 자'의 지위에 있다고 볼 수도 없다.

전　문

피 고 인 피고인

상 고 인 피고인 및 검사

변 호 인 변호사

원심판결 대전고법 2011. 5. 20. 선고 2011노33 판결

주　문 원심판결을 파기하고, 사건을 대전고등법원에 환송한다.

이　유 상고이유에 대하여 판단한다.

1. 명의신탁자와 명의수탁자가 이른바 계약명의신탁 약정을 맺고 명의수탁자가 당사자가 되어 명의신탁 약정이 있다는 사실을 알고 있는 소유자와 부동산에 관한 매매계약을 체결한 후 그 매매계약에 따라 당해 부동산의 소유권이전등기를 명의수탁자 명의로 마친 경우에는 부동산 실권리자명의 등기에 관한 법률(이하 '부동산실명법'이라 한다) 제4조 제2항 본문에 의하여 수탁자 명의의 소유권이전등기는 무효이고 당해 부동산의 소유권은 매도인이 그대로 보유하게 되므로(대법원 2009. 5. 14. 선고 2007도2168 판결 참조), 명의수탁자는 부동산 취득을 위한 계약의 당사자도 아닌 명의신탁자에 대한 관계에서 횡령죄에서의 '타인의 재물을 보관하는 자'의 지위에 있

다고 볼 수 없고, 또한 명의수탁자가 명의신탁자에 대하여 매매대금 등을 부당이득으로서 반환할 의무를 부담한다고 하더라도 이를 두고 배임죄에서의 '타인의 사무를 처리하는 자'의 지위에 있다고 보기도 어렵다(대법원 2001. 9. 25. 선고 2001도2722 판결, 대법원 2008. 3. 27. 선고 2008도455 판결 등 참조).

한편 위 경우 명의수탁자는 매도인에 대하여 소유권이전등기말소의무를 부담하게 되나, 위 소유권이전등기는 처음부터 원인무효여서 명의수탁자는 매도인이 소유권에 기한 방해배제청구로 그 말소를 구하는 것에 대하여 상대방으로서 응할 처지에 있음에 불과하고, 그가 제3자와 사이에 한 처분행위가 부동산실명법 제4조 제3항에 따라 유효하게 될 가능성이 있다고 하더라도 이는 거래의 상대방인 제3자를 보호하기 위하여 명의신탁 약정의 무효에 대한 예외를 설정한 취지일 뿐 매도인과 명의수탁자 사이에 위 처분행위를 유효하게 만드는 어떠한 신임관계가 존재함을 전제한 것이라고는 볼 수 없으므로, 그 말소등기의무의 존재나 명의수탁자에 의한 유효한 처분가능성을 들어 명의수탁자가 매도인에 대한 관계에서 횡령죄에서의 '타인의 재물을 보관하는 자' 또는 배임죄에서의 '타인의 사무를 처리하는 자'의 지위에 있다고 볼 수도 없다.

2. 원심은 그 채택 증거를 종합하여 공소외 1이 천안시 서북구 군동리 (지번 생략) 밭 2,922㎡(이하 '이 사건 부동산'이라 한다)를 매도하면서 매매계약 당시 실제 매수인은 이 사건 피해자이고 피고인은 피해자와의 이 사건 명의신탁 약정에 따라 매매계약의 당사자가 되어 그에 따른 소유권이전등기를 할 뿐이라는 사정을 알고 있었다고 사실인정을 한 다음, 명의수탁자인 피고인이 이 사건 부동산에 관하여 공소외 2 농업협동조합에 근저당권을 설정해 준 행위가 횡령죄를 구성한다고 판단하였다.

그러나 원심이 인정한 위 사실관계를 앞서 본 법리에 비추어 보면, 이 사건 명의신탁 약정은 매수인 측의 명의신탁 약정 사실을 매도인이 알면서 명의수탁자와 계약을 체결한 이른바 '악의의 계약명의신탁'에 해당하여 이 사건 부동산에 관하여 피고인 명의로 마친 소유권이전등기는 무효이고 매도인인 공소외 1이 그 소유권을 그대로 보유하고 있으므로, 이 사건 부동산에 관한 소유권이 명의신탁자인 피해자에게 있음을 전제로 피고인이 그와의 관계에서 횡령죄에서의 '타인의 재물을 보관하는 자'의 지위에 있다고 볼 수 없다.

그럼에도 원심은 위와 달리 피고인이 명의신탁자인 피해자에 대하여 이 사건 부동산을 보관하는 자의 지위에 있다고 보아 이를 전제로 이 사건 횡령의 공소사실을 유죄로 판단하였으니, 이러한 원심의 판단에는 횡령죄에서 '타인의 재물을 보관하는 자'의 범위에 관한 법리를 오해하여 판결에 영향을 미친 위법이 있다.

3. 그러므로 원심판결을 파기하고 사건을 다시 심리·판단하도록 원심법원에 환송하기로 하여 관여 대법관의 일치된 의견으로 주문과 같이 판결한다.

대법관 김신(재판장) 민일영 이인복(주심) 박보영

대법원 2012.11.29. 선고 2010도1233 판결

【가혹행위·강요】

판시사항

[1] 강요죄 구성요건 중 '의무 없는 일'의 의미 및 법률상 의무 있는 일을 하게 한 경우 강요죄가 성립하는지 여부(소극)

[2] 군인인 상관이 직무수행을 태만히 하거나 지시사항을 불이행하고 허위보고 등을 한 부하에게 근무태도를 교정하고 직무수행을 감독하기 위하여 직무수행 내역을 일지 형식으로 기재하여 보고하도록 명령한 경우, 형법상 강요죄가 성립하는지 여부(소극)

판결요지

[1] 강요죄는 폭행 또는 협박으로 사람의 권리행사를 방해하거나 의무 없는 일을 하게 하는 것을 말하고, 여기에서 '의무 없는 일'이란 법령, 계약 등에 기하여 발생하는 법률상 의무 없는 일을 말하므로, 법률상 의무 있는 일을 하게 한 경우에는 강요죄가 성립할 여지가 없다.

[2] 군인사법 제47조의2의 위임에 따른 군인복무규율 제7조 제1항, 제8조, 제22조 제1항, 제2항, 제23조 제1항의 내용 및 취지 등에 비추어 보면, 상관이 직무수행을 태만히 하거나 지시사항을 불이행하고 허위보고 등을 한 부하에게 근무태도를 교정하고 직무수행을 감독하기 위하여 직무수행의 내역을 일지 형식으로 기재하여 보고하도록 명령하는 행위는 직무권한 범위 내에서 내린 정당한 명령이므로 부하는 명령을 실행할 법률상 의무가 있고, 명령을 실행하지 아니하는 경우 군인사법 제57조 제2항에서 정한 징계처분이 내려진다거나 그에 갈음하여 얼차려의 제재가 부과된다고 하여 그와 같은 명령이 형법 제324조의 강요죄를 구성한다고 볼 수 없다.

전 문

피 고 인 피고인

상 고 인 피고인 및 검찰관

변 호 인 법무법인

원심판결 고등군사법원 2009. 11. 17. 선고 2008노275 판결

주 문 원심판결 중 유죄 부분을 파기하고, 이 부분 사건을 고등군사법원에 환송한다. 검찰관의 무죄 부분에 대한 상고를 기각한다.

이 유 상고이유에 대하여 판단한다.

1. 검찰관의 상고이유 등에 대하여

가. 가혹행위에 관한 법리오해 등의 상고이유

(1) 군형법 제62조에서 규정하는 '가혹행위'라 함은 직권을 남용하여 사람으로서는 견디기 어려운 정신적·육체적 고통을 가하는 경우를 말하는데, 이 경우 가혹행위에 해당하는지 여부는 행위자 및 그 피해자의 지위, 처한 상황, 그 행위의 목적, 그 행위에 이르게 된 경위와 결과 등 구체적 사정을 검토하여 판단하여야 하고, 나아가 그 행위가 교육 목적의 행위라고 하더라도 교육을 위해 필요한 행위로서 정당한 한도를 초과하였는지 여부를 함께 고려하여야 한다(대법원 2009. 12. 10. 선고 2009도1166 판결 등 참조).

(2) 원심은, 중대장인 피고인의 지위와 권한, 특별보호·관심 대상자로 분류된 공소외 1 일병의 불성실한 업무수행과 지시불이행, 공소사실 기재 얼차려를 부과하게 된 경위 및 목적, 그 얼차려의 내용 및 강도와 얼차려 시행지침의 위반 정도, 군 입대 장병들의 얼차려에 대한 수인 가능성과 공소외 1 일병의 신체적 조건 등 여러 사정을 종합하여, 중대장인 피고인이 공소외 1 일병에게 공소사실 기재와 같은 얼차려를 부과한 행위를 가리켜 직권을 남용하여 사람으로서는 견디기 어려운 정신적·육체적 고통을 가한 행위라고 볼 수 없다고 판단하고,

이 부분 공소사실에 대하여 무죄를 선고하였다.

앞에서 본 법리와 관계 증거에 비추어 살펴보면 원심의 위와 같은 판단은 정당하고, 거기에 상고이유에서 주장하는 바와 같이 논리와 경험의 법칙을 위반하여 자유심증주의의 한계를 벗어난 위법이 있다거나, 군형법 제62조 소정의 가혹행위에 관한 법리를 오해한 위법 등이 있다고 할 수 없다.

나. 유죄 부분에 대한 상고

검찰관은 원심판결 중 유죄 부분(강요죄 부분)에 대하여도 상고하였으나, 상고장에 이유의 기재가 없고 상고이유서에도 이에 대한 불복이유의 기재를 찾아볼 수 없다.

2. 피고인의 상고이유에 대하여

가. 강요죄는 폭행 또는 협박으로 사람의 권리행사를 방해하거나 의무 없는 일을 하게 하는 것을 말하고, 여기에서 '의무 없는 일'이라 함은 법령, 계약 등에 기하여 발생하는 법률상 의무 없는 일을 말하므로, 법률상 의무 있는 일을 하게 한 경우에는 강요죄가 성립할 여지가 없다(대법원 2008. 5. 15. 선고 2008도1097 판결 등 참조).

군인사법 제47조의2의 위임에 따른 군인복무규율 제7조 제1항은 "군인은 직무에 태만하여서는 아니 되며 직무수행에 있어서 어떠한 위험이나 어려움이 따르더라도 이를 회피함이 없이 성실하게 그 직무를 수행하여야 한다."고 규정하고, 제8조는 "군인은 정직하여야 하며, 명령의 하달이나 전달, 보고 및 통보에는 허위·왜곡·과장 또는 은폐가 있어서는 아니 된다."고 규정하고 있다. 한편 군인복무규율 제22조 제1항은 "발령자는 건전한 판단과 결심하에 적시 적절한 명령을 내려야 하며, 직무와 관계가 없거나 법규 및 상관의 정당한 명령에 반하는 사항 또는 자기 권한 밖의 사항 등을 명령하여서는 아니 된다."고 규정하고, 같은 조 제2항은 "발령자는 명령의 하달 및 실행을 감독·확인하여야 한다."고 규정하고 있으며, 제23조 제1항은 "부하는 상관의 명령에 복종하여야 하며, 명령받은 사항을 신속·정확하게 실행하여야 한다."고 규정하고 있다.

위 각 규정의 내용 및 취지 등에 비추어 보면, 상관이 직무수행을 태만히 하거나 지시사항을 불이행하고 허위보고 등을 한 부하에게 그 근무태도를 교정하고 직무수행을 감독하기 위하여 직무수행의 내역을 일지 형식으로 기재하여 보고하도록 명령하는 행위는 직무권한 범위 내에서 내린 정당한 명령이므로 부하는 그 명령을 실행할 법률상 의무가 있고, 그 명령을 실행하지 아니하는 경우 군인사법 제57조 제2항 소정의 징계처분이 내려진다거나 그에 갈음하여 얼차려의 제재가 부과된다고 하여 그와 같은 명령이 형법 제324조 소정의 강요죄를 구성한다고 볼 수 없다.

나. 원심판결 이유와 기록에 의하면, 피고인은 수사기관 이래 원심 법정에 이르기까지 일관되게 공소외 1 일병에게 사생활에 관한 일기를 작성하라고 강요한 것이 아니라, 공소외 1 일병이 업무수행능력과 업무습득의지가 부족하고 업무를 태만히 하며 허위보고 등을 하여 공소외 1 일병의 그릇된 근무태도를 교정하고 글쓰기 등 행정병으로서의 업무능력을 향상시키기 위하여 하루 동안 어떤 업무를 수행하였는지 그 내역을 일지로 작성하라고 지시한 것이라고 주장하고 있다. 행정보급관인 공소외 2 상사도 수사기관과 제1심법정에서 일관되게 피고인이 업무에 적응하지 못하는 공소외 1 일병에게 일기를 작성하도록 지시한 것이 아니라 업무 적응과 업무수행능력 향상을 위하여 하루 동안 어떤 업무를 하였는지를 적어보라고 지시한 것이라고 진술하고 있어 피고인의 위 주장에 부합하고 있다. 반면 피고인이 공소외 1 일병에게 업무수행 내역에 관한 일지가 아닌 사적인 감상과 자기 성찰을 위주로 하는 사생활에 관한 일기를 작성할 것을 지시하였다고 인정할 만한 증거는 찾아보기 어렵다.

피고인의 위 주장대로 중대장인 피고인이 부하인 공소외 1 일병의 그릇된 근무태도를 교정하고 업무수행능력을 향상시키는 한편 그 업무수행을 감독하기 위하여 그에게 하루 일과 중 어떠한 업무를 수행하였는지 그 내역을 일지로 작성하라고 지시한 것이라면, 이는 중대장의 직무권한 범위 내에서 소속 부하에게 내린 정당한 직무상의 지시이므로 공소외 1 일병은 이를 따를 법률상 의무가 있다.

그리고 그와 같은 지시 속에 하루 일과 수행에 대한 자기 평가도 해보라는 취지가 포함되어 있다 하더라도, 그것이 불성실한 근무태도의 교정과 업무수행에 대한 감독을 위하여 이루어진 것이라면 여전히 공적 업무관련성을 갖고 있다고 보아야 하므로, 그러한 지시가 직무상의 권한을 벗어난 부당한 지시라고 단정할 수 없다.

따라서 피고인이 그 주장대로 업무수행 내역에 관한 일지 작성을 지시한 것이 사실이라면 그를 통하여 공소외 1 일병에게 법률상 의무 없는 일을 하게 하였다고 할 수 없고, 그와 같은 지시를 불이행하는 경우 공소외 1 일병에게 얼차려의 제재를 부과하였다고 하여 피고인의 행위가 강요죄를 구성한다고 볼 수 없다.

그렇다면 원심으로서는 피고인이 공소외 1 일병에게 작성하라고 지시한 것이 업무수행 내역에 관한 일지인지 아니면 사생활에 관한 일기인지 여부 및 피고인이 그러한 지시를 할 직무상 권한이 있는지 여부 등에 관하여 심리하여 피고인이 공소외 1 일병에게 법률상 의무 없는 일을 하게 하였다고 볼 수 있는지 여부를 가려야 할 것이다.

그런데도 원심은 이러한 점에 대하여 제대로 살피지 아니한 채, 피고인이 공소외 1 일병에 부과한 얼차려의 제재가 '일지 형식의 일기'를 작성하지 않았던 경우에 4회가량 이루어진 점에 비추어 공소외 1 일병이 일기 작성에 대한 심리적·육체적 부담을 많이 느꼈을 것이므로, 피고인의 일기 작성 지시는 하루 일의 반성과 자신을 돌아보게 하는 좋은 취지의 권고가 아닌 부당한 지시로서 공소외 1 일병으로 하여금 의무 없는 일을 하게 한 것이라는 등의 이유를 들어 이 부분 공소사실을 유죄로 판단하였는바, 이러한 원심의 판단에는 강요죄의 구성요건에 관한 법리를 오해하여 필요한 심리를 다하지 아니함으로써 판결에 영향을 미친 위법이 있다. 이 점을 지적하는 상고이유의 주장에는 정당한 이유가 있다.

3. 결론

그러므로 원심판결 중 유죄 부분을 파기하고 이 부분 사건을 다시 심리·판단하도록 원심법원에 환송하며, 검찰관의 무죄 부분에 대한 상고를 기각하기로 하여, 관여 대법관의 일치된 의견으로 주문과 같이 판결한다.

대법관 김신(재판장) 민일영 이인복(주심) 박보영

대법원 2012.11.15. 선고 2012도9603 판결

【사기미수·위증】

판시사항

피담보채권인 공사대금 채권을 실제와 달리 허위로 부풀려 유치권에 의한 경매를 신청한 경우, 소송사기죄의 실행의 착수에 해당하는지 여부(적극)

판결요지

유치권에 의한 경매를 신청한 유치권자는 일반채권자와 마찬가지로 피담보채권액에 기초하여 배당을 받게 되는 결과 피담보채권인 공사대금 채권을 실제와 달리 허위로 크게 부풀려 유치권에 의한 경매를 신청할 경우 정당한 채권액에 의하여 경매를 신청한 경우보다 더 많은 배당금을 받을 수도 있으므로, 이는 법원을 기망하여 배당이라는 법원의 처분행위에 의하여 재산상 이익을 취득하려는 행위로서, 불능범에 해당한다고 볼 수 없고, 소송사기죄의 실행의 착수에 해당한다.

전 문

피 고 인 피고인 1 외 2인

상 고 인 피고인들

변 호 인 법무법인

원심판결 서울북부지법 2012. 7. 19. 선고 2011노1555 판결

주 문 상고를 모두 기각한다.

이 유 상고이유를 판단한다.

1. 피고인 3의 상고에 대하여

피고인 3은 법정기간 내에 상고이유서를 제출하지 아니하였고, 상고장에도 상고이유의 기재가 없다.

2. 피고인 1, 2의 사기미수의 점에 관한 상고이유(상고이유서 제출기간이 지난 후에 제출된 피고인 1에 관한 상고이유보충서, 탄원서 및 피고인 2에 관한 상고이유보충서들 및 의견서의 각 기재는 상고이유를 보충하는 범위 내에서)에 대하여

가. 주위적 공소사실에 대하여

민법 제322조 제1항은 "유치권자는 채권의 변제를 받기 위하여 유치물을 경매할 수 있다."고 규정하고 있고, 이에 따라 민사집행법 제274조 제1항은 "유치권에 의한 경매와 민법, 상법, 그 밖의 법률이 규정하는 바에 따른 경매는 담보권 실행을 위한 경매의 예에 따라 실시한다."고 규정하고 있다. 이러한 유치권에 의한 경매도 강제경매나 담보권 실행을 위한 경매와 마찬가지로 목적부동산 위의 부담을 소멸시키는 것을 법정매각조건으로 하여 실시되고 우선채권자뿐만 아니라 일반채권자의 배당요구도 허용되며, 유치권자는 일반채권자와 마찬가지로 배당을 받을 수 있다(대법원 2011. 6. 15.자 2010마1059 결정 등 참조).

원심은, (1) 피고인들이 공모하여 허위의 공사대금 채권으로 이 사건 토지에 대하여 유치권에 기한 경매를 신청하는 방법으로 법원을 기망하여 금원을 편취하려다 미수에 그쳤다는 요지의 이 사건 사기미수의 주위적 공소사실에 대하여, (2) 그 채택 증거들에 의하여 ① 피고인 3이 운영하는 공소외 1 주식회사가 피해자 공소외 2로부터 이 사건 빌라신축공사를 도급받아 그 중 가시설 흙막이공사를 피고인 1이 운영하는 공소외 3 주식회사에 공사대금 2,750만 원에 하도급한 사실, ② 공소외 3 주식회사가 2006. 4. 26.부터 공사를 시작하였다가 2006. 6. 2.경 공사를 중단하자, 피해자는 2006. 7. 11. 공소외 1 주식회사에 위 도급계약을 해제한다는 의사표시를 한 사실, ③ 피고인 2는 2006. 8. 4.경 공소외 3 주식회사로부터 공소외 1 주식회사에 대한 하도급공사대금 채권을 양수한 다음 공사대금을 2억 460만 원으로 한 공소외 1 주식회사와 공소외 3 주식회사 사이의 하도급계약서를 날짜를 소급하여 새로 작성한 후 공소외 1 주식회사와 공소외 3 주식회사로부터 날인을 받은 사실, ④ 감정 결과 이 사건 빌라신축공사 중 공소외 3 주식회사가 시행한 부분의 적정 공사대금은

46,052,682원인 사실, ⑤ 피고인 2는 피고인 3을 통하여 공소외 1 주식회사의 명목상 대표이사였던 공소외 4의 협조를 얻어 "공소외 1 주식회사는 피고인 2에게 5억 1,102만 원 및 그 중 1억 5,300만 원에 대한 지연손해금을 지급하라."는 내용의 지급명령을 받아 이를 근거로 유치권에 기한 경매를 신청하여 경매개시결정을 받은 사실 등을 인정한 다음, (3) 유치권에 의한 경매에서 유치물의 매각대금은 유치권자에게 교부되고 유치권자는 피담보채권을 모두 변제받을 때까지 유치물의 매각대금 위에 유치권을 행사할 수 있는 재산상 이익을 취득하므로, 정당한 공사대금 채권을 가진 사람이라고 하더라도 허위로 공사대금 채권을 부풀린 다음 이를 근거로 유치권에 의한 경매를 신청하여 매각대금을 교부받았다면 사기죄가 성립한다는 전제 아래, 피고인 2가 한 경매신청의 근거가 된 유치권의 피담보채권은 허위라는 이유로, 위 공소사실을 유죄로 판단하였다.

앞서 본 법리에 의하면, 유치권에 의한 경매를 신청한 유치권자는 일반채권자와 마찬가지로 피담보채권액에 기초하여 배당을 받게 되는 결과 피담보채권인 공사대금 채권을 실제와 달리 허위로 크게 부풀려 유치권에 의한 경매를 신청할 경우 정당한 채권액에 의하여 경매를 신청한 경우보다 더 많은 배당금을 받을 수도 있으므로, 이는 법원을 기망하여 배당이라는 법원의 처분행위에 의하여 재산상 이익을 취득하려는 행위로서, 불능범에 해당한다고 볼 수 없고, 소송사기죄의 실행의 착수에 해당한다고 할 것이다.

원심이, 유치권에 의한 경매에서 유치물의 매각대금은 유치권자에게 교부되고 유치권자는 피담보채권을 모두 변제받을 때까지 유치물의 매각대금 위에 유치권을 행사할 수 있다고 설시한 부분은 적절하지 아니하나, 이 사건 사기미수의 주위적 공소사실을 유죄로 인정한 원심의 결론은 정당하고, 거기에 상고이유 주장과 같이 피담보채권액 등과 관련하여 논리와 경험의 법칙을 위반하여 자유심증주의의 한계를 벗어나거나 사기죄에서의 처분행위 또는 재산상 이익, 소송사기죄에서의 구성요건, 실행의 착수 및 기망의 고의, 불능범 등에 관한 법리를 오해한 위법이 없다.

나. 예비적 공소사실에 대하여

피고인 1은 이 사건 사기미수의 예비적 공소사실에 관하여도 상고이유를 제기하고 있으나, 원심은, 이 사건 사기미수의 주위적 공소사실에 대하여 무죄를 선고하고 예비적 공소사실을 유죄로 인정한 제1심판결을 파기하여 주위적 공소사실을 유죄로 인정하고 예비적 공소사실에 대하여는 판단을 하지 않았으므로, 원심이 심판대상으로 삼지 아니한 예비적 공소사실 부분은 상고심의 심판대상이 될 수 없다.

3. 피고인 1의 위증의 점에 대하여

피고인 1은 이 부분에 대하여도 상고하였으나, 상고이유서 제출기간이 지난 후에 제출된 상고이유보충서에 이 부분에 대한 기재가 있을 뿐, 상고이유서에서는 이 부분에 대한 불복이유의 기재를 찾아볼 수 없고, 상고장에도 구체적인 이유의 기재가 없으므로, 이 부분에 대하여 적법한 상고이유가 제출된 것으로 볼 수 없다.

4. 결론

그러므로 상고를 모두 기각하기로 하여, 관여 대법관의 일치된 의견으로 주문과 같이 판결한다.

대법관 신영철(재판장) 이상훈 김용덕(주심)

대법원 2012.11.15. 선고 2012도6676 판결

【업무상배임·부정경쟁방지및영업비밀보호에관한법률위반·업무상횡령】

판시사항

1 직무발명 이외의 발명까지 사용자 등에게 양도하거나 전용실시권을 설정한다는 취지의 조항을 포함하고 있는 계약이나 근무규정의 효력 및 이때 계약이나 근무규정 속에 대가에 관한 조항이 없더라도 종업원 등에게 직무발명에 대한 정당한 보상을 받을 권리가 있는지 여부(적극)

2 직무발명이 제3자와 공동으로 행하여진 경우, 사용자 등이 그 발명에 대한 종업원 등의 권리를 승계하기만 하면 공유자인 제3자의 동의 없이 종업원 등의 권리 지분을 가지는지 여부(적극)

3 직무발명에 대한 권리를 사용자 등에게 승계한다는 취지를 정한 약정 또는 근무규정의 적용을 받는 종업원 등이 직무발명의 완성 사실을 사용자 등에게 통지하지 아니한 채 그에 대한 특허를 받을 수 있는 권리를 제3자에게 이중으로 양도하여 제3자가 특허권 등록까지 마치도록 하는 등으로 발명의 내용이 공개되도록 한 경우, 배임죄를 구성하는지 여부(적극)

4 직무발명에 대한 권리를 사용자 등에게 승계한다는 취지를 정한 약정 또는 근무규정의 적용을 받는 종업원 등이 비밀유지 및 이전절차협력의 의무를 이행하지 아니한 채 직무발명의 내용이 공개되도록 하는 행위가 곧바로 부정경쟁방지 및 영업비밀보호에 관한 법률 제18조 제2항에서 정한 영업비밀 누설에 해당하는지 여부(원칙적 소극)

판결요지

1 발명진흥법 제2조는 '직무발명'이란 종업원, 법인의 임원 또는 공무원(이하 '종업원 등'이라 한다)이 직무에 관하여 발명한 것이 성질상 사용자·법인 또는 국가나 지방자치단체(이하 '사용자 등'이라 한다)의 업무 범위에 속하고 발명을 하게 된 행위가 종업원 등의 현재 또는 과거의 직무에 속하는 발명을 말한다고 규정하면서, 제10조 제3항에서 "직무발명 외의 종업원 등의 발명에 대하여 미리 사용자 등에게 특허 등을 받을 수 있는 권리나 특허권 등을 승계시키거나 사용자 등을 위하여 전용실시권을 설정하도록 하는 계약이나 근무규정의 조항은 무효로 한다."고 규정하고 있고, 위 조항은 직무발명을 제외하고 그 외의 종업원 등의 발명에 대하여는 발명 전에 미리 특허를 받을 수 있는 권리나 장차 취득할 특허권 등을 사용자 등에게 승계(양도)시키는 계약 또는 근무규정을 체결하여 두더라도 위 계약이나 근무규정은 무효라고 함으로써 사용자 등에 대하여 약한 입장에 있는 종업원 등의 이익을 보호하는 동시에 발명을 장려하고자 하는 점에 입법 취지가 있다. 위와 같은 입법 취지에 비추어 보면, 계약이나 근무규정이 종업원 등의 직무발명 이외의 발명에 대해서까지 사용자 등에게 양도하거나 전용실시권의 설정을 한다는 취지의 조항을 포함하고 있는 경우에 그 계약이나 근무규정 전체가 무효가 되는 것은 아니고, 직무발명에 관한 부분은 유효하다고 해석하여야 한다. 또한 발명진흥법 제15조 제1항은 "종업원 등은 직무발명에 대하여 특허 등을 받을 수 있는 권리나 특허권 등을 계약이나 근무규정에 따라 사용자 등에게 승계하게 하거나 전용실시권을 설정한 경우에는 정당한 보상을 받을 권리를 가진다."고 규정하고 있으므로, 계약이나 근무규정 속에 대가에 관한 조항이 없는 경우에도 그 계약이나 근무규정 자체는 유효하되 종업원 등은 사용자 등에 대하여 정당한 보상을 받을 권리를 가진다고 해석해야 할 것이나, 직무발명에 대한 특허 등을 받을 수 있는 권리나 특허권 등의 승계 또는 전용실시권 설정과 위 정당한 보상금의 지급이 동시이행의 관계에 있는 것은 아니다.

2 발명진흥법 제12조 전문, 제13조 제1항, 제2항, 발명진흥법 시행령 제7조의 규정을 종합할 때, 직무발명에 대한 특허를 받을 수 있는 권리를 사용자 등에게 승계한다는 취지를 정한 약정 또는 근무

규정이 있는 경우에는 사용자 등의 위 법령으로 정하는 기간 내의 일방적인 승계 의사 통지에 의하여 직무발명에 대한 특허를 받을 수 있는 권리 등이 사용자 등에게 승계된다. 또한 특허법상 공동발명자 상호 간에는 특허를 받을 권리를 공유하는 관계가 성립하고(특허법 제33조 제2항), 그 지분을 타에 양도하려면 다른 공유자의 동의가 필요하지만(특허법 제37조 제3항), 발명진흥법 제14조가 "종업원 등의 직무발명이 제3자와 공동으로 행하여진 경우 계약이나 근무규정에 따라 사용자 등이 그 발명에 대한 권리를 승계하면 사용자 등은 그 발명에 대하여 종업원 등이 가지는 권리의 지분을 갖는다."고 규정하고 있으므로, 직무발명이 제3자와 공동으로 행하여진 경우에는 사용자 등은 그 발명에 대한 종업원 등의 권리를 승계하기만 하면 공유자인 제3자의 동의 없이도 그 발명에 대하여 종업원 등이 가지는 권리의 지분을 갖는다고 보아야 한다.

[3] 직무발명에 대한 특허를 받을 수 있는 권리 등을 사용자 등에게 승계한다는 취지를 정한 약정 또는 근무규정의 적용을 받는 종업원 등은 사용자 등이 이를 승계하지 아니하기로 확정되기 전까지는 임의로 위와 같은 승계 약정 또는 근무규정의 구속에서 벗어날 수 없는 상태에 있는 것이어서, 종업원 등이 그 발명의 내용에 관한 비밀을 유지한 채 사용자 등의 특허권 등 권리의 취득에 협력하여야 할 의무는 자기 사무의 처리라는 측면과 아울러 상대방의 재산보전에 협력하는 타인 사무의 처리라는 성격을 동시에 가지게 되므로, 이러한 경우 종업원 등은 배임죄의 주체인 '타인의 사무를 처리하는 자'의 지위에 있다고 할 것이다. 따라서 위와 같은 지위에 있는 종업원 등이 임무를 위반하여 직무발명을 완성하고도 그 사실을 사용자 등에게 알리지 않은 채 그 발명에 대한 특허를 받을 수 있는 권리를 제3자에게 이중으로 양도하여 제3자가 특허권 등록까지 마치도록 하는 등으로 그 발명의 내용이 공개되도록 하였다면, 이는 사용자 등에게 손해를 가하는 행위로서 배임죄를 구성한다.

[4] 발명자주의에 따라 직무발명을 한 종업원에게 원시적으로 발명에 대한 권리가 귀속되는 이상 위 권리가 아직 사용자 등에게 승계되기 전 상태에서는 유기적으로 결합된 전체로서의 발명의 내용 그 자체가 사용자 등의 영업비밀로 된다고 볼 수는 없으므로, 직무발명에 대한 권리를 사용자 등에게 승계한다는 취지를 정한 약정 또는 근무규정의 적용을 받는 종업원 등이 비밀유지 및 이전절차 협력의 의무를 이행하지 아니한 채 직무발명의 내용이 공개되도록 하는 행위를 발명진흥법 제58조 제1항, 제19조에 위배되는 행위로 의율하거나, 또는 직무발명의 내용 공개에 의하여 그에 내재되어 있었던 사용자 등의 개개의 기술상의 정보 등이 공개되었음을 문제삼아 누설된 사용자 등의 기술상의 정보 등을 개별적으로 특정하여 부정경쟁방지 및 영업비밀보호에 관한 법률(이하 '부정경쟁방지법'이라 한다)상 영업비밀 누설행위로 의율할 수 있음은 별론으로 하고, 특별한 사정이 없는 한 그와 같은 직무발명의 내용 공개가 곧바로 부정경쟁방지법 제18조 제2항에서 정한 영업비밀 누설에도 해당한다고 볼 수는 없다.

전 문

피 고 인 피고인 1 외 2인

상 고 인 피고인들

변 호 인 법무법인

원심판결 서울중앙지법 2012. 5. 18. 선고 2012노170 판결

주 문 원심판결을 파기하고, 사건을 서울중앙지방법원 합의부로 환송한다.

이 유 상고이유(상고이유서 제출기간 경과 후에 제출된 변호인의견서의 기재는 상고이유를 보충하는 범위 내에서)를 판단한다.

1. 피고인 1, 3의 상고이유에 대하여

가. 피고인 1, 3에 대한 부정경쟁방지 및 영업비밀보호에 관한 법률(이하 '부정경쟁방지법'이라 한다) 위반 및 업무상배임 부분에 관한 판단

(1) Q22 합금 발명자의 확정

특허법 제33조 제1항 본문은 발명을 한 자 또는 그 승계인은 특허법에서 정하는 바에 따라 특허를 받을 수 있는 권리를 가진다고 규정하고 있는데, 특허법 제2조 제1호는 '발명'이란 자연법칙을 이용하여 기술적 사상을 고도로 창작한 것을 말한다고 규정하고 있으므로, 특허법 제33조 제1항 본문에서 정하고 있는 '발명을 한 자'는 바로 이러한 발명행위를 한 사람을 가리킨다고 할 것이다. 따라서 발명자가 되기 위해서는 단순히 발명에 대한 기본적인 과제와 아이디어만을 제공하였거나, 연구자를 일반적으로 관리하였거나, 연구자의 지시로 데이터의 정리와 실험만을 하였거나 또는 자금·설비 등을 제공하여 발명의 완성을 후원·위탁하였을 뿐인 정도 등에 그치지 않고, 발명의 기술적 과제를 해결하기 위한 구체적인 착상을 새롭게 제시·부가·보완한 자, 실험 등을 통하여 새로운 착상을 구체화한 자, 발명의 목적 및 효과를 달성하기 위한 구체적인 수단과 방법의 제공 또는 구체적인 조언·지도를 통하여 발명을 가능하게 한 자 등과 같이 기술적 사상의 창작행위에 실질적으로 기여하기에 이르러야 한다. 한편 이른바 실험의 과학이라고 하는 화학발명의 경우에는 당해 발명의 내용과 기술수준에 따라 차이가 있을 수는 있지만 예측가능성 내지 실현가능성이 현저히 부족하여 실험데이터가 제시된 실험예가 없으면 완성된 발명으로 보기 어려운 경우가 많이 있는데(대법원 2001. 11. 30. 선고 2001후65 판결 등 참조), 그와 같은 경우에는 실제 실험을 통하여 발명을 구체화하고 완성하는 데 실질적으로 기여하였는지 여부의 관점에서 발명자인지 여부를 결정해야 한다(대법원 2011. 7. 28. 선고 2009다75178 판결 참조).

위 법리에 따라 원심판결 이유와 기록에 나타난 다음과 같은 사정, 즉 ① 피고인 1, 2가 2007. 6.경 기존 상용합금인 AC8A 합금과 ZA27 합금이 혼합되어 가벼우면서도 강도가 높은 새로운 합금이 만들어질 수 있다는 사실을 발견한 이후 피고인 1이 AC8A 합금과 ZA27 합금을 6:4, 7:3 및 8:2의 비율로 각각 혼합한 Q30 합금을 구상하고, 피고인 3에게 Q30 합금의 물성분석 및 최적화작업을 수행하도록 의뢰한 점, ② 2008. 8.경 Q30 합금이 강도는 월등하나 깨짐성이 있음을 알게 되어 특허출원 진행 및 상용화를 포기한 이후 피고인 1이 2008. 12. 10.경 공소외 1 주식회사로부터 기존의 상용합금보다 강도가 더 강한 합금을 이용하여 휴대전화기 경첩을 주조하여 달라는 요청을 받고 과거 Q30 합금 개발 경험을 바탕으로 새로운 합금을 개발하고자 'Z 시리즈' 등을 착상하여 추진한 점, ③ 또한 이와 비슷한 시기에 피고인 3은 자신의 연구실에서 Q22 합금이 포함되어 있는 새로운 Q 시리즈 합금의 개발을 위한 실험을 수행하면서 각 실험 전후로 피고인 1에게 그 내용 및 다음 실험 일정 등을 구체적으로 보고한 점, ④ 피고인 1, 3 사이에 오간 이메일의 내용에 비추어 피고인 3이 수행하는 실험의 구체적인 내용에 관하여 피고인 1, 3 사이에 사전 및 사후로 의사교환과 협의가 있었던 것으로 보이는 점, ⑤ 그러다 피고인들이 함께 2009. 2. 16.경 공소외 2 주식회사(이하 '피해자 회사'라고 한다)의 공장에서 새로운 Q 시리즈 합금들의 시제품(휴대전화기용 외장 부품)을 주조하였고, 피고인 3이 그 주조제품에 대한 물성분석을 마친 결과, Q22 합금의 개발이 완료된 점 등을 종합적으로 고려하면, Q22 합금은 피고인 1, 3이 그 발명의 기술적 과제를 해결하기 위한 구체적인 착상을 함께 구상하고, 발명의 전 과정에 걸쳐 실질적으로 상호 협력한다는 공통의 인식 아래 합금 발명의 완성에 유익한 공헌을 함으로써 완성하였다고 봄이 상당하다.

그렇다면 Q22 합금의 발명자는 피고인 1, 3이라고 보아야 한다.

(2) 피고인 1이 피해자 회사와 체결한 비밀유지 및 경업금지약정의 효력

발명진흥법 제2조는 '직무발명'이란 종업원, 법인의 임원 또는 공무원(이하 '종업원 등'이라 한다)이 그 직무에 관하여 발명한 것이 성질상 사용자·법인 또는 국가나 지방자치단체(이하 '사용자 등'이라 한다)의 업무범위에 속하고 그 발명을 하게 된 행위가 종업원 등의 현재 또는 과거의 직무에 속하는 발명을 말한다고 규정하면서, 제10조 제3항에서 "직무발명 외의 종업원 등의 발명에 대하여 미리 사용자 등에게 특허 등을 받을 수 있는 권리나 특허권 등을 승계시키거나 사용자 등을 위하여 전용실시권을 설정하도록 하는 계약이나 근무규정의 조항은 무효로 한다."고 규정하고 있고, 위 조항은 직무발명을 제외하고 그 외의 종업원 등의 발명에 대하여는 그 발명 전에 미리 특허를 받을 수 있는 권리나 장차 취득할 특허권 등을 사용자 등에게 승계(양도)시키는 계약 또는 근무규정을 체결하여 두더라도 위 계약이나 근무규정은 무효라고 함으로써 사용자 등에 대하여 약한 입장에 있는 종업원 등의 이익을 보호하는 동시에 발명을 장려하고자 하는 점에 그 입법 취지가 있다. 위와 같은 입법 취지에 비추어 보면, 계약이나 근무규정이 종업원 등의 직무발명 이외의 발명에 대해서까지 사용자 등에게 양도하거나 전용실시권의 설정을 한다는 취지의 조항을 포함하고 있는 경우에 그 계약이나 근무규정 전체가 무효가 되는 것은 아니고, 직무발명에 관한 부분은 유효하다고 해석하여야 한다. 또한 발명진흥법 제15조 제1항은 "종업원 등은 직무발명에 대하여 특허 등을 받을 수 있는 권리나 특허권 등을 계약이나 근무규정에 따라 사용자 등에게 승계하게 하거나 전용실시권을 설정한 경우에는 정당한 보상을 받을 권리를 가진다."고 규정하고 있으므로, 계약이나 근무규정 속에 대가에 관한 조항이 없는 경우

에도 그 계약이나 근무규정 자체는 유효하되 종업원 등은 사용자 등에 대하여 정당한 보상을 받을 권리를 가진다고 해석해야 할 것이나, 직무발명에 대한 특허 등을 받을 수 있는 권리나 특허권 등의 승계 또는 전용실시권 설정과 위 정당한 보상금의 지급이 동시이행의 관계에 있는 것은 아니다.

원심판결 이유에 의하면, 피고인 1은 피해자 회사와 사이에 '피해자 회사에서 재직하는 기간 중 자신들이 독자적으로 또는 타인과 함께 개발한 모든 발명은 발명 즉시 피해자 회사에 서면으로 공개하여야 하고, 그 발명에 대한 일체의 권리는 피해자 회사에 독점적·배타적으로 귀속되는 것으로 한다'는 비밀유지 및 경업금지약정을 체결하였음을 알 수 있다.

위 사실관계를 앞서 본 법리에 비추어 살펴보면, 피고인 1이 피해자 회사와 체결한 위 비밀유지 및 경업금지약정은 피고인 1의 직무발명에 관하여 미리 피해자 회사에 특허 등을 받을 수 있는 권리나 특허권 등을 승계시키는, 이른바 직무발명 사전승계 약정의 범위 내에서 유효하다고 할 것이고, 또한 위 약정에 따라 피고인 1이 그의 직무발명에 관하여 피해자 회사에 특허 등을 받을 수 있는 권리나 특허권 등을 승계시키는 경우에는 피해자 회사에 대하여 정당한 보상을 받을 권리를 가진다고 해석해야 할 것이다.

(3) Q22 합금 발명이 피고인 1의 직무발명에 해당하는지 여부

원심판결 이유 및 제1심이 적법하게 채택한 증거들에 의하면, ① 피해자 회사는 2007. 4. 30. 정밀 알루미늄 다이캐스팅 부품의 제조, 공급 등을 목적으로 설립된 법인으로서, 2007. 10.경 공소외 3 주식회사(이하 '피인수회사'라고 한다)으로부터 피인수회사의 자산을 양수하고, 정보통신기기용 부품의 제조 및 판매 등을 목적으로 하는 피인수회사의 사업을 그대로 영위하고 있는 사실, ② 피인수회사의 대표이사였던 피고인 1은 2007. 6.경 이사였던 피고인 2와 함께 우연히 상용합금인 AC8A 합금과 ZA27 합금이 혼합되어 기존 AC8A와 ZA27보다 가벼우면서도 강도가 높은 새로운 합금이 만들어진다는 것을 발견하고 이를 Q30 합금으로 명명하였고, 당시 피인수회사와 이 사건 자산양도계약을 협상 중이던 피해자 회사의 모회사인 미국 공소외 4 회사에 Q30 합금의 발견 사실을 알리면서 Q30 합금의 특성 연구 등을 위한 자금지원을 요청하여, 공소외 4 회사의 자금지원하에 Q30 합금에 대한 연구를 하였으며, 2007. 9. 14. 미국에서 피고인 1, 2를 공동발명자로 하여 Q30 합금에 관하여 임시 특허출원을 한 바 있는 사실, ③ 이후 피고인 1, 2는 2007. 10. 19. Q30 합금에 관한 특허출원권리 등 지적재산권 일체를 피인수회사에 양도하였고, 피인수회사의 Q30 합금에 관한 지적재산권은 피해자 회사와 피인수회사 사이의 2007. 10. 29.자 이 사건 자산양도계약 체결에 따라 피해자 회사에 이전된 사실, ④ 그런데 피고인 1은 피해자 회사에 재직하던 중인 2008. 8.경 Q30 합금의 시험 결과 기존 합금에 비하여 강도는 월등하나 깨짐성이 있음을 알게 되어 공소외 4 회사에 Q30 합금에 대한 특허출원 절차를 계속 진행하지 않는 것이 좋겠다는 제안을 하였고, 그에 따라 피해자 회사는 Q30 합금에 대한 특허출원 절차를 더 이상 진행하지 아니한 사실 등을 알 수 있고, 그 밖에 제1심이 적법하게 채택한 증거에 의하면 Q22 합금은 강도가 높으면서도 가벼운 특성이 필요한 휴대 전자제품의 부품을 제조하는 데 적합한 경량 고강도 다이캐스팅용 합금으로 개발된 것인 사실 등을 알 수 있다.

이러한 사정에 비추어 보면, 휴대 전자제품의 부품 제조에 적합한 경량 고강도 다이캐스팅용 합금의 개발은 피해자 회사의 업무에 속한다고 할 것이고, 피고인 1은 정보통신기기용 부품의 제조 및 판매 등을 영위하는 피해자 회사의 이사이자 피해자 회사가 피인수회사를 인수하던 무렵부터 이미 기존 상용합금보다 가벼우면서도 강도가 높은 합금의 개발을 담당하고 있던 자로서, Q22 합금과 같이 휴대 전자제품의 부품 제조에 적합한 경량 고강도 다이캐스팅용 합금의 개발을 시도하여 완성하려고 노력하는 것이 일반적으로 기대되는 자에 해당한다고 할 것이다.

그렇다면 Q22 합금 발명 중 피고인 1의 기여 부분은 피해자 회사와의 관계에서 피고인 1의 직무발명에 해당한다고 보아야 한다.

(4) 피고인 1, 3의 업무상배임죄 및 부정경쟁방지법 위반죄 성립 여부

(가) 판단 기준

발명진흥법 제12조 전문은 "종업원 등이 직무발명을 완성한 경우에는 지체 없이 그 사실을 사용자 등에게 문서로 알려야 한다."고 규정하고 있고, 제13조는 제1항에서 "제12조에 따라 통지를 받은 사용자 등(국가나 지방자치단체는 제외한다)은 대통령령으로 정하는 기간에 그 발명에 대한 권리의 승계 여부를 종업원 등에게 문서로 알려야 한다. 다만 미리 사용자 등에게 특허 등을 받을 수 있는 권리나 특허권 등을 승계시키거나 사용자 등을 위하여 전용실시권을 설정하도록 하는 계약이나 근무규정이 없는 경우에는 사용자 등이 종업원 등의 의사와 다르게 그 발명에 대한 권리의 승계를 주장할 수 없다."는 규정을, 제2항에서 "제1항에 따른 기간에 사용자 등이 그 발명에 대한 권리의 승계 의사를 알린 때에는 그때부터 그 발명에 대한 권리는 사용자 등에게 승계된 것으로 본다."는 규정을 각 두고 있으며, 발명진흥법 시행령 제7조는 법 제13조 제1항 본문에서 "대통령령으로 정하는 기간"이란 법 제12조에 따른 통지를 받은 날부터 4개월 이내를

말한다고 규정하고 있다. 따라서 직무발명에 대한 특허를 받을 수 있는 권리를 사용자 등에게 승계한다는 취지를 정한 약정 또는 근무규정이 있는 경우에는 사용자 등의 위 법령으로 정하는 기간 내의 일방적인 승계 의사 통지에 의하여 직무발명에 대한 특허를 받을 수 있는 권리 등이 사용자 등에게 승계된다. 또한 특허법상 공동발명자 상호 간에는 특허를 받을 권리를 공유하는 관계가 성립하고(특허법 제33조 제2항), 그 지분을 타에 양도하려면 다른 공유자의 동의가 필요하지만(특허법 제37조 제3항), 발명진흥법 제14조가 "종업원 등의 직무발명이 제3자와 공동으로 행하여진 경우 계약이나 근무규정에 따라 사용자 등이 그 발명에 대한 권리를 승계하면 사용자 등은 그 발명에 대하여 종업원 등이 가지는 권리의 지분을 갖는다."고 규정하고 있으므로, 직무발명이 제3자와 공동으로 행하여진 경우에는 사용자 등은 앞서 본 바와 같이 그 발명에 대한 종업원 등의 권리를 승계하기만 하면 공유자인 제3자의 동의 없이도 그 발명에 대하여 종업원 등이 가지는 권리의 지분을 갖는다고 보아야 한다.

그렇다면 직무발명에 대한 특허를 받을 수 있는 권리 등을 사용자 등에게 승계한다는 취지를 정한 약정 또는 근무규정의 적용을 받는 종업원 등은 사용자 등이 이를 승계하지 아니하기로 확정되기 전까지는 임의로 위와 같은 승계 약정 또는 근무규정의 구속에서 벗어날 수 없는 상태에 있는 것이어서, 종업원 등이 그 발명의 내용에 관한 비밀을 유지한 채 사용자 등의 특허권 등 권리의 취득에 협력하여야 할 의무는 자기 사무의 처리라는 측면과 아울러 상대방의 재산보전에 협력하는 타인 사무의 처리라는 성격을 동시에 가지게 되므로, 이러한 경우 그 종업원 등은 배임죄의 주체인 '타인의 사무를 처리하는 자'의 지위에 있다고 할 것이다. 따라서 위와 같은 지위에 있는 종업원 등이 그 임무를 위반하여 직무발명을 완성하고도 그 사실을 사용자 등에게 알리지 않은 채 그 발명에 대한 특허를 받을 수 있는 권리를 제3자에게 이중으로 양도하여 제3자가 특허권 등록까지 마치도록 하는 등으로 그 발명의 내용이 공개되도록 하였다면, 이는 사용자 등에게 손해를 가하는 행위로서 배임죄를 구성한다고 할 것이다.

다만 발명자주의에 따라 직무발명을 한 종업원에게 원시적으로 그 발명에 대한 권리가 귀속되는 이상 위 권리가 아직 사용자 등에게 승계되기 전 상태에서는 유기적으로 결합된 전체로서의 발명의 내용 그 자체가 사용자 등의 영업비밀로 된다고 볼 수는 없으므로, 직무발명에 대한 권리를 사용자 등에게 승계한다는 취지를 정한 약정 또는 근무규정의 적용을 받는 종업원 등이 앞서 본 비밀유지 및 이전절차협력의 의무를 이행하지 아니한 채 그 직무발명의 내용이 공개되도록 하는 행위를 발명진흥법 제58조 제1항, 제19조에 위배되는 행위로 의율하거나, 또는 직무발명의 내용 공개에 의하여 그에 내재되어 있었던 사용자 등의 개개의 기술상의 정보 등이 공개되었음을 문제삼아 누설된 사용자 등의 기술상의 정보 등을 개별적으로 특정하여 부정경쟁방지법 소정의 영업비밀 누설행위로 의율할 수 있음은 별론으로 하고, 특별한 사정이 없는 한 그와 같은 직무발명의 내용 공개가 곧바로 부정경쟁방지법 제18조 제2항에서 정한 영업비밀 누설에도 해당한다고 볼 수는 없는 것이다.

(나) 업무상배임죄 성립 여부에 관한 판단

이 사건에 관하여 보건대, 먼저 위에서 본 바와 같이, Q22 합금은 피고인 1, 3이 공동으로 발명한 것이고, 피고인 1이 피해자 회사와 체결한 위 비밀유지 및 경업금지약정은 직무발명의 사전승계 약정으로서는 유효하며, Q22 합금 발명 중 피고인 1의 기여 부분은 피해자 회사와의 관계에서 피고인 1의 직무발명에 해당한다고 보아야 한다. 한편 원심판결 이유 및 제1심이 적법하게 채택한 증거들에 의하면, 피고인들은 Q22 합금과 같이 강도가 높으면서도 가벼운 특성이 필요한 휴대 전자제품의 부품을 제조하는 데 적합한 경량 고강도 다이캐스팅용 합금의 발명이 피해자 회사에 긴요하다는 점을 잘 알고 있으면서도, 위 합금을 개발한 후 그에 대한 특허를 받을 수 있는 권리 중 피고인 1 공유지분을 피해자 회사에 이전하는 절차를 밟지 아니하고, 위 발명 전체에 대하여 피고인 3 명의로 단독 특허등록을 받아 피고인 3 명의의 사업제(○○○)를 통해 피고인들이 공동으로 수익을 얻고자 하였으며, 실제로 공소외 5 주식회사, 공소외 6 주식회사와 Q22 합금에 대한 라이선스 계약을 체결하기까지 한 사실 등을 알 수 있다.

위 사실관계를 앞서 본 법리에 비추어 살펴보면, 피고인들이 공모하여, 피해자 회사의 이사로서 회사를 경영하는 지위에 있었고 그 직무에 관하여 Q22 합금을 공동으로 발명한 피고인 1이, 사용자인 피해자 회사가 위 발명에 대한 특허를 받을 수 있는 권리 중 피고인 1의 지분을 승계하지 아니하기로 확정되기 전까지 그 발명의 내용에 관한 비밀을 유지한 채 피해자 회사의 특허권 등 권리의 취득에 협력하여야 할 업무상의 임무를 위반하여, Q22 합금 발명 완성 사실을 피해자 회사에 알리지 않은 채 그 발명에 대한 특허를 받을 수 있는 권리 중 피고인 1의 지분을 피고인 3에게 이중으로 양도하여 피고인 3이 단독으로 특허권 등록까지 마치도록 하고, 피고인 1, 2의 주선으로 피고인 3이 위 합금 발명에 관하여 다른 업체와 라이선스 계약을 체결하도록 하여 위 발명의 내용이 공개되도록 함으로써, 피해자 회사에 손해를 가하는 행위를 하였다고 인정하기에 충분하다.

(다) 부정경쟁방지법 위반죄 성립 여부에 관한 판단

기록에 의하면, 피고인들이 위와 같이 Q22 합금 발명에 대하여 피고인 3 단독 명의로 특허출원을 하고 위 합금 발명에 관하여 다른 업체와 라이선스 계약을 체결하기 전에, 발명진흥법 제12조 전문, 제13조 제1항 및 같은 조 제2항 등에서 정한 바에 따라 위 합금 발명에 대한 특허를 받을 수 있는 권리 중 피고인 1 지분을 피해자 회사에 승계하기 위한 어떠한 절차도 이행된 바 없음을 알 수 있다.

위 사실관계를 앞서 본 법리에 비추어 살펴보면, 피고인들의 위 행위 당시 그 구성이 유기적으로 결합된 전체로서의 발명인 Q22 합금 발명에 대한 특허를 받을 수 있는 권리 중 피고인 1의 지분은 아직 피해자 회사에 승계되지 아니한 채 피고인 1에게 남아 있었다고 할 것이고, 따라서 아직 피해자 회사에 승계되지 아니한 Q22 합금 발명의 내용이 위와 같은 특허출원 절차 및 라이선스 계약 체결에 의하여 공개되었다고 하더라도, 이를 통해 그에 내재되어 있었던 피해자 회사의 특정한 기술상의 정보가 누설되었음을 근거로 한 공소제기가 이루어져 있지도 아니한 이 사건에서, 피고인들의 위 행위가 부정경쟁방지법 제18조 제2항에서 정한 영업비밀 누설에 해당한다고 볼 수는 없다.

(5) 피고인 3에 대한 업무상배임죄 부분에 관한 직권판단

업무상배임죄는 업무상 타인의 사무를 처리하는 지위에 있는 사람이 그 임무에 위배되는 행위로써 재산상의 이익을 취득하거나 제3자로 하여금 이를 취득하게 하여 본인에게 손해를 가한 때에 성립하는 것으로서, 이는 타인의 사무를 처리하는 지위라는 점에서 보면 신분관계로 인하여 성립될 범죄이고, 업무상 타인의 사무를 처리하는 지위라는 점에서 보면 단순배임죄에 대한 가중규정으로서 신분관계로 인하여 형의 경중이 있는 경우라고 할 것이다. 그러므로 그와 같은 신분관계가 없는 자가 그러한 신분관계가 있는 자와 공모하여 업무상배임죄를 저질렀다면, 그러한 신분관계가 없는 자에 대하여는 형법 제33조 단서에 의하여 단순배임죄에 정한 형으로 처단하여야 할 것이다(대법원 1986. 10. 28. 선고 86도1517 판결, 대법원 1999. 4. 27. 선고 99도883 판결 등 참조).

그런데 피고인 3은 피해자 회사의 임직원이 아닌데도 제1심판결은 피고인 3에 대하여 형법 제356조, 제355조 제2항, 제30조만을 적용하여 업무상배임죄의 공동정범으로 인정한 다음 위 죄와 부정경쟁방지법 위반죄 사이에 형이 더 무거운 업무상배임죄에 정한 형 중 징역형을 선택한 형기범위 내에서 피고인 3을 처단하였고, 원심판결 역시 이러한 제1심판결을 그대로 유지하였다.

따라서 원심판결에는 형법 제33조 단서의 적용을 누락하여 법률적용을 잘못한 위법이 있다.

(6) 소결론

먼저 원심이 Q22 합금을 피고인 1이 단독으로 발명하였다고 판단한 것은 잘못이나, 피고인 1, 3의 공동발명으로 보는 이상 여전히 피고인 1, 3에 대한 업무상배임의 공소사실이 유죄라는 결론에는 영향이 없으므로, 비록 그 이유 설시에 부적절한 부분은 있으나 그 결론에 있어서는 정당하고, 거기에 피고인 1, 3이 상고이유로 주장하는 바와 같은 업무상배임죄에 관한 법리오해 등의 위법이 있다고 할 수 없다. 그러나 원심이 피고인 3에 대해서까지 업무상배임죄로 처단한 제1심판결을 유지한 것은 형법 제33조 단서의 적용을 누락하여 법률적용을 잘못한 위법이 있다.

다음 원심이 피고인 1, 3에 대한 부정경쟁방지법 위반 공소사실까지 유죄로 인정한 것은 부정경쟁방지법상 영업비밀 누설에 관한 법리를 오해하여 심리를 다하지 아니함으로써 판결에 영향을 미친 위법이 있다. 이 점에 관한 피고인 1, 3의 상고이유의 주장은 이유 있다.

나. <u>피고인 1에 대한 업무상횡령 부분에 관한 판단</u>

불법영득의사를 실현하는 행위로서의 횡령행위가 있다는 점은 검사가 입증하여야 하는 것으로서 그 입증은 법관으로 하여금 합리적인 의심을 할 여지가 없을 정도의 확신을 생기게 하는 증명력을 가진 엄격한 증거에 의하여야 하고, 이와 같은 증거가 없다면 설령 피고인에게 유죄의 의심이 간다 하더라도 피고인의 이익으로 판단할 수밖에 없다고 할 것이나, 피고인이 자신이 위탁받아 보관 중이던 돈이 모두 없어졌는데도 그 행방이나 사용처를 설명하지 못하거나 또는 피고인이 주장하는 사용처에 사용된 자금이 다른 자금으로 충당된 것으로 드러나는 등 피고인이 주장하는 사용처에 사용되었다는 점을 인정할 수 있는 자료가 부족하고 오히려 개인적인 용도에 사용하였다는 점에 대한 신빙성 있는 자료가 많은 경우에는 일응 피고인이 위 돈을 불법영득의 의사로써 횡령한 것으로 추단할 수 있다(대법원 2007. 7. 13. 선고 2005도6129 판결 등 참조).

원심판결 이유를 위 법리에 비추어 살펴보면, 원심이 제1심의 채택 증거들에 의하여 판시와 같은 업무상횡령 공소사실을 유죄로 인정한 것은 위 법리에 따른 것으로 정당하고, 거기에 피고인 1이 상고이유로 주장하는 바와 같은 업무상횡령죄에 관한 법리오해 등의 위법이 있다고 할 수 없다. 피고인 1이 상고이유에서 들고 있는 대법원판결은 사안이 달라 이 사건에 원용하기에 적절하지 않다.

다. 파기의 범위

위에서 본 이유로 원심판결 중 피고인 1에 대한 부정경쟁방지법 위반 부분과 피고인 3에 대한 부분은 파기되어야 한다. 그런데 피고인 1의 업무상배임 부분은 부정경쟁방지법 위반 부분과 상상적경합 관계에 있고, 업무상횡령 부분은 부정경쟁방지법 위반 및 업무상배임 부분과 형법 제37조 전단의 경합범 관계에 있으므로 함께 파기되어야 한다. 결국 원심판결 중 피고인 1, 3에 대한 부분은 모두 파기되어야 한다.

2. 피고인 2의 상고이유에 대하여

형사소송법 제392조는 "피고인의 이익을 위하여 원심판결을 파기하는 경우에 파기의 이유가 상고한 공동피고인에 공통되는 때에는 그 공동피고인에 대하여도 원심판결을 파기하여야 한다."고 규정하고 있는바, 이 규정은 상고가 법률상 방식에 위반하거나 상고권 소멸 후인 것이 명백한 공동피고인에게는 이를 적용할 수 없다(대법원 2004. 7. 22. 선고 2003도6412 판결 참조).

그런데 기록에 의하면, 원심은 피고인 2가 적법한 항소이유서 제출기간 내에 항소이유서를 제출하지 않았다는 이유로 다른 피고인들과 함께 일괄하여 항소기각판결을 하였고, 피고인 2는 피고인들의 항소를 모두 기각한 원심판결에 대하여 사실오인 내지 법리오해를 이유로 상고를 제기한 사실을 알 수 있는바, 피고인 2가 상고이유서에서 주장하는 상고이유는 적법한 상고이유가 될 수 없다고 할 것이다. 그러나 피고인 2의 상고가 법률상 방식에 위배되거나 상고권 소멸 후인 것이 명백한 때에 해당하는 부적법한 상고는 아니므로, 피고인 2는 피고인 1, 3과 파기의 이유가 공통되는 공동피고인으로서 형사소송법 제392조의 적용을 받는다고 할 것이다.

그렇다면 앞에서 판단한 바와 같이 피고인 1, 3의 상고이유를 받아들여 원심판결을 파기하는 이상, 그 파기의 이유가 피고인 2에게도 공통되므로 형사소송법 제392조에 따라 피고인 2에 대한 부분도 함께 파기하기로 한다.

3. 결론

그러므로 원심판결을 파기하고, 사건을 다시 심리·판단하게 하기 위하여 원심법원으로 환송하기로 하여, 관여 대법관의 일치된 의견으로 주문과 같이 판결한다.

대법관 민일영(재판장) 이인복 박보영(주심) 김신

대법원 2012.11.15. 선고 2010도6910 판결

【사기】

판시사항

생명보험계약의 보험사고 요건 중 '우연한 사고'의 의미 및 고지의무를 위반하여 생명보험계약을 체결한 경우 보험금 편취를 위한 고의의 기망행위를 인정하기 위한 요건

전　문

피 고 인 피고인

상 고 인 피고인

변 호 인 법무법인

원심판결 서울중앙지법 2010. 5. 27. 선고 2010노593 판결

주　문 원심판결을 파기하고, 사건을 서울중앙지방법원 합의부에 환송한다.

이　유 상고이유에 대하여 판단한다.

1. 사기죄에서 기망행위는 고의를 전제로 하고 여기에는 미필적 고의도 포함되는 것이지만, 범죄구성요건의 주관적 요소로서 미필적 고의라 함은 범죄사실의 발생가능성을 불확실한 것으로 표상하면서 이를 용인하고 있는 경우를 말하므로, 미필적 고의가 있었다고 하려면 범죄사실의 발생가능성에 대한 인식이 있음은 물론 나아가 범죄사실이 발생할 위험을 용인하는 내심의 의사가 있어야 하며, 그 행위자가 범죄사실이 발생할 가능성을 용인하고 있었는지의 여부는 외부에 나타난 행위의 형태와 행위의 상황 등 구체적인 사정을 기초로 하여 일반인이라면 당해 범죄사실이 발생할 가능성을 어떻게 평가할 것인가를 고려하면서 행위자의 입장에서 그 심리상태를 추인하여야 한다(대법원 2009. 2. 26. 선고 2007도1214 판결 참조).

   한편 생명보험계약은 사람의 생명에 관한 '우연한 사고'에 대하여 보험금을 지급하기로 하는 약정을 말하고, 여기서 '우연한 사고'라 함은 사고가 피보험자가 예측할 수 없는 원인에 의하여 발생하는 것으로서 고의에 의한 것이 아니고 예견하지 않았는데 우연히 발생하고 통상적인 과정으로는 기대할 수 없는 결과를 가져오는 사고를 의미한다(대법원 2010. 8. 19. 선고 2008다78491, 78507 판결 참조). 따라서 보험계약자가 상법상 고지의무를 위반하여 보험자와 생명보험계약을 체결한다고 하더라도 그 보험금은 보험계약의 체결만으로 지급되는 것이 아니라 우연한 사고가 발생하여야만 지급되는 것이므로, 상법상 고지의무를 위반하여 보험계약을 체결하였다는 사정만으로 보험계약자에게 미필적으로나마 보험금 편취를 위한 고의의 기망행위가 있었다고 단정하여서는 아니 되고, 더 나아가 보험사고가 이미 발생하였음에도 이를 묵비한 채 보험계약을 체결하거나 보험사고 발생의 개연성이 농후함을 인식하면서도 보험계약을 체결하는 경우 또는 보험사고를 임의로 조작하려는 의도를 갖고 보험계약을 체결하는 경우와 같이 그 행위가 '보험사고의 우연성'과 같은 보험의 본질을 해할 정도에 이르러야 비로소 보험금 편취를 위한 고의의 기망행위를 인정할 수 있다고 할 것이다.

2. 원심은, 피고인이 2005. 8.경부터 보험설계사로 근무하고 있는 사람으로서 피고인의 남편 망 공소외 1이 1998년경부터 2003. 8. 29.까지 혈액암의 일종인 비호지킨림프종으로 검사 및 치료를 받은 사실이 있음에도 불구하고, 2008. 6. 20. 망 공소외 1을 주 피보험자로, 계약자 및 보험수익자를 피고인으로 하며 피보험자의 사망 시에만 보험금이 지급되는 것을 내용으로 하는 '○○변액유니버셜 종신보험'이라는 이름의 보험계약(이하 '이 사건 보험계약'이라 한다)을 공소외 2 주식회사(이하 '보험회사'라 한다)와 체결하면서, '계약 전 알릴 의무사항' 서식 제3항의 '최근 5년 이내에 다음과 같은 병명(암, 백혈병 등 10개 질병)으로 의사로부터 진찰, 검사를 통하여 진단을 받았거나 치료, 투약, 입원, 수술, 정밀검사를 받은 적이 있습니까?'라는 질문에 대해 '아니오'라고 답하고, 계약 전 고객면담보고서의 질문사항 중 과거 질병과 관련된 질문에 대해 '과거 질병 없다'라는 내용으로 답하는 등으로 망 공소외 1이 과거 항암치료 등을 받은 사실을 숨긴 채 이 사건 보험계약을 체결한 후, 망 공소외 1이 보험 가입 직후인 2008. 9.경 림프종 재발 진단을 받고 보험 가입 후 109일이 경과한 2008. 10. 6. 가톨릭대학교 여의도성모병원에서 급성 림프구성 백혈병으로 사망하자 2008. 11. 17. 보험회사에 보험금의 지급을 청구하여 2009. 5. 4. 보험회사로부터 이 사건 보험계약에 따른 보험금 102,405,916원을 지급받았다는 사실을 인정한 다음, 피고인의 위와 같은 이 사건 보험계약 체결 행위가 보험금 편취를 위한 고의의 기망행위에 해당한다고 판

단하였다.

3. 그러나 원심판결 이유를 앞서 본 법리에 비추어 살펴보면, 피고인이 이 사건 보험계약을 체결하면서 고의 또는 중대한 과실로 인하여 '계약 전 알릴 의무사항' 또는 '계약 전 고객면담보고서의 질문사항'에 대하여 답하면서 망 공소외 1의 과거 항암치료 전력 등을 고지하지 아니함으로써 상법상 고지의무를 위반하였다고 하더라도, 이 사건 보험사고가 피고인의 의사나 어떠한 행위에 의하여 그 발생 여부가 좌우될 수 있는 성질의 것이 아닌 이상, 보험계약 체결 당시 이미 이 사건 보험사고가 발생하여 피고인이 이를 알고 있었다거나 보험사고의 발생가능성을 예견할 만한 상황 속에서 피고인이 이를 인식하고 보험계약의 체결에 나아간 경우가 아니라면 위와 같은 고지의무 위반의 점만으로는 이 사건 보험계약 체결 행위가 보험금 편취를 위한 고의의 기망행위에 해당한다고 볼 수 없다. 그럼에도 원심은 그 판시와 같은 고지의무 위반의 사정만으로 이 사건 공소사실을 유죄로 판단하였으니 이러한 원심의 판단에는 보험금 편취를 목적으로 하는 사기죄에서 요구되는 기망행위에 관한 법리를 오해하여 필요한 심리를 다하지 아니함으로써 판결에 영향을 미친 위법이 있다.
4. 그러므로 원심판결을 파기하고 사건을 다시 심리·판단하게 하기 위하여 원심법원에 환송하기로 하여 관여 대법관의 일치된 의견으로 주문과 같이 판결한다.

대법관 김신(재판장) 민일영 이인복(주심) 박보영

대법원 2012.11.15. 선고 2010도11382 판결

【특정경제범죄가중처벌등에관한법률위반(배임)[예비적죄명:특정경제범죄가중처벌등에관한법률위반(사기)]·조세범처벌법위반·업무상횡령·주식회사의외부감사에관한법률위반·증권거래법위반】

판시사항

[1] '부가가치세법의 규정에 의하여 세금계산서를 교부받아야 할 자 등이 재화 또는 용역을 공급받으면서 공급자와의 통정에 의하여 공급가액을 부풀리는 등 허위 기재를 한 세금계산서를 교부받은 행위'가 구 조세범 처벌법 제11조의2 제2항 위반에 해당하는지 여부(적극)

[2] 구 조세범 처벌법 제11조의2 제4항 제1호에서 정한 '부가가치세법의 규정에 의한 재화 또는 용역을 공급함이 없이 세금계산서를 교부하는 행위를 한 자'의 의미 및 이때 재화나 용역을 공급하기로 하는 계약을 체결하는 등 실물거래가 있다고 하기 위한 요건

[3] 갑 주식회사 대표이사인 피고인이 을 주식회사 대표이사 병과 포괄적 주식교환계약을 체결하면서 갑 회사의 매출액을 부풀려 허위 계상한 회계자료를 평가기관에 제공하는 방법으로 갑 회사의 주식가치가 과대평가되도록 하여 주식교환비율을 정한 다음 을 회사의 대표이사로 취임한 후 위 계약에 따라 주식교환을 실시함으로써 을 회사에 손해를 가하였다고 하여 구 특정경제범죄 가중처벌 등에 관한 법률 위반(배임)으로 기소된 사안에서, 을 회사의 사무를 처리하는 지위에 있던 피고인이 사기적인 포괄적 주식교환계약을 이행한 것은 본인인 을 회사와 신임관계를 저버리는 행위를 한 것으로 보기에 충분하다는 이유로, 이와 달리 보아 무죄를 인정한 원심판결에 법리오해 등 위법이 있다고 한 사례

판결요지

[1] 구 조세범 처벌법(2004. 12. 31. 법률 제7321호로 개정되기 전의 것 또는 2010. 1. 1. 법률 제9919호로 전부 개정되기 전의 것, 이하 '구 조세범 처벌법'이라고 한다) 시행 당시 부가가치세법의 규정에 의하여 세금계산서를 교부받아야 할 자와 매입처별세금계산서합계표를 정부에 제출하여야 할 자가 재화 또는 용역을 공급받으면서 공급자와의 통정에 의하여 공급가액을 부풀리는 등 허위 기재를 한 세금계산서를 교부받은 경우, 이러한 행위는 구 조세범 처벌법 제11조의2 제2항 위반에 해당한다.

[2] 구 조세범 처벌법(2010. 1. 1. 법률 제9919호로 전부 개정되기 전의 것) 제11조의2 제4항 제1호의 '부가가치세법의 규정에 의한 재화 또는 용역을 공급함이 없이 부가가치세법의 규정에 의한 세금계산서를 교부하는 행위를 한 자'는 실물거래 없이 가공의 세금계산서를 발행하는 행위를 하는 자(이른바 자료상)를 의미하는 것으로 보아야 하고, 재화나 용역을 공급하기로 하는 계약을 체결하는 등 실물거래가 있음에도 세금계산서 교부시기에 관한 부가가치세법 등 관계 법령의 규정에 위반하여 세금계산서를 교부함으로써 세금계산서를 교부받은 자로 하여금 현실적인 재화나 용역의 공급 없이 부가가치세를 환급받게 한 경우까지 처벌하려는 규정이라고는 볼 수 없다. 여기서 재화나 용역을 공급하기로 하는 계약을 체결하는 등 실물거래가 있다는 것은 당사자 사이에 재화나 용역을 공급하기로 하는 구속력 있는 합의가 있음을 의미하는 것으로서, 구 부가가치세법(2006. 12. 30. 법률 제8142호로 개정되기 전의 것) 제16조 제1항 제3호, 제5호, 구 부가가치세법 시행령(2007. 2. 28. 대통령령 제19892호로 개정되기 전의 것) 제53조 제1항 제3호, 제4호에서 세금계산서에 기재할 사항 중의 하나로 규정하고 있는 공급가액, 공급품목, 단가, 수량 등에 관하여도 합의가 있어야 한다.

[3] 갑 주식회사 대표이사인 피고인이 갑 회사를 우회상장하기 위한 방안으로 을 주식회사 대표이사 병과 포괄적 주식교환계약을 체결하면서 갑 회사의 매출액을 부풀려 허위 계상한 회계자료를 평가

기관인 회계법인에 제공하는 방법으로 갑 회사의 주식가치가 과대평가되도록 하여 주식교환비율을 유리하게 정한 다음 을 회사의 대표이사로 취임한 후 위 계약에 따라 주식교환을 실시함으로써 을 회사에 손해를 가하였다고 하여 구 특정경제범죄 가중처벌 등에 관한 법률(2012. 2. 10. 법률 제11304호로 개정되기 전의 것) 위반(배임)으로 기소된 사안에서, 포괄적 주식교환계약의 이행 사무를 처리할 당시 피고인은 을 회사 대표이사의 지위에 있었고, 허위 매출자료 등에 의하여 갑 회사의 주당가치가 증가되었다는 사정과 포괄적 주식교환계약을 그대로 실시하면 을 회사가 주당가치에 상당 정도 미달하는 갑 회사의 주식을 인수하고 그 대가로 을 회사의 신주를 갑 회사 주주들에게 발행하게 되어 을 회사가 상당한 재산상 손해를 입게 되리라는 사정을 잘 알고 있었으므로, 을 회사의 사무를 처리하는 지위에 있었던 피고인에게는 을 회사의 이사회나 주주총회를 소집하여 위와 같은 사정을 알리고 기망을 이유로 포괄적 주식교환계약을 취소하는 등 선량한 관리자로서 을 회사가 입을 재산상 손해를 방지하고 을 회사에 최선의 이익이 되도록 직무를 충실하게 수행할 업무상 임무가 있었다고 보아야 하고, 그런데도 피고인이 이러한 조치를 취하지 아니하고 오히려 사기적인 포괄적 주식교환계약에 의하여 계획된 갑 회사 내지 그 주주들을 위한 부당한 이익을 실현하기 위해서 그 계약을 이행한 것은 을 회사의 대표이사로서 당연히 하여야 할 것으로 기대되는 행위를 하지 아니한 것으로서 본인인 을 회사와 신임관계를 저버리는 행위를 한 것으로 보기에 충분하다는 이유로, 이와 달리 보아 무죄를 인정한 원심판결에 업무상배임죄의 성립 및 기망을 이유로 한 계약취소에 관한 법리를 오해하고 필요한 심리를 다하지 아니한 위법이 있다고 한 사례.

전 문

피 고 인 피고인 1 외 1인

상 고 인 피고인들 및 검사

변 호 인 변호사

원심판결 서울고법 2010. 8. 20. 선고 2009노2284 판결

주 문 원심판결 중 피고인들에 대한 유죄 부분 및 피고인들에 대한 허위 세금계산서 수취에 의한 조세범 처벌법 위반 및 2005. 12. 31.자 허위 세금계산서 교부에 의한 조세범 처벌법 위반 부분과 피고인 1에 대한 특정경제범죄 가중처벌 등에 관한 법률 위반(배임) 및 특정경제범죄 가중처벌 등에 관한 법률 위반(사기) 부분에 관한 각 무죄 부분을 파기하고, 이 부분 사건을 서울고등법원에 환송한다. 나머지 부분에 대한 검사의 상고를 기각한다.

이 유 상고이유를 판단한다.

1. 검사의 상고이유에 대하여

가. 허위 세금계산서 수취에 의한 조세범 처벌법 위반 관련 불고불리의 원칙 등에 관한 법리오해 등의 점

(1) 공소장에 적용법조를 기재하는 이유는 공소사실의 법률적 평가를 명확히 하여 피고인의 방어권을 보장하고자 함에 있으므로, 적용법조의 기재에 오기나 누락이 있는 경우라 할지라도 이로 인하여 피고인의 방어에 실질적인 불이익을 주지 않는 한 공소제기의 효력에는 영향이 없고, 법원으로서도 공소장 변경의 절차를 거치지 않고 곧바로 공소장에 기재되어 있지 않은 법조를 적용할 수 있다(대법원 2001. 2. 23. 선고 2000도6113 판결, 대법원 2006. 4. 28. 선고 2005도4085 판결 등 참조).

한편 구 조세범 처벌법(2004. 12. 31. 법률 제7321호로 개정되기 전의 것, 이하 '구 조세범 처벌법'이라고 한다) 또는 개정 조세범 처벌법(2010. 1. 1. 법률 제9919호로 전부 개정되기 전의 것, 이하 '개정 조세범 처벌법'이라고 한다) 시행 당시 부가가치세법의 규정에 의하여 세금계산서를 교부받아야 할 자와 매입처별세금계산서합계표를 정부에 제출하여야 할 자가 재화 또는 용역을 공급받으면서 공급자와의 통정에 의하여 공급가액을 부풀리는 등 허위 기재를 한 세금계산서를 교부받은 경우, 이러한 행위는 구 조세범 처벌법 제11조의2 제2항 또는 개정 조세범 처벌법 제11조의2 제2항 위반에 해당한다.

(2) 원심은 제1심이 공소장의 적용법조란에 기재된 '조세범 처벌법 제11조의2 제4항 제1호'를 그대로 적용하여 유죄로 인정한 '이 사건 공소사실 중 피고인들에 대한 공소외 1 회사로부터의 허위 세금계산서 수취에 의한 조세범 처벌법 위반의 점'에 대하여, 공소외 2 주식회사의 대표이사인 피고인 1과 그 회계 업무를 담당하고 있

던 피고인 2는 공소외 1 회사로부터 실물거래 없이 가공의 세금계산서를 발행하여 교부받은 것이 아니라 실물거래를 하면서 공급가액을 부풀려 허위 기재한 세금계산서를 교부받은 것이므로, 이에 대하여 부가가치세법의 규정에 의한 재화 또는 용역을 공급하지 아니하고 세금계산서를 교부하거나 교부받은 행위를 처벌하는 구 조세범 처벌법 제11조의2 제4항 또는 개정 조세범 처벌법 제11조의2 제4항 제1호를 적용하여 처벌할 수 없다고 판단하였다.

나아가 원심은 적용법조의 기재에 오기나 누락이 있다 할지라도 이로 인하여 피고인의 방어에 실질적인 불이익을 주지 않는 한 공소제기의 효력에는 영향이 없고, 법원으로서도 공소장 변경의 절차를 거치지 않고 곧바로 공소장에 기재되어 있지 않은 법조를 적용할 수 있다고 전제한 다음, 이 부분 공소사실은 '피고인들이 부가가치세법의 규정에 의하여 세금계산서를 작성하여 교부하여야 할 자인 공소외 3과 공모하여 공소외 1 회사 명의의 허위 세금계산서를 교부하였다'는 점에 있는 것이 아니라 '피고인들이 공소외 3과 공모하여 공소외 1 회사로부터 허위 세금계산서를 교부받았다'는 점에 있으므로, 부가가치세법의 규정에 의하여 세금계산서를 작성하여 교부하여야 할 자가 허위 세금계산서를 교부한 경우만을 처벌대상으로 삼고 있는 구 조세범 처벌법 제11조의2 제1항 또는 개정 조세범 처벌법 제11조의2 제1항 제1호 또한 적용될 여지가 없다 할 것이어서, 이 부분 공소사실은 "범죄로 되지 아니하는 때"에 해당하여 형사소송법 제325조 전단에 의하여 무죄를 선고하여야 하는데도 이와 달리 유죄로 인정한 제1심판결에는 직권파기 사유가 있다는 취지로 판단하였다.

(3) 그러나 앞에서 본 법리에 비추어 보면, 이러한 원심의 판단은 수긍하기 어렵다.

비록 검사가 이 부분 공소사실에 대하여 '조세범 처벌법 제11조의2 제4항 제1호'를 적용법조로 기재하여 공소를 제기하였지만, 이 부분 공소사실의 내용은 원심 판시와 같이 실물거래를 하면서 그 공급가액을 부풀려 허위 기재를 한 세금계산서를 교부받은 것으로서 구 조세범 처벌법 제11조의2 제2항 또는 개정 조세범 처벌법 제11조의2 제2항 위반에 해당하는 것임이 분명하다.

그리고 이 부분 공소사실 중 원심판결 별지 [범죄일람표 (1)] 순번 제1번 내지 제90번 기재 각 범행에 대하여는 구 조세범 처벌법 제11조의2 제2항이 적용되는데 그 법정형을 같은 조 제4항의 그것과 비교할 경우 선택형으로 되어 있는 벌금형의 상한은 같은 조 제2항이 더 가벼운 반면 징역형은 같은 조 제2항의 상한이 3년으로서 같은 조 제4항의 상한인 2년보다 1년 정도 높기는 하나, 위에서 본 여러 사정을 아울러 참작하면, 이와 같은 정도로 징역형이 더 무겁다는 사정만으로 같은 조 제2항의 법령 적용이 피고인들의 방어에 실질적인 불이익을 준다고 할 수 없다(대법원 2006. 4. 14. 선고 2005도9743 판결 등 참조).

또한 이 부분 공소사실 중 원심판결 [범죄일람표 (1)] 순번 제91번 내지 제129번 기재 각 범행에 대하여는 개정 조세범 처벌법 제11조의2 제2항이 적용되는데 그 법정형을 같은 조 제4항 제1호의 그것과 비교할 경우 선택형으로 되어 있는 벌금형의 상한은 같은 조 제2항이 더 가볍고 징역형의 상한은 서로 동일하므로, 이 역시 앞에서 본 여러 사정을 함께 참작할 때 같은 조 제2항의 법령 적용이 피고인들의 방어에 실질적인 불이익을 준다고 할 수 없다.

그렇다면 비록 제1심이 이 부분 공소사실에 대하여 공소장 기재에 따라 '조세범 처벌법 제11조의2 제4항 제1호'를 적용한 것은 부적절하지만, 구 조세범 처벌법 제11조의2 제2항 또는 개정 조세범 처벌법 제11조의2 제2항을 적용하여 유죄로 인정하더라도 피고인들의 방어에 실질적인 불이익을 주지 아니한다고 할 것이다.

(4) 따라서 피고인들과 그 변호인들이 제1심에서 이 부분 공소사실을 모두 인정하였고 이에 관하여 유죄로 판단한 제1심의 이 부분 법령 적용에 대하여 항소이유로 삼지 아니한 이 사건에서 이 부분 공소사실은 이에 적합한 구 조세범 처벌법 제11조의2 제2항 또는 개정 조세범 처벌법 제11조의2 제2항에 의하여 유죄로 인정될 수 있음에도, 이 부분 공소사실과 무관한 구 조세범 처벌법 및 개정 조세범 처벌법의 다른 규정들이 적용될 수 없다는 것만을 이유로 들어 이 부분 공소사실이 범죄로 되지 아니한 때에 해당한다고 보아 직권으로 제1심판결을 취소한 원심판결에는, 공소장에 기재되지 아니한 법조의 적용 및 구 조세범 처벌법 제11조의2 제2항 또는 개정 조세범 처벌법 제11조의2 제2항에 관한 법리를 오해하여 판결에 영향을 미친 위법이 있다. 이 점을 지적하는 상고이유의 주장은 이유 있다.

나. 2005. 12. 31.자 허위 세금계산서 교부에 의한 조세범 처벌법 위반의 범의에 관한 법리오해 등

(1) 개정 조세범 처벌법 제11조의2 제4항 제1호의 '부가가치세법의 규정에 의한 재화 또는 용역을 공급함이 없이 부가가치세법의 규정에 의한 세금계산서를 교부하는 행위를 한 자'는 실물거래 없이 가공의 세금계산서를 발행하는 행위를 하는 자(이른바 자료상)를 의미하는 것으로 보아야 하고, 재화나 용역을 공급하기로 하는 계약을 체결하는 등 실물거래가 있음에도 세금계산서 교부시기에 관한 부가가치세법 등 관계 법령의 규정에 위반하여 세금계산서를 교부함으로써 그 세금계산서를 교부받은 자로 하여금 현실적인 재화나 용역의 공급 없이 부가가치세를 환급받게 한 경우까지 처벌하려는 규정이라고는 볼 수 없다(대법원 2004. 6. 25. 선고 2004도655 판결 참조). 여기서 재화나 용역을 공급하기로 하는 계약을 체결하는 등 실물거래가 있다는 것은 당사자

사이에 재화나 용역을 공급하기로 하는 구속력 있는 합의가 있음을 의미하는 것으로서, 구 부가가치세법(2006. 12. 30. 법률 제8142호로 개정되기 전의 것) 제16조 제1항 제3호, 제5호, 같은 법 시행령(2007. 2. 28. 대통령령 제19892호로 개정되기 전의 것) 제53조 제1항 제3, 4호에서 세금계산서에 기재할 사항 중의 하나로 규정하고 있는 공급가액, 공급품목, 단가, 수량 등에 관하여도 합의가 있어야 한다.

한편 피고인이 실물거래 없이 가공의 세금계산서를 발행한 행위에 대한 범의를 부인하고 있는 경우에는 사물의 성질상 고의와 상당한 관련성이 있는 간접사실을 증명하는 방법에 의하여 입증할 수밖에 없고, 무엇이 상당한 관련성이 있는 간접사실에 해당할 것인지는 정상적인 경험칙에 바탕을 두고 치밀한 관찰력이나 분석력에 의하여 사실의 연결상태를 합리적으로 판단하는 방법에 의하여야 한다(대법원 1988. 11. 22. 선고 88도1523 판결, 대법원 2011. 12. 22. 선고 2011도12041 판결 등 참조).

(2) 원심판결 이유에 의하면, 원심은 (가) '이 사건 공소사실 중 피고인들의 공소외 4 주식회사에 대한 2005. 12. 31.자 허위 세금계산서 교부에 의한 조세범 처벌법 위반의 점'과 관련하여, ① 공소외 2 주식회사에서 2006. 1. 중순경 2005. 12. 31. 2,647,279,900원 상당의 화장품 등을 공소외 4 주식회사에 공급한 바가 없음에도 이를 공급한 것처럼 기재한 세금계산서를 작성하여 공소외 4 주식회사에 교부하였고, ② 공소외 5가 운영하던 공소외 4 주식회사는 2006년초부터 영업활동 자체가 거의 없어 상품을 대량으로 구매할 수 있는 형편이 아니었고, 그 무렵 공소외 4 주식회사 회원들에 대한 판매수당 30억 원 정도도 지급할 여력이 없었으며, ③ 피고인들은 공소외 5가 2005. 12.경 2006년 제품 공급에 차질이 없도록 미리 준비하여 달라는 부탁을 받고 제품을 생산한 후 위 세금계산서를 교부한 것이라고 주장하나, 공소외 5는 그 무렵 상품을 구매할 수 있는 여력이 되지 않았고 피고인들로부터 이 부분 세금계산서의 발행을 사전에 양해하거나 동의한 바도 없다고 진술하고 있으며, ④ 피고인들은 공소외 2 주식회사의 우회상장을 위해 위 회사의 매출액을 늘릴 필요가 있었던 것으로 보이고, ⑤ 피고인들이 공소외 4 주식회사에 대한 위 세금계산서의 매출액에 상당하는 물품대금의 지급을 독촉하였다는 점을 인정할 자료가 없으며, ⑥ 위 세금계산서상 매출액에 관하여 공소외 4 주식회사로부터 발주가 없었을 뿐만 아니라 그 세금계산서상의 대상 물품을 공소외 2 주식회사 측에서 임의로 정하는 등 거래 당사자 사이에 공급품목에 대한 합의가 없었다는 점 등의 사정을 인정하면서도, (나) 다른 한편 ① 공소외 4 주식회사가 2005. 8.경부터 2005. 12.경까지 공소외 2 주식회사와 13,025,646,183원 상당(부가가치세 포함)의 물품 거래를 하면서 그 기간 동안 공소외 2 주식회사에 16,050,000,000원을 지급하였고, ② 공소외 4 주식회사가 공소외 2 주식회사에 초과 지급한 자금은 공소외 2 주식회사의 자금 사정상 편의를 위한 물품대금 명목의 선급금이었다고 봄이 상당하며, ③ 공소외 2 주식회사는 계속적 공급거래에 있는 공소외 4 주식회사에 공급할 물건을 수시로 생산하여 일별 재고량을 파악하여 두었다가 공소외 4 주식회사의 발주가 있으면 그 재고량 중에서 물품을 출고한 것으로 보이고, ④ 이에 공소외 2 주식회사가 이미 지급받은 선수금의 범위 내에서 주문자 상품부착 생산방식으로 공소외 4 주식회사에 공급할 물품을 상당 부분 생산하여 두었으나, 공소외 4 주식회사가 경영 상태의 악화 등의 이유로 공소외 2 주식회사에 대한 더 이상의 물품 발주가 어려웠던 것으로 보이며, ⑤ 피고인들이 이 부분 세금계산서의 매출세액을 포함하여 부가가치세를 신고한 사정까지 종합해 보면, (다) 피고인들이 비록 공소외 2 주식회사의 매출을 늘리기 위한 목적으로 이 부분 세금계산서를 교부하였다고 하더라도 개정 조세범 처벌법 제11조의2 제4항 제1호 소정의 부가가치세법의 규정에 의한 재화나 용역을 공급함이 없이 세금계산서를 교부한다는 범의가 있었다고 보기 어렵고 달리 이를 인정할 만한 증거가 없다는 이유로, 이 부분 공소사실을 무죄로 판단하였다.

(3) 그러나 앞에서 본 법리에 비추어 보면, 위와 같은 원심의 판단은 수긍하기 어렵다.

먼저 원심이 설시한 사정에 의하더라도, 공소외 2 주식회사가 2006. 1. 중순경 공소외 4 주식회사에 2005. 12. 31.자 세금계산서를 교부할 당시, 공소외 4 주식회사가 그 세금계산서에 기재된 공급물품 2,647,279,900원 상당에 대하여 발주한 적이 없고, 공소외 2 주식회사와 공소외 4 주식회사 사이에 위 공급물품을 거래하기로 하는 구속력 있는 합의도 없었으며 그 당시는 물론이고 그 후에도 위 물품을 실제 공급한 바도 없었으므로, 공소외 2 주식회사 측이 단지 2005년 하반기 거래과정에서 공소외 4 주식회사로부터 초과하여 지급받은 약 30억 원을 보유하고 있다는 이유로 공소외 4 주식회사에 공급품목 등을 임의로 기재한 공급가액 2,647,279,900원의 세금계산서를 교부한 행위는 실물거래 없이 허위 세금계산서를 교부하는 행위로서 개정 조세범 처벌법 제11조의2 제4항 제1호 위반에 해당한다고 보아야 한다.

나아가 원심이 배척하지 아니한 제1심판결 이유와 제1심이 적법하게 채택한 증거들에 의하면, ① 2005. 12. 31.자 세금계산서 발행 이전의 정상적인 거래 방식은 공소외 4 주식회사에서 공소외 2 주식회사 서울사무소에 발주서를 발송하면 공소외 2 주식회사 서울사무소에서 팩스나 이메일로 공소외 2 주식회사 천안공장에 발주서를 송부한 후 천안공장에서 재고를 파악하여 출고하고, 공소외 4 주식회사의 동탄 물류센터에서는 발주서와 샘플, 세금계산서, 거래명세표를 입고물품과 함께 검수한 다음 거래명세표와 세금계산서 1부는 본사로, 다른 1부는 납품업체로 송부하는 과정을 거치는 방식이었는데, 2005. 12. 31.자 세금계산서 발행 과정은 이러한 통상적인 방식과 전혀 동떨어진 것이고, ② 재경팀장인 공소외 6은 검찰 조사과정에서 "공소외 2 주식회사에서 근무할 당시 2006. 1. 중순경 피고인 2가 불러서 2005년도 매출액이 2004년도보다 약 40억 내지 50억 원 감소하였으므로 매출액을 늘려서 결산을 하라고 하여, 거래가 없음에도 부가가치세를 포함하여 2,912,006,900원 상당의 허위 매출세금계산서를 발행하여 공소외 4 주식회사에 제공하여 주었고, 이러한 세금계산서는 2005. 12.까지 공소외 4 주식회사로부터 받은 선수금과는 관련이 없다."는 취지로 진술하였고, 피고인 2도 검찰 조사과정에서 같은 취지로 진술하였으며, ③ 공소외 2 주식회사에서는 2006. 1. 중순경 공소외 4 주식회사에 2005. 12. 31.자 세금계산서를 발급한 이후 공소외 4 주식회사에 여러 차례에 걸쳐 물품을 실제로 공급하는 거래를 하였는데, 그 거래 당시 위와 같이 공소외 4 주식회사로부터 초과 지급받은 약 30억 원의 범위 내에서 물품대금채권을 상계처리하는 한편, 그 공급물품에 대한 세금계산서를 2005. 12. 31.자 세금계산서와 별도로 작성하여 공소외 4 주식회사에 교부한 사실 등을 알 수 있다.

위와 같은 2005. 12. 31.자 세금계산서의 발급 이전의 물품거래 및 세금계산서 발행 방식, 2005. 12. 31.자 세금계산서를 발급하게 된 경위 및 목적과 아울러, 2005. 12. 31.자 세금계산서의 발행이 공소외 4 주식회사로부터 초과 지급받은 30억 원의 범위 내에서 향후 거래가 이루어질 것을 전제로 미리 발행한 것이라면 그 후 이루어진 공소외 4 주식회사와의 거래에서는 다시 세금계산서를 발행하지 않아야 하는데도 이를 다시 발행하였다는 것은 2005. 12. 31.자 세금계산서의 발행이 향후 있을 거래와는 무관하게 발행된 것이라는 것을 뒷받침하는 점 등의 사정을 앞에서 본 여러 사정들에 보태어 보면, 피고인들이 2005. 12. 31.자 세금계산서를 공소외 4 주식회사에 교부한 것은 실물거래 없이 우회상장을 계획하고 있던 공소외 2 주식회사의 매출이 늘어난 것처럼 보이도록 허위 세금계산서를 교부한 것으로서 그 당시 피고인들에게 허위 세금계산서 교부의 범의가 있었다고 보기에 충분하다.

(4) 그런데도 원심이 그 판시와 같은 사정을 들어 피고인들에게 2005. 12. 31.자 세금계산서 교부 당시 개정 조세범 처벌법 제11조의2 제4항 제1호 위반의 범의가 있었다고 보기 어렵다고 보아 이 부분 공소사실에 대하여 무죄를 선고한 데에는, 개정 조세범 처벌법 제11조의2 제4항 제1호의 해석·적용에 관한 법리를 오해하고, 논리와 경험칙을 위반하여 자유심증주의의 한계를 벗어나 사실을 오인함으로써 판결에 영향을 미친 위법이 있다. 이를 지적하는 상고이유의 주장은 이유 있다.

다. 업무상배임죄에 관한 법리오해 등의 점에 대하여

(1) 배임죄는 타인의 사무를 처리하는 자가 그 임무에 위배하는 행위로써 재산상 이익을 취득하거나 제3자로 하여금 이를 취득하게 하여 본인에게 손해를 가함으로써 성립하는데, 여기서 그 '임무에 위배하는 행위'는 사무의 내용, 성질 등 구체적 상황에 비추어 법률의 규정, 계약의 내용 혹은 신의칙상 당연히 할 것으로 기대되는 행위를 하지 않거나 당연히 하지 않아야 할 것으로 기대되는 행위를 함으로써 본인과 사이의 신임관계를 저버리는 일체의 행위를 포함하고, '재산상의 손해를 가한 때'는 현실적인 손해를 가한 경우뿐만 아니라 재산상 실해 발생의 위험을 초래한 경우도 포함한다(대법원 2000. 3. 14. 선고 99도4923 판결, 대법원 2010. 10. 28. 선고 2009도1149 판결 등 참조).

(2) 원심은, '이 사건 공소사실 중 피고인 1에 대한 특정경제범죄 가중처벌 등에 관한 법률 위반(배임)의 점'에 대하여, 피고인 1이 공소외 7 주식회사의 대표이사로 선임되어 공소외 7 주식회사의 사무를 처리하는 지위에 있게 된 2006. 7. 13. 당시에는 공소외 7 주식회사의 임시 주주총회에서 공소외 2 주식회사의 대표이사 피고인 1과 공소외 7 주식회사의 대표이사 공소외 8 사이에서 같은 해 5. 30. 체결되었던 포괄적 주식교환계약에 관한 승인 안건이 가결된 후이고, 위 포괄적 주식교환계약에서 이미 공소외 2 주식회사의 주식과 공소외 7 주식회사의 주식을 1:41.26의 비율로 교환하기로 정해져 있었으므로, 피고인 1이 공소외 2 주식회사의 주식가치가 적정가격보다 과대평가되어 있다는 사정을 알고 있었다고 하더라도 그러한 사정만으로는 위 포괄적 주식교환계약이 당연무효가 되는 것은 아니고, 특별한 사정이 없는 한 위 포괄적 주식교환계약을 취소할 수 있는 것도 아니어서 신의칙상 피고인에게 위 포괄적 주식교환계약에 따른 주식교환행위를 당연히 하지 않아야 할 것으로 기대할 수 없으며, 피고인 1이 위 주식교환비율과 달리 공소외 2 주식회사의 주식을 적정가치로 재산정하여 새로이 교환비율을 정한 후 주식교환행위를 하여야 할 것이 당연히 기대된다고 볼 수도 없으므로, 피고인 1이 위 포괄적 주식교환계약에 따라 주식교환을 실시한 행위가 공소외 7 주식회사에 대한 업무상 임무에 위배되는 행위라고 할 수 없고, 달리 피고인 1의 주식교환행위가 공소외 7 주식회사에 대한 임무위배행위에 해당한다고 인정할 만한 증거가 없다는 이유로, 이 부분 공소사실을 무죄로 판단하였다.

(3) 그러나 앞에서 본 법리와 원심이 배척하지 아니한 제1심 채택 증거들에 의하여 인정되는 다음과 같은 사실관계에 비추어 보면, 이러한 원심의 판단은 그대로 수긍하기 어렵다.

① 공소외 2 주식회사의 2002년도 매출액은 약 183억 원, 영업이익은 약 27억 원, 당기순이익은 약 17억 원,

2003년도 매출액은 약 100억 원, 영업이익은 약 13억 원, 당기순이익은 약 4억 원이었다. 공소외 2 주식회사는 2004. 5.경부터 계열사인 공소외 9 주식회사가 공유마케팅 다단계판매방식을 도입함에 따라 공소외 9 주식회사에 대한 매출액이 급증하게 되었는데, 2004년도 매출액 약 384억 원 중 공소외 9 주식회사에 대한 매출액은 약 366억 원에 달하였고, 2004년도 영업이익은 약 149억 원, 당기순이익은 약 96억 원으로 크게 늘어나게 되었다.

② 그러나 공소외 9 주식회사의 다단계판매방식에 문제가 발생하여 단속되면서 2005. 7.경 거래가 중단되기에 이르렀고, 이에 공소외 2 주식회사는 2005. 8.경부터 또 다른 다단계 판매회사인 공소외 4 주식회사와 회사간 통합논의를 진행하며 공소외 4 주식회사를 통하여 물품판매를 하기 시작하여 약 130억 원 정도의 매출을 올렸으나 2005년도의 매출액은 2004년도에 비하여 약 55억 원 정도 감소한 약 329억 원에 그치게 되었고, 영업이익과 당기순이익도 감소하게 되었다. 또한 공소외 4 주식회사가 2005. 12.경 재정상태가 악화되면서 공소외 4 주식회사를 통한 매출 역시 난관에 부딪히게 되었고 그 결과 공소외 2 주식회사의 2006년도 1/4분기 매출액은 3,382,857,620원 정도로 급격히 줄어들게 되었다.

③ 피고인 1은 2005. 8.경부터 공소외 2 주식회사를 우회상장하기 위한 방안을 모색하여 오다가 2005. 12.경 이듬해인 2006년 상반기경 우회상장을 하려 하였는데, 위와 같이 매출이 줄어들면 회사가치 평가에 좋지 않은 영향을 미칠 것을 우려하여, 2006. 1. 중순경 거래처인 공소외 4 주식회사에 2005. 12. 31. 공급가액 2,647,279,900원의 물품을 공급한 것처럼 세금계산서를 발행하는 방법으로 2005년 4/4분기 매출액을 2,647,279,900원만큼 늘리도록 지시하여 2005년도 총 매출액을 약 356억 원으로 부풀리고, 다시 2006. 4. 중순경 공소외 4 주식회사에 같은 해 1. 31. 공급가액 2,102,909,000원의 물품을, 같은 해 2. 28. 공급가액 2,091,013,000원의 물품을, 같은 해 3. 31. 공급가액 2,300,848,000원의 물품을 각 공급한 것처럼 세금계산서를 발행하는 방법으로 2006년 1/4분기 매출액을 합계 6,494,770,000원만큼 늘리도록 지시하여 2006년 1/4분기 총 매출액을 약 99억 원으로 부풀렸다.

④ 공소외 2 주식회사의 우회상장을 위한 회사가치 및 주식가치의 평가용역은 공소외 10 회계법인이 담당하였는데, 피고인 1은 2006. 1.경부터 같은 해 5월경 사이에 공소외 10 회계법인 소속 담당회계사 등이 위 평가작업을 할 때 위와 같이 매출액을 부풀린 2005년도 결산보고서와 2006년 1/4분기 결산보고서를 제공하였다.

⑤ 위 주식가치의 평가는 공소외 2 주식회사가 제공하는 산업, 경영정보 및 미래에 대한 추정재무제표를 바탕으로 한 것으로서, 당시 공소외 10 회계법인은 공소외 2 주식회사의 2005년 및 2006년 1/4분기의 매출실적에 따른 매출증가율 및 업계의 성장률, 신제품 개발계획 등을 감안하여 2006년도 및 2007년도의 매출을 추정하고, 이를 토대로 영업이익과 당기순이익 등을 추정하였다.

⑥ 공소외 10 회계법인은 2006. 1.경부터 같은 해 5월경 사이에 수차례에 걸쳐 공소외 2 주식회사 측으로부터 관련 자료를 제출받아 위와 같은 평가작업을 하여 오다가, 최종적으로 위와 같이 매출액을 허위 계상한 2006년도 1/4분기 영업실적이 나오자 이를 토대로 종전의 추정 수치를 변경하였다. 공소외 10 회계법인에서 공소외 2 주식회사로부터 제공받은 2006년 1/4분기 실적을 반영한 결과 공소외 2 주식회사의 주당 자산가치는 종전 23,045원에서 170원 정도 감소한 22,875원으로 평가된 반면, 주당 수익가치는 종전 126,785원에서 5,813원 정도 늘어난 132,598원으로 평가되었고, 그 결과 공소외 2 주식회사의 주당 본질가치는 종전 85,289원에서 3,420원 정도 늘어난 88,709원으로 평가되었다. 당시 공소외 10 회계법인에서는 공소외 2 주식회사의 2006년도 매출액을 387억 원, 2007년도 매출액을 421억 원으로 추정하였다.

⑦ 공소외 10 회계법인에서는 위 주식가치평가 당시 공소외 2 주식회사의 2005년도와 2006년도 1/4분기의 매출액 중 상당 부분이 허위로 계상되었다는 사정을 알지 못하였고, 계열사인 공소외 9 주식회사에 대한 매출액이 2005년도 하반기부터 급격히 감소하게 되었다는 사정을 알았지만, 공소외 2 주식회사와 통합논의를 진행하며 2005년도 하반기 매출과 2006년도 1/4분기 매출에 큰 비중을 차지하던 공소외 4 주식회사의 재정상태가 악화되어 향후 공소외 4 주식회사를 통한 매출에 상당한 차질을 빚게 되리라는 사정은 공소외 2 주식회사로부터 관련 정보를 제공받지 못하여 알지 못하였다.

⑧ 공소외 2 주식회사의 대표이사로 있던 피고인 1은 공소외 7 주식회사의 대표이사 공소외 8과 2006. 5. 30. 「비상장회사인 공소외 2 주식회사의 주식교환 가액은 88,709원으로, 코스닥상장법인 공소외 7 주식회사의 주식교환 가액은 증권거래법 시행규칙 제36조의12에 의한 가액산정 방법에 따라 산정된 2,150원으로 각 정하여 공소외 2 주식회사 주식과 공소외 7 주식회사 주식의 교환비율을 1:41.26으로 하고, 공소외 2 주식회사 주식 1,000,000만 주(지분 100%)를 공소외 7 주식회사에서 양수하고 공소외 7 주식회사는 액면 500원의 신주 41,260,000주를 발행하여 이를 공소외 2 주식회사의 주주들에게 교부함으로써 포괄적 주식교환을 실시하며, 2006. 7. 13. 주주총회를 개최하여 위 계약을 승인하고, 공소외 7 주식회사의 이사 또는 감사를 새로 선임한다」는 내용의 포괄적 주식교환계약을 체결하였다. 위 포괄적 주식교환계약이 그대로 실시되어 공

소외 7 주식회사의 신주 41,260,000주가 공소외 2 주식회사의 대주주인 피고인 1을 비롯한 공소외 2 주식회사의 주주들에게 발행될 경우 이는 공소외 7 주식회사의 발행주식 총수 54,624,455주(기존 13,364,455주+신주 41,260,000주)의 75.53%를 차지하게 된다.

⑨ 공소외 7 주식회사는 2006. 7. 13. 임시주주총회를 개최하여 위 포괄적 주식교환계약을 승인하고 피고인 1을 이사로 선임하였으며, 같은 날 개최된 공소외 7 주식회사의 이사회에서 피고인 1은 대표이사로 선임되었다. 피고인 1은 공소외 7 주식회사의 대표이사로서 2006. 8. 17. 위 포괄적 주식교환계약을 실시하고 같은 해 8. 31. 공소외 2 주식회사 주주들에게 공소외 7 주식회사 주식을 교부하였다.

⑩ 공소외 2 주식회사의 2006년도 실제 매출액을 결산한 결과 당초 공소외 10 회계법인에서 추정한 2006년도 매출액 387억 원의 약 25% 수준에 불과한 94억 원 정도로 밝혀졌다.

(4) 위와 같이 공소외 10 회계법인에서 공소외 2 주식회사의 주당가치를 평가할 당시 공소외 2 주식회사의 매출액은 2002년도 약 183억 원, 2003년 약 100억 원 정도의 수준이었다가 2004년도에 이르러 계열사인 공소외 9 주식회사의 다단계판매방식 도입에 따라 약 384억 원으로 급격히 증가하였으나, 다시 2005년부터 감소하기 시작하여 2006년도 1/4분기에 이르러서는 급감하기 시작하였고, 그와 같은 배경에는 2004년도 매출 및 2005년도 상반기 매출의 큰 비중을 차지하였던 공소외 9 주식회사의 판매 중단과 2005년도 하반기 매출의 상당 비중을 차지하였던 공소외 4 주식회사의 재정상태 악화라는 구조적인 문제가 자리잡고 있었으며, 이는 특단의 경영상의 조치가 뒤따르지 아니하는 한 쉽게 타개하기 어려운 문제였다. 만일 공소외 10 회계법인에서 이러한 실상을 정확하게 고지받아 인식하고 있었더라면, 2006년도와 2007년도 매출액이 각 그 전년도에 비하여 10% 정도씩 증가하리라고 추정하기는 곤란하였을 것이고, 특히 허위 매출액이 65% 이상 반영된 2006년도 1/4분기 실적을 토대로 그 전보다 주당 수익가치가 5,813원, 주당 본질가치가 3,420원 정도 증가한 것으로 평가하지는 아니하였을 것이다.

그런데도 피고인 1은 공소외 10 회계법인에 허위 매출자료를 주식가치평가 자료로 제공하는 방법으로 공소외 2 주식회사의 매출감소 추세를 감추고 또한 2005년도 하반기 매출에 상당한 비중을 차지하고 있던 공소외 4 주식회사의 재정상태 악화를 공소외 10 회계법인에 제대로 고지하지 아니함으로써, 공소외 10 회계법인으로 하여금 2006년, 2007년에 매출액이 각 그 전년도에 비하여 10% 정도씩 증가할 것으로 추정하게 하고 이를 토대로 공소외 2 주식회사의 주당가치가 평가되고 포괄적 주식교환계약의 주식교환비율이 정해지게 하였다. 피고인 1의 이러한 행위는 포괄적 주식교환계약의 상대방인 공소외 7 주식회사를 기망하는 행위로서 공소외 7 주식회사가 위와 같은 사정을 알았다면 기망을 이유로 포괄적 주식교환계약을 취소하는 조치를 취할 수 있었을 것이다.

포괄적 주식교환계약의 이행 사무를 처리할 당시 피고인 1은 공소외 7 주식회사의 대표이사의 지위에 있었으므로 공소외 7 주식회사를 위한 선량한 관리자로서 성실하게 공소외 7 주식회사에 최선의 이익이 되도록 충실하게 임무를 수행할 의무를 부담하고 있었고, 허위 매출자료 등에 의하여 공소외 2 주식회사의 주당가치가 증가되었다는 사정과 포괄적 주식교환계약을 그대로 실시하면 공소외 7 주식회사가 주당가치가 88,709원에 상당 정도 미달하는 공소외 2 주식회사의 주식 1,000,000주를 인수하고 그 대가로 공소외 7 주식회사의 신주 41,260,000주를 공소외 2 주식회사 주주들에게 발행하게 되어 공소외 7 주식회사가 상당한 재산상 손해를 입게 되리라는 사정을 잘 알고 있었다.

따라서 공소외 7 주식회사의 사무를 처리하는 지위에 있었던 피고인 1로서는 포괄적 주식교환계약의 이행에 관하여 공소외 2 주식회사와 공소외 7 주식회사의 이해관계가 서로 상충됨에도 공소외 7 주식회사의 이사회나 주주총회를 소집하여 위와 같은 사정을 알리고 기망을 이유로 포괄적 주식교환계약을 취소하는 등 선량한 관리자로서 공소외 7 주식회사가 입을 재산상 손해를 방지하고 공소외 7 주식회사에 최선의 이익이 되도록 그 직무를 충실하게 수행할 업무상 임무가 있었다고 보아야 한다. 피고인 1이 이러한 조치를 취하지 아니하고 오히려 사기적인 포괄적 주식교환계약에 의하여 계획된 공소외 2 주식회사 내지는 그 주주들을 위한 부당한 이익을 실현하기 위해서 그 계약을 이행한 것은 공소외 7 주식회사의 대표이사로서 당연히 하여야 할 것으로 기대되는 행위를 하지 아니한 것으로서 본인인 공소외 7 주식회사와의 신임관계를 저버리는 행위를 한 것으로 보기에 충분하다.

(5) 그런데도 원심은 피고인 1이 위와 같은 조치를 취할 것을 기대하기 어렵다거나 포괄적 주식교환계약에 따라 주식교환을 실시하는 행위가 업무상 임무에 위배된다고 볼 수 없다는 이유로 이 부분 공소사실에 대하여 무죄를 선고하였다.

이러한 원심판결에는 업무상배임죄의 성립 및 기망을 이유로 한 계약취소에 관한 법리를 오해하고 필요한 심리를 다하지 아니하여 판결에 영향을 미친 위법이 있다. 이 점을 지적하는 상고이유의 주장은 이유 있다.

라. 공소외 11 명의의 주식 보유에 따른 증권거래법 위반에 관한 채증법칙 위반의 점

원심은 '이 사건 공소사실 중 피고인 1에 대한 공소외 11 명의의 주식 보유에 따른 공소외 7 주식회사 주식 소유상황 및 소유주식수 변동 보고의무 위반 및 미공개정보 이용금지 위반에 의한 증권거래법 위반의 점'에 대하여, 그 판시와 같은 이유를 들어 이 부분 공소사실에 부합하는 공소외 11의 진술은 그대로 믿기 어렵고 달리 이를 인정할 만한 증거가 없으므로 이 부분 공소사실은 범죄의 증명이 없는 경우에 해당하여 무죄라고 판단하였다.

원심판결 이유를 관계 증거에 비추어 살펴보면, 위와 같은 원심의 판단에 상고이유에서 주장하는 바와 같이 논리와 경험칙을 위반하고 자유심증주의의 한계를 벗어난 위법 등이 없다.

2. 피고인들의 상고이유에 대하여

가. 허위 세금계산서 교부에 의한 조세범 처벌법 위반에 관한 법리오해 등의 점

원심은 '이 사건 공소사실 중 피고인들에 대한 2006. 1. 31.자 허위 세금계산서, 2006. 2. 28.자 허위 세금계산서, 2006. 3. 31.자 허위 세금계산서의 교부에 의한 조세범 처벌법 위반의 점'에 대하여 그 판시와 같은 이유를 들어 유죄로 판단하였다.

원심판결 이유를 원심이 유지한 제1심이 적법하게 채택한 증거들에 비추어 살펴보면, 위와 같은 원심의 판단에 상고이유의 주장과 같이 개정 조세범 처벌법 제11조의2 제4항 제1호에 관한 법리를 오해하거나, 논리와 경험의 법칙을 위반하여 자유심증주의의 한계를 벗어난 위법 등이 없다.

나. 주식회사의 외부감사에 관한 법률 위반에 관한 법리오해 등의 점

원심은 '이 사건 공소사실 중 피고인들에 대한 2005년 사업연도 재무제표 허위 작성 및 공시, 2006년 사업연도 재무제표 허위 작성 및 공시에 의한 주식회사의 외부감사에 관한 법률 위반의 점'에 대하여 그 판시와 같은 이유를 들어 유죄로 판단하였다.

원심판결 이유를 원심이 유지한 제1심이 적법하게 채택한 증거들에 비추어 살펴보면, 위와 같은 원심의 판단에 상고이유의 주장과 같이 기업회계기준서 제4호의 해석·적용에 관한 법리오해나 논리와 경험의 법칙을 위반하여 자유심증주의의 한계를 벗어난 위법 등이 없다.

다. 공소외 12 등 명의의 주식보유에 따른 증권거래법 위반에 관한 채증법칙 위반의 점

원심판결 이유를 원심이 유지한 제1심이 적법하게 채택한 증거들에 비추어 살펴보면, 그 판시와 같은 사정을 들어 '이 사건 공소사실 중 피고인 1에 대한 공소외 12, 13 명의의 주식변동 상황 보고의무 및 주식 대량보유 보고의무 위반에 의한 증권거래법 위반의 점'에 대하여 유죄로 판단한 원심판결에 상고이유에서 주장하는 바와 같이 논리와 경험의 법칙을 위반하여 자유심증주의의 한계를 벗어난 위법 등이 없다.

3. 파기의 범위

위와 같은 이유로 원심판결 중 피고인들에 대한 허위 세금계산서 수취에 의한 조세범 처벌법 위반 및 2005. 12. 31.자 허위 세금계산서 교부에 의한 조세범 처벌법 위반 부분, 피고인 1에 대한 특정경제범죄 가중처벌 등에 관한 법률 위반(배임) 부분에 대한 각 무죄 부분을 모두 파기하여야 하는데, 원심판결 중 피고인들에 대한 유죄 부분은 위 파기 부분과 형법 제37조 전단의 경합범 관계에 있어 하나의 형이 선고되어야 하므로 함께 파기되어야 한다.

그리고 원심이 이유무죄로 판단한 피고인 1에 대한 특정경제범죄 가중처벌 등에 관한 법률 위반(사기) 부분은 예비적 공소사실에 관한 것으로서 주위적 공소사실인 특정경제범죄 가중처벌 등에 관한 법률 위반(배임) 부분이 위와 같이 파기되는 이상 그에 대한 상고이유에 관하여 나아가 살펴볼 필요 없이 함께 파기되어야 한다.

결국 원심판결 중 피고인 1에 대한 공소외 11 명의의 주식 보유에 따른 공소외 7 주식회사 주식 소유상황 및 소유주식수 변동 보고의무 위반과 미공개정보 이용금지 위반에 의한 증권거래법 위반 부분에 관한 무죄 부분을 제외한 나머지 부분은 모두 파기되어야 한다.

4. 결론

그러므로 원심판결 중 피고인들에 대한 유죄 부분 및 피고인들에 대한 허위 세금계산서 수취에 의한 조세범 처벌법 위반 및 2005. 12. 31.자 허위 세금계산서 교부에 의한 조세범 처벌법 위반 부분과 피고인 1에 대한 특정경제범죄 가중처벌 등에 관한 법률 위반(배임) 및 특정경제범죄 가중처벌 등에 관한 법률 위반(사기) 부분에 관한 각 무죄 부분을 파기하고, 이 부분 사건을 다시 심리·판단하게 하기 위하여 원심법원에 환송하며, 나머지 부분에 대한 검사의 상고를 기각하기로 하여, 관여 대법관의 일치된 의견으로 주문과 같이 판결한다.

대법관 신영철(재판장) 이상훈 김용덕(주심)

대법원 2012.10.25. 선고 2012도3575 판결

【농산물품질관리법위반】

판시사항

[1] 국내에서 출생한 소가 출생지 외의 지역에서 사육되다가 도축된 경우, 해당 쇠고기에 사육지 또는 도축지를 원산지로 표시하여 판매하는 행위가 원산지 표시 규정에 위배되는지 판단하는 방법

[2] 출생지 등에서 이동된 농산물의 원산지 판정기준에 관한 별도 규정이 없는 상황에서 국내산 소 도축을 위하여 출생지나 사육지로부터 특정 지역으로 이동시켰으나 이동 당일 도축하지 않고 일정 기간 특정 지역에서 사료 등을 먹이다가 도축한 경우, 이를 단순한 도축 준비행위로 볼 것인지 또는 사육으로 볼 것인지 판단하는 기준

[3] 피고인들이 강원도 횡성군 지역이 아닌 다른 지역에서 생산된 소를 구매하여 도축한 후 '횡성한우'로 표시하여 판매함으로써 구 농산물품질관리법상 원산지 표시 규정을 위반하였다는 내용으로 기소된 사안에서, 횡성군 지역에서 출생·사육되지 아니한 소를 횡성군 지역으로 이동시킨 후 도축 시까지의 기간이 2개월 미만인 경우는 모두 일률적으로 도축의 준비행위 또는 단순한 보관행위에 불과하다고 보아 유죄를 인정한 원심판결에 법리오해 등 잘못이 있다고 한 사례

판결요지

[1] 구 농산물품질관리법(2009. 5. 8. 법률 제9667호로 개정되기 전의 것, 이하 '법'이라 한다) 제2조 제1호, 제6호, 제15조 제1항, 제3항, 제17조 제1항 제1호, 제3호, 제34조의2, 제37조, 구 농산물품질관리법 시행령(2009. 11. 2. 대통령령 제21805호로 개정되기 전의 것, 이하 '시행령'이라 한다) 제24조 제1항 제1호, 제25조 제1항 제1호의 내용과 체제에다가 농산물의 적정한 품질관리를 통하여 농산물의 상품성을 높이고 공정한 거래를 유도함으로써 농업인의 소득증대와 소비자보호에 이바지한다는 법의 입법 목적을 종합적으로 고려하면, 국내산 쇠고기에 특정 시·도명이나 시·군·구명을 원산지로 표시하여 판매할 때 해당 소가 출생·사육·도축된 지역과 전혀 무관한 지역을 원산지로 표시하거나 출생·사육은 타 지역에서 이루어진 후 오로지 도축만을 위하여 도축지로 이동된 후 곧바로 도축되었을 뿐인데도 도축지를 원산지로 표시하였다면, 이는 법 제34조의2, 제17조 제1항 제1호 및 제3호에 규정된 '원산지 표시를 허위로 하거나 이를 혼동하게 할 우려가 있는 표시를 하는 행위 및 원산지를 위장하여 판매하는 행위'에 해당된다고 해석하여야 한다. 한편 형벌법규는 문언에 따라 엄격하게 해석·적용하여야 하고 피고인에게 불리한 방향으로 지나치게 확장해석하거나 유추해석하여서는 안 되는 것이 원칙이므로, 국내에서 출생한 소가 출생지 외의 지역에서 사육되다가 도축된 경우 해당 소가 어느 정도의 기간 동안 사육되면 비로소 사육지 등을 원산지로 표시할 수 있는지에 관하여 관계 법령에 아무런 규정이 없다면 특정 지역에서 단기간이라도 일정 기간 사육된 소의 경우 쇠고기에 해당 시·도명이나 시·군·구명을 원산지로 표시하여 판매하였다고 하더라도 이를 곧바로 위와 같은 원산지 표시 규정 위반행위에 해당한다고 단정할 수는 없다.

[2] 범행 당시 원산지 표시 관계 법령에서 별도의 규정을 두고 있지 않았던 이상 국내산 소 도축을 위하여 출생지나 사육지로부터 특정 지역으로 이동시켰으나 이동과정에서 감소된 체중 회복이나 도축시기 조정 등의 이유로 이동 당일 도축하지 않고 일정 기간 동안 그 특정 지역에서 사료 등을 먹이다가 도축한 경우, 이를 단순한 도축의 준비행위에 불과하다고 볼 것인지 아니면 사육으로 볼 것인지에 관하여는 해당 소의 종류와 연령, 건강상태, 이동 후 도축 시까지 기간, 이동 후 해당 소에게 사료를 먹이며 머물게 한 장소의 형태와 제공된 사료의 종류와 제공방법, 체중의 변동 여부 등을 종합적으로 고려하여 개별 사안에 따라 합리적으로 판단할 수밖에 없고, 이와 달리 이동 후

도축 시까지의 기간을 임의로 설정하여 일률적으로 원산지 표시 규정 위반 여부를 판단할 수는 없다.

[3] 피고인들이 강원도 횡성군 지역이 아닌 다른 지역에서 생산된 소를 구매하여 도축한 후 '횡성한우'로 표시하여 판매함으로써 구 농산물품질관리법(2009. 5. 8. 법률 제9667호로 개정되기 전의 것, 이하 '법'이라 한다)상 원산지 표시 규정을 위반하였다는 내용으로 기소된 사안에서, 횡성군 아닌 다른 지역에서 출생·사육된 소를 횡성군 인근의 도축업체로 이동시켜 이동 당일 그곳에서 도축하였을 뿐인데도 '횡성한우'로 표시하여 판매한 행위는 명백히 원산지 표시 규정 위반행위에 해당하나, 이와 달리 일단 도축을 위해 횡성군 지역으로 이동시켰으나 이동 당일 도축하지 않은 채 횡성군 지역 내 축산농가에서 1, 2개월 이상 사료를 먹이며 머물게 하다가 도축한 경우에는 이동 후 도축 시까지의 기간, 이동 후 해당 소에게 사료를 먹이며 머물게 한 장소의 형태와 제공된 사료의 종류와 제공방법, 체중의 변동 여부 등 구체적 사정에 대한 충분한 심리를 거쳐 그것이 단순히 도축을 위한 준비행위에 불과한지 아니면 특정 지역 사육에 해당하는지를 판단하여야 하는데도, 이에 이르지 아니한 채 횡성군 지역에서 출생·사육되지 아니한 소를 횡성군 지역으로 이동시킨 후 도축 시까지의 기간이 2개월 미만인 경우는 모두 일률적으로 도축의 준비행위 또는 단순한 보관행위에 불과하다고 보아 유죄를 인정한 원심판결에 법 제34조의2, 제17조 제1항, 제15조 제1항 및 제3항, 제2조 제6호에 대한 해석과 법률적용을 그르쳐 필요한 심리를 다하지 아니한 잘못이 있다고 한 사례.

전 문

피 고 인 피고인 1 외 10인

상 고 인 피고인 1 외 3인 및 검사

변 호 인 변호사

원심판결 춘천지법 2012. 2. 22. 선고 2011노227 판결

주 문 원심판결 중 피고인 1, 2, 9, 피고인 11 농업협동조합에 대한 부분을 파기하고, 이 부분 사건을 춘천지방법원 본원 합의부에 환송한다. 검사의 나머지 상고를 모두 기각한다.

이 유 상고이유를 판단한다.

1. 피고인 1, 2, 9, 피고인 11 농업협동조합의 상고이유에 대하여

가. (1) 구 농산물품질관리법(2009. 5. 8. 법률 제9667호로 개정되기 전의 것, 이하 '법'이라 한다) 제2조는 제1호에서 "'농산물'이라 함은 가공되지 아니한 상태의 농산물·임산물(석재 및 골재를 제외한다) 및 축산물과 기타 대통령령이 정하는 것을 말한다."고 규정하고, 제6호에서 "'원산지'라 함은 농산물이 생산 또는 채취된 국가 또는 지역을 말한다."고 규정하고 있으며, 법 제15조 제1항은 "농림수산식품부장관은 농산물의 유통질서확립 등을 위하여 필요하다고 대통령령이 정한 경우에는 농산물 및 그 가공품을 판매하거나 가공하는 자에 대하여 그 원산지를 표시하게 하여야 한다."고 규정하고, 제3항은 "제1항의 규정에 의한 원산지의 표시대상품목·표시방법·원산지 판정기준 등에 관하여 필요한 사항은 대통령령으로 정한다."고 규정하고 있다.

위와 같은 위임에 따라 구 농산물품질관리법 시행령(2009. 11. 2. 대통령령 제21805호로 개정되기 전의 것, 이하 '시행령'이라 한다) 제24조 제1항은 법 제15조 제3항에 따른 원산지의 표시방법에 관하여 제1호에서 "국산농산물 등의 경우에는 '국산'이나 '국내산' 또는 그 농산물 등을 생산한 특별시·광역시·도(이하 '시·도'라 한다)명이나 시·군·자치구(이하 '시·군·구'라 한다)명을 표시한다."고 규정하고, 시행령 제25조 제1항은 "법 제15조 제3항의 규정에 의한 국산농산물 등의 원산지의 판정기준은 다음 각 호와 같다."고 규정하면서 제1호에서 "시·도명이나 시·군·구명을 표시하는 농산물: 당해 농산물이 생산된 시·도 또는 시·군·구"라고 규정하고 있다.

한편 법 제34조의2, 제17조 제1항 제1호 및 제3호는, 법 제15조 제1항의 규정에 의하여 원산지의 표시를 하도록 한 농산물을 판매하는 자가 원산지 표시를 허위로 하거나 이를 혼동하게 할 우려가 있는 표시를 하는 행위 또는 원산지를 위장하여 판매하는 행위를 7년 이하의 징역 또는 1억 원 이하의 벌금에 처하거나

이를 병과할 수 있도록 규정하고 있고, 법 제37조는 법인의 대표자가 그 법인의 업무에 관하여 법 제34조의2의 위반행위를 한 때에는 행위자를 벌하는 외에 그 법인도 처벌하도록 규정하고 있다.

(2) 일반적으로 토지나 그에 부속된 식물 등에 고착되어 있는 형태의 농산물과 임산물의 경우 수확이나 채취 이전에 원래 장소로부터 다른 지역으로 이식되는 경우가 아닌 한 그 수확 또는 채취장소를 당해 농산물과 임산물의 원산지로 보는 데 별다른 어려움이 없으나, 이동이 가능한 가축의 고기 등과 같은 축산물과 시행령 제2조에 의하여 농산물로 인정되는 사육하는 야생동물의 고기 등과 같은 농산물의 경우에는 출생 후 다른 곳으로 이동하여 사육되거나 도축될 가능성이 있기 때문에 그 원산지를 판정함에 있어 출생, 사육 또는 도축 중 어느 요소를 어느 정도로 고려할 것인지에 따라 그 결론이 달라질 수 있다.

(3) 우선 위와 같은 관련 법령의 내용과 체제에다가 농산물의 적정한 품질관리를 통하여 농산물의 상품성을 높이고 공정한 거래를 유도함으로써 농업인의 소득증대와 소비자보호에 이바지한다는 법의 입법 목적을 종합적으로 고려하면, 국내산 쇠고기에 특정 시·도명이나 시·군·구명을 그 원산지로 표시하여 판매함에 있어 해당 소가 출생·사육·도축된 지역과 전혀 무관한 지역을 원산지로 표시하거나 출생·사육은 타 지역에서 이루어진 후 오로지 도축만을 위하여 도축지로 이동된 후 곧바로 도축되었을 뿐임에도 그 도축지를 원산지로 표시하였다면, 이는 법 제34조의2, 제17조 제1항 제1호 및 제3호에 규정된 '원산지 표시를 허위로 하거나 이를 혼동하게 할 우려가 있는 표시를 하는 행위 및 원산지를 위장하여 판매하는 행위'에 해당된다고 해석하여야 할 것이다.

한편 형벌법규는 그 문언에 따라 엄격하게 해석·적용하여야 하고 피고인에게 불리한 방향으로 지나치게 확장해석하거나 유추해석하여서는 안 되는 것이 원칙이므로(대법원 2009. 12. 10. 선고 2009도3053 판결, 대법원 2010. 4. 29. 선고 2009도13435 판결 등 참조), 국내에서 출생한 소가 그 출생지 외의 지역에서 사육되다가 도축된 경우 당해 소가 어느 정도의 기간 동안 사육되면 비로소 그 사육지 등을 원산지로 표시할 수 있는지에 관하여 관계 법령에 아무런 규정이 없다면 특정 지역에서 단기간이라도 일정 기간 사육된 소의 경우 그 쇠고기에 해당 시·도명이나 시·군·구명을 그 원산지로 표시하여 판매하였다고 하더라도 이를 곧바로 위와 같은 원산지 표시 규정 위반행위에 해당한다고 단정할 수는 없다.

그런데 이 사건 범행 당시에는 법 및 시행령에서 위와 같이 출생지 등에서 이동된 농산물의 원산지 판정기준에 대하여 아무런 규정을 두고 있지 않다가 2009. 11. 2. 대통령령 제21805호로 개정된 구 농산물품질관리법 시행령 제25조 제4항에서 "제1항 제1호에 따른 농산물이 이식·이동 등으로 원산지 판정이 어려운 경우 세부 판정기준은 농림수산식품부장관이 정하여 고시한다."는 규정을 신설하였으나, 농림수산식품부장관은 이에 관한 원산지 판정기준을 별도로 고시하지 아니하였다. 그 후 2010. 2. 4. 법률 제10022호로 '농수산물의 원산지 표시에 관한 법률'이 제정되어 그 제5조 제4항 및 같은 법 시행령 제5조 제2항의 위임에 따라 2011. 5. 26.부터 시행된 '농수산물의 원산지 표시요령'(농림수산식품부고시 제2011-45호) 제5조 [별표 3] '이식·이동 등으로 인한 세부 원산지 표시기준'의 '1. 농산물' 중 '(라) 소의 국내 이동에 따른 원산지' 부분에서 비로소 "국내에서 출생·사육·도축한 쇠고기의 원산지를 '시·도명 또는 시·군·구명'으로 표시하고자 하는 경우 해당 시·도 또는 시·군·구에서 도축일을 기준으로 12개월 이상 사육되어야 한다."는 원산지 판정기준이 마련되었다.

위와 같이 이 사건 범행 당시에는 원산지 표시 관계 법령에서 별도의 규정을 두고 있지 않았던 이상 국내산 소를 도축을 위하여 그 출생지나 사육지로부터 특정 지역으로 이동시켰으나 이동과정에서 감소된 체중 회복이나 도축시기 조정 등의 이유로 이동 당일 도축하지 않고 일정 기간 동안 그 특정 지역에서 사료 등을 먹이다가 도축한 경우, 이를 단순한 도축의 준비행위에 불과하다고 볼 것인지 아니면 사육으로 볼 것인지에 관하여는 당해 소의 종류와 연령, 건강상태, 이동 후 도축 시까지의 기간, 이동 후 해당 소에게 사료를 먹이며 머물게 한 장소의 형태와 제공된 사료의 종류와 제공방법, 체중의 변동 여부 등을 종합적으로 고려하여 개별 사안에 따라 합리적으로 판단할 수밖에 없고, 이와 달리 이동 후 도축 시까지의 기간을 임의로 설정하여 일률적으로 원산지 표시 규정 위반 여부를 판단할 수는 없다고 할 것이다.

나. 원심은, 국내산 소의 유통과정과 법의 취지와 조리 등에 비추어 특정 지역에서 최소한 2개월 이상 머문 경우에 한하여 당해 지역을 소의 사육지로 보아 원산지로 표시할 수 있다는 기준을 설정하여 피고인 11 농업협동조합의 임직원인 피고인 1, 2, 9가 강원도 횡성군 지역이 아닌 다른 지역에서 출생·사육·출하된 소를 한우중개상을 통하여 구입하여 횡성군 지역으로 이동시킨 뒤 그때부터 당해 소를 도축할 때까지의 기간이 2개월 미만인 경우에는 단순한 보관행위를 한 것으로 보고 그러한 소를 도축한 쇠고기에 대해서는 강원도 횡성군을 원산지로 표시해서는 안 된다고 전제한 다음, 위 피고인들이 횡성군 지역으로 이동 후 도축 시까지의 기간이 2개월 미만의 소를 도축한 쇠고기를 '횡성한우'로 표시하여 판매한 행위는 법이 정한 원산지 표시 규정에 위배된다고 판단하였다.

앞서 본 법리에 의하면, 원심이 유죄로 인정한 범죄사실 중 위 피고인들이 횡성군이 아닌 다른 지역에서 출생·사육된 소를 원주시 (이하 생략) 소재 도축업체인 '○○기업'으로 이동시켜 그 이동 당일 그곳에서 도축하였을 뿐임에도 그 쇠고기를 '횡성한우'로 표시하여 판매한 행위는 명백히 이 사건 원산지 표시 규정 위반행위에 해당한다고 할 것이다.

그런데 원심판결 이유에 의하면, 원심이 유죄로 인정한 범죄사실 중에는 이와 같이 횡성군 지역에서 출생 또는 사육된 바 없는 소를 '횡성한우'로 표시하여 판매한 부분 이외에도, 일단 도축을 위해 횡성군 지역으로 이동시켰으나 그 이동 당일 도축하지 않은 채 횡성군 지역 내 축산농가에서 1, 2개월 이상 사료를 먹이며 머물다가 도축된 경우도 상당수 포함되어 있음이 분명하다. 이러한 경우 원심으로서는 앞서 본 법리에 따라 이동 후 도축 시까지의 기간, 이동 후 해당 소에게 사료를 먹이며 머물게 한 장소의 형태와 제공된 사료의 종류와 제공방법, 체중의 변동 여부 등 구체적 사정에 대한 충분한 심리를 거쳐 그것이 단순히 도축을 위한 준비행위에 불과한지 아니면 그 특정 지역에서의 사육에 해당하는지를 판단하였어야 함에도 불구하고, 이에 이르지 아니한 채 횡성군 지역에서 출생·사육되지 아니한 소를 횡성군 지역으로 이동시킨 후 도축 시까지의 기간이 2개월 미만인 경우는 모두 일률적으로 도축의 준비행위 또는 단순한 보관행위에 불과하다고 판단하여 이 부분 범죄사실까지도 유죄로 판단하고 말았으니, 이러한 원심의 판단에는 법 제34조의2, 제17조 제1항, 제15조 제1항 및 제3항, 제2조 제6호에 대한 해석과 법률적용을 그르쳐 필요한 심리를 다하지 아니한 잘못이 있다고 할 것이다(원심은 또한, 당해 소의 사육지로 볼 수 있는 최소한의 체류기간이 2개월이라는 기준을 설정한 다음, 다른 지역에서 횡성군 지역으로 이동된 후 2개월 내에 도축된 소의 수를 산정하면서, 예컨대 횡성군 지역으로 소를 이동시킨 후 3개월 내지 4개월 내에 도축한 소의 수량이 430마리 정도 된다는 한우중개업자의 진술이 있는 경우 그 체류기간에 따라 도축 수량을 비례적으로 안분하는 방법을 적용함으로써 위 430마리 중 절반인 215마리가량이 2개월 내에 도축되었다고 인정하였으나, 이러한 사실인정 방식은 당해 소를 전 기간에 걸쳐 균등하게 도축하였다는 사실을 전제로 한 경우에만 타당한 것이어서 피고인들의 실제 도축 수량에 비해 현저한 오차나 괴리가 발생할 가능성이 매우 크다고 할 것이므로, 비록 원심이 그 오차를 고려하고 10마리 미만을 버리는 방식으로 2개월 내 도축 수량을 산정하였다고 하더라도, 이러한 원심의 조치는 논리와 경험칙에 위배되고 자유심증주의의 한계를 벗어난 것이어서 허용될 수 없다는 점을 덧붙여 지적하여 둔다).

따라서 위 피고인들의 나머지 상고이유에 관하여 더 나아가 판단할 필요 없이 원심판결 중 위 피고인들에 대한 각 유죄 부분에 관한 상고는 모두 이유 있다.

2. 검사의 상고이유에 대하여

가. 피고인 1, 2, 9, 피고인 11 농업협동조합에 관하여

검사의 위 피고인들에 대한 상고이유는 법이 정한 원산지 표시 규정과 관련하여 도축을 위하여 특정 지역으로 이동시킨 소에게 그 지역에서 사료를 먹이며 머문 기간이 원심이 인정한 2개월보다 더 장기간인 경우에도 원산지 표시 규정 위반행위에 해당되어야 함을 전제로 하고 있으나, 이는 앞서 본 법리에 비추어 받아들일 수 없는 주장이다. 이와 관련된 검사의 상고이유는 모두 이유 없다.

나. 나머지 피고인들에 관하여

원심판결 이유에 의하면 원심은, 피고인 11 농업협동조합의 직거래 판매팀장들인 나머지 피고인들이 그 범행에 가담하였다는 증명이 없다는 등 그 판시와 같은 이유로 나머지 피고인들에 대한 이 사건 각 공소사실에 대하여 무죄를 선고한 제1심판결을 그대로 유지하였다.

원심판결 이유를 앞서 본 법리와 기록에 비추어 살펴보면, 원심의 이유설시 중 국내에서 출생한 소가 그 출생지 또는 사육지 외의 특정 지역에서 도축된 경우 그 출생지 또는 사육지 외의 특정 지역으로의 이동 후 도축되기까지의 기간이 2개월 미만이면 그 도축지를 원산지로 표시하는 행위는 원산지 표시 규정을 위반한 것이라는 기준을 임의로 설정한 부분은 잘못이지만, 위 나머지 피고인들이 다른 피고인들의 원산지 표시 위반 등 범행에 가담하였다는 증명이 없다고 보아 무죄를 선고한 원심의 판단과 결론이 정당한 이상 원심의 위와 같은 잘못은 판결 결과에 영향을 미치지 아니하였고, 거기에 상고이유 주장과 같이 논리와 경험칙을 위반하여 자유심증주의의 한계를 벗어난 위법이 있다고 할 수 없다.

3. 파기의 범위

앞서 본 바와 같이, 원심판결 중 피고인 1, 2, 9, 피고인 11 농업협동조합에 대한 각 유죄 부분은 위법하므로 파기를 면할 수 없고, 위 피고인들에 대한 이 사건 공소사실 중 원심이 각 이유 무죄로 판단한 부분은 유죄로 인정된 위 각 공소사실과 각각 포괄일죄의 관계에 있으므로, 원심판결 중 위 피고인들에 대한 부분은 그 전부를 파기하여야 한다.

4. 결론

그러므로 원심판결 중 피고인 1, 2, 9, 피고인 11 농업협동조합에 대한 부분을 각 파기하고, 이 부분 사건을 다시 심리·판단하게 하기 위하여 원심법원에 환송하며, 검사의 나머지 피고인들에 대한 상고를 모두 기각하기로 하여, 관여 대법관의 일치된 의견으로 주문과 같이 판결한다.

대법관 민일영(재판장) 이인복 박보영(주심) 김신

대법원 2012.10.11. 선고 2012도6848,2012전도143 판결

【성폭력범죄의처벌등에관한특례법위반(특수강간)[피고인1에대하여인정된죄명:아동·청소년의성보호에관한법률위반(강간등)·피고인2에대하여일부인정된죄명:아동·청소년의성보호에관한법률위반(강간등)방조]·위증·부착명령】

판시사항

소송절차가 분리된 공범인 공동피고인이 증언거부권을 고지받은 상태에서 자기의 범죄사실에 대하여 허위로 진술한 경우, 위증죄가 성립하는지 여부(적극)

전 문

피고인 겸 피부착명령청구자 피고인 1 외 2인

상 고 인 피고인 겸 피부착명령청구자들 및 검사(피고인 2에 대하여)

변 호 인 변호사

원심판결 서울고법 2012. 5. 24. 선고 2011노3470, 2012노852, 2011전노464 판결

주 문 원심판결 중 피고인 2에 대한 부분을 파기하고 이 부분 사건을 서울고등법원에 환송한다. 피고인 1, 3의 상고를 모두 기각한다.

이 유 상고이유에 대하여 판단한다.

1. 검사의 상고이유에 대하여

가. 위증의 점

(1) 헌법 제12조 제2항은 '모든 국민은 형사상 자기에게 불리한 진술을 강요당하지 아니한다'고 규정하고 있고 형사소송법 제283조의2 제1항도 "피고인은 진술하지 아니하거나 개개의 질문에 대하여 진술을 거부할 수 있다."고 규정하고 있으므로, 공범인 공동피고인은 당해 소송절차에서는 피고인의 지위에 있어 다른 공동피고인에 대한 공소사실에 관하여 증인이 될 수 없으나, 소송절차가 분리되어 피고인의 지위에서 벗어나게 되면 다른 공동피고인에 대한 공소사실에 관하여 증인이 될 수 있다(대법원 2008. 6. 26. 선고 2008도3300 판결 등 참조).

한편 형사소송법 제148조는 피고인의 자기부죄거부특권을 보장하기 위하여 자기가 유죄판결을 받을 사실이 발로될 염려 있는 증언을 거부할 수 있는 권리를 인정하고 있고, 그와 같은 증언거부권 보장을 위하여 형사소송법 제160조는 재판장이 신문 전에 증언거부권을 고지하여야 한다고 규정하고 있으므로, 소송절차가 분리된 공범인 공동피고인에 대하여 증인적격을 인정하고 그 자신의 범죄사실에 대하여 신문한다 하더라도 피고인으로서의 진술거부권 내지 자기부죄거부특권을 침해한다고 할 수 없다.

따라서 증인신문절차에서 형사소송법 제160조에 정해진 증언거부권이 고지되었음에도 불구하고 위 피고인이 자기의 범죄사실에 대하여 증언거부권을 행사하지 아니한 채 허위로 진술하였다면 위증죄가 성립된다고 할 것이다.

(2) 기록에 의하면, 피고인들이 합동하여 성폭력범죄의 처벌 등에 관한 특례법 위반(특수강간)죄 등을 범하였다는 범죄사실로 공소가 제기된 이 사건 제1심(인천지방법원 2011고합475, 2011전고99)의 제2회 공판기일에서 검사가 피고인 2를 피고인 1, 3의 공소사실에 대한 증인으로 신청하여 재판부가 이를 채택한 사실, 위 법원은 제3회 공판기일에서 피고인 2에 대한 피고사건을 다른 공동피고인에 대한 피고사건으로부터 소송절차를 분리한다는 결정을 고지한 뒤 피고인 2를 증인으로 신문한 사실, 그 증인신문 전에 재판장은 피고인 2에 대하여 증언거부권이 있음을 고지하였음에도 피고인 2는 증인으로서 선서한 뒤 자기의 범죄사실에 관한 검사의 질문에 대하여 증언거부권을 행사하지 아니하고 허위의 내용을 진술한 사실을 알 수 있다. 그렇다면 비록 원심이 드는 판시 사정에서 알 수 있는 바와 같이 피고인 2가 수사기관 이래 위 증인신문에 이르기까지 줄곧 자신의 범행을 부인하고 있어서 검사의 입증 취지에 부합하는 증언의 가능성은 거의 없었던 반면에 오히려 그 반대 취지의 증언만이 예상되는 상황이었고, 따라서 위 피고인의 증언이 피고인 1, 3에 대한 공소사실을 증명하는 데는 아무런 도움이 되지 않은 채 단지 피고인 2에 대하여만 그의 부인에도 불구하고 공소사실이

유죄로 인정될 경우 위증죄의 처벌이 가중되는 데 그칠 뿐이어서 위 피고인에 대한 증인채택 및 신문의 필요가 없거나 나아가 부적절하다고 볼 여지가 있었다고 하더라도, 일단 피고인 2에 대한 증인신청이 채택되어 피고사건이 나머지 공동피고인에 대한 피고사건으로부터 분리된 상태에서 적법하게 증언거부권이 고지된 다음 피고인 2에 대한 증인신문절차가 진행되었고 그 증인신문절차에서 피고인 2가 진술거부권을 행사하지 아니한 채 사실에 반하는 허위의 진술을 하였다면 위증죄를 구성한다고 볼 수밖에 없고, 이와 관련하여 위 피고인에게 적법행위에 대한 기대가능성이 없었다고 볼 수도 없다.

그럼에도 원심은, 공범인 공동피고인을 다른 피고인들의 공소사실에 대한 증인으로 신문하게 되면 피고인에게 자신에게 불리한 진술을 강요할 우려가 있으므로 위 피고인의 증인적격 자체를 부인하여야 한다고 전제한 다음, 피고인 2는 공범관계에 있는 피고인 1, 3에 대한 공소사실에 관하여 증인적격이 없고, 따라서 피고인 2가 이들에 대한 피고사건에서 증언하면서 허위의 진술을 하였더라도 위증죄가 성립되지 아니한다고 보아 피고인 2에 대한 이 사건 공소사실 중 위증의 점에 대하여 무죄를 선고하였는바, 이러한 원심의 판단에는 공동피고인의 증인적격에 관한 법리 내지 위증죄의 주체에 관한 법리를 오해하여 판결에 영향을 미친 위법이 있다고 할 것이다. 이 점을 지적하는 검사의 상고이유 주장은 이유 있다.

나. 나머지 무죄 부분에 대하여

검사는 원심판결 중 피고인 2의 나머지 무죄 부분에 대하여도 상고하였으나, 상고장에 이유의 기재가 없고 상고이유서에도 이에 대한 불복이유의 기재를 찾아볼 수 없다.

2. 피고인들의 상고이유에 대하여

원심판결 이유를 원심이 유지한 제1심이 적법하게 채택한 증거들에 비추어 살펴보면, 원심이 그 판시와 같은 이유를 들어 피고인 1의 아동·청소년의 성보호에 관한 법률 위반(강간등)죄, 피고인 2, 3의 성폭력범죄의 처벌 등에 관한 특례법 위반(특수강간)죄와 피고인 2의 아동·청소년의 성보호에 관한 법률 위반(강간등) 방조죄 부분의 공소사실이 인정된다고 판단한 것은 정당하고, 거기에 논리와 경험의 법칙에 위배하거나 자유심증주의의 한계를 벗어난 위법이 없다.

3. 파기의 범위

원심판결의 피고인 2에 대한 부분 중 원심이 무죄로 판단한 위증의 점은 앞서 본 바와 같이 파기되어야 할 것인데, 원심은 이와 각 형법 제37조 전단의 경합범 관계에 있는 피고인 3과의 합동에 의한 성폭력범죄의 처벌 등에 관한 특례법 위반(특수강간)의 점 및 아동·청소년의 성보호에 관한 법률 위반(강간등) 방조의 점을 유죄로 인정하여 하나의 형을 선고하였고, 피고인 1, 3과의 합동에 의한 성폭력범죄의 처벌 등에 관한 특례법 위반(특수강간)의 점에 관한 공소사실 중 위와 같이 유죄로 인정한 아동·청소년의 성보호에 관한 법률 위반(강간등) 방조의 점을 제외한 나머지 점에 대하여는 그 이유에서 무죄로 인정하였다.

이에 대하여 피고인 2가 상고하였고 검사도 원심판결 중 피고인 2의 무죄 부분에 대하여 상고한 이상 원심판결 중 피고인 2에 대한 부분은 전부 확정이 차단되어 상고심에 이심되는 것이고, 유죄 부분에 대한 피고인 2의 상고를 받아들이지 않더라도 무죄 부분 중 위증의 점에 대한 검사의 상고를 받아들일 때에는 피고인 2에게 하나의 형이 선고되어야 하는 관계로 무죄 부분뿐 아니라 유죄 부분도 함께 파기되어야 한다(대법원 2002. 6. 20. 선고 2002도807 전원합의체 판결 등 참조). 나아가 원심이 이유에서 무죄로 판단한 피고인 1, 3과의 합동에 의한 성폭력범죄의 처벌 등에 관한 특례법 위반(특수강간) 부분도 유죄로 인정된 아동·청소년의 성보호에 관한 법률 위반(강간등) 방조죄와 일죄의 관계에 있어 함께 파기되어야 하고, 주 사건인 피고사건을 파기하는 이상 그와 함께 심리되어 동시에 판결이 선고되어야 하는 부착명령사건 역시 파기될 수밖에 없으므로, 결국 원심판결 중 피고인 2에 대한 부분은 그 전부가 파기되어야 한다.

4. 결론

그러므로 원심판결 중 피고인 2에 대한 부분을 파기하여 이 부분 사건을 원심법원에 환송하고, 피고인 1, 3의 상고는 모두 기각하기로 하여 관여 대법관의 일치된 의견으로 주문과 같이 판결한다.

대법관 김신(재판장) 민일영 이인복(주심) 박보영

대법원 2012.10.11. 선고 2012도1895 판결

【폭력행위등처벌에관한법률위반(공동폭행)·업무방해】

판시사항

[1] 상상적 경합과 법조경합의 구별 기준 및 법조경합의 한 형태인 흡수관계에 속하는 이른바 '불가벌적 수반행위'의 의미

[2] 동일한 피해자에 대한 폭행행위가 업무방해죄의 수단이 된 경우, 폭행행위가 이른바 '불가벌적 수반행위'에 해당하여 업무방해죄에 대하여 흡수관계에 있는지 여부(소극)

판결요지

[1] 상상적 경합은 1개의 행위가 실질적으로 수개의 구성요건을 충족하는 경우를 말하고, 법조경합은 1개의 행위가 외관상 수개의 죄의 구성요건에 해당하는 것처럼 보이나 실질적으로 1죄만을 구성하는 경우를 말하며, 실질적으로 1죄인가 또는 수죄인가는 구성요건적 평가와 보호법익의 측면에서 고찰하여 판단하여야 한다. 그리고 이른바 '불가벌적 수반행위'란 법조경합의 한 형태인 흡수관계에 속하는 것으로서, 행위자가 특정한 죄를 범하면 비록 논리 필연적인 것은 아니지만 일반적·전형적으로 다른 구성요건을 충족하고 이때 그 구성요건의 불법이나 책임 내용이 주된 범죄에 비하여 경미하기 때문에 처벌이 별도로 고려되지 않는 경우를 말한다.

[2] 업무방해죄와 폭행죄는 구성요건과 보호법익을 달리하고 있고, 업무방해죄의 성립에 일반적·전형적으로 사람에 대한 폭행행위를 수반하는 것은 아니며, 폭행행위가 업무방해죄에 비하여 별도로 고려되지 않을 만큼 경미한 것이라고 할 수도 없으므로, 설령 피해자에 대한 폭행행위가 동일한 피해자에 대한 업무방해죄의 수단이 되었다고 하더라도 그러한 폭행행위가 이른바 '불가벌적 수반행위'에 해당하여 업무방해죄에 대하여 흡수관계에 있다고 볼 수는 없다.

전　문

피 고 인 피고인 1 외 4인

상 고 인 검사

원심판결 수원지법 2012. 1. 12. 선고 2011노5092 판결

주　문 원심판결을 파기하고, 사건을 수원지방법원 본원 합의부에 환송한다.

이　유 상고이유를 판단한다.

1. 상상적 경합은 1개의 행위가 실질적으로 수개의 구성요건을 충족하는 경우를 말하고, 법조경합은 1개의 행위가 외관상 수개의 죄의 구성요건에 해당하는 것처럼 보이나 실질적으로 1죄만을 구성하는 경우를 말하며, 실질적으로 1죄인가 또는 수죄인가는 구성요건적 평가와 보호법익의 측면에서 고찰하여 판단하여야 한다(대법원 2003. 4. 8. 선고 2002도6033 판결, 대법원 2012. 8. 30. 선고 2012도6503 판결 등 참조). 그리고 이른바 '불가벌적 수반행위'란 법조경합의 한 형태인 흡수관계에 속하는 것으로서, 행위자가 특정한 죄를 범하면 비록 논리 필연적인 것은 아니지만 일반적·전형적으로 다른 구성요건을 충족하고 이때 그 구성요건의 불법이나 책임의 내용이 주된 범죄에 비하여 경미하기 때문에 처벌이 별도로 고려되지 않는 경우를 말한다.

   업무방해죄와 폭행죄는 그 구성요건과 보호법익을 달리하고 있고, 업무방해죄의 성립에 일반적·전형적으로 사람에 대한 폭행행위를 수반하는 것은 아니며, 폭행행위가 업무방해죄에 비하여 별도로 고려되지 않을 만큼 경미한 것이라고 할 수도 없으므로, 설령 피해자에 대한 폭행행위가 동일한 피해자에 대한 업무방해죄의 수단이 되었다고 하더라도 그러한 폭행행위가 이른바 '불가벌적 수반행위'에 해당하여 업무방해죄에 대하여 흡수관계에 있다고 볼 수는 없다.

2. 가. 원심은, 피고인들이 피해자 1, 2의 택시운행을 방해하는 과정에서 이 부분 공소사실 기재와 같이 피해자들에

대한 폭행행위가 있었고, 이는 업무방해죄의 행위 태양인 '위력으로써 업무를 방해하는 행위'의 일부를 구성하는 것으로서 업무방해죄에 흡수되므로 업무방해죄 1죄만이 성립할 뿐 별도로 폭력행위 등 처벌에 관한 법률 위반(공동폭행)죄가 성립하지 않는다는 등 그 판시와 같은 이유를 들어 피고인들에 대한 이 사건 공소사실 중 폭력행위 등 처벌에 관한 법률 위반(공동폭행)의 점을 무죄로 판단한 제1심판결을 그대로 유지하였다.

나. 그러나 원심판결 이유를 앞서 본 법리에 비추어 살펴보면, 피고인들이 피해자들의 택시 운행업무를 방해하기 위하여 이루어진 폭행행위가 피해자들에 대한 업무방해죄의 수단이 되었다 하더라도 그와 같은 폭행행위가 업무방해죄의 성립에 일반적·전형적으로 수반되는 것이 아닐 뿐 아니라 그 폭행행위가 업무방해죄에 비하여 별도로 고려되지 않을 만큼 경미한 것이라고 할 수도 없으므로, 피고인들의 폭행행위가 업무방해죄에 흡수되어 별도의 범죄를 구성하지 않는다고 할 수는 없다.

한편 원심이 적법하게 채택한 증거들에 의하면, 피고인들이 공동폭행의 방법으로 피해자들의 택시 운행업무를 방해한 사실은 있으나 그 외의 방법으로 택시 운행업무를 방해한 사정은 보이지 아니하므로, 피고인들의 공동폭행이라는 1개의 행위가 폭력행위 등 처벌에 관한 법률 위반(공동폭행)죄와 업무방해죄의 구성요건을 충족하는 경우에 해당한다 할 것이어서 양죄는 상상적 경합의 관계에 있다고 보아야 할 것이다.

그럼에도 이와 달리 양죄를 흡수관계에 있다고 보아 피고인들의 폭력행위 등 처벌에 관한 법률 위반(공동폭행)의 점에 관한 공소사실을 무죄로 본 원심의 판단에는 업무방해죄와 폭력행위 등 처벌에 관한 법률 위반(공동폭행)죄의 죄수에 관한 법리를 오해하여 법률 적용을 그르친 잘못이 있다. 이 점을 지적하는 상고이유의 주장은 이유 있다.

다. 따라서 원심판결 중 피고인들에 대한 폭력행위 등 처벌에 관한 법률 위반(공동폭행)죄 및 이와 상상적 경합범의 관계에 있는 업무방해죄 부분은 파기되어야 하므로 피고인 4에 대한 부분은 그 전부가 파기되어야 하고, 한편 원심은 피고인 1, 2, 3, 5에 대한 업무방해죄를 위 피고인들에 대한 나머지 죄와 형법 제37조 전단의 경합범으로 처단하여 하나의 형을 선고하였으므로 원심판결 중 위 피고인들에 대한 부분도 그 전부가 파기되어야 한다.

3. 그러므로 원심판결을 파기하고, 사건을 다시 심리·판단하게 하기 위하여 원심법원에 환송하기로 하여 관여 대법관의 일치된 의견으로 주문과 같이 판결한다.

대법관 이상훈(재판장) 신영철(주심) 김용덕

대법원 2012.9.27. 선고 2012도4637 판결

【지방교육자치에관한법률위반】

판시사항

1 공직선거법 제232조 제1항 제2호가 죄형법정주의의 명확성 원칙에 위배되는지 여부(소극)

2 공직선거법 제232조 제1항 제2호가 과잉금지원칙에 위배되는지 여부(소극)

3 공직선거법 제232조 제1항 제2호가 책임과 형벌의 비례원칙 등에 위배되는지 여부(소극)

4 입법자가 선거범죄의 공소시효에 관한 공직선거법 제268조 제1항을 둔 것이 합리적 근거 없는 자의적인 입법재량권의 행사인지 여부(소극)

5 선거범죄의 공소시효를 규정한 공직선거법 제268조 제1항 본문 괄호 부분의 '선거일 후에 행하여진 범죄'의 의미(=선거일 후에 행하여진 일체의 선거범죄)

6 공직선거법 제232조 제1항 제2호 위반죄가 '목적범'에 해당하는지 여부(적극)

7 공직선거법 제232조 제1항 제2호 위반죄가 성립하기 위하여 이익제공에 관한 사전합의가 이루어지거나 이익제공 등 행위가 당해 선거의 투표 종료 이전에 이루어져야 하는지 여부(소극)

8 공직선거법 제232조 제1항 제2호 위반죄에서 행위자에게 후보자를 사퇴한 데 대한 대가를 지급하거나 받을 목적이 있었다는 점에 대한 증명책임 소재(=검사) 및 행위자에게 위와 같은 목적이 있었는지 판단하는 방법

9 피고인 갑이 2010. 6. 2. 실시된 서울특별시 교육감 선거 후보단일화 합의와 관련하여 후보자를 사퇴한 데 대한 대가 목적으로 피고인 을로부터 돈을 제공받고, 피고인 을은 피고인 갑에게 위 돈을 제공하였다고 하여 '지방교육자치에 관한 법률' 위반으로 기소된 사안에서, 제반 사정을 종합할 때 피고인 갑과 피고인 을은, 피고인 갑이 후보자를 사퇴한 데 대한 대가, 즉 그 보수 또는 보상을 받거나 지급할 목적으로 돈을 수수하거나 제공하였다고 한 사례

판결요지

1 공직선거법 제232조 제1항 제2호의 경우, 그 의미와 내용을 명확하게 파악할 수 있는 합리적 해석기준을 어렵지 않게 도출할 수 있고, 처벌 대상을 후보자를 사퇴한 데 대한 대가를 목적으로 '후보자이었던 사람에게 재산상의 이익이나 공사의 직을 제공하는 행위' 및 '후보자이었던 사람이 이를 수수하는 행위'에 한정하고 있으므로, 건전한 상식과 통상적인 법감정을 가진 일반인이라면 위 규정의 적용대상자와 구체적으로 금지되는 행위의 내용을 충분히 알고 이에 비추어 자신의 행위를 결정할 수 있으며, 나아가 법을 해석·집행하는 기관이 위 규정을 자의적으로 해석하거나 집행할 우려가 있다고 보기도 어렵다. 따라서 위 규정이 죄형법정주의의 명확성 원칙 등에 위배된다고 볼 수 없다.

2 (가) 공직선거법이 후보자가 된 것을 사퇴하기 전에 이루어지는 사전 이익제공·수수 등의 행위(제232조 제1항 제1호)뿐만 아니라 후보자를 사퇴한 후 그에 대한 대가를 목적으로 이루어지는 사후 이익제공·수수 등의 행위(같은 항 제2호)도 처벌하는 것은, 선거에 관한 정치·사회·문화·경제적 여건과 현실, 과거의 선거문화와 풍토, 선거의 공정성 확보와 선거부정 방지에 대한 국민의 기대와 신뢰 등 제반 사정을 고려할 때, 공직선거법 제232조 제1항 제1호의 사전 이익제공·수수행위 못지않게 같은 항 제2호의 사후 이익제공·수수행위 또한 피선거권 행사의 자유·공정과 불가매수성을 훼손하는 중대한 선거부정행위로서 엄중하게 처벌할 필요성이 있다는 입법자의 결단에 따른 조치라 할 것이고, 따라서 그 목적의 정당성이 인정된다. (나) 선거의 공정성 보장과 선거부정 방지라는 공직선거법의 입법 목적은 계속성을 가지는 제도로서 선거를 전제

로 파악하여 이를 실현하여야 하고, 특정한 개별 선거에 국한하여 추구할 것이 아니다. 따라서 공직선거법 제232조 제1항 제2호의 행위가 후보자 사퇴 또는 선거일 후에 행하여짐에 따라 설령 사퇴행위 또는 당해 선거 결과에는 직접적인 영향을 미치지 아니하였다고 하더라도, 선거제도라는 관점에서 보면 위 행위는 엄연히 선거의 공정과 피선거권 행사의 불가매수성을 훼손하는 선거부정에 해당하므로, 이를 처벌하는 것은 위 규정의 입법 목적을 달성하는 데 적합하고 효과적인 수단이 된다. (다) 공직선거법 제232조 제1항 제2호는 후보자이었던 사람이 후보자를 사퇴한 후 그에 대하여 이루어지는 모든 이익제공·수수행위를 금지하고 처벌하는 것이 아니라, 후보자를 사퇴한 데 대한 '대가를 목적으로' 후보자이었던 사람에게 이익 등을 제공하는 행위와 후보자이었던 사람이 위와 같은 이익 등을 수수하는 행위에 한하여 이를 처벌한다. 이처럼 위 규정에 의한 이익 등의 제공·수수행위 제한은 전면적 금지가 아니라 입법 목적 달성에 필요한 범위 내에서 부분적 금지에 그치고 있어, 이로써 후보자이었던 사람과 관련된 정치적·경제적 행동의 자유가 무의미해진다거나 형해화될 정도에 이른다고 볼 수는 없다. (라) 공직선거법 제232조 제1항 제2호에 의하여 보호되는 피선거권 행사의 자유·공정과 불가매수성 등의 가치는 선거의 공정성 확보와 선거부정 방지를 통한 민주정치의 발전이라는 공공의 이익에 있어 중요한 의미를 지닌다. 그리고 위 규정에 의한 정치적·경제적 행동의 자유 제한은 입법 목적 달성에 필요한 범위에 한정되어, 위 규정이 행동의 자유에 관한 기본권의 본질적 내용을 침해한다고 볼 수 없다. (마) 그러므로 공직선거법 제232조 제1항 제2호는 과잉금지원칙에 위배되지 않는다.

3 공직선거법 제232조 제1항 제2호가 후보자를 사퇴한 데 대한 대가를 목적으로 이루어지는 사후 이익제공·수수 등의 행위에 대하여 같은 항 제1호의 사전 이익제공·수수 등의 행위와 마찬가지로 '7년 이하의 징역 또는 500만 원 이상 3천만 원 이하의 벌금'이라는 법정형을 정한 것은, 입법자가 범죄의 죄질과 보호법익의 성격, 역사적·문화적 배경, 입법 당시의 시대적 상황, 국민의 가치관 또는 법감정, 그리고 범죄의 실태와 예방을 위한 형사정책적 측면 등 여러 요소를 종합적으로 고려하여 같은 항 제1호의 사전 이익제공·수수 등의 행위 못지않게 같은 항 제2호의 사후 이익제공·수수 등의 행위 또한 중대한 선거부정행위로서 엄중하게 처벌할 필요성이 있다는 결단을 내린 데 따른 조치라고 할 것이다. 그리고 공직선거법 제232조 제1항 제2호의 법정형은 상당한 재량의 범위를 인정하고 있어, 법관은 위 규정이 적용되는 구체적 사건에서 여러 가지 양형 조건을 참작하여 합리적이고 적정한 양형을 할 수 있으며, 나아가 벌금형의 선고유예를 할 수 있는 여지도 남아 있다. 위와 같은 사정을 종합하면, 공직선거법 제232조 제1항 제2호에서 정한 법정형이 형벌 체계상의 균형을 현저히 잃고 있다거나 형벌 본래의 목적과 기능을 달성함에 있어 필요한 정도를 일탈함으로써 헌법상 평등의 원칙 및 비례의 원칙 등에 위배된다고 볼 수 없다.

4 공직선거법 제268조 제1항 본문은 선거범죄의 공소시효에 관하여, 선거일 전의 범죄에 대해서는 법적 안정성을 우선적으로 고려하여 개별적인 범죄 일시와 관계없이 일률적으로 '당해 선거일 후 6월'로 규정하면서도 선거일 후의 범죄에 대해서는 '그 행위가 있는 날부터 6월'로 규정하고 있는데, 이는 입법자가 선거의 공정성을 보장하고 선거부정을 방지하기 위하여 선거일 후의 선거범죄에 대하여도 선거일 전의 선거범죄와 마찬가지로 실효성 있는 단속과 처벌을 유지하고자 내린 결단이라고 할 것이므로, 위 규정을 둔 것을 가지고 합리적 근거 없는 자의적인 입법재량권의 행사라고 볼 수 없다.

5 선거범죄의 공소시효를 규정한 공직선거법 제268조 제1항 본문의 문언과 입법 취지 등에 비추어 볼 때, 괄호 부분의 '선거일 후에 행하여진 범죄'는 선거일 후에 행하여진 일체의 선거범죄를 말한다.

6 공직선거법 제232조 제1항 제2호가 후보자를 사퇴한 데 대한 '대가를 목적으로'라고 명시적으로 규정하고 있는 점, 입법 연혁적으로 위 규정에 상응하는 구 민의원선거법(1960. 6. 23. 법률 제551호 국회의원선거법 부칙 제7조로 폐지) 제154항 제1항 제2호, 구 국회의원선거법(1963. 1. 16. 법률 제

1256호로 폐지되기 전의 것) 제142조 제1항 제2호 등의 해당 부분이 '후보자가 되려는 것을 중지하였거나 후보자를 사퇴한 것의 보수로 할 것을 목적으로'라고 규정하였던 점 등에 비추어 보면, 공직선거법 제232조 제1항 제2호의 죄는 범죄성립을 위한 초과주관적 위법요소로서 고의 외에 별도로 '후보자를 사퇴한 데 대한 대가를 지급할 목적' 또는 '후보자를 사퇴한 데 대한 대가를 받을 목적'을 요구하는 이른바 목적범에 해당한다.

7 공직선거법 제232조 제1항 제2호의 죄는 후보자를 사퇴한 데 대한 대가를 목적으로 후보자이었던 사람에게 재산상의 이익 등을 제공하거나 후보자이었던 사람이 위와 같은 재산상의 이익 등을 수수함으로써 성립하고, 그 밖에 후보자 사퇴가 있기 전에 제공자와 수수자 사이에 재산상의 이익제공에 관한 사전합의가 이루어지거나 위와 같은 이익제공 등의 행위가 당해 선거의 투표 종료 이전에 행해져야만 위 범죄가 성립하는 것은 아니다.

8 형사재판에서 공소가 제기된 범죄의 구성요건을 이루는 사실에 대한 증명책임은 검사에게 있으므로, 공직선거법 제232조 제1항 제2호의 죄에서 행위자에게 후보자를 사퇴한 데 대한 대가를 지급하거나 받을 목적이 있었다는 점은 검사가 증명하여야 하고, 재산상의 이익 등 제공자가 후보자를 사퇴한 사람에게 이를 제공한다는 점을 인식하거나, 후보자이었던 사람이 위와 같은 재산상의 이익 등을 제공받는다는 점을 인식하고 행위를 하였다는 사실만으로 행위자에게 후보자를 사퇴한 데 대한 대가를 지급할 목적 또는 그 대가를 받을 목적이 있었다고 추정하여서는 아니 된다. 이때 행위자에게 위와 같은 목적이 있었는지는 재산상의 이익 등 제공자와 사퇴한 후보자와 관계, 후보자 사퇴가 재산상의 이익 등 제공자에게 미친 영향, 행위자가 재산상의 이익 등을 제공하거나 수수한 동기, 경위 및 과정, 수단과 방법, 재산상의 이익 등 내용과 가치 등 당해 제공·수수행위에 관한 여러 사정을 종합하여 사회통념에 비추어 합리적으로 판단하여야 한다.

9 피고인 갑이 2010. 6. 2. 실시된 서울특별시 교육감 선거 후보단일화 합의와 관련하여 후보자를 사퇴한 데 대한 대가 목적으로 피고인 을로부터 돈을 제공받고, 피고인 을은 피고인 갑에게 위 돈을 제공하였다고 하여 '지방교육자치에 관한 법률' 위반으로 기소된 사안에서, 피고인 갑과 피고인 을의 관계, 피고인 갑의 후보자 사퇴가 피고인 을의 당선 등에 미친 영향, 피고인 갑과 피고인 을이 돈을 수수하거나 제공한 동기, 경위 및 과정, 수단과 방법, 재산상의 이익 등 내용과 가치 등에 관한 여러 사정을 종합할 때 피고인 갑과 피고인 을은, 피고인 갑이 후보자를 사퇴한 데 대한 대가, 즉 그 보수 또는 보상을 받거나 지급할 목적으로 돈을 수수하거나 제공하였다고 한 사례.

전 문

피 고 인 피고인 1 외 2인

상 고 인 피고인들 및 검사

변 호 인 변호사

원심판결 서울고법 2012. 4. 17. 선고 2012노248 판결

주 문 원심판결 중 피고인 3에 대한 부분을 파기하고, 이 부분 사건을 서울고등법원에 환송한다. 피고인 1, 2의 상고와 검사의 피고인 1, 2에 대한 상고를 모두 기각한다.

이 유 상고이유(상고이유서 제출기간이 경과한 후에 제출된 상고이유보충서들의 기재는 상고이유를 보충하는 범위 내에서)를 판단한다.

1. 피고인 2의 공직선거법 제232조 제1항 제2호의 위헌성에 관한 상고이유에 대하여

가. 죄형법정주의의 명확성 원칙 등의 위배 여부

헌법 제12조 및 제13조를 통하여 보장되고 있는 죄형법정주의의 원칙은 범죄와 형벌이 법률로 정하여져야 함을 의미하며, 이러한 죄형법정주의에서 파생되는 명확성 원칙은 법률에서 처벌하고자 하는 행위가 무엇이며 그에 대한 형벌이 어떠한 것인지를 누구나 예견할 수 있고, 그에 따라 자신의 행위를 결정할 수 있도록 구성요건을 명확하게 규정하여야 한다는 것을 의미한다. 그러나 처벌법규의 구성요건이 명확하여야 한다고 하

더라도 입법자가 모든 구성요건을 단순한 의미의 서술적 개념으로 규정하여야 한다는 것은 아니다. 처벌법규의 구성요건이 다소 광범위하여 어떤 범위에서는 법관의 보충적인 해석이 필요한 개념을 사용하였다고 하더라도 그 점만으로 헌법이 요구하는 처벌법규의 명확성 원칙에 반드시 배치되는 것이라고 볼 수 없다. 즉 건전한 상식과 통상적인 법감정을 가진 사람으로 하여금 그 적용대상자가 누구이며 구체적으로 어떠한 행위가 금지되고 있는지 충분히 알 수 있도록 규정되어 있다면 죄형법정주의의 명확성 원칙에 위배되지 않는다고 보아야 한다(헌법재판소 2004. 1. 29. 선고 2002헌가20, 21 전원재판부 결정, 헌법재판소 2010. 9. 30. 선고 2009헌바201 전원재판부 결정, 헌법재판소 2011. 6. 30. 선고 2009헌바199 전원재판부 결정 등 참조).

그리고 법규범이 명확한지 아닌지는 그 법규범이 수범자에게 법규의 의미내용을 알 수 있도록 공정한 고지를 하여 예측가능성을 주고 있는지, 그리고 그 법규범이 법을 해석·집행하는 기관에 충분한 의미내용을 규율하여 자의적인 법해석이나 법집행이 배제되는지 여부, 다시 말하면 예측가능성 및 자의적 법해석·법집행 배제의 확보 여부에 따라 이를 판단할 수 있다. 이때 법규범의 의미내용은 그 문언뿐만 아니라 입법 목적이나 입법 취지, 입법 연혁, 그리고 법규범의 체계적 구조 등을 종합적으로 고려하는 해석방법에 따라 구체화하게 되므로, 결국 법규범이 명확성 원칙에 위배되는지 아닌지는 위와 같은 해석방법에 따라 그 의미내용을 합리적으로 파악할 수 있는 해석기준을 얻을 수 있는지 여부에 달려 있다(대법원 2006. 5. 11. 선고 2006도920 판결, 헌법재판소 2005. 6. 30. 선고 2002헌바83 전원재판부 결정, 헌법재판소 2009. 3. 26. 선고 2007헌바72 전원재판부 결정 등 참조).

공직선거법 제232조 제1항 제2호(지방교육자치에 관한 법률 제49조 제1항에 의하여 이 사건에 적용된다. 이하 같다)는 "후보자가 되고자 하는 것을 중지하거나 후보자를 사퇴한 데 대한 대가를 목적으로 후보자가 되고자 하였던 자나 후보자이었던 자에게 제230조 제1항 제1호에 규정된 행위를 한 자 또는 그 이익이나 직의 제공을 받거나 제공의 의사표시를 승낙한 자"를 7년 이하의 징역 또는 500만 원 이상 3천만 원 이하의 벌금에 처하도록 규정하고 있고, 이 조항이 인용하는 같은 법 제230조 제1항 제1호(2012. 2. 29. 법률 제11374호로 개정되기 전의 법률 규정을 말한다. 이하 같다)는 "투표를 하게 하거나 하지 아니하게 하거나 당선되거나 되게 하거나 되지 못하게 할 목적으로 선거인 또는 다른 정당이나 후보자의 선거사무장·선거연락소장·선거사무원·회계책임자·연설원 또는 참관인에게 금전·물품·차마·향응 그 밖에 재산상의 이익이나 공사의 직을 제공하거나 그 제공의 의사를 표시하거나 그 제공을 약속한 자"를 처벌 대상으로 규정하고 있다.

이와 같은 공직선거법 제232조 제1항 제2호의 문언 내용, 관련 규정과의 체계, '대가'라는 개념의 통상적 의미와 용법, 국민의 자유로운 의사와 민주적인 절차에 의하여 공직선거가 공정히 행하여지도록 하고 선거와 관련한 부정을 방지함으로써 민주정치의 발전에 기여하고자 하는 공직선거법의 입법 목적(제1조) 등을 종합하면, 위 조항은 후보자를 사퇴(후보자가 되고자 하는 것을 중지한 경우를 포함한다. 이하 같다)한 데 대한 보수 또는 보상을 목적으로, 후보자이었던 사람(후보자가 되고자 하였던 사람을 포함한다. 이하 같다)에게 금전·물품 등의 재산상의 이익이나 공사의 직을 제공(그 제공의 의사를 표시하거나 그 제공을 약속하는 경우를 포함한다. 이하 같다)하는 행위와 후보자이었던 사람이 위와 같은 이익이나 직의 제공을 수수(제공의 의사표시를 승낙하는 경우를 포함한다. 이하 같다)하는 행위를 처벌 대상으로 규정한 것이라고 해석된다.

이처럼 이 사건 공소사실에 적용될 법률 조항인 공직선거법 제232조 제1항 제2호의 경우, 그 의미와 내용을 명확하게 파악할 수 있는 합리적 해석기준을 어렵지 않게 도출할 수 있고, 그 처벌 대상을 후보자를 사퇴한 데 대한 대가를 목적으로 '후보자이었던 사람에게 재산상의 이익이나 공사의 직을 제공하는 행위' 및 '후보자이었던 사람이 이를 수수하는 행위'에 한정하고 있으므로, 건전한 상식과 통상적인 법감정을 가진 일반인이라면 위 규정의 적용대상자와 구체적으로 금지되는 행위의 내용을 충분히 알고 이에 비추어 자신의 행위를 결정할 수 있으며, 나아가 법을 해석·집행하는 기관이 위 규정을 자의적으로 해석하거나 집행할 우려가 있다고 보기도 어렵다.

따라서 공직선거법 제232조 제1항 제2호가 죄형법정주의의 명확성 원칙 등에 위배된다는 상고이유의 주장은 이유 없다.

나. 과잉금지원칙의 위배 여부

헌법상 과잉금지원칙이란 국민의 기본권 제한에 있어 국가작용의 한계를 명시한 것으로서 입법 목적의 정당성, 방법의 적정성 또는 상당성, 피해의 최소성, 법익의 균형성 등을 내용으로 하며, 그 어느 하나에도 저촉되면 헌법위반에 해당한다는 헌법상의 원칙을 말한다(헌법재판소 1997. 3. 27. 선고 95헌가17 전원재판부 결정 등 참조). 공직선거법 제232조 제1항 제2호가 이러한 과잉금지원칙에 위배되는지 살펴본다.

(1) 먼저 입법 목적의 정당성에 관하여 본다.

공직선거법 제232조 제1항은 제1호에서 후보자가 된 것을 사퇴(후보자가 되지 아니하게 하는 것을 포함한다. 이하 같다)하게 할 목적으로 후보자 등에게 재산상의 이익 또는 공사의 직을 제공한 사람과 이를 수수한 사람을, 제2호에서 후보자를 사퇴한 데 대한 대가를 목적으로 후보자이었던 사람에게 재산상의 이익 또는 공사의 직을 제공한 사람과 이를 수수한 사람을 처벌 대상으로 규정하고 있다. 이 규정은, 선거 관련자의 자유로운 의사와 민주적인 절차에 의하여 공정하게 행하여져야 할 선거에서 각종 이익의 제공·수수 등으로 피선거권 행사의 왜곡을 초래하는 행위는 피선거권 행사의 자유·공정과 불가매수성을 훼손하는 중대한 선거부정 행위이므로, 이를 엄중하게 처벌함으로써 그러한 선거부정을 방지하려는 데 그 취지가 있다.

한편 위와 같이 공직선거법이 후보자가 된 것을 사퇴하기 전에 이루어지는 사전 이익제공·수수 등의 행위(제232조 제1항 제1호)뿐만 아니라 후보자를 사퇴한 후 그에 대한 대가를 목적으로 이루어지는 사후 이익제공·수수 등의 행위(같은 항 제2호)도 처벌하는 것은, 선거에 관한 정치·사회·문화·경제적 여건과 현실, 과거의 선거문화와 풍토, 선거의 공정성 확보와 선거부정 방지에 대한 국민의 기대와 신뢰 등 제반 사정을 고려할 때, 공직선거법 제232조 제1항 제1호의 사전 이익제공·수수행위 못지않게 같은 항 제2호의 사후 이익제공·수수행위 또한 피선거권 행사의 자유·공정과 불가매수성을 훼손하는 중대한 선거부정행위로서 엄중하게 처벌할 필요성이 있다는 입법자의 결단에 따른 조치라 할 것이고, 따라서 그 목적의 정당성이 인정된다. 이는 공직선거법 제230조 제1항 제4호, 제6호, 제135조 제3항이 선거운동과 관련한 금품 기타 이익의 제공·수수 등을, 같은 법 제230조 제6항, 제47조의2가 정당의 후보자 추천과 관련한 금품 그 밖의 재산상의 이익 또는 공사의 직의 제공·수수 등을 처벌하면서 그 처벌 대상을 선거일 이전 또는 후보자 추천 이전의 행위로 한정하지 아니한 것과 같은 취지라고 할 수 있다.

(2) 입법 목적의 실현을 위한 방법의 적정성 또는 상당성에 관하여 본다.

공직선거법 제232조 제1항 제2호가 피선거권 행사의 자유·공정과 불가매수성을 훼손하는 선거부정행위를 방지하기 위하여 그에 대한 처벌 규정을 둔 조치는 위와 같은 입법 목적을 달성하는 데 적합하고 효과적인 수단이나 방법으로서 그 적정성 또는 상당성이 인정된다.

한편 후보자 사퇴, 나아가 당해 선거 종료 후의 행위를 처벌하는 것이 위 입법 목적의 실현과 어떠한 관련성이 있는지 살펴본다. 선거는 민주정치를 구현하는 핵심적인 제도적 장치로서 1회의 행사로 그치지 않고 주기적으로 계속된다. 선거의 공정성 보장과 선거부정 방지라는 공직선거법의 입법 목적은 위와 같이 계속성을 가지는 제도로서의 선거를 전제로 파악하여 이를 실현하여야 하고, 특정한 개별 선거에 국한하여 추구할 것이 아니다. 따라서 공직선거법 제232조 제1항 제2호의 행위가 후보자 사퇴 또는 선거일 후에 행하여짐에 따라 설령 그 사퇴행위 또는 당해 선거 결과에는 직접적인 영향을 미치지 아니하였다고 하더라도, 선거제도라는 관점에서 보면 위 행위는 엄연히 선거의 공정과 피선거권 행사의 불가매수성을 훼손하는 선거부정에 해당하므로, 이를 처벌하는 것은 위 규정의 입법 목적을 달성하는 데 적합하고 효과적인 수단이 된다. 그러므로 후보자 사퇴 또는 당해 선거 종료 후의 이익제공행위에 대하여 공직선거법 제232조 제1항 제2호를 적용하여 처벌하는 것이 위 규정의 입법 목적 달성을 위한 적합한 수단이 될 수 없다는 상고이유의 주장은 이유 없다.

(3) 피해의 최소성에 관하여 본다.

공직선거법 제232조 제1항 제2호는 후보자이었던 사람이 후보자를 사퇴한 후 그에 대하여 이루어지는 모든 이익제공·수수행위를 금지하고 처벌하는 것이 아니라, 후보자를 사퇴한 데 대한 '대가를 목적으로' 후보자이었던 사람에게 이익 등을 제공하는 행위와 후보자이었던 사람이 위와 같은 이익 등을 수수하는 행위에 한하여 이를 처벌한다. 이처럼 위 규정에 의한 이익 등의 제공·수수행위 제한은 전면적 금지가 아니라 입법 목적 달성에 필요한 범위 내에서 부분적 금지에 그치고 있어, 이로써 후보자이었던 사람과 관련된 정치적·경제적 행동의 자유가 무의미해진다거나 형해화될 정도에 이른다고 볼 수는 없다.

그리고 공직선거법의 다른 규정, 예를 들어 후보자가 된 것을 사퇴하기 전에 이루어진 사전 이익제공·수수 등의 행위를 처벌하는 제232조 제1항 제1호, 다른 후보자를 위한 선거운동을 금지하고 처벌하는 제255조 제1항 제12호, 제88조 등은 공직선거법 제232조 제1항 제2호와는 그 구성요건의 내용과 규제의 측면 등에 현저한 차이가 있어 위 규정을 대체하여 그 입법 목적을 실현할 수 있다고 볼 수도 없다.

위와 같은 사정을 종합하면, 공직선거법 제232조 제1항 제2호가 기본권 제한과 관련하여 피해의 최소성, 즉 최소침해의 원칙에 위배된다고 할 수 없다.

(4) 법익의 균형성에 관하여 본다.

공직선거법의 입법 목적과 취지 등에 비추어 볼 때, 같은 법 제232조 제1항 제2호에 의하여 보호되는 피선거권 행사의 자유·공정과 불가매수성 등의 가치는 선거의 공정성 확보와 선거부정 방지를 통한 민주정치의 발전이라는 공공의 이익에 있어 중요한 의미를 지닌다. 그리고 앞서 본 바와 같이 공직선거법 제232조 제1항 제2호에 의한 정치적·경제적 행동의 자유 제한은 입법 목적 달성에 필요한 범위에 한정되어, 위 규정이 행동의 자유에 관한 기본권의 본질적 내용을 침해한다고 볼 수 없다.

따라서 공직선거법 제232조 제1항 제2호가 기본권 제한과 관련하여 법익의 균형성 요건, 즉 법익균형의 원칙에 위배된다고 할 수 없다.

(5) 그러므로 공직선거법 제232조 제1항 제2호가 과잉금지원칙에 위배되어 정치적·경제적 행동의 자유 등에 관한 기본권을 과도하게 제한한다는 취지의 상고이유의 주장은 이유 없다.

다. 책임과 형벌의 비례원칙 등의 위배 여부

어떤 범죄를 어떻게 처벌할 것인가 하는 문제, 즉 법정형의 종류와 범위의 선택은 그 범죄의 죄질과 보호법익의 성격, 역사적·문화적 배경, 입법 당시의 시대적 상황, 국민의 가치관 또는 법감정, 그리고 그 범죄의 실태와 예방을 위한 형사정책적 측면 등 여러 가지 요소를 종합적으로 고려하여 입법자가 결정할 국가의 입법정책에 관한 사항으로서 광범위한 입법재량 내지 형성의 자유가 인정되어야 할 분야이다(헌법재판소 2009. 10. 29. 선고 2008헌바146, 158, 163 전원재판부 결정 등 참조). 따라서 어느 범죄에 대한 법정형이 그 범죄의 죄질 및 이에 대한 행위자의 책임에 비하여 지나치게 가혹한 것이어서 현저히 형벌체계상의 균형을 잃고 있다거나 그 범죄에 대한 형벌 본래의 목적과 기능을 달성함에 있어 필요한 정도를 일탈하였다는 등 헌법상 평등의 원칙 및 비례의 원칙 등에 명백히 위배되는 경우가 아닌 한, 쉽사리 헌법에 위반된다고 단정하여서는 아니 된다(헌법재판소 2006. 4. 27. 선고 2005헌가2 전원재판부 결정, 헌법재판소 2012. 2. 23. 선고 2011헌바154 전원재판부 결정 등 참조).

앞서 본 바와 같이, 공직선거법 제232조 제1항 제2호가 후보자를 사퇴한 데 대한 대가를 목적으로 이루어지는 사후 이익제공·수수 등의 행위에 대하여 같은 항 제1호의 사전 이익제공·수수 등의 행위와 마찬가지로 '7년 이하의 징역 또는 500만 원 이상 3천만 원 이하의 벌금'이라는 법정형을 정한 것은, 입법자가 앞서 본 여러 요소를 종합적으로 고려하여 같은 항 제1호의 사전 이익제공·수수 등의 행위 못지않게 같은 항 제2호의 사후 이익제공·수수 등의 행위 또한 중대한 선거부정행위로서 엄중하게 처벌할 필요성이 있다는 결단을 내린 데 따른 조치라고 할 것이다. 그리고 공직선거법 제232조 제1항 제2호의 법정형은 상당한 재량의 범위를 인정하고 있어, 법관은 위 규정이 적용되는 구체적 사건에서 여러 가지 양형의 조건을 참작하여 합리적이고 적정한 양형을 할 수 있으며, 나아가 벌금형의 선고유예를 할 수 있는 여지도 남아 있다.

위와 같은 사정을 종합하면, 공직선거법 제232조 제1항 제2호에서 정한 법정형이 형벌 체계상의 균형을 현저히 잃고 있다거나 형벌 본래의 목적과 기능을 달성함에 있어 필요한 정도를 일탈함으로써 헌법상 평등의 원칙 및 비례의 원칙 등에 위배된다고 볼 수 없다. 이에 관한 상고이유의 주장은 이유 없다.

2. 피고인들의 공소시효에 관한 상고이유에 대하여

가. 공직선거법 제232조 제1항 제2호 또는 제268조 제1항의 헌법상 평등원칙 등 위배 여부

공소시효제도의 구체적인 형성은 법치국가원리의 내용으로서의 법적 안정성과 실질적 정의를 위한 적정한 형벌권의 행사라는 서로 충돌하는 가치를 어떻게 형량하여 조정할지의 문제이다. 공소시효의 적용범위와 기간을 어떻게 정할 것인지, 공소시효를 모든 범죄에 대하여 일률적으로 적용할 것인지, 그 적용을 배제하는 범죄를 인정할 것인지 등의 문제는 앞서 본 법정형의 종류와 범위 선택의 경우와 마찬가지로 근본적으로 입법자가 역사적·문화적 배경, 형사사법 체계와의 관계, 범죄의 실태, 국민의 가치관 또는 법감정, 특히 사회와 국민의 법적 안정성과 범인에 대한 처벌의 필요성 등 여러 사정을 고려하여 구체적으로 결정하여야 할 입법정책에 관한 사항으로서 입법형성의 자유에 속하는 분야이다. 이처럼 공소시효제도를 어떻게 정할 것인가의 판단은 원칙적으로 입법자의 폭넓은 재량에 속하므로, 그 입법재량권이 헌법규정을 위반하여 자의적으로 행사된 경우가 아닌 한 헌법에 위반된다고 할 수 없다(헌법재판소 2003. 2. 27. 선고 2001헌바22 전원재판부 결정, 헌법재판소 2012. 2. 23. 선고 2011헌바154 전원재판부 결정 등 참조).

공직선거법 제268조 제1항(2012. 2. 29. 법률 제11374호로 개정되기 전의 법률 규정을 말하며, 지방교육자치에 관한 법률 제49조 제1항에 의하여 이 사건에 적용된다. 이하 같다)은 선거범죄의 공소시효와 관련하여 "이 법에 규정한 죄의 공소시효는 당해 선거일 후 6월(선거일 후에 행하여진 범죄는 그 행위가 있는 날부터 6월)을 경과함으로써 완성한다. 다만 범인이 도피한 때나 범인이 공범 또는 범죄의 증명에 필요한 참고인을 도피시킨 때에는 그 기간은 3년으로 한다."고 규정하고 있다. 공직선거법은 선거와 관련된 범죄사건을 조속히 처리하여 선거에 따른 법적 불안정 상태를 신속히 해소하려는 취지에서 위와 같이 선거범죄의 원칙적인 공소시효기간을 일반 범죄의 경우보다 훨씬 짧은 6월의 단기간으로 정하고 있는 것이다.

다만 공직선거법 제268조 제1항 본문은 공소시효에 관하여, 선거일 전의 범죄에 대해서는 법적 안정성을 우선적으로 고려하여 개별적인 범죄 일시와 관계없이 일률적으로 '당해 선거일 후 6월'로 규정하면서도 선거일 후의 범죄에 대해서는 '그 행위가 있는 날부터 6월'로 규정하고 있는데, 이는 입법자가 선거의 공정성을 보장하고 선거부정을 방지하기 위하여 선거일 후의 선거범죄에 대하여도 선거일 전의 선거범죄와 마찬가지로 실효성 있는 단속과 처벌을 유지하고자 내린 결단이라고 할 것이므로(농업협동조합법 제172조 제4항의 공소

시효 등에 관한 헌법재판소 2012. 2. 23. 선고 2011헌바154 전원재판부 결정 참조), 위 규정을 둔 것을 가지고 합리적 근거 없는 자의적인 입법재량권의 행사라고 볼 수 없다.

그리고 공직선거법 제268조 제1항 본문의 괄호 부분이 적용되는 '선거일 후에 행하여진 범죄'에는 후보자를 사퇴한 데 대한 대가를 목적으로 하는 이익제공·수수 등의 행위(제232조 제1항 제2호)뿐만 아니라, 앞서 본 바와 같이 선거운동과 관련한 이익제공·수수 등의 행위(제230조 제1항 제4호, 제6호, 제135조 제3항), 정당의 후보자 추천과 관련한 이익제공·수수 등의 행위(제230조 제6항, 제47조의2) 등도 얼마든지 해당할 수 있으므로, 선거범죄 중 유독 공직선거법 제232조 제1항 제2호의 범죄를 저지른 사람에 대해서만 공소시효에 관한 불합리한 차별이 있다고 할 수 없다.

한편 공직선거법 제232조 제1항 제2호의 범죄가 성립하려면 후보자를 사퇴한 데 대한 '대가를 목적으로' 재산상의 이익 등을 제공하고 이러한 이익 등을 수수하여야 하므로, 공직선거법 제268조 제1항 본문의 괄호 부분에 의하여 같은 법 제232조 제1항 제2호의 처벌 범위가 무한정 확대되는 결과를 낳는다고 볼 수 없다.

공직선거법 제232조 제1항 제2호 또는 제268조 제1항이 헌법상 평등원칙 등에 위배된다는 상고이유의 주장은 이유 없다.

나. 공직선거법 제268조 제1항 본문 괄호 부분의 해석에 관한 법리오해 여부

위와 같은 공직선거법 제268조 제1항 본문의 문언과 입법 취지 등에 비추어 볼 때, 그 괄호 부분의 '선거일 후에 행하여진 범죄'는 선거일 후에 행하여진 일체의 선거범죄를 말한다 고 할 것이므로, 같은 취지의 원심판단은 정당하다. 이와 달리 공직선거법 제268조 제1항 본문 괄호 부분의 '선거일 후에 행하여진 범죄'를 '선거일 후 6월 이내에 행하여진 범죄'로 제한해석하여야 한다거나 같은 법 제232조 제1항 제2호의 범죄는 위 괄호 부분의 범죄에 해당하지 아니한다는 취지의 상고이유의 주장은 이유 없다.

다. 일부 공소사실의 공소시효 완성에 관한 법리오해 여부

단일하고 계속된 범의하에 피해법익이 같은 동종의 범행을 일정 기간 반복하여 행함에 따라 각 범행이 포괄일죄가 되는 경우 그 공소시효는 최종의 범죄행위가 종료한 때부터 진행하고(대법원 2002. 10. 11. 선고 2002도2939 판결, 대법원 2009. 10. 29. 선고 2009도8069 판결 등 참조), 이는 공직선거법 제268조 제1항 본문 괄호 부분의 공소시효에 관하여도 마찬가지라고 할 것이다.

원심은, 2011. 2. 19.부터 2011. 4. 8.까지 모두 6차례에 걸쳐 행하여진 이 사건 금품 제공·수수행위가 위와 같은 포괄일죄에 해당하고, 이 사건 공소제기는 그 최종 범죄행위가 종료한 2011. 4. 8.부터 공직선거법 제268조 제1항 본문 괄호 부분의 6월의 기간이 경과하기 전에 이루어졌으므로, 위 공소사실 전체에 대하여 공소시효가 완성되지 아니하였다고 보아 본안판단에 나아갔다.

원심판결 이유를 앞서 본 법리와 기록에 비추어 살펴보면, 원심의 위와 같은 조치는 정당하고, 거기에 상고이유의 주장과 같은 공소시효 완성에 관한 법리오해의 위법이 없다.

3. 피고인들의 공직선거법 제232조 제1항 제2호의 해석론 등에 관한 상고이유에 대하여

가. 공직선거법 제232조 제1항 제2호의 구성요건

공직선거법 제232조 제1항 제2호의 위반죄가 성립하려면 후보자 사퇴 후 후보자이었던 사람에게 재산상의 이익이나 공사의 직을 제공하는 행위 또는 후보자이었던 사람이 위와 같은 재산상의 이익이나 공사의 직을 수수하는 행위, 그리고 각 이에 대한 고의가 인정되어야 한다.

나아가 공직선거법 제232조 제1항 제2호가 후보자를 사퇴한 데 대한 '대가를 목적으로'라고 명시적으로 규정하고 있는 점, 입법 연혁적으로 공직선거법 제232조 제1항 제2호에 상응하는 구 민의원선거법(1960. 6. 23. 법률 제551호로 폐지되기 전의 것) 제154항 제1항 제2호, 구 국회의원선거법(1963. 1. 16. 법률 제1256호로 폐지되기 전의 것) 제142조 제1항 제2호 등의 해당 부분이 '후보자가 되려는 것을 중지하였거나 후보자를 사퇴한 것의 보수로 할 것을 목적으로'라고 규정하였던 점 등에 비추어 보면, 공직선거법 제232조 제1항 제2호의 죄는 그 범죄성립을 위한 초과주관적 위법요소로서 고의 외에 별도로 '후보자를 사퇴한 데 대한 대가를 지급할 목적' 또는 '후보자를 사퇴한 데 대한 대가를 받을 목적'을 요구하는 이른바 목적범에 해당한다고 할 것이다.

나. 이익제공에 관한 합의의 존부, 이익제공의 시기에 관한 법리오해 등의 여부

위와 같이 공직선거법 제232조 제1항 제2호의 죄는 후보자를 사퇴한 데 대한 대가를 목적으로 후보자이었던 사람에게 재산상의 이익 등을 제공하거나 후보자이었던 사람이 위와 같은 재산상의 이익 등을 수수함으로써 성립하고, 그 밖에 후보자 사퇴가 있기 전에 제공자와 수수자 사이에 재산상의 이익제공에 관한 사전합의가 이루어지거나 위와 같은 이익제공 등의 행위가 당해 선거의 투표 종료 이전에 행해져야만 위 범죄가 성립하는 것은 아니다. 같은 취지의 원심판단은 정당하고, 거기에 상고이유의 주장과 같은 법리오해 등의 위법이 없다.

한편 원심은, 그 채택 증거를 종합하여 이 사건 2억 원의 제공 및 수수는 2010. 12.경 피고인 1과 피고인 2

사이에 이루어진 합의에 따른 것이라고 인정하였다. 원심판결 이유를 기록에 비추어 살펴보면, 원심의 위와 같은 사실인정과 판단은 정당하고, 거기에 상고이유의 주장과 같은 법리오해 등의 위법이 없다.

다. '후보자를 사퇴한 데 대한 대가를 목적으로'의 해석에 관한 법리오해 여부 등

(1) 위와 같이 공직선거법 제232조 제1항 제2호의 죄는 목적범에 해당하고, 목적범에서의 목적은 범죄 성립을 위한 초과주관적 위법요소로서 고의 외에 별도로 요구되는 것이다. 그러므로 재산상의 이익 등의 제공자가 후보자를 사퇴한 사람에게 이를 제공한다는 점을 인식하거나, 후보자이었던 사람이 위와 같은 재산상의 이익 등을 제공받는다는 점을 인식하고 그 행위를 하였다고 하더라도 후보자를 사퇴한 데 대한 대가를 지급할 목적 또는 그 대가를 받을 목적이 있었다고 인정되지 아니하면 위 범죄의 구성요건은 충족될 수 없다.

그리고 형사재판에서 공소가 제기된 범죄의 구성요건을 이루는 사실에 대한 증명책임은 검사에게 있으므로 행위자에게 후보자를 사퇴한 데 대한 대가를 지급하거나 받을 목적이 있었다는 점은 검사가 증명하여야 하고, 재산상의 이익 등의 제공자가 후보자를 사퇴한 사람에게 이를 제공한다는 점을 인식하거나, 후보자이었던 사람이 위와 같은 재산상의 이익 등을 제공받는다는 점을 인식하고 그 행위를 하였다는 사실만으로 행위자에게 후보자를 사퇴한 데 대한 대가를 지급할 목적 또는 그 대가를 받을 목적이 있었다고 추정하여서는 아니 된다. 이때 행위자에게 위와 같은 목적이 있었는지 여부는 재산상의 이익 등의 제공자와 사퇴한 후보자와의 관계, 후보자 사퇴가 재산상의 이익 등의 제공자에게 미친 영향, 행위자가 재산상의 이익 등을 제공하거나 수수한 동기, 경위 및 과정, 그 수단과 방법, 그 재산상의 이익 등의 내용과 가치 등 당해 제공·수수행위에 관한 여러 사정을 종합하여 사회통념에 비추어 합리적으로 판단하여야 할 것이다.

(2) 원심이 그 채택 증거에 의하여 인정한 관련 사실은 다음과 같다.

(가) 피고인 2와 피고인 1은 2010. 6. 2.로 예정된 서울특별시 교육감 선거에 후보자로 등록하고 선거운동을 하던 중, 2010. 5. 19. 18:30경 기자회견을 통하여 피고인 1이 후보자를 사퇴하고 피고인 2를 지지한다는 내용의 후보단일화 합의를 발표하였다. 위 기자회견 전인 2010. 5. 17. 발표된 여론조사 결과 공소외 1 후보가 지지율 7.0%로 1위, 피고인 2가 지지율 6.7%로 2위로 나타났는데, 기자회견 후인 같은 달 27일 발표된 여론조사에서는 피고인 2가 지지율 11.8%로 1위, 공소외 1 후보가 지지율 8.6%로 2위, 공소외 2 후보가 지지율 6.8%로 3위, 공소외 3 후보가 지지율 6.6%로 4위를 차지하였다. 피고인 2는 위 교육감 선거에서 34.3%의 득표율을 기록하며 33.2%의 득표율을 보인 공소외 1 후보를 득표율 1.1% 포인트 차이로 이기고 당선되었다. 한편 피고인 2와 피고인 1은 교육감 선거 후보단일화와 관련하여 2010. 3.경 처음 만난 사이로서 그전에는 특별한 친분관계에 있지 아니하였다.

(나) 후보단일화 기자회견이 있던 날인 2010. 5. 19. 오후(14:00경) 피고인 1 측에서는 피고인 1로부터 후보단일화 협상의 전권을 위임받은 공소외 4와, 피고인 2 측에서는 피고인 2의 선거사무소 회계책임자 공소외 5 및 공동 선거대책본부장 공소외 6이 만나 "피고인 2 측이 피고인 1에게 5억 원을 지급하는 조건으로 후보단일화를 하되, 우선 공소외 4가 1억 5,000만 원을 대출받아 피고인 1에게 주고 나중에 피고인 2 측으로부터 받는 돈으로 이를 충당하며, 피고인 2 측의 합의 이행은 공소외 5가 책임지고, 공소외 6이 이를 보증한다."는 내용의 금전지급에 관한 합의를 하였다. 공소외 4는 합의 직후 공소외 5에게 "피고인 2가 당선되는 경우 지급액을 7억 원으로 올려 달라."고 요청하였으나, 공소외 5는 여기에 대답하지 아니하였다. 같은 날 오후 공소외 4는 피고인 1에게 "피고인 2 측에서 피고인 2가 당선되는 경우 7억 원, 낙선하는 경우 5억 원을 2010. 8. 말까지 피고인 1에게 지급하는 조건으로 단일화 협상이 되었다. 급한 돈 1억 5,000만 원은 우선 자신이 대출받아 피고인 1에게 주고, 이후 피고인 2 측으로부터 돈을 받아 갚기로 하였다."고 위 합의에 관하여 보고하였다. 반면에 공소외 5는 피고인 2에게 합의 내용에 관하여 구체적으로 언급하지 않고 "피고인 1이 조건 없이 후보자를 사퇴하기로 하였다."는 취지로만 보고하였고, 공소외 6도 피고인 2에게 금전지급에 관한 합의 내용을 보고하지 아니하였다.

(다) 피고인 2가 교육감에 당선되어 취임한 후, 피고인 1은 공소외 4의 대출계획에 차질이 생기자 공소외 4에게 피고인 2 측이 2010. 5. 19.의 금전지급 합의를 이행하지 아니한다는 불만을 표시하였고, 공소외 4는 공소외 6 등에게 합의를 이행하라고 요청하였다. 피고인 1은 2010. 8. 19.경 피고인 2의 교육감 집무실에 직접 찾아가 피고인 2에게 "후보단일화 당시 한 약속을 지키라."고 요구하기도 하였다.

(라) 피고인 2는 2010. 10. 8. 서울특별시 교육청에 대한 국정감사장에서 한 국회의원으로부터 "피고인 1이 굉장히 격앙되어 있다. 무슨 약속을 했으면 지켜야 하는 것 아니냐."는 말을 들었고, 교육감직 인수위원회에서 피고인 2의 비서실장을 지낸 공소외 7에게 조사를 부탁하였다. 공소외 7은 2010. 10. 중순경 피고인 1을 찾아가 그의 말을 들은 후 피고인 2에게 "피고인 1을 찾아가 직접 확인하였는데 공소외 5가 후보단일화 당시 피고인 1 측에 금전을 지급하는 약속을 해 주었다고 한다."고 보고하였다.

(마) 피고인 2는 2010. 10. 말경부터 같은 해 11월 초순경 대학 동기로서 절친한 사이인 피고인 3에게 "후보단

일화 당시 공소외 5가 피고인 1에게 금전을 지급하겠다고 약속해 준 일로 오해를 받고 있고, 피고인 1이 격앙되어 있다. 공소외 7과 함께 피고인 1을 만나 오해와 원망을 풀어 달라."고 부탁하였다. 그리고 피고인 2와 피고인 3은 2010. 10. 20.경 및 같은 달 23일경 공소외 5를 만나 그로부터 "나와 공소외 4가 피고인 1에게 5억 원을 지급하기로 합의하였고, 공소외 6이 이를 보증하였다."는 말을 들었다.

(바) 피고인 2와 피고인 1은 2010. 11. 초순경 공소외 6의 주선으로 만났는데, 이때 피고인 1은 후보단일화 당시의 약속을 지키라고 하였고, 피고인 2는 자신의 책임이 아니라며 거절하였다.

(사) 피고인 3과 공소외 7은 2010. 11. 17. 및 같은 달 19일 피고인 1을 만났는데, 이 자리에서 피고인 1은 2010. 5. 19.의 금전지급 합의에 관하여 보고받은 내용을 설명하고, 교육감 선거와 관련하여 지출한 비용의 증빙자료 등을 보여주며 "교수신분으로 말이 아니다. 카드 돌려막기를 하고 있다. 피고인 2가 합의에 대한 책임을 회피하면 나도 그냥 있지 않겠다."고 말하였고, 피고인 3과 공소외 7은 금전지급 합의를 피고인 2가 승인한 것은 아니나 앞으로 피고인 1을 도울 방법이 있는지 찾아보겠다고 말하였다. 피고인 3은 2010. 11. 23.에도 공소외 5와 함께 피고인 1을 만났다. 그 후 피고인 2와 피고인 1은 2010. 11. 28. 피고인 3과 공소외 5 등의 주선으로 만나 술자리를 가졌다.

(아) 피고인 3은 2010. 11. 20.경부터 같은 해 12월 초순경까지 피고인 2에게 피고인 1에 대한 금전제공을 제안하였고, 피고인 2는 같은 해 12월 초순경 이에 동의하였다. 그런데 당시 공소외 7은 수차례에 걸쳐 피고인 2에게 '피고인 1에게 절대로 금전을 제공하여서는 아니 된다'는 의견을 밝혔다. 피고인 2는 그 무렵 처 공소외 8에게 피고인 1과 관련한 상황을 설명하면서 현금을 마련하여 달라고 부탁하였고, 공소외 8은 자신이 마련할 수 있는 금액이 1억 원 정도라고 알려주었다. 한편 피고인 1은 2010. 12.경 피고인 3 또는 공소외 7을 만나는 자리에서 수차례 "경제적인 도움을 빨리 달라."고 하였다.

(자) 피고인 1과 피고인 3은 2010. 12. 6.경부터 같은 달 22일까지 피고인 1이 받을 금액을 논의하였다. 처음에 피고인 3은 피고인 2의 말대로 "1억 원도 쉽지 않다."고 하고, 이에 대하여 피고인 1은 "너무 적다."고 하였다. 그 후 피고인 1은 최소 3억 원을 요구하고 피고인 3은 피고인 2와 상의한 결과 2억 원 이상은 줄 수 없다는 태도를 고수하였으며, 이에 피고인 1은 피고인 3이 주는 돈을 우선 받기로 하였다. 한편 공소외 5는 피고인 3과 피고인 1의 금액 논의 과정 이후에는 더 개입하지 아니하였다.

(차) 피고인 1은 2011. 2. 초순경 동생 공소외 9에게 "이번 선거로 선거비용 보전을 받지 못해 손실이 많이 생겼는데, 상대 후보자 측에서 2억 원 정도를 보전하여 준다고 하니, 피고인 3 교수로부터 연락이 오면 만나서 돈을 받아 달라."고 말해두었다. 피고인 2는 2011. 2. 중순경 지인으로부터 현금 5,000만 원을 차용한 후 처 공소외 8, 처형 공소외 10을 거쳐 피고인 3에게 이를 전하였고, 피고인 3은 같은 날 공소외 9를 자신의 연구실로 불러 5,000만 원을 전해주었다. 이때 피고인 3과 공소외 9는 채권자를 피고인 3, 채무자를 공소외 9, 변제기를 2011. 8. 30., 이자를 월 0.5%로 기재한 차용증과 채권자와 채무자를 반대로 기재한 차용증을 작성하여 1장씩 나누어 가졌다. 공소외 9는 위 금액을 피고인 1에게 전하였다.

(카) 그 후 피고인 2는 2011. 3. 7.경 4,000만 원, 같은 달 10일경 100만 원, 같은 달 24일경 900만 원, 같은 해 4월 6일경 5,000만 원, 같은 달 8일경 5,000만 원 등 합계 1억 5,000만 원을 위와 같은 방법으로 공소외 10, 피고인 3을 거쳐 공소외 9에게 전달하였다. 피고인 2는 위 1억 5,000만 원도 상당 부분을 지인과 인척 등으로부터 차용하여 마련하였다.

(3) 위와 같이 원심이 인정한 사실관계에 비추어 먼저 피고인 1, 2에게 공직선거법 제232조 제1항 제2호의 목적이 인정되는지 살펴본다.

(가) 피고인 1의 '후보자를 사퇴한 데 대한 대가를 받을 목적'에 관하여 본다.

위 사실관계에 의하면, 피고인 1이 이 사건 이전에는 피고인 2로부터 2억 원에 이르는 거액의 부조를 받을 만한 친분관계에 있지 아니하였던 점, 피고인 1이 피고인 2를 지지하며 후보자를 사퇴한 것이 피고인 2의 서울특별시 교육감 당선에 유리하게 작용한 점, 피고인 1은 피고인 2 측으로부터 후보단일화의 조건으로 5억 원 이상을 받기로 합의된 것으로 알고 있었고, 피고인 2가 교육감에 당선된 후 직접 또는 공소외 4 등을 통하여 피고인 2 측에 그 이행을 수차례 요구한 점, 나아가 피고인 1은 피고인 3과 공소외 7 등으로부터 피고인 2는 2010. 5. 19.의 금전지급 합의에 관하여 보고받거나 이를 승인한 적이 없다는 말을 듣고도 금전제공의 요구를 계속한 점, 피고인 3으로부터 피고인 2가 1억 원을 지급하기도 쉽지 않다는 말을 듣고도 최소 3억 원을 요구하다가 결국 2억 원을 받는 데 동의한 점, 동생 공소외 9에게 선거비용 보전을 받지 못하여 생긴 손실 일부를 보전받는 차원에서 상대 후보자 측으로부터 2억 원을 받기로 하였다는 취지로 말하며 자금수수를 지시한 점 등의 사정을 알 수 있다.

위와 같은 피고인 2와 피고인 1의 관계, 피고인 1의 후보자 사퇴가 피고인 2의 당선 등에 미친 영향, 피고인 1이 피고인 2로부터 2억 원을 수수한 동기, 경위 및 과정, 그 수단과 방법, 재산상의 이익 등의 내용과 가치 등에 관한 여러 사정을 종합하면, 피고인 1은 자신이 후보자를 사퇴한 데 대한 대가, 즉 그 보수 또는 보상을 받을 목적을 가지고 피고인 2에게 금품의 제공을 요구하여 2억 원을 수수하였다고 판단된다.

(나) 피고인 2의 '후보자를 사퇴한 데 대한 대가를 지급할 목적'에 관하여 본다.

위 사실관계에 의하면, 피고인 2가 이 사건 이전에 피고인 1에게 경제적 부조를 할만한 특별한 친분관계에 있지 아니하였던 점, 피고인 1이 피고인 2를 지지하며 후보자를 사퇴한 것이 피고인 2의 서울특별시 교육감 당선에 유리하게 작용한 점, 피고인 2도 2010. 10.경에는 2010. 5. 19.의 금전지급 합의에 관한 사실을 알게 되었는데, 자신의 교육감 당선 효력에 영향을 미칠 수도 있는 이와 같은 사정에 대하여 조사의뢰 등 공식적인 절차를 밟지 않고 피고인 3과 공소외 7 등을 통하여 피고인 1의 요구사항을 확인하는 한편 관계 개선을 시도한 점, 피고인 2는 공소외 7이 적극적으로 반대하는 가운데서도 피고인 1에게 2억 원에 이르는 거액을 제공하기로 결정하였고, 그 과정에서 처음에 1억 원 정도를 제공할 생각이었으면서도 3억 원 이상을 지급하여 달라는 피고인 1의 요구를 일부 수용한 점, 피고인 2는 2억 원을 마련하기 위하여 지인, 인척 등으로부터 상당한 액수를 차용한 점 등의 사정을 알 수 있다.

위와 같은 피고인 2와 피고인 1의 관계, 피고인 1의 후보자 사퇴가 피고인 2의 당선 등에 미친 영향, 피고인 2가 2억 원을 제공한 동기, 경위 및 과정, 그 수단과 방법, 재산상의 이익 등의 내용과 가치 등에 관한 여러 사정을 종합하면, 피고인 2는 피고인 1이 후보자를 사퇴한 데 대한 대가, 즉 그 보수 또는 보상을 지급할 목적을 가지고 피고인 1에게 2억 원을 제공하였다고 판단된다. 설령 피고인 2에게 피고인 1을 위하여 경제적 부조를 한다거나 자신의 원활한 교육감직 수행을 위하여 그 장애요소를 없앤다는 동기가 일부 있었다고 하더라도, 앞서 본 여러 사정에 비추어 보면 그러한 동기는 후보자를 사퇴한 데 대한 대가를 지급한다는 주된 목적에 부수된 것에 불과하여 위와 같은 판단에 영향을 미칠 수 없다.

(다) 원심은 그 판시와 같은 사정을 종합하여 피고인 2가 피고인 1에게 제공한 2억 원은 후보자를 사퇴한 데 대한 대가에 해당하고, 피고인 2는 이러한 사정을 인식하면서 이를 피고인 1에게 제공하였고, 피고인 1은 이러한 사정을 인식하면서 이를 수수하였다고 인정하였다.

원심은 비록 피고인 1, 2에 대하여 목적범에서의 초과주관적 위법요소인 목적이 인정된다는 점을 명시적으로 판단하지는 아니하였으나, 앞서 본 법리에 비추어 볼 때 위와 같은 원심의 판단은 피고인 1, 2에게 공직선거법 제232조 제1항 제2호의 목적이 있었다고 인정한 것으로 볼 수 있다. 즉, 원심판결 중 공직선거법 제232조 제1항 제2호의 죄가 목적범에 해당하지 않는다는 취지로 설시한 부분은 적절하다고 할 수 없으나, 원심의 판단은 결국 피고인 2는 후보자를 사퇴한 데 대한 대가를 지급할 목적으로 피고인 1에게 2억 원을 제공하였고, 피고인 1은 후보자를 사퇴한 데 대한 대가를 받을 목적으로 피고인 2로부터 2억 원을 수수하였다고 인정한 취지라고 볼 수 있다.

따라서 원심판결에 피고인 1, 2의 상고이유의 주장과 같이 공직선거법 제232조 제1항 제2호의 '후보자를 사퇴한 데 대한 대가를 목적으로'의 해석에 관한 법리를 오해하거나 논리와 경험의 법칙을 위반하여 자유심증주의의 한계를 벗어남으로써 판결에 영향을 미친 위법이 있다고 할 수 없다.

(4) 다음으로 피고인 3에게 공직선거법 제232조 제1항 제2호의 목적이 인정되는지 살펴본다.

(가) 원심은, 피고인 3이 ① 2010. 10. 20.경 및 같은 달 23일경 공소외 5가 피고인 2에게 같은 해 5월 19일 이루어진 금전지급 합의에 관하여 이야기하는 것을 들었던 점, ② 2010. 10. 말경에서 같은 해 11월 초순경 사이 피고인 2로부터 후보단일화 당시 공소외 5가 피고인 1에게 금전을 지급하겠다고 약속해 준 일로 오해를 받고 있고 피고인 1이 격앙되어 있으니, 공소외 7과 함께 피고인 1을 만나 오해와 원망을 풀어 달라는 부탁을 받은 점, ③ 2010. 11. 17. 및 같은 달 19일 피고인 1로부터 금전지급 합의에 관한 설명과 함께 채무초과상태에 빠져 있다는 말을 듣고 앞으로 피고인 1을 도울 방법이 있는지 찾아보겠다고 한 점, ④ 2010. 12.경 피고인 1의 경제적 곤궁함을 알게 되자 피고인 2를 설득하면서 피고인 1이 요구하는 금액이 비록 큰 돈이지만 '선거 빚'이라는 맥락을 감안하여 주자고 하였던 점, ⑤ 2011. 1. 말 또는 같은 해 2월 초순경 피고인 1에게 돈을 주겠다고 하면서 '조심해야 한다'고 당부하기도 한 점 등의 사정을 종합하여 보면, 피고인 3은 피고인 2가 피고인 1의 후보 사퇴행위에 대한 대가로서 위 돈을 지급한다는 사정을 충분히 인식하면서 피고인 1 측에 이를 전달한 것으로 인정된다고 판단하였다.

(나) 그러나 위와 같은 원심의 판단은 다음과 같은 이유에서 수긍하기 어렵다.

앞서 본 원심이 인정한 사실관계 및 원심판결 이유에 의하더라도, 피고인 3은 2010. 5. 19.의 금전지급 합의는 물론 서울특별시 교육감 선거 또는 피고인 2를 위한 선거운동에 관여한 바 없고, 다만 위 선거 종료 후 4개월 이상이 지나 피고인 2의 부탁을 받고 비로소 별다른 친분도 없던 피고인 1을 만나게 되었던 점, 이때 피고인 3이 피고인 2로부터 부탁받은 내용 자체가 피고인 1의 요구사항을 확인하여 오해와 원망을 풀어 달라는 것이었던 점, 피고인 3은 피고인 2로부터 공소외 5의 금전지급 약속과 관련하여 피고인 1로부터 오해를 받고 있다는 내용의 말을 들었을 뿐 그 이상의 자세한 정보나 금전지급 약속의 구체적 의미 등을 전해 듣지는 못하였던 점, 또한 피고인 3은 2010. 10. 20.경 및 같은 달 23일경 피고인 2와 함께 한 자리에서 공소외 5로부터도 2010. 5. 19.의 금전지급 합의와 관련하여 "내가 알아서 하겠다. 얼마든지 뭉갤 수도 있다."는 등 피고인 2는 금전지급 합의와 아무런 관련이 없다는 취지의 말을 들었던 점, 피고인 3은 피고인 2가 부탁한 대로 2010. 11. 17. 및 같은 달 19일 피고인 1을 만나 그 요구사항을 확인한 결과 피고인 1이 채무초과상태에 빠져 카드 돌려막기를 하는 등 경제적으로 매우 어려워 금전적 도움을 원하고 있다는 사정을 듣게 된 점, 이때도 피고인 3은 피고인 1에게 2010. 5. 19.의 금전지급 합의에 관하여 피고인 2는 이를 승인한 적이 없다고 밝힌 점, 그 후 피고인 3은 피고인 2에게 피고인 1의 요구사항을 그대로 전하면서 피고인 1에 대한 금전제공을 제안하였고, 피고인 2도 특별히 반대하지 아니하였던 점, 한편 피고인 3은 2010. 12. 초순경 피고인 1을 만난 자리에서 동행한 공소외 11이 피고인 1에게 "금전지급 약속을 주장하지 마라. 채권의식을 버려라."고 말하는 것을 들었던 점, 피고인 3은 피고인 2가 2억 원을 마련하는 과정에 전혀 관여하지 아니하였고 다만 그 후의 자금 전달 과정에서 피고인 2 측으로부터 현금을 받아두었다가 피고인 1의 동생 공소외 9가 찾아오면 그대로 전해 주기만 하였던 점 등의 사정을 알 수 있다.

위와 같은 사정에 비추어 보면, 피고인 3은 2010. 5. 19.의 금전지급 합의에 대하여 피고인 2에게 아무런 책임이 없다고 인식하였고, 이에 따라 피고인 2가 부탁한 대로 피고인 1의 오해와 원망을 풀어주고 이를 통하여 피고인 2의 원활한 교육감직 수행에 도움을 주고자 피고인 1의 요구사항을 정확하게 알린다는 취지에서, 피고인 2에게 금전제공을 제안하였을 가능성이 충분히 있다고 할 것이다.

한편 원심이 설시한 사정과 관련하여, 설령 피고인 3이 '선거 빚'이라는 말을 하였다고 하더라도 이는 피고인 2에게 피고인 1의 경제적 곤궁의 원인을 설명한 표현으로 해석될 수도 있고, 피고인 3이 피고인 1에게 하였다는 '조심해야 한다'는 말 역시 반드시 금전거래의 위법성을 전제한 것으로 볼 수는 없다.

위와 같은 피고인 3과 다른 피고인들의 관계, 피고인 3의 사건 관여 동기, 경위 및 역할의 정도와 내용, 특히 피고인 3은 피고인 1의 후보자 사퇴과정이나 피고인 2의 선거운동에 관여한 바 없는 점 등의 여러 사정에 비추어 보면, 원심이 설시한 사정만으로는 피고인 3에게 피고인 2가 후보자를 사퇴한 데 대한 대가를 지급할 목적으로 피고인 1에게 2억 원을 제공한다는 점에 관한 인식이 있었다고 단정할 수 없다.

(다) 그럼에도 원심은 위와 같은 사정만으로 피고인 3이 2억 원의 제공이 후보자 사퇴에 대한 대가임을 인식하였다고 판단하고, 이를 기초로 피고인 3이 피고인 2와 공모하여 후보자를 사퇴한 데 대한 대가를 목적으로 2억 원을 제공하였다는 공소사실을 유죄로 인정하였으니, 원심판결에는 공직선거법 제232조 제1항 제2호의 목적 등에 관한 법리를 오해하여 판결에 영향을 미친 위법이 있다. 이를 지적하는 피고인 3의 상고이유의 주장은 이유 있다.

4. 피고인 1의 그 밖의 상고이유에 대하여

원심은, 그 판시와 같은 이유를 들어 비록 피고인 1이 많은 채무를 부담하고 있었다고 하더라도 평균인의 관점에서 볼 때 그에 대한 적법행위의 기대가능성을 부정할 수 없다고 판단하였다. 원심판결 이유를 기록에 비추어 살펴보면, 원심의 위와 같은 판단은 정당하고 거기에 상고이유의 주장과 같은 기대가능성에 관한 법리오해의 위법이 없다.

그리고 원심판결 이유 및 기록에 의하면, 이 사건 공소사실은 공직선거법 제232조 제1항 제2호에 해당하는 범죄를 전제로 한 것임이 분명하고, 공소시효 완성의 효과를 회피하기 위하여 의도적으로 다른 처벌규정을 적용하여 공소를 제기함으로써 공소권을 남용하였다고 보이지 아니하므로, 이를 다투는 상고이유의 주장 또한 이유 없다.

5. 검사의 상고이유에 대하여

가. 2억 원의 제공·수수 부분에 관한 채증법칙 위배 여부

검사의 이 부분 상고이유는 결국 원심이 양형의 전제사실을 인정함에 있어 채증법칙을 위반한 위법이 있다는 취지로서 적법한 상고이유에 해당한다고 볼 수 없다.

나. 공사의 직 제공·수수 부분에 관한 채증법칙 위배 여부

원심은, 그 판시와 같은 여러 사정을 들어 피고인 2가 피고인 1을 서울교육발전자문위원회 부위원장으로 선출하는 데 별다른 노력을 하지 아니하였고, 자문위원들이 정상적인 절차를 거쳐 피고인 1을 그 부위원장으로 선출하였을 가능성을 배제할 수 없으며, 달리 피고인 2와 피고인 1이 부위원장직을 제공·수수하였다고 인정할 증거가 없다는 이유로, 이 부분 공소사실에 대하여 무죄를 선고한 제1심판결을 유지하였다.

원심판결 이유를 기록에 비추어 살펴보면, 원심의 위와 같은 조치는 정당하고, 거기에 상고이유의 주장과 같이 논리와 경험의 법칙을 위반하여 자유심증주의의 한계를 벗어난 위법이 없다.

6. 결론

그러므로 원심판결 중 피고인 3에 대한 부분을 파기하고, 이 부분 사건을 다시 심리·판단하게 하기 위하여 원심법원에 환송하며, 피고인 1, 2의 상고와 검사의 피고인 1, 2에 대한 상고를 모두 기각하기로 하여 관여 대법관의 일치된 의견으로 주문과 같이 판결한다.

대법관 김용덕(재판장) 신영철 이상훈(주심)

대법원 2012.9.27. 선고 2011도282 판결

【특정경제범죄가중처벌등에관한법률위반(사기)(인정된죄명:사기)】

판시사항

1. 경제적 이익을 기대할 수 있는 자금운용의 권한 내지 지위를 획득하는 것이 사기죄의 객체인 재산상 이익에 포함되는지 여부(한정 적극)
2. 피고인이 자신이 개발한 주식운용프로그램을 이용하면 상당한 수익을 낼 수 있고 만일 손해가 발생하더라도 원금과 은행 정기예금 이자 상당의 반환은 보장하겠다는 취지로 피해자 갑을 기망하여 갑의 자금이 예치된 갑 명의 주식계좌에 대한 사용권한을 부여받아 재산상 이익을 취득하였다는 내용으로 기소된 사안에서, 피고인에게 사기죄를 인정한 원심판단의 결론을 정당하다고 한 사례

판결요지

1. 경제적 이익을 기대할 수 있는 자금운용의 권한 내지 지위의 획득도 그 자체로 경제적 가치가 있는 것으로 평가할 수 있다면 사기죄의 객체인 재산상의 이익에 포함된다.
2. 피고인이 자신이 개발한 주식운용프로그램을 이용하면 상당한 수익을 낼 수 있고 만일 손해가 발생하더라도 원금과 은행 정기예금 이자 상당의 반환은 보장하겠다는 취지로 피해자 갑을 기망하여 갑의 자금이 예치된 갑 명의 주식계좌에 대한 사용권한을 부여받아 재산상 이익을 취득하였다는 내용으로 기소된 사안에서, 주식운용에 따른 수익금이 발생할 경우 피고인이 그 중 1/2에 해당하는 돈을 매달 지급받기로 약정한 점 등 제반 사정을 종합하면, 피고인은 장래의 수익 발생을 조건으로 한 수익분배청구권을 취득하였을 뿐 아니라 그러한 경제적 이익을 기대할 수 있는 자금운용의 권한과 지위를 획득하였고, 이는 주식거래의 특성 등에 비추어 충분히 경제적 가치가 있다고 평가할 수 있으므로 갑을 기망하여 그러한 권한과 지위를 획득한 것 자체를 사기죄의 객체인 재산상 이익을 취득한 것으로 볼 수 있다는 이유로, 피고인에게 사기죄를 인정한 원심판단의 결론을 정당하다고 한 사례.

전 문

피 고 인 피고인

상 고 인 피고인

변 호 인 변호사

원심판결 서울고법 2010. 12. 29. 선고 2010노1930 판결

주 문 상고를 기각한다.

이 유 상고이유(상고이유서 제출기간 경과 후에 제출된 추가상고이유서는 상고이유를 보충하는 범위 내에서)를 판단한다.

1. 경제적 이익을 기대할 수 있는 자금운용의 권한 내지 지위의 획득도 그 자체로 경제적 가치가 있는 것으로 평가할 수 있다면 사기죄의 객체인 재산상의 이익에 포함된다 할 것이다.

원심은 그 판시와 같은 이유를 들어, 피고인이 자신이 개발한 주식운용프로그램을 이용하여 상당한 수익을 낼 수 있고 만일 손해가 발생하더라도 원금과 은행 정기예금 이자 상당은 그 반환을 보장하겠다는 취지로 기망하여 이 사건 주식계좌의 사용권한을 부여받은 사실이 넉넉히 인정된다고 하였다. 나아가 원심은, 피고인이 피해자의 자금이 예치된 피해자 명의 주식계좌에 대한 비밀번호와 아이디를 전달받음으로써 적어도 주식거래 자체에 있어서는 자금주인 피해자와 동일한 거래상 지위와 권능을 부여받은 점, 그 결과 피고인은 아무런 금융비용도 부담하지 아니한 채 독자적으로 위 주식계좌를 운영할 수 있었던 점, 주식운용 자체에 대한 보수 약정이 있었던

것은 아니나 주식운용에 따른 수익금이 발생할 경우 그 중 1/2에 해당하는 금원을 매월 지급받기로 약정한 점 등을 종합하여, 피고인이 이 사건 주식계좌의 사용권한을 부여받은 것은 그 운용 결과에 따라 수익금 중 1/2에 대한 분배청구권을 취득한 것으로 평가될 수 있어 그 자체로서 사기죄에서 정한 재산상 이익에 해당한다고 판단하였다.

원심판결 이유를 앞서 본 법리와 원심이 적법하게 채택한 증거들에 비추어 보면, 피고인은 원심 판시와 같이 장래의 수익 발생을 조건으로 한 수익분배청구권을 취득하였을 뿐 아니라 그러한 경제적 이익을 기대할 수 있는 자금운용의 권한과 지위를 획득하였고, 이는 주식거래의 특성 등에 비추어 충분히 경제적 가치가 있다고 평가할 수 있는 것이므로 피해자를 기망하여 그러한 권한과 지위를 획득한 것 자체로 사기죄의 객체인 재산상 이익을 취득한 것으로 볼 수 있다 할 것이다. 따라서 피고인이 피해자를 기망하여 재산상의 이익을 취득한 경우에 해당한다고 본 원심판단의 결론은 정당한 것으로 수긍할 수 있고, 거기에 상고이유의 주장과 같이 사기죄의 재산상 이익에 관한 법리를 오해하는 등으로 판결 결과에 영향을 미친 위법은 없다.

2. 이에 상고를 기각하기로 하여 관여 대법관의 일치된 의견으로 주문과 같이 판결한다.

대법관 김창석(재판장) 양창수 박병대(주심) 고영한

대법원 2012.9.27. 선고 2010도15206 판결

【유가증권위조(인정된죄명:유가증권변조)·절도·횡령·공무상표시무효·유가증권변조】

판시사항

유가증권의 내용 중 이미 변조된 부분을 다시 권한 없이 변경한 경우, 유가증권변조죄가 성립하는지 여부(소극)

판결요지

유가증권변조죄에서 '변조'는 진정하게 성립된 유가증권의 내용에 권한 없는 자가 유가증권의 동일성을 해하지 않는 한도에서 변경을 가하는 것을 의미하고, 이와 같이 권한 없는 자에 의해 변조된 부분은 진정하게 성립된 부분이라 할 수 없다. 따라서 유가증권의 내용 중 권한 없는 자에 의하여 이미 변조된 부분을 다시 권한 없이 변경하였다고 하더라도 유가증권변조죄는 성립하지 않는다.

전 문

피 고 인 피고인

상 고 인 피고인 및 검사

원심판결 인천지법 2010. 10. 22. 선고 2008노126, 2009노2924 판결

주 문 상고를 모두 기각한다.

이 유 상고이유를 판단한다.

1. 검사의 상고이유에 대한 판단

유가증권변조죄에 있어서 '변조'는 진정하게 성립된 유가증권의 내용에 권한 없는 자가 그 유가증권의 동일성을 해하지 않는 한도에서 변경을 가하는 것을 의미하고(대법원 2006. 1. 26. 선고 2005도4764 판결 등 참조), 이와 같이 권한 없는 자에 의해 변조된 부분은 진정하게 성립된 부분이라 할 수 없다. 따라서 유가증권의 내용 중 권한 없는 자에 의하여 이미 변조된 부분을 다시 권한 없이 변경하였다고 하더라도 유가증권변조죄는 성립하지 않는다고 할 것이다.

같은 취지에서 이 부분 공소사실 기재와 같이 피고인이 이미 권한 없이 약속어음의 지급기일을 변조한 다음, 그 후 위와 같이 변조된 부분을 피고인이 재차 및 삼차 변경하였다고 하더라도 유가증권변조죄가 성립하지 않는다고 본 원심판결의 결론은 정당하다. 원심판결에는 상고이유로 주장하는 바와 같이 유가증권변조죄의 성립에 관한 법리를 오해하는 등으로 판결에 영향을 미친 위법이 없다.

2. 피고인의 상고이유에 대한 판단

피고인의 상고이유 주장은, 피고인은 이 사건 공소사실 기재와 같은 유가증권변조 및 절도 범행을 한 적이 없는데도 불구하고 원심이 잘못된 사실인정을 함으로써 피고인을 유죄로 판단하였으니, 원심판결이 위법하다는 취지이다.

그러나 사실의 인정과 그 전제로 이루어지는 증거의 취사선택 및 평가는 자유심증주의의 한계를 벗어나지 않는 한 사실심법원의 전권에 속한다. 원심판결 이유를 기록에 비추어 살펴보아도 원심의 사실인정과 판단에 자유심증주의의 한계를 벗어난 잘못을 발견할 수 없다. 따라서 위와 같은 상고이유 주장은 원심법원의 전권에 속하는 사항을 비난하는 것에 불과하여 받아들일 수 없다.

그리고 형사소송법 제383조 제4호에 의하면 양형부당을 사유로 한 상고는 사형, 무기 또는 10년 이상의 징역이나 금고가 선고된 사건에서만 허용되므로, 피고인에게 그보다 가벼운 형이 선고된 이 사건에서는 원심의 형량이 너무 무거워서 부당하니 선처하여 달라는 취지의 주장은 적법한 상고이유가 되지 못한다.

3. 결론

이에 상고를 모두 기각하기로 하여, 관여 대법관의 일치된 의견으로 주문과 같이 판결한다.

대법관 김창석(재판장) 양창수 박병대(주심) 고영한

대법원 2012.9.13. 선고 2012도5525 판결

【신용정보의이용및보호에관한법률위반교사】

판시사항

신용정보의 이용 및 보호에 관한 법률 제50조 제2항 제7호, 제40조 제4호에서 처벌하는 '신용정보회사 등이 아니면서 특정인의 사생활 조사 등을 업으로 행위'의 의미와 판단 기준 및 사생활 조사 등을 업으로 하는 행위와 그 의뢰행위가 대향범 관계에 있는지 여부(소극)

전 문

피 고 인 피고인 1 외 2인

상 고 인 검사

원심판결 인천지법 2012. 4. 27. 선고 2011노4246 판결

주 문 원심판결을 파기하고, 사건을 인천지방법원 본원 합의부에 환송한다.

이 유 상고이유를 판단한다.

신용정보의 이용 및 보호에 관한 법률은 제50조 제2항 제7호, 제40조 제4호에서 신용정보회사 등이 아니면서 특정인의 소재 및 연락처를 알아내거나 금융거래 등 상거래관계 외의 사생활 등을 조사하는 행위를 업으로 하는 자를 처벌하는 규정을 두고 있는바, 2인 이상의 서로 대향된 행위의 존재를 필요로 하는 대향범에 대하여는 공범에 관한 형법총칙의 규정이 적용될 수 없다고 할 것이나(대법원 2007. 10. 25. 선고 2007도6712 판결, 대법원 2011. 10. 13. 선고 2011도6287 판결 등 참조), 위와 같이 사생활 조사 등을 업으로 한다는 것은 그러한 행위를 계속하여 반복하는 것을 의미하고, 이에 해당하는지 여부는 사생활 조사 등 행위의 반복·계속성 여부, 영업성의 유무, 그 목적이나 규모, 횟수, 기간, 태양 등의 여러 사정을 종합적으로 고려하여 사회통념에 따라 판단할 것으로 반드시 영리의 목적이 요구되는 것은 아니라 할 것이므로(대법원 1996. 12. 10. 선고 94도2235 판결, 대법원 1999. 6. 11. 선고 98도617 판결, 대법원 2008. 10. 23. 선고 2008도7277 판결 등 참조), 사생활 조사 등을 업으로 하는 행위에 그러한 행위를 의뢰하는 대향된 행위의 존재가 반드시 필요하다거나 의뢰인의 관여행위가 당연히 예상된다고 볼 수 없고, 따라서 사생활 조사 등을 업으로 하는 행위와 그 의뢰행위는 대향범의 관계에 있다고 할 수 없다.

원심이 배척하지 아니한 제1심이 적법하게 채택한 증거에 의하면, 공소외 1 주식회사에서 입찰정보 수집업무 등을 담당하는 피고인들은 '○○○ ○○○'라는 상호의 흥신소를 운영하는 공소외 2에게 공소외 1 주식회사가 입찰에 참여한 건설공사의 설계심의 평가위원 등의 행적을 감시해 달라고 의뢰하고, 이에 공소외 2는 공소외 3 등 위 흥신소의 종업원과 함께 위 설계심사 평가위원 등의 주거지, 근무처를 따라 다니면서 그들의 행적을 조사·감시한 사실을 알 수 있는바, 사정이 이러하다면, 원심으로서는 공소외 2가 사생활 조사 등에 관하여 해 온 업무의 형태, 피고인들이 공소외 2에게 사생활 조사 등을 의뢰한 경위 및 의뢰한 사생활 조사 등의 규모와 지급한 대금의 액수 등에 관하여 더 나아가 살핌으로써 피고인들이 공소외 2로 하여금 사생활 조사 등을 업으로 하는 신용정보의 이용 및 보호에 관한 법률 위반죄의 실행을 결의하게 하였는지 여부를 가렸어야 할 것이다.

그럼에도 원심은 사생활 조사 등을 업으로 하는 행위와 그 의뢰행위가 대향범의 관계에 있다고 보고, 피고인들이 공소외 2에 대하여 한 사생활 조사 등의 의뢰행위가 형법총칙상 교사행위에 해당한다 하더라도 피고인들을 공범에 관한 형법총칙의 규정을 적용하여 처벌할 수 없다고 판단하였으니, 이러한 원심에는 대향범에 관한 법리를 오해하여 필요한 심리를 다하지 아니함으로써 판결에 영향을 미친 위법이 있다.

그러므로 원심판결을 파기하고, 사건을 다시 심리·판단하게 하기 위하여 원심법원에 환송하기로 하여 관여 대법관의 일치된 의견으로 주문과 같이 판결한다.

대법관 이상훈(재판장) 신영철(주심) 김용덕

대법원 2012.9.13. 선고 2010도6203 판결

【상해·공무집행방해·모욕】

판시사항

1 불심검문의 적법 요건 및 그 내용

2 검문 중이던 경찰관들이, 자전거를 이용한 날치기 사건 범인과 흡사한 인상착의의 피고인이 자전거를 타고 다가오는 것을 발견하고 정지를 요구하였으나 멈추지 않아, 앞을 가로막고 검문에 협조해 달라고 하였음에도 불응하고 그대로 전진하자, 따라가서 재차 앞을 막고 검문에 응하라고 요구하였는데, 이에 피고인이 경찰관들의 멱살을 잡아 밀치는 등 항의하여 공무집행방해 등으로 기소된 사안에서, 경찰관들의 행위는 적법한 불심검문에 해당한다고 보아야 하는데도, 이와 달리 보아 피고인에게 무죄를 선고한 원심판결에 법리오해의 위법이 있다고 한 사례

판결요지

1 경찰관직무집행법(이하 '법'이라 한다)의 목적, 법 제1조 제1항, 제2항, 제3조 제1항, 제2항, 제3항, 제7항의 규정 내용 및 체계 등을 종합하면, 경찰관은 법 제3조 제1항에 규정된 대상자에게 질문을 하기 위하여 범행의 경중, 범행과의 관련성, 상황의 긴박성, 혐의의 정도, 질문의 필요성 등에 비추어 목적 달성에 필요한 최소한의 범위 내에서 사회통념상 용인될 수 있는 상당한 방법으로 대상자를 정지시킬 수 있고 질문에 수반하여 흉기의 소지 여부도 조사할 수 있다.

2 검문 중이던 경찰관들이, 자전거를 이용한 날치기 사건 범인과 흡사한 인상착의의 피고인이 자전거를 타고 다가오는 것을 발견하고 정지를 요구하였으나 멈추지 않아, 앞을 가로막고 소속과 성명을 고지한 후 검문에 협조해 달라는 취지로 말하였음에도 불응하고 그대로 전진하자, 따라가서 재차 앞을 막고 검문에 응하라고 요구하였는데, 이에 피고인이 경찰관들의 멱살을 잡아 밀치거나 욕설을 하는 등 항의하여 공무집행방해 등으로 기소된 사안에서, 범행의 경중, 범행과의 관련성, 상황의 긴박성, 혐의의 정도, 질문의 필요성 등에 비추어 경찰관들은 목적 달성에 필요한 최소한의 범위 내에서 사회통념상 용인될 수 있는 상당한 방법을 통하여 경찰관직무집행법 제3조 제1항에 규정된 자에 대해 의심되는 사항을 질문하기 위하여 정지시킨 것으로 보아야 하는데도, 이와 달리 경찰관들의 불심검문이 위법하다고 보아 피고인에게 무죄를 선고한 원심판결에 불심검문의 내용과 한계에 관한 법리오해의 위법이 있다고 한 사례.

전 문

피 고 인 피고인

상 고 인 검사

변 호 인 공익법무관

원심판결 인천지법 2010. 4. 30. 선고 2009노4018 판결

주 문 원심판결을 파기하고, 사건을 인천지방법원 본원 합의부로 환송한다.

이 유 상고이유를 살펴본다.

1. 경찰관직무집행법(이하 '법'이라고만 한다) 제1조는 제1항에서 "이 법은 국민의 자유와 권리의 보호 및 사회공공의 질서유지를 위한 경찰관(국가경찰공무원에 한한다. 이하 같다)의 직무수행에 필요한 사항을 규정함을 목적으로 한다."고 규정하고, 제2항에서 "이 법에 규정된 경찰관의 직권은 그 직무수행에 필요한 최소한도 내에서 행사되어야 하며 이를 남용하여서는 아니된다."고 규정하고 있다. 한편 법 제3조는 제1항에서 "경찰관은 수상한 거동 기타 주위의 사정을 합리적으로 판단하여 어떠한 죄를 범하였거나 범하려 하고 있다고 의심할 만한 상당한 이유가 있는 자 또는 이미 행하여진 범죄나 행하여지려고 하는 범죄행위에 관하여 그 사실을 안다고 인정되는 자를

정지시켜 질문할 수 있다."고 규정하고, 제2항에서 "그 장소에서 제1항의 질문을 하는 것이 당해인에게 불리하거나 교통의 방해가 된다고 인정되는 때에는 질문하기 위하여 부근의 경찰서·지구대·파출소 또는 출장소(이하 "경찰관서"라 하되, 지방해양경찰관서를 포함한다)에 동행할 것을 요구할 수 있다. 이 경우 당해인은 경찰관의 동행 요구를 거절할 수 있다."고 규정하고 있으며, 제3항에서 "경찰관은 제1항에 규정된 자에 대하여 질문을 할 때에 흉기의 소지 여부를 조사할 수 있다."고 규정하고, 제7항에서 "제1항 내지 제3항의 경우에 당해인은 형사소송에 관한 법률에 의하지 아니하고는 신체를 구속당하지 아니하며, 그 의사에 반하여 답변을 강요당하지 아니한다."고 규정하고 있다.

위와 같은 법의 목적, 규정 내용 및 체계 등을 종합하면, 경찰관은 법 제3조 제1항에 규정된 대상자에게 질문을 하기 위하여 범행의 경중, 범행과의 관련성, 상황의 긴박성, 혐의의 정도, 질문의 필요성 등에 비추어 그 목적 달성에 필요한 최소한의 범위 내에서 사회통념상 용인될 수 있는 상당한 방법으로 그 대상자를 정지시킬 수 있고 질문에 수반하여 흉기의 소지 여부도 조사할 수 있다 할 것이다.

2. 원심은 그 채택 증거를 종합하여, 부평경찰서 역전지구대 소속 경위 공소외 1, 경사 공소외 2, 순경 공소외 3이 2009. 2. 15. 01:00경 인천 부평구 부평동 소재 ○○○ 앞길에서 경찰관 정복 차림으로 검문을 하던 중, '01:00경 자전거를 이용한 핸드백 날치기 사건발생 및 자전거에 대한 검문검색 지령'이 01:14경 무전으로 전파되면서, 범인의 인상착의가 '30대 남자, 찢어진 눈, 짧은 머리, 회색바지, 검정잠바 착용'이라고 알려진 사실, 위 경찰관들은 무전을 청취한 직후인 01:20경 자전거를 타고 검문 장소로 다가오는 피고인을 발견한 사실, 공소외 2가 피고인에게 다가가 정지를 요구하였으나, 피고인은 자전거를 멈추지 않은 채 공소외 2를 지나쳤고, 이에 공소외 3이 경찰봉으로 피고인의 앞을 가로막고 자전거를 세워 줄 것을 요구하면서 소속과 성명을 고지하고, "인근 경찰서에서 자전거를 이용한 날치기가 있었는데 인상착의가 비슷하니 검문에 협조해 달라."는 취지로 말하였음에도 피고인은 평상시 그곳에서 한 번도 검문을 받은 바 없다고 하면서 검문에 불응하고 그대로 전진한 사실, 이에 공소외 3은 피고인을 따라가서 피고인이 가지 못하게 앞을 막고 검문에 응할 것을 요구한 사실, 이와 같은 제지행위로 더 이상 자전거를 진행할 수 없게 된 피고인은 경찰관들이 자신을 범인 취급한다고 느껴 공소외 3의 멱살을 잡아 밀치고 공소외 1, 2에게 욕설을 하는 등 거세게 항의한 사실, 이에 위 경찰관들은 피고인을 공무집행방해죄와 모욕죄의 현행범인으로 체포한 사실을 인정한 다음, 불심검문은 상대방의 임의에 맡겨져 있는 이상 질문에 대한 답변을 거부할 의사를 밝힌 상대방에 대하여 유형력을 사용하여 그 진행을 막는 등의 방법은 사실상 답변을 강요하는 것이어서 허용되지 않고, 따라서 공소외 3의 위 제지행위는 불심검문의 한계를 벗어나 위법하므로 직무집행의 적법성을 전제로 하는 공무집행방해죄는 성립하지 않고, 위법한 공무집행방해죄에 대한 저항행위로 행하여진 상해 및 모욕도 정당방위로서 위법성이 조각된다고 판단하여, 이 사건 공소사실에 대하여 모두 무죄를 선고하였다.

그러나 원심이 인정한 사실관계를 앞서 본 법리에 비추어 살펴보면, 이 사건 범행 장소 인근에서 자전거를 이용한 날치기 사건이 발생한 직후 검문을 실시 중이던 경찰관들이 위 날치기 사건의 범인과 흡사한 인상착의의 피고인을 발견하고 앞을 가로막으며 진행을 제지한 행위는 그 범행의 경중, 범행과의 관련성, 상황의 긴박성, 혐의의 정도, 질문의 필요성 등에 비추어 그 목적 달성에 필요한 최소한의 범위 내에서 사회통념상 용인될 수 있는 상당한 방법으로 법 제3조 제1항에 규정된 자에 대하여 의심되는 사항에 관한 질문을 하기 위하여 정지시킨 것으로 보아야 한다. 그럼에도 원심은 그 판시와 같은 이유만으로 이 사건 공소사실 중 공무집행방해 부분에 관하여 경찰관들의 불심검문이 위법하다고 보아 무죄를 선고하고 말았으니, 이러한 원심의 판단에는 불심검문의 내용과 한계에 관한 법리를 오해하여 판결 결과에 영향을 미친 위법이 있다 할 것이다.

한편 원심이 정당방위에 해당하여 무죄라고 판단한 상해 및 모욕 부분은 위 공무집행이 적법하다는 전제에서는 더 이상 유지될 수 없으므로, 더 나아가 살펴볼 필요 없이 원심판결은 전부 파기될 수밖에 없다.

3. 그러므로 원심판결을 파기하고, 사건을 다시 심리·판단하도록 원심법원에 환송하기로 하여, 관여 대법관의 일치된 의견으로 주문과 같이 판결한다.

대법관 민일영(재판장) 이인복 박보영(주심) 김신

대법원 2012.9.13. 선고 2010도11665 판결

【배임(예비적죄명:권리행사방해)】

판시사항

[1] 저당권이 설정된 자동차를 저당권자의 동의 없이 매도한 경우 배임죄가 성립하는지 여부(원칙적 소극) 및 자동차를 담보로 제공하고 점유하는 채무자가 부당히 담보가치를 감소시킨 경우 배임죄가 성립하는지 여부(적극)

[2] 피고인이 자신의 모 명의를 빌려 자동차를 매수하면서 피해자 갑 주식회사에서 필요한 자금을 대출받고 자동차에 저당권을 설정하였는데, 저당권자인 갑 회사의 동의 없이 이를 성명불상의 제3자에게 양도담보로 제공하였다고 하여 배임으로 기소된 사안에서, 제반 사정에 비추어 피고인의 행위는 갑 회사의 담보가치를 실질적으로 상실시키는 것으로서 배임죄가 성립되는 특별한 사정이 있는 경우에 해당한다고 볼 여지가 있는데도, 이와 달리 보아 무죄를 인정한 원심판결에 법리오해 등 위법이 있다고 한 사례

판결요지

[1] 자동차에 대하여 저당권이 설정되는 경우 자동차의 교환가치는 저당권에 포섭되고, 저당권설정자가 자동차를 매도하여 소유자가 달라지더라도 저당권에는 영향이 없으므로, 특별한 사정이 없는 한 저당권설정자가 단순히 저당권의 목적인 자동차를 다른 사람에게 매도한 것만으로는 배임죄에 해당하지 아니하나, 자동차를 담보로 제공하고 점유하는 채무자가 부당히 담보가치를 감소시키는 행위를 한 경우 배임죄의 죄책을 면할 수 없다.

[2] 피고인이 자신의 모 명의를 빌려 자동차를 매수하면서 피해자 갑 주식회사에서 필요한 자금을 대출받고 자동차에 저당권을 설정하였는데, 저당권자인 갑 회사의 동의 없이 이를 성명불상의 제3자에게 양도담보로 제공하였다고 하여 배임으로 기소된 사안에서, 피고인은 신원을 정확히 알 수 없는 제3자에게서 돈을 차용하고 담보로 자동차를 인도하면서 차량포기각서까지 작성해 주었고, 이후 차용금을 변제하지 아니하였을 뿐만 아니라 갑 회사에 대한 대출금 변제도 중단하였던 점, 갑 회사가 자동차에 대한 저당권을 실행하기 위하여 자동차 인도명령을 받았으나 소재파악이 되지 않아 집행불능에 이르렀던 점, 정상적인 거래관계였다면 마땅히 수반되어야 할 양도인의 인감증명서 교부 등 자동차관리법 기타 관계 법령에 따른 이전등록에 필요한 조치도 전혀 이루어지지 않았던 사정 등을 종합할 때, 피고인의 행위는 적어도 미필적으로나마 갑 회사의 자동차에 대한 추급권 행사가 불가능하게 될 수 있음을 알면서도 그 담보가치를 실질적으로 상실시키는 것으로서 배임죄가 성립되는 특별한 사정이 있는 경우에 해당한다고 볼 여지가 있는데도, 이와 달리 보아 무죄를 인정한 원심판결에 법리오해 등 위법이 있다고 한 사례.

전 문

피 고 인 피고인

상 고 인 검사

원심판결 부산지법 2010. 8. 20. 선고 2010노361 판결

주 문 원심판결을 파기하고, 사건을 부산지방법원 본원 합의부로 환송한다.

이 유 상고이유를 판단한다.

자동차에 대하여 저당권이 설정되는 경우 자동차의 교환가치는 그 저당권에 포섭되고, 저당권설정자가 자동차를 매도하여 그 소유자가 달라지더라도 저당권에는 영향이 없으므로, 특별한 사정이 없는 한 저당권설정자가 단순히

그 저당권의 목적인 자동차를 다른 사람에게 매도한 것만으로는 배임죄에 해당하지 아니하나(대법원 2008. 8. 21. 선고 2008도3651 판결 참조), 자동차를 담보로 제공하고 점유하는 채무자가 부당히 그 담보가치를 감소시키는 행위를 한 경우 배임죄의 죄책을 면할 수 없다(대법원 1989. 7. 25. 선고 89도350 판결 참조).

원심판결 이유에 의하면, 원심은, 피고인이 저당권이 설정된 자동차를 저당권자의 허락을 받지 않고 임의로 제3자에게 양도담보로 제공하였다고 하더라도 저당권에는 영향이 없는 것이어서 배임죄를 구성하지 않는다는 이유로 배임의 점에 관한 이 사건 주위적 공소사실에 대하여 무죄를 선고한 제1심판결을 그대로 유지하였다.

그러나 원심이 유지한 제1심의 채택 증거들에 의하면, 피고인은 그 신원을 정확히 알 수 없는 최사장이라는 사람으로부터 2천만 원을 차용하고 그 담보로 이 사건 자동차를 인도하면서 차량포기각서까지 작성해 준 사실, 이후 피고인은 위 차용금을 변제하지 아니하였을 뿐만 아니라 피해자에 대한 대출금 변제도 중단한 사실, 이에 피해자는 이 사건 자동차에 대한 저당권을 실행하기 위하여 자동차 인도명령을 받았으나 그 소재파악이 되지 않아 결국 집행불능에 이른 사실 등을 알 수 있고, 여기에 정상적인 거래관계였다면 마땅히 수반되어야 할 양도인의 인감증명서 교부 등 자동차관리법 기타 관계 법령에 따른 이전등록에 필요한 조치도 전혀 이루어지지 않았던 것으로 보이는 사정 등을 종합해 보면, 피고인의 이러한 행위는 적어도 미필적으로나마 저당권자인 피해자의 이 사건 자동차에 대한 추급권 행사가 불가능하게 될 수 있음을 알면서도 그 담보가치를 실질적으로 상실시키는 것으로서 배임죄가 성립되는 특별한 사정이 있는 경우에 해당한다고 볼 여지가 있다. 따라서 원심이 그 판시와 같은 이유만으로 이 사건 주위적 공소사실에 대하여 무죄를 선고한 데에는 배임죄에서의 임무위배행위에 관한 법리를 오해하여 필요한 심리를 다하지 아니한 위법이 있고, 이를 지적하는 상고는 이유 있다.

다만 기록에 의하면, 피고인은 어머니 공소외인의 명의를 빌려 이 사건 자동차를 매수하기로 하여 공소외인 명의로 자동차 소유권이전등록을 마쳤고, 위 자동차 매매계약 및 피해자와의 대출계약 당시 피고인이 동석하기는 하였으나 그 계약의 당사자는 모두 피고인이 아니라 공소외인으로 되어 있음을 알 수 있으므로, 환송 후 원심으로서는 피해자에 대한 관계에서 피고인이 자동차 매매계약이나 대출계약의 실질적 당사자로 볼 수 있는지, 가사 그렇지 않더라도 신의성실의 원칙에 비추어 저당권자인 피해자가 그 담보의 목적을 달성할 수 있도록 이 사건 자동차를 보관할 의무가 있다고 볼 사정이 있는지에 관하여 충분히 심리한 다음, 피고인이 과연 배임죄의 주체로서 타인의 사무를 처리하는 자의 지위에 있는지 여부를 판단하여야 한다는 점을 덧붙여 지적해 둔다.

그러므로 원심판결을 파기하고 사건을 원심법원에 환송하기로 하여, 관여 대법관의 일치된 의견으로 주문과 같이 판결한다.

대법관 민일영(재판장) 이인복 박보영(주심) 김신

대법원 2012.8.30. 선고 2012도6157 판결

【폭력행위등처벌에관한법률위반(공동공갈)】

판시사항

[1] 공갈죄의 대상인 '타인의 재물'인지 판단하는 기준 및 절도범이 절취한 금전이 다른 금전 등과 명백하게 구분되는 예외적인 경우, 절도 피해자에 대한 관계에서 그 금전을 절도범인 타인의 재물이라고 할 수 있는지 여부(소극)

[2] 갑이 을의 돈을 절취한 다음 다른 금전과 섞거나 교환하지 않고 쇼핑백 등에 넣어 자신의 집에 숨겨두었는데, 피고인이 을의 지시로 병과 함께 갑에게 겁을 주어 위 돈을 교부받아 갈취하였다고 하여 폭력행위 등 처벌에 관한 법률 위반(공동공갈)으로 기소된 사안에서, 위 금전을 타인인 갑의 재물이라고 할 수 없어 공갈죄가 성립된다고 볼 수 없는데도, 이와 달리 보아 유죄를 인정한 원심판결에 법리오해의 위법이 있다고 한 사례

판결요지

[1] 공갈죄의 대상이 되는 재물은 타인의 재물을 의미하므로, 사람을 공갈하여 자기의 재물을 교부받는 경우에는 공갈죄가 성립하지 아니한다. 그리고 타인의 재물인지는 민법, 상법, 기타의 실체법에 의하여 결정되는데, 금전을 도난당한 경우 절도범이 절취한 금전만 소지하고 있는 때 등과 같이 구체적으로 절취된 금전을 특정할 수 있어 객관적으로 다른 금전 등과 구분됨이 명백한 예외적인 경우에는 절도 피해자에 대한 관계에서 그 금전이 절도범인 타인의 재물이라고 할 수 없다.

[2] 갑이 을의 돈을 절취한 다음 다른 금전과 섞거나 교환하지 않고 쇼핑백 등에 넣어 자신의 집에 숨겨두었는데, 피고인이 을의 지시로 폭력조직원 병과 함께 갑에게 겁을 주어 쇼핑백 등에 들어 있던 절취된 돈을 교부받아 갈취하였다고 하여 폭력행위 등 처벌에 관한 법률 위반(공동공갈)으로 기소된 사안에서, 피고인 등이 갑에게서 되찾은 돈은 절취 대상인 당해 금전이라고 구체적으로 특정할 수 있어 객관적으로 갑의 다른 재산과 구분됨이 명백하므로 이를 타인인 갑의 재물이라고 볼 수 없고, 따라서 비록 피고인 등이 갑을 공갈하여 돈을 교부받았더라도 타인의 재물을 갈취한 행위로서 공갈죄가 성립된다고 볼 수 없는데도, 이와 달리 보아 유죄를 인정한 원심판결에 공갈죄의 대상인 타인의 재물 등에 관한 법리오해의 위법이 있다고 한 사례.

전 문

피 고 인 피고인

상 고 인 피고인

변 호 인 변호사

원심판결 서울동부지법 2012. 5. 10. 선고 2011노1865 판결

주 문 원심판결을 파기하고, 사건을 서울동부지방법원 합의부에 환송한다.

이 유 상고이유를 판단한다.

1. 공갈죄의 대상이 되는 재물은 타인의 재물을 의미하므로, 사람을 공갈하여 자기의 재물의 교부를 받는 경우에는 공갈죄가 성립하지 아니한다. 그리고 타인의 재물인지의 여부는 민법, 상법, 기타의 실체법에 의하여 결정되는데, 금전을 도난당한 경우 절도범이 절취한 금전만 소지하고 있는 때 등과 같이 구체적으로 절취된 금전을 특정할 수 있어 객관적으로 다른 금전 등과 구분됨이 명백한 예외적인 경우에는 절도 피해자에 대한 관계에서 그 금전이 절도범인 타인의 재물이라고 할 수 없다.
2. 원심은, "피고인이 공소외 1이 인터넷 도박사이트를 운영하면서 벌어들인 돈을 공소외 1의 지시에 따라 자신의

명의로 임차한 서울 강남구 역삼동 (지번 1 생략)에 있는 (건물이름 및 호수 생략)에 금고를 설치하고 보관하였는데, 공소외 2와 피해자 공소외 3이 2010. 8. 28. 12:20경 약 40억 3,000만 원이 든 금고를 훔치자, 공소외 1의 지시로 폭력조직인 ○○○○파 조직원 공소외 4와 함께 2010. 8. 30. 15:00경 서울 송파구 신천동에 있는 (이하 생략)에서 피해자를 만나 겁을 주어 같은 날 18:00경 서울 강동구 성내동 (지번 2 생략)에 있는 피해자의 집에서 피해자로부터 피해자가 공소외 2로부터 분배받은 돈 중 1,600만 원을 소비하고 남은 5억 5,400만 원을 교부받아 이를 갈취하였다."라는 취지의 공소사실에 관하여, 피고인의 이 사건 범행 당시 공소외 3 등이 절취한 이 사건 금전에 대한 사실상의 지배관계는 이미 공소외 3에게 이전되었으므로 이 사건 범행은 공소외 3의 소유에 속하는 돈을 객체로 한 것이라는 이유로, 공소외 3이 그 소유권이나 처분권을 취득하지 아니하여 공갈죄의 피해자가 될 수 없다는 항소이유를 받아들이지 아니하고, 위 공소사실을 유죄로 인정한 제1심판결을 그대로 유지하였다.

그런데 기록에 의하면, ① 피고인은 (건물이름 및 호수 생략)의 금고에 오만 원권 지폐를 일정 단위로 고무줄로 묶어 넣는 등으로 관리하는 한편 금고 옆에는 일만 원권 등을 넣은 쇼핑백들을 두어 관리한 사실, ② 공소외 3은 공소외 2와 약 40억 3,000만 원이 들어 있던 금고와 금고 옆 쇼핑백들을 훔친 다음, 공소외 2로부터 5억 7,000만 원가량을 분배받아, 훔친 쇼핑백 1개와 자신이 가져간 나이키 운동가방 1개에 나누어 넣은 뒤 자신의 집 싱크대에 숨겨 둔 사실, ③ 공소외 3은 공소사실 기재와 같은 경위로 피고인과 공소외 4에게 절취된 금전 중 1,600만 원을 소비한 외에 나머지 금전이 보관되어 있던 위 운동가방과 쇼핑백을 그대로 건네주었는데 그때까지 그 금전이 다른 금전과 섞이거나 교환된 바는 없는 사실을 알 수 있다.

위와 같은 사실관계를 앞서 본 법리에 비추어 보면, 공소외 3에 의하여 위 금고와 함께 금전을 절취당한 공소외 1의 지시에 의하여 피고인과 공소외 4가 공소외 3으로부터 되찾은 이 사건 금전은 바로 절취 대상인 당해 금전이라고 구체적으로 특정할 수 있어 객관적으로 공소외 3의 다른 재산과 구분됨이 명백하므로, 절취 당시 소유자인 공소외 1 및 그로부터 이 사건 행위를 지시받은 피고인과 공소외 4의 입장에서 이 사건 금전을 타인인 공소외 3의 재물이라고 볼 수 없다. 따라서 비록 피고인과 공소외 4가 공소외 3을 공갈하여 이 사건 금전을 교부받았다고 하더라도, 그 수단이 된 행위로 별도의 범죄가 성립될 수 있음은 별론으로 하고, 타인의 재물을 갈취한 행위로서 공갈죄가 성립된다고 할 수 없다.

그런데도 이와 달리 이 사건 금전이 공소외 1 등에 대한 관계에서 타인인 공소외 3의 재물에 해당된다는 이유로 이 사건 공소사실과 같이 피고인이 공소외 1과 공모하고 공소외 4와 공동하여 공소외 3으로부터 이 사건 금전을 교부받아 공갈죄가 성립된다고 본 원심의 판단에는, 공갈죄의 대상인 타인의 재물 등에 관한 법리를 오해하여 판결 결과에 영향을 미친 위법이 있다.

3. 그러므로 나머지 상고이유에 대한 판단은 생략한 채 원심판결을 파기하고, 사건을 다시 심리·판단하도록 하기 위하여 원심법원에 환송하기로 하여, 관여 대법관의 일치된 의견으로 주문과 같이 판결한다.

대법관 신영철(재판장) 이상훈 김용덕(주심)

대법원 2012.8.30. 선고 2012도6027 판결

【사기·범인도피교사·범인도피(피고인2에대하여인정된죄명:범인도피방조)】

판시사항

1 공범자의 범인도피행위 도중에 기왕의 범인도피상태를 이용하여 스스로 범인도피행위를 계속한 경우 범인도피죄의 공동정범이 성립하는지 여부(적극) 및 이때 공범자의 범행을 방조한 종범의 경우에도 동일한 법리가 적용되는지 여부(적극)

2 형사변호인이 의뢰인의 요청에 따른 변론행위라는 명목으로 수사기관이나 법원에 대하여 적극적으로 허위진술을 하거나 피고인 또는 피의자로 하여금 허위진술을 하도록 하는 것이 허용되는지 여부(소극)

3 갑이 수사기관 및 법원에 출석하여 을 등의 사기 범행을 자신이 저질렀다는 취지로 허위자백하였는데, 그 후 갑의 사기 피고사건 변호인으로 선임된 피고인이 갑과 공모하여 진범 을 등을 은폐하는 허위자백을 유지하게 함으로써 범인을 도피하게 하였다는 내용으로 기소된 사안에서, 피고인에 대하여 범인도피방조죄를 인정한 원심판단을 정당하다고 한 사례

판결요지

1 범인도피죄는 범인을 도피하게 함으로써 기수에 이르지만, 범인도피행위가 계속되는 동안에는 범죄행위도 계속되고 행위가 끝날 때 비로소 범죄행위가 종료된다. 따라서 공범자의 범인도피행위 도중에 그 범행을 인식하면서 그와 공동의 범의를 가지고 기왕의 범인도피상태를 이용하여 스스로 범인도피행위를 계속한 경우에는 범인도피죄의 공동정범이 성립하고, 이는 공범자의 범행을 방조한 종범의 경우도 마찬가지이다.

2 변호사는 공공성을 지닌 법률 전문직으로서 독립하여 자유롭게 직무를 수행하여야 하고(변호사법 제2조), 직무를 수행하면서 진실을 은폐하거나 거짓 진술을 하여서는 아니 된다(같은 법 제24조 제2항). 따라서 형사변호인의 기본적인 임무가 피고인 또는 피의자를 보호하고 그의 이익을 대변하는 것이라고 하더라도, 그러한 이익은 법적으로 보호받을 가치가 있는 정당한 이익으로 제한되고, 변호인이 의뢰인의 요청에 따른 변론행위라는 명목으로 수사기관이나 법원에 대하여 적극적으로 허위의 진술을 하거나 피고인 또는 피의자로 하여금 허위진술을 하도록 하는 것은 허용되지 않는다.

3 갑이 수사기관 및 법원에 출석하여 을 등의 사기 범행을 자신이 저질렀다는 취지로 허위자백하였는데, 그 후 갑의 사기 피고사건 변호인으로 선임된 피고인이 갑과 공모하여 진범 을 등을 은폐하는 허위자백을 유지하게 함으로써 범인을 도피하게 하였다는 내용으로 기소된 사안에서, 피고인이 변호인으로서 단순히 갑의 이익을 위한 적절한 변론과 그에 필요한 활동을 하는 데 그치지 아니하고, 갑과 을 사이에 부정한 거래가 진행 중이며 갑 피고사건의 수임과 변론이 거래의 향배와 불가결한 관련이 있을 것임을 분명히 인식하고도 을에게서 갑 피고사건을 수임하고, 그들의 합의가 성사되도록 도왔으며, 스스로 합의금의 일부를 예치하는 방안까지 용인하고 합의서를 작성하는 등으로 갑과 을의 거래관계에 깊숙이 관여한 행위를 정당한 변론권의 범위 내에 속한다고 평가할 수 없고, 나아가 변호인의 비밀유지의무는 변호인이 업무상 알게 된 비밀을 다른 곳에 누설하지 않을 소극적 의무를 말하는 것일 뿐 진범을 은폐하는 허위자백을 적극적으로 유지하게 한 행위가 변호인의 비밀유지의무에 의하여 정당화될 수 없다고 하면서, 한편으로 피고인의 행위는 정범인 갑에게 결의를 강화하게 한 방조행위로 평가될 수 있다는 이유로 범인도피방조죄를 인정한 원심판단을 정당하다고 한 사례.

전 문

피 고 인 피고인 1 외 1인

상 고 인 피고인들 및 검사

변 호 인 변호사

원심판결 서울중앙지법 2012. 5. 4. 선고 2012노504 판결

주 문 상고를 모두 기각한다.

이 유 상고이유를 판단한다.

1. 피고인 1의 상고이유에 대하여

기록에 의하면, 피고인 1은 제1심판결에 대하여 항소하면서 그 항소이유로 양형부당만을 주장하였음을 알 수 있다. 이러한 경우 원심판결에 법리오해 등의 잘못이 있다는 주장은 적법한 상고이유가 되지 못한다.

그리고 형사소송법 제383조 제4호에 의하면 양형부당을 사유로 한 상고는 사형, 무기 또는 10년 이상의 징역이나 금고가 선고된 사건에서만 허용되므로, 피고인 1에 대하여 그보다 가벼운 형이 선고된 이 사건에서 형의 양정이 부당하다는 주장 또한 적법한 상고이유가 될 수 없다.

2. 피고인 2의 상고이유에 대하여

가. 범인도피죄는 범인을 도피하게 함으로써 기수에 이르지만, 범인도피행위가 계속되는 동안에는 범죄행위도 계속되고 행위가 끝날 때 비로소 범죄행위가 종료된다. 따라서 공범자의 범인도피행위의 도중에 그 범행을 인식하면서 그와 공동의 범의를 가지고 기왕의 범인도피상태를 이용하여 스스로 범인도피행위를 계속한 경우에는 범인도피죄의 공동정범이 성립하고(대법원 1995. 9. 5. 선고 95도577 판결 참조), 이는 그 공범자의 범행을 방조한 종범의 경우도 마찬가지이다.

기록에 의하면, 원심 공동피고인 2에 대한 이 사건 공소사실의 요지는 "원심 공동피고인 2가 피고인 1, 제1심 공동피고인 2의 범인도피교사에 따라 2010. 8. 31. 경찰 및 2011. 2. 17. 검찰에서 조사를 받고, 2011. 3. 18. 및 2011. 4. 8. 법원에서 제1심 재판을 받음에 있어 이 사건 휴대전화 문자발송 사기 범행을 자신이 저질렀다는 취지로 허위자백하였고, 이로써 피고인 1 및 제1심 공동피고인 2를 도피하게 하였다."는 것임을 알 수 있으므로, 원심 공동피고인 2의 위 범행은 2011. 4. 8. 이전에 이미 기수에 이르렀다고 볼 수 있다. 그러나 제1심이 적법하게 채택한 증거들에 의하면, 원심 공동피고인 2는 2011. 5. 23. 진실을 밝히는 내용의 항소이유서를 항소심 법원에 제출하기는 하였으나, 이후 2011. 6. 14. 열린 항소심 공판기일에서는 여전히 위 허위자백을 유지하는 태도를 취하였고, 2011. 6. 28. 오후 검찰에서 조사를 받으면서 비로소 피고인 1 및 제1심 공동피고인 2가 진범임을 밝혔음을 알 수 있으므로, 원심 공동피고인 2의 범행이 종료된 시점은 2011. 6. 28.이라고 할 것이다.

따라서 원심이 이러한 전제하에, 피고인 2가 2011. 5. 2.경부터 2011. 6. 28. 오전 경까지 그 판시와 같은 행위를 통해 원심 공동피고인 2의 범인도피행위를 방조한 것으로 볼 수 있다고 판단한 것은, 위와 같은 법리에 비추어 정당한 것으로 수긍할 수 있고, 거기에 상고이유의 주장과 같은 범인도피죄의 종범에 관한 법리 등을 오해한 위법이 없다.

나. 변호사는 공공성을 지닌 법률 전문직으로서 독립하여 자유롭게 그 직무를 수행하여야 하고(변호사법 제2조), 그 직무를 수행함에 있어 진실을 은폐하거나 거짓 진술을 하여서는 아니 된다(같은 법 제24조 제2항). 따라서 형사변호인의 기본적인 임무가 피고인 또는 피의자를 보호하고 그의 이익을 대변하는 것이라고 하더라도, 그러한 이익은 법적으로 보호받을 가치가 있는 정당한 이익으로 제한되고, 변호인이 의뢰인의 요청에 따른 변론행위라는 명목으로 수사기관이나 법원에 대하여 적극적으로 허위의 진술을 하거나 피고인 또는 피의자로 하여금 허위진술을 하도록 하는 것은 허용되지 않는다.

원심은 그 채택 증거를 종합하여 판시와 같은 사실을 인정한 뒤, 피고인 2는 변호인으로서 단순히 원심 공동피고인 2의 이익을 위한 적절한 변론과 그에 필요한 활동을 하는 데 그치지 아니하고, 원심 공동피고인 2와 피고인 1 사이에 부정한 거래가 진행 중이며, 원심 공동피고인 2 사건의 수임과 변론이 그 거래의 향배와 불가결한 관련이 있을 것임을 분명히 인식하고도 피고인 1로부터 원심 공동피고인 2 사건을 수임하고, 그들 사이의 합의가 성사되도록 도왔으며, 스스로 합의금의 일부를 예치하는 방안까지 용인하고 합의서를 작성하는 등으로 피고인 1과 원심 공동피고인 2 사이의 거래관계에 깊숙이 관여하였으므로, 이러한 행위를 정당한 변론권의 범위 내에 속한다고 평가할 수는 없다고 판단하였다. 그리고 나아가 변호인의 비밀유지의무는 변호인이 업무상 알게 된 비밀을 다른 곳에 누설하지 않을 소극적 의무를 말하는 것일 뿐, 이 사건과 같이 진범을 은폐하는 허위자백을 적극적으로 유지하게 한 행위가 변호인의 비밀유지의무에 의하여 정당화될 수는 없다고 판

단하였다.

앞서 본 법리와 기록에 비추어 살펴보면, 원심의 위와 같은 판단은 모두 정당한 것으로 수긍할 수 있고, 거기에 상고이유의 주장과 같은 변호사의 비밀유지의무 및 변론권에 관한 법리오해 등의 위법은 없다.

다. 그 밖에 피고인 2가 주장하는 나머지 상고이유 주장의 요지는 결국 사실심인 원심의 전권에 속하는 증거의 취사선택과 사실의 인정을 탓하는 취지에 불과하므로 적법한 상고이유가 되지 못한다.

3. 검사의 상고이유에 대하여

형법 제30조의 공동정범이 성립하기 위하여는 주관적 요건인 공동가공의 의사와 객관적 요건으로서 그 공동의사에 기한 기능적 행위지배를 통하여 범죄를 실행하였을 것이 필요하고, 여기서 공동가공의 의사란 타인의 범행을 인식하면서도 이를 제지함이 없이 용인하는 것만으로는 부족하고 공동의 의사로 특정한 범죄행위를 하기 위하여 일체가 되어 서로 다른 사람의 행위를 이용하여 자기의 의사를 실행에 옮기는 것을 내용으로 하는 것이어야 한다(대법원 2004. 6. 24. 선고 2002도995 판결 등 참조).

원심판결 이유에 의하면 원심은, 원심 공동피고인 2가 이미 피고인 2가 개입하기 전부터도 피고인 1로부터 1억 원을 받고 허위자백을 유지하기로 마음먹고 있었던 점, 피고인 2는 원심 공동피고인 2와 피고인 1 사이에서 양쪽의 의사를 전달하는 데 그쳤을 뿐, 그 구체적인 합의안의 결정에 직접 관여하지는 않은 점 등에 비추어, 피고인 2의 행위는 정범인 원심 공동피고인 2에게 결의를 강화하게 한 방조행위로 평가할 수 있을 뿐, 공동가공의 의사나 기능적 행위지배가 있다고 보기는 어렵다고 판단하였다.

원심이 든 위와 같은 사정들에 기록에 의하여 드러난 아래 사정들, 즉 비록 피고인 2가 피고인 1과 원심 공동피고인 2 사이에 위와 같은 부정한 거래가 성사되는 데 중요한 역할을 담당하기는 하였으나, 원심 공동피고인 2로 하여금 허위자백을 유지하도록 적극적으로 종용하지는 않은 것으로 보이는 점, 피고인 1이나 원심 공동피고인 2는 언제라도 피고인 2를 해임하는 등의 방법으로 피고인 2를 사건에서 배제시킬 수 있었고 다른 방법을 통하여 연락을 취하는 것도 가능하였던 것으로 보이는 점 등을 더하여 보면, 원심 공동피고인 2가 피고인 1과 위와 같은 합의를 하고 허위자백을 유지하기로 한 사태의 핵심적 경과를 피고인 2가 계획적으로 조종하거나 저지·촉진하는 등으로 지배하고 있었다고 보기는 어렵다고 할 것이다.

따라서 원심이 같은 취지에서, 피고인 2의 판시 행위가 범인도피죄의 공동정범에 해당한다고 볼 수 없다고 판단한 것은 정당하고, 거기에 상고이유의 주장과 같이 공동정범에 관한 법리 등을 오해한 위법은 없다.

4. 결론

이에 상고를 모두 기각하기로 하여 관여 대법관의 일치된 의견으로 주문과 같이 판결한다.

대법관 김창석(재판장) 양창수 박병대(주심) 고영한

대법원 2012.8.30. 선고 2011도2252 판결

【여신전문금융업법위반·강제집행면탈】

판시사항

[1] 강제집행채권자의 채권의 존재가 인정되지 않는 경우 강제집행면탈죄가 성립하는지 여부(소극) 및 상계로 인하여 소멸하게 되는 채권의 경우 상계의 효력 발생 이후 강제집행면탈죄가 성립하는지 여부(소극)

[2] 피고인이 처 갑 명의로 임차하여 운영하는 주유소의 주유대금 신용카드 결제를, 별도로 운영하는 다른 주유소의 신용카드 결제 단말기로 처리함으로써 갑 명의 주유소의 매출채권을 다른 주유소의 매출채권으로 바꾸는 수법으로 은닉하여 갑에 대하여 연체차임 등 채권이 있어 갑 명의 주유소의 매출채권을 가압류한 을 주식회사의 강제집행을 면탈하였다는 내용으로 기소된 사안에서, 갑이 임대차보증금 반환채권으로 이를 상계한다는 의사표시를 하였으므로 피고인의 행위 당시 을 회사 채권의 존재가 인정되지 아니하여 강제집행면탈죄가 성립하지 않는다고 본 원심판단을 정당하다고 한 사례

판결요지

[1] 형법 제327조의 강제집행면탈죄는 채권자의 권리보호를 주된 보호법익으로 하므로 강제집행의 기본이 되는 채권자의 권리, 즉 채권의 존재는 강제집행면탈죄의 성립요건이다. 따라서 채권의 존재가 인정되지 않을 때에는 강제집행면탈죄는 성립하지 않는다. 그러므로 강제집행면탈죄를 유죄로 인정하기 위해서는 먼저 채권이 존재하는지에 관하여 심리·판단하여야 하고, 민사절차에서 이미 채권이 존재하지 않는 것으로 판명된 경우에는 다른 특별한 사정이 없는 한 이와 모순·저촉되는 판단을 할 수가 없다고 보아야 한다. 한편 상계의 의사표시가 있는 경우에는 각 채무는 상계할 수 있는 때에 소급하여 대등액에 관하여 소멸한 것으로 보게 된다. 따라서 상계로 인하여 소멸한 것으로 보게 되는 채권에 관하여는 상계의 효력이 발생하는 시점 이후에는 채권의 존재가 인정되지 않으므로 강제집행면탈죄가 성립하지 않는다.

[2] 피고인이 처 갑 명의로 임차하여 운영하는 주유소의 주유대금 신용카드 결제를, 별도로 운영하는 다른 주유소의 신용카드 결제 단말기로 처리함으로써 갑 명의 주유소의 매출채권을 다른 주유소의 매출채권으로 바꾸는 수법으로 은닉하여 갑에 대하여 연체차임 등 채권이 있어 갑 명의 주유소의 매출채권을 가압류한 을 주식회사의 강제집행을 면탈하였다는 내용으로 기소된 사안에서, 을 회사가 갑을 상대로 미지급 차임 등의 지급을 구하는 민사소송을 제기하였으나 갑이 임대차보증금 반환권으로 상계한다는 주장을 하여 을 회사의 청구가 기각된 판결이 확정된 사정에 비추어, 상계의 의사표시에 따라 을 회사의 차임채권 등은 채권 발생일에 임대차보증금 반환채권과 대등액으로 상계되어 소멸되었으므로 피고인의 행위 당시 을 회사의 채권의 존재가 인정되지 아니하여 강제집행면탈죄가 성립하지 않는다고 본 원심판단을 정당하다고 한 사례.

전 문

피 고 인 피고인

상 고 인 검사

변 호 인 변호사

원심판결 춘천지법 2011. 1. 28. 선고 2010노619 판결

주 문 상고를 기각한다.

이 유 상고이유를 판단한다.

1. 형법 제327조의 강제집행면탈죄는 채권자의 권리보호를 주된 보호법익으로 하는 것이므로 강제집행의 기본이 되는 채권자의 권리, 즉 채권의 존재는 강제집행면탈죄의 성립요건이다. 따라서 그 채권의 존재가 인정되지 않을 때에는 강제집행면탈죄는 성립하지 않는다(대법원 1988. 4. 12. 선고 88도48 판결, 대법원 2007. 7. 12. 선고 2007도3005 판결 등 참조). 그러므로 강제집행면탈죄를 유죄로 인정하기 위해서는 먼저 채권이 존재하는지 여부에 관하여 심리·판단하여야 하고, 민사절차에서 이미 채권이 존재하지 않는 것으로 판명된 경우에는 다른 특별한 사정이 없는 한 이와 모순·저촉되는 판단을 할 수가 없다고 보아야 할 것이다.

   한편 상계의 의사표시가 있는 경우에는 각 채무는 상계할 수 있는 때에 소급하여 대등액에 관하여 소멸한 것으로 보게 된다. 따라서 상계로 인하여 소멸한 것으로 보게 되는 채권에 관하여는 그 상계의 효력이 발생하는 시점 이후에는 채권의 존재가 인정되지 않으므로 강제집행면탈죄가 성립하지 않는다고 할 것이다.

2. 기록에 의하면, 공소외 1 주식회사가 연체차임 및 차임 상당의 부당이득금 등의 채권을 확보하기 위하여 피고인이 처 공소외 2 명의로 임차하여 실질적으로 운영하는 ○○○주유소의 신용카드 매출채권에 대하여 두 차례에 걸쳐 채권가압류를 하자, 피고인이 2009. 7. 8.경부터 2009. 10. 8.경까지 ○○○주유소에서 주유한 손님 공소외 3 등의 주유대금 신용카드 결제를 피고인이 별도로 운영하는 △△△△주유소의 신용카드 결제 단말기로 처리함으로써 ○○○주유소의 신용카드 매출채권을 △△△△주유소의 채권으로 바꾸는 수법으로 이를 은닉하여 강제집행을 면탈하였다는 것이 이 사건 강제집행면탈의 공소사실이다. 이에 대하여 원심은, 공소외 1 주식회사가 공소외 2를 상대로 미지급 차임 등의 지급을 구하는 민사소송을 제기하였으나 공소외 2는 임대차보증금 반환채권으로 상계한다는 주장을 하였고 그 항변이 받아들여져 공소외 1 주식회사의 청구가 기각된 판결이 확정되었다는 사실 등을 인정한 다음, 위 상계의 의사표시에 의하여 2009. 10. 31.까지 발생한 공소외 1 주식회사의 차임채권 및 부당이득금 반환채권 등은 그 채권의 발생일에 임대차보증금 반환채권과 대등액으로 상계되어 소멸되었다고 할 것이므로, 결국 피고인이 공소사실과 같이 2009. 7. 8.경부터 2009. 10. 8.경까지 위 ○○○주유소에서 주유한 손님 공소외 3 등의 주유대금 신용카드 결제를 △△△△주유소의 신용카드 결제 단말기로 처리하여 그 명의로 매출전표를 작성하였다고 하더라도, 그 행위 당시 공소외 1 주식회사의 채권의 존재가 인정되지 아니하여 강제집행면탈죄는 성립하지 아니한다고 판단하였다.

   기록에 비추어 살펴보면, 원심의 위와 같은 판단은 앞서 본 법리에 따른 것이므로 정당하고, 거기에 상고이유로 주장하는 바와 같이 강제집행면탈죄의 성립에 관한 법리를 오해하는 등으로 판결에 영향을 미친 위법이 있다고 할 수 없다.

3. 검사는 원심판결 중 유죄 부분에 대하여도 상고를 하였으나, 상고장에 이유의 기재가 없고 상고이유서에도 이에 대한 불복이유의 기재를 찾아볼 수 없다.
4. 이에 상고를 기각하기로 하여, 관여 대법관의 일치된 의견으로 주문과 같이 판결한다.

대법관 김창석(재판장) 양창수 박병대(주심) 고영한

대법원 2012.8.30. 선고 2011도15052 판결

【특정경제범죄가중처벌등에관한법률위반(배임)】

판시사항

[1] 경영상 판단과 관련하여 경영자에게 배임의 고의와 불법이득의 의사가 있었는지 판단하는 방법

[2] 배임죄에서 '재산상의 손해를 가한 때'의 의미

전 문

피 고 인 피고인 1 외 1인

상 고 인 피고인들

변 호 인 법무법인

원심판결 서울고법 2011. 10. 27. 선고 2011노1785 판결

주 문 상고를 모두 기각한다.

이 유 상고이유를 판단한다.

1. 상고이유 제1점에 대하여

경영상 판단과 관련하여 경영자에게 배임의 고의와 불법이득의 의사가 있었는지 여부를 판단할 때에는 문제된 경영상의 판단에 이르게 된 경위와 동기, 판단대상인 사업의 내용, 기업이 처한 경제적 상황, 손실발생의 개연성과 이익획득의 개연성 등 여러 사정을 고려하여 자기 또는 제3자가 재산상 이익을 취득한다는 인식과 본인에게 손해를 가한다는 인식(미필적 인식을 포함)하의 의도적 행위임이 인정되는 경우에 한하여 배임죄의 고의를 인정하는 엄격한 해석기준은 유지되어야 하고, 그러한 인식이 없는데 단순히 본인에게 손해가 발생하였다는 결과만으로 책임을 묻거나 주의의무를 소홀히 한 과실이 있다는 이유로는 책임을 물을 수 없으나(대법원 2004. 7. 22. 선고 2002도4229 판결 참조), 배임죄에서 말하는 임무위배행위에 해당하는지 여부는 그 사무의 성질·내용, 사무집행자의 구체적인 역할과 지위, 행위 당시의 구체적 상황에 따라 그 행위가 신의성실의 원칙에 비추어 통상의 업무집행의 범위를 일탈하였는가에 따라 판단하여야 하는바, 경영자의 경영상 판단에 관하여 위와 같은 사정을 모두 고려하더라도 법령의 규정, 계약 내용 또는 신의성실의 원칙상 구체적 상황과 자신의 역할·지위에서 당연히 하여야 할 것으로 기대되는 행위를 하지 않거나 당연히 하지 않아야 할 것으로 기대되는 행위를 행함으로써 재산상 이익을 취득하거나 제3자로 하여금 이를 취득하게 하고 본인에게 손해를 가하였다면 그에 관한 고의 내지 불법이득의 의사는 여전히 이를 인정함이 마땅하다(대법원 2007. 11. 15. 선고 2007도6075 판결 참조).

원심은, 그 채택 증거에 의하여 인정되는 판시와 같은 사정을 종합하면, 피고인들이 이 사건 공동주택 신축사업의 사업주체인 피해자 공소외 주식회사(이하 '피해자 회사'라 한다)의 대표이사 또는 이사로서 이 사건 지역주택조합의 조합원 모집업무를 하게 됨을 기화로 이 사건 사업부지 내 토지를 소유하지 아니한 자신들의 가족과 지인들을 지주조합원으로 취급하거나 주주공급 또는 직원공급이라는 명목으로 일반조합원의 분담금보다 저렴한 가격에 분양권을 공급한 행위는 정상적인 경영상 판단에 따른 것이 아닌 피해자 회사에 대한 배임행위에 해당한다고 판단하였다.

앞에서 본 법리에 비추어 볼 때 원심의 이러한 판단은 정당한 것으로 수긍이 가고, 거기에 상고이유 주장과 같이 배임행위에 관하여 법리를 오해하거나, 지주조합원 자격의 인정에 관하여 논리와 경험의 법칙을 위반하고 자유심증주의의 한계를 벗어나는 등 판결에 영향을 미친 위법이 없다.

2. 상고이유 제2점에 대하여

배임죄에 있어서 '재산상의 손해를 가한 때'라 함은 현실적인 손해를 가한 경우뿐만 아니라 재산상 실해 발생의 위험을 초래한 경우도 포함되고 일단 손해의 위험성을 발생시킨 이상 사후에 피해가 회복되었다 하여도 배임죄의 성립에 영향을 주는 것은 아니다(대법원 2000. 12. 8. 선고 99도3338 판결, 대법원 2004. 7. 22. 선고 2002도4229 판결, 대법원 2010. 9. 9. 선고 2010도5972 판결 등 참조).

원심은 이 사건 지역주택조합의 창립총회 당시 정해진 조합원 분담금이 추후 변경될 수 있다 하더라도, 그 분담금은 합의에 의해 변경될 때까지 법적인 구속력을 가지고, 변경 시에도 기존 계약의 내용을 기준으로 변동이 논의될 수밖에 없으므로, 분담금의 변경에 관하여 사전에 기준이 정해지거나 금액이 구체적으로 확정되어 추후

분담금의 변동을 명백히 예상할 수 있고 그 변경사유가 지주조합원에만 해당하는 것이 아니라면, 피고인들이 조합가입약정을 통해 그 가족과 지인들에게 당시 정해진 분담금 기준보다 저가로 분양권을 공급함으로 인하여 피해자 회사에 재산상 실해 발생의 위험이 초래되지 않았다고 할 수 없고, 그 후 일반조합원의 평균 분담금이 5억 원가량으로 책정되거나, 이 사건 지역주택조합 총회가 조합원 분담금을 1억 원씩 늘리기로 의결한 점, 피해자 회사가 결과적으로 이 사건 공동주택 신축사업의 시행권을 상실한 점 등은 배임죄의 성립이나 재산상 손해의 인정에 영향이 없다고 판단하였다.

앞에서 본 법리에 비추어 볼 때 원심의 이러한 판단은 정당한 것으로 수긍이 가고, 거기에 상고이유 주장과 같이 배임죄의 성립요건인 재산상 손해의 발생에 관하여 법리를 오해하거나, 논리와 경험의 법칙을 위반하고 자유심증주의의 한계를 벗어나는 등 판결에 영향을 미친 위법이 없다.

3. 결론

그러므로 상고를 모두 기각하기로 하여 관여 대법관의 일치된 의견으로 주문과 같이 판결한다.

대법관 이상훈(재판장) 신영철(주심) 김용덕

대법원 2012.8.30. 선고 2010도13694 판결

【직무유기·증거은닉교사·범인도피교사】

판시사항

[1] 직무유기죄의 성립 요건

[2] 형사재판에서 유죄를 인정하기 위한 증거의 증명력 정도

[3] 수사기관에서 조사받는 피의자가 사실은 게임장·오락실·피씨방 등의 종업원임에도 불구하고 자신이 실제 업주라고 허위로 진술하는 행위가 범인도피죄를 구성하는지 여부(원칙적 소극)

[4] 피교사자에게 이미 범죄의 결의가 있는 경우, 교사범의 성립 여부(소극)

전　문

피 고 인 피고인

상 고 인 검사

변 호 인 법무법인

원심판결 부산지법 2010. 9. 29. 선고 2010노1504 판결

주　문 상고를 기각한다.

이　유 상고이유를 판단한다.

1. 직무유기의 점에 관한 상고이유에 대하여

직무유기죄는 공무원이 법령·내규 등에 의한 추상적 충근의무를 태만히 하는 일체의 경우에 성립하는 것이 아니라, 직장의 무단이탈이나 직무의 의식적인 포기 등과 같이 국가의 기능을 저해하고 국민에게 피해를 야기시킬 구체적 위험성이 있고 불법과 책임비난의 정도가 높은 법익침해의 경우에 한하여 성립하는 것이므로, 어떠한 형태로든 직무집행의 의사로 자신의 직무를 수행한 경우에는 그 직무집행의 내용이 위법한 것으로 평가된다는 점만으로 직무유기죄의 성립을 인정할 것은 아니고(대법원 2007. 7. 12. 선고 2006도1390 판결 등 참조), 공무원이 태만·분망·착각 등으로 인하여 직무를 성실히 수행하지 아니한 경우나 형식적으로 또는 소홀히 직무를 수행하였기 때문에 성실한 직무수행을 못한 것에 불과한 경우에도 직무유기죄는 성립하지 아니한다(대법원 1997. 8. 29. 선고 97도675 판결 등 참조).

위 법리와 기록에 비추어 살펴보면, 원심이 그 판시와 같은 이유를 들어 검사 제출의 증거만으로는 피고인이 2008. 10. 6.경부터 2008. 12. 8.경까지 이 사건 게임장의 개·변조된 프린세스 게임기를 손님의 이용에 제공하는 등의 불법 영업행위를 명백히 인식하고서도 의식적으로 그러한 불법 영업행위를 묵인하거나 위 게임기를 감정의뢰하지 아니하는 등으로 구체적인 단속직무를 포기하였다고 단정할 수 없으므로, 비록 피고인이 이 사건 게임장의 불법 영업을 신속·적절하게 단속하지 아니하였다고 하더라도 이를 직무유기죄에 해당한다고 할 수 없다고 판단한 것은 정당한 것으로 수긍할 수 있다. 거기에 상고이유 주장과 같이 증거의 취사선택이나 사실의 인정에 있어서 자유심증주의의 한계를 일탈하거나 직무유기죄에 관한 법리 등을 오해한 위법이 있다고 할 수 없다.

2. 증거은닉교사의 점에 관한 상고이유에 대하여

형사재판에서 범죄사실의 인정은 법관으로 하여금 합리적인 의심을 할 여지가 없을 정도의 확신을 가지게 하는 증명력을 가진 엄격한 증거에 의하여야 하므로, 검사의 입증이 위와 같은 확신을 가지게 하는 정도에 충분히 이르지 못한 경우에는 비록 피고인의 주장이나 변명이 모순되거나 석연치 아니한 면이 있는 등 유죄의 의심이 간다고 하더라도 피고인의 이익으로 판단하여야 한다(대법원 2011. 4. 28. 선고 2010도14487 판결 참조).

원심판결 이유를 기록에 비추어 살펴보면, 원심이 그 판시와 같은 이유를 들어 피고인이 공소외 1, 2로 하여금 타인의 '게임산업 진흥에 관한 법률' 위반 형사사건의 증거를 은닉하도록 하여 증거은닉을 교사하였다는 공소사실에 대하여 그 범죄의 증명이 없다고 판단하여 위 공소사실을 무죄로 인정한 것은 정당한 것으로 수긍할 수 있다. 거기에 상고이유 주장과 같은 증거의 취사선택이나 사실의 인정에 있어서 자유심증주의의 한계를 일탈한 위법이 없다.

3. 범인도피교사의 점에 관한 상고이유에 대하여

'게임산업 진흥에 관한 법률' 위반의 혐의로 수사기관에서 조사받는 피의자가 사실은 게임장·오락실·피씨방

등의 실제 업주가 아니라 그 종업원임에도 불구하고 자신이 실제 업주라고 허위로 진술하였다고 하더라도 그 자체만으로 범인도피죄를 구성하는 것은 아니다. 다만 그 피의자가 실제 업주로부터 금전적 이익 등을 제공받기로 하고 단속이 되면 실제 업주를 숨기고 자신이 대신하여 처벌받기로 하는 역할(이른바 '바지사장')을 맡기로 하는 등 수사기관을 착오에 빠뜨리기로 하고, 단순히 실제 업주라고 진술하는 것에서 나아가 게임장 등의 운영 경위, 자금 출처, 게임기 등의 구입 경위, 점포의 임대차계약 체결 경위 등에 관하여서까지 적극적으로 허위로 진술하거나 허위 자료를 제시하여 그 결과 수사기관이 실제 업주를 발견 또는 체포하는 것이 곤란 내지 불가능하게 될 정도에까지 이른 것으로 평가되는 경우 등에는 범인도피죄를 구성할 수 있다(대법원 2010. 1. 28. 선고 2009도10709 판결 등 참조).

또한 교사범이란 정범으로 하여금 범죄를 결의하게 하여 그 죄를 범하게 한 때에 성립하는 것이고, 피교사자는 교사범의 교사에 의하여 범죄실행을 결의하여야 하는 것이므로, 피교사자가 이미 범죄의 결의를 가지고 있을 때에는 교사범이 성립할 여지가 없다(대법원 1991. 5. 14. 선고 91도542 판결 참조).

위 법리와 기록에 비추어 살펴보면, 원심이 그 판시와 같은 이유를 들어 피고인이 공소외 3, 4로 하여금 명의상 업주에 불과한 공소외 3이 실제 업주라고 허위진술하도록 지시하여 타인의 형사사건에 관하여 범인도피를 교사하였다는 공소사실에 대하여 그 범죄의 증명이 없다고 판단하는 한편, 공소외 3이 공소외 5와 공소외 4로부터 이미 범인도피교사를 받아 허위로 진술할 결의를 하였던 이상 피고인에게 교사범이 성립할 여지도 없다고 판단하여 위 공소사실을 무죄로 인정한 것은 정당한 것으로 수긍할 수 있다. 거기에 상고이유 주장과 같이 증거의 취사선택이나 사실의 인정에 있어서 자유심증주의의 한계를 일탈하거나 범인도피교사죄에 관한 법리 등을 오해한 위법이 있다고 할 수 없다.

4. 결론

그러므로 상고를 기각하기로 하여 관여 대법관의 일치된 의견으로 주문과 같이 판결한다.

대법관 고영한(재판장) 양창수(주심) 박병대 김창석

대법원 2012.8.23. 선고 2011도14045 판결

【사문서위조·위조사문서행사·자본시장과금융투자업에관한법률위반·특정경제범죄가중처벌등에관한법률위반(배임)】

판시사항

회사의 비자금을 불법영득의사로써 횡령한 것으로 인정할 수 있는지 여부

전 문

피 고 인 피고인 1 외 1인

상 고 인 검사

변 호 인 변호사

원심판결 서울고법 2011. 10. 7. 선고 2011노1810 판결

주 문 상고를 모두 기각한다.

이 유 상고이유를 판단한다.

1. 피고인 1에 대한 자본시장과 금융투자업에 관한 법률 위반의 점

원심판결 이유를 기록에 비추어 살펴보면, 원심이 사업보고서를 금융위원회와 거래소에 제출할 당시 대표이사나 제출업무를 담당하는 이사가 아닌 자는 이 사건 자본시장과 금융투자업에 관한 법률 위반죄의 주체가 될 수 없고, 대표이사나 제출업무를 담당하는 이사가 아닌 자는 고의 없는 대표이사나 제출업무를 담당하는 이사를 이용하여 간접정범의 형태로 위 죄를 범할 수도 없으므로, 피고인 1에 대한 이 사건 공소사실 중 자본시장과 금융투자업에 관한 법률 위반의 점은 범죄로 되지 아니한다는 이유로, 위 공소사실에 관하여 무죄로 판단한 제1심판결을 그대로 유지한 것은 수긍할 수 있고, 거기에 상고이유의 주장과 같이 논리와 경험의 법칙을 위반하여 자유심증주의의 한계를 벗어나거나, 신분범 내지 간접정범 등에 관한 법리를 오해한 위법이 없다.

2. 피고인들에 대한 특정경제범죄 가중처벌 등에 관한 법률 위반(배임)의 점

원심판결의 이유를 관련 법리와 기록에 비추어 살펴보면, 원심이 그 판시와 같은 이유를 들어 피고인들에 대한 이 사건 공소사실 중 주위적 공소사실인 특정경제범죄 가중처벌 등에 관한 법률 위반(배임)의 점에 관하여 범죄의 증명이 없다는 이유로 무죄로 판단한 제1심판결을 그대로 유지한 것은 수긍할 수 있고, 거기에 상고이유의 주장과 같이 논리와 경험의 법칙을 위반하여 자유심증주의의 한계를 벗어나거나, 특정경제범죄 가중처벌 등에 관한 법률 위반(배임)죄의 성립에 관한 법리를 오해한 위법이 없다.

3. 피고인들에 대한 특정경제범죄 가중처벌 등에 관한 법률 위반(횡령)의 점

피고인들이 보관·관리하고 있던 회사의 비자금이 인출·사용되었음에도 피고인들이 그 행방이나 사용처를 제대로 설명하지 못하거나, 피고인들이 주장하는 사용처에 사용된 자금이 그 비자금과는 다른 자금으로 충당된 것으로 드러나는 등 피고인들이 주장하는 사용처에 비자금이 사용되었다는 점을 인정할 수 있는 자료가 부족하고 오히려 피고인들이 비자금을 개인적인 용도에 사용하였다는 점에 대한 신빙성 있는 자료가 많은 경우 등에는 피고인들이 그 돈을 불법영득의 의사로써 횡령한 것이라고 추단할 수 있을 것이다. 하지만 이와 달리 피고인들이 불법영득의사의 존재를 인정하기 어려운 사유를 들어 비자금의 행방이나 사용처에 대한 설명을 하고 있고 이에 부합하는 자료도 있다면, 피고인들이 그 보관·관리하고 있던 비자금을 일단 타 용도로 소비한 다음 그만한 돈을 별도로 입금 또는 반환한 것이라는 등의 사정이 인정되지 아니하는 한, 함부로 보관·관리하고 있던 비자금을 불법영득의사로 인출하여 횡령하였다고 인정할 수는 없다(대법원 2009. 2. 26. 선고 2007도4784 판결 등 참조).

원심판결의 이유를 위와 같은 법리와 기록에 비추어 살펴보면, 원심이 그 판시와 같은 이유를 들어 피고인들에 대한 이 사건 공소사실 중 예비적 공소사실인 특정경제범죄 가중처벌 등에 관한 법률 위반(횡령)의 점에 관하여 범죄의 증명이 없다는 이유로 무죄로 판단한 제1심판결을 그대로 유지한 것은 수긍할 수 있고, 거기에 상고이유의 주장과 같이 논리와 경험의 법칙을 위반하여 자유심증주의의 한계를 벗어나거나, 특정경제범죄 가중처벌 등에 관한 법률 위반(횡령)죄의 성립에 관한 법리를 오해한 위법이 없다.

4. 피고인 1에 대한 각 사문서위조 및 위조사문서행사의 점

한편 검사는 원심판결 중 피고인 1에 대한 유죄 부분에 대하여도 상고하였으나, 상고장 및 상고이유서 어디에도 이에 대한 불복이유의 기재를 찾아볼 수 없다.

5. 결론

그러므로 상고를 모두 기각하기로 하여 관여 대법관의 일치된 의견으로 주문과 같이 판결한다.

대법관 민일영(재판장) 신영철(주심) 박보영

대법원 2012.8.23. 선고 2010도6504 판결

【특정범죄가중처벌등에관한법률위반(뇌물)(피고인2에대하여인정된죄명:뇌물수수)·사문서위조·위조사문서행사】

판시사항

[1] 영득의 의사로 수령한 뇌물을 후에 반환하더라도 뇌물수수죄가 성립하는지 여부(적극) 및 영득할 의사로 뇌물을 수령한 것인지 판단하는 기준

[2] 뇌물의 내용인 '이익'의 의미 및 투기적 사업에 참여할 기회를 얻는 것이 '이익'에 해당하는지 여부(적극)

전 문

피 고 인 피고인 1 외 1인

상 고 인 피고인들

변 호 인 변호사

원심판결 서울고법 2010. 4. 30. 선고 2009노3431 판결

주 문 상고를 모두 기각한다.

이 유 상고이유(상고이유서 제출기간이 경과한 후에 제출된 상고이유보충서의 기재는 상고이유를 보충하는 범위 내에서)를 살펴본다.

1. 피고인 1의 상고이유에 관하여

가. 3,000만 원권 자기앞수표 수수의 점에 관하여

(1) 뇌물을 수수한다는 것은 영득의 의사로 금품을 수수하는 것을 말하므로, 뇌물인지 모르고 이를 수수하였다가 뇌물임을 알고 즉시 반환하거나, 증뢰자가 일방적으로 뇌물을 두고 가므로 후일 기회를 보아 반환할 의사로 어쩔 수 없이 일시 보관하다가 반환하는 등 그 영득의 의사가 없었다고 인정되는 경우라면 뇌물을 수수하였다고 할 수 없겠지만, 일단 피고인이 영득의 의사로 뇌물을 수령한 이상 후에 이를 반환하였다고 하더라도 뇌물죄의 성립에는 영향이 없다(대법원 1987. 9. 22. 선고 87도1472 판결, 대법원 2007. 3. 29. 선고 2006도9182 판결 등 참조).

한편 영득할 의사로 뇌물을 수령한 것인지 여부를 판단함에 있어서는 뇌물을 교부받은 경위, 언제든지 그 뇌물을 반환할 기회가 있었음에도 반환하지 아니하였는지 여부, 그 뇌물을 반환하게 된 경위 등을 고려하여야 한다.

(2) 원심은 그 채택 증거를 종합하여, 공무원인 피고인 1은 부동산업자인 공소외 1로부터 이 사건 을왕동 토지에 관하여 건축허가를 내 줄 것을 부탁받고 그로부터 1~2일 후 만나 3,000만 원권 자기앞수표가 든 봉투를 건네받았는데, 그 후 공소외 1과 수시로 통화하면서도 이를 즉시 공소외 1에게 돌려주지 않고 위 자기앞수표를 10일 가량 가지고 있다가 돌려준 사실을 인정한 다음, 자신이 담당하는 건축허가 등 업무와 관련하여 공소외 1로부터 영득의 의사로 위 자기앞수표를 수수하였다가 공무원으로서 고액의 수표를 사용하는 것이 용이하지 아니하고 문제가 될 수도 있다는 생각에 이를 반환한 것으로 보아, 피고인 1이 영득의 의사로 위 자기앞수표를 뇌물로 받은 것으로 판단하였다.

위 법리 및 기록에 비추어 살펴보면 원심의 위와 같은 판단은 정당한 것으로 수긍이 가고, 거기에 논리와 경험의 법칙에 반하여 자유심증주의의 한계를 벗어나거나, 뇌물죄에 있어서 영득의 의사에 관한 법리를 오해한 잘못이 없다.

나. 750만 원 수수의 점에 관하여

원심은 그 채택 증거에 의하여 인정되는 판시와 같은 사정을 들어, 피고인 1은 이 사건 을왕동 토지의 건축허가를 위한 설계비용으로 이미 자신이 대납하였거나 앞으로 대납할 금원의 변제 명목으로 500만 원 및 250만 원을 교부 또는 송금받은 것이 아니라, 자신이 담당하는 건축허가 관련 업무에 관하여 공소외 1로부터 합계 750만 원을 교부 또는 송금받았다고 봄이 상당하고, 설령 피고인 1이 공소외 1로부터 교부 또는 송금받은

금원 중 일부를 설계비용 등에 사용하였다고 하더라도 이는 영득의 의사로 수수한 뇌물을 소비한 것에 지나지 않는다고 판단하였다.

기록에 비추어 살펴보면 원심의 위와 같은 판단은 정당한 것으로 수긍이 가고, 거기에 논리와 경험의 법칙에 반하여 자유심증주의의 한계를 벗어난 잘못이 없다.

다. 사문서위조 및 동행사의 점에 관하여

원심은 그 채택 증거에 의하여 인정되는 판시와 같은 사정을 들어, 피고인 1이 공소외 2 명의의 이 사건 정산합의서를 위조하고 이를 행사하였다고 판단하였는바, 기록에 비추어 살펴보면 원심의 위와 같은 판단은 정당한 것으로 수긍이 가고, 거기에 논리와 경험의 법칙에 반하여 자유심증주의의 한계를 벗어나거나, 문서명의인의 승낙에 관한 법리를 오해한 잘못이 없다.

2. 피고인 2의 상고이유에 관하여

뇌물죄에서 뇌물의 내용인 이익은 금전, 물품 기타의 재산적 이익뿐만 아니라 사람의 수요, 욕망을 충족시키기에 족한 일체의 유형, 무형의 이익을 포함한다고 해석되고, 투기적 사업에 참여할 기회를 얻는 것도 이에 해당한다(대법원 2002. 11. 26. 선고 2002도3539 판결, 대법원 2008. 3. 27. 선고 2007도620 판결 참조).

원심은 그 채택 증거에 의하여 인정되는 판시와 같은 사정을 들어, 비록 피고인 2가 이 사건 을왕동 토지 중 (지번 생략) 토지를 매수할 당시 위 토지의 객관적인 시가를 합리적인 의심이 없는 정도로 산정하기가 어려워 피고인 2의 구체적인 이득액을 특정할 수는 없다 하더라도, 적어도 피고인 2가 공소외 1로부터 위 토지를 평당 134만 원에 매수하여 소유권이전등기를 마침으로써 위 토지의 매수 및 개발을 통한 건축 등 투자기회를 제공받은 것 자체는 뇌물의 내용인 이익에 해당한다고 판단하였다.

위 법리 및 기록에 비추어 살펴보면 원심의 위와 같은 판단은 정당한 것으로 수긍이 가고, 거기에 논리와 경험의 법칙에 반하여 자유심증주의의 한계를 벗어나거나, 뇌물죄에 있어서 뇌물의 내용인 이익에 관한 법리를 오해한 잘못이 없다.

3. 결론

그러므로 상고를 모두 기각하기로 하여, 관여 대법관의 일치된 의견으로 주문과 같이 판결한다.

대법관 박보영(재판장) 신영철 민일영(주심)

대법원 2012.8.17. 선고 2011도10451 판결

【협박】

판시사항

[1] 협박죄에서 '협박'의 의미와 판단 기준 및 제3자의 법익을 침해하겠다는 내용의 해악 고지가 피해자 본인에 대한 협박죄를 구성하는 경우

[2] 피고인이 공중전화를 이용하여 경찰서에 여러 차례 전화를 걸어 전화를 받은 각 경찰관에게 경찰서 관할구역 내에 있는 갑 정당의 당사를 폭파하겠다는 말을 한 사안에서, 피고인의 행위가 각 경찰관에 대한 협박죄를 구성한다고 본 원심판결에 협박죄에 관한 법리오해의 위법이 있다고 한 사례

판결요지

[1] 형법 제283조에서 정하는 협박죄의 성립에 요구되는 '협박'이라고 함은 일반적으로 그 상대방이 된 사람으로 하여금 공포심을 일으키기에 충분한 정도의 해악을 고지하는 것으로서, 그러한 해악의 고지에 해당하는지 여부는 행위자와 상대방의 성향, 고지 당시의 주변 상황, 행위자와 상대방 사이의 관계·지위, 그 친숙의 정도 등 행위 전후의 여러 사정을 종합하여 판단되어야 한다. 한편 여기서의 '해악'이란 법익을 침해하는 것을 가리키는데, 그 해악이 반드시 피해자 본인이 아니라 그 친족 그 밖의 제3자의 법익을 침해하는 것을 내용으로 하더라도 피해자 본인과 제3자가 밀접한 관계에 있어서 그 해악의 내용이 피해자 본인에게 공포심을 일으킬 만한 것이라면 협박죄가 성립할 수 있다.

[2] 피고인이 혼자 술을 마시던 중 갑 정당이 국회에서 예산안을 강행처리하였다는 것에 화가 나서 공중전화를 이용하여 경찰서에 여러 차례 전화를 걸어 전화를 받은 각 경찰관에게 경찰서 관할구역 내에 있는 갑 정당의 당사를 폭파하겠다는 말을 한 사안에서, 피고인은 갑 정당에 관한 해악을 고지한 것이므로 각 경찰관 개인에 관한 해악을 고지하였다고 할 수 없고, 다른 특별한 사정이 없는 한 일반적으로 갑 정당에 대한 해악의 고지가 각 경찰관 개인에게 공포심을 일으킬 만큼 서로 밀접한 관계에 있다고 보기 어려운데도, 이와 달리 피고인의 행위가 각 경찰관에 대한 협박죄를 구성한다고 본 원심판결에 협박죄에 관한 법리오해의 위법이 있다고 한 사례.

전 문

피 고 인 피고인

상 고 인 피고인

변 호 인 변호사

원심판결 서울중앙지법 2011. 7. 22. 선고 2011노1419 판결

주 문 원심판결을 파기하고, 사건을 서울중앙지방법원 합의부에 환송한다.

이 유 상고이유를 판단한다.

1. 형법 제283조에서 정하는 협박죄의 성립에 요구되는 '협박'이라고 함은 일반적으로 그 상대방이 된 사람으로 하여금 공포심을 일으키기에 충분한 정도의 해악을 고지하는 것으로서, 그러한 해악의 고지에 해당하는지 여부는 행위자와 상대방의 성향, 고지 당시의 주변 상황, 행위자와 상대방 사이의 관계·지위, 그 친숙의 정도 등 행위 전후의 여러 사정을 종합하여 판단되어야 한다(대법원 2007. 9. 28. 선고 2007도606 전원합의체 판결 등 참조). 한편 여기서의 '해악'이란 법익을 침해하는 것을 가리키는데, 그 해악이 반드시 피해자 본인이 아니라 그 친족 그 밖의 제3자의 법익을 침해하는 것을 내용으로 하더라도 피해자 본인과 제3자가 밀접한 관계에 있어서 그 해악의 내용이 피해자 본인에게 공포심을 일으킬 만한 것이라면 협박죄가 성립할 수 있다(대법원 2010. 7. 15.

선고 2010도1017 판결 등 참조).

2. 원심은 그 판시와 같은 사실을 인정한 다음 피고인이 경찰서에 전화를 걸어 경찰관에게 수원시에 있는 공소외 정당(그 후 ○○○당으로 당명이 변경되었다. 이하 '공소외 정당'이라고 한다) 경기도당 당사를 폭파하겠다고 말한 행위는 고지한 해악의 내용과 고지의 방법, 태도 등에 비추어 공공의 안녕과 질서유지의 임무를 수행하는 경찰관의 입장에서 명백한 장난을 넘어서 실현가능성이 있다고 생각할 수 있을 정도에 이르렀다고 하여 협박죄를 인정하였다.

3. 그러나 원심의 위와 같은 판단은 아래와 같은 이유로 수긍하기 어렵다.

기록에 의하면, 피고인은 혼자서 술을 마시던 중 공소외 정당이 국회에서 예산안을 강행처리하였다는 것에 화가 나서 공중전화를 이용하여 수원중부경찰서 지령실에 여러 차례에 걸쳐 전화를 한 사실, 그리하여 피고인은 전화를 할 때마다 위 지령실에서 근무하면서 그 전화를 받은 각 경찰관에게 위 경찰서의 관할구역 내에 있는 공소외 정당 경기도당 당사를 폭파하겠다는 말을 한 사실을 알 수 있다.

그렇다면 피고인은 공소외 정당에 관한 해악을 고지한 것으로서 이 사건 공소사실에서 피해자로 일컫고 있는 각 경찰관 개인에 관한 해악을 고지하였다고 할 수 없다. 그리고 이들 경찰관은 수원중부경찰서 지령실에서 근무하던 공무원으로서, 그들이 공공의 안녕과 질서유지의 임무를 수행하고 있어서 피고인의 행위가 직무상 그에 따른 경비조치 등을 불필요하게 취하도록 하는 결과를 초래한다고 하더라도, 그것이 사안에 따라 공무집행방해 등의 죄책에 해당하는 경우가 있을 수 있음은 별론으로 하고, 다른 특별한 사정이 없는 한 일반적으로 공소외 정당에 대한 해악의 고지가 그들 개인에게 공포심을 일으킬 만큼 그와 밀접한 관계에 있다고 보기는 어렵다.

그럼에도 그 판시와 같은 사정만으로 피고인의 행위가 위 각 경찰관에 대한 협박죄를 구성한다고 보아 이 사건 각 공소사실을 유죄로 인정한 원심판결에는 협박죄에 관한 법리를 오해하여 판결에 영향을 미친 위법이 있다고 할 것이다. 이 점을 지적하는 상고취지는 타당하다.

4. 그러므로 원심판결을 파기하고, 이 사건을 다시 심리·판단하게 하기 위하여 원심법원에 환송하기로 하여, 관여 대법관의 일치된 의견으로 주문과 같이 판결한다.

대법관 이상훈(재판장) 양창수(주심) 김용덕

대법원 2012.7.26. 선고 2012도5692 판결

【뇌물수수】

판시사항

1 형법 제129조 내지 제132조에서 정한 '공무원'의 의미

2 구 건축법상 '건축위원회의 위원'이 뇌물수수죄의 주체인 '공무원'에 해당하는지 여부(소극)

전 문

피 고 인 피고인 1 외 1인

상 고 인 피고인들

변 호 인 변호사

원심판결 울산지법 2012. 4. 27. 선고 2011노1611 판결

주 문 원심판결을 파기하고, 사건을 울산지방법원 합의부에 환송한다.

이 유 상고이유를 판단한다.

1. 기록에 의하면, 제1심의 유죄판결에 대하여 검사만이 양형부당을 이유로 항소하였을 뿐 피고인들은 항소하지 아니하였음을 알 수 있는바, 이러한 경우 피고인들은 원심판결에 대하여 법리오해, 심리미진 등의 사유를 들어 상고이유로 삼을 수 없으나, 상고법원은 원심판결에 형사소송법 제383조 제1호 내지 제3호의 사유가 있는 경우에는 형사소송법 제384조에 의하여 상고이유서에 포함되지 아니한 때에도 직권으로 심판할 수 있으므로, 이러한 점을 주장하는 상고이유는 직권발동을 촉구하는 의미는 있다(대법원 2007. 7. 26. 선고 2007도3596 판결, 대법원 2010. 1. 28. 선고 2009도11407 판결 등 참조).
2. 형법 제129조 내지 제132조에서 정한 '공무원'이란 국가공무원법과 지방공무원법상 공무원 및 다른 법률에 따라 위 규정들을 적용할 때 공무원으로 간주되는 자 외에 법령에 기하여 국가 또는 지방자치단체 및 이에 준하는 공법인의 사무에 종사하는 자로서 노무의 내용이 단순한 기계적·육체적인 것에 한정되어 있지 않은 자를 말한다 (대법원 2011. 3. 10. 선고 2010도14394 판결 등 참조).

   그런데 구 건축법(2008. 3. 21. 법률 제8974호로 전부 개정되기 전의 것, 이하 '구 건축법'이라 한다) 제77조는 '다음 각 호의 어느 하나에 해당하는 자로서 공무원이 아닌 자는 형법 제129조 내지 제132조, 특정범죄 가중처벌 등에 관한 법률 제2조 및 제3조의 적용에 있어서는 이를 공무원으로 본다'고 규정하고, 제1호로 '같은 법 제23조의 규정에 의하여 현장조사·검사 및 확인업무를 대행하는 자', 제2호로 '같은 법 제28조의 규정에 의한 건축지도원', 제3호로 '같은 법 제58조 제2항의 규정에 의한 인증기관의 임·직원', 제4호로 '같은 법 제71조 제4항의 규정에 의한 기관 및 단체의 임·직원', 제5호로 '같은 법 제76조의3의 규정에 의한 건축분쟁조정위원회의 위원'을 열거하면서 '같은 법 제4조 제1항의 규정에 의한 건축위원회의 위원'은 이를 포함하지 않고 있다.

   앞서 본 법리 및 뇌물죄 관련 규정의 적용에 관한 구 건축법상 공무원 의제규정의 내용에, 형벌법규는 엄격하게 해석하여야 한다는 원칙을 더하여 볼 때, 구 건축법 제4조 제1항의 규정에 의한 건축위원회의 위원은 뇌물수수죄의 주체인 공무원에 해당하지 않는다고 보아야 한다.

   그럼에도 원심은, ○○광역시 건축위원회 위원들인 피고인들이 공무원에 해당함을 전제로, 피고인들이 아파트의 건축심의와 관련하여 시행사 또는 시공사로부터 그 직무에 관하여 각 뇌물을 수수하였다는 공소사실을 유죄로 인정하였으니, 원심판결에는 뇌물수수죄의 주체에 관한 법리를 오해하여 판결에 영향을 미친 위법이 있다고 할 것이다.
3. 그러므로 나머지 상고이유에 대한 판단을 생략한 채 원심판결을 파기하고, 사건을 다시 심리·판단하게 하기 위하여 원심법원에 환송하기로 하여 관여 대법관의 일치된 의견으로 주문과 같이 판결한다.

대법관 민일영(재판장) 신영철(주심) 박보영

대법원 2012.7.26. 선고 2011도8805 판결

【강제추행·공무집행방해】

판시사항

1 강제추행죄 구성요건 중 '추행'의 의미와 그 판단 기준

2 강제추행죄 구성요건 중 '폭행·협박'의 정도와 그 판단 기준

3 피고인이 피해자 갑(여, 48세)에게 욕설을 하면서 자신의 바지를 벗어 성기를 보여주는 방법으로 강제추행하였다는 내용으로 기소된 사안에서, 제반 사정을 고려할 때 단순히 피고인이 바지를 벗어 자신의 성기를 보여준 것만으로는 폭행 또는 협박으로 '추행'을 하였다고 볼 수 없는데도, 이와 달리 보아 유죄를 인정한 원심판결에 강제추행죄의 추행에 관한 법리오해의 위법이 있다고 한 사례

판결요지

1 형법 제298조는 "폭행 또는 협박으로 사람에 대하여 추행을 한 자"를 강제추행죄로 벌할 것을 정한다. 그런데 강제추행죄는 개인의 성적 자유라는 개인적 법익을 침해하는 죄로서, 위 법규정에서의 '추행'이란 일반인에게 성적 수치심이나 혐오감을 일으키고 선량한 성적 도덕관념에 반하는 행위인 것만으로는 부족하고 그 행위의 상대방인 피해자의 성적 자기결정의 자유를 침해하는 것이어야 한다. 따라서 건전한 성풍속이라는 일반적인 사회적 법익을 보호하려는 목적을 가진 형법 제245조의 공연음란죄에서 정하는 '음란한 행위'(또는 이른바 과다노출에 관한 경범죄처벌법 제1조 제41호에서 정하는 행위)가 특정한 사람을 상대로 행하여졌다고 해서 반드시 그 사람에 대하여 '추행'이 된다고 말할 수 없고, 무엇보다도 문제의 행위가 피해자의 성적 자유를 침해하는 것으로 평가될 수 있어야 한다. 그리고 이에 해당하는지 여부는 피해자의 의사·성별·연령, 행위자와 피해자의 관계, 그 행위에 이르게 된 경위, 구체적 행위태양, 주위의 객관적 상황 등을 종합적으로 고려하여 정하여진다.

2 강제추행죄는 폭행 또는 협박을 가하여 사람을 추행함으로써 성립하는 것으로서 그 폭행 또는 협박이 항거를 곤란하게 할 정도일 것을 요한다. 그리고 그 폭행 등이 피해자의 항거를 곤란하게 할 정도의 것이었는지 여부는 그 폭행 등의 내용과 정도는 물론, 유형력을 행사하게 된 경위, 피해자와의 관계, 추행 당시와 그 후의 정황 등 모든 사정을 종합하여 판단하여야 한다.

3 피고인이 피해자 갑(여, 48세)에게 욕설을 하면서 자신의 바지를 벗어 성기를 보여주는 방법으로 강제추행하였다는 내용으로 기소된 사안에서, 갑의 성별·연령, 행위에 이르게 된 경위, 갑에 대하여 어떠한 신체 접촉도 없었던 점, 행위장소가 사람 및 차량의 왕래가 빈번한 도로로서 공중에게 공개된 곳인 점, 피고인이 한 욕설은 성적인 성질을 가지지 아니하는 것으로서 '추행'과 관련이 없는 점, 갑이 자신의 성적 결정의 자유를 침해당하였다고 볼 만한 사정이 없는 점 등 제반 사정을 고려할 때, 단순히 피고인이 바지를 벗어 자신의 성기를 보여준 것만으로는 폭행 또는 협박으로 '추행'을 하였다고 볼 수 없는데도, 이와 달리 보아 유죄를 인정한 원심판결에 강제추행죄의 추행에 관한 법리오해의 위법이 있다고 한 사례.

전 문

피 고 인 피고인

상 고 인 피고인

원심판결 부산지법 2011. 6. 24. 선고 2011노758 판결

주 문 원심판결을 파기하고, 사건을 부산지방법원 본원 합의부에 환송한다.

이 유 상고이유를 판단한다.

1. 형법 제298조는 "폭행 또는 협박으로 사람에 대하여 추행을 한 자"를 강제추행죄로 벌할 것을 정한다. 그런데 강제추행죄는 개인의 성적 자유라는 개인적 법익을 침해하는 죄로서, 위 법규정에서의 '추행'이란 일반인에게 성적 수치심이나 혐오감을 일으키고 선량한 성적 도덕관념에 반하는 행위인 것만으로는 부족하고 그 행위의 상대방인 피해자의 성적 자기결정의 자유를 침해하는 것이어야 한다.

   따라서 건전한 성풍속이라는 일반적인 사회적 법익을 보호하려는 목적을 가진 형법 제245조의 공연음란죄에서 정하는 '음란한 행위'(또는 이른바 과다노출에 관한 경범죄처벌법 제1조 제41호에서 정하는 행위)가 특정한 사람을 상대로 행하여졌다고 해서 반드시 그 사람에 대하여 '추행'이 된다고 말할 수 없고, 무엇보다도 문제의 행위가 피해자의 성적 자유를 침해하는 것으로 평가될 수 있어야 한다. 그리고 이에 해당하는지 여부는 피해자의 의사·성별·연령, 행위자와 피해자의 관계, 그 행위에 이르게 된 경위, 구체적 행위태양, 주위의 객관적 상황 등을 종합적으로 고려하여 정하여진다(대법원 2010. 2. 25. 선고 2009도13716 판결 등 참조).

   또한 강제추행죄는 폭행 또는 협박을 가하여 사람을 추행함으로써 성립하는 것으로서 그 폭행 또는 협박이 항거를 곤란하게 할 정도일 것을 요한다. 그리고 그 폭행 등이 피해자의 항거를 곤란하게 할 정도의 것이었는지 여부는 그 폭행 등의 내용과 정도는 물론, 유형력을 행사하게 된 경위, 피해자와의 관계, 추행 당시와 그 후의 정황 등 모든 사정을 종합하여 판단하여야 한다(대법원 2007. 1. 25. 선고 2006도5979 판결 등 참조).

2. 원심은 채택증거를 종합하여 그 판시와 같은 사실을 인정한 다음, 피고인과 피해자는 처음 본 사이이었고, 범행장소가 사람들이 왕래하는 골목길이기는 하나 주차된 차량들 사이이며, 범행시간이 저녁 8시경이었던 점 등에 비추어 보면, 피고인이 자신의 성기를 피해자에게 보여준 행위는 일반인에게 성적 수치심과 혐오감을 일으키는 한편 선량한 성적 도덕관념에 반하는 행위로서 피해자의 성적 자유를 침해하는 추행에 해당되므로 피고인의 위와 같은 행위는 강제추행죄를 구성한다고 판단하였다.

3. 그러나 원심의 위와 같은 판단은 아래와 같은 이유로 수긍하기 어렵다.

   기록에 의하면, 다음과 같은 사정을 알 수 있다. ① 피해자는 48세의 여자로 부산 동래구 온천1동 (지번 생략) 소재 건물 2층에서 '○○○○○○' 지점을 운영하고 있는데 그 건물 1층에서 식당을 운영하는 공소외인과 분쟁이 있었다. ② 피고인은 그 식당에서 술을 마시면서 평소 알고 지내던 공소외인으로부터 피해자와의 분쟁에 관한 이야기를 들었고, 마침 피해자가 내려오자 피해자에게 말을 걸었다. ③ 피해자는 피고인의 말을 무시하고 위 식당 앞 도로에 주차하여 둔 자신의 차량으로 걸어갔고 이에 피고인은 피해자의 뒤를 쫓아가면서 공소사실과 같이 욕을 하고 바지를 벗어 성기를 피해자에게 보였다. ④ 그곳은 허심청 온천 뒷길로 식당 및 편의점 등이 있어서 저녁 8시 무렵에도 사람 및 차량의 왕래가 빈번한 도로이고 피해자는 당시 위 식당 옆 도로변에 차를 주차하여 둔 상태이었다.

   이상에서 본 피해자의 성별·연령, 이 사건 행위에 이르게 된 경위 및 피고인은 자신의 성기를 꺼내어 일정한 거리를 두고 피해자에게 보였을 뿐 피해자에게 어떠한 신체적 접촉도 하지 아니한 점, 위 행위장소는 피해자가 차량을 주차하여 둔 사무실 근처의 도로로서 사람 및 차량의 왕래가 빈번한 공중에게 공개된 곳이었고, 피해자로서는 곧바로 피고인으로부터 시선을 돌림으로써 그의 행위를 쉽사리 외면할 수 있었으며 필요하다면 주위의 도움을 청하는 것도 충분히 가능하였던 점, 피고인은 피해자를 위 행위장소로 이끈 것이 아니라 피해자의 차량으로 가는 피해자를 따라가면서 위와 같은 행위에 이르게 된 점, 피고인이 피해자에 대하여 행하여서 협박죄를 구성하는 욕설은 성적인 성질을 가지지 아니하는 것으로서 '추행'과 관련이 없는 점, 그 외에 피해자가 자신의 성적 결정의 자유를 침해당하였다고 볼 만한 사정은 이를 찾을 수 없는 점 기타 제반 사정을 고려하여 보면, 단순히 피고인이 바지를 벗어 자신의 성기를 피해자에게 보여준 것만으로는 그것이 비록 객관적으로 일반인에게 성적 수치심이나 혐오감을 일으키게 하는 행위라고 할 수 있을지 몰라도 피고인이 폭행 또는 협박으로 '추행'을 하였다고 볼 수 없다.

   그럼에도 그 판시와 같은 사정만으로 이 사건 강제추행의 점을 유죄로 인정한 원심판결에는 강제추행죄의 추행에 관한 법리를 오해하여 판결 결과에 영향을 미친 위법이 있다. 이 점을 지적하는 상고이유는 타당하다.

4. 따라서 원심판결 중 강제추행의 점은 파기되어야 한다. 그런데 원심은 이 부분이 유죄로 인정된 공무집행방해죄와 형법 제37조 전단의 경합범관계에 있는 것으로 보아 하나의 형을 선고하였으므로, 결국 원심판결은 전부 파기될 수밖에 없다.

5. 그러므로 원심판결을 파기하고 사건을 다시 심리·판단하게 하기 위하여 원심법원에 환송하기로 하여, 관여 대법관의 일치된 의견으로 주문과 같이 판결한다.

대법관 이상훈(재판장) 양창수(주심) 김용덕

대법원 2012.7.12. 선고 2012도4031 판결

【강간】

판시사항

[1] 강간죄가 성립하기 위한 폭행·협박이 있었는지 판단하는 기준

[2] 피고인이 피해자 갑(여)을 비롯한 동호회 회원들과 연말 회식을 한 후 귀가하려는 갑에게 대리기사를 불러 데려다 주겠다면서 자신의 승용차 뒷좌석에 태운 다음 갑의 의사에 반하여 그를 강간하였다는 내용으로 기소된 사안에서, 제반 사정에 비추어 피고인은 갑의 반항을 억압하거나 현저히 곤란하게 할 정도의 유형력을 행사하여 강간하기에 이르렀다고 보기에 충분한데도, 이와 달리 보아 무죄를 선고한 원심판결에 심리미진 등 위법이 있다고 한 사례

전 문

피 고 인 피고인

상 고 인 검사

변 호 인 변호사

원심판결 서울고법 2012. 3. 22. 선고 2011노3250 판결

주 문 원심판결을 파기하고, 사건을 서울고등법원에 환송한다.

이 유

1. 원심의 판단

가. 이 사건 공소사실의 요지는, 피고인과 피해자는 '(동호회 명칭 생략)밴드' 동호회 회원인바, 2010. 12. 23.(아래에서 보는 바와 같이 이 사건 발생일은 2010. 12. 24.로, 2010. 12. 23.은 오기로 보인다) 02:30경 양주시 덕계동 (이하 생략) 노상에 주차된 피고인 운전의 소울(Soul) 승용차 안에서, 동호회 회식 후 귀가하기 위해 위 승용차의 뒷좌석에 앉아 있던 피해자를 간음하기로 마음먹고, 손으로 피해자의 온몸을 만지며 입맞춤을 하고, 피해자가 이에 저항하자 양손으로 피해자의 어깨를 눌러 옆으로 눕혀 항거 불능케 한 다음 피해자의 바지와 속옷을 벗기고 1회 간음하여 피해자를 강간하였다는 것이다.

나. 원심판결 이유에 의하면, 원심은 그 채용 증거를 종합하여 판시와 같은 사실을 인정한 다음, ① 피해자는 이 사건 성관계 당시 피고인이 피해자의 어깨를 눌러 옆으로 눕히고 팬티를 억지로 내리는 유형력을 행사한 외에 폭행 또는 협박을 가한 사실은 없다고 진술하고 있는 점, ② 이 사건 성관계가 피고인의 소형 승용차 뒷좌석의 좁은 공간에서, 피고인이 피해자의 핫팬츠와 팬티를 완전히 벗기지 않고 종아리까지만 내린 상태에서 이루어졌다는 점에 비추어 당시 피해자가 피고인의 차량 문을 열거나 몸을 움직이는 등의 행동만 하였어도 피고인에 의한 일방적인 성관계가 쉽게 이루어지지는 않았을 것으로 보이는 점, ③ 피고인 차량이 주차되어 있던 장소는 횡단보도와 육교가 접한 대로변으로 주변에 늦게까지 영업하는 상가가 있고 차량의 통행도 있었으며 피고인과 피해자가 수년 전부터 알고 지내던 사이로 피해자가 성적인 자기방어를 포기할 정도의 심리적 억압상태에 있었다고 보이지는 않는 점, ④ 이 사건 성관계 당시에 피해자로서는 피고인과의 성관계가 주변에 알려지는 것이 두려웠던 것으로 보이기는 하나, 피해자가 강간에 대한 반항을 완전히 포기할 정도의 심리적 항거불능 상태에까지 이르렀는지 또는 성관계 당시 이를 용인하는 이외의 다른 행위를 기대할 수 없는 상태였는지 여부에 관해서는 여전히 의문이 제기되는 점, ⑤ 한편 피고인이 수사기관에서부터 제1심법정에 이르기까지 이 사건 공소사실을 인정한다는 취지의 진술을 한 사실은 있으나, 피고인이 인정한 내용은 피해자의 의사에 반하여 간음하였다는 사실에 관한 것일 뿐 피고인이 피해자를 폭행·협박하였다는 사실까지 인정한 것으로 보이지는 않는 점 등 이 사건 유형력 행사의 정도나 그 경위, 범행 당시 정황이나 주변 상황, 피해자와의 관계 등을 종합하여, 피고인이 피해자의 명시적 의사에 반하여 위력을 행사하여 간음한 것은 사실이나 더 나아가 그러한 유형력의 행사로 인하여 반항을 못하거나 반항하는 것이 현저하게 곤란하게 할 정도에 이르렀다는 점이 합리적 의심이 없을 정도로 증명되었다고 보기 어렵다는 이유로, 제1심의 유죄판결을 파기하고 무죄를 선고하였다.

2. 대법원의 판단

그러나 원심의 위와 같은 판단은 다음과 같은 점에서 수긍하기 어렵다.

가. 강간죄가 성립하기 위한 가해자의 폭행·협박이 있었는지 여부는 그 폭행·협박의 내용과 정도는 물론 유형력을 행사하게 된 경위, 피해자와의 관계, 성교 당시와 그 후의 정황 등 모든 사정을 종합하여 피해자가 성교 당시 처하였던 구체적인 상황을 기준으로 판단하여야 하며, 사후적으로 보아 피해자가 성교 전에 범행 현장을 벗어날 수 있었다거나 피해자가 사력을 다하여 반항하지 않았다는 사정만으로 가해자의 폭행·협박이 피해자의 항거를 현저히 곤란하게 할 정도에 이르지 않았다고 섣불리 단정하여서는 안 된다(대법원 2005. 7. 28. 선고 2005도3071 판결 참조).

나. 기록에 의하면, ① 피고인과 피해자는 밴드동호회 회원들로서 2010. 12. 23. 동호회 활성화 등을 위한 연말 회식을 하면서 2차로 양주시 덕계동 (지번 생략) 상가건물에 있는 밴드연습실에서 다른 동료들과 함께 술을 마신 사실, ② 2010. 12. 24. 새벽 2시경 술자리를 마치며 피해자가 집으로 돌아가려 하자 피고인은 대리기사를 불러 자신의 차량으로 피해자를 데려다 주겠다면서 피해자를 밴드연습실 앞 노상에 주차되어 있던 피고인의 승용차 뒷좌석에 태운 사실, ③ 그런데 피고인은 실제로는 대리기사를 부르지 않았고 대리기사를 기다린다며 차량 뒷좌석에 있는 피해자 옆에 타고는 피해자를 껴안으려 한 사실, ④ 피해자는 피고인을 밀치면서 억지로 껴안는 것이 싫다고 얘기한 사실, ⑤ 그럼에도 피고인은 이를 무시하고 '억지로 하는 것이 뭔지 보여주겠다'고 하면서 손으로 피해자의 얼굴을 잡고 억지로 키스를 하고, 온몸을 만지고 피해자의 어깨를 잡고 옆으로 눕힌 사실, ⑥ 피고인이 피해자의 치마를 걷어 올리고 그 안에 입은 핫팬츠를 벗기려고 하자 피해자는 옷을 벗기지 못하도록 버티면서 하지 말라고 울면서 애원한 사실, ⑦ 그럼에도 피고인은 강제로 피해자의 핫팬츠와 팬티를 내린 후 피해자를 간음한 사실, ⑧ 피고인은 키 175㎝, 몸무게 70㎏의 건장한 체격의 성인 남성인 데 비하여 피해자는 키 158㎝, 몸무게 51㎏ 정도에 불과하여 체격의 차이가 크고, 당시 술에 취한 상태인 피해자가 좁은 차량 안에서 피해자를 잡고 있던 피고인을 벗어나기는 어려웠던 사실, ⑨ 이 사건 차량이 대로변에 있다고 하여도 당시 주변에는 차량이나 다니는 사람이 없었고(수사기록 101쪽) 새벽 2시 30분경의 추운 날씨에 입고 있던 핫팬츠와 팬티가 종아리까지 벗겨져 있는 상태에서 피해자가 피고인을 물리치고 피고인의 차량 문을 열고 뛰쳐나가기는 쉽지 않은 상황이었던 사실, ⑩ 피고인이 이 사건 범행 후 자신의 차량을 운전하여 피해자의 집에 데려다 주면서 친근감을 표현하는 말을 하였지만 피해자는 단순히 '알았다'는 말만 하고 뒷좌석에 그대로 앉아 있었던 사실, ⑪ 피해자는 이 사건 당일 아침 곧바로 밴드동호회 리더인 공소외인에게 밴드를 그만두겠다는 문자메시지를 보냈고, 그 메시지를 보고 전화를 한 공소외인에게 '피고인이 강제적으로 성관계를 했다'는 취지의 얘기를 한 사실, ⑫ 피고인이 같은 날 피해자에게 '밴드를 그만두지 마라, 자신이 잘못했다'는 취지의 문자메시지를 보내자, 이에 대해 피해자는 '나도 그만두지(기) 싫어서 지금까지 참고 그리고 오빠 믿고서 나간거야~ 성폭행당한 여자가 그 사람 얼굴을 어떻게봐~ 내가 밴드 다 포기할테니까 이제 더 이상 생각나지 않게 해줘~ 제발 부탁이야', '내가 울면서 하지 말라고 했는데 내가 싫다고 하는데도 힘으로 막 했잖아~ 그게 성폭행이지~ 억지로 막했잖아~ 당하는 내 심정은 생각해봤어? 내가 왜 그런 대우를 받아야 하는데? 내 의지는 완전히 무시됐잖아~ 앞으로 어떻게 살아야할지 모르겠어~'라는 메시지를 피고인에게 보내 전날의 피고인의 행위에 대하여 강력하게 항의한 사실, ⑬ 피고인도 계속 피해자의 용서를 구하는 문자메시지를 보낸 사실, ⑭ 피해자는 2010. 12. 26. '생각 같아서는 경찰에 신고하고 싶어~ 어떻게 할지 지금 고민중이야'라는 문자를, 2010. 12. 28.에는 '그만한 각오도 없이 그런일을 벌이다니~ 그날 나는 이러다 죽는게 아닌가 하고 얼마나 무서웠고~ 지금까지 일도 제대로 못하고 있어~ 잠도 못자고~'라는 내용의 문자를 보낸 사실, ⑮ 그러나 피해자는 주변 사람들이 피고인과의 성교 사실을 알게 되는 것이 두려워 어떠한 조치도 취하지 못하던 중 위 성교로 인해 자궁외임신이 되고 급기야 2011. 2. 1. 복강경하 좌측 나팔관절제술을 받게 되자, 2011. 2. 13. 피해자의 주거지나 직장과는 동떨어진 성북경찰서에 가 피고인을 강간죄로 고소한 사실 등을 인정할 수 있는바, 이와 같이 피고인이 피해자에게 대리기사를 불러 집으로 데려다 주겠다고 하며 피해자를 피고인의 차량 뒷좌석에 태운 후 간음을 하게 된 경위, 피고인과 피해자의 체격, 피해자가 처해 있던 상황, 피해시간, 피고인과 피해자와의 관계, 성교 당시의 상황, 성교 이후의 피해자의 피고인에 대한 행동 등 제반 사정을 종합하여 보면, 피고인은 피해자의 의사에 반하여 피해자의 반항을 억압하거나 현저하게 곤란하게 할 정도의 유형력을 행사하여 피해자를 강간하기에 이르렀다고 보기에 충분하다.

그럼에도 불구하고, 원심은 수사기관 및 제1심법정에서 강간의 공소사실을 자백한 피고인이 원심에 이르러 피해자와의 합의에 의한 성관계라고 범행을 부인하자 별다른 심리도 없이 피고인이 피해자의 항거를 불능하게 하거나 현저히 곤란하게 할 정도의 유형력을 행사하였다고 볼 수 없다면서 이 사건 공소사실이 범죄의 증거가 없는 경우에 해당한다고 하여 무죄를 선고하고 말았는바, 이는 심리를 제대로 하지 아니한 채 논리와 경험의 법칙에 반하여 자유심증주의의 한계를 벗어나거나 강간죄에 있어서의 폭행·협박의 정도에 관한 법리를 오해하여 판단을 그르친 것이다.

3. 결론

그러므로 원심판결을 파기하고, 사건을 다시 심리·판단하게 하기 위하여 원심법원에 환송하기로 하여, 관여 대법관의 일치된 의견으로 주문과 같이 판결한다.

대법관 박보영(재판장) 신영철 민일영(주심)

대법원 2012.7.12. 선고 2012도1132 판결

【절도】

판시사항

[1] 절도죄에서 '불법영득의사'의 의미 및 일시 사용의 목적으로 타인의 점유를 침탈한 경우에도 불법영득의사가 인정되는 경우

[2] 피고인이 갑의 영업점 내에 있는 갑 소유의 휴대전화를 허락 없이 가지고 나와 사용한 다음 약 1~2시간 후 위 영업점 정문 옆 화분에 놓아두고 가 절취하였다는 내용으로 기소된 사안에서, 피고인이 갑의 휴대전화를 자신의 소유물과 같이 경제적 용법에 따라 이용하다가 본래의 장소와 다른 곳에 유기하여 불법영득의사가 있었다고 할 것인데도, 이와 달리 보아 무죄를 선고한 원심판결에 법리오해의 위법이 있다고 한 사례

판결요지

[1] 절도죄의 성립에 필요한 불법영득의 의사란 권리자를 배제하고 타인의 물건을 자기의 소유물과 같이 이용·처분할 의사를 말하고, 영구적으로 물건의 경제적 이익을 보유할 의사임은 요하지 않으며, 일시 사용의 목적으로 타인의 점유를 침탈한 경우에도 사용으로 인하여 물건 자체가 가지는 경제적 가치가 상당한 정도로 소모되거나 또는 상당한 장시간 점유하고 있거나 본래의 장소와 다른 곳에 유기하는 경우에는 이를 일시 사용하는 경우라고는 볼 수 없으므로 영득의 의사가 없다고 할 수 없다.

[2] 피고인이 갑의 영업점 내에 있는 갑 소유의 휴대전화를 허락 없이 가지고 나와 이를 이용하여 통화를 하고 문자메시지를 주고받은 다음 약 1~2시간 후 갑에게 아무런 말을 하지 않고 위 영업점 정문 옆 화분에 놓아두고 감으로써 이를 절취하였다는 내용으로 기소된 사안에서, 피고인이 갑의 휴대전화를 자신의 소유물과 같이 경제적 용법에 따라 이용하다가 본래의 장소와 다른 곳에 유기한 것이므로 피고인에게 불법영득의사가 있었다고 할 것인데도, 이와 달리 보아 무죄를 선고한 원심판결에 절도죄의 불법영득의사에 관한 법리오해의 위법이 있다고 한 사례.

전　문

피 고 인 피고인

상 고 인 검사

원심판결 부산지법 2012. 1. 6. 선고 2011노3439 판결

주　문 원심판결을 파기하고, 사건을 부산지방법원 본원 합의부에 환송한다.

이　유 상고이유를 판단한다.

1. 절도죄의 성립에 필요한 불법영득의 의사라 함은 권리자를 배제하고 타인의 물건을 자기의 소유물과 같이 이용, 처분할 의사를 말하고, 영구적으로 그 물건의 경제적 이익을 보유할 의사임은 요치 않으며, 일시 사용의 목적으로 타인의 점유를 침탈한 경우에도 그 사용으로 인하여 물건 자체가 가지는 경제적 가치가 상당한 정도로 소모되거나 또는 상당한 장시간 점유하고 있거나 본래의 장소와 다른 곳에 유기하는 경우에는 이를 일시 사용하는 경우라고는 볼 수 없으므로 영득의 의사가 없다고 할 수 없다(대법원 2002. 9. 6. 선고 2002도3465 판결, 대법원 2006. 3. 9. 선고 2005도7819 판결 등 참조).
2. 원심은, 피고인이 피해자 소유의 이 사건 휴대전화를 피해자의 허락 없이 가져가 이를 이용하여 통화를 하고 문자메시지를 주고받았다고 하여도 이로 인하여 이 사건 휴대전화 자체가 가지는 경제적 가치가 상당한 정도로 소모되었다고는 볼 수 없고, 피고인이 이 사건 휴대전화를 가지고 간 후 불과 약 2시간 만에 피해자에게 반환되도록 하였으므로, 이 사건 당시 피고인에게 이 사건 휴대전화를 일시 사용할 의사를 넘어 권리자를 배제하고 타

인의 물건을 자기의 소유물과 같이 그 경제적 용법에 따라 이용·처분할 의사, 즉 불법영득의 의사가 있었다고 볼 수 없다고 판단하며 이 사건 공소사실에 대하여 피고인에게 무죄를 선고하였다.

3. 그러나 원심의 위와 같은 판단은 이를 수긍할 수 없다.

원심판결 이유와 적법하게 채택된 증거들에 의하면, ① 피고인은 피해자의 허락 없이 피해자가 운영하는 '○○스포츠피부' 영업점 내에 있는 이 사건 휴대전화를 가지고 나와 승용차를 운전하고 가다가 신원미상의 여자 2명을 승용차에 태운 후 그들에게 이 사건 휴대전화를 사용하게 한 사실, ② 피고인이 이 사건 휴대전화를 가지고 나온 약 1~2시간 후 피해자에게 아무런 말을 하지 않고 위 영업점 정문 옆에 있는 화분에 이 사건 휴대폰을 놓아두고 간 사실을 알 수 있다.

사실관계가 이와 같다면, 피고인은 이 사건 휴대전화를 자신의 소유물과 같이 그 경제적 용법에 따라 이용하다가 본래의 장소와 다른 곳에 유기한 것에 다름 아니므로 피고인에게 불법영득의 의사가 있었다고 할 것이다.

그럼에도 원심은 그 판시와 같은 이유로 이 사건 공소사실에 대하여 피고인에게 무죄를 선고하였는바, 이러한 원심의 판단에는 절도죄의 불법영득의 의사에 관한 법리오해의 잘못이 있다. 이 점을 지적하는 검사의 상고이유의 주장은 이유 있다.

4. 그러므로 원심판결을 파기하고, 사건을 다시 심리·판단하도록 하기 위하여 원심법원에 환송하기로 하여, 관여 대법관의 일치된 의견으로 주문과 같이 판결한다.

대법관 박보영(재판장) 신영철 민일영(주심)

대법원 2012.7.5. 선고 2011도16167 판결

【전자금융거래법위반】

판시사항

구 전자금융거래법상 금지·처벌의 대상인 '접근매체의 양도'에 단순히 접근매체를 빌려 주거나 일시적으로 사용하게 하는 행위가 포함되는지 여부(소극)

판결요지

구 전자금융거래법(2008. 12. 31. 법률 제9325호로 개정되기 전의 것, 이하 같다) 제2조 제10호는 금융계좌에 관한 접근매체의 종류로 '전자식 카드 및 이에 준하는 전자적 정보', '금융기관 또는 전자금융업자에 등록된 이용자번호' 등을 규정하고 있고, 제6조 제3항은 접근매체를 양도·양수하는 행위를 원칙적으로 금지하고 있으며, 제49조 제5항 제1호는 '제6조 제3항의 규정을 위반하여 접근매체를 양도·양수한 자는 1년 이하의 징역 또는 1천만 원 이하의 벌금에 처한다'고 규정하고 있다. 일반적으로 양도라고 하면 권리나 물건 등을 남에게 넘겨주는 행위를 지칭하는데, 형벌법규의 해석은 엄격하여야 하고 명문규정의 의미를 피고인에게 불리한 방향으로 지나치게 확장해석하거나 유추 해석하는 것은 죄형법정주의 원칙상 허용되지 않는 점, 민법상 양도와 임대를 별개의 개념으로 취급하고 있는 점, 이른바 '대포통장'을 활용한 범죄에 적극 대처하기 위하여 2008. 12. 31. 법률 제9325호로 구 전자금융거래법을 개정하면서 '대가를 매개로 접근매체를 대여받거나 대여하는 행위'에 대한 금지 및 처벌 조항을 신설한 점(제6조 제3항 제2호, 제49조 제4항 제2호) 등에 비추어 보면, 구 전자금융거래법에서 말하는 '양도'에는 단순히 접근매체를 빌려 주거나 일시적으로 사용하게 하는 행위는 포함되지 아니한다고 보아야 한다.

전 문

피 고 인 피고인

상 고 인 검사

원심판결 수원지법 2011. 11. 11. 선고 2011노3687 판결

주 문 원심판결을 파기하고, 사건을 수원지방법원 본원 합의부로 환송한다.

이 유 상고이유를 판단한다.

1. 상고이유 제1점에 대하여

구 전자금융거래법(2008. 12. 31. 법률 제9325호로 개정되기 전의 것, 이하 같다) 제2조 제10호는 금융계좌에 관한 접근매체의 종류로 '전자식 카드 및 이에 준하는 전자적 정보', '금융기관 또는 전자금융업자에 등록된 이용자번호' 등을 규정하고 있고, 제6조 제3항은 접근매체를 양도·양수하는 행위를 원칙적으로 금지하고 있으며, 제49조 제5항 제1호는 '제6조 제3항의 규정을 위반하여 접근매체를 양도·양수한 자는 1년 이하의 징역 또는 1천만 원 이하의 벌금에 처한다'고 규정하고 있다.

일반적으로 양도라고 하면 권리나 물건 등을 남에게 넘겨주는 행위를 지칭한다고 할 것인데, 형벌법규의 해석은 엄격하여야 하고 명문규정의 의미를 피고인에게 불리한 방향으로 지나치게 확장 해석하거나 유추 해석하는 것은 죄형법정주의의 원칙상 허용되지 않는 점, 민법상 양도와 임대를 별개의 개념으로 취급하고 있는 점, 이른바 '대포통장'을 활용한 범죄에 적극 대처하기 위하여 2008. 12. 31. 법률 제9325호로 구 전자금융거래법을 개정하면서 '대가를 매개로 접근매체를 대여받거나 대여하는 행위'에 대한 금지 및 처벌 조항을 신설한 점(제6조 제3항 제2호, 제49조 제4항 제2호) 등에 비추어 보면, 구 전자금융거래법에서 말하는 양도에는 단순히 접근매체를 빌려 주거나 일시적으로 사용하게 하는 행위는 포함되지 아니한다고 봄이 상당하다. 원심이 구 전자금융거래법상 양도의 개념에 관하여 같은 취지로 판단한 것은 정당하고, 거기에 상고이유의 주장과 같은 법리오해의 위법이 없다.

2. 상고이유 제2점에 대하여

이 사건 공소사실의 요지는, 피고인이 2008. 4. 3. 불상자에게 금융거래 접근매체인 통장과 현금카드 8개를 양도하였다는 것이다.

이에 대하여 원심은 그 채택 증거를 종합하여 그 판시와 같은 사실을 인정한 다음, 피고인은 대출업자를 가장한 자에게 기망당하여 대출금과 함께 통장 등을 반환하여 준다는 말을 믿고 대출을 받을 목적으로 이 사건 통장 등을 교부하여 이를 편취당한 것으로 봄이 상당하고, 통장 등 접근매체의 소유권 내지 처분권을 타인에게 확정적으로 이전하여 준 것이라고 보기는 어려우므로, 피고인의 위와 같은 행위는 접근매체를 양도한 경우에 해당한다고 할 수 없고, 나아가 위 행위 당시 접근매체를 양도한다는 범의가 있었다고 보기도 어렵다고 판단하여 피고인에게 무죄를 선고하였다. 그러나 원심의 위와 같은 판단은 다음과 같은 이유로 그대로 수긍하기 어렵다. 증거의 증명력은 법관의 자유판단에 맡겨져 있으나 그 판단은 논리법칙과 경험칙에 따라야 하고, 형사재판의 경우 범죄사실의 인정은 합리적인 의심이 없는 정도의 증명에 이르렀을 때 허용되는 것이기는 하지만, 이는 모든 가능한 의심을 배제할 정도에 이를 것까지 요구하는 것은 아니며, 증명력이 있는 것으로 인정되는 증거를 합리적인 근거가 없는 의심을 일으켜 배척하는 것은 자유심증주의의 한계를 벗어나는 것으로 허용될 수 없다(대법원 2004. 6. 25. 선고 2004도2221 판결 등 참조).

피고인은 2008. 4. 3. 생활정보지에 실린 광고를 보고 서울 강남역 부근에서 불상자들을 만나 8개의 예금계좌를 개설한 후 그 통장 등을 넘겨준 사실을 자인하고 있는데, 당시 불상자들의 인적사항이나 사무실 등을 전혀 확인하지 아니하였을 뿐만 아니라 통장 등을 돌려받을 구체적인 시기나 장소, 방법 등을 정하지도 아니한 점 등에 비추어 보면 이러한 행위는 다른 특별한 사정이 없는 한 통장 등을 양도한 경우에 해당한다고 할 것이고, 원심판결 및 원심이 적법하게 조사한 증거들에 의하여 인정되는 다음의 사정, 즉 ① 피고인은 2008. 3. 14. 생활정보지에 실린 광고를 보고 불상자들을 만나 그들의 요구에 따라 광명시 일대 금융기관에서 10개의 예금계좌를 개설한 후 그 통장 등을 넘겨주고 60만 원을 지급받은 점, ② 위 통장 등은 보이스피싱 범죄에 사용되었고 이로 인하여 피고인은 2008. 3. 27. 및 2008. 4. 7. 2회에 걸쳐 경찰 조사를 받은 후 2008. 5. 23. 전자금융거래법 위반죄로 벌금 300만 원의 약식명령을 발령받아 그 무렵 위 약식명령이 확정된 점, ③ 그런데 피고인은 경찰 조사를 받던 중인 2008. 4. 3. 또다시 불상자들을 만나 이 사건 통장 등을 개설하여 넘겨준 점 등을 종합하여 보면, 당시 피고인에게는 미필적으로나마 통장 등을 양도한다는 범의도 있었던 것으로 봄이 상당하다. 그렇다면 이 사건 공소사실은 합리적인 의심의 여지가 없을 정도로 증명되었다고 할 것인데, 원심은 신빙성이 없는 피고인의 변소를 그대로 받아들여 무죄를 속단하고 말았으니, 거기에는 자유심증주의에 관한 법리를 오해하고, 논리와 경험의 법칙을 위반하여 사실을 잘못 인정함으로써 판결에 영향을 미친 위법이 있다. 이 점을 지적하는 상고이유의 주장은 이유 있다.

3. 결론

이에 원심판결을 파기하고, 사건을 다시 심리·판단하게 하기 위하여 원심법원에 환송하기로 하여 관여 대법관의 일치된 의견으로 주문과 같이 판결한다.

대법관 박병대(재판장) 김능환 안대희(주심) 이인복

대법원 2012.6.28. 선고 2012도4773 판결

【사기·위증】

판시사항

1. 사기죄 구성요건 중 '처분행위'의 의미와 요건
2. 피고인이 갑에게 사업자등록 명의를 빌려주면 세금이나 채무는 모두 자신이 변제하겠다고 속여 그로부터 명의를 대여받아 호텔을 운영하면서 갑으로 하여금 호텔에 관한 각종 세금 및 채무 등을 부담하게 함으로써 재산상 이익을 편취하였다는 내용으로 기소된 사안에서, 갑이 명의를 대여하였다는 것만으로 피고인이 위와 같은 채무를 면하는 재산상 이익을 취득하는 갑의 재산적 처분행위가 있었다고 보기 어렵다는 이유로, 이와 달리 보아 사기죄를 인정한 원심판결에 법리오해의 위법이 있다고 한 사례

전 문

피 고 인 피고인

상 고 인 피고인

변 호 인 변호사

원심판결 서울중앙지법 2012. 4. 5. 선고 2011노4194, 2011초기4802 판결

주 문 원심판결 중 사기죄에 대한 부분을 파기하고, 이 부분 사건을 서울중앙지방법원 합의부에 환송한다. 나머지 상고를 기각한다.

이 유 상고이유를 판단한다.

1. 피해자 공소외 1에 대한 사기의 점과 관련하여

가. 사기죄는 타인을 기망하여 착오에 빠뜨리게 하고 그 처분행위를 유발하여 재물, 재산상의 이익을 얻음으로써 성립한다. 여기서 처분행위라 함은 범인 등에게 재물을 교부하거나 재산상의 이익을 부여하는 재산적 처분행위를 의미하며, 그것은 피기망자가 처분의사를 가지고 그 의사에 지배된 행위를 하여야 하고, 피기망자는 재물 또는 재산상의 이익에 대한 처분행위를 할 권한이 있는 자여야 한다(대법원 1987. 10. 26. 선고 87도1042 판결, 대법원 2001. 4. 27. 선고 99도484 판결 등 참조).

그리고 타인 명의로 사업자등록을 하고 사업을 영위한 경우에 그 명의자는 실제의 사업자가 아닌 명의의 귀속자에 불과하므로, 그에 대하여 한 조세부과처분은 위법하고(대법원 1990. 4. 10. 선고 89누992 판결, 대법원 2004. 9. 24. 선고 2003두2601 판결 등 참조), 이와 같이 과세의 대상이 되는 소득·수익·재산·행위 또는 거래의 귀속이 그 명의와 달리 사실상 귀속되는 자가 따로 있는 때에는 사실상 귀속되는 자를 납세의무자로 한다는 실질과세의 원칙상 과세관청은 타인의 명의로 사업자등록을 하고 실제로 사업을 영위한 자에 대해 세법을 적용하여 과세할 수 있음은 당연하다(대법원 1988. 12. 13. 선고 88누25 판결 등 참조).

또한 산업재해보상보험법 등의 적용을 받는 사업의 사업자등록 명의인은 특별한 사정이 없는 한 당해 사업의 실제 사업주로 추정이 되기는 하지만, 보험가입자로서 산재보험료 등의 보험료 납부의무를 부담하는 사업주에 해당하는지 여부는 계약의 형식과는 관계없이 실질에 있어서 근로자에게 임금을 지급하고 지휘·감독하며 근로자로부터 근로를 제공받았는지 여부에 따라 판단하여야 한다(대법원 2004. 2. 26. 선고 2003두13823 판결, 대법원 2007. 6. 28. 선고 2006두7935 판결 등 참조).

한편 타인에게 사업자등록 명의를 대여한 경우 그 명의대여자는 상법 제24조에 의해 자기를 영업주로 오인하여 거래한 제3자에 대하여 그 타인과 연대하여 변제할 책임을 지기는 하나, 이러한 명의대여자의 책임은 명의자를 사업주로 오인하여 거래한 제3자를 보호하기 위한 것으로 거래 상대방이 명의대여 사실을 알지 못하였고 알지 못한 데 대하여 중대한 과실이 없는 경우에 명의를 차용한 자와 연대하여 변제할 책임을 지는 법정책임인 것이지(대법원 2001. 4. 13. 선고 2000다10512 판결 등 참조), 명의대여자가 거래 상대방에게 채무부담을 하기로 하는 내용의 법률행위 등 처분행위에 기한 책임은 아니다. 그리고 명의대여자가 상법 제24조에 의한 명의대여자 책임을 부담한다고 하더라도 명의차용자와 연대하여 변제할 책임이 있는 것일 뿐, 명의차용

자가 거래 상대방에 대하여 그 거래로 인한 채무를 면하게 되는 것은 아니다.

나. 이 사건 공소사실 중 피해자 공소외 1에 대한 사기의 점의 요지는 피고인이 2007. 4.경 피해자 공소외 1로부터 사업자등록 명의를 대여받아 호텔을 운영하면서 피해자에게 채무를 부담하게 하더라도 이를 변제할 의사나 능력이 없었음에도, 피해자에게 "○○○관광호텔의 사업자등록 명의를 변경하여야 하는데 명의를 빌려주면 호텔을 운영하면서 발생하는 세금이나 채무는 모두 제가 변제하도록 하고 공소외 1 사장님한테는 아무런 손해가 가지 않도록 해 드리겠다."고 거짓말을 하여 이에 속은 피해자로 하여금 2008. 1.경부터 2008. 9. 25.경 사이에 위 호텔에 관한 임대보증금반환채무 50,000,000원(선급 임대료 25,000,000원 포함), 주차부스 구매대금채무 1,000,000원, 각종 세금 및 고용·산재보험료채무 17,125,600원 상당을 부담하게 하고도 이를 변제하지 아니하여 동액 상당의 재산상 이익을 취득하였다는 것이다.

이에 대하여 원심은, 이 사건에서 피해자의 처분행위는 장차 피고인으로 하여금 재산상의 채무부담을 면하게 해주는 재산상의 이익을 부여하는 피해자의 명의대여 행위라고 봄이 상당하다는 이유로, 피해자의 재산적 처분행위가 없어 사기죄가 성립되지 않는다는 취지의 피고인의 주장을 배척하고 위 공소사실을 유죄로 판단하였다.

다. 그러나 앞서 본 법리에 비추어 볼 때, 다른 특별한 사정이 없는 한 피해자가 피고인에게 사업자등록 명의를 대여한 행위 자체를 사기죄의 재산적 처분행위로 볼 수는 없다. 뿐만 아니라, 피해자의 명의대여 행위로 인하여 피고인이 이 부분 공소사실 기재와 같은 임대보증금반환채무, 주차부스 구매대금채무, 각종 세금 및 고용·산재보험료채무 등을 면하게 되는 것도 아니라고 할 것이다. 결국 피해자가 피고인에게 사업자등록 명의를 대여하였다는 것만으로 피고인이 이 부분 공소사실 기재와 같은 채무를 면하는 재산상 이익을 취득하는 피해자의 재산적 처분행위가 있었다고 보기는 어렵다고 할 것이다.

따라서 원심판결에는 사기죄의 재산적 처분행위에 관한 법리를 오해함으로써 판결에 영향을 미친 위법이 있다. 이를 지적하는 취지의 상고이유 주장은 이유 있다.

2. 피해자 공소외 2에 대한 사기의 점과 관련하여

이 부분 상고이유 주장은, 피고인은 이 부분 공소사실 기재와 같이 피해자 공소외 2를 기망한 사실이 없는데도 불구하고 원심이 이를 유죄로 판단한 것은 잘못된 사실인정에 따른 것이니, 원심판결이 위법하다는 취지이다.

그러나 사실의 인정과 그 전제로 이루어지는 증거의 취사선택 및 평가는 자유심증주의의 한계를 벗어나지 않는 한 사실심법원의 전권에 속하는 것이다. 이 부분 원심판결 이유를 기록에 비추어 살펴보아도 원심의 사실인정에 자유심증주의의 한계를 벗어난 잘못이 있음을 발견할 수 없다. 따라서 위와 같은 상고이유 주장은 원심법원의 전권에 속하는 사항을 비난하는 것에 불과하여 적법한 상고이유가 되지 못하므로 받아들일 수 없다.

3. 위증죄 부분에 관한 상고이유 주장에 대하여

형사소송법 제383조 제4호에 의하면 양형부당을 사유로 한 상고는 사형, 무기 또는 10년 이상의 징역이나 금고가 선고된 사건에서만 허용된다. 이 사건 공소사실 중 위증의 점에 대해서 원심은 징역 4월의 형을 선고한 제1심판결을 그대로 유지하였다. 따라서 이에 대해 형의 양정이 부당하다는 취지의 주장은 적법한 상고이유가 되지 못한다.

4. 결론

원심은 피해자 공소외 1에 대한 위 사기죄 부분과 함께 피해자 공소외 2에 대한 사기죄 부분도 유죄로 인정하고 위 죄들이 형법 제37조 전단의 경합범 관계에 있다는 이유로 하나의 형을 선고하였다. 그런데 위와 같이 피해자 공소외 1에 대한 사기죄 부분에 파기사유가 있으므로 원심판결 중 사기죄에 대한 부분은 전부 파기를 면할 수 없다.

이에 원심판결 중 사기죄 부분은 그에 관한 피고인의 나머지 상고이유에 대한 판단을 생략한 채 전부 파기하여 원심법원에 환송하고, 피고인의 나머지 상고를 기각하기로 하여, 관여 대법관의 일치된 의견으로 주문과 같이 판결한다.

대법관 안대희(재판장) 김능환 이인복 박병대(주심)

대법원 2012.6.28. 선고 2012도3999 판결

【강제집행면탈】

판시사항

1 형법 제327조 강제집행면탈죄의 성립 요건
2 채무자인 피고인이 채권자 갑의 가압류집행을 면탈할 목적으로 제3채무자 을에 대한 채권을 병에게 허위양도하였다고 하여 강제집행면탈로 기소된 사안에서, 가압류결정 정본이 을에게 송달되기 전에 채권을 허위로 양도하였다면 강제집행면탈죄가 성립하는데도, 이에 대해 심리·판단하지 아니한 채 무죄를 선고한 원심판결에 법리오해 등 위법이 있다고 한 사례

판결요지

1 형법 제327조의 강제집행면탈죄는 위태범으로서 현실적으로 민사소송법에 의한 강제집행 또는 가압류·가처분의 집행을 받을 우려가 있는 객관적인 상태 아래, 즉 채권자가 본안 또는 보전소송을 제기하거나 제기할 태세를 보이고 있는 상태에서 주관적으로 강제집행을 면탈하려는 목적으로 재산을 은닉, 손괴, 허위양도하거나 허위의 채무를 부담하여 채권자를 해할 위험이 있으면 성립하고, 반드시 채권자를 해하는 결과가 야기되거나 행위자가 어떤 이득을 취하여야 범죄가 성립하는 것은 아니다.
2 채무자인 피고인이 채권자 갑의 가압류집행을 면탈할 목적으로 제3채무자 을에 대한 채권을 병에게 허위양도하였다고 하여 강제집행면탈로 기소된 사안에서, 가압류결정 정본이 제3채무자에게 송달된 날짜와 피고인이 채권을 양도한 날짜가 동일하므로 가압류결정 정본이 을에게 송달되기 전에 채권을 허위로 양도하였다면 강제집행면탈죄가 성립하는데도, 가압류결정 정본 송달과 채권양도 행위의 선후에 대해 심리·판단하지 아니한 채 무죄를 선고한 원심판결에 법리오해 등의 위법이 있다고 한 사례.

전 문

피 고 인 피고인

상 고 인 검사

변 호 인 변호사

원심판결 인천지법 2012. 3. 16. 선고 2011노4125 판결

주 문 원심판결을 파기하고, 사건을 인천지방법원 본원 합의부에 환송한다.

이 유 상고이유를 판단한다.

형법 제327조의 강제집행면탈죄는 위태범으로서 현실적으로 민사소송법에 의한 강제집행 또는 가압류·가처분의 집행을 받을 우려가 있는 객관적인 상태 아래, 즉 채권자가 본안 또는 보전소송을 제기하거나 제기할 태세를 보이고 있는 상태에서 주관적으로 강제집행을 면탈하려는 목적으로 재산을 은닉, 손괴, 허위양도하거나 허위의 채무를 부담하여 채권자를 해할 위험이 있으면 성립하는 것이고, 반드시 채권자를 해하는 결과가 야기되거나 행위자가 어떤 이득을 취하여야 범죄가 성립하는 것은 아니다(대법원 2008. 6. 26. 선고 2008도3184 판결 참조).

한편 채권양수인과 동일 채권에 대하여 가압류명령을 집행한 자 사이의 우열은 확정일자 있는 채권양도통지와 가압류결정 정본의 제3채무자(채권양도의 경우는 채무자, 이하 같다)에 대한 도달의 선후(확정일자 있는 승낙의 경우에는 그 일시와 가압류결정 정본의 도달의 선후)에 의하여 그 우열을 결정하여야 할 것이고, 채권양도통지, 가압류 또는 압류명령 등이 제3채무자에 동시에 송달되어 그들 상호간에 우열이 없는 경우에도 그 채권양수인, 가압류 또는 압류채권자는 모두 제3채무자에 대하여 완전한 대항력을 갖추었다고 할 것이므로, 그 전액에 대하여 채권양수금, 압류전부금 또는 추심금의 이행청구를 하고 적법하게 이를 변제받을 수 있고, 제3채무자로서는 이들 중 누구

에게라도 그 채무 전액을 변제하면 다른 채권자에 대한 관계에서도 유효하게 면책되는 것이다(대법원 1994. 4. 26. 선고 93다24223 전원합의체 판결 등 참조).

원심판결 이유에 의하면, 원심은, 피해자 공소외 1은 피고인에 대하여 가지고 있는 대여금채권 등을 피보전권리로 하여 2008. 9. 19.경 피고인을 채무자, 공소외 2를 제3채무자로 하는 채권가압류 신청을 하였고, 이에 피고인은 강제집행을 면탈할 목적으로, 2008. 10. 1.경 사실은 피고인의 처제인 공소외 3에게 채무가 없음에도 불구하고, 마치 피고인의 채권자인 공소외 3에게 피고인의 채무자인 공소외 2 등에 대한 채권을 양도하는 것처럼 가장하여 '양도인 피고인, 양수인 공소외 3, 채무자 공소외 2, 공소외 4 주식회사, 양수인에 대한 채무의 담보를 위하여 양도인이 채무자들에 대하여 가지고 있는 채권을 양수인에게 양도한다'는 취지의 채권양도계약서를 작성하여 그 무렵 위 채무자에게 통지하는 등의 방법으로 피고인의 공소외 2에 대한 채권을 허위로 양도하여 채권자인 피해자를 해하였다는 이 사건 공소사실에 대하여, 그 채용 증거에 의하여 피해자는 2008. 9. 19.경 피고인을 상대로 서울북부지방법원 2008가합7684호 대여금 청구소송을 제기하면서 피고인의 공소외 2에 대한 채권에 관하여 가압류를 신청하고 2008. 9. 26. 그 가압류 신청이 인용되어 2008. 10. 1. 공소외 2에게 위 가압류결정이 송달된 사실, 한편 피고인은 2008. 10. 1.경 처제인 공소외 3과 사이에 피고인의 공소외 2에 대한 2억 7,000만 원의 채권을 양도하기로 하는 내용의 채권양도계약서를 작성하고, 2008. 11. 7.경 공소외 2에게 위 양도통지를 한 사실을 인정한 다음, 공소외 3이 피고인으로부터 피고인의 공소외 2에 대한 채권을 양수받았다 하더라도 가압류채권자인 피해자의 법률상 지위에 어떠한 영향을 미칠 수 없어 위 채권양도로 인하여 피해자의 채권가압류에 기한 강제집행이 방해되었다고 볼 수 없으므로 위 채권양도행위는 강제집행면탈죄에 해당하지 아니한다고 판단하여 피고인을 유죄로 인정한 제1심판결을 파기하고, 피고인에 대하여 무죄를 선고하였다.

그러나 이러한 원심의 판단은 아래와 같은 이유에서 그대로 수긍할 수 없다.

원심이 확정한 사실관계에 의하더라도 이 사건 가압류결정 정본이 송달된 날짜와 피고인이 이 사건 채권을 양도한 날짜가 동일하다는 것인데, 위에서 본 법리에 비추어 보면 이 사건 가압류결정 정본이 제3채무자인 공소외 2에게 송달되기 전에 피고인이 이 사건 채권을 허위로 양도하였다면 피고인의 이러한 행위는 강제집행면탈죄에 해당한다고 할 것이다.

그렇다면 원심으로서는 이 사건 가압류결정 정본과 피고인의 채권양도 행위의 선후를 따져 피고인에 대하여 강제집행면탈죄가 성립하는지 여부를 판단하였어야 할 것이다.

그럼에도 이에 대해서 심리·판단하지 않고 만연히 피고인에 대하여 무죄를 선고한 원심판결에는 강제집행면탈죄에 관한 법리를 오해하고 필요한 심리를 다하지 아니하여 판결 결과에 영향을 미친 위법이 있다. 이 점에 관한 상고이유의 주장은 이유 있다.

그러므로 원심판결을 파기하고, 사건을 다시 심리·판단하도록 원심법원에 환송하기로 하여 관여 대법관의 일치된 의견으로 주문과 같이 판결한다.

대법관 이인복(재판장) 김능환(주심) 안대희 박병대

대법원 2012.6.28. 선고 2012도3643 판결

【특정경제범죄가중처벌등에관한법률위반(배임)·특정경제범죄가중처벌등에관한법률위반(수재등)·특정경제범죄가중처벌등에관한법률위반(증재등)】

판시사항

[1] 금융기관의 임·직원이 직접 금품 기타 이익을 받지 아니하고 공여자로 하여금 다른 사람에게 금품 기타 이익을 공여하도록 한 경우, 구 특정경제범죄 가중처벌 등에 관한 법률 제5조 제1항 위반(수재등)죄가 성립하는지 여부(한정 적극)

[2] 공여자가 금융기관의 임·직원이 아닌 다른 사람에게 금품 기타 이익을 공여하였을 경우, 구 특정경제범죄 가중처벌 등에 관한 법률 제6조 제1항 위반(증재등)죄가 성립하는지 여부(한정 적극)

[3] 금융기관의 임·직원이 금품 기타 이익을 영득의 의사로 수수한 경우, 후에 이를 반환하였다는 사정이 구 특정경제범죄 가중처벌 등에 관한 법률 제5조 제1항 위반(수재등)죄의 성립에 영향을 미치는지 여부(소극)

[4] 업무상배임죄로 이익을 얻는 수익자 또는 그와 밀접한 관련이 있는 제3자를 배임의 실행행위자와 공동정범으로 인정하기 위한 요건

전 문

피 고 인 피고인 1 외 1인

상 고 인 피고인들

변 호 인 법무법인

원심판결 서울고법 2012. 2. 24. 선고 2011노1540, 3152 판결

주 문 상고를 모두 기각한다.

이 유 상고이유를 판단한다.

1. 피고인들의 10억 원 수재 및 증재의 점에 관한 상고이유에 대하여

구 특정경제범죄 가중처벌 등에 관한 법률(2012. 2. 10. 법률 제11304호로 개정되기 전의 것, 이하 '구 특경법'이라 한다) 제5조 제1항에서 정한 특경법 위반(수재등)죄는 금융기관의 임·직원이 그 직무에 관하여 금품 기타 이익을 수수한 때에 적용되는 것으로서, 이와 별도로 특경법 제5조 제2항에서 금융기관의 임·직원이 그 직무에 관하여 부정한 청탁을 받고 제3자에게 금품 기타 이익을 공여하게 한 때에 특경법 위반(수재등)죄로 처벌하도록 규정하고 있는 점에 비추어 보면, 금융기관의 임·직원이 직접 금품 기타 이익을 받지 아니하고 공여자로 하여금 다른 사람에게 금품 기타 이익을 공여하도록 한 경우에는 그 다른 사람이 금융기관의 임·직원의 사자 또는 대리인으로서 금품 기타 이익을 받은 경우나 그 밖에 예컨대 평소 금융기관의 임·직원이 그 다른 사람의 생활비 등을 부담하고 있었다거나 혹은 그 다른 사람에 대하여 채무를 부담하고 있었다는 등의 사정이 있어서 그 다른 사람이 금품 기타 이익을 받음으로써 금융기관의 임·직원이 그만큼 지출을 면하게 되는 경우 등 사회통념상 그 다른 사람이 금품 기타 이익을 받은 것을 금융기관의 임·직원이 직접 받은 것과 같이 평가할 수 있는 관계가 있는 경우에는 구 특경법 제5조 제1항의 특경법 위반(수재등)죄가 성립한다(대법원 2004. 3. 26. 선고 2003도8077 판결 등 참조).

또한 공여자가 금융기관의 임·직원이 아닌 다른 사람에게 금품 기타 이익을 공여하였을 때에도 사회통념상 그 다른 사람이 금품 기타 이익을 받은 것을 금융기관의 임·직원이 직접 받은 것과 같이 평가할 수 있는 관계가 있는 경우에는 구 특경법 제6조 제2항이 아니라 구 특경법 제6조 제1항의 특경법 위반(증재등)죄가 성립한다고 봄이 상당하다. 한편 금융기관의 임·직원이 구 특경법 제5조 제1항의 금품 기타 이익을 일단 영득의 의사로 수수한 것이라면 후일 이를 반환하였다 하더라도 특경법 위반(수재등)죄의 성립에는 영향이 없다.

원심은 그 채택 증거들을 종합하여 판시와 같은 사실을 인정한 다음, 피고인 1이 형인 공소외인을 통하여 피고인 2가 공여하는 1,000만 원권 자기앞수표 100장 합계 10억 원을 수수하고 공소외인으로 하여금 그 명의의 예금계좌에 입금하도록 하였으며, 위 10억 원은 피고인 2가 '2004. 11. 30.자 남양주 녹촌2지구아파트사업 PF자

금 1,700억 원 대출을 도와주어 감사하고, 앞으로 추진하는 남양주 녹촌3지구아파트사업 PF자금 대출을 받을 수 있도록 도와 달라'는 명목으로 피고인 1에게 지급한 것으로서 금융기관의 임·직원인 피고인 1의 직무에 관하여 공여된 금품에 해당하고, 이는 공소외인이 나중에 일부를 피고인 2의 계좌에 입금한 사실이 있다 하더라도 마찬가지라고 보아, 피고인들의 10억 원 수재 및 증재의 점에 대하여 구 특경법 제5조 제1항과 제6조 제1항을 적용하였다.

앞서 본 법리를 비롯한 관련 법리와 기록에 비추어 살펴보면 원심의 위와 같은 조치는 정당하고, 거기에 각 상고이유의 주장과 같이 논리와 경험의 법칙을 위반하고 자유심증주의의 한계를 벗어나 사실을 잘못 인정하거나, 자백의 임의성과 구 특경법 제5조 제1항의 특경법 위반(수재등)죄에서의 수수된 금품의 처분권 귀속, 직무관련성과 대가성 및 구 특경법 제6조 제1항과 제2항의 적용범위에 관한 법리를 오해하는 등의 위법이 없다.

2. 피고인들의 100억 원 업무상배임의 점에 관한 상고이유에 대하여

업무상배임죄의 고의는 업무상 타인의 사무를 처리하는 자가 본인에게 재산상의 손해를 가한다는 의사와 자기 또는 제3자의 재산상의 이득의 의사가 임무에 위배된다는 인식과 결합되어 성립되는 것이며, 이와 같은 업무상배임죄의 주관적 요소로 되는 사실(고의, 동기 등의 내심적 사실)은 피고인이 본인의 이익을 위하여 문제가 된 행위를 하였다고 주장하면서 범의를 부인하고 있는 경우에는 사물의 성질상 고의와 상당한 관련성이 있는 간접사실을 증명하는 방법에 의하여 입증할 수밖에 없고, 무엇이 상당한 관련성이 있는 간접사실에 해당할 것인가는 정상적인 경험칙에 바탕을 두고 치밀한 관찰력이나 분석력에 의하여 사실의 연결상태를 합리적으로 판단하는 방법에 의하여야 하며, 피고인이 본인의 이익을 위한다는 의사도 가지고 있었더라도 위와 같은 간접사실에 의하여 본인의 이익을 위한다는 의사는 부수적일 뿐이고 이득 또는 가해의 의사가 주된 것임이 판명되면 배임죄의 고의가 있었다고 할 것이다(대법원 2011. 8. 18. 선고 2011도6881 판결 등 참조).

그리고 업무상배임죄에서 '임무에 위배하는 행위'라 함은 사무의 내용, 성질 등 구체적 상황에 비추어 법령의 규정, 계약의 내용 혹은 신의칙상 당연히 할 것으로 기대되는 행위를 하지 않거나 당연히 하지 않아야 할 것으로 기대되는 행위를 함으로써 본인과의 신임관계를 저버리는 일체의 행위를 포함한다. 그리고 '재산상의 손해를 가한 때'라 함은, 현실적인 손해를 가한 경우뿐만 아니라 재산상 손해 발생의 위험을 초래한 경우도 포함되며, 일단 손해의 위험을 발생시킨 이상 나중에 피해가 회복되었더라도 배임죄의 성립에 영향을 주는 것은 아니고, 총체적으로 보아 본인의 재산상태에 손해를 가하는 경우, 즉 본인의 전체적 재산가치의 감소를 가져오는 것을 말하는 것으로 재산상 손해의 유무에 대한 판단은 법률적 판단에 의하지 아니하고 경제적 관점에서 파악하여야 한다(대법원 2008. 10. 23. 선고 2008도6816 판결 등 참조).

한편 업무상배임죄의 실행으로 인하여 이익을 얻게 되는 수익자 또는 그와 밀접한 관련이 있는 제3자를 배임의 실행행위자와 공동정범으로 인정하기 위하여는 실행행위자의 행위가 피해자 본인에 대한 배임행위에 해당한다는 것을 알면서도 소극적으로 그 배임행위에 편승하여 이익을 취득한 것만으로는 부족하고, 실행행위자의 배임행위를 교사하거나 또는 배임행위의 전 과정에 관여하는 등으로 배임행위에 적극 가담할 것을 필요로 한다(대법원 2007. 4. 12. 선고 2007도1033 판결 등 참조).

원심판결 이유를 앞서 본 법리를 비롯한 관련 법리와 기록에 비추어 살펴보면, 원심이 그 채택 증거에 의하여 판시와 같은 사정들을 인정한 다음 피고인들의 이 부분 공소사실을 유죄로 인정한 것은 정당하고, 거기에 각 상고이유의 주장과 같이 논리와 경험의 법칙을 위반하고 자유심증주의의 한계를 벗어나 사실을 잘못 인정하거나, 업무상배임죄에서의 '타인의 사무를 처리하는 자', '이득의 주체와 불법영득의사', '임무의 위배 및 그로 인한 손해의 발생과 손해액', '공동정범의 성립요건 및 배임의 범의'에 관한 법리를 오해하고 판단을 누락하는 등의 위법이 없다.

3. 피고인 1의 1억 원 수재의 점에 관한 상고이유에 대하여

원심판결 이유를 관련 법리와 기록에 비추어 살펴보면, 원심이 그 채택 증거에 의하여 판시와 같은 사정들을 인정한 다음 피고인 1의 이 부분 공소사실을 유죄로 인정한 것은 정당하고, 거기에 상고이유의 주장과 같이 논리와 경험의 법칙을 위반하고 자유심증주의의 한계를 벗어나 사실을 잘못 인정하거나, 자백의 임의성 및 구 특경법 제5조 제1항의 특경법 위반(수재등)죄에서의 직무관련성과 대가성에 관한 법리를 오해하는 등의 위법이 없다.

4. 피고인 2의 오피스텔 증재의 점에 관한 상고이유에 대하여

원심판결 이유를 관련 법리와 기록에 비추어 살펴보면, 원심이 그 채택 증거에 의하여 판시와 같은 사정들을 인정한 다음 피고인 2의 이 부분 공소사실을 유죄로 인정한 것은 정당하고, 거기에 상고이유의 주장과 같이 논리와 경험의 법칙을 위반하고 자유심증주의의 한계를 벗어나 사실을 잘못 인정하거나, 증거능력 없는 증거를 사용하여 공소시효에 관한 판단을 그르치는 등의 위법이 없다.

5. 결론

그러므로 상고를 모두 기각하기로 하여 관여 대법관의 일치된 의견으로 주문과 같이 판결한다.

대법관 김용덕(재판장) 전수안 이상훈(주심)

대법원 2012.6.28. 선고 2012도2628 판결

【특정경제범죄가중처벌에관한법률위반(횡령)[피고인4에대하여인정된죄명:특정경제범죄가중처벌등에관한법률위반(횡령)방조]·특정경제범죄가중중처벌등에관한법률위반(배임)·근로기준법위반·업무상횡령】

판시사항

[1] 주식회사의 주주나 대표이사가 회사 소유 재산을 사적인 용도로 임의 처분한 경우, 횡령죄가 성립하는지 여부(적극)

[2] 방조범 성립요건으로서 '고의'의 의미와 증명 방법

[3] 법원이 공소장변경 없이 직권으로 공동정범으로 기소된 범죄사실을 방조사실로 인정할 수 있는지 여부(한정 적극)

[4] 양형부당을 상고이유로 할 수 없는 사건에서 정상에 관한 심리미진을 상고이유로 삼을 수 있는지 여부(소극)

[5] 배임죄에서 '재산상 손해를 가한 때'의 의미 및 재산상 손해 유무를 판단하는 기준

전 문

피 고 인 피고인 1 외 4인

상 고 인 피고인 1 외 3인 및 검사

변 호 인 변호사

원심판결 서울고법 2012. 2. 2. 선고 2011노2540 판결

주 문 상고를 모두 기각한다.

이 유 상고이유(상고이유서 제출기간이 경과한 후에 제출된 피고인 5의 '상고이유보충서' 및 '상고이유서 2'의 기재는 상고이유를 보충하는 범위 내에서)를 판단한다.

1. 피고인 1, 2의 상고이유에 대하여

주식회사는 주주와 독립된 별개의 권리주체로서 그 이해가 반드시 일치하는 것은 아니므로, 회사 소유 재산을 주주나 대표이사가 제3자의 자금 조달을 위하여 담보로 제공하는 등 사적인 용도로 임의 처분하였다면 그 처분에 관하여 주주총회나 이사회의 결의가 있었는지 여부와는 관계없이 횡령죄의 죄책을 면할 수는 없다(대법원 2005. 8. 19. 선고 2005도3045 판결, 대법원 2010. 12. 23. 선고 2008도8851 판결 등 참조).

원심판결 이유에 의하면, 원심은 그 채택 증거들을 종합하여 판시와 같은 사실을 인정한 다음, 피고인 1, 2가 피고인 5 등과 공모하여 2009. 7. 28. 피고인 1이 피고인 5로부터 공소외 1 주식회사의 주식 및 경영권을 인수하기로 하는 계약을 체결하고 사채업자로부터 그 인수대금을 차용하는 과정에서 그 차용금 변제를 위한 담보 제공 및 일부 이자 등의 지급조로 공소외 1 주식회사 명의의 은행 계좌에서 액면금 합계 82억 5,000만 원의 자기앞수표를 인출하여 사채업자에게 교부한 행위가 업무상횡령죄에 해당한다고 판단하였다.

앞서 본 법리 및 기록에 비추어 살펴보면 원심의 위와 같은 판단에 상고이유 주장과 같은 논리와 경험칙에 반하여 자유심증주의 한계를 벗어나거나 업무상횡령죄의 성립요건 및 불가벌적 사후행위 등에 관한 법리를 오해한 위법은 없다.

그리고 10년 미만의 징역형이 선고된 이 사건에서 원심의 양형이 부당하다는 피고인 1, 2의 주장은 적법한 상고이유가 될 수 없다.

2. 피고인 4의 상고이유에 대하여

형법상 방조행위는 정범이 범행을 한다는 정을 알면서 그 실행행위를 용이하게 하는 직접·간접의 행위를 말하므로, 방조범은 정범의 실행을 방조한다는 이른바 방조의 고의와 정범의 행위가 구성요건에 해당하는 행위인 점에 대한 정범의 고의가 있어야 한다. 그러나 이와 같은 고의는 내심적 사실이므로 피고인이 이를 부정하는 경우에는 사물의 성질상 고의와 상당한 관련성이 있는 간접사실을 증명하는 방법에 의하여 입증할 수밖에 없고, 이때 무엇이 상당한 관련성이 있는 간접사실에 해당할 것인지는 정상적인 경험칙에 바탕을 두고 치밀한 관찰력

이나 분석력에 의하여 사실의 연결상태를 합리적으로 판단하는 외에 다른 방법이 없다고 할 것이다. 또한 방조범의 경우에 정범의 고의는 정범에 의하여 실현되는 범죄의 구체적 내용을 인식할 것을 요하는 것은 아니고 미필적 인식 또는 예견으로 족하다(대법원 2005. 4. 29. 선고 2003도6056 판결 등 참조).

그리고 법원은 공소사실의 동일성이 인정되는 범위 내에서 공소가 제기된 범죄사실보다 가벼운 범죄사실이 인정되는 경우에, 그 심리의 경과 등에 비추어 볼 때 피고인의 방어에 실질적인 불이익을 주지 아니한다면 공소장변경 없이 직권으로 가벼운 범죄사실을 인정할 수 있다고 할 것이므로, 공동정범으로 기소된 범죄사실을 방조사실로 인정할 수 있다(대법원 2004. 6. 24. 선고 2002도995 판결, 대법원 2011. 11. 24. 선고 2009도7166 판결 등 참조).

원심판결 이유에 의하면, 원심은 그 판시와 같은 사정을 종합하여, 피고인 4가 피고인 1, 5 등과 공모하여 2009. 7. 28. 공소외 1 주식회사의 자금 합계 82억 5,000만 원을 횡령하였다는 취지의 공소사실에 대하여, 공소장변경 없이 직권으로 피고인 4가, 피고인 1, 5 등이 개인적인 이익을 위하여 공소외 1 주식회사의 자금 82억 5,000만 원을 이자, 소개비 및 담보로 제공하여 사채를 빌린다는 사실을 인식하면서 피고인 1, 5 등에게 사채업자를 소개하고 사채업자와 중개하는 역할을 함으로써 피고인 1, 5 등의 2009. 7. 28.자 합계 82억 5,000만 원의 업무상횡령 실행행위를 방조하였다고 판단한 제1심판결이 정당하다고 인정하였다.

앞서 본 법리와 적법하게 채택된 증거들에 비추어 살펴보면 원심의 위와 같은 판단에 상고이유의 주장과 같이 논리와 경험칙에 반하여 자유심증주의의 한계를 벗어나거나 업무상횡령죄에 있어서 방조범의 성립요건에 관한 법리를 오해한 위법 등이 없다.

또한 이 사건 기록에 의하면 피고인 4가 제1심에서 이 사건 범죄사실에 대한 고의 내지는 공동정범의 죄책을 부정하는 한편 설령 관여가 인정된다고 하더라도 방조에 지나지 아니함을 주장하였고 또한 공소장변경 없이 직권으로 방조를 인정한 것에 대하여 항소이유로 주장하지 아니하였음을 알 수 있으므로, 이에 비추어 보면 제1심에서 위와 같이 공소장변경 없이 직권으로 방조사실을 인정한 것이 피고인 4의 방어에 실질적인 불이익을 주었다고 보이지 아니하며, 따라서 제1심판결을 유지한 원심판결에 공소장변경에 관한 법리를 오해한 위법이 없다.

나아가 10년 미만의 징역형이 선고된 이 사건에서 원심의 양형이 부당하다는 피고인 4의 주장은 적법한 상고이유가 될 수 없다.

3. 피고인 5의 상고이유에 대하여

형사소송법 제383조 제4호는 형의 양정이 심히 부당하다고 인정할 현저한 사유가 있어 상고이유로 삼을 수 있는 경우를 사형·무기 또는 10년 이상의 징역이나 금고가 선고된 사건으로 제한하고 있으므로, 이에 해당하지 않는 사건에 대한 양형부당의 상고이유는 부적법하다. 그리고 이러한 경우 사실심인 원심이 피고인에 대한 양형조건이 되는 범행의 동기 및 수법이나 범행 전후의 정황 등의 제반 정상에 관하여 심리를 제대로 하지 아니하였음을 들어 상고이유로 삼을 수도 없다(대법원 2008. 5. 8. 선고 2008도198 판결, 대법원 2010. 2. 11. 선고 2009도12627 판결 등 참조).

원심이 피고인 5에 대하여 징역 3년을 선고한 이 사건에서, 피고인 5는 상고이유로, 자신이 2010. 3. 12. 공소외 2에게 공소외 1 주식회사의 주식 및 경영권을 양도하면서 그 양도대금으로 공소외 1 주식회사에 대한 피해금액을 모두 변제하였음에도 원심이 이를 인정하지 아니한 것은 잘못이라고 주장하고 있으나, 피고인 5의 이러한 상고이유 주장은 원심의 양형이 부당하거나 양형조건이 되는 피해 금액의 변제 여부와 같은 범행 전후의 정황 등의 제반 정상에 관하여 제대로 심리하지 아니하였거나 이를 참작하지 아니하였다는 취지로서 위 법리에 비추어 적법한 상고이유가 될 수 없다.

4. 검사의 상고이유에 대하여

배임죄에서의 재산상 손해를 가한 때에는 현실적인 손해를 가한 경우뿐만 아니라 재산상 실해발생의 위험을 초래한 경우도 포함된다. 재산상 손해의 유무에 대한 판단은 본인의 전 재산 상태와의 관계에서 법률적 판단에 의하지 아니하고 경제적 관점에서 파악하여야 하며, 법률적 판단에 의하여 당해 배임행위가 어떠한 효력이 인정되지 않는다고 하더라도 경제적 관점에서 파악하여 배임행위로 인하여 본인에게 현실적인 손해를 가하였거나 재산상 실해발생의 위험을 초래한 경우에는 재산상의 손해를 가한 때에 해당하지만, 그러한 손해발생의 위험이 초래되지 아니한 경우에는 배임죄가 성립하지 않는다고 할 것이다(대법원 2010. 3. 25. 선고 2009도14585 판결, 대법원 2011. 12. 13. 선고 2011도10525 판결 등 참조).

원심판결 이유에 의하면, 원심은 그 채택 증거들을 종합하여 판시와 같은 사실을 인정한 다음, 피고인 1 등이 2009. 8. 19. 판시 공소외 1 주식회사 명의의 약속어음을 작성한 행위는 대표권을 남용한 행위이지만 그 약속어음 발행의 상대방도 피고인 1 등의 위와 같은 행위가 회사의 영리 목적과 관계없이 피고인 1의 이익을 도모할 목적으로 그 권한을 남용하여 한 행위라는 것을 충분히 알았거나 알 수 있었던 것으로 보이므로, 피고인 1 등의 위와 같은 약속어음 발행행위는 공소외 1 주식회사에 대하여 아무런 효력이 없고, 이로 인하여 공소외 1 주식회사가 사용자책임이나 불법행위 등에 따른 손해배상책임을 부담할 여지도 없어서 결국 공소외 1 주식회사에 재산상 손해가 발생하거나 재산상 손해발생의 위험성이 초래되었다고 볼 수 없다는 이유로, 피고인 1, 2, 3, 5에 대한 이 부분 공소사실은 범죄의 증명이 없는 경우에 해당하여 무죄라고 판단한 제1심을 그대로 유지하였다.

위 법리 및 기록에 비추어 살펴보면, 원심의 위와 같은 판단에 상고이유 주장과 같이 약속어음과 업무상배임죄에 관한 법리를 오해하여 판결에 영향을 미친 위법은 없다.

5. 결론

그러므로 피고인 1, 2, 4, 5의 상고와 검사의 피고인 1, 2, 3, 5에 대한 상고를 모두 기각하기로 하여, 관여 대법관의 일치된 의견으로 주문과 같이 판결한다.

대법관 전수안(재판장) 이상훈 김용덕(주심)

대법원 2012.6.28. 선고 2012도2087 판결

【특정경제범죄가중처벌등에관한법률위반(배임)·상호저축은행법위반·특정경제범죄가중처벌등에관한법률위반(횡령)·업무상횡령·업무상배임】

판시사항

1 이른바 '대환'이 상호저축은행법상 금지·처벌의 대상인 '개별차주에 대한 한도를 초과하는 신용공여'에 해당하는지 여부(원칙적 소극) 및 이 경우 대출로 인하여 실제로 자금의 이동이 있는 경우에도 동일한 법리가 적용되는지 여부(소극)

2 동일인 한도초과 대출로 인하여 '상호저축은행법 위반죄'와 '업무상배임죄'가 성립하는 경우, 두 죄의 죄수 관계(=상상적 경합)

3 상상적 경합관계에 있는 공소사실 중 일부가 먼저 기소된 후 나머지 공소사실이 추가기소된 경우, 법원이 취해야 할 조치

판결요지

1 현실적인 자금의 수수 없이 형식적으로만 신규대출을 하여 기존채무를 변제하는 이른바 대환은 특별한 사정이 없는 한 형식적으로는 별도의 대출에 해당하나 실질적으로는 기존채무의 변제기 연장에 불과하므로 상호저축은행법에서 금지·처벌의 대상으로 삼고 있는 '개별차주에 대한 한도를 초과하는 신용공여'에 해당하지 아니하나, 이와 달리 대출로 인하여 실제로 자금의 이동이 있었던 경우에는 그러하지 아니하다.

2 동일인 대출한도 초과대출 행위로 인하여 상호저축은행에 손해를 가함으로써 상호저축은행법 위반죄와 업무상배임죄가 모두 성립한 경우, 위 두 죄는 형법 제40조에서 정한 상상적 경합관계에 있다.

3 상상적 경합관계에 있는 공소사실 중 일부가 먼저 기소된 후 나머지 공소사실이 추가기소되고 이들 공소사실이 상상적 경합관계에 있음이 밝혀진 경우라면, 추가기소에 의하여 전후에 기소된 각 공소사실 전부를 처벌할 것을 신청하는 취지가 포함되었다고 볼 수 있어, 공소사실을 추가하는 등의 공소장변경과는 절차상 차이가 있을 뿐 실질에 있어서 별 차이가 없다. 따라서 법원으로서는 석명권을 행사하여 검사로 하여금 추가기소의 진정한 취지를 밝히도록 하여 검사의 석명에 의하여 추가기소가 상상적 경합관계에 있는 행위 중 먼저 기소된 공소장에 누락된 것을 추가 보충하는 취지로서 1개의 죄에 대하여 중복하여 공소를 제기한 것이 아님이 분명해진 경우에는, 추가기소에 의하여 공소장변경이 이루어진 것으로 보아 전후에 기소된 공소사실 전부에 대하여 실체판단을 하여야 하고 추가기소에 대하여 공소기각판결을 할 필요가 없다.

전 문

피 고 인 피고인 1 외 9인

상 고 인 피고인 1 외 7인 및 검사

변 호 인 변호사

원심판결 광주고법 2012. 1. 18. 선고 (제주)2011노69, 85 판결

주 문 상고를 모두 기각한다.

이 유 상고이유(상고이유서 제출기간 경과 후에 제출된 상고이유보충서는 상고이유를 보충하는 범위 내에서)를 판단한다.

1. 피고인 1의 상고이유에 대하여

가. 2003. 11. 10. 및 2003. 11. 17.자 각 특정경제범죄 가중처벌 등에 관한 법률(이하 '특경법'이라 한다) 위반(배임)의 점에 관하여 원심은 그 판시 증거에 의하여, 피고인 1이 공소외 1로부터 매수한 공소외 2 상호저축은행 주식회사(이하 '공소외 2 저축은행'이라 하고, 다른 회사들에 대하여도 '주식회사'의 기재를 생략한다) 주식 3,519,579주를 공소외 3에게 다시 매도하였는데 공소외 3이 중간에 매수 포기의사를 밝히자 이미 기지급받은 주식매매대금의 반환을 위하여 피고인 2 등 공소외 2 저축은행 임직원에게 이 부분 각 대출실행을 지시한 사실 등을 인정한 다음, 피고인 1을 위 각 대출로 인한 업무상배임죄의 공동정범으로 판단하였다.

원심판결 이유를 원심이 채용한 증거들에 비추어 살펴보면 원심의 위와 같은 판단은 정당한 것으로 수긍이 가고, 거기에 상고이유 주장과 같이 논리와 경험칙에 반하여 자유심증주의의 한계를 벗어난 위법이 없다.

그리고 피고인 1이 위와 같이 자신의 주식매매대금 반환채무 이행을 위하여 대출을 지시하였고 그 대출이 원심 판시와 같이 아무런 담보확보조치 없이 이루어진 부실대출에 해당하는 이상, 피고인 1은 그 대출금 전액에 대하여 업무상배임죄의 죄책을 부담하는 것이므로, 원심이 위 각 대출금 합계액 26억 원 중 실제로 공소외 3에 대한 주식매매대금 반환에 사용된 20억 원에 한하지 않고 대출금 전액에 대하여 업무상배임죄를 인정하였다고 하여 책임주의에 반하는 것이라고 할 수도 없다.

이 부분 상고이유 주장은 모두 이유 없다.

나. 상호저축은행법 위반의 점에 관하여

현실적인 자금의 수수 없이 형식적으로만 신규대출을 하여 기존채무를 변제하는 이른바 대환은 특별한 사정이 없는 한 형식적으로는 별도의 대출에 해당하나 실질적으로는 기존채무의 변제기 연장에 불과하므로 상호저축은행법에서 금지·처벌의 대상으로 삼고 있는 '개별차주에 대한 한도를 초과하는 신용공여'에 해당하지 아니하나(대법원 2001. 6. 29. 선고 2001도2189 판결 등 참조), 이와 달리 대출로 인하여 실제로 자금의 이동이 있었던 경우에는 그러하지 아니하다.

원심은 피고인 1이 작성한 2008. 12. 29.자 확약서를 비롯한 판시 증거들을 종합하여, 공소외 2 저축은행의 대주주이자 실질적 경영자인 피고인 1이 공소외 2 저축은행 임직원들에게 공소외 2 저축은행의 BIS 비율(자기자본비율)을 높이기 위하여 이 부분 각 대출실행을 지시한 사실을 인정한 다음, 위 각 대출금이 기존 대출 원리금의 변제에 사용되기는 하였으나 일단 실제 자금이동이 이루어졌던 점 등에 비추어 대환이라고 볼 수 없고, 피고인 1의 동일인 한도초과 대출에 관한 고의 또한 인정된다고 판단하였다.

위 법리 및 기록에 비추어 살펴보면 원심의 위와 같은 판단은 정당한 것으로 수긍이 가고, 거기에 상고이유 주장과 같이 상호저축은행법에 관한 법리를 오해하거나 논리와 경험칙에 반하여 자유심증주의의 한계를 벗어난 위법이 없다.

2. 피고인 2, 3의 상고이유에 대하여

가. 제1심 공소기각 부분에 관하여

(1) 동일인 대출한도 초과대출 행위로 인하여 상호저축은행에 손해를 가함으로써 상호저축은행법 위반죄와 업무상배임죄가 모두 성립한 경우, 위 두 죄는 형법 제40조 소정의 상상적 경합관계에 있다(대법원 2011. 2. 24. 선고 2010도13801 판결 참조).

그리고 상상적 경합관계에 있는 공소사실 중 일부가 먼저 기소된 후 그 나머지 공소사실이 추가기소되고 이들 공소사실이 상상적 경합관계에 있음이 밝혀진 경우라면, 그 추가기소에 의하여 전후에 기소된 각 공소사실 전부를 처벌할 것을 신청하는 취지가 포함되었다고 볼 수 있어, 공소사실을 추가하는 등의 공소장변경과는 절차상 차이가 있을 뿐 그 실질에 있어서 별 차이가 없다. 따라서 법원으로서는 석명권을 행사하여 검사로 하여금 추가기소의 진정한 취지를 밝히도록 하여 검사의 석명에 의하여 추가기소가 상상적 경합관계에 있는 행위 중 먼저 기소된 공소장에 누락된 것을 추가 보충하는 취지로서 1개의 죄에 대하여 중복하여 공소를 제기한 것이 아님이 분명하여진 경우에는, 그 추가기소에 의하여 공소장변경이 이루어진 것으로 보아 전후에 기소된 공소사실 전부에 대하여 실체판단을 하여야 하고 추가기소에 대하여 공소기각판결을 할 필요가 없다(포괄일죄에 관한 대법원 1996. 10. 11. 선고 96도1698 판결 등 참조).

(2) 기록에 의하면, 검사는 피고인 2, 3에 대하여 먼저 동일인 대출한도 초과대출로 인한 상호저축은행법 위반죄 등으로 공소(2010고합67호)를 제기한 후 위 대출과 동일한 대출로 인한 특경법 위반(배임) 및 업무상배임죄의 공소사실이 포함된 공소장(2010고합84호)을 제출하면서 제1심법원에 변론의 병합신청서를 제출한 사실, 제1심은 위 두 사건을 병합심리하기로 결정한 다음 제6회 공판기일에서 위 두 사건의 공소사실이 중복되는 경우가 있는지 등에 관하여 밝힐 것을 요구하였으나 검사는 별다른 조치를 취하지 아니한 사실, 이에 제1심은 위 2010고합84호 공소사실 중 2010고합67호 공소사실의 상호저축은행법 위반죄와 동일한 대출로 인한 특경법 위반(배임) 및 업무상배임죄의 공소사실에 대하여 이중기소에 해당한다고 보아 공소를 기각한 사실,

이후 검사는 항소이유서 및 2011. 11. 9.자 의견서를 통하여 '위 추가기소를 하면서 병합심리를 요청한 진정한 취지는 상상적 경합관계에 있는 공소사실에 관하여 공소장변경의 취지로 공소사실을 추가한다는 의미'라고 밝힌 사실 등을 알 수 있다.

원심은 위와 같은 사실관계를 토대로, 제1심으로서는 검사에게 추가기소 및 병합신청이 공소장변경의 취지인지 밝히도록 요구하였어야 함에도 이에 나아가지 않고 위 추가기소가 이중기소라고 단정하여 그에 관한 공소를 기각한 것은 심리미진에 해당할 뿐만 아니라, 설령 제1심의 석명 요구가 적절한 것이었다고 하더라도 원심에 이르러 검사가 위 추가기소가 공소장변경의 취지임을 밝힌 이상 제1심의 판단은 그대로 유지될 수 없다고 판단하여, 위 공소기각 부분 및 그와 상상적 경합관계에 있거나 형법 제37조 전단의 경합범 관계에 있는 유죄 부분 전부를 파기하여 제1심법원에 환송하였다. 앞서 본 법리와 기록에 비추어 살펴보면 원심의 위와 같은 판단은 정당한 것으로 수긍이 가고, 거기에 이중기소에 관한 법리오해 등의 위법이 없다.

나. 대환 관련 부분에 관하여

업무상배임죄에서 "재산상의 손해를 가한 때"는 현실적인 손해를 가한 경우뿐만 아니라 재산상 실해 발생의 위험을 초래한 경우도 포함하는바, 금융기관이 거래처의 기존 대출금에 대한 원리금 및 연체이자에 충당하기 위하여 거래처에 신규대출을 함에 있어 단지 형식상 신규대출을 하는 것처럼 서류상 정리를 하였을 뿐 실제로 거래처에 대출금을 새로 교부한 것이 아니라면 그로 인하여 금융기관에 어떤 새로운 손해가 발생하는 것은 아니라고 할 것이므로 따로 업무상배임죄가 성립한다고 할 수 없으나, 금융기관이 실제로 거래처에 대출금을 새로 교부한 경우에는 비록 새로운 대출금이 기존 대출금의 원리금으로 상환되도록 약정되어 있다고 하더라도 그 대출과 동시에 이미 손해발생의 위험이 발생하였다고 보아야 하므로 업무상배임죄가 성립한다(대법원 2003. 10. 10. 선고 2003도3516 판결 등 참조).

원심은 그 판시 증거들을 종합하여 피고인 2, 3이 이른바 대환에 해당하여 업무상배임죄나 상호저축은행법 위반죄가 성립하지 않는다고 주장한 판시 각 대출에 관하여, 이들 대출금 중 일부가 기존 대출금의 이자를 변제하는 데 사용되기는 하였으나, 대출명의자, 대출과목, 대출원금 등에서 기존 대출과의 동일성을 찾아볼 수 없고, 공소외 2 저축은행에서 일단 대출명의자의 계좌로 신규 대출금을 입금하여 기존의 여러 대출채무의 이자를 변제하도록 하는 등 실제 자금의 이동이 있었던 점 등의 사정에 비추어 이 부분 대출이 대환에 해당한다고 할 수 없다고 보아 이 부분 공소사실을 모두 유죄로 인정하였다.

위 법리와 기록에 비추어 살펴보면, 원심의 위와 같은 판단은 정당한 것으로 수긍이 가고, 거기에 상고이유 주장과 같이 대환에 관한 법리를 오해하거나 논리와 경험칙에 반하여 자유심증주의의 한계를 벗어난 위법이 없다.

3. 피고인 4의 상고이유에 대하여

기록에 의하면 피고인 4는 원심에서 항소이유로 양형부당만을 주장하였음을 알 수 있으므로, 상고심에서 새로이 법리오해 등을 상고이유로 내세우는 것은 허용되지 아니하고, 피고인 4에게 10년 미만의 징역형이 선고된 이 사건에서 형의 양정이 부당하다는 사유는 적법한 상고이유가 될 수 없다.

4. 피고인 5의 양형부당 주장을 제외한 나머지 상고이유에 대하여

가. 업무상배임죄의 공동정범으로 볼 수 없다는 주장에 대하여

피고인 5는 원심에서 이 부분 주장을 항소이유로 삼지 않았을 뿐만 아니라, 나아가 원심이 채용한 증거들에 의하면, 피고인 5는 고액대출을 심사·결정하는 공소외 2 저축은행 경영위원회의 경영위원으로서 피고인 2와 함께 대출실행을 주도하였을 뿐만 아니라 대출심사가 여신심사위원회로 이관된 이후로도 여전히 상근감사로서 여신심사위원회의 결의내용을 공람하고 여신승인신청서에 결재를 하는 등 대출에 관여하였으며, 동일인 대출한도 초과대출 제한규정의 적용을 피하기 위하여 적극적으로 대출명의인을 구하기도 한 사실 등을 알 수 있으므로, 피고인 5는 해당 부실대출로 인한 업무상배임죄의 공동정범으로 인정하기에 충분하다.

이 부분 상고이유는 어느 모로 보나 받아들일 수 없다.

나. 재산상 이익을 취득한 바 없으므로 업무상배임죄가 성립하지 않는다는 주장에 대하여

배임죄는 본인에게 재산상의 손해를 가하는 외에 배임행위로 인하여 행위자 스스로 재산상의 이익을 취득하거나 제3자로 하여금 재산상의 이익을 취득하게 할 것을 요건으로 하므로, 본인에게 손해를 가하였다고 할지라도 행위자 또는 제3자가 재산상 이익을 취득한 사실이 없다면 배임죄가 성립할 수 없다(대법원 2009. 6. 25. 선고 2008도3792 판결 등 참조).

원심은, ① 공소외 4 주식회사, 공소외 5 주식회사, 공소외 6 주식회사 명의의 각 대출은 피고인 1의 공소외 3에 대한 주식매매대금 반환 등을 위한 대출로서 피고인 1 또는 공소외 3이 대출금의 실질적인 취득자에 해당하고, ② 공소외 7 주식회사, 8, 9 명의의 각 대출은 공소외 2 저축은행이 보유한 부동산을 명의신탁하기로 하면서 그 매수자금을 지급해 주기 위한 대출이거나 공소외 2 저축은행이 경매신청한 부동산에 관하여 제

3자에게 실제 시가보다 고액으로 낙찰받아 달라고 부탁한 후 그 낙찰대금을 지급해 주기 위한 대출에 해당하나, 위 각 대출금에 관하여도 실제로 자금이동이 있었던 이상 공소외 7 주식회사 등 대출명의인들이 일단 대출금을 취득한 것으로 보아야 하므로 대출명의인이 재산상 이익을 취득한 것에 해당한다고 보아, 이와 달리 위 각 대출약정이 통정허위표시에 해당하여 무효이고 대출명의인이 재산상 이익을 취득한 것으로 볼 수 없어 업무상배임죄가 성립하지 않는다는 피고인 5의 주장을 배척하고 이 부분 공소사실을 유죄로 인정하였다.

위 법리와 기록에 비추어 살펴보면 원심의 위와 같은 판단은 정당한 것으로 수긍이 가고, 거기에 상고이유 주장과 같이 통정허위표시나 업무상배임죄에 관한 법리오해의 위법이 없다.

5. 피고인 5의 양형부당 상고이유와 피고인 6의 상고이유에 대하여

피고인 5, 6에게 10년 미만의 징역형이 선고된 이 사건에서 형의 양정이 부당하다는 사유는 적법한 상고이유가 될 수 없다.

6. 피고인 8의 상고이유에 대하여

가. 업무상배임죄의 공동정범으로 볼 수 없다는 주장에 대하여

피고인 8은 원심에서 이 부분 주장을 항소이유로 삼지 않았을 뿐만 아니라, 나아가 원심이 채용한 증거들에 의하면, 피고인 8은 피고인 2의 권유에 따라 공소외 10 주식회사와 공소외 11 주식회사의 경영을 맡게 되면서 이들 회사가 이미 수백억 원을 대출받은 상태로서 회생가능성이 거의 없다는 점을 잘 알면서도 피고인 2 등 공소외 2 저축은행 임직원들과 의사연락 아래 이들 회사를 실차주로 하여 대출을 신청하여 아무런 담보제공 없이 수백억 원을 대출받았던 점, 대출 과정에서 피고인 8은 동일인 대출한도 초과대출 제한규정의 적용을 피하기 위하여 지인들을 내세워 대출만을 목적으로 한 이른바 페이퍼컴퍼니를 설립하여 대출신청을 하였던 점 등을 알 수 있어, 피고인 8이 피고인 2 등과 공모하여 이 부분 업무상배임 행위를 실행하였음을 인정할 수 있다. 이 부분 상고이유는 어느 모로 보나 받아들일 수 없다.

나. 재산상 이익을 취득한 바 없으므로 업무상배임죄가 성립하지 않는다는 주장에 대하여

원심은 이 부분 각 대출이 명의차주를 내세워 이루어진 것이라고 하더라도 이를 통정허위표시에 해당한다고 볼 수도 없거니와 설령 통정허위표시라고 하더라도 대출 자체가 대환이 아닌 이상 재산상 손해 발생의 위험이 발생한 것으로 보아야 하고 실차주인 공소외 10 주식회사에 재산상 이익이 없다고 할 수 없다고 보아 업무상배임죄의 유죄를 인정하였다.

앞서 본 법리와 기록에 비추어 살펴보면 원심의 위와 같은 판단은 정당한 것으로 수긍이 가고, 거기에 상고이유 주장과 같이 업무상배임죄와 통정허위표시에 관한 법리오해, 판단유탈 등의 위법이 없다.

7. 피고인 9의 상고이유에 대하여

원심은 피고인 9가 이 부분 각 대출에 관하여 적극적으로 페이퍼컴퍼니를 명의차주로 내세운 점, 피고인 9는 피고인 2나 공소외 2 저축은행이 정상적이지 않은 경로로 대출금을 사용한다는 점을 인지하고 있었던 점, 피고인 9는 위 각 대출금 중 상당 부분이 사용된 '○○○○○○○' 빌라 신축사업의 시공을 맡고 있어 위 각 대출로 인하여 공사를 진행하고 그 대금을 받을 수 있었던 점 등 그 판시 사정을 종합하여 피고인 9를 이 부분 업무상배임죄의 공동정범으로 인정하였다.

원심판결 이유를 원심이 채용한 증거들에 비추어 살펴보면 원심의 위와 같은 판단은 정당한 것으로 수긍이 가고, 거기에 상고이유 주장과 같이 업무상배임죄의 공동정범에 관한 법리를 오해하거나 논리와 경험칙에 반하여 자유심증주의의 한계를 벗어나는 등의 위법이 없다.

8. 검사의 상고이유에 대하여

가. 피고인 1에 대한 2003. 6. 16.자 특경법 위반(배임)의 점에 관하여

원심은 피고인 5의 진술 등 검사가 제출한 증거에 의하더라도 피고인 1이 이 부분 대출실행을 지시하거나 이에 가담하였음을 인정하기 어렵다고 판단하였는바, 원심판결 이유를 기록에 비추어 살펴보면 원심의 위와 같은 판단은 정당한 것으로 수긍이 가고, 거기에 상고이유 주장과 같이 논리와 경험칙에 반하여 자유심증주의의 한계를 벗어난 위법이 없다.

나. 피고인 7, 10에 대한 각 특경법 위반(배임) 및 업무상배임의 점에 관하여

(1) 업무상배임죄의 실행으로 인하여 이익을 얻게 되는 수익자 또는 그와 밀접한 관련이 있는 제3자를 배임의 실행행위자와 공동정범으로 인정하기 위하여는 실행행위자의 행위가 피해자 본인에 대한 배임행위에 해당한다는 것을 알면서도 소극적으로 그 배임행위에 편승하여 이익을 취득한 것만으로는 부족하고, 실행행위자의 배임행위를 교사하거나 또는 배임행위의 전 과정에 관여하는 등으로 배임행위에 적극 가담할 것을 필요로 한다(대법원 2003. 10. 30. 선고 2003도4382 판결 등 참조).

(2) 원심은 피고인 7, 10이 이 부분 각 대출을 받을 당시 나름대로 실현가능성 있는 사업계획을 가지고 있었고 일정한 담보도 제공하였던 점, 피고인 7, 10이 사업현황이나 상환능력을 고의적으로 은폐하였다거나 공소외

2 저축은행 임직원들에게 대출과 관련한 부정한 청탁 또는 금품 제공을 하였다고 볼 증거도 없는 점 등 그 판시 사정을 종합하여, 피고인 7, 10이 피고인 2 등의 배임행위에 적극 가담한 것으로 볼 수 없다고 판단하였다.

위 법리 및 기록에 비추어 살펴보면 원심의 위와 같은 판단은 정당한 것으로 수긍이 가고, 거기에 상고이유 주장과 같이 업무상배임죄의 공동정범에 관한 법리를 오해하거나 논리와 경험칙에 반하여 자유심증주의의 한계를 벗어난 위법이 없다.

상고이유로 들고 있는 대법원판결은 사안이 달라 이 사건에 원용하기에 적절하지 아니하다.

9. 결론

그러므로 상고를 모두 기각하기로 하여 관여 대법관의 일치된 의견으로 주문과 같이 판결한다.

대법관 이인복(재판장) 김능환(주심) 안대희 박병대

대법원 2012.6.28. 선고 2011도3657 판결

【부정경쟁방지및영업비밀보호에관한법률위반(영업비밀누설등)·업무상배임】

판시사항

[1] 구 부정경쟁방지 및 영업비밀보호에 관한 법률 제2조 제2호에서 정한 '영업비밀'의 요건 중 '상당한 노력에 의하여 비밀로 유지된다'는 것의 의미

[2] 회사 직원이 무단으로 자료를 반출한 경우, 업무상배임죄가 성립하기 위하여 그 자료가 '영업상 주요한 자산'에 해당하여야 하는지 여부(적극)

전　　문

피 고 인 피고인

상 고 인 검사

변 호 인 법무법인

원심판결 서울고법 2011. 2. 24. 선고 2010노2160 판결

주　　문 상고를 기각한다.

이　　유 상고이유(상고이유서 제출기간 경과 후에 제출된 각 상고이유보충서의 기재는 상고이유를 보충하는 범위 내에서)를 판단한다.

1. 부정경쟁방지 및 영업비밀보호에 관한 법률 위반의 점에 대하여

구 부정경쟁방지 및 영업비밀보호에 관한 법률(2007. 12. 21. 법률 제8767호로 개정되기 전의 것) 제2조 제2호의 '영업비밀'이란 공연히 알려져 있지 아니하고 독립된 경제적 가치를 가지는 것으로서, 상당한 노력에 의하여 비밀로 유지된 생산방법, 판매방법, 그 밖에 영업활동에 유용한 기술상 또는 경영상의 정보를 말한다. 그리고 여기서 '상당한 노력에 의하여 비밀로 유지된다'는 것은 그 정보가 비밀이라고 인식될 수 있는 표시를 하거나 고지를 하고, 그 정보에 접근할 수 있는 대상자나 접근 방법을 제한하거나 그 정보에 접근한 자에게 비밀준수의무를 부과하는 등 객관적으로 그 정보가 비밀로 유지·관리되고 있다는 사실이 인식 가능한 상태인 것을 말한다(대법원 2008. 7. 10. 선고 2008도3435 판결, 대법원 2010. 7. 15. 선고 2008도9066 판결 등 참조).

위 법리와 기록에 비추어 살펴보면, 공소외 주식회사(이하 '피해 회사'라고 한다)는 제조공정 도면, 설계도면 등에 대하여는 관리담당자의 임명, 열람·대출의 제한 및 절차 등에 관한 엄격한 관리규정에 따라 관리했지만, 도면 이외의 문서에 대하여는 일반적인 문서관리규정만을 두어 관리하였는데, 위 문서관리규정에는 비밀문서의 경우 비밀표시를 하도록 하고 있음에도 원심 판시 [별지] 범죄일람표 순번 1번의 '(이하 생략) 개발진행 보고서'와 순번 49번의 'PTG PILOT TEST 결과'(이하 이들 문서를 합하여 '이 사건 각 보고서'라고 한다)에는 비밀표시가 되어 있지 아니하였던 점, 이 사건 각 보고서는 피해 회사의 연구개발팀 및 기술개발팀 사무실 내의 잠금장치가 없는 유리책장이나 책꽂이에 보관되어 있었는데, 위 각 사무실에는 출입자를 제한하지 아니하여 다른 직원들과 화공약품이나 시험기구 상인들과 같은 외부인들까지 자유롭게 출입할 수 있었던 점 등을 고려할 때, 이 사건 각 보고서는 상당한 노력에 의하여 비밀로 유지되었다고 보기 어려우므로 영업비밀에 해당한다고 할 수 없다.

같은 취지의 원심의 인정과 판단은 정당하고, 거기에 영업비밀에 관한 법리를 오해하거나 논리와 경험의 법칙에 반하여 자유심증주의의 한계를 벗어난 위법이 없다.

2. 업무상배임의 점에 대하여

가. 회사 직원이 경쟁업체 또는 자신의 이익을 위하여 이용할 의사로 무단으로 자료를 반출한 경우에 업무상배임죄가 성립하기 위하여는, 그 자료가 영업비밀에 해당할 필요까지는 없다고 하더라도 적어도 그 자료가 불특정 다수인에게 공개되어 있지 않아 보유자를 통하지 아니하고는 이를 통상 입수할 수 없고, 그 자료의 보유자가 자료의 취득이나 개발을 위해 상당한 시간, 노력 및 비용을 들인 것으로 그 자료의 사용을 통해 경쟁자에 대하여 경쟁상의 이익을 얻을 수 있는 정도의 영업상 주요한 자산에 해당하는 것이어야 한다(대법원 2011. 6. 30. 선고 2009도3915 판결, 대법원 2011. 7. 14. 선고 2010도3043 판결 등 참조).

나. 위 법리와 기록에 비추어 살펴본다.

우선, 이 사건 각 보고서 중 순번 1번의 '(이하 생략) 개발진행 보고서'는 피고인이 피해 회사에 입사하기 전부터 그의 주도로 발명해 왔던 '엽납석 촉매 및 이를 이용한 PTMEG-디에스테르의 제조방법'에 관하여 피고인의 지시에 따라 피해 회사 직원이 실시한 실험결과 자료일 뿐으로 피해 회사가 그 취득이나 개발을 위해 상당한 시간, 노력 및 비용을 들인 자료로 보기는 어렵다. 그리고 순번 49번의 'PTG PILOT TEST 결과'는 피고인이 피해 회사에 입사하기 전부터 그의 주도로 발명해 왔던 '부반응기를 이용한 PTMEG-디에스테르의 제조방법'과 관련하여 단지 그 운전조건을 확인하기 위하여 피고인의 지도 및 지시에 따라 피해 회사 직원이 실시한 실험결과 자료인데, 반응 시간 및 온도, 반응 원료인 무수초산(무수초산)의 농도 등이 생략된 채 실험결과 수치만 기재되어 있을 뿐이어서 이로부터 실험한 운전조건 등을 알아내기는 어려워 보일 뿐만 아니라, 실험방법의 잘못으로 그 실험결과를 실제로 적용한 시험운전에는 실패하여 현재 피해 회사는 그와 다른 방법으로 부반응기를 운용하고 있는데다가 위 실험결과가 부반응기 운용방식의 개선과 같은 기술개발 등에 특별히 기여하는 바를 찾기도 어려워, 그 사용을 통해 경쟁자에 대하여 경쟁상의 이익을 얻을 수 있는 자료로 볼 수는 없다. 따라서 이 사건 각 보고서는 피해 회사의 영업상 주요한 자산에 해당한다고 할 수 없다.

다음으로, 원심 판시 [별지] 범죄일람표 기재 각 자료 중 이 사건 각 보고서를 제외한 나머지 자료들을 살펴보면, 피해 회사의 제품을 구매하는 고객에게 PTMEG의 물성이나 원료를 분석하여 제공한 자료, 피해 회사가 중국 회사들(이하 생략)에 PTMEG 생산기술을 수출하면서 제공하거나 작성한 일반적인 홍보자료나 계약서 또는 특허출원하였으나 거절된 발명에 관한 자료 등 불특정 다수인에게 공개되어 있지 않다고 볼 수 없는 자료들이거나, 피고인이 주도한 발명에 관한 자료 또는 피고인이 피해 회사에 입사하기 전부터 가지고 있던 자료 등 피해 회사가 그 취득이나 개발을 위해 상당한 시간, 노력 및 비용을 들인 것으로 볼 수 없는 자료들이거나, 피고인이 피해 회사와의 고령토 촉매 발명 등과 관련된 분쟁에서 산업재산권분쟁조정위원회와 법원에 제출하였음에도 이에 대해 피해 회사가 이의를 제기하거나 비밀로 유지해 달라는 등의 요청을 한 바는 없음에 비추어 피해 회사도 별다른 가치를 부여하지는 않았던 것으로 보이는 자료 또는 새로운 PTMEG 제조방법 등에 관한 실패한 실험자료일 뿐으로 이후의 기술개발 등에 특별히 기여하는 바를 찾기는 어려운 자료 등 그 사용을 통해 경쟁자에 대하여 경쟁상의 이익을 얻을 수 있다고 볼 수 없는 자료들이므로, 이들 자료는 모두 피해 회사의 영업상 주요한 자산에 해당한다고 할 수 없다.

같은 취지의 원심의 인정과 판단은 정당하고, 거기에 상고이유의 주장과 같이 업무상배임죄에서의 '영업상 주요한 자산'에 관한 법리를 오해하거나 논리와 경험의 법칙에 반하여 자유심증주의의 한계를 벗어나거나 판단을 누락하는 등의 위법이 없다.

3. 결론

그러므로 상고를 기각하기로 하여 관여 대법관의 일치된 의견으로 주문과 같이 판결한다.

대법관 이상훈(재판장) 전수안(주심) 김용덕

대법원 2012.6.28. 선고 2011도15990 판결

【상해·공무집행방해】

판시사항

[1] '형의 집행 및 수용자의 처우에 관한 법률'상 보호장비 사용이 허용되는 범위 및 그 사용에 상당한 이유가 있었는지 판단하는 방법

[2] 교도관들이 교도소 내에서 소란을 피운 피고인에 대하여 보호장비인 수갑과 머리보호대를 사용하자, 피고인이 이에 저항하는 과정에서 머리로 교도관의 턱부위를 들이받아 상해를 가함과 동시에 그 직무집행을 방해하였다는 내용으로 기소된 사안에서, 제반 사정을 종합할 때 교도소 질서유지 등을 위하여 교도관들이 보호장비를 사용할 만한 상당한 이유가 있었다고 보아야 하는데도, 이와 달리 보아 공소사실 전부에 대하여 무죄를 선고한 원심판결에 법리오해 등 잘못이 있다고 한 사례(피고인에게 상해, 공무집행방해죄에 대하여 유죄를 인정하는 취지)

전 문

피 고 인 피고인

상 고 인 검사

원심판결 전주지법 2011. 11. 4. 선고 2011노985 판결

주 문 원심판결을 파기하고, 사건을 전주지방법원 본원 합의부로 환송한다.

이 유 상고이유에 대하여 판단한다.

1. 형의 집행 및 수용자의 처우에 관한 법률(이하 '형집행법'이라 한다) 제97조에 의하면, 교도관은 이송·출정, 그 밖에 교정시설 밖의 장소로 수용자를 호송하는 때, 수용자가 도주·자살·자해 또는 다른 사람에 대한 위해의 우려가 큰 때, 위력으로 교도관 등의 정당한 직무집행을 방해하는 때, 교정시설의 설비·기구 등을 손괴하거나 그 밖에 시설의 안전 또는 질서를 해칠 우려가 큰 때에 해당하면 보호장비를 사용할 수 있고(제1항), 그 사용에는 수용자의 나이, 건강상태 및 수용생활 태도 등을 고려하여야 한다(제2항). 또한 제98조 제2항에 의하면 보호장비 중 수갑·포승은 보호장비 사용이 허용되는 어느 경우에나 사용할 수 있지만(제1호), 머리보호장비는 머리 부분을 자해할 우려가 큰 때에 한하여 사용할 수 있고(제2호), 제99조에 의하면 교도관은 필요한 최소한의 범위에서 보호장비를 사용하여야 하며, 그 사유가 소멸하면 사용을 지체 없이 중단하여야 하고(제1항), 보호장비는 징벌의 수단으로 사용되어서는 아니 된다(제2항). 위와 같은 형집행법의 내용에 비추어, 보호장비의 사용은 사용 목적과 필요성, 그 사용으로 인한 기본권의 침해 정도, 목적 달성을 위한 다른 방법의 유무 등 제반 사정에 비추어 상당한 이유가 있는 경우에 한하여 그 목적 달성에 필요한 최소한의 범위 내에서만 허용되어야 하지만, 보호장비 사용에 상당한 이유가 있었는지 여부를 판단할 때에는 교정시설의 특수성을 충분히 감안하여 보호장비 사용 당시를 전후한 수용자의 구체적 행태는 물론이고 수용자의 나이, 기질, 성행, 건강상태, 수용생활 태도, 교정사고의 전력, 교정사고 유발의 위험성 등까지 종합적으로 고려하여 보호장비 사용의 적정성을 객관적·합리적으로 평가하여야 한다.
2. 원심은 그 채택 증거, 특히 관구실에서의 상황에 관하여는 CCTV 녹화 동영상의 검증 결과에 의하여 아래와 같은 사실을 인정한 다음, 상반되는 취지의 공소외 1 및 피해자의 제1심증언에도 불구하고 피고인은 관구실에 도착한 후 순순히 교도관의 지시에 따라 의자에 앉았을 뿐 위해를 가할 듯한 행동을 하지 않았고 흥분한 상태에 있었던 것으로 보이지 않는다고 전제하고서, 피고인이 관구실에 들어오자마자 교도관 중 1인이 피고인에게 수갑을 채운 행위는 형집행법 제97조 제1항 각 호에 규정된 사유에 해당하지 않아 위법한 공무집행으로 보아야 하고, 피고인이 위와 같은 위법한 공무집행에 저항하는 과정에서 발생한 이 사건 상해는 정당방위에 해당하므로 위법성이 조각된다고 판단하여, 이 사건 공소사실 전부에 대하여 무죄를 선고하였다. 즉, 피고인이 자신의 수용실 방문을 주먹으로 치면서 관구교감을 만나게 해 달라며 소란을 피우자 교도관 공소외 1이 피고인을 관구실로 데려갔는데, 피고인이 관구실에 도착한 이후 얼마 지나지 않아 관구실 안에 있던 교도관 중 1인이 피고인의 왼쪽 손목을 뒤로 하여 수갑을 채웠고, 당시 피고인이 왼손을 위 교도관에게 맡긴 채 의자에 앉았음에도 위 교도

관은 피고인의 왼손을 뒤로 한 채로 계속하여 수갑을 채워 두었으며, 피고인이 다른 교도관을 향하여 아직 수갑이 채워지지 않은 오른손을 위로 올렸다가 내리는 등의 항의성 언동을 하자 수갑을 채우던 교도관이 피고인의 오른쪽 손목을 뒤로 꺾어 수갑을 마저 채우려고 하였고, 이에 피고인이 앞쪽 책상 위에 있던 컴퓨터 모니터 등을 머리로 들이받자 교도관들이 피고인에게 머리보호대를 채웠으며, 그 머리보호대를 교체하는 과정에서 피고인이 머리로 피해자 공소외 2의 턱부위를 들이받아 상해를 가하게 되었다는 것이다.

3. 그러나 위와 같은 원심의 판단은 수긍하기 어렵다.

원심이 인정한 위 사실관계에 의하더라도, 피고인이 관구실에 가게 된 것은 자신의 수용실 방문을 주먹으로 치면서 관구교감을 만나게 해 달라며 소란을 피웠기 때문이고, 피고인은 관구실에 도착한 후에도 한동안 자리에 앉지 않은 채 서 있다가 교도관 중 1인에 의하여 의자에 앉혀지면서 왼쪽 손목에 수갑을 차게 되었다는 것이며, 거기에 원심이 인용한 제1심의 채택 증거에 의하면, 피고인은 교도관에 대한 공무집행방해 및 상해 전력으로 3회 처벌받은 전력이 있고, 그중 1회는 피고인의 자해를 방지하기 위하여 사용된 수갑의 상태를 확인하는 교도관의 코를 들이받은 사건이었던 사실, 피고인은 현재 수형 중인 범죄사실로 2009. 4. 30. 부산구치소에 수용된 이후 이 사건 교정시설인 전주교도소에 이송되어 이 사건 발생 전까지 여러 차례의 교정사고를 일으켜 3회의 징벌 및 1회의 징벌유예를 받은 사실, 피고인은 평소에도 관구교감인 피해자에 대하여 적대적인 감정을 가지고 있었던 사실 등을 알 수 있는데, 원심이 인정한 사실관계에 나타난 피고인의 관구실 도착 전후의 행동을 그의 평소 기질, 성행, 수용생활 태도, 교정사고의 전력 등과 종합하여 보면, 피고인이 관구실에 들어온 후 곧바로 격한 흥분상태를 보이거나 교도관들에 대한 직접적인 공격 의도를 드러내지는 않았다고 하더라도 관구계장인 피해자에게 욕설을 하면서 그의 지시나 통제에 따르지 않을 듯한 태도를 보였다면 앞서 본 법리에 비추어 교도소의 질서유지 등을 위하여 교도관들이 보호장비를 사용할 만한 상당한 이유가 있었다고 볼 여지가 충분하고, 실제 교도관들이 보호장비의 사용에 착수한 후 피고인이 자신의 머리로 관구실 내 비품을 들이받아 자해행위를 하고 관구계장인 피해자에 대한 적극적 공격행위에까지 나아간 점에 비추어 더욱 그러하다. 그럼에도 원심은 특별한 이유의 설시 없이 교도관들이 피고인에 대하여 최초 보호장비의 사용에 이르게 된 사정에 관하여 제1심이 적법하게 채택·조사한 피해자와 공소외 1의 증언을 모두 믿기 어렵다고 배척하고, 오로지 관구실에 들어온 직후 CCTV에 나타난 눈에 보이는 피고인의 행위에만 주목하여 교도관들이 아무런 이유나 필요 없이 피고인에게 보호장비인 수갑을 채우려고 시도하였다고 전제하여 공무집행방해죄와 상해죄의 공소사실에 대하여 모두 무죄를 선고하였으니, 이러한 원심의 판단에는 보호장비 사용의 적법성과 공무집행방해죄에 관한 법리를 오해하여 필요한 심리를 다하지 아니하거나 사실인정과 관련하여 실질적 직접심리주의의 원칙을 위반한 잘못이 있고, 이를 지적하는 상고이유에는 정당한 이유가 있다.

4. 그러므로 나머지 상고이유에 대하여 더 나아가 판단할 필요 없이 원심판결을 전부 파기하고 사건을 원심법원에 환송하기로 하여, 관여 대법관의 일치된 의견으로 주문과 같이 판결한다.

대법관 김능환(재판장) 안대희 이인복(주심) 박병대

대법원 2012.6.28. 선고 2011도15097 판결

【식품위생법위반】

판시사항

1 '음식류의 조리·판매보다는 주로 주류의 조리·판매를 목적으로 하는 소주방·호프·카페 등의 형태로 운영되는 영업'이 구 식품위생법상 일반음식점 영업자가 적법하게 할 수 있는 행위에 속하는지 여부(적극) 및 일반음식점 영업자가 위와 같은 형태로 영업한 행위를 '주류만을 판매하는 행위'를 금지한 구 식품위생법상 준수사항을 위반한 것으로 볼 수 있는지 여부(소극)

2 일반음식점 영업자인 피고인이 주로 술과 안주를 판매함으로써 구 식품위생법상 준수사항을 위반하였다는 내용으로 기소된 사안에서, 위 준수사항 중 '주류만을 판매하는 행위'에 안주류와 함께 주로 주류를 판매하는 행위도 포함된다고 해석하여 유죄를 인정한 원심판결에 죄형법정주의에 관한 법리오해 등의 위법이 있다고 한 사례

판결요지

1 식품위생법령 및 청소년보호법령의 규정 체계와 내용 등을 종합해 보면, 구 식품위생법(2010. 1. 18. 법률 제9932호로 개정되기 전의 것, 이하 같다) 관련 법령에서 상정하고 있는 일반음식점영업의 가장 전형적인 형태는 음식류를 조리·판매하는 것을 위주로 하면서 부수적으로 주류를 판매하는 영업이라고 할 수 있다. 그러나 주로 주류를 판매하면서 음식류는 오히려 부수적으로 조리·판매하지만, 손님이 노래를 부르게 하거나 유흥종사자를 두는 등 단란주점영업이나 유흥주점영업에서만 허용되는 행위는 하지 아니하는 형태의 영업에 대해서는 구 식품위생법과 식품위생법 시행령에서 별도의 영업허가 종류로 구분하여 분류하고 있지 아니하고, 더구나 구 청소년보호법(2012. 1. 17. 법률 제11179호로 개정되기 전의 것)과 청소년보호법 시행령에서는 이를 명시적으로 일반음식점영업의 한 형태로 규정하고 있다. 이에 비추어 청소년보호법 시행령 제3조 제4항 제2호에서 규정한 것 같은 형태의 영업, 즉 '음식류의 조리·판매보다는 주로 주류의 조리·판매를 목적으로 하는 소주방·호프·카페 등의 영업형태로 운영되는 영업'은 구 식품위생법상 식품접객업의 종류 중에서는 일반음식점영업 허가를 받은 영업자가 적법하게 할 수 있는 행위의 범주에 속한다고 보는 것이 타당하다. 그러므로 일반음식점 영업자가 위와 같은 형태로 영업하였다고 하여 이를 '주류만을 판매하는 행위'를 하여서는 아니 된다고 규정한 일반음식점 영업자의 준수사항을 위반한 것이라고 보는 것은 죄형법정주의의 정신과 위 법령 규정의 체계에 어긋나는 것이다.

2 일반음식점 영업자인 피고인이 바텐더 형태의 영업장에서 주로 술과 안주를 판매함으로써 구 식품위생법(2010. 1. 18. 법률 제9932호로 개정되기 전의 것)상 준수사항을 위반하였다는 내용으로 기소된 사안에서, 위 준수사항 중 '주류만을 판매하는 행위'에는 일반음식점영업 허가를 받고 안주류와 함께 주로 주류를 판매하는 행위도 포함된다고 해석하여 유죄를 인정한 원심판결에 관계 법령의 해석 및 죄형법정주의에 관한 법리오해의 위법이 있다고 한 사례.

전　문

피 고 인 피고인

상 고 인 피고인

변 호 인 법무법인

원심판결 서울중앙지법 2011. 10. 19. 선고 2011노2255 판결

주 문 원심판결을 파기하고, 사건을 서울중앙지방법원 합의부에 환송한다.

이 유 상고이유를 판단한다.

1. 죄형법정주의는 국가형벌권의 자의적인 행사로부터 개인의 자유와 권리를 보호하기 위하여 범죄와 형벌을 법률로 정할 것을 요구한다. 그러한 취지에 비추어 보면 형벌법규의 해석은 엄격하여야 하고, 명문의 형벌법규의 의미를 피고인에게 불리한 방향으로 함부로 확장해석하거나 유추해석하는 것은 허용되지 아니한다(대법원 1992. 10. 13. 선고 92도1428 전원합의체 판결 등 참조).

2. 식품위생법 및 그 시행령(이하 '법' 및 '시행령'이라 한다)은 식품접객업의 종류를 휴게음식점영업, 일반음식점영업, 단란주점영업, 유흥주점영업 등으로 나누고, 그 중 일반음식점영업은 "음식류를 조리·판매하는 영업으로서 식사와 함께 부수적으로 음주행위가 허용되는 영업"이라고 규정하고, 단란주점영업과 유흥주점영업은 "주로 주류를 조리·판매하는 영업으로서" 손님이 노래를 부르는 행위가 허용되는 영업 및 유흥종사자를 두거나 유흥시설을 설치하는 것 등이 허용되는 영업을 뜻하는 것으로 규정하고 있다(법 제36조 제2항, 시행령 제21조 제8호).

 또한 위 법과 시행령 및 그 시행규칙(이하 '시행규칙'이라 한다)은 위 각 영업허가의 종류에 따른 준수사항을 규정하고 있는데(법 제44조 제1항, 시행규칙 제57조 및 [별표 17]), 일반음식점 영업자에게만 적용되는 고유한 준수사항으로는 "주류만을 판매하거나 주로 다류(다류)를 조리·판매하는 다방 형태의 영업을 하는 행위"를 하여서는 아니 된다는 규정이 있고[시행규칙 [별표 17]의 6의 (타)의 3)항], 그와 별도로 일반음식점 영업자나 단란주점 영업자가 유흥접객원을 고용하여 유흥접객행위를 하게 하거나, 휴게음식점 영업자나 일반음식점 영업자가 음향 및 반주시설을 갖추고 손님이 노래를 부르도록 허용하는 등 허가받은 영업 외의 영업행위를 하여서는 아니 된다는 규정이 있으며, 각 위반행위에 대하여 형사처벌 규정을 두고 있다(법 제97조 제6호). 다른 한편 청소년보호법 제2조 제5호 (나)목의 (1)항은 청소년유해업소의 하나로 "「식품위생법」에 의한 식품접객업 중 대통령령으로 정하는 것"이 규정되어 있고, 이를 받아 그 시행령 제3조 제4항 제2호는 "일반음식점영업 중 음식류의 조리·판매보다는 주로 주류의 조리·판매를 목적으로 하는 소주방·호프·카페 등의 영업형태로 운영되는 영업"을 들고 있다.

 위와 같은 각 법령의 규정 체계와 내용 등을 종합해 보면, 식품위생법 관련 법령에서 상정하고 있는 일반음식점영업의 가장 전형적인 형태는 음식류를 조리·판매하는 것을 위주로 하면서 부수적으로 주류를 판매하는 영업이라고 할 수 있다. 그러나 주로 주류를 판매하면서 음식류는 오히려 부수적으로 조리·판매하지만, 손님이 노래를 부르게 하거나 유흥종사자를 두는 등 단란주점영업이나 유흥주점영업에서만 허용되는 행위는 하지 아니하는 형태의 영업에 대해서는 법과 시행령에서 별도의 영업허가 종류로 구분하여 분류하고 있지 아니하고, 더구나 청소년보호법과 그 시행령에서는 이를 명시적으로 일반음식점영업의 한 형태로 규정하고 있다. 이에 비추어 위 청소년보호법 시행령에서 규정한 것 같은 형태의 영업, 즉 "음식류의 조리·판매보다는 주로 주류의 조리·판매를 목적으로 하는 소주방·호프·카페 등의 영업형태로 운영되는 영업"은 식품위생법상 식품접객업의 종류 중에서는 일반음식점영업의 허가를 받은 영업자가 적법하게 할 수 있는 행위의 범주에 속한다고 봄이 상당하다. 그러므로 일반음식점 영업자가 위와 같은 형태로 영업하였다고 하여 이를 "주류만을 판매하는 행위"를 하여서는 아니 된다고 규정한 일반음식점 영업자의 준수사항을 위반한 것이라고 보는 것은 앞서 본 죄형법정주의의 정신과 위 법령 규정의 체계에 어긋나는 것이다.

3. 그럼에도 원심은, 위 준수사항 중 "주류만을 판매하는 행위"에는 이 사건 영업장과 같이 일반음식점영업 허가를 받고 안주류와 함께 주로 주류를 판매하는 행위도 포함된다고 해석하면서, 그 전제에서 일반음식점 영업자인 피고인이 바텐더 형태의 이 사건 영업장에서 술과 안주를 판매함으로써 위 준수사항을 위반하였다는 이 사건 공소사실을 유죄로 인정한 제1심판결을 그대로 유지하였다.

 앞서 본 법리에 비추어 볼 때, 이러한 원심의 판단에는 관계 법령의 해석 및 죄형법정주의에 관한 법리를 오해하여 판결 결과에 영향을 미친 위법이 있다. 이 점을 지적하는 상고이유의 주장은 이유 있다.

4. 이에 관여 대법관의 일치된 의견으로 원심판결을 파기하고, 사건을 다시 심리·판단하도록 원심법원에 환송하기로 하여 주문과 같이 판결한다.

대법관 안대희(재판장) 김능환 이인복 박병대(주심)

대법원 2012.6.28. 선고 2011도10570 판결

【상해】

판시사항

형의 집행유예를 선고받은 사람이 그 선고가 실효 또는 취소됨이 없이 유예기간을 경과하여 형의 선고가 효력을 상실한 경우, 선고유예 결격사유인 '자격정지 이상의 형을 받은 전과가 있는 자'에 해당하는지 여부(적극)

전 문

피 고 인 피고인

상 고 인 검사

변 호 인 변호사

원심판결 서울서부지법 2011. 7. 21. 선고 2010노828 판결

주 문 원심판결을 파기하고, 사건을 서울서부지방법원 합의부에 환송한다.

이 유 상고이유를 판단한다.

형법 제59조 제1항은 형의 선고유예에 관하여 "1년 이하의 징역이나 금고, 자격정지 또는 벌금의 형을 선고할 경우에 제51조의 사항을 참작하여 개전의 정상이 현저한 때에는 그 선고를 유예할 수 있다. 단 자격정지 이상의 형을 받은 전과가 있는 자에 대하여는 예외로 한다."고 규정하고 있다. 여기서 그 단서에서 정한 "자격정지 이상의 형을 받은 전과"라 함은 자격정지 이상의 형을 선고받은 범죄경력 자체를 의미하는 것이고, 그 형의 효력이 상실된 여부는 묻지 않는 것으로 해석함이 상당하다. 한편 형의 집행유예를 선고받은 사람이 형법 제65조에 의하여 그 선고가 실효 또는 취소됨이 없이 정해진 유예기간을 무사히 경과하여 형의 선고가 효력을 잃게 되었더라도, 이는 형의 선고의 법적 효과가 없어질 뿐이고 형의 선고가 있었다는 기왕의 사실 자체까지 없어지는 것은 아니므로, 그는 형법 제59조 제1항 단서에서 정한 선고유예 결격사유인 "자격정지 이상의 형을 받은 전과가 있는 자"에 해당한다고 보아야 한다(대법원 2008. 10. 9. 선고 2007도8269 판결 등 참조).

원심은 이 사건 공소사실을 유죄로 인정하고 피고인에 대하여 형의 선고를 유예한 제1심판결을 그대로 유지하였다.

그러나 기록에 의하면 피고인은 2002. 8. 20. 서울중앙지방법원에서 강간상해죄로 징역 2년에 집행유예 3년을 선고받고 2002. 8. 28. 그 판결이 그대로 확정된 사실을 알 수 있으므로, 앞서 본 법리에 비추어 보면 피고인에게는 위와 같은 집행유예의 전과가 있어 선고유예의 판결을 할 수 없다. 따라서 제1심판결을 유지한 원심판결에는 형법 제59조 제1항 단서의 적용을 그르쳐 판결에 영향을 미친 위법이 있다.

그러므로 원심판결을 파기하고, 사건을 다시 심리·판단하게 하기 위하여 원심법원에 환송하기로 하여 관여 대법관의 일치된 의견으로 주문과 같이 판결한다.

대법관 김용덕(재판장) 전수안 이상훈(주심)

대법원 2012.6.28. 선고 2010도690 판결

【업무상횡령·사문서위조·위조사문서행사】

판시사항

문서 작성권한을 위임받아 문서를 작성한 경우, 사문서위조죄의 성립 여부(한정소극)

전 문

피 고 인 피고인

상 고 인 피고인

변 호 인 변호사

원심판결 서울중앙지법 2009. 12. 24. 선고 2009노1362 판결

주 문 상고를 기각한다.

이 유 상고이유를 판단한다.

1. 업무상횡령의 점에 관한 상고이유에 대하여

업무상횡령죄에서 불법영득의 의사라 함은 타인의 재물을 보관하는 자가 위탁의 취지에 반하여 자기 또는 제3자의 이익을 위하여 권한 없이 그 재물을 자기의 소유인 것 같이 처분하는 의사를 말하고, 사후에 이를 반환하거나 변상, 보전하는 의사가 있다고 하더라도 불법영득의 의사를 인정하는 데는 지장이 없다(대법원 2006. 11. 10. 선고 2004도5167 판결 등 참조).

한편 업무상횡령죄에서 불법영득의사를 실현하는 행위로서의 횡령행위가 있다는 점은 검사가 입증하여야 하는 것으로서, 그 입증은 법관으로 하여금 합리적인 의심을 할 여지가 없을 정도의 확신을 생기게 하는 증명력을 가진 엄격한 증거에 의하여 입증하여야 하는 것이고, 이와 같은 증거가 없다면 설령 피고인에게 유죄의 의심이 간다 하더라도 피고인의 이익으로 판단할 수밖에 없다(대법원 1994. 9. 9. 선고 94도998 판결 참조). 여기에서 불법영득의 의사는 자기 또는 제3자의 이익을 꾀할 목적으로 업무상의 임무에 위배하여 보관하고 있는 타인의 재물을 자기의 소유인 것과 같이 사실상 또는 법률상 처분하는 의사를 의미하는데, 이는 내심의 의사에 속하고 피고인이 이를 부인하는 경우 이러한 주관적 요소로 되는 사실은 사물의 성질상 그와 상당한 관련성이 있는 간접사실 또는 정황사실을 증명하는 방법에 의하여 이를 입증할 수밖에 없다 할 것인바, 피고인이 위탁받아 보관하고 있던 돈이 모두 사라졌으나 그 돈의 행방이나 사용처가 밝혀지지 않고 있는 상황에서 피고인이 그 행방이나 사용처를 제대로 설명하지 못하거나 또는 피고인이 주장하는 사용처에 사용된 자금이 위 돈과는 다른 자금으로 충당된 것이 드러나는 등 피고인이 주장하는 사용처에 위 돈이 사용되었다는 점을 인정할 수 있는 자료가 부족하고 오히려 피고인이 위 돈을 개인적인 용도에 사용하였다는 점에 대한 신빙성 있는 자료가 많은 경우에는 일응 피고인이 위 돈을 불법영득의 의사로 횡령하였다고 추단할 수 있을 것이다(대법원 2010. 6. 24. 선고 2008도6756 판결 등 참조).

원심은 그 채용 증거를 종합하여, ① 공소외 1 주식회사(이하 '피해 회사'라고 한다)의 영업부장인 피고인이 거래처로부터 현금으로 수금한 판매대금을 피해 회사에 전혀 입금하지 아니한 채 피고인의 생활비 등 개인적인 용도로 소비한 사실(원심 별지 [범죄일람표 2] 순번 1), ② 피고인이 피해 회사의 대표이사 계좌로 송금받은 수입대행수수료 등을 임의로 피고인의 개인 계좌로 송금한 후 피고인의 카드대금 결제 등 개인적인 용도로 소비한 사실(원심 별지 [범죄일람표 2] 순번 2), ③ 피고인이 피해 회사의 대표이사 공소외 2에 대한 보고 내지 승낙 없이 피고인이 독자적으로 설립·운영하던 업체 명의로 피해 회사의 화장품 등을 임의로 처분한 사실(원심 별지 [범죄일람표 2] 순번 3 내지 15)을 인정하였다.

그리고 원심은, 거래처로부터 현금으로 수금한 판매대금의 행방이나 사용처를 제대로 설명하지 못하고 있고, 다만 별다른 자료 없이 피해 회사의 임대료 등 경비, 피고인의 업무추진비 등으로 사용한 것이라고 하나, 그 무렵 임대료, 출장비 등 피해 회사의 업무 관련 경비는 대부분 피해 회사의 법인 계좌에서 지출된 것으로 확인되는 점에 비추어 피고인이 불법영득의 의사로 횡령한 것으로 판단하는 한편 피고인이 사후에 일부 판매대금을 피해 회사에 입금한 사정만으로는 업무상횡령죄의 성립에 영향이 없다고 판단하였다.

앞서 본 법리 및 기록에 비추어 살펴보면, 원심의 위와 같은 판단은 정당한 것으로 수긍이 가고, 거기에 논리

와 경험의 법칙을 위반하고 자유심증주의의 한계를 벗어나 사실을 인정하거나, 업무상횡령죄에 있어서 불법영득의 의사에 관한 법리를 오해한 위법이 없다.

2. 사문서위조 및 동행사의 점에 관한 상고이유에 대하여

문서의 위조라고 하는 것은 작성권한 없는 자가 타인 명의를 모용하여 문서를 작성하는 것을 말하는 것이므로 사문서를 작성함에 있어 그 명의자의 명시적이거나 묵시적인 승낙 내지 위임이 있었다면 이는 사문서위조에 해당한다고 할 수 없을 것이지만, 문서 작성권한의 위임이 있는 경우라고 하더라도 그 위임을 받은 자가 그 위임받은 권한을 초월하여 문서를 작성한 경우는 사문서위조죄가 성립하고, 단지 위임받은 권한의 범위 내에서 이를 남용하여 문서를 작성한 것에 불과하다면 사문서위조죄가 성립하지 아니한다고 할 것이다(대법원 2006. 9. 28. 선고 2006도1545 판결 등 참조).

원심은 그 채용 증거를 종합하여, 피고인이 피해 회사의 대표이사인 공소외 2로부터 피해 회사의 운영에 관한 모든 권한을 포괄적으로 위임받은 것으로 보기는 어렵고, 다만 공소외 2에 대한 일일보고 등의 형식으로 공소외 2의 승낙 내지 위임을 받은 사항과 관련하여 필요한 범위 내에서 피해 회사 대표이사 공소외 2 명의의 문서를 작성할 권한을 위임받은 것이라고 전제한 후, 피고인이 피해 회사의 영업실적을 가장하거나 경영 상태를 숨기는 데 사용할 목적으로 공소외 2로부터 위임받은 권한의 범위를 벗어나 실제 거래내역 내지 통관내역이 없음에도 원심 별지 [범죄일람표 1] 기재(순번 1, 6, 9 제외)와 같이 피해 회사 대표이사 공소외 2 명의의 세금계산서 등을 위조하고 이를 행사한 사실을 인정하여 유죄로 판단하였다.

앞서 본 법리 및 기록에 비추어 살펴보면, 원심의 위와 같은 판단은 정당한 것으로 수긍이 가고, 거기에 논리와 경험의 법칙을 위반하고 자유심증주의의 한계를 벗어나 사실을 인정하거나, 심리를 미진하게 하여 판결 결과에 영향을 미친 위법이 없다.

3. 결론

그러므로 상고를 기각하기로 하여, 관여 대법관의 일치된 의견으로 주문과 같이 판결한다.

대법관 신영철(재판장) 박일환 민일영 박보영(주심)

대법원 2012.6.14. 선고 2012도534 판결

【특정경제범죄가중처벌등에관한법률위반(알선수재)·특정범죄가중처벌등에관한법률위반(알선수재)】

판시사항

1 공판준비 또는 공판기일에서 이미 증언을 마친 증인을 검사가 소환한 후 피고인에게 유리한 증언 내용을 추궁하여 이를 일방적으로 번복시키는 방식으로 작성한 '진술조서'의 증거능력을 인정할 수 있는지 여부(한정 소극) 및 증인에게 증언 내용을 번복하는 내용의 '진술서'를 작성하게 한 경우에도 동일한 법리가 적용되는지 여부(적극)

2 특정범죄 가중처벌 등에 관한 법률 및 특정경제범죄 가중처벌 등에 관한 법률상 알선수재죄에서 공무원이나 금융기관 임직원의 직무에 속한 사항에 관한 알선의 대가를 형식적으로 체결한 고용계약에 터잡아 급여의 형식으로 지급한 경우, 알선수재액과 필요적 몰수·추징액(=원천징수된 근로소득세 등을 제외하고 알선수재자가 실제 지급받은 금액)

판결요지

1 공판준비 또는 공판기일에서 이미 증언을 마친 증인을 검사가 소환한 후 피고인에게 유리한 증언 내용을 추궁하여 이를 일방적으로 번복시키는 방식으로 작성한 진술조서를 유죄의 증거로 삼는 것은 당사자주의·공판중심주의·직접주의를 지향하는 현행 형사소송법의 소송구조에 어긋나는 것일 뿐만 아니라, 헌법 제27조가 보장하는 기본권, 즉 법관의 면전에서 모든 증거자료가 조사·진술되고 이에 대하여 피고인이 공격·방어할 수 있는 기회가 실질적으로 부여되는 재판을 받을 권리를 침해하는 것이므로, 이러한 진술조서는 피고인이 증거로 할 수 있음에 동의하지 아니하는 한 증거능력이 없다고 할 것이고, 이러한 법리는 검사가 공판준비기일 또는 공판기일에서 이미 증언을 마친 증인을 소환하여 피고인에게 유리한 증언 내용을 추궁한 다음 진술조서를 작성하는 대신 그로 하여금 본인의 증언 내용을 번복하는 내용의 진술서를 작성하도록 하여 법원에 제출한 경우에도 마찬가지로 적용된다.

2 특정범죄 가중처벌 등에 관한 법률(이하 '특가법'이라 한다) 제3조, 제13조 및 특정경제범죄 가중처벌 등에 관한 법률(이하 '특경법'이라 한다) 제7조, 제10조 제2항, 제3항의 내용과 입법 취지를 종합하면, 알선의뢰인이 알선수재자에게 공무원이나 금융기관 임직원의 직무에 속한 사항에 관한 알선의 대가를 형식적으로 체결한 고용계약에 터잡아 급여의 형식으로 지급한 경우에, 알선수재자가 수수한 알선수재액은 명목상 급여액이 아니라 원천징수된 근로소득세 등을 제외하고 알선수재자가 실제 지급받은 금액으로 보아야 하고, 또한 위 금액만을 특가법 제13조에서 정한 '제3조의 죄를 범하여 범인이 취득한 해당 재산' 또는 특경법 제10조 제2항에서 정한 '제7조의 경우 범인이 받은 금품이나 그 밖의 이익'으로서 몰수·추징하여야 한다.

전 문

피 고 인 피고인

상 고 인 피고인

변 호 인 변호사

원심판결 서울고법 2011. 12. 27. 선고 2011노1722 판결

주 문 원심판결 중 유죄 부분을 파기하고, 이 부분 사건을 서울고등법원에 환송한다.

이 유 피고인의 상고이유(기간 경과 후에 제출된 변호인의 상고이유보충서는 상고이유를 보충하는 범위 안에서)를 본다.

1. 상고이유 제1, 2점에 대하여

가. 공판준비 또는 공판기일에서 이미 증언을 마친 증인을 검사가 소환한 후 피고인에게 유리한 그 증언 내용을 추궁하여 이를 일방적으로 번복시키는 방식으로 작성한 진술조서를 유죄의 증거로 삼는 것은 당사자주의·공판중심주의·직접주의를 지향하는 현행 형사소송법의 소송구조에 어긋나는 것일 뿐만 아니라, 헌법 제27조가 보장하는 기본권, 즉 법관의 면전에서 모든 증거자료가 조사·진술되고 이에 대하여 피고인이 공격·방어할 수 있는 기회가 실질적으로 부여되는 재판을 받을 권리를 침해하는 것이므로, 이러한 진술조서는 피고인이 증거로 할 수 있음에 동의하지 아니하는 한 그 증거능력이 없다고 할 것이고(대법원 2000. 6. 15. 선고 99도1108 전원합의체 판결 등 참조), 이러한 법리는 검사가 공판준비기일 또는 공판기일에서 이미 증언을 마친 증인을 소환하여 피고인에게 유리한 그 증언 내용을 추궁한 다음 진술조서를 작성하는 대신 그로 하여금 본인의 증언 내용을 번복하는 내용의 진술서를 작성하도록 하여 법원에 제출한 경우에도 마찬가지로 적용된다.

위 법리와 기록에 비추어 살펴보면, 공소외 1 작성의 진술서는 공소외 1이 제1심 공판기일에서의 증언 직후에 검사의 소환을 받고 그 증언 내용을 추궁받은 다음 2008. 9. 5.경 ○○호텔까지 운전해 간 경로에 대한 제1심 법정에서의 증언 내용 중 일부를 번복하는 취지로 작성하여 제출한 것으로서, 그 진술서의 내용과 작성경위 등에 비추어 볼 때 이는 공판기일에서 피고인에게 유리한 내용의 증언을 한 증인을 검사가 추궁하여 종전의 증언 내용을 번복하는 내용으로 진술서를 작성하게 한 것과 다를 바 없으므로, 피고인이 이를 증거로 삼는 데 동의하지 아니한 이상 그 증거능력이 없다고 할 것이다.

따라서 원심이 증거능력 없는 공소외 1의 진술서를 유죄의 증거로 채택한 조치는 위법하다고 할 것이나, 뒤에서 살펴보는 바와 같이 원심이 적법하게 채택한 나머지 증거들에 의하더라도 피고인이 2008. 9. 5. ○○호텔에서 공소외 2를 만나 10억 1,060만 원을 수수한 사실을 인정하기에 충분하므로 이 부분 공소사실을 유죄로 인정한 원심의 결론은 정당하고, 원심의 위와 같은 잘못은 판결 결과에 영향이 없다.

나. 형사재판에 있어서 유죄로 인정하기 위한 심증 형성의 정도는 합리적인 의심을 할 여지가 없을 정도여야 하나, 이는 모든 가능한 의심을 배제할 정도에 이를 것까지 요구하는 것은 아니며, 증명력이 있는 것으로 인정되는 증거를 합리적인 근거가 없는 의심을 일으켜 이를 배척하는 것은 자유심증주의의 한계를 벗어나는 것으로 허용될 수 없다 할 것이고(대법원 1994. 9. 13. 선고 94도1335 판결 등 참조), 증인의 진술이 그 주요 부분에 있어서 일관성이 있는 경우에는 그 밖의 사소한 사항에 관한 진술에 다소 일관성이 없다는 등의 사정만으로는 그 진술의 신빙성을 함부로 부정할 것은 아니다(대법원 2008. 3. 14. 선고 2007도10728 판결 등 참조).

앞서 본 법리에 비추어 살펴보면, 원심이 공소외 2, 1, 3의 각 진술이 세부적으로 차이가 있는 부분도 있으나 그 주요 부분에 대한 진술은 대체로 모순 없이 일치하고 일관성이 있으므로 이를 모두 신빙할 수 있다고 판단한 다음, 공소외 2, 1, 3의 각 진술을 근거로 피고인이 2008. 4. 16. 공소외 2로부터 현금 11억 원을 수수한 사실 및 2008. 9. 5. 공소외 2를 ○○호텔에서 만나서 10억 1,060만 원을 수수한 사실을 인정하고, 피고인이 2008. 9. 5. △△호텔에 계속 있었기에 ○○호텔에서 금품을 수수한 적이 없었다는 취지의 피고인의 현장부재 주장을 배척하였는바, 앞서 본 법리와 기록에 비추어 살펴보면 원심의 위와 같은 조치 및 판단은 정당한 것으로 수긍이 가고, 거기에 상고이유에서 주장하는 바와 같이 진술의 신빙성에 관한 법리 내지 현장부재의 증명에 관한 법리를 오해하거나, 공판중심주의 또는 직접주의 원칙 등을 위반하거나, 논리와 경험칙에 위배하여 자유심증주의의 한계를 벗어난 위법이 없다.

2. 상고이유 제3, 4점에 대하여

금품수수의 명목이 단지 알선행위를 할 사람을 소개시켜 준다는 것으로 국한되는 경우에는 알선수재죄가 성립하지 아니하지만, 반드시 알선상대방을 구체적으로 특정하여 그에게 직접 청탁·알선할 것을 금품수수의 명목으로 하여야만 성립되는 것이 아니라, 청탁할 알선상대방을 구체적으로 특정하지 아니한 경우는 물론 영향력 등을 행사할 수 있는 중간인물을 통하여 청탁·알선해 준다는 명목으로 금품 등을 수수한 경우에도 알선수재죄는 성립할 수 있다(대법원 2007. 6. 28. 선고 2002도3600 판결 등 참조).

또한 공소사실의 특정은 공소제기 된 범죄의 성격에 비추어 그 공소의 원인이 된 사실을 다른 공소사실과 구별할 수 있을 정도로 그 일시, 장소, 방법, 목적 등을 적시하여 특정하면 족하고, 그 일부가 다소 불명확하더라도 그와 함께 적시된 다른 사항들에 의하여 그 공소사실을 특정할 수 있고, 그리하여 피고인의 방어권 행사에 지장이 없다면, 공소제기의 효력에는 영향이 없다(대법원 2001. 10. 26. 선고 2000도2968 판결 등 참조).

한편 특정경제범죄 가중처벌 등에 관한 법률(이하 '특경법'이라고만 한다) 제7조는 같은 법 제2조 제1호 소정의 금융기관의 업무가 공공적 성격을 지니고 있어 국가의 경제정책과 국민경제에 중대한 영향을 미치는 관계로 그 임·직원의 직무관련 수재(제5조)나 그들에 대한 증재(제6조) 이외에도, 그 직무에 개입하여 금품을 수수하는 행위를 금지함으로써 그 직무의 불가매수성을 확보하고자 함에 입법 취지가 있고, 여기에서 말하는 '알선'이란 '일정한 사항에 관하여 어떤 사람과 그 상대방 사이에 서서 중개하거나 편의를 도모하는 행위'를 의미하므로, 어떤 사람이 청탁한 취지를 그대로 상대방에게 전하는 경우뿐만 아니라 그 사람을 대신하여 스스로 상대방에게 청탁을 하는 행위도 이에 해당하고, 그 알선행위가 과거의 것이나 정당한 직무행위를 대상으로 하는 경우에도 이에 포함되며, 위와 같은 알선의 명목으로 금품 등을 수수하였다면 실제로 어떤 알선행위를 하였는지와 관계없이 위 죄는 성립한다(대법원 2008. 1. 31. 선고 2007도8117 판결 등 참조).

금융기관 임·직원의 직무에 속한 사항의 알선과 수수한 금품 사이에 대가관계가 있는지 여부는 당해 알선의 내용, 알선자와 이익 제공자 사이의 친분관계 여부, 이익의 다과, 이익을 수수한 경위와 시기 등의 제반 사정을 종합하여 결정하되, 알선과 수수한 금품 사이에 전체적, 포괄적으로 대가관계가 있으면 족하고, 나아가 알선자가 수수한 금품에 그 알선행위에 대한 대가로서의 성질과 그 외의 행위에 대한 대가로서의 성질이 불가분적으로 결합되어 있는 경우에는 그 전부가 불가분적으로 알선행위에 대한 대가로서의 성질을 가진다고 봄이 상당하다(대법원 2008. 6. 12. 선고 2006도7067 판결 등 참조).

위 법리 및 원심이 적법하게 채택한 증거들을 기록에 비추어 살펴보면, 원심이 그 판시와 같은 사정을 들어 검사가 이 부분 각 공소사실에 관하여 그 일시, 장소, 방법, 목적 등을 적시하여 다른 공소사실과 구별될 수 있을 만큼 공소사실을 특정하였고, 피고인이 단순히 한국산업은행 임·직원에게 알선을 하여 줄 제3자인 공소외 4의 소개만을 한 것이 아니라, 전직 한국산업은행 부총재로서 한국산업은행 임·직원에게 영향력을 행사할 수 있는 중간인물인 공소외 4를 통해 한국산업은행 임·직원에게 직접 알선행위를 하였으며, 피고인의 산업은행에 대한 알선행위와 피고인이 수수한 26억 1,060만 원 사이에 전체적, 포괄적으로 대가관계가 있고, 위 26억 1,060만 원에 한국산업은행에 대한 알선행위의 대가로서의 성질 이외에 다른 도움에 대한 대가로서의 성질이 일부 포함되어 있다고 하더라도 그 성질이 불가분적으로 결합되어 있는 이상 그 전부가 알선행위에 대한 대가로서의 성질을 가진다고 봄이 상당하며, 피고인도 이러한 점을 인식하면서 금품을 수수한 것으로 보여 알선수재의 범의를 넉넉히 인정할 수 있다고 판단한 제1심판결을 유지한 것은 정당한 것으로 수긍이 가고, 거기에 상고이유에서 주장하는 바와 같이 공소사실의 특정에 관한 법리나 알선행위에 관한 법리를 오해하거나, 논리와 경험칙에 위배하여 자유심증주의의 한계를 벗어난 위법이 없다.

앞서 본 법리에 관한 판례 이외에 피고인이 상고이유에서 내세우고 있는 대법원판결은 이 사건과 사안을 달리하는 것으로서 이 사건에 원용하기에 적절하지 아니하다. 3. 상고이유 제5, 6점에 대하여 특정범죄 가중처벌 등에 관한 법률(이하 '특가법'이라고만 한다) 제3조 소정의 알선수재죄는 반드시 담당 공무원을 구체적으로 특정하여 그에게 직접 청탁·알선할 것을 금품수수의 명목으로 하여야만 성립되는 것이 아니라, 청탁할 공무원을 구체적으로 특정하지 아니한 경우는 물론 영향력 등을 행사할 수 있는 중간인물을 통하여 청탁·알선해 준다는 명목으로 금품 등을 수수한 경우에도 성립할 수 있으며, 중간인물은 반드시 공무원일 필요는 없고 공무원이라 하더라도 청탁·알선의 대상이 반드시 그의 직무에 속하여야 하는 것은 아니다(대법원 2007. 6. 28. 선고 2002도3600 판결 등 참조).

위 법리와 기록에 비추어 살펴보면, 원심이 그 판시와 같은 사정을 들어 공소외 2가 직접 피고인에게 감사원 등 관련 공무원들에 대한 알선을 명시적으로 부탁하지 않았다고 하더라도 공소외 5를 통해서 피고인에게 공유수면매립분쟁과 관련된 공무원들에게 알선해 달라고 부탁하였고, 피고인은 2008. 7.경 공소외 2의 알선의뢰를 승낙하였을 뿐 아니라 공소외 2의 부탁에 따라 중간인물인 공소외 6 및 공소외 6의 영향력이 미치는 다른 국정원 직원을 통해 알선행위에 나아가기까지 하였으며, 서울지방국세청 조사4국 조사4과의 특별세무조사에 관한 공소외 2의 알선의뢰와 피고인의 승낙이 있었다고 판단한 제1심판결을 유지한 것은 정당한 것으로 수긍이 가고, 거기에 상고이유에서 주장하는 바와 같이 알선수재죄 성립에 관한 법리를 오해하거나 논리와 경험칙에 위배하여 자유심증주의의 한계를 벗어난 위법이 없다.

4. 상고이유 제7점에 대하여

알선수재죄가 성립하기 위하여는 알선할 사항이 공무원 내지 금융기관 임·직원의 직무에 속하는 사항이고, 금품 등 수수의 명목이 그 사항의 알선에 관련된 것임이 어느 정도 구체적으로 나타나야 하고, 단지 금품 등을 공여하는 자가 금품 등을 수수하는 자에게 잘 보이면 그로부터 어떤 도움을 받을 수 있다거나 손해를 입을 염려가 없다는 정도의 막연한 기대감 속에 금품 등을 교부하고, 금품 등을 수수하는 자 역시 공여자가 그러한 기대감을 가지고 금품 등을 교부하는 것이라고 짐작하면서 이를 수수하였다는 정도의 사정만으로는 알선수재죄가 성립한다고 볼 수 없다(대법원 2004. 11. 12. 선고 2004도5655 판결 등 참조).

위 법리 및 기록에 비추어 살펴보면, 원심이 그 판시와 같은 사정들을 근거로 2008. 7.경 공유수면매립분쟁과 관련하여 감사원, 거제시 등에 대한 구체적인 알선의뢰와 승낙이 있었기에, 공소외 2가 2008. 7.경 이후 지급한 급여 및 상품권은 구체적인 공무원의 직무의 알선에 관하여 공여한 금품이고 막연한 기대감 속에서 공여한 금품이라고 볼 수 없고, 2009. 12.경 하나은행, 우리은행 대출과 관련하여서도 구체적인 알선의뢰와 승낙이 있었기에, 공소외 2가 2009. 12.경 이후 지급한 급여는 구체적인 금융기관 임·직원의 직무의 알선에 관하여 공여한 금품이고 막연한 기대감 속에서 공여한 금품이라고 볼 수 없으며, 알선의 내용, 알선자와 이익 제공자 사이의 친분관계 여부, 이익의 다과, 이익을 수수한 경위와 시기 등의 제반 사정을 종합하면, 이 부분 각 알선청탁과 수수한 금품 사이에 전체적, 포괄적으로 대가관계가 있다는 이유로 피고인에게 알선수재의 범의가 있다고 판단한 제1심판결을 유지한 것은 정당한 것으로 수긍이 가고, 거기에 상고이유에서 주장하는 바와 같이 알선수재죄 성립에 관한 법리를 오해하거나 논리와 경험칙에 위배하여 자유심증주의의 한계를 벗어난 위법이 없다.

5. 상고이유 제8점에 대하여

특경법 제7조 소정 금융기관의 임·직원의 직무에 속한 사항이라 함은 자기 자신을 제외한 모든 자의 사건 또는 사무를 가리키는 것으로 해석하는 것이 상당하지만, 피고인이 청탁을 명목으로 법인의 대표이사로부터 금원을 받고 로비활동을 하여 오던 중, 그 활동상의 편의를 위하여 그 법인의 통상업무에는 전혀 관여함이 없이 형식적으로 그 법인의 이사로 등기를 경료하고 그 법인의 이사 등 직함을 사용하면서 청탁 명목으로 금원을 교부받았다면, 이는 피고인 자신의 사무라고는 볼 수 없다(대법원 2002. 6. 11. 선고 2000도357 판결 등 참조).

특경법 제7조에서 말하는 '알선'이란 '일정한 사항에 관하여 어떤 사람과 그 상대방 사이에 서서 중개하거나 편의를 도모하는 행위'를 의미하고, 그 알선행위가 정당한 직무행위를 대상으로 하는 경우에도 이에 포함되며, 위와 같은 알선의 명목으로 금품 등을 수수하였다면 실제로 어떤 알선행위를 하였는지와 관계없이 위 죄는 성립한다(대법원 2010. 9. 30. 선고 2010도6490 판결 등 참조).

위 법리와 기록에 비추어 살펴보면, 원심이 피고인이 공소외 7 주식회사로부터 월급 명목의 금품을 수수하고 있었다는 사실만으로는 자신이 월급 명목의 금품을 수수하는 회사도 아닌 공소외 8 주식회사의 대출을 알선해 주는 업무를 피고인 자신의 업무라고 볼 수 없고, 그 판시와 같은 사정에 비추어 보면 피고인의 하나은행에 대한 알선행위가 있었음을 인정할 수 있을 뿐만 아니라, 하나은행 대출과 관련하여 실제로 어떤 알선행위를 하였는지는 알선수재죄의 구성요건이 아니기에 하나은행 대출과 관련하여 실제 알선행위를 하였는지와 관계없이 특경법 제7조의 범죄가 성립한다고 판단한 제1심판결을 유지한 것은 정당한 것으로 수긍이 가고, 거기에 상고이유에서 주장하는 바와 같이 '타인의 사무'에 관한 법리를 오해하거나, 논리와 경험칙에 위배하여 자유심증주의의 한계를 벗어난 위법이 없다.

6. 상고이유 제9점에 대하여

특가법 제3조는 "공무원의 직무에 속한 사항의 알선에 관하여 금품이나 이익을 수수·요구 또는 약속한 사람은 5년 이하의 징역 또는 1천만 원 이하의 벌금에 처한다."고 규정하고, 같은 법 제13조는 "제3조 또는 제12조의 죄를 범하여 범인이 취득한 해당 재산은 몰수하며, 몰수할 수 없을 때에는 그 가액을 추징한다."고 규정하고 있고, 한편 특경법 제7조는 "금융회사 등의 임직원의 직무에 속하는 사항의 알선에 관하여 금품이나 그 밖의 이익을 수수, 요구 또는 약속한 사람 또는 제3자에게 이를 공여하게 하거나 공여하게 할 것을 요구 또는 약속한 사람은 5년 이하의 징역 또는 5천만 원 이하의 벌금에 처한다."고 규정하고, 같은 법 제10조 제2항은 "제5조부터 제7조까지 및 제9조 제1항· 제3항의 경우 범인 또는 정황을 아는 제3자가 받은 금품이나 그 밖의 이익은 몰수한다."고 규정하며, 같은 조 제3항은 "제1항 또는 제2항의 경우 몰수할 수 없을 때에는 그 가액을 추징한다."고 규정하고 있는바, 특가법 제13조 및 특경법 제10조 제2항, 제3항의 규정에 의한 필요적 몰수 또는 추징은, 금품 기타 이익을 범인 또는 제3자로부터 박탈하여 그들로 하여금 부정한 이익을 보유하지 못하게 함에 그 목적이 있다(대법원 2004. 7. 8. 선고 2004도1674 판결 등 참조).

위와 같은 특가법 제3조, 제13조 및 특경법 제7조, 제10조 제2항, 제3항의 내용과 그 입법 취지를 종합하면, 알선의뢰인이 알선수재자에게 공무원이나 금융기관 임직원의 직무에 속한 사항에 관한 알선의 대가를 형식적으로 체결한 고용계약에 터잡아 급여의 형식으로 지급한 경우에, 알선수재자가 수수한 알선수재액은 명목상의 급여액이 아니라 원천징수된 근로소득세 등을 제외하고 알선수재자가 실제 지급받은 금액으로 보아야 하고, 또한 위 금액만을 특가법 제13조 소정의 '제3조의 죄를 범하여 범인이 취득한 해당 재산' 또는 특경법 제10조 제2항 소정의 '제7조의 경우 범인이 받은 금품이나 그 밖의 이익'으로서 몰수·추징하여야 한다.

그럼에도 원심은 피고인이 공유수면매립분쟁 조정, 세무조사 무마, 금융기관 대출 알선의 대가로 공소외 7 주식회사와 사이에 형식적으로 체결한 고용계약에 터잡아 실제 지급받은 283,899,230원뿐만 아니라 원천징수된 근로소득세 등을 포함한 명목상 급여 4억 원 전액에 대하여 알선수재죄가 성립한다고 판단한 다음, 합계 32억 1,060만 원(한국산업은행 워크아웃 알선 명목 수수금품 26억 1,060만 원 + 공유수면매립분쟁 조정, 세무조사 무마, 금융기관 대출 알선 명목 수수 상품권 2억 원 및 급여 4억 원)을 추징하고 말았으니, 이러한 원심판결에는 알선수재액 및 추징액의 산정에 관한 법리를 오해하여 판결에 영향을 미친 위법이 있다고 할 것이다.

7. 결론

그렇다면 원심판결 중 공유수면매립분쟁 조정, 세무조사 무마, 금융기관 대출 알선 명목 금품수수로 인한 특가법 위반(알선수재)죄 및 특경법 위반(알선수재)죄 중 유죄 부분은 파기되어야 할 것인데, 원심은 이와 나머지 유죄 부분을 형법 제37조 전단의 경합범으로 인정하여 하나의 형을 선고하였으므로, 원심판결 중 유죄 부분 전부를 파기하고, 이 부분 사건을 다시 심리·판단하게 하기 위하여 원심법원에 환송하기로 하여, 관여 대법관의 일치된 의견으로 주문과 같이 판결한다.

대법관 신영철(재판장) 박일환 민일영 박보영(주심)

대법원 2012.6.14. 선고 2012도4175 판결

【강도치상(인정된죄명:특수절도)】

판시사항

'흉기를 휴대하여 타인의 재물을 절취한' 행위를 특수절도죄로 가중처벌하는 취지 및 형법 제331조 제2항에서 정한 '흉기'의 의미와 판단 기준

전 문

피 고 인 피고인

상 고 인 피고인

변 호 인 변호사

원심판결 부산고법 2012. 3. 28. 선고 2012노9 판결

주 문 원심판결을 파기하고, 사건을 부산고등법원에 환송한다.

이 유 상고이유를 판단한다.

형법은 흉기와 위험한 물건을 분명하게 구분하여 규정하고 있는바, 형벌법규는 문언에 따라 엄격하게 해석·적용하여야 하고 피고인에게 불리한 방향으로 지나치게 확장해석하거나 유추해석해서는 아니 된다. 그리고 형법 제331조 제2항에서 '흉기를 휴대하여 타인의 재물을 절취한' 행위를 특수절도죄로 가중하여 처벌하는 것은 흉기의 휴대로 인하여 피해자 등에 대한 위해의 위험이 커진다는 점 등을 고려한 것으로 볼 수 있다. 이에 비추어 위 형법 조항에서 규정한 흉기는 본래 살상용·파괴용으로 만들어진 것이거나 이에 준할 정도의 위험성을 가진 것으로 봄이 상당하고, 그러한 위험성을 가진 물건에 해당하는지 여부는 그 물건의 본래의 용도, 크기와 모양, 개조 여부, 구체적 범행 과정에서 그 물건을 사용한 방법 등 제반 사정에 비추어 사회통념에 따라 객관적으로 판단할 것이다.

원심은, 피고인이 이 사건 절도 범행을 함에 있어서 택시 운전석 창문을 파손하는 데 사용한 이 사건 드라이버가 흉기에 해당한다고 보아 피고인이 형법 제331조 제2항의 특수절도죄를 범하였다고 본 제1심판결을 그 판시와 같은 이유를 들어 그대로 유지하였다.

그러나 앞서 본 형법 제331조 제2항의 취지와 기록에 의하여 살펴보면, 피고인이 사용한 이 사건 드라이버는 일반적인 드라이버와 동일한 것으로 특별히 개조된 바는 없는 것으로 보이고, 그 크기와 모양 등 제반 사정에 비추어 보더라도 피고인의 이 사건 범행이 흉기를 휴대하여 타인의 재물을 절취한 경우에 해당한다고 보기는 어렵다고 보인다. 따라서 원심이 피고인의 이 사건 범행이 형법 제331조 제2항이 규정한 특수절도죄에 해당한다고 본 제1심판결을 그대로 유지한 조치에는 관련 법리를 오해하였거나 필요한 심리를 다하지 않음으로써 판결에 영향을 미친 위법이 있다. 이를 지적하는 취지의 상고이유 주장은 이유 있다.

이에 나머지 상고이유에 관한 판단을 생략한 채, 원심판결을 파기하고 사건을 다시 심리·판단하도록 원심법원에 환송하기로 하여, 관여 대법관의 일치된 의견으로 주문과 같이 판결한다.

대법관 안대희(재판장) 김능환 이인복 박병대(주심)

대법원 2012.6.14. 선고 2012도3893,2012감도14,2012전도83 판결

【아동·청소년의성보호에관한법률위반(강간등)·치료감호·부착명령】

판시사항

[1] 성폭력범죄 피해자의 진술을 녹화한 영상녹화물의 증거능력을 인정한 '성폭력범죄의 처벌 등에 관한 특례법' 제26조 제3항, 제4항이 헌법에 위배되는지 여부(소극)
[2] 성추행 피해 아동이 한 진술의 신빙성 유무를 판단하는 방법
[3] 강제추행죄에서 '폭행'의 형태와 정도
[4] 강제추행죄에서 '추행'의 의미와 판단 기준

전 문

피고인 겸 피치료감호청구인 겸 피부착명령청구자 피고인

상 고 인 피고인 겸 피치료감호청구인 겸 피부착명령청구자

변 호 인 변호사

보 조 인 보조인

원심판결 대전고법 2012. 3. 28. 선고 2011노444, 2011감노21, 2011전노71 판결

주 문 상고를 기각한다.

이 유 상고이유를 판단한다.

1. 성폭력범죄의 처벌 등에 관한 특례법 제26조의 위헌 관련 상고이유에 관하여

성폭력범죄의 처벌 등에 관한 특례법 제26조 제3항은 성폭력범죄를 당한 "피해자가 16세 미만이거나 신체적인 또는 정신적인 장애로 사물을 변별하거나 의사를 결정할 능력이 미약한 경우에는 피해자의 진술 내용과 조사과정을 비디오녹화기 등 영상물 녹화장치로 촬영·보존하여야 한다."라고 규정하고, 같은 조 제4항은 "제3항에 따라 촬영한 영상물에 수록된 피해자의 진술은 공판준비기일 또는 공판기일에 피해자나 조사 과정에 동석하였던 신뢰관계에 있는 사람의 진술에 의하여 그 성립의 진정함이 인정된 경우에 증거로 할 수 있다."라고 규정하고 있다.

위 각 규정은 성폭력범죄의 피해자에 대한 수사 및 재판과정에서 피해자의 인권이 침해되는 일이 없도록 하기 위하여 마련된 것으로 입법의 필요성과 정당성이 인정되고, 위 각 규정에 따라 영상물에 수록된 피해자의 진술의 증거능력이 인정되기 위해서는 적어도 조사 과정에 동석하였던 사람이 공판준비기일 또는 공판기일에서 그 진정성립을 인정하는 진술을 하여야 하는데, 피고인은 그 사람을 상대로 영상물에 수록된 피해자의 진술이 피해자가 실제로 진술한 내용과 일치하는지 여부, 영상 녹화 당시의 피해자의 진술 태도, 진술의 경위와 내용 등 피해자 진술의 증거능력 및 증명력 판단에 필요한 사정들을 신문함으로써 피해자 진술을 탄핵할 수 있고, 이러한 절차를 거쳐 피해자 진술의 증거능력이 인정된다고 하더라도, 법관은 위와 같은 사정들을 포함하여 논리와 경험의 법칙에 따라 피해자 진술의 증명력을 판단하여야 하며, 이 경우에도 범죄사실을 합리적인 의심이 없는 정도로 증명해야 할 책임은 여전히 검사에게 있다. 그리고 법원은 위 각 규정에도 불구하고 필요하다고 인정하는 경우에는 형사소송법 제294조, 제295조에 따라 검사, 피고인 등 당사자의 신청에 의하여 또는 직권으로 영상녹화를 한 피해자를 증인으로 소환하여 증인신문을 할 수 있고, 이 경우에는 형사소송법 제161조의2, 제163조에 따라 피고인과 변호인의 증인신문에의 참여권, 신문권 등이 보장될 수 있다. 이에 비추어 보면, 위 각 규정이 피고인의 반대신문권 등 형사절차상의 권리를 박탈하거나 피고인을 차별대우함으로써 인간으로서의 존엄과 가치와 국가의 기본권 보장의무를 규정한 헌법 제10조와 평등권을 규정한 헌법 제11조 제1항에 위배된다고 볼 수 없다.

따라서 성폭력범죄의 처벌 등에 관한 특례법 제26조 제4항에 따라 영상녹화물에 수록된 최○○, 정○○의 각 진술의 증거능력을 인정하여 이를 유죄의 증거로 채용한 원심의 판단에 상고이유 주장과 같이 위 법률조항의 위헌성이나 공소사실의 증명책임에 관한 법리를 오해하는 등의 위법이 없다.

2. 피고사건 관련 상고이유에 관하여

가. 증거로 제출된 성추행 피해 아동이 수사기관에서 한 진술의 신빙성을 판단할 경우에, 아동은 질문자에 의한

피암시성이 강하고, 상상과 현실을 혼동하거나 기억 내용의 출처를 제대로 인식하지 못할 가능성이 있는 점 등을 고려하여, 아동의 나이가 얼마나 어린지, 그 진술이 사건 발생 시부터 얼마나 지난 후에 이루어진 것인지, 사건 발생 후 그러한 진술이 이루어지기까지의 과정에서 최초로 아동의 피해 사실을 청취한 보호자나 수사관들이 편파적인 예단을 가지고 아동에게 사실이 아닌 정보를 주거나 반복적인 신문 등을 통하여 특정한 답변을 유도하는 등으로 아동 기억에 변형을 가져올 여지는 없었는지, 그 진술 당시 질문자에 의하여 오도될 수 있는 암시적인 질문이 반복된 것은 아닌지, 같이 신문을 받은 또래 아동의 진술에 영향을 받은 것은 아닌지, 면담자로부터 영향을 받지 않은 아동 자신의 진술이 이루어진 것인지, 법정에서는 피해사실에 대하여 어떠한 진술을 하고 있는지 등을 살펴보아야 하며, 또한 수사기관에서의 진술 내용에 대하여도 일관성이 있고 명확한지, 세부 내용의 묘사가 풍부한지, 사건·사물·가해자에 대한 특징적인 부분에 관한 묘사가 있는지, 정형화된 사건 이상의 정보를 포함하고 있는지 등도 종합적으로 검토되어야 한다(대법원 2008. 7. 10. 선고 2006도2520 판결 등 참조).

원심판결 이유에 의하면, 원심은 피고인 겸 피치료감호청구인 겸 피부착명령청구자(이하 '피고인'이라 한다)가 만 8세와 만 7세인 여아들의 음부 부위를 손으로 만져 강제로 추행하였다는 요지의 이 사건 공소사실에 대하여, 피해의 핵심적인 내용에 관한 피해자들의 진술에 일관성이 있고, 이 사건 범행의 수사 경위 및 피해자들의 부모가 피고인을 범인으로 특정하여 고소하게 된 경위 등에 비추어 피해자들이 피고인을 허위로 고소하였다고 보기 어려우며, 체포 당시 피고인의 모습과 압수된 메모지의 기재 내용이 이 사건의 범인의 모습 및 범행 당시의 정황에 관한 피해자들의 진술과 일치하는 사정 등 판시와 같은 사정들을 들어 피해자들의 진술에 신빙성이 있다고 판단하여, 이 사건 공소사실을 유죄로 인정하였다.

원심판결 이유를 위 법리 및 적법하게 채택된 증거들에 비추어 살펴보면, 원심의 이러한 판단에 상고이유 주장과 같이 논리와 경험의 법칙을 위반하여 자유심증주의의 한계를 벗어나거나 필요한 심리를 다하지 아니하는 등의 위법이 없다.

나. 강제추행죄는 상대방에 대하여 폭행 또는 협박을 가하여 항거를 곤란하게 한 뒤에 추행행위를 하는 경우뿐만 아니라 폭행행위 자체가 추행행위라고 인정되는 경우도 포함되며, 이 경우의 폭행은 반드시 상대방의 의사를 억압할 정도의 것임을 요하지 않고 상대방의 의사에 반하는 유형력의 행사가 있는 이상 그 힘의 대소강약을 불문한다. 추행은 객관적으로 일반인에게 성적 수치심이나 혐오감을 일으키게 하고 선량한 성적 도덕관념에 반하는 행위로서 피해자의 성적 자유를 침해하는 것이라고 할 것인데, 이에 해당하는지 여부는 피해자의 의사, 성별, 연령, 행위자와 피해자의 이전부터의 관계, 그 행위에 이르게 된 경위, 구체적 행위태양, 주위의 객관적 상황과 그 시대의 성적 도덕관념 등을 종합적으로 고려하여 신중히 결정되어야 할 것이다(대법원 2002. 4. 26. 선고 2001도2417 판결 등 참조).

원심이 인정한 범죄사실에 의하면, 피고인은 공터에서 피해자들이 놀고 있는 것을 발견하고 다가가 피해자들을 끌어안고 손으로 피해자들의 음부 부위를 갑자기 1회 만졌다는 것이고, 이와 더불어 적법하게 채택된 증거들에 의하여 인정되는 피고인과 피해자들의 관계, 피해자들의 연령과 의사, 위 행위에 이르게 된 경위와 당시의 상황, 위 행위 후의 피해자들의 반응 및 위 행위가 피해자들에게 미친 영향 등을 고려하여 보면, 피고인이 사탕과 호루라기를 매개로 피해자들에게 접근하면서 피해자들을 끌어안는 것에 대하여 피해자들이 별다른 저항을 하지 않았다고 하더라도 음부를 만지는 행위에 대해서까지 용인하였다고 보기는 어려우며, 결국 피고인의 위 행위는 순간적인 행위이지만 피해자들의 의사에 반하여 행하여진 유형력의 행사로서, 객관적으로 일반인에게 성적 수치심이나 혐오감을 불러일으키고 선량한 성적 도덕관념에 반하는 행위에 해당하고, 그로 인하여 정신적·육체적으로 미숙한 피해자들의 심리적 성장 및 성적 정체성의 형성에 부정적 영향을 미쳤다고 할 것이므로, 앞서 본 법리에 비추어 볼 때 강제추행행위에 해당한다.

같은 취지의 원심판결에 상고이유 주장과 같이 강제추행죄의 성립에 관한 법리를 오해한 위법이 없다.

3. 치료감호청구사건 및 부착명령청구사건에 관하여

피고인이 피고사건에 대하여 상고를 제기한 이상 치료감호청구사건 및 부착명령청구사건에 대하여도 상고를 제기한 것으로 의제되나, 상고장에 이유의 기재가 없고 상고이유서에도 이에 대한 불복이유의 기재가 없다.

4. 결론

그러므로 상고를 기각하기로 하여, 관여 대법관의 일치된 의견으로 주문과 같이 판결한다.

대법관 양창수(재판장) 전수안 이상훈 김용덕(주심)

대법원 2012.6.14. 선고 2010도9871 판결

【특정경제범죄가중처벌등에관한법률위반(횡령)·조세범처벌법위반·특정경제범죄가중처벌등에관한법률위반(배임)】

판시사항

1. 구 조세범 처벌법 제9조 제1항에서 정한 조세포탈죄에서 '사기 기타 부정한 행위'의 의미
2. 회사의 대표이사가 제3자에게 회사 자산으로 거액의 기부를 한 경우, 업무상 배임행위에 해당하기 위한 요건 및 대표이사가 실질적 1인 주주라는 등의 사정이 있는 경우 달리 볼 것인지 여부
3. 횡령한 재물을 사후에 반환하거나 변상·보전하는 의사가 있더라도 불법영득의사를 인정할 수 있는지 여부(적극) 및 횡령의 범행을 한 자가 물건의 소유자에 대하여 별도의 금전채권을 가지고 있었다는 사정이 이미 성립한 업무상횡령죄에 영향을 미치는지 여부(원칙적 소극)

전 문

피 고 인 피고인 1 주식회사 외 1인

상 고 인 피고인들 및 검사

변 호 인 법무법인

원심판결 서울고법 2010. 7. 16. 선고 2010노468 판결

주 문 원심판결 중 피고인 2에 대한 부분을 파기하고, 이 부분 사건을 서울고등법원에 환송한다. 피고인 1 주식회사의 상고를 기각한다.

이 유 상고이유를 판단한다.

1. 검사의 상고이유에 대하여

가. 조세포탈죄의 구성요건인 '사기 기타 부정한 행위'에 관한 법리오해 등의 점에 대하여

(1) 구 조세범 처벌법(2010. 1. 1. 법률 제9919호로 전부 개정되기 전의 것, 이하 같다) 제9조 제1항에 규정된 조세포탈죄에서 '사기 기타 부정한 행위'라 함은, 조세의 포탈을 가능하게 하는 행위로서 사회통념상 부정이라고 인정되는 행위, 즉 조세의 부과와 징수를 불가능하게 하거나 현저히 곤란하게 하는 위계 기타 부정한 적극적 행위를 말한다. 따라서 다른 행위를 수반함이 없이 단순히 세법상의 신고를 하지 아니하거나 허위의 신고를 함에 그치는 것은 이에 해당하지 않지만, 과세대상의 미신고나 과소신고와 아울러 수입이나 매출 등을 고의로 장부에 기재하지 않는 행위 등 적극적 은닉의도가 나타나는 사정이 덧붙여진 경우에는 조세의 부과와 징수를 불능 또는 현저히 곤란하게 만든 것으로 인정할 수 있다 할 것이다(대법원 2003. 2. 14. 선고 2001도3797 판결, 대법원 2012. 3. 15. 2011도13605 판결 등 참조).

(2) 원심판결 이유와 기록에 의하면, 피고인 2는 국제 무기중개업체인 피고인 1 주식회사의 대표이사로서 2000. 6. 30.경 미국 국적의 공소외 1과 사이에 대한민국에 공급되는 러시아 무기체계 및 장비와 관련된 사업 등에 대한 동업 약정서를 체결한 사실, 피고인 2는 2000년부터 2006년까지 사이에 대한민국 정부에서 추진한 제2차 불곰사업과 관련하여 공소외 1과 함께 러시아 무기수출업체의 에이전트로 활동하면서 휴대용 대전차유도미사일(METIS-M), 공기부양정(MURENA) 등 미화 약 3억 1,000만 달러(한화 약 3,400억 원) 상당의 무기도입을 중개한 사실, 피고인 2는 공소외 1과 사이에 제2차 불곰사업과 관련하여 공소외 1이 피고인 1 주식회사에 투자한 돈과 무기중개수수료 수입을 회계처리를 하지 않기로 사전에 합의한 사실, 이에 따라 피고인 1 주식회사가 2004. 1. 1.부터 2004. 12. 31.까지 러시아의 무기수출업체로부터 제2차 불곰사업에 대한 피고인 1 주식회사의 무기중개수수료 1,409,130,000원을 수령하면서, 제2차 불곰사업과 관련된 무기중개수수료임이 드러나지 않도록 그 무기중개수수료를 공소외 1이 운영하는 미국 법인 공소외 2 회사(영문 명칭 생략)의 베트남 무기중개사업 명목으로 수령하는 것처럼 위장하여 미국에 있는 피고인 2 및 공소외 2 회사의 공동명의로 개설된 번호를 알 수 없는 계좌 또는 피고인 2의 알 수 없는 계좌 등을 통하여 수령한 다음, 다시 공소외 2 회사의 번호를 알 수 없는 계좌로 이체한 사실, 피고인 2는 2005. 3. 31.경 서울 성북구 삼선동에 있는 피고인 1 주식회사의 사무실에서 피고인 1 주식회사의 2004 사업연도 법인세 과세표준 신고를 하면서 위 무기중개수수료를 공소외 2 회사와의 위장거래 등의 방법을 통해 국내로 들여오는 방법을 모색하다가 여의치 않자

공소외 2 회사의 번호를 알 수 없는 계좌 등 공소외 1의 관리하에 그대로 둔 상태에서 위 무기중개수수료를 장부에 계상하지 않고 누락시킨 사실, 피고인 2는 피고인 1 주식회사의 2004 사업연도 소득을 신고하면서 위 무기중개수수료 수입을 신고하지 아니하였고, 그 결과 피고인 1 주식회사의 2004 사업연도 법인세 380,465,100원 상당을 탈루한 사실 등을 알 수 있다.

(3) 위 사실관계를 앞에서 본 법리에 비추어 본다.

위와 같이 피고인 2는 동업자인 공소외 1과 사이에 피고인 1 주식회사가 러시아 무기수출업체로부터 수령할 무기중개수수료 수입을 외부에서 파악하지 못하도록 회계처리를 하지 않기로 합의하고, 그 무기중개거래를 미국 법인 공소외 2 회사의 베트남 무기중개사업으로 위장한 후 중개수수료도 미국에 있는 피고인 2 및 공소외 2 회사의 공동명의로 개설된 계좌를 통하여 수령하는 등의 행위를 한 다음, 그 무기중개수수료 수입을 누락한 허위의 장부를 작성하고 이에 기초하여 피고인 1 주식회사의 2004 사업연도 소득을 신고하였다. 피고인 2의 이러한 행위는 과세대상의 단순한 미신고나 과소신고에 그치는 것이 아니라, 무기중개수수료 수입의 외부 노출을 막기 위한 거래 명의 위장 및 해외 계좌의 사용, 그 수입을 누락한 장부의 허위기장 등 적극적인 소득은닉 행위가 수반된 것으로서 조세의 부과와 징수를 현저히 곤란하게 하는 사기 기타 부정한 행위에 해당한다고 보아야 한다.

피고인 2가 러시아 무기수출업체의 에이전트로 활동한 사실 및 그 무기수출업체로부터 무기중개수수료를 수령한 사실이 외부에 밝혀지면 파장이 예상되고 향후 에이전트로서의 활동에 지장이 생길 염려가 있어 위와 같은 행위를 하였다 하더라도, 위와 같은 행위가 조세당국을 포함한 외부에서 피고인 1 주식회사의 소득 파악을 곤란하게 하려는 의도하에 이루어진 것임은 분명하고, 그로 인하여 조세의 부과와 징수가 현저히 곤란해지게 되는 결과가 발생할 수밖에 없고 실제 그와 같은 결과가 발생한 이상, 위와 같은 주관적인 동기나 사정이 있었다고 하여 위와 같은 행위를 사기 기타 부정한 행위에 해당한다고 보는 데 장애가 되는 것은 아니다.

(4) 그런데도 원심은 피고인 2가 2004 사업연도 과세표준 및 세액을 신고함에 있어 위 수수료 상당의 사업소득을 누락하였다 하더라도 이는 세법상의 신고를 하지 아니하거나 과소신고를 한 것에 불과하고, 피고인 2가 제2차 불곰사업으로 인한 무기중개수수료를 미국 법인 공소외 2 회사의 베트남 무기중개사업 명목으로 수령한 것처럼 위장한 사정이 있다 하더라도 이는 소득은닉 행위가 아니라 무기중개수수료 수익을 실현하기 위한 하나의 방편이므로 조세의 부과와 징수를 현저하게 곤란하게 하는 사기 기타 부정한 행위에 해당한다고 볼 수 없다고 보아, 이 사건 공소사실 중 피고인 2에 대한 2004 사업연도 귀속 법인세 포탈로 인한 조세범 처벌법 위반의 점을 무죄로 판단하였다.

이러한 원심판결에는 구 조세범 처벌법 제9조 제1항 소정의 '사기 기타 부정한 행위'에 관한 법리를 오해하여 판결에 영향을 미친 위법이 있다. 이 점을 지적하는 상고이유의 주장은 이유 있다.

나. 업무상횡령죄에 관한 법리오해 등 주장에 대하여

원심판결 이유를 관계 증거에 비추어 살펴보면, 원심이 피고인 2가 원심 판시 [범죄일람표 Ⅲ] 순번 제1, 5번 기재와 같이 피해자 피고인 1 주식회사의 자금을 횡령하였다는 공소사실을 인정할 만한 증거가 없다는 이유로 무죄라고 판단한 것은 정당하고, 거기에 상고이유에서 주장하는 바와 같은 업무상횡령죄에 관한 법리오해, 논리와 경험의 법칙을 위반하여 자유심증주의의 한계를 벗어난 위법 등이 없다.

2. 피고인들의 상고이유에 대하여

가. 상고이유 제1점에 대하여

원심판결 이유를 원심이 적법하게 채택한 증거들에 비추어 살펴보면, 원심이 피고인 2가 러시아 무기수출업체로부터 수령한 무기중개수수료 수입을 단순히 신고하지 아니한 데 그치지 않고 이와 아울러 그 수입이 노출되는 것을 막기 위한 거래 명의 위장, 해외 계좌의 사용 및 미국 법인 공소외 2 회사 계좌를 이용한 무기중개수수료의 교회 기부와 이를 통한 무기중개수수료의 국내 유입, 그 수입을 누락한 장부의 허위기장 등 적극적인 소득은닉 행위를 수반한 사기 기타 부정한 행위를 하여 피고인 1 주식회사의 2005 내지 2008 사업연도의 각 귀속 법인세를 포탈하였다고 인정하고 이 부분 공소사실을 유죄로 판단한 것은 정당하다.

원심판결에 상고이유에서 주장하는 바와 같은 구 조세범 처벌법 제9조 제1항 소정의 '사기 기타 부정한 행위'에 관한 법리오해 등의 위법은 없다. 상고이유에서 들고 있는 대법원판결은 이 사건과 사안을 달리하는 것으로서 이 사건에 원용하기에 적절하지 아니하다.

나. 상고이유 제2점에 대하여

(1) 재무구조가 열악한 회사의 대표이사가 제3자에게 회사의 자산으로 거액의 기부를 한 경우 그로써 회사를 채무초과 상태에 빠뜨리거나 채무상환이 곤란한 상태에 처하게 하는 등 그 기부액수가 회사의 재정상태 등에 비추어 기업의 사회적 역할을 감당하는 정도를 넘는 과도한 규모로서 상당성을 결여한 것이고 특히 그 기부

의 상대방이 대표이사와 개인적 연고가 있을 뿐 회사와는 연관성이 거의 없다면, 그 기부는 대표이사의 선량한 관리자로서의 업무상 임무에 위배되는 행위에 해당한다 할 것이고, 그 대표이사가 실질적 1인 주주라는 등의 사정이 있다고 하더라도 마찬가지라 할 것이다(대법원 1983. 12. 13. 선고 83도2330 전원합의체 판결, 대법원 2005. 6. 10. 선고 2005도946 판결, 대법원 2011. 3. 10. 선고 2008도6335 판결 등 참조).

(2) 원심판결 이유를 위 법리와 원심이 적법하게 채택한 증거들에 비추어 살펴보면, 원심이 이 사건 기부금의 규모, 이 사건 기부행위 당시 피해자 피고인 1 주식회사의 채무현황, 자산상태, 자본금과 매출 및 당기순이익의 규모, 이 사건 기부금이 최종적으로 피고인 2에 대한 개인 채무 변제에 사용된 점 등 그 판시와 같은 사정들을 종합하여, 피고인 2가 기부금 명목으로 피고인 1 주식회사의 자금 미화 7,954,746달러를 ○○○ 교회의 계좌로 송금함으로써 피고인 1 주식회사를 채무 상환이 곤란한 재정적 상태에 처하게 한 행위는 업무상배임죄에 해당한다는 취지로 판단한 것은 정당하다.

원심판결에는 상고이유에서 주장하는 바와 같은 업무상 임무 위배에 관한 법리오해, 논리와 경험의 법칙을 위반하여 자유심증주의의 한계를 벗어난 위법 등이 없다. 이와 관련하여 상고이유에서 들고 있는 대법원판결 역시 이 사건과 사안을 달리하는 것으로서 이 사건에 원용하기에 적절하지 아니하다.

다. 상고이유 제3점에 대하여

(1) 업무상횡령죄에서 불법영득의 의사라 함은, 자기 또는 제3자의 이익을 꾀할 목적으로 업무상의 임무에 위배하여 보관하는 타인의 재물을 자기의 소유인 경우와 같이 처분하는 의사를 말하고 사후에 이를 반환하거나 변상, 보전하는 의사가 있다 하더라도 이를 인정하는 데는 지장이 없다. 또한 업무상횡령죄는 위와 같은 불법영득의 의사가 확정적으로 외부에 표현되었을 때 성립하는 것이므로, 횡령의 범행을 한 자가 물건의 소유자에 대하여 별도의 금전채권을 가지고 있었다 하더라도 횡령 범행 전에 상계 정산하였다는 등 특별한 사정이 없는 한 그러한 사정만으로 이미 성립한 업무상횡령죄에 영향을 미칠 수는 없다(대법원 1995. 3. 14. 선고 95도59 판결, 대법원 2006. 6. 2. 선고 2005도3431 판결 등 참조).

(2) 원심은, 피고인 2가 공소외 1로부터 피해자 피고인 1 주식회사에 대한 투자금 명목으로 미화 600만 달러를 교부받아 보관 중인 사실을 회사 관계자들에게 전혀 알리지 아니한 채, 그 중 4,510,200,000원을 자기 명의로 ○○○ 교회에 대여하거나 처 공소외 3 명의로 부동산을 구입하는 등 개인적인 용도로 사용한 점, 위 피고인이 위 교회로부터 변제받은 금원을 피해자 피고인 1 주식회사의 계좌에 입금하면서 위 피고인의 개인 자금이 입금된 것처럼 대표이사 가수금입금으로 회계처리하거나 아예 입금하지 아니한 채 위 피고인의 개인적인 용도로 사용한 점 등을 종합하여, 위 피고인에게 피해자 피고인 1 주식회사 소유의 자금 중 4,510,200,000원을 자신의 소유인 것처럼 처분할 불법영득의 의사가 있었다고 인정하고, 나아가 위 피고인이 ○○○ 교회로부터 나중에 위 대여금을 모두 변제받았다는 사정 등은 업무상횡령죄의 성립에 아무런 영향이 없다고 판단하였다.

(3) 앞에서 본 법리와 원심이 적법하게 채택한 증거들에 비추어 살펴보면, 위와 같은 원심의 판단은 정당한 것으로 수긍할 수 있다. 피고인 2가 위와 같은 업무상횡령의 범행을 저지를 당시 공소외 1에게 개인 자금으로 미화 150만 달러를 지급하여 피해자 피고인 1 주식회사에 대하여 동액 상당의 구상금채권을 가지고 있었다고 하더라도, 그러한 사정만으로 위 피고인이 피해자 피고인 1 주식회사를 위하여 보관 중이던 자금 4,510,200,000원을 불법영득의 의사로써 횡령하였다고 인정하는 데 방해가 되지 아니한다.

원심판결에는 상고이유에서 주장하는 바와 같은 불법영득의사에 관한 법리오해, 논리와 경험의 법칙을 위반하여 자유심증주의의 한계를 벗어난 위법 등이 없다.

3. 파기의 범위

위와 같은 이유로 원심판결 중 피고인 2에 대한 2004 사업연도 귀속 법인세 포탈로 인한 조세범 처벌법 위반에 대한 무죄 부분을 파기하여야 하는데, 원심이 유죄로 인정한 위 피고인에 대한 나머지 부분은 위 파기 부분과 형법 제37조 전단의 경합범 관계에 있어 하나의 형이 선고되어야 하므로 함께 파기되어야 한다. 그리고 원심이 이유무죄로 판단한 부분은 위와 같이 파기되는 위 피고인에 대한 특정경제범죄 가중처벌 등에 관한 법률 위반(횡령)의 점 중 유죄 부분과 포괄일죄의 관계에 있어 함께 파기되어야 하므로, 결국 원심판결 중 위 피고인에 대한 부분은 모두 파기되어야 한다.

4. 결론

그러므로 원심판결 중 피고인 2에 대한 부분을 파기하고, 이 부분 사건을 다시 심리·판단하게 하기 위하여 원심법원에 환송하며, 피고인 1 주식회사의 상고를 기각하기로 하여, 관여 대법관의 일치된 의견으로 주문과 같이 판결한다.

대법관 안대희(재판장) 김능환 이인복 박병대(주심)

대법원 2012.5.24. 선고 2011도7943 판결

【업무방해】

판시사항

1 형법 제314조 제1항의 업무방해죄 구성요건 중 '위력'의 의미
2 형법 제314조 제2항의 컴퓨터 등 장애 업무방해죄 구성요건 중 '컴퓨터 등 정보처리장치', '손괴', '허위의 정보 또는 부정한 명령의 입력', '기타 방법'의 의미
3 주택재건축조합 조합장인 피고인이 자신에 대한 감사활동을 방해하기 위하여 조합 사무실에 있던 컴퓨터에 비밀번호를 설정하고 하드디스크를 분리·보관함으로써 조합 업무를 방해하였다는 내용으로 기소된 사안에서, 위와 같은 방법으로 조합의 정보처리에 관한 업무를 방해한 행위는 형법 제314조 제2항의 컴퓨터 등 장애 업무방해죄에 해당한다는 이유로, 원심이 이를 형법 제314조 제1항의 업무방해행위로 본 것은 잘못이나 그 법정형이 동일하여 판결에 영향이 없다고 한 사례
4 업무방해죄 성립에 필요한 '고의'의 내용

전 문

피 고 인 피고인

상 고 인 피고인

변 호 인 변호사

원심판결 창원지법 2011. 6. 10. 선고 2010노2796 판결

주 문 상고를 기각한다. 원심판결 중 업무상횡령, 업무상배임 부분을 파기하고, 이 부분에 대한 검사의 항소를 기각한다.

이 유 상고이유를 판단한다.

1. 제1점에 대하여

가. 형법 제314조 제1항의 업무방해죄는 위계 또는 위력으로 사람의 업무를 방해한 경우에 성립하고, 여기에서 '위력'이라 함은 사람의 자유의사를 제압·혼란케 할 만한 일체의 유형·무형의 세력으로서 폭행·협박은 물론 사회적·경제적·정치적 지위와 권세에 의한 압박 등이 포함되며, 그러한 위력은 반드시 업무에 종사 중인 사람에게 직접 가해지는 것이 아니더라도 일정한 물적 상태를 만들어 그 결과 사람으로 하여금 자유롭고 정상적인 업무수행 활동을 불가능하게 하거나 현저히 곤란하게 하는 행위를 포함한다.

한편 형법 제314조 제2항의 컴퓨터 등 장애에 의한 업무방해죄는, 컴퓨터 등 정보처리장치 또는 전자기록 등 특수매체기록을 손괴하거나 정보처리장치에 허위의 정보 또는 부정한 명령을 입력하거나 기타 방법으로 정보처리장치에 장애를 발생하게 하여 사람의 업무를 방해한 경우에 성립하는데, 여기에서 '컴퓨터 등 정보처리장치'란 자동적으로 계산이나 데이터처리를 할 수 있는 전자장치로서 하드웨어와 소프트웨어를 모두 포함하고(대법원 2004. 7. 9. 선고 2002도631 판결 참조), '손괴'란 유형력을 행사하여 물리적으로 파괴·멸실시키는 것뿐 아니라 전자기록의 소거나 자력에 의한 교란도 포함하며, '허위의 정보 또는 부정한 명령의 입력'이란 객관적으로 진실에 반하는 내용의 정보를 입력하거나 정보처리장치를 운영하는 본래의 목적과 상이한 명령을 입력하는 것이고, '기타 방법'이란 컴퓨터의 정보처리에 장애를 초래하는 가해수단으로서 컴퓨터의 작동에 직접·간접으로 영향을 미치는 일체의 행위를 말한다.

나. 원심은 제1심의 채택 증거를 종합하여, 공소외 1 조합의 감사 공소외 2가 조합장인 피고인을 공금횡령 등의 이유로 탄핵하기 위하여 2009. 7. 24. 통합조합의 이사회에서 조합장 탄핵결의안을 배포하는 등 피고인에 대한 탄핵을 주도한 사실, 이러한 사실을 알게 된 피고인은 감사 공소외 2가 자신을 탄핵하는 것을 저지하기 위하여 2009. 8. 14. 조합사무실에 있던 컴퓨터 중 경리 여직원이 사용하던 컴퓨터에 자신만이 아는 비밀번호를 설정하고, 조합업무 담당자 공소외 3이 사용하던 컴퓨터의 하드디스크를 분리하여 사무실 금고에 보관한 사실, 감사 공소외 2는 피고인이 위 컴퓨터에 작성하여 둔 각종 자료들을 출력하여 피고인에 대한 탄핵자료로 활용하려 하였으나, 피고인이 위와 같이 컴퓨터에 비밀번호를 설정하고 하드디스크를 분리하여 은닉하는 바

람에 탄핵자료를 수집하지 못한 사실 등을 인정한 다음, 피고인이 위와 같이 컴퓨터에 비밀번호를 설정하고 하드디스크를 분리·보관함으로써 조합의 업무를 방해한 것은 형법 제314조 제1항의 위력에 의한 업무방해죄에 해당한다고 보아, 공소사실을 유죄로 인정하였다.

그런데 원심이 인정한 사실을 앞서 본 법리에 비추어 보면, 이 사건 컴퓨터와 하드디스크는 형법 제314조 제2항에 규정된 '컴퓨터 등 정보처리장치'에 해당하고, 업무수행을 위해서가 아니라 담당직원의 정상적인 업무수행을 방해할 의도에서 그 담당 직원의 의사와는 상관없이 함부로 컴퓨터에 비밀번호를 설정한 행위는 같은 항의 '허위의 정보 또는 부정한 명령의 입력'에 해당하며 컴퓨터의 하드디스크를 분리·보관한 행위는 같은 항의 '손괴'에 해당하므로, 피고인이 컴퓨터에 비밀번호를 설정하고 하드디스크를 분리·보관함으로써 조합의 정보처리에 관한 업무를 방해한 행위는 형법 제314조 제2항의 컴퓨터 등 장애 업무방해죄에 해당한다고 할 것이다.

그렇다면 원심이 이를 형법 제314조 제1항의 업무방해행위로 본 것은 잘못이라고 하겠으나, 형법 제314조 제1항의 죄와 제2항의 죄는 그 법정형에 차이가 없어 이러한 법령적용의 잘못은 판결 결과에 영향을 미쳤다고 할 수 없으므로(대법원 2005. 4. 29. 선고 2005도741 판결 참조), 피고인이 컴퓨터에 비밀번호를 설정하고 하드디스크를 분리·보관하여 조합의 업무를 방해하였다고 본 원심의 판단은 결론에 있어 결국 정당하다. 이 부분 상고이유의 주장은 이유 없다.

2. 제2점에 대하여

<u>업무방해죄의 성립에 있어서 업무방해의 결과가 실제로 발생하여야만 하는 것은 아니고 업무방해의 결과를 초래할 위험이 있으면 충분하므로</u>(대법원 1992. 4. 10. 선고 91도3044 판결 등 참조), <u>고의 또한 반드시 업무방해의 목적이나 계획적인 업무방해의 의도가 있어야만 하는 것은 아니고 자기의 행위로 인하여 타인의 업무가 방해될 가능성 또는 위험에 대한 인식이나 예견으로 충분하며, 그 인식이나 예견은 확정적인 것은 물론 불확정적인 것이라도 이른바 미필적 고의로 인정된다</u>(대법원 2009. 1. 15. 선고 2008도9410 판결 등 참조). <u>또한 형법 제20조 소정의 '사회상규에 위배되지 아니하는 행위'라 함은 법질서 전체의 정신이나 그 배후에 놓여 있는 사회윤리 내지 사회통념에 비추어 용인될 수 있는 행위를 말하고, 어떠한 행위가 사회상규에 위배되지 않는 정당한 행위로서 위법성이 조각되는 것인지는 구체적 개별 사정에 비추어 합목적적·합리적으로 고찰하여 판단되어야 하므로, 이와 같은 정당행위를 인정하려면 첫째 그 행위의 동기나 목적의 정당성, 둘째 행위의 수단이나 방법의 상당성, 셋째 보호이익과 침해이익과의 법익 균형성, 넷째 긴급성, 다섯째 그 행위 외에 다른 수단이나 방법이 없다는 보충성 등의 요건을 갖추어야 한다</u>(대법원 2003. 9. 26. 선고 2003도3000 판결 등 참조).

원심이 인정한 사실을 위 법리에 비추어 살펴보면, 조합장인 피고인이 자신에 대한 감사활동을 방해하기 위하여 그 판시와 같은 방법으로 조합 사무실에 있던 컴퓨터에 비밀번호를 설정하고 하드디스크를 분리·보관한 행위는 중요한 자료의 훼손을 막는 것을 넘어서 조합의 정보처리에 관한 업무를 방해할 의도를 가지고 한 것으로 보이고, 이를 두고 사회상규에 위배되지 아니하는 정당행위에 해당한다고 볼 수는 없다.

같은 취지에서 이 사건 공소사실을 유죄로 판단한 원심판결은 정당하고, 거기에 상고이유로 주장하는 바와 같은 법리오해 등의 위법이 없다. 이 부분 상고이유의 주장도 이유 없다.

3. 직권판단

형사소송법 제364조 제4항은 '항소심은 항소가 이유 없다고 인정한 때에는 판결로써 항소를 기각하여야 한다'고 규정하고 있다.

기록에 의하면, 피고인에 대한 이 사건 공소사실 중 업무상횡령, 업무상배임에 대하여 제1심에서 무죄가 선고되어 검사가 항소하였는데, 원심은 그 판결이유에서는 이 부분에 대한 검사의 항소가 이유 없다고 판단하면서도 주문에서는 항소기각의 선고를 하지 아니하였음을 알 수 있으므로, 원심판결에는 형사소송법 제364조 제4항을 위반한 위법이 있다(대법원 2006. 9. 14. 선고 2004도6432 판결 등 참조).

따라서 원심판결 중 업무상횡령, 업무상배임 부분은 그대로 유지될 수 없고, 이 부분 사건은 소송기록과 원심에 이르기까지 조사된 증거들에 의하여 판결하기에 충분하다고 인정되므로 형사소송법 제396조에 의하여 이 법원이 직접 판결하기로 한다.

이 사건 공소사실 중 업무상횡령, 업무상배임에 대한 검사의 항소이유의 요지는, 조합의 상근임원에 대한 보수규정이 없는 상태에서 조합장의 임금액에 대한 조합 창립총회의 결의가 있었다거나 조합장의 판공비, 상여금에 대한 조합 임시총회의 결의가 있었다는 이유만으로 이 부분을 무죄라고 판단한 제1심판결은 사실을 오인하거나 법리를 오해하여 판결에 영향을 미친 위법을 범하였다는 것이다.

그러나 제1심판결 이유를 기록에 비추어 살펴보면, 제1심이 그 판시와 같은 이유로 이 부분 공소사실을 무죄라고 판단한 것은 정당하고, 거기에 항소이유에서 주장하는 바와 같은 사실오인이나 법리오해의 위법이 없다.

4. 결론

그러므로 피고인의 상고를 기각하되, 원심판결 중 업무상횡령, 업무상배임 부분을 직권으로 파기하고 이 부분에 대한 검사의 항소를 기각하기로 하여, 관여 대법관의 일치된 의견으로 주문과 같이 판결한다.

대법관 이상훈(재판장) 전수안(주심) 양창수 김용덕

대법원 2012.5.24. 선고 2011도11500 판결

【횡령·무고】

판시사항

[1] 신고 내용에 일부 허위사실이 포함된 경우, 무고죄가 성립하는지 판단하는 기준

[2] 피고인이 갑 주식회사에서 리스한 승용차를 을에게 담보로 제공하고 돈을 차용하면서 약정 기간 내에 갚지 못할 경우 이를 처분하더라도 아무런 이의를 제기하지 않기로 하였는데, 변제기 이후 을 등이 차량을 처분하자 피고인의 허락 없이 마음대로 처분하였다는 취지로 고소한 사안에서, 위 고소 내용은 허위사실 기재로서 그 자체로 독립하여 무고죄가 성립하는데도, 이와 달리 보아 무죄를 인정한 원심판결에 법리오해의 위법이 있다고 한 사례

전 문

피 고 인 피고인

상 고 인 검사

원심판결 대구지법 2011. 8. 12. 선고 2011노168 판결

주 문 원심판결을 파기하고, 사건을 대구지방법원 본원 합의부에 환송한다.

이 유 상고이유를 판단한다.

1. 원심판결 중 무죄 부분에 대하여

가. 이 사건 공소사실 중 무고의 점의 요지는, 피고인은 2009. 7. 19.경 공소외 1에게 공소외 2 주식회사로부터 장모 공소외 3이 명의로 리스한 (차량번호 생략) 에쿠스 차량을 담보로 제공하고 700만 원을 차용하면서, 10일 이내에 차용금을 갚지 못하면 공소외 1이 위 승용차를 처분하더라도 아무런 이의를 제기하지 않기로 약정하였고, 피고인이 약정 기간 내에 차용금을 갚지 못하게 되자 공소외 1이 피고인과의 약정에 따라 2009. 9. 중순경 위 승용차를 900만 원에 처분하였는데도, 피고인은 2009. 12. 17. "2009. 8. 중순경 에쿠스 차량을 담보로 제공하고 공소외 4와 공소외 1로부터 700만 원을 차용하였는데, 차량을 찾으려고 연락하여 보았으나 연락이 끊어졌으니 처벌해 달라."라는 취지의 고소장을 제출하고, 같은 날 고소인 보충조사를 받으면서 "2009. 8. 중순경 에쿠스 승용차를 담보로 제공하고 열흘 뒤에 찾으러 간다고 한 후 공소외 1, 4로부터 700만 원을 빌렸는데 공소외 1, 공소외 4가 피해자를 위하여 보관하고 있던 위 승용차를 마음대로 처분하여 횡령하였으니 처벌해 달라."라는 취지로 허위 내용을 진술하여 공소외 1, 공소외 4를 무고하였다는 것이다.

이에 대하여 원심은, 공소외 1이 위 승용차를 처분한 것은 비록 변제기 이후에 이루어진 것이라고 하더라도 자신의 권한을 넘는 것으로서 피고인에 대한 관계에서는 물론 원소유자인 공소외 2 주식회사에 대한 관계에 있어서도 역시 위법한 처분행위라는 평가를 피할 수 없어서 공소외 1에 대하여 횡령죄 또는 다른 범죄가 성립할 수 있다고 할 것이므로, 피고인의 고소 내용에 일부 사실과 다른 진술이 포함되었다거나 법적인 구성에 일부 잘못이 있다고 하여 피고인의 고소 내용이 무고죄의 성립요건으로서 허위의 사실을 고소한 것으로는 볼 수 없다는 이유로 무죄를 선고한 제1심의 판단이 정당하다고 하여 이를 그대로 유지하였다.

나. 그러나 원심의 위와 같은 판단은 다음과 같은 이유에서 그대로 수긍하기 어렵다.

무고죄는 타인으로 하여금 형사처분 또는 징계처분을 받게 할 목적으로 공무소 또는 공무원에 대하여 허위의 사실을 신고하는 때에 성립하는 것으로, 여기에서 허위사실의 신고라 함은 신고사실이 객관적 사실에 반한다는 것을 확정적이거나 미필적으로 인식하고 신고하는 것을 말하는 것이므로, 신고사실의 일부에 허위의 사실이 포함되어 있다고 하더라도 그 허위 부분이 범죄의 성부에 영향을 미치는 중요한 부분이 아니고, 단지 신고한 사실을 과장한 것에 불과한 경우에는 무고죄에 해당하지 아니하지만(대법원 1996. 5. 31. 선고 96도771 판결, 대법원 2003. 1. 24. 선고 2002도5939 판결 등 참조), 그 일부 허위인 사실이 국가의 심판작용을 그르치거나 부당하게 처벌을 받지 아니할 개인의 법적 안정성을 침해할 우려가 있을 정도로 고소사실 전체의 성질을 변경시키는 때에는 무고죄가 성립될 수 있다(대법원 2004. 1. 16. 선고 2003도7178 판결, 대법원 2009. 1. 30. 선고 2008도8573 판결, 대법원 2010. 4. 29. 선고 2010도2745 판결 등 참조).

공소사실 기재와 같이 피고인이 공소외 1로부터 700만 원을 차용하면서 변제기까지 차용금을 갚지 못하면

담보로 제공한 차량을 처분하더라도 아무런 이의를 제기하지 않겠다고 하였다면, 공소외 4와 공소외 1이 피고인의 허락 없이 마음대로 차량을 처분하였다는 취지의 고소 내용은 허위사실의 기재로서 그 자체로 독립하여 무고죄가 성립한다고 할 것이고, 공소외 4와 공소외 1이 피고인으로부터 공소외 2 주식회사의 리스 차량을 담보로 받는 행위에 대하여 장물취득죄 등 다른 범죄가 성립한다고 하더라도 달리 볼 것은 아니다.

그럼에도 원심은 이 사건 고소장에 기재된 내용이 허위사실에 해당하지 않는다고 단정하여 무고의 점에 대하여 무죄를 선고한 제1심판단을 그대로 유지하였으니, 원심판결에는 무고죄에 있어서 허위의 사실에 관한 법리를 오해하여 판결에 영향을 미친 위법이 있다. 이 점을 지적하는 상고이유의 주장은 이유 있다.

2. 원심판결 중 유죄 부분에 대하여

원심판결 중 유죄 부분에 대하여는 상고장이나 상고이유서에 적법한 상고이유의 기재가 없다.

3. 결론

그러므로 원심판결 중 무죄 부분은 파기되어야 할 것인바, 이는 검사의 상고로 이심된 나머지 유죄 부분과 형법 제37조 전단의 경합범 관계에 있어 피고인에 대하여 하나의 형이 선고되어야 할 것이므로 원심판결 전부를 파기하고, 사건을 다시 심리·판단하도록 원심법원으로 환송하기로 하여 관여 대법관의 일치된 의견으로 주문과 같이 판결한다.

대법관 이인복(재판장) 김능환(주심) 안대희 박병대

대법원 2012.5.24. 선고 2010도9963 판결

【폭력행위등처벌에관한법률위반(공동주거침입)】

판시사항

[1] 건조물침입죄의 성립 요건

[2] 직장이나 사업장시설을 점거하는 형태의 쟁의행위 또는 단체교섭 사항이 될 수 없는 사항을 달성하려는 쟁의행위의 정당성 판단 기준

전 문

피 고 인 피고인 1 외 23인

상 고 인 피고인들

변 호 인 법무법인

원심판결 수원지법 2010. 7. 13. 선고 2010노1160 판결

주 문 상고를 모두 기각한다.

이 유 상고이유를 판단한다.

건조물침입죄는 사실상의 주거의 평온을 그 보호법익으로 하는 것이므로, 사람이 관리하는 건조물에 그 관리자의 명시적·묵시적 의사에 반하여 들어가는 경우에는 건조물침입죄가 성립한다(대법원 1996. 5. 10. 선고 96도419 판결, 대법원 2008. 11. 13. 선고 2006도755 판결 등 참조).

한편 근로자들의 직장 또는 사업장시설의 점거는 적극적인 쟁의행위의 한 형태로서 그 점거의 범위가 직장 또는 사업장시설의 일부분이고 사용자 측의 출입이나 관리지배를 배제하지 않는 병존적인 점거에 지나지 않을 때에는 정당한 쟁의행위로 볼 수 있으나, 이와 달리 직장 또는 사업장시설을 전면적·배타적으로 점거하여 조합원 이외의 자의 출입을 저지하거나 사용자 측의 관리지배를 배제하여 업무의 중단 또는 혼란을 야기케 하는 것과 같은 행위는 정당성의 한계를 벗어난 것이라고 볼 수밖에 없고(대법원 2007. 12. 28. 선고 2007도5204 판결 등 참조), 단체교섭 사항이 될 수 없는 사항을 달성하려는 쟁의행위도 그 목적의 정당성을 인정할 수 없다(대법원 2001. 4. 24. 선고 99도4893 판결, 대법원 2011. 1. 27. 선고 2010도11030 판결 등 참조).

원심은, 전국금속노조 쌍용자동차 지부의 노동조합원들이 평택공장을 전면적으로 점거하여 회사 측의 시설관리권을 배제한 채 점거파업이 진행되었고 그 점거의 목적이 회사의 구조조정 추진을 저지하는 데 있어 이는 정당한 쟁의행위로 볼 수 없다는 등의 이유로 이 사건 공소사실을 유죄로 인정한 제1심판결을 유지하면서, 회사 측이 행정관청에 직장폐쇄를 신고하고 위 공장을 점거 중인 위 노동조합원들에게 퇴거를 요구하는 등으로 회사 측 관리자 외의 출입을 금지하는 의사를 표시하였으며, 피고인들은 그와 같은 사정을 알고 있었음에도 불구하고 회사 측의 의사에 반하여 평택공장에 들어간 이상 이러한 행위는 건조물침입죄에 해당하고, 피고인들이 위 노동조합원들의 승낙을 얻어 전국공무원노동조합 교육활동의 일환으로 평화적인 방법에 의해 위 공장에 들어갔다는 사정만으로는 정당한 행위에 해당한다고 볼 수 없다고 판단하였다.

앞서 본 법리에 비추어 살펴보면, 원심의 위와 같은 판단에 상고이유에서 주장하는 바와 같이 건조물침입죄 및 정당행위에 관한 법리를 오해하는 등의 위법이 있다고 할 수 없다.

그러므로 상고를 모두 기각하기로 하여 관여 대법관의 일치된 의견으로 주문과 같이 판결한다.

대법관 이상훈(재판장) 전수안(주심) 양창수 김용덕

대법원 2012.5.24. 선고 2010도12732 판결

【상해·업무방해·사기·사기미수】

판시사항

[1] 통정허위표시로서 무효인 임대차계약에 기초하여 임차권등기명령을 받아 임차권등기를 마친 경우, 외형상 임차인으로서 취득하게 되는 권리가 사기죄의 객체인 '재산상 이익'에 해당하는지 여부(적극)

[2] 진정한 임차권자가 아니면서 허위의 임대차계약서를 법원에 제출하여 임차권등기명령을 신청한 행위가 소송사기의 실행의 착수에 해당하는지 여부(적극)

전 문

피 고 인 피고인

상 고 인 검사

원심판결 대구지법 2010. 9. 8. 선고 2009노3126 판결

주 문 원심판결을 파기하고, 사건을 대구지방법원 본원 합의부에 환송한다.

이 유 상고이유를 판단한다.

1. 피고인에 대한 이 사건 공소사실 중 사기의 점은, 사실은 피고인이 공소외 1과 부동산중개업을 동업하면서 사업자등록을 하기 위해 위 공소외 1과 피해자 공소외 2 명의의 허위의 부동산임대차계약서를 작성한 것일 뿐, 피고인 및 공소외 3 주식회사가 보증금 300만 원에 대구 동구 율하동 (지번 생략)에 있는 1층 건물(이하 '이 사건 건물'이라 한다)을 임차한 것이 아니었음에도 불구하고, 피고인이 2007. 1. 31.경 대구지방법원에서, 마치 피고인 및 위 회사가 진정한 임차인인 것처럼 위 공소외 1 및 피해자 공소외 2로부터 보증금 300만 원에 이 사건 건물을 임차하였다는 내용의 '부동산임대차계약서'를 위 법원에 제출하면서 "신청인(임차인) 공소외 3 주식회사 대표자 공소외 4는 피신청인(임대인) 공소외 2로부터 보증금 300만 원에 이 사건 건물을 임차하였고, 확정일자도 부여받았으므로, 이 사건 건물에 상가건물 임차권등기명령을 신청한다."는 취지의 상가건물 임차권등기명령 신청서를 접수하여, 이에 속은 위 법원 사법보좌관으로부터 2007. 2. 2.경 피해자 공소외 2 소유의 이 사건 건물에 임차보증금 300만 원, 임차권자 공소외 3 주식회사 명의로 상가건물 임차권등기를 명하는 결정을 받아 같은 금액 상당의 재산상 이익을 취득하였다는 것이다.

원심판결 이유에 의하면 원심은, 피고인이 2006. 1. 15. 공소외 1과 부동산중개업을 동업하면서 사업자등록을 하기 위하여 공소외 1 및 피해자 공소외 2를 임대인으로, 피고인을 임차인으로 하는 부동산임대차계약서를 작성하였을 뿐, 공소외 1과 피해자 공소외 2로부터 이 사건 건물을 실제로 임차하지는 아니한 사실을 인정한 다음, ① 위 부동산임대차계약은 허위의 계약이므로, 피고인이 그에 관한 임차권등기명령을 받았거나 이를 토대로 임차권등기를 마쳤다고 하더라도 그것만으로는 임대차계약에 따른 권리를 취득하거나 상가건물 임대차보호법에 규정된 대항력 또는 우선변제권 등의 법률효과를 취득하는 것이 아니어서, 피고인이 재산상 이익을 취득하였다고 볼 수 없고, ② 위 부동산임대차계약이 통정한 허위의 의사표시에 따른 계약으로서 무효인 이상, 피고인이 위 임차권등기명령을 받은 데에 피해자 공소외 2의 처분행위가 있었다고 할 수도 없고, ③ 피고인이 임차보증금 반환채권에 관하여 현실적으로 청구의 의사표시를 하지 아니한 이상 보증금 반환에 관한 사기죄의 실행에 착수하였다고 볼 수도 없다는 이유로, 이 부분 공소사실에 대하여 무죄를 선고하였다.

2. 그러나 원심의 위와 같은 판단은 다음과 같은 이유로 수긍하기 어렵다.

가. 형법 제347조에서 말하는 재산상 이익 취득은 그 재산상의 이익을 법률상 유효하게 취득함을 필요로 하지 아니하고 그 이익 취득이 법률상 무효라 하여도 외형상 취득한 것이면 족한 것이다(대법원 1975. 5. 27. 선고 75도760 판결 등 참조). 상가건물 임대차보호법 제6조에 의한 임차권등기명령이 임대인에게 고지되어 효력이 발생하면 법원사무관 등은 지체 없이 촉탁서에 재판서 등본을 첨부하여 등기관에게 임차권등기의 기입을 촉탁하도록 되어 있고(임차권등기명령 절차에 관한 규칙 제5조), 상가건물 임대차보호법 제6조 제5항에 의하면, 위와 같이 임차권등기명령의 집행에 의한 임차권등기가 경료되면 임차인은 제3조 제1항의 규정에 의한 대항력 및 제5조 제2항의 규정에 의한 우선변제권을 취득하고(임차인이 임차권등기 이전에 이미 대항력 또는

우선변제권을 취득한 경우에는 그 대항력 또는 우선변제권이 그대로 유지된다), 임차권등기 이후에는 제3조 제1항의 대항요건을 상실하더라도 이미 취득한 대항력 또는 우선변제권을 상실하지 아니하는 효력이 있으므로, 그 임차권등기의 기초가 되는 임대차계약이 통정허위표시로서 무효라 하더라도, 장차 피신청인의 이의신청 또는 취소신청에 의한 법원의 재판을 거쳐 그 임차권등기가 말소될 때까지는 신청인은 외형상으로 우선변제권 있는 임차인으로서 부동산 담보권에 유사한 권리를 취득하게 된다 할 것이니, 이러한 이익은 재산적 가치가 있는 구체적 이익으로서 사기죄의 객체인 재산상 이익에 해당한다고 봄이 상당하다.

또한 소송사기에 있어서 피기망자인 법원의 재판은 피해자의 처분행위에 갈음하는 내용과 효력이 있는 것이어야 하고, 그렇지 아니하는 경우에는 착오에 의한 재물의 교부행위가 있다고 할 수 없어서 사기죄는 성립되지 아니하는바(대법원 2002. 1. 11. 선고 2000도1881 판결 등 참조), 위에서 본 바와 같은 임차권등기명령의 절차 및 그 집행에 의한 임차권등기의 법적 효력을 고려하면, 다른 특별한 사정이 없는 한, 법원의 임차권등기명령은 피신청인의 재산상의 지위 또는 상태에 영향을 미칠 수 있는 행위로서 피신청인의 처분행위에 갈음하는 내용과 효력이 있다고 보아야 하고, 따라서 이러한 법원의 임차권등기명령을 이용한 소송사기의 경우 피해자인 피신청인이 직접 처분행위를 하였는지 여부는 사기죄의 성부에 아무런 영향을 주지 못한다.

위와 같이 법원의 임차권등기명령을 피해자의 재산적 처분행위에 갈음하는 내용과 효력이 있는 것으로 보고 그 집행에 의한 임차권등기가 마쳐짐으로써 신청인이 재산상 이익을 취득하였다고 보는 이상, 진정한 임차권자가 아니면서 허위의 임대차계약서를 법원에 제출하여 임차권등기명령을 신청하면 그로써 소송사기의 실행행위에 착수한 것으로 보아야 하고, 나아가 그 임차보증금 반환채권에 관하여 현실적으로 청구의 의사표시를 하여야만 사기죄의 실행의 착수가 있다고 볼 것은 아니다.

나. 원심이 인정한 사실에 의하더라도, 피고인은 단지 사업자등록을 하기 위하여 위 부동산임대차계약서를 작성하였을 뿐 실제로 공소외 1과 피해자 공소외 2로부터 보증금 300만 원에 이 사건 건물을 임차하지는 아니하였다는 것이므로, 위 공소사실 기재와 같이 피고인이 위와 같은 허위 내용의 부동산임대차계약서를 법원에 제출하여 이에 속은 법원으로부터 임차권등기명령을 받았다면, 위에서 본 법리에 비추어 사기죄의 실행행위 착수가 없다거나 재산상 이익의 취득 또는 피해자의 처분행위가 없다고 단정할 수 없을 것이다.

그럼에도 불구하고 원심은 그 판시와 같은 이유만으로 이 부분 공소사실에 대하여 무죄를 선고하고 말았으니, 이 부분 원심판결에는 소송사기 또는 임차권등기명령에 관한 법리를 오해하여 필요한 심리를 다하지 아니함으로써 판결에 영향을 미친 위법이 있다.

따라서 이 부분 원심판결은 유지될 수 없게 되었고, 이 부분 공소사실과 원심이 유죄로 인정한 나머지 각 죄는 형법 제37조 전단의 경합범 관계에 있어 하나의 형이 선고되어야 하므로, 원심판결은 전부 파기될 수밖에 없다.

3. 결론

그러므로 나머지 상고이유에 대한 판단을 생략한 채 원심판결을 파기하고, 사건을 다시 심리·판단하게 하기 위하여 원심법원에 환송하기로 하여, 관여 대법관의 일치된 의견으로 주문과 같이 판결한다.

대법관 민일영(재판장) 박일환(주심) 신영철 박보영

대법원 2012.5.24. 선고 2010도11381 판결

【특수공무집행방해치상·특수공용물건손상·특수공무집행방해·폭력행위등처벌에관한법률위반(집단·흉기등재물손괴등)·집회및시위에관한법률위반·도로법위반·공무집행방해·상해·업무방해·업무방해방조】

판시사항

구 집회 및 시위에 관한 법률상 보장 및 규제의 대상이 되는 '집회'의 의미 및 2인이 모인 집회가 위 법의 규제 대상이 되는지 여부(적극)

판결요지

구 집회 및 시위에 관한 법률(2007. 5. 11. 법률 제8424호로 전부 개정되기 전의 것)에 의하여 보장 및 규제의 대상이 되는 집회란 '특정 또는 불특정 다수인이 공동의 의견을 형성하여 이를 대외적으로 표명할 목적 아래 일시적으로 일정한 장소에 모이는 것'을 말하고, 모이는 장소나 사람의 다과에 제한이 있을 수 없으므로, 2인이 모인 집회도 위 법의 규제 대상이 된다고 보아야 한다.

전 문

피 고 인 피고인 1 외 4인

상 고 인 피고인들

변 호 인 변호사

원심판결 서울고법 2010. 8. 17. 선고 2009노204, 2645 판결

주 문 상고를 모두 기각한다.

이 유 상고이유를 본다.

1. 피고인 1의 2006. 12. 20.자 및 2007. 2. 12.자 집회 및 시위에 관한 법률 위반의 점에 관한 상고이유에 대하여
   구 집회 및 시위에 관한 법률(2007. 5. 11. 법률 제8424호로 전부 개정되기 전의 것, 이하 '구 집시법'이라 한다) 제2조 제3호에 의하면 '주최자'란 자기 명의로 자기 책임 아래 집회 또는 시위를 개최하는 사람 또는 단체를 의미하는 것으로, 구 집시법 제6조 제1항에 따라 사전신고를 요하는 시위의 주최자는 시위를 주창하여 개최하거나 이를 주도하는 자 또는 시위를 계획하고 조직하여 실행에 옮긴 자를 의미하는데, 미신고 옥외집회 또는 시위의 주최에 관하여 공동가공의 의사와 공동의사에 기한 기능적 행위지배를 통하여 그 실행을 공모한 자는 비록 구체적 실행행위에 직접 관여하지 아니하였더라도 다른 공범자의 미신고 옥외집회 또는 시위의 주최행위에 대하여 공모공동정범으로서의 죄책을 면할 수 없다(대법원 2011. 9. 29. 선고 2009도2821 판결 등 참조).
   원심은 그 채용 증거에 의하여, 피고인 1이 2006. 12. 20.자 및 2007. 2. 12.자 공소사실 기재 각 집회 개최 결정 및 집회 진행에 관여한 정도, 그 지위와 역할 등에 관하여 그 판시와 같은 사정을 인정한 다음, 그 인정 사실에 의하면 피고인 1이 공소외 1과 공동으로 위 각 집회를 주최한 주최자이거나 위 각 집회의 일부 실행을 맡아 관리하도록 위임받는 주관자의 지위에 있었다고 보아야 한다고 판단하였다.
   위 법리와 기록에 비추어 살펴보면, 위와 같은 원심의 사실인정과 판단은 정당하고, 거기에 상고이유로 주장하는 바와 같은 채증법칙 위반이나 주최자의 개념에 관한 법리오해 등의 위법이 없다.
2. 피고인 1의 특수공무집행방해치상 및 특수공용물건손상의 점에 관한 상고이유에 대하여
   · 형법 제30조의 공동정범은 공동가공의 의사와 그 공동의사에 기한 기능적 행위지배를 통한 범죄 실행이라는 주관적·객관적 요건을 충족함으로써 성립하는바, 공모자 중 일부가 구성요건 행위 중 일부를 직접 분담하여 실행하지 않은 경우라 할지라도 전체 범죄에 있어서 그가 차지하는 지위, 역할이나 범죄 경과에 대한 지배 내지 장악력 등을 종합해 볼 때, 단순한 공모자에 그치는 것이 아니라 범죄에 대한 본질적 기여를 통한 기능적 행위지배가 존재하는 것으로 인정된다면, 이른바 공모공동정범으로서의 죄책을 면할 수 없다. 그리고 이 경우, 범죄의 수단과 태양, 가담하는 인원과 그 성향, 범행 시간과 장소의 특성, 범행과정에서 타인과의 접촉 가능성과

예상되는 반응 등 제반 상황에 비추어, 공모자들이 그 공모한 범행을 수행하거나 목적 달성을 위해 나아가는 도중에 부수적인 다른 범죄가 파생되리라고 예상하거나 충분히 예상할 수 있는데도 그러한 가능성을 외면한 채 이를 방지하기에 족한 합리적인 조치를 취하지 아니하고 공모한 범행에 나아갔다가 결국 그와 같이 예상되던 범행들이 발생하였다면, 비록 그 파생적인 범행 하나하나에 대하여 개별적인 의사의 연락이 없었다 하더라도 당초의 공모자들 사이에 그 범행 전부에 대하여 암묵적인 공모는 물론 그에 대한 기능적 행위지배가 존재한다고 보아야 한다(대법원 2007. 4. 26. 선고 2007도428 판결, 대법원 2011. 1. 27. 선고 2010도11030 판결 등 참조).

한편 결과적가중범의 공동정범은 기본행위를 공동으로 할 의사가 있으면 성립하고 결과를 공동으로 할 의사는 필요 없는바, 특수공무집행방해치상죄는 단체 또는 다중의 위력을 보이거나 위험한 물건을 휴대하고 직무를 집행하는 공무원에 대하여 폭행·협박을 하여 공무원을 사상에 이르게 한 경우에 성립하는 결과적가중범으로서 행위자가 그 결과를 의도할 필요는 없고 그 결과의 발생을 예견할 수 있으면 족하다(대법원 2002. 4. 12. 선고 2000도3485 판결, 대법원 2008. 6. 26. 선고 2007도6188 판결 등 참조).

원심은, 그 채용 증거에 의하여 그 판시와 같은 사실을 인정한 다음, 피고인 1로서는 공소사실 기재 2007. 6. 28.자 집회 과정에서 조합원들의 과격한 행동이 있을 수 있고 이를 진압하거나 막기 위한 경찰과의 물리적 충돌 및 그에 따른 집단적 폭행, 상해 및 손괴 행위가 뒤따를 것을 충분히 예상할 수 있었다고 보임에도 죽봉을 수거하는 등 이를 방지하기에 충분한 합리적이고 적절한 조치도 없이 오히려 투쟁사 및 경과보고와 ○○○ 구내 진입 시도를 통하여 집회의 분위기를 고조시킴으로써 조합원들이 폭력행위를 하도록 유도한 점, 그 밖에 집회의 성격과 경위, 그 규모와 형태, 구체적인 방법과 진행과정, 그 과정에서 피고인 1의 역할 등을 종합하면, 피고인 1이 위 집회 과정에서 발생한 경찰에 대한 특수공무집행방해치상이나 특수공용물건손상의 범행에 대하여 구체적으로 모의하거나 이를 직접 분담하여 실행한 바 없었다 하더라도 적어도 이에 대한 암묵적 공모와 본질적 기여를 통한 기능적 행위지배를 한 것으로 볼 수 있고, 상해의 결과발생도 예견할 수 있었다고 할 것이므로, 피고인 1은 특수공무집행방해치상 및 특수공용물건손상죄에 대하여 공모공동정범으로서의 책임을 면할 수 없다고 판단하였다.

위 법리와 기록에 비추어 살펴보면, 위와 같은 원심의 사실인정과 판단은 정당하고, 거기에 상고이유로 주장하는 바와 같이 채증법칙 위반이나 공모공동정범에 관한 법리오해 등의 위법이 없다.

3. 피고인 2, 4, 3의 공무집행방해 및 상해의 점에 관한 상고이유에 대하여

공무집행방해죄에 있어서의 범의는 상대방이 직무를 집행하는 공무원이라는 사실, 그리고 이에 대하여 폭행 또는 협박을 한다는 사실을 인식하는 것을 그 내용으로 하고, 그 인식은 불확정적인 것이라도 소위 미필적 고의가 있다고 보아야 하며, 그 직무집행을 방해할 의사를 필요로 하지 아니하고, 이와 같은 범의는 피고인이 이를 자백하고 있지 않고 있는 경우에는 그것을 입증함에 있어서는 사물의 성질상 고의와 상당한 관련성이 있는 간접사실을 증명하는 방법에 의할 수밖에 없는 것이나, 그때에 무엇이 상당한 관련성이 있는 간접사실에 해당할 것인가는 정상적인 경험칙에 바탕을 두고 치밀한 관찰력이나 분석력에 의하여 사실의 연결상태를 합리적으로 판단하는 방법에 의하여 한다(대법원 1995. 1. 24. 선고 94도1949 판결 등 참조).

원심은, 그 채용 증거에 의하여 알 수 있는 그 판시와 같은 사정에 의하면, 피고인 2, 4, 3으로서는 공소사실 기재 일시, 장소에서 공소외 2, 3 등이 영부인을 경호하는 공무를 수행 중인 사복경찰관들이라는 사실을 미필적으로나마 인식하고 있었다고 보아야 하고, 대통령 등의 경호에 관한 법률과 관련 법령 및 경호업무의 특성에 비추어 비록 영부인의 경호업무를 담당하게 된 공소외 2, 3 등의 경찰관들이 사복을 착용한 채 경찰관임을 나타내는 표식을 달지 않거나 위 피고인 등에게 경호업무 수행 중이라는 것을 이야기하지 않았다고 하더라도 그들의 경호업무는 적법한 공무집행에 해당하므로 위 피고인들이 공소외 2, 3에게 폭력을 행사하여 경호업무를 방해한 것은 공무집행방해죄에 해당하며, 그것이 정당방위나 정당행위라고 할 수는 없다고 판단하였다.

위 법리와 기록에 비추어 살펴보면, 위와 같은 원심의 사실인정과 판단은 정당하고, 거기에 상고이유로 주장하는 바와 같은 채증법칙 위반이나 공무집행의 적법성, 정당행위, 정당방위에 관한 법리오해 등의 위법이 없다.

4. 피고인 1, 5의 미신고 옥외집회로 인한 집회 및 시위에 관한 법률 위반의 점에 관한 상고이유에 대하여

구 집시법에 의하여 보장 및 규제의 대상이 되는 집회란 '특정 또는 불특정 다수인이 공동의 의견을 형성하여 이를 대외적으로 표명할 목적 아래 일시적으로 일정한 장소에 모이는 것'을 말하고, 그 모이는 장소나 사람의 다과에 제한이 있을 수 없으므로(대법원 1983. 11. 22. 선고 83도2528 판결, 대법원 2008. 6. 26. 선고 2008도3014 판결 등 참조), 2인이 모인 집회도 위 법의 규제 대상이 된다고 보아야 한다.

같은 취지의 원심판단은 정당하고, 거기에 집시법에서의 집회의 개념에 관한 법리오해 등의 위법이 없다.

이 부분 나머지 상고이유의 주장은 위 피고인들이 이를 항소이유로 삼거나 원심이 직권으로 심판대상으로 삼

은 바가 없는 것을 상고이유에서 비로소 주장하는 것으로서 적법한 상고이유가 되지 못한다.

5. 결론

그러므로 상고를 모두 기각하기로 하여 관여 대법관의 일치된 의견으로 주문과 같이 판결한다.

대법관 이인복(재판장) 김능환(주심) 안대희 박병대

대법원 2012.5.10. 선고 2011도12408 판결

【특정경제범죄가중처벌등에관한법률위반(횡령)·업무상횡령·사립학교법위반】

판시사항

[1] 피고인이 갑 사립학교 경영자 을과 공모하여 학생 등이 납부한 수업료 등을 교비회계 아닌 다른 회계에 임의로 사용하였다고 하여 구 특정경제범죄 가중처벌 등에 관한 법률 위반(횡령)으로 기소된 사안에서, 갑 학교는 사인(사인)인 을 등이 설립하여 운영하는 학교로서 수업료 등으로 조성된 교비는 특별한 사정이 없는 한 갑 학교의 설치·경영자인 을 등의 소유에 속하므로, 피고인이 을과 공모하여 이를 임의로 사용하였더라도 사립학교법 위반죄 외에 따로 횡령죄가 성립하지 않는다고 본 원심판단을 수긍한 사례

[2] 사립학교법령상 교비회계의 세출에 해당하는지 판단하는 기준 및 사립학교의 교비회계자금을 다른 용도에 사용한 경우, 그 자체로 횡령죄가 성립하는지 여부(적극)

[3] 학교법인 이사장인 피고인이 산하 대학의 건물 중 일부를 규정상 근거 없이 주거용으로 사용하다가 거실 확장 공사 등을 한 후 공사대금을 대학 교비회계에 속하는 수입으로 지급하게 하여 업무상횡령으로 기소된 사안에서, 위 비용 지출이 사립학교법상 허용되는 교비회계의 세출에 포함되지 않는다고 보아 유죄를 인정한 원심판단을 수긍한 사례

판결요지

[1] 피고인이 갑 사립학교 경영자 을과 공모하여 학생이나 학부모가 납부한 수업료 기타 납부금을 교비회계 아닌 다른 회계에 임의로 사용하였다고 하여 구 특정경제범죄 가중처벌 등에 관한 법률(2012. 2. 10. 법률 제11304호로 개정되기 전의 것) 위반(횡령)으로 기소된 사안에서, 갑 학교는 사인(사인)인 을 등이 설립하여 운영하는 학교로서 수업료 등으로 조성된 교비는 특별한 사정이 없는 한 갑 학교의 설치·경영자인 을 등의 소유에 속하므로, 피고인이 을과 공모하여 이를 임의로 사용하였더라도 사립학교법 위반죄가 성립하는 것 외에 따로 횡령죄가 성립하지 않는다고 본 원심판단을 수긍한 사례.

[2] 사립학교법 제29조 제2항의 위임에 의하여 교비회계의 세출에 관한 사항을 정하고 있는 사립학교법 시행령 제13조 제2항은 교비회계의 세출을 그 각 호에서 정한 경비로 한다고 하면서, 학교운영에 필요한 인건비 및 물건비(제1호), 학교교육에 직접 필요한 시설·설비를 위한 경비(제2호), 기타 학교교육에 직접 필요한 경비(제5호) 등을 들고 있으므로, 교비회계에 속하는 수입에 의한 지출이 허용되는 교비회계의 세출에 해당하는지 여부는 지출과 관련된 제반 사정을 종합적으로 살펴볼 때 당해 학교의 교육에 직접 필요한 것인지에 따라 판단하여야 한다. 한편 타인으로부터 용도가 엄격히 제한된 자금을 위탁받아 집행하면서 제한된 용도 이외의 목적으로 자금을 사용하는 것은 그 사용이 개인적인 목적에서 비롯된 경우는 물론 결과적으로 자금을 위탁한 본인을 위하는 면이 있더라도 사용행위 자체로서 불법영득의 의사를 실현한 것이 되어 횡령죄가 성립하므로, 결국 사립학교의 교비회계에 속하는 수입을 적법한 교비회계의 세출에 포함되는 용도, 즉 당해 학교의 교육에 직접 필요한 용도가 아닌 다른 용도에 사용하였다면 사용행위 자체로서 불법영득의사를 실현하는 것이 되어 그로 인한 죄책을 면할 수 없다.

[3] 학교법인 이사장인 피고인이 산하 대학의 건물 중 일부를 정관 기타 규정상 근거 없이 주거용으로 사용하다가 거실 확장 공사 및 인테리어 공사를 한 후 그 공사대금을 대학 교비회계에 속하는 수입으로 지급하게 하여 업무상횡령으로 기소된 사안에서, 위 비용 지출은 학교의 교육에 직접 필요한 용도가 아닌 다른 용도에 교비회계자금을 사용한 것이어서 사립학교법상 허용되는 교비회계의 세

출에 포함되지 않는다고 보아 유죄를 인정한 원심판단을 수긍한 사례.

전 문

피 고 인 피고인

상 고 인 피고인 및 검사

변 호 인 법무법인

원심판결 서울고법 2011. 9. 9. 선고 2011노862 판결

주 문 상고를 모두 기각한다.

이 유 검사와 피고인의 상고이유를 관련 공소사실별로 함께 판단한다.

1. 공소외 1, 2와의 공동범행인 ○○대학 공사비 관련 횡령 및 사립학교법 위반의 점에 관하여

원심은, 공소외 3 학교법인(이하 '○○학원'이라 한다) 이사장인 피고인이 제1심 공동피고인 공소외 1, ○○학원 사무국장으로서 피고인의 처남인 공소외 2와 공모하여, ○○학원 산하 ○○대학의 각종 공사와 관련하여 공사업체들과 공사금액을 부풀려 계약을 체결한 다음 부풀려 지급한 금액을 돌려받는 방법으로 합계 25억 7,000만 원의 비자금을 조성하여 피고인의 정치자금이나 생활비 등 사적 용도에 사용함으로써 ○○대학 교비를 횡령함과 동시에 ○○대학의 교비회계에 속하는 수입을 다른 회계에 전출하였다는 이 부분 공소사실에 대하여, 피고인으로부터 비자금 조성 및 관리를 지시받았다는 공소외 1, 2의 진술은 그들의 재산형성 과정에서의 의혹, 피고인이 비자금 조성을 지시하면서 서명했다는 견적서 등과 관련한 의문점, 최초 비자금조성 지시 시기 및 장소와 관련한 의문점, 피고인과의 이해대립이나 적대적 관계 등 그 판시 사정에 비추어 쉽사리 믿기 어렵고 검사가 제출한 나머지 증거들만으로는 공소사실을 인정하기에 부족하다고 보아, 이를 유죄로 인정한 제1심과 달리 무죄를 선고하였다.

원심판결 이유를 기록에 비추어 살펴보면 원심의 위와 같은 판단은 정당한 것으로 수긍이 가고, 거기에 검사의 상고이유 주장과 같이 논리와 경험칙에 반하여 자유심증주의의 한계를 벗어난 위법이 없다.

2. ○○대학의 △△△△△ 외국인학교(이하 '외국인학교'라 한다) 지원 관련 횡령 및 사립학교법 위반의 점에 관하여

형법 제30조의 공동정범이 성립하기 위하여는 주관적 요건으로서 공동가공의 의사와 객관적 요건으로서 공동의사에 기한 기능적 행위지배를 통한 범죄의 실행사실이 필요하고, 공동가공의 의사는 타인의 범행을 인식하면서도 이를 제지하지 아니하고 용인하는 것만으로는 부족하고 공동의 의사로 특정한 범죄행위를 하기 위하여 일체가 되어 서로 다른 사람의 행위를 이용하여 자기의 의사를 실행에 옮기는 것을 내용으로 하는 것이어야 한다(대법원 2003. 3. 28. 선고 2002도7477 판결 등 참조).

원심은, 외국인학교가 그 설립 시부터 ○○대학으로부터 건물 무상사용 등 각종 지원을 받아왔고 피고인이 2003. 3. 8. ○○학원 이사장에 취임한 이후에도 위와 같은 지원이 계속되기는 하였으나, 피고인이 외국인학교의 지원에 관여한 바 없다는 취지의 공소외 2의 진술 등에 비추어 피고인은 기존에 관행적으로 이루어지던 ○○대학의 외국인학교 지원을 묵시적으로 승인한 것으로 볼 수 있을 뿐, 나아가 공소외 4 등과 공동으로 이 부분 범행을 모의하였다거나 이들의 범행에 공동으로 가공할 의사가 있었다고 볼 수 없다고 하여 이 부분 공소사실에 대하여 무죄로 판단하였다.

위 법리와 기록에 비추어 살펴보면 원심의 위와 같은 판단은 정당한 것으로 수긍이 가고, 거기에 검사의 상고이유 주장과 같이 공동정범에 관한 법리를 오해하는 등의 위법이 없다.

3. 외국인학교 교비 횡령 및 사립학교법 위반의 점에 관하여

가. 횡령의 점에 관하여

횡령죄는 타인의 재물을 보관하는 자가 그 재물을 횡령하거나 반환을 거부함으로써 성립하는 죄이므로, 그 목적물은 타인의 재물이어야 한다.

원심은, 초·중등교육법 제10조 제1항, 사립학교법 제29조 제1항, 제2항, 제6항, 제51조 등 관련 법령을 종합하여, 사립학교의 학생이나 학부모가 납부한 수업료 기타 납부금은 정해진 목적·용도에 사용될 때까지 학생이나 학부모가 그 소유권을 유보한 채 사립학교를 설치·경영하는 학교법인이나 사립학교 경영자에게 위탁한 것이 아니라, 학교법인이나 사립학교 경영자가 이를 납부받음으로써 일단 학교법인이나 사립학교 경영자의 소유로 되는 것이고, 다만 이는 교비회계에 속하는 수입이어서 관련 법령에 따라 그 용도가 엄격히 제한되는 것에 불과하다고 전제한 다음, 외국인학교는 공소외 2와 그의 동생인 공소외 5가 1996년경 인수한 후 공소외 6 또는 공소외 2를 설립자로 하여 경기도교육감으로부터 설립인가 또는 변경인가를 받아 운영하여 온 학교로서, 외국인학교의 학생이나 학부모가 납부한 수업료 등으로 조성된 교비는 특별한 사정이 없는 한 외국인학교

의 설치·경영자인 공소외 2 남매의 소유에 속하므로 피고인이 공소외 2와 공모하여 이를 임의로 사용하였다고 하더라도 사립학교법 위반죄가 성립하는 것 외에 따로 외국인학교 학생이나 학부모 또는 외국인학교에 대한 횡령죄가 성립한다고 볼 수 없다고 판단하였다.

위 법리와 기록에 비추어 살펴보면 원심의 판단은 정당한 것으로 수긍이 가고, 거기에 검사의 상고이유 주장과 같이 업무상횡령죄에 관한 법리를 오해한 위법이 없다.

나. 사립학교법 위반의 점에 관하여

원심은, 이 부분 공소사실 중 '선거자금 내지 가수금 반제 명목 사용 부분'에 관하여는 그 자금 사용이 대부분 외국인학교 이사장이던 피고인의 전처 공소외 5의 사망 이전에 이루어졌던 점 등을 이유로, '거래업체를 통한 비자금 조성·사용 부분'에 관하여는 비자금 조성에 관여한 공소외 2도 피고인의 지시에 따라 비자금을 조성한 것은 아니라는 취지로 진술한 점 등을 이유로, 피고인이 외국인학교 이사장인 공소외 2에게 외국인학교의 교비로 선거자금 등을 지원해 달라고 요청하였다거나 지원받은 자금의 출처가 외국인학교 교비임을 알았다고 단정할 수 없다고 보아, 각기 무죄로 판단하였다. 반면에 '직불카드 사용 부분'과 '가공 강사료 명목 사용 부분'에 관하여는 피고인이 외국인학교의 교비계좌와 연결된 직불카드를 개인 생활비 등 용도에 사용하고 자녀의 과외교사나 가정부의 월급을 외국인학교에서 부담하게 한 점 등 그 판시 사정을 종합하여 피고인이 그 각 자금의 원천이 외국인학교 교비임을 충분히 인식하고 있었다고 보아, 이 부분 사립학교법 위반 공소사실에 대하여는 유죄로 판단하였다.

원심판결 이유를 기록에 비추어 살펴보면 원심의 위와 같은 판단은 정당한 것으로 수긍이 가고, 거기에 각 상고이유 주장과 같이 공동정범에 관한 법리를 오해하거나 논리와 경험칙에 반하여 자유심증주의의 한계를 벗어난 위법이 없다.

4. 공소외 4와의 공동범행인 ○○대학 공사비 등 관련 교비 횡령 및 사립학교법 위반의 점에 관하여

가. 공사대금 명목 임의사용의 점에 관하여

원심은, 피고인이 아버지인 공소외 4와 공모하여 2004. 3. 24.경 에벤에셀관 공사업체인 공소외 7 주식회사에 대한 기성금 지급을 가장하여 ○○대학 교비계좌에서 7억 7,330만 원을 인출하여 선거자금 등 사적인 용도로 사용하였다는 이 부분 공소사실에 대하여, 단지 피고인이 선거 무렵에 공소외 4로부터 돈을 받아 사용하였다는 이유만으로 공소외 4와 공모하여 ○○대학의 교비를 횡령하였다고 단정할 수는 없고 그 밖에 공모사실을 인정할 증거가 없다고 보아 무죄로 판단하였다.

원심판결 이유를 기록에 비추어 살펴보면 원심의 위와 같은 판단은 정당한 것으로 수긍이 가고, 거기에 검사의 상고이유 주장과 같이 논리와 경험칙에 반하여 자유심증주의의 한계를 벗어난 위법이 없다.

나. 가공 용역을 통한 교비 사용의 점에 관하여

원심은, ○○대학이 용역공급업체인 공소외 8 주식회사에 대한 용역대금 지급의 형식으로 급여를 지급한 사람 중 공소외 9는 피고인의 지구당사무실에서, 공소외 10은 피고인의 선거캠프에서 일하던 사람이고, 공소외 11은 피고인의 추천으로 ○○학원 산하의 다른 학교인 ○○중·고에서 축구감독으로 일했던 사람으로서 피고인이 공소외 4나 ○○대학 학장 공소외 12(피고인의 어머니)의 허락을 받아 이들을 용역업체의 직원으로 등재시켰다고 보아 이 부분 공소사실에 대하여는 유죄로 판단한 반면, 공소외 13의 경우 피고인이 그 채용에 관여하였음을 인정할 아무런 증거가 없다고 보아 이 부분 공소사실에 대하여는 무죄로 판단하였다.

원심판결 이유를 기록에 비추어 살펴보면 원심의 위와 같은 판단은 정당한 것으로 수긍이 가고, 거기에 각 상고이유 주장과 같이 공동정범에 관한 법리를 오해하거나 논리와 경험칙에 반하여 자유심증주의의 한계를 벗어난 위법이 없다.

5. 공소외 14 주식회사(이하 '공소외 14 회사'라 한다) 관련 ○○대학 교비 횡령 및 사립학교법 위반의 점에 관하여

원심은, 피고인이 ○○대학 벧엘관 인테리어 공사를 한 공소외 14 회사에 공사비를 부풀려 지급하였다가 되돌려받는 방법으로 ○○대학 교비 2억 원을 횡령함과 동시에 교비회계에 속하는 수입을 다른 회계에 전출하였다는 이 부분 공소사실에 대하여, 공소외 14 회사의 공소외 15가 최초 검찰에서 공소사실에 부합하는 구체적인 진술을 하였고 이후 공소외 15가 피고인에게 2억 원을 빌려준 것이라는 취지로 종전 진술을 번복하기는 하였으나 번복진술은 그 판시와 같은 여러 사정에 비추어 믿기 어려운 점 등을 종합하여 이를 유죄로 인정하였다.

원심판결 이유를 기록에 비추어 살펴보면 원심의 위와 같은 판단은 정당한 것으로 수긍이 가고, 거기에 피고인의 상고이유 주장과 같이 논리와 경험칙에 반하여 자유심증주의의 한계를 벗어난 위법이 없다.

6. 사적 용도의 공사비 지급 관련 ○○대학 교비 횡령 및 사립학교법 위반의 점에 관하여

가. 에벤에셀관 1층 커피·아이스크림 매장 인테리어 공사대금 지급의 점에 관하여

원심은, 피고인이 자신과 결혼할 예정이던 공소외 16이 임차하여 운영할 ○○대학 에벤에셀관 1층 커피·아이스크림 매장에 대한 인테리어 공사대금을 ○○대학 교비로 지급하게 하였다는 이 부분 공소사실에 대하여,

당시 ○○대학이 공소외 17 주식회사와 체결한 별도의 인테리어 공사계약의 내용과 공사 경과 등 그 판시와 같은 사정에 비추어 공소사실에 부합하는 공소외 1의 진술은 믿기 어렵고 달리 공소사실을 인정하기에 충분한 증거가 없다고 보아 무죄로 판단하였다.

원심판결 이유를 기록에 비추어 살펴보면 원심의 위와 같은 판단은 정당한 것으로 수긍이 가고, 거기에 검사의 상고이유 주장과 같이 논리와 경험칙에 반하여 자유심증주의의 한계를 벗어난 위법이 없다.

나. 국제관 5층 증축 및 인테리어 공사대금 지급의 점에 관하여

사립학교법 제29조 제2항의 위임에 의하여 교비회계의 세출에 관한 사항을 정하고 있는 같은 법 시행령 제13조 제2항은 교비회계의 세출을 그 각 호 소정의 경비로 한다고 하면서, 학교운영에 필요한 인건비 및 물건비(제1호), 학교교육에 직접 필요한 시설·설비를 위한 경비(제2호), 기타 학교교육에 직접 필요한 경비(제5호) 등을 들고 있으므로, 교비회계에 속하는 수입에 의한 지출이 허용되는 교비회계의 세출에 해당하는지 여부는 그 지출과 관련된 제반 사정을 종합적으로 살펴볼 때 당해 학교의 교육에 직접 필요한 것인지 여부에 따라 판단하여야 한다. 한편 타인으로부터 용도가 엄격히 제한된 자금을 위탁받아 집행하면서 그 제한된 용도 이외의 목적으로 자금을 사용하는 것은 그 사용이 개인적인 목적에서 비롯된 경우는 물론 결과적으로 자금을 위탁한 본인을 위하는 면이 있더라도 그 사용행위 자체로서 불법영득의 의사를 실현한 것이 되어 횡령죄가 성립하므로, 결국 사립학교의 교비회계에 속하는 수입을 적법한 교비회계의 세출에 포함되는 용도, 즉 당해 학교의 교육에 직접 필요한 용도가 아닌 다른 용도에 사용하였다면 그 사용행위 자체로서 불법영득의사를 실현하는 것이 되어 그로 인한 죄책을 면할 수 없다(대법원 2008. 2. 29. 선고 2007도9755 판결 등 참조).

원심판결 이유에 의하면, 원심은 피고인이 ○○대학 국제관 5층의 교사용 관사를 주거용으로 사용하여 오다가 2008. 3.경 공소외 16과 동거하게 되면서 약혼을 앞두고 베란다를 거실로 확장하는 공사와 거실·주방의 인테리어 공사를 대대적으로 한 후 그 공사대금 합계 4억 3,756만 원을 ○○대학 교비로 지급하게 한 사실, ○○대학에 ○○학원 이사장 관사는 처음부터 없었고 이사장 관사를 둔다는 규정도 없는 사실 등 그 판시와 같은 사실을 인정한 다음, 위 비용 지출은 ○○대학의 교육에 직접 필요한 용도가 아닌 다른 용도에 교비회계 자금을 사용한 것과 마찬가지이므로 사립학교법상 허용되는 교비회계의 세출에 포함된다고 볼 수 없다고 보아 이 부분 공소사실을 유죄로 인정하였다.

위 법리와 기록에 비추어 살펴보면 원심의 판단은 정당한 것으로 수긍이 가고, 거기에 피고인의 상고이유 주장과 같이 불법영득의사에 관한 법리를 오해하는 등의 위법이 없다.

7. 결론

한편 검사는 원심판결 전부에 대하여 불복한다는 취지의 상고장을 제출하였으나, 상고장이나 상고이유서에 유죄 부분에 관한 구체적인 불복 이유의 기재가 없다.

그러므로 피고인과 검사의 상고를 모두 기각하기로 하여 관여 대법관의 일치된 의견으로 주문과 같이 판결한다.

대법관 전수안(재판장) 양창수 이상훈(주심) 김용덕

대법원 2012.5.10. 선고 2011도12131 판결

【저작권법위반방조·저작권법위반(인정된죄명:저작권법위반방조)】

판시사항

1 '상습범'의 의미와 상습성 있는 자가 같은 종류의 죄를 반복하여 저지르고 상습범을 별도의 범죄유형으로 처벌하는 규정이 없는 경우의 죄수 관계(=원칙적으로 실체적 경합범) 및 저작재산권 침해로 인한 저작권법 제136조 제1항의 죄를 상습으로 수회에 걸쳐 범한 경우의 죄수 관계(=원칙적으로 실체적 경합범)

2 수개의 저작물에 대한 저작재산권 침해행위의 죄수 관계(=원칙적으로 실체적 경합범) 및 포괄일죄가 성립하는 경우

3 인터넷 파일공유 사이트를 운영하는 피고인들이 이를 통해 저작재산권 대상인 디지털 콘텐츠가 불법 유통되고 있음을 알면서도 회원들로 하여금 불법 디지털 콘텐츠를 업로드하게 한 후 이를 다운로드하게 함으로써 저작재산권 침해를 방조하였다는 내용으로 기소된 사안에서, 위 사이트를 통해 유통된 다수 저작권자의 다수 저작물에 대한 범행 전체가 하나의 포괄일죄를 구성한다고 본 원심판결에 저작권법 위반죄의 죄수에 관한 법리오해의 위법이 있다고 한 사례

판결요지

1 상습범이란 어느 기본적 구성요건에 해당하는 행위를 한 자가 범죄행위를 반복하여 저지르는 습벽, 즉 상습성이라는 행위자적 속성을 갖추었다고 인정되는 경우에 이를 가중처벌 사유로 삼고 있는 범죄유형을 가리키므로, 상습성이 있는 자가 같은 종류의 죄를 반복하여 저질렀다 하더라도 상습범을 별도의 범죄유형으로 처벌하는 규정이 없는 한 각 죄는 원칙적으로 별개의 범죄로서 경합범으로 처단할 것이다. 저작권법은 제140조 본문에서 저작재산권 침해로 인한 제136조 제1항의 죄를 친고죄로 규정하면서, 제140조 단서 제1호에서 영리를 위하여 상습적으로 위와 같은 범행을 한 경우에는 고소가 없어도 공소를 제기할 수 있다고 규정하고 있으나, 상습으로 제136조 제1항의 죄를 저지른 경우를 가중처벌한다는 규정은 따로 두고 있지 않다. 따라서 수회에 걸쳐 저작권법 제136조 제1항의 죄를 범한 것이 상습성의 발현에 따른 것이라고 하더라도, 이는 원칙적으로 경합범으로 보아야 하는 것이지 하나의 죄로 처단되는 상습범으로 볼 것은 아니다. 그것이 법규정의 표현에 부합하고, 상습범을 포괄일죄로 처단하는 것은 그것을 가중처벌하는 규정이 있기 때문이라는 법리적 구조에도 맞다.

2 저작재산권 침해행위는 저작권자가 같더라도 저작물별로 침해되는 법익이 다르므로, 각각의 저작물에 대한 침해행위는 원칙적으로 각 별개의 죄를 구성한다. 다만 단일하고도 계속된 범의 아래 동일한 저작물에 대한 침해행위가 일정기간 반복하여 행하여진 경우에는 포괄하여 하나의 범죄가 성립한다고 볼 수 있다.

3 2개의 인터넷 파일공유 웹스토리지 사이트를 운영하는 피고인들이 이를 통해 저작재산권 대상인 디지털 콘텐츠가 불법 유통되고 있음을 알면서도 다수의 회원들로 하여금 수만 건에 이르는 불법 디지털 콘텐츠를 업로드하게 한 후 이를 수십만 회에 걸쳐 다운로드하게 함으로써 저작재산권 침해를 방조하였다는 내용으로 기소된 사안에서, 피고인들에게 '영리 목적의 상습성'이 인정된다고 하더라도 이는 고소 없이도 처벌할 수 있는 근거가 될 뿐 피고인들의 각 방조행위는 원칙적으로 서로 경합범 관계에 있고, 다만 동일한 저작물에 대한 수회의 침해행위에 대한 각 방조행위가 포괄하여 하나의 범죄가 성립할 여지가 있을 뿐인데도, 이와 달리 위 사이트를 통해 유통된 다수 저작권자의 다수 저작물에 대한 피고인들의 범행 전체가 하나의 포괄일죄를 구성한다고 본 원심판결에 저작권법 위반죄의 죄수에 관한 법리오해의 위법이 있다고 한 사례.

전 문

피 고 인 피고인 1 외 1인

상 고 인 검사

원심판결 서울중앙지법 2011. 8. 24. 선고 2011노1964 판결

주 문 원심판결을 파기하고, 사건을 서울중앙지방법원 합의부에 환송한다.

이 유 상고이유를 판단한다.

1. 상습범이라 함은 어느 기본적 구성요건에 해당하는 행위를 한 자가 그 범죄행위를 반복하여 저지르는 습벽, 즉 상습성이라는 행위자적 속성을 갖추었다고 인정되는 경우에 이를 가중처벌 사유로 삼고 있는 범죄유형을 가리키는 것이므로(대법원 2004. 9. 16. 선고 2001도3206 전원합의체 판결 등 참조), 상습성이 있는 자가 같은 종류의 죄를 반복하여 저질렀다 하더라도 상습범을 별도의 범죄유형으로 처벌하는 규정이 없는 한 그 각 죄는 원칙적으로 별개의 범죄로서 경합범으로 처단할 것이다.

   저작권법은 제140조 본문에서 저작재산권 침해로 인한 제136조 제1항의 죄를 친고죄로 규정하면서, 제140조 단서 제1호에서 영리를 위하여 상습적으로 위와 같은 범행을 한 경우에는 고소가 없어도 공소를 제기할 수 있다고 규정하고 있으나, 상습으로 제136조 제1항의 죄를 저지른 경우를 가중처벌한다는 규정은 따로 두고 있지 않다. 따라서 수회에 걸쳐 저작권법 제136조 제1항의 죄를 범한 것이 상습성의 발현에 따른 것이라고 하더라도, 이는 원칙적으로 경합범으로 보아야 하는 것이지 하나의 죄로 처단되는 상습범으로 볼 것은 아니다. 그것이 법규정의 표현에 부합하고, 상습범을 포괄일죄로 처단하는 것은 그것을 가중처벌하는 규정이 있기 때문이라는 법리적 구조에도 맞다.

   그리고 저작재산권 침해행위는 저작권자가 같더라도 저작물별로 침해되는 법익이 다르므로 각각의 저작물에 대한 침해행위는 원칙적으로 각 별개의 죄를 구성한다고 할 것이다. 다만 단일하고도 계속된 범의 아래 동일한 저작물에 대한 침해행위가 일정기간 반복하여 행하여진 경우에는 포괄하여 하나의 범죄가 성립한다고 볼 수 있다(대법원 2000. 1. 21. 선고 99도4940 판결, 대법원 2011. 7. 14. 선고 2009도10759 판결 등 참조).

2. 이 사건 공소사실의 요지는, 피고인 1이 2010. 4. 10.경부터 2010. 9. 21.경까지 인터넷 파일공유 웹스토리지 사이트인 ○○○○를, 2010. 4. 23.경부터 2010. 8. 17.경까지 같은 종류의 사이트인 △△△△를 운영하면서 위 각 파일공유 사이트를 통해 저작재산권의 대상인 디지털 콘텐츠가 불법 유통되고 있음을 알면서도 성명불상의 회원들로 하여금 수만 건에 이르는 불법 디지털 콘텐츠를 업로드하게 한 후 다수의 회원들로 하여금 이를 수십만 회에 걸쳐 다운로드하게 하여 저작재산권의 침해를 방조하였고, 피고인 2 주식회사는 그 대표이사인 피고인 1이 위와 같이 피고인 회사의 업무에 관하여 저작권법 위반의 방조행위를 함으로써 양벌규정의 적용대상이라는 것이다.

   앞서 본 법리와 저작권법 규정에 비추어 볼 때, 피고인들에게 '영리 목적의 상습성'이 인정된다고 하더라도 이는 고소 없이도 처벌할 수 있는 근거가 될 뿐이므로 피고인들의 각 방조행위는 원칙적으로 서로 경합범의 관계에 있다고 보아야 하고, 다만 동일한 저작물에 대한 수회의 침해행위에 대한 각 방조행위는 포괄하여 하나의 범죄가 성립할 여지가 있다고 할 것이다.

   그럼에도 원심은, 저작권법 제140조 단서 제1호가 제136조 제1항의 죄에 대한 상습범이라는 별도의 구성요건을 정한 것이라는 전제하에, 피고인들에게 '영리 목적의 상습성'이 인정되므로 위 두 개의 사이트를 통해 유통된 다수 저작권자의 다수 저작물 전체에 대한 피고인들의 이 사건 범행 전체가 하나의 포괄일죄라고 판단하였다. 또한 이 사건 범행이 상습범이 아니라고 하더라도 단일하고 계속된 범의하에 일정 기간 계속하여 행하여진 것이므로 그 전체가 하나의 포괄일죄를 구성한다는 취지로도 판단한 것으로 보이나, 서로 다른 저작물에 대한 침해행위를 포괄하여 하나의 죄로 볼 수는 없다. 위와 같은 원심판단에는 저작권법 위반죄의 죄수에 관한 법리를 오해하여 판결에 영향을 미친 위법이 있고, 이 점을 지적하는 상고이유의 주장은 이유 있다.

3. 이에 관여 대법관의 일치된 의견으로 원심판결을 파기하고, 사건을 다시 심리·판단하도록 원심법원에 환송하기로 하여 주문과 같이 판결한다.

대법관 김능환(재판장) 이인복 박병대(주심)

대법원 2012.5.10. 선고 2010도5964 판결

【보건범죄단속에관한특별조치법위반(부정의료업자)·의료법위반】

판시사항

[1] 구 의료법 제27조 제1항에서 정한 '의료행위'의 의미

[2] 피고인들이 공모하여 보험회사와 방문검진 위탁계약을 체결한 후 고용된 간호사들로 하여금 보험가입자들의 주거에 방문하여 의사의 지도·감독 없이 문진, 신체계측 등을 하게 한 뒤 건강검진결과서를 작성하여 보험회사에 통보하는 등 의료행위를 하였다고 하여 구 '보건범죄 단속에 관한 특별조치법' 위반으로 기소된 사안에서, 피고인들의 행위가 의료행위에 해당한다는 이유로, 이와 달리 보아 무죄를 인정한 원심판결에 법리오해의 위법이 있다고 한 사례

[3] 건강검진을 구성하는 개개의 행위를 분리하여 구 '보건범죄 단속에 관한 특별조치법' 제5조 위반 해당 여부를 판단하여야 하는지 여부(소극)

[4] 의사가 간호사에게 의료행위의 실시를 개별적으로 지시하거나 위임한 적이 없음에도 간호사가 그의 주도 아래 전반적인 의료행위의 실시 여부를 결정하고 간호사에 의한 의료행위의 실시과정에도 의사가 지시·관여하지 아니한 경우, 구 의료법 제27조 제1항이 금지하는 무면허의료행위에 해당하는지 여부(적극)

판결요지

[1] 구 의료법(2009. 1. 30. 법률 제9386호 개정되기 전의 것) 제27조 제1항에서 정하는 '의료행위'라 함은 의학적 전문지식을 기초로 하는 경험과 기능으로 진찰, 검안, 처방, 투약 또는 외과적 시술을 시행하여 하는 질병의 예방 또는 치료행위 및 그 밖에 의료인이 행하지 아니하면 보건위생상 위해가 생길 우려가 있는 행위를 의미한다. 여기서 말하는 '의료인이 행하지 아니하면 보건위생상 위해가 생길 우려'는 추상적 위험으로도 충분하므로 구체적으로 환자에게 위험이 발생하지 아니하였다고 해서 보건위생상의 위해가 없다고 할 수는 없다.

[2] 피고인들이 공모하여 보험회사와 방문검진 위탁계약을 체결한 후 고용된 간호사들로 하여금 보험가입자들의 주거에 방문하여 의사의 지도·감독 없이 문진, 신체계측, 채뇨, 채혈 등을 하게 한 뒤 이를 바탕으로 건강검진결과서를 작성하여 보험회사에 통보하는 등 업무를 하고 대가를 받는 등 의료행위를 하였다고 하여 구 '보건범죄 단속에 관한 특별조치법'(2011. 4. 12. 법률 제10579호로 개정되기 전의 것. 이하 '구 보건범죄단속법'이라고 한다) 위반으로 기소된 사안에서, 위 건강검진은 피검진자의 신체부위의 이상 유무 내지 건강상태를 의학적으로 확인·판단하기 위하여 행하여지는 것으로서 이를 통하여 질병의 예방 및 조기발견이 가능할 뿐만 아니라 의학적 전문지식을 기초로 하는 경험과 기능을 가진 의사가 행하지 아니하여 결과에 오류가 발생할 경우 이를 신뢰한 피검진자의 보건위생상 위해가 생길 우려가 있으므로 의료행위에 해당하고, 비록 위 건강검진이 보험회사가 피검진자와 보험계약을 체결할지 여부를 결정하기 위한 것이라 하더라도 위와 같은 의료행위로서 성질과 기능이 상실되는 것은 아니므로, 피고인들이 계속적·반복적으로 건강검진을 실시한 행위는 영리를 목적으로 구 의료법(2009. 1. 30. 법률 제9386호 개정되기 전의 것) 제27조 제1항에서 금지하는 무면허의료행위를 업으로 한 것으로서 구 보건범죄단속법 제5조 위반에 해당한다는 이유로, 이와 달리 보아 무죄를 인정한 원심판결에 의료행위 등에 관한 법리오해의 위법이 있다고 한 사례.

[3] 건강검진의 일환으로 행하여진 문진, 각종 신체계측 및 이를 바탕으로 한 건강검진결과서 등의 작성·통보 등의 행위는 의료행위인 건강검진을 구성하는 일련의 행위이므로, 이를 포괄하여 구 '보건

범죄 단속에 관한 특별조치법'(2011. 4. 12. 법률 제10579호로 개정되기 전의 것) 제5조 위반으로 처벌할 것이고, 그 개개의 행위를 분리하여 의료행위에 해당하는지 여부를 따진 후 그 개개의 행위별로 같은 법 제5조 위반 해당 여부를 판단할 것은 아니다.

4 의사가 간호사로 하여금 의료행위에 관여하게 하는 경우에도 그 의료행위는 의사의 책임 아래 이루어지는 것이고 간호사는 그 보조자에 불과하다. 간호사가 '진료의 보조'를 하는 경우 모든 행위 하나하나마다 항상 의사가 현장에 입회하여 일일이 지도·감독하여야 한다고 할 수는 없고, 경우에 따라서는 의사가 진료의 보조행위 현장에 입회할 필요 없이 일반적인 지도·감독을 하는 것으로 충분한 경우도 있을 수 있으나, 이는 어디까지나 의사가 그의 주도로 의료행위를 실시하면서 그 의료행위의 성질과 위험성 등을 고려하여 그 중 일부를 간호사로 하여금 보조하도록 지시 내지 위임할 수 있다는 것을 의미하는 것에 그친다. 이와 달리 의사가 간호사에게 의료행위의 실시를 개별적으로 지시하거나 위임한 적이 없음에도 간호사가 그의 주도 아래 전반적인 의료행위의 실시 여부를 결정하고 간호사에 의한 의료행위의 실시과정에도 의사가 지시·관여하지 아니한 경우라면, 이는 구 의료법(2009. 1. 30. 법률 제9386호 개정되기 전의 것) 제27조 제1항이 금지하는 무면허의료행위에 해당한다고 볼 것이다. 그리고 의사가 이러한 방식으로 의료행위가 실시되는 데 간호사와 함께 공모하여 그 공동의사에 의한 기능적 행위지배가 있었다면, 의사도 무면허의료행위의 공동정범으로서의 죄책을 진다.

전 문

피 고 인 피고인 1 외 2인

상 고 인 피고인 2 외 1인 및 검사(피고인들에 대하여)

변 호 인 법무법인

원심판결 서울남부지법 2010. 4. 22. 선고 2009노2381 판결

주 문 원심판결을 파기하고, 사건을 서울남부지방법원 합의부에 환송한다.

이 유 상고이유를 판단한다.

1. 검사의 상고이유에 대하여

가. 구 의료법(2009. 1. 30. 법률 제9386호 개정되기 전의 것) 제27조 제1항에서 정하는 '의료행위'라 함은 의학적 전문지식을 기초로 하는 경험과 기능으로 진찰, 검안, 처방, 투약 또는 외과적 시술을 시행하여 하는 질병의 예방 또는 치료행위 및 그 밖에 의료인이 행하지 아니하면 보건위생상 위해가 생길 우려가 있는 행위를 의미한다. 여기서 말하는 '의료인이 행하지 아니하면 보건위생상 위해가 생길 우려'는 추상적 위험으로도 충분하므로 구체적으로 환자에게 위험이 발생하지 아니하였다고 해서 보건위생상의 위해가 없다고 할 수는 없다(대법원 1993. 8. 27. 선고 93도153 판결, 대법원 2004. 10. 28. 선고 2004도3405 판결 등 참조).

나. 원심은, 피고인들이 이른바 방문간호사들로 하여금 보험가입자들의 주거에 방문하여 혈압 및 맥박의 측정, 소변검사, 혈당측정 등의 행위를 함과 함께 문진행위를 하게 하고 그 결과를 바탕으로 의사면허 없는 피고인 2가 건강진단서를 작성한 행위는 보험회사가 보험가입희망자들과 보험계약을 체결할 것인지 여부 등의 판단을 위한 건강검진을 목적으로 한 것으로서 질병의 예방이나 치료행위에 해당한다고 볼 수 없을 뿐만 아니라, 위와 같은 행위로 인하여 사람의 생명, 신체나 공중위생에 위해를 발생시킬 우려가 있다고도 보이지 아니하므로 이는 의료행위에 해당하지 아니한다고 판단하였다.

그리하여 원심은 이 사건 공소사실 중 '피고인 1, 2가 공모하여 2005. 1. 4.부터 2008. 7. 21.까지, 피고인들이 공모하여 2005. 7. 22.부터 2008. 9. 1.까지 각 ○○○○○의원에 고용된 방문간호사들로 하여금 보험가입자들의 주거에 방문하여 의사의 지도·감독 없이 신체 계측, 문진 등을 하게 한 뒤 이를 바탕으로 건강진단서를 작성한 다음, 위 건강진단서를 보험회사에게 통보하는 등 업무를 수행하고, 그 대가를 받는 등 영리를 목적으로 의료행위를 업으로 하였다는 점'은 무죄라고 판단하였다.

다. 그러나 위와 같은 원심의 판단은 다음과 같은 이유로 수긍하기 어렵다.

(1) 원심판결 이유와 원심이 적법하게 채택한 증거 및 기록에 의하면, 다음과 같은 사실을 알 수 있다.

① 피고인 2는 2005. 1. 4.부터 2008. 7. 21.까지 사이에 ○○○○○의원의 간호사로 재직하면서 소속 방문간

호사들을 총괄하는 업무를 담당하였는데, ○○○○○의원과 방문검진위탁계약을 체결한 보험회사로부터 방문검진 의뢰가 오면 ○○○○○의원에서 고용한 전국 각지의 방문간호사들에게 연락하여 방문검진을 하도록 하였다.

② 위와 같은 연락을 받은 방문간호사들은 보험가입자들의 주거에 방문하여 그들을 상대로 문진, 각종 신체계측, 채뇨, 채혈 등을 실시한 후 채취한 소변과 혈액 등을 ○○○○○의원에 송부하였고, 이를 받은 ○○○○○의원의 임상병리사는 ○○○○○의원에 설치된 장비로 성분 등의 검사를 시행하였다.

③ 피고인 2는 위 검사결과 등을 바탕으로 보험가입자들에 대한 검사수치와 정상수치를 대비시켜 신체부위의 이상 유무와 건강상태를 알 수 있도록 의사 명의의 건강검진결과서를 작성하여 이를 보험회사에 통보하였다. 일부 건강검진결과서에는 피검진자의 건강 이상 유무, 의심되는 질병, 피검진자가 건강에 주의하여야 할 권고사항, 문진 결과에 따른 과거 병력, 현재 건강상태 등 의학적 소견을 기재하기도 하였다. 위 의학적 소견은 예를 들면 "선생님은 본 검사 범주 내에서 B형간염 바이러스 보균상태입니다. B형간염에 대해 정기적인 검사 및 관찰이 요망됩니다" 등과 같이 피검진자가 건강검진의 결과를 수령할 것을 예정한 문구를 사용하고 있다.

④ 공소외인 또는 피고인 3은 위 기간 동안 ○○○○○의원에 소속된 유일한 의사였는데 ○○○○○의원의 사무실로 매일 출근하지는 아니하였고, 위와 같은 건강검진의 실시 여부에 관하여 개별적인 지시를 하지 아니하였을 뿐만 아니라 실제 보험가입자들에 대한 건강검진의 실시 과정이나 건강검진결과서의 작성·통보에 이르기까지 모든 과정에 의사로서 지시하거나 관여하지 아니하였다.

⑤ 건강검진을 의뢰한 보험회사로부터 피고인 1, 2는 2005. 1. 4.부터 2008. 7. 21.까지 건강검진의 대가로 1,585,173,771원을 받고, 피고인들은 2005. 7. 22.부터 2008. 9. 1.까지 건강검진의 대가로 68,502,751원을 받았다.

(2) 이러한 사실관계를 앞에서 본 법리에 비추어 살펴본다.

○○○○○의원에서 실시한 건강검진은 피검진자들을 상대로 문진, 각종 신체계측, 채뇨, 채혈 등을 행한 후 채취한 소변과 혈액 등을 가지고 과학적 방법으로 검사·분석한 다음, 검사수치와 정상수치를 대비시켜 신체부위의 이상 유무 내지 건상상태를 알 수 있도록 검진결과서를 작성하거나 그 검사 결과나 문진 결과 등에 기초한 의학적 소견도 함께 기재하여 이를 통보하는 것으로 이루어져 있다. 특히 위 의학적 소견은 피검진자가 건강검진결과를 통지받을 것을 예정하여 작성되어 있을 뿐만 아니라, 보험회사가 ○○○○○의원이 실시한 건강검진결과를 근거로 피검진자의 보험가입을 승낙할 경우 이를 통하여 피검진자는 자신의 특정 신체부위 내지 건강상태에 이상이 없는 것으로 인식할 것이고, 보험회사가 보험가입을 거절할 경우에는 피검진자는 자신의 특정 신체부위 내지 건강상태에 이상이 있는 것으로 인식할 것이므로, 위 건강검진결과는 보험회사뿐만 아니라 피검진자에게도 알려져 그의 건강생활에 일정한 영향을 미칠 수 있다고 봄이 상당하다.

위와 같은 사정들을 종합하여 보면, ○○○○○의원에서 실시한 건강검진은 피검진자의 신체부위의 이상 유무 내지 건강상태를 의학적으로 확인·판단하기 위하여 행하여지는 것으로서 이를 통하여 질병의 예방 및 조기발견이 가능하게 될 뿐만 아니라 의학적 전문지식을 기초로 하는 경험과 기능을 가진 의사가 행하지 아니하여 그 결과에 오류가 발생할 경우 이를 신뢰한 피검진자의 보건위생상 위해가 생길 우려가 있으므로, 이는 의료행위에 해당한다고 보아야 한다. 비록 위 건강검진이 실시된 이유가 보험회사가 피검진자와 사이에 보험계약을 체결할 것인지 여부를 결정하기 위한 것이라 하더라도 건강검진이 가지는 위와 같은 의료행위로서의 성질과 기능이 상실되는 것은 아니므로 이러한 사정은 위 건강검진을 의료행위로 보는 데 장애가 되지 아니한다.

따라서 ○○○○○의원에서 건강검진의 실시 여부를 결정하는 단계에서부터 건강검진결과서의 작성·통보 단계에 이르기까지 의사의 지시·관여 없이 간호사인 피고인 2 및 방문간호사 등의 주도 아래 계속적·반복적으로 건강검진을 실시하면서 그 대가를 받아 온 행위는 영리를 목적으로 구 의료법 제27조 제1항에서 금지하는 무면허 의료행위를 업으로 한 것으로서, 구 '보건범죄 단속에 관한 특별조치법'(2011. 4. 12. 법률 제10579호로 개정되기 전의 것. 이하 '구 보건범죄단속법'이라고 한다) 제5조 위반에 해당한다. 여기서 그 건강검진의 일환으로 행하여진 문진, 각종 신체계측 및 이를 바탕으로 한 건강검진결과서 등의 작성·통보 등의 행위는 의료행위인 건강검진을 구성하는 일련의 행위이므로, 이를 포괄하여 구 보건범죄단속법 제5조 위반으로 처벌할 것이고, 그 개개의 행위를 분리하여 의료행위에 해당하는지 여부를 따진 후 그 개개의 행위별로 구 보건범죄단속법 제5조 위반 해당 여부를 판단할 것은 아니다.

이와 달리 판단한 원심판결에는 의료행위 및 구 보건범죄단속법 제5조의 해석·적용에 관한 법리를 오해하여 판결에 영향을 미친 위법이 있다. 이를 지적하는 검사의 상고이유의 주장은 이유 있다.

2. 피고인 2, 3의 상고이유에 대하여

가. 상고이유 제1점에 대하여 본다.

원심이 판시한 건강검진결과의 통보는 의사가 문진, 신체계측, 과학적 검사 등을 바탕으로 피검진자의 신체 부위의 이상 유무 내지 건강상태에 관하여 한 확인·판단을 외부에 알리는 행위를 뜻하는 것으로서, 피검진자가 그 통보를 직접 받은 경우는 물론 직접 받지 아니하는 경우에도 앞에서 본 바와 같이 보험회사를 통하여 그 결과를 알게 될 것이므로 이 역시 의료행위인 건강검진의 일환으로 행하여진 것으로 볼 수 있다.

원심의 이유 설시에 미흡한 점이 없지 아니하나, 원심이 건강검진결과의 통보를 피고인 2, 3에 대한 구 보건범죄단속법 제5조 위반의 범죄사실에 포함시켜 유죄로 인정한 조치는 정당하다. 원심판결에 상고이유에서 주장하는 바와 같이 의료행위 및 구 의료법 제17조 제1항의 해석·적용에 관한 법리를 오해하거나, 논리와 경험의 법칙에 위배하여 사실을 인정한 위법이 있다고 할 수 없다.

나. 상고이유 제2점에 대하여 본다.

(1) 의사가 간호사로 하여금 의료행위에 관여하게 하는 경우에도 그 의료행위는 의사의 책임 아래 이루어지는 것이고 간호사는 그 보조자에 불과하다(대법원 1998. 2. 27. 선고 97도2812 판결 등 참조). 간호사가 '진료의 보조'를 하는 경우 모든 행위 하나하나마다 항상 의사가 현장에 입회하여 일일이 지도·감독하여야 한다고 할 수는 없고, 경우에 따라서는 의사가 진료의 보조행위 현장에 입회할 필요 없이 일반적인 지도·감독을 하는 것으로 충분한 경우도 있을 수 있으나(대법원 2003. 8. 19. 선고 2001도3667 판결, 대법원 2006. 8. 24. 선고 2005도8360 판결 등 참조), 이는 어디까지나 의사가 그의 주도로 의료행위를 실시하면서 그 의료행위의 성질과 위험성 등을 고려하여 그 중 일부를 간호사로 하여금 보조하도록 지시 내지 위임할 수 있다는 것을 의미하는 것에 그친다. 이와 달리 의사가 간호사에게 의료행위의 실시를 개별적으로 지시하거나 위임한 적이 없음에도 간호사가 그의 주도 아래 전반적인 의료행위의 실시 여부를 결정하고 간호사에 의한 의료행위의 실시과정에도 의사가 지시·관여하지 아니한 경우라면, 이는 구 의료법 제27조 제1항이 금지하는 무면허의료행위에 해당한다고 볼 것이다. 그리고 의사가 이러한 방식으로 의료행위가 실시되는 데 간호사와 함께 공모하여 그 공동의사에 의한 기능적 행위지배가 있었다면, 의사도 무면허의료행위의 공동정범으로서의 죄책을 진다.

(2) 앞에서 본 사실관계를 위의 법리에 비추어 살펴본다.

○○○○○의원에서 2005. 1. 4.부터 2008. 9. 1.까지 사이에 실시한 건강검진은 건강검진의 실시 여부의 결정단계에서부터 건강검진결과서의 작성·발급의 단계에 이르기까지 의사의 지시·관여 없이 간호사인 피고인 2 및 방문간호사 등의 주도 아래 이루어진 것이므로, 이는 무면허의료행위에 해당한다고 할 것이다. 위와 같이 ○○○○○의원에서 위 기간 동안에 행하여진 건강검진이 무면허의료행위에 해당하는 이상, 방문간호사들이 건강검진의 일환으로 행한 채혈에 대하여 의사인 공소외인 또는 피고인 3이 그 현장에 입회하지 아니하고 일반적인 지도·감독을 하는 것만으로 충분한지 여부 등은 위 결론에 영향을 미칠 수 없다.

원심의 이유 설시에 미흡한 점이 없지 아니하나, 원심이 그 채택 증거를 종합하여 그 판시와 같은 사실을 인정한 다음, ○○○○○의원에서 건강검진의 일환으로 행해진 피검진자들에 대한 채혈을 피고인들에 대한 구 보건범죄단속법 제5조 위반의 범죄사실에 포함시키고 피고인 3을 그 공동정범으로 보아 피고인들을 각 유죄로 인정한 조치는 정당하다. 원심판결에 상고이유에서 주장하는 바와 같이 의료행위의 위임이나 분업, 공동정범 등에 관한 법리를 오해하거나, 논리와 경험의 법칙에 위배하여 사실을 인정하는 등의 위법이 있다고 할 수 없다.

3. 피고인 2의 의료법 위반의 점에 대한 상고

피고인 2는 원심이 유죄로 인정한 의료법 위반의 점에 대하여도 상고하였으나, 이 부분에 대하여는 상고이유를 제출하지 아니하였다. 따라서 이 부분에 대한 상고는 받아들일 수 없다.

4. 파기의 범위

위와 같은 이유로 원심판결의 피고인들에 대한 구 보건범죄단속법 위반의 점 중 무죄 부분을 파기하여야 하는 이상, 위 부분과 포괄일죄의 관계에 있는 피고인들에 대한 구 보건범죄단속법 위반의 점 중 유죄 부분도 함께 파기되어야 한다. 그리고 원심이 유죄로 인정한 피고인 1, 2에 대한 의료법 위반의 점은 위와 같이 파기되어야 하는 위 피고인들에 대한 구 보건범죄단속법 위반의 점과 형법 제37조 전단의 경합범 관계에 있어 이들 전부에 대하여 각각 하나의 형이 선고되어야 하므로 함께 파기되어야 한다.

5. 결론

그러므로 원심판결을 파기하고, 사건을 다시 심리·판단하게 하기 위하여 원심법원에 환송하기로 하여, 관여 대법관의 일치된 의견으로 주문과 같이 판결한다.

대법관 김용덕(재판장) 전수안 양창수(주심) 이상훈

대법원 2012.5.10. 선고 2010도3532 판결

【업무상배임·명예훼손】

판시사항

1 배임죄에서 '타인의 사무를 처리하는 자'의 의미

2 갑 주식회사와 가맹점 관리대행계약 등을 체결하고 그 대리점으로서 가맹점 관리업무 등을 수행하는 을 주식회사 대표이사인 피고인이, 임무에 위배하여 갑 회사의 가맹점을 다른 경쟁업체 가맹점으로 임의로 전환하여 갑 회사에 재산상 손해를 가하였다고 하여 업무상배임으로 기소된 사안에서, 피고인은 갑 회사의 가맹점 관리업무를 대행하는 '타인의 사무를 처리하는 자'의 지위에 있는데도, 이와 달리 보아 무죄를 선고한 원심판결에 법리오해의 위법이 있다고 한 사례

판결요지

1 배임죄에 있어서 '타인의 사무를 처리하는 자'라 함은 타인과의 내부적인 관계에서 신의성실의 원칙에 비추어 타인의 사무를 처리할 신임관계에 있게 되어 그 관계에 기하여 타인의 재산적 이익 등을 보호·관리하는 것이 신임관계의 전형적·본질적 내용이 되는 지위에 있는 사람을 말한다. 그러나 그 사무의 처리가 오로지 타인의 이익을 보호·관리하는 것만을 내용으로 하여야 할 필요는 없고, 자신의 이익을 도모하는 성질도 아울러 가진다고 하더라도 타인을 위한 사무로서의 성질이 부수적·주변적인 의미를 넘어서 중요한 내용을 이루는 경우에는 여기서 말하는 '타인의 사무를 처리하는 자'에 해당한다. 따라서 위임 등 계약에 기하여 위임인 등으로부터 맡겨진 사무를 처리하는 것이 약정된 보수 등을 얻기 위한 것이라고 하더라도, 또는 매매 등 계약에 기하여 일정한 단계에 이르러 타인에게 소유권등기를 이전하는 것이 대금 등을 얻고 자신의 거래를 완성하기 위한 것이라고 하더라도, 그 사무를 처리하는 이는 상대방과의 신임관계에서 그의 재산적 이익을 보호·관리하여야 할 지위에 있다고 할 것이다.

2 신용카드 정보통신부가사업회사[통상 '밴(VAN. value added network의 약어) 사업자'라고도 한다]인 갑 주식회사와 가맹점 관리대행계약, 대리점계약, 단말기 무상임대차계약, 판매장려금계약을 각 체결하고 갑 회사의 대리점으로서 카드단말기의 판매 및 설치, 가맹점 관리업무 등을 수행하는 을 주식회사 대표이사인 피고인이, 그 임무에 위배하여 갑 회사의 기존 가입 가맹점을 갑 회사와 경쟁관계에 있는 다른 밴사업자 가맹점으로 임의로 전환하여 갑 회사에 재산상 손해를 가하였다고 하여 업무상배임으로 기소된 사안에서, 갑 회사가 보유하는 가맹점은 갑 회사의 수익과 직결되는 재산적 가치를 지니고 있어 피고인이 갑 회사를 대신하여 가맹점을 모집·유지 및 관리하는 것은 본래 갑 회사의 사무로서 피고인에 대한 인적 신임관계에 기하여 그 처리가 피고인에게 위탁된 것이고, 이는 단지 피고인 자신의 사무만에 그치지 아니하고 갑 회사의 재산적 이익을 보호 내지 관리하는 것을 본질적 내용으로 하며, 그 업무가 피고인 자신의 계약상 의무를 이행하고 갑 회사로부터 더 많은 수수료 이익을 취득하기 위한 피고인 자신의 사무의 성격을 일부 가지고 있다고 하여 달리 볼 것이 아니므로, 피고인은 갑 회사와 신임관계에 기하여 갑 회사의 가맹점 관리업무를 대행하는 '타인의 사무를 처리하는 자'의 지위에 있다고 할 것인데도, 이와 달리 보아 무죄를 선고한 원심판결에 배임죄에서 '타인의 사무를 처리하는 자'에 관한 법리오해의 위법이 있다고 한 사례.

전 문

피 고 인 피고인

상 고 인 검사

원심판결 의정부지법 2010. 2. 19. 선고 2008노1883 판결

주 문 원심판결의 무죄부분 중 업무상배임의 점에 관한 부분을 파기하고, 이 부분 사건을 의정부지방법원 본원 합의부로 환송한다. 검사의 나머지 상고를 기각한다.

이 유 상고이유를 살펴본다.

1. 업무상배임의 점에 관한 상고이유에 대하여

가. 공소사실의 요지는 다음과 같다.

피고인은 피해자 회사의 대리점인 공소외 1 주식회사의 대표이사로서 이를 실제로 운영하는 자이다. 피고인은 2004. 3. 31.경 신용카드 정보통신부가사업회사(통상 '밴(VAN, value added network의 약어) 사업자'라고도 한다. 이하 '밴사업자'라고 한다)인 피해자 회사와 공소외 1 주식회사 사이에 신용카드조회단말기(이하 '카드단말기'라고 한다) 관리대행대리점계약을 체결하여 피해자 회사를 위하여 각 신용카드가맹업소(이하 '가맹점'이라고 한다)와 신용카드 조회 및 거래승인, 자동이체서비스계약을 체결한 후 각 가맹점을 관리하게 되었으므로 피해자 회사로부터 가맹점의 교체요구 등 특별한 사정이 없는 한 기존 가입의 가맹점을 다른 밴사업자 가맹점으로 임의로 전환하여 피해자 회사에 손해가 발생하지 아니하도록 할 업무상 의무가 있음에도 그 임무에 위배하여 2005년 1월경 공소외 1 주식회사의 경영이 악화되자 공소외 1 주식회사의 부사장인 공소외 2로 하여금 피해자 회사에 가입한 가맹점들을 상대로 공소외 2 명의로 설립된 대리점 ○플러스를 통하여 다른 밴사업자 카드단말기로 임의 전환하도록 하여 2005. 1. 10.경 공소외 2가 피해자 회사 가맹점인 △△할인마트를 다른 밴사업자인 공소외 3 주식회사 가입업체로 전환한 것을 비롯하여 그때부터 2005. 6. 8.경까지 사이에 139개 가맹점을 다른 밴사업자인 공소외 3 주식회사(영문명칭 생략)나 공소외 4 주식회사(영문명칭 생략)의 가입업체로 전환함으로써 피해자 회사에 신용카드 조회 및 거래승인시 1건당 67원, 자동이체서비스시 1건당 12원의 각 수수료 수입을 잃게 하여 피해자 회사에 수수료 합계 액수불상의 재산상 손해를 가하였다는 것이다.

나. 이에 대하여 원심은 다음과 같은 이유로 피고인이 피해자 회사에 대한 관계에서 타인의 사무를 처리하는 자에 해당한다고 볼 수 없다고 판단하고 피고인에게 배임죄를 인정할 수 없다고 보아 이 부분 공소사실에 관하여 무죄를 선고하였다.

즉 피고인이 가맹점 관리대행업무과정에서 스스로 영업을 통하여 피해자 회사의 카드단말기를 사용할 가맹점을 모집하는 것은 자신이 피해자 회사로부터 더 많은 수수료 이익을 취득하기 위한 피고인 자신의 사무라고 봄이 상당하고, 피해자 회사와 피고인의 관계가 상호 신임관계에 기초하여 피해자 회사의 재산을 보호하거나 관리하는 데 그 본질적 내용이 있다고 보이지는 아니한다. 따라서 피고인이 동종 경쟁업체의 영업을 대행하거나 중개하여서는 아니된다는 의무를 부담한다 하더라도, 이는 피해자 회사와의 계약기간 동안에는 다른 동종업체의 단말기를 판매·제공하여서는 아니된다는 계약상 채무에 불과하다 할 것이다. 위와 같이 가맹점의 모집 및 유지·관리의 업무가 피고인 자신의 사무인 이상, 피고인이 관리하던 가맹점들이 다른 밴사업자로 전환하여 간 결과 피해자 회사에 소정의 수수료 상당의 손해가 발생하였다고 하더라도, 이로 인하여 피고인이 민사상 계약위반의 책임을 부담함은 별론으로 하고, 피고인이 피해자 회사에 대한 관계에서 타인의 사무를 처리하는 자에 해당한다고 볼 수 없다는 것이다.

다. 그러나 원심의 위와 같은 판단은 수긍하기 어렵다.

(1) 배임죄에 있어서 '타인의 사무를 처리하는 자'라 함은 타인과의 내부적인 관계에서 신의성실의 원칙에 비추어 타인의 사무를 처리할 신임관계에 있게 되어 그 관계에 기하여 타인의 재산적 이익 등을 보호·관리하는 것이 신임관계의 전형적·본질적 내용이 되는 지위에 있는 사람을 말한다. 그러나 그 사무의 처리가 오로지 타인의 이익을 보호·관리하는 것만을 내용으로 하여야 할 필요는 없고, 자신의 이익을 도모하는 성질도 아울러 가진다고 하더라도 타인을 위한 사무로서의 성질이 부수적·주변적인 의미를 넘어서 중요한 내용을 이루는 경우에는 여기서 말하는 '타인의 사무를 처리하는 자'에 해당한다. 따라서 위임 등 계약에 기하여 위임인 등으로부터 맡겨진 사무를 처리하는 것이 약정된 보수 등을 얻기 위한 것이라고 하더라도, 또는 매매 등 계약에 기하여 일정한 단계에 이르러 타인에게 소유권등기를 이전하는 것이 대금 등을 얻고 자신의 거래를 완성하기 위한 것이라고 하더라도, 그 사무를 처리하는 이는 상대방과의 신임관계에서 그의 재산적 이익을 보호·관리하여야 할 지위에 있다고 할 것이다(대법원 1991. 3. 27. 선고 91도262 판결, 대법원 2005. 3. 25. 선고 2004도6890 판결 등 참조).

(2) 원심판결 이유 및 원심이 적법하게 채용한 증거들에 의하면, 다음과 같은 사실을 인정할 수 있다.

① 피해자 회사는 카드단말기를 이용하여 신용조회서비스와 신용판매대금 자동이체서비스를 제공함으로써 이를 통하여 카드회사로부터 소정의 수수료를 받는 밴사업자이고, 피고인은 피해자 회사의 경기북부 대리점인 공소외 1 주식회사의 대표이사로서 이를 사실상 운영하고 있다.

② 공소외 1 주식회사는 2002년경부터 피해자 회사와 사이에 가맹점 관리대행계약, 대리점계약, 단말기 무상임대차계약, 판매장려금계약을 각 체결하고 피해자 회사의 대리점으로서 카드단말기의 판매 및 설치, 가맹점 관리 업무 등을 하였으며, 피해자 회사와 공소외 1 주식회사는 2004. 3. 31. 위 계약들을 갱신하였다(갱신된 위 계약들을 모두 지칭할 경우에는 이하 이를 '이 사건 가맹점 관리대행계약 등'이라고 한다).

③ 이 사건 가맹점 관리대행계약 등에 의하면, 공소외 1 주식회사는 영업지역 안에서 피해자 회사를 위하여 가맹점을 모집하고 가맹점에 피해자 회사의 카드단말기를 판매·설치하고 이를 유지·보수하는 등의 가맹점 관리업무를 하고, 나아가 피해자 회사의 카드단말기를 사용하는 가맹점으로부터 매출전표를 수거하여 이를 검증하고 전산입력 후 피해자 회사에게 이관하는 매출전표 매입서비스를 제공할 의무를 부담하도록 되어 있고, 또 공소외 1 주식회사는 이러한 업무를 실제로 수행하였다.

④ 역시 이 사건 가맹점 관리대행계약 등에 의하면, 그 업무의 수행에 있어서 공소외 1 주식회사는 피해자 회사의 카드단말기와 서비스에 대한 수요 증대, 판로 확대 및 피해자 회사의 이미지·신뢰도 향상을 위하여 노력하여야 할 의무를 부담한다. 나아가 피해자 회사가 판매하거나 임대하고 있는 카드단말기와 동종 또는 유사한 카드단말기를 판매하거나 용역을 제공할 수 없으며, 피해자 회사와 경쟁관계에 있는 업체의 영업을 대행하거나 중개하여서는 아니된다. 또한 임의로 가맹점에 대한 서비스를 해지할 수 없고, 피해자 회사가 인정하는 경우에 한하여서만 가맹점에 대한 계약을 해지할 수 있으며, 가맹점에 대한 정보사항이 변경되거나 가맹점이 불법·불량 가맹점으로 판단되었을 경우에는 지체없이 서비스의 제공을 중지하고 피해자 회사에게 통보하여야 한다. 한편 가맹점으로부터 민원이 제기되었을 경우 공소외 1 주식회사는 신속히 해당 민원을 처리하여야 하고, 불량매출이 발생하였을 경우 우선적으로 이를 해결할 의무가 있다.

⑤ 한편 피해자 회사는 공소외 1 주식회사의 영업을 지원하기 위하여 카드단말기를 공소외 1 주식회사에게 무상으로 임대하고, 또한 공소외 1 주식회사의 판매 또는 영업을 장려하기 위하여 판매장려금계약에 따라 공소외 1 주식회사에게 2차례에 걸쳐 합계 4,100만 원의 판매장려금을 지급하였다.

⑥ 2004년 12월경 공소외 1 주식회사의 부사장이던 공소외 2 명의로 설립된 ○플러스는 2005년 1월경부터 공소외 1 주식회사의 직원이던 공소외 5, 6을 직원으로 하여 주로 공소외 1 주식회사의 기존 가맹점들을 상대로 영업을 하여 2005년 1월경부터 같은 해 5월경까지 공소외 1 주식회사의 139개 가맹점들이 ○플러스를 통하여 피해자 회사와 경쟁관계에 있는 다른 밴사업자인 공소외 3 주식회사(영문명칭 생략)나 공소외 4 주식회사(영문명칭 생략)의 가맹점으로 등록하였다. 피해자 회사는 이러한 가맹점의 이탈 현상을 알게 되자 2005. 6. 9.경 공소외 1 주식회사에 대하여 대리점계약에 정하여진 동종업종 겸업 금지 및 가맹점 이탈 등으로 인한 영업실적 저조를 이유로 대리점 계약 해지를 통보하였다.

⑦ 피해자 회사는 위와 같은 가맹점 이탈로 인하여 신용카드조회 및 신용카드거래 승인시 1건당 67원, 자동이체서비스시 1건당 12원의 각 수수료 수입을 잃게 되는 재산상 손해를 입었다.

(3) 이상과 같은 사실에 의하면, 피해자 회사가 보유하는 가맹점은 그 자체가 피해자 회사의 수익과 직결되는 재산적 가치를 지니고 있는 것으로서 피고인이 피해자 회사를 대신하여 가맹점의 모집·유지 및 관리의 업무를 하는 것은 본래 피해자 회사의 사무로서 피고인에 대한 인적 신임관계에 기하여 그 처리가 피고인에게 위탁된 것에 기초한 것이고, 이는 단지 피고인 자신의 사무만에 그치지 아니하고 피해자 회사의 재산적 이익을 보호 내지 관리하는 것을 그 본질적 내용으로 한다고 봄이 상당하다. 그리고 위와 같은 가맹점 관리대행업무가 피고인 자신의 계약상 의무를 이행하고 피해자 회사로부터 더 많은 수수료 이익을 취득하기 위한 피고인 자신의 사무의 성격을 일부 가지고 있다고 하여서 달리 볼 것이 아니다. 결국 피고인은 피해자 회사와의 신임관계에 기하여 피해자 회사의 가맹점 관리업무를 대행하는 '타인의 사무를 처리하는 자'의 지위에 있다고 할 것이고, 피고인이 그와 같은 지위에 있으면서 기존 가입의 가맹점을 피해자 회사의 경쟁업체인 다른 밴사업자 가맹점으로 임의로 전환하여 피해자 회사에 손해가 발생하도록 한 것은 그 업무상의 임무를 위배한 행위에 해당한다고 할 것이다.

그럼에도 원심은 이와 달리 피해자 회사에 대한 관계에서 그의 사무를 처리하는 자에 해당한다고 볼 수 없다고 보아 피고인에게 업무상배임죄의 죄책을 지울 수 없다고 판단하였으니, 여기에는 배임죄에 있어서의 '타인의 사무를 처리하는 자'에 관한 법리를 오해하여 판결 결과에 영향을 미친 위법이 있다. 이 점을 지적하는 상고이유 주장은 이유 있다.

2. 명예훼손의 점에 관한 상고이유에 대하여

원심판결 이유에 의하면, 원심은 그 판시와 같은 이유로 명예훼손의 공소사실에 대하여 피고인이 호소문에 기재한 내용이 반드시 허위라고 단정하기 어렵고, 당시 피고인에게 명예훼손의 고의가 있었다고 보기도 어려우므로 범죄사실에 대한 증명이 없다고 판단하여 무죄를 선고한 제1심판결을 유지하였다. 관련 법리에 비추어 기록을 살펴보면 원심의 위와 같은 판단은 정당하고, 거기에 상고이유의 주장과 같이 논리와 경험의 법칙을 위반하여 사실을 인정한 위법이 없다.

3. 결론

그러므로 원심판결의 무죄부분 중 업무상배임의 점에 관한 부분을 파기하고, 이 부분 사건을 다시 심리·판단하게 하기 위하여 원심법원에 환송하며, 검사의 나머지 상고를 기각하기로 하여, 관여 대법관의 일치된 의견으로 주문과 같이 판결한다.

대법관 김용덕(재판장) 전수안 양창수(주심) 이상훈

대법원 2012.5.9. 선고 2011도11264 판결

【정보통신망이용촉진및정보보호등에관한법률위반(정보통신망침해등)】

판시사항

1. 정보통신망 이용촉진 및 정보보호 등에 관한 법률 제75조의 양벌규정에서 '법인의 사용인'의 범위 및 구체적인 사안에서 '법인'이 상당한 주의 또는 감독을 게을리하였는지 판단하는 기준
2. 피고인 갑 신용정보 주식회사 소속 채권추심원들이 국민건강보험공단 사이트에 권한 없이 침입하여 정보통신망을 통하여 처리·보관되는 타인의 비밀을 침해하였다고 하여 구 정보통신망 이용촉진 및 정보보호 등에 관한 법률 위반으로 기소된 사안에서, 채권추심원들은 피고인 회사의 '사용인 또는 그 밖의 종업원'에 해당하고, 피고인 회사가 위반행위 방지에 필요한 상당한 주의 또는 관리·감독 의무를 제대로 이행하지 않았다고 보아 피고인 회사에 유죄를 인정한 원심판단을 수긍한 사례
3. 구 정보통신망 이용촉진 및 정보보호 등에 관한 법률의 양벌규정이 개정되어 법인에 대한 면책규정이 추가된 것이 형법 제1조 제2항에서 정한 '범죄 후 법률의 변경에 의하여 그 행위가 범죄를 구성하지 아니하거나 형이 구법보다 경한 경우'에 해당하는지 여부(적극)

전 문

피 고 인 피고인 주식회사

상 고 인 피고인

변 호 인 법무법인

원심판결 수원지법 2011. 8. 11. 선고 2010노5329 판결

주 문 상고를 기각한다.

이 유 상고이유를 판단한다.

1. 정보통신망 이용촉진 및 정보보호 등에 관한 법률 제75조는 "법인의 대표자나 법인 또는 개인의 대리인, 사용인, 그 밖의 종업원이 그 법인 또는 개인의 업무에 관하여 제71조부터 제73조까지 또는 제74조 제1항의 어느 하나에 해당하는 위반행위를 하면 그 행위자를 벌하는 외에 그 법인 또는 개인에게도 해당 조문의 벌금형을 과한다. 다만 법인 또는 개인이 그 위반행위를 방지하기 위하여 해당 업무에 관하여 상당한 주의와 감독을 게을리하지 아니한 경우에는 그러하지 아니하다."고 규정하고 있다.

이와 같은 양벌규정의 취지는 법인 등 업무주의 처벌을 통하여 벌칙조항의 실효성을 확보하는 데 있는 것이므로, 여기에서 말하는 법인의 사용인에는 법인과 정식 고용계약이 체결되어 근무하는 자뿐만 아니라 그 법인의 업무를 직접 또는 간접으로 수행하면서 법인의 통제·감독하에 있는 자도 포함되고(대법원 2006. 2. 24. 선고 2003도4966 판결, 대법원 2009. 4. 23. 선고 2008도11921 판결 등 참조), 이 경우 법인은 위반행위가 발생한 그 업무와 관련하여 법인이 상당한 주의 또는 관리·감독 의무를 게을리한 과실로 인하여 처벌되는 것이라 할 것인데, 구체적인 사안에서 법인이 상당한 주의 또는 감독을 게을리하였는지 여부는 당해 위반행위와 관련된 모든 사정 즉, 당해 법률의 입법 취지, 처벌조항 위반으로 예상되는 법익 침해의 정도, 위반행위에 관하여 양벌규정을 마련한 취지 등은 물론 위반행위의 구체적인 모습과 그로 인하여 실제 야기된 피해 또는 결과의 정도, 법인의 영업 규모 및 행위자에 대한 감독가능성이나 구체적인 지휘·감독 관계, 법인이 위반행위 방지를 위하여 실제 행한 조치 등을 전체적으로 종합하여 판단하여야 한다(대법원 2010. 4. 15. 선고 2009도9624 판결, 대법원 2010. 12. 9. 선고 2010도12069 판결 등 참조).

원심판결의 이유를 위와 같은 법리와 제1심이 적법하게 채택하여 조사한 증거들에 비추어 살펴보면, 원심이 그 판시와 같은 이유를 들어 이 사건 채권추심원들이 피고인의 '사용인 또는 그 밖의 종업원'에 해당하고, 피고인이 이 사건 채권추심원들의 정보통신망 이용촉진 및 정보보호 등에 관한 법률 위반행위를 방지하기 위해 필요한 상당한 주의 또는 관리·감독 의무를 제대로 이행하지 아니하였다고 판단하여 이 사건 공소사실을 유죄로 인정한 조치는 옳고, 거기에 상고이유로 주장하는 바와 같이 논리와 경험의 법칙을 위반하여 자유심증주의의 한계를 벗어나거나 정보통신망 이용촉진 및 정보보호 등에 관한 법률 제75조 본문의 '사용인, 그 밖의 종업원', 같은

조 단서의 '주의와 감독 의무'의 증명책임 및 증명의 정도 등에 관한 법리를 오해하여 필요한 심리를 다하지 아니한 위법이 없다.

2. 한편 구 정보통신망 이용촉진 및 정보보호 등에 관한 법률(2007. 1. 26. 법률 제8289호로 개정되어 2007. 7. 27. 시행되기 전의 것) 제66조의 양벌규정은 법인에 대한 면책규정을 두지 아니하였는데, 같은 법률이 2007. 12. 21. 법률 제8778호로 개정되면서 위 양벌규정이 제75조로 대체된 후 다시 2010. 3. 17. 법률 제10138호로 개정되면서 같은 조 단서에 법인이 그 대리인, 사용인, 그 밖의 종업원의 위반행위를 방지하기 위하여 해당 업무에 관하여 상당한 주의와 감독을 게을리하지 아니한 경우에는 법인을 처벌하지 아니하도록 하는 면책규정이 추가되었는바, 이는 범죄 후 법률의 변경에 의하여 그 행위가 범죄를 구성하지 아니하거나 형이 구법보다 경한 경우에 해당한다고 할 것이어서 형법 제1조 제2항에 따라 피고인에게는 위와 같이 개정된 정보통신망 이용촉진 및 정보보호 등에 관한 법률의 양벌규정이 적용되어야 할 것이다(대법원 2010. 12. 9. 선고 2010도12069 판결 참조).

원심이 이 사건 공소사실에 대하여 개정된 정보통신망 이용촉진 및 정보보호 등에 관한 법률 제75조의 양벌규정을 적용하여 이 사건 공소사실을 유죄로 인정한 것은 위 법리에 따른 것으로 정당하고, 거기에 상고이유로 주장하는 바와 같이 헌법상의 형평의 원칙 또는 평등의 원칙을 위반한 잘못이 없다.

3. 그러므로 상고를 기각하기로 하여 관여 대법관의 일치된 의견으로 주문과 같이 판결한다.

대법관 박보영(재판장) 박일환 신영철(주심) 민일영

대법원 2012.5.9. 선고 2010도2690 판결

【업무방해·명예훼손·자격모용사문서작성·자격모용작성사문서행사】

판시사항

1 형법 제307조 제2항의 '허위사실 적시에 의한 명예훼손죄' 성립 요건 및 '허위의 사실'인지 판단하는 기준

2 '허위사실 적시에 의한 명예훼손죄'에 해당하는 행위에 대하여 형법 제310조를 적용할 수 있는지 여부(소극)

3 자격모용사문서작성죄 및 자격모용작성사문서행사죄에서 '거래상 중요한 사실을 증명하는 사실증명에 관한 사문서'의 의미와 이에 해당하는지 판단하는 기준

전　문

피 고 인 피고인 1 외 2인

상 고 인 피고인들

원심판결 서울북부지법 2010. 2. 9. 선고 2009노1093 판결

주　문 상고를 모두 기각한다.

이　유 상고이유(상고이유서 제출기간 경과 후에 제출된 각 상고이유보충서의 기재는 상고이유를 보충하는 범위 내에서)를 판단한다.

1. 업무방해 및 명예훼손의 점에 대하여

가. 형법 제307조 제2항이 정하는 허위사실 적시에 의한 명예훼손죄가 성립하기 위해서는, 범인이 공연히 사실의 적시를 하여야 하고, 그 적시한 사실이 사람의 사회적 평가를 저하시키는 것으로서 허위이어야 하며, 여기서 중요한 부분이 객관적 사실과 합치되는 경우에는 세부에 있어서 진실과 약간 차이가 나거나 다소 과장된 표현이 있다 하더라도 이를 허위의 사실이라고 볼 수는 없으나, 허위의 사실인지 여부를 판단함에 있어서는 그 적시된 사실의 내용 전체의 취지를 살펴 객관적 사실과 합치하지 않는 부분이 중요한 부분인지 여부를 결정하여야 한다(대법원 2005. 4. 29. 선고 2003도2137 판결 등 참조). 또한 허위사실 적시에 의한 명예훼손죄에 해당하는 행위에 대하여는 위법성조각에 관한 형법 제310조는 적용될 여지가 없다(대법원 1993. 4. 13. 선고 92도234 판결 등 참조).

원심은, 그 채택 증거에 의하여 인정되는 판시와 같은 사정 등에 비추어 볼 때 2004. 11. 20.자 관리처분총회에서 결의한 조합원 분담금의 금액은 일반분양아파트 14채의 수입금을 조합의 총분양수입에 포함하여 산출한 것이기에 일반분양아파트의 수입금을 나중에 조합이 취득한다 하더라도 당초 결의된 분담금 금액을 더 인하하는 것이 불가능함을 피고인들이 미필적으로라도 인식하고 있었음에도, 피고인들이 '일반분양아파트 14채의 분양수입금을 찾아내어 그 수입금으로 조합원들의 분담금을 더 인하할 수 있다'라는 내용의 각 안내문을 작성, 조합원들에게 배포한 행위는 허위의 사실을 적시, 유포하여 조합과 조합장 직무대행 공소외 1의 업무를 방해함과 동시에 피해자 공소외 2의 명예를 훼손한 것이고, 피고인들이 안내문의 내용이 진실이라고 믿을만한 상당한 이유도 없어서 형법 제310조에 의해 위법성이 조각되지도 않는다고 판단하였다.

앞서 본 법리 및 기록에 비추어 살펴보면, 원심의 위와 같은 사실인정과 판단은 정당한 것으로 수긍할 수 있고, 거기에 상고이유로 주장하는 바와 같은 논리와 경험의 법칙을 위반하고 자유심증주의의 한계를 벗어나거나, 명예훼손죄의 성립이나 위법성조각사유에 관한 법리를 오해한 위법이 없다.

나. 피고인 1, 3은 공소외 1이 조합장 직무대행자의 자격이 없었기에 업무방해죄의 객체가 될 수 없다는 주장도 하고 있다.

하지만 위와 같은 상고이유의 주장은 위 피고인들이 이를 항소이유로 삼거나 원심이 직권으로 심판대상으로 삼은 바가 없는 것을 상고이유에서 비로소 주장하는 것으로서 적법한 상고이유가 되지 못한다.

2. 자격모용사문서작성 및 자격모용작성사문서행사의 점에 대하여

자격모용사문서작성죄 및 자격모용작성사문서행사죄의 객체인 사문서는 권리·의무 또는 사실증명에 관한 타인의 문서 또는 도화를 가리키고, 권리·의무에 관한 문서라 함은 권리의무의 발생·변경·소멸에 관한 사항이 기

재된 것을 말하며, 사실증명에 관한 문서는 권리·의무에 관한 문서 이외의 문서로서 거래상 중요한 사실을 증명하는 문서를 의미한다. 그리고 거래상 중요한 사실을 증명하는 문서는, 법률관계의 발생·존속·변경·소멸의 전후 과정을 증명하는 것이 주된 취지인 문서뿐만 아니라 직접적인 법률관계에 단지 간접적으로만 연관된 의사표시 내지 권리·의무의 변동에 사실상으로만 영향을 줄 수 있는 의사표시를 내용으로 하는 문서도 포함될 수 있다고 할 것인데, 이에 해당하는지 여부는 문서의 제목만을 고려할 것이 아니라 문서의 내용과 더불어 문서 작성자의 의도, 그 문서가 작성된 개관적인 상황, 문서에 적시된 사항과 그 행사가 예정된 상대방과의 관계 등을 종합적으로 고려하여 판단하여야 한다(대법원 2009. 4. 23. 선고 2008도8527 판결 참조).

원심은, 그 채택 증거에 의하여 인정되는 판시와 같은 사정 등에 비추어 볼 때 피고인 2가 2007. 8. 15.자 안내문 발송 당시 조합장 직무대행의 지위에 있지 않았고, 위 피고인 스스로도 이를 인식하고 있었으며, 위 안내문은 조합원들의 권리·의무의 변동 및 조합원들과 조합임원들 간의 법적 분쟁에 직·간접적으로 영향을 줄 수 있는 의사표시를 내용으로 하는 것으로서 자격모용사문서작성 및 동행사죄의 객체인 '사실증명에 관한 문서'에 해당한다고 판단하였다.

앞서 본 법리 및 기록에 비추어 살펴보면, 원심의 위와 같은 사실인정과 판단은 정당한 것으로 수긍할 수 있고, 거기에 상고이유로 주장하는 바와 같은 논리와 경험의 법칙을 위반하고 자유심증주의의 한계를 벗어나거나, 자격모용사문서작성 및 동행사죄의 객체에 관한 법리를 오해한 위법이 없다.

3. 결론

그러므로 상고를 모두 기각하기로 하여 관여 대법관의 일치된 의견으로 주문과 같이 판결한다.

대법관 민일영(재판장) 박일환(주심) 신영철 박보영

대법원 2012.4.26. 선고 2011도17254 판결

【폭발물사용·폭발물사용방조】

판시사항

[1] 형법 제119조 폭발물사용죄에서 '폭발물'의 의미 및 어떠한 물건이 폭발물에 해당하는지 판단하는 기준

[2] 피고인이 자신이 제작한 폭발물을 사용하여 공안을 문란하게 하였다고 하여 폭발물사용으로 기소된 사안에서, 피고인이 제작한 물건의 구조 등에 비추어 그것이 형법 제119조 제1항에 규정된 '폭발물'에 해당한다고 볼 수 없는데도, 이와 달리 보아 폭발물사용죄가 성립한다고 한 원심판결에 법리오해의 위법이 있다고 한 사례

판결요지

[1] 형법 제119조 제1항에서 규정한 폭발물사용죄는 폭발물을 사용하여 공안을 문란하게 함으로써 성립하는 공공위험범죄로서 개인의 생명, 신체 등과 아울러 공공의 안전과 평온을 보호법익으로 하는 것이고, 법정형이 사형, 무기 또는 7년 이상의 징역으로 범죄의 행위 태양에 해당하는 생명, 신체 또는 재산을 해하는 경우에 성립하는 살인죄, 상해죄, 재물손괴죄 등의 범죄를 비롯한 유사한 다른 범죄에 비하여 매우 무겁게 설정되어 있을 뿐 아니라, 형법은 제172조에서 '폭발성 있는 물건을 파열시켜 사람의 생명, 신체 또는 재산에 대하여 위험을 발생시킨 자'를 처벌하는 폭발성물건파열죄를 별도로 규정하고 있는데 그 법정형은 1년 이상의 유기징역으로 되어 있다. 이와 같은 여러 사정을 종합해 보면, 폭발물사용죄에서 말하는 폭발물이란 폭발작용의 위력이나 파편의 비산 등으로 사람의 생명, 신체, 재산 및 공공의 안전이나 평온에 직접적이고 구체적인 위험을 초래할 수 있는 정도의 강한 파괴력을 가지는 물건을 의미한다. 따라서 어떠한 물건이 형법 제119조에 규정된 폭발물에 해당하는지는 폭발작용 자체의 위력이 공안을 문란하게 할 수 있는 정도로 고도의 폭발성능을 가지고 있는지에 따라 엄격하게 판단하여야 한다.

[2] 피고인이 자신이 제작한 폭발물을 배낭에 담아 고속버스터미널 등의 물품보관함 안에 넣어 두고 폭발하게 함으로써 공안을 문란하게 하였다고 하여 폭발물사용으로 기소된 사안에서, 피고인이 제작한 물건의 구조, 그것이 설치된 장소 및 폭발 당시의 상황 등에 비추어, 위 물건은 폭발작용 자체에 의하여 공공의 안전을 문란하게 하거나 사람의 생명, 신체 또는 재산을 해할 정도의 성능이 없거나, 사람의 신체 또는 재산을 경미하게 손상시킬 수 있는 정도에 그쳐 사회의 안전과 평온에 직접적이고 구체적인 위험을 초래하여 공공의 안전을 문란하게 하기에는 현저히 부족한 정도의 파괴력과 위험성만을 가진 물건이므로 형법 제172조 제1항에 규정된 '폭발성 있는 물건'에는 해당될 여지가 있으나 이를 형법 제119조 제1항에 규정된 '폭발물'에 해당한다고 볼 수는 없는데도, 위 제작물이 폭발물에 해당한다고 보아 폭발물사용죄가 성립한다고 한 원심판결에 법리오해의 위법이 있다고 한 사례.

전 문

피 고 인 피고인 1 외 1인

상 고 인 피고인 1 및 검사(피고인 2에 대하여)

변 호 인 변호사

원심판결 서울고법 2011. 11. 24. 선고 2011노2480 판결

주 문 원심판결 중 피고인 1에 대한 부분을 파기하고, 이 부분 사건을 서울고등법원에 환송한다. 검사의 상고를 기각한다.

이 유 상고이유를 판단한다.

1. 피고인 1의 상고이유에 대하여

가. 형법 제119조 제1항이 규정한 폭발물사용죄는 폭발물을 사용하여 공안을 문란하게 함으로써 성립하는 공공위험범죄로서 개인의 생명, 신체 등과 아울러 공공의 안전과 평온을 그 보호법익으로 하는 것이고, 법정형이 사형, 무기 또는 7년 이상의 징역으로 그 범죄의 행위 태양에 해당하는 생명, 신체 또는 재산을 해하는 경우에 성립하는 살인죄, 상해죄, 재물손괴죄 등의 범죄를 비롯한 유사한 다른 범죄에 비하여 매우 무겁게 설정되어 있을 뿐 아니라, 형법은 제172조에서 '폭발성 있는 물건을 파열시켜 사람의 생명, 신체 또는 재산에 대하여 위험을 발생시킨 자'를 처벌하는 폭발성물건파열죄를 별도로 규정하고 있는데 그 법정형은 1년 이상의 유기징역으로 되어 있다. 이와 같은 여러 사정을 종합해 보면, 위 폭발물사용죄에서 말하는 폭발물이란 그 폭발작용의 위력이나 파편의 비산 등으로 사람의 생명, 신체, 재산 및 공공의 안전이나 평온에 직접적이고 구체적인 위험을 초래할 수 있는 정도의 강한 파괴력을 가지는 물건을 의미한다고 할 것이다. 따라서 어떠한 물건이 형법 제119조에 규정된 폭발물에 해당하는지 여부는 그 폭발작용 자체의 위력이 공안을 문란하게 할 수 있는 정도로 고도의 폭발성능을 가지고 있는지 여부에 따라 엄격하게 판단하여야 할 것이다.

나. 원심판결에 의하면, 원심이 유지한 제1심은 그 채택 증거 등에 의하여 판시와 같은 사실을 인정한 다음, 피고인 1이 제작한 물건 2개(이하 '이 사건 제작물')는 폭파를 목적으로 제작된 것으로 그 폭발작용 자체에 의하여 사람의 생명, 신체 또는 재산을 해하거나 기타 공안을 문란하게 하기에 족한 파괴력을 가진 것으로 볼 수 있어 형법 제119조 제1항에 규정된 폭발물에 해당한다는 이유를 들어 피고인 1에 대한 공소사실을 유죄로 판단하였다.

다. 그러나 원심의 위와 같은 판단은 다음과 같은 이유에서 이를 수긍하기 어렵다.

(1) 우선 원심이 적법하게 채택하여 조사한 증거 등에 의하면, ① 이 사건 제작물은 유리꽃병 내부에 휴대용 부탄가스통을 넣고 유리꽃병과 부탄가스 용기 사이의 두께 약 1㎝의 공간에 폭죽에서 분리한 화약을 채운 후, 발열체인 니크롬선이 연결된 전선을 유리꽃병 안의 화약에 꽂은 다음 전선을 유리꽃병 밖으로 연결하여 타이머와 배터리를 연결하고, 유리꽃병의 입구를 청테이프로 막은 상태에서, 타이머에 설정된 시각에 배터리의 전원이 연결되면 발열체의 발열에 의해 화약이 점화되는 구조로 만들어진 사실, ② 피고인 1은 이 사건 제작물을 만들어 20ℓ 크기의 배낭 2개에 나누어 넣은 다음, 공소외인을 시켜 서울역과 강남고속터미널의 물품보관함에 1개씩 넣고 문을 잠가 놓은 사실, ③ 이 사건 제작물은 배낭 속에 들어 있는 채로 물품보관함 안에 들어 있었으므로 유리꽃병이 화약의 연소로 깨지더라도 그 파편이 외부로 비산할 가능성은 없었고, 이 사건 제작물에 들어 있는 부탄가스 용기는 내압이 상승할 경우 용기의 상부 및 바닥의 만곡부분이 팽창하면서 측면이 찢어지도록 설계되어 있어 부탄가스통 자체의 폭발은 발생하지 않고, 설사 외부 유리병이 파쇄되더라도 그 파편의 비산거리가 길지는 않은 구조인 사실, ④ 실제로 이 사건 제작물 중 강남고속터미널 물품보관함에 들어 있던 것은 연소될 당시 '펑'하는 소리가 나면서 물품보관함의 열쇠구멍으로 잠시 불꽃과 연기가 나왔으나, 물품보관함 자체는 내부에 그을음이 생겼을 뿐 찌그러지거나 손상되지 않았고 그 내부에 압력이 가해진 흔적도 식별할 수 없으며, 서울역 물품보관함에 들어 있던 것은 연소될 당시 '치치치'하는 소리가 나면서 열쇠구멍에서 약 5초간 불꽃이 나온 후 많은 연기가 나왔으나 폭발음은 들리지 않은 사실 등을 알 수 있고, 그 밖에 이 사건 제작물의 폭발작용 그 자체에 의하여 사람의 생명, 신체 또는 재산에 해를 입게 하였다거나, 공안을 문란하게 하였다고 볼 만한 자료는 없다.

(2) 위와 같은 사실을 앞서 본 법리에 비추어 보면, 이 사건 제작물은 그 폭발작용 자체에 의하여 공공의 안전을 문란하게 하거나 사람의 생명, 신체 또는 재산을 해할 정도의 성능이 없거나, 사람의 신체 또는 재산을 경미하게 손상시킬 수 있는 정도에 그쳐 사회의 안전과 평온에 직접적이고 구체적인 위험을 초래하여 공공의 안전을 문란하게 하기에는 현저히 부족한 파괴력과 위험성의 정도만을 가진 물건이라 할 것이다. 따라서 이 사건 제작물은 형법 제172조 제1항에 규정된 '폭발성 있는 물건'에는 해당될 여지가 있으나 이를 형법 제119조 제1항에 규정된 '폭발물'에 해당한다고 볼 수는 없다.

그럼에도 원심은, 이 사건 제작물이 형법 제119조 제1항에 규정된 폭발물에 해당한다고 단정한 다음 피고인 1에게 폭발물사용죄가 성립한다고 판단하였는바, 이러한 원심판결에는 형법 제119조 제1항에 규정된 폭발물에 관한 법리를 오해하여 판결 결과에 영향을 미친 위법이 있다. 이 점을 지적하는 상고이유의 주장은 이유 있다.

2. 검사의 상고이유에 대하여

원심이 채용한 증거들을 기록에 비추어 살펴보면, 원심이 그 판시와 같은 이유를 들어 피고인 2에 대한 공소사실에 관하여 그 범죄의 증명이 없음을 이유로 무죄를 선고한 제1심판결을 그대로 유지한 조치는 정당한 것으로 수긍할 수 있고, 거기에 상고이유의 주장과 같이 논리와 경험의 법칙을 위반하고 자유심증주의의 한계를 벗어나거나 방조죄의 고의에 관한 법리를 오해하는 등의 위법이 없다.

3. 결론

이에 원심판결 중 피고인 1에 대한 부분을 파기하고 이 부분 사건을 다시 심리·판단하게 하기 위하여 원심법원에 환송하고, 검사의 상고를 기각하기로 하여 관여 대법관의 일치된 의견으로 주문과 같이 판결한다.

대법관 안대희(재판장) 김능환 이인복 박병대(주심)

대법원 2012.4.26. 선고 2011도17125 판결

【위계공무집행방해】

판시사항

가처분신청 시 당사자가 허위의 주장을 하거나 허위의 증거를 제출한 경우, 위계에 의한 공무집행방해죄가 성립하는지 여부(소극)

판결요지

법원은 당사자의 허위 주장 및 증거 제출에도 불구하고 진실을 밝혀야 하는 것이 그 직무이므로, 가처분신청 시 당사자가 허위의 주장을 하거나 허위의 증거를 제출하였다 하더라도 그것만으로 법원의 구체적이고 현실적인 어떤 직무집행이 방해되었다고 볼 수 없으므로 이로써 바로 위계에 의한 공무집행방해죄가 성립한다고 볼 수 없다.

전 문

피 고 인 피고인 1 외 2인

상 고 인 검사

원심판결 서울동부지법 2011. 11. 29. 선고 2011노1429 판결

주 문 상고를 모두 기각한다.

이 유 법원은 당사자의 허위 주장 및 증거 제출에도 불구하고 진실을 밝혀야 하는 것이 그 직무이므로, 가처분신청 시 당사자가 허위의 주장을 하거나 허위의 증거를 제출하였다 하더라도 그것만으로 법원의 구체적이고 현실적인 어떤 직무집행이 방해되었다고 볼 수 없으므로 이로써 바로 위계에 의한 공무집행방해죄가 성립한다고 볼 수 없다(대법원 1996. 10. 11. 선고 96도312 판결 참조).

피고인들이 허위의 매매계약서 및 영수증을 소명자료로 첨부하여 가처분신청을 하여 법원으로부터 유체동산에 대한 가처분결정을 받은 이 사건에서, 원심은 피고인들의 공소사실 기재와 같은 행위로 인하여 법원의 가처분결정 업무의 적정성이 침해되었다고 볼 여지는 있으나 법원의 구체적이고 현실적인 어떤 직무집행이 방해되었다고 할 수는 없으므로, 피고인들의 기만적인 행위로 인하여 잘못된 가처분결정이 내려졌다는 이유만으로 바로 위계에 의한 공무집행방해죄가 성립하지는 않는다고 판단한 제1심판결을 그대로 유지하였다. 이러한 원심의 판단은 앞서 본 법리에 따른 것으로 정당하고, 거기에 상고이유의 주장과 같은 위계에 의한 공무집행방해죄에 관한 법리오해의 위법이 있다고 할 수 없다.

그러므로 상고를 모두 기각하기로 하여 관여 대법관의 일치된 의견으로 주문과 같이 판결한다.

대법관 박병대(재판장) 김능환 안대희(주심) 이인복

대법원 2012.4.26. 선고 2010도6334 판결

【횡령(인정된죄명:절도)】

판시사항

1 절도죄의 성립요건 중 타인의 '점유'의 의미와 판단 기준 및 재물을 점유하는 소유자의 사망에 따라 소유권을 취득한 상속인이 그 점유를 취득하여 상속인에 대한 절도죄가 성립할 수 있는 시기

2 피고인이 내연관계에 있는 갑과 아파트에서 동거하다가, 갑의 사망으로 상속인인 을 및 병 소유에 속하게 된 부동산 등기권리증 등이 들어 있는 가방을 위 아파트에서 가지고 가 절취하였다는 내용으로 기소된 사안에서, 피고인이 가방을 들고 나온 시점에 을 등이 아파트에 있던 가방을 사실상 지배하여 점유하였다고 볼 수 없어 피고인의 행위가 절도죄를 구성한다고 할 수 없는데도, 이와 달리 보아 절도죄를 인정한 원심판결에 법리오해 등의 위법이 있다고 한 사례

판결요지

1 절도죄란 재물에 대한 타인의 점유를 침해함으로써 성립하는 것이다. 여기서의 '점유'라고 함은 현실적으로 어떠한 재물을 지배하는 순수한 사실상의 관계를 말하는 것으로서, 민법상의 점유와 반드시 일치하는 것이 아니다. 물론 이러한 현실적 지배라고 하여도 점유자가 반드시 직접 소지하거나 항상 감수하여야 하는 것은 아니고, 재물을 위와 같은 의미에서 사실상으로 지배하는지 여부는 재물의 크기·형상, 그 개성의 유무, 점유자와 재물과의 시간적·장소적 관계 등을 종합하여 사회통념에 비추어 결정되어야 한다. 그렇게 보면 종전 점유자의 점유가 그의 사망으로 인한 상속에 의하여 당연히 그 상속인에게 이전된다는 민법 제193조는 절도죄의 요건으로서의 '타인의 점유'와 관련하여서는 적용의 여지가 없고, 재물을 점유하는 소유자로부터 이를 상속받아 그 소유권을 취득하였다고 하더라도 상속인이 그 재물에 관하여 위에서 본 의미에서의 사실상의 지배를 가지게 되어야만 이를 점유하는 것으로서 그때부터 비로소 상속인에 대한 절도죄가 성립할 수 있다.

2 피고인이 내연관계에 있는 갑과 아파트에서 동거하다가, 갑의 사망으로 갑의 상속인인 을 및 병 소유에 속하게 된 부동산 등기권리증 등 서류들이 들어 있는 가방을 위 아파트에서 가지고 가 절취하였다는 내용으로 기소된 사안에서, 피고인이 갑의 사망 전부터 아파트에서 갑과 함께 거주하였고, 갑의 자식인 을 및 병은 위 아파트에서 전혀 거주한 일이 없이 다른 곳에서 거주·생활하다가 갑의 사망으로 아파트 등의 소유권을 상속하였으나, 을 및 병이 갑 사망 후 피고인이 가방을 가지고 가기까지 그들의 소유권 등에 기하여 아파트 또는 그곳에 있던 가방의 인도 등을 요구한 일이 전혀 없는 사정 등에 비추어, 피고인이 가방을 들고 나온 시점에 을 및 병이 아파트에 있던 가방을 사실상 지배하여 점유하고 있었다고 볼 수 없어 피고인의 행위가 을 등의 가방에 대한 점유를 침해하여 절도죄를 구성한다고 할 수 없는데도, 이와 달리 보아 절도죄를 인정한 원심판결에 절도죄의 점유에 관한 법리오해 등의 위법이 있다고 한 사례.

전 문

피 고 인 피고인

상 고 인 피고인

변 호 인 변호사

원심판결 대전지법 2010. 5. 4. 선고 2010노382 판결

주 문 원심판결을 파기하고, 사건을 대전지방법원 본원 합의부에 환송한다.

이 유 상고이유를 판단한다.

1. 이 사건 공소사실의 요지는 다음과 같다.

피고인은 공소외 1과 사실혼관계에 있으면서 의정부시 민락동 576 민락1차 청구아파트 (동호수 생략)(이하 '이 사건 아파트'라고 한다)에서 공소외 1과 동거하였다. 공소외 1이 2005. 8. 23.경 갑작스럽게 사망하자 피고인은 같은 달 26일경 이 사건 아파트에서 동두천시 지행동 소재 부동산, 동두천시 송내동 소재 부동산 지분 및 이 사건 아파트 등에 관한 등기권리증 3장, 양주시 소재 현진에버빌 아파트에 관한 분양계약서 1장, 서울 중구 남창동 소재 삼익패션타운상가에 관한 임대차계약서 1장 및 공소외 2에 대한 차용증 1장이 들어 있는 가방(이하 '이 사건 가방'이라고 한다)을 가지고 갔다. 그러나 위의 서류들이 들어 있는 이 사건 가방은 피해자 공소외 3 및 공소외 4가 공소외 1로부터 상속받아 그들의 소유에 속하게 된 것으로서, 위와 같이 하여 피고인은 그가 이 사건 가방을 절취하였다는 것이다.

2. 이에 대하여 원심은 다음과 같은 이유로 피고인의 절도죄를 인정하였다.

즉, 형법상 점유의 상속은 인정되지 아니한다. 그러나 공소외 1의 사망으로 이 사건 가방이 있던 이 사건 아파트의 소유권이 상속인들에게 이전되어 상속인들이 이 사건 아파트에 관한 지배·관리권을 취득한 이상, 상속인들이 그 안에 있던 위 가방의 존재를 구체적으로 인식하지 못하였더라도 위 가방을 점유하게 되었다고 봄이 상당하다. 결국 피고인이 이 사건 가방을 가지고 간 행위는 상속인들의 소유권뿐만 아니라 그 점유를 침해한 것으로서 절도죄에 해당한다는 것이다.

3. 그러나 원심의 판단은 수긍할 수 없다.

가. 절도죄란 재물에 대한 타인의 점유를 침해함으로써 성립하는 것이다. 여기서의 '점유'라고 함은 현실적으로 어떠한 재물을 지배하는 순수한 사실상의 관계를 말하는 것으로서, 민법상의 점유와 반드시 일치하는 것이 아니다. 물론 이러한 현실적 지배라고 하여도 점유자가 반드시 직접 소지하거나 항상 감수(감수)하여야 하는 것은 아니고, 재물을 위와 같은 의미에서 사실상으로 지배하는지 여부는 재물의 크기·형상, 그 개성의 유무, 점유자와 재물과의 시간적·장소적 관계 등을 종합하여 사회통념에 비추어 결정되어야 한다(대법원 1981. 8. 25. 선고 80도509 판결 등 참조).

그렇게 보면 종전 점유자의 점유가 그의 사망으로 인한 상속에 의하여 당연히 그 상속인에게 이전된다는 민법 제193조는 절도죄의 요건으로서의 '타인의 점유'와 관련하여서는 적용의 여지가 없고, 재물을 점유하는 소유자로부터 이를 상속받아 그 소유권을 취득하였다고 하더라도 상속인이 그 재물에 관하여 위에서 본 의미에서의 사실상의 지배를 가지게 되어야만 이를 점유하는 것으로서 그때부터 비로소 상속인에 대한 절도죄가 성립할 수 있다.

나. 기록에 의하면, 피고인이 공소외 1과 내연관계에 있어 그의 사망 전부터 이 사건 아파트에서 공소외 1과 함께 거주한 사실, 공소외 1이 그 전처 공소외 5와의 사이에 얻은 자식인 공소외 3 및 공소외 4는 이 사건 아파트에서 전혀 거주한 일이 없고 공소외 5와 같이 다른 곳에서 거주·생활하여 왔으나, 공소외 1의 사망으로 이 사건 아파트 등의 소유권을 상속한 사실, 공소외 3 및 공소외 4가 공소외 1이 사망한 후 피고인이 이 사건 아파트로부터 이 사건 가방을 가지고 가기까지 그들의 소유권 등에 기하여 이 사건 아파트 또는 그곳에 있던 이 사건 가방의 인도 등을 요구한 일이 전혀 없는 사실, 다만 공소외 1의 형인 공소외 6이 피고인에게 이 사건 아파트의 문을 열어 달라고 요구하였다가 거부당하자 2005. 8. 29.경 이 사건 아파트 현관문의 열쇠를 교체한 사실을 인정할 수 있다.

그렇다면 파고인이 이 사건 아파트에서 이 사건 가방을 들고 나온 2005. 8. 26.경에 공소외 3 및 공소외 4가 이 사건 아파트에 있던 이 사건 가방을 사실상 지배하여 이를 점유하고 있었다고 볼 수 없고, 따라서 그렇다면 피고인이 이 사건 가방을 가지고 간 행위가 공소외 3 등의 이 사건 가방에 대한 점유를 침해하여 절도죄를 구성한다고 할 수 없다.

그럼에도 원심이 그 판시와 같은 이유로 피고인이 이 사건 가방을 들고 나온 것이 피해자들의 이 사건 가방에 대한 점유를 침해한 것이라고 인정한 제1심판결을 그대로 유지한 것에는 절도죄에서의 점유에 관한 법리를 오해하거나 논리와 경험칙에 반하여 사실을 잘못 인정하여 판결에 영향을 미친 위법이 있다 할 것이다. 이를 지적하는 상고이유의 주장은 이유 있다.

4. 그러므로 나머지 상고이유에 대한 판단을 생략한 채 원심판결을 파기하고, 사건을 다시 심리·판단하게 하기 위하여 원심법원으로 환송하기로 하여, 관여 대법관의 일치된 의견으로 주문과 같이 판결한다.

대법관 김용덕(재판장) 전수안 양창수(주심) 이상훈

대법원 2012.4.26. 선고 2010도5693 판결

【강제집행면탈】

판시사항

1 국세징수법에 의한 체납처분을 면탈할 목적으로 재산을 은닉하는 등의 행위가 강제집행면탈죄의 규율대상인지 여부(소극)

2 '보조금의 예산 및 관리에 관한 법률' 제33조에서 '반환하여야 할 보조금에 대하여는 국세징수의 예에 따라 이를 징수할 수 있다'고 규정한 것이 민사집행법에 의한 강제집행과 국세체납처분에 의한 강제징수 중에서 선택할 수 있도록 허용한 규정인지 여부(소극)

판결요지

1 형법 제327조의 강제집행면탈죄가 적용되는 강제집행은 민사집행법의 적용대상인 강제집행 또는 가압류·가처분 등의 집행을 가리키는 것이므로, 국세징수법에 의한 체납처분을 면탈할 목적으로 재산을 은닉하는 등의 행위는 위 죄의 규율대상에 포함되지 않는다.

2 '보조금의 예산 및 관리에 관한 법률'(이하 '보조금관리법'이라 한다) 제30조 제1항, 제31조 제1항에 의한 보조금 교부결정취소 및 보조금 반환명령은 행정처분이고 그 처분이 있어야 반환의무가 발생하므로, 반환받을 보조금에 대한 징수권은 공법상 권리로서 사법상 채권과는 성질을 달리한다. 따라서 보조금관리법 제33조에서 '반환하여야 할 보조금에 대하여는 국세징수의 예에 따라 이를 징수할 수 있다'고 규정한 것은 보조금의 반환에 대하여는 국세체납처분의 예에 따라 강제징수할 수 있도록 한 것뿐이고, 이를 민사집행법에 의한 강제집행과 국세체납처분에 의한 강제징수 중에서 선택할 수 있도록 허용한 규정이라고 볼 것은 아니다.

전 문

피 고 인 피고인 1 외 3인

상 고 인 검사

변 호 인 변호사

원심판결 서울서부지법 2010. 4. 22. 선고 2009노1155 판결

주 문 상고를 모두 기각한다.

이 유 상고이유를 판단한다.

형법 제327조의 강제집행면탈죄가 적용되는 강제집행은 민사집행법의 적용대상인 강제집행 또는 가압류·가처분 등의 집행을 가리키는 것이므로(대법원 1972. 5. 31. 선고 72도1090 판결 참조), 국세징수법에 의한 체납처분을 면탈할 목적으로 재산을 은닉하는 등의 행위는 위 죄의 규율대상에 포함되지 않는다.

한편 구 「보조금의 예산 및 관리에 관한 법률」(2009. 1. 30. 법률 제9347호로 개정되기 전의 것, 이하 '구 보조금관리법') 제30조 제1항, 제31조 제1항에 의한 보조금의 교부결정취소 및 보조금 반환명령은 행정처분이고 그 처분이 있어야 반환의무가 발생하는 것이므로, 반환받을 보조금에 대한 징수권은 공법상의 권리로서 사법상의 채권과는 그 성질을 달리한다(대법원 2012. 3. 15. 선고 2011다17328 판결 참조). 따라서 구 보조금관리법 제33조가 '반환하여야 할 보조금에 대하여는 국세징수의 예에 따라 이를 징수할 수 있다'고 규정한 것은 보조금의 반환에 대하여는 국세체납처분의 예에 따라 강제징수할 수 있도록 한 것뿐이고, 이를 상고이유의 주장처럼 민사집행법에 의한 강제집행과 국세체납처분에 의한 강제징수 중에서 선택할 수 있도록 허용한 규정이라고 볼 것은 아니다.

원심이 같은 취지에서 이 사건 공소사실을 무죄로 인정한 제1심판결의 결론을 유지한 조치는 정당하고, 거기에 상고이유에서 주장하는 바와 같은 법리오해의 위법은 없다. 상고이유의 주장은 이유 없다.

그러므로 상고를 모두 기각하기로 하여 관여 대법관의 일치된 의견으로 주문과 같이 판결한다.

대법관 안대희(재판장) 김능환 이인복 박병대(주심)

대법원 2012.4.26. 선고 2010도11771 판결

【절도(예비적죄명:권리행사방해)】

판시사항

[1] 이른바 명의신탁 자동차의 소유권 귀속 관계

[2] 피고인이 자신의 모 갑 명의로 구입·등록하여 갑에게 명의신탁한 자동차를 을에게 담보로 제공한 후 을 몰래 가져가 절취하였다는 내용으로 기소된 사안에서, 을이 점유하고 있는 자동차를 임의로 가져간 이상 절도죄가 성립한다고 본 원심판단을 정당하다고 한 사례

판결요지

[1] 당사자 사이에 자동차의 소유권을 등록명의자 아닌 자가 보유하기로 약정한 경우, 약정 당사자 사이의 내부관계에서는 등록명의자 아닌 자가 소유권을 보유하게 된다고 하더라도 제3자에 대한 관계에서는 어디까지나 등록명의자가 자동차의 소유자라고 할 것이다.

[2] 피고인이 자신의 모 갑 명의로 구입·등록하여 갑에게 명의신탁한 자동차를 을에게 담보로 제공한 후 을 몰래 가져가 절취하였다는 내용으로 기소된 사안에서, 을에 대한 관계에서 자동차의 소유자는 갑이고 피고인은 소유자가 아니므로 을이 점유하고 있는 자동차를 임의로 가져간 이상 절도죄가 성립한다고 본 원심판단을 정당하다고 한 사례.

전 문

피 고 인 피고인

상 고 인 피고인

변 호 인 법무법인

원심판결 의정부지법 2010. 8. 27. 선고 2009노2823 판결

주 문 상고를 기각한다.

이 유 상고이유를 판단한다.

1. 제1점에 대하여

원심판결 이유를 원심 및 제1심이 적법하게 채택한 증거들에 비추어 살펴보면, 원심이 피고인이 이 사건 승용차를 피해자 몰래 임의로 가져간 사실을 인정한 것은 정당하고, 거기에 논리와 경험의 법칙을 위반하고 자유심증주의의 한계를 벗어나 사실을 잘못 인정한 위법이 없다.

2. 제2점에 대하여

당사자 사이에 자동차의 소유권을 그 등록명의자 아닌 자가 보유하기로 약정한 경우, 그 약정 당사자 사이의 내부관계에 있어서는 등록명의자 아닌 자가 소유권을 보유하게 된다고 하더라도 제3자에 대한 관계에 있어서는 어디까지나 그 등록명의자가 자동차의 소유자라고 할 것이다(대법원 2003. 5. 30. 선고 2000도5767 판결, 대법원 2007. 1. 11. 선고 2006도4498 판결 등 참조).

원심은 그 채택 증거에 의하여 판시와 같은 사실을 인정한 다음, 이 사건 승용차는 피고인이 어머니인 공소외인 명의로 구입하여 공소외인 명의로 등록한 명의신탁 차량이므로, 제3자인 피해자에 대한 관계에서 이 사건 승용차의 소유자는 공소외인이고 피고인은 그 소유자가 아니라고 판단하였는바, 이러한 원심의 판단은 위 법리에 따른 것으로서 정당하다. 원심판결에 상고이유에서 주장하는 바와 같이 명의신탁된 자동차의 소유권 귀속에 관한 법리를 오해한 위법은 없다.

3. 제3점에 대하여

형법상 절취란 타인이 점유하고 있는 자기 이외의 자의 소유물을 점유자의 의사에 반하여 그 점유를 배제하고 자기 또는 제3자의 점유로 옮기는 것을 말하고, 절도죄의 성립에 필요한 불법영득의 의사라 함은 타인의 물건을 그 권리자를 배제하고 자기의 소유물과 같이 그 경제적 용법에 따라 이용·처분하고자 하는 의사를 말한다.

따라서 단순히 타인의 점유만을 침해하였다고 하여 그로써 곧 절도죄가 성립하는 것은 아니나, 재물의 소유권 또는 이에 준하는 본권을 침해하는 의사가 있으면 되고 반드시 영구적으로 보유할 의사가 필요한 것은 아니며, 그것이 물건 그 자체를 영득할 의사인지 물건의 가치만을 영득할 의사인지를 불문한다(대법원 1992. 9. 8. 선고 91도3149 판결, 대법원 2006. 3. 24. 선고 2005도8081 판결 등 참조).

원심은, 피고인이 피해자에게 담보로 제공하여 피해자가 점유하고 있는 이 사건 승용차를 피해자 몰래 임의로 가져간 이상 절도죄가 성립한다고 판단하였는바, 이러한 원심의 판단은 위 법리에 비추어 정당하고, 거기에 절도죄에서의 불법영득의사에 관한 법리를 오해하는 등의 위법이 없다.

4. 결론

그러므로 상고를 기각하기로 하여 관여 대법관의 일치된 의견으로 주문과 같이 판결한다.

대법관 이상훈(재판장) 전수안(주심) 양창수 김용덕

대법원 2012.4.13. 선고 2012도1101 판결

【특정경제범죄가중처벌등에관한법률위반(사기)·사기·사문서위조·위조사문서행사·위증교사】

판시사항

1. 채무자의 기망행위로 인하여 채권자가 채무를 확정적으로 소멸 내지 면제시키는 특약 등 처분행위를 한 경우, 채무의 면제라고 하는 재산상 이익에 관한 사기죄가 성립하는지 여부(적극) 및 후에 재산적 처분행위가 사기를 이유로 취소될 수 있다고 하여 달리 보아야 하는지 여부(소극)
2. 피고인이 피해자들을 기망하여 부동산을 매도하면서 매매대금 중 일부를 피해자들의 피고인에 대한 기존 채권과 상계하는 방법으로 지급받아 채무 소멸의 재산상 이익을 취득하였다는 내용으로 기소된 사안에서, 피고인이 상계에 의하여 기존 채무가 소멸되는 재산상 이익을 취득하였다고 보아 사기죄를 인정한 원심판단을 정당하다고 한 사례

판결요지

1. 사기죄에서 '재산상의 이익'이란 채권을 취득하거나 담보를 제공받는 등의 적극적 이익뿐만 아니라 채무를 면제받는 등의 소극적 이익까지 포함하며, 채무자의 기망행위로 인하여 채권자가 채무를 확정적으로 소멸 내지 면제시키는 특약 등 처분행위를 한 경우에는 채무의 면제라고 하는 재산상 이익에 관한 사기죄가 성립하고, 후에 재산적 처분행위가 사기를 이유로 민법에 따라 취소될 수 있다고 하여 달리 볼 것은 아니다.
2. 피고인이 피해자들을 기망하여 부동산을 매도하면서 매매대금 중 일부를 피해자들의 피고인에 대한 기존 채권과 상계하는 방법으로 지급받아 채무 소멸의 재산상 이익을 취득하였다는 내용으로 기소된 사안에서, 피고인이 상계에 의하여 기존 채무가 소멸되는 재산상 이익을 취득하였다고 보아 사기죄를 인정한 원심판단을 정당하다고 한 사례.

전 문

피 고 인 피고인

상 고 인 피고인

변 호 인 변호사

원심판결 서울고법 2012. 1. 5. 선고 2010노3505, 2011노2004, 3208 판결

주 문 상고를 기각한다.

이 유

상고이유를 판단한다.

1. 상고이유 제1점에 대하여

원심판결 이유를 원심이 적법하게 채택한 증거들에 비추어 살펴보면, 판시와 같은 이유로 피고인이 공소외 1로 하여금 이 사건 위조계약서를 작성하도록 함으로써 이를 위조하고, 이 사건 위조계약서를 공소외 2, 3에게 제시함으로써 행사하였으며, 위와 같이 위조계약서를 공소외 2, 3에게 제시하면서 그들을 속여 매매대금 명목으로 금원을 편취하였다는 요지의 이 부분 공소사실이 인정된다고 판단하여 사실오인에 관한 항소이유를 배척한 원심판결에, 논리와 경험의 법칙에 위배되거나 자유심증주의의 한계를 벗어난 위법이 없다.

2. 상고이유 제2점에 대하여

교사범이 성립하기 위하여는 범행의 일시, 장소, 방법 등의 세부적인 사항까지를 특정하여 교사할 필요는 없고, 정범으로 하여금 일정한 범죄의 실행을 결의할 정도에 이르게 하면 교사범이 성립된다(대법원 1991. 5. 14. 선고 91도542 판결 등 참조).

원심은, 피고인이 공소외 4에게 "종중과 평당 87만 원에 계약을 체결하려고 했던 것은 맞고 평당 87만 원 계약서에 종중 총무가 직접 날인했다. 공소외 2, 3은 평당 625,000원인 것을 알고 매수한 것이다."고 증언해 달라

고 부탁하여 공소외 4로 하여금 이 사건 제1심 법정에서 기억에 반하는 허위의 진술을 하게 함으로써 위증을 교사하였다는 요지의 이 부분 공소사실에 대하여, 판시와 같은 사정을 종합해 보면, 피고인이 공소외 4에게 위와 같은 취지로 증언해 줄 것을 부탁하였고, 공소외 4는 피고인이 어떤 내용으로 증언해 줄 것을 부탁하는지 인식하고 그러한 부탁의 취지에 따라 증언하였음을 충분히 인정할 수 있다는 이유로 이를 유죄로 판단하여, 사실오인 및 법리오해에 관한 항소이유를 배척하였다.

위 법리와 원심이 적법하게 채택한 증거들에 비추어 살펴보면, 원심의 이러한 판단에 논리와 경험의 법칙에 위배되거나 자유심증주의의 한계를 벗어난 위법 또는 교사범의 성립에 관한 법리를 오해한 위법이 없다.

3. 상고이유 제3점에 대하여

원심판결 이유를 원심이 적법하게 채택한 증거들에 비추어 살펴보면, 판시와 같은 이유로 피고인이 공소외 5에게 2억 원을 빌려주면 6개월 후에 6억 5,000만 원을 돌려줄 수 있는 것처럼 거짓말하여 그로부터 2억 원을 편취하였다는 요지의 이 부분 공소사실이 인정된다고 판단하여 사실오인에 관한 항소이유를 배척한 원심판결에, 논리와 경험의 법칙에 위배되거나 자유심증주의의 한계를 벗어난 위법이 없다.

4. 상고이유 제4점에 대하여

사기죄의 구성요건인 편취의 범의는 피고인이 자백하지 않는 이상 범행 전후의 피고인의 재력, 환경, 범행의 내용, 거래의 이행과정 등과 같은 객관적인 사정 등을 종합하여 판단할 수밖에 없는 것이고, 타인으로부터 금전을 차용하는 경우에 그 차용한 금전의 용도나 변제할 자금의 마련방법에 관하여 사실대로 고지하였더라면 상대방이 응하지 않았을 경우에 그 용도나 변제자금의 마련방법에 관하여 진실에 반하는 사실을 고지하여 금전을 교부받은 경우에는 사기죄가 성립한다(대법원 2005. 9. 15. 선고 2003도5382 판결 등 참조).

원심은, 피고인이 피해자 공소외 6으로부터 빌린 돈을 공소외 7에 대한 기존 채무의 변제에 사용할 생각이었을 뿐 사업자금으로 사용할 것은 아니었고 자력이 없어 공소외 6으로부터 돈을 빌리더라도 이를 변제할 의사나 능력이 없었음에도 공소외 7과 공모하여, 공소외 6에게 파주에서 부동산 사업을 위한 공사비가 필요한데 파주시 검산동 소재 토지에 대한 가압류 관련 채권이 있고 파주시 동패리 소재 토지에 대한 수용보상금 중 30%를 받을 수 있으니 5억 원을 빌려주면 2개월 후에 합계 6억 원을 변제하겠다고 거짓말하여 그로부터 5억 원을 편취하였다는 요지의 이 부분 공소사실에 대하여, 원심 판시와 같이 공소외 6이 피고인 등의 말을 믿고서 별다른 담보를 확보하지 않고 돈을 빌려 주었는데, 위 가압류 관련 채권에 관하여는 피보전채권의 존부 및 범위가 확정되지 않은 상태였고 실제로 가압류를 통하여 권리를 확보할 수 있는지 여부도 불투명하였으며 위 수용보상금에 관하여도 수용보상금 지급이 확정되지 않았고 사업 진행 여부 자체도 불투명한 상황인 사정 및 차용 당시의 피고인의 자력 등에 비추어, 피고인이 위와 같이 5억 원을 차용할 당시에 그로부터 불과 2개월 후까지 피해자에게 차용원리금 합계 6억 원을 변제할 의사나 능력이 없었음을 충분히 인정할 수 있다는 이유로 이를 유죄로 판단하여, 사실오인에 관한 항소이유를 배척하였다.

위 법리와 원심이 적법하게 채택한 증거들에 비추어 살펴보면, 원심의 이러한 판단에 논리와 경험의 법칙에 위배되거나 자유심증주의의 한계를 벗어난 위법 또는 편취범의에 관한 법리를 오해한 위법이 없다.

5. 상고이유 제5점에 대하여

사기죄에서의 '재산상의 이익'이란 채권을 취득하거나 담보를 제공받는 등의 적극적 이익뿐만 아니라 채무를 면제받는 등의 소극적 이익까지 포함하며, 채무자의 기망행위로 인하여 채권자가 채무를 확정적으로 소멸 내지 면제시키는 특약 등의 처분행위를 한 경우에는 채무의 면제라고 하는 재산상 이익에 관한 사기죄가 성립되고(대법원 2009. 2. 12. 선고 2008도10971 판결 등 참조), 후에 그 재산적 처분행위가 사기를 이유로 민법에 따라 취소될 수 있다고 하여 달리 볼 것은 아니다.

원심은, 판시와 같은 이유로 피고인이 공소외 8, 9를 기망하여 부동산 매매대금 명목으로, 공소외 8로부터 2억 875만 원을 송금받아 편취하고, 나머지 매매대금 7,125만 원은 공소외 8의 피고인에 대한 기존 채권으로 상계하기로 하여 기존 채무가 소멸되는 재산상 이익을 취득하였으며, 공소외 9로부터 1억 1,875만 원을 받아 편취하고, 나머지 매매대금 9,125만 원은 공소외 9의 피고인에 대한 기존 채권으로 상계하기로 하여 기존 채무가 소멸되는 재산상 이익을 취득하였다는 요지의 이 부분 공소사실이 인정된다고 본 제1심판결이 정당하다고 판단하여, 사실오인에 관한 항소이유를 배척하였다.

원심판결 이유를 위 법리와 원심이 적법하게 채택한 증거들에 비추어 살펴보면, 이러한 원심의 판단에 논리와 경험의 법칙에 위배되거나 자유심증주의의 한계를 벗어난 위법 또는 사기죄의 재산상 이익의 취득에 관한 법리를 오해한 위법이 없다.

6. 결론

그러므로 상고를 기각하기로 하여, 관여 대법관의 일치된 의견으로 주문과 같이 판결한다.

대법관 전수안(재판장) 양창수 김용덕(주심)

대법원 2012.3.29. 선고 2011도7704 판결

【통화위조】

판시사항

[1] 형법 제207조 통화위조죄 등에서 '행사할 목적'의 의미 및 자신의 신용력을 증명하기 위하여 타인에게 보일 목적으로 통화를 위조한 경우, 행사할 목적이 인정되는지 여부(소극)

[2] 통화위조죄와 위조통화행사죄의 객체인 '위조통화'가 유통과정에서 일반인이 진정한 통화로 오인할 정도의 외관을 갖추어야 하는지 여부(적극)

판결요지

[1] 형법 제207조에서 정한 '행사할 목적'이란 유가증권위조의 경우와 달리 위조·변조한 통화를 진정한 통화로서 유통에 놓겠다는 목적을 말하므로, 자신의 신용력을 증명하기 위하여 타인에게 보일 목적으로 통화를 위조한 경우에는 행사할 목적이 있다고 할 수 없다.

[2] 통화위조죄와 위조통화행사죄의 객체인 위조통화는 유통과정에서 일반인이 진정한 통화로 오인할 정도의 외관을 갖추어야 한다.

전 문

피 고 인 피고인

상 고 인 검사

원심판결 대전고법 2011. 6. 2. 선고 (청주)2011노45 판결

주 문 상고를 기각한다.

이 유 상고이유를 판단한다.

형법 제207조 소정의 '행사할 목적'이란 유가증권위조의 경우와 달리, 위조, 변조한 통화를 진정한 통화로서 유통에 놓겠다는 목적을 말하므로, 자신의 신용력을 증명하기 위하여 타인에게 보일 목적으로 통화를 위조한 경우에는 행사할 목적이 있다고 할 수 없다.

그리고 통화위조죄와 위조통화행사죄의 객체인 위조통화는 그 유통과정에서 일반인이 진정한 통화로 오인할 정도의 외관을 갖추어야 한다(대법원 1985. 4. 23. 선고 85도570 판결).

원심판결과 원심이 유지한 제1심판결 이유를 기록에 비추어 살펴보면, 같은 취지에서 원심이 그 판시와 같은 이유를 들어 이 사건 공소사실에 대하여 범죄의 증명이 없다고 하여 무죄를 선고한 제1심판결을 그대로 유지한 것은 정당하고, 거기에 논리와 경험의 법칙을 위반하고 자유심증주의의 한계를 벗어나거나 통화위조죄에 관한 법리를 오해하는 등의 위법이 없다.

그러므로 상고를 기각하기로 하여 관여 대법관의 일치된 의견으로 주문과 같이 판결한다.

대법관 박병대(재판장) 김능환 안대희(주심) 이인복

대법원 2012.3.22. 선고 2011도15057,2011전도249 전원합의체 판결

【강간상해·강도상해·상해·부착명령】

판시사항

1 '특정 범죄자에 대한 위치추적 전자장치 부착 등에 관한 법률' 제5조 제1항 제3호에서 부착명령청구 요건으로 정한 '성폭력범죄를 2회 이상 범하여(유죄의 확정판결을 받은 경우를 포함한다)'에 '소년보호처분을 받은 전력'이 포함되는지 여부(소극)

2 피고인이 성폭력범죄로 소년보호처분을 받은 전력이 있는데 다시 강간상해죄를 범하여 '특정 범죄자에 대한 위치추적 전자장치 부착 등에 관한 법률' 제5조 제1항 제3호에 근거하여 부착명령이 청구된 사안에서, '성폭력범죄를 2회 이상 범한 경우'에 해당하지 않는다고 보아 부착명령청구를 기각한 원심판단을 정당하다고 한 사례

판결요지

1 [다수의견]

(가) 죄형법정주의 원칙상 형벌법규는 문언에 따라 엄격하게 해석·적용하여야 하고 피고인에게 불리한 방향으로 지나치게 확장해석하거나 유추해석하여서는 안 되는 것이 원칙이고, 이는 특정 범죄자에 대한 위치추적 전자장치 부착명령의 요건을 해석할 때에도 마찬가지이다.

(나) '특정 범죄자에 대한 위치추적 전자장치 부착 등에 관한 법률'(이하 '전자장치부착법'이라 한다) 제5조 제1항 제3호는 검사가 전자장치 부착명령을 법원에 청구할 수 있는 경우 중의 하나로 '성폭력범죄를 2회 이상 범하여(유죄의 확정판결을 받은 경우를 포함한다) 그 습벽이 인정된 때'라고 규정하고 있는데, 이 규정 전단은 문언상 '유죄의 확정판결을 받은 전과사실을 포함하여 성폭력범죄를 2회 이상 범한 경우'를 의미한다고 해석된다. 따라서 피부착명령청구자가 소년법에 의한 보호처분(이하 '소년보호처분'이라고 한다)을 받은 전력이 있다고 하더라도, 이는 유죄의 확정판결을 받은 경우에 해당하지 아니함이 명백하므로, 피부착명령청구자가 2회 이상 성폭력범죄를 범하였는지를 판단할 때 소년보호처분을 받은 전력을 고려할 것이 아니다. [대법관 안대희, 대법관 양창수, 대법관 박병대, 대법관 김용덕의 반대의견] 전자장치부착법 제5조 제1항 제3호에서 정한 2회 이상의 성폭력범죄에 소년보호처분을 받은 성폭력범죄 행위가 포함될 수 있고, 다른 사정들과 함께 종합하여 성폭력범죄의 습벽이 인정되는 경우에는 위 규정에 해당된다고 해석하여야 한다. 이러한 해석이 위 규정의 문언 및 전자장치부착법의 목적과 위 규정의 취지에 비추어 타당하다.

2 피고인이 성폭력범죄로 소년법에 의한 보호처분을 받은 전력이 있는데 다시 강간상해죄를 범하여 '특정 범죄자에 대한 위치추적 전자장치 부착 등에 관한 법률' 제5조 제1항 제3호에 근거하여 부착명령이 청구된 사안에서, 피부착명령청구자가 피고사건 범죄사실인 강간상해죄를 1회 범한 것 외에 과거에 성폭력범죄로 소년보호처분을 받은 사실이 있다는 사유만으로는 위 규정에서 정한 '성폭력범죄를 2회 이상 범한 경우'에 해당하지 않는다고 보아 부착명령청구를 기각한 원심판단을 정당하다고 한 사례.

전 문

피고인 겸 피부착명령청구자 피고인

상 고 인 검사

변 호 인 변호사

원심판결 서울고법 2011. 10. 20. 선고 2011노2247, 2011전노290 판결

주 문 상고를 모두 기각한다.

이 유 상고이유를 판단한다.

1. 피고사건에 관하여

원심이 그 판시와 같은 이유로 이 사건 공소사실 중 강도상해의 점에 대하여 범죄사실의 증명이 없는 때에 해당한다고 보아 무죄를 선고한 데에 논리와 경험의 법칙에 반하거나 자유심증주의의 한계를 벗어난 위법은 없다. 그에 관련한 상고이유는 적법한 상고이유가 되지 못한다.

또한 검사는 원심판결의 유죄 부분에 대하여도 상고를 제기하였으나, 상고장에 이유의 기재가 없고 상고이유서에도 그에 관한 기재는 없다.

2. 부착명령청구사건에 관하여

죄형법정주의의 원칙상 형벌법규는 문언에 따라 엄격하게 해석·적용하여야 하고 피고인에게 불리한 방향으로 지나치게 확장해석하거나 유추해석하여서는 안 되는 것이 원칙이고, 이는 특정 범죄자에 대한 위치추적 전자장치 부착명령의 요건의 해석에 있어서도 마찬가지이다.

특정 범죄자에 대한 위치추적 전자장치 부착 등에 관한 법률(이하 '전자장치부착법'이라 한다) 제5조 제1항 제3호는 검사가 전자장치 부착명령을 법원에 청구할 수 있는 경우 중의 하나로 '성폭력범죄를 2회 이상 범하여(유죄의 확정판결을 받은 경우를 포함한다) 그 습벽이 인정된 때'라고 규정하고 있는바, 이 규정 전단은 그 문언상 '유죄의 확정판결을 받은 전과사실을 포함하여 성폭력범죄를 2회 이상 범한 경우'를 의미한다고 해석된다. 따라서 피부착명령청구자가 소년법에 의한 보호처분(이하 '소년보호처분'이라고 한다)을 받은 전력이 있다고 하더라도, 이는 유죄의 확정판결을 받은 경우에 해당하지 아니함이 명백하므로, 피부착명령청구자가 2회 이상 성폭력범죄를 범하였는지를 판단함에 있어 그 소년보호처분을 받은 전력을 고려할 것이 아니다.

원심이 같은 취지에서, 피부착명령청구자가 이 사건 피고사건의 범죄사실인 성폭력범죄를 1회 범한 것 외에 과거에 성폭력범죄로 소년보호처분을 받은 사실이 있다는 사유만으로는 전자장치부착법 제5조 제1항 제3호가 정한 성폭력범죄를 2회 이상 범한 경우에 해당하지 않는다고 판단하여 검사의 부착명령청구를 기각한 것은 정당하고, 거기에 상고이유에서 주장하는 바와 같이 위 규정의 해석에 관한 법리를 오해한 위법은 없다.

3. 결론

그러므로 상고를 모두 기각하기로 하여 주문과 같이 판결한다. 이 판결에는 부착명령청구사건에 관하여 대법관 안대희, 대법관 양창수, 대법관 박병대, 대법관 김용덕의 반대의견이 있는 외에는 관여 법관의 의견이 일치하였으며, 다수의견에 대한 대법관 전수안, 대법관 신영철, 대법관 이인복, 대법관 이상훈, 대법관 박보영의 보충의견과 반대의견에 대한 대법관 박병대, 대법관 김용덕의 보충의견이 있다.

4. 대법관 안대희, 대법관 양창수, 대법관 박병대, 대법관 김용덕의 반대의견

가. 다수의견은 전자장치부착법 제5조 제1항 제3호(이하 '이 사건 규정'이라 한다) 중 '성폭력범죄를 2회 이상 범하여(유죄의 확정판결을 받은 경우를 포함한다)' 부분과 관련하여, 성폭력범죄로 소년보호처분을 받은 전력은 여기에 해당하지 않는다고 해석한다. 그러나 다음과 같은 이유로 이 사건 규정에서 정하고 있는 습벽 판단의 기본이 되는 '성폭력범죄'에는 소년보호처분을 받은 성폭력범죄 행위가 포함된다고 해석함이 타당하므로 다수의견에는 동의할 수 없다.

(1) 먼저 이 사건 규정의 문언은 습벽 판단의 기본이 되는 2회 이상 범한 성폭력범죄를 유죄의 확정판결을 받은 성폭력범죄로 제한하고 있지 않다.

이 사건 규정은 전자장치 부착명령의 청구사유로 '성폭력범죄를 2회 이상 범하여(유죄의 확정판결을 받은 경우를 포함한다) 그 습벽이 인정된 때'라고 규정하고 있어 '성폭력범죄를 2회 이상 범하여' 다음에 '(유죄의 확정판결을 받은 경우를 포함한다)'를 부기하는 형식을 취하고 있다.

이 사건 규정에서 사용하고 있는 '범하여'라는 표현은 헌법을 비롯하여 여러 법률 규정에서 사용되고 있는데, 거의 예외 없이 '범죄 행위를 한 경우'라고 하는 행위의 실체적인 측면을 나타내는 데에 사용되고 있을 뿐, 그 범죄로 인하여 유죄의 판결이 확정된 경우, 즉 절차적인 측면까지 포함하는 개념으로는 사용되고 있지 않다. 오히려 법률에서 유죄의 확정판결을 받은 경우 등 어떠한 절차까지 이루어진 경우로 제한할 필요가 있는 때에는, 범죄를 '범하여'라는 표현에서 더 나아가 해당 절차를 명확히 규정함으로써, '범하여'가 가지는 의미가 실체적인 측면에 그침을 명확히 하고 있다.

예를 들어, 헌법 제12조 제3항 단서의 '장기 3년 이상의 형에 해당하는 죄를 범하고 도피 또는 증거인멸의 염려가 있을 때', 형법 제301조(강간등상해·치상)의 '제297조 내지 제300조의 죄를 범한 자가 사람을 상해하거나 상해에 이르게 한 때', 소년법 제4조 제1항 제1호의 '죄를 범한 소년', 성폭력범죄의 처벌 등에 관한 특

례법 제41조 제1항 제2호의 '등록대상 성폭력범죄를 범하였으나 형법 제10조 제1항에 따라 처벌할 수 없는 자로서 등록대상 성폭력범죄를 다시 범할 위험성이 있다고 인정되는 자' 등에서 사용하고 있는 죄를 '범한다'는 개념은 범죄 행위를 한 경우를 뜻함이 명백하다.

그리고 공직선거법 제266조 제1항의 '죄를 범함으로 인하여 징역형의 선고를 받은 자', 성폭력방지 및 피해자보호 등에 관한 법률 제19조 제1항 제4호의 '죄를 범하여 형 또는 치료감호를 선고받고 그 형 또는 치료감호의 전부 또는 일부의 집행이 종료되거나 집행이 유예·면제된 날부터 10년이 지나지 아니한 사람' 및 이 사건 규정이 들어 있는 전자장치부착법 제13조 제4항 제1호의 '부착명령의 집행 중 다른 죄를 범하여 구속영장의 집행을 받아 구금된 때', 같은 항 제2호의 '부착명령의 집행 중 다른 죄를 범하여 금고 이상의 형의 집행을 받게 된 때', 부칙(법률 제9654호, 2009. 5. 8.) 제3조의 '특정범죄를 범하여 이 법 시행 당시 형의 집행 또는 치료감호 중에 있는 자'라는 규정 등도 모두 '범하여'라는 표현을 '범죄 행위를 하여'라는 의미로만 사용하는 한편, 어떠한 절차적인 제한이 필요한 경우에는 그 절차적인 제한을 별도로 기재하는 형식을 취하고 있다.

따라서 이 사건 규정의 '2회 이상 성폭력범죄를 범하여'라는 개념도 헌법이나 다른 법률들과 달리 볼 필요는 없다고 보이며, 문언 그대로 '2회 이상 성폭력범죄 행위를 한 경우'를 뜻한다고 보아야 한다.

나아가, 이 사건 규정은 '범하여' 다음의 괄호 안에 '유죄의 확정판결을 받은 경우를 포함한다'라고 규정하고 있지만, 유죄의 확정판결을 받은 경우에 한하여 포함한다거나 유죄의 확정판결을 받은 경우가 아니라면 포함되지 않는다는 표현을 사용하고 있지 않다. 위 괄호 부분은 2010. 4. 15. 법률 제10257호로 전자장치부착법이 개정되면서 이 사건 규정에 새로 도입된 것으로서, 부착명령청구사건이 성폭력범죄 피고사건에 대한 부수적인 절차라는 점 때문에 개정 전 이 사건 규정 등의 '2회 이상 범한 성폭력범죄'에 당해 피고사건 범죄사실인 성폭력범죄만 포함되고 전과인 성폭력범죄 행위는 제외되는 것 아니냐는 해석상 문제가 제기되자 그 논란을 해소하기 위하여 추가한 것이지, 전과범죄를 유죄 확정판결이 있는 경우에 한하여 고려한다는 취지에서 둔 규정이 아님은 입법 경과에 비추어 분명하다. 대법원에서는 위 괄호 부분이 없는 개정 전의 이 사건 규정에 대하여도 당해 피고사건의 범죄사실 외에 유죄의 확정판결을 받은 성폭력범죄 행위가 포함된다고 해석하였으므로(대법원 2010. 4. 29. 선고 2010도1374, 2010전도2 판결 참조), 신설된 위 괄호 부분은 그 문언에서 보는 바와 같이 '범하여'라는 개념 속에 유죄의 확정판결을 받은 전과도 포함될 수 있음을 분명히 하기 위한 주의적·부가적인 표현이라 보일 뿐, 2회 이상의 성폭력범죄에 포섭되는 행위의 범위를 더 제한하거나 그에 대한 예외를 두기 위한 특별한 규정이라고는 볼 수 없다.

그러므로 이 사건 규정의 문언 및 개정 경과에 의하면, 이 사건 규정에서 정한 2회 이상 성폭력범죄를 범한 경우에는 성폭력범죄를 범한 전과나 전력이 포함될 수 있고, 유죄의 확정판결을 받은 행위 외에 소년보호처분을 받은 행위도 포함될 수 있다고 보아야 한다.

(2) 다음으로 전자장치부착법의 목적과 이 사건 규정의 취지에 비추어 보아도 습벽 판단의 기본이 되는 '성폭력범죄'에 소년보호처분을 받은 성폭력범죄 행위가 포함된다고 해석하는 것이 타당하다.

전자장치부착법은 성폭력범죄자 등의 재범 방지와 성행교정을 통한 재사회화, 그리고 성폭력범죄 등으로부터 국민을 보호함을 그 목적으로 한다(제1조). 이에 따라 전자장치부착법 제5조 제1항은 재범의 위험성이 있는 여러 유형의 성폭력범죄자에 대해서 전자장치 부착명령을 청구할 수 있도록 하고 그 사유로서 각 호의 규정을 두고 있는데, 성폭력범죄로 징역형의 실형을 선고받은 사람이 그 집행을 종료한 후 또는 집행이 면제된 후 10년 이내에 성폭력범죄를 저지른 때(제1호), 성폭력범죄로 이 법에 따른 전자장치를 부착받은 전력이 있는 사람이 다시 성폭력범죄를 저지른 때(제2호), 16세 미만의 사람에 대하여 성폭력범죄를 저지른 때(제4호)와 같이 일정한 객관적인 사실을 청구사유로 하는 다른 규정들과는 달리, 이 사건 규정은 성폭력범죄를 2회 이상 범하여 그 습벽이 인정된 때라고 정함으로써 성폭력범죄자의 습벽을 부착명령의 본질적 요소로 삼고 있다.

일반적으로 습벽은 어떤 버릇, 범죄의 경향을 의미하는 것으로서 행위의 본질을 이루는 성질이 아니고, 행위자의 특성을 이루는 성질을 의미하므로(대법원 2006. 5. 11. 선고 2004도6176 판결 참조), 동일한 범죄의 전과가 없다고 하더라도 피고인의 연령, 성격, 직업, 환경, 범행의 횟수, 동기·수단·방법 및 장소 등 여러 사정을 종합하여 습벽을 인정할 수 있다고 해석된다(대법원 1986. 6. 10. 선고 86도778 판결, 대법원 2006. 9. 8. 선고 2006도2860 판결 등 참조). 다만 동일한 범죄의 전과나 전력은 중요한 판단자료가 되고 1회의 성폭력범죄만으로 그에 대한 습벽을 인정하는 것은 지나칠 수 있으며 또한 쉽지 않다는 고려에서 그 습벽을 인정하기 위한 최소한의 요건으로 성폭력범죄를 2회 이상 범한 경우를 정한 것이다.

그러므로 성폭력범죄를 2회 이상 범한 경우는 습벽 인정의 기본적인 사정에 불과하여 그 사정만으로 습벽이 인정되지는 아니하며, 더 나아가 습벽을 판단함에 필요한 다른 여러 사정들과 함께 종합하여 습벽이 인정될 경우에 비로소 이 사건 규정에 해당된다고 보아야 한다. 즉 성폭력범죄를 2회 이상 범하였다는 사정은 다른 습벽 인정을 위한 자료들과 마찬가지로 행위자의 특성을 이루는 성질인 습벽 인정을 위한 기본적인 사정으로서의 의미를 가진다고 할 것이고, 종전에 성폭력범죄로 인하여 유죄 확정판결을 받았다는 사유로 특별히 더 불이익하게 처우하겠다거나 종전에 성폭력범죄로 인하여 유죄 확정판결을 받은 경우에 한하여 습벽 인정을 위한 자료로 사용하겠다는 취지로는 볼 수 없다.

그동안 대법원은 상습성 내지 습벽을 인정하는 자료에는 아무런 제한이 없다고 보고, 소년보호처분을 받은 범죄도 상습성 내지 습벽을 인정하는 자료로 삼을 수 있다고 해석하여 왔다(대법원 1973. 7. 24. 선고 73도1255 전원합의체 판결, 대법원 1990. 6. 26. 선고 90도887 판결 등 참조). 이는 위와 같이 습벽이 행위의 본질을 이루는 요소가 아닌 행위자의 특성을 이루는 성질임을 고려한 것으로 보이며, 이에 비추어 보면 습벽을 인정하기 위한 기본적인 사정에 해당하는 2회 이상 범한 성폭력범죄의 경우에도 마찬가지로 소년보호처분을 받은 성폭력범죄 행위를 배제할 이유가 없다. 만약 이와 달리 해석한다면 성폭력범죄 행위로 소년보호처분을 받은 경우에, 그 성폭력범죄 행위가 성폭력범죄의 습벽을 인정하기 위한 기본적인 사정으로서의 '성폭력범죄를 2회 이상 범하여'라는 부분의 판단에서는 제외되는 반면, 성폭력범죄의 습벽을 인정하기 위한 판단 자료로는 사용될 수 있다는 것이 되어 논리적으로나 이 사건 규정을 둔 실질에 어긋나는 결과를 낳게 되며, 종전 판례의 흐름에도 배치된다. 예를 들어 피부착명령청구자가 과거에 같은 수법으로 성폭력범죄를 반복하여 소년보호처분을 여러 번 받고 나서도 성년이 되어 단기간 내에 다시 당해 성폭력범죄를 범한 경우에, 종전의 반복된 성폭력범죄 행위에 비추어 그 습벽이 충분히 인정되고 특히 실무상 성년에 임박한 소년범에 대하여 소년보호처분이 내려지는 경우가 없다고는 할 수 없음에도 다수의견에 의하면 부착명령청구가 기각되어야 하는데, 이는 부당한 결론으로서 성폭력범죄 등으로부터 국민을 보호함을 목적으로 하는 전자장치부착법의 취지에 크게 어긋난다고 할 것이다.

결국 성폭력범죄의 습벽을 인정하기 위해서 다수의견이 제시하고 있는 과거 성폭력범죄에 대하여 유죄의 확정판결을 받아야 한다는 추가적인 요건은 성폭력범죄의 습벽이라는 이 사건 규정의 본질적 요소와 무관하며, 오히려 그 요건을 갖추도록 요구하게 되면 범죄자의 재범 방지와 성행교정을 통한 재사회화라고 하는 부착명령의 보안처분으로서의 성격과 성폭력범죄 등으로부터 국민을 보호함을 목적으로 하는 전자장치부착법의 입법목적에 부응하지 못하고 구체적 타당성을 잃을 염려마저 있으므로 부당하다고 할 것이다.

(3) 결론적으로, 이 사건 규정에서 정한 2회 이상의 성폭력범죄에 소년보호처분을 받은 성폭력범죄 행위가 포함될 수 있고, 다른 사정들과 함께 종합하여 성폭력범죄의 습벽이 인정되는 경우에는 이 사건 규정에 해당된다고 해석하여야 한다. 이러한 해석이 이 사건 규정의 문언 및 전자장치부착법의 목적과 이 사건 규정의 취지에 비추어 타당하다.

나. 원심판결 및 이 사건 기록에 의하면, 피부착명령청구자는 1999. 2. 4. 서울지방법원 의정부지원에서 미성년자에 대한 강간치상죄로 징역 장기 2년, 단기 1년 6월을 선고받고 항소하여 1999. 4. 22. 서울고등법원에서 서울가정법원 소년부로 송치되어 소년보호처분을 받은 전력이 있음을 알 수 있다. 위 강간치상 행위는 이 사건 규정의 '성폭력범죄'의 유형에 해당하므로, 원심으로서는 소년보호처분의 대상이 된 위 강간치상 행위까지 포함하여 2회 이상의 성폭력범죄를 범한 경우에 해당하는지를 살피고 나아가 피부착명령청구자에게 성폭력범죄의 습벽이 인정되는지를 더 심리·판단하였어야 할 것이다.

그럼에도 원심은 소년보호처분의 대상이 된 성폭력범죄는 이 사건 규정의 '성폭력범죄'에 포함되지 않는다는 이유로, 위와 같은 심리·판단에 이르지 아니한 채 곧바로 피부착명령청구자에 대한 부착명령청구를 기각한 제1심을 유지하였다. 따라서 이러한 원심의 조치에는 이 사건 규정에 관한 법리를 오해하여 필요한 심리를 다하지 아니한 잘못이 있으므로, 이를 다시 심리·판단하게 하기 위하여 원심법원에 파기 환송함이 상당하다.

5. 다수의견에 대한 대법관 전수안, 대법관 신영철, 대법관 이인복, 대법관 이상훈, 대법관 박보영의 보충의견

가. 헌법 제12조 제1항은 "모든 국민은 신체의 자유를 가진다. 누구든지 법률에 의하지 아니하고는 체포·구속·압수·수색 또는 심문을 받지 아니하며, 법률과 적법한 절차에 의하지 아니하고는 처벌·보안처분 또는 강제노역을 받지 아니한다."라고 하여 보안처분에 관하여도 법률에 의하도록 규정하고 있다. 전자장치부착법에 의한 전자감시제도는 성폭력범죄로부터 국민을 보호함을 목적으로 하는 일종의 보안처분이므로(대법원 2011. 7. 28. 선고 2011도5813, 2011전도99 판결 참조), 전자장치 부착명령청구의 요건을 정하고 있는 규정도 위와 같은 헌법 정신을 구현할 수 있도록 가능한 한 기본권 침해를 최소화하는 방향으로 엄격히 해석·적용되어야 하고, 피부착명령청구자에게 불리하게 유추해석하거나 확장해석하여서는 안된다.

전자장치부착법 제5조 제1항 제3호는 '성폭력범죄를 2회 이상 범하여(유죄의 확정판결을 받은 경우를 포함한다)'라는 요건과 '그 습벽이 인정된 때'라는 요건이 모두 충족되어야만 전자장치 부착명령을 청구할 수 있는 것으로 규정하고 있고, 여기서 '성폭력범죄를 2회 이상 범하여(유죄의 확정판결을 받은 경우를 포함한다)'라고 함은 피부착명령청구자가 당해 피고사건의 범죄사실에서 성폭력범죄를 2회 이상 범한 경우가 아니더라도 당

해 피고사건의 범죄사실과 그 전에 확정된 유죄판결에서 인정된 성폭력범죄를 합하여 2회 이상이 되는 경우에는 이에 해당함을 명백히 한 것으로 해석될 뿐이므로, '소년보호처분을 받은 경우' 등을 포함하여 성폭력범죄를 2회 이상 범한 경우도 위 규정에 해당한다고 해석하는 것은 피부착명령청구자에게 불리한 유추해석이거나 확장해석이어서 허용될 수 없다.

반대의견은, 위 규정이 성폭력범죄의 습벽을 부착명령의 본질적 요소로 삼고 있고 성폭력범죄의 전과나 전력은 습벽 인정을 위한 여러 사정의 하나가 될 뿐이므로 이를 유죄 확정판결을 받은 전과로 한정하여 해석할 필요가 없다고 하나, 2회 이상의 성폭력범행이 그러한 습벽 인정에 필수적 요건인 이상 그 범위는 엄격하게 제한해석될 필요가 있다.

나. 위와 같이 해석하여야 함은 그 개정 경위에 의하여서도 뒷받침된다.

즉, 2010. 4. 15. 법률 제10257호로 개정되기 전의 구 전자장치부착법 제5조 제1항 제3호 및 구 특정 성폭력범죄자에 대한 위치추적 전자장치 부착에 관한 법률(2009. 5. 8. 법률 제9654호 특정 범죄자에 대한 위치추적 전자장치 부착 등에 관한 법률로 개정되기 전의 것, 이하 '구 성폭력범죄자 전자장치부착법'이라 한다) 제5조 제1항 제3호는 모두 전자장치 부착명령의 청구요건으로 '성폭력범죄를 2회 이상 범하여 그 습벽이 인정된 때'라고만 규정하고 있었고, 종래 대법원은 위 전자장치 부착명령의 청구요건과 유사한 형태로 보호감호의 요건을 규정한 구 사회보호법 제5조 제2호의 '별표에 규정된 죄를 수회 범하여 상습성이 인정될 때'의 해석에 관하여 "전과사실을 포함하지 아니한 당해 감호청구의 원인이 되는 사실이 수개인 경우로서 상습성이 인정되는 때만을 말한다."고 판시하여 왔으므로(대법원 1995. 12. 12. 선고 95감도93 판결 등 참조), 전자장치부착법을 해석함에 있어서도 전과사실을 포함하지 아니한 당해 피고사건의 범죄사실에서 성폭력범죄를 2회 이상 범한 경우만을 의미하는 것으로 해석될 소지가 있었다. 이에, 2010. 4. 15. 법률 제10257호로 개정된 전자장치부착법은 당해 피고사건의 범죄사실만으로 성폭력범죄를 2회 이상 범한 것이 아니더라도 유죄의 확정판결을 받은 경우를 포함하여 성폭력범죄를 2회 이상 범한 경우에 해당하면 그에 포섭되는 것으로 규정하게 된 것이다.

위 개정법률이 2010. 4. 15. 공포된 후 그 시행을 앞둔 시점에서, 대법원도 구 성폭력범죄자 전자장치부착법 제5조 제1항 제3호에서의 '2회 이상'의 범행에 유죄의 확정판결을 받은 경우가 포함된다고 판시한 바 있으나(대법원 2010. 4. 29. 선고 2010도1374, 2010전도2 판결 등 참조), 이 역시 기판력이 인정되는 유죄 확정판결에 한정하였을 뿐 소년보호처분과 같은 일체의 전력이 포함된다고 보지는 아니하였다.

결국 위와 같은 개정 경위에 비추어 보더라도 성폭력범죄를 2회 이상 범한 경우에는 유죄의 확정판결만이 포함되고 소년보호처분의 전력은 이에 포함되지 않는 것으로 해석된다.

다. 소년법 제1조는 "이 법은 반사회성이 있는 소년의 환경 조정과 품행 교정을 위한 보호처분 등의 필요한 조치를 하고 형사처분에 관한 특별조치를 함으로써 소년이 건전하게 성장하도록 돕는 것을 목적으로 한다."고 밝히고 있고, 그 제32조 제6항은 "소년의 보호처분은 그 소년의 장래 신상에 어떠한 영향도 미치지 아니한다." 고 규정하고 있으므로, 전자장치부착법 제5조 제1항 제3호를 해석함에 있어서도 이러한 취지가 충분히 고려되어야 한다. 피부착명령청구자가 과거에 성폭력범죄로 소년보호처분을 받은 적이 있다는 사실을 유죄의 확정판결을 받은 경우와 동등하게 '성폭력범죄를 2회 이상 범하여(유죄의 확정판결을 받은 경우를 포함한다)'의 범행에 포함시켜 전자장치 부착명령청구의 요건에 해당하는 것으로 보는 것은 위와 같은 소년법의 취지에도 부합하지 않는다.

그리고 소년보호처분이 가정법원이나 지방법원 소년부의 실체적인 심리·판단을 거쳐 이루어지는 처분이라고는 하나, 형사소송절차와 달리 법원이 소년에 대한 후견적 지위에서 직권으로 진행하고 검사의 관여가 없으며 소년이 심판의 당사자라기보다는 심리의 객체로 취급되는 소년보호사건의 심리절차를 거쳐 내려지는 것이어서, 증거조사 방식이 소년부 판사의 재량에 상당 부분 위임되어 있고 자백에 대한 보강증거를 필요로 하는 형사소송법의 규정이 적용되지 않는 등(대법원 1982. 10. 15.자 82모36 결정 참조) 그 심리가 실체적 진실의 발견에 집중되어 있는 구조가 아니다. 또한 소년이 죄를 범한 경우에는 형사소송절차와는 달리 친고죄에서의 고소 등 공소제기요건이 흠결되거나 형의 감면사유 또는 처벌조각사유가 있는 경우에도 소년보호처분을 받을 수 있다. 이러한 점에 비추어 보아도 피부착명령청구자가 과거에 소년보호처분을 받은 사실을 형사소송절차에서 엄격한 증명에 의하여 유죄가 증명된 확정판결이 있는 경우와 동일시하기는 어렵다.

라. 부착명령청구사건의 심리절차는 공소가 제기된 성폭력범죄사건을 전제로 하여 그와 함께 심리·판단이 이루어지는 부수적 절차이고(대법원 2010. 4. 29. 선고 2010도1626, 2010전도3 판결 참조), 성폭력범죄사건에서 그 범죄사실에 대한 실체적 심리·판단 없이 면소 또는 공소기각의 형식적 재판을 하는 경우 부착명령청구사건에서 따로 그 청구의 원인이 되는 동일한 범죄사실에 대하여 실체적으로 심리·판단하는 것은 허용되지 않는다(대법원 2009. 10. 29. 선고 2009도7282, 2009전도21 판결 참조). 그런데 소년보호처분은 유죄의 확정판결

이 아닐 뿐 아니라 기판력도 인정되지 않고(대법원 1985. 5. 28. 선고 85도21 판결 등 참조), 공소제기 없이 검사의 소년부 송치로 소년보호처분이 이루어질 수도 있으므로, 소년보호처분을 받은 전력을 전자장치부착법 제5조 제1항 제3호의 성폭력범죄를 범한 경우에 해당한다고 하려면 필연적으로 과거 소년보호처분의 비행사실을 부착명령청구사건의 심리절차에서 다시 심리·판단하여야 하게 될 터인데, 이는 피고사건의 부수적 절차로서 이루어지는 부착명령청구사건의 심리절차의 성격에도 부합하지 않는다.

뿐만 아니라 피부착명령청구자가 과거에 성폭력범죄를 범하였다는 범죄사실로 기소되었다가 유죄의 확정판결 없이 공소기각판결(결정)이나 면소판결을 받은 경우 또는 그러한 혐의로 수사를 받은 뒤 기소유예처분을 받은 경우 등에 있어서도 성폭력범죄를 범한 사실이 있는지가 다투어진다면 마찬가지의 문제가 발생할 것인데, 이 또한 부당하다.

마. 성폭력범죄자 등의 재범 방지와 성행교정을 통한 재사회화를 도모하고 성폭력범죄 등으로부터 국민을 보호하고자 하는 전자장치부착법의 입법목적에 비추어 피부착명령청구자의 소년보호처분 전력도 그 요건에 포함시킬 필요가 있다는 반대의견의 취지에는 공감하나, 과거의 어떤 전력이 전자장치 부착명령의 요건에 해당하는지는 법률에 명확히 규정되어야 하며, 규정의 문언을 넘어선 완화된 해석에는 동의할 수 없다.

6. 반대의견에 대한 대법관 박병대, 대법관 김용덕의 보충의견

가. 다수의견에 대한 보충의견이 지적하는 바와 같이 소년보호처분의 특수성을 고려한다고 하더라도, 이 사건 규정에서 습벽 판단의 기본이 되는 성폭력범죄에 소년보호처분을 받은 성폭력범죄 행위가 포함된다는 해석을 달리할 것은 아니다.

기본적으로 소년법 제4조 제1항 제1호에 의한 소년보호사건은 '죄를 범한 소년'을 그 대상으로 하고, 법원은 일정한 조사와 심리를 거친 결과 위와 같은 소년의 범행사실이 인정될 때에 비로소 소년보호처분의 결정을 할 수 있다. 성폭력범죄에 대한 소년보호사건은 검찰에서 기소 대신 소년부 송치를 하여 개시되기도 하지만, 법원이 심리한 결과 범행사실은 인정되면서도 소년의 특수성을 고려하여 송치하는 경우도 많고, 1심 유죄판결이 이루어진 후 항소심에서 송치되는 경우도 흔히 있으며 이 사건도 그 경우에 해당한다. 소년부 판사는 범행 자체가 인정되지 않을 때에는 불개시결정을 하거나 불처분결정을 할 것이고, 소년보호처분에 대하여는 항고와 재항고가 허용되므로, 비록 소년보호처분이 확정판결이 아니고 기판력도 없다고 하더라도, 소년보호처분이 확정된 경우에는 범행사실에 대한 실체적 심리 판단을 거친 것으로 보아야 하고 그에 따른 절차법적인 적법성을 부정할 이유가 없다.

실제 범행사실이 없음에도 소년보호처분이 내려졌을 수 있다는 가정을 하는 것은 극히 예외적인 상황을 전제로 한 것이므로, 그러한 특이 상황의 부작용을 우려하여 소년보호처분의 전력을 모조리 제외하여야 한다는 것은 적절하다고 할 수 없으며, 만약 실제 그런 사유가 있다면 부착명령청구사건의 심리과정에서 탄핵할 기회를 가질 수 있다. 따라서 성폭력범죄에 대한 습벽을 인정하기 위한 자료로서 과거에 성폭력범죄를 저지르고 나서 소년보호처분을 받은 경우와 유죄의 확정판결을 받은 경우를 본질적으로 달리 취급할 근거는 충분하지 않다고 할 것이다.

또한 친고죄에서의 고소 등 공소제기요건의 흠결사유나 처벌조각사유가 있는 경우에, 형사소송절차와는 달리 소년보호처분을 받을 가능성은 있다. 그렇지만 위 사유들이 적절히 반영되어 불처분 등이 이루어졌을 수도 있고, 그렇지 않다고 하더라도 소년보호처분이 이루어진 성폭력범죄에 대하여 위 사유들이 문제되어 다투어진 경우에는 그에 관한 심리를 하여 이 사건 규정에서 정한 '2회 이상 범한 성폭력범죄'의 범주에 속할 수 있는 성폭력범죄 행위 사실을 인정할 수 있는지 내지는 소년보호처분이 그에 대한 증명 자료로 삼기에 충분한지 여부를 형사소송법에서 정한 자유심증주의에 의하여 판단하면 될 것이다. 습벽을 인정하기 위해서 그에 관한 사유들 및 관련 증거 자료들에 대한 구체적인 심리가 필요한 이상, 2회 이상 성폭력범죄를 범한 사실과 관련하여 위와 같이 심리한다고 하더라도 이를 부당한 절차라고 할 수는 없다.

한편 소년법 제32조 제6항은 "소년의 보호처분은 그 소년의 장래 신상에 어떠한 영향도 미치지 아니한다."라고 규정하고 있다. 그렇지만 이 사건 규정에서 습벽 인정의 기초자료로 반영되는 것은 성폭력범죄 행위 자체이지 소년보호처분이 아니므로 위 규정에 반하지 않는다. 즉 소년보호처분을 받은 전력을 고려한다고 하더라도 이는 성폭력범죄 행위에 관하여 판결에 준하는 절차를 거침에 따라 그 행위를 범하였다는 점에 대한 증거자료로서 의미를 가질 뿐이며, 소년보호처분을 받은 전력 그 자체에 의하여 불리한 처분에 관한 구성요건이나 불이익을 가중하는 요건이 되지 아니하므로, 소년보호처분에 의하여 소년의 장래 신상에 영향을 미친다고 할 수 없다. 앞에서 본 바와 같이 소년보호처분을 받은 범죄도 상습성 내지 습벽을 인정하는 자료로 삼을 수 있다고 판시한 대법원 판례들은 위 소년법 규정이 소년보호처분을 상습성 인정의 자료로 하는 것까지 제한하거나 금지하는 취지라고는 해석할 수 없다는 것을 근거로 들고 있는데, 위 대법원 판례들을 변경하지 아니하는 한 위 해석은 이 사건 규정의 경우에도 마찬가지로 적용될 수 있다.

이 사건 규정은 성폭력범죄를 범한 전과나 전력이 있다는 사정만으로는 부족하고 그 외에 다른 여러 사정을 종합하여 성폭력범죄의 습벽이 인정되는 경우에 비로소 적용된다. 성폭력범죄로 소년보호처분을 받은 소년이 성년이 된 후 단기간 내에 성폭력범죄를 다시 범한 경우에는, 교육적 조치에 의한 개선가능성을 고려한 소년보호처분이 제대로 효과를 이루지 못하였음을 의미하지만, 과거의 범행 내용, 횟수 및 재범에 이르게 된 경위 등의 여러 사정을 종합하여 그 습벽을 인정하기에 충분한지 살펴야 할 것이고, 또한 소년보호처분을 받은 후 상당히 장기간이 지난 후에 다시 성폭력범죄를 범한 경우에는 미성숙 단계에서의 과거의 성폭력범죄 행위가 습벽을 인정할 수 있는 실질적인 자료가 될 수 있는지 신중을 기하여야 할 것이다. 따라서 소년보호처분을 받은 성폭력범죄 행위가 이 사건 규정에서 정한 성폭력범죄에 포함된다고 하더라도, 이로 인하여 반사회성이 고정화되지 않은 과거 소년기의 비행사실 때문에 그 장래에 지나친 불이익이 초래될 수 있다고 우려할 필요는 없다.

나. 다수의견에 대한 보충의견은 성폭력범죄의 전력과 관련하여 유죄의 확정판결을 받은 경우로 제한하지 아니하면, 성폭력범행의 전력에 관하여 이 사건에서 문제되는 소년보호처분을 받은 경우 뿐 아니라 공소기각이나 면소판결을 받은 경우, 기소유예처분을 받은 경우 등에도 부착명령이 인정되게 되어 제도가 남용될 수 있다고 우려한다.

그러나 이 사건 규정이 적용되는 2회의 성폭력범죄에 소년보호처분을 받은 성폭력범죄가 포함된다고 하여, 공소기각, 면소, 기소유예 등의 전력까지도 2회의 성폭력범죄를 범한 경우에 포함되어야 한다는 결론으로 당연히 이어진다고 보기는 어렵다.

또한 이 사건 규정이 적용되려면 2회 이상 성폭력범죄를 범한 것 외에 성폭력범죄의 습벽이 인정되어야 하고, 부착명령이 인정되려면 그에 대한 대전제로 전자장치부착법 제5조 제1항에서 정한 바에 따라 성폭력범죄를 다시 범할 위험성이 인정되어야 한다. 따라서 이 사건 규정의 적용과 관련하여 법원의 심리절차를 거친 소년보호처분의 전력 외에 그러한 절차를 거치지 아니한 기소유예의 전력 등을 이 사건 규정이 적용되는 2회의 성폭력범죄에 포함시키는 해석론을 취한다고 하더라도, 실제로 위 전력들을 내세워 부착명령을 청구하는 사건이 얼마나 있을지 자체도 의문이지만, 설령 그러한 사건이 있더라도 이 사건 규정의 습벽에 관한 증명의 관문을 통과하여야 하고 나아가 '재범의 위험성' 요건을 갖추어야 비로소 부착명령이 가능할 것이므로, 당해 성폭력범죄 행위, 습벽 내지 재범의 위험성에 관한 증거 유무 및 증명력에 관한 심리를 통하여 충분히 해결할 수 있으며, 크게 우려할 필요는 없을 것이다.

이상과 같이 반대의견에 대한 보충의견을 밝힌다.

대법원장 양승태(재판장) 박일환 김능환 전수안(주심) 안대희 양창수 신영철 민일영 이인복 이상훈 박병대 김용덕 박보영

대법원 2012.3.15. 선고 2011도17117 판결

【교통사고처리특례법위반】

판시사항

① 교통사고처리 특례법 제3조 제2항 제1호, 제4조 제1항 제1호에서 보험 또는 공제에 가입한 경우에도 교통사고를 일으킨 차의 운전자에 대하여 공소를 제기할 수 있도록 규정한 '신호기에 의한 신호에 위반하여 운전한 경우'의 의미

② 택시 운전자인 피고인이 교통신호를 위반하여 진행한 과실로 교차로 내에서 갑이 운전하는 승용차와 충돌하여 갑 등으로 하여금 상해를 입게 하였다고 하여 교통사고처리 특례법 위반으로 기소된 사안에서, 제반 사정을 종합할 때 피고인의 신호위반행위가 교통사고 발생의 직접적인 원인이 되었다고 보아야 하는데도, 이와 달리 보아 공소를 기각한 원심판결에 인과관계에 관한 법리오해의 위법이 있다고 한 사례

판결요지

① 교통사고처리 특례법 제3조 제2항 제1호, 제4조 제1항 제1호의 규정에 의하면, 신호기에 의한 신호에 위반하여 운전한 경우에는 같은 법 제4조 제1항에서 정한 보험 또는 공제에 가입한 경우에도 공소를 제기할 수 있으나, 여기서 '신호기에 의한 신호에 위반하여 운전한 경우'란 신호위반행위가 교통사고 발생의 직접적인 원인이 된 경우를 말한다.

② 택시 운전자인 피고인이 교통신호를 위반하여 4거리 교차로를 진행한 과실로 교차로 내에서 갑이 운전하는 승용차와 충돌하여 갑 등으로 하여금 상해를 입게 하였다고 하여 교통사고처리 특례법 위반으로 기소된 사안에서, 피고인의 택시가 차량 신호등이 적색 등화임에도 횡단보도 앞 정지선 직전에 정지하지 않고 상당한 속도로 정지선을 넘어 횡단보도에 진입하였고, 횡단보도에 들어선 이후 차량 신호등이 녹색 등화로 바뀌자 교차로로 계속 직진하여 교차로에 진입하자마자 교차로를 거의 통과하였던 갑의 승용차 오른쪽 뒤 문짝 부분을 피고인 택시 앞 범퍼 부분으로 충돌한 점 등을 종합할 때, 피고인이 적색 등화에 따라 정지선 직전에 정지하였더라면 교통사고는 발생하지 않았을 것임이 분명하여 피고인의 신호위반행위가 교통사고 발생의 직접적인 원인이 되었다고 보아야 하는데도, 이와 달리 보아 공소를 기각한 원심판결에 신호위반과 교통사고의 인과관계에 관한 법리오해의 위법이 있다고 한 사례.

전 문

피 고 인 피고인

상 고 인 검사

원심판결 광주지법 2011. 11. 25. 선고 2011노2629 판결

주 문 원심판결을 파기하고, 사건을 광주지방법원 본원 합의부에 환송한다.

이 유 상고이유를 판단한다.

교통사고처리 특례법 제3조 제2항 제1호, 제4조 제1항 제1호의 규정에 의하면, 신호기에 의한 신호에 위반하여 운전한 경우에는 위 특례법 제4조 제1항 소정의 보험 또는 공제에 가입한 경우에도 공소를 제기할 수 있다 할 것이나, 여기서 신호기에 의한 신호에 위반하여 운전한 경우라 함은 신호위반행위가 교통사고 발생의 직접적인 원인이 된 경우를 말한다.

이 사건 공소사실의 요지는, '피고인은 2011. 5. 21. 02:27경 업무로 택시를 운전하여 광주 동구 소재 광남4거리 교차로를 북동 방면에서 문화전당 방면을 향하여 편도 3차로 중 3차로를 따라 진행하게 되었는데, 교통신호에 따

라 안전하게 운전하여 사고를 방지하여야 할 업무상 주의의무가 있음에도 이를 게을리한 채 신호를 위반하여 진행한 과실로, 교차로 내에서 피해자 공소외인 운전의 승용차와 충돌하여 공소외인 등으로 하여금 상해를 입게 하였다'는 것이다.

이에 대하여 원심은, 그 채택 증거들을 종합하여 판시와 같은 사실 및 사정들을 인정한 다음, 이 사건 교통사고가 피고인의 신호위반 운행 중에 발생한 사고이기는 하지만 피고인의 신호위반행위가 이 사건 교통사고 발생의 직접적 원인이 된 것이라고 단정하기 어렵다는 이유를 들어 이 사건 공소를 기각한 제1심판결을 그대로 유지하였다.

그러나 원심의 이와 같은 판단은 앞서 본 법리와 아래와 같은 사정에 비추어 볼 때 이를 그대로 수긍하기 어렵다.

먼저, 원심판결 이유와 원심 및 제1심이 적법하게 채택한 증거들에 의하면, 피고인은 택시를 운전하여 이 사건 교차로를 향하여 시속 약 77km의 속도로 2차로를 따라 진행하다가 1, 2차로에 신호대기 중인 차량이 있는 것을 보고 사고 발생 6초 전에 3차로로 진로를 변경한 사실, 피고인은 사고 발생 3초 전에 시속 약 61km의 속도로 진행방향의 횡단보도 앞 정지선 직전에 이르렀는데 차량 신호등이 적색 등화임에도 횡단보도 앞의 정지선 직전에 정지하지 아니한 채 계속하여 택시를 운전하여 횡단보도로 진입한 사실, 피고인의 택시는 사고 발생 2초 전에 시속 약 57km의 속도로 위 횡단보도 위를 지나게 되었고 그 순간 피고인 진행방향의 차량 신호등이 적색 등화에서 녹색 등화로 바뀐 사실, 이후 피고인의 택시는 계속 직진하면서 사고 발생 1초 전에는 시속 약 51km의 속도로 감속되었다가 이어 시속 약 46km의 속도로 공소외인의 승용차를 충돌한 사실, 사고 발생 당시 공소외인의 승용차는 피고인 택시의 진행방향 왼쪽에서 오른쪽으로 교차로를 거의 통과한 상태였는데(공소외인의 승용차가 교차로 내에서 진행한 거리는 약 20m 정도이다), 피고인의 택시는 교차로에 진입하자마자 공소외인이 운전하던 승용차의 오른쪽 뒤 문짝 부분을 앞 범퍼 부위로 충돌한 사실 등을 알 수 있다.

그런데 이와 같이 피고인의 택시는 적색 등화임에도 불구하고 정지선 직전에 정지하지 아니한 채 상당한 속도로 정지선을 넘어 횡단보도에 진입하였고 횡단보도에 들어선 이후 녹색 등화로 바뀌자 교차로로 직진하여 그대로 진행하였을 뿐만 아니라 피고인의 택시가 교차로에 진입하자마자 교차로를 거의 통과하였던 공소외인 운전의 승용차 오른쪽 뒤 문짝 부분을 피고인 택시의 앞 범퍼 부분으로 충돌하였던 점 등을 종합하여 보면, 피고인이 적색 등화에 따라 정지선 직전에 정지하였더라면 이 사건 교통사고는 발생하지 않았을 것임이 분명하고, 따라서 피고인의 신호위반행위는 이 사건 교통사고 발생의 직접적인 원인이 되었다고 보아야 할 것이다.

그럼에도 원심은 판시와 같은 이유를 들어 이 사건 공소를 기각한 제1심의 조치를 그대로 유지하였으니, 이러한 원심판결에는 신호위반과 교통사고 사이의 인과관계에 관한 법리를 오해함으로써 판결에 영향을 미친 위법이 있다고 할 것이다. 이러한 점을 지적하는 검사의 상고이유 주장은 이유 있다.

그러므로 원심판결을 파기하고, 사건을 다시 심리·판단하게 하기 위하여 원심법원에 환송하기로 하여, 관여 대법관의 일치된 의견으로 주문과 같이 판결한다.

대법관 박병대(재판장) 김능환 안대희(주심) 이인복

대법원 2012.3.15. 선고 2010도3207 판결

【업무상배임】

판시사항

[1] 배임죄의 주체인 '타인의 사무를 처리하는 자'의 의미

[2] 갑 택시회사 노동조합 분회장이자 전국택시노동조합연맹 지역본부 교섭위원인 피고인이 사용자단체인 지역택시운송사업조합과 노사교섭을 담당하면서, 근로자 과반수의 동의 없이 부가가치세 경감세액 중 일부를 단체협약상 운송사업자가 부담할 비용에 사용할 수 있도록 합의함으로써 근로자들에게 손해를 가하였다고 하여 업무상배임죄로 기소된 사안에서, 피고인이 조합원들에 대한 관계에서 직접 그들의 사무를 처리하는 자의 지위에 있다고 할 수 없는데도, 이와 달리 보아 유죄를 인정한 원심판결에 법리오해의 위법이 있다고 한 사례

판결요지

[1] 배임죄는 타인의 사무를 처리하는 사람이 임무에 반하는 행위로 재산상의 이익을 취득하거나 제3자로 하여금 이를 취득하게 하여 본인에게 손해를 가함으로써 성립하는 범죄로서, 그 주체인 '타인의 사무를 처리하는 사람'은 신임관계에 기초를 두고 타인의 재산관리에 관한 사무를 대행하거나 타인 재산의 보전행위에 협력하는 사람을 가리킨다.

[2] 갑 택시회사 노동조합 분회장이자 전국택시노동조합연맹 지역본부 교섭위원인 피고인이 사용자단체인 지역택시운송사업조합과 노사교섭을 담당하면서, 근로자인 운전기사 과반수의 동의 없이 운송사업자에 대한 부가가치세 경감세액 중 일부만을 근로자에게 직접 지급하고 나머지는 단체협약상 운송사업자가 부담할 비용에 사용할 수 있도록 합의함으로써 근로자들에게 손해를 가하였다고 하여 업무상배임죄로 기소된 사안에서, 구 조세특례제한법(2006. 12. 30. 법률 제8146호로 개정되기 전의 것)에 따른 부가가치세 경감세액은 납부의무자인 일반택시 운송사업자에게 귀속되고 운전기사들이 운송사업자들을 상대로 부가가치세 경감세액에 대한 직접적인 사법상 권리를 취득하는 것이 아닌 점, 위 합의는 지역본부로부터 권한을 위임받은 지역본부의 본부장 및 교섭위원들이 사용자단체인 지역택시운송사업조합과 부가가치세 경감세액 사용 방법에 관하여 체결한 것으로 단체협약의 성질을 가지는 점 등을 종합할 때, 피고인이 지역본부 교섭위원으로서 한 합의의 체결은 지역본부의 사무이고, 피고인이 소속 조합원들에 대한 관계에서 직접 그들의 사무를 처리하는 자의 지위에 있다고 할 수 없는데도, 이와 달리 보아 유죄를 인정한 원심판결에 '타인의 사무를 처리하는 자'의 지위 등에 관한 법리오해의 위법이 있다고 한 사례.

전 문

피 고 인 피고인

상 고 인 피고인

변 호 인 법무법인

원심판결 부산지법 2010. 2. 12. 선고 2009노2708 판결

주 문 원심판결을 파기하고, 사건을 부산지방법원 본원 합의부로 환송한다.

이 유 상고이유(상고이유서 제출기간 경과 후에 제출된 상고이유보충서는 상고이유를 보충하는 범위 내에서)를 판단한다.

1. 배임죄는 타인의 사무를 처리하는 사람이 그 임무에 반하는 행위로 재산상의 이익을 취득하거나 제3자로 하여금 이를 취득하게 하여 본인에게 손해를 가함으로써 성립하는 범죄로서, 그 주체인 '타인의 사무를 처리하는 사

람'은 신임관계에 기초를 두고 타인의 재산관리에 관한 사무를 대행하거나 타인 재산의 보전행위에 협력하는 사람을 가리킨다(대법원 2003. 9. 26. 선고 2003도763 판결, 대법원 2004. 5. 13. 선고 2002도7340 판결, 대법원 2007. 5. 10. 선고 2006도8832 판결 등 참조).

2. 원심은 그 채택 증거들을 종합하여 판시와 같은 사실을 인정한 후, 피고인이 노동조합의 본부장 겸 교섭위원으로서 근로자들을 대표하여 근로자들로부터 임금이나 복지 등의 문제를 사측과 협상할 권한 등을 위임받은 사람이고, 피고인이 회사 측과 협상한 내용의 효력이 근로자들에게 미친다는 점에서 피고인이 타인의 사무를 처리하는 지위에 있고, 피고인이 사전에 소속 사업장 근로자들의 과반수 동의를 받지 않음으로써 그 신임관계를 저버리는 임무위배 행위를 하였으며, 비록 근로자들에게 택시회사에 대한 부가가치세 경감세액 지급청구권이 없다 하더라도 근로자들로서는 현금 전액을 지급받을 것으로 충분히 기대되는데도 피고인의 임무위배 행위로 인하여 그 부분의 이익을 얻지 못하여 경제적 관점에서 실질적으로 재산상 손해 발생의 위험이 초래되었으므로 피고인에 대하여 업무상배임죄가 성립한다고 판단하였다.

3. 그러나 원심의 이와 같은 판단은 다음과 같은 점에서 수긍할 수 없다.

가. 원심이 적법하게 채택하여 조사한 증거들을 종합하면, 다음과 같은 사실을 알 수 있다.

(1) 구 조세감면규제법(1995. 8. 4. 법률 제4952호로 일부 개정된 것) 제100조의2는 자동차운수사업법상 일반택시 운송사업자에 대하여는 부가가치세 납부세액 중 100분의 50을 경감한다고 규정하였는데, 그 개정 취지는 일반택시 운전기사의 처우를 개선하고 복지를 향상시키기 위한 것으로서, 건설교통부는 일반택시 운송사업자에 대하여 부가가치세 경감세액을 위 개정 취지에 부합하게 사용하도록 행정지도를 하였다.

(2) 한국노동조합총연맹 산하의 전국택시노동조합연맹(이하 '전택노련'이라 한다) 규약 제40조 제2항은 산하기구와 노동조합은 지역별교섭을 하고자 할 경우 단체교섭 및 체결권을 전택노련에 위임하고, 전택노련은 지역본부 본부장에게 재위임한다고 규정하고, 제31조 제1항 제2호는 전택노련 위원장은 단체교섭권 및 체결권을 가지나, 각급 산하기구의 모든 단체교섭 및 체결권한은 전택노련 산하 본부장에게 재위임한다고 규정하고 있으며, 전택노련 산하기구 운영규정 제33조 제1항은 전택노련 산하 본부장은 산하기구의 단체협약 체결을 위한 단체교섭의 대표자가 된다고 규정하고, 제34조 제1항은 산하기구가 단체협약을 체결하고자 할 경우 교섭위원들이 연명으로 체결하여야 한다고 규정하고 있다.

(3) 전택노련 산하 지역본부인 부산지역본부(이하 '전택노련 부산본부'라 한다)는 공소외 1 주식회사(이하 '공소외 1 회사'라 한다) 분회를 비롯한 90개의 분회로 구성되어 있고, 공소외 1 회사 분회장인 피고인은 2004. 1. 경 공소외 2, 3, 4, 5와 함께 전택노련 부산본부의 교섭위원으로 선출되었다.

(4) 전택노련 부산본부의 본부장 공소외 6 및 교섭위원 위 5인은 2004. 9. 30. 사용자단체인 부산택시운송사업조합과, 2004년부터 2006년까지의 부가가치세 경감세액을 1인1차제 근로자에게 75,000원, 2인1차제 근로자에게 60,000원을 분기별로 지급하고, 위 금액과 노조복지기금을 제외한 나머지 부가가치세 경감세액은 각 회사별로 근로자 후생복지 및 처우개선 비용으로 사용하기로 합의하였다.

(5) 그 후 일반택시 운송사업자에 대한 부가가치세 경감세액의 사용에 관하여 노사 간에 분쟁이 자주 발생하자, 구 조세특례제한법(2004. 12. 31. 법률 제7322호로 개정되어 2005. 1. 1. 시행된 것, 이하 같다) 제106조의4 제2항은 부가가치세 경감분은 건설교통부장관이 정하는 바에 따라 일반택시 운수종사자의 처우개선 및 복지향상에 사용한다는 명문규정을 두었다.

(6) 이에 따라 건설교통부는 2005. 4. '택시 부가세 경감세액 사용지침'(이하 '건교부 지침'이라 한다)을 마련하였는데, 그 주요 내용은 부가가치세 경감세액 전액을 근로자의 처우개선 및 복지향상을 위한 목적으로만 사용하고, 사용자가 근로자 개개인에게 현금으로 지급하되, 다만 사업장별 과반수 이상의 근로자들이 경감세액의 일부를 현금 이외의 다른 방법으로 사용하는 것을 요구하는 경우에만 근로자의 처우개선 및 복지향상을 위한 명목으로 사용할 수 있으며, 부가가치세 경감 이전부터 사용자가 부담해 왔던 부분(운전복 등) 등에 사용을 금지하였다.

(7) 전택노련 부산본부의 본부장 공소외 6 및 교섭위원 위 5인은 2005. 12. 31. 부산택시운송사업조합과 단체협약을 체결하였는데, 위 단체협약에는 회사가 연 2회 운전복을 지급하고, 비번조합원에게 중식을 제공하며, 학자금 지급 제도는 별도의 합의각서에 의한다는 내용이 포함되었다.

또한 전택노련 부산본부의 본부장 공소외 6 및 교섭위원 위 5인은 같은 날 부산택시운송사업조합과, 부가가치세 경감세액에 관하여 1인1차제 근로자에게 월 40,000원, 2인1차제 근로자에게 월 30,000원을 분기별로 지급하고, 단체협약에 명시된 운전복, 식대, 학자금을 부가가치세 경감세액으로 사용한다는 내용의 합의(이하 '이 사건 합의'라 한다)를 하였다.

이에 따라 공소외 1 회사는 부가가치세 경감세액 중 일부를 소속 근로자들에게 직접 지급하고, 나머지를 운전복, 식대, 학자금, 명절 선물, 지역노조 및 단위노조 지원금 등에 사용하였다.

나. 부가가치세 경감세액의 법적 성질 및 귀속 주체에 관하여 보건대, 부가가치세는 사업자인 일반택시 운송사업자들이 납부의무를 부담하는 것이므로 구 조세특례제한법의 개정에 따른 부가가치세 경감세액은 납부의무자인 일반택시 운송사업자들에게 귀속되는 것이다. 구 조세특례제한법의 개정 취지가 일반택시 운전기사들의 처우개선 및 복지향상을 위한 것이고, 이에 기해 건설교통부가 일반택시 운송사업자들에 대하여 부가가치세 경감세액을 위 개정 취지에 따라 일반택시 운전기사들의 처우개선에 사용하도록 건설교통부지침을 정하였다 하더라도 이는 어디까지나 건설교통부의 일반택시 운송사업자들에 대한 행정지도에 불과할 뿐 대외적 효력이 있는 법규명령이라고 볼 수 없으므로, 건설교통부지침으로는 일반택시 운전기사들이 부가가치세 경감세액에 대하여 일반택시 운송사업자들을 상대로 직접적인 사법상 권리를 취득하는 것이 아니다.

다. 위와 같이 일반택시 운전기사들이 부가가치세 경감세액에 관하여 직접적인 청구권을 가지지 않는 점, 피고인이 전택노련 부산본부 교섭위원의 지위에서 이 사건 합의를 한 점, 이 사건 합의는 전택노련 부산본부로부터 단체교섭 및 단체협약 체결 권한을 위임받은 전택노련 부산본부 본부장 및 교섭위원 5인이 사용자단체인 부산택시운송사업조합과 부가가치세 경감세액의 사용 방법에 관하여 체결한 것으로서, 이 사건 합의의 내용이나 형식 등에 비추어 보면 전택노련 부산본부 소속 조합원인 일반택시 운전기사들의 근로조건 등에 관한 단체협약으로서의 성질을 가진다고 할 것인 점 등을 종합하면, 피고인이 전택노련 부산본부 교섭위원으로서 한 이 사건 합의의 체결은 전택노련 부산본부의 단체교섭 및 단체협약 체결 업무의 일환이라고 할 것이고, 위 업무에 전택노련 부산본부 소속 조합원들의 권익을 보호하기 위한 측면이 있으나 이는 어디까지나 전택노련 부산본부의 사무라고 할 것이며, 피고인이 전택노련 부산본부 소속 조합원들에 대한 관계에서 직접 그들의 사무를 처리하는 자의 지위에 있다고 할 수는 없다.

라. 뿐만 아니라, 부가가치세 경감세액은 납부의무자인 일반택시 운송사업자에게 귀속되는 것이고 일반택시 운전기사들이 일반택시 운송사업자들을 상대로 부가가치세 경감세액에 대한 직접적인 사법상 권리를 취득하는 것이 아닌데다, 공소외 1 회사가 부가가치세 경감세액 중 일부는 소속 근로자들에게 직접 지급하고, 나머지는 전부 운전복, 식대, 학자금, 명절 선물, 지역노조 및 단위노조 지원금 등 소속 근로자들을 위하여 사용한 점 등에 비추어 보면, 이 사건 합의로 인하여 공소외 1 회사 소속 근로자들에게 어떠한 재산상 손해가 발생하였다고 보기도 어렵다.

마. 그럼에도 원심이 피고인이 전택노련 부산본부 소속 조합원들인 근로자들의 사무를 처리하는 자의 지위에 있다는 이유로 피고인에 대하여 업무상배임죄의 성립을 인정한 것은 업무상배임죄에 있어서 '타인의 사무를 처리하는 자'의 지위 및 손해 발생에 관한 법리를 오해함으로써 판단을 그르친 것이다.

4. 그러므로 나머지 상고이유에 관한 판단을 생략한 채 원심판결을 파기하고, 사건을 다시 심리·판단하게 하기 위하여 원심법원에 환송하기로 하여, 관여 대법관의 일치된 의견으로 주문과 같이 판결한다.

대법관 박일환(재판장) 신영철 민일영(주심) 박보영

대법원 2012.3.15. 선고 2010도14734 판결

【공공기관의개인정보보호에관한법률위반(인정된죄명:공무상비밀누설)】

판시사항

1 공무상비밀누설죄에서 '법령에 의한 직무상 비밀'의 의미와 보호법익

2 구청에서 체납차량 영치 및 공매 등의 업무를 담당하던 공무원인 피고인이 갑의 부탁을 받고 차적 조회 시스템을 이용하여 범죄 현장 부근에서 경찰의 잠복근무에 이용되고 있던 경찰청 소속 차량의 소유관계에 관한 정보를 알아내 갑에게 알려줌으로써 공무상비밀을 누설하였다는 내용으로 기소된 사안에서, 위 정보가 공무상비밀누설죄의 '법령에 의한 직무상 비밀'에 해당한다고 볼 수 없는데도, 이와 달리 보아 유죄를 인정한 원심판결에 법리오해의 위법이 있다고 한 사례

판결요지

1 형법 제127조는 공무원 또는 공무원이었던 자가 법령에 의한 직무상 비밀을 누설하는 것을 구성요건으로 하고, 같은 조에서 '법령에 의한 직무상 비밀'이란 반드시 법령에 의하여 비밀로 규정되었거나 비밀로 분류 명시된 사항에 한하지 아니하고, 정치, 군사, 외교, 경제, 사회적 필요에 따라 비밀로 된 사항은 물론 정부나 공무소 또는 국민이 객관적, 일반적인 입장에서 외부에 알려지지 않는 것에 상당한 이익이 있는 사항도 포함하나, 실질적으로 그것을 비밀로서 보호할 가치가 있다고 인정할 수 있는 것이어야 하고, 본죄는 비밀 그 자체를 보호하는 것이 아니라 공무원의 비밀엄수의무의 침해에 의하여 위험하게 되는 이익, 즉 비밀 누설에 의하여 위협받는 국가의 기능을 보호하기 위한 것이다.

2 구청에서 체납차량 영치 및 공매 등의 업무를 담당하던 공무원인 피고인이 갑의 부탁을 받고 차적 조회 시스템을 이용하여 을의 유사휘발유 제조 현장 부근에서 경찰의 잠복근무에 이용되고 있던 경찰청 소속 차량의 소유관계에 관한 정보를 알아내 갑에게 알려줌으로써 공무상비밀을 누설하였다는 내용으로 기소된 사안에서, 누구든지 열람이 가능한 부동산등기 사항과 달리 구 자동차관리법(2009. 2. 6. 법률 제9449호로 개정되기 전의 것) 제7조 제4항, 구 자동차등록규칙(2010. 4. 7. 국토해양부령 제239호로 개정되기 전의 것) 제10조, 제12조가 자동차 소유자의 성명까지 기재된 신청서를 제출하여야 자동차등록원부의 열람이나 등본 또는 초본을 발급받을 수 있게 규정하여 자동차 소유자에 관한 정보가 공개되지 아니한 측면을 고려하더라도, 재산의 소유 주체에 관한 정보에 불과한 자동차 소유자에 관한 정보를 정부나 공무소 또는 국민이 객관적, 일반적인 입장에서 외부에 알려지지 않는 것에 상당한 이익이 있는 사항으로서 실질적으로 비밀로 보호할 가치가 있다거나, 그 누설에 의하여 국가의 기능이 위협받는다고 볼 수 없고, 경찰청 소속 차량으로 잠복수사에 이용되는 경우 소속이 외부에 드러나지 말아야 할 사실상의 필요성이 있다는 사정만으로 달리 볼 것이 아니어서, 피고인이 갑에게 제공한 차량 소유관계에 관한 정보가 형법 제127조에서 정한 '법령에 의한 직무상 비밀'에 해당한다고 볼 수 없는데도, 이와 달리 보아 유죄를 인정한 원심판결에 법리오해의 위법이 있다고 한 사례.

전 문

피 고 인 피고인

상 고 인 피고인

원심판결 청주지법 2010. 10. 14. 선고 2010노640 판결

주 문 원심판결을 파기하고, 사건을 청주지방법원 본원 합의부에 환송한다.

이 유 상고이유를 판단한다.

형법 제127조는 공무원 또는 공무원이었던 자가 법령에 의한 직무상 비밀을 누설하는 것을 구성요건으로 하고 있고, 같은 조에서 '법령에 의한 직무상 비밀'이란 반드시 법령에 의하여 비밀로 규정되었거나 비밀로 분류 명시된 사항에 한하지 아니하고, 정치, 군사, 외교, 경제, 사회적 필요에 따라 비밀로 된 사항은 물론 정부나 공무소 또는 국민이 객관적, 일반적인 입장에서 외부에 알려지지 않는 것에 상당한 이익이 있는 사항도 포함하는 것이나, 실질적으로 그것을 비밀로서 보호할 가치가 있다고 인정할 수 있는 것이어야 하고, 본죄는 비밀 그 자체를 보호하는 것이 아니라 공무원의 비밀엄수의무의 침해에 의하여 위험하게 되는 이익, 즉 비밀의 누설에 의하여 위협받는 국가의 기능을 보호하기 위한 것이다(대법원 2003. 6. 13. 선고 2001도1343 판결 등 참조).

원심판결 이유에 의하면, 원심은 그 채택 증거에 의하여 이 사건 차량은 공소외 1의 유사휘발유 제조 현장 부근에서 경찰의 잠복근무에 이용되고 있었던 사실, 공소외 1은 공소외 2에게 이 사건 차량의 차적 조회를 부탁한 사실, 공소외 1은 공소외 2로부터 이 사건 차량이 경찰청 소속이라는 말을 듣고 현장에서 도주한 사실 등 판시와 같은 사실을 인정한 다음, 경찰청 소속 차량은 잠복수사 등 비밀을 요하는 업무에 사용될 가능성이 있고, 잠복수사에 이용되는 차량의 경우 경찰청 소속이라는 사실이 외부에 드러나지 않아야 할 필요성이 있는데, 구청에서 체납차량 영치 및 공매 등의 업무를 담당하던 공무원인 피고인이 공소외 2에게 차적 조회 시스템을 이용하여 알게 된 이 사건 차량의 소유관계에 관한 정보를 알려준 행위로 인하여 실제로 경찰의 수사업무가 방해되었던 점에 비추어 볼 때, 이 사건 차량의 정보는 객관적, 일반적인 입장에서 외부에 알려지지 않는 것에 상당한 이익이 있는 사항으로서 비밀로 보호할 가치가 있다고 인정된다는 이유로 공무상비밀누설죄에 있어서의 '법령에 의한 직무상 비밀'에 해당한다고 판단하였다.

그러나 앞서 본 법리에 비추어 볼 때, 누구든지 열람이 가능한 부동산등기 사항과는 달리 구 자동차관리법 제7조 제4항, 구 자동차등록규칙(2010. 4. 7. 국토해양부령 제239호로 개정되기 전의 것) 제10조, 제12조가 자동차 소유자의 성명까지 기재된 신청서를 제출하여야 자동차등록원부의 열람이나 그 등본 또는 초본을 발급받을 수 있게 규정함으로써 자동차의 소유자에 관한 정보가 공개되지 아니한 측면을 고려하더라도, 결국 재산의 소유 주체에 관한 정보에 불과한 자동차의 소유자에 관한 정보를 정부나 공무소 또는 국민이 객관적, 일반적인 입장에서 외부에 알려지지 않는 것에 상당한 이익이 있는 사항으로서 실질적으로 비밀로 보호할 가치가 있다거나, 그 누설에 의하여 국가의 기능이 위협받는다고 볼 수는 없다. 이는 경찰청 소속 차량으로 잠복수사에 이용될 수도 있고 그 경우 원심이 설시한 바와 같이 그 소속이 외부에 드러나지 말아야 할 사실상의 필요성이 있다고 하더라도 그러한 사정만으로 달리 볼 것은 아니다(기록에 나타난 자료에 의하면 수사기능을 갖춘 법무부 소속 차량에 관한 정보는 인터넷에 공개되고 있는 것으로 보인다).

따라서 피고인이 공소외 2에게 제공한 차량의 소유관계에 관한 정보를 형법 제127조에 규정한 '법령에 의한 직무상 비밀'에 해당한다고 볼 수 없다. 그럼에도 원심이 이 사건 차량이 경찰청 소속이라는 정보가 공무상비밀누설죄에 있어서의 '법령에 의한 직무상 비밀'에 해당한다고 보아 이 사건 예비적 공소사실을 유죄로 인정한 것에는 공무상비밀누설죄에 관한 법리를 오해하여 판결 결과에 영향을 미친 위법이 있다. 이 점을 지적하는 상고이유의 주장은 이유 있다.

그러므로 나머지 상고이유에 대한 판단을 생략한 채, 원심판결 중 예비적 공소사실에 관한 부분은 파기를 면할 수 없고, 이와 동일체의 관계에 있는 주위적 공소사실에 관한 부분 역시 파기될 수밖에 없으므로, 원심판결을 파기하고 사건을 다시 심리·판단하게 하기 위하여 원심법원에 환송하기로 하여 관여 대법관의 일치된 의견으로 주문과 같이 판결한다.

대법관 전수안(재판장) 양창수 이상훈(주심) 김용덕

대법원 2012.2.23. 선고 2011도16385 판결

【배임】

판시사항

1 이른바 예탁금 회원제로 운영되는 골프장의 회원권을 다른 채무에 대한 담보 목적으로 양도한 경우, 회원권 양도의 당사자 사이에서 양도인이 양수인을 위하여 회원권 보전에 관한 사무를 처리하는 자의 지위에 있는지 여부(적극)

2 피고인이 갑에게서 돈을 차용하면서 피고인 소유의 골프회원권을 담보로 제공한 후 제3자에게 임의로 매도한 사안에서, 피고인이 담보물인 골프회원권을 담보 목적에 맞게 보관·관리할 의무를 부담함으로써 갑의 사무를 처리하는 자의 지위에 있다고 보아 배임죄를 인정한 원심판단을 정당하다고 한 사례

판결요지

1 회원 가입 시에 일정 금액을 예탁하였다가 탈퇴 등의 경우에 예탁금을 반환받는 이른바 예탁금 회원제로 운영되는 골프장의 회원권을 다른 채무에 대한 담보 목적으로 양도한 경우, 회원권은 양도인과 양수인 사이에서는 동일성을 유지한 채 양도인으로부터 양수인에게 이전하고, 양도인은 양수인에게 귀속된 회원권을 보전하기 위하여 채무자인 골프장 운영 회사에 채권양도 통지를 하거나 채권양도 승낙(필요한 경우에는 명의개서까지)을 받음으로써 양수인으로 하여금 채무자에 대한 대항요건을 갖출 수 있도록 해 줄 의무를 부담하므로, 회원권 양도의 당사자 사이에서는 양도인은 양수인을 위하여 회원권 보전에 관한 사무를 처리하는 자라고 할 것이다.

2 피고인이 갑에게서 돈을 차용하면서 피고인 소유의 골프회원권을 담보로 제공한 후 이를 제3자에게 임의로 매도한 사안에서, 피고인과 갑 사이에 골프회원권에 관하여 유효하게 담보계약이 체결되어 피고인이 담보물인 골프회원권을 담보 목적에 맞게 보관·관리할 의무를 부담함으로써 갑의 사무를 처리하는 자의 지위에 있다고 보아 피고인에 대하여 배임죄를 인정한 원심판단을 정당하다고 한 사례.

전 문

피 고 인 피고인

상 고 인 피고인

변 호 인 변호사

원심판결 인천지법 2011. 11. 11. 선고 2011노3001 판결

주 문 상고를 기각한다.

이 유 상고이유를 판단한다.

1. 회원 가입 시에 일정 금액을 예탁하였다가 탈퇴 등의 경우에 그 예탁금을 반환받는 이른바 예탁금 회원제로 운영되는 골프장의 회원권을 다른 채무에 대한 담보 목적으로 양도한 경우에 회원권은 양도인과 양수인 사이에서는 그 동일성을 유지한 채 양도인으로부터 양수인에게 이전하고, 양도인은 양수인에게 귀속된 회원권을 보전하기 위하여 채무자인 골프장 운영 회사에 채권양도 통지를 하거나 채권양도 승낙(필요한 경우에는 명의개서까지)을 받음으로써 양수인으로 하여금 채무자에 대한 대항요건을 갖출 수 있도록 해 줄 의무를 부담하므로, 회원권 양도의 당사자 사이에서는 양도인은 양수인을 위하여 회원권 보전에 관한 사무를 처리하는 자라고 할 것이다.

원심판결 이유를 기록에 비추어 살펴보면, 원심이 그 판시와 같은 사실을 인정한 후, 피고인과 피해자 사이에 피고인 소유인 이 사건 골프회원권에 관하여 유효하게 담보 계약이 체결되어 피고인이 담보물인 이 사건 골프회

원권을 담보 목적에 맞게 보관·관리할 의무를 부담함으로써 피해자의 사무를 처리하는 자의 지위에 있었다는 이유로 이 사건 골프회원권을 제3자에게 매도한 피고인에 대하여 배임죄의 성립을 인정한 것은 앞서 본 법리에 따른 것으로서 정당하고, 거기에 배임죄에 있어 타인의 사무를 처리하는 자에 관한 법리를 오해한 잘못이 없다.

2. 피고인의 상고이유 주장 중 배임죄의 재산상 손해액에 관한 심리미진 등의 주장은 상고심에 이르러 비로소 처음으로 하는 주장으로서 적법한 상고이유가 되지 못한다.
3. 그러므로 상고를 기각하기로 하여, 관여 대법관의 일치된 의견으로 주문과 같이 판결한다.

대법관 박일환(재판장) 신영철 민일영(주심) 박보영

대법원 2012.2.23. 선고 2011도15857 판결

【특정경제범죄가중처벌등에관한법률위반(횡령)·특정경제범죄가중처벌등에관한법률위반(배임)(피고인1에대하여일부인정된죄명:업무상배임)·증거위조교사·특정경제범죄가중처벌등에관한법률위반(증재등)·특정경제범죄가중처벌등에관한법률위반(수재등)】

판시사항

[1] 배임죄의 성립요건인 '손해를 가한 때'의 의미

[2] 갑 주식회사의 실질적 경영자인 피고인이 자신의 개인사업체가 갑 회사에 수목을 매도하였다는 허위의 매매계약을 체결하고 그 매매대금 채권과 갑 회사의 피고인에 대한 채권을 상계처리한 사안에서, 상계가 법률상 무효라고 하더라도 갑 회사에 재산상 실해 발생의 위험이 초래되었다고 보아 업무상배임죄가 성립한다고 본 원심판단을 수긍한 사례

[3] 갑 주식회사의 실질적 경영자인 피고인이 자신의 개인채무를 담보하기 위하여 갑 회사 소유 부동산에 을 앞으로 근저당권설정등기를 마침으로써 갑 회사에 재산상 손해를 가하였다는 내용으로 기소된 사안에서, 갑 회사에 재산상 손해가 발생하였다거나 재산상 실해 발생의 위험이 초래된 것으로 볼 수 없는데도, 이와 달리 업무상배임죄가 성립한다고 본 원심판결에 법리오해의 위법이 있다고 한 사례

판결요지

[1] 배임죄에 있어 재산상의 손해를 가한 때라 함은 현실적인 손해를 가한 경우뿐만 아니라 재산상 실해 발생의 위험을 초래한 경우도 포함되고, 재산상 손해의 유무에 대한 판단은 본인의 전 재산 상태와의 관계에서 법률적 판단에 의하지 아니하고 경제적 관점에서 파악하여야 하며, 따라서 법률적 판단에 의하여 당해 배임행위가 무효라 하더라도 경제적 관점에서 파악하여 배임행위로 인하여 본인에게 현실적인 손해를 가하였거나 재산상 실해 발생의 위험을 초래한 경우에는 재산상의 손해를 가한 때에 해당되어 배임죄를 구성한다.

[2] 갑 주식회사의 실질적 경영자인 피고인이 자신의 개인사업체가 갑 회사에 골프장 조경용 수목을 매도하였다는 허위의 매매계약을 체결하고 그 매매대금 채권과 갑 회사의 피고인에 대한 채권을 상계처리한 사안에서, 피고인의 수목 매매대금 채권이 존재하지 아니하여 상계가 법률상 무효라고 하더라도 갑 회사에 재산상 실해 발생의 위험이 초래되었다고 보아 업무상배임죄가 성립한다고 본 원심판단을 수긍한 사례.

[3] 갑 주식회사의 실질적 경영자인 피고인이 자신의 개인채무를 담보하기 위하여 갑 회사 소유 부동산에 을 앞으로 근저당권설정등기를 마침으로써 갑 회사에 재산상 손해를 가하였다는 내용으로 기소된 사안에서, 을은 피고인이 개인채무를 담보하기 위하여 근저당권을 설정한다는 사정을 잘 알고 있어서 근저당권 설정행위는 대표권 남용행위로서 무효이므로 갑 회사는 을에 대하여 무효인 근저당권에 기한 채무는 물론 사용자책임이나 법인의 불법행위 등에 따른 손해배상의무도 부담할 여지가 없고, 근저당권이 그 후 해지를 원인으로 말소되어, 피고인의 근저당권 설정행위로 말미암아 갑 회사에 재산상 손해가 발생하였다거나 재산상 실해 발생의 위험이 초래된 것으로 볼 수 없는데도, 이와 달리 업무상배임죄가 성립한다고 본 원심판결에 법리오해의 위법이 있다고 한 사례.

전 문

피 고 인 피고인 1 외 1인

상 고 인 피고인들

변 호 인 법무법인

원심판결 서울고법 2011. 11. 4. 선고 2011노1386 판결

주 문 피고인 1에 대한 원심판결 중 공소외 1 주식회사에 대한 특정경제범죄 가중처벌 등에 관한 법률 위반(배임)의 점, 공소외 2 상호저축은행에 대한 2004. 4. 30. 및 2005. 7. 15. 각 특정경제범죄 가중처벌 등에 관한 법률 위반(배임)의 점과 2010. 9.경 증거위조교사의 점을 제외한 나머지 부분을 파기하고, 이 부분 사건을 서울고등법원에 환송한다. 피고인 2의 상고를 기각한다.

이 유 상고이유를 본다.

1. 피고인 1(이하 1항에서는 '피고인'이라 한다)의 상고이유에 대하여

가. 공소외 3 주식회사(이하 '공소외 3 회사'라 한다) 자금 15억 원 업무상횡령의 점

원심은 그 판시와 같은 사정을 근거로 공소외 3 회사와 피고인의 매형 공소외 4가 운영하는 공소외 5 주식회사 사이의 공사대금 선급금 15억 원은 허위로 부풀린 금액임을 인정한 다음 공소외 3 회사의 실질적인 경영자인 피고인이 공소외 5 주식회사에 선급금 15억 원을 지급하는 형식으로 회계처리를 한 다음 위 금원을 피고인의 공소외 6에 대한 공소외 3 회사 주식 인수대금 지급에 사용함으로써 공소외 3 회사의 자금 15억 원을 횡령하였다고 판단하였다.

원심판결 이유를 기록과 대조하여 살펴보면 원심의 판단은 정당한 것으로 수긍이 가고, 거기에 상고이유 주장과 같이 논리와 경험칙에 반하여 자유심증주의의 한계를 벗어나는 등의 위법이 없다.

나. 공소외 3 회사 자금 70억 원 업무상횡령의 점

횡령죄에 있어서의 불법영득의 의사라 함은 자기 또는 제3자의 이익을 꾀할 목적으로 임무에 위배하여 보관하는 타인의 재물을 자기의 소유인 경우와 같이 처분하는 의사를 말하고, 사후에 이를 반환하거나 변상·보전하는 의사가 있다고 하더라도 불법영득의 의사를 인정함에는 지장이 없다(대법원 2006. 11. 10. 선고 2004도5167 판결 등 참조). 또한 회사의 대표이사 혹은 그에 준하여 회사 자금의 보관이나 운용에 관한 사실상의 사무를 처리하여 온 자가 회사를 위한 지출 이외의 용도로 거액의 회사 자금을 가지급금 등의 명목으로 인출, 사용함에 있어서 이자나 변제기의 약정이 없음은 물론 이사회 결의 등 적법한 절차도 거치지 아니하는 것은 통상 용인될 수 있는 범위를 벗어나 대표이사 등의 지위를 이용하여 회사 자금을 사적인 용도로 임의로 대여·처분하는 것과 다름없어 횡령죄를 구성한다(대법원 2006. 4. 27. 선고 2003도135 판결 등 참조).

원심판결 이유에 의하면, 원심은 그 판시와 같은 사정을 근거로 공소외 3 회사 주식의 실질적인 인수 주체는 피고인이라고 인정한 다음 피고인이 공소외 3 회사의 자금 70억 원을 피고인이나 피고인의 처 공소외 7에게 대여하는 형식으로 처리하여 공소외 3 회사 주식 인수대금 지급에 사용한 것은 공소외 3 회사의 자금 70억 원을 피고인의 돈인 것처럼 피고인을 위하여 임의로 사용한 것으로서 업무상횡령에 해당한다고 판단하였다.

위 법리와 기록에 비추어 살펴보면 원심의 판단은 정당한 것으로 수긍이 가고, 거기에 상고이유 주장과 같이 업무상횡령죄에 있어서 불법영득의사에 관한 법리를 오해하는 등의 위법이 없다

다. 공소외 8 주식회사(이하 '공소외 8 회사'라 한다) 자금 57억 3,400만 원 업무상횡령의 점

원심은, 그 판시와 같은 사정을 들어 공소외 7 명의의 공소외 2 상호저축은행(이하 '공소외 2 은행'이라 한다) 대출금 71억 원은 공소외 7의 토지 매입 또는 피고인의 유상증자 대금 납부 등의 개인적인 용도나 공소외 3 회사 등 ○○그룹 계열사를 위한 용도로 사용된 것이지 공소외 8 회사를 위하여 사용된 것으로 볼 수 없다고 인정한 다음 공소외 8 회사의 실질적인 경영자인 피고인이 공소외 8 회사의 자금 57억 3,400만 원을 공소외 7 명의의 위 대출금의 상환에 사용한 것은 업무상횡령에 해당한다고 판단하였다.

앞서 본 법리와 기록에 비추어 살펴보면 원심의 위와 같은 판단은 정당한 것으로 수긍이 가고, 거기에 상고이유 주장과 같이 업무상횡령죄에 있어서 불법영득의사에 관한 법리를 오해하는 등의 위법이 없다.

라. 공소외 8 회사에 대한 업무상배임의 점

배임죄에 있어 재산상의 손해를 가한 때라 함은 현실적인 손해를 가한 경우뿐만 아니라 재산상 실해 발생의 위험을 초래한 경우도 포함되고, 재산상 손해의 유무에 대한 판단은 본인의 전 재산 상태와의 관계에서 법률적 판단에 의하지 아니하고 경제적 관점에서 파악하여야 하며, 따라서 법률적 판단에 의하여 당해 배임행위가 무효라 하더라도 경제적 관점에서 파악하여 배임행위로 인하여 본인에게 현실적인 손해를 가하였거나 재산상 실해 발생의 위험을 초래한 경우에는 재산상의 손해를 가한 때에 해당되어 배임죄를 구성한다(대법원 2005. 9. 29. 선고 2003도4890 판결 등 참조).

원심판결 이유에 의하면, 원심은 그 채용 증거에 의하여 피고인이 자신의 개인사업체인 △△산업이 공소외 8 회사에 골프장 조경용 수목 시가 30억 원 상당을 매도하였다는 허위 내용의 매매계약을 체결하고 허위의

위 수목 매매대금 채권과 공소외 8 회사의 피고인에 대한 주주·임원·종업원 단기채권 중 30억 원을 상계하는 것으로 회계처리함으로써 공소외 8 회사에 대한 채무를 면제받아 재산상 이익을 취득하고 공소외 8 회사에 재산상 손해를 가한 사실을 인정한 다음, 피고인의 수목 매매대금 채권이 존재하지 아니하여 위 상계가 법률상 무효라고 하더라도 공소외 8 회사에 재산상 실해 발생의 위험은 있었다고 보아 이 부분 공소사실을 유죄로 판단하였다.

위 법리와 기록에 비추어 살펴보면 원심의 위와 같은 판단은 정당한 것으로 수긍이 가고, 거기에 상고이유 주장과 같은 업무상배임죄에 있어서의 손해에 관한 법리오해 등의 위법이 없다.

마. 공소외 8 회사 자금 8억 7,672만 원 업무상횡령의 점

원심은 그 판시와 같은 사정을 들어 피고인이 공소외 8 회사의 자금 8억 7,672만 원을 피고인의 공소외 3 회사 주식 인수대금 지급 등 개인적인 용도에 사용한 것으로 보아 이 부분 공소사실을 유죄로 인정하였는바, 원심판결 이유를 기록과 대조하여 살펴보면 원심의 판단은 정당한 것으로 수긍이 가고, 거기에 상고이유 주장과 같이 논리와 경험칙에 반하여 자유심증주의의 한계를 벗어나는 등의 위법이 없다.

바. 공소외 9 주식회사(이하 '공소외 9 회사'라 한다) 자금 업무상횡령의 점

원심판결 이유에 의하면, 원심은 피고인이 자신이 실제로 운영하는 공소외 9 회사의 대표이사 공소외 10에게 지시하여 공소외 9 회사 명의로 공소외 2 은행으로부터 30억 원을 대출받아 그 중 24억 8,160만 원을 ○○그룹의 계열사인 공소외 8 회사와 공소외 3 회사에 송금하게 한 다음 피고인이 위 금원을 공소외 8 회사와 공소외 3 회사에 가수금으로 입금한 것처럼 처리함으로써 이들 회사의 대표자에 대한 기존 가지급금 채권과 상계처리한 사실 등을 인정한 다음 이는 피고인이 공소외 9 회사의 자금을 피고인의 돈인 것처럼 사적 용도로 임의사용하여 횡령한 행위에 해당하고 공소외 9 회사와 공소외 8 회사, 공소외 3 회사 사이에 대여금약정서가 작성되어 있다는 등의 사정만으로는 불법영득의사를 인정함에 지장이 없다고 판단하였다.

앞서 본 법리와 기록에 비추어 살펴보면 원심의 판단은 정당한 것으로 수긍이 가고, 거기에 상고이유 주장과 같이 업무상횡령죄에 있어서 불법영득의사에 관한 법리를 오해하는 등의 위법이 없다.

사. 공소외 11 주식회사(이하 '공소외 11 회사'라 한다) 자금 업무상횡령의 점

타인의 재물 보관자의 지위가 인정되지 않는 자라고 하더라도 보관자의 지위에 있는 신분자와 공모하여 횡령 범행을 저지른 사실이 인정되면 형법 제33조 본문에 의하여 횡령죄의 공범으로 처단할 수 있다(대법원 2003. 11. 14. 선고 2003도4909 판결 등 참조).

원심판결 이유에 의하면, 원심은 피고인이 공소외 8 회사의 하청업체인 공소외 11 회사의 운영자 공소외 12에게 제의하여 공소외 11 회사 명의로 공소외 2 은행으로부터 100억 원을 대출받게 한 다음 그 중 5,945,212,038원을 공소외 12로부터 송금받아 공소외 8 회사의 운영자금 등 공소외 11 회사의 업무와는 무관한 용도로 사용한 사실을 인정한 다음 피고인은 공소외 12와 공모하여 공소외 11 회사의 자금을 피고인의 돈인 것처럼 피고인이나 ○○그룹을 위한 용도로 임의사용하였으므로 업무상횡령죄의 공동정범에 해당한다고 판단하였다.

위 법리와 기록에 비추어 살펴보면 원심의 판단은 정당한 것으로 수긍이 가고, 거기에 상고이유 주장과 같이 업무상횡령죄에 있어서의 공동정범에 관한 법리오해 등의 위법이 없다.

아. 공소외 1 주식회사(이하 '공소외 1 회사'라 한다) 자금 업무상횡령의 점

금융거래에 있어서 권리의무를 부담하는 당사자는 그 명의를 기준으로 정하는 것이 원칙이므로, 실제 차주가 제3자의 명의를 빌려 대출을 받는 경우에도 금융기관이 명의대여자와 사이에 당해 대출에 따른 법률상의 효과를 실제 차주에게 귀속시키고 명의대여자에게는 그 채무 등의 부담을 지우지 아니하기로 합의하였다는 사정이 적극적으로 입증되는 등의 특별한 사정이 없는 한, 금융기관과 대출명의자 사이의 거래를 통정허위표시로 보아 그 효력을 부인할 수 없다(대법원 2010. 5. 27. 선고 2010도369 판결 등 참조).

원심의 채용 증거에 의하면, 피고인은 공소외 2 은행 대출담당자인 피고인 2로부터 '공소외 2 은행에 부실대출이 발생하였는데 ○○그룹 계열사 중 한 곳에서 대출을 받아 공소외 2 은행에 보내주면 부실대출을 해결하고 추후 위 계열사 대출금은 부실대출을 받았던 곳에서 대출을 일으켜 상환해 주겠다'는 취지의 부탁을 받고 이를 승낙한 사실, 이후 피고인은 자신이 실질적으로 경영하는 공소외 1 회사 명의로 공소외 2 은행으로부터 35억 원을 대출받아 피고인 2가 지정하는 공소외 13 등의 계좌로 송금하였고, 이에 따라 공소외 13 등의 공소외 2 은행에 대한 기존 대출채무 35억 원이 상환된 사실을 알 수 있으나, 위 법리에 비추어 그와 같은 사정만으로는 피고인 2나 공소외 2 은행이 공소외 1 회사에 대하여 위 대출에 따른 법률상의 효과까지도 귀속시키지 않음으로써 채무자로서의 책임을 지우지 아니하려는 의도를 가지고 있었다고 보기는 어렵다.

같은 취지에서 원심이 위 대출금의 실제 차주는 공소외 1 회사지 피고인 2로 볼 수 없으므로 피고인이 공소외 1 회사의 자금인 위 대출금을 정상적인 절차를 거치지 아니한 채 임의로 타인의 대출금 변제에 사용하도록

한 것은 업무상횡령에 해당한다고 판단한 것은 정당하고, 거기에 상고이유 주장과 같이 대출채무자의 확정 또는 업무상횡령죄에 있어서 불법영득의사에 관한 법리를 오해하는 등의 위법이 없다.

자. 공소외 3 회사에 대한 부동산 담보제공 관련 업무상배임의 점

(1) 배임행위가 법률적 판단에 의하여 무효라 하더라도 경제적 관점에서 파악하여 배임행위로 인하여 본인에게 현실적인 손해를 가하였거나 재산상 실해 발생의 위험을 초래한 경우에는 재산상의 손해를 가한 때에 해당하지만, 그러한 손해 발생의 위험이 초래되지 아니한 경우에는 배임죄가 성립하지 않는다(대법원 2010. 9. 30. 선고 2010도6490 판결, 대법원 2011. 2. 10. 선고 2010도3643 판결 등 참조).

(2) 원심은, 피고인이 자신의 개인채무를 담보하기 위하여 2009. 4. 27. 공소외 3 회사 소유의 파주시 월롱면 위전리 (지번 1 생략) 외 8필지 및 그 지상 건물에 관하여 공소외 14 앞으로 채권최고액 60억 원인 근저당권설정등기를 마침으로써 공소외 14에게 재산상 이익을 취득하게 하고 공소외 3 회사에 손해를 가하였다는 이 부분 공소사실에 관하여, 위 근저당권 설정행위는 공소외 3 회사에 대하여 무효라고 볼 여지가 있으나 채권채무관계인 채무부담행위에서 더 나아가 근저당권설정등기까지 마친 상태라면 공소외 3 회사에 재산상 실해 발생의 위험이 초래되었다고 보아 이 부분 공소사실을 일부 유죄로 판단하였다.

그러나 원심의 판단은 다음과 같은 이유에서 수긍하기 어렵다. 원심 판시에 의하더라도 위 근저당권을 설정받은 공소외 14는 피고인이 자신의 개인채무를 담보하기 위하여 위 근저당권을 설정한다는 사정을 잘 알고 있었다는 것이어서(기록에 의하면 공소외 14는 공소외 3 회사의 시설을 보증금 55억 2,500만 원에 임차하여 위탁운영한다는 허위 내용의 계약서를 작성하고 위 보증금 반환채권을 피담보채권으로 하여 위 근저당권을 설정하였음을 알 수 있다) 위 근저당권 설정행위는 대표권 남용행위로서 무효이므로 공소외 3 회사로서는 공소외 14에 대하여 무효인 위 근저당권에 기한 채무는 물론 사용자책임이나 법인의 불법행위 등에 따른 손해배상의무도 부담할 여지가 없을 뿐만 아니라, 원심이 채용한 증거에 의하면 위 근저당권은 2011. 5. 3. 해지를 원인으로 하여 말소되었음을 알 수 있어(위 말소에 공소외 3 회사의 재산출연이 수반되었음을 인정할 아무런 자료가 없다), 피고인의 위 근저당권 설정행위로 말미암아 공소외 3 회사에 재산상 손해가 발생하였다거나 재산상 실해 발생의 위험이 초래된 것으로 볼 수 없다.

그럼에도 원심이 이 부분 공소사실을 유죄로 판단한 것은 업무상배임죄에 있어서 손해에 관한 법리를 오해하여 판결에 영향을 미친 위법이 있다. 이 점에 관한 상고이유의 주장은 이유 있다.

2. 피고인들의 상고이유에 대하여

가. 대출사례비 2억 원 수수 및 공여의 점

원심은, 피고인 1이 공소외 4 명의로 공소외 2 은행으로부터 합계 100억 원을 대출받을 당시 피고인 2는 공소외 2 은행 영업부 이사대우로서 여수신업무를 총괄하는 지위에 있었던 점, 피고인 1은 공소외 4 명의로 4차 대출을 받은 다음날인 2006. 9. 20. 2억 원을 피고인 2에게 송금하였는데 그 과정에서 피고인 2의 요청에 따라 여러 사람의 계좌를 거침으로써 송금사실이 드러나지 않도록 하였던 점 등 그 판시와 같은 사정을 종합하여 위 2억 원이 차용금이라는 피고인들의 주장을 배척하고 이를 공소외 4 명의의 대출에 따른 사례비로 수수된 것이라고 판단하였다.

원심판결 이유를 기록과 대조하여 살펴보면 원심의 판단은 정당한 것으로 수긍이 가고, 거기에 상고이유 주장과 같이 논리와 경험칙에 반하여 자유심증주의의 한계를 벗어나는 등의 위법이 없다.

나. 공소외 2 은행에 대한 공소외 4 명의 대출 관련 업무상배임의 점

금융기관의 직원들이 대출을 함에 있어 대출채권의 회수를 확실하게 하기 위하여 충분한 담보를 제공받는 등 상당하고도 합리적인 조치를 강구함이 없이 만연히 대출을 해 주었다면 업무위배행위로 제3자로 하여금 재산상 이득을 취득하게 하고 금융기관에 손해를 가한다는 인식이 없었다고 볼 수 없다. 한편 업무상배임죄의 실행으로 인하여 이익을 얻게 되는 수익자 또는 그와 밀접한 관련이 있는 제3자를 배임의 실행행위자와 공동정범으로 인정하기 위하여는 실행행위자의 행위가 피해자 본인에 대한 배임행위에 해당한다는 것을 알면서도 소극적으로 그 배임행위에 편승하여 이익을 취득한 것만으로는 부족하고, 실행행위자의 배임행위를 교사하거나 또는 배임행위의 전 과정에 관여하는 등으로 배임행위에 적극 가담할 것을 필요로 한다(대법원 2007. 4. 12. 선고 2007도1033 판결 등 참조).

원심판결 이유에 의하면, 원심은 이 부분 대출에 관하여 담보로 제공된 서울 종로구 평창동 산 (지번 2 생략) 묘지 9,467㎡는 대출 당시의 현황이나 관련 법령의 내용에 비추어 형질변경 또는 개발가능성이 극히 낮았음에도 불구하고 공소외 2 은행의 여수신업무를 총괄하던 피고인 2는 위 토지의 가액에 대한 객관적인 감정평가도 생략한 채 부하 직원들에게 대출이 가능하도록 심사부의안을 마련할 것을 지시한 점, 피고인 1도 적극적으로 평창동 토지의 담보가치를 과장하고 피고인 2에게 대출과 관련하여 금품을 제공하기도 한 점 등 그 판시와 같은 사정을 종합하여 공소외 4 명의의 2006. 5. 11.자 대출금 30억 원 중 9억 6,136만 원과 2006.

9. 19.자 대출금 20억 원은 충분한 담보확보 없이 이루어진 부실대출에 해당하고, 피고인 2의 임무위배 사실도 인정되며 피고인 1도 피고인 2의 배임행위에 적극 가담하였으므로 업무상배임죄의 공동정범에 해당한다고 판단하였다.

위 법리와 기록에 비추어 살펴보면 원심의 판단은 정당한 것으로 수긍이 가고, 거기에 업무상배임죄에 있어서의 임무위배행위나 공동정범에 관한 법리를 오해하는 등의 위법이 없다.

3. 파기의 범위

그렇다면 원심판결 중 피고인 1의 공소외 3 회사 부동산 담보제공 관련 업무상배임의 점은 파기되어야 하고, 원심이 위 피고인에 대하여 유죄를 선고한 나머지 부분은 위 파기 부분과 형법 제37조 전단의 경합범 관계에 있어 원심에서 하나의 형이 선고되었으므로 역시 파기되어야 한다. 그리고 원심이 이유무죄로 판단한 부분은 위와 같이 파기되는 부분과 단일죄 또는 포괄일죄의 관계에 있어 함께 파기되어야 하므로, 결국 위 피고인에 대한 원심판결 중 공소외 1 회사에 대한 특정경제범죄 가중처벌 등에 관한 법률 위반(배임)의 점, 공소외 2 은행에 대한 2004. 4. 30. 및 2005. 7. 15. 각 특정경제범죄 가중처벌 등에 관한 법률 위반(배임)의 점과 2010. 9.경 증거위조교사의 점을 제외한 나머지 부분은 모두 파기를 면할 수 없다.

4. 결론

그러므로 피고인 1에 대한 원심판결 중 공소외 1 회사에 대한 특정경제범죄 가중처벌 등에 관한 법률 위반(배임)의 점, 공소외 2 은행에 대한 2004. 4. 30. 및 2005. 7. 15. 각 특정경제범죄 가중처벌 등에 관한 법률 위반(배임)의 점과 2010. 9.경 증거위조교사의 점을 제외한 나머지 부분을 파기하고 이 부분 사건을 다시 심리·판단하도록 원심법원에 환송하되, 피고인 2의 상고를 기각하기로 하여 관여 대법관의 일치된 의견으로 주문과 같이 판결한다.

대법관 이인복(재판장) 김능환(주심) 안대희 박병대

대법원 2012.2.23. 선고 2011도14441 판결

【공문서위조(일부인정된죄명:공문서변조)·위조공문서행사(일부변경된죄명:변조공문서행사)·사기】

판시사항

[1] 위조문서를 공범자 등에게 행사한 경우 위조문서행사죄가 성립하는지 여부(소극) 및 간접정범을 통한 위조문서행사 범행에서 도구로 이용된 자에게 행사한 경우 위조문서행사죄가 성립하는지 여부(적극)

[2] 피고인이 위조·변조한 공문서의 이미지 파일을 갑 등에게 이메일로 송부하여 프린터로 출력하게 함으로써 '행사'하였다는 내용으로 기소되었는데, 갑 등은 출력 당시 위 파일이 위조된 것임을 알지 못한 사안에서, 피고인의 행위가 위조·변조공문서행사죄를 구성한다고 보아야 하는데도, 이와 달리 보아 무죄를 선고한 원심판결에 법리오해의 위법이 있다고 한 사례

전 문

피 고 인 피고인

상 고 인 검사

변 호 인 변호사

원심판결 서울북부지법 2011. 10. 13. 선고 2011노987 판결

주 문 원심판결 중 무죄 부분을 파기하고, 이 부분 사건을 서울북부지방법원 합의부에 환송한다.

이 유 상고이유를 판단한다.

1. 원심의 판단

원심은, 이 사건 공소사실 중 '피고인이 제1심판결의 범죄사실 기재와 같은 방법으로 ○○○디자인의 전문건설업등록증, 전문건설업등록수첩, 공장등록증명(신청)서의 이미지 파일을 위조하여 2008. 8. 4. 공소외 1의 이메일로 송부하여, 공소외 1로 하여금 송부받은 각 이미지 파일을 출력하게 하여 위조된 전문건설업등록증, 전문건설업등록수첩, 공장등록증명(신청)서를 공소외 1에게 행사하고, 같은 방법으로 △△△△△△의 전문건설업등록증과 사업자등록증의 이미지 파일을 위조하고 인감증명서의 이미지 파일을 변조하여 2008. 12. 5.경 ▽▽▽▽▽기술서비스의 이메일로 송부하여, ▽▽▽▽▽기술서비스 직원인 공소외 2로 하여금 송부받은 각 이미지 파일을 출력하게 하여 위조된 전문건설업등록증과 사업자등록증, 변조된 인감증명서를 공소외 2에게 행사하였다'는 각 위조 및 변조공문서행사의 점에 관하여, 피고인은 위조·변조문서를 행사하는 행위도 파일을 출력한 공소외 1, 2를 통하여 하였다고 볼 수밖에 없는데, 간접정범을 통한 범행에서 피이용자는 간접정범의 의사를 실현하는 수단으로서의 지위를 갖는 점을 고려할 때, 위조문서행사 범행의 피이용자가 위조문서를 인식할 수 있게 되었다고 하더라도 이는 피고인과 동일시할 수 있는 자에게 문서를 보인 것과 마찬가지여서 그것만으로는 아직 위조문서가 피고인의 영역을 벗어났다고 볼 수 없다는 이유로, 이를 유죄로 인정한 제1심판결을 파기하고 무죄를 선고하였다.

2. 대법원의 판단

그러나 원심의 위와 같은 판단은 다음과 같은 이유로 수긍하기 어렵다.

위조문서행사죄에 있어서 행사는 위조된 문서를 진정한 것으로 사용함으로써 문서에 대한 공공의 신용을 해칠 우려가 있는 행위를 말하므로 그 행사의 상대방에는 아무런 제한이 없고, 다만 문서가 위조된 것임을 이미 알고 있는 공범자 등에게 행사하는 경우에는 위조문서행사죄가 성립할 수 없으나(대법원 2005. 1. 28. 선고 2004도4663 판결 참조), 간접정범을 통한 위조문서행사범행에 있어 도구로 이용된 자라고 하더라고 문서가 위조된 것임을 알지 못하는 자에게 행사한 경우에는 위조문서행사죄가 성립한다.

원심판결 이유와 기록에 의하면, 피고인은 위조한 전문건설업등록증 등의 컴퓨터 이미지 파일을 공사 수주에 사용하기 위하여 발주자인 공소외 1 또는 ▽▽▽▽▽기술서비스의 담당직원 공소외 2에게 이메일로 송부한 사실, 공소외 1 또는 공소외 2는 피고인으로부터 이메일로 송부받은 컴퓨터 이미지 파일을 프린터로 출력할 당시

그 이미지 파일이 위조된 것임을 알지 못하였던 사실을 알 수 있으므로, 피고인의 위와 같은 행위는 형법 제229조의 위조·변조공문서행사죄를 구성한다고 보아야 할 것이다.

그럼에도 원심은, 간접정범을 통한 위조문서행사 범행의 피이용자는 피고인과 동일시할 수 있는 자와 마찬가지라는 이유만으로 이 사건 각 위조 및 변조공문서행사의 점에 대하여 무죄를 선고하였으니, 이러한 원심판결에는 위조 및 변조공문서행사죄에 있어서 행사의 상대방에 관한 법리를 오해한 위법이 있고, 이 점을 지적하는 상고이유는 이유 있다.

3. 파기의 범위

원심이 유죄로 판단한 각 공문서위조, 공문서변조 및 사기의 점과 무죄로 판단한 각 위조 및 변조공문서행사의 점은 형법 제37조 전단의 경합범 관계에 있고, 검사는 무죄 부분에 대하여, 피고인은 유죄 부분에 대하여 각 상고하였으나 피고인이 상고를 취하함으로써 유죄 부분은 분리·확정되었으므로, 결국 원심판결 중 무죄 부분만을 파기할 수밖에 없다(대법원 2005. 1. 28. 선고 2004도4663 판결 등 참조).

4. 결론

그러므로 원심판결 중 무죄 부분을 파기하고 이 부분 사건을 다시 심리·판단하게 하기 위하여 원심법원에 환송하기로 하여, 관여 대법관의 일치된 의견으로 주문과 같이 판결한다.

대법관 이상훈(재판장) 전수안(주심) 양창수 김용덕

대법원 2012.1.27. 선고 2011도16044 판결

【공갈·상해】

판시사항

[1] 재산상 이익의 취득으로 인한 공갈죄의 성립 요건

[2] 피고인이 피해자가 운전하는 택시를 타고 간 후 목적지가 다르다는 이유로 택시요금의 지급을 면하고자 이를 요구하는 피해자를 폭행하고 달아난 사안에서, 피고인이 피해자를 폭행하고 달아났을 뿐 피해자가 택시요금의 지급에 관하여 수동적·소극적으로라도 피고인이 이를 면하는 것을 용인하여 그 이익을 공여하는 처분행위를 하였다고 할 수 없는데도, 이와 달리 보아 공갈죄를 인정한 원심판결에 법리오해 등의 위법이 있다고 한 사례

판결요지

[1] 재산상 이익의 취득으로 인한 공갈죄가 성립하려면 폭행 또는 협박과 같은 공갈행위로 인하여 피공갈자가 재산상 이익을 공여하는 처분행위가 있어야 한다. 물론 그러한 처분행위는 반드시 작위에 한하지 아니하고 부작위로도 족하여서, 피공갈자가 외포심을 일으켜 묵인하고 있는 동안에 공갈자가 직접 재산상의 이익을 탈취한 경우에도 공갈죄가 성립할 수 있다. 그러나 폭행의 상대방이 위와 같은 의미에서의 처분행위를 한 바 없고, 단지 행위자가 법적으로 의무 있는 재산상 이익의 공여를 면하기 위하여 상대방을 폭행하고 현장에서 도주함으로써 상대방이 행위자로부터 원래라면 얻을 수 있었던 재산상 이익의 실현에 장애가 발생한 것에 불과하다면, 그 행위자에게 공갈죄의 죄책을 물을 수 없다.

[2] 피고인이 피해자가 운전하는 택시를 타고 간 후 최초의 장소에 이르러 택시요금의 지급을 면할 목적으로 다른 장소에 가자고 하였다면서 택시에서 내린 다음 택시요금 지급을 요구하는 피해자를 때리고 달아나자, 피해자가 피고인이 말한 다른 장소까지 좇아가 기다리다 그곳에서 피고인을 발견하고 택시요금 지급을 요구하였는데 피고인이 다시 피해자의 얼굴 등을 주먹으로 때리고 달아난 사안에서, 피해자가 피고인에게 계속해서 택시요금의 지급을 요구하였으나 피고인이 이를 면하고자 피해자를 폭행하고 달아났을 뿐, 피해자가 폭행을 당하여 외포심을 일으켜 수동적·소극적으로라도 피고인이 택시요금 지급을 면하는 것을 용인하여 이익을 공여하는 처분행위를 하였다고 할 수 없는데도, 이와 달리 보아 공갈죄를 인정한 원심판결에 법리오해 등 위법이 있다고 한 사례.

전 문

피 고 인 피고인

상 고 인 피고인

원심판결 울산지법 2011. 11. 11. 선고 2011노1148 판결

주 문 원심판결을 파기하고, 사건을 울산지방법원 합의부에 환송한다.

이 유

1. 상고이유를 판단한다.

원심에서 사형, 무기 또는 10년 이상 징역이나 금고의 형이 선고된 경우가 아닌 한 형의 양정이 부당하다는 것을 들어 대법원에 상고할 수 없음은 형사소송법 제383조 제4호에 비추어 명백하다. 따라서 피고인에 대하여 벌금형이 선고된 이 사건에서 그 형이 너무 무겁다는 취지의 피고인의 주장은 적법한 상고이유가 되지 못한다.

2. 직권으로 살펴본다.

가. 이 사건 공소사실 중 공갈의 점의 요지는 다음과 같다.

피고인은 2011. 4. 3. 00:10경 울산 울주군 언양읍에 있는 구언양파출소 앞길에서 피해자 공소외인(45세)이 운전하는 (차량번호 생략) 개인택시에 승차하였다. 피고인은 같은 날 00:30경 같은 군 범서읍 천상리 ○○초등학교 앞 도로에 이르러 택시요금의 지급을 면할 목적으로 "상북 천전리에 가자고 하였다"고 하면서 차량에서 내려가는 것을 피해자가 따라가서 택시요금을 달라고 한다고 피해자의 목을 잡고 주먹으로 얼굴을 4-5회 때리고는 도주하여 택시요금 14,000원의 지급을 면하여 재산상 이익을 취득하였다는 것이다.

나. 재산상 이익의 취득으로 인한 공갈죄가 성립하려면 폭행 또는 협박과 같은 공갈행위로 인하여 피공갈자가 재산상 이익을 공여하는 처분행위가 있어야 한다. 물론 그러한 처분행위는 반드시 작위에 한하지 아니하고 부작위로도 족하여서, 피공갈자가 외포심을 일으켜 묵인하고 있는 동안에 공갈자가 직접 재산상의 이익을 탈취한 경우에도 공갈죄가 성립할 수 있다. 그러나 폭행의 상대방이 위와 같은 의미에서의 처분행위를 한 바 없고, 단지 행위자가 법적으로 의무 있는 재산상 이익의 공여를 면하기 위하여 상대방을 폭행하고 현장에서 도주함으로써 상대방이 행위자로부터 원래라면 얻을 수 있었던 재산상 이익의 실현에 장애가 발생한 것에 불과하다면, 그 행위자에게 공갈죄의 죄책을 물을 수 없다.

다. 기록에 의하면, 피고인이 위 공소사실의 내용과 같이 택시를 타고 간 후 같은 군 범서읍 천상리 ○○초등학교 앞 도로에 이르러 택시요금의 지급을 면할 목적으로 "상북 천전리에 가자고 하였다"고 하면서 차량에서 내린 사실, 이에 피해자는 피고인을 따라가면서 거기까지의 택시요금 14,000원의 지급을 요구한 사실, 그러자 피고인은 피해자의 목을 잡고 주먹으로 얼굴을 여러 차례 때린 다음 현장에서 달아난 사실, 그러자 피해자는 피고인으로부터 택시요금을 받기 위하여 피고인이 가자고 하였던 위 울주군 상북면 천전리 입구까지 쫓아가 피고인을 기다린 사실, 피해자는 그곳에서 같은 날 01:10경 택시에 타고 있던 피고인을 발견하고 택시요금의 지급을 요구한 사실, 그러자 피고인이 다시 피해자의 얼굴 등을 주먹으로 때리고 달아난 사실(이 부분 폭행행위가 이 사건 공소사실 중 폭행의 점을 이룬다)을 인정할 수 있다. 그렇다면 피해자는 피고인에게 계속해서 택시요금의 지급을 요구하였으나 피고인이 이를 면하고자 피해자를 폭행하고 달아났을 뿐이고, 피해자가 피고인으로부터 폭행을 당하여 외포심을 일으켜 피고인이 택시요금을 지급하지 아니하는 것을 묵인하는 등으로 택시요금의 지급에 관하여 수동적·소극적으로라도 피고인이 이를 면하는 것을 용인하여 그 이익을 공여하는 처분행위를 하였다고 할 수 없다.

그럼에도 불구하고 피고인에게 공갈의 죄책을 인정한 원심에는 공갈죄에 관한 법리를 오해하거나 채증법칙에 위배하여 사실을 인정함으로써 판결에 영향을 미친 위법이 있다고 할 것이다.

라. 그렇다면 원심판결 중 공갈죄 부분은 파기되어야 하는데, 이 부분은 원심이 유죄로 인정한 폭행죄와 형법 제37조 전단의 경합범 관계에 있어서 이들 모두에 대하여 하나의 형이 정하여져야 하므로, 원심판결은 전부 파기될 수밖에 없다.

3. 그러므로 원심판결을 파기하고, 사건을 다시 심리·판단하게 하기 위하여 원심법원에 환송하기로 하여, 관여 대법관의 일치된 의견으로 주문과 같이 판결한다.

대법관 김용덕(재판장) 전수안 양창수(주심) 이상훈

대법원 2012.1.27. 선고 2010도11884 판결

【공문서변조·변조공문서행사·직권남용권리행사방해·위계공무집행방해】

판시사항

[1] 직권남용권리행사방해죄에서 '직권남용'의 의미와 판단 기준 및 '의무 없는 일을 하게 한 때'의 의미

[2] 시장인 피고인 갑이 자신의 인사관리업무를 보좌하는 피고인 을과 공동하여, 관련 법령에서 정한 절차에 따라 평정대상 공무원에 대한 평정단위별 서열명부 및 평정순위가 정해졌는데도 평정권자나 실무 담당자 등에게 특정 공무원들에 대한 평정순위 변경을 구체적으로 지시하여 평정단위별 서열명부를 새로 작성하도록 한 사안에서, 피고인들의 행위가 직권남용권리행사방해죄의 공동정범에 해당한다고 본 원심판단을 수긍한 사례

판결요지

[1] 형법 제123조의 직권남용권리행사방해죄에서 '직권의 남용'이란 공무원이 일반적 직무권한에 속하는 사항을 불법하게 행사하는 것, 즉 형식적·외형적으로는 직무집행으로 보이나 실질은 정당한 권한 이외의 행위를 하는 경우를 의미하고, 직권남용에 해당하는가의 판단 기준은 구체적인 공무원의 직무행위가 그 목적, 그것이 행하여진 상황에서 볼 때의 필요성·상당성 여부, 직권행사가 허용되는 법령상의 요건을 충족했는지 등 제반 요소를 고려하여 결정하여야 하며, '의무 없는 일을 하게 한 때'란 '사람'으로 하여금 법령상 의무 없는 일을 하게 하는 때를 의미하고, 직무집행의 기준과 절차가 법령에 구체적으로 명시되어 있고 실무 담당자에게도 직무집행의 기준을 적용하고 절차에 관여할 고유한 권한과 역할이 부여되어 있다면 실무 담당자로 하여금 그러한 기준과 절차를 위반하여 직무집행을 보조하게 한 경우에는 '의무 없는 일을 하게 한 때'에 해당한다.

[2] 시장인 피고인 갑이 자신의 인사관리업무를 보좌하는 행정과장 피고인 을과 공동하여, 관련 법령에서 정한 절차에 따라 평정대상 공무원에 대한 평정단위별 서열명부가 작성되고 이에 따라 평정순위가 정해졌는데도 평정권자나 실무 담당자 등에게 특정 공무원들에 대한 평정순위 변경을 구체적으로 지시하여 평정단위별 서열명부를 새로 작성하도록 한 사안에서, 지방공무원법, 지방공무원 임용령, 지방공무원 평정규칙의 입법 목적에 비추어 평정권자나 확인권자가 아닌 지방자치단체의 장이나 그의 인사관리업무를 보좌하는 자에게는 소속 공무원에게 지시하여 관련 법령에서 정해진 절차에 따라 작성된 평정단위별 서열명부를 특정 공무원에 대한 평정순위를 변경하는 내용으로 재작성하게 할 권한이 없으므로, 피고인들의 행위가 공무원이 일반적 직무권한에 속하는 사항에 관하여 직권을 남용하여 평정권자나 실무 담당자 등으로 하여금 의무 없는 일을 하도록 한 것으로서 직권남용권리행사방해죄에 해당한다고 본 원심판단을 수긍한 사례.

전 문

피 고 인 피고인 1 외 1인

상 고 인 피고인들

변 호 인 법무법인

원심판결 수원지법 2010. 8. 26. 선고 2010노1799 판결

주 문 상고를 모두 기각한다.

이 유 각 상고이유(상고이유서 제출기한이 경과한 후에 제출된 각 상고이유보충서의 기재는 상고이유를 보충하는 범위 내에서)를 판단한다.

1. 피고인들의 직권남용권리행사방해의 점에 관한 상고이유에 대하여

형법 제123조의 직권남용권리행사방해죄에 있어서 '직권의 남용'이란 공무원이 일반적 직무권한에 속하는 사항을 불법하게 행사하는 것, 즉 형식적, 외형적으로는 직무집행으로 보이나 그 실질은 정당한 권한 이외의 행위를 하는 경우를 의미하고, 직권남용에 해당하는가의 판단 기준은 구체적인 공무원의 직무행위가 그 목적, 그것이 행하여진 상황에서 볼 때의 필요성·상당성 여부, 직권행사가 허용되는 법령상의 요건을 충족했는지 등의 제반 요소를 고려하여 결정하여야 하며(대법원 2007. 2. 22. 선고 2006도3339 판결, 대법원 2011. 7. 28. 선고 2011도1739 판결 등 참조), '의무 없는 일을 하게 한 때'란 '사람'으로 하여금 법령상 의무 없는 일을 하게 하는 때를 의미하고, 직무집행의 기준과 절차가 법령에 구체적으로 명시되어 있고 실무 담당자에게도 직무집행의 기준을 적용하고 절차에 관여할 고유한 권한과 역할이 부여되어 있다면 실무 담당자로 하여금 그러한 기준과 절차에 위반하여 직무집행을 보조하게 한 경우에는 '의무 없는 일을 하게 한 때'에 해당한다(대법원 2011. 2. 10. 선고 2010도13766 판결 등 참조).

한편 지방공무원법 제76조, 지방공무원 임용령 제31조의2의 위임에 따라 지방공무원의 근무성적평정에 관한 사항을 규정한 지방공무원 평정규칙은, 근무성적평정은 임용권자가 정하는 평정단위별로 근무성적평정자(이하 '평정자'라 한다) 및 근무성적평정확인자(이하 '확인자'라 한다)가 실시하도록 하고(제5조 제1항), 평정자는 평정대상 공무원의 직근 상급·상위 감독자 또는 차상급·차상위 감독자 중에서, 확인자는 평정자의 직근 상급·상위 감독자 또는 차상급·차상위 감독자 중에서 임용권자가 지정하되, 임용권자는 평정자의 직근 상급·상위 감독자가 없는 경우에는 확인자를 지정하지 아니할 수 있으나, 임용권자는 확인자가 될 수 없도록 하고 있으며(제5조 제2항), 5급 이하 공무원에 대한 근무평정은 평정자 및 확인자가 지방공무원 평정규칙 제8조 및 제8조의2에 따라 평정한 후 그 평정 결과를 종합하여 평정단위별 서열명부를 작성하여 근무성적평정위원회에 제출하고(제9조 제1항), 근무성적평정위원회가 근무성적의 평정자 및 확인자가 제출한 평정단위별 서열명부를 기초로 하여 평정단위별 서열명부의 순위 내에서 근무성적평정표에 평정대상 공무원의 순위와 평정점을 심사·결정하는 절차에 따라 이루어지도록 규정하고 있으며(제9조 제3항), 평정자는 위 근무성적평정을 한 경우 그 결과의 내용을 평정대상 공무원에게 알려주어야 하고(제11조 제1항), 근무성적평정대상 공무원은 근무성적평정 결과에 대하여 확인자에게 이의를 신청하고(제11조 제2항), 이의신청 결과에 대하여도 근무성적평정소위원회에 조정을 신청할 수 있도록 하는 평정 결과의 공개 및 불복에 관한 규정(제11조 제4항) 등을 두고 있는바, 위와 같이 지방공무원법, 지방공무원 임용령, 지방공무원 평정규칙이 지방공무원의 근무성적평정에 관하여 임용권자와 평정권자·확인권자를 분리하고, 그 평정 절차와 방법, 평정 결과의 공개와 불복 방법 등을 구체적으로 규정하고 있는 것은 지방공무원의 근무성적평정이 객관적이고 공정하며 타당하게 실시될 수 있도록 하고자 한 데에 그 입법 목적이 있다고 할 것이므로, 평정권자나 확인권자가 아닌 지방공무원의 임용권자이자 인사권자로서 소속 지방공무원의 인사관리업무 등을 지휘·감독하는 지위에 있는 지방자치단체의 장이나 그의 인사관리업무를 보좌하는 자에게는 소속 공무원에게 지시하여 관련 법령에서 정해진 절차에 따라 작성된 평정단위별 서열명부를 특정 공무원에 대한 평정순위를 변경하는 내용으로 재작성하게 할 권한이 있다고 할 수 없다.

원심은 그 채용 증거에 의하여, 평정대상 공무원에 대한 평정권자나 확인권자가 아니라 지방자치단체의 장이자 인사관리에 관한 일반적 권한을 가지고 소속 공무원의 업무를 지휘·감독하는 지위에 있을 뿐인 용인시장인 피고인 2와 그를 보좌하며 인사관련 업무를 처리하는 용인시 행정과장인 피고인 1이 공소사실 기재와 같이 관련 법령에서 정해진 절차에 따라 평정대상 공무원에 대한 평정단위별 서열명부가 작성되고 이에 따라 평정대상 공무원의 순위가 정해졌는데도 평정권자나 실무 담당자 등으로 하여금 특정 공무원들에 대한 평정순위 변경을 구체적으로 지시하여 평정단위별 서열명부를 새로 작성하도록 한 사실, 그 과정에서 피고인 1은 피고인 2의 지시내용을 알고 그 지시에 따라 자신이 직접 작성권자인 평정자 등에게 재작성된 평정관련 서류에 도장을 날인해 줄 것을 요청하거나, 공소외인에게 근무성적평정표의 재작성을 지시함과 아울러 감사에 대비하여 재작성된 평정관련 서류에 작성권자인 평정자 등의 도장을 받아 놓으라고 지시한 사실 등을 인정한 다음, 피고인들의 이러한 행위는 공동하여 공무원이 그 일반적 직무권한에 속하는 사항에 관하여 직권을 남용하여 평정권자나 실무 담당자 등으로 하여금 의무 없는 일을 하도록 한 것으로서 직권남용권리행사방해죄의 공동정범에 해당하고, 이에 대한 피고인들의 고의도 인정할 수 있으며, 피고인 1의 경우 위와 같은 행위에 대한 위법성 인식이 없었다거나 그 인식의 결여에 정당한 이유가 있었다고 보기도 어렵다고 판단하였다.

위 법리와 기록에 비추어 살펴보면, 위와 같은 원심의 사실인정과 판단은 정당하고, 거기에 상고이유로 주장하는 바와 같은 채증법칙 위반, 직권남용권리행사방해죄에 관한 법리오해 등의 위법이 없다.

적법행위에 대한 기대가능성이 없었다는 피고인 1의 상고이유의 주장은 위 피고인이 이를 항소이유로 삼거나 원심이 직권으로 심판대상으로 삼은 바가 없는 것을 상고이유에서 비로소 주장하는 것으로서 적법한 상고이유가 되지 못한다.

2. 피고인들의 위계공무집행방해의 점에 관한 상고이유에 대하여

위계에 의한 공무집행방해죄는 행위목적을 이루기 위하여 상대방에게 오인, 착각, 부지를 일으키게 하여 이를 이용함으로써 법령에 의하여 위임된 공무원의 적법한 직무에 관하여 그릇된 행위나 처분을 하게 하는 경우에 성립한다(대법원 2003. 2. 11. 선고 2002도4293 판결, 대법원 2003. 10. 9. 선고 2000도4993 판결 등 참조).

원심은 그 채용 증거에 의하여 인정한 그 판시와 같은 사정에 의하면, 용인시 근무성적평정위원회는 공소사실 기재와 같이 위원회에 제출된 근무성적평정표에 기재된 평정대상 공무원들의 순위가 피고인들에 의하여 각 국에서 작성된 평정단위별 서열명부와 달리 변경된 사실을 알지 못하고 위 평정단위별 서열명부에 기초하여 작성된 것으로 오인한 채 평정대상 공무원들의 근무성적 순위와 평정점을 심사·결정한 사실을 인정할 수 있다고 본 다음, 피고인들이 그와 같이 담당 공무원으로 하여금 근무성적평정표를 조작하여 근무성적평정위원회에 제출하도록 하여 이에 속은 근무성적평정위원회가 조작된 근무성적평정표에 따라 평정대상 공무원들의 순위와 평정점을 심사·결정하도록 한 것은 위계에 의한 공무집행방해죄에 해당한다고 판단하였다.

위 법리와 기록에 비추어 살펴보면, 위와 같은 원심의 사실인정과 판단은 정당하고, 거기에 상고이유로 주장하는 바와 같은 채증법칙 위반, 위계에 의한 공무집행방해죄에 관한 법리오해 등의 위법이 없다.

상고이유로 들고 있는 대법원판결들은 이 사건과 사안이 달라 이 사건에 원용하기에 적절하지 아니하다.

3. 피고인 1의 공문서변조 및 변조공문서행사의 점에 관한 상고이유에 대하여

공문서변조죄는 권한 없는 자가 공무소 또는 공무원이 이미 작성한 문서 내용에 대하여 동일성을 해하지 않을 정도로 변경을 가하여 새로운 증명력을 작출케 함으로써 공공적 신용을 해할 위험성이 있을 때 성립하고(대법원 1997. 3. 28. 선고 97도30 판결, 대법원 2009. 9. 10. 선고 2009도5161 판결 등 참조), 사후에 권한 있는 자의 동의나 추인 등이 있었다고 하더라도 이미 성립한 범죄에는 아무런 영향이 없다(대법원 1998. 4. 14. 선고 98도16 판결, 대법원 2007. 6. 28. 선고 2007도2714 판결 등 참조).

원심은 그 채용 증거에 의하여, 피고인 1이 근무성적평정서 작성 및 수정 권한 없는 공소외인에게 재작성한 평정단위별 서열명부의 순위에 맞게 근무성적평정서의 점수를 먼저 수정하도록 지시한 사실을 인정한 다음, 그와 같이 위 피고인이 진정하게 성립된 근무성적평정서를 작성권자의 사전 동의 없이 수정하도록 지시하고 공소외인이 그 지시에 따라 진정하게 성립된 근무성적평정서를 수정한 이상 곧바로 공문서변조죄는 성립하고, 비록 위 피고인이 공소외인에게 근무성적평정서의 작성명의자들로부터 수정한 부분에 도장을 받아 놓으라고 지시하였다고 하더라도 그것은 사후적인 승낙을 받으라는 것에 불과하여 공문서변조죄의 성립에 지장이 없다고 판단하였다.

위 법리와 기록에 비추어 살펴보면, 위와 같은 원심의 사실인정과 판단은 정당하고, 거기에 상고이유로 주장하는 바와 같은 채증법칙 위반, 공문서변조에 관한 법리오해 등의 위법이 없다.

4. 결론

그러므로 피고인들의 상고를 모두 기각하기로 하여 관여 대법관의 일치된 의견으로 주문과 같이 판결한다.

대법관 이인복(재판장) 김능환(주심) 안대희 박병대

대법원 2012.1.27. 선고 2010도10739 판결

【업무상횡령】

판시사항

1. 사단법인의 하부조직인 지부나 지회가 사단법인과는 별도의 독립채산제 방식으로 운영되는 경우, 지부나 지회가 보관하는 재산의 소유권 귀속 관계(=사단법인의 소유)
2. 공모공동정범에서 공모관계의 성립요건과 인정 방법 및 상명하복 관계에 있는 자들 사이에 공동정범이 성립할 수 있는지 여부(적극)

전 문

피 고 인 피고인 1 외 2인

상 고 인 피고인들

변 호 인 법무법인

원심판결 수원지법 2010. 7. 27. 선고 2009노6257 판결

주 문 상고를 모두 기각한다.

이 유 상고이유를 판단한다.

1. 피고인들의 상고이유에 대하여

가. 사전교육 강사료 차액 횡령 부분의 점에 관하여

(1) 사단법인의 지부나 지회가 독립된 별개의 법인격이나 권리주체가 아니라 사단법인에 소속된 하부조직에 불과하다면, 사단법인의 지부나 지회가 사단법인과는 별도의 독립채산제 방식으로 운영되고 있다고 하더라도 그 지부나 지회가 보관하고 있는 재산은 사단법인의 소유일 뿐 법인격도 없고 권리주체도 아닌 지부나 지회의 소유가 되는 것은 아니다(대법원 2007. 9. 6. 선고 2007도4099 판결, 대법원 2010. 5. 13. 선고 2009도1373 판결 등 참조).

원심판결 이유에 의하면, 원심은 그 채택 증거들을 종합하여 판시와 같은 사실을 인정한 다음, 구 부동산중개업법(2005. 7. 29. 법률 제7638호 공인중개사의 업무 및 부동산 거래신고에 관한 법률로 전부 개정되기 전의 것, 이하 '구법'이라 한다) 제30조 제1항에 의하면 중개업자는 부동산중개업협회를 설립할 수 있도록 되어 있고, 구법 제30조 제2항에 의하면 협회는 법인으로 한다고 되어 있으므로, 위 법령에 따라 설립된 대한공인중개사협회(이하 '협회'라 한다)만이 법인격을 갖고 특별한 사정이 없는 한 협회의 지부는 협회의 산하기관에 불과하다고 보아야 하는 점, 공인중개사들이 낸 공제회비는 협회로 귀속되고, 협회에서 각 지부에 운영비를 지원하는 한편 대한공인중개사협회 ○○지부(이하 '○○지부'라 한다)의 임직원들인 피고인들에게 활동비 내지 월급을 지급하여 온 점 등에 비추어 볼 때, 지부가 보관하고 있는 자금을 임의로 사용하는 경우 협회 소유의 자금을 횡령한 것으로 보아야 한다는 취지로 판단하였다.

앞서 본 법리와 기록에 비추어 살펴보면, 원심의 이와 같은 판단은 정당한 것으로 수긍이 가고, 거기에 상고이유에서 주장하는 바와 같은 법리오해의 위법이 없다.

(2) 원심은, 그 판시와 같은 이유를 들어 이 사건 공소사실 중 사전교육 강사료 차액 횡령 부분의 점을 유죄로 인정한 제1심의 조치를 그대로 유지하였는바, 원심 및 제1심이 적법하게 채택한 증거들을 기록에 비추어 살펴보면, 원심의 이와 같은 판단은 정당하고, 거기에 상고이유에서 주장하는 바와 같이 논리와 경험의 법칙에 위반하여 자유심증주의의 한계를 벗어난 위법이 있다고 할 수 없다.

나. 공소외 1 급여 관련 횡령 부분의 점에 관하여

횡령죄에서의 불법영득의 의사는 타인의 재물을 보관하는 자가 자기 또는 제3자의 이익을 위하여 위탁의 취지에 반하여 권한 없이 그 재물을 자기의 소유인 것처럼 처분하는 의사를 말한다(대법원 2000. 2. 8. 선고 99도3982 판결 등 참조).

원심판결 이유와 기록에 의하면, 공소외 2 주식회사(이하 '이 사건 회사'라 한다)는 공인중개사들을 위하여 부동산 관련 데이터베이스 구축 및 온라인 정보제공 등을 목적으로 2002. 3. 25. 설립된 주식회사인 사실, 협회가 이 사건 회사의 대주주이기는 하지만, 협회와 이 사건 회사는 업무 자체도 구별되며 이 사건 회사의 직

원들에 대한 인사나 급여도 위 회사에서 담당하고 있었던 사실, 피고인 1은 2004. 10.경 공소외 1을 이 사건 회사의 경기권역 임시직원으로 채용한 다음 2005. 3.경까지 6개월간의 급여 1,080만 원을 자신의 비용으로 지출한 사실, 피고인 1은 2005. 3.경 이 사건 회사에 위 공소외 1의 급여를 지급하여 줄 것을 신청하였으나 그 무렵 거절당한 사실, 피고인 1은 자신의 비용으로 6개월간 지출한 공소외 1의 급여를 보전받기 위하여, 자신이 개인적으로 임차한 점포의 임대인인 공소외 3에게 5회에 걸쳐 각 200만 원씩 합계 1,000만 원의 임대료를 송금한 다음, 피고인 3으로 하여금 이를 '홍보비' 등의 명목으로 지출결의서에 기재하게 하고 공소외 3에게 송금한 이체확인증을 자료로 첨부하여 협회가 ○○지부에 하달한 운영비에서 1,000만 원을 인출한 사실을 알 수 있는바, 이와 같이 피고인 1이 이 사건 회사의 직원인 공소외 1의 급여를 자신의 비용으로 지출하고서도 이를 이 사건 회사로부터 지급받지 못하게 되자 위 급여를 지급할 아무런 의무도 없는 협회로부터 이를 보전받기 위하여 협회 산하 ○○지부의 운영비에서 변칙적인 방법으로 이를 인출한 이상, 이러한 행위를 들어 협회의 이익을 위한 행위라고 볼 수는 없고, 오히려 그 위탁의 취지에 반하여 협회 소유의 자금을 처분한 것으로서 불법영득의 의사를 충분히 인정할 수 있다고 할 것이다.

원심판결의 이유 설시에 부적절한 부분이 없지 아니하나, 이 부분 공소사실에 관하여 불법영득의 의사가 인정된다고 판단한 원심은 그 결론에 있어서는 정당하므로, 거기에 상고이유에서 주장하는 바와 같이 불법영득의 의사에 관한 법리를 오해함으로써 판결에 영향을 미친 위법이 있다고 할 수 없다.

2. 피고인 2, 3의 상고이유에 대하여

2인 이상이 범죄에 공동 가공하는 공범관계에서 공모는 법률상 어떤 정형을 요구하는 것이 아니고, 2인 이상이 공모하여 어느 범죄에 공동 가공하여 그 범죄를 실현하려는 의사의 결합만 있으면 되는 것으로서, 비록 전체의 모의과정이 없었다고 하더라도 수인 사이에 순차적으로 또는 암묵적으로 상통하여 그 의사의 결합이 이루어지면 공모관계가 성립하고, 이러한 공모가 이루어진 이상 실행행위에 직접 관여하지 아니한 자라도 다른 공모자의 행위에 대하여 공동정범으로서의 형사책임을 지는 것이고, 이와 같은 공모에 대하여는 직접증거가 없더라도 정황사실과 경험법칙에 의하여 이를 인정할 수 있고(대법원 2004. 12. 24. 선고 2004도5494 판결 참조), 상명하복 관계에 있는 자들 사이에 있어서도 범행에 공동 가공한 이상 공동정범이 성립하는 데 아무런 지장이 없는 것이다(대법원 1995. 6. 16. 선고 94도1793 판결 참조).

원심 및 제1심이 적법하게 채택한 증거들을 앞서 본 법리에 비추어 살펴보면, 피고인 2, 3이 피고인 1과 공모하여 원심 판시 금액을 횡령하였고 그에 따라 공동정범이 성립되었다고 본 원심의 판단은 정당하고, 거기에 상고이유에서 주장하는 바와 같이 공동정범의 성립에 관한 법리를 오해하는 등의 위법이 있다고 할 수 없다.

3. 결론

그러므로 상고를 모두 기각하기로 하여 관여 대법관의 일치된 의견으로 주문과 같이 판결한다.

대법관 박병대(재판장) 김능환 안대희(주심) 이인복

대법원 2012.1.12. 선고 2011도12604 판결

【횡령】

판시사항

[1] 제3채무자가 집행공탁을 하여야 할 것을 착오로 변제공탁을 한 경우, 압류채권금을 변제받아 집행채권자에게 반환을 거부한 집행채무자에게 횡령죄가 성립하는지 여부(소극)

[2] 피고인이 한국수자원공사에 대하여 가지는 토지보상금채권에 관하여 피고인의 채권자 갑 주식회사가 압류 및 추심명령을 받아 그 명령이 피고인에게 송달되었는데, 그 후 한국수자원공사가 업무착오로 토지보상금을 집행공탁이 아닌 변제공탁하자 피고인이 이를 수령하여 보관하며 반환요구를 거절함으로써 횡령하였다는 내용으로 기소된 사안에서, 공탁 취지에 좇아 수령한 토지보상금은 피고인의 소유라고 보아 무죄를 인정한 원심판단을 수긍한 사례

판결요지

[1] 집행채무자가 제3채무자에 대하여 가지는 금전채권에 관하여 압류 및 추심명령이 행하여져서 제3채무자는 집행채무자에게 그 채권금을 지급하는 것이, 집행채무자는 이를 수령하는 것이 각 금지된다고 하더라도(민사집행법 제227조 제1항 참조), 제3채무자가 위와 같은 금지에도 불구하고 피압류채무를 스스로 변제하였거나 또는 그에 관하여 민법 제487조에 기한 변제공탁을 하였다면, 집행채무자가 그로써 수령한 금전은 자기 채권에 관한 원래의 이행으로 또는 변제공탁 등과 같이 변제에 갈음하는 방법을 통하여 취득한 것으로서 역시 그의 소유에 속한다고 할 것이고, 그가 단지 집행채권자 또는 제3채무자의 금전을 '보관'하는 관계에 있다고 할 수 없다. 따라서 집행채무자가 그 금전을 집행채권자에게 반환하는 것을 거부하였다고 하여 그에게 횡령의 죄책을 물을 수는 없다. 이는 제3채무자가 원래 민사집행법 제248조에서 정하는 집행공탁을 하여야 할 것을 착오로 변제공탁을 하였다고 해서 달리 볼 수 없다.

[2] 피고인이 자신의 공유 토지가 다목적댐사업의 사업구역에 편입됨으로써 한국수자원공사에 대하여 가지게 된 토지보상금채권에 관하여 피고인의 채권자 갑 주식회사가 압류 및 추심명령을 받아 그 명령이 피고인에게 송달되었는데, 그 후 한국수자원공사가 업무착오로 토지보상금을 집행공탁이 아니라 피고인을 피공탁자로 변제공탁한 것을 기화로 피고인이 이를 수령하여 보관하며 한국수자원공사의 반환요구를 여러 차례에 걸쳐 거절함으로써 횡령하였다는 내용으로 기소된 사안에서, 피고인이 한국수자원공사의 공탁 취지에 좇아 수령한 토지보상금은 피고인의 소유이고 달리 위 금전이 한국수자원공사의 소유라는 점을 인정할 증거가 없다고 보아 무죄를 인정한 원심판단을 수긍한 사례.

전 문

피 고 인 피고인

상 고 인 검사

원심판결 대구지법 2011. 9. 9. 선고 2011노1681 판결

주 문 상고를 기각한다.

이 유 상고이유를 판단한다.

1. 횡령죄는 타인의 재물을 보관하는 이가 그 재물을 횡령하거나 그 반환을 거부함으로써 성립한다(형법 제355조 제1항). 따라서 자기 소유의 금전 기타 재물에 대하여는 횡령죄가 성립할 여지가 없다.
그런데 집행채무자가 제3채무자에 대하여 가지는 금전채권에 관하여 압류 및 추심명령이 행하여져서 제3채무자

는 집행채무자에게 그 채권금을 지급하는 것이, 집행채무자는 이를 수령하는 것이 각 금지된다고 하더라도(민사집행법 제227조 제1항 참조), 제3채무자가 위와 같은 금지에도 불구하고 피압류채무를 스스로 변제하였거나 또는 그에 관하여 민법 제487조에 기한 변제공탁을 하였다면, 집행채무자가 그로써 수령한 금전은 자기 채권에 관한 원래의 이행으로 또는 변제공탁 등과 같이 변제에 갈음하는 방법을 통하여 취득한 것으로서 역시 그의 소유에 속한다고 할 것이고, 그가 단지 집행채권자 또는 제3채무자의 금전을 '보관'하는 관계에 있다고 할 수 없다. 따라서 집행채무자가 그 금전을 집행채권자에게 반환하는 것을 거부하였다고 하여 그에게 횡령의 죄책을 물을 수는 없다.

이는 제3채무자가 원래 민사집행법 제248조에서 정하는 집행공탁을 하여야 할 것을 착오로 변제공탁을 하였다고 해서 달리 볼 수 없다. 원래 공탁은 공탁자가 자신의 책임과 판단 아래 하는 것으로서, 공탁자는 자신의 선택에 좇아 변제공탁이나 집행공탁 또는 혼합공탁을 할 수 있고(대법원 2008. 5. 15. 선고 2006다74693 판결 등 참조), 공탁의 근거가 되는 법령조항, 피공탁자의 지정이나 공탁원인사실 등에 관하여도 다른 특별한 사정이 없는 한 공탁자 자신이 그에 관한 착오에 따르는 위험을 부담하여야 하는 것이다.

2. 이 사건 공소사실의 요지는 다음과 같다(사건개요).

   피고인은 김천시 부항면 신옥리 (지번 생략) 등 3필지의 공유자이었는데 이들 토지가 김천시 부항면 일대에 시행되던 부항다목적댐사업의 사업구역에 편입됨으로써 한국수자원공사에 대하여 토지보상금채권을 가지게 되었다. 그런데 피고인에 대한 채권자인 서울보증보험 주식회사는 2008. 3. 25.경 대구지방법원 김천지원으로부터 피고인의 위 채권에 대하여 압류 및 추심명령을 받아 2008. 4. 17.경 그 명령이 피고인에게 송달되었다. 이로써 피고인은 그때부터 위 채권을 수령하여서는 아니된다는 점을 잘 알고 있었다. 그럼에도 불구하고 한국수자원공사가 2009. 11. 27. 위 채권금 3,222,740원을 업무착오로 집행공탁이 아니라 피고인을 피공탁자로 한 변제공탁을 한 것을 기화로, 피고인은 2009. 12. 1. 대구지방법원 김천지원에서 위 토지보상금을 수령하여 피해자 한국수자원공사를 위하여 보관하던 중 여러 차례에 걸쳐 피해자의 반환요구를 거절함으로써 이를 횡령하였다는 것이다.

3. 원심이 그 판시와 같은 이유를 들어 피고인이 한국수자원공사의 이 사건 공탁의 취지에 좇아 수령한 토지보상금은 피고인의 소유라고 할 것이고 달리 위 금전이 한국수자원공사의 소유라는 점을 인정할 증거가 없다고 판단하고 제1심의 무죄 결론을 그대로 유지한 것은 앞에서 본 법리에 좇은 것으로서 정당하다. 거기에 상고이유의 주장과 같이 횡령죄에 관한 법리를 오해하는 등의 위법이 없다. 그리고 상고이유가 드는 재판례는 이 사건과 사실관계를 달리하여 여기에 원용하기에 적절하지 아니하다.

4. 그러므로 상고를 기각하기로 하여 관여 대법관의 일치된 의견으로 주문과 같이 판결한다.

대법관 이상훈(재판장) 전수안 양창수(주심)

2011년
대법원 판례 모음

대법원 2011.12.22. 선고 2011도9721 판결

【자본시장과금융투자업에관한법률위반·사기】

판시사항

[1] 공동정범에서 공모관계의 성립 요건 및 피고인이 공모의 점을 부인하는 경우, 증명 방법

[2] 피고인이 갑 등과 공모하여 이른바 딱지어음을 대량 발행한 후 일정한 가격으로 시중에 유통시켰는데, 을 등이 그 중 일부를 취득하여 이러한 사실을 숨긴 채 피해자들에게 교부하여 어음할인금을 편취하거나 채무이행의 유예를 받은 사안에서, 피고인 등 딱지어음 발행인들과 을 등 딱지어음 취득자들 사이에 사기 범행에 관하여 공모관계가 성립되었다는 이유로, 피고인에게 사기죄의 공동정범을 인정한 원심판단을 수긍한 사례

판결요지

[1] 2인 이상이 범죄에 공동가공하는 공범관계에서 공모는 법률상 어떤 정형을 요구하는 것이 아니고 2인 이상이 공모하여 범죄에 공동가공하여 범죄를 실현하려는 의사의 결합만 있으면 되는 것으로서, 비록 전체의 모의과정이 없더라도 수인 사이에 순차적으로 또는 암묵적으로 상통하여 의사의 결합이 이루어지면 공모관계가 성립한다. 그리고 이러한 공모관계를 인정하기 위해서는 엄격한 증명이 요구되지만, 피고인이 범죄의 주관적 요소인 공모의 점을 부인하는 경우에는 사물의 성질상 이와 상당한 관련성이 있는 간접사실 또는 정황사실을 증명하는 방법으로 이를 증명할 수밖에 없으며, 이때 무엇이 상당한 관련성이 있는 간접사실에 해당할 것인가는 정상적인 경험칙에 바탕을 두고 치밀한 관찰력이나 분석력에 의하여 사실의 연결상태를 합리적으로 판단하는 방법으로 하여야 한다.

[2] 피고인이 갑 등과 공모하여 실제 영업활동을 하지 않는 회사들을 인수하여 회사 명의로 은행 당좌계좌를 개설하고 다량의 어음 용지를 확보한 다음 지급기일에 부도가 예정되어 있어 결제될 가능성이 없는 이른바 딱지어음을 대량 발행한 후 일정한 가격으로 시중에 유통시켰는데, 을 등이 그 중 일부를 취득하여 이러한 사실을 숨긴 채 피해자들에게 어음할인을 의뢰하거나 채무이행을 유예하는 대가로 교부하여 어음할인금을 편취하거나 채무이행의 유예를 받은 사안에서, 딱지어음 발행 후 피해자들에 이르기까지의 유통경로 중 어음할인금 편취 또는 재산상 이익 취득과 관련된 주요 부분, 즉 을 등이 딱지어음임을 알면서도 취득하여 마치 정상적으로 발행된 어음인 것처럼 피해자들에게 교부하게 된 경위나 과정이 밝혀져 있고, 해당 어음의 유통과정에서 최후소지인인 피해자들 외에는 해당 어음이 딱지어음이라는 점을 알지 못하여 피해를 입은 사람이 달리 나타나지 아니한 사정 등에 비추어, 피고인 등은 을 등이 사기 범행을 실현하리라는 점을 인식하면서도 이를 용인하며 부도가 예정된 딱지어음을 조직적으로 대량 발행하고 시중에 유통시킴으로써 을 등 딱지어음 취득자들과 사이에 그들의 사기 범행에 관하여 직접 또는 중간 판매상 등을 통하여 적어도 순차적·암묵적으로 의사가 상통하여 공모관계가 성립되었다는 이유로, 같은 취지에서 피고인에게 사기죄의 공동정범을 인정한 원심판단을 수긍한 사례.

전　문

피 고 인 피고인

상 고 인 피고인

변 호 인 변호사

원심판결 부산지법 2011. 7. 8. 선고 2011노810 판결

주 문 상고를 기각한다.

이 유 상고이유를 판단한다.

1. 자본시장과 금융투자업에 관한 법률 위반죄 부분

원심판결 이유에 의하면, 원심은 그 판시와 같은 이유를 들어 피고인이 공소외 1, 공소외 2, 공소외 3, 공소외 4 등과 공모하여 약속어음 357장을 발행·매매함으로써 금융위원회의 인가를 받지 않고 단기금융업무를 영위한 사실을 인정한 후, 위 행위는 그 전부가 포괄일죄의 관계에 있다고 보아 그 종료시점에 시행되던 자본시장과 금융투자업에 관한 법률을 적용하여 이를 유죄로 판단하였다.

원심이 적법하게 채용한 증거들에 비추어 살펴보면, 위와 같은 원심의 판단은 정당하고, 거기에 상고이유의 주장과 같이 논리와 경험의 법칙에 위배하여 자유심증주의의 한계를 벗어나 사실을 인정하거나, 범행 당시에 시행되지 아니하였던 법률을 적용하는 등의 위법이 없다.

2. 사기죄 부분

가. 범죄사실이 특정되지 아니하였다는 주장에 대하여

원심이 적법하게 채용한 증거들을 기록과 대조하여 살펴보면, 원심판결이 인용한 제1심판결의 별지 [범죄일람표 4] 순번 40 기재 어음은 공소외 5에 대한 검찰 피의자신문조서에 첨부된 액면금 106,100,000원의 어음(증거기록 제1권 제245면)과는 무관한 것으로서 위 [범죄일람표]에 기재된 대로 액면금 26,000,000원의 어음임을 알 수 있고(증거기록 제7권 참조), 한편 위 [범죄일람표] 순번 14 기재 어음의 부도금액 36,862,000원은 26,862,000원의, 순번 41 기재 어음의 부도금액 25,550,000원은 24,500,000원의 단순한 오기임이 명백하다.

그렇다면 원심이 판시한 이 부분 범죄사실은 특정되어 있다고 할 것이고 상고이유의 주장은 이유 없다.

나. 사기죄의 공동정범 성립에 관한 법리오해 주장에 대하여

2인 이상이 범죄에 공동가공하는 공범관계에 있어서 공모는 법률상 어떤 정형을 요구하는 것이 아니고 2인 이상이 공모하여 범죄에 공동가공하여 범죄를 실현하려는 의사의 결합만 있으면 되는 것으로서, 비록 전체의 모의과정이 없다고 하더라도 수인 사이에 순차적으로 또는 암묵적으로 상통하여 그 의사의 결합이 이루어지면 공모관계가 성립한다(대법원 1997. 9. 12. 선고 97도1706 판결 등 참조). 그리고 이러한 공모관계를 인정하기 위해서는 엄격한 증명이 요구되지만, 피고인이 범죄의 주관적 요소인 공모의 점을 부인하는 경우에는, 사물의 성질상 이와 상당한 관련성이 있는 간접사실 또는 정황사실을 증명하는 방법에 의하여 이를 입증할 수밖에 없으며, 이때 무엇이 상당한 관련성이 있는 간접사실에 해당할 것인가는 정상적인 경험칙에 바탕을 두고 치밀한 관찰력이나 분석력에 의하여 사실의 연결상태를 합리적으로 판단하는 방법에 의하여야 할 것이다(대법원 2003. 1. 24. 선고 2002도6103 판결, 대법원 2008. 9. 11. 선고 2007도6706 판결 등 참조).

원심판결 이유 및 원심이 적법하게 채용한 증거들을 기록과 대조하여 살펴보면, 피고인은 공소외 1 등과 함께 실제 영업활동을 하지 않는 회사들을 인수하여 위 회사들 명의로 은행에 당좌계좌를 개설하고 어음 용지를 확보한 다음 지급기일에 부도가 예정되어 있어 결제될 가능성이 없는 이른바 딱지어음을 대량 발행한 후 일정한 가격으로 이를 시중에 유통시켜 그 판매수익을 올리기로 공모한 사실, 이에 따라 피고인은 금융권 인사들과의 인맥 등을 이용하여 당좌계좌를 개설하고 다량의 어음 용지를 확보하여 주는 등의 역할을 실행하였고, 공소외 1 등은 이를 이용하여 위 회사들 명의로 딱지어음 약 357장을 발행한 사실, 위 딱지어음들은 공소외 1 등에 의하여 직접 또는 성명불상의 판매상 등을 통하여 일정한 가격으로 시중에 유통되어 그 수요자들에게 판매되었고, 공소외 5, 공소외 6, 공소외 7, 공소외 8, 공소외 9, 공소외 10, 공소외 11, 공소외 12, 공소외 13, 공소외 14, 공소외 15, 공소외 16, 공소외 17, 공소외 18 등(이하 '공소외 5 등'이라고 한다)이 그 중 일부를 취득한 사실, 공소외 5 등은 자신들이 취득한 어음이 정상거래로 인하여 발행된 어음이 아니라 부도를 예정한 딱지어음임에도 이를 숨긴 채 판시 각 피해자들에게 어음할인을 의뢰하며 또는 채무이행을 유예하는 대가로 교부하여 이에 속은 피해자들로부터 판시와 같이 어음할인금을 편취하거나 채무이행의 유예를 받아 재산상 이익을 취득한 사실, 이 사건 딱지어음들의 발행 후 피해자들에 이르기까지의 유통경로 중 위 어음할인금 편취 또는 재산상 이익 취득과 관련된 주요 부분, 즉 공소외 5 등이 딱지어음임을 알면서도 이를 취득하여 마치 정상적으로 발행된 어음인 것처럼 피해자들에게 교부하게 된 경위나 과정이 밝혀져 있고, 이와 관련하여 해당 딱지어음 사본들이 증거로 제출된 사실, 한편 이 사건 딱지어음들의 유통과정에서 최후소지인들인 판시 피해자들 외에 해당 어음이 딱지어음이라는 점을 알지 못하고 그 취득 대가로 재물 등을 교부하여 피해를 입은 사람들이 달리 나타나지 아니한 사실 등을 알 수 있다.

위 사실관계를 앞서 본 법리에 비추어 살펴보면, 피고인과 공소외 1 등은 그 취득자들이 사기 범행을 실현하리라는 점을 인식하면서도 이를 용인하며 부도가 예정된 딱지어음을 조직적으로 대량 발행하고 시중에 유통시킴으로써 공소외 5 등 딱지어음 취득자들과 사이에 그들의 사기 범행에 관하여 직접 또는 중간 판매상 등을 통하여 적어도 순차적·암묵적으로 의사가 상통하여 공모관계가 성립되었다고 할 것이다.

같은 취지에서 각 사기 범행의 공모 또는 가담 사실을 부인하는 피고인의 주장을 배척하고 피고인에 대하여 위 각 사기 범행의 공동정범으로서의 죄책을 인정한 원심의 판단은 정당하고, 거기에 상고이유의 주장과 같은 사기죄의 공동정범 성립에 관한 법리오해 등의 위법이 없다.

3. 양형부당 주장에 대하여

형사소송법 제383조 제4호에 의하면 사형·무기 또는 10년 이상의 징역이나 금고가 선고된 사건에서만 양형부당을 이유로 한 상고가 허용되므로, 그보다 가벼운 형이 선고된 이 사건에서는 형의 양정이 부당하다는 취지의 주장은 적법한 상고이유가 되지 못한다.

4. 결론

그러므로 상고를 기각하기로 하여, 관여 대법관의 일치된 의견으로 주문과 같이 판결한다.

대법관 민일영(재판장) 김능환(주심) 안대희 이인복

대법원 2011.12.22. 선고 2011도12041 판결

【자본시장과금융투자업에관한법률위반·특정경제범죄가중처벌등에관한법률위반(횡령)·주식회사의외부감사에관한법률위반·업무상횡령·특정경제범죄가중처벌등에관한법률위반(배임)·특정경제범죄가중처벌등에관한법률위반(증재등)·특정경제범죄가중처벌등에관한법률위반(수재등)·특정경제범죄가중처벌등에관한법률위반(알선수재)·배임수재】

판시사항

1 자본시장과 금융투자업에 관한 법률 제443조 제1항 단서 및 제2항에서 정한 '위반행위로 얻은 이익'의 의미 및 법인의 대표자 등이 법인의 기관으로서 같은 법 제443조에서 정한 위반행위를 한 경우, 위반행위로 법인이 얻은 이익이 법인 대표자 등의 위반행위로 얻은 이익에 포함되는지 여부(적극)

2 갑 주식회사의 실질적 경영자와 대표이사인 피고인들이 공모하여 갑 회사가 실시할 예정인 유상증자 관련 증권신고서 등을 작성하면서 실제와 다른 자금 사용 계획을 기재하여 자본시장과 금융투자업에 관한 법률 위반죄가 인정된 사안에서, 증권신고서 등의 거짓 기재로 피고인들이 얻은 이익에는 갑 회사가 유상증자로 납입받은 대금도 포함된다고 본 원심판단을 수긍한 사례

3 형법 제52조 제1항에서 말하는 '자수'의 의미 및 자수감경을 하지 아니하거나 자수감경 주장에 대하여 판단하지 아니한 원심의 조치가 위법한지 여부(소극)

4 피고인이 금융기관 직원인 자신의 업무와 관련하여 금품을 수수하였다고 하여 특정경제범죄 가중처벌 등에 관한 법률 위반(수재)죄로 기소된 사안에서, 피고인이 수사기관에 두 번째 출석하여 조사를 받으면서 비로소 범행을 자백한 행위를 '자수'라고 할 수 없고, 설령 자수하였다 하더라도 자수의 착오 주장에 대하여 판단하지 아니한 원심의 조치가 위법하다고 할 수 없다고 한 사례

판결요지

1 자본시장과 금융투자업에 관한 법률(이하 '자본시장법'이라 한다) 제443조 제1항 단서 및 제2항에서 정한 '위반행위로 얻은 이익'은 원칙적으로 당해 위반행위로 인하여 행위자가 얻은 이익을 의미하고, 범행에 가담하지 아니한 제3자에게 귀속되는 이익은 이에 포함되지 아니한다 할 것이나, 법인의 대표자 등이 그 법인의 기관으로서 그 법인의 업무에 관하여 자본시장법 제443조에 정한 위반행위를 한 경우에는 그 위반행위로 법인이 얻은 이익도 법인의 대표자 등의 위반행위로 얻은 이익에 포함된다.

2 코스닥 상장법인 갑 주식회사의 실질적 경영자와 대표이사인 피고인들이 공모하여 갑 회사가 실시할 예정인 유상증자 관련 증권신고서 및 투자설명서를 작성하면서 유상증자를 통하여 조달할 자금의 사용계획에 관하여 자금의 실제 사용계획과는 다른 계획을 기재하여 자본시장과 금융투자업에 관한 법률 위반죄가 인정된 사안에서, 증권신고서 등의 거짓 기재로 인하여 피고인들이 얻은 이익에는 갑 회사가 유상증자로 납입받은 대금도 포함된다고 본 원심판단을 수긍한 사례.

3 형법 제52조 제1항에서 말하는 '자수'란 범인이 스스로 수사책임이 있는 관서에 자기의 범행을 자발적으로 신고하고 그 처분을 구하는 의사표시이므로, 수사기관의 직무상의 질문 또는 조사에 응하여 범죄사실을 진술하는 것은 자백일 뿐 자수로는 되지 아니하고, 나아가 자수는 범인이 수사기관에 의사표시를 함으로써 성립하는 것이므로 내심적 의사만으로는 부족하고 외부로 표시되어야 이를 인정할 수 있는 것이다. 또한 피고인이 자수하였다 하더라도 자수한 이에 대하여는 법원이 임의로 형을 감경할 수 있음에 불과한 것으로서 원심이 자수감경을 하지 아니하였다거나 자수감경 주장에 대하여 판단을 하지 아니하였다 하여 위법하다고 할 수 없다.

4 피고인이 금융기관 직원인 자신의 업무와 관련하여 금품을 수수하였다고 하여 특정경제범죄 가중처벌 등에 관한 법률 위반(수재)죄로 기소된 사안에서, 피고인이 수사기관에 자진 출석하여 처음 조사를 받으면서는 돈을 차용하였을 뿐이라며 범죄사실을 부인하다가 제2회 조사를 받으면서 비로소 업무와 관련하여 돈을 수수하였다고 자백한 행위를 자수라고 할 수 없고, 설령 자수하였다고 하더라도 자수한 이에 대하여는 법원이 임의로 형을 감경할 수 있음에 불과한 것으로서 원심이 자수의 착오 주장에 대하여 판단하지 아니하였다 하여 위법하다고 할 수 없다고 한 사례.

전 문

피 고 인 피고인 1 외 5인

상 고 인 피고인 1 외 4인 및 검사

변 호 인 변호사

원심판결 서울고법 2011. 8. 26. 선고 2011노183 판결

주 문 상고를 모두 기각한다.

이 유 피고인들과 검사의 상고이유(상고이유서 제출기간이 경과한 후에 제출된 피고인 1, 피고인 2의 각 상고이유보충서의 기재는 상고이유를 보충하는 범위 내에서)를 함께 판단한다.

1. '자본시장과 금융투자업에 관한 법률' 위반의 점에 관한 상고이유에 대하여

가. 피고인 1, 피고인 2의 상고이유에 대하여

(1) 금융투자상품의 매매 등에 관한 중요사항에 관하여 거짓의 기재를 한 것인지 여부 및 피고인 2의 공모 여부 등에 관하여

'자본시장과 금융투자업에 관한 법률'(이하 '자본시장법'이라 한다) 제178조 제1항 제2호의 '중요사항'이란, 미공개중요정보 이용행위 금지조항인 같은 법 제174조 제1항에서 정한 '미공개중요정보'와 궤를 같이 하는 것으로서, 당해 법인의 재산·경영에 관하여 중대한 영향을 미치거나 특정증권 등의 공정거래와 투자자 보호를 위하여 필요한 사항으로서 투자자의 투자판단에 영향을 미칠 수 있는 사항을 의미한다(대법원 2011. 10. 27. 선고 2011도8109 판결 참조). 또한 2인 이상이 공동으로 가공하여 범죄를 행하는 공동정범에 있어서 공모나 모의는 반드시 직접적·명시적으로 이루어질 필요는 없고 순차적·암묵적으로 상통하여 이루어질 수도 있으나, 어느 경우에도 범죄에 공동 가공하여 이를 공동으로 실현하려는 의사의 결합이 있어야 하고, 피고인이 공모의 점과 함께 범의를 부인하는 경우에는 이러한 주관적 요소로 되는 사실은 사물의 성질상 범의와 상당한 관련성이 있는 간접사실 또는 정황사실을 증명하는 방법에 의하여 이를 입증할 수밖에 없다. 한편 형법 제30조의 공동정범은 공동가공의 의사와 그 공동의사에 기한 기능적 행위지배를 통한 범죄실행이라는 주관적·객관적 요건을 충족함으로써 성립하는데, 공모자 중 일부가 구성요건적 행위 중 일부를 직접 분담하여 실행하지 아니한 경우라 할지라도 전체 범죄에 있어서 그가 차지하는 지위, 역할이나 범죄 경과에 대한 지배 내지 장악력 등을 종합해 볼 때, 단순한 공모자에 그치는 것이 아니라 범죄에 대한 본질적 기여를 통한 기능적 행위지배가 존재하는 것으로 인정된다면, 이른바 공모공동정범으로서의 죄책을 면할 수 없는 것이다(대법원 2009. 2. 12. 선고 2008도6551 판결 등 참조).

원심은 그 채택증거들을 종합하여 판시와 같은 사실을 인정한 다음, 피고인 2는 피고인 1과 공모하여 공소외 1 주식회사가 실시할 예정인 266억 원 상당의 유상증자(이하 '이 사건 유상증자'라 한다)와 관련한 증권신고서 및 투자설명서(이하 '이 사건 증권신고서 등'이라 한다)를 작성함에 있어서 유상증자를 통하여 조달할 자금의 사용계획에 관하여 그 자금의 실제 사용계획과는 다른 계획을 기재하였는데, 이는 자본시장법 제178조 제1항 제2호에서 정한 '중요사항에 관하여 거짓의 기재를 한 것'에 해당하고, 피고인 1, 피고인 2에게는 위와 같은 거짓 기재에 관한 범의가 인정되며, 이 사건 증권신고서 등의 거짓 기재와 이 사건 유상증자의 성공 사이에 인과관계를 인정할 수 있다고 판단하였다.

위 법리와 기록에 비추어 검토하여 보면, 원심의 판단은 위 법리에 따른 것으로서 이를 수긍할 수 있고, 거기에 상고이유 주장과 같이 증거의 취사선택이나 사실의 인정에 있어서 자유심증주의의 한계를 일탈한 위법이 있다고 할 수 없다.

(2) 위반행위로 얻은 이익액의 산정에 관하여

자본시장법 제443조 제1항 단서 및 제2항에서 정한 '위반행위로 얻은 이익'은 원칙적으로 당해 위반행위로 인하여 행위자가 얻은 이익을 의미하고, 범행에 가담하지 아니한 제3자에게 귀속되는 이익은 이에 포함되지

아니한다 할 것이나(대법원 2011. 7. 14. 선고 2011도3180 판결 참조), 법인의 대표자 등이 그 법인의 기관으로서 그 법인의 업무에 관하여 자본시장법 제443조에 정한 위반행위를 한 경우에는 그 위반행위로 인하여 법인이 얻은 이익도 법인의 대표자 등의 위반행위로 얻은 이익에 포함된다.

원심은 그 채택증거들을 종합하여 판시와 같은 사실을 인정한 다음, 이 사건 증권신고서 등의 거짓 기재로 인하여 피고인 1, 피고인 2가 얻은 이익에는 공소외 1 주식회사가 이 사건 유상증자로 납입받은 대금도 포함된다고 판단하였다.

위 법리와 기록에 비추어 검토하여 보면, 원심의 판단은 위 법리에 따른 것으로서 정당하여 이를 수긍할 수 있고, 거기에 상고이유 주장과 같이 증거의 취사선택이나 사실의 인정에 있어서 자유심증주의의 한계를 일탈하거나 위반행위로 얻은 이익의 귀속주체에 관한 법리 등을 오해한 위법이 있다고 할 수 없다.

나. 검사의 상고이유에 대하여

원심판결 이유를 기록에 비추어 살펴보면, 원심이 그 판시와 같은 이유를 들어 피고인 6이 피고인 1, 피고인 2와 공모하여 이 사건 증권신고서 등에 거짓 기재를 하였다는 공소사실에 대하여 그 범죄의 증명이 없다고 판단하여 위 공소사실을 무죄로 인정한 것은 정당한 것으로 수긍할 수 있고, 거기에 상고이유 주장과 같이 증거의 취사선택이나 사실의 인정에 있어 자유심증주의의 한계를 일탈한 위법이 있다고 할 수 없다.

2. 공소외 2 주식회사 주식 관련 '특정경제범죄 가중처벌 등에 관한 법률' 위반(횡령)의 점에 관한 상고이유에 대하여

원심판결 이유를 기록에 비추어 살펴보면, 원심이 그 판시와 같은 이유를 들어 피고인 1, 피고인 2가 공모하여 피고인 1이 업무상 보관하고 있던 공소외 1 주식회사 소유의 시가 6억 원 상당의 공소외 2 주식회사 주식 20만 주를 공소외 3 주식회사에 매각하여 이를 횡령하였다는 공소사실에 대하여 그 범죄의 증명이 없다고 판단하여, 위 공소사실을 무죄로 인정한 것은 정당한 것으로 수긍할 수 있고, 거기에 상고이유 주장과 같은 증거의 취사선택이나 사실의 인정에 있어서 자유심증주의의 한계를 일탈한 위법이 없다.

3. 공소외 1 주식회사 자금 관련 '특정경제범죄 가중처벌 등에 관한 법률' 위반(횡령) 및 업무상 횡령의 점에 관한 상고이유에 대하여

주식회사의 대표이사가 회사의 금전을 인출하여 사용하였는데 그 사용처에 관한 증빙자료를 제시하지 못하고 있고 그 인출사유와 금원의 사용처에 관하여 납득할 만한 합리적인 설명을 하지 못하고 있다면, 이러한 금원은 그가 불법영득의 의사로 회사의 금원을 인출하여 개인적 용도로 사용한 것으로 추단할 수 있다(대법원 2008. 3. 27. 선고 2007도9250 판결 등 참조).

원심은 그 채택 증거들을 종합하여 판시와 같은 사실을 인정한 다음, 피고인 1의 원심 범죄일람표 (1) 순번 1번, 2번 및 4번 기재 각 자금인출행위는 공소외 1 주식회사에 대한 업무상 횡령행위에 해당한다고 판단하였다.

위 법리와 기록에 비추어 검토하여 보면, 원심의 판단은 위 법리에 따른 것으로서 정당하여 이를 수긍할 수 있고, 거기에 상고이유 주장과 같이 증거의 취사선택이나 사실의 인정에 있어서 자유심증주의의 한계를 일탈한 위법이 있다고 할 수 없다.

4. 공소외 4 주식회사 주식 55만 주 관련 '특정경제범죄 가중처벌 등에 관한 법률' 위반(횡령)의 점에 관한 상고이유에 대하여

원심판결 이유를 기록에 비추어 살펴보면, 원심이 그 판시와 같은 이유를 들어 피고인 1이 업무상 보관하고 있던 공소외 1 주식회사 소유의 시가 17억 6천만 원 상당의 공소외 4 주식회사 주식 55만 주를 임의로 가져가 이를 횡령하였다는 공소사실에 대하여 그 범죄의 증명이 없다고 판단하여, 위 공소사실을 무죄로 인정한 것은 정당한 것으로 수긍할 수 있고, 거기에 상고이유 주장과 같은 증거의 취사선택이나 사실의 인정에 있어서 자유심증주의의 한계를 일탈한 위법이 없다.

5. 공소외 3 주식회사 자금 관련 '특정경제범죄 가중처벌 등에 관한 법률' 위반(횡령) 및 업무상 횡령의 점에 관한 상고이유에 대하여

원심은 그 채택 증거들을 종합하여 판시와 같은 사실을 인정한 다음, 피고인 1의 원심 범죄일람표 (2) 순번 2번, 3번, 9번 및 14번 기재 각 자금인출행위는 공소외 3 주식회사에 대한 업무상 횡령행위에 해당한다고 판단하였다.

앞서 본 법리와 기록에 비추어 검토하여 보면, 원심의 판단은 위 법리에 따른 것으로서 정당하여 이를 수긍할 수 있고, 거기에 상고이유 주장과 같이 증거의 취사선택이나 사실의 인정에 있어 자유심증주의의 한계를 일탈한 위법이 없다.

6. 공소외 1 주식회사의 제17기 반기 재무제표 허위 공시에 기한 '주식회사의 외부감사에 관한 법률' 위반의 점에 관한 상고이유에 대하여

'주식회사의 외부감사에 관한 법률'(이하 '외부감사법'이라 한다)과 그 시행령의 관계 규정을 살펴보면, 외부감사법에 의하여 외부감사인에 의한 감사를 받아야 하는 재무제표는 각 회계연도에 있어서 정기주주총회의 승인

을 얻어야 하는 재무제표, 즉 결산재무제표로서 이러한 결산재무제표만이 외부감사법의 규율대상인 재무제표라고 할 것이다(대법원 2008. 7. 10. 선고 2008도4068 판결 등 참조). 한편 법원은 공소사실의 동일성이 인정되는 범위 내에서 공소가 제기된 범죄사실에 포함된 보다 가벼운 범죄사실이 인정되는 경우에 심리의 경과에 비추어 피고인의 방어권 행사에 실질적인 불이익을 초래할 염려가 없다고 인정되는 때에는 공소장이 변경되지 아니하였더라도 직권으로 공소장에 기재된 공소사실과 다른 범죄사실을 인정할 수 있지만, 이와 같은 경우라고 하더라도 이를 처벌하지 아니한다면 적정절차에 의한 신속한 실체적 진실의 발견이라는 형사소송의 목적에 비추어 현저히 정의와 형평에 반하는 것으로 인정되는 경우가 아닌 한 법원이 직권으로 그 범죄사실을 인정하지 아니하였다고 하여 위법한 것이라고까지는 볼 수 없다(대법원 2010. 1. 14. 선고 2009도11601 판결 참조).

이 사건에 있어서 피고인 1이 공소외 1 주식회사의 제17기 반기(2009. 1. 1.~2009. 6. 30.)에 관한 재무제표를 허위로 작성하였다 하더라도, 외부감사법 제20조 제1항 위반죄보다 자본시장법 제444조 제13호 (마)목 위반죄의 그 법정형이 더 무거우므로 법원이 공소장의 변경도 없이 자본시장법 제444조 제13호 (마)목 위반죄를 유죄로 인정하는 것이 피고인의 방어권 행사에 실질적인 불이익을 초래할 염려가 없다고 보기 어려울 뿐만 아니라, 자본시장법 제444조 제13호 (마)목 위반죄를 유죄로 인정하지 아니한 것이 현저하게 정의와 형평에 반한다고 볼 수도 없다. 따라서 원심이 공소 제기된 외부감사법 위반죄에 대해서만 심리·판단하여 무죄를 선고한 결론은 정당하고, 거기에 상고이유 주장과 같은 법원의 심판의무에 관한 법리오해 등의 위법이 없다.

7. 공소외 5 주식회사 주식 매수 관련 '특정경제범죄 가중처벌 등에 관한 법률' 위반(배임)의 점에 관한 상고이유에 대하여

경영상의 판단과 관련하여 기업의 경영자에게 배임의 고의가 있었는지 여부를 판단함에 있어서도 일반적인 업무상배임죄에 있어서 고의의 입증 방법과 마찬가지의 법리가 적용되어야 함은 물론이지만, 기업의 경영에는 원천적으로 위험이 내재하여 있어서 경영자가 아무런 개인적인 이익을 취할 의도 없이 선의에 기하여 가능한 범위 내에서 수집된 정보를 바탕으로 기업의 이익에 합치된다는 믿음을 가지고 신중하게 결정을 내렸다 하더라도 그 예측이 빗나가 기업에 손해가 발생하는 경우가 있을 수 있는바, 이러한 경우에까지 고의에 관한 해석기준을 완화하여 업무상배임죄의 형사책임을 묻고자 한다면 이는 죄형법정주의의 원칙에 위배되는 것임은 물론이고 정책적인 차원에서 볼 때에도 영업이익의 원천인 기업가 정신을 위축시키는 결과를 낳게 되어 당해 기업뿐만 아니라 사회적으로도 큰 손실이 될 것이므로, 현행 형법상의 배임죄가 위태범이라는 법리를 부인할 수 없다 할지라도, 문제된 경영상의 판단에 이르게 된 경위와 동기, 판단대상인 사업의 내용, 기업이 처한 경제적 상황, 손실발생의 개연성과 이익획득의 개연성 등 제반 사정에 비추어 자기 또는 제3자가 재산상 이익을 취득한다는 인식과 본인에게 손해를 가한다는 인식(미필적 인식을 포함)하의 의도적 행위임이 인정되는 경우에 한하여 배임죄의 고의를 인정하는 엄격한 해석기준은 유지되어야 할 것이고, 그러한 인식이 없는데 단순히 본인에게 손해가 발생하였다는 결과만으로 책임을 묻거나 주의의무를 소홀히 한 과실이 있다는 이유로 책임을 물을 수는 없다(대법원 2004. 7. 22. 선고 2002도4229 판결 참조).

원심판결 이유를 기록에 비추어 살펴보면, 원심이 그 판시와 같은 이유를 들어 피고인 2가 공소외 1 주식회사의 이 사건 유상증자대금으로 공소외 5 주식회사의 주식을 매수하지 아니하였어야 함에도 공소외 6 등으로부터 공소외 5 주식회사 주식 282,000주를 75억 5천만 원에 매수하여 위 공소외 6 등에게 75억 5천만 원의 재산상 이익을 취득하게 하고, 피해자 공소외 1 주식회사에 같은 금액에 해당하는 재산상 손해를 가하였다는 주위적 공소사실 및 설령 공소외 5 주식회사의 주식을 취득할 필요성이 인정된다 하더라도 피고인 2는 위 공소외 6 등으로부터 공소외 5 주식회사 주식을 시가보다 4배 이상 비싼 주당 25,000원과 26,960원에 각 매수함으로써 위 공소외 6 등으로 하여금 공소외 5 주식회사 주식 282,000주에 대한 정당한 가액인 16억 9,200만 원(282,000수 × 수낭 6,000원)과의 차액인 58억 5,800만 원의 재산상 이익을 취득하게 하고, 피해자 공소외 1 주식회사에 같은 금액에 해당하는 재산상 손해를 가하였다는 예비적 공소사실에 대하여 모두 그 범죄의 증명이 없다고 판단하여, 위 주위적 및 예비적 공소사실을 모두 무죄로 인정한 것은 정당한 것으로 수긍할 수 있다. 거기에 상고이유 주장과 같이 증거의 취사선택이나 사실의 인정에 있어서 자유심증주의의 한계를 일탈한 위법이 있다고 할 수 없다.

8. 공소외 1 주식회사 자금 2억 4,000만 원 및 2억 원 관련 각 업무상 횡령의 점에 관한 상고이유에 대하여

피고인들이 회사의 비자금을 사용한 사실은 인정하면서도 그 비자금을 회사를 위하여 인출·사용하였다고 주장하면서 불법영득의사의 존재를 부인하는 경우, 피고인들이 주장하는 비자금의 사용이 회사의 운영과정에서 통상적으로 발생하는 비용에 대한 지출(부담)로서 회사가 그 비용을 부담하는 것이 상당하다고 볼 수 있는지 여부, 비자금 사용의 구체적인 시기·대상·범위·금액 등에 대한 결정이 객관적·합리적으로 적정하게 이루어졌는지 여부(다만 일반적인 비자금의 조성과정이나 비자금의 성격 등에 비추어 볼 때, 비자금 사용에 관하여 회사 내부 규정이 존재하지 않거나 이사회 결의 등을 거치지 아니하였다고 하더라도, 그러한 사정만으로 바로 피고인들의

불법영득의사의 존재가 인정된다고 할 것은 아니다) 등을 비롯하여 그 비자금을 사용하게 된 시기, 경위, 결과 등을 종합적으로 고려하여, 해당 비자금 사용의 주된 목적이 피고인들의 개인적인 용도에 사용하기 위한 것이라고 볼 수 있는지 여부 내지 불법영득의사의 존재를 인정할 수 있는지 여부에 대하여 판단하여야 할 것이다(대법원 2009. 2. 26. 선고 2007도4784 판결 참조).

원심판결 이유를 기록에 비추어 살펴보면, 원심이 그 판시와 같은 이유를 들어 피고인 2가 공소외 7 또는 공소외 8과 공모하여 비자금을 조성한 후 공소외 7로 하여금 공소외 1 주식회사가 발행하는 80억 원 상당의 신주인수권부사채를 공소외 9 상호저축은행이 인수할 수 있도록 알선하여 준 피고인 4와 공소외 10에게 그 알선의 대가로 합계 2억 4천만 원을 지급하게 하고, 공소외 8로 하여금 공소외 1 주식회사가 발행하는 50억 원 상당의 신주인수권부사채를 인수한 공소외 11 주식회사의 직원인 피고인 3에게 그 인수사례금 명목으로 2억 원을 지급하게 하여 이를 각 횡령하였다는 각 공소사실에 대하여 각 그 범죄의 증명이 없다고 판단하여, 위 각 공소사실을 모두 무죄로 인정한 것은 정당한 것으로 수긍할 수 있다. 거기에 상고이유 주장과 같이 증거의 취사선택이나 사실의 인정에 있어서 자유심증주의의 한계를 일탈하거나 횡령죄에 있어 불법영득의사에 관한 법리 등을 오해한 위법이 있다고 할 수 없다.

9. 공소외 12 주식회사 자금 17억 5,000만 원 관련 '특정경제범죄 가중처벌 등에 관한 법률' 위반(횡령)의 점에 관한 상고이유에 대하여

형사재판에서 범죄사실의 인정은 법관으로 하여금 합리적인 의심을 할 여지가 없을 정도의 확신을 가지게 하는 증명력을 가진 엄격한 증거에 의하여야 하므로, 검사의 입증이 위와 같은 확신을 가지게 하는 정도에 충분히 이르지 못한 경우에는 비록 피고인의 주장이나 변명이 모순되거나 석연치 아니한 면이 있는 등 유죄의 의심이 간다고 하더라도 피고인의 이익으로 판단하여야 한다(대법원 2011. 4. 28. 선고 2010도14487 판결 참조).

원심판결 이유를 기록에 비추어 살펴보면, 원심이 그 판시와 같은 이유를 들어 피고인 2가 공소외 13에게 지시하여 피해자 공소외 12 주식회사의 회사 자금 합계 17억 5천만 원을 자신의 피고인 1에 대한 개인적인 차용금 변제에 사용하여 이를 횡령하였다는 주위적 공소사실 및 피고인 2가 공소외 13에게 지시하여 피해자 공소외 12 주식회사의 회사 자금 합계 17억 5천만 원을 자신의 이해관계인이면서 차용금의 변제가능성이 없는 피고인 1에게 대여하여 이를 횡령하였다는 예비적 공소사실에 대하여 모두 그 범죄의 증명이 없다고 판단하여, 위 주위적 및 예비적 공소사실을 모두 무죄로 인정한 것은 정당한 것으로 수긍할 수 있다. 거기에 상고이유 주장과 같은 증거의 취사선택이나 사실의 인정에 있어서 자유심증주의의 한계를 일탈한 위법이 없다.

10. '특정경제범죄 가중처벌 등에 관한 법률' 위반(증재)의 점에 관한 상고이유에 대하여

원심은 그 채택 증거들을 종합하여 판시와 같은 사실을 인정한 다음, 피고인 2가 공소외 8로 하여금 공소외 1 주식회사가 발행하는 50억 원 상당의 신주인수권부사채를 인수한 공소외 11 주식회사의 직원인 피고인 3에게 그 인수사례금 명목으로 2억 원을 지급하게 한 것은 금융기관의 임직원에게 그 직무에 관하여 금품을 공여한 행위에 해당한다고 판단하였다.

기록에 비추어 검토하여 보면, 원심의 판단은 정당하여 이를 수긍할 수 있고, 거기에 상고이유 주장과 같이 증거의 취사선택이나 사실의 인정에 있어서 자유심증주의의 한계를 일탈하거나 금융기관의 임직원에 대한 증재죄의 법리 등을 오해하는 등의 위법이 있다고 할 수 없다.

11. '특정경제범죄 가중처벌 등에 관한 법률' 위반(수재)의 점에 관한 상고이유에 대하여

형법 제52조 제1항에서 말하는 '자수'란 범인이 자발적으로 자신의 범죄사실을 수사기관에 신고하여 그 소추를 구하는 의사표시를 함으로써 성립하는 것으로서, 범행이 발각된 후에 수사기관에 자진 출석하여 범죄사실을 자백한 경우도 포함하며, 일단 자수가 성립한 이상 자수의 효력은 확정적으로 발생하고 그 후에 범인이 번복하여 수사기관이나 법정에서 범행을 부인한다고 하여 일단 발생한 자수의 효력이 소멸하는 것은 아니라고 할 것이다. 그러나 수사기관에의 신고가 자발적이라고 하더라도 그 신고의 내용이 자기의 범행을 명백히 부인하는 등의 내용으로 자기의 범행으로서 범죄성립요건을 갖추지 아니한 사실일 경우에는 자수는 성립하지 아니하고, 일단 자수가 성립하지 아니한 이상 그 이후의 수사과정이나 재판과정에서 범행을 시인하였다고 하더라도 새롭게 자수가 성립할 여지는 없다. 또한 '자수'란 위에서 본 바와 같이 범인이 스스로 수사책임이 있는 관서에 자기의 범행을 자발적으로 신고하고 그 처분을 구하는 의사표시이므로, 수사기관의 직무상의 질문 또는 조사에 응하여 범죄사실을 진술하는 것은 자백일 뿐 자수로는 되지 아니하고, 나아가 자수는 범인이 수사기관에 의사표시를 함으로써 성립하는 것이므로 내심적 의사만으로는 부족하고 외부로 표시되어야 이를 인정할 수 있는 것이다(대법원 2004. 10. 14. 선고 2003도3133 판결 참조). 또한 피고인이 자수하였다 하더라도 자수한 이에 대하여는 법원이 임의로 형을 감경할 수 있음에 불과한 것으로서 원심이 자수감경을 하지 아니하였다거나 자수감경 주장에 대하여 판단을 하지 아니하였다 하여 위법하다고 할 수 없다(대법원 2004. 6. 11. 선고 2004도2018 판결 참조).

기록에 의하면, 피고인 3은 수사기관에 자진 출석하여 처음 조사를 받으면서 금융기관의 직원인 자신의 업무와 관련하여 금품을 수수한 것이 아니라 공소외 14로부터 2억 원을 연 5% 정도의 이자를 주기로 하고 차용하였을 뿐이라며 범죄사실을 부인하다가 제2회 조사를 받으면서 비로소 금융기관의 직원인 자신의 업무와 관련하여 2억 원을 수수하였다고 자백하였음을 알 수 있으므로, 이를 자수라고 할 수 없다.

또한 설령 피고인 3이 자수하였다고 하더라도 자수한 이에 대하여는 법원이 임의로 형을 감경할 수 있음에 불과한 것으로서 원심이 자수의 착오 주장에 대하여 판단하지 아니하였다 하여 위법하다고 할 수 없다.

원심판결에 상고이유 주장과 같이 자수에 관한 법리오해 등의 위법이 없다.

12. '특정경제범죄 가중처벌 등에 관한 법률' 위반(알선수재)의 점에 관한 상고이유에 대하여

원심은 그 채택 증거들을 종합하여 판시와 같은 사실을 인정한 다음, 피고인 4가 공소외 1 주식회사가 발행하는 80억 원 상당의 신주인수권부사채를 공소외 9 상호저축은행이 인수하도록 알선해 준 대가로 공소외 7로부터 7천만 원을 받은 것은 금융기관의 임직원의 직무에 속한 사항의 알선에 관하여 금품을 수수한 행위에 해당한다고 판단하였다.

기록에 비추어 검토하여 보면, 원심의 판단은 정당하여 이를 수긍할 수 있고, 거기에 상고이유 주장과 같이 증거의 취사선택이나 사실의 인정에 있어서 자유심증주의의 한계를 일탈한 위법이 있다고 할 수 없다.

13. 배임수재의 점에 관한 상고이유에 대하여

양형부당만을 이유로 한 피고인의 항소를 기각한 항소심판결에 대하여는 피고인이 채증법칙 위배로 인한 사실오인이나 법령위반을 이유로 상고할 수 없다(대법원 1990. 10. 10. 선고 90도1688 판결 등 참조). 또한 형사소송법 제383조 제4호는 형의 양정이 심히 부당하다고 인정할 현저한 사유가 있어 상고이유로 삼을 수 있는 경우를 사형, 무기 또는 10년 이상의 징역이나 금고가 선고된 사건으로 제한하고 있으므로, 이에 해당하지 아니한 사건에 대한 양형부당의 상고이유는 부적법하다(대법원 2007. 10. 26. 선고 2007도5745 판결 참조).

기록에 의하면, 피고인 5는 원심 재판 진행 중이던 2011. 3. 9. 항소이유 중 사실오인 및 법리오해 주장을 명백히 철회하여 양형부당만을 항소이유로 남겨 두었고, 원심은 피고인 5의 항소를 기각하였음을 알 수 있다.

따라서 원심판결에 사실오인이나 법리오해의 위법이 있다는 취지의 주장은 적법한 상고이유가 될 수 없고, 나아가 피고인 5에 대하여 10년 미만의 형이 선고된 이 사건에서 양형부당의 주장 역시 이를 들어 상고하는 것은 허용되지 아니한다.

14. 결론

그러므로 상고를 모두 기각하기로 하여 관여 대법관의 일치된 의견으로 주문과 같이 판결한다.

대법관 이상훈(재판장) 전수안 양창수(주심)

대법원 2011.12.13. 선고 2011도8873 판결

【특정경제범죄가중처벌등에관한법률위반(일부인정된죄명:사기·사기미수)·사기미수·공전자기록등불실기재·불실기재공전자기록등행사】

판시사항

[1] 부동산 소유자가 행방불명된 경우, 그의 사망 및 상속인의 부존재에 관한 증명이나 민법 제1053조 내지 제1058조에 의한 국가귀속 절차 없이 단순히 국유재산법 제8조에 의한 무주부동산 처리절차를 거쳐 국유재산으로 등록된 부동산이 국가 소유로 귀속되는지 여부(소극)

[2] 갑이 일제시대 사정받은 토지에 대하여 소유자 미복구를 원인으로 국가 명의의 소유권보존등기가 되어 있는 상태에서, 피고인이 제1심 공동피고인과 공모하여 을이 사정명의인 갑의 소유권을 대습상속한 것처럼 상속인의 사망 시기 등을 조작한 다음 을을 원고로 하여 국가를 상대로 소유권보존등기 말소등기 청구소송을 제기하여 이를 일부 인용하는 취지의 화해권고결정이 확정된 사안에서, 청구인용 부분에 대하여 피고인에게 사기죄와 사기미수죄를 인정한 원심판단을 수긍한 사례

판결요지

[1] 특정인 명의로 사정된 토지는 특별한 사정이 없는 한 사정명의자나 상속인의 소유로 추정되고, 토지 소유자가 행방불명되어 생사 여부를 알 수 없다 하더라도 그가 사망하고 상속인도 없다는 점이 증명되거나 토지에 대하여 민법 제1053조 내지 제1058조에 의한 국가귀속 절차가 이루어지지 아니한 이상 그 토지가 바로 무주부동산이 되어 국가 소유로 귀속되는 것은 아니다. 또한, 무주부동산이 아닌 한 국유재산법 제8조에 의한 무주부동산의 처리절차를 밟아 국유재산으로 등록되었다 하여 국가 소유로 되는 것도 아니다.

[2] 갑이 일제시대 사정받은 토지에 대하여 소유자 미복구를 원인으로 국가 명의의 소유권보존등기가 되어 있는 상태에서, 피고인이 제1심 공동피고인과 공모하여 을이 사정명의인 갑의 소유권을 대습상속한 것처럼 상속인의 사망 시기 등을 조작한 다음 을을 원고로 하여 국가를 상대로 소유권보존등기 말소등기 청구소송을 제기하여 이를 일부 인용하는 취지의 화해권고결정이 확정된 사안에서, 위 부동산에 대하여 민법 제1053조 이하의 절차에 따른 국가귀속 절차가 이루어지거나 국가가 소유권을 가지게 된 다른 특별한 사정이 있지 않는 한 당연히 국가 소유가 되는 것은 아니라고 할 것이나, 이미 국가 명의로 소유권보존등기가 되어 있는 상태에서 소유권보존등기의 말소 청구를 하고 청구의 일부인용 판결에 준하는 화해권고결정이 확정된 이상, 청구인용 부분에 대하여는 법원을 기망하여 유리한 결정을 받음으로써 '대상 토지의 소유명의를 얻을 수 있는 지위'라는 재산상 이익을 취득하였다고 할 것이고, 이는 사기죄의 대상인 재산상 이익의 편취에 해당한다는 이유로, 위 청구인용 부분에 대하여 사기죄, 그리고 화해권고결정에 의하여 등기말소청구를 포기한 부분에 대하여 사기미수죄를 각 인정한 원심판단을 수긍한 사례.

전　문

피 고 인 피고인

상 고 인 피고인

변 호 인 변호사

원심판결 서울고법 2011. 6. 24. 선고 2011노639 판결

주　문 상고를 기각한다.

이 유 특정인 명의로 사정된 토지는 특별한 사정이 없는 한 사정명의자나 그 상속인의 소유로 추정되고, 토지의 소유자가 행방불명되어 생사 여부를 알 수 없다 하더라도 그가 사망하고 상속인도 없다는 점이 입증되거나 그 토지에 대하여 민법 제1053조 내지 제1058조에 의한 국가귀속 절차가 이루어지지 아니한 이상 그 토지가 바로 무주부동산이 되어 국가 소유로 귀속되는 것은 아니다. 또한, 무주부동산이 아닌 한 국유재산법 제8조에 의한 무주부동산의 처리절차를 밟아 국유재산으로 등록되었다 하여 국가 소유로 되는 것도 아니다(대법원 1999. 2. 23. 선고 98다59132 판결 참조).

원심판결 이유 및 기록에 의하면, 원심이 인용한 제1심 판시 이 사건 부동산에 대하여는 1959. 12. 31. 소유자 미복구를 원인으로 국가 명의의 소유권보존등기가 되어 있었던 사실, 한편 이 사건 부동산은 원래 일제시대에 공소외 1이 사정(사정)받은 토지인데 그 아들인 공소외 2는 1953. 8. 15. 사망하였고 공소외 2의 처 공소외 3은 그 이전인 6·25 사변 중에 사망하였으며, 공소외 2의 아들 공소외 4는 6·25 사변 중에 월북하여 행방불명이 되었는데, 피고인이 제1심 공동피고인 2와 공모하여 공소외 3이 공소외 2 및 공소외 4가 모두 사망한 이후에 사망한 것처럼 허위의 사망신고를 함으로써 이 사건 부동산은 공소외 3이 상속하였다가 그 친정 조카며느리인 공소외 5에게 대습상속된 것으로 조작한 다음, 공소외 5를 원고로 하여 국가를 상대로 위 소유권보존등기의 말소등기를 청구하는 소송을 제기하였고, 이를 일부 인용하는 취지의 화해권고결정이 확정되자 이를 이용하여 국가 명의의 소유권보존등기를 말소하고 공소외 5 명의로 소유권보존등기를 마친 사실을 알 수 있다.

위 사실관계를 앞서 본 법리에 비추어 보면, 이 사건 부동산에 대하여 민법 제1053조 이하의 절차에 따른 국가귀속 절차가 이루어지거나 국가가 소유권을 가지게 된 다른 특별한 사정이 있지 않는 한 이 사건 부동산이 당연히 국가 소유가 되는 것은 아니라고 할 것이다. 그러나 위와 같이 이미 국가 명의로 소유권보존등기가 되어 있는 상태에서 공소외 5가 사정명의인의 소유권을 대습상속한 것처럼 공소외 3의 사망 시기 등을 조작한 다음 국가 명의의 소유권보존등기의 말소 청구를 하고 그 청구의 일부인용 판결에 준하는 화해권고결정이 확정된 이상, 그로써 위 청구인용 부분에 대하여는 법원을 기망하여 유리한 결정을 받음으로써 '대상 토지의 소유명의를 얻을 수 있는 지위'라는 재산상 이익을 취득하였다고 할 것이다. 그리고 이는 사기죄의 대상인 재산상 이익의 편취에 해당한다고 할 것이다(대법원 2006. 4. 7. 선고 2005도9858 전원합의체 판결 참조).

원심판결 이유를 기록에 비추어 보면 원심이 위와 같은 법리를 전제로 하여, 피고인에 대한 이 사건 공소사실 중 청구인용 부분에 대한 사기의 점, 그리고 화해권고결정에 의하여 등기말소청구를 포기한 부분에 대한 사기미수의 점이 각 유죄로 인정된다고 판단한 것은 정당하다. 거기에 상고이유의 주장과 같이 무주부동산의 소유관계, 사정명의인의 소유권에 관한 상속법리, 소송사기의 실행의 착수 등에 관한 법리를 오해하거나 편취의 범의를 인정함에 있어 자유심증주의의 한계를 벗어난 잘못은 없다. 따라서 위 상고이유 주장은 모두 이유 없다.

피고인은 원심판결 중 공전자기록 원본 불실기재 등 나머지 유죄 부분에 대하여도 상고하였으나, 그 부분에 대해서는 상고장에 이유의 기재가 없고 상고이유서에도 이에 대한 불복이유의 기재를 찾아볼 수 없다.

그러므로 상고를 기각하기로 하여 관여 대법관의 일치된 의견으로 주문과 같이 판결한다.

대법관 박일환(재판장) 신영철 박병대(주심)

대법원 2011.12.8. 선고 2010도4129 판결

【강제집행면탈】

판시사항

[1] 이른바 계약명의신탁 방식으로 명의수탁자가 당사자가 되어 소유자와 부동산에 관한 매매계약을 체결하고 그 명의로 소유권이전등기를 마친 경우, 당해 부동산이 채무자인 명의신탁자의 재산으로서 강제집행면탈죄의 객체가 되는지 여부(소극)

[2] 명의신탁 부동산의 실질적 소유자인 피고인이 강제집행을 면탈할 목적으로 부동산을 허위양도하여 채권자들을 해하였다고 하며 강제집행면탈죄로 기소된 사안에서, 위 부동산 중 대지는 계약명의신탁 약정에 의한 것으로 피고인에 대한 강제집행이나 보전처분의 대상이 될 수 없어 피고인에 대한 강제집행면탈죄의 객체가 될 수 없다고 한 사례

[3] 채권자가 수인인 경우, 강제집행면탈죄의 죄수 관계

판결요지

[1] 명의신탁자와 명의수탁자가 이른바 계약명의신탁 약정을 맺고 명의수탁자가 당사자가 되어 명의신탁 약정이 있다는 사실을 알지 못하는 소유자와 부동산에 관한 매매계약을 체결한 후 그 매매계약에 따라 당해 부동산의 소유권이전등기를 명의수탁자 명의로 마친 경우에는, 명의신탁자와 명의수탁자의 명의신탁 약정이 무효임에도 불구하고 부동산 실권리자명의 등기에 관한 법률 제4조 제2항 단서에 의하여 명의수탁자가 당해 부동산의 완전한 소유권을 취득한다. 반면에 소유자가 계약명의신탁 약정이 있다는 사실을 안 경우에는 수탁자 명의의 소유권이전등기는 무효이고 당해 부동산의 소유권은 매도인이 그대로 보유하게 된다. 어느 경우든지 명의신탁자는 그 매매계약에 의해서는 당해 부동산의 소유권을 취득하지 못하게 되어, 결국 그 부동산은 명의신탁자에 대한 강제집행이나 보전처분의 대상이 될 수 없다.

[2] 명의신탁 부동산의 실질적 소유자인 피고인이 강제집행을 면탈할 목적으로 부동산을 허위양도하여 채권자들을 해하였다고 하며 강제집행면탈죄로 기소된 사안에서, 위 부동산 중 대지는 피고인이 매입하여 갑 명의로 명의신탁해 두었다가 임의경매절차를 통하여 을에게 매각되자 다시 병 주식회사의 명의로 매수하여 병 회사 명의로 소유권이전등기를 마친 것인데, 이는 신탁자인 피고인과 명의수탁자인 병 회사의 계약명의신탁 약정에 의한 것이므로 소유자 을이 그러한 약정이 있다는 사실을 알았는지에 관계없이 명의신탁자인 피고인은 대지의 소유권을 취득할 수 없고, 이후로도 위 대지에 관하여 피고인 이름으로 소유권이전등기를 마친 적이 없다면 피고인에 대한 강제집행이나 보전처분의 대상이 될 수 없어 피고인에 대한 강제집행면탈죄의 객체가 될 수 없다고 한 사례.

[3] 채권자들에 의한 복수의 강제집행이 예상되는 경우 재산을 은닉 또는 허위양도함으로써 채권자들을 해하였다면 채권자별로 각각 강제집행면탈죄가 성립하고, 상호 상상적 경합범의 관계에 있다.

전 문

피 고 인 피고인

상 고 인 피고인

변 호 인 변호사

원심판결 전주지법 2010. 3. 19. 선고 2009노1479 판결

주 문 원심판결을 파기하고, 사건을 전주지방법원 본원 합의부에 환송한다.

이 유 상고이유를 판단한다.

1. 형법 제327조는 "강제집행을 면할 목적으로 재산을 은닉, 손괴, 허위양도 또는 허위의 채무를 부담하여 채권자를 해한 자"를 처벌함으로써 강제집행이 임박한 채권자의 권리를 보호하기 위한 것이므로, 강제집행면탈죄의 객체는 채무자의 재산 중에서 채권자가 민사집행법상 강제집행 또는 보전처분의 대상으로 삼을 수 있는 것이어야 한다. 한편 명의신탁자와 명의수탁자가 이른바 계약명의신탁 약정을 맺고 명의수탁자가 당사자가 되어 명의신탁 약정이 있다는 사실을 알지 못하는 소유자와 부동산에 관한 매매계약을 체결한 후 그 매매계약에 따라 당해 부동산의 소유권이전등기를 명의수탁자 명의로 마친 경우에는, 명의신탁자와 명의수탁자 사이의 명의신탁 약정의 무효에도 불구하고 부동산 실권리자명의 등기에 관한 법률 제4조 제2항 단서에 의하여 그 명의수탁자는 당해 부동산의 완전한 소유권을 취득한다. 반면에 소유자가 계약명의신탁 약정이 있다는 사실을 안 경우에는 수탁자 명의의 소유권이전등기는 무효이고 당해 부동산의 소유권은 매도인이 그대로 보유하게 된다. 어느 경우든지 명의신탁자는 그 매매계약에 의해서는 당해 부동산의 소유권을 취득하지 못하게 되어, 결국 그 부동산은 명의신탁자에 대한 강제집행이나 보전처분의 대상이 될 수 없다(대법원 2009. 5. 14. 선고 2007도2168 판결 참조).
2. 원심판결 이유에 의하면, 원심은, "피고인이 전주시 완산구 삼천동 1가 (지번 생략) 대 828㎡(이하 '이 사건 대지'라 한다)와 그 지상 건물(이하 '이 사건 건물'이라 하고, 이 사건 대지와 함께 '이 사건 부동산'이라 한다)의 실질적인 소유자인바, 이 사건 건물 증축공사로 인한 공사대금채권 등의 채권자들인 피해자들이 이 사건 대지 및 건물에 관하여 강제집행을 할 것이 예상되자 이러한 강제집행을 면탈하기 위하여 2008. 7. 8. 공소외 1 유한회사를 설립한 다음 2008. 8. 19. 이 사건 대지 및 건물에 관하여 공소외 1 유한회사 명의의 소유권이전등기를 마침으로써 강제집행을 면탈할 목적으로 이 사건 대지 및 건물을(공소사실에 '위 토지 및 대지를'이라고 기재되어 있고 제1심과 원심도 범죄사실에 동일하게 기재하였으나, 이는 '위 대지 및 건물을'의 오기임이 명백한 것으로 보인다) 공소외 1 유한회사에 허위양도하여 채권자들을 해하였다."는 요지의 이 사건 공소사실에 대하여, 먼저 그 채택 증거들을 종합하여, ① 피고인이 1998년에 이 사건 대지를 매수하여 자신의 누나인 공소외 2의 명의로 소유권이전등기를 마친 다음 그 지상에 자신의 비용으로 이 사건 건물을 신축함으로써 이 사건 부동산을 소유하게 된 사실, ② 그 후 피고인은 자신이 실질적으로 소유·경영하는 공소외 3 주식회사 앞으로 이 사건 부동산의 소유명의를 변경하였으나, 이 사건 건물에서 운영하던 목욕탕 영업을 그만두면서 이 사건 부동산의 소유명의를 다시 공소외 2 앞으로 이전하여 둔 사실, ③ 피고인은 신용불량자인 자신의 소유로 이 사건 부동산을 등기하지 않았을 뿐 이를 임대하거나 담보로 제공하는 등의 관리·처분에 관하여는 직접 결정하고 처리하여 온 사실을 인정한 다음, 이에 의하면 이 사건 부동산은 실질적으로 피고인의 책임재산이라고 판단하였다.

   그런 다음 원심은, 그 채택 증거들에 의하여 인정되는 다음과 같은 사정들, 즉 ① 피고인이 이 사건 부동산에 대한 경매가 진행 중이던 2008. 7. 8. 이 사건 부동산의 소유명의를 이전하려는 의도로 공소외 1 유한회사를 설립한 사실, ② 피고인은 이 사건 부동산의 소유권이전등기비용조차 부담하기 어렵자 2008. 8. 채권자인 공소외 4와 "공소외 4가 소유권이전등기비용을 부담하면 공소외 4를 공소외 1 유한회사의 대표이사로 등재하되, 피고인이 공소외 4에 대한 모든 채무를 변제한 후에는 공소외 4는 공소외 1 유한회사 대표이사직에서 사임한다."는 내용의 약정서를 작성한 사실, ③ 피고인은 위 약정에 따라 2008. 8. 13. 공소외 4를 공소외 1 유한회사 대표이사로 등재하였고, 2008. 8. 19. 이 사건 부동산에 관하여 공소외 1 유한회사 앞으로 소유권이전등기를 마친 사실, ④ 한편 공소외 1 유한회사나 공소외 4는 이 사건 부동산 매매대금으로 자금을 출연한 바 없는 사실, ⑤ 피고인(매매계약서상 매도인은 등기명의인인 공소외 2)과 공소외 1 유한회사 사이의 이 사건 부동산 매매계약서에 기재된 계약일자는 2008. 7. 18.이나, 당시 공소외 1 유한회사의 대표이사는 공소외 5인데 반하여 계약서에는 2008. 8. 13.에서야 대표이사로 취임하는 공소외 4가 대표이사로 기재되어 있는 사실 등을 종합하여 보면, 피고인은 이 사건 부동산의 소유명의를 변경하려는 의사를 가지고 공소외 1 유한회사 앞으로 소유권이전등기를 마쳤을 뿐 실제로 양도의사가 있었다고는 볼 수 없으므로 이는 허위양도에 해당한다는 이유로, 이 사건 공소사실을 유죄로 판단하였다.
3. 가. 먼저 이 사건 건물의 허위양도로 인한 강제집행면탈의 점에 관하여 살펴본다.

   원심이 인정한 위 사실관계에 더하여, 기록에 의하면, 피고인은 자신의 비용으로 이 사건 건물을 신축하였으나 당시 금융기관에 의하여 신용불량자로 등록된 상태였기 때문에 채권자들의 강제집행 회피 등의 목적으로 이 사건 건물에 관하여 1999. 9. 27. 피고인의 처인 공소외 6 명의로 소유권보존등기를 마침과 아울러 같은 날 피고인이 이 사건 부동산의 소유명의자로 내세우기 위해 설립한 공소외 3 주식회사 앞으로 소유권이전등기를 마쳐 둔 사실, 그 뒤 피고인은 2003. 3. 10. 공소외 2 앞으로 이 사건 건물의 소유명의를 이전하였으며, 다시 2008. 8. 19. 위와 같이 공소외 1 유한회사 앞으로 이 사건 건물의 소유명의를 이전한 사실을 알 수 있는바, 피고인이 이 사건 건물의 신축으로 그 소유권을 원시취득한 후 이루어진 공소외 6 명의의 소유권보존등기는 강제집행면탈을 목적으로 한 것이어서 부동산 실권리자명의 등기에 관한 법률 제8조 제2호의 특례가 적용될 수 없고, 따라서 위 소유권보존등기와 그 뒤 이루어진 공소외 3 주식회사 및 공소외 2 명의의 각 소유권이전등기는 모두 명의신탁 약정에 의한 무효의 등기이므로, 피고인이 이 사건 건물의 소유명의를 공소외 1 유한회사 앞으로 이전할 당시에도 이 사건 건물은 여전히 피고인의 소유로 책임재산을 구성하는 것으로 볼 수 있다.

나아가 원심이 위 판시와 같은 이유로 피고인이 이 사건 건물을 공소외 1 유한회사에 양도한 것이 허위양도라고 판단한 것도 수긍할 수 있으며, 기록에 비추어 이는 채권자들의 강제집행을 면탈할 목적을 가지고 한 행위로 넉넉히 인정되므로, 원심이 이 사건 건물의 허위양도로 인한 강제집행면탈의 점을 유죄로 판단한 것은 정당하다.

나. 다음으로, 이 사건 대지의 허위양도로 인한 강제집행면탈의 점에 관하여 살펴본다.

기록에 의하면, 이 사건 대지는 피고인이 1998. 10. 7. 공소외 2 명의로 소유권이전등기를 마쳤으나 그 전부터 진행되던 임의경매절차를 통하여 1999. 12. 6. 공소외 7이 이를 매수하여 소유권을 취득한 사실, 피고인은 2000. 5. 27. 공소외 7로부터 공소외 3 주식회사 명의로 이 사건 대지를 매수하여 위 회사 앞으로 소유권이전등기를 마쳤고, 그 뒤 2003. 3. 10. 공소외 2 앞으로 소유명의를 이전하였으며, 다시 2008. 8. 19. 위와 같이 공소외 1 유한회사 앞으로 이 사건 대지의 소유명의를 이전한 사실을 알 수 있다.

사실관계가 이와 같다면, 피고인이 공소외 3 주식회사 명의로 이 사건 대지를 매수하여 그 앞으로 소유권이전등기를 마친 것은 명의신탁자인 피고인과 명의수탁자인 공소외 3 주식회사 사이의 이른바 계약명의신탁 약정에 의한 것으로, 공소외 7이 그러한 약정이 있다는 사실을 알았는지 여부에 관계없이 명의신탁자인 피고인은 이 사건 대지의 소유권을 취득하지 못하는 것이고, 그 뒤 피고인은 이 사건 대지에 관하여 또 다른 명의수탁자인 공소외 2 앞으로 소유명의를 이전하였을 뿐 피고인 자신의 이름으로 소유권이전등기를 마친 바도 없으므로, 이 사건 대지는 피고인에 대한 강제집행이나 보전처분의 대상이 될 수 없어 강제집행면탈죄의 객체가 될 수 없는 것이다.

그럼에도 원심이 앞서 본 바와 같은 이유로 이 사건 대지의 허위양도로 인한 강제집행면탈의 점을 유죄로 인정한 것은 강제집행면탈죄의 객체에 관한 법리를 오해하여 판단을 그르친 것이다.

다. 한편 원심은 피고인이 이 사건 대지와 건물을 공소외 1 유한회사 앞으로 허위양도함으로써 채권자들을 해한 행위가 일죄에 해당하는 것으로 보아 하나의 형을 선고하였으므로, 원심판결 전부를 파기하지 않을 수 없다 [그런데 이 사건과 같이 채권자들에 의한 복수의 강제집행이 예상되는 경우 재산을 은닉 또는 허위양도함으로써 채권자들을 해하였다면 채권자별로 각각 강제집행면탈죄가 성립하고, 상호 상상적 경합범의 관계에 있는바(대법원 2002. 10. 25. 선고 2002도4123 판결 참조), 이 사건 건물의 허위양도로 인한 강제집행면탈죄 역시 각 채권자별로 성립하여 상상적 경합범의 관계에 있다고 보아야 함을 지적하여 둔다].

4. 결론

그러므로 원심판결을 파기하고, 사건을 다시 심리·판단하게 하기 위하여 원심법원으로 환송하기로 하여, 관여 대법관의 일치된 의견으로 주문과 같이 판결한다.

대법관 김능환(재판장) 안대희 민일영(주심) 이인복

대법원 2011.11.24. 선고 2011도9585 판결

【특정범죄가중처벌등에관한법률위반(뇌물)[피고인1에대하여인정된죄명:특정범죄가중처벌등에관한법률위반(뇌물)방조]·뇌물공여】

판시사항

[1] 공무원으로 의제되는 정비사업전문관리업자의 임·직원이 자신이 아닌 정비사업전문관리업자 또는 제3자에게 뇌물을 공여하도록 한 경우, 임·직원에게 뇌물수수죄가 성립하기 위한 요건

[2] 구 도시 및 주거환경정비법상 정비사업전문관리업체 임원인 피고인이 건설회사에게서 재개발정비사업 시공사로 선정되도록 도와달라는 취지의 부탁을 받고 자신이 실질적으로 장악하고 있는 컨설팅회사 명의 계좌로 돈을 교부받았다는 내용으로 기소된 사안에서, 피고인에게 뇌물수수죄를 인정한 원심판단을 수긍한 사례

[3] 여러 사람이 공동으로 뇌물을 수수한 경우 가액 추징의 방법 및 공동수수자가 아닌 교사범 또는 종범에게 뇌물 중 일부를 사례금 등의 명목으로 교부한 경우 추징하여야 할 금액(=수뢰액 전부)

[4] 공무원으로 의제되는 정비사업전문관리업자의 임·직원이 취득한 금품이 '뇌물'에 해당하는지 판단하는 기준

판결요지

[1] 형법 제129조 제1항 뇌물수수죄는 공무원이 직무에 관하여 뇌물을 수수한 때에 적용되는 것으로서, 공무원이 직접 뇌물을 받지 아니하고 증뢰자로 하여금 다른 사람에게 뇌물을 공여하도록 한 경우라도 다른 사람이 공무원의 사자 또는 대리인으로서 뇌물을 받은 경우 등과 같이 사회통념상 다른 사람이 뇌물을 받은 것을 공무원이 직접 받은 것과 같이 평가할 수 있는 관계가 있는 경우에는 형법 제129조 제1항 뇌물수수죄가 성립하고, 이러한 법리는 공무원으로 의제되는 정비사업전문관리업자의 임·직원이 직무에 관하여 자신이 아닌 정비사업전문관리업자 또는 그 밖의 제3자에게 뇌물을 공여하게 하는 경우에도 마찬가지이다.

[2] 도시 및 주거환경정비법상 정비사업전문관리업체인 갑 주식회사 대표이사인 피고인이 여러 건설회사들에게서 재개발정비사업 시공사로 선정되도록 도와달라는 취지의 부탁을 받고 자신이 실질적으로 장악하고 있는 컨설팅회사 명의 계좌로 돈을 교부받았다는 내용으로 기소된 사안에서, 피고인이 건설회사와 컨설팅회사 간의 용역계약을 가장하여 건설회사들에게서 뇌물을 수수하는 과정에서 건설회사들이 형식적인 용역계약 상대방인 컨설팅회사 계좌로 뇌물을 입금한 것은 사회통념상 피고인에게 직접 뇌물을 공여한 것과 동일하게 평가할 수 있다고 보아 형법 제129조 제1항 뇌물수수죄를 인정한 원심판단을 수긍한 사례.

[3] 여러 사람이 공동으로 뇌물을 수수한 경우 그 가액을 추징하려면 실제로 분배받은 금품만을 개별적으로 추징하여야 하고 수수금품을 개별적으로 알 수 없을 때에는 평등하게 추징하여야 하며 공동정범뿐 아니라 교사범 또는 종범도 뇌물의 공동수수자에 해당할 수 있으나, 공동정범이 아닌 교사범 또는 종범의 경우에는 정범과의 관계, 범행 가담 경위 및 정도, 뇌물 분배에 관한 사전약정의 존재 여부, 뇌물공여자의 의사, 종범 또는 교사범이 취득한 금품이 전체 뇌물수수액에서 차지하는 비중 등을 고려하여 공동수수자에 해당하는지를 판단하여야 한다. 그리고 뇌물을 수수한 자가 공동수수자가 아닌 교사범 또는 종범에게 뇌물 중 일부를 사례금 등의 명목으로 교부하였다면 이는 뇌물을 수수하는 데 따르는 부수적 비용의 지출 또는 뇌물의 소비행위에 지나지 아니하므로, 뇌물수수자에게서 수뢰액 전부를 추징하여야 한다.

[4] 공무원이 취득한 금품이 뇌물에 해당하는지는 당해 공무원의 직무 내용, 직무와 금품제공자의

관계, 쌍방간에 특수한 사적인 친분관계가 존재하는지 여부, 금품의 다과, 금품을 수수한 경위와 시기 등의 제반 사정을 참작하여 결정하여야 하고, 이는 도시 및 주거환경정비법 제84조에 의하여 공무원으로 의제되는 정비사업전문관리업자의 임·직원의 경우도 마찬가지이다.

전 문

피 고 인 피고인 1 외 2인

상 고 인 피고인 1외 1인 및 검사

변 호 인 법무법인

원심판결 서울고법 2011. 7. 7. 선고 2011노188 판결

주 문 상고를 모두 기각한다.

이 유 상고이유(상고이유서 제출기간이 경과한 후에 제출된 상고이유보충서의 기재는 상고이유를 보충하는 범위 내에서)를 판단한다.

1. 피고인 2의 상고이유에 대하여

가. 뇌물수수의 주체에 관한 부분

형법 제129조 제1항의 뇌물수수죄는 공무원이 그 직무에 관하여 뇌물을 수수한 때에 적용되는 것으로서, 공무원이 직접 뇌물을 받지 아니하고 증뢰자로 하여금 다른 사람에게 뇌물을 공여하도록 한 경우라 하더라도 그 다른 사람이 공무원의 사자 또는 대리인으로서 뇌물을 받은 경우 등과 같이 사회통념상 그 다른 사람이 뇌물을 받은 것을 공무원이 직접 받은 것과 같이 평가할 수 있는 관계가 있는 경우에는 형법 제129조 제1항의 뇌물수수죄가 성립하고, 이러한 법리는 공무원으로 의제되는 정비사업전문관리업자의 임·직원이 직무에 관하여 자신이 아닌 정비사업전문관리업자 또는 그 밖의 제3자에게 뇌물을 공여하게 하는 경우에도 마찬가지라고 할 것이다(대법원 2010. 5. 13. 선고 2008도5506 판결 등 참조).

원심은 그 판시와 같은 여러 사정을 종합하여, 도시 및 주거환경정비법(이하 '도시정비법'이라 한다)상의 정비사업전문관리업체인 공소외 1 주식회사의 대표이사인 피고인 2가 건설회사와 컨설팅회사 간의 용역계약을 가장하여 건설회사들로부터 뇌물을 수수하는 과정에서 건설회사들이 형식적인 용역계약의 상대방인 공소외 2 주식회사, 공소외 3 주식회사 등 컨설팅회사의 계좌로 뇌물을 입금한 것은 사회통념상 피고인 2에게 직접 뇌물을 공여한 것과 같이 평가할 수 있다는 이유로, 피고인 2에 대하여 형법 제129조 제1항을 적용한 제1심판결을 그대로 유지하였다.

원심이 적법하게 채택한 증거들 및 위 법리에 비추어 살펴보면, 원심의 위와 같은 판단은 정당한 것으로 수긍할 수 있고, 거기에 논리와 경험칙에 반하여 자유심증주의의 한계를 벗어나거나 뇌물수수의 주체 등에 관한 법리를 오해한 위법이 없다.

나. 뇌물액수 및 추징금 산정 등에 관한 부분

공무원이 뇌물을 받는 데에 필요한 경비를 지출한 경우 그 경비는 뇌물수수의 부수적 비용에 불과하여 뇌물의 가액 및 추징액에서 공제할 항목에 해당하지 아니하고(대법원 1999. 10. 8. 선고 99도1638 판결, 대법원 2005. 7. 15. 선고 2003도4293 판결 등 참조), 뇌물로 금품을 수수한 자가 독자적인 판단에 따라 금품의 전부 또는 일부를 위와 같은 경비로 사용하였다면 이는 범인이 취득한 재물을 소비한 것에 불과하므로 그 경비 상당액도 뇌물수수자로부터 추징하여야 한다(대법원 2008. 8. 21. 선고 2008도4378 판결 등 참조). 한편 여러 사람이 공동으로 뇌물을 수수한 경우에 그 가액을 추징하려면 실제로 분배받은 금품만을 개별적으로 추징하여야 하고 수수금품을 개별적으로 알 수 없을 때에는 평등하게 추징하여야 하며 공동정범뿐 아니라 교사범 또는 종범도 뇌물의 공동수수자에 해당할 수 있으나(대법원 2001. 3. 9. 선고 2000도794 판결, 대법원 2004. 10. 27. 선고 2003도6738 판결 등 참조), 공동정범이 아닌 교사범 또는 종범의 경우에는 정범과의 관계, 범행 가담 경위 및 정도, 뇌물 분배에 관한 사전약정의 존재 여부, 뇌물공여자의 의사, 종범 또는 교사범이 취득한 금품이 전체 뇌물수수액에서 차지하는 비중 등을 고려하여 공동수수자에 해당하는지를 판단하여야 한다. 그리고 뇌물을 수수한 자가 공동수수자가 아닌 교사범 또는 종범에게 뇌물 중의 일부를 사례금 등의 명목으로 교부하였다면 이는 뇌물을 수수하는 데에 따르는 부수적 비용의 지출 또는 뇌물의 소비행위에 지나지 아니하므로, 뇌물수수자로부터 그 수뢰액 전부를 추징하여야 한다.

원심은 그 판시와 같은 여러 사정을 종합하여 이 사건 건설회사들과 컨설팅회사들 간의 용역계약은 전부 피고인 2의 뇌물수수를 위한 도구에 불과하여 그 용역대금 전액이 뇌물로 제공된 것이라고 전제한 다음, 이와

같이 용역계약을 가장하여 뇌물을 수수한 주체는 피고인 2이고 피고인 2의 뇌물수수 범행을 방조한 피고인 1이나 원심공동피고인 1, 제1심공동피고인 1 등은 피고인 2와 공동으로 뇌물을 수수하여 이를 분배받은 자가 아니므로, 피고인 2가 수수한 뇌물 중의 일부를 피고인 1 등에게 수고비 등으로 사용하거나 형식적인 용역계약에 따른 부가가치세 납부에 사용하였다고 하더라도 이는 피고인 2의 뇌물수수와 관련한 부수적 비용에 불과하여 피고인 2로부터 추징할 뇌물액에서 공제할 수 없다는 취지로 판단하였다.

원심의 이유 설시에 다소 미흡한 점은 있으나 피고인 2로부터 그 판시 뇌물액 전부를 추징하여야 한다고 본 원심의 결론은 정당한 것으로 수긍이 가고, 거기에 상고이유에서 주장하는 바와 같이 뇌물액수 및 추징금의 산정 등에 관한 법리를 오해하거나 항소이유에 대한 판단을 유탈하는 등의 잘못으로 판결에 영향을 미친 위법이 없다.

다. 뇌물죄에서의 직무관련성에 관한 부분

원심은 그 판시와 같은 이유로 피고인 2가 시행자 선정 명목으로 건설회사들로부터 돈을 받은 행위는 '시공자 선정과 관련된 자문'이라는 정비사업관리자의 직무와 관련성이 있다고 판단하였는바, 도시정비법의 관련 규정과 원심판결 이유를 대조하여 보면 원심의 위와 같은 판단은 정당한 것으로 수긍할 수 있고, 거기에 상고이유에서 주장하는 바와 같이 뇌물죄에서의 직무관련성 등에 관한 법리를 오해하는 등으로 판결에 영향을 미친 위법이 없다.

2. 피고인 1의 상고이유에 대하여

원심판결 이유를 원심이 적법하게 채택한 증거들에 비추어 살펴보면, 원심이 피고인 1이 문산 선유지구 정비사업과 관련한 피고인 2의 뇌물수수 범행을 방조하였다고 인정한 조치는 정당한 것으로 수긍할 수 있고, 거기에 논리와 경험칙에 반하여 자유심증주의의 한계를 벗어난 위법이 없다.

나머지 상고이유의 주장은 피고인 2의 뇌물수수 범행이 인정되지 않는 것을 전제로 하는 것인데, 위에서 본 바와 같이 피고인 2의 뇌물수수 범행을 유죄로 인정한 원심판결은 정당하여 이를 파기할 이유가 없으므로, 피고인 1의 이 부분 상고이유 주장은 이유 없다.

3. 검사의 상고이유에 대하여

가. 공동정범의 성립 여부에 관한 부분

형법 제30조의 공동정범은 공동가공의 의사와 그 공동의사에 의한 기능적 행위지배를 통한 범죄실행이라는 주관적·객관적 요건이 충족되어야 성립한다(대법원 2007. 4. 26. 선고 2007도235 판결 등 참조).

원심은 그 판시와 같은 여러 사정을 종합하여, 피고인 1이 피고인 2의 뇌물수수 범행에 대한 본질적 기여를 통한 기능적 행위지배를 인정할 수 있을 정도로 범행에 관여하였다고 단정할 수 없다는 이유로, 피고인 1을 뇌물수수의 공동정범으로 볼 수 없다고 보아 이 부분 공소사실을 무죄로 판단한 제1심판결을 그대로 유지하였다.

원심판결 이유를 위 법리에 비추어 보면, 원심의 위와 같은 판단은 정당한 것으로 수긍할 수 있고, 거기에 공동정범의 성립요건 등에 관한 법리를 오해한 위법이 없다.

나. 뇌물죄에서의 직무관련성에 관한 부분

공무원이 취득한 금품이 뇌물에 해당하는지 여부는 당해 공무원의 직무의 내용, 직무와 금품제공자와의 관계, 쌍방간에 특수한 사적인 친분관계가 존재하는지의 여부, 금품의 다과, 금품을 수수한 경위와 시기 등의 제반 사정을 참작하여 결정하여야 하고, 이는 도시정비법 제84조에 의하여 공무원으로 의제되는 정비사업전문관리업자의 임·직원의 경우도 마찬가지이다(대법원 2008. 9. 25. 선고 2008도2590 판결 등 참조).

원심은 그 판시와 같은 여러 사정을 종합하여 피고인 2가 정비사업관리자로 선정되기 위하여 활동하던 사업구역에서 철수하는 과정에서 철거업체인 공소외 4 주식회사의 임원인 피고인 3으로부터 그 판시 돈을 받은 것은 정비사업관리자의 지위와 무관하게 공소외 4 주식회사와의 약정에 따라 이루어진 것으로 보이고 달리 피고인 2가 정비사업관리자의 직무와 관련하여 피고인 3으로부터 뇌물을 받았다는 공소사실을 인정할 증거가 없다는 이유로 피고인 2의 뇌물수수 및 피고인 3의 뇌물공여에 관한 이 부분 공소사실에 대하여 무죄를 선고한 제1심판결을 그대로 유지하였다.

원심판결 이유를 위 법리에 비추어 보면, 원심의 위와 같은 판단은 정당한 것으로 수긍할 수 있고, 거기에 뇌물죄에서의 직무관련성 등에 관한 법리를 오해한 위법이 없다.

4. 결론

그러므로 피고인 1, 2의 상고와 검사의 피고인들에 대한 상고를 모두 기각하기로 하여, 관여 대법관의 일치된 의견으로 주문과 같이 판결한다.

대법관 양창수(재판장) 전수안(주심) 이상훈

대법원 2011.11.24. 선고 2011도12302 판결

【준사기(인정된죄명:절도)·강도치사(인정된죄명:절도및유기치사)·식품위생법위반】

판시사항

1. 유기죄에 관한 형법 제271조 제1항의 '계약상 의무'가 계약에 기한 주된 급부의무가 부조를 제공하는 것인 경우에 한정되는지 여부(소극) 및 '계약상의 부조의무' 유무를 판단하는 기준
2. 피고인이 자신이 운영하는 주점에 손님으로 와서 수일 동안 식사는 한 끼도 하지 않은 채 계속하여 술을 마시고 만취한 피해자를 주점 내에 그대로 방치하여 저체온증 등으로 사망에 이르게 하였다는 내용으로 예비적으로 기소된 사안에서, 피고인은 피해자에게 생명 또는 신체에 대한 위해가 발생하지 아니하도록 필요한 조치를 강구하여야 할 계약상의 부조의무를 부담한다고 판단하여 유기치사죄를 인정한 원심판결을 수긍한 사례

판결요지

1. 유기죄에 관한 형법 제271조 제1항은 그 행위의 주체를 "노유, 질병 기타 사정으로 부조를 요하는 자를 보호할 법률상 또는 계약상 의무 있는 자"라고 정하고 있다. 여기서의 '계약상 의무'는 간호사나 보모와 같이 계약에 기한 주된 급부의무가 부조를 제공하는 것인 경우에 반드시 한정되지 아니하며, 계약의 해석상 계약관계의 목적이 달성될 수 있도록 상대방의 신체 또는 생명에 대하여 주의와 배려를 한다는 부수적 의무의 한 내용으로 상대방을 부조하여야 하는 경우를 배제하는 것은 아니라고 할 것이다. 그러나 그 의무 위반의 효과로서 주로 손해배상책임이 문제되는 민사영역에서와는 달리 유기죄의 경우에는 당사자의 인적 책임에 대한 형사적 제재가 문제된다는 점 등을 고려하여 보면, 단지 위와 같은 부수의무로서의 민사적 부조의무 또는 보호의무가 인정된다고 해서 형법 제271조 소정의 '계약상 의무'가 당연히 긍정된다고는 말할 수 없고, 당해 계약관계의 성질과 내용, 계약당사자 기타 관련자들 사이의 관계 및 그 전개양상, 그들의 경제적·사회적 지위, 부조가 필요하기에 이른 전후의 경위, 필요로 하는 부조의 대체가능성을 포함하여 그 부조의 종류와 내용, 달리 부조를 제공할 사람 또는 설비가 있는지 여부 기타 제반 사정을 고려하여 위 '계약상의 부조의무'의 유무를 신중하게 판단하여야 한다.
2. 피고인이 자신이 운영하는 주점에 손님으로 와서 수일 동안 식사는 한 끼도 하지 않은 채 계속하여 술을 마시고 만취한 피해자를 주점 내에 그대로 방치하여 저체온증 등으로 사망에 이르게 하였다는 내용으로 예비적으로 기소된 사안에서, 피해자가 피고인의 지배 아래 있는 주점에서 3일 동안 과도하게 술을 마시고 추운 날씨에 난방이 제대로 되지 아니한 주점 내 소파에서 잠을 자면서 정신을 잃은 상태에 있었다면, 피고인은 주점의 운영자로서 피해자의 생명 또는 신체에 대한 위해가 발생하지 아니하도록 피해자를 주점 내실로 옮기거나 인근에 있는 여관에 데려다 주어 쉬게 하거나 피해자의 지인 또는 경찰에 연락하는 등 필요한 조치를 강구하여야 할 계약상의 부조의무를 부담한다고 판단하여 유기치사죄를 인정한 원심판결을 수긍한 사례.

전 문

피 고 인 피고인

상 고 인 피고인 및 검사

변 호 인 변호사

원심판결 서울고법 2011. 9. 9. 선고 2011노2024 판결

주 문 상고를 모두 기각한다.

이 유 상고이유를 판단한다.

1. 검사의 상고이유에 대하여

원심은 그 판시와 같은 이유로 이 사건 강도치사의 공소사실에 대하여 범죄사실에 대한 증명이 없다고 하여 이를 무죄로 판단하였다. 원심판결의 이유를 기록 및 관련 법리에 비추어 살펴보면, 원심의 위와 같은 판단은 수긍할 수 있고, 거기에 상고이유의 주장과 같이 논리와 경험칙에 반하여 사실을 인정하거나 강도치사죄에 관한 법리를 오해하는 등의 위법이 있다고 할 수 없다.

한편 검사는 원심판결 전부에 대하여 상고하였으나, 나머지 점에 관하여는 상고장에 이유의 기재가 없고 상고이유서에도 이에 대한 불복이유의 기재를 찾아볼 수 없다.

2. 피고인의 상고이유에 대하여

유기죄에 관한 형법 제271조 제1항은 그 행위의 주체를 "노유, 질병 기타 사정으로 부조를 요하는 자를 보호할 법률상 또는 계약상 의무 있는 자"라고 정하고 있다. 여기서의 '계약상 의무'는 간호사나 보모와 같이 계약에 기한 주된 급부의무가 부조를 제공하는 것인 경우에 반드시 한정되지 아니하며, 계약의 해석상 계약관계의 목적이 달성될 수 있도록 상대방의 신체 또는 생명에 대하여 주의와 배려를 한다는 부수적 의무의 한 내용으로 상대방을 부조하여야 하는 경우를 배제하는 것은 아니라고 할 것이다. 그러나 그 의무 위반의 효과로서 주로 손해배상책임이 문제되는 민사영역에서와는 달리 유기죄의 경우에는 당사자의 인적 책임에 대한 형사적 제재가 문제된다는 점 등을 고려하여 보면, 단지 위와 같은 부수의무로서의 민사적 부조의무 또는 보호의무가 인정된다고 해서 위 형법 제271조 소정의 '계약상 의무'가 당연히 긍정된다고는 말할 수 없고, 당해 계약관계의 성질과 내용, 계약당사자 기타 관련자들 사이의 관계 및 그 전개양상, 그들의 경제적·사회적 지위, 부조가 필요하기에 이른 전후의 경위, 필요로 하는 부조의 대체가능성을 포함하여 그 부조의 종류와 내용, 달리 부조를 제공할 사람 또는 설비가 있는지 여부 기타 제반 사정을 고려하여 위 '계약상의 부조의무'의 유무를 신중하게 판단하여야 한다.

원심판결 및 기록에 의하면, 피고인이 신정 연휴를 앞둔 2010. 12. 31. 오후에 종전부터 그 운영의 주점에 손님으로 와서 술을 마신 일이 있던 피해자에 대하여 위 주점으로 술 마시러 오도록 권유한 사실, 이에 응하여 피해자가 그 운영의 봉제공장 직원들과 회식을 하여 술에 취한 상태에서 같은 날 22:48경 위 주점에 와서 다른 손님이 없는 채로 술을 마시기 시작하여 2011. 1. 1.부터 2011. 1. 3. 오전까지 계속하여 양주 5병, 소주 8병 및 맥주 30여 병을 마신 사실, 피고인은 그 사이에 피해자가 술에 취하여 잠이 든 틈을 이용하여 피해자의 옷에서 그의 수협 체크카드를 몰래 빼낸 다음 이를 이용하여 은행의 현금인출기에서 2011. 1. 1. 12:05경 현금 100만 원, 다음날인 2011. 1. 2. 10:17경 현금 200만 원, 같은 날 11:56경 현금 100만 원을 인출하여 각 절취한 사실, 피해자는 2011. 1. 1.경부터 두 차례 자신의 의지와 무관하게 옷에 소변을 보는 등 만취한 상태에 있었고, 그 사이에 식사는 한 끼도 하지 아니하였으며, 피해자에 대한 실종신고를 받은 경찰관들이 2011. 1. 3. 19:20경 위 주점에서 피해자를 발견할 당시 피해자는 영하의 추운 날씨에 트레이닝복만 입고 이불이나 담요를 덮지 아니한 채 양말까지 벗은 채로 소파에서 잠을 자면서 정신을 잃은 상태이었던 사실, 피해자는 경찰관들에 의하여 바로 국립중앙의료원으로 후송되어 치료를 받았으나 다음날인 2011. 1. 4. 23:40경 저체온증 및 대사산증으로 사망한 사실 등을 알 수 있다.

사정이 이러하다면, 원심이 피고인이 운영하는 주점의 손님인 피해자가 피고인의 지배 아래 있는 위 주점에서 3일 동안에 걸쳐 과도하게 술을 마셔 추운 날씨에 난방이 제대로 되지 아니한 주점 내 소파에서 잠을 자면서 정신을 잃은 상태에 있었다면 피고인으로서는 위 주점의 운영자로서 피해자에게 생명 또는 신체에 대한 위해가 발생하지 아니하도록 피해자를 위 주점 내실로 옮기거나 인근에 있는 여관에 데려다 주어 쉬게 하거나 피해자의 지인 또는 경찰에 연락하는 등의 필요한 조치를 강구하여야 할 계약상의 부조의무를 부담한다고 판단하여 이 사건 유기치사의 공소사실에 관하여 피고인을 유죄로 인정한 것은 앞서 본 법리에 비추어 정당한 것으로 수긍할 수 있다. 거기에 상고이유의 주장과 같이 논리와 경험의 법칙에 위배하고 자유심증주의의 한계를 벗어나 사실을 인정하거나, 유기치사죄에 관한 법리를 오해하여 판결에 영향을 미친 위법이 있다고 할 수 없다.

한편 피고인은 원심판결 전부에 대하여 상고하였으나, 나머지 유죄부분에 대하여는 상고장에 이유의 기재가 없고 상고이유서에도 이에 대한 불복이유의 기재를 찾아볼 수 없다.

3. 결론

그러므로 상고를 모두 기각하기로 하여 관여 대법관의 일치된 의견으로 주문과 같이 판결한다.

대법관 이상훈(재판장) 전수안 양창수(주심)

대법원 2011.11.24. 선고 2010도8568 판결

【국토의계획및이용에관한법률위반·건축법위반】

판시사항

1. 법조경합의 의미와 실질적 죄수의 판단 기준
2. 구 국토의 계획 및 이용에 관한 법률 제140조 제1호, 제56조 제1항 위반죄와 구 경제자유구역의 지정 및 운영에 관한 법률 제33조 제1호, 제8조의2 제1항 위반죄가 법조경합 관계에 있다고 할 수 있는지 여부(소극)

판결요지

1. 법조경합은 1개의 행위가 외관상 수개의 죄의 구성요건에 해당하는 것처럼 보이나 실질적으로 1죄만을 구성하는 경우를 말하며, 실질적으로 1죄인가 또는 수죄인가는 구성요건적 평가와 보호법익의 측면에서 고찰하여 판단하여야 한다.
2. 구 국토의 계획 및 이용에 관한 법률(2009. 2. 6. 법률 제9442호로 개정되기 전의 것, 이하 '국토계획법'이라 한다)과 구 경제자유구역의 지정 및 운영에 관한 법률(2009. 1. 30. 법률 제9366호 경제자유구역의 지정 및 운영에 관한 특별법으로 개정되기 전의 것, 이하 '경제자유구역법'이라 한다)은 각각 입법목적과 보호법익을 달리하고 있을 뿐만 아니라, 처벌조항인 국토계획법 제140조 제1호, 제56조 제1항과 경제자유구역법 제33조 제1호, 제8조의2 제1항을 비교하여 보면 행위 대상지역 및 허가권자, 금지되는 행위의 내용 등 구체적인 구성요건에서 상당한 차이가 있으므로, 국토계획법 제140조 제1호, 제56조 제1항 위반죄가 경제자유구역법 제33조 제1호, 제8조의2 제1항 위반죄와 법조경합 관계에 있다고 하기 어렵고, 두 죄는 각각 독립된 구성요건으로 이루어져 있다.

전 문

피 고 인 피고인 1 외 1인

상 고 인 피고인들

변 호 인 법무법인

원심판결 부산지법 2010. 6. 18. 선고 2009노3313 판결

주 문 상고를 모두 기각한다.

이 유 상고이유를 판단한다.

1. 상고이유 제1점에 대하여

법조경합은 1개의 행위가 외관상 수개의 죄의 구성요건에 해당하는 것처럼 보이나 실질적으로 1죄만을 구성하는 경우를 말하며, 실질적으로 1죄인가 또는 수죄인가는 구성요건적 평가와 보호법익의 측면에서 고찰하여 판단하여야 한다(대법원 2004. 1. 15. 선고 2001도1429 판결 등 참조).

구 국토의 계획 및 이용에 관한 법률(2009. 2. 6. 법률 제9442호로 개정되기 전의 것, 이하 '국토계획법'이라 한다)과 구 경제자유구역의 지정 및 운영에 관한 법률(2009. 1. 30. 법률 제9366호 경제자유구역의 지정 및 운영에 관한 특별법으로 개정되기 전의 것, 이하 '경제자유구역법'이라 한다)은 각기 그 입법목적과 보호법익을 달리하고 있을 뿐만 아니라, 이 사건 공소사실과 관련된 처벌조항인 국토계획법 제140조 제1호, 제56조 제1항과 경제자유구역법 제33조 제1호, 제8조의2 제1항을 비교하여 보면, 그 행위의 대상지역 및 허가권자, 금지되는 행위의 내용 등 구체적인 구성요건에 있어 상당한 차이가 있으므로, 위 법리에 비추어 살펴볼 때, 이 사건 국토계획법 위반죄가 경제자유구역법 위반죄와 법조경합 관계에 있다고 하기 어렵고, 두 죄는 각기 독립된 구성요건으로 이루어져 있다고 할 것이다.

따라서 같은 취지의 원심의 판단은 정당한 것으로 수긍할 수 있고, 거기에 이 부분 상고이유에서 주장하는 바

와 같은 처벌법규의 적용에 관한 법리오해 등의 위법이 있다고 볼 수 없다.

2. 상고이유 제2점에 대하여

원심판결 이유 및 원심이 적법하게 채택한 증거들에 의하면, 부산·진해경제자유구역 내에 포함된 이 사건 공소사실 기재 대지에 대하여는 부산광역시장의 국토계획법상 개발행위의 허가권한 및 건축법상 가설건축물의 축조행위에 대한 신고수리권한이 부산·진해경제자유구역청장에게 위임되어 있는 사실을 알 수 있다.

위와 같은 사실관계를 관련 법리에 비추어 살펴보면, 피고인들의 개발행위에 대한 허가권한이나 피고인들의 가설건축물 축조행위에 대한 신고수리권한이 부산·진해경제자유구역청장이 아닌 부산광역시장에게 있다고 본 원심의 판단은 행정청의 권한의 위임에 관한 법리를 오해한 잘못이 있기는 하나, 원심이 적법하게 채택한 증거들에 의하면, 피고인들이 부산광역시장뿐만 아니라 부산·진해경제자유구역청장으로부터도 자신들의 개발행위에 대하여 국토계획법상 개발행위의 허가를 받거나 건축법상 가설건축물의 축조신고를 하지 아니한 사실이 인정되므로, 피고인들이 관할관청의 허가를 받지 아니하고 국토계획법상 개발행위나 건축법상 가설건축물 축조행위를 하였다는 원심의 결론은 결과적으로 정당하다 할 것이어서, 이러한 원심의 잘못은 판결 결과에 영향이 없다.

3. 상고이유 제3, 4점에 대하여

원심판결 이유에 의하면, 원심은 적법하게 채택한 증거들을 종합하여 그 판시와 같은 사실을 인정한 다음, 피고인들의 개발행위가 국토계획법상 개발행위의 허가대상인 토지의 형질변경행위 내지 공작물의 설치행위에 해당한다고 판단하였다.

관계 규정 및 기록에 비추어 살펴보면 원심의 위와 같은 판단은 정당한 것으로서 수긍할 수 있고, 거기에 이 부분 상고이유 주장과 같은 국토계획법상 개발행위의 허가대상에 관한 법리오해 등의 위법이 있다고 볼 수 없다.

4. 결론

그러므로 상고를 모두 기각하기로 하여 관여 대법관의 일치된 의견으로 주문과 같이 판결한다.

대법관 박병대(재판장) 박일환 신영철(주심)

대법원 2011.11.24. 선고 2010도5014 판결

【횡령】

판시사항

1 조합원 중 한 사람이 조합재산 처분으로 얻은 대금을 임의로 소비한 경우 횡령죄 성립 여부(적극) 및 이른바 '내적 조합'의 경우에도 동일한 법리가 적용되는지 여부(적극)

2 익명조합원이 영업을 위하여 출자한 금전 기타 재산에 대하여 상대편인 영업자가 타인의 재물을 보관하는 자의 지위에 있는지 여부(소극) 및 영업자가 영업이익금 등을 임의로 소비한 경우 횡령죄 성립 여부(소극)

3 어떠한 법률관계가 이른바 '내적 조합'과 '익명조합' 중 어느 것에 해당하는지 판단하는 기준

4 피고인이 갑과 특정 토지를 매수하여 전매한 후 전매이익금을 정산하기로 약정한 다음 갑이 조달한 돈 등을 합하여 토지를 매수하고 소유권이전등기는 피고인 등의 명의로 마쳐 두었는데, 위 토지를 제3자에게 임의로 매도한 후 갑에게 전매이익금 반환을 거부함으로써 이를 횡령하였다는 내용으로 기소된 사안에서, 피고인과 갑의 약정은 익명조합과 유사한 무명계약에 해당한다고 보아 피고인에게 횡령죄 성립을 부정한 사례

판결요지

1 조합재산은 조합원의 합유에 속하므로 조합원 중 한 사람이 조합재산 처분으로 얻은 대금을 임의로 소비하였다면 횡령죄의 죄책을 면할 수 없고, 이러한 법리는 내부적으로는 조합관계에 있지만 대외적으로는 조합관계가 드러나지 않는 이른바 내적 조합의 경우에도 마찬가지이다.

2 조합 또는 내적 조합과 달리 익명조합의 경우에는 익명조합원이 영업을 위하여 출자한 금전 기타의 재산은 상대편인 영업자의 재산이 되므로 영업자는 타인의 재물을 보관하는 자의 지위에 있지 않고, 따라서 영업자가 영업이익금 등을 임의로 소비하였더라도 횡령죄가 성립할 수는 없다.

3 어떠한 법률관계가 내적 조합에 해당하는지 아니면 익명조합에 해당하는지는, 당사자들의 내부관계에 공동사업이 있는지, 조합원이 업무검사권 등을 가지고 조합의 업무에 관여하였는지, 재산의 처분 또는 변경에 전원의 동의가 필요한지 등을 모두 종합하여 판단하여야 한다.

4 피고인이 갑과 특정 토지를 매수하여 전매한 후 전매이익금을 정산하기로 약정한 다음 갑이 조달한 돈 등을 합하여 토지를 매수하고 소유권이전등기는 피고인 등의 명의로 마쳐 두었는데, 위 토지를 제3자에게 임의로 매도한 후 갑에게 전매이익금 반환을 거부함으로써 이를 횡령하였다는 내용으로 기소된 사안에서, 갑이 토지의 매수 및 전매를 피고인에게 전적으로 일임하고 그 과정에 전혀 관여하지 아니한 사정 등에 비추어, 비록 갑이 토지의 전매차익을 얻을 목적으로 일정 금원을 출자하였더라도 이후 업무감시권 등에 근거하여 업무집행에 관여한 적이 전혀 없을 뿐만 아니라 피고인이 아무런 제한 없이 재산을 처분할 수 있었음이 분명하므로 피고인과 갑의 약정은 조합 또는 내적 조합에 해당하는 것이 아니라 '익명조합과 유사한 무명계약'에 해당한다고 보아야 한다는 이유로, 피고인이 타인의 재물을 보관하는 자의 지위에 있지 않다고 보아 횡령죄 성립을 부정한 사례.

전 문

피 고 인 피고인

상 고 인 검사

원심판결 의정부지법 2010. 4. 2. 선고 2009노2899 판결

주 문 상고를 기각한다.

이 유 상고이유를 판단한다.

조합재산은 조합원의 합유에 속하는 것이므로 조합원 중 한 사람이 조합재산의 처분으로 얻은 대금을 임의로 소비하였다면 횡령죄의 죄책을 면할 수 없고, 이러한 법리는 내부적으로는 조합관계에 있지만 대외적으로는 조합관계가 드러나지 않는 이른바 내적 조합의 경우에도 마찬가지이다(대법원 2008. 2. 14. 선고 2007도10645 판결, 대법원 2009. 10. 15. 선고 2009도7423 판결 참조). 그러나 이러한 조합 또는 내적 조합과는 달리 익명조합의 경우에는 익명조합원이 영업을 위하여 출자한 금전 기타의 재산은 상대편인 영업자의 재산으로 되는 것이므로 그 영업자는 타인의 재물을 보관하는 자의 지위에 있지 않고 따라서 영업자가 영업이익금 등을 임의로 소비하였다고 하더라도 횡령죄가 성립할 수는 없다(대법원 1971. 12. 28. 선고 71도2032 판결, 대법원 1973. 1. 30. 선고 72도2704 판결 참조). 한편 어떠한 법률관계가 내적 조합에 해당하는지 아니면 익명조합에 해당하는지는, 당사자들의 내부관계에 있어서 공동사업이 있는지, 조합원이 업무검사권 등을 가지고 조합의 업무에 관여하였는지, 재산의 처분 또는 변경에 전원의 동의가 필요한지 등을 모두 종합하여 판단하여야 할 것이다(대법원 2008. 2. 14. 선고 2007도10645 판결, 대법원 2010. 11. 25. 선고 2009도7001 판결 참조).

원심판결 이유와 원심 및 제1심이 적법하게 채택한 증거들에 의하면, 피해자 공소외 1과 피고인은 2002. 9.경 양주시 백석읍 오산리 소재 3필지의 토지(이하 '이 사건 토지'라 한다)를 매수하여 이를 전매한 후 그 전매이익금을 정산하기로 약정한 사실, 피고인은 2002. 11.경 피해자가 조달한 금원 등을 합하여 이 사건 토지를 매수하였으나 그 소유권이전등기는 자신과 공소외 2, 3의 명의로 경료한 사실, 피해자는 이 사건 토지 매수와 그 전매를 피고인에게 전적으로 일임하였고 그에 따라 토지를 매수하는 과정에 전혀 관여하지 않았을 뿐만 아니라 피고인이 2007. 4.경 위 토지를 매도할 때에도 전혀 관여하지 아니한 사실 등을 알 수 있는바, 사정이 이와 같다면 비록 피해자가 이 사건 토지의 전매차익을 얻을 목적으로 일정 금원을 출자하였다고 하더라도 이후 업무감시권 등에 근거하여 업무집행에 관여한 바도 전혀 없을 뿐만 아니라 피고인이 아무런 제한 없이 그 재산을 처분할 수 있었음이 분명하므로, 피해자와 피고인 사이의 약정은 조합 또는 내적 조합에 해당하는 것이 아니라 익명조합과 유사한 무명계약에 해당하는 것으로 보아야 할 것이다.

원심판결의 이유 설시에 미흡한 부분이 없지 아니하나, 피고인이 타인의 재물을 보관하는 자의 지위에 있지 않다고 보아 횡령죄의 성립을 부정한 것은 그 결론에 있어서는 정당하므로, 거기에 상고이유에서 주장하는 바와 같이 횡령죄의 성립에 관한 법리를 오해한 위법이 있다고 할 수 없다.

그러므로 상고를 기각하기로 하여, 관여 대법관의 일치된 의견으로 주문과 같이 판결한다.

대법관 이인복(재판장) 김능환 안대희(주심) 민일영

대법원 2011.11.24. 선고 2010도11394 판결

【특정경제범죄가중처벌등에관한법률위반(배임)】

판시사항

1 회사의 대표이사가 회사 명의로 체결한 계약이 관련 법령이나 정관에 위배되어 법률상 효력이 없는 경우, 그 계약의 체결행위만으로 배임의 범행이 기수에 이르렀거나 범행이 종료되었다고 볼 수 있는지 여부(원칙적 소극)

2 갑 주식회사 대표이사인 피고인이 주주총회 의사록을 허위로 작성하고 이를 근거로 임직원들과 주식매수선택권부여계약을 체결함으로써 갑 회사에 재산상 손해를 가하였다고 하며 특정경제범죄 가중처벌 등에 관한 법률 위반(배임)으로 기소된 사안에서, 법률상 무효인 계약을 체결한 것만으로는 업무상배임죄 구성요건이 완성되거나 범행이 종료되었다고 볼 수 없는데도, 계약을 체결한 시점에 범행이 종료되었음을 전제로 공소시효가 완성되었다고 보아 면소를 선고한 원심판결에는 법리오해의 위법이 있다고 한 사례

판결요지

1 형법 제355조 제2항의 배임죄 또는 형법 제356조의 업무상배임죄는 임무에 위배되는 행위로 재산상 이익을 취득하거나 제3자로 하여금 취득하게 하여 본인에게 손해를 가한 때에 성립하는 범죄인데, 이때 본인에게 재산상의 손해를 가한 것이란 본인의 전체적 재산가치가 감소됨을 가리키는 것으로서 본인에게 현실적인 손해를 입힌 경우뿐만 아니라 재산상 실해 발생의 위험을 초래한 경우도 포함한다. 그리고 위와 같은 재산상 손해의 유무는 법률적 판단에 의하지 아니하고 경제적 관점에서 파악하여야 하나, 회사의 대표이사가 회사 명의로 체결한 계약이 관련 법령이나 정관에 위배되어 법률상 효력이 없는 경우에는 그로 인하여 회사가 계약 상대방에게 민법상 불법행위책임을 부담하게 되는 등 특별한 사정이 없는 한 계약의 체결행위만으로 회사에 현실적인 손해가 발생하거나 재산상 실해 발생의 위험이 초래되었다고 할 수 없어서, 그것만으로 배임죄 구성요건이 모두 충족되어 범행이 기수에 이르렀거나 범행이 종료되었다고 볼 수 없다.

2 갑 주식회사 대표이사인 피고인이 주주총회 의사록을 허위로 작성하고 이를 근거로 피고인을 비롯한 임직원들과 주식매수선택권부여계약을 체결함으로써 갑 회사에 재산상 손해를 가하였다고 하며 특정경제범죄 가중처벌 등에 관한 법률 위반(배임)으로 기소된 사안에서, 상법과 정관에 위배되어 법률상 무효인 계약을 체결한 것만으로는 업무상배임죄 구성요건이 완성되거나 범행이 종료되었다고 볼 수 없고, 임직원들이 이후 계약에 기초하여 갑 회사에 주식매수선택권을 행사하고, 피고인이 이에 호응하여 주식의 실질가치에 미달하는 금액만을 받고 신주를 발행해 줌으로써 비로소 갑 회사에 현실적 손해가 발생하거나 그러한 실해 발생의 위험이 초래되었다고 볼 수 있으므로, 피고인에 대한 업무상배임죄는 피고인이 의도한 배임행위가 모두 실행된 때로서 최종적으로 주식매수선택권이 행사되고 그에 따라 신주가 발행된 시점에 종료되었다고 보아야 하는데도, 이와 달리 계약을 체결한 시점에 범행이 종료되었음을 전제로 공소시효가 완성되었다고 보아 면소를 선고한 원심판결에는 법리오해의 위법이 있다고 한 사례.

전 문

피 고 인 피고인

상 고 인 검사

변 호 인 법무법인

원심판결 서울고법 2010. 8. 20. 선고 2010노1729 판결

주 문 원심판결을 파기하고, 사건을 서울고등법원에 환송한다.

이 유 상고이유(상고이유서 제출기간이 경과한 후에 제출된 보충상고이유서의 기재는 상고이유를 보충하는 범위 내에서)에 대하여 판단한다.

1. 형법 제355조 제2항의 배임죄 또는 형법 제356조의 업무상배임죄는 임무에 위배하는 행위로 재산상의 이익을 취득하거나 제3자로 하여금 이를 취득하게 하여 본인에게 손해를 가한 때에 성립하는 범죄인데, 이때 본인에게 재산상의 손해를 가한 것이라고 함은 본인의 전체적 재산가치가 감소됨을 가리키는 것으로서 본인에게 현실적인 손해를 입힌 경우뿐만 아니라 재산상 실해 발생의 위험을 초래한 경우도 포함한다(대법원 2007. 3. 15. 선고 2004도5742 판결 등 참조).

   그리고 위와 같은 재산상 손해의 유무는 법률적 판단에 의하지 아니하고 경제적 관점에서 파악하여야 하나, 회사의 대표이사가 그 회사 명의로 체결한 계약이 관련 법령이나 정관에 위배되어 법률상 효력이 없는 경우에는 그로 인하여 회사가 계약의 상대방에게 민법상 불법행위책임을 부담하게 되는 등의 특별한 사정이 없는 한 그 계약의 체결행위만으로 회사에 현실적인 손해가 발생하거나 재산상 실해 발생의 위험이 초래되었다고 할 수 없어서(대법원 2010. 9. 30. 선고 2010도6490 판결, 대법원 2011. 7. 14. 선고 2011도3180 판결 등 참조), 그것만으로 배임죄의 구성요건이 모두 충족되어 범행이 기수에 이르렀거나 그 범행이 종료되었다고 볼 수 없다.

2. 원심은 배임죄가 위태범으로서 그 행위에 의하여 재산상 손해 발생의 위험이 초래된 때에 바로 성립하고 이러한 배임죄의 성립과 동시에 범죄행위가 종료되어 공소시효가 진행된다고 전제하고, 제1심이 채택하여 조사한 증거를 인용하여 피고인을 비롯한 공소외 주식회사의 경영진이 2002. 3. 6.경 '2000. 12. 17. 피고인을 비롯한 임원 23명에게 행사가액을 1주당 9,460원으로 정하여 총 256,744주의 주식매수선택권을 부여하였다'는 내용의 주주총회 특별결의가 있었던 것처럼 허위의 주주총회 의사록을 작성하고 이를 근거로 위와 같은 내용의 주식매수선택권부여계약을 체결한 사실, 2002. 3. 6. 당시의 공소외 주식회사 주식의 1주당 실질가치는 27,765원이었던 사실을 인정한 다음, 그에 따라 피고인이 2002. 3. 6. 임원 23명에게 위 주식매수선택권을 부여함으로써 그들에게 합계 4,699,698,920원[256,744주 × 18,305원(1주당 실질가치 27,765원과 주식매수청구권 행사가액 9,460원의 차액)]의 이득을 얻을 수 있는 권리를 부여하는 한편 공소외 주식회사에는 같은 금액 상당의 손해가 발생할 위험을 초래하였다고 보아 이 사건 업무상배임죄는 2002. 3. 6.경 기수에 이르고 그 범행이 종료되었다고 판단하였다.

   원심은 계속하여 위와 같은 판단을 기초로 이 사건 업무상배임죄의 이득액은 5억 원 이상 50억 원 미만이므로 특정경제범죄 가중처벌 등에 관한 법률 제3조 제1항 제2호, 형법 제356조, 제355조 제2항의 죄에 해당하고, 그 법정형이 3년 이상의 유기징역이어서 형사소송법 부칙(2007. 12. 21.) 제3조, 구 형사소송법 제249조 제1항 제3호에 따라 그 공소시효가 7년인데, 이 사건 공소는 위 범행이 종료된 2002. 3. 6.부터 7년이 경과한 후인 2009. 12. 18.에 제기되었다는 이유로 피고인에 대하여 형사소송법 제326조 제3호에 의하여 면소를 선고한 제1심의 판단이 정당하다고 보아 이를 유지하였다.

   나아가 2002. 3. 6.자 주주총회 특별결의가 법률상 부존재하거나 무효이므로 피고인이 그 결의에 근거하여 자신을 포함한 임직원들에게 주식매수선택권을 부여하였다고 하더라도 그것만으로 공소외 주식회사에 어떠한 재산상 손해가 발생하거나 그 위험이 초래되었다고 볼 수 없다는 취지로 한 검사의 원심에서의 주장에 대하여, 이 사건 주식매수선택권부여계약이 법률상 무효가 될 여지가 있다고 하더라도 이후 그 외관을 신뢰한 제3자와의 관계에 있어서 금반언의 법리나 외관이론에 따라 회사가 면책되지 않는 경우도 발생할 수 있는 이상, 경제적 관점에서 보아 재산상 손해 발생의 위험을 초래한 경우에 해당한다고 보아야 한다는 이유로 위 주장을 배척하였다.

3. 그러나 이러한 원심의 판단은 수긍할 수 없다.

   원심이 인정한 사실관계에 의하더라도, 피고인은 공소외 주식회사의 대표이사로서 2002. 3. 6.경 자본감소로 인해 법령과 정관에 의한 주식매수선택권의 추가부여가 불가능하게 되자 마치 2000. 12. 17.에 임직원들에게 추가로 주식매수선택권을 부여하는 내용의 주주총회 특별결의가 있었던 것처럼 주주총회 의사록을 허위로 작성한 다음 이를 근거로 각 임직원들과 2000. 12. 17.자 주식매수선택권부여계약을 체결하였다는 것이고, 상법 제340조의2 제1항, 제3항에 의하면 회사는 정관이 정한 바에 따라 상법 제434조의 규정에 의한 주주총회의 특별결의로 이사·감사 또는 피용자에게 발행주식 총수의 100분의 10을 초과하지 아니하는 한도 내에서 주식매수선택권을 부여할 수 있으며, 공소외 주식회사의 정관에도 같은 취지로 규정되어 있음을 알 수 있는데, 그렇다면 피고인이 위와 같이 허위로 만들어낸 주주총회 특별결의를 빙자하여 자신을 포함한 임직원들과 주식매수선택권부여계약을 체결하였더라도 이는 상법과 정관에 위배되어 법률상 효력이 없다고 보지 않을 수 없고, 따라서 위

와 같은 계약체결행위만으로 공소외 주식회사에 어떠한 현실적 손해가 발생할 수 없음은 물론이고 그러한 실해 발생의 위험조차 초래되었다고 볼 수 없다.

나아가 이러한 사실관계하에서라면, 피고인을 포함한 임직원들로서도 이 사건 주식매수선택권이 부여된 경위나 과정을 충분히 알았거나 알 수 있었다고 보지 않을 수 없어 공소외 주식회사가 위 임직원들에 대하여 외관의 신뢰 또는 거래의 안전 등을 이유로 주식매수선택권부여계약에 따른 의무를 이행하여야 하거나 피고인의 사용자로서 불법행위로 인한 손해배상책임을 지게 될 여지가 있다고 생각하기 어렵고, 원심판결의 이유 및 기록에 의하더라도 달리 볼 사정을 찾을 수 없다.

결국 피고인이 2002. 3. 6.경 주주총회 의사록을 허위로 작성하고 임직원들에게 주식매수선택권부여계약을 체결한 것만으로는 업무상배임죄의 구성요건이 완성되거나 범행이 종료되었다고 볼 수 없고, 오히려 위 임직원들이 2002. 12. 27.과 2004. 12. 17. 및 2005. 12. 28.에 무효인 위 주식매수선택권부여계약에 기초하여 공소외 주식회사에 대하여 주식매수선택권을 행사하고, 피고인이 이에 호응하여 위 각 일자에 당시 주식의 실질가치에 미달하는 주당 9,460원만을 받고 신주를 발행해 줌으로써 비로소 공소외 주식회사에 현실적 손해가 발생하거나 그러한 실해 발생의 위험이 초래되었다고 볼 것이므로, 이 사건 업무상배임죄는 피고인이 의도한 배임행위가 모두 실행된 때로서 최종적으로 주식매수선택권이 행사되고 그에 따라 신주가 발행된 2005. 12. 28.경에야 종료되었다고 보아야 한다.

4. 따라서 이 사건 공소가 제기된 2009. 12. 18.경에는 아직 이 사건 업무상배임죄의 공소시효가 완성되었다고 볼 수 없음에도, 원심은 피고인이 주주총회 의사록을 허위로 작성하고 이 사건 주식매수선택권부여계약을 체결한 시점인 2002. 3. 6.에 이 사건 업무상배임죄의 범행이 종료되었음을 전제로 그 공소시효가 완성되었다는 이유로 피고인에 대하여 면소를 선고한 제1심을 그대로 유지하였으니, 이러한 원심판결에는 업무상배임죄의 공소시효의 기산점이 되는 범행의 종료시기 등에 관한 법리를 오해하여 판결에 영향을 미친 위법이 있다.
5. 그러므로 나머지 상고이유에 대한 판단을 생략한 채 원심판결을 파기하고, 사건을 다시 심리·판단하도록 원심법원에 환송하기로 하여, 관여 대법관의 일치된 의견으로 주문과 같이 판결한다.

대법관 안대희(재판장) 김능환 민일영 이인복(주심)

대법원 2011.11.10. 선고 2011도9919 판결

【사기·사문서위조(일부인정된죄명:자격모용사문서작성)·위조사문서행사(일부인정된죄명:자격모용작성사문서행사)·사문서변조·변조사문서행사·공전자기록등불실기재·불실기재공전자기록등행사·자격모용사문서작성】

판시사항

[1] '인감증명서'가 형법상 '재물'에 해당하는지 여부(원칙적 적극) 및 인감증명서를 편취하는 경우 소지인에 대한 관계에서 사기죄가 성립하는지 여부(적극)

[2] 피고인이 피해자에게서 매수한 재개발아파트 수분양권을 이미 매도하였는데도 마치 자신이 피해자의 입주권을 정당하게 보유하고 있는 것처럼 피해자의 딸과 사위에게 거짓말하여 피해자 명의의 인감증명서를 교부받은 사안에서, 피고인의 행위에 대하여는 재물의 편취에 의한 사기죄가 성립한다고 할 것인데도, 이와 달리 보아 무죄를 선고한 원심판결에는 법리오해의 위법이 있다고 한 사례

판결요지

[1] 인감증명서는 인감과 함께 소지함으로써 인감 자체의 동일성을 증명함과 동시에 거래행위자의 동일성과 거래행위가 행위자의 의사에 의한 것임을 확인하는 자료로서 개인의 권리의무에 관계되는 일에 사용되는 등 일반인의 거래상 극히 중요한 기능을 가진다. 따라서 그 문서는 다른 특별한 사정이 없는 한 재산적 가치를 가지는 것이어서 형법상의 '재물'에 해당한다고 할 것이다. 이는 그 내용 중에 재물이나 재산상 이익의 처분에 관한 사항이 포함되어 있지 아니하다고 하여 달리 볼 것이 아니다. 따라서 위 용도로 발급되어 그 소지인에게 재산적 가치가 있는 것으로 인정되는 인감증명서를 그 소지인을 기망하여 편취하는 것은 그 소지인에 대한 관계에서 사기죄가 성립한다고 할 것이다.

[2] 피고인이 피해자에게서 매수한 재개발아파트 수분양권을 이미 매도하였는데도 마치 자신이 피해자의 입주권을 정당하게 보유하고 있는 것처럼 피해자의 딸과 사위에게 거짓말하여 피해자 명의의 인감증명서 3장을 교부받은 사안에서, 위 인감증명서는 피해자측이 발급받아 소지하게 된 피해자 명의의 것으로서 재물성이 인정된다 할 것인데, 피고인이 피해자측을 기망하여 이를 교부받은 이상 재물에 대한 편취행위가 성립한다고 보아야 하고, 피고인은 피해자의 재개발아파트 수분양권을 이중으로 매도할 목적으로 그에 중요한 의미를 가지는 피해자 명의의 인감증명서를 기망에 의하여 취득하였다는 것이므로 위 인감증명서에 대한 편취의 고의도 인정하기에 충분하므로, 위와 같은 피고인의 행위에 대하여는 재물의 편취에 의한 사기죄가 성립한다고 할 것인데도, 이와 달리 보아 무죄를 선고한 원심판결에는 사기죄의 객체가 되는 재물에 관한 법리오해의 위법이 있다고 한 사례.

전 문

피 고 인 피고인

상 고 인 피고인 및 검사

변 호 인 변호사

배상신청인 배상신청인 1 외 1인

원심판결 서울중앙지법 2011. 7. 13. 선고 2011노969, 1449 판결, 2010초기402, 1405 배상명령신청

주 문 원심판결을 파기하고, 사건을 서울중앙지방법원 합의부에 환송한다.

이 유 상고이유를 본다.

1. 피고인 및 피고인의 변호인의 상고이유에 대하여

가. 피고인의 법리오해 등의 주장에 대하여

상고심은 항소법원 판결에 대한 사후심이므로 항소심에서 심판대상이 되지 아니한 사항은 상고심의 심판범위에 들지 아니하는 것이어서 피고인이 항소심에서 항소이유로 주장하지 아니하거나 항소심이 직권으로 심판대상으로 삼은 사항 이외의 사유에 대하여는 이를 상고이유로 삼을 수 없다.

기록에 의하면, 피고인은 원심에서 항소이유로 양형부당만을 주장하였음을 알 수 있으므로, 결국 상고심에서 새로이 편취의 범의에 관하여 법리를 오해하거나 논리와 경험칙에 반하여 사실을 인정한 위법이 있다는 것 등을 상고이유로 주장할 수 없다 할 것이다.

나아가 직권으로 살펴보아도 이 부분 원심의 사실인정과 판단은 정당하고, 원심판결에 영향을 미칠 만한 법리오해 등의 위법사유는 보이지 아니한다.

나. 피고인의 변호인의 양형부당 주장에 대하여

사형, 무기 또는 10년 이상의 징역이나 금고가 선고된 사건이 아니면 형의 양정이 부당하다는 사유를 상고이유로 할 수 없다(형사소송법 제383조 제4호). 원심이 피고인에 대한 형을 양정함에 있어 양형의 조건에 관한 형법 제51조에 규정된 양형의 기초사실에 관하여 사실을 오인하고 그 정상에 관하여 심리를 제대로 하지 아니하는 등으로 양형에 관한 법리를 오해하여 피고인에게 과중한 형을 선고한 잘못이 있다는 취지의 주장은 결국 원심의 양형이 부당하다는 데 귀착한다. 따라서 피고인에게 10년 미만의 징역형이 선고된 이 사건에서 위와 같은 주장은 적법한 상고이유가 될 수 없다.

2. 검사의 상고이유에 대하여

가. 인감증명서는 인감과 함께 소지함으로써 인감 자체의 동일성을 증명함과 동시에 거래행위자의 동일성과 거래행위가 행위자의 의사에 의한 것임을 확인하는 자료로서 개인의 권리의무에 관계되는 일에 사용되는 등 일반인의 거래상 극히 중요한 기능을 가진다. 따라서 그 문서는 다른 특별한 사정이 없는 한 재산적 가치를 가지는 것이어서 형법상의 '재물'에 해당한다고 할 것이다(대법원 1986. 9. 23. 선고 85도1775 판결, 대법원 2008. 7. 24. 선고 2006다63273 판결 등 참조). 이는 그 내용 중에 재물이나 재산상 이익의 처분에 관한 사항이 포함되어 있지 아니하다고 하여 달리 볼 것이 아니다. 따라서 위 용도로 발급되어 그 소지인에게 재산적 가치가 있는 것으로 인정되는 인감증명서를 그 소지인을 기망하여 편취하는 것은 그 소지인에 대한 관계에서 사기죄가 성립한다 할 것이다.

나. 원심은 피고인의 피해자 공소외인에 대한 사기의 점에 대하여 아래와 같은 이유로 이 부분 공소사실을 무죄로 판단하였다. 인감증명서는 개인이 현재 사용하고 있는 인감을 공식적으로 증명하는 내용의 문서에 그쳐서 거기에 어떠한 재물이나 재산상의 이익의 처분에 관한 사항을 포함하고 있는 것이 아니고, 인감증명서의 불법취득으로 인하여 침해될 우려가 있는 법익은 그 서면 자체가 아니라 그 서면으로 증명하고자 하는 내용일 뿐이어서 인감증명서 자체는 사기죄의 객체가 될 수 없다. 따라서 피고인이 피해자의 딸과 사위에게 거짓말하여 피해자 명의의 인감증명서 3장을 교부받았다고 하더라도 피해자가 재산상의 손해를 입었다거나 피고인이 재산상의 이익을 얻었다고는 볼 수 없다는 것이다.

다. 그러나 앞서 본 법리에 비추어 보면, 이 사건 인감증명서는 피해자측이 발급받아 소지하게 된 피해자 명의의 것으로서 재물성이 인정된다 할 것인데, 피고인이 피해자측을 기망하여 이를 교부받은 이상 재물에 대한 편취행위가 성립한다고 보아야 할 것이다. 나아가 이 사건에서 피고인은 피해자의 재개발아파트 수분양권을 이중으로 매도할 목적으로 그에 중요한 의미를 가지는 피해자 명의의 인감증명서를 기망에 의하여 취득하였다는 것이므로, 위 인감증명서에 대한 편취의 고의도 인정하기에 충분하다.

따라서 위와 같은 피고인의 행위에 대하여는 재물의 편취에 의한 사기죄가 성립한다고 할 것임에도, 원심이 이와 달리 보아 이 부분 공소사실에 대하여 무죄를 선고한 것은 사기죄의 객체가 되는 재물에 관한 법리를 오해하여 판결 결과에 영향을 미친 위법이 있다고 할 것이다. 이 점을 지적하는 상고이유의 주장은 이유 있다.

라. 따라서 원심판결 중 피해자 공소외인에 대한 사기의 점은 파기되어야 할 것인데, 이는 원심이 유죄로 인정한 다른 범죄사실과 형법 제37조 전단의 경합범 관계에 있어서 피고인에 대하여 하나의 형이 선고되어야 할 것이므로 결국 원심판결 전부가 파기되어야 한다.

3. 결론

그러므로 원심판결 전부를 파기하고, 사건을 다시 심리·판단하게 하기 위하여 원심법원에 환송하기로 하여, 관여 대법관의 일치된 의견으로 주문과 같이 판결한다.

대법관 김지형(재판장) 전수안 양창수(주심) 이상훈

대법원 2011.11.10. 선고 2011도10539 판결

【근로기준법위반·사기·사기미수·사문서위조·위조사문서행사】

판시사항

1 임금 등의 체불행위 처벌규정인 근로기준법 제109조, 제36조, 제43조가 헌법에 위반되는지 여부(소극)
2 근로기준법상 임금 등 기일 내 지급의무 위반죄의 면책사유인 '임금 등을 기일 안에 지급할 수 없었던 불가피한 사정' 유무를 판단하는 기준
3 중지미수의 성립 요건
4 피고인이 갑에게 위조한 예금통장 사본 등을 보여주면서 외국회사에서 투자금을 받았다고 거짓말하며 자금 대여를 요청하였으나, 갑과 함께 그 입금 여부를 확인하기 위해 은행에 가던 중 은행 입구에서 차용을 포기하고 돌아가 사기미수로 기소된 사안에서, 피고인이 범행이 발각될 것이 두려워 범행을 중지한 것으로서 일반 사회통념상 범죄를 완수함에 장애가 되는 사정에 해당하여 자의에 의한 중지미수로 볼 수 없다고 한 사례

전　문

피 고 인 피고인

상 고 인 피고인

변 호 인 법무법인

원심판결 서울중앙지법 2011. 7. 20. 선고 2011노188, 1225, 1267 판결

주　문 상고를 기각한다.

이　유 상고이유를 본다.

1. 근로기준법 위반의 점에 대하여

가. 임금체불을 처벌하는「근로기준법」규정이 헌법에 위배되는지 여부

「근로기준법」제36조는 "사용자는 근로자가 사망 또는 퇴직한 경우에는 그 지급 사유가 발생한 때부터 14일 이내에 임금, 보상금, 그 밖에 일체의 금품을 지급하여야 한다."고 규정하고, 같은 법 제43조 제1항은 "임금은 통화로 직접 근로자에게 그 전액을 지급하여야 한다.", 같은 조 제2항은 "임금은 매월 1회 이상 일정한 날짜를 정하여 지급하여야 한다."고 각 규정하고 있으며, 같은 법 제109조 제1항은 위 각 규정을 위반한 경우 3년 이하의 징역 또는 2,000만 원 이하의 벌금에 처하도록 규정하고 있다.

위 각 규정은 사용자와 근로자 사이의 근로관계가 종료된 후에도 퇴직금이 신속하게 지급되지 않는다면 퇴직 근로자 및 그 가족의 생활이 곤란하게 될 수 있고 시간의 경과에 따라 퇴직금의 지급에 불편과 위험이 따를 우려가 있으며, 임금이 생계의 원천인 근로자의 경우 임금의 지급이 장기간에 걸치거나 부정기적으로 행하여지면 근로자의 생활이 불안하게 되기 때문에 이를 방지하기 위한 것이므로 그 입법목적이 정당한 점, 근로자의 생계수단인 퇴직금 및 임금의 지급을 확보함으로써 근로자의 생활을 보장하고자 하는 공익적 요청이 사용자의 계약의 자유 및 기업활동의 자유에 대한 제한보다 더 우선시되어야 하므로 법익의 균형성도 갖춘 점, 위와 같은 입법목적, 공익적 요청 등에 비추어 임금 등의 체불행위를 형사처벌하기로 한 입법자의 판단이 자의적인 것이라 할 수 없을 뿐만 아니라, 사용자가 임금의 체불이나 미불을 방지할 수 없었다는 것이 사회통념상 인정될 정도가 되어 사용자에게 더 이상의 적법행위를 기대할 수 없다거나 사용자가 퇴직금 및 임금의 지급을 위하여 최선의 노력을 다하였으나 경영부진으로 인한 자금사정 등으로 도저히 지급기일 내에 퇴직금 및 임금을 지급할 수 없었다는 등의 불가피한 사정이 인정되는 경우에는 그러한 사유는 위 근로기준법 위반죄의 책임조각사유가 될 수 있으므로 회사가 채무를 변제할 수 없고 경제활동을 유지·계속하는 것이 불가능하게 된 경제적 파탄상태에 이른 경우에까지도 위와 같은 구체적 사정을 고려함이 없이 일률적으로 사용자에게 퇴직금 및 임금의 지급을 강제하고 형사처벌을 하는 것은 아닌 점 등에 비추어 보면, 위 각 규정이 상고이유 주장과 같이 민사법과 형사법 체계를 엄격히 분리하고 있는 헌법의 근본규범에 위배된다고 볼 수 없다(헌법재판소 2005. 9. 29. 선고 2002헌바11 전원재판부 결정 참조).

나. 피고인의 임금체불이 책임조각사유에 해당하는지 여부

「근로기준법」 제109조, 제36조에서 정하는 임금 및 퇴직금 등의 기일 내 지급의무 위반죄는 사용자가 그 지급을 위하여 최선의 노력을 다하였으나, 경영부진으로 인한 자금사정 등으로 지급기일 내에 지급할 수 없었던 불가피한 사정이 사회통념에 비추어 인정되는 경우에만 면책되는 것이고, 단순히 사용자가 경영부진 등으로 자금압박을 받아 이를 지급할 수 없었다는 것만으로는 그 책임을 면할 수 없으며, '임금이나 퇴직금을 기일 안에 지급할 수 없었던 불가피한 사정'이 있었는지 여부를 판단함에 있어서는, 사용자가 퇴직 근로자 등의 생활안정을 도모하기 위하여 임금이나 퇴직금 등을 조기에 청산하기 위해 최대한 변제노력을 기울이거나 장래의 변제계획을 분명하게 제시하고 이에 관하여 근로자 측과 성실한 협의를 하는 등, 퇴직 근로자 등의 입장에서 상당한 정도 수긍할 만한 수준이라고 객관적으로 평가받을 수 있는 조치들이 행하여졌는지 여부도 하나의 구체적인 징표가 될 수 있다(대법원 2006. 2. 9. 선고 2005도9230 판결 등 참조).

원심판결 이유에 의하면, 원심은, 피고인이 공소외 1 주식회사(이하 '공소외 1'이라 한다)의 대표이사로서, 리스로 도입한 항공기 1대만을 가지고 2008. 7. 25.경 무리하게 취항을 시작하였다가 2008. 12. 1.경 자금부족을 이유로 운항을 중단하게 되고 급여체불로 대다수의 직원들이 퇴사하는 상황에서 직원들에게 "곧 투자유치가 될 것이다. 기다려 달라."는 말만 하였을 뿐, 구체적인 임금지급계획에 대해 설명하거나 직원들과 합의에 이른 적은 없는 사실 등을 인정한 다음, 그 판시와 같은 사정들에 비추어 보면, 피고인이 근로자들에 대한 임금체불을 사전에 방지하기 위한 노력을 다했다고 볼 수 없다고 판단하여, 임금 등 체불에 책임조각사유가 있다는 피고인의 주장을 배척하고, 이 부분 공소사실을 유죄로 인정하였다.

위 법리와 기록에 비추어 살펴보면, 원심의 이러한 사실인정과 판단은 정당한 것으로 수긍할 수 있다.

원심판결에는 원심의 전권사항에 속하는 증거의 취사선택 등에 있어서 상고이유의 주장과 같이 논리와 경험의 법칙을 위반하고 자유심증주의의 한계를 벗어나거나 임금 등 미지급으로 인한 근로기준법 위반죄의 책임조각사유에 관한 법리를 오해하는 등의 위법이 없다.

2. 사기의 점에 대하여

피고인의 방어권 행사에 실질적인 불이익을 초래할 염려가 없는 경우에는 공소사실과 기본적 사실이 동일한 범위 내에서 법원이 공소장변경절차를 거치지 아니하고 공소사실과 다르게 사실을 인정하는 것은 불고불리의 원칙에 위배되지 않는다(대법원 2002. 7. 12. 선고 2002도2134 판결 등 참조).

이 부분 공소사실은 "피고인이 변제할 의사나 능력이 없으면서도 공소외 2에게 '공소외 1은 일본 공소외 3 회사로부터 50억 원의 투자자금이 유치된 상태이다. 위 50억 원이 별단예금으로 확보되어 있다. 현재 회사 운영자금이 부족하니 1억 원을 차용해 주면 3일 안에 틀림없이 변제하겠다'고 거짓말하여 1억 원을 편취하였다."는 것이고, 원심이 인정한 범죄사실은 "피고인이 변제할 의사나 능력이 없으면서도 공소외 2에게 '공소외 1은 해외에서 곧 돈이 투자될 예정이다. 현재 회사 운영자금이 부족하니 1억 원을 차용해 주면 3일 안에 틀림없이 변제하겠다'고 거짓말하여 1억 원을 편취하였다."는 것이다.

위 공소사실과 원심이 인정한 범죄사실은 "피고인이 변제할 의사나 능력이 없으면서도 3일 안에 변제하겠다고 거짓말하여 1억 원을 편취하였다."는 기본적 사실관계가 동일하고, 다만 원심이 "일본 공소외 3 회사로부터 50억 원의 투자자금이 유치된 상태이다. 위 50억 원이 별단예금으로 확보되어 있다."는 공소사실 부분을 "해외에서 곧 돈이 투자될 예정이다."고 변경하여 인정한 것은 공소사실에 전혀 없는 새로운 내용을 추가하여 인정한 것이 아닐 뿐만 아니라, 기록에 의하더라도 원심 인정의 범죄사실의 내용에 관한 심리가 충분히 되어 있음이 인정됨에 비추어, 원심이 공소장변경절차를 거치지 않고 공소사실과 다르게 사실을 인정하였다 하더라도 그것이 공소사실의 동일성의 범위를 벗어날 정도로 기본적 사실관계를 달리하는 것이라든지, 피고인의 방어권 행사에 어떠한 실질적인 불이익을 준 것도 아니라 할 것이다.

그리고 원심이 적법하게 채택한 증거들을 기록에 비추어 살펴보면, 원심이 그 판시와 같은 사실을 인정한 다음, 피고인이 공소외 2로부터 교부받은 1억 원이 대여금임이 명백하고, 그 차용 당시 피고인의 기망행위 및 기망의 고의가 인정된다고 판단하여, 원심 판시 이 부분 범죄사실을 유죄로 인정한 것은 정당한 것으로 수긍할 수 있다.

원심판결에는 원심의 전권사항에 속하는 증거의 취사선택 등에 있어서 상고이유의 주장과 같이 논리와 경험의 법칙을 위반하고 자유심증주의의 한계를 벗어나거나 불고불리의 원칙 내지 심판의 대상에 관한 법리오해, 심리미진, 판단유탈, 구두변론주의 위반 등의 위법이 없다.

3. 사문서위조 및 위조사문서행사의 점에 대하여

복사한 문서의 사본도 문서위조 및 동행사죄의 객체인 문서에 해당하고(대법원 1989. 9. 12. 선고 87도506 전원합의체 판결 참조), 사문서위조죄는 그 명의자가 진정으로 작성한 문서로 볼 수 있을 정도의 형식과 외관을 갖추어 일반인이 명의자의 진정한 사문서로 오신하기에 충분한 정도이면 성립하는 것이다(대법원 2009. 7. 23.

선고 2008도10195 판결 등 참조).

위 법리와 기록에 비추어 살펴보면, 피고인이 위조한 우리은행 명의의 통장사본은 우리은행 통장을 참조하여 컴퓨터 그래픽 프로그램을 이용하여 우리은행 통장을 작성한 후 우리은행 명의의 문자 및 기호상표를 새겨 넣은 것으로서, 그 형식과 외관에 비추어 일반인이 진정한 통장사본으로 오신하기에 충분한 정도라고 할 것이므로, 사문서위조죄 및 위조사문서행사죄가 성립한다.

예금통장이 유가증권과 마찬가지로 그 사본에 대해서는 위조죄가 성립하지 않는다는 상고이유의 주장은 받아들일 수 없다.

4. 사기미수의 점에 대하여

범죄의 실행행위에 착수하고 그 범죄가 완수되기 전에 자기의 자유로운 의사에 따라 범죄의 실행행위를 중지한 경우에 그 중지가 일반 사회통념상 범죄를 완수함에 장애가 되는 사정에 의한 것이 아니라면 이를 중지미수에 해당한다고 할 것이지만, 원심이 적법하게 확정한 바와 같이, 피고인이 공소외 2에게 위조한 주식인수계약서와 통장사본을 보여주면서 50억 원의 투자를 받았다고 말하며 자금의 대여를 요청하였고, 이에 공소외 2와 함께 50억 원의 입금 여부를 확인하기 위해 은행에 가던 중 은행 입구에서 차용을 포기하고 돌아간 것이라면, 이는 피고인이 범행이 발각될 것이 두려워 범행을 중지한 것으로서, 일반 사회통념상 범죄를 완수함에 장애가 되는 사정에 해당한다고 보아야 할 것이므로, 이를 자의에 의한 중지미수라고는 볼 수 없다.

같은 취지의 원심의 판단은 정당하다.

원심판결에는 원심의 전권사항에 속하는 증거의 취사선택 등에 있어서 상고이유의 주장과 같이 논리와 경험의 법칙을 위반하고 자유심증주의의 한계를 벗어나거나 중지미수에 관한 법리를 오해하는 등의 위법이 없다.

5. 공판심리절차상의 위법에 대하여

당사자의 증거신청에 대한 채택 여부는 법원의 재량에 속하는 것이고, 따라서 법원은 피고인이나 변호인이 신청한 증거에 대하여 불필요하다고 인정한 때에는 조사하지 않을 수 있는 것이므로(대법원 1995. 2. 24. 선고 94도252 판결 등 참조), 원심이 변호인이 신청한 조인하와 제1심에서 이미 증언한 공소외 2를 증인으로 채택하여 신문한 바 없다고 하더라도 상고이유 주장과 같은 위법이 있다고 할 수 없다.

그 밖에 기록을 살펴보아도 원심이 유죄의 예단을 드러내어 피고인의 진술권, 변호인의 신문권과 변호권을 박탈 내지 심하게 제한하였다고 볼 만한 사정을 찾아볼 수 없다.

원심판결에는 상고이유에서 주장하는 바와 같은 공판심리절차상의 위법이 있다고 할 수 없다.

6. 결론

그러므로 상고를 기각하기로 하여, 관여 대법관의 일치된 의견으로 주문과 같이 판결한다.

대법관 양창수(재판장) 김지형(주심) 전수안 이상훈

대법원 2011.11.10. 선고 2011도10468 판결

【사문서변조·변조사문서행사】

판시사항

[1] 형법상 문서에 관한 죄에서 '문서'의 의미
[2] 컴퓨터 모니터에 나타나는 이미지가 형법상 '문서'에 해당하는지 여부(소극)

전 문

피 고 인 피고인

상 고 인 검사

원심판결 수원지법 2011. 7. 14. 선고 2011노2261 판결

주 문 원심판결 중 무죄 부분을 파기하고, 이 부분 사건을 수원지방법원 본원 합의부에 환송한다.

이 유 상고이유를 판단한다.

1. 원심판결 이유와 기록에 의하면 다음과 같은 사실을 알 수 있다.

가. 이 사건 공소사실 중 사문서변조 및 변조사문서행사의 점의 요지는, 피고인은 (1) 2010. 4. 22. 12:00~13:00경 피고인이 운영하는 ○○전기 사무실에서 행사할 목적으로 권한 없이 임대인 공소외 1과 피고인이 작성한 사무실전세계약서 원본을 스캐너로 복사하여 컴퓨터 화면에 띄운 후 포토샵을 이용하여 보증금액 "일천만 원, 10,000,000원"을 지워 보증금액을 공란으로 만든 후 그 자리에서 사무실전세계약서를 프린터로 출력하고, 검정색 볼펜으로 보증금액 공란에 "삼천만 원, 30,000,000원"으로 기재함으로써 행사할 목적으로 권리의무에 관한 사문서인 공소외 1 명의의 사무실전세계약서 1장을 변조하고, 그 자리에서 그 변조 사실을 모르는 공소외 2에게 변조한 사무실전세계약서를 마치 진정한 것처럼 팩스로 송부하여 행사하였으며(이하 '제1사문서변조 및 행사의 점'이라 한다), (2) 2010. 6. 30. 06:00~07:00경 위 ○○전기 사무실에서 행사할 목적으로 권한 없이 외환은행 명의인 2007. 1. 10.자 "예금/신탁잔액증명서" 원본을 스캐너로 복사하여 컴퓨터 화면에 띄운 후 포토샵을 이용하여 발급날짜 "2007. 1. 10."을 "2010. 6. 25."로 변경함으로써 행사할 목적으로 권리의무에 관한 사문서인 외환은행 명의의 예금/신탁잔액증명서 1장을 변조하고, 그 자리에서 그 변조사실을 모르는 공소외 2에게 변조한 예금/신탁잔액증명서를 마치 진정한 것처럼 팩스로 송부하여 행사하였으며(이하 '제2사문서변조 및 행사의 점'이라 한다), (3) 2010. 6. 30. 14:00~16:00경 위 ○○전기 사무실에서 행사할 목적으로 권한 없이 외환은행 명의인 2007. 1. 10.자 예금/신탁잔액증명서 원본을 스캐너로 복사하여 컴퓨터 화면에 띄운 후 포토샵을 이용하여 발급날짜 "2007. 1. 10."을 "2010. 6. 30."로 변경함으로써 행사할 목적으로 권리의무에 관한 사문서인 외환은행 명의의 예금/신탁잔액증명서 1장을 변조하고, 그 자리에서 그 변조 사실을 모르는 공소외 2에게 변조한 예금/신탁잔액증명서를 마치 진정한 것처럼 팩스로 송부하여 행사하였다(이하 '제3사문서변조 및 행사의 점'이라 한다)는 것이다.

나. 피고인은 제1심법원 제1회 공판기일에 출석하여 이 부분 공소사실을 포함한 이 사건 공소사실을 모두 인정하였고, 제1심법원은 이 사건 공소사실 전부를 유죄로 인정하여 피고인에 대하여 징역 8월에 집행유예 2년 및 80시간의 사회봉사를 명하는 판결을 선고하였는데, 제1심판결에 대하여는 검사만이 양형부당을 이유로 항소하였다.

다. 원심은 원심 제1회 공판기일에 변론을 종결하였고, 그때까지도 이 사건 공소사실 중 위 각 사문서변조의 점이 '컴퓨터 화면에 나타난 이미지'인지 아니면 그 출력물인 문서인지에 대해 특별히 문제가 제기된 바 없으며, 원심 역시 이 부분에 관하여 소송지휘권 내지 석명권을 행사한 적은 없는데, 원심은 위 각 사문서변조의 점의 요지를 "피고인이 사무실전세계약서, 예금/신탁잔액증명서 원본을 스캐너로 복사하여 생성된 이미지 파일을 포토샵 프로그램을 이용하여 일부 내용을 변경하였다는 것"이라고 전제한 다음 "컴퓨터 화면에 나타나는 이미지는 형법상 문서에 관한 죄에 있어서의 문서에는 해당되지 않으므로, 피고인이 위와 같이 생성된 이미지 파일의 내용을 일부 변경하였다고 하여도 이를 진정하게 성립한 문서의 내용을 변경한 것과 동일하게 볼 수는 없고, 변조사문서행사죄도 변조된 사문서의 존재를 전제로 하여 성립할 수 있다."는 이유로 제1심판결을 파기하고 위 각 사문서변조의 점 및 변조사문서행사의 점을 모두 무죄로 판단하였다.

2. 그러나 원심의 위와 같은 판단은 다음과 같은 이유에서 그대로 수긍하기 어렵다.

가. 형법상 문서에 관한 죄에 있어서 문서라 함은, 문자 또는 이에 대신할 수 있는 가독적 부호로 계속적으로 물체상에 기재된 의사 또는 관념의 표시인 원본 또는 이와 사회적 기능, 신용성 등을 같게 볼 수 있는 기계적 방법에 의한 복사본으로서 그 내용이 법률상, 사회생활상 주요 사항에 관한 증거로 될 수 있는 것을 말하므로(대법원 2006. 1. 26. 선고 2004도788 판결 등 참조), 원심이 컴퓨터 모니터 화면에 나타나는 이미지는 이미지 파일을 보기 위한 프로그램을 실행할 경우에 그때마다 전자적 반응을 일으켜 화면에 나타나는 것에 지나지 아니하여 형법상 문서에 관한 죄에 있어서의 '문서'에 해당하지 않는다고 본 것은 정당하다(대법원 2007. 11. 29. 선고 2007도7480 판결 등 참조).

나. 그러나 앞서 본 바와 같이 이 사건 제1사문서변조 및 행사의 점에 관한 공소사실은 "피고인이 사무실전세계약서 원본을 스캐너로 복사하여 컴퓨터 화면에 띄운 후 그 보증금액란을 공란으로 만든 다음 이를 프린터로 출력하여 검정색 볼펜으로 보증금액을 '삼천만 원(30,000,000원)'으로 변조하고, 이와 같이 변조된 사무실전세계약서를 팩스로 송부하여 행사하였다."는 것이므로, 이 부분 공소사실에서 적시된 범죄사실은 '컴퓨터 모니터 화면상의 이미지'를 변조하고 이를 행사한 행위가 아니라 '프린터로 출력된 문서'인 사무실전세계약서를 변조하고 이를 행사한 행위임을 알 수 있다.

그럼에도 원심은, 검사가 기소하지 아니한 공소사실, 즉 컴퓨터 모니터 화면상의 이미지 파일에 대한 변조 및 그 행사의 점이 이 부분 공소사실인 것처럼 보아 이를 무죄로 판단하고 말았으니, 이러한 원심의 판단에는 심판대상의 범위에 관한 법리를 오해하여 판결에 영향을 미친 위법이 있어 그대로 유지될 수 없다.

다. 다음으로 이 사건 제2, 3사문서변조 및 행사의 점에 관하여 본다.

앞서 본 바와 같이 이 부분 공소사실은 모두 '피고인이 예금/신탁잔액증명서 원본을 스캐너로 복사하여 컴퓨터 화면에 띄운 후 그 발급일자를 임의로 고쳐 예금/신탁잔액증명서 1장을 변조하고, 이를 팩스로 송부하여 행사하였다'는 것인데, 우선 사문서변조의 점에 관하여 적시된 공소사실의 내용만으로는 그 범행의 대상이 '컴퓨터 화면상의 이미지'인지 아니면 '프린터로 출력된 문서'인 '예금/신탁잔액증명서 1장'인지가 분명하다고는 할 수 없으나, 적어도 변조사문서행사의 점에 관한 위 공소사실에서는 그 행사의 대상 및 방법을 '변조한 예금/신탁잔액증명서'를 '팩스로 송부'하였다고 특정되어 있고, 기록에 의하면 피고인은 검찰 조사 당시 이와 관련하여 "위 증명서 원본을 스캔한 후 발행일자를 지운 다음 새로운 날짜를 기입해 넣고, 이를 출력하여 팩스로 보냈다."고 진술하기도 하였음을 알 수 있다(수사기록 95면 참조).

그렇다면 원심으로서는 이 사건에서의 구체적인 소송진행 경과 등을 감안하여 형사소송규칙 제141조에 따라 소송관계를 명료하게 하는 의미에서 검사에게 석명권을 행사하여, 이 사건 제2, 3사문서변조 및 행사의 점에 관한 공소사실이 '프린터로 출력된 문서인 예금/신탁잔액증명서'를 대상으로 하는 것인지 아니면 단순히 컴퓨터 화면상의 이미지를 대상으로 하는 것인지를 분명히 한 다음 그에 관하여 심리·판단하였어야 할 것임에도, 이러한 조치없이 이 부분 공소사실을 '컴퓨터 화면상의 이미지'에 대한 사문서변조 및 변조사문서행사의 점으로 속단하여 이를 무죄로 판단하였으니, 이러한 원심판결에는 필요한 석명권 행사나 심리를 다하지 아니하여 판결에 영향을 미친 위법이 있다.

3. 그러므로 원심판결 중 무죄 부분을 파기하고, 이 부분 사건을 다시 심리·판단하게 하기 위하여 원심법원에 환송하기로 하여 관여 대법관의 일치된 의견으로 주문과 같이 판결한다.

대법관 이상훈(재판장) 김지형 전수안(주심) 양창수

대법원 2011.10.27. 선고 2010도7624 판결

【특정경제범죄가중처벌등에관한법률위반(배임)·배임수재·배임증재·유가증권위조·위조유가증권행사·사문서위조·위조사문서행사·공정증서원본불실기재·불실기재공정증서원본행사】

판시사항

[1] 부동산에 처분금지가처분결정을 받아 가처분집행까지 마친 경우, 피보전채권의 실제 존재 여부를 불문하고 가처분권리자에게 가처분 유지로 인한 재산상 이익이 인정되는지 여부(적극)

[2] 배임적 거래행위의 상대방을 배임행위의 공범으로 인정하기 위한 요건

[3] 증재자에게는 '정당한 업무에 속하는 청탁'이 수재자에게 '부정한 청탁'이 될 수 있는지 여부(적극)

[4] 갑 주식회사를 사실상 관리하는 을이 갑 회사가 사업용 부지로 매수한 토지에 관하여 처분금지가처분등기를 마쳐두었는데, 토지를 매수하려는 병에게서 가처분을 취하해 달라는 청탁을 받고 돈을 수수하였다는 내용으로 기소된 사안에서, 을에게는 배임수재죄가 성립하나, 병이 돈을 교부한 행위는 사회상규에 위배되지 아니하여 배임증재죄를 구성할 정도의 위법성이 없다고 본 사례

판결요지

[1] 부동산에 처분금지가처분결정을 받아 가처분집행까지 마친 경우, 피보전채권의 실제 존재 여부를 불문하고 가처분이 되어 있는 부동산은 매매나 담보제공 등에 있어 그렇지 않은 부동산보다 불리할 수밖에 없는 점, 가처분집행이 되어 있는 부동산의 가처분집행이 해제되면 가처분 부담이 없는 부동산을 소유하게 되는 이익을 얻게 되는 점 등을 고려하면 가처분권리자로서는 가처분 유지로 인한 재산상 이익이 인정되고, 그 후 가처분의 피보전채권이 존재하지 않는 것으로 밝혀졌더라도 가처분의 유지로 인한 재산상 이익이 있었던 것으로 보아야 한다.

[2] 거래상대방의 대향적 행위의 존재를 필요로 하는 유형의 배임죄에서 거래상대방은 기본적으로 배임행위의 실행행위자와 별개의 이해관계를 가지고 반대편에서 독자적으로 거래에 임한다는 점을 감안할 때, 거래상대방이 배임행위를 교사하거나 배임행위의 전 과정에 관여하는 등 배임행위에 적극 가담함으로써 실행행위자와의 계약이 반사회적 법률행위에 해당하여 무효로 되는 경우 배임죄의 교사범 또는 공동정범이 될 수 있음은 별론으로 하고, 관여 정도가 거기에까지 이르지 아니하여 법질서 전체적인 관점에서 살펴볼 때 사회적 상당성을 갖춘 경우에는 비록 정범의 행위가 배임행위에 해당한다는 점을 알고 거래에 임하였다는 사정이 있어 외견상 방조행위로 평가될 수 있는 행위가 있었다 할지라도 범죄를 구성할 정도의 위법성은 없다고 보는 것이 타당하다.

[3] 형법 제357조 제1항의 배임수재죄와 같은 조 제2항의 배임증재죄는 통상 필요적 공범의 관계에 있기는 하나, 이것은 반드시 수재자와 증재자가 같이 처벌받아야 하는 것을 의미하는 것은 아니고, 증재자에게는 정당한 업무에 속하는 청탁이라도 수재자에게는 부정한 청탁이 될 수도 있다.

[4] 갑 주식회사를 사실상 관리하는 을이 갑 회사가 사업용 부지로 매수한 토지에 관하여 처분금지가처분등기를 마쳐두었는데, 위 토지를 매수하려는 병에게서 가처분을 취하해 달라는 취지의 청탁을 받고 돈을 수수하였다는 내용으로 기소된 사안에서, 을이 받은 돈은 부정한 청탁의 대가임이 분명하고 을에게 부정한 청탁에 대한 인식이 없었다고 볼 수 없어 배임수재죄가 성립하나, 반면 병은 사업의 더 큰 손실을 피하기 위하여 가처분 취하의 대가로 을이 지정하는 계좌로 돈을 송금한 점, 병으로서는 위 돈이 궁극적으로 갑 회사에 귀속될 것인지 을에게 귀속될 것인지에 관한 분명한 인식이 있었다고 볼 수 없는 점 등 제반 사정에 비추어, 병이 가처분 취하의 대가로 돈을 교부한 행위는 사회상규에 위배되지 아니하여 배임증재죄를 구성할 정도의 위법성은 없다고 본 사례.

전　문

피 고 인 피고인 1 외 1인

상 고 인 검사

변 호 인 변호사

원심판결 서울고법 2010. 5. 28. 선고 2009노3595 판결

주　문 원심판결 중 피고인 1에 대한 부분을 파기하고, 이 부분 사건을 서울고등법원에 환송한다. 검사의 피고인 2에 대한 상고를 기각한다.

이　유 상고이유를 판단한다.

1. 공소사실의 요지 및 원심의 판단

가. 피고인들에 대한 특정경제범죄 가중처벌 등에 관한 법률 위반(배임)의 점 및 배임수증재의 점에 대한 공소사실의 요지는 다음과 같다.

1) 피고인 1은 공소외 1 주식회사의 대표이사이자, 2007. 7. 5.경부터 2008. 4. 7.경까지 피해자인 공소외 2 주식회사의 감사였고, 피고인 2는 2007. 7. 19.경부터 공소외 3 주식회사의 감사로 있다가, 같은 해 9. 5.경부터 대표이사가 되었다.

피고인 1은 2007. 7. 5.경 공소외 1 주식회사 명의로 공소외 2 주식회사로부터 ○○터미널 복합건물 신축사업(이하 '이 사건 사업'이라 한다)을 인수하는 내용의 사업권양수도계약서를 작성하였다. 피고인 1은 위 사업권 양수대금 30억 원 중 계약금 1억 원을 당일 지급하고, 중도금 및 잔금 합계 29억 원은 위 사업권을 근거로 금융기관의 대출을 받아 지급할 의무를 부담하고, 공소외 2 주식회사는 위 사업에 필요한 여객자동차운수사업법에 의한 여객자동차터미널사업 면허를 보유하고 있는 공소외 3 주식회사에 대한 인수포기 등 위 사업에 더 이상 관여하지 않을 의무를 부담하되, 피고인 1이 중도금 또는 잔금을 지급하지 못할 경우 위 계약을 무효로 하기로 약정하였고, 위 계약에 따라 피고인 1은 같은 날 공소외 2 주식회사의 감사로, 피고인 1이 지정하는 공소외 4가 대표이사로 각 취임하였다. 그런데 그 무렵 공소외 5 주식회사 위 사업을 추진하던 중 2007. 7. 19.경 위 여객자동차터미널사업 면허를 보유하고 있는 공소외 3 주식회사를 인수한 후 위 사업을 근거로 하나캐피탈 등 금융기관에서 225억 원을 대출받는 바람에 피고인 1은 같은 내용의 위 사업을 근거로 한 대출을 받지 못하여 위 계약에 따른 중도금 및 잔금 지급의무를 이행하지 못하게 되었다. 한편 공소외 2 주식회사는 2005. 9. 10.경 위 사업부지로 공소외 6, 7, 8, 9(이하 '공소외 6 등'이라 한다) 공유의 아산시 모종동 (지번 생략)(이하 '이 사건 토지'라 한다)를 계약금 5억 원, 중도금 및 잔금 13억 5,000만 원 등 매매대금 18억 5,000만 원에 매수하는 계약을 체결한 후, 2005. 10. 14.경까지 계약금 4억 원을 지급하였다. 피고인 1은 2007. 10.경 대전지방법원 천안지원에서 이 사건 토지에 관하여 공소외 2 주식회사가 매수인으로서 공소외 6 등 매도인들에 대하여 갖는 소유권이전등기청구권을 피보전권리로 하여 이 사건 토지의 매매 등 일체의 처분행위를 금지하는 내용의 가처분을 신청하였고, 같은 달 31일경 법원의 가처분결정에 따라 2007. 11. 2.경 가처분등기가 경료되었다. 이에 따라 피고인 1은 공소외 2 주식회사의 감사이자 사실상 공소외 2 주식회사를 관리하는 지위에 있는 자로서 공소외 2 주식회사가 위 사업을 포기하지 않았으므로 이를 다시 추진할 경우에 대비하여 이 사건 토지를 사업 부지로 확보하기 위하여 위 가처분등기를 유지하여 이 사건 토지가 다른 곳에 처분되지 않도록 할 업무상 임무가 있었다. 한편 공소외 5 주식회사는 공소외 3 주식회사 명의로 위 사업을 추진하고 있었는데, 피고인 2는 공소외 3 주식회사의 대표이사로서 이 사건 토지를 매수할 필요성이 있어, 피고인 1에게 이 사건 토지에 관한 위 가처분신청을 취하해 달라는 취지로 부탁하면서 그 대가로 4억 4,000만 원을 교부하였다. 피고인 1은 2007. 11. 30.경 대전지방법원 천안지원에서 위와 같은 업무상 임무에 위배하여 피고인 2로부터 위와 같은 부탁을 받고 이 사건 토지에 관한 위 가처분신청을 취하하여 위 가처분등기가 말소되고, 같은 날 공소외 3 주식회사에 그 소유권이전등기가 경료되게 하였다. 이로써 피고인들은 공모하여, 공소외 2 주식회사에 시가 미상의 이 사건 토지에 대한 소유권이전등기청구권 상실의 손해를 가하고, 공소외 3 주식회사로 하여금 시가 24억 원 상당의 이 사건 토지를 소유하는 이익을 취득하게 하였다.

2) 피고인 1은 2007. 11. 30.경 불상의 장소에서 공소외 3 주식회사 명의로 이 사건 토지를 매수하려고 하는 피고인 2로부터 이 사건 토지에 관한 위 가처분신청을 취하해 달라는 취지의 부정한 청탁을 받고, 같은 날 공소외 1 주식회사 명의의 계좌로 2억 원, 2007. 12. 5. 2억 원, 2007. 12. 10. 4,000만 원 등 합계 4억 4,000만 원을 입금받아 이를 취득하였다.

3) 피고인 2는 위와 같은 일시, 장소에서 피고인 1에게 위와 같이 부정한 청탁의 대가로 합계 4억 4,000만 원을 송금하여 이를 공여하였다.

나. 원심판결 이유에 의하면, 원심은 다음과 같은 이유로 위 공소사실에 대하여 무죄를 선고한 제1심을 그대로 유지하였다.

1) 피고인 1은 이 사건 사업권양수도계약에 따라 공소외 2 주식회사에 계약금을 모두 지급한 후 공소외 2 주식회사의 기존 운영자를 배제하고 운영권까지 양수하였고 이에 따라 자신의 판단과 비용으로 공소외 2 주식회사가 매수하였다는 이 사건 토지에 관하여 가처분신청을 하였는데, 매도인으로부터 가처분이의신청이 접수되어 이 사건 토지매매계약과 관련한 전후사정을 알게 된 후 공소외 2 주식회사의 이 사건 토지에 관한 매수인으로서의 권리가 소멸되어 가처분이 취소될 수밖에 없는 상황이라고 판단하여 위 가처분신청을 취하한 것으로 판단되는바(실제로 이 사건 토지매매계약과 관련하여 공소외 2 주식회사가 원고로서 공소외 7 등을 상대로 제기한 소송에서 매매계약이 해제되었다는 이유로 원고 패소판결이 확정되었다), 이와 같이 실질적으로 피고인 1 개인의 판단과 비용으로 행한 가처분신청을 그 후 알게 된 사실관계에 따라 취하한 행위가 피고인 1과 공소외 2 주식회사와의 관계에서 사무의 내용, 성질 등 구체적 상황에 비추어 법률의 규정, 계약의 내용 혹은 신의칙상 당연히 하지 않아야 할 것으로 기대되는 행위라고 보기 어렵고, 당시 피고인 1로서는 가처분신청 취하행위가 임무에 위배한다거나 이로 인하여 회사인 공소외 2 주식회사에 별도의 손해가 발생할 위험이 있다고 인식하였다고 보기도 어렵다.

2) 피고인 1은 매도인으로부터 가처분이의신청이 접수된 후 이 사건 토지매매계약과 관련한 전후사정을 알게 되었고 공소외 2 주식회사의 이 사건 토지에 관한 매수인으로서의 권리가 소멸되어 가처분이 취소될 수밖에 없는 상황이라고 판단하여 가처분신청을 취하한 것으로 보이고 결과적으로 이 사건 토지매매계약이 해제되어 공소외 2 주식회사의 권리가 소멸되었다는 내용의 판결이 확정된 점, ② 피고인 1은 당시 가처분신청을 취하하지 않고 이를 유지할 실익이 없었고 이를 유지할 경우 오히려 매도인들로부터 손해배상청구를 당할 위험이 있어 가처분신청을 취하한 것이라고 변론하고 있는 점, ③ 피고인 2는 공소외 2 주식회사와 공소외 7 등 사이에 체결된 이 사건 토지매매계약이 공소외 2 주식회사의 귀책사유로 해제된 것으로 알고 2007. 10. 26.경 공소외 7 등으로부터 이 사건 토지를 매수한 후 소유권이전등기를 하려 하였으나 위 가처분으로 인하여 소유권이전등기를 하지 못하게 되자 피고인 1에게 가처분신청을 취하해 줄 것을 부탁한 것으로 보이는 점에 비추어 보면, 피고인 1이 당시 매매계약이 해제된 것으로 판단하여 가처분신청을 취하한 것은 부당한 업무처리라고 하기 어렵고 이러한 사정을 알고 있던 피고인 2는 이 사건 토지에 대한 새로운 매수인으로서 가처분신청의 취하를 요구한 것으로 보이므로, 설령 피고인 2가 피고인 1에게 가처분신청 취하를 요구하며 4억 4,000만 원을 주었다고 하더라도(피고인 2가 준 돈에 용역보고서 매수대금이 포함되어 있거나 공소외 2 주식회사가 공소외 7 등에게 계약금으로 기지급한 4억 원을 반환한 것으로 볼 여지가 있는지는 별론으로 한다), 이러한 청탁이 사회상규 또는 신의성실의 원칙에 반하는 것을 내용으로 하는 부정한 청탁이라고 보기 어렵고, 당시 피고인 1과 피고인 2에게 부정한 청탁이라는 점에 대한 인식이 있었다고 보기도 어렵다.

2. 대법원의 판단

가. 피고인 1에 대한 부분

1) 배임죄는 타인의 사무를 처리하는 자가 그 임무에 위배하는 행위로써 재산상의 이익을 취득하거나 제3자로 하여금 이를 취득하게 하여 본인에게 손해를 가한 경우에 성립되고, 여기서 본인에게 손해를 가한 때라 함은 현실적인 실해를 가한 경우뿐만 아니라 실해 발생의 위험성을 초래한 경우도 포함된다(대법원 1993. 5. 27. 선고 93도169 판결, 대법원 2007. 7. 26. 선고 2007도3882 판결 등 참조). 배임죄에 있어서 '임무에 위배하는 행위'란 사무의 내용, 성질 등 구체적 상황에 비추어 법률의 규정, 계약의 내용 혹은 신의칙상 당연히 할 것으로 기대되는 행위를 하지 않거나 당연히 하지 않아야 할 것으로 기대되는 행위를 함으로써 본인과의 신임관계를 저버리는 일체의 행위를 포함한다. 나아가 배임죄가 성립하려면 주관적 요건으로서 임무위배의 인식과 그로 인하여 자기 또는 제3자가 이익을 취득하고 본인에게 손해를 가한다는 인식, 즉 배임의 고의가 있어야 하는데, 이러한 인식은 미필적 인식으로도 충분하다(대법원 2008. 5. 29. 선고 2005도4640 판결).

한편 부동산에 처분금지가처분결정을 받아 가처분집행까지 마쳐진 경우에는 피보전채권의 실제 존재 여부를 불문하고 가처분이 되어 있는 부동산은 매매나 담보제공 등에 있어서 그렇지 않은 부동산보다 불리할 수밖에 없는 점, 가처분집행이 되어 있는 부동산의 가처분집행이 해제되면 가처분의 부담이 없는 부동산을 소유하게 되는 이익을 얻게 되는 점 등을 고려하면 가처분권리자로서는 가처분 유지로 인한 재산상 이익이 인정되고, 그 후 가처분의 피보전채권이 존재하지 않는 것으로 밝혀졌다고 하더라도 가처분의 유지로 인한 재산상 이익이 없었던 것으로 볼 수는 없다(대법원 2007. 1. 11. 선고 2006도4400 판결, 대법원 2007. 9. 20. 선고 2007도5507 판결 참조).

2) 피고인 1에 대한 원심의 판단은 위와 같은 법리에 비추어 볼 때 다음과 같은 이유로 그대로 수긍하기 어렵다. 원심과 제1심이 적법하게 조사한 증거 등에 의하면, 공소외 2 주식회사는 2005. 9. 10. 공소외 6 등 공유의

이 사건 토지를 계약금 5억 원, 중도금 및 잔금 13억 5,000만 원 등 매매대금 18억 5,000만 원에 매수하는 계약을 체결한 후, 2005. 10. 14.경까지 계약금 4억 원을 지급한 사실, 이 사건 토지의 매도인인 공소외 6 등은 매수인인 공소외 2 주식회사가 매매계약일인 2005. 9. 10.로부터 3개월 이내에 중도금 및 잔금을 지급해야 함에도 이를 지급하지 아니하자 2006년경부터 수차례에 걸쳐 공소외 2 주식회사에 대하여 중도금과 잔금의 지급이행을 촉구하여 오다가, 2006. 6. 9. 공소외 2 주식회사에 매매계약의 해제를 통지하였고, 공소외 2 주식회사는 2007. 3. 2. 공소외 6 등에게 2007. 3. 31.까지 매매대금의 지급을 완료하지 못할 경우 매매계약에 따른 매수인의 권리를 모두 포기하기로 하는 내용의 약정서를 작성해 주었으나 2007. 3. 31.까지 나머지 매매대금을 지급하지 못한 사실, 그러나 공소외 10 등 공소외 2 주식회사의 주주들은 계약이 유효함을 전제로 매매대금 지급기한 연장을 위하여 공소외 6과 접촉하였던 사실, 나아가 공소외 2 주식회사는 2007. 7. 5. 피고인 1이 대표이사로서 운영하는 공소외 1 주식회사에 ○○터미널복합건물 신축사업을 양도하는 내용의 사업권양수도계약을 체결하였고 그에 따라 피고인 1은 공소외 4를 공소외 2 주식회사의 대표이사로 내세워 실질적으로 공소외 2 주식회사를 운영한 사실, 피고인 1은 공소외 2 주식회사의 주주인 공소외 11과 협의를 거쳐 공소외 2 주식회사를 신청인으로 하여 공소외 6 등을 상대로 이 사건 토지에 대한 처분금지가처분을 신청하여 2007. 10. 31.자 인용결정에 따라 2007. 11. 2. 가처분등기가 마쳐진 사실, 한편 공소외 6 등은 2007. 10. 26. 이 사건 토지를 매매대금 24억 원에 공소외 3 주식회사에 매도하는 계약을 체결하였고 공소외 6 등은 2007. 11. 9. 가처분이의신청을 한 사실, 피고인 1은 2007. 11. 30. 가처분취하 신청서를 제출하였고 같은 날 이 사건 토지에 관하여 공소외 6 등에서 공소외 3 주식회사로, 공소외 3 주식회사에서 공소외 12 부동산신탁 주식회사 명의로 소유권이전등기가 경료되었고 이어 2007. 12. 4. 위 가처분등기가 말소된 사실, 공소외 3 주식회사는 공소외 1 주식회사 명의의 계좌로 2007. 11. 30. 2억 원, 같은 해 12. 5. 2억 원, 같은 해 12. 10. 4,000만 원 등 합계 4억 4천만 원을 송금하였고, 피고인 1은 위 돈을 모두 개인적인 용도로 사용한 사실, 공소외 2 주식회사는 2008. 5. 16. 공소외 3 주식회사, 공소외 12 부동산신탁 주식회사를 상대로 이 사건 토지에 관한 공소외 3 주식회사 및 공소외 12 부동산신탁 주식회사 명의의 위 소유권이전등기의 말소를 구하고, 공소외 6 등을 상대로 소유권이전등기를 구하는 소송을 제기하였으나 2008. 10. 2. 패소판결을 선고받았고, 이에 대하여 항소하였으나 2009. 10. 21. 항소기각판결을 선고받았으며, 이에 대하여 상고하였다가 2010. 2. 19. 상고를 취하함으로써 위 판결이 확정된 사실을 알 수 있다.

이와 같은 사실관계에 피고인 2의 변호인이 제1심에서 2009. 9. 10.자로 제출한 의견 및 변론요지서에서 '이 사건 토지 소유자들이 가처분이의 신청을 하였지만 시행사업에 있어서 사업인가 등 시간을 다투는 일이고 지체될수록 은행이자 등의 비용이 많이 발생하여 피해가 커지기 때문에 조기에 분쟁을 매듭지어야 했다. 피고인 1은 빠른 시간 내에 가처분 해제와 용역보고서를 제공해 주는 대가로 공소외 2 주식회사에서 지주들에게 지급한 계약금 4억 원을 보전해 줄 것을 요구하여 피고인 2는 처음에는 내키지 않았지만 시간을 단축하고 4억 원보다 많은 금원을 절약할 수 있어 그렇게 하겠다고 승낙하고, 피고인 1이 요구하는 공소외 1 주식회사라는 법인 통장으로 4억 4천만 원(부가세 포함)을 입금하였다. 당시 공소외 2 주식회사의 거래통장으로 입금하지 않고 피고인 1의 회사인 공소외 1 주식회사의 계좌로 입금한 것은 피고인 1의 요청에 기한 것으로 공소외 2 주식회사는 세금체납 및 기타 채무가 10억여 원이 넘어 공소외 2 주식회사 통장으로 받으면 회사에서 한 푼도 쓰지 못한 채 압류될 수 있다고 하여 공소외 1 주식회사 계좌로 4억 4,000만 원을 입금한 것이다'라고 주장하고 있는 점을 더하여 보면, 피고인 1이 피고인 2로부터 받은 4억 4,000만 원은 이 사건 가처분 취하의 대가임이 분명하다.

그리고 피고인 1이 이 사건 가처분 신청을 할 무렵 공소외 2 주식회사는 공소외 6 등에게 매매대금을 약정대로 지급하지 못하였지만 이 사건 토지에 관한 제1매수인으로서의 지위를 포기하지 않은 상태였고, 오히려 이 사건 토지에 관한 제1매수인으로서의 지위를 보전하기 위하여 피고인 1과 협의하여 이 사건 가처분에 이르게 된 것으로 보인다. 따라서 공소외 2 주식회사로서는 이 사건 사업에 필요한 부지인 이 사건 토지의 제1매수인 및 가처분권리자로서 가처분의 유지로 인한 재산상 이익이 있는 것이고, 비록 이 사건 가처분 취하 후 공소외 2 주식회사가 공소외 6 등을 상대로 제기한 소유권이전등기청구의 본안소송에서 매매계약이 해제되었다는 이유로 패소 확정되어 이 사건 가처분의 피보전권리가 존재하지 않는 것으로 밝혀졌다 하더라도 공소외 2 주식회사가 이 사건 토지에 대하여 가처분권리자로서 기왕에 갖고 있던 가처분의 유지로 인한 재산상 이익이 없었던 것으로 볼 수는 없다.

그런데 공소외 2 주식회사가 추진하는 이 사건 사업을 위임받아 처리하는 피고인 1은 공소외 3 주식회사 측으로부터 4억 4,000만 원의 대가를 받고 공소외 2 주식회사 측과 아무런 협의 없이 이 사건 가처분을 취소함으로써 공소외 2 주식회사가 이 사건 토지의 제1매수인 및 가처분권리자로서 갖고 있는 재산상 이익을 침해한 것으로 봄이 상당하다. 피고인 1의 이러한 행위는 공소외 2 주식회사의 이 사건 사업을 처리하는 자로서 당연히 하지 않아야 할 것으로 기대되는 행위를 함으로써 본인과의 신임관계를 저버리는 행위를 한 것으로 평가할 여지가 충분하고, 피고인 1로서는 이로 인하여 공소외 2 주식회사에 손해가 발생하거나 손해 발생의 위험성을 초래한다는 점을 인식하였을 것이므로 배임에 대한 고의도 충분히 인정된다.

나아가 피고인 1이 이러한 임무위배의 대가로 받은 4억 4,000만 원은 사회상규 또는 신의성실의 원칙에 반하는 부정한 청탁의 대가임이 분명하고, 피고인 1에게 부정한 청탁에 대한 인식이 없었다고도 볼 수 없다.

그런데도 원심은 판시와 같은 사정만을 들어 피고인 1에 대한 업무상배임의 점 및 배임수재의 점에 관하여 무죄를 선고한 제1심을 그대로 유지하였으니, 이러한 원심의 판단에는 업무상배임죄 및 배임수재죄의 성립에 관한 법리를 오해함으로써 판결 결과에 영향을 미친 위법이 있다. 이와 같은 취지의 검사의 상고이유 주장은 이유 있다.

나. 피고인 2에 대한 부분

1) 업무상배임의 점에 관하여

거래상대방의 대향적 행위의 존재를 필요로 하는 유형의 배임죄에 있어서 거래상대방으로서는 기본적으로 배임행위의 실행행위자와는 별개의 이해관계를 가지고 반대편에서 독자적으로 거래에 임한다는 점을 감안할 때, 거래상대방이 배임행위를 교사하거나 그 배임행위의 전 과정에 관여하는 등으로 배임행위에 적극 가담함으로써 그 실행행위자와의 계약이 반사회적 법률행위에 해당하여 무효로 되는 경우 배임죄의 교사범 또는 공동정범이 될 수 있음은 별론으로 하고, 관여의 정도가 거기에까지 이르지 아니하여 법질서 전체적인 관점에서 살펴볼 때 사회적 상당성을 갖춘 경우에 있어서는 비록 정범의 행위가 배임행위에 해당한다는 점을 알고 거래에 임하였다는 사정이 있어 외견상 방조행위로 평가될 수 있는 행위가 있었다 할지라도 범죄를 구성할 정도의 위법성은 없다고 봄이 상당하다(대법원 2005. 10. 28. 선고 2005도4915 판결 참조).

위와 같은 법리 및 기록에 비추어 살펴보면, 원심이 피고인 2에 대한 특정경제범죄 가중처벌 등에 관한 법률 위반(배임)의 점에 대하여 무죄를 선고한 제1심을 그대로 유지한 것은 정당한 것으로 수긍할 수 있고, 거기에 상고이유로 주장하는 법리오해 등의 위법이 없다.

2) 배임증재의 점에 관하여

배임수재죄에 있어서 '부정한 청탁'이라 함은 반드시 업무상배임의 내용이 되는 정도에 이를 것을 요하지 않으며, 사회상규 또는 신의성실의 원칙에 반하는 것을 내용으로 하는 것이면 족하고, 이를 판단함에 있어서는 청탁의 내용 및 이에 관련한 대가의 액수, 형식, 보호법익인 거래의 청렴성 등을 종합적으로 고찰하여야 하며, 그 청탁이 반드시 명시적임을 요하는 것은 아니다(대법원 2008. 12. 11. 선고 2008도6987 판결 등 참조). 또한 형법 제357조 제1항의 배임수재죄와 같은 조 제2항의 배임증재죄는 통상 필요적 공범의 관계에 있기는 하나, 이것은 반드시 수재자와 증재자가 같이 처벌받아야 하는 것을 의미하는 것은 아니고 증재자에게는 정당한 업무에 속하는 청탁이라도 수재자에게는 부정한 청탁이 될 수도 있는 것이다(대법원 1991. 1. 15. 선고 90도2257 판결 등 참조).

피고인 2가 공소외 3 주식회사가 추진하는 사업의 더 큰 손실을 피하기 위하여 가처분 취하의 대가로 4억 4,000만 원을 피고인 1이 지정하는 공소외 1 주식회사 명의 계좌로 송금한 점, 피고인 2로서는 4억 4,000만 원이 궁극적으로 공소외 2 주식회사에 귀속될 것인지 피고인 1에게 귀속될 것인지에 관한 분명한 인식이 있었다는 자료를 찾아 볼 수 없는 점 등 기록에 나타난 사정을 위와 같은 법리에 비추어 보면, 피고인 2가 가처분 취하의 대가로 4억 4,000만 원을 교부한 행위는 사회상규에 위배된다고 보이지 아니하므로 결국 배임증재죄를 구성할 정도의 위법성은 없다고 봄이 상당하다.

따라서 원심이 피고인 2의 배임증재의 점에 대하여 무죄로 판단한 것은 정당한 것으로 수긍할 수 있고, 거기에 상고이유 주장과 같은 법리오해 등의 위법이 없다.

3. 결론

그러므로 피고인 1에 대한 무죄 부분은 파기되어야 할 것인바, 검사는 원심판결 전부에 대하여 상고를 제기하였고 무죄 부분은 나머지 유죄 부분과 형법 제37조 전단의 경합범 관계에 있으므로, 원심판결 중 피고인 1에 대한 부분을 파기하고, 이 부분 사건을 다시 심리·판단하게 하기 위하여 원심법원에 환송하고, 검사의 피고인 2에 대한 상고를 기각하기로 하여, 관여 대법관의 일치된 의견으로 주문과 같이 판결한다.

대법관 이인복(재판장) 김능환 안대희(주심) 민일영

대법원 2011.10.13. 선고 2011도8829 판결

【사기】

판시사항

1 피해자의 재산적 처분행위 또는 이를 유발한 피고인의 행위가 피고인이 도모하는 사업의 성패 내지 성과와 밀접하게 관련된 경우, 사기죄 성립 여부에 관한 판단 방법

2 갑 주식회사 운영자인 피고인이 회사 운영이 어려워 돈을 차용하거나 투자를 받더라도 갚을 의사나 능력이 없는데도 피해자들을 기망하여 회사 운영자금 명목으로 돈을 차용하여 편취하였다는 내용으로 기소된 사안에서, 피고인이 피해자들을 기망하였다거나 피고인의 기망행위로 인하여 피해자들이 착오에 빠져 재산적 처분행위를 하였다고 볼 수 없는데도, 이와 달리 보아 유죄를 인정한 원심판결에 법리오해의 위법이 있다고 한 사례

판결요지

1 사기죄는 타인을 기망하여 착오에 빠뜨리고 처분행위를 유발하여 재물을 교부받거나 재산상 이익을 얻음으로써 성립하는 것으로서, 기망, 착오, 재산적 처분행위 사이에 인과관계가 있어야 하고, 한편 어떠한 행위가 타인을 착오에 빠지게 한 기망행위에 해당하는지 및 그러한 기망행위와 재산적 처분행위 사이에 인과관계가 있는지는 거래의 상황, 상대방의 지식, 성격, 경험, 직업 등 행위 당시의 구체적 사정을 고려하여 일반적·객관적으로 판단하여야 한다. 따라서 피해자의 재산적 처분행위나 이러한 재산적 처분행위를 유발한 피고인의 행위가 피고인이 도모하는 어떠한 사업의 성패 내지 성과와 밀접한 관련 아래 이루어진 경우에는, 단순히 피고인의 재력이나 신용상태 등을 토대로 기망행위나 인과관계 존부를 판단할 수는 없고, 피해자와 피고인의 관계, 당해 사업에 대한 피해자의 인식 및 관여 정도, 피해자가 당해 사업과 관련하여 재산적 처분행위를 하게 된 구체적 경위, 당해 사업의 성공가능성, 피해자의 경험과 직업 등의 사정을 모두 종합하여 일반적·객관적으로 판단하여야 한다.

2 갑 주식회사 운영자인 피고인이 회사 운영이 어려워 돈을 차용하거나 투자를 받더라도 갚을 의사나 능력이 없는데도 피해자들을 기망하여 회사 운영자금 명목으로 돈을 차용하여 편취하였다는 내용으로 기소된 사안에서, 피해자들은 부동산 중개업자 또는 은행지점장 출신으로 갑 회사에서 부사장으로 행세하거나 자금담당 상무로 근무하면서 자금조달 및 투자유치 등의 업무를 직접 수행하여 왔으므로 그 과정에서 갑 회사나 피고인이 타인으로부터 투자금을 조달하지 않는 한 자력으로는 대여금을 변제할 만한 능력이 없다는 것을 충분히 알게 되었으리라고 보이는 점, 자금담당 상무로 근무하던 피해자가 임원진 선임을 둘러싼 의견대립으로 고용계약을 해지하면서 갑 회사의 자금조달에 문제가 생겼고, 피해자들로부터 차용한 돈은 갑 회사의 운영경비 등으로 사용된 점 등 피해자들의 경험과 직업, 피해자들이 갑 회사에 대여한 자금의 용도 등 제반 사정을 종합할 때, 피고인이 피해자들을 기망하였다거나 피고인의 기망행위로 인하여 피해자들이 착오에 빠져 어떠한 재산적 처분행위를 하였다고 볼 수 없는데도, 이와 달리 보아 유죄를 인정한 원심판결에 법리오해의 위법이 있다고 한 사례.

전 문

피 고 인 피고인

상 고 인 피고인

변 호 인 변호사

원심판결 서울중앙지법 2011. 6. 9. 선고 2010노3411 판결

주 문 원심판결을 파기하고, 사건을 서울중앙지방법원 합의부에 환송한다.

이 유 상고이유를 판단한다.

1. 피해자 공소외 1, 2에 대한 사기의 점에 관한 상고이유에 대하여

사기죄는 타인을 기망하여 착오에 빠뜨리고 그 처분행위를 유발하여 재물을 교부받거나 재산상 이익을 얻음으로써 성립하는 것으로서 기망, 착오, 재산적 처분행위 사이에 인과관계가 있어야 하는 것이고(대법원 2000. 6. 27. 선고 2000도1155 판결 참조), 한편 어떠한 행위가 타인을 착오에 빠지게 한 기망행위에 해당하는지 및 그러한 기망행위와 재산적 처분행위 사이에 인과관계가 있는지 여부는 거래의 상황, 상대방의 지식, 성격, 경험, 직업 등 행위 당시의 구체적 사정을 고려하여 일반적·객관적으로 판단하여야 하는 것이다(대법원 1988. 3. 8. 선고 87도1872 판결 참조). 따라서 피해자의 재산적 처분행위나 이러한 재산적 처분행위를 유발한 피고인의 행위가 피고인이 도모하는 어떠한 사업의 성패 내지 성과와 밀접한 관련 아래 이루어진 경우에는, 단순히 피고인의 재력이나 신용상태 등을 토대로 기망행위나 인과관계의 존부를 판단할 수는 없고, 피해자와 피고인의 관계, 당해 사업에 대한 피해자의 인식 및 관여 정도, 피해자가 당해 사업과 관련하여 재산적 처분행위를 하게 된 구체적 경위, 당해 사업의 성공가능성, 피해자의 경험과 직업 등의 사정을 모두 종합하여 일반적·객관적으로 판단하여야 하는 것이다.

이 사건 공소사실 중 피해자 공소외 1, 2에 대한 사기의 점의 요지는 "피고인은 2000. 7. 10.경부터 중국 운남성 연초진출공사를 통하여 주문자상표부착생산(OEM)방식으로 ○○이라는 담배를 생산하여 국내에 판매하는 공소외 3 주식회사를 설립하여 운영하는 사람으로서, 2006년경부터 회사 운영이 어려워지는 바람에 타인으로부터 돈을 차용하거나 투자를 받더라도 이를 갚을 의사나 능력이 없었음에도 불구하고, '임대료를 못 내서 그러니 돈을 빌려 주면 빠른 시일 내에 갚겠다'는 취지로 피해자 공소외 1을 기망하여 2008. 4. 29.부터 2008. 9. 4.까지 사이에 합계 2,000만 원을 교부받아 이를 편취하고, '5,000만 원을 빌려 주면 다른 사람들로부터 투자금을 받는 대로 1개월 내에 상환하여 주겠다'는 취지로 피해자 공소외 2를 기망하여 2008. 10. 6. 및 2008. 10. 10. 합계 5,000만 원을 교부받아 이를 편취하였다."라는 것이다.

이에 대하여 원심은 그 판시와 같은 사정들, 즉 ① 피해자 공소외 1은 피고인이 돈을 빌려주면 빠른 시일 내에 갚겠다고 하여 공소사실과 같이 피고인에게 합계 2,000만 원을 교부하게 되었다고 증언하였고, 그 후 피고인으로부터 2008. 11. 30.경까지 위 2,000만 원을 변제하겠다는 차용증을 받기도 한 점, ② 피해자 공소외 2는 피고인이 사무실 이전비 등으로 5,000만 원을 주면 1개월 이내에 상환하여 준다고 하여 공소사실과 같이 피고인에게 합계 5,000만 원을 교부하게 되었다고 증언하였고, 피고인이 2008. 10. 6. 피해자 공소외 2에게 2008. 11. 20.까지 위 5,000만 원을 변제하겠다는 차용증을 작성하여 주기도 한 점, ③ 공소외 3 주식회사는 하나로저축은행에 대하여 약 10억 원의 채무를 부담하고 있었고, 우리은행에 대하여 약 1억 원의 채무도 부담하고 있었던 점 등에 비추어 보면, 이 부분 공소사실을 유죄로 인정한 제1심의 조치는 정당하다고 판단하였다.

그러나 원심의 이와 같은 판단은 앞서 본 법리와 아래와 같은 사정에 비추어 볼 때 이를 그대로 수긍하기 어렵다.

먼저, 원심 및 제1심이 적법하게 채택한 증거들에 의하면, ① 피해자 공소외 1은 부동산 중개업을 하던 자로서 2007. 11.경 공소외 3 주식회사의 공장부지 매입을 중개하는 과정에서 피고인을 알게 되었는데, 2008. 4.경부터 공소외 3 주식회사의 부사장으로 행세하면서 공소외 3 주식회사의 사업자금을 조달하는 역할을 하였던 사실, ② 피해자 공소외 1은 공소외 4, 5를 통하여 공소외 6 회계법인의 상무였던 공소외 7을 피고인에게 소개하여 주었으며, 그에 따라 공소외 3 주식회사는 2008. 5. 18.경 공소외 6 회계법인 측과 금융자문계약을 체결하기도 하였던 사실, ③ 피해자 공소외 1은 2008. 5. 26.경 위 공소외 4, 5와 더불어 피고인과 업무약정을 체결하였는데, 위 업무약정에 의하면 위 3인 중 1인이 대리점 모집을 통하여 공소외 3 주식회사의 자금을 유치할 경우에는 입금된 금액의 10%를 성과급으로 지급받을 수 있었던 사실, ④ 피해자 공소외 1은 2008. 6.경 피해자 공소외 8을 피고인에게 소개하였고, 그에 따라 위 공소외 8은 2008. 7. 10.경 공소외 3 주식회사와 대리점계약을 체결하였는데, 피해자 공소외 1은 위 공소외 8이 대리점계약의 보증금 명목으로 공소외 3 주식회사에 교부한 자금에 대하여도 위 업무약정에 따른 성과급을 지급받았던 사실, ⑤ 한편 피해자 공소외 1은 공소외 3 주식회사의 사업자금 조달을 위하여 씨티은행 지점장 출신인 피해자 공소외 2를 피고인에게 소개하였는데, 피해자 공소외 2는 2008. 9. 2.경 공소외 3 주식회사의 자금조달과 투자유치를 책임지기로 하되 연봉 1억 5,000만 원과 영입비용 2억 원 및 6억 원 상당의 스톡 옵션 이외에 조달된 자금의 2% 상당액의 성과보수를 지급받기로 하는 내용의 고용계약을 체결하고 2008. 9.말경부터 공소외 3 주식회사의 자금담당 상무로 근무하였던 사실, ⑥ 피해자 공소외 2는 2008. 10.경 기술신용보증기금 등을 통하여 자금조달이 가능하게 되자, 자신을 새로 설립될 법인의 대표

이사로, 자신의 남편을 이사로, 남편의 친구를 감사로 선임해 줄 것을 요구하였으나 피고인이 이를 거절하자 위 고용계약을 해지하였던 사실, ⑦ 피해자 공소외 2가 위와 같은 경위로 고용계약을 해지함으로써 공소외 3 주식회사의 자금조달이 여의치 않게 되자, 피해자 공소외 1, 2는 공소사실 기재와 같이 공소외 3 주식회사에 대여하였던 자금에 대하여 피고인으로부터 그 명의의 차용증을 교부받았던 사실, ⑧ 공소외 3 주식회사가 위 피해자들로부터 차용한 돈은 공소외 3 주식회사의 사무실 임대료와 운영경비 등으로 사용된 사실을 알 수 있다.

그런데 이와 같이 피해자 공소외 1은 2008. 4.경부터 공소외 3 주식회사의 부사장으로 행세하면서 투자유치 등의 업무를 수행하였고, 피해자 공소외 2는 2008. 9.경부터 공소외 3 주식회사의 자금담당 상무로 근무하면서 투자유치 등의 업무를 수행하여 왔다면, 그들이 스스로 공소외 3 주식회사의 투자유치 등 업무를 수행하는 과정에서 공소외 3 주식회사나 피고인이 타인으로부터 투자금을 조달하지 않는 한 자력으로는 대여금을 변제할 만한 능력이 없다는 것을 충분히 알게 되었으리라고 보인다. 또한 피해자 공소외 2는 2008. 10.경 기술신용보증기금 등을 통하여 자금조달이 가능한 상황에 이르게 되자 새로 설립될 법인의 임원진 선임을 둘러싸고 피고인과 의견대립이 생기는 바람에 고용계약을 해지하였던 것이므로, 그와 같은 의견대립을 극복하고 고용계약을 계속 유지하였더라면 피해자 공소외 2가 자금조달을 성사시킬 수 있었을 것으로 보이고, 나아가 그와 같이 조달된 신규 투자금으로 위 피해자들에 대한 대여금을 변제하는 것은 충분히 가능하였으리라고 보인다. 이러한 사정들에다가 앞서 본 바와 같은 위 피해자들의 경험, 직업과 위 피해자들이 공소외 3 주식회사에 대여한 자금의 용도 및 피고인이 위 피해자들에게 차용증을 교부하게 된 경위 등을 모두 더하여 보면, 피고인이 공소사실 기재와 같이 위 피해자들을 기망하였다거나 피고인의 기망행위로 인하여 피해자들이 착오에 빠진 나머지 어떠한 재산적 처분행위를 한 것이라고 볼 수는 없다 할 것이다.

그럼에도 불구하고 원심은 그 판시와 같은 사정을 들어 이 부분 공소사실을 유죄로 인정한 제1심의 조치를 그대로 유지하였으니, 이러한 원심판결에는 사기죄에 관한 법리를 오해함으로써 판결에 영향을 미친 위법이 있다고 할 것이다. 이러한 점을 지적하는 피고인의 상고이유 주장은 이유 있다.

2. 피해자 공소외 8에 대한 사기의 점에 관한 상고이유에 대하여

원심판결 이유에 의하면, 원심은 그 채용 증거들을 종합하여 인정되는 판시와 같은 사정들, 즉 ① 피해자 공소외 8은 공소외 3 주식회사에 투자를 하면 2008. 8.경에는 공소외 3 주식회사에서 생산한 ○○ 담배를 판매할 수 있게 해준다고 하여 공소사실과 같이 피고인에게 합계 7,300만 원을 교부하게 되었다고 증언한 점, ② 공소외 3 주식회사와 공소외 6 회계법인 사이에 체결된 계약은 '금융자문계약'으로 계약서에 공소외 6 회계법인이 공소외 3 주식회사에 300억 원을 투자한다거나 300억 원의 투자를 유치하여 준다는 언급이 전혀 없는 점, ③ 피해자 공소외 8이 대리점계약의 보증금 명목으로 돈을 교부할 무렵에는 아직 공소외 3 주식회사에서 담배공장을 신축할 부지조차 매수하지 못한 상태여서 피고인이 피해자 공소외 8로부터 공소사실과 같이 돈을 교부받더라도 빠른 시일 내에 ○○ 담배를 생산하여 피해자 공소외 8로 하여금 판매하게 할 수 없었던 점, ④ 공소외 3 주식회사가 문경시와 사이에 문경시 신기동 산 (지번 생략)에 있는 채석장 부지 매입과 관련하여 협의를 진행하기는 하였으나, 공소외 3 주식회사 측에서 부지매입자금 조달에 실패하여 부지매입계약이 체결되지 못한 점 등을 토대로 이 사건 공소사실 중 피해자 공소외 8에 대한 사기의 점을 유죄로 인정한 제1심의 조치를 그대로 유지하였다.

원심 및 제1심이 적법하게 채택한 증거들을 앞서 본 법리에 비추어 살펴보면, 원심의 이와 같은 판단은 정당한 것으로 수긍이 가고, 거기에 상고이유에서 주장하는 바와 같은 법리오해의 위법이 있다고 할 수 없다. 이 부분 상고이유 주장은 이유 없다.

3. 결론

그러므로 원심판결 중 피해자 공소외 1, 2에 대한 사기의 점은 파기되어야 할 것인데, 이는 원심이 유죄로 인정한 피해자 공소외 8에 대한 사기의 점과 형법 제37조 전단의 경합범관계에 있어 하나의 형이 선고되었으므로 원심판결을 전부 파기하고, 사건을 다시 심리·판단하게 하기 위하여 원심법원에 환송하기로 하여, 관여 대법관의 일치된 의견으로 주문과 같이 판결한다.

대법관 이인복(재판장) 김능환 안대희(주심) 민일영

대법원 2011.10.13. 선고 2011도7081 판결

【폭력행위등처벌에관한법률위반(공동공갈)·업무방해·폭력행위등처벌에관한법률위반(단체등의구성·활동)·폭력행위등처벌에관한법률위반(집단·흉기등감금)·협박】

판시사항

[1] 업무방해죄 보호대상인 '업무'의 의미

[2] 구 '성매매알선 등 행위의 처벌에 관한 법률'에서 정하고 있는 성매매알선 등 행위가 업무방해죄의 보호대상인 '업무'에 해당하는지 여부(소극)

[3] 폭력조직 간부인 피고인이 조직원들과 공모하여 갑이 운영하는 성매매업소 앞에 속칭 '병풍'을 치거나 차량을 주차해 놓는 등 위력으로써 업무를 방해하였다는 내용으로 기소된 사안에서, 성매매업소 운영업무가 업무방해죄의 보호대상인 업무라고 볼 수 없는데도, 이와 달리 보아 피고인에게 유죄를 인정한 원심판결에 법리오해의 위법이 있다고 한 사례

판결요지

[1] 형법상 업무방해죄의 보호대상이 되는 '업무'란 직업 또는 계속적으로 종사하는 사무나 사업으로서 타인의 위법한 침해로부터 형법상 보호할 가치가 있는 것이어야 하므로, 어떤 사무나 활동 자체가 위법의 정도가 중하여 사회생활상 도저히 용인될 수 없는 정도로 반사회성을 띠는 경우에는 업무방해죄 보호대상이 되는 '업무'에 해당한다고 볼 수 없다.

[2] 구 성매매알선 등 행위의 처벌에 관한 법률(2010. 4. 15. 법률 제10261호로 개정되기 전의 것)은 제2조 제1항 제2호에서 성매매알선 등 행위에 해당하는 행위로 '성매매를 알선·권유·유인 또는 강요하는 행위', '성매매의 장소를 제공하는 행위' 등을 규정하고, 제4조 제2호 및 제4호에서 성매매알선 행위와 성을 파는 행위를 하게 할 목적으로 타인을 고용·모집하는 행위를 금지하고, 이를 위반하여 성매매알선 등 행위를 한 자 및 미수범을 형사처벌하도록 규정하고 있으므로(같은 법 제19조 제1항 제1호, 제2항 제1호, 제23조 등 참조), 성매매알선 등 행위는 법에 의하여 원천적으로 금지된 행위로서 형사처벌의 대상이 되는 중대한 범죄행위일 뿐 아니라 정의관념상 용인될 수 없는 정도로 반사회성을 띠는 경우에 해당하므로, 업무방해죄의 보호대상이 되는 업무라고 볼 수 없다.

[3] 폭력조직 간부인 피고인이 조직원들과 공모하여 갑이 운영하는 성매매업소 앞에 속칭 '병풍'을 치거나 차량을 주차해 놓는 등 위력으로써 업무를 방해하였다는 내용으로 기소된 사안에서, 갑은 사창가 골목에서 윤락녀를 고용하여 성매매업소를 운영하여 왔는데, 성매매업소 운영에는 성매매를 알선·권유하거나 성매매장소를 제공하는 행위 등이 필연적으로 수반되고 따라서 업소 운영자는 구 성매매알선 등 행위의 처벌에 관한 법률(2010. 4. 15. 법률 제10261호로 개정되기 전의 것) 제19조 제1항 제1호의 '성매매알선 등 행위를 한 자' 또는 같은 법 제19조 제2항 제1호의 '영업으로 성매매알선 등 행위를 한 자'에 해당하므로, 갑의 성매매업소 운영업무는 업무방해죄의 보호대상이 되는 업무라고 볼 수 없는데도, 이와 달리 보아 피고인에게 유죄를 인정한 원심판결에 법리오해의 위법이 있다고 한 사례.

전　문

피 고 인 피고인 1 외 4인

상 고 인 피고인들

변 호 인 변호사

원심판결 서울고법 2011. 5. 20. 선고 2011노163 판결

주 문 원심판결 중 피고인 1에 대한 부분을 파기하고, 이 부분 사건을 서울고등법원에 환송한다. 피고인 2, 3, 4, 5의 상고를 모두 기각한다.

이 유 상고이유를 판단한다.

1. 피고인 1의 상고이유에 대한 판단

가. 공판중심주의 위반 및 사실오인의 점에 대하여

위 피고인의 상고이유 중 업무방해의 점, 공동공갈·범죄단체 간부 활동·집단감금으로 인한 폭력행위 등 처벌에 관한 법률 위반의 점에 관한 사실오인의 주장은 사실심인 원심의 전권에 속하는 증거의 취사선택이나 사실의 인정을 탓하는 것이어서 적법한 상고이유가 되지 못할 뿐 아니라 원심판결에 상고이유에서 주장하는 바와 같이 논리와 경험의 법칙을 위반하고 자유심증주의의 한계를 벗어난 위법이 있다고 볼 수도 없다. 또한 원심판결 이유를 기록에 비추어 살펴보아도, 원심이 위 피고인이 상고이유로 내세우는 바와 같은 공판중심주의 위반으로 판결 결과에 영향을 미친 위법을 저질렀다고 볼 수 없으므로, 이러한 상고이유의 주장도 받아들일 수 없다.

나. 업무방해에 관한 법리오해의 점에 대하여

형법상 업무방해죄의 보호대상이 되는 '업무'라 함은 직업 또는 계속적으로 종사하는 사무나 사업으로서 타인의 위법한 침해로부터 형법상 보호할 가치가 있는 것이어야 하므로, 어떤 사무나 활동 자체가 위법의 정도가 중하여 사회생활상 도저히 용인될 수 없는 정도로 반사회성을 띠는 경우에는 업무방해죄의 보호대상이 되는 '업무'에 해당한다고 볼 수 없다(대법원 2001. 11. 30. 선고 2001도2015 판결, 대법원 2007. 1. 12. 선고 2006도6599 판결 등 참조).

한편 구 성매매알선 등 행위의 처벌에 관한 법률(2010. 4. 15. 법률 제10261호로 개정되기 전의 것, 이하 '법'이라 한다)은 제2조 제1항 제2호에서 성매매알선 등 행위에 해당하는 행위로 '성매매를 알선·권유·유인 또는 강요하는 행위', '성매매의 장소를 제공하는 행위' 등을 규정하고, 그 제4조 제2호 및 제4호에서는 성매매알선행위와 성을 파는 행위를 하게 할 목적으로 타인을 고용·모집하는 행위를 금지하고, 이에 위반하여 성매매알선 등 행위를 한 자 및 그 미수범을 형사처벌하도록 규정하고 있으므로(법 제19조 제1항 제1호, 제19조 제2항 1호, 제23조 등 참조), 성매매알선 등 행위는 법에 의하여 원천적으로 금지된 행위로서 형사처벌의 대상이 되는 중대한 범죄행위일 뿐 아니라 정의관념상 용인될 수 없는 정도로 반사회성을 띠는 경우에 해당하므로 이는 업무방해죄의 보호대상이 되는 업무라고 볼 수 없다.

이러한 법리를 기록에 비추어 살펴보면, 피해자 공소외 1은 2005. 4.경부터 3년간 수원역 인근 사창가 골목에서 윤락녀를 고용하여 성매매업소를 운영하여 온 사실 등을 알 수 있고, 위 성매매업소 운영에는 성매매를 알선·권유하거나 성매매장소를 제공하는 행위 등이 필연적으로 수반되는 것이어서 그 업소의 운영자는 법 제19조 제1항 제1호의 성매매알선 등 행위를 한 자 또는 법 제19조 제2항 제1호의 영업으로 성매매알선 등 행위를 한 자에 해당하므로, 이 부분 공소사실에 적시된 위 피해자의 성매매업소 운영업무는 업무방해죄의 보호대상이 되는 업무라고 볼 수 없다.

그럼에도 원심이 이와 달리 위 피고인에 대한 업무방해의 공소사실을 유죄로 인정한 것은 업무방해죄의 보호대상이 되는 업무에 관한 법리를 오해함으로써 판결에 영향을 미친 위법이 있고, 이 점을 지적하는 상고이유는 이유 있다.

다. 범죄단체 간부 활동에 관한 법리오해의 점에 대하여

폭력행위 등 처벌에 관한 법률(이하 '폭처법'이라 한다) 제4조의 규정 내용과 형식, 입법 취지, 처벌의 종류 및 정도 등을 종합하여 보면, 폭처법 제4조 제1항에서의 '활동'은 범죄단체 또는 집단의 내부 규율 및 통솔체계에 따른 조직적, 집단적 의사결정에 의하여 행하는 범죄단체 또는 집단의 존속·유지를 지향하는 적극적인 행위로서 그 기여의 정도가 폭처법 제4조 제3항, 제4항에 규정된 행위에 준하는 것을 의미한다고 할 것이다. 그리고 특정한 행위가 범죄단체 또는 집단의 구성원으로서의 '활동'에 해당하는지 여부는 당해 행위가 행해진 일시, 장소 및 그 내용, 그 행위가 이루어지게 된 동기 및 경위, 목적, 의사결정자와 실행행위자 사이의 관계 및 그 의사의 전달 과정 등의 구체적인 사정을 종합하여 실질적으로 판단하여야 할 것인바, 다수의 구성원이 관여되었다고 하더라도 범죄단체 또는 집단의 존속·유지를 목적으로 하는 조직적, 집단적 의사결정에 의한 것이 아니거나, 범죄단체 또는 집단의 수괴나 간부 등 상위 구성원으로부터 모임에 참가하라는 등의 지시나 명령을 소극적으로 받고 이에 단순히 응하는 데 그친 경우, 구성원 사이의 사적이고 의례적인 회식이나 경조사 모임 등을 개최하거나 참석하는 경우 등은 '활동'에 해당한다고 볼 수 없다(대법원 2009. 9. 10. 선고 2008도10177 판결, 대법원 2010. 1. 28. 선고 2009도9484 판결 등 참조)

원심은, 그 채택 증거에 의하여 이 부분 공소사실을 유죄로 인정하였는바, 앞서 본 법리에 비추어 보면 원심의 판단은 정당한 것으로 수긍이 가고, 거기에 상고이유로 주장하는 바와 같은 법리오해 등의 위법이 없다.

라. 위 피고인에 대하여 징역 10년보다 가벼운 형이 선고된 이 사건에 있어서는 형의 양정이 부당하다는 사유는 적법한 상고이유가 되지 못한다.

2. 피고인 2의 상고이유에 대한 판단

가. 공소사실의 불특정에 대한 법리오해의 점에 대하여

형사소송법 제254조 제4항에서 범죄의 일시·장소와 방법을 명시하여 공소사실을 특정하도록 한 취지는 법원에 대하여 심판의 대상을 한정하고 피고인에게 방어의 범위를 특정하여 그 방어권 행사를 용이하게 하기 위한 데 있다고 할 것이므로, 공소제기된 범죄의 성격에 비추어 그 공소의 원인이 된 사실을 다른 사실과 구별할 수 있을 정도로 그 일시·장소·방법·목적 등을 적시하여 특정하면 되고, 공모의 시간·장소·내용 등을 구체적으로 명시하지 아니하였다거나 그 일부가 다소 불명확하더라도 그와 함께 적시된 다른 사항들에 의하여 그 공소사실을 특정할 수 있고 피고인의 방어권 행사에 지장이 없다면 공소사실이 특정되지 아니하였다고 할 수 없다(대법원 2007. 6. 14. 선고 2004도5561 판결 등 참조).

위 피고인에 대한 공소사실은 일자가 특정되지 아니하고 "8월 중순경, 8월 하순경, 12월경, 12월 말경"으로 기재되어 있어 그 기간이 10~30일 정도에 걸치는 것이기는 하나, 연월 및 시각, 장소, 방법과 공범자, 범행 소요시간 등이 매우 구체적으로 기재되어 있으므로 함께 적시된 사항들에 의하여 특정되어 있다고 할 것이고, 위 피고인의 방어권 행사에도 지장이 있다고 볼 수 없으므로, 원심판결에 공소사실의 특정에 관한 법리오해의 위법 등이 있다고 할 수 없다.

나. 증거법칙 위반의 점 등에 대하여

상고이유 중 나머지 법리오해 및 사실오인의 점에 관한 주장은 결국 사실심인 원심의 전권에 속하는 증거의 취사선택이나 사실의 인정을 탓하거나 원심이 인정한 사실과 다른 사실을 전제로 하여 범죄단체 활동죄에 관한 법리를 오해하여 위법하다는 취지의 것이나, 원심판결에는 논리와 경험의 법칙을 위반하고 자유심증주의의 한계를 벗어난 위법이 있다고 볼 수 없으므로, 위와 같은 상고이유의 주장은 모두 적법한 상고이유가 될 수 없거나 받아들일 수 없다.

다. 위 피고인에 대하여 징역 10년보다 가벼운 형이 선고된 이 사건에 있어서는 형의 양정이 부당하다는 사유는 적법한 상고이유가 되지 못한다.

3. 피고인 3, 5의 각 상고이유에 대한 판단

상고이유는 모두 사실심인 원심의 전권에 속하는 증거의 취사선택과 사실의 인정을 비난하거나 사형, 무기 또는 10년 이상의 징역이나 금고보다 가벼운 형이 선고된 이 사건에서 원심의 형의 양정이 부당하다는 취지의 주장에 불과하므로, 모두 적법한 상고이유가 되지 못한다.

4. 피고인 4의 상고이유에 대한 판단

가. 증거법칙에 관한 법리오해의 점에 대하여

전문진술이나 재전문진술을 기재한 조서는 형사소송법 제310조의2의 규정에 의하여 원칙적으로 증거능력이 없고, 예외적으로 형사소송법 제316조 제2항의 규정에 따라 원진술자가 사망, 질병, 외국거주 기타 사유로 인하여 진술할 수 없고 그 진술이 특히 신빙할 수 있는 상태하에서 행하여진 때에 한하여 증거능력이 있으나, 이 때에도 '그 진술이 특히 신빙할 수 있는 상태하에서 행하여진 때'라 함은 그 진술을 하였다는 것에 허위개입의 여지가 거의 없고 그 진술내용의 신빙성이나 임의성을 담보할 구체적이고 외부적인 정황이 있는 경우이어야만 한다(대법원 2000. 3. 10. 선고 2000도159 판결 등 참조).

이러한 법리와 기록에 의하여 살펴보면, 원심이 공소외 2에 대한 경찰 작성의 진술조서를 증거로 사용한 조치는 이를 수긍할 수 있으므로, 거기에 상고이유로 주장하는 바와 같은 증거법칙에 관한 법리오해의 위법이 있다고 보기는 어렵다.

나. 심신장애에 관한 법리오해의 점에 대하여

원심판결 이유를 기록에 비추어 살펴보면, 원심이 그 판시와 같은 사정을 들어 위 피고인의 심신장애에 관한 주장을 배척한 것은 정당하고, 거기에 상고이유의 주장과 같은 법리오해의 위법이 없다.

다. 나머지 상고이유의 주장은 결국 사실심인 원심의 전권에 속하는 증거의 취사선택과 사실의 인정을 비난하거나 사형, 무기 또는 10년 이상의 징역이나 금고보다 가벼운 형이 선고된 이 사건에서 원심의 형의 양정이 부당하다는 취지의 주장에 불과하므로, 모두 적법한 상고이유가 되지 못한다.

5. 파기의 범위

상고를 제기한 피고인들 중 피고인 1에 대한 원심판결에는 앞서 본 것처럼 업무방해죄가 되지 아니하는 부분을 유죄로 인정한 잘못이 있고 이는 원심이 유죄로 인정한 나머지 공소사실과 형법 제37조 전단의 경합범 관계에 있어 하나의 형이 선고되어야 하므로, 결국 위 피고인에 대한 원심판결은 전부 파기될 수밖에 없다.

6. 결론

그러므로 원심판결 중 피고인 1에 대한 부분을 파기하고 이 부분 사건을 다시 심리·판단하게 하기 위하여 원심법원에 환송하되, 나머지 피고인들의 상고는 이를 모두 기각하기로 하여 관여 대법관의 일치된 의견으로 주문과 같이 판결한다.

대법관 이상훈(재판장) 김지형 전수안(주심) 양창수

대법원 2011.10.13. 선고 2011도6287 판결

【의료법위반(예비적죄명:의료법위반교사)·약사법위반】

판시사항

[1] '약국 개설자가 아니면 의약품을 판매하거나 판매 목적으로 취득할 수 없다'고 규정한 구 약사법 제44조 제1항의 '판매'에 무상으로 의약품을 양도하는 '수여'를 포함시키는 해석이 죄형법정주의에 위배되는지 여부(소극)

[2] 갑 주식회사 임원인 피고인들이 회사 직원들 및 그 가족들에게 수여할 목적으로 다량의 의약품을 매수하여 취득하였다고 하여 구 약사법 위반죄로 기소된 사안에서, 위 행위가 같은 법 제44조 제1항 위반행위에 해당한다는 전제에서, 사회상규에 위배되지 아니하는 정당행위로서 위법성이 조각된다는 취지의 주장을 배척한 원심의 조치를 정당하다고 한 사례

[3] 의사가 직접 환자를 진찰하지 않고 처방전을 작성하여 교부한 행위와 대향범 관계에 있는 '처방전을 교부받은 행위'에 대하여 공범에 관한 형법총칙 규정을 적용할 수 있는지 여부(소극)

[4] 갑 주식회사 임원인 피고인들이 의사 을 등과 공모하거나 교사하여, 직원 병 등을 통하여 의사 을 등에게 직원 명단을 전달하면 을 등이 직원들을 직접 진찰하지 않고 처방전을 작성하는 방법으로 갑 회사 직원들에 대하여 처방전을 발급·교부하였다고 하여 주위적으로 구 의료법 위반, 예비적으로 같은 법 위반 교사로 기소된 사안에서, 처방전을 교부받은 직원 병 등을 의사 을 등의 처방전 교부행위에 대한 공동정범 또는 교사범으로 처벌할 수 없는 이상 병 등에게 가공한 피고인들 역시 처벌할 수 없다고 본 원심판단을 수긍한 사례

판결요지

[1] 구 약사법(2007. 10. 17. 법률 제8643호로 개정되기 전의 것, 이하 '구 약사법'이라 한다) 제2조 제1호가 약사법에서 사용되는 '약사'의 개념에 대해 정의하면서 '판매(수여를 포함한다. 이하 같다)'라고 규정함으로써 구 약사법 제44조 제1항을 포함하여 위 정의규정 이하 조항의 '판매'에는 '수여'가 포함됨을 명문으로 밝히고 있는 점, 구 약사법은 약사에 관한 일들이 원활하게 이루어질 수 있도록 필요한 사항을 규정하여 국민보건 향상에 기여하는 것을 목적으로 하고(제1조), 약사 또는 한약사가 아니면 약국을 개설할 수 없도록 하며(제20조 제1항), 의약품은 국민의 보건과 직결되는 것인 만큼 엄격한 의약품 관리를 통하여 의약품이 남용 내지 오용되는 것을 막고 의약품이 비정상적으로 유통되는 것을 막고자 구 약사법 제44조 제1항에서 약국 개설자가 아니면 의약품을 판매하거나 또는 판매 목적으로 취득할 수 없다고 규정한 것인데, 국내에 있는 불특정 또는 다수인에게 무상으로 의약품을 양도하는 수여의 경우를 처벌대상에서 제외한다면 약사법의 위와 같은 입법목적을 달성하기 어려울 것이고, 따라서 이를 처벌대상에서 제외하려는 것이 입법자의 의도였다고 보기는 어려운 점 등을 종합하면, 결국 국내에 있는 불특정 또는 다수인에게 무상으로 의약품을 양도하는 수여행위도 구 약사법 제44조 제1항의 '판매'에 포함된다고 보는 것이 체계적이고 논리적인 해석이라 할 것이고, 그와 같은 해석이 죄형법정주의에 위배된다고 볼 수 없다.

[2] 갑 주식회사 임원인 피고인들이 회사 직원들 및 그 가족들에게 수여할 목적으로 전문의약품인 타미플루 39,600정 등을 제약회사로부터 매수하여 취득하였다고 하여 구 약사법(2007. 10. 17. 법률 제8643호로 개정되기 전의 것) 위반죄로 기소된 사안에서, 불특정 또는 다수인에게 무상으로 의약품을 양도하는 수여행위도 '판매'에 포함되므로 위와 같은 행위가 같은 법 제44조 제1항 위반행위에 해당한다는 전제에서, 사회상규에 위배되지 아니하는 정당행위로서 위법성이 조각된다는 취지의 피고인들 주장을 배척한 원심의 조치를 정당하다고 한 사례.

③ 2인 이상의 서로 대향된 행위의 존재를 필요로 하는 대향범에 대하여는 공범에 관한 형법총칙 규정이 적용될 수 없는데, 구 의료법(2007. 7. 27. 법률 제8559호로 개정되기 전의 것) 제17조 제1항 본문은 의료업에 종사하고 직접 진찰한 의사가 아니면 처방전을 작성하여 환자 등에게 교부하지 못한다고 규정하면서 제89조에서는 위 조항 본문을 위반한 자를 처벌하고 있을 뿐, 위와 같이 작성된 처방전을 교부받은 상대방을 처벌하는 규정이 따로 없는 점에 비추어, 위와 같이 작성된 처방전을 교부받은 자에 대하여는 공범에 관한 형법총칙 규정이 적용될 수 없다고 보아야 한다.

④ 갑 주식회사 임원인 피고인들이 의사 을 등과 공모하거나 교사하여, 직원 병 등을 통하여 의사 을 등에게 직원 명단을 전달하면 을 등이 직원들을 직접 진찰하지 않고 처방전을 작성하는 방법으로 갑 회사 직원들에 대하여 의약품 처방전을 발급·교부하였다고 하여 주위적으로 구 의료법(2007. 7. 27. 법률 제8559호로 개정되기 전의 것, 이하 '구 의료법'이라 한다) 위반, 예비적으로 구 의료법 위반 교사로 기소된 사안에서, 을 등이 처방전을 작성하여 교부한 행위와 병 등이 처방전을 교부받은 행위는 대향범 관계에 있고, 구 의료법 제17조 제1항 본문 및 제89조에 비추어 위와 같이 처방전을 교부받은 자에 대하여는 공범에 관한 형법총칙 규정을 적용할 수 없다는 이유로, 직원 병 등을 의사 을 등의 처방전 교부행위에 대한 공동정범 또는 교사범으로 처벌할 수 없는 이상 병 등에게 가공한 피고인들 역시 처벌할 수 없다고 본 원심판단을 수긍한 사례.

전 문

피 고 인 피고인 1 외 1인

상 고 인 피고인들 및 검사

변 호 인 변호사

원심판결 서울중앙지법 2011. 5. 12. 선고 2010노3921 판결

주 문 상고를 모두 기각한다.

이 유 상고이유를 판단한다.

1. 피고인들의 상고이유에 대하여

형벌법규는 문언에 따라 엄격하게 해석·적용하여야 하고 피고인에게 불리한 방향으로 지나치게 확장해석하거나 유추해석하여서는 아니되나, 형벌법규의 해석에 있어서도 가능한 문언의 의미 내에서 당해 규정의 입법 취지와 목적 등을 고려한 법률체계적 연관성에 따라 그 문언의 논리적 의미를 분명히 밝히는 체계적·논리적 해석방법은 그 규정의 본질적 내용에 가장 접근한 해석을 위한 것으로서 죄형법정주의의 원칙에 부합한다(대법원 2003. 1. 10. 선고 2002도2363 판결, 대법원 2007. 6. 14. 선고 2007도2162 판결 등 참조).

구 약사법(2007. 10. 17. 법률 제8643호로 개정되기 전의 것, 이하 '구 약사법'이라 한다) 제44조 제1항은 약국 개설자가 아니면 의약품을 판매하거나 판매 목적으로 취득할 수 없다고 규정하고 있는바, 구 약사법 제2조 제1호가 약사법에서 사용되는 '약사'의 개념에 대해 정의하면서 '판매(수여를 포함한다. 이하 같다)'라고 규정함으로써 구 약사법 제44조 제1항을 포함하여 위 정의규정 이하의 조항에서의 '판매'에는 '수여'가 포함됨을 명문으로 밝히고 있는 점, 구 약사법은 약사(약사)에 관한 일들이 원활하게 이루어질 수 있도록 필요한 사항을 규정하여 국민보건 향상에 기여하는 것을 목적으로 하고(제1조), 약사 또는 한약사가 아니면 약국을 개설할 수 없도록 하며(제20조 제1항), 의약품은 국민의 보건과 직결되는 것인 만큼 엄격한 의약품 관리를 통하여 의약품이 남용 내지 오용되는 것을 막고 의약품이 비정상적으로 유통되는 것을 막고자 구 약사법 제44조 제1항에서 약국 개설자가 아니면 의약품을 판매 또는 판매 목적으로 취득할 수 없다고 규정한 것인데, 국내에 있는 불특정 또는 다수인에게 무상으로 의약품을 양도하는 수여의 경우를 처벌대상에서 제외한다면 약사법의 위와 같은 입법목적을 달성하기 어려울 것이고, 따라서 이를 처벌대상에서 제외하려고 한 것이 입법자의 의도였다고 보기는 어려운 점 등을 종합하면, 결국 국내에 있는 불특정 또는 다수인에게 무상으로 의약품을 양도하는 수여행위도 구 약사법 제44조 제1항의 '판매'에 포함된다고 보는 것이 체계적이고 논리적인 해석이라 할 것이고, 그와 같은 해석이 죄형법정주의에 위배된다고 볼 수는 없다.

또한 어떠한 행위가 사회상규에 위배되지 아니하는 정당한 행위로서 위법성이 조각되는 것인지는 구체적인 사정 아래서 합목적적, 합리적으로 고찰하여 개별적으로 판단되어야 하므로, 이와 같은 정당행위를 인정하려면,

첫째 그 행위의 동기나 목적의 정당성, 둘째 행위의 수단이나 방법의 상당성, 셋째 보호이익과 침해이익과의 법익균형성, 넷째 긴급성, 다섯째 그 행위 외에 다른 수단이나 방법이 없다는 보충성 등의 요건을 갖추어야 한다(대법원 2002. 12. 26. 선고 2002도5077 판결, 대법원 2007. 3. 29. 선고 2006도9307 판결 등 참조).

앞서 본 법리들과 기록에 비추어 살펴보면, 원심이 그 판시와 같은 이유로 피고인들이 공소외 1 주식회사의 직원들 및 그 가족들에게 수여할 목적으로 전문의약품인 타미플루 캅셀 75㎎ 39,600정, 피케이멜즈정 39,600정을 공소외 2 주식회사로부터 매수하여 취득한 행위는 구 약사법 제44조 제1항 위반행위에 해당한다고 전제한 다음, 피고인들의 위와 같은 행위가 사회상규에 위배되지 아니하는 정당행위로서 위법성이 조각된다는 취지의 피고인들의 주장을 배척한 조치는 정당하고, 거기에 구 약사법 제44조 제1항의 해석 및 정당행위에 관한 법리오해 등의 위법이 없다.

2. 검사의 상고이유에 대하여

2인 이상의 서로 대향된 행위의 존재를 필요로 하는 대향범에 대하여는 공범에 관한 형법총칙 규정이 적용될 수 없다(대법원 2007. 10. 25. 선고 2007도6712 판결 등 참조).

원심이 인정한 사실에 의하면, 의사인 공소외 3 등이 직접 환자를 진찰하지 않고 처방전을 작성하여 공소외 4 등에게 교부한 행위와 공소외 4 등이 위 공소외 3 등으로부터 처방전을 교부받은 행위는 대향범 관계에 있다고 할 것인데, 구 의료법(2007. 7. 27. 법률 제8559호로 개정되기 전의 것) 제17조 제1항 본문은 의료업에 종사하고 직접 진찰한 의사가 아니면 처방전을 작성하여 환자 등에게 교부하지 못한다고 규정하면서 제89조에서는 위 조항 본문을 위반한 자를 처벌하고 있을 뿐, 위와 같이 작성된 처방전을 교부받은 상대방을 처벌하는 규정이 따로 없는 점에 비추어, 위와 같이 작성된 처방전을 교부받은 자에 대하여는 공범에 관한 형법총칙 규정이 적용될 수 없다고 봄이 상당하다.

원심이 그 판시와 같이 공소외 4 등을 의사 공소외 3 등의 처방전 교부행위에 대한 공동정범 또는 교사범으로 처벌할 수 없는 이상 공소외 4 등에게 가공한 피고인들 역시 처벌할 수 없다고 본 것은 위와 같은 법리에 따른 것으로서 정당하고, 거기에 상고이유로 주장하는 바와 같은 구 의료법 제17조 위반죄에서 공범의 성립에 관한 법리오해의 위법이 없다.

3. 결론

그러므로 상고를 모두 기각하기로 하여 관여 대법관의 일치된 의견으로 주문과 같이 판결한다.

대법관 박시환(재판장) 차한성 신영철(주심) 박병대

대법원 2011.9.29. 선고 2011도8015 판결

【특수절도미수(인정된죄명:절도미수)·절도·건조물침입】

판시사항

[1] 피고인이 갑과 합동하여 야간에 절취 목적으로 공사 현장 컨테이너 박스 출입문 시정장치를 부수다가 체포되어 미수에 그쳤다는 내용으로 기소된 사안에서, 위 공소사실에는 형법 제342조, 제331조 제2항의 특수절도미수죄 외에 야간주거침입손괴에 의한 형법 제342조, 제331조 제1항의 특수절도미수죄도 포함되어 있는데 원심이 이에 관하여 아무런 판단을 하지 아니한 것은 위법하다고 한 사례

[2] 자백에 대한 보강증거의 정도

[3] 피고인이 갑과 합동하여 을의 재물을 절취하려다가 미수에 그쳤다는 내용의 공소사실을 자백한 사안에서, 피고인을 현행범으로 체포한 을의 수사기관에서의 진술과 현장사진이 첨부된 수사보고서가 피고인 자백의 진실성을 담보하기에 충분한 보강증거가 되는데도, 이와 달리 본 원심판결에 법리오해의 위법이 있다고 한 사례

전 문

피 고 인 피고인

상 고 인 검사

변 호 인 변호사

원심판결 수원지법 2011. 5. 26. 선고 2011노1748 판결

주 문 원심판결을 파기하고, 사건을 수원지방법원 본원 합의부에 환송한다.

이 유 상고이유를 본다.

이 사건 특수절도미수죄의 공소사실은, "피고인과 성을 알 수 없는 공소외 1은 2010. 11. 3. 1 : 00경 수원시 팔달구 고등동 (지번 생략) 주택 신축공사 현장에 있는 컨테이너 박스 앞에 이르러, 성을 알 수 없는 공소외 1은 망을 보고, 피고인은 컨테이너 박스 앞에 놓여 있던 노루발못뽑이(일명 빠루)를 이용하여 컨테이너 박스의 출입문의 시정장치를 부수고 안에 들어가 피해자 공소외 2 소유의 재물을 절취하려 하였으나 문 부수는 소리를 듣고 달려나온 피해자에게 발각되어 체포됨으로써, 피고인과 성을 알 수 없는 공소외 1은 합동하여 피해자의 재물을 절취하려다가 미수에 그쳤다."는 것이다.

원심은, 이 부분 공소사실에는 형법 제342조, 제331조 제2항의 특수절도미수죄만 포함되어 있음을 전제로, 피고인이 이 부분 공소사실을 자백하고 있으나, 이 사건 범행이 발각될 당시 피고인 외에 다른 사람은 전혀 보지 못하였다는 피해자의 수사기관에서의 진술이나 피고인의 자백을 일부 재현한 것에 불과한 수사보고서에 첨부된 현장사진은 피고인의 자백을 보강할 만한 증거가 될 수 없으므로, 형사소송법 제310조에 의하여 피고인의 자백은 유죄의 증거로 삼을 수 없다고 보아 이 부분 공소사실을 무죄로 판단하면서, 다만 이 부분 공소사실에는 절도미수죄의 공소사실이 포함되어 있다는 이유로 동일한 공소사실 범위 내에 있는 절도미수죄만을 유죄로 인정하였다.

그러나 원심의 위와 같은 판단은 다음과 같은 이유로 수긍하기 어렵다.

먼저 이 사건 특수절도미수죄의 공소사실에는 그 기재 내용에 비추어 형법 제342조, 제331조 제2항의 특수절도미수죄 외에 형법 제342조, 제331조 제1항의 특수절도미수죄도 포함되어 있다 할 것임에도 불구하고, 이 부분 공소사실에 형법 제342조, 제331조 제2항의 특수절도미수죄만 있는 것으로 보아 형법 제342조, 제331조 제1항의 특수절도미수의 점에 관하여 아무런 판단을 하지 아니한 원심판결에는 판결에 영향을 미친 위법이 있다.

다음으로 형법 제342조, 제331조 제2항의 특수절도미수죄에 관하여 본다.

자백에 대한 보강증거는 범죄사실의 전부 또는 중요 부분을 인정할 수 있는 정도가 되지 아니하더라도 피고인의 자백이 가공적인 것이 아닌 진실한 것임을 인정할 수 있는 정도만 되면 족한 것으로서, 자백과 서로 어울려서 전체로서 범죄사실을 인정할 수 있으면 유죄의 증거로 충분하다(대법원 2008. 5. 29. 선고 2008도2343 판결 등 참조).

그런데 제1심이 적법하게 조사하여 채택한 증거에 의하면, 피해자 공소외 2는 2010. 11. 3. 1:00경 집에서 잠을

자고 있던 중 집 앞에 있는 컨테이너 박스 쪽에서 쿵쿵하는 소리가 들려 그쪽에 가서 노루발못뽑이로 컨테이너 박스 출입문의 시정장치를 부수는 피고인을 현행범으로 체포하였다고 수사기관에서 진술한 사실, 수사보고서에 첨부된 현장사진에는 범행에 사용된 노루발못뽑이와 손괴된 쇠창살의 모습이 촬영되어 있는 사실, 피고인은 수사기관 이래 원심 법정에 이르기까지 성을 알 수 없는 공소외 1이 시켜 노루발못뽑이로 컨테이너 박스 출입문의 시정장치를 부수고 들어가 재물을 절취하려고 하였고, 성을 알 수 없는 공소외 1은 망을 보았다는 취지로 이 부분 공소사실을 인정하는 진술을 유지한 사실 등을 알 수 있다.

앞서 본 법리에 비추어 볼 때 피고인을 현행범으로 체포한 피해자 공소외 2의 수사기관에서의 진술과 앞서 본 현장사진이 첨부된 수사보고서는 피고인의 자백의 진실성을 담보하기에 충분한 보강증거가 된다고 할 것임에도 이와 달리 판단한 원심판결에는 자백의 보강증거에 관한 법리를 오해하여 판결에 영향을 미친 위법이 있다. 검사의 상고이유 주장은 이유 있다.

한편 상고심에서 선임된 피고인의 국선변호인은 양형부당 취지의 상고이유서를 제출하였으나 피고인은 상고제기기간 내에 원심법원에 상고장을 제출하지 않았으므로, 그 상고이유의 주장은 판단할 필요가 없다.

따라서 원심판결 중 특수절도미수죄 부분은 위법하여 파기되어야 하고, 원심에서 유죄로 인정한 절도미수죄도 그와 일죄의 관계에 있으므로 파기되어야 하며, 그 파기되는 부분은 피고인에 대한 원심판결의 나머지 유죄 부분과 형법 제37조 전단의 경합범 관계에 있으므로, 결국 원심판결은 전부가 파기되어야 한다.

그러므로 원심판결을 파기하고, 사건을 다시 심리·판단하게 하기 위하여 원심법원에 환송하기로 하여 관여 대법관의 일치된 의견으로 주문과 같이 판결한다.

대법관 전수안(재판장) 김지형 양창수 이상훈(주심)

대법원 2011.9.29. 선고 2011도6223 판결

【사문서위조·위조사문서행사】

판시사항

1 사망한 사람 명의의 사문서를 위조한 경우 문서명의인이 생존하고 있다는 점이 문서의 중요한 내용을 이루거나 그 점을 전제로 문서가 작성되었다면, 사망한 명의자의 승낙이 추정된다는 이유로 사문서위조죄의 성립을 부정할 수 있는지 여부(소극)

2 피고인이 자신의 부 갑에게서 갑 소유 부동산 매매에 관한 권한 일체를 위임받아 이를 매도하였는데, 그 후 갑이 갑자기 사망하자 소유권 이전에 사용할 목적으로 갑이 자신에게 인감증명서 발급을 위임한다는 취지의 인감증명 위임장을 작성하여 주민센터 담당직원에게 제출한 사안에서, 피고인에게 무죄를 인정한 원심판결에 사망한 사람 명의의 사문서위조죄에서 승낙 내지 추정적 승낙에 관한 법리오해의 위법이 있다고 한 사례

판결요지

1 문서위조죄는 문서의 진정에 대한 공공의 신용을 보호법익으로 하는 것이므로 행사할 목적으로 작성된 사문서가 일반인으로 하여금 당해 명의인의 권한 내에서 작성된 문서라고 믿게 할 수 있는 정도의 형식과 외관을 갖추고 있으면 사문서위조죄가 성립하고, 위와 같은 요건을 구비한 이상 명의인이 문서의 작성일자 전에 이미 사망하였더라도 그러한 문서 역시 공공의 신용을 해할 위험성이 있으므로 사문서위조죄가 성립한다. 위와 같이 사망한 사람 명의의 사문서에 대하여도 문서에 대한 공공의 신용을 보호할 필요가 있다는 점을 고려하면, 문서명의인이 이미 사망하였는데도 문서명의인이 생존하고 있다는 점이 문서의 중요한 내용을 이루거나 그 점을 전제로 문서가 작성되었다면 이미 문서에 관한 공공의 신용을 해할 위험이 발생하였다 할 것이므로, 그러한 내용의 문서에 관하여 사망한 명의자의 승낙이 추정된다는 이유로 사문서위조죄의 성립을 부정할 수는 없다.

2 피고인이 자신의 부 갑에게서 갑 소유 부동산의 매매에 관한 권한 일체를 위임받아 이를 매도하였는데, 그 후 갑이 갑자기 사망하자 부동산 소유권 이전에 사용할 목적으로 갑이 자신에게 인감증명서 발급을 위임한다는 취지의 인감증명 위임장을 작성한 후 주민센터 담당직원에게 이를 제출한 사안에서, 갑의 사망으로 포괄적인 명의사용의 근거가 되는 위임관계 내지 포괄적인 대리관계는 종료된 것으로 보아야 하므로 특별한 사정이 없는 한 피고인은 더 이상 위임받은 사무처리와 관련하여 갑의 명의를 사용하는 것이 허용된다고 볼 수 없고, 피고인이 사망한 갑의 명의를 모용한 인감증명 위임장을 작성하여 인감증명서를 발급받아야 할 급박한 사정이 있었다고 볼 만한 사정도 없으며, 인감증명 위임장은 본래 생존한 사람이 타인에게 인감증명서 발급을 위임한다는 취지의 문서라는 점을 고려하면, 이미 사망한 갑이 '병안 중'이라는 사유로 피고인에게 인감증명서 발급을 위임한다는 취지의 인감증명 위임장이 작성됨으로써 문서에 관한 공공의 신용을 해할 위험성이 발생하였다 할 것이고, 피고인이 명의자 갑이 승낙하였을 것이라고 기대하거나 예측한 것만으로는 사망한 갑의 승낙이 추정된다고 단정할 수 없는데도, 이와 달리 피고인에게 무죄를 인정한 원심판결에 사망한 사람 명의의 사문서위조죄에서 승낙 내지 추정적 승낙에 관한 법리오해의 위법이 있다고 한 사례.

전 문

피 고 인 피고인

상 고 인 검사

원심판결 인천지법 2011. 4. 28. 선고 2011노335 판결

주 문 원심판결을 파기하고, 사건을 인천지방법원 본원 합의부에 환송한다.

이 유 상고이유를 판단한다.

1. 사문서위조죄는 작성권한 없는 자가 타인 명의를 모용하여 사문서를 작성하는 것을 말하는 것이므로, 문서명의인이 문서작성자에게 사전에 문서작성이 포함된 사무를 처리할 권한을 포괄적으로 위임하였고, 문서작성자가 위임된 권한의 범위 내에서 그 사무처리를 위하여 문서를 작성한 것이라면, 비록 문서작성자가 개개의 문서작성에 관하여 문서명의인으로부터 승낙을 받지 않았다 하더라도 사문서위조죄는 성립하지 않는다 할 것이지만, 그와 같은 포괄적인 명의사용의 근거가 되는 위임관계 내지 대리관계가 종료된 경우에는 특단의 사정이 없는 한 더 이상 위임받은 사무의 처리와 관련하여 위임인의 명의를 사용하는 것이 허용된다고 볼 수 없다.

   또한 문서위조죄는 문서의 진정에 대한 공공의 신용을 그 보호법익으로 하는 것이므로 행사할 목적으로 작성된 사문서가 일반인으로 하여금 당해 명의인의 권한 내에서 작성된 문서라고 믿게 할 수 있는 정도의 형식과 외관을 갖추고 있으면 사문서위조죄가 성립하는 것이고, 위와 같은 요건을 구비한 이상 그 명의인이 문서의 작성일자 전에 이미 사망하였더라도 그러한 문서 역시 공공의 신용을 해할 위험성이 있으므로 사문서위조죄가 성립한다(대법원 2005. 2. 24. 선고 2002도18 전원합의체 판결 참조). 위와 같이 사망한 사람 명의의 사문서에 대하여도 그 문서에 대한 공공의 신용을 보호할 필요가 있다는 점을 고려하면, 문서명의인이 이미 사망하였는데도 문서명의인이 생존하고 있다는 점이 문서의 중요한 내용을 이루거나 그 점을 전제로 문서가 작성되었다면 이미 그 문서에 관한 공공의 신용을 해할 위험이 발생하였다 할 것이므로, 그러한 내용의 문서에 관하여 사망한 명의자의 승낙이 추정된다는 이유로 사문서위조죄의 성립을 부정할 수는 없다고 할 것이다.

2. 이 사건 공소사실의 요지는, '피고인은 2010. 2. 24. 15:00경 인천 남동구 만수동 소재 만수2동 주민센터 내에서 행사할 목적으로 망 공소외 1로부터 그의 인감증명서를 발급받을 수 있는 권한을 위임받은 것처럼 함부로 인감증명 위임장 또는 법정대리인 동의서의 위임자란에 "공소외 1", 주민등록번호란에 "(주민등록번호 생략)", 주소란에 "인천 남구 용현동 (이하 생략)"라고 기재하고, 공소외 1의 성명 옆에 "공소외 1"의 도장을 날인하여 공소외 1의 권리의무에 관한 사문서인 인감증명 위임장 또는 법정대리인 동의서 1매를 위조하고, 즉석에서 그 정을 모르는 위 만수2동 주민센터 성명불상 담당직원에게 마치 진정하게 성립한 인감증명 위임장 또는 법정대리인 동의서인 것처럼 제출하여 이를 행사하였다'는 것이다.

   이에 대하여 원심은 그 채용 증거를 종합하여 다음의 사실, 즉 피고인의 아버지인 공소외 1 소유의 인천 남구 용현동 (이하 생략) 대지 및 그 지상 건물(이하 '이 사건 부동산'이라 한다)에 관하여 임차인 공소외 2가 인천지방법원 2009가단71373호 임대차보증금반환 사건의 집행력있는 판결 정본에 기하여 강제경매를 신청하여 2009. 12. 9. 강제경매 개시결정이 내려진 사실, 공소외 1은 2010. 2. 4. 이 사건 부동산의 매매에 관한 권한 일체를 피고인에게 위임하여, 같은 날 이 사건 부동산을 공소외 3 외 1인에게 매매대금 1억 3,500만 원으로 정하여 매도하였는데, 이 사건 부동산에 관한 매매계약서에는 '대리인'란에 피고인의 이름이 기재되어 있고, 피고인 명의의 도장도 날인되어 있는 사실, 피고인은 공소외 3으로부터 매매대금 중 4,000만 원을 교부받아 2010. 2. 10.경 공소외 2에게 임대차보증금반환 채권액 3,470만 원을 입금하여 주었고, 그에 따라 공소외 2가 위 경매를 취하한 사실, 공소외 1이 2010. 2. 11.경 갑자기 사망하게 되자, 이 사건 부동산의 매매에 관한 권한 일체를 위임받은 피고인은 2010. 2. 24.경 매수인들에게 이 사건 부동산에 관한 소유권이전등기를 마쳐주는 데에 사용할 목적으로 공소외 1이 피고인에게 인감증명 발급을 위임한다는 취지의 인감증명 위임장을 작성한 후 인감증명서를 발급받아 이를 매수인들에게 교부한 사실, 위 인감증명 위임장에는 위임사유로 '병안 중임'이라고 기재되어 있는 사실을 인정한 다음, 피고인의 아버지인 공소외 1이 사망하기 전에 피고인에게 이 사건 부동산의 매매에 관한 일체의 권한을 위임하였고, 피고인은 이에 따라 이 사건 인감증명 위임장을 작성한 것이므로, 피고인에 대하여 사문서위조죄 및 위조사문서행사죄는 성립하지 아니하고, 설령 공소외 1의 사망으로 인하여 그 위임관계가 종료되어 피고인이 공소외 1의 명시적이거나 현실적인 승낙이 없이 이 사건 인감증명 위임장을 작성하였다고 하더라도, 피고인에게 이 사건 부동산의 매매에 관한 일체의 대리권을 수여하였던 공소외 1에게 묵시적이거나 추정적인 승낙이 있었다고 보아야 한다는 이유로 이 사건 공소사실을 무죄로 판단하였다.

3. 그러나 앞서 본 법리에 비추어 보면, 원심의 위와 같은 판단은 그대로 수긍하기 어렵다.

   원심이 인정한 사실관계에 의할지라도, 피고인이 이 사건 부동산의 매매에 관한 포괄적인 권한을 갖게 된 것은 공소외 1의 2010. 2. 4.자 위임 내지 대리권 수여에 기한 것이라 할 것인데, 공소외 1이 2010. 2. 11. 사망함으로써 포괄적인 명의사용의 근거가 되는 이 사건 부동산 매매에 관한 위임관계 내지 포괄적인 대리관계는 종료된 것으로 보아야 하므로 특별한 사정이 없는 한 피고인은 더 이상 위임받은 사무의 처리와 관련하여 공소외 1의 명의를 사용하는 것이 허용된다고 볼 수 없다. 또한 기록을 살펴보아도 피고인이 사망한 공소외 1의 명의를

모용한 인감증명 위임장을 작성하여 인감증명서를 발급받아야 할 급박한 사정이 있었다고 볼 만한 사정도 없다.

다음, 인감증명 위임장은 본래 생존한 사람이 타인에게 인감증명서 발급을 위임한다는 취지의 문서라는 점을 고려하면, 이미 사망한 공소외 1이 '병안 중'이라는 사유로 피고인에게 인감증명서 발급을 위임한다는 취지의 인감증명 위임장이 작성됨으로써 그 문서에 관한 공공의 신용을 해할 위험성이 발생하였다 할 것이고, 피고인이 명의자인 공소외 1이 승낙하였을 것이라고 기대하거나 예측한 것만으로는 그러한 내용의 문서에 관하여 사망한 공소외 1의 승낙이 추정된다고 단정할 수 없다.

그런데도 원심은 그 판시와 같은 이유로 이 사건 공소사실을 무죄로 판단하고 말았으니, 이러한 원심의 판단에는 사망한 사람 명의의 사문서위조죄에 있어서 승낙 내지 추정적 승낙에 관한 법리를 오해하여 판결에 영향을 미친 위법이 있다. 이 점을 지적하는 취지의 상고이유 주장은 이유 있다.

4. 그러므로 원심판결을 파기하고, 사건을 다시 심리·판단하게 하기 위하여 원심법원에 환송하기로 하여, 관여 대법관의 일치된 의견으로 주문과 같이 판결한다.

대법관 이인복(재판장) 김능환 안대희(주심) 민일영

대법원 2011.9.29. 선고 2011도4677 판결

【업무상횡령】

판시사항

[1] 단체의 대표자 개인이 자신이 소송당사자가 된 민·형사사건의 변호사 비용을 단체의 비용으로 지출한 경우, 횡령죄가 성립하는지 여부(원칙적 적극)

[2] 집합건물 입주자대표회의의 회장과 대표자인 피고인들이 자신들의 형사사건 변호사 선임비용을 입주자대표회의비로 지출하였다고 하여 업무상횡령죄로 기소된 사안에서, 피고인 갑에 대한 형사소송은 다른 입주자대표들의 자격, 기존의 입주자대표회의가 처리해 온 업무의 효력 등과 연관되어 있는 점에서 그와 관련한 변호사 비용을 지출한 것은 단체의 업무수행에 필요한 비용을 지급한 것이나, 피고인 을의 개인적인 형사사건을 위하여 단체의 비용으로 변호사 선임료를 지출한 것은 위법하다고 한 사례

전 문

피 고 인 피고인 1 외 2인

상 고 인 검사

변 호 인 변호사

원심판결 서울동부지법 2011. 4. 1. 선고 2010노1636 판결

주 문 원심판결을 파기하고, 사건을 서울동부지방법원 합의부에 환송한다.

이 유 상고이유를 판단한다.

원칙적으로 단체의 비용으로 지출할 수 있는 변호사 선임료는 단체 자체가 소송당사자가 된 경우에 한하므로 단체의 대표자 개인이 당사자가 된 민·형사사건의 변호사 비용은 단체의 비용으로 지출할 수 없고, 예외적으로 분쟁에 대한 실질적인 이해관계는 단체에게 있으나 법적인 이유로 그 대표자의 지위에 있는 개인이 소송 기타 법적 절차의 당사자가 되었다거나 대표자로서 단체를 위해 적법하게 행한 직무행위 또는 대표자의 지위에 있음으로 말미암아 의무적으로 행한 행위 등과 관련하여 분쟁이 발생한 경우와 같이, 당해 법적 분쟁이 단체와 업무적인 관련이 깊고 당시의 제반 사정에 비추어 단체의 이익을 위하여 소송을 수행하거나 고소에 대응하여야 할 특별한 필요성이 있는 경우에 한하여 단체의 비용으로 변호사 선임료를 지출할 수 있다(대법원 2006. 10. 26. 선고 2004도6280 판결, 대법원 2009. 9. 24. 선고 2009도3982 판결 등 참조).

원심판결 이유에 의하면, 원심은 이 사건 공소사실 중 피고인 3의 변호사 선임비용과 관련된 부분에 대하여 그 채용 증거들을 종합하여 판시와 같은 사실을 인정한 다음, 피고인 3에 대한 형사소송은 비록 공소사실이 입주자대표회의의 업무를 방해하였다는 것이기는 하지만, 위 피고인 개인의 위법행위가 문제되었다기보다는 근본적으로 입주자대표 자격의 존부, 적법한 대표선출을 위한 의사정족수 등이 문제된 사안으로서, 해당 소송에서 유죄가 인정될 경우 다른 대표들의 자격과 기존에 입주자대표회의가 처리해 온 업무의 효력 등이 연쇄적으로 문제될 수 있다는 점에서 이와 관련하여 소송비용을 지출하는 것은 단체의 업무수행에 필요한 비용을 지급한 것이라고 봄이 상당하다고 판단하였다. 관련 증거들을 앞서 본 법리에 비추어 살펴보면, 원심의 이와 같은 판단은 정당한 것으로 수긍이 가고, 거기에 상고이유에서 주장하는 바와 같이 횡령죄의 성립에 관한 법리를 오해하거나 논리와 경험의 법칙에 위반하여 자유심증주의의 한계를 벗어난 위법이 있다고 할 수 없다.

한편 원심은 이 사건 공소사실 중 피고인 2의 변호사 선임비용과 관련된 부분에 대하여도, 그 판시와 같은 사정 즉, ① 피고인 2에 대한 형사소송은 객관적으로 보아 입주자대표회의나 관리단 자체의 이익과 무관한 개인적 문제라 할 것이지만, 2010. 2. 23. 입주자총회에서는 고소인 공소외 1이 입주자대표 등을 상대로 다수의 고소를 제기함으로써 입주자대표들의 정상적 업무수행이 곤란해지고 있을 뿐만 아니라 이러한 고소가 입주자들의 총의에 반하는 것임을 표명할 필요가 있는 점 등을 고려하여 수사 및 재판 관련 변호사 선임비용을 포괄적으로 단체비용에서 충당하기로 결의하였다고 보이고, 피고인들은 입주자대표회의에서 이러한 총회결의를 구체적으로 집행한 것에 불과한 점, ② 2010. 2. 23.자 총회결의는 입주자 과반수의 참석과 참석자 2/3 이상의 찬성(규약의 제정 또는 개정에

필요한 의결정족수이다)으로 이루어졌는바, 이는 결국 입주자대표회의비의 사용 용도와 관련해 규약변경이 이루어진 것과 동일한 실질을 갖는 점 등을 종합하여 보면, 피고인들에게 타인의 재산을 불법하게 영득하려는 의사가 있었다고 볼 수 없고 달리 이를 인정할 증거가 없다고 판단하였다.

그러나 원심의 이와 같은 판단은 앞서 본 법리와 아래와 같은 사정에 비추어 볼 때 이를 그대로 수긍하기 어렵다.

먼저 제1심이 적법하게 채택한 증거들에 의하면, 피고인 1은 서울 송파구 송파동 (지번 생략)에 있는 ○○○○○○○(이하 '이 사건 건물'이라 한다) 입주자대표회의의 회장이고, 피고인 2, 3은 위 입주자대표회의의 대표자들인 사실, 이 사건 건물의 관리규약에 따라 입주자대표회의는 입주자들로부터 세대당 매월 3,000원 내지 5,000원씩의 입주자대표회의비를 징수한 사실, 피고인들은 2010. 3. 17. 입주자대표회의의 결의를 통해 피고인 2의 명예훼손 사건 및 피고인 3의 업무방해 사건의 변호사 선임비용을 지출하기로 결의한 후 같은 달 30일 입주자대표회의비 중 250만 원을 변호사 공소외 2의 신한은행계좌로 송금한 사실, 피고인 2가 기소된 명예훼손 사건의 공소사실은 '위 피고인이 2006. 8. 9.경 입주자총회에 참석한 입주자 40~50명이 있는 가운데 공연히 허위의 사실을 적시하여 피해자 이미자의 명예를 훼손하였다'는 것인 사실을 알 수 있다.

그런데 피고인 2의 형사사건은 원심도 인정하고 있는 바와 같이 개인적인 위법행위가 문제된 것일 뿐 입주자대표회의의 이익과는 무관한 것임이 분명하므로, 피고인 2의 변호사 선임비용을 입주자대표회의비로 지출한 것을 들어 단체의 이익을 위하여 소송을 수행하거나 고소에 대응하여야 할 특별한 필요성이 있는 경우에 해당한다고 볼 수는 없다고 할 것이다. 또한 피고인들이 피고인 2의 개인적인 형사사건을 위하여 단체의 비용으로 변호사 선임료를 지출하는 것이 위법한 이상 그에 대하여 입주자총회의 결의 등이 있었다고 하더라도 그러한 결의는 의결권의 내재적 한계를 벗어나는 것으로서 횡령죄의 성립에 영향을 미치지 않는다고 보아야 하며, 2010. 2. 23.자 입주자총회 결의가 규약변경에 필요한 의사정족수 및 의결정족수를 충족하였다는 사정만을 들어 위 입주자총회 결의가 규약변경의 실질을 갖는다고 볼 수도 없다고 할 것이다.

그럼에도 불구하고 원심은 그 판시와 같은 이유를 들어 이 부분 공소사실에 대하여 유죄로 인정한 제1심판결을 파기하고 무죄로 판단하였으니, 이러한 원심판결에는 횡령죄의 성립에 관한 법리를 오해함으로써 판결에 영향을 미친 위법이 있다고 할 것이다.

그렇다면 원심판결 중 피고인 2의 변호사 선임비용과 관련된 부분에 대한 검사의 상고는 이유 있다고 할 것인바, 위 부분과 원심판결 중 나머지 부분은 일죄의 관계에 있어 전부를 파기할 수밖에 없으므로, 원심판결 전부를 파기하고 사건을 다시 심리·판단하게 하기 위하여 원심법원에 환송하기로 하여, 관여 대법관의 일치된 의견으로 주문과 같이 판결한다.

대법관 이인복(재판장) 김능환 안대희(주심) 민일영

대법원 2011.9.29. 선고 2010도14587 판결

【사문서변조·변조사문서행사】

판시사항

1 사문서변조죄의 성립 요건
2 문서명의인의 승낙이 있거나 승낙이 추정되는 경우 사문서 위·변조죄 성립 여부(소극) 및 명의인의 승낙에 대한 막연한 기대나 예측만으로 승낙이 추정된다고 단정할 수 있는지 여부(소극)
3 피고인이 행사할 목적으로 권한 없이 갑 은행 발행의 피고인 명의 예금통장 기장내용 중 특정 일자 입금자 명의를 가리고 복사하여 통장 1매를 변조한 후 그 통장사본을 법원에 증거로 제출하여 행사하였다는 내용으로 기소된 사안에서, 피고인에게 무죄를 인정한 원심판결에 사문서변조 및 동행사죄에 관한 법리오해의 위법이 있다고 한 사례

판결요지

1 사문서변조죄는 권한 없는 자가 이미 진정하게 성립된 타인 명의의 문서내용에 대하여 동일성을 해하지 않을 정도로 변경을 가하여 새로운 증명력을 작출케 함으로써 공공적 신용을 해할 위험성이 있을 때 성립한다.
2 사문서의 위·변조죄는 작성권한 없는 자가 타인 명의를 모용하여 문서를 작성하는 것을 말하므로 사문서를 작성·수정할 때 명의자의 명시적이거나 묵시적인 승낙이 있었다면 사문서의 위·변조죄에 해당하지 않고, 한편 행위 당시 명의자의 현실적인 승낙은 없었지만 행위 당시의 모든 객관적 사정을 종합하여 명의자가 행위 당시 그 사실을 알았다면 당연히 승낙했을 것이라고 추정되는 경우 역시 사문서의 위·변조죄가 성립하지 않는다고 할 것이나, 명의자의 명시적인 승낙이나 동의가 없다는 것을 알고 있으면서도 명의자가 문서작성 사실을 알았다면 승낙하였을 것이라고 기대하거나 예측한 것만으로는 그 승낙이 추정된다고 단정할 수 없다.
3 피고인이 행사할 목적으로 권한 없이 갑 은행 발행의 피고인 명의 예금통장 기장내용 중 특정 일자에 을 주식회사로부터 지급받은 월급여의 입금자 부분을 화이트테이프로 지우고 복사하여 통장 1매를 변조한 후 그 통장사본을 법원에 증거로 제출하여 행사하였다는 내용으로 기소된 사안에서, 관련 민사소송에서 피고인이 언제부터 을 회사에서 급여를 받았는지가 중요한 사항이었는데 2006. 4. 25.자 입금자 명의를 가리고 복사하여 이를 증거로 제출함으로써 2006. 5. 25.부터 을 회사에서 급여를 수령하였다는 새로운 증명력이 작출되었으므로 공공적 신용을 해할 위험성이 있었다고 볼 수 있고, 제반 사정을 종합할 때 통장 명의자인 갑 은행장이 행위 당시 그러한 사실을 알았다면 이를 당연히 승낙했을 것으로 추정된다고 볼 수 없으며, 피고인이 쟁점이 되는 부분을 가리고 복사함으로써 문서내용에 변경을 가하고 증거자료로 제출한 이상 사문서변조 및 동행사의 고의가 없었다고 할 수 없는데도, 이와 달리 보아 피고인에게 무죄를 인정한 원심판결에 사문서변조 및 동행사죄에 관한 법리오해의 위법이 있다고 한 사례.

전 문

피 고 인 피고인

상 고 인 검사

원심판결 의정부지법 2010. 10. 15. 선고 2010노1321 판결

주 문 원심판결을 파기하고, 사건을 의정부지방법원에 환송한다.

이 유 상고이유를 판단한다.

1. 사문서변조죄는 권한 없는 자가 이미 진정하게 성립된 타인 명의의 문서내용에 대하여 동일성을 해하지 않을 정도로 변경을 가하여 새로운 증명력을 작출케 함으로써 공공적 신용을 해할 위험성이 있을 때 성립한다. 또한 사문서의 위·변조죄는 작성권한 없는 자가 타인 명의를 모용하여 문서를 작성하는 것을 말하는 것이므로 사문서를 작성·수정함에 있어 그 명의자의 명시적이거나 묵시적인 승낙이 있었다면 사문서의 위·변조죄에 해당하지 않고, 한편 행위 당시 명의자의 현실적인 승낙은 없었지만 행위 당시의 모든 객관적 사정을 종합하여 명의자가 행위 당시 그 사실을 알았다면 당연히 승낙했을 것이라고 추정되는 경우 역시 사문서의 위·변조죄가 성립하지 않는다고 할 것이나(대법원 1993. 3. 9. 선고 92도3101 판결, 대법원 2003. 5. 30. 선고 2002도235 판결 등 참조), 명의자의 명시적인 승낙이나 동의가 없다는 것을 알고 있으면서도 명의자가 문서작성 사실을 알았다면 승낙하였을 것이라고 기대하거나 예측한 것만으로는 그 승낙이 추정된다고 단정할 수 없다(대법원 2008. 4. 10. 선고 2007도9987 판결 참조).
2. 원심판결 이유에 의하면, 원심은 피고인이 신한은행 명의 통장의 기장내역 "2006. 4. 26. 공소외 1 주식회사, 2,694,180원" 중 "공소외 1 주식회사" 부분을 화이트테이프로 지우고 복사하여 "2006. 4. 26., 2,694,180원"이라는 외관을 창출한 사실은 인정되나, ① 피고인의 위와 같은 행위는 단순히 입금자가 누군지 알 수 없는 상태를 초래한 것일 뿐인 점, ② 계속하여 기장된 다른 거래의 기장내역과 비교하여 보면 위 공란 부분은 입금자의 명의가 기재되는 부분임을 누구라도 쉽게 알 수 있는 점, ③ 피고인이 외관을 변경한 통장사본을 제출할 당시 스스로 2006. 4. 1.부터 공소외 1 주식회사에 근무하고 있음을 인정하고 있었던 점, ④ 고소인 공소외 2 주식회사(이하 '고소인 회사'라고 한다)도 법원의 제출명령을 통하여 이를 확인한 점, ⑤ 피고인이 가린 부분이 통장의 잔액 부분과 달리 공동명의인인 신한은행장에게 중요한 의미가 있는 사항은 아니었던 점 등에 비추어 피고인의 위와 같은 행위로 "공공적 신용을 해할 정도의 새로운 증명력"이 작출되었다고는 볼 수 없고, 이 사건 통장사본의 공동명의자인 신한은행장의 승낙이 추정되며, 피고인에게 범의를 인정하기도 어렵다는 이유로, "2006. 5. 26. 고소인 회사가 피고인을 상대로 손해배상청구소송을 제기하고, 피고인은 고소인 회사를 상대로 해고무효확인 등 소송을 반소로 제기하여 소송계속 중, 피고인은 2007. 12. 중순 일자불상경 공소외 1 주식회사에서 4월분 급여를 받은 사실이 있음에도 이를 숨기기 위하여 행사할 목적으로 권한 없이 성명불상 경리직원으로 하여금 신한은행장 발행의 피고인 명의 통장 기장내용 중 입금자인 공소외 1 주식회사 부분을 화이트테이프로 지우고 복사하게 하여 신한은행장 명의의 권리의무에 관한 사문서인 통장 1매를 변조하고, 위와 같인 변조된 통장사본을 그 정을 모르는 담당변호사에게 제출하여 그로 하여금 재판부에 증거로 제출하도록 하여 이를 행사하였다."는 이 사건 공소사실에 대해 무죄를 선고한 제1심판결을 유지하였다.
3. 그러나 위와 같은 원심의 판단은 앞서 본 법리에 비추어 다음과 같은 이유로 수긍하기 어렵다.

원심 및 제1심이 적법하게 채택한 증거들에 의하면, 피고인은 2006. 4. 1.부터는 다른 직장에 출근하고 있다고 하면서 고소인 회사를 그만둔 다음날인 2006. 1. 26.부터 2006. 3. 31.까지는 고소인 회사에서 종전에 지급받던 급여인 3,800,000원의 비율에 의한 금원 및 2006. 4. 1.부터는 3,800,000원의 100분의 70에 해당하는 금원을 반소로 청구한 사실, 고소인 회사는 이 사건 형사고소 당시부터 일관하여 피고인이 2006. 1. 25. 고소인 회사를 그만두고 2006. 2. 중순경부터 다른 결혼정보회사인 공소외 1 주식회사에 근무하기 시작하였는데 피고인이 공소외 1 주식회사에 근무할 것을 염두에 두고 고소인 회사를 그만둔 것이기 때문에 부당해고가 아니고, 또한 결혼정보회사의 급여는 근무하기 시작한 다음달 말경에 지급하는 것이 관행이므로 피고인이 2006. 4. 25. 공소외 1 주식회사에서 급여를 수령한 경우 2006. 3.경부터 공소외 1 주식회사에서 근무를 시작한 것으로 보아야 한다고 주장한 사실, 한편 관련 민사소송에서 피고인은 2006. 4. 25. 공소외 1 주식회사에서 받은 급여는 제외한 채 2006. 5. 25.부터 수령한 급여내역을 표로 정리하여 이것을 을 제7호증(기록 132면)으로 제출함으로써 2006. 5. 25.경 첫월급을 받았다는 인상을 풍기면서 2006. 4. 25.자 입금자 부분을 가리고 복사한 이 사건 통장사본을 을 제8호증으로 제출한 사실, 관련 민사소송에서 고소인 회사의 요구에 따라 피고인이 추가로 제출한 2006. 1.경부터 같은 해 3월경까지 신한은행 통장의 거래내역에서 피고인이 공소외 1 주식회사로부터 2006. 3. 22.경 1,256,500원, 같은 달 24일경 42,900원을 입금받은 사실이 밝혀지자, 피고인은 급여로 받은 것이 아니라 연체된 카드대금 변제 명목으로 일종의 스카우트비용을 받은 것이고, 또한 공소외 1 주식회사에서는 당월 지급 방식으로 급여를 지급받는다고 주장하였음을 알 수 있다.

이를 앞서 본 법리에 비추어 보면, 관련 민사소송에서 피고인이 언제부터 공소외 1 주식회사에서 급여를 받았는지가 중요한 사항이었는데, 피고인이 2006. 4. 25.자 입금자 명의를 가리고 복사하여 이를 증거로 제출함으로써 피고인이 2006. 5. 25.부터 공소외 1 주식회사에서 급여를 수령하였다는 새로운 증명력이 작출되어 공공적 신용을 해할 위험성이 있었다고 볼 수 있고, 한편 위에서 본 모든 객관적 사정을 종합하면 이 사건 통장의 명의자인 신한은행장이 행위 당시 그 사실을 알았다면 당연히 이를 승낙했을 것으로 추정된다고 볼 수 없으며,

피고인이 위와 같이 관련 민사소송에서 쟁점이 되는 부분을 가리고 복사함으로써 문서내용에 변경을 가하고 이를 민사소송의 증거자료로 제출한 이상 피고인에게 사문서변조 및 변조사문서행사의 고의가 없었다고 할 수도 없다.

그럼에도 불구하고 원심은 그 판시와 같은 이유로 피고인의 위와 같은 행위로 인하여 공공적 신용을 해할 정도의 새로운 증명력이 작출되었다고 볼 수 없고 공동명의자인 신한은행장의 승낙이 추정되며 피고인에게 사문서변조의 범의를 인정하기 어렵다고 판단하고 말았으니, 원심판결에는 사문서변조 및 변조사문서행사죄에 관한 법리를 오해하여 판결에 영향을 미친 위법이 있다. 이 점을 지적하는 상고이유의 주장은 이유 있다.

4. 그러므로 원심판결을 파기하고, 사건을 원심법원에 환송하기로 하여 관여 대법관의 일치된 의견으로 주문과 같이 판결한다.

대법관 민일영(재판장) 김능환(주심) 안대희 이인복

대법원 2011.9.8. 선고 2011도7262 판결

【특정경제범죄가중처벌등에관한법률위반(횡령)·특정경제범죄가중처벌등에관한법률위반(배임)·유가증권위조·위조유가증권행사·사문서위조·위조사문서행사·공정증서원본불실기재·불실기재공정증서원본행사·사기미수·신용훼손·무고·범인은닉·사기·성폭력범죄의처벌및피해자보호등에관한법률위반(카메라등이용촬영)·상해·협박】

판시사항

1 주식회사의 설립업무 또는 증자업무를 담당한 자와 주식인수인이 사전 공모하여 제3자로부터 차용한 돈으로 주금을 납입하고 설립등기절차 또는 증자등기절차 후 바로 인출하여 변제한 경우 업무상횡령죄 성립 여부(소극) 및 주금 납입으로 회사 자본이 실질적으로 증가한 것으로 볼 수 있는지 판단하는 기준

2 갑 주식회사의 사실상 경영자인 피고인이, 을에게서 돈을 차용하여 가장납입의 방법으로 갑 회사의 유상증자에 참여한 후 을이 납입한 주금 해당액을 바로 인출하여 자기앞수표로 반환하였는데, 이후 회계감사에 대비하여 위 수표를 을에게서 잠시 돌려받아 갑 회사 계좌에 입금한 뒤 다시 해당 금액을 인출하여 변제한 사안에서, 피고인에게 갑 회사의 돈을 임의로 유용한다는 불법영득의사가 존재한다고 볼 수 없는데도 이와 달리 판단한 원심판결에 법리오해의 위법이 있다고 한 사례

3 이른바 '소송사기'를 사기죄로 인정하기 위한 요건 및 허위의 내용으로 소송을 제기한 경우 허위의 증거를 이용하지 않더라도 법원을 기망하는 수단이 될 수 있는지 여부

4 갑 주식회사의 경영자인 피고인이, 갑 회사와 을 주식회사 사이에 허위로 작성된 물품공급계약서에 따른 공급을 완료하였음을 전제로 을 회사를 상대로 물품대금 청구소송을 제기하면서 증거자료로 위 물품공급계약서를 제출하였다가 그 후 소송을 취하한 사안에서, 피고인의 행위가 사기미수죄에 해당한다고 본 원심판단을 수긍한 사례

판결요지

1 주식회사의 설립업무 또는 증자업무를 담당한 자와 주식인수인이 사전 공모하여 주금납입취급은행 이외의 제3자로부터 납입금에 해당하는 금액을 차입하여 주금을 납입하고 납입취급은행으로부터 납입금보관증명서를 교부받아 회사의 설립등기절차 또는 증자등기절차를 마친 직후 이를 인출하여 위 차용금채무의 변제에 사용하는 경우, 위와 같은 행위는 실질적으로 회사의 자본을 증가시키는 것이 아니고 등기를 위하여 납입을 가장하는 편법에 불과하여 주금의 납입 및 인출의 전 과정에서 회사의 자본금에는 실제 아무런 변동이 없다고 보아야 한다. 따라서 그들에게 회사의 돈을 임의로 유용한다는 불법영득의 의사가 있다고 보기 어렵고, 회사 자본이 실질적으로 증가됨을 전제로 한 업무상횡령죄가 성립한다고 할 수 없다. 그리고 납입된 주금이 회사에 일단 귀속되어 회사 자본이 실질적으로 증가한 것으로 볼 수 있는지 여부는 그 주금의 납입 경위, 납입된 주금의 보관 및 인출 형태와 경위 등 제반 사정을 종합하여 판단하여야 한다.

2 갑 주식회사의 사실상 경영자인 피고인이, 을에게서 돈을 차용하여 가장납입의 방법으로 갑 회사의 유상증자에 참여한 후 을이 납입한 주금 해당액을 바로 인출하여 자기앞수표로 반환하였는데, 이후 회계감사에 대비하여 위 수표를 을에게서 잠시 돌려받아 갑 회사 계좌에 입금한 뒤 다시 해당 금액을 인출하여 변제한 사안에서, 피고인이 주금 가장납입의 방법에 의한 납입금에 해당하는 금액을 자기앞수표로 인출한 것이 갑 회사에 실질적으로 귀속되는 회사 자금의 횡령행위라고 볼 수 없음은 원심이 인정한 바와 같으나, 나아가 회계감사에 대비하여 수표를 갑 회사에 일시 반환하도록 하였다가 다시 인출하여 돌려준 사정만으로는 위 돈이 갑 회사에 실질적으로 귀속된 것으로 볼 수

없고, 오히려 위 인출 및 반환과 재인출 경위에 비추어 이는 즉시 반환이 예정된 일시 차용에 불과하여 그 실질은 위 가장납입금의 당초 약정에 따른 종국적 인출행위라고 보는 것이 타당하므로, 이러한 행위를 들어 피고인에게 갑 회사의 돈을 임의로 유용한다는 불법영득의사가 존재한다고 볼 수 없는데도, 이와 달리 판단한 원심판결에 법리오해의 위법이 있다고 한 사례.

[3] 소송사기는 법원을 기망하여 제3자의 재물을 편취할 것을 기도하는 것을 내용으로 하는 것으로서, 사기죄로 인정하기 위하여는 제소 당시 그 주장과 같은 권리가 존재하지 않는다는 것만으로는 부족하고, 그 주장의 권리가 존재하지 않는 사실을 잘 알고 있으면서도 허위의 주장과 입증으로 법원을 기망한다는 인식을 요한다. 그러나 허위의 내용으로 소송을 제기하여 법원을 기망한다는 고의가 있는 경우에 법원을 기망하는 것은 반드시 허위의 증거를 이용하지 않더라도 당사자의 주장이 법원을 기망하기에 충분한 것이라면 기망수단이 된다.

[4] 갑 주식회사와 을 주식회사 사이에 작성된 물품공급계약서는 피고인 등이 을 회사가 발행한 어음을 할인하는 과정에서 허위로 작성한 것이고, 실제로 갑 회사가 을 회사에 물품을 공급한 사실이 없는데도, 갑 회사 경영자인 피고인이 물품공급계약에 따른 공급을 완료하였음을 전제로 을 회사를 상대로 물품대금 청구소송을 제기하면서 증거자료로 위 물품공급계약서를 제출하였다가 그 후 소송을 취하한 사안에서, 피고인의 행위가 사기미수죄에 해당한다고 본 원심판단을 수긍한 사례.

전 문

피 고 인 피고인 1 외 4인

상 고 인 피고인들

변 호 인 법무법인

원심판결 서울고법 2011. 5. 20. 선고 2010노3411 판결

주 문 원심판결 중 피고인 1, 2에 대한 부분과 피고인 4에 대한 부분 중 발행일자 2007. 9. 12.인 액면금 30억 원 약속어음 발행 관련 유가증권위조, 위조유가증권행사, 사문서위조, 위조사문서행사, 공정증서원본부실기재 및 부실기재공정증서원본행사의 점에 관한 무죄 부분을 제외한 나머지 부분을 모두 파기하고, 이 부분 사건을 서울고등법원에 환송한다. 피고인 3, 5의 상고를 모두 기각한다.

이 유 각 상고이유를 판단한다.

1. '특정경제범죄 가중처벌 등에 관한 법률' 위반(횡령)의 점에 대하여

가. 2007. 7. 30.자 3억 원 및 2007. 8. 3.자 9억 원 횡령의 점에 대하여

(1) 주식회사의 설립업무 또는 증자업무를 담당한 자와 주식인수인이 사전 공모하여 주금납입취급은행 이외의 제3자로부터 납입금에 해당하는 금액을 차입하여 주금을 납입하고 납입취급은행으로부터 납입금보관증명서를 교부받아 회사의 설립등기절차 또는 증자등기절차를 마친 직후 이를 인출하여 위 차용금채무의 변제에 사용하는 경우, 위와 같은 행위는 실질적으로 회사의 자본을 증가시키는 것이 아니고 등기를 위하여 납입을 가장하는 편법에 불과하여 주금의 납입 및 인출의 전 과정에서 회사의 자본금에는 실제 아무런 변동이 없다고 보아야 한다. 따라서 그들에게 회사의 돈을 임의로 유용한다는 불법영득의 의사가 있다고 보기 어렵고, 회사 자본이 실질적으로 증가됨을 전제로 한 업무상횡령죄가 성립한다고 할 수 없다(대법원 2004. 6. 17. 선고 2003도7645 전원합의체 판결, 대법원 2006. 9. 22. 선고 2004도3314 판결 등 참조). 그리고 납입된 주금이 회사에 일단 귀속되어 회사 자본이 실질적으로 증가한 것으로 볼 수 있는지 여부는 그 주금의 납입 경위, 납입된 주금의 보관 및 인출 형태와 경위 등 제반 사정을 종합하여 판단하여야 할 것이다.

(2) 원심이 그 채택증거를 종합하여 인정한 이 부분 사실관계는 다음과 같다.

피고인 1은 2007. 7. 9.경 공소외 1과, 공소외 1은 공소외 2 주식회사가 실시하는 70억 원 규모의 유상증자에 참여하여 50억 원을 납입하되, 피고인 1은 위 50억 원 중 20억 원을 납입 직후 돌려주고 위 50억 원에 대한 이자를 지급하며, 나머지 30억 원은 배정받은 주식을 처분하여 정산하기로 약정하였다. 공소외 1은 위 약정에 따라 2007. 7. 10. 지인들 명의로 유상증자에 참여하여 50억 원을 납입하였고, 피고인 1은 2007. 7. 12.경 유상증자대금이 납입된 공소외 2 주식회사의 계좌에서 24억 5,000만 원을 인출하여 공소외 1에게 지급하였다. 이후 공소외 1은 회계감사 문제로 위 24억 5,000만 원 중 자기앞수표로 지급된 20억 원을 잠시

반환해 달라는 요청을 받고 2007. 7. 30.경 위 20억 원의 자기앞수표를 공소외 2 주식회사에 반환하였고, 피고인 1은 공소외 2 주식회사의 계좌에서 다시 20억 원을 인출하여 2007. 7. 31.경 10억 원, 2007. 8. 3.경 10억 원을 각 상환하였다는 것이다.

위 인정사실을 기초로 하여 원심은, 피고인 1이 2007. 7. 12.경 인출하여 20억 원의 자기앞수표를 교부한 행위는 가장납입금의 반환에 불과하여 업무상횡령죄에 해당하지 않으나, 위 자기앞수표를 반환받아 공소외 2 주식회사의 계좌에 입금한 후 이를 다시 인출하여 그 중 일부를 이 부분 공소사실과 같이 공소외 1에 대한 채무 변제에 사용한 행위는 공소외 2 주식회사의 자금을 임의로 유용하는 것으로서 업무상횡령죄에 해당한다고 보았다.

(3) 그러나 앞서 본 법리와 원심의 인정사실에 의하면, 피고인 1이 위 유상증자와 관련하여 공소외 1로부터 차용하여 납입한 50억 원 중 20억 원은 주금 가장납입의 방법에 의한 납입금으로서 회사 자본금의 실체를 형성한 바가 없어 그 반환 약정에 따라 이루어진 위 가장납입금에 해당하는 20억 원의 자기앞수표 인출은 공소외 2 주식회사에게 실질적으로 귀속되는 회사 자금의 횡령행위라고 볼 수 없음은 원심도 인정한 바와 같다.

나아가 위와 같이 인출한 20억 원의 자기앞수표를 그 판시와 같이 회계감사에 대비하여 공소외 2 주식회사에게 일시 반환하도록 하였다가 이를 다시 인출하여 돌려준 사실이 있다 하더라도 그러한 사정만으로 위 금원이 공소외 2 주식회사에게 실질적으로 귀속된 것으로 볼 수는 없고, 오히려 위 인출 및 반환과 재인출 경위에 비추어 이는 즉시 반환이 예정된 일시 차용에 불과하여 그 실질은 위 가장납입금의 당초 약정에 따른 종국적 인출행위라고 봄이 상당하다 할 것이다. 따라서 이러한 행위를 들어 피고인 1이나 위 인출 과정에 관여한 피고인 2에게 공소외 2 주식회사의 돈을 임의로 유용한다는 불법영득의 의사가 존재한다고 볼 수 없을 것이다.

그럼에도 이와 달리 이 부분 공소사실에 대하여 유죄로 판단한 원심판결에는 주금가장납입행위에 있어서 불법영득의사에 관한 법리를 오해하여 판결에 영향을 미친 위법이 있다. 이 점을 지적하는 피고인 1, 2의 상고이유 주장은 이유 있다.

나. 2007. 7. 11.자 5,000만 원, 2007. 8. 1.자 2억 3,000만 원, 2007. 8. 2.자 7,000만 원 횡령의 점에 대하여

형법 제30조의 공동정범은 2인 이상이 공동하여 죄를 범하는 것으로서, 공동정범이 성립하기 위하여는 주관적 요건인 공동가공의 의사와 객관적 요건인 공동의사에 의한 기능적 행위지배를 통한 범죄의 실행사실이 필요하고, 공동가공의 의사는 공동의 의사로 특정한 범죄행위를 하기 위하여 일체가 되어 서로 다른 사람의 행위를 이용하여 자기의 의사를 실행에 옮기는 것을 내용으로 하는 것이다(대법원 2001. 11. 9. 선고 2001도4792 판결 등 참조). 그리고 이러한 공동가공의 의사는 타인의 범행을 인식하면서도 이를 제지하지 아니하고 용인하는 것만으로는 부족하나(대법원 2000. 4. 7. 선고 2000도576 판결 등 참조), 반드시 사전에 치밀한 범행계획의 공모에까지 이를 필요는 없으며 공범자 각자가 공범자들 사이에 구성요건을 이루거나 구성요건에 본질적으로 관련된 행위를 분담한다는 상호이해가 있으면 충분하다 할 것이다(대법원 2008. 9. 11. 선고 2007도6706 판결 등 참조)

원심판결 이유에 의하면, 원심은, 피고인 2가 피고인 1의 개인채무 변제 용도에 사용되리라는 점을 잘 알면서도 피고인 1 등과 상의한 후 대표이사 명의로는 대여금 처리를 할 수 없으나 이사 명의로는 가능하다는 말을 듣고 위 각 금원에 관하여 자신 명의 대여금으로의 회계처리를 승낙한 점 등에 비추어 피고인 2에게 위 각 금원의 횡령에 관한 공동가공의 의사가 인정된다고 판단하였다. 나아가 원심은 위 2007. 7. 11.자 5,000만 원이 공소외 2 주식회사의 계좌에서 같은 기회에 인출된 1억 5,000만 원의 일부이고 그 중 1억 원은 가장납입금의 반환에 사용되었다고 하더라도, 위 5,000만 원은 이와 무관한 피고인 1의 다른 개인채무 변제에 사용되었으므로 피고인 2에게 그에 관한 불법영득의사가 인정된다고 판단하였다.

위 법리와 기록에 비추어 살펴보면, 원심의 판단은 정당한 것으로 수긍할 수 있고 거기에 상고이유 주장과 같은 공동정범에 관한 법리오해 등의 위법이 없다.

2. '특정경제범죄 가중처벌 등에 관한 법률' 위반(배임)의 점에 대하여

업무상배임죄의 고의는 업무상 타인의 사무를 처리하는 자가 본인에게 재산상의 손해를 가한다는 의사와 자기 또는 제3자의 재산상의 이득의 의사가 임무에 위배된다는 인식과 결합되어 성립되는 것이며, 이와 같은 업무상배임죄의 주관적 요소로 되는 사실(고의, 동기 등의 내심적 사실)은 피고인이 본인의 이익을 위하여 문제가 된 행위를 하였다고 주장하면서 범의를 부인하고 있는 경우에는 사물의 성질상 고의와 상당한 관련성이 있는 간접 사실을 증명하는 방법에 의하여 입증할 수밖에 없다(대법원 2002. 6. 28. 선고 2000도3716 판결 등 참조).

원심은, 피고인 1이 제1심 범죄일람표 (2) 순번 2 내지 7번 기재 각 어음을 발행할 당시 공소외 3 등에 대한 개인채무 변제에 쫓기고 있었으며, 실제로 그 중 5 내지 7번 기재 각 어음을 담보로 피고인 5로부터 차용한 돈

이 대부분 피고인 1의 개인채무 변제에 사용된 점 등을 비롯한 판시 사정을 종합하여, 위 각 어음 발행에 관하여 피고인 1에게 업무상배임죄의 고의가 인정된다고 판단하였다. 나아가 피고인 5도 피고인 1이 위 5 내지 7번 어음을 담보로 차용한 돈을 개인채무 변제에 사용하리라는 것을 잘 알면서 위 어음을 교부받았고 위 6번 어음에 관하여는 그 용도를 은폐하기 위하여 허위의 세금계산서까지 발급해 주기도 하였던 점 등의 사정에 비추어 피고인 5가 피고인 1의 위 5 내지 7번 어음 발행으로 인한 배임행위에 가담한 것으로 인정하였다.

앞서 본 법리와 기록에 비추어 살펴보면 원심의 이러한 조치는 정당한 것으로 수긍이 가고, 거기에 피고인 1, 5의 상고이유 주장과 같이 업무상배임죄에 있어서의 불법이득의사에 관한 법리오해 등의 위법이 없다.

3. 피고인 4에 대한 금전소비대차계약서 관련 사문서위조, 위조사문서행사 및 사기의 점에 대하여

원심판결 이유에 의하면, 원심은, 공소외 4나 피고인 1의 진술 등 그 채용증거들을 종합하여 피고인 4가 권한 없이 공소외 2 주식회사 명의의 금전소비대차계약서를 위조하고 이를 행사하여 공소외 4로부터 1억 원을 편취하였다고 인정하였다.

기록에 비추어 살펴보면, 원심의 이러한 조치는 사실심 법관의 합리적인 자유심증에 따른 것으로서 수긍이 가고, 거기에 상고이유 주장과 같이 논리와 경험칙에 위배하여 자유심증주의의 한계를 벗어난 위법이 있다고 할 수 없다.

4. 피고인 3에 대하여

가. 물품공급계약 관련 사기미수 및 무고의 점에 대하여

소송사기는 법원을 기망하여 제3자의 재물을 편취할 것을 기도하는 것을 내용으로 하는 것으로서, 사기죄로 인정하기 위하여는 제소 당시 그 주장과 같은 권리가 존재하지 않는다는 것만으로는 부족하고, 그 주장의 권리가 존재하지 않는 사실을 잘 알고 있으면서도 허위의 주장과 입증으로 법원을 기망한다는 인식을 요한다(대법원 2003. 5. 16. 선고 2003도373 판결 등 참조). 그러나 허위의 내용으로 소송을 제기하여 법원을 기망한다는 고의가 있는 경우에 법원을 기망하는 것은 반드시 허위의 증거를 이용하지 않더라도 당사자의 주장이 법원을 기망하기에 충분한 것이라면 기망수단이 된다(대법원 2004. 6. 24. 선고 2002도4151 판결 등 참조).

원심판결 이유에 의하면, 원심은, 그 판시와 같은 사정을 종합하여 피고인 3이 운영하는 공소외 5 주식회사와 공소외 2 주식회사 사이의 물품공급계약서는 피고인 1, 3이 공소외 2 주식회사 명의의 어음을 할인하여 자금을 조달할 목적으로 허위로 작성한 것일 뿐 물품공급을 목적으로 체결한 것이 아니고 실제로 공소외 5 주식회사가 위 계약에 따른 물품공급을 한 사실도 전혀 없다고 인정하였다. 위 인정사실을 기초로 원심은, 피고인 3이 위 물품공급계약에 따른 공급을 완료하였음을 전제로 하여 공소외 2 주식회사를 상대로 물품대금 청구소송을 제기하면서 그 증거자료로 위 물품공급계약서를 제출한 행위는 사기미수죄에 해당하고, 공소외 6 등 공소외 2 주식회사 임원을 같은 취지로 고소한 것도 허위 사실의 신고로서 무고죄에 해당한다고 판단하였다.

위 법리와 기록에 비추어 살펴보면, 원심의 사실인정 및 판단은 모두 정당한 것으로 수긍할 수 있고, 거기에 상고이유 주장과 같이 소송사기의 범의에 관한 법리를 오해하거나 논리와 경험칙에 위배하여 자유심증주의의 한계를 벗어난 등의 위법이 없다.

나. 액면금 105억 원 약속어음 발행 관련 유가증권위조 등의 점에 대하여

원심판결 이유에 의하면, 원심은 그 채용증거들을 종합하여 피고인 1, 3 사이의 2007. 9. 4.자 공소외 2 주식회사 주식 및 경영권양수도계약서는 피고인 5의 경영권 장악 시도에 대응하기 위하여 2007. 10. 12.경 날짜를 소급하여 작성된 사실, 피고인 3은 위 계약체결을 전후하여 피고인 1 또는 공소외 2 주식회사 측에 합계 3억 5,000만 원을 지급하였을 뿐 위 계약상의 중도금 50억 원을 지급한 바가 없는 사실을 인정하였다. 나아가 원심은, 피고인 3이 피고인 1로부터 공소외 2 주식회사의 구 법인인감도장을 건네받아 발행일자 2007. 9. 4., 액면금액 105억 원인 공소외 2 주식회사 명의 약속어음을 작성하고 이를 공증한 무렵인 2007. 10. 19. 당시 피고인 1은 공소외 2 주식회사의 최대주주도 지배인도 아니었고, 적법한 대표이사 공소외 6이 회사를 폐쇄한 채 잠적한 후였으며 피고인 3 또한 그러한 사정을 알고 있었다고 인정하였다. 위 인정사실 등을 기초로 원심은 피고인 3이 공소외 2 주식회사 명의의 약속어음을 발행할 아무런 자격이나 권한이 없음에도 위 약속어음을 위조하여 행사하고 이를 공증케 하였다고 함으로써 이 부분 공소사실을 모두 유죄로 판단하였다.

기록에 비추어 살펴보면, 원심의 이러한 조치는 사실심 법관의 합리적인 자유심증에 따른 것으로서 수긍이 가고, 거기에 상고이유 주장과 같이 논리와 경험칙에 위배하여 자유심증주의의 한계를 벗어난 위법 등이 있다고 할 수 없다.

다. 공소외 7 주식회사 인수계약 관련 사문서위조 등의 점에 대하여

공소사실에 의하면, 피고인 3은 권한 없이 '공소외 2 주식회사가 공소외 8 등으로부터 공소외 7 주식회사 주식 및 경영권을 100억 원에 인수하되, 공소외 2 주식회사의 귀책사유로 계약이 해제되는 경우 200억 원의

손해배상금을 지급한다'는 내용의 주식 및 경영권양수도계약서를 위조하고, 공소외 8 등을 대리하여 위 계약이 진정하게 체결되었음을 전제로 하여 공소외 2 주식회사를 상대로 위약금 청구소송을 제기하면서 그 증거자료로 위 물품공급계약서를 제출하여 법원을 기망하려 하였다는 것이다.

원심은, 피고인 3의 주장과는 달리 피고인 10이나 공소외 7 주식회사 측의 공소외 9는 위 계약을 체결하였다는 2007. 10. 2.경에는 서로 알지 못하는 사이였고, 계약을 체결하였다는 장소에 입회한 사실도 없는 점, 당시 공소외 2 주식회사로서는 운영자금도 거의 없는 상황에서 실체도 불분명한 공소외 7 주식회사를 100억 원이라는 거액에 인수할 별다른 이유도 없었던 점 등 그 판시와 같은 사정을 종합하여 이 부분 공소사실을 모두 유죄로 인정하였다.

기록에 비추어 살펴보면, 원심의 이러한 조치는 사실심 법관의 합리적인 자유심증에 따른 것으로서 수긍이 가고, 거기에 상고이유 주장과 같이 논리와 경험칙에 위배하여 자유심증주의의 한계를 벗어난 위법 등이 없다.

라. 신용훼손의 점에 대하여

형법 제313조에 정한 신용훼손죄에서의 '신용'은 경제적 신용, 즉 사람의 지불능력 또는 지불의사에 대한 사회적 신뢰를 말한다(대법원 2006. 5. 25. 선고 2004도1313 판결 등 참조). 또한 신용훼손죄의 성립에 있어서는 신용훼손의 결과가 실제로 발생함을 요하는 것이 아니고 신용훼손의 결과를 초래할 위험이 발생하는 것이면 족하다.

원심은, 공소외 2 주식회사와 공소외 5 주식회사 사이의 물품공급계약, 공소외 2 주식회사와 공소외 7 주식회사('공소외 8 등'의 오기로 보인다) 사이의 주식 및 경영권양수도계약이 각 허위이므로, 피고인 3이 인터넷신문 기자에게 '공소외 5 주식회사 등 채권단이 공소외 2 주식회사에 대하여 위 각 계약 등에 기하여 367억 원 상당의 채권을 가지고 있으며, 이를 곧 행사할 것이다'는 취지로 말하여 그와 같은 내용의 기사가 게재되도록 한 것은 허위사실의 유포에 해당한다고 판단하였다. 나아가 원심은 위 허위사실 유포로 인하여 공소외 2 주식회사의 경제적 신용 훼손을 초래할 위험이 발생하였다고 보아 이 부분 공소사실을 유죄로 인정하였다.

위 법리와 기록에 비추어 살펴보면, 원심의 조치는 정당하고 거기에 상고이유 주장과 같이 신용훼손죄에 관한 법리를 오해한 등의 위법이 없다.

마. 범인은닉의 점에 대하여

공동정범 중의 1인이 다른 공동정범을 은닉한 경우에도 그것이 일반적으로 형사사법작용을 방해하는 위험을 초래하는 성질을 가지는 때에는 형법 제151조 제1항의 범인은닉죄가 성립한다(대법원 2010. 7. 8. 선고 2010도5515 판결 등 참조).

원심은, 피고인 3이 피고인 1이 사기 혐의 등으로 고소된 사실을 알면서도 피고인 1을 중국으로 도피시켜 위 고소사건으로 인한 수사를 받는 것을 피하게 하려는 등의 목적으로 중국행 비행기표와 중국내 거소를 마련해 주고 매달 생활비를 송금하여 주는 방법으로 피고인 1을 은닉하였다고 판단하였다.

위 법리와 기록에 비추어 살펴보면, 이러한 원심의 조치는 정당한 것으로 수긍이 가고, 거기에 상고이유 주장과 같이 범인은닉죄의 주체 등에 관한 법리오해의 위법이 없다.

바. 공소외 9에 대한 사기의 점에 대하여

원심판결 이유에 의하면, 원심은, 공소외 2 주식회사 명의의 2007. 9. 5.자 각 약속어음의 발행 경위와 피고인 3의 어음반환 경위 등 그 판시와 같은 사정에 비추어 피고인 3이 피해자 공소외 9로부터 2007. 9. 5.자 액면금 15억 원, 20억 원인 각 약속어음을 편취한 것으로 인정된다고 판단하였다.

기록에 비추어 살펴보면, 원심의 이러한 조치는 사실심 법관의 합리적인 자유심증에 따른 것으로서 수긍이 가고, 거기에 상고이유 주장과 같이 논리와 경험칙에 위배하여 자유심증주의의 한계를 벗어난 위법 등이 있다고 할 수 없다.

5. 발행일자 2007. 9. 13.인 약속어음 관련 유가증권위조 등의 점에 대하여

원심판결 이유에 의하면, 원심은, 위 약속어음에 날인된 공소외 2 주식회사의 구 법인인감도장의 인영상태와 그에 관한 피고인 2의 진술내용, 위 약속어음 공증 당시 피고인 4, 5는 자신들을 배제한 채 공소외 2 주식회사의 경영권을 확보하려는 피고인 1, 3에 대항하여 함께 행동하였던 점 등 그 판시와 같은 사정들에 비추어, 피고인 4, 5가 공소외 2 주식회사 명의의 위 약속어음 및 공정증서 작성 촉탁 위임장을 각 위조하고 이를 공증케 하였다고 함으로써 이 부분 공소사실을 모두 유죄로 인정하였다.

기록에 비추어 살펴보면, 원심의 이러한 조치는 사실심 법관의 합리적인 자유심증에 따른 것으로서 수긍이 가고, 거기에 피고인 4, 5의 상고이유 주장과 같이 논리와 경험칙에 위배하여 자유심증주의의 한계를 벗어난 위법 등이 있다고 할 수 없다.

6. 파기의 범위

위에서 본 이유로 원심판결의 피고인 1, 2에 대한 '특정경제범죄 가중처벌 등에 관한 법률' 위반(횡령)의 점 중 2007. 7. 30.자 3억 원 및 2007. 8. 3.자 9억 원 횡령 부분을 파기하는 이상 위 부분과 포괄일죄의 관계에 있는 나머지 부분(이유무죄 부분을 포함한다)도 함께 파기되어야 한다. 그리고 피고인 4에 대한 '특정경제범죄 가중처벌 등에 관한 법률' 위반(횡령) 부분은 위와 같이 파기되는 피고인 1, 2의 '특정경제범죄 가중처벌 등에 관한 법률' 위반(횡령) 부분과 파기의 이유가 공통되므로 형사소송법 제392조에 의하여 파기되어야 한다.

나아가 피고인 1, 4에 대하여 원심에서 유죄로 인정된 부분 중 위 파기사유에 해당하지 아니한 나머지 부분은 위 파기되는 부분과 각 형법 제37조 전단의 경합범 관계에 있어서 이들 전부에 대하여 각각 하나의 형을 선고하여야 하므로, 함께 파기될 수밖에 없다.

7. 결론

그러므로 원심판결 중 피고인 1, 2에 대한 부분과 피고인 4에 대한 부분 중 발행일자 2007. 9. 12.인 액면금 30억 원 약속어음 발행과 관련된 유가증권위조, 위조유가증권행사, 사문서위조, 위조사문서행사, 공정증서원본불실기재 및 불실기재공정증서원본행사의 점에 관한 무죄 부분을 제외한 나머지 부분을 모두 파기하고, 이 부분 사건을 다시 심리·판단하게 하기 위하여 원심법원에 환송하며, 피고인 3, 5의 상고는 모두 기각하기로 하여, 관여 대법관의 일치된 의견으로 주문과 같이 판결한다.

대법관 김지형(재판장) 전수안 양창수(주심) 이상훈

대법원 2011.9.8. 선고 2011도5165 판결

【강제집행면탈】

판시사항

1 '채권의 존재'가 강제집행면탈죄의 성립요건인지 여부(적극) 및 채권이 존재하는 경우에도 채무자에게 채권자의 집행을 확보하기에 충분한 다른 재산이 있었다면, 채권자를 해하였거나 해할 우려가 있다고 단정할 수 있는지 여부(소극)

2 피고인이 자신을 상대로 사실혼관계해소 청구소송을 제기한 갑에 대한 채무를 면탈하려고 피고인 명의 아파트를 담보로 대출을 받아 그 중 대부분을 타인 명의 계좌로 입금하여 은닉하였다고 하여 강제집행면탈죄로 기소된 사안에서, 갑의 위자료채권액을 훨씬 상회하는 다른 재산이 있었던 이상 강제집행면탈죄는 성립하지 않는다고 보아야 하는데도, 피고인에게 유죄를 인정한 원심판단에 법리오해의 위법이 있다고 한 사례

판결요지

1 형법 제327조의 강제집행면탈죄는 채권자의 정당한 권리행사 보호 외에 강제집행의 기능보호도 법익으로 하는 것이나, 현행 형법상 강제집행면탈죄가 개인적 법익에 관한 재산범의 일종으로 규정되어 있는 점과 채권자를 해하는 것을 구성요건으로 규정하고 있는 점 등에 비추어 보면 주된 법익은 채권자의 권리보호에 있다고 해석하는 것이 타당하므로, 강제집행의 기본이 되는 채권자의 권리, 즉 채권의 존재는 강제집행면탈죄의 성립요건으로서 채권의 존재가 인정되지 않을 때에는 강제집행면탈죄는 성립하지 않는다. 그리고 채권이 존재하는 경우에도 채무자의 재산은닉 등 행위 시를 기준으로 채무자에게 채권자의 집행을 확보하기에 충분한 다른 재산이 있었다면 채권자를 해하였거나 해할 우려가 있다고 쉽사리 단정할 것이 아니다.

2 피고인이 자신을 상대로 사실혼관계해소 청구소송을 제기한 갑에 대한 채무를 면탈하려고 피고인 명의 아파트를 담보로 10억 원을 대출받아 그 중 8억 원을 타인 명의 계좌로 입금하여 은닉하였다고 하여 강제집행면탈죄로 기소된 사안에서, 피고인의 재산은닉 행위 당시 갑의 재산분할청구권은 존재하였다고 보기 어렵고, 가사사건 제1심판결에 근거하여 위자료 4,000만 원의 채권이 존재한다는 사실이 증명되었다고 볼 여지가 있었을 뿐이므로, 피고인에게 위자료채권액을 훨씬 상회하는 다른 재산이 있었던 이상 강제집행면탈죄는 성립하지 않는다고 보아야 하는데도, 이와 달리 피고인에게 유죄를 인정한 원심판단에 강제집행면탈죄의 성립요건인 채권의 존재 및 강제집행면탈 행위에 관한 법리오해의 위법이 있다고 한 사례.

전 문

피 고 인 피고인

상 고 인 피고인

변 호 인 법무법인

원심판결 서울중앙지법 2011. 4. 13. 선고 2010노4658 판결

주 문 원심판결을 파기하고, 사건을 서울중앙지방법원 합의부에 환송한다.

이 유 상고이유를 판단한다.

원심판결 이유에 의하면 원심은, 그 채택 증거에 의하여 피고인과 피해자 공소외 1은 2002. 9. 7.부터 사실혼관계를 유지하여 오다가 피고인이 2009. 9. 9. 피해자와 다툼 끝에 집을 나간 이후 사실혼관계 해소와 재산분할 등을 논의한 사실, 피해자는 2009. 9. 20.경 피고인에게 '소송을 할 것이다'라고 말하고 2009. 9. 25. 수원지방법원

성남지원에 이 사건 아파트 등에 관하여 재산분할을 원인으로 한 소유권이전등기청구권을 피보전권리로 하여 처분금지가처분신청을 하여 2009. 9. 30. 위 법원으로부터 처분금지가처분결정을 받은 사실, 그러나 피고인은 이미 2009. 9. 28. 이 사건 아파트를 담보로 합계 10억 원을 대출받은 후 그 중 2억 원을 기존 대출금 상환에 사용하고 나머지 8억 원을 이름을 알 수 없는 사람 명의의 계좌로 입금한 후 회사자금 및 전세보증금 등으로 사용한 사실, 피고인 스스로도 타인 명의의 계좌로 위 돈을 입금한 이유가 피해자의 강제집행을 피하기 위함이었다고 진술한 사실을 인정한 다음, 이에 더하여 위 증거들에서 알 수 있는 다음과 같은 사정, 즉 2009. 9. 28.경 피고인의 적극재산으로는 시가 24억 원 상당의 이 사건 아파트와 시가 2억 원 상당의 서울 송파구 소재 문정동 빌라, 시가 20억 원 상당의 경기 양평군 임야가 있었으나, 양평군 임야는 피고인이 사실혼관계 형성 전부터 보유한 고유재산으로서 피해자가 요구하는 재산분할청구의 대상이 되지 아니하였던 점, 이 사건 아파트에 대하여는 2억 원 상당의 근저당권이 설정되어 있고 임차인 공소외 2에게 반환해야 할 임대차보증금 5억 원이 있으며, 문정동 빌라에 대하여는 4,320만 원 상당의 근저당권이 설정되어 있고 임차인 공소외 3에게 반환하여야 할 임대차보증금 4,500만 원이 있었던 점, 피해자가 피고인을 상대로 하여 제기한 수원지방법원 성남지원 2009드합515호 사실혼관계해소 청구소송에서 피해자의 재산분할청구는 기각되었으나 '피고인은 피해자에게 위자료 4,000만 원 및 이에 대한 지연손해금을 지급하라'는 취지의 판결이 선고되었으므로 피해자가 피고인에 대하여 채권을 갖고 있지 않다고 단정할 수 없는 점 등을 고려하면, 피고인이 비록 피해자의 채권 상당액을 넘는 재산을 보유하고 있었다고 하더라도 피해자의 재산분할청구 등이 임박하여 이 사건 아파트를 담보로 대출받은 10억 원 중 8억 원을 타인 명의로 입금하여 은닉한 행위는 채권자인 피해자를 해할 우려가 없는 행위라고 할 수 없다고 판단하였다.

그러나 원심의 위와 같은 판단은 다음과 같은 이유로 수긍하기 어렵다.

형법 제327조의 강제집행면탈죄는 채권자의 정당한 권리행사 보호 외에 강제집행의 기능보호도 그 법익으로 하는 것이나, 현행 형법상 강제집행면탈죄가 개인적 법익에 관한 재산범의 일종으로 규정되어 있는 점과 채권자를 해하는 것을 그 구성요건으로 규정하고 있는 점 등에 비추어 보면 그 주된 법익은 채권자의 권리보호에 있다고 해석함이 상당하므로, 강제집행의 기본이 되는 채권자의 권리, 즉 채권의 존재는 강제집행면탈죄의 성립요건으로서 그 채권의 존재가 인정되지 않을 때에는 강제집행면탈죄는 성립하지 않는다(대법원 1982. 10. 26. 선고 82도2157 판결, 대법원 2008. 5. 8. 선고 2008도198 판결 등 참조). 그리고 채권이 존재하는 경우에도 채무자의 재산은닉 등 행위 시를 기준으로 채무자에게 채권자의 집행을 확보하기에 충분한 다른 재산이 있었다면 채권자를 해하였거나 해할 우려가 있다고 쉽사리 단정할 것이 아니다.

그런데 제1심이 적법하게 조사하여 채택한 증거에 의하면, 피해자가 피고인을 상대로 하여 제기한 수원지방법원 성남지원 2009드합515(본소), 2010드합467(반소) 소송에서 피해자는 3억 원의 위자료, 10억 원의 재산분할 및 이 사건 아파트와 서울 송파구 소재 문정동 빌라에 관한 소유권이전등기절차의 이행을 구하였고, 위 법원은 2010. 9. 15. 피해자의 재산분할청구는 기각하면서 피해자의 위자료청구 중 4,000만 원 및 이에 대한 지연손해금 부분을 인용하는 판결을 선고한 사실[한편 기록에 의하면, 위 판결에 대하여 피고인과 피해자 모두 항소를 제기하여 서울고등법원 2010르2428(본소), 2010르2435(반소)로 항소심 재판이 진행 중이던 2011. 6. 2. 피고인과 피해자 명의의 재산은 각자의 소유로 분할하되, 피해자 명의의 서울 강남구 대치동 503 우성아파트 (이하 동호수 생략)에 관하여 설정된 채무자 공소외 4 주식회사, 채권최고액 13억 원으로 된 근저당권의 실제 채무액 10억 원 중 피고인이 8억 원, 피해자가 2억 원을 각기 실질적으로 부담하고, 피해자의 위자료채권은 포기하는 등의 내용으로 조정이 성립되었음을 알 수 있다], 2009. 9. 28. 기준으로 피고인의 적극재산에서 피해자가 위 우성아파트를 담보로 대출받은 피고인 운영의 공소외 4 주식회사 명의의 대출금채무와 이 부분 공소사실 기재와 같이 피고인이 강제집행을 면탈하기 위하여 대출받아 은닉하였다는 8억 원까지 포함시켜 소극재산을 공제하더라도 피고인에게 14억 원이 넘는 재산이 있었던 사실을 알 수 있다.

이러한 사실관계에 의하면, 피고인의 이 사건 재산은닉 행위 당시 피해자의 재산분할청구권은 존재하였다고 보기 어렵고, 가사사건 제1심판결에 근거하여 위자료 4,000만 원의 채권이 존재한다는 사실이 입증되었다고 볼 여지가 있을 뿐이다.

따라서 앞서 본 법리에 비추어 피고인이 피해자에 대한 채무를 면탈하려고 이 사건 아파트를 담보로 10억 원을 대출받아 그 중 8억 원을 타인 명의로 입금하여 은닉하였다고 하더라도, 이와 같이 재산분할청구권의 존재가 인정되지 아니하고 피고인에게 피해자의 위자료채권액을 훨씬 상회하는 다른 재산이 있었던 이상, 강제집행면탈죄는 성립하지 않는 것으로 봄이 상당하다.

그럼에도 불구하고 원심이 그 판시와 같은 이유만으로 이 부분 공소사실을 유죄로 판단한 것은 강제집행면탈죄의 성립요건인 채권의 존재 및 강제집행면탈 행위에 관한 법리를 오해함으로써 판결 결과에 영향을 미친 위법이 있다.

그러므로 나머지 상고이유에 대한 판단을 생략한 채 원심판결을 파기하고(이 부분 공소사실에 파기사유가 있어 이와 단일죄의 관계에 있는 원심의 이유무죄 부분까지 함께 파기하기로 한다), 사건을 다시 심리·판단하게 하기 위하여 원심법원에 환송하기로 하여 관여 대법관의 일치된 의견으로 주문과 같이 판결한다.

대법관 전수안(재판장) 김지형 양창수 이상훈(주심)

대법원 2011.9.8. 선고 2011도3489 판결

【무고】

판시사항

[1] 돈을 갚지 않은 차용인을 사기죄로 고소하면서 변제의사와 능력의 유무에 관하여 기망하였다는 내용으로 고소한 경우, 고소인이 차용금의 '용도'를 묵비하거나 사실과 달리 신고한 것이 무고죄의 '허위사실 신고'에 해당하는지 여부(소극)

[2] 피고인이 돈을 갚지 않는 갑을 차용금 사기로 고소하면서 대여금의 용도에 관하여 '도박자금'으로 빌려준 사실을 감추고 '내비게이션 구입에 필요한 자금'이라고 허위 기재하고, 대여의 일시·장소도 사실과 달리 기재하여 갑을 무고하였다는 내용으로 기소된 사안에서, 피고인에게 유죄를 인정한 원심판단에 법리오해의 위법이 있다고 한 사례

판결요지

[1] 금원을 대여한 고소인이 차용금을 갚지 않은 차용인을 사기죄로 고소하는 데 있어서, 피고소인이 차용금의 용도를 사실대로 이야기하였더라면 금원을 대여하지 않았을 것인데 차용금의 용도를 속이는 바람에 대여하였다고 주장하는 사안이라면, 차용금의 실제 용도는 사기죄의 성립 여부에 영향을 미치는 것으로서 고소사실의 중요한 부분이 되고 따라서 실제 용도에 관하여 고소인이 허위로 신고할 경우에는 그것만으로도 무고죄에서 허위의 사실을 신고한 경우에 해당한다고 할 수 있다. 그러나 단순히 차용인이 변제의사와 능력의 유무에 관하여 기망하였다는 내용으로 고소한 경우에는, 차용금의 용도와 무관하게 다른 자료만으로도 충분히 차용인의 변제의사나 능력의 유무에 관한 기망사실을 인정할 수 있는 경우도 있을 것이므로, 차용금의 실제 용도에 관하여 사실과 달리 신고하였다는 것만으로는 범죄사실의 성립 여부에 영향을 줄 정도의 중요한 부분을 허위로 신고하였다고 할 수 없다. 이와 같은 법리는 고소인이 차용사기로 고소할 때 묵비하거나 사실과 달리 신고한 차용금의 실제 용도가 도박자금이었더라도 달리 볼 것은 아니다.

[2] 피고인이 돈을 갚지 않는 갑을 차용금 사기로 고소하면서 대여금의 용도에 관하여 '도박자금'으로 빌려준 사실을 감추고 '내비게이션 구입에 필요한 자금'이라고 허위 기재하고, 대여의 일시·장소도 사실과 달리 기재하여 갑을 무고하였다는 내용으로 기소된 사안에서, 피고인의 고소 내용은 갑이 변제의사와 능력도 없이 차용금 명목으로 돈을 편취하였으니 사기죄로 처벌하여 달라는 것이고, 갑이 차용금의 용도를 속이는 바람에 대여하게 되었다는 취지로 주장한 사실은 없으며, 수사기관으로서는 차용금의 용도와 무관하게 다른 자료들을 토대로 갑이 변제의사나 능력 없이 돈을 차용하였는지를 조사할 수 있는 것이므로, 비록 피고인이 도박자금으로 대여한 사실을 숨긴 채 고소장에 대여금의 용도에 관하여 허위로 기재하고 대여 일시·장소 등 변제의사나 능력의 유무와 관련성이 크지 아니한 사항에 관하여 사실과 달리 기재한 사정만으로는 사기죄 성립 여부에 영향을 줄 정도의 중요한 부분을 허위 신고하였다고 보기 어려운데도, 피고인에게 유죄를 인정한 원심판단에 무고죄에 관한 법리오해의 위법이 있다고 한 사례.

전 문

피 고 인 피고인

상 고 인 피고인

변 호 인 법무법인

원심판결 춘천지법 2011. 2. 18. 선고 2010노698 판결

주 문 원심판결을 파기하고, 사건을 춘천지방법원 본원 합의부에 환송한다.

이 유 상고이유를 본다.

무고죄는 타인으로 하여금 형사처분 또는 징계처분을 받게 할 목적으로 공무소 또는 공무원에 대하여 허위의 사실을 신고하는 때에 성립하는 것으로, 신고사실의 일부에 허위의 사실이 포함되어 있다고 하더라도 그 허위 부분이 범죄의 성립 여부에 영향을 미치는 중요한 부분이 아니고, 단지 신고한 사실을 과장한 것에 불과한 경우에는 무고죄에 해당하지 아니한다(대법원 1996. 5. 31. 선고 96도771 판결, 대법원 2003. 1. 24. 선고 2002도5939 판결 등 참조). 그런데 금원을 대여한 고소인이 차용금을 갚지 않는 차용인을 사기죄로 고소함에 있어서, 피고소인이 차용금의 용도를 사실대로 이야기하였더라면 금원을 대여하지 않았을 것인데 차용금의 용도를 속이는 바람에 대여하였다고 주장하는 사안이라면 그 차용금의 실제 용도는 사기죄의 성립 여부에 영향을 미치는 것으로서 고소사실의 중요한 부분이 되고 따라서 그 실제 용도에 관하여 고소인이 허위로 신고할 경우에는 그것만으로도 무고죄에 있어서의 허위의 사실을 신고한 경우에 해당한다고 할 수 있다. 그러나 단순히 차용인이 변제의사와 능력의 유무에 관하여 기망하였다는 내용으로 고소한 경우에는 차용금의 용도와 무관하게 다른 자료만으로도 충분히 차용인의 변제의사나 능력의 유무에 관한 기망사실을 인정할 수 있는 경우도 있을 것이므로, 그 차용금의 실제 용도에 관하여 사실과 달리 신고하였다 하더라도 그것만으로는 범죄사실의 성립 여부에 영향을 줄 정도의 중요한 부분을 허위로 신고하였다고 할 수 없다. 이와 같은 법리는 고소인이 차용사기로 고소함에 있어서 묵비하거나 사실과 달리 신고한 차용금의 실제 용도가 도박자금이었다고 하더라도 달리 볼 것은 아니다(대법원 2004. 12. 9. 선고 2004도2212 판결 등 참조).

<u>이 사건 공소사실의 요지는, 피고인은 2006년 11월경 서울 관악구 신림동에 있는 ○○모텔 401호에서 피고소인 공소외인에게 도박자금으로 사용하라고 돈을 빌려주었음에도, 2007. 2. 7.경 부천남부경찰서 민원실에서 "피고소인 공소외인이 차용금을 변제할 의사나 능력이 없으면서 2007. 1. 25.경 부천시 소사구 송내동에 있는 ○○모텔 401호에서 '내비게이션 덤핑 물건을 구입할 돈 500만 원을 빌려주면 며칠 사용하고 바로 갚겠다'고 거짓말하여 500만 원을 편취하였으니 처벌해 달라."는 내용의 고소장을 제출하여 위 공소외인을 무고하였다는 것이다.</u>

원심판결 이유에 의하면, 원심은 그 채택 증거들을 종합하여, 피고인이 2006. 11. 20.경 공소외인에게 도박자금으로 500만 원을 빌려주었다가 이를 돌려받지 못한 것임에도, 도박자금으로 빌려주었다는 사실을 감추고 내비게이션 매입에 필요한 자금을 대여한 것처럼 대여금의 용도, 대여 일시·장소를 허위 진술한 사실을 인정한 다음, 단순히 도박자금으로 대여한 사실을 묵비한 것을 넘어서 실제와 다른 일시·장소에서 다른 용도로 금원을 대여하였다고 진술한 것은 그 일부 허위인 사실이 고소사실 전체의 성질을 변경시키는 때에 해당한다는 이유로 이 사건 공소사실을 유죄로 판단하였다.

그러나 기록에 의하면, 이 사건에서 피고인의 고소 내용은 피고소인이 변제의사와 능력도 없이 차용금 명목으로 금원을 편취하였으니 사기죄로 처벌하여 달라는 것이고, 피고소인이 차용금의 용도를 사실대로 이야기하였더라면 금원을 대여하지 않았을 것인데 차용금의 용도를 속이는 바람에 대여하게 되었다는 취지로 주장한 사실은 없다.

그렇다면 위와 같은 고소 내용에 비추어, 수사기관으로서는 차용금의 용도와 무관하게 다른 자료들을 토대로 피고소인이 변제할 의사나 능력이 없이 금원을 차용하였는지 여부를 조사할 수 있는 것이므로, 비록 피고인이 도박자금으로 대여한 사실을 숨긴 채 고소장에 대여금의 용도에 관하여 허위로 기재하고, 대여 일시·장소 등 변제의사나 능력의 유무와 관련성이 크지 아니한 사항에 관하여 공소사실과 같이 사실과 달리 기재하였다고 하더라도, 이러한 사정만으로는 사기죄의 성립 여부에 영향을 줄 정도의 중요한 부분을 허위로 신고하였다고 보기는 어려울 것이다.

그럼에도 불구하고 원심이 그 판시와 같은 이유만으로 이 사건 공소사실을 유죄로 판단한 것은 무고죄에 관한 법리를 오해하여 판결에 영향을 미친 위법이 있다.

이 점을 지적하는 상고이유의 주장은 이유 있다.

그러므로 원심판결을 파기하고, 사건을 다시 심리·판단하게 하기 위하여 원심법원에 환송하기로 하여, 관여 대법관의 일치된 의견으로 주문과 같이 판결한다.

대법관 양창수(재판장) 김지형(주심) 전수안 이상훈

대법원 2011.9.8. 선고 2010도7497 판결

【명예훼손】

판시사항

[1] 사인이 피고인 아닌 사람과의 대화내용을 녹음한 녹음테이프의 증거능력을 인정하기 위한 요건
[2] 피고인이 자신의 아들 등에게 폭행을 당하여 입원한 피해자의 병실로 찾아가 그의 모 갑과 대화하던 중 허위사실을 적시하여 피해자의 명예를 훼손하였다는 내용으로 기소된 사안에서, 갑이 갑의 이웃 을과 나눈 대화내용을 녹음한 녹음테이프 등을 기초로 작성된 녹취록은 증거능력이 없어 이를 유죄의 증거로 사용할 수 없다고 한 사례
[3] 명예훼손죄 구성요건 중 '공연성'의 의미
[4] 피고인이 자신의 아들 등에게 폭행을 당하여 입원한 피해자의 병실로 찾아가 그의 모 갑과 대화하던 중 갑의 이웃 을 및 피고인의 일행 병 등이 있는 자리에서 "학교에 알아보니 피해자에게 원래 정신병이 있었다고 하더라."라고 허위사실을 말하여 피해자의 명예를 훼손하였다는 내용으로 기소된 사안에서, 피고인의 발언에 공연성이 있다고 보아 유죄를 인정한 원심판단에 법리오해 등의 위법이 있다고 한 사례

판결요지

[1] 수사기관 아닌 사인이 피고인 아닌 사람과의 대화내용을 녹음한 녹음테이프는 형사소송법 제311조, 제312조 규정 이외의 피고인 아닌 자의 진술을 기재한 서류와 다를 바 없으므로, 피고인이 녹음테이프를 증거로 할 수 있음에 동의하지 아니하는 이상 그 증거능력을 부여하기 위해서는, 첫째 녹음테이프가 원본이거나 원본으로부터 복사한 사본일 경우 복사과정에서 편집되는 등의 인위적 개작 없이 원본 내용 그대로 복사된 사본일 것, 둘째 형사소송법 제313조 제1항에 따라 공판준비나 공판기일에서 원진술자의 진술에 의하여 녹음테이프에 녹음된 각자의 진술내용이 자신이 진술한 대로 녹음된 것이라는 점이 인정되어야 한다.
[2] 피고인이 자신의 아들 등에게 폭행을 당하여 입원한 피해자의 병실로 찾아가 그의 모 갑과 대화하던 중 허위사실을 적시하여 피해자의 명예를 훼손하였다는 내용으로 기소된 사안에서, 원심이 유죄의 증거로 채용한 녹취록은 갑이 갑의 이웃 을과 나눈 대화내용을 녹음한 녹음테이프 등을 기초로 작성된 것으로서, 형사소송법 제313조의 진술서에 준하여 피고인의 동의가 있거나 원진술자의 공판준비나 공판기일에서의 진술에 의하여 성립의 진정함이 증명되어야 증거능력을 인정할 수 있는데, 피고인이 녹취록을 증거로 함에 동의하지 않았고, 갑이 원심 법정에서 "을이 사건 당시 피고인의 말을 다 들었다. 그래서 지금 녹취도 해왔다."고 진술하였을 뿐, 검사가 녹취록 작성의 토대가 된 대화내용을 녹음한 원본 녹음테이프 등을 증거로 제출하지 아니하고, 원진술자인 갑과 을의 공판준비나 공판기일에서의 진술에 의하여 자신들이 진술한 대로 기재된 것이라는 점이 인정되지도 아니하는 등 형사소송법 제313조 제1항에 따라 녹취록의 진정성립을 인정할 수 있는 요건이 전혀 갖추어지지 않았으므로, 위 녹취록은 증거능력이 없어 이를 유죄의 증거로 사용할 수 없다고 한 사례.
[3] 명예훼손죄에서 '공연성'은 불특정 또는 다수인이 인식할 수 있는 상태를 의미하므로 비록 개별적으로 한 사람에 대하여 사실을 유포하더라도 이로부터 불특정 또는 다수인에게 전파될 가능성이 있다면 공연성의 요건을 충족하지만, 이와 달리 전파될 가능성이 없다면 특정한 한 사람에 대한 사실의 유포는 공연성이 없다.
[4] 피고인이 자신의 아들 등에게 폭행을 당하여 입원한 피해자의 병실로 찾아가 그의 모 갑과 대화하던 중 갑의 이웃 을 및 피고인의 일행 병 등이 있는 자리에서 "학교에 알아보니 피해자에게 원래

정신병이 있었다고 하더라."라고 허위사실을 말하여 피해자의 명예를 훼손하였다는 내용으로 기소된 사안에서, 피고인이 병과 함께 피해자의 병문안을 가서 피고인·갑·을·병 4명이 있는 자리에서 피해자에 대한 폭행사건에 관하여 대화를 나누던 중 위 발언을 한 것이라면 불특정 또는 다수인이 인식할 수 있는 상태라고 할 수 없고, 또 그 자리에 있던 사람들의 관계 등 여러 사정에 비추어 피고인의 발언이 불특정 또는 다수인에게 전파될 가능성이 있다고 보기도 어려워 공연성이 없다는 이유로, 이와 달리 보아 피고인에게 유죄를 인정한 원심판단에 법리오해 및 심리미진의 위법이 있다고 한 사례.

전 문

피 고 인 피고인

상 고 인 피고인

원심판결 대전지법 2010. 5. 27. 선고 2010노354 판결

주 문 원심판결을 파기하고, 사건을 대전지방법원 본원 합의부에 환송한다.

이 유 상고이유(상고이유서 제출기간이 지나서 제출된 보충상고이유서의 기재는 상고이유서의 기재를 보충하는 범위 내에서)를 본다.

1. 원심의 판단

원심판결 이유에 의하면, 원심은, 원심 증인 공소외 1, 2의 각 진술, 녹취록의 기재 등에 의하여 그 판시와 같은 사실을 인정한 다음, 피고인이 자신의 아들 공소외 3 등으로부터 폭행을 당하여 입원한 피해자 공소외 4의 병실로 찾아가 그의 어머니인 공소외 1에게 '아프다는 애가 왜 게임을 하느냐, 학교에 알아보니 원래 정신병이 있었다고 하더라'는 내용의 허위사실을 적시함으로써 피해자의 명예가 훼손되었다는 사실은 합리적 의심의 여지가 없을 정도로 증명되었다고 봄이 타당하고, 피고인의 공소사실 기재와 같은 말을 들은 사람은 공소외 2 한 사람에 불과하였으나, 공소외 2는 단지 공소외 1과 같은 건물의 다른 점포에서 영업을 하는 사람에 불과하여 피고인과 특별한 친분관계가 있는 사이가 아니어서 피고인이 적시한 사실이 전파될 가능성이 클 뿐만 아니라, 결과적으로 이 사건 공소사실과 같은 내용이 문제가 되어 법적 분쟁이 발생하였다는 사실이 이미 위 건물의 다른 점포주들 사이에 전파된 것으로 보이는 점을 참작하여 볼 때 피고인이 공소외 1에게 공소사실 기재와 같은 말을 할 당시에 이미 공소외 2를 통하여 그와 같은 취지의 말이 전파될 가능성이 있었고, 피고인도 그 가능성을 인식하였음은 물론 나아가 그 위험을 용인하는 내심의 의사까지도 있었다고 봄이 상당하므로 명예훼손죄의 구성요건인 공연성도 충족된다고 판단하여, 이 사건 공소사실에 대하여 무죄를 선고한 제1심판결을 파기하고 유죄를 선고하였다.

2. 대법원의 판단

가. 녹취록의 증거능력에 대하여

수사기관이 아닌 사인(사인)이 피고인 아닌 사람과의 대화내용을 녹음한 녹음테이프는 형사소송법 제311조, 제312조 규정 이외의 피고인 아닌 자의 진술을 기재한 서류와 다를 바 없으므로, 피고인이 그 녹음테이프를 증거로 할 수 있음에 동의하지 아니하는 이상 그 증거능력을 부여하기 위해서는 첫째, 녹음테이프가 원본이거나 원본으로부터 복사한 사본일 경우에는 복사과정에서 편집되는 등의 인위적 개작 없이 원본의 내용 그대로 복사된 사본일 것, 둘째 형사소송법 제313조 제1항에 따라 공판준비나 공판기일에서 원진술자의 진술에 의하여 그 녹음테이프에 녹음된 각자의 진술내용이 자신이 진술한 대로 녹음된 것이라는 점이 인정되어야 할 것이다(대법원 2005. 2. 18. 선고 2004도6323 판결 등 참조).

원심이 유죄의 증거로 채용한 위 녹취록은 사인(사인)인 공소외 1이 피고인이 아닌 공소외 2와의 대화내용을 녹음한 녹음테이프 등을 기초로 작성된 것으로서, 형사소송법 제313조의 진술서에 준하여 피고인의 동의가 있거나 원진술자의 공판준비나 공판기일에서의 진술에 의하여 그 성립의 진정함이 증명되어야 증거능력을 인정할 수 있을 것인데, 피고인이 위 녹취록을 증거로 함에 동의하지 않았고, 공소외 1이 원심 법정에서 "공소외 2가 사건 당시 피고인의 말을 다 들었다. 그래서 지금 녹취도 해왔다."고 진술하였을 뿐, 검사는 위 녹취록 작성의 토대가 된 대화내용을 녹음한 원본 녹음테이프 등을 증거로 제출하지 아니하고, 원진술자인 공소외 1과 공소외 2의 공판준비나 공판기일에서의 진술에 의하여 자신들이 진술한 대로 기재된 것이라는 점이 인정되지 아니하는 등 형사소송법 제313조 제1항에 따라 위 녹취록의 진정성립을 인정할 수 있는 요건이 전혀 갖추어지지 않았으므로 위 녹취록의 기재는 증거능력이 없어 이를 유죄의 증거로 사용할 수 없다.

나. 명예훼손의 범의에 대하여

그 밖에 원심이 유죄의 증거로 채용한 공소외 2의 제1심 및 원심 법정에서의 진술은, 피고인이 공소사실 기재와 같이 말하는 것을 듣지 못하였다는 것에 불과하고, 공소외 2는 공소외 1과 가까운 사이로서 검찰 측 증인임에도 제1심 및 원심 법정에서 일관되게 위와 같이 진술한 점, 피고인과 함께 병실을 방문한 공소외 5는 제1심 법정에서 '공소외 1이 피고인에게 공소외 4가 정신과적인 문제도 발생하였다고 말하자, 피고인이 과거에 정신과 진료를 받은 적이 있느냐고 물었다. 가해학생의 보호자로서 합의를 위해 찾아간 자리였기 때문에 큰소리를 칠 입장이 전혀 아니었다. 공소외 1에게 아이들의 선처를 부탁한다고 말했다'는 취지로 진술한 점, 공소외 4는 2007년에 학교 친구와 잘 교류하지 못하는 문제로 대전 선병원 정신과 외래에서 심리검사를 받은 사실이 있는 점, 그 밖에 기록상 나타난 피고인과 공소외 5가 병실을 방문한 동기, 당시의 대화 분위기 등에 비추어 보면, 공소외 1의 진술만으로는 피고인이 병실에 들어와서 느닷없이 "학교에 알아보니 공소외 4에게 원래 정신병이 있었다고 하더라."는 말을 하였다고 단정하기 어렵고, 오히려 피고인은 공소외 1로부터 공소외 4에게 정신과적인 문제까지 발생했다는 말을 듣자 공소외 4가 과거에 정신과 진료를 받은 적이 있지 않느냐고 물어봄으로써 그 증상이 가해학생의 폭행으로 생긴 것인지 아니면 이전부터 있었던 증상인지에 관하여 확인하고자 하는 의사가 있었던 것으로 볼 여지가 충분하다고 할 것이므로, 피고인에게 명예훼손의 범의가 있었다고 단정하기도 어렵다.

다. 명예훼손죄에 있어서의 공연성에 대하여

명예훼손죄에 있어서 공연성은 불특정 또는 다수인이 인식할 수 있는 상태를 의미하므로 비록 개별적으로 한 사람에 대하여 사실을 유포하더라도 이로부터 불특정 또는 다수인에게 전파될 가능성이 있다면 공연성의 요건을 충족한다 할 것이지만, 이와 달리 전파될 가능성이 없다면 특정한 한 사람에 대한 사실의 유포는 공연성을 결한다 할 것이다(대법원 1984. 2. 28. 선고 83도891 판결, 대법원 2000. 2. 11. 선고 99도4579 판결 등 참조).

기록에 의하면, 이 사건 현장에는 피고인과 피해자의 어머니인 공소외 1 이외에 공소외 2와 공소외 5가 있었을 뿐인데, 공소외 2는 공소외 1과 같은 건물에 나란히 있는 점포에서 영업을 하면서 5~6년간 알고 지내는 사이로서 공소외 1의 아들이 입원한 사실을 알고 병문안을 갈 정도로 가까운 관계이고, 원심 법정에서 "피고인으로부터 공소외 4에게 정신병이 있다는 이야기를 듣지도 못하였지만 들었다고 하더라도 다른 사람에게 이야기하지 않았을 것이다. 그렇게 이야기할 사람도 없다."고 진술하였으며, 위 건물에는 공소외 1과 공소외 2의 점포밖에 없어 원심의 인정과 같이 위 건물의 다른 점포주들에게 전파되었다고 볼 수 없을 뿐만 아니라, 달리 공소외 2에 의해 피고인의 발언이 전파되었다고 볼 자료가 없음을 알 수 있다. 또한 공소외 5는 피고인과 같은 가해학생의 부모로서 공소외 1과 합의 여부 등에 관하여 대화를 하기 위해 찾아간 사람인데, '피고인이 공소외 4에게 원래 정신병이 있었다고 말한 사실이 없다. 과거에 정신과 진료를 받은 적이 있느냐고 물었을 뿐이다. 아이들의 선처를 부탁하였다'는 취지로 진술한 점에 비추어 보면, 공소외 5가 '공소외 4에게 원래 정신병이 있었다'는 말을 불특정 또는 다수인에게 전파할 가능성이 있었다고 단정하기 어렵고, 기록상 공소외 5에 의해 위와 같은 말이 전파되었다고 볼 자료도 찾아볼 수 없다.

위와 같이 피고인이 공소외 5와 함께 공소외 4의 병문안을 가서, 피고인· 공소외 5· 공소외 1· 공소외 2 등 4명이 있는 자리에서 공소외 4에 대한 폭행사건에 관하여 대화를 나누던 중 발언을 한 것이라면 불특정 또는 다수인이 인식할 수 있는 상태라고 할 수 없고, 또 그 자리에 있던 사람들의 관계 등 앞서 본 여러 사정에 비추어 피고인의 발언이 불특정 또는 다수인에게 전파될 가능성이 있다고 보기도 어려우므로, 공연성이 없다고 할 것이다.

라. 소결론

그럼에도 불구하고 피고인에 대한 이 사건 명예훼손의 공소사실을 유죄로 인정한 원심판결에는 위와 같이 녹취록의 증거능력, 명예훼손죄의 범의, 명예훼손죄에 있어서의 공연성 등에 관한 법리를 오해한 나머지 필요한 심리를 다하지 아니하여 판결 결과에 영향을 미친 위법이 있다.

이 점을 지적하는 상고이유의 주장은 이유 있다.

3. 결론

그러므로 상고이유의 나머지 부분에 대한 판단을 생략한 채 원심판결을 파기하고, 사건을 다시 심리·판단하게 하기 위하여 원심법원에 환송하기로 하여, 관여 대법관의 일치된 의견으로 주문과 같이 판결한다.

대법관 양창수(재판장) 김지형(주심) 전수안 이상훈

대법원 2011.9.2. 선고 2010도17237 판결

【명예훼손·업무방해】

판시사항

1 명예훼손죄에서 '사실의 적시'의 의미와 판단 기준

2 방송국 프로듀서 등 피고인들이 특정 프로그램 방송보도를 통하여 이른바 '한미 쇠고기 수입 협상'의 협상단 대표와 주무부처 장관이 미국산 쇠고기 실태를 제대로 파악하지 못하였다는 취지의 허위사실을 적시하여 이들의 명예를 훼손하였다는 내용으로 기소된 사안에서, 이 부분 보도내용이 명예훼손죄의 '사실의 적시'에 해당하지 않는다고 본 원심판단을 수긍한 사례

3 공적사안에 관한 언론보도의 명예훼손죄 성립 여부 판단 기준 및 정부 또는 국가기관의 정책결정이나 업무수행과 관련된 언론보도로 인하여 그에 관여한 공직자 개인에 대한 명예훼손죄가 성립하는지 여부(한정 소극)

4 방송국 프로듀서 등 피고인들이 특정 프로그램 방송보도를 통하여 이른바 '한미 쇠고기 수입 협상'의 협상단 대표와 주무부처 장관이 협상을 졸속으로 체결하였다는 취지로 표현하는 등 자질 및 공직수행 자세를 비하하여 이들의 명예를 훼손하였다는 내용으로 기소된 사안에서, 보도내용 중 일부가 허위사실 적시에 해당한다고 하면서도 피고인들에게 명예훼손의 고의를 인정하기 어렵다고 본 원심판단을 수긍한 사례

5 방송국 프로듀서 등 피고인들이 특정 프로그램 방송보도를 통하여 미국산 쇠고기는 광우병 위험성이 매우 높은 위험한 식품이라는 취지의 허위사실을 유포하여 미국산 쇠고기 수입·판매업자들의 업무를 방해하였다는 내용으로 기소된 사안에서, 피고인들에게 업무방해의 고의를 인정할 수 없다고 본 원심판단을 수긍한 사례

판결요지

1 명예훼손죄에서 '사실의 적시'란 가치판단이나 평가를 내용으로 하는 '의견표현'에 대치되는 개념으로서 시간과 공간적으로 구체적인 과거 또는 현재의 사실관계에 관한 보고 내지 진술을 의미하며, 표현내용이 증거에 의해 증명이 가능한 것을 말하고, 판단할 보고 내지 진술이 사실인가 또는 의견인가를 구별할 때에는 언어의 통상적 의미와 용법, 증명가능성, 문제된 말이 사용된 문맥, 표현이 행하여진 사회적 상황 등 전체적 정황을 고려하여 판단하여야 한다.

2 방송국 프로듀서 등 피고인들이 특정 프로그램 방송보도를 통하여 '미국산 쇠고기 수입을 위한 제2차 한미 전문가 기술협의'(이른바 '한미 쇠고기 수입 협상')의 협상단 대표와 주무부처 장관이 미국산 쇠고기 실태를 제대로 파악하지 못하였다는 취지의 허위사실을 적시하여 이들의 명예를 훼손하였다는 내용으로 기소된 사안에서, 명예훼손죄의 사실적시에 관한 법리 및 대법원 2011. 9. 2. 선고 2009다52649 전원합의체 판결에서 정부 협상단의 미국산 쇠고기 실태 파악 관련 방송보도에 관하여, 정부가 미국 도축시스템의 실태 중 아무 것도 본 적이 없다는 구체적 사실을 적시한 것이 아니라, 미국산 쇠고기 수입위생조건 협상에 필요한 만큼 미국 도축시스템의 실태를 제대로 알지 못하였다는 주관적 평가를 내린 것이라고 판시한 점 등에 비추어, 이 부분 보도내용을 비판 내지 의견 제시로 보아 명예훼손죄에서 말하는 '사실의 적시'에 해당하지 않는다고 본 원심판단을 수긍한 사례.

3 언론보도로 인한 명예훼손이 문제되는 경우에는 그 보도로 인한 피해자가 공적인 존재인지 사적인 존재인지, 그 보도가 공적인 관심사안에 관한 것인지 순수한 사적인 영역에 속하는 사안에 관한 것인지, 그 보도가 객관적으로 국민이 알아야 할 공공성, 사회성을 갖춘 사안에 관한 것으로 여론형성이나 공개토론에 기여하는 것인지 아닌지 등을 따져보아 공적 존재에 대한 공적 관심사안과 사

적인 영역에 속하는 사안 간 심사기준에 차이를 두어야 하는데, 당해 표현이 사적인 영역에 속하는 사안에 관한 것인 경우에는 언론의 자유보다 명예의 보호라는 인격권이 우선할 수 있으나, 공공적·사회적인 의미를 가진 사안에 관한 것인 경우에는 그 평가를 달리하여야 하고 언론의 자유에 대한 제한이 완화되어야 한다. 특히 정부 또는 국가기관의 정책결정이나 업무수행과 관련된 사항은 항상 국민의 감시와 비판의 대상이 되어야 하고, 이러한 감시와 비판은 이를 주요 임무로 하는 언론보도의 자유가 충분히 보장될 때 비로소 정상적으로 수행될 수 있으며, 정부 또는 국가기관은 형법상 명예훼손죄의 피해자가 될 수 없으므로, 정부 또는 국가기관의 정책결정 또는 업무수행과 관련된 사항을 주된 내용으로 하는 언론보도로 인하여 그 정책결정이나 업무수행에 관여한 공직자에 대한 사회적 평가가 다소 저하될 수 있더라도, 그 보도의 내용이 공직자 개인에 대한 악의적이거나 심히 경솔한 공격으로서 현저히 상당성을 잃은 것으로 평가되지 않는 한, 그 보도로 인하여 곧바로 공직자 개인에 대한 명예훼손이 된다고 할 수 없다.

4 방송국 프로듀서 등 피고인들이 특정 프로그램 방송보도를 통하여 '미국산 쇠고기 수입을 위한 제2차 한미 전문가 기술협의'(이른바 '한미 쇠고기 수입 협상')의 협상단 대표와 주무부처 장관이 협상을 졸속으로 체결하여 국민을 인간광우병(vCJD) 위험에 빠뜨리게 하였다는 취지로 표현하는 등 그 자질 및 공직수행 자세를 비하하여 이들의 명예를 훼손하였다는 내용으로 기소된 사안에서, 보도내용 중 일부가 객관적 사실과 다른 허위사실 적시에 해당한다고 하면서도, 위 방송보도가 국민의 먹을거리와 이에 대한 정부 정책에 관한 여론형성이나 공개토론에 이바지할 수 있는 공공성 및 사회성을 지닌 사안을 대상으로 하고 있는 점, 허위사실의 적시로 인정되는 방송보도 내용은 미국산 쇠고기의 광우병 위험성에 관한 것으로 공직자인 피해자들의 명예와 직접적인 연관을 갖는 것이 아닐 뿐만 아니라 피해자들에 대한 악의적이거나 현저히 상당성을 잃은 공격으로 볼 수 없는 점 등의 사정에 비추어, 피고인들에게 명예훼손의 고의를 인정하기 어렵고 달리 이를 인정할 증거가 없다고 본 원심판단을 수긍한 사례.

5 방송국 프로듀서 등 피고인들이 특정 프로그램 방송보도를 통하여 미국산 쇠고기는 광우병 위험성이 매우 높은 위험한 식품이고 우리나라 사람들이 유전적으로 광우병에 몹시 취약하다는 취지의 허위사실을 유포하여 미국산 쇠고기 수입·판매업자들의 업무를 방해하였다는 내용으로 기소된 사안에서, 방송보도의 전체적인 취지와 내용이 미국산 쇠고기의 식품 안전성 문제 및 쇠고기 수입 협상의 문제점을 지적하고 협상체결과 관련한 정부 태도를 비판한 것이라는 전제에서, 피고인들에게 업무방해의 고의가 있었다고 볼 수 없고 달리 이를 인정할 증거가 없다고 본 원심판단을 수긍한 사례.

전 문

피 고 인 피고인 1 외 4인

상 고 인 검사

변 호 인 법무법인

원심판결 서울중앙지법 2010. 12. 2. 선고 2010노380 판결

주 문 상고를 모두 기각한다.

이 유 상고이유를 판단한다.

1. 명예훼손의 점에 관한 상고이유에 대하여

가. 상고이유 제1점(불고불리원칙 위반 주장)에 대하여

원심판결 이유에 의하면, 원심은 검사가 공소제기한 사실과 전혀 다른 사실을 심판대상으로 삼아 유무죄에 관한 판단을 한 것이 아니라, 검사가 공소제기한 사실 중에서 증거에 의하여 인정되는 사실만을 추출하는 방법으로 사실인정을 하고 그 사실관계를 토대로 관련 법리를 적용하여 유무죄에 관한 판단을 하고 있으므로, 원심판결에는 상고이유에서 주장하는 바와 같은 불고불리원칙 위배 등으로 판결에 영향을 미친 위법이 없다.

나. 상고이유 제2점(판단유탈 및 이유불비 주장)에 대하여

원심판결 이유에 의하면, 원심은 공소장변경을 통해 공소사실에 별도 항목으로 적시되어 있는 진행자의 발언, 인터뷰 번역내용 등에 대하여 객관적 사실과 다른 사실이 있는지를 확인하여 그 결과를 판결이유에 설시하고 있을 뿐만 아니라, 그러한 세부적 방송내용이 포함된 전체 방송보도 내용의 허위 여부를 판단하고 있으므로, 원심판결에는 상고이유에서 주장하는 바와 같은 판단유탈 등으로 판결에 영향을 미친 위법이 없다.

다. 상고이유 제3, 4점(공소외인 사망 및 특정위험물질 수입 관련 보도에 관한 주장)에 대하여

이 부분 상고이유 주장은 사실심의 전권에 속하는 원심의 사실인정을 탓하는 취지에 불과하여 적법한 상고이유에 해당하지 아니할 뿐만 아니라, 관계 증거를 원심판결 이유에 비추어 보더라도 원심의 이 부분 판단에는 상고이유에서 주장하는 바와 같은 논리와 경험칙에 위배하여 자유심증주의의 한계를 벗어나 판결에 영향을 미친 위법이 없다.

라. 상고이유 제5점(정부 협상단의 미국산 쇠고기 실태 파악 관련 보도에 관한 주장)에 대하여

(1) 명예훼손죄에 있어서의 사실의 적시란 가치판단이나 평가를 내용으로 하는 의견표현에 대치되는 개념으로서 시간과 공간적으로 구체적인 과거 또는 현재의 사실관계에 관한 보고 내지 진술을 의미하는 것이며, 그 표현내용이 증거에 의한 입증이 가능한 것을 말하고, 판단할 보고 내지 진술이 사실인가 또는 의견인가를 구별함에 있어서는 언어의 통상적 의미와 용법, 입증가능성, 문제된 말이 사용된 문맥, 그 표현이 행하여진 사회적 상황 등 전체적 정황을 고려하여 판단하여야 한다(대법원 1996. 11. 22. 선고 96도1741 판결, 대법원 1998. 3. 24. 선고 97도2956 판결 등 참조).

(2) 대법원 2011. 9. 2. 선고 2009다52649 전원합의체 판결은 이 부분 방송보도에 관하여 다음과 같은 요지의 판단을 하였다.

이 부분 방송보도는 그 내용 중 '본 적이 있는지'와 같이 사실적 주장으로 볼 여지가 있는 표현을 사용하기도 하였으나, 그 대상을 미국의 특정 도축장과 같은 구체적인 장소가 아니라 추상적인 '미국 도축시스템의 실태'로 삼고 있을 뿐만 아니라 곧이어 '보려는 노력을 했는지 그것도 의문입니다'라는 다의적이고 막연한 표현을 사용하여 우리 정부의 자세를 비판하고 있을 뿐이고, 특히 이 부분 방송보도와 관련된 이 사건 방송 부분의 전체적인 맥락에 비추어 보면, 이 부분 방송보도는 피고인 3 PD가 앞서 자신이 언급한 "정부에서는 국민들의 안전을 최우선으로 협상했다고 말을 했고 미국산 쇠고기는 99.9% 안전하다고 말을 했습니다. 하지만 협상결과를 보면 과연 국민들의 안전을 지키기 위해서 어떤 노력을 했을까 의문이 들지 않습니다."('의문이 들지 않습니다'는 '의문이 들지 않을 수 없습니다' 또는 '의문이 들지 않습니까'의 잘못된 표현으로 보인다)라는 내용의 우리 정부에 대한 비판을 다시 한번 강조한 것으로 보인다.

따라서 일반의 시청자가 보통의 주의로 보도를 접하는 방법을 전제로 이 부분 방송보도와 관련된 이 사건 방송 부분의 전체적 구성, 사용된 어휘 및 표현 방식, 전후 문맥 등을 종합적으로 고려하면, 이 부분 방송보도는 우리 정부가 미국 도축시스템의 실태 중 아무 것도 본 적이 없다는 구체적 사실을 적시한 것이 아니라, 우리 정부가 이 사건 미국산 쇠고기 수입위생조건 협상에 필요한 만큼 미국 도축시스템의 실태를 제대로 알지 못하였다는 피고의 주관적 평가를 내린 것이라고 봄이 상당하다.

(3) 앞서 본 법리와 대법원 전원합의체 판결의 판시 내용 등에 비추어 원심이 이 부분 방송보도의 내용을 비판 내지 의견 제시로 보아 명예훼손죄에서 말하는 사실의 적시에 해당하지 아니한다고 판단한 것은 정당한 것으로 수긍이 가고, 거기에 상고이유에서 주장하는 바와 같이 명예훼손죄에서의 사실적시에 관한 법리를 오해하거나 논리와 경험칙을 위반하여 자유심증주의의 한계를 벗어나 판결에 영향을 미친 위법이 없다.

마. 상고이유 제6, 7점(보도내용과 피해자의 연관성 및 명예훼손의 고의에 관한 주장)에 대하여

언론보도로 인한 명예훼손이 문제되는 경우에 그 보도로 인한 피해자가 공적인 존재인지 사적인 존재인지, 그 보도가 공적인 관심사안에 관한 것인지 순수한 사적인 영역에 속하는 사안에 관한 것인지, 그 보도가 객관적으로 국민이 알아야 할 공공성, 사회성을 갖춘 사안에 관한 것으로 여론형성이나 공개토론에 기여하는 것인지 아닌지 등을 따져보아 공적 존재에 대한 공적 관심사안과 사적인 영역에 속하는 사안 간에는 심사기준에 차이를 두어야 하는데, 당해 표현이 사적인 영역에 속하는 사안에 관한 것인 경우에는 언론의 자유보다 명예의 보호라는 인격권이 우선할 수 있으나, 공공적·사회적인 의미를 가진 사안에 관한 것인 경우에는 그 평가를 달리하여야 하고 언론의 자유에 대한 제한이 완화되어야 한다(헌법재판소 1999. 6. 24. 선고 97헌마265 전원재판부 결정, 대법원 2002. 1. 22. 선고 2000다37524, 37531 판결 등 참조). 특히 정부 또는 국가기관의 정책결정이나 업무수행과 관련된 사항은 항상 국민의 감시와 비판의 대상이 되어야 하는 것이고, 이러한 감시와 비판은 이를 주요 임무로 하는 언론보도의 자유가 충분히 보장될 때에 비로소 정상적으로 수행될 수 있으며, 정부 또는 국가기관은 형법상 명예훼손죄의 피해자가 될 수 없으므로, 정부 또는 국가기관의 정책결정 또는 업무수행과 관련된 사항을 주된 내용으로 하는 언론보도로 인하여 그 정책결정이나 업무수행에 관여한 공직

자에 대한 사회적 평가가 다소 저하될 수 있다고 하더라도, 그 보도의 내용이 공직자 개인에 대한 악의적이거나 심히 경솔한 공격으로서 현저히 상당성을 잃은 것으로 평가되지 않는 한, 그 보도로 인하여 곧바로 공직자 개인에 대한 명예훼손이 된다고 할 수 없다(대법원 2003. 7. 22. 선고 2002다62494 판결, 대법원 2006. 5. 12. 선고 2004다35199 판결 등 참조).

원심은, 피고인들이 제작한 이 사건 방송보도 내용 중의 일부가 객관적 사실과 다른 내용으로 된 허위사실의 적시에 해당한다고 하면서도, 다음과 같은 이유로 피고인들에게 명예훼손의 죄책을 물을 수 없다고 판단하였다. 즉 원심은 이 사건 방송의 전체적인 취지와 내용이 미국산 쇠고기의 식품 안전성 문제 및 이 사건 쇠고기 수입 협상의 문제점을 지적하면서 대한민국 정부가 충분한 시간을 들여 검토를 거치지 않고 서둘러 협상을 체결한 잘못이 있다는 취지로 정부를 비판하는 것이라고 전제한 다음, 이와 같이 이 사건 방송보도가 국민의 먹을거리와 이에 대한 정부 정책에 관한 여론형성이나 공개토론에 이바지할 수 있는 공공성 및 사회성을 지닌 사안을 그 대상으로 하고 있는 점을 고려하면, 이 사건 방송보도로 인한 명예훼손죄의 성립 여부를 심사함에 있어서는 사적인 영역의 사안에 대한 것과는 심사기준을 달리하여야 한다고 보았다. 나아가 원심은 허위사실의 적시로 인정되는 방송보도 내용은 미국산 쇠고기의 광우병 위험성에 관한 것으로서 공직자인 피해자들의 명예와 직접적인 연관을 갖는 것이 아닐 뿐만 아니라 피해자들에 대한 악의적이거나 현저히 상당성을 잃은 공격으로 볼 수 없다고 전제한 다음, 이러한 사정에 비추어 피고인들에게 피해자들 개인의 명예를 훼손한다는 점에 대한 인식이 있었다고 인정하기 어렵고 달리 피고인들의 명예훼손에 관한 범의를 인정할 증거가 없다고 판단하였다.

원심판결 이유를 앞서 본 법리와 기록에 비추어 살펴보면, 원심의 위와 같은 판단은 정당한 것으로 수긍이 가고, 거기에 상고이유에서 주장하는 바와 같은 언론보도와 피해자의 연관성, 명예훼손죄의 고의 인정기준 등에 관한 법리를 오해하거나 논리와 경험칙에 위배하여 자유심증주의의 한계를 벗어나 판결에 영향을 미친 위법이 없다.

바. 상고이유 제8점(위법성조각사유의 존부에 관한 주장)에 대하여

원심판결 이유에 의하면, 원심은 당해 언론보도가 공적 관심사안을 주제로 한 것으로서 공직자인 피해자들에 대한 악의적이거나 현저히 상당성을 잃은 공격이 아니라고 전제한 다음, 이러한 언론보도에 대해서는 언론 또는 표현의 자유가 폭넓게 인정되어야 한다는 원론적인 법리를 설시하면서 여러 사정을 종합하여 피고인들에게 피해자들에 대한 명예훼손의 고의가 없었다고 판단하고 있을 뿐이고, 피고인들의 행위가 명예훼손죄의 구성요건에 해당하나 위법성이 조각되는 경우라고 판단한 것이 아니므로, 원심판결에 위법성조각사유의 존재에 관한 법리오해의 위법이 있다는 취지의 이 부분 상고이유 주장은 나아가 살펴볼 필요 없이 이유 없다.

2. 업무방해의 점에 관한 상고이유에 대하여

원심은, 이 사건 방송의 전체적인 취지와 내용이 미국산 쇠고기의 식품 안전성 문제 및 이 사건 쇠고기 수입 협상의 문제점을 지적하고 협상체결과 관련한 정부의 태도를 비판한 것이라고 전제한 다음, 피고인들이 이 사건 방송보도를 통해 허위사실을 유포하여 미국산 쇠고기를 수입·판매하는 그 판시 피해자들의 업무를 방해한다는 범의가 있었다고 볼 수 없고 달리 이를 인정할 증거가 없다고 판단하였다.

관계 증거를 원심판결 이유에 비추어 살펴보면, 원심의 위와 같은 판단은 정당한 것으로 수긍이 가고, 거기에 상고이유에서 주장하는 바와 같은 업무방해죄의 고의 인정기준 등에 관한 법리를 오해하거나 논리와 경험칙에 위배하여 자유심증주의의 한계를 벗어나 판결에 영향을 미친 위법이 없다.

3. 결론

그러므로 상고를 모두 기각하기로 하여 관여 대법관의 일치된 의견으로 주문과 같이 판결한다.

대법관 전수안(재판장) 김지형 양창수 이상훈(주심)

대법원 2011.8.25. 선고 2011도6507 판결

【특정경제범죄가중처벌등에관한법률위반(사기)·사기·위조사문서행사】
[공2011하,1987]

판시사항

1 형법 제6조 본문에서 정한 '대한민국 또는 대한민국 국민에 대하여 죄를 범한 때'의 의미

2 캐나다 시민권자인 피고인이 캐나다에서 위조사문서를 행사하였다는 내용으로 기소된 사안에서, 외국인 국외범으로서 우리나라에 재판권이 있다고 보아 유죄를 인정한 원심판결에 재판권 인정에 관한 법리오해의 위법이 있다고 한 사례

3 형법 제6조 단서에서 정한 '외국법규의 존재'에 대한 증명의 정도(=엄격한 증명)와 증명책임의 소재(=검사)

4 캐나다 시민권자인 피고인이 피해자들을 기망하여 투자금 명목의 돈을 편취하였다는 내용으로 기소된 사안에서, 공소사실 중 '피고인이 대한민국 국민을 기망하여 캐나다에서 투자금을 수령한 부분'이 행위지인 캐나다 법률에 의하여 범죄를 구성하는지 등에 관하여 아무런 증명이 없는 상황에서 공소사실 전부를 유죄로 인정한 원심판결에 법리오해 및 심리미진의 위법이 있다고 한 사례

판결요지

1 형법 제5조, 제6조의 각 규정에 의하면, 외국인이 외국에서 죄를 범한 경우에는 형법 제5조 제1호 내지 제7호에 열거된 죄를 범한 때와 형법 제5조 제1호 내지 제7호에 열거된 죄 이외에 대한민국 또는 대한민국 국민에 대하여 죄를 범한 때에만 대한민국 형법이 적용되어 우리나라에 재판권이 있게 되고, 여기서 '대한민국 또는 대한민국 국민에 대하여 죄를 범한 때'란 대한민국 또는 대한민국 국민의 법익이 직접적으로 침해되는 결과를 야기하는 죄를 범한 경우를 의미한다.

2 캐나다 시민권자인 피고인이 캐나다에서 위조사문서를 행사하였다는 내용으로 기소된 사안에서, 형법 제234조의 위조사문서행사죄는 형법 제5조 제1호 내지 제7호에 열거된 죄에 해당하지 않고, 위조사문서행사를 형법 제6조의 대한민국 또는 대한민국 국민의 법익을 직접적으로 침해하는 행위라고 볼 수도 없으므로 피고인의 행위에 대하여는 우리나라에 재판권이 없는데도, 위 행위가 외국인의 국외범으로서 우리나라에 재판권이 있다고 보아 유죄를 인정한 원심판결에 재판권 인정에 관한 법리오해의 위법이 있다고 한 사례.

3 형법 제6조 본문에 의하여 외국인이 대한민국 영역 외에서 대한민국 국민에 대하여 범죄를 저지른 경우 우리 형법이 적용되지만, 같은 조 단서에 의하여 행위지 법률에 의하여 범죄를 구성하지 아니하거나 소추 또는 형의 집행을 면제할 경우에는 우리 형법을 적용하여 처벌할 수 없고, 이 경우 행위지 법률에 의하여 범죄를 구성하는지는 엄격한 증명에 의하여 검사가 이를 증명하여야 한다.

4 캐나다 시민권자인 피고인이 투자금을 교부받더라도 선물시장에 투자하여 운용할 의사나 능력이 없음에도, 피해자들을 기망하여 투자금 명목의 돈을 편취하였다는 내용으로 기소된 사안에서, 공소사실 중 '피고인이 캐나다에 거주하는 대한민국 국민을 기망하여 캐나다에서 직접 또는 현지 은행계좌로 투자금을 수령한 부분'은 외국인이 대한민국 영역 외에서 대한민국 국민에 대하여 범죄를 저지른 경우에 해당하므로, 이 부분이 행위지인 캐나다 법률에 의하여 범죄를 구성하는지 및 소추 또는 형의 집행이 면제되는지를 심리하여 해당 부분이 행위지 법률에 의하여 범죄를 구성하고 그에 대한 소추나 형의 집행이 면제되지 않는 경우에 한하여 우리 형법을 적용하였어야 하는데도, 이에 관하여 아무런 증명이 없는 상황에서 공소사실 전부를 유죄로 인정한 원심판결에 재판권 인정에 관한 법리오해 및 심리미진의 위법이 있다고 한 사례.

전 문

피 고 인 피고인

상 고 인 피고인

변 호 인 변호사

원심판결 서울고법 2011. 5. 12. 선고 2010노2877 판결

주 문 원심판결을 파기하고, 사건을 서울고등법원에 환송한다.

이 유 상고이유에 대하여 판단한다.

1. 위조사문서행사의 점에 관하여

형법 제5조, 제6조의 각 규정에 의하면, 외국인이 외국에서 죄를 범한 경우에는 형법 제5조 제1호 내지 제7호에 열거된 죄를 범한 때와 형법 제5조 제1호 내지 제7호에 열거된 죄 이외에 대한민국 또는 대한민국 국민에 대하여 죄를 범한 때에만 대한민국 형법이 적용되어 우리나라에 재판권이 있게 되고, 여기서 '대한민국 또는 대한민국 국민에 대하여 죄를 범한 때'라 함은 대한민국 또는 대한민국 국민의 법익이 직접적으로 침해되는 결과를 야기하는 죄를 범한 경우를 의미한다. 그런데 형법 제234조의 위조사문서행사죄는 형법 제5조 제1호 내지 제7호에 열거된 죄에 해당하지 않고, 위조사문서행사 행위를 형법 제6조의 대한민국 또는 대한민국 국민의 법익을 직접적으로 침해하는 행위라고 볼 수도 없으므로, 이 사건 공소사실 중 캐나다 시민권자인 피고인이 캐나다에서 위조사문서를 행사한 행위에 대하여는 우리나라에 재판권이 없다고 할 것이다.

그럼에도 불구하고 원심은 피고인의 위조사문서행사 행위가 외국인의 국외범으로서 우리나라에 재판권이 있다고 판단하여 이 부분 공소사실을 유죄로 인정하였으니, 원심판결에는 재판권 인정에 관한 법리를 오해한 위법이 있고 이는 판결 결과에 영향을 미쳤음이 분명하다.

2. 사기의 점에 관하여

원심은, 제1심법원이 적법하게 조사하여 채택한 증거들에 의하여 피고인이 피해자들로부터 투자금을 교부받더라도 이를 선물시장에 투자하여 운용할 의사나 능력이 없었음에도 불구하고, 피해자 공소외인 등 19명에게 "투자금을 맡기면 선물시장에 투자하여 운용하겠다."고 기망하여 2007. 7. 30.부터 2009. 7. 13.경까지 피해자들로부터 합계 10,473,067,966원을 편취하였다고 인정하고, 이를 특정경제범죄 가중처벌 등에 관한 법률 위반(사기)죄 또는 형법상 사기죄에 해당한다고 판단하였다.

그러나 이 부분 원심판결도 다음과 같은 이유로 유지될 수 없다.

형법 제6조 본문에 의하여 외국인이 대한민국 영역 외에서 대한민국 국민에 대하여 범죄를 저지른 경우 우리 형법이 적용되지만, 같은 조 단서에 의하여 행위지의 법률에 의하여 범죄를 구성하지 아니하거나 소추 또는 형의 집행을 면제할 경우에는 우리 형법을 적용하여 처벌할 수 없고, 이 경우 행위지의 법률에 의하여 범죄를 구성하는지 여부에 대해서는 엄격한 증명에 의하여 검사가 이를 입증하여야 한다(대법원 2008. 7. 24. 선고 2008도4085 판결 등 참조).

그런데 기록에 의하면, 이 부분 공소사실 중에는 캐나다 시민권자인 피고인이 캐나다에 거주하는 대한민국 국민을 기망하여 캐나다에서 직접 또는 현지 은행계좌로 투자금을 수령한 경우가 다수 포함되어 있음을 알 수 있으므로, 이 경우에 해당하는 공소사실은 외국인이 대한민국 영역 외에서 대한민국 국민에 대하여 범죄를 저지른 경우에 해당한다. 따라서 원심으로서는 이 경우에 해당하는 공소사실이 행위지인 캐나다 법률에 의하여 범죄를 구성하는지 여부 및 소추 또는 형의 집행이 면제되는지 여부를 심리하여 해당 부분 공소사실이 행위지의 법률에 의하여 범죄를 구성하고 그에 대한 소추나 형의 집행이 면제되지 않는 경우에 한하여 우리 형법을 적용하였어야 할 것이다.

그럼에도 불구하고 원심은 이에 관하여 아무런 입증이 없는 상황에서 이 부분 공소사실 전부를 유죄로 인정한 제1심판결이 옳다고 보아 이를 유지하였으니, 이 부분 원심판결에도 재판권 인정에 관한 법리를 오해하여 심리를 다하지 않은 위법이 있다.

3. 결론

그러므로 원심판결을 파기하고, 사건을 다시 심리·판단하도록 원심법원에 환송하기로 하여 관여 대법관의 일치된 의견으로 주문과 같이 판결한다.

대법관 김능환(재판장) 안대희 이인복(주심)

대법원 2011.8.25. 선고 2010도7033 판결

【화물자동차운수사업법위반·위계공무집행방해】

판시사항

1 이미 허가를 받은 기존 사업자가 주기적으로 허가기준에 관한 사항을 신고하는 과정에서 부정한 방법을 사용한 경우, 구 화물자동차 운수사업법 제48조 제2호에서 정한 '부정한 방법으로 허가를 받고 사업을 경영한 자'에 해당하는지 여부(소극)

2 화물자동차 운송주선사업자인 피고인이 관할 행정청에 주기적으로 허가기준에 관한 사항을 신고하는 과정에서 허위 서류를 제출하는 부정한 방법으로 허가를 받고 사업을 경영하였다고 하며 구 화물자동차 운수사업법 위반으로 기소된 사안에서, 피고인은 기존 사업에 관하여 주기적 신고를 한 것이어서 같은 법 제48조 제2호의 처벌대상이 아니라고 본 원심판단을 수긍한 사례

3 신고인이 허위사실을 신고서에 기재하거나 허위의 소명자료를 첨부하여 행정청에 제출하는 행위가 형법상 '위계에 의한 공무집행방해죄'를 구성하는지 여부(원칙적 소극)

4 화물자동차 운송주선사업자인 피고인이 관할 행정청에 주기적으로 허가기준에 관한 사항을 신고하는 과정에서 허위 서류를 제출하는 부정한 방법으로 허가를 받아 위계로써 공무원의 직무집행을 방해하였다는 내용으로 기소된 사안에서, 피고인에게 유죄를 인정한 원심판결에 법리오해의 위법이 있다고 한 사례

판결요지

1 구 화물자동차 운수사업법(2008. 3. 21. 법률 제8979호로 전부 개정되기 전의 것, 이하 '구법'이라 한다) 제48조 제2호에서 정한 '부정한 방법으로 허가를 받고 사업을 경영한 자'란 화물자동차 운송주선사업에 대한 허가를 취득하는 과정에서 부정한 방법을 동원한 자만을 가리키는 것이므로, 이미 허가를 받은 기존 사업자가 구법 제21조 제5항, 제3조 제7항의 규정에 의하여 주기적으로 허가기준에 관한 사항의 신고를 하는 과정에서 부정한 방법을 사용하였더라도 구법 제48조 제2호 위반죄가 성립하지 아니한다.

2 화물자동차 운송주선사업자인 피고인이 관할 행정청에 주기적으로 허가기준에 관한 사항을 신고하는 과정에서 가장납입에 의하여 발급받은 허위의 예금잔액증명서를 제출하는 부정한 방법으로 허가를 받고 사업을 경영하였다고 하며 구 화물자동차 운수사업법(2008. 3. 21. 법률 제8979호로 전부 개정되기 전의 것, 이하 '구법'이라 한다) 위반으로 기소된 사안에서, 피고인은 이미 허가를 받은 기존의 운송주선사업에 관하여 관련 법규에 따라 주기적 신고를 한 것이지 새로이 사업의 허가를 신청한 것이 아니어서 구법 제48조 제2호의 처벌대상이 될 수 없다는 이유로, 피고인에게 무죄를 인정한 원심판단을 수긍한 사례.

3 신고인이 허위사실을 신고서에 기재하거나 허위의 소명자료를 첨부하여 제출하였더라도 관계 법령에 별도의 처벌규정이 있어 이를 적용하는 것은 별론으로 하고, 일반적으로 위와 같은 허위 신고가 형법상 위계에 의한 공무집행방해죄를 구성한다고 볼 수 없다. 다만 관계 법령이 비록 신고라는 용어를 사용하고 있지만 거기에 비교적 중대한 법률효과가 결부되어 있고, 이에 따라 행정청이 신고에 대하여 형식적·절차적 심사가 아닌 실질적·내용적 심사를 거친 후 수리 여부를 결정할 것을 예정함으로써 사실상 인·허가 등 처분의 신청행위와 다를 바 없다고 평가되는 예외적인 경우에는 위계에 의한 공무집행방해죄가 성립할 여지가 있으나, 이때에도 행정청이 나름대로 충분히 사실관계를 확인하더라도 신고내용이 허위이거나 법령의 취지에 맞지 아니함을 발견할 수 없었던 경우가 아니라면 심사를 담당하는 행정청이 신고내용이나 자료의 진실성을 충분히 따져보지 않은 채 경솔

하게 이를 믿고 어떠한 행위나 처분에 나아갔다고 하여 이를 신고인의 위계에 의한 결과로 볼 수 없으므로, 위계에 의한 공무집행방해죄는 성립하지 아니한다.

4 화물자동차 운송주선사업자인 피고인이 관할 행정청에 주기적으로 허가기준에 관한 사항을 신고하는 과정에서 가장납입에 의하여 발급받은 허위의 예금잔액증명서를 제출하는 부정한 방법으로 허가를 받아 위계로써 공무원의 직무집행을 방해하였다는 내용으로 기소된 사안에서, 제반 사정에 비추어 위 신고는 행정청의 단순한 접수나 형식적 심사를 거친 수리 외에 신고에 대응한 어떠한 적극적·실질적 행정작용에 나아갈 것이 예정되어 있다고 볼 수 없을 뿐 아니라, 행정청이 신고내용의 진실성이나 첨부자료의 취지를 제대로 따져보지 않아 추가 조사를 통한 적정한 관리감독권의 행사에 나아가지 않았더라도 이를 신고인의 위계에 의한 방해의 결과로 볼 수 없어 위계에 의한 공무집행방해죄가 성립한다고 볼 수 없는데도, 이와 달리 보아 피고인에게 유죄를 인정한 원심판결에 법리오해의 위법이 있다고 한 사례.

전 문

피 고 인 피고인

상 고 인 피고인 및 검사

변 호 인 법무법인

원심판결 울산지법 2010. 5. 19. 선고 2009노643 판결

주 문 원심판결을 파기하고, 사건을 울산지방법원 합의부에 환송한다.

이 유

1. 상고이유를 판단한다.

가. 검사의 상고이유에 대하여

구 화물자동차 운수사업법(2008. 3. 21. 법률 제8979호로 전부 개정되기 전의 것, 이하 '법'이라 한다) 제48조 제2호 소정의 '부정한 방법으로 허가를 받고 사업을 경영한 자'라 함은 화물자동차 운송주선사업에 대한 허가를 취득하는 과정에서 부정한 방법을 동원한 자만을 가리키는 것이므로(대법원 2009. 7. 23. 선고 2009도2259 판결 참조), 이미 허가를 받은 기존의 사업자가 법 제21조 제5항, 제3조 제7항의 규정에 의하여 허가기준에 관한 사항의 신고(이하 '이 사건 신고'라 한다)를 하는 과정에서 부정한 방법을 사용하였다고 하더라도 법 제48조 제2호 소정의 죄가 성립하지 아니한다.

같은 취지에서 원심이, 피고인은 이미 관할 행정청으로부터 허가를 받은 기존의 화물자동차 운송주선사업에 관하여 이 사건 신고를 한 것이지 새로이 화물자동차 운송주선사업의 허가를 신청한 것이 아니어서 법 제48조 제2호의 처벌대상이 될 수 없다는 이유로 이 사건 구 화물자동차 운수사업법 위반의 공소사실을 무죄로 판단한 것은 정당하고, 거기에 상고이유로 주장하는 바와 같은 법리오해 등의 위법이 없다.

나. 피고인의 상고이유에 대하여

위계에 의한 공무집행방해죄는 상대방의 오인, 착각, 부지를 일으키고 이를 이용하는 위계에 의하여 상대방으로 하여금 그릇된 행위나 처분을 하게 함으로써 공무원의 구체적이고 현실적인 직무집행을 방해하는 경우에 성립한다(대법원 1996. 10. 11. 선고 96도312 판결, 대법원 2000. 3. 24. 선고 2000도102 판결, 대법원 2009. 4. 23. 선고 2007도1554 판결 등 참조). 한편 신고는 사인(사인)이 행정청에 대하여 일정한 사실 또는 관념을 통지함으로써 공법상 법률효과가 발생하는 행위로서 원칙적으로 행정청에 대한 일방적 통고로 그 효과가 완성될 뿐 이에 대응하여 신고내용에 따라 법률효과를 부여하는 행정청의 행위나 처분을 예정하고 있지 아니하므로, 신고인이 허위사실을 신고서에 기재하거나 허위의 소명자료를 첨부하여 제출하였다고 하더라도 관계 법령에 별도의 처벌규정이 있어 이를 적용하는 것은 별론으로 하고, 일반적으로 위와 같은 허위 신고가 형법상 위계에 의한 공무집행방해죄를 구성한다고 볼 수 없다. 다만 관계 법령이 비록 신고라는 용어를 사용하고 있지만 거기에 비교적 중대한 법률효과가 결부되어 있고, 이에 따라 행정청이 신고에 대하여 형식적·절차적 심사가 아닌 실질적·내용적 심사를 거친 후 수리 여부를 결정할 것을 예정함으로써 사실상 인·허가 등 처분의 신청행위와 다를 바 없다고 평가되는 예외적인 경우에는 위계에 의한 공무집행방해죄가 성립할 여지가 있다고 할 것이나, 이때에도 행정청이 나름대로 충분히 사실관계를 확인하더라도 그 신고내용이 허위이거나 법령의 취지에 맞지 아니함을 발견할 수 없었던 경우가 아니라면 심사를 담당하는 행정청이 신고내용이나

자료의 진실성을 충분히 따져보지 않은 채 경솔하게 이를 믿고 어떠한 행위나 처분에 나아갔다고 하여 이를 신고인의 위계에 의한 결과로 볼 수 없으므로 위계에 의한 공무집행방해죄는 성립하지 아니한다(대법원 2002. 9. 4. 선고 2002도2064 판결, 대법원 2010. 10. 28. 선고 2008도9590 판결 등 참조).

원심판결 이유에 의하면 원심은, 법 제21조 제5항 및 법 시행령 제3조의2가 화물자동차 운송주선사업자는 허가를 받은 날로부터 3년마다 건설교통부령이 정하는 바에 따라 자본금 또는 자산평가액 등 허가기준에 관한 사항을 건설교통부장관에게 신고하도록 규정하고 있고, 이에 따라 법 시행규칙 제38조의2는 허가를 받은 날로부터 3년이 경과한 날로부터 3개월 이내에 [별지 제29호 서식]의 화물자동차 운송주선사업 허가사항신고서를 관할관청에 제출하여야 한다고 규정하고 있는 점, 법 제23조의2 제1항 제4호가 이 사건 신고를 하지 아니한 경우 허가를 취소하거나 6개월 이내의 기간을 정하여 사업의 정지를 명하도록 규정하고 있는 점, 법 시행규칙 [별지 제29호 서식] 앞면에 처리기간을 10일로 정하고 있고, 뒷면에는 이 사건 신고가 '신고서 작성 – 신고 – 접수 – 검토 – 사실 등 확인 – 수리 – 통보'의 절차로 처리된다고 명시되어 있는 점 등에 비추어 보면, 이 사건 신고는 행정청의 수리를 요하지 아니하는 자체완성적 신고가 아니라 행정청의 수리를 요하는 행정요건적 신고로서 그 실질에 있어서 갱신허가와 동일하고 그에 따라 그 신고를 담당하는 공무원은 신고에 관하여 실질적 심사권을 가진다고 판단하였다. 나아가 원심은, 이 사건 신고의 수리 업무를 담당한 공무원이 이 사건 신고서에 첨부된 자료의 진위 및 중복 여부에 관하여 확인절차를 거친 다음 신고수리 통보를 한 점, 이 사건 신고의 수리 업무를 담당한 공무원이 이 사건 신고서에 첨부된 예금잔액증명서의 진위 여부를 확인하는 것이 현실적으로 어려웠을 뿐만 아니라, 금융기관이 발행한 예금잔액증명서는 일반적으로 그 기재 내용을 신뢰할 수 있는 것인 점 등을 들어, 피고인이 가장납입의 방법으로 금융기관으로부터 발급받은 예금잔액증명서를 정상적으로 발급받은 것처럼 신고서에 첨부하여 담당공무원에게 제출함으로써 담당공무원의 신고수리, 허가취소 또는 영업정지처분 업무와 관련된 직무집행을 방해한 것으로 인정할 수 있다고 하여, 이 사건 위계에 의한 공무집행방해의 공소사실을 유죄로 판단하였다.

그러나 관계 법령 및 원심이 적법하게 채용한 증거들에 의하여 알 수 있는 다음과 같은 사정을 앞서 본 법리에 비추어 살펴보면, 원심의 위와 같은 판단은 정당한 것으로 수긍하기 어렵다.

즉, ① 관계 법령은 화물자동차 운송주선사업과 관련하여 허가사항과 신고사항을 명확히 구분하고 있는데 허가의 신청에 대하여는 이에 대응하는 허가행위라는 행정작용이 예정되어 있으나 이 사건 신고는 이를 통하여 사업자에게 새로운 법적 지위나 권리가 부여되는 것은 아니어서 단순한 접수나 수리 외에 그 신고에 직접 대응하는 구체적·적극적 행정작용이 예정되어 있지 않은 점, ② 관계 법령에서 이 사건 신고에 관하여 신고사항의 진실 여부 등을 심사하여 그 수리를 거부할 수 있다거나 신고사항의 흠이 발견되는 경우에는 그 신고의 수리 자체를 취소할 수 있다는 등의 실질적 심사에 관한 규정을 두고 있지 아니한 점, ③ 이 사건 신고를 법정기간 내에 하지 아니하거나 허가기준에 미달하는 내용으로 신고를 한 경우 행정청이 허가취소 또는 사업정지 등의 행정처분을 할 수 있으므로 허가기준을 충족하지 못하였음에도 마치 이를 충족한 것처럼 허위의 신고를 한 경우 일시적으로 허가취소나 사업정지의 제재처분을 피하는 결과에 이른다고 볼 수 있으나, 행정청이 이러한 제재처분에 나아가지 않은 부작위를 들어 이 사건 신고에 대응하는 구체적·적극적 행정작용이라고 보기는 어렵고, 행정청이 허가기준 충족 여부에 관한 사실조사를 통하여 허가취소 등의 처분에 나아가는 것은 이 사건 신고와 직접 연관되지 않은 별개의 행정작용으로 보아야 하는 점, ④ 이 사건 신고는 이미 허가를 받은 사업자가 허가기준에 부합하는 자본금 등의 요건을 유지하고 있는지 여부를 행정청이 정기적으로 확인하여 그 요건이 미비된 경우에 허가를 취소하는 등의 제재에 나아갈 것인지 여부를 결정하는 데 필요한 자료를 일차적으로 사업자의 협력을 통하여 얻는 것에 불과하고, 행정청이 사업자의 신고내용에 사실상 기속되어 그 내용을 진실한 것으로 믿는 것 외에 달리 이를 확인할 방법이 없다고 보기 어려운 점, ⑤ 법 시행규칙 제14조 제2항 제2호는 이 사건 신고에 첨부할 서류로 '자본금을 확보하고 있음을 증명하는 서류'를 요구하고 있는데, 피고인이 이 사건 신고서에 첨부한 예금잔액증명서는 특정 시점에 그 기재된 금액의 예금을 보유하고 있음을 증명하는 서류에 불과하고 계좌명의인이 상당한 기간 동안 위 예금을 지속적으로 보유하고 있음을 증명하는 서류가 아님이 문면상 분명하므로, 만일 행정청이 자본금 상당의 예금이 사업기간 동안 지속적으로 유지되고 있음을 확인하고자 하였다면 피고인에 대하여 해당 기간의 예금평균잔액증명서의 제출을 요구하거나 피고인의 동의를 얻어 직접 금융기관에 조회하는 등으로 이를 쉽게 확인할 수 있었음에도 이러한 조치를 취하지 않은 점 등에 비추어 보면, 이 사건 신고는 행정청이 단순한 접수나 형식적 심사를 거친 수리 외에 신고에 대응한 어떠한 적극적·실질적 행정작용에까지 나아갈 것이 예정되어 있다고 볼 수 없을 뿐만 아니라, 행정청이 신고내용의 진실성이나 첨부자료의 취지를 제대로 따져보지 않아 추가 조사를 통한 적정한 관리감독권의 행사에 나아가지 않았다고 하더라도 이를 신고인의 위계에 의한 방해의 결과로 볼 수 없어 어느 모로 보나 위계에 의한 공무집행방해죄가 성립한다고 볼 수 없다.

그럼에도 원심은 이 사건 신고의 법적 성격을 오해한 나머지 그 신고에 따른 수리 및 이를 전제로 하는 허가취소 등 직무의 집행이 피고인의 위계에 의하여 방해되었다고 보아 이 부분 공소사실을 유죄로 인정하고 말았으니, 그 판단에는 관련 법리를 오해하여 판결에 영향을 미친 위법이 있다. 이 점을 지적하는 취지의 상고논지에는 정당한 이유가 있다.

2. 직권으로 판단한다.

원심판결 이유에 의하면, 원심은 이 사건 공소사실에 적시된 구 화물자동차 운수사업법 위반죄와 위계에 의한 공무집행방해죄가 상상적 경합관계에 있다고 전제한 다음, 위와 같이 무죄로 판단한 이 사건 구 화물자동차 운수사업법 위반의 공소사실에 대하여 주문에서 따로 무죄를 선고하지 아니하였다.

그러나 법 제48조 제2호 소정의 죄는 그 구성요건이 '부정한 방법으로 허가를 받는 행위'가 아니라 '허가를 받지 아니하거나 부정한 방법으로 허가를 받고 사업을 경영한 행위'라는 점을 감안하면, 이 사건 구 화물자동차 운수사업법 위반의 행위와 위계에 의한 공무집행방해의 행위는 그 보호법익 및 시기와 형태 등을 달리하는 별개의 행위로서 두 죄는 실체적 경합범의 관계에 있다고 봄이 상당하다.

따라서 이 사건 구 화물자동차 운수사업법 위반의 공소사실에 대하여는 주문에서 무죄를 선고하였어야 하는데도 이를 간과하여 무죄를 선고하지 아니한 원심판결에는 상상적 경합범에 관한 법리를 오해하여 판결에 영향을 미친 위법이 있다(대법원 2009. 2. 12. 선고 2008도8661 판결 등 참조).

3. 결론

그렇다면 원심판결 중 위계에 의한 공무집행방해의 점은 파기되어야 하고, 이와 형법 제37조 전단의 경합범 관계에 있는 구 화물자동차 운수사업법 위반의 점도 그에 대한 무죄의 선고가 누락된 이상 파기를 면할 수 없으므로, 원심판결을 전부 파기하고 사건을 다시 심리·판단하게 하기 위하여 원심법원에 환송하기로 하여, 관여 대법관의 일치된 의견으로 주문과 같이 판결한다.

대법관 김능환(재판장) 안대희 이인복(주심)

대법원 2011.8.18. 선고 2011도6904 판결

【공직선거법위반·명예훼손·무고·정보통신망이용촉진및정보보호등에관한법률위반(명예훼손)】

판시사항

[1] 명예훼손죄 성립에 필요한 '사실의 적시' 정도

[2] 피고인이 제5회 전국동시지방선거에서 군수로 당선된 갑을 비방하는 내용의 문자메시지를 마치 관할 지방검찰청 지청에서 발신하는 것처럼 기자들에게 발송하여 해당 지청장 또는 지청 구성원의 명예를 훼손하였다는 내용으로 기소된 사안에서, 이들의 사회적 가치나 평가를 저하시키기에 충분한 구체적인 사실의 적시가 있다고 볼 수 없는데도, 이와 달리 본 원심판단에 법리오해 등의 위법이 있다고 한 사례

판결요지

[1] 명예훼손죄가 성립하기 위하여는 사실의 적시가 있어야 하고, 적시된 사실은 이로써 특정인의 사회적 가치 내지 평가가 침해될 가능성이 있을 정도로 구체성을 띠어야 한다. 그리고 특정인의 사회적 가치나 평가를 저하시키기에 충분한 구체적인 사실의 적시가 있다고 하기 위해서는, 반드시 그러한 구체적인 사실이 직접적으로 명시되어 있을 것을 요구하는 것은 아니지만, 적어도 적시된 내용 중의 특정 문구에 의하여 그러한 사실이 곧바로 유추될 수 있을 정도는 되어야 한다.

[2] 피고인이 제5회 전국동시지방선거에서 군수로 당선된 갑 후보의 운전기사 을이 공직선거법 위반으로 구속되었다는 소문을 듣고, 마치 관할 지방검찰청 지청에서 을에 대한 수사상황이나 피의사실을 공표하는 것처럼 갑을 비방하는 내용의 문자메시지를 기자들에게 발송하여 해당 지청장 또는 지청 구성원의 명예를 훼손하였다는 내용으로 기소된 사안에서, 공소사실 기재 문자메시지는 '관할 지청에서 을을 구속하고 갑 군수를 조사하고 있다'는 취지의 내용으로 보일 뿐이고, 피고인이 지청장실 전화번호 끝자리를 생략한 허위 발신번호를 게재한 사정까지 함께 고려하더라도 문자메시지 내용에서 '지청장 또는 지청 구성원이 그와 같은 내용을 알린다'는 사실이 곧바로 유추될 수 있다고 보이지 않으므로, 위 문자메시지에 의하여 지청장 또는 지청 구성원의 사회적 가치나 평가를 저하시키기에 충분한 구체적인 사실의 적시가 있다고 볼 수 없는데도, 이와 달리 본 원심판단에 명예훼손죄에서 사실의 적시에 관한 법리 등을 오해한 위법이 있다고 한 사례.

전 문

피 고 인 피고인

상 고 인 피고인 및 검사

변 호 인 법무법인

원심판결 부산고법 2011. 5. 24. 선고 (창원)2011노5 판결

주 문 원심판결 중 유죄 부분을 파기하고, 이 부분 사건을 부산고등법원에 환송한다. 검사의 무죄 부분에 대한 상고를 기각한다.

이 유 상고이유를 판단한다.

1. 피고인의 상고이유에 대하여

명예훼손죄가 성립하기 위하여는 사실의 적시가 있어야 하고, 적시된 사실은 이로써 특정인의 사회적 가치 내지 평가가 침해될 가능성이 있을 정도로 구체성을 띠어야 한다(대법원 1994. 6. 28. 선고 93도696 판결, 대법원 2003. 6. 24. 선고 2003도1868 판결 등 참조). 그리고 특정인의 사회적 가치나 평가를 저하시키기에 충분한 구

체적인 사실의 적시가 있다고 하기 위해서는, 반드시 그러한 구체적인 사실이 직접적으로 명시되어 있을 것을 요구하는 것은 아니지만, 적어도 적시된 내용 중의 특정 문구에 의하여 그러한 사실이 곧바로 유추될 수 있을 정도는 되어야 한다(대법원 2007. 6. 15. 선고 2004도4573 판결 참조).

이 부분 공소사실의 요지는, "피고인은 제5회 전국동시지방선거에서 ○○군수로 당선된 공소외 1 후보의 운전기사였던 공소외 2가 공직선거법 위반죄로 구속되었다는 소문을 듣게 된 것을 기화로, 사실은 공소외 2가 공소외 1의 보좌관이 아니고, 창원지방검찰청 △△지청장 또는 △△지청 구성원이 기자들에게 문자를 보내는 방법으로 공소외 2에 대한 수사상황이나 피의사실을 공표한 사실이 전혀 없음에도, 공소외 1을 비방하는 내용의 문자를 △△지청에서 발신하는 것처럼 가장하여 보내기로 마음먹고, 2010. 11. 21. 15:18경 경남 (이하 생략)에 있는 피고인의 주거지에서, 컴퓨터를 이용하여 주식회사 케이티에서 운영하는 문자메시지 대량발송이 가능한 통합메시지서비스인 크로샷닷컴사이트(www.xroshot.com)를 통해 경남일보 기자인 공소외 3 등 8명의 기자들에게 발신번호가 △△지청(지청장실: 전화번호 1 생략)인 것처럼 허위의 발신번호를 게재하여 마치 △△지청장 또는 △△지청 구성원이 공소외 2에 대한 수사상황과 피의사실을 미리 알려주는 것처럼 '발신번호: 전화번호 2 생략/11. 20. △△지청, ○○군수 보좌관 공소외 2 멸치 500포 살포혐의 구속, 이 군수 집중 조사 중'이라는 허위 내용의 문자를 발송함으로써 공연히 허위의 사실을 적시하여 피해자인 창원지방검찰청 △△지청장 또는 △△지청 구성원의 명예를 훼손하였다."는 것이다. 그런데 공소사실에 기재된 이 사건 문자메시지는 '△△지청에서 공소외 2를 구속하고 이 군수를 조사하고 있다'는 취지의 내용으로 보일 뿐 '△△지청장 또는 △△지청 구성원이 그와 같은 내용을 알린다'는 내용으로 볼 수는 없고, 피고인이 △△지청 지청장실의 전화번호 끝자리를 생략한 허위의 발신번호를 게재한 사정까지 함께 고려하더라도 이 사건 문자메시지의 내용에서 '△△지청장 또는 △△지청 구성원이 그와 같은 내용을 알린다'는 사실이 곧바로 유추될 수 있다고 보이지 아니하며, 실제로 기록에 의하면 이 사건 문자메시지를 받은 기자들 중 다수가 이 사건 문자메시지를 누가 발송한 것인지 몰랐다고 진술한 사실을 알 수 있다. 따라서 이 사건 문자메시지를 받은 상대방들이 발신번호의 유사성에 근거하여 △△지청장 또는 △△지청 구성원이 이 사건 문자메시지를 발송하였다고 추측할 가능성 자체를 배제할 수는 없다고 하더라도, 그와 같은 가능성만으로 이 사건 문자메시지에 의하여 △△지청장 또는 △△지청 구성원의 사회적 가치나 평가를 저하시키기에 충분한 구체적인 사실의 적시가 있다고 볼 수는 없다. 그럼에도 불구하고 원심이 그 판시와 같은 이유만으로 피고인이 이 사건 문자메시지를 발송한 행위에 대하여 △△지청장 또는 △△지청 구성원의 인격적 가치에 대한 사회적 평가를 저하시킬 만한 성질의 사실을 적시한 것이라고 판단한 것에는 명예훼손죄에 있어서 사실의 적시에 관한 법리 등을 오해하여 판결 결과에 영향을 미친 위법이 있다. 이를 지적하는 취지의 상고이유의 주장은 이유 있다.

2. 검사의 무죄 부분에 대한 상고이유에 대하여

원심판결 이유를 기록에 비추어 살펴보면, 원심이 그 판시와 같은 이유로 이 사건 공소사실 중 공직선거법 위반, 공소외 4에 대한 명예훼손, 무고의 점에 대하여 그 범죄사실의 증명이 없다고 보아 무죄를 선고한 것은 정당하고, 거기에 논리와 경험의 법칙에 위배하고 자유심증주의의 한계를 벗어난 위법이 없다.

3. 결론

그러므로 피고인의 나머지 상고이유에 대한 판단을 생략한 채 원심판결 중 유죄 부분을 파기하고, 이 부분 사건을 다시 심리·판단하게 하기 위하여 원심법원에 환송하며, 검사의 무죄 부분에 대한 상고를 기각하기로 하여 관여 대법관의 일치된 의견으로 주문과 같이 판결한다.

대법관 전수안(재판장) 김지형 양창수 이상훈(주심)

대법원 2011.8.18. 선고 2010도9570 판결

【절도·공무상표시무효·방실침입】

판시사항

[1] 갑 주식회사 감사인 피고인이 회사 경영진과의 불화로 한 달 가까이 결근하다가 자신의 출입카드가 정지되어 있는데도 이른 아침에 경비원에게서 출입증을 받아 컴퓨터 하드디스크를 절취하기 위해 회사 감사실에 들어간 사안에서, 위 방실침입 행위가 정당행위에 해당하지 않는다고 본 원심판단을 수긍한 사례

[2] 타인의 재물을 점유자의 승낙 없이 무단 사용하는 경우, 절도죄의 '불법영득의사' 인정 여부

[3] 갑 주식회사 감사인 피고인이 회사 경영진과의 불화로 한 달 가까이 결근하다가 회사 감사실에 침입하여 자신이 사용하던 컴퓨터에서 하드디스크를 떼어간 후 4개월 가까이 지난 시점에 반환한 사안에서, 피고인이 하드디스크를 일시 보관 후 반환하였다고 평가하기 어려워 불법영득의사를 인정할 수 있다고 본 원심판단을 수긍한 사례

전 문

피 고 인 피고인

상 고 인 피고인

원심판결 대전지법 2010. 7. 9. 선고 2010노990 판결

주 문 상고를 기각한다.

이 유 상고이유를 본다.

1. 방실침입의 점에 대하여

원심판결 이유에 의하면, 원심은, 정당행위로 인정되기 위하여는 그 행위의 동기나 목적의 정당성뿐만 아니라 행위의 수단이나 방법의 상당성, 보호법익과 침해이익과의 법익균형성, 긴급성, 보충성 등의 요건을 갖추어야 할 것이라고 한 다음, 피고인이 공소외 주식회사의 감사였고 경비원으로부터 출입증을 받아서 감사실에 들어간 것이라고 하더라도, 피고인이 공소외 주식회사의 경영진과의 불화로 한 달 가까이 결근하다가 오전 6:48경에 피고인의 출입카드가 정지되어 있음에도 경비원으로부터 출입증을 받아 컴퓨터 하드디스크를 절취하기 위해 공소외 주식회사 감사실에 침입한 행위는 그 수단, 방법의 상당성을 결하는 것으로서 정당행위에 해당하지 않는다고 판단하였다.

원심판결 이유를 기록에 비추어 살펴보면, 원심의 이러한 판단은 정당한 것으로 수긍할 수 있다.

원심판결에는 상고이유에서 주장하는 바와 같이 「형법」상 정당행위에 관한 법리를 오해한 위법이 없다.

2. 절도의 점에 대하여

절도죄에 있어서의 불법영득의 의사는 영구적으로 그 물건의 경제적 이익을 보유할 의사가 필요치 아니하여도 소유권 또는 이에 준하는 본권을 침해하는 의사, 즉 목적물의 물질을 영득할 의사나 물질의 가치만을 영득할 의사라도 영득의 의사가 있다고 할 것이고(대법원 1981. 10. 13. 선고 81도2394 판결 등 참조), 타인의 재물을 점유자의 승낙 없이 무단 사용하는 경우에 있어서 그 사용으로 인하여 물건 자체가 가지는 경제적 가치가 상당한 정도로 소모되거나 또는 사용 후 그 재물을 본래 있었던 장소가 아닌 다른 장소에 버리거나 곧 반환하지 아니하고 장시간 점유하고 있는 것과 같은 때에는 그 소유권 또는 본권을 침해할 의사가 있다고 보아 불법영득의 의사를 인정할 수 있을 것이다(대법원 2006. 3. 9. 선고 2005도7819 판결 등 참조).

위 법리와 기록에 비추어 살펴보면, 원심이 그 판시와 같은 사정을 들어, 피고인이 공소외 주식회사 감사실의 컴퓨터에서 하드디스크를 떼어갔다가 일시 보관한 후 반환하였다고 평가하기는 어렵고 불법영득의사를 인정할 수 있다고 판단한 것은 정당한 것으로 수긍할 수 있다.

원심판결에는 상고이유에서 주장하는 바와 같이 불법영득의사에 관한 법리를 오해하는 등의 위법이 없다.

그 밖의 상고이유 주장은 위 컴퓨터의 점유의 타인성이 인정되지 않는다거나 공소외 주식회사의 경영상의 비리를 고발하기 위하여 하드디스크를 가지고 나온 것이므로 절도의 고의가 없다는 것이나, 공소외 주식회사의

소유로서 공소외 주식회사 사무실에 설치된 컴퓨터가 피고인이 재직 중 사용하였던 것이라고 하여 피고인의 단독 점유에 속하는 물건이라고 할 수 없고, 피고인이 위와 같이 불법영득의사로 공소외 주식회사의 관리하에 있는 공소외 주식회사 소유의 물건을 가지고 나온 이상 절도죄의 고의가 없다고도 할 수 없다.

상고이유에서 들고 있는 대법원 1995. 9. 5. 선고 94도3033 판결은 피고인이 상사의 질책을 듣고 홧김에 사표를 제출한 후 평소 전적으로 관리하던 회사 비자금 서류 등이 든 가방을 들고 회사를 나갔다가 사표 제출 후에도 정상적으로 근무한 사안으로서, 이 사건과는 사안을 달리하여 그대로 원용하기에 적절하지 아니하다.

3. 공무상표시무효의 점에 대하여

원심판결 이유를 기록에 비추어 살펴보면, 원심이 그 판시와 같은 사실을 인정한 다음, 피고인은 자신이 사용하던 컴퓨터가 가압류 집행 대상이라는 점을 알고 있었다고 봄이 상당하다고 판단하여 이 부분 공소사실을 유죄로 인정한 것은 정당한 것으로 수긍할 수 있다.

원심판결에는 원심의 전권사항에 속하는 증거의 취사선택 등에 있어서 논리와 경험의 법칙에 위배하고 자유심증주의의 한계를 벗어나거나 심리미진 등의 위법이 없다.

4. 결론

그러므로 상고를 기각하기로 하여, 관여 대법관의 일치된 의견으로 주문과 같이 판결한다.

대법관 양창수(재판장) 김지형(주심) 전수안 이상훈

대법원 2011.8.18. 선고 2010도10290 판결

【배임수재·뇌물공여·배임증재】

판시사항

[1] 배임수재죄 구성요건 중 '부정한 청탁'의 의미와 판단 기준

[2] 대학병원 등의 의사인 피고인들이, 의약품을 사용해 준 대가 또는 향후 의약품을 지속적으로 납품할 수 있도록 해달라는 청탁의 취지로 제약회사 등이 제공하는 의약품에 관한 '시판 후 조사' 연구용역계약을 체결하고 연구비 명목의 돈을 수수하였다고 하며 배임수재의 공소사실로 기소된 사안에서, 연구용역계약이 의학적 관점에서 정당하게 체결되어 수행되었다고 본 원심판단을 수긍한 사례

[3] 대학병원 의사인 피고인이, 의약품 등을 지속적으로 납품할 수 있도록 해달라는 부정한 청탁 또는 의약품 등을 사용해 준 대가로 제약회사 등으로부터 명절 선물이나 골프접대 등 향응을 제공받았다고 하여 배임수재죄로 기소된 사안에서, 피고인에게 유죄를 인정한 원심판단을 수긍한 사례

판결요지

[1] 형법 제357조 제1항이 규정하는 배임수재죄는 타인의 사무를 처리하는 자가 임무에 관하여 부정한 청탁을 받고 재물 또는 재산상 이익을 취득하는 경우에 성립하는 범죄로서, 재물 또는 이익을 공여하는 사람과 취득하는 사람 사이에 부정한 청탁이 개재되지 않는 한 성립하지 않는다. 여기서 '부정한 청탁'이란 반드시 업무상 배임의 내용이 되는 정도에 이를 것을 요하지 않으며, 사회상규 또는 신의성실의 원칙에 반하는 것을 내용으로 하면 족하고, 이를 판단할 때에는 청탁의 내용 및 이에 관련한 대가의 액수, 형식, 보호법익인 거래의 청렴성 등을 종합적으로 고찰하여야 한다.

[2] 대학병원 등의 의사인 피고인들이, 의약품인 조영제를 사용해 준 대가 또는 향후 조영제를 지속적으로 납품할 수 있도록 해달라는 청탁의 취지로 제약회사 등이 제공하는 조영제에 관한 '시판 후 조사'(PMS, Post Marketing Surveillance) 연구용역계약을 체결하고 연구비 명목의 돈을 수수하였다고 하여 배임수재의 공소사실로 기소된 사안에서, 연구목적의 적정성 및 필요성, 연구결과 신뢰성을 확보하려는 노력의 유무, 연구 수행과정과 방법의 적정성 및 결과 충실성, 연구대가의 적정성 등 제반 사정에 비추어, 연구용역계약은 의학적 관점에서 필요성에 따라 근거와 이유를 가지고 정당하게 체결되어 수행되었을 뿐, 제약회사 등의 조영제 납품에 관한 부정한 청탁 또는 대가 지급 의도로 체결된 것으로 볼 수 없다고 한 원심판단을 수긍한 사례.

[3] 대학병원 의사인 피고인이, 의약품인 조영제나 의료재료를 지속적으로 납품할 수 있도록 해달라는 부정한 청탁 또는 의약품 등을 사용해 준 대가로 제약회사 등으로부터 명절 선물이나 골프접대 등 향응을 제공받았다고 하여 배임수재의 공소사실로 기소된 사안에서, 피고인이 실질적으로 조영제 등의 계속사용 여부를 결정할 권한이 있었고, 단순히 1회에 그치지 않고 여러 차례에 걸쳐 선물과 향응을 제공받았으며, 제약회사 등은 피고인과 유대강화를 통해 지속적으로 조영제 등을 납품하기 위하여 이를 제공한 점 등의 사정을 종합할 때, 피고인은 '타인의 사무를 처리하는 자'에 해당하고, 피고인이 받은 선물, 골프접대비, 회식비 등은 부정한 청탁의 대가로서 단순한 사교적 의례 범위에 해당하지 않는다는 이유로, 피고인에게 유죄를 인정한 원심판단을 수긍한 사례.

전 문

피 고 인 피고인 1 외 5인

상 고 인 피고인 2 및 검사

변 호 인 법무법인

원심판결 서울고법 2010. 7. 16. 선고 2010노676 판결

주 문 상고를 각 기각한다.

이 유 상고이유를 판단한다.

1. 검사의 상고이유에 대하여

형법 제357조 제1항이 규정하는 배임수재죄는 타인의 사무를 처리하는 자가 그 임무에 관하여 부정한 청탁을 받고 재물 또는 재산상 이익을 취득하는 경우에 성립하는 범죄로서 재물 또는 이익을 공여하는 사람과 취득하는 사람 사이에 부정한 청탁이 개재되지 않는 한 성립하지 않는다고 할 것인데, 여기서 '부정한 청탁'이라 함은 반드시 업무상 배임의 내용이 되는 정도에 이를 것을 요하지 않으며, 사회상규 또는 신의성실의 원칙에 반하는 것을 내용으로 하는 것이면 족하고, 이를 판단함에 있어서는 청탁의 내용 및 이에 관련한 대가의 액수, 형식, 보호법익인 거래의 청렴성 등을 종합적으로 고찰하여야 한다(대법원 2008. 12. 11. 선고 2008도6987 판결 등 참조).

원심판결 이유에 의하면, 원심은, 이 사건 각 '시판 후 조사'(PMS, Post Marketing Surveillance) 연구용역계약(이하 '이 사건 각 PMS 계약'이라 한다)이 명목적인 것에 불과하여 실제로는 의약품의 납품에 관한 부정한 청탁의 수단으로 이루어진 것인지 여부를 판단함에 있어서, 의뢰자인 제약회사 등의 입장에서는 연구목적의 적정성 및 필요성, 조사증례수 및 증례보고서가 연구목적에 부합하는지 여부, 조사기관(병원) 선정방식의 적정성, 연구결과의 신뢰성을 확보하려는 노력의 유무, 해당 의약품의 선택 및 사용량에 영향을 미치려는 의도의 유무, 연구의뢰와 의약품의 판매 간 관련성 유무 등을, 의사의 입장에서는 연구목적의 필요성, 연구 수행과정과 방법의 적정성 및 결과의 충실성, 연구대가의 적정성 등을 종합적으로 고려하여야 한다고 전제하였다. 나아가 원심은 그 채용 증거에 의하여 그 판시와 같은 사실, 즉 조영제는 다량의 약물이 짧은 시간 동안 인체에 주입되는 특성상 다른 의약품에 비하여 이상반응 발현율이 높고, 그에 관한 시판허가를 받았다고 하더라도 다양한 체질과 위험인자를 가진 수많은 사람들에게 투여되게 되므로 시판 후 조사를 실시할 필요성이 있으며, 의사인 피고인들로서도 조영제의 유효성과 부작용, 다른 약물과 병용하였을 때의 특이성 등을 임상에서 확인할 기회를 갖게 되므로 그 의학적 필요성이 있는 사실, 이 사건 각 PMS 계약을 통한 증례보고서는 모두 적정하게 작성되어 전부 수거되었고 일부 부작용이 확인된 ○○헬스케어의 의약품에 관하여는 보건당국과 학계에 보고되기도 하였던 사실, 연구비 지급과 관련하여서는 소득세 등 원천징수가 이루어졌고 지급된 금액도 한국제약협회가 채택한 '보험용 의약품의 거래에 관한 공정경쟁규약' 및 그 세부운용기준에 정한 금액의 범위 내였던 사실 등을 인정한 다음, 이 사건 각 PMS 계약은 의학적 관점에서 그 필요성에 따라 근거와 이유를 가지고 정당하게 체결되어 수행된 것으로 봄이 상당하고, 그것이 이 사건 각 회사의 조영제 납품에 관한 부정한 청탁 또는 그 대가 지급의 의도로 체결되어 수행된 것으로는 볼 수 없다고 판단하였다.

앞서 본 법리와 기록에 비추어 살펴보면, 원심의 위와 같은 판단은 정당한 것으로 수긍이 간다.

원심판결에는 상고이유의 주장과 같이 배임수증재죄에 있어서 '부정한 청탁'에 관한 법리를 오해하였거나 논리와 경험의 법칙에 위배하고 자유심증주의의 한계를 벗어나는 등의 위법이 없다.

2. 피고인 2의 상고이유에 대하여

배임수재죄의 주체로서 '타인의 사무를 처리하는 자'라 함은 타인과의 대내관계에 있어서 신의성실의 원칙에 비추어 그 사무를 처리할 신임관계가 존재한다고 인정되는 자를 의미하고, 반드시 제3자에 대한 대외관계에서 그 사무에 관한 권한이 존재할 것을 요하지 않으며, 또 그 사무가 포괄적 위탁사무일 것을 요하는 것도 아니고, 사무처리의 근거, 즉 신임관계의 발생근거는 법령의 규정, 법률행위, 관습 또는 사무관리에 의하여도 발생할 수 있으며, 배임수재죄에 있어 '임무에 관하여'라 함은 타인의 사무를 처리하는 자가 위탁받은 사무를 말하는 것이나 이는 그 위탁관계로 인한 본래의 사무뿐만 아니라 그와 밀접한 관계가 있는 범위 내의 사무도 포함되고, 나아가 고유의 권한으로서 그 처리를 하는 자에 한하지 않고 그 자의 보조기관으로서 직접 또는 간접으로 그 처리에 관한 사무를 담당하는 자도 포함된다(대법원 2007. 7. 12. 선고 2005도10203 판결 등 참조). 한편 타인의 사무를 처리하는 자가 받은 재물이나 재산상의 이익이 단순한 사교적 의례의 범위에 속하는지 여부를 판단함에 있어서는 수재자와 증재자 사이의 관계, 재물이나 재산상의 이익을 제공받은 동기 및 경위와 그 횟수 등을 종합적으로 고려하여야 할 것이다(대법원 1996. 12. 6. 선고 96도144 판결 참조).

원심은, 제1심이 그 채용 증거에 의하여 인정한 사실을 인용한 다음, 피고인 2는 제약회사 등으로부터 조영제나 의료재료를 납품받은 병원의 의사로서 실질적으로 조영제 등의 계속사용 여부를 결정할 권한이 있었고, 위 피고인이 단순히 1회에 그친 것이 아니라 여러 차례에 걸쳐 제약회사 등으로부터 명절 선물을 받고 골프접대 등 향응을 제공받았으며, 제약회사 등은 위 피고인과의 유대강화를 통하여 지속적으로 조영제나 의료재료를 납품하기 위하여 이를 제공한 것인 점 등의 사정을 종합하여, 위 피고인은 배임수재죄에 있어서 '타인의 사무를 처

리하는 자'에 해당하고 위 피고인이 받은 선물, 골프접대비, 회식비 등은 부정한 청탁의 대가로서 단순한 사교적 의례의 범위에 해당하지 않는다는 이유로, 위 피고인에 대하여 유죄를 선고한 제1심판결을 그대로 유지하였다.

앞서 본 법리와 기록에 비추어 살펴보면 원심의 위와 같은 사실인정과 판단은 정당한 것으로 수긍이 간다.

원심판결에는 상고이유의 주장과 같이 배임수재죄에 있어서 '타인의 사무를 처리하는 자'나 '부정한 청탁', '재물 또는 재산상의 이익 취득'에 관한 법리를 오해하였거나 논리와 경험의 법칙에 위배하고 자유심증주의의 한계를 벗어나는 등의 위법이 없다.

3. 결론

그러므로 상고를 각 기각하기로 하여, 관여 대법관의 일치된 의견으로 주문과 같이 판결한다.

대법관 양창수(재판장) 김지형(주심) 전수안 이상훈

대법원 2011.7.28. 선고 2011도6115 판결

【사기·강제집행면탈】

판시사항

[1] 강제집행면탈죄의 객체인 '재산'에 '장래의 권리'가 포함되는지 여부(한정 적극)

[2] 피해자 갑은 을의 채권자로서 을이 병 소유 부동산 경매사건에서 지급받을 배당금 채권의 일부에 가압류를 해 두었는데, 피고인과 병, 을의 상속인 등이 공모하여 병의 을에 대한 채무가 완제된 것처럼 허위의 채무완제확인서를 작성하여 법원에 제출하는 등의 방법으로 매각허가결정된 병 소유 부동산의 경매를 취소하였다는 내용으로 기소된 사안에서, 피고인에게 강제집행면탈죄를 인정한 원심판단을 수긍한 사례

판결요지

[1] 강제집행면탈죄의 객체인 재산은 채무자의 재산 중에서 채권자가 민사집행법상 강제집행 또는 보전처분의 대상으로 삼을 수 있는 것을 의미하는데, 장래의 권리라도 채무자와 제3채무자 사이에 채무자의 장래청구권이 충분하게 표시되었거나 결정된 법률관계가 존재한다면 재산에 해당하는 것으로 보아야 한다.

[2] 피해자 갑은 을의 채권자로서 을이 병 소유 부동산 경매사건에서 지급받을 배당금 채권의 일부에 가압류를 해 두었는데, 을 사망 후 피고인과 병, 을의 상속인 등이 공모하여 병의 을에 대한 채무가 완제된 것처럼 허위의 채무완제확인서를 작성하여 법원에 제출하는 등의 방법으로 매각허가결정된 병 소유 부동산의 경매를 취소하였다는 내용으로 기소된 사안에서, 을의 상속인들이 병 소유 부동산의 경매절차에서 배당받을 배당금지급채권은 강제집행면탈죄의 객체인 '재산'에 해당하고, 피고인 등이 병의 을에 대한 채권이 완제된 것처럼 가장하여 을의 상속인 등을 상대로 청구이의의 소를 제기하고 그 판결에 기하여 강제집행정지 및 경매취소에 이르게 한 행위는 소유관계를 불명하게 하는 방법에 의한 '재산의 은닉'에 해당한다는 이유로, 피고인에게 강제집행면탈죄를 인정한 원심판단을 수긍한 사례.

전 문

피 고 인 피고인

상 고 인 피고인

변 호 인 변호사

원심판결 서울중앙지법 2011. 4. 29. 선고 2011노228 판결

주 문 상고를 기각한다.

이 유 상고이유를 판단한다.

1. 형법 제327조의 강제집행면탈죄는 강제집행을 당할 구체적인 위험이 있는 상태에서 재산을 은닉, 손괴, 허위양도 또는 허위의 채무를 부담하여 채권자를 해할 때 성립한다. 여기서 강제집행면탈죄의 객체인 재산은 채무자의 재산 중에서 채권자가 민사집행법상 강제집행 또는 보전처분의 대상으로 삼을 수 있는 것을 의미하는바(대법원 2008. 9. 11. 선고 2006도8721 판결 참조), 장래의 권리라도 채무자와 제3채무자 사이에 채무자의 장래청구권이 충분하게 표시되었거나 결정된 법률관계가 존재한다면 재산에 해당하는 것으로 보아야 한다. 또한 강제집행면탈죄에 있어서의 '재산의 은닉'이라 함은 강제집행을 실시하는 자에 대하여 재산의 발견을 불능 또는 곤란케 하는 것을 말하는 것으로서 재산의 소재를 불명케 하는 경우는 물론 그 소유관계를 불명하게 하는 경우도 포함한다(대법원 2003. 10. 9. 선고 2003도3387 판결).

2. 원심판결 이유 및 원심이 채용한 증거에 의하면, 원심 공동피고인 1은 이 사건 경매부동산의 소유자인 사실, 제1심 공동피고인 1의 남편 공소외 1은 2006. 8. 21. 대전지방법원 2006타경23510호로 원심 공동피고인 1에 대한 3억 1,000만 원의 약속어음 공정증서에 기하여 강제경매신청을 하여 2006. 8. 28. 강제경매개시결정을 받은 후, 2008. 7. 31. 사망하여 제1심 공동피고인 1 및 공소외 2, 3, 4 등이 상속한 사실, 공소외 1의 채권자인 피해자 공소외 5는 2008. 8. 7. 대전지방법원 2008카합1076호로 채무자를 공소외 1로, 제3채무자를 대한민국으로 하여, 채무자가 제3채무자에 대하여 가지는 위 경매사건의 배당금채권 중 103,333,333원에 달하기까지 채권에 대하여 가압류결정을 받은 사실, 2008. 10.경 공소외 1의 채권자들인 피해자들과 제1심 공동피고인 1이 선임한 공소외 6 변호사 사이에 '위 경매절차의 배당금에서 비용 등을 공제한 금액 중 피해자 공소외 7이 24%, 피해자 공소외 8과 공소외 5가 21%, 공소외 6이 21%를 지급받는다'는 내용의 각서가 작성된 사실, 공소외 1의 상속인인 제1심 공동피고인 1, 공소외 2, 3, 4는 2008. 12. 5. 법원으로부터 한정승인신고수리 심판을 받았는데, 그 한정승인신고에 첨부된 상속재산목록에 "공소외 1의 재산상속을 함에 있어 적극재산을 3억 1,000만 원의 약속어음채권으로 하고, 소극재산을 피해자 공소외 7에 대한 1억 5,500만 원의 약정금채무, 공소외 9에 대한 1억 5,500만 원의 약정금채무, 피해자 공소외 8에 대한 103,333,000원의 약정금채무로 한다."고 기재되어 있는 사실, 2009. 2. 24. 위 경매절차에서 이 사건 경매부동산이 매각되었고, 2009. 3. 3.자로 최고가매각허가결정이 내려진 사실, 피고인, 원심 공동피고인 1, 제1심 공동피고인 1은 원심 공동피고인 1이 공소외 1의 상속인인 제1심 공동피고인 1 및 공소외 10 등 자녀 4명에게 공소외 1에 대한 채무를 완제하지 않았음에도 불구하고 마치 완제한 것처럼 허위의 채무완제확인서를 작성하여 법원에 제출하는 방법으로 매각허가결정된 이 사건 경매부동산의 경매를 취소시키기로 공모한 사실, 피고인 등은 2009. 4. 1. 위 약속어음 공정증서에 기한 채권은 모두 완제되었다는 내용의 제1심 공동피고인 1 외 4인의 연명으로 된 채무완제확인서를 첨부하여 원심 공동피고인 1을 원고, 제1심 공동피고인 1 외 4인을 피고로 하는 청구이의의 소를 제기하고, 이를 근거로 이 사건 경매절차의 정지를 구하는 강제집행정지신청을 한 사실, 2009. 7. 1. 법원으로부터 위 약속어음 공정증서에 기한 강제집행을 불허한다는 취지의 판결이 선고되어 그 무렵 확정되었고, 피고인 등은 2009. 8. 7. 위 판결을 근거로 경매취소신청을 하여 이 사건 경매절차가 종료된 사실을 알 수 있다.
3. 위 사실관계를 앞에서 본 법리에 비추어 살펴보면, 제1심 공동피고인 1 외 4인이 이 사건 경매절차에서 배당받을 배당금지급채권은 강제집행면탈죄의 객체인 재산에 해당하고, 피고인 등이 제1심 공동피고인 1 등의 원심 공동피고인 1에 대한 채권이 완제된 것처럼 가장하여 제1심 공동피고인 1 외 4인을 상대로 청구이의의 소를 제기하고 그 판결에 기하여 강제집행정지 및 경매취소에 이르게 한 것은 소유관계를 불명하게 하는 방법에 의한 '재산의 은닉'에 해당한다 할 것이다.

   원심이 같은 취지에서 이 사건 공소사실 중 강제집행면탈의 점을 유죄로 인정한 것은 정당하고, 거기에 상고이유의 주장과 같이 논리와 경험의 법칙에 위배하고 자유심증주의의 한계를 벗어나거나 강제집행면탈죄에 관한 법리 등을 오해한 위법이 없다.
4. 그러므로 상고를 기각하기로 하여, 관여 대법관의 일치된 의견으로 주문과 같이 판결한다.

대법관 이인복(재판장) 김능환 안대희(주심) 민일영

대법원 2011.7.28. 선고 2011도5299 판결

【사기·정보통신망이용촉진및정보보호등에관한법률위반(정보통신망침해등)·정보통신망이용촉진및정보보호등에관한법률위반】

판시사항

1. 정보통신망 이용촉진 및 정보보호 등에 관한 법률 제72조 제1항 제1호, 제48조 제1항 위반죄의 성립 요건
2. 피고인이, 사용이 정지되거나 사용할 수 없게 된 휴대전화를 '유심칩(USIM Chip) 읽기' 등을 통하여 다량의 문자메시지를 발송할 수 있는 상태로 조작하기 위한 목적으로 이동통신회사의 정보통신망에 접속한 사안에서, 위 행위가 정보통신망 이용촉진 및 정보보호 등에 관한 법률 제72조 제1항 제1호, 제48조 제1항 위반죄에 해당한다고 본 원심판단을 수긍한 사례
3. 피고인이, 휴대전화 문자메시지를 발송하더라도 이용대금을 납부할 의사와 능력이 없는데도, 단독으로 또는 공범들과 함께 사용이 정지되거나 사용할 수 없게 된 휴대전화를 구입한 후 이른바 '대포폰'으로 유통시켜 사용하도록 하거나 '유심칩(USIM Chip) 읽기'를 통하여 해당 휴대전화의 문자발송제한을 해제하고 광고성 문자를 대량 발송하는 방법으로 이동통신회사들로부터 이용대금 상당의 재산상 이득을 취득하였다는 내용으로 기소된 사안에서, 피고인의 행위가 '사람을 기망하여 재산상 이득을 취득한 경우'에 해당한다고 볼 수 없는데도 이와 달리 보아 피고인에게 사기죄를 인정한 원심판단에 법리오해의 위법이 있다고 한 사례

판결요지

1. 정보통신망 이용촉진 및 정보보호 등에 관한 법률 제72조 제1항 제1호, 제48조 제1항 위반죄는, 정당한 접근권한 없이 또는 허용된 접근권한을 넘어 정보통신망에 침입하면 성립한다.
2. 피고인이, 사용이 정지되거나 사용할 수 없게 된 휴대전화를 '유심칩(USIM Chip) 읽기' 등을 통하여 다량의 문자메시지를 발송할 수 있는 상태로 조작하기 위한 목적으로 피해자 이동통신회사의 정보통신망에 접속한 사안에서, 피해자 회사의 위탁대리점 계약자가 피해자 회사의 전산망에 접속하여 '유심칩 읽기'를 할 수 있는 경우는 개통, 불통, 휴대폰개설자의 유심칩 변경 등 세 가지 경우로 한정되어 있으므로, 피고인의 행위는 허용된 접근권한을 초과하여 피해자 회사의 정보통신망에 침입한 것으로서 정보통신망 이용촉진 및 정보보호 등에 관한 법률 제72조 제1항 제1호, 제48조 제1항 위반죄에 해당한다고 본 원심판단을 수긍한 사례.
3. 피고인이, 휴대전화 문자메시지를 발송하더라도 이용대금을 납부할 의사와 능력이 없는데도, 단독으로 또는 공범들과 함께 이용대금 미납 등의 사유로 사용이 정지되거나 유심칩(USIM Chip) 분실로 사용할 수 없게 된 휴대전화를 구입한 후 이른바 '대포폰'으로 유통시켜 사용하도록 하거나 유심칩 읽기를 통하여 해당 휴대전화의 문자발송제한(1일 500개)을 해제하고 광고성 문자를 대량 발송하는 방법으로 이동통신회사들로부터 이용대금 상당의 재산상 이득을 취득하였다는 내용으로 기소된 사안에서, 피고인이 이동통신 판매대리점의 컴퓨터를 이용하여 이동통신회사들의 전산망에 접속한 다음 전산상으로 사용정지된 휴대전화를 사용할 수 있도록 하거나 유심칩 읽기를 통해 문자메시지 발송한도를 해제한 것은 전산상 자동으로 처리된 것일 뿐 사기죄 구성요건인 '사람을 기망하여 재산상 이득을 취득한 경우'에 해당한다고 볼 수 없는데도, 이와 달리 보아 피고인에게 사기죄를 인정한 원심판단에 법리오해의 위법이 있다고 한 사례.

전 문

피 고 인 피고인

상 고 인 피고인

변 호 인 변호사

원심판결 울산지법 2011. 4. 22. 선고 2010노1648 판결

주 문 원심판결 중 피고인에 대한 부분을 파기하고, 이 부분 사건을 울산지방법원 합의부에 환송한다.

이 유 상고이유(상고이유서 제출기간 경과 후에 제출된 상고이유보충서의 기재는 상고이유를 보충하는 범위 내에서)를 본다.

1. 정보통신망 이용촉진 및 정보보호 등에 관한 법률 위반(정보통신망침해등)죄에 관한 상고이유에 대하여

정보통신망 이용촉진 및 정보보호 등에 관한 법률(이하 '정보통신망법'이라 한다) 제72조 제1항 제1호, 제48조 제1항 위반죄는 정당한 접근권한 없이 또는 허용된 접근권한을 넘어 정보통신망에 침입하면 성립한다(대법원 2010. 7. 22. 선고 2010도63 판결 등 참조).

원심은, 피해자 회사의 위탁대리점 계약자가 휴대전화 가입자들에 대한 서비스를 위하여 피해자 회사의 전산망에 접속하여 유심칩(USIM Chip) 읽기를 할 수 있는 경우는 개통, 불통, 휴대폰개설자의 유심칩 변경 등 세 가지 경우로 한정되는데, 피고인은 오직 요금수납 및 유심칩 읽기를 통하여 휴대전화를 다량의 문자메시지 발송을 할 수 있는 상태로 조작하기 위한 목적에서 피해자 회사의 정보통신망에 접속한 것이므로 이는 허용된 접근권한을 초과하여 피해자 회사의 정보통신망에 침입한 것으로서 정보통신망법 제72조 제1항 제1호, 제48조 제1항 위반죄에 해당한다고 판단하였다.

위 법리와 기록에 비추어 살펴보면, 원심의 판단은 정당하고, 거기에 상고이유로 주장하는 바와 같은 정보통신망법 제72조 제1항 제1호, 제48조 제1항에 관한 법리오해 등의 위법이 없다.

2. 사기죄에 관한 상고이유에 대하여

사기죄는 사람을 기망하여 재물의 교부를 받거나 재산상의 이익을 취득하거나 제3자로 하여금 취득하게 하는 경우에 성립한다(대법원 2003. 10. 10. 선고 2003도3516 판결, 대법원 2011. 4. 14. 선고 2011도769 판결 등 참조).

이 사건 사기의 점에 관한 공소사실의 요지는, 피고인이 휴대전화를 이용하여 문자메시지를 발송하더라도 그 이용대금을 납부할 의사와 능력이 없음에도 불구하고, 단독으로 또는 공범들과 함께 이용대금 미납, 불법스팸문자발송번호, 명의자의 사용정지신청 등의 사유로 사용이 정지되거나 유심칩이 분실되어 사용할 수 없게 된 휴대전화를 구입한 후 이동통신 판매대리점에 있는 컴퓨터를 이용하여 그 사용대금을 ARS로 카드결제하였다가 곧바로 취소하는 절차(이 경우 요금결제 시부터 이동통신회사들이 대금결제 취소 사실을 알고 재차 휴대폰 사용정지 조치를 취할 때까지 사이에 휴대전화 사용제한 조치가 일시 해제된다), 가입자해지 및 복구절차, 사용정지신청 해제절차, 유심칩 재등록절차 등을 통하여 해당 휴대전화를 사용할 수 있도록 한 다음, 그 휴대전화를 중고 휴대전화로 교체하여 이른바 대포폰으로 유통시켜 사용하도록 하거나 이동통신 판매대리점에 있는 유심칩 카드리더기가 연결된 컴퓨터를 이용하여 유심칩 읽기를 함으로써 해당 휴대전화의 문자발송제한(1일 500개)을 해제하고 광고성 문자를 대량 발송하는 방법으로 이동통신회사들로부터 그 이용대금 상당의 재산상 이득을 취득하였다는 것이다.

이에 대하여 원심은 휴대전화 사용제한 해제 프로그램이나 문자발송제한 해제 프로그램에는 이동통신회사 직원들의 의사가 화체되어 있으니 피고인의 위와 같은 단시간 내에 고의적 수납취소가 예정되어 있는 미납요금의 결제나 대량의 스팸문자메시지 발송을 위한 유심칩 읽기는 사기죄의 구성요건인 사람에 대한 기망행위에 해당한다고 보아 피고인에 대한 이 부분 공소사실을 유죄로 판단하였다.

그러나 원심이 인정한 사실과 기록에 의하면, 원심이 이 사건 공소사실 중 사기죄에서의 기망으로 본 행위 중 휴대전화 사용제한의 해제 과정에서의 이용대금 결제와 취소는 피고인 등이 이동통신 판매대리점의 컴퓨터를 이용하여 이동통신회사들의 전산망에 접속하여 휴대전화 번호와 신용카드 번호 등을 입력하면 전산상 자동적으로 처리되었고, 가입자해지 및 복구, 사용정지신청 해제, 유심칩 재등록도 피고인 등이 이동통신 판매대리점의 컴퓨터를 이용하여 이동통신회사인 주식회사 케이티의 전산망에 접속하여 휴대전화 명의자의 주민등록번호 등을 입력하면 전산상 자동적으로 처리되었으며, 문자발송제한 해제를 위한 유심칩 읽기 역시 유심칩 카드리더기가 연결된 이동통신 판매대리점의 컴퓨터를 통해 위 이동통신회사의 전산망에 접속한 다음 유심칩 소지 고객의 주민등록번호를 입력하여 그 전산망에 있는 해당 고객의 정보를 불러와 읽기 명령을 하면 전산상 자동적으로 처리되었다는 것일 뿐, 위와 같은 휴대전화의 사용정지를 해제하여 사용하게 된 일련의 과정에서 피고인이 이동통신회사들의 직원을 상대로 기망하는 언행을 한 것은 아님을 알 수 있다.

이를 앞서 본 법리에 비추어 살펴보면, 피고인이 컴퓨터를 이용하여 이동통신회사들의 전산망에 접속한 다음 전산상으로 사용정지된 휴대전화를 사용할 수 있도록 하거나 유심칩 읽기를 통해 문자메시지 발송한도를 해제한 것을 두고 사기죄의 구성요건으로서의 사람을 기망하여 재산상 이득을 취득한 경우에 해당한다고 볼 수는 없다.

그럼에도 불구하고 원심은 이와 달리 피고인의 미납요금의 결제나 유심칩 읽기가 사람을 기망하여 재산상 이득을 취득한 경우에 해당한다고 보아 피고인에 대한 이 부분 공소사실을 유죄로 판단하였는바, 이러한 원심의 판단에는 사기죄에 관한 법리를 오해하여 판결에 영향을 미친 위법이 있다.

따라서 원심판결 중 각 사기죄에 관한 부분은 파기를 면할 수 없다. 피고인에 대한 나머지 죄는 위와 같이 파기되는 각 사기죄와 형법 제37조 전단의 경합범 관계에 있다는 이유로 원심에서 하나의 형이 선고되었으므로 역시 파기되어야 한다.

3. 결론

그러므로 원심판결 중 피고인에 대한 부분을 파기하고, 이 부분 사건을 다시 심리·판단하도록 원심법원에 환송하기로 하여 관여 대법관의 일치된 의견으로 주문과 같이 판결한다.

대법관 민일영(재판장) 김능환(주심) 안대희 이인복

대법원 2011.7.28. 선고 2011도1739 판결

【특정범죄가중처벌등에관한법률위반(뇌물)·특정범죄가중처벌등에관한법률위반(특수직무유기)·뇌물수수·직권남용권리행사방해·강요(인정된죄명:강요방조)·공무상비밀누설교사】

판시사항

1 직권남용권리행사방해죄에서 '직권남용'의 의미와 판단 기준 및 어떠한 직무를 '공무원의 일반적 권한에 속하는 사항'으로 인정하기 위한 요건

2 해군본부 법무실장인 피고인이 국방부 검찰수사관 갑에게 군내 납품비리 수사와 관련한 수사기밀사항을 보고하게 하여 직무상 권한을 남용하였다는 내용으로 기소된 사안에서, 피고인에게 직권남용권리행사방해죄를 인정한 원심판단을 수긍한 사례

3 특수직무유기죄의 구성요건 중 '인지'의 의미

4 직무유기죄에서 '직무를 유기한 때'의 의미 및 특수직무유기죄의 경우에도 동일한 법리가 적용되는지 여부(적극)

5 해군본부 고등검찰부장인 피고인이 갑의 구 특정범죄 가중처벌 등에 관한 법률 위반(알선수재)의 범죄 혐의사실을 인지하고도 정당한 이유 없이 직무를 유기하였다고 하여 같은 법 위반(특수직무유기)으로 기소된 사안에서, 피고인에게 무죄를 인정한 원심판단을 수긍한 사례

판결요지

1 형법 제123조의 직권남용권리행사방해죄에서 '직권의 남용'이란 공무원이 '일반적 권한'에 속하는 사항을 불법하게 행사하는 것, 즉 형식적, 외형적으로는 직무집행으로 보이나 실질은 정당한 권한 외의 행위를 하는 경우를 의미하고, 남용에 해당하는지는 구체적인 공무원의 직무행위가 그 목적 및 그것이 행하여진 상황에서 볼 때의 필요성·상당성 여부, 직권행사가 허용되는 법령상 요건을 충족했는지 등 제반 요소를 고려하여 결정하여야 한다. 그리고 어떠한 직무가 공무원의 일반적 권한에 속하는 사항이라고 하기 위해서는 그에 관한 법령상의 근거가 필요하지만, 명문이 없는 경우라도 법·제도를 종합적, 실질적으로 관찰해서 그것이 해당 공무원의 직무권한에 속한다고 해석되고, 남용된 경우 상대방으로 하여금 사실상 의무 없는 일을 행하게 하거나 권리를 방해하기에 충분한 것이라고 인정되는 경우에는 직권남용죄에서 말하는 '일반적 권한'에 포함된다고 보아야 한다.

2 해군본부 법무실장인 피고인이 국방부 검찰수사관 갑에게 군내 납품비리 수사와 관련한 수사기밀사항을 보고하게 하여 직무상 권한을 남용하였다는 내용으로 기소된 사안에서, 피고인은 해군 검찰업무뿐 아니라 소송, 징계업무 등 법무업무 전반에 관하여 해군참모총장을 보좌하는 자로서 해군 소속 인원의 사법처리와 관련된 중요 사항에 관하여 보고를 받을 일반적인 직무권한이 있으나, 여기서 나아가 국방부 검찰단의 향후 수사 방향에 대한 내용 등 수사기밀사항에 대한 보고를 요구하는 행위는 형식적, 외형적으로는 직무집행으로 보이나 실질은 일반적 직무권한 범위를 넘어 직무의 행사에 가탁한 부당한 행위이고, 갑으로서는 외부에 유출될 경우 검찰단의 수사 기능에 현저한 장애를 초래할 수 있는 검찰단 내부 수사 내용을 피고인에게 보고할 법률상의 의무가 없었다고 보아, 피고인에게 직권남용권리행사방해죄를 인정한 원심판단을 수긍한 사례.

3 특정범죄 가중처벌 등에 관한 법률상의 특수직무유기죄는 범죄수사의 직무에 종사하는 공무원이 같은 법에 규정된 죄를 범한 사람을 '인지'하고 직무를 유기할 것을 구성요건으로 하고 있으므로, 본죄가 성립하기 위해서는 범죄수사의 직무에 종사하는 공무원이 같은 법에 규정된 죄를 범한 자임을 명백히 인식하고 그에 대하여 수사를 개시할 수 있을 정도의 단계에 이르러야 하고, 단순히 확인되지 않은 제보 등에 의하여 이러한 죄를 범하였을 수도 있다는 의심을 품은 것만으로는 위 법

에서 규정하고 있는 '인지'가 있었다고 할 수 없다.

4 직무유기죄에서 '직무를 유기한 때'란 공무원이 법령, 내규 등에 의한 추상적 충근의무를 태만히 하는 일체의 경우를 이르는 것이 아니고 직장의 무단이탈, 직무의 의식적인 포기 등과 같이 그것이 국가의 기능을 저해하며 국민에게 피해를 야기시킬 가능성이 있는 경우를 말하는 것으로서, 이는 특정범죄 가중처벌 등에 관한 법률 제15조에서 정한 특수직무유기죄의 경우에도 마찬가지이다.

5 해군본부 고등검찰부장인 피고인이 갑의 구 특정범죄 가중처벌 등에 관한 법률(2010. 3. 31. 법률 제10210호로 개정되기 전의 것, 이하 '특가법'이라고 한다) 위반(알선수재)의 범죄 혐의사실을 인지하고도 정당한 이유 없이 직무를 유기하였다고 하여 특가법 위반(특수직무유기)으로 기소된 사안에서, 검찰이 제출한 증거만으로는 피고인이 갑의 범죄 혐의사실을 실제로 알았다거나 그러고도 구체적으로 직무를 회피하여 수사하지 않았다고 단정할 수 없고, 비록 피고인이 갑의 범죄 혐의사실을 사건이첩이나 인지보고서를 작성하는 등 방법으로 신속, 적절하게 수사하지 않았더라도 특가법 위반(특수직무유기)죄에 해당한다고 할 수 없다고 보아, 피고인에게 무죄를 인정한 원심판단을 수긍한 사례.

전 문

피고인 피고인

상고인 피고인 및 검찰관

변호인 법무법인

원심판결 고등군사법원 2010. 12. 14. 선고 2010노106 판결

주 문 원심판결 중 유죄 부분을 파기하고, 이 부분 사건을 고등군사법원에 환송한다. 검찰관의 상고를 기각한다.

이 유 상고이유를 본다.

1. 피고인의 상고이유를 먼저 판단한다.

가. 공소외 1에 대한 직권남용권리행사방해죄에 관한 상고이유에 대하여

형법 제123조의 직권남용권리행사방해죄에 있어서 '직권의 남용'이란 공무원이 일반적 권한에 속하는 사항을 불법하게 행사하는 것, 즉 형식적, 외형적으로는 직무집행으로 보이나 실질은 정당한 권한 외의 행위를 하는 경우를 의미하고, 남용에 해당하는가의 판단 기준은 구체적인 공무원의 직무행위가 그 목적, 그것이 행하여진 상황에서 볼 때의 필요성·상당성 여부, 직권행사가 허용되는 법령상의 요건을 충족했는지 등의 제반 요소를 고려하여 결정하여야 한다(대법원 2007. 2. 22. 선고 2006도3339 판결 등).

그리고 어떠한 직무가 공무원의 일반적 권한에 속하는 사항이라고 하기 위해서는 그에 관한 법령상의 근거가 필요하지만, 법령상의 근거는 반드시 명문상의 근거만을 의미하는 것이 아니라 명문이 없는 경우라도 법·제도를 종합적, 실질적으로 관찰해서 그것이 해당 공무원의 직무권한에 속한다고 해석되고, 이것이 남용된 경우 상대방으로 하여금 사실상 의무 없는 일을 행하게 하거나 권리를 방해하기에 충분한 것이라고 인정되는 경우에는 직권남용죄에서 말하는 일반적 권한에 포함된다고 보아야 할 것이다.

원심은 그 판시와 같은 사실을 인정한 후, 피고인은 해군 검찰업무 뿐 아니라 소송, 징계업무 등 법무업무 전반에 관하여 해군참모총장을 보좌하는 해군 법무실장으로서 해군 소속 인원에 대한 사법처리와 관련된 중요 사항에 관하여 보고를 받을 일반적인 직무권한은 있다 할 것이나, 여기서 나아가 국방부 검찰단의 향후 수사의 방향에 대한 내용 등의 수사기밀사항에 대한 보고를 요구하는 행위는 형식적, 외형적으로는 직무집행으로 보이나 그 실질은 일반적 직무권한의 범위를 넘어 직무의 행사에 가탁한 부당한 행위이고, 공소외 1의 제1심 법정에서의 일부 진술에 의하면 공소외 1이 피고인의 계속되는 요구에 따라 이를 보고한 사실을 인정할 수 있으며, 직권남용죄에서 말하는 '의무'란 법률상의 의무를 가리키는데, 공소외 1로서는 외부에 유출될 경우 검찰단의 수사 기능에 현저한 장애를 초래할 수 있는 검찰단 내부 수사 내용에 대하여 이를 피고인에게 보고할 법률상의 의무는 없었다고 보아 이 부분 공소사실을 유죄로 인정하였는바, 앞서 본 법리와 기록에 비추어 살펴보면 원심의 이와 같은 판단은 정당한 것으로 수긍이 가고, 거기에 직권남용권리행사방해죄의 구성요건에 관한 법리오해의 위법이 없다. 이 부분 피고인의 상고이유 주장은 이유 없다.

나. 강요방조 부분에 관한 상고이유에 대하여

강요죄의 수단인 협박은 일반적으로 사람으로 하여금 공포심을 일으키게 하는 정도의 해악을 고지하는 것으로 그 방법은 통상 언어에 의하는 것이나 경우에 따라서 한마디 말도 없이 거동에 의하여서도 할 수 있는데, 그 행위가 있었는지는 행위의 외형뿐 아니라 그 행위에 이르게 된 경위, 피해자와의 관계 등 주위상황을 종합적으로 고려하여 판단해야 하는 것이며, 강요죄에서 협박당하는 사람으로 하여금 공포심을 일으키게 하는 정도의 해악의 고지인지는 그 행위 당사자 쌍방의 직무, 사회적 지위, 강요된 권리, 의무에 관련된 상호관계 등 관련 사정을 고려하여 판단되어야 할 것이다(대법원 2004. 1. 15. 선고 2003도5394 판결, 대법원 2010. 4. 29. 선고 2007도7064 판결 등 참조).

그리고 형법상 방조행위는 정범이 범행을 한다는 정을 알면서 그 실행행위를 용이하게 하는 직접·간접의 모든 행위를 가리키는 것으로서 정범의 범죄에 종속하여 성립하는 것이므로, 방조의 대상이 되는 정범의 실행행위가 없는 이상 방조죄만이 독립하여 성립될 수 없다.

원심은, 피고인이 공소외 2와 공모하여 공소외 3에게 검찰에서 허위진술하라고 말하면서 공소외 2는 만약 공소외 3이 이에 응하지 아니하면 자신의 지위를 이용하여 피해자의 지위나 신상에 어떤 위해를 가할 것 같은 태도를 보이고, 피고인은 진술할 내용을 알려주는 등으로써 그녀를 협박하였다는 이 부분 공소사실에 대하여, 공소외 3의 수사기관 및 법정에서의 진술에 의하여 인정되는 다음과 같은 사실들, 즉 공소외 3이 공소외 2와 같은 사무실에 근무하였으며, 공소외 2의 부하 직원으로서 공소외 2로부터 평정을 1~2회 정도 받았으며, 평소 공소외 2가 해군참모총장 등과의 친분을 과시하였던 점, 2006. 7. 3. 공소외 2가 공소외 3이 국방부 검찰단에서 조사를 받기 위하여 국방부에 올 때 함께 국방부로 올라오면서 "조사를 하는 사람들도 해군이다, 네가 떨면서 말하는지 안 떨면서 말하는지 다 알 수 있다."라고 이야기한 점, 공소외 3은 검찰단에 출두하여 허위진술하는 것에 대한 많은 부담감을 가지고 있었으며 이를 거절하면 영원히 찍히게 될 것이라고 겁을 먹었고, 똑같은 상황이 재발되는 경우에도 공소외 2의 요구대로 할 수밖에 없었을 것이며, 그렇게 하지 않았으면 사람들이 백령도로 갈 수 있다는 농담도 할 정도였고, 공소외 2가 군무원들의 진급, 승진 등의 인사에 관하여 영향력이 있다는 것은 다들 알고 있는 사실이라고 진술한 점, 공소외 2가 공소외 3에게 구체적인 허위진술의 내용에 대하여 이야기해 준 점 등을 종합하면, 공소외 2의 공소외 3에 대한 언동은 군이라는 특수한 계급사회의 구성원인 군무원으로 근무하고 있던 공소외 3에게 자신의 지위나 신상에 어떠한 위해가 발생할 수 있다는 공포심을 심어 준 것으로서, 공소외 2의 협박에 외포된 공소외 3이 검찰단 소환조사 시 허위진술을 하게 된 사실을 인정할 수 있다고 판단하여, 공소외 2의 이 부분 공소사실이 유죄로 인정된다고 판단한 후, 이 부분 피고인의 방조죄의 성립을 인정하였다.

그러나 원심의 위와 같은 판단은 앞서 본 법리와 다음과 같은 사정에 비추어 수긍하기 어렵다. 즉, 공소외 3의 법정 및 수사기관에서의 진술 등의 증거에 의하면 공소외 2가 공소외 3에게 수사기관에서 허위진술을 하도록 부탁하였고, 이에 따라 공소외 3이 수사기관에 출석하여 허위로 진술한 사실이 인정되기는 한다. 그러나 이에 대한 강요죄가 성립하려면 반드시 말로써 해악이 고지될 필요는 없다 하더라도, 거동에 의하여 해악이 고지되는 경우에도 이로써 상대방으로 하여금 공포심을 일으키게 하는 정도의 해악의 고지가 이루어져야 하고, 이에 외포된 결과로 위 허위진술이 이루어져야 한다. 그런데 이 부분 공소사실 자체에 의하더라도 공소외 2가 '자신의 지위를 이용하여 피해자의 지위나 신상에 어떤 위해를 가할 것 같은 태도를 보여'라고 기재되어 있을 뿐, 공소외 2의 언어나 거동에 의한 구체적인 해악의 고지에 관한 기재가 없다. 다음으로 이에 일부 부합하는 듯한 공소외 3의 수사기관 및 법정에서의 진술에 의하여 이 부분 공소사실을 인정할 수 있을지에 관하여 본다. 공소외 2가 공소외 3과 같은 사무실에 근무하면서 공소외 3의 상사로서 평정을 1, 2회 하였다는 점이나 공소외 2가 해군참모총장 등과의 개인적인 친분을 과시하였고 인사에 관하여 영향력이 있었다는 사정만으로는 공소외 3이 공소외 2의 허위진술 요청에 응하지 않을 경우 모종의 해악이 예상되어 이로 인하여 외포되었다고 보기는 어렵다. 또한 공소외 3이 공소외 2의 요구를 거절하면 영원히 찍히게 될 것이라고 겁을 먹었다는 부분은 공소외 3의 주관적인 추측 또는 이에 따른 부담감에 불과하고, 공소외 2의 요청을 거절하는 경우 백령도로 가게 될 것이라는 얘기도 후에 다른 동료와 농담처럼 한 이야기일 뿐, 이러한 취지의 공소외 2의 협박이 있었던 것도 아니며, 오히려 공소외 3의 진술에 의하더라도 공소외 2는 위 진술 전후로 공소외 3에게 그녀의 신분이나 지위에 관계된 말은 한 적이 없다는 것이다. 그 밖에 공소외 2가 조사를 받으러 가는 공소외 3을 동행하면서 "조사를 하는 사람들도 해군이다. 네가 떨면서 말하는지 안 떨면서 말하는지 다 알 수 있다." 라고 이야기한 것은, 허위진술을 들키지 않게 잘 하라는 취지로 해석될 수도 있어, 이 또한 협박의 의사로 이루어진 것이라고 단정하기 어렵다. 오히려 공소외 2와 공소외 3이 수년간 같이 근무하면서 공소외 2가 공소외 3을 '○이야'라고 부르고 부동산 투자를 같이 할 정도로 가까운 관계였던 점이나 공소외 3으로서는 공소외 2와의 이러한 관계 및 공소외 2로부터 위 3,000만 원 중 2,000만 원을 차용한 데 대한 부담으로 공소외 2의 요청에 쉽게 응한 것으로 보이는 점, 공소외 3은 이 일로 인해 부담을 느꼈다고 진술하고 있으나, 그 취지는 공소외 2의 요청에 응하지 않을 경우 그로부터 보복을 당할 것에 대한 두려움을 느꼈다는 것이라기보다는 수사기관에서 허위로 진술하는 것 자체에 대한 부담을 느꼈다는 것으로 보이는 점 등을 사정에 비추어 볼 때, 공소외 3이 수사기관에서 허위진술을 하게 된 것은 공소외 2의 협박에 외포되어서가 아니라 공소외 2와의 친분관계상 그의 부탁을 거절하지 못하였기 때문인 것으로 보인다. 따라서 이 부분 공소사실에 일부 부합하는 듯한 공소외 3의 수사기관 및 법정에서의 진술만으로는 공소외 2가 공소외 3에게 공포심을 주어 그 의사결정과 활동에 영향을 미칠 정도로 겁을 먹게 할 만한 해악의 고지를 하였다고 인정하기에 부족하고, 그 밖에 이를 인정할 증거가 없다.

이처럼 공소외 2의 강요죄가 성립하지 않는다면 이를 전제로 한 피고인의 강요방조죄도 성립할 수 없다 할 것인데, 원심은 공소외 3의 진술에 의존하여 공소외 2의 강요죄가 성립한다고 본 후, 나아가 피고인의 강요방조죄도 성립한다고 판단하였는바, 이러한 원심의 판단에는 강요죄 및 방조행위의 성립요건에 관한 법리를 오해하여 판결에 영향을 미친 위법이 있다고 할 것이다.

2. 검찰관의 상고이유를 판단한다.

가. 특정범죄 가중처벌 등에 관한 법률 위반(특수직무유기)에 대한 검찰관의 상고이유에 대하여

'특정범죄 가중처벌 등에 관한 법률'상의 특수직무유기죄는 범죄수사의 직무에 종사하는 공무원이 같은 법에 규정된 죄를 범한 사람을 '인지'하고 그 직무를 유기할 것을 구성요건으로 하고 있으므로, 본죄가 성립하기 위해서는 범죄수사의 직무에 종사하는 공무원이 같은 법에 규정된 죄를 범한 자임을 명백히 인식하고 그에 대하여 수사를 개시할 수 있을 정도의 단계에 이르러야 하고, 단순히 확인되지 않은 제보 등에 의하여 이러한 죄를 범하였을 수도 있다는 의심을 품은 것만으로는 위 법에서 규정하고 있는 인지가 있었다고 할 수 없다.

그리고 직무유기죄에 있어서 직무를 유기한 때라 함은 공무원이 법령, 내규 등에 의한 추상적 충근의무를 태만히 하는 일체의 경우를 이르는 것이 아니고, 직장의 무단이탈, 직무의 의식적인 포기 등과 같이 그것이 국가의 기능을 저해하며 국민에게 피해를 야기시킬 가능성이 있는 경우를 말하는 것으로서(대법원 1997. 4. 22. 선고 95도748 판결 참조), 이는 특정범죄 가중처벌 등에 관한 법률 제15조 소정의 특수직무유기죄의 경우에도 마찬가지라고 할 것이다.

원심은 같은 취지에서, 피고인에 대한 이 부분 공소사실에 대하여 공소외 4의 수사기관 및 제1, 제2심 법정에서의 각 진술 등 검찰이 제출한 증거만으로 피고인이 공소외 2의 구 특정범죄 가중처벌 등에 관한 법률 위반(알선수재)의 범죄 혐의사실을 실제로 알았다거나 그러고도 구체적으로 그 직무를 회피하여 수사를 하지 않았다고 단정할 수 없고, 비록 피고인이 공소외 2의 위 범죄 혐의사실을 사건이첩이나 인지보고서를 작성하는 등의 방법으로 신속, 적절하게 수사하지 않았다 하더라도 이를 두고 구 특정범죄 가중처벌 등에 관한 법률 위반(특수직무유기)죄에 해당한다고 할 수 없다고 보아 이 부분을 무죄라고 판단하였다. 기록에 비추어 살펴보면, 원심의 이와 같은 판단은 정당한 것으로 수긍이 가고, 거기에 상고이유에서 주장하는 바와 같은 채증법칙 위반의 위법이 없다. 이 부분 검찰관의 상고이유 주장은 이유 없다.

나. 공소외 5에 대한 직권남용권리행사방해죄에 관한 상고이유에 대하여

원심은, 공소외 5가 수사기관부터 원심 법정에 이르기까지 일관되게 자신은 계룡대 근무지원단 납품비리 사건은 해군에서 크게 이슈화되는 중요사건이라 판단하여 법무실장이었던 피고인에게 자발적으로 보고를 하였다고 진술하였는바, 제반 사정에 비추어 보면 위 진술은 신빙성을 인정할 수 있고, 나아가 피고인이 공소외 5에게 공소외 6이나 공소외 2와 관련된 수사상황을 질문하거나 보고하도록 하게 한 정황이 전혀 나타나 있지 않는 점 등을 종합하여 볼 때, 공소외 5가 피고인으로부터 계룡대 근무지원단 군납비리 수사와 관련한 보고를 하도록 지시받은 사실에 대한 증거가 없다는 이유로, 피고인의 직권남용과 공소외 5의 법률상 보고할 의무가 없는 계룡대 근무지원단 수사사항에 대하여 전화 또는 문자메시지를 전달한 행위 사이에는 인과관계가 단절되어 무죄라고 판단하였다. 기록에 비추어 살펴보면, 원심의 이와 같은 판단은 정당한 것으로 수긍이 가고, 거기에 상고이유에서 주장하는 바와 같은 채증법칙 위반의 위법이 없다. 이 부분 검찰관의 상고이유 주장은 이유 없다.

다. 공소외 8, 9에 대한 직권남용권리행사방해죄에 관한 상고이유에 대하여

원심은, 가사 피고인이 공소외 10에 대한 기소유예처분의 인사상의 불이익을 해소하기 위해 특별검찰관을 임명하여 기존의 불기소사건을 재기하게 함으로써 무혐의를 유도한 정황이 인정된다 하더라도, 공소외 8, 9의 각 진술에 의하면 이와 같은 피고인의 직권남용이 공소외 8이나 공소외 9의 무혐의 처분의 의사결정에 어떠한 영향을 미치지 않았으며, 공소외 8이나 공소외 9는 검찰관으로서의 주어진 권리행사를 독립적으로 판단하여 공소외 10에 대한 무혐의 처분을 하였다는 것이므로, 피고인의 직권남용행위와 공소외 8, 9의 공소외 10에 대한 무혐의 처분행위 사이에 인과관계가 없다고 보아 이 부분을 무죄라고 판단하였다. 기록에 비추어 살펴보면, 원심의 이와 같은 판단은 정당한 것으로 수긍이 가고, 거기에 상고이유에서 주장하는 바와 같은 채증

법칙 위반이나 법리오해의 위법이 없다. 이 부분 검찰관의 상고이유 주장은 이유 없다.

라. 뇌물수수의 점에 관한 상고이유에 대하여

원심은 이 부분 공소사실에 대하여 판시와 같은 각 사실을 인정한 후, 이를 종합해 볼 때, 피고인은 2008. 12. 중순경 공소외 11과의 전화통화에서 공소외 11이 100만 원을 사무실 회식비로 자신의 처에게 보내 주었다는 사실을 알게 되어 즉시 반환의사를 표시하였으나 공소외 11이 계좌번호를 알려 주지 않아서 계좌이체를 할 수 없었던 사정이 인정되고, 공소외 11을 직접 만날 수 있는 가장 가까운 기회인 2009. 1. 10. 진해에서 열린 공소외 12 준위의 자제 결혼식에 참석하여 공소외 11에게 200만 원을 인지 시점으로부터 1개월이 채 지나지 않은 단기간에 돌려준 사실을 인정할 수 있는바, 사실관계가 이와 같다면, 피고인에게는 위 금원의 수수 사실을 인지한 시점에 뇌물수수의 영득의사가 없다고 보아 이 부분을 무죄라고 판단하였다. 기록에 비추어 살펴보면, 원심의 이와 같은 판단은 정당한 것으로 수긍이 가고, 거기에 상고이유에서 주장하는 바와 같은 채증법칙 위반의 위법이 없다. 이 부분 검찰관의 상고이유 주장은 이유 없다.

3. 결론

그러므로 원심판결 중 무죄 부분에 대한 검찰관의 상고는 이유 없으나, 유죄를 선고한 강요방조의 점에 대한 피고인의 상고는 이유 있다고 할 것인데, 원심이 피고인에 대하여 유죄로 인정한 강요방조죄는 이 사건 구 특정범죄 가중처벌 등에 관한 법률 위반(특수직무유기)의 공소사실과 형법 제37조 전단의 경합범 관계에 있어 이에 대하여 하나의 형이 선고되었으므로, 원심판결 중 유죄 부분을 파기하고 이 부분 사건을 다시 심리·판단하게 하기 위하여 원심법원에 환송하기로 하여 관여 대법관의 일치된 의견으로 주문과 같이 판결한다.

대법관 이인복(재판장) 김능환 안대희(주심) 민일영

대법원 2011.7.28. 선고 2010도9652 판결

【업무상배임】

판시사항

[1] 피고인이 갑 주식회사에서 재직 중 취득한 회사의 경영상 정보가 포함된 내부 문서인 파일들을 유출하였다고 하여 업무상배임죄로 기소된 사안에서, 갑 회사의 영업비밀에 해당하는 파일들을 무단 반출한 행위는 회사에 '재산상의 손해를 가한 때'에 해당하고, 이를 자신의 개인 이메일로 전송받아 보관함으로써 재산상 이익을 취득하였다고 본 원심판단을 수긍한 사례

[2] 업무상배임죄의 주관적 요건인 '고의'의 의미와 증명 방법

[3] 피고인이 갑 주식회사에서 재직 중 취득한 갑 회사의 영업비밀에 해당하는 파일들을 갑 회사와 경쟁업체인 을 주식회사로 이직하면서 유출하였다고 하여 업무상배임죄로 기소된 사안에서, 제반 사정을 종합할 때 피고인이 파일들을 갑 회사의 외부로 반출할 당시 적어도 미필적으로나마 배임의 고의가 있었다고 본 원심판단을 수긍한 사례

전 문

피 고 인 피고인

상 고 인 피고인

원심판결 서울중앙지법 2010. 7. 15. 선고 2010노1498 판결

주 문 상고를 기각한다.

이 유 상고이유를 판단한다.

1. 영업비밀의 점에 관하여

원심이 인정한 사실과 기록에 의하면, 제1심판결 별지 [범죄일람표]상의 파일들(이하 '이 사건 파일들'이라고 한다)은 피해자 주식회사 엘지화학(이하 '엘지화학'이라고 한다)의 중장기 전략보고, 사업계획 달성방안, 신규사업 추진보고, 신제품 개발계획, 해외사업 진출전략, 비용 및 영업이익 등에 관한 경영상의 정보가 포함된 내부 문서들로서, 업무담당자 등 보유자를 통하지 아니하고는 통상 입수할 수 없고, 엘지화학이 당해 연도 경영실적과 투자계획에 관한 구체적인 실행방안, 신사업확장, 해외기술협력, 신제품개발 투자, 대리점 매출 활성을 위한 금액할인 기준 등을 파악·수립하기 위하여 상당한 시간, 노력 및 비용을 들여 작성한 것이거나 그 사용을 통하여 경쟁업체에 대하여 경쟁상의 이익을 얻을 수 있는 것들이다. 또한 엘지화학은 이 사건 파일들 중 제1, 2번 파일에는 비밀문서 표시를 해 두었고, 정보보호규정과 외부발송메일관리요령이라는 지침을 마련하여 직원들에게 비밀준수의무를 부과하는 한편, 피고인을 비롯한 직원들에게 정보보호동의서를 받아 두는 등 이 사건 파일들에 대하여 객관적으로 그 정보를 비밀로 유지·관리하고 있었다고 할 것이다.

따라서 이 사건 파일들은 엘지화학의 영업비밀에 해당하므로, 같은 취지의 원심판결은 정당하고, 거기에 상고이유의 주장과 같은 영업비밀에 관한 법리오해 등의 위법이 없다.

2. 재산상 이익의 취득 및 손해 발생의 점에 관하여

업무상배임죄에서 본인에게 '재산상의 손해를 가한 때'라 함은 현실적인 손해를 가한 경우뿐만 아니라 재산상 실해 발생의 위험을 초래한 경우도 포함된다(대법원 2003. 10. 30. 선고 2003도4382 판결 등 참조). 피고인은 엘지화학의 영업비밀에 해당하는 이 사건 파일들을 무단으로 반출하였고, 피고인의 이러한 행위는 엘지화학에 현실적으로 손해를 가한 경우가 아니라고 하더라도 재산상 손해 발생의 위험을 초래한 경우에 해당하므로 '재산상의 손해를 가한 때'에 해당한다. 또한 피고인은 영업비밀에 해당하는 이 사건 파일들을 자신의 개인 이메일로 전송받아 보관함으로써 재산상 이익을 취득하였다고 할 것이다.

따라서 같은 취지의 원심판결은 정당하고, 거기에 상고이유의 주장과 같은 업무상배임죄에 있어서 재산상 이익의 취득 및 손해 발생에 관한 법리오해 등의 위법이 없다.

3. 배임의 고의의 점에 관하여

업무상배임죄가 성립하려면 주관적 요건으로서 임무위배의 인식과 그로 인하여 자기 또는 제3자가 이익을 취득하고 본인에게 손해를 가한다는 인식, 즉 배임의 고의가 있어야 하는데, 이러한 인식은 미필적 인식으로도 족

하다. 피고인이 배임죄의 범의를 부인하는 경우에는 사물의 성질상 배임죄의 주관적 요소로 되는 사실은 고의와 상당한 관련성이 있는 간접사실을 증명하는 방법에 의하여 입증할 수밖에 없고, 이때 무엇이 상당한 관련성이 있는 간접사실에 해당할 것인가는 정상적인 경험칙에 바탕을 두고 치밀한 관찰력이나 분석력에 의하여 사실의 연결상태를 합리적으로 판단하여야 한다(대법원 2004. 3. 26. 선고 2003도7878 판결, 대법원 2010. 7. 15. 선고 2008도9066 판결 등 참조).

위 법리와 기록에 비추어 알 수 있는 다음과 같은 사정, 즉 피고인은 엘지화학 재직 중에 '직원으로서 재직 중 취득하거나 알게 된 회사의 경영정보, 업무상 비밀 등을 회사의 사전 서면 승낙 없이 업무 이외의 목적이나 부정한 목적으로 근무지 외로 반출하거나 사용하지 않을 것' 등을 내용으로 하는 정보보호동의서를 작성하였고, 엘지화학은 회사의 경영정보 등 영업비밀을 메신저 등을 통하여 외부로 유출하는 일체의 행위를 하여서는 아니된다는 내용의 정보보호규정과 외부발송메일관리요령에 관한 규정을 두고 있었으며, 피고인도 위와 같은 규정을 알고 있었던 점, 피고인이 이메일로 전송한 이 사건 파일들 중 제1, 2번 파일에는 비밀문서 표시가 기재되어 있어 이를 무단으로 반출하면 안 되는 파일임을 쉽게 알 수 있었던 점, 피고인은 이 사건 파일들을 개인 이메일로 전송한 이후에 자신의 집에 있는 외장하드디스크에 보관하고 있다가 엘지화학의 보안담당자로부터 보안체크확인서의 제출을 요구받고 나서야 이 사건 파일들을 삭제한 점, 피고인이 이 사건 파일들을 개인 이메일로 전송한 바로 당일 저녁에 엘지화학과 경쟁업체인 금호석유화학 주식회사(이하 '금호석유화학'이라고 한다)에 인터넷으로 입사를 신청하였고, 그 후 금호석유화학에 입사하여 상품기획팀에서 엘지화학에서의 업무와 유사한 업무를 담당하였는데, 이 사건 파일들에 있는 문서들은 금호석유화학에도 경제적 유용성이 있는 정보였던 점, 피고인은 '2009년도 타웍스 사업계획서'를 작성하기 위해서 이 사건 파일들을 전송하였다고 주장하지만, 피고인이 위 사업계획서를 작성하지 않은 것으로 보아 업무상 필요에 의하여 이 사건 파일들을 반출한 것으로 보이지 않는 점 등을 종합할 때, 피고인은 이 사건 파일들을 엘지화학의 외부로 반출할 당시 적어도 미필적으로나마 배임의 고의가 있었다고 보아야 할 것이다.

따라서 같은 취지의 원심판결은 정당하고, 거기에 상고이유의 주장과 같은 업무상배임죄에 있어서 배임의 고의에 관한 법리오해 등의 위법이 없다.

4. 결론

그러므로 상고를 기각하기로 하여 관여 대법관의 일치된 의견으로 주문과 같이 판결한다.

대법관 전수안(재판장) 김지형 양창수 이상훈(주심)

대법원 2011.7.28. 선고 2010도2244 판결

【증거위조·위조증거사용】

판시사항

[1] 증거위조죄 구성요건 중 '증거' 및 '위조'의 의미
[2] 참고인이 수사기관에서 허위의 진술을 하는 경우, 증거위조죄 성립 여부(소극)
[3] 참고인이 허위의 진술서 등을 작성하여 수사기관에 제출한 경우, 증거위조죄 성립 여부(소극)

전 문

피 고 인 피고인

상 고 인 검사

원심판결 대전지법 2010. 1. 28. 선고 2009노3161 판결

주 문 상고를 기각한다.

이 유 상고이유를 판단한다.

타인의 형사사건 또는 징계사건에 관한 증거를 위조한 경우에 성립하는 형법 제155조 제1항의 증거위조죄에서 '증거'라 함은 타인의 형사사건 또는 징계사건에 관하여 수사기관이나 법원 또는 징계기관이 국가의 형벌권 또는 징계권의 유무를 확인하는 데 관계있다고 인정되는 일체의 자료를 의미하고, 타인에게 유리한 것이건 불리한 것이건 가리지 아니하며 또 증거가치의 유무 및 정도를 불문하는 것이고, 여기서의 '위조'란 문서에 관한 죄에 있어서의 위조 개념과는 달리 새로운 증거의 창조를 의미하는 것이므로 존재하지 아니한 증거를 이전부터 존재하고 있는 것처럼 작출하는 행위도 증거위조에 해당하며, 증거가 문서의 형식을 갖는 경우 증거위조죄에 있어서의 증거에 해당하는지 여부가 그 작성권한의 유무나 내용의 진실성에 좌우되는 것은 아니다(대법원 2007. 6. 28. 선고 2002도3600 판결). 그리고 타인의 형사사건 등에 관한 증거를 위조한다 함은 증거 자체를 위조함을 말하는 것이고, 참고인이 수사기관에서 허위의 진술을 하는 것은 여기에 포함되지 않는다(대법원 1995. 4. 7. 선고 94도3412 판결 등 참조). 한편 참고인이 타인의 형사사건 등에서 직접 진술 또는 증언하는 것을 대신하거나 그 진술 등에 앞서서 허위의 사실확인서나 진술서를 작성하여 수사기관 등에 제출하거나 또는 제3자에게 교부하여 제3자가 이를 제출한 것은 존재하지 않는 문서를 이전부터 존재하고 있는 것처럼 작출하는 등의 방법으로 새로운 증거를 창조한 것이 아닐뿐더러, 참고인이 수사기관에서 허위의 진술을 하는 것과 차이가 없으므로, 증거위조죄를 구성하지 않는다고 할 것이다.

원심판결의 이유와 기록에 비추어 살펴보면, 원심이 같은 취지에서 이 사건 공소사실에 대하여 증거위조죄와 위조증거사용죄에 해당하지 아니한다는 이유로 무죄를 선고한 제1심을 유지한 조치는 정당하고, 거기에 어떤 위법도 없다.

그러므로 상고를 기각하기로 하여 관여 대법관의 일치된 의견으로 주문과 같이 판결한다.

대법관 박병대(재판장) 박시환 차한성(주심) 신영철

대법원 2011.7.14. 선고 2011도639 판결

【협박】

판시사항

[1] 신문기자가 기사 작성 자료를 수집하기 위해 취재에 응해줄 것을 요청하고 취재한 내용을 관계 법령에 저촉되지 않는 범위 내에서 보도하는 것이 '정당행위'에 해당하는지 여부(원칙적 적극)

[2] 신문기자인 피고인이 고소인에게 2회에 걸쳐 증여세 포탈에 대한 취재를 요구하면서 이에 응하지 않으면 자신이 취재한 내용대로 보도하겠다고 말하여 협박하였다는 취지로 기소된 사안에서, 위 행위가 설령 협박죄에서 말하는 해악의 고지에 해당하더라도 특별한 사정이 없는 한 사회상규에 반하지 아니하는 행위라고 보는 것이 타당한데도, 이와 달리 본 원심판단에 정당행위에 관한 법리오해의 위법이 있다고 한 사례

판결요지

[1] 신문은 헌법상 보장되는 언론자유의 하나로서 정보원에 대하여 자유로이 접근할 권리와 취재한 정보를 자유로이 공표할 자유를 가지므로(신문 등의 진흥에 관한 법률 제3조 제2항 참조), 종사자인 신문기자가 기사 작성을 위한 자료를 수집하기 위해 취재활동을 하면서 취재원에게 취재에 응해줄 것을 요청하고 취재한 내용을 관계 법령에 저촉되지 않는 범위 내에서 보도하는 것은 신문기자의 일상적 업무 범위에 속하는 것으로서, 특별한 사정이 없는 한 사회통념상 용인되는 행위라고 보아야 한다.

[2] 신문기자인 피고인이 고소인에게 2회에 걸쳐 증여세 포탈에 대한 취재를 요구하면서 이에 응하지 않으면 자신이 취재한 내용대로 보도하겠다고 말하여 협박하였다는 취지로 기소된 사안에서, 피고인이 취재와 보도를 빙자하여 고소인에게 부당한 요구를 하기 위한 취지는 아니었던 점, 당시 피고인이 고소인에게 취재를 요구하였다가 거절당하자 인터뷰 협조요청서와 서면질의 내용을 그 자리에 두고 나왔을 뿐 폭언을 하거나 보도하지 않는 데 대한 대가를 요구하지 않은 점, 관할 세무서가 피고인의 제보에 따라 탈세 여부를 조사한 후 증여세를 추징하였다고 피고인에게 통지한 점, 고소인에게 불리한 사실을 보도하는 경우 기자로서 보도에 앞서 정확한 사실 확인과 보도 여부 등을 결정하기 위해 취재 요청이 필요했으리라고 보이는 점 등 제반 사정에 비추어, 위 행위가 설령 협박죄에서 말하는 해악의 고지에 해당하더라도 특별한 사정이 없는 한 기사 작성을 위한 자료를 수집하고 보도하기 위한 것으로서 신문기자의 일상적 업무 범위에 속하여 사회상규에 반하지 아니하는 행위라고 보는 것이 타당한데도, 이와 달리 본 원심판단에 정당행위에 관한 법리오해의 위법이 있다고 한 사례.

전 문

피 고 인 피고인

상 고 인 피고인

변 호 인 법무법인

원심판결 서울북부지법 2010. 12. 29. 선고 2010노537 판결

주 문 원심판결을 파기하고, 사건을 서울북부지방법원에 환송한다.

이 유 상고이유를 본다.

1. 공소사실의 요지

피고인은 검찰신문(Examination a Newspaper) 서울취재본부의 취재부장으로 근무하던 중, 공소외 1의 조카 공소외 2로부터는 "고모 공소외 1이 남편과 자식이 없기 때문에 공소외 1이 소유하는 상가와 주택은 공소외 2의 아버지 등이 상속받을 수 있는데, 고모가 공소외 3 법무사, 공소외 4 등에게 증여하여 빼앗겼으니 되찾아와야 한다."라는 말을, 공소외 5로부터는 "법무사 공소외 3이 공소외 1이라는 할머니로부터 상가와 주택을 증여받았는데, 조세포탈의 의혹이 있고, 공소외 3이 공소외 1로부터 재산을 증여받은 후 공소외 1을 방치하여 가족들이 이의를 제기하고 있다."라는 말을 듣게 되자, ① 2008. 6. 19. 15:00경 고소인 공소외 3이 운영하는 법무사 사무실에서 취재수첩을 꺼내어 놓고 고소인에게 "검찰신문 서울취재본부의 취재부장인데, 서울 종로구 세종로에 있는 공소외 1의 증여재산과 관련하여 취재하러 왔다. 당신과 공소외 4는 로또에 당첨된 것과 마찬가지인데 남의 재산 80억 원 상당을 불법으로 먹어버리고 공소외 1을 방치할 수 있느냐, 공소외 1이 불쌍한데 이 사실을 검찰신문에 보도하려고 한다. 취재에 응하지 아니하면 지금까지 내가 조사한 내용을 그대로 신문에 보도하겠다."라고 말하고, ② 2008. 6. 27. 13:00경 같은 장소에서 고소인에게 "지금부터 하는 모든 대화는 녹음되고 있다. 공소외 1의 재산을 불법으로 편취하고, 증여세를 포탈한 점에 대해 독자들의 알권리를 위해 취재에 응해 달라. 공소외 6이 공소외 1로부터 증여받은 부동산을 다시 공소외 1에게 반환하라고 법무사인 당신에게 주었는데, 당신이 서류를 위조하여 공소외 7, 8에게 증여했는데 범법행위가 아니냐."라고 말하면서 미리 준비한 인터뷰(서면질의) 협조요청서와 서면질의 내용을 책상 위에 올려놓고 "취재에 응하지 않으면 내가 조사한 공소외 1 재산의 불법편취, 증여세 탈세, 공소외 6의 사문서위조 등에 관한 내용을 그대로 다음 주 신문, 방송에 보도하겠다. 마지막으로 한 번의 기회를 주겠다. 다음 주 월요일까지 시간을 주는데 응하지 않으면 불리할 것이다."라고 말하여 각 고소인을 협박하였다.

2. 원심의 판단

원심은 그 채용 증거에 의하여 피고인이 공소사실과 같이 고소인을 협박한 사실을 인정한 다음, 피고인의 그러한 행위는 취재 요구의 과정과 방법, 피고인과 고소인의 관계, 취재대상의 내용에 비추어 볼 때 사회통념상 용인되는 정당행위라고 할 수 없다고 보아 피고인에 대하여 유죄를 선고하였다.

3. 이 법원의 판단

가. 증거의 취사선택과 사실인정은 논리와 경험칙에 반하지 않는 한 사실심의 전권에 속한다. 원심판결 및 원심이 인용한 제1심판결의 채용 증거들을 기록에 비추어 살펴보면, 피고인이 고소인에게 공소사실 기재와 같이 말한 사실을 인정한 원심의 판단은 정당하고, 거기에 상고이유로 주장하는 바와 같은 채증법칙 위반 등의 위법이 없다.

나. 그러나 피고인의 행위가 정당행위에 해당하지 않는다고 본 원심의 판단은 그대로 수긍하기 어렵다.
신문은 헌법상 보장되는 언론자유의 하나로서 정보원에 대하여 자유로이 접근할 권리와 그 취재한 정보를 자유로이 공표할 자유를 가지므로(신문 등의 진흥에 관한 법률 제3조 제2항 참조), 그 종사자인 신문기자가 기사 작성을 위한 자료를 수집하기 위해 취재활동을 하면서 취재원에게 취재에 응해줄 것을 요청하고 취재한 내용을 관계 법령에 저촉되지 않는 범위 내에서 보도하는 것은 신문기자로서의 일상적인 업무 범위 내에 속하는 것으로서, 특별한 사정이 없는 한, 사회통념상 용인되는 행위라고 보아야 할 것이다.

그런데 원심이 인정한 사실관계에 의하더라도, 피고인은, 공소외 1이 2005. 12.경 이후 고소인 등에게 상가와 주택을 증여하였다가 2008. 6.경에 이르러 그 증여의 효력을 다투며 부동산의 반환 요구와 처분금지가처분 신청을 하는 상황에서, 그 무렵 공소외 1의 조카인 공소외 2 및 공소외 2의 친구인 공소외 5로부터 '고소인이 공소외 1로부터 위 부동산을 증여받은 것은 상속인들로부터 이를 빼앗은 것이고 그 과정에서 증여세 포탈의 의혹이 있다'는 말을 들었기 때문에 공소사실 기재와 같은 행동에 이르게 되었다는 것일 뿐 위 공소외 2 등과 공모하여 취재와 보도를 빙자하여 고소인에게 부당한 요구를 하기 위한 것이었다는 취지는 아니고, 피고인이 고소인에 대하여 한 행위 역시 고소인을 찾아가 공소사실 기재와 같이 2회에 걸쳐 증여세 포탈에 대한 취재를 요구하면서 이에 응하지 않으면 자신이 취재한 내용대로 보도하겠다고 말하였다는 것에 불과하며, 기록에 의하면, 고소인은 70대의 노인인 공소외 1로부터 상당한 가액의 재산을 증여받으면서 그 과정에서 실제 운영하지 아니하는 종교단체인 대한예수교장로회 ○○○○교회를 설립하여 기부받은 사실, 이 사건 당시 피고인이 고소인에게 취재에 응해줄 것을 요구하였다가 거절당하자 인터뷰 협조요청서와 서면질의 내용을 두고 자리를 나왔을 뿐 폭언을 하거나 보도를 하지 않는 대가를 요구하지 않은 사실, 종로세무서는 피고인의 탈세 제보에 따라 탈세 여부를 조사한 후 2008. 9. 30. 피고인에게 대한예수교장로회 ○○○○교회로부터 증여세 560,260,800원을 추징하였다고 통지한 사실 등을 알 수 있다.

이러한 점들을 앞서 본 법리와 위와 같이 고소인에게 불리한 사실을 보도하는 경우 신문기자로서는 그 보도에 앞서 정확한 사실의 확인과 보도 여부 등을 결정하기 위해 고소인에 대한 취재 요청이 필요했으리라고 보이는 점 등에 비추어 살펴보면, 신문기자인 피고인이 고소인에게 공소사실 기재와 같이 취재에 응해줄 것을 요구하고 이에 응하지 아니할 경우 자신이 조사한 바대로 보도하겠다고 한 것이, 설령 원심이 인정한 바와 같이 협박죄에서의 해악의 고지에 해당한다고 하더라도, 그것은 특별한 사정이 없는 한 기사 작성을 위한 자료를 수집하고 이를 보도하기 위한 것으로서 신문기자로서의 일상적인 업무 범위 내에 속하는 것이어서 사회상규에 반하지 아니하는 행위라고 봄이 상당하다.

그럼에도 불구하고, 원심은 그 판시와 같은 사정만을 이유로 피고인의 행위가 정당행위에 해당하지 않는다고 보았으니, 이러한 원심판단에는 정당행위에 관한 법리를 오해하여 판결에 영향을 미친 위법이 있다고 할 것이다. 이를 지적하는 취지가 포함된 상고이유의 주장은 이유 있다.

4. 결론

그러므로 나머지 상고이유에 대한 판단을 생략한 채 원심판결을 파기하고, 사건을 다시 심리·판단하도록 원심법원에 환송하기로 하여, 관여 대법관의 일치된 의견으로 주문과 같이 판결한다.

대법관 민일영(재판장) 김능환(주심) 안대희 이인복

대법원 2011.7.14. 선고 2011도2136 판결

【관세법위반·외국환거래법위반】

판시사항

1 외국 선박을 취득하면서 편의치적의 방법으로 외국 가국적을 취득한 후 국내에 반입하여 사용에 제공한 경우, 구 관세법 제241조 제1항의 '수입'에 해당하는지 여부(적극)

2 관세가 부과되지 않는 물품을 적법한 수입신고 절차 없이 통관하는 경우, 구 관세법의 무신고수입죄에 해당하는지 여부(적극)

3 피고인 갑 주식회사의 이사 피고인 을이 중국 해운회사에게서 중국 국적 선박을 구입한 다음, 선명을 변경하고 캄보디아 가국적을 취득한 후 국내로 반입하면서 외국적 외항선이 수리를 위하여 입항하는 것처럼 허위신고하여 밀수입한 사안에서, 피고인들의 행위가 구 관세법상 무신고수입죄에 해당한다고 본 원심판단을 수긍한 사례

4 중국 국적 선박을 구입한 피고인이 매도인인 중국 해운회사에 선박을 임대하여 받기로 한 용선료를 재정경제부장관에게 미리 신고하지 아니하고 선박 매매대금과 상계한 사안에서, 위 행위가 구 외국환거래법 위반죄에 해당한다고 본 원심판단을 수긍한 사례

판결요지

1 외국 선박을 국내 거주자가 취득하면서 편의치적의 방법으로 외국에 자신의 명의로 선박을 등록하여 외국의 가국적을 취득한 다음 이를 국내에 반입하여 사용에 제공하게 한 때에도 구 관세법(2010. 12. 30. 법률 제10424호로 개정되기 전의 것) 제241조 제1항의 '수입'에 해당한다.

2 구 관세법(2010. 12. 30. 법률 제10424호로 개정되기 전의 것, 이하 '구 관세법'이라 한다) 등 관계 법령에서 정하는 적법한 절차를 밟아 수입하는 경우 관세가 부과되지 않는 물품에 해당한다고 하더라도, 적법한 수입신고 절차 없이 통관하는 경우에는 무신고수입으로 인한 구 관세법 위반죄에 해당한다.

3 피고인 갑 주식회사의 이사 피고인 을이 국내외항의 선박운항사업에 사용할 목적으로 중국 해운회사에게서 중국 국적 중고 화물선을 구입한 다음, 선명을 변경하고 캄보디아 가국적을 취득한 후 국내로 반입하면서 외국적 외항선이 국내에 수리를 위하여 입항하는 것처럼 허위신고하여 밀수입한 사안에서, 피고인들의 행위가 구 관세법(2010. 12. 30. 법률 제10424호로 개정되기 전의 것)상 무신고수입죄에 해당한다고 본 원심판단을 수긍한 사례.

4 중국 국적 선박을 구입한 피고인이 매도인인 중국 해운회사에 선박을 임대하여 받기로 한 용선료를 재정경제부장관에게 미리 신고하지 아니하고 선박 매매대금과 상계한 사안에서, 위 행위가 구 외국환거래법(2008. 2. 29. 법률 제8863호로 개정되기 전의 것) 제16조 제1호를 위반하여 구 외국환거래법 제28조 제1항 제2호에 해당한다고 본 원심판단을 수긍한 사례.

전　문

피 고 인 피고인 1 외 1인

상 고 인 피고인들

변 호 인 법무법인

원심판결 서울중앙지법 2011. 1. 26. 선고 2010노4166 판결

주　문 상고를 모두 기각한다.

이 유 상고이유를 판단한다.

1. 피고인들의 관세법 위반의 점에 대하여

외국의 선박을 국내 거주자가 취득하면서 편의치적의 방법으로 외국에 자신의 명의로 선박을 등록하여 그 외국의 가국적을 취득한 다음 이를 국내에 반입하여 사용에 제공하게 한 때에도 구 관세법(2010. 12. 30. 법률 제10424호로 개정되기 전의 것, 이하 '구 관세법'이라 한다) 제241조 제1항의 수입에 해당하고 , 구 관세법 등 관계 법령에서 정하는 소정의 적법한 절차를 밟아 수입하는 경우에 관세가 부과되지 않는 물품에 해당한다고 하더라도 적법한 수입신고 절차 없이 통관하는 경우에는 무신고수입으로 인한 구 관세법 위반죄에 해당한다 할 것이다(대법원 2004. 3. 26. 선고 2003도8014 판결 등 참조).

원심판결 이유에 의하면, 원심은 적법하게 채택한 증거들을 종합하여 그 판시와 같은 사실을 인정한 다음, 피고인 1이 2008. 3. 22. 15:00경 국내외항의 선박운항사업에 사용할 목적으로 중국 소재 광주신주해운유한공사로부터 중국 국적의 중고 일반화물선 ○○○○○○호(이하 '이 사건 선박'이라 한다)를 미화 4,000,000달러에 구입한 다음, 선명을 △△△△△△△호로 변경하고 캄보디아의 가국적을 취득한 후 국내로 반입하면서 외국적 외항선이 국내에 수리를 위하여 입항하는 것처럼 허위신고하여 밀수입하였고, 피고인 2 주식회사은 그 사용인인 피고인 1이 피고인 2 주식회사의 업무에 관하여 위와 같이 허위신고하여 이 사건 선박을 밀수입하였으며, 피고인들의 이러한 행위는 구 관세법 위반죄에 해당한다고 판단하였다. 앞서 본 법리에 비추어 살펴보면 원심의 위와 같은 판단은 정당한 것으로서 수긍할 수 있고, 거기에 논리와 경험의 법칙에 위반하여 자유심증주의의 한계를 벗어났거나 구 관세법 위반에 관한 법리를 오해한 위법 등이 있다고 볼 수 없다.

2. 피고인 1의 외국환거래법 위반의 점에 대하여

가. 원심판결 이유에 의하면, 원심은 적법하게 채택한 증거들을 종합하여 그 판시와 같은 사실을 인정한 다음, 피고인 1이 2007. 12. 21.경부터 같은 해 12. 27.경까지 사이에 매도인인 광주신주해운유한공사에 2개월 동안 이 사건 선박을 임대하여 받기로 한 용선료 중국 통화 1,200,000위안에 상당하는 미화 162,162달러를 재정경제부장관에게 미리 신고하지 아니하고 이 사건 선박의 매매대금과 상계하였고, 피고인 1의 이러한 행위는 구 외국환거래법 위반죄에 해당한다고 판단하였다. 원심의 위와 같은 판단은 정당한 것으로서 수긍할 수 있고, 거기에 논리와 경험의 법칙에 위반하여 자유심증주의의 한계를 벗어났거나 구 외국환거래법 위반에 관한 법리를 오해한 위법 등이 있다고 볼 수 없다.

나. 형법 제16조에서 자기가 행한 행위가 법령에 의하여 죄가 되지 아니한 것으로 오인한 행위는 그 오인에 정당한 이유가 있는 때에 한하여 벌하지 아니한다고 규정하고 있는 것은 일반적으로 범죄가 되는 경우이지만 자기의 특수한 경우에는 법령에 의하여 허용된 행위로서 죄가 되지 아니한다고 그릇 인식하고 그와 같이 그릇 인식함에 정당한 이유가 있는 경우에는 벌하지 아니한다는 취지이다. 그리고 이러한 정당한 이유가 있는지 여부는 행위자에게 자기 행위의 위법의 가능성에 대해 심사숙고하거나 조회할 수 있는 계기가 있어 자신의 지적 능력을 다하여 이를 회피하기 위한 진지한 노력을 다하였더라면 스스로의 행위에 대하여 위법성을 인식할 수 있는 가능성이 있었음에도 이를 다하지 못한 결과 자기 행위의 위법성을 인식하지 못한 것인지 여부에 따라 판단하여야 할 것이고, 이러한 위법성의 인식에 필요한 노력의 정도는 구체적인 행위정황과 행위자 개인의 인식능력 그리고 행위자가 속한 사회집단에 따라 달리 평가되어야 한다(대법원 2006. 3. 24. 선고 2005도3717 판결 등 참조).

원심판결 이유에 의하면, 원심은, 피고인 1이 공소외인을 통하여 한국은행에 이 사건 선박의 매매대금 지급을 신고하는 과정에서 주식회사 한국외환은행(이하 '외환은행'이라 한다)의 담당자에게 이 사건 선박의 매매대금 일부를 상계한다는 취지를 설명한 다음 그 담당자의 안내에 따라 그대로 한국은행에 신고하였다고 볼 만한 자료가 없고, 설령 외환은행 담당자의 안내에 따라 그대로 신고를 하였다고 하더라도 그러한 사정만으로 이 사건 선박의 매매대금 지급의 신고에 관하여 피고인 1이 자신의 행위가 죄가 되지 아니하는 것으로 오인하였거나 그와 같은 오인에 정당한 이유가 있었다고 할 수 없다는 취지로 판단하였다. 앞서 본 법리에 비추어 살펴보면 원심의 위와 같은 판단은 정당한 것으로서 수긍할 수 있고, 거기에 형법 제16조의 법률의 착오에 관하여 오해한 위법이 있다고 볼 수 없다.

3. 결론

그러므로 상고를 모두 기각하기로 하여 관여 대법관의 일치된 의견으로 주문과 같이 판결한다.

대법관 박시환(재판장) 차한성 신영철(주심) 박병대

대법원 2011.7.14. 선고 2010도1025 판결

【사기미수·유가증권위조·위조유가증권행사·공정증서원본불실기재·불실기재공정증서원본행사】

판시사항

[1] 등기원인을 가장한 경우 공정증서원본불실기재죄 및 동행사죄 성립 여부(소극)

[2] 사자·허무인 명의 유가증권을 위조한 경우, 유가증권위조죄 성립 여부(한정 적극)

[3] 사망자의 상속인인 처에게서 사망자의 인장을 교부받아 사망자 생존 시를 발행일자로 한 사자 명의 유가증권을 위조한 경우, 발행명의인의 승낙이 있었다고 볼 수 있는지 여부(소극)

전 문

피 고 인 피고인

상 고 인 피고인 및 검사

원심판결 수원지법 2009. 12. 22. 선고 2009노958 판결

주 문 원심판결 중 유죄 부분과 무죄 부분 중 유가증권위조죄 및 위조유가증권행사죄 부분을 파기하고, 이 부분 사건을 수원지방법원 본원 합의부에 환송한다. 검사의 나머지 상고를 기각한다.

이 유 각 상고이유를 판단한다.

1. 피고인의 상고이유에 대하여

원심은, 피고인이 판시 각 약속어음에 관한 권리가 존재하지 않는다는 사실을 잘 알고 있으면서도 이를 이용하여 피해자 공소외 1을 상대로 어음금 청구소송을 제기하고, 과다한 등기비용으로 인한 분쟁을 막기 위해 사정을 모르는 공소외 2로 하여금 판시 영수증을 작성하게 하고 이를 근거로 피해자 공소외 2를 상대로 등기비용을 청구하는 반소를 제기한 행위는 사기미수죄에 해당한다고 보아 이 부분 공소사실을 모두 유죄로 인정한 제1심의 판단을 유지하였다.

관련 법리와 기록에 비추어 살펴보면, 원심의 사실인정과 판단은 정당한 것으로 수긍할 수 있고, 거기에 상고이유로 주장하는 바와 같이 피고인의 재판청구권을 침해하거나 항소이유를 오해하고 소송사기죄에 관한 법리를 오해하거나 채증법칙에 위배하는 등의 위법이 없다.

2. 검사의 상고이유에 대하여

가. 공정증서원본불실기재 및 동행사 부분

부동산을 관리보존하는 방법으로 이를 타에 신탁하는 의사로서 그 소유권이전등기를 한 경우에는 그 원인을 매매로 가장하였다 하더라도 이는 공정증서원본불실기재죄에 해당하지 아니하고(대법원 1957. 4. 12. 선고 4290형상32 판결 등 참조), 피고인이 부동산에 관하여 가장매매를 원인으로 소유권이전등기를 경료하였더라도, 그 당사자 사이에는 소유권이전등기를 경료시킬 의사는 있었다고 할 것이므로 공정증서원본불실기재죄 및 동행사죄는 성립하지 않고, 또한 등기의무자와 등기권리자(피고인) 간의 소유권이전등기신청의 합의에 따라 소유권이전등기가 된 이상, 등기의무자 명의의 소유권이전등기가 원인이 무효인 등기로서 피고인이 그 점을 알고 있었다고 하더라도, 특별한 사정이 없는 한 바로 피고인이 등기부에 불실의 사실을 기재하게 하였다고 볼 것은 아니다(대법원 1991. 9. 24. 선고 91도1164 판결, 대법원 2009. 10. 15. 선고 2009도5780 판결 등 참조).

원심은 그 채택 증거에 의하여, 망 공소외 3의 단독상속인인 공소외 1이 위 망인 명의로 된 안양시 동안구 호계동 1054-6 목련아파트 (동호수 생략)에 대한 채권자들의 강제집행을 면하기 위하여 위 망인이 피고인의 처 공소외 4에게 증여한 사실이 없음에도 불구하고 증여를 원인으로 한 공소외 4 명의의 이 사건 소유권이전등기절차에 동의하였다고 봄이 타당하다고 하여 이 부분 공소사실을 유죄로 인정한 제1심판결을 파기하고 무죄를 선고하였다.

앞서 본 법리와 기록에 비추어 살펴보면, 원심의 판단은 정당한 것으로 수긍할 수 있고, 거기에 상고이유로 주장하는 바와 같은 법리오해 또는 채증법칙 위반 등의 위법이 없다.

나. 유가증권위조 및 동행사 부분

약속어음과 같이 유통성을 가진 유가증권의 위조는 일반거래의 신용을 해하게 될 위험성이 매우 크다는 점에서 적어도 행사할 목적으로 외형상 일반인으로 하여금 진정하게 작성된 유가증권이라고 오신케 할 수 있을 정도로 작성된 것이라면 그 발행명의인이 가령 실재하지 않은 사자 또는 허무인이라 하더라도 그 위조죄가 성립된다고 해석함이 상당하다(대법원 1971. 7. 27. 선고 71도905 판결 참조).

그리고 사자 명의로 된 약속어음을 작성함에 있어 사망자의 처로부터 사망자의 인장을 교부받아 생존 당시 작성한 것처럼 약속어음의 발행일자를 그 명의자의 생존 중의 일자로 소급하여 작성한 때에는 발행명의인의 승낙이 있었다고 볼 수 없다(대법원 1983. 10. 25. 선고 83도1520 판결, 대법원 2009. 10. 29. 선고 2009도4658 판결 등 참조).

원심은, 피고인이 위 망인의 명의로 발행일자를 위 망인의 사망일자 이전의 일자로 한 이 사건 각 약속어음을 작성한 사실을 인정한 후, 위 망인의 상속인인 처 공소외 1이 이를 승낙 또는 동의하였다는 이유로 이 사건 각 유가증권위조 및 동행사의 점에 대하여 무죄를 선고하였다.

그러나 앞서 본 법리에 비추어 이 사건 각 약속어음의 작성명의인이 위 망인이고 그 작성일자가 위 망인의 사망일자 이전인 이상, 위 망인의 상속인에 불과한 공소외 1이 승낙 내지 동의하였다고 하여 위 망인의 승낙 내지 동의가 있었던 것으로 볼 수는 없다고 할 것이다.

그럼에도 불구하고 이와 달리 판단한 원심판결에는 유가증권위조 및 동행사죄에 관한 법리를 오해하여 판결에 영향을 미친 위법이 있다고 할 것이다. 이를 지적하는 검사의 상고이유 주장은 이유 있다.

3. 결론

그러므로 원심판결의 무죄 부분 중 유가증권위조죄 및 동행사죄의 점은 파기되어야 할 것인바, 위 각 죄는 원심이 유죄로 인정한 죄와 형법 제37조 전단의 경합범 관계에 있어 하나의 형이 선고되어야 할 것이므로, 원심판결 중 유죄 부분과 무죄 부분 중 유가증권위조죄 및 위조유가증권행사죄 부분을 각 파기하고, 이 부분 사건을 다시 심리·판단하게 하기 위하여 원심법원에 환송하되, 검사의 나머지 상고를 기각하기로 하여, 관여 대법관의 일치된 의견으로 주문과 같이 판결한다.

대법관 민일영(재판장) 김능환(주심) 안대희 이인복

대법원 2011.6.10. 선고 2011도4260 판결

【뇌물수수】

판시사항

1 포괄일죄인 뇌물수수 범행이 특정범죄 가중처벌 등에 관한 법률 제2조 제2항의 시행 전후에 걸쳐 행하여진 경우, 위 조항에 규정된 벌금형 산정 기준이 되는 수뢰액의 범위(=시행 이후에 수수한 금액)

2 피고인이 구 특정범죄 가중처벌 등에 관한 법률 제2조 제2항 시행일인 2008. 12. 26.을 전후하여 갑에게서 9회에 걸쳐 총 1,610만 원, 을에게서 4회에 걸쳐 총 1,000만 원의 뇌물을 수수하였는데, 위 각 죄 상호간은 포괄일죄의 관계에 있고 그 중 위 규정 시행 이후 받은 뇌물이 갑에게서 총 450만 원, 을에게서 총 200만 원인 사안에서, 피고인에게 병과할 수 있는 벌금형의 상한은 같은 법 시행일 이후 행해진 각 뇌물수수죄에 한하여 경합범 가중을 한 범위 내인 3,250만 원인데도, 이를 초과하여 3,500만 원을 병과한 원심판결에 법리오해의 위법이 있다고 한 사례

판결요지

1 2008. 12. 26. 법률 제9169호로 개정·시행된 특정범죄 가중처벌 등에 관한 법률(이하 '특가법'이라 한다)은 제2조 제2항에서 "형법 제129조, 제130조 또는 제132조에 규정된 죄를 범한 자는 그 죄에 대하여 정한 형(제1항의 경우를 포함한다)에 수뢰액의 2배 이상 5배 이하의 벌금을 병과(병과)한다."라고 규정하여 뇌물수수죄 등에 대하여 종전에 없던 벌금형을 필요적으로 병과하도록 하고 있는데, 헌법 제13조 제1항의 형벌법규 불소급 원칙과 형법 제1조 제1항의 "범죄의 성립과 처벌은 행위시의 법률에 의한다."는 규정에 비추어 보면, 포괄일죄인 뇌물수수 범행이 위 신설 규정의 시행 전후에 걸쳐 행하여진 경우 특가법 제2조 제2항에 규정된 벌금형 산정 기준이 되는 수뢰액은 위 규정이 신설된 2008. 12. 26. 이후에 수수한 금액으로 한정된다고 보아야 한다.

2 피고인이 구 특정범죄 가중처벌 등에 관한 법률(2010. 3. 31. 법률 제10210호로 개정되기 전의 것, 이하 '구 특가법'이라 한다) 제2조 제2항 시행일인 2008. 12. 26.을 전후하여 갑에게서 9회에 걸쳐 총 1,610만 원, 을에게서 4회에 걸쳐 총 1,000만 원의 뇌물을 수수하였는데, 위 각 죄 상호간은 포괄일죄의 관계에 있고 그 중 위 규정 시행 이후 받은 뇌물이 갑에게서 총 450만 원, 을에게서 총 200만 원인 사안에서, 구 특가법 제2조 제2항에 규정된 벌금형 산정 기준이 되는 수수액은 2008. 12. 26. 이후에 수수한 금액에 한정되므로, 피고인에게 병과할 수 있는 벌금형의 상한은 갑과 관련된 뇌물수수죄에 대한 벌금형 상한인 2,250만 원(=450만 원 × 5배), 을과 관련된 뇌물수수죄에 대한 벌금형 상한인 1,000만 원(=200만 원 × 5배)에 관하여 경합범 가중을 한 범위 내인 3,250만 원에 불과한데도, 이를 초과하여 3,500만 원을 병과한 원심판결에 법리오해의 위법이 있다고 한 사례.

전 문

피 고 인 피고인

상 고 인 피고인

변 호 인 법무법인

원심판결 고등군사법원 2011. 3. 29. 선고 2010노247 판결

주 문 원심판결 중 공소외 1, 2, 3으로부터의 각 뇌물수수 부분을 파기하고, 이 부분 사건을 고등군사법원에 환송한다.

이 유 상고이유를 본다.

1. 상고이유 제1점 내지 제3점에 대하여

뇌물죄는 직무집행의 공정과 이에 대한 사회의 신뢰에 기하여 직무수행의 불가매수성을 직접적인 보호법익으로 하고 있으므로, 공무원의 직무와 금원의 수수가 전체적으로 대가관계에 있으면 뇌물수수죄가 성립하고, 특별히 청탁의 유무, 개개의 직무행위의 대가적 관계를 고려할 필요는 없으며, 또한 그 직무행위가 특정된 것일 필요도 없다. 한편 뇌물죄에 있어서 직무에는 공무원이 법령상 관장하는 직무 그 자체뿐만 아니라 그 직무와 밀접한 관계가 있는 행위 또는 관례상이나 사실상 소관하는 직무행위, 결정권자를 보좌하거나 영향을 줄 수 있는 직무행위도 포함된다(대법원 1997. 4. 17. 선고 96도3378 판결, 대법원 2010. 12. 23. 선고 2010도13584 판결 등 참조).

원심은 그 채용 증거에 의하여 그 판시와 같은 사실을 인정한 다음, 그 인정 사실에 의하면, 군부대 공사 관련 업무에 종사하던 피고인이 자신의 군부대에 냉난방 및 보일러 등의 설비용역을 납품하던 업체의 대표인 공소외 1로부터 9회에 걸쳐 받은 총 1,610만 원, 전기시설 설비용역을 납품하던 업체의 이사 공소외 2로부터 4회에 걸쳐 받은 총 1,000만 원, 정수처리장치를 납품하는 업체의 대표 공소외 3으로부터 2회에 걸쳐 받은 총 400만 원은 차용금이 아니라 공무원으로서의 직무와 관련하여 받은 뇌물에 해당한다고 판단하였다.

위 법리와 기록에 비추어 살펴보면, 원심의 판단은 정당하다고 수긍이 되고, 거기에 상고이유로 주장하는 바와 같은 채증법칙 위반이나 뇌물죄에 관한 법리오해 등의 위법이 없다.

2. 상고이유 제4점에 대하여

가. 뇌물수수죄에 있어서 단일하고 계속된 범의하에 동종의 범행을 일정 기간 반복하여 행하고 그 피해법익도 동일한 경우에는 각 범행을 통틀어 포괄일죄로 볼 것이다(대법원 1990. 9. 25. 선고 90도1588 판결, 대법원 2005. 11. 10. 선고 2004도42 판결 등 참조).

위 법리와 기록에 비추어 살펴보면, 원심이 피고인의 위 공소외 1, 2, 3으로부터의 뇌물수수 범행이 각각 포괄일죄에 해당한다고 본 것은 정당하고, 거기에 상고이유로 주장하는 바와 같은 채증법칙 위반이나 포괄일죄에 관한 법리오해 등의 위법이 없다.

나. 2008. 12. 26. 법률 제9169호로 개정되어 시행된 특정범죄 가중처벌 등에 관한 법률(이하 '특가법'이라 한다)은 제2조 제2항으로 "형법 제129조, 제130조 또는 제132조에 규정된 죄를 범한 자는 그 죄에 대하여 정한 형(제1항의 경우를 포함한다)에 수뢰액의 2배 이상 5배 이하의 벌금을 병과한다."라는 규정을 두어 뇌물수수죄 등에 대하여 종전에 없던 벌금형을 필요적으로 병과하도록 하고 있는바, 헌법 제13조 제1항의 형법법규 불소급의 원칙과 형법 제1조 제1항의 "범죄의 성립과 처벌은 행위시의 법률에 의한다."는 규정에 비추어 보면, 포괄일죄인 뇌물수수 범행이 위 신설 규정의 시행 전후에 걸쳐 행하여진 경우에 있어 위 특가법 제2조 제2항에 규정된 벌금형 산정의 기준이 되는 수뢰액은 위 규정이 신설된 2008. 12. 26. 이후에 수수한 금액으로 한정된다고 보아야 한다.

원심판결 이유에 의하면, 피고인이 위 신설 규정 시행일인 2008. 12. 26. 이후에 뇌물로 수수한 금액은 공소외 1의 경우 총 450만 원, 공소외 2의 경우 총 200만 원에 불과한 사실을 알 수 있으므로, 위 신설 규정에 따라 피고인에게 병과할 수 있는 벌금형의 상한은 공소외 1로부터의 뇌물수수죄에 대한 벌금형 상한인 2,250만 원(=450만 원 × 5)과 공소외 2로부터의 뇌물수수죄에 대한 벌금형 상한인 1,000만 원(=200만 원 × 5)에 대하여 경합범 가중을 한 범위 내에서의 금액인 3,250만 원에 불과하다.

그럼에도 원심은 이와 달리 피고인에 대하여 위 상한을 초과한 벌금 3,500만 원을 병과하였는바, 이러한 원심판결에는 특가법 제2조 제2항에 관한 법리를 오해하여 판결에 영향을 미친 위법이 있다. 이 점을 지적하는 상고이유의 주장은 이유 있다.

따라서 원심판결 중 피고인의 공소외 1, 2로부터의 각 뇌물수수 부분(이유 무죄 부분을 포함)은 파기를 면할 수 없고, 공소외 3으로부터의 뇌물수수 부분 역시 위와 같이 파기되는 죄와 형법 제37조 전단의 경합범 관계에 있다는 이유로 원심에서 하나의 형이 선고되었으므로 파기되어야 한다.

3. 결론

그러므로 원심판결 중 공소외 1, 2, 3으로부터의 각 뇌물수수 부분(이유 무죄 부분을 포함)을 파기하고, 이 부분 사건을 다시 심리·판단하도록 원심법원에 환송하기로 하여 관여 대법관의 일치된 의견으로 주문과 같이 판결한다.

대법관 민일영(재판장) 이인복 김능환(주심)

대법원 2011.6.10. 선고 2010도17684 판결

【횡령】

판시사항

[1] 동업자가 동업재산에 대한 지분을 임의처분하거나 동업재산 매각대금을 임의소비한 경우, 횡령죄의 성립 여부(적극)

[2] 동업자 사이에 손익분배 정산이 되지 않은 상태에서 동업자 한 사람이 동업재산을 횡령한 경우, 횡령죄의 성립 범위(=횡령금액 전부)

[3] 피고인과 갑 주식회사가 동업약정을 맺고 사업을 진행하다가 을 주식회사에 사업권을 양도하는 양도양수계약을 체결한 다음 이익금을 같은 비율로 분배하기로 약정했는데도, 피고인이 을 회사에게서 송금받은 일부 계약금을 보관 중 갑 회사 대표이사인 병 승낙 없이 그 대부분을 임의로 소비한 사안에서, 피고인은 지분비율에 관계없이 임의로 소비한 금액 전부에 대하여 횡령죄의 죄책을 부담한다고 본 원심판단을 수긍한 사례

판결요지

[1] 동업재산은 동업자의 합유에 속하므로, 동업관계가 존속하는 한 동업자는 동업재산에 대한 지분을 임의로 처분할 권한이 없고, 동업자 한 사람이 지분을 임의로 처분하거나 또는 동업재산의 처분으로 얻은 대금을 보관 중 임의로 소비하였다면 횡령죄의 죄책을 면할 수 없다.

[2] 동업자 사이에 손익분배 정산이 되지 아니하였다면 동업자 한 사람이 임의로 동업자들의 합유에 속하는 동업재산을 처분할 권한이 없는 것이므로, 동업자 한 사람이 동업재산을 보관 중 임의로 횡령하였다면 지분비율에 관계없이 횡령한 금액 전부에 대하여 횡령죄의 죄책을 부담한다.

[3] 피고인과 갑 주식회사가 서로 금전 또는 노무를 출자하여 갑 회사 명의로 공동주택건립사업을 시행하기로 하는 내용의 동업약정을 맺고 사업을 진행하다가 을 주식회사에 사업권을 양도하는 양도양수계약을 체결한 다음, 위 양도대금에서 비용을 공제한 이익금을 같은 비율로 분배하기로 약정했는데도, 피고인이 을 회사에게서 갑 명의의 법인계좌로 송금받은 일부 계약금을 보관 중 갑 회사 대표이사인 병 승낙 없이 그 대부분을 임의로 인출하여 개인적인 용도로 소비한 사안에서, 피고인이 갑 회사와 동업관계에 있더라도 지분비율에 관계없이 임의로 소비한 금액 전부에 대하여 횡령죄의 죄책을 면할 수 없다는 이유로, 같은 취지의 원심판단을 수긍한 사례.

전 문

피 고 인 피고인

상 고 인 피고인

변 호 인 법무법인

원심판결 대전지법 2010. 12. 9. 선고 2009노3180 판결

주 문 상고를 기각한다.

이 유 상고이유를 판단한다.

동업재산은 동업자의 합유에 속하는 것이므로 동업관계가 존속하는 한 동업자는 동업재산에 대한 그 지분을 임의로 처분할 권한이 없고 동업자의 한 사람이 그 지분을 임의로 처분하거나 또는 동업재산의 처분으로 얻은 대금을 보관 중 임의로 소비하였다면 횡령죄의 죄책을 면할 수 없다. 또한 동업자 사이에 손익분배의 정산이 되지 아니하였다면 동업자의 한 사람이 임의로 동업자들의 합유에 속하는 동업재산을 처분할 권한이 없는 것이므로, 동업자의 한 사람이 동업재산을 보관 중 임의로 횡령하였다면 지분비율에 관계없이 임의로 횡령한 금액 전부에 대하여

횡령죄의 죄책을 부담한다(대법원 2009. 10. 15. 선고 2009도7423 판결 등 참조).

원심판결 이유 및 원심이 적법하게 채택한 증거들에 의하면, 피고인과 피해자 공소외 1 주식회사는 서로 금전 또는 노무를 출자하여 공소외 1 주식회사 명의로 경기 양평군 (이하 생략) 일대에 공동주택건립사업(이하 '이 사건 사업'이라 한다)을 시행하기로 하는 내용의 동업약정을 체결한 후 이 사건 사업을 진행하다가 자금사정이 여의치 아니하자, 공소외 2 주식회사와 공소외 1 주식회사가 공소외 2 주식회사에 이 사건 사업권을 양도대금 20억 원에 양도하기로 하는 내용의 이 사건 사업권 양도양수계약(이하 '이 사건 계약'이라 한다)을 체결한 다음, 향후 위 양도대금에서 비용을 공제한 이익금을 50 : 50으로 분배하기로 약정한 사실, 피고인은 공소외 2 주식회사로부터 공소외 1 주식회사 명의의 법인계좌로 송금받은 이 사건 계약의 일부 계약금인 1억 원을 공소외 1 주식회사를 위하여 보관하던 중 공소외 1 주식회사의 대표이사인 공소외 3으로부터 승낙을 받지 아니한 채 그 계약금 중 9,000만 원을 임의로 인출하여 자신의 채무변제 등 개인적인 용도에 소비한 사실 등을 알 수 있는바, 앞서 본 법리에 비추어 볼 때 피고인과 공소외 1 주식회사가 동업관계에 있다고 하더라도 피고인이 동업자인 공소외 1 주식회사의 승낙 없이 동업재산인 이 사건 계약의 일부 계약금을 임의로 소비하였다면 지분비율에 관계없이 임의로 횡령한 금액 전부에 대하여 횡령죄의 죄책을 면할 수 없다.

따라서 이와 같은 취지로 피고인이 임의로 횡령한 금액 전부에 대하여 유죄로 인정한 원심의 판단은 정당한 것으로 수긍할 수 있고, 거기에 논리와 경험의 법칙에 위반하고 자유심증주의의 한계를 벗어난 위법이 있다거나 횡령죄에 관한 법리를 오해한 위법이 있다고 볼 수 없다.

그러므로 상고를 기각하기로 하여 관여 대법관의 일치된 의견으로 주문과 같이 판결한다.

대법관 안대희(재판장) 박시환 차한성 신영철(주심)

대법원 2011.6.9. 선고 2010도10677 판결

【성폭력범죄의처벌및피해자보호등에관한법률위반(카메라등이용촬영)】

판시사항

[1] 구 성폭력범죄의 처벌 및 피해자보호 등에 관한 법률 제14조의2 제1항에서 정한 '카메라 등 이용 촬영죄'의 기수 시기

[2] 피고인이 지하철 환승에스컬레이터 내에서 카메라폰으로 피해자의 치마 속 신체 부위를 동영상 촬영하였다고 하여 구 성폭력범죄의 처벌 및 피해자보호 등에 관한 법률 위반으로 기소된 사안에서, 동영상 촬영 중 저장버튼을 누르지 않고 촬영을 종료하였다는 이유만으로 위 범행이 '기수'에 이르지 않았다고 단정한 원심판결에 법리오해로 인한 심리미진 등의 위법이 있다고 한 사례

판결요지

[1] 구 성폭력범죄의 처벌 및 피해자보호 등에 관한 법률(2010. 4. 15. 법률 제10258호 성폭력범죄의 피해자보호 등에 관한 법률로 개정되기 전의 것) 제14조의2 제1항에서 정한 '카메라 등 이용 촬영죄'는 카메라 기타 이와 유사한 기능을 갖춘 기계장치 속에 들어 있는 필름이나 저장장치에 피사체에 대한 영상정보가 입력됨으로써 기수에 이른다고 보아야 한다. 그런데 최근 기술문명의 발달로 등장한 디지털카메라나 동영상 기능이 탑재된 휴대전화 등의 기계장치는, 촬영된 영상정보가 사용자 등에 의해 전자파일 등의 형태로 저장되기 전이라도 일단 촬영이 시작되면 곧바로 촬영된 피사체의 영상정보가 기계장치 내 RAM(Random Access Memory) 등 주기억장치에 입력되어 임시저장되었다가 이후 저장명령이 내려지면 기계장치 내 보조기억장치 등에 저장되는 방식을 취하는 경우가 많고, 이러한 저장방식을 취하고 있는 카메라 등 기계장치를 이용하여 동영상 촬영이 이루어졌다면 범행은 촬영 후 일정한 시간이 경과하여 영상정보가 기계장치 내 주기억장치 등에 입력됨으로써 기수에 이르는 것이고, 촬영된 영상정보가 전자파일 등의 형태로 영구저장되지 않은 채 사용자에 의해 강제종료되었다고 하여 미수에 그쳤다고 볼 수는 없다.

[2] 피고인이 지하철 환승에스컬레이터 내에서 짧은 치마를 입고 있는 피해자의 뒤에 서서 카메라폰으로 성적 수치심을 느낄 수 있는 치마 속 신체 부위를 피해자 의사에 반하여 동영상 촬영하였다고 하여 구 성폭력범죄의 처벌 및 피해자보호 등에 관한 법률(2010. 4. 15. 법률 제10258호 성폭력범죄의 피해자보호 등에 관한 법률로 개정되기 전의 것) 위반으로 기소된 사안에서, 피고인이 휴대폰을 이용하여 동영상 촬영을 시작하여 일정한 시간이 경과하였다면 설령 촬영 중 경찰관에게 발각되어 저장버튼을 누르지 않고 촬영을 종료하였더라도 카메라 등 이용 촬영 범행은 이미 '기수'에 이르렀다고 볼 여지가 매우 큰데도, 피고인이 동영상 촬영 중 저장버튼을 누르지 않고 촬영을 종료하였다는 이유만으로 위 범행이 기수에 이르지 않았다고 단정하여, 피고인에 대한 위 공소사실 중 '기수'의 점을 무죄로 인정한 원심판결에 법리오해로 인한 심리미진 또는 이유모순의 위법이 있다고 한 사례.

전 문

피 고 인 피고인

상 고 인 검사

원심판결 서울중앙지법 2010. 7. 28. 선고 2010노2003 판결

주 문 원심판결을 파기하고, 사건을 서울중앙지방법원 합의부에 환송한다.

이 유 상고이유를 판단한다.

1. 구 성폭력범죄의 처벌 및 피해자보호 등에 관한 법률(2010. 4. 15. 법률 제10258호 성폭력범죄의 피해자보호 등에 관한 법률로 개정되기 전의 것) 제14조의2 제1항은 "카메라 기타 이와 유사한 기능을 갖춘 기계장치를 이용하여 성적 욕망 또는 수치심을 유발할 수 있는 타인의 신체를 그 의사에 반하여 촬영하거나 그 촬영물을 반포·판매·임대 또는 공연히 전시·상영한 자는 5년 이하의 징역 또는 1천만 원 이하의 벌금에 처한다."고 규정하고 있는바, 그 중 위 '카메라 등 이용 촬영죄'는 카메라 기타 이와 유사한 기능을 갖춘 기계장치 속에 들어 있는 필름이나 저장장치에 피사체에 대한 영상정보가 입력된 상태에 도달하면 이로써 그 범행은 기수에 이른다고 보아야 할 것이다. 그런데 최근 기술문명의 발달로 등장한 디지털카메라나 동영상 기능이 탑재된 휴대전화 등의 기계장치는, 촬영된 영상정보가 사용자 등에 의해 전자파일 등의 형태로 저장되기 전이라고 하더라도 일단 촬영이 시작되면 곧바로 그 촬영된 피사체의 영상정보가 기계장치 내의 RAM(Random Access Memory) 등 주기억장치에 입력되어 임시저장되었다가 이후 저장명령이 내려지면 기계장치 내의 보조기억장치 등에 저장되는 방식을 취하는 경우가 많고, 이러한 저장방식을 취하고 있는 카메라 등 기계장치를 이용하여 동영상 촬영이 이루어졌다면 그 범행은 촬영 후 일정한 시간이 경과하여 그 영상정보가 그 기계장치 내의 주기억장치 등에 입력됨으로써 이미 기수에 이르는 것이지, 그 촬영된 영상정보가 전자파일 등의 형태로 영구저장되지 않은 채 사용자에 의해 강제종료되었다는 이유만으로 미수에 그쳤다고 볼 수는 없다.
2. 이 사건 공소사실의 요지는 '피고인이 2009. 9. 28. 08:55경 서울지하철 1호선 종로3가역 환승에스컬레이터 내에서 검은색 짧은 치마를 입고 있는 피해자의 뒤에 서서 가지고 있던 카메라폰으로 성적 수치심을 느낄 수 있는 치마 속 신체 부위를 피해자의 의사에 반하여 동영상으로 촬영하였다'는 것인데, 제1심은 그 채택 증거에 비추어 볼 때 피고인이 위와 같이 카메라폰으로 피해자의 치마 속 신체 부위를 동영상으로 촬영하려고 하였으나, 촬영 중 경찰관에게 발각되자 카메라폰의 저장버튼을 누르지 않고 촬영을 종료시켜 촬영에 실패함으로써 미수에 그쳤을 뿐 위 범행이 기수에 이르렀다는 사실에 대한 증명이 없다고 보아 위 범행이 기수에 이르렀다는 공소사실 부분을 무죄로 판단하였고, 원심도 같은 취지에서 제1심의 위와 같은 판단을 정당하다고 보아 이를 그대로 유지하였다.

그러나 원심이 유지한 제1심의 채택 증거들을 앞서 본 법리에 비추어 살펴보면, 피고인이 휴대폰을 이용하여 동영상 촬영을 시작하여 일정한 시간이 경과하였다면 설령 그 촬영 중 경찰관에게 발각되어 저장버튼을 누르지 않고 촬영을 종료시켰다고 하더라도 카메라 등 이용 촬영 범행은 이미 기수에 이르렀다고 볼 여지가 매우 크다고 할 것이다. 그럼에도 원심이, 피고인이 위와 같은 동영상 촬영 중 저장버튼을 누르지 않고 촬영을 종료시켰다는 이유만으로 위 촬영 범행이 기수에 이르지 않았다고 단정하여, 피고인에 대한 이 사건 공소사실 중 기수의 점에 대하여 무죄를 선고한 제1심판결을 그대로 유지한 데에는, 이 사건 처벌법규의 구성요건인 '촬영의 기수시기'에 관한 법리를 오해한 나머지 필요한 심리를 다하지 아니하였거나 판결이유에 모순이 있어 위법하다고 할 것이다. 이 점을 지적하는 상고이유는 이유 있다.
3. 그러므로 원심판결을 파기하고 사건을 다시 심리·판단하게 하기 위하여 원심법원에 환송하기로 하여, 관여 대법관의 일치된 의견으로 주문과 같이 판결한다.

대법관 이상훈(재판장) 김지형 전수안(주심) 양창수

대법원 2011.5.26. 선고 2011도3682 판결

【상해·공무집행방해】

판시사항

1 현행범인을 체포하기 위하여 '체포의 필요성'이 있어야 하는지 여부(적극) 및 현행범인 체포 요건을 갖추지 못하여 위법한 체포에 해당하는지의 판단 기준

2 공무집행방해죄에서 '적법한 공무집행'의 의미 및 현행범인이 경찰관의 불법한 체포를 면하려고 반항하는 과정에서 경찰관에게 상해를 가한 경우 '정당방위'의 성립 여부(적극)

3 피고인이 경찰관의 불심검문을 받아 운전면허증을 교부한 후 경찰관에게 큰 소리로 욕설을 하였는데, 경찰관이 피고인을 모욕죄의 현행범으로 체포하려고 하자 피고인이 반항하면서 경찰관에게 상해를 가한 사안에서, 위 행위가 정당방위에 해당한다는 이유로, 피고인에 대한 '상해' 및 '공무집행방해'의 공소사실을 무죄로 인정한 원심판단을 수긍한 사례

판결요지

1 현행범인은 누구든지 영장 없이 체포할 수 있는데(형사소송법 제212조), 현행범인으로 체포하기 위하여는 행위의 가벌성, 범죄의 현행성·시간적 접착성, 범인·범죄의 명백성 이외에 체포의 필요성 즉, 도망 또는 증거인멸의 염려가 있어야 하고, 이러한 요건을 갖추지 못한 현행범인 체포는 법적 근거에 의하지 아니한 영장 없는 체포로서 위법한 체포에 해당한다. 여기서 현행범인 체포의 요건을 갖추었는지는 체포 당시 상황을 기초로 판단하여야 하고, 이에 관한 검사나 사법경찰관 등 수사주체의 판단에는 상당한 재량 여지가 있으나, 체포 당시 상황으로 보아도 요건 충족 여부에 관한 검사나 사법경찰관 등의 판단이 경험칙에 비추어 현저히 합리성을 잃은 경우에는 그 체포는 위법하다고 보아야 한다.

2 형법 제136조가 규정하는 공무집행방해죄는 공무원의 직무집행이 적법한 경우에 한하여 성립하고, 여기서 적법한 공무집행은 그 행위가 공무원의 추상적 권한에 속할 뿐 아니라 구체적 직무집행에 관한 법률상 요건과 방식을 갖춘 경우를 가리킨다. 경찰관이 현행범인 체포 요건을 갖추지 못하였는데도 실력으로 현행범인을 체포하려고 하였다면 적법한 공무집행이라고 할 수 없고, 현행범인 체포행위가 적법한 공무집행을 벗어나 불법인 것으로 볼 수밖에 없다면, 현행범이 체포를 면하려고 반항하는 과정에서 경찰관에게 상해를 가한 것은 불법체포로 인한 신체에 대한 현재의 부당한 침해에서 벗어나기 위한 행위로서 정당방위에 해당하여 위법성이 조각된다.

3 피고인이 경찰관의 불심검문을 받아 운전면허증을 교부한 후 경찰관에게 큰 소리로 욕설을 하였는데, 경찰관이 모욕죄의 현행범으로 체포하겠다고 고지한 후 피고인의 오른쪽 어깨를 붙잡자 반항하면서 경찰관에게 상해를 가한 사안에서, 피고인은 경찰관의 불심검문에 응하여 이미 운전면허증을 교부한 상태이고, 경찰관뿐 아니라 인근 주민도 욕설을 직접 들었으므로, 피고인이 도망하거나 증거를 인멸할 염려가 있다고 보기는 어렵고, 피고인의 모욕 범행은 불심검문에 항의하는 과정에서 저지른 일시적, 우발적인 행위로서 사안 자체가 경미할 뿐 아니라, 피해자인 경찰관이 범행현장에서 즉시 범인을 체포할 급박한 사정이 있다고 보기도 어려우므로, 경찰관이 피고인을 체포한 행위는 적법한 공무집행이라고 볼 수 없고, 피고인이 체포를 면하려고 반항하는 과정에서 상해를 가한 것은 불법체포로 인한 신체에 대한 현재의 부당한 침해에서 벗어나기 위한 행위로서 정당방위에 해당한다는 이유로, 피고인에 대한 상해 및 공무집행방해의 공소사실을 무죄로 인정한 원심판단을 수긍한 사례.

전 문

피 고 인 피고인

상 고 인 검사

원심판결 서울서부지법 2011. 2. 17. 선고 2010노739 판결

주 문 상고를 기각한다.

이 유 상고이유를 본다.

현행범인은 누구든지 영장 없이 체포할 수 있다(형사소송법 제212조). 현행범인으로 체포하기 위하여는 행위의 가벌성, 범죄의 현행성·시간적 접착성, 범인·범죄의 명백성 이외에 체포의 필요성 즉, 도망 또는 증거인멸의 염려가 있어야 하고, 이러한 요건을 갖추지 못한 현행범인 체포는 법적 근거에 의하지 아니한 영장 없는 체포로서 위법한 체포에 해당한다(대법원 1999. 1. 26. 선고 98도3029 판결 등 참조). 여기서 현행범인 체포의 요건을 갖추었는지 여부는 체포 당시의 상황을 기초로 판단하여야 하고, 이에 관한 검사나 사법경찰관 등 수사주체의 판단에는 상당한 재량의 여지가 있다고 할 것이나, 체포 당시의 상황으로 보아서도 그 요건의 충족 여부에 관한 검사나 사법경찰관 등의 판단이 경험칙에 비추어 현저히 합리성을 잃은 경우에는 그 체포는 위법하다고 보아야 한다(대법원 2002. 6. 11. 선고 2000도5701 판결, 대법원 2002. 12. 10. 선고 2002도4227 판결 등 참조).

한편 형법 제136조가 규정하는 공무집행방해죄는 공무원의 직무집행이 적법한 경우에 한하여 성립하고, 여기서 적법한 공무집행은 그 행위가 공무원의 추상적 권한에 속할 뿐 아니라 구체적 직무집행에 관한 법률상 요건과 방식을 갖춘 경우를 가리킨다. 경찰관이 현행범인 체포의 요건을 갖추지 못하였음에도 실력으로 현행범인을 체포하려고 하였다면 적법한 공무집행이라고 할 수 없고, 현행범인 체포행위가 적법한 공무집행을 벗어나 불법하게 체포한 것으로 볼 수밖에 없다면, 현행범이 그 체포를 면하려고 반항하는 과정에서 경찰관에게 상해를 가한 것은 불법체포로 인한 신체에 대한 현재의 부당한 침해에서 벗어나기 위한 행위로서 정당방위에 해당하여 위법성이 조각된다(대법원 2006. 9. 8. 선고 2006도148 판결, 대법원 2006. 11. 23. 선고 2006도2732 판결 등 참조).

원심판결 이유 및 기록에 의하면, 피고인은 2009. 9. 6. 01:45경 서울 마포구 서교동 (이하 생략) 빌라 주차장에서 술에 취한 상태에서 전화를 걸다가 인근 지역을 순찰하던 경찰관인 공소외 1, 2로부터 불심검문을 받게 되자 공소외 2에게 자신의 운전면허증을 교부한 사실, 공소외 2가 피고인의 신분조회를 위하여 순찰차로 걸어간 사이에, 피고인은 위 불심검문에 항의하면서 공소외 1에게 큰 소리로 욕설을 한 사실, 이에 공소외 1은 피고인에게 모욕죄의 현행범으로 체포하겠다고 고지한 후 피고인의 오른쪽 어깨를 붙잡았고, 피고인은 이에 강하게 반항하면서 공소사실 기재와 같이 공소외 1에게 상해를 가한 사실 등을 알 수 있다.

위 사실관계에 의하면, 공소외 1이 피고인을 현행범인으로 체포할 당시 피고인이 이 사건 모욕 범행을 실행 중이거나 실행행위를 종료한 직후에 있었다고 하더라도, 피고인은 공소외 1, 2의 불심검문에 응하여 이미 운전면허증을 교부한 상태이고, 공소외 1뿐 아니라 인근 주민도 피고인의 욕설을 직접 들었으므로, 피고인이 도망하거나 증거를 인멸할 염려가 있다고 보기는 어려울 것이다. 또한 피고인의 이 사건 모욕 범행은 불심검문에 항의하는 과정에서 저지른 일시적, 우발적인 행위로서 사안 자체가 경미할 뿐 아니라, 고소를 통하여 검사 등 수사 주체의 객관적 판단을 받지도 아니한 채 피해자인 경찰관이 범행현장에서 즉시 범인을 체포할 급박한 사정이 있다고 보기도 어렵다.

따라서 공소외 1이 피고인을 체포한 행위는 현행범인 체포의 요건을 갖추지 못하여 적법한 공무집행이라고 볼 수 없으므로 공무집행방해죄의 구성요건을 충족하지 아니하고, 피고인이 그 체포를 면하려고 반항하는 과정에서 공소외 1에게 상해를 가한 것은 불법체포로 인한 신체에 대한 현재의 부당한 침해에서 벗어나기 위한 행위로서 정당방위에 해당하여 위법성이 조각된다.

원심이 이와 같은 취지에서 피고인에 대한 이 사건 공소사실 중 상해 및 공무집행방해의 점에 대하여 무죄를 선고한 제1심판결을 유지한 것은 정당하다.

원심판결에는 상고이유에서 주장하는 바와 같은 현행범인 체포의 요건에 관한 법리오해 등의 위법이 없다.

그러므로 상고를 기각하기로 하여, 관여 대법관의 일치된 의견으로 주문과 같이 판결한다.

대법관 양창수(재판장) 김지형(주심) 전수안 이상훈

대법원 2011.5.26. 선고 2011도3161 판결

【공문서위조·위조공문서행사·특정범죄가중처벌등에관한법률위반(뇌물)】

판시사항

[1] 하나의 죄에 대하여 징역형과 벌금형을 병과하여야 할 경우, 징역형에만 작량감경을 할 수 있는지 여부(소극)

[2] 피고인의 뇌물수수죄 포괄일죄 중 일부에 대하여 구 특정범죄 가중처벌 등에 관한 법률 제2조 제2항에 따른 벌금형을 병과하면서 징역형에 대해서만 작량감경을 하고 벌금형에 대하여는 작량감경을 하지 않은 원심판결에 법리오해의 위법이 있다고 한 사례

전 문

피 고 인 피고인

상 고 인 피고인

변 호 인 변호사

원심판결 대전고법 2011. 2. 15. 선고 2010노570 판결

주 문 원심판결을 파기하고, 사건을 대전고등법원에 환송한다.

이 유

1. 피고인의 상고이유에 대하여

원심판결 이유를 원심이 유지한 제1심의 채택 증거들에 비추어 살펴보면, 원심이 피고인에 대한 이 사건 공소사실 중 피고인이 처제 명의로 이 사건 아파트 분양권 전매계약을 체결하면서 공소외인 측에서 7천만 원 상당의 프리미엄을 부담한다는 사실을 알고 있었다고 본 제1심의 판단이 수긍된다는 등의 이유로 피고인이 동액 상당의 뇌물을 수수하였다는 이 부분 공소사실이 유죄로 인정된다고 판단한 것은 정당하고, 거기에 상고이유의 주장과 같이 논리와 경험의 법칙에 위배되고 자유심증주의의 한계를 벗어난 위법은 없다.

2. 직권판단

하나의 죄에 대하여 징역형과 벌금형을 병과하여야 할 경우에 특별한 규정이 없는 한 징역형에만 작량감경을 하고 벌금형에는 작량감경을 하지 않는 것은 위법하다(대법원 1997. 8. 26. 선고 96도3466 판결, 대법원 2008. 7. 10. 선고 2008도3258 판결 등 참조).

원심판결의 적용법조란 기재에 의하면, 원심은 포괄일죄인 피고인의 판시 제1의 가.항 뇌물수수죄 중 2008. 12. 26. 이후 수수한 범죄사실 부분에 대하여 구 특정범죄 가중처벌 등에 관한 법률 제2조 제2항에 따른 벌금형을 병과한 다음, 작량감경을 하면서 징역형에 대한 작량감경규정인 형법 제55조 제1항 제3호만 기재하고 벌금형에 대한 작량감경규정인 형법 제55조 제1항 제6호는 기재하지 않았으며, 달리 그 판결이유를 살펴보아도 벌금형에 대하여 작량감경하였다는 점을 인정할 근거가 없으므로(원심이 선고한 7억 원의 벌금형은 작량감경을 한 범위 안에 들기도 하지만 작량감경을 하지 아니한 범위 안에도 든다), 원심은 징역형에 대해서만 작량감경하고 벌금형에 대하여는 작량감경을 하지 않은 것으로 볼 수밖에 없다.

따라서 원심판결에는 작량감경에 관한 법리를 오해한 위법이 있고, 이는 판결 결과에 영향을 미쳤음이 분명하므로, 이 점에서 원심판결은 파기를 면할 수 없다.

3. 결론

그러므로 원심판결을 파기하고 사건을 다시 심리·판단하도록 하기 위하여 원심법원에 환송하기로 하여, 관여 대법관의 일치된 의견으로 주문과 같이 판결한다.

대법관 이상훈(재판장) 김지형 전수안(주심) 양창수

대법원 2011.5.26. 선고 2011도2412 판결

【협박】

판시사항

[1] 협박죄에서 '협박'의 의미 및 협박행위 내지 협박의 고의 유무를 판단하는 기준
[2] 채권추심을 위하여 한 독촉 등 권리행사에 필요한 행위가 정당행위로 되기 위한 요건
[3] 사채업자인 피고인이 채무자 갑에게, 채무를 변제하지 않으면 갑이 숨기고 싶어하는 과거 행적과 사채를 쓴 사실 등을 남편과 시댁에 알리겠다는 등의 문자메시지를 발송한 사안에서, 피고인에게 협박죄를 인정하는 한편 위와 같은 행위가 정당행위에 해당한다는 주장을 배척한 원심판단을 수긍한 사례

전 문

피 고 인 피고인

상 고 인 피고인

변 호 인 변호사

원심판결 서울중앙지법 2011. 1. 26. 선고 2010노4767 판결

주 문 상고를 기각한다.

이 유 상고이유를 판단한다.

협박죄에 있어서의 협박이라 함은 사람으로 하여금 공포심을 일으킬 수 있을 정도의 해악을 고지하는 것을 말하고 협박죄가 성립하기 위하여는 적어도 발생 가능한 것으로 생각될 수 있는 정도의 구체적인 해악의 고지가 있어야 하며, 해악의 고지가 있다 하더라도 그것이 사회의 관습이나 윤리관념 등에 비추어 사회통념상 용인될 정도의 것이라면 협박죄는 성립하지 않으나, 이러한 의미의 협박행위 내지 협박의 고의가 있었는지 여부는 행위의 외형뿐 아니라 그러한 행위에 이르게 된 경위, 피해자와의 관계 등 전후 상황을 종합하여 판단해야 할 것이다(대법원 1991. 5. 10. 선고 90도2102 판결, 대법원 2005. 3. 25. 선고 2005도329 판결 등 참조).

그리고 채권자가 채권추심을 위하여 독촉 등 권리행사에 필요한 행위를 할 수 있기는 하지만, 법률상 허용되는 정당한 절차에 의한 것이어야 하며, 또한 채무자의 자발적 이행을 촉구하기 위해 필요한 범위 안에서 상당한 방법으로 그 권리가 행사되어야 한다.

원심이 확정한 사실관계에 의하면, 사채업자인 피고인은 피해자에게, 채무를 변제하지 않으면 피해자가 숨기고 싶어하는 과거의 행적과 사채를 쓴 사실 등을 남편과 시댁에 알리겠다는 등의 문자메시지를 발송하였다는 것인바, 이는 피해자에게 공포심을 일으키기에 충분하다고 보아야 할 것이고, 그 밖에 피고인이 고지한 해악의 구체적인 내용과 표현방법, 피고인이 피해자에게 위와 같은 해악을 고지하게 된 경위와 동기 등 제반 사정 등을 종합하면, 피고인에게 협박의 고의가 있었음을 충분히 인정할 수 있으며, 피고인이 정당한 절차와 방법을 통해 그 권리를 행사하지 아니하고 피해자에게 위와 같이 해악을 고지한 것이 사회의 관습이나 윤리관념 등 사회통념에 비추어 용인할 수 있는 정도의 것이라고 볼 수는 없다.

원심이 같은 취지에서 이 사건 공소사실을 유죄로 인정하는 한편 위와 같은 행위가 정당행위에 해당한다는 피고인의 주장을 배척한 것은 정당하고, 거기에 협박죄 및 정당행위에 관한 법리를 오해한 위법은 없으며, 그 밖에 원심의 사실인정을 탓하는 취지의 주장은 적법한 상고이유가 되지 못한다.

그러므로 상고를 기각하기로 하여 관여 대법관의 일치된 의견으로 주문과 같이 판결한다.

대법관 이상훈(재판장) 김지형 전수안(주심) 양창수

대법원 2011.5.26. 선고 2010도6090 판결

【성매매알선등행위의처벌에관한법률위반】

판시사항

[1] '영업으로 성매매를 알선한 행위'와 '영업으로 성매매에 제공되는 건물을 제공하는 행위'의 죄수관계(=실체적 경합)

[2] 약식명령이 확정된 구 성매매알선 등 행위의 처벌에 관한 법률 위반죄의 범죄사실인 '영업으로 성매매에 제공되는 건물을 제공하는 행위'와 위 약식명령 발령 전에 행해진 같은 법 위반의 공소사실인 '영업으로 성매매를 알선한 행위'가 포괄일죄의 관계에 있다고 본 원심판결에 법리오해의 위법이 있다고 한 사례

판결요지

[1] 구 성매매알선 등 행위의 처벌에 관한 법률(2011. 5. 23. 법률 제10697호로 개정되기 전의 것, 이하 '구 성매매알선 등 처벌법'이라 한다) 제2조 제1항 제2호는 '성매매알선등행위'로 (가)목에서 '성매매를 알선·권유·유인 또는 강요하는 행위'를, (다)목에서 '성매매에 제공되는 사실을 알면서 자금·토지 또는 건물을 제공하는 행위'를 규정하는 한편, 구 성매매알선 등 처벌법 제19조는 '영업으로 성매매알선등행위를 한 자'에 대한 처벌을 규정하고 있는데, 성매매알선행위와 건물제공행위의 경우 비록 처벌규정은 동일하지만, 범행방법 등의 기본적 사실관계가 상이할 뿐 아니라 주체도 다르다고 보아야 한다. 또한 수개의 행위태양이 동일한 법익을 침해하는 일련의 행위로서 각 행위 간 필연적 관련성이 당연히 예상되는 경우에는 포괄일죄의 관계에 있다고 볼 수 있지만, 건물제공행위와 성매매알선행위의 경우 성매매알선행위가 건물제공행위의 필연적 결과라거나 반대로 건물제공행위가 성매매알선행위에 수반되는 필연적 수단이라고도 볼 수 없다. 따라서 '영업으로 성매매를 알선한 행위'와 '영업으로 성매매에 제공되는 건물을 제공하는 행위'는 당해 행위 사이에서 각각 포괄일죄를 구성할 뿐, 서로 독립된 가벌적 행위로서 별개의 죄를 구성한다고 보아야 한다.

[2] 약식명령이 확정된 구 성매매알선 등 행위의 처벌에 관한 법률(2011. 5. 23. 법률 제10697호로 개정되기 전의 것, 이하 '구 성매매알선 등 처벌법'이라 한다) 위반죄의 범죄사실인 '영업으로 성매매에 제공되는 건물을 제공하는 행위'와 위 약식명령 발령 전에 행해진 구 성매매알선 등 처벌법 위반의 공소사실인 '영업으로 성매매를 알선한 행위'가 서로 독립된 가벌적 행위로서 별개의 죄를 구성한다고 보아야 하는데도, 포괄일죄의 관계에 있다고 보아 위 공소사실에 대하여 면소를 선고한 원심판결에 법리오해의 위법이 있다고 한 사례.

전 문

피 고 인 피고인

상 고 인 검사

변 호 인 변호사

원심판결 서울북부지법 2010. 4. 29. 선고 2009노1670 판결

주 문 원심판결을 파기하고 사건을 서울북부지방법원 합의부에 환송한다.

이 유 상고이유를 본다.

원심판결의 이유에 의하면 원심은, 약식명령이 확정된 구 성매매알선 등 행위의 처벌에 관한 법률 위반 범죄사실, 즉 제1심 공동피고인 등은 2008. 8. 29. 서울 노원구 상계동 (이하 생략) 소재 '○○○' 스포츠 마사지에서 여종업원으로 하여금 유사성교행위를 하도록 하여 영업으로 성매매알선행위를 하였는데, 피고인은 위 업소의 전업주

로서 2008. 7. 1.경 위 업소가 제1심 공동피고인에 의해 성매매 장소로 제공되는 사실을 알면서도 제1심 공동피고인에게 전대하여 주어 영업으로 성매매알선행위를 하였다는 내용의 범죄사실(이하 '1차 범행'이라 한다)과 위 약식명령 확정 이전에 범하여진 이 사건 공소사실, 즉 '피고인은 제1심 공동피고인 등과 공모하여 2008. 8. 30.경부터 2009. 1. 8.경까지 위 업소에서 여종업원들을 고용한 다음 여종업원들로 하여금 성매매를 하도록 하여 영업으로 성매매를 알선하고, 같은 기간 합계 약 45,949,500원의 매출을 올렸다'는 내용의 범죄사실(이하, '이 사건 범행'이라 한다)에 대하여, 위 약식명령이 확정된 1차 범행과 그 발령 전에 범한 이 사건 범행은 그 범행의 내용에 있어 약간의 차이가 있기는 하지만 위 약식명령의 범죄사실 내용 역시 전대를 통해 성매매 장소를 제공함으로써 "영업으로 성매매알선행위를 하였다."는 것이고, 그 범행일시, 장소 및 영업의 태양 등에 비추어 피고인이 단일하고 계속된 범의하에 성매매의 알선이라는 동종의 범행을 동일하거나 유사한 방법으로 일정기간 반복적으로 행한 것으로서 그 피해법익도 동일하여 기본적 사실관계가 동일하다고 할 것이어서 포괄일죄의 관계에 있다고 봄이 상당하다 할 것이므로, 위 확정된 약식명령의 효력은 그 발령 이전에 행하여진 이 사건 공소사실에 대하여도 미친다는 이유로 피고인에 대하여 면소를 선고하였다.

그러나 원심의 위와 같은 판단은 수긍하기 어렵다. 동일 죄명에 해당하는 수개의 행위 혹은 연속된 행위를 단일하고 계속된 범의하에 일정 기간 계속하여 행하고 그 피해법익도 동일한 경우에는 이들 각 행위를 통틀어 포괄일죄로 처단하여야 할 것이나, 범의의 단일성과 계속성이 인정되지 아니하거나 범행방법이 동일하지 않은 경우에는 각 범행은 실체적 경합범에 해당한다(대법원 1989. 11. 28. 선고 89도1309 판결, 대법원 1997. 7. 25. 선고 97도1201 판결, 대법원 2004. 5. 28. 선고 2002도5672 판결 등 참조). 그런데 구 성매매알선 등 행위의 처벌에 관한 법률 제2조 제1항 제2호는 "성매매알선등행위"로 (가)목에서 "성매매를 알선·권유·유인 또는 강요하는 행위"를, (다)목에서 "성매매에 제공되는 사실을 알면서 자금·토지 또는 건물을 제공하는 행위"를 규정하는 한편, 같은 법 제19조는 "영업으로 성매매알선등행위를 한 자"에 대한 처벌규정을 두고 있는바, 위 규정에 의하면 성매매알선행위와 건물제공행위는 비록 그 처벌규정은 동일하지만, 두 행위는 범행방법 등의 기본적 사실관계가 상이할 뿐 아니라 그 주체도 다르다고 보아야 한다. 또한 수개의 행위태양이 동일한 법익을 침해하는 일련의 행위로서 각 행위 간의 필연적 관련성이 당연히 예상되어 있는 경우에는 포괄일죄라고 볼 수 있을 것이지만, 건물제공행위와 성매매알선행위는 성매매알선행위가 건물제공행위의 필연적 결과라거나 반대로 건물제공행위가 성매매알선행위에 수반되는 필연적 수단이라고도 볼 수 없다. 따라서 이 사건 공소사실인 영업으로 성매매를 알선한 행위와 종전에 약식명령이 확정된 영업으로 성매매에 제공되는 건물을 제공하는 행위는 당해 행위 사이에서 각각 포괄일죄의 관계에 있을 뿐, 위 각 행위는 서로 독립된 가벌적 행위로서 별개의 죄를 구성한다고 보아야 할 것이다.

그렇다면 위 성매매알선행위와 장소제공행위가 포괄일죄의 관계에 있다고 보아, 이 사건 공소사실에 대하여 면소판결을 선고한 원심의 조치에는, 포괄일죄에 관한 법리를 오해하여 판결에 영향을 미친 위법이 있다.

따라서 원심판결을 파기하고, 이 부분 사건을 다시 심리·판단하게 하기 위하여 원심법원으로 환송하기로 하여 관여 대법관의 일치된 의견으로 주문과 같이 판결한다.

대법관 신영철(재판장) 박시환 안대희(주심) 차한성

대법원 2011.5.13. 선고 2011도2368 판결

【권리행사방해】

판시사항

[1] 권리행사방해죄에서 '타인의 점유'의 의미

[2] 갑 종합건설회사가 유치권 행사를 위하여 점유하고 있던 주택에 피고인이 그 소유자인 처와 함께 출입문 용접을 해제하고 들어가 거주한 사안에서, 유치권자인 갑 회사의 권리행사를 방해하였다고 보아 형법 제323조의 권리행사방해죄의 유죄를 인정한 원심판단을 수긍한 사례

전　문

피 고 인 피고인

상 고 인 피고인

원심판결 수원지법 2011. 2. 8. 선고 2010노3934 판결

주　문 상고를 기각한다.

이　유 형법 제323조의 권리행사방해죄에 있어서의 타인의 점유라 함은 권원으로 인한 점유, 즉 정당한 원인에 기하여 물건을 점유하는 것을 의미하지만, 반드시 본권에 기한 점유만을 말하는 것이 아니라 유치권 등에 기한 점유도 여기에 해당한다.

원심이 인정한 바와 같이 공소외 주식회사가 이 사건 주택의 유치권자로서 그 유치권행사를 위하여 주택을 점유하고 있었다면, 피고인이 그 소유자인 처와 함께 유치권자의 권리행사를 방해한 것은 형법 제323조에 해당한다고 할 것이므로, 같은 취지의 원심의 판단은 정당하다.

상고이유는 위 공소외 주식회사가 적법한 유치권자가 아니라고 주장하는 것인데, 원심의 증거의 취사와 그에 의한 사실인정의 과정에 채증법칙을 위배하거나 경험칙·논리칙에 반하여 자유심증주의의 한계를 벗어난 위법이 있다고 볼 수 없으므로, 위와 같은 주장은 적법한 상고이유가 되지 못한다.

그러므로 상고를 기각하기로 하여 관여 대법관의 일치된 의견으로 주문과 같이 판결한다.

대법관 이상훈(재판장) 김지형 전수안(주심) 양창수

대법원 2011.5.13. 선고 2011도2021 판결

【특정범죄가중처벌등에관한법률위반(절도)[인정된죄명:특정범죄가중처벌등에관한법률위반(절도)방조]】

판시사항

1. 3인 이상이 합동절도를 모의한 후 2인 이상이 범행을 실행한 경우, 직접 실행행위에 가담하지 않은 자에 대한 공모공동정범 인정 여부(적극)
2. 공모공동정범의 성립 요건
3. 피고인이 갑, 을과 공모한 후 갑, 을은 피해자 회사의 사무실 금고에서 현금을 절취하고, 피고인은 위 사무실로부터 약 100m 떨어진 곳에서 망을 보는 방법으로 합동하여 재물을 절취하였다고 하여 주위적으로 기소된 사안에서, 제반 사정에 비추어 갑, 을의 합동절도 범행에 대한 공동정범으로서 죄책을 면할 수 없는데도, 이와 달리 보아 피고인에게 무죄를 인정한 원심판결에 법리오해의 위법이 있다고 한 사례

전　　문

피 고 인 피고인

상 고 인 검사

변 호 인 변호사

원심판결 광주고법 2011. 1. 27. 선고 2010노519 판결

주　　문 원심판결 중 피고인에 대한 부분을 파기하고, 이 부분 사건을 광주고등법원으로 환송한다.

이　　유 상고이유를 살펴본다.

1. 피고인에 대한 주위적 공소사실의 요지

피고인은 2003. 8. 29. 광주지방법원에서 특정범죄 가중처벌 등에 관한 법률 위반(절도)죄로 징역 1년 6월을, 2006. 5. 12. 위 법원에서 같은 죄로 징역 3년 6월을 선고받아 2009. 1. 24. 광주교도소에서 그 형의 집행을 종료하였는데, 피고인, 원심 공동피고인 1, 2는 피해자 공소외 합명회사가 주말에는 사납금을 회사 금고에 보관한다는 사정을 알고 이를 훔치기로 공모하여, 2010. 7. 11. 18:50경 광주 서구 화정동 (지번 생략)에 있는 공소외 합명회사에 이르러 원심 공동피고인 1은 공소외 합명회사 사무실 앞에서, 피고인은 위 사무실에서 약 100m 떨어진 곳에서 각각 망을 보고, 원심 공동피고인 2는 사무실 밖에 있는 배전기함을 망치로 손괴하고 전원 스위치를 내려 CCTV가 작동되지 않도록 전원을 차단한 후, 열려진 사무실로 들어가 원심 공동피고인 1이 미리 복사하여 건네 준 금고 열쇠를 이용하여 금고 안에 있던 피해자 소유인 현금 535만 원을 가지고 나와 절취함으로써, 피고인, 원심 공동피고인 1, 2는 합동하여, 피고인은 상습으로 피해자의 재물을 절취하였다.

2. 원심의 판단

원심은, 원심 공동피고인 1이 이 사건 범행 4~5일 전에 피고인에게 범행을 함께 저지르자고 제의하여, 피고인은 아는 동생을 소개시켜 준다고 말하고, 이 사건 범행 전날인 7. 10. 15:00~16:00경 원심 공동피고인 2를 만나 원심 공동피고인 1의 범행 계획 등에 대해 알려 주어 승낙을 받은 사실, 이 사건 범행 당일 피고인은 원심 공동피고인 2를 원심 공동피고인 1에게 소개시켜 준 다음 이들과 함께 범행 장소인 공소외 합명회사 사무실로부터 약 200m 떨어진 ○○○○ 주유소 앞까지 갔고, 그 지점에서는 위 사무실이 보이지 않는 사실 등이 인정되나, 나아가 피고인이 위 사무실로부터 약 100m 떨어진 지점에서 망을 보는 방법으로 합동하여 이 사건 범행을 저질렀다는 점에 관하여는 검사가 제출한 증거들을 모두 모아 보더라도 이를 인정하기에 부족하고 달리 이를 인정할 증거가 없다는 이유로, 이 부분 공소사실을 무죄로 판단한 제1심판결을 그대로 유지하였다.

3. 대법원의 판단

가. 원심의 위와 같은 판단은 다음과 같은 이유로 수긍하기 어렵다.

(1) 3인 이상의 범인이 합동절도의 범행을 공모한 후 적어도 2인 이상의 범인이 범행 현장에서 시간적, 장소적으로 협동관계를 이루어 절도의 실행행위를 분담하여 절도 범행을 한 경우에, 그 공모에는 참여하였으나 현장

에서 절도의 실행행위를 직접 분담하지 아니한 다른 범인에 대하여도 그가 현장에서 절도 범행을 실행한 위 2인 이상의 범인의 행위를 자기 의사의 수단으로 하여 합동절도의 범행을 하였다고 평가할 수 있는 정범성의 표지를 갖추고 있는 한 공동정범의 일반 이론에 비추어 그 다른 범인에 대하여 합동절도의 공동정범으로 인정할 수 있다(대법원 1998. 5. 21. 선고 98도321 전원합의체 판결 참조).

한편, 형법 제30조의 공동정범은 공동가공의 의사와 그 공동의사에 기한 기능적 행위지배를 통한 범죄 실행이라는 주관적·객관적 요건을 충족함으로써 성립하는바, 공모자 중 일부가 구성요건 행위 중 일부를 직접 분담하여 실행하지 않은 경우라 할지라도 전체 범죄에서 그가 차지하는 지위, 역할이나 범죄 경과에 대한 지배 내지 장악력 등을 종합해 볼 때, 단순한 공모자에 그치는 것이 아니라 범죄에 대한 본질적 기여를 통한 기능적 행위지배가 존재하는 것으로 인정된다면, 이른바 공모공동정범으로서의 죄책을 면할 수 없다(대법원 1998. 5. 21. 선고 98도321 전원합의체 판결, 대법원 2007. 4. 26. 선고 2007도235 판결, 대법원 2007. 4. 26. 선고 2007도428 판결 등 참조).

(2) 원심이 적법하게 채택하여 조사한 증거들에 의하면, ① 피고인이 이 사건 범행 전에 원심 공동피고인 1로부터 이 사건 범행을 제의받고 원심 공동피고인 1에게 아는 후배를 한 명 소개할 테니 함께 하자고 승낙한 사실, ② 피고인이 이 사건 범행 전날 원심 공동피고인 2를 만나 원심 공동피고인 1의 범행 계획 등에 관해 알려 주고 원심 공동피고인 2의 승낙을 받은 사실, ③ 피고인이 이 사건 범행 당일 원심 공동피고인 2를 원심 공동피고인 1에게 소개하여 주었고, 원심 공동피고인 1, 2와 함께 이 사건 범행 장소인 공소외 합명회사 사무실 부근까지 동행하였으며, 도중에 이 사건 범행에 사용할 면장갑과 쇼핑백을 구입하여 원심 공동피고인 2에게 건네 준 사실, ④ 피고인이 이 사건 범행 직전 원심 공동피고인 2로부터 이 사건 범행을 하는 동안 자신의 가방을 대신 보관하여 달라는 부탁을 받고 이를 대신 보관한 사실, ⑤ 피고인이 공소외 합명회사 사무실로부터 불과 약 200m 정도 떨어진 ○○○○ 주유소 앞에서 원심 공동피고인 2와 원심 공동피고인 1을 기다리고 있었던 사실, ⑥ 원심 공동피고인 2는 이 사건 범행을 종료한 후 기다리고 있던 원심 공동피고인 1, 피고인과 합류하여 택시를 타고 △△대학교 인근의 식당으로 이동하였고, 피고인은 위와 같이 이동하는 과정에서 원심 공동피고인 2로부터 절취한 현금이 들어 있는 쇼핑백을 건네받아 이를 소지하기도 하였던 사실, ⑦ 피고인은 위 식당에서 원심 공동피고인 1, 2와 함께 절취한 현금의 액수를 확인하였고, 절취한 현금의 약 1/3에 해당하는 175만 원을 분배받은 사실을 알 수 있다.

(3) 사실관계가 위와 같다면, 피고인이 비록 망을 본 일이 없다고 하더라도, 피고인이 합동절도의 범행을 현장에서 실행한 원심 공동피고인 1, 2와 공모하였고, 이 사건 범행을 직접 실행할 원심 공동피고인 2를 원심 공동피고인 1에게 소개하여 주었으며, 원심 공동피고인 2에게 이 사건 범행 도구인 면장갑과 쇼핑백을 구입하여 건네 주었고, 원심 공동피고인 2, 1이 이 사건 범행을 종료할 때까지 기다려 그들과 함께 절취한 현금을 운반한 후 그 중 일부를 분배받은 것만으로도 단순한 공모자에 그치는 것이 아니라 이 사건 범행에 대한 본질적 기여를 통한 기능적 행위지배를 하였다고 할 것이고, 따라서 피고인이 원심 공동피고인 1, 2의 행위를 자기 의사의 수단으로 하여 합동절도의 범행을 하였다고 평가될 수 있는 정범성의 표지를 갖추었다고 할 것이므로, 원심 공동피고인 1, 2의 위 합동절도의 범행에 대하여 공동정범으로서의 죄책을 면할 수 없다.

나. 그럼에도 불구하고 원심은 그 판시와 같은 이유만으로 피고인에 대한 이 부분 주위적 공소사실을 무죄로 판단한 제1심판결을 그대로 유지하였는바, 이러한 원심판결은 합동범의 공동정범에 관한 법리를 오해하여 판단을 그르친 것이다.

4. 결론

그러므로 원심판결 중 피고인에 대한 주위적 공소사실에 관한 부분은 파기를 면할 수 없고, 이와 동일체의 관계에 있는 예비적 공소사실에 관한 부분 역시 파기될 수밖에 없으므로, 나머지 상고이유에 관한 판단을 생략한 채 원심판결 중 피고인에 대한 부분을 파기하고, 이 부분 사건을 다시 심리·판단하게 하기 위하여 원심법원에 환송하기로 하여, 관여 대법관의 일치된 의견으로 주문과 같이 판결한다.

대법관 이홍훈(재판장) 김능환 민일영(주심) 이인복

대법원 2011.5.13. 선고 2011도1765 판결

【특정경제범죄가중처벌등에관한법률위반(사기)·유사수신행위의규제에관한법률위반·사기[인정된죄명:특정경제범죄가중처벌등에관한법률위반(사기)]】

판시사항

[1] 친족상도례를 규정한 형법 제328조 제1항에서 '그 배우자'가 동거가족의 배우자만을 의미하는지 여부(소극)

[2] 피고인이 상습으로 재물을 편취하였다고 하여 특정경제범죄 가중처벌 등에 관한 법률 위반(사기)으로 기소된 사안에서, 피고인이 피해자 갑의 직계혈족의 배우자임을 이유로 형법 제354조, 제328조 제1항에 따라 갑에 대한 상습사기의 공소사실에 대하여 형을 면제한 원심판단을 정당하다고 한 사례

전 문

피 고 인 피고인

상 고 인 피고인 및 검사

변 호 인 변호사

배상신청인 기현 외 8인

원심판결 광주고법 2011. 1. 20. 선고 2010노291, 2010초기45 판결

주 문 상고를 모두 기각한다.

이 유 상고이유를 판단한다.

1. 피고인의 상고이유에 대하여

원심판결 및 원심이 적법하게 채택한 증거들에 비추어 살펴보면, 원심이 그 판시와 같은 이유를 들어 이 사건 판시 각 범행을 유죄로 인정하고 배상명령을 선고한 것은 정당하고, 거기에 상고이유의 주장과 같이 논리와 경험의 법칙에 위배하고 자유심증주의의 한계를 벗어난 위법이 없다.

그리고 형사소송법 제383조 제4호에 의하면 사형, 무기 또는 10년 이상의 징역이나 금고가 선고된 사건에서만 양형부당을 사유로 한 상고가 허용되는 것이므로, 피고인에 대하여 그보다 가벼운 10년 미만의 징역형이 선고된 이 사건에서 형의 양정이 부당하다는 사유는 적법한 상고이유가 되지 못한다.

2. 검사의 상고이유에 대하여

형법 제354조에 의하여 준용되는 제328조 제1항에서 "직계혈족, 배우자, 동거친족, 동거가족 또는 그 배우자 간의 제323조의 죄는 그 형을 면제한다."고 규정하고 있는바, 여기서 '그 배우자'는 동거가족의 배우자만을 의미하는 것이 아니라, 직계혈족, 동거친족, 동거가족 모두의 배우자를 의미하는 것으로 볼 것이다. 기록에 의하면, 피고인이 피해자 조성만의 직계혈족의 배우자임을 이유로 형법 제354조, 제328조 제1항에 따라 피해자 조성만에 대한 상습사기의 점에 관한 공소사실에 대하여 형을 면제한 것은 정당하고, 거기에 상고이유의 주장과 같이 친족상도례에 관한 법리를 오해한 위법이 없다.

3. 결론

그러므로 상고를 모두 기각하기로 하여 관여 대법관의 일치된 의견으로 주문과 같이 판결한다.

대법관 차한성(재판장) 박시환(주심) 안대희 신영철

대법원 2011.5.13. 선고 2011도1415 판결

【수뢰후부정처사·공전자기록등위작·위작공전자기록등행사·공전자기록등불실기재·불실기재공전자기록등행사·부정처사후수뢰·허위공문서작성·허위작성공문서행사·뇌물수수】

판시사항

1 공전자기록등위작죄에서 '위작' 및 '허위의 정보'의 의미

2 자동차등록 담당공무원인 피고인이 여객자동차 운수사업법상 차량충당연한 규정에 위배되어 영업용으로 변경 및 이전등록을 할 수 없는 차량인 것을 알면서 자동차등록정보 처리시스템의 자동차등록원부 용도란에 '영업용'이라고 입력하였으나, 변경 및 이전등록에 관한 구체적 등록내용인 최초등록일 등은 사실대로 입력한 사안에서, 위 행위가 공전자기록등위작죄의 '위작'에 해당한다고 할 수 없는데도, 이와 달리 본 원심판단에 법리오해의 위법이 있다고 한 사례

3 공전자기록등불실기재죄에서 '허위의 신고'의 의미

4 중고자동차매매업자인 피고인이 여객자동차 운수사업법상 차량충당연한 규정에 위배되어 여객자동차운수사업에 충당될 수 없는 차량인 것을 알면서 영업용으로 변경 및 이전등록신청을 하였으나, 구체적 등록내용인 최초등록일 등은 사실대로 기재한 사안에서, 피고인이 공전자기록등불실기재죄 및 그 행사죄의 '허위신고'를 하였다고 할 수 없는데도, 이와 달리 본 원심판단에 법리오해의 위법이 있다고 한 사례

5 허위공문서작성죄의 간접정범이 성립하는 경우

6 공무원 갑이 허위의 사실을 기재한 자동차운송사업변경(증차)허가신청 검토조서를 작성한 다음 이를 자동차운송사업변경(증차)허가신청 검토보고에 첨부하여 결재를 상신하였고, 담당계장으로서 그와 같은 사정을 알고 있는 중간 결재자인 피고인과 담당과장으로서 그와 같은 사정을 모르는 최종 결재자인 을이 차례로 결재를 하여 자동차운송사업 변경허가가 이루어진 사안에서, 피고인과 갑의 행위가 허위공문서작성죄의 간접정범에 해당하는데도 공동정범에 해당한다고 본 원심판단은 잘못이지만, 그러한 잘못은 판결에 영향이 없다고 한 사례

판결요지

1 형법 제227조의2에서 정하는 전자기록의 '위작'이란 전자기록에 관한 시스템을 설치·운영하는 주체와의 관계에서 전자기록의 생성에 관여할 권한이 없는 사람이 전자기록을 작출하거나 전자기록의 생성에 필요한 단위 정보의 입력을 하는 경우는 물론이고, 시스템의 설치·운영 주체로부터 각자의 직무 범위에서 개개의 단위 정보의 입력 권한을 부여받은 사람이 그 권한을 남용하여 허위의 정보를 입력함으로써 시스템 설치·운영 주체의 의사에 반하는 전자기록을 생성하는 경우도 포함한다. 이 때 '허위의 정보'라 함은 진실에 반하는 내용을 의미하는 것으로서, 관계 법령에 의하여 요구되는 자격을 갖추지 못하였음에도 불구하고 고의로 이를 갖춘 것처럼 단위 정보를 입력하였다고 하더라도 그 전제 또는 관련된 사실관계에 대한 내용에 거짓이 없다면 허위의 정보를 입력하였다고 볼 수 없다.

2 자동차등록 담당공무원인 피고인이 여객자동차 운수사업법상 차량충당연한 규정에 위배되어 영업용으로 변경 및 이전등록을 할 수 없는 차량인 것을 알면서 자동차등록정보 처리시스템의 자동차등록원부 용도란에 '영업용'이라고 입력하였으나, 변경 및 이전등록에 관한 구체적 등록내용인 최초등록일 등은 사실대로 입력한 사안에서, 자동차등록원부상 '영업용으로의 용도변경 및 이전'에 관한 등록정보가 확인·공시하는 내용에 자동차가 영업용으로 용도변경되어 이전되었다는 사실 외에 변경 및 이전등록에 필요한 법령상 자격의 구비 사실까지 포함한다고 볼 법적인 근거가 없고,

최초등록일 등 등록과 관련된 사실관계에 대한 내용에 거짓이 있다고 볼 수 없는 이상, 위 행위가 공전자기록등위작죄의 '위작'에 해당한다고 할 수 없는데도, 이와 달리 본 원심판단에 법리오해의 위법이 있다고 한 사례.

3 형법 제228조 제1항이 규정하는 공전자기록등불실기재죄는 공무원에게 허위의 신고를 하여 공전자기록에 불실의 사실을 기록하게 함으로써 성립하고, '허위의 신고'란 진실에 반하는 사실을 신고하는 것을 말한다.

4 중고자동차매매업자인 피고인이 여객자동차 운수사업법상 차량충당연한 규정에 위배되어 여객자동차운수사업에 충당될 수 없는 차량인 것을 알면서 영업용으로 변경 및 이전등록신청을 하였으나, 구체적 등록내용인 최초등록일 등은 사실대로 기재한 사안에서, 자동차등록원부상 '영업용으로의 용도변경 및 이전'에 관한 등록정보가 확인·공시하는 내용에 자동차가 영업용으로 용도변경되어 이전되었다는 사실 외에 변경 및 이전등록에 필요한 법령상 자격의 구비 사실까지 포함한다고 볼 법령상의 근거가 없고, 최초등록일 등 등록과 관련된 사실관계에 대한 내용에 거짓이 있다고 볼 수 없는 이상, 피고인이 허위의 신고를 하였다고 할 수 없는데도, 이와 달리 피고인에게 공전자기록등불실기재죄 및 그 행사죄를 인정한 원심판단에 법리오해의 위법이 있다고 한 사례.

5 허위공문서작성의 주체는 직무상 그 문서를 작성할 권한이 있는 공무원에 한하고 작성권자를 보조하는 직무에 종사하는 공무원은 허위공문서작성죄의 주체가 되지 못한다. 다만 공문서의 작성권한이 있는 공무원의 직무를 보좌하는 사람이 그 직위를 이용하여 행사할 목적으로 허위의 내용이 기재된 문서 초안을 그 정을 모르는 상사에게 제출하여 결재하도록 하는 등의 방법으로 작성권한이 있는 공무원으로 하여금 허위의 공문서를 작성하게 한 경우에는 허위공문서작성죄의 간접정범이 성립한다.

6 공무원 갑이 허위의 사실을 기재한 자동차운송사업변경(증차)허가신청 검토조서를 작성한 다음 이를 자동차운송사업변경(증차)허가신청 검토보고에 첨부하여 결재를 상신하였고, 담당계장으로서 그와 같은 사정을 알고 있는 중간 결재자인 피고인과 담당과장으로서 그와 같은 사정을 알지 못하는 최종 결재자인 을이 차례로 위 검토보고에 결재를 하여 자동차운송사업 변경허가가 이루어진 사안에서, 위 검토조서 및 검토보고의 각 내용과 형식, 관계 및 작성 목적, 이를 토대로 변경허가가 이루어진 점 등을 종합할 때, 공문서인 위 검토보고의 작성자는 을이라고 보아야 하므로, 위 검토보고의 내용 중 일부에 불과한 위 검토조서의 작성자인 갑은 물론 을의 업무상 보조자이자 중간 결재자인 피고인은 허위공문서작성죄의 주체가 될 수 없는데도 피고인과 갑의 행위가 공동정범에 해당한다고 본 원심판단은 잘못이지만, 이는 허위의 정을 모르는 작성권자 을로 하여금 허위의 공문서를 결재·작성하게 한 경우에 해당하여 그 간접정범에 해당하고, 간접정범은 형법 제34조 제1항, 제31조 제1항에 의하여 죄를 실행한 자와 동일한 형으로 처벌되는 것이므로 그러한 잘못은 판결에 영향을 미친 위법이 되지 못한다고 한 사례.

전 문

피 고 인 피고인 1 외 2인

상 고 인 피고인들

변 호 인 법무법인

원심판결 서울고법 2011. 1. 14. 선고 2010노2240 판결

주 문 원심판결의 피고인 1, 3에 대한 부분 중 피고인 1에 대한 2008. 4. 8.부터 2008. 6. 12.까지 화물자동차 41대에 관한 공전자기록등위작 및 위작공전자기록등행사의 점에 대한 무죄 부분과, 피고인 3에 대한 2008. 4. 8.부터 2008. 5. 21.까지 화물자동차 18대에 관한 공전자기록등위작 및 위작공전자기록등행사의 점에 대한 무죄 부분을 제외한 나머지 부분 및 피고인 2에 대한 부분을 모두 파기하고, 이 부분 사건을 서울고등법원에 환송한다.

이 유 상고이유(상고이유서 제출기간 경과 후에 제출된 피고인 3의 변호인의 상고이유보충서는 상고이유를 보충하는 범위 내에서)를 판단한다.

1. 피고인 1, 2의 영업용 버스에 관한 각 공전자기록등위작 및 위작공전자기록등행사의 점에 대하여

가. 형법 제227조의2에서 정하는 전자기록의 "위작"이란 전자기록에 관한 시스템을 설치·운영하는 주체와의 관계에서 전자기록의 생성에 관여할 권한이 없는 사람이 전자기록을 작출하거나 전자기록의 생성에 필요한 단위 정보의 입력을 하는 경우는 물론이고, 시스템의 설치·운영 주체로부터 각자의 직무 범위에서 개개의 단위 정보의 입력 권한을 부여받은 사람이 그 권한을 남용하여 허위의 정보를 입력함으로써 시스템 설치·운영 주체의 의사에 반하는 전자기록을 생성하는 경우도 포함한다(대법원 2005. 6. 9. 선고 2004도6132 판결 등 참조). 이 때 '허위의 정보'라 함은 진실에 반하는 내용을 의미하는 것으로서, 관계 법령에 의하여 요구되는 자격을 갖추지 못하였음에도 불구하고 고의로 이를 갖춘 것처럼 단위 정보를 입력하였다고 하더라도 그 전제 또는 관련된 사실관계에 대한 내용에 거짓이 없다면 허위의 정보를 입력하였다고 볼 수 없다.

나. 이 부분 공소사실에 대한 원심 판단의 요지는 다음과 같다.

(1) 공소사실에 의하면, 공소외 1 주식회사 등 전세버스 업체들(이하 '공소외 1 주식회사 등'이라고 한다)은 버스 49대를 영업용으로 양수한 사실은 물론 그 증차에 관한 사업계획 변경신청을 한 사실도 없고, 더 나아가 위 버스들은 자동차등록원부상 최초등록일로부터 3년 이상 경과되어 영업용 전세버스로 등록할 수도 없다. 그럼에도 가평군청 자동차등록 담당공무원인 피고인 1은 공소외 1 주식회사 등이 위 버스들을 영업용으로 양수하여 이전등록한 것처럼 공전자기록인 자동차등록정보 처리시스템의 자동차등록원부에 변경 및 이전등록 처리함으로써 공전자기록인 자동차등록파일을 위작하고, 이를 보관·비치하여 행사하였다는 것이다.

(2) 위 공소사실에 대하여 원심은, 공소외 1 주식회사 등이 위 버스들을 영업용으로 양수한 사실이 인정되고, 또한 자동차등록원부에는 여객자동차 운수사업법상 사업계획 변경신청 여부를 기재하게 되어 있지 아니한 이상 그 점에 관한 공시 기능은 없다 할 것이므로, 그 용도란에 '영업용'이라고 입력하였다 하여도 위 각 사항과 관련하여는 허위 내용을 입력한 것이라고 볼 수 없다고 판단하였다. 반면 원심은, 자동차등록원부의 용도란의 기재는 자동차관리법과 여객자동차 운수사업법상 중요한 공시적 기능을 하고 있고, 자동차등록원부에는 차량충당연한의 기준이 되는 최초등록일도 기재하도록 되어 있어 자동차가 차량충당연한에 관한 규정에 부합한다는 사실을 확인하는 기능을 가지고 있다고 전제한 다음, 자동차등록원부에 최초등록일을 제대로 입력하였다고 하더라도 법률상 차량충당연한인 3년을 경과하였다는 점을 알면서 용도란에 '영업용'이라고 입력한 이상 그 점에 관하여 허위 내용을 입력한 것이 된다고 판단하였다.

다. 원심의 위와 같은 판단 중 전자, 즉 공소외 1 주식회사 등이 위 버스들을 영업용으로 양수한 사실이 없었고 그 증차에 관한 사업계획 변경신청을 한 사실도 없었음에도 자동차등록원부의 용도란에 '영업용'이라고 입력한 것을 허위 내용의 입력으로 볼 수 없다는 부분은 정당한 것으로 수긍할 수 있다. 그러나 후자, 즉 차량충당연한인 3년을 경과하였음에도 자동차등록원부의 용도란에 '영업용'으로 입력한 행위는 허위 내용의 입력에 해당한다고 본 원심의 판단은 다음과 같은 이유에서 수긍할 수 없다.

구 여객자동차운수사업법(2008. 3. 21. 법률 제8980호로 전부개정되기 전의 것) 제75조 제2항은, 여객자동차운수사업의 면허·등록·증차 또는 대폐차(대폐차)에 충당되는 자동차는 여객자동차운수사업의 종류에 따라 3년을 초과하지 않는 범위 내에서 대통령령이 정하는 차량충당연한 이내로 하도록 규정하고 있다. 그리하여 같은 법 시행령(2008. 6. 13. 대통령령 제20820호로 개정되기 전의 것) 제28조 제3항, 제4항은, 승합자동차의 경우 차량충당연한은 3년이며, 차량충당연한은 최초의 신규등록일 또는 제작연도의 말일을 기산일로 하여 산정하도록 하고 있다. 또한 자동차관리법 제7조 제1항, 제13조, 자동차등록령 제8조 제2항, 제17조 제9호, 제21조 제1항, 자동차등록규칙 제5조 제1항에 의하면, 자동차등록원부에는 제작연월일과 최초등록일을 기재하여야 하고, 자동차의 용도는 자동차운수사업용인 것과 자동차운수사업용이 아닌 것으로 구분하며(전자는 자동차등록원부의 용도란에 기재되는 '영업용'과 동일한 의미이다), 등록관청은 자동차관리법 외의 다른 법률에서 정하고 있는 등록의 요건을 충족하지 못한 경우에는 자동차등록신청을 수리할 수 없고, 여객자동차운수사업법에 따른 차령이 초과되었음에도 소유자가 말소등록을 신청하지 아니하면 직권으로 이를 말소하여야 한다.

위 각 법령의 규정 및 원심의 인정사실에 의하면, 위 버스들은 법령상 등록요건인 차량충당연한의 자격에 미달하는 탓에 영업용으로 변경 및 이전등록이 될 수는 없고, 이를 위반하여 이루어진 등록은 말소의 대상이 된다 할 것이므로, 그 자동차등록정보 처리시스템의 자동차등록원부 중 용도란에 입력된 '영업용'이라는 정보는 그 등록의 전제되는 법령상 자격의 구비 여부를 사실대로 반영하지 못한 것이기는 하다. 그러나 자동차등록원부상 '영업용으로의 용도변경 및 이전'에 관한 등록정보가 확인·공시하는 내용에 그 자동차가 영업용으로 용도변경되어 이전되었다는 사실 외에 그 변경 및 이전등록에 필요한 법령상 자격의 구비 사실까지 포함한다고 볼 법적인 근거가 없고, 원심의 설시처럼 위 용도란의 기재에 따라 현실적으로 각종 행정적 취급을 달리하

는 사정이 있다고 하여도 마찬가지이다.

그렇다면 앞서 본 법리에 비추어, 위 변경 및 이전등록에 관한 구체적 등록내용인 최초등록일 등이 사실대로 입력됨으로써 그 등록과 관련된 사실관계에 대한 내용에 거짓이 있다고 볼 수 없는 이상, 이러한 행위를 공전자기록등위작죄에 있어서 '위작'에 해당한다고 할 수 없다.

그럼에도 이와 달리 이 부분 공소사실에 대하여 유죄로 판단한 원심판결에는 공전자기록등위작죄 및 그 행사죄에 관한 법리를 오해하여 판결에 영향을 미친 위법이 있다. 이 점을 지적하는 피고인 1, 2의 상고이유 주장은 이유 있다.

2. 피고인 1의 나머지 상고이유에 대하여

원심은 그 판시와 같은 사정을 종합하여 피고인 1이 영업용 버스나 화물자동차 부정등록의 대가로 원심 공동피고인 1 등으로부터 합계 9,235만 원을 뇌물로 수수한 사실을 인정한 다음, 그 판시와 같은 이유에서 무죄라고 본 (차량번호 생략) 버스에 관한 수뢰후부정처사 부분을 제외하고 위 피고인에 대한 각 수뢰후부정처사, 부정처사후수뢰, 뇌물수수 공소사실을 모두 유죄로 판단하였다.

기록에 비추어 살펴보면 원심의 이러한 조치는 사실심 법관의 합리적인 자유심증에 따른 것으로서 수긍이 가고, 거기에 상고이유의 주장과 같이 논리와 경험의 법칙에 위배하고 자유심증주의의 한계를 벗어나 사실을 잘못 인정함으로써 판결에 영향을 미친 위법이 있다고 할 수 없다.

3. 피고인 2의 나머지 상고이유에 대하여

형법 제228조 제1항이 규정하는 공전자기록등불실기재죄는 공무원에게 허위의 신고를 하여 공전자기록에 불실의 사실을 기록하게 함으로써 성립하고, '허위의 신고'란 진실에 반하는 사실을 신고하는 것을 말한다.

원심판결 이유에 의하면, 피고인 2가 원심 공동피고인 2를 통하여 그 판시 자동차등록 담당공무원에게 제출한 여객자동차운송사업계획 변경(대·폐차) 신고필증, 중고자동차매매계약서와 자동차등록증에는 영업용으로 대차하려는 버스들의 연식이 정확하게 기재되어 있음을 알 수 있다. 한편 자동차등록원부상 '영업용으로의 용도변경 및 이전'에 관한 등록정보가 확인·공시하는 내용에 그 자동차가 영업용으로 용도변경되어 이전되었다는 사실 외에 그 변경 및 이전등록에 필요한 법령상 자격의 구비 사실까지 포함한다고 볼 법령상의 근거가 없고, 따라서 그 변경 및 이전등록에 관한 구체적 등록내용인 최초등록일 등이 사실대로 입력된 이상, 그 등록과 관련된 사실관계에 대한 내용에 거짓이 있다고 볼 수 없음은 위 공전자기록등위작의 점에 대한 판단이유에서 본 바와 같다.

그렇다면 앞서 본 법리에 비추어, 비록 위 피고인이 변경 및 이전등록신청 대상 버스들의 차령이 3년 이상인 관계로 영업용 전세버스로 대체등록될 수 없어서 여객자동차운수사업에 충당될 수 없다는 점을 알면서 위 버스들에 관하여 영업용으로의 변경 및 이전등록신청을 하였다 하더라도, 위 신고 내용에 거짓이 없는 이상 그러한 사정만으로는 위 피고인이 허위의 신고를 하였다고 할 수 없을 것이다.

그럼에도 이와 달리 이 부분 공소사실에 대하여 유죄로 판단한 원심판결에는 공전자기록등불실기재죄 및 그 행사죄에 관한 법리를 오해함으로써 판결에 영향을 미친 위법이 있다. 이 점을 지적하는 위 피고인의 상고이유 주장은 이유 있다.

4. 피고인 3의 나머지 상고이유에 대하여

가. 각 허위공문서작성 및 허위작성공문서행사의 점에 대하여

(1) 허위공문서작성의 주체는 직무상 그 문서를 작성할 권한이 있는 공무원에 한하고 작성권자를 보조하는 직무에 종사하는 공무원은 허위공문서작성죄의 주체가 되지 못한다. 다만 공문서의 작성권한이 있는 공무원의 직무를 보좌하는 사람이 그 직위를 이용하여 행사할 목적으로 허위의 내용이 기재된 문서 초안을 그 정을 모르는 상사에게 제출하여 결재하도록 하는 등의 방법으로 작성권한이 있는 공무원으로 하여금 허위의 공문서를 작성하게 한 경우에는 허위공문서작성죄의 간접정범이 성립한다(대법원 1992. 1. 17. 선고 91도2837 판결, 대법원 2010. 1. 14. 선고 2009도9963 판결 참조).

(2) 원심판결 이유에 의하면, 원심은, 원심 공동피고인 3이 화물자동차운송사업 증차 변경허가시 요구되는 자동차매매계약 체결 등 요건에 관하여 허위의 사실을 기재한 화물자동차운송사업변경(증차)허가신청 검토조서(이하 '이 사건 검토조서'라고 한다)를 작성하고, 피고인 3은 이를 알고도 결재함으로써 원심 공동피고인 3과 공모하여 허위공문서를 작성하고 이를 행사하였다는 공소사실을 유죄로 판단하였다.

(3) 그런데 원심이 채용한 증거들에 의하면, 원심 공동피고인 3은 이 사건 검토조서를 작성한 다음 이를 '화물자동차운송사업변경(증차)허가 신청 검토보고'(이하 '이 사건 검토보고'라고 한다)에 첨부하여 결재를 상신하였고, 가평군청 건설재난관리과 교통행정계장인 위 피고인과 건설재난관리과장인 공소외 2가 차례로 이 사건 검토보고에 결재를 하여, 이에 따라 같은 날 화물자동차운송사업 변경허가가 이루어졌음을 알 수 있다.

위와 같은 이 사건 검토조서 및 검토보고의 각 내용과 형식, 관계 및 작성 목적, 이를 토대로 같은 날 변경허가가 이루어진 점 등을 종합하여 보면, 이 사건 검토조서는 공문서인 이 사건 검토보고의 첨부서류로서 그

내용 중 일부에 불과하고, 위 검토조서를 포함한 위 검토보고의 작성자는 최종 결재권자인 공소외 2라고 보아야 할 것이다.

그렇다면 이 사건 검토보고의 내용 중 일부에 불과한 검토조서의 작성자인 원심 공동피고인 3은 물론 공소외 2의 업무상 보조자이자 그 중간 결재자인 위 피고인은 이 사건 허위공문서작성죄의 주체가 될 수 없음에도 이와 달리 위 피고인과 원심 공동피고인 3이 그 공동정범이 된다고 본 원심의 판단은 잘못이라 할 것이다.

다만 원심의 사실인정 및 그 채용증거에 의하면, 공소외 2는 위 피고인이 중간 결재를 한 이 사건 검토보고가 허위인 사실을 알지 못한 채 최종 결재를 한 것임을 알 수 있고 위 피고인이나 원심 공동피고인 3도 같은 취지로 진술하고 있는 이상, 위 피고인과 원심 공동피고인 3의 행위는 그 허위의 정을 모르는 작성권자로 하여금 허위의 공문서를 결재·작성하게 한 경우에 해당하여 허위공문서작성의 간접정범이 된다고 할 것이다. 이 경우 간접정범은 형법 제34조 제1항, 제31조 제1항에 의하여 죄를 실행한 자와 동일한 형으로 처벌되는 것이므로 그러한 잘못은 판결에 영향을 미친 위법이 되지 못한다(대법원 1997. 7. 11. 선고 97도1180 판결 등 참조).

결국 원심의 이 부분 설시에는 다소 부적절한 점이 없지 아니하나 위 피고인에게 허위공문서작성죄 및 그 행사죄가 성립한다고 본 결론에 있어서는 정당하고, 거기에 상고이유 주장과 같이 허위공문서작성죄에 관한 법리를 오해하여 판결에 영향을 미친 위법이 있다고 할 수 없다.

나. 2007. 6.경 수뢰후부정처사 및 영업용 버스 4대에 관한 공전자기록등위작, 위작공전자기록등행사의 점에 대하여

(1) 증거의 증명력은 법관의 자유판단에 맡겨져 있으나 그 판단은 논리와 경험의 법칙에 따라야 하고, 형사재판의 경우 범죄사실의 인정은 합리적인 의심이 없는 정도의 증명에 이르렀을 때 허용된다(대법원 2007. 5. 10. 선고 2007도1950 판결 등 참조).

(2) 이 부분 공소사실에 대한 원심 판단의 요지는 다음과 같다.

공소사실에 의하면, 피고인 3은 피고인 1 등과 공모하여 버스 4대를 영업용 전세버스로 부정등록해 주기로 하고 원심 공동피고인 1로부터 피고인 1의 계좌로 2007. 6. 8. 500만 원, 2007. 6. 11. 500만 원을 각 송금받은 후 위 버스 4대에 관하여 영업용으로 부정등록하여 주었다는 것이다.

원심은, 피고인 1이 원심 공동피고인 1로부터 송금받은 돈 중 400만 원을 피고인 3의 형수인 공소외 4 명의의 계좌로 송금한 점 등을 비롯한 그 판시 사정에 비추어 피고인 3이 피고인 1의 범행에 가담하여 원심 공동피고인 1로부터 뇌물을 받은 사실을 인정할 수 있다고 판단하였다.

(3) 그러나 원심의 판단은 다음과 같은 이유로 수긍하기 어렵다.

원심이 배척하지 아니한 증거들에 의하면, 피고인 3의 동생 공소외 3은 위 피고인의 형수인 공소외 4 명의로 건축업체를 운영하였고, 원심 공동피고인 4는 2007. 6.경 공소외 3에게 주택 신축공사를 맡긴 사실, 공소외 3은 다시 건축업자 공소외 5에게 위 신축공사 중 일부 공사를 맡겼고, 원심 공동피고인 4는 공소외 3의 요청에 따라 공소외 5에게 직접 일부 공사대금을 송금하기도 하였던 사실을 알 수 있다. 나아가 위 증거들에 의하면, 피고인 1이 2007. 6. 8. 공소외 4의 계좌로 송금한 400만 원은 같은 날 출금되어 2007. 6. 11. 공소외 5의 계좌에 입금된 사실, 피고인 1은 위 송금 이전인 2007. 5. 18. 원심 공동피고인 4로부터 3,000만 원을 차용하였다가 2007. 7. 4. 2,600만 원을 변제한 사실, 원심 공동피고인 4는 피고인 1에게 위 신축공사와 관련하여 공소외 4의 계좌로 송금을 하여 줄 것을 부탁한 사실이 있다고 진술한 사실을 알 수 있다. 위 사실관계에 의하면, 피고인 1은 원심 공동피고인 4의 요청에 따라 원심 공동피고인 4가 공소외 3에게 지급할 공사대금으로 위 400만 원을 공소외 4의 계좌로 송금하였고, 이후 위 차용금 3,000만 원에서 공소외 4에게 송금한 400만 원을 공제하고 나머지 금액만을 변제하였다고 보아야 할 것이다.

그리고 원심판결 이유에 의하더라도, 원심이 채용한 원심 공동피고인 1의 이 부분 진술은 피고인 3이 피고인 1의 범행을 알고 있었을 것이라는 추측에 불과하고, 원심 공동피고인 1은 업무와 관련하여 피고인 3을 만난 사실이 없다고 진술하고 있기도 하다. 나아가 피고인 1은 검찰에서와는 달리 제1심 법정에서는 피고인 3에게 공소외 4의 계좌번호를 물어보고 송금하였다면서도 위 돈을 뇌물로 상납한 것인지에 대하여는 명확한 진술을 하지 못하고 있으며, 위 400만 원 송금 경위에 관한 원심 공동피고인 4의 진술에 비추어 보아도 피고인 3에게 위 400만 원을 뇌물로 상납하였다는 피고인 1의 검찰 진술은 신빙성이 부족하다 아니할 수 없다. 위와 같이 뇌물로 수수된 돈 중 위 400만 원이 피고인 3에게 전달된 것이 아님이 확인된 이상, 원심 공동피고인 1, 피고인 1의 위와 같은 진술만을 근거로 피고인 3이 이 부분 공전자기록등위작 및 그 행사 범행에 관여하였다고 볼 수 없는 것이다.

그럼에도 불구하고 이 부분 공소사실에 대하여 유죄로 판단한 원심판결에는 논리와 경험의 법칙에 위배하

고 자유심증주의의 한계를 벗어나 사실을 잘못 인정함으로써 판결에 영향을 미친 위법이 있다 할 것이다. 피고인 3의 이 부분 상고이유 주장은 이유 있다.

다. 나머지 각 수뢰후부정처사, 뇌물수수의 점에 대하여

원심은 그 판시와 같은 사정을 종합하여 피고인 3이 화물자동차 부정등록 등의 대가로 원심 공동피고인 5, 4로부터 합계 1,530만 원을 뇌물로 수수한 사실을 인정하여 이 부분 공소사실을 모두 유죄로 판단하였다.

기록에 비추어 살펴보면 원심의 이러한 조치는 사실심 법관의 합리적인 자유심증에 따른 것으로서 수긍이 가고, 거기에 상고이유의 주장과 같이 논리와 경험의 법칙에 위배하고 자유심증주의의 한계를 벗어나 사실을 잘못 인정한 위법이 있다고 할 수 없다.

5. 파기의 범위

위에서 본 이유로 원심판결의 피고인들에 대한 유죄 부분 중 영업용 버스에 관한 각 공전자기록등위작과 위작공전자기록등행사 부분, 피고인 2에 대한 각 공전자기록등불실기재와 불실기재공전자기록등행사 부분, 피고인 3에 대한 2007. 6.경 수뢰후부정처사 부분을 파기하는 이상, 위 각 공전자기록등위작 및 위작공전자기록등행사 유죄 부분과 단순일죄의 관계에 있는 피고인들의 영업용 버스에 관한 각 공전자기록등위작과 위작공전자기록등행사 무죄 부분도 파기되어야 한다.

또한 피고인 1에 대한 각 수뢰후부정처사 부분 중 원심에서 유죄로 인정된 영업용 버스 42대에 관한 부분은 위와 같이 파기되는 위 버스 42대에 관한 각 공전자기록등위작 및 위작공전자기록등행사 부분과 상상적 경합관계에 있어 파기되어야 하고, (차량번호 생략) 버스에 관한 무죄 부분은 위와 같이 파기되는 2007. 10.부터 2007. 12.까지의 수뢰후부정처사 부분(제1심 판시 범죄일람표 1 순번 15번 부분)과 포괄일죄의 관계에 있으므로 함께 파기되어야 한다.

그리고 원심에서 유죄로 인정된 부분 중 피고인 1에 대한 각 부정처사후수뢰부분과 뇌물수수 부분은 위와 같이 파기되는 위 피고인의 영업용 버스에 관한 각 공전자기록등위작, 위작공전자기록등행사 및 각 수뢰후부정처사 부분과, 피고인 3에 대한 각 허위공문서작성, 허위작성공문서행사, 나머지 각 수뢰후부정처사 및 각 뇌물수수 부분은 위와 같이 파기되는 위 피고인의 영업용 버스에 관한 각 공전자기록등위작, 위작공전자기록등행사와 2007. 6.경 수뢰후부정처사 부분과 각 형법 제37조 전단의 경합범 관계에 있어서 이들 전부에 대하여 각각 하나의 형을 선고하여야 하므로, 함께 파기될 수밖에 없다.

한편 원심은 피고인 1, 3에 대한 2007. 10. 31.경 화물자동차 10대에 관한 각 공전자기록등위작 및 위작공전자기록등행사 부분과, 2008. 4. 8.부터 2008. 6. 12.까지의 화물자동차 41대에 관한 각 공전자기록등위작 및 위작공전자기록등행사 부분을 주문에서 무죄로 판단하였고 이에 대하여 검사가 상고하지 아니하였다. 그러나 위 각 부분 중 전자는 위 화물자동차 10대에 관한 피고인 1의 각 부정처사후수뢰 유죄 부분 및 피고인 3에 대한 각 수뢰후부정처사 유죄 부분과, 후자 중 피고인 3에 대한 2008. 5. 22.부터 2008. 6. 12.까지의 화물자동차 23대에 관한 부분(제1심 판시 범죄일람표 4 순번 19번 내지 41번 부분)은 위 화물자동차 23대에 관한 위 피고인의 각 수뢰후부정처사 유죄 부분과 각 상상적 경합관계에 있어 상고심에 함께 이심되었다 할 것이고, 위 각 유죄 부분이 파기되는 이상 이들 부분도 모두 함께 파기될 수밖에 없다.

6. 결론

그러므로 원심판결의 피고인 1, 3에 대한 부분 중 피고인 1에 대한 2008. 4. 8.부터 2008. 6. 12.까지 화물자동차 41대에 관한 공전자기록등위작 및 위작공전자기록등행사의 점에 대한 무죄 부분과 피고인 3에 대한 2008. 4. 8.부터 2008. 5. 21.까지 화물자동차 18대에 관한 공전자기록등위작 및 위작공전자기록등행사의 점에 대한 무죄 부분을 제외한 나머지 부분 및 피고인 2에 대한 부분을 모두 파기하고, 이 부분 사건을 다시 심리·판단하게 하기 위하여 원심법원에 환송하기로 하여, 관여 대법관의 일치된 의견으로 주문과 같이 판결한다.

대법관 김지형(재판장) 전수안 양창수(주심) 이상훈

대법원 2011.5.13. 선고 2010도9962 판결

【재물손괴】

판시사항

1 피해자의 승낙을 자유롭게 철회할 수 있는지 여부(적극) 및 철회 방법에 아무런 제한이 없는지 여부(적극)

2 피고인이 피해자 갑의 상가건물에 대한 임대차계약 당시 갑의 모 을에게서 인테리어 공사 승낙을 받았는데, 이후 을이 임대차보증금 잔금 미지급을 이유로 즉시 공사를 중단하고 퇴거할 것을 요구하자 도끼를 집어 던져 상가 유리창을 손괴한 사안에서, 을이 위 의사표시로써 시설물 철거에 대한 동의를 철회하였다고 보아야 하는데도 피고인의 행위를 무죄로 판단한 원심판결에는 피해자 승낙의 철회에 관한 법리오해의 잘못이 있다고 한 사례

전 문

피 고 인 피고인

상 고 인 검사

원심판결 수원지법 2010. 7. 15. 선고 2010노275 판결

주 문 원심판결을 파기하고, 사건을 수원지방법원 본원 합의부로 환송한다.

이 유 상고이유를 살펴본다.

1. 위법성조각사유로서의 피해자의 승낙은 언제든지 자유롭게 철회할 수 있다고 할 것이고(대법원 2006. 4. 27. 선고 2005도8074 판결 참조), 그 철회의 방법에는 아무런 제한이 없다.
2. 원심판결 이유에 의하면, 원심은, 피고인이 피해자 공소외 1의 상가건물인 안산시 상록구 부곡동 (지번 생략)(이하 "이 사건 상가"라 한다) 1층에서 인근 바닥에 있던 도끼를 이 사건 상가 1층 유리창에 집어 던져 위 유리창을 손괴하였다는 이 사건 공소사실에 대하여, ① 피고인이 2009. 2. 8. 피해자의 어머니 공소외 2로부터 이 사건 상가 지층 및 1층을 임대차보증금 1,500만 원, 차임 월 139만 원으로 정하여 임차하면서 임대차보증금 중 계약금 300만 원은 계약 당일에, 잔금 1,200만 원은 2009. 3. 31. 지급하기로 약정한 사실, ② 피고인은 위 임대차계약 체결 당시 공소외 2로부터 잔금 지급기일 전에 인테리어 공사를 할 수 있도록 승낙을 받은 사실, ③ 피고인은 공소외 2의 승낙에 따라 이 사건 상가 지층 및 1층의 인테리어 공사를 하면서 설치된 시설물의 대부분을 철거한 사실, ④ 공소외 2는 2009. 4. 13. 피고인에게 임대차보증금의 잔금 지급기일을 1주일간 유예하여 주었으나 피고인이 계속하여 잔금을 지급하지 않자 이 사건이 발생한 후인 2009. 4. 23. 피고인에게 임대차보증금의 잔금 지급을 지체하였다는 등을 이유로 임대차계약을 해지한다는 의사표시가 기재된 내용증명 우편을 발송한 사실을 인정한 다음, 피고인이 손괴한 유리창은 공소외 2로부터 인테리어 공사를 하도록 승낙을 받은 것으로서 철거가 예정되어 있던 것이므로 그 손괴에 대하여 공소외 2의 사전 승낙이 있었다고 봄이 상당하고, 피고인의 손괴행위가 위 임대차계약이 해지되기 전에 행해졌으므로 공소외 2의 위 동의가 철회되었다고 보기 어려우며, 결국 피고인의 손괴행위는 피해자의 승낙이 있었던 것으로서 형법 제24조에 따라 위법성이 조각된다고 할 것이어서 이 사건 공소사실은 범죄로 되지 않는 경우에 해당한다고 판단하여, 이 사건 공소사실을 유죄로 인정한 제1심판결을 파기하고 무죄를 선고하였다.
3. 그러나 원심의 위와 같은 판단은 수긍할 수 없다.

가. 원심이 적법하게 채택하여 조사한 증거에 의하면, ① 피고인은 위 임대차계약 체결 당시 공소외 2와 임대차보증금 잔금 지급일을 일단 2009. 3. 31.로 하되 이 사건 상가 지층 및 1층을 전부 인도받는 시점에 임대차보증금 잔금을 지급하기로 합의한 사실, ② 피고인은 2009. 4. 11.까지 공소외 2로부터 이 사건 상가 지층 및 1층 전부를 인도받았으나 공소외 2 등의 지급 요구에도 임대차보증금 잔금을 지급하지 않은 사실, ③ 피고인은 2009. 4. 13. 공소외 2에게 임대차보증금 잔금 지급을 일주일 유예하여 달라고 요청하여 공소외 2로부터 승낙을 받았으나, 유예기간이 경과한 2009. 4. 20. 공소외 2의 지급 요구에도 임대차보증금 잔금을 지급하지 않은 사실, ④ 피고인은 2009. 4. 22. 이 사건 상가 1층에서 공사 인부들과 함께 고기를 구워먹다가 공소외 2와 피해자로부터 임대차보증금 잔금을 지급하지 않았으므로 즉시 공사를 중단하고 이 사건 상가에서 퇴거하

여 달라는 취지의 요구를 받은 사실, ⑤ 이에 피고인은 화가 나서 인근 바닥에 있던 도끼를 집어 던져 이 사건 상가 1층 유리창을 손괴한 사실을 알 수 있다.

나. 위와 같이 공소외 2가 피고인의 유리창 손괴행위 전에 피고인에게 임대차보증금 잔금 미지급을 이유로 하여 이 사건 상가에서의 공사 중단 및 퇴거를 요구하는 취지의 의사표시를 하였다면, 이로써 공소외 2는 위 임대차계약을 체결하면서 피고인에게 한 이 사건 상가 지층 및 1층의 시설물 철거에 대한 동의를 철회하였다고 봄이 상당하고, 원심 판단과 같이 공소외 2의 2009. 4. 23.자 위 임대차계약 해지의 의사표시가 기재된 내용증명 우편이 피고인에게 도달되기 전이라 하여 위 철거에 대한 동의를 철회하는 의사표시가 효력이 없다고 볼 것은 아니다.

다. 그럼에도 불구하고, 원심은 그 판시와 같은 이유로 피고인의 행위가 피해자의 승낙이 있었던 것으로서 형법 제24조에 따라 위법성이 조각된다고 속단하여 이 사건 공소사실에 대하여 무죄를 선고하였는바, 이러한 원심의 판단에는 피해자의 승낙의 철회에 관한 법리를 오해하여 판결에 영향을 미친 잘못이 있으므로, 이 점을 지적하는 검사의 주장은 이유 있다.

4. 그러므로 검사의 나머지 상고이유에 관하여 판단할 필요 없이 원심판결을 파기하고, 사건을 다시 심리·판단하게 하기 위하여 원심법원에 환송하기로 하여, 관여 대법관의 일치된 의견으로 주문과 같이 판결한다.

대법관 이홍훈(재판장) 김능환 민일영(주심) 이인복

대법원 2011.5.13. 선고 2010도16970 판결

【공인중개사의업무및부동산거래신고에관한법률위반·정보통신망이용촉진및정보보호등에관한법률위반·상해·폭행】

판시사항

[1] 중개사무소 개설등록을 하지 아니하고 부동산 거래를 중개하면서 그에 대한 보수를 약속·요구하는 행위가 '공인중개사의 업무 및 부동산 거래신고에 관한 법률'의 처벌대상이 되는지 여부(소극)

[2] 중개사무소 개설등록을 하지 아니한 피고인이 보수를 현실적으로 받지 아니한 상태에서 부동산매매를 알선만 한 사안에서, 피고인에게 '공인중개사의 업무 및 부동산 거래신고에 관한 법률' 제48조 제1호, 제9조 제1항 위반죄를 인정한 원심판단에 법리오해의 위법이 있다고 한 사례

판결요지

[1] '공인중개사의 업무 및 부동산 거래신고에 관한 법률' 제9조 제1항(이하 '법'이라 한다)에 의하면 '중개업'을 영위하려는 자는 중개사무소를 두려는 지역을 관할하는 시장·군수 또는 구청장에게 중개사무소의 개설등록을 하여야 하며, 이러한 중개사무소의 개설등록을 하지 아니하고 '중개업'을 하는 행위는 법 제48조 제1호에 의하여 처벌의 대상이 된다. 그런데 법 제2조 제3호가 '중개업'이란 다른 사람의 의뢰에 의하여 일정한 보수를 받고 중개를 업으로 행하는 것을 말한다고 규정하고 있으므로, 중개대상물의 거래당사자들에게서 보수를 현실적으로 받지 아니하고 단지 보수를 받을 것을 약속하거나 요구하는 데 그친 경우에는 위 법조에서 정한 '중개업'에 해당한다고 할 수 없어 법 제48조 제1호에 의한 처벌대상이 아니라고 할 것이고, 또한 위와 같은 보수의 약속·요구행위를 별도로 처벌하는 규정 또는 법 제48조 제1호 위반죄의 미수범을 처벌하는 규정도 존재하지 않으므로, 죄형법정주의의 원칙상 중개사무소 개설등록을 하지 아니하고 부동산 거래를 중개하면서 그에 대한 보수를 약속·요구하는 행위를 위 법 위반죄로 처벌할 수는 없다.

[2] 관할관청에 중개사무소 개설등록을 하지 아니한 피고인이 보수를 현실적으로 받지 아니한 상태에서 매수인의 의뢰에 따라 부동산매매를 알선만 한 사안에서, 피고인에게 '공인중개사의 업무 및 부동산 거래신고에 관한 법률' 제48조 제1호, 제9조 제1항 위반죄를 인정한 원심판단에 법리오해의 위법이 있다고 한 사례.

전 문

피 고 인 피고인

상 고 인 피고인

원심판결 창원지법 2010. 11. 25. 선고 2010노1737 판결

주 문 원심판결을 파기하고, 사건을 창원지방법원 본원 합의부에 환송한다.

이 유 상고이유를 판단한다.

1. 공인중개사의 업무 및 부동산 거래신고에 관한 법률 위반의 점에 대하여

공인중개사의 업무 및 부동산 거래신고에 관한 법률 제9조 제1항에 의하면 '중개업'을 영위하려는 자는 중개사무소를 두려는 지역을 관할하는 시장·군수 또는 구청장에게 중개사무소의 개설등록을 하여야 하며, 이러한 중개사무소의 개설등록을 하지 아니하고 '중개업'을 하는 행위는 같은 법 제48조 제1호에 의하여 처벌의 대상이 된다. 그런데 같은 법 제2조 제3호가 '중개업'이라 함은 다른 사람의 의뢰에 의하여 일정한 보수를 받고 중개를 업으로 행하는 것을 말한다고 규정하고 있으므로, 중개대상물의 거래당사자들로부터 보수를 현실적으로 받지 아니하고 단지 보수를 받을 것을 약속하거나 거래당사자들에게 보수를 요구하는 데 그친 경우에는 위 법조 소정

의 '중개업'에 해당한다고 할 수 없어 같은 법 제48조 제1호에 의한 처벌대상이 아니라고 할 것이고, 또한 위와 같은 보수의 약속·요구행위를 별도로 처벌하는 규정 또는 같은 법 제48조 제1호 위반죄의 미수범을 처벌하는 규정도 존재하지 않으므로, 죄형법정주의의 원칙상 중개사무소 개설등록을 하지 아니하고 부동산 거래를 중개하면서 그에 대한 보수를 약속·요구하는 행위를 공인중개사의 업무 및 부동산 거래신고에 관한 법률 위반죄로 처벌할 수는 없다(대법원 2006. 9. 22. 선고 2006도4842 판결 참조).

원심판결 이유에 의하면, 원심은 그 채택한 증거들을 종합하여 피고인이 관할관청에 중개사사무소의 개설등록을 하지 아니하고 매수인의 의뢰에 따라 보수를 현실적으로 받지 아니한 상태에서 부동산매매를 알선하기만 한 사실을 인정하면서도 공인중개사의 업무 및 부동산 거래신고에 관한 법률 제48조 제1호, 제9조 제1항을 적용하여 이를 유죄로 판단하였다. 그러나 앞서 본 법리에 비추어 살펴보면, 이러한 원심의 판단에는 공인중개사의 업무 및 부동산 거래신고에 관한 법률 위반죄에 관한 법리를 오해하여 판결에 영향을 미친 위법이 있으므로, 이 부분 상고이유의 주장은 이유 있다.

2. 각 정보통신망 이용촉진 및 정보보호 등에 관한 법률 위반의 점에 대하여

형법 제20조 소정의 '사회상규에 위배되지 아니하는 행위'라 함은 법질서 전체의 정신이나 그 배후에 놓여 있는 사회윤리 내지 사회통념에 비추어 용인될 수 있는 행위를 말하고, 어떠한 행위가 사회상규에 위배되지 아니하는 정당한 행위로서 위법성이 조각되는 것인지는 구체적인 사정 아래서 합목적적, 합리적으로 고찰하여 개별적으로 판단되어야 하므로, 이와 같은 정당행위를 인정하려면 첫째 그 행위의 동기나 목적의 정당성, 둘째 행위의 수단이나 방법의 상당성, 셋째 보호이익과 침해이익과의 법익 균형성, 넷째 긴급성, 다섯째 그 행위 외에 다른 수단이나 방법이 없다는 보충성 등의 요건을 갖추어야 하고(대법원 2003. 9. 26. 선고 2003도3000 판결, 대법원 2008. 10. 23. 선고 2008도6999 판결 등 참조), 형법 제21조 소정의 정당방위가 성립하려면 침해행위에 의하여 침해되는 법익의 종류, 정도, 침해의 방법, 침해행위의 완급과 방위행위에 의하여 침해될 법익의 종류, 정도 등 일체의 구체적 사정들을 참작하여 방위행위가 사회적으로 상당한 것이어야 한다(대법원 1992. 12. 22. 선고 92도2540 판결, 대법원 2007. 3. 29. 선고 2006도9307 판결 등 참조).

앞서 본 법리와 기록에 비추어 살펴보면, 피고인이 원심 판시와 같이 불안감을 유발하는 문언이 포함된 문자메시지를 반복적으로 피해자들에게 도달하게 한 것은 그 행위의 목적이 정당하다고 할 수 없을 뿐만 아니라 그 행위의 수단 역시 상당한 범위를 벗어났다고 할 것이므로, 피고인의 위와 같은 행위가 정당방위 또는 정당행위로서 위법성이 없다는 이 부분 상고이유의 주장은 받아들일 수 없다.

3. 폭행 및 각 상해의 점에 대하여

가해자의 행위가 피해자의 부당한 공격을 방위하기 위한 것이라기보다는 서로 공격할 의사로 싸우다가 먼저 공격을 받고 이에 대항하여 가해하게 된 것이라고 봄이 상당한 경우, 그 가해행위는 방어행위인 동시에 공격행위의 성격을 가지므로 정당방위라고 볼 수 없다(대법원 2000. 3. 28. 선고 2000도228 판결, 대법원 2004. 6. 25. 선고 2003도4934 판결 등 참조).

앞서 본 법리와 기록에 비추어 살펴보면, 피고인이 원심 판시와 같이 피해자들에게 폭행 또는 상해를 가한 것은 피해자들과 싸우는 과정에서 피해자들의 부당한 공격에 대한 소극적인 방어의 한도를 넘어 적극적인 반격으로서 공격행위의 성격을 가진다고 봄이 상당하고, 그 행위의 수단이 상당한 범위를 벗어났다고 할 것이므로, 피고인의 위와 같은 행위가 정당방위 또는 정당행위로서 위법성이 없다는 이 부분 상고이유의 주장은 받아들일 수 없다.

4. 결론

그러므로 원심판결 중 공인중개사의 업무 및 부동산 거래신고에 관한 법률 위반 부분은 파기되어야 할 것인데, 이 부분은 원심이 유죄로 인정한 나머지 부분과 형법 제37조 전단의 경합범관계에 있어 하나의 형이 선고되었으므로, 피고인의 양형부당에 관한 상고이유에 대한 판단을 생략한 채 원심판결을 전부 파기하고, 사건을 다시 심리·판단하게 하기 위하여 원심법원에 환송하기로 하여 관여 대법관의 일치된 의견으로 주문과 같이 판결한다.

대법관 안대희(재판장) 박시환 차한성 신영철(주심)

대법원 2011.4.28. 선고 2011도3247 판결

【배임·사기】

판시사항

[1] 부동산매매에서 미리 소유권을 이전받은 매수인이 목적물을 담보로 제공하는 방법으로 매매대금을 마련하여 매도인에게 제공하기로 약정한 경우, 위 매수인이 배임죄상 '타인의 사무를 처리하는 자'에 해당하는지 여부(소극)

[2] 피고인이 갑에게서 부동산을 매수하면서, 계약금을 지급하는 즉시 피고인 앞으로 소유권을 이전받되 매매잔금은 일정기간 내에 이를 담보로 대출을 받아 지급하고 건축허가를 받지 못하면 계약을 해제하여 원상회복해 주기로 약정하였는데도, 소유권을 이전받은 직후 이에 관하여 다른 용도로 근저당권을 설정한 사안에서, 피고인에게 배임죄가 성립하지 않는다고 본 원심판단을 정당하다고 한 사례

판결요지

[1] 일정한 신임관계의 고의적 외면에 대한 형사적 징벌을 핵심으로 하는 배임의 관점에서 보면, 부동산매매에서 매수인이 대금을 지급하는 것에 대하여 매도인이 계약상 권리의 만족이라는 이익이 있다고 하여도 대금의 지급은 어디까지나 매수인의 법적 의무로서 행하여지는 것이고, 그 사무의 처리에 관하여 통상의 계약에서의 이익대립관계를 넘는 신임관계가 당사자 사이에 발생한다고 할 수 없다. 따라서 그 대금의 지급은 당사자 사이의 신임관계에 기하여 매수인에게 위탁된 매도인의 사무가 아니라 애초부터 매수인 자신의 사무라고 할 것이다. 또한 매도인이 대금을 모두 지급받지 못한 상태에서 매수인 앞으로 목적물에 관한 소유권이전등기를 경료하였다면, 이는 법이 동시이행의 항변권 등으로 마련한 대금 수령의 보장을 매도인이 자신의 의사에 기하여 포기한 것으로서, 다른 특별한 사정이 없는 한 대금을 받지 못하는 위험을 스스로 인수한 것으로 평가된다. 그리고 그와 같이 미리 부동산을 이전받은 매수인이 이를 담보로 제공하여 매매대금 지급을 위한 자금을 마련하고 이를 매도인에게 제공함으로써 잔금을 지급하기로 당사자 사이에 약정하였다고 하더라도, 이는 기본적으로 매수인이 매매대금의 재원을 마련하는 방편에 관한 것이고, 그 성실한 이행에 의하여 매도인이 대금을 모두 받게 되는 이익을 얻는다는 것만으로 매수인이 신임관계에 기하여 매도인의 사무를 처리하는 것이 된다고 할 수 없다.

[2] 피고인이 갑에게서 임야를 매수하면서, 계약금을 지급하는 즉시 피고인 앞으로 소유권을 이전받되 매매잔금은 갑의 책임 아래 형질변경과 건축허가를 받으면 일정기간 내에 위 임야를 담보로 대출을 받아 지급하고 건축허가가 나지 아니하면 계약을 해제하여 원상회복해 주기로 약정하였는데도, 위 임야에 관하여 소유권이전등기를 받은 당일 1건, 그 후 1건의 근저당권을 설정한 사안에서, 피고인이 소유권이전등기를 받은 당일 이를 담보로 제공하여 자금을 융통하였고 그 후에도 같은 일을 하였으며 융통한 자금을 갑에게 매매대금으로 지급하지 아니하였다고 하여도 타인의 사무를 처리하는 자가 그 임무에 위배하는 행위를 한 것으로 볼 수 없고, 그러한 담보 제공 등의 행위가 피고인이 위 임야를 갑에게 반환할 의무를 현실적으로 부담하고 있지 아니한 상태에서 행하여진 이상 달라지지 아니한다는 이유로, 피고인에게 배임죄가 성립하지 않는다고 본 원심판단을 정당하다고 한 사례.

전 문

피 고 인 피고인

상 고 인 피고인 및 검사

변 호 인 변호사

원심판결 부산지법 2011. 2. 11. 선고 2010노3186, 4431 판결

주　　문 상고를 모두 기각한다.

이　　유 상고이유를 판단한다.

1. 피고인의 상고이유에 대하여

원심판결 및 원심이 적법하게 채용한 증거들에 비추어 살펴보면, 원심이 그 판시와 같은 이유를 들어 이 사건 각 사기의 공소사실이 인정된다고 판단한 것은 정당하고, 거기에 상고이유의 주장과 같이 사기죄의 편취 범의 등에 관하여 논리와 경험의 법칙을 위반하고 자유심증주의의 한계를 벗어나 사실을 잘못 인정하거나 필요한 심리를 다하지 아니하거나 법리를 오해하는 등의 위법이 있다고 할 수 없다.

한편 형사소송법 제383조 제4호에 의하면 사형, 무기 또는 10년 이상의 징역이나 금고가 선고된 사건에서만 양형부당을 사유로 한 상고가 허용되는 것이므로, 피고인에 대하여 그보다 가벼운 형이 선고된 이 사건에서 형의 양정이 부당하다는 취지의 주장은 적법한 상고이유가 되지 못한다.

2. 검사의 상고이유에 대하여

가. 이 사건 배임의 점에 관한 공소사실의 요지는 다음과 같다.

피고인은 2007. 2. 15. 부산 해운대구 (이하 생략)에 있는 피고인 운영의 ○○컨설팅 사무실에서 피해자 공소외 1로부터 부산 사하구 (이하 생략) 임야 970㎡(이하 '이 사건 임야'라고 한다)를 매매대금 1억 4,600만 원에 매수하기로 약정하고, 계약금 3천만 원을 지급하는 즉시 피고인 앞으로 소유권이전등기를 하되, 잔금은 피해자의 책임 아래 형질변경과 건축허가를 받으면 15일 내에 이 사건 임야를 담보로 대출을 받음과 동시에 지급하기로 하고 건축허가가 나지 아니하면 계약을 해제하여 원상회복하기로 약정하였다.

피고인은 약정에 따라 2007. 2. 16. 피해자에게 계약금 3천만 원을 지급하고 피고인 앞으로 이 사건 임야에 대해 소유권이전등기를 하였으므로, 건축허가를 받으면 이 사건 임야를 담보로 은행대출을 받아 피해자에게 잔금을 지급하거나, 건축허가를 받지 못하면 계약 해제 후 이 사건 임야의 소유권을 피해자에게 원상회복할 수 있도록 이 사건 임야의 소유권을 잘 보전하여야 할 임무가 발생하였다.

피고인은 위와 같은 임무에 위배하여 같은 날 공소외 2에게 채권최고액 7천만 원의 근저당권을 설정하고, 다시 2007. 3. 5. 공소외 3 외 2인에게 채권최고액 2억 원의 근저당권을 설정하여 도합 2억 7천만 원 상당의 재산상 이익을 취득하고 피해자에게 같은 액 상당의 손해를 가하였다.

나. 제1심법원은 아래와 같은 이유를 들어 피고인이 피해자 공소외 1의 사무를 처리하는 자라고 할 수 없다고 보아 위 배임의 점에 대하여 무죄를 선고하였고, 원심도 제1심법원의 조치를 정당한 것으로 수긍할 수 있다고 판단하였다.

즉, 검사는 피고인이 공소외 1에게 매매잔대금을 지급할 임무 혹은 장래 매매계약이 해제될 경우 공소외 1에게 이 사건 부동산을 원상회복하여야 할 임무를 타인의 사무로 파악하고, 피고인이 이러한 임무를 위반하였다고 기소하였다.

그러나 우선 부동산매매계약에서 매수인이 매매대금을 지급할 의무는 매도인의 사무가 아니라 매수인 자신의 사무라고 할 것이다. 따라서 피고인이 매매잔대금을 지급할 의무를 지체하였다고 하는 것으로 피고인에게 배임의 죄책을 물을 수 없다.

나아가 원상회복의무에 대하여 보건대, 공소사실 기재에 의하더라도 이 사건 임야에 관하여 형질변경과 건축허가를 받아야 할 의무는 공소외 1에게 있고, 이러한 의무는 피고인이 매매잔대금을 지급하기 전에 먼저 이행되어야 할 것이다. 그런데 공소외 1이 이러한 의무를 불이행하면 피고인으로서는 그의 채무불이행을 이유로 이 사건 매매계약을 해제하고 손해배상예정액 등을 청구할 수 있는데(이 사건 부동산매매계약서 제5조, 제6조 참조), 현재까지 피고인이 매매계약을 해제하지 아니하였다. 한편 공소외 1로서는 자신의 선이행의무를 불이행하고 있는 이상 원칙적으로 매매계약을 해제할 수 없고, 다만 피고인이 잔금을 지급하는 등 계약의 이행에 착수하기 전에 계약금의 배액인 6천만 원을 지급하고 매매계약을 해제할 수는 있으나 기록상 공소외 1이 6천만 원을 지급하면서 매매계약을 해제한 바가 없다.

이와 같이 이 사건 임야에 관한 부동산 매매계약은 해제되지 아니한 채 그대로 유지되어서 원상회복의무가 구체적으로 발생하지 아니한 상황에서, 더욱이 매도인이 선이행해야 할 의무를 이행하지 아니하고 있는 상태에서, 장래 발생할지도 모르는 계약해제사태에 대비하여 매수인이 매수하여 등기를 마친 부동산의 소유권을 온전히 보전하고 있어야 할 법률상·계약상 혹은 신의칙상의 의무가 있다고 볼 수 없다.

그리고 이 사건 기록에 의하면, 피고인은 공소외 1과의 사이에 계약금만을 지급하고 소유권이전등기를 경료받은 후 이 사건 임야를 담보로 은행권 등으로부터 대출을 받아 그 대출금으로 잔금을 지급하기로 약정하였음이 인정된다. 따라서 피고인이 공소사실 기재와 같이 공소외 2· 3 등으로부터 돈을 빌리면서 이 사건 임야를 담보로 제공하였다는 것으로 계약 위반이 있다고 볼 수 없다. 다만 피고인이 위와 같이 빌린 돈으로 공소외 1에게 잔금을 지급함이 상당함에도 이를 하지 아니한 잘못을 비난할 여지는 있으나, 이는 결국 매수인이 매매잔대금을 지급할 의무를 지체한 것에 불과하고, 매수인의 매매대금지급의무를 타인을 위한 사무로 볼 수 없다는 것이다.

다. 일정한 신임관계의 고의적 외면에 대한 형사적 징벌을 핵심으로 하는 배임의 관점에서 보면, 부동산매매에서 매수인이 대금을 지급하는 것에 대하여 매도인이 계약상 권리의 만족이라는 이익이 있다고 하여도 대금의 지급은 어디까지나 매수인의 법적 의무로서 행하여지는 것이고, 그 사무의 처리에 관하여 통상의 계약에서의 이익대립관계를 넘는 신임관계가 당사자 사이에 발생한다고 할 수 없다. 따라서 그 대금의 지급은 당사자 사이의 신임관계에 기하여 매수인에게 위탁된 매도인의 사무가 아니라 애초부터 매수인 자신의 사무라고 할 것이다.

또한 매도인이 대금을 모두 지급받지 못한 상태에서 매수인 앞으로 목적물에 관한 소유권이전등기를 경료하였다면, 이는 법이 동시이행의 항변권 등으로 마련한 대금 수령의 보장을 매도인이 자신의 의사에 기하여 포기한 것으로서, 다른 특별한 사정이 없는 한 대금을 받지 못하는 위험을 스스로 인수한 것으로 평가된다. 그리고 그와 같이 미리 부동산을 이전받은 매수인이 이를 담보로 제공하여 매매대금 지급을 위한 자금을 마련하고 이를 매도인에게 제공함으로써 잔금을 지급하기로 당사자 사이에 약정하였다고 하더라도, 이는 기본적으로 매수인이 매매대금의 재원을 마련하는 방편에 관한 것이고, 그 성실한 이행에 의하여 매도인이 대금을 모두 받게 되는 이익을 얻는다는 것만으로 매수인이 신임관계에 기하여 매도인의 사무를 처리하는 것이 된다고 할 수 없다.

이러한 법리에 비추어 보면, 이 사건에서 비록 피고인이 이 사건 매매계약에 기하여 소유권이전등기를 받은 바로 당일 이를 담보로 제공하여 자금을 융통하였고 그 후에도 다시 같은 일이 있었다고 하여도, 또한 그 융통한 자금을 매도인 공소외 1에게 매매대금으로 지급하지 아니하였다고 하여도, 그것을 타인의 사무를 처리하는 자가 그 임무에 위배하는 행위를 한 것으로 볼 수 없다. 이는 그러한 담보 제공 등의 행위가 피고인이 이 사건 임야를 공소외 1에게 반환할 의무를 현실적으로 부담하고 있지 아니한 상태에서 행하여진 이상 달라지지 아니한다고 할 것이다.

원심이 같은 취지에서 이 사건 배임의 점에 대하여 피고인에 대하여 무죄를 선고한 제1심판결을 유지한 것은 정당하고, 거기에 상고이유의 주장과 같이 논리와 경험의 법칙을 위반하고 자유심증주의의 한계를 벗어나 사실을 잘못 인정하거나 배임죄에서의 타인의 사무 등에 관한 법리를 오해한 위법이 있다고 할 수 없다.

한편 검사는 원심판결 중 나머지 유죄 부분에 대하여도 상고하였으나, 상고장에 이유의 기재가 없고 상고이유서에도 이에 대한 불복이유의 기재를 찾아볼 수 없다.

3. 결론

그러므로 상고를 모두 기각하기로 하여 관여 대법관의 일치된 의견으로 주문과 같이 판결한다.

대법관 김지형(재판장) 전수안 양창수(주심) 이상훈

대법원 2011.4.28. 선고 2011도2170 판결

【사기】

판시사항

1 친족상도례가 적용되는 '친족'의 범위 및 사기죄의 피고인과 피해자가 사돈지간인 경우 친족에 해당하는지 여부(소극)

2 피고인이 자신과 사돈지간인 피해자를 속여 돈을 편취하였다며 사기로 기소된 사안에서, 피고인과 피해자가 2촌의 인척인 친족이라는 이유로 위 범죄를 친족상도례가 적용되는 친고죄라고 판단한 후 피해자의 고소가 고소기간을 경과하여 부적법하다고 보아 공소를 기각한 원심판결 및 제1심판결을 모두 파기한 사례

판결요지

1 친족상도례가 적용되는 친족의 범위는 민법의 규정에 의하여야 하는데, 민법 제767조는 배우자, 혈족 및 인척을 친족으로 한다고 규정하고 있고, 민법 제769조는 혈족의 배우자, 배우자의 혈족, 배우자의 혈족의 배우자만을 인척으로 규정하고 있을 뿐, 구 민법(1990. 1. 13. 법률 제4199호로 개정되기 전의 것) 제769조에서 인척으로 규정하였던 '혈족의 배우자의 혈족'을 인척에 포함시키지 않고 있다. 따라서 사기죄의 피고인과 피해자가 사돈지간이라고 하더라도 이를 민법상 친족으로 볼 수 없다.

2 피고인이 백화점 내 점포에 입점시켜 주겠다고 속여 피해자로부터 입점비 명목으로 돈을 편취하였다며 사기로 기소된 사안에서, 피고인의 딸과 피해자의 아들이 혼인하여 피고인과 피해자가 사돈지간이라고 하더라도 민법상 친족으로 볼 수 없는데도, 2촌의 인척인 친족이라는 이유로 위 범죄를 친족상도례가 적용되는 친고죄라고 판단한 후 피해자의 고소가 고소기간을 경과하여 부적법하다고 보아 공소를 기각한 원심판결 및 제1심판결에 친족의 범위에 관한 법리오해의 위법이 있다고 하여 모두 파기한 사례.

전 문

피 고 인 피고인

상 고 인 검사

원심판결 수원지법 2011. 1. 25. 선고 2010노5943 판결

주 문 원심판결 및 제1심판결을 파기하고, 사건을 수원지방법원에 환송한다.

이 유 상고이유에 대한 판단에 앞서 직권으로 본다.

친족상도례가 적용되는 친족의 범위는 민법의 규정에 의하여야 하는데, 민법 제767조는 배우자, 혈족 및 인척을 친족으로 한다고 규정하고 있고, 민법 제769조는 혈족의 배우자, 배우자의 혈족, 배우자의 혈족의 배우자만을 인척으로 규정하고 있을 뿐, 구 민법(1990. 1. 13. 법률 제4199호로 개정되기 전의 것) 제769조에서 인척으로 규정하였던 '혈족의 배우자의 혈족'을 인척에 포함시키지 않고 있다. 따라서 이 사건과 같이 피고인의 딸과 피해자의 아들이 혼인관계에 있어 피고인과 피해자가 사돈지간이라고 하더라도 이를 민법상 친족으로 볼 수 없다.

그럼에도 불구하고 제1심은 피고인과 피해자가 사돈지간으로 2촌의 인척인 친족이라는 이유로 이 사건 공소사실 범죄를 친고죄라고 판단한 후 피해자의 고소가 고소기간을 경과하여 부적법하다 하여 형사소송법 제327조 제2호에 따라 이 사건 공소를 기각하였고, 원심은 이러한 제1심의 판단을 그대로 유지하였는바, 이는 친족의 범위에 관한 법리를 오해하여 판결에 영향을 미친 위법이 있다. 따라서 형사소송법 제393조에 의하여 원심판결 및 제1심판결을 모두 파기하기로 한다.

그러므로 원심판결 및 제1심판결을 파기하고, 사건을 다시 심리·판단하게 하기 위하여 제1심법원에 환송하기로 하여 관여 대법관의 일치된 의견으로 주문과 같이 판결한다.

대법관 전수안(재판장) 김지형 양창수 이상훈(주심)

대법원 2011.4.28. 선고 2010도15350 판결

【사기·장물취득·외국환거래법위반】

판시사항

[1] 장물죄에서 본범이 되는 범죄행위에 대하여 우리 형법이 적용되지 않는 경우, 그에 관한 법적 평가 기준 및 '장물'에 해당하기 위한 요건

[2] 횡령죄에서 재물의 타인성 등과 관련된 법률관계에 외국적 요소가 있는 경우, 소유권 귀속관계 등의 판단 기준

[3] 대한민국 국민 또는 외국인이 미국 캘리포니아주에서 미국 리스회사와 미국 캘리포니아주의 법에 따라 차량 이용에 관한 리스계약을 체결하였는데, 이후 자동차수입업자인 피고인이 리스기간 중 위 리스이용자들이 임의로 처분한 위 차량들을 수입한 사안에서, 피고인에게 장물취득죄를 인정한 원심판단의 결론을 정당하다고 한 사례

판결요지

[1] '장물'이라 함은 재산죄인 범죄행위에 의하여 영득된 물건을 말하는 것으로서 절도·강도·사기·공갈·횡령 등 영득죄에 의하여 취득된 물건이어야 한다. 여기에서의 범죄행위는 절도죄 등 본범의 구성요건에 해당하는 위법한 행위일 것을 요한다. 그리고 본범의 행위에 관한 법적 평가는 그 행위에 대하여 우리 형법이 적용되지 아니하는 경우에도 우리 형법을 기준으로 하여야 하고 또한 이로써 충분하므로, 본범의 행위가 우리 형법에 비추어 절도죄 등의 구성요건에 해당하는 위법한 행위라고 인정되는 이상 이에 의하여 영득된 재물은 장물에 해당한다.

[2] 횡령죄가 성립하기 위하여는 그 주체가 '타인의 재물을 보관하는 자'이어야 하고, 타인의 재물인가 또는 그 재물을 보관하는가의 여부는 민법·상법 기타의 민사실체법에 의하여 결정되어야 한다. 따라서 타인의 재물인가 등과 관련된 법률관계에 당사자의 국적·주소, 물건 소재지, 행위지 등이 외국과 밀접하게 관련되어 있어서 국제사법 제1조 소정의 외국적 요소가 있는 경우에는 다른 특별한 사정이 없는 한 국제사법의 규정에 좇아 정하여지는 준거법을 1차적인 기준으로 하여 당해 재물의 소유권의 귀속관계 등을 결정하여야 한다.

[3] 대한민국 국민 또는 외국인이 미국 캘리포니아주에서 미국 리스회사와 미국 캘리포니아주의 법에 따라 차량 이용에 관한 리스계약을 체결하면서 준거법에 관하여는 별도로 약정하지 아니하였는데, 이후 자동차수입업자인 피고인이 리스기간 중 위 리스이용자들이 임의로 처분한 리스계약의 목적물인 차량들을 수입한 사안에서, 국제사법에 따라 위 리스계약에 적용될 준거법인 미국 캘리포니아주의 법에 의하면, 위 차량들의 소유권은 리스회사에 속하고, 리스이용자는 일정 기간 차량의 점유·사용의 권한을 이전받을 뿐이어서(미국 캘리포니아주 상법 제10103조 제a항 제10호도 참조), 리스이용자들은 리스회사에 대한 관계에서 위 차량들에 관한 보관자로서의 지위에 있으므로, 위 차량들을 임의로 처분한 행위는 형법상 횡령죄의 구성요건에 해당하는 위법한 행위로 평가되고 이에 의하여 영득된 위 차량들은 장물에 해당한다는 이유로, 피고인에게 장물취득죄를 인정한 원심판단의 결론을 정당하다고 한 사례.

전 문

피 고 인 피고인

상 고 인 피고인

변 호 인 변호사

원심판결 서울중앙지법 2010. 11. 5. 선고 2010노1275 판결

주 문 상고를 기각한다.

이 유 상고이유를 판단한다.

1. 장물취득의 점에 관한 상고이유

가. 장물에 관한 법리 오해의 점에 관하여

(1) 장물이라 함은 재산죄인 범죄행위에 의하여 영득된 물건을 말하는 것으로서 절도·강도·사기·공갈·횡령 등 영득죄에 의하여 취득된 물건이어야 한다(대법원 2004. 12. 9. 선고 2004도5904 판결 등 참조). 여기에서의 범죄행위는 절도죄 등 본범의 구성요건에 해당하는 위법한 행위일 것을 요한다. 그리고 본범의 행위에 관한 법적 평가는 그 행위에 대하여 우리 형법이 적용되지 아니하는 경우에도 우리 형법을 기준으로 하여야 하고 또한 이로써 충분하므로, 본범의 행위가 우리 형법에 비추어 절도죄 등의 구성요건에 해당하는 위법한 행위라고 인정되는 이상 이에 의하여 영득된 재물은 장물에 해당한다.

한편 횡령죄가 성립하기 위하여는 그 주체가 "타인의 재물을 보관하는 자"이어야 하고, 타인의 재물인가 또는 그 재물을 보관하는가의 여부는 민법·상법 기타의 민사실체법에 의하여 결정되어야 한다(대법원 2010. 8. 19. 선고 2010도2492 판결 등 참조). 따라서 타인의 재물인가 등과 관련된 법률관계에 당사자의 국적·주소, 물건 소재지, 행위지 등이 외국과 밀접하게 관련되어 있어서 국제사법 제1조 소정의 외국적 요소가 있는 경우에는 다른 특별한 사정이 없는 한 국제사법의 규정에 좇아 정하여지는 준거법을 1차적인 기준으로 하여 당해 재물의 소유권의 귀속관계 등을 결정하여야 할 것이다.

(2) 원심판결 이유와 기록에 의하면, <u>이 사건 차량들은 대한민국 국민 또는 외국인이 미국 캘리포니아주에서 미국 리스회사와 미국 캘리포니아주의 법에 따라 체결한 리스계약의 목적물인데, 위 리스계약에 따르면 리스회사는 기간을 정하여 리스이용자에게 차량을 사용하게 하고 그 대가로 리스이용자로부터 매달 일정액의 리스료를 지급받도록 되어 있고, 준거법에 관하여는 별도의 약정을 두고 있지 아니한 사실, 리스이용자들이 리스기간 중에 이 사건 차량들을 임의로 처분하고 피고인은 이를 수입한 사실을 알 수 있다.</u>

위 사실관계를 앞서 본 법리에 비추어 살펴보면, 위 리스계약상 리스이용자가 대한민국 국민인 경우 그 법률관계는 국제사법 제1조 소정의 "외국적 요소"가 있어 국제사법의 규정에 따라 준거법을 정하여야 할 것이다. 그런데 국제사법 제26조는 제1항에서 "외국적 요소가 있는 법률관계에서 당사자가 준거법을 선택하지 아니한 경우에 계약은 그 계약과 가장 밀접한 관련이 있는 국가의 법에 의하여야 한다"고 규정하고, 제2항 제2호에서 '이용계약'의 준거법은 물건 또는 권리를 이용하도록 하는 당사자의 계약체결 당시의 주된 사무소 등의 소재지법을 가장 밀접한 관련이 있는 법으로 추정하고 있다. 그렇다면 앞서 본 대로 리스계약의 당사자가 준거법을 선택하지 아니하였고 준거법의 결정에 있어서 달리 고려되어야 할 사정을 기록상 찾을 수 없는 이 사건에서 리스회사의 소재지법인 미국 캘리포니아주의 법이 위 리스계약과 가장 밀접한 관련이 있는 법으로서 준거법이 된다고 할 것이므로, 이에 따라 위 리스계약의 내용과 효력을 판단하여야 한다. 또한 리스이용자가 외국인인 경우에도 그 계약당사자나 행위지 모두가 우리나라와 아무런 관련이 없어 우리 민사법이 적용될 여지가 없으므로, 마찬가지로 리스계약 당사자의 소재지이자 리스계약이 행하여진 미국 캘리포니아주의 법에 좇아 위 리스계약의 내용과 효력을 판단하여야 할 것이다. 그런데 미국 캘리포니아주의 법에 따라 체결된 위 리스계약에 의하면, 이 사건 차량들의 소유권은 리스회사에 속하고, 리스이용자는 일정 기간 차량의 점유·사용의 권한을 이전받을 뿐(a transfer of right to possession and use of goods for a term)이며 (미국 캘리포니아주 상법 제10103조 제a항 제10호도 참조), 피고인의 주장과 같이 위 리스계약을 환매특약부 매매 내지 소유권유보부 매매로 볼 것은 아니다.

그렇다면 리스이용자들은 리스회사에 대한 관계에서 이 사건 차량들에 관한 보관자로서의 지위에 있었다고 할 것이므로, 리스이용자들이 이 사건 차량들을 임의로 처분한 행위는 형법상 횡령죄의 구성요건에 해당하는 위법한 행위로 평가되어서 이에 의하여 영득된 이 사건 차량들은 장물에 해당한다.

이 부분에 관한 원심의 판단은 그 이유 설시에 다소 미흡한 점이 있으나 이 사건 차량들이 장물에 해당한다고 인정한 결론에 있어서는 정당하고, 거기에 상고이유의 주장과 같이 장물에 관한 법리를 오해하여 판결 결과에 영향을 미친 위법이 있다고 할 수 없다.

나. 나머지 상고이유에 관하여

원심판결 및 원심이 채택한 증거들에 비추어 살펴보면, 원심이 그 판시와 같은 이유를 들어 피고인이 이 사건 차량들을 수입함에 있어 그것이 장물임을 인식하고 있었다고 판단한 것은 수긍할 수 있고, 거기에 상고이유의 주장과 같이 논리와 경험의 법칙에 위배되고 자유심증주의의 한계를 벗어나 사실을 인정한 위법이 있다고 할 수 없다.

2. 사기의 점에 관한 상고이유

원심판결 및 원심이 채택한 증거들에 비추어 살펴보면, 원심이 그 판시와 같은 이유로 이 사건 사기의 공소사실을 인정한 것은 정당하고, 거기에 상고이유의 주장과 같은 위법이 없다.

한편 장물을 취득한 후 마치 장물이 아닌 것처럼 매수인을 기망하여 이를 매도하는 경우 매수인에 대한 기망행위는 새로운 법익의 침해로 보아야 하므로, 위와 같은 기망행위가 장물취득 범행의 불가벌적 사후행위가 되는 것은 아니다. 원심이 같은 취지에서 이 사건 장물취득죄와 사기죄를 형법 제37조의 경합범관계에 있는 것으로 본 것은 정당하고, 거기에 상고이유의 주장과 같이 불가벌적 사후행위에 관한 법리를 오해한 위법이 있다고 할 수 없다.

3. 결론

그러므로 상고를 기각하기로 하여 관여 대법관의 일치된 의견으로 주문과 같이 판결한다.

대법관 김지형(재판장) 전수안 양창수(주심) 이상훈

대법원 2011.4.28. 선고 2010도14696 판결

【위계공무집행방해】

판시사항

1 신청인이 허위의 자료를 첨부하여 비자발급 신청을 하였고, 이에 대하여 외국 주재 한국영사관 업무담당자가 충분히 심사하였으나 신청사유 및 소명자료가 허위인 것을 발견하지 못하여 이를 수리한 경우, 신청인에게 '위계에 의한 공무집행방해죄'가 성립하는지 여부(적극)

2 불법체류를 이유로 강제출국 당한 중국 동포인 피고인이 중국에서 이름과 생년월일을 변경한 호구부를 발급받아 중국 주재 대한민국 총영사관에 제출하여 입국사증을 받은 다음, 다시 입국하여 외국인등록증을 발급받고 귀화허가신청서까지 제출한 사안에서, 피고인에게 각 '위계에 의한 공무집행방해죄'를 인정한 원심판단을 수긍한 사례

판결요지

1 외국 주재 한국영사관의 비자발급 업무와 같이, 상대방에게서 신청을 받아 일정한 자격요건 등을 갖춘 경우에 한하여 그에 대한 수용 여부를 결정하는 업무는 신청서에 기재된 사유가 사실과 부합하지 않을 수 있는 것을 전제로 그 자격요건 등을 심사·판단하는 것이므로, 업무담당자가 사실을 충분히 확인하지 아니한 채 신청인이 제출한 허위의 신청사유나 허위의 소명자료를 가볍게 믿고 이를 수용하였다면, 이는 업무담당자의 불충분한 심사에 기인한 것이어서 위계에 의한 공무집행방해죄를 구성하지 아니하지만, 신청인이 업무담당자에게 허위의 주장을 하면서 이에 부합하는 허위의 소명자료를 첨부하여 제출한 경우 수리 여부를 결정하는 업무담당자가 관계 규정에서 정한 바에 따라 요건의 존부에 관하여 나름대로 충분히 심사를 하였으나 신청사유 및 소명자료가 허위인 것을 발견하지 못하여 신청을 수리하게 될 정도에 이르렀다면, 이는 업무담당자의 불충분한 심사가 아니라 신청인의 위계행위에 의한 것이어서 위계에 의한 공무집행방해죄를 구성한다.

2 불법체류를 이유로 강제출국 당한 중국 동포인 피고인이 중국에서 이름과 생년월일을 변경한 호구부를 발급받아 중국 주재 대한민국 총영사관에 제출하여 변경된 명의로 입국사증을 받은 다음, 다시 입국하여 그 명의로 외국인등록증을 발급받고 귀화허가신청서까지 제출한 사안에서, 피고인이 자신과 동일성을 확인할 수 없도록 변경된 호구부를 중국의 담당관청에서 발급받아 위 대한민국 총영사관에 제출하였으므로, 영사관 담당직원 등이 호구부의 기재를 통하여 피고인의 인적사항 외에 강제출국 전력을 확인하지 못하였더라도, 사증 및 외국인등록증의 발급요건 존부에 대하여 충분한 심사를 한 것으로 보아야 하고, 이러한 경우 행정청의 불충분한 심사가 아니라 출원인의 적극적인 위계에 의해 사증 및 외국인등록증이 발급되었던 것이므로 위계에 의한 공무집행방해죄가 성립하고, 또한 피고인의 위계행위에 의하여 귀화허가에 관한 공무집행방해 상태가 초래된 것이 분명하므로, 귀화허가가 이루어지지 아니하였더라도 위 죄의 성립에 아무런 영향이 없다는 이유로, 피고인에게 각 '위계에 의한 공무집행방해죄'를 인정한 원심판단을 수긍한 사례.

전 문

피 고 인 피고인

상 고 인 피고인

변 호 인 법무법인

원심판결 인천지법 2010. 10. 22. 선고 2010노1955 판결

주 문 상고를 기각한다.

이 유 상고이유를 판단한다.

외국 주재 한국영사관의 비자발급 업무와 같이, 상대방으로부터 신청을 받아 일정한 자격요건 등을 갖춘 경우에 한하여 그에 대한 수용 여부를 결정하는 업무에 있어서는 신청서에 기재된 사유가 사실과 부합하지 않을 수 있음을 전제로 하여 그 자격요건 등을 심사·판단하는 것이므로, 그 업무담당자가 사실을 충분히 확인하지 아니한 채 신청인이 제출한 허위의 신청사유나 허위의 소명자료를 가볍게 믿고 이를 수용하였다면, 이는 업무담당자의 불충분한 심사에 기인한 것으로서 위계에 의한 공무집행방해죄를 구성하지 않는다고 할 것이지만, 신청인이 업무담당자에게 허위의 주장을 하면서 이에 부합하는 허위의 소명자료를 첨부하여 제출한 경우 그 수리 여부를 결정하는 업무담당자가 관계 규정이 정한 바에 따라 그 요건의 존부에 관하여 나름대로 충분히 심사를 하였으나 신청사유 및 소명자료가 허위임을 발견하지 못하여 그 신청을 수리하게 될 정도에 이르렀다면, 이는 업무담당자의 불충분한 심사가 아니라 신청인의 위계행위에 의한 것으로서 위계에 의한 공무집행방해죄가 성립된다(대법원 2002. 9. 10. 선고 2002도2131 판결, 대법원 2009. 2. 26. 선고 2008도11862 판결 등 참조).

원심은 적법하게 채택한 증거들을 종합하여, 피고인이 1996. 11. 14. 국내에 입국하였다가 2004. 11. 17. 불법체류를 이유로 강제퇴거 명령을 받고 같은 달 19일 강제출국 당한 사실, 그 후 피고인은 중국 불상지에서 정상적인 절차를 거치지 아니하고 중국의 담당관청으로부터 이름을 이성린(한자 및 영문 이름 생략), 생년월일을 "1963. 8. 6."로 변경한 호구부를 발급받아, 이를 선양 주재 대한민국 총영사관에 제출하여 2005. 7. 12. 이성린 명의의 사증을 발급받고, 같은 달 24일 다시 입국한 후 대구출입국관리사무소에 이성린 명의의 외국인등록신청서를 제출하여 2005. 8. 1. 그 명의로 외국인등록증을 발급받은 사실, 계속하여 피고인은 2009. 4. 20. 서울출입국관리사무소에 이성린 명의의 귀화허가신청서를 제출한 사실을 인정한 다음, 피고인을 각 위계공무집행방해의 유죄로 인정한 제1심판결을 유지하였다. 사실이 위와 같다면 피고인이 피고인과의 동일성을 확인할 수 없도록 "1963. 8. 6.생 이성린"으로 되어 있는 호구부를 중국의 담당관청으로부터 발급받아 위 대한민국 총영사관에 제출하고, 이에 대하여 위 영사관 담당직원이 호구부의 기재를 통하여 피고인이 "1963. 8. 6.생 이성린"이라는 것 외에 강제출국 당한 자임을 확인하지 못하였다고 하더라도, 그 업무담당자로서는 사증 및 외국인등록증의 발급요건의 존부에 대하여 충분한 심사를 한 것으로 보아야 하고, 이러한 경우에는 사증 및 외국인등록증을 발급한 것이 행정청의 불충분한 심사로 인한 것이 아니라 출원인의 적극적인 위계에 의한 것으로서 위계에 의한 공무집행방해죄가 성립한다고 할 것이다. 또한 피고인의 위계행위에 의하여 귀화허가에 관한 공무집행을 방해하는 상태를 초래하였음이 분명한 이 사건에서 피고인의 귀화허가신청에 관한 귀화허가가 이루어지지 아니하였다는 사유는 위계에 의한 공무집행방해죄의 성립에 아무런 영향을 줄 수 없다고 할 것이다.

따라서 이러한 원심의 판단은 정당한 것으로 수긍이 가고, 거기에 상고이유의 주장과 같은 위계에 의한 공무집행방해죄에 관한 법리오해 등의 위법이 없다.

그러므로 상고를 기각하기로 하여 관여 대법관의 일치된 의견으로 주문과 같이 판결한다.

대법관 안대희(재판장) 박시환 차한성 신영철(주심)

대법원 2011.4.14. 선고 2011도769 판결

【특정경제범죄가중처벌등에관한법률위반(사기)·사기】

판시사항

[1] 사기죄의 구성요건 중 '처분행위'의 의의와 요건

[2] 피고인이 피해자들을 기망하여 이자 지급 약정하에 대여금을 교부받았으나 이자를 지급하지 않은 사안에서, 위 이자 부분에 대하여 피해자들의 별도의 처분행위가 있었다고 단정할 자료가 없는데도 사기죄를 인정한 원심판단에 심리미진이나 채증법칙 위반 또는 법리오해의 위법이 있다고 한 사례

[3] 수인의 피해자에 대하여 단일한 범의하에 동일한 방법으로 각 피해자별로 기망행위를 한 경우, 사기죄의 죄수 및 포괄일죄로 볼 수 있는 경우

[4] 사기죄 피해자들의 피해 법익이 동일하다고 볼 근거가 없는데도, 위 피해자들이 부부라는 사정만으로 이들에 대한 각 사기 행위가 포괄하여 일죄에 해당한다고 보아 특정경제범죄 가중처벌 등에 관한 법률을 적용한 원심판결에 죄수에 관한 심리미진 또는 법리오해의 위법이 있다고 한 사례

판결요지

[1] 사기죄는 타인을 기망하여 착오에 빠뜨리고 처분행위를 유발하여 재물, 재산상의 이득을 얻음으로써 성립하는 것이므로, 여기서 '처분행위'라고 하는 것은 재산적 처분행위로서 주관적으로 피기망자가 처분의사 즉 처분 결과를 인식하고 객관적으로는 이러한 의사에 지배된 행위가 있을 것을 요한다.

[2] 피고인이 피해자들을 기망하여 투자금 명목의 돈을 편취하는 과정에서 이자 지급 약정하에 대여금을 교부받았으나 이자를 지급하지 않은 사안에서, 위 이자 부분에 대해서도 사기죄가 성립하기 위하여는 피고인의 기망행위로 인해 이자 부분에 관한 별도의 처분행위가 있어야 하는데, 이에 대하여 피해자들의 처분행위가 있었다고 단정할 자료가 없는데도, 피고인의 기망행위와 위 이자 발생 사이에 인과관계를 인정하여 유죄를 인정한 원심판단에 심리미진이나 채증법칙 위반 또는 법리오해의 위법이 있다고 한 사례.

[3] 사기죄에서 수인의 피해자에 대하여 각 피해자별로 기망행위를 하여 각각 재물을 편취한 경우에 그 범의가 단일하고 범행방법이 동일하다고 하더라도 포괄일죄가 성립하는 것이 아니라 피해자별로 1개씩의 죄가 성립하는 것으로 보아야 한다. 다만 피해자들이 하나의 동업체를 구성하는 등으로 피해 법익이 동일하다고 볼 수 있는 사정이 있는 경우에는 피해자가 복수이더라도 이들에 대한 사기죄를 포괄하여 일죄로 볼 수도 있다.

[4] 사기죄 피해자들의 피해 법익이 동일하다고 볼 근거가 없는데도, 위 피해자들이 부부라는 사정만으로 이들에 대한 각 사기 행위가 포괄하여 일죄에 해당한다고 보아 특정경제범죄 가중처벌 등에 관한 법률을 적용한 원심판결에 죄수에 관한 심리미진 또는 법리오해의 위법이 있다고 한 사례.

전 문

피 고 인 피고인

상 고 인 피고인

변 호 인 법무법인

원심판결 부산고법 2010. 12. 29. 선고 2010노646 판결

주 문 원심판결 중 유죄 부분을 파기하고, 이 부분 사건을 부산고등법원에 환송한다.

이 유 상고이유를 판단한다.

1. 공소장변경 허가에 관한 법리오해 주장에 대하여

검사는 공소사실의 동일성을 해하지 아니하는 범위 내에서 법원의 허가를 얻어 공소장에 기재한 공소사실 또는 적용법조의 추가·철회 또는 변경을 할 수 있고, 공소사실의 동일성은 공소사실의 기초가 되는 사회적 사실관계가 기본적인 점에서 동일하면 그대로 유지되는 것으로, 이러한 기본적 사실관계의 동일성을 판단함에 있어서는 그 사실의 동일성이 갖는 기능을 염두에 두고 피고인의 행위와 그 사회적인 사실관계를 기본으로 하되 규범적 요소도 아울러 고려하여야 할 것이다(대법원 1994. 3. 22. 선고 93도2080 전원합의체 판결 등 참조).

기록에 의하면, 검사는 원심에서 이 사건 공소사실 중 '이에 속은 피해자들로부터 차용금 명목으로 합계 24억 7,100만 원을 교부받아 이를 편취하였다'를 '이에 속은 피해자들로부터 투자금 명목으로 2007. 11. 27. 1억 3,000만 원을 교부받은 것을 비롯하여 그때부터 2008. 7. 31.경까지 당심 별지 [범죄일람표(투자금산정서)] 기재와 같이 47회에 걸쳐 합계 2,458,389,426원을 교부받아 이를 편취하였다'로 변경하는 공소장변경 신청을 하였고, 원심은 이를 허가하였는바, 위 변경 전후의 공소사실은 모두 투자 권유를 통한 피고인의 일련의 편취행위를 대상으로 하는 것으로서, 단지 변경 후 공소사실은 변경 전 공소사실의 범죄 일시 등을 수정·특정하면서 편취 금액에 약간의 수정을 가하고 '차용금'을 '투자금'으로 정정한 것일 뿐, 당초의 공소사실 외에 별도로 이루어진 편취행위를 새로 공소사실에 추가하는 취지로 변경한 것은 아니라 할 것이므로, 위 변경 전후의 공소사실은 서로 양립 가능한 것이 아닌데다가 위 변경 후 공소사실은 그 기초가 되는 사회적 사실관계에 있어서 전체적으로 변경 전 공소사실의 사실관계에 포함되어, 위 공소장변경 전후의 공소사실은 상호 동일성이 인정된다고 할 것이다.

같은 취지에서 공소장변경을 허가한 원심의 조치는 정당하고, 거기에 공소장변경 및 허가에 관한 법리오해 등의 위법이 있다고 할 수 없다. 그리고 공소장이 적법하게 변경된 이상, 당초의 공소장에 공소사실이 특정되지 않았는지의 여부는 더 이상 문제가 되지 아니한다.

2. 원심 [범죄일람표] 3, 4, 14, 15, 25, 26, 28, 34, 42, 44, 46번 기재 사기의 점을 제외한 나머지 사기의 점에 대하여

가. 편취 범의에 대하여

사기죄의 주관적 구성요건인 편취의 범의는 피고인이 자백하지 않는 이상 범행 전후의 피고인의 재력, 환경, 범행의 내용, 거래의 이행과정 등과 같은 객관적인 사정 등을 종합하여 판단할 수밖에 없으며, 미필적 고의에 의하여도 사기죄는 성립되는 것인바, 범죄구성요건의 주관적 요소로서 미필적 고의라 함은 범죄사실의 발생가능성을 불확실한 것으로 표상하면서 이를 용인하고 있는 경우를 말하고, 미필적 고의가 있었다고 하려면 범죄사실의 발생가능성에 대한 인식이 있음은 물론, 나아가 범죄사실이 발생할 위험을 용인하는 내심의 의사가 있어야 하며, 그 행위자가 범죄사실이 발생할 가능성을 용인하고 있었는지의 여부는 행위자의 진술에 의존하지 아니하고, 외부에 나타난 행위의 형태와 행위의 상황 등 구체적인 사정을 기초로 하여 일반인이라면 당해 범죄사실이 발생할 가능성을 어떻게 평가할 것인가를 고려하면서 행위자의 입장에서 그 심리상태를 추인하여야 한다(대법원 2008. 1. 18. 선고 2007도8781 판결 등 참조).

원심이 그 판시와 같은 여러 사정을 종합하여 피고인에게 편취의 범의가 있었다고 본 것은 위 법리와 기록에 비추어 수긍할 수가 있고, 거기에 주장하는 바와 같은 위법이 없으며, 상고이유는 결국 원심의 전권에 속하는 증거의 취사선택과 사실인정을 탓하는 것에 지나지 아니하므로 받아들일 수가 없는 주장이다.

나. 기망과 편취 사이의 인과관계에 대하여

범인이 기망행위에 의해 스스로 재물을 취득하지 않고 제3자로 하여금 재물의 교부를 받게 한 경우에도 범인에게 그 제3자로 하여금 재물을 취득하게 할 의사가 있으면 사기죄는 성립할 수 있다.

원심은 그 설시 증거들을 종합하여 이 부분 공소사실을 유죄로 인정하였는바, 그 판시 취지는 피고인이 피해자들을 기망하여 자신이 공소외 1 주식회사가 추진 중이던 사업과 관련하여 위 회사의 채권자인 주식회사 하나은행 등에 지급할 금원을 피해자들로 하여금 피고인 대신 지급하도록 지시하여 이를 편취하였고, 피고인에게는 위 금원을 공소외 1 주식회사의 채권자 등으로 하여금 취득하게 할 의사도 있었다는 것으로 보인다.

원심의 이 부분 판단은 그 범죄사실의 설시에 다소 미흡한 점은 있으나, 이 부분에 관하여 사기죄가 성립한다고 본 결론에 있어서는 정당한 것으로 수긍이 가고, 거기에 상고이유의 주장과 같은 사기죄에 있어서 기망과 편취 사이의 인과관계 및 재물편취에 관한 법리오해 등의 위법이 없다.

3. 원심 [범죄일람표] 3, 4, 14, 15번 기재 사기의 점에 대하여

사기죄는 사람을 기망하여 재물의 교부를 받거나 재산상의 이익을 취득하거나 제3자로 하여금 취득하게 함으로써 성립하는바, 이 사건에서 원심이 인정한 바와 같이 피해자들이 투자 대상 부동산인 ○○빌딩의 3, 4층 전체와 2층의 일부 점포에 관하여 소유권이전등기를 마치기 위하여 취득세, 등록세 등의 금원을 지출하였다고 하

더라도, 이것이 자신들의 투자금에 대한 담보를 확보하기 위해 이루어진 것이라면, 피고인에게 이 부분에 관하여 사기의 범의가 있다거나 피고인이 이를 편취하였다고 하기는 어려우므로, 원심으로서는 이 부분에 관하여 기망에 따른 피해자들의 처분행위가 있었는지에 관하여 보다 더 심리를 하여 합리적 의문을 해소한 이후에 피고인의 범행 여부에 관하여 판단하였어야 한다.

그럼에도 불구하고, 원심이 피고인의 기망행위와 위 각 금원 지급 사이에 인과관계가 있다고 인정하여 이 부분 공소사실을 유죄로 인정한 것은 심리를 다하지 아니하거나 채증법칙을 위반하여 사실을 잘못 인정하였거나, 사기죄에 있어서 기망행위와 처분행위 사이의 인과관계에 관한 법리를 오해하여 판결에 영향을 미친 위법이 있다. 이 점을 지적하는 상고이유의 주장은 이유 있다.

4. 원심 [범죄일람표] 25, 26, 28, 34, 42, 44, 46번 기재 사기의 점에 대하여

사기죄는 타인을 기망하여 착오에 빠뜨리고 그 처분행위를 유발하여 재물, 재산상의 이득을 얻음으로써 성립하는 것이므로, 여기서 처분행위라고 하는 것은 재산적 처분행위를 의미하고 그것은 주관적으로 피기망자가 처분의사 즉 처분 결과를 인식하고 객관적으로는 이러한 의사에 지배된 행위가 있을 것을 요한다고 할 것이다(대법원 1987. 10. 26. 선고 87도1042 판결 등 참조). 그런데 공소사실의 기재에 의하더라도, 이 부분은 피해자들이 피고인에게 대여금조로 지급한 4억 원에 대한 이자라는 것인바, 피고인이 위 금원을 차용하는 과정에서 피해자들에게 이자 약정을 하고 이를 지급하지 않았다 하더라도 그것만으로 이자 부분에 관하여 사기죄가 성립한다고 볼 수는 없고, 이자 부분에 관하여도 사기죄가 성립하기 위하여는 피고인의 기망행위로 인해 이자 부분에 관한 별도의 처분행위가 있어야 하는 것인데, 기록을 보더라도 위 이자 부분에 관하여 피해자들의 처분행위가 있었다고 단정할 자료도 없는 것으로 보인다.

그럼에도 불구하고, 원심이 피고인의 기망행위와 위 이자 발생 사이에 인과관계가 있다고 인정하여 이 부분 공소사실을 유죄로 인정한 것은 심리를 다하지 아니하거나 채증법칙을 위반하여 사실을 잘못 인정하였거나, 사기죄에 있어서 기망행위와 처분행위 사이의 인과관계에 관한 법리를 오해하여 판결에 영향을 미친 위법이 있다. 이 점을 지적하는 상고이유의 주장은 이유 있다.

5. 양형부당 주장에 대하여

징역 10년의 형보다 무겁지 아니한 형이 선고된 이 사건에서 원심의 형이 무겁다는 주장은 적법한 상고이유가 되지 못한다.

6. 직권판단

사기죄에 있어서 수인의 피해자에 대하여 각 피해자별로 기망행위를 하여 각각 재물을 편취한 경우에 그 범의가 단일하고 범행방법이 동일하다고 하더라도 포괄일죄가 성립하는 것이 아니라 피해자별로 1개씩의 죄가 성립하는 것으로 보아야 한다(대법원 1997. 6. 27. 선고 97도508 판결 등 참조). 다만 피해자들이 하나의 동업체를 구성하는 등으로 피해 법익이 동일하다고 볼 수 있는 사정이 있는 경우에는 피해자가 복수이더라도 이들에 대한 사기죄를 포괄하여 일죄로 볼 수도 있을 것이다.

원심은 피해자 공소외 2, 3에 대한 각 사기죄에 관하여 '포괄하여' 1개의 사기죄가 성립한다고 판단하였는데, 비록 피해자들이 부부 사이이기는 하지만, 이러한 사정만으로 피해자들에 대한 각 사기 행위가 포괄하여 일죄가 된다고 볼 수는 없고, 앞서 본 바와 같이 피해자들의 피해 법익이 동일하다고 볼 수 있는 사정이 있는 경우라야만 피해자들에 대한 사기죄를 포괄하여 일죄로 볼 수 있을 것이다. 그런데 원심이 설시한 범죄사실 기재만으로도 피해자들의 피해 법익이 동일하다고 볼 별다른 근거가 없음에도 위 각 사기죄가 포괄하여 일죄라고 보아 특정경제범죄 가중처벌 등에 관한 법률을 적용하고 말았으니, 원심판결에는 죄수에 관한 심리를 다하지 않았거나 법리를 오해함으로써 법령의 적용을 그르친 위법이 있다고 할 것이고, 이러한 위법은 판결 결과에 영향을 미쳤음이 분명하다(대법원 2003. 12. 26. 선고 2003도6288 판결 등 참조). 특히 검사가 피고인을 특정경제범죄 가중처벌 등에 관한 법률 위반(사기)죄로 기소한 이 사건에서는 죄수 판단에 따라 사기죄의 이득액이 달라질 수 있고, 이로 인해 특정경제범죄 가중처벌 등에 관한 법률 제3조의 적용 여부도 달라질 수 있으므로 더욱 그러하다.

7. 결론

그러므로 원심판결 중 상고가 이유 있는 부분은 파기되어야 할 것인바, 원심은 상고가 이유 있는 부분과 나머지 부분을 포괄일죄 또는 형법 제37조 전단의 경합범으로 보아 피고인을 하나의 형으로 처단하였으므로, 원심판결 전부를 파기하고 사건을 원심법원에 환송하기로 하여 관여 대법관의 일치된 의견으로 주문과 같이 판결한다.

대법관 신영철(재판장) 박시환 안대희(주심) 차한성

대법원 2011.4.14. 선고 2011도300,2011감도5 판결

【절도·건조물침입·유해화학물질관리법위반(환각물질흡입)·야간방실침입절도(인정된죄명:방실침입·절도)·치료감호】

판시사항

'주간에' 사람의 주거 등에 침입하여 '야간에' 타인의 재물을 절취한 행위를 형법 제330조의 야간주거침입절도죄로 처벌할 수 있는지 여부(소극)

판결요지

형법은 제329조에서 절도죄를 규정하고 곧바로 제330조에서 야간주거침입절도죄를 규정하고 있을 뿐, 야간절도죄에 관하여는 처벌규정을 별도로 두고 있지 아니하다. 이러한 형법 제330조의 규정형식과 그 구성요건의 문언에 비추어 보면, 형법은 야간에 이루어지는 주거침입행위의 위험성에 주목하여 그러한 행위를 수반한 절도를 야간주거침입절도죄로 중하게 처벌하고 있는 것으로 보아야 하고, 따라서 주거침입이 주간에 이루어진 경우에는 야간주거침입절도죄가 성립하지 않는다고 해석하는 것이 타당하다.

전 문

피고인 겸 피부착명령청구자 피고인

상 고 인 검사

변 호 인 변호사

원심판결 서울고법 2010. 12. 23. 선고 2010노3058, 2010감노61 판결

주 문 상고를 모두 기각한다.

이 유 상고이유를 판단한다.

1. 이 사건 공소사실 중 야간방실침입절도의 점의 요지

이 사건 공소사실 중 야간방실침입절도의 점의 요지는, "피고인은 2010. 6. 16. 15:40경 피해자가 운영하는 서울 동대문구 장안동 (이하 생략) ○○○ 모텔에 이르러, 피해자가 평소 비어 있는 객실의 문을 열어둔다는 사실을 알고 그곳 202호 안까지 들어가 침입한 다음, 같은 날 21:00경 그곳에 설치되어 있던 피해자 소유의 LCD모니터 1대 시가 3만 원 상당을 가지고 나와 절취하였다."는 것이다.

2. 원심의 판단

원심은, ① 형법 제330조는 "야간에 사람의 주거, 간수하는 저택, 건조물이나 선박 또는 점유하는 방실에 침입하여 타인의 재물을 절취한 자는 10년 이하의 징역에 처한다."고 규정하고 있는바, 그 문언에 비추어 '야간에'는 '침입하여'를 수식하거나 '침입하여'와 '절취한'을 모두 수식하는 것으로 해석하여야지, '침입하여'를 수식하지 않고 '절취한'만을 수식한다고 해석하기는 어려운 점, ② 만일 주간에 방실에 침입하여 야간에 타인의 재물을 절취한 경우에도 야간방실침입절도죄가 성립한다고 한다면, 주간에 방실에 침입하여 잠복하고 있다가 발각된 경우, 행위자가 야간절도를 계획했다고 진술하면 야간방실침입절도미수죄가 성립하고, 주간절도를 계획했다고 진술하면 절도죄는 실행의 착수가 없어 무죄가 되는바, 범죄의 성립이 행위자의 주장에 따라 달라지는 불합리한 결과가 초래되는 점 등을 근거로, 주간에 방실에 침입하여 야간에 재물을 절취한 경우에도 야간방실침입절도죄가 성립한다고 해석하는 것은 형벌법규를 지나치게 유추 또는 확장해석하여 죄형법정주의의 원칙을 위반하는 것으로서 허용할 수 없다고 판단하여, 이 부분 공소사실을 무죄로 인정한 제1심판결을 그대로 유지하였다.

3. 대법원의 판단

형법은 제329조에서 절도죄를 규정하고 곧바로 제330조에서 야간주거침입절도죄를 규정하고 있을 뿐, 야간절도죄에 관하여는 처벌규정을 별도로 두고 있지 아니하다. 이러한 형법 제330조의 규정형식과 그 구성요건의 문언에 비추어 보면, 형법은 야간에 이루어지는 주거침입행위의 위험성에 주목하여 그러한 행위를 수반한 절도

를 야간주거침입절도죄로 중하게 처벌하고 있는 것으로 보아야 한다. 따라서 주거침입이 주간에 이루어진 경우에는 야간주거침입절도죄가 성립하지 않는다고 해석함이 상당하다.

이와 달리 만일 주거침입의 시점과는 무관하게 절취행위가 야간에 이루어지면 야간주거침입절도죄가 성립한다고 해석하거나, 주거침입 또는 절취 중 어느 것이라도 야간에 이루어지면 야간주거침입절도죄가 성립한다고 해석한다면, 이는 이 사건과 같이 주간에 주거에 침입하여 야간에 재물을 절취한 경우에도 야간주거침입절도죄의 성립을 인정하여 결국 야간절도를 주간절도보다 엄하게 처벌하는 결과가 되는바, 앞서 본 바와 같이 현행법상 야간절도라는 이유만으로 주간절도보다 가중하여 처벌하는 규정은 없을 뿐만 아니라, 재산범죄 일반에 관하여 야간에 범죄가 행하여졌다고 하여 가중처벌하는 규정이 존재하지 아니한다. 또한 절도행위가 야간에 이루어졌다고 하여 절도행위 자체만으로 주간절도에 비하여 피해자의 심리적 불안감이나 피해 증대 등의 위험성이 커진다고 보기도 어렵다. 나아가, 예컨대 일몰 전에 주거에 침입하였으나 시간을 지체하는 등의 이유로 절취행위가 일몰 후에 이루어진 경우 야간주거침입절도죄로 가중처벌하는 것은 주거침입이 일몰 후에 이루어진 경우와 그 행위의 위험성을 비교하여 볼 때 가혹하다 할 것이다.

한편 야간주거침입절도죄는 주거에 침입한 단계에서 이미 실행에 착수한 것으로 보아야 한다는 것이 대법원의 확립된 판례인바(대법원 2006. 9. 14. 선고 2006도2824 판결 등 참조), 만일 주간에 주거에 침입하여 야간에 재물을 절취한 경우에도 야간주거침입절도죄의 성립을 인정한다면, 원심이 적절히 지적하고 있는 바와 같이 행위자가 주간에 주거에 침입하여 절도의 실행에는 착수하지 않은 상태에서 발각된 경우 야간에 절취할 의사였다고 하면 야간주거침입절도의 미수죄가 되고 주간절도를 계획하였다고 하면 주거침입죄만 인정된다는 결론에 이르는데, 결국 행위자의 주장에 따라 범죄의 성립이 좌우되는 불합리한 결과를 초래하게 된다.

위와 같은 여러 점들을 종합하여 보면, 주간에 사람의 주거 등에 침입하여 야간에 타인의 재물을 절취한 행위는 형법 제330조의 야간주거침입절도죄를 구성하지 않는 것으로 봄이 상당하다.

따라서 원심이 이 사건 공소사실 중 야간방실침입절도의 점을 무죄로 인정한 제1심판결을 그대로 유지한 조치는 앞서 본 법리에 비추어 정당하고, 거기에 상고이유로 주장하는 바와 같은 야간방실침입절도죄의 성립에 관한 법리오해의 잘못이 없다.

4. 한편 기록에 의하면, 검사는 상고장의 '상고의 범위' 란에 '피고사건의 전부(감호사건 제외)'라고 기재한 상고장을 제출하였는바, 검사가 피고사건에 대하여 상고한 이상 치료감호사건에 대하여도 상고한 것으로 의제되는 것인데(치료감호법 제14조 제2항), 검사가 원심판결 중 야간방실침입절도죄 부분을 제외한 나머지 피고사건 부분과 치료감호사건 부분에 관하여 아무런 상고이유를 제출하지 아니하였으므로, 위 부분에 관하여도 일괄하여 판결로 상고를 기각하기로 한다.

5. 결론

그러므로 상고를 모두 기각하기로 하여, 관여 대법관의 일치된 의견으로 주문과 같이 판결한다.

대법관 이홍훈(재판장) 김능환 민일영(주심) 이인복

대법원 2011.4.14. 선고 2011도277 판결

【특정경제범죄가중처벌등에관한법률위반(배임)·특정경제범죄가중처벌등에관한법률위반(횡령)·상법위반·공정증서원본불실기재·불실기재공정증서원본행사·증권거래법위반·근로기준법위반·업무상횡령·특정경제범죄가중처벌등에관한법률위반(사기)(인정된죄명:사기)】

판시사항

[1] 회사의 사무를 처리하는 자가 회사로 하여금 자신의 채무에 관하여 연대보증채무를 부담하게 한 다음 회사의 자금을 보관하는 자의 지위에서 이를 임의로 인출하여 위 개인채무 변제에 사용한 행위가, 배임죄와 별도로 횡령죄를 구성하는지 여부(적극)

[2] 갑 주식회사의 대표이사와 실질적 운영자인 피고인들이 공모하여, 자신들이 을에 대해 부담하는 개인채무 지급을 위하여 갑 회사로 하여금 약속어음을 공동발행하게 하고 위 채무에 대하여 연대보증하게 한 후에 갑 회사를 위하여 보관 중인 돈을 임의로 인출하여 을에게 지급하여 위 채무를 변제한 사안에서, 피고인들에게 배임죄와 별도로 횡령죄를 인정한 원심판단을 정당하다고 한 사례

판결요지

[1] 배임죄와 횡령죄의 구성요건적 차이에 비추어 보면, 회사에 대한 관계에서 타인의 사무를 처리하는 자가 임무에 위배하여 회사로 하여금 자신의 채무에 관하여 연대보증채무를 부담하게 한 다음, 회사의 금전을 보관하는 자의 지위에서 회사의 이익이 아닌 자신의 채무를 변제하려는 의사로 회사의 자금을 자기의 소유인 경우와 같이 임의로 인출한 후 개인채무의 변제에 사용한 행위는, 연대보증채무 부담으로 인한 배임죄와 다른 새로운 보호법익을 침해하는 것으로서 배임 범행의 불가벌적 사후행위가 되는 것이 아니라 별죄인 횡령죄를 구성한다고 보아야 하며, 횡령행위로 인출한 자금이 선행 임무위배행위로 인하여 회사가 부담하게 된 연대보증채무의 변제에 사용되었다 하더라도 달리 볼 것은 아니다.

[2] 갑 주식회사의 대표이사와 실질적 운영자인 피고인들이 공모하여, 자신들이 을에 대해 부담하는 개인채무 지급을 위하여 갑 회사로 하여금 약속어음을 공동발행하게 하고 위 채무에 대하여 연대보증하게 한 후에 갑 회사를 위하여 보관 중인 돈을 임의로 인출하여 을에게 지급하여 위 채무를 변제한 사안에서, 피고인들이 갑 회사의 돈을 보관하는 자의 지위에서 회사의 이익이 아니라 자신들의 채무를 변제하려는 의사로 회사 자금을 자기의 소유인 경우와 같이 임의로 인출한 후 개인채무의 변제에 사용한 행위는, 약속어음금채무와 연대보증채무 부담으로 인한 회사에 대한 배임죄와 다른 새로운 보호법익을 침해하는 것으로서 배임 범행의 불가벌적 사후행위가 되는 것이 아니라 별죄인 횡령죄를 구성한다는 이유로, 피고인들에게 배임죄와 별도로 횡령죄를 인정한 원심판단을 정당하다고 한 사례.

전 문

피 고 인 피고인 1 외 1인

상 고 인 피고인들

변 호 인 법무법인

원심판결 서울고법 2010. 12. 23. 선고 2010노1463, 2010노2754 판결

주 문 상고를 모두 기각한다.

이 유 상고이유를 판단한다.

1. 피고인 1의 변호인 주장에 대하여

원심판결 및 원심이 적법하게 조사한 증거 등에 의하면, 원심이 그 판시와 같은 이유를 들어 위 피고인에 대한 이 사건 피해자 공소외 1 주식회사에 대한 특정경제범죄 가중처벌 등에 관한 법률 위반(배임) 및 업무상배임의 점, 피해자 공소외 2에 대한 사기의 점에 관한 공소사실을 유죄로 판단한 것은 정당하고, 거기에 자유심증주의의 한계를 벗어나거나 상고이유로 주장하는 바와 같은 법리오해의 위법이 없다.

2. 피고인 2의 변호인들 주장에 대하여

배임죄는 타인의 사무를 처리하는 자가 임무에 위배하는 행위로써 재산상의 이익을 취득하거나 제3자로 하여금 이를 취득하게 하여 본인에게 손해를 가한 때에 성립하는 범죄이고, 횡령죄는 타인의 재물을 보관하는 자가 불법영득의 의사로 그 재물을 횡령하는 경우에 성립하는 범죄로서, 횡령죄에 있어서 '불법영득의 의사'라 함은 자기 또는 제3자의 이익을 꾀할 목적으로 임무에 위배하여 자신이 보관하는 타인의 재물을 자기의 소유인 경우와 같이 사실상 또는 법률상 처분을 하는 의사를 말한다. 위와 같은 배임죄와 횡령죄의 구성요건적 차이에 비추어 보면, 회사에 대한 관계에서 타인의 사무를 처리하는 자가 임무에 위배하는 행위로써 회사로 하여금 자신의 채무에 관하여 연대보증채무를 부담하게 함으로써 배임죄가 성립한 다음, 회사의 금전을 보관하는 자의 지위에서 그 소유자인 회사의 이익을 위한 것이 아니라 자신의 채무를 변제하려는 의사를 가지고 회사의 자금을 자기의 소유인 경우와 같이 임의로 인출한 후 개인채무의 변제에 사용한 행위는 연대보증채무 부담으로 인한 배임죄와 다른 새로운 보호법익을 침해하는 행위로서 배임 범행의 불가벌적 사후행위가 되는 것이 아니라 별죄인 횡령죄를 구성한다고 보아야 하며, 횡령행위로 인출한 자금이 선행 임무위배행위로 인하여 회사가 부담하게 된 연대보증채무의 변제에 사용되었다 하더라도 달리 볼 것은 아니다. 이러한 법리에 비추어 원심판결의 이유에 나타난 다음의 사정, 즉 피고인들이 공모하여 그 임무에 위배하여 피고인들의 사채업자 공소외 3에 대한 개인채무 190억 원의 지급을 위하여 피고인 1이 대표이사로 있고 피고인 2가 실질적으로 운영하는 공소외 4 주식회사로 하여금 427억 5,000만 원 상당의 약속어음을 공동발행하게 하고 위 채무에 대하여 연대보증을 하게 함으로써 공소외 4 주식회사에 손해를 발생시킬 위험을 초래한 배임 행위를 한 후에 공소외 3이 공소외 4 주식회사를 상대로 위 약속어음금채무 및 연대보증채무의 이행을 청구한 적이 없어 공소외 4 주식회사가 현실적으로 위 채무를 이행하게 될 우려가 있다고는 전혀 보이지 아니한 점, 피고인들이 공소외 4 주식회사를 위하여 보관 중인 금원을 임의로 인출하여 사채업자인 공소외 3에게 지급한 것은 공소외 4 주식회사가 부담하는 약속어음금채무와 연대보증채무를 변제하기 위한 것이 아니라 피고인들이 공소외 3에 대하여 부담하는 개인채무를 변제하기 위한 것인 점을 종합하여 보면, 피고인들이 공소외 4 주식회사의 금전을 보관하는 자의 지위에서 그 소유자인 회사의 이익을 위한 것이 아니라 자신들의 채무를 변제하려는 의사를 가지고 회사의 자금을 자기의 소유인 경우와 같이 임의로 인출한 후 개인채무의 변제에 사용한 행위는 연대보증채무 부담으로 인한 회사에 대한 배임죄와 다른 새로운 보호법익을 침해하는 행위로서 배임 범행의 불가벌적 사후행위가 되는 것이 아니라 별죄인 횡령죄를 구성한다고 보아야 한다. 같은 취지에서 원심이 불가벌적 사후행위에 해당하여 횡령죄가 성립하지 않는다는 주장을 배척한 것은 정당하고, 거기에 상고이유 주장과 같은 불가벌적 사후행위에 관한 법리를 오해한 위법은 없다.

3. 결론

그러므로 상고를 모두 기각하기로 하여 관여 대법관의 일치된 의견으로 주문과 같이 판결한다.

대법관 신영철(재판장) 박시환 안대희(주심) 차한성

대법원 2011.4.14. 선고 2010도5605 판결

【특정경제범죄가중처벌등에관한법률위반(수재등)·특정경제범죄가중처벌등에관한법률위반(알선수재)】

판시사항

1 헌법재판소법 제47조 제2항에도 불구하고 위헌결정의 소급효의 범위를 달리 정할 필요성이 인정되는 경우

2 동일한 형벌조항에 대하여 헌법재판소가 합헌결정을 하였으나 이후 사정변경을 이유로 위헌결정을 한 경우, 해석으로 위 위헌결정의 소급효의 범위를 제한하는 것이 허용되는지 여부(소극)

3 구 특정경제범죄 가중처벌 등에 관한 법률 제5조 제4항 제1호에 대하여 헌법재판소가 합헌결정을 하였으나 이후 외부 사정변경을 이유로 위헌결정을 한 경우, 위 조항은 헌법재판소법 제47조 제2항 단서에 의하여 소급하여 그 효력을 상실하였다고 한 사례

4 피고인이 구 특정경제범죄 가중처벌 등에 관한 법률(이하 '구 특경법'이라 한다) 위반(수재등)으로 기소된 사안에서, 이에 대해서는 헌법재판소의 위헌결정으로 이미 효력을 상실한 구 특경법 제5조 제4항 대신 구 특경법 제5조 제1항이 적용되어야 하는데, 위 조항에 따른 공소시효기간 경과 후에 위 공소가 제기되었다고 본 원심판단을 수긍한 사례

판결요지

1 헌법재판소의 위헌결정에 소급효를 인정하는 것은 개별 사건에서 정의 내지 평등의 원칙을 구현하는 측면이 있는 반면, 법적 안정성 내지 신뢰보호의 원칙에는 배치되는 측면도 있어 그 중 어느 원칙을 보다 중시할 것인지는 원칙적으로 입법적 선택의 문제라 할 수 있고, 헌법재판소법 제47조 제2항이 형벌조항에 대한 위헌결정과 비형벌조항에 대한 위헌결정의 소급효를 명문으로 달리 규정한 것도 그 때문이다. 이러한 입법적 결단에도 불구하고 효력이 다양할 수밖에 없는 위헌결정의 특수성 때문에 예외적으로 부분적인 소급효의 인정 또는 소급효의 제한 가능성을 부정할 수는 없다. 따라서 당사자의 소급적 권리구제를 위한 구체적 타당성의 요청, 소급효 인정에 따른 법적 안정성 또는 신뢰보호원칙의 침해 우려, 구법에 의하여 형성된 법적 질서 혹은 기득권과 위헌결정에 따른 새로운 법적 질서의 조화 등 제반 이익을 종합적으로 고려하여, 맹목적인 소급효의 인정이나 부인이 오히려 정의와 형평 등 헌법적 이념에 심히 배치되는 것으로 인정될 때에는, 법문의 규정에도 불구하고 소급효의 범위를 달리 정할 필요성이 인정된다.

2 형벌조항의 경우 그 제정이나 개정 이후의 시대적·사회적 상황의 변화로 말미암아 비로소 위헌적인 것으로 평가받는 때에는 그 조항의 효력발생 시점까지 위헌결정의 전면적인 소급효를 인정하는 것이 오히려 사법적 정의에 현저히 반하는 결과를 초래할 수 있으므로, 헌법재판소법 제47조 제2항 단서의 규정에도 불구하고 소급효를 제한할 필요성이 있음은 비형벌조항의 경우와 크게 다르지 않다. 특히 동일한 형벌조항이 과거 헌법재판소의 결정에 의하여 합헌으로 선언된 바 있음에도 그 후의 사정변경 때문에 새로 위헌으로 결정된 때에는 더욱 그러하다. 그럼에도 형벌조항에 대한 위헌결정의 경우, 죄형법정주의 등 헌법과 형사법하에서 형벌이 가지는 특수성에 비추어 위헌결정의 소급효와 그에 따른 재심청구권을 명시적으로 규정한 법률의 문언에 반하여 해석으로 소급효 및 피고인의 재심에 관한 권리를 제한하는 것은 허용되기 어렵고, 그에 따른 현저한 불합리는 결국 입법으로 해결할 수밖에 없다.

3 구 특정경제범죄 가중처벌 등에 관한 법률(2007. 5. 17. 법률 제8444호로 개정되기 전의 것) 제5조 제4항 제1호는 헌법재판소 2006. 4. 27. 선고 2006헌가5 전원재판부 결정에서 위헌으로 선언되었으

므로 헌법재판소법 제47조 제2항 단서에 의하여 소급하여 그 효력을 상실하였고, 그에 앞서 헌법재판소 2005. 6. 30. 선고 2004헌바4, 2005헌바44(병합) 전원재판부 결정에서 합헌으로 선언된 바 있다거나, 위 위헌결정이 위 합헌결정 이후에 발생한 관련 법률의 개정 등 외부 사정변경을 이유로 한 법원의 위헌법률심판제청에 따른 것이더라도 법률상 달리 볼 수 없다고 한 사례.

[4] 금융기관 임원인 피고인이 대출 사례비 명목으로 5,000만 원을 수수하였다고 하여 구 특정경제범죄 가중처벌 등에 관한 법률(2007. 5. 17. 법률 제8444호로 개정되기 전의 것, 이하 '구 특경법'이라 한다) 위반(수재등)으로 기소된 사안에서, 구 특경법 제5조 제4항이 그 후 개정되어 위 수수액에 대한 법정형이 '무기 또는 10년 이상의 징역'에서 '7년 이상의 유기징역'으로 가볍게 변경되기는 하였으나, 그에 앞서 위헌결정으로 이미 효력을 상실한 가중처벌 규정인 구 특경법 제5조 제4항 대신 적용되어야 하는 원래의 벌칙규정인 구 특경법 제5조 제1항의 법정형인 '5년 이하의 징역 또는 10년 이하의 자격정지'와 비교하면 결국 범죄 후 법률의 변경에 의하여 형이 구법보다 경하게 된 때(형법 제1조 제2항)에 해당하지 아니하므로 형이 더 무거운 현행 특정경제범죄 가중처벌 등에 관한 법률 제5조 제4항 제2호를 적용할 수 없고, 또한 형벌조항이 위헌으로 결정되어 효력을 상실한 경우에는 그 대신 적용되는 형벌조항의 법정형에 따라 공소시효가 적용될 뿐이라는 이유로, 같은 취지에서 위 공소사실에 대하여는 구 특경법 제5조 제1항이 적용되어야 하는데 위 조항에 따른 공소시효기간인 5년이 경과된 후에 위 공소가 제기되었다고 본 원심판단을 수긍한 사례.

전　문

피 고 인 피고인 1 외 1인

상 고 인 검사

변 호 인 변호사

원심판결 서울고법 2010. 4. 16. 선고 2010노114 판결

주　문 상고를 모두 기각한다.

이　유 상고이유를 판단한다.

1. 헌법재판소법 제47조 제2항은 "위헌으로 결정된 법률 또는 법률의 조항은 그 결정이 있는 날로부터 효력을 상실한다. 다만, 형벌에 관한 법률 또는 법률의 조항은 소급하여 그 효력을 상실한다."고 규정하고, 동조 제3항은 "제2항 단서의 경우에 위헌으로 결정된 법률 또는 법률의 조항에 근거한 유죄의 확정판결에 대하여는 재심을 청구할 수 있다."고 규정하고 있다. 위헌결정에 소급효를 인정하는 것은 개별 사건에 있어서의 정의 내지 평등의 원칙을 구현하는 측면이 있는 반면, 법적 안정성 내지 신뢰보호의 원칙에는 배치되는 측면도 있어 그 중 어느 원칙을 보다 중시할 것인지는 원칙적으로 입법적 선택의 문제라 할 수 있고, 우리 헌법재판소법이 형벌조항에 대한 위헌결정과 비형벌조항에 대한 위헌결정의 소급효를 명문으로 달리 규정한 것도 그 때문이다.

그런데 이러한 입법적 결단에도 불구하고 그 효력이 다양할 수밖에 없는 위헌결정의 특수성 때문에 예외적으로 부분적인 소급효의 인정 또는 소급효의 제한 가능성을 부정할 수는 없다. 따라서 당사자의 소급적 권리구제를 위한 구체적 타당성의 요청, 소급효 인정에 따른 법적 안정성 또는 신뢰보호의 침해 우려, 구법에 의하여 형성된 법적 질서 혹은 기득권과 위헌결정에 따른 새로운 법적 질서의 조화 등 제반 이익을 종합적으로 고려하여 맹목적인 소급효의 인정이나 부인이 오히려 정의와 형평 등 헌법적 이념에 심히 배치되는 것으로 인정될 때에는, 법문의 규정에도 불구하고 그 소급효의 범위를 달리 정할 필요성이 인정된다고 할 것이다. 이미 대법원과 헌법재판소는 비형벌조항에 대한 위헌결정의 소급효와 관련하여 이와 같은 법리를 명시적으로 채택하고 있다(대법원 2003. 7. 24. 선고 2001다48781 전원합의체 판결, 대법원 2009. 5. 14. 선고 2007두16202 판결, 헌법재판소 2008. 9. 25. 선고 2006헌바108 전원재판부 결정 등 참조).

형벌조항의 경우에도 그 제정이나 개정 이후의 시대적·사회적 상황의 변화로 말미암아 비로소 위헌적인 것으로 평가받는 경우에는 그 조항의 효력발생 시점까지 위헌결정의 전면적인 소급효를 인정하는 것이 오히려 사법적 정의에 현저히 반하는 결과를 초래할 수 있으므로, 헌법재판소법 제47조 제2항 단서의 규정에도 불구하고 그 소급효를 제한할 필요성이 있음은 비형벌조항의 경우와 크게 다르지 않다 할 것이다. 특히 동일한 형벌조항에 대하여 과거 헌법재판소의 결정에 의하여 그 조항의 합헌성이 선언된 바 있음에도 그 후의 사정변경 때문에 새

로 위헌으로 결정된 경우에는 더욱 그러할 것이다.

그럼에도 형벌조항에 대한 위헌결정의 경우, 죄형법정주의 등 헌법과 형사법하에서 형벌이 가지는 특수성에 비추어 위헌결정의 소급효와 그에 따른 재심청구권을 명시적으로 규정한 법률의 문언에 반하여 해석으로 그 소급효 및 피고인의 재심에 관한 권리를 제한하는 것은 허용되기 어렵다 할 것이고, 그에 따른 현저한 불합리는 결국 입법에 의하여 해결할 수밖에 없을 것이다.

2. 구 특정경제범죄 가중처벌 등에 관한 법률(2007. 5. 17. 법률 제8444호로 개정되기 전의 것, 이하 '구 특경법'이라 한다) 제5조 제4항 제1호는 헌법재판소 2006. 4. 27. 선고 2006헌가5 전원재판부 결정에서 위헌으로 선언되었으므로 헌법재판소법 제47조 제2항 단서에 의하여 소급하여 그 효력을 상실하였다고 할 것이고, 그에 앞서 헌법재판소 2005. 6. 30. 선고 2004헌바4, 2005헌바44(병합) 전원재판부 결정에서 동일한 조항이 합헌으로 선언된 바가 있고, 위 위헌결정은 그 후에 발생한 관련 법률의 개정 등 외부적 사정변경을 이유로 한 법원의 위헌법률심판제청에 따른 것이라 해도 법률상 달리 볼 수는 없다.

상고이유에서 지적하는 것처럼 이와 같은 해석이 법적 안정성 및 신뢰보호의 원칙에 반할 뿐만 아니라 이 사건 형벌조항의 경우에는 최초 합헌결정 후 사정변경에 기인한 위헌결정의 경위에 비추어 구체적 타당성의 원칙에마저 부합하지 않는 측면이 있음은 분명하다 할 것이지만, 앞서 설시한 바와 같이 이는 입법만이 유일한 합법적인 해결책이라 할 것이다.

그리고 이 사건 공소사실 중 피고인 1의 구 특경법 위반(수재등)죄의 경우, 위 피고인이 그 범행으로 수수한 금액의 합계가 5,000만 원으로, 위 위헌결정 이후 구 특경법 제5조 제4항이 2007. 5. 17. 법률 제8444호로 개정되어 위 수수액에 대한 법정형이 '무기 또는 10년 이상의 징역'에서 '7년 이상의 유기징역'으로 가볍게 변경되기는 하였으나, 그에 앞서 위헌결정으로 이미 효력을 상실한 가중처벌 벌칙규정인 구 특경법 제5조 제4항 대신 적용되어야 하는 원래의 벌칙규정인 구 특경법 제5조 제1항의 법정형인 '5년 이하의 징역 또는 10년 이하의 자격정지'와 비교하면 결국 범죄 후 법률의 변경에 의하여 형이 구법보다 경하게 된 때(형법 제1조 제2항)에 해당하지 아니하므로, 형이 더 무거운 현행 특정경제범죄 가중처벌 등에 관한 법률 제5조 제4항 제2호를 적용할 수는 없다. 또한 형벌조항이 위헌으로 결정되어 효력을 상실한 경우에는 그 대신 적용되는 형벌조항의 법정형에 해당하는 공소시효가 적용될 뿐이다.

원심이 같은 취지에서, 위 공소사실에 대하여는 구 특경법 제5조 제1항이 적용되어야 하는데, 구 특경법 제5조 제1항 위반죄는 그 법정형이 5년 이하의 징역 또는 10년 이하의 자격정지에 해당하여 공소시효가 5년인바, 이 사건 공소는 범죄행위가 종료된 때로부터 5년이 경과된 2009. 9. 25.에 제기되었음이 기록상 명백하여 공소시효가 완성된 때에 해당한다고 한 제1심의 판단을 그대로 유지한 것은 정당하고, 거기에 상고이유 주장과 같이 형벌조항에 대한 위헌결정의 소급효 등에 관한 법리를 오해한 위법이 없다.

3. 형사소송법 제383조 제4호에 의하면 사형, 무기 또는 10년 이상의 징역이나 금고가 선고된 사건에서만 양형부당을 사유로 한 상고가 허용되는 것이므로, 피고인들에 대하여 그보다 가벼운 형이 선고된 이 사건에서는 형의 양정이 부당하다는 사유는 적법한 상고이유가 되지 못한다.

4. 그러므로 상고를 모두 기각하기로 하여, 관여 대법관의 일치된 의견으로 주문과 같이 판결한다.

대법관 신영철(재판장) 박시환 안대희(주심) 차한성

대법원 2011.4.14. 선고 2010도12313 판결

【제3자뇌물수수·직권남용권리행사방해·기부금품의모집및사용에관한법률위반·공직선거법위반】

판시사항

1 제3자뇌물제공죄에서 묵시적 의사표시에 의한 '부정한 청탁'을 인정하기 위한 요건 및 '대가관계에 관한 양해' 없이 단지 나중에 제3자에 대한 금품제공이 있었다는 사정만으로 소급하여 '청탁의 부정성'을 인정할 수 있는지 여부(소극)

2 구청장인 피고인이 관내의 공사 인·허가와 관련하여 갑 회사로부터 묵시적인 부정한 청탁을 받고 누각을 제3자인 구에 기부채납하게 하였다는 등의 제3자뇌물제공으로 기소된 사안에서, 지방자치단체인 구는 '제3자뇌물제공죄의 제3자'가 될 수 없다고 본 원심판단에 잘못이 있다고 한 사례

판결요지

1 형법 제130조의 제3자뇌물제공죄는 공무원이 직무에 관하여 부정한 청탁을 받고 제3자에게 뇌물을 제공하게 하면 성립하는 죄로서, 이때 '부정한 청탁'이란 의뢰한 직무집행 자체가 위법·부당한 경우뿐 아니라 의뢰한 직무집행 자체는 위법하거나 부당하지 않더라도 당해 직무집행을 어떤 대가관계와 연결시켜 이에 관한 대가의 교부를 내용으로 하는 청탁이면 되고 반드시 명시적 의사표시에 의해서뿐 아니라 묵시적 의사표시에 의해서도 가능하지만, 묵시적 의사표시에 의한 부정한 청탁이 있다고 하기 위하여는 청탁의 대상이 되는 직무집행의 내용과 제3자에게 제공되는 금품이 그 직무집행에 대한 대가라는 점에 대하여 당사자 사이에 공통의 인식이나 양해가 있어야 한다. 따라서 그러한 인식이나 양해 없이 막연히 선처하여 줄 것이라는 기대나 직무집행과는 무관한 다른 동기에 의하여 제3자에게 금품을 공여한 경우에는 묵시적 의사표시에 의한 부정한 청탁이 있다고 볼 수 없고, 이는 공무원이 먼저 제3자에게 금품을 공여할 것을 요구하였다고 하여 달리 볼 것도 아니다. 한편 형법상 수뢰죄의 경우 공무원의 직무와 금품의 수수가 전체적으로 대가관계에 있으면 성립하는 것과는 달리, 제3자뇌물제공죄의 경우 '부정한 청탁'을 범죄성립의 구성요건으로 하고 있고 이는 처벌의 범위가 불명확해지지 않도록 하려는 데 취지가 있으므로, 당사자 사이에 청탁의 부정성을 규정짓는 대가관계에 관한 양해가 없었다면 단지 나중에 제3자에 대한 금품제공이 있었다는 사정만으로 어떠한 직무가 소급하여 부정한 청탁에 의한 것이라고 평가될 수는 없다.

2 구청장인 피고인이 구청 관내의 공사 인·허가와 관련하여 갑 회사로부터 묵시적인 부정한 청탁을 받고 5억 원 상당의 경로당 누각을 제3자인 구(구)에 기부채납하게 하였다는 등의 제3자뇌물제공으로 기소된 사안에서, 공무원인 지방자치단체장이 직무에 관하여 부정한 청탁을 받고 지방자치단체에 금품을 제공하게 하였다면 공무원 개인이 금품을 취득한 경우와 동일시할 수는 없고 그 공무원이 단체를 대표하는 지위에 있는 경우에도 마찬가지여서 형법 제130조의 제3자뇌물제공죄가 성립할 수 있으므로, 이와 달리 위 기부채납 재산을 취득한 지방자치단체인 구는 '제3자뇌물제공죄의 제3자'가 될 수 없다고 본 원심판단에 잘못이 있으나, 제반 사정에 비추어 갑 회사의 관계자들이 피고인의 요구를 받고 위 누각을 구에 기부채납한 것이 피고인의 직무와 관련한 부정한 청탁의 대가로 제공된 것이라고 단정할 수 없다는 이유로, 피고인에게 무죄를 선고한 원심판단의 결론은 정당하다고 한 사례.

전 문

피 고 인 피고인

상 고 인 검사

변 호 인 법무법인

원심판결 부산고법 2010. 9. 8. 선고 2010노495 판결

주 문 상고를 기각한다.

이 유 상고이유를 판단한다.

1. 제1점에 대하여

가. 형법 제130조의 제3자뇌물제공죄는 공무원이 그 직무에 관하여 부정한 청탁을 받고 제3자에게 뇌물을 제공하게 하면 성립하는 죄로서, 이때 부정한 청탁이란 의뢰한 직무집행 자체가 위법·부당한 경우뿐 아니라 의뢰한 직무집행 자체는 위법하거나 부당하지 않더라도 당해 직무집행을 어떤 대가관계와 연결시켜 그 직무집행에 관한 대가의 교부를 내용으로 하는 청탁이면 되고 반드시 명시적 의사표시에 의해서 뿐 아니라 묵시적 의사표시에 의해서도 가능하지만, 묵시적 의사표시에 의한 부정한 청탁이 있다고 하기 위하여는 청탁의 대상이 되는 직무집행의 내용과 제3자에게 제공되는 금품이 그 직무집행에 대한 대가라는 점에 대하여 당사자 사이에 공통의 인식이나 양해가 있어야 한다. 따라서 그러한 인식이나 양해 없이 막연히 선처하여 줄 것이라는 기대나 직무집행과는 무관한 다른 동기에 의하여 제3자에게 금품을 공여한 경우에는 묵시적 의사표시에 의한 부정한 청탁이 있다고 볼 수 없고, 이는 공무원이 먼저 제3자에게 금품을 공여할 것을 요구하였다고 하여 달리 볼 것도 아니다(대법원 2008. 6. 12. 선고 2006도8568 판결, 대법원 2009. 1. 30. 선고 2008도6950 판결 등 참조).

나. 원심은, ○○광역시 남구청장인 피고인이 남구청 관내의 공사 인·허가와 관련하여 공소외 1 주식회사로부터 묵시적인 부정한 청탁을 받고 5억 원 상당의 누각을 제3자인 남구청에 기부채납하게 하거나 또는 그 공사시공권을 공소외 2 주식회사에 취득하게 하였다는 제3자뇌물제공의 공소사실에 대하여, 기부채납과 관련된 사무는 지방자치단체 고유의 사무이므로, 지방자치단체의 장이 지방자치단체를 위한 공무집행행위를 하여 그 결과 지방자치단체가 기부채납 재산을 취득하게 되었다고 하더라도 지방자치단체는 제3자뇌물제공죄에 있어서의 제3자에 해당한다고 볼 수 없고, 설령 지방자치단체가 제3자에 해당한다고 하더라도 검사가 제출한 증거나 그 증거에 의하여 인정되는 사실만으로는 그와 같은 기부채납이 직무집행과 관련한 부정한 청탁의 대가로 이루어졌다는 점에 대한 증명이 없다고 보아, 이 부분 공소사실을 무죄로 판단하였다.

다. 살피건대, 공무원인 지방자치단체의 장이 그 직무에 관하여 부정한 청탁을 받고 지방자치단체에 금품을 제공하게 하였다면 공무원 개인이 그러한 금품을 취득한 경우와 동일시할 수는 없고 이는 그 공무원이 단체를 대표하는 지위에 있는 경우에도 마찬가지라고 할 것이므로, 이러한 경우에는 형법 제130조의 제3자뇌물제공죄가 성립할 수 있다. 이와 달리 원심이, 이 사건 기부채납 재산을 ○○광역시 남구가 취득하였다고 하면서도 그 지방자치단체가 제3자뇌물제공죄의 제3자가 될 수 없다고 판단한 것은 잘못이라고 하겠다.

그러나 한편 형법상 수뢰죄의 경우 공무원의 직무와 금원의 수수가 전체적으로 대가관계에 있으면 뇌물수수죄가 성립하고 특별히 청탁의 유무나 특정 직무행위와의 대가적 관계를 증명할 필요가 없어 공무원이 그 직무의 대상이 되는 사람으로부터 금품 기타 이익을 받은 때에는 특별한 사정이 없는 한 직무와 관련이 있다고 보게 되는 것과는 달리, 제3자뇌물제공죄의 경우 '부정한 청탁'을 범죄성립의 구성요건으로 하고 있고 이는 처벌의 범위가 불명확해지지 않도록 하려는 데에 그 취지가 있으므로, 당사자 사이에 청탁의 부정성을 규정짓는 대가관계에 관한 양해가 없었다면 단지 나중에 제3자에 대한 금품제공이 있었다는 사정만으로 어떠한 직무가 소급하여 부정한 청탁에 의한 것이라고 평가될 수는 없다(위 2006도8568 판결, 2008도6950 판결 등 참조). 그런데 원심이 인정한 사실과 기록에 의하더라도, 공소외 1 주식회사의 관계자들이 피고인의 요구를 받고 공소사실 기재와 같이 약 5억 원 상당의 △△△ 누각을 ○○광역시 남구에 기부채납한 것이 협의에 따른 적법한 기부채납의 이행이 아니라 피고인의 직무와 관련한 부정한 청탁의 대가로서 제공된 것이라고 단정할 수 없으므로, 피고인이 직무집행과 관련한 부정한 청탁의 대가로 제3자에게 뇌물을 제공하게 하였다는 공소사실이 증명되었다고 보기는 어렵다.

그렇다면 피고인에 대한 제3자뇌물공여의 공소사실을 무죄로 본 원심의 결론은 정당하므로, 원심판결에 상고이유에서 주장하는 바와 같은 판결 결과에 영향을 미친 법리오해나 채증법칙 위반 또는 심리미진 등의 위법은 없다.

2. 제2점에 대하여

원심은, 피고인이 공소외 1 주식회사의 기부채납을 성사시키기 위한 교섭과정에서 누각을 기부채납하도록 하고 그 기부채납이 성사된 후에는 권리자인 ○○광역시 남구의 대표자로서 기부채납에 따른 권리확보 조치의 일환으로 이행보증보험금을 청구·수령하여 누각을 시공한 회사에 지급한 것일 뿐 공소사실과 같이 5억 원 상당의

대금을 모집한 것이라 할 수 없다고 보아, 2007. 12. 5.자 기부금품의 모집 및 사용에 관한 법률 위반 부분의 공소사실을 무죄로 판단한 제1심판결을 유지하였다.

관련 법리와 기록에 비추어 살펴보면 원심의 위와 같은 판단은 정당하고, 거기에 상고이유로 주장하는 바와 같은 채증법칙 위반이나 법리오해 등의 위법이 없다. 상고이유 주장 중 공소사실과 무관한 것이거나 원심 인정의 사실관계와 다른 전제에서 원심을 탓하는 부분은 적법한 상고이유가 될 수 없다.

3. 제3점에 대하여

직권남용권리행사방해죄는 공무원이 직권을 남용하여 사람으로 하여금 의무 없는 일을 하게 하거나 사람의 권리행사를 방해한 때에 성립하는 범죄로 여기에서 '직권남용'이란 공무원이 그 일반적 직무권한에 속하는 사항에 관하여 직권의 행사에 가탁하여 실질적·구체적으로 위법·부당한 행위를 하는 경우를 말한다(대법원 1991. 12. 27. 선고 90도2800 판결, 대법원 2009. 1. 30. 선고 2008도6950 판결 등 참조). 한편 2인 이상이 공동으로 가공하여 범죄를 행하는 공동정범에 있어서 공모나 모의는 반드시 직접적·명시적으로 이루어질 필요는 없고 순차적·암묵적으로 상통하여 이루어질 수도 있으나 어느 경우에도 범죄에 공동가공하여 이를 공동으로 실현하려는 의사의 결합이 있어야 하고(대법원 2009. 2. 12. 선고 2008도6551 판결 참조), 형법 제30조의 공동정범은 공동가공의 의사와 그 공동의사에 기한 기능적 행위지배를 통한 범죄 실행이라는 주관적·객관적 요건을 충족함으로써 성립하는바, 공모자 중 구성요건 행위 일부를 직접 분담하여 실행하지 않은 사람이라도 경우에 따라 이른바 공모공동정범으로서의 죄책을 질 수도 있는 것이기는 하나, 이를 위해서는 전체 범죄에 있어서 그가 차지하는 지위·역할이나 범죄 경과에 대한 지배 내지 장악력 등을 종합해 볼 때 단순히 공모자에 그치는 것이 아니라 범죄에 대한 본질적 기여를 통한 기능적 행위지배가 존재하는 것으로 인정되는 경우여야 한다(대법원 1998. 5. 21. 선고 98도321 전원합의체 판결, 대법원 2007. 4. 26. 선고 2007도235 판결 등 참조).

원심은 그 채택 증거에 의하여, 공소외 1 주식회사는 ○○광역시 남구 소유의 기존 경로당이 위치한 어린이공원을 사업부지에 포함시킴에 따라 기존 경로당의 철거를 위하여 그 용도폐지가 필요했던 사실, 그런데 관련 법령상 공유재산의 용도폐지가 엄격히 제한되고 있을 뿐만 아니라 기존 경로당이 철거될 경우 공소외 1 주식회사가 사업부지 내에 신축하는 경로당과 별도로 이를 대체할 경로당이 필요하였던 사실, 따라서 공소외 1 주식회사가 추진하는 당초의 아파트 사업계획 승인단계에서부터 대체 경로당의 신축이 사업계획에 반영되었어야 함에도 관련자들의 업무처리과정에서 대체 경로당 신축 부분이 반영되지 않은 사실, 이에 따라 남구청 관계자들과 공소외 1 주식회사 측이 기존 경로당의 매수 및 대체 경로당 신축 등을 협의하게 되었는데, 대체 경로당의 신축과 관련하여서는 관련 규정이 변경되어 종전과 같이 어린이공원 내에 경로당을 신축하는 것이 불가능하게 되어 사업부지 외에 대체 경로당을 신축하는 것으로 협의된 사실 등을 인정한 다음, 공소외 1 주식회사는 자신의 사업상 필요에 따라 기존 경로당을 매수하고 대체 경로당 신축 및 임대료 부담 등을 약정한 것으로 봄이 상당하고, 이를 관련 공무원들이 반대급부 없는 기부금품을 모집하였다거나 직권을 남용하여 공소외 1 주식회사로 하여금 의무 없는 일을 하게 하였다고 할 수 없으며, 그 판시와 같은 사정에 비추어 피고인이 관련 공무원과 공모하여 이 부분 공소사실과 같은 범행을 하였다고 보기 어렵거나 범죄행위에 대한 범의가 있었다고 단정하기도 어렵다는 이유로, 이 부분 공소사실을 무죄로 판단한 제1심판결을 그대로 유지하였다.

앞서 본 법리와 기록에 비추어 살펴보면, 원심의 위와 같은 판단은 정당하고, 거기에 상고이유로 주장하는 바와 같은 법리오해, 채증법칙 위반, 심리미진 등의 위법이 있다고 할 수 없다.

4. 제4점에 대하여

공직선거법 제97조 제1항 소정의 '선거운동'이라 함은 같은 법 제2조 소정의 공직선거에서의 당선 또는 낙선을 위하여 필요하고도 유리한 모든 행위로서 당선 또는 낙선을 도모한다는 목적의사가 객관적으로 인정될 수 있는 능동적·계획적인 행위를 말하고, 구체적으로 어떠한 행위가 선거운동에 해당하는지 여부를 판난함에 있어서는 단순히 그 행위의 명목뿐 아니라 그 행위의 태양, 즉 그 행위가 행하여지는 시기·장소·방법 등을 종합적으로 관찰하여 그것이 특정 후보자의 당선 또는 낙선을 도모하는 목적의지를 수반하는 행위인지 여부를 판단하여야 한다(대법원 2005. 6. 23. 선고 2005도1165 판결, 대법원 2007. 3. 29. 선고 2006도8518 판결 등 참조).

원심은 그 판시와 같은 이유로, 피고인이 공소사실과 같이 관내 기자들에게 지급한 돈이'선거운동을 위하여' 제공된 것은 아니라고 보아 이 부분 공소사실을 무죄로 판단한 제1심판결을 유지하였는바, 위 법리와 기록에 비추어 살펴보면 원심의 이와 같은 판단은 정당하고, 거기에 상고이유로 주장하는 바와 같은 법리오해, 채증법칙 위반, 심리미진 등의 위법이 있다고 할 수 없다.

5. 결론

그러므로 상고를 기각하기로 하여 관여 대법관의 일치된 의견으로 주문과 같이 판결한다.

대법관 이상훈(재판장) 김지형 전수안(주심) 양창수

대법원 2011.4.14. 선고 2010도10104 판결

【업무상과실치상·의료법위반】

판시사항

[1] 의료사고에서 의사의 과실을 인정하기 위한 요건과 판단 기준 및 '한의사의 경우'에도 동일한 법리가 적용되는지 여부(적극)

[2] 한의사인 피고인이 피해자에게 문진하여 과거 봉침을 맞고도 별다른 이상반응이 없었다는 답변을 듣고 알레르기 반응검사를 생략한 채 환부에 봉침시술을 하였는데, 피해자가 위 시술 직후 쇼크반응을 나타내는 등 상해를 입은 사안에서, 피고인이 알레르기 반응검사를 하지 않은 과실과 피해자의 상해 사이에 상당인과관계를 인정하기 어렵다는 이유로, 같은 취지의 원심판단을 수긍한 사례

[3] 의사가 설명의무를 위반한 채 의료행위를 하여 피해자에게 상해가 발생한 경우 업무상 과실로 인한 형사책임을 지기 위한 요건 및 '한의사의 경우'에도 동일한 법리가 적용되는지 여부(적극)

[4] 한의사인 피고인이 피해자에게 문진하여 과거 봉침을 맞고도 별다른 이상반응이 없었다는 답변을 듣고 부작용에 대한 충분한 사전 설명 없이 환부에 봉침시술을 하였는데, 피해자가 위 시술 직후 쇼크반응을 나타내는 등 상해를 입은 사안에서, 피고인의 설명의무 위반과 피해자의 상해 사이에 상당인과관계를 인정하기 어렵다는 이유로, 같은 취지의 원심판단을 수긍한 사례

판결요지

[1] 의료사고에서 의사의 과실을 인정하기 위해서는 의사가 결과발생을 예견할 수 있었음에도 이를 예견하지 못하였고 결과발생을 회피할 수 있었음에도 이를 회피하지 못한 과실이 검토되어야 하고, 과실의 유무를 판단할 때에는 같은 업무와 직무에 종사하는 보통인의 주의정도를 표준으로 하여야 하며, 여기에는 사고 당시의 일반적인 의학의 수준과 의료환경 및 조건, 의료행위의 특수성 등이 고려되어야 하고, 이러한 법리는 한의사의 경우에도 마찬가지이다.

[2] 한의사인 피고인이 피해자에게 문진하여 과거 봉침을 맞고도 별다른 이상반응이 없었다는 답변을 듣고 알레르기 반응검사(skin test)를 생략한 채 환부인 목 부위에 봉침시술을 하였는데, 피해자가 위 시술 직후 아나필락시 쇼크반응을 나타내는 등 상해를 입은 사안에서, 피고인에게 과거 알레르기 반응검사 및 약 12일 전 봉침시술에서도 이상반응이 없었던 피해자를 상대로 다시 알레르기 반응검사를 실시할 의무가 있다고 보기는 어렵고, 설령 그러한 의무가 있다고 하더라도 제반 사정에 비추어 알레르기 반응검사를 하지 않은 과실과 피해자의 상해 사이에 상당인과관계를 인정하기 어렵다는 이유로, 같은 취지의 원심판단을 수긍한 사례.

[3] 의사가 설명의무를 위반한 채 의료행위를 하여 피해자에게 상해가 발생하였다고 하더라도, 업무상 과실로 인한 형사책임을 지기 위해서는 피해자의 상해와 의사의 설명의무 위반 내지 승낙취득 과정의 잘못 사이에 상당인과관계가 존재하여야 하고, 이는 한의사의 경우에도 마찬가지이다.

[4] 한의사인 피고인이 피해자에게 문진하여 과거 봉침을 맞고도 별다른 이상반응이 없었다는 답변을 듣고 부작용에 대한 충분한 사전 설명 없이 환부인 목 부위에 봉침시술을 하였는데, 피해자가 위 시술 직후 쇼크반응을 나타내는 등 상해를 입은 사안에서, 제반 사정에 비추어 피고인이 봉침시술에 앞서 설명의무를 다하였더라도 피해자가 반드시 봉침시술을 거부하였을 것이라고 볼 수 없어, 피고인의 설명의무 위반과 피해자의 상해 사이에 상당인과관계를 인정하기 어렵다는 이유로, 같은 취지의 원심판단을 수긍한 사례.

전 문

피 고 인 피고인 1 외 1인

상 고 인 피고인 2 및 검사

변 호 인 법무법인

원심판결 서울동부지법 2010. 7. 8. 선고 2010노246 판결

주 문 상고를 모두 기각한다.

이 유 상고이유를 판단한다.

1. 검사의 상고이유에 대한 판단

가. 알레르기 검사에 관하여

의료사고에 있어서 의사의 과실을 인정하기 위해서는 의사가 결과발생을 예견할 수 있었음에도 불구하고 그 결과발생을 예견하지 못하였고 그 결과발생을 회피할 수 있었음에도 불구하고 그 결과발생을 회피하지 못한 과실이 검토되어야 하고, 그 과실의 유무를 판단함에는 같은 업무와 직무에 종사하는 보통인의 주의정도를 표준으로 하여야 하며, 이에는 사고 당시의 일반적인 의학의 수준과 의료환경 및 조건, 의료행위의 특수성 등이 고려되어야 하고(대법원 1999. 12. 10. 선고 99도3711 판결 등 참조), 이러한 법리는 한의사의 경우에도 마찬가지라고 할 것이다.

원심판결 이유 및 원심이 적법하게 채택하여 조사한 증거들에 의하면, 봉침(봉침)시술 전에 실시하는 알레르기 반응검사(skin test)는 봉독액 0.05cc 정도를 팔뚝에 피내주사한 다음 10분 내지 15분 후에 피부반응 등을 살피는 방식으로 하고, 최초의 알레르기 반응검사에서 이상반응이 없음이 확인된 경우에는 통상 시술 시마다 알레르기 반응검사를 하지는 않는 사실, 피해자는 2007. 4. 13. ○○한방병원에서 봉독액 알레르기 반응검사를 받았으나 이상반응이 없어 봉침시술을 받은 후, 2007. 4. 16. 이후 2007. 5. 8.까지 ○○한방병원에서 약 8회에 걸쳐 시술 전 알레르기 반응검사를 받지 않은 채 봉침시술을 받았고, 2008. 12. 1.에는 '경추염좌'로 경추 부위에 10% 농도의 봉침시술을 받기도 하였는데, 그때마다 시술 후 별다른 이상반응이 없었던 사실, 피고인 1은 2008. 12. 13. 목디스크 치료를 위해 내원한 피해자에게 문진을 하여 피해자로부터 과거에 봉침을 맞았으나 별다른 이상반응이 없었다는 답변을 듣고 환부인 피해자의 목 부위에 1 : 8,000의 농도인 봉독액 0.1cc를 1분 간격으로 모두 4회에 걸쳐 시술하였는데 그 투여량은 알레르기 반응검사를 할 때 통상적으로 사용하는 투여량과 같은 정도인 사실, 그런데 피해자는 봉침시술을 받고 5~10분 후 온몸이 붓고 가려우며 호흡을 제대로 할 수 없는 등 아나필락시 쇼크반응을 나타내서 응급처치를 받았고, 이후 피해자는 아주대학교병원에서 향후 3년간 벌독에 대한 면역치료가 필요하다는 진단을 받은 사실, 아나필락시 쇼크는 봉침시술에 따라 나타날 수 있는 과민반응 중 전신·즉시형 과민반응으로서 10만 명당 2~3명의 빈도로 발생하는데, 봉독액 용량과 반응관계가 성립하지 않는 경우도 많고 알레르기 반응검사에서 이상반응이 없더라도 이후 봉침시술과정에서 쇼크가 발생할 수도 있는 등 사전에 예측하는 것이 상당히 어려운 사실 등을 알 수 있다.

사정이 이와 같다면, 과거 알레르기 반응검사에서 이상반응이 없었고 피고인 1이 시술하기 약 12일 전의 봉침시술에서도 이상반응이 없었던 피해자를 상대로 다시 알레르기 반응검사를 실시할 의무가 있다고 보기는 어렵고, 설령 그러한 의무가 있다고 하더라도 피고인이 4회에 걸쳐 투여한 봉독액의 양이 알레르기 반응검사에서 일반적으로 사용되는 양과 비슷한 점에 비추어 보면 위 피고인이 봉침시술 과정에서 알레르기 반응검사를 제대로 시행하지 않은 채 봉독액을 과다하게 투여한 경우라고 볼 수도 없다. 또한 아나필락시 쇼크는 항원인 봉독액 투여량과 관계없이 발생하는 경우가 대부분이고 투여량에 의존하여 발생하는 경우에도 쇼크증상은 누적투여량이 일정 한계(임계치)를 초과하는 순간 발현하게 될 것인데, 알레르기 반응검사 자체에 의하여 한계를 초과하게 되거나 알레르기 반응검사까지의 누적량이 한계를 초과하지 않더라도 그 이후 봉침시술로 인하여 한계를 초과하여 쇼크가 발생할 수 있는 점을 고려하면 알레르기 반응검사를 하지 않은 점과 피해자의 아나필락시 쇼크 내지 3년간의 면역치료를 요하는 상태 사이에 상당인과관계를 인정하기도 어렵다.

같은 취지에서 원심이, 피고인 1의 업무상 과실로 인하여 피해자에게 아나필락시 쇼크가 발생하고 벌독에 대한 면역치료를 받아야 되는 상해가 발생하였다고 볼 수 없다고 판단한 것은 정당하고, 거기에 상고이유 주장과 같이 한의사의 봉침시술상 업무상 과실 등에 관한 법리를 오해한 잘못은 없다.

나. 설명의무에 관하여

의사가 설명의무를 위반한 채 의료행위를 하였고 피해자에게 상해가 발생하였다고 하더라도, 의사가 업무상 과실로 인한 형사책임을 지기 위해서는 피해자의 상해와 의사의 설명의무 위반 내지 승낙취득 과정에서의 잘못 사이에 상당인과관계가 존재하여야 하고, 이는 한의사의 경우에도 마찬가지이다.

원심판결 이유에 의하면, 피해자는 이전에도 여러 차례 봉침시술을 받아왔었고 봉침시술로 인하여 아나필

락시 쇼크 및 면역치료가 필요한 상태에 이르는 발생빈도가 낮은 점 등에 비추어 피고인 1이 봉침시술에 앞서 피해자에게 설명의무를 다하였다 하더라도 피해자가 반드시 봉침시술을 거부하였을 것이라고 볼 수 없으므로, 피고인 1의 설명의무 위반과 피해자의 상해 사이에 상당인과관계를 인정하기는 어렵다.

같은 취지의 원심의 판단은 정당하고, 거기에 상고이유 주장과 같이 한의사의 설명의무 위반에 관한 판단누락, 법리오해 등의 위법은 없다.

2. 피고인 2의 상고이유에 대한 판단

기록에 의하면 피고인 2는 제1심판결에 대하여 양형부당만을 항소이유로 내세워 항소하였으므로, 피고인의 항소를 기각한 원심판결에 사실오인이나 심리미진 등의 위법이 있다는 것을 상고이유로 삼을 수 없고(대법원 1990. 10. 10. 선고 90도1688 판결 등 참조), 10년 미만의 징역형이 선고된 이 사건에서 원심판결에 양형부당의 위법이 있다는 주장 또한 적법한 상고이유가 되지 못한다.

3. 결론

그러므로 검사 및 피고인 2의 상고를 모두 기각하기로 하여 관여 대법관의 일치된 의견으로 주문과 같이 판결한다.

대법관 이상훈(재판장) 김지형 전수안(주심) 양창수

대법원 2011.3.24. 선고 2010도17797 판결

【특정범죄가중처벌등에관한법률위반(뇌물)·업무상횡령·뇌물공여】

판시사항

1 뇌물죄에서 '직무'의 의미

2 공무원이 얻은 이익이 '뇌물'에 해당하는지 여부의 판단 기준

3 시 도시계획국장인 피고인 갑이 건설회사를 운영하는 피고인 을의 부탁을 받고 위 회사로 하여금 자신이 관리·감독하는 공사 중 일부를 하도급받도록 해 준 다음 그 대가로 돈을 받은 사안에서, 위 행위가 뇌물수수죄에 해당한다고 본 원심판단을 수긍한 사례

판결요지

1 뇌물죄에서 '직무'란 공무원이 법령상 관장하는 직무 그 자체뿐만 아니라 직무와 밀접한 관계가 있는 행위 또는 관례상이나 사실상 소관하는 직무행위 및 결정권자를 보좌하거나 영향을 줄 수 있는 직무행위도 포함한다.

2 공무원이 얻는 어떤 이익이 직무와 대가관계가 있는 부당한 이익으로서 '뇌물'에 해당하는지 여부는 당해 공무원의 직무 내용, 직무와 이익제공자의 관계, 쌍방 간에 특수한 사적인 친분관계가 존재하는지 여부, 이익의 다과, 이익을 수수한 경위와 시기 등의 제반 사정을 참작하여 결정하여야 하고, 뇌물죄가 직무집행의 공정과 이에 대한 사회의 신뢰 및 직무행위의 불가매수성을 보호법익으로 하고 있는 점에 비추어 볼 때, 공무원이 이익을 수수하는 것으로 인하여 사회일반으로부터 직무집행의 공정성을 의심받게 되는지 여부도 뇌물죄의 성립 여부를 판단할 때에 기준이 된다.

3 시 도시계획국장인 피고인 갑이, 시에서 병 주식회사를 시공사로 하여 진행하던 구청 신축공사 및 그에 인접하여 정 주식회사가 병 회사를 시공사로 하여 진행하던 건물 증축공사에 대한 관리·감독 업무를 수행하면서, 무 회사를 운영하는 피고인 을의 부탁을 받고 병 회사에 부탁하여 위 증축공사 중 건축공사 부분을 무 회사에 하도급받도록 해 준 다음 그 대가로 돈을 받은 사안에서, 갑의 위와 같은 행위는 직무와 밀접한 관계가 있는 행위에 관하여 금품을 수수한 것으로서 뇌물수수죄에 해당한다고 본 원심판단을 수긍한 사례.

전 문

피 고 인 피고인 1 외 1인

상 고 인 피고인들

변 호 인 법부법인

원심판결 서울고법 2010. 12. 3. 선고 2010노2944 판결

주 문 상고를 모두 기각한다.

이 유 상고이유(상고이유서 제출기간이 지나서 제출된 피고인 1의 각 상고이유보충서는 상고이유를 보충하는 범위 내에서)를 판단한다.

뇌물죄에 있어서 직무라 함은 공무원이 법령상 관장하는 직무 그 자체뿐만 아니라 그 직무와 밀접한 관계가 있는 행위 또는 관례상이나 사실상 소관하는 직무행위 및 결정권자를 보좌하거나 영향을 줄 수 있는 직무행위도 포함한다(대법원 2002. 5. 10. 선고 2000도2251 판결, 대법원 2010. 12. 23. 선고 2010도10910 판결 등 참조). 또한 공무원이 얻는 어떤 이익이 직무와 대가관계가 있는 부당한 이익으로서 뇌물에 해당하는지 여부는 당해 공무원의 직무의 내용, 직무와 이익제공자와의 관계, 쌍방 간에 특수한 사적인 친분관계가 존재하는지의 여부, 이익의 다과, 이익을 수수한 경위와 시기 등의 제반 사정을 참작하여 결정하여야 할 것이고, 뇌물죄가 직무집행의 공정과 이에

대한 사회의 신뢰 및 직무행위의 불가매수성을 그 보호법익으로 하고 있음에 비추어 볼 때, 공무원이 그 이익을 수수하는 것으로 인하여 사회일반으로부터 직무집행의 공정성을 의심받게 되는지 여부도 뇌물죄의 성부를 판단함에 있어서의 판단 기준이 된다(대법원 2001. 9. 18. 선고 2000도5438 판결, 대법원 2007. 4. 27. 선고 2005도4204 판결 등 참조).

원심판결 이유에 의하면, 피고인 1은 수원시 도시계획국장으로 근무하면서 ○○시장을 보좌하여 도시경관과, 건설사업소 등이 속한 도시계획국 업무를 총괄한 사실, 피고인 1은 건설사업소를 통하여 수원시가 공소외 1 주식회사를 시공사로 하여 진행하던 수원시 장안구청 신축공사(이하 '이 사건 신축공사'라 한다)에 대한 구체적인 관리·감독 업무를 수행하는 한편, 공소외 2 주식회사가 공소외 1 주식회사를 시공사로 하여 위 장안구청 신축공사 현장에 연접한 곳에서 진행하던 홈플러스 북수원점 증축공사(이하 '이 사건 증축공사'라 한다)에 대하여도 건축법 등 관계 법령에 기하여 허가, 착공신고 수리, 공정 관리·감독, 안전관리, 시공상태 점검 등 일반적인 관리·감독 업무를 수행한 사실, 피고인 1은 피고인 2로부터 이 사건 증축공사에 대한 하도급공사를 할 수 있게 해달라는 부탁을 받고, 이 사건 증축공사에 관한 ○○시장의 허가가 있기 바로 직전에 이 사건 신축공사의 현장소장이던 공소외 3을 통하여 공소외 1 주식회사에 동일한 내용의 부탁을 하여, 결국 피고인 2가 운영하던 공소외 4 주식회사로 하여금 공소외 1 주식회사로부터 수의계약 방식으로 이 사건 증축공사 중 건축공사 부분을 하도급받도록 한 사실, 그 후 피고인 1은 피고인 2로부터 위와 같이 하도급받도록 해준 대가 명목 등으로 100만 원권 수표 54장 합계 5,400만 원을 교부받은 사실 등을 알 수 있는바, 앞서 본 법리에 비추어 보면 피고인 1의 위와 같은 행위는 그 직무와 밀접한 관계가 있는 행위에 관하여 금품을 수수한 것으로서 뇌물수수죄에 해당한다 할 것이므로, 같은 취지의 원심판단은 정당하고, 거기에 피고인들의 상고이유 주장과 같은 뇌물수수죄의 직무관련성에 관한 법리오해의 위법이 없다.

그 밖에 피고인들이 주장하는 나머지 상고이유 주장 요지는 결국 사실심인 원심의 전권에 속하는 증거의 취사선택과 사실의 인정을 비난하는 것에 불과하거나 원심이 인정한 사실 등과 다른 사실 등을 전제로 하여 원심판단에 상고이유의 주장과 같은 법리오해의 위법이 있다는 것이므로, 모두 적법한 상고이유가 되지 못한다.

그러므로 상고를 모두 기각하기로 하여 관여 대법관의 일치된 의견으로 주문과 같이 판결한다.

대법관 안대희(재판장) 박시환 차한성 신영철(주심)

대법원 2011.3.24. 선고 2010도17396 판결

【특정경제범죄가중처벌등에관한법률위반(횡령)·주식회사의외부감사에관한법률위반】

판시사항

[1] 횡령죄에서 '재물의 보관'의 의미

[2] 주식회사 소유 재산을 주주나 대표이사 등이 제3자의 자금조달을 위한 담보제공 등 사적인 용도로 임의 처분한 경우, 횡령죄가 성립하는지 여부(적극)

[3] 피고인이 주식회사의 경영권을 인수한 후 회사 소유의 예금을 인출하여 피고인의 위 회사 인수를 위한 대출금 변제에 사용하는 방법으로 이를 횡령하였다는 내용으로 기소된 사안에서, 이를 유죄로 인정한 원심판단을 수긍한 사례

[4] '주식회사의 외부감사에 관한 법률' 제20조 제4항 제1호의 적용 범위 및 반기·분기보고서에 포함된 재무제표에 대한 확인 및 의견표시를 담당하는 감사인에게 거짓 자료를 제시하는 행위가 같은 조항에 의한 처벌대상이 되는지 여부(소극)

[5] 피고인이, 감사인이 소속된 공인회계사에게 거짓 자료를 제시하거나 거짓이나 그 밖의 부정한 방법으로 감사인의 정상적인 외부감사를 방해하였다고 하여 '주식회사의 외부감사에 관한 법률' 위반으로 기소된 사안에서, 이를 유죄로 인정한 원심판결에 법리오해 또는 심리미진의 위법이 있다고 한 사례

판결요지

[1] 횡령죄에서 '재물의 보관'이란 재물에 대한 사실상 또는 법률상 지배력이 있는 상태를 의미하고 그 보관이 위탁관계에 기인하여야 하는 것은 물론이나, 반드시 사용대차·임대차·위임 등의 계약에 의하여 설정될 것을 요하지 아니하고, 사무관리·관습·조리·신의칙 등에 의해서도 성립될 수 있다.

[2] 주식회사는 주주와 독립된 별개의 권리주체로서 이해가 반드시 일치하는 것은 아니므로, 주주나 대표이사 또는 그에 준하여 회사 자금의 보관이나 운용에 관한 사실상의 사무를 처리하는 자가 회사 소유 재산을 제3자의 자금 조달을 위하여 담보로 제공하는 등 사적인 용도로 임의 처분하였다면 그 처분에 관하여 주주총회나 이사회의 결의가 있었는지 여부와는 관계없이 횡령죄의 죄책을 면할 수는 없다.

[3] 피고인이 갑 주식회사의 경영권을 인수한 후 갑 회사 소유의 예금을 인출하여 피고인의 갑 회사 인수를 위한 대출금 변제에 사용하는 방법으로 횡령하였다는 내용으로 기소된 사안에서, 피고인이, 위 예금이 인출되기 직전에 있었던 주주총회에서 피고인 측 이사 3명이 선출됨으로써 갑 회사의 실질적 운영자의 지위를 취득하였던 점 등에 비추어 위 예금을 보관하는 자의 지위에 있었다는 이유로, 이를 유죄로 인정한 원심판단을 수긍한 사례.

[4] 주식회사의 외부감사에 관한 법률(이하 '외부감사법'이라고 한다)과 외부감사법 시행령의 각 규정 내용 및 외부감사법 제20조 제4항 제1호의 문언에 비추어, 위 제20조 제4항 제1호는 외부감사법의 규율대상이 되는 결산재무제표에 대한 외부감사를 방해하는 행위를 처벌하는 규정으로 해석된다. 따라서 자본시장과 금융투자업에 관한 법률 제160조에 따라 주권상장법인, 코스닥상장법인 등이 작성·제출하는 반기·분기보고서에 포함된 재무제표에 대한 확인 및 의견표시를 담당하는 감사인에게 거짓 자료를 제시하였다고 하더라도 이를 외부감사법 제20조 제4항 제1호를 적용하여 처벌할 수는 없다.

[5] 피고인이 갑 주식회사의 대표이사 등과 공모하여, 사채업자 을을 통해 조달한 자금을 갑 회사의 계좌로 입금하여 마치 이행보증금이 회수된 것처럼 통장 사본을 공인회계사에게 제출한 후 즉시 위

자금을 인출하여 을에게 반환함으로써 감사인의 정상적인 외부감사를 방해하였다고 하여 외부감사법 위반으로 기소된 사안에서, 피고인이 갑 회사의 반기 재무제표에 대한 확인 및 의견표시 업무를 담당하는 회계법인 소속 공인회계사에게 거짓 자료를 제시한 것으로 보이나, 이는 외부감사법 제20조 제4항 제1호에서 정하는 외부감사 방해행위에 해당한다고 볼 수 없고, 더 나아가 갑 회사의 재무제표를 감사하는 감사인에게 거짓 자료를 제시하는 등의 방법으로 외부감사를 방해하였다는 증거도 없다는 이유로, 이를 유죄로 인정한 원심판결에 법리오해 또는 심리미진의 위법이 있다고 한 사례.

전 문

피 고 인 피고인

상 고 인 피고인

변 호 인 법무법인

원심판결 서울고법 2010. 12. 2. 선고 2010노1536 판결

주 문 원심판결을 파기하고, 사건을 서울고등법원에 환송한다.

이 유 상고이유(상고이유서 제출기간이 지나서 제출된 상고이유보충서의 기재는 상고이유서를 보충하는 범위 안에서)를 본다.

1. 특정경제범죄 가중처벌 등에 관한 법률 위반(횡령)의 점에 관하여

횡령죄에 있어서 재물의 보관이라 함은 재물에 대한 사실상 또는 법률상 지배력이 있는 상태를 의미하고 그 보관이 위탁관계에 기인하여야 할 것임은 물론이나, 그것이 반드시 사용대차·임대차·위임 등의 계약에 의하여 설정되는 것임을 요하지 아니하고, 사무관리·관습·조리·신의칙 등에 의해서도 성립될 수 있다(대법원 2003. 9. 23. 선고 2003도3840 판결 등 참조). 또한 주식회사는 주주와 독립된 별개의 권리주체로서 그 이해가 반드시 일치하는 것은 아니므로, 주주나 대표이사 또는 그에 준하여 회사 자금의 보관이나 운용에 관한 사실상의 사무를 처리하는 자가 회사 소유 재산을 제3자의 자금 조달을 위하여 담보로 제공하는 등 사적인 용도로 임의 처분하였다면 그 처분에 관하여 주주총회나 이사회의 결의가 있었는지 여부와는 관계없이 횡령죄의 죄책을 면할 수는 없다(대법원 2005. 8. 19. 선고 2005도3045 판결 등 참조).

원심은 그 채택 증거에 의하여 그 판시와 같은 사실을 인정한 다음, 공소외 1 주식회사 소유의 이 사건 예금 330억 원이 인출되기 직전에 공소외 1 주식회사의 주주총회에서 피고인 측 이사 3명이 선출됨으로써 피고인이 공소외 1 주식회사의 실질적 운영자의 지위를 취득하게 된 점 등에 비추어, 피고인은 이 사건 예금 인출 당시 이 사건 예금을 보관하는 자의 지위에 있었다고 볼 수 있고, 나아가 피고인은 공소외 2 주식회사의 주식 30%를 보유하고 있지 않았음에도 공소외 3과 공소외 2 주식회사의 실질적인 대주주 공소외 4 등을 기망하여 공소외 2 주식회사의 주식 30%를 양수하는 대가 명목으로 이 사건 예금 330억 원을 공소외 2 주식회사의 대주주 공소외 5 명의의 계좌로 송금한 다음 이를 곧바로 피고인의 공소외 1 주식회사 인수를 위한 대출금 변제에 사용하게 함으로써 이 사건 예금 330억 원을 횡령하였다고 판단하였다.

앞서 본 법리와 기록에 비추어 살펴보면, 원심의 위와 같은 사실인정과 판단은 정당한 것으로 수긍할 수 있다. 원심판결에는 상고이유의 주장과 같이 채증법칙을 위반하거나 횡령죄에 있어서 보관자의 지위에 관한 법리를 오해하는 등의 위법이 없다.

2. 주식회사의 외부감사에 관한 법률 위반의 점에 대하여

원심은, 피고인이 공소외 1 주식회사의 대표이사 공소외 6 등 임원들과 공모하여 2009. 8. 14.경 사채업자 공소외 7을 통해 조달한 145억 원을 공소외 1 주식회사의 국민은행 계좌로 입금하여 마치 이행보증금 145억 원이 회수된 것처럼 그 통장 사본을 나래회계법인 공인회계사에게 제출한 후 즉시 위 자금을 인출하여 공소외 7에게 반환함으로써, 감사인이 소속된 공인회계사에 대하여 거짓 자료를 제시하거나 거짓이나 그 밖의 부정한 방법으로 감사인의 정상적인 외부감사를 방해하였다는 이 부분 공소사실을 유죄로 인정하였다.

그러나 원심의 위와 같은 판단은 다음과 같은 이유로 수긍할 수 없다.

주식회사의 외부감사에 관한 법률 (이하 '외부감사법'이라 한다) 제20조 제4항 제1호는 상법 제635조 제1항에 규정된 자나 그 밖에 외부감사 대상인 회사의 회계업무를 담당하는 자가 감사인 또는 그에 소속된 공인회계사에게 거짓 자료를 제시하거나 거짓이나 그 밖의 부정한 방법으로 감사인의 정상적인 외부감사를 방해하는 행위를 처벌하도록 규정하고 있다. 그런데 외부감사법과 같은 법 시행령에는, 외부감사 대상인 회사는 그 사업연도

의 재무제표를 작성하여 정기주주총회 6주일 전에 감사인에게 제출하여야 하고, 감사인은 이에 대한 감사보고서를 작성하여 정기주주총회 1주일 전에 회사에 제출하여야 하며, 회사는 정기주주총회 1주일 전부터 5년간 그 본점에서 재무제표와 그에 대한 감사인의 감사보고서를 함께 비치·공시하도록 규정되어 있는바, 위 각 규정 내용과 위 처벌규정의 문언에 비추어, 외부감사법 제20조 제4항 제1호는 외부감사법의 규율대상이 되는 결산재무제표에 대한 외부감사를 방해하는 행위를 처벌하는 규정으로 해석된다. 따라서 자본시장과 금융투자업에 관한 법률 제160조에 따라 주권상장법인, 코스닥상장법인 등이 작성·제출하는 반기·분기보고서에 포함된 재무제표에 대한 확인 및 의견표시를 담당하는 감사인에게 거짓 자료를 제시하였다고 하더라도 이를 외부감사법 제20조 제4항 제1호를 적용하여 처벌할 수는 없다(대법원 2008. 7. 10. 선고 2008도4068 판결 참조).

기록에 의하면, 피고인은 2009. 8. 14.경 공소외 1 주식회사의 2009년 회계연도 반기 재무제표에 대한 확인 및 의견표시 업무를 담당하는 나래회계법인 소속 공인회계사에게 거짓 자료를 제시한 것으로 보이나, 이는 외부감사법 제20조 제4항 제1호에서 정하는 감사인의 정상적인 외부감사를 방해하는 행위에 해당한다고 볼 수 없고, 더 나아가 피고인이 공소외 1 주식회사의 2009년 회계연도 재무제표를 감사하는 감사인에게 거짓 자료를 제시하는 등의 방법으로 외부감사를 방해하였다는 증거는 없다.

그럼에도 불구하고, 원심이 이 부분 공소사실을 유죄로 인정한 것은 외부감사법상 외부감사 방해의 적용범위에 관한 법리를 오해하였거나 심리를 다하지 아니하여 판결에 영향을 미친 위법이 있다.

이 점을 지적하는 상고이유의 주장은 이유 있다.

3. 파기의 범위

그러므로 원심판결 중 외부감사법 위반의 공소사실을 유죄로 인정한 부분은 파기되어야 할 것이나, 원심은 피고인에 대한 공소사실을 모두 유죄로 인정한 다음 이를 형법 제37조 전단의 경합범으로 보아 피고인에게 1개의 형을 선고하였으므로, 피고인에 대한 원심판결은 모두 파기되어야 한다.

4. 결론

그러므로 원심판결을 파기하고, 사건을 다시 심리·판단하게 하기 위하여 원심법원에 환송하기로 하여, 관여 대법관의 일치된 의견으로 주문과 같이 판결한다.

대법관 양창수(재판장) 김지형(주심) 전수안 이상훈

대법원 2011.3.10. 선고 2011도503 판결

【절도·사문서위조·위조사문서행사·사서명위조·위조사서명행사】

판시사항

1. 사서명 등 위조죄의 성립 요건 및 일반인이 특정인의 진정한 서명 등으로 오신하기에 충분한 정도인지 판단하는 방법
2. 완성되지 않은 문서에 권한 없는 자가 타인의 서명 등을 기재한 경우, 문서 완성과 상관없이 서명 등 위조죄가 성립하는지 여부(적극)
3. 피고인이 타인 행세를 하며 피의자로서 조사를 받은 다음 경찰관에 의하여 작성된 피의자신문조서의 말미에 타인의 서명 및 무인을 하고, 타인의 이름이 기재된 수사과정확인서에 무인을 한 사안에서, 피고인에게 사서명 등 위조죄 및 위조사서명 등 행사죄의 유죄를 인정한 원심판단을 수긍한 사례

전 문

피 고 인 피고인

상 고 인 피고인

변 호 인 변호사

원심판결 서울중앙지법 2010. 12. 23. 선고 2010노4285 판결

주 문 상고를 기각한다.

이 유 상고이유를 판단한다.

1. 사실오인의 점에 대하여

기록에 비추어 살펴보면, 원심이 그 판시와 같은 이유로 제1심판결 판시 각 범죄사실이 인정된다고 판단한 것은 사실심법관의 합리적인 재량에 의한 것으로서 수긍할 수 있고, 거기에 상고이유의 주장과 같이 논리와 경험의 법칙에 위배하고 자유심증주의의 한계를 벗어나 사실을 인정한 위법이 있다고 할 수 없다.

2. 법리오해의 점에 대하여

가. 기록에 의하면, 피고인은 제1심판결에 대하여 항소하면서 그 항소이유로 사실오인 및 양형부당만을 주장하였음을 알 수 있다. 이러한 경우 원심판결에 심신상실 내지 심신미약에 대한 판단을 하지 아니한 법리 오해의 위법이 있다는 취지의 주장은 적법한 상고이유가 되지 못한다.

나. 사서명 등 위조죄가 성립하기 위하여는 그 서명 등이 일반인으로 하여금 특정인의 진정한 서명 등으로 오신하게 할 정도에 이르러야 할 것이고, 일반인이 특정인의 진정한 서명 등으로 오신하기에 충분한 정도인지 여부는 그 서명 등의 형식과 외관, 작성경위 등을 고려하여야 할 뿐만 아니라 그 서명 등이 기재된 문서에 있어서의 서명 등 기재의 필요성, 그 문서의 작성경위, 종류, 내용 및 일반거래에 있어서 그 문서가 가지는 기능 등도 함께 고려하여 판단하여야 할 것이다. 한편 어떤 문서에 권한 없는 자가 타인의 서명 등을 기재하는 경우에는 그 문서가 완성되기 전이라도 일반인으로서는 그 문서에 기재된 타인의 서명 등을 그 명의인의 진정한 서명 등으로 오신할 수도 있으므로, 일단 서명 등이 완성된 이상 문서가 완성되지 아니한 경우에도 서명 등의 위조죄는 성립한다.

그리고 수사기관이 수사대상자의 진술을 기재한 후 진술자로 하여금 그의 면전에서 조서의 말미에 서명 등을 하도록 한 후 그 자리에서 바로 회수하는 수사서류의 경우에는 그 진술자가 그 문서에 서명 등을 하는 순간 바로 수사기관이 열람할 수 있는 상태에 놓이게 되는 것이므로, 그 진술자가 마치 타인인 양 행세하며 타인의 서명 등을 기재한 경우 그 서명 등을 수사기관이 열람하기 전에 즉시 파기하였다는 등의 특별한 사정이 없는 이상 그 서명 등 기재와 동시에 위조사서명 등 행사죄가 성립하는 것이며, 그와 같이 위조사서명 등 행사죄가 성립된 직후에 수사기관이 위 서명 등이 위조된 것임을 알게 되었다고 하더라도 이미 성립한 위조사서명 등 행사죄를 부정할 수 없다(대법원 2005. 12. 23. 선고 2005도4478 판결 참조).

기록에 의하면, 피고인은 공소외인으로 행세하면서 피의자로서 조사를 받은 다음 신분이 탄로나기 전에 이미 경찰관에 의하여 작성된 피의자신문조서의 말미에 공소외인의 서명 및 무인을 하고, 공소외인의 이름이 기

재된 수사과정확인서에 무인을 하였음을 알 수 있다. 그렇다면 원심이 피고인의 위와 같은 행위에 대하여 사서명 등 위조죄 및 위조사서명 등 행사죄를 인정한 것은 앞서 본 법리에 비추어 정당하고, 거기에 상고이유 주장과 같은 법리 오해의 위법이 있다고 할 수 없다.

3. 양형부당의 점에 대하여

원심에서 사형, 무기 또는 10년 이상 징역이나 금고의 형이 선고된 경우가 아닌 한 형의 양정이 부당하다는 것을 들어 대법원에 상고할 수 없음은 형사소송법 제383조 제4호에 비추어 명백하다. 따라서 피고인에 대하여 그보다 가벼운 형이 선고된 이 사건에서 그 형이 너무 무겁다는 취지의 피고인의 주장은 적법한 상고이유가 되지 못한다.

4. 결론

그러므로 상고를 기각하기로 하여 관여 대법관의 일치된 의견으로 주문과 같이 판결한다.

대법관 김지형(재판장) 전수안 양창수(주심)

대법원 2011.3.10. 선고 2010도16942 판결

【공직선거법위반】

판시사항

1. 통상적인 방법을 벗어나 선거에 영향을 미치게 하기 위하여 언론기관에 보도자료를 제공하는 행위가 공직선거법 제93조 제1항 본문에서 금지하는 '탈법방법에 의한 문서의 배부 행위'에 해당하는지 여부(적극)
2. '특정 학교 동문회가 갑 후보를 공개 지지한다'는 취지의 허위 성명서를 작성하여 언론사에 보도자료로 제공한 행위가 공직선거법상 '탈법방법에 의한 문서의 배부 행위'에 해당한다고 본 원심판단을 수긍한 사례
3. 어떤 단체가 특정 후보자를 지지·추천하는지 여부가 공직선거법 제250조 제1항에서 정한 허위사실공표죄의 '경력등'에 관한 사실에 포함되는지 여부(소극)
4. '특정 학교 동문회가 갑 후보를 공개 지지한다'는 취지의 허위 성명서를 작성·배포한 행위가 공직선거법에서 정한 허위사실공표죄에 해당한다고 본 원심판단에 법리오해의 위법이 있다고 한 사례

판결요지

1. 공직선거법 제93조 제1항 본문에서 탈법방법에 의한 문서·도서의 배부·게시 등을 금지하고 있는바, 통상적으로 해오던 방법을 벗어나 선거에 영향을 미치게 하기 위하여 언론기관에 보도자료를 제공하는 행위도 위 조항에서 말하는 '탈법방법에 의한 문서의 배부 행위'로 금지될 수 있다.
2. 특정 학교 동문회가 제5회 전국동시지방선거에서 동문인 갑 후보를 지지하는 의사표명을 한 사실이 없는데도, 피고인이 '위 동문회가 갑 후보를 공개 지지한다'는 취지의 허위 성명서를 작성한 다음 갑의 선거운동원을 통해 언론사에 보도자료로 배포하여 인터넷에 게재되도록 한 사안에서, 갑의 선거사무관계자도 아니고 위 동문회를 대표하는 자도 아닌 피고인의 위와 같은 행위는 선거에 영향을 미치게 하기 위한 것이 분명하여 공직선거법 제93조 제1항에서 금지하는 '탈법방법에 의한 문서의 배부 행위'에 해당한다고 본 원심판단을 수긍한 사례.
3. 공직선거법 제250조 제1항에 규정한 허위사실공표죄에서 '경력등'이란 후보자의 '경력·학력·학위·상벌'을 말하고(같은 법 제64조 제5항), 그 중 '경력'은 후보자의 행동이나 사적(사적) 등과 같이 후보자의 실적과 능력으로 인식되어 선거인의 공정한 판단에 영향을 미치는 사항을 말한다. 따라서 어떤 단체가 특정 후보자를 지지·추천하는지 여부는 후보자의 행동이나 사적 등에 관한 사항이라고 볼 수 없어 위에서 말하는 '경력'에 관한 사실에 포함되지 아니하고, 이와 달리 해석하는 것은 형벌법규를 지나치게 확장·유추해석하는 것으로서 죄형법정주의에 반하여 허용될 수 없다.
4. 특정 학교 동문회가 제5회 전국동시지방선거에서 동문인 갑 후보를 지지하는 의사표명을 한 사실이 없는데도 피고인이 '위 동문회가 갑 후보를 공개 지지한다'는 취지의 성명서를 작성·배포한 행위가, 갑 후보자의 '경력등'에 관한 허위의 사실을 공표한 것에 해당한다고 본 원심판단에 공직선거법 제250조 제1항에서 정한 '경력등'에 관한 법리오해의 위법이 있다고 한 사례.

전 문

피 고 인 피고인

상 고 인 피고인

변 호 인 변호사

원심판결 서울고법 2010. 12. 1. 선고 (춘천)2010노139 판결

주 문 원심판결을 파기하고, 사건을 서울고등법원에 환송한다.

이 유 상고이유를 판단한다.

1. 공직선거법 제93조 제1항에 관한 법리오해의 점

공직선거법 제93조 제1항 본문에 "누구든지 선거일 전 180일(보궐선거 등에 있어서는 그 선거의 실시사유가 확정된 때)부터 선거일까지 선거에 영향을 미치게 하기 위하여 이 법의 규정에 의하지 아니하고는 정당(창당준비위원회와 정당의 정강·정책을 포함한다. 이하 이 조에서 같다) 또는 후보자(후보자가 되고자 하는 자를 포함한다. 이하 이 조에서 같다)를 지지·추천하거나 반대하는 내용이 포함되어 있거나 정당의 명칭 또는 후보자의 성명을 나타내는 광고, 인사장, 벽보, 사진, 문서·도화, 인쇄물이나 녹음·녹화테이프 그 밖에 이와 유사한 것을 배부·첩부·살포·상영 또는 게시할 수 없다."라고 규정하여 탈법방법에 의한 문서·도서의 배부·게시 등을 금지하고 있는바, 통상적으로 행하여 오던 방법을 벗어나 선거에 영향을 미치게 하기 위하여 언론기관에 보도자료를 제공하는 행위도 위 조항에서 말하는 탈법방법에 의한 문서의 배부 행위로 금지될 수 있다.

원심판결 및 원심이 적법하게 조사한 증거 등에 의하면, 피고인은 ○○○당 태백시 당원협의회 사무국장인 자로 공소외 1 후보자의 선거사무관계자가 아니며 이 사건 △△중중·고 총동문회를 대표하는 자도 아닌 사실, 피고인은 2010. 5. 29. 14:00경 ○○○당 태백시 사무실에서 △△중중·고 총동문회가 2010. 6. 2. 실시된 제5회 전국동시지방선거 태백시장 선거에서 공소외 1 후보를 지지하는 의사표명을 한 사실이 없음에도, 위 선거사무실 컴퓨터를 이용하여 '△△중중·고등학교 3만여 동문들은 6월 2일 지방선거에 있어 모교출신인 태백시장 후보를 공개 지지합니다'라는 취지의 허위 성명서를 작성한 다음 위 공소외 1 후보자의 선거운동원 공소외 2를 통해 보도자료로 배포하여 2010. 5. 30. 22:45경 인터넷 뉴시스를 통해 위 허위 성명서가 인터넷에 게재되게 한 사실을 알 수 있다.

앞서 본 법리와 사실관계에 의하면, 위 공소외 1 후보자의 선거사무관계자도 아니고 위 △△중중·고 총동문회를 대표하는 자도 아닌 피고인이 허위의 성명서를 작성하여 보도자료로 제공한 행위는 선거에 영향을 미치게 하기 위한 것이 분명하다고 할 것이므로 공직선거법 제93조 제1항에서 금지하는 탈법방법에 의한 문서의 배부 행위에 해당한다고 할 것이다.

같은 취지의 원심의 판단은 정당하고, 거기에 공직선거법 제93조 제1항에 관한 법리오해의 위법이 없다.

2. 공직선거법 제250조 제1항에 관한 법리오해의 점

공직선거법 제250조 제1항에 "당선되거나 되게 할 목적으로 연설·방송·신문·통신·잡지·벽보·선전문서 기타의 방법으로 후보자(후보자가 되고자 하는 자를 포함한다. 이하 이 조에서 같다)에게 유리하도록 후보자, 그의 배우자 또는 직계존·비속이나 형제자매의 출생지·신분·직업·경력등·재산·인격·행위·소속단체 등에 관하여 허위의 사실(학력을 게재하는 경우 제64조 제1항의 규정에 의한 방법으로 게재하지 아니한 경우를 포함한다)을 공표하거나 공표하게 한 자와 허위의 사실을 게재한 선전문서를 배포할 목적으로 소지한 자는 5년 이하의 징역 또는 3천만 원 이하의 벌금에 처한다."라고 규정하고 있다. 여기서 '경력등'이라 함은 후보자의 '경력·학력·학위·상벌'을 말하고(공직선거법 제64조 제5항), 공직선거법 제250조 제1항의 규정에 비추어 보면, 그 중 '경력'은 후보자의 행동이나 사적(사적) 등과 같이 후보자의 실적과 능력으로 인식되어 선거인의 공정한 판단에 영향을 미치는 사항을 말한다. 따라서 어떤 단체가 특정 후보자를 지지·추천하는지 여부는 후보자의 행동이나 사적 등에 관한 사항이라고 볼 수 없어 위에서 말하는 '경력'에 관한 사실에 포함되지 아니하고, 이와 달리 해석하는 것은 형벌법규를 지나치게 확장·유추해석하는 것으로서 죄형법정주의에 반하여 허용될 수 없다.

그런데도 원심이, △△중중·고등학교 총동문회가 동문인 공소외 1 후보를 지지하는 의사표명을 한 사실이 없음에도 피고인이 판시 범죄사실 기재와 같이 '위 동문회가 공소외 1 후보를 공개 지지한다'는 취지의 성명서를 작성하여 배포한 것이 공소외 1 후보의 '경력등'에 관한 허위의 사실을 공표한 것에 해당한다고 판단한 데에는 공직선거법 제250조 제1항의 '경력등'에 관한 법리를 오해함으로써 판결에 영향을 미친 위법이 있다.

3. 결론

그러므로 원심판결 중 허위사실공표로 인한 공직선거법 위반죄 부분은 파기되어야 할 것인바, 이 부분은 나머지 범죄와 상상적 경합범의 관계에 있으므로, 원심판결 전부를 파기하고, 사건을 다시 심리·판단하게 하기 위하여 원심법원에 환송하기로 하여 관여 대법관의 일치된 의견으로 주문과 같이 판결한다.

대법관 신영철(재판장) 박시환 안대희(주심) 차한성

대법원 2011.3.10. 선고 2010도14856 판결

【사기】

판시사항

[1] 기망행위를 수단으로 한 권리행사가 사기죄를 구성하는 경우

[2] 부동산 소유권이전등기절차 이행을 구하는 소를 제기하여 동시이행 조건 없이 이행을 명하는 승소 확정판결을 받은 피고인이, 부동산 소유권을 이전받더라도 매매잔금을 공탁할 의사나 능력이 없음에도 피해자에게 매매잔금을 공탁해 줄 것처럼 거짓말을 하여 그러한 내용으로 합의한 후 그에 따라 부동산 소유권을 임의로 이전받은 사안에서, 피고인의 행위는 사회통념상 권리행사의 수단으로서 용인할 수 있는 범위를 벗어난 것으로 사기죄의 기망행위에 해당한다고 한 사례

전 문

피 고 인 피고인

상 고 인 피고인

변 호 인 변호사

원심판결 서울서부지법 2010. 10. 21. 선고 2010노893 판결

주 문 상고를 기각한다.

이 유 상고이유를 판단한다.

원심판결 이유에 의하면, 원심은 적법하게 채택하여 조사한 증거들을 종합하여 인정되는 그 판시와 같은 사정들을 종합해 보면, 피고인이 피해자 소유의 이 사건 부동산의 소유권을 이전받더라도 피해자에게 매매잔금 2억 5,000만 원을 공탁할 의사나 능력이 없었음을 넉넉히 인정할 수 있어 피고인에게 편취의 범의가 있었다고 보기에 충분하다는 이유로, 피고인에 대한 이 사건 공소사실을 모두 유죄로 인정한 제1심판결을 그대로 유지하였는바, 기록에 비추어 살펴보면 원심의 위와 같은 사실인정과 판단은 정당한 것으로 수긍할 수 있고, 거기에 상고이유로 주장하는 바와 같은 자유심증주의의 한계를 벗어나 사실을 인정한 위법이 없다.

그리고 기망행위를 수단으로 한 권리행사의 경우 그 권리행사에 속하는 행위와 그 수단에 속하는 기망행위를 전체적으로 관찰하여 그와 같은 기망행위가 사회통념상 권리행사의 수단으로서 용인할 수 없는 정도라면 그 권리행사에 속하는 행위는 사기죄를 구성한다고 할 것인바(대법원 2009. 7. 9. 선고 2009도295 판결 등 참조), 상고이유의 주장대로 피고인이 피해자에 대하여 동시이행 조건 없이 이 사건 부동산에 관한 소유권이전등기절차의 이행을 명하는 승소확정판결을 받아 단독으로 이전등기를 경료할 수 있었다 하더라도, 피고인이 그 판결에 기해 이전등기를 경료하지 않고 위 판결 확정 후 피해자에게 매매잔금을 공탁해 줄 것처럼 거짓말을 하여 '이 사건 부동산에 관한 이전등기를 경료받은 후 피해자에게 매매잔금을 공탁해 주는 조건으로 이 사건 부동산의 소유권을 임의로 이전받기로' 피해자와 합의하고 그에 기해 이 사건 부동산의 소유권을 이전받은 이상, 이와 같은 피고인의 행위는 사회통념상 권리행사의 수단으로서 용인할 수 있는 범위를 벗어난 것으로 사기죄에 있어서의 기망행위에 해당한다고 할 것이다. 같은 취지에서 이 사건 공소사실을 유죄로 인정한 원심의 판단은 정당하고, 거기에 상고이유로 주장하는 바와 같은 확정판결의 집행력이나 사기죄의 성립요건에 관한 법리오해 등의 위법이 없다.

한편, 형사소송법 제383조 제4호에 의하면 사형, 무기 또는 10년 이상의 징역이나 금고가 선고된 사건에서만 양형부당을 사유로 한 상고가 허용되는 것이므로, 피고인에게 그보다 가벼운 형이 선고된 이 사건에 있어서는 형의 양정이 부당하다는 취지의 주장은 적법한 상고이유가 되지 못한다.

그러므로 상고를 기각하기로 하여, 관여 대법관의 일치된 의견으로 주문과 같이 판결한다.

대법관 박시환(재판장) 안대희 차한성(주심) 신영철

대법원 2011.3.10. 선고 2010도14394 판결

【특정범죄가중처벌등에관한법률위반(뇌물)(인정된죄명:배임수재)·변호사법위반·부정처사후수뢰(인정된죄명:배임수재)·뇌물공여(피고인5에대하여변경된죄명:제3자뇌물수수·인정된죄명:배임증재)(피고인3,4에대하여각인정된죄명:배임증재)·뇌물수수(인정된죄명:배임수재)·제3자뇌물교부(일부인정된죄명:배임증재)·증거위조교사】

판시사항

1 형법 제129조 내지 제132조 및 구 변호사법 제111조에서 정한 '공무원'의 의미

2 '집행관사무소의 사무원'이 뇌물죄의 주체인 '공무원'에 해당하는지 여부(소극)

판결요지

1 형법 제129조 내지 제132조 및 구 변호사법(2007. 3. 29. 법률 제8321호로 개정되기 전의 것) 제111조에서 정한 '공무원'이란 국가공무원법과 지방공무원법상 공무원 및 다른 법률에 따라 위 규정들을 적용할 때 공무원으로 간주되는 자 외에 법령에 기하여 국가 또는 지방자치단체 및 이에 준하는 공법인의 사무에 종사하는 자로서 노무의 내용이 단순한 기계적·육체적인 것에 한정되어 있지 않은 자를 말한다.

2 집행관사무소의 사무원은 법원 및 검찰청 9급 이상의 직에 근무한 자 또는 이와 동등 이상의 자격이 있다고 인정되는 자 중에서 소속지방법원장의 허가를 받아 대표집행관이 채용하는 자로서(집행관규칙 제21조 제2항), 법원일반직 공무원에 준하여 보수를 지급받는 한편 근무시간, 휴가 등 복무와 제척사유, 경매물건 등의 매수금지 의무 등에서는 집행관에 관한 법령의 규정이 준용된다는 점에서(같은 규칙 제3조 제1항, 제22조 제1항, 제25조) 형법 제129조 내지 제132조 및 구 변호사법(2007. 3. 29. 법률 제8321호로 개정되기 전의 것) 제111조의 경우 공무원으로 취급되는 집행관의 지위와 비슷한 면이 있기는 하지만, '지방법원에 소속되어 법률이 정하는 바에 따라 재판의 집행, 서류의 송달 그 밖에 법령에 따른 사무에 종사'하는 집행관(집행관법 제2조)과 달리 그에게 채용되어 업무를 보조하는 자에 불과할 뿐(같은 규칙 제21조 제1항), 그를 대신하거나 그와 독립하여 집행에 관한 업무를 수행하는 자의 지위에 있지는 않다. 앞서 본 법리와 위 각 법령의 규정, 그리고 피고인에게 불리한 형벌법규의 유추적용은 엄격히 제한되어야 한다는 점 등에 비추어 보면, 집행관사무소의 사무원이 집행관을 보조하여 담당하는 사무의 성질이 국가의 사무에 준하는 측면이 있다는 사정만으로는 형법 제129조 내지 제132조 및 구 변호사법 제111조에서 정한 '공무원'에 해당한다고 보기 어렵다.

전　문

피 고 인 피고인 1 외 5인

상 고 인 피고인들(피고인 6 제외) 및 검사

변 호 인 변호사

원심판결 대전고법 2010. 10. 8. 선고 2010노345 판결

주　문 상고를 모두 기각한다.

이　유 상고이유에 대하여 판단한다.

1. 검사의 상고이유에 대하여

형법 제129조 내지 제132조 및 구 변호사법(2007. 3. 29. 법률 제8321호로 개정되기 전의 것, 이하 같다) 제

111조에서의 '공무원'이라 함은 국가공무원법과 지방공무원법에 의한 공무원 및 다른 법률에 따라 위 규정들을 적용할 때에 공무원으로 간주되는 자 외에 법령의 근거에 기하여 국가 또는 지방자치단체 및 이에 준하는 공법인의 사무에 종사하는 자로서 그 노무의 내용이 단순한 기계적·육체적인 것에 한정되어 있지 않은 자를 말한다(대법원 2002. 11. 22. 선고 2000도4593 판결 참고).

집행관사무소의 사무원은 법원 및 검찰청 9급 이상의 직에 근무한 자 또는 이와 동등 이상의 자격이 있다고 인정되는 자 중에서 소속지방법원장의 허가를 받아 대표집행관이 채용하는 자로서(집행관규칙 제21조 제2항), 법원일반직 공무원에 준하여 보수를 지급받는 한편 근무시간, 휴가 등 복무와 제척사유, 경매물건 등의 매수금지 의무 등에 있어서는 집행관에 관한 법령의 규정이 준용된다는 점에서(집행관규칙 제3조 제1항, 제22조 제1항, 제25조) 형법 제129조 내지 제132조 및 구 변호사법 제111조의 적용에 있어 공무원으로 취급되는 집행관의 지위와 비슷한 면이 있기는 하지만, '지방법원에 소속되어 법률이 정하는 바에 따라 재판의 집행, 서류의 송달 그 밖에 법령에 따른 사무에 종사'하는 집행관(집행관법 제2조)과 달리 그에 의해 채용되어 그 업무를 보조하는 자에 불과할 뿐(집행관규칙 제21조 제1항), 그를 대신하거나 그와 독립하여 집행에 관한 업무를 수행하는 자의 지위에 있지는 않다.

앞서 본 법리와 위 각 법령의 규정, 그리고 피고인에게 불리한 형벌법규의 유추적용은 엄격히 제한되어야 한다는 점 등에 비추어 보면, 위와 같이 집행관사무소의 사무원이 집행관을 보조하여 담당하는 사무의 성질이 국가의 사무에 준하는 측면이 있다는 사정만으로는 형법 제129조 내지 제132조 및 구 변호사법 제111조에서의 '공무원'에 해당한다고 보기 어렵다.

원심이 수긍한 제1심은 그 판시 사정을 종합하여 집행관사무소의 사무원이 위 규정들에서의 공무원에 해당한다고 볼 수 없다고 한 다음, 이 사건 공소사실들 중 집행관사무소의 사무원인 피고인 2가 위 규정들에서의 공무원에 해당함을 전제로 하는 공소사실들을 무죄로 판단하였다.

위 법리와 원심이 인용한 제1심이 채택한 증거들에 비추어 살펴보면, 원심이 제1심의 위 판단을 그대로 유지한 것은 정당하고 거기에 상고이유 주장과 같이 뇌물죄의 주체인 공무원의 개념에 대한 법리를 오해한 위법이 없다.

2. 피고인들의 상고이유에 대하여

원심판결 이유를 원심이 인용한 제1심이 채택한 증거들에 비추어 살펴보면, 원심이 그 판시와 같은 이유를 들어 피고인들에 대한 판시 범죄사실을 유죄로 인정한 것은 정당하고, 거기에 상고이유 주장과 같은 법리오해 또는 심리미진이나 논리와 경험법칙의 위배 등의 위법이 있다고 할 수 없다.

그리고 형사소송법 제383조 제4호에 의하면 사형, 무기 또는 10년 이상의 징역이나 금고가 선고된 사건에서만 양형부당을 사유로 한 상고가 허용되는 것이므로, 피고인들에 대하여 그보다 가벼운 형이 선고된 이 사건에서 형의 양정이 부당하다는 사유는 적법한 상고이유가 되지 못한다.

3. 결론

그러므로 상고를 모두 기각하기로 하여 관여 대법관의 일치된 의견으로 주문과 같이 판결한다.

대법관 이홍훈(재판장) 민일영 이인복(주심)

대법원 2011.2.24. 선고 2010도17512 판결

【사기】

판시사항

[1] 피고인이 보험금을 편취할 의사로 허위 또는 과장하여 보험사고를 신고하거나 고의로 보험사고를 유발한 경우, 보험금에 관한 사기죄의 성립 여부(적극) 및 성립 범위(=보험금 전체)

[2] 사기죄의 성립 요건

[3] 피고인이 남편의 폭행으로 목을 다쳤을 뿐인데도 교통사고로 상해를 입었다는 취지로 보험금을 청구하여 다수의 보험회사들로부터 보험금을 편취하였다는 내용으로 기소된 사안에서, 피고인의 보험금청구가 기망행위에 해당한다거나 인과관계가 있다고 단정하여 사기죄를 인정한 원심판결에 법리오해 또는 심리미진의 위법이 있다고 한 사례

판결요지

[1] 피고인이 보험금을 편취할 의사로 허위로 보험사고를 신고하거나 고의로 보험사고를 유발한 경우 보험금에 관한 사기죄가 성립하고, 나아가 설령 피고인이 보험사고에 해당할 수 있는 사고로 경미한 상해를 입었다고 하더라도 이를 기화로 보험금을 편취할 의사로 상해를 과장하여 병원에 장기간 입원하고 이를 이유로 실제 피해에 비하여 과다한 보험금을 지급받는 경우에는 보험금 전체에 대해 사기죄가 성립한다.

[2] 사기죄는 타인을 기망하여 착오에 빠뜨리고 처분행위를 유발하여 재물을 교부받거나 재산상 이익을 얻음으로써 성립하는 것으로서, 기망, 착오, 재산적 처분행위 사이에 인과관계가 있어야 한다.

[3] 피고인이 남편의 폭행으로 목을 다쳤을 뿐인데도 교통사고로 상해를 입었다는 취지로 보험금을 청구하여 다수의 보험회사들로부터 보험금을 교부받아 편취하였다는 내용으로 기소된 사안에서, 피고인이 위와 같이 상해를 입고 수술을 받았으나 후유장해가 남은 것은 사실이고 이는 일반재해에 해당되므로, 피고인의 교통재해를 이유로 한 보험금청구가 보험회사에 대한 기망에 해당할 수 있으려면 각 보험약관상 교통재해만이 보험사고로 규정되어 있을 뿐 일반재해는 보험사고로 규정되어 있지 않거나 교통재해의 보험금이 일반재해의 보험금보다 다액으로 규정되어 있는 경우에 해당한다는 점이 전제되어야 할 것임에도, 피고인이 가입한 각 보험의 보험사고가 무엇인지 및 각 보험회사들이 보험금을 지급한 것이 피고인의 기망으로 인한 것인지 등에 대하여 상세히 심리·판단하지 아니한 채 피고인의 보험금청구가 기망행위에 해당한다거나 인과관계가 있다고 쉽사리 단정하여 사기죄를 인정한 원심판결에 법리오해 또는 심리미진의 위법이 있다고 한 사례.

전 문

피 고 인 피고인 1 외 1인

상 고 인 피고인들

변 호 인 변호사

원심판결 전주지법 2010. 11. 30. 선고 2010노539 판결, 2010초기302 배상명령

주 문 원심판결 중 피고인 1에 대한 부분을 파기하고, 이 부분 사건을 전주지방법원 본원 합의부에 환송한다. 피고인 2의 상고를 기각한다.

이 유 각 상고이유(제출기간 경과 후에 제출된 상고이유보충서는 상고이유를 보충하는 범위 내에서)를 판단한다.

1. 피고인들의 공동범행에 대하여

원심판결 이유를 원심 및 원심이 유지한 제1심이 적법하게 채택한 증거들에 비추어 살펴보면, 원심이 그 판시와 같은 이유를 들어 피고인들에 대한 이 사건 공소사실을 모두 유죄로 인정한 제1심판결을 유지한 조치는 정당하고, 거기에 상고이유의 주장과 같이 채증법칙에 위반하여 사실을 잘못 인정한 위법이 없다.

한편, 피고인 2의 상고이유 중 공동정범에 관한 법리오해, 공판중심주의 및 직접심리주의 원칙 위반에 관한 주장은 위 피고인이 이를 항소이유로 삼거나 원심이 직권으로 심판대상으로 삼은 바가 없는 것을 상고이유에서 비로소 주장하는 것으로서 적법한 상고이유가 되지 못할 뿐만 아니라 직권으로 살펴보아도 이 부분 원심판결에 상고이유의 주장과 같은 위법이 없다.

2. 피고인 1의 단독범행에 대하여

피고인이 보험금을 편취할 의사로 허위로 보험사고를 신고하거나 고의적으로 보험사고를 유발한 경우 보험금에 관한 사기죄가 성립하고, 나아가 설령 피고인이 보험사고에 해당할 수 있는 사고로 인하여 경미한 상해를 입었다고 하더라도 이를 기화로 보험금을 편취할 의사로 그 상해를 과장하여 병원에 장기간 입원하고 이를 이유로 실제 피해에 비하여 과다한 보험금을 지급받는 경우에는 그 보험금 전체에 대해 사기죄가 성립한다(대법원 2007. 5. 11. 선고 2007도2134 판결, 대법원 2008. 8. 21. 선고 2007도8726 판결 등 참조). 그리고 사기죄는 타인을 기망하여 착오에 빠뜨리고 그 처분행위를 유발하여 재물을 교부받거나 재산상 이익을 얻음으로써 성립하는 것으로서, 기망, 착오, 재산적 처분행위 사이에 인과관계가 있어야 한다(대법원 1994. 5. 24. 선고 93도1839 판결, 대법원 2003. 10. 10. 선고 2003도3516 판결 등 참조).

<u>이 부분 공소사실의 요지는, 사실은 피고인 1이 2003. 10. 초순경 남편 공소외 1이 목을 잡고 세게 흔들어 목을 다친 사실이 있을 뿐이고, 2003. 10. 13. 11:00경 전주시 완산구 서노송동에 있는 노송병원 앞에서 있었던 피고인 2가 운전하는 그랜저 승용차와 공소외 2가 운전하는 오토바이와의 교통사고(이하 '이 사건 교통사고'라고 한다) 발생 당시에 위 승용차에 동승한 사실이 없음에도 2003. 10. 13. 전주시 완산구에 있는 연세신경외과에서 약 4주간의 치료를 요하는 경추간판의 외상성 파열이라는 진단서를 발급받고, 2004. 5. 12. 익산시 신용동에 있는 원광대학교에서 경추부 척수 손상, 경추 추간판 탈출증이라는 후유장해진단서를 발급받아 2003. 12. 24.경부터 2005. 1. 3.경까지 제1심판결의 별지 [범죄일람표]와 같이 이 사건 교통사고로 인하여 상해를 입었다는 취지로 허위로 보험금을 청구하여 피해자 교보생명보험 주식회사, 녹십자생명보험 주식회사, 삼성생명보험 주식회사, 금호생명보험 주식회사, 현대해상화재보험 주식회사, 엘아이지손해보험 주식회사로부터 총 31회에 걸쳐 합계 107,541,604원을 각 교부받아 편취하였다는 것이다. 이에 대하여 원심은 그 판시와 같은 이유로 이 사건 교통사고 발생 당시 피고인 1이 위 그랜저 승용차에 탑승하고 있지 않았고, 따라서 이 사건 교통사고로 인하여 상해를 입은 것이 아니라고 보아 이 부분 공소사실을 유죄로 인정하였다.</u>

그러나 원심의 판단은 위에서 본 법리에 비추어 다음과 같은 이유로 그대로 수긍하기 어렵다.

원심이 인정한 사실과 기록에 의하면, 피고인 1은 2003. 10. 초순경 남편 공소외 1이 목을 잡고 세게 흔들어 목을 다쳤을 뿐 2003. 10. 13. 이 사건 교통사고로 인하여 목을 다친 것이 아닌 사실, 위 피고인은 2003. 10. 13. 전주시 완산구에 있는 연세신경외과의원에서 경수의 진탕 및 부종(C5-6), 경추간판의 외상성 파열(C4-5, C5-6)이라는 진단서를 발급받았고, 2003. 10. 20. 전주시 완산구에 있는 예수병원에서 상기 진단명으로 전방경유 수핵제거술 및 경추간 유합술을 시행받았고, 2003. 10. 27. 위 예수병원에서 경추간판탈출증(제5-6 경추간 파열형) 및 경척수손상(급성좌상, 제5-6 경추간)의 병명으로 다시 진단서를 발급받았으며, 2004. 5. 12. 익산시 신용동에 있는 원광대학교 의과대학병원에서 경추에 24%의 영구장해와 경수에 32%의 영구장해가 있다는 내용의 후유장해진단서를 발급받은 사실, 검찰에 제출된 건강보험심사평가원장의 입원진료 적정성 여부 심사의뢰에 대한 회신에는 위 피고인의 위 상해로 인한 3차에 걸친 입원(2003. 10. 13.부터 10. 18.까지, 2003. 10. 18.부터 10. 27.까지, 2003. 10. 27.부터 2004. 1. 14.까지) 등은 적정한 것으로 보인다고 기재되어 있는 사실, 위 피고인이 가입한 보험 중 일부는 교통재해와 교통재해 이외의 일반재해를 구분하지 아니하고 상해 등에 대하여 동일하게 보장하여 주는 보험이고, 일반적으로 상해보험약관상 상해의 개념에는 '타인의 가해에 의한 상해'가 포함되고 있는 사실 등을 알 수 있다.

사실관계가 이와 같다면, 위 피고인이 위와 같이 상해를 입고 수술을 받았으나 후유장해가 남은 것은 사실이고 이는 일반재해에 해당된다고 할 것이므로 위 피고인이 교통재해를 이유로 한 보험금청구가 보험회사에 대한 기망에 해당할 수 있으려면 각 보험약관상 교통재해만이 보험사고로 규정되어 있을 뿐 일반재해는 보험사고에 해당하지 않는 경우에 해당하거나 교통재해의 보험금이 일반재해의 보험금보다 다액으로 규정되어 있는 경우에 해당한다는 점이 전제되어야 할 것이다. 그런데 기록을 살펴보아도 이 점을 분명하게 알 수 있는 자료를 찾기 어렵다.

그럼에도 불구하고, 원심은 위 피고인이 가입한 각 보험의 보험사고가 무엇인지 및 그 각 보험회사들이 위 피고인에게 보험금을 지급한 것이 위 피고인의 기망으로 인한 것인지 등에 대하여 상세히 심리·판단하지 아니한 채 위 피고인의 보험금청구가 기망행위에 해당한다고 쉽사리 단정하여 위 공소사실을 유죄로 인정하고 말았으니, 원심판결에는 사기죄에 있어서의 기망행위 또는 인과관계에 관한 법리를 오해하였거나 필요한 심리를 다하지 아니하여 사실을 오인함으로써 판결에 영향을 미친 위법이 있다고 할 것이다. 이 점에 관한 상고이유의 주장은 이유 있다.

3. 결론

그러므로 원심판결 중 피고인 1에 대한 위 사기죄 부분은 나머지 상고이유를 판단할 필요 없이 파기되어야 할 것인바, 원심은 위 죄를 피고인의 나머지 범죄사실과 실체적 경합범으로 보아 하나의 형을 선고하였으므로 위 피고인에 대한 원심판결 전부(배상명령 부분을 포함)를 파기하고, 이 부분 사건을 다시 심리·판단하도록 원심법원에 환송하되, 피고인 2의 상고를 기각하기로 하여 관여 대법관의 일치된 의견으로 주문과 같이 판결한다.

대법관 이인복(재판장) 이홍훈 김능환(주심) 민일영

대법원 2011.2.24. 선고 2010도13801 판결

【특정경제범죄가중처벌등에관한법률위반(횡령)·특정경제범죄가중처벌등에관한법률위반(수재등)·특정경제범죄가중처벌등에관한법률위반(배임)(일부인정된죄명:업무상배임)·특정경제범죄가중처벌등에관한법률위반(증재등)·상호저축은행법위반】

판시사항

1 수개의 업무상횡령 행위를 포괄하여 특정경제범죄 가중처벌 등에 관한 법률 위반(횡령)죄로 의율하기 위해서는 피해자 및 피해자별 피해액에 관한 공소사실의 특정이 필요한지 여부(적극)

2 업무상배임죄로 이익을 얻는 수익자 또는 그와 밀접한 관련이 있는 제3자를 배임의 실행행위자와 공동정범으로 인정하기 위한 요건

3 동일인 한도초과 대출로 인하여 '상호저축은행법 위반죄'와 '업무상배임죄'가 성립하는 경우 두 죄의 죄수 관계(=상상적 경합) 및 그 중 1죄에 대한 확정판결의 기판력이 다른 죄에 대하여도 미치는지 여부(적극)

4 판결이 확정된 동일인 한도초과 대출로 인한 구 상호저축은행법 위반의 범죄사실과 특정경제범죄 가중처벌 등에 관한 법률 위반(배임)의 공소사실이 상상적 경합관계에 있다고 보아, 위 공소사실에 대하여 면소를 선고한 원심판결을 수긍한 사례

판결요지

1 수개의 업무상횡령 행위라 하더라도 피해법익이 단일하고, 범죄의 태양이 동일하며, 단일 범의의 발현에 기인하는 일련의 행위로 인정되는 경우는 포괄하여 1개의 범죄라고 할 것이지만, 피해자가 수인인 경우는 피해법익이 단일하다고 할 수 없으므로 포괄일죄의 성립을 인정하기 어렵고, 특정경제범죄 가중처벌 등에 관한 법률 제3조 제1항에서 정한 이득액은 단순일죄의 이득액이나 포괄일죄의 이득액 합산액을 의미하는 것이지 경합범으로 처벌될 수죄의 이득액을 합한 금액을 말한다고 볼 수는 없으므로, 횡령행위를 포괄하여 특정경제범죄 가중처벌 등에 관한 법률 위반(횡령)죄로 의율하려면 원칙적으로 피해자 및 피해자별 피해액에 관한 공소사실의 특정이 필요하다.

2 업무상배임죄로 이익을 얻는 수익자 또는 그와 밀접한 관련이 있는 제3자를 배임의 실행행위자와 공동정범으로 인정하기 위해서는 실행행위자의 행위가 피해자 본인에 대한 배임행위에 해당한다는 것을 알면서도 소극적으로 배임행위에 편승하여 이익을 취득한 것만으로는 부족하고, 실행행위자의 배임행위를 교사하거나 또는 배임행위의 전 과정에 관여하는 등으로 배임행위에 적극 가담할 것이 필요하다.

3 동일인 한도초과 대출로 상호저축은행에 손해를 가하여 상호저축은행법 위반죄와 업무상배임죄가 모두 성립한 경우, 두 죄는 형법 제40조에서 정한 상상적 경합관계에 있고, 형법 제40조의 상상적 경합관계의 경우에는 그 중 1죄에 대한 확정판결의 기판력은 다른 죄에 대하여도 미친다.

4 판결이 확정된 동일인 한도초과 대출로 인한 구 상호저축은행법(2010. 3. 22. 법률 제10175호로 개정되기 전의 것) 위반의 범죄사실과 특정경제범죄 가중처벌 등에 관한 법률 위반(배임)의 공소사실이 상상적 경합관계에 있다고 보아, 위 공소사실에 대하여 면소를 선고한 원심판결을 수긍한 사례.

전 문

피 고 인 피고인 1 외 2인

상 고 인 피고인들 및 검사

변 호 인 법무법인

원심판결 부산고법 2010. 9. 30. 선고 2010노352 판결

주 문 원심판결 중 피고인 1에 대한 유죄 부분을 파기하고, 이 부분 사건을 부산고등법원에 환송한다. 피고인 2, 3 및 검사의 상고를 각 기각한다.

이 유 상고이유(검사가 상고이유서 제출기간이 경과한 후에 제출한 상고이유보충서의 기재는 상고이유서를 보충하는 범위 내에서)를 본다.

1. 피고인 1의 상고이유에 대한 판단

가. 업무상횡령의 점에 대하여

이 부분 상고이유에 대한 판단에 앞서 직권으로 살펴본다.

이 사건 공소사실 중 피고인 1에 대한 특정경제범죄 가중처벌 등에 관한 법률 위반(횡령)의 점의 내용은 "피고인 1이 부산 금정구 남산동 (이하 생략)에 있는 피해자인 공소외 1 주식회사의 실제 운영자로서 위 회사 업무 전체를 총괄하여 왔다. 위 피고인은 2005. 9. 26. 위 회사 명의 계좌에 입금되어 있는 자금을 업무상 보관하던 중, 그 무렵 가지급금 형식으로 1,000만 원을 인출하여 자신의 아들 공소외 2 명의의 아파트 구입비용으로 소비하였다. 위 피고인은 그 외에도 그 무렵부터 2007. 12. 26.까지 사이에 원심 판시 별지 [범죄일람표 Ⅵ] 기재와 같이 부산 시내 등지에서 83회에 걸쳐 '자신이 실제 운영하는 회사'의 법인자금 합계 36억 3,624만 원을 마음대로 소비하여 횡령하였다."라는 것으로 공소외 1 주식회사 이외에는 업무상횡령 범행의 피해자가 특정되어 있지 아니하나, 제1심은 위 공소사실을 그대로 받아들여서 피고인 1에게 특정경제범죄 가중처벌 등에 관한 법률 제3조 제1항 제2호, 형법 제356조, 제355조 제1항을 적용하여 특정경제범죄 가중처벌 등에 관한 법률 위반(횡령)의 죄책을 인정하였고, 원심도 제1심의 위와 같은 판단을 유지하였다.

그런데 수개의 업무상횡령 행위라 하더라도 그 피해법익이 단일하고, 범죄의 태양이 동일하며, 단일 범의의 발현에 기인하는 일련의 행위라고 인정되는 경우에는 포괄하여 1개의 범죄라고 할 것이지만(대법원 2005. 9. 28. 선고 2005도3929 판결 등 참조), 피해자가 수인인 경우에는 그 피해법익이 단일하다고 할 수 없으므로 포괄일죄의 성립을 인정하기 어렵고, 특정경제범죄 가중처벌 등에 관한 법률 제3조 제1항에 정한 이득액은 단순일죄의 이득액이나 혹은 포괄일죄가 성립되는 경우의 이득액의 합산액을 의미하는 것이지 경합범으로 처벌될 수죄에 있어서 그 이득액을 합한 금액을 말한다고 볼 수는 없으므로(대법원 1989. 6. 13. 선고 89도582 판결 참조), 횡령행위를 포괄하여 특정경제범죄 가중처벌 등에 관한 법률 위반(횡령)죄로 의율하려면 원칙적으로 피해자 및 피해자별 피해액에 관한 공소사실의 특정을 요한다고 할 것이다.

이 사건의 경우 공소외 3에 대한 검찰 제3회 진술조서(증거기록 제145~162쪽), 자금일보(공판기록 제445쪽 이하)의 각 기재 등을 포함하여 기록에 나타난 여러 증거에 의하면, 원심 판시 별지 [범죄일람표 Ⅵ]에 기재된 각 횡령금액에는 비단 공소외 1 주식회사 명의의 계좌뿐만 아니라 그 밖에도 공소외 4 주식회사, 공소외 5 주식회사, 공소외 6 주식회사, 공소외 7 주식회사 등 피고인 1이 실제 운영하던 여러 회사 명의의 계좌와 위 피고인이 대출명의를 빌린 공소외 3, 8, 9, 10 등 개인 명의의 계좌에서 인출된 것도 포함되어 있는데, 그 인출 금액이 모두 사실상 동일한 회사의 것이라고 볼 만한 자료가 없고, 오히려 원심은 판시 범죄사실 중 위 피고인에 대한 업무상배임의 점에서 공소외 11 상호저축은행으로부터 대출을 받은 실제 차주를 위 피고인으로 설시하고 있음을 알 수 있다.

사정이 이와 같다면, 이 부분 업무상횡령 범행의 피해자를 특정하고 그 피해자별로 피해액을 산정할 경우 그 이득액에 따라서는 특정경제범죄 가중처벌 등에 관한 법률 위반(횡령)죄가 아닌 형법상 업무상횡령죄가 성립할 여지가 있을 뿐만 아니라(더구나 피고인 1이 타인 명의로 대출받은 자금의 실제 차주로서 그 자금의 소유자로 판명될 경우에는 업무상횡령죄의 성립이 부정될 가능성도 전혀 배제하기 어렵다), 피해자가 특정되어야 비로소 [같은 범죄일람표] 기재 각 항목별 횡령금액이 과연 해당 피해자를 위하여 사용된 것인지 여부를 제대로 확인할 수 있다 할 것이므로, 피고인의 방어권보장을 위하여도 그 피해자 및 피해자별 피해액의 특정이 필요하다.

따라서 원심으로서는 피고인 1에 대한 특정경제범죄 가중처벌 등에 관한 법률 위반(횡령)의 공소사실과 관련하여 검사에게 피해자 및 피해자별 피해액의 석명을 요구하고 그에 맞추어 공소사실을 특정하게 한 후 이를 토대로 위 피고인으로 하여금 변소내용을 보완하도록 하여, [같은 범죄일람표] 기재 각 항목별로 해당 피해자에 대한 횡령행위가 인정되는지 여부를 심리·판단할 필요가 있었음에도, 업무상횡령의 포괄일죄 및 공소사실의 특정에 관한 법리를 오해한 나머지 심리를 다하지 아니하여 판결에 영향을 미친 위법을 범하였다.

원심판결 중 피고인 1에 대한 특정경제범죄 가중처벌 등에 관한 법률 위반(횡령) 부분에 위와 같은 위법이 있다고 보아 원심판결을 파기하는 이상 위 점에 관한 위 피고인의 상고이유에 대하여는 나아가 살펴볼 필요

가 없다.

나. 업무상배임의 점에 대하여

업무상배임죄의 실행으로 인하여 이익을 얻게 되는 수익자 또는 그와 밀접한 관련이 있는 제3자를 배임의 실행행위자와 공동정범으로 인정하기 위하여는 실행행위자의 행위가 피해자 본인에 대한 배임행위에 해당한다는 것을 알면서도 소극적으로 그 배임행위에 편승하여 이익을 취득한 것만으로는 부족하고, 실행행위자의 배임행위를 교사하거나 또는 배임행위의 전 과정에 관여하는 등으로 배임행위에 적극 가담할 것을 필요로 한다(대법원 2003. 10. 30. 선고 2003도4382 판결, 대법원 2007. 4. 12. 선고 2007도1033 판결 등 참조).

원심은 제1심 판시 사정을 들어 피고인 1을 나머지 피고인들의 업무상 배임행위에 적극 가담한 공동정범으로 인정하고 업무상배임의 죄책을 인정한 제1심의 판단을 그대로 유지하였다.

원심판결 이유를 앞서 본 법리 및 기록에 비추어 살펴보면, 원심의 위와 같은 사실인정 및 판단은 정당한 것으로 수긍할 수 있다.

한편 원심이 채택한 증거들에 의하면, 원심이 피고인 1에게 업무상배임의 죄책을 인정한 대출들 중에는 기존 대출금의 이자를 변제하는데 사용하기 위하여 신규 대출을 받은 부분도 포함되어 있으나, 그 신규 대출은 대출명의자, 대출과목, 대출원금 등에서 기존 대출과의 동일성을 찾아볼 수 없고, 공소외 11 상호저축은행이 일단 대출명의자의 계좌로 신규 대출금을 입금하여 기존의 여러 대출채무의 이자를 변제하도록 하는 등 실제 자금의 이동이 있었던 점에 비추어 보면, 이 부분 대출금이 대환에 해당한다고 볼 수 없으므로, 그 대출과 동시에 이미 손해발생의 위험은 발생하였다고 보아야 할 것이어서, 이러한 사정은 업무상배임의 죄책을 묻는 데 장애가 되지 아니한다.

원심판결에는 이 부분 상고이유 주장과 같은 채증법칙 위반, 법리오해 등의 위법이 없다.

2. 피고인 2의 상고이유에 대한 판단

원심은 제1심 판시 사실관계를 토대로 이 사건 대출을 취급함에 있어 피고인 2의 배임행위 및 그 고의를 인정한 제1심의 판단을 그대로 유지하였다.

원심판결 이유를 기록에 비추어 살펴보면, 원심의 위와 같은 사실인정 및 판단은 정당한 것으로 수긍할 수 있다.

원심판결에는 이 부분 상고이유 주장과 같이 배임죄의 고의와 불법이득의사 인정에 관한 법리오해 등의 위법이 없다.

3. 피고인 3의 상고이유에 대한 판단

기록에 의하면 피고인 3은 원심에서 항소이유로 양형부당만을 주장하여 법원의 판단을 받았음을 알 수 있으므로, 상고심에서 채증법칙 위반 등을 상고이유로 내세우는 것은 허용되지 아니하고, 위 피고인에게 10년 미만의 징역형이 선고된 이 사건에서 형의 양정이 부당하다는 사유는 형사소송법 제383조 제4호의 규정상 적법한 상고이유가 될 수 없다.

4. 검사의 상고이유에 대한 판단

가. 피고인 1의 특정경제범죄 가중처벌 등에 관한 법률 위반(증재등)의 점 및 피고인 2의 특정경제범죄 가중처벌 등에 관한 법률 위반(수재등)의 점에 대하여

원심은 그 판시와 같은 사정에 비추어 피고인 1이 기존 대출에 대한 사례 및 장래 대출을 용이하게 해 달라는 청탁 명목으로 피고인 2에게 금품을 공여하였다고 보기는 어렵다고 판단하여 이 부분 공소사실을 무죄로 인정하였다.

원심판결 이유를 앞서 본 법리 및 기록에 비추어 살펴보면, 원심의 위와 같은 사실인정 및 판단은 정당한 것으로 수긍할 수 있다.

원심판결에는 이 부분 상고이유 주장과 같은 채증법칙 위반 등의 위법이 없다.

나. 피고인 2, 3의 면소 부분에 대하여

동일인 대출한도 초과대출 행위로 인하여 상호저축은행에 손해를 가함으로써 상호저축은행법 위반죄와 업무상배임죄가 모두 성립한 경우, 그 두 죄는 형법 제40조 소정의 상상적 경합관계에 있다 할 것이고, 형법 제40조 소정의 상상적 경합관계의 경우에는 그 중 1죄에 대한 확정판결의 기판력은 다른 죄에 대하여도 미친다(대법원 2008. 7. 10. 선고 2008도3357 판결 참조).

원심은 판결이 확정된 동일인 대출한도 초과대출로 인한 상호저축은행법 위반의 범죄사실과 피고인 2, 3에 대한 원심 판시 별지 [범죄일람표 II] 순번 1, 2, 4, 6, 10, [범죄일람표 III] 순번 1, 2, 3, 12, [범죄일람표 IV] 순번 1, 2에 관한 특정경제범죄 가중처벌 등에 관한 법률 위반(배임)의 각 점은 상상적 경합관계에 있다고 보고, 확정된 판결의 기판력이 위 각 공소사실에도 미치므로, 위 각 공소사실에 대하여는 확정판결이 있는 때에 해당한다는 이유로 면소판결을 선고하였다.

원심판결 이유를 앞서 본 법리 및 기록에 비추어 살펴보면, 원심의 위와 같은 판단은 정당한 것으로 수긍할

수 있다.

검사가 상고이유서에서 언급한 대법원판결은 이 사건과는 사안을 달리하므로, 이 사건에 원용하기에 부적절하다.

원심판결에는 이 부분 상고이유 주장과 같은 법리오해 등의 위법이 없다.

5. 파기 범위

그렇다면 원심판결의 피고인 1에 대한 유죄 부분 중 판시 특정경제범죄 가중처벌 등에 관한 법률 위반(횡령) 부분은 파기하여야 할 것인바, 원심은 이를 피고인 1에 대하여 유죄로 인정한 나머지 죄와 형법 제37조 전단의 경합범으로 처단하여 하나의 형을 선고하였으므로, 원심판결 중 피고인 1에 대한 유죄 부분 전부를 파기한다.

6. 결론

그러므로 원심판결 중 피고인 1에 대한 유죄 부분을 파기하고, 이 부분 사건을 다시 심리·판단하도록 하기 위하여 원심법원에 환송하며, 피고인 2, 3 및 검사의 상고를 각 기각하기로 하여, 관여 대법관의 일치된 의견으로 주문과 같이 판결한다.

대법관 양창수(재판장) 양승태 김지형(주심) 전수안

대법원 2011.2.24. 선고 2010도11784 판결

【배임수재】

판시사항

1 배임수재죄에서 '타인의 사무를 처리하는 자', '임무에 관하여' 및 '부정한 청탁'의 의미
2 '임무위배행위'나 '본인에게 손해를 가할 것'이 배임수재죄의 성립 요건인지 여부(소극)
3 주택조합아파트 시공회사 직원인 피고인들이 조합장으로부터 조합의 이중분양에 관한 민원을 묵인하거나 조합의 입장을 배려해 달라는 청탁을 받고 위 아파트 분양권을 취득한 사안에서, 피고인들에게 배임수재죄를 인정한 원심판단을 수긍한 사례

판결요지

1 형법 제357조 제1항에서 정한 배임수재죄의 주체인 '타인의 사무를 처리하는 자'란 타인과의 대내관계에서 신의성실의 원칙에 비추어 사무를 처리할 신임관계가 존재한다고 인정되는 자를 의미하고, 반드시 제3자에 대한 대외관계에서 그 사무에 관한 권한이 존재할 것을 요하지 않으며, 또 사무가 포괄적 위탁사무일 것을 요하는 것도 아니고, 사무처리의 근거, 즉 신임관계의 발생근거는 법령의 규정, 법률행위, 관습 또는 사무관리로도 발생할 수 있으며, '임무에 관하여'란 타인의 사무를 처리하는 자가 위탁받은 사무를 말하는 것이나 이는 본래의 사무뿐만 아니라 그와 밀접한 관계가 있는 범위 내의 사무도 포함되고, 나아가 고유의 권한으로 처리를 하는 자에 한하지 않고 보조기관으로서 직접 또는 간접으로 사무를 담당하는 자도 포함되고, '부정한 청탁'이란 반드시 업무상배임의 정도에 이를 것을 요하지 않으며, 사회상규 또는 신의성실의 원칙에 반하는 것이면 족하고, 이를 판단할 때에는 청탁의 내용 및 이에 관련한 대가의 액수, 형식, 보호법익인 거래의 청렴성 등을 종합적으로 고찰하여야 하며, 청탁이 반드시 명시적일 것을 요하지 않는다.
2 배임수재죄는 타인의 사무를 처리하는 자가 그 임무에 관하여 부정한 청탁을 받고 재물 등을 취득함으로써 성립하는 것이고, 어떠한 임무위배행위나 본인에게 손해를 가할 것을 요건으로 하는 것은 아니다.
3 주택조합아파트 시공회사 직원인 피고인들이 조합장으로부터 조합의 이중분양에 관한 민원을 회사에 보고하지 않고 묵인하거나 이중분양에 대한 조치를 강구할 때 조합의 입장을 배려하여 달라는 청탁을 받고 위 아파트 분양권을 취득한 사안에서, 피고인들에게 배임수재죄를 인정한 원심판단을 수긍한 사례.

전 문

피 고 인 피고인 1 외 2인

상 고 인 피고인들

변 호 인 법무법인

환송판결 대법원 2010. 4. 29. 선고 2010도370 판결

원심판결 서울고법 2010. 8. 20. 선고 2010노1139 판결

주 문 상고를 모두 기각한다.

이 유

1. 피고인 1, 2의 각 상고이유에 대한 판단

형법 제357조 제1항에 정한 배임수재죄의 주체로서 '타인의 사무를 처리하는 자'라 함은 타인과의 대내관계에

있어서 신의성실의 원칙에 비추어 그 사무를 처리할 신임관계가 존재한다고 인정되는 자를 의미하고, 반드시 제3자에 대한 대외관계에서 그 사무에 관한 권한이 존재할 것을 요하지 않으며, 또 그 사무가 포괄적 위탁사무일 것을 요하는 것도 아니고, 사무처리의 근거, 즉 신임관계의 발생근거는 법령의 규정, 법률행위, 관습 또는 사무관리에 의하여도 발생할 수 있으며, 배임수재죄에 있어 '임무에 관하여'라 함은 타인의 사무를 처리하는 자가 위탁받은 사무를 말하는 것이나 이는 그 위탁관계로 인한 본래의 사무뿐만 아니라 그와 밀접한 관계가 있는 범위 내의 사무도 포함되고, 나아가 고유의 권한으로서 그 처리를 하는 자에 한하지 않고 그 자의 보조기관으로서 직접 또는 간접으로 그 처리에 관한 사무를 담당하는 자도 포함되고(대법원 2006. 3. 24. 선고 2005도6433 판결 등 참조), '부정한 청탁'이라 함은 반드시 업무상배임의 내용이 되는 정도에 이를 것을 요하지 않으며, 사회상규 또는 신의성실의 원칙에 반하는 것을 내용으로 하는 것이면 족하고, 이를 판단함에 있어서는 청탁의 내용 및 이에 관련한 대가의 액수, 형식, 보호법익인 거래의 청렴성 등을 종합적으로 고찰하여야 하며, 그 청탁이 반드시 명시적임을 요하는 것은 아니다(대법원 2008. 12. 11. 선고 2008도6987 판결 등 참조).

또한 배임수재죄는 타인의 사무를 처리하는 자가 그 임무에 관하여 부정한 청탁을 받고 재물 등을 취득함으로써 성립하는 것이고, 어떠한 임무위배행위나 본인에게 손해를 가한 것을 요건으로 하는 것이 아니다(대법원 1984. 11. 27. 선고 84도1906 판결).

위 법리와 기록에 비추어 살펴보면, 원심이 그 판시와 같은 사정들을 인정한 다음 피고인 1, 2는 안양시 (이하 생략) 공소외 1 주택조합이 시행하는 공소외 1 주택조합아파트 신축·분양사업이 이중분양 등의 문제없이 원활하게 진행되고 있는지 여부를 확인하고 그에 대하여 필요한 조치를 강구할 임무가 있는 타인의 사무를 처리하는 자였음에도 불구하고 원심공동피고인 1로부터 공소외 1 주택조합의 이중분양에 관한 민원을 공소외 2 주식회사에 보고하지 않고 이를 묵인하여 주거나 이중분양에 대한 조치를 강구함에 있어 공소외 1 주택조합의 입장을 배려하여 달라는 부정한 청탁을 받고, 공소외 1 주택조합아파트의 분양권을 취득함으로써 재산상 이득을 취득한 것으로 보아, 피고인 1, 2에 대한 이 사건 배임수재죄를 유죄로 판단한 것은 정당하고, 거기에 상고이유에서 주장하는 바와 같은 채증법칙 위반이나 법리오해 등의 위법이 없다.

2. 피고인 3의 상고이유에 대한 판단

원심판결 이유를 원심이 적법하게 채택한 증거들에 비추어 살펴보면, 원심이 그 판시와 같은 이유를 들어 피고인 3이 원심공동피고인 2의 지시를 받은 공소외 3 주식회사의 공소외 4 차장으로부터 부정한 청탁을 받고 1,000만 원을 송금받았다고 판단하여 피고인 3에 대한 배임수재죄의 공소사실을 유죄로 인정한 것은 정당하고, 거기에 상고이유에서 주장하는 바와 같은 채증법칙 위반이나 법리오해 등의 위법이 없다.

3. 결론

그러므로 상고를 모두 기각하기로 하여 관여 대법관의 일치된 의견으로 주문과 같이 판결한다.

대법관 이인복(재판장) 이홍훈 김능환(주심) 민일영

대법원 2011.2.10. 선고 2010도15986 판결

【사기·제3자뇌물취득·뇌물수수·뇌물공여·공무집행방해·위계공무집행방해·폭력행위등처벌에관한법률위반(공동협박)(인정된죄명:협박)·증거위조교사·위조증거사용교사·수산업법위반】

판시사항

1. 공무집행방해죄에서 '협박'의 의미
2. 수산업협동조합 조합장이 해양경찰서 경찰공무원의 사건 수사에 항의하여 전화로 폭언하며 협박함으로써 직무집행을 방해하였다는 공소사실에 대하여, 이를 유죄로 인정한 원심판단을 정당하다고 한 사례
3. 피의자 등이 수사기관에 조작된 증거를 제출함으로써 수사활동을 방해한 경우, 위계에 의한 공무집행방해죄의 성립 여부(적극)
4. 증거위조죄의 구성요건 중 '타인의 형사사건', '위조'의 의미 및 자기의 형사사건에 관한 증거를 위조하기 위하여 타인을 교사한 경우 증거위조교사죄가 성립하는지 여부(적극)
5. 구 수산업법 제34조 제1항의 입법 취지 및 '어업권자 아닌 사람이 그 어업의 경영을 사실상 지배'하는지 여부의 판단 기준

판결요지

1. 공무집행방해죄에서 협박이란 상대방에게 공포심을 일으킬 목적으로 해악을 고지하는 행위를 의미하는 것으로서 고지하는 해악의 내용이 그 경위, 행위 당시의 주위 상황, 행위자의 성향, 행위자와 상대방과의 친숙함의 정도, 지위 등의 상호관계 등 행위 당시의 여러 사정을 종합하여 객관적으로 상대방으로 하여금 공포심을 느끼게 하는 것이어야 하고, 그 협박이 경미하여 상대방이 전혀 개의치 않을 정도인 경우에는 협박에 해당하지 않는다.
2. 수산업협동조합 조합장인 피고인이 수사 중인 해양경찰서 소속 경찰공무원인 갑에게 전화를 걸어 폭언하며 협박함으로써 범죄수사 등에 관한 직무집행을 방해하였다는 공소사실에 대하여, 피고인은 당시 조합장을 7년 이상 역임해 온 자로서 지역사회에 상당한 영향력을 행사하고 있었고, 검찰청 또는 해양경찰청 고위 간부들과의 친분관계를 과시하였으므로 갑으로서는 충분히 위협을 느낄 수 있는 지위에 있었던 것으로 보이는 점, 당시 피고인의 전화통화 내용도 수사에 대하여 강하게 항의하면서 해양경찰청 고위 간부들과의 친분관계를 이용하여 갑에게 인사상 불이익을 가하겠다는 것으로 갑이 공포심을 느낄 수 있는 해악의 고지로 보여지는 점, 기타 폭언을 하게 된 동기 및 경위, 그 내용 등에 비추어 보면, 피고인의 폭언은 단순히 경찰공무원의 수사에 대한 불만의 표시나 감정적인 욕설에 그친다고 볼 수는 없고, 수사를 계속하는 경우에는 담당 경찰관에게 어떤 인사상 불이익이 가해지리라는 것을 통보함으로써 공포심을 품게 하려는 데 그 목적이 있었다 할 것이고, 또 이는 객관적으로 보아 상대방으로 하여금 공포심을 느끼게 하기에 충분하다는 이유로, 이를 유죄로 인정한 원심판단을 정당하다고 한 사례.
3. 수사기관이 범죄사건을 수사할 때에는 피의자 등의 진술 여하에 불구하고 피의자를 확정하고 그 피의사실을 인정할 만한 객관적인 모든 증거를 수집·조사하여야 할 권리와 의무가 있고, 한편 피의자는 진술거부권과 자기에게 유리한 진술을 할 권리와 유리한 증거를 제출할 권리를 가질 뿐이고 수사기관에 대하여 진실만을 진술하여야 할 의무가 있는 것은 아니다. 따라서 피의자 등이 수사기관에 대하여 허위사실을 진술하거나 피의사실 인정에 필요한 증거를 감추고 허위의 증거를 제출하였다고 하더라도, 수사기관이 충분한 수사를 하지 아니한 채 이와 같은 허위의 진술과 증거만으로

증거의 수집·조사를 마쳤다면, 이는 수사기관의 불충분한 수사에 의한 것으로서 피의자 등의 위계에 의하여 수사가 방해되었다고 볼 수 없어 위계에 의한 공무집행방해죄가 성립된다고 할 수 없다. 그러나 피의자 등이 적극적으로 허위의 증거를 조작하여 제출하고 그 증거 조작의 결과 수사기관이 그 진위에 관하여 나름대로 충실한 수사를 하더라도 제출된 증거가 허위임을 발견하지 못할 정도에 이르렀다면, 이는 위계에 의하여 수사기관의 수사행위를 적극적으로 방해한 것으로서 위계에 의한 공무집행방해죄가 성립된다.

[4] 형법 제155조 제1항의 증거위조죄에서 타인의 형사사건이란 증거위조 행위시에 아직 수사절차가 개시되기 전이라도 장차 형사사건이 될 수 있는 것까지 포함하고, 그 형사사건이 기소되지 아니하거나 무죄가 선고되더라도 증거위조죄의 성립에 영향이 없다. 여기에서의 '위조'란 문서에 관한 죄에 있어서의 위조 개념과는 달리 새로운 증거의 창조를 의미하는 것이므로 존재하지 아니한 증거를 이전부터 존재하고 있는 것처럼 작출하는 행위도 증거위조에 해당하며, 증거가 문서의 형식을 갖는 경우 증거위조죄에 있어서의 증거에 해당하는지 여부가 그 작성권한의 유무나 내용의 진실성에 좌우되는 것은 아니다. 또한 자기의 형사사건에 관한 증거를 위조하기 위하여 타인을 교사하여 죄를 범하게 한 자에 대하여는 증거위조교사죄가 성립한다.

[5] 구 수산업법(2009. 4. 22. 법률 제9626호로 전부 개정되기 전의 것) 제34조 제1항에서 어업권자는 다른 사람에게 그 어업의 경영을 사실상 지배하게 하여서는 아니된다고 규정하고, 구 수산업법 제95조 제4호에서 위 규정에 위반하여 사실상 그 어업의 경영을 지배하고 있는 자와 어업권자로서 다른 사람에게 사실상 그 어업의 경영을 지배하도록 한 자를 처벌하도록 규정하고 있다. 이는 어업권의 임대차를 금지하고 있는 구 수산업법 제35조의 규정과 더불어, 적격성과 우선순위 등의 판단을 거쳐 자영할 의사가 있는 자에게 해당 수면을 구획·전용하여 어업을 경영하게 하고 그 이익을 제3자로부터 보호함으로써 수산업의 건전한 발전을 도모할 목적 아래 마련된 어업면허제도의 근간을 유지함으로써 자영하는 어민에게 어장을 이용시키려는 데 그 입법 취지가 있다. 여기에서 '어업권자 아닌 다른 사람이 그 어업의 경영을 사실상 지배'하는지 여부는 어업권자와 다른 사람 사이의 계약의 명칭에 구애됨이 없이 그 실질을 따져 다른 사람이 어업의 경영에 관여하여 이를 사실상 지배하고 있는지 여부에 따라 가려야 한다.

전 문

피 고 인 피고인 1 외 2인

상 고 인 피고인들 및 검사

변 호 인 변호사

원심판결 광주지법 2010. 11. 3. 선고 2009노1630, 2010노2082 판결

주 문 상고를 각 기각한다.

이 유 상고이유를 본다.

1. 검사의 상고이유에 대하여

차용금의 편취에 의한 사기죄의 성립 여부는 차용 당시를 기준으로 판단하여야 하므로, 피고인이 차용 당시에는 변제할 의사와 능력이 있었다면 그 후에 차용금을 변제하지 못하였다고 하더라도 이는 단순한 민사상의 채무불이행에 불과할 뿐 형사상 사기죄가 성립한다고 할 수 없고, 한편 사기죄의 주관적 구성요건인 편취의 범의가 존재하는지 여부는 피고인이 자백하지 아니하는 한 범행 전후의 피고인의 재력, 환경, 범행의 내용, 거래의 이행과정, 피해자와의 관계 등과 같은 객관적인 사정을 종합하여 판단하여야 한다(대법원 1996. 3. 26. 선고 95도3034 판결 참조).

위 법리와 기록에 비추어 살펴보면, 원심이 그 판시와 같은 이유로 피고인 1이 이 사건 차용 당시 차용금을 변제할 의사와 능력이 없었다거나 피고인 1에게 편취의 범의가 있었다고 단정하기 어렵다고 판단하여 피고인 1에 대한 공소사실 중 사기의 점에 대하여 무죄를 선고한 제1심판결을 유지한 것은 정당하다.

원심판결에는 상고이유에서 주장하는 바와 같이 사기죄에 있어서 편취의 범의에 관한 법리를 오해하는 등의

위법이 없다.

2. 피고인 1의 상고이유에 대하여

형사소송법 제383조 제4호는 형의 양정이 심히 부당하다고 인정할 현저한 사유가 있어 상고이유로 삼을 수 있는 경우를 사형·무기 또는 10년 이상의 징역이나 금고가 선고된 사건으로 제한하고 있으므로, 이에 해당하지 않는 사건에 대한 양형부당의 상고이유는 부적법할 뿐만 아니라, 이러한 경우 사실심인 원심이 피고인에 대한 양형조건이 되는 범행의 동기 및 수법이나 범행 전후의 정황 등의 여러 정상에 관하여 심리를 제대로 하지 아니하였음을 들어 상고이유로 삼을 수도 없다(대법원 2005. 11. 10. 선고 2005도6026 판결 등 참조).

피고인 1에 대하여 10년 미만의 징역형이 선고된 이 사건에서 원심의 양형이 부당하거나 양형조건이 되는 여러 사정에 관하여 제대로 심리하지 아니하였다는 주장은 적법한 상고이유가 될 수 없다.

3. 피고인 2의 상고이유에 대하여

가. 원심공동피고인, 피고인 1 관련 각 뇌물수수 부분에 대하여

피고인이 제1심판결에 대하여 양형부당만을 항소이유로 내세워 항소하였다가 그 항소가 기각된 경우 피고인은 원심판결에 대하여 사실오인 또는 법리오해의 위법이 있다는 것을 상고이유로 삼을 수 없고(대법원 2003. 2. 11. 선고 2002도7115 판결 등 참조), 이는 피고인이 제1심판결에 대하여 양형부당과 함께 다른 항소이유를 내세워 항소하였다고 하더라도 그 후 원심판결 선고 전에 양형부당 이외의 항소이유를 철회한 경우에도 마찬가지이다(대법원 2006. 10. 26. 선고 2005도9825 판결 등 참조).

기록에 의하면, 피고인 2는 이 부분 제1심판결[광주지방법원 목포지원 2009. 6. 30. 선고 2009고단50, 2009고단186(병합) 판결]에 대하여 항소하면서 그 항소이유로 양형부당과 함께 사실오인을 주장하였다가, 2010. 10. 20. 원심 제8회 공판기일에서 위 사실오인 주장을 철회한 사실을 알 수 있다.

따라서 원심판결 중 이 부분에 대하여 사실오인 또는 법리오해의 위법이 있다는 취지의 주장은 어느 것이나 적법한 상고이유가 될 수 없다.

나. 공소외 5, 6, 7, 8 관련 각 뇌물수수 부분에 대하여

<u>뇌물죄에 있어서 수뢰자로 지목된 피고인이 수뢰사실을 시종일관 부인하고 있고 이를 뒷받침할 금융자료 등 물증이 없는 경우라 하더라도, 증뢰자의 진술이 증거능력이 있고, 그 진술내용 자체의 합리성, 객관적 상당성, 전후의 일관성 등 뿐만 아니라 그의 인간됨, 그 진술로 얻게 되는 이해관계 유무 등을 아울러 살펴볼 때 그 진술내용에 합리적인 의심을 배제할 만한 신빙성이 있는 것으로 판단된다면, 증뢰자의 진술만으로 유죄를 인정할 수 있다</u>(대법원 2002. 6. 11. 선고 2000도5701 판결 참조).

원심은, 그 판시와 같은 여러 사정들을 종합하여 피고인 2가 2005. 3. 16.경 피고인 1과 공모하여 공소외 5로부터 1,000만 원권 자기앞수표 1장과 현금 500만 원을 수수하고, 2006년 10월경 공소외 6으로부터 100만 원, 공소외 7로부터 200만 원을 각 수수하고, 2007년 12월경 피고인 1을 통하여 공소외 8로부터 공소외 9 화백의 동양화 1점을 수수한 사실을 각 인정하고 이 부분 공소사실을 모두 유죄로 판단하였다.

위 법리와 기록에 비추어 살펴보면, 원심의 이러한 사실인정과 판단은 정당한 것으로 수긍할 수 있다.

원심판결에는 논리와 경험의 법칙을 위반하고 자유심증주의의 한계를 벗어나 사실을 인정하는 등의 위법이 없다.

다. 공무집행방해 부분에 대하여

<u>공무집행방해죄에 있어서 협박이라 함은 상대방에게 공포심을 일으킬 목적으로 해악을 고지하는 행위를 의미하는 것으로서 고지하는 해악의 내용이 그 경위, 행위 당시의 주위 상황, 행위자의 성향, 행위자와 상대방과의 친숙함의 정도, 지위 등의 상호관계 등 행위 당시의 여러 사정을 종합하여 객관적으로 상대방으로 하여금 공포심을 느끼게 하는 것이어야 하고, 그 협박이 경미하여 상대방이 전혀 개의치 않을 정도인 경우에는 협박에 해당하지 않는다</u>(대법원 2006. 1. 13. 선고 2005도4799 판결 등 참조).

기록에 의하여 알 수 있는 다음과 같은 사정, 즉 피고인 2는 이 사건 당시 ○○수산업협동조합 조합장을 7년 이상 역임해 온 자로서 지역사회에 상당한 영향력을 행사하고 있었고, 검찰청 또는 해양경찰청 고위 간부들과의 친분관계를 과시하였으므로 목포해양경찰서 소속 경찰공무원인 공소외 10으로서는 충분히 위협을 느낄 수 있는 지위에 있었던 것으로 보이는 점, 이 사건 당시 피고인 2의 전화통화 내용도 악취방지법 위반 사건 수사에 대하여 강하게 항의하면서 해양경찰청 고위 간부들과의 친분관계를 이용하여 공소외 10에게 인사상 불이익을 가하겠다는 것으로 공소외 10이 공포심을 느낄 수 있는 해악의 고지로 보여지는 점, 기타 폭언을 하게 된 동기 및 경위, 그 내용 등과 앞서 본 법리에 비추어 보면, 피고인 2의 공소사실 기재 폭언은 단순히 경찰공무원의 수사에 대한 불만의 표시나 감정적인 욕설에 그친다고 볼 수는 없고, 악취방지법 위반 사건 수사를 계속하는 경우에는 담당 경찰관에게 어떤 인사상 불이익이 가해지리라는 것을 통보함으로써 공포심을 품게 하려는 데 그 목적이 있었다 할 것이고, 또 이는 객관적으로 보아 상대방으로 하여금 공포심을 느끼게 하기에 충분하다 할 것이다.

원심이 이와 같은 취지에서, 피고인 2가 공소외 10을 협박함으로써 경찰공무원의 범죄수사 등에 관한 직무집행을 방해하였다는 이 부분 공소사실을 유죄로 인정한 것은 정당하다.

원심판결에는 논리와 경험의 법칙을 위반하고 자유심증주의의 한계를 벗어나 사실을 인정하거나 공무집행방해죄에 있어서 협박에 관한 법리를 오해하는 등의 위법이 없다.

라. 위계공무집행방해 부분에 대하여

수사기관이 범죄사건을 수사함에 있어서는 피의자 등의 진술 여하에 불구하고 피의자를 확정하고 그 피의사실을 인정할 만한 객관적인 모든 증거를 수집·조사하여야 할 권리와 의무가 있고, 한편 피의자는 진술거부권과 자기에게 유리한 진술을 할 권리와 유리한 증거를 제출할 권리를 가질 뿐이고 수사기관에 대하여 진실만을 진술하여야 할 의무가 있는 것은 아니다. 따라서 피의자 등이 수사기관에 대하여 허위사실을 진술하거나 피의사실 인정에 필요한 증거를 감추고 허위의 증거를 제출하였다고 하더라도, 수사기관이 충분한 수사를 하지 아니한 채 이와 같은 허위의 진술과 증거만으로 증거의 수집·조사를 마쳤다면, 이는 수사기관의 불충분한 수사에 의한 것으로서 피의자 등의 위계에 의하여 수사가 방해되었다고 볼 수 없어 위계에 의한 공무집행방해죄가 성립된다고 할 수 없다. 그러나 피의자 등이 적극적으로 허위의 증거를 조작하여 제출하고 그 증거 조작의 결과 수사기관이 그 진위에 관하여 나름대로 충실한 수사를 하더라도 제출된 증거가 허위임을 발견하지 못할 정도에 이르렀다면, 이는 위계에 의하여 수사기관의 수사행위를 적극적으로 방해한 것으로서 위계에 의한 공무집행방해죄가 성립된다(대법원 2003. 7. 25. 선고 2003도1609 판결 등 참조).

원심판결 이유와 기록에 의하면, 피고인 2는 2009. 2. 25.경 광주지방검찰청 목포지청에서 공소외 8로부터 공소외 9 화백의 동양화 1점을 뇌물로 수수한 혐의에 대하여 조사받으면서 '2008년 3월경 피고인 1로부터 아무런 부탁 없이 동양화 1점을 기증받아 즉시 기증물관리대장에 기재하게 한 후 이를 대회의실에 걸어두었다'는 취지로 진술하고 이 사건 기증물관리대장을 증거자료로 제출한 사실, 그런데 사실은 2008년 3월 당시 ○○수산업협동조합에는 기증물관리대장 자체가 없었으며, 피고인 2는 위 뇌물수수 사건 수사 직전인 2009년 2월경 총무계장 공소외 11에게 작성일자를 소급하여 허위 기재한 기증물관리대장을 만들게 하고, '이 사건 기증물관리대장은 2006년 3월경 최초 작성하였으며 기증물관리대장에 기재된 바와 같이 2008. 3. 21. 동양화 1점을 기증받았다'는 취지로 허위 진술할 것을 지시하였고, 공소외 11이 검찰청에서 같은 취지로 허위 진술한 사실, 그 결과 피고인 2는 위 동양화 수수 행위에 관하여 일단 무혐의처분을 받았다가 다시 이 사건 공소가 제기된 사실을 알 수 있다.

사실관계가 위와 같다면, 피고인 2가 위 뇌물수수 사건의 조사 직전에 이 사건 기증물관리대장을 조작하도록 지시하고, 담당 직원으로 하여금 위 동양화 1점을 정상적인 절차에 따라 기증받아 종전부터 존재하는 기증물관리대장에 등재하여 관리하고 있는 것처럼 허위 진술하도록 지시한 행위는, 단순히 수사기관에 대하여 허위사실을 진술하거나 자신에게 불리한 증거를 은닉하는 데 그친 것이 아니라 적극적으로 피의사실에 관한 증거를 조작한 것으로 볼 수 있고, 이는 위계에 의한 공무집행방해죄에 해당한다.

원심이 이와 같은 취지에서, 피고인 2가 위계로써 검찰공무원의 수사업무를 방해하였다는 이 부분 공소사실을 유죄로 인정한 것은 정당하다.

원심판결에는 상고이유에서 주장하는 바와 같이 위계공무집행방해죄의 성립요건에 관한 법리를 오해하는 등의 위법이 없다.

마. 협박 부분에 대하여

원심은, 그 판시와 같은 여러 사정들을 종합하여 피고인 2는 성명불상자와 공모하여 피해자가 ○○수산업협동조합에서 퇴직하지 않으면 마치 피해자의 신상에 어떠한 위해를 가할 듯한 태도로 피해자를 협박하였다는 이 부분 공소사실을 유죄로 인정하였다.

기록에 비추어 살펴보면, 원심의 이러한 사실인정과 판단은 정당한 것으로 수긍할 수 있다.

원심판결에는 논리와 경험의 법칙을 위반하고 자유심증주의의 한계를 벗어나 사실을 인정하는 등의 위법이 없다.

바. 증거위조교사, 위조증거사용교사 부분에 대하여

형법 제155조 제1항의 증거위조죄에서 타인의 형사사건이란 증거위조 행위시에 아직 수사절차가 개시되기 전이라도 장차 형사사건이 될 수 있는 것까지 포함하고(대법원 1982. 4. 27. 선고 82도274 판결 참조), 그 형사사건이 기소되지 아니하거나 무죄가 선고되더라도 증거위조죄의 성립에 영향이 없다. 여기에서의 '위조'란 문서에 관한 죄에 있어서의 위조 개념과는 달리 새로운 증거의 창조를 의미하는 것이므로 존재하지 아니한 증거를 이전부터 존재하고 있는 것처럼 작출하는 행위도 증거위조에 해당하며, 증거가 문서의 형식을 갖는 경우 증거위조죄에 있어서의 증거에 해당하는지 여부가 그 작성권한의 유무나 내용의 진실성에 좌우되는 것은 아니다(대법원 2007. 6. 28. 선고 2002도3600 판결 참조). 또한 자기의 형사사건에 관한 증거를 위조하기 위하여 타인을 교사하여 죄를 범하게 한 자에 대하여는 증거위조교사죄가 성립한다(대법원 2000. 3. 24. 선고 99도5275 판결 등 참조).

원심판결 이유와 기록에 의하면, 피고인 2는 2009. 1. 30.경 풍어제 관련 기부금 횡령 의혹을 제기하는 뉴스가 방송된 이후 ○○수산업협동조합 직원 공소외 12 등에게 1,300만 원 상당의 기부금을 풍어제 관련 식비로 사용하였다는 것을 입증할 수 있는 증거를 만들라고 지시하고, 공소외 12 등이 그 무렵 2005. 4. 21.자 '05년 풍어제 행사 지원비 집행(안)', 2005. 6. 27.자 '05년 풍어제 행사 지원비 사용 내역' 등 공문 2장을 그 일자를 소급해서 허위로 작성한 사실, 피고인 2는 2009. 2. 25.경 위 기부금 횡령 사건에 관하여 조사받은 이후 공소외 12로 하여금 위와 같이 허위 작성된 공문 2장을 검찰청에 제출하게 한 사실을 알 수 있다.

사실관계가 위와 같다면 기부금 횡령 사건의 수사가 개시되기 전이라도 장차 형사사건이 될 수 있는 상태에서 풍어제 경비 지출 관련 공문을 허위로 작성한 행위는 위 공문 작성일자로 기재된 날에 실제 존재하지 아니한 문서를 그 당시 존재하는 것처럼 작출하는 것으로서 문서의 작성 명의, 내용의 진위 여부에 불구하고 증거위조 행위에 해당하고, 피고인 2가 자신의 형사사건에 관하여 위 공소외 12 등에게 증거위조 및 위조증거의 사용을 교사한 이상 나중에 기부금 횡령 사건에 관하여 불기소처분을 받았다고 하더라도 증거위조교사죄 및 위조증거사용교사죄가 성립된다.

원심이 이와 같은 취지에서, 피고인 2의 증거위조교사 및 위조증거사용교사의 공소사실을 유죄로 인정한 것은 정당하다.

원심판결에는 상고이유에서 주장하는 바와 같이 증거위조교사죄의 성립요건에 관한 법리를 오해하는 등의 위법이 없다.

사. 수산업법 위반 부분에 대하여

구 수산업법 (2009. 4. 22. 법률 제9626호로 전부 개정되기 전의 것, 이하 같다) 제34조 제1항에서 어업권자는 다른 사람에게 그 어업의 경영을 사실상 지배하게 하여서는 아니된다고 규정하고, 구 수산업법 제95조 제4호에서 위 규정에 위반하여 사실상 그 어업의 경영을 지배하고 있는 자와 어업권자로서 다른 사람에게 사실상 그 어업의 경영을 지배하도록 한 자를 처벌하도록 규정하고 있다. 이는 어업권의 임대차를 금지하고 있는 구 수산업법 제35조의 규정과 더불어, 적격성과 우선순위 등의 판단을 거쳐 자영할 의사가 있는 자에게 해당 수면을 구획·전용하여 어업을 경영하게 하고 그 이익을 제3자로부터 보호함으로써 수산업의 건전한 발전을 도모할 목적 아래 마련된 어업면허제도의 근간을 유지함으로써 자영하는 어민에게 어장을 이용시키려는 데에 그 입법 취지가 있다(대법원 1996. 6. 28. 선고 95도2604 판결 등 참조). 여기에서 '어업권자 아닌 다른 사람이 그 어업의 경영을 사실상 지배'하는지 여부는 어업권자와 다른 사람 사이의 계약의 명칭에 구애됨이 없이 그 실질을 따져 다른 사람이 어업의 경영에 관여하여 이를 사실상 지배하고 있는지 여부에 따라 가려야 할 것이다(대법원 2002. 1. 25. 선고 99도631 판결 참조).

원심은 그 채택 증거들을 종합하여 인정되는 여러 사정들에 비추어, 피고인 2는 연안복합어업허가를 얻은 어업권자로서 2005년 2월경부터 2009. 5. 20.경까지 친동생인 공소외 13으로 하여금 △△호를 실제로 운영하게 함으로써 공소외 13에게 연안복합어업의 경영을 사실상 지배하게 하였다는 이 부분 공소사실을 유죄로 인정하였다.

위 법리와 기록에 비추어 살펴보면, 원심의 이러한 사실인정과 판단은 정당한 것으로 수긍할 수 있다.

원심판결에는 논리와 경험의 법칙을 위반하고 자유심증주의의 한계를 벗어나 사실을 인정하거나 구 수산업법에 관한 법리를 오해하는 등의 위법이 없다.

4. 피고인 3의 상고이유에 대하여

원심은, 그 판시와 같은 여러 사정들을 종합하여 피고인 3이 공소외 14로부터 6회에 걸쳐 합계 1,930만 원, 공소외 15로부터 300만 원, 공소외 7로부터 200만 원을 각 수수한 사실을 인정하고 피고인 3에 대한 공소사실을 모두 유죄로 판단하였다.

앞서 본 뇌물죄의 법리와 기록에 비추어 살펴보면, 원심의 이러한 사실인정과 판단은 정당한 것으로 수긍할 수 있다.

원심판결에는 논리와 경험의 법칙을 위반하고 자유심증주의의 한계를 벗어나 사실을 인정하는 등의 위법이 없다.

5. 결론

그러므로 상고를 각 기각하기로 하여, 관여 대법관의 일치된 의견으로 주문과 같이 판결한다.

대법관 전수안(재판장) 김지형(주심) 양창수

대법원 2011.2.10. 선고 2010도14512 판결

【존속살해】

판시사항

충동조절장애와 같은 성격적 결함으로 인한 범행을 심신장애로 인한 범행으로 볼 수 있는지 여부(한정 적극)

전 문

피 고 인 피고인

상 고 인 피고인

변 호 인 변호사

원심판결 광주고법 2010. 10. 14. 선고 2010노293 판결

주 문 상고를 기각한다.

이 유 상고이유를 판단한다.

1. 심신장애 주장에 대하여

자신의 충동을 억제하지 못하여 범죄를 저지르게 되는 현상은 정상인에게서도 얼마든지 찾아볼 수 있는 일로서, 특단의 사정이 없는 한 위와 같은 성격적 결함을 가진 자에 대하여 자신의 충동을 억제하고 법을 준수하도록 요구하는 것이 기대할 수 없는 행위를 요구하는 것이라고는 할 수 없으므로, 원칙적으로 충동조절장애와 같은 성격적 결함은 형의 감면사유인 심신장애에 해당하지 아니한다고 봄이 타당하다. 다만 충동조절장애와 같은 성격적 결함이라 할지라도 그것이 매우 심각하여 원래의 의미의 정신병을 가진 사람과 동등하다고 평가할 수 있는 경우에는 그로 인한 범행은 심신장애로 인한 범행으로 보아야 한다(대법원 2002. 5. 24. 선고 2002도1541 판결, 대법원 2009. 2. 26. 선고 2008도9867 판결 등 참조).

원심판결 이유 및 원심이 유지한 제1심이 적법하게 채택한 증거들에 비추어 보면, 원심이 그 판시와 같은 이유를 들어, 피고인이 이 사건 범행 당시 사물을 변별할 능력이나 의사를 결정할 능력이 미약한 상태에 있었다고 보이지 않는다고 판단한 조치는 정당하다. 거기에 상고이유의 주장과 같은 심신장애에 관한 법리오해, 논리와 경험의 법칙에 위배하고 자유심증주의의 한계를 벗어나 사실을 인정하였거나 필요한 심리를 다하지 아니한 위법 등이 없다.

2. 양형부당 주장에 대하여

피고인의 나이, 성행, 환경, 가족관계, 범행의 동기, 수단과 경과, 범행 후의 정황 등 양형의 조건이 되는 여러 사정들을 살펴보면, 원심이 피고인에게 징역 20년의 형을 선고한 제1심판결을 그대로 유지한 것이 심히 부당하다고 할 수 없다.

3. 결론

그러므로 상고를 기각하기로 하여 관여 대법관의 일치된 의견으로 주문과 같이 판결한다.

대법관 민일영(재판장) 이홍훈(주심) 김능환 이인복

대법원 2011.2.10. 선고 2010도13766 판결

【특정범죄가중처벌등에관한법률위반(뇌물)·뇌물수수·직권남용권리행사방해·국가공무원법위반】

판시사항

1. 직권남용권리행사방해죄에서 '직권남용'의 의미와 판단 기준 및 '의무 없는 일을 하게 한 때'의 의미
2. 서울특별시 교육감인 피고인이 인사담당장학관 등에게 지시하여 승진 또는 자격연수 대상이 될 수 없는 특정 교원들을 승진임용하거나 그 대상자가 되도록 한 사안에서, 피고인에 대한 직권남용권리행사방해의 공소사실을 유죄로 인정한 원심판단을 수긍한 사례
3. '공무원 임용권자'도 국가공무원법 제44조에서 금지하는 행위의 주체에 포함되는지 여부(적극)
4. 서울특별시 교육감인 피고인이 국가공무원인 교장 등의 승진임용 등에 부당한 영향을 주는 행위를 하였다는 내용의 국가공무원법 위반의 공소사실을 유죄로 인정한 원심판단을 수긍한 사례

판결요지

1. 형법 제123조의 직권남용권리행사방해죄에서 '직권의 남용'이란 공무원이 일반적 직무권한에 속하는 사항을 불법하게 행사하는 것, 즉 형식적, 외형적으로는 직무집행으로 보이나 그 실질은 정당한 권한 이외의 행위를 하는 경우를 의미하고, 남용에 해당하는가의 판단 기준은 구체적인 공무원의 직무행위가 그 목적, 그것이 행하여진 상황에서 볼 때의 필요성·상당성 여부, 직권행사가 허용되는 법령상의 요건을 충족했는지 등의 제반 요소를 고려하여 결정하여야 한다. 그리고 직권남용권리행사방해죄에서 '의무 없는 일을 하게 한 때'란 '사람'으로 하여금 법령상 의무 없는 일을 하게 하는 때를 의미하는바, 공무원이 자신의 직무권한에 속하는 사항에 관하여 실무 담당자로 하여금 그 직무집행을 보조하는 사실행위를 하도록 하더라도 이는 공무원 자신의 직무집행으로 귀결될 뿐이므로 원칙적으로 직권남용권리행사방해죄에서 말하는 '의무 없는 일을 하게 한 때'에 해당한다고 할 수 없으나, 직무집행의 기준과 절차가 법령에 구체적으로 명시되어 있고 실무 담당자에게도 직무집행의 기준을 적용하고 절차에 관여할 고유한 권한과 역할이 부여되어 있다면 실무 담당자로 하여금 그러한 기준과 절차에 위반하여 직무집행을 보조하게 한 경우에는 '의무 없는 일을 하게 한 때'에 해당한다.
2. 서울특별시 교육감인 피고인이 인사담당장학관 등에게 지시하여 승진후보자명부상 승진 또는 자격연수 대상이 될 수 없는 특정 교원들을 적격 후보자인 것처럼 추천하거나 임의로 평정점을 조정하는 방법으로 승진임용하거나 그 대상자가 되도록 한 사안에서, 서울특별시교육청 소속 교육공무원에 대한 인사권은 교육감인 피고인의 일반적인 직무권한에 속하는 사항이지만, 피고인이 승진대상자를 특정한 후 그들을 승진시킬 목적으로 법령에 위반하여 위와 같은 행위를 한 것이라면 그 실질은 정당한 권한 행사를 넘어 직무의 행사에 가탁한 부당한 행위라고 할 것이므로 직권남용에 해당하고, 인사 실무를 담당하는 장학관이나 장학사로 하여금 법령에 위배되는 일을 하게 하여 그들이 이와 같은 역할을 수행한 것은 그들에게 법령상 의무 없는 일을 하게 한 것이라는 이유로, 피고인에 대한 직권남용권리행사방해의 공소사실을 유죄로 인정한 원심판단을 수긍한 사례.
3. 국가공무원법 제1조, 제26조에 규정한 위 법의 제정 목적 및 공무원 임용에 관한 원칙에 비추어 볼 때, 같은 법 제44조는 임용권자 이외의 자가 임용권자의 공무원임용행위를 방해하거나 임용권자에게 부당한 영향을 주지 못하도록 보호하고자 하는 데만 있는 것이 아니라, 국가공무원 인사행정의 기초가 되는 공무원시험, 임용제도의 공정성을 임용권자를 포함한 모든 사람들로부터 보호하고자

하는 데 있다고 해석하는 것이 합당하고, 같은 조에서 "누구든지…행위를 하여서는 아니 된다."고 규정한 문리해석에 비추어 보더라도 그러하다. 따라서 임용권자라고 하더라도 같은 법 제44조에 위반하는 경우에는 같은 법 제84조에 의하여 처벌 대상이 된다.

4 서울특별시 교육감인 피고인이 국가공무원법 제44조에 반하여 국가공무원인 교장, 장학관, 교육연구관 등의 승진임용 등에 부당한 영향을 주는 행위를 하였다는 내용의 국가공무원법 위반의 공소사실을 유죄로 인정한 원심판단을 수긍한 사례.

전 문

피 고 인 피고인

상 고 인 피고인

변 호 인 변호사

원심판결 서울고법 2010. 10. 1. 선고 2010노1697 판결

주 문 상고를 기각한다.

이 유 상고이유를 판단한다.

1. 형법 제123조의 직권남용권리행사방해죄에 있어서 '직권의 남용'이란 공무원이 일반적 직무권한에 속하는 사항을 불법하게 행사하는 것, 즉 형식적, 외형적으로는 직무집행으로 보이나 그 실질은 정당한 권한 이외의 행위를 하는 경우를 의미하고 남용에 해당하는가의 판단 기준은 구체적인 공무원의 직무행위가 그 목적, 그것이 행하여진 상황에서 볼 때의 필요성·상당성 여부, 직권행사가 허용되는 법령상의 요건을 충족했는지 등의 제반 요소를 고려하여 결정하여야 한다. 그리고 직권남용권리행사방해죄에 있어서 '의무 없는 일을 하게 한 때'란 '사람'으로 하여금 법령상 의무 없는 일을 하게 하는 때를 의미한다. 따라서 공무원이 자신의 직무권한에 속하는 사항에 관하여 실무 담당자로 하여금 그 직무집행을 보조하는 사실행위를 하도록 하더라도 이는 공무원 자신의 직무집행으로 귀결될 뿐이므로 원칙적으로 직권남용권리행사방해죄에서 말하는 '의무 없는 일을 하게 한 때'에 해당한다고 할 수 없으나, 직무집행의 기준과 절차가 법령에 구체적으로 명시되어 있고 실무 담당자에게도 직무집행의 기준을 적용하고 절차에 관여할 고유한 권한과 역할이 부여되어 있다면 실무 담당자로 하여금 그러한 기준과 절차에 위반하여 직무집행을 보조하게 한 경우에는 '의무 없는 일을 하게 한 때'에 해당한다고 할 것이다.

원심판결 및 원심이 적법하게 조사한 증거 등에 의하면, 교육감의 교장, 장학관 등에 대한 승진임용권은 교육공무원법령에 의하여 대통령 및 교육과학기술부장관으로부터 위임 및 재위임된 것인데, 교육공무원법, 교육공무원임용령, 교육공무원승진규정에 승진임용의 기준과 절차가 상세히 규정되어 있는 사실, 특히 교육공무원법 제14조 제2항에 "교육공무원의 승진임용에 있어서는 승진후보자명부의 고순위자순으로 결원된 직에 대하여 3배수의 범위 안에서 승진임용하거나 승진임용제청하여야 한다."라고 규정하고 교육공무원임용령 제14조 제1항에도 같은 내용이 규정되어 있는 사실, 서울특별시 교육감인 피고인은 중등인사담당장학관 공소외 1에게 승진후보자명부상 3배수에 들지 않는 공소외 2를 승진시키도록 지시하여, 공소외 1은 공소외 2가 승진후보자명부상 3배수에 들지 않는다는 것을 숨긴 채, 중등인사담당장학관으로서 인사실무위원회에 참석하여 공소외 2를 승진후보자로 추천하는 안건을 제안하고, 이어 중등간사로서 승진·전직사전심사위원회에 참석하여 공소외 2를 추천한 사실, 그 후 서울특별시교육청 공무원인사위원회를 거쳐 서울특별시 교육감 명의로 공소외 2에 대한 승진인사가 발령된 사실, 피고인은 또 장학관 공소외 3과 공모하여 인사담당장학사 공소외 4, 5에게 근무성적평정에 따른 승진후보자명부상으로는 승진 및 자격연수 대상이 될 수 없는 자들을 승진 및 자격연수 대상자가 되도록 지시하여, 공소외 4, 5가 교육정책국장의 권한사항인 확인자 평정점을 부여하는 과정에서 '혁신성', '교육력 제고'라는 주관적 평가 기준을 만들어 지시받은 특정인에게는 높은 가점을 부여하고 기존의 고순위자는 감점을 부여하는 방법으로 임의로 확인자 평정점을 조정하여 승진 및 자격연수 대상자가 되도록 한 사실을 알 수 있다.

앞서 본 법리와 사실관계에 의하면, 서울특별시교육청 소속 교육공무원에 대한 인사권은 교육감인 피고인의 일반적인 직무권한에 속하는 사항이라고 할 것이지만, 피고인이 승진대상자를 특정한 후 그들을 승진시킬 목적으로 법령에 위반하여 위와 같은 행위를 한 것이라면 그 실질은 정당한 권한 행사를 넘어 직무의 행사에 가탁한 부당한 행위라고 할 것이므로 이는 직권남용에 해당한다. 그리고 피고인이 인사 실무를 담당하는 장학관이나 장학사로 하여금 법령에 위배되는 일을 하게 하여 그들이 앞서 본 바와 같은 역할을 수행한 것은 그들에게 법령상 의무 없는 일을 하게 한 것이고, 인사 실무를 담당하는 장학관이나 장학사가 피고인의 인사권 행사를 보조하는 사실행위를 한 것에 지나지 않는다고 볼 수 없다.

같은 취지의 원심의 판단은 정당하고, 거기에 상고이유로 주장하는 직권남용권리행사방해죄의 성립요건에 관한 법리오해 등의 위법이 없다.

2. 국가공무원법 제44조에 "누구든지 시험 또는 임용에 관하여 고의로 방해하거나 부당한 영향을 주는 행위를 하여서는 아니 된다."고 규정하고 있다. 국가공무원법 제1조에 "이 법은 각급 기관에서 근무하는 모든 국가공무원에게 적용할 인사행정의 근본 기준을 확립하여 그 공정을 기함과 아울러 국가공무원에게 국민 전체의 봉사자로서 행정의 민주적이며 능률적인 운영을 기하게 하는 것을 목적으로 한다."고 규정하고, 같은 법 제26조에 "공무원의 임용은 시험성적·근무성적, 그 밖의 능력의 실증에 따라 행한다."고 규정한 국가공무원법의 제정 목적 및 공무원 임용에 관한 원칙에 비추어 볼 때, 국가공무원법 제44조는 임용권자 이외의 자가 임용권자의 공무원임용행위를 방해하거나 임용권자에게 부당한 영향을 주지 못하도록 보호하고자 하는 데만 있는 것이 아니라, 국가공무원 인사행정의 기초가 되는 공무원시험, 임용제도의 공정성을 임용권자를 포함한 모든 사람들로부터 보호하고자 하는 데 있다고 해석하는 것이 합당하고, 국가공무원법 제44조에서 "누구든지…행위를 하여서는 아니 된다."고 규정한 문리해석에 비추어 보더라도 그러하다. 따라서 임용권자라고 하더라도 국가공무원법 제44조에 위반하는 경우에는 같은 법 제84조에 의하여 처벌 대상이 된다.

같은 취지의 원심의 판단은 정당하고, 거기에 국가공무원법 제44조의 해석에 관한 법리오해 등의 위법이 없다.

그리고 원심판결 및 원심이 적법하게 조사한 증거 등에 의하면, 원심이, 피고인이 공소외 3에게 공소외 6, 7을 승진시킬 것을 지시한 사실을 인정하고, 피고인의 교육감으로서의 지위와 경력에 비추어 볼 때 공소외 3에게 공소외 8과 공소외 9에 대한 승진을 지시할 당시 자신이 부당한 영향력을 행사하고 있다는 인식을 하고 있었다고 판단한 것은 정당한 것으로 수긍할 수 있고, 거기에 상고이유로 주장하는 위법이 없다.

3. 피고인은 원심판결 중 나머지 유죄 부분에 대하여도 상고하였으나, 상고장에 이유의 기재가 없고 상고이유서에도 이에 대한 불복이유의 기재를 찾아볼 수 없다.

4. 그러므로 상고를 기각하기로 하여 관여 대법관의 일치된 의견으로 주문과 같이 판결한다.

대법관 신영철(재판장) 박시환 안대희(주심) 차한성

대법원 2011.2.10. 선고 2010도13284 판결

【업무상횡령·국민연금법위반】

판시사항

[1] 사용자가 근로자의 임금에서 국민연금 보험료 중 근로자가 부담하는 기여금을 원천공제한 뒤 국민연금관리공단에 납부하지 않고 개인적 용도로 사용한 경우, 업무상횡령죄의 성립 여부(적극)

[2] 회사의 대표이사인 피고인이 근로자들의 급여에서 국민연금 보험료 중 근로자 기여금을 공제한 후 이를 업무상 보관하던 중 회사 운영 자금으로 임의로 사용하였다는 업무상횡령의 공소사실에 대하여, 이를 유죄로 인정한 원심판단을 수긍한 사례

판결요지

[1] 구 국민연금법(2009. 5. 21. 법률 제9691호로 개정되기 전의 것) 제90조 제1항, 제95조 제1항, 구 국민연금법 시행령(2010. 8. 17. 대통령령 제22347호로 개정되기 전의 것) 제64조 등의 규정에 의하여 사용자는 매월 임금에서 국민연금 보험료 중 근로자가 부담할 기여금을 원천공제하여 근로자를 위하여 보관하고, 국민연금관리공단에 위 보험료를 납부하여야 할 업무상 임무를 부담하게 되며, 사용자가 이에 위배하여 근로자의 임금에서 원천공제한 기여금을 위 공단에 납부하지 아니하고, 나아가 이를 개인적 용도로 소비하였다면 업무상횡령죄의 책임을 면할 수 없다.

[2] 회사의 대표이사인 피고인이 5명의 근로자들의 급여에서 국민연금 보험료 중 근로자 기여금을 공제한 후 이를 업무상 보관하던 중 회사 운영 자금으로 임의로 사용하였다는 업무상횡령의 공소사실에 대하여, 원천공제의 취지상 사용자가 근로자에게 위 기여금을 공제한 임금을 지급하면 그 즉시 사용자는 공제된 기여금을 근로자를 위하여 보관하는 것으로 보아야 한다는 이유로, 이를 유죄로 인정한 원심판단을 수긍한 사례.

전 문

피 고 인 피고인

상 고 인 피고인

변 호 인 법무법인

원심판결 춘천지법 2010. 9. 17. 선고 2010노87 판결

주 문 상고를 기각한다.

이 유 상고이유를 본다.

구 국민연금법 (2009. 5. 21. 법률 제9691호로 개정되기 전의 것) 제90조 제1항, 제95조 제1항, 구 국민연금법 시행령 (2010. 8. 17. 대통령령 제22347호로 개정되기 전의 것) 제64조 등의 규정에 의하면, 사용자는 국민연금 보험료(이하 '연금보험료'라 한다) 중 근로자가 부담할 기여금을 그에게 지급할 매달의 임금에서 공제하여 국민연금관리공단(이하 '공단'이라 한다)에 내야 할 의무가 있으며, 공단은 사용자가 이를 납부하지 아니한 경우 사용자는 물론 근로자에게도 기한을 정하여 연금보험료를 납부할 것을 독촉하고, 독촉에도 불구하고 내지 아니하면 국세 체납처분의 예에 따라 징수할 수 있다.

위와 같은 법률의 규정에 의하여 사용자는 매월 임금에서 기여금을 원천공제하여 근로자를 위하여 보관하고, 공단에 연금보험료를 납부하여야 할 업무상 임무를 부담하게 되며, 사용자가 이에 위배하여 근로자의 임금에서 원천공제한 기여금을 공단에 납부하지 아니하고, 나아가 이를 개인적 용도로 소비하였다면 업무상횡령죄의 책임을 면할 수 없다.

원심판결 이유에 의하면, 원심은 원천공제의 취지상 사용자가 근로자에게 연금보험료 중 근로자 기여금을 공제한 임금을 지급하면 그 즉시 사용자는 공제된 기여금을 근로자를 위하여 보관하는 것으로 보아야 한다고 전제한

다음, 그 채용 증거들을 종합하여 공소외 1 주식회사의 대표이사인 피고인이 2008년 1월경부터 2008년 12월경까지 공소외 2 외 4명의 근로자들의 급여에서 연금보험료 중 근로자 기여금을 공제한 후 이를 위 근로자들을 위하여 업무상 보관하던 중, 그 무렵 회사 운영 자금으로 임의로 사용하여 횡령하였다는 이 사건 공소사실을 유죄로 판단한 제1심판결을 유지하였다.

위 법리와 기록에 비추어 살펴보면, 원심의 위와 같은 증거의 취사선택과 사실인정 및 판단은 충분히 수긍할 수 있다.

원심판결에는 상고이유에서 주장하는 바와 같이 횡령죄의 주체 및 범의에 관한 법리를 오해하거나 사실을 오인하여 판결에 영향을 미치는 등의 위법이 없다.

그러므로 상고를 기각하기로 하여, 관여 대법관의 일치된 의견으로 주문과 같이 판결한다.

대법관 전수안(재판장) 김지형(주심) 양창수

대법원 2011.1.27. 선고 2010도5124 판결

【사기·공인중개사의업무및부동산거래신고에관한법률위반】

판시사항

[1] 부동산 매매 시 신의성실의 원칙상 매도인에게 고지의무가 인정되어 그 위반이 사기죄의 구성요건인 '기망'에 해당하는 경우

[2] 부동산중개업자인 피고인이 아파트 입주권을 매도하면서 그 입주권을 2억 5,000만 원에 확보하여 2억 9,500만 원에 전매한다는 사실을 매수인에게 고지하지 않은 사안에서, 피고인이 매수인을 기망하여 차액 4,500만 원을 편취하였다고 보기 어려워 사기죄가 성립하지 않는다고 본 원심판단을 수긍한 사례

전 문

피 고 인 피고인

상 고 인 검사

변 호 인 변호사

원심판결 서울동부지법 2010. 4. 9. 선고 2010노38 판결

주 문 상고를 기각한다.

이 유 상고이유를 본다.

부동산을 매매함에 있어서 매도인이 매수인에게 매매와 관련된 어떤 구체적인 사정을 고지하지 아니함으로써 장차 매매의 효력이나 매매에 따르는 채무의 이행에 장애를 가져와 매수인이 매매목적물에 대한 권리를 확보하지 못할 위험이 생길 수 있음을 알면서도 매수인에게 그와 같은 사정을 고지하지 아니한 채 매매계약을 체결하고 매매대금을 교부받는 한편, 매수인은 그와 같은 사정을 고지받았더라면 매매계약을 체결하지 아니하거나 매매대금을 지급하지 아니하였을 것임이 경험칙상 명백한 경우에는, 신의성실의 원칙상 매수인에게 미리 그와 같은 사정을 고지할 의무가 매도인에게 있다고 할 것이므로, 매도인이 매수인에게 그와 같은 사정을 고지하지 아니한 것이 사기죄의 구성요건인 기망에 해당한다고 할 것이지만, 매매로 인한 법률관계에 아무런 영향도 미칠 수 없는 것이어서 매수인의 권리의 실현에 장애가 되지 아니하는 사유까지 매도인이 매수인에게 고지할 의무가 있다고는 볼 수 없다(대법원 1991. 12. 24. 선고 91도2698 판결, 대법원 2001. 9. 25. 선고 2001도3349 판결 등 참조).

위 법리와 기록에 비추어 살펴보면, 원심이 그 채택 증거를 종합하여 판시와 같은 사실을 인정한 다음, 피해자로서는 장지지구 33평형 아파트 입주권을 2억 9,500만 원에 매입하면 시세차익을 볼 수 있다고 판단하여 공소외 1의 입주권이나 공소외 2의 입주권 가격에 대하여 아무런 문의도 하지 않고 이 사건 매매계약을 체결한 이상, 피고인이 공소외 1의 입주권 대신 공소외 2의 입주권으로 변경하여 매매하면서 공소외 2의 장지지구 33평형 아파트 입주권을 2억 5,000만 원에 확보하여 이를 피해자에게 전매한다는 사실을 고지하지 않았다고 하여 피고인이 피해자를 기망하여 피해자로부터 지급받은 입주권 매매대금인 2억 9,500만 원과의 차액 4,500만 원을 편취한 것으로 보기 어렵다고 판단하여, 피고인에 대한 사기의 점에 대하여 무죄를 선고한 제1심판결을 유지한 것은 정당하고, 거기에 상고이유에서 주장하는 바와 같은 채증법칙 위반이나 법리오해 등의 위법이 없다.

원심판결의 유죄 부분에 대하여는 상고장이나 상고이유서에 아무런 상고이유의 기재가 없다.

그러므로 상고를 기각하기로 하여 관여 대법관의 일치된 의견으로 주문과 같이 판결한다.

대법관 이인복(재판장) 이홍훈 김능환(주심) 민일영

대법원 2011.1.27. 선고 2010도14484 판결

【공무집행방해】

판시사항

1. 형법상 '공무원'의 의미
2. 피고인이 국민기초생활 보장법상 '자활근로자'로 선정되어 주민자치센터 사회복지담당 공무원의 복지도우미로 근무하던 갑을 협박하여 그 직무집행을 방해하였다는 내용으로 기소된 사안에서, 갑이 공무원으로서 공무를 담당하고 있었다고 볼 수 없다고 판단한 원심판결을 수긍한 사례

전　문

피 고 인 피고인

상 고 인 검사

변 호 인 변호사

원심판결 울산지법 2010. 10. 8. 선고 2010노993 판결

주　문 상고를 기각한다.

이　유 상고이유를 판단한다.

형법상 공무원이라 함은 국가 또는 지방자치단체 및 이에 준하는 공법인의 사무에 종사하는 자로서 그 노무의 내용이 단순한 기계적 육체적인 것에 한정되어 있지 않은 자를 말한다(대법원 1978. 4. 25. 선고 77도3709 판결 참조).

앞서 본 법리와 원심판결 및 원심이 적법하게 채택한 증거들을 살펴보면, 원심이 이 사건 범행 당시 국민기초생활 보장법 제15조 제1항 제4호, 같은 법 시행령 제20조, 같은 법 시행규칙 제25조에 따라 자활근로자로 선정되어 사회복지담당 공무원의 복지도우미로 근무하던 전인숙이 공무원으로서 공무를 담당하고 있었다고 볼 수 없었다고 판단한 것은 정당하고, 거기에 형법상 공무원에 관한 법리를 오해하거나 합리적인 자유심증의 범위와 한계를 벗어나 자유심증주의를 위반한 위법이 없다.

그러므로 상고를 기각하기로 하여 관여 대법관의 일치된 의견으로 주문과 같이 판결한다.

대법관 차한성(재판장) 박시환(주심) 안대희 신영철

대법원 2011.1.27. 선고 2010도14316 판결

【절도·협박】

판시사항

[1] 협박죄의 기수에 이르기 위하여 상대방이 현실적으로 공포심을 일으킬 것을 요하는지 여부(소극)
[2] 협박죄에서 해악을 고지하는 방법
[3] 피고인이 피해자와 술을 마시던 중 화가 나 횟집 주방에 있던 회칼 2자루를 들고 나와 죽어버리겠다며 자해하려고 하였다는 내용으로 기소된 사안에서, 피고인의 행위가 '협박'에 해당한다고 볼 수 있는데도, 이에 대하여 무죄를 선고한 원심판결에 법리오해 또는 심리미진의 위법이 있다고 한 사례

전 문

피 고 인 피고인

상 고 인 검사

원심판결 대구지법 2010. 10. 6. 선고 2010노2149 판결

주 문 원심판결 중 협박죄 부분을 파기하고, 이 부분 사건을 대구지방법원 본원 합의부에 환송한다. 나머지 상고를 기각한다.

이 유 상고이유를 판단한다.

1. 절도죄에 대하여

원심판결 이유를 기록에 비추어 살펴보면, 원심이 그 판시와 같은 이유를 들어 이 사건 절도죄의 공소사실에 대하여 범죄의 증명이 없음을 이유로 무죄를 선고한 것은 정당하고, 거기에 논리와 경험의 법칙에 위배하고 자유심증주의의 한계를 벗어난 위법이 없다.

2. 협박죄에 대하여

협박죄가 성립하려면 고지된 해악의 내용이 행위자와 상대방의 성향, 고지 당시의 주변 상황, 행위자와 상대방 사이의 친숙의 정도 및 지위 등의 상호관계 등 행위 전후의 여러 사정을 종합하여 볼 때에 일반적으로 사람으로 하여금 공포심을 일으키게 하기에 충분한 것이어야 하지만, 상대방이 그에 의하여 현실적으로 공포심을 일으킬 것까지 요구되는 것은 아니며, 그와 같은 정도의 해악을 고지함으로써 상대방이 그 의미를 인식한 이상, 상대방이 현실적으로 공포심을 일으켰는지 여부와 관계없이 그로써 구성요건은 충족되어 협박죄의 기수에 이르는 것으로 해석하여야 한다(대법원 2007. 9. 28. 선고 2007도606 전원합의체 판결 참조). 그리고 협박죄에서 해악을 고지하는 행위는 통상 언어에 의하는 것이나 경우에 따라서는 거동으로 해악을 고지할 수도 있다(대법원 1975. 10. 7. 선고 74도2727 판결, 대법원 2009. 9. 10. 선고 2009도5146 판결 참조).

피고인의 주장에 의하더라도, 피고인은 피해자와 횟집에서 술을 마시던 중 피해자가 모래 채취에 관하여 항의하는 데에 화가 나서, 횟집 주방에 있던 회칼 2자루를 들고 나와 죽어버리겠다며 자해하려고 하였다는 것이다. 이를 앞서 본 법리에 비추어 보면, 피고인의 행위는 단순한 자해행위 시늉에 불과한 것이 아니라 피고인의 요구에 응하지 않으면 피해자에게 어떠한 해악을 가할 듯한 위세를 보인 행위로서 협박에 해당한다고도 볼 수 있다.

그럼에도 원심은 판시와 같은 사정을 들어 협박 사실을 인정하지 않고 자세한 심리를 하지 않은 채 이 부분에 대하여 무죄를 선고하였으니, 이 부분 원심판결에는 협박에 관한 법리를 오해하거나 필요한 심리를 다하지 아니한 위법이 있다. 이 점을 지적하는 상고이유의 주장은 이유 있다.

3. 결론

그러므로 원심판결 중 협박죄 부분을 파기하고, 이 부분 사건을 다시 심리·판단하게 하기 위하여 원심법원에 환송하기로 하며, 나머지 상고를 기각하기로 하여 관여 대법관의 일치된 의견으로 주문과 같이 판결한다.

대법관 안대희(재판장) 박시환 차한성 신영철(주심)

대법원 2011.1.27. 선고 2010도11030 판결

【특수공무집행방해치상(피고인10,16,17,19를제외한나머지피고인들에대하여일부인정된죄명:특수공무집행방해)·폭력행위등처벌에관한법률위반(집단·흉기등퇴거불응)·폭력행위등처벌에관한법률위반(집단·흉기등상해)[피고인16,19를제외한나머지피고인들에대하여일부인정된죄명:폭력행위등처벌에관한법률위반(집단·흉기등폭행)]·폭력행위등처벌에관한법률위반(집단·흉기등체포)·특수체포치상·화염병사용등의처벌에관한법률위반·업무방해·폭력행위등처벌에관한법률위반(집단·흉기등재물손괴등)[피고인6,10에대하여일부인정된죄명:폭력행위등처벌에관한법률위반(공동재물손괴등)]·폭력행위등처벌에관한법률위반(공동재물손괴등)·폭력행위등처벌에관한법률위반(공동상해)·폭력행위등처벌에관한법률위반(공동폭행)·총포·도검·화약류등단속법위반】

판시사항

1 노동조합이 실질적으로 구조조정 실시 자체를 반대하기 위하여 쟁의행위에 나아간 경우 그 목적의 정당성을 인정할 수 있는지 여부 및 쟁의행위에서 추구되는 목적 중 일부가 정당하지 못한 경우 쟁의행위 전체의 정당성 판단 기준

2 회사의 긴박한 경영상의 필요에 의하여 실시되는 정리해고 자체를 전혀 수용할 수 없다는 노동조합 측의 입장 관철을 주된 목적으로 하는 쟁의행위는 그 목적의 정당성이 인정되지 않는다고 한 원심판단을 수긍한 사례

3 사용자가 경영권의 본질에 속하여 단체교섭의 대상이 될 수 없는 사항에 관하여 노동조합과 '합의'하여 시행한다는 취지의 단체협약의 일부 조항이 있는 경우, 그 '합의' 의미의 해석 기준

4 '노동조합과의 합의에 의하여 정리해고를 실시할 수 있다'는 취지의 단체협약 조항에 의하더라도 쟁의행위의 목적이 정당화될 수는 없다는 이유로, 노동조합 지부장 등 피고인들에 대한 업무방해의 공소사실을 유죄로 인정한 원심판단을 수긍한 사례

5 공모공동정범의 공모자들에게 공모한 범행 외에 부수적으로 파생된 범죄에 대하여도 암묵적 공모와 기능적 행위지배가 있다고 인정하기 위한 판단 기준

6 노동조합 지부장 등 피고인들이 자동차공장 점거파업 과정에서 벌어진 노조원들의 폭행, 체포, 상해 등의 범죄행위들 중 일부에 대하여 구체적으로 모의하거나 이를 직접 분담·실행한 바가 없었더라도, 각 범행에 대한 암묵적인 공모는 물론 그 범행들에 대한 본질적 기여를 통한 기능적 행위지배를 한 자에 해당한다고 보아 폭력행위 등 처벌에 관한 법률 위반 등의 공소사실을 유죄로 인정한 원심판단을 수긍한 사례

7 총포·도검·화약류 등 단속법 제11조 제1항에서 규정한 '모의총포'의 요건 중 '총포와 아주 비슷하게 보이는 것'의 의미 및 같은 법 시행령 제13조, [별표 5의2] 제2호의 모의총포에 해당하기 위한 요건

8 노동조합 지부장인 피고인이 자동차공장 점거파업에서 제작·사용한 '다연발 대포' 발사체가 총포·도검·화약류 등 단속법 시행령 제13조, [별표 5의2]에 정한 '모의총포'에 해당함을 인정할 증거가 없다는 이유로, 같은 법 위반의 공소사실을 무죄로 선고한 원심의 결론을 수긍한 사례

판결요지

1 정리해고나 사업조직의 통폐합 등 기업의 구조조정의 실시 여부는 경영주체의 고도의 경영상 결단에 속하는 사항으로서 이는 원칙적으로 단체교섭의 대상이 될 수 없고, 그것이 긴박한 경영상의 필요나 합리적 이유 없이 불순한 의도로 추진되는 등의 특별한 사정이 없는 한, 노동조합이 실질적으로 그 실시 자체를 반대하기 위하여 쟁의행위에 나아간다면, 비록 그 실시로 인하여 근로자들의 지

위나 근로조건의 변경이 필연적으로 수반된다고 하더라도 그 쟁의행위는 목적의 정당성을 인정할 수 없다. 또한 쟁의행위에서 추구되는 목적이 여러 가지이고 그 중 일부가 정당하지 못한 경우에는 주된 목적 내지 진정한 목적의 당부에 의하여 그 쟁의목적의 당부를 판단하여야 하고, 부당한 요구사항을 제외하였다면 쟁의행위를 하지 않았을 것이라고 인정되는 경우에는 그 쟁의행위 전체가 정당성을 갖지 못한다고 보아야 한다.

2 쟁의행위의 주된 목적이 회사의 긴박한 경영상의 필요에 의하여 실시되는 정리해고 자체를 전혀 수용할 수 없다는 노동조합 측의 입장을 관철하기 위한 것이고, 이러한 노동조합 측의 요구는 사용자의 정리해고에 관한 권한 자체를 전면적으로 부정하고 경영권의 본질적인 내용을 침해하는 것으로서 단체교섭의 대상이 될 수 없는 사항에 관한 것이므로, 그와 같은 요구사항을 내용으로 하는 위 쟁의행위는 그 목적의 정당성을 인정받을 수 없다고 한 원심판단을 수긍한 사례.

3 사용자가 경영권의 본질에 속하여 단체교섭의 대상이 될 수 없는 사항에 관하여 노동조합과 '합의'하여 시행한다는 취지의 단체협약의 일부 조항이 있는 경우, 그 조항 하나만을 주목하여 쉽게 사용자의 경영권의 일부 포기나 중대한 제한을 인정하여서는 아니되고, 그와 같은 단체협약을 체결하게 된 경위와 당시의 상황, 단체협약의 다른 조항과의 관계, 권한에는 책임이 따른다는 원칙에 입각하여 노동조합이 경영에 대한 책임까지도 분담하고 있는지 여부 등을 종합적으로 검토하여 그 조항에 기재된 '합의'의 의미를 해석하여야 한다.

4 회사와 노동조합이 체결한 단체협약서의 전체 내용, 단체협약 체결 당시의 상황 등 여러 사정에 비추어, '노동조합과의 합의에 의하여 정리해고를 실시할 수 있다'는 취지의 단체협약 조항의 진정한 의미는 '회사가 정리해고 등 경영상 결단을 하기 위해서는 반드시 노동조합과 사전에 합의하여야 한다는 취지가 아니라 사전에 노동조합에 해고 기준 등에 관하여 필요한 의견을 제시할 기회를 주고 그 의견을 성실히 참고하게 함으로써 구조조정의 합리성과 공정성을 담보하고자 하는 협의의 취지'로 해석하여야 하고, 그와 같은 단체협약 조항에 의하더라도 쟁의행위의 목적이 정당화될 수는 없다는 이유로, 노동조합 지부장 등 피고인들에 대한 업무방해의 공소사실을 유죄로 인정한 원심판단을 수긍한 사례.

5 공모공동정범의 경우, 범죄의 수단과 태양, 가담하는 인원과 그 성향, 범행 시간과 장소의 특성, 범행과정에서 타인과의 접촉가능성과 예상되는 반응 등 제반 상황에 비추어, 공모자들이 그 공모한 범행을 수행하거나 목적 달성을 위해 나아가는 도중에 부수적인 다른 범죄가 파생되리라고 예상하거나 충분히 예상할 수 있는데도 그러한 가능성을 외면한 채 이를 방지하기에 족한 합리적인 조치를 취하지 아니하고 공모한 범행에 나아갔다가 결국 그와 같이 예상되던 범행들이 발생하였다면, 비록 그 파생적인 범행 하나하나에 대하여 개별적인 의사의 연락이 없었다고 하더라도 당초의 공모자들 사이에 그 범행 전부에 대하여 암묵적인 공모는 물론 그에 대한 기능적 행위지배가 존재한다고 보아야 한다.

6 전국금속노동조합 쌍용자동차 지부(이하 '쌍용자동차 노동조합'라 한다)의 자동차공장 점거파업 과정에서의 피고인들의 지위, 역할, 점거파업 과정에서 벌어진 집단 폭력행위의 성격과 경위, 그 규모와 형태, 구체적인 방법과 진행 과정, 위 노동조합의 지휘체계 등 여러 사정을 종합할 때, 위 노동조합 지부장 등 피고인들이 위 점거파업 과정에서 벌어진 노조원들의 폭행, 체포, 상해 등의 범죄행위들 중 일부에 대하여 구체적으로 모의하거나 이를 직접 분담하여 실행한 바가 없었더라도, 각 범행에 대한 암묵적인 공모는 물론 그 범행들에 대한 본질적 기여를 통한 기능적 행위지배를 한 자에 해당한다고 보아, 이들에 대한 폭력행위 등 처벌에 관한 법률 위반 등의 공소사실을 유죄로 인정한 원심판단을 수긍한 사례.

7 총포·도검·화약류 등 단속법 제11조 제1항은 '총포와 아주 비슷하게 보이는 것'으로서 대통령령이 정하는 요건을 충족하는 물건을 '모의총포'로 규정하고 그 제조·판매·소지를 금지하고 있는데, 여기서 '총포와 아주 비슷하게 보이는 것'이라 함은 총포와 모양이 유사한 경우뿐만 아니라 총포와 기

능이 유사하여 총포와 아주 비슷하다고 여겨지는 경우를 포함하는 개념이므로, 총포와의 모양의 유사성을 요건으로 하는 같은 법 시행령 제13조, [별표 5의2] 제1호의 경우와 달리 이를 요건으로 하지 않는 [별표 5의2] 제2호의 모의총포의 경우에는 같은 호에서 정한 기능 및 구조를 갖추어 전체적으로 총포와의 유사성이 인정되면 이에 해당한다.

[8] 노동조합 지부장인 피고인이 자동차공장 점거파업에서 제작·사용한 '다연발 대포' 발사체가 총포와 모양이 아주 비슷하지는 않다는 이유로 총포·도검·화약류 등 단속법 시행령 제13조, [별표 5의2] 제2호의 모의총포에 해당하지 않는다고 한 원심판단은 잘못이지만, 같은 법 위반의 공소사실에 위 제2호 각 목에 규정된 발사되는 물체의 크기, 무게, 운동에너지, 앞부분의 모양, 순간폭발음의 정도, 가연성 불꽃의 유무 등의 구성요건요소가 포함되어 있지 않고 기록상 이를 인정하기에 충분한 증거도 보이지 아니하므로, 위 공소사실을 무죄로 선고한 원심의 결론을 수긍한 사례.

전 문

피 고 인 피고인 1 외 20인

상 고 인 피고인들 및 검사

변 호 인 변호사

원심판결 서울고법 2010. 8. 9. 선고 2010노733, 1858 판결

주 문 상고를 모두 기각한다.

이 유 상고이유를 본다.

1. 피고인들의 상고이유에 대한 판단

가. 상고이유 제1점에 관하여

정리해고나 사업조직의 통폐합 등 기업의 구조조정의 실시 여부는 경영주체의 고도의 경영상 결단에 속하는 사항으로서 이는 원칙적으로 단체교섭의 대상이 될 수 없고, 그것이 긴박한 경영상의 필요나 합리적 이유 없이 불순한 의도로 추진되는 등의 특별한 사정이 없는 한, 노동조합이 실질적으로 그 실시 자체를 반대하기 위하여 쟁의행위에 나아간다면, 비록 그 실시로 인하여 근로자들의 지위나 근로조건의 변경이 필연적으로 수반된다고 하더라도 그 쟁의행위는 목적의 정당성을 인정할 수 없다(대법원 2001. 4. 24. 선고 99도4893 판결, 대법원 2002. 2. 26. 선고 99도5380 판결 등 참조). 또한 쟁의행위에서 추구되는 목적이 여러 가지이고 그 중 일부가 정당하지 못한 경우에는 주된 목적 내지 진정한 목적의 당부에 의하여 그 쟁의목적의 당부를 판단하여야 할 것이고, 부당한 요구사항을 제외하였다면 쟁의행위를 하지 않았을 것이라고 인정되는 경우에는 그 쟁의행위 전체가 정당성을 갖지 못한다고 보아야 한다(대법원 2003. 12. 26. 선고 2001도1863 판결, 대법원 2004. 4. 9. 선고 2002도7368 판결 등 참조). 한편 사용자가 경영권의 본질에 속하여 단체교섭의 대상이 될 수 없는 사항에 관하여 노동조합과 '합의'하여 시행한다는 취지의 단체협약의 일부 조항이 있는 경우, 그 조항 하나만을 주목하여 쉽게 사용자의 경영권의 일부 포기나 중대한 제한을 인정하여서는 아니되고, 그와 같은 단체협약을 체결하게 된 경위와 당시의 상황, 단체협약의 다른 조항과의 관계, 권한에는 책임이 따른다는 원칙에 입각하여 노동조합이 경영에 대한 책임까지도 분담하고 있는지 여부 등을 종합적으로 검토하여 그 조항에 기재된 '합의'의 의미를 해석하여야 한다(대법원 2002. 2. 26. 선고 99도5380 판결, 대법원 2003. 2. 11. 선고 2000도4169 판결 등 참조).

원심은, 그 판시와 같은 이 사건 정리해고의 추진 배경, 당시의 회사 재무상태, 정리해고의 회피를 위한 회사의 노력과 그에 대한 노동조합의 반응, 이 사건 쟁의행위 과정에서 노동조합이 보인 태도 등의 여러 사정을 종합하여, 이 사건 쟁의행위의 주된 목적은 회사의 긴박한 경영상의 필요에 의하여 실시되는 정리해고 자체를 전혀 수용할 수 없다는 노동조합 측의 입장을 관철하기 위한 것이라고 인정한 다음, 이러한 노동조합 측의 요구는 사용자의 정리해고에 관한 권한 자체를 전면적으로 부정하고 경영권의 본질적인 내용을 침해하는 것으로서 단체교섭의 대상이 될 수 없는 사항에 관한 것이므로, 그와 같은 요구사항을 내용으로 하는 이 사건 쟁의행위는 그 목적의 정당성을 인정받을 수 없다고 판단하였다.

나아가 원심은, 그 판시와 같은 이 사건 단체협약서의 전체 내용, 단체협약 체결 당시의 상황 등 여러 사정에 비추어 보면, '노동조합과의 합의에 의하여 정리해고를 실시할 수 있다'는 취지의 그 판시 단체협약 조항의 진정한 의미는 "회사가 정리해고 등 경영상 결단을 하기 위해서는 반드시 노동조합과 사전에 합의하여야 한다

는 취지가 아니라 사전에 노동조합에 해고의 기준 등에 관하여 필요한 의견을 제시할 '협의'의 취지"로 해석함이 상당하다고 전제한 다음, 그와 같은 단체협약 조항에 의하더라도 이 사건 쟁의행위의 목적이 정당화될 수는 없다는 이유로, 피고인 10, 16, 17, 19를 제외한 나머지 피고인들에 대하여 이 부분 공소사실을 유죄로 인정한 제1심판결을 그대로 유지하였다.

원심이 적법하게 채용한 증거들을 원심판결 이유 및 앞서 본 법리에 비추어 살펴보면, 원심의 위와 같은 사실인정과 판단은 모두 정당한 것으로 수긍할 수 있고, 거기에 상고이유에서 주장하는 바와 같이 논리와 경험칙에 반하여 사실을 오인하거나 쟁의행위의 정당성 등에 관한 법리를 오해하여 판결 결과에 영향을 미친 위법이 없다.

나. 상고이유 제2점에 관하여

형법 제30조의 공동정범은 공동가공의 의사와 그 공동의사에 기한 기능적 행위지배를 통한 범죄 실행이라는 주관적·객관적 요건을 충족함으로써 성립하는바, 공모자 중 구성요건 행위 일부를 직접 분담하여 실행하지 않은 자라고 하더라도, 전체 범죄에 있어서 그가 차지하는 지위, 역할이나 범죄 경과에 대한 지배 내지 장악력 등을 종합해 볼 때 단순한 공모자에 그치는 것이 아니라 범죄에 대한 본질적 기여를 통한 기능적 행위지배가 존재하는 것으로 인정되는 때에는, 다른 공모자에 의하여 실행된 범행에 대하여 공모공동정범으로서의 죄책을 진다(대법원 2006. 12. 22. 선고 2006도1623 판결, 대법원 2007. 4. 26. 선고 2007도235 판결 등 참조). 그리고 이 경우, 범죄의 수단과 태양, 가담하는 인원과 그 성향, 범행 시간과 장소의 특성, 범행과정에서 타인과의 접촉가능성과 예상되는 반응 등 제반 상황에 비추어, 공모자들이 그 공모한 범행을 수행하거나 목적 달성을 위해 나아가는 도중에 부수적인 다른 범죄가 파생되리라고 예상하거나 충분히 예상할 수 있는데도 그러한 가능성을 외면한 채 이를 방지하기에 족한 합리적인 조치를 취하지 아니하고 공모한 범행에 나아갔다가 결국 그와 같이 예상되던 범행들이 발생하였다면, 비록 그 파생적인 범행 하나하나에 대하여 개별적인 의사의 연락이 없었다고 하더라도 당초의 공모자들 사이에 그 범행 전부에 대하여 암묵적인 공모는 물론 그에 대한 기능적 행위지배가 존재한다고 보아야 할 것이다(대법원 2007. 4. 26. 선고 2007도428 판결 등 참조).

원심은, 그 판시와 같은 이 사건 점거파업 과정에서의 피고인들의 지위, 역할, 점거파업 과정에서 벌어진 집단 폭력행위의 성격과 경위, 그 규모와 형태, 구체적인 방법과 진행 과정, 이 사건 노동조합의 지휘체계 등의 여러 사정을 종합하면, 피고인 10, 16, 17, 19를 제외한 나머지 피고인들은 이 사건 점거파업 과정에서 벌어진 그 판시 폭행, 체포, 상해 등의 범죄행위들 중 일부에 대하여 구체적으로 모의하거나 이를 직접 분담하여 실행한 바가 없었다 하더라도, 각 범행에 대한 암묵적인 공모는 물론 그 범행들에 대한 본질적 기여를 통한 기능적 행위지배를 한 자에 해당한다고 보아, 위 나머지 피고인들에 대하여 이 부분 공소사실을 유죄로 인정한 제1심판결을 그대로 유지하였다.

원심이 적법하게 채용한 증거들을 원심판결 이유 및 앞서 본 법리에 비추어 살펴보면, 원심의 위와 같은 사실인정과 판단은 모두 정당한 것으로 수긍할 수 있고, 거기에 상고이유에서 주장하는 바와 같이 논리와 경험칙에 반하여 사실을 오인하거나 공모공동정범의 성립요건 등에 관한 법리를 오해하여 판결 결과에 영향을 미친 위법이 없다.

다. 상고이유 제3점에 관하여

피고인이 아닌 자가 작성한 진술서나 그 진술을 기재한 서류로서 그 작성자 또는 진술자의 자필이거나 그 서명 또는 날인이 있는 것은 공판준비나 공판기일에서의 그 작성자 또는 진술자의 진술에 의하여 그 성립의 진정함이 증명된 때에는 증거로 할 수 있고(형사소송법 제313조 제1항), 문서의 사본이라도 피고인이 증거로 함에 동의하였고 진정으로 작성되었음이 인정되는 경우이거나 동의하지 아니하였더라도 특히 신용할 만한 정황에 의하여 작성된 문서인 경우에는 그 증거능력이 있다(대법원 1991. 5. 10. 선고 90도2601 판결, 대법원 2007. 7. 13. 선고 2007도2853 판결 등 참조).

기록에 의하면, 이 사건 수첩사본은 그 작성자인 공소외인의 진술에 의하여 그 진정성립이 인정될 뿐 아니라 그 작성경위와 내용 및 형식에 비추어 볼 때 특히 신용할 만한 정황에 의하여 작성된 것으로 보이므로 그 증거능력이 있다.

같은 취지에서 이 사건 수첩사본의 증거능력을 인정한 원심의 판단은 정당하고, 거기에 문서의 증거능력 등에 관한 법리오해의 위법이 없다.

라. 상고이유 제4점에 관하여

형사소송법 제254조 제4항이 범죄의 일시·장소와 방법을 명시하여 공소사실을 특정하도록 한 취지는 법원에 대하여 심판의 대상을 한정하고 피고인에게 방어의 범위를 특정하여 그 방어권 행사를 용이하게 하기 위한 데 있다고 할 것이므로, 공소제기된 범죄의 성격에 비추어 그 공소의 원인이 된 사실을 다른 사실과 구별할 수 있을 정도로 그 일시, 장소, 방법 등을 적시하여 특정하면 족하고, 그 일부가 다소 불명확하더라도 그와 함께 적시된 다른 사항들에 의하여 그 공소사실을 특정할 수 있고, 그리하여 피고인의 방어권 행사에 지장이 없다면 공소제기의 효력에는 영향이 없다(대법원 2001. 2. 23. 선고 2000도4415 판결, 대법원 2010. 4. 29. 선고 2010도2556 판결 등 참조).

위 법리와 기록에 비추어 살펴보면, 이 부분 공소사실 중 일부에 범행 시각, 장소 등이 구체적으로 기재되어 있지 않다고 하더라도 그 범행의 수단과 방법, 피해 발생 시각 및 장소 등 이 부분 공소사실의 다른 기재사항에 의하여 다른 사실과 구별할 수 있을 정도로 공소사실을 특정할 수 있고 피고인의 방어권 행사에도 지장이 없다고 보이므로, 이 사건 공소제기의 효력에는 아무런 영향이 없다.

원심판결에는 상고이유에서 주장하는 바와 같은 공소사실의 특정에 관한 법리오해 등의 위법이 없다.

2. 검사의 상고이유에 대한 판단

가. 피고인 16에 대한 상고이유에 관하여

형법 제30조의 공동정범은 공동가공의 의사와 그 공동의사에 기한 기능적 행위지배를 통한 범죄 실행이라는 주관적·객관적 요건을 충족함으로써 성립하는바, 공모자 중 구성요건 행위 일부를 직접 분담하여 실행하지 않은 자라도 경우에 따라 이른바 공모공동정범으로서의 죄책을 질 수도 있는 것이기는 하나, 이를 위해서는 전체 범죄에 있어서 그가 차지하는 지위, 역할이나 범죄 경과에 대한 지배 내지 장악력 등을 종합해 볼 때, 단순한 공모자에 그치는 것이 아니라 범죄에 대한 본질적 기여를 통한 기능적 행위지배가 존재하는 것으로 인정되는 경우여야 한다(대법원 2006. 12. 22. 선고 2006도1623 판결, 대법원 2007. 4. 26. 선고 2007도235 판결 등 참조).

원심은, 피고인 16이 이 사건 점거파업을 주도한 중앙쟁의대책위원회 회의에 몇 차례 참석하여 그 회의결과를 조합원들에게 전달하는 등의 활동을 하였다고 하더라도, 피고인 16이 그와 같은 역할을 수행하게 된 경위, 중앙쟁의대책위원회의 의사결정에 관여한 정도 등 그 판시와 같은 여러 사정을 고려하면, 피고인 16에게는 이 사건 점거파업 과정에서 다른 조합원 등에 의하여 실행된 개별 범죄에 대한 기능적 행위지배가 있었다고 볼 수 없다는 이유로, 위 피고인에 대한 이 부분 각 공소사실에 관하여 무죄를 선고하였다.

관계 증거를 앞서 본 법리 및 기록에 비추어 살펴보면, 원심의 위와 같은 판단은 정당한 것으로 수긍이 가고, 거기에 상고이유에서 주장하는 바와 같이 공모공동정범의 성립요건 등에 관한 법리를 오해하거나 채증법칙에 위반한 위법이 없다.

나. 피고인 1에 대한 상고이유에 관하여

총포·도검·화약류 등 단속법 제11조 제1항은 '총포와 아주 비슷하게 보이는 것'으로서 대통령령이 정하는 요건을 충족하는 물건을 '모의총포'로 규정하고 그 제조·판매·소지를 금지하고 있는데, 여기서 '총포와 아주 비슷하게 보이는 것'이라 함은 총포와 모양이 유사한 경우뿐만 아니라 총포와 기능이 유사하여 총포와 아주 비슷하다고 여겨지는 경우를 포함하는 개념이라고 할 것이므로, 총포와의 모양의 유사성을 요건으로 하는 총포·도검·화약류 등 단속법 시행령 제13조, [별표 5의2] 제1호의 경우와 달리 이를 요건으로 하지 않는 [별표 5의2] 제2호 소정의 모의총포의 경우에는 위 제2호에서 정한 기능 및 구조를 갖추어 전체적으로 총포와의 유사성이 인정되면 이에 해당하는 것으로 볼 것이다.

원심이 이와 다른 견지에서 이 사건 발사체가 총포와 모양이 아주 비슷하지는 않다는 이유로 위 [별표 5의2] 제2호 소정의 모의총포에 해당하지 않는다고 판단한 것은 잘못이다. 그러나 이 부분 공소사실 자체에 의하더라도 위 [별표 5의2] 제2호 각 목에 규정된 발사되는 물체의 크기, 무게, 운동에너지, 앞부분의 모양, 순간 폭발음의 정도, 가연성 불꽃의 유무 등의 구성요건요소가 포함되어 있지 아니할 뿐만 아니라 기록상 이를 인정하기에 충분한 증거도 보이지 아니하므로, 이 부분 공소사실에 대하여 무죄를 선고한 원심의 결론은 옳다.

원심판결에는 상고이유로 주장하는 바와 같이 판결 결과에 영향을 미친 법리오해 등의 위법이 있다고 할 수 없다.

3. 결론

그러므로 상고를 모두 기각하기로 하여 관여 대법관의 일치된 의견으로 주문과 같이 판결한다.

대법관 이인복(재판장) 이홍훈 김능환(주심) 민일영

대법원 2011.1.13. 선고 2010도9927 판결

【증권거래법위반】

판시사항

[1] 주식시세조종의 목적으로 허위매수주문행위, 고가매수주문행위 및 통정매매행위 등을 반복한 경우, 구 증권거래법 제188조의4 위반죄의 죄수 관계(=포괄일죄)

[2] 피고인이 포괄일죄의 관계에 있는 범행의 일부를 실행한 후 공범관계에서 이탈하였으나 다른 공범자에 의하여 나머지 범행이 이루어진 경우, 피고인이 관여하지 않은 부분에 대하여도 죄책을 부담하는지 여부(적극)

[3] 피고인이 다른 공범들과 특정 회사 주식의 시세조정 주문을 내기로 공모한 다음 시세조정행위의 일부를 실행한 후 공범관계로부터 이탈하였고, 다른 공범들이 그 이후의 나머지 시세조정행위를 계속한 사안에서, 피고인이 다른 공범들의 범죄실행을 저지하지 않은 이상 그 이후 나머지 공범들이 행한 시세조정행위에 대하여도 공동정범으로서의 죄책을 부담한다고 한 사례

판결요지

[1] 주식시세조종의 목적으로 허위매수주문행위, 고가매수주문행위 및 통정매매행위 등을 반복한 경우, 이는 시세조종 등 불공정거래의 금지를 규정하고 있는 구 증권거래법(2007. 8. 3. 법률 제8635호 자본시장과 금융투자업에 관한 법률 부칙 제2조로 폐지) 제188조의4에 해당하는 수개의 행위를 단일하고 계속된 범의 하에서 일정기간 계속하여 반복한 범행이라 할 것이고, 이 범죄의 보호법익은 유가증권시장 또는 협회중개시장에서의 유가증권 거래의 공정성 및 유통의 원활성 확보라는 사회적 법익이고 각각의 유가증권 소유자나 발행자 등 개개인의 재산적 법익은 직접적인 보호법익이 아닌 점에 비추어 위 각 범행의 피해법익의 동일성도 인정되므로, 위 법 제188조의4에 정한 불공정거래 행위금지 위반의 포괄일죄가 성립한다.

[2] 피고인이 포괄일죄의 관계에 있는 범행의 일부를 실행한 후 공범관계에서 이탈하였으나 다른 공범자에 의하여 나머지 범행이 이루어진 경우, 피고인이 관여하지 않은 부분에 대하여도 죄책을 부담한다.

[3] 피고인이 갑 투자금융회사에 입사하여 다른 공범들과 특정 회사 주식의 시세조정 주문을 내기로 공모한 다음 시세조정행위의 일부를 실행한 후 갑 회사로부터 해고를 당하여 공범관계로부터 이탈하였고, 다른 공범들이 그 이후의 나머지 시세조정행위를 계속한 사안에서, 피고인이 다른 공범들의 범죄실행을 저지하지 않은 이상 그 이후 나머지 공범들이 행한 시세조정행위에 대하여도 죄책을 부담함에도, 피고인이 해고되어 갑 회사를 퇴사함으로써 기존의 공모관계에서 이탈하였다는 사정만으로 피고인이 이미 실행한 시세조정행위에 대한 기능적 행위지배가 해소되었다고 보아 그 이후의 각 구 증권거래법(2007. 8. 3. 법률 제8635호 자본시장과 금융투자업에 관한 법률 부칙 제2조로 폐지) 위반의 공소사실에 대하여 무죄를 선고한 원심판결에 공모공동정범에 관한 법리오해의 위법이 있다고 한 사례.

전 문

피 고 인 피고인

상 고 인 피고인 및 검사

원심판결 서울중앙지법 2010. 7. 21. 선고 2010노1784 판결

주 문 원심판결을 파기하고, 사건을 서울중앙지방법원 합의부에 환송한다.

이 유 상고이유를 판단한다.

1. 피고인의 상고이유에 대하여

형사소송법 제383조 제4호에 의하면 사형·무기 또는 10년 이상의 징역이나 금고가 선고된 사건에서만 양형부당을 사유로 한 상고가 허용되는 것이므로, 피고인에 대하여 그보다 가벼운 형이 선고된 이 사건에서는 형의 양정이 부당하다는 취지의 주장은 적법한 상고이유가 되지 못한다.

2. 검사의 상고이유에 대하여

주식시세조종의 목적으로 허위매수주문행위, 고가매수주문행위 및 통정매매행위 등을 반복한 경우, 이는 시세조종 등 불공정거래의 금지를 규정하고 있는 구 증권거래법 제188조의4에 해당하는 수개의 행위를 단일하고 계속된 범의 하에서 일정기간 계속하여 반복한 범행이라 할 것이고, 이 범죄의 보호법익은 유가증권시장 또는 협회중개시장에서의 유가증권 거래의 공정성 및 유통의 원활성 확보라는 사회적 법익이고 각각의 유가증권 소유자나 발행자 등 개개인의 재산적 법익은 직접적인 보호법익이 아닌 점에 비추어 위 각 범행의 피해법익의 동일성도 인정되므로, 구 증권거래법 제188조의4 소정의 불공정거래행위금지 위반의 포괄일죄가 성립하는 것이고, 피고인이 포괄일죄의 관계에 있는 범행의 일부를 실행한 후 공범관계에서 이탈하였으나 다른 공범자에 의하여 나머지 범행이 이루어진 경우, 피고인이 관여하지 않은 부분에 대하여도 죄책을 부담한다(대법원 2005. 4. 15. 선고 2005도630 판결 등 참조).

원심은 그 채택 증거를 종합하여, 2005. 6. 7.경부터 2005. 10. 14.경까지 사이에 이루어진 이 사건 각 시세조정행위에 의한 구 증권거래법 위반의 공소사실은 계속된 범의 아래 일정기간 계속하여 반복된 행위로서 그 보호법익도 동일하므로 포괄일죄라고 인정하는 한편, 제1심이 들고 있는 사정들을 근거로 피고인이 ○○○투자금융에 입사하여 다른 공범들과 함께 공소외 1 주식회사 주식의 시세조정 주문을 내기로 공모한 후 시세조정행위의 일부를 실행하였으나 2005. 8. 18. 공소외 2로부터 해고를 당하여 공범관계로부터 이탈한 사실, 그 이후 다른 공범들이 2005. 8. 18. 이후의 나머지 시세조정행위를 계속한 사실을 인정하였다.

사실관계가 이와 같다면, 위 법리에 비추어 피고인은 다른 공범들의 범죄실행을 저지하지 않은 이상, 피고인이 관여하지 않은 2005. 8. 18. 이후 나머지 공범들이 행한 시세조정행위에 대하여도 죄책을 부담한다.

그럼에도 불구하고 원심은 이와 달리 피고인이 2005. 8. 18. 이후에는 공소외 2로부터 해고되어 ○○○투자금융을 퇴사함으로써 기존의 공모관계에서 이탈하였다는 사정만으로 피고인이 이미 실행한 공소외 1 주식회사 주식의 시세조정행위에 대한 기능적 행위지배가 해소되었다고 보아 2005. 8. 18. 이후의 각 구 증권거래법 위반의 점에 대하여 무죄를 선고한 제1심판결을 그대로 유지하였는바, 이러한 원심판결에는 공모공동정범에 관한 법리를 오해하여 판결에 영향을 미친 위법이 있다. 이 점에 관한 상고이유의 주장은 이유 있다.

검사는 원심판결의 유죄 부분에 대하여도 상고하였으나, 상고장이나 상고이유서에 그 부분에 관한 상고이유의 기재가 없다.

3. 결론

그러므로 원심판결 중 무죄 부분은 파기되어야 할 것인바, 이 부분은 원심이 유죄로 인정한 부분과 포괄일죄의 관계에 있으므로 원심판결 전부를 파기하고, 사건을 다시 심리·판단하게 하기 위하여 원심법원에 환송하기로 하여 관여 대법관의 일치된 의견으로 주문과 같이 판결한다.

대법관 이인복(재판장) 이홍훈 김능환(주심) 민일영

대법원 2011.1.13. 선고 2010도9725 판결

【절도·사문서위조·위조사문서행사·공정증서원본부실기재·부실기재공정증서원본행사·특정경제범죄가중처벌등에관한법률위반(횡령)·특정경제범죄가중처벌등에관한법률위반(배임) [인정된죄명:특정경제범죄가중처벌등에관한법률위반(횡령)]】

판시사항

[1] 일부 교인들이 소속 교단을 탈퇴하고 다른 교단에 가입하기로 하는 내용의 교단변경 결의를 한 경우, 종전 교회에서 탈퇴한 것인지의 판단 기준

[2] 갑 교회 목사인 피고인이 을 교회로 예배장소를 이전한 경위와 과정을 종합할 때, 단순한 예배장소의 변경이 아니라, 피고인과 그를 지지하는 일부 교인들이 기존 갑 교회를 집단적으로 탈퇴하여 기존 을 교회 교인들과 함께 새로운 교회를 설립한 경우에 해당한다고 본 원심판단을 수긍한 사례

[3] 갑 교회 목사인 피고인이 자신을 지지하는 일부 교인들과 갑 교회를 탈퇴함으로써 대표자의 지위를 상실하였으므로, 그 후 갑 교회 명의로 갑 교회 소유 부동산을 자신에게 매도하는 내용의 매매계약서를 작성하고 이를 행사한 행위는 사문서위조죄 및 위조사문서행사죄에 해당한다고 본 원심판단을 수긍한 사례

전 문

피 고 인 피고인

상 고 인 피고인

변 호 인 법무법인

원심판결 대구고법 2010. 7. 15. 선고 2009노329 판결

주 문 상고를 기각한다.

이 유 상고이유를 판단한다.

1. 제1, 2점에 대하여

일부 교인들이 소속 교단을 탈퇴하고 다른 교단에 가입하기로 하는 내용의 교단변경을 결의하는 것은 종전 교회를 집단적으로 탈퇴하는 것과 구별되는 개념으로, 일부 교인들이 종전 교회에서 탈퇴하였다고 평가할 수 있을지 여부는 법률행위 일반의 해석 법리에 따라 여러 사정을 종합적으로 고려하여 판단하여야 한다(대법원 2010. 5. 27. 선고 2009다67658 판결 참조).

원심은, 피고인 및 이를 지지하는 교인들과 이를 반대하는 교인들로 대립하여 발생한 재산분쟁의 일환인 대구지방법원 2005가단110230호 사건에서 2006. 1. 26. '교회이전부지에 관하여 피고인 명의로 이전하되, 교회이전부지는 ○○○○교회의 재산이므로 피고인은 법률이 허용하는 최단시기에 ○○○○교회 앞으로 소유권이전등기를 하기로 한다'는 내용의 조정이 성립되었음에도 교회이전부지 등 교회재산을 둘러싼 분쟁이 끊이지 않는 가운데, 피고인이 2007. 1. 14. 대다수 교인들의 반대에도 불구하고 피고인을 지지하는 일부 교인들과 함께 교회집기를 옮기고 기존의 ○○○○교회를 폐쇄한 후 △△△교회로 예배장소를 이전한 점, 피고인이 △△△교회로 이전한 직후인 2007. 1. 17. △△△교회의 당회장이었던 공소외인이 △△△교회 교인 대다수를 ○○○○교회에 이전시킨 점, 피고인이 2007. 1. 28. 기존의 ○○○○교회 교인 대다수를 배제하고 피고인을 지지하는 기존의 ○○○○교회 일부 교인과 피고인을 지지하는 △△△교회 교인을 참여하게 한 후 공동의회를 개최하여 위 조정 조항에 반하는 '교회재산 중 피고인의 지분을 피고인에게 돌려준다'라는 내용의 결의를 한 점 등 피고인이 △△△교회로 예배장소를 이전한 경위와 과정을 종합하면, 이는 단순한 예배장소의 변경이 아니라 피고인과 피고인을 지지하는 일부 교인들이 기존 ○○○○교회를 집단적으로 이탈하여 기존 △△△교회 교인들과 함께 새로운 교회를 설립한 경우에 해당한다고 판단한 제1심판결을 그대로 유지하였다.

원심의 위와 같은 조치는, 피고인이 기존 ○○○○교회의 '교회의 운영과 재산에 대한 관리·처분방법'을 따르기를 원하는 나머지 교인들을 의도적으로 배제한 채 그 교회재산 관리·처분방법 등을 버리고 다른 교회재산 관

리·처분방법 등을 내세울 목적하에 일부 교인들과 함께 기존 ○○○○교회를 탈퇴하였다는 것으로, 앞서 본 법리와 사실심의 증거들에 비추어 볼 때 수긍할 수 있고, 거기에 상고이유 주장과 같은 교회탈퇴 및 교회 이탈 교인들의 대표자 선정 등에 관한 법리오해, 심리미진, 경험칙 및 논리칙 위반 등 판결 결과에 영향을 미친 위법이 없다.

한편 원심은 피고인이 기존 ○○○○교회를 탈퇴함으로써 발생하는 법률효과 및 피고인의 지위가 의결권을 가진 교인 2/3 이상의 찬성이 있었는지에 따라 결정된다고 판단한 제1심판결을 그대로 유지함으로써, 교회의 집단적 탈퇴 여부를 가리는 이 사건에 소속 교단 탈퇴 또는 변경을 위한 결의요건을 적용한 잘못이 있지만, 앞서 피고인 등의 교회 탈퇴를 인정한 이상, 원심의 위와 같은 잘못은 판결 결과에 영향이 없다.

2. 제3점에 대하여

이 부분 상고이유는 사실심인 원심의 전권에 속하는 증거의 취사선택과 사실의 인정을 비난하는 취지에 불과하여 적법한 상고이유가 되지 못한다.

3. 결론

그러므로 상고를 기각하기로 하여 관여 대법관의 일치된 의견으로 주문과 같이 판결한다.

대법관 차한성(재판장) 박시환(주심) 안대희 신영철

대법원 2011.1.13. 선고 2010도9330 판결

【사기·도박】

판시사항

1 이른바 '사기도박'의 경우 사기죄 외에 도박죄가 별도로 성립하는지 여부(소극)

2 사기도박에서 실행의 착수시기(=사기도박을 위한 기망행위를 개시한 때)

3 피고인 등이 사기도박에 필요한 준비를 갖추고 그 실행에 착수한 후에 사기도박을 숨기기 위하여 얼마간 정상적인 도박을 하였더라도 이는 사기죄의 실행행위에 포함되는 것이어서, 피고인에 대하여는 피해자들에 대한 사기죄만이 성립하고 도박죄는 따로 성립하지 아니한다고 한 사례

4 피고인 등이 피해자들을 유인하여 사기도박으로 도금을 편취한 행위는 사회관념상 1개의 행위로 평가함이 상당하므로, 피해자들에 대한 각 사기죄는 상상적 경합의 관계에 있다고 한 사례

판결요지

1 도박이란 2인 이상의 자가 상호간에 재물을 도(도)하여 우연한 승패에 의하여 그 재물의 득실을 결정하는 것이므로, 이른바 사기도박과 같이 도박당사자의 일방이 사기의 수단으로써 승패의 수를 지배하는 경우에는 도박에서의 우연성이 결여되어 사기죄만 성립하고 도박죄는 성립하지 아니한다.

2 사기죄는 편취의 의사로 기망행위를 개시한 때에 실행에 착수한 것으로 보아야 하므로, 사기도박에서도 사기적인 방법으로 도금을 편취하려고 하는 자가 상대방에게 도박에 참가할 것을 권유하는 등 기망행위를 개시한 때에 실행의 착수가 있는 것으로 보아야 한다.

3 피고인 등이 사기도박에 필요한 준비를 갖추고 그러한 의도로 피해자들에게 도박에 참가하도록 권유한 때 또는 늦어도 그 정을 알지 못하는 피해자들이 도박에 참가한 때에는 이미 사기죄의 실행에 착수하였다고 할 것이므로, 피고인 등이 그 후에 사기도박을 숨기기 위하여 얼마간 정상적인 도박을 하였더라도 이는 사기죄의 실행행위에 포함되는 것이어서 피고인에 대하여는 피해자들에 대한 사기죄만이 성립하고 도박죄는 따로 성립하지 아니함에도, 이와 달리 피해자들에 대한 사기죄 외에 도박죄가 별도로 성립하는 것으로 판단하고 이를 유죄로 인정한 원심판결에 사기도박에 있어서의 실행의 착수시기 등에 관한 법리오해의 위법이 있다고 한 사례.

4 피고인 등이 피해자들을 유인하여 사기도박으로 도금을 편취한 행위는 사회관념상 1개의 행위로 평가하는 것이 타당하므로, 피해자들에 대한 각 사기죄는 상상적 경합의 관계에 있다고 보아야 함에도, 위 각 죄가 실체적 경합의 관계에 있는 것으로 보고 경합범 가중을 한 원심판결에 사기죄의 죄수에 관한 법리오해의 위법이 있다고 한 사례.

전 문

피 고 인 피고인

상 고 인 피고인

변 호 인 법무법인

원심판결 대전지법 2010. 6. 24. 선고 2010노1160 판결

주 문 원심판결 중 피고인에 대한 부분을 파기하고, 이 부분 사건을 대전지방법원 본원 합의부에 환송한다.

이 유 상고이유(상고이유서 제출기간 경과 후에 제출된 각 상고이유보충서는 이를 보충하는 범위 내에서)를 판단한다.

1. 상고이유 제1점에 관하여

가. 도박이라 함은 2인 이상의 자가 상호간에 재물을 도(도)하여 우연한 승패에 의하여 그 재물의 득실을 결정하

는 것이므로, 이른바 사기도박에 있어서와 같이 도박당사자의 일방이 사기의 수단으로써 승패의 수를 지배하는 경우에는 도박에 있어서의 우연성이 결여되어 사기죄만 성립하고 도박죄는 성립하지 아니한다(대법원 1960. 11. 16. 선고 4293형상743 판결 참조). 한편, 사기죄는 편취의 의사로 기망행위를 개시한 때에 실행에 착수한 것으로 보아야 하므로, 사기도박에 있어서도 사기적인 방법으로 도금을 편취하려고 하는 자가 상대방에게 도박에 참가할 것을 권유하는 등 기망행위를 개시한 때에 실행의 착수가 있는 것으로 보아야 한다.

나. 원심이 확정한 사실 및 그 채용 증거들에 의하면, 피고인은 2010. 2. 17.경 원심공동피고인 1, 2, 3과 사기도박의 방법으로 금원을 편취하기로 공모한 사실, 이에 따라 위 원심공동피고인 2, 3은 2010. 2. 18. 16:00경 보령시 명천동 373-2 홀인원모텔 906호실에서 천장에 있는 화재감지기에 카메라를 몰래 설치하고, 위 모텔 맞은편에 있는 아리아모텔 707호실에 모니터를 설치한 사실, 원심공동피고인 1은 피해자 공소외 1, 2에게 연락하여 도박을 하자고 유인하여 위 홀인원모텔 906호실로 오게 하고, 또 위와 같은 사실을 알지 못하는 공소외 2는 피해자 공소외 3에게 도박을 하자고 권유하여 위 모텔로 오게 한 사실, 피고인과 원심공동피고인 1은 같은 날 20:00경 수신기 및 리시버를 착용하고 형광물질로 특수표시를 한 화투를 소지한 채 위 홀인원모텔 906호실로 가서 피해자들과 함께 속칭 '섯다'라는 도박을 한 사실, 피고인과 원심공동피고인 1은 위와 같이 도박을 함에 있어서 21:20경부터 22:00경까지는 사기도박을 숨기기 위하여 정상적인 도박을 하다가 22:00경 원심공동피고인 1이 가지고 온 화투를 바꾼 이후부터 다음날 02:10경까지는 원심공동피고인 2가 몰래 설치한 카메라를 통하여 수신된 모니터 화면을 보고 알려주는 피해자들의 화투 패를 리시버를 통하여 듣고 도박의 승패를 지배함으로써 피해자들로부터 도금을 교부받은 사실을 알 수 있다.

위와 같은 사실관계를 앞에서 본 법리에 비추어 살펴보면, 피고인 등은 사기도박에 필요한 준비를 갖추고 그러한 의도로 피해자들에게 도박에 참가하도록 권유한 때 또는 늦어도 그 정을 알지 못하는 피해자들이 도박에 참가한 때에는 이미 사기죄의 실행에 착수하였다고 할 것이므로, 피고인 등이 그 후에 사기도박을 숨기기 위하여 얼마간 정상적인 도박을 하였다고 하더라도 이는 사기죄의 실행행위에 포함되는 것이라고 할 것이어서 피고인에 대하여는 피해자들에 대한 사기죄만이 성립하고 도박죄는 따로 성립하지 아니한다고 할 것이다.

다. 그럼에도 원심은 이와 달리 피해자들에 대한 사기죄 외에 도박죄가 별도로 성립하는 것으로 판단하고 이를 유죄로 인정하였으니, 원심판결에는 사기도박에 있어서의 실행의 착수시기 등에 관한 법리를 오해하여 판결에 영향을 미친 위법이 있다.

2. 상고이유 제2점에 관하여

1개의 기망행위에 의하여 여러 피해자로부터 각각 재물을 편취한 경우에는 피해자별로 수개의 사기죄가 성립하고, 그 사이에는 상상적 경합의 관계에 있는 것으로 보아야 한다.

앞에서 본 사실관계를 위와 같은 법리에 비추어 살펴보면, 피고인 등이 피해자들을 유인하여 사기도박을 하여 도금을 편취한 행위는 사회관념상 1개의 행위로 평가함이 상당하므로, 피해자들에 대한 각 사기죄는 상상적 경합의 관계에 있다고 보아야 할 것이다.

그럼에도 원심은 이와 달리 위 각 죄가 실체적 경합의 관계에 있는 것으로 보고 형법 제37조 전단에 의하여 경합범 가중을 하였으니, 원심판결에는 사기죄의 죄수에 관한 법리를 오해하여 판결에 영향을 미친 위법이 있다. 한편, 원심판결이 인용하고 있는 대법원 1989. 6. 13. 선고 89도582 판결은 수인의 피해자에 대하여 각별로 기망행위를 한 경우에 관한 사안이므로 이 사건에 원용하기에 적절하지 아니하다.

3. 결론

그러므로 원심판결 중 피고인에 대한 부분을 파기하고, 이 부분 사건을 다시 심리·판단하게 하기 위하여 원심법원에 환송하기로 하여, 관여 대법관의 일치된 의견으로 주문과 같이 판결한다.

대법관 신영철(재판장) 박시환 안대희(주심) 차한성

2010년
대법원 판례 모음

대법원 2010.12.23. 선고 2010도7412 판결

【특수공무집행방해치상·폭력행위등처벌에관한법률위반(집단·흉기등상해)·폭력행위등처벌에관한법률위반(집단·흉기등폭행)·폭력행위등처벌에관한법률위반(집단·흉기등퇴거불응)·업무방해】

판시사항

[1] 공모공동정범의 공모자들에게 공모한 범행 외에 부수적으로 파생된 범죄에 대하여도 암묵적 공모와 기능적 행위지배가 있다고 인정하기 위한 판단 기준

[2] 피고인이 노조원들의 폭행, 상해, 특수공무집행방해치상 등 범행들에 대하여 구체적으로 모의하거나 이를 직접 분담·실행한 바 없었더라도, 위 각 범행에 대하여 암묵적인 공모는 물론 본질적 기여를 통한 기능적 행위지배가 있었다고 보아 그 공동정범으로 의율한 원심판단을 수긍한 사례

[3] 특수공무집행방해치상죄의 구성요건 중 '폭행'의 의미

[4] 피고인이 노조원들과 함께 경찰관인 피해자들이 파업투쟁 중인 공장에 진입할 경우에 대비하여 미리 윤활유나 철판조각을 바닥에 뿌려 놓은 것에 불과하고, 위 피해자들이 이에 미끄러져 넘어지거나 철판조각에 찔려 다쳤다는 것에 지나지 않은 사안에서, 피고인의 위 행위를 특수공무집행방해치상죄로 의율한 원심의 조치에 법리오해 또는 사실오인의 위법이 있다고 한 사례

판결요지

[1] 공모공동정범의 경우, 범죄의 수단과 태양, 가담하는 인원과 그 성향, 범행 시간과 장소의 특성, 범행과정에서 타인과의 접촉 가능성과 예상되는 반응 등 제반 상황에 비추어, 공모자들이 그 공모한 범행을 수행하거나 목적 달성을 위해 나아가는 도중에 부수적인 다른 범죄가 파생되리라고 예상하거나 충분히 예상할 수 있는데도 그러한 가능성을 외면한 채 이를 방지하기에 족한 합리적인 조치를 취하지 아니하고 공모한 범행에 나아갔다가 결국 그와 같이 예상되던 범행들이 발생하였다면, 비록 그 파생적인 범행 하나하나에 대하여 개별적인 의사의 연락이 없었다 하더라도 당초의 공모자들 사이에 그 범행 전부에 대하여 암묵적인 공모는 물론 그에 대한 기능적 행위지배가 존재한다고 보아야 한다.

[2] 피고인이 노조원들의 폭행, 상해, 특수공무집행방해치상 등 범행들에 대하여 구체적으로 모의하거나 이를 직접 분담·실행한 바 없었더라도, 피고인이 파업투쟁에 가담하게 된 경위, 위 파업투쟁 및 폭력사태의 경위와 진행 과정, 그 과정에서 피고인의 지위 및 역할, 피고인이 작성한 문건의 내용 및 성격 등을 종합할 때, 위 각 범행에 대하여 암묵적인 공모는 물론 본질적 기여를 통한 기능적 행위지배가 있었다고 보아 그 공동정범으로 의율한 원심판단을 수긍한 사례.

[3] 형법 제144조 제2항의 특수공무집행방해치상죄는 단체 또는 다중의 위력을 보이거나 위험한 물건을 휴대하여 직무를 집행하는 공무원에 대하여 폭행 또는 협박하여 공무원을 상해에 이르게 함으로써 성립하는 범죄이고, 여기에서의 폭행은 유형력을 행사하는 것을 말한다.

[4] 피고인이 노조원들과 함께 경찰관인 피해자들이 파업투쟁 중인 공장에 진입할 경우에 대비하여 그들의 부재 중에 미리 윤활유나 철판조각을 바닥에 뿌려 놓은 것에 불과하고, 위 피해자들이 이에 미끄러져 넘어지거나 철판조각에 찔려 다쳤다는 것에 지나지 않은 사안에서, 피고인 등이 위 윤활유나 철판조각을 위 피해자들의 면전에서 그들의 공무집행을 방해할 의도로 뿌린 것이라는 등의 특별한 사정이 있는 경우는 별론으로 하고 이를 가리켜 위 피해자들에 대한 유형력의 행사, 즉 폭행에 해당하는 것으로 볼 수 없는데도, 피고인의 위 행위를 특수공무집행방해치상죄로 의율한 원심의 조치에 법리오해 또는 사실오인의 위법이 있다고 한 사례.

전 문

피 고 인 피고인

상 고 인 피고인

변 호 인 변호사

원심판결 서울고법 2010. 5. 28. 선고 2010노671 판결

주 문 원심판결을 파기하고, 사건을 서울고등법원에 환송한다.

이 유 상고이유를 본다.

1. 상고이유에 대한 판단

형법 제30조의 공동정범은 공동가공의 의사와 그 공동의사에 기한 기능적 행위지배를 통한 범죄 실행이라는 주관적·객관적 요건을 충족함으로써 성립하는바, 공모자 중 구성요건 행위 일부를 직접 분담하여 실행하지 않은 자라도 경우에 따라 이른바 공모공동정범으로서의 죄책을 질 수도 있는 것이기는 하나, 이를 위해서는 전체 범죄에 있어서 그가 차지하는 지위, 역할이나 범죄 경과에 대한 지배 내지 장악력 등을 종합해 볼 때, 단순한 공모자에 그치는 것이 아니라 범죄에 대한 본질적 기여를 통한 기능적 행위지배가 존재하는 것으로 인정되는 경우여야 한다(대법원 2006. 12. 22. 선고 2006도1623 판결, 대법원 2007. 4. 26. 선고 2007도235 판결 등 참조). 그리고 이 경우, 범죄의 수단과 태양, 가담하는 인원과 그 성향, 범행 시간과 장소의 특성, 범행과정에서 타인과의 접촉 가능성과 예상되는 반응 등 제반 상황에 비추어, 공모자들이 그 공모한 범행을 수행하거나 목적 달성을 위해 나아가는 도중에 부수적인 다른 범죄가 파생되리라고 예상하거나 충분히 예상할 수 있는데도 그러한 가능성을 외면한 채 이를 방지하기에 족한 합리적인 조치를 취하지 아니하고 공모한 범행에 나아갔다가 결국 그와 같이 예상되던 범행들이 발생하였다면, 비록 그 파생적인 범행 하나하나에 대하여 개별적인 의사의 연락이 없었다 하더라도 당초의 공모자들 사이에 그 범행 전부에 대하여 암묵적인 공모는 물론 그에 대한 기능적 행위지배가 존재한다고 보아야 할 것이다(대법원 2007. 4. 26. 선고 2007도428 판결 참조).

위 법리와 기록에 비추어 살펴보면, 원심이 그 판시와 같은 사실을 인정한 다음, 그러한 인정 사실에 나타난 피고인이 이 사건 파업투쟁에 가담하게 된 경위, 위 파업투쟁 및 폭력사태의 경위와 진행 과정, 그 과정에서 피고인의 지위 및 역할, 피고인이 작성한 문건의 내용 및 성격 등을 종합하여 보면, 피고인이 비록 노조원들의 폭행, 상해, 특수공무집행방해치상 등 범죄행위들에 대하여 구체적으로 모의하거나 이를 직접 분담하여 실행한 바 없었다 하더라도, 아래 2.항에서 판단하는 부분을 제외한 나머지 이 사건 각 범행에 대하여 암묵적인 공모는 물론 그 범행들에 대한 본질적 기여를 통한 기능적 행위지배가 있었다고 보아 피고인을 위 각 범행의 공모공동정범으로 의율한 제1심판결을 유지한 것은 정당한 것으로 수긍이 가고, 거기에 상고이유에서 주장하는 바와 같은 공동정범에서의 기능적 행위지배에 관한 채증법칙 위반이나 법리오해 등의 위법이 없다.

2. 원심판결 중 피고인의 2009. 7. 24.자 공소외 1, 2, 3, 4에 대한 각 특수공무집행방해치상의 점에 대한 직권판단

원심은 피고인이 쌍용자동차지부 노조원 600명과 함께 2009. 7. 24. 15:30경 쌍용자동차 평택공장의 로디우스 공장에서 경기지방경찰청 제5기동대 소속 순경 피해자 공소외 1로 하여금 미리 뿌려 놓은 윤활유에 넘어지게 하였고, 같은 날 15:40경 같은 곳에서 순경 공소외 2로 하여금 미리 뿌려 놓은 윤활유에 넘어지게 하였으며, 경사 공소외 3으로 하여금 미리 뿌려 놓은 윤활유에 넘어지게 하고 그 위에 뿌려 놓은 철판조각에 왼손 약지를 다치게 하였고, 같은 날 16:00경 같은 곳에서 경감 공소외 4로 하여금 미리 뿌려 놓은 윤활유에 넘어지게 하고 그 위에 뿌려 놓은 철판조각에 왼손바닥을 다치게 함으로써 이들의 정당한 직무집행을 방해함과 아울러 위 공소외 1로 하여금 치료일수 불상의 허리타박상, 위 공소외 2로 하여금 치료일수 불상의 왼손바닥이 찢어지는 상해, 위 공소외 3으로 하여금 치료일수 불상의 왼손 약지가 찢어지는 상해, 위 공소외 4로 하여금 치료일수 불상의 왼손바닥 신경과 힘줄이 끊어지는 상해를 각 입게 하였다는 사실을 인정한 다음, 형법 제144조 제2항, 제1항, 제136조 제1항을 각 적용하여 특수공무집행방해치상죄를 인정한 제1심판결을 그대로 유지하였다.

그러나 이 부분의 원심의 판단은 다음과 같은 이유에서 그대로 수용할 수 없다.

형법 제144조 제2항의 특수공무집행방해치상죄는 단체 또는 다중의 위력을 보이거나 위험한 물건을 휴대하여 직무를 집행하는 공무원에 대하여 폭행 또는 협박하여 공무원을 상해에 이르게 함으로써 성립하는 범죄이고, 여기에서의 폭행은 유형력을 행사하는 것을 말한다.

그런데 원심이 유지한 제1심판결의 인정 사실에 의하더라도, 위 각 피해자들은 피고인 등이 미리 바닥에 뿌려 놓은 윤활유에 미끄러져 넘어지거나 미리 뿌려 놓은 철판조각에 찔려 다쳤다는 것에 지나지 아니하는바, 피고인 등이 위 윤활유나 철판조각을 위 각 피해자들의 면전에서 그들의 공무집행을 방해할 의도로 뿌린 것이라는 등의 특별한 사정이 있는 경우는 별론으로 하고, 단순히 위 피해자 등이 위 공장에 진입할 경우에 대비하여 그들

의 부재 중에 미리 뿌려 놓은 것에 불과하다면, 이를 가리켜 위 피해자들에 대한 유형력의 행사, 즉 폭행에 해당하는 것으로 볼 수 없다고 할 것이다.

그럼에도 원심이 이와 다른 전제에서 미리 바닥에 뿌려둔 윤활유에 위 피해자들이 스스로 넘어져 다친 행위를 판시 특수공무집행방해치상죄로 의율한 조치에는 특수공무집행방해치상죄에 관한 법리를 오해하였거나 필요한 심리를 다하지 아니하고 채증법칙에 위반하여 사실을 오인함으로써 판결에 영향을 미친 위법이 있다고 할 것이다.

3. 결론

그러므로 원심판결 중 피고인의 2009. 7. 24.자 공소외 1, 2, 3, 4에 대한 각 특수공무집행방해치상죄 부분은 파기되어야 할 것인바, 이 부분은 피고인의 나머지 범죄와 형법 제37조 전단의 경합범관계에 있어 하나의 형이 선고되었으므로, 원심판결 전부를 파기하고, 사건을 다시 심리·판단하도록 원심법원에 환송하기로 하여 관여 대법관의 일치된 의견으로 주문과 같이 판결한다.

대법관 이인복(재판장) 이홍훈 김능환(주심) 민일영

대법원 2010.12.23. 선고 2010도11996,2010전도86 판결

【성폭력범죄의처벌및피해자보호등에관한법률위반(강간등상해)·성폭력범죄의처벌및피해자보호등에관한법률위반(13세미만미성년자강간등)·폭력범죄의처벌및피해자보호등에관한법률위반(친족관계에의한준강간)·성폭력범죄의처벌및피해자보호등에관한법률위반(친족관계에의한준강제추행)·부착명령】

판시사항

'특정 범죄자에 대한 위치추적 전자장치 부착 등에 관한 법률'이 개정되어 부착명령 기간을 연장하도록 규정한 것이 소급입법금지의 원칙에 반하는지 여부(소극)

전 문

피고인 겸 피부착명령청구자 피고인

상 고 인 피고인 겸 피부착명령청구자

변 호 인 변호사

원심판결 대구고법 2010. 8. 26. 선고 2010노142, 2010전노2 판결

주 문 상고를 기각한다.

이 유 상고이유를 판단한다.

1. 심신미약 주장에 대하여

원심판결 이유에 의하면, 원심은 그 판시와 같은 이유로 피고인 겸 피부착명령청구자(이하 '피고인'이라 한다)가 이 사건 범행 당시 사물을 변별할 능력이나 의사를 결정할 능력이 미약한 상태에 이르렀다고 보이지 않는다고 판단하였다.

관련 법리와 기록에 비추어 살펴보면, 원심의 이러한 판단은 정당한 것으로 수긍이 가고, 거기에 상고이유로 주장하는 심신미약에 관한 법리오해 등의 위법이 없다.

2. 소급입법금지원칙 위반 주장에 대하여

특정 범죄자에 대한 위치추적 전자장치 부착 등에 관한 법률에 의한 전자감시제도는, 성폭력범죄자의 재범방지와 성행교정을 통한 재사회화를 위하여 그의 행적을 추적하여 위치를 확인할 수 있는 전자장치를 신체에 부착하게 하는 부가적인 조치를 취함으로써 성폭력범죄로부터 국민을 보호함을 목적으로 하는 일종의 보안처분이다. 이러한 전자감시제도의 목적과 성격, 그 운영에 관한 위 법률의 규정 내용 및 취지 등을 종합해 보면, 전자감시제도는 범죄행위를 한 자에 대한 응보를 주된 목적으로 그 책임을 추궁하는 사후적 처분인 형벌과 구별되어 그 본질을 달리하는 것으로서 형벌에 관한 소급입법금지의 원칙이 그대로 적용되지 않으므로, 위 법률이 개정되어 부착명령 기간을 연장하도록 규정하고 있더라도 그것이 소급입법금지의 원칙에 반한다고 볼 수 없다.

따라서 이와 다른 상고이유 주장은 받아들일 수 없다.

3. 양형부당 주장에 대하여

피고인의 나이, 성행, 환경, 범행의 동기, 수단과 경과, 범행 후의 정황 등 기록에 나타난 양형의 조건이 되는 여러 사정들을 살펴보면, 원심이 피고인에게 징역 10년의 형을 선고한 제1심판결을 유지한 것이 심히 부당하다고 할 수 없다. 이에 관한 상고이유의 주장도 이유 없다.

4. 결론

그러므로 상고를 기각하기로 하여 관여 대법관의 일치된 의견으로 주문과 같이 판결한다.

대법관 안대희(재판장) 박시환 차한성 신영철(주심)

대법원 2010.12.23. 선고 2010도10910 판결

【특정범죄가중처벌등에관한법률위반(뇌물)·뇌물수수·뇌물공여·근로기준법위반·특정경제범죄가중처벌등에관한법률위반(사기)·증권거래법위반】

판시사항

1. 형법 제129조의 수뢰죄에서 '직무'의 의미
2. 국회 정무위원회 수석전문위원인 피고인이 정무위원회 소관 기관 등의 업무에 관한 청탁 또는 부탁을 받고 금품을 수수한 행위가 '수뢰죄'에 해당한다고 본 원심판단을 수긍한 사례

판결요지

1. 형법 제129조에서 '직무'라 함은 공무원이 법령상 관장하는 직무 그 자체뿐만 아니라 그 직무와 밀접한 관계가 있는 행위 또는 관례상이나 사실상 소관하는 직무행위 및 결정권자를 보좌하거나 영향을 줄 수 있는 직무행위를 포함한다.
2. 국회 정무위원회 수석전문위원으로서 정무위원회 소관 기관에 대하여 상당한 영향력을 가진 피고인이 그 소관 기관 등의 업무에 관한 청탁 또는 부탁을 받고 금품을 수수한 사안에서, 피고인의 위 행위는 자신의 직무이거나 그 직무와 밀접한 관계가 있는 행위라고 할 것이어서 형법 제129조의 수뢰죄에 해당한다고 본 원심판단을 수긍한 사례.

전 문

피 고 인 피고인 1 외 3인

상 고 인 피고인들 및 검사

변 호 인 변호사

원심판결 서울고법 2010. 8. 6. 선고 2010노701, 1390 판결

주 문 상고를 모두 기각한다.

이 유 상고이유(상고이유서 제출기간이 경과한 후에 제출된 각 상고이유보충서의 기재는 상고이유를 보충하는 범위 내에서)를 본다.

1. 검사의 상고이유에 대한 판단

원심판결 이유를 기록에 비추어 살펴보면, 원심이 그 판시와 같은 이유를 들어 이 사건 공소사실 중 피고인 1의 2008. 3. 17.자 뇌물 수수의 점 및 2008. 11. 12.자 뇌물 수수의 점, 피고인 2, 3의 각 2008. 11. 12.자 뇌물 공여의 점에 대하여 그 범죄의 증명이 없음을 이유로 무죄를 선고하거나 무죄를 선고한 제1심판결을 그대로 유지한 것은 수긍할 수 있고, 거기에 상고이유의 주장과 같이 논리와 경험의 법칙에 위배하고 자유심증주의의 한계를 벗어난 위법이 있다고 할 수 없다.

2. 피고인 1의 상고이유에 대한 판단

가. 뇌물죄의 직무에 관한 법리 오해의 점에 관하여

형법 제129조 소정의 '직무'라 함은 공무원이 법령상 관장하는 직무 그 자체뿐만 아니라 그 직무와 밀접한 관계가 있는 행위 또는 관례상이나 사실상 소관하는 직무행위 및 결정권자를 보좌하거나 영향을 줄 수 있는 직무행위를 포함한다(대법원 1998. 2. 27. 선고 96도582 판결 등 참조).

원심은 그 채택증거를 종합하여, ① 피고인 1은 2004. 8. 13.경부터 국회 정무위원회 수석전문위원으로 근무하여 왔는데, 국회 정무위원회는 그 소관 부처로 국무총리실, 공정거래위원회, 금융위원회, 국가보훈처, 국민권익위원회를 두고, 소관 기관으로 금융감독원, 예금보험공사, 기술신용보증기금, 신용보증기금, 중소기업은행, 산업은행 등을 관할하면서 소관 부처나 기관의 법률안 검토, 예산안 심사 및 결산 심사, 국정감사, 청원·진정을 비롯한 민원처리 등의 업무를 하고 있는 사실, ② 정무위원회의 수석전문위원은 국회 정무위원회 소속 위원장 및 국회의원의 입법 활동을 지원하고, 정무위원회에서의 의안과 청원 등의 심사, 국정감사, 국정조사 기타 소관사항 등과 관련하여 검토보고 및 관련 자료의 수집·조사·연구를 행하며, 정무위원회 소속 전문

위원 및 직원의 업무를 총괄할 뿐 아니라 나아가 소속위원회 관련 민원이 있을 경우 해당 기관이나 부처에 그 민원취지를 전달하여 민원이 해결될 수 있도록 하는 등의 업무를 담당하고 있는 사실, ③ 피고인 1은 2008. 11. 4.경 피고인 2, 3으로부터 "공소외 1 주식회사가 145억 원을 유상증자하기 위하여 금융감독원에 유가증권 신고서를 제출하였으나 금융감독원에서 3차례나 정정명령을 하고, 정정명령을 내린 금융감독원 담당자는 만나주지도 않는 등 어려움을 겪고 있으니 이를 해결할 수 있도록 소관 기관인 금융감독원에 영향력을 행사하여 달라"는 취지의 청탁을 받고 같은 달 7일경 공소외 1 주식회사의 유상증자 관련 업무를 담당하고 있는 금융감독원 기업공시국 국장 공소외 2를 자신의 사무실로 오게 한 다음, 피고인 3으로 하여금 공소외 2 국장에게 공소외 1 주식회사의 상황을 설명하여 주도록 하고, 공소외 2 국장에게는 공소외 1 주식회사의 유상증자 문제를 해결할 방안을 알아보라는 취지로 말한 사실, ④ 피고인 1은 2009년 7월 말경부터 2009년 8월 초순경 사이에 피고인 2, 3으로부터 공소외 1 주식회사의 상장폐지를 막을 수 있도록 거래소와 금융감독원에 영향력을 행사하여 달라는 부탁을 받고 금융감독원 부원장을 통하여 공소외 3 회계법인에 공소외 1 주식회사에 대한 감사보고서를 검토하여 줄 것을 요청한 사실, ⑤ 피고인 1은 2009. 7. 20.경부터 2009. 7. 26.경 사이에 피고인 2로부터 "공소외 4 주식회사가 정무위원회의 소관 기관인 기술신용보증기금의 보증서를 받을 필요가 있으므로 기술신용보증기금에 보증서 발급 청탁을 하여 달라"는 부탁을 받고 기술신용보증기금의 간부직원에게 연락하여 공소외 4 주식회사와 관련하여 보증서 발급을 검토하여 줄 것을 요청한 사실, ⑥ 피고인 1은 2009년 7월 말경부터 2009년 8월 초순경 사이에 피고인 2로부터 "공소외 5 주식회사가 충무로 역사 공사를 위하여 ○○증권으로부터 보증확약서를 받을 필요가 있는데 ○○증권 사장의 승인이 나지 않고 있으니 공소외 5 주식회사의 대표이사가 금융감독원의 영향력이 직접적으로 미치는 금융기관인 ○○증권의 사장을 직접 만나 사정을 설명할 수 있도록 하여 달라"는 부탁을 받고, ○○증권 사장에게 연락하여 ○○증권 사장이 공소외 5 주식회사의 대표인 공소외 6과 피고인 2를 만나 사정을 들어볼 수 있도록 주선하여 준 사실, ⑦ 피고인 1은 2008년 7월 말에서 2008년 8월경 사이에 피고인 4로부터 "기술신용보증기금에 부담하고 있는 채무를 감면하여 줄 방법을 알아봐 달라"는 취지의 청탁을 받은 뒤 기술신용보증기금의 이사에게 전화하여 "피고인 4가 기술신용보증기금에 부담하는 채무에 대한 감면을 알아봐 주라"는 취지로 말하였고, 기술신용보증기금 채권담당이사는 이러한 내용을 기술신용보증기금 울산지점에 전달하여, 기술신용보증기금 울산지점에서는 2008. 9. 18.경 피고인 4에 대한 채무를 잔여 채무액 28억 원에서 7억 원 상당으로 감면하여 주는 내용의 채무감면 검토보고서를 작성한 사실, ⑧ 피고인 1은 2008년 10월경부터 2009년 7월경 사이에 피고인 4로부터 위와 같은 채무감면 청탁과 함께 공정거래위원회 지도위원과 증권선물거래소 사외이사가 될 수 있도록 힘을 써 달라는 부탁, △△테크 소송 관련 부탁, ▽▽산업 수주 관련 부탁 등을 받은 사실, ⑨ 피고인 1은 피고인 2, 3, 4로부터 위와 같은 청탁 또는 부탁을 전후하여 그 판시와 같이 금품을 각 수수한 사실을 인정한 다음, 피고인 1은 정무위원회 소관 기관에 대하여 상당한 영향력을 가지고 있으며, 그러한 영향력을 가진 피고인 1이 그 소관 기관 등의 업무에 관한 청탁 또는 부탁을 받고 금품을 수수한 행위는 형법 제129조 소정의 수뢰죄에 해당하는 것으로 판단하였다.

위에서 본 법리를 기록에 비추어 살펴보면, 피고인 1의 이 사건 각 행위는 자신의 직무이거나 그 직무와 밀접한 관계가 있는 행위라고 할 것이어서 원심의 위와 같은 판단은 정당한 것으로 수긍할 수 있고, 거기에 상고이유의 주장과 같이 뇌물죄의 직무에 관한 법리를 오해하여 판결에 영향을 미친 위법이 있다고 할 수 없다.

나. 나머지 상고이유에 관하여

관련 법리를 원심이 채택한 증거들에 비추어 살펴보면, 원심이 그 판시와 같은 이유를 들어 피고인 1의 2008. 3. 17.자 뇌물 수수의 점 및 2008. 11. 12.자 뇌물 수수의 점을 제외한 나머지 공소사실이 모두 인정된다고 판단한 것은 정당한 것으로 수긍할 수 있고, 거기에 상고이유의 주장과 같이 논리와 경험의 법칙에 위배하고 자유심증주의의 한계를 벗어나 사실을 잘못 인정한 위법이나 잘못 인정된 사실을 전제로 죄수에 관한 법리를 오해한 위법이 있다고 할 수 없다.

3. 피고인 2, 3, 4의 상고이유에 대한 판단

원심판결 및 원심이 채택한 증거들에 비추어 살펴보면, 원심이 그 판시와 같은 이유를 들어 피고인 2, 3의 각 2008. 11. 12.자 뇌물공여의 점을 제외한 나머지 공소사실이 모두 인정된다고 판단한 것은 정당한 것으로 수긍할 수 있고, 거기에 상고이유의 주장과 같이 논리와 경험의 법칙에 위배하고 자유심증주의의 한계를 벗어나 사실을 인정한 위법이 있다고 할 수 없다.

4. 결론

그러므로 상고를 모두 기각하기로 하여 관여 대법관의 일치된 의견으로 주문과 같이 판결한다.

대법관 김지형(재판장) 전수안 양창수(주심)

대법원 2010.12.23. 선고 2010도10650 판결

【간통】

판시사항

[1] 간통죄에서 유서의 의미 및 감정을 표현하는 어떤 행동이나 의사의 표시가 유서로 인정되기 위한 요건

[2] 고소인이 간통사실을 알고 난 후에도 배우자와 동거하였다는 사정만으로는 간통을 유서하였다고 볼 수 없다고 본 원심판단을 수긍한 사례

전 문

피 고 인 피고인

상 고 인 피고인

원심판결 서울중앙지법 2010. 7. 27. 선고 2010재노8 판결

주 문 상고를 기각한다.

이 유 상고이유를 판단한다.

1. 고소인과 그의 처 사이에 이혼이 성립하지 않았다는 주장에 관하여

원심은, 고소인과 그의 처 공소외인 사이에 이혼소송이 취하되는 등으로 이혼이 성립하지 않았다는 취지의 피고인의 주장에 관하여 원심판결 이유에서는 판단하지 아니하였으나, 이미 재심개시결정을 통하여 고소인이 공소외인을 상대로 1998. 7. 8.(재심개시결정에서 1998. 5. 28.이라고 기재한 것은 오기로 보인다) 재판상 이혼청구를 하여 1999. 5. 28. 이혼조정결정이 이루어짐으로써 고소인과 공소외인 사이에 이혼이 성립한 사실을 인정하여 피고인의 위 주장을 배척하였는바, 기록에 의하면 이러한 원심의 사실인정과 판단은 정당한 것으로 보이므로, 거기에 상고이유의 주장과 같은 채증법칙 위반이나 판단누락 등의 잘못이 없다.

2. 고소기간을 도과한 부적법한 고소라는 주장에 관하여

원심은, 그 채용 증거에 의하여 판시와 같은 사실을 인정한 다음, 고소인은 1998. 1. 8. 피고인으로부터 고소인의 처 공소외인과의 간통사실을 듣고 1998. 1. 16. 공소외인으로부터 이를 시인받음으로써 비로소 그 간통사실을 알게 된 것이고, 고소인이 재심대상사건의 법정에서 1997. 9. 12. 서울역에서 피고인 부부를 만나게 된 경위에 관하여 진술함에 있어 피고인이 전화상으로 피고인과 공소외인의 육체적 관계를 언급하는 것을 들은 사실이 있음에도 불구하고 이를 들은 적이 없다고 위증하였다 하더라도, 1998. 1. 8.경까지는 공소외인이 피고인과의 간통사실을 부인하고 이를 인정할 증거가 없어 고소인이 피고인과 공소외인의 간통사실에 관하여 확신을 가지고 있었던 것으로 보이지 않는 점 등에 비추어 보면, 고소인이 피고인으로부터 전화상으로 공소외인과의 육체적 관계에 관한 언급을 듣고 이를 확인하기 위하여 1997. 9. 12. 서울역에서 피고인을 만났다 하더라도 이러한 사정만으로는 위 일시경에 고소인이 피고인과 공소외인의 간통사실을 알았다고 보기 어렵다고 판단하였다. 기록에 의하면, 원심의 위와 같은 사실인정과 판단은 정당하여 이를 수긍할 수 있고, 거기에 상고이유의 주장과 같은 채증법칙 위반이나 고소기간에 관한 법리오해 등의 잘못이 없다.

3. 고소사실이 특정되지 않은 부적법한 고소라는 주장에 관하여

원심은, 고소인이 1998. 7. 8.(원심판결에서 1998. 7. 9.로 기재한 것은 오기로 보인다) 피고인과 공소외인이 같은 직장에서 함께 근무하던 중 간통하였다는 취지로 간통 기간을 특정하여 고소한 다음 1998. 8. 20. 고소보충진술을 통하여 그 구체적인 범행 일시와 장소를 공소사실과 같이 진술한 것이므로, 이 사건 고소는 고소기간 내에 고소사실을 특정하여 적법하게 고소를 한 것으로 보아야 한다고 판단하였는바, 기록에 비추어 보면 원심의 판단은 정당한 것으로 수긍할 수 있고, 거기에 상고이유의 주장과 같은 고소사실의 특정에 관한 법리오해 등의 잘못이 없다.

4. 고소인이 간통을 유서하였다는 주장에 관하여

간통죄에 있어서 유서는 배우자의 일방이 상대방의 간통사실을 알면서 혼인관계를 지속시킬 의사로 악감정을 포기하고 상대방에게 그 행위에 대한 책임을 묻지 않겠다는 뜻을 표시하는 일방행위로서, 간통의 유서는 명시적으로 할 수 있음은 물론 묵시적으로도 할 수 있는 것이어서 그 방식에 제한이 있는 것은 아니지만, 감정을 표

현하는 어떤 행동이나 의사의 표시가 유서로 인정되기 위하여는, 첫째 배우자의 간통사실을 확실하게 알면서 자발적으로 한 것이어야 하고, 둘째 그와 같은 간통사실에도 불구하고 혼인관계를 지속시키려는 진실한 의사가 명백하고 믿을 수 있는 방법으로 표현되어야 하는 것이다(대법원 2008. 11. 27. 선고 2007도4977 판결 등 참조).

원심은, 그 채용 증거에 의하여, 고소인은 1998. 1. 16. 공소외인으로부터 간통사실에 대해 이야기를 들은 후에도 피고인과 공소외인이 근무하는 직장이 고소인이 전에 근무한 직장이어서 고소인이 피고인과 공소외인을 고소하는 경우 입게 되는 고소인의 사회적 어려움과 어린 자녀들의 장래를 고려하여 공소외인과 동거를 계속하면서 고소를 하지 않으려 하였으나 1998. 7. 4. 피고인이 잘못을 뉘우치지 않고 자신의 동료들이 있는 가운데 공소외인을 괴롭히자 같은 해 7. 8. 이혼소송을 제기하면서 이 사건 고소를 한 사실, 그 후 1999. 5. 28. 이혼조정결정이 있었으며 고소인은 이 사건이 마무리된 다음 공소외인과 재결합 여부를 결정하려고 했던 사실을 인정한 다음, 비록 고소인이 재심대상사건의 법정에서 사실은 고소인이 피고인과 공소외인 사이의 간통 사실을 알게 된 1998. 1. 16.경 이후부터 간통고소를 한 1998. 7. 8.까지 약 20일 정도 지방여행을 한 것 외에는 지방에서 거주한 사실이 없고 공소외인과 서울에서 동거하였음에도 불구하고 "간통사실을 안 이후 고소인은 6~7개월간 집에 들어오지 않았고 그 후에는 처가 처가에서 2개월간 머물렀으며 이 사건 후에야 합쳤다."고 위증한 사실이 있기는 하나, 고소인이 간통사실을 알고 난 후에도 공소외인과 동거하였다는 사정만으로 고소인이 공소외인과 혼인관계를 지속시킬 의사로 공소외인에게 그 행위에 대한 책임을 묻지 않겠다는 뜻을 명백하고 믿을 수 있는 방법으로 표현하였다고 볼 수 없다고 판단하여 고소인이 간통을 유서하였다는 피고인의 주장을 배척하였는바, 기록과 앞서 본 법리에 비추어 원심의 위와 같은 판단은 정당한 것으로 수긍할 수 있고, 거기에 상고이유의 주장과 같은 채증법칙 위반이나 간통의 유서에 관한 법리오해 등의 잘못이 있다고 할 수 없다.

5. 결론

그러므로 상고를 기각하기로 하여, 관여 대법관의 일치된 의견으로 주문과 같이 판결한다.

대법관 이홍훈(재판장) 김능환 민일영(주심) 이인복

대법원 2010.12.9. 선고 2010도9630 판결

【성폭력범죄의처벌및피해자보호등에관한법률위반(특수강도강간등)·주거침입】

판시사항

1 강간의 실행행위 계속 중에 강도행위를 한 경우 '강도강간죄'를 구성하는지 여부(적극) 및 특수강간범이 강간행위 종료 전에 특수강도의 행위를 한 경우 구 성폭력범죄의 처벌 및 피해자보호 등에 관한 법률 제5조 제2항에 정한 '특수강도강간죄'로 의율할 수 있는지 여부(원칙적 적극)

2 강도죄에서 '폭행, 협박'과 '재물의 탈취'와의 관계 및 강간범인이 폭행, 협박에 의한 반항억압 상태가 계속 중임을 이용하여 재물을 탈취하는 경우 새로운 폭행, 협박을 요하는지 여부(소극)

3 갑에 대한 특수강간 행위 도중 범행현장에 있던 을 소유의 핸드백을 가져간 피고인의 행위를 포괄하여 구 성폭력범죄의 처벌 및 피해자보호 등에 관한 법률 위반(특수강도강간등)죄에 해당한다고 판단한 원심의 조치를 수긍한 사례

판결요지

1 강간범이 강간행위 후에 강도의 범의를 일으켜 그 부녀의 재물을 강취하는 경우에는 강도강간죄가 아니라 강간죄와 강도죄의 경합범이 성립될 수 있을 뿐이지만, 강간행위의 종료 전 즉 그 실행행위의 계속 중에 강도의 행위를 할 경우에는 이때에 바로 강도의 신분을 취득하는 것이므로 이후에 그 자리에서 강간행위를 계속하는 때에는 강도가 부녀를 강간한 때에 해당하여 형법 제339조에 정한 강도강간죄를 구성하고, 구 성폭력범죄의 처벌 및 피해자보호 등에 관한 법률(2010. 4. 15. 법률 제10258호 성폭력범죄의 피해자보호 등에 관한 법률로 개정되기 전의 것) 제5조 제2항은 형법 제334조(특수강도) 등의 죄를 범한 자가 형법 제297조(강간) 등의 죄를 범한 경우에 이를 특수강도강간 등의 죄로 가중하여 처벌하는 것이므로, 다른 특별한 사정이 없는 한 특수강간범이 강간행위 종료 전에 특수강도의 행위를 한 이후에 그 자리에서 강간행위를 계속하는 때에도 특수강도가 부녀를 강간한 때에 해당하여 구 성폭력범죄의 처벌 및 피해자보호 등에 관한 법률 제5조 제2항에 정한 특수강도강간죄로 의율할 수 있다.

2 강도죄는 재물탈취의 방법으로 폭행, 협박을 사용하는 행위를 처벌하는 것이므로 폭행, 협박으로 타인의 재물을 탈취한 이상 피해자가 우연히 재물탈취 사실을 알지 못하였다고 하더라도 강도죄는 성립하고, 폭행, 협박당한 자가 탈취당한 재물의 소유자 또는 점유자일 것을 요하지도 아니하며, 강간범인이 부녀를 강간할 목적으로 폭행, 협박에 의하여 반항을 억압한 후 반항억압 상태가 계속 중임을 이용하여 재물을 탈취하는 경우에는 재물탈취를 위한 새로운 폭행, 협박이 없더라도 강도죄가 성립한다.

3 야간에 갑의 주거에 침입하여 드라이버를 들이대며 협박하여 갑의 반항을 억압한 상태에서 강간행위의 실행 도중 범행현장에 있던 을 소유의 핸드백을 가져간 피고인의 행위를 포괄하여 구 성폭력범죄의 처벌 및 피해자보호 등에 관한 법률(2010. 4. 15. 법률 제10258호 성폭력범죄의 피해자보호 등에 관한 법률로 개정되기 전의 것) 위반(특수강도강간등)죄에 해당한다고 판단한 원심의 조치를 수긍한 사례.

전 문

피 고 인 피고인

상 고 인 피고인

변 호 인 변호사

원심판결 서울고법 2010. 7. 15. 선고 2010노392 판결

주 문 상고를 기각한다.

이 유 상고이유(상고이유서 제출기간이 경과한 후에 제출된 상고이유보충서의 기재는 상고이유를 보충하는 범위 내에서)를 본다.

1. 주거침입죄에 대한 사실오인 주장에 대한 판단

이 부분에 관한 피고인의 주장은 사실심의 전권인 원심의 사실인정을 탓하는 취지에 불과하여 적법한 상고이유가 되지 못한다.

2. 구 성폭력범죄의 처벌 및 피해자보호 등에 관한 법률 위반(특수강도강간등)죄에 대한 피고인 및 국선변호인의 사실오인 및 법리오해 주장에 대한 판단

강간범이 강간행위 후에 강도의 범의를 일으켜 그 부녀의 재물을 강취하는 경우에는 강도강간죄가 아니라 강간죄와 강도죄의 경합범이 성립될 수 있을 뿐이지만, 강간행위의 종료 전 즉 그 실행행위의 계속 중에 강도의 행위를 할 경우에는 이때에 바로 강도의 신분을 취득하는 것이므로 이후에 그 자리에서 강간행위를 계속하는 때에는 강도가 부녀를 강간한 때에 해당하여 형법 제339조 소정의 강도강간죄를 구성하고(대법원 1988. 9. 9. 선고 88도1240 판결 참조), 구 성폭력범죄의 처벌 및 피해자보호 등에 관한 법률(2010. 4. 15. 법률 제10258호 성폭력범죄의 피해자보호 등에 관한 법률로 개정되기 전의 것) 제5조 제2항은 형법 제334조(특수강도) 등의 죄를 범한 자가 형법 제297조(강간) 등의 죄를 범한 경우에 이를 특수강도강간 등의 죄로 가중하여 처벌하는 것이므로, 다른 특별한 사정이 없는 한 특수강간범이 강간행위 종료 전에 특수강도의 행위를 한 이후에 그 자리에서 강간행위를 계속하는 때에도 특수강도가 부녀를 강간한 때에 해당하여 구 성폭력범죄의 처벌 및 피해자보호 등에 관한 법률 제5조 제2항에 정한 특수강도강간죄로 의율할 수 있다(대법원 2010. 7. 15. 선고 2010도3594 판결 참조).

또한, 강도죄는 재물탈취의 방법으로 폭행, 협박을 사용하는 행위를 처벌하는 것이므로 폭행, 협박으로 타인의 재물을 탈취한 이상 피해자가 우연히 재물탈취 사실을 알지 못하였다고 하더라도 강도죄는 성립하고, 폭행, 협박당한 자가 탈취당한 재물의 소유자 또는 점유자일 것을 요하지도 아니하며(대법원 1967. 6. 13. 선고 67도610 판결, 대법원 1979. 9. 25. 선고 79도1735 판결 등 참조), 강간범인이 부녀를 강간할 목적으로 폭행, 협박에 의하여 반항을 억업한 후 반항억압 상태가 계속 중임을 이용하여 재물을 탈취하는 경우에는 재물탈취를 위한 새로운 폭행, 협박이 없더라도 강도죄가 성립한다(대법원 1985. 10. 22. 선고 85도1527 판결 참조).

원심이 피해자 공소외 1에 대한 판시 강간행위 도중 범행현장에 있던 피해자 공소외 2 소유의 핸드백을 가져간 피고인의 행위를 포괄하여 구 성폭력범죄의 처벌 및 피해자보호 등에 관한 법률 위반(특수강도강간등)죄에 해당한다고 판단한 조치는 위와 같은 법리에 따른 것으로 정당하고, 거기에 상고이유에서 주장하는 채증법칙 위배로 인한 사실오인 및 법리오해의 위법은 없다.

3. 심신상실, 심신미약 주장에 대한 판단

원심이 피고인이 이 사건 범행 당시 사물을 변별할 능력이나 의사를 결정할 능력이 없었다거나 미약한 상태에 있었다고 보이지 않는다고 한 판단은 옳고, 거기에 상고이유에서 주장하는 채증법칙 위배나 심신장애에 관한 법리를 오해한 위법이 없다.

4. 국선변호인의 양형부당 주장에 대한 판단

피고인에게 선고된 징역 10년의 형은 판시 구 성폭력범죄의 처벌 및 피해자보호 등에 관한 법률 위반(특수강도강간등)죄의 법정형 중 형이 가장 가벼운 유기징역형을 선택하고, 특정강력범죄의 처벌에 관한 특례법 제3조 소정의 누범가중을 한 후 작량감경을 하여 선고할 수 있는 최저형에 해당하므로, 원심의 형이 너무 무겁다는 상고이유에 관한 주장은 받아들일 수 없다.

5. 결론

그러므로 상고를 기각하기로 하여 관여 대법관의 일치된 의견으로 주문과 같이 판결한다.

대법관 전수안(재판장) 양승태(주심) 김지형 양창수

대법원 2010.12.9. 선고 2010도891 판결

【횡령(인정된죄명:점유이탈물횡령)】

판시사항

1. 착오로 송금되어 입금된 돈을 임의로 인출하여 소비한 행위가 송금인과 피고인 사이에 별다른 거래관계가 없는 경우에도 횡령죄에 해당하는지 여부(적극)
2. 피고인이, 갑 회사의 직원이 착오로 피고인 명의 은행 계좌에 잘못 송금한 돈을 임의로 인출하여 사용한 사안에서, 피고인이 갑 회사와 아무런 거래관계가 없다는 등의 이유만으로 주위적 공소사실인 횡령에 대하여 무죄를 선고한 원심판결에 법리오해의 위법이 있다고 한 사례

전 문

피 고 인 피고인

상 고 인 검사

변 호 인 변호사

원심판결 서울중앙지법 2009. 12. 29. 선고 2009노3792 판결

주 문 원심판결을 파기하고, 사건을 서울중앙지방법원 합의부에 환송한다.

이 유 상고이유를 본다.

어떤 예금계좌에 돈이 착오로 잘못 송금되어 입금된 경우에는 그 예금주와 송금인 사이에 신의칙상 보관관계가 성립한다고 할 것이므로, 피고인이 송금 절차의 착오로 인하여 피고인 명의의 은행 계좌에 입금된 돈을 임의로 인출하여 소비한 행위는 횡령죄에 해당하고(대법원 1968. 7. 24. 선고 1966도1705 판결, 대법원 2005. 10. 28. 선고 2005도5975 판결, 대법원 2006. 10. 12. 선고 2006도3929 판결 등 참조), 이는 송금인과 피고인 사이에 별다른 거래관계가 없다고 하더라도 마찬가지이다.

원심이 유지한 제1심판결은, 그 채택 증거를 종합하여 피고인은 2008. 6. 4.경 피해자 공소외 주식회사에 근무하는 이름을 알 수 없는 직원이 착오로 피고인 명의의 홍콩상하이(HSBC)은행 계좌로 잘못 송금한 300만 홍콩달러(한화 약 3억 9,000만 원 상당)를 그 무렵 임의로 인출하여 사용한 사실을 인정하였다. 이를 위 법리에 비추어 살펴보면, 피고인의 행위는 횡령죄에 해당한다고 할 것이다.

그럼에도 불구하고 원심은 이와 달리 피고인이 피해자인 공소외 주식회사와 사이에 아무런 거래관계가 없었다는 등의 그 판시와 같은 이유만으로 피고인의 위 행위가 횡령죄에 해당하지 아니한다고 보아 이 사건 주위적 공소사실인 횡령의 점에 대하여 무죄를 선고한 제1심판결을 그대로 유지하였는바, 이러한 원심판결에는 횡령죄에 관한 법리를 오해하여 판결에 영향을 미친 위법이 있다.

따라서 원심판결 중 이 사건 주위적 공소사실에 관한 부분은 파기를 면할 수 없고, 이와 동일체의 관계에 있는 이 사건 예비적 공소사실에 관한 부분 역시 파기될 수밖에 없다.

그러므로 원심판결을 파기하고, 사건을 다시 심리 판단하도록 원심법원에 환송하기로 하여 관여 대법관의 일치된 의견으로 주문과 같이 판결한다.

대법관 이인복(재판장) 이홍훈 김능환(주심) 민일영

대법원 2010.12.9. 선고 2010도6256 판결

【사기방조·장물취득·전자금융거래법위반】

판시사항

1 사기 범행의 피해자로부터 현금을 예금계좌로 송금받은 경우, 그 사기죄의 객체가 '재물'인지 또는 '재산상의 이익'인지 여부(=재물)

2 본인 명의의 예금계좌를 양도하는 방법으로 본범의 사기 범행을 용이하게 한 방조범이 본범의 사기행위 결과 그의 예금계좌에 입금된 돈을 인출한 경우, '장물취득죄'가 성립하는지 여부(소극)

3 사기 범행에 이용되리라는 사정을 알고서도 자신의 명의로 은행 예금계좌를 개설하여 갑에게 이를 양도함으로써 갑이 을을 속여 을로 하여금 현금을 위 계좌로 송금하게 한 사기 범행을 방조한 피고인이 위 계좌로 송금된 돈 중 일부를 인출하여 갑이 편취한 장물을 취득하였다는 공소사실에 대하여, 위 '장물취득' 부분을 무죄로 선고한 원심판단을 정당하다고 한 사례

판결요지

1 사기죄의 객체는 타인이 점유하는 '타인의' 재물 또는 재산상의 이익이므로, 피해자와의 관계에서 살펴보아 그것이 피해자 소유의 재물인지 아니면 피해자가 보유하는 재산상의 이익인지에 따라 '재물'이 객체인지 아니면 '재산상의 이익'이 객체인지 구별하여야 하는 것으로서, 이 사건과 같이 피해자가 본범의 기망행위에 속아 현금을 피고인 명의의 은행 예금계좌로 송금하였다면, 이는 재물에 해당하는 현금을 교부하는 방법이 예금계좌로 송금하는 형식으로 이루어진 것에 불과하여, 피해자의 은행에 대한 예금채권은 당초 발생하지 않는다.

2 장물취득죄에서 '취득'이라 함은 장물의 점유를 이전받음으로써 그 장물에 대하여 사실상 처분권을 획득하는 것을 의미하는데, 이 사건의 경우 본범의 사기행위는 피고인이 예금계좌를 개설하여 본범에게 양도한 방조행위가 가공되어 본범에게 편취금이 귀속되는 과정 없이 피고인이 피해자로부터 피고인의 예금계좌로 돈을 송금받아 취득함으로써 종료되는 것이고, 그 후 피고인이 자신의 예금계좌에서 위 돈을 인출하였다 하더라도 이는 예금명의자로서 은행에 예금반환을 청구한 결과일 뿐 본범으로부터 위 돈에 대한 점유를 이전받아 사실상 처분권을 획득한 것은 아니므로, 피고인의 위와 같은 인출행위를 장물취득죄로 벌할 수는 없다.

3 사기 범행에 이용되리라는 사정을 알고서도 자신의 명의로 새마을금고 예금계좌를 개설하여 갑에게 이를 양도함으로써 갑이 을을 속여 을로 하여금 1,000만 원을 위 계좌로 송금하게 한 사기 범행을 방조한 피고인이 위 계좌로 송금된 돈 중 140만 원을 인출하여 갑이 편취한 장물을 취득하였다는 공소사실에 대하여, 갑이 사기 범행으로 취득한 것은 재산상 이익이어서 장물에 해당하지 않는다는 원심판단은 적절하지 아니하지만, 피고인의 위와 같은 인출행위를 장물취득죄로 벌할 수는 없으므로, 위 '장물취득' 부분을 무죄로 선고한 원심의 결론을 정당하다고 한 사례.

전 문

피 고 인 피고인

상 고 인 검사

변 호 인 변호사

원심판결 서울남부지법 2010. 4. 30. 선고 2010노370 판결

주 문 상고를 기각한다.

이 유 상고이유를 본다.

1. 무죄 부분(장물취득의 점)

원심판결 이유에 의하면, 원심은 자신의 통장이 사기 범행에 이용되리라는 사정을 알고서도 그 명의로 새마을금고 예금계좌를 개설한 다음 성명불상자에게 이를 양도함으로써 성명불상자가 피해자를 속여 피해자로 하여금 1,000만 원을 위 계좌로 송금하게끔 한 사기 범행을 방조한 피고인이 위 예금계좌로 송금된 1,000만 원 중 140만 원을 인출하여 성명불상자가 취득한 장물을 취득하였다는 공소사실에 대하여, 본범이 사기죄로 취득한 것은 예금채권으로서 재물이 아니라 재산상 이익이어서 피고인이 자신 명의의 예금계좌에서 돈을 인출하였더라도 장물취득죄가 성립하지 않는다는 이유로 무죄를 선고하였다.

그러나 이 사건의 경우 피해자는 본범인 성명불상자의 기망행위에 속아 현금 1,000만 원을 피고인의 예금계좌로 송금하였고, 이는 재물에 해당하는 현금을 교부받는 방법이 예금계좌로 송금하는 형식으로 이루어진 것에 불과하다.

즉, 사기죄의 객체는 타인이 점유하는 '타인의' 재물 또는 재산상의 이익이므로, 피해자와의 관계에서 살펴보아 그것이 피해자 소유의 재물인지 아니면 피해자가 보유하는 재산상의 이익인지에 따라 재물이 객체인지 아니면 재산상의 이익이 객체인지 구별하여야 하는 것으로서, 이 사건과 같이 피해자가 피고인 명의의 새마을금고 예금계좌로 돈을 송금한 경우 피해자의 새마을금고에 대한 예금채권은 당초 발생하지 않는다.

위 법리에 의하면, 본범이 사기 범행으로 취득한 것은 재산상 이익이어서 장물에 해당하지 않는다는 원심의 판시는 사기죄의 객체 및 장물취득죄에 있어서의 장물의 의미 등에 관한 법리오해에서 비롯된 것으로서 적절하지 아니하다.

다만, 장물취득죄에 있어서 '취득'이라 함은 장물의 점유를 이전받음으로써 그 장물에 대하여 사실상 처분권을 획득하는 것을 의미하는데(대법원 2003. 5. 13. 선고 2003도1366 판결 참조), 이 사건의 경우 본범의 사기행위는 피고인이 예금계좌를 개설하여 본범에게 양도한 방조행위가 가공되어 본범에게 편취금이 귀속되는 과정 없이 피고인이 피해자로부터 피고인의 예금계좌로 돈을 송금받아 취득함으로써 종료되는 것이고, 그 후 피고인이 자신의 예금계좌에서 위 돈을 인출하였다 하더라도 이는 예금명의자로서 은행에 예금반환을 청구한 결과일 뿐(대법원 2009. 3. 19. 선고 2008다45828 전원합의체 판결 참조) 본범으로부터 위 돈에 대한 점유를 이전받아 사실상 처분권을 획득한 것은 아니므로, 피고인의 위와 같은 인출행위를 장물취득죄로 벌할 수는 없다.

따라서 이 사건 공소사실 중 장물취득의 점에 대하여 피고인에게 무죄를 선고한 원심 판단의 결론은 정당한 것으로 수긍할 수 있으므로, 앞서 본 원심판결의 잘못은 판결 결과에 영향이 없다.

2. 유죄 부분(사기방조 및 전자금융거래법 위반의 점)

검사는 원심판결 중 유죄 부분에 대하여도 불복한다는 취지의 상고장을 제출하였음에도 상고이유서에 그 부분에 관한 상고이유를 기재하고 있지 않으므로 이 부분에 대한 상고는 이유 없다.

3. 결론

그러므로 상고를 기각하기로 하여, 관여 대법관의 일치된 의견으로 주문과 같이 판결한다.

대법관 전수안(재판장) 김지형(주심) 양창수

대법원 2010.12.9. 선고 2010도12553 판결

【마약류관리에관한법률위반(향정)·부정수표단속법위반·위조유가증권행사】

판시사항

1 유가증권위조죄의 공범 사이에서의 위조유가증권 교부행위가 위조유가증권행사죄에 해당하는지 여부(소극)

2 피고인과 갑은 갑이 피고인으로부터 돈을 차용하는 것처럼 가장하기로 공모한 다음, 피고인이 위조된 자기앞수표가 들어 있는 봉투를 을을 통해 공범 갑과 그 위조사실을 모르는 병이 함께 있는 자리에서 갑에게 교부하였는데, 이때 갑은 위조된 자기앞수표를 봉투에서 꺼내거나 병에게 보여 주지도 않은 사안에서, 피고인에 대한 위 위조유가증권행사의 공소사실을 유죄로 인정한 원심판결에 법리오해의 위법이 있다고 한 사례

판결요지

1 위조유가증권행사죄의 처벌목적은 유가증권의 유통질서를 보호하는 데 있는 만큼 단순히 문서의 신용성을 보호하고자 하는 위조공·사문서행사죄의 경우와는 달리 교부자가 진정 또는 진실한 유가증권인 것처럼 위조유가증권을 행사하였을 때뿐만 아니라 위조유가증권임을 알고 있는 자에게 교부하였더라도 피교부자가 이를 유통시킬 것임을 인식하고 교부하였다면, 그 교부행위 그 자체가 유가증권의 유통질서를 해할 우려가 있어 처벌의 이유와 필요성이 충분히 있으므로 위조유가증권행사죄가 성립한다고 보아야 할 것이지만, 위조유가증권의 교부자와 피교부자가 서로 유가증권위조를 공모하였거나 위조유가증권을 타에 행사하여 그 이익을 나누어 가질 것을 공모한 공범의 관계에 있다면, 그들 사이의 위조유가증권 교부행위는 그들 이외의 자에게 행사함으로써 범죄를 실현하기 위한 전단계의 행위에 불과한 것으로서 위조유가증권은 아직 범인들의 수중에 있다고 볼 것이지 행사되었다고 볼 수는 없다.

2 피고인과 갑은 갑이 피고인으로부터 1,500만 원을 차용하는 것처럼 가장하기로 공모한 다음, 피고인이 위조된 100만 원권 자기앞수표 14장 외에 10만 원권 수표 10장이 들어 있는 봉투를 을을 통해 공범 갑과 그 위조사실을 모르는 병이 함께 있는 자리에서 갑에게 교부하자, 갑은 그 자리에서 자신의 연인 병을 보증인으로 하는 차용증을 작성하여 을에게 주었는데, 이때 갑은 봉투에서 10만 원권 수표 10장을 꺼내어 병에게 보여 주었으나 위조된 100만 원권 자기앞수표는 봉투에서 꺼내거나 병에게 보여 주지도 않은 사안에서, 을이나 갑이 위조된 자기앞수표를 병에게 제시하는 등으로 이를 인식하게 하였다고 할 수 없어 이들이 위 봉투를 병의 면전에서 주고받은 행위를 위조된 자기앞수표를 행사한 경우에 해당한다고 볼 수 없고, 따라서 을이나 갑에게 위 수표를 교부한 것이 이를 행사한 경우에 해당한다고 볼 수도 없음에도, 피고인에 대한 위 위조유가증권행사의 공소사실을 유죄로 인정한 원심판결에 법리오해의 위법이 있다고 한 사례.

전 문

피 고 인 피고인

상 고 인 피고인

변 호 인 변호사

원심판결 서울중앙지법 2010. 8. 25. 선고 2010노1660 판결

주 문 원심판결을 파기하고, 사건을 서울중앙지방법원 합의부에 환송한다.

이 유 상고이유를 본다.

1. 마약류관리에 관한 법률 위반죄 및 부정수표단속법 위반죄에 관한 상고이유에 대하여

피고인은 위 각 범죄사실에 대하여 피고인을 유죄로 인정한 제1심판결에 대하여 양형부당만을 이유로 항소하였음이 분명하므로 상고심에 이르러 그 부분의 원심판결에 사실오인이나 법리오해 등의 위법이 있다는 것을 상고이유로 내세울 수 없다. 이 부분 상고이유의 주장은 적법한 상고이유가 되지 못한다.

2. 위조유가증권행사죄에 관한 상고이유에 대하여

원심은 그 채용 증거들을 종합하여, 피고인이 2009. 11. 중순 19:00경 서울 양천구 신정동에 있는 ○○노래방에서 컬러복사기로 복사하여 위조한 이 사건 100만 원짜리 자기앞수표 14장을 공소외 1에게 교부한 다음, 그 위조사실을 모르는 공소외 2 앞에서 마치 진정하게 발행된 것처럼 원심 공동피고인에게 교부하는 방법으로 공소외 2가 위 수표를 진정한 것으로 인식하도록 하여 이를 행사하였다는 위조유가증권행사의 점을 유죄로 인정하였다.

그러나 원심의 이러한 판단은 다음과 같은 이유로 수긍하기 어렵다.

위조유가증권행사죄의 처벌목적은 유가증권의 유통질서를 보호하고자 함에 있는 만큼 단순히 문서의 신용성을 보호하고자 하는 위조공·사문서행사죄의 경우와는 달리 교부자가 진정 또는 진실한 유가증권인 것처럼 위조유가증권을 행사하였을 때뿐만 아니라 위조유가증권임을 알고 있는 자에게 교부하였더라도 피교부자가 이를 유통시킬 것임을 인식하고 교부하였다면, 그 교부행위 그 자체가 유가증권의 유통질서를 해할 우려가 있어 처벌의 이유와 필요성이 충분히 있다고 할 것이므로 위조유가증권행사죄가 성립한다고 보아야 할 것이지만, 위조유가증권의 교부자와 피교부자가 서로 유가증권위조를 공모하였거나 위조유가증권을 타에 행사하여 그 이익을 나누어 가질 것을 공모한 공범의 관계에 있다면, 그들 사이의 위조유가증권 교부행위는 그들 이외의 자에게 행사함으로써 범죄를 실현하기 위한 전단계의 행위에 불과한 것으로서 위조유가증권은 아직 범인들의 수중에 있다고 볼 것이지 행사되었다고 볼 수는 없다(대법원 2007. 1. 11. 선고 2006도7120 판결 등 참조).

원심이 인정한 사실과 기록에 의하면, 피고인과 원심 공동피고인 원심 공동피고인은 원심 공동피고인이 피고인으로부터 1,500만 원을 차용하는 것처럼 가장하여 원심 공동피고인의 연인인 공소외 2로 하여금 차용금채무를 보증하도록 한 후, 원심 공동피고인과 공소외 2가 마약을 투약하는 모습을 동영상 촬영하여 이를 미끼로 보증인인 공소외 2의 가족들에게 보증금채무를 변제하라고 협박하기로 공모한 사실, 이를 위하여 피고인은 2009. 11. 6. 이 사건 자기앞수표 14장을 위조한 사실, 피고인은 2009. 11. 중순경 서울 양천구 신정동 소재 ○○노래방에서 공소외 1에게 위와 같이 위조된 100만 원권 자기앞수표 14장 외에 10만 원권 수표 10장이 들어 있는 봉투를 주면서 "이 1,500만 원을 원심 공동피고인에게 건네주고 네 명의로 된 차용증 한 장을 받아오라."고 지시한 사실, 공소외 1은 그 봉투를 열어보지도 아니한 채 잠시 후 위 ○○노래방에서 원심 공동피고인과 공소외 2가 함께 있는 자리에서 위 봉투를 원심 공동피고인에게 주면서 "피고인이 돈을 전해 주고 차용증을 받아오라고 하였다."라고 말한 사실, 원심 공동피고인은 그 자리에서 "공소외 1에게 12월 13일까지 1,500만 원을 쓰고 갚겠다. 보증인 공소외 2도 공동책임을 질 것을 약속한다."라는 내용의 차용증을 작성하여 공소외 1에게 교부한 사실, 원심 공동피고인은 공소외 1을 만나기 전에 공소외 2에게 "다른 사람으로부터 1,500만 원을 빌리려고 하는데 보증인이 되어달라."고 부탁하여 공소외 2가 이를 승낙하였고, 공소외 2는 원심 공동피고인이 작성한 위 차용증에 보증인으로 서명한 사실, 원심 공동피고인은 공소외 1으로부터 위 봉투를 건네받은 후 봉투에서 10만 원권 수표 10장을 꺼내어 공소외 2에게 보여 주면서 "봉투 안에 100만 원권 수표 14장 합계 1,400만 원이 더 들어있다."고 말하였으나, 위와 같이 위조된 100만 원권 자기앞수표 14장을 봉투에서 꺼내지도 않았고 공소외 2에게 보여 주지도 않은 사실 등을 알 수 있다.

이러한 사실관계를 위에서 본 법리에 비추어 살펴보면, 공소외 1이나 원심 공동피고인이 이 사건 위조된 자기앞수표를 공소외 2에게 제시하는 등으로 이를 인식하게 하였다고 할 수 없어 공소외 1이나 원심 공동피고인이 이 사건 위조된 자기앞수표가 들어 있는 봉투를 공소외 2의 면전에서 주고받은 행위를 이 사건 위조된 자기앞수표를 행사한 경우에 해당한다고 볼 수 없고, 따라서 공소외 1이나 원심 공동피고인에게 이 사건 자기앞수표를 교부한 것이 이를 행사한 경우에 해당한다고 볼 수도 없다.

그럼에도 원심이 이와 다른 전제에서 피고인의 이 부분 위조유가증권행사의 범죄사실을 유죄로 인정하고 말았으니, 원심판결에는 관련 법리를 오해하여 판결에 영향을 미친 위법이 있다. 이점에 관한 상고이유의 주장은 이유 있다.

3. 결론

그러므로 원심판결 중 피고인의 위조유가증권행사죄 부분은 파기되어야 할 것인바, 원심은 이 부분을 피고인의 나머지 범죄사실과 형법 제37조 전단의 경합범으로 보아 하나의 형을 선고하였으므로, 나머지 양형부당의 상고이유에 대해 판단할 필요 없이 원심판결 전부를 파기하고, 사건을 다시 심리·판단하도록 원심법원에 환송하기로 하여 관여 대법관의 일치된 의견으로 주문과 같이 판결한다.

대법관 이인복(재판장) 이홍훈 김능환(주심) 민일영

대법원 2010.12.9. 선고 2010도11015 판결

【특정경제범죄가중처벌등에관한법률위반(횡령)[피고인4,5,6,7,8,9,11,13,14,15,16,17,18,19,20에대한예비적죄명:특정경제범죄가중처벌등에관한법률위반(횡령)방조]·특정경제범죄가중처벌등에관한법률위반(사금융알선등)[피고인5,6,7,8,11에대한예비적죄명:특정경제범죄가중처벌등에관한법률위반(사금융알선등)방조]·범죄수익은닉의규제및처벌등에관한법률위반·업무상횡령·사문서위조·위조사문서행사·업무상배임·강제집행면탈·특정범죄가중처벌등에관한법률위반(도주차량)·도로교통법위반(음주운전)·뇌물공여·특정범죄가중처벌등에관한법률위반(알선수재)·사기·부정수표단속법위반·부동산실권리자명의등기에관한법률위반·근로기준법위반】

판시사항

1 법인의 운영자 또는 관리자가 법인과는 아무런 관련이 없거나 개인적인 용도로 착복할 목적하에 법인 자금으로 별도의 비자금을 조성한 경우, 업무상횡령죄의 '불법영득의사'가 인정되는지 여부(적극) 및 그 유무의 판단 기준

2 새마을금고의 임원인 피고인 등이 직원들로 하여금 고객들이 맡긴 정기예탁금을 부외거래시스템에 입금하게 하는 행위가 그 자체로 위 금고의 공식적인 자금에서 벗어난 별도의 비자금을 조성하는 행위로 볼 수는 없다는 이유로, 위 '업무상횡령'의 공소사실에 대하여 무죄를 선고한 원심판단을 수긍한 사례

3 새마을금고의 임원인 피고인 등이 부외거래시스템에 입금된 정기예탁금을 조합원들에게 대출해 주는 행위가 특정경제범죄 가중처벌 등에 관한 법률 제8조에 규정된 '사금융알선'에 해당하지 아니한다고 하여, 위 법 위반(사금융알선등)의 공소사실에 대하여 무죄를 선고한 원심판단을 수긍한 사례

4 강제집행 채권자의 채권의 존재가 인정되지 않을 경우 강제집행면탈죄의 성립 여부(소극)

판결요지

1 업무상횡령죄가 성립하기 위하여는 자기 또는 제3자의 이익을 꾀할 목적으로 업무상 임무에 위배하여 자신이 보관하는 타인의 재물을 자기의 소유인 것 같이 사실상 또는 법률상 처분하는 의사를 의미하는 불법영득의 의사가 있어야 한다. 법인의 운영자 또는 관리자가 법인의 자금을 이용하여 비자금을 조성하였다고 하더라도 그것이 당해 비자금의 소유자인 법인 이외의 제3자가 이를 발견하기 곤란하게 하기 위한 장부상의 분식에 불과하거나 법인의 운영에 필요한 자금을 조달하는 수단으로 인정되는 경우에는 불법영득의 의사를 인정하기 어렵다. 다만 법인의 운영자 또는 관리자가 법인을 위한 목적이 아니라 법인과는 아무런 관련이 없거나 개인적인 용도로 착복할 목적으로 법인의 자금을 빼내어 별도로 비자금을 조성하였다면 그 조성행위 자체로써 불법영득의 의사가 실현된 것으로 볼 수 있을 것인바, 이때 그 행위자에게 법인의 자금을 빼내어 착복할 목적이 있었는지 여부는 그 법인의 성격과 비자금의 조성 동기, 방법, 규모, 기간, 비자금의 보관방법 및 실제 사용용도 등 제반 사정을 종합적으로 고려하여 판단하여야 한다.

2 새마을금고의 임원인 피고인 등이 위 금고의 직원들로 하여금 고객들이 맡긴 정기예탁금을 정상거래시스템이 아닌 부외거래시스템에 입금하게 하는 행위가, 위 부외거래시스템의 도입 경위 및 운용 실태, 부외거래자금의 흐름이나 사용처 등의 여러 사정을 종합할 때 회계처리상 부외거래시스템의 계좌 혹은 통합전산망의 차명계좌에 예금액을 기재하는 행위에 불과하고 그 자체로 위 금고의 공식적인 자금에서 벗어난 별도의 비자금을 조성하는 행위로 볼 수는 없다는 이유로, 위 업무상횡령의 공소사실에 대하여 무죄를 선고한 원심판단을 수긍한 사례.

[3] 새마을금고의 임원인 피고인 등이 정상거래시스템이 아닌 부외거래시스템에 입금된 정기예탁금을 조합원들에게 대출해 주는 행위가, 피고인 등의 계산 또는 금고 이외의 제3자의 계산으로 대출하는 것으로 볼 수 없어 특정경제범죄 가중처벌 등에 관한 법률 제8조에 규정된 사금융알선에 해당하지 아니한다고 하여, 특정경제범죄 가중처벌 등에 관한 법률 위반(사금융알선등)의 공소사실에 대하여 무죄를 선고한 원심판단을 수긍한 사례.

[4] 강제집행면탈죄는 채권자의 권리보호를 그 주된 보호법익으로 하고 있는 것이므로 강제집행의 기본이 되는 채권자의 권리, 즉 채권의 존재는 강제집행면탈죄의 성립요건이라 할 것이고, 따라서 그 채권의 존재가 인정되지 않을 때에는 강제집행면탈죄가 성립하지 아니한다.

전 문

피 고 인 피고인 1 외 19인

상 고 인 피고인 1외 1인 및 검사

변 호 인 법무법인

원심판결 대전고법 2010. 8. 4. 선고 2010노88 판결

주 문 상고를 모두 기각한다.

이 유 상고이유를 판단한다.

1. 검사의 상고이유에 대하여

업무상횡령죄가 성립하기 위하여는 자기 또는 제3자의 이익을 꾀할 목적으로 업무상 임무에 위배하여 자신이 보관하는 타인의 재물을 자기의 소유인 것 같이 사실상 또는 법률상 처분하는 의사를 의미하는 불법영득의 의사가 있어야 한다. 법인의 운영자 또는 관리자가 법인의 자금을 이용하여 비자금을 조성하였다고 하더라도 그것이 당해 비자금의 소유자인 법인 이외의 제3자가 이를 발견하기 곤란하게 하기 위한 장부상의 분식에 불과하거나 법인의 운영에 필요한 자금을 조달하는 수단으로 인정되는 경우에는 불법영득의 의사를 인정하기 어렵다(대법원 1999. 9. 17. 선고 99도2889 판결, 대법원 2008. 8. 21. 선고 2007도9318 판결 등 참조). 다만 법인의 운영자 또는 관리자가 법인을 위한 목적이 아니라 법인과는 아무런 관련이 없거나 개인적인 용도로 착복할 목적으로 법인의 자금을 빼내어 별도로 비자금을 조성하였다면 그 조성행위 자체로써 불법영득의 의사가 실현된 것으로 볼 수 있을 것인바, 이때 그 행위자에게 법인의 자금을 빼내어 착복할 목적이 있었는지 여부는 그 법인의 성격과 비자금의 조성 동기, 방법, 규모, 기간, 비자금의 보관방법 및 실제 사용용도 등 제반 사정을 종합적으로 고려하여 판단하여야 한다(대법원 2006. 6. 27. 선고 2005도2626 판결, 대법원 2009. 2. 12. 선고 2006도6994 판결 등 참조). 한편 강제집행면탈죄는 채권자의 권리보호를 그 주된 보호법익으로 하고 있는 것이므로 강제집행의 기본이 되는 채권자의 권리, 즉 채권의 존재는 강제집행면탈죄의 성립요건이라 할 것이고, 따라서 그 채권의 존재가 인정되지 않을 때에는 강제집행면탈죄가 성립하지 아니한다(대법원 1988. 4. 12. 선고 88도48 판결, 대법원 2008. 5. 8. 선고 2008도198 판결 등 참조).

원심은, 이 사건 새마을금고의 실질적 운영자인 피고인 1과 상무 혹은 전무 등으로 재직한 피고인 3, 10이 금고의 담당 직원들로 하여금 고객들이 맡긴 정기예탁금을 부외거래시스템에 입금하게 하는 행위 자체가 금고에 대한 관계에서 횡령 행위로 인정되기 위해서는, 부외거래자금이 금고와는 아무런 관련이 없거나 개인적인 용도로 착복할 목적으로 조성된 것으로서, 고객의 정기예탁금이 부외거래시스템을 통하여 금고에 입금되면 그 돈은 정상거래시스템을 통하여 입금된 고객의 돈과는 별도로 보관·관리·처분되어 금고의 공식적인 자금에서 벗어난 별도의 비자금과 같은 성격을 띠게 되는 것이어야 한다고 전제한 다음, 그 판시와 같은 부외거래시스템의 도입 경위 및 운용 실태, 부외거래자금의 흐름이나 사용처 등의 여러 사정을 종합하면 피고인 1 등이 이 사건 새마을금고의 직원들로 하여금 고객들이 맡긴 정기예탁금을 부외거래시스템에 입금하게 하는 행위는 회계처리상 부외거래시스템의 계좌 혹은 통합전산망의 차명계좌에 예금액을 기재하는 행위에 불과하고 그 자체로 금고의 공식적인 자금에서 벗어난 별도의 비자금을 조성하는 행위로 볼 수는 없다는 이유로, 피고인 1, 3, 12의 특정경제범죄 가중처벌 등에 관한 법률 위반(횡령)의 점, 피고인 5, 6, 7, 8, 13, 14, 15, 16, 17, 18의 특정경제범죄 가중처벌 등에 관한 법률 위반(횡령) 방조의 점 및 피고인 1, 3, 7에 대한 업무상횡령의 점에 관한 이 부분 공소사실에 대하여 각 무죄를 선고하였다. 나아가 원심은 같은 취지에서 부외거래시스템에 입금된 정기예탁금은 피고인 1 등의 개인재산으로 귀속되는 것이 아니라 이 사건 새마을금고에 귀속되는 것으로 보아야 한다고 전제한 다음, 피

고인 1 등이 이러한 부외거래자금을 조합원들에게 대출해 주는 행위는 피고인 1 등의 계산 또는 금고 이외의 제3자의 계산으로 대출하는 것으로 볼 수 없어 특정경제범죄 가중처벌 등에 관한 법률 제8조에 규정된 사금융알선에 해당하지 아니한다고 하여, 피고인 1, 3의 특정경제범죄 가중처벌 등에 관한 법률 위반(사금융알선등) 및 피고인 5, 6, 7, 8의 특정경제범죄 가중처벌 등에 관한 법률 위반(사금융알선등) 방조의 점에 관한 이 부분 공소사실에 대하여 각 무죄를 선고하였다. 또한 원심은, 앞서 본 바와 같이 고객들이 맡긴 정기예탁금을 부외거래시스템에 입금하게 하는 행위만으로는 금고에 대한 횡령죄가 성립하지 아니하고, 검사가 제출한 증거만으로는 피고인 6이 금고의 돈을 임의로 인출하여 이를 개인적인 용도로 소비한 적이 있음을 인정하기에 부족하며 달리 이를 인정할 증거가 없다는 이유로, 피고인 6의 횡령에 따른 손해배상채권의 존재를 전제로 하는 강제집행면탈의 점에 관한 이 부분 공소사실에 대하여 무죄를 선고하였다.

관계 증거와 기록을 앞서 본 법리에 비추어 살펴보면, 원심의 위와 같은 사실인정과 판단은 정당한 것으로 수긍할 수 있고, 거기에 검사의 상고이유 주장과 같이 논리와 경험의 법칙에 위배하여 사실을 오인하거나 불법영득의사의 인정기준 등에 관한 법리를 오해하여 판결 결과에 영향을 미친 위법이 있다고 할 수 없다.

한편 상고법원은 상고이유에 의하여 불복신청한 한도 내에서만 조사·판단할 수 있으므로, 상고이유서에는 상고이유를 특정하여 원심판결의 어떤 점이 법령에 어떻게 위반되었는지에 관하여 구체적이고도 명시적인 이유의 설시가 있어야 하고, 상고인이 제출한 상고이유서에 위와 같은 구체적이고도 명시적인 이유의 설시가 없는 경우에는 적법한 상고이유가 제출된 것이라고 볼 수 없다(대법원 2000. 4. 21. 선고 99도5513 판결, 대법원 2009. 4. 9. 선고 2008도5634 판결 등 참조).

기록에 의하면, 검사는 상고장에 피고인들에 대한 원심판결 전부에 관하여 상고를 제기한다고 하면서도 상피고인 피고인 2, 4, 9, 10, 11, 19, 20에 대하여는 상고장이나 상고이유서에 원심판결 중의 어떠한 점이 위법하거나 부당하다는 것인지에 관한 구체적이고 명시적인 상고이유를 기재하지 아니하고 있는바, 위 법리에 비추어 볼 때, 원심판결 중 위 피고인들에게 해당하는 부분에 대하여는 적법한 상고이유가 제출된 것으로 보기 어려우므로, 검사의 이 부분 상고는 받아들일 수 없다.

2. 피고인 1의 상고이유에 대하여

원심은, 그 판시와 같은 여러 사정을 종합하여, 피고인 1이, 피고인 3과 공모하여 공소외 1, 2 명의의 대출 관련 서류를 위조하고 이를 행사하여 이 사건 금고로부터 그 판시 대출금 상당액을 횡령한 사실과 돈을 갚을 능력이나 의사가 없이 피해자 공소외 3, 4로부터 차용금 명목으로 그 판시 돈을 교부받아 이를 편취한 사실을 인정할 수 있다고 하여, 이 부분 각 공소사실을 유죄로 판단하였다.

피고인 1이 이 부분에 관하여 주장하는 상고이유는 사실심인 원심의 전권에 속하는 증거의 취사선택과 사실의 인정을 탓하는 취지에 불과하여 적법한 상고이유로 볼 수 없을 뿐만 아니라, 원심이 적법하게 채택한 증거들을 원심판결 이유에 비추어 살펴보면 원심이 그 판시와 같은 여러 사정을 들어 이 부분 각 공소사실을 유죄로 인정한 조처는 정당한 것으로 수긍할 수 있고, 거기에 상고이유 주장과 같이 논리와 경험의 법칙에 위배하여 사실을 오인하는 등으로 판결 결과에 영향을 미친 위법이 없다.

3. 피고인 3의 상고이유에 대하여

원심은, 그 판시와 같은 여러 사정을 종합하여, 피고인 3이 피고인 1과 공모하여, 공소외 1, 2 명의의 대출 관련 서류를 위조하고 이를 행사하여 이 사건 금고로부터 그 판시 대출금 상당액을 횡령한 사실과 이 사건 새마을금고가 보유하고 있던 피고인 1에 대한 대출채권의 담보를 소멸시키는 임무위배 행위를 하여 피고인 1에게 그 판시 대출금 상당액의 재산상 이익을 취득하게 하고 위 금고에 같은 금액 상당의 재산상 손해를 가한 사실을 인정할 수 있다고 하여, 이 부분 각 공소사실을 유죄로 판단하였다.

피고인 3이 이 부분에 관하여 주장하는 상고이유는 사실심인 원심의 전권에 속하는 증거의 취사선택과 사실의 인정을 탓하는 취지에 불과하여 적법한 상고이유로 볼 수 없을 뿐만 아니라, 원심이 적법하게 채택한 증거들을 원심판결 이유에 비추어 살펴보면 원심이 그 판시와 같은 여러 사정을 들어 이 부분 각 공소사실을 유죄로 인정한 조처는 정당한 것으로 수긍할 수 있고, 거기에 상고이유 주장과 같이 논리와 경험의 법칙에 위배하여 사실을 오인하는 등으로 판결 결과에 영향을 미친 위법이 없다.

4. 결론

그러므로 검사와 피고인 1, 3의 상고를 모두 기각하기로 하여, 관여 대법관이 일치된 의견으로 주문과 같이 판결한다.

대법관 신영철(재판장) 박시환 안대희(주심) 차한성

대법원 2010.11.25. 선고 2010도9186 판결

【업무방해】

판시사항

1. 업무방해죄에서 말하는 '위력'의 의미 및 위력에 해당하는지 여부의 판단 기준
2. 임대인 갑으로부터 건물을 임차하여 학원을 운영하던 피고인이 건물을 인도한 이후에도 자신 명의로 된 학원설립등록을 말소하지 않고 휴원신고를 연장함으로써 새로운 임차인 을이 그 건물에서 학원설립등록을 하지 못하도록 하여 위력에 의한 업무방해로 기소된 사안에서, 피고인의 휴원연장신고와 을이 학원설립등록을 하지 못한 점 사이에 인과관계가 있다고 단정하기 어렵고, 피고인의 행위가 을의 자유의사를 제압·혼란케 할 정도의 위력에 해당한다고 보기 어렵다는 이유로, 피고인의 행위가 위력에 의한 업무방해죄를 구성한다고 본 원심판결에 법리를 오해한 위법이 있다고 한 사례

전 문

피 고 인 피고인

상 고 인 피고인

원심판결 광주지법 2010. 7. 2. 선고 2009노1792 판결

주 문 원심판결을 파기하고, 사건을 광주지방법원 본원 합의부에 환송한다.

이 유 상고이유를 판단한다.

이 사건 공소사실의 요지는, 피고인이 이 사건 건물을 명도하고서도 이 사건 건물에서 운영하던 학원이 여전히 피고인 명의로 등록되어 있음을 기화로 임의로 휴원신고를 함으로써 새로운 임차인인 피해자가 이 사건 건물에 학원을 개원할 수 없게 하여 위력으로써 피해자의 학원운영업무를 방해하였다는 것이다.

이에 대하여 원심은, 이 사건 건물을 이미 명도한 피고인으로서는 이 사건 건물을 설립장소로 한 피고인 명의의 학원설립등록에 대하여 폐원신청을 하거나 피고인이 학원을 이전한 장소로 학원위치변경등록을 하는 등의 조치를 취함으로써, 임대인이 이 사건 건물을 다시 임대하고 새로운 임차인이 이 사건 건물에서 새로이 학원을 운영하는 행위를 방해하여서는 아니될 의무가 있음에도, 피고인이 이 사건 건물을 설립장소로 한 피고인 명의 학원에 대한 기존의 휴원신고를 새로이 연장함으로써 피해자가 이 사건 건물에 관하여 학원설립등록을 하지 못하도록 하였다면, 피고인의 사회적 지위를 이용하여 임차인의 학원운영업무를 방해한 것이라는 이유로, 피고인에 대하여 유죄를 선고한 제1심을 그대로 유지하였다.

그러나 원심의 위와 같은 판단은 아래와 같은 이유로 수긍하기 어렵다.

업무방해죄의 '위력'이란 사람의 자유의사를 제압·혼란케 할 만한 일체의 세력으로, 유형적이든 무형적이든 묻지 아니하므로, 폭력·협박은 물론 사회적·경제적·정치적 지위와 권세에 의한 압박 등도 이에 포함되고, 현실적으로 피해자의 자유의사가 제압될 것을 요하는 것은 아니지만, 범인의 위세, 사람 수, 주위의 상황 등에 비추어 피해자의 자유의사를 제압하기 족한 세력을 의미하는 것으로서, 위력에 해당하는지는 범행의 일시·장소, 범행의 동기, 목적, 인원수, 세력의 태양, 업무의 종류, 피해자의 지위 등 제반 사정을 고려하여 객관적으로 판단하여야 한다(대법원 1999. 5. 28. 선고 99도495 판결, 대법원 2009. 9. 10. 선고 2009도5732 판결 등 참조).

우선 원심은 피고인이 이 사건 건물을 설립장소로 한 피고인 명의 학원에 관하여 휴원연장신고를 함으로써 피해자가 이 사건 건물에 학원설립등록을 하지 못하도록 하였다고 보았는데, 원심이 조사한 증거들만으로는 기존의 휴원신고 기간이 만료됨으로 인하여 바로 피고인 명의의 학원설립등록이 자동적으로 말소되는 것인지 여부를 확인할 수 없는 등, 피고인의 휴원연장신고와 피해자가 이 사건 건물에서 학원설립등록을 하지 못한 점 사이에 인과관계가 있다고 단정하기 어렵다.

또한 원심판결 이유에 의하더라도, 피고인이 기존의 학원설립등록을 말소하지 않은 것은 임대인과 사이의 분쟁에 기한 것으로 보이고, 결국 피고인은 이 사건 건물을 명도한 후에 제기한 소송을 통하여 임대인으로부터 임대보증금 잔액조로 1,000만 원을 지급받기도 한 것인데, 그와 같은 상황에서 피고인이 이 사건 건물에 대한 학원설립

등록을 말소하지 않았다고 하여, 그와 같은 행위가 사회통념상 허용되는 범위를 넘어 피고인과 어떠한 직접적인 법률관계도 없는 피해자의 자유의사를 제압·혼란케 할 정도의 위력에 해당한다고 보기에도 부족하다 할 것이다.

그렇다면 원심이 그 판시와 같은 이유만으로 피고인의 행위가 위력에 의한 업무방해죄를 구성한다고 본 것에는 업무방해죄의 위력에 관한 법리를 오해하거나 필요한 심리를 다하지 않은 위법이 있다 할 것이고, 이를 지적하는 취지의 상고이유 주장은 이유 있다.

그러므로 원심판결을 파기하고 사건을 다시 심리·판단하도록 원심법원에 환송하기로 하여 관여 대법관의 일치된 의견으로 주문과 같이 판결한다.

대법관 안대희(재판장) 박시환 차한성 신영철(주심)

대법원 2010.11.25. 선고 2010도11509 판결

【특정경제범죄가중처벌등에관한법률위반(사기)·사기미수·사문서위조·위조사문서행사·공정증서원본부실기재·부실기재공정증서원본행사·공문서위조·위조공문서행사】

판시사항

피고인들이 갑 등과 공모하여, 부동산등기법 제49조 제3항, 제2항에서 정한 확인서면의 등기의무자란에 등기의무자 을 대신 갑이 우무인을 날인하는 방법으로 사문서인 을 명의의 확인서면을 위조한 다음 법무사를 통해 이를 교부받았다고 기소된 사안에서, 위 확인서면은 법무사 명의의 문서이고, 작성명의인인 법무사가 피고인들 등에게 속아 등기의무자를 을로 하는 내용의 확인서면을 작성하였다고 하더라도 이를 피고인들 등이 위조하였다고는 볼 수 없다고 한 사례

전 문

피 고 인 피고인 1 외 1인

상 고 인 피고인들

변 호 인 변호사

원심판결 서울고법 2010. 8. 20. 선고 2010노571 판결

주 문 원심판결 중 피고인들에 대한 부분을 파기하고, 이 부분 사건을 서울고등법원으로 환송한다.

이 유 원심은, 피고인들이 원심공동피고인 1 등 원심공동피고인들과 공모하여 행사할 목적으로 확인서면 용지에 그 판시와 같은 내용을 기재한 다음 등기의무자 확인란에 원심공동피고인 1이 우무인을 날인하는 방법으로 등기의무자인 공소외 1 명의의 확인서면 1장을 위조하였다는 범죄사실을 유죄로 인정한 제1심판결을 유지하였다.

그러나 확인서면은 부동산등기법 제49조 제3항, 제2항에 의해 법무사가 주민등록증 등에 의하여 등기의무자가 본인인지 여부를 확인하고 작성하는 서류이므로 이 사건 확인서면은 법무사 공소외 2 명의의 문서일 뿐이고, 확인서면 작성 과정에서 등기의무자가 본인 확인을 위해 필요한 우무인을 찍게 된다고 하더라도 그 등기의무자를 위 확인서면의 작성명의인으로 볼 수는 없으며, 법무사가 피고인들로부터 속아 등기의무자를 공소외 1로 하는 확인서면을 작성하였다고 하더라도 작성명의인이 문서를 작성한 이상 이를 피고인들이 위조한 것으로 볼 수도 없다. 이 부분에 관한 원심판결에는 사문서인 확인서면의 위조에 관한 법리를 오해한 위법이 있다.

기록에 의하면, 피고인 1은 제1심판결에 대하여 항소하면서 양형부당만을 항소이유로 주장하였음을 알 수 있으므로, 사실오인 주장은 적법한 상고이유가 될 수 없고, 위 피고인에 대하여 10년 미만의 징역형이 선고된 이 사건에서 양형부당도 적법한 상고이유가 될 수 없다.

피고인 2의 상고이유 중 사실오인이나 법리오해 주장은 모두 사실심인 원심의 전권에 속하는 증거의 취사선택과 사실의 인정을 비난하는 것에 불과하거나 원심이 인정한 사실과 다른 사실을 전제로 하여 원심판단에 공모공동정범에 관한 법리오해의 위법이 있다는 것으로서, 결국 사실심인 원심의 전권에 속하는 증거의 취사선택과 사실의 인정을 비난하는 것에 불과하므로 적법한 상고이유가 될 수 없고, 양형부당의 주장도 위 피고인에 대하여 10년 미만의 징역형이 선고된 이 사건에서 적법한 상고이유가 될 수 없다.

그러므로 원심판결 중 피고인들의 확인서면 위조로 인한 사문서위조죄 부분은 파기되어야 하는데, 원심은 이 부분을 피고인들에 대한 나머지 각 죄와 형법 제37조 전단의 경합범으로 보아 피고인들에게 각 하나의 형을 선고하였으므로, 원심판결 중 피고인들에 대한 부분을 전부 파기하고, 이 부분 사건을 다시 심리·판단하게 하기 위하여 원심법원에 환송하기로 하여, 관여 대법관의 일치된 의견으로 주문과 같이 판결한다.

대법관 차한성(재판장) 박시환(주심) 안대희 신영철

대법원 2010.11.25. 선고 2010도11460 판결

【특정범죄가중처벌등에관한법률위반(뇌물)(인정된죄명:변호사법위반)】

판시사항

1 알선수뢰죄의 성립요건 및 '공무원이 그 지위를 이용하여'의 의미

2 육군본부 정보작전지원참모부에서 조직진단관으로 근무하는 3급 군무원 피고인이 장군진급심사를 앞두고 있던 갑으로부터 인사참모부 선발관리실장인 을에게 부탁하여 장군진급이 되도록 하여 달라는 부탁을 받고 합계 5,000만 원을 받았다고 하여 특정범죄 가중처벌 등에 관한 법률상 알선수뢰로 기소된 사안에서, 피고인이 위 금원을 수수할 당시 자신의 지위를 이용하여 선발관리실장이던 을의 진급업무와 관련하여 사실상 영향을 줄 수 있는 관계에 있었다고 하기에 부족하다고 보아 무죄를 인정한 원심판결을 수긍한 사례

전 문

피 고 인 피고인

상 고 인 검사

변 호 인 법무법인

원심판결 고등군사법원 2010. 8. 10. 선고 2010노42 판결

주 문 상고를 기각한다.

이 유 상고이유를 본다.

알선수뢰죄는 공무원이 그 지위를 이용하여 다른 공무원의 직무에 속한 사항의 알선에 관하여 뇌물을 수수, 요구 또는 약속하는 것을 그 성립요건으로 하고 있고, 여기서 '공무원이 그 지위를 이용하여'라 함은 친구, 친족관계 등 사적인 관계를 이용하는 경우이거나 단순히 공무원으로서의 신분이 있다는 것만을 이용하는 경우에는 이에 해당한다고 할 수 없고, 적어도 다른 공무원이 취급하는 사무의 처리에 법률상이거나 사실상으로 영향을 줄 수 있는 관계에 있는 공무원이 그 지위를 이용하는 경우이어야 한다(대법원 1994. 10. 21. 선고 94도852 판결 등 참조).

이 사건 주위적 공소사실의 요지는, 피고인이 2003. 2. 15.경부터 2006. 6. 30.경까지 국방부 기획조정실에서 현역 중령으로 근무하다가 전역하여 2006. 7. 1.경부터 현재까지 육군본부 정보작전지원참모부에서 육군의 각 부대별 조직과 편성의 타당성을 검토하여 부대를 창설 또는 해체하거나 편제를 증가 또는 감소시키는 등 조직의 구조와 기능을 진단·조정하는 업무를 담당하는 조직진단관으로 근무하고 있는 3급 군무원으로서, 장군진급심사를 앞두고 있던 공소외 1로부터 육군본부 인사참모부의 선발관리실장인 공소외 2 준장에게 부탁하여 장군진급이 되도록 하여 달라는 부탁을 받고 공소외 1이 제공하는 합계 5,000만 원을 받음으로써, 공무원인 피고인이 그 지위를 이용하여 다른 공무원인 선발관리실장의 직무에 속한 사항의 알선에 관하여 뇌물을 수수하였다는 것이다.

원심은, 제1심 및 원심이 적법하게 채택하여 조사한 증거들에 의하여 인정되는 그 판시와 같은 사정들에 비추어, 피고인이 공소외 1로부터 이 사건 금원을 수수할 당시 자신의 지위를 이용하여 선발관리실장이던 공소외 2의 진급업무와 관련하여 사실상 영향을 줄 수 있는 관계에 있었다고 하기에 부족하다고 판단하여 이 사건 주위적 공소사실을 무죄로 인정하였다.

원심판결 이유를 앞서 본 법리 및 기록에 비추어 살펴보면, 원심의 위와 같은 판단은 정당한 것으로 수긍할 수 있다.

원심판결에는 상고이유의 주장과 같이 채증법칙을 위반하거나 알선수뢰죄에 관한 법리를 오해하는 등의 위법이 없다.

한편 검찰관은 원심판결 중 이 사건 예비적 공소사실에 관한 부분에 대하여도 불복한다는 취지의 상고장을 제출하였으나, 상고이유서에서 그 부분에 관한 상고이유를 기재하고 있지 않으므로, 이 부분에 대한 상고 역시 이유 없다.

그러므로 상고를 기각하기로 하여, 관여 대법관의 일치된 의견으로 주문과 같이 판결한다.

대법관 양창수(재판장) 양승태 김지형(주심) 전수안

대법원 2010.11.25. 선고 2010도10202 판결

【무고】

판시사항

[1] 무고죄의 구성요건 중 '징계처분' 및 '공무소 또는 공무원'의 의미

[2] 변호사에 대한 징계처분이 형법 제156조에서 정하는 '징계처분'에 포함되는지 여부(적극) 및 그 징계 개시의 신청권이 있는 지방변호사회의 장이 같은 조에서 정한 '공무소 또는 공무원'에 포함되는지 여부(적극)

[3] 피고인이 변호사인 피해자로 하여금 징계처분을 받게 할 목적으로 서울지방변호사회에 허위 내용의 진정서를 제출한 사안에서, 무고죄를 인정한 원심판단을 수긍한 사례

판결요지

[1] 형법 제156조는 타인으로 하여금 형사처분 또는 징계처분을 받게 할 목적으로 공무소 또는 공무원에 대하여 허위의 사실을 신고한 자를 처벌하도록 정하고 있다. 여기서 '징계처분'이란 공법상의 특별권력관계에 기인하여 질서유지를 위하여 과하여지는 제재를 의미하고, 또한 '공무소 또는 공무원'이란 징계처분에 있어서는 징계권자 또는 징계권의 발동을 촉구하는 직권을 가진 자와 그 감독기관 또는 그 소속 구성원을 말한다.

[2] 구 변호사법(2008. 3. 28. 법률 제8991호로 개정되기 전의 것, 이하 '구 변호사법'이라 한다) 제92조, 제95조, 제96조, 제100조 등 관련 규정에 의하면 변호사에 대한 징계가 대한변호사협회 변호사징계위원회를 거쳐 최종적으로 법무부의 변호사징계위원회에서 결정되고 이에 불복하는 경우에는 행정소송을 할 수 있는 점, 구 변호사법 제93조, 제94조, 제101조의2 등은 판사 2명과 검사 2명이 위원으로 참여하여 대한변호사협회 변호사징계위원회나 법무부의 변호사징계위원회를 구성하고, 서류의 송달, 기일의 지정이나 변경 및 증인·감정인의 선서와 급여에 관한 사항에 대하여 '형사소송법'과 '형사소송비용 등에 관한 법률'의 규정을 준용하도록 정하고 있는 점, 위와 같은 절차를 마련한 것은 변호사의 공익적 지위에 기인하여 공법상의 특별권력관계에 준하여 징계에 관하여도 공법상의 통제를 하려는 의도로 보여지는 점 등을 고려하여 보면, 변호사에 대한 징계처분은 형법 제156조에서 정하는 '징계처분'에 포함된다고 봄이 상당하고, 구 변호사법 제97조의2 등 관련 규정에 의하여 그 징계 개시의 신청권이 있는 지방변호사회의 장은 형법 제156조에서 정한 '공무소 또는 공무원'에 포함된다.

[3] 피고인이 변호사인 피해자로 하여금 징계처분을 받게 할 목적으로 서울지방변호사회에 위 변호사회 회장을 수취인으로 하는 허위 내용의 진정서를 제출한 사안에서, 무고죄를 인정한 원심판단을 수긍한 사례.

전 문

피 고 인 피고인

상 고 인 피고인

원심판결 서울북부지법 2010. 7. 21. 선고 2010노59 판결

주 문 상고를 기각한다.

이 유 상고이유를 판단한다.

형법 제156조는 타인으로 하여금 형사처분 또는 징계처분을 받게 할 목적으로 공무소 또는 공무원에 대하여 허위의 사실을 신고한 자를 처벌하도록 정하고 있다. 여기서 '징계처분'이란 공법상의 특별권력관계에 기인하여 질서

유지를 위하여 과하여지는 제재를 의미하고, 또한 '공무소 또는 공무원'이란 징계처분에 있어서는 징계권자 또는 징계권의 발동을 촉구하는 직권을 가진 자와 그 감독기관 또는 그 소속 구성원을 말한다.

구 변호사법(2008. 3. 28. 법률 제8991호로 개정되기 전의 것, 이하 '구 변호사법'이라 한다) 제92조, 제95조, 제96조, 제100조 등 관련 규정에 의하면 변호사에 대한 징계가 대한변호사협회 변호사징계위원회를 거쳐 최종적으로 법무부의 변호사징계위원회에서 결정되고 이에 불복하는 경우에는 행정소송을 할 수 있는 점, 구 변호사법 제93조, 제94조, 제101조의2 등은 판사 2명과 검사 2명이 위원으로 참여하여 대한변호사협회 변호사징계위원회나 법무부의 변호사징계위원회를 구성하고, 서류의 송달, 기일의 지정이나 변경 및 증인·감정인의 선서와 급여에 관한 사항에 대하여 '형사소송법'과 '형사소송비용 등에 관한 법률'의 규정을 준용하도록 정하고 있는 점, 위와 같은 절차를 마련한 것은 변호사의 공익적 지위에 기인하여 공법상의 특별권력관계에 준하여 징계에 관하여도 공법상의 통제를 하려는 의도로 보여지는 점 등을 고려하여 보면, 변호사에 대한 징계처분은 형법 제156조에서 정하는 '징계처분'에 포함된다고 봄이 상당하고, 구 변호사법 제97조의2 등 관련 규정에 의하여 그 징계 개시의 신청권이 있는 지방변호사회의 장은 형법 제156조에서 정한 '공무소 또는 공무원'에 포함된다고 할 것이다.

원심은 그 판시와 같은 사정을 종합하여 피고인이 변호사인 피해자로 하여금 징계처분을 받게 할 목적으로 서울지방변호사회에 이 사건 진정서를 제출하였다는 이유로 제1심의 유죄 결론을 그대로 유지하였다.

앞서 본 법리 및 기록에 비추어 살펴보면 원심의 위와 같은 판단은 사실심 법관의 합리적인 자유심증에 따른 것으로서 수긍이 가고, 거기에 상고이유의 주장과 같이 채증법칙 위반, 무고죄에 관한 법리 오해 등의 위법이 있다고 할 수 없다.

그러므로 상고를 기각하기로 하여 관여 대법관의 일치된 의견으로 주문과 같이 판결한다.

대법관 김지형(재판장) 양승태 전수안 양창수(주심)

대법원 2010.11.11. 선고 2010도8265 판결

【형의실효등에관한법률위반·명예훼손】

판시사항

1 구 형의 실효 등에 관한 법률 제6조 제3항에 규정한 '범죄경력자료 등의 취득'이 수사자료표를 관리하거나 직무상 이에 의한 범죄경력조회를 하는 사람으로부터 '직접' 취득하는 경우에 한정되는지 여부(소극)

2 피고인이 구 형의 실효 등에 관한 법률에서 정한 경우 외의 용도에 사용할 목적으로 같은 아파트에 거주하는 갑으로부터 그가 휴대폰으로 촬영하여 출력한 을의 범죄경력조회서 영인본을 취득한 사안에서, 위 법 제10조 제2항, 제6조 제3항 위반죄가 성립한다고 본 원심판단을 수긍한 사례

3 피고인이 갑으로부터 취득한 을의 범죄경력기록을 병에게 보여주면서 "전과자이고 나쁜 년"이라고 사실을 적시하여 을의 명예를 훼손하였다는 공소사실에 대하여, 위 유포 사실이 불특정 또는 다수인에게 전파될 가능성이 없다는 이유로 무죄를 선고한 원심판결을 수긍한 사례

판결요지

1 구 형의 실효 등에 관한 법률(2010. 3. 31. 법률 제10211호로 개정되기 전의 것) 제6조 제3항은 누구든지 위 법에서 정하는 경우 외의 용도에 사용할 목적으로 범죄경력자료 또는 수사경력자료(이하 '범죄경력자료 등'이라 한다)를 취득하여서는 아니된다고 규정하면서, 제10조 제2항에서 이를 위반하여 범죄경력자료 등을 취득한 자를 처벌하고 있다. 위 법이 전과기록 및 수사자료의 관리와 형의 실효에 관한 기준을 정함으로써 전과자의 정상적인 사회복귀를 보장하고자 함을 입법목적으로 하고 있는 점(제1조), 같은 법 제6조 제4항이 범죄경력자료 등을 법령에 규정된 용도 외에 사용하는 것을 금하면서 그 주체를 제1항의 규정에 의하여 범죄경력자료 등을 회보 받거나 취득한 자로 한정함으로써 같은 법 제6조 제3항에 위반하여 범죄경력자료 등을 취득한 자가 법령에 규정된 용도 외에 범죄경력자료 등을 사용하는 경우에는 이 법에 의하여 별도로 처벌할 수 없는 점 등을 종합하면, 위 법 제6조 제3항에서 말하는 '범죄경력자료 등의 취득'이 수사자료표를 관리하는 사람이나 직무상 수사자료표에 의한 범죄경력조회를 하는 사람으로부터 직접 취득하는 경우에 한정된다고 볼 수는 없다.

2 피고인이 구 형의 실효 등에 관한 법률(2010. 3. 31. 법률 제10211호로 개정되기 전의 것)에서 정한 경우 외의 용도에 사용할 목적으로 같은 아파트에 거주하는 갑으로부터 그가 휴대폰으로 촬영하여 출력한 을의 범죄경력조회서 영인본을 취득한 사안에서, 위 법 제10조 제2항, 제6조 제3항 위반죄가 성립한다고 본 원심판단을 수긍한 사례.

3 피고인이 평소 을이 자신의 일에 간섭하는 것에 기분이 나쁘다는 이유로 갑으로부터 취득한 을의 범죄경력기록을 같은 아파트에 거주하는 병에게 보여주면서 "전과자이고 나쁜 년"이라고 사실을 적시하여 을의 명예를 훼손하였다는 공소사실에 대하여, 위 유포 사실이 불특정 또는 다수인에게 전파될 가능성이 없다는 이유로 무죄를 선고한 원심판결을 수긍한 사례.

전　문

피 고 인 피고인

상 고 인 피고인 및 검사

변 호 인 변호사

원심판결 부산지법 2010. 6. 11. 선고 2009노4409 판결

주 문 상고를 모두 기각한다.

이 유 상고이유를 판단한다.

1. 피고인의 상고에 대하여

가. 구 형의 실효 등에 관한 법률(2010. 3. 31. 법률 제10211호로 개정되기 전의 것, 이하'법'이라 한다) 제6조 제3항은 누구든지 법에서 정하는 경우 외의 용도에 사용할 목적으로 범죄경력자료 또는 수사경력자료(이하 '범죄경력자료 등'이라 한다)를 취득하여서는 아니 된다고 규정하면서, 제10조 제2항에서 이를 위반하여 범죄경력자료 등을 취득한 자를 처벌하고 있다. 위 법이 전과기록 및 수사자료의 관리와 형의 실효에 관한 기준을 정함으로써 전과자의 정상적인 사회복귀를 보장하고자 함을 입법목적으로 하고 있는 점(제1조), 법 제6조 제4항이 범죄경력자료 등을 법령에 규정된 용도 외에 사용하는 것을 금하면서 그 주체를 제1항의 규정에 의하여 범죄경력자료 등을 회보 받거나 취득한 자로 한정함으로써 법 제6조 제3항에 위반하여 범죄경력자료 등을 취득한 자가 법령에 규정된 용도 외에 범죄경력자료 등을 사용하는 경우에는 이 법에 의하여 별도로 처벌할 수 없는 점 등을 종합하면, 법 제6조 제3항에서 말하는 '범죄경력자료 등의 취득'이 수사자료표를 관리하는 사람이나 직무상 수사자료표에 의한 범죄경력조회를 하는 사람으로부터 직접 취득하는 경우에 한정된다고 볼 수는 없다. 원심판결 이유를 위 법리와 기록에 비추어 살펴보면, 원심이 그 채용 증거들을 종합하여 피고인이 규정 외의 용도에 사용할 목적으로 공소외인으로부터 그가 휴대폰으로 촬영하여 출력한 고소인의 범죄경력조회서 영인본을 취득한 행위를 유죄로 판단한 것은 정당하고, 거기에 상고이유의 주장과 같이 법리오해나 논리와 경험의 법칙에 위배하고 자유심증주의의 한계를 벗어난 위법이 없다.

나. 형사소송법 제383조 제4호에 의하면 사형, 무기 또는 10년 이상의 징역이나 금고가 선고된 사건에서만 양형부당을 사유로 한 상고가 허용되는 것이므로, 피고인에 대하여 그보다 가벼운 형이 선고된 이 사건에서는 형의 양정이 부당하다는 주장은 적법한 상고이유가 되지 못한다.

2. 검사의 상고에 대하여

가. 명예훼손죄에 있어서 공연성은 불특정 또는 다수인이 인식할 수 있는 상태를 의미하므로 비록 개별적으로 한 사람에 대하여 사실을 유포하더라도 이로부터 불특정 또는 다수인에게 전파될 가능성이 있다면 공연성의 요건을 충족한다 할 것이지만 이와 달리 전파될 가능성이 없다면 특정한 한 사람에 대한 사실의 유포는 공연성을 결한다 할 것이다(대법원 1992. 5. 26. 선고 92도445 판결 참조).

원심판결 이유를 위 법리와 기록에 비추어 살펴보면, 원심이 그 채용 증거들에 의하여 판시와 같은 사실들을 인정한 다음, 피고인이 유포한 사실이 불특정 또는 다수인에게 전파될 가능성이 없다는 이유로 이 사건 명예훼손의 공소사실에 대하여 무죄라고 판단한 것은 정당하고, 거기에 논리와 경험의 법칙에 위배하고 자유심증주의의 한계를 벗어났다거나 심리미진 등의 위법이 없다.

나. 검사는 원심판결 중 유죄 부분에 대하여도 불복한다는 취지의 상고장을 제출하였으나, 상고장과 상고이유서 어디에도 그 부분에 관한 아무런 기재가 없다.

3. 결론

그러므로 상고를 모두 기각하기로 하여 관여 대법관의 일치된 의견으로 주문과 같이 판결한다.

대법관 전수안(재판장) 양승태(주심) 김지형 양창수

대법원 2010.11.11. 선고 2010도1835 판결

【사문서위조·위조사문서행사】

판시사항

[1] 본명 대신 '가명'이나 '위명'을 사용하여 사문서를 작성한 경우, 사문서위조죄가 성립하는지 여부

[2] 피고인이 다방 업주로부터 선불금을 받고 그 반환을 약속하는 내용의 현금보관증을 작성하면서 가명과 허위의 출생연도를 기재한 후 이를 교부한 행위가, 사문서위조죄 및 동행사죄에 해당하지 않는다고 본 원심판단에 법리오해의 위법이 있다고 한 사례

전 문

피 고 인 피고인

상 고 인 검사

원심판결 제주지법 2010. 1. 14. 선고 2009노495 판결

주 문 원심판결을 파기하고, 사건을 제주지방법원 합의부에 환송한다.

이 유 상고이유를 판단한다.

실제의 본명 대신 가명이나 위명을 사용하여 사문서를 작성한 경우에 그 문서의 작성명의인과 실제 작성자 사이에 인격의 동일성이 그대로 유지되는 때에는 위조가 되지 않으나, 명의인과 작성자의 인격이 상이할 때에는 위조죄가 성립할 수 있다(대법원 1979. 6. 26. 선고 79도908 판결 참조).

원심이 인정한 사실 및 제1심에서 적법하게 채택한 증거들에 의하면, 피고인은 '○○○'이라는 가명을 사용하여 공소외인이 운영하는 다방에 종업원으로 취업하면서 선불금으로 100만 원을 받고 이에 대한 반환을 약속하는 내용의 이 사건 현금보관증을 작성, 교부하게 된 사실, 피고인은 위 다방에 취업하기 위하여 피고인의 실제 나이보다 4살 어린 1954년생으로 가장하였고, 위 현금보관증에도 본인의 실명과 실제 주민등록번호 대신에 '○○○'이라는 가명과 출생연도 부분이 허위인 주민등록번호를 기재하여 교부한 사실, 공소외인은 '○○○'이 피고인의 가명이라는 것과 위 주민등록번호가 실재하지 않는 번호라는 것을 모르고 있었던 사실 등을 알 수 있다. 현금보관증이라는 문서의 성질과 기능, 위와 같은 작성 경위에 비추어 보면 이 사건 현금보관증에 표시된 명칭과 주민등록번호 등으로부터 인식되는 인격은 '1954년에 출생한 52세 가량의 여성인 ○○○'이고, 1950년생인 피고인과는 다른 인격인 것이 분명하므로, 이 사건 문서의 명의인과 작성자 사이에 인격의 동일성이 인정되지 않는다고 보아야 한다. 비록 피고인이 위 '○○○'이라는 가명을 다방에 근무하는 동안 계속 사용해 왔고, 주소는 실제 피고인의 주소와 동일하게 기재되어 있으며, 피고인이 위 문서로부터 발생할 책임을 면하려는 의사나 편취의 목적을 가지지는 않았다고 하더라도, 위 문서를 작성함에 있어서 자신이 위 문서에 표시된 명의인인 '1954년생 ○○○'인 체 가장한 것만은 분명하므로, 명의인과 작성자의 인격의 동일성을 오인케 한 피고인의 이러한 행위는 사문서 위조, 동행사죄에 해당한다고 보아야 한다.

그런데도 원심은 이와 다른 견해에서 이 사건 현금보관증의 명의인과 이를 작성한 피고인 사이에 인격의 동일성이 유지된 것으로 보아 공소사실을 무죄로 판단하고 말았으니, 원심판결에는 사문서위조 및 동행시죄에 관한 법리를 오해하여 판결에 영향을 미친 위법이 있고, 이를 지적하는 검사의 상고이유 주장은 이유 있다.

그러므로 원심판결을 파기하고 사건을 다시 심리·판단하게 하기 위하여 원심법원에 환송하기로 하여, 관여 대법관의 일치된 의견으로 주문과 같이 판결한다.

대법관 박시환(재판장) 안대희 차한성(주심) 신영철

대법원 2010.11.11. 선고 2010도10690 판결

【업무상배임·사기】

판시사항

1. 금원 편취를 내용으로 하는 사기죄의 성립 요건
2. 배임죄에서 '재산상의 손해를 가한 때'의 의미 및 재산상 손해 유무의 판단 기준(=경제적 관점)
3. 배임행위가 본인 이외의 제3자에 대한 '사기죄'를 구성하는 경우 별도로 '배임죄'가 성립하는지 여부(적극) 및 두 죄의 죄수 관계(=실체적 경합)
4. 건물관리인이 건물주로부터 월세임대차계약 체결업무를 위임받고도 임차인들을 속여 전세임대차계약을 체결하고 그 보증금을 편취한 경우, 사기죄와 별도로 업무상배임죄가 성립하고 두 죄가 실체적 경합범의 관계에 있다고 본 원심판단을 수긍한 사례

전 문

피 고 인 피고인

상 고 인 피고인

변 호 인 변호사

원심판결 수원지법 2010. 7. 22. 선고 2010노1386 판결

주 문 상고를 기각한다.

이 유 상고이유를 본다.

1. 상고이유 제1점에 대하여

원심은 그 채택 증거에 의하여 인정되는 판시와 같은 사정을 종합하여 보면, 피고인이 박태선과 공모하여 이 사건 각 범행을 저지른 사실을 충분히 인정할 수 있다고 판단하였다.

기록에 비추어 살펴보면, 원심의 판단은 정당하고, 거기에 상고이유로 주장하는 바와 같은 채증법칙 위반 등의 위법이 없다.

2. 상고이유 제2점에 대하여

금원 편취를 내용으로 하는 사기죄에서는 기망으로 인한 금원 교부가 있으면 그 자체로써 피해자의 재산침해가 되어 바로 사기죄가 성립하고, 상당한 대가가 지급되었다거나 피해자의 전체 재산상에 손해가 없다 하여도 사기죄의 성립에는 그 영향이 없다(대법원 2007. 1. 25. 선고 2006도7470 판결, 대법원 2007. 10. 11. 선고 2007도6012 판결 등 참조). 한편 배임죄에 있어 재산상의 손해를 가한 때라 함은 현실적인 손해를 가한 경우뿐만 아니라 재산상 실해 발생의 위험을 초래한 경우도 포함되고, 재산상 손해의 유무에 대한 판단은 본인의 전 재산 상태와의 관계에서 법률적 판단에 의하지 아니하고 경제적 관점에서 파악하여야 하며, 따라서 법률적 판단에 의하여 당해 배임행위가 무효라 하더라도 경제적 관점에서 파악하여 배임행위로 인하여 본인에게 현실적인 손해를 가하였거나 재산상 실해 발생의 위험을 초래한 경우에는 재산상의 손해를 가한 때에 해당한다(대법원 1999. 6. 22. 선고 99도1095 판결, 대법원 2004. 3. 26. 선고 2003도7878 판결 등 참조). 그리고 본인에 대한 배임행위가 본인 이외의 제3자에 대한 사기죄를 구성한다 하더라도 그로 인하여 본인에게 손해가 생긴 때에는 사기죄와 함께 배임죄가 성립한다(대법원 1987. 4. 28. 선고 83도1568 판결 참조).

원심은, 피고인이 이 사건 각 건물에 관하여 전세임대차계약을 체결할 권한이 없음에도 임차인들을 속이고 전세임대차계약을 체결하여 그 임차인들로부터 전세보증금 명목으로 돈을 교부받은 행위는 건물주인 공소외인이 민사적으로 임차인들에게 전세보증금반환채무를 부담하는지 여부와 관계없이 사기죄에 해당하고, 이 사건 각 건물에 관하여 전세임대차계약이 아닌 월세임대차계약을 체결하여야 할 업무상 임무를 위반하여 전세임대차계약을 체결하여 그 건물주인 피해자 공소외인으로 하여금 전세보증금반환채무를 부담하게 한 행위는 위 사기죄와 별도로 업무상배임죄에 해당한다고 판단하였다.

위 법리와 기록에 비추어 살펴보면 이러한 원심의 판단은 정당하고, 거기에 상고이유로 주장하는 바와 같은 사기죄나 업무상배임죄에 관한 법리오해 등의 위법이 없다.

나아가 위 각 죄는 서로 구성요건 및 그 행위의 태양과 보호법익을 달리하고 있어 상상적 경합범의 관계가 아니라 실체적 경합범의 관계에 있다고 할 것이므로, 같은 취지의 원심 판단은 정당하고, 거기에 상고이유로 주장하는 바와 같은 죄수에 관한 법리오해의 위법이 없다.

상고이유로 들고 있는 대법원판결은 사안이 달라 이 사건에 적용하기에 적절하지 않다.

3. 상고이유 제3점에 대하여

10년 미만의 징역형이 선고된 이 사건에서 원심의 형의 양정이 부당하다는 취지의 주장은 적법한 상고이유가 되지 못한다.

4. 결론

그러므로 상고를 기각하기로 하여 관여 대법관의 일치된 의견으로 주문과 같이 판결한다.

대법관 이인복(재판장) 이홍훈 김능환(주심) 민일영

대법원 2010.11.11. 선고 2010도10256 판결

【폭력행위등처벌에관한법률위반(집단·흉기등상해)(인정된죄명:상해)·폭력행위등처벌에관한법률위반(집단·흉기등재물손괴등)(인정된죄명:재물손괴)·재물손괴】

판시사항

1 폭력행위 등 처벌에 관한 법률 제3조 제1항에서 정한 '위험한 물건'의 판단 기준

2 피고인이 갑과 운전 중 발생한 시비로 한차례 다툼이 벌어진 직후 갑이 계속하여 피고인이 운전하던 자동차를 뒤따라온다고 보고 순간적으로 화가 나 갑에게 겁을 주기 위하여 자동차를 정차한 후 4 내지 5m 후진하여 갑이 승차하고 있던 자동차와 충돌한 사안에서, 피고인 운전의 자동차를 폭력행위 등 처벌에 관한 법률 제3조 제1항이 정한 '위험한 물건'에 해당한다고 본 사례

판결요지

1 어떤 물건이 폭력행위 등 처벌에 관한 법률 제3조 제1항에서 정한 '위험한 물건'에 해당하는지 여부는 구체적인 사안에서 사회통념에 비추어 그 물건을 사용하면 상대방이나 제3자가 생명 또는 신체에 위험을 느낄 수 있는지 여부에 따라 판단하여야 한다. 이러한 판단 기준은 자동차를 사용하여 사람의 생명 또는 신체에 위해를 가하거나 다른 사람의 재물을 손괴한 경우에도 마찬가지로 적용된다.

2 피고인이 갑과 운전 중 발생한 시비로 한차례 다툼이 벌어진 직후 갑이 계속하여 피고인이 운전하던 자동차를 뒤따라온다고 보고 순간적으로 화가 나 갑에게 겁을 주기 위하여 자동차를 정차한 후 4 내지 5m 후진하여 갑이 승차하고 있던 자동차와 충돌한 사안에서, 본래 자동차 자체는 살상용, 파괴용 물건이 아닌 점 등을 감안하더라도, 위 충돌 당시와 같은 상황하에서는 갑은 물론 제3자라도 피고인의 자동차와 충돌하면 생명 또는 신체에 살상의 위험을 느꼈을 것이므로, 피고인이 자동차를 이용하여 갑에게 상해를 가하고, 갑의 자동차를 손괴한 행위는 폭력행위 등 처벌에 관한 법률 제3조 제1항이 정한 '위험한 물건'을 휴대하여 이루어진 범죄라고 봄이 상당함에도, 이와 달리 판단한 원심판결에 법리오해의 위법이 있다고 한 사례.

전 문

피 고 인 피고인

상 고 인 검사

변 호 인 법무법인

원심판결 춘천지법 2010. 7. 16. 선고 2010노136 판결

주 문 원심판결을 파기하고, 사건을 춘천지방법원 본원 합의부로 환송한다.

이 유 상고이유를 판단한다.

1. 어떤 물건이 폭력행위 등 처벌에 관한 법률 제3조 제1항에서 정한 '위험한 물건'에 해당하는지 여부는 구체적인 사안에서 사회통념에 비추어 그 물건을 사용하면 상대방이나 제3자가 생명 또는 신체에 위험을 느낄 수 있는지 여부에 따라 판단하여야 한다. 이러한 판단 기준은 자동차를 사용하여 사람의 생명 또는 신체에 위해를 가하거나 다른 사람의 재물을 손괴한 경우에도 마찬가지로 적용된다(대법원 2009. 3. 26. 선고 2007도3520 판결 등 참조).
2. 원심판결 이유에 의하면, 원심은 그 판시와 같은 사정을 인정한 다음, 이 사건 범행의 전후 사정과 피해자의 피해정도를 종합하여 보면, 사회통념에 비추어 피고인의 판시 자동차(이하 '이 사건 자동차'라고 한다)의 운행으로 인하여 피해자나 제3자가 생명 또는 신체에 위험성을 느꼈으리라고는 보이지 아니하고, 검사 제출의 모든 증거

를 종합하더라도 피고인의 이 사건 자동차 이용행위를 폭력행위 등 처벌에 관한 법률 제3조 제1항이 정한 '위험한 물건'을 휴대한 것이라고 단정하기 어렵다는 이유를 들어, 이 사건 공소사실 중 폭력행위 등 처벌에 관한 법률 위반(집단·흉기등상해)의 점 및 폭력행위 등 처벌에 관한 법률 위반(집단·흉기등재물손괴등)의 점은 범죄의 증명이 없는 때에 해당하나, 그와 동일한 공소사실의 범위 내에 있는 판시 상해죄 및 판시 제2의 재물손괴죄를 유죄로 인정하는 이상, 주문에서 따로 무죄를 선고하지 아니한다고 판단하였다.

3. 그러나 원심의 위와 같은 판단은 다음과 같은 이유로 이를 수긍하기 어렵다.

   원심이 인정한 사실에 따르면, 피고인은 피해자와 사이에 운전 중 발생한 시비로 한차례 다툼이 벌어진 직후 피해자가 계속하여 피고인이 운전하던 이 사건 자동차를 뒤따라온다고 보고 순간적으로 화가 나 피해자에게 겁을 주기 위하여 이 사건 자동차를 후진하여 피해자가 승차하고 있던 판시 자동차(이하 '피해자 자동차'라고 한다)와 충돌하였고, 피해자는 원심법정에서 이 사건 당시 이 사건 자동차와 피해자 자동차 사이의 거리가 4 내지 5m 가량 되었다고 진술하였음을 알 수 있다. 한편 기록에 의하면, 피해자는 검찰에서 이 사건 자동차와 충돌할 당시의 상황에 대하여, '피고인이 이 사건 자동차를 운행하다가 정차한 후에 급하게 후진을 하였고, 이에 피해자도 급하게 후진기어를 넣고 약 4 내지 5m 이상을 후진하면서 충돌을 피하려고 하였는데, 이 사건 자동차가 워낙 빠른 속도로 후진하여 피하지 못하고 피해자 자동차의 앞 범퍼와 이 사건 자동차의 뒤 범퍼가 부딪쳤다'라는 취지로 진술한 바 있다. 사정이 그러하다면 앞서 본 법리에 비추어 볼 때, 피고인이 피해자에게 겁을 주기 위하여 이 사건 자동차를 후진하다가 피해자 자동차와 충돌한 것이고, 본래 자동차 자체는 살상용, 파괴용 물건이 아닌 점 등을 감안하더라도, 이 사건 자동차와 피해자 자동차의 충돌 당시와 같은 상황하에서는 피해자는 물론 제3자라도 이 사건 자동차와 충돌하면 생명 또는 신체에 살상의 위험을 느꼈을 것이라고 할 것이다. 따라서 피고인이 이 사건 자동차를 이용하여 원심판시와 같이 피해자에게 상해를 가하고, 피해자 자동차를 손괴한 행위는 폭력행위 등 처벌에 관한 법률 제3조 제1항이 정한 '위험한 물건'을 휴대하여 이루어진 범죄라고 봄이 상당하다. 그럼에도 불구하고 원심은 그 판시와 같은 사정만을 들어 폭력행위 등 처벌에 관한 법률 위반(집단·흉기등상해)의 점과 폭력행위 등 처벌에 관한 법률 위반(집단·흉기등재물손괴등)의 점에 관한 공소사실은 범죄의 증명이 없다고 판단하고 말았으니, 이러한 원심판결에는 폭력행위 등 처벌에 관한 법률 제3조 제1항이 정한 '위험한 물건'에 관한 법리를 오해한 나머지 판결 결과에 영향을 미친 위법이 있다. 이 점을 지적하는 상고이유는 이유 있다.

4. 한편 이 사건에서는, 검사가 상고한 원심 무죄 부분인 폭력행위 등 처벌에 관한 법률 위반(집단·흉기등상해)의 점과 폭력행위 등 처벌에 관한 법률 위반(집단·흉기등재물손괴등)의 점은 원심에서 유죄로 인정된 판시 상해죄 및 판시 제2의 재물손괴죄와 각각 일죄의 관계에 있고, 또한 위와 같이 유죄가 인정된 판시 상해죄 등은 원심이 그와 함께 유죄로 인정한 판시 제1의 재물손괴죄와 형법 제37조 전단의 경합범 관계에 있다. 따라서 판시 제1의 재물손괴죄에 대하여는 피고인이나 검사가 상고하지 아니하였더라도, 판시 상해죄 등과 일죄의 관계에 있는 원심 무죄 부분에 대한 검사의 상고가 이유 있는 경우에는 피고인에게 새로 하나의 형이 선고되어야 하므로, 원심판결은 전부 파기되어야 한다(대법원 2009. 8. 20. 선고 2008도8034 판결 참조).

5. 그러므로 원심판결을 파기하고, 사건을 다시 심리·판단하게 하기 위하여 원심법원으로 환송하기로 하여 관여 법관의 일치된 의견으로 주문과 같이 판결한다.

대법관 민일영(재판장) 이홍훈(주심) 김능환 이인복

대법원 2010.10.28. 선고 2010도7997 판결

【강간상해·절도】

판시사항

[1] 단순 강간 행위에 의한 강간 등 상해·치상의 죄가 2010. 3. 31. 개정된 특정강력범죄의 처벌에 관한 특례법 제2조 제1항 제3호에 규정된 '특정강력범죄'에 해당하는지 여부(소극)

[2] 피고인이 특정강력범죄의 처벌에 관한 특례법상 '특정강력범죄'인 강도상해죄로 징역형을 선고받아 그 형의 집행을 마친 때로부터 10년이 경과되기 전에 단순 강간 행위로 강간상해죄를 저질러 기소된 사안에서, 위 강간상해죄가 '특정강력범죄'에 해당한다는 이유로 집행유예를 선고할 수 없다고 본 원심판단에 법률의 적용을 그르친 위법이 있다고 한 사례

판결요지

[1] 2010. 3. 31. 법률 제10209호로 개정된 특정강력범죄의 처벌에 관한 특례법(이하 '개정 후 특례법'이라고 한다) 제2조 제1항 제3호에서 규정한 각 해당 조문의 배열순서와 체계, 개정 전 특례법 제2조 제1항 제3호의 해석상 강간 등에 의한 치사상죄가 흉기 기타 위험한 물건을 휴대하거나 2인 이상이 합동하여 저질러진 경우뿐만 아니라 단순 강간 행위에 의하여 저질러진 경우로서 사안이 매우 경미한 경우에도 특정강력범죄에 해당하는 것으로 보아 위 특례법을 적용하는 것이 바람직스럽지 못하다는 비판이 존재했던 사정 등에 비추어 보면, 위 '흉기나 그 밖의 위험한 물건을 휴대하거나 2인 이상이 합동하여 범한'이라는 요건은 개정 전 특례법에서의 해석과 달리 형법 제301조에도 요구되는 것으로 보는 것이 합리적인 해석이다. 나아가 개정 후 특례법 부칙에서 그에 관한 별도의 경과규정을 두지 아니하였지만, 위 개정된 조항의 의미와 취지 등에 비추어 피고인에게 유리하게 이루어진 것으로 형법 제1조 제2항에 규정된 범죄 후 법률의 변경에 해당한다. 따라서 위 특례법 개정 전에 이루어진 강간 등 상해·치상의 행위가 흉기나 그 밖의 위험한 물건을 휴대하거나 2인 이상이 합동하여 저질러진 경우가 아니라 단순 강간 행위에 의하여 저질러진 경우에는 그 범죄행위에 의하여 상해라는 중한 결과가 발생하였더라도 그 강간 등 상해·치상의 죄(형법 제301조의 죄)는 개정 후 특례법 제2조 제1항 제3호에 규정된 '특정강력범죄'에 해당하지 않는다.

[2] 피고인이 특정강력범죄의 처벌에 관한 특례법상 '특정강력범죄'인 강도상해죄로 징역형을 선고받아 그 형의 집행을 마친 때로부터 10년이 경과되기 전에 흉기나 그 밖의 위험한 물건을 휴대함이 없이 단독으로 강간상해죄를 저질러 기소된 사안에서, 위 강간상해죄는 2010. 3. 31.자 개정 전의 위 특례법을 적용할 경우 '특정강력범죄'에 해당한다고 볼 수 있지만, 위 개정 후의 같은 법을 적용하면 '특정강력범죄'에 해당하지 아니하여 같은 법 제5조에 따라 집행유예 결격자라고 볼 수 없게 되므로, 피고인에게 유리한 위 개정 후의 같은 법에 따라 집행유예 결격자에 해당하는지 여부를 판단하였어야 함에도, 위 강간상해죄가 '특정강력범죄'에 해당한다는 이유로 집행유예를 선고할 수 없다고 본 원심판단에 법률의 적용을 그르친 위법이 있다고 한 사례.

전 문

피 고 인 피고인

상 고 인 피고인

변 호 인 변호사

원심판결 부산고법 2010. 6. 16. 선고 2010노269 판결

주 문 원심판결을 파기하고, 사건을 부산고등법원으로 환송한다.

이 유 상고이유를 판단한다.

1. 2010. 3. 31. 법률 제10209호로 개정된 특정강력범죄의 처벌에 관한 특례법(이하 '개정 후 특례법'이라고 한다) 제2조 제1항 제3호는 개정 전 특례법 제2조 제1항 제3호의 내용을 일부 수정하여 "형법 제2편 제32장 강간과 추행의 죄 중 흉기나 그 밖의 위험한 물건을 휴대하거나 2명 이상이 합동하여 범한 제297조(강간), 제298조(강제추행), 제299조(준강간·준강제추행), 제300조(미수범), 제305조(미성년자에 대한 간음, 추행), 제301조(강간등 상해·치상) 및 제301조의2(강간등 살인·치사)의 죄"를 '특정강력범죄'로 규정하는 한편, 그 부칙에서 "이 법은 공포한 날부터 시행한다."라고 규정하고 있다. 위 개정 후 특례법 제2조 제1항 제3호에서 규정한 각 해당 조문의 배열순서와 체계, 개정 전 특례법 제2조 제1항 제3호의 해석상 강간 등에 의한 치사상죄가 흉기 기타 위험한 물건을 휴대하거나 2인 이상이 합동하여 저질러진 경우뿐만 아니라 단순 강간 행위에 의하여 저질러진 경우로서 사안이 매우 경미한 경우에도 특정강력범죄에 해당하는 것으로 보아 위 특례법을 적용하는 것이 바람직스럽지 못하다는 비판이 존재했던 사정 등에 비추어 보면, 위 '흉기나 그 밖의 위험한 물건을 휴대하거나 2인 이상이 합동하여 범한'이라는 요건은 개정 전 특례법에서의 해석과 달리 형법 제301조에도 요구되는 것으로 보는 것이 합리적인 해석이다. 나아가 개정 후 특례법 부칙에서 그에 관한 별도의 경과규정을 두지 아니하였지만 위 개정된 조항의 의미와 취지 등에 비추어 피고인에게 유리하게 이루어진 것으로 형법 제1조 제2항에 규정된 범죄 후 법률의 변경에 해당한다고 봄이 타당하다. 따라서 위 특례법 개정 전에 이루어진 강간 등 상해·치상의 행위가 흉기나 그 밖의 위험한 물건을 휴대하거나 2인 이상이 합동하여 저질러진 경우가 아니라 단순 강간 행위에 의하여 저질러진 경우에는 그 범죄행위에 의하여 상해라는 중한 결과가 발생하였더라도 그 강간 등 상해·치상의 죄(형법 제301조의 죄)는 개정 후 특례법 제2조 제1항 제3호에 규정된 '특정강력범죄'에 해당하지 않는다고 할 것이다.
2. 원심판결 이유에 의하면, 원심은 피고인이 1997. 5. 8. 광주지방법원에서 '특정강력범죄'인 강도상해죄로 징역 3년 6월을 선고받고 확정되어 2000. 8. 8. 그 형의 집행을 마치고 출소하였고, 그로부터 10년이 경과되기 전인 2009. 10. 18. 흉기나 그 밖의 위험한 물건을 휴대함이 없이 피고인 단독으로 이 사건 강간상해죄를 저질렀다는 공소사실에 대하여, 위 강간상해죄는 '특정강력범죄'에 해당함을 전제로 피고인은 위 특례법 제5조가 정한 집행유예 결격자인 점 등 판시와 같은 사정을 들어 피고인에게 징역 2년 6월을 선고한 제1심판결을 그대로 유지하였음을 알 수 있다.
3. 그러나 앞서 본 법리를 기록에 비추어 살펴보면, 피고인의 이 사건 강간상해죄는 원심판결 선고 당시인 2010. 6. 16.을 기준으로 개정 전 특례법을 적용할 경우에는 '특정강력범죄'에 해당하여 원심 판시 강도상해죄의 형의 집행을 종료한 후 10년이 경과되지 아니한 피고인은 원심의 판단과 같이 집행유예 결격자에 해당한다고 볼 수 있지만, 개정 후 특례법을 적용하면 피고인의 이 사건 강간상해죄는 '특정강력범죄'에 해당하지 아니하여 개정 후 특례법 제5조에 따라 피고인을 집행유예 결격자라고 볼 수 없게 된다. 따라서 피고인에게는 개정 후 특례법을 적용하는 것이 유리하므로 원심으로서는 개정 후 특례법에 따라 피고인이 집행유예 결격자에 해당하는지 여부를 판단하였어야 할 것이다.

   그럼에도 불구하고 원심은 피고인의 이 사건 강간상해죄가 '특정강력범죄'에 해당한다는 이유를 들어 피고인에게는 집행유예를 선고할 수 없다고 판단하고 말았으니, 이러한 원심판결에는 법률의 적용을 잘못하여 판결에 영향을 미친 위법이 있다. 이 점을 지적하는 취지의 상고이유는 이유 있다.
4. 그러므로 나머지 상고이유에 대한 판단을 생략한 채 원심판결을 파기하고, 사건을 다시 심리·판단하게 하기 위하여 원심법원으로 환송하기로 하여 관여 대법관의 일치된 의견으로 주문과 같이 판결한다.

대법관 민일영(재판장) 이홍훈(주심) 김능환 이인복

대법원 2010.10.14. 선고 2010도8591 판결

【공무집행방해】

판시사항

[1] 사법경찰관리가 벌금형에 따르는 노역장 유치의 집행을 위하여 구인하는 경우, 검사로부터 발부받은 형집행장을 그 상대방에게 제시하여야 하는지 여부(적극)

[2] 경찰관이 벌금형에 따르는 노역장 유치의 집행을 위하여 형집행장을 소지하지 아니한 채 피고인을 체포·구인하려고 하자 피고인이 이를 거부하면서 경찰관을 폭행한 사안에서, 위 공무집행방해의 공소사실에 대하여 무죄를 선고한 원심판단을 수긍한 사례

판결요지

[1] 벌금형에 따르는 노역장 유치는 실질적으로 자유형과 동일하므로, 그 집행에 대하여는 자유형의 집행에 관한 규정이 준용된다(형사소송법 제492조). 따라서 구금되지 아니한 당사자에 대하여 형의 집행기관인 검사는 그 형의 집행을 위하여 이를 소환할 수 있으나, 당사자가 소환에 응하지 아니한 때에는 형집행장을 발부하여 이를 구인할 수 있는데(같은 법 제473조), 이 경우의 형집행장의 집행에 관하여는 형사소송법 제1편 제9장(제68조 이하)에서 정하는 피고인의 구속에 관한 규정이 준용된다(같은 법 제475조). 그리하여 사법경찰관리가 벌금형을 받은 이를 그에 따르는 노역장 유치의 집행을 위하여 구인하려면, 검사로부터 발부받은 형집행장을 그 상대방에게 제시하여야 한다(같은 법 제85조 제1항).

[2] 경찰관이 벌금형에 따르는 노역장 유치의 집행을 위하여 형집행장을 소지하지 아니한 채 피고인을 구인할 목적으로 그의 주거지를 방문하여 임의동행의 형식으로 데리고 가다가, 피고인이 동행을 거부하며 다른 곳으로 가려는 것을 제지하면서 체포·구인하려고 하자 피고인이 이를 거부하면서 경찰관을 폭행한 사안에서, 위와 같이 피고인을 체포·구인하려고 한 것은 노역장 유치의 집행에 관한 법규정에 반하는 것으로서 적법한 공무집행행위라고 할 수 없으며, 또한 그 경우에 형집행장의 제시 없이 구인할 수 있는 '급속을 요하는 경우'(형사소송법 제85조 제3항)에 해당한다고 할 수 없고, 이는 피고인이 벌금미납자로 지명수배 되었다고 하더라도 달리 볼 것이 아니라는 이유로, 위 공무집행방해의 공소사실에 대하여 무죄를 선고한 원심판단을 수긍한 사례.

전 문

피 고 인 피고인

상 고 인 검사

원심판결 울산지법 2010. 6. 25. 선고 2009노1385 판결

주 문 상고를 기각한다.

이 유 상고이유를 판단한다.

1. 이 사건은 다음과 같은 사실관계에 대한 것이다.

울산남부경찰서 무거지구대 소속 경찰관 공소외 1과 공소외 2는 피고인에 대한 벌금형에 따르는 노역장 유치를 위한 형 집행을 위하여 형집행장 없이 피고인의 주거지인 울산 남구 무거동 소재 (이하 생략)를 찾아갔다. 공소외 1은 공소외 2를 순찰차에 남겨둔 채 혼자 위 아파트에 가서 피고인에게 벌금을 납부하지 아니하여 지명수배가 된 사실을 고지하고 동행을 요구하였다. 피고인은 공소외 1과 동행하여 위 아파트 1층으로 내려온 다음 태도를 바꿔 동행을 거부하고 다른 곳으로 가려고 하였다. 이에 공소외 1이 피고인을 제지하면서 형집행을 위하여 구속을 한다는 취지로 말하고 피고인을 체포하려고 하였고, 피고인은 이를 거부하면서 그 장소를 이탈하려고 하

다가 공소외 1이 계속 제지하자 주먹으로 공소외 1의 가슴 등을 때렸다. 그러자 공소외 1은 피고인의 도주를 막기 위하여 피고인의 허리를 잡은 채 무전으로 공소외 2에게 연락하였고 위 연락에 따라 도착한 공소외 2가 피고인에게 동행을 요구하였는데, 피고인이 이를 거부하면서 형집행장의 제시를 요구하고 공소외 1을 밀쳤다. 이에 위 경찰관들이 피고인을 공무집행방해의 현행범으로 체포하였다는 것이다.

2. 벌금형에 따르는 노역장 유치는 실질적으로 자유형과 동일하므로, 그 집행에 대하여는 자유형의 집행에 관한 규정이 준용된다(형사소송법 제492조). 따라서 구금되지 아니한 당사자에 대하여 형의 집행기관인 검사는 그 형의 집행을 위하여 이를 소환할 수 있으나, 당사자가 소환에 응하지 아니한 때에는 형집행장을 발부하여 이를 구인할 수 있는데(같은 법 제473조), 이 경우의 형집행장의 집행에 관하여는 형사소송법 제1편 제9장(제68조 이하)에서 정하는 피고인의 구속에 관한 규정이 준용된다(같은 법 제475조). 그리하여 사법경찰관리가 벌금형을 받은 이를 그에 따르는 노역장 유치의 집행을 위하여 구인하려면, 검사로부터 발부받은 형집행장을 그 상대방에게 제시하여야 할 것이다(같은 법 제85조 제1항).

그런데 이 사건에서 경찰관 공소외 1 등이 형집행장을 소지하지도 아니한 채 피고인을 구인할 목적으로 피고인의 주거지를 방문하여 임의동행의 형식으로 피고인을 데리고 가다가 피고인이 이 사건 아파트 1층에서 임의동행을 거부하면서 다른 곳으로 가려는 것을 제지하면서 체포·구인하려고 한 것은 노역장 유치의 집행에 관한 법 규정에 반하는 것으로서 적법한 공무집행행위라고 할 수 없다.

또한 그 경우에 형집행장의 제시 없이 구인할 수 있는 "급속을 요하는 경우"(같은 법 제85조 제3항)라고 함은 애초 사법경찰관리가 적법하게 발부된 형집행장을 소지할 여유가 없이 형 집행의 상대방에 조우한 경우 등을 가리키는 것이고, 위와 같이 피고인의 주거로 찾아가 그를 만난 사법경찰관리가 임의동행을 요구하였다가 피고인이 이를 거부하고 그 장소를 이탈하려고 한 것을 두고 위의 "급속을 요하는 경우"에 해당한다고 할 수 없다. 이는 피고인이 벌금미납자로 지명수배되었다고 하더라도 달리 볼 것이 아니다.

따라서 원심은 그 이유의 설시에 부적절한 점이 없지 아니하나 적법한 공무를 집행하는 공무원에 대한 폭행 등을 요건으로 하는 이 사건 공무집행방해의 죄에 대하여 피고인에게 무죄를 선고한 것은 결론에 있어서 정당한 것으로 수긍할 수 있고, 거기에 상고이유의 주장과 같이 자유심증주의의 한계를 벗어나 사실을 인정한 위법이나 노역장 유치의 집행이나 공무집행방해죄 등에 관한 법리를 오해한 위법이 있다고 할 수 없다.

3. 그러므로 상고를 기각하기로 하여 관여 대법관의 일치된 의견으로 주문과 같이 판결한다.

대법관 김지형(재판장) 양승태 전수안 양창수(주심)

대법원 2010.10.14. 선고 2010도4940 판결

【입찰방해】

판시사항

1 입찰방해죄가 '위태범'인지 여부(적극) 및 입찰방해 행위에 가격결정 외에 적법하고 공정한 경쟁방법을 해하는 행위도 포함되는지 여부(적극)

2 입찰자들 상호간에 특정업체가 낙찰받기로 하는 담합이 이루어진 상태에서 일부 입찰자가 자신이 낙찰받기 위하여 당초의 합의에 따르지 아니한 채 낙찰받기로 한 특정업체보다 저가로 입찰한 경우, 입찰방해죄가 성립하는지 여부(적극)

3 피고인이 서울특별시도시철도공사가 발주한 시각장애인용 음성유도기 제작설치 입찰에 관한 담합에 가담하기로 하였다가 자신이 낙찰받기 위하여 당초의 합의에 따르지 아니한 채 낙찰받기로 한 특정업체보다 저가로 입찰한 사안에서, 이러한 피고인의 행위는 입찰방해죄에 해당한다고 본 사례

판결요지

1 입찰방해죄는 위태범으로서 결과의 불공정이 현실적으로 나타나는 것을 요하는 것이 아니고, 그 행위에는 가격을 결정하는 데 있어서 뿐 아니라, 적법하고 공정한 경쟁방법을 해하는 행위도 포함된다.

2 입찰자들 상호간에 특정업체가 낙찰받기로 하는 담합이 이루어진 상태에서 그 특정업체를 포함한 다른 입찰자들은 당초의 합의에 따라 입찰에 참가하였으나 일부 입찰자는 자신이 낙찰받기 위하여 당초의 합의에 따르지 아니한 채 오히려 낙찰받기로 한 특정업체보다 저가로 입찰하였다면, 이러한 일부 입찰자의 행위는 위와 같은 담합을 이용하여 낙찰을 받은 것이라는 점에서 적법하고 공정한 경쟁방법을 해한 것이 되고, 따라서 이러한 일부 입찰자의 행위 역시 입찰방해죄에 해당한다.

3 피고인이 서울특별시도시철도공사가 발주한 시각장애인용 음성유도기 제작설치 입찰에 관한 담합에 가담하기로 하였다가 자신이 낙찰받기 위하여 당초의 합의에 따르지 아니한 채 원래 낙찰받기로 한 특정업체보다 저가로 입찰한 사안에서, 이러한 피고인의 행위는 입찰방해죄에 해당하므로, 같은 취지에서 위계로써 입찰의 공정을 해하였다는 공소사실을 유죄로 인정한 원심판단을 수긍한 사례.

전 문

피 고 인 피고인

상 고 인 피고인

변 호 인 변호사

원심판결 서울중앙지법 2010. 4. 16. 선고 2009노4076 판결

주 문 상고를 기각한다.

이 유 상고이유를 판단한다.

입찰방해죄는 위태범으로서 결과의 불공정이 현실적으로 나타나는 것을 요하는 것이 아니고, 그 행위에는 가격을 결정하는 데 있어서 뿐 아니라, 적법하고 공정한 경쟁방법을 해하는 행위도 포함된다(대법원 2003. 9. 26. 선고 2002도3924 판결 참조). 한편, 입찰자들 상호간에 특정업체가 낙찰받기로 하는 담합이 이루어진 상태에서 그 특정업체를 포함한 다른 입찰자들은 당초의 합의에 따라 입찰에 참가하였으나 일부 입찰자는 자신이 낙찰받기 위하여 당초의 합의에 따르지 아니한 채 오히려 낙찰받기로 한 특정업체보다 저가로 입찰하였다면, 이러한 일부 입찰자의 행위는 위와 같은 담합을 이용하여 낙찰을 받은 것이라는 점에서 적법하고 공정한 경쟁방법을 해한 것이 되고, 따라서 이러한 일부 입찰자의 행위 역시 입찰방해죄에 해당한다.

원심판결 이유에 의하면, 원심은 그 채용 증거들을 종합하여 ① 피고인은 공소외 1 주식회사의 대표이사, 공소외 2는 공소외 3 주식회사의 대표이사, 공소외 4는 공소외 5 주식회사의 대표이사, 공소외 6은 공소외 7의 이사로서 위 각 회사를 운영하면서 시각장애인용 음성유도기 등을 제조·판매하여 온 점, ② 피고인, 공소외 2, 4, 6은 2005. 7.경 이 사건 입찰에 관하여 공소외 3 주식회사가 낙찰을 받고, 공소외 3 주식회사는 위 나머지 3사에게 1,000만 원씩을 지급하며 다음 입찰부터는 순차로 낙찰을 받자는 내용의 담합이 논의되었지만, 피고인이 이를 거절하여 합의에 이르지 못한 점, ③ 그런데 이 사건 입찰 전날인 2005. 8. 22. 피고인이 공소외 6에게 전화를 한 것이 계기가 되어 공소외 6, 2, 4 사이에 전화통화가 이어지면서 다시 담합이 논의된 점, ④ 이 사건 입찰 당일인 2005. 8. 23.에도 피고인, 공소외 2, 4, 6 사이에 전화통화가 계속 이어지면서, 특히 입찰금액과 관련하여 구체적으로 공소외 4가 공소외 2로부터 "공소외 3 주식회사를 제외한 나머지 3사는 입찰금액을 무조건 1억 원 이상으로 해 달라"는 요구를 받고, 피고인에게 전화하여 "1억 원 이상으로 입찰하라"고 한 점, ⑤ 이에 따라 입찰금액에 관하여 공소외 3 주식회사는 9,970만 원, 공소외 7은 1억 1,077만 원, 공소외 5 주식회사는 1억 600만 원으로 각 입찰을 하였지만, 공소외 1 주식회사는 제일 늦게 입찰금액을 9,200만 원으로 하여 입찰을 한 점, ⑥ 만약 피고인이 그 주장과 같이 공소외 4와의 위 전화통화에서 최종적으로 담합을 거절하였다면, 공소외 4가 그 사실을 공소외 2에게 알리지 아니한 채 위 담합에 따라 공소외 2, 6으로 하여금 입찰을 하도록 하였을 리가 없는 점 등의 사정을 인정한 다음, 위와 같은 사정들에 비추어 보면 피고인이 이 사건 공소사실 기재와 같이 공소외 2, 4, 6과 사이에 이 사건 입찰에 관하여 담합한 것이라고 판단하였다.

기록에 비추어 살펴보면, 원심의 이와 같은 인정 및 판단은 정당한 것으로 수긍이 간다. 한편 피고인이 담합에 가담하기로 하였다가 자신이 낙찰받기 위하여 당초의 합의에 따르지 아니한 채 공소외 3 주식회사보다 저가로 입찰하였다고 하더라도 이러한 피고인의 행위 역시 앞서 본 법리에 따라 입찰방해죄에 해당하는 것이므로, 같은 취지에서 이 사건 공소사실을 유죄로 인정한 원심의 조치는 정당하다. 따라서 원심판결에 상고이유에서 주장하는 바와 같이 논리와 경험의 법칙에 위배하고 자유심증주의의 한계를 벗어나거나 입찰방해죄의 성립에 관한 법리를 오해하는 등의 위법이 있다고 할 수 없다.

그러므로 상고를 기각하기로 하여, 관여 대법관의 일치된 의견으로 주문과 같이 판결한다.

대법관 신영철(재판장) 박시환 안대희(주심) 차한성

대법원 2010.10.14. 선고 2010도387 판결

【특정경제범죄가중처벌등에관한법률위반(배임)·특정범죄가중처벌등에관한법률위반(뇌물)·부정처사후수뢰·특정경제범죄가중처벌등에관한법률위반(수재등)·특정경제범죄가중처벌등에관한법률위반(증재등)·특정범죄가중처벌등에관한법률위반(알선수재)·조세범처벌법위반·뇌물공여】

판시사항

[1] 주식회사의 신주발행에서 대표이사가 일반 주주들에 대하여 '타인의 사무를 처리하는 자'의 지위에 있는지 여부(소극)

[2] 주식회사 한국외환은행의 매각 관련 신주발행에서 은행장 갑 및 부행장 을이 위 은행에 대한 관계에서 사무처리자의 지위에 있으나, 위 은행의 기존 주주들에 대한 관계에서는 사무처리자의 지위에 있지 않다고 본 원심판단을 수긍한 사례

[3] 재정경제부 금융정책국장이 한국수출입은행과 코메르츠뱅크가 보유한 주식회사 한국외환은행 구주매각에서 수출입은행에 대한 관계에서는 사무처리자의 지위에 있으나, 코메르츠뱅크에 대하여는 그렇지 않다고 본 원심판단을 수긍한 사례

[4] 재정경제부 금융정책국장이 주식회사 한국외환은행의 매각 관련 신주발행에서 위 은행이나 그 주주들에 대한 사무처리자의 지위에 있지 않다고 본 사례

[5] 금융거래와 관련한 경영상의 판단과 관련하여 금융기관의 경영자에게 배임의 고의가 있었는지 여부를 판단하는 기준

[6] 공무원이 공공기관 등으로부터 보유 주식의 매각협상 등에 대한 위임을 받아 그 위임사무 및 직무의 본지에 적합하다는 판단하에 이를 처리하고 그 내용이 그 위임사무 및 직무범위 내에 속하는 경우, 배임죄가 성립하는지 여부(원칙적 소극)

[7] 주식회사 한국외환은행의 매각과 관련하여 피고인들인 은행장 갑, 부행장 을, 재정경제부 금융정책국장 병에게 임무위배행위가 있었다거나 피해자들에게 손해 또는 그 위험이 발생하였다고 볼 수 없다는 이유로, 위 피고인들에 대한 특정경제범죄 가중처벌 등에 관한 법률 위반(배임)의 공소사실에 대하여 무죄를 선고한 원심판단을 수긍한 사례

[8] 구 특정경제범죄 가중처벌 등에 관한 법률 제5조 제4항 제1호, 제1항 위반죄의 주체는 '범행 당시 금융기관 임직원의 직에 있는 자'에 한정되는지 여부(적극)

[9] 변호사의 금품 등 수수 행위가 구 특정범죄 가중처벌 등에 관한 법률 제3조 및 구 변호사법 제90조 제1호 위반죄를 구성하는 경우

[10] 구 변호사법 제109조 제1호에서 정한 '기타 법률사무'의 의미

[11] 미국계 사모펀드인 론스타펀드(이하 '론스타'라 한다)의 주식회사 한국외환은행 인수과정에서 인수조건과 인수자격 등이 '법률사무'에 해당한다고 보아, 위 사무처리와 관련하여 의뢰인인 론스타로부터 금품을 수수한 변호사인 피고인에 대한 구 특정범죄 가중처벌 등에 관한 법률 위반(알선수재)의 공소사실에 대하여 무죄를 선고한 원심판단을 수긍한 사례

[12] 특정경제범죄 가중처벌 등에 관한 법률 제5조에 정한 '수재'의 공모공동정범에서, 공모 내용에 따라 공범자 중 1인이 금품이나 이익을 수수하였을 경우 그 수수한 금품이나 이익 전부에 관하여 공동정범이 성립하는지 여부(원칙적 적극)

판결요지

[1] 신주발행은 주식회사의 자본조달을 목적으로 하는 것으로서, 신주발행과 관련한 대표이사의 업무

는 회사의 사무일 뿐이므로 신주발행 과정에서 대표이사가 납입된 주금을 회사를 위하여 사용하도록 관리·보관하는 업무 역시 회사에 대한 선관주의의무 내지 충실의무에 기한 것으로서 회사의 사무에 속하는 것이고, 신주발행에서 대표이사가 일반 주주들에 대하여 그들의 신주인수권과 기존 주식의 가치를 보존하는 임무를 대행한다거나 주주의 재산보전 행위에 협력하는 자로서 타인의 사무를 처리하는 자의 지위에 있다고는 볼 수 없다.

2 주식회사 한국외환은행의 매각 관련 신주발행에서 은행장 갑 및 부행장 을이 위 은행에 대한 관계에서 사무처리자의 지위에 있으나 위 은행의 기존 주주들에 대한 관계에서는 사무처리자의 지위에 있지 않고, 한국수출입은행과 코메르츠뱅크가 보유한 위 은행 구주매각에서 협상에 관한 위임을 받아 그들에 대한 사무처리자의 지위에 있다고 본 원심판단을 수긍한 사례.

3 재정경제부 금융정책국장이 한국수출입은행과 코메르츠뱅크가 보유한 주식회사 한국외환은행 구주매각에서 수출입은행에 대한 관계에서는 사무처리자의 지위에 있으나, 코메르츠뱅크에 대한 관계에서는 사무처리자의 지위에 있지 않다고 본 원심판단을 수긍한 사례.

4 주식회사 한국외환은행의 매각 관련 신주발행 업무가 위 은행 이사회의 결정 사항으로 그 대표이사 또는 이사의 사무에 속하는 점, 재정경제부 금융정책국장으로서의 업무집행은 국가나 정부, 국민을 위하여 부담하는 공무일 뿐, 달리 특별한 사정이 없는 한 위 은행에 대하여 부담하는 사무의 처리라고 볼 수는 없는 점 등에 비추어, 재정경제부 금융정책국장이 위 신주발행에서 위 은행이나 그 주주들에 대한 사무처리자의 지위에 있다고 볼 수는 없다고 한 사례.

5 이윤추구와 아울러 공공적 역할도 담당하는 각종 금융기관의 경영자가 금융거래와 관련한 경영상 판단을 할 때에 그 업무처리의 내용, 방법, 시기 등이 법령이나 당해 구체적 사정하에서 일의적인 것으로 특정되지 않는 경우에는 결과적으로 특정한 조치를 취하지 아니하는 바람에 본인에게 손해가 발생하였다는 사정만으로 배임의 책임을 물을 수는 없고, 그 경우 경영자에게 배임의 고의가 있었는지 여부를 판단할 때에는 문제된 경영상의 판단에 이르게 된 경위와 동기, 판단대상인 업무의 내용, 금융기관이 처한 경제적 상황, 손실발생의 개연성 등 제반 사정에 비추어 자기 또는 제3자가 재산상 이득을 취득한다는 인식과 본인에게 손해를 가한다는 인식하의 의도적 행위임이 인정되는 경우에 한하여 배임죄의 고의를 인정하는 엄격한 해석기준이 유지되어야 한다.

6 공무원이 공공기관 등으로부터 보유하는 주식의 매각협상 등에 대한 위임을 받은 경우 그 당시의 경제적 상황과 여건, 매각의 필요성, 매각 가격의 적정성 등을 종합적으로 고려하여 그 위임사무 및 직무의 본지에 적합하다는 판단하에 이를 처리하고 그 내용이 그 위임사무 및 직무범위 내에 속하는 것으로 인정된다면, 특별한 사정이 없는 한 이는 정책 판단과 선택의 문제로서 그 방안의 시행에 의해 결과적으로 공공기관 등에 재산적 손해가 발생하거나 제3자에게 재산적 이익이 귀속되는 측면이 있다는 것만으로 임무위배가 있다 할 수 없으므로, 그 손해에 대해 행정적인 책임 기타 다른 법령상의 책임을 묻는 것은 모르되 이로 인해 그 행위가 배임죄에 해당한다고 할 수는 없다.

7 주식회사 한국외환은행의 매각 관련 신주발행 및 구주매각 당시 위 은행에 대규모 자본확충의 필요성이 있었는지, 미국계 사모펀드인 론스타펀드와의 협상절차가 적정하였는지, 신주발행가격 및 구주매각가격이 적정하였는지 여부 등 제반 사정에 비추어, 피고인들인 은행장 갑, 부행장 을, 재정경제부 금융정책국장 병에게 임무위배행위가 있었다거나 피해자들에게 손해 또는 그 위험이 발생하였다고 볼 수 없다는 이유로, 위 피고인들에 대한 특정경제범죄 가중처벌 등에 관한 법률 위반(배임)의 공소사실에 대하여 무죄를 선고한 원심판단을 수긍한 사례.

8 뇌물수수죄는 공무원 또는 중재인이 그 직무에 관하여 뇌물을 수수한 때에 성립하는 것이어서 그 주체는 현재 공무원 또는 중재인의 직에 있는 자에 한정되므로, 공무원이 직무와 관련하여 뇌물수수를 약속하고 퇴직 후 이를 수수하는 경우에는, 뇌물약속과 뇌물수수가 시간적으로 근접하여 연속되어 있다고 하더라도, 뇌물약속죄 및 사후수뢰죄가 성립할 수 있음은 별론으로 하고, 뇌물수수죄

는 성립하지 않는다. 금융기관 임직원이 그 직무에 관하여 금품 등을 수수한 때에 성립하는 구 특정경제범죄 가중처벌 등에 관한 법률(2007. 5. 17. 법률 제8444호로 개정되기 전의 것) 제5조 제4항 제1호, 제1항 위반죄 역시 이를 처벌하는 형벌법규의 내용 및 그 가중처벌의 취지와 관련 판례의 법리 등에 비추어 그 주체는 범행 당시 금융기관 임직원의 직에 있는 자에 한정된다.

9 변호사 지위의 공공성과 직무범위의 포괄성에 비추어 볼 때, 구 특정범죄 가중처벌 등에 관한 법률(2010. 3. 31. 법률 제10210호로 개정되기 전의 것) 제3조 및 구 변호사법(2000. 1. 28. 법률 제6207호로 전부 개정되기 전의 것) 제90조 제1호의 규정은 변호사가 그 위임의 취지에 따라 수행하는 적법한 청탁이나 알선행위까지 처벌대상으로 한 규정이라고는 볼 수 없고, 접대나 향응, 뇌물의 제공 등 공공성을 지닌 법률전문직으로서의 정상적인 활동이라고 보기 어려운 방법을 내세워 의뢰인의 청탁 취지를 공무원에게 전하거나 의뢰인을 대신하여 스스로 공무원에게 청탁하는 등을 명목으로 금품을 받거나 받을 것을 약속하는 것과 같이 금품 등의 수수의 명목이 변호사의 지위 및 직무범위와 무관하다고 평가할 수 있는 경우에 한하여 구 특정범죄 가중처벌 등에 관한 법률 제3조 및 구 변호사법 제90조 제1호 위반죄가 성립된다.

10 구 변호사법(2008. 3. 28. 법률 제8991호로 개정되기 전의 것) 제109조 제1호에서 정한 '기타 법률사무'라고 함은 법률상의 효과를 발생·변경·소멸시키는 사항의 처리 및 법률상의 효과를 보전하거나 명확하게 하는 사항의 처리를 뜻하는 것인데, 그러한 법률사무를 취급하는 행위는 법률상의 효과를 발생·변경·소멸·보전 또는 명확하게 하는 사항의 처리와 관련된 행위이면 족하고, 직접적으로 법률상의 효과를 발생·변경·소멸·보전 또는 명확하게 하는 행위에 한정되는 것은 아니다.

11 미국계 사모펀드인 론스타펀드(이하 '론스타'라 한다)의 주식회사 한국외환은행 인수과정에서 인수가격 및 콜옵션 등 인수조건과 론스타의 인수자격 등은 론스타와 위 은행 사이의 인수계약 체결 및 이를 위한 협상이라고 하는 법률사무에 해당한다고 보아, 변호사인 피고인이 위 사무처리와 관련하여 의뢰인인 론스타로부터 금품을 수수한 것이 변호사로서의 지위 및 직무범위와 무관하다고 볼 수 없다는 이유로, 위 피고인에 대한 구 특정범죄 가중처벌 등에 관한 법률(2010. 3. 31. 법률 제10210호로 개정되기 전의 것) 위반(알선수재)의 공소사실에 대하여 무죄를 선고한 원심판단을 수긍한 사례.

12 구 특정범죄 가중처벌 등에 관한 법률(2010. 3. 31. 법률 제10210호로 개정되기 전의 것) 제3조와 특정경제범죄 가중처벌 등에 관한 법률 제7조 알선수재 및 구 변호사법(2000. 1. 28. 법률 제6207호로 전부 개정되기 전의 것) 제90조 제2호 법률사건에 관한 화해·청탁 알선 등의 공모공동정범에서, 공범자들 사이에 그 알선 등과 관련하여 금품이나 이익을 수수하기로 명시적 또는 암묵적인 공모관계가 성립하고 그 공모 내용에 따라 공범자 중 1인이 금품이나 이익을 수수하였다면, 사전에 특정 금액 이하로만 받기로 약정하였다든가 수수한 금액이 공모 과정에서 도저히 예상할 수 없는 고액이라는 등과 같은 특별한 사정이 없는 한, 그 수수한 금품이나 이익 전부에 관하여 위 각 죄의 공모공동정범이 성립하는 것이며, 수수할 금품이나 이익의 규모나 정도 등에 대하여 사전에 서로 의사의 연락이 있거나 수수한 금품 등의 구체적 금액을 공범자가 알아야 공모공동정범이 성립하는 것은 아니고, 이와 같은 법리는 특정경제범죄 가중처벌 등에 관한 법률 제5조가 정한 수재의 공모공동정범에서도 마찬가지로 적용된다.

전 문

피 고 인 피고인 1외 4인

상 고 인 피고인 2 및 검사

변 호 인 법무법인

원심판결 서울고법 2009. 12. 29. 선고 2008노3201, 3330 판결

주 문 상고를 모두 기각한다.

이 유

1. 검사의 상고이유를 판단한다.

가. 피고인 1, 2, 3에 대한 특정경제범죄 가중처벌 등에 관한 법률 위반(배임)의 점에 관하여

1) 배임죄는 타인의 사무를 처리하는 자가 그 임무에 위배하는 행위로써 재산상 이익을 취득하거나 제3자로 하여금 이를 취득하게 하여 본인에게 손해를 가함으로써 성립하는바, 배임죄의 주체로서 타인의 사무를 처리하는 자라 함은 타인과의 대내관계에서 신의성실의 원칙에 비추어 그 사무를 처리할 신임관계가 존재한다고 인정되는 자를 의미하고 반드시 제3자에 대한 대외관계에서 그 사무에 관한 권한이 존재할 것을 요하지 않으며, 또 그 사무가 포괄적 위탁사무일 것을 요하는 것도 아니고, 사무처리의 근거, 즉 신임관계의 발생근거는 법령의 규정, 법률행위, 관습 또는 사무관리에 의하여도 발생할 수 있다(대법원 1999. 6. 22. 선고 99도1095 판결 등 참조). 한편 신주발행은 주식회사의 자본조달을 목적으로 하는 것으로서 신주발행과 관련한 대표이사의 업무는 회사의 사무일 뿐이므로 신주발행 과정에서 대표이사가 납입된 주금을 회사를 위하여 사용하도록 관리·보관하는 업무 역시 회사에 대한 선관주의의무 내지 충실의무에 기한 것으로서 회사의 사무에 속하는 것이고, 신주발행에서 대표이사가 일반 주주들에 대하여 그들의 신주인수권과 기존 주식의 가치를 보존하는 임무를 대행한다거나 주주의 재산보전 행위에 협력하는 자로서 타인의 사무를 처리하는 자의 지위에 있다고는 볼 수 없다(대법원 2004. 5. 13. 선고 2002도7340 판결 등 참조).

위 각 법리와 원심이 그 채택 증거들을 종합하여 적법하게 확정한 사실관계에 비추어 살펴보면, 주식회사 한국외환은행(이하 '외환은행'이라 한다)의 이 사건 신주발행에서 은행장 및 부은행장이던 피고인 2, 3이 외환은행에 대한 관계에서 사무처리자의 지위에 있으나 은행의 기존 주주들에 대한 관계에서는 사무처리자의 지위에 있지 않고, 한국수출입은행(이하 '수출입은행'이라 한다)과 코메르츠뱅크가 보유한 외환은행 구주매각에서 협상에 관한 위임을 받아 그들에 대한 사무처리자의 지위에 있음이 인정되며, 한편 재정경제부 금융정책국장이던 피고인 1이 외환은행 구주매각에서 수출입은행에 대한 관계에서는 사무처리자의 지위에 있음이 인정되나 코메르츠뱅크에 대한 관계에서는 사무처리자의 지위에 있지 않다고 본 원심의 판단은 정당한 것으로 수긍할 수 있다.

다만 외환은행의 이 사건 신주발행 업무가 외환은행 이사회의 결정 사항으로 그 대표이사 또는 이사의 사무에 속하는 점, 재정경제부 금융정책국장으로서의 업무집행은 국가나 정부, 국민을 위하여 부담하는 공무일 뿐, 달리 특별한 사정이 없는 한 외환은행에 대하여 부담하는 사무의 처리라고 볼 수는 없는 점 등에 비추어 보면, 피고인 1이 이 사건 신주발행에서 외환은행이나 그 주주들에 대한 사무처리자의 지위에 있다고 볼 수는 없다 할 것임에도 수출입은행 및 한국은행에 대한 사무처리자의 지위를 인정한 원심판단은 잘못된 것이다. 그러나 원심이 위 신주발행과 관련하여 피고인 1에게 임무위배행위가 인정되지는 않는다고 본 이상 위와 같은 잘못은 판결에 영향을 미친 직권파기사유로는 되지 않는다.

결국 이 사건 배임죄의 주체에 관한 원심의 판단에는 상고이유에서 주장하는 바와 같은 법리오해 등의 위법이 없다.

2) 배임죄에서 임무위배행위라 함은 형식적으로 법령을 위반한 모든 경우를 의미하는 것이 아니고, 문제가 된 구체적인 행위유형 또는 거래유형 및 보호법익 등을 종합적으로 고려하여 경제적, 실질적 관점에서 본인에게 재산상의 손해가 발생할 위험이 있는 행위를 의미하고(대법원 2009. 5. 29. 선고 2007도4949 전원합의체 판결 등 참조), 업무상배임죄의 고의는 업무상 타인의 사무를 처리하는 자가 본인에게 재산상의 손해를 가하고 자기 또는 제3자에게 재산상 이득이 생기게 한다는 의사가 임무위배행위에 대한 인식과 결합하여 성립하는 것인데, 타인의 사무를 처리하는 자가 본인의 이익을 위하여 그 행위를 하였다고 주장하면서 범의를 부인하고 있는 경우에는 관련 제반 사정의 종합적인 고려하에 사물의 성질상 고의와 상당한 관련성이 있는 간접사실을 증명하는 방법에 의하여 입증하여야 한다. 이윤추구와 아울러 공공적 역할도 담당하는 각종 금융기관의 경영자가 금융거래와 관련한 경영상 판단을 함에 있어서 그 업무처리의 내용, 방법, 시기 등이 법령이나 당해 구체적 사정하에서 일의적인 것으로 특정되지 않는 경우에는 결과적으로 특정한 조치를 취하지 아니하는 바람에 본인에게 손해가 발생하였다는 사정만으로 배임의 책임을 물을 수는 없고, 그 경우 경영자에게 배임의 고의가 있었는지 여부를 판단할 때에는 문제된 경영상의 판단에 이르게 된 경위와 동기, 판단대상인 업무의 내용, 금융기관이 처한 경제적 상황, 손실발생의 개연성 등 제반 사정에 비추어 자기 또는 제3자가 재산상 이득을 취득한다는 인식과 본인에게 손해를 가한다는 인식하의 의도적 행위임이 인정되는 경우에 한하여 배임죄의 고의를 인정하는 엄격한 해석기준이 유지되어야 한다(대법원 2007. 1. 26. 선고 2004도1632 판결 등 참조). 또한 공무원이 국가 또는 공공기관의 사

무를 처리하면서 그 임무에 위배하는 행위로써 제3자로 하여금 재산상의 이익을 취득하게 하여 공공기관 등에 손해를 가한 경우 공무원이 공공기관 등에 대하여 타인의 사무를 처리하는 자로서 업무상배임죄가 성립될 수 있으나, 공무원이 공공기관 등으로부터 보유하는 주식의 매각협상 등에 대한 위임을 받은 경우 그 당시의 경제적 상황과 여건, 매각의 필요성, 매각 가격의 적정성 등을 종합적으로 고려하여 그 위임사무 및 직무의 본지에 적합하다는 판단하에 이를 처리하고 그 내용이 그 위임사무 및 직무범위 내에 속하는 것으로 인정된다면, 특별한 사정이 없는 한 이는 정책 판단과 선택의 문제로서 그 방안의 시행에 의해 결과적으로 공공기관 등에 재산적 손해가 발생하거나 제3자에게 재산적 이익이 귀속되는 측면이 있다는 것만으로 임무위배가 있다 할 수 없으므로, 그 손해에 대해 행정적인 책임 기타 다른 법령상의 책임을 묻는 것은 모르되 이로 인해 그 행위가 배임죄에 해당한다고 할 수는 없다(대법원 2008. 6. 26. 선고 2006도2222 판결 참조).

원심은 그 채택 증거에 의하여 이 사건 신주발행 및 구주매각 당시 외환은행에 대규모 자본확충의 필요성이 있었는지, 론스타와의 협상절차가 적정하였는지, 신주발행가격 및 구주매각가격이 적정하였는지 여부 등 관련되는 사실을 상세히 인정한 다음, 그 인정 사실에 의하여 알 수 있는 그 판시와 같은 사정들을 들어 위 피고인들에게 임무위배행위가 있었다거나 피해자들에게 손해 또는 그 위험이 발생하였다고 볼 수 없다 하여 위 피고인들에 대한 이 부분 공소사실을 무죄로 판단하였다.

앞서 본 법리에 따라 원심판결 이유를 기록에 비추어 살펴보면, 원심의 사실인정과 판단은 정당한 것으로 수긍할 수 있다.

상고이유에서 들고 있는 대법원판결들은 이 사건과는 사안을 달리하여 원용하기에 적절하지 아니하고, 달리 원심판결에 상고이유의 주장과 같은 법리오해의 위법이 없다. 상고이유 중 나머지 주장은 결국 사실심인 원심의 전권에 속하는 증거의 취사선택과 사실의 인정을 비난하는 것에 불과하여 적법한 상고이유가 되지 못한다.

나. 피고인 2의 15억 8,400만 원 수수 관련 특정경제범죄 가중처벌 등에 관한 법률 위반(수재)[이하 '특경법 위반(수재)'이라 한다]의 점에 관하여

뇌물수수죄는 공무원 또는 중재인이 그 직무에 관하여 뇌물을 수수한 때에 성립하는 것이어서 그 주체는 현재 공무원 또는 중재인의 직에 있는 자에 한정되므로, 공무원이 직무와 관련하여 뇌물수수를 약속하고 퇴직 후 이를 수수하는 경우에는, 뇌물약속과 뇌물수수가 시간적으로 근접하여 연속되어 있다고 하더라도, 뇌물약속죄 및 사후수뢰죄가 성립할 수 있음은 별론으로 하고, 뇌물수수죄는 성립하지 않는다(대법원 2008. 2. 1. 선고 2007도5190 판결 참조). 금융기관 임직원이 그 직무에 관하여 금품 등을 수수한 때에 성립하는 구 특정경제범죄 가중처벌 등에 관한 법률(2007. 5. 17. 법률 제8444호로 개정되기 전의 것) 제5조 제4항 제1호, 제1항 위반죄 역시 이를 처벌하는 형벌법규의 내용 및 그 가중처벌의 취지와 위 판례의 법리 등에 비추어 그 주체는 범행 당시 금융기관 임직원의 직에 있는 자에 한정된다고 보아야 한다.

같은 취지로 한 원심의 판단은 정당하고 거기에 상고이유의 주장과 같은 법리오해의 위법이 없다.

상고이유 중 나머지 주장은 원심의 가정적, 부가적 판단의 당부를 다투는 것으로서, 위에서 본 금융기관 임직원의 직무 관련 수재죄의 법리에 관한 원심의 주위적 판단이 정당한 이상 위 가정적, 부가적 판단의 당부는 판결 결과에 영향을 미칠 수 없으므로 이에 관한 상고이유 주장은 나아가 살펴볼 필요 없이 이유 없다.

다. 피고인 5의 특정범죄 가중처벌 등에 관한 법률 위반(알선수재)의 점에 관하여

변호사법 제2조는 변호사의 지위에 관하여 "변호사는 공공성을 지닌 법률 전문직으로서 독립하여 자유롭게 그 직무를 행한다."고 규정하고, 제3조는 그 직무에 관하여 "변호사는 당사자와 그 밖의 관계인의 위임이나 국가·지방자치단체와 그 밖의 공공기관(이하 '공공기관'이라 한다)의 위촉 등에 의하여 소송에 관한 행위 및 행정처분의 청구에 관한 대리행위와 일반 법률사무를 하는 것을 그 직무로 한다."고 규정하고 있다.

이러한 변호사 지위의 공공성과 직무범위의 포괄성에 비추어 볼 때, 구 특정범죄 가중처벌 등에 관한 법률(2010. 3. 31. 법률 제10210호로 개정되기 전의 것, 이하 '구 특가법'이라 한다) 제3조 및 구 변호사법(2000. 1. 28. 법률 제6207호로 전부 개정되기 전의 것) 제90조 제1호의 규정은 변호사가 그 위임의 취지에 따라 수행하는 적법한 청탁이나 알선행위까지 처벌대상으로 한 규정이라고는 볼 수 없고, 접대나 향응, 뇌물의 제공 등 공공성을 지닌 법률 전문직으로서의 정상적인 활동이라고 보기 어려운 방법을 내세워 의뢰인의 청탁 취지를 공무원에게 전하거나 의뢰인을 대신하여 스스로 공무원에게 청탁하는 등을 명목으로 금품을 받거나 받을 것을 약속하는 것과 같이 금품 등의 수수의 명목이 변호사의 지위 및 직무범위와 무관하다고 평가할 수 있는 경우에 한하여 구 특가법 제3조 및 구 변호사법 제90조 제1호 위반죄가 성립된다고 해석하여야 한다(대법원 2007. 6. 28. 선고 2002도3600 판결 등 참조). 또한 구 변호사법(2008. 3. 28. 법률 제8991호로 개정되기

전의 것) 제109조 제1호에서 정한 '기타 법률사무'라고 함은 법률상의 효과를 발생·변경·소멸시키는 사항의 처리 및 법률상의 효과를 보전하거나 명확하게 하는 사항의 처리를 뜻하는 것인데, 그러한 법률사무를 취급하는 행위는 법률상의 효과를 발생·변경·소멸·보전 또는 명확하게 하는 사항의 처리와 관련된 행위이면 족하고, 직접적으로 법률상의 효과를 발생·변경·소멸·보전 또는 명확하게 하는 행위에 한정되는 것은 아니다(대법원 2009. 10. 15. 선고 2009도4482 판결 등 참조).

위 각 법리와 원심판결 및 원심이 적법하게 채택한 증거들을 기록에 비추어 살펴보면, 이 사건 론스타의 외환은행 인수과정에서 인수가격 및 콜옵션 등 인수조건과 론스타의 인수자격 등은 론스타와 외환은행 사이의 인수계약 체결 및 이를 위한 협상이라고 하는 법률사무에 해당한다고 보아 피고인 5가 위 사무처리와 관련하여 의뢰인인 론스타로부터 금품을 수수한 것이 변호사로서의 지위 및 직무범위와 무관하다고 볼 수 없다는 이유로 위 피고인에 대한 이 부분 공소사실을 무죄라고 한 원심의 판단은 정당하다.

원심판결에는 상고이유의 주장과 같은 법리오해의 위법이 없다. 상고이유에서 들고 있는 대법원판결은 이 사건과 사안을 달리하여 원용하기에 적절하지 아니하고, 상고이유 중 나머지 주장은 결국 사실심인 원심의 전권에 속하는 증거의 취사선택과 사실의 인정을 비난하는 것에 불과하거나 원심이 인정한 사실 등과 다른 사실 등을 전제로 하여 원심판단에 법리오해의 위법이 있다는 것이므로, 모두 적법한 상고이유가 되지 못한다.

라. 피고인 4에 대하여

검사는 원심판결 중 피고인 4에 대한 무죄 부분에 대하여는 상고이유를 주장하지 않고 있다.

마. 나머지 주장에 대하여

나머지 각 공소사실에 대한 상고이유의 주장은 결국 사실심인 원심의 전권에 속하는 증거의 취사선택과 사실의 인정을 비난하는 것에 불과하거나 원심이 인정한 사실과 다른 사실을 전제로 하여 원심판단에 상고이유의 주장과 같은 위법이 있다는 것이므로, 모두 적법한 상고이유가 되지 못한다.

2. 피고인 2의 상고이유를 판단한다.

가. 4억 6,900만 원 수수 관련 특경법 위반(수재)의 점에 관하여

공범관계에서 공모는 어떤 정형을 요구하는 것이 아니고 공범자 상호간에 직·간접적으로 범죄의 공동실행에 관한 암묵적인 의사연락이 있으면 충분하고, 이에 대한 직접증거가 없더라도 정황사실과 경험법칙에 의하여 이를 인정할 수 있다. 그리고 범죄의 공동실행은 모든 공범자가 스스로 범죄의 구성요건을 실현하지 아니하고 그 실현행위를 하는 공범자에게 그 행위결정을 강화하도록 협력하는 것으로도 가능하며, 이에 해당하는지 여부는 행위 결과에 대한 각자의 이해 정도, 행위 가담의 크기, 범행지배에 대한 의지 등을 종합적으로 고려하여 판단하여야 한다(대법원 2006. 12. 22. 선고 2006도1623 판결 등 참조). 또한 구 특가법 제3조와 특정경제범죄 가중처벌 등에 관한 법률(이하 '특경법'이라 한다) 제7조 소정의 알선수재 및 구 변호사법(2000. 1. 28. 법률 제6207호로 전부 개정되기 전의 것) 제90조 제2호 소정의 법률사건에 관한 화해·청탁 알선 등의 공모공동정범에서, 공범자들 사이에 그 알선 등과 관련하여 금품이나 이익을 수수하기로 명시적 또는 암묵적인 공모관계가 성립하고 그 공모 내용에 따라 공범자 중 1인이 금품이나 이익을 수수하였다면, 사전에 특정금액 이하로만 받기로 약정하였다든가 수수한 금액이 공모 과정에서 도저히 예상할 수 없는 고액이라는 등과 같은 특별한 사정이 없는 한, 그 수수한 금품이나 이익 전부에 관하여 위 각 죄의 공모공동정범이 성립하는 것이며, 수수할 금품이나 이익의 규모나 정도 등에 대하여 사전에 서로 의사의 연락이 있거나 수수한 금품 등의 구체적 금액을 공범자가 알아야 공모공동정범이 성립하는 것은 아니고(대법원 2003. 5. 30. 선고 2003도1137 판결 등 참조), 이와 같은 법리는 특경법 제5조 소정의 수재의 공모공동정범에서도 마찬가지로 적용된다.

위 각 법리와 원심판결 및 원심이 적법하게 채택한 증거들을 기록에 비추어 살펴보면, 원심이 그 판시와 같은 이유로 이 부분 공소사실에 관하여 피고인 2와 공소외 1, 2 등을 공동정범으로 의율하여 유죄를 선고한 제1심판결을 유지한 것은 정당하다.

원심판결에는 상고이유의 주장과 같은 공모공동정범의 성립 및 그 범위에 관한 법리오해의 위법이 없다. 상고이유에서 들고 있는 대법원판결들은 이 사건과 사안을 달리하여 원용하기에 적절하지 아니하고, 상고이유 중 나머지 주장은 결국 사실심인 원심의 전권에 속하는 증거의 취사선택과 사실의 인정을 비난하는 것에 불과하여 적법한 상고이유가 되지 못한다.

나. 6,000만 원 수수 관련 특경법 위반(수재)의 점에 관하여

이 부분 상고이유의 주장은 결국 사실심인 원심의 전권에 속하는 증거의 취사선택과 사실의 인정을 비난하는 것에 불과하여 적법한 상고이유가 되지 못한다.

3. 결론

그러므로 검사의 상고와 피고인 2의 상고를 모두 기각하기로 하여, 관여 대법관의 일치된 의견으로 주문과 같이 판결한다.

대법관 차한성(재판장) 박시환(주심) 신영철

대법원 2010.9.30. 선고 2010도7525 판결

【특정범죄가중처벌등에관한법률위반(보복범죄등)·위증교사】

판시사항

[1] 별도의 증인 신청 및 채택 절차를 거쳐 그 증인이 다시 신문을 받는 과정에서 종전 신문절차에서의 진술을 철회·시정한 경우, 이미 종결된 종전 증인신문절차에서 행한 위증죄의 성립에 영향을 미치는지 여부(소극)

[2] 피고인으로부터 위증의 교사를 받은 갑이 관련사건의 제1심 제9회 공판기일에 증인으로 출석하여 한 허위 진술이 철회·시정된 바 없이 증인신문절차가 종료되었다가, 그 후 증인으로 다시 신청·채택된 갑이 위 관련사건의 제21회 공판기일에 다시 출석하여 종전 선서의 효력이 유지됨을 고지받고 증언하면서 종전 기일에 한 허위 진술을 철회한 사안에서, 갑의 위증죄는 이미 기수에 이르렀음에도 이와 달리 본 원심판단에 법리오해의 위법이 있다고 한 사례

판결요지

[1] 증인의 증언은 그 전부를 일체로 관찰·판단하는 것이므로 선서한 증인이 일단 기억에 반하는 허위의 진술을 하였더라도 그 신문이 끝나기 전에 그 진술을 철회·시정한 경우 위증이 되지 아니한다고 할 것이나, 증인이 1회 또는 수회의 기일에 걸쳐 이루어진 1개의 증인신문절차에서 허위의 진술을 하고 그 진술이 철회·시정된 바 없이 그대로 증인신문절차가 종료된 경우 그로써 위증죄는 기수에 달하고, 그 후 별도의 증인 신청 및 채택 절차를 거쳐 그 증인이 다시 신문을 받는 과정에서 종전 신문절차에서의 진술을 철회·시정한다 하더라도 그러한 사정은 형법 제153조가 정한 형의 감면사유에 해당할 수 있을 뿐, 이미 종결된 종전 증인신문절차에서 행한 위증죄의 성립에 어떤 영향을 주는 것은 아니다. 위와 같은 법리는 증인이 별도의 증인신문절차에서 새로이 선서를 한 경우뿐만 아니라 종전 증인신문절차에서 한 선서의 효력이 유지됨을 고지 받고 진술한 경우에도 마찬가지로 적용된다.

[2] 피고인으로부터 위증의 교사를 받은 갑이 관련사건의 제1심 제9회 공판기일에 증인으로 출석하여 한 허위 진술이 철회·시정된 바 없이 증인신문절차가 그대로 종료되었다가, 그 후 증인으로 다시 신청·채택된 갑이 위 관련사건의 제21회 공판기일에 다시 출석하여 종전 선서의 효력이 유지됨을 고지받고 증언하면서 종전 기일에 한 진술이 허위 진술임을 시인하고 이를 철회하는 취지의 진술을 한 사안에서, 갑의 위증죄는 이미 기수에 이른 것으로 보아야 하고, 그 후 다시 증인으로 신청·채택되어 종전 신문절차에서 한 허위 진술을 철회하였더라도 이미 성립한 위증죄에 영향을 미친다고 볼 수는 없음에도, 이와 달리 본 원심판단에 법리오해의 위법이 있다고 한 사례.

전　문

피 고 인 피고인

상 고 인 피고인 및 검사

변 호 인 변호사

원심판결 광주고법 2010. 6. 4. 선고 (전주)2010노13 판결

주　문 원심판결 중 유죄 부분 및 위증교사의 점에 관한 무죄 부분을 파기하고, 이 부분 사건을 광주고등법원에 환송한다. 검사의 나머지 상고를 기각한다.

이　유 상고이유를 판단한다.

1. 피고인의 상고이유에 대하여

원심판결 이유와 원심이 인용한 제1심판결 이유를 기록에 비추어 살펴보면, 원심이 그 판시와 같은 이유를 들어 피고인에 대한 공소사실 중 공소외 1에 대한 보복범죄의 점을 유죄로 인정한 제1심의 판단을 그대로 유지한 것은 정당하고, 거기에 상고이유로 주장하는 바와 같은 채증법칙 위반이나 심리미진, 협박 및 보복범죄에 관한 법리오해 등의 위법이 없다.

2. 검사의 상고이유에 대하여

가. 공소외 2에 대한 보복범죄의 점에 관한 주장에 대하여

원심은 적법하게 채택하여 조사한 증거들에 의하여 인정되는 그 판시와 같은 사정들에 비추어 보면, 피고인이 공소사실 기재와 같이 자신을 협박하였다는 공소외 2의 진술은 이를 그대로 믿기 어렵고, 달리 피고인이 공소외 2를 협박하였다는 점을 인정할 증거가 없다고 판단하여, 이 부분 공소사실을 유죄로 인정한 제1심판결을 파기하고 이 부분 공소사실에 대하여 무죄를 선고하였다.

기록에 비추어 살펴보면, 원심의 위와 같은 사실인정과 판단은 정당한 것으로 수긍할 수 있고, 거기에 상고이유로 주장하는 바와 같은 경험칙 및 논리법칙에 위배하여 자유심증주의의 한계를 벗어난 위법이 없다.

나. 위증교사의 점에 관한 주장에 대하여

증인의 증언은 그 전부를 일체로 관찰·판단하는 것이므로 선서한 증인이 일단 기억에 반하는 허위의 진술을 하였더라도 그 신문이 끝나기 전에 그 진술을 철회·시정한 경우 위증이 되지 아니한다고 할 것이나(대법원 2008. 4. 24. 선고 2008도1053 판결 등 참조), 증인이 1회 또는 수회의 기일에 걸쳐 이루어진 1개의 증인신문절차에서 허위의 진술을 하고 그 진술이 철회·시정된 바 없이 그대로 증인신문절차가 종료된 경우 그로써 위증죄는 기수에 달하고, 그 후 별도의 증인 신청 및 채택 절차를 거쳐 그 증인이 다시 신문을 받는 과정에서 종전 신문절차에서의 진술을 철회·시정한다 하더라도 그러한 사정은 형법 제153조가 정한 형의 감면사유에 해당할 수 있을 뿐, 이미 종결한 종전 증인신문절차에서 행한 위증죄의 성립에 어떤 영향을 주는 것은 아니다. 위와 같은 법리는 증인이 별도의 증인신문절차에서 새로이 선서를 한 경우뿐만 아니라 종전 증인신문절차에서 한 선서의 효력이 유지됨을 고지받고 진술한 경우에도 마찬가지로 적용된다.

원심판결 이유와 기록에 의하면, 피고인으로부터 위증의 교사를 받은 공소외 3이 2009. 10. 12. 전주지방법원 정읍지원 2009고합53 등 사건(이하 '관련사건'이라고 한다)의 제9회 공판기일에 증인으로 출석하여 공소사실 기재와 같은 허위의 진술을 하고 그와 같은 허위 진술이 철회·시정된 바 없이 공소외 3에 대한 증인신문절차가 같은 날 그대로 종료된 사실, 그 후 증인으로 다시 신청·채택된 공소외 3이 2009. 12. 16. 관련사건의 제21회 공판기일에 다시 출석하여 재판장으로부터 종전 선서의 효력이 유지됨을 고지받고 증언을 하면서 종전 기일에 한 공소사실 기재 진술이 허위 진술임을 시인하고 이를 철회하는 취지의 진술을 한 사실을 알 수 있다. 위 인정 사실과 앞서 본 법리에 의할 때, 공소외 3이 관련사건 제9회 공판기일에 증인으로 출석하여 허위의 진술을 하고 그 신문절차가 그대로 종료됨으로써 공소외 3의 위증죄는 이미 기수에 이른 것으로 보아야 하고, 그 후 공소외 3이 다시 증인으로 신청·채택되어 제21회 공판기일에 출석하여 종전 신문절차에서 한 허위 진술을 철회하였다 하더라도 이미 성립한 위증죄에 영향을 미친다고 볼 수는 없다. 그럼에도 원심이, 공소외 3이 증인으로 선서한 후 일단 기억에 반하는 허위의 진술을 하였다가 관련사건의 재판절차가 끝나기 전에 이를 철회·시정한 이상 공소외 3에 대해서는 위증죄가 성립하지 않고, 정범인 공소외 3에 대하여 위증죄가 성립하지 않는 이상 교사범인 피고인에 대한 위증교사죄 역시 성립할 여지가 없다고 판단하여, 피고인에 대한 위증교사의 공소사실에 대하여 무죄를 선고한 제1심판결을 그대로 유지한 데에는, 위증죄의 기수시기 등에 관한 법리를 오해하여 판결에 영향을 미친 위법이 있다. 이 점을 지적하는 상고이유의 주장은 이유 있다.

3. 결론

그러므로 원심판결 중 위증교사의 점에 관한 무죄 부분은 파기되어야 할 것인바, 원심판결 중 유죄 부분은 위 파기 부분과 형법 제37조 전단의 경합범 관계에 있어 함께 파기될 수밖에 없으므로, 원심판결 중 유죄 부분과 위증교사의 점에 관한 무죄 부분을 파기하고 이 부분 사건을 다시 심리·판단하게 하기 위하여 원심법원에 환송하며, 검사의 나머지 상고를 기각하기로 하여, 관여 대법관의 일치된 의견으로 주문과 같이 판결한다.

대법관 박시환(재판장) 안대희 차한성(주심) 신영철

대법원 2010.9.30. 선고 2010도7405 판결

【강도살인(인정된죄명:살인)·사체유기】

판시사항

1 채무를 면탈할 의사로 채권자를 살해하였으나 일시적으로 채권자측의 추급을 면한 것에 불과한 경우, 강도살인죄가 성립하는지 여부(소극)

2 피고인 갑, 을이 공모하여 채무를 면탈할 의사로 채권자 병을 살해한 사안에서, 갑의 병에 대한 채무의 존재가 명백할 뿐만 아니라 병의 상속인이 존재하고 그 상속인에게 채권의 존재를 확인할 방법이 확보되어 있다는 이유로, 위 강도살인의 공소사실을 무죄로 인정한 원심판단을 수긍한 사례

판결요지

1 강도살인죄가 성립하려면 먼저 강도죄의 성립이 인정되어야 하고, 강도죄가 성립하려면 불법영득(또는 불법이득)의 의사가 있어야 하며, 형법 제333조 후단 소정의 이른바 강제이득죄의 성립요건인 '재산상 이익의 취득'을 인정하기 위하여서는 재산상 이익이 사실상 피해자에 대하여 불이익하게 범인 또는 제3자 앞으로 이전되었다고 볼 만한 상태가 이루어져야 하는데, 채무의 존재가 명백할 뿐만 아니라 채권자의 상속인이 존재하고 그 상속인에게 채권의 존재를 확인할 방법이 확보되어 있는 경우에는 비록 그 채무를 면탈할 의사로 채권자를 살해하더라도 일시적으로 채권자측의 추급을 면한 것에 불과하여 재산상 이익의 지배가 채권자측으로부터 범인 앞으로 이전되었다고 보기는 어려우므로, 이러한 경우에는 강도살인죄가 성립할 수 없다.

2 피고인 갑, 을이 공모하여 채무를 면탈할 의사로 채권자 병을 살해한 사안에서, 갑의 병에 대한 채무의 존재가 명백할 뿐만 아니라 병의 상속인이 존재하고 그 상속인에게 채권의 존재를 확인할 방법이 확보되어 있으므로 일시적으로 채권자측의 추급을 면한 것에 불과하고 재산상 이익의 지배가 채권자측으로부터 갑 앞으로 이전되었다고 볼 수 없다는 이유로, 위 강도살인의 공소사실을 무죄로 인정한 원심판단을 수긍한 사례.

전 문

피 고 인 피고인 1외 1인

상 고 인 피고인들 및 검사

변 호 인 변호사

원심판결 서울고법 2010. 5. 28. 선고 2009노3306 판결

주 문 상고를 모두 기각한다.

이 유 상고이유를 본다.

1. 피고인들의 상고이유에 대하여

기록에 비추어 살펴보면, 원심이 그 채택 증거를 종합하여 판시와 같은 사실을 인정한 다음, 그 판시와 같은 여러 근거를 들어 피고인들이 공모하여 피해자를 살해하고 그 사체를 유기하였다는 범죄사실을 유죄로 인정한 것은 정당한 것으로 수긍이 가고, 거기에 상고이유에서 주장하는 바와 같은 채증법칙 위반 등의 위법이 있다고 할 수 없다. 상고이유는 이유 없다.

그리고 피고인 1의 나이, 성행, 환경, 가족관계, 범행의 동기, 수단과 경과, 범행 후의 정황 등 양형의 조건이 되는 여러 사정들을 살펴보면, 원심이 위 피고인에게 무기징역형을 선고한 것이 심히 부당하다고 할 수 없으므로, 이 점에 관한 상고이유의 주장 역시 이유 없다.

2. 검사의 상고이유에 대하여

강도살인죄가 성립하려면 먼저 강도죄의 성립이 인정되어야 하고, 강도죄가 성립하려면 불법영득(또는 불법이득)의 의사가 있어야 하며, 형법 제333조 후단 소정의 이른바 강제이득죄의 성립요건인 '재산상 이익의 취득'을 인정하기 위하여서는 재산상 이익이 사실상 피해자에 대하여 불이익하게 범인 또는 제3자 앞으로 이전되었다고 볼 만한 상태가 이루어져야 하는데, 채무의 존재가 명백할 뿐만 아니라 채권자의 상속인이 존재하고 그 상속인에게 채권의 존재를 확인할 방법이 확보되어 있는 경우에는 비록 그 채무를 면탈할 의사로 채권자를 살해하더라도 일시적으로 채권자측의 추급을 면한 것에 불과하여 재산상 이익의 지배가 채권자측으로부터 범인 앞으로 이전되었다고 보기는 어려우므로, 이러한 경우에는 강도살인죄가 성립할 수 없다(대법원 2004. 6. 24. 선고 2004도1098 판결, 대법원 2005. 6. 23. 선고 2005도1947 판결 등 참조).

원심은, 피고인 1의 피해자에 대한 채무의 존재가 명백할 뿐만 아니라 피해자의 상속인이 존재하고 그 상속인에게 채권의 존재를 확인할 방법이 확보되어 있으므로, 비록 피고인들이 채무를 면탈할 의사로 채권자인 피해자를 살해하였다고 하더라도 이 사건 범행으로 인하여 일시적으로 채권자측의 추급을 면한 것에 불과하고 재산상 이익의 지배가 채권자측으로부터 피고인 1 앞으로 이전되었다고 볼 수 없어 강도살인죄가 성립할 수 없다는 이유로, 피고인들에 대한 이 부분 공소사실을 무죄로 판단하였다.

앞서 본 법리와 기록에 비추어 살펴보면, 원심의 위와 같은 판단은 정당한 것으로 수긍이 가고, 거기에 상고이유에서 주장하는 바와 같은 강도살인죄의 성립에 관한 법리오해 등의 위법이 없다.

3. 그러므로 상고를 모두 기각하기로 하여 관여 대법관의 일치된 의견으로 주문과 같이 판결한다.

대법관 양승태(재판장) 김지형 전수안(주심) 양창수

대법원 2010.9.30. 선고 2010도6490 판결

【특정경제범죄가중처벌등에관한법률위반(배임)·특정경제범죄가중처벌등에관한법률위반(사기)·상호저축은행법위반·업무상배임·사기·사기미수·위계공무집행방해·사문서위조·위조사문서행사·특정경제범죄가중처벌등에관한법률위반(알선수재)·무고·주식회사의외부감사에관한법률위반·부정수표단속법위반·조세범처벌법위반·공정증서원본불실기재·불실기재공정증서원본행사】

판시사항

1 법인의 대표자 또는 피용자가 그 법인 명의로 한 채무부담행위가 관련 법령에 위배되어 무효인 경우, 위 법인에 대한 배임죄를 구성하는지 여부(원칙적 소극)

2 상호저축은행의 대표이사 등이 구 상호저축은행법 제18조의2 제4호를 위반하여 채무보증 또는 담보제공 행위를 한 경우, 위 은행에 대한 배임죄가 성립하는지 여부(원칙적 소극)

3 구 부정수표 단속법 제2조 제2항 위반죄의 성립 요건

4 특정경제범죄 가중처벌 등에 관한 법률 제7조에서 말하는 '알선'의 의미 및 그 판단 기준

판결요지

1 법인의 대표자 또는 피용자가 그 법인 명의로 한 채무부담행위가 관련 법령에 위배되어 법률상 효력이 없는 경우에는 그로 인하여 법인에게 어떠한 손해가 발생한다고 할 수 없으므로, 그 행위로 인하여 법인이 민법상 사용자책임 또는 법인의 불법행위책임을 부담하는 등의 특별한 사정이 없는 한 그 대표자 또는 피용자의 행위는 배임죄를 구성하지 아니한다.

2 상호저축은행이 채무를 보증하거나 담보를 제공하는 행위를 금지하는 구 상호저축은행법(2010. 3. 22. 법률 제10175호로 개정되기 전의 것) 제18조의2 제4호는 효력규정으로서 이에 위배하는 상호저축은행 대표이사 등의 행위는 무효이므로, 그로 인하여 상호저축은행이 민법상 사용자책임 또는 법인의 불법행위책임을 부담하는 등의 특별한 사정이 없는 한 배임죄는 성립하지 아니한다.

3 구 부정수표 단속법(2010. 3. 24. 법률 제10185호로 개정되기 전의 것) 제2조 제2항 위반의 죄는 예금부족 등으로 인하여 제시일에 지급되지 아니할 것이라는 결과발생을 예견하고 발행인이 수표를 발행할 때에 성립하고, 그 예견은 미필적이라 하더라도 영향이 없으며, 기타 지급제시를 하지 않는다는 특약이나 수표를 발행하게 된 경위 또는 지급하지 못하게 된 경위 등에 대내적 사유가 있다는 사정만으로 부정수표발행의 죄책을 면할 수 없고, 다만 발행인이 그와 같은 결과발생을 예견하지 아니하였거나 특별한 사정이 있어 수표가 지급제시되지 않으리라고 믿고 있었고 그와 같은 믿음이 정당한 것으로 수긍되는 예외적인 경우에 부정수표발행의 죄책을 면할 수 있을 뿐이다.

4 특정경제범죄 가중처벌 등에 관한 법률 제7조에서 말하는 '알선'이란 '일정한 사항에 관하여 어떤 사람과 그 상대방 사이에 서서 중개하거나 편의를 도모하는 행위'를 의미하고, 그 알선행위가 정당한 직무행위를 대상으로 하는 경우에도 이에 포함되며, 위와 같은 알선의 명목으로 금품 등을 수수하였다면 실제로 어떤 알선행위를 하였는지와 관계없이 위 죄는 성립한다. 한편 금융기관 임·직원의 직무에 속한 사항의 알선과 수수한 금품 사이에 대가관계가 있는지 여부는 당해 알선의 내용, 알선자와 이익 제공자 사이의 친분관계 여부, 이익의 다과, 이익을 수수한 경위와 시기 등의 제반 사정을 종합하여 결정하되, 알선과 수수한 금품 사이에 전체적, 포괄적으로 대가관계가 있으면 족하고, 나아가 알선자가 수수한 금품에 그 알선행위에 대한 대가로서의 성질과 그 외의 행위에 대한 대가로서의 성질이 불가분적으로 결합되어 있는 경우에는 그 전부가 불가분적으로 알선행위에 대한 대가로서의 성질을 가진다.

전　문

피 고 인 피고인 1외 11인

상 고 인 피고인들 및 검사

변 호 인 법무법인

배상신청인 배상신청인

원심판결 광주고법 2010. 4. 30. 선고 (전주)2009노177, 2009노211, 2010노46 판결, 2010초기2 배상명령신청

주　문 상고를 모두 기각한다.

이　유 상고이유를 판단한다.

1. 검사의 상고이유에 대한 판단

가. 피고인 1, 2, 3, 4에 대한 상고이유에 대하여

배임죄는 임무에 위배하는 행위로 인한 현실적인 손해의 발생이나 재산상 실해발생의 위험을 요건으로 하므로 그러한 손해발생의 위험이 초래되지 아니한 경우에는 배임죄가 성립하지 아니한다. 또한 법인의 대표자 또는 피용자가 그 법인 명의로 한 채무부담행위가 관련 법령에 위배되어 법률상 효력이 없는 경우에는 그로 인하여 법인에게 어떠한 손해가 발생한다고 할 수 없으므로, 그 행위로 인하여 법인이 민법상 사용자책임 또는 법인의 불법행위책임을 부담하는 등의 특별한 사정이 없는 한 그 대표자 또는 피용자의 행위는 배임죄를 구성하지 아니한다(대법원 2004. 4. 9. 선고 2004도771 판결, 대법원 2009. 8. 20. 선고 2009도4120 판결, 대법원 2010. 3. 25. 선고 2009도14585 판결 등 참조). 한편 상호저축은행이 채무를 보증하거나 담보를 제공하는 행위를 금지하는 구 상호저축은행법(2010. 3. 22. 법률 제10175호로 개정되기 전의 것) 제18조의2 제4호는 효력규정으로서 이에 위배하는 상호저축은행 대표이사 등의 행위는 무효이므로(대법원 2004. 6. 11. 선고 2003다1601 판결, 대법원 2004. 6. 25. 선고 2004다2199 판결 등 참조), 그로 인하여 상호저축은행이 민법상 사용자책임 또는 법인의 불법행위책임을 부담하는 등의 특별한 사정이 없는 한 배임죄는 성립하지 아니한다.

원심은, 그 채택된 증거들에 의하더라도 이 사건 저축은행의 대표이사이던 피고인 1 등이 그 임무 또는 업무에 위배하여 발행한 이 사건 지급보증서들이 이 사건 저축은행의 외부에 교부되었는지, 교부된 지급보증서가 어떤 경로를 거쳐 현재 누가 소지하고 있는지, 채무자로 기재되어 있는 사람이 지급보증처로 기재되어 있는 사람에 대하여 구체적으로 얼마의 채무를 부담하고 있었는지 또는 위 지급보증서로 인하여 얼마의 채무를 부담하게 되었는지, 지급보증처로 기재되어 있는 사람이 지급보증서를 교부받으면서 저축은행의 관계자 등에게 문의를 한 바 있는지 내지 문의를 하였다면 어떤 관계자 등에게 하였고 문의를 한 내용이 어떤 것인지 등에 관한 증명이 없다고 전제한 다음, 이 사건 지급보증서에 의한 보증채무의 부담으로 인한 재산상 손해의 발생뿐만 아니라 민법 제35조 제1항 또는 제756조에 따른 손해배상채무의 부담으로 인한 재산상 손해의 발생도 인정되지 아니한다는 이유로, 이 부분 공소사실에 대하여 무죄를 선고한 제1심판결을 그대로 유지하였다.

원심판결 이유를 앞서 본 법리에 비추어 살펴보면, 원심의 위와 같은 판단은 정당한 것으로 수긍할 수 있고, 거기에 상고이유에서 주장하는 바와 같은 논리와 경험법칙에 반하는 사실인정 혹은 배임죄에 있어 재산상 손해 발생의 의미에 관한 법리오해 등으로 판결 결과에 영향을 미친 위법이 없다.

나. 피고인 11, 12, 8, 10에 대한 상고이유에 대하여

이 부분 상고이유 주장은 사실심 법관의 전권에 속하는 사실인정을 탓하는 취지에 불과할 뿐만 아니라, 원심판결 이유를 기록과 대조하여 보더라도 이 부분 공소사실에 대하여 무죄를 선고한 제1심판결을 그대로 유지한 원심 판단에는 상고이유의 주장과 같은 논리와 경험법칙에 반하는 사실인정이나 법리오해 등으로 판결 결과에 영향을 미친 위법이 없다.

2. 피고인 1의 상고이유에 대한 판단

가. 상고이유 제1점 내지 제3점에 대하여

원심은, 이 사건 저축은행의 대표이사인 피고인은 피고인 2 등이 차명으로 대출을 받은 다음 그 대출금을 제대로 상환하지 않음으로써 저축은행에 재산상 손해를 입힐 가능성이 있다는 사정을 충분히 인식하고도 대출을 강행한 사실이 인정된다고 하여 이 부분 공소사실 전부를 유죄로 판단하였다.

원심이 적법하게 채용한 증거들을 원심판결 이유에 비추어 살펴보면, 원심의 위와 같은 판단은 정당한 것으로 수긍할 수 있고, 상고이유에서 주장하는 바와 같은 논리와 경험법칙에 반하는 사실인정 혹은 배임죄의 구성요건에 관한 법리오해 등의 위법이 없다.

나. 상고이유 제4점에 대하여

원심은, 피고인이 이 사건 저축은행이 발행하는 지급보증서가 법적으로 효력이 있는 것처럼 피해자를 기망하여 그 보증서의 발행 수수료 명목으로 금전을 편취하였다는 공소사실을 유죄로 인정하였다.

원심이 적법하게 채용한 증거들을 원심판결 이유에 비추어 살펴보면, 원심의 위와 같은 사실인정은 사실심 법관의 자유심증에 따른 것으로 수긍할 수 있고, 이러한 원심의 판단은 그 후 피고인이 피해자를 이용하여 위 지급보증서의 효력에 관한 기망행위를 하여 피해자의 거래상대방으로부터 물품을 편취하였다는 공소사실을 유죄로 인정한 것과 논리적으로 모순·저촉되지 아니한다.

피고인의 이 부분 상고이유 주장은 이유 없다.

다. 상고이유 제5점에 대하여

기록에 나타나는 모든 양형요소를 면밀히 살펴보더라도 피고인에 대한 원심의 양형이 심히 부당하다고 인정할 현저한 사유가 있다고 보이지 아니하므로, 이 부분 상고이유 주장은 이유 없다.

3. 피고인 2의 상고이유에 대한 판단

기록에 의하면, 피고인의 상고이유 주장은 원심에서 적법하게 항소이유로 주장하지 아니하였거나 상고이유서에 그에 관한 구체적이고 명시적인 이유의 설시가 없어 적법한 상고이유로 볼 수 없을 뿐만 아니라, 원심이 적법하게 채용한 증거들을 원심판결 이유와 대조하여 보더라도 이 부분 공소사실을 유죄로 인정하여 그 판시와 같은 형을 선고한 원심 판단에 상고이유에서 주장하는 바와 같은 법리오해 혹은 중대한 사실오인 등의 위법이 있다거나 그 형의 양정이 심히 부당하다고 인정할 현저한 사유가 있다고 할 수 없다.

4. 피고인 11의 상고이유에 대한 판단

구 부정수표 단속법(2010. 3. 24. 법률 제10185호로 개정되기 전의 것) 제2조 제2항 위반의 죄는 예금부족 등으로 인하여 제시일에 지급되지 아니할 것이라는 결과발생을 예견하고 발행인이 수표를 발행할 때에 성립하고, 그 예견은 미필적이라 하더라도 영향이 없으며, 기타 지급제시를 하지 않는다는 특약이나 수표를 발행하게 된 경위 또는 지급하지 못하게 된 경위 등에 대내적 사유가 있다는 사정만으로 부정수표발행의 죄책을 면할 수 없고, 다만 발행인이 그와 같은 결과발생을 예견하지 아니하였거나 특별한 사정이 있어 수표가 지급제시되지 않으리라고 믿고 있었고 그와 같은 믿음이 정당한 것으로 수긍되는 예외적인 경우에 부정수표발행의 죄책을 면할 수 있을 뿐이다(대법원 1969. 4. 29. 선고 69도271 판결, 대법원 2007. 3. 30. 선고 2007도523 판결 등 참조).

이와 같은 취지에서, 피고인이 수표의 사용처 등에 관한 피고인 2의 말에 속아 수표를 발행하였다는 등의 사정은 이 사건 수표 발행에 있어 공범관계에 있는 피고인과 피고인 2 사이의 수표발행 경위 등에 관한 대내적 사유에 불과하여 범죄의 성립에 영향을 미치지 아니한다고 보아, 이 부분 공소사실을 유죄로 인정한 제1심판결을 그대로 유지한 원심 판단은 정당한 것으로 수긍할 수 있고, 거기에는 상고이유에서 주장하는 바와 같은 부정수표발행에 관한 법리오해 등의 위법이 없다.

5. 피고인 5, 6, 7의 각 상고이유에 대한 판단

가. 양형부당의 점에 대하여

형사소송법 제383조 제4호에 의하면 사형, 무기 또는 10년 이상의 징역이나 금고가 선고된 사건에서만 양형부당을 사유로 한 상고가 허용되는 것이므로, 위 피고인들에 대하여 그보다 가벼운 형이 선고된 이 사건에서 형의 양정이 부당하다는 주장은 적법한 상고이유가 되지 못한다.

나. 양형부당의 점을 제외한 나머지 상고이유에 대하여

원심이 적법하게 채용한 증거들을 원심판결 이유에 비추어 살펴보면, 이 부분 공소사실을 유죄로 인정한 제1심판결을 그대로 유지한 원심 판단에는 상고이유에서 주장하는 바와 같은 배임의 고의, 재산상 손해의 발생, 공모공동정범의 성립요건, 편취의사의 인정 등에 관한 법리오해 혹은 논리와 경험법칙에 반하는 사실인정 등으로 판결 결과에 영향을 미친 위법이 없나.

6. 피고인 9의 상고이유에 대한 판단

특정경제범죄 가중처벌 등에 관한 법률 제7조에서 말하는 '알선'이란 '일정한 사항에 관하여 어떤 사람과 그 상대방 사이에 서서 중개하거나 편의를 도모하는 행위'를 의미하고, 그 알선행위가 정당한 직무행위를 대상으로 하는 경우에도 이에 포함되며, 위와 같은 알선의 명목으로 금품 등을 수수하였다면 실제로 어떤 알선행위를 하였는지와 관계없이 위 죄는 성립한다. 한편 금융기관 임·직원의 직무에 속한 사항의 알선과 수수한 금품 사이에 대가관계가 있는지 여부는 당해 알선의 내용, 알선자와 이익 제공자 사이의 친분관계 여부, 이익의 다과, 이익을 수수한 경위와 시기 등의 제반 사정을 종합하여 결정하되, 알선과 수수한 금품 사이에 전체적, 포괄적으로 대가관계가 있으면 족하고, 나아가 알선자가 수수한 금품에 그 알선행위에 대한 대가로서의 성질과 그 외의 행위에 대한 대가로서의 성질이 불가분적으로 결합되어 있는 경우에는 그 전부가 불가분적으로 알선행위에 대한 대가로서의 성질을 가진다(대법원 2008. 1. 31. 선고 2007도8117 판결, 대법원 2008. 6. 12. 선고 2006도7067 판결 등 참조).

원심은, 피고인 2가 피고인에게 부동산의 소개를 부탁한 동기 및 경위, 피고인의 공범인 피고인 8이 부동산을 소개하면서 행한 역할 내지 수고의 정도, 피고인이 부동산 담보대출에 대하여 행한 알선의 내용, 피고인과 피고인 8이 피고인 2로부터 지급받은 금품의 규모, 위 금품의 지급을 약속한 시기와 그 금품이 실제 지급된 시기 및 장소 등에 비추어 보면, 피고인이 피고인 8과 공모하여 금융기관 직원의 업무에 속한 사항인 대출을 알선해 주는 대가로 피고인 2로부터 이 사건 금품을 수수한 사실이 인정된다고 하여, 이 부분 공소사실을 유죄로 인정한 제1심판결을 그대로 유지하였다.

원심이 적법하게 채용한 증거들을 원심판결 이유 및 앞서 본 법리에 비추어 살펴보면, 원심의 위와 같은 판단은 정당한 것으로 수긍할 수 있고, 거기에는 상고이유에서 주장하는 바와 같은 부동산중개수수료와 금융알선대가의 구분기준에 관한 법리오해 혹은 논리와 경험법칙에 반하는 사실인정 등으로 판결 결과에 영향을 미친 위법이 없다.

7. 결론

그러므로 피고인들과 검사의 상고를 모두 기각하기로 하여 관여 대법관의 일치된 의견으로 주문과 같이 판결한다.

대법관 박시환(재판장) 안대희 차한성(주심) 신영철

대법원 2010.9.30. 선고 2010도6403 판결

【근로기준법위반·도박개장】

판시사항

[1] 형법 제62조의2 제1항에서 규정한 '보호관찰'의 법적 성격 및 준수사항 부과의 허용 한계

[2] 근로기준법을 위반한 피고인에 대하여 형의 집행을 유예함과 동시에 집행유예기간 동안 보호관찰을 받을 것을 명하면서 "보호관찰기간 중 선거에 개입하지 말 것"이라는 내용의 특별준수사항을 부과한 원심판단을 정당하다고 한 사례

판결요지

[1] 형법 제62조의2 제1항에서 말하는 보호관찰은 형벌이 아닌 보안처분의 성격을 갖는 것으로서, 과거의 불법에 대한 책임에 기초하고 있는 제재가 아니라 장래의 위험성으로부터 행위자를 보호하고 사회를 방위하기 위한 합목적적인 조치이다. 보호관찰은 위와 같은 형사정책적 견지에서 때로는 본래 개인의 자유에 맡겨진 영역이거나 또는 타인의 이익을 침해하는 법상 금지된 행위가 아니더라도 보호관찰 대상자의 특성, 그가 저지른 범죄의 내용과 종류 등을 구체적·개별적으로 고려하여 일정기간 동안 보호관찰 대상자의 자유를 제한하는 내용의 준수사항을 부과함으로써 대상자의 교화·개선을 통해 범죄를 예방하고 재범을 방지하려는 데에 그 제도적 의의가 있다. 다만 법치주의와 기본권 보장의 원칙 아래에서 보호관찰 역시 자의적·무제한적으로 허용될 수 없음은 물론이다. 보호관찰은 필요하고도 적절한 한도 내에서 이루어져야 하며, 가장 적합한 방법으로 실시되어야 하므로(보호관찰 등에 관한 법률 제4조 참조), 대상자가 준수할 수 있고 그 자유를 부당하게 제한하지 아니하는 범위 내에서 구체적으로 부과되어야 한다(보호관찰 등에 관한 법률 시행령 제19조 제8호 참조).

[2] 버스회사 노동조합 지부장인 피고인이 운전기사 신규 채용 내지 정년 도과 후 촉탁직 근로계약의 체결과 관련하여 취업을 원하거나, 정년 후 계속 근로를 원하는 운전기사들로부터 청탁의 대가로 돈을 받아 이익을 취득하였고, 원심이 위 행위에 대해 근로기준법 위반죄의 성립을 인정한 뒤, 피고인에 대하여 형의 집행을 유예함과 동시에 집행유예기간 동안 보호관찰을 받을 것을 명하면서 "보호관찰기간 중 노조지부장 선거에 후보로 출마하거나 피고인을 지지하는 다른 조합원의 출마를 후원하거나 하는 등의 방법으로 선거에 개입하지 말 것"이라는 내용의 특별준수사항을 부과한 사안에서, 범행에 이르게 된 동기와 내용, 피고인의 지위, 업무 환경, 생활상태, 기타 개별적·구체적 특성들을 종합할 때, 원심이 피고인의 재범을 방지하고 개선·자립에 도움이 된다고 판단하여 위와 같은 특별준수사항을 부과한 것은 정당하다고 한 사례.

선　문

피 고 인 피고인

상 고 인 피고인

변 호 인 변호사

원심판결 창원지법 2010. 4. 29. 선고 2010노528 판결

주　문 상고를 기각한다.

이　유 상고이유를 본다.

1. 사실오인의 주장에 대하여

이 부분 상고이유는 사실심의 전권에 속하는 증거의 취사선택과 사실인정을 탓하는 것이거나 상고심에 이르러 비로소 주장하는 것에 불과하여 적법한 상고이유가 될 수 없다.

이 부분 상고이유의 주장은 이유 없다.

2. 보호관찰명령 특별준수사항의 법령 위반 주장에 대하여

형법 제62조의2 제1항은 '형의 집행을 유예하는 경우에는 보호관찰을 받을 것을 명하거나 사회봉사 또는 수강을 명할 수 있다'고 규정하고 있고, 보호관찰 등에 관한 법률(이하 '법'이라 한다) 제32조 제2항은 보호관찰 대상자가 일반적으로 준수하여야 할 사항을 제1호부터 제4호까지 규정한데 이어, 같은 조 제3항은 법원 및 심사위원회는 판결의 선고 또는 결정의 고지를 함에 있어서 위 일반준수사항 외에 범죄의 내용과 종류 및 본인의 특성 등을 고려하여 필요하면 보호관찰기간의 범위에서 기간을 정하여 보호관찰 대상자에게 '야간 등 재범의 기회나 충동을 줄 수 있는 특정 시간대의 외출 제한'(제1호), '재범의 기회나 충동을 줄 수 있는 특정 지역·장소의 출입 금지'(제2호), '피해자 등 재범의 대상이 될 우려가 있는 특정인에 대한 접근 금지'(제3호) 등 같은 항 제1호부터 제9호까지 정한 사항과 '그 밖에 보호관찰 대상자의 재범 방지를 위하여 필요하다고 인정되어 대통령령으로 정하는 사항'(제10호)을 특별준수사항으로 따로 과할 수 있다고 규정하고 있다. 이에 따라 보호관찰 등에 관한 법률 시행령(이하 '시행령'이라 한다) 제19조는 보호관찰 대상자에게 과할 수 있는 특별준수사항으로 '범죄와 관련이 있는 특정 업무에 관여하지 않을 것'(제3호), '그 밖에 보호관찰 대상자의 생활상태, 심신의 상태, 범죄 또는 비행의 동기, 거주지의 환경 등으로 보아 보호관찰 대상자가 준수할 수 있고 자유를 부당하게 제한하지 아니하는 범위에서 개선·자립에 도움이 된다고 인정되는 구체적인 사항'(제8호) 등을 규정하고 있다.

형법 제62조의2 제1항에서 말하는 보호관찰은 형벌이 아닌 보안처분의 성격을 갖는 것으로서, 과거의 불법에 대한 책임에 기초하고 있는 제재가 아니라 장래의 위험성으로부터 행위자를 보호하고 사회를 방위하기 위한 합목적적인 조치이다(대법원 1997. 6. 13. 선고 97도703 판결). 보호관찰은 위와 같은 형사정책적 견지에서 때로는 본래 개인의 자유에 맡겨진 영역이거나 또는 타인의 이익을 침해하는 법상 금지된 행위가 아니더라도 보호관찰 대상자의 특성, 그가 저지른 범죄의 내용과 종류 등을 구체적·개별적으로 고려하여 일정기간 동안 보호관찰 대상자의 자유를 제한하는 내용의 준수사항을 부과함으로써 대상자의 교화·개선을 통해 범죄를 예방하고 재범을 방지하려는 데에 그 제도적 의의가 있다.

법치주의와 기본권 보장의 원칙 아래에서 보호관찰 역시 자의적·무제한적으로 허용될 수 없음은 물론이다. 보호관찰은 필요하고도 적절한 한도 내에서 이루어져야 하며, 가장 적합한 방법으로 실시되어야 하므로(법 제4조 참조), 대상자가 준수할 수 있고 그 자유를 부당하게 제한하지 아니하는 범위 내에서 구체적으로 부과되어야 한다(시행령 제19조 제8호 참조).

원심은, 버스회사 노동조합 지부장인 피고인이 운전기사 신규 채용 내지 정년 도과 후 촉탁직 근로계약의 체결과 관련하여 취업, 정년 후 계속 근로를 원하는 운전기사들로부터 청탁의 대가로 돈을 받아 이익을 취득한 행위에 대하여 근로기준법 위반죄의 성립을 인정한 뒤, 피고인에 대하여 형의 집행을 유예함과 동시에 집행유예기간 동안 보호관찰을 받을 것을 명하면서 "보호관찰기간 중 노조지부장 선거에 후보로 출마하거나 피고인을 지지하는 다른 조합원의 출마를 후원하거나 하는 등의 방법으로 선거에 개입하지 말 것"이라는 내용의 특별준수사항을 부과하였다.

위 법리에 비추어 기록에 나타난 다음과 같은 사정들, 즉 이 사건 버스회사에서는 운전기사 신규 채용시 노동조합 지부장의 추천이 있을 경우 대체로 추천을 받은 사람이 채용되었고, 이력서 등 채용에 필요한 서류도 노동조합에 제출하고 노동조합을 통하여 회사에 전달되곤 하였던 점, 회사는 노동조합과 협의하여 정년에 도달한 운전기사들 중 누구와 촉탁계약을 체결할 것인지 여부를 결정하였고, 그 과정에서도 지부장의 추천이 계약 체결 여부를 결정짓는 상당히 중요한 요소였던 점, 위와 같은 상황에서 피고인은 노동조합 지부장의 업무를 수행하면서 취업 내지 정년 도달 후 계속근로를 원하는 운전기사들로부터 수차례에 걸쳐 청탁의 대가로 돈을 받아 이익을 취득한 점, 피고인은 1992년 9월경 임기 3년직의 노동조합 지부장으로 당선된 이래 여섯 차례 연임되어 18년 동안 지부장으로 일해 왔고, 그 결과 이 사건 버스회사의 노사관계에 결정적인 영향력을 행사해 온 점, 피고인은 원심 공판이 진행되던 중 지부장으로서 적절하지 못한 처신을 했음을 통감하고 반성하는 의미에서 지부장직을 사퇴하였다며 자발적으로 원심법원에 사퇴서를 제출하기도 한 점 등 범행에 이르게 된 동기와 내용, 피고인의 지위, 업무 환경, 생활상태, 기타 개별적·구체적 특성들을 종합하여 볼 때, 원심이 피고인의 재범을 방지하고 개선·자립에 도움이 된다고 판단하여 피고인에게 보호관찰기간 동안 한시적으로 위와 같은 내용의 특별준수사항을 부과한 것은 정당하고, 상고이유에서 다투는 바와 같이 피고인의 자유를 부당하게 제한하는 위법한 것이라고 보기 어렵다.

원심판결에는 이에 관하여 상고이유에서 주장하는 바와 같은 헌법·법률 위반의 위법이 없다.

이 부분 상고이유의 주장도 이유 없다.

3. 결론

그러므로 상고를 기각하기로 하여, 관여 대법관의 일치된 의견으로 주문과 같이 판결한다.

대법관 양창수(재판장) 양승태 김지형(주심)

대법원 2010.9.30. 선고 2010도3364 판결

【폭력행위등처벌에관한법률위반(집단·흉기등주거침입)·폭력행위등처벌에관한법률위반(공동주거침입)·업무방해·공무상표시무효】

판시사항

[1] 집행관이 부작위를 명하는 가처분 발령 사실을 고시하였을 뿐 구체적인 집행행위를 하지 않은 상태에서 가처분의 피신청인이 위 부작위명령을 위반한 경우, 형법 제140조 제1항 공무상표시무효죄가 성립하는지 여부(소극)

[2] 집행관이 영업방해금지 가처분결정의 취지를 고시한 공시서를 게시하였을 뿐 구체적인 집행행위를 하지 않은 상태에서 위 가처분에 의하여 부과된 부작위명령을 피고인이 위반한 사안에서, 공무상 표시의 효용을 해하는 행위를 하였다고 볼 수 없다고 본 원심판단을 수긍한 사례

판결요지

[1] 형법 제140조 제1항의 공무상표시무효죄는 공무원이 그 직무에 관하여 봉인, 동산의 압류, 부동산의 점유 등과 같은 구체적인 강제처분을 실시하였다는 표시를 손상 또는 은닉하거나 기타 방법으로 그 효용을 해함으로써 성립하는 범죄이다. 따라서 집행관이 법원으로부터 피신청인에 대하여 부작위를 명하는 가처분이 발령되었음을 고시하는 데 그치고 나아가 봉인 또는 물건을 자기의 점유로 옮기는 등의 구체적인 집행행위를 하지 아니하였다면, 단순히 피신청인이 위 가처분의 부작위명령을 위반하였다는 것만으로는 공무상 표시의 효용을 해하는 행위에 해당하지 않는다.

[2] 집행관이 영업방해금지 가처분결정의 취지를 고시한 공시서를 게시하였을 뿐 어떠한 구체적 집행행위를 하지 않은 상태에서 위 가처분에 의하여 부과된 부작위명령을 피고인이 위반한 사안에서, 공무상 표시의 효용을 해하는 행위를 하였다고 볼 수 없다고 하여, 공무상표시무효의 공소사실에 대하여 무죄를 선고한 원심판단을 수긍한 사례.

전　문

피 고 인 피고인

상 고 인 피고인 및 검사

변 호 인 변호사

원심판결 인천지법 2010. 2. 12. 선고 2009노4004 판결

주　문 상고를 모두 기각한다.

이　유 상고이유를 판단한다.

1. 피고인의 상고이유에 대하여

가. 사실오인 주장 부분

피고인이 제1심판결에 대하여 양형부당과 함께 다른 항소이유를 내세워 항소하였다고 하더라도 그 후 원심판결 선고 전에 양형부당 이외의 항소이유를 철회한 경우에는 원심판결에 대하여 사실오인 또는 법리오해의 위법이 있다는 것을 상고이유로 삼을 수 없다(대법원 2006. 10. 26. 선고 2005도9825 판결 참조).

기록에 의하면 피고인은 제1심판결에 대하여 항소하면서 그 항소이유로 양형부당과 함께 사실오인 등을 주장하였다가 2009. 12. 29. 원심 제1회 공판기일에서 양형부당 이외의 항소이유를 모두 철회한 사실을 인정할 수 있다. 위 법리에 의하면 피고인은 원심판결 중 유죄 부분에 대하여 심리미진으로 인한 사실오인 등의 위법이 있다는 것을 상고이유로 주장할 수 없다. 뿐만 아니라 원심판결 이유를 기록에 비추어 살펴보면, 원심이 피고인에 대한 판시 각 범죄사실을 유죄로 인정한 조치는 정당한 것으로 수긍할 수 있고, 거기에 상고이유에서 주장하는 바와 같은 사실오인 등의 위법이 없다.

나. 나머지 주장 부분

양형의 조건에 관하여 규정한 형법 제51조의 사항은 널리 형의 양정에 관한 법원의 재량사항에 속한다고 해석되므로, 상고심으로서는 형사소송법 제383조 제4호에 의하여 사형·무기 또는 10년 이상의 징역·금고가 선고된 사건에서 형의 양정의 당부에 관한 상고이유를 심판하는 경우가 아닌 이상, 사실심법원이 양형의 기초사실에 관하여 사실을 오인하였다거나 양형의 조건이 되는 정상에 관하여 심리를 제대로 하지 아니하였다는 주장은 적법한 상고이유가 될 수 없다(대법원 1988. 1. 19. 선고 87도1410 판결, 대법원 2010. 2. 11. 선고 2009도12627 판결 등 참조). 따라서 피고인에 대하여 징역 1년이 선고된 이 사건에서 원심이 피고인에 대한 형의 양정을 함에 있어 양형판단의 기초사실을 오인하거나 심리를 제대로 하지 아니하였다는 취지의 피고인의 주장은 적법한 상고이유가 될 수 없다.

또한 징역 10년보다 가벼운 형이 선고된 이 사건에 있어서 형의 양정이 부당하다는 사유도 적법한 상고이유가 되지 못한다.

2. 검사의 상고이유에 대하여

형법 제140조 제1항의 공무상 표시무효죄는 공무원이 그 직무에 관하여 봉인, 동산의 압류, 부동산의 점유 등과 같은 구체적인 강제처분을 실시하였다는 표시를 손상 또는 은닉하거나 기타 방법으로 그 효용을 해함으로써 성립하는 범죄이다. 따라서 집행관이 법원으로부터 피신청인에 대하여 부작위를 명하는 가처분이 발령되었음을 고시하는 데 그치고 나아가 봉인 또는 물건을 자기의 점유로 옮기는 등의 구체적인 집행행위를 하지 아니하였다면, 단순히 피신청인이 위 가처분의 부작위명령을 위반하였다는 것만으로는 공무상 표시의 효용을 해하는 행위에 해당하지 않는다(대법원 2008. 12. 24. 선고 2006도1819 판결 참조).

원심은 그 판시와 같은 사정에 비추어 집행관이 이 사건 가처분결정의 취지를 고시한 공시서를 게시하였을 뿐 어떠한 구체적 집행행위를 하지 아니하였으므로 집행관이 고시한 이 사건 가처분에 의하여 부과된 부작위명령을 피고인이 위반하였다는 이유만으로 공무상 표시의 효용을 해하는 행위를 하였다고 볼 수 없다고 판단하여 피고인에 대한 공무상 표시무효의 점에 대한 공소사실을 유죄로 인정한 제1심판결을 직권으로 파기하고 무죄를 선고하였다.

앞서 본 법리를 기록에 비추어 살펴보면 원심의 위와 같은 판단은 정당한 것으로 수긍할 수 있고, 거기에 상고이유의 주장과 같은 경험칙 위반 내지 공무상 표시무효죄의 성립에 관한 법리오해 등의 위법이 없다.

3. 결론

그러므로 상고를 모두 기각하기로 하여 관여 법관의 일치된 의견으로 주문과 같이 판결한다.

대법관 민일영(재판장) 이홍훈(주심) 이인복

대법원 2010.9.9. 선고 2010도8021 판결

【특정범죄가중처벌등에관한법률위반(절도)】

판시사항

[1] 형이 실효된 경우 그 전과를 구 특정범죄 가중처벌 등에 관한 법률 제5조의4 제5항에서 정한 '징역형을 받은 경우'로 볼 수 있는지 여부(소극)

[2] 2회 이상 선고받은 징역형에 대한 형 실효기간의 산정 시기 및 실효의 범위

[3] 형법 제65조에서 '형의 선고가 효력을 잃는다'는 의미 및 이에 따라 형의 선고가 효력을 잃는 경우 그 전과를 구 특정범죄 가중처벌 등에 관한 법률 제5조의4 제5항에서 정한 '징역형을 받은 경우'로 볼 수 있는지 여부(소극)

판결요지

[1] 구 형의 실효 등에 관한 법률(2010. 3. 31. 법률 제10211호로 개정되기 전의 것) 제7조 제1항에 따라 형이 실효된 경우에는 형의 선고에 의한 법적 효과가 장래에 향하여 소멸되므로, 그 전과를 구 특정범죄 가중처벌 등에 관한 법률(2010. 3. 31. 법률 제10210호로 개정되기 전의 것) 제5조의4 제5항에서 정한 '징역형을 받은 경우'로 볼 수 없다.

[2] 구 형의 실효 등에 관한 법률(2010. 3. 31. 법률 제10211호로 개정되기 전의 것)의 입법 취지에 비추어 보면, 2번 이상의 징역형을 받은 자가 자격정지 이상의 형을 받음이 없이 마지막 형의 집행을 종료한 날부터 위 법에서 정한 기간을 경과한 때에는 그 마지막 형에 앞서는 형도 모두 실효되는 것으로 보아야 한다.

[3] 집행유예의 효과에 관한 형법 제65조에서 '형의 선고가 효력을 잃는다'는 의미는 구 형의 실효 등에 관한 법률(2010. 3. 31. 법률 제10211호로 개정되기 전의 것)에 의한 형의 실효와 같이 형의 선고에 의한 법적 효과가 장래에 향하여 소멸한다는 취지이다. 따라서 위 규정에 따라 형의 선고가 효력을 잃는 경우에도 그 전과는 구 특정범죄 가중처벌 등에 관한 법률(2010. 3. 31. 법률 제10210호로 개정되기 전의 것) 제5조의4 제5항에서 정한 '징역형을 받은 경우'로 볼 수 없다.

전 문

피 고 인 피고인

상 고 인 피고인

변 호 인 변호사

원심판결 대전지법 2010. 6. 10. 선고 2010노933 판결

주 문 원심판결을 파기하고, 사건을 대전지방법원 본원 합의부에 환송한다.

이 유

1. 상고이유에 대하여 본다.

원심판결 및 원심이 유지한 제1심판결의 이유를 기록에 비추어 살펴보면, 원심이 그 판시와 같은 이유로 피고인에 관한 이 사건 공소사실이 인정된다고 판단한 조치는 사실심 법관의 합리적인 자유심증에 따른 것으로서 수긍할 수 있고, 거기에 상고이유의 주장과 같이 논리와 경험의 법칙에 위배하고 자유심증주의의 한계를 벗어나 사실을 인정한 위법이 있다고 할 수 없다.

2. 직권으로 본다.

가. '형의 실효 등에 관한 법률'(2010. 3. 31. 법률 제10211호로 개정되기 전의 것. 이하 '형실효법'이라고 한다) 제7조 제1항은 "수형인이 자격정지 이상의 형을 받음이 없이 형의 집행을 종료하거나 그 집행이 면제된 날부터

같은 항 각 호에서 정한 기간이 경과한 때에는 그 형은 실효된다"고 정하고, 같은 항 제2호에서 3년 이하의 징역·금고형의 경우는 그 기간을 5년으로 정하고 있다. 위 규정에 따라 형이 실효된 경우에는 형의 선고에 의한 법적 효과가 장래에 향하여 소멸되므로, 그 전과를 구 '특정범죄 가중처벌 등에 관한 법률'(2010. 3. 31. 법률 제10210호로 개정되기 전의 것. 이하 '특가법'이라고 한다) 제5조의4 제5항에서 정한 "징역형을 받은 경우"로 볼 수 없다. 한편 형실효법의 입법취지에 비추어 보면, 2번 이상의 징역형을 받은 자가 자격정지 이상의 형을 받음이 없이 마지막 형의 집행을 종료한 날부터 위 법에서 정한 기간을 경과한 때에는 그 마지막 형에 앞서는 형도 모두 실효되는 것으로 보아야 한다(대법원 2010. 3. 25. 선고 2010도8 판결 참조).

또한 형법 제65조는 "집행유예의 선고를 받은 후 그 선고의 실효 또는 취소됨이 없이 유예기간을 경과한 때에는 형의 선고는 효력을 잃는다"고 정하고 있고, 여기서 "형의 선고가 효력을 잃는다"는 의미는 형실효법에 의한 형의 실효와 같이 형의 선고에 의한 법적 효과가 장래에 향하여 소멸한다는 취지이다(대법원 1983. 4. 2.자 83모8 결정 참조). 따라서 위 규정에 따라 형의 선고가 효력을 잃는 경우에도 그 전과는 특가법 제5조의4 제5항에서 정한 "징역형을 받은 경우"로 볼 수 없다고 할 것이다.

나. 원심이 인용한 제1심판결은, 피고인이 ① 1981. 9. 10. 야간주거침입절도죄로 징역 10월, ② 1984. 7. 9. 절도죄 등으로 징역 10월, ③ 1986. 7. 10. 절도죄로 징역 1년, ④ 1997. 6. 7. 절도죄 등으로 징역 1년에 집행유예 2년, ⑤ 2001. 4. 27. 특가법위반(절도)죄 등으로 징역 2년, ⑥ 2006. 7. 19. 특가법위반(절도)죄 등으로 징역 2년을 선고받고 2008. 8. 25. 그 최종형의 집행을 마친 다음 2010. 2. 11. 이 사건 절도미수죄를 범한 사실을 인정하고, 피고인을 특가법 제5조의4 제5항, 제1항, 형법 제329조, 제342조에 의하여 처단하였다.

다. 그러나 원심의 위와 같은 판단은 이를 수긍할 수 없다.

즉 위 ① 내지 ③의 전과는 피고인이 ③ 전과에 대한 형의 집행을 종료한 때로부터 5년의 기간이 경과할 때까지 자격정지 이상의 형을 선고받은 사실이 없다면 형실효법 제7조 제1항 제2호에 의하여 모두 실효되었다고 할 것이므로, 이를 특가법 제5조의4 제5항의 "징역형을 받은 경우"로 볼 수 없다. 또한 위 ④ 전과 역시 집행유예선고의 실효 또는 취소 없이 그 유예기간이 경과하여 실효되었다면 앞서 본 법리에 비추어 이를 특가법 제5조의4 제5항의 "징역형을 받은 경우"에 포함할 수 없다. 이와 같이 위 ① 내지 ④의 전과가 특가법 제5조의4 제5항의 "징역형을 받은 경우"에서 제외된다면, 그에 해당하는 피고인의 전과는 ⑤, ⑥만이 남게 되고, 이때에는 그와 같은 전과가 3회 이상이어야 한다는 요건을 결하게 되어 결국 특가법 제5조의4 제5항이 적용될 수 없다고 할 것이다.

그러므로 원심으로서는 위 ③ 전과에 관한 형의 집행종료일 및 피고인이 그때로부터 5년의 기간이 경과할 때까지 자격정지 이상의 형을 선고받은 사실이 있는지 여부 그리고 위 ④ 전과가 집행유예선고의 실효 또는 취소 없이 그 유예기간을 경과하였는지 여부 등을 심리하여 위 ① 내지 ④의 전과가 특가법 제5조의4 제5항의 "징역형을 받은 경우"에 해당하는지를 가린 다음에 특가법 제5조의4 제5항의 적용 여부를 판단하였어야 할 것이다. 그렇다면 원심이 이 사건 공소사실에 대하여 특가법 제5조의4 제5항을 적용한 것은 위 ① 내지 ④의 전과가 특가법 제5조의4 제5항의 "징역형을 받은 경우"에 해당하는지에 관한 심리를 다하지 아니하거나 특가법 제5조의4 제5항의 "징역형을 받은 경우"에 관한 법리를 오해하여 판결 결과에 영향을 미친 위법이 있다고 할 것이다.

3. 결론

그러므로 원심판결을 파기하고 사건을 다시 심리·판단하게 하기 위하여 원심법원에 환송하기로 하여, 관여 대법관의 일치된 의견으로 주문과 같이 판결한다.

대법관 김지형(재판장) 양승태 전수안 양창수(주심)

대법원 2010.9.9. 선고 2010도6924 판결

【사기·청소년의성보호에관한법률위반(강요행위등)·청소년의성보호에관한법률위반(청소년이용음란물제작·배포등)·미성년자유인·절도·공문서부정행사】

판시사항

1. 공모에 주도적으로 참여한 공모자가 공모관계에서 이탈하여 공동정범으로서 책임을 지지 않기 위한 요건
2. 갑이 을과 공모하여 가출 청소년 병을 유인하고 성매매 홍보용 나체사진을 찍은 후, 자신이 별건으로 체포되어 수감 중인 동안 병이 을의 관리 아래 성매수의 상대방이 된 대가로 받은 돈을 병, 을 및 갑의 처 등이 나누어 사용한 사안에서, 갑은 을과 함께 미성년자유인죄, 구 청소년의 성보호에 관한 법률 위반죄의 책임을 진다고 본 원심판단을 수긍한 사례
3. 병과형 또는 수 개의 형이 선고된 경우 판결선고 전의 구금일수를 어느 형에 산입하는지 명시하여야 하는지 여부(소극) 및 주문에서 이에 관하여 선고한 경우 파기사유에 해당하는지 여부(소극)

판결요지

1. 공모공동정범에 있어서 공모자 중의 1인이 다른 공모자가 실행행위에 이르기 전에 그 공모관계에서 이탈한 때에는 그 이후의 다른 공모자의 행위에 관하여는 공동정범으로서의 책임은 지지 않는다 할 것이나, 공모관계에서의 이탈은 공모자가 공모에 의하여 담당한 기능적 행위지배를 해소하는 것이 필요하므로 공모자가 공모에 주도적으로 참여하여 다른 공모자의 실행에 영향을 미친 때에는 범행을 저지하기 위하여 적극적으로 노력하는 등 실행에 미친 영향력을 제거하지 아니하는 한 공모자가 구속되었다는 등의 사유만으로 공모관계에서 이탈하였다고 할 수 없다.
2. 갑이 을과 공모하여 가출 청소년 병(여, 16세)에게 낙태수술비를 벌도록 해 주겠다고 유인하였고, 을로 하여금 병의 성매매 홍보용 나체사진을 찍도록 하였으며, 병이 중도에 약속을 어길 경우 민형사상 책임을 진다는 각서를 작성하도록 한 후, 자신이 별건으로 체포되어 구치소에 수감 중인 동안 병이 을의 관리 아래 12회에 걸쳐 불특정 다수 남성의 성매수 행위의 상대방이 된 대가로 받은 돈을 병, 을 및 갑의 처 등이 나누어 사용한 사안에서, 병의 성매매 기간 동안 갑이 수감되어 있었다 하더라도 위 갑은 을과 함께 미성년자유인죄, 구 청소년의 성보호에 관한 법률(2009. 6. 9. 법률 제9765호 아동·청소년의 성보호에 관한 법률로 전부 개정되기 전의 것) 위반죄의 책임을 진다고 한 원심판단을 수긍한 사례.
3. 헌법재판소는 형법 제57조 제1항 중 '또는 일부' 부분은 헌법에 위반된다고 선언하였는바, 이로써 판결선고 전의 구금일수는 그 전부가 유기징역, 유기금고, 벌금이나 과료에 관한 유치기간 또는 구류에 당연히 산입되어야 하게 되었고, 병과형 또는 수 개의 형으로 선고된 경우 어느 형에 미결구금일수를 산입하여 집행하느냐는 형집행 단계에서 형집행기관이 할 일이며, 법원이 주문에서 이에 관하여 선고하였더라도 이는 마찬가지라 할 것이므로 그와 같은 사유만으로 원심판결을 파기할 수는 없다.

전 문

피 고 인 피고인

상 고 인 피고인

변 호 인 변호사

원심판결 광주고법 2010. 5. 13. 선고 2010노78 판결

주　문 상고를 기각한다.

이　유 상고이유를 본다.

1. 공모공동정범에 있어서 공모자 중의 1인이 다른 공모자가 실행행위에 이르기 전에 그 공모관계에서 이탈한 때에는 그 이후의 다른 공모자의 행위에 관하여는 공동정범으로서의 책임은 지지 않는다 할 것이나, 공모관계에서의 이탈은 공모자가 공모에 의하여 담당한 기능적 행위지배를 해소하는 것이 필요하므로 공모자가 공모에 주도적으로 참여하여 다른 공모자의 실행에 영향을 미친 때에는 범행을 저지하기 위하여 적극적으로 노력하는 등 실행에 미친 영향력을 제거하지 아니하는 한 공모자가 구속되었다는 등의 사유만으로 공모관계에서 이탈하였다고 할 수 없다(대법원 2007. 4. 12. 선고 2006도9298 판결, 대법원 2008. 4. 10. 선고 2008도1274 판결 등 참조).

   원심판결 이유를 위 법리와 기록에 비추어 살펴보면, 원심이 그 채택 증거들을 종합하여 피고인이 공소외 1과 공모하여 2009. 5. 12. 피해자 공소외 2(여, 16세)에게 낙태수술비를 벌도록 해 주겠다고 말하여 성매수 행위의 상대방이 되게 하였고, 홍보용 명함을 제작하기 위하여 공소외 1로 하여금 위 피해자의 나체사진을 찍도록 하면서 자세를 가르쳐 주기도 한 사실, 피고인은 위 피해자가 중도에 도망갈 것을 염려하여 위 피해자로 하여금 3개월간 공소외 1의 관리를 받으면서 성매매를 하게 했으며 약속을 지키지 않을 경우에는 민형사상 책임을 진다는 내용의 각서를 작성하도록 한 사실, 피고인이 별건으로 2009. 5. 13. 체포되어 수원구치소에 수감되었다가 2009. 5. 28. 석방되었는데, 그 수감기간 동안 피해자 공소외 2는 공소외 1의 관리 아래 2009. 5. 14.부터 2009. 5. 20.까지 사이에 12회에 걸쳐 불특정 다수 남성의 성매수 행위의 상대방이 되었고 그 대가로 받은 금원은 피해자 공소외 2, 공소외 1, 피고인의 처인 공소외 3 등이 나누어 사용한 사실 등을 인정한 다음, 그 판시와 같은 이유로 피해자 공소외 2가 19세 미만의 청소년인지 알지 못하였다는 피고인의 주장을 배척하고, 비록 위 피해자가 성매매를 하는 기간 동안 피고인이 수감되어 있었다고 하더라도 피고인은 공소외 1과 함께 이 사건 미성년자유인죄, 구 청소년의 성보호에 관한 법률 위반죄의 책임을 진다고 판단한 조치는 정당하고, 거기에 논리와 경험의 법칙에 위배하고 자유심증주의의 한계를 벗어나 사실을 인정하거나 청소년의 성보호에 관한 법률 및 공모공동정범 등에 관한 법리를 오해한 위법이 없다.

2. 형사소송법 제383조 제4호에 의하면 사형, 무기 또는 10년 이상의 징역이나 금고가 선고된 사건에서만 양형부당을 사유로 한 상고가 허용되는 것이므로, 피고인에 대하여 그보다 가벼운 10년 미만의 징역형이 선고된 이 사건에서 형의 양정이 부당하다는 사유는 적법한 상고이유가 되지 못한다.

3. 헌법재판소는 형법 제57조 제1항 중 '또는 일부' 부분은 헌법에 위반된다고 선언하였는바 (헌법재판소 2009. 6. 25. 선고 2007헌바25 전원재판부 결정 참조), 이로써 판결 선고 전의 구금일수는 그 전부가 유기징역, 유기금고, 벌금이나 과료에 관한 유치기간 또는 구류에 당연히 산입되어야 하게 되었고, 병과형 또는 수 개의 형으로 선고된 경우 어느 형에 미결구금일수를 산입하여 집행하느냐는 형집행 단계에서 형집행기관이 할 일이며, 법원이 주문에서 이에 관하여 선고하였더라도 이는 마찬가지라 할 것이므로 그와 같은 사유만으로 원심판결을 파기할 수는 없다 할 것이다.

   이 점에서 피고인에게 2개의 징역형을 선고하면서 제1심판결 선고 전의 구금일수를 어느 형에 산입하는지를 명시하지 아니하였다는 이유로 제1심판결을 직권으로 파기하고 원심판결 선고 전의 구금일수 전부를 원심 판시 제1의 가. 나. 다죄 및 판시 제2 내지 6죄에 대한 형에 산입한 원심의 조치는 비록 그 자체로 파기사유는 될 수 없다고 하더라도 적절하지 못하였음을 지적해 둔다.

4. 그러므로 상고를 기각하기로 하여 관여 대법관의 일치된 의견으로 주문과 같이 판결한다.

대법관 전수안(재판장) 양승태(주심) 김지형 양창수

대법원 2010.8.26. 선고 2010도7251 판결

【마약류관리에관한법률위반(향정)】

판시사항

[1] 마약류관리에 관한 법률 제67조에 의한 몰수·추징의 법적 성질 및 추징의 범위
[2] 향정신성의약품의 매도의 대가로 받은 대금 등이 마약류관리에 관한 법률 제67조에 의한 필요적 몰수·추징의 대상인지 여부(적극)
[3] 메스암페타민을 2회에 걸쳐 타인에게 매도한 행위를 유죄로 인정하고 그로 인한 수익금 전액의 추징을 명한 원심판단을 수긍한 사례

판결요지

[1] 마약류관리에 관한 법률 제67조에 의한 몰수나 추징은 범죄행위로 인한 이득의 박탈을 목적으로 하는 것이 아니라 징벌적 성질의 처분이므로, 그 범행으로 인하여 이득을 취득한 바 없다 하더라도 법원은 그 가액의 추징을 명하여야 하고, 그 추징의 범위에 관하여는 죄를 범한 자가 여러 사람일 때에는 각자에 대하여 그가 취급한 범위 내에서 의약품 가액 전액의 추징을 명하여야 한다.
[2] 향정신성의약품을 타인에게 매도한 경우 매도의 대가로 받은 대금 등은 마약류관리에 관한 법률 제67조에 규정된 범죄행위로 인한 수익금으로서 필요적으로 몰수하여야 하고, 몰수가 불가능할 때에는 그 가액을 추징하여야 한다.
[3] 향정신성의약품인 메스암페타민을 2회에 걸쳐 타인에게 매도한 행위를 유죄로 인정하고 그로 인한 수익금 전액의 추징을 명한 원심판단을 수긍한 사례.

전　문

피 고 인 피고인

상 고 인 피고인

변 호 인 변호사

원심판결 서울고법 2010. 5. 28. 선고 2010노871 판결

주　문 상고를 기각한다.

이　유 상고이유를 판단한다.

마약류관리에 관한 법률 제67조에 의한 몰수나 추징은 범죄행위로 인한 이득의 박탈을 목적으로 하는 것이 아니라 징벌적 성질의 처분이므로, 그 범행으로 인하여 이득을 취득한 바 없다 하더라도 법원은 그 가액의 추징을 명하여야 하고, 그 추징의 범위에 관하여는 죄를 범한 자가 여러 사람일 때에는 각자에 대하여 그가 취급한 범위 내에서 의약품 가액 전액의 추징을 명하여야 하며, 또한 향정신성의약품을 타인에게 매도한 경우에 있어 매도의 대가로 받은 대금 등은 같은 법 제67조에 규정된 범죄행위로 인한 수익금으로서 필요적으로 몰수하여야 하고 몰수가 불가능할 때에는 그 가액을 추징하여야 한다(대법원 2001. 12. 28. 선고 2001도5158 판결 등 참조).

원심은, 피고인이 메스암페타민을 2회에 걸쳐 타인에게 매도한 행위를 유죄로 인정하고 피고인에 대하여 그로 인한 수익금 전액인 3,600,000원의 추징을 명한 제1심판결을 유지하였는바, 원심의 위와 같은 판단은 앞서 본 법리 및 기록에 비추어 정당하고, 거기에 상고이유 주장과 같은 추징의 법리를 오해한 위법이 없다.

또한 피고인에게 10년 미만의 징역형이 선고된 이 사건에서 형이 너무 무거워서 부당하다는 취지의 주장은 적법한 상고이유가 될 수 없다.

그러므로 상고를 기각하기로 하여 관여 대법관의 일치된 의견으로 주문과 같이 판결한다.

대법관 안대희(재판장) 박시환 차한성 신영철(주심)

대법원 2010.8.19. 선고 2010도6280 판결

【배임】

판시사항

영화제작사인 갑 회사의 대표이사가 투자자인 을 회사 부담의 영화 현상료 등을 자신이 변제하지 못할 경우 장래에 발생할 회사 예금으로 변제에 충당할 의사로 갑 회사 명의의 은행통장 등을 을 회사에 건네 준 후 위 통장계좌에 입금된 예금을 출금·소비한 사안에서, 배임죄를 구성한다고 본 원심판단을 수긍한 사례

판결요지

영화제작사인 갑 회사의 대표이사가, 회사 제작의 영화 '어린왕자'에 관련된 프린트 및 현상료를 투자자인 을 회사가 부담하는 대신, 을 회사에 갑 회사 명의의 은행통장과 법인인감, 보안카드를 건네주고, 자신이 이를 변제하지 못할 경우 위 통장계좌로 입금받을 예정인 부가가치세 환급금으로 대체하기로 하는 내용의 지불각서를 작성하여 주었으나, 그 후 환급금의 입금 사실을 먼저 확인하고 통장 분실신고를 한 뒤 재발급받은 새 통장을 이용하여 위 돈을 다른 계좌로 이체하고 출금하여 다른 채권자들에게 지급한 사안에서, 이러한 경우 대표이사로서는 자신이 위 현상료 등을 변제할 때까지 을 회사가 위 예금채권에 대한 실질적인 담보권을 유지하고, 나아가 이를 변제하지 못한 경우에는 을 회사가 위 예금을 직접 출금할 수 있도록 협력해야 할 의무가 있음에도, 스스로 위 예금을 출금·소비함으로써 위 의무에 위배하여 을 회사에 손해를 가하였으므로 배임죄를 구성한다고 본 원심판단을 수긍한 사례.

전 문

피 고 인 피고인

상 고 인 피고인

변 호 인 변호사

원심판결 서울중앙지법 2010. 4. 29. 선고 2009노4151 판결

주 문 상고를 기각한다.

이 유 상고이유를 판단한다.

원심판결 이유에 의하면 원심은, 피고인이 2008. 1. 14.경 영화 '어린왕자'에 관련된 프린트 및 현상료를 피해자 회사가 부담하는 대신 피해자 회사에 피고인이 대표이사로 있는 주식회사 피플앤픽쳐스(이하 '피플앤픽쳐스'라고 한다) 명의의 은행통장과 법인인감도장, 보안카드(OPT카드)를 건네 준 사실, 당시 피플앤픽쳐스는 같은 해 2월경 강남세무서로부터 부가가치세 환급금 1억 8,000만 원 정도를 위 통장의 계좌로 입금받을 예정이었던 사실, 피고인은 영화 종영 후에도 위 프린트 및 현상료를 변제하지 못할 때에는 같은 해 2. 20.까지 위 부가가치세 환급금으로 대체하기로 하는 내용의 지불각서를 작성하여 준 사실, 그 후 피해자 회사 측은 2~3일마다 위 환급금의 입금 여부를 확인한 사실, 그런데 피고인은 같은 해 2. 22. 금 8,000여만 원의 부가가치세 환급금이 입금된 사실을 먼저 확인하고 당일 위 통장의 분실신고를 한 뒤, 자신이 가지고 있던 다른 도장을 이용하여 같은 계좌번호의 새로운 통장을 발급받은 후 이를 이용하여 위 금원을 다른 계좌로 이체하고 출금하여 다른 채권자들에게 지급한 사실 등을 인정한 다음, 피고인과 피해자 회사는 피해자 회사가 부담한 프린트 및 현상료를 피고인이 변제하지 아니할 경우 장래에 발생할 피플앤픽쳐스의 예금을 출금하여 위 변제에 충당할 의사로 위 은행통장 등을 주고받은 것으로 보이고, 이러한 경우 피고인으로서는 자신이 위 프린트 및 현상료를 변제할 때까지 피해자 회사가 위 예금채권에 대한 실질적인 담보권을 유지하고 나아가 피고인이 위 현상료 등을 변제하지 않는 경우에는 피해자 회사가 위 예금을 직접 출금할 수 있도록 협력해야 할 의무가 있음에도 불구하고 스스로 위 예금을 출금하여 소비함으로써 위 의무에 위배하여 피해자 회사에 손해를 가하였으므로 이는 배임죄를 구성한다고 판단하였다.

기록에 비추어 살펴보면 원심의 조치는 정당하고, 거기에 상고이유로 주장하는 바와 같은 채증법칙 위반이나 심리미진 또는 법리오해 등의 위법이 없다.

그러므로 상고를 기각하기로 하여 관여 대법관의 일치된 의견으로 주문과 같이 판결한다.

대법관 김영란(재판장) 이홍훈 김능환(주심) 민일영

대법원 2010.7.29. 선고 2010도5795 판결

【폭력행위등처벌에관한법률위반(집단·흉기등공갈)】

판시사항

[1] 흉기 기타 위험한 물건을 휴대하고 공갈죄를 범하여 '폭력행위 등 처벌에 관한 법률' 제3조 제1항에 의해 가중처벌되는 경우 친족상도례 규정이 적용되는지 여부(적극)

[2] 피고인과 친족관계에 있는 피해자에 대한 '흉기휴대 공갈'의 '폭력행위 등 처벌에 관한 법률 위반죄'에 친족상도례에 관한 형법 제354조, 제328조를 적용하여 공소를 기각한 원심판결을 수긍한 사례

판결요지

[1] 형법 제354조, 제328조의 규정에 의하면, 직계혈족, 배우자, 동거친족, 동거가족 또는 그 배우자 간의 공갈죄는 그 형을 면제하여야 하고 그 외의 친족 간에는 고소가 있어야 공소를 제기할 수 있는바, 흉기 기타 위험한 물건을 휴대하고 공갈죄를 범하여 '폭력행위 등 처벌에 관한 법률' 제3조 제1항, 제2조 제1항 제3호에 의하여 가중처벌되는 경우에도 형법상 공갈죄의 성질은 그대로 유지되는 것이고, 특별법인 위 법률에 친족상도례에 관한 형법 제354조, 제328조의 적용을 배제한다는 명시적인 규정이 없으므로, 형법 제354조는 '폭력행위 등 처벌에 관한 법률 제3조 제1항 위반죄'에도 그대로 적용된다.

[2] 피고인과 친족관계에 있는 피해자에 대한 '흉기휴대 공갈'의 '폭력행위 등 처벌에 관한 법률 위반죄'를 형법 제354조, 제328조에 의하여 피해자의 고소가 있어야 논할 수 있는 친고죄로 보고, 제1심판결 선고 전에 피고인의 처벌을 바라지 아니하는 의사가 표시된 합의서가 제출되었다는 이유로, 형사소송법 제327조 제5호에 의하여 공소를 기각한 원심판결을 수긍한 사례.

전　문

피 고 인 피고인

상 고 인 검사

변 호 인 변호사

원심판결 대전지법 2010. 4. 22. 선고 2010노609 판결

주　문 상고를 기각한다.

이　유 상고이유를 본다.

형법 제354조, 제328조의 규정에 의하면, 직계혈족, 배우자, 동거친족, 동거가족 또는 그 배우자 간의 공갈죄는 그 형을 면제하여야 하고 그 외의 친족 간에는 고소가 있어야 공소를 제기할 수 있는바, 흉기 기타 위험한 물건을 휴대하고 공갈죄를 범하여 폭력행위 등 처벌에 관한 법률 제3조 제1항, 제2조 제1항 제3호에 의하여 가중처벌되는 경우에도 형법상 공갈죄의 성질은 그대로 유지되는 것이고, 특별법인 위 법률에 친족상도례에 관한 형법 제354조, 제328조의 적용을 배제한다는 명시적인 규정이 없으므로, 형법 제354조는 폭력행위 등 처벌에 관한 법률 제3조 제1항 위반죄에도 그대로 적용된다고 보아야 할 것이다(대법원 1994. 5. 27. 선고 94도617 판결 등 참조).

원심판결 이유에 의하면, 원심은 피고인과 친족관계에 있는 피해자에 대한 흉기휴대 공갈의 폭력행위 등 처벌에 관한 법률 위반죄를 형법 제354조, 제328조에 의하여 피해자의 고소가 있어야 논할 수 있는 친고죄로 보고, 제1심판결 선고 전에 피고인의 처벌을 바라지 아니하는 의사가 표시된 합의서가 제출되었다는 이유로, 형사소송법 제327조 제5호에 의하여 공소기각의 판결을 선고한 제1심판결을 그대로 유지하였다.

앞서 본 법리에 비추어 살펴보면, 원심의 위와 같은 판단은 정당한 것으로 수긍이 간다.

원심판결에는 상고이유에서 주장하는 바와 같은 폭력행위 등 처벌에 관한 법률 위반죄에 있어서 친족상도례의

적용에 관한 법리오해의 위법이 없다.

그러므로 상고를 기각하기로 하여, 관여 대법관의 일치된 의견으로 주문과 같이 판결한다.

대법관 양창수(재판장) 양승태 김지형(주심) 전수안

대법원 2010.7.29. 선고 2010도2705 판결

【사문서위조·위조사문서행사·관세법위반】

판시사항

1 문서에 관한 죄의 객체인 '문서 또는 도화'의 의미 및 문서 등에 작성명의인의 날인 등이 없더라도 그 객체가 될 수 있는지 여부(한정 적극)

2 '담뱃갑'이 문서 등 위조죄의 대상인 '도화'에 해당하는지 여부(적극)

3 중국산 가짜 담배를 밀수입하여 판매하면서 그 담뱃갑을 위조 및 행사였다는 공소사실에 대하여, 무죄를 선고한 원심판단에 사문서 등 위조죄의 대상인 '도화'에 관한 법리오해의 위법이 있다고 한 사례

판결요지

1 형법상 문서에 관한 죄로써 보호하고자 하는 것은 구체적인 문서 그 자체가 아니라, 문서에 화체된 사람의 의사표현에 관한 안전성과 신용이다. 그리고 그 객체인 '문서 또는 도화'라고 함은 문자나 이에 준하는 가독적 부호 또는 상형적 부호로써 어느 정도 계속적으로 물체 위에 고착된 어떤 사람의 의사 또는 관념의 표현으로서, 그 내용이 법률상 또는 사회생활상 의미 있는 사항에 관한 증거가 될 수 있는 것을 말한다. 또한 그 문서 등에 작성명의인의 날인 등이 없다고 하여도 그 명의자의 문서 등이라고 믿을 만한 형식과 외관을 갖춘 경우에는 그 죄의 객체가 될 수 있다.

2 담뱃갑의 표면에 그 담배의 제조회사와 담배의 종류를 구별·확인할 수 있는 특유의 도안이 표시되어 있는 경우에는 일반적으로 그 담뱃갑의 도안을 기초로 특정 제조회사가 제조한 특정한 종류의 담배인지 여부를 판단하게 된다는 점에 비추어서도 그 담뱃갑은 적어도 그 담뱃갑 안에 들어 있는 담배가 특정 제조회사가 제조한 특정한 종류의 담배라는 사실을 증명하는 기능을 하고 있으므로, 그러한 담뱃갑은 문서 등 위조의 대상인 도화에 해당한다.

3 피고인이 밀수입한 담배는 '길림연초공업유한책임공사'가 제조하는 '장백산' 담배의 정품 담뱃갑에 표시된 'CHANGBAISHAN' 'JILIN TOBACCO INDUSTRY CO. LTD.' 등의 문자 및 성문(성문)의 문양 등과 같은 모양의 도안이 표시된 담뱃갑 및 '북경시연초질량감독검측참'이 제조하는 '중남해' 담배의 정품 담뱃갑에 표시된 '중남해', 'BEIJING CIGARETTE FACTORY' 등의 문자 및 홀로그램 문양 등과 같은 모양의 도안이 표시된 담뱃갑에 들어 있고, 피고인은 위 중국산 담배를 밀수입하여 판매하면서 그 담뱃갑을 위조 및 행사였다는 공소사실에 대하여, 위 담뱃갑은 그 안에 있는 담배가 '길림연초공업유한책임공사'가 제조하는 '장백산' 담배 또는 '북경시연초질량감독검측참'이 제조하는 '중남해' 담배라는 사실을 증명하는 것으로서 각 사문서 등 위조의 대상이 되는 도화에 해당한다는 이유로, 위 공소사실을 무죄로 인정한 원심판단에 법리오해의 위법이 있다고 한 사례.

전 문

피 고 인 피고인 1외 1인

상 고 인 피고인 2 및 검사

원심판결 인천지법 2010. 2. 4. 선고 2009노3700 판결

주 문 원심판결 중 피고인 1에 대한 사문서위조 및 위조사문서행사의 점에 관한 부분을 파기하고, 이 부분 사건을 인천지방법원 본원 합의부에 환송한다. 피고인 2의 상고를 기각한다.

이 유 상고이유를 판단한다.

1. 검사의 상고이유에 대하여

가. 형법상 문서에 관한 죄로써 보호하고자 하는 것은 구체적인 문서 그 자체가 아니라, 문서에 화체된 사람의 의사 표현에 관한 안전성과 신용이다. 그리고 그 객체인 '문서 또는 도화'(이하 '문서 등'이라고 한다)라고 함은 문자나 이에 준하는 가독적 부호 또는 상형적 부호로써 어느 정도 계속적으로 물체 위에 고착된 어떤 사람의 의사 또는 관념의 표현으로서, 그 내용이 법률상 또는 사회생활상 의미 있는 사항에 관한 증거가 될 수 있는 것을 말한다(대법원 2006. 1. 26. 선고 2004도788 판결, 대법원 2008. 11. 27. 선고 2008도7018 판결 참조). 또한 그 문서 등에 작성명의인의 날인 등이 없다고 하여도 그 명의자의 문서 등이라고 믿을 만한 형식과 외관을 갖춘 경우에는 그 죄의 객체가 될 수 있다(대법원 2000. 2. 11. 선고 99도4819 판결 참조).

한편 담뱃갑의 표면에 그 담배의 제조회사와 담배의 종류를 구별·확인할 수 있는 특유의 도안이 표시되어 있는 경우에는 일반적으로 그 담뱃갑의 도안을 기초로 특정 제조회사가 제조한 특정한 종류의 담배인지 여부를 판단하게 된다는 점에 비추어서도 그 담뱃갑은 적어도 그 담뱃갑 안에 들어 있는 담배가 특정 제조회사가 제조한 특정한 종류의 담배라는 사실을 증명하는 기능을 하고 있으므로, 그러한 담뱃갑은 문서 등 위조의 대상인 도화에 해당한다고 할 것이다.

나. 원심판결 및 원심이 유지한 제1심이 적법하게 조사한 증거 등에 의하면, 피고인 1이 밀수입한 중국산 담배는 '길림연초공업유한책임공사'가 제조하는 '장백산' 담배의 정품 담뱃갑에 표시된 'CHANGBAISHAN' 'JILIN TOBACCO INDUSTRY CO. LTD.' 등의 문자 및 성문(성문)의 문양 등과 같은 모양의 도안이 표시된 담뱃갑 및 '북경시연초질량감독검측참'이 제조하는 '중남해' 담배의 정품 담뱃갑에 표시된 '중남해', 'BEIJING CIGARETTE FACTORY' 등의 문자 및 홀로그램 문양 등과 같은 모양의 도안이 표시된 담뱃갑에 들어 있는 사실을 알 수 있다.

위 사실관계를 앞서 본 법리에 비추어 보면, 피고인 1이 밀수입한 중국산 담배가 들어 있던 각 담뱃갑은 그 안에 있는 담배가 '길림연초공업유한책임공사'가 제조하는 '장백산' 담배 또는 '북경시연초질량감독검측참'이 제조하는 '중남해' 담배라는 사실을 증명하는 것으로서 각 사문서 등 위조의 대상이 되는 도화라고 할 것이다.

한편 기록에 의하면 이 사건 사문서 등 위조 및 행사의 점에 관한 공소사실은 위와 같이 밀수입된 담배가 들어 있는 각 담뱃갑의 위조 및 행사에 관한 것임을 알 수 있다. 그런데 원심은 그 판시와 같은 이유를 들어 일반 포장용지는 문서 등 위조의 대상이 아니라고 판단하면서 그러한 판단을 담뱃갑에 관한 이 사건에까지 적용함으로써, 이 사건 사문서 등 위조 및 행사의 점에 관한 공소사실에 대하여 무죄를 선고한 제1심판결을 유지하였다. 그렇다면 원심의 위와 같은 판단에는 사문서 등 위조죄의 대상인 도화에 관한 법리를 오해하여 판결 결과에 영향을 미친 위법이 있다고 할 것이다. 이 점을 지적하는 상고논지는 이유 있다.

2. 피고인 2의 상고이유에 대하여

원심판결 이유를 원심이 유지한 제1심이 적법하게 채택한 증거들에 비추어 살펴보면, 원심이 그 판시와 같은 이유를 들어 제1심 판시 제1항의 공소사실이 인정된다고 판단한 것은 정당하다. 거기에 상고이유의 주장과 같이 논리와 경험의 법칙에 위배하고 자유심증주의의 한계를 벗어나 사실을 인정한 위법이 있다고 할 수 없다.

또한 관세법 제282조 제2항, 제3항, 제274조 제1항 제1호, 제269조에 의하면, 밀수품을 몰수할 수 없는 때에는 공동범칙자에 대하여 그 몰수할 수 없는 물품의 범칙 당시의 국내도매가격에 상당한 금액을 추징하도록 하고 있다. 따라서 원심이 위 피고인이 운반한 밀수담배 중 몰수할 수 없는 부분의 가액 46,032,720원을 위 피고인 및 위 밀수담배의 취득자인 원심 공동피고인 1로부터 각자 추징하도록 한 제1심판결을 유지한 것은 정당한 것으로 수긍할 수 있다. 거기에 추징에 관한 법리를 오해하여 판결 결과에 영향을 미친 위법이 있다는 상고이유의 주장은 받아들일 수 없다.

그리고 형사소송법 제383조 제4호에 의하면 사형, 무기 또는 10년 이상의 징역이나 금고가 선고된 사건에서만 양형부당을 사유로 한 상고가 허용되는 것이므로, 위 피고인에 대하여 그보다 가벼운 형이 선고된 이 사건에서 형의 양정이 부당하다는 주장은 적법한 상고이유가 되지 못한다.

3. 결론

그러므로 원심판결 중 피고인 1에 대한 사문서위조 및 위조사문서행사의 점에 관한 부분을 파기하고 이 부분 사건을 다시 심리·판단하게 하기 위하여 원심법원에 환송하며 피고인 2의 상고를 기각하기로 하여, 관여 대법관의 일치된 의견으로 주문과 같이 판결한다.

대법관 김지형(재판장) 양승태 전수안 양창수(주심)

대법원 2010.7.22. 선고 2010도1911 판결

【교통사고처리특례법위반】

판시사항

1 '골프 카트' 운전업무에 종사하는 자의 업무상 주의의무
2 골프장 경기보조원인 피고인이 골프 카트 운전자로서의 업무상 과실로 승객을 골프 카트에서 떨어지게 하여 상해를 입게 하였다고 본 원심판단을 수긍한 사례

판결요지

1 골프 카트는 안전벨트나 골프 카트 좌우에 문 등이 없고 개방되어 있어 승객이 떨어져 사고를 당할 위험이 커, 골프 카트 운전업무에 종사하는 자로서는 골프 카트 출발 전에는 승객들에게 안전 손잡이를 잡도록 고지하고 승객이 안전 손잡이를 잡은 것을 확인하고 출발하여야 하고, 우회전이나 좌회전을 하는 경우에도 골프 카트의 좌우가 개방되어 있어 승객들이 떨어져서 다칠 우려가 있으므로 충분히 서행하면서 안전하게 좌회전이나 우회전을 하여야 할 업무상 주의의무가 있다.
2 골프장의 경기보조원인 피고인이 골프 카트에 피해자 등 승객들을 태우고 진행하기 전에 안전 손잡이를 잡도록 고지하지도 않고, 또한 승객들이 안전 손잡이를 잡았는지 확인하지도 않은 상태에서 만연히 출발하였으며, 각도 70°가 넘는 우로 굽은 길을 속도를 충분히 줄이지 않고 급하게 우회전한 업무상 과실로, 피해자를 골프 카트에서 떨어지게 하여 두개골골절, 지주막하출혈 등의 상해를 입게 하였다고 본 원심판단을 수긍한 사례.

전 문

피 고 인 피고인

상 고 인 피고인

변 호 인 변호사

원심판결 수원지법 2010. 1. 21. 선고 2008노6114 판결

주 문 상고를 기각한다.

이 유 상고이유를 판단한다.

골프 카트는 안전벨트나 골프 카트 좌우에 문 등이 없고 개방되어 있어 승객이 떨어져 사고를 당할 위험이 커 골프 카트 운전업무에 종사하는 자로서는 골프 카트 출발 전에는 승객들에게 안전 손잡이를 잡도록 고지하고 승객이 안전 손잡이를 잡은 것을 확인하고 출발하여야 하고 우회전이나 좌회전을 하는 경우에도 골프 카트의 좌우가 개방되어 있어 승객들이 떨어져서 다칠 우려가 있으므로 충분히 서행하면서 안전하게 좌회전이나 우회전을 하여야 할 업무상 주의의무가 있다.

원심판결 이유에 의하면, 원심은 판시와 같은 이유로, 피고인이 골프장의 경기보조원으로서 골프 카트에 피해자 등을 태우고 진행하기 전에 피해자 등 승객들에게 안전 손잡이를 잡도록 고지하지도 않고 또한 승객들이 안전 손잡이를 잡았는지 확인하지도 않은 상태에서 만연히 출발하고 각도가 70°가 넘는 우로 굽은 길을 속도를 충분히 줄이지 않고 급하게 우회전한 업무상 과실로, 피해자가 골프 카트에서 떨어지게 하여 피해자에게 두개골골절, 지주막하출혈 등의 상해를 입게 하였다고 판단한 제1심을 그대로 유지하였는바, 기록에 의하여 살펴보면, 원심의 이러한 판단은 위 법리를 토대로 사실심 법관의 합리적인 자유심증에 따른 것으로 정당한 것으로 수긍이 되고, 거기에 상고이유로 주장하는 법리오해나 채증법칙 위반 등의 위법이 없다.

그러므로 상고를 기각하기로 하여 관여 대법관의 일치된 의견으로 주문과 같이 판결한다.

대법관 신영철(재판장) 박시환 안대희(주심) 차한성

대법원 2010.7.15. 선고 2010도6068 판결

【공문서위조】

판시사항

1. 형법상 문서에 관한 죄에서 '문서'의 의미
2. 컴퓨터 모니터에 나타나는 이미지가 형법상 '문서'에 해당하는지 여부(소극)
3. 국립대학교 교무처장 명의의 '졸업증명서 파일'을 위조하였다는 공소사실에 대하여, 위 파일이 형법상의 문서에 해당하지 않는다는 이유로 무죄를 선고한 원심판단을 수긍한 사례

전 문

피 고 인 피고인

상 고 인 검사

원심판결 부산지법 2010. 4. 29. 선고 2010노352 판결

주 문 상고를 기각한다.

이 유 상고이유를 판단한다.

형법상 문서에 관한 죄에 있어서 문서라 함은, 문자 또는 이에 대신할 수 있는 가독적 부호로 계속적으로 물체상에 기재된 의사 또는 관념의 표시인 원본 또는 이와 사회적 기능, 신용성 등을 동일시할 수 있는 기계적 방법에 의한 복사본으로서 그 내용이 법률상, 사회생활상 주요 사항에 관한 증거로 될 수 있는 것을 말하고(대법원 2006. 1. 26. 선고 2004도788 판결 참조), 컴퓨터 모니터 화면에 나타나는 이미지는 이미지 파일을 보기 위한 프로그램을 실행할 경우에 그때마다 전자적 반응을 일으켜 화면에 나타나는 것에 지나지 않아서 계속적으로 화면에 고정된 것으로는 볼 수 없으므로, 형법상 문서에 관한 죄에 있어서의 문서에는 해당되지 않는다(대법원 2007. 11. 29. 선고 2007도7480 판결, 대법원 2008. 4. 10. 선고 2008도1013 판결 등 참조).

원심이 같은 취지에서 이 사건 졸업증명서 파일은 그 파일을 보기 위하여 일정한 프로그램을 실행하여 모니터 등에 이미지 영상을 나타나게 하여야 하므로, 파일 그 자체는 형법상 문서에 관한 죄에 있어서의 문서에 해당되지 않는다고 하여 이 사건 공소사실에 대해 무죄를 선고한 것은 정당하다.

원심판결에는 상고이유에서 주장하는 것과 같이 형법상 문서의 개념에 관한 법리를 오해하는 등의 위법이 없다.

그러므로 상고를 기각하기로 하여 관여 대법관의 일치된 의견으로 주문과 같이 판결한다.

대법관 양창수(재판장) 양승태 김지형(주심) 전수안

대법원 2010.7.15. 선고 2010도3544 판결

【뇌물공여·건설산업 기본법위반·국가기술자격법위반·건설기술관리법위반·전기공사업법 위반】

판시사항

[1] 구성요건행위를 직접 분담하여 실행하지 아니한 공모자를 공모공동정범으로 인정하기 위한 요건
[2] 건설 관련 회사의 유일한 지배자가 회사 대표의 지위에서 장기간에 걸쳐 건설공사 현장소장들의 뇌물공여행위를 보고받고 이를 확인·결재하는 등의 방법으로 위 행위에 관여한 사안에서, 뇌물공여의 기능적 행위지배를 하였다고 보아 공모공동정범의 죄책을 인정하여야 함에도 이를 인정하지 아니한 원심판단에 법리 오해의 위법이 있다고 한 사례

판결요지

[1] 형법 제30조의 공동정범은 공동가공의 의사와 그 공동의사에 의한 기능적 행위지배를 통한 범죄실행이라는 주관적·객관적 요건을 충족함으로써 성립하므로, 공모자 중 구성요건행위를 직접 분담하여 실행하지 아니한 사람도 위 요건의 충족 여부에 따라 이른바 공모공동정범으로서의 죄책을 질 수도 있다. 한편 구성요건행위를 직접 분담하여 실행하지 아니한 공모자가 공모공동정범으로 인정되기 위하여는 전체 범죄에 있어서 그가 차지하는 지위·역할이나 범죄경과에 대한 지배 내지 장악력 등을 종합하여 그가 단순한 공모자에 그치는 것이 아니라 범죄에 대한 본질적 기여를 통한 기능적 행위지배가 존재하는 것으로 인정되어야 한다.
[2] 건설 관련 회사의 유일한 지배자가 회사 대표의 지위에서 장기간에 걸쳐 건설공사 현장소장들의 뇌물공여행위를 보고받고 이를 확인·결재하는 등의 방법으로 위 행위에 관여한 사안에서, 비록 사전에 구체적인 대상 및 액수를 정하여 뇌물공여를 지시하지 아니하였다고 하더라도 그 핵심적 경과를 계획적으로 조종하거나 촉진하는 등으로 기능적 행위지배를 하였다고 보아 공모공동정범의 죄책을 인정하여야 함에도 이를 인정하지 아니한 원심판단에 법리 오해의 위법이 있다고 한 사례.

전 문

피 고 인 피고인

상 고 인 피고인 및 검사

변 호 인 법무법인

원심판결 서울고법 2010. 3. 5. 선고 2009노3566 판결

주 문 원심판결을 파기하고, 사건을 서울고등법원에 환송한다.

이 유 상고이유를 판단한다.

1. 검사의 상고이유에 대하여

가. 형법 제30조의 공동정범은 공동가공의 의사와 그 공동의사에 의한 기능적 행위지배를 통한 범죄실행이라는 주관적·객관적 요건을 충족함으로써 성립하므로, 공모자 중 구성요건행위를 직접 분담하여 실행하지 아니한 사람도 위 요건의 충족 여부에 따라 이른바 공모공동정범으로서의 죄책을 질 수도 있다. 한편 구성요건행위를 직접 분담하여 실행하지 아니한 공모자가 공모공동정범으로 인정되기 위하여는 전체 범죄에 있어서 그가 차지하는 지위·역할이나 범죄경과에 대한 지배 내지 장악력 등을 종합하여 그가 단순한 공모자에 그치는 것이 아니라 범죄에 대한 본질적 기여를 통한 기능적 행위지배가 존재하는 것으로 인정되어야 한다(대법원 2007. 4. 26. 선고 2007도235 판결 참조).

나. 원심이 적법하게 채택한 증거를 종합하면, 다음과 같은 사실을 알 수 있다.

피고인은 공소외 1 유한회사, 공소외 2 유한회사, 공소외 3 유한회사 및 조경공사·토목건축공사·전기공사 등을 하는 ○○종합건설 등의 업체를 보유하여 경영하고 있다. 피고인은 ○○종합건설 명의로 2003. 4. 25. 제주지방해양항만청에서 발주한 '제주 추자항 파제제 축조공사'(이하 '추자항공사'라고 한다)를 공소외 4 주식회사와 공동수급으로 100여억 원에, 2006. 10. 18. 한국토지공사에서 발주한 '김해율하지구택지개발사업 제2공구 조경공사'(이하 '김해율하공사'라고 한다)를 109억 6,000여만 원에, 2007. 9. 20. 대한주택공사에서 발주한 '광명소하택지개발사업 조경공사'(이하 '광명소하공사'라고 한다)를 110억 9,000여만 원에 각 수주받아 시공하였다.

추자항공사의 현장소장인 공소외 5는 제주지방해양항만청 소속 직원들에게 공사 시공과 관련한 편의제공 등을 부탁하는 취지로 원심판결 별지 범죄일람표(이하 '범죄일람표'라고 한다)(1) 기재와 같이 2004. 12. 7.부터 2008. 12. 18.까지 53회에 걸쳐 금품과 향응 등 26,622,500원 상당을 제공하였다[다만 그 중 2006. 9. 1.자 공소외 10에 대한 40만 원 상당의 향응제공은 피고인이 직접 하였다(범죄일람표(1)의 38번 부분)].

김해율하공사의 현장소장인 공소외 6은 한국토지공사 직원들에게 공사감독을 함에 있어 편의제공 등을 부탁하는 취지로 범죄일람표(2-1) 기재와 같이 2006. 12. 21.부터 2008. 6. 27.까지 13회에 걸쳐 금품과 향응 등 17,417,000원 상당을 제공하였다[다만 그 중 2007. 2. 28.자 공소외 7에 대한 300만 원의 현금제공은 피고인이 직접 하였다(범죄일람표(2-1)의 3번 부분].

광명소하공사의 현장소장 공소외 8은 현장감독관인 대한주택공사 직원 공소외 9에게 공사감독을 함에 있어 편의를 제공해 달라는 취지로 범죄일람표(3) 기재와 같이 2008. 1. 31.부터 2009. 1. 21.까지 3회에 걸쳐 시가 불상의 개소주를 제공하고, 4회에 걸쳐 현금 980만 원을 교부하거나 공여의 의사표시를 하였다.

한편 피고인은 현장감독관 등에 대한 식대, 명절 선물비 등으로 지출되는 '대관(대관)업무비'의 예산편성을 주도 또는 후원하였을 뿐만 아니라 위 현장소장들이 각자의 판단에 따라 '대관업무비'를 지출한 후 매월 그 상세내역을 보고하면 사후에 이를 확인한 후 결재를 하여 주었으며 그 금액이 과다하다고 생각되면 그 금액을 삭감하기도 하였고, 한편 현장소장이 피고인에게 보고한 대관업무비 내역서에는 사용내역과 상대방, 그 금액까지 구체적으로 기재되어 있었다. 이상과 같은 지출 및 보고·결재는 앞서 본 바와 같이 4년 이상의 기간 동안 이루어졌다. 또한 피고인은 앞서 본 바와 같이 뇌물을 직접 교부하기도 하였다.

다. 위 사실관계에서 보는 바와 같이 피고인이 위 회사를 유일하게 지배하는 자로서 회사 대표의 지위에서 장기간에 걸쳐 현장소장들의 뇌물공여행위를 보고받고 이를 확인·결재하는 등의 방법으로 현장소장들의 뇌물공여행위에 관여하였다면, 비록 피고인이 사전에 현장소장들에게 구체적인 대상 및 액수를 정하여 뇌물공여를 지시하지 아니하였다고 하더라도 이 사건 뇌물공여의 핵심적 경과를 계획적으로 조종하거나 촉진하는 등으로 현장소장들의 뇌물공여행위에 본질적 기여를 함으로써 기능적 행위지배를 하였다고 봄이 상당하다고 할 것이다.

그럼에도 원심은, 피고인이 직접 향응을 제공하거나 현금을 제공한 부분(범죄일람표(1)의 38번 및 범죄일람표(2-1)의 3번 부분. 이하 '원심유죄부분'이라고 한다)에 관하여만 피고인의 뇌물공여를 인정하고, 현장소장들이 뇌물공여의 실행행위를 담당한 나머지 부분(이하 '원심무죄부분'이라고 한다)에 관하여는 그 판시와 같은 사정을 들어 피고인에게 현장소장들의 뇌물공여행위에 대한 공동가공의 의사 및 기능적 행위지배가 인정되지 아니한다고 판단하였다.

그렇다면 원심무죄부분에 대한 원심의 위 판단에는 공모공동정범에 관한 법리를 오해하여 판결 결과에 영향을 미친 위법이 있다고 할 것이다. 이 점을 지적하는 상고논지는 이유 있다.

2. 피고인의 상고이유에 대하여

가. 이유모순 주장에 관하여

위에서 판단한 바와 같이 원심무죄부분에 피기시유가 있어 파기를 면할 수 없는 이상, 원심이 이유에서 무죄로 판단한 원심무죄부분 중 일부를 주문에서 유죄로 선고하여 이유모순이 있다는 이 부분 상고이유의 주장은 더 나아가 판단할 필요 없이 받아들일 수 없다.

나아가 보건대, 원심은 그 이유에서 원심무죄부분 중 원심유죄부분과 각 포괄일죄의 관계에 있는 공소외 10에 대한 뇌물공여부분(범죄일람표(1)의 41, 43, 44, 46, 47, 49번 부분)과 공소외 7에 대한 뇌물공여부분(범죄일람표(2-1)의 1, 2, 4, 5번 부분)에 대하여는 주문에서 따로 무죄를 선고하지 아니하고, 원심무죄부분 중 위 각 부분을 제외한 나머지 뇌물공여의 점에 대하여만 무죄를 선고한다고 밝히고 있고, 주문에서 그 이유대로 공소외 10 및 공소외 7에 대한 각 뇌물공여부분을 제외한 나머지 뇌물공여의 점에 대하여만 무죄를 선고하였다. 따라서 원심판결에는 이유에서 무죄로 판단한 부분을 주문에서 유죄로 선고한 이유모순의 위법이 없다.

나. 뇌물공여액 산정에 관하여

원심은 수인이 공동하여 뇌물공여를 한 경우 공범자는 자기의 공여액뿐만 아니라 다른 공범자의 공여액에 대하여도 그 죄책을 면할 수 없다고 판단하였다.

공동정범에 관한 일반법리 등 관련 법리에 비추어 보면, 원심의 위와 같은 판단은 정당한 것으로 수긍할 수 있다. 거기에 상고이유의 주장과 같은 뇌물공여액 산정에 관한 법리오해의 위법이 없다.

다. 건설산업기본법 위반의 점에 관하여

원심은, 공동수급인인 피고인은 추자항공사를 시공함에 있어 공소외 11이 대표로 있는 공소외 12 주식회사를 하도급업체로 추천하였고, 공소외 11은 2차 제한경쟁입찰에 참가하면서 피고인으로부터 좀 더 가격을 높여 입찰에 참여해도 좋다는 취지의 이야기를 듣고 최초 예정했던 입찰가액(약 44억 원)보다 높은 가격(약 47억 원. 경쟁업체의 입찰가액은 약 48억 원)으로 입찰에 참여하여 낙찰을 받은 사실, 피고인은 공소외 11과 위 2차 입찰에 따른 하도급계약서를 작성하기에 앞서 공소외 11에게 공사포기각서를 제출받는 한편 증가된 입찰금액의 일부를 돌려달라고 요구하여 공소외 11이 이에 응한 사실, 이에 따라 공소외 11은 위 2차 입찰에 따른 하도급계약의 하수급인으로서 수급인인 피고인에게 2006. 9. 19. 5,000만 원을 교부한 사실을 인정한 다음, 피고인이 공소외 11로부터 취득한 위 5,000만 원은 그 판시와 같은 이유로 하도급계약의 체결과 관련한 부정한 청탁에 의한 재물로 봄이 상당하고, 피고인이 공소외 11에게 먼저 금품을 공여할 것을 요구하였다고 하여 달리 볼 것은 아니라고 판단하였다.

관련 법리에 비추어 기록을 살펴보면, 원심의 위와 같은 사실인정과 판단은 정당한 것으로 수긍할 수 있다. 거기에 상고이유 주장과 같이 건설산업기본법 제38조의2, 제95조의2에 관한 법리 오해 및 채증법칙 위반 등의 위법이 있다고 할 수 없다.

3. 파기범위

위에서 판단한 바와 같이 이 사건은 원심무죄부분의 공소사실에 관하여만 파기사유가 있으나, 원심유죄부분의 공소사실은 원심무죄부분 중 일부와 포괄일죄의 관계에 있고, 건설산업기본법 위반, 각 국가기술자격법 위반, 각 건설기술관리법 위반, 전기공사업법 위반의 각 공소사실은 원심무죄부분과 각 형법 제37조 전단의 경합범 관계에 있어 하나의 형을 선고하여야 하는 경우이므로, 결국 원심판결은 모두 파기를 면할 수 없다.

4. 결론

그러므로 원심판결을 파기하고 사건을 다시 심리·판단하게 하기 위하여 원심법원에 환송하기로 하여, 관여 대법관의 일치된 의견으로 주문과 같이 판결한다.

대법관 김지형(재판장) 양승태 전수안 양창수(주심)

대법원 2010.7.15. 선고 2010도2935 판결

【도로교통법위반(음주측정거부)】

판시사항

[1] 자동차 등 운전자가 신체 이상 등의 사유로 '호흡에 의한 음주측정'에 응하지 못한 경우, 음주측정불응죄가 성립하는지 여부(소극)

[2] 신체 이상 등의 사유로 호흡조사에 의한 음주측정에 응할 수 없는 운전자가 '혈액채취에 의한 측정'을 거부하거나 이를 불가능하게 한 경우, 음주측정에 불응한 것으로 볼 수 있는지 여부(소극)

[3] 척추장애로 지체장애 3급 장애인으로 등록된 피고인이 경찰공무원의 음주측정 요구에 불응하였다는 구 도로교통법 위반의 공소사실에 대하여, 피고인의 폐활량은 정상인의 약 26.9%, 1초간 노력성 호기량은 약 33.5%에 불과하고, 호흡측정기가 작동하기 위하여는 최소 1.251ℓ의 호흡유량이 필요하나 피고인의 폐활량은 0.71ℓ에 불과한 점 등에 비추어 음주측정에 불응한 것으로 볼 수 없다고 하여, 이를 무죄로 인정한 원심판단을 수긍한 사례

전 문

피 고 인 피고인

상 고 인 검사

변 호 인 변호사

원심판결 대전지법 2010. 2. 10. 선고 2009노2865 판결

주 문 상고를 기각한다.

이 유 상고이유를 판단한다.

구 도로교통법(2009. 4. 1. 법률 제9580호로 개정되기 전의 것, 이하 같다) 제44조 제2항에 의하면, 술에 취한 상태에서 자동차 등을 운전하였다고 인정할 만한 상당한 이유가 있는 경우에 경찰공무원은 운전자가 술에 취하였는지 여부를 호흡측정기에 의하여 측정할 수 있고 운전자는 그 측정에 응할 의무가 있으나, 운전자의 신체 이상 등의 사유로 호흡측정기에 의한 측정이 불가능 내지 심히 곤란한 경우에까지 그와 같은 방식의 측정을 요구할 수는 없으며, 이와 같은 경우 경찰공무원이 운전자의 신체 이상에도 불구하고 호흡측정기에 의한 음주측정을 요구하여 운전자가 음주측정수치가 나타날 정도로 숨을 불어넣지 못한 결과 호흡측정기에 의한 음주측정이 제대로 되지 아니하였다고 하더라도 음주측정에 불응한 것으로 볼 수는 없다(대법원 2006. 1. 13. 선고 2005도7125 판결 참조).

또한, 구 도로교통법 제150조 제2호는 "술에 취한 상태에 있다고 인정할 만한 상당한 이유가 있는 사람으로서 제44조 제2항의 규정에 의한 경찰공무원의 측정에 응하지 아니한 사람은 2년 이하의 징역이나 500만 원 이하의 벌금에 처한다"라고 규정하고 있으므로, 위 조항에서 규정한 경찰공무원의 측정은 같은 법 제44조 제2항 소정의 호흡조사에 의한 측정만을 의미하는 것으로서 같은 법 제44조 제3항 소정의 혈액채취에 의한 측정을 포함하는 것으로 볼 수 없음은 법문상 명백하다. 따라서, 신체 이상 등의 사유로 인하여 호흡조사에 의한 측정에 응할 수 없는 운전자가 혈액채취에 의한 측정을 거부하거나 이를 불가능하게 하였다고 하더라도 이를 들어 음주측정에 불응한 것으로 볼 수는 없다.

원심은, 피고인이 척추장애로 인하여 지체장애 3급의 장애인으로 등록되어 있는 점, 정상인에 비하여 피고인의 폐활량은 약 26.9%에 불과하고 1초간 노력성 호기량은 약 33.5%에 불과한 점, 경찰공무원이 피고인에게 제시한 음주측정기가 작동하기 위하여는 최소 1.251L의 호흡유량이 필요하나 피고인의 폐활량은 0.71L에 불과하여 그 조건을 충족하지 못하는 점 등에 비추어 볼 때 피고인이 음주측정기에 숨을 불다가 끊는 방법으로 음주측정에 응하지 아니하였다고 볼 수는 없다고 판단하는 한편, 구 도로교통법 제150조 제2호 소정의 '경찰공무원의 측정'은 같은 법 제44조 제2항에 의한 '호흡조사에 의한 측정'에 한정되는 것이므로 경찰공무원의 혈액채취에 의한 음주측정 요구에 응하지 아니하였다 하더라도 음주측정에 불응한 것으로 볼 수 없다고 판단하여 이 사건 공소사실을 무죄로 인정한 제1심의 조치를 그대로 유지하였다.

앞서 본 법리와 기록에 비추어 살펴보면, 원심의 이와 같은 판단은 정당한 것으로 수긍이 가고, 거기에 상고이

유에서 주장하는 바와 같이 채증법칙을 위반하거나 음주측정불응죄에 관한 법리를 오해한 위법이 있다고 할 수 없다.

그러므로 상고를 기각하기로 하여 관여 대법관의 일치된 의견으로 주문과 같이 판결한다.

대법관 신영철(재판장) 박시환 안대희(주심) 차한성

대법원 2010.7.15. 선고 2010도1017 판결

【협박】

판시사항

1 '제3자'의 법익을 침해하겠다는 내용의 해악 고지가 피해자 본인에 대한 협박죄를 구성하는지 여부의 판단 기준 및 위 제3자에 '법인'이 포함되는지 여부(적극)

2 '법인'이 협박죄의 객체가 될 수 있는지 여부(소극)

3 채권추심회사의 지사장이 자신의 횡령행위에 대한 민·형사상 책임을 모면하기 위하여 회사 본사에 '회사의 내부비리 등을 관계 기관에 고발하겠다'는 취지의 서면을 보내는 한편, 위 회사의 임원에게 전화를 걸어 위 서면의 내용과 같은 취지로 발언한 사안에서, 위 회사의 임원에 대한 협박죄를 인정한 원심의 판단을 수긍한 사례

판결요지

1 협박죄에서 협박이란 일반적으로 보아 사람으로 하여금 공포심을 일으킬 정도의 해악을 고지하는 것을 의미하며, 그 고지되는 해악의 내용, 즉 침해하겠다는 법익의 종류나 법익의 향유 주체 등에는 아무런 제한이 없다. 따라서 피해자 본인이나 그 친족뿐만 아니라 그 밖의 '제3자'에 대한 법익 침해를 내용으로 하는 해악을 고지하는 것이라고 하더라도 피해자 본인과 제3자가 밀접한 관계에 있어 그 해악의 내용이 피해자 본인에게 공포심을 일으킬 만한 정도의 것이라면 협박죄가 성립할 수 있다. 이 때 '제3자'에는 자연인뿐만 아니라 법인도 포함된다 할 것인데, 피해자 본인에게 법인에 대한 법익을 침해하겠다는 내용의 해악을 고지한 것이 피해자 본인에 대하여 공포심을 일으킬 만한 정도가 되는지 여부는 고지된 해악의 구체적 내용 및 그 표현방법, 피해자와 법인의 관계, 법인 내에서의 피해자의 지위와 역할, 해악의 고지에 이르게 된 경위, 당시 법인의 활동 및 경제적 상황 등 여러 사정을 종합하여 판단하여야 한다.

2 협박죄는 사람의 의사결정의 자유를 보호법익으로 하는 범죄로서 형법규정의 체계상 개인적 법익, 특히 사람의 자유에 대한 죄 중 하나로 구성되어 있는바, 위와 같은 협박죄의 보호법익, 형법규정상 체계, 협박의 행위 개념 등에 비추어 볼 때, 협박죄는 자연인만을 그 대상으로 예정하고 있을 뿐 법인은 협박죄의 객체가 될 수 없다.

3 채권추심 회사의 지사장이 회사로부터 자신의 횡령행위에 대한 민·형사상 책임을 추궁당할 지경에 이르자 이를 모면하기 위하여 회사 본사에 '회사의 내부비리 등을 금융감독원 등 관계 기관에 고발하겠다'는 취지의 서면을 보내는 한편, 위 회사 경영지원본부장이자 상무이사에게 전화를 걸어 자신의 횡령행위를 문제삼지 말라고 요구하면서 위 서면의 내용과 같은 취지로 발언한 사안에서, 위 상무이사에 대한 협박죄를 인정한 원심의 판단을 수긍한 사례.

전 문

피 고 인 피고인

상 고 인 피고인

변 호 인 법무법인

원심판결 인천지법 2009. 12. 29. 선고 2009노552 판결

주 문 상고를 기각한다.

이 유 상고이유를 본다.

1. 상고이유 제1, 2점에 대하여

협박죄에 있어 협박이라 함은 일반적으로 보아 사람으로 하여금 공포심을 일으킬 정도의 해악을 고지하는 것을 의미하며(대법원 2007. 9. 28. 선고 2007도606 전원합의체 판결 등 참조), 그 고지되는 해악의 내용, 즉 침해하겠다는 법익의 종류나 법익의 향유 주체 등에는 아무런 제한이 없다. 따라서 피해자 본인이나 그 친족뿐만 아니라 그 밖의 '제3자'에 대한 법익 침해를 내용으로 하는 해악을 고지하는 것이라고 하더라도 피해자 본인과 제3자가 밀접한 관계에 있어 그 해악의 내용이 피해자 본인에게 공포심을 일으킬 만한 정도의 것이라면 협박죄가 성립할 수 있다. 이때 '제3자'에는 자연인뿐만 아니라 법인도 포함된다 할 것인데, 피해자 본인에게 법인에 대한 법익을 침해하겠다는 내용의 해악을 고지한 것이 피해자 본인에 대하여 공포심을 일으킬 만한 정도가 되는지 여부는 고지된 해악의 구체적 내용 및 그 표현방법, 피해자와 법인의 관계, 법인 내에서의 피해자의 지위와 역할, 해악의 고지에 이르게 된 경위, 당시 법인의 활동 및 경제적 상황 등 여러 사정을 종합하여 판단하여야 한다.

위와 같은 법리에 비추어 원심이 적법하게 채택한 증거들을 기록과 함께 검토하여 보면, 채권추심업체인 공소외 주식회사의 수원·서경 지사장으로 근무하던 피고인이 위 회사로부터 피고인의 횡령행위에 대한 민·형사상 책임을 추궁당할 지경에 이르자 이를 모면하기 위하여 회사 본사에 '회사의 내부비리 등을 금융감독원 등 관계 기관에 고발하겠다'는 취지의 서면을 보내는 한편, 당시 위 회사 대표이사의 처남으로서 경영지원 본부장이자 상무이사였던 피해자에게 전화를 걸어 자신의 횡령행위를 문제삼지 말라고 요구하면서 위 서면의 내용과 같은 취지로 발언한 행위에 대하여, 원심이 피해자와 회사의 관계, 당시 회사의 상황, 피고인이 위와 같은 행위에 이르게 된 경위 및 동기, 피해자에게 고지한 내용 및 그 표현방법 등을 종합하여, 피해자에 대한 협박죄가 성립한다고 인정한 것은 그 결론에 있어 정당한 판단으로 수긍이 간다.

한편, 원심은 그 판결이유에서 법인은 협박죄의 객체가 될 수 없다고 판단하고 있고, 상고이유에서도 이 부분을 지적하고 있으므로, 이에 관한 법리를 명확히 해 두고자 다음과 같은 판단을 부가한다.

즉, 협박죄는 사람의 의사결정의 자유를 보호법익으로 하는 범죄로서 형법규정의 체계상 개인적 법익, 특히 사람의 자유에 대한 죄 중 하나로 구성되어 있는바, 위와 같은 협박죄의 보호법익, 형법규정상 체계, 앞서 본 협박의 행위 개념 등에 비추어 볼 때, 협박죄는 자연인만을 그 대상으로 예정하고 있을 뿐 법인은 협박죄의 객체가 될 수 없다. 그런데 '법인이 협박죄의 객체가 될 수 있는지 여부'는 '피고인의 행위를 협박죄로 인정할 것인지 여부'와는 엄격히 말하자면 논리적으로 그 차원을 달리하는 문제로서, 특히 이 사건에서는 검사가 피해자를 법인으로 본 것이 아니라 피고인으로부터 직접 해악을 고지받은 자연인을 피해자로 보고 공소를 제기한 이상, 피고인의 행위가 협박죄에 해당하는지 여부를 판단함에 있어서는 위에서 본 바와 같이 피해자에게 고지한 해악의 내용, 피해자와 실제 가해의 대상이 된 법인의 관계를 어떻게 법률적으로 평가할 것인지의 문제로 다루면 충분하다.

원심판결에는 상고이유의 주장과 같이 경험칙이나 채증법칙을 위반하여 협박죄에 있어서의 협박의 의미, 객체 등에 관한 법리를 오해하였거나 법 규정 문언의 가능한 의미를 벗어난 유추해석을 함으로써 죄형법정주의 원칙을 위반하는 등의 위법이 없다.

이 부분 상고이유의 주장은 이유 없다.

2. 상고이유 제3, 4점에 대하여

협박죄에 있어서 고의는 행위자가 일반적으로 사람으로 하여금 공포심을 일으킬 수 있는 정도의 해악을 고지한다는 것을 인식, 인용하는 것을 그 내용으로 하며, 위와 같은 의미의 협박의사가 있었는지 여부는 행위의 외형뿐만 아니라 그러한 행위에 이르게 된 경위, 피해자와의 관계 등 여러 상황을 종합적으로 고려하여 판단해야 한다(대법원 1991. 5. 10. 선고 90도2102 판결 등 참조). 한편, 해악의 고지가 있다 하더라도 그것이 사회의 관습이나 윤리관념 등에 비추어 용인할 수 있는 정도의 것이라면 협박죄가 성립하지 아니한다(대법원 1998. 3. 10. 선고 98도70 판결 등 참조).

위에서 본 바와 같은 피고인이 피해자에게 해악을 고지하게 된 경위 및 동기, 피고인이 고지한 해악의 구체적인 내용 및 표현방법 등을 종합하면, 피고인에게 협박의 고의가 있었음을 충분히 인정할 수 있으며, 비록 피고인이 횡령죄로 기소된 부분에 관하여 원심에서 보관자의 지위에 있지 않다는 이유로 무죄를 선고받아 이 부분 판결이 확정되기는 하였지만, 회사에 대하여 정당한 절차와 방법을 통해 자신의 무고함을 주장하는데 그치지 않고 피해자를 상대로 그와 무관한 회사의 내부 비리 등을 고발하겠다는 내용의 해악을 고지한 것은 관습이나 윤리관념 등 사회통념에 비추어 용인할 수 있는 정도의 것이라고는 볼 수 없다.

원심판결에는 협박죄에 있어서의 고의, 위법성의 인식 등에 관한 법리오해 등의 위법이 없다.

이 부분 상고이유의 주장은 이유 없다.

3. 결론

그러므로 상고를 기각하기로 하여, 관여 대법관의 일치된 의견으로 주문과 같이 판결한다.

대법관 양창수(재판장) 양승태 김지형(주심) 전수안

대법원 2010.7.8. 선고 2010도931 판결

【폭력행위등처벌에관한법률위반(공동상해)·업무방해】

판시사항

[1] 형법 제37조 후단 경합범 중 판결을 받지 아니한 죄에 대하여 형을 선고하는 경우에, 형법 제37조 후단에 규정된 '금고 이상의 형에 처한 판결이 확정된 죄'의 형도 형법 제59조 제1항 단서에서 정한 선고유예의 예외사유인 '자격정지 이상의 형을 받은 전과'에 포함되는지 여부(적극)

[2] 피고인에게 이 사건 범행 이후에 금고 이상의 형을 선고받아 판결이 확정된 전과가 있음에도, 위 범행 당시에 벌금형 외에 처벌받은 전력이 없고 위 범행과 그 후에 판결이 확정된 위 죄를 동시에 판결할 경우와의 형평성을 고려하여야 한다는 등의 이유로, 피고인에 대한 형의 선고를 유예한 원심판단에 법리오해의 위법이 있다고 한 사례

판결요지

[1] 선고유예가 주로 범정이 경미한 초범자에 대하여 형을 부과하지 않고 자발적인 개선과 갱생을 촉진시키고자 하는 제도인 점, 형법은 선고유예의 예외사유를 '자격정지 이상의 형을 받은 전과'라고만 규정하고 있을 뿐 그 전과를 범행 이전의 것으로 제한하거나 형법 제37조 후단 경합범 규정상의 금고 이상의 형에 처한 판결에 의한 전과를 제외하고 있지 아니한 점, 형법 제39조 제1항은 경합범 중 판결을 받지 아니한 죄가 있는 때에는 그 죄와 판결이 확정된 죄를 동시에 판결할 경우와 형평을 고려하여 그 죄에 대하여 형을 선고하여야 하는데 이미 판결이 확정된 죄에 대하여 금고 이상의 형이 선고되었다면 나머지 죄가 위 판결이 확정된 죄와 동시에 판결되었다고 하더라도 선고유예가 선고되었을 수 없을 것인데 나중에 별도로 판결이 선고된다는 이유만으로 선고유예가 가능하다고 하는 것은 불합리한 점 등을 종합하여 보면, 형법 제39조 제1항에 의하여 형법 제37조 후단 경합범 중 판결을 받지 아니한 죄에 대하여 형을 선고하는 경우에 있어서 형법 제37조 후단에 규정된 금고 이상의 형에 처한 판결이 확정된 죄의 형도 형법 제59조 제1항 단서에서 정한 '자격정지 이상의 형을 받은 전과'에 포함된다고 봄이 상당하다.

[2] 피고인에게 이 사건 범행 이후에 금고 이상의 형을 선고받아 판결이 확정된 전과가 있음에도, 이 사건 범죄사실이 위 전과 이전에 저질러진 것으로서 위 확정판결과 동시에 판결할 수 있는 가능성이 있는 것이었고, 위 범행 당시에 벌금형 외에 처벌받은 전력이 없고 위 범행과 그 후에 판결이 확정된 위 죄를 동시에 판결할 경우와의 형평성을 고려하여야 한다는 등의 이유로, 피고인에 대한 형의 선고를 유예한 원심판단에 형법 제59조 제1항 단서에 관한 법리오해의 위법이 있다고 한 사례.

전 문

피 고 인 피고인

상 고 인 검사

원심판결 수원지법 2009. 12. 24. 선고 2009노1386 판결

주 문 원심판결을 파기하고, 사건을 수원지방법원 본원 합의부에 환송한다.

이 유 상고이유를 본다.

형법 제59조 제1항은 "1년 이하의 징역이나 금고, 자격정지 또는 벌금의 형을 선고할 경우 제51조의 사항을 참작하여 개전의 정상이 현저한 때에는 그 선고를 유예할 수 있다. 단, 자격정지 이상의 형을 받은 전과가 있는 자에 대하여는 예외로 한다."고 규정하고 있다.

그런데 선고유예가 주로 범정이 경미한 초범자에 대하여 형을 부과하지 않고 자발적인 개선과 갱생을 촉진시키고자 하는 제도인 점(대법원 2003. 12. 26. 선고 2003도3768 판결, 대법원 2008. 1. 18. 선고 2007도9405 판결 등 참조), 형법은 선고유예의 예외사유를 '자격정지 이상의 형을 받은 전과'라고만 규정하고 있을 뿐 그 전과를 범행 이전의 것으로 제한하거나 형법 제37조 후단 경합범 규정상의 금고 이상의 형에 처한 판결에 의한 전과를 제외하고 있지 아니한 점, 형법 제39조 제1항은 경합범 중 판결을 받지 아니한 죄가 있는 때에는 그 죄와 판결이 확정된 죄를 동시에 판결할 경우와 형평을 고려하여 그 죄에 대하여 형을 선고하여야 하는데 이미 판결이 확정된 죄에 대하여 금고 이상의 형이 선고되었다면 나머지 죄가 위 판결이 확정된 죄와 동시에 판결되었다고 하더라도 선고유예가 선고되었을 수 없을 것인데 나중에 별도로 판결이 선고된다는 이유만으로 선고유예가 가능하다고 하는 것은 불합리한 점 등을 종합하여 보면, 형법 제39조 제1항에 의하여 형법 제37조 후단 경합범 중 판결을 받지 아니한 죄에 대하여 형을 선고하는 경우에 있어서 형법 제37조 후단에 규정된 금고 이상의 형에 처한 판결이 확정된 죄의 형도 형법 제59조 제1항 단서에서 정한 '자격정지 이상의 형을 받은 전과'에 포함된다고 봄이 상당하다.

원심판결에 의하면, 피고인에게는 2008. 11. 11. 수원지방법원에서 폭력행위등 처벌에 관한 법률 위반(공동공갈)죄 등으로 징역 4월에 집행유예 2년을 선고받아 같은 달 19. 그 판결이 확정된 전과가 있음을 알 수 있다. 그렇다면 앞서 본 법리에 비추어 볼 때, 비록 피고인에 대한 이 사건 범죄사실이 위 전과 이전에 저질러진 것으로서 위 확정판결과 동시에 판결할 수 있는 가능성이 있는 것이었다고 하더라도 피고인에 대하여 형의 선고를 유예할 수는 없다.

그럼에도 불구하고 원심은 이와 달리 피고인에게 이 사건 범행 당시에 벌금형 외에 처벌받은 전력이 없고 이 사건 범행과 그 후에 판결이 확정된 죄를 동시에 판결할 경우와의 형평성을 고려하여야 한다는 등의 이유로 피고인에 대한 형의 선고를 유예하고 있는바, 이러한 원심판결에는 형법 제59조 제1항 단서에 관한 법리를 오해하여 판결에 영향을 미친 위법이 있다. 이 점을 지적하는 상고이유의 주장은 이유 있다.

그러므로 원심판결을 파기하고, 사건을 다시 심리·판단하게 하기 위하여 원심법원에 환송하기로 하여 관여 대법관의 일치된 의견으로 주문과 같이 판결한다.

대법관 김영란(재판장) 이홍훈 김능환(주심) 민일영

대법원 2010.7.8. 선고 2010도3545 판결

【업무상횡령·공전자기록등위작·위작공전자기록등행사】

판시사항

[1] 공전자기록위작·변작죄에서 '사무처리를 그르치게 할 목적'의 의미

[2] 공군 복지근무지원단 예하 지구대의 부대매점 및 창고관리 부사관이 창고 관리병으로 하여금 위 지원단의 업무관리시스템인 복지전산시스템에 자신이 그 전에 이미 횡령한 바 있는 면세주류를 마치 정상적으로 판매한 것처럼 허위로 입력하게 한 사안에서, 공전자기록위작·변작죄의 '사무처리를 그르치게 할 목적'이 있었다는 취지의 원심판단을 수긍한 사례

[3] '공무원범죄에 관한 몰수특례법'에 의한 필요적 몰수·추징의 취지 및 그 대상인 범인에 공동정범 외에 종범·교사범도 포함되고 소추 여부를 불문하는지 여부(적극)

전 문

피 고 인 피고인

상 고 인 피고인

변 호 인 변호사

원심판결 고등군사법원 2010. 2. 25. 선고 2009노282 판결

주 문 상고를 기각한다.

이 유 상고이유를 판단한다.

1. 상고이유 제1점에 대하여

형법 제227조의2는 "사무처리를 그르치게 할 목적으로 공무원 또는 공무소의 전자기록 등 특수매체기록을 위작 또는 변작한 자는 10년 이하의 징역에 처한다."고 규정하고 있는데, 여기에서 전자기록은 그 자체로는 물적 실체를 가진 것이 아니어서 별도의 표시·출력장치를 통하지 아니하고는 보거나 읽을 수 없고, 그 생성 과정에 여러 사람의 의사나 행위가 개재됨은 물론 추가 입력한 정보가 프로그램에 의하여 자동으로 기존의 정보와 결합하여 새로운 전자기록을 작출하는 경우도 적지 않으며, 그 이용 과정을 보아도 그 자체로서 객관적·고정적 의미를 가지면서 독립적으로 쓰이는 것이 아니라 개인 또는 법인이 전자적 방식에 의한 정보의 생성·처리·저장·출력을 목적으로 구축하여 설치·운영하는 시스템에서 쓰임으로써 예정된 증명적 기능을 수행하는 것이므로, "사무처리를 그르치게 할 목적"이란 위작 또는 변작된 전자기록이 사용됨으로써 위와 같은 시스템을 설치·운영하는 주체의 사무처리를 잘못되게 하는 것을 말한다(대법원 2005. 6. 9. 선고 2004도6132 판결, 대법원 2008. 6. 12. 선고 2008도938 판결 등 참조).

원심은, 공군 복지근무지원단 예하 18지구대에서 부대매점 및 창고관리 부사관으로 근무하던 피고인이 창고관리병 공소외인으로 하여금 위 복지근무지원단의 업무관리시스템인 복지전산시스템에 피고인이 그 전에 이미 이 사건 다른 공소사실 내용과 같이 횡령한 바 있는 면세주류를 2009. 7. 10.경 및 2009. 7. 14.경 마치 당일 정상적으로 판매한 것처럼 허위로 입력하게 한 것은 각 지구대의 판매량의 신뢰도에 직접 영향을 미쳐 그 관련 업무를 처리함에 있어 중요한 정보를 허위로 생성하게 한 것으로서 피고인에게는 사무처리를 그르치게 할 목적이 있었다는 취지로 판단하였다.

위 법리와 기록에 비추어 살펴보면 원심의 판단은 정당한 것으로 수긍이 가고, 거기에 상고이유에서 주장하는 바와 같은 사실오인, 법리오해 등의 위법이 없다.

2. 상고이유 제2점에 대하여

공무원범죄에 관한 몰수특례법에 의한 필요적 몰수 또는 추징은 범인이 취득한 재산을 범인으로부터 박탈하여 범인으로 하여금 부정한 이익을 보유하지 못하게 함에 그 목적이 있고(대법원 2004. 10. 27. 선고 2003도6738 판결, 대법원 2007. 2. 22. 선고 2006도8214 판결 등 참조), 여기의 범인에는 공동정범 뿐만 아니라 종범 또는 교사범도 포함되고 소추 여부를 불문한다(대법원 2004. 10. 27. 선고 2003도6738 판결 등 참조).

같은 취지에서 원심이, 피고인이 횡령한 총 145,760,130원의 범위 내에서 89,407,520원을 피고인으로부터

추징한 것은 정당한 것으로 수긍이 가고, 거기에 상고이유의 주장과 같은 법리오해 등의 위법이 없다.

3. 결론

그러므로 상고를 기각하기로 하여 관여 대법관의 일치된 의견으로 주문과 같이 판결한다.

대법관 김영란(재판장) 이홍훈 김능환(주심) 민일영

대법원 2010.6.24. 선고 2010도2615 판결

【업무상과실치사·업무상과실치상·산업안전보건법위반·건설산업기본법위반】

판시사항

1 산업재해예방을 위한 조치를 취할 의무 주체로서 구 산업안전보건법 제29조 제2항이 규정한 '사업주'의 의미

2 건설산업기본법 제40조 제1항의 '건설업자'에 수급인 외에 하수급인도 포함되는지 여부(적극)

3 일정한 용도·규모 및 구조의 건축물을 건축하는 공사의 경우 반드시 건축사 등에 의한 공사감리를 받도록 규정한 취지 및 공사감리자가 감리업무를 소홀히 하여 사상의 결과가 발생한 경우 업무상과실치사상의 죄책을 지는지 여부(적극)

4 사업의 발주자 또는 수급인이 동일한 장소에서 행하여지는 사업의 일부를 도급에 의하여 행하는 경우, 그 수급인으로부터 사업의 일부를 하도급 받은 하수급인이 구 산업안전보건법 제29조 제2항의 산업재해예방조치를 취하여야 할 '사업주'에 해당하는지 여부(소극)

5 구 산업안전보건법 제66조의2, 제23조 제1항 위반죄는 사업주와 근로자 사이에 실질적인 고용관계가 있어야 성립하는지 여부(적극) 및 그 고용관계 유무의 판단 기준

전 문

피 고 인 피고인 1외 8인

상 고 인 피고인들 및 검사

변 호 인 법무법인 정률외 4인

원심판결 수원지법 2010. 1. 21. 선고 2008노809 판결

주 문 상고를 모두 기각한다.

이 유 상고이유를 본다.

1. 피고인 1, 피고인 5 주식회사의 상고이유에 대하여

원심은, 이 사건 사고의 주요 원인이 그 판시와 같이 기둥과 보의 접합부에 적절한 보강조치를 취하지 않은 채 공사를 진행한 데에 있다고 전제한 다음, 피고인 5 주식회사의 현장소장인 피고인 1은 설계도서 등에 정해진 바에 따라 콘크리트 보강작업을 하는 등의 방법으로 건물의 구조적 안정성을 확보하지 아니한 채 공사를 진행하여 이 사건 사고의 원인을 제공하였다고 판단하였다.

원심이 적법하게 채용한 증거들을 원심의 판결이유에 비추어 살펴보면, 위와 같은 원심의 사실인정은 정당한 것으로 수긍할 수 있고, 거기에 상고이유에서 주장하는 바와 같이 논리와 경험법칙에 위배하여 사실을 인정하는 등 자유심증주의의 한계를 벗어난 위법이 없다.

위 피고인들의 상고이유의 주장은 이유 없다.

2. 피고인 2, 피고인 6 주식회사의 상고이유에 대하여

가. 상고이유 제1, 2점에 대하여

동일한 장소에서 행하여지는 사업의 일부가 아닌 '전부'를 도급에 의하여 행하는 사업의 사업주는 산업안전보건법 제29조 제2항의 의무를 이행하여야 하는 사업주에 해당하지 아니하나, 동일한 장소에서 행하여지는 공사나 공정의 일부를 직접 담당하여 시행하는 사업주는 위 규정에 정한 사업주로서 산업재해예방을 위한 조치를 취할 의무가 있다(대법원 2005. 10. 28. 선고 2005도4802 판결 등 참조).

원심은, 피고인 6 주식회사가 발주자로부터 이 사건 건물신축공사 전부를 도급받아 피고인 7 주식회사 등 10여 개 업체에 하도급을 주는 방식으로 공사를 진행하였다고 전제한 다음, 피고인 6 주식회사의 현장소장인 피고인 2는 이 사건 건물신축공사의 안전보건총괄책임자로서 하청업체의 시공과정의 문제점을 확인하고 붕괴 위험이 있는 곳에서는 작업을 하지 못하도록 하는 등의 조치를 취할 의무가 있음에도 이를 제대로 이행하지 아니하여 이 사건 사고의 원인을 제공하였다고 판단하였다. 나아가 원심은, 그 판시와 같이 피고인 6 주식회사가 공사현장에 다수의 직원을 배치하여 안전보건업무 등을 맡게 하고 인부를 직접 고용하여 안전시설의 설

치 등의 작업을 하였다는 등의 사정을 근거로, 피고인 6 주식회사는 이 사건에 적용되는 구 산업안전보건법(2006. 3. 24. 법률 제7920호로 개정되기 전의 것. 이하 같다) 제29조 제2항에 규정된 '동일한 장소에서 행하여지는 사업의 일부를 도급에 의하여 행하는 사업의 사업주'에 해당하고, 피고인 2는 같은 법 제71조에 규정된 '행위자'에 해당한다고 판단하였다.

원심이 적법하게 채용한 증거들을 원심의 판결이유와 위 법리의 취지에 비추어 살펴보면, 위와 같은 원심의 사실인정과 법적 평가는 정당한 것으로 수긍할 수 있고, 거기에 상고이유에서 주장하는 바와 같이 논리와 경험법칙에 위배하여 사실을 인정하거나 관련 법리를 오해하여 판결 결과에 영향을 미친 위법이 없다.

위 피고인들의 이 부분 상고이유의 주장은 이유 없다.

나. 상고이유 제3점에 대하여

이 부분 상고이유의 주장은 위 피고인들이 이를 항소이유로 삼거나 원심이 직권으로 심판대상으로 삼은 바가 없는 것을 상고이유에서 비로소 주장하는 것으로서 적법한 상고이유가 되지 못할 뿐만 아니라, 직권으로 살펴보아도 원심이 이 부분 공소사실을 유죄로 인정한 것은 정당하다.

3. 피고인 3, 8, 9의 상고이유에 대하여

가. 상고이유 제1점(업무상과실치사상의 점)에 대하여

원심은, 피고인 7 주식회사 소유의 공장에서 건설부재(프리캐스트 콘크리트)를 제작·판매하는 공소외 주식회사의 대표이사와 직원인 위 피고인들이 피고인 7 주식회사의 위임에 따라 피고인 7 주식회사를 대행하여 그 명의와 계산으로 피고인 6 주식회사와 프리캐스트 콘크리트 부재의 설치·조립을 포함한 이 사건 골조공사에 관한 하도급계약을 체결하였으므로, 공소외 주식회사가 아닌 피고인 7 주식회사가 위 계약에 따른 공사진행의 책임을 부담한다고 전제한 다음, 위 피고인들은 피고인 7 주식회사의 사용인으로서 공사현장에서 하수급업체인 피고인 5 주식회사의 시공과정의 문제점을 확인하는 등의 조치를 취할 의무가 있음에도 이를 제대로 이행하지 아니하여 이 사건 사고의 원인을 제공하였다고 판단하였다.

원심이 적법하게 채용한 증거들을 원심의 판결이유에 비추어 살펴보면, 원심의 위와 같은 사실인정은 정당한 것으로 수긍할 수 있고, 거기에 상고이유에서 주장하는 바와 같이 논리와 경험법칙에 위배하여 사실을 인정하는 등 자유심증주의의 한계를 벗어난 위법이 없다.

위 피고인들의 이 부분 상고이유의 주장은 이유 없다.

나. 상고이유 제2점(건설산업기본법 위반의 점)에 대하여

이 부분 상고이유는, 위 가.항에서 본 바와 같이 피고인 7 주식회사가 이 사건 골조공사를 하도급 받았다는 원심의 적법한 사실인정과 다른 입장에서, 공소외 주식회사가 위 공사의 하수급인이라는 사실을 전제로 건설기술자의 배치의무에 관한 원심의 법리오해를 주장하는 것이다.

이 부분에 관한 원심의 위와 같은 사실인정이 정당하다는 점은 앞서 본 바와 같으므로, 이 부분 상고이유의 주장은 더 나아가 살펴볼 필요없이 이유 없다.

4. 피고인 7 주식회사의 상고이유에 대하여

가. 상고이유 제1점에 대하여

건설산업기본법은 '건설업자'라는 용어를 '수급인'과 명확히 구분하여 사용하고 있는 점, 특히 건설산업기본법 제25조 제1항은 "발주자 또는 수급인은 공사내용에 상응한 업종의 등록을 한 건설업자에게 도급 또는 하도급 하여야 한다"라고 되어 있어 '하도급을 받은 건설업자'를 상정하고 있는 점, 여러 종류의 공사를 여러 업체에 하도급을 주어 시공하는 경우, 건설산업기본법 시행령 제35조에 의한 '당해 공사의 공종에 상응하는 건설기술자'의 배치는 공종에 따른 전문기술인력을 보유한 하수급인이 맡는 것이 적절한 점 등을 고려하면, 건설산업기본법 제40조 제1항의 '건설업자'에는 수급인뿐만 아니라 하수급인도 포함된다고 할 것이다.

원심이 위와 같은 법리를 전제로, 피고인 7 주식회사는 건설산업기본법 제40조 제1항에 따라 이 사건 공사현장에 건설기술자를 배치할 의무가 있다고 판단한 것은 정당하므로, 이 부분 상고이유의 주장은 이유 없다.

나. 상고이유 제2점에 대하여

원심은, 그 판시와 같은 여러 사정을 들어 피고인 7 주식회사는 앞서 본 바와 같이 공소외 주식회사를 통해 피고인 6 주식회사로부터 이 사건 골조공사를 하도급 받아 그에 따른 책임을 부담한다고 판단하였다.

앞서 피고인 3, 8, 9의 상고이유에 대한 판단에서 본 바와 같이 이 점에 관한 원심의 사실인정에는 자유심증주의의 한계를 벗어난 위법이 없으므로, 이 부분 상고이유의 주장은 사실상 사실심의 전권인 원심의 사실인정을 비난하는 것에 불과하여 적법한 상고이유에 해당하지 아니한다.

5. 피고인 4의 상고이유에 대하여

건축법, 건축사법, 건설기술관리법 등의 관련 법령에서 일정한 용도·규모 및 구조의 건축물을 건축하는 공사의 경우에 반드시 건축사 등의 일정한 자격을 갖춘 자에 의한 공사감리를 받도록 규정한 취지는, 건축주나 공사

시공자로부터 독립한 전문가로 하여금 관계 법령과 설계도서 등에 따른 적합한 시공 여부를 확인하고 안전관리 등에 대한 지도·감독을 하게 함으로써, 건축물 붕괴사고, 하자분쟁, 유지보수비의 급증, 건축물 수명단축에 따른 재건축 등의 후유증을 유발하는 부실공사를 예방하기 위한 것으로 볼 수 있으므로(헌법재판소 2009. 6. 25. 선고 2007헌바39 전원재판부 결정 참조), 공사감리자가 관계 법령과 계약에 따른 감리업무를 소홀히 하여 건축물 붕괴 등으로 인하여 사상의 결과가 발생한 경우에는 업무상과실치사상의 죄책을 면할 수 없다(대법원 1994. 12. 27. 선고 94도2513 판결 등 참조).

원심은, 그 판시와 같이 건축 관련 법령, 이 사건 공사감리계약, 시공계획서 등의 각 내용 등을 근거로, 설계도서에 따라 기둥과 보의 접합부에 적절한 보강조치가 행하여진 상태에서 공사가 진행되는지 여부 등을 확인하고 지도하는 업무가 이 사건 공사감리 책임자인 피고인 4의 업무 범위에 포함된다고 인정한 다음, 위 피고인이 시공자인 피고인 7 주식회사의 시공능력을 과신한 나머지 위와 같은 업무를 제대로 수행하지 아니하는 등 업무상 주의의무를 게을리하여 이 사건 사고의 원인을 제공하였다는 이유로, 위 피고인에게 업무상과실치사상죄가 성립한다고 판단하였다.

원심이 적법하게 채용한 증거들을 원심의 판결이유와 위 법리에 비추어 살펴보면, 원심의 위와 같은 사실인정은 정당한 것으로 수긍할 수 있고, 거기에 논리와 경험의 법칙에 위배하여 자유심증주의의 한계를 벗어난 위법이 없으며, 나아가 상고이유에서 주장하는 바와 같은 공사감리자의 업무범위 등에 관한 법리오해의 위법도 없다.

위 피고인의 상고이유의 주장은 이유 없다.

6. 검사의 피고인 3, 8, 피고인 7 주식회사에 대한 상고이유에 대하여

가. 상고이유 제1점(주위적 공소사실에 관한 부분)에 대하여

산업안전보건법 제29조 제2항 및 제1항은 도급사업에 있어서 안전보건조치에 관한 규정이고, 같은 법 제18조 제1항은 안전보건총괄책임자에 관한 규정인데, 양자는 모두 그 규범의 수범자를 "동일한 장소에서 행하여지는 사업의 일부를 도급에 의하여 행하는 사업으로서 대통령령이 정하는 사업의 사업주"라는 동일한 용어로 규정하고 있는 점, 산업안전보건법 제29조 제1항은, 1996. 12. 31. 법률 제5248호로 개정되기 전에는, 그 규범의 수범자를 "제18조의 규정에 의하여 안전보건총괄책임자를 두어야 할 사업주"라고 규정하고 있었고, 그에 따라 제18조와 제29조의 사업주의 의미는 동일하게 해석할 수밖에 없었던 점, 위 법률개정으로 산업안전보건법 제29조가 제18조의 규정을 그대로 인용하는 형식은 없어졌으나, 이는 제18조가 적용되는 사업 중에서 건설업의 경우 규모에 관계없이 제29조를 확대적용하기 위한 입법기술상의 필요에 의한 것으로 보이고, 법개정을 전후하여 제29조 제2항의 해석을 달리할 사정은 없는 점, 산업안전보건법 제29조의 사업주의 구체적 범위를 규정하고 있는 구 산업안전보건법 시행령(2009. 7. 30. 대통령령 제21653호로 개정되기 전의 것. 이하 같다) 제26조 제2항은 법 제18조 제1항의 사업주에 관한 규정인 구 산업안전보건법 시행령 제23조를 준용하고 있는 점 등에 비추어 보면, 산업안전보건법 제29조 제2항의 사업주와 같은 법 제18조 제1항의 사업주는 동일한 의미로 볼 수 있고, 한편 산업안전보건법 제18조 제1항에서 규정하는 안전보건총괄책임자의 지정 업무는 사업의 일부를 도급한 발주자 또는 사업의 전부를 도급받아 그 중 일부를 하도급에 의하여 행하는 수급인 등 사업의 전체적인 진행과정을 총괄하고 조율할 능력이나 의무가 있는 사업주에게 해당하는 사항이라고 할 수 있으므로, 사업의 발주자 또는 수급인이 동일한 장소에서 행하여지는 사업의 일부를 도급에 의하여 행하는 경우에 그 수급인으로부터 사업의 일부를 하도급 받은 하수급인은 산업안전보건법 제29조 제2항에 의하여 산업재해예방조치를 취하여야 할 사업주에 해당하지 아니한다고 봄이 상당하다.

원심의 판결이유를 위 법리에 비추어 살펴보면, 원심이 그 채택 증거들을 종합하여 피고인 7 주식회사가 피고인 6 주식회사로부터 이 사건 건물신축공사의 일부에 불과한 골조공사만을 하도급 받은 것으로 인정한 다음, 피고인 7 주식회사는 이 사건에 적용되는 구 산업안전보건법 제29조 제2항의 '사업주'에 해당하지 아니하므로 그 규정에 의한 산업재해예방조치 의무를 부담하지 아니한다고 본 것은 그 결론에 있어 정당하다 할 것이니, 이를 다투는 상고이유의 주장은 이유 없다. 한편 이 부분 원심판단의 전제가 되는 원심의 사실인정을 다투는 취지의 상고이유의 주장은, 사실심인 원심의 전권에 속하는 사항에 관한 것으로서 적법한 상고이유가 되지 못한다.

나. 상고이유 제2점(예비적 공소사실에 관한 부분)에 대하여

산업안전보건법 제66조의2, 제23조 제1항 위반죄는, 단순히 사용자의 소속 근로자에 대한 관리감독 소홀에 대한 책임을 묻는 것이 아니라, 사업주가 자신이 운영하는 사업장에서 산업안전기준에 관한 규칙이 정하고 있는 바에 따른 안전조치를 취하지 않은 채 안전상의 위험성이 있는 작업을 하도록 지시하거나 안전조치가 취해지지 않은 상태에서 위와 같은 작업이 이루어졌다고 인정되는 경우에 성립하는 범죄로서, 사업주가 소속 근로자를 보호하기 위하여 안전조치를 취하여야 할 의무를 전제로 하는 것이므로, 사업주와 근로자 사이에 실질

적인 고용관계가 있어야 한다(대법원 2009. 5. 14. 선고 2008도101 판결 등 참조). 여기서 실질적인 고용관계 유무는 고용계약이나 도급계약 등 근로계약의 형식에 좌우되는 것은 아니나, 근로의 실질에 있어 근로자가 종속적인 관계에서 사용자에게 근로를 제공하는 사정이 인정되는 경우에 한하여 실질적인 고용관계를 인정할 수 있다(대법원 2002. 8. 27. 선고 2002도27 판결, 대법원 2006. 4. 28. 선고 2005도3700 판결 등 참조).

원심은, 피고인 7 주식회사가 이 사건 골조공사 중 일부를 피고인 5 주식회사에 재하도급하였을 뿐이고 이 사건 공사현장에서 그 소속 근로자들로 하여금 작업을 하게 하거나 피고인 5 주식회사 소속 근로자들을 상대로 작업 지시를 한 사실을 인정할 증거가 없으므로 이 부분 공소사실은 범죄의 증명이 없는 경우에 해당한다고 판단하였다.

앞서 본 법리와 기록에 비추어 살펴보면, 원심의 위와 같은 사실인정과 판단은 정당한 것으로 수긍이 가고, 거기에 상고이유에서 주장하는 바와 같이 논리와 경험의 법칙에 위배하여 사실을 인정하거나 관련 법리를 오해하여 판결 결과에 영향을 미친 위법이 없다.

검사의 이 부분 상고이유의 주장은 이유 없다.

7. 결론

그러므로 상고를 모두 기각하기로 하여, 관여 대법관의 일치된 의견으로 주문과 같이 판결한다.

대법관 신영철(재판장) 박시환 안대희(주심) 차한성

대법원 2010.6.10. 선고 2010도935 판결

【업무방해】

판시사항

1 공무원으로부터 업무를 위탁받아 수행하는 사인의 업무집행을 방해한 경우, 형법상 업무방해죄의 성립 여부

2 도로관리청으로부터 권한을 위임받아 과적차량 단속 업무를 수행하는 자의 적재량 측정을 강제하기 위한 조치가 정당한 업무집행인지 여부(한정 소극)

3 도로관리청으로부터 권한을 위임받아 과적단속 업무를 담당하는 피해자의 적재량 재측정을 거부하면서, 재측정의 목적으로 피고인의 차량에 올라탄 피해자를 그대로 둔 채 차량을 진행한 사안에서, 위 행위에 대하여 업무방해의 결과가 발생할 위험이 없다고 한 원심판단을 정당하다고 한 사례

전 문

피 고 인 피고인

상 고 인 검사

원심판결 창원지법 2009. 12. 24. 선고 2009노1513 판결

주 문 상고를 기각한다.

이 유 상고이유를 본다.

공무원으로부터 업무를 위탁받아 수행하는 사인의 업무집행을 방해하였다는 이유로 업무방해죄로 기소가 된 경우, 형법상 업무방해죄의 보호대상이 되는 '업무'라 함은 직업 또는 계속적으로 종사하는 사무나 사업을 말하는 것으로서 타인의 위법한 행위에 의한 침해로부터 보호할 가치가 있는 것이면 되고, 그 업무의 기초가 된 계약 또는 행정행위 등이 반드시 적법하여야 하는 것은 아니나, 정당한 업무집행이라고 할 수 없는 행위에 대하여는 이를 위력으로 배제하였다고 하더라도 업무방해죄가 성립되지 아니한다고 할 것이다(대법원 1967. 10. 31. 선고 67도1086 판결, 대법원 1970. 8. 31. 선고 70도1384 판결, 대법원 1980. 9. 9. 선고 79도249 판결 등 참조).

또한, 도로관리청 또는 그로부터 권한을 위임받아 과적차량 단속을 위한 적재량 측정의 업무를 수행하는 자라고 하더라도, 적재량 측정을 강제할 수 있는 법령상의 근거가 없는 한, 측정에 불응하는 자를 고발하는 것은 별론으로 하고, 측정을 강제하기 위한 조치를 취할 권한은 없으므로, 이를 위한 조치가 정당한 업무집행이라고 볼 수는 없다.

원심판결이 도로관리청으로부터 권한을 위임받아 고속도로에서의 과적단속 업무를 담당하는 피해자로부터 축조작을 의심받고 적재량 재측정을 요구받은 피고인이 이를 거부하고 고속도로를 빠져나가려 하자, 재측정을 시킬 목적으로 차량에 올라탄 피해자를 그대로 둔 채 차량을 진행한 행위에 대하여 업무방해의 결과가 발생할 위험이 없다고 판단한 조치는 위와 같은 법리에 따른 것으로 정당하고, 거기에 업무방해죄의 업무방해행위에 대한 법리를 오해한 위법이 없다.

그러므로 상고를 기각하기로 하여 관여 대법관의 일치된 의견으로 주문과 같이 판결한다.

대법관 전수안(재판장) 양승태(주심) 김지형 양창수

대법원 2010.6.10. 선고 2010도3232 판결

【산지관리법위반·공정증서원본불실기재·불실기재공정증서원본행사】

판시사항

[1] 민사조정법상의 조정절차에서 작성되는 '조정조서'가 공정증서원본 불실기재죄의 객체인 '공정증서원본'에 해당하는지 여부(소극)

[2] 법원에 허위 내용의 조정신청서를 제출하여 판사로 하여금 조정조서에 불실의 사실을 기재하게 하였다는 취지의 공정증서원본 불실기재의 공소사실에 대하여, 위 조정조서가 공정증서원본에 해당한다고 판단하여 유죄로 인정한 원심판단에 법리오해의 위법이 있다고 한 사례

판결요지

[1] 형법 제228조 제1항이 규정하는 공정증서원본 불실기재죄는 공무원에 대하여 진실에 반하는 허위신고를 하여 공정증서원본에 그 증명하는 사항에 관하여 실체관계에 부합하지 아니하는 불실의 사실을 기재하게 함으로써 성립하는 범죄로서, 위 죄의 객체인 공정증서원본은 그 성질상 허위신고에 의해 불실한 사실이 그대로 기재될 수 있는 공문서이어야 한다고 할 것인바, 민사조정법상 조정신청에 의한 조정제도는 원칙적으로 조정신청인의 신청 취지에 구애됨이 없이 조정담당판사 등이 제반 사정을 고려하여 당사자들에게 상호 양보하여 합의하도록 권유·주선함으로써 화해에 이르게 하는 제도인 점에 비추어, 그 조정절차에서 작성되는 조정조서는 그 성질상 허위신고에 의해 불실한 사실이 그대로 기재될 수 있는 공문서로 볼 수 없어 공정증서원본에 해당하는 것으로 볼 수 없다.

[2] 법원에 허위 내용의 조정신청서를 제출하여 판사로 하여금 조정조서에 불실의 사실을 기재하게 하였다는 취지의 공정증서원본 불실기재의 공소사실에 대하여, 위 조정조서가 공정증서원본에 해당한다고 판단하여 유죄로 인정한 원심판단에 법리오해의 위법이 있다고 한 사례.

전　문

피 고 인 피고인 1외 1인

상 고 인 피고인 1 및 검사

변 호 인 법무법인

원심판결 수원지법 2010. 2. 11. 선고 2009노1042, 3590 판결

주　문 원심판결 중 피고인 1에 대한 유죄 부분을 파기하고, 이 부분 사건을 수원지방법원 본원 합의부에 환송한다. 검사의 상고를 모두 기각한다.

이　유 상고이유를 판단한다.

1. 피고인 1의 상고이유에 대하여

가. 공정증서원본 불실기재죄에 관한 법리오해 주장에 대하여

원심판결 이유에 의하면, 원심은 조정조서가 공정증서원본 불실기재죄의 객체인 공정증서원본에 해당한다고 봄이 상당하다고 판단하여, 법원에 허위 내용의 조정신청서를 제출하여 판사로 하여금 조정조서에 불실의 사실을 기재하게 하였다는 취지의 피고인 1에 대한 공정증서원본 불실기재의 각 공소사실을 모두 유죄로 인정하였다.

그러나 형법 제228조 제1항이 규정하는 공정증서원본 불실기재죄는 공무원에 대하여 진실에 반하는 허위신고를 하여 공정증서원본에 그 증명하는 사항에 관하여 실체관계에 부합하지 아니하는 불실의 사실을 기재하게 함으로써 성립하는 범죄로서 위 죄의 객체인 공정증서원본은 그 성질상 허위신고에 의해 불실한 사실이 그대로 기재될 수 있는 공문서이어야 한다고 할 것인바, 민사조정법상 조정신청에 의한 조정제도는 원칙적으로 조정신청인의 신청 취지에 구애됨이 없이 조정담당판사 등이 제반 사정을 고려하여 당사자들에게 상호 양

보하여 합의하도록 권유·주선함으로써 화해에 이르게 하는 제도인 점에 비추어, 그 조정절차에서 작성되는 조정조서는 그 성질상 허위신고에 의해 불실한 사실이 그대로 기재될 수 있는 공문서로 볼 수 없어 공정증서원본에 해당하는 것으로 볼 수 없다 고 할 것임에도, 이와 달리 원심이 조정조서가 공정증서원본에 해당한다고 판단하여 피고인 1에 대한 공정증서원본 불실기재의 각 공소사실을 모두 유죄로 인정한 데에는, 공정증서원본 불실기재죄의 객체에 관한 법리를 오해하여 판결에 영향을 미친 위법이 있다. 이 점을 지적하는 상고이유의 주장은 이유 있다.

나. 산지관리법 위반죄에 관한 법리오해 주장에 대하여

원심은, 제1심이 적법하게 채택하여 조사한 증거들에 의하면, 피고인 1이 경기 여주읍 (이하 상세주소 생략) 임야를 건축부지로 조성하는 것처럼 보여 분양이 원활히 이루어지도록 하기 위한 것일 뿐 위 임야에 고구마 또는 관상수를 식재하여 전으로 전환할 의사가 전혀 없음에도, 위 임야 중 문화재지표조사를 받지 않아도 되는 면적(30,000㎡ 이하)인 29,800㎡에 대하여만 개간허가 신청을 하면서 고구마를 재배하고 관상수를 식재하여 임야에서 '전'으로 개간하겠다는 내용의 허위 사업계획서와 영농계획서를 관할관청에 제출하여 산지전용허가를 받아 산지전용을 한 사실을 충분히 인정할 수 있고, 이와 같이 산지전용허가를 신청함에 있어 그 허가 여부를 판단하는 기준이 되는 목적사업이나 그 사업의 계획 등의 자료를 허위로 제출하여 산지전용허가를 받는 행위는 산지관리법 제53조 제1호에서 규정하는 '거짓 그 밖의 부정한 방법으로 산지전용허가를 받는 행위'에 해당한다고 판단하였는바, 기록에 비추어 살펴보면, 원심의 위와 같은 사실인정과 판단은 정당한 것으로 수긍할 수 있고, 거기에 상고이유로 주장하는 바와 같은 산지관리법의 해석에 관한 법리오해 등의 위법이 없다.

2. 검사의 상고이유에 대하여

앞서 본 바와 같이 조정조서를 공정증서원본으로 볼 수 없는 이상, 조정조서를 행사하는 것이 불실기재공정증서원본행사죄를 구성할 수 없음은 명백하므로, 불실의 사실이 기재된 조정조서를 법원에 비치하게 한 피고인들의 행위를 불실기재공정증서원본행사죄로 처벌해야 한다는 취지의 검사의 상고이유는 모두 받아들일 수 없다.

3. 결론

그러므로 원심판결의 피고인 1에 대한 부분 중 각 공정증서원본 불실기재의 점을 유죄로 인정한 부분은 모두 파기되어야 할 것인바, 원심은 이 부분을 피고인 1에 대한 각 산지관리법 위반죄와 형법 제37조 전단의 경합범으로 처단하여 하나의 형을 선고하였으므로, 피고인 1의 나머지 상고이유에 대한 판단을 생략한 채, 원심판결 중 피고인 1에 대한 유죄 부분 전부를 파기하고, 이 부분 사건을 다시 심리·판단하게 하기 위하여 원심법원에 환송하며, 검사의 피고인들에 대한 상고를 모두 기각하기로 하여, 관여 대법관의 일치된 의견으로 주문과 같이 판결한다.

대법관 박시환(재판장) 안대희 차한성(주심) 신영철

대법원 2010.6.10. 선고 2010도1125 판결

【공정증서원본불실기재·불실기재공정증서원본행사】

판시사항

[1] '자동차운전면허대장'이 형법 제228조 제1항의 '공정증서원본'에 해당하는지 여부(소극)

[2] 자동차운전면허증 재교부신청서의 사진란에 본인의 사진이 아닌 다른 사람의 사진을 붙여 제출함으로써 담당공무원으로 하여금 자동차운전면허대장에 불실의 사실을 기재하여 이를 비치하게 하였다는 공소사실에 대하여, 자동차운전면허대장이 공정증서원본임을 전제로 이를 모두 유죄로 인정한 원심판단에 법리오해의 위법이 있다고 한 사례

판결요지

[1] 도로교통법 시행령 제94조와 같은 법 시행규칙 제38조, 제77조, 제78조, 제80조, 제98조 등의 규정 취지를 종합하여 보면, 자동차운전면허대장은 운전면허 행정사무집행의 편의를 위하여 범칙자, 교통사고유발자의 인적사항·면허번호 등을 기재하거나 운전면허증의 교부 및 재교부 등에 관한 사항을 기재하는 것에 불과하며, 그에 대한 기재를 통해 당해 운전면허 취득자에게 어떠한 권리의무를 부여하거나 변동 또는 상실시키는 효력을 발생하게 하는 것으로 볼 수는 없고, 따라서 자동차운전면허대장은 사실증명에 관한 것에 불과하므로 형법 제228조 제1항에서 말하는 공정증서원본이라고 볼 수 없다.

[2] 자동차운전면허증 재교부신청서의 사진란에 본인의 사진이 아닌 다른 사람의 사진을 붙여 제출함으로써 담당공무원으로 하여금 자동차운전면허대장에 불실의 사실을 기재하여 이를 비치하게 하였다는 내용의 공소사실에 대하여, 자동차운전면허대장이 공정증서원본임을 전제로 이를 모두 유죄로 인정한 원심판단에 법리오해의 위법이 있다고 한 사례.

전 문

피 고 인 피고인

상 고 인 피고인

원심판결 수원지법 2010. 1. 7. 선고 2009노4919 판결

주 문 원심판결을 파기하고, 사건을 수원지방법원 본원 합의부에 환송한다.

이 유 상고이유를 판단하기에 앞서 직권으로 본다.

형법 제228조 제1항에서 말하는 공정증서란 권리의무에 관한 공정증서만을 가리키는 것이고 사실증명에 관한 것은 이에 포함되지 아니한다(대법원 2005. 5. 13. 선고 2004도7137 판결 참조).

원심판결 이유에 의하면, 원심은 '피고인이 자동차운전면허증 재교부신청서의 사진란에 피고인 본인의 사진이 아닌 다른 사람의 사진을 붙여 제출함으로써 담당공무원으로 하여금 공정증서원본인 자동차운전면허대장에 불실의 사실을 기재하게 하고, 위와 같이 불실의 사실이 기재된 자동차운전면허대장을 비치하게 하여 이를 행사하였다'는 공소사실을 모두 유죄로 인정한 제1심판결을 그대로 유지하였다.

그러나 원심의 이와 같은 조치는 앞서 본 법리에 비추어 볼 때 이를 그대로 수긍하기 어렵다. 먼저 도로교통법 시행령 제94조와 같은 법 시행규칙 제38조, 제77조, 제78조, 제80조, 제98조 등의 규정 취지를 종합하여 보면, 자동차운전면허대장은 운전면허 행정사무집행의 편의를 위하여 범칙자, 교통사고유발자의 인적사항·면허번호 등을 기재하거나 운전면허증의 교부 및 재교부 등에 관한 사항을 기재하는 것에 불과하며, 그에 대한 기재를 통해 당해 운전면허 취득자에게 어떠한 권리의무를 부여하거나 변동 또는 상실시키는 효력을 발생하게 하는 것으로 볼 수는 없다. 이러한 사정을 앞서 본 법리에 비추어 살펴보면, 자동차운전면허대장은 사실증명에 관한 것에 불과하므로 형법 제228조 제1항에서 말하는 공정증서원본이라고 볼 수 없다 할 것이고, 다만 운전면허증에 불실의 사실을 기재

하게 한 경우에 한하여 형법 제228조 제2항에 따라 처벌할 수 있는 것이라 할 것임에도 불구하고, 원심은 자동차 운전면허대장이 공정증서원본임을 전제로 피고인에 대한 공소사실을 모두 유죄로 인정한 제1심의 조치를 그대로 유지하고 말았으니, 이러한 원심판결에는 형법 제228조 제1항 소정의 '공정증서원본'의 범위에 관한 법리를 오해하여 판결에 영향을 미친 위법이 있다.

그러므로 원심판결을 파기하고, 사건을 다시 심리·판단하게 하기 위하여 원심법원에 환송하기로 하여, 관여 대법관의 일치된 의견으로 주문과 같이 판결한다.

대법관 신영철(재판장) 박시환 안대희(주심) 차한성

대법원 2010.5.27. 선고 2010도369 판결

【특정경제범죄가중처벌등에관한법률위반(배임)[피고인2에대한예비적죄명:특정경제범죄가중처벌등에관한법률위반(배임)방조]·특정경제범죄가중처벌등에관한법률위반(횡령)·특정경제범죄가중처벌등에관한법률위반(사기)·업무상배임·업무상횡령·횡령·배임증재·자격모용사문서작성·자격모용작성사문서행사·사문서위조·위조사문서행사·증권거래법위반·주식회사의외부감사에관한법률위반(피고인3에대한인정된죄명:사문서변조및변조사문서행사)】

판시사항

[1] 대표이사가 회사 명의로 대출받은 돈을 임의로 사용한 경우 업무상횡령죄가 성립한다고 한 사례

[2] 구 주식회사의 외부감사에 관한 법률에서 '감사인'의 의미 및 같은 법 제20조 제1항 제2호, 제3항 제3호에 의한 처벌대상인 행위

[3] 법령에 의한 외부 회계감사 대상이 아닌 회사에 회계감사를 실시한 회계법인은 구 주식회사의 외부감사에 관한 법률에서의 '감사인'에 해당하지 아니한다는 이유로, 같은 법 제20조 제1항 제2호, 제3항 제3호 위반의 공소사실을 무죄로 인정한 원심의 판단을 수긍한 사례

판결요지

[1] 대표이사가 회사 명의로 대출을 받을 당시 금융기관에 '자신이 실제 채무자이고 회사는 단순히 형식상의 주채무자'라는 의사표시를 하거나, 대출담당자가 '회사에 대해서는 채무자로서의 책임을 지우지 아니하려는 의도'를 가지고 있었다고 인정할 아무런 자료가 없는 사안에서, 금융기관과 회사 사이의 대출약정을 통정허위표시로 볼 수 없으므로, 대표이사가 회사에 귀속된 위 대출금을 인출하여 임의로 사용한 행위는 업무상횡령에 해당하고, 그 후 개인자금으로 대출금 상당액을 상환하였다는 등의 사정은 범죄 성립에 영향을 미치지 아니한다고 한 사례.

[2] 구 주식회사의 외부감사에 관한 법률(2007. 3. 29. 법률 제8314호로 개정되기 전의 것)에서의 '감사인'은 같은 법 제2조 등의 법령에 의하여 외부의 회계감사를 받아야 하는 회사에 대하여 감사를 실시하는 회계법인과 감사반만을 의미하고, 같은 법 제20조 제1항 제2호 및 같은 조 제3항 제3호는 위와 같은 '감사인'에 의하여 작성된 감사조서를 위조·변조·훼손 또는 파기하는 행위 내지 위와 같은 '감사인'의 감사업무를 방해하는 행위를 처벌하는 것으로 보아야 한다.

[3] 갑 회사가 법령에 의하여 필수적으로 외부 회계감사를 받아야 하는 회사가 아니어서, 갑 회사에 대해 회계감사를 실시한 회계법인 역시 구 주식회사의 외부감사에 관한 법률(2007. 3. 29. 법률 제8314호로 개정되기 전의 것)에서의 '감사인'에 해당하지 아니한다는 이유로, 같은 법 제20조 제1항 제2호, 제3항 제3호 위반의 공소사실을 무죄로 인정한 원심의 판단을 수긍한 사례.

전 문

피 고 인 피고인 1외 2인

상 고 인 피고인 1 및 검사

변 호 인 법무법인

원심판결 서울고법 2009. 12. 11. 선고 2009노1531 판결

주 문 상고를 모두 기각한다.

이 유 상고이유를 살펴본다.

1. 공소외 1 주식회사의 공소외 2 주식회사 주식 매수로 인한 '특정경제범죄 가중처벌 등에 관한 법률' 위반(배임)

의 점에 관한 피고인 1과 검사의 각 상고이유에 대한 판단

회사의 대표이사 등이 그 임무에 위배하여 회사로 하여금 다른 회사의 주식을 고가로 매수하게 함으로써 회사에 가한 손해액은 통상 그 주식의 매매대금과 시가의 차액 상당으로 볼 수 있고, 비상장주식의 경우에 그 시가는 그에 관한 객관적 교환가치가 적정하게 반영된 정상적인 거래의 실례가 있는 때에는 그 거래가격을 시가로 보아 주식의 가액을 평가하여야 한다. 다만 그와 같은 거래사례가 없는 경우에는 보편적으로 인정되는 여러 가지 평가방법들을 고려하되, 어느 한 가지 평가방법이 항상 적용되어야 한다고 단정할 수는 없고, 거래 당시 당해 비상장법인 및 거래당사자의 상황, 당해 업종의 특성 등을 종합적으로 고려하여 합리적으로 판단하여야 한다(대법원 2005. 4. 29. 선고 2005도856 판결 등 참조). 한편 주식거래와 관련한 배임행위로 인한 손해의 발생 여부를 판단하기 위하여 주식가치의 평가가 요구되는 경우에는, 상대적으로 가장 타당한 평가의 방법이나 기준을 심리하여 손해의 발생 여부를 구체적으로 판단하는 것이 필요하다(대법원 2009. 10. 29. 선고 2008도11036 판결 등 참조).

원심은 먼저, 그 판시와 같은 여러 사정을 들어 피고인 1의 공소외 3 혹은 공소외 4와의 주식거래는 이 사건 공소외 2 주식회사(이하 모든 회사의 이름에서 '주식회사'는 생략하기로 한다) 주식의 객관적 교환가치를 적정하게 반영하는 거래실례로 볼 수 없고 달리 그와 같은 적절한 거래실례를 발견할 수 없다고 하였다. 이어서 원심은 일반적으로 주식 가치의 평가에 사용되는 여러 방법 중에서 '유가증권의 발행 및 공시 등에 관한 규정'에 의한 평가방법이 당해 기업의 특성을 반영하는 가장 적합한 평가방법이라고 보고, 그에 따라 그 판시와 같은 기초자료를 토대로 산출한 당해 주식의 가액과 이 사건 거래에서의 매매대금의 차액 상당을 이 사건 배임행위로 인한 재산상 손해로 판단하였다.

앞서 본 법리의 취지와 원심판결 이유에 비추어 보면, 원심의 판단은 그 이유 설시에 다소 미흡한 점이 있으나 이 사건 배임행위로 인한 이득액이 적어도 그 판시와 같이 5억 원 이상이라고 인정한 결론에 있어서는 정당한 것으로 수긍할 수 있다. 나아가 피고인 1과 검사의 각 상고이유에서 주장하는 바와 같이 원심판결에 비상장주식의 가치평가방법이나 배임행위로 인한 손해액 산정 등에 관한 법리를 오해하였다거나 논리와 경험의 법칙에 위배하고 자유심증주의의 한계를 벗어나 사실을 인정하여 판결결과에 영향을 미친 위법이 있다고 할 수 없다.

2. 피고인 1의 나머지 상고이유에 대한 판단

가. 공소외 5 주식회사 명의 대출금의 사용으로 인한 '특정경제범죄 가중처벌 등에 관한 법률' 위반(횡령)의 점에 관하여

(1) 금융거래에 있어서 권리의무를 부담하는 당사자는 그 명의를 기준으로 정하는 것이 원칙이다. 따라서 실제 차주가 제3자의 명의를 빌어 대출을 받는 경우에도, 금융기관이 명의대여자와 사이에 당해 대출에 따르는 법률상의 효과를 실제 차주에게 귀속시키고 명의대여자에게는 그 채무 등의 부담을 지우지 아니하기로 합의하였다는 사정이 적극적으로 입증되는 등의 특별한 사정이 없는 한, 금융기관과 대출명의자 사이의 거래를 통정허위표시로 보아 그 효력을 부인할 수는 없다(대법원 2008. 6. 12. 선고 2008다7772, 7789 판결 등 참조). 한편 횡령죄에 있어서 '불법영득의 의사'라 함은 자기 또는 제3자의 이익을 꾀할 목적으로 임무에 위배하여 보관하는 타인의 재물을 자기의 소유인 경우와 같이 처분을 하는 의사를 말하고, 사후에 이를 반환하거나 변상 또는 보전하려는 의사가 있다고 하여 불법영득의사의 존재가 부정되지 아니한다(대법원 2006. 11. 10. 선고 2004도5167 판결 등 참조).

(2) 원심판결 이유에 의하면, 원심은 피고인 1이 공소외 5 주식회사의 대표이사로서 이 사건 대출을 받을 당시 금융기관을 상대로 "자신이 실제 채무자이고 공소외 5 주식회사는 단순히 형식상의 주채무자"라는 의사표시를 하거나, 금융기관의 대출담당자가 "공소외 5 주식회사에 대해서는 채무자로서의 책임을 지우지 아니하려는 의도"를 가지고 있었다고 인정할 아무런 자료가 없다고 보았다. 그리하여 원심은 그 판시 금융기관과 공소외 5 주식회사 사이의 이 사건 대출약정을 통정허위표시로 볼 수 없다고 판단하였다. 나아가 원심은 피고인 1이 위와 같은 경위로 공소외 5 주식회사에게 귀속된 그 판시 대출금을 인출하여 임의로 자신의 개인적 용도로 사용한 행위는 업무상횡령에 해당하고, 그 이후에 위 피고인이 개인자금으로 그 대출금 상당액을 상환하였다는 등의 사정은 범죄의 성립에 영향을 미치지 아니한다고 판단하였다.

(3) 앞서 본 법리의 취지를 기록에 비추어 살펴보면 원심의 판단은 정당한 것으로 수긍할 수 있고, 거기에 상고이유의 주장과 같이 대출채무자의 확정 혹은 불법영득의사의 인정 등에 관한 법리를 오해한 위법이나 논리와 경험법칙에 위배하고 자유심증주의의 한계를 벗어나 사실을 인정한 위법으로 판결 결과에 영향을 미친 바가 있다고 할 수 없다.

나. 그 밖의 상고이유에 관하여

원심이 적법하게 채용한 증거들을 원심판결 이유에 비추어 살펴보면, 원심이 그 판시와 같은 여러 정황 내지 간접사실 등을 토대로 이 부분 각 공소사실을 모두 유죄로 판단한 조치는 정당한 것으로 수긍할 수 있고,

거기에 상고이유의 주장과 같이 논리와 경험의 법칙에 위배하고 자유심증주의의 한계를 벗어나 사실을 인정하거나 관련 법리를 오해하여 판결 결과에 영향을 미친 위법이 있다고 할 수 없다.

3. 검사의 나머지 상고이유에 대한 판단

가. 피고인 2, 3에 대한 각 '주식회사의 외부감사에 관한 법률' 위반의 점에 관하여

(1) 구 '주식회사의 외부감사에 관한 법률'(2007. 3. 29. 법률 제8314호로 개정되기 전의 것. 이하 '외감법'이라 한다)에서의 '감사인'은 외감법 제2조 등의 법령에 의하여 외부의 회계감사를 받아야 하는 회사에 대하여 감사를 실시하는 회계법인과 감사반만을 의미하고(대법원 2004. 5. 13. 선고 2002도7340 판결 등 참조), 외감법 제20조 제1항 제2호 및 같은 조 제3항 제3호는 위와 같은 '감사인'에 의하여 작성된 감사조서를 위조·변조·훼손 또는 파기하는 행위 내지 위와 같은 감사인의 감사업무를 방해하는 행위를 처벌하는 것으로 보아야 한다.

(2) 원심은 공소외 2 주식회사가 외감법 제2조 등의 법령에 의하여 필수적으로 외부의 회계감사를 받아야 하는 회사가 아니고, 따라서 이 사건 회계감사를 실시한 회계법인은 위 '감사인'에 해당하지 아니한다는 이유를 들어, 이 사건 회계감사와 관련된 이 부분 각 공소사실에 관하여 범죄의 증명이 없다고 판단하였다.

(3) 앞서 본 법리의 취지와 원심판결 이유에 비추어 살펴보면 원심의 판단은 정당한 것으로 수긍할 수 있고, 거기에 관련 법리를 오해한 위법이 없다. 검사의 이 부분 상고이유의 논지는 위 법리의 취지에 반하는 독자적 견해에서 원심판결을 비판하는 것에 불과하여 받아들이지 아니한다.

나. 피고인 1, 2에 대한 그 밖의 상고이유에 관하여

원심은 이 부분 각 공소사실에 관하여 합리적 의심을 배제하고 이를 유죄로 인정할 증거가 부족하거나 없다는 이유로 무죄를 선고하였다. 원심판결 이유를 원심이 적법하게 채택한 증거들 및 관련 법리에 비추어 살펴보면, 원심이 논리와 경험의 법칙에 위배하고 자유심증주의의 한계를 벗어나 사실을 인정하거나 관련 법리를 오해하여 판결결과에 영향을 미친 위법이 없으므로, 이를 다투는 이 부분 상고이유의 주장은 모두 이유 없다.

4. 결론

그러므로 상고를 모두 기각하기로 하여 관여 대법관의 일치된 의견으로 주문과 같이 판결한다.

대법관 김지형(재판장) 양승태 전수안 양창수(주심)

대법원 2010.5.27. 선고 2010도3498 판결

【사기·전자금융거래법위반】

판시사항

1 송금의뢰인과 수취인 사이에 계좌이체 등의 원인이 되는 법률관계가 존재하지 않음에도 계좌이체에 의하여 수취인이 이체금액 상당의 예금채권을 취득한 경우, 수취인이 은행에 예금반환을 청구하여 지급받는 행위가 은행을 피해자로 한 사기죄에 해당하는지 여부(소극)

2 예금주인 피고인이 제3자에게 편취당한 송금의뢰인으로부터 자신의 은행계좌에 계좌송금된 돈을 출금한 사안에서, 위 은행을 피해자로 한 사기죄가 성립하지 않는다고 한 원심의 판단을 수긍한 사례

판결요지

1 송금의뢰인이 수취인의 예금계좌에 계좌이체 등을 한 이후, 수취인이 은행에 대하여 예금반환을 청구함에 따라 은행이 수취인에게 그 예금을 지급하는 행위는 계좌이체금액 상당의 예금계약의 성립 및 그 예금채권 취득에 따른 것으로서 은행이 착오에 빠져 처분행위를 한 것이라고 볼 수 없으므로, 결국 이러한 행위는 은행을 피해자로 한 형법 제347조의 사기죄에 해당하지 않는다고 봄이 상당하다.

2 예금주인 피고인이 제3자에게 편취당한 송금의뢰인으로부터 자신의 은행계좌에 계좌송금된 돈을 출금한 사안에서, 피고인은 예금주로서 은행에 대하여 예금반환을 청구할 수 있는 권한을 가진 자이므로, 위 은행을 피해자로 한 사기죄가 성립하지 않는다는 원심의 판단을 정당하다고 한 사례.

전 문

피 고 인 피고인

상 고 인 피고인 및 검사

변 호 인 변호사

원심판결 인천지법 2010. 2. 18. 선고 2010노90 판결

주 문 상고를 모두 기각한다.

이 유 상고이유를 판단한다.

1. 피고인의 상고에 대하여

형사소송법 제383조 제4호의 규정에 의하면 사형, 무기 또는 10년 이상의 징역이나 금고가 선고된 사건에 있어서만 양형부당을 사유로 한 상고가 허용되는 것이므로, 피고인에 대하여 그보다 가벼운 형이 선고된 이 사건에서는 형의 양정이 부당하다는 주장은 적법한 상고이유가 되지 못한다.

2. 검사의 상고에 대하여

사기죄는 타인을 기망하여 착오에 빠뜨리고 그 처분행위를 유발하여 재물을 교부받거나 재산상 이익을 얻음으로써 성립하는 것으로서, 기망, 착오, 재산적 처분행위 사이에 인과관계가 있어야 한다(대법원 1989. 7. 11. 선고 89도346 판결, 대법원 2003. 10. 10. 선고 2003도3516 판결 등 참조).

한편, 계좌이체 또는 현금으로 계좌송금(이하 '계좌이체 등'이라고 한다)이 되었지만 예금원장에 입금의 기록이 된 때에 예금이 된다고 예금거래기본약관에 정하여져 있을 뿐이고, 수취인과 은행 사이의 예금계약의 성립 여부를 송금의뢰인과 수취인 사이에 계좌이체 등의 원인인 법률관계가 존재하는지 여부에 의하여 좌우되도록 별도로 약정하였다는 등의 특별한 사정이 없다면, 송금의뢰인과 수취인 사이에 계좌이체 등의 원인인 법률관계가 존재하는지 여부에 관계없이 수취인과 은행 사이에는 계좌이체금액 상당의 예금계약이 성립하고, 수취인은 은행에 대하여 위 금액 상당의 예금채권을 취득한다. 그리고 위와 같이 송금의뢰인과 수취인 사이에 계좌이체 등의 원인이 되는 법률관계가 존재하지 않음에도 불구하고, 계좌이체에 의하여 수취인이 계좌이체금액 상당의

예금채권을 취득한 경우에, 송금의뢰인은 수취인에 대하여 위 금액 상당의 부당이득반환청구권을 가지게 되지만, 은행은 이익을 얻은 것이 없으므로 은행에 대하여는 부당이득반환청구권을 가지지 않는다(대법원 2006. 3. 24. 선고 2005다59673 판결, 대법원 2007. 11. 29. 선고 2007다51239 판결 등 참조).

그렇다면 위와 같이 송금의뢰인이 수취인의 예금계좌에 계좌이체 등을 한 이후, 수취인이 은행에 대하여 예금반환을 청구함에 따라 은행이 수취인에게 그 예금을 지급하는 행위는 계좌이체금액 상당의 예금계약의 성립 및 그 예금채권 취득에 따른 것으로서 은행이 착오에 빠져 처분행위를 한 것이라고 볼 수 없으므로, 결국 이러한 행위는 은행을 피해자로 한 형법 제347조의 사기죄에 해당하지 않는다고 봄이 상당하다.

위 법리에 비추어 보면, 이 사건 은행계좌의 예금주는 피고인이고, 피고인은 예금주로서 은행에 대하여 예금반환을 청구할 수 있는 권한을 가진 자이므로, 피고인의 예금반환청구를 권한 없는 자의 예금반환청구로 볼 수는 없다는 전제 하에 은행을 피해자로 한 사기죄가 성립하지 않는다는 원심의 이 부분 결론은 정당하다. 거기에 상고이유와 같은 사기죄에 관한 경험칙 위반, 법리오해 등으로 인하여 판결 결과에 영향을 미친 위법이 없다.

3. 결론

그러므로 상고를 모두 기각하기로 하여 관여 법관의 일치된 의견으로 주문과 같이 판결한다.

대법관 김능환(재판장) 이홍훈(주심) 민일영

대법원 2010.5.27. 선고 2010도3399 판결

【배임수재·뇌물공여·배임증재·특정범죄가중처벌등에관한법률위반(뇌물)·제3자뇌물취득·특정경제범죄가중처벌등에관한법률위반(횡령)】

판시사항

[1] 배임수증재죄에서 '부정한 청탁'의 의미 및 그 판단 기준

[2] 구 도시 및 주거환경정비법 제84조에 의하여 공무원으로 의제되는 정비사업전문관리업자의 임·직원이 구 특정범죄 가중처벌 등에 관한 법률 제2조에 의하여 가중처벌되는 뇌물죄의 주체에 포함되는지 여부(적극)

[3] 타인을 위하여 금전 등을 보관·관리하는 자가 공사업자 등과 공모하여 공사대금을 부풀려 지급하고 그 중 일부를 되돌려받는 행위가 횡령에 해당하는지 여부(적극)

[4] 회사의 대표이사가 이자나 변제기의 약정없이 이사회 결의 등 적법한 절차를 거치지 아니하고 회사를 위한 지출 이외의 용도로 거액의 회사 자금을 가지급금 등의 명목으로 인출, 사용한 행위가 횡령죄를 구성하는지 여부(적극)

[5] 횡령한 재물을 사후에 반환하거나 변상, 보전하는 의사가 있는 경우 불법영득의사가 인정되는지 여부(적극) 및 사후에 변상·보전한 금액을 횡령금액에서 공제하여야 하는지 여부(소극)

전 문

피 고 인 피고인 1외 6인

상 고 인 피고인들

변 호 인 법무법인

원심판결 서울고법 2010. 2. 12. 선고 2009노2792 판결

주 문 상고를 모두 기각한다.

이 유 상고이유(상고이유서 제출기간이 경과한 후에 제출된 상고이유보충서의 기재는 상고이유를 보충하는 범위 내에서)를 본다.

1. 피고인 3을 제외한 나머지 상고인들에 대한 배임수증재의 점

형법 제357조에 규정된 배임수재죄 또는 배임증재죄에 있어서의 "부정한 청탁"이라 함은 청탁이 사회상규와 신의성실의 원칙에 반하는 것을 말하고, 이를 판단함에 있어서는 청탁의 내용, 이에 관련되어 취득한 재물이나 재산상 이익의 종류·액수 및 형식, 재산상 이익 제공의 방법과 태양, 보호법익인 거래의 청렴성 등을 종합적으로 고찰하여야 하며, 그 청탁이 반드시 명시적일 필요는 없고 묵시적으로 이루어지더라도 무방하다(대법원 2008. 12. 24. 선고 2008도9602 판결 등 참조).

원심의 판결이유에 의하면, 원심은 이 사건 토지를 이용한 주택건설사업을 둘러싸고 토지의 소유자 겸 매도인인 공소외 1 재단법인, 토지 지상의 무허가건물 소유자 등으로 이루어진 재개발추진위원회, 토지의 매수인 겸 주택건설업체인 '공소외 2 주식회사' 등 다수의 이해관계가 서로 얽혀있는 상태에서, 공소외 2 주식회사의 대표이사인 피고인 4가 공소외 1 재단법인의 이사장인 피고인 2, 이사인 피고인 5, 6, 7, 재개발추진위원회의 의장인 피고인 1을 상대로, 그 판시와 같이 "공소외 2 주식회사의 사업에 도움이 되는 반면에 공소외 1 재단법인 또는 재개발추진위원회의 이해관계와는 상충될 수도 있는 내용의 청탁"을 하면서 각 수천만 원에서 수십억 원에 이르는 금품을 제공한 사실을 인정하였다. 이어 원심은 위와 같은 관련자들의 이해관계, 처리하는 사무의 내용 및 임무의 성질, 청탁의 내용, 수수된 금품의 규모, 금품의 제공방법 및 태양 등의 여러 사정에 비추어, 위와 같은 금품의 수수와 관련한 청탁은 금품을 주는 쪽이나 금품을 받는 쪽의 어느 입장에서 보더라도 사회상규와 신의성실의 원칙에 반하는 '부정한 청탁'에 해당한다고 판단하였다.

앞서 본 법리와 원심이 적법하게 채용한 증거들에 비추어 살펴보면, 위와 같은 원심의 판단은 정당하고, 거기에 부정한 청탁의 의미 등에 관한 법리를 오해하거나 사실의 인정에 있어 논리와 경험의 법칙에 위배하여 자유

심증주의의 한계를 벗어난 위법이 없다.

따라서 이 부분에 관한 위 피고인들의 상고이유의 주장은 모두 이유 없다.

2. 피고인 3에 대한 특정범죄 가중처벌 등에 관한 법률 위반(뇌물수수)의 점

도시 및 주거환경정비법에 정한 정비사업전문관리업자가 일정한 자본·기술인력 등의 기준을 갖추어 법령에 의한 등록을 마친 후에는 조합설립추진위원회 등으로부터 정비사업전문관리업자로 선정되기 전이라도, 그 임·직원은 같은 법 제84조에 의하여 형법 제129조 내지 제132조의 적용에 있어서 공무원으로 의제된다(대법원 2008. 11. 13. 선고 2008도2591 판결 참조). 한편 특정범죄 가중처벌 등에 관한 법률 제2조에 의하여 가중처벌되는 뇌물죄의 주체에 관한 요건인 "형법 제129조· 제130조 또는 제132조에 규정된 죄를 범한 자"에는 다른 법령에 의하여 공무원 또는 공무원에 준하는 신분을 가지는 경우도 포함되고(대법원 2007. 4. 26. 선고 2007도1046 판결, 대법원 2008. 12. 24. 선고 2008도8864 판결 등 참조), 특정범죄 가중처벌 등에 관한 법률 제4조에 해당하는 기관 또는 단체의 간부직원에 한정하여 가중처벌 조항이 적용되는 것은 아니다.

원심의 판결이유에 의하면, 원심은 피고인 3이 정비사업전문관리업체의 대표이사로서 그 직무와 관련하여 그 판시와 같이 1억 원 이상의 금품을 수수하였다는 이유로, 특정범죄 가중처벌 등에 관한 법률 제2조 제1항 제1호, 형법 제129조 제1항에 의하여 가중처벌을 하였다.

앞서 본 법리의 취지에 비추어 보면, 원심의 판단은 정당하고 거기에 상고이유로 주장하는 바와 같은 법리오해 등의 위법이 없으므로, 이 부분 상고이유의 주장은 이유 없다.

3. 피고인 2에 대한 특정경제범죄 가중처벌 등에 관한 법률 위반(횡령)의 점

타인을 위하여 금전 등을 보관·관리하는 자가 개인적 용도로 사용할 자금을 마련하기 위하여, 적정한 금액보다 과다하게 부풀린 금액으로 공사계약을 체결하기로 공사업자 등과 사전에 약정하고 그에 따라 과다지급된 공사대금 중의 일부를 공사업자로부터 되돌려받는 행위는 그 타인에 대한 관계에서 횡령에 해당한다(대법원 2007. 10. 12. 선고 2005도7112 판결 등 참조).

원심이 적법하게 채용한 증거들을 원심의 판결이유에 비추어 살펴보면, 원심이 피고인 2가 공사업체의 직원인 공소외 3과 사이에 공사대금의 과다계상 및 반환에 관한 사전약정을 하고 그에 따라 그 판시와 같이 공사대금의 일부를 되돌려 받아 개인적 용도로 사용하는 방법으로 공소외 1 재단법인의 자금을 횡령하였다고 판단한 조치는 정당하고, 거기에 논리와 경험의 법칙에 위배하여 자유심증주의의 한계를 벗어난 사실을 인정한 위법이 없다. 나아가 원심의 판결이유를 앞서 본 법리의 취지에 비추어 보면, 상고이유에서 주장하는 바와 같이 횡령죄와 배임수재죄의 구별 등에 관한 법리오해의 위법도 없다.

따라서 이 부분에 관한 위 피고인의 상고이유의 주장은 이유 없다.

4. 피고인 4에 대한 특정경제범죄 가중처벌 등에 관한 법률 위반(횡령)의 점

회사의 대표이사가 회사를 위한 지출 이외의 용도로 거액의 회사 자금을 가지급금 등의 명목으로 인출, 사용함에 있어서 이자나 변제기의 약정이 없음은 물론 이사회 결의 등 적법한 절차도 거치지 아니하는 것은 통상 용인될 수 있는 범위를 벗어나 대표이사의 지위를 이용하여 회사 자금을 사적인 용도로 임의로 대여, 처분하는 것과 다름없어 횡령죄를 구성한다(대법원 2006. 4. 27. 선고 2003도135 판결 등 참조). 한편 횡령죄에 있어서 불법영득의 의사라 함은 자기 또는 제3자의 이익을 꾀할 목적으로 임무에 위배하여 보관하는 타인의 재물을 자기의 소유인 경우와 같이 처분을 하는 의사를 말하고, 사후에 이를 반환하거나 변상, 보전하는 의사가 있다 하더라도 불법영득의 의사를 인정함에는 지장이 없으며(대법원 2006. 11. 10. 선고 2004도5167 판결 등 참조), 그와 같이 사후에 변상하거나 보전한 금액을 횡령금액에서 공제해야 하는 것도 아니다.

원심의 판결이유에 의하면, 원심은 그 판시와 같은 피고인 4의 공소외 2 주식회사에서의 지위, 자금의 인출과정 및 인출된 자금의 사용처, 허위용역계약서 등을 이용한 대출금의 인출행태 등의 여러 사정에 비추어, 피고인 4가 처음부터 불법영득의 의사를 가지고 가지급금 등의 명목으로 공소외 2 주식회사의 자금을 임의로 인출하여 이를 횡령한 것으로 인정되므로, 그 판시와 같은 인출금액 전부를 횡령액으로 인정한 제1심의 조치는 정당하다고 판단하였다.

원심이 적법하게 채용한 증거들을 원심의 판결이유에 비추어 살펴보면, 원심이 위와 같은 사실을 인정하는 과정에서 논리와 경험의 법칙에 위배하여 자유심증주의의 한계를 벗어난 위법이 있다고 할 수 없고, 나아가 앞서 본 법리의 취지에 비추어 보더라도, 상고이유로 주장하는 바와 같은 횡령 범의 혹은 횡령액 산정 등에 관한 법리오해의 위법이 없다.

따라서 이 부분에 관한 위 피고인의 상고이유의 주장은 이유 없다.

5. 기타 상고이유에 대한 판단

형사소송법 제383조 제4호에 의하면 사형, 무기 또는 10년 이상의 징역이나 금고가 선고된 사건에서만 양형부당을 사유로 한 상고가 허용되는 것이므로, 피고인 1에 대하여 그보다 가벼운 형이 선고된 이 사건에서는 형

의 양정이 부당하다는 주장은 적법한 상고이유가 되지 못한다. 그 밖에 피고인들이 주장하는 나머지 상고이유는 사실심인 원심의 전권에 속하는 증거의 취사선택과 사실의 인정을 탓하는 취지에 불과하거나, 항소심에서 항소이유로 주장하지 아니하여 항소심의 심판대상이 되지 않은 사항에 관한 것이므로, 적법한 상고이유가 되지 못한다.

6. 결론

그러므로 상고를 모두 기각하기로 하여 관여 법관의 일치된 의견으로 주문과 같이 판결한다.

대법관 김능환(재판장) 이홍훈(주심) 민일영

대법원 2010.5.27. 선고 2010도2680 판결

【폭행치사(일부인정된죄명:폭행)】

판시사항

1 속칭 '생일빵'을 한다는 명목 하에 피해자를 가격하였다면 폭행죄가 성립하고, 가격행위의 동기, 방법, 횟수 등 제반 사정에 비추어 사회상규에 위배되지 아니하는 정당행위에 해당하지 않는다고 한 원심판단을 수긍한 사례

2 폭행죄 등 반의사불벌죄에서 처벌불원의 의사표시는 의사능력 있는 피해자가 단독으로 할 수 있는지 여부(적극) 및 피해자 사망 후 상속인이 그 의사표시를 대신할 수 있는지 여부(소극)

3 속칭 '생일빵'을 한다는 명목 하에 피해자를 가격하여 사망에 이르게 한 사안에서, 폭행과 사망 간에 인과관계는 인정되지만 폭행 당시 피해자의 사망을 예견할 수 없었다는 이유로 폭행치사의 공소사실에 대하여 무죄를 선고한 원심판단을 수긍한 사례

전 문

피 고 인 피고인

상 고 인 피고인 및 검찰관

변 호 인 법무법인

원심판결 고등군사법원 2010. 2. 2. 선고 2009노256 판결

주 문 상고를 모두 기각한다.

이 유 상고이유를 판단한다.

1. 변호인의 상고이유 제1, 2점에 대하여

형법 제20조 소정의 '사회상규에 위배되지 아니하는 행위'라 함은 법질서 전체의 정신이나 그 배후에 놓여 있는 사회윤리 내지 사회통념에 비추어 용인될 수 있는 행위를 말하고, 어떠한 행위가 사회상규에 위배되지 아니하는 정당한 행위로서 위법성이 조각되는 것인지는 구체적인 사정 아래서 합목적적, 합리적으로 고찰하여 개별적으로 판단되어야 할 것인바, 이와 같은 정당행위를 인정하려면 첫째 그 행위의 동기나 목적의 정당성, 둘째 행위의 수단이나 방법의 상당성, 셋째 보호이익과 침해이익과의 법익권형성, 넷째 긴급성, 다섯째 그 행위 외에 다른 수단이나 방법이 없다는 보충성 등의 요건을 갖추어야 한다(대법원 2000. 4. 25. 선고 98도2389 판결, 대법원 2009. 12. 24. 선고 2007도6243 판결 등 참조).

원심판결 이유에 의하면 원심은, 피고인이 속칭 '생일빵'을 한다는 명목 하에 피해자를 판시와 같이 가격하였다면 폭행죄가 성립한다고 판단하였는바, 원심이 들고 있는 가격행위의 동기, 방법, 횟수 등의 제반 사정에 비추어 보면 원심의 위 판단은 앞에서 본 법리에 따른 것으로서 옳고, 거기에 폭행죄나 정당행위에 관한 법리를 오해한 위법 등이 없다.

2. 변호인의 상고이유 제3점에 대하여

폭행죄는 피해자의 명시한 의사에 반하여 공소를 제기할 수 없는 반의사불벌죄로서 처벌불원의 의사표시는 의사능력이 있는 피해자가 단독으로 할 수 있는 것이고(대법원 2009. 11. 19. 선고 2009도6058 전원합의체 판결 참조), 피해자가 사망한 후 그 상속인이 피해자를 대신하여 처벌불원의 의사표시를 할 수는 없다고 보아야 한다.

따라서 변호인 주장과 같이 피해자의 상속인들이 이 사건 제1심판결 선고 전에 피고인에 대한 처벌불원의 의사표시를 하였다고 하더라도, 원심이 피고인에 대한 폭행죄를 유죄로 판단한 것은 위 법리에 따른 것으로서 옳고, 거기에 상고이유와 같은 반의사불벌죄에 있어서의 처벌불원의 의사표시에 관한 법리를 오해한 위법 등이 없다.

3. 검찰관의 상고이유에 대하여

폭행치사죄는 결과적 가중범으로서 폭행과 사망의 결과 사이에 인과관계가 있는 외에 사망의 결과에 대한 예견가능성 즉 과실이 있어야 하고, 이러한 예견가능성의 유무는 폭행의 정도와 피해자의 대응상태 등 구체적 상황을 살펴서 엄격하게 가려야 한다(대법원 1990. 9. 25. 선고 90도1596 판결 등 참조).

원심판결 이유에 의하면 원심은, 비록 피고인의 폭행과 피해자의 사망 간에 인과관계는 인정되지만 판시와 같은 폭행의 부위와 정도, 피고인과 피해자의 관계, 피해자의 건강상태 등 제반 사정을 고려하여 볼 때 피고인이 폭행 당시 피해자가 사망할 것이라고 예견할 수 없었다는 이유로 피고인에 대한 공소사실 중 폭행치사의 점은 범죄의 증명이 없는 경우로서 무죄라고 판단하였는바, 원심이 들고 있는 제반 사정을 위 법리에 비추어 보면 원심의 위와 같은 판단은 옳은 것으로서 수긍할 수 있고, 거기에 상고이유 주장과 같은 폭행치사죄의 성립 내지 예견가능성에 관한 법리를 오해한 위법 등이 없다.

한편, 상고이유 중 피고인이 피해자의 가슴부위를 가격한 것이라고 주장하는 부분은 결국 사실심인 원심의 전권에 속하는 증거의 취사선택과 사실의 인정을 탓하는 것으로서 적법한 상고이유가 되지 못한다.

4. 결론

그러므로 상고를 모두 기각하기로 하여 관여 대법관의 일치된 의견으로 주문과 같이 판결한다.

대법관 안대희(재판장) 박시환 차한성 신영철(주심)

대법원 2010.5.27. 선고 2010도1490 판결

【업무상배임】

판시사항

대표이사가 대표권을 남용하여 자신의 개인채무에 대하여 회사 명의의 차용증을 작성하여 주었고, 그 상대방도 이와 같은 진의를 알았거나 알 수 있었던 사안에서, 무효인 차용증을 작성하여 준 것만으로는 회사에 재산상 손해가 발생하였다거나 재산상 실해 발생의 위험이 초래되었다고 볼 수 없어 업무상배임죄가 성립하지 않는다고 한 사례

전　문

피 고 인 피고인 1외 1인

상 고 인 검사

변 호 인 법무법인

원심판결 수원지법 2010. 1. 12. 선고 2009노3746 판결

주　문 상고를 모두 기각한다.

이　유 상고이유를 판단한다.

배임죄가 성립하려면 경제적 관점에서 파악하여 배임행위로 인하여 본인에게 현실적인 손해를 가하였거나 적어도 재산상 실해 발생의 위험을 초래하였다고 인정되어야 한다(대법원 1997. 5. 30. 선고 95도531 판결, 대법원 2004. 4. 9. 선고 2004도771 판결 등 참조). 한편 대표이사가 대표권의 범위 내에서 한 행위는 설사 대표이사가 회사의 영리목적과 관계없이 자기 또는 제3자의 이익을 도모할 목적으로 그 권한을 남용한 것이라 할지라도 일단 회사의 행위로서 유효하지만, 그 행위의 상대방이 대표이사의 진의를 알았거나 알 수 있었을 때에는 회사에 대하여 무효가 되는 것이다(대법원 1993. 6. 25. 선고 93다13391 판결, 대법원 2005. 7. 28. 선고 2005다3649 판결 등 참조).

원심판결 이유에 의하면 원심은, 피고인 2가 2002. 10. 9.경 공소외 1로부터 3억 원을 차용하고 피고인 1이 연대보증한 사실(다만 공소외 1의 요청으로 채권자 명의는 공소외 2로 하였다), 이 사건 회사의 주주들로서 대표이사 및 감사이던 피고인들은 2005. 4. 29.경 이 사건 회사에 대하여 가지는 일체의 권리를 타인에게 양도하면서, 같은 날 공소외 1에게, 이 사건 회사가 2004. 6. 24. 3억 원을 공소외 2로부터 차용하였다는 취지의 이 사건 차용증을 작성하여 준 사실, 공소외 1과 공소외 2는 이 사건 차용증을 근거로 이 사건 회사에 대하여 대여금 3억 원의 지급을 구하는 소를 제기하였다가 취하한 사실 등을 인정한 후, 그에 의하여 알 수 있는 판시와 같은 사정, 즉 피고인들이 공소외 1에게 이 사건 차용증을 작성하여 준 것은 대표이사인 피고인 2의 개인채무 3억 원을 이 사건 회사가 직접 채무자로서 변제하도록 하거나 보증책임을 부담하도록 하려는 것으로서 대표이사인 피고인 2의 대표권을 남용한 행위인 점, 그 상대방인 공소외 1로서도 피고인들의 위와 같은 진의를 알았거나 충분히 알 수 있었던 점, 그에 따라 이 사건 회사는 이 사건 차용증에 기한 변제책임 내지 보증책임을 부담하지 않는 것이고 달리 이 사건 회사가 사용자책임 등에 따른 손해배상 의무를 부담할 여지도 없는 점 등에 비추어 보면 피고인들이 공소외 1에게 이 사건 차용증을 작성하여 준 것만으로는 이 사건 회사에 재산상 손해가 발생하였다거나 재산상 실해 발생의 위험이 초래되었다고 볼 수 없어 피고인들에 대하여 업무상배임죄가 성립하지 않는다고 판단하였는바, 위와 같은 원심판단은 앞서 본 법리에 따른 것으로서 정당하고, 거기에 업무상배임죄의 성립에 관한 법리 등을 오해한 위법이 있다고 할 수 없다.

한편 상고이유 중 채증법칙 위반을 주장하는 부분은 결국 사실심인 원심의 전권에 속하는 증거의 취사선택과 사실의 인정을 비난하는 것으로서, 적법한 상고이유가 되지 못한다.

그러므로 상고를 모두 기각하기로 하여 관여 대법관의 일치된 의견으로 주문과 같이 판결한다.

대법관 안대희(재판장) 박시환 차한성 신영철(주심)

대법원 2010.5.13. 선고 2010도2468 판결

【보건범죄단속에관한특별조치법위반(부정의료업자)·의료법위반】

판시사항

[1] 영리를 목적으로 무면허 의료행위를 업으로 하는 자가 일부 돈을 받지 아니한 경우, '보건범죄단속에 관한 특별조치법 위반죄' 외에 별도로 '의료법 위반죄'를 구성하는지 여부(소극)

[2] 같은 장소에서 같은 방법으로 동일한 범의를 가지고 한 일련의 무면허 의료행위 중 '돈을 받은 행위'와 '돈을 받지 않은 행위'를 구분하여 전자는 보건범죄단속에 관한 특별조치법 위반죄, 후자는 의료법 위반죄를 각 구성한다고 보고 이를 실체적 경합범 관계로 인정한 원심판결에, 무면허 의료행위의 죄수에 관한 법리오해의 위법이 있다고 한 사례

판결요지

[1] 무면허 의료행위는 그 범죄의 구성요건의 성질상 동종범죄의 반복이 예상되는 것이므로 반복된 수개의 행위는 포괄적으로 한 개의 범죄를 구성하는 점, 영리를 목적으로 무면허 의료행위를 업으로 한 자가 일부 돈을 받지 않고 무면허 의료행위를 한 경우에 그 행위에 대한 평가는 이미 보건범죄단속에 관한 특별조치법 위반죄의 구성요건적 평가에 포함되어 있다고 보는 것이 타당한 점, 보건범죄단속에 관한 특별조치법 위반죄 외에 돈을 받지 않고 한 무면허 의료행위에 대하여 별개로 의료법 위반죄가 성립한다고 본다면 전부 돈을 받고 무면허 의료행위를 한 경우에는 보건범죄단속에 관한 특별조치법 위반죄 1죄로서 그 법정형기 내에서 처단하게 되는 반면 일부 돈을 받지 아니하고 무면허 의료행위를 한 경우에는 보건범죄단속에 관한 특별조치법 위반죄와 의료법 위반죄의 경합범이 되어 처단형이 오히려 무겁게 되는 불합리한 결과가 되는 점 등에 비추어, 영리를 목적으로 무면허 의료행위를 업으로 하는 자가 일부 돈을 받지 아니하고 무면허 의료행위를 한 경우에도 보건범죄단속에 관한 특별조치법 위반죄의 1죄만이 성립하고 별개로 의료법 위반죄를 구성하지 않는다고 보아야 한다.

[2] 같은 장소에서 같은 방법으로 동일한 범의를 가지고 한 일련의 무면허 의료행위 중 돈을 받은 행위와 돈을 받지 않은 행위를 구분하여 전자는 보건범죄단속에 관한 특별조치법 위반죄, 후자는 의료법 위반죄를 각 구성한다고 보고 이를 실체적 경합범 관계로 인정한 원심판결에, 무면허 의료행위의 죄수에 관한 법리오해의 위법이 있다고 한 사례.

전 문

피 고 인 피고인 1외 3인

상 고 인 피고인 및 검사

변 호 인 변호사

원심판결 서울동부지법 2010. 1. 22. 선고 2009노1230 판결

주 문 원심판결 중 피고인 1, 2에 대한 부분을 파기하고, 이 부분 사건을 서울동부지방법원 합의부에 환송한다. 검사의 상고를 모두 기각한다.

이 유 상고이유를 판단한다.

1. 피고인 1, 2의 상고

가. 의료행위라 함은 의학적 전문지식을 기초로 하는 경험과 기능으로 진료, 검안, 처방, 투약 또는 외과적 시술을 시행하여 하는 질병의 예방 또는 치료행위 및 그 밖에 의료인이 행하지 아니하면 보건위생상 위해가 생길 우려가 있는 행위를 의미한다(대법원 2004. 10. 28. 선고 2004도3405 판결 등 참조).

원심은, 제1심에서 적법하게 조사하여 채택한 증거들을 종합하여 인정할 수 있는 다음과 같은 사정, 즉 ① 피고인 1이 사무실 문에 '○○ 암 연구소'라는 간판을 걸어 놓고 암에 걸린 환자들에게 암을 연구하고 치료하는 일을 한다고 이야기하였으며, 환자들로부터 '원장님' 또는 '박사'라는 호칭으로 불렸던 점, ② 피고인 1이 개발한 물질 중 콩을 기초로 하여 만든 K-6은 '무암'이라는 별칭으로 불렸는데, 사무실 내에는 '항암(항암)'이란 '암에 대항하다'라는 뜻인 반면, '무암(무암)'이란 '암을 없애다'라는 뜻이라는 취지의 글이 걸려 있었는바, 위 K-6이 암을 치료하는 약품이라고 적극적으로 이야기하고 광고하였던 것으로 보이는 점, ③ 피고인 1은 환자들이 찾아오면, 혈압측정기, 혈당측정기, 체지방계, 체온계 등을 이용하여 기본적인 검사를 하고 차트를 작성하였으며, 어디가 아픈지에 대한 이야기를 들은 후 청진기를 가지고 배나 가슴 부분을 진찰하였던 점, ④ 피고인 1은 아토피 등 피부병을 앓고 있는 환자들의 경우 직접 환부를 관찰하고 만져보는 등의 행위도 하였고, 환자들의 상태에 맞추어 어떤 '약'을 복용해야 하는지에 대한 처방을 하였던 점, ⑤ 피고인 1의 사무실에는 '본 연구소의 진료 대상자의 주의사항'이라는 제목의 글이 붙어 있었고, 그 글에는 '진찰시 주의사항', '위의 사항을 준수해야 최상의 진료가 되며 보다 빠른 회복이 될 수 있음을 명심하자'는 문구가 적혀 있었던 점, ⑥ 또한, 피고인 1은 자신이 처방해 준 약을 복용한 환자들을 상대로 관장 등을 하여 대변 등을 배출하게 한 후 그 중 일부 물질을 추출하여 환자들에게 보여주며 자신이 처방한 약으로 인하여 암세포가 배출된 것이라고 이야기하였고, 그 물질들을 알콜과 함께 병에 담아 보관하였던 점 등을 종합하여 보면, 피고인 1이 환자들을 상대로 문진, 시진, 촉진을 통한 진단행위 및 이에 따른 치료행위를 하였음을 충분히 인정할 수 있다고 판단하고, 이어서 ① 피고인 2가 '○○ 암 연구소'에서 '소장'이라고 불렸던 점, ② 피고인 2는 사무실에 상주하면서 피고인 1을 도와 환자들의 혈압과 체중을 체크하는 일을 하였고, 환자들의 차트를 작성하는 일도 하였던 점, ③ 피고인 1이 환자들을 진단한 후 처방을 하면 피고인 2가 환자들에게 약을 나누어 주는 일을 하였던 점 등을 종합하여 보면, 피고인 2는 피고인 1이 의료행위를 하고 있음을 충분히 인식한 상태에서 피고인 1과 공모하여 이 사건 각 범행을 저질렀음을 인정할 수 있다고 판단하였는바, 기록에 비추어 살펴보면 원심의 이와 같은 판단은 위 법리에 따른 것으로 정당하고, 거기에 상고이유로 주장하는 의료행위에 관한 법리오해나 보건범죄단속에 관한 특별조치법 제5조에서 규정하는 '영리의 목적'에 관한 법리오해 등의 위법이 없다.

나. 구 의료법(2009. 1. 30. 법률 제9386호로 개정되기 전의 것) 제27조 제1항에 "의료인이 아니면 누구든지 의료행위를 할 수 없으며 의료인도 면허된 것 이외의 의료행위를 할 수 없다"라고 무면허 의료행위를 금지하고 동법 제87조 제1항 제2호에서 무면허 의료행위를 한 자를 처벌하도록 규정하고 있으며, 이와 별도로 보건범죄단속에 관한 특별조치법 제5조에서 '의료법 제27조의 규정을 위반하여 영리를 목적으로 무면허 의료행위를 업으로 한 자'를 가중처벌하고 있다. 무면허 의료행위는 그 범죄의 구성요건의 성질상 동종범죄의 반복이 예상되는 것이므로 반복된 수개의 행위는 포괄적으로 한 개의 범죄를 구성하는 것이라는 점, 영리를 목적으로 무면허 의료행위를 업으로 한 자가 일부 돈을 받지 않고 무면허 의료행위를 한 경우에 그 행위의 위법성에 대한 평가는 이미 위 보건범죄단속에 관한 특별조치법 위반죄의 구성요건적 평가에 포함되어 있다고 보는 것이 타당하므로 위 보건범죄단속에 관한 특별조치법 위반죄 외에 별개로 의료법 위반죄의 성립을 인정할 필요가 없다는 점, 위 보건범죄단속에 관한 특별조치법 위반죄 외에 돈을 받지 않고 한 무면허 의료행위에 대하여 별개로 의료법 위반죄가 성립한다고 본다면 전부 돈을 받고 무면허 의료행위를 한 경우에는 위 보건범죄단속에 관한 특별조치법 위반죄 1죄로서 그 법정형기 내에서 처단하게 되는 반면 일부 돈을 받지 아니하고 무면허 의료행위를 한 경우에는 위 보건범죄단속에 관한 특별조치법 위반죄와 의료법 위반죄의 경합범이 되어 경합범가중을 한 형기범위 내에서 처단하게 되어 처단형이 오히려 무겁게 되는 불합리한 결과가 되는 점 등에 비추어 보면, 영리를 목적으로 무면허 의료행위를 업으로 하는 자가 일부 돈을 받지 아니하고 무면허 의료행위를 한 경우에도 위 보건범죄단속에 관한 특별조치법 위반죄의 1죄만이 성립하고 별개로 의료법 위반죄를 구성하지 않는다고 보아야 할 것이다.

원심판결 이유에 의하면, 원심이 실체적 경합범관계로 인정한 판시 보건범죄단속에 관한 특별조치법 위반죄와 의료법 위반죄는 같은 장소에서 같은 방법으로 동일한 범의를 가지고 한 일련의 무면허 의료행위임을 알 수 있다. 그런데도 원심은 이와 같은 일련의 무면허 의료행위 중 돈을 받은 행위와 돈을 받지 않은 행위를 구분하여 전자는 보건범죄단속에 관한 특별조치법 위반죄, 후자는 의료법 위반죄를 각 구성한다고 보고 이에 경합범 가중을 하여 처단형을 정하고 말았으니, 원심판결에는 무면허 의료행위의 죄수에 관한 법리를 오해함으로써 판결 결과에 영향을 미친 위법이 있다고 할 것이다.

2. 검사의 상고

원심은, 피고인 3, 4에 대한 공소사실에 대하여 판시와 같은 이유로 범죄사실의 증명이 없는 경우에 해당한다고 판단하였는바, 이러한 원심의 판단은 사실심 법관의 합리적인 자유심증에 따른 것으로서 기록에 비추어 수긍이 되고, 거기에 상고이유로 주장하는 위법이 있다고 할 수 없다.

3. 결론

그러므로 원심판결 중 피고인 1, 2에 대한 부분을 파기하고, 이 부분 사건을 다시 심리·판단하게 하기 위하여 원심법원에 환송하고, 검사의 상고를 모두 기각하기로 하여 관여 대법관의 일치된 의견으로 주문과 같이 판결한다.

대법관 신영철(재판장) 박시환 안대희(주심) 차한성

대법원 2010.5.13. 선고 2010도1040 판결

【사문서위조·위조사문서행사】

판시사항

[1] 주식회사의 지배인이 권한을 남용하여 허위로 회사 명의의 문서를 작성한 경우, 사문서위조 또는 자격모용사문서작성죄에 해당하는지 여부(소극)
[2] 주식회사의 지배인이 자신을 그 회사의 대표이사로 표시하여 연대보증채무를 부담하는 취지의 회사 명의의 차용증을 작성·교부한 경우, 사문서위조 및 위조사문서행사에 해당하지 않는다고 한 사례

판결요지

[1] 원래 주식회사의 지배인은 회사의 영업에 관하여 재판상 또는 재판 외의 모든 행위를 할 권한이 있으므로, 지배인이 직접 주식회사 명의 문서를 작성하는 행위는 위조나 자격모용사문서작성에 해당하지 않는 것이 원칙이고, 이는 그 문서의 내용이 진실에 반하는 허위이거나 권한을 남용하여 자기 또는 제3자의 이익을 도모할 목적으로 작성된 경우에도 마찬가지이다.
[2] 주식회사의 지배인이 자신을 그 회사의 대표이사로 표시하여 연대보증채무를 부담하는 취지의 회사 명의의 차용증을 작성·교부한 경우, 그 문서에 일부 허위 내용이 포함되거나 위 연대보증행위가 회사의 이익에 반하는 것이더라도 사문서위조 및 위조사문서행사에 해당하지 않는다고 한 사례.

전 문

피 고 인 피고인 1외 3인

상 고 인 피고인들

원심판결 부산지법 2010. 1. 7. 선고 2009노1825 판결

주 문 원심판결 중 피고인 1, 4에 대한 부분을 파기하고, 이 부분 사건을 부산지방법원 본원 합의부에 환송한다. 나머지 상고를 기각한다.

이 유 상고이유를 판단한다.

1. 2006. 11. 29.자 차용증 관련

주식회사의 적법한 대표이사라 하더라도 그 권한을 포괄적으로 위임하여 다른 사람으로 하여금 대표이사의 업무를 처리하게 하는 것은 허용되지 않는다. 따라서 대표이사로부터 권한을 위임받아 적법하게 주식회사 명의로 문서를 작성하기 위하여는 대표이사로부터 개별적·구체적으로 주식회사 명의의 문서 작성에 관하여 위임 또는 승낙을 받아야 한다(대법원 1975. 11. 25. 선고 75도2067 판결, 대법원 2008. 11. 27. 선고 2006도2016 판결 등 참조).

원심판결 이유에 의하면 원심은, 피고인 2, 3, 4가 2006. 11. 19.자 차용증 작성에 관하여 공소외 1 주식회사의 대표자로부터 승낙을 받은 바가 없는 점, 공소외 1 주식회사가 위 피고인들에게 골재채취업 면허와 관련한 명의대여를 하기는 하였으나 위 차용증이 작성된 1억 원의 금전차용은 위 명의대여의 범위를 벗어나는 것으로 보이는 점 등에 비추어 보면 위 피고인들이 공소외 1 주식회사로부터 골재채취업 면허와 관련한 명의대여를 받았다고 하더라도 위 차용증의 작성에 관하여 공소외 1 주식회사 대표자의 구체적 위임 또는 승낙이 없었던 이상, 공소외 1 주식회사 명의로 된 위 차용증 작성과 그 교부행위는 사문서위조죄 및 위조사문서행사죄에 해당한다고 판단하였는바, 원심이 적법하게 인정한 사실을 위 법리에 비추어 보면 위와 같은 원심판단은 옳고, 거기에 상고이유 주장과 같은 사문서위조죄의 성립에 관한 법리오해 등의 위법이 없다.

한편 위 피고인들의 상고이유 중 위 차용증을 작성함에 있어 공소외 1 주식회사의 대표자로부터 묵시적 승낙을 받았다는 부분은 사실심의 전권에 속하는 증거의 취사선택 및 사실의 인정을 비난하는 취지에 불과하여 적법한 상고이유가 되지 못한다.

2. 2006. 11. 20.자 차용증 관련

원래 주식회사의 지배인은 회사의 영업에 관하여 재판상 또는 재판 외의 모든 행위를 할 권한이 있으므로, 지배인이 직접 주식회사 명의 문서를 작성하는 행위는 위조나 자격모용사문서작성에 해당하지 않는 것이 원칙이고, 이는 그 문서의 내용이 진실에 반하는 허위이거나 대표권을 남용하여 자기 또는 제3자의 이익을 도모할 목적으로 작성된 경우에도 마찬가지이다(대법원 1983. 4. 12. 선고 83도332 판결, 대법원 2007. 10. 11. 선고 2007도5838 판결 등 참조).

원심판결 이유에 의하면, 피고인 1은 2006. 11. 20.자 차용증이 작성된 2008. 1.경 공소외 1 주식회사의 아산지점 지배인이었지만, 자신을 공소외 1 주식회사의 대표이사로 표시하여 공소외 1 주식회사가 공소외 2 주식회사의 1억 원 차용금 채무에 대하여 연대보증한다는 취지의 위 차용증을 작성·교부하였고, 위와 같은 연대보증행위에 관하여 공소외 1 주식회사의 구체적 위임이 없었다는 것인바, 위 사실을 앞서 본 법리에 비추어 살펴보면, 위 연대보증행위가 공소외 1 주식회사 아산지점의 영업 범위에 포함되지 않는다고 볼 자료가 없는 이 사건에서 공소외 1 주식회사의 적법한 지배인인 피고인 1이 공소외 1 주식회사 명의 문서를 작성하는 행위가 사문서위조에 해당할 수는 없는 것이고, 이는 문서의 내용이 진실에 반하는 허위인지, 대표권을 남용하여 자기 또는 제3자의 이익을 도모할 목적으로 문서를 작성한 것인지에 따라 달라지는 것도 아니기 때문에, 가사 피고인 1이 자신을 공소외 1 주식회사의 대표이사로 표시하는 등 일부 허위 내용이 포함되거나 위 연대보증행위가 공소외 1 주식회사의 이익에 반하는 것이라 하더라도 같은 결론에 이르는 것이라 할 것이다.

그렇다면 피고인 1, 4가 공모하여 위 차용증을 작성·교부한 행위가 사문서위조죄 및 위조사문서행사죄에 해당한다고 본 원심판결에는 사문서위조에 관한 법리를 오해하여 판결에 영향을 미친 위법이 있다 할 것이므로, 그대로 유지될 수 없다.

3. 결론

위에서 본 바와 같이 원심판결 중 피고인 1, 4의 2006. 11. 20.자 차용증 관련 사문서위조죄, 위조사문서행사죄 부분은 파기를 면할 수 없다고 할 것인바, 피고인 4의 경우 2006. 11. 29.자 차용증 관련 사문서위조죄, 위조사문서행사죄 부분과 형법 제37조 전단의 경합범 관계에 있으므로, 피고인 4에 대한 원심판결은 전부가 파기될 수밖에 없다.

그러므로 원심판결 중 피고인 1, 4에 대한 부분을 파기하고, 이 부분 사건을 원심법원에 환송하며, 나머지 상고를 기각하기로 하여 관여 대법관의 일치된 의견으로 주문과 같이 판결한다.

대법관 안대희(재판장) 박시환 차한성 신영철(주심)

대법원 2010.4.29. 선고 2010도2810 판결

【사기(피고인2에대하여인정된죄명:사기방조)】

판시사항

1. 수인의 피해자에 대하여 단일한 범의하에 동일한 방법으로 각 피해자별로 기망행위를 하여 재물을 편취한 경우, 사기죄의 죄수 관계(=실체적 경합)
2. 다수의 계를 조직하여 수인의 계원들을 개별적으로 기망하여 계불입금을 편취한 사안에서, 각 피해자별로 독립하여 사기죄가 성립하고 그 사기죄 상호간은 실체적 경합범 관계에 있다고 한 원심판단을 수긍한 사례
3. 계 운영을 통한 갑의 사기범행을 미필적으로나마 인식 또는 예견하면서도 그 범행의 실행행위를 직·간접적으로 도와 용이하게 한 을의 행위가 사기방조죄에 해당한다고 한 원심판단을 수긍한 사례

전 문

피 고 인 피고인 1외 1인

상 고 인 피고인들

변 호 인 변호사

원심판결 서울중앙지법 2010. 2. 9. 선고 2009노3545 판결

주 문 상고를 모두 기각한다.

이 유 상고이유를 판단한다.

1. 피고인 1의 상고이유 제1, 2점에 대하여

단일한 범의를 가지고 상대방을 기망하여 착오에 빠뜨림으로써 그로부터 동일한 방법에 의하여 여러 차례에 걸쳐 재물을 편취하면 그 전체가 포괄하여 일죄로 되지만, 여러 사람의 피해자에 대하여 따로 기망행위를 하여 각각 재물을 편취한 경우에는 비록 범의가 단일하고 범행방법이 동일하더라도 각 피해자의 피해법익은 독립한 것이므로 그 전체가 포괄일죄로 되지 아니하고 피해자별로 독립한 여러 개의 사기죄가 성립하고(대법원 1989. 6. 13. 선고 89도582 판결, 대법원 2003. 4. 8. 선고 2003도382 판결 등 참조), 그 사기죄 상호간은 실체적 경합범 관계에 있다고 할 것이다.

원심판결 이유에 의하면, 원심은 적법하게 채택한 증거에 의하여 판시와 같은 사실, 즉 공소외 1과 공소외 2는 각 피고인 1이 조직한 2003. 1. 13.자 계와 2004. 4. 16.자 계를 통하여, 그와 별도로 공소외 1과 공소외 3은 각 피고인 1이 조직한 2007. 8. 16.자 계를 통하여 피해를 입었지만, 위 피해자들은 각 피고인 1의 개별적인 기망행위에 기하여 위 각 계에 가입한 점, 위 피해자들의 계불입금 납입과 계금 수령 등도 피고인 1과 사이에 개별적으로 이루어진 점 등을 인정한 후, 그에 비추어 보면 피해자들의 피해 원인은 피고인 1의 개별적인 기망행위라 할 것이므로 피해자별로 독립하여 사기죄가 성립하고 그 사기죄 상호간은 실체적 경합범 관계에 있다고 판단하였는바, 위와 같은 원심판단은 앞서 본 법리에 따른 것으로서 정당하고, 거기에 상고이유 주장과 같은 사기죄의 죄수에 관한 법리를 오해한 위법 등이 없다.

2. 피고인 1의 상고이유 제3점, 피고인 김현미의 상고이유 제1, 2점

원심판결 이유에 의하면, 원심은 적법하게 채택한 증거에 의하여 인정되는 판시와 같은 사정에 비추어 보면, 피고인 1이 피해자들로부터 계불입금을 수령할 당시 계금을 지급할 의사나 능력이 없었던 것으로 볼 수 있고, 또한 적법하게 채택한 판시 증거들을 종합하면 피고인 1의 위와 같은 사정을 잘 알고 있던 피고인 김현미가 피고인 1을 위해 계원들의 계불입금 납입 여부를 확인하고 일부 계원들에게는 피고인 1을 대신하여 직접 계불입금의 지급을 독촉하거나 계불입금을 지급받기도 하였으며, 또한 피고인 1이 계원들로부터 계금의 지급을 독촉받거나 항의를 받을 때마다 이를 저지하였고, 계금을 수령하는 계원으로부터 장차의 계불입금 지급을 담보하기 위하여 그 계원의 가족으로부터 피고인 김현미를 수취인으로 한 약속어음 공증을 받기도 한 사실이 인정되므로, 피고인 김현미는 피고인 1의 계 운영을 통한 사기범행을 미필적으로나마 인식 또는 예견하면서도 위 범행의 실행행위를 직·간접적으로 도와 이를 용이하게 한 것이라고 판단하였는바, 원심이 적법하게 인정한 사실관계에 비추

어 보면 피고인들의 행위가 사기죄 및 사기방조죄에 해당한다고 본 원심판단은 정당하고, 거기에 상고이유 주장과 같은 사기죄 및 사기방조죄의 성립에 관한 법리를 오해한 위법 등이 없다.

한편 위 상고이유 중 원심이 인정한 사실과 다른 사실을 전제로 원심판단에 사기죄 및 사기방조죄에 관한 법리오해의 위법이 있다는 부분은, 결국 사실심인 원심의 전권에 속하는 증거의 취사선택과 사실의 인정을 비난하는 것에 불과하여 적법한 상고이유가 되지 못한다.

3. 결론

그러므로 상고를 모두 기각하기로 하여 관여 대법관의 일치된 의견으로 주문과 같이 판결한다.

대법관 안대희(재판장) 차한성 신영철(주심)

대법원 2010.4.29. 선고 2010도2745 판결

【무고】

판시사항

[1] 일부 허위사실을 포함한 신고가 무고죄에 해당하는 경우

[2] 피고인이 먼저 자신을 때려 주면 돈을 주겠다고 하여 갑, 을이 피고인을 때리고 지갑을 교부받아 그 안에 있던 현금을 가지고 간 것임에도, '갑 등이 피고인을 폭행하여 돈을 빼앗았다'는 취지로 허위사실을 신고한 사안에서, 무고죄가 성립한다고 한 원심판단을 수긍한 사례

전 문

피 고 인 피고인

상 고 인 피고인

변 호 인 변호사

원심판결 울산지법 2010. 1. 29. 선고 2009노1299 판결

주 문 상고를 기각한다.

이 유 상고이유를 판단한다.

1. 채증법칙 위배의 점에 대하여

원심판결 이유에 의하면, 원심은 채택 증거에 의하여 그 판시와 같은 사정을 인정한 다음, 피고인이 먼저 공소외 1, 2(이하 '공소외 1 등'이라 한다)에게 자신을 때려 주면 돈을 주겠다고 하여 공소외 1 등이 피고인을 때리고 피고인으로부터 지갑을 교부받아 그 안에 있던 현금을 가지고 간 것이었음에도 불구하고, 피고인은 공소외 1 등이 피고인을 성추행범으로 신고하자 이에 대항하기 위하여 '공소외 1 등이 피고인을 폭행한 다음 현금을 빼앗아갔다'는 취지로 허위사실을 신고함으로써 공소외 1 등을 무고한 사실을 충분히 인정할 수 있다고 판단하여, 이 사건 공소사실을 유죄로 인정한 제1심판결을 그대로 유지하였는바, 기록에 비추어 살펴보면 원심의 이와 같은 조치는 사실심 법관의 합리적인 자유심증에 따른 것으로서 정당한 것으로 수긍이 가고, 거기에 상고이유에서 주장하는 바와 같은 채증법칙 위배의 위법이 있다고 볼 수 없다.

2. 법리오해의 점에 대하여

무고죄는 타인으로 하여금 형사처분 또는 징계처분을 받게 할 목적으로 공무소 또는 공무원에 대하여 허위의 사실을 신고하는 때에 성립하는 것으로, 여기에서 허위사실의 신고라 함은 신고사실이 객관적 사실에 반한다는 것을 확정적이거나 미필적으로 인식하고 신고하는 것을 말하는 것이므로, 신고사실의 일부에 허위의 사실이 포함되어 있다고 하더라도 그 허위 부분이 범죄의 성부에 영향을 미치는 중요한 부분이 아니고, 단지 신고한 사실을 과장한 것에 불과한 경우에는 무고죄에 해당하지 아니하지만, 그 일부 허위인 사실이 국가의 심판작용을 그르치거나 부당하게 처벌을 받지 아니할 개인의 법적 안정성을 침해할 우려가 있을 정도로 고소사실 전체의 성질을 변경시키는 때에는 무고죄가 성립될 수 있다고 할 것이다(대법원 2004. 1. 16. 선고 2003도7178 판결 참조).

먼저 원심판결 이유 및 원심이 적법하게 채택한 증거에 의하면, 피고인이 때려 주면 돈을 주겠다는 요청을 하여 공소외 1 등이 피고인을 폭행하였고, 그 과정에서 피고인이 다발성 좌상 등의 상해를 입게 된 사실을 알 수 있는바, 이와 같은 사정 아래에서라면 비록 피고인이 먼저 공소외 1 등에게 때려 달라고 요청하였다 하더라도 그러한 피고인의 요청은 윤리적·도덕적으로 사회상규에 어긋나는 것이어서 위법성 조각사유로서의 피해자의 승낙에 해당한다고 할 수는 없을 것이다. 그러나 공소외 1 등의 위와 같은 행위가 결과적으로 위법하다 하더라도 이는 폭행 내지 상해의 범죄에 해당할 수 있는 것인 반면, 피고인의 신고사실은 공소외 1 등이 갈취 내지 강취의 범죄를 범하였다는 것이어서 그 신고사실의 일부가 허위라는 점은 어느 모로 보나 명백하다. 그런데, 피고인이 자신의 의사에 따라 폭행을 당한 것인지 여부는 갈취 내지 강취 범죄의 성부에 영향을 미치는 중요한 부분으로서 단지 신고한 사실을 과장한 것에 불과하다고 볼 수는 없을 뿐만 아니라 공소외 1 등이 갈취 내지 강취의 의사로 피고인을 폭행한 것이 아니라 피고인의 요청에 따라 그러한 행위를 하였음이 분명한 이상 '공소외 1 등이 피고인을 폭행하여 돈을 빼앗았다'는 취지의 피고인의 신고는 그 폭행의 경위에 관한 허위사실만으로도 국가의 심판작용을 그르치거나 부당하게 처벌을 받지 아니할 개인의 법적 안정성을 침해할 우려가 있을 정도로 고

소사실 전체의 성질을 변경시킨 것으로 판단된다.

따라서, 앞서 본 법리에 비추어 볼 때, 피고인의 위와 같은 신고는 무고죄의 객관적 요건인 '허위사실의 신고'에 해당하는 것으로 판단되며, 나아가 피고인으로서도 폭행의 경위에 관한 자신의 신고내용이 객관적 사실에 반한다는 것을 인식하였던 이상 무고죄의 고의도 인정되는 것이므로, 같은 취지에서 이 사건 공소사실을 유죄로 인정한 제1심판결을 그대로 유지한 원심의 조치는 정당하고, 거기에 상고이유에서 주장하는 바와 같은 무고죄에 관한 법리오해의 위법이 없다.

한편, 피고인의 행위가 사회상규에 위배되지 않는 정당행위라는 주장은 상고심에서의 새로운 주장으로서 적법한 상고이유가 될 수 없을 뿐만 아니라, 기록에 의하여 살펴보더라도, 피고인의 행위를 사회상규에 위배되지 아니하는 정당행위로 볼 수도 없다.

3. 결론

그러므로 상고를 기각하기로 하여 관여 대법관의 일치된 의견으로 주문과 같이 판결한다.

대법관 차한성(재판장) 안대희(주심) 신영철

대법원 2010.4.29. 선고 2010도2554 판결

【특정경제범죄가중처벌등에관한법률위반(알선수재)】

판시사항

[1] 특정경제범죄 가중처벌 등에 관한 법률 제7조에서 정한 '금융기관의 임·직원의 직무에 속한 사항의 알선'의 의미

[2] 고용기간이 3개월에 불과한 피고인과 갑 주식회사의 고용계약을 근거로 갑 회사의 대출관련 업무를 피고인 자신의 사무로 볼 수는 없고, 피고인은 갑이 대출을 받을 수 있도록 갑을 위하여 금융기관 임·직원의 직무에 속한 사항에 관하여 알선한 후 그 대가를 지급받은 것이라고 인정한 원심판단을 수긍한 사례

전 문

피 고 인 피고인

상 고 인 피고인

변 호 인 변호사 이동학

원심판결 서울고법 2010. 2. 5. 선고 2009노2816 판결

주 문 상고를 기각한다.

이 유 상고이유를 판단한다.

특정경제범죄 가중처벌 등에 관한 법률 제7조에서 정하는 '금융기관의 임·직원의 직무에 속한 사항의 알선'은 그 알선행위가 자신이 아닌 타인의 사무를 위한 것이어야 하므로, 회사의 직원이 대표이사로부터 부탁받은 내용이 자신이 근무하는 회사에 관한 것이고 그 직원이 회사의 대표자로서 청탁한 경우에는 타인의 사무를 위한 알선이라고 볼 수 없을 것이지만, 피고인이 형식적으로 회사와 사이에 고용계약을 체결한 후 회사의 통상적 업무에는 관여함이 없이 고문 등의 직함을 사용하면서 회사가 대출받을 수 있도록 청탁을 하였다면, 이는 피고인 자신이 아닌 타인의 사무를 위한 알선이라고 보아야 한다(대법원 1995. 9. 15. 선고 94도940 판결, 대법원 2002. 6. 11. 선고 2000도357 판결 등 참조).

원심판결 이유에 의하면 원심은, 적법하게 채택, 조사한 판시 증거들에 의하여 인정되는 판시와 같은 사정, 즉 피고인과 ○○담배 사이의 이 사건 고용계약은 그 고용기간이 3개월로서 극히 단기인 점, 그 보수지급조건은 통상의 고용계약에서 볼 수 없는 이례적인 것이고, ○○담배 임·직원 중 피고인과 같이 대출 등 프로젝트가 성공할 때마다 별도의 금원을 지급받기로 한 사람은 없었던 점, 피고인은 이 사건 고용계약과 그 기간이 겹치는 여러 건의 고용계약 및 자문용역계약을 중첩적으로 체결한 점, 이 사건 고용계약의 문구는 피고인이 미리 작성하여 두었던 고용계약서에 약간의 수정을 거친 것으로서, 피고인이 위와 같이 중첩적으로 체결한 고용계약 등에서 사용한 것과 그 내용 및 체제가 거의 동일한 점, ○○담배는 피고인을 위하여 고용보험, 건강보험 등에 가입하지 않았던 점, 피고인은 3개월의 고용기간 경과 후에도 ○○담배를 위한 활동을 하였지만 다른 직원들과 달리 임금을 지급받지 못한 점 등을 종합하여 보면 이 사건 고용계약은 피고인과 ○○담배 사이에 형식적으로 체결된 것에 불과하므로, 이 사건 고용계약을 근거로 ○○담배의 대출관련 업무를 피고인 자신의 사무로 볼 수는 없다는 취지로 판단한 후, 그 판시와 같은 사실에 비추어 보면 피고인은 ○○담배가 대출을 받을 수 있도록, 즉 ○○담배를 위하여 금융기관 임·직원의 직무에 속한 사항에 관하여 알선한 후 그 대가를 지급받은 것이라고 인정하였는바, 원심 인정의 사실관계를 위 법리에 비추어 보면 원심의 위와 같은 판단은 옳고, 거기에 상고이유 주장과 같은 법리오해의 위법이 없다.

한편 상고이유 주장 중 원심의 사실인정을 다투거나 원심이 인정한 사실과 다른 사실을 전제로 하여 원심판단에 법리오해의 위법이 있다는 부분은 결국 사실심인 원심의 전권에 속하는 증거의 취사선택과 사실의 인정을 비난하는 것에 불과하여 적법한 상고이유가 되지 못한다.

그러므로 상고를 기각하기로 하여 관여 대법관의 일치된 의견으로 주문과 같이 판결한다.

대법관 안대희(재판장) 차한성 신영철(주심)

대법원 2010.4.29. 선고 2010도2328 판결

【현주건조물방화치사(인정된죄명:자살방조·예비적죄명:폭행)】

판시사항

[1] 형법 제252조 제2항의 자살방조죄의 성립 요건

[2] 피해자가 피고인과 말다툼을 하다가 '죽고 싶다' 또는 '같이 죽자'고 하며 피고인에게 기름을 사오라고 하자 피고인이 휘발유 1병을 사다주었는데 피해자가 몸에 휘발유를 뿌리고 불을 붙여 자살한 사안에서, 자살방조죄를 인정한 원심판단을 수긍한 사례

전 문

피 고 인 피고인

상 고 인 피고인 및 검사

변 호 인 법무법인

원심판결 부산고법 2010. 2. 3. 선고 2009노311 판결

주 문 상고를 모두 기각한다.

이 유 상고이유를 판단한다.

1. 검사의 상고이유에 대하여

원심판결 이유에 의하면 원심은, 판시와 같은 사정들에 비추어 보면 공소사실 기재와 같이 피해자가 실신한 채로 변기에 앉혀진 상태에서 몸에 불이 붙었다고 보기 어렵고, 피고인의 살해 동기를 인정하기도 어려우며, 그 밖에 화상 이외에 피해자의 몸에 난 상처의 부위와 정도, 피고인이 입은 화상의 부위와 정도, 기타 사정 등을 종합하여 보아도 피고인이 피해자의 목을 세게 눌러 실신시킨 다음 변기에 앉힌 상태에서 불을 놓아 사망에 이르게 하였다는 주위적 공소사실을 인정하기에는 부족하고, 피고인이 손으로 피해자의 목을 조르고 주먹으로 얼굴 등을 때려 피해자를 폭행하였다는 예비적 공소사실에 관하여도 판시와 같은 사정을 고려하면 피해자의 사체에서 발견되는 울혈, 일혈점 등에 기하여 바로 위와 같은 폭행사실을 인정하기에는 부족하고, 달리 이를 인정할 증거가 없다고 판단하였다.

원심이 적법하게 채택한 증거들에 비추어 살펴보면, 원심의 위와 같은 판단은 정당한 것으로 수긍이 가고, 거기에 상고이유 주장과 같은 자유심증주의나 증거재판주의를 위반한 위법 등이 없다. 따라서 검사의 상고이유는 받아들일 수 없다.

2. 피고인의 상고이유에 대하여

가. 상고이유 제1, 2점

형법 제252조 제2항의 자살방조죄는 자살하려는 사람의 자살행위를 도와주어 용이하게 실행하도록 함으로써 성립되는 것으로서, 이러한 자살방조죄가 성립하기 위해서는 그 방조 상대방의 구체적인 자살의 실행을 원조하여 이를 용이하게 하는 행위의 존재와 그 점에 대한 행위자의 인식이 요구되나(대법원 1992. 7. 24. 선고 92도1148 판결, 대법원 2005. 6. 10. 선고 2005도1373 판결 등 참조).

원심판결 이유에 의하면 원심은, 적법하게 채택한 판시 증거에 의하여 피해자가 이 사건 당일 새벽에 피고인과 말다툼을 하다가 죽고 싶다 또는 같이 죽자고 하며 피고인에게 기름을 사오라는 말을 하였고, 이에 따라 피고인이 피해자에게 휘발유 1병을 사다주었는데 그 직후에 피해자가 몸에 휘발유를 뿌리고 불을 붙여 자살한 사실을 인정한 후 위와 같은 피해자의 자살경위에 피해자의 자녀문제와 고부갈등, 경제적 어려움 등으로 인한 피고인과 피해자 사이의 가정불화 등을 보태어 보면, 피고인이 이 사건 당시 피해자에게 휘발유를 사다주면 이를 이용하여 자살할 수도 있다는 것을 충분히 예상할 수 있었음에도 피해자에게 휘발유를 사다주어 피해자가 자살하도록 방조한 것이라고 판단하였는바, 원심이 판시한 제반 사정에 비추어 보면 원심판단은 위 법리에 따른 것으로서 정당하고, 거기에 자살방조죄의 범의에 관한 법리를 오해한 위법 등이 없다.

나. 상고이유 제3점

위 상고이유는 원심이 피고인에 대한 형을 정함에 있어 사실오인의 위법이 있다는 것으로서 이는 결국 양

형부당의 주장에 해당한다 할 것인바, 형사소송법 제383조 제4호에 의하면 사형, 무기 또는 10년 이상의 징역이나 금고가 선고된 사건에서만 양형부당을 사유로 한 상고가 허용되는 것이므로, 피고인에 대하여 그보다 가벼운 형이 선고된 이 사건에서는 위 주장은 적법한 상고이유가 되지 못한다.

3. 결론

그러므로 상고를 모두 기각하기로 하여 관여 대법관의 일치된 의견으로 주문과 같이 판결한다.

대법관 안대희(재판장) 차한성 신영철(주심)

대법원 2010.4.29. 선고 2010도1920 판결

【특정범죄가중처벌등에관한법률위반(도주차량)】

판시사항

도로변에 자동차를 주차한 후 운전석 문을 열다가 후방에서 진행하여 오던 자전거의 핸들 부분을 충격하여 운전자에게 상해를 입히고도 아무런 구호조치 없이 현장에서 이탈한 경우, 구 특정범죄가중처벌 등에 관한 법률 제5조의3 제1항의 '도주차량 운전자'에 해당한다고 본 사례

판결요지

도로변에 자동차를 주차한 후 운전석 문을 열다가 후방에서 진행하여 오던 자전거의 핸들 부분을 충격하여 운전자에게 상해를 입히고도 아무런 구호조치 없이 현장에서 이탈한 경우, 구 특정범죄가중처벌 등에 관한 법률(2010. 3. 31. 법률 제10210호로 개정되기 전의 것) 제5조의3 제1항의 '도주차량 운전자'에 해당한다고 본 사례.

전 문

피 고 인 피고인

상 고 인 피고인

원심판결 수원지법 2010. 1. 21. 선고 2009노5118 판결

주 문 상고를 기각한다.

이 유 상고이유를 판단한다.

원심판결 이유에 의하면 원심은, 피고인이 판시와 같이 도로변에 이 사건 자동차를 주차한 후 하차하기 위하여 운전석 문을 열다가 마침 후방에서 진행하여 오던 피해자 운전 자전거의 핸들 부분을 위 운전석 문으로 충격하고, 그로 인하여 넘어진 피해자에게 상해를 입게 하고도 아무런 구호조치 없이 현장에서 이탈하였다면, 구 특정범죄가중처벌 등에 관한 법률(2010. 3. 31. 법률 제10210호로 개정되기 전의 것, 이하 '법') 제5조의3 제1항 소정의 도주차량 운전자, 즉 자동차의 교통으로 인하여 사람을 다치게 하고도 구호조치 없이 도주한 경우에 해당한다고 판단하였는바, 법 제5조의3 제1항에서 정하는 도주차량 운전자에 대한 가중처벌 규정은 자신의 과실로 교통사고를 야기한 운전자가 그 사고로 사상을 당한 피해자를 구호하는 등의 조치를 취하지 아니하고 도주하는 행위에 강한 윤리적 비난가능성이 있음을 감안하여 이를 가중처벌 함으로써 교통의 안전이라는 공공의 이익의 보호뿐만 아니라 교통사고로 사상을 당한 피해자의 생명·신체의 안전이라는 개인적 법익을 보호하고자 함에도 그 입법 취지와 보호법익이 있는 점(대법원 2003. 4. 25. 선고 2002도6903 판결, 대법원 2004. 8. 30. 선고 2004도3600 판결 등 참조) 등에 비추어 보면, 원심의 위와 같은 판단은 옳은 것으로 수긍할 수 있고, 거기에 상고이유 주장과 같은 법 제5조의3 제1항 소정의 '교통'의 해석에 관한 법리를 오해한 위법 등이 없다.

그러므로 상고를 기각하기로 하여 관여 대법관의 일치된 의견으로 주문과 같이 판결한다.

대법관 안대희(재판장) 차한성 신영철(주심)

대법원 2010.4.29. 선고 2010도1751 판결

【마약류관리에관한법률위반(마약)】

판시사항

헤로인을 수수하려다 미수에 그쳤다는 범죄사실에 대하여 마약류관리에 관한 법률 '제59조 제3항, 제1항 제4호, 제3조 제4호'가 아닌 같은 법 '제59조 제3항, 제1항 제1호, 제4조 제1항'을 적용한 원심판단에 법령의 적용을 그르친 잘못이 있으나, 위 법 제4조 제1항의 위반행위와 제3조 제4호의 위반행위는 모두 마약을 수수하는 범죄로서 죄질이 동일하고, 형벌에 경중의 차이가 없으므로 위와 같은 잘못은 판결에 영향이 없다고 한 사례

전 문

피 고 인 피고인 1외 2인

상 고 인 피고인들

변 호 인 변호사

원심판결 서울고법 2010. 1. 21. 선고 2009노3500 판결

주 문 상고를 모두 기각한다.

이 유 상고이유를 판단한다.

1. 피고인 1의 상고이유 중 법리오해 주장에 대하여

원심판결 이유에 의하면, 원심은 제1심이 적법하게 채택하여 조사한 증거들을 종합해 보면, 피고인 1이 다른 사람으로부터 협박을 받아 어쩔 수 없이 이 사건 마약밀수 범행을 저지르게 되었다고 보이지는 않는다는 이유로, 자신의 범행이 강요된 행위로서 책임조각사유에 해당한다는 취지의 위 피고인의 주장을 배척하였는바, 기록에 비추어 살펴보면, 원심의 위와 같은 사실인정과 판단은 정당한 것으로 수긍할 수 있고, 거기에 상고이유로 주장하는 바와 같은 강요된 행위에 관한 법리오해 등의 위법이 없다.

2. 피고인 2의 상고이유 중 사실오인 주장에 대하여

상고심은 항소법원 판결에 대한 사후심이므로 항소심에서 심판대상이 되지 않은 사항은 상고심의 심판범위에 들지 않는 것이어서 피고인이 항소심에서 항소이유로 주장하지 아니하거나 항소심이 직권으로 심판대상으로 삼은 사항 이외의 사유에 대하여는 이를 상고이유로 삼을 수 없다(대법원 2006. 6. 30. 선고 2006도2104 판결 등 참조).

기록에 의하면, 피고인 2는 제1심판결에 대하여 양형부당만을 항소이유로 내세워 항소하였음을 알 수 있으므로, 위 피고인이 상고심에 이르러 내세우는 사실오인 주장은 적법한 상고이유가 될 수 없고, 나아가 직권으로 살펴보아도 원심판결에 영향을 미칠만한 위법 사유는 보이지 않는다.

3. 피고인 3의 상고이유 중 사실오인 및 법령위반 주장에 대하여

원심은 적법하게 채택하여 조사한 증거들을 종합하여, 피고인 3이 피고인 2와 공모하여 그 판시와 같이 헤로인을 수수하려다 미수에 그쳤다는 피고인 3에 대한 예비적 공소사실을 유죄로 인정하였는바, 피고인 3의 상고이유 중 사실오인 주장은 사실심인 원심의 전권에 속하는 증거의 취사선택과 사실의 인정을 비난하는 것에 불과하여 적법한 상고이유가 될 수 없고, 나아가 직권으로 살펴보아도 원심판결에 상고이유의 주장과 같은 위법이 없다.

한편, 원심판결 이유에 의하면, 원심은 피고인 3의 위 범죄사실에 대하여 마약류관리에 관한 법률(이하 '법'이라고만 한다) 제59조 제3항, 제1항 제1호, 제4조 제1항을 적용하여 위 피고인을 처단한 사실을 알 수 있는바, 원심이 적용한 법 제4조 제1항을 법 제3조 제4호와 대비하여 살펴보면, 마약 중 헤로인의 수수행위는 법 제4조 제1항의 위반행위가 아닌 법 제3조 제4호의 위반행위임이 분명하고, 따라서 피고인 3의 위 범죄사실에 대한 정당한 적용법조는 '법 제59조 제3항, 제1항 제4호, 제3조 제4호'가 된다고 할 것이므로, 결국 원심판결에는 법령의 적용을 그르친 잘못이 있다고 할 것이나, 다른 한편, 위 법 제4조 제1항의 위반행위와 법 제3조 제4호의 위반행위는 다 같이 마약을 수수하는 범죄로서 죄질이 동일하고, 그 형벌에 있어서도 같은 조문(법 제59조 제1항)

에 규정되어 있어 경중의 차이가 없으므로, 원심의 위와 같은 법령적용의 잘못은 판결에 영향이 없다고 할 것이고, 따라서 피고인 3의 상고이유 중 법령위반 주장 역시 받아들일 수 없다.

4. 피고인들의 상고이유 중 각 양형부당 주장에 대하여

형사소송법 제383조 제4호의 규정에 의하면 사형, 무기 또는 10년 이상의 징역이나 금고가 선고된 사건에 있어서만 양형부당을 사유로 한 상고가 허용되는 것이므로, 피고인들에게 그보다 가벼운 10년 미만의 징역형이 각 선고된 이 사건에 있어서는 형의 양정이 부당하다는 사유는 적법한 상고이유가 되지 못한다.

5. 결론

그러므로 상고를 모두 기각하기로 하여, 관여 대법관의 일치된 의견으로 주문과 같이 판결한다.

대법관 신영철(재판장) 안대희 차한성(주심)

대법원 2010.4.29. 선고 2010도1374,2010전도2 판결

【청소년의성보호에관한법률위반(청소년강간등)·부착명령】

판시사항

[1] 구 특정 성폭력범죄자에 대한 위치추적 전자장치 부착에 관한 법률 제5조 제1항 제3호에서 말하는 '성폭력범죄를 2회 이상 범하여'의 요건에 유죄의 확정판결을 받은 경우를 포함하는지 여부(적극)

[2] 피고인이 유죄의 확정판결을 받은 전과사실을 포함하여 구 특정 성폭력범죄자에 대한 위치추적 전자장치 부착에 관한 법률 제5조 제1항 제3호 전문의 '성폭력범죄를 2회 이상 범하여'의 요건을 충족하였음에도, 당해 부착명령의 원인이 되는 사실이 2회 이상인 경우로 해석하여 피고인에 대한 검사의 부착명령청구를 기각한 원심의 판단에 법리오해 및 심리미진의 위법이 있다고 한 사례

전 문

피고인 겸 피부착명령청구자 피고인

상 고 인 피고인 겸 피부착명령청구자 및 검사

변 호 인 변호사

원심판결 서울고법 2010. 1. 14. 선고 2009노3236, 2009전노59 판결

주 문 원심판결 중 부착명령 부분을 파기하고, 이 부분 사건을 서울고등법원에 환송한다. 피고사건에 관한 상고를 기각한다.

이 유 상고이유를 판단한다.

1. 피고인의 상고이유에 대한 판단

기록에 의하면, 피고인은 제1심판결에 대하여 양형부당만을 항소이유로 내세워 항소하였다가 그 항소가 기각되었는바, 이러한 경우 피고인은 원심판결에 대하여 사실오인 또는 법리오해의 위법이 있다는 것을 상고이유로 삼을 수는 없다(대법원 2005. 9. 30. 선고 2005도3345, 2005감도14 판결 등 참조). 또한 형사소송법 제383조 제4호에 의하면 사형, 무기 또는 10년 이상의 징역이나 금고가 선고된 사건에서만 양형부당을 사유로 한 상고가 허용되는 것이므로, 피고인에 대하여 그보다 가벼운 형이 선고된 이 사건에서는 형의 양정이 부당하다는 사유 역시 적법한 상고이유가 되지 못한다.

2. 검사의 상고이유에 대한 판단

구 특정 성폭력범죄자에 대한 위치추적 전자장치 부착에 관한 법률(2009. 5. 8. 법률 제9654호로 개정되고 법률 제명이 '특정 범죄자에 대한 위치추적 전자장치 부착 등에 관한 법률'로 변경되기 전의 것, 이하 '전자장치부착법'이라 한다) 제5조 제1항 제3호는 "검사는 성폭력범죄를 2회 이상 범하여 그 습벽이 인정된 때에 해당하고, 성폭력범죄를 다시 범할 위험성이 있다고 인정되는 자에 대하여 전자장치를 부착하도록 하는 명령을 법원에 청구할 수 있다"고 규정하고 있는바, 그 규정 내용과 전자장치부착법의 체계 및 입법 취지 등을 종합해 보면, 위 조항에서 말하는 '성폭력범죄를 2회 이상 범하여'에는 유죄의 확정판결을 받은 경우를 포함한다고 봄이 상당하다.

원심판결 및 제1심판결 이유에 의하면, 이 사건 부착명령청구의 원인사실은 "피부착명령청구자는 2009. 1. 16. 울산지방법원에서 미성년자의제강제추행죄로 징역 9월을 선고받고 같은 날 그 형의 집행을 종료한 자로서, 2009. 6. 11. 19:30경 서울 노원구 하계동 소재 피해자의 집 거실에서 피부착명령청구자의 혀를 피해자의 입 안에 집어넣는 방법으로 청소년인 피해자를 강제로 추행하였다"는 것임을 알 수 있다.

이를 앞서 본 법리에 비추어 살펴보면, 피부착명령청구자는 유죄의 확정판결을 받은 전과사실을 포함하여 전자장치부착법 제5조 제1항 제3호 전문 소정의 '성폭력범죄를 2회 이상 범하여'의 요건을 충족한다고 할 것이므로, 원심으로서는 피부착명령청구자에게 성폭력범죄의 습벽이 인정되는지 여부 등 전자장치 부착명령의 나머지 요건에 관하여 심리·판단하였어야 할 것이다.

그럼에도 원심은 이에 이르지 아니한 채 그 판시와 같이 전자장치부착법 제5조 제1항 제3호에서 말하는 '성폭력범죄를 2회 이상 범하여'라 함은 전과사실을 포함하지 아니한, 당해 부착명령청구의 원인이 되는 사실이 2회

이상인 경우만을 가리킨다는 이유로, 피부착명령청구자에 대한 검사의 이 사건 부착명령청구를 기각하고 말았으니, 이러한 원심의 조치에는 전자장치부착법 제5조 제1항 제3호의 해석에 관한 법리를 오해한 나머지 심리를 다하지 아니하여 판결 결과에 영향을 미친 위법이 있다고 할 것이다. 이 점을 지적하는 상고이유는 이유가 있다.

3. 결론

그러므로 원심판결 중 부착명령 부분을 파기하고 이 부분 사건을 다시 심리·판단하게 하기 위하여 원심법원에 환송하며, 피고사건에 관한 상고를 기각하기로 하여, 관여 대법관의 일치된 의견으로 주문과 같이 판결한다.

대법관 양승태(재판장) 김지형 전수안(주심) 양창수

대법원 2010.4.29. 선고 2010도1099 판결

【특정범죄가중처벌등에관한법률위반(강도)·강도강간·강도상해】

판시사항

1 강도가 피해자에게 상해를 입혔으나 재물의 강취에는 이르지 못하고 그 자리에서 항거불능 상태에 빠진 피해자를 간음한 경우의 죄명 및 그 실행행위의 일부인 강도미수 행위가 별개의 범죄를 구성하는지 여부(소극)

2 구 특정범죄 가중처벌 등에 관한 법률 제5조의4 제3항의 강도 등 상습범 가중처벌 규정의 적용 범위

전 문

피 고 인 피고인

상 고 인 피고인 및 검사

변 호 인 변호사

원심판결 광주고법 2010. 1. 5. 선고 2009노376 판결

주 문 상고를 모두 기각한다.

이 유 상고이유를 판단한다.

1. 피고인의 상고이유에 대하여

기록에 의하여 살펴보면, 원심이 피고인의 검찰에서의 자백 진술이 임의성이 있다고 판단하여 이를 증거로 채택하고, 그 진술과 원심이 인용한 제1심판결의 채택 증거들을 종합하여 이 사건 공소사실 중 강도상해 및 강도강간의 점을 유죄로 인정한 조치는 정당한 것으로 수긍할 수 있고, 거기에 상고이유 주장과 같이 자백의 임의성에 관한 법리를 오해하였다거나 중대한 사실을 오인한 위법이 없다.

2. 검사의 상고이유에 대하여

강도가 피해자에게 상해를 입혔으나 재물의 강취에는 이르지 못하고 그 자리에서 항거불능 상태에 빠진 피해자를 간음한 경우에는 강도상해죄와 강도강간죄만 성립하고(대법원 1988. 6. 28. 선고 88도820 판결), 그 실행행위의 일부인 강도미수 행위는 위 각 죄에 흡수되어 별개의 범죄를 구성하지 않는다. 또한, 특정범죄 가중처벌 등에 관한 법률은 제5조의4 제3항에서 강도, 특수강도, 인질강도, 해상강도의 각 죄에 관해서만 상습범 가중처벌을 규정하고 있는 이상 이에 해당하지 않는 강도상해죄와 강도강간죄가 유죄로 인정된다 하여 위 상습범으로 가중처벌할 수는 없고, 별개의 독립한 범죄로 처벌하는 위 각 죄의 일부로서 그에 흡수된 강도미수 행위만을 따로 떼어 강도 등의 상습범에 관한 위 가중처벌 규정을 적용할 수도 없다.

원심이 같은 취지에서 이 사건 강도미수 행위는 강도상해죄에 흡수되어 별개의 범죄를 구성하지 않는다는 이유로 이 사건 공소사실 중 구 특정범죄 가중처벌 등에 관한 법률 위반(강도)의 점에 대하여 무죄라고 판단한 조치는 정당한 것으로 수긍이 가고, 거기에 상습강도와 강도상해의 관계에 대한 법리를 오해하여 판결에 영향을 미친 위법이 없다.

3. 결론

그러므로 상고를 모두 기각하기로 하여 관여 대법관의 일치된 의견으로 주문과 같이 판결한다.

대법관 신영철(재판장) 안대희 차한성(주심)

대법원 2010.4.29. 선고 2010도1082 판결

【뇌물수수】

판시사항

[1] 뇌물죄에서 '뇌물성' 및 '직무관련성'의 판단 기준

[2] 경찰청장으로서 모든 범죄수사에 관하여 직무상 또는 사실상의 영향력을 행사할 수 있는 지위에 있던 피고인이, 1년에 3~4차례 정도 전화로 안부 인사를 나눌 정도였던 갑으로부터 미화 2만 달러를 받은 것은 직무와 관련하여 뇌물로 수수한 것이라고 한 원심판단을 수긍한 사례

전 문

피 고 인 피고인

상 고 인 피고인

변 호 인 법무법인

원심판결 서울고법 2010. 1. 8. 선고 2009노2634 판결

주 문 상고를 기각한다.

이 유 상고이유를 판단한다.

1. 상고이유 제1점에 관하여

원심판결 이유를 원심이 적법하게 채택한 증거들에 비추어 살펴보면, 원심이 그 판시와 같은 이유를 들어 피고인이 2007. 7. 28. 공소외인으로부터 직접 미화 2만 달러를 수수하였다고 인정한 것은 정당하고, 위와 같은 원심의 사실인정에 논리와 경험의 법칙에 위배하거나 자유심증주의의 한계를 벗어난 위법이 없다.

2. 상고이유 제2점에 관하여

뇌물죄는 직무집행의 공정과 이에 대한 사회의 신뢰에 기하여 직무행위의 불가매수성을 그 직접의 보호법익으로 하고 있고, 직무에 관한 청탁이나 부정한 행위를 필요로 하지 아니하여 수수된 금품의 뇌물성을 인정하는 데 특별히 의무위반행위나 청탁의 유무 등을 고려할 필요가 없으므로, 뇌물은 직무에 관하여 수수된 것으로 족하고 개개의 직무행위와 대가적 관계에 있거나 그 직무행위가 특정된 것일 필요도 없으며, 공무원이 그 직무의 대상이 되는 사람으로부터 금품 기타 이익을 받은 때에는 그것이 그 사람이 종전에 공무원으로부터 접대 받거나 수수한 것을 갚는 것으로서 사회상규에 비추어 볼 때에 의례상의 대가에 불과한 것이라고 여겨지거나, 개인적인 친분관계가 있어서 교분상의 필요에 의한 것이라고 명백하게 인정할 수 있는 경우 등 특별한 사정이 없는 한 직무와의 관련성이 없는 것으로 볼 수 없고, 공무원의 직무와 관련하여 금품을 수수하였다면 비록 사교적 의례의 형식을 빌어 금품을 주고받았다 하더라도 그 수수한 금품은 뇌물이 되는 것이다(대법원 1997. 4. 17. 선고 96도3378 판결, 대법원 2002. 7. 26. 선고 2001도6721 판결 등 참조).

원심판결 이유에 의하면 원심은, 그 채택 증거에 의하여 인정되는 판시와 같은 사정, 즉 피고인은 국가경찰의 수장으로서 경찰청 소속 경찰관 및 각급 국가경찰기관의 장에 대한 지휘·감독권을 통해 모든 범죄수사에 관하여 직무상 또는 사실상의 영향력을 행사할 수 있는 지위에 있었고, 공소외인과는 피고인이 경남지방경찰청장으로 부임한 후 비로소 친분관계를 형성하기 시작하였을 뿐만 아니라 자주 만나지 않고 1년에 3~4차례 정도 전화로 안부 인사를 나눌 정도였던 점 등을 종합하여 보면 피고인이 공소외인으로부터 2만 달러를 받은 것은 직무와 관련하여 뇌물로 수수한 것이라고 판단하였는바, 원심 인정의 사실관계를 앞서 본 법리에 비추어 보면, 원심의 위와 같은 판단은 옳고, 거기에 뇌물죄의 성립에 관한 법리오해의 위법이 없다. 상고이유 주장 중 원심 인정의 사실관계와 다른 전제에서 원심을 탓하는 부분은 적법한 상고이유가 될 수 없다.

3. 결론

그러므로 상고를 기각하기로 하여 관여 대법관의 일치된 의견으로 주문과 같이 판결한다.

대법관 안대희(재판장) 차한성 신영철(주심)

대법원 2010.4.29. 선고 2010도1071 판결

【마약류관리에관한법률위반(향정)·공문서위조·근로기준법위반·사기·위증·전자금융거래법위반·특수절도·공전자기록등불실기재·불실기재공전자기록등행사】

판시사항

[1] 메스암페타민을 함유하는 향정신성의약품은 그 함유량 및 함유율의 정도에 관계없이 구 마약류관리에 관한 법률 제2조 제4호 (나)목에 정한 향정신성의약품에 해당하는지 여부(적극)

[2] 필로폰에 메스암페타민이 함유된 사실이 확인되는 이상, 다른 불순물로 인하여 그 메스암페타민의 함유율이 낮다 하더라도 위 필로폰이 구 마약류관리에 관한 법률 제2조 제4호 (나)목에 정한 향정신성의약품에 해당한다고 한 사례

[3] 필로폰을 수입한 다음 타인 간에 필로폰 거래가 있는 것으로 가장된 정보를 수사기관에 제공할 목적으로 커피숍 및 식당에 맡겨두기 위하여 소지한 행위를 필로폰 수입행위와는 독립한 별개의 소지행위로 본 원심판단을 수긍한 사례

전 문

피 고 인 피고인 1외 4인

상 고 인 피고인들

변 호 인 변호사

원심판결 서울고법 2010. 1. 5. 선고 2009노1802, 2331, 2544, 2581 판결

주 문 상고를 모두 기각한다.

이 유 상고이유를 본다.

1. 피고인 1에 대하여

가. 필로폰 수입의 공모 등에 관하여

2인 이상이 공동으로 가공하여 범죄를 행하는 공동정범에 있어서 공모나 모의는 반드시 직접, 명시적으로 이루어질 필요는 없고 순차적, 암묵적으로 상통하여 이루어질 수도 있으나, 어느 경우에도 범죄에 공동가공하여 이를 공동으로 실현하려는 의사의 결합이 있어야 하고, 피고인이 공모의 점과 함께 범의를 부인하는 경우에는 이러한 주관적 요소로 되는 사실은 사물의 성질상 범의와 상당한 관련성이 있는 간접사실 또는 정황사실을 증명하는 방법에 의하여 이를 입증할 수밖에 없다(대법원 2006. 2. 23. 선고 2005도8645 판결 등 참조). 한편, 형법 제30조의 공동정범은 공동가공의 의사와 그 공동의사에 기한 기능적 행위지배를 통한 범죄실행이라는 주관적·객관적 요건을 충족함으로써 성립하는바, 공모자 중 일부가 구성요건적 행위 중 일부를 직접 분담하여 실행하지 않은 경우라 할지라도 전체 범죄에 있어서 그가 차지하는 지위, 역할이나 범죄 경과에 대한 지배 내지 장악력 등을 종합해 볼 때, 단순한 공모자에 그치는 것이 아니라 범죄에 대한 본질적 기여를 통한 기능적 행위지배가 존재하는 것으로 인정된다면, 이른바 공모공동정범으로서의 죄책을 면할 수 없다(대법원 2007. 4. 26. 선고 2007도235 판결 등 참조).

원심의 채택 증거들을 위 법리와 기록에 비추어 살펴보면, 원심이 그 판시와 같은 이유에서 피고인 1에게는 판시 각 필로폰 수입범행에 대한 공모의 점과 본질적 기여를 통한 기능적 행위지배의 점이 인정되므로 단순한 방조범이 아니라 공동정범으로서의 책임을 면할 수 없다고 판단한 것은 정당하고, 그 판단에 상고이유로 주장하는 바와 같은 채증법칙 위배나 공동정범에 관한 법리오해의 위법이 없다.

나. 함정수사 주장에 관하여

상고이유의 주장과 같이 판시 각 필로폰 수입범행의 공범인 공소외 1이나 공소외 2가 수사기관과 직접적인 관련을 맺은 상태에서 사술이나 계략 등을 써서 피고인 1에게 그 범의를 유발시켰다고 볼 자료가 없으므로, 피고인 1의 위 각 범행에 대한 공모·가담이 함정수사에 의한 것이라고 할 수 없다. 이에 관한 상고이유의 주장은 이유 없다.

다. 사기 및 특수절도에 관하여

원심의 채택 증거들을 기록에 비추어 살펴보면, 피고인 1에 대한 판시 각 사기 및 특수절도의 범죄사실을 유죄로 인정한 원심의 조치는 옳고, 상고이유의 주장과 같이 채증법칙을 위반하거나 관련 법리를 오해한 위법이 없다.

라. 양형부당 주장에 관하여

피고인 1에게 10년 미만의 징역형이 선고된 이 사건에서 원심의 형량이 너무 무거워 부당하다는 주장은 적법한 상고이유가 되지 못한다.

2. 피고인 2에 대하여

가. 착오 자백의 주장에 관하여

범행에 대한 제1심 및 원심 법정에서의 자백이 착오에 기인한 것이라는 주장은 범죄사실을 부인하는 데 귀착되므로, 10년 미만의 징역형이 선고된 이 사건에서 적법한 상고이유가 되지 못한다.

나. 양형부당 주장에 관하여

피고인 2에 대하여 10년 미만의 징역형이 선고된 이 사건에서, 형량이 너무 무겁다는 주장 또는 적법한 상고이유가 될 수 없다.

3. 피고인 3에 대하여

가. 필로폰 수입의 공모에 관하여

원심의 채택 증거들을 앞서 본 공동정범에 관한 법리와 기록에 비추어 살펴보면, 원심이 그 판시와 같은 이유에서 피고인 3이 공소외 3 등과 공모하여 필로폰 506.64g을 수입하였다는 범죄사실을 유죄로 인정한 조치는 옳고, 상고이유의 주장과 같이 채증법칙을 위반하거나 심리를 다하지 않은 위법이 없다.

나. 필로폰의 메스암페타민 함유율에 관하여

마약류관리에 관한 법률(이하 '법률'이라 한다) 제2조 제4호 (나)목은 '오용 또는 남용의 우려가 심하고 매우 제한된 의료용으로만 쓰이는 것으로서 이를 오용 또는 남용할 경우 심한 신체적 또는 정신적 의존성을 일으키는 약물이나 이를 함유하는 물질'을 향정신성의약품의 하나로 규정하고 있고, 법률 제4조 제1항은 마약류취급자가 아닌 자에 대하여 향정신성의약품의 취급을 금지하고 있으며, 법률 제58조 제1항 제6호에서는 '제4조 제1항의 규정에 위반하여 제2조 제4호 (나)목에 해당하는 향정신성의약품 또는 그 물질을 함유하는 향정신성의약품을 제조 또는 수출입하거나 제조 또는 수출입할 목적으로 소지·소유한 자'를 처벌하도록 규정하고 있고, 법률 시행령 제2조 제3항 [별표 4] 번호 4는 메스암페타민을 법률 제2조 제4호 (나)목 소정의 향정신성의약품으로 규정하고 있으며, 그 함유량 및 함유율에 대하여는 따로 이를 제한하는 규정은 없다. 이러한 관련 규정의 내용과 더불어, 향정신성의약품 및 원료물질의 취급·관리를 적정히 함으로써 그 오용 또는 남용으로 인한 보건상의 위해를 방지하여 국민보건 향상에 이바지함을 목적으로 하는 법률의 정신에 비추어 보면, 소량이라도 메스암페타민을 함유하는 향정신성의약품은 그 함유량 및 함유율의 정도에 관계없이 법률 제2조 제4호 (나)목 소정의 향정신성의약품에 해당한다고 보아야 한다(대법원 1998. 4. 10. 선고 98도306 판결 참조).

기록에 의하면, 피고인 3이 공소외 3 등과 공모하여 수입한 필로폰 506.64g에 메스암페타민이 함유된 사실이 확인되는 이상, 다른 불순물로 인하여 그 메스암페타민의 함유율이 낮다 하더라도 위 필로폰이 법률 제2조 제4호 (나)목 소정의 향정신성의약품에 해당하지 않는다고 할 수 없으므로, 원심이 위 필로폰 전량에 대하여 법률 제58조 제1항 제6호 위반죄로 의율한 조치는 정당하고, 상고이유의 주장과 같이 심리를 다하지 아니하거나 관련 법리를 오해한 위법이 없다.

다. 함정수사 주장에 관하여

기록에 의하면, 피고인 3은 수사기관에 필로폰 수입에 대한 정보를 제보함으로써 그 정보제공자가 수사·재판 또는 형집행에서 선처를 받을 수 있게 하는 속칭 '공적사업'에 이용할 의도에서 스스로 판시와 같은 필로폰 수입의 각 범행을 공모·실행한 사실을 알 수 있을 뿐, 수사기관에 의하여 피고인 3의 위 각 범행에 대한 범의가 유발되었다고 볼 자료가 없으므로, 위 각 범행이 함정수사에 의한 것이라고 할 수 없다. 이에 관한 상고이유의 주장은 이유 없다.

라. 필로폰 수입행위와 소지행위의 별도 기소에 관하여

수입한 향정신성의약품을 처분함이 없이 계속 소지하고 있는 경우, 그 소지행위가 수입행위와 불가분의 관계에 있는 것이라거나 수입행위에 수반되는 필연적 결과로서 일시적으로 행하여진 것에 지나지 않는다고 평가되지 않는 한 그 소지행위는 수입행위에 포괄 흡수되지 아니하고 향정신성의약품의 수입죄와 별도로 향정신성의약품의 소지죄가 성립한다(대법원 1995. 7. 28. 선고 95도869 판결 등 참조).

원심판결의 이유와 기록에 의하면, 피고인 3, 4는 공모하여 ① 2008. 4. 6. 인천국제공항을 통하여 필로폰 101.2g을 수입한 다음 2008. 4. 11. 타인 간에 필로폰 거래가 있는 것처럼 가장하고 그 가장된 정보를 수사기관에 제공할 목적으로 위 수입한 필로폰 중 91.2g을 원심 판시 커피숍에 맡겨두기 위하여 소지하고, ②

2008. 4. 20. 인천국제공항을 통하여 필로폰 108.3g을 수입한 다음 2008. 4. 24. 위와 같은 목적으로 위 수입한 필로폰 중 105.8g을 원심 판시 식당에 맡겨두기 위하여 소지한 사실을 알 수 있는바, 위와 같은 필로폰 소지행위는 그 목적과 경위 및 방법에 비추어 그 필로폰 수입행위와 불가분의 관계에 있다거나 그에 필연적으로 수반되는 결과로 평가될 수 없고, 오히려 사회통념상 필로폰 수입행위와는 독립한 별개의 소지행위를 구성한다고 보아야 한다. 따라서 원심이 피고인 3에 대하여 별도로 기소된 위 필로폰 소지행위와 필로폰 수입행위를 모두 유죄로 인정하고 실체적 경합범으로 의율한 것은 정당하고, 상고이유의 주장과 같이 관련 법리를 오해한 위법이 없다.

4. 피고인 4에 대하여

가. 필로폰 수입의 공모 등에 관하여

원심의 채택 증거들을 앞서 본 공동정범에 관한 법리와 기록에 비추어 살펴보면, 원심이 그 판시와 같은 이유에서 피고인 4에게는 판시 각 필로폰 수입범행에 대한 공모의 점과 본질적 기여를 통한 기능적 행위지배의 점이 인정되므로 단순한 방조범이 아니라 공동정범으로서의 책임을 면할 수 없다고 판단한 것은 정당하고, 그 판단에 상고이유로 주장하는 바와 같은 채증법칙 위배나 공동정범에 관한 법리오해의 위법이 없다.

나. 필로폰 수입행위와 소지행위의 별도 기소에 관하여

제3.의 라.항에서 본 바와 같은 이유에서, 원심이 피고인 4에 대하여 별도로 기소된 제3.의 라.항 기재와 같은 필로폰 소지행위와 필로폰 수입행위를 모두 유죄로 인정하고 실체적 경합범으로 의율한 것은 정당하고, 상고이유의 주장과 같이 관련 법리를 오해한 위법이 없다.

다. 양형부당 주장에 관하여

피고인 4에 대하여 10년 미만의 징역형이 선고된 이 사건에서, 형이 너무 무거워 부당하다는 주장은 적법한 상고이유가 되지 못한다.

5. 피고인 5에 대하여

가. 필로폰 수입의 공모 등에 관하여

적법하게 채택·조사된 증거들과 앞서 본 공동정범에 관한 법리에 비추어 살펴보면, 원심이 피고인 5에 대한 이 사건 각 필로폰 수입의 공소사실을 모두 유죄로 인정한 조치는 수긍이 가고, 상고이유의 주장과 같이 채증법칙을 위반하거나 공동정범에 관한 법리를 오해한 위법이 없다.

나. 함정수사 주장에 관하여

원심은, 피고인 5가 공소외 4, 5와 공모하여 필로폰을 수입하였다는 범행과 관련하여, 그 판시와 같은 여러 사정에 비추어, 공소외 4가 수사기관과 직접적인 관련을 맺지 않은 상태에서 피고인 5를 상대로 위 범행을 부탁하였던 것으로 보이고 수사기관이 사술이나 계략 등을 사용하였다고 볼만한 사정이 없다는 이유로, 피고인 5의 위 범행이 함정수사에 의한 것이라는 주장을 배척하였는바, 관련 법리와 기록에 비추어 살펴보면 원심의 판단은 정당한 것으로 수긍할 수 있다. 이에 관한 상고이유의 주장은 이유 없다.

6. 결 론

그러므로 상고를 모두 기각하기로 관여 대법관의 의견이 일치되어 주문과 같이 판결한다.

대법관 김능환(재판장) 김영란(주심) 이홍훈 민일영

대법원 2010.4.29. 선고 2010도973 판결

【특정범죄가중처벌등에관한법률위반(절도)】

판시사항

[1] 소년법 제67조의 규정 취지 및 구 특정범죄 가중처벌 등에 관한 법률 제5조의4 제5항의 적용 요건인 과거 전과로서의 징역형에 '소년범'으로서 처벌받은 징역형도 포함되는지 여부(적극)

[2] 절도죄의 소년범으로서 1회, 성인범으로서 2회 각 징역형을 선고받아 그 집행을 종료한 후 누범기간 중에 다시 절도범행을 저지른 경우, 구 특정범죄 가중처벌 등에 관한 법률 제5조의4 제5항에 해당한다고 한 원심판단을 수긍한 사례

전 문

피 고 인 피고인

상 고 인 피고인

변 호 인 변호사

원심판결 서울중앙지법 2009. 12. 30. 선고 2009노3313 판결

주 문 상고를 기각한다.

이 유 피고인 및 국선변호인의 상고이유를 함께 살펴본다.

1. 소년법 제67조는 "소년이었을 때 범한 죄에 의하여 형을 선고받은 자가 그 집행을 종료하거나 면제받은 경우 자격에 관한 법령을 적용할 때에는 장래에 향하여 형의 선고를 받지 아니한 것으로 본다"라고 규정하고 있는바, 위 규정은 「사람의 자격」에 관한 법령의 적용에 있어 장래에 향하여 형의 선고를 받지 아니한 것으로 본다는 취지에 불과할 뿐 전과까지 소멸한다는 것은 아니다.

   따라서 특정범죄 가중처벌 등에 관한 법률 제5조의4 제5항을 적용하기 위한 요건으로서 요구되는 과거 전과로서의 징역형에는 소년으로서 처벌받은 징역형도 포함된다고 보아야 한다.

2. 원심은, 피고인이 1997. 9. 26. 서울남부지방법원에서 특수절도죄로 징역 장기 1년 2월, 단기 8월을 선고받고, 2003. 6. 26. 서울중앙지방법원에서 절도죄 등으로 징역 6월을 선고받고, 2006. 11. 23. 같은 법원에서 야간주거침입절도죄 등으로 징역 10월을 선고받아 2007. 8. 5. 그 형의 집행을 종료한 사실을 인정한 다음, 피고인이 누범기간 중에 다시 이 사건 범행을 저질렀으므로 특정범죄 가중처벌 등에 관한 법률 제5조의4 제5항에 해당한다고 판단하였는바, 원심의 위와 같은 판단은 앞서 본 법리에 비추어 정당한 것으로 수긍되고, 거기에 소년법 제67조 및 특정범죄 가중처벌 등에 관한 법률 제5조의4 제5항의 해석에 관한 법리를 오해한 잘못이 없다.
3. 그러므로 상고를 기각하기로 하여, 관여 대법관의 일치된 의견으로 주문과 같이 판결한다.

대법관 이홍훈(재판장) 김영란 김능환 민일영(주심)

대법원 2010.4.29. 선고 2010도930 판결

【폭력행위등처벌에관한법률위반(집단·흉기등폭행)·폭행】

판시사항

1 폭력행위 등 처벌에 관한 법률 제3조 제1항에 정한 '위험한 물건'의 판단 기준

2 경륜장 사무실에서 술에 취해 소란을 피우면서 '소화기'를 집어던졌지만 특정인을 겨냥하여 던진 것이 아닌 점 등을 종합하여, 위 '소화기'는 폭력행위 등 처벌에 관한 법률 제3조 제1항의 '위험한 물건'에 해당하지 않는다고 한 사례

전 문

피 고 인 피고인

상 고 인 검사

변 호 인 변호사

원심판결 서울북부지법 2009. 12. 28. 선고 2009노1671 판결

주 문 상고를 기각한다.

이 유 상고이유를 판단한다.

어떤 물건이 폭력행위 등 처벌에 관한 법률 제3조 제1항에 정한 '위험한 물건'에 해당하는지 여부는 구체적인 사안에서 사회통념에 비추어 그 물건을 사용하면 상대방이나 제3자가 생명 또는 신체에 위험을 느낄 수 있는지 여부에 따라 판단하여야 한다(대법원 1981. 7. 28. 선고 81도1046 판결, 대법원 2009. 3. 26. 선고 2007도3520 판결 등 참조).

원심판결 이유에 의하면, 원심은 그 판시와 같은 사실을 인정한 다음, 피고인이 술에 취하여 경륜장 매표소에서 행패를 부리자 피해자들을 비롯한 다수의 경륜장 직원들이 피고인을 제지하였고 이에 피고인이 경륜장 사무실로 들어가자 위 직원들이 따라 들어간 점, 피고인은 사무실 안에서도 위 직원들 5-6명이 있는 상태에서 소화기들을 던지며 소란을 피웠는데 특정인을 겨냥하여 던진 것으로는 보이지 아니하는 점, 피해자들이 상해를 입지 않은 점 등의 여러 사정을 종합하면, 피고인이 위 소화기들을 던진 행위로 인하여 사회통념상 피해자들이나 제3자가 생명 또는 신체에 위험을 느꼈던 것으로는 보기 어렵다고 판단하여 피고인에 대한 폭력행위 등 처벌에 관한 법률 제3조 제1항 위반죄가 성립하지 아니한다고 보았다.

앞서 본 법리를 원심 인정의 사실관계에 비추어 보면, 원심의 위와 같은 판단은 정당한 것으로 수긍할 수 있고, 거기에 상고이유로 주장하는 폭력행위 등 처벌에 관한 법률 제3조 제1항에 정한 '위험한 물건'에 관한 법리오해 등의 위법이 없다.

그러므로 상고를 기각하기로 하여 관여 대법관의 일치된 의견으로 주문과 같이 판결한다.

대법관 안대희(재판장) 차한성 신영철(주심)

대법원 2010.4.29. 선고 2010도875 판결

【허위공문서작성·허위작성공문서행사】

판시사항

1 외부 전문기관이 작성·보고하고 지방자치단체의 장 또는 계약담당자가 결재·승인한 '검사조서'가 공문서에 해당하는지 여부(적극)

2 자생식물원 조성공사의 감리업체의 책임감리원 갑과 이 공사를 감독하는 담당공무원 을이 공모하여 허위 내용의 준공검사조서를 작성한 다음, 이를 준공검사결과보고서에 첨부하여 공무원들의 결재를 받아 사무실에 비치한 사안에서, 위 '준공검사조서'는 공문서에 해당한다고 한 사례

판결요지

1 지방자치단체를 당사자로 하는 계약의 이행완료에 관한 검사는 지방자치단체의 장 또는 계약담당자의 직무권한에 속하는 사항으로서 이를 전문기관에 위임하여 수행하게 한다고 하여 그 직무 소관이 달라지는 것은 아니고 다만 이때에는 전문기관으로부터 검사결과를 문서로 통보받아 확인하는 방법으로 그 직무를 집행하게 되는 것이므로, 지방자치단체의 장 또는 계약담당자가 그 검사를 위임받아 수행한 전문기관으로부터 검사결과를 검사조서로 작성·보고받고 이를 확인하여 승인하는 의미로 검사조서에 결재하였다면 그와 같이 결재된 검사조서는 공무원이 그 직무권한 내에서 작성한 문서로서 허위공문서작성죄의 객체인 공문서에 해당한다.

2 자생식물원 조성공사의 감리업체의 책임감리원인 갑이, 이 공사를 감독하는 담당공무원 을과 공모하여 허위 내용의 준공검사조서를 작성한 다음 준공검사결과보고서에 첨부하여 을에게 제출하여 공무원들의 결재를 받아 사무실에 비치한 사안에서, 위 '준공검사조서'는 공문서에 해당한다고 한 사례.

전 문

피 고 인 피고인

상 고 인 검사

변 호 인 변호사

원심판결 수원지법 2009. 12. 24. 선고 2009노4573 판결

주 문 원심판결을 파기하고, 사건을 수원지방법원 본원 합의부로 환송한다.

이 유 상고이유를 본다.

1. 이 사건 공소사실의 요지는, 화성시 자생식물원 조성공사(이하 '이 사건 공사'라 한다)의 감리업체인 공소외 1 주식회사의 책임감리원인 피고인이, 이 사건 공사를 감독하는 화성시 농업기술센터(이하 '농업기술센터'라 한다)의 담당공무원 공소외 2와 공모하여, 이 사건 공사의 1차분 공사가 완료되지 않았는데도 마치 완료된 것처럼 허위 내용의 준공검사조서(이하 '이 사건 준공검사조서'라 한다)를 작성한 다음 이를 공소외 1 주식회사 명의의 준공검사결과보고 기안문서(이하 '이 사건 검사결과보고서'라 한다)에 첨부하여 공소외 2에게 제출하고, 공소외 2는 이를 접수하여 서명한 후 농업기술센터의 담당과장 및 소장의 결재를 받아 사무실에 비치함으로써, 감리대행업무와 관련하여 공무상 작성되는 공문서인 이 사건 준공검사조서를 허위로 작성하고 이를 행사하였다는 것이다.
2. 제1심은, 이 사건 준공검사조서에는 공무원 신분이 없는 공소외 1 주식회사 소속 감리원들만이 작성자로 되어 있을 뿐 공무원인 공소외 2의 이름은 없으며 이 사건 준공검사조서가 첨부된 이 사건 검사결과보고서에 공소외 2가 공람·결재의 서명을 하였지만 그러한 사정만으로 공소외 2를 이 사건 준공검사조서의 작성자라고 평가하기는 어려우므로 이 사건 준공검사조서는 사문서에 불과하다고 보아 피고인에게 무죄를 선고하였고, 원심은 기록에 비추어 제1심의 조치가 수긍된다는 이유로 이를 그대로 유지하였다.

3. 그러나 원심의 판단은 다음과 같은 이유로 수긍하기 어렵다.

지방자치단체를 당사자로 하는 계약에 관한 법률 제17조 제1항, 제2항, 같은 법 시행규칙 제67조에 의하면, 지방자치단체의 장 또는 계약담당자는 계약상대방에 의하여 계약의 전부 또는 일부의 이행이 완료되면 이를 직접 검사하거나 소속 공무원 등에게 위임하여 검사하되, 책임감리 대상 공사계약 또는 검사에 전문적 지식이나 기술이 필요한 계약인 경우에는 전문기관에 위임하여 이를 검사하게 할 수 있고, 이에 따라 검사를 하는 자는 검사조서를 작성하여야 하며, 지방자치단체의 장 또는 계약담당자가 그 검사를 전문기관으로 하여금 수행하게 하는 경우에는 그 결과를 문서로 통보받아 이를 확인하도록 되어 있는바, 이러한 규정 내용에 비추어, 지방자치단체를 당사자로 하는 계약의 이행완료에 관한 검사는 지방자치단체의 장 또는 계약담당자의 직무권한에 속하는 사항으로서 이를 전문기관에 위임하여 수행하게 한다고 하여 그 직무 소관이 달라지는 것은 아니고 다만 이 때에는 전문기관으로부터 검사결과를 문서로 통보받아 확인하는 방법으로 그 직무를 집행하게 되는 것이므로, 지방자치단체의 장 또는 계약담당자가 그 검사를 위임받아 수행한 전문기관으로부터 검사결과를 검사조서로 작성·보고받고 이를 확인하여 승인하는 의미로 검사조서에 결재하였다면 그와 같이 결재된 검사조서는 공무원이 그 직무권한 내에서 작성한 문서로서 허위공문서작성죄의 객체인 공문서에 해당한다.

적법하게 채택·조사된 증거들에 의하면, 화성시의 자생식물원 조성사업과 관련하여 그 산하 농업기술센터가 발주처로서 인천지방조달청을 통하여 ○○종합건설 등과 이 사건 공사의 도급계약(이하 '이 사건 공사계약'이라 한다)을, 공소외 1 주식회사와 그 전면책임감리에 관한 기술용역계약(이하 '이 사건 감리계약'이라 한다)을 체결한 다음 위 각 계약의 이행에 관한 사무를 관장한 사실, 농업기술센터는 이 사건 공사 중 1차분 공사에 대한 준공검사원이 ○○종합건설로부터 접수되자 이 사건 감리계약에 따라 공소외 1 주식회사에게 그 준공검사를 위임하여 수행하게 한 사실, 그런데 공소외 1 주식회사의 책임감리원으로 그 준공검사 업무를 담당한 피고인과 농업기술센터 소속 담당공무원으로 그 준공검사에 입회한 공소외 2는 1차분 공사가 아직 완료되지 않은 사실을 확인하였음에도 이를 준공된 것으로 처리하기로 하였고, 이에 따라 피고인이 그 공사가 완료된 것처럼 허위 내용의 이 사건 준공검사조서를 작성한 다음 이를 공소외 1 주식회사 명의로 작성한 이 사건 검사결과보고서에 첨부하여 농업기술센터에 제출한 사실, 이를 접수한 농업기술센터에서는 이 사건 검사결과보고서에 공람·결재란과 전결란을 만든 다음 담당계장 공소외 2와 담당과장 공소외 3이 공람·결재란에 차례로 서명하고 이어 그 허위의 정을 모르는 소장 공소외 4가 전결란에 최종 서명함으로써 그 준공검사결과를 승인한 사실, 한편 그 준공검사결과의 내용은 이 사건 검사결과보고서에는 전혀 기재되지 않고 그 첨부문서인 이 사건 준공검사조서에만 포함되어 있었던 사실을 알 수 있다.

이러한 사실관계를 앞서 본 법리와 위 법률의 관련규정에 비추어 살펴보면, 농업기술센터는 위 법률이 적용되는 이 사건 도급계약의 계약담당자로서 그 적절한 이행을 확보하기 위하여 전문기관인 공소외 1 주식회사와 이 사건 감리계약을 체결한 다음 이에 기하여 그 소관 직무인 1차 준공검사를 공소외 1 주식회사에게 위임하여 수행하게 하고 이에 따라 공소외 1 주식회사가 이 사건 준공검사조서로 작성·보고한 준공검사결과를 그 전결권자인 소장의 결재를 통하여 승인하였던 것이므로(위 결재는 형식상 이 사건 검사결과보고서에 이루어졌지만 실질적으로는 그 첨부문서로서 준공검사결과를 담고 있는 이 사건 준공검사조서에 대한 것이라고 보아야 한다), 결국 위와 같이 결재된 이 사건 준공검사조서는 농업기술센터의 소장이 그 직무권한 내에서 작성한 문서로서 공문서에 해당한다.

그리고, 위와 같은 결재로써 공문서가 되는 이 사건 준공검사조서의 경우 직무상 그 작성권한이 있는 농업기술센터 소장만이 허위공문서작성죄의 주체가 되고 그 직무를 보조하는 지위에 있는 공무원 공소외 2는 허위공문서작성죄의 주체가 되지 못하나, 공소외 2는 피고인과 공모하여 그로 하여금 이 사건 준공검사조서를 허위로 작성·제출하게 하고 그에 관하여 준공검사에 입회한 담당자로서 그 진정성을 확인한다는 의미로 결재한 다음 담당과장을 통해 그 허위의 정을 모르는 소장에게 이를 제출하여 결재하게 함으로써 이 사건 준공검사조서를 허위의 공문서로 완성하였던 것이므로 허위공문서작성죄의 간접정범으로서 죄책을 지게 되고, 그와 공모한 피고인도 공무원의 신분을 가지는지 여부와 관계없이 그 간접정범의 공범으로서 죄책을 면할 수 없다.

한편 이 사건 공소장의 전체적인 내용에 비추어, 검사는 공무원인 공소외 2가 위와 같은 간접정범이 아니라 그 범죄를 직접 실행한 정범에 해당한다는 전제 아래 그에 대한 공범으로 피고인을 기소한 것으로 보이나, 이 사건 공소사실에는 위와 같은 간접정범 형태의 객관적 사실이 이미 적시되어 있을 뿐 아니라 농업기술센터 소장이 그 허위의 정을 몰랐다는 주관적 사실도 내포되어 있다고 볼 수 있으며, 간접정범은 정범과 동일한 형 또는 그보다 감경된 형으로 처벌되는 것이므로, 공소장변경절차 없이 피고인을 위와 같은 간접정범의 공범으로 인정하더라도 피고인의 방어권 행사에 실질적 불이익을 초래할 염려가 있다고 보기 어렵다.

그런데도 원심은 이 사건 준공검사조서가 공문서에 해당되지 않는다는 이유로 피고인에 대하여 무죄를 선고한 제1심판결을 그대로 유지하고 말았으니, 허위공문서작성죄의 공문서에 관한 법리를 오해하여 판결에 영향을 미친 위법이 있다. 이를 지적하는 상고이유의 주장은 이유 있다.

4. 그러므로 원심판결을 파기하고, 사건을 다시 심리·판단하도록 하기 위하여 원심법원에 환송하기로 관여 대법관의 의견이 일치되어 주문과 같이 판결한다.

대법관 김능환(재판장) 김영란(주심) 이홍훈 민일영

대법원 2010.4.29. 선고 2009도14643 판결

【폭력행위등처벌에관한법률위반(공동주거침입)】

판시사항

1. 주거침입죄에서 침입행위의 객체인 '건조물'에 포함되는 '위요지'의 의미
2. 차량 통행이 빈번한 도로에 바로 접하여 있고, 도로에서 주거용 건물, 축사 4동 및 비닐하우스 2동으로 이루어진 시설로 들어가는 입구 등에 그 출입을 통제하는 문이나 담 기타 인적·물적 설비가 전혀 없고 노폭 5m 정도의 통로를 통하여 누구나 축사 앞 공터에 이르기까지 자유롭게 드나들 수 있는 사실 등을 이유로, 차를 몰고 위 통로로 진입하여 축사 앞 공터까지 들어간 행위가 주거침입에 해당한다고 본 원심판단에 법리오해 등의 위법이 있다고 한 사례

판결요지

1. 주거침입죄에서 침입행위의 객체인 '건조물'은 주거침입죄가 사실상 주거의 평온을 보호법익으로 하는 점에 비추어 엄격한 의미에서의 건조물 그 자체뿐만이 아니라 그에 부속하는 위요지를 포함한다고 할 것이나, 여기서 위요지라고 함은 건조물에 인접한 그 주변의 토지로서 외부와의 경계에 담 등이 설치되어 그 토지가 건조물의 이용에 제공되고 또 외부인이 함부로 출입할 수 없다는 점이 객관적으로 명확하게 드러나야 한다. 따라서 건조물의 이용에 기여하는 인접의 부속 토지라고 하더라도 인적 또는 물적 설비 등에 의한 구획 내지 통제가 없어 통상의 보행으로 그 경계를 쉽사리 넘을 수 있는 정도라고 한다면 일반적으로 외부인의 출입이 제한된다는 사정이 객관적으로 명확하게 드러났다고 보기 어려우므로, 이는 다른 특별한 사정이 없는 한 주거침입죄의 객체에 속하지 아니한다고 봄이 상당하다.
2. 차량 통행이 빈번한 도로에 바로 접하여 있고, 도로에서 주거용 건물, 축사 4동 및 비닐하우스 2동으로 이루어진 시설로 들어가는 입구 등에 그 출입을 통제하는 문이나 담 기타 인적·물적 설비가 전혀 없고 노폭 5m 정도의 통로를 통하여 누구나 축사 앞 공터에 이르기까지 자유롭게 드나들 수 있는 사실 등을 이유로, 차를 몰고 위 통로로 진입하여 축사 앞 공터까지 들어간 행위가 주거침입에 해당한다고 본 원심판단에 법리오해 등의 위법이 있다고 한 사례.

전 문

피 고 인 피고인 1외 1인

상 고 인 피고인들

원심판결 수원지법 2009. 12. 3. 선고 2008노6095 판결

주 문 원심판결을 파기하고, 사건을 수원지방법원 본원 합의부에 환송한다.

이 유 상고이유를 살펴본다.

1. 주거침입죄에서 침입행위의 객체인 '건조물'은 주거침입죄가 사실상 주거의 평온을 보호법익으로 하는 점에 비추어 엄격한 의미에서의 건조물 그 자체뿐만이 아니라 그에 부속하는 위요지를 포함한다고 할 것이나, 여기서 위요지라고 함은 건조물에 인접한 그 주변의 토지로서 외부와의 경계에 담 등이 설치되어 그 토지가 건조물의 이용에 제공되고 또 외부인이 함부로 출입할 수 없다는 점이 객관적으로 명확하게 드러나야 한다(대법원 2004. 6. 10. 선고 2003도6133 판결 등 참조). 따라서 건조물의 이용에 기여하는 인접의 부속 토지라고 하더라도 인적 또는 물적 설비 등에 의한 구획 내지 통제가 없어 통상의 보행으로 그 경계를 쉽사리 넘을 수 있는 정도라고 한다면 일반적으로 외부인의 출입이 제한된다는 사정이 객관적으로 명확하게 드러났다고 보기 어려우므로, 이는 다른 특별한 사정이 없는 한 주거침입죄의 객체에 속하지 아니한다고 봄이 상당하다.

2. 원심은, ① 피해자 공소외인의 주거용 건물, 축사 4동 및 비닐하우스 2동으로 이루어진 이 사건 시설과 이에 이르는 시멘트 포장의 통로가 그 통로 입구를 제외하면 산에 둘러싸인 형상으로 위 축사건물 뒤쪽의 산으로 통하거나 외부에서 위 축사건물에 이르는 별도의 길이 없는 점, ② 이 사건 통로 오른편 입구에는 '관계자 외 출입금지'라고 쓰인 표지판이 서 있고, 위 주거건물에서 축사에 이르기까지 위 통로 주변에 축사 운영에 필요한 장비나 도구 등이 산재해 있으며, 피해자는 위 통로와 축사 앞 공터를 통해서만 축사에 사료를 공급하고 분뇨를 배출하는 일 등 축사의 운영에 필요한 일을 할 수 있는 점, ③ 피고인들이 이 사건 당시 차를 타고 피해자의 허락을 받지 아니한 채 위 통로에 진입하여 정차한 이 사건 공터는 위 주거건물과 그 다음에 있는 축사 1동을 2~3m 이상 지난 곳일 뿐만 아니라(피고인들의 주장에 의하더라도 위 주거건물을 지나 위 축사 1동 앞에 정차하였다는 것이다), 피고인 2가 차량에서 내려 축사건물들에 대하여 사진을 촬영하는 등의 행위를 하자 피해자는 피고인들이 들어온 것에 대하여 강력하게 항의한 점, ④ 피고인들은 동업자관계에 있는 사람들로서, 이 사건 당시 피고인 1은 피해자와 사이에 피해자가 위 피고인에게 임대한 농지의 사용문제와 관련하여 소송 등의 분쟁이 계속되고 있었고 피고인들은 이전에도 피해자가 이 사건 설비에서 소를 키우고 있음을 알고 있었던 점, ⑤ 이 사건 시설과 같이 업으로 다수의 가축을 기르는 곳에서는 방역(방역)이 사업의 성패를 가르는 가장 중요한 문제 중 하나이어서 차량이든 사람이든 함부로 축사 근처에 진입하는 것은 피해자와 같은 축산업자로서는 용납하기 어려운 행위인 점을 종합하여 보면, 이 사건 통로와 축사 앞 공터는 이 사건 주거건물 및 축사에 부수하여 축사 운영에 필요 불가결한 장소이고 비록 문과 담 등으로 통로의 입구를 막지는 아니하였지만 이 사건 시설은 주변이 산으로 둘러싸인 곳으로서 입구에 피해자의 주거건물과 통로 건너편의 비닐하우스 등이 위치하여 외부와의 경계가 명확히 드러날 뿐만 아니라 피해자는 외부인의 출입을 금지하는 취지의 표지판을 입구에 설치하였으므로, 위 통로와 축사 앞 공터는 이 사건 주거건물이나 축사 등의 위요지에 해당한다고 보고, 피고인들이 공동으로 이 사건 통로로 진입하여 축사 앞 공터까지 들어간 행위는 피해자가 거주하면서 관리하는 이 사건 건조물에 침입한 행위라고 인정된다고 판단하여, 제1심판결을 파기하고 피고인들에게 각 유죄를 선고하였다.

3. 그러나 원심의 위와 같은 판단에는 수긍할 수 없다.

원심판결의 이유 및 기록에 의하면, 이 사건 시설은 과천시 갈현동 마을 입구에서 과천·인덕원 방향으로 난 차량 통행이 빈번한 도로에 바로 접하여서 자리하고 있고, 위 주거건물은 위 도로에 면하여 그로부터 직접 출입할 수 있는 사실, 위 도로에서 이 사건 시설로 들어가는 입구 등에 그 출입을 통제하는 문이나 담 기타 인적·물적 설비가 전혀 없고 시멘트 포장이 된 노폭 5m 정도의 통로를 통하여 누구나 통상의 보행으로 자유롭게 드나들 수 있고, 이는 이 사건 축사 앞 공터에 이르기까지 다를 바 없는 사실, 이 사건 시설은 그 입구를 제외하면 야트막한 언덕의 숲으로 둘러싸인 형상이기는 하나 그 주위로 담이나 철망 등이 설치되어 있지 아니하고 위 도로로부터 그 언덕을 끼고 축사건물 뒤쪽으로 오르는 오솔길이 있고 이를 통하여 축사건물 맞은편의 비닐하우스 앞으로 들어올 수 있는 사실, 피고인들이 차를 타고 들어간 통로 입구 오른쪽의 전주 아래편에 '관계자 외 출입금지'라는 팻말이 있지만, 그 바로 뒤에 '○○ 축산'이라는 커다란 간판이 붙어 있는 비닐하우스가 있어서 이 팻말로써는 위 비닐하우스 외에도 이 사건 시설이나 통로 등 전체에 대하여 외부인의 출입이 제한된다는 점이 일반인의 입장에서 쉽사리 알 수 있다고 보기 어려운 사실을 인정할 수 있다.

앞서 본 법리를 이러한 사실들에 비추어 보면, 피고인들이 차를 몰고 진입한 통로나 축사 앞 공터가 주거침입죄의 객체가 되는 위요지에 해당한다는 것에 대하여 합리적 의심이 배제된다고 쉽사리 단정할 수 없고, 원심이 드는 사정들은 대체로 피해자가 이 사건 설비 및 통로 등에 대하여 가지는 주로 경제적인 이해관계 또는 이 사건 진입행위의 경위 등에 관련된 것으로서 객관적으로 위 통로 등에 대한 외부인의 출입이 제한된다는 사정이 명확하게 드러났는지를 판단함에 있어서 무겁게 고려되어야 할 성질의 것이라고 할 수 없다.

그럼에도 원심이 위 통로와 축사 앞 공터는 이 사건 주거건물이나 축사 등의 위요지에 해당한다고 판단하여 피고인들의 행위가 주거침입에 해당한다고 본 것에는 주거침입죄의 객체에 관한 법리를 오해하였거나 자유심증주의에 반하여 사실을 인정함으로써 판결 결과에 영향을 미친 위법이 있다. 이 점을 지적하는 상고취지는 이유 있다.

4. 그러므로 원심판결을 파기하고 사건을 다시 심리·판단하게 하기 위하여 원심법원에 환송하기로 하고, 관여 대법관의 일치된 의견으로 주문과 같이 판결한다.

대법관 김지형(재판장) 양승태 전수안 양창수(주심)

대법원 2010.4.29. 선고 2009도14554 판결

【특수절도미수】

판시사항

[1] 절도죄의 실행의 착수 시기(=밀접행위시) 및 실행의 착수가 있는지 여부의 판단 기준

[2] 피고인이 아파트 신축공사 현장 안에 있는 건축자재 등을 훔칠 생각으로 공범과 함께 위 공사현장 안으로 들어간 후 창문을 통하여 신축 중인 아파트의 지하실 안쪽을 살핀 행위가 특수절도죄의 실행의 착수에 해당하지 않는다고 한 사례

전 문

피 고 인 피고인

상 고 인 검사

원심판결 인천지법 2009. 12. 3. 선고 2009노3048, 3719 판결

주 문 상고를 기각한다.

이 유 상고이유를 판단한다.

절도죄의 실행의 착수 시기는 재물에 대한 타인의 사실상의 지배를 침해하는 데에 밀접한 행위를 개시한 때라고 할 것이고(대법원 1986. 12. 23. 선고 86도2256 판결, 대법원 1999. 9. 17. 선고 98도3077 판결 등 참조), 실행의 착수가 있는지 여부는 구체적 사건에 있어서 범행의 방법, 태양, 주변상황 등을 종합 판단하여 결정하여야 한다(대법원 1983. 3. 8. 선고 82도2944 판결).

원심은, 피고인이 성명불상의 공범과 합동하여 2009. 5. 20. 22:15경 아파트 신축공사현장에서 피해자 공소외인 소유의 건축공사용 자재인 동파이프를 절취하려다가 미수에 그쳤다는 공소사실에 대하여, 피고인이 이 사건 공사현장 안에 있는 건축자재 등을 훔칠 생각으로 성명불상의 공범과 함께 마스크를 착용하고 위 공사현장 안으로 들어간 후 창문을 통하여 건축 중인 아파트의 지하실 안쪽을 살폈을 뿐이고 나아가 위 지하실에까지 침입하였다거나 훔칠 물건을 물색하던 중 동파이프를 발견하고 그에 접근하였다는 등의 사실을 인정할 만한 증거가 없는 이상, 비록 피고인이 창문으로 살펴보고 있었던 지하실에 실제로 값비싼 동파이프가 보관되어 있었다고 하더라도 피고인의 위 행위를 위 지하실에 놓여있던 동파이프에 대한 피해자의 사실상의 지배를 침해하는 밀접한 행위라고 볼 수 없다고 판단하여, 이 부분 특수절도미수 공소사실을 유죄로 인정한 제1심판결을 파기하고 이 부분에 대하여 무죄를 선고하였다.

위에서 본 법리 및 기록에 비추어 살펴보면, 원심의 위와 같은 판단은 정당한 것으로 수긍이 가고, 거기에 상고이유로 주장하는 바와 같은 절도죄의 실행착수에 관한 법리오해의 위법이 있다고 할 수 없다.

그러므로 상고를 기각하기로 하여 관여 대법관의 일치된 의견으로 주문과 같이 판결한다.

대법관 신영철(재판장) 안대희 차한성(주심)

대법원 2010.4.29. 선고 2009도14427 판결

【특정경제범죄가중처벌등에관한법률위반(사기)·특정경제범죄가중처벌등에관한법률위반(배임)】

판시사항

1 부동산 이중매매에서 매도인이 선매수인에게 소유권이전의무를 이행한 경우, 후매수인에 대한 배임죄가 성립하는지 여부(소극)

2 부동산의 이중양도와 배임죄의 실행의 착수 시기

전 문

피 고 인 피고인

상 고 인 피고인 및 검사

변 호 인 법무법인

원심판결 서울고법 2009. 12. 10. 선고 2009노1444 판결, 2009초기467 배상명령

주 문 상고를 모두 기각한다.

이 유 상고이유를 본다.

1. 피고인의 상고이유에 대한 판단

증거의 취사선택과 사실의 인정은 논리와 경험칙에 반하지 않는 한 사실심의 전권에 속하는바, 원심판결 이유를 기록에 비추어 살펴보면, 원심이 그 판시와 같은 이유에서 피고인의 판시 특정경제범죄 가중처벌 등에 관한 법률 위반(사기)의 범죄사실을 유죄로 인정한 것은 정당하고, 거기에 상고이유의 주장과 같은 사실오인, 법리오해, 채증법칙 위반 등의 위법이 없다.

2. 검사의 상고이유에 대한 판단

부동산을 이중으로 매도한 경우에 매도인이 선매수인에게 소유권이전의무를 이행하였다고 하여 후매수인에 대한 관계에서 그가 임무를 위법하게 위배한 것이라고 할 수 없다(대법원 1992. 12. 24. 선고 92도1223 판결, 대법원 2009. 2. 26. 선고 2008도11722 판결 등 참조). 그리고 부동산 이중양도에 있어서 매도인이 제2차 매수인으로부터 계약금만을 지급받고 중도금을 수령한 바 없다면 배임죄의 실행의 착수가 있었다고 볼 수 없다(대법원 1983. 10. 11. 선고 83도2057 판결, 대법원 2003. 3. 25. 선고 2002도7134 판결 등 참조).

원심은 그 채택 증거에 의하여 그 판시와 같은 사실을 인정한 다음, ○○Ⅱ 상가 507호, 307호는 2006. 1. 11. 대물변제의 예약이 있은 후 2006. 9. 준공되었고, 그 후 2006. 10. 17. 우선수익자의 원리금 상환에 대한 담보목적으로 이전등기하지 못한 완성건축물을 수탁자에게 추가 신탁하기로 한 2005. 6. 27.자 특약사항 제2조에 따라 추가로 신탁등기가 마쳐졌는바, 위 대물변제의 예약 후에 ○○Ⅱ 상가 507호, 307호에 관하여 신탁등기가 경료되었다고 하더라도 이는 대물변제의 예약보다 앞선 담보신탁의 예약에 따른 것으로서 이를 대물변제 예약권자인 공소외 1에 대한 관계에서 임무위배행위라 할 수 없고, ○○Ⅰ 상가 403호, 404호는 신탁계약에 따라 신탁등기가 경료된 후에 대물변제의 예약이 체결되었고, 건축중인 ○○Ⅲ 상가 501호, 502호, 503호, 504호 및 ○○Ⅳ 빌라 601호는 ○○Ⅲ 상가부지 및 ○○Ⅳ 빌라부지에 관하여 신탁등기가 경료된 후에 대물변제의 예약이 체결되었는데, 수탁자인 공소외 2 주식회사가 신탁재산인 위 부동산들을 처분하여 그 대금으로 우선수익자의 채권변제에 충당한 이상, 위탁자인 피고인이 공소외 2 주식회사의 처분업무에 협조하였다 하더라도 이는 신탁계약에 따른 것이어서 이를 대물변제 예약권자인 공소외 1, 3에 대한 관계에서 임무위배행위에 해당한다고 할 수 없다고 판단하였다.

나아가 원심은, 피고인이 대물변제의 예약에 위배하여 2007. 6. 13. ○○Ⅲ 상가부지를 공소외 4 주식회사(대표이사 공소외 5)에 매도하고 2007. 6. 14. 계약금 20억 원을 받았으나, 중도금을 수령한 바 없어 배임의 실행에 착수하였다고 할 수 없으므로, 피고인의 위와 같은 행위는 공소외 1에 대한 관계에서 배임미수죄에도 해당하지 않는다는 취지로 판단하였다.

위 법리와 기록에 비추어 살펴보면, 원심의 판단은 정당한 것으로 수긍이 가고, 거기에 상고이유에서 주장하

는 바와 같은 채증법칙 위배, 사실오인, 배임죄의 성립에 관한 법리오해 등의 위법이 없다.

3. 결론

그러므로 상고를 모두 기각하기로 하여 관여 대법관의 일치된 의견으로 주문과 같이 판결한다.

대법관 김영란(재판장) 이홍훈 김능환(주심) 민일영

대법원 2010.4.29. 선고 2009도13868 판결

【특정경제범죄가중처벌등에관한법률위반(배임)·주식회사의외부감사에관한법률위반·상호저축은행법위반】

판시사항

1. 구 상호저축은행법 제39조 제3항 제4의2호 벌칙규정의 적용대상자가 '같은 법 제12조 제1항을 위반한 자'에서 '같은 법 제12조 제1항을 위반한 상호저축은행'으로 개정된 경우, 그 이후에 이루어진 '행위자 개인'의 위반행위를 처벌할 수 있는지 여부(적극)
2. 공모공동정범에 있어서 공모관계의 성립 요건
3. 법률의 착오에 관한 형법 제16조의 규정 취지
4. 경영상 판단과 관련하여 경영자에게 배임의 고의와 불법이득의 의사가 있었는지 여부를 판단하는 방법

전 문

피고인 피고인 1외 2인

상고인 피고인들

변호인 변호사

원심판결 대전고법 2009. 11. 20. 선고 2009노234 판결

주 문 상고를 모두 기각한다.

이 유 상고이유를 본다.

1. 상호저축은행법 위반의 점에 관하여

가. 구 「상호저축은행법」(2007. 7. 19. 법률 제8522호로 개정되기 전의 것, 이하 '구 「상호저축은행법」'이라 한다) 제12조 제1항은 "상호저축은행은 동일인에 대하여 자기자본의 100분의 20 이내에서 대통령령이 정하는 한도를 초과하는 대출 등을 할 수 없다", 제39조 제3항 제4의2호는 '법 제12조 제1항을 위반한 자는 1년 이하의 징역 또는 1천만 원 이하의 벌금에 처한다'라고 규정하고 있었는데, 2007. 7. 19. 법률 제8522호로 개정되어 2008. 1. 20.부터 시행된 개정 「상호저축은행법」(이하 '개정 「상호저축은행법」'이라 한다)은 제12조 제1항을 "상호저축은행은 개별차주에 대하여 자기자본의 100분의 20 이내에서 대통령령이 정하는 한도를 초과하는 신용공여를 할 수 없다"로, 제39조 제3항 제4의2호를 '법 제12조 제1항을 위반한 상호저축은행은 1년 이하의 징역 또는 1천만 원 이하의 벌금에 처한다'로 각 개정하였다.

한편, 개정 「상호저축은행법」은 제39조의2에서 구 「상호저축은행법」과 마찬가지로 "법인의 대표자나 법인 또는 개인의 대리인·사용인 기타 종업원이 그 법인 또는 개인의 업무에 관하여 제39조의 위반행위를 한 때에는 행위자를 처벌하는 외에 그 법인 또는 개인에 대하여도 농소의 벌금형을 과한다"는 양벌규정을 두고 있는데, 이는 당해 업무를 실제로 집행하는 자가 있는 때에 위 벌칙규정의 실효성을 확보하기 위하여 그 적용대상자를 당해 업무를 실제로 집행하는 자에게까지 확장함으로써 그러한 자가 당해 업무집행과 관련하여 위 벌칙규정의 위반행위를 한 경우 위 양벌규정에 의하여 처벌할 수 있도록 한 행위자의 처벌규정임과 동시에 그 위반행위의 이익귀속주체인 상호저축은행에 대한 처벌규정이라 할 것이다(대법원 1999. 7. 15. 선고 95도2870 전원합의체 판결, 대법원 2009. 2. 12. 선고 2008도9476 판결 등 참조).

따라서 앞서 본 「상호저축은행법」의 개정 결과, 같은 법 제39조 제3항 제4의2호의 문언이 '법 제12조 제1항을 위반한 자'에서 '법 제12조 제1항을 위반한 상호저축은행'으로 바뀌었다 하여 위 양벌규정의 해석을 달리할 것은 아니다.

위와 같은 법리에 비추어 볼 때, 원심이 개정 「상호저축은행법」 시행 이후에 이루어진 피고인 1, 2의 같은 법 제12조 제1항 위반행위에 관하여도 상호저축은행법위반죄를 인정한 것은 정당한 판단으로 수긍이 간다.

원심판결에는 피고인 1, 2의 상고이유 주장과 같이 개정 「상호저축은행법」 제39조 제3항 제4의2호 벌칙규정과 제39조의2 양벌규정의 해석 및 적용에 관하여 법리를 오해한 위법 등이 없다.

나. 「형법」 제30조의 공동정범은 공동가공의 의사와 그 공동의사에 기한 기능적 행위지배를 통한 범죄 실행이라는 주관적·객관적 요건을 충족함으로써 성립하는바, 공범자들 상호 간에 비록 전체의 모의과정이 없었다고 하더라도 순차적 또는 암묵적으로 상통하여 어느 범죄에 공동가공하여 그 범죄를 실현하려는 의사의 결합이 이루어지면 공모관계가 성립하고, 이러한 공모가 이루어진 이상 실행행위에 직접 관여하지 아니한 자라도 다른 공모자의 행위에 대하여 공동정범으로서의 형사책임을 진다(대법원 2000. 11. 10. 선고 2000도3483 판결, 대법원 2007. 4. 26. 선고 2007도235 판결 등 참조).

위와 같은 법리와 원심판결의 채용 증거들을 기록에 비추어 살펴보면, 원심이 그 판시와 같은 여러 사정에 비추어 피고인 1은 ○○상호저축은행의 대주주이자 총무이사로서, 피고인 3은 위 은행의 대표이사로서 위 은행의 대출 담당 임직원들과 공모하여 「상호저축은행법」 제12조 제1항을 위반하여 동일인 한도를 초과한 대출을 한 사실을 인정할 수 있다고 판단한 것은 정당하다.

원심판결에는 피고인 1, 3의 상고이유 주장과 같이 상호저축은행법 위반죄의 범의 및 공동정범에 관한 법리오해 등의 위법이 없다.

다. 「형법」 제16조에서 "자기가 행한 행위가 법령에 의하여 죄가 되지 아니한 것으로 오인한 행위는 그 오인에 정당한 이유가 있는 때에 한하여 벌하지 아니한다"고 규정한 것은 단순한 법률의 부지를 말하는 것이 아니고, 일반적으로 범죄가 되는 경우이지만 자기의 특수한 경우에는 법령에 의하여 허용된 행위로서 죄가 되지 아니한다고 그릇 인식하고 그와 같이 그릇 인식함에 정당한 이유가 있는 경우에는 벌하지 않는다는 취지이다(대법원 2000. 9. 29. 선고 2000도3051 판결 등 참조).

위와 같은 법리에 비추어 볼 때, 원심이 다른 상호저축은행들에서도 「상호저축은행법」상 동일인 대출한도 제한규정을 회피하기 위하여 실질적으로는 한 사람에게 대출금이 귀속됨에도 다른 사람의 명의를 빌려 그들 사이에 형식적으로만 공동투자약정을 맺고 동일인 한도를 초과하는 대출을 받는, 이른바 '사업자쪼개기' 방식의 대출이 관행적으로 이루어져 왔으며, 금융감독원도 2008년 이전에는 이를 적발하지 못하였다는 사정만으로는 피고인들이 이 사건 대출행위가 죄가 되지 않는다고 오인하였다거나 그 오인에 정당한 이유가 있다고 볼 수 없다고 판단하여 피고인들의 이 부분 주장을 배척한 것은 옳다.

원심판결에는 피고인 3, 2의 상고이유 주장과 같이 법률의 착오에 관한 법리오해 등의 위법이 없다.

2. 특정경제범죄 가중처벌 등에 관한 법률 위반(배임)의 점에 관하여

경영상 판단과 관련하여 경영자에게 배임의 고의와 불법이득의 의사가 있었는지 여부를 판단할 때에는 문제된 경영상의 판단에 이르게 된 경위와 동기, 판단대상인 사업의 내용, 기업이 처한 경제적 상황, 손실발생의 개연성과 이익획득의 개연성 등 여러 사정을 고려하여 자기 또는 제3자가 재산상 이익을 취득한다는 인식과 본인에게 손해를 가한다는 인식(미필적 인식을 포함)하의 의도적 행위임이 인정되는 경우에 한하여 배임죄의 고의를 인정하는 엄격한 해석기준은 유지되어야 하고, 그러한 인식이 없는데 단순히 본인에게 손해가 발생하였다는 결과만으로 책임을 묻거나 주의의무를 소홀히 한 과실이 있다는 이유로는 책임을 물을 수 없으나(대법원 2004. 7. 22. 선고 2002도4229 판결 등 참조), 배임죄에서 말하는 임무위배행위는 처리하는 사무의 내용, 성질 등 구체적 상황에 비추어 법령의 규정, 계약 내용 또는 신의성실의 원칙상 당연히 하여야 할 것으로 기대되는 행위를 하지 않거나 당연히 하지 않아야 할 것으로 기대되는 행위를 함으로써 본인과 맺은 신임관계를 저버리는 일체의 행위를 말하고(대법원 1994. 9. 9. 선고 94도902 판결, 대법원 2004. 7. 9. 선고 2004도810 판결 등 참조), 어떠한 행위가 임무위배행위에 해당하는지 여부는 그 사무의 성질·내용, 사무집행자의 구체적인 역할과 지위, 행위 당시의 구체적 상황에 따라 그 행위가 신의성실의 원칙에 비추어 통상의 업무집행 범위를 일탈하였는가에 따라 판단하여야 하는 이상, 경영자의 경영 판단에 관하여 위와 같은 사정을 모두 고려하더라도 법령의 규정, 계약 내용 또는 신의성실의 원칙상 구체적 상황과 자신의 역할·지위에서 당연히 하여야 할 것으로 기대되는 행위를 하지 않거나 당연히 하지 않아야 할 것으로 기대되는 행위를 행함으로써 재산상 이익을 취득하거나 제3자로 하여금 이를 취득하게 하고 본인에게 손해를 가하였다면 그에 관한 고의 내지 불법이득의 의사는 여전히 이를 인정함이 마땅하다(대법원 2007. 11. 15. 선고 2007도6075 판결 등 참조).

한편, 업무상배임죄의 고의는 업무상 타인의 사무를 처리하는 자가 본인에게 재산상의 손해를 가한다는 의사와 자기 또는 제3자의 재산상의 이득의 의사가 임무에 위배된다는 인식과 결합되어 성립되는 것이며, 이와 같은 업무상배임죄의 주관적 요소로 되는 사실(고의, 동기 등의 내심적 사실)은 피고인이 본인의 이익을 위하여 문제가 된 행위를 하였다고 주장하면서 범의를 부인하고 있는 경우에는 사물의 성질상 고의와 상당한 관련성이 있는 간접사실을 증명하는 방법에 의하여 입증할 수밖에 없고, 무엇이 상당한 관련성이 있는 간접사실에 해당할 것인가는 정상적인 경험칙에 바탕을 두고 치밀한 관찰력이나 분석력에 의하여 사실의 연결상태를 합리적으로 판단하는 방법에 의하여야 하며, 금융기관의 직원들이 대출을 함에 있어 대출채권의 회수를 확실하게 하기 위하여 충분한 담보를 제공받는 등 상당하고도 합리적인 조치를 강구함이 없이 만연히 대출을 해 주었다면 임

무위배행위로 제3자로 하여금 재산상 이득을 취득하게 하고 금융기관에 손해를 가한다는 인식이 없었다고 볼 수 없다(대법원 2002. 6. 28. 선고 2000도3716 판결, 2003. 2. 11. 선고 2002도5679 판결 등 참조).

위와 같은 법리에 비추어 볼 때, 원심이 적법하게 채택한 증거들로 알 수 있는, 이 사건 각 브리지 PF대출이 이루어진 경위, 대출 규모, 각 대출의 전제가 된 아파트 건축·분양사업의 전망 및 경제성, 대출 당시 사업의 추진 정도, 사업계획승인 및 인·허가 가능 여부와 예상 소요기간, 시행사의 사업 경험 및 재무현황, 사업에 참여하는 시공사의 연대보증, 채무인수 등을 조건으로 대출이 이루어지는 경우 시공사의 신용도, 정부정책 시행에 따른 부동산 시장의 흐름, 본 PF대출의 실현 가능성 등과 관련하여 이를 평가하고 판단하기 위해 필요한 검토 내지 검증의 정도, 피고인들의 지위 및 역할, 피고인들이 이 사건 대출에 이르기까지 위와 같은 여러 평가 요소들을 검토, 조사함에 있어 기울인 노력의 상당성 내지 합리성 정도, 은행 내부의 부정적인 문제 제기에 대하여 피고인들이 보인 태도와 그 문제점을 보완하려는 노력의 정도, 그 후 시공사의 부도 등 사업 추진 과정에서 야기된 문제점에 대한 대응 태도 등 여러 사정을 종합하여 보면, 원심이 그 판시와 같은 이유로 피고인들이 공모하여 이 사건 각 대출을 실행한 것이 임무위배행위에 해당하고, 그에 따라 대출을 받은 회사들에게 재산상 이익을 취득하게 하여 ○○상호저축은행에 손해를 가한 데에 대한 범의와 불법이득의 의사가 모두 인정된다고 판단한 것은 정당하다.

원심판결에는 이에 관하여 피고인들이 상고이유로 주장하는 것과 같이 경영상 판단에 있어서의 임무위배행위, 배임의 고의 및 공동정범에 관한 법리오해 등의 위법이 없다.

3. 주식회사의 외부감사에 관한 법률 위반의 점에 관하여

원심판결 이유에 의하면, 원심은 그 판시와 같은 여러 사정에 비추어 볼 때 피고인 2가 자산건전성 분류기준 등 금융감독위원회가 정한 회계처리기준을 위반하여 허위의 재무제표를 작성·공시한 사실이 인정되고, 그 위반의 범의 또한 충분히 인정된다고 판단하였다.

원심이 적법하게 채택한 증거들과 기록을 살펴보면, 이러한 원심의 사실인정 및 판단은 옳다.

원심판결에는 이에 관하여 피고인 2의 상고이유 주장과 같은 사유 등 원심판결에 영향을 미칠 만한 위법사유가 없다.

4. 양형부당의 점에 관하여

피고인 2에게 10년 미만의 징역형이 선고되었으므로, 원심의 형량이 과중하다거나 원심이 위 피고인에 대한 양형조건인 범행의 동기 및 수법, 범행 전후의 정황 등 제반 정상에 관하여 심리를 제대로 하지 아니하였다는 사유는 「형사소송법」 제383조 제4호의 규정상 적법한 상고이유가 되지 못한다.

5. 결론

그러므로 상고를 모두 기각하기로 하여, 관여 대법관의 일치된 의견으로 주문과 같이 판결한다.

대법관 양창수(재판장) 양승태 김지형(주심) 전수안

대법원 2010.4.29. 선고 2009도13867 판결

【특정경제범죄가중처벌등에관한법률위반(배임)(피고인1에대하여일부인정된죄명:업무상배임)·범죄수익은닉의규제및처벌등에관한법률위반·상호저축은행법위반】

판시사항

구 상호저축은행법 제39조 제3항 제4의2호 벌칙규정의 적용대상자가 '같은 법 제12조 제1항 또는 제2항을 위반한 자'에서 '같은 법 제12조 제1항부터 제3항까지를 위반한 상호저축은행'으로 개정된 경우, 그 후의 행위자 개인의 위반행위가 '법률의 개정에 의하여 범죄를 구성하지 아니하는 경우'에 해당하게 되었는지 여부(소극)

전 문

피 고 인 피고인 1외 1인

상 고 인 피고인들

변 호 인 법무법인

원심판결 대전고법 2009. 11. 20. 선고 2009노219 판결

주 문 상고를 모두 기각한다.

이 유 각 상고이유를 함께 판단한다.

1. 각 상호저축은행법 위반의 점에 대한 법리오해 주장에 대하여

구 상호저축은행법(2007. 7. 19. 법률 8522호로 개정되기 전의 것, 이하 같다)은 제12조 제1항 및 제2항에서 상호저축은행은 동일인 및 그와 대통령령이 정하는 신용위험을 공유하는 자에 대하여 대통령령이 정하는 일정한 한도를 초과하는 대출등을 할 수 없다고 규정하면서, 제39조 제3항 제4의2호에서 제12조 제1항 또는 제2항을 '위반한 자'를 1년 이하의 징역 또는 1천만 원 이하의 벌금에 처한다고 규정하는 한편, 제39조의2에서는 '양벌규정'이라는 제목 아래 "법인의 대표자나 법인 또는 개인의 대리인·사용인 기타 종업원이 그 법인 또는 개인의 업무에 관하여 제39조의 위반행위를 한 때에는 행위자를 처벌하는 외에 그 법인 또는 개인에 대하여도 동조의 벌금형을 과한다."고 규정하였다. 그런데 2007. 7. 19. 법률 제8522호로 개정되어 2008. 1. 20. 시행된 현행 상호저축은행법은 제12조 제1항 내지 제3항에서 상호저축은행은 개별차주 및 그와 대통령령이 정하는 신용위험을 공유하는 자에 대하여 대통령령이 정하는 일정한 한도를 초과하는 신용공여를 할 수 없다고 규정하면서 제39조 제3항 제4의2호에서 제12조 제1항부터 제3항까지를 '위반한 상호저축은행'을 1년 이하의 징역 또는 1천만 원 이하의 벌금에 처한다고 규정하는 한편, 제39조의2의 양벌규정을 그대로 유지하고 있다.

위와 같은 양벌규정은 상호저축은행이 아니면서 당해 업무를 실제로 집행하는 자가 있는 때에 위 벌칙규정의 실효성을 확보하기 위하여 그 적용대상자를 당해 업무를 실제로 집행하는 자에게까지 확장함으로써 그러한 자가 당해 업무집행과 관련하여 위 벌칙규정의 위반행위를 한 경우 위 양벌규정에 의하여 처벌할 수 있도록 한 행위자의 처벌규정임과 동시에 그 위반행위의 귀속주체인 상호저축은행에 대한 처벌규정이라고 할 것이다(대법원 1999. 7. 15. 선고 95도2870 전원합의체 판결 등 참조). 따라서 상호저축은행법 제39조의2의 양벌규정이 개정되지 아니한 이상, 피고인들이 구 상호저축은행법 제39조 제3항 제4의2호, 제12조 제1항 또는 제2항을 위반한 행위가 위와 같은 법률의 개정에 의하여 범죄를 구성하지 아니하는 경우에 해당하게 되었다고는 할 수 없다.

같은 취지에서 피고인들의 이 부분 범죄사실을 유죄로 인정한 원심의 조치는 정당하고, 거기에 상고이유로 주장하는 바와 같은 법리오해 등의 위법이 없다.

2. 각 나머지 상고이유에 대하여

증거의 취사선택과 사실의 인정은 논리와 경험칙에 반하지 않는 한 사실심의 전권에 속하는바, 원심판결 및 원심이 유지한 제1심판결의 채용 증거들을 기록에 비추어 살펴보면, 원심이 그 판시와 같은 이유에서 피고인들의 판시 범죄사실을 유죄로 인정한 제1심판결을 그대로 유지한 조치는 정당하고, 거기에 상고이유에서 주장하는 바와 같은 채증법칙 위반 등의 위법이 없다.

3. 결론

그러므로 상고를 모두 기각하기로 하여 관여 대법관의 일치된 의견으로 주문과 같이 판결한다.

대법관 김영란(재판장) 이홍훈 김능환(주심) 민일영

대법원 2010.4.29. 선고 2009도13435 판결

【게임산업진흥에관한법률위반】

판시사항

[1] 게임산업진흥에 관한 법률 제2조 제1호 본문에 규정된 '영상물'의 이용에 활용될 수 있지만 이를 주된 목적으로 하여 제작되었다고 할 수 없는 기기 및 장치를 같은 법 제44조 제2항을 근거로 몰수할 수 있는지 여부(소극)

[2] 압수물인 컴퓨터가 게임산업진흥에 관한 법률 제2조 제1호 본문이 규정하는 '게임물'인 '그 영상물의 이용을 주된 목적으로 제작된 기기 및 장치'에 해당한다고 보기 어렵다는 이유로 이를 몰수할 수 없다고 한 원심판단을 수긍한 사례

전 문

피 고 인 피고인

상 고 인 검사

원심판결 청주지법 2009. 11. 11. 선고 2009노907 판결

주 문 상고를 기각한다.

이 유 상고이유를 판단한다.

1. 게임산업진흥에 관한 법률(이하 '게임산업법'이라 한다) 제2조 제1호 본문에서는 "게임물이라 함은 컴퓨터프로그램 등 정보처리 기술이나 기계장치를 이용하여 오락을 할 수 있게 하거나 이에 부수하여 여가선용, 학습 및 운동효과 등을 높일 수 있도록 제작된 영상물 또는 그 영상물의 이용을 주된 목적으로 제작된 기기 및 장치를 말한다"고 규정하고 있고, 게임산업법 제44조 제2항에서는 "제44조 제1항의 규정에 해당하는 자가 소유 또는 점유하는 게임물, 그 범죄행위에 의하여 생긴 수익(이하 이 항에서 '범죄수익'이라 한다)과 범죄수익에서 유래한 재산은 몰수하고, 이를 몰수할 수 없는 때에는 그 가액을 추징한다"고 규정하고 있다.

   이러한 게임산업법 각 규정의 문언내용 및 형식, 형벌법규를 해석함에 있어 법률문언의 통상적인 의미를 벗어나지 않는 한 그 법률의 입법취지와 목적, 입법연혁 등을 고려한 목적론적 해석이 배제되는 것은 아니지만, 형벌법규의 해석은 엄격하여야 하고 명문규정의 의미를 피고인에게 불리한 방향으로 지나치게 확장해석하거나 유추해석하는 것은 죄형법정주의의 원칙에 어긋나는 것으로서 허용되지 않는 점(대법원 2006. 5. 12. 선고 2005도6525 판결, 대법원 2009. 12. 10. 선고 2009도3053 판결 등 참조) 등을 종합하면, 게임산업법 제2조 제1호 본문에 규정된 영상물의 이용에 활용될 수 있지만 이를 주된 목적으로 하여 제작되었다고 할 수 없는 기기 및 장치는 게임산업법 제2조 제1호 본문의 '게임물'이 아니어서, 게임산업법 제44조 제2항을 근거로 이러한 기기 및 장치를 몰수할 수 없다고 봄이 상당하다.

2. 원심판결 이유에 의하면, 원심은, 게임산업법 제2조 제1호 본문의 문언에 의하더라도 이 사건 압수물인 컴퓨터 본체, 모니터, 키보드 및 마우스 각 22대 자체가 '그 영상물의 이용을 주된 목적으로 제작된 기기 및 장치'에 해당한다고 보기 어려운 점, 피고인이 공소외 주식회사로부터 이 사건 압수물을 임차하여 설치한 후 곧바로 이 사건 범행을 저지른 것이 아니고, 일반 피시방을 운영할 생각으로 2008. 10. 31. 인터넷컴퓨터게임시설제공업 등록을 마치고, 2008. 11. 1. 사업자등록을 마친 다음, 2008. 11. 20.경 이 사건 압수물을 임차하여 일반 피시방을 운영하였으나, 그 후 생각만큼 수익이 나지 않자 2009. 1. 4.경부터 비로소 이 사건 범행을 저지른 점 등의 이유를 들어, 이 사건 압수물이 게임산업법 제2조 제1호 본문의 '게임물'이 아니어서 이를 몰수할 수 없다고 판단하였다.

   위 법리 및 기록에 비추어 보면, 이러한 원심의 판단은 정당하다. 거기에 상고이유와 같은 게임산업법 제2조 제1호 본문에 규정된 게임물 및 게임산업법 제44조 제2항에 규정된 몰수 대상에 관한 법리오해 등의 위법이 없다.

3. 그러므로 상고를 기각하기로 하여 관여 법관의 일치된 의견으로 주문과 같이 판결한다.

대법관 민일영(재판장) 김영란 이홍훈(주심) 김능환

대법원 2010.4.29. 선고 2009도10824 판결

【자동차관리법위반】

판시사항

[1] 자동차정비업 등록을 하지 않은 자도 업으로 할 수 있는 '판금, 도장, 용접이 수반되지 않는 차내설비 및 차체의 점검·정비'의 의미

[2] 차량의 본넷트에 대한 도색을 의뢰받고 본넷트 전체를 샌딩기라는 기계로 갈아내는 작업을 한 행위가 자동차정비업 등록을 하지 않은 자도 업으로 할 수 있는 '판금, 도장, 용접이 수반되지 않는 차내설비 및 차체의 점검·정비'라고는 할 수 없다고 한 사례

전 문

피 고 인 피고인

상 고 인 검사

원심판결 인천지법 2009. 9. 23. 선고 2009노2153 판결

주 문 원심판결을 파기하고, 사건을 인천지방법원 본원 합의부에 환송한다.

이 유 상고이유를 판단한다.

구 자동차관리법(2009. 2. 6. 법률 제9449호로 개정되기 전의 것, 이하 '법'이라고 한다) 제79조 제3호, 제53조 제1항, 제2조 제6호는 시장·군수·구청장에게 등록하지 않고 자동차정비업을 한 자를 처벌하도록 규정하고 있다. 한편 법 제2조 제8호에서 자동차정비업이라 함은 자동차의 점검·정비와 구조·장치의 변경작업을 업으로 하는 것을 말한다고 하면서 국토해양부령이 정하는 것을 제외하고 있고, 이를 받은 법 시행규칙 제132조 제6호는 국토해양부령이 정하는 것의 하나로 "판금, 도장, 용접이 수반되지 않는 차내설비 및 차체의 점검·정비. 다만, 범퍼·본넷트·문짝·휀다 및 트렁크리드의 교환을 제외한다."를 들고 있다. 이러한 법 규정들에 의하면, 자동차 구조·장치의 변경작업은 물론이고 자동차의 점검·정비도 이를 업으로 하기 위해서는 자동차정비업 등록을 하여야 하는 것이고, 다만 '판금, 도장, 용접이 수반되지 않는 차내설비 및 차체의 점검·정비'는 그 범위에서 제외되어 자동차정비업 등록을 하지 않은 자도 업으로 할 수 있다고 할 것인데, 여기서 '판금, 도장, 용접이 수반되지 않는 차내설비 및 차체의 점검·정비'라 함은, 차내설비 및 차체의 점검·정비 중에서 판금, 도장, 용접의 작업 자체는 물론이고 그것이 수반되는 작업, 즉 그것을 필요로 하거나 전제로 하는 작업도 모두 제외한 나머지를 말한다 할 것이다.

원심판결 이유와 기록에 의하면, 피고인은 이 사건 차량의 본넷트에 대한 도색을 10만 원에 의뢰받고 본넷트 그릴과 인터쿨러 덮개를 떼어낸 후 본넷트 전체를 샌딩기라는 기계로 갈아내는 작업을 한 사실, 피고인이 운영하는 업체는 도색을 위한 각종 도료들과 장비들을 비치하고 있었고, 그 취급업무의 하나로 판금·도장을 내세우고 있었던 사실을 인정할 수 있다. 위 법리에 비추어 보면, 피고인의 위와 같은 행위는 도장을 필요로 하거나 전제로 하는 작업에 해당하여 자동차정비업 등록을 하지 않은 자도 업으로 할 수 있는 '판금, 도장, 용접이 수반되지 않는 차내설비 및 차체의 점검·정비'라고는 할 수 없다 할 것이다(비록 피고인이 이 사건 차량의 본넷트를 샌딩기라는 기계로 갈아내는 작업을 하다가 단속당한 후 도장 자체를 다른 등록된 자동차정비업체에 의뢰하였다는 사정이 있다고 하더라도 마찬가지이다).

그렇다면 원심이 그 판시와 같은 이유를 들어 피고인의 행위는 법 시행규칙이 정한 판금, 도장, 용접이 수반되지 않는 차체의 정비로서 등록을 요하는 자동차정비업의 범위에 포함되지 아니한다고 판단하여 이 사건 공소사실에 관하여 무죄를 선고한 데에는 자동차정비업 등록을 하지 않은 자도 할 수 있는 자동차정비업의 작업 범위에 관한 법리를 오해하여 판결에 영향을 미친 위법이 있다. 이를 지적하는 상고이유의 주장은 이유 있다.

그러므로 원심판결을 파기하고, 사건을 다시 심리·판단하게 하기 위하여 원심법원에 환송하기로 하여 관여 대법관의 일치된 의견으로 주문과 같이 판결한다.

대법관 신영철(재판장) 안대희 차한성(주심)

대법원 2010.4.29. 선고 2009도8537 판결

【업무상배임·새마을금고법위반】

판시사항

[1] 구 새마을금고법 제26조 제3항이 새마을금고 여유자금의 운용에 관하여 구체적 방법을 정하지 아니한 채 시행령에 위임하였다거나, 구 새마을금고법 시행령 제24조 제3호가 여유자금의 운용방법으로 '연합회장이 정하는 유가증권의 매입'이라고 규정하였다고 하더라도 죄형법정주의에 위반되거나 위임입법의 한계를 일탈한 것으로 볼 수 없다고 한 사례

[2] 구 새마을금고법 시행령 제24조 제3호의 위임에 따라 새마을금고 감독기준 시행세칙 제43조 제1항 제2호가 새마을금고가 여유자금으로 매입할 수 있는 유가증권의 한도를 설정한 것은 그 위임받은 범위를 일탈하였다고 보기 어렵다고 한 사례

판결요지

[1] 금융시장이 복잡 다양하면서도 부단히 변동되고 있음에 비추어 새마을금고의 여유자금 운용에 관한 규정도 그에 대응하여야 하나 국회가 금융시장의 변화를 모두 예측하기 어렵고 그러한 변화에 대응하여 그 때마다 법률을 개정하는 것도 용이하지 아니하므로, 여유자금의 운용방법에 관한 규정을 미리 법률로써 자세히 정하지 아니하고 시행령에 위임하는 것은 불가피한 면이 있는 것이고, 구 새마을금고법(2007. 5. 25. 법률 제8485호로 전부 개정되기 전의 것) 제26조 제3항에서 정하는 '여유자금의 운용'의 개념은 사전적으로도 비교적 구체적 의미를 갖는 것이어서 처벌대상 행위에 대한 예측가능성이 충분히 기대되며, 위 조항을 위반한 경우의 처벌조항인 같은 법 제66조에서는 형벌의 종류 및 그 상한과 폭을 명확히 규정하고 있는 점 등을 고려하면, 위 법 제26조 제3항이 새마을금고 여유자금의 운용에 관하여 구체적 방법을 정하지 아니한 채 시행령에 위임하였다거나, 위 시행령 제24조 제3호가 여유자금의 운용방법으로 국채, 지방채의 매입과 더불어 '연합회장이 정하는 유가증권의 매입'이라고 규정하였다 하더라도 죄형법정주의에 위반되거나 위임입법의 한계를 일탈한 것으로는 볼 수 없다고 한 사례.

[2] 구 새마을금고법 시행령(2007. 3. 27. 대통령령 제19958호로 개정되기 전) 제24조 제3호가 금고의 여유자금 운용방법으로 '연합회장이 정하는 유가증권의 매입'을 규정하고 있으므로 그 문언의 해석상 연합회장이 유가증권의 종류를 제한하는 방법으로 여유자금 운용방법을 제한할 수 있음은 물론 유가증권의 매입한도를 설정하여 여유자금 운용방법을 제한할 수 있다고 보이는 점 등에 비추어, 위 시행령 제24조 제3호의 위임에 따라 새마을금고 감독기준 시행세칙 제43조 제1항 제2호가 새마을금고가 여유자금으로 매입할 수 있는 유가증권의 한도를 설정하였다고 하여 그 위임받은 범위를 일탈하였다고 보기 어렵다고 한 사례.

전　문

피 고 인 피고인 1외 2인

상 고 인 피고인들

원심판결 부산지법 2009. 8. 13. 선고 2008노3030 판결

주　문 상고를 모두 기각한다.

이　유 상고이유를 판단한다.

1. 새마을금고법 위반죄에 관하여

가. 죄형법정주의 등에 위반되는지 여부

사회현상의 복잡다기화와 국회의 전문적·기술적 능력의 한계 및 시간적 적응능력의 한계로 인하여 형사처벌에 관련된 모든 법규를 예외 없이 형식적 의미의 법률에 의하여 규정한다는 것은 사실상 불가능할 뿐만 아니라 실제에 적합하지도 아니하기 때문에, 입법자의 상세한 규율이 불가능하거나 상황의 변화에 탄력적으로 대응할 필요성이 강하게 요구되는 경우에는 위임법률이 구성요건의 점에서는 처벌대상인 행위가 어떠한 것인지 이를 예측할 수 있을 정도로 구체적으로 정하고, 형벌의 점에서는 형벌의 종류 및 그 상한과 폭을 명확히 규정하는 것을 전제로 위임입법이 허용된다(대법원 2000. 10. 27. 선고 2000도1007 판결, 대법원 2006. 1. 13. 선고 2005도7474 판결 등 참조).

구 새마을금고법(2007. 5. 25. 법률 제8485호로 전부 개정되기 전의 것, 이하 '구 법'이라고만 한다) 제66조 제2항 제6호는 금고 또는 연합회의 임·직원 또는 청산인이 금고 또는 연합회로 하여금 구 법 제26조 제3항의 규정에 의한 명령에 위반하게 한 때에는 3년 이하의 징역 또는 500만 원 이하의 벌금에 처하도록 하고, 구 법 제26조 제3항에서는 새마을금고의 여유자금의 운용에 관한 사항을 대통령령으로 정하도록 위임하고 있으며, 이에 구 새마을금고법 시행령(2007. 3. 27. 대통령령 제19958호로 개정되기 전의 것, 이하 '구 시행령' 이라고만 한다) 제24조에서는 새마을금고의 여유자금의 운용방법으로 제1호에서 '연합회에의 예탁', 제2호에서 '금융기관에의 예탁 또는 신탁회사에의 금전신탁'을 정하는 외에 제3호에서 '국채, 지방채 및 연합회장이 정하는 유가증권의 매입'이라고 규정하여 새마을금고연합회장(이하 '연합회장'이라고 한다)이 새마을금고가 매입할 수 있는 유가증권의 범위를 정할 수 있도록 하고 있다.

살피건대, 금융시장이 복잡 다양하면서도 부단히 변동되고 있음에 비추어 새마을금고의 여유자금 운용에 관한 규정도 그에 대응하여야 하나 국회가 금융시장의 변화를 모두 예측하기 어렵고 그러한 변화에 대응하여 그 때마다 법률을 개정하는 것도 용이하지 아니하므로, 여유자금의 운용방법에 관한 규정을 미리 법률로써 자세히 정하지 아니하고 시행령에 위임하는 것은 불가피한 면이 있는 것이고, 구 법 제26조 제3항에서 정하는 '여유자금의 운용'의 개념은 사전적으로도 비교적 구체적 의미를 갖는 것이어서 처벌대상 행위에 대한 예측가능성이 충분히 기대되며, 구 법 제26조 제3항을 위반한 경우의 처벌조항인 구 법 제66조에서는 형벌의 종류 및 그 상한과 폭을 명확히 규정하고 있기도 하다.

또한, 새마을금고 제도의 목적에 비추어 위험을 감수하고서라도 자산의 적극적 증식을 도모하기보다는 자산의 건전성 확보·유지가 더 요구될 수밖에 없고 그와 같은 취지로 구 시행령 제24조에서는 여유자금의 운용방법에 관하여 연합회에의 예탁(제1호), 금융기관에의 예탁 또는 신탁회사에의 금전신탁(제2호), 국채·지방채 및 연합회장이 정하는 유가증권의 매입(제3호)을 규정하는 것으로 보이므로 위에서 말하는 '연합회장이 정하는 유가증권의 매입'이라 함은 국채·지방채의 매입에 준하는 안정적인 투자방법이라는 것을 충분히 예측할 수 있고, 그와 같이 안정적인 투자방법의 하나로 유가증권의 매입을 규정하는 것이라면 구 시행령 제24조에서 해당 유가증권의 구체적인 종류를 개별적으로 특정하는 것도 대단히 곤란하고 그 구체적 지정은 경제상황의 변화에 따라 기술적, 전문적 지식을 동원할 것이 요청되므로, 결국 시행령에서 이를 다시 연합회장에게 재위임하는 것도 납득할 수 있다.

그 밖에 구 법 제26조 제3항과 구 시행령 제24조 제3호의 수범자는 '금고 또는 연합회의 임·직원 또는 청산인'으로서 새마을금고의 업무에 대해 상당한 지식을 가지고 업무를 직접 담당하거나 밀접한 관련을 가진 자인 점도 고려하면, 결국 구 법 제26조 제3항이 새마을금고 여유자금의 운용에 관하여 구체적 방법을 정하지 아니한 채 시행령에 위임하였다거나, 구 시행령 제24조 제3호가 여유자금의 운용방법으로 국채, 지방채의 매입과 더불어 '연합회장이 정하는 유가증권의 매입'이라고 규정하였다 하더라도 죄형법정주의에 위반되거나 위임입법의 한계를 일탈한 것으로는 볼 수 없다. 그에 관한 상고이유 주장은 받아들이지 아니한다.

나. 시행세칙이 구 시행령의 위임범위를 일탈한 것인지 여부 등

법이나 시행령에서 구체적으로 범위를 정한 개별적인 위임이 있을 경우 하위규범에서 위임받은 사항을 정할 수 있는 것이고, 여기에서 구체적인 위임의 범위는 규율하려는 대상의 종류와 성격에 따라 달라지는 것이어서 일률적 기준을 정할 수는 없지만, 적어도 하위규범에 규정될 내용 및 범위의 기본사항이 구체적으로 규정되어 있어서 누구라도 당해 법이나 시행령으로부터 하위규범에 규정될 내용의 대강을 예측할 수 있어야 하는 것이기는 하나, 다만 그 예측가능성의 유무는 당해 위임조항만을 가지고 판단할 것이 아니라 그 위임조항이 속한 법이나 시행령의 전반적인 체계와 취지·목적, 당해 위임조항의 규정형식과 내용 및 관련 법규를 유기적·체계적으로 종합 판단하여야 하며, 나아가 규율대상의 성질에 따라 구체적·개별적으로 검토함을 요한다(대법원 2002. 8. 23. 선고 2001두5651 판결, 대법원 2004. 7. 22. 선고 2003두7606 판결 등 참조).

원심판결 이유에 의하면 원심은, 구 법 시행령 제24조 제3호가 금고의 여유자금 운용방법으로 '연합회장이 정하는 유가증권의 매입'을 규정하고 있으므로 그 문언의 해석상 연합회장이 유가증권의 종류를 제한하는 방

법으로 여유자금 운용방법을 제한할 수 있음은 물론 유가증권의 매입한도를 설정하여 여유자금 운용방법을 제한할 수 있다고 보이는 점, 상부상조 정신에 입각한 자주적인 협동조직을 바탕으로 자금을 조성하여 회원의 경제적·사회적·문화적 지위의 향상 및 지역사회개발을 추구하는 새마을금고 제도의 목적에 비추어 볼 때, 위험을 적극적으로 감수하고서라도 금고 자산의 증식을 도모하기보다는 자산 건전성의 확보·유지가 더 요구될 수밖에 없는데, 이와 같은 요구에 부응하기 위하여는 매입 가능한 유가증권의 종류를 제한함과 더불어 새마을금고의 자기자본이나 여유자금의 규모에 따라 그 매입한도를 제한하는 것이 상당한 점 등에 비추어 구 시행령 제24조 제3호의 위임에 따라 새마을금고 감독기준 시행세칙(이하 '시행세칙'이라고만 한다) 제43조 제1항 제2호가 새마을금고가 여유자금으로 매입할 수 있는 유가증권의 한도를 설정하였다고 하여 그 위임받은 범위를 일탈하였다고 보기 어렵다고 판단하였는바, 앞서 본 법리와 새마을금고 제도의 목적, 구 법과 구 시행령의 전반적인 체계와 취지, 구 법 제26조 제3항 및 구 시행령 제24조의 문언과 그 취지 등을 종합하면 원심의 위와 같은 판단을 수긍할 수 있고, 거기에 상고이유 주장과 같은 구 시행령 제24조 제3호의 위임범위 등에 관한 법리오해의 위법이 없다.

또한, 위와 같은 사정에 비추어 보면 유가증권의 매입한도를 규정한 시행세칙 제43조 제1항 제2호가 재산권의 본질적 내용을 침해하는 것이라거나 헌법이 보장하는 시장경제원칙, 자유민주적 기본질서 등에 위배되는 것이라고 할 수도 없으므로, 같은 취지의 원심판단은 정당하다.

다. 양벌조항 관련

구 법 제26조 제3항은 새마을금고 임·직원이 금고 여유자금의 운용에 관하여 구 대통령령이 정하는 제한을 위반하는 것을 금지하고, 구 법 제66조 제2항 제6호에 의하여 이를 처벌하는 외에 구 법 제67조로 금고의 대표자나 대리인, 사용인 기타 종업원이 그 금고의 업무와 관련하여 위 위반행위를 한 경우 금고에 대하여도 처벌하는 양벌조항을 두고 있다.

원심판결의 이유 및 기록에 의하면, 피고인 1은 피고인 금고의 이사장, 피고인 2는 피고인 금고의 실무 총책임자인 전무의 지위에 있으면서, 구 법 제26조 제3항과 구 시행령 제24조 제3호의 위임에 따른 시행세칙 제43조 제1항 제2호가 새마을 금고의 여유자금 운용에 있어서 주식 등이 편입된 수익증권의 매입 총 합계액은 직전 사업연도말 자기자본의 100분의 150 또는 여유자금 총액의 30% 중 큰 금액을 초과할 수 없도록 정하고 있음을 잘 알고 있으면서도, 피고인 금고 자금운용의 수익성을 높인다는 명목으로 금고의 여유자금으로 위 시행세칙에서 정한 매입한도를 초과하여 수익증권을 매입하기로 하고, 피고인 금고의 이사회에서는 피고인 1의 설명을 듣고 위와 같은 수익증권 매입이 위법하다는 것을 알면서도 이를 매입하기로 하는 결의를 한 사실 등을 인정할 수 있는바, 피고인 1, 2의 피고인 금고에서의 지위 등 여러 사정들을 고려하면 위 피고인들의 이 사건 위반행위에 대하여 피고인 금고에게도 양벌조항에 의한 형사책임을 인정할 수 있다고 판단한 원심판결은 정당하고, 거기에 상고이유 주장과 같은 양벌규정의 적용에 관한 법리오해 등의 위법이 없다.

2. 업무상배임죄에 관하여

원심은 적법하게 채택한 증거에 의하여 인정되는 판시와 같은 사정들을 종합하면, 피고인 1이 피고인 금고의 정관 등에 위반하여 피고인 2에게 무이자로 1억 원을 대출한 것은 피고인 금고에 대한 배임행위에 해당하고, 피고인 2는 위 대출에 적극적으로 개입한 것으로서 피고인 1과 공모하여 이 사건 배임행위를 저질렀다고 충분히 인정할 수 있다는 취지로 판단하였는바, 원심판결 이유와 기록에 비추어 보면 원심의 위와 같은 판단을 수긍할 수 있고, 거기에 상고이유 주장과 같은 업무상배임죄의 성립에 관한 법리 등을 오해한 위법이 없다. 또한 상고이유 중 원심이 업무상배임죄 판단의 전제로 삼은 사실관계를 다투는 부분은 사실심의 전권에 속하는 사항을 다투는 것으로서 받아들일 수 없다.

한편, 위와 같은 대출의 과정이나 대출의 규모, 조건 등에 비추어 보면, 위 대출이 사회상규에 반하지 않는 정당행위에 해당한다는 상고이유 주장도 받아들일 수 없다.

3. 결론

그러므로 상고를 모두 기각하기로 하여 관여 대법관의 일치된 의견으로 주문과 같이 판결한다.

대법관 안대희(재판장) 차한성 신영철(주심)

대법원 2010.4.29. 선고 2009도7070 판결

【업무상과실치사】

판시사항

[1] 피고인이 제왕절개수술을 시행 중 태반조기박리를 발견하고도 피해자의 출혈 여부 관찰을 간호사에게 지시하였다가 수술 후 약 45분이 지나 대량출혈을 확인하고 전원 조치하였으나 그 후 피해자가 사망한 사안에서, 피고인에게 대량출혈 증상을 조기에 발견하지 못하고, 전원을 지체하여 피해자로 하여금 신속한 수혈 등의 조치를 받지 못하게 한 과실이 있다고 한 사례

[2] 응급환자를 전원하는 의사가 전원받는 병원 의료진에게 제공할 설명의무의 범위

[3] 피고인이 전원받는 병원 의료진에게 피해자가 고혈압환자이고 제왕절개수술 후 대량출혈이 있었던 사정을 설명하지 않은 사안에서, 피고인에게 전원과정에서 피해자의 상태 및 응급조치의 긴급성에 관하여 충분히 설명하지 않은 과실이 있다고 한 사례

[4] 피고인이 제왕절개수술 후 대량출혈이 있었던 피해자를 전원 조치하였으나 전원받는 병원 의료진의 조치가 다소 미흡하여 도착 후 약 1시간 20분이 지나 수혈이 시작된 사안에서, 피고인의 전원지체 등의 과실로 신속한 수혈 등의 조치가 지연된 이상 피해자의 사망과 피고인의 과실 사이에 인과관계가 인정된다고 한 사례

전 문

피 고 인 피고인

상 고 인 피고인

변 호 인 변호사

원심판결 인천지법 2009. 7. 3. 선고 2008노2736 판결

주 문 상고를 기각한다.

이 유 상고이유(상고이유서 제출기간이 경과한 후에 제출된 상고이유보충서의 기재는 상고이유를 보충하는 범위 내에서)를 판단한다.

1. 산모 관찰, 전원 무렵 산모의 상태에 대한 사실오인 주장에 관하여

이 부분 상고이유의 주장은 결국 사실심인 원심의 전권에 속하는 증거의 취사선택과 사실의 인정을 비난하는 것에 불과하여 적법한 상고이유가 되지 못한다.

2. 전원지체 과실에 관하여

가. 의료과오사건에 있어서 의사의 과실을 인정하려면 결과 발생을 예견할 수 있고 또 회피할 수 있었음에도 하지 못한 점을 인정할 수 있어야 하고, 위 과실의 유무를 판단함에는 같은 업무와 직무에 종사하는 일반적 보통인의 주의 정도를 표준으로 하여야 하며, 이때 사고 당시의 일반적인 의학의 수준과 의료환경 및 조건, 의료행위의 특수성 등을 고려하여야 한다(대법원 1999. 12. 10. 선고 99도3711 판결, 대법원 2008. 8. 11. 선고 2008도3090 판결 등 참조).

그리고 간호사가 '진료의 보조'를 함에 있어서는 모든 행위 하나하나마다 항상 의사가 현장에 입회하여 일일이 지도·감독하여야 한다고 할 수는 없고, 경우에 따라서는 의사가 진료의 보조행위 현장에 입회할 필요 없이 일반적인 지도·감독을 하는 것으로 족한 경우도 있을 수 있다 할 것인데, 여기에 해당하는 보조행위인지 여부는 보조행위의 유형에 따라 일률적으로 결정할 수는 없고 구체적인 경우에 있어서 그 행위의 객관적인 특성상 위험이 따르거나 부작용 혹은 후유증이 있을 수 있는지, 당시의 환자 상태가 어떠한지, 간호사의 자질과 숙련도는 어느 정도인지 등의 여러 사정을 참작하여 개별적으로 결정하여야 할 것이다(대법원 2003. 8. 19. 선고 2001도3667 판결 참조).

나. 원심판결 이유 및 원심이 적법하게 채택하여 조사한 증거를 종합하면, 출산 후 대량출혈은 산모 사망의 주요 원인이고, 분만 후 1시간(태반분리 후 1시간)은 자궁수축 부진 등으로 인한 출혈위험이 높은 시간이므로 집중적으로 혈압, 맥박 등의 활력징후 및 자궁수축 정도, 질출혈의 정도를 관찰하여야 하며, 태반조기박리가 있는 산모의 경우 출산 후 대량출혈이 발생할 위험이 매우 높은 사실, 피고인은 기존에 임신성고혈압(2004. 9. 24.

경 혈압이 160/100㎜Hg이었음)이 있던 피해자에 대하여 태아절박가사를 의심하여 2004. 10. 3. 13:50경 제왕절개수술을 시행하는 과정에서 경증의 태반조기박리를 발견하였고 14:30경 수술을 마친 다음 간호사들에게 '출혈이 있을지 모르니 잘 지켜보라'고 지시한 사실, 피고인은 수술을 마치고 약 45분이 지난 15:15경 수술실로 돌아와 피해자를 관찰하였는데, 피해자는 대량출혈로 인하여 혈압이 90/60㎜Hg로 떨어진 상태였던 사실, 피고인은 피해자에 대하여 자궁마사지를 하고 자궁수축제인 날라돌 및 혈장증량제를 투여하다가 15:50경 ○○병원 응급실에 전원조치를 취하였는데, 피해자는 결막이 매우 창백하고, 혈압은 측정이 안 되거나 90/60㎜Hg으로 낮게 측정되었으며, 맥박수는 129회/분, 호흡수는 20회/분으로 증가된 상태였던 사실, ○○병원 당직의사 공소외인은 피해자에게 수액을 투여하는 한편 중환자실에 옮겨 간호사들로 하여금 피해자 상태를 관찰하다가 16:40경 응급실 입원당시 채혈된 피해자 혈액의 혈중 헤모글로빈(Hb) 수치가 7.6g/dL로 낮다는 보고를 받고 수혈을 지시한 사실, 피해자는 수혈준비 중이던 17:00경 혈압측정이 안 되고 17:10경 호흡이 멈추는 등 심폐정지 상태에 빠졌고, ○○병원 의료진으로부터 수혈, 자궁적출수술 등 치료를 받았으나 다음날인 2004. 10. 4. 02:43경 과다출혈, 파종성(범발성) 혈관내 응고장애(DIC)로 사망한 사실을 알 수 있다.

위 법리에 비추어 위 사실관계를 살펴보면, 피고인이 간호사들에게 진료 보조행위에 해당하는 자궁의 수축상태 및 질출혈의 정도를 관찰하도록 위임하는 것 자체가 과실이라고 볼 수는 없으나(피고인은 간호사로부터 출혈량이 많다는 보고를 받으면 즉시 환자를 살펴 수혈 또는 전원 여부 등을 판단하면 될 것이다), 피고인으로서는 태반조기박리 등으로 인한 대량출혈의 위험성이 높다는 것을 예견하였거나 이를 예견할 수 있었으므로 간호사가 위임받은 업무를 제대로 수행하고 있는지 평소보다 더 주의 깊게 감독하여, 피해자의 출혈량이 많을 경우 신속히 수혈을 하거나 수혈이 가능한 병원으로 전원시킬 의무가 있다고 할 것인데, 이를 게을리하여 피해자의 대량출혈 증상을 조기에 발견하지 못하고, 전원을 지체하여 피해자로 하여금 신속한 수혈 등의 조치를 받지 못하게 한 과실이 있다고 할 것이다.

다. 원심의 판단은 그 설시에 다소 미흡한 점이 있으나 피고인의 전원지체 과실을 인정한 결론에 있어 정당하므로, 원심판결에 상고이유 주장과 같은 전원조치상의 의료과실에 관한 법리오해, 판단누락 등의 위법이 있다고 할 수 없다.

3. 전원과정상 설명의무 위반에 관하여

가. 응급환자를 전원하는 의사는 전원받는 병원 의료진이 적시에 응급처치를 할 수 있도록 합리적인 범위 내에서 환자의 주요 증상 및 징후, 시행한 검사의 결과 및 기초진단명, 시행한 응급처치의 내용 및 응급처치 전후의 환자상태, 전원의 이유, 필요한 응급검사 및 응급처치, 긴급성의 정도 등 응급환자의 진료에 필요한 정보를 전원받는 병원 의료진에게 제공할 의무가 있다.

나. 원심이 적법하게 채택하여 조사한 증거를 종합하면, 정상혈압환자는 제왕절개수술 후 통상적인 출혈만으로 90/60㎜Hg의 저혈압이 되기도 하지만, 고혈압환자가 제왕절개수술 후 같은 정도의 저혈압이 되는 것은 비정상적인 경우로서 대량출혈을 의심할 수 있는 사실, 피고인은 15:15경 피해자 상태를 확인한 후 전원조치에 앞서 ○○병원 산부인과 당직의사에게 전화하여 "조기태반박리 증상을 보이는 환자가 있는데 현재는 아무 이상이 없으나, 혹시 수혈이 필요할지도 모르니 후송을 해도 되겠느냐"고 물었고(피고인의 검찰진술, 증거기록 103쪽), 이어 전원 당시 ○○병원 산부인과 당직의사에게 '오후 3시경부터 출혈경향이 있고, 90/60㎜Hg 정도의 저혈압이 있었다'는 취지로 말하였을 뿐 피해자가 고혈압환자이고, 수술 후 대량출혈이 있었던 사정을 설명하지 않은 사실을 알 수 있는바, 사정이 이와 같다면 ○○병원 의료진은 피고인의 위와 같은 설명의무 해태로 인하여 피해자의 저혈압 및 출혈량에 대한 평가를 잘못하고 나아가 수혈의 긴급성 판단을 그르쳤다고 할 것이므로, 피고인에게는 전원과정에서 ○○병원 의료진에게 피해자의 상태 및 응급조치의 긴급성에 관하여 충분히 설명하지 않은 과실이 있다 할 것이다.

다. 원심의 판단은 그 설시에 있어 다소 미흡한 점이 있으나 피고인에게 설명의무 위반을 인정한 결론은 수긍할 수 있고, 거기에 상고이유 주장과 같은 응급환자 전원과정상 설명의무에 관한 법리오해 등의 위법이 있다고 할 수 없다.

4. 인과관계에 관하여

앞서와 같은 피고인의 전원지체 등의 과실로 피해자에 대한 신속한 수혈 등의 조치가 지연된 이상 피해자의 사망과 피고인의 과실 사이에는 인과관계를 부정하기 어렵고, ○○병원 의료진의 조치가 다소 미흡하여 피해자가 ○○병원 응급실에 도착한 지 약 1시간 20분이 지나 수혈이 시작되었다는 사정만으로 피고인의 과실과 피해자 사망 사이에 인과관계가 단절된다고 볼 수 없으므로, 피해자의 사망에 대한 피고인의 책임을 인정한 원심의 조치는 정당하고, 거기에 상고이유 주장과 같은 인과관계에 관한 법리오해, 판단누락 등의 위법이 있다고 할 수 없다.

5. 결론

그러므로 상고를 기각하기로 하여 관여 법관의 일치된 의견으로 주문과 같이 판결한다.

대법관 민일영(재판장) 김영란 이홍훈(주심) 김능환

대법원 2010.4.29. 선고 2009도7017 판결

【상호저축은행법위반】

판시사항

[1] 구 상호저축은행법 제2조 제1호에서 정한 '중소기업'에 해당하기 위한 요건

[2] 상호저축은행법 제39조 제3항 제4의2호 벌칙규정의 적용대상자가 '법 제12조 제1항을 위반한 자'에서 '법 제12조 제1항을 위반한 상호저축은행'으로 개정된 경우를 '범죄 후 법률의 변경에 의하여 그 행위가 범죄를 구성하지 아니하게 된 경우'에 해당한다고 볼 수 있는지 여부(소극)

판결요지

[1] 구 중소기업기본법 시행령(2005. 12. 27. 대통령령 19189호로 개정되기 전의 것) 제3조 제1호 [별표 1]에서 중소기업의 범위를 해당 업종별로 상시근로자 수, 자본금 또는 매출액 규모의 상한만을 규정하고 있을 뿐 하한을 규정하고 있지 않다 하더라도, 구 상호저축은행법(2005. 3. 31. 법률 제7428호로 개정되기 전의 것) 제2조 제1호에서 정한 '중소기업'에 해당하기 위해서는 영리를 목적으로 재화나 용역을 생산하고 판매하는 조직체로서의 실체를 갖추고 있어야 하고, 이는 '기업'이라는 개념 자체에서 연유하는 기본적 요건이라 할 것이다.

[2] 상호저축은행법(2007. 7. 19. 법률 제8522호로 개정되어 2008. 1. 20.부터 시행된 것) 제39조의2에 정한 양벌규정은, 당해 업무를 실제로 집행하는 자가 있는 때에 벌칙규정의 실효성을 확보하기 위하여 그 적용대상자를 당해 업무를 실제로 집행하는 자에게까지 확장함으로써 그러한 자가 당해 업무집행과 관련하여 위 벌칙규정의 위반행위를 한 경우 위 양벌규정에 의하여 처벌할 수 있도록 한 행위자의 처벌규정임과 동시에 그 위반행위의 이익귀속주체인 상호저축은행에 대한 처벌규정이라 할 것이다. 따라서 2007. 7. 19. 법률 제8522호로 개정된 위 법 제39조 제3항 제4의2호에서 같은 법 제12조 제1항을 위반한 경우 그 벌칙을 규정함에 있어 그 문언이 '법 제12조 제1항을 위반한 자'에서 '법 제12조 제1항을 위반한 상호저축은행'으로 바뀌었다 하더라도 위 양벌규정의 해석을 달리할 것은 아니다. 위와 같은 법리에 비추어 볼 때, 위 법 개정 이후에도 위 양벌규정에 의하여 같은 법 제12조 제1항을 위반한 행위자 개인에 대한 처벌이 가능한 이상 결국 위 법 제39조 제3항 제4의2호의 개정은 형법 제1조 제2항에서 규정한 '범죄 후 법률의 변경에 의하여 그 행위가 범죄를 구성하지 아니하게 된 경우'에 해당한다고 볼 수 없다.

전 문

피 고 인 피고인 1외 5인

상 고 인 피고인들

변 호 인 법무법인

원심판결 대전지법 2009. 7. 2. 선고 2008노2332 판결

주 문 상고를 모두 기각한다.

이 유 상고이유를 본다.

1. 상고이유 제1점에 대하여

구 상호저축은행법(2005. 3. 31. 법률 제7428호로 개정되기 전의 것, 이하 '법'이라 한다) 제12조 제1항은 "상호저축은행은 동일인에 대하여 자기자본의 100분의 20 이내에서 대통령령이 정하는 한도를 초과하는 대출 등을 할 수 없다"고 규정하고, 구 상호저축은행법 시행령(2006. 5. 3. 대통령령 제19464호로 개정되기 전의 것, 이하 '시행령'이라 한다) 제9조 제1항 제1호는 '중소기업 기타 법인 등에 대한 대출 등은 80억 원'으로, 같은 항

제3호는 '개인에 대한 대출 등은 3억 원'으로 규정하고 있다. 한편, 법 제2조 제1호에 의하면, 이 때 '중소기업'이라 함은 구 중소기업기본법(2007. 4. 11. 법률 제8360호로 전부 개정되기 전의 것) 제2조 제1항, 구 중소기업기본법 시행령(2005. 12. 27. 대통령령 제19189호로 개정되기 전의 것) 제3조 제1호에 따라 해당 기업이 영위하는 주된 사업의 업종과 해당 기업의 상시근로자 수, 자본금 또는 매출액의 규모를 정한 구 「중소기업기본법 시행령」 〈별표 1〉의 기준에 맞는 기업을 말한다(법 제2조 제1호).

위 〈별표 1〉에서 중소기업의 범위를 해당 업종별로 상시근로자 수, 자본금 또는 매출액 규모의 상한만을 규정하고 있을 뿐 하한을 규정하고 있지 않다 하더라도, 법에서 정한 '중소기업'에 해당하기 위해서는 영리를 목적으로 재화나 용역을 생산하고 판매하는 조직체로서의 실체를 갖추고 있어야 하고, 이는 '기업'이라는 개념 자체에서 연유하는 기본적 요건이라 할 것이다.

원심판결 이유에 의하면, 이 사건 각 대출신청인들은 법 제12조 제1항, 시행령 제9조 제1항 제3호에서 정한 개인 대출한도 제한을 회피하고 같은 항 제1호에 의하여 더 많은 금액의 대출을 받기 위해 형식적으로 사업자등록을 하였을 뿐 상시근로자, 자본금 등 인적·물적 설비를 갖춘 바 없으며, 실제로 재화나 용역의 생산, 판매 등 영업활동을 영위한 바가 없는 사실을 알 수 있다.

위에서 본 법리와 사실관계에 의하면 이 사건 대출신청인들이 사업자등록을 마쳤다는 이유만으로 그들을 법에서 정한 '중소기업'에 해당한다고 볼 수 없다.

그러므로 피고인들이 개인에 대한 대출한도 제한규정을 회피하기 위하여 대출신청인들에게 사업자등록을 하도록 권유하거나 기존에 사업자등록이 있어도 실제 사업을 영위하고 있지 않은 대출신청인들에게 대출을 받을 것은 권유한 후 '중소기업'에 대한 대출 형식으로 개인 대출한도를 초과하여 대출을 한 행위를 법 제12조 제1항에 위반한 것으로 본 원심판결은 정당하고, 거기에 상고이유의 주장과 같이 법상 '중소기업'의 해석과 관련한 법리오해의 위법이 없다.

2. 상고이유 제2점에 대하여

법 제12조 제1항은 "상호저축은행은 동일인에 대하여 자기자본의 100분의 20 이내에서 대통령령이 정하는 한도를 초과하는 대출 등을 할 수 없다", 법 제39조 제3항 제4의2호는 '법 제12조 제1항을 위반한 자는 1년 이하의 징역 또는 1천만 원 이하의 벌금에 처한다'고 규정하고 있었는데, 2007. 7. 19. 법률 제8522호로 개정되어 2008. 1. 20.부터 시행된 개정 상호저축은행법(이하 '개정법'이라 한다)은 제12조 제1항을 "상호저축은행은 개별차주에 대하여 자기자본의 100분의 20 이내에서 대통령령이 정하는 한도를 초과하는 신용공여를 할 수 없다"로, 제39조 제3항 제4의2호를 '법 제12조 제1항을 위반한 상호저축은행은 1년 이하의 징역 또는 1천만 원 이하의 벌금에 처한다'로 각 개정하였다.

한편, 개정법 제39조의2에서는 종전과 마찬가지로 "법인의 대표자나 법인 또는 개인의 대리인·사용인 기타 종업원이 그 법인 또는 개인의 업무에 관하여 제39조의 위반행위를 한 때에는 행위자를 처벌하는 외에 그 법인 또는 개인에 대하여도 동조의 벌금형을 과한다"라는 양벌규정을 두고 있는바, 이는 당해 업무를 실제로 집행하는 자가 있는 때에 위 벌칙규정의 실효성을 확보하기 위하여 그 적용대상자를 당해 업무를 실제로 집행하는 자에게까지 확장함으로써 그러한 자가 당해 업무집행과 관련하여 위 벌칙규정의 위반행위를 한 경우 위 양벌규정에 의하여 처벌할 수 있도록 한 행위자의 처벌규정임과 동시에 그 위반행위의 이익귀속주체인 상호저축은행에 대한 처벌규정이라 할 것이다(대법원 1999. 7. 15. 선고 95도2870 전원합의체 판결, 대법원 2009. 2. 12. 선고 2008도9476 판결 등 참조).

따라서 앞서 본 바와 같이 개정법에서 제12조 제1항을 위반한 경우 그 벌칙을 규정함에 있어 그 문언이 '법 제12조 제1항을 위반한 자'에서 '법 제12조 제1항을 위반한 상호저축은행'으로 바뀌었다 하더라도 위 양벌규정의 해석을 달리할 것은 아니다.

위와 같은 법리에 비추어 볼 때, 「상호저축은행법」 개정 이후에도 위 양벌규정에 의하여 법 제12조 제1항을 위반한 행위자 개인에 대한 처벌이 가능한 이상 결국 위 상호저축은행법 제39조 제3항 제4의2호의 개정은 형법 제1조 제2항에서 규정한 '범죄 후 법률의 변경에 의하여 그 행위가 범죄를 구성하지 아니하게 된 경우'에 해당한다고 볼 수 없다.

원심이 이 부분에 관하여 개정법 제39조 제3항 제4의2호에 규정된 '상호저축은행'은 법인인 상호저축은행이 아니라 행위자 개인을 의미하는 것이라고 설시한 것은 다소 적절치 아니하나, 결과적으로 상호저축은행법 제39조 제3항 제4의2호가 위와 같이 개정되었다 하더라도 형법 제1조 제2항이 적용될 수는 없다고 판단하여 피고인들의 주장을 배척한 것은 정당하다.

원심판결에는 상고이유 주장과 같이 형법 제1조 제2항의 적용 범위에 관한 법리를 오해하여 판결에 영향을 미친 위법 등이 없다.

3. 상고이유 제3점에 대하여

형법 제16조에서 "자기가 행한 행위가 법령에 의하여 죄가 되지 아니한 것으로 오인한 행위는 그 오인에 정당한 이유가 있는 때에 한하여 벌하지 아니한다"고 규정한 것은 단순한 법률의 부지를 말하는 것이 아니고, 일반적으로 범죄가 되는 경우이지만 자기의 특수한 경우에는 법령에 의하여 허용된 행위로서 죄가 되지 아니한다고 그릇 인식하고 그와 같이 그릇 인식함에 정당한 이유가 있는 경우에는 벌하지 않는다는 취지이다(대법원 2000. 9. 29. 선고 2000도3051 판결 등 참조).

위와 같은 법리에 비추어 볼 때, 원심이 그 판시와 같은 이유로 피고인들이 이 사건 대출행위가 죄가 되지 않는다고 오인하였다거나 그 오인에 정당한 이유가 있다고 볼 수 없다고 판단하여 피고인들의 이 부분 주장을 배척한 것은 옳다.

원심판결에는 상고이유 주장과 같이 법률의 착오에 관한 법리오해의 위법이 없다.

4. 상고이유 제4점에 대하여

법 제39조의2는 '법인의 대표자나 법인 또는 개인의 대리인·사용인 기타 종업원이 그 법인 또는 개인의 업무에 관하여 제39조의 위반행위를 한 때에는 그 법인 또는 개인에 대하여도 동조의 벌금형을 과한다'고 규정하고 있는바, 이러한 양벌규정에 의하여 사용자인 법인 또는 개인을 처벌하는 것은 형벌의 자기책임원칙에 비추어 위반행위가 발생한 그 업무와 관련하여 사용자인 법인 또는 개인이 상당한 주의 또는 관리감독 의무를 게을리한 선임감독상의 과실이 있는 때에 한하여야 한다고 해석하는 것이 종래 대법원의 확립된 견해이다(대법원 1987. 11. 10. 선고 87도1213 판결, 대법원 2006. 2. 24. 선고 2005도7673 판결, 대법원 2007. 11. 16. 선고 2005다3229 판결 등 참조). 나아가 사용자인 법인 또는 개인이 상당한 주의 또는 관리감독 의무를 게을리한 선임감독상의 과실이 있는지 여부는 당해 위반행위와 관련된 모든 사정, 즉 위 법률의 입법 취지, 처벌조항 위반으로 예상되는 입법취지 또는 법익 침해 정도, 그 위반행위에 관하여 양벌조항을 마련한 취지 등은 물론 위반행위의 구체적인 모습과 그로 이하여 실제 야기된 피해 또는 결과의 정도, 법인 또는 개인의 영업 규모 및 행위자에 대한 감독가능성 또는 구체적인 지휘감독 관계, 법인 또는 개인이 위반행위 방지를 위하여 실제 행한 조치 등을 전체적으로 종합하여 판단하여야 한다.

이렇듯 법 제39조의2 규정의 문언상 '법인의 종업원에 대한 선임·감독상의 과실 기타 귀책사유'가 명시되어 있지 않더라도 그와 같은 귀책사유가 있는 경우에만 처벌하는 것으로 제한하여 해석하는 이상, 위 조항이 헌법상 책임주의 원칙에 위반되어 무효라는 주장은 받아들일 수 없다.

같은 취지로 판시한 원심판결에 상고이유 주장과 같이 책임주의와 양벌규정에 관한 법리오해의 위법이 없다.

5. 결론

그러므로 상고를 모두 기각하기로 하여, 관여 대법관의 일치된 의견으로 주문과 같이 판결한다.

대법관 양창수(재판장) 양승태 김지형(주심) 전수안

대법원 2010.4.29. 선고 2009도6519 판결

【대부업의등록및금융이용자보호에관한법률위반】

판시사항

[1] '구 대부업의 등록 및 금융이용자 보호에 관한 법률'상 등록을 요하는 '대부업'의 범위에서 제외되는 요건을 규정한 같은 법 시행령 제2조 제1호의 해석

[2] 월평균 대부금액의 잔액이 5천만 원을 초과하여 '구 대부업의 등록 및 금융이용자 보호에 관한 법률' 제3조 제1항에 의하여 등록하여야 하는 대부업에 해당함에도, 피고인의 무등록 대부업 영위의 공소사실을 무죄로 판단한 원심판단에 위 법 시행령 제2조 제1호에 따른 대부업의 제외 범위에 관한 법리오해 및 심리미진의 위법이 있다고 한 사례

전 문

피 고 인 피고인

상 고 인 검사

환송판결 대법원 2008. 10. 9. 선고 2008도3217 판결

원심판결 수원지법 2009. 6. 23. 선고 2008노4711 판결

주 문 원심판결의 무죄 부분 중 [별지 2 범죄일람표] 순번 6 내지 43 기재 대부행위에 관한 부분 및 유죄 부분을 파기하고, 이 부분 사건을 수원지방법원 본원 합의부에 환송한다.

이 유 상고이유를 본다.

1. 원심은, 이 사건 공소사실 중 2002. 10. 26. 이후 2005. 9. 1. 전에 이루어진 [별지 2 범죄일람표] 순번 6 내지 43 기재 대부행위에 의한 무등록 대부업 영위의 점에 대하여, 위 기간 동안 피고인이 금전을 대부한 거래상대방이 총 20명에 불과하므로 매월 말일을 기준으로 월평균 대부금액의 잔액이 5천만 원 이하인지 여부를 판단할 필요 없이, 위 대부행위는 구 대부업의 등록 및 금융이용자보호에 관한 법률(2005. 5. 31. 법률 제7523호로 개정되기 전의 것, 이하 '구 대부업법'이라 한다) 제2조 제1호 단서, 같은 법 시행령(2005. 8. 31. 대통령령 제19019호로 개정되기 전의 것) 제2조 제1호에 의하여 대부업의 범위에서 제외되는 것으로 보아, 이 부분 공소사실을 무죄로 판단하였다.
2. 그러나 이러한 원심의 무죄 판단은 다음과 같은 이유로 수긍하기 어렵다.

구 대부업법 시행령 제2조 제1호는 '매월말을 기준으로 월평균 대부금액의 잔액이 5천만 원 이하이고 거래상대방이 20인 이하로서, 표시·광고의 공정화에 관한 법률 제2조 제2호의 규정에 의한 광고를 하지 아니하는 자가 대부하는 경우'를 같은 법 소정의 대부업에서 제외되는 것으로 규정하고 있는바, 위 규정에 따라 대부업의 범위에서 제외되려면 매월말을 기준으로 월평균 대부금액의 잔액이 5천만 원 이하일 것, 그 거래상대방이 20인 이하일 것, 표시·광고의 공정화에 관한 법률 제2조 제2호의 규정에 의한 광고를 하지 아니하는 자가 대부하는 경우일 것 등의 세 가지 요건을 모두 충족하여야만 한다. 그리고 위 시행령 제2조 제1호의 입법취지와 문언 등을 종합해 보면, 위 규정에서 말하는 '매월말을 기준으로 월평균 대부금액의 잔액이 5천만 원 이하인 경우'란 매월 말일을 기준으로 한 해당 월의 평균 대부금액 잔액이 5천만 원 이하인 경우를 의미한다고 해석되므로, 이에 해당하는지 여부는 매월 말일을 기준으로 해당 월에 있어 매일의 대부금액 잔액을 모두 합산한 다음 이를 해당 월의 일수로 나누어 산출한 금액이 5천만 원 이하인지 여부로 판단하여야 한다.

이러한 법리와 기록에 비추어 살펴보면, 위 범죄일람표 순번 6 내지 43 기재 대부행위에 있어 2002년 10월 말일 및 11월 말일을 기준으로 산출되는 월평균 대부금액의 잔액은 5천만 원 이하이지만 2002년 12월 말일을 기준으로 산출되는 월평균 대부금액의 잔액은 5천만 원을 초과하는 것으로 보이고, 따라서 그 초과의 기준시점 후인 2003. 1. 1. 이후의 대부행위(위 범죄일람표 순번 21 내지 43 기재 대부행위)는 특별한 사정이 없는 한 구 대부업법 제3조 제1항에 의하여 등록하여야 하는 대부업에 해당하게 되므로, 피고인이 그러한 대부업을 등록 없이 영위하였다면 같은 법 제19조 제1항 제1호에 의한 처벌대상이 될 수 있다.

그런데도 원심은 위 범죄일람표 순번 6 내지 43 기재 대부행위에 관하여 매월 말일을 기준으로 월평균 대부

금액의 잔액이 5천만 원을 초과하는지 여부를 구체적으로 가려보지도 아니한 채 그 전부가 구 대부업법 소정의 대부업에 포함되지 아니하는 것으로 단정하여 그에 관한 무등록 대부업 영위의 공소사실을 무죄로 판단하고 말았으니, 위 시행령 제2조 제1호에 따른 대부업의 제외 범위에 관하여 법리를 오해하고 심리를 다하지 아니함으로써 판결에 영향을 미친 위법이 있다. 이를 지적하는 상고이유의 주장은 이유 있다. 3. 그렇다면, 원심판결의 무죄 부분 중 위 범죄일람표 순번 6 내지 43 기재 대부행위에 관한 부분은 파기를 면할 수 없고 이와 포괄일죄의 관계에 있는 유죄 부분도 함께 파기되어야 하므로, 원심판결 중 위 무죄 부분과 유죄 부분을 파기하고 이 부분 사건을 다시 심리·판단하도록 하기 위하여 원심법원에 환송하기로 관여 대법관의 의견이 일치되어 주문과 같이 판결한다.

대법관 이홍훈(재판장) 김영란(주심) 민일영

대법원 2010.4.29. 선고 2008도10045 판결

【약사법위반】

판시사항

1 의료기관 개설자와 약국개설자 사이에 금지되는 유사담합행위의 하나로 약사법 시행령 제24조 제1항 제3호에서 정한 '관리행위'의 의미

2 제약회사 직원 갑이 의사 을과 약사 병에게 일정 비율의 리베이트를 제공하기로 하고 갑이 취급하는 제약회사의 약품을 처방·조제하도록 한 행위가, 약사법 시행령 제24조 제1항 제3호에서 정한 '관리행위'로서 유사담합행위에 해당한다고 한 원심판단에, 법리오해의 위법이 있다고 한 사례

판결요지

1 의료기관 개설자와 약국개설자 사이에 금지되는 담합행위 또는 유사담합행위를 규정하고 있는 구 약사법(2007. 10. 17. 법률 제8643호로 개정되기 전의 것) 제24조 제2항 및 약사법 시행령 제24조 제1항의 내용 및 체계와 의약분업의 근본취지가 훼손되는 것을 방지하려는 위 각 조항의 입법목적, 그리고 형벌법규 엄격해석의 원칙 등에 비추어, 약사법 시행령 제24조 제1항 제3호에서 정한 '관리행위'는 위 각 조항이 규정하고 있는 담합행위 및 나머지 유사담합행위에 준하는 정도로 구체적·직접적으로 의약품 구매사무나 의약품 조제업무 등을 통제·관리하여 경쟁을 제한하는 행위를 말하는 것으로 해석함이 상당하다.

2 제약회사 직원 갑이 의사 을과 약사 병에게 일정 비율의 리베이트를 제공하기로 하고 갑이 취급하는 제약회사의 약품을 처방·조제하도록 한 행위가, 약사법 시행령 제24조 제1항 제3호에서 정한 '의료기관 개설자와 약국개설자 사이에 의약품 구매사무, 의약품 조제업무를 관리하는 행위'로서 담합의 소지가 있는 행위에 해당한다고 보기는 어렵다고 할 것임에도, 피고인들에 대한 구 약사법(2007. 10. 17. 법률 제8643호로 개정되기 전의 것) 위반의 공소사실을 모두 유죄로 인정한 원심판결에 법리오해의 위법이 있다고 한 사례.

전 문

피 고 인 피고인 1외 2인

상 고 인 피고인들

변 호 인 변호사

원심판결 대구지법 2008. 10. 21. 선고 2008노2535 판결

주 문 원심판결을 파기하고, 사건을 대구지방법원 본원 합의부에 환송한다.

이 유 상고이유를 판단한다.

구 약사법(2007. 10. 17. 법률 제8643호로 개정되기 전의 것, 이하 '법'이라고만 한다) 제24조 제2항은 약국개설자와 의료기관 개설자는 다음 각 호의 어느 하나에 해당하는 담합행위를 하여서는 아니된다고 하면서 그 제1호 내지 제4호에서 금지되는 구체적인 담합행위의 유형을 열거하고, 이어 제5호에서 '제1호부터 제4호까지의 규정에 해당하는 행위와 유사하여 담합의 소지가 있는 행위로서 대통령령으로 정하는 행위'를 규정하고 있고, 법 시행령 제24조 제1항은 법 제24조 제2항 제5호의 '대통령령으로 정하는 행위'란 다음 각 호의 행위를 말한다고 하면서, 다음 각 호, 즉 유사담합행위 중 하나로 '약국개설자와 의료기관 개설자 사이에 의약품 구매사무, 의약품 조제업무 등을 지원하거나 관리하는 행위'(제3호)를 규정하고 있다.

원심판결 이유에 의하면, 원심은 검사가 제출한 증거들에 의하면, 피고인 1이 2005. 11.경 ○○내과의원 진료실에서 피고인 2로부터 △△약품이 취급하는 의약품을 처방해주면 피고인 3 운영의 약국에 납품하여 비치한 다음 그

약국의 △△약품 매출에 대한 20% 상당의 금전적 이익을 제공하겠다는 제안을 받고 이에 동의한 사실, 피고인 1은 곧바로 피고인 3이 운영하는 약국에 전화하여 △△약품이 취급하는 특정 약품을 거명하면서 앞으로 위 약품들을 처방하겠다는 의사를 표시한 사실, 한편 피고인 2는 피고인 3에게도 위와 같은 취지를 설명하고 △△약품의 의약품을 납품받는 대신 그 시가에 대한 10% 상당의 금전적 이익을 제공하기로 한 사실, 그 무렵부터 2007. 11.경까지 피고인 1이 △△약품의 의약품을 처방하면 피고인 3이 그에 따라 △△약품의 의약품을 조제하여 환자들로 하여금 투약하게 한 사실, 피고인 2는 피고인 3에게 47,892,536원 상당의 약품을 공급하고 피고인 1에게 그 매출의 20% 가량인 9,578,507원 상당을 현금 지급 또는 병원 회식비 대납 등의 방법으로 지급하였고, 피고인 3은 2005. 7.경부터 2007. 10.경까지 피고인 1이 발행한 처방전에 대하여 건수로는 90%, 처방금액으로는 86%를 조제한 사실을 인정할 수 있다고 한 다음, 피고인들의 위와 같은 행위는 의약분업의 기본취지에 반하는 행위로서 법 시행령 제24조 제1항 제3호(이하 '이 사건 규정'이라 한다)에 정한 '의료기관 개설자와 약국개설자 사이에 의약품 구매사무 및 의약품 조제업무를 관리하는 행위'로서 담합의 소지가 있는 행위에 해당된다고 봄이 상당하다고 판단하였다.

그러나 의료기관 개설자와 약국개설자 사이에 금지되는 담합행위 또는 유사담합행위를 규정하고 있는 법 제24조 제2항 및 법 시행령 제24조 제1항의 내용 및 체계와 의약분업의 근본취지가 훼손되는 것을 방지하려는 위 각 조항의 입법목적, 그리고 형벌법규 엄격해석의 원칙 등에 비추어, 이 사건 규정에서 정한 '관리행위'는 위 각 조항이 규정하고 있는 담합행위 및 나머지 유사담합행위에 준하는 정도로 구체적·직접적으로 의약품 구매사무나 의약품 조제업무 등을 통제·관리하여 경쟁을 제한하는 행위를 말하는 것으로 해석함이 상당하다 고 할 것인바, 기록에 비추어 알 수 있는 다음과 같은 사정들, 즉 같은 건물에 소재한 피고인 3의 약국을 제외하면 피고인 1의 내과의원 반경 700m 이내에는 2007. 6.경 폐업한 □□약국 이외에 다른 약국이 없었으므로, 피고인 3에게만 위 처방정보가 제공된 것이 특히 이례적이라거나 담합의 소지가 있는 행위라고 단정하기 어렵고, 달리 피고인들이 이 사건 처방정보의 대외적 유출을 막기 위해 어떤 조치를 취하였다고 볼 만한 자료도 없는 점, 피고인들 사이의 이 사건 처방정보의 공유는 그 실질에 있어 특정 의약품 판매를 목적으로 하는 의약품 도매상과 의료기관 및 약국 사이에 각각 이루어지는 리베이트 거래에 따른 부수적 현상에 불과한 것으로 볼 수 있는데, 위와 같은 리베이트 거래는, 별도의 법령에 의한 규제의 대상이 됨은 별론으로 하더라도, 담합행위 등을 처벌하는 위 각 조항에 의한 형사처벌의 대상이 된다고 보기는 어려운 점 등을 앞서 본 법리에 비추어 살펴보면, 원심이 인정한 피고인들의 위와 같은 행위가 이 사건 규정이 정한 '의료기관 개설자와 약국개설자 사이에 의약품 구매사무, 의약품 조제업무를 관리하는 행위'로서 담합의 소지가 있는 행위에 해당한다고 보기는 어렵다고 할 것이다.

그럼에도 원심이 피고인들의 행위가 이 사건 규정이 정한 관리행위로서 담합의 소지가 있는 행위에 해당한다고 판단하여 피고인들에 대한 이 사건 공소사실을 모두 유죄로 인정한 제1심판결을 그대로 유지한 데에는, 이 사건 규정 등의 해석·적용에 관한 법리를 오해하여 판결에 영향을 미친 위법이 있다. 이 점을 지적하는 상고이유의 주장은 이유 있다.

그러므로 피고인들의 나머지 상고이유에 대한 판단을 생략한 채 원심판결을 파기하고, 사건을 다시 심리·판단하게 하기 위하여 원심법원에 환송하기로 하여, 관여 대법관의 일치된 의견으로 주문과 같이 판결한다.

대법관 신영철(재판장) 안대희 차한성(주심)

대법원 2010.4.29. 선고 2008도7688 판결

【보건범죄단속에관한특별조치법위반(부정의료업자)·의료기기법위반】

판시사항

[1] 쑥뜸 기구인 '왕쑥찜기'가 의료기기법 제2조 제1항에서 정한 '의료기기'에 해당한다고 본 원심 판단을 수긍한 사례

[2] 제조품목허가를 받지 아니하고 '왕쑥찜기'를 제조하여 판매하였다는 의료기기법 위반의 공소사실에 대하여, '왕쑥찜기'가 제조품목허가 대상인지 여부를 살펴보지도 아니한 채 이를 유죄로 인정한 원심판결에 법리오해의 위법이 있다고 한 사례

전 문

피 고 인 피고인

상 고 인 피고인 및 검사

변 호 인 변호사 이영규

원심판결 대구지법 2008. 8. 14. 선고 2008노1872 판결

주 문 원심판결 중 유죄 부분을 파기하고, 이 부분 사건을 대구지방법원 본원 합의부에 환송한다. 검사의 상고를 기각한다.

이 유 상고이유를 본다.

1. 피고인의 상고이유에 대하여

가. 어떤 기구 등이 의료기기법 제2조 제1항에서 정한 '의료기기'에 해당하는지 여부를 판단함에 있어서는 그 기구 등이 위 조항 소정의 목적으로 사용되는 것이면 되고 객관적으로 그러한 성능을 가지고 있는가는 고려할 필요가 없으며, 또 그 기구 등의 사용목적은 그 기구 등의 구조와 형태, 그에 표시된 사용목적과 효과, 판매할 때의 선전 또는 설명 등을 종합적으로 고려하여 결정하여야 한다(대법원 1993. 3. 12. 선고 92도811 판결, 대법원 2008. 12. 11. 선고 2008두10393 판결 등 참조).

원심이 그 판시와 같은 사실을 종합하여 이 사건 '왕쑥찜기'가 질병의 치료·경감·처치 또는 예방의 목적으로 사용되는 제품으로서 의료기기에 해당한다고 판단한 것은 위 법리와 기록에 비추어 수긍할 수 있고, 거기에 의료기기에 관한 법리를 오해한 위법이 있다고 할 수 없다. 이 부분 상고이유는 이유 없다.

나. 의료기기법 제3조 제1항은 "식품의약품안전청장은 의료기기의 사용목적과 사용시 인체에 미치는 잠재적 위해성 등의 차이에 따라 체계적·합리적 안전관리를 할 수 있도록 의료기기의 등급을 분류하여 지정하여야 한다"고 하고 그 제2항은 "제1항의 규정에 의한 의료기기의 등급분류 및 지정에 관한 기준 및 절차 등에 관하여 필요한 사항은 보건복지부령으로 정한다"고 규정하고 있으며, 같은 법 제6조 제1항은 "의료기기의 제조를 업으로 하는 자는 제조소별로 식품의약품안전청장의 제조업허가를 받아야 한다"고 하고 그 제2항은 "제1항의 규정에 의하여 제조업허가를 받은 자는 제조하고자 하는 의료기기에 대하여 품목별로 제조허가를 받거나 제조신고를 하여야 한다"고 규정하고 있는바, 그에 따라 의료기기법 시행규칙 제2조 [별표1]은 의료기기의 등급을 잠재적 위해성의 정도에 따라 1등급은 잠재적 위해성이 거의 없는 의료기기, 2등급은 잠재적 위해성이 낮은 의료기기, 3등급은 중증도의 잠재적 위해성을 가진 의료기기, 4등급은 고도의 위해성을 가진 의료기기로 분류하고 식품의약품안전청장이 소분류된 품목별로 등급을 정하여 고시하도록 하고 있고, 그 제4조에서는 2등급, 3등급, 4등급인 품목은 제조품목허가를 받아야 하고, 1등급인 품목 중 이미 허가를 받거나 신고한 품목과 구조·원리·성능·사용목적 및 사용방법 등이 본질적으로 동등한 품목은 제조품목신고를 하도록 규정하고 있다.

한편 의료기기법 제24조 제1항은 누구든지 제6조 제2항의 규정에 의하여 품목허가를 받지 아니하거나 품목신고를 하지 아니한 의료기기를 판매하여서는 아니되고, 판매 목적으로 제조하여서는 아니된다고 규정하고 있다.

위 규정들을 종합하여 볼 때, 의료기기는 등급별로 제조품목허가의 대상인 것과 제조품목신고의 대상인 것으로 구별되므로, 의료기기법 제24조 제1항에서 금지하는 '제조품목허가를 받지 아니한 의료기기의 제조·판매

행위'에 해당하려면 그 의료기기가 제조품목허가를 받아야 하는 의료기기에 해당하여야 하고, 단순히 제조품목신고의 대상인 의료기기를 제조·판매하는 것은 그에 해당하지 않는다.

이 사건 공소사실 중 의료기기법 위반의 점은 피고인이 제조품목허가를 받지 아니한 의료기기인 '왕쑥찜기'를 제조하여 판매하였다는 것인바, 이를 앞서 본 법리에 비추어 보면 이러한 경우 원심으로서는 우선 '왕쑥찜기'가 제조품목허가를 받아야 하는 의료기기에 해당하는지부터 심리해 본 후에 피고인이 그러한 허가없이 한 행위가 위 규정 위반행위에 해당하는지를 판단하였어야 할 것이다.

그런데 원심은 위 '왕쑥찜기'가 제조품목허가 대상인지 여부를 살펴보지도 아니한 채 이 부분 공소사실을 유죄로 인정하였는바, 이러한 원심의 판단에는 의료기기법의 제조품목허가에 관한 법리를 오해한 위법이 있고, 이를 지적하는 상고이유는 이유 있다.

2. 검사의 상고이유에 대하여

구 의료법(2007. 4. 11. 법률 제8366호로 전문 개정되기 전의 것) 제25조 제1항에서 말하는 '의료행위'라 함은 의학적 전문지식을 기초로 하는 경험과 기능으로 진찰, 검안, 처방, 투약 또는 외과적 시술을 시행하여 하는 질병의 예방 또는 치료행위와 그 밖에 의료인이 행하지 아니하면 보건위생상 위해가 생길 우려가 있는 행위를 말한다(대법원 2000. 9. 8. 선고 2000도432 판결, 대법원 2007. 12. 13. 선고 2007도3365 판결 등 참조).

위 법리와 기록에 비추어 살펴보면, 원심이 피고인의 그 판시와 같은 행위가 '의료행위'에 해당하지 않는다고 본 원심의 판단은 정당하고, 거기에 주장하는 바와 같은 채증법칙 위반, 의료행위에 관한 법리오해 등의 위법이 없다. 상고이유는 이유 없다.

3. 결론

그러므로 원심판결 중 유죄 부분을 파기하고 이 부분 사건을 다시 심리·판단하게 하기 위하여 원심법원에 환송하며, 검사의 상고를 기각하기로 하여 관여 대법관의 일치된 의견으로 주문과 같이 판결한다.

대법관 양승태(재판장) 김지형 전수안(주심) 양창수

대법원 2010.4.29. 선고 2007도8411 판결

【사자명예훼손】

판시사항

[1] 역사드라마가 그 소재가 된 역사적 인물의 명예를 훼손할 수 있는 허위사실을 적시하였는지 여부에 대한 판단 기준

[2] 역사드라마 '서울 1945'의 특정 장면이 공연히 허위사실을 적시하여 망인인 이승만 등의 명예를 훼손하였다는 공소사실에 대하여, 구체적인 허위사실의 적시가 있었다고 보기 어렵다는 이유로 무죄를 선고한 원심판단을 정당하다고 한 사례

판결요지

[1] 역사적 인물을 모델로 한 드라마(즉, 역사드라마)가 그 소재가 된 역사적 인물의 명예를 훼손할 수 있는 허위사실을 적시하였는지 여부를 판단할 때에는 적시된 사실의 내용, 진실이라고 믿게 된 근거나 자료의 신빙성, 예술적 표현의 자유로 얻어지는 가치와 인격권의 보호에 의해 달성되는 가치의 이익형량은 물론 역사드라마의 특성에 따르는 여러 사정과 드라마의 주된 제작목적, 드라마에 등장하는 역사적 인물과 사건이 이야기의 중심인지 배경인지 여부, 실존인물에 의한 역사적 사실과 가상인물에 의한 허구적 이야기가 드라마 내에서 차지하는 비중, 드라마상에서 실존인물과 가상인물이 결합된 구조와 방식, 묘사된 사실이 이야기 전개상 상당한 정도 허구로 승화되어 시청자의 입장에서 그것이 실제로 일어난 역사적 사실로 오해되지 않을 정도에 이른 것으로 볼 수 있는지 여부 등을 종합적으로 고려하여야만 한다.

[2] 역사드라마 '서울 1945'의 특정 장면이 공연히 허위사실을 적시하여 망인인 이승만 등의 명예를 훼손하였다는 공소사실에 대하여, 구체적인 허위사실의 적시가 있었다고 보기 어렵다는 이유로 무죄를 선고한 원심판단을 정당하다고 한 사례.

전 문

피 고 인 피고인 1외 1인

상 고 인 검사

변 호 인 변호사

원심판결 서울중앙지법 2007. 9. 19. 선고 2007노1981 판결

주 문 상고를 기각한다.

이 유 상고이유를 판단한다.

'모든 국민은 학문과 예술의 자유를 가진다'라고 규정한 헌법 제22조가 보장하는 예술의 자유는 창작소재, 창작형태 및 창작과정 등에 대한 임의로운 결정권을 포함한 예술창작활동의 자유와 창작한 예술작품을 일반대중에게 전시·공연·보급할 수 있는 예술표현의 자유 등을 포괄하는 것이지만, 이러한 예술의 자유가 무제한적인 기본권은 아니기 때문에 타인의 권리와 명예를 침해하여서는 아니되고, 그 대상이 사자라 하더라도 공연히 허위의 사실을 적시하여 사자에 대한 사회적·역사적 평가를 침해하는 행위는 형법 제308조가 규정한 사자의 명예훼손죄에 해당한다 할 것인바, 이미 망인이 된 역사적 인물을 모델로 한 드라마(이하 '역사드라마'라고 한다)에 있어 허위사실을 적시하여 역사적 사실을 왜곡하는 등의 방법으로 그 모델이 된 인물의 명예를 훼손하는 경우에는 비록 그것이 예술작품의 창작과 표현 활동의 영역에서 발생한 일이라 하더라도 위 규정에 의한 처벌의 대상이 된다 할 것이다.

다만, 역사적 인물을 소재로 한 드라마의 경우, 역사적 사실은 당대에 있어서도 그 객관적 평가가 쉽지 아니한 데다가 시간의 경과에 따라 그 실체적 진실의 확인이 더욱 어려워지는 관계로 이를 소재로 드라마를 창작, 연출함

에 있어서는 명백하여 다툼이 없거나 객관적 자료로 뒷받침되는 단편적 사실만을 묶어 현실감 있는 이야기를 전개해 가기에는 근본적 한계가 있다 할 것이어서, 그 필연적 현상으로 연출자 등이 역사적 사실에 대한 작가적 해석 및 평가와 예술적 창의력을 발휘하여 허구적 묘사를 통해서 객관적 사실들 사이의 간극을 메우기 마련이라 할 것이고, 합리적인 시청자라면 역사적 사실의 서술을 주로 하는 기록물이 아닌 허구적 성격의 역사드라마의 경우 이를 당연한 전제로 시청할 것으로 예상되는 이상, 위 허구적 묘사가 역사적 개연성을 잃지 않고 있는 한 그 부분만 따로 떼어 역사적 진실성에 대한 증명이 없다는 이유로 허위라거나 연출자에게 그 허위의 점에 대한 인식이 있었다고 단정하여서는 아니될 것이다.

따라서 역사드라마가 그 소재가 된 역사적 인물의 명예를 훼손할 수 있는 허위사실을 적시하였는지 여부를 판단함에 있어서는 적시된 사실의 내용, 진실이라고 믿게 된 근거나 자료의 신빙성, 예술적 표현의 자유로 얻어지는 가치와 인격권의 보호에 의해 달성되는 가치의 이익형량은 물론 위에서 본 역사드라마의 특성에 따르는 여러 사정과 드라마의 주된 제작목적, 드라마에 등장하는 역사적 인물과 사건이 이야기의 중심인지 배경인지 여부, 실존인물에 의한 역사적 사실과 가상인물에 의한 허구적 이야기가 드라마 내에서 차지하는 비중, 드라마상에서 실존인물과 가상인물이 결합된 구조와 방식, 묘사된 사실이 이야기 전개상 상당한 정도 허구로 승화되어 시청자의 입장에서 그것이 실제로 일어난 역사적 사실로 오해되지 않을 정도에 이른 것으로 볼 수 있는지 여부 등이 종합적으로 고려되어야만 할 것이다.

원심은, 피고인들이 1945년 해방공간과 한국전쟁이라는 한국 현대사를 모델로 삼아 창작, 연출한 이 사건 드라마('서울 1945')의 제34, 35, 38회 방영분 중 그 판시 각 장면이 마치 '장택상, 이승만이 친일파로서 친일경찰인 박○○을 통해 정판사 사건을 해결하고, 이승만이 여운형의 암살을 암시적으로 지시하고, 박○○이 이에 부응하여 여운형을 암살하려고 하는 것처럼 묘사'함으로써 공연히 허위사실을 적시하여 위 이승만 등의 명예를 훼손하였다고 하는 이 사건 공소사실에 대하여, 다음과 같은 이유를 들어 그 범죄사실에 대한 증명이 없다고 보아 피고인들에게 각 무죄를 선고한 제1심판결을 유지하였다.

즉, 이 사건 드라마는 일제시대 및 해방전후기를 시대적 배경으로 하여 허구의 가상인물들을 중심인물로 설정하여 그들 간의 사랑과 우정, 이념적 대립과 가족애 등을 그린 드라마이고, 이 사건 드라마에 등장하는 실존인물로는 이승만, 장택상, 여운형, 김구, 김일성, 박헌영 등이 있는데, 총 71회분(1회당 50분)에 이르는 드라마의 전체 방영분 중 이승만, 장택상은 제29회분에 이르러서야 처음 등장하고, 실존인물들이 등장하는 장면의 횟수도 중심인물들에 비하여 현저히 적다고 할 수 있으며, 이들은 중심인물들 간의 이야기를 연결하는 배경인물로 등장하는 것으로 보일 뿐이라는 것이다. 나아가 공소사실 제1항 중 드라마 34회의 공소사실 기재와 같은 장면에 대하여는 위 장면은 이승만의 배역이 직접 하는 대사나 행동이 아니라 이승만 및 그가 속한 한민당과 대립적 입장에 있는 조선공산당 간부의 대사를 통한 이승만에 대한 묘사의 형식으로 이루어져 이승만에 대한 추측 또는 평가에 불과한 것으로 보이고, 그 정도만으로 이승만이 친일파적인 행위를 하였다고 하는 구체적인 허위사실의 적시가 있었다고 보기 어렵고, 또한 공소사실 제1항 중 드라마 35회의 공소사실 기재와 같은 장면에 대하여는 그 판시와 같이 특정 장면의 일부에 불과하여 그것만으로 이승만과 장택상이 친일파로서 친일경찰인 박○○을 통해 정판사 사건을 해결하는 것으로 묘사하는 등 어떤 구체적인 허위사실의 적시가 있었다고 보기 어렵다는 것이다. 한편, 공소사실 제2항에 대하여는 그 판시 사정을 종합하면 위 장면만으로는 이승만과 장택상이 여운형 암살의 배후자이고, 정판사 사건도 이승만과 장택상이 친일파로서 자신들이 데리고 있는 친일경찰 박○○을 시켜 해결한 것처럼 묘사하는 등 어떤 구체적인 허위사실의 적시가 있었다고 보기 어렵다는 것이다.

원심판결의 이유를 앞서 본 법리와 원심 및 제1심이 그 채택 증거들을 종합하여 적법하게 확정한 사실관계 및 기록에 비추어 살펴보면, 위와 같은 원심의 판단은 정당하다.

원심판결에는 상고이유에서 주장하는 바와 같이 형법 제308조의 사자명예훼손죄에 관한 법리를 오해한 위법이 없다.

그러므로 상고를 기각하기로 하여, 관여 대법관의 일치된 의견으로 주문과 같이 판결한다.

대법관 양창수(재판장) 양승태 김지형(주심) 전수안

대법원 2010.4.29. 선고 2007도7064 판결

【폭력행위등처벌에관한법률위반(공동강요)】

판시사항

1 강요죄의 수단인 '협박'의 의미 및 그 유무와 정도에 대한 판단 기준

2 공소사실의 특정 정도

3 환경단체 소속 회원들이 축산 농가들의 폐수 배출 단속활동을 벌이면서 폐수 배출현장을 사진촬영하거나 지적하는 한편 폐수 배출사실을 확인하는 내용의 사실확인서를 징구하는 과정에서 서명하지 아니할 경우 법에 저촉된다고 겁을 주는 등 행한 일련의 행위가 '협박'에 의한 강요행위에 해당한다고 한 사례

전 문

피 고 인 피고인 1외 12인

상 고 인 검사

원심판결 대전지법 2007. 7. 27. 선고 2007노686 판결, 2007. 8. 10. 선고 2007노686-1 판결

주 문 원심판결 중 피고인들에 대한 부분을 파기하고 이 부분 사건을 대전지방법원 본원 합의부로 환송한다.

이 유 상고이유를 판단한다.

1. 강요죄의 수단인 협박은 일반적으로 사람으로 하여금 공포심을 일으키게 하는 정도의 해악을 고지하는 것으로 그 방법은 통상 언어에 의하는 것이나 경우에 따라서 한마디 말도 없이 거동에 의하여서도 할 수 있는데, 그 행위가 있었는지는 행위의 외형뿐 아니라 그 행위에 이르게 된 경위, 피해자와의 관계 등 주위상황을 종합적으로 고려하여 판단해야 하는 것이며, 강요죄에서 협박당하는 사람으로 하여금 공포심을 일으키게 하는 정도의 해악의 고지인지는 그 행위 당사자 쌍방의 직무, 사회적 지위, 강요된 권리, 의무에 관련된 상호관계 등 관련 사정을 고려하여 판단되어야 할 것이다(대법원 2004. 1. 15. 선고 2003도5394 판결 등 참조).

   한편 공소사실의 기재는 범죄의 일시, 장소와 방법을 명시하여 사실을 특정할 수 있도록 하여야 하는바, 이와 같이 공소사실의 특정을 요구하는 법의 취지는 피고인의 방어권 행사를 쉽게 해 주기 위한 데에 있으므로, 공소사실의 특정은 공소의 원인이 된 사실을 다른 사실과 구별할 수 있을 정도로 그 일시, 장소, 방법 등을 적시하여 특정할 수 있으면 족하고, 그 일부가 다소 불명확하게 적시되어 있다 하더라도 그와 함께 적시된 다른 사항들과 공소사실의 일부로 첨부된 별지 등에 의하여 그 공소사실을 특정할 수 있다면 이를 위법하다고 볼 수 없다(대법원 2008. 7. 10. 선고 2008도1664 판결 등 참조).

2. 원심은, 피고인들에 대한 이 사건 폭력행위 등 처벌에 관한 법률 위반(공동강요)의 공소사실에 대하여 강요의 수단인 피고인들의 폭행·협박을 인정할 증거가 없다는 이유로 무죄를 선고하는 한편, 위 공소사실에는 피고인들이 단속권한이 없음에도 단속권한이 있는 것처럼 행세하였다는 취지의 기재만 있을 뿐 피고인들이 구체적으로 어떠한 내용의 폭행·협박을 하였는지에 관한 적시가 없다고 판단하였다.

3. 그러나 이와 같은 원심의 판단은 수긍하기 어렵다.

   가. 먼저, 기록에 의하면, 이 부분 공소사실의 별지 [범죄일람표(II)]에는 공동강요의 범행수법으로 '서명하지 않으면 고발조치하겠다'고 협박하여 사실확인서에 서명을 강요하거나, 직접적인 해악의 고지 없이 폐수 배출현장을 적발·지적하고 이를 사진촬영하면서 사실확인서에 서명을 강요하였다고 기재되어 있음을 알 수 있다. 이에 의하면, 전자의 경우는 범행의 방법이 구체적으로 적시되어 있음이 명백하고, 한편 후자의 경우 그 내용이 다소 명확하지 아니하나 공소사실의 기재 내용 중 '마치 자신들이 작성권한이 있는 것처럼 행세하며'의 부분과 위 별지의 기재 내용 중 '행정당국에 고발할 듯한 분위기를 조성하고'의 부분을 종합하여 볼 때, '피고인들이 폐수 배출현장의 적발·지적 및 사진촬영행위 등을 통하여 마치 자신들에게 사실확인서를 작성할 권한이 있는 것처럼 행세하여 피해자들로 하여금 사실확인서에 서명하지 아니할 경우 고발조치 등의 불이익을 입을 것이라는 태세를 보이는 등으로 협박한 행위'를 범행의 방법으로 적시한 것으로 볼 수 있는바, 이로써 범행의 방법은 특정되었다고 할 것이다.

   나. 다음으로, 제1심이 적법하게 채택한 증거에 의하면, 피고인들은 환경단체인 '전국환경감시협회 부여지부' 소속

회원들로 이 부분 공소사실 별지 [범죄일람표(II)] 기재의 일시, 장소에서 축산 농가들의 폐수 배출 단속활동을 벌인 사실, 그 과정에서 피고인들은 '환경감시단'이라고 기재된 신분증을 휴대하고, '환경감시단'의 마크가 부착된 모자, 점퍼 등을 착용하고 있었으며, 축사 운영자들에게 자신의 소속이나 신분, 감시활동의 의미 등에 관한 정확한 정보를 제공하지 아니한 채 폐수 배출현장을 사진촬영하거나 지적하면서 폐수 배출사실을 확인하는 내용의 사실확인서에 서명할 것을 요구한 사실, 일부 피해자들은 수사기관 및 제1심법정에서 피고인들에게 단속권한이 있는 것으로 생각하여 어쩔 수 없이 서명할 수밖에 없었다고 진술하였고, 특히 피해자 공소외인은 위 피해자가 서명을 주저하자 피고인들이 서명하지 아니할 경우 법에 저촉된다고 겁을 주었다는 취지로 진술한 사실, 한편 위 단체의 대표인 피고인 1은 폐수 배출사실이 확인된 축사 운영자라도 위 단체에 금품을 제공한 경우에는 기왕에 작성하였던 사실확인서를 폐기하고 사건을 무마한 사실을 알 수 있는바, 피고인들과 피해자들의 지위, 피고인들이 서명을 요구하게 된 경위나 당시의 상황, 그 이후의 정황 등을 종합하면, 피고인들이 사실확인서를 징구하는 과정에서 취한 일련의 행위는 피고인들에게 단속권한이 있는 것으로 오인한 피해자들로 하여금 피고인들의 요구에 불응할 경우 고발조치 등의 불이익을 받을 위험이 있다는 인식을 갖게 하는 것으로서, 적어도 수사기관 및 제1심에서 피해사실을 진술한 피해자들에 대한 관계에서는 협박에 의한 강요행위에 해당한다고 보기에 부족함이 없다 할 것이다.

다. 그럼에도 원심이 피고인들에 의한 폭행이나 협박에 관한 증거가 부족함은 물론, 범행방법이 구체적으로 적시되지 않았다는 이유로 이 사건 폭력행위 등 처벌에 관한 법률 위반(공동강요)의 공소사실을 무죄로 판단한 것은 합리적인 자유심증의 범위와 한계를 벗어나 자유심증주의를 위반하였거나 심리를 미진한 위법 또는 강요죄에 있어서 협박에 관한 법리를 오해한 위법이 있고, 이는 판결 결과에 영향을 미쳤다고 할 것이다. 이 점을 지적하는 취지의 상고이유의 주장은 이유 있다.

한편, 원심이 피고인 1에 대하여 유죄로 인정한 공갈죄는 이 사건 폭력행위 등 처벌에 관한 법률 위반(공동강요)의 공소사실과 형법 제37조 전단의 경합범 관계에 있으므로 함께 파기되어야 한다.

4. 그러므로 원심판결 중 피고인들에 대한 부분을 파기하고, 이 부분 사건을 다시 심리·판단하게 하기 위하여 원심법원에 환송하기로 관여 대법관의 의견이 일치되어 주문과 같이 판결한다.

대법관 차한성(재판장) 안대희(주심) 신영철

대법원 2010.4.29. 선고 2007도6553 판결

【특정경제범죄가중처벌등에관한법률위반(횡령)·사문서변조·변조사문서행사】

판시사항

[1] 1인 회사의 주주가 회사 자금을 임의로 처분한 경우, 횡령죄를 구성하는지 여부(적극)
[2] 주식회사의 대표이사가 회사의 돈을 인출하여 사용하면서 그 사용처에 관한 증빙자료를 제시하지 못하는 경우, 불법영득의사를 추단할 수 있는지 여부(적극)
[3] 항소심에서 적법하게 공판의 심리를 종결한 후 검사가 공소장변경신청을 한 경우, 법원은 반드시 공판의 심리를 재개하여 공소장변경을 허가하여야 하는지 여부(소극)

전 문

피 고 인 피고인

상 고 인 피고인 및 검사

변 호 인 법무법인

원심판결 서울고법 2007. 7. 12. 선고 2005노2887, 2006노2573 판결

주 문 상고를 모두 기각한다.

이 유 상고이유를 판단한다.

1. 피고인의 상고이유에 대한 판단

주식회사의 주식이 사실상 1인 주주에 귀속하는 1인 회사에 있어서도 회사와 주주는 분명히 별개의 인격이어서 1인 회사의 재산이 곧바로 그 1인 주주의 소유라고 볼 수 없으므로, 사실상 1인 주주라고 하더라도 회사의 자금을 임의로 처분한 행위는 횡령죄를 구성한다(대법원 1989. 5. 23. 선고 89도570 판결, 대법원 1995. 3. 14. 선고 95도59 판결 등 참조). 한편 피고인이 회사의 돈을 인출하여 사용하고도 그 사용처에 관한 증빙자료를 제시하지 못하거나 피고인이 주장하는 사용처에 사용된 자금이 그 돈과 다른 자금으로 충당된 것으로 드러나는 등 피고인이 주장하는 사용처에 그 돈이 사용되었다는 점을 인정할 수 있는 자료가 부족하고, 오히려 피고인이 그 돈을 개인적인 용도에 사용하였다는 점에 대한 신빙성 있는 자료가 많은 경우에는 피고인이 그 돈을 불법영득의 의사로써 횡령한 것이라고 추단할 수 있다(대법원 2002. 7. 26. 선고 2001도5459 판결, 대법원 2008. 3. 27. 선고 2007도9250 판결 등 참조).

원심은 적법하게 채택한 증거들에 의하여 인정되는 피해자 공소외 회사 소유 자금의 입출금 내역, 거래에 사용된 계좌의 내역, 피고인이 제출한 관련 증빙자료의 내용 등을 토대로, 피고인이 '공소외 회사'에서 인출한 자금 중 그 판시 상당액을 피고인의 개인적 용도로 사용함으로써 이를 횡령하였다고 인정하였다.

앞서 본 법리와 원심판결 이유에 비추어 살펴보면, 원심의 판단에는 상고이유에서 주장하는 바와 같은 채권의 변제충당 혹은 1인 주주와 회사의 법적 관계, 범죄사실에 관한 증명책임의 소재 등에 관한 법리오해의 위법이 있다고 할 수 없고, 나머지 상고이유의 주장은 사실심인 원심의 전권에 속하는 증거의 취사선택과 사실의 인정을 비난하는 것에 불과하여 적법한 상고이유가 되지 못한다.

2. 검사의 상고이유에 대한 판단

공소장변경은 제1심은 물론 항소심에서도 가능하고(대법원 1999. 9. 21. 선고 99도2484 판결, 대법원 2008. 9. 25. 선고 2008도7052 판결 등 참조), 검사의 공소장변경허가신청이 공소사실의 동일성을 해하지 아니하는 한 법원은 이를 허가하여야 하나(대법원 2005. 6. 24. 선고 2003도7777 판결 등 참조), 공소장의 변경은 그 변경사유가 변론종결 이후에 발생하는 등 특별한 사정이 없는 한 법원에서 공판의 심리를 종결하기 전에 한 신청에 한하여 공소사실의 동일성을 해하지 아니하는 한도에서 허가하여야 하는 것이지, 법원이 적법하게 공판의 심리를 종결한 뒤에 이르러 검사가 공소장변경허가신청을 한 경우에는 반드시 공판의 심리를 재개하여 공소장변경을 허가하여야 하는 것은 아니다(대법원 2000. 4. 11. 선고 2000도565 판결, 대법원 2007. 6. 29. 선고 2007도984 판결 등 참조).

위 법리와 기록에 비추어 살펴보면, 원심이 변론종결 후에 비로소 이루어진 검사의 공소장변경허가신청을 불

허한 조치는 정당하고, 거기에 상고이유에서 주장하는 바와 같은 공소장변경 등에 관한 법리오해의 위법이 있다고 할 수 없다.

3. 결론

그러므로 상고를 모두 기각하기로 하여 관여 대법관의 일치된 의견으로 주문과 같이 판결한다.

대법관 안대희(재판장) 차한성 신영철(주심)

대법원 2010.4.15. 선고 2009도13833 판결

【근로기준법위반】

판시사항

[1] 사용자가 해고예고 시 해고 시점을 특정하여 하거나 언제 해고되는지를 근로자가 알 수 있는 방법으로 하여야 하는지 여부(적극)

[2] 사용자인 피고인이 근로자 갑에게 "후임으로 발령받은 을이 근무하여야 하니 업무 인수인계를 해 달라.", "당분간 근무를 계속하며 을에게 업무 인수인계를 해 주라."고만 말하고 갑을 해고한 사안에서, 이를 적법한 해고예고로 본 원심판결에 법리오해의 위법이 있다고 한 사례

판결요지

[1] 근로기준법 제26조에서 사용자가 근로자를 해고하는 경우 적어도 30일 전에 예고를 하여야 하고, 30일 전에 예고를 하지 아니하였을 때에는 30일분 이상의 통상임금을 지급하도록 규정한 취지는 근로자로 하여금 해고에 대비하여 새로운 직장을 구할 수 있는 시간적 또는 경제적 여유를 주려는 것이므로, 사용자의 해고예고는 일정 시점을 특정하여 하거나 언제 해고되는지를 근로자가 알 수 있는 방법으로 하여야 한다.

[2] 사용자인 피고인이 근로자 갑에게 "후임으로 발령받은 을이 근무하여야 하니 업무 인수인계를 해 달라.", "당분간 근무를 계속하며 을에게 업무 인수인계를 해 주라."고만 말하고 갑을 해고한 사안에서, 피고인의 위와 같은 말만으로는 갑의 해고일자를 특정하거나 이를 알 수 있는 방법으로 예고한 것이라고 볼 수 없어 적법하게 해고예고를 하였다고 할 수 없으므로, 이를 적법한 해고예고로 본 원심판결에 법리오해의 위법이 있다고 한 사례.

전 문

피 고 인 피고인

상 고 인 검사

원심판결 대구지법 2009. 11. 25. 선고 2009노3018 판결

주 문 원심판결을 파기하고, 사건을 대구지방법원 본원 합의부에 환송한다.

이 유 상고이유를 본다.

근로기준법 제26조에서 사용자가 근로자를 해고하는 경우 적어도 30일 전에 예고를 하여야 하고, 30일 전에 예고를 하지 아니하였을 때에는 30일분 이상의 통상임금을 지급하도록 규정한 취지는 근로자로 하여금 해고에 대비하여 새로운 직장을 구할 수 있는 시간적 또는 경제적 여유를 주려는 것이므로, 사용자의 해고예고는 일정 시점을 특정하여 하거나 언제 해고되는지를 근로자가 알 수 있는 방법으로 하여야 할 것이다.

원심이 인정한 사실과 기록에 의하면, 피고인은 2008. 2. 14. ○○ 대구지점에서 원장으로 근무하던 공소외 1을 해고하였는데, 그 해고 전에 공소외 1에게 한 말은 2007. 11.경에 "대구지점 원장으로 발령받은 공소외 2가 대구지점에서 근무하여야 하니 업무 인수인계를 해 달라."라고 요구한 것과 2008. 1. 7. 공소외 2가 공소외 1의 후임 원장으로 출근하여 원장 업무를 시작하였을 때 "당분간 근무를 계속하며 공소외 2에게 업무 인수인계를 해 주라."고 지시한 것일 뿐임을 알 수 있다.

이를 앞서 본 법리에 비추어 보면, 피고인의 위와 같은 말만으로는 공소외 1의 해고일자를 특정하거나 이를 알 수 있는 방법으로 예고한 것이라고 볼 수 없고, 따라서 피고인이 적법하게 해고예고를 하였다고는 할 수 없다.

그럼에도 불구하고 원심은, 이와 달리 피고인이 적법하게 해고예고를 하였다고 보아 이 사건 공소사실 중 해고예고에 관련된 점에 대하여 무죄를 선고한 제1심판결을 그대로 유지하고 말았으니, 원심판결에는 근로기준법상 해고예고에 관한 법리를 오해하여 판결 결과에 영향을 미친 위법이 있다고 할 것이다. 이 점을 지적하는 상고이유의

주장은 이유 있다.

그러므로 원심판결을 파기하고, 사건을 다시 심리·판단하도록 원심법원에 환송하기로 하여 관여 대법관의 일치된 의견으로 주문과 같이 판결한다.

대법관 김영란(재판장) 이홍훈 김능환(주심) 민일영

대법원 2010.4.15. 선고 2009도11146 판결

【뇌물수수·뇌물공여·공직선거법위반·특정범죄가중처벌등에관한법률위반(알선수재)·입찰방해】

판시사항

[1] 뇌물수수죄에 '영득의 의사'가 필요한지 여부(적극)

[2] 불우이웃돕기 성금이나 연극제에 전달할 의사로 금원을 받은 것에 불과하고 영득할 의사로 수수하였다고 보기는 어렵다는 이유로, 뇌물수수의 점에 대해 무죄를 인정한 사례

[3] 공직선거법상 기부행위와 관련하여 출연자와 기부행위자가 일치하지 않는 등 어느 쪽이 기부행위자인지 분명하지 않은 경우 기부행위자의 특정 방법

[4] 자신은 전달자에 불과하다는 사실을 명백히 밝히고 금원을 연극제에 기탁한 사안에서, 기부의 효과를 자신에게 돌리려는 의사가 있었다고 단정하기 어렵고, 달리 이를 인정할 증거가 없다는 이유로, 공직선거법 위반의 점에 대해 무죄를 인정한 사례

[5] 갑이 뇌물공여의 점에 대해 공동정범의 관계에 있는 을으로부터 뇌물로 공여할 금품을 교부받은 경우, 그 행위는 상호간의 뇌물공여를 위한 예비행위에 불과할 뿐 자신의 이익을 취득하기 위하여 받은 것으로 볼 수는 없다는 이유로, 갑의 구 특정범죄가중처벌 등에 관한 법률 위반(알선수재)의 점에 대해 무죄를 인정한 사례

전 문

피 고 인 피고인 1외 2인

상 고 인 검사

변 호 인 변호사

원심판결 서울고법 2009. 9. 25. 선고 2009노1863 판결

주 문 상고를 모두 기각한다.

이 유 각 상고이유를 판단한다.

1. 피고인 1에 대하여

가. 뇌물수수의 점에 대하여

뇌물을 수수한다는 것은 영득의 의사로 받는 것을 말하므로 영득의 의사가 없으면 뇌물을 수수하였다고 할 수 없다(대법원 1996. 6. 28. 선고 92도1803 판결 등 참조).

원심은 그 채택 증거에 의하여 그 판시와 같은 사실을 인정한 다음, 피고인 2가 2007. 12. 27. 피고인에게 제공한 2,000만 원에 대하여는 ① 피고인이 피고인 2가 건네주는 돈이 든 쇼핑백을 받지 않으려고 실랑이를 하였고 그 과정에서 커피잔이 바닥에 떨어지기도 하였으며, 피고인 2가 그 사이 가버리는 바람에 그 자리에서 위 쇼핑백을 돌려줄 방법은 없어 보였던 점, ② 그 당시 금원을 건네려는 피고인 2와 피고인 사이에 여러 가지 말이 오고 갔는데, 피고인 2와 피고인 사이에 불우이웃돕기에 기부한다는 용처에 관하여 어느 정도 합의점에 도달하였다고 보여지는 점, ③ 피고인은 이를 받은 그 다음날 공소외 1 과장에게 피고인 2로부터 받은 쇼핑백 그대로 전달하며 피고인 2가 불우이웃돕기 성금에 기부하는 것임을 알리고 처리하도록 하였고, 위 금원은 바로 사회복지공동모금회에 입금되었으며 그 이후 피고인이 이러한 처리 사실을 피고인 2에게 알리고 영수증 교부 안내까지 한 점 및 피고인 2가 2008. 6. 13. 피고인에게 제공한 2,000만 원에 대하여는 ① 피고인은 피고인 2가 건네주는 돈이 든 쇼핑백을 받지 않으려고 수차례 거절하였는데, 피고인 2는 이를 춘천연극제에 가져다 주라는 말을 하였던 점, ② 피고인은 당일이 금요일이고 서울에서 재차 고성에까지 다녀오느라 그로부터 이틀 뒤인 일요일에 즉시 춘천연극제 임원에게 전화를 하였고, 월요일인 2008. 6. 16. 시장실에 온 춘천연극제 임원들에게 피고인 2가 기부하는 돈임을 밝히고 위 쇼핑백을 그대로 전달한 점, 그리고 피고인 2로서는 기업을 하는 입장에서 이 사건 입찰뿐만 아니라 향후 현직 춘천시장인 피고인과의 관계를 돈독히 할 필요가 있었을 것이지만, 피고인으로서도 이미 피고인 2가 생산하는 탈취기에 의하여 근화동 쓰레기처리시설

악취 민원을 해결한 바 있고, 기업도시 유치와 관련해서도 그 인적 네트워크를 통하여 이미 상당한 도움을 받았거나 향후 많은 도움을 받을 것을 기대하는 등 같은 지역 출신이라는 점에서 뿐만 아니라 상호 유대관계를 유지해야 하는 현실적인 필요성이 있어 피고인 2의 금원 교부 제의를 면전에서 단호하게 거절하기는 어려울 수도 있는 관계였던 점, 제반 정황에 비추어 피고인이 위 금원을 사적인 용도로 취득하거나 사용하기 위하여 받았다고 보기는 어려울 뿐만 아니라, 그 사용처가 공적인 용도와 관련된 것이라고 하더라도 피고인과 피고인 2 사이에 그 사용처에 관하여 어느 정도 구체적인 합의점을 찾지 못한 상황이었다면 피고인이 이를 건네받았을 것으로 보여지지는 아니하는 점 등에 비추어 보면, 비록 피고인 2는 미필적으로나마 피고인에 대한 뇌물공여의 의사로 위 금원을 교부하였다 하더라도, 피고인은 평소 도움을 주고받으며 돈독하게 지내야 할 피고인 2가 교부하는 각 금원을 불우이웃돕기 성금이나 춘천연극제에 전달할 의사로 받은 것에 불과하고, 이를 자신이 영득할 의사로 수수하였다고 보기는 어렵다는 이유로 이 부분 공소사실에 대하여 피고인에 대하여 무죄를 선고한 제1심판결을 유지하였다.

위 법리와 기록에 비추어 살펴보면, 원심의 판단은 정당한 것으로 수긍이 가고, 거기에 상고이유에서 주장하는 바와 같은 법리오해, 사실오인 등의 위법이 없다.

나. 공직선거법 위반의 점에 대하여

공직선거법 제112조 제1항의 기부행위는 그에 의한 기부의 효과를 후보자 또는 후보자가 되려는 자에게 돌리려는 의사를 가지고 공직선거법 제112조 제1항에 규정된 사람에게 금품 등을 제공하는 것으로서, 그 출연자가 기부행위자가 되는 것이 통례이지만 그 기부행위를 한 것으로 평가되는 주체인 기부행위자는 항상 그 물품 등의 사실상 출연자에 한정되는 것은 아니고, 또 출연자와 기부행위자가 일치하지 않거나 외형상 기부행위에 함께 관여하는 듯이 보여서 어느 쪽이 기부행위자인지 분명하지 않은 경우에는 그 물품 등이 출연된 동기 또는 목적, 출연행위와 기부행위의 실행 경위, 기부자와 출연자 그리고 기부받는 자와의 관계 등 모든 사정을 종합하여 기부행위자를 특정하여야 한다(대법원 2007. 3. 30. 선고 2006도9043 판결 등 참조).

원심은 그 채택 증거에 의하여 그 판시와 같은 사실을 인정한 다음, 그 인정 사실에 의하여 알 수 있는 다음과 같은 사정 즉, ① 피고인이 위 돈의 출연자는 피고인 2고 자신은 전달자에 불과하다는 사실을 명백히 밝힌 점, ② 피고인은 위 돈을 연극제 행사 등 공식적인 자리에서 전달한 것이 아니라 자신의 사무실에서 전달하였고, 그 상대방도 춘천연극제 간부 4명에 불과하였던 점, ③ 춘천연극제는 이 사건 이전에도 피고인 2의 역할에 의해 5,000만 원을 기탁받은 바 있었고 그 답례로 추석선물을 보내기도 하였으므로, 피고인으로부터 위 2,000만 원을 받은 춘천연극제 간부들도 피고인 2의 존재를 잘 알고 있었던 점 등의 사정을 종합하여 보면, 피고인에게 위 기부의 효과를 자신에게 돌리려는 의사가 있었다고 단정하기 어렵고, 달리 이를 인정할 증거가 없다는 이유로 이 부분 공소사실에 대해 무죄를 선고하였다.

위 법리와 기록에 비추어 살펴보면 원심의 판단은 정당한 것으로 수긍이 가고, 거기에 상고이유에서 주장하는 바와 같은 법리오해 등의 위법이 없다.

2. 피고인 2에 대하여

원심은, 공소외 2의 수사기관 및 제1심 법정에서의 각 진술을 그 판시와 같은 이유로 신빙성이 없다고 보고, 오히려 그 채택 증거 등을 종합하면 피고인과 공소외 3 주식회사의 공소외 2는 모두 이 사건 입찰에서 공사를 수주하기 위하여 공소외 3 주식회사측은 금원을 마련하고, 피고인은 춘천시장과의 두터운 친분관계를 내세워 춘천시장에 대한 뇌물을 공여하기로 모의한 것이라고 보아야 하는바, 사정이 이와 같다면 피고인은 공소외 2와의 사이에 춘천시장에 대한 뇌물공여를 공모하고 그 행위를 분담하기로 한 공동정범의 지위에 있을 뿐이므로, 그와 공동정범의 관계에 있던 공소외 2로부터 뇌물로 공여할 금품을 교부받았다 하더라도, 그 행위는 상호간의 뇌물공여를 위한 예비행위에 불과할 뿐이고 자신의 이익을 취득하기 위하여 돈을 받은 것이라고 볼 수는 없다고 판단하여 피고인에 대한 특정범죄 가중처벌 등에 관한 법률 위반(알선수재)죄에 대하여 무죄를 선고한 제1심판결을 유지하였다.

관계 법리와 기록에 비추어 살펴보면 원심의 판단은 정당한 것으로 수긍이 가고, 거기에 상고이유에서 주장하는 바와 같은 법리오해나 채증법칙 위반 등의 위법이 없다.

3. 피고인 3에 대하여

원심판결 이유를 기록에 비추어 살펴보면, 원심이 공소외 4, 5의 각 수사기관에서의 진술을 그 판시와 같은 이유로 신빙성이 없다고 보아 배척하고, 달리 증거가 없다는 이유로 피고인에게 무죄를 선고한 것은 사실심 법관의 합리적인 자유심증에 따른 것으로서 정당하고, 거기에 상고이유에서 주장하는 바와 같은 법리오해나 채증법칙 위반 등의 위법이 없다.

4. 결론

그러므로 상고를 모두 기각하기로 하여 관여 대법관의 일치된 의견으로 주문과 같이 판결한다.

대법관 김영란(재판장) 이홍훈 김능환(주심) 민일영

대법원 2010.4.15. 선고 2009도9624 판결

【도로법위반】

판시사항

[1] 지입제 형식의 운송사업에서 지입차주가 도로법 제100조(양벌규정) 제1항에서 정한 '대리인·사용인 그 밖의 종업원'에 해당하는지 여부(적극)

[2] 도로법상의 양벌규정에서 지입회사인 법인은 지입차주의 위반행위가 발생한 그 업무와 관련하여 상당한 주의 또는 관리감독 의무를 게을리한 과실로 인하여 처벌되는지 여부(적극) 및 구체적 사안에서 그 과실 유무의 판단 기준

전 문

피 고 인 피고인 주식회사

상 고 인 피고인

원심판결 부산지법 2009. 8. 28. 선고 2009노1690 판결

주 문 상고를 기각한다.

이 유 상고이유를 본다.

도로법 제100조 제1항은 "법인의 대표자, 대리인, 사용인, 그 밖의 종업원이 그 법인의 업무에 관하여 제96조부터 제99조까지의 규정에 따른 위반행위를 하면 그 행위자를 벌할 뿐만 아니라 그 법인에도 해당 조문의 벌금형을 과한다. 다만, 법인이 그 위반행위를 방지하기 위하여 해당 업무에 관하여 상당한 주의와 감독을 게을리하지 아니한 때에는 그러하지 아니하다."고 규정하고 있다.

화물자동차운송사업면허를 가진 운송사업자와 실질적으로 자동차를 소유하고 있는 차주 간의 계약에 의해 외부적으로는 자동차를 운송사업자 명의로 등록하여 운송사업자에게 귀속시키고 내부적으로는 각 차주들이 독립된 관리 및 계산으로 영업을 하며 운송사업자에 대하여는 지입료를 지불하는 지입제 형식의 운송사업에 있어, 그 지입차주가 세무관서에 독립된 사업자등록을 하고 지입된 차량을 직접 운행·관리하면서 그 명의로 운송계약을 체결하였다고 하더라도, 지입차주는 객관적으로나 외형상으로나 그 차량의 소유자인 지입회사와의 위탁계약에 의하여 그 위임을 받아 운행·관리를 대행하는 지위에 있는 자로서 도로법 제100조 제1항에서 정한 "대리인·사용인 그 밖의 종업원"에 해당하고(대법원 2003. 9. 2. 선고 2003도3073 판결 등 참조), 이 경우 지입회사인 법인은 지입차주의 위반행위가 발생한 그 업무와 관련하여 법인이 상당한 주의 또는 관리감독 의무를 게을리한 과실로 인하여 처벌되는 것이라 할 것인데, 구체적 사안에서 지입회사인 법인이 상당한 주의 또는 관리감독 의무를 게을리하였는지 여부는 당해 위반행위와 관련된 모든 사정, 즉 당해 법률의 입법취지, 처벌조항 위반으로 예상되는 법익 침해의 정도, 그 위반행위에 관하여 양벌규정을 마련한 취지는 물론 위반행위의 구체적인 모습, 그로 인하여 야기된 실제 피해 결과와 피해의 정도, 법인의 영업 규모 및 행위자에 대한 감독가능성 또는 구체적인 지휘감독 관계, 법인이 위반행위 방지를 위하여 실제 행한 조치 등을 종합하여 판단하여야 한다.

이러한 법리 및 기록에 의하여 살펴보면, 원심이 그 채택 증거를 종합하여 인정되는 판시와 같은 사실에 터잡아 위 양벌규정의 적용이 부당하다는 취지의 피고인의 주장을 배척하고 피고인을 유죄로 인정한 조치는 옳고, 거기에 상고이유의 주장과 같이 도로법상 양벌규정의 효력이나 법인의 주의감독상 과실에 관한 법리오해, 심리미진 또는 채증법칙 위배로 인한 사실오인 등의 위법이 있다고 할 수 없다.

그러므로 상고를 기각하기로 하여 관여 대법관의 일치된 의견으로 주문과 같이 판결한다.

대법관 양승태(재판장) 김지형 전수안(주심) 양창수

대법원 2010.4.15. 선고 2009도6634 판결

【배임수재·특정경제범죄가중처벌등에관한법률위반(배임)·특정경제범죄가중처벌등에관한법률위반(횡령)(인정된죄명:업무상횡령)·배임증재】

판시사항

1 인수·합병 추진 계획이 있는 피인수회사의 이사로 취임한 갑이 미리 인수회사 그룹에 피인수회사의 매각업무에 관한 정보를 제공하고 인수회사의 대표이사 을로부터 거액의 재산상 이익을 취득한 사안에서, 피고인 갑의 배임수재 및 피고인 을의 배임증재의 공소사실에 대하여 무죄를 선고한 원심판결을 법리오해의 위법을 이유로 파기한 사례

2 이른바 차입매수 또는 LBO(Leveraged Buy-Out의 약어) 방식의 기업인수에서 배임죄 성립 여부의 판단 기준

3 회사의 비자금을 보관하는 자가 비자금을 사용하는 경우, 횡령죄 인정 여부의 판단 기준

판결요지

1 인수·합병 추진계획이 있는 피인수회사의 이사로 취임한 갑이 미리 인수회사 그룹에 피인수회사의 매각업무에 관한 정보를 제공하고 인수회사의 대표이사 을로부터 거액의 재산상 이익을 취득한 사안에서, 피고인 갑이 회사의 이사로서 다른 이사들에 대한 감시의무가 있고, 이사 본래의 사무로서 이사회에 참석하여 발언하고 의결하는 등의 방법으로 그 회사의 매각절차에 관여할 수 있는 지위에 있었으며, 실제 이사 취임을 전후로 인수회사 그룹에 매각업무에 관한 정보를 제공하고 피인수회사에 이 그룹을 인수업체로 추천하였을 뿐만 아니라, 인수회사와 사이에 경영자문계약을 체결한 점 등에 비추어 위 매각절차에 관련한 업무를 처리하는 지위에 있다고 볼 것이고, 피고인 갑이 위 정보제공 외에 피고인 을로부터 특별한 대가를 받을 이유가 없고, 일부 금원은 인수회사의 비자금에서 지급된 점 등에 비추어 정보제공 등으로 인수를 도와달라는 취지의 묵시적 청탁이 있었다고 추인함이 상당하고, 위와 같은 청탁은 사회상규 또는 신의성실의 원칙에 반하는 부정한 청탁이라는 이유로, 피고인 갑의 배임수재 및 피고인 을의 배임증재의 공소사실에 대하여 무죄를 선고한 원심판결을 법리오해의 위법을 이유로 파기한 사례.

2 이른바 차입매수 또는 LBO(Leveraged Buy-Out의 약어)란 일의적인 법적 개념이 아니라 일반적으로 기업인수를 위한 자금의 상당 부분에 관하여 피인수회사의 자산을 담보로 제공하거나 그 상당 부분을 피인수기업의 자산으로 변제하기로 하여 차입한 자금으로 충당하는 방식의 기업인수 기법을 일괄하여 부르는 경영학상의 용어로, 거래현실에서 그 구체적인 태양은 매우 다양하다. 이러한 차입매수에 관하여는 이를 따로 규율하는 법률이 없는 이상 일률적으로 차입매수 방식에 의한 기업인수를 주도한 관련자들에게 배임죄가 성립한다거나 성립하지 아니한다고 단정할 수 없는 것이고, 배임죄의 성립 여부는 차입매수가 이루어지는 과정에서의 행위가 배임죄의 구성요건에 해당하는지 여부에 따라 개별적으로 판단되어야 한다.

3 횡령이 인정되기 위하여는 타인의 재물을 보관하는 자가 권한 없이 그 재물을 자기의 소유인 것 같이 처분하는 의사가 인정되어야 하고, 이는 회사의 비자금을 보관하는 자가 비자금을 사용하는 경우라고 하여 달라지는 것이 아니다. 한편 비자금 사용에 관하여는 그 비자금을 사용하게 된 시기, 경위, 결과 등을 종합적으로 고려하여 해당 비자금 사용의 주된 목적이 피고인의 개인적인 용도에 사용하기 위한 것이라고 볼 수 있는지 여부 내지 불법영득의사의 존재를 인정할 수 있는지 여부를 판단하여야 한다.

전 문

피 고 인 피고인 1외 2인

상 고 인 검사

변 호 인 변호사

원심판결 부산고법 2009. 6. 25. 선고 2009노184 판결

주 문 원심판결 중 피고인 1에 대한 부분 및 피고인 2에 대한 배임증재의 점에 관한 부분을 파기하고, 이 부분 사건을 부산고등법원에 환송한다. 나머지 상고를 기각한다.

이 유 상고이유를 본다.

1. 피고인 1에 대한 부분 및 피고인 2의 배임증재의 점

가. 배임수재죄는 타인의 사무를 처리하는 자가 그 임무에 관하여 부정한 청탁을 받고 재물 또는 재산상의 이익을 취득한 경우에, 배임증재죄는 위와 같이 재물 또는 이익을 공여한 경우에 각 성립하고(형법 제357조 제1항, 제2항), 한편 이들 배임수증재죄는 재물 또는 이익의 취득 또는 공여만으로 바로 기수에 이르며, 그 청탁에 상응하는 부정행위 내지 배임행위에 나아갈 것이 요구되지 아니한다(대법원 1987. 11. 24. 선고 87도1560 판결 참조).

여기서 '타인의 사무를 처리하는 자'라 함은 타인과의 대내관계에 있어서 신의성실의 원칙에 비추어 그 사무를 처리할 신임관계가 존재한다고 인정되는 자를 의미하고, 반드시 제3자에 대한 대외관계에서 그 사무에 관한 권한이 존재할 것을 요하지 아니하며, 사무를 처리할 신임관계는 법령의 규정, 법률행위, 관습 또는 사무관리에 의하여도 발생할 수 있다.

또한 '임무에 관하여'란 타인의 사무를 처리하는 자가 위탁받은 사무를 말하는 것이나 이는 그 위탁관계로 인한 본래의 사무뿐만 아니라 그와 밀접한 관계가 있는 범위 내의 사무도 포함되며, 나아가 고유의 권한으로서 그 처리를 하는 자에 한하지 아니하고 보조기관으로서 직접 또는 간접으로 그 처리에 관한 사무를 담당하는 경우도 포함한다(대법원 2004. 12. 10. 선고 2003도1435 판결 등 참조).

한편 '부정한 청탁'이란 청탁이 사회상규와 신의성실의 원칙에 반하는 것을 말하고, 이를 판단함에 있어서는 청탁의 내용 및 이와 관련되어 교부받거나 공여한 재물의 액수·형식, 보호법익인 사무처리자의 청렴성 등을 종합적으로 고찰하여야 하며, 그 청탁이 반드시 명시적임을 요하는 것은 아니다(대법원 1998. 6. 9. 선고 96도837 판결 참조).

나. 원심이 적법하게 채택한 증거 및 기록에 의하면 다음과 같은 사실을 알 수 있다.

피고인 1은 2006년에 정리회사인 공소외 1 주식회사의 법정관리인인 공소외 2로부터 공소외 1 주식회사가 2004년 공소외 3 주식회사에 마산공장 부지를 매각하면서 체결한 시공권 약정에 관한 분쟁을 해결하기 위하여 공소외 1 주식회사에 입사해 줄 것을 제의받았는데, 그 과정에서 공소외 1 주식회사가 위 매각대금 1,700억 원을 사내에 보유하고 있고 곧 공소외 1 주식회사의 인수·합병이 추진될 것이라는 사실을 알게 되었다. 이에 피고인 1은 2006년 7월 말 또는 8월 초경 평소 알고 지내던 공소외 4 주식회사의 기업인수·합병팀 팀장이던 공소외 5에게 조만간 공소외 1 주식회사가 매각될 것인데 자신이 법정관리인인 공소외 2를 잘 알고 있으니 소개를 해주겠다고 하였다.

공소외 5는 2006년 8월 중순경 상호출자제한기업집단이던 '○○그룹'의 투자사업본부장이던 피고인 2에게 공소외 1 주식회사의 인수에 관한 검토보고서를 제출하였고, 피고인 2는 2006년 9월경 공소외 5에게 ○○그룹에서 공소외 1 주식회사의 인수를 추진할 의향이 있음을 밝혔으며, 공소외 5는 피고인 1의 소개로 공소외 2를 만나 ○○그룹에 대한 홍보를 하였다.

한편 당시 공소외 1 주식회사에 대하여 진행되고 있던 회사정리절차를 관할하는 정리법원인 창원지방법원은 2006. 9. 27. 공소외 1 주식회사 매각을 위한 매각주간사를 선정하여 같은 해 11. 14. 공소외 1 주식회사 인수·합병을 위한 기업매각공고를 하였다. 공소외 6 주식회사는 2006. 12. 13. 공소외 1 주식회사 인수를 위한 특수목적회사로 공소외 7 주식회사를 설립하여 피고인 2가 그 대표이사로 취임하였고, 공소외 7 주식회사를 주축으로 한 '공소외 6 주식회사컨소시엄'은 같은 달 21. 우선협상대상자로 선정된 후 2007. 1. 31. 공소외 1 주식회사의 회사채 2,000억 원 및 신주 3,002억 원을 인수하는 방식으로 공소외 1 주식회사를 인수하였다.

피고인 1은 2006. 10. 18. 공소외 1 주식회사의 이사로 취임하여 건설산업본부 부사장으로 마산에 근무하면서 공소외 2에게 ○○그룹을 공소외 1 주식회사의 인수업체로 추천하였고, 공소외 6 주식회사컨소시엄이 위와 같이 공소외 1 주식회사의 인수를 마치고 공소외 1 주식회사의 이사진을 선임한 2007. 2. 6. 법정관리인 공소외 2, 감사 공소외 8 등과 함께 공소외 1 주식회사의 이사직에서 퇴임하였다. 당시 위 정리법원은 퇴직금

과 특별보수로 공소외 2에게 4억 8,300만 원, 공소외 8에게 1억 6,000만 원을 지급하기로 결정하였으나, 피고인 1에 대하여는 그와 같은 결정을 하지 아니하였다. 그런데 그 무렵 피고인 2가 작성한 '공소외 1 주식회사 기존 임원 관련 사항'이라는 제목의 문서에는 피고인 1에 관하여 "M&A 관련 공소외 5 부장에 대한 적극적인 지원 공로 감안, M&A 보상금 대상"으로 기재되어 있다.

피고인 1은 그 후 피고인 2에게 30억 원을 요구하였고 피고인 2와의 협의 결과 21억 원을 지급받기로 하였다. 피고인 2는 위 돈을 공소외 7 주식회사가 공소외 1 주식회사 인수자금으로 빌린 돈으로 지급하려고 하였으나 대주단(대주단)으로부터 약 12억 원에 대하여만 승인을 받자, 나머지 중 일부는 대주단으로부터 빌린 돈으로 지급하되 피고인 1이 그 명의를 빌린 공소외 9(공소외 1 주식회사 건설사업본부장)에게 지급하는 것으로 하고, 일부는 자신이 보관하고 있는 공소외 6 주식회사의 비자금으로 지급하기로 하였다. 이를 위하여 2007. 2. 9.자로 공소외 7 주식회사와 피고인 1 및 공소외 9 사이의 경영자문합의서(자문료 1,289,427,500원)와 공소외 7 주식회사와 공소외 9 사이의 경영자문합의서(자문료 355,049,685원)가 각 작성되었는데, 위 각 경영자문합의서에 기재된 자문내용은 "공소외 1 주식회사 추가 주식 취득을 위한 자료·정보의 제공 및 자문, 기업의 경쟁력 제고를 위한 경영전략 등과 관련한 자료 제공, 기타 기업경영과 관련하여 필요한 정보제공 및 자문"이었다.

피고인 2는 2007. 4. 20. 및 같은 달 23. 피고인 1이 알려준 공소외 10 주식회사 명의 계좌로 공소외 6 주식회사의 비자금 각 3억 원을 송금하였고, 같은 해 6. 19. 피고인 1 계좌로 9억 5,000만 원, 차명계좌인 공소외 9의 계좌로 339,427,500원을 송금하였으며, 같은 해 5월부터 8월까지 자문료 형식으로 매월 공소외 6 주식회사의 비자금 967만 원(자문료 1,000만 원 중 세금을 공제한 금액)을 피고인 1에게 송금하여, 결국 도합 1,937,777,500원을 지급하였다. 한편 피고인 2는 2007년 9월경 피고인 1이 거액을 받았다는 소문을 들은 공소외 2로부터 항의를 받은 후 피고인 1에게 매월 지급하던 위 967만 원의 지급을 중단하고 피고인 1로부터 2007. 4. 23.자로 공소외 10 주식회사 명의의 6억 원에 대한 차용증을 받았다.

다. 이에 대하여 원심은 그 판시와 같은 이유로, 피고인 1이 공소외 1 주식회사의 이사로 취임하기 전에는 공소외 1 주식회사의 사무를 처리하는 자의 지위에 있지 아니하고, 공소외 1 주식회사의 이사로 취임한 후에도 공소외 1 주식회사의 매각에 관한 업무를 담당하지 아니하였으며, 피고인 1과 피고인 2 사이에 부정한 청탁이 있었음을 인정할 수도 없다고 판단하여, 피고인 1의 배임수재죄 및 피고인 2의 배임증재죄에 대하여 무죄를 선고한 제1심판결을 유지하였다.

라. 원심의 위와 같은 판단 중 피고인 1이 공소외 1 주식회사의 이사로 취임하기 전에는 공소외 1 주식회사의 사무를 처리하는 자의 지위에 있지 아니하다는 부분은 앞의 가.에서 본 법리에 비추어 정당한 것으로 수긍이 간다. 그러나 나머지 부분에 대하여는 다음과 같은 이유로 이를 수긍할 수 없다.

피고인 1은 공소외 1 주식회사의 이사로 취임한 후 건설사업부문을 담당하기는 하였지만, 이사의 지위에서 다른 이사들에 대한 감시의무가 있을 뿐만 아니라 이사의 본래 사무로서 이사회에 참석하여 발언하고 의결하는 등의 방법으로 공소외 1 주식회사의 매각절차에 관여할 수 있는 지위에 있었으며, 실제로 이사 취임을 전후하여 앞서 본 바와 같이 ○○그룹과 접촉하여 공소외 1 주식회사에 관련한 정보를 제공하고 ○○그룹을 인수업체로 추천하였을 뿐만 아니라 인수회사인 공소외 7 주식회사와 경영자문계약까지 체결하는 등 매각과정에 관여하였다. 그렇다면 피고인 1의 위와 같은 업무는 공소외 1 주식회사의 매각 관련 업무와 밀접한 관계에 있다고 하지 않을 수 없으므로, 피고인 1은 공소외 1 주식회사의 매각 관련 업무를 처리하는 자의 지위에 있었다고 할 것이다.

나아가 피고인 2가 피고인 1에게 지급하기로 한 21억 원이나 실제로 지급한 19억 원은 공소외 2나 공소외 8에게 지급된 퇴직금과 특별보수에 비하여 현저히 거액인 점, 피고인 1이 공소외 1 주식회사 인수와 관련하여 도움을 준 외에는 인수회사의 대표이사인 피고인 2로부터 특별한 대가를 받을 이유가 없는 점, 피고인 1이 공소외 1 주식회사 내의 다른 임직원들 몰래 비밀리에 위 돈을 지급받은 점, 지급받은 돈 중 약 6억 4,835만 원은 공소외 6 주식회사의 비자금에서 지급되었고 그 중 6억 원은 피고인 1이 지정한 공소외 10 주식회사의 계좌로 송금된 점, 약 3억 4,000만 원은 피고인 1의 차명계좌로 송금된 점 등을 종합하면, 피고인 2와 피고인 1 사이에 부정한 청탁이 있었음을 인정할 명백한 증거는 없으나 피고인 1이 공소외 1 주식회사 인수와 관련한 정보를 제공하는 등으로 공소외 7 주식회사의 공소외 1 주식회사 인수를 도와달라는 취지의 묵시적 청탁이 있었다고 추인함이 상당하고, 피인수회사의 이사와 인수회사의 대표이사 사이의 위와 같은 청탁은 사회상규 또는 신의성실의 원칙에 반하는 부정한 청탁이라고 할 것이다.

그럼에도 이와 달리 피고인 1의 배임수재죄 및 피고인 2의 배임증재죄가 성립하지 아니한다고 판단한 원심에는 배임수증재죄에 관한 법리를 오해하여 판결 결과에 영향을 미친 위법이 있다. 이 점을 지적하는 상고취지는 이유 있다.

2. 피고인 3에 대한 배임증재의 점

공동정범이 성립하기 위하여는 주관적 요건으로서 공동가공의 의사와 객관적 요건으로서 공동의사에 기한 기능적 행위지배를 통한 범죄의 실행사실이 필요하다. 주관적 요건으로서의 공동가공의 의사는 타인의 범행을 인식하면서도 이를 제지하지 아니하고 용인하는 것만으로는 부족하고, 공동의 의사로 특정한 범죄행위를 하기 위하여 일체가 되어 서로 다른 사람의 행위를 이용하여 자기의 의사를 옮기는 것을 내용으로 하는 것이어야 한다(대법원 2003. 6. 13. 선고 2003도1469 판결 참조).

따라서 피고인 3을 피고인 2의 배임증재죄에 관하여 그 공동정범으로 처벌하기 위하여는 피고인 3이 피고인 2의 배임증재행위를 통하여 배임증재의 의사를 실현하려고 하였어야 할 것이다.

그러나 원심이 적법하게 채택한 증거만으로는 피고인 3에게 위와 같은 공동가공의 의사가 있었다고 인정하기에 부족하다. 그렇다면 원심이 피고인 3의 배임증재의 점에 대하여 무죄를 선고한 제1심판결을 유지한 것은 그 결론에 있어 정당하다. 거기에 상고이유 주장과 같은 공모공동정범에 관한 법리 오해 등의 위법이 없다.

3. 피고인 2, 3의 '특정경제범죄 가중처벌 등에 관한 법률' 위반(배임)의 점

이른바 차입매수 또는 LBO(Leveraged Buy-Out의 약어이다)란 일의적인 법적 개념이 아니라 일반적으로 기업인수를 위한 자금의 상당 부분에 관하여 피인수회사의 자산을 담보로 제공하거나 그 상당 부분을 피인수기업의 자산으로 변제하기로 하여 차입한 자금으로 충당하는 방식의 기업인수 기법을 일괄하여 부르는 경영학상의 용어로, 거래현실에서 그 구체적인 태양은 매우 다양하다. 이러한 차입매수에 관하여는 이를 따로 규율하는 법률이 없는 이상 일률적으로 차입매수방식에 의한 기업인수를 주도한 관련자들에게 배임죄가 성립한다거나 성립하지 아니한다고 단정할 수 없는 것이고, 배임죄의 성립 여부는 차입매수가 이루어지는 과정에서의 행위가 배임죄의 구성요건에 해당하는지 여부에 따라 개별적으로 판단되어야 한다.

원심은 공소외 6 주식회사가 공소외 1 주식회사를 인수 및 합병한 경위와 과정에 관하여 그 판시와 같은 사실을 인정한 다음, 이는 피인수회사의 자산을 직접 담보로 제공하고 기업을 인수하는 방식과 다르고, 위 합병의 실질이나 절차에 하자가 없다는 사정 등을 들어 위 합병으로 인하여 공소외 1 주식회사가 손해를 입었다고 볼 수 없다고 판단하였다.

기록 및 관련 법리에 비추어 보면, 원심의 위와 같은 판단은 정당한 것으로 수긍이 간다. 거기에 상고이유 주장과 같은 합병형 차입매수에 있어서의 배임죄 성립에 관한 법리 오해 등의 위법이 없다.

4. 피고인 2의 '특정경제범죄 가중처벌 등에 관한 법률' 위반(횡령)의 점

가. 공소외 11 주식회사의 퇴직임원에게 지급한 3억 6,500만 원에 대하여

원심은 그 판시 사정에 비추어 피고인 2가 공소외 6 주식회사의 비자금 중 3억 6,500만 원을 공소외 11 주식회사 퇴직임원인 공소외 12 등 3명에게 퇴직보상금으로 지급함에 있어 불법영득의 의사로 공소외 6 주식회사의 자금을 횡령한다는 범의를 가지고 있었다고 보기 어렵다고 판단한 제1심판결의 결론을 유지하였다.

기록 및 관련 법령에 비추어 보면, 원심의 위와 같은 사실인정 및 판단은 정당한 것으로 수긍이 가고, 거기에 상고이유 주장과 같은 법리 오해 등의 위법이 없다.

나. 피고인 1에게 지급하기 위하여 사용한 6억 5,000만 원에 대하여

횡령이 인정되기 위하여는 타인의 재물을 보관하는 자가 권한 없이 그 재물을 자기의 소유인 것 같이 처분하는 의사가 인정되어야 하고, 이는 회사의 비자금을 보관하는 자가 비자금을 사용하는 경우라고 하여 달라지는 것이 아니다. 한편 비자금 사용에 관하여는 그 비자금을 사용하게 된 시기, 경위, 결과 등을 종합적으로 고려하여 해당 비자금 사용의 주된 목적이 피고인의 개인적인 용도에 사용하기 위한 것이라고 볼 수 있는지 여부 내지 불법영득의사의 존재를 인정할 수 있는지 여부를 판단하여야 한다(대법원 2009. 2. 28. 선고 2007도4784 판결 참조).

피고인 2가 보관하고 있던 공소외 6 주식회사의 비자금 중 6억 5,000만 원을 피고인 1에게 지급한 것은 공소외 6 주식회사가 설립한 공소외 7 주식회사가 공소외 1 주식회사를 인수하는 과정에서 도움을 준 피고인 1에게 그 대가로 지급된 것임은 앞서 본 바와 같다. 따라서 비록 피고인 2가 위 돈을 피고인 1에게 지급한 것이 배임증재에 해당하여 위법하다고 하더라도, 피고인 2가 이를 개인적인 용도로 사용한 것이 아니라는 등의 사정이 있는 이상, 피고인 2에게는 불법영득의사가 없어서 이에 대하여 업무상 횡령의 죄책을 물을 수는 없다고 할 것이다.

그렇다면 위 돈이 배임증재에 사용된 것이 아니라는 점 등을 들어 피고인 2에게 불법영득의사가 없다고 판단한 제1심판결을 수긍한 원심은 그 이유 설시에 적절하지 아니한 점이 있으나 그 결론에 있어서는 정당하여 판결 결과에 영향이 없다. 결국 이 부분 상고이유의 주장은 이유 없다.

5. 결론

그러므로 원심판결 중 피고인 1에 대한 부분 및 피고인 2에 대한 배임증재의 점에 대한 부분을 파기하고 이

부분 사건을 다시 심리·판단하게 하기 위하여 원심법원에 환송하고 나머지 상고를 기각하기로 하여, 관여 대법관의 일치된 의견으로 주문과 같이 판결한다.

대법관 김지형(재판장) 전수안 양창수(주심)

대법원 2010.4.15. 선고 2009도4791 판결

【배임수재】

판시사항

[1] 장래에 담당할 임무에 관하여 부정한 청탁을 받고 재물 또는 재산상 이익을 취득한 후 그 임무를 현실적으로 담당하게 된 경우, 배임수재죄의 성립이 인정되는지 여부(적극)

[2] 방송국 예능담당 프로듀서인 피고인이 연예기획사 운영자로부터 상당한 시세차익이 예상되는 주식의 매수기회를 제공받음으로써 피고인이 제작하는 예능프로그램 등에 그 소속 연예인을 출연시키거나 뮤직비디오를 방영해 달라는 청탁을 받고, 이 주식을 매수함으로써 재산상 이익을 취득한 사안에서, 배임수재죄의 성립을 인정한 사례

전 문

피 고 인 피고인

상 고 인 피고인

변 호 인 법무법인

원심판결 서울고법 2009. 5. 8. 선고 2009노391 판결

주 문 상고를 기각한다.

이 유 상고이유를 본다.

원심은, 그 판시와 같은 여러 사정에 비추어, SBS 예능국 프로듀서인 피고인이 연예기획사를 운영하는 공소외 1· 2로부터 판시와 같이 상당한 시세차익이 예상되는 주식(이하 '이 사건 주식'이라 한다)의 매수기회를 제공받음으로써 피고인이 담당하는 예능프로그램에 그 연예기획사 소속 연예인을 출연시키거나 그 뮤직비디오를 방영해 달라는 부정한 청탁을 묵시적으로 받았고 이어 이 사건 주식을 매수함으로써 재산상 이익을 취득하였음이 인정된다는 이유로, 이 사건 공소사실을 유죄로 인정한 제1심판결을 그대로 유지하였다.

적법하게 채택·조사된 증거들에 의하면, 피고인은 이 사건 주식매수 전에 공소외 1· 2로부터 피고인이 제작하는 예능프로그램 등에 그 소속 연예인을 출연시키거나 뮤직비디오를 방영하여 달라는 청탁을 자주 받아왔고 이 사건 주식매수 후에도 그러한 청탁을 받은 바 있는 점, 피고인은 이 사건 주식매수 전에 연예인이 출연하거나 뮤직비디오가 방영되는 예능프로그램을 다수 제작해 왔고 이 사건 주식매수 후에도 그러한 예능프로그램의 제작에 프로듀서(PD) 또는 책임프로듀서(CP)로서 관여하였던 점, 또 피고인은 실제 공소외 1· 2의 위와 같은 청탁에 따라 자신이 관장하는 예능프로그램에서 뮤직비디오를 방영하는 등으로 도움을 주었던 점을 알 수 있는바, 이러한 사정들과 기록에 비추어 살펴보면, 원심의 조치는 수긍이 가고, 상고이유의 주장과 같이 배임수재죄에 관한 법리를 오해하거나 채증법칙을 위반한 위법이 없다.

그리고, 타인의 사무를 처리하는 자가 그 신임관계에 기한 사무의 범위에 속한 것으로서 장래에 담당할 것이 합리적으로 기대되는 임무에 관하여 부정한 청탁을 받고 재물 또는 재산상 이익을 취득한 후 그 청탁에 관한 임무를 현실적으로 담당하게 되었다면 이로써 타인의 사무를 처리하는 자의 청렴성은 훼손되는 것이어서 배임수재죄의 성립을 인정할 수 있는바, 설령 피고인이 위와 같이 부정한 청탁을 받을 당시에는 그 청탁과 관련한 임무로서 현실적으로 담당하고 있던 것이 없었다 하더라도, 앞서 본 사실관계에 의하면, 피고인이 위와 같이 부정한 청탁을 받고 재산상 이익을 취득한 후 실제 그 청탁과 관련한 임무를 담당하게 되었고 이는 그 청탁 당시 장래에 담당할 것이 합리적으로 기대되었던 임무라고 볼 수 있으므로, 피고인에게 배임수재죄가 성립하지 않는다고 할 수 없다. 이에 관한 상고이유의 주장은 이유 없다.

한편 앞서 본 바와 같은 여러 사정에 비추어, 이 사건은 피고인이 상고이유에서 드는 대법원 2009도5080 판결과는 사안이 다르다.

그러므로 상고를 기각하기로 관여 대법관의 의견이 일치되어 주문과 같이 판결한다.

대법관 김능환(재판장) 김영란(주심) 이홍훈 민일영

대법원 2010.4.15. 선고 2007도8024 판결

【위계공무집행방해(주위적으로변경된죄명:위계공무집행방해방조·예비적으로인정된죄명:자동차관리법위반방조)】

판시사항

[1] 어떠한 행위가 공무원이 관계 법령에 따라 금지규정 위반행위의 유무를 충분히 감시하여 확인·단속하더라도 이를 발견하지 못할 정도에 이른 경우, 위계에 의한 공무집행방해죄의 성립 여부(적극)

[2] 과속단속카메라에 촬영되더라도 불빛을 반사시켜 차량 번호판이 식별되지 않도록 하는 기능이 있는 제품('파워매직세이퍼')을 차량 번호판에 뿌린 상태로 차량을 운행한 행위만으로는, 교통단속 경찰공무원이 충실히 직무를 수행하더라도 통상적인 업무처리과정 하에서 사실상 적발이 어려운 위계를 사용하여 그 업무집행을 하지 못하게 한 것으로 보기 어렵다고 한 사례

전 문

피 고 인 피고인 1외 1인

상 고 인 검사

원심판결 인천지법 2007. 9. 7. 선고 2007노1199 판결

주 문 상고를 모두 기각한다.

이 유 상고이유를 판단한다.

법령에서 어떤 행위의 금지를 명하면서 이를 위반하는 행위에 대한 벌칙을 두는 한편, 공무원으로 하여금 그 금지규정의 위반 여부를 감시·단속하게 하고 있는 경우 그 공무원에게는 금지규정 위반행위의 유무를 감시하여 확인하고 단속할 권한과 의무가 있다 할 것인데, 만약 어떠한 행위가 공무원이 관계 법령이 정한 바에 따라 금지규정 위반행위의 유무를 충분히 감시하여 확인하고 단속하더라도 이를 발견하지 못할 정도에 이른 것이라면 이는 위계에 의하여 공무원의 감시·단속업무를 적극적으로 방해한 것으로서 위계에 의한 공무집행방해죄가 성립된다고 할 것이지만, 그와 같은 행위가 이에 이르지 않고 단순히 공무원의 감시·단속을 피하여 금지규정에 위반하는 행위를 한 것에 불과하다면 이는 공무원의 불충분한 감시·단속에 기인한 것이지, 행위자 등의 위계에 의하여 공무원의 감시·단속에 관한 직무가 방해되었다고 할 수 없을 것이어서 위계에 의한 공무집행방해죄가 성립된다고 할 수 없다(대법원 2005. 8. 25. 선고 2005도1731 판결, 대법원 2010. 1. 14. 선고 2009도10659 판결 등 참조).

위 법리와 원심이 들고 있는 그 판시 각 사정에 비추어 보면, 과속으로 인하여 과속단속카메라에 촬영되더라도 불빛을 반사시켜 차량 번호판이 식별되지 않도록 하는 기능이 있는 이 사건 '파워매직세이퍼'를 차량 번호판에 뿌린 상태로 차량을 운행한 행위만으로는 경찰청의 교통단속업무를 구체적이고 현실적으로 수행하는 경찰공무원에 대하여 그가 충실히 직무를 수행한다고 하더라도 통상적인 업무처리과정 하에서는 사실상 적발이 어려운 위계를 사용하여 그 업무집행을 하지 못하게 한 것이라고 보기 어렵다.

원심이 같은 취지에서 위 '파워매직세이퍼'를 차량 번호판에 뿌린 상태로 차량을 운행한 공소외인 등의 행위가 위계에 의한 공무집행방해죄를 구성하지 않는 이상 위 제품을 제조하여 공소외인 등에게 판매한 피고인들의 행위 역시 위계에 의한 공무집행방해 방조죄를 구성하지 않는다고 보아, 이 사건 주위적 공소사실에 대하여 무죄로 판단한 제1심판결을 유지한 조치는 정당한 것으로 수긍이 가고, 거기에 상고이유 주장과 같이 위계에 의한 공무집행방해죄의 법리를 오해하여 판결에 영향을 미친 위법이 있다고 할 수 없다.

그러므로 상고를 모두 기각하기로 하여 관여 대법관의 일치된 의견으로 주문과 같이 판결한다.

대법관 전수안(재판장) 양승태(주심) 김지형 양창수

대법원 2010.4.8. 선고 2009도13542 판결

【신용정보의이용및보호에관한법률위반】

판시사항

[1] 구 신용정보의 이용 및 보호에 관한 법률 제24조 제1항, 제32조 제2항 제7호의 적용대상에 '신용정보업자등 이외의 자'도 포함된다고 해석하는 것이 죄형법정주의에 위배되는지 여부(소극)

[2] 피고인이 '신용정보업자등 이외의 자'로서 타인의 개인신용정보가 기재된 파일을 제공받아 대출알선영업을 하는 데 이용하여 구 신용정보의 이용 및 보호에 관한 법률 위반으로 기소된 사안에서, 피고인이 신용정보업자등이 아니라는 이유로 무죄로 판단한 원심판결에 위 법 제24조 제1항, 제32조 제2항 제7호의 해석 내지 죄형법정주의에 관한 법리오해의 위법이 있다고 한 사례

판결요지

[1] 구 신용정보의 이용 및 보호에 관한 법률(2009. 4. 1. 법률 제9617호로 전부 개정되기 전의 것) 제24조 제1항은 "개인신용정보가 금융거래 등 상거래관계의 설정 및 유지 여부 등의 판단목적으로만 제공·이용되어야 한다"고 규정하면서 해당 의무의 준수주체를 따로 규정하지 않을 뿐만 아니라, 그와 같은 점에서 신용정보제공·이용자의 의무에 관하여 규정하는 같은 법 제23조, 신용정보업자등의 의무에 관하여 규정하는 같은 법 제24조 제2항, 제24조의2 등 그 전후의 조항들과 구분되므로, 이 조항이 '신용정보업자등'만을 규율대상으로 하는 것이라고는 보기 어려운 점, 위 법률은 신용정보업을 건전하게 육성하고 신용정보의 효율적 이용과 체계적 관리를 기하며 신용정보의 오용·남용으로부터 사생활의 비밀 등을 적절히 보호함으로써 건전한 신용질서의 확립에 이바지함을 목적으로 하는 것으로서, '신용정보업자등이 아닌 자'의 경우에도 개인신용정보를 같은 법 제24조 제1항 소정의 목적 외로 사용한다면 해당 정보가 오용, 남용되어 사생활의 비밀 등이 침해될 우려가 높은 것이므로, '신용정보업자등이 아닌 자'의 위와 같은 위반행위를 처벌대상에서 제외한다면 당해 법률의 입법목적을 달성하기 어려울 것이고, 따라서 이를 처벌대상에서 제외하려고 한 것이 입법자의 의도였다고 보기는 어려운 점, 같은 법 제24조 제1항은 본연의 목적 이외로 개인신용정보를 '제공, 이용'하는 행위를 금지하는 것인데, 위 제공행위나 이용행위를 사전적인 의미로 해석하더라도 위 법률의 입법 취지나 일반인의 예측가능성에 위배되는 것으로 보이지는 아니하므로 이 법률에 위 '제공, 이용'에 관한 별도의 정의규정이 없다고 하여 이를 반드시 신용정보제공·이용자를 포함하는 '신용정보업자등'의 행위로 제한할 필연성은 없는 것으로 보이는 점 등을 종합하면, 결국 같은 법 제24조 제1항, 제32조 제2항 제7호의 적용대상에는 '신용정보업자등 이외의 자'도 포함된다고 보는 것이 체계적이고도 논리적인 해석이라 할 것이고, 그와 같은 해석이 죄형법정주의에 위배된다고 볼 수는 없다.

[2] 피고인이 '신용정보업자등 이외의 자'로서 2회에 걸쳐 총 15,922명의 개인신용정보가 기재된 파일을 제공받아 대출알선영업을 하는 데 이용하여 구 신용정보의 이용 및 보호에 관한 법률(2009. 4. 1. 법률 제9617호로 전부 개정되기 전의 것) 위반으로 기소된 사안에서, 피고인이 신용정보업자등이 아니라는 이유로 무죄로 판단한 원심판결에 위 법 제24조 제1항, 제32조 제2항 제7호의 해석 내지 죄형법정주의에 관한 법리오해의 위법이 있다고 한 사례.

전 문

피 고 인 피고인

상 고 인 검사

변 호 인 법무법인

원심판결 서울중앙지법 2009. 11. 19. 선고 2009노2059 판결

주　　문 원심판결을 파기하고, 사건을 서울중앙지방법원 합의부에 환송한다.

이　　유 상고이유를 판단한다.

원심판결 이유에 의하면 원심은, 개인신용정보는 당해 신용정보주체와의 금융거래 등 상거래관계의 설정 및 유지 여부 등의 판단목적으로만 제공·이용되어야 함에도, 피고인이 이름을 알 수 없는 자로부터 2회에 걸쳐 총 15,922명의 개인신용정보가 기재된 엑셀파일을 제공받은 후 이를 이용하여 대출알선영업을 함으로써 위 목적을 벗어나 개인신용정보를 이용하였다는 이 사건 공소사실에 대하여, 구 신용정보의 이용 및 보호에 관한 법률(2009. 4. 1. 법률 제9617호로 전부 개정되기 전의 것, 이하 '신용정보법'이라고 한다) 제24조 제1항(이하 '이 사건 금지조항'이라고 한다)은 "개인신용정보는 당해 신용정보 주체와의 금융거래 등 상거래관계(고용관계를 제외한다)의 설정 및 유지 여부 등의 판단목적으로만 제공·이용되어야 한다"고 규정하고, 제32조 제2항 제7호에서는 "제24조 제1항의 규정을 위반한 자"를 5년 이하의 징역 또는 5천만 원 이하의 벌금에 처하도록 하고 있으나, 이 사건 금지조항과 위 처벌조항(이하 합하여 칭할 때는 '이 사건 조항들'이라고 한다)은 신용정보업자등이 신용정보주체의 개인신용정보를 제공하거나 이용하는 경우에 그 제공·이용 목적 및 범위를 제한하고 이를 위반한 행위를 처벌하기 위한 규정일 뿐이지, 피고인과 같이 신용정보업자등이 아닌 자가 개인신용정보를 제공하거나 이용하는 경우까지 처벌하려는 규정으로는 볼 수 없다는 이유로, 피고인에 대하여 무죄를 선고하였다.

그러나 원심의 위와 같은 판단은 아래와 같은 이유로 수긍하기 어렵다.

형벌법규는 문언에 따라 엄격하게 해석·적용하여야 하고 피고인에게 불리한 방향으로 지나치게 확장해석하거나 유추해석하여서는 아니되나, 형벌법규의 해석에 있어서도 가능한 문언의 의미 내에서 당해 규정의 입법 취지와 목적 등을 고려한 법률체계적 연관성에 따라 그 문언의 논리적 의미를 분명히 밝히는 체계적·논리적 해석방법은 그 규정의 본질적 내용에 가장 접근한 해석을 위한 것으로서 죄형법정주의의 원칙에 부합한다(대법원 2003. 1. 10. 선고 2002도2363 판결, 대법원 2007. 6. 14. 선고 2007도2162 판결 등 참조).

이 사건 조항들의 적용대상에 관하여 살피건대, <u>이 사건 금지조항은 개인신용정보가 금융거래 등 상거래관계의 설정 및 유지 여부 등의 판단목적으로만 제공·이용되어야 한다고 규정하면서 해당 의무의 준수주체를 따로 규정하지 않을 뿐만 아니라, 그와 같은 점에서 신용정보제공·이용자의 의무에 관하여 규정하는 신용정보법 제23조, 신용정보업자등의 의무에 관하여 규정하는 신용정보법 제24조 제2항, 제24조의2 등 이 사건 금지조항 전후의 조항들과 구분되므로, 이 사건 금지조항이 신용정보업자등만을 규율대상으로 하는 것이라고는 보기 어려운 점, 신용정보법은 신용정보업을 건전하게 육성하고 신용정보의 효율적 이용과 체계적 관리를 기하며 신용정보의 오용·남용으로부터 사생활의 비밀 등을 적절히 보호함으로써 건전한 신용질서의 확립에 이바지함을 목적으로 하는 것으로서, 신용정보업자등이 아닌 자의 경우에도 개인신용정보를 신용정보법 제24조 제1항 소정의 목적 외로 사용한다면 해당 정보가 오용, 남용되어 사생활의 비밀 등이 침해될 우려가 높은 것이므로, 신용정보업자등이 아닌 자의 위와 같은 위반행위를 처벌대상에서 제외한다면 신용정보법의 입법목적을 달성하기 어려울 것이고, 따라서 이를 처벌대상에서 제외하려고 한 것이 입법자의 의도였다고 보기는 어려운 점, 이 사건 금지조항은 본연의 목적 이외로 개인신용정보를 '제공, 이용'하는 행위를 금지하는 것인데, 위 제공행위나 이용행위를 사전적인 의미로 해석하더라도 신용정보법의 입법 취지나 일반인의 예측가능성에 위배되는 것으로 보이지는 아니하므로 신용정보법에 위 '제공, 이용'에 관한 별도의 정의규정이 없다고 하여 이를 반드시 '신용정보제공·이용자'를 포함하는 신용정보업자등의 행위로 제한할 필연성은 없는 것으로 보이는 점 등을 종합하면, 결국 이 사건 조항들의 적용대상에는 신용정보업자등 이외의 자도 포함된다고 보는 것이 체계적이고도 논리적인 해석이라 할 것이고, 그와 같은 해석이 죄형법정주의에 위배된다고 볼 수는 없다.</u>

따라서 원심판결에는 신용정보법 제24조 제1항, 제32조 제2항 제7호의 해석 내지 죄형법정주의에 관한 법리를 오해한 위법이 있고, 이는 판결 결과에 영향을 미쳤음이 분명하다. 이를 지적하는 상고이유 주장은 이유 있다.

그러므로 원심판결을 파기하고, 사건을 다시 심리·판단하게 하기 위하여 원심법원에 환송하기로 하여 관여 대법관의 일치된 의견으로 주문과 같이 판결한다.

대법관 안대희(재판장) 박시환 차한성 신영철(주심)

대법원 2010.4.8. 선고 2009도11827 판결

【위증·특수절도】

판시사항

1 수산업법에 의한 양식어업권을 행사하는 구역 내에서 자연 번식하는 수산동식물의 채취와 절도죄의 성립 여부(소극)

2 어업권자와 어업권행사계약을 체결하고 어업권을 행사하는 피해자의 양식장에서 '자연산' 모시조개를 무단 채취한 행위가 절도죄에 해당하지 아니한다고 한 사례

전　문

피 고 인 피고인 1외 3인

상 고 인 검사

변 호 인 변호사

원심판결 전주지법 2009. 10. 9. 선고 2009노290, 2009초기206 판결

주　문 상고를 모두 기각한다.

이　유 상고이유를 본다.

1. 위증의 점에 관한 상고이유에 대해서

원심은 그 판시와 같은 이유로 이 사건 공소사실 중 위증의 점에 대한 증명이 없다고 하여 제1심판결을 파기하고 이 부분 공소사실에 대하여 무죄를 선고하였는바, 이를 다투는 상고이유의 주장은 결국 사실심인 원심의 전권에 속하는 증거의 취사선택과 사실의 인정을 탓하는 취지이고, 원심판결 이유와 상고이유를 살펴보아도 원심판결에 자유심증주의의 한계를 벗어난 법령 위반에 해당한다고 볼 만한 사정은 보이지 않으므로 이는 적법한 상고이유가 되지 못한다.

2. 특수절도의 점에 관한 상고이유에 대해서

수산업법에 의한 양식어업권은 행정관청의 면허를 받아 해상의 일정구역 내에서 패류·해조류 또는 정착성 수산동물을 포획·채취할 수 있는 권리를 가리키는 것으로서 이는 그 지역에서 천연으로 생육하는 수산동식물을 어업면허를 받은 종류에 한하여 배타적·선점적으로 채취할 수 있는 권리에 불과하고 그 지역 내의 수산동식물의 소유권을 취득하는 권리는 아니므로 어업권의 취득만으로 당연히 그 지역 내에서 자연 번식하는 수산동식물의 소유권이나 점유권까지 취득한다고는 볼 수 없다(대법원 1983. 2. 8. 선고 82도696 판결 참조).

따라서 어업권자와 어업권행사계약을 체결하고 어업권을 행사하는 피해자의 양식장에서 모시조개를 채취한 경우 절도죄가 성립하기 위해서는 그 채취한 모시조개가 자연 번식하는 것이 아니라 그 피해자가 양식하는 것으로서 피해자의 소유임이 인정되어야 한다.

원심이 같은 취지에서, 피해자가 2004. 10. 9.경부터 어촌계의 사용허락을 받아 어업권을 행사하는 계쟁구역은 4.5ha로서 약 13,600여 평이고, 그곳은 예로부터 모시조개가 자연적으로 많이 서식하는 지역인 점, 피해자가 2004. 11. 18.경 계쟁구역 일부에 2~3년산의 모시조개 1t 가량을 살포하였는데 이는 약 300평 정도에 살포할 수 있는 분량밖에 되지 않는 점, 피해자가 그 살포 직후인 2004. 12. 1.부터 2004. 12. 26.까지 사이에 8일간 계쟁구역 부근에서 합계 1,675㎏ 상당의 5년산 모시조개를 채취하였으나 그 후 위 양식장 등에 대해 별도의 관리를 하지 않은 채 이를 방치해 온 점, 피고인들은 그로부터 약 2년 정도 지난 2006. 10. 25.부터 10. 27.까지 3일간 계쟁구역에서 약 1,040㎏의 모시조개를 채취한 점, 피해자가 계쟁구역을 다른 양식장과 구별하기 위하여 그 경계선 상에 대나무 20개 정도를 꽂아 두었으나 그 외에 별도의 보호시설은 설치하지 않아 조수간만에 의해 계쟁구역 내외에 모시조개의 유출·유입이 반복될 것으로 예상되는 점, 자연산 모시조개와 양식 모시조개를 외형적으로 구분하는 것은 사실상 불가능한 점 등의 판시와 같은 여러 사정을 들어 피고인들이 채취한 이 사건 모시조개가 피해자가 양식하는 모시조개인 점에 관한 증명이 없다는 등의 이유로 이 사건 공소사실 중 특수절도의 점에 대하여 무죄를 선고하였는바, 위에서 본 법리와 기록에 비추어 살펴보면 이러한 원심의 조치는 정당하여 수긍할 수 있고 거기에 상고이유 주장과 같은 자연 번식하는 모시조개의 소유권 귀속이나 무주물 선점, 부합 또는 혼화에 관한 법리를 오해하여 판결 결과에 영향을 미친 위법사유는 없다.

3. 결론

그러므로 상고를 모두 기각하기로 하여 관여 대법관의 일치된 의견으로 주문과 같이 판결한다.

대법관 차한성(재판장) 박시환(주심) 안대희 신영철

대법원 2010.4.8. 선고 2009도11395 판결

【집회및시위에관한법률위반·도로교통법위반】

판시사항

시위 방법의 하나로 행한 '삼보일배 행진'이 사회상규에 반하지 아니하는 정당행위에 해당한다고 한 사례

전 문

피 고 인 피고인 1외 1인

상 고 인 검사

변 호 인 변호사

환송판결 대법원 2008. 7. 10. 선고 2006도9471 판결

원심판결 서울중앙지법 2009. 9. 30. 선고 2008노2382 판결

주 문 상고를 모두 기각한다.

이 유 상고이유를 본다.

1. 집회 및 시위에 관한 법률 위반의 점에 관한 상고이유에 대하여

환송 후 원심은, 이 사건 집회가 그 주최자, 목적, 시위방법 등에 비추어 울산 플랜트노조의 주도 아래 이루어진 것으로 덤프연대 명의로 신고된 집회와 동일성이 인정되는 정도를 벗어나 그 내용이 완전히 다른 집회라고 단정할 수는 없고, 달리 이를 인정할 증거가 없다고 하여 이 부분 공소사실을 무죄라고 판단하였는바, 환송판결의 법리와 기록에 비추어 살펴보면 이러한 환송 후 원심의 판단은 정당하여 수긍이 가고, 거기에 상고이유 주장과 같은 채증법칙 위배, 법리오해 등의 위법이 없다.

2. 도로교통법 위반의 점에 관한 상고이유에 대하여

환송 후 원심은, 그 채용 증거에 의하여 그 판시와 같은 사실을 인정한 다음, 비록 이 사건 집회·시위가 주된 참가단체 등에 있어서 신고내용과 다소 달라진 면이 있다고 하더라도, 이 사건 삼보일배 행진이라는 시위방법 자체에 있어서는 그 장소, 형태, 내용, 방법과 결과 등에 비추어 시위의 목적 달성에 필요한 합리적인 범위에서 사회통념상 용인될 수 있는 다소의 피해를 발생시킨 경우에 불과하다고 보이고, 또한 신고내용에 포함되지 않은 삼보일배 행진을 한 것이 신고제도의 목적 달성을 심히 곤란하게 하는 정도에 이른다고 볼 수도 없으므로, 결국 피고인들의 위와 같은 행위는 사회상규에 반하지 아니하는 행위로서 위법성이 조각된다고 하여 이 부분 공소사실에 대하여 무죄라고 판단하였는바, 관련 법리와 기록에 비추어 살펴보면 이러한 환송 후 원심의 판단은 정당하여 수긍이 가고, 거기에 상고이유 주장과 같은 법리오해 등의 위법이 없다.

3. 결론

그러므로 상고를 모두 기각하기로 하여 관여 대법관의 일치된 의견으로 주문과 같이 판결한다.

대법관 안대희(재판장) 박시환(주심) 신영철

대법원 2010.4.8. 선고 2008도10471 판결

【석유및석유대체연료사업법위반】

판시사항

[1] 구 석유 및 석유대체연료 사업법 제32조 제1항 본문에 따라 등록하여야 하는 '석유대체연료 제조업'의 의미 및 그 해당 여부의 판단 기준

[2] 피고인 갑 주식회사는 석유대체연료인 바이오디젤의 생산 기계를 만들어 판매하는 회사인데, 갑 주식회사의 부사장인 피고인 을이 갑 주식회사에 설치된 기계를 이용하여 바이오디젤 약 600ℓ를 생산하여 자신의 차량에 주입·운행한 사안에서, 위 행위가 구 석유 및 석유대체연료 사업법 위반죄에 해당한다는 원심판결을 정당하다고 수긍한 사례

판결요지

[1] 구 석유 및 석유대체연료 사업법(2008. 2. 29. 법률 제8852호로 개정되기 전의 것) 제32조 제1항 본문에 따라 등록하여야 하는 '석유대체연료 제조업'이라 함은 계속·반복의 의사로 석유대체연료를 제조하는 것을 의미한다고 할 것이고, 이에 해당하는지 여부는 제조행위의 계속·반복성 여부를 비롯하여 제조자의 원래 사업과의 관련성, 제조의 동기, 횟수, 기간, 태양, 제조된 석유대체연료를 처분하는 방식 등 여러 사정을 종합적으로 고려하여 사회통념에 따라 판단하여야 할 것이고, 반드시 판매 또는 인도할 목적이나 영리성을 필요로 하는 것은 아니다.

[2] 피고인 갑 주식회사는 석유대체연료인 바이오디젤 연료를 생산하는 기계를 만들어 판매하는 회사인데, 갑 주식회사의 부사장인 피고인 을이 갑 주식회사에 설치된 기계를 이용하여 약 2년간 바이오디젤 약 600ℓ를 생산하여 자신의 차량에 주입하여 운행한 사안에서, 피고인들의 원래 사업 내용과 위 바이오디젤 제조행위의 계속·반복성, 제조 기간 등에 비추어 피고인 을의 위 행위는 구 석유 및 석유대체연료 사업법(2008. 2. 29. 법률 제8852호로 개정되기 전의 것) 제32조 제1항 본문에 따라 등록하여야 하는 '석유대체연료 제조업'에 해당한다고 하여, 산업자원부장관(현 지식경제부장관)에게 등록하지 아니하고 위와 같은 행위를 한 것이 구 석유 및 석유대체연료 사업법 위반죄에 해당한다는 원심판결을 정당하다고 수긍한 사례.

전 문

피 고 인 피고인 1외 1인

상 고 인 피고인들

변 호 인 변호사

원심판결 광주지법 2008. 10. 30. 선고 2008노1804 판결

주 문 상고를 모두 기각한다.

이 유 상고이유를 판단한다.

구 석유 및 석유대체연료 사업법(2008. 2. 29. 법률 제8852호로 개정되기 전의 것, 이하 '석유사업법'이라 한다)은 석유의 수급 및 가격의 안정을 기하고 석유제품과 석유대체연료의 적정한 품질을 확보함으로써 국민경제의 발전과 국민생활의 향상에 이바지함을 목적으로 하는 점(제1조), 석유사업법 제2조 제12호는 "석유대체연료 제조·수출입업"이라 함은 석유대체연료를 제조 또는 수출·수입을 하는 사업을 말한다고 정의하고 있으므로 석유대체연료 제조업은 석유대체연료를 제조하는 사업을 말하는 것일 뿐 제조의 목적을 제한하고 있지 않은 점, 석유사업법 제31조는 석유대체연료 제조업자가 '석유대체연료를 판매 또는 인도하고자 하는 경우'에는 품질검사기관의 검사를 받게 하는 등 추가적인 규제를 하고 있어 석유대체연료 제조업자가 '석유대체연료를 판매 또는 인도'하는 경우 외

의 다른 사용 가능성을 상정하고 있다고 해석될 수 있는 점, 석유사업법 제32조 제1항 본문에서 석유대체연료 제조·수출입업을 하고자 하는 자는 산업자원부장관에게 등록을 하여야 한다고 규정하면서, 같은 항 단서 및 그 위임에 따른 동법 시행령 제32조에서 '1. 석유대체연료의 수출만을 업으로 하는 경우 2. 당해연도 수입량이 1만㎘ 이하의 석유대체연료를 자기가 사용할 목적으로 수입하는 경우'에는 등록하지 아니한다고 규정하여, 석유대체연료를 제조하고자 하는 자는 자기가 사용할 목적인 경우에도 수량에 관계없이 등록을 하여야 한다고 해석될 수 있는 점, 그 밖에 석유대체연료를 판매 또는 인도할 목적이 없이 이를 제조하는 경우라도 품질검사의무가 없음을 이용하여 현저히 질이 낮은 제품을 생산하여 대형 사고를 유발할 수 있는 제품을 생산할 위험성이 있으므로 이러한 경우에도 그 제조업자로 하여금 산업자원부장관에게 등록하도록 하여 그에 대하여 행정적인 지도와 감독을 받도록 하는 것이 '석유대체연료의 적정한 품질을 확보함으로써 국민경제의 발전과 국민생활의 향상을 도모'하기 위한 석유사업법의 목적에 부합한다는 점 등을 종합하면, 석유사업법 제32조 제1항 본문에 따라 등록하여야 하는 '석유대체연료 제조업'이라 함은 계속·반복의 의사로 석유대체연료를 제조하는 것을 의미한다고 할 것이고, 이에 해당하는지 여부는 제조행위의 계속·반복성 여부를 비롯하여 제조자의 원래 사업과의 관련성, 제조의 동기, 횟수, 기간, 태양, 제조된 석유대체연료를 처분하는 방식 등 여러 사정을 종합적으로 고려하여 사회통념에 따라 판단하여야 할 것이고, 반드시 판매 또는 인도할 목적이나 영리성을 필요로 하는 것은 아니라고 할 것이다.

원심판결 이유와 기록에 의하면, 피고인 2 주식회사(이하 '피고인 회사'라고 한다)는 석유대체연료인 바이오디젤 연료를 생산하는 기계를 만들어 판매하는 회사이고, 피고인 1은 피고인 회사의 부사장으로 피고인 회사에 설치된 기계를 이용하여 2006. 1.경부터 2007. 12. 17.경까지 석유대체연료인 바이오디젤 약 600ℓ를 생산하여 자신의 차량에 주입하여 운행한 사실을 알 수 있는바, 피고인들의 원래 사업 내용과 이 사건 바이오디젤 제조행위의 계속·반복성, 제조 기간 등에 비추어 피고인 1의 위와 같은 행위는 석유사업법 제32조 제1항 본문에 따라 등록하여야 하는 석유대체연료 제조업에 해당한다고 할 것이다.

따라서 원심이 이 사건 공소사실을 유죄로 인정한 것은 정당하고, 거기에 등록을 필요로 하는 석유대체연료 제조업의 범위에 관한 법리를 오해하는 등의 위법이 없다.

그러므로 상고를 모두 기각하기로 하여 관여 대법관의 일치된 의견으로 주문과 같이 판결한다.

대법관 신영철(재판장) 박시환 안대희(주심) 차한성

대법원 2010.3.31. 자 2009모547 결정

【몰수보전결정에대한재항고】

판시사항

1 '불법정치자금 등의 몰수에 관한 특례법'상 몰수 및 몰수보전명령의 대상인 '구 부패방지법 제50조의 범죄행위로 얻은 재산'의 의미

2 '공직선거법 제2조에 의한 선거직 공무원'이 아닌 공직자가 구 부패방지법 제50조의 범죄행위로 얻은 재산은 불법정치자금 등의 몰수에 관한 특례법 제3조에 의한 몰수 대상 재산에 해당하지 않으므로, 이를 대상으로 한 같은 법 제22조에 의한 몰수보전명령은 위법한 것으로서 취소되어야 한다고 한 사례

전 문

피 고 인 피고인

재항고인(소유자) 재항고인 1외 4인(소송대리인 법무법인 오늘 담당변호사 최종갑외 4인)

원심결정 수원지법 2009. 2. 11.자 2008로99 결정

주 문 원심결정을 파기하고, 제1심결정을 취소한다. 수원지방법원 평택지원 2007초기116 몰수보전 청구사건에서 위 법원이 2007. 4. 4. [별지] 목록 기재 각 부동산에 관하여 한 몰수보전명령은 이를 취소한다.

이 유 직권으로 판단한다.

불법정치자금 등의 몰수에 관한 특례법(이하 '특례법'이라 한다) 제1조에서는 불법정치자금의 몰수 등에 관한 특례를 규정함으로써 불법정치자금등의 조성을 근원적으로 막고 정치자금의 투명성을 제고하는 것을 특례법의 목적으로 규정하고 있고, 제2조 제1호에서는 '불법정치자금등'이란 정치자금법 제45조의 죄(가목) 또는 공직선거법 제2조의 규정에 따른 선거에 의하여 취임한 공무원이 범한 형법 제129조 내지 제132조, 특정범죄가중처벌 등에 관한 법률 제2조 또는 제3조, 구 부패방지법 제50조의 죄(나목) 중 어느 하나에 해당하는 범죄행위로 얻은 재산을 말한다고 규정하고 있으며, 제3조에서는 몰수의 대상을 불법재산, 즉 불법정치자금등 및 불법정치자금등에서 유래한 재산으로 규정하고 있는바, 특례법의 입법 취지와 목적, 관련 규정의 문언과 내용 등을 종합해 보면, 특례법 제2조 제1호의 '불법정치자금등'에서 말하는 '구 부패방지법 제50조의 범죄행위로 얻은 재산'이란 공직선거법 제2조의 선거직 공무원이 범한 구 부패방지법 제50조의 범죄행위로 얻은 재산만을 의미한다고 해석된다. 따라서 위와 같은 선거직 공무원이 아닌 공직자가 범한 구 부패방지법 제50조의 범죄행위로 얻은 재산은 구 부패방지법 제50조 제3항에 의한 몰수의 대상이 될 수는 있으나 특례법 제3조에 의하여 몰수할 수 있는 재산에는 해당하지 않으므로, 특례법 제22조에 의한 몰수보전명령의 대상 또한 될 수 없다.

기록에 의하면, 피고인은 ○○시청의 지방행정 7급 공무원으로서 업무처리 중 알게 된 비밀인 ○○시 특화발전사업계획의 개발정보를 이용하여 제3자인 재항고인들로 하여금 그 개발예정지 일대의 [별지] 목록 기재 각 부동산(이하 '이 사건 각 부동산'이라 한다)을 취득하게 하여 구 부패방지법 제50조의 죄를 범한 사실, 피고인이 위와 같은 범죄사실로 기소된 형사사건에서 법원은 이 사건 각 부동산에 관하여 특례법 제22조에 따라 그 처분을 금지하는 주문 기재 몰수보전명령(이하 '이 사건 몰수보전명령'이라 한다)을 발한 사실을 알 수 있는바, 피고인은 공직선거법 제2조에 의한 선거직 공무원이 아니므로 피고인의 위 범죄행위로 얻은 이 사건 각 부동산은 특례법 제3조에 의하여 몰수할 수 있는 재산에 해당하지 않고, 따라서 그러한 재산을 대상으로 한 이 사건 몰수보전명령은 위법한 것이므로 취소되어야 한다.

그런데도 이와 달리 원심은 재항고인들의 이 사건 몰수보전명령 취소신청을 기각한 제1심결정을 그대로 유지하였는바, 원심의 조치에는 특례법의 몰수 대상에 관한 법리를 오해하여 재판에 영향을 미친 위법이 있다.

그러므로 재항고이유에 대한 판단을 생략한 채 원심결정을 파기하고, 이 사건은 이 법원이 직접 재판하기에 충분하므로 이를 자판하기로 하되, 앞서 본 바와 같이 제1심결정은 부당하므로 이를 취소하고 이 사건 몰수보전명령은 위법하므로 이를 취소하기로 관여 대법관의 의견이 일치되어 주문과 같이 결정한다.

대법관 김능환(재판장) 김영란(주심) 이홍훈 민일영

대법원 2010.3.25. 선고 2010도1824 판결

【의료법위반】

판시사항

[1] 시각장애인에게 안마업을 독점시키고 있는 구 의료법 제82조 제1항이 비시각장애인의 직업선택의 자유의 본질적 내용을 침해하여 헌법에 위반되는지 여부(소극)

[2] 구 의료법 제82조 제1항의 내용은 입법목적이 정당하고, 목적을 달성하는 데 적절한 수단이며, 최소침해성 원칙에 반하지 아니하고, 시각장애인의 생존권 등 공익과 일반국민의 직업선택의 자유 등 사익 사이에 법익 불균형이 발생한다고 단정할 수 없다는 이유로, 헌법에 위반되지 않는다고 한 사례

전 문

피 고 인 피고인

상 고 인 피고인

원심판결 인천지법 2010. 1. 20. 선고 2009노3887 판결

주 문 상고를 기각한다.

이 유 상고이유를 판단한다.

1. 의료법 제82조 제1항의 위헌성에 대하여

이 사건 법률조항은 시각장애인에게 삶의 보람을 얻게 하고 인간다운 생활을 할 권리를 실현시키려는 데에 그 목적이 있으므로 입법목적이 정당하고, 다른 직종에 비해 공간이동과 기동성을 거의 요구하지 않을 뿐더러 촉각이 발달한 시각장애인이 영위하기에 용이한 안마업의 특성 등에 비추어 시각장애인에게 안마업을 독점시킴으로써 그들의 생계를 지원하고 직업활동에 참여할 수 있는 기회를 제공하는 이 사건 법률조항의 경우 이러한 입법목적을 달성하는 데 적절한 수단임을 인정할 수 있다. 나아가 시각장애인에 대한 복지정책이 미흡한 현실에서 안마사가 시각장애인이 선택할 수 있는 거의 유일한 직업이라는 점, 안마사 직역을 비시각장애인에게 허용할 경우 시각장애인의 생계를 보장하기 위한 다른 대안이 충분하지 않다는 점, 시각장애인은 역사적으로 교육, 고용 등 일상생활에서 차별을 받아온 소수자로서 실질적인 평등을 구현하기 위해서 이들을 우대하는 조치를 취할 필요가 있는 점 등에 비추어 최소침해성 원칙에 반하지 아니하고, 이 사건 법률조항으로 인해 얻게 되는 시각장애인의 생존권 등 공익과 그로 인해 잃게 되는 일반국민의 직업선택의 자유 등 사익을 비교해 보더라도, 공익과 사익 사이에 법익 불균형이 발생한다고 단정할 수도 없다. 따라서 위 법조항의 내용이 헌법 제37조 제2항에서 정한 기본권제한 입법의 한계를 벗어나서 비시각장애인의 직업선택의 자유의 본질적 내용을 침해하여 헌법에 위반된다는 상고이유의 주장은 받아들일 수 없다.

2. 양형부당의 점에 대하여

피고인에게 벌금형이 선고된 이 사건에서 형이 너무 무거워서 부당하다는 취지의 주장은 적법한 상고이유가 될 수 없다.

3. 결론

그러므로 상고를 기각하기로 하여 관여 대법관의 일치된 의견으로 주문과 같이 판결한다.

대법관 양승태(재판장) 김지형 전수안(주심) 양창수

대법원 2010.3.25. 선고 2009도11660 판결

【특정범죄가중처벌등에관한법률위반(알선수재)·배임수재·뇌물공여】

판시사항

1. 피고인이 알선 대가로 수수한 금품에 관하여 소득신고를 하고 법인세 등 세금을 납부한 경우, 이를 구 특정범죄가중처벌 등에 관한 법률 제13조의 규정에 의한 추징액에서 제외할 것인지 여부(소극)
2. 알선수재의 방법으로 용역계약을 체결하고 그에 따른 용역대금 및 부가가치세 상당액을 교부받은 경우 위 부가가치세 상당액도 수재금액에 포함되는지 여부(적극) 및 부가가치세를 실제로 납부하였을 경우에도 이를 추징할 수 있는지 여부의 판단 기준

전 문

피 고 인 피고인 1외 1인

상 고 인 피고인들 및 검사

변 호 인 변호사 이상원외 4인

원심판결 서울북부지법 2009. 10. 13. 선고 2009노1213 판결

주 문 원심판결 중 피고인들에 대한 부분을 파기하고, 이 부분 사건을 서울북부지방법원 합의부에 환송한다.

이 유 상고이유를 본다.

1. 피고인들의 상고이유에 관하여

가. 피고인 2

특정범죄가중처벌 등에 관한 법률(이하 '특가법'이라고만 한다) 제13조의 규정에 의한 필요적 몰수 또는 추징은, 금품 기타 이익을 범인으로부터 박탈하여 그로 하여금 부정한 이익을 보유하지 못하게 함에 그 목적이 있는 것인데, 범인이 알선 대가로 수수한 금품에 관하여 소득신고를 하고 이에 관하여 법인세 등 세금을 납부하였다고 하더라도 이는 범인이 자신의 알선수재행위를 정당화시키기 위한 것이거나, 범인 자신의 독자적인 판단에 따라 소비하는 방법의 하나에 지나지 아니하므로 이를 추징에서 제외할 것은 아니다.

이와 같은 법리에 비추어 볼 때, 피고인 2가 취득한 이 사건 알선수재금 중 공소외 1 주식회사의 법인세 및 주민세로 납부한 1억 2,100만 원에 관하여, 이는 피고인 2가 자신의 행위를 정당화하기 위한 방법에 지나지 않거나 범죄로 취득한 재물을 독자적인 판단에 따라 소비한 것에 불과하므로 이를 추징액에서 공제할 것은 아니라고 한 원심판결에는 상고이유로 주장하는 바와 같은 추징에 관한 법리오해 등의 위법이 있다고 할 수 없다.

나. 피고인 1

피고인 1은 원심에서 항소이유로 양형부당만을 주장하였으므로 상고심에서 새로이 채증법칙 위반 또는 법리오해 등을 상고이유로 주장할 수 없고, 나아가 직권으로 살펴보아도 원심판결에 영향을 미칠 만한 위법사유는 보이지 않는다.

그리고 형사소송법 제383조 제4호의 규정에 의하면 사형, 무기 또는 10년 이상의 징역이나 금고가 선고된 사건에서만 양형부당을 사유로 한 상고가 허용되는 것이므로 피고인 1에게 그보다 가벼운 10년 미만의 징역형이 선고된 이 사건에서는 형의 양정이 부당하다는 사유는 적법한 상고이유가 되지 못한다.

2. 검사의 상고이유 주장에 관하여

특가법 제3조는 "공무원의 직무에 속한 사항의 알선에 관하여 금품이나 이익을 수수·요구 또는 약속한 자는 5년 이하의 징역 또는 1천만 원 이하의 벌금에 처한다"고 규정하고 있는바, 이는 공무원의 직무에 속한 사항을 알선한다는 명목으로 금품 등을 수수·요구 또는 약속하는 행위로서, 이렇게 수수·요구 또는 약속한 금품 기타 이익이 그 명목여하를 불문하고 알선과 관련되어 있어 알선과 금품 기타 이익 사이에 전체적·포괄적으로 대가관계가 있으면 특가법 위반(알선수재)죄가 성립한다. 따라서 알선의뢰인이 알선수재자와 사이에 공무원의 직무에 속한 사항에 관하여 알선을 하고 그 대가를 지불하기로 하는 용역제공계약의 형식을 취한 다음, 알선행위에 대한 대가로 용역대금과 함께 이에 대한 부가가치세 상당액을 교부한 경우에 알선수재자가 수수한 용역대금과

부가가치세 상당액은 모두 알선과 관련하여 수수한 금품에 해당하는 것이어서, 알선수재자가 용역계약에 따른 부가가치세를 실제로 납부하였는지를 불문하고 부가가치세 상당액도 알선수재금에 해당한다고 보아야 한다. 다만 알선수재자가 부가가치세 상당액을 납부하였을 경우에도 이를 추징할 수 있는지 여부는 그 납부세액을 환급받을 수 있는지 여부 등을 고려하여 따로 판단하여야 한다.

원심은 그 채용 증거에 의하여 피고인들이 공소외 2 주식회사에 '피고인 2가 화성시 교육청의 공무원들을 잘 알고 있으니 중학교 부지를 교육청에 신속하게 매각되게 해 주겠다'고 하면서 위 부지가 110억 원 이상으로 매각되면 알선비 명목의 돈을 달라고 하여 피고인들과 회사 사이에 위 중학교 부지매각 알선에 관한 조기환급용역계약을 체결하기로 하고, 그 후 부지 매각대금이 약 132억 원으로 책정되자 공소외 2 주식회사와 피고인들 사이에 그 알선비를 위 대금에서 110억 원의 초과분인 약 22억 원의 20%에 해당하는 4억 4,000만 원으로 정한 사실, 공소외 2 주식회사는 피고인 2에게 공소외 1 주식회사 명의의 은행계좌로 부가가치세를 포함한 4억 8,400만 원을 송금하였는데, 피고인 2는 그 중 4,400만 원을 위 조기환급용역계약에 따라 발생한 부가가치세로 납부한 사실을 각 인정하고, 위 인정 사실에 의하여 피고인들에게 알선 사례 명목으로 교부된 금원은 4억 4,000만 원에 한한다고 봄이 상당한 반면 위 부가가치세 4,400만 원은 공소외 2 주식회사가 알선 사례 명목의 위 4억 4,000만 원을 교부하고자 조기환급용역계약의 형식을 빌리는 바람에 발생하는 부가가치세를 공소외 1 주식회사로 하여금 징수·납부하게 하기 위하여 지급한 것일 뿐 알선 사례 명목으로 교부한 것으로 볼 수 없으므로, 피고인들에 대한 특가법 위반(알선수재)의 공소사실 중 위 부가가치세에 해당하는 4,400만 원 부분은 범죄의 증명이 없어 무죄라고 판단하였다.

이러한 원심의 판단은 특가법 위반(알선수재)죄에 관한 법리를 오해함으로써 판결결과에 영향을 미친 위법이 있고, 이를 지적하는 취지의 상고이유 주장은 이유 있다.

3. 파기의 범위

따라서 원심판결 중 4,400만 원 부분에 관한 피고인들의 특가법 위반(알선수재)의 공소사실을 무죄로 인정한 부분은 모두 파기되어야 하고, 원심이 유죄로 인정한 피고인들에 대한 나머지 특가법 위반(알선수재)죄 부분도 위 4,400만 원 부분에 관한 특가법 위반(알선수재)의 공소사실과 일죄로 공소제기 되었으므로 함께 파기되어야 하며, 피고인 1의 나머지 각 범죄사실에 대한 부분 역시 피고인 1의 위 특가법 위반(알선수재)죄 부분과 형법 제37조 전단의 경합범 관계에 있어 함께 파기되어야 하므로, 결국 원심판결 중 피고인들에 대한 부분 전부가 파기되어야 한다.

4. 결론

그러므로 원심판결 중 피고인들에 대한 부분을 파기하고, 이 부분 사건을 다시 심리·판단하게 하기 위하여 원심법원에 환송하기로 하여, 관여 대법관의 일치된 의견으로 주문과 같이 판결한다.

대법관 안대희(재판장) 박시환(주심) 차한성

대법원 2010.3.25. 선고 2009도8506 판결

【업무방해교사】

판시사항

1 위계에 의한 업무방해죄의 성립요건

2 수산업협동조합의 신규직원 채용 업무와 관련하여, 필기시험 채점업무 담당자들이 조합장인 피고인의 지시에 따라 점수조작을 통해 응시자 갑과 을을 필기시험에 합격시켜 면접시험에 응시할 수 있도록 한 사안에서, 위 점수조작행위에 공모 또는 양해하였다고 볼 수 없는 면접위원들의 면접업무가 방해되었다고 본 사례

판결요지

1 위계에 의한 업무방해죄에서 '위계'란 행위자가 행위목적을 달성하기 위하여 상대방에게 오인·착각 또는 부지를 일으키게 하여 이를 이용하는 것을 말하고, 업무방해죄의 성립에는 업무방해의 결과가 실제로 발생함을 요하지 않고 업무방해의 결과를 초래할 위험이 발생하면 족하며, 업무수행 자체가 아니라 업무의 적정성 내지 공정성이 방해된 경우에도 업무방해죄가 성립한다.

2 수산업협동조합의 신규직원 채용에 응시한 갑과 을이 필기시험에서 합격선에 못 미치는 점수를 받게 되자, 채점업무 담당자들이 조합장인 피고인의 지시에 따라 점수조작행위를 통하여 이들을 필기시험에 합격시킴으로써 필기시험 합격자를 대상으로 하는 면접시험에 응시할 수 있도록 한 사안에서, 위 점수조작행위에 공모 또는 양해하였다고 볼 수 없는 일부 면접위원들이 조합의 신규직원 채용업무로서 수행한 면접업무는 위 점수조작행위에 의하여 방해되었다고 보아야 함에도, 이와 달리 무죄로 판단한 원심판결에 위계에 의한 업무방해죄의 법리를 오해한 위법이 있다고 한 사례.

전 문

피 고 인 피고인

상 고 인 검사

변 호 인 변호사

원심판결 부산지법 2009. 8. 13. 선고 2009노1440 판결

주 문 원심판결을 파기하고, 사건을 부산지방법원 본원 합의부에 환송한다.

이 유 상고이유를 본다.

1. 원심은, ○○시 수협(이하 '이 사건 조합'이라 한다)의 2008년도 신규직원 채용업무와 관련하여 그 조합장인 피고인의 지시에 따라 필기시험 채점에 관여한 판시 직원들(이하 '이 사건 채점업무 담당자들'이라 한다)이 제한경쟁채용 부분에 응시한 공소외 1, 공소외 2의 필기시험 답안지를 새로이 작성하는 방법으로 그 점수를 조작하여 공소외 1, 공소외 2를 채용시험에 합격시킨 사실이 인정되는 이 사건에서, 그 판시와 같은 여러 사정을 들어, 피고인과 이 사건 채점업무 담당자들이 모두 위 점수조작행위(이하 '이 사건 점수조작행위'라 한다)에 관하여 공모 내지 양해한 이상 이 사건 채점업무 담당자들이나 이 사건 조합이 위계를 당하였다고 볼 수 없어 이 사건 점수조작행위가 위계에 의한 업무방해죄의 '위계'에 해당하지 않으며, 한편 필기시험 합격자를 대상으로 하는 면접시험에서 필기시험 점수를 확인하거나 필기시험의 평가내용을 재확인하는 절차가 없는 점, 조합원 자녀만을 대상으로 하는 제한경쟁채용의 경우 특별한 사정이 없는 한 면접대상자들을 모두 채용함으로써 면접시험이 형식적으로 이루어진 점에 비추어, 이 사건 점수조작행위를 알지 못한 일부 면접위원들의 면접업무가 방해된 것으로도 볼 수 없다는 이유 등을 들어, 검사의 항소이유를 모두 배척한 다음 이 사건 공소사실에 대하여 무죄를 선고한 제1심판결을 그대로 유지하였다.
2. 그러나 원심의 판단은 다음과 같은 이유로 수긍하기 어렵다.

위계에 의한 업무방해죄에 있어서 위계란 행위자가 행위목적을 달성하기 위하여 상대방에게 오인·착각 또는 부지를 일으키게 하여 이를 이용하는 것을 말하고, 업무방해죄의 성립에는 업무방해의 결과가 실제로 발생함을 요하지 않고 업무방해의 결과를 초래할 위험이 발생하면 족하며, 업무수행 자체가 아니라 업무의 적정성 내지 공정성이 방해된 경우에도 업무방해죄가 성립한다(대법원 2008. 1. 17. 선고 2006도1721 판결 등 참조).

원심판결의 이유에 의하면, 이 사건 조합의 신규직원 채용에 응시한 공소외 1, 공소외 2가 필기시험에서 합격선에 미치지 못하는 점수를 받게 되자, 피고인의 지시에 따라 이 사건 채점업무 담당자들이 이 사건 점수조작행위를 통하여 공소외 1, 공소외 2를 필기시험에 합격시킴으로써 필기시험 합격자를 대상으로 하는 면접시험에 응시할 수 있도록 하였다는 것인바, 이와 같이 조작되지 않은 필기시험 점수에 의할 경우 면접시험에 응시할 자격이 없는 공소외 1, 공소외 2를 이 사건 점수조작행위에 의하여 면접시험에 응시할 수 있게 하였다면, 이 사건 점수조작행위는 면접위원으로 하여금 면접시험 응시자의 정당한 자격 유무에 관하여 오인·착각 또는 부지를 일으키게 하는 위계에 해당하고, 면접위원이 이 사건 점수조작행위에 관하여 공모 또는 양해하였다는 등의 특별한 사정이 없는 한 그 위계에 의하여 면접위원이 수행하는 면접업무의 적정성 또는 공정성이 저해되었다고 보아야 한다.

그리고 면접업무가 최종합격의 가부만을 가리는 소극적 성격의 것이고 또 형식적으로 수행된 면이 있다 하더라도, 이를 이 사건 조합에 대한 관계에서 보호할 가치가 없는 업무라고 할 수 없다. 또 이 사건 점수조작행위에 의하여 면접위원이 응시무자격자를 상대로 면접에 임하게 하고 그에 상응하는 응시자격자를 면접할 수 없게 하였다는 그 자체로 면접업무의 적정성 또는 공정성이 저해되는 것이고 이러한 결과는 면접업무의 수행이 소극적·형식적이었는지 여부와 무관하게 발생하는 것이므로, 면접업무에 대한 방해가 없다고 할 수 없다.

그렇다면 기록상 일부 면접위원들이 이 사건 점수조작행위에 관하여 공모 또는 양해하였다고 볼 자료가 없는 이 사건에서, 이들이 이 사건 조합의 신규직원 채용업무로서 수행한 면접업무는 이 사건 점수조작행위에 의하여 방해되었다고 보아야 한다.

그런데도 원심은 이와 달리 위와 같은 업무방해가 없다고 보아 이 사건 공소사실에 대하여 무죄를 선고한 제1심판결을 그대로 유지하고 말았으니, 위계에 의한 업무방해죄의 법리를 오해하여 판결에 영향을 미친 위법이 있다. 이를 지적하는 상고이유의 주장은 이유 있다.

3. 그러므로 나머지 상고이유에 대한 판단을 생략한 채 원심판결을 파기하고, 사건을 다시 심리·판단하도록 하기 위하여 원심법원에 환송하기로 관여 대법관의 의견이 일치되어 주문과 같이 판결한다.

대법관 김능환(재판장) 김영란(주심) 이홍훈 민일영

대법원 2010.3.25. 선고 2009도1530 판결

【전자금융거래법위반】

판시사항

[1] 수개의 접근매체를 한꺼번에 양도하여 수개의 전자금융거래법 위반죄를 범한 경우 그 죄수관계(=상상적 경합)

[2] 약식명령으로 확정된 구 전자금융거래법 위반죄의 범죄사실과 이 사건 공소사실이 모두 동일하거나 동일한 일시, 장소에서 양도한 수개의 전자매체에 관한 것으로 상상적 경합 관계에 있다고 보아, 위 공소사실에 대하여 면소를 선고한 원심의 판단을 정당하다고 한 사례

전 문

피 고 인 피고인

상 고 인 검사

원심판결 인천지법 2009. 2. 5. 선고 2008노2926 판결

주 문 상고를 기각한다.

이 유 상고이유를 판단한다.

구 전자금융거래법(2008. 12. 31. 법률 제9325호로 개정되기 전의 것) 제6조 제3항은 "접근매체는 다른 법률에 특별한 규정이 없는 한 양도·양수하거나 질권을 설정하여서는 아니된다"고 규정하고, 같은 법 제49조 제5항 제1호는 "제6조 제3항의 규정을 위반하여 접근매체를 양도·양수하거나, 질권을 설정한 자"는 1년 이하의 징역 또는 1천만 원 이하의 벌금에 처한다고 규정하고 있는바, 위 법률 조항에서 규정하는 접근매체 양도죄는 각각의 접근매체마다 1개의 죄가 성립하는 것이고, 다만 위와 같이 수개의 접근매체를 한꺼번에 양도한 행위는 하나의 행위로 수개의 전자금융거래법 위반죄를 범한 경우에 해당하여 각 죄는 상상적 경합관계에 있다고 해석함이 상당하다.

원심은, 피고인에 대하여 약식명령으로 확정된 판시 전자금융거래법 위반죄의 범죄사실과 이 사건 공소사실이 모두 동일하거나 피고인이 동일한 일시, 장소에서 양도한 수개의 전자매체에 관한 것으로서 서로 상상적 경합관계에 있다고 보아, 이 사건 공소사실에 대하여 면소를 선고하였는바, 원심의 이러한 조치는 위 법리에 따른 것으로 정당하고, 거기에 상고이유로 주장하는 바와 같은 법리오해 등의 위법이 없다.

그러므로 상고를 기각하기로 하여 관여 대법관의 일치된 의견으로 주문과 같이 판결한다.

대법관 양승태(재판장) 김지형 전수안(주심) 양창수

대법원 2010.3.25. 선고 2008도4228 판결

【음반·비디오물및게임물에관한법률위반·(일부인정된죄명:음반·비디오물및게임물에관한법률위반방조)·업무방해】

판시사항

[1] 업무방해죄의 성립에 '업무방해의 결과' 발생이 필요한지 여부(소극) 및 신청을 받아 자격요건을 심사하여 수용 여부를 결정하는 업무의 담당자에게 신청인이 허위의 주장을 하면서 허위의 자료를 제출한 것이 '위계에 의한 업무방해죄'를 구성하는 경우

[2] 게임제공업자가 고객들이 게임물을 통하여 취득한 경품을 현금으로 교환해 주기로 약속하고 경품을 제공한 다음 바로 환전하여 준 행위가 구 음반·비디오 및 게임물에 관한 법률 제32조 제3호, 제50조 제3호에 의한 처벌대상이 되는지 여부(적극)

[3] 방조범의 성립요건으로서 '고의'의 의미와 입증 방법

전 문

피 고 인 피고인 1외 1인

상 고 인 피고인들

변 호 인 법무법인

원심판결 서울중앙지법 2008. 5. 2. 선고 2007노783 판결

주 문 상고를 모두 기각한다.

이 유 상고이유를 판단한다.

1. 업무방해의 점

업무방해죄의 성립에 있어서는 업무방해의 결과가 실제로 발생함을 요하지 아니하며 업무방해의 결과를 초래할 위험이 발생하면 족하다(대법원 2002. 3. 29. 선고 2000도3231 판결 등 참조). 한편, 상대방으로부터 신청을 받아 상대방이 일정한 자격요건 등을 갖춘 경우에 한하여 그에 대한 수용 여부를 결정하는 업무에 있어서는 신청서에 기재된 사유가 사실과 부합하지 않을 수 있음을 전제로 그 자격요건 등을 심사·판단하는 것이므로, 그 업무담당자가 사실을 충분히 확인하지 아니한 채 신청인이 제출한 허위의 신청사유나 허위의 소명자료를 가볍게 믿고 이를 수용하였다면 이는 업무담당자의 불충분한 심사에 기인한 것으로서 신청인의 위계가 업무방해의 위험성을 발생시켰다고 할 수 없어 위계에 의한 업무방해죄를 구성하지 않는다고 할 것이지만, 신청인이 업무담당자에게 허위의 주장을 하면서 이에 부합하는 허위의 소명자료를 첨부하여 제출한 경우 그 수리 여부를 결정하는 업무담당자가 관계 규정이 정한 바에 따라 그 요건의 존부에 관하여 나름대로 충분히 심사를 하였으나 신청사유 및 소명자료가 허위임을 발견하지 못하여 그 신청을 수리하게 될 정도에 이르렀다면 이는 업무담당자의 불충분한 심사가 아니라 신청인의 위계행위에 의하여 업무방해의 위험성이 발생된 것이어서 이에 대하여 위계에 의한 업무방해죄가 성립된다(대법원 2007. 12. 27. 선고 2007도5030 판결 등 참조).

원심판결 이유에 의하면 원심은, 판시와 같은 사실을 인정한 다음, 경품용 상품권 발행업체 지정 여부를 결정하는 한국게임산업개발원의 업무담당자는 관계 규정이 정한 바에 따라 가맹점 내역에 관한 공인회계사 명의의 확인서를 받았고, 가맹점에 가맹점계약의 체결 여부를 확인하였으며, 공인회계사 등 전문적인 지식을 갖춘 자들을 실사위원으로 지정하여 현장실사하게 하는 등의 방법으로 그 요건의 존부에 관하여 나름대로 충분히 심사를 하였으나, 신청사유 및 소명자료가 허위임을 발견하지 못하고 결국 그 신청을 받아들여 공소외 1 주식회사를 경품용 상품권 발행업체로 지정하게 된 것이므로, 이는 한국게임산업개발원 업무담당자의 불충분한 심사가 아니라 피고인들의 위계행위에 의하여 한국게임산업개발원의 경품용 상품권 발행업체 지정업무가 방해될 위험성이 발생되었다고 할 것이고, 또한 판시 사정에 비추어 볼 때, 피고인들은 피고인들이 상품권 발행업체로 지정되기 위한 업무를 대행시킨 공소외 2, 3 및 공소외 4 주식회사의 직원들이 공소외 1 주식회사의 직원들과 함께 공소외 1 주식회사의 가맹점보유실적을 허위로 만드는 방법으로 상품권 발행업체로 지정되기 위한 조건을 충족시키는 작업을 하였음을 알고 있었다고 봄이 상당하다고 판단하여, 이 부분 공소사실을 유죄로 인정하였는바, 원심

이 사실인정한 바와 같이 한국게임산업개발원이 가맹점 일부가 확인되지 않는 등의 이유로 부적격판정을 내리자 피고인들이 이를 보완하여 재신청하였고 그 과정에서 나름대로 충분한 심사가 이루어졌다면, 이러한 원심의 판단은 위 법리와 사실심 법관의 합리적인 자유심증에 따른 것으로 수긍이 되고, 거기에 상고이유로 주장하는 법리오해 등의 위법이 없다.

2. 고시 위반의 점

구 음반·비디오물 및 게임물에 관한 법률(2006. 4. 28. 법률 제7943호로 폐지되기 전의 것, 이하 '음비법'이라고 한다) 제32조는 유통관련업자의 준수사항 중의 하나로 그 제3호에서 "게임제공업자는 사행성을 조장하거나 청소년에게 해로운 영향을 미칠 수 있는 다음 각 목에 해당하는 경품제공행위를 하지 아니할 것, 가. 문화관광부장관이 정하여 고시하는 종류 외의 경품을 제공하는 행위, 나. 문화관광부장관이 정하여 고시하는 방법에 의하지 아니하고 경품을 제공하는 행위"를 규정하고 있고, 같은 법 제50조 제3호는 '제32조 제3호의 규정에 위반한 자'를 처벌하도록 규정하고 있다. 한편, 위 음비법 제32조 제3호에 따라 문화관광부장관이 고시한 게임제공업소의 경품취급기준(문화관광부고시 제2005-9호, 이하 '경품취급기준'이라고 한다)은 제2, 3, 4항에서 게임제공업자가 제공할 수 있는 경품의 종류와 지급기준 및 그 제공방법 등에 관하여 상세히 규정하여, 그에 열거된 물품만 경품으로 제공할 수 있도록 하고 금전은 어떠한 경우에도 경품으로 제공할 수 없도록 하고 있으며, '경품제공시 준수사항'을 규정한 제5항 (가)목에서 "경품을 환전 또는 환전알선하거나, 제공되어진 경품을 재매입(재사용)하는 행위를 하여서는 아니된다."고 규정하고 있다. 경품취급기준 제5항 (가)목은 그 문언에 비추어 볼 때 경품을 환전 또는 환전알선하거나 제공되어진 경품을 재매입(재사용)하는 행위를 금지하는 내용을 담고 있을 뿐, 음비법 제32조 제3호에서 금지하는 경품을 제공하는 행위에 관하여 규정한 것이라고 볼 수 없으므로, 경품을 환전하거나 재매입하는 행위를 음비법 제32조 제3호 (나)목에서 금지하는 "문화관광부장관이 정하여 고시하는 방법에 의하지 아니하고 경품 등을 제공하는 행위"에 해당한다고 보는 것은 형벌법규를 지나치게 유추 또는 확장해석하여 죄형법정주의의 원칙에 어긋나는 것으로서 허용될 수 없다. 다만, 게임제공업자가 처음부터 게임장 영업을 하는 방법으로 게임장 이용자들이 게임물을 통하여 취득한 경품을 현금으로 교환해 주기로 약속하고 경품을 제공한 다음 바로 환전하여 준 경우에는 결국 환전을 통해 게임장 이용자들에게 지급된 현금을 게임제공업자가 제공한 경품으로 봄이 상당하다 할 것인바, 이와 같이 현금을 경품으로 제공하는 행위는 위 경품취급기준에서 금지하는 것임이 분명하므로 음비법 제32조 제3호, 제50조 제3호에 의한 처벌대상이 된다고 볼 수 있다(대법원 2010. 2. 25. 선고 2008도4844 판결 참조).

원심판결 이유에 의하면 원심은, 판시 게임장의 영업 행위, 상품권의 환전 및 유통, 피고인들의 상품권 발행사업에 관한 사실을 인정한 다음, 판시와 같은 이유로, 위 경품취급기준 제5항 (가)목에서 '환전'을 금지하는 것은 위임의 범위를 벗어나서 죄형법정주의에 위배된다는 주장과 피고인들과 상품권 총판업자, 오락실 업주, 환전소 운영자 등과의 공모관계가 인정되지 않는다는 주장을 각 배척하고 이 부분 공소사실을 유죄로 인정하였는바, 이러한 원심의 판단은, 피고인들이 발행·유통시킨 상품권을 경품으로 제공한 게임제공업자가 처음부터 경품을 현금으로 교환해 주기로 약속하고 경품을 제공한 다음 바로 환전하여 주었다고 보고 피고인들이 이러한 행위에 공동정범으로 가담하였다고 인정한 것으로, 결국 원심의 판단은 위 법리에 기초하여 사실심의 합리적인 자유심증에 따른 것으로 수긍할 수 있고, 거기에 상고이유로 주장하는 법리오해나 죄형법정주의 위반의 위법이 없다.

3. 사행행위 방조의 점

형법상 방조행위는 정범이 범행을 한다는 정을 알면서 그 실행행위를 용이하게 하는 직접, 간접의 모든 행위를 가리키는 것으로서 그 방조는 정범의 실행행위 중에 이를 방조하는 경우뿐만 아니라, 실행 착수 전에 장래의 실행행위를 예상하고 이를 용이하게 하는 행위를 하여 방조한 경우에도 성립한다. 그리고 방조범은 정범의 실행을 방조한다는 이른바 방조의 고의와 정범의 행위가 구성요건에 해당하는 행위인 점에 대한 정범의 고의가 있어야 하나, 이와 같은 고의는 내심적 사실이므로 피고인이 이를 부정하는 경우에는 사물의 성질상 고의와 상당한 관련성이 있는 간접사실을 증명하는 방법에 의하여 입증할 수밖에 없고, 이 때 무엇이 상당한 관련성이 있는 간접사실에 해당할 것인가는 정상적인 경험칙에 바탕을 두고 치밀한 관찰력이나 분석력에 의하여 사실의 연결상태를 합리적으로 판단하는 외에 다른 방법이 없다고 할 것이며, 또한 방조범에 있어서 정범의 고의는 정범에 의하여 실현되는 범죄의 구체적 내용을 인식할 것을 요하는 것은 아니고 미필적 인식 또는 예견으로 족하다(대법원 2010. 2. 25. 선고 2008도4844 판결 등 참조).

원심판결 이유에 의하면 원심은, 판시 사정 등에 비추어 보면, 피고인들의 상품권발행 및 교환행위는 적어도 공소외 1 주식회사 발행의 경품용 상품권을 공급받은 일부 게임장업주들이 사행행위를 할 것이라는 점을 알거나 예견하면서 그 실행행위를 용이하게 하는 방조행위에는 해당한다고 판단하였는바, 위 법리와 기록에 비추어 살펴보면, 원심의 위와 같은 사실인정과 판단은 정당한 것으로 수긍할 수 있고, 거기에 상고이유로 주장하는 바와 같은 채증법칙 위배나 방조범에 관한 법리오해 등의 위법이 없다.

4. 결론

그러므로 상고를 모두 기각하기로 하여 관여 대법관의 일치된 의견으로 주문과 같이 판결한다.

대법관 차한성(재판장) 박시환 안대희(주심)

대법원 2010.3.25. 선고 2008도590 판결

【업무상과실치사·의료법위반】

판시사항

1 의료사고에서 의료인의 과실을 인정하기 위한 요건 및 그 판단 기준

2 간호사가 의사의 지시나 위임을 받아 '의사만이 할 수 있는 의료행위'를 한 경우, 무면허 의료행위에 해당하는지 여부(적극)

3 마취전문 간호사가 의사의 구체적 지시 없이 독자적으로 마취약제와 사용량을 결정하여 피해자에게 척수마취시술을 한 경우, 구 의료법상의 무면허 의료행위에 해당한다고 한 사례

전 문

피 고 인 피고인

상 고 인 피고인

변 호 인 법무법인

원심판결 인천지법 2008. 1. 10. 선고 2006노1326 판결

주 문 상고를 기각한다.

이 유 상고이유를 본다.

1. 업무상과실치사의 점에 관한 판단

의료사고에 있어 의료인의 과실을 인정하기 위해서는 결과발생을 예견할 수 있고 또 회피할 수 있었음에도 불구하고 이를 하지 못하였음이 인정되어야 하고, 그러한 과실의 유무를 판단함에 있어서는 같은 업무와 직무에 종사하는 일반적 보통인의 주의 정도를 표준으로 하여야 하되, 사고당시의 일반적인 의학 수준과 의료환경 및 조건, 의료행위의 특수성 등이 고려되어야 한다(대법원 1987. 1. 20. 선고 86다카1469 판결, 대법원 2008. 8. 11. 선고 2008도3090 판결 등 참조).

원심은, 피고인이 마취전문 간호사로서 의사의 구체적 지시 없이 독자적으로 마취약제와 사용량을 결정하여 치핵제거수술을 받을 피해자에게 척수마취시술을 한 후 집도의가 피해자에 대한 치핵제거수술을 시행하였고 수술현장에서도 집도의를 도와 피해자의 동태를 확인하면서 이상현상을 보이는 경우에 대비하여 응급조치를 준비하여야 함에도 현장을 이탈하는 등 적절한 조치를 취하지 않았을 뿐 아니라, 수술을 받던 피해자가 하체를 뒤로 빼면서 극도의 흥분상태로 소리를 지르는 등 통증을 호소하고 출혈이 발생한 이후에도 그 판시와 같이 마취전문 간호사로서의 필요한 조치를 다하지 아니한 업무상 과실이 있고, 그러한 업무상 과실과 집도의의 과실이 경합하여 결국 피해자가 사망에 이르게 되었다고 판단하였는바, 이러한 원심의 인정과 판단은 앞서 본 법리와 기록에 비추어 이를 수긍할 수가 있다. 원심판결에 업무상 과실 또는 인과관계에 관한 법리오해, 채증법칙 위반 등의 위법이 있다고 할 수 없으므로 이 부분 상고이유는 받아들일 수 없다.

2. 의료법 위반죄 부분에 대한 판단

가. 구 의료법(2007. 4. 11. 법률 제8366호로 전부 개정되기 전의 것, 이하 같다) 제2조 제2항 제1호는 '의사는 의료와 보건지도에 종사함을 임무로 한다'라고 하고, 같은 항 제5호는 '간호사는 요양상의 간호 또는 진료의 보조 및 대통령령이 정하는 보건활동에 종사함을 임무로 한다'라고 규정하고 있는 점에 비추어 보면, 의사가 간호사에게 진료의 보조행위를 하도록 지시하거나 위임할 수는 있으나, 고도의 지식과 기술을 요하여 반드시 의사만이 할 수 있는 의료행위 자체를 하도록 지시하거나 위임하는 것은 허용될 수 없으므로, 간호사가 의사의 지시나 위임을 받고 그와 같은 행위를 하였다고 하더라도 이는 구 의료법 제25조 제1항에서 금지하는 무면허 의료행위에 해당한다(대법원 2007. 9. 6. 선고 2006도2306 판결 등 참조).

그리고 구 의료법 제56조 제1항, 제2항, 구 의료법 시행규칙(2006. 7. 7. 보건복지부령 제364호 '전문간호사의자격인정등에관한규칙' 부칙 제6조에 의하여 개정되기 전의 것) 제54조 제1항, 제2항 등을 종합하면, 전문간호사가 되기 위하여는 간호사로서 일정한 자격을 가지고 자격시험에 합격하여 보건복지부장관의 자격인정을 받아야 하나, 이러한 전문간호사라고 하더라도 마취분야에 전문성을 가지는 간호사인 자격을 인정받은

것뿐이어서 비록 의사의 지시가 있었다고 하더라도 의사만이 할 수 있는 의료행위를 직접 할 수 없는 것은 다른 간호사와 마찬가지이다.

원심은, 마취액을 직접 주사하여 척수마취를 시행하는 행위는 약제의 선택이나 용법, 투약 부위, 환자의 체질이나 투약 당시의 신체 상태, 응급상황이 발생할 경우 대처능력 등에 따라 환자의 생명이나 신체에 중대한 영향을 미칠 수 있는 행위로서 고도의 전문적인 지식과 경험을 요하므로 의사만이 할 수 있는 의료행위이고 마취전문 간호사가 할 수 있는 진료 보조행위의 범위를 넘어서는 것이므로, 피고인의 행위는 구 의료법 제25조 제1항에서 금지하는 무면허 의료행위에 해당한다고 판단하였는바, 이는 앞서 본 법리에 비추어 정당하고, 거기에 상고이유에서 주장하는 바와 같은 의료법에 관한 법리오해 등의 위법이 없다. 이 부분 상고이유는 이유 없다.

나. 형법 제16조는 "자기가 행한 행위가 법령에 의하여 죄가 되지 아니한 것으로 오인한 행위는 그 오인에 정당한 이유가 있는 때에 한하여 벌하지 아니한다"라고 규정하고 있는바, 그러한 정당한 이유가 있는지 여부는 행위자에게 자기 행위의 위법의 가능성에 대해 심사숙고하거나 조회할 수 있는 계기가 있어 자신의 지적능력을 다하여 이를 회피하기 위한 진지한 노력을 다하였더라면 스스로의 행위에 대하여 위법성을 인식할 수 있는 가능성이 있었음에도 이를 다하지 못한 결과 자기 행위의 위법성을 인식하지 못한 것인지 여부에 따라 판단되어야 하고, 이러한 위법성의 인식에 필요한 노력의 정도는 구체적 행위 정황과 행위자 개인의 인식능력은 물론 행위자가 속한 사회집단에 따라 달리 평가되어야 한다(대법원 2006. 3. 24. 선고 2005도3717 판결, 대법원 2009. 12. 24. 선고 2007도1915 판결 등 참조).

원심은, 피고인이 의사의 지시 하에 마취행위를 하는 것이 무면허 의료행위에 해당하지 않는다고 믿은 데에 정당한 사유가 있다고 주장하면서 근거로 제시한 유권해석 등의 자료의 기재내용에 의하더라도 마취간호사는 의사의 구체적인 지시가 있어야 마취시술에서의 진료 보조행위를 할 수 있다는 것뿐이므로, 피고인이 집도의인 공소외인의 구체적인 지시 없이 독자적으로 마취약제와 양을 결정하여 피해자에게 직접 마취시술을 시행한 이상 피고인이 자신의 행위가 법령에 의하여 허용되는 행위라고 믿은 데에 정당한 사유가 없다고 판단하였는바, 이러한 원심의 판단은 앞서 본 법리에 비추어 정당하고, 거기에 상고이유에서 주장하는 바와 같은 법률의 착오에 관한 법리오해의 위법이 없다.

3. 결론

그러므로 상고를 기각하기로 하여, 관여 대법관의 일치된 의견으로 주문과 같이 판결한다.

대법관 양승태(재판장) 김지형 전수안(주심) 양창수

대법원 2010.3.11. 선고 2009도12930 판결

【무단이탈】

판시사항

1. 형법 제1조 제2항의 적용범위
2. 법정형으로 징역형과 금고형만 규정되어 있던 구 군형법 제79조(무단이탈)가 원심판결 선고 후 개정되어 벌금형이 추가된 경우, '범죄 후 법률의 변경에 의하여 형이 구법보다 경한 때'에 해당한다고 한 사례

판결요지

1. 형벌법령 제정의 이유가 된 법률이념의 변천에 따라 과거에 범죄로 보던 행위에 대하여 그 평가가 달라져 이를 범죄로 인정하고 처벌한 그 자체가 부당하였다거나 또는 과형이 과중하였다는 반성적 고려에서 법령을 개폐하였을 경우에는, 형법 제1조 제2항에 따라 신법을 적용하여야 한다.
2. 구 군형법(2009. 11. 2. 법률 제9820호로 개정되기 전의 것) 제79조는 "허가 없이 근무장소 또는 지정장소를 일시이탈하거나 지정한 시간 내에 지정한 장소에 도달하지 못한 자는 1년 이하의 징역이나 금고에 처한다"고 규정하였으나, 원심판결 선고 후 시행된 군형법 제79조는 "허가 없이 근무장소 또는 지정장소를 일시적으로 이탈하거나 지정한 시간까지 지정한 장소에 도달하지 못한 사람은 1년 이하의 징역이나 금고 또는 300만 원 이하의 벌금에 처한다"고 규정하여 벌금형이 법정형으로 추가되었는바, 그 취지는 무단이탈의 형태와 동기가 다양함에도 불구하고 죄질이 경미한 무단이탈에 대하여도 반드시 징역형 내지 금고형으로 처벌하도록 한 종전의 조치가 과중하다는 데에서 나온 반성적 조치라고 보아야 할 것이어서, 이는 형법 제1조 제2항의 '범죄 후 법률의 변경에 의하여 형이 구법보다 경한 때'에 해당한다고 한 사례.

전 문

피 고 인 피고인

상 고 인 피고인

변 호 인 변호사

원심판결 고등군사법원 2009. 11. 6. 선고 2009노96 판결

주 문 원심판결 중 유죄 부분을 파기하고, 이 부분 사건을 고등군사법원에 환송한다.

이 유 피고인 및 국선변호인의 상고이유를 함께 살펴본다.

형벌법령 제정의 이유가 된 법률이념의 변천에 따라 과거에 범죄로 보던 행위에 대하여 그 평가가 달라져 이를 범죄로 인정하고 처벌한 그 자체가 부당하였다거나 또는 과형이 과중하였다는 반성적 고려에서 법령을 개폐하였을 경우에는 형법 제1조 제2항에 따라 신법을 적용하여야 한다(대법원 2003. 10. 10. 선고 2003도2770 판결 등 참조).

원심판결 이유에 의하면, 원심은, 피고인이 2007. 1. 22.부터 2008. 11. 5.까지 사이에 35회에 걸쳐서 지휘관의 허가 없이 근무장소를 일시이탈한 공소사실에 대하여 구 군형법(2009. 11. 2. 법률 제9820호로 개정되어 2010. 2. 3.부터 시행되기 전의 것, 이하 같다) 제79조를 적용하여 유죄로 판단하였다.

그런데 구 군형법 제79조는 "허가 없이 근무장소 또는 지정장소를 일시이탈하거나 지정한 시간 내에 지정한 장소에 도달하지 못한 자는 1년 이하의 징역이나 금고에 처한다"고 규정하였으나, 원심판결 선고 후 시행된 군형법(2009. 11. 2. 법률 제9820호로 개정되어 2010. 2. 3.부터 시행된 것) 제79조는 "허가 없이 근무장소 또는 지정장소를 일시적으로 이탈하거나 지정한 시간까지 지정한 장소에 도달하지 못한 사람은 1년 이하의 징역이나 금고 또는 300만 원 이하의 벌금에 처한다"고 규정하여 벌금형이 법정형으로 추가되었는바, 그 취지는 무단이탈의 형태와 동기가 다양함에도 불구하고 죄질이 경미한 무단이탈에 대하여도 반드시 징역형 내지 금고형으로 처벌하도록 한

종전의 조치가 과중하다는 데에서 나온 반성적 조치라고 보아야 할 것이어서, 이는 형법 제1조 제2항의 '범죄 후 법률의 변경에 의하여 형이 구법보다 경한 때'에 해당한다고 할 것이다.

그렇다면 피고인의 판시행위는 행위시법인 구 군형법의 규정에 의해서는 처벌할 수 없고, 형사소송법 제383조 제2호의 '판결 후 형의 변경이 있는 때'에 해당하여 원심판결은 유지될 수 없게 되었다.

그러므로 나머지 상고이유에 관한 판단을 생략한 채 원심판결 중 유죄 부분을 파기하고, 이 부분 사건을 다시 심리·판단하게 하기 위하여 원심법원에 환송하기로 하여, 관여 대법관의 일치된 의견으로 주문과 같이 판결한다.

대법관 이홍훈(재판장) 김영란 김능환 민일영(주심)

대법원 2010.3.11. 선고 2009도12609 판결

【집회및시위에관한법률위반·퇴거불응】

판시사항

1 퇴거불응죄에서 '건조물'에 '위요지'가 포함되는지 여부(적극) 및 '위요지'의 범위

2 옥외집회 또는 시위가 '신고한 범위를 뚜렷이 벗어나는 행위'에 해당하는지 여부의 판단 기준 및 방법

3 시위의 '신고 장소'는 병원 부지의 옆문과 같은 역할을 하고 있는 곳으로서 병원 1동 건물로부터 약 20~25m 정도 떨어져 있는 반면 '시위 장소'는 병원 건물들의 앞 또는 옆 마당과 같은 역할을 하고 있고, 병원 1동 건물로부터 약 5m 정도 떨어져 있고, '시위 방법'도 '평화적인 집회 후 피켓 선전전'으로 신고하였으나 '목에 형틀을 두른 채 일렬횡대로 앉아 구호를 외치는 방법'으로 진행된 사안에서, 실제 시위 행위가 '신고한 장소 등의 범위를 뚜렷이 벗어나는 행위'에 해당한다는 취지의 원심판단을 정당한 것으로 수긍한 사례

판결요지

1 퇴거불응죄에 있어서 '건조물'이라 함은 단순히 건조물 그 자체만을 말하는 것이 아니고 위요지를 포함하고, '위요지'가 되기 위하여는 건조물에 인접한 그 주변 토지로서 관리자가 외부와의 경계에 문과 담 등을 설치하여 그 토지가 건조물의 이용을 위하여 제공되었다는 것이 명확히 드러나야 할 것인데, 화단의 설치, 수목의 식재 등으로 담장의 설치를 대체하는 경우에도 건조물에 인접한 그 주변 토지가 건물, 화단, 수목 등으로 둘러싸여 건조물의 이용에 제공되었다는 것이 명확히 드러난다면 위요지가 될 수 있다.

2 집회 및 시위에 관한 법률이 신고제도를 둔 취지에 비추어, 현실로 개최된 옥외집회 또는 시위가 위 법 제16조 제4항 제3호에서 정한 "신고한 목적, 일시, 장소, 방법 등의 범위를 뚜렷이 벗어나는 행위"에 해당하는지 여부는 그 집회 또는 시위가 신고에 의해 예상되는 범위를 뚜렷이 벗어나서 신고제도의 목적 달성을 심히 곤란하게 하였는지 여부에 의하여 가려야 하고, 이를 판단할 때에는 집회·시위의 자유가 헌법상 보장된 국민의 기본권이라는 점, 집회 등의 주최자로서는 사전에 그 진행방법의 세부적인 사항까지 모두 예상하여 빠짐없이 신고하기 어려운 면이 있을 뿐 아니라 그 진행과정에서 방법의 변경이 불가피한 경우 등도 있을 수 있는 점 등을 염두에 두고, 신고 내용과 실제 상황을 구체적·개별적으로 비교하여 살펴본 다음 이를 전체적·종합적으로 평가하여 판단하여야 한다.

3 시위의 신고 장소는 병원 출입구 등에 위치하고 있어 병원 부지의 옆문과 같은 역할을 하고 있는 곳인 반면, 시위 장소는 병원 부지의 안쪽에 위치하여 병원 건물들의 앞 또는 옆 마당과 같은 역할을 하고 있고, 신고 장소는 병원 부지 중앙에 식재되어 있는 수목들에 가려 병원 각 건물에서 시위모습을 보기가 쉽지 않은 반면, 시위 장소는 그 주변에 병원 건물들이 둘러서 있어 병원 어느 건물에서나 시위모습을 볼 수 있으며, 신고 장소는 병원 1동 건물로부터 약 20~25m, 병원 2동 및 3동 건물로부터는 약 55~60m 정도 떨어져 있는 반면, 시위 장소는 병원 1동 건물로부터 약 5m, 병원 2동 및 3동 건물로부터 약 40m 정도 떨어져 있고, 또 신고한 시위 방법은 '평화적인 집회 후 피켓 선전전'이었으나, 실제 시위는 '목에 형틀을 두른 채 일렬횡대로 앉아 구호를 외치는 방법'으로 진행된 사안에서, 신고 장소와 시위 장소의 거리가 수치상으로는 멀지 않더라도 양자 사이에는 커다란 질적 차이가 있다고 보아, 실제 시위 행위가 '신고한 장소 등의 범위를 뚜렷이 벗어나는 행위'에 해당한다는 취지의 원심판단을 정당한 것으로 수긍한 사례.

전 문

피 고 인 피고인

상 고 인 피고인

원심판결 광주지법 2009. 10. 30. 선고 2009노1251 판결

주 문 상고를 기각한다.

이 유 상고이유를 판단한다.

1. 퇴거불응의 점에 관하여

퇴거불응죄에 있어서 건조물이라 함은 단순히 건조물 그 자체만을 말하는 것이 아니고 위요지를 포함한다 할 것이다. 그리고 위요지가 되기 위하여는 건조물에 인접한 그 주변 토지로서 관리자가 외부와의 경계에 문과 담 등을 설치하여 그 토지가 건조물의 이용을 위하여 제공되었다는 것이 명확히 드러나야 할 것인데(대법원 2005. 10. 7. 선고 2005도5351 판결 참조), 화단의 설치, 수목의 식재 등으로 담장의 설치를 대체하는 경우에도 건조물에 인접한 그 주변 토지가 건물, 화단, 수목 등으로 둘러싸여 건조물의 이용에 제공되었다는 것이 명확히 드러난다면 위요지가 될 수 있다. 또한 일반적으로 개방되어 있는 장소라 하더라도 관리자가 필요에 따라 그 출입을 제한할 수 있는 것이므로 관리자의 퇴거요구에도 불구하고 건조물에서 퇴거하지 않는 것은 사실상의 건조물의 평온을 해하는 것으로서 퇴거불응죄를 구성한다 할 것이다.

원심판결 이유에 의하면, 원심은, 이 사건 시위 장소와 병원 외부 사이에 문이나 담이 설치되어 있지 아니하고 또 관리자가 있어 이 사건 시위 장소에 일반인의 출입을 제한하고 있지는 아니하나, 이 사건 시위 장소를 병원의 건물들과 화단, 그리고 화단에 식재된 수목들이 둘러싸고 있으면서 병원 외부와의 경계 역할을 하고 있는 사실, 이 사건 시위 장소가 각 병원 건물의 앞 또는 옆 마당으로서 병원 각 건물로 오가는 통행로 등으로 이용되고 있는 사실 등을 인정한 다음, 이러한 점에 비추어 보면, 이 사건 시위 장소가 병원 건물의 이용에 제공되었다는 것이 명확히 드러난다고 할 것이므로, 이 사건 시위 장소는 병원 건물의 위요지에 해당한다고 봄이 상당하다고 판단하였다.

앞서 본 법리에 위와 같은 사실을 비추어 보면, 원심의 판단은 정당하고, 거기에 위요지에 대한 해석을 그르치는 등의 위법이 없다.

2. 집회 및 시위에 관한 법률 위반의 점에 관하여

집회 및 시위에 관한 법률이 신고제도를 둔 취지에 비추어, 현실로 개최된 옥외집회 또는 시위가 위 법 제16조 제4항 제3호에서 정한 "신고한 목적, 일시, 장소, 방법 등의 범위를 뚜렷이 벗어나는 행위"에 해당하는지 여부는 그 집회 또는 시위가 신고에 의해 예상되는 범위를 뚜렷이 벗어나서 신고제도의 목적 달성을 심히 곤란하게 하였는지 여부에 의하여 가려야 하고, 이를 판단할 때에는 집회·시위의 자유가 헌법상 보장된 국민의 기본권이라는 점, 집회 등의 주최자로서는 사전에 그 진행방법의 세부적인 사항까지 모두 예상하여 빠짐없이 신고하기 어려운 면이 있을 뿐 아니라 그 진행과정에서 방법의 변경이 불가피한 경우 등도 있을 수 있는 점 등을 염두에 두고, 신고 내용과 실제 상황을 구체적·개별적으로 비교하여 살펴본 다음 이를 전체적·종합적으로 평가하여 판단하여야 한다(대법원 2008. 10. 23. 선고 2008도3974 판결 참조).

원심판결 이유에 의하면, 원심은, ① 이 사건 신고 장소는 출입구 등에 위치하고 있어 병원 부지의 옆문과 같은 역할을 하고 있는 곳인 반면, 이 사건 시위 장소는 병원의 부지의 안쪽에 위치하여 병원 건물들의 앞 또는 옆 마당과 같은 역할을 하고 있는 사실, ② 이 사건 신고 장소는 병원 부지 중앙에 식재되어 있는 수목들에 가려 병원 각 건물에서 시위모습을 보기가 쉽지 않은 반면, 이 사건 시위 장소는 그 주변에 병원 건물들이 둘러서 있어 병원 어느 건물에서나 시위모습을 볼 수 있는 사실, ③ 병원 건물의 각 1층에는 진료과목의 외래환자가 접수·수납하는 원무과가 있고, 2층에는 각 진료과목의 외래진료실이 있는데, 이 사건 신고 장소는 병원 1동 건물로부터 약 20~25m, 병원 2동 및 3동 건물로부터는 약 55~60m 정도 떨어져 있는 반면, 이 사건 시위 장소는 병원 1동 건물로부터 약 5m, 병원 2동 및 3동 건물로부터 약 40m 정도 떨어져 있는 사실, ④ 또 이 사건 시위 장소는 병원 각 건물로 가는 통행로 역할도 하고 있어 병원의 옆면 출입구 등에 위치해 있는 이 사건 신고 장소보다 오히려 통행이 빈번히 이뤄지고 있는 사실, ⑤ 피고인에게 이 사건 신고 장소에서 시위를 하도록 허가를 해준 경찰관 공소외인도 이 사건 시위 장소는 집회불허 장소이어서 이 사건 시위 장소에서 시위를 하겠다는 내용으로 신고를 하였다면 그 허가를 해주지 않았을 것이라고 진술하고 있는 사실, ⑥ 피고인이 신고한 시위 방법은 '평화적인 집회 후 피켓 선전전'이었으나, 실제 시위는 '목에 형틀을 두른 채 일렬횡대로 앉아 구호를 외치는 방법'으로 진행된 사실 등을 인정한 다음, 이 사건 신고 장소와 이 사건 시위 장소의 거리가 수치상으로는 멀지 않다 하여도 양자 사이에는 커다란 질적인 차이가 있다고 보이므로, 피고인이 이 사건 시위 장소에서 한 시위

행위가 신고한 장소 등의 범위를 뚜렷이 벗어나는 행위에 해당한다는 취지로 판단하였는바, 앞서 본 법리에 원심이 인정한 사실을 비추어 보면, 원심의 판단은 정당한 것으로 수긍할 수 있고, 거기에 상고이유로 주장하는 법리오해 등의 위법이 없다.

3. 결론

그러므로 상고를 기각하기로 하여 관여 대법관의 일치된 의견으로 주문과 같이 판결한다.

대법관 신영철(재판장) 박시환 안대희(주심) 차한성

대법원 2010.3.11. 선고 2009도10425 판결

【집회및시위에관한법률위반】

판시사항

[1] 옥외집회 또는 시위가 '신고한 범위를 뚜렷이 벗어나는 행위'에 해당하는지 여부의 판단 기준

[2] 피고인들이 이미 신고한 행진 경로를 따라 행진로인 하위 1개 차로에서 2회에 걸쳐 약 15분 동안 연좌하였다는 사실 외에 이미 신고한 집회방법의 범위를 벗어난 사항은 없고, 약 3시간 30분 동안 이루어진 집회시간 동안 연좌시간도 약 15분에 불과한 사안에서, 위 옥외집회 등 주최행위가 신고한 범위를 뚜렷이 벗어나는 경우에 해당하지 아니한다고 한 사례

전 문

피 고 인 피고인 1외 1인

상 고 인 검사

원심판결 대전지법 2009. 9. 10. 선고 2009노1773 판결

주 문 상고를 모두 기각한다.

이 유 상고이유를 판단한다.

집회 및 시위에 관한 법률이 신고제도를 둔 취지에 비추어, 현실로 개최된 옥외집회 또는 시위가 위 법 제16조 제4항 제3호에서 정한 "신고한 목적, 일시, 장소, 방법 등의 범위를 뚜렷이 벗어나는 행위"에 해당하는지 여부는 그 집회 또는 시위가 신고에 의해 예상되는 범위를 뚜렷이 벗어나서 신고제도의 목적 달성을 심히 곤란하게 하였는지 여부에 의하여 가려야 하고, 이를 판단할 때에는 집회·시위의 자유가 헌법상 보장된 국민의 기본권이라는 점, 집회 등의 주최자로서는 사전에 그 진행방법의 세부적인 사항까지 모두 예상하여 빠짐없이 신고하기 어려운 면이 있을 뿐 아니라 그 진행과정에서 방법의 변경이 불가피한 경우 등도 있을 수 있는 점 등을 염두에 두고, 신고내용과 실제 상황을 구체적·개별적으로 비교하여 살펴본 다음 이를 전체적·종합적으로 평가하여 판단하여야 한다(대법원 2008. 10. 23. 선고 2008도3974 판결 참조).

원심은, 피고인들은 이미 신고한 행진 경로를 따라 행진로인 하위 1개 차로에서 2회에 걸쳐 각 약 5분, 약 10분 등 총 약 15분에 걸쳐 연좌를 하였는바, 연좌하였다는 사실 외에는 이미 신고한 집회방법의 범위를 벗어난 사항은 없고, 약 3시간 30분 동안 이루어진 집회시간 동안 신고한 방법을 벗어나 이루어진 연좌시간도 불과 약 15분에 불과하며, 이와 같이 2회에 걸쳐 연좌를 한 이유 또한 교통에 방해를 초래할 행진을 빨리 끝내 시위를 조속하게 종료하고자 하였던 것이고, 2회에 걸쳐 하위 1개 차로에 연좌함으로 인하여 더 큰 교통혼잡이 야기되었다고 볼 만한 사정도 없으므로 피고인들의 위 옥외집회 등 주최행위가 신고한 목적, 일시, 방법 등의 범위를 뚜렷이 벗어나는 경우에 해당하지 아니한다는 제1심의 결론을 그대로 유지하였는바, 이러한 원심의 조치는 사실심 법관의 합리적인 자유심증에 따른 것으로서 기록에 비추어 수긍이 가고, 거기에 상고이유로 주장하는 채증법칙 위반 등의 위법이 없다.

그러므로 상고를 모두 기각하기로 하여 관여 대법관의 일치된 의견으로 주문과 같이 판결한다.

대법관 신영철(재판장) 박시환 안대희(주심) 차한성

대법원 2010.3.11. 선고 2009도6482 판결

【업무상횡령·부동산실권리자명의등기에관한법률위반】

판시사항

[1] 사립학교의 교비회계 자금을 다른 용도에 사용한 경우, 그 자체로서 횡령죄가 성립하는지 여부(적극)

[2] 교육인적자원부장관으로부터 학교 캠퍼스 이전승인의 조건으로 법인부담금을 부담하게 된 학교법인이, 교비회계 자금을 수당지급과 기부금모집 등의 방법을 가장하여 법인회계로 전출한 사안에서, 업무상횡령죄의 성립을 긍정한 사례

전 문

피 고 인 피고인

상 고 인 피고인

변 호 인 변호사

원심판결 창원지법 2009. 6. 25. 선고 2008노2103 판결

주 문 상고를 기각한다.

이 유 상고이유를 본다.

구 「사립학교법」(2005. 12. 29. 법률 제7802호로 개정되기 전의 것) 제29조 및 「사립학교법 시행령」 제13조, 「사학기관 재무·회계규칙」 제25조, 제36조 등 관련 법령의 규정을 종합하면, 학교법인의 회계는 학교회계와 법인회계로 구분되고 학교회계 중 특히, 교비회계에 속하는 수입은 학교가 학생으로부터 징수하는 입학금·수업료 등으로 이루어지는 결과 다른 회계에 전출하거나 대여할 수 없는 등 그 용도를 엄격히 제한하고 있으므로, 학교법인의 법인회계에서 지출하여야 할 것을 교비회계에서 지출할 수는 없고, 타인으로부터 용도가 엄격히 제한된 자금을 위탁받아 집행하면서 그 제한된 용도 이외의 목적으로 자금을 사용하는 것은 그 사용이 개인적인 목적에서 비롯된 경우는 물론, 결과적으로 자금을 위탁한 본인을 위하는 면이 있더라도 그 사용행위 자체로서 불법영득의 의사를 실현한 것이 되어 횡령죄가 성립하는바, 교비회계에 속하는 수입은 위와 같이 다른 회계에 전출하거나 대여할 수 없는 등 그 용도가 엄격히 제한되어 있으므로, 사립학교의 교비회계에 속하는 수입을 적법한 교비회계의 세출에 포함되는 용도, 즉 당해 학교의 교육에 직접 필요한 용도가 아닌 다른 용도에 사용하였다면 그 사용행위 자체로서 불법영득의사를 실현하는 것이 되어 그로 인한 죄책을 면할 수 없다(대법원 2008. 5. 29. 선고 2006도3742 판결 등 참조).

「사립학교법 시행령」 제13조 제2항 제2호가 '학교교육에 직접 필요한 시설·설비를 위한 경비'를 교비회계의 세출항목으로 규정하고 있으므로, 학교법인 산하의 학교 캠퍼스 이전을 위한 경비가 이에 해당하고 이 사건에서 피고인이 비록 최종적으로 당해 금원을 학교 캠퍼스 이전을 위한 경비에 사용할 것을 의도하였다고 하더라도, 학교법인이 교육인적자원부장관으로부터 학교 캠퍼스 이전계획을 승인받는 과정에서 그 이전승인의 조건으로 학교법인이 22억 원의 법인부담금을 부담하게 되었다면 위 법인부담금은 학교법인의 법인회계에서 지출하여야 할 것이지 「사립학교법 시행령」 제13조 제2항 제2호를 들어 교비회계에서 지출할 수는 없다 할 것이므로, 그 경비의 일부로서 지출되어야 하는 법인부담금의 부담주체인 학교법인이 실제로 법인회계에서 이를 부담한 것처럼 혹은 감독관청이 부과한 법인회계로부터 교비회계로의 보전조치 명령이 이행된 것처럼 꾸미기 위하여, 교비회계의 자금을 수당지급과 기부금모집 등의 방법을 가장하여 법인회계로 전출하였다면 그 단계에서 이미 학교의 교육에 직접 필요한 용도가 아닌 다른 용도에 자금이 사용된 것으로 평가할 수 있다고 할 것이다.

원심은 그 판시와 같은 사실 및 사정을 기초로, 피고인이 법인부담금을 마련하기 위하여 그 사용용도가 엄격하게 제한된 교비회계를 편법적으로 전용하여 횡령하였다고 판단하여, 이 사건 업무상횡령의 공소사실을 유죄로 인정하였는바, 원심판결 이유를 위 법리 및 기록에 비추어 살펴보면, 위와 같은 취지의 원심의 사실인정 및 판단은 모두 정당하다.

원심판결에는 상고이유에서 주장하는 바와 같은 횡령행위 및 불법영득의사에 관한 법리오해 등의 위법이 없다.

상고이유에서 들고 있는 대법원판결들은 이 사건과는 그 사안이 달라 이 사건에서 원용하기에 적절한 것이 아니다.

그러므로 상고를 기각하기로 하여, 관여 대법관의 일치된 의견으로 주문과 같이 판결한다.

대법관 양창수(재판장) 양승태 김지형(주심) 전수안

대법원 2010.3.11. 선고 2009도5008 판결

【폭력행위등처벌에관한법률위반(공동주거침입)】

판시사항

[1] 근로자들이 사용자가 제3자와 공동으로 관리·사용하는 공간을 사용자에 대한 정당한 쟁의행위를 이유로 관리자의 의사에 반하여 침입·점거한 경우, 위 제3자에 대하여도 정당행위로서 주거침입의 위법성이 조각되는지 여부(소극)

[2] 근로자들이 사용자인 (주)코스콤 이외에도 (주)한국증권선물거래소가 병존적으로 관리·사용하는 빌딩 로비에 쟁의행위를 이유로 침입하여 그 중 일부를 점거하며 농성한 사안에서, 위 행위를 무죄로 인정한 원심판결을 파기한 사례

판결요지

[1] 2인 이상이 하나의 공간에서 공동생활을 하고 있는 경우에는 각자 주거의 평온을 누릴 권리가 있으므로, 사용자가 제3자와 공동으로 관리·사용하는 공간을 사용자에 대한 쟁의행위를 이유로 관리자의 의사에 반하여 침입·점거한 경우, 비록 그 공간의 점거가 사용자에 대한 관계에서 정당한 쟁의행위로 평가될 여지가 있다 하여도 이를 공동으로 관리·사용하는 제3자의 명시적 또는 추정적인 승낙이 없는 이상 위 제3자에 대하여서까지 이를 정당행위라고 하여 주거침입의 위법성이 조각된다고 볼 수는 없다.

[2] 근로자들이 사용자인 (주)코스콤 이외에도 (주)한국증권선물거래소가 병존적으로 관리·사용하는 빌딩 로비에 쟁의행위를 이유로 침입하여, 그 중 일부를 점거하며 10여 일간 숙식하면서 선전전, 강연, 토론 등의 방법으로 농성한 사안에서, 위 행위가 제3자인 (주)한국증권선물거래소에 대한 관계에서도 정당하다고 하여 무죄로 인정한 원심판결에 쟁의행위의 위법성 조각 등에 관한 법리오해 또는 심리미진의 위법이 있다는 이유로 파기한 사례.

전 문

피 고 인 피고인 1외 12인

상 고 인 검사

변 호 인 변호사

원심판결 서울남부지법 2009. 5. 15. 선고 2008노1784 판결

주 문 원심판결을 모두 파기하고, 사건을 서울남부지방법원 합의부로 환송한다.

이 유 상고이유를 본다.

1. 원심은, 먼저 증전엔지니어링(주) 등 (주)코스콤의 기존 협력업체들과 대신정보기술(주) 등(이하 '협력업체들'이라 한다)이 형식적으로는 (주)코스콤과 도급계약을 체결하고 그 소속 근로자들인 피고인 2, 3, 4, 5, 6, 7[모두 증전엔지니어링(주) 소속이다]로부터 노무를 제공받아 자신의 사업을 수행하는 것과 같은 외관을 갖추었다고 하더라도 실질적으로는 업무수행의 독자성이나 사업경영의 독립성을 갖추지 못한 채 (주)코스콤의 일개 사업부서로서 기능하거나 노무대행기관의 역할을 수행하였을 뿐이고, 오히려 (주)코스콤이 위 피고인들로부터 종속적인 관계에서 근로를 제공받고 임금을 포함한 제반 근로조건을 정하였으므로, (주)코스콤이 협력업체들과 사이에 체결한 용역도급계약은 진정한 의미의 업무도급이 아니라 위 피고인들을 비롯한 근로자를 사용하기 위하여 협력업체들의 법인격을 이용한 것에 불과하고 실질적으로는 (주)코스콤이 위 피고인들을 직접 채용한 것과 마찬가지여서 위 피고인들과 (주)코스콤 사이에서는 직접 (주)코스콤이 위 피고인들을 채용한 것과 같은 묵시적인 근로계약관계가 성립되어 있었다고 봄이 상당하고, 따라서 이 사건 로비 점거행위는 (주)코스콤에 대한 쟁의행

위에 해당한다고 판단한 다음, 이어서, ① 피고인들은 코스콤 비정규지부 조합원이거나 그 상급단체인 전국민주노동조합총연맹 사무금융연맹 혹은 그 산하 전국증권산업노동조합의 간부로서 (주)코스콤에 대하여 단체교섭의 주체가 될 수 있는 지위에 있는 사실, ② 위 쟁의행위는 피고인 2, 3, 4, 5, 6, 피고인 7을 포함한 코스콤 비정규지부 조합원들의 고용안정, 차별금지 및 근로조건 개선 등을 위한 단체협약의 체결을 목적으로 한 성실한 단체교섭의 촉구에 그 주된 목적이 있었던 사실, ③ 피고인들은 (주)코스콤이 단체교섭을 거부하자 이 사건 쟁의행위를 개시한 것이고, 전국증권산업노동조합은 위와 같은 쟁의행위에 앞서 중앙노동위원회에 노동쟁의 조정신청을 하였으며, 코스콤 비정규지부 조합원들에 대한 쟁의행위 찬반투표를 거치는 등의 절차를 밟았던 사실(노동조합 및 노동관계조정법 시행령 제17조에서 규정하고 있는 쟁의행위의 일시·장소·참가인원 및 그 방법에 관한 서면신고의무는 쟁의행위를 함에 있어 그 세부적·형식적 절차를 규정한 것으로서, 쟁의행위에 적법성을 부여하기 위하여 필요한 본질적인 요소라고 할 것은 아니므로, 이 사건 쟁의행위에 대하여 위와 같은 신고절차의 미준수만을 이유로 그 정당성을 부정할 수는 없다), ④ 피고인들을 비롯하여 코스콤 비정규지부 조합원 등 100여 명은 (주)한국증권선물거래소[현재 상호는 (주)한국거래소이다] 및 (주)코스콤 직원들의 통상적인 업무공간으로 들어가는 입구 및 통로로서 약 700명 내지 800명 정도가 들어갈 수 있는 면적을 가진 이 사건 로비의 중간 부분 일부를 점거하였을 뿐이고, 피고인들이 위 로비를 점거하고 있는 동안 (주)한국증권선물거래소나 (주)코스콤에 출입하는 직원, 일반 고객 등이 이 사건 로비를 통행하는데 별달리 방해를 받은 적이 없었고, 또한 (주)한국증권선물거래소나 (주)코스콤 측의 관리·지배가 배제되거나 그 업무의 중단 또는 혼란이 야기된 적이 없었던 사실, ⑤ 농성의 내용, 태양 및 방법도 선전전, 강연, 토론 등을 한 정도에 불과한 사실[피고인들 등 100여 명이 확성기를 이용하여 노동가를 틀어놓고 한꺼번에 구호를 외치고, 10여 일간 위 로비에서 숙식을 한 점에 비추어 위와 같은 점거농성으로 인하여 (주)한국증권선물거래소나 (주)코스콤의 업무에 다소 지장을 주는 소음이 발생하였거나 어느 정도 면적에 해당하는 공간의 점거가 있어 다소간 통행의 제약이 있었을 개연성은 있으나 쟁의행위의 본질상 사용자 혹은 이와 같은 건물을 사용하는 자들의 정상업무가 일부 저해되는 경우가 있음은 부득이한 것으로서 그 소음의 정도나 지속성, 앞서 본 바와 같은 점거면적 비율, 농성의 방법과 정도 및 지속성 등에 있어서 사용자 혹은 이와 같은 건물을 사용하는 자들이 수인하여야 할 범위를 벗어났다거나 쟁의행위의 정당성의 한계를 벗어날 정도에 이른다고 볼 수 없다]을 인정한 다음, 위 인정 사실에 의하면, 피고인들의 이 사건 행위는 정당한 쟁의행위로서 형법 제20조의 정당행위에 해당하여 위법성이 조각된다는 이유로 피고인들이 공동으로 (주)한국증권선물거래소가 관리하는 건조물에 침입하였다는 이 사건 공소사실을 무죄로 인정한 제1심판결을 유지하였다.

2. 그러나 원심의 위와 같은 조치는 수긍하기 어렵다.

가. 2인 이상이 하나의 공간에서 공동생활을 하고 있는 경우에는 각자 주거의 평온을 누릴 권리가 있으므로, 사용자가 제3자와 공동으로 관리·사용하는 공간을 사용자에 대한 쟁의행위를 이유로 관리자의 의사에 반하여 침입·점거한 경우 비록 그 공간의 점거가 사용자에 대한 관계에서 정당한 쟁의행위로 평가될 여지가 있다 하여도 이를 공동으로 관리·사용하는 제3자의 명시적 또는 추정적인 승낙이 없는 이상 위 제3자에 대하여서까지 이를 정당행위라고 하여 주거침입의 위법성이 조각된다고 볼 수는 없다 할 것이다.

나. 원심 판시에 의하더라도, 피고인들이 점거한 이 사건 로비는 제3자인 (주)한국증권선물거래소가 병존적으로 관리하는 공간이라는 것이고, 원심과 제1심이 적법하게 채택하여 조사한 증거에 의하면, 피고인들이 농성을 한 이 사건 로비는 (주)한국증권선물거래소가 소유하고 있는 지상 21층 규모의 이 사건 업무용 빌딩 중의 일부인 사실, (주)코스콤은 이 사건 업무용 빌딩 중 2층부터 11층을 임차하여 사용하면서 그 12층부터 21층까지 사용하는 (주)한국증권선물거래소와 공동으로 이 사건 로비를 사용하는 사실, 이 사건 로비는 700~800명 정도가 들어갈 수 있는 넓은 공간으로 한쪽에 안내데스크 및 고객대기실이 있고 일반 사무실은 없는 사실, 피고인들은 이 사건 로비 중 중간 부분 일부를 점거하며 선전전, 강연, 토론 등의 방법으로 농성한 사실, 피고인들을 포함한 100여 명은 시설보호 요청을 받은 경찰의 저지를 뚫고 현관 밖에서 자동문 1개를 안쪽으로 밀어서 손괴하는 방법으로 이 사건 로비에 들어간 사실, 그 후 10여 일 동안 숙식하면서 앰프를 이용하여 노동가를 틀고 구호를 외치는 등의 방법으로 소음을 발생시킨 사실을 알 수 있다.

다. 사정이 이와 같다면, 피고인들이 이 사건 로비에 침입하여 이를 점거한 행위는 (주)한국증권선물거래소를 포함한 위 로비 관리자의 의사에 반하여 이루어진 것이 명백하므로, 위에서 본 법리에 비추어, 비록 원심 판시의 사정이 있어 피고인들의 위 행위가 (주)코스콤에 대한 관계에서 정당한 쟁의행위라고 평가될 여지가 있다 하여도 위 로비를 공동으로 관리·사용하며 자신의 주거의 평온을 보호받을 권리가 있는 (주)한국증권선물거래소에 대하여서까지 형법 제20조의 정당행위로서 위법성이 조각된다고 볼 수는 없다 할 것이다.

라. 그럼에도, 원심은 이 사건 점거가 (주)한국증권선물거래소에 대한 관계에서도 정당하다고 속단하여 이 사건 공소사실을 무죄로 인정하고 말았으니, 이러한 원심판결에는 쟁의행위의 위법성 조각 등에 관한 법리를 오해

하거나 이에 관하여 심리를 제대로 하지 아니한 위법이 있다고 할 것이다.

3. 그러므로 검사의 나머지 상고이유에 대하여 더 나아가 살필 필요도 없이 원심판결을 모두 파기하고, 사건을 다시 심리·판단하게 하기 위하여 원심법원으로 환송하기로 하여 관여 대법관의 일치된 의견으로 주문과 같이 판결한다.

대법관 전수안(재판장) 양승태(주심) 김지형 양창수

대법원 2010.2.25. 선고 2010도93 판결

【횡령】

판시사항

1. 횡령죄에서 '횡령행위'의 의미 및 횡령 이후에 다시 그 재물을 처분하는 것이 불가벌적 사후행위에 해당하는지 여부(적극)
2. 공동상속인 중 1인이 상속재산인 임야를 보관 중 다른 상속인들로부터 매도후 분배 또는 소유권이전등기를 요구받고도 그 반환을 거부한 경우 이때 이미 횡령죄가 성립하고, 그 후 그 임야에 관하여 다시 제3자 앞으로 근저당권설정등기를 경료해 준 행위는 불가벌적 사후행위로서 별도의 횡령죄를 구성하지 않는다고 한 사례

전 문

피 고 인 피고인 1외 1인

상 고 인 피고인들

원심판결 부산지법 2009. 12. 18. 선고 2009노3007 판결

주 문 원심판결을 파기하고, 사건을 부산지방법원 본원 합의부에 환송한다.

이 유

1. 상고이유를 판단한다.
   피고인들은 제1심판결에 대하여 항소를 함에 있어 양형부당만을 항소이유로 내세웠음이 기록상 명백한바, 이러한 경우 피고인들로서는 원심판결에 대하여 그 주장과 같은 법리오해 등의 사유를 상고이유로 삼아 상고를 제기할 수 없다.
2. 직권으로 본다.
   원심판결 이유에 의하면, 원심은, 피고인들이 공모하여 피고인 1이 망 공소외 1의 공동상속인인 피해자 공소외 2 등과 함께 상속받은 이 사건 임야를 공소외 2 등을 위하여 보관하던 중 공소외 2 등으로부터 '임야를 처분하여 상속지분대로 분배를 하거나 상속지분 비율대로 소유권이전등기를 경료해 달라'는 요구를 받고도 그 반환을 거부하고 2007. 9. 12.경 이 사건 임야에 관하여 공소외 3 앞으로 채권최고액 8,000만 원의 근저당권설정등기를 경료해 줌으로써 이 사건 임야 중 피고인 1의 상속지분을 제외한 나머지를 횡령하였다는 이 사건 공소사실을 유죄로 판단하면서, 반환거부로 인한 횡령죄와 근저당권설정등기의 경료로 인한 횡령죄가 각각 별개로 성립한다고 전제하고, 양 죄를 실체적 경합범의 관계에 있는 것으로 보아, 범정이 더 무거운 반환거부로 인한 횡령죄에 정한 형에 경합범 가중을 하여 피고인들에 대한 형을 정하였다.
   그러나 횡령죄는 타인의 재물을 보관하는 자가 그 재물을 횡령하는 경우에 성립하는 범죄이고, 횡령죄의 구성요건으로서의 횡령행위란 불법영득의사를 실현하는 일체의 행위를 말하는 것이어서 타인의 재물을 점유하는 자가 그 점유를 자기를 위한 점유로 바꾸려고 하는 의사를 가지고 그러한 영득의 의사가 외부에 인식될 수 있는 객관적 행위를 하였을 때에는 그 재물 전체에 대한 횡령죄가 성립되고, 일단 횡령을 한 이후에 다시 그 재물을 처분하는 것은 불가벌적 사후행위에 해당하여 처벌할 수 없다(대법원 1998. 2. 24. 선고 97도3282 판결 등 참조).
   따라서 이 사건에 있어서와 같이, 공소외 2 등을 위하여 이 사건 임야를 보관하고 있는 피고인 1이 공소외 2 등으로부터 그 반환요구를 받고도 이를 거부하였다면 이는 객관적으로 불법영득의 의사를 외부에 발현시키는 행위로서 이때에 이미 횡령죄는 완성되었다고 할 것이므로, 그 횡령행위의 완성 후에 타인에게 근저당권설정등기를 경료해 준 행위는 공소외 2 등에 대한 새로운 법익침해를 수반하지 않는 이른바 불가벌적 사후행위로서 별도의 횡령죄를 구성하지 않는다고 할 것이다.
   그런데도 피고인들에 대하여 반환거부로 인한 횡령죄와 별도로 근저당권설정등기 경료로 인한 횡령죄까지 성립한다고 판단한 원심판결에는 횡령죄에 있어서의 불가벌적 사후행위에 관한 법리를 오해한 위법이 있다고 할 것이고, 이는 판결에 영향을 미쳤음이 분명하다.
3. 그러므로 원심판결을 파기하고, 사건을 다시 심리·판단하게 하기 위하여 원심법원에 환송하기로 하여 관여 대법관의 일치된 의견으로 주문과 같이 판결한다.

대법관 안대희(재판장) 박시환 차한성 신영철(주심)

대법원 2010.2.25. 선고 2009도13716 판결

【특수강도·특수강도미수·강제추행·성폭력범죄의처벌및피해자보호등에관한법률위반(특수강제추행)·성폭력범죄의처벌및피해자보호등에관한법률위반(특수강제추행등)미수·성폭력범죄의처벌및피해자보호등에관한법률위반(특수강도강간등)·성폭력범죄의처벌및피해자보호등에관한법률위반(특수강간)·강간상해】

판시사항

1. 강제추행죄에서 '추행'의 개념 및 판단 기준
2. 피고인이 엘리베이터 안에서 피해자를 칼로 위협하는 등의 방법으로 꼼짝하지 못하도록 하여 자신의 실력적인 지배하에 둔 다음 자위행위 모습을 보여준 행위가 강제추행죄의 추행에 해당한다고 본 사례

전　문

피 고 인 피고인

상 고 인 피고인

변 호 인 변호사

원심판결 서울고법 2009. 11. 26. 선고 2009노1627 판결

주　문 상고를 기각한다.

이　유 상고이유를 판단한다.

1. 상고이유 중 강제추행죄의 추행에 해당하는지 여부에 관하여

추행은 객관적으로 일반인에게 성적 수치심이나 혐오감을 일으키게 하고 선량한 성적 도덕관념에 반하는 행위로서 피해자의 성적 자유를 침해하는 것을 말하는바, 이에 해당하는지 여부는 피해자의 의사, 성별, 연령, 행위자와 피해자의 관계, 그 행위에 이르게 된 경위, 구체적 행위태양, 주위의 객관적 상황과 그 시대의 성적 도덕관념 등을 종합적으로 고려하여 신중히 결정하여야 한다(대법원 2002. 4. 26. 선고 2001도2417 판결 등 참조).

이러한 법리에 따라 이 사건에 관하여 보건대, 원심이, 이 사건 공소사실 중 강제추행과 관련된 부분에 대하여, 판시 증거에 의하여 인정되는 다음과 같은 사정, 즉 피고인이 엘리베이터라는 폐쇄된 공간에서 피해자들을 칼로 위협하는 등으로 꼼짝하지 못하도록 자신의 실력적인 지배하에 둔 다음 피해자들에게 성적 수치심과 혐오감을 일으키는 자신의 자위행위 모습을 보여 주고 피해자들로 하여금 이를 외면하거나 피할 수 없게 한 행위는 강제추행죄의 추행에 해당한다고 판단한 제1심판결을 유지한 것은 정당하고, 달리 거기에 강제추행죄의 추행의 개념에 관한 법리오해 등의 잘못이 없다.

2. 나머지 상고이유에 관하여

원심 및 제1심판결의 이유를 그 채택 증거에 비추어 살펴보면, 원심이, 판시 강간상해의 범행 과정에서 피해자에게 발생한 상해가 일상생활에 지장이 없고 단기간 내에 자연치유가 가능한 극히 경미한 상처라고 할 수 없으며, 그러한 정도의 상처로 인하여 위 피해자의 신체의 건강상태가 불량하게 변경되고 생활기능에 장애가 초래된 것이 아니라고 보기 어렵다고 판단하여 강간상해의 공소사실을 유죄로 인정한 제1심판결을 유지한 것은 정당하고, 거기에 강간상해죄의 상해에 관한 법리오해 등의 잘못 없다.

그리고 이 사건 기록에 나타난 피고인의 연령, 성행, 지능과 환경, 피해자들과의 관계, 범행의 동기, 수단과 결과, 범행 후의 정황 등 모든 양형조건을 고려하여 볼 때, 피고인에 대하여 징역 12년을 선고한 제1심의 형을 유지한 원심의 조치는 정당하다.

3. 결론

그러므로 상고를 기각하기로 하여, 관여 대법관의 일치된 의견으로 주문과 같이 판결한다.

대법관 이홍훈(재판장) 김영란 김능환 민일영(주심)

대법원 2010.2.25. 선고 2009도13376 판결

【일반교통방해】

판시사항

1 형법 제185조 일반교통방해죄에서 '육로'의 의미

2 '피고인 소유의 임야 내 타인의 음식점으로 통하는 진입도로'가 일반교통방해죄에서 정한 불특정 다수인을 위한 공공성을 가진 도로라고 보기 어렵다고 한 사례

전 문

피고인 피고인

상고인 검사

원심판결 수원지법 2009. 9. 29. 선고 2009노741 판결

주 문 상고를 기각한다.

이 유 상고이유를 본다.

형법 제185조의 일반교통방해죄는 일반공중의 교통안전을 그 보호법익으로 하는 범죄로서 육로 등을 손괴 또는 불통하게 하거나 기타의 방법으로 교통을 방해하여 통행을 불가능하게 하거나 현저하게 곤란하게 하는 일체의 행위를 처벌하는 것을 그 목적으로 하는 죄로서(대법원 1995. 9. 15. 선고 95도1475 판결 등 참조), 여기에서 '육로'라 함은 일반공중의 왕래에 공용된 장소, 즉 특정인에 한하지 않고 불특정 다수인 또는 차마가 자유롭게 통행할 수 있는 공공성을 지닌 장소를 말한다(대법원 1999. 4. 27. 선고 99도401 판결 등 참조).

이 사건 공소사실의 요지는, 피고인은 2007. 4. 29.부터 같은 달 30.까지 광주시 중대동(이하 지번 생략) 소재 임야 내 공소외 1의 음식점으로 통하는 진입도로에서, 위 임야의 소유권을 취득하였음에도 위 진입도로에 대한 소유권을 행사하지 못한다는 이유로, 포크레인 등의 장비를 동원하여 위 진입도로 노면의 일부를 손괴하고 쇠사슬을 위 진입도로에 걸어 둠으로써 불특정 다수인이 통행하는 위 진입도로의 교통을 방해하였다라는 것이다.

원심 및 제1심은 그 채용 증거에 의하여, 공소외 1은 "위 진입도로(아래에서는 '이 사건 토지'라 한다)에 관한 형질변경허가를 받고도 아무런 조치를 취하지 아니하다가 기존의 도로를 사용할 수 없게 되어 대체도로를 만들고자 하였다"고 진술하고 있는 점, 공소외 1이 2007. 3. 말경 콘크리트 포장공사를 하기 전까지 이 사건 토지에는 돌이 쌓여 있고 낙엽이 많이 쌓여 있는 등 평소에 사람이 통행하기에 부적합한 상태였던 것으로 보이는 점, 공소외 1이 운영하는 음식점으로 연결되는 도로로는 이 사건 토지와 기존의 포장된 아스팔트 도로가 있었는데, 위 음식점에 가기 위해서 포장되어 있지 않던 이 사건 토지보다는 포장된 위 아스팔트 도로가 주로 이용된 것으로 보이는 점, 공소외 1은 1997년에 산지전용허가를 받은 이후 이 사건 토지에 도로를 개설하려고 몇 차례 개설을 위한 일부 공사를 하였으나 완료하지 못하다가 기존의 도로를 사용할 수 없게 되자 비로소 콘크리트 포장공사를 하였고, 이에 이 사건 토지의 소유자인 피고인이 공소사실 기재와 같이 도로 이용을 저지하게 된 점, 공소외 1이 피고인을 상대로 제기한 이 사건 토지에 대한 통행권확인청구가 기각되어 피고인의 승소로 확정됨으로써 공소외 1이 더 이상 피고인에게 이 사건 토지에 대한 통행권을 주장할 수 없게 된 점 등을 인정하였다.

위와 같은 사정을 앞서 본 법리에 비추어 보면, 이 사건 토지는 일반교통방해죄에서 정한 불특정 다수인을 위한 공공성을 가진 도로라고 보기 어렵다 할 것이므로, 같은 이유에서 이 사건 공소사실에 관하여 피고인에게 무죄를 선고한 제1심판결을 유지한 원심의 판단은 옳은 것으로 수긍이 가고, 거기에 상고이유의 주장과 같은 일반교통방해죄에 대한 법리오해 등의 위법이 없다.

그러므로 상고를 기각하기로 하여 관여 대법관의 일치된 의견으로 주문과 같이 판결한다.

대법관 신영철(재판장) 박시환 안대희(주심) 차한성

대법원 2010.2.25. 선고 2009도13187 판결

【특정경제범죄가중처벌등에관한법률위반(배임)(인정된죄명:배임미수)·무고·근로기준법 위반】

판시사항

채무자가 채권자로부터 돈을 차용하면서 담보로 채무자 소유의 주식에 대하여 주권교부의 방법으로 양도담보를 설정하기로 약정하고 아직 채권자에게 주식의 현실 교부가 이루어지지 아니한 상태에서 다시 제3자와 그 주식의 일부 또는 전부에 대하여 양도담보를 설정하기로 약정하고 차용금의 일부 또는 전부를 수령한 경우, 배임죄의 실행의 착수에 해당하는지 여부(원칙적 적극)

전 문

피 고 인 피고인

상 고 인 피고인

변 호 인 변호사

원심판결 서울고법 2009. 11. 12. 선고 2009노1546, 1955(병합) 판결

주 문 상고를 기각한다.

이 유 상고이유(상고이유서 제출기간이 경과한 후에 제출된 상고이유보충서의 기재는 상고이유를 보충하는 범위 내에서)를 본다.

채무자가 채권자와 사이에 그로부터 금원을 차용하되 그 담보로 채무자 소유의 주식에 대하여 현실 교부의 방법으로 양도담보를 설정하기로 약정하고 채권자로부터 차용금의 일부 또는 전부를 수령한 이상 특단의 사정이 없는 한 채무자는 채권자에게 그 주식을 현실로 교부함으로써 채권자가 그 주식에 대한 양도담보권을 취득하는 데에 협력할 임무가 있다고 할 것이므로, 아직 채권자에게 주식의 현실 교부가 이루어지지 아니한 상태에서 채무자가 제3자와 사이에 그로부터 금원을 차용하되 그 담보로 그 주식의 일부 또는 전부에 대하여 현실 교부의 방법으로 양도담보를 설정하기로 약정하고 제3자로부터 차용금의 일부 또는 전부를 수령하였다면 이는 채권자에 대한 양도담보권 취득을 위한 주식교부절차 협력의무 위배와 밀접한 행위로서 배임죄의 실행의 착수에 해당한다고 할 것이다.

원심은, 그 판시와 같은 사정을 종합하여, 피고인과 피해자 공소외 1 사이에 체결된 이 사건 주식담보대출 약정 속에는 피고인이 피해자로부터 금원을 차용하면서 그 담보로 증권예탁결제원에 보호예수 중이던 피고인 소유의 이 사건 주식에 대하여 주식 교부의 방법으로 양도담보를 설정하기로 하는 약정이 포함되어 있는 것으로 보인다고 전제한 다음, 피고인이 피해자로부터 차용금 전부를 교부받은 이상 피해자로 하여금 이 사건 주식에 대한 완전한 양도담보권을 취득할 수 있도록 그 주식교부절차에 협력할 임무가 있으므로, 피고인이 공소외 2와 사이에 다시 이 사건 주식 중 200만 주에 대하여 주식 교부의 방법으로 양도담보를 설정하기로 약정하고 공소외 2로부터 차용금을 교부받은 것은 피해자에 대한 양도담보권 취득을 위한 주식교부절차 협력의무 위배와 밀접한 행위로서 배임죄의 실행의 착수에 해당하여 배임미수죄가 성립한다고 판단하고, 나아가, 피고인의 배임행위로 인하여 취득할 제3자인 공소외 2의 이득액은 배임행위의 실행에 착수한 시점의 이 사건 주식 중 200만 주의 가격인 26억 5,000만 원의 범위 내에서 피고인의 공소외 2에 대한 피담보채무액인 20억 원이라고 판단하였다.

앞서 본 법리와 기록에 비추어 살펴보면, 이러한 원심의 판단은 정당한 것으로 수긍할 수 있고, 거기에 상고이유의 주장과 같은 배임죄에 있어서의 타인의 사무를 처리하는 자 및 실행의 착수, 이득액의 산정에 관한 법리오해의 위법 등이 있다고 할 수 없다.

그러므로 상고를 기각하기로 하여 관여 대법관의 일치된 의견으로 주문과 같이 판결한다.

대법관 안대희(재판장) 박시환 차한성 신영철(주심)

대법원 2010.2.25. 선고 2009도12117 판결

【게임산업진흥에관한법률위반】

판시사항

[1] 게임산업진흥에 관한 법률의 적용대상인 게임물에서 제외되는 '사행성게임물'의 의미

[2] '사행성게임물'을 이용하여 사행행위를 하게 하거나 경품 등을 제공한 행위를 게임산업진흥에 관한 법률 제44조 제1항 제1호, 제1의2호에 의하여 처벌할 수 있는지 여부(소극)

전 문

피 고 인 피고인

상 고 인 피고인

변 호 인 변호사

원심판결 서울남부지법 2009. 10. 21. 선고 2009노1654 판결

주 문 원심판결을 파기하고, 사건을 서울남부지방법원 합의부로 환송한다.

이 유 상고이유에 대한 판단에 앞서, 경품 제공 사행성 조장으로 인한 게임산업진흥에 관한 법률 위반의 점에 관하여 직권으로 본다.

1. 2007. 1. 19. 법률 제8247호로 개정된 게임산업진흥에 관한 법률(이하 '게임산업법'이라 한다)은 그 적용대상이 되는 게임물을 컴퓨터프로그램 등 정보처리기술이나 기계장치를 이용하여 오락을 할 수 있게 하거나 이에 부수하여 여가선용, 학습 및 운동효과 등을 높일 수 있도록 제작된 영상물 또는 그 영상물의 이용을 주된 목적으로 제작된 기기 및 장치라고 규정하면서 개정전의 구 게임산업법(2007. 1. 19. 법률 제8247호로 개정되기 전의 것)과는 달리 '사행성게임물'을 게임물에서 제외하였고(제2조 제1호 가목), 베팅이나 배당을 내용으로 하는 게임물, 우연적인 방법으로 결과가 결정되는 게임물, 「한국마사회법」에서 규율하는 경마와 이를 모사한 게임물, 「경륜·경정법」에서 규율하는 경륜·경정과 이를 모사한 게임물, 「관광진흥법」에서 규율하는 카지노와 이를 모사한 게임물, 그 밖에 대통령령이 정하는 게임물로서, 그 결과에 따라 재산상 이익 또는 손실을 주는 것을 사행성게임물로 정의하고 있다(제2조 제1의2호). 그러므로 게임산업법의 적용대상이 되는 게임물에서 제외되는 '사행성게임물'이라 함은 게임의 진행이 게임산업법 제2조 제1의2호에서 제한적으로 열거한 내용 또는 방법에 의하여 이루어져야 할 뿐만 아니라, 게임의 결과에 따라 게임기기 또는 장치에 설치된 지급장치를 통하여 게임이용자에게 직접 금전이나 경품 등의 재산상 이익을 제공하거나 손실을 입도록 만들어진 게임기기 또는 장치를 의미한다.

  한편, 게임산업법 제28조는 "게임물 관련사업자는 다음 각 호의 사항을 지켜야 한다"고 하면서, 제2호에서는 "게임물을 이용하여 도박 그 밖의 사행행위를 하게 하거나 이를 하도록 내버려 두지 아니할 것"이라고 규정하고, 제3호로 "경품 등을 제공하여 사행성을 조장하지 아니할 것"을 규정하고 있으며, 게임산업법 제44조 제1항 제1호는 위 제28조 제2호를 위반한 자를 처벌하고, 게임산업법 제44조 제1항 제1의2호는 위 제28조 제3호를 위반한 자를 처벌하도록 규정하고 있으므로 게임산업법 제44조 제1항 제1호 또는 같은 항 제1의2호에 의하여 처벌대상이 되는 자는 '게임물 관련사업자'이어야 한다. 그런데 게임산업법 제2조 제9호는 '게임물 관련사업자'를 '제4호 내지 제8호의 영업을 하는 자'로 정의하였는데, 같은 조 제6호는 '게임제공업'을 '공중이 게임물을 이용할 수 있도록 이를 제공하는 영업'으로 규정하고 있다.

  이러한 '게임물 관련사업자' 및 '게임물제공업'에 관한 게임산업법의 제 규정들과 앞서 본 바와 같이 사행성게임물은 게임물에서 제외된다는 점을 종합하여 보면, 게임물에 해당하지 않는 사행성게임물을 공중의 이용에 제공하는 영업은 게임산업법 제2조 제6호의 '게임제공업'에 해당하지 아니하므로 이러한 영업을 하는 자는 같은 조 제9호 소정의 '게임물 관련사업자'가 아니라고 할 것이며, 나아가 게임산업법 제28조 제2호에서의 '게임물'이라 함은 게임산업법 제2조 제1호 소정의 '게임물'을 의미한다.

  따라서 사행성게임물을 이용하여 손님들로 하여금 사행행위를 하게 하거나, 사행성게임물을 이용하는 손님들에게 게임의 결과에 따라 경품 등을 제공하였다고 하더라도 이를 게임산업법 제44조 제1항 제1호, 제28조 제2호 또는 게임산업법 제44조 제1항 제1의2호, 제28조 제3호에 의하여 처벌할 수는 없다(대법원 2010. 1. 28. 선고 2009도12650 판결 등 참조).

2. 원심판결 이유와 기록에 의하면, 이 사건 "오션 파라다이스" 게임물(이하 '이 사건 게임물'이라 한다)은 베팅을 해서 우연적인 방법으로 결과(점수)가 결정되고 누적된 점수에 따라 상품권이 게임기로부터 배출되는 것처럼 보이므로 사행성게임물에 해당한다고 볼 여지가 충분한바, 원심이 이 사건 게임물이 사행성게임물이 아닌 게임물이라는 점에 관하여 명확히 하지 아니한 채, 피고인이 이 사건 게임 결과에 따라 경품 등을 제공하여 사행성을 조장하였다는 공소사실에 대하여도 게임산업법 위반죄가 성립한다고 판단한 것은 게임산업법에 관한 법리를 오해한 위법이 있고 이는 판결 결과에 영향을 미쳤다고 할 것이므로, 이 부분 원심판결은 그대로 유지될 수 없다.
3. 그러므로 원심판결 중 경품 제공 사행성 조장으로 인한 게임산업법 위반 부분은 파기되어야 할 것인바, 그와 실체적 경합관계에 있어 하나의 형이 선고된 나머지 게임산업법 위반 부분도 함께 파기될 수밖에 없으므로 원심판결을 전부 파기하고, 사건을 다시 심리·판단하게 하기 위하여 원심법원에 환송하기로 하여, 관여 대법관의 일치된 의견으로 주문과 같이 판결한다.

대법관 양승태(재판장) 김지형 전수안(주심) 양창수

대법원 2010.2.25. 선고 2009도8473 판결

【재물손괴】

판시사항

[1] '재건축사업으로 철거가 예정되어 있고 그 입주자들이 모두 이사하여 아무도 거주하지 않는 아파트'가 재물손괴죄의 객체가 되는지 여부(적극)

[2] 재건축사업으로 철거가 예정되어 있는 아파트를 가집행선고부 판결을 받아 철거한 행위는 형법 제20조의 정당행위에 해당한다고 보아, 재물손괴의 공소사실을 유죄로 인정한 원심판단에 법리오해의 위법이 있다고 한 사례

전 문

피 고 인 피고인 1외 5인

상 고 인 피고인들

변 호 인 변호사

원심판결 서울남부지법 2009. 8. 5. 선고 2009노918 판결

주 문 원심판결을 파기하고, 사건을 서울남부지방법원 합의부로 환송한다.

이 유 상고이유를 판단한다.

1. 재물손괴죄의 구성요건에 해당하는지 여부

재건축사업으로 철거가 예정되어 있었고 그 입주자들이 모두 이사하여 아무도 거주하지 않은 채 비어 있는 아파트라 하더라도, 그 아파트 자체의 객관적 성상이 본래 사용목적인 주거용으로 사용될 수 없는 상태가 아니었고, 더욱이 그 소유자들이 재건축조합으로의 신탁등기 및 인도를 거부하는 방법으로 계속 그 소유권을 행사하고 있는 상황이었다면 위와 같은 사정만으로는 위 아파트가 재물로서의 이용가치나 효용이 없는 물건으로 되었다고 할 수 없으므로, 위 아파트는 재물손괴죄의 객체가 된다고 할 것이다(대법원 2007. 9. 20. 선고 2007도5207 판결 참조).

따라서 원심이 같은 취지에서, 피해자들의 이 사건 각 아파트가 재물손괴죄의 객체가 된다고 판단한 것은 정당한 것으로 수긍이 가고, 거기에 상고이유의 주장과 같이 재물손괴죄의 구성요건에 관한 법리오해 등의 위법이 있다고 할 수 없다.

2. 긴급피난 또는 정당행위에 해당하는지 여부

원심은, 이 사건 조합이 피해자들을 상대로 이 사건 각 아파트에 관한 소유권이전등기 및 인도 청구소송을 제기하여 1심에서 승소하기는 하였으나, 피해자들이 이에 불복·항소하여 이 사건 당시 항소심 계속 중이었고, 공사의 지연으로 인하여 현저한 손해가 예상된다면 철거단행가처분을 신청하는 등의 정당한 법적 절차를 통하여 위 각 아파트를 합법적으로 철거할 수 있었음에도 이러한 절차를 거치지 아니하고, 관할구청장에게 철거신고서도 제출하지 않은 채 이 사건 각 아파트를 임의로 철거한 피고인들의 행위는 사회적 상당성의 범위를 넘어서는 것으로서 긴급피난 또는 정당행위에 해당한다고 볼 수 없다고 판단하였다.

그러나 원심의 위와 같은 판단은 다음과 같은 이유로 수긍하기 어렵다.

재건축사업은 재건축지역 내에 있는 주택의 철거를 전제로 하는 것이어서, 조합원은 주택 부분의 철거를 포함한 일체의 처분권을 조합에 일임하였다고 보아야 할 뿐만 아니라(대법원 1997. 5. 30. 선고 96다23887 판결 참조), 원심판결 이유 및 기록에 의하면 이 사건 조합의 정관에 "조합은 재건축을 위한 사업계획승인을 받은 이튿날부터 사업시행지구 안의 건축물 또는 공작물 등을 철거할 수 있다"고 규정하고 있는 사실, 이 사건 조합이 조합원인 피해자들을 상대로 이 사건 각 아파트에 관한 소유권이전등기 및 인도 청구소송을 제기하여 제1심에서 이 사건 각 아파트에 관한 소유권이전등기절차를 이행하고 조합목적 달성을 위한 건물 철거를 위하여 이 사건 각 아파트를 인도하라는 취지의 가집행선고부 판결이 내려졌으며 위 판결은 이후 항소 및 상고가 기각되어 확정된 사실, 이 사건 조합의 조합장인 피고인 1, 부조합장인 피고인 2는 위 소송의 항소심 계속 중 제1심판결에 기하여 이 사건 각 아파트에 관한 부동산인도집행을 완료한 후 재건축 시공사에 이 사건 각 아파트의 철거를 요

청하였고, 재건축 시공사의 현장소장들인 피고인 3, 4가 다시 철거전문업체에 철거지시를 하여 그 직원들인 피고인 5, 6이 이 사건 각 아파트를 철거하기에 이른 사실을 알 수 있고, 나아가 이 사건 조합이 이 사건 각 아파트를 철거하기 전에 관할구청장에게 그 신고를 하지 않았다 하더라도 이는 건축법에 따른 제재대상이 되는 것은 별론으로 하고 형법상 재물손괴죄의 성립 여부에는 영향을 미칠 수 없다고 할 것인바, 이와 같은 사정을 종합하면 피고인들이 위 가집행선고부 판결을 받아 이 사건 각 아파트를 철거한 것은 형법 제20조에 정한 정당행위라 할 것이니 이 사건 공소사실은 범죄로 되지 아니하는 경우에 해당한다 할 것이다.

그럼에도 불구하고, 원심은 그 판시와 같은 이유로 피고인들의 행위가 정당행위에 해당하지 아니한다고 속단하고 이 사건 공소사실에 대하여 유죄를 선고한 제1심판결을 유지하였으니, 이러한 원심의 판단에는 정당행위에 관한 법리를 오해하여 판결에 영향을 미친 위법이 있다 할 것이므로, 이 점을 지적하는 상고이유의 주장은 이유 있다.

3. 결론

그러므로 원심판결을 파기하고, 사건을 다시 심리·판단하게 하기 위하여 원심법원으로 환송하기로 하여 관여 법관의 일치된 의견으로 주문과 같이 판결한다.

대법관 민일영(재판장) 김영란 이홍훈(주심) 김능환

대법원 2010.2.25. 선고 2009도5824 판결

【도로법위반】

판시사항

[1] 구 도로법 제86조의 '양벌조항'이 적용되기 위한 요건 및 구체적인 사안에서 법인이 상당한 주의 또는 관리감독 의무를 게을리하였는지 여부의 판단 기준

[2] 갑의 행위가 구 도로법 제83조 제1항 제3호 위반죄에 해당한다는 이유만으로, 같은 법 제86조의 양벌조항에 따라 갑의 소속 법인을 처벌한 원심판결에 양벌조항의 사업주 책임에 관한 법리오해 또는 심리미진의 위법이 있다고 한 사례

판결요지

[1] 구 도로법(2008. 3. 21. 법률 제8976호로 전부 개정되기 전의 것) 제83조 제1항 제3호는 차량의 운행제한에 대한 위반 여부를 확인하기 위한 관리청의 관계서류 제출 등 요구에 정당한 사유 없이 불응한 자를 처벌하는 외에, 같은 법 제86조로 법인의 대리인·사용인 기타의 종업원이 그 법인의 업무에 관하여 위 위반행위를 한 경우 법인도 처벌하는 '양벌조항'을 두고 있다. 형벌의 자기책임원칙에 비추어 보면 위반행위가 발생한 그 업무와 관련하여 법인이 상당한 주의 또는 관리감독 의무를 게을리한 때에 한하여 위 양벌조항이 적용된다고 봄이 상당하며, 구체적인 사안에서 법인이 상당한 주의 또는 관리감독 의무를 게을리하였는지 여부는 당해 위반행위와 관련된 모든 사정, 즉 당해 법률의 입법 취지, 처벌조항 위반으로 예상되는 법익 침해의 정도, 그 위반행위에 관하여 양벌조항을 마련한 취지 등은 물론 위반행위의 구체적인 모습과 그로 인하여 실제 야기된 피해 또는 결과의 정도, 법인의 영업 규모 및 행위자에 대한 감독가능성 또는 구체적인 지휘감독 관계, 법인이 위반행위 방지를 위하여 실제 행한 조치 등을 전체적으로 종합하여 판단하여야 한다.

[2] 운전 차량이 제한높이 초과 차량으로 계측된 후 도로관리청 직원으로부터 차량 높이제한의 위반 여부를 확인하기 위한 정지요구를 받고서도 그대로 검문소를 통과하였다는 갑의 행위가 구 도로법(2008. 3. 21. 법률 제8976호로 전부 개정되기 전의 것) 제83조 제1항 제3호 위반죄에 해당한다는 이유만으로, 갑 소속 법인의 주의의무 내용이나 그 위반 여부에 관하여 나아가 살피지 아니하고 같은 법 제86조의 양벌조항에 따라 갑 소속 법인을 처벌한 원심판결에 양벌조항의 사업주 책임에 관한 법리오해 또는 심리미진의 위법이 있다고 한 사례.

전 문

피 고 인 피고인 1외 1인

상 고 인 피고인들

원심판결 대전지법 2009. 6. 17. 선고 2009노796 판결

주 문 원심판결 중 피고인 2 주식회사에 관한 부분을 파기하고, 그 부분 사건을 대전지방법원 본원 합의부에 환송한다. 피고인 1의 상고를 기각한다.

이 유

1. 상고이유를 판단한다.

원심판결 이유에 의하면, 원심은 적법하게 채택·조사한 증거들을 종합하여 판시와 같이 피고인 1 운전 차량이 제한높이 초과 차량으로 계측된 사실, 이에 도로관리청 직원이 피고인 1에게 차량 높이제한의 위반여부를 확인하기 위한 정지요구를 하였으나 피고인 1이 정지하지 않고 그대로 검문소를 통과해 가 버린 사실을 인정하였는바, 그에 관한 상고이유 주장은 결국 원심이 채증법칙을 위반함으로써 잘못된 사실인정을 하였다는 취지이다.

그러나 사실의 인정과 그 전제로 행하여지는 증거의 취사선택 및 평가는 자유심증주의의 한계를 벗어나지 아니하는 한 사실심법원의 전권에 속하는 것인바, 원심판결 이유와 기록에 비추어 살펴보아도 원심이 위 한계를 넘어섰다고 할 사유를 발견할 수 없는 이 사건에서, 위와 같은 상고논지는 원심법원의 전권에 속하는 사항을 비난하는 것에 불과하여 적법한 상고이유가 되지 못한다 할 것이므로, 위 상고이유 주장은 받아들이지 아니한다.

2. 피고인 2 주식회사(이하 '피고인 회사'라고 한다)의 양벌조항에 의한 책임에 대하여 직권으로 살핀다.

구 도로법(2008. 3. 21. 법률 제8976호로 전부 개정되기 전의 것, 이하 같다) 제83조 제1항 제3호는 차량의 운행제한에 대한 위반여부를 확인하기 위한 관리청의 관계서류 제출 등 요구에 정당한 사유 없이 불응한 자를 처벌하는 외에 같은 법 제86조로 법인의 대리인·사용인 기타의 종업원이 그 법인의 업무에 관하여 위 위반행위를 한 경우 법인도 처벌하는 양벌조항을 두고 있다.

형벌의 자기책임원칙에 비추어 보면 위반행위가 발생한 그 업무와 관련하여 법인이 상당한 주의 또는 관리감독 의무를 게을리한 때에 한하여 위 양벌조항이 적용된다고 봄이 상당하며, 구체적인 사안에서 법인이 상당한 주의 또는 관리감독 의무를 게을리하였는지 여부는 당해 위반행위와 관련된 모든 사정 즉, 당해 법률의 입법 취지, 처벌조항 위반으로 예상되는 법익 침해의 정도, 그 위반행위에 관하여 양벌조항을 마련한 취지 등은 물론 위반행위의 구체적인 모습과 그로 인하여 실제 야기된 피해 또는 결과의 정도, 법인의 영업 규모 및 행위자에 대한 감독가능성 또는 구체적인 지휘감독관계, 법인이 위반행위 방지를 위하여 실제 행한 조치 등을 전체적으로 종합하여 판단하여야 한다.

이 사건에 관하여 살피건대, 피고인 1의 위반행위 내용은 그 운전 차량이 제한높이 초과 차량으로 계측된 후 도로관리청 직원으로부터 차량 높이제한의 위반여부를 확인하기 위한 정지요구를 받고서도 그대로 검문소를 통과하였다는 것으로서 위와 같은 위반행위로 인한 법익 침해의 정도나 그 위반행위자 외에 소속 법인 등도 처벌하도록 한 구 도로법의 입법 취지 등도 고려하면, 위 양벌조항에 기하여 피고인 회사의 책임을 추궁하기 위해서는 피고인 회사의 직원수 등 그 규모와 직원들에 대한 지휘감독관계, 평소 피고인 회사가 직원들에 대하여 차량의 운행제한을 지킴은 물론 관계 공무원들의 적법한 지시나 요구에 따르도록 하는 등의 준법교육을 실시하였는지 여부, 피고인 1의 전력 등에 비추어 특히 피고인 1에 대하여는 위와 같은 위반행위를 예상하여 이를 방지하기 위한 상당한 주의를 기울이거나 관리감독을 철저히 할 필요가 있었는지, 그러한 필요가 있었다면 피고인 회사가 그와 같은 의무를 충실히 이행하였는지 여부 등을 심리할 필요가 있다고 할 것이다.

그럼에도 불구하고 원심은 피고인 1의 행위가 구 도로법 위반죄에 해당한다는 이유만으로 피고인 회사의 주의의무 내용이나 그 위반 여부에 관하여 나아가 살피지 아니하고 위 양벌조항에 따라 피고인 회사를 처벌하고 말았으니, 원심판결에는 구 도로법상 양벌조항의 사업주 책임에 관한 법리를 오해하거나 심리를 다하지 아니한 위법이 있다 할 것이고, 이는 판결에 영향을 미쳤음이 분명하다.

3. 결론

그러므로 원심판결 중 피고인 회사에 대한 부분을 파기하고 사건을 다시 심리·판단하도록 원심법원에 환송하며, 피고인 1의 상고를 기각하기로 하여 관여 대법관의 일치된 의견으로 주문과 같이 판결한다.

대법관 안대희(재판장) 박시환 차한성 신영철(주심)

대법원 2010.2.25. 선고 2009도5064 판결

【절도(일부변경된죄명:권리행사방해)】

판시사항

1 소유권 이전을 위하여 등기나 등록을 요하는 재산에 대하여 소유권유보부매매가 성립할 수 있는지 여부(소극)

2 형법상 '절취'의 의미 및 약정에 기한 인도청구권이 인정되는 경우에도 점유자의 의사에 반하여 점유를 배제하는 행위를 함으로써 절도죄가 성립하는지 여부(적극)

3 '자기의 소유가 아닌 물건'이 권리행사방해죄의 객체가 될 수 있는지 여부(소극)

판결요지

1 소유권유보부매매는 동산을 매매함에 있어 매매목적물을 인도하면서 대금완납시까지 소유권을 매도인에게 유보하기로 특약한 것을 말하며, 이러한 내용의 계약은 동산의 매도인이 매매대금을 다 수령할 때까지 그 대금채권에 대한 담보의 효과를 취득·유지하려는 의도에서 비롯된 것이다. 따라서 부동산과 같이 등기에 의하여 소유권이 이전되는 경우에는 등기를 대금완납시까지 미룸으로써 담보의 기능을 할 수 있기 때문에 굳이 위와 같은 소유권유보부매매의 개념을 원용할 필요성이 없으며, 일단 매도인이 매수인에게 소유권이전등기를 경료하여 준 이상은 특별한 사정이 없는 한 매수인에게 소유권이 귀속되는 것이다. 한편 자동차, 중기, 건설기계 등은 비록 동산이기는 하나 부동산과 마찬가지로 등록에 의하여 소유권이 이전되고, 등록이 부동산 등기와 마찬가지로 소유권이전의 요건이므로, 역시 소유권유보부매매의 개념을 원용할 필요성이 없는 것이다.

2 형법상 절취란 타인이 점유하고 있는 자기 이외의 자의 소유물을 점유자의 의사에 반하여 그 점유를 배제하고 자기 또는 제3자의 점유로 옮기는 것을 말하는 것으로, 비록 약정에 기한 인도 등의 청구권이 인정된다고 하더라도, 취거 당시에 점유 이전에 관한 점유자의 명시적·묵시적인 동의가 있었던 것으로 인정되지 않는 한, 점유자의 의사에 반하여 점유를 배제하는 행위를 함으로써 절도죄는 성립하는 것이다.

3 형법 제323조의 권리행사방해죄는 타인의 점유 또는 권리의 목적이 된 '자기의 물건'을 취거, 은닉 또는 손괴하여 타인의 권리행사를 방해함으로써 성립하는 것이므로, 그 취거, 은닉 또는 손괴한 물건이 '자기의 물건'이 아니라면 권리행사방해죄가 성립할 여지가 없다.

전 문

피 고 인 피고인

상 고 인 피고인 및 검사

변 호 인 법무법인

원심판결 의정부지법 2009. 5. 22. 선고 2008노2211 판결

주 문 상고를 모두 기각한다.

이 유

1. 피고인의 상고이유에 관한 판단

가. 상고이유 제1점에 관하여

소유권유보부매매는 동산을 매매함에 있어 매매목적물을 인도하면서 대금완납시까지 소유권을 매도인에게 유보하기로 특약한 것을 말하며, 이러한 내용의 계약은 동산의 매도인이 매매대금을 다 수령할 때까지 그 대금채권에 대한 담보의 효과를 취득·유지하려는 의도에서 비롯된 것이다. 따라서 부동산과 같이 등기에 의하여

소유권이 이전되는 경우에는 등기를 대금완납시까지 미룸으로써 담보의 기능을 할 수 있기 때문에 굳이 위와 같은 소유권유보부매매의 개념을 원용할 필요성이 없으며, 일단 매도인이 매수인에게 소유권이전등기를 경료하여 준 이상은 특별한 사정이 없는 한 매수인에게 소유권이 귀속되는 것이다.

한편, 자동차, 중기, 건설기계 등은 비록 동산이기는 하나 부동산과 마찬가지로 등록에 의하여 소유권이 이전되고, 등록이 부동산 등기와 마찬가지로 소유권이전의 요건이므로, 역시 소유권유보부매매의 개념을 원용할 필요성이 없는 것이다.

상고이유로 주장하고 있는 대법원 1999. 9. 7. 선고 99다30534 판결은 동산의 소유권유보부매매의 경우 목적물이 매수인에게 인도되었다고 하더라도 특별한 사정이 없는 한 매도인은 대금을 모두 수령할 때까지 매수인뿐만 아니라 제3자에 대하여도 목적물의 소유권을 주장할 수 있다는 취지이나, 이러한 법리는 앞서 본 것과 같은 이유로 자동차, 중기, 건설기계 등에는 적용되지 않는 것으로 보아야 한다.

따라서 원심 판시 '할부매매 덤프트럭'의 경우, 비록 매수인 공소외 1 주식회사, 매도인 공소외 2 주식회사, 할부금융사 공소외 3 주식회사 사이에 대출원리금의 완제시까지 그 소유권이 공소외 3 주식회사에 유보된다는 취지의 특약이 있었다 하더라도, 공소외 1 주식회사 명의로 등록이 된 이상 그 소유권은 대외적으로 공소외 1 주식회사에 귀속되는 것으로 보아야 한다. 이와 반대되는 전제에서, 할부매매 덤프트럭의 소유권이 공소외 3 주식회사에 유보되어 있었으므로 공소외 1 주식회사가 대외적인 소유권자가 아니라는 취지의 주장은 받아들일 수 없다.

나. 상고이유 제2점에 관하여

형법상 절취란 타인이 점유하고 있는 자기 이외의 자의 소유물을 점유자의 의사에 반하여 그 점유를 배제하고 자기 또는 제3자의 점유로 옮기는 것을 말하는 것으로, 비록 약정에 기한 인도 등의 청구권이 인정된다고 하더라도, 취거 당시에 점유 이전에 관한 점유자의 명시적·묵시적인 동의가 있었던 것으로 인정되지 않는 한, 점유자의 의사에 반하여 점유를 배제하는 행위를 함으로써 절도죄는 성립하는 것이다(대법원 2001. 10. 26. 선고 2001도4546 판결 참조).

원심이, 피고인이 할부매매 덤프트럭을 가져가기 전에 공소외 1 주식회사에 "여신거래기본약관상의 기한이익 상실조항에 의거하여 리스료의 일시상환 청구를 하게 되었으며 또한 귀하의 재산에 대한 법적조치 및 연체자 정보제공 준비에 있습니다."라는 내용의 통보서를 보냈고, 공소외 3 주식회사와 공소외 1 주식회사 간에 "공소외 1 주식회사가 채무를 이행하지 아니하는 경우에 공소외 3 주식회사가 이를 관리하고 그 처분 혹은 임대수익으로써 채무의 변제에 충당할 수 있다."는 취지의 서면약정이 있었다고 하더라도, 피고인이 할부매매 덤프트럭을 가져간 행위는 공소외 1 주식회사의 의사에 반하는 절취행위에 해당한다고 본 것은 위와 같은 법리에 따른 것으로서 정당하다.

다. 상고이유 제3점에 관하여

이 부분 상고이유 주장은 "피고인이 할부매매 덤프트럭을 회수한 행위는 소유자인 공소외 3 주식회사의 의사에 반한다고 볼 수 없으므로, 절취행위에 해당하지 않는다"는 취지이나, 할부매매 덤프트럭의 소유권이 공소외 1 주식회사에 있음은 앞서 본 바와 같으므로, 위 주장은 받아들일 수 없다[설사 할부매매 덤프트럭의 소유권이 공소외 3 주식회사에 유보되어 있었다 하더라도, 절도죄의 피해자는 소유자뿐만 아니라 점유자도 포함하는 것이므로, 피고인이 점유자인 공소외 1 주식회사의 승낙 없이 할부매매 덤프트럭을 가져간 이상 절도죄에 해당한다는 결론에는 변함이 없다].

2. 검사의 상고이유에 관한 판단

형법 제323조의 권리행사방해죄는 타인의 점유 또는 권리의 목적이 된 자기의 물건을 취거, 은닉 또는 손괴하여 타인의 권리행사를 방해함으로써 성립하는 것이므로, 그 취거, 은닉 또는 손괴한 물건이 자기의 물건이 아니라면 권리행사방해죄가 성립할 여지가 없다(대법원 2003. 5. 30. 선고 2000도5767 판결 참조).

원심이, 그 판시 '리스 덤프트럭'은 공소외 3 주식회사의 소유일 뿐 피고인의 소유는 아니었다는 이유로, 피고인이 이를 운전하여 갔더라도 위 행위는 권리행사방해죄를 구성하지 아니한다고 본 것은 정당하고, 거기에 상고이유로 주장하는 바와 같이 권리행사방해죄에 있어 '자기의 물건'이라는 요건의 해석 및 적용에 관한 법리오해의 잘못이 없다.

3. 결론

그러므로 상고를 모두 기각하기로 하여, 관여 대법관의 일치된 의견으로 주문과 같이 판결한다.

대법관 이홍훈(재판장) 김영란 김능환 민일영(주심)

대법원 2010.2.25. 선고 2009도1302 판결

【사기·무고·위증】

판시사항

1 무고죄에서 '허위의 사실'의 의미
2 상대방의 범행에 공범으로 가담한 사람이 이를 숨긴 채 상대방을 고소한 경우, 무고죄가 성립하는지 여부(소극)
3 피고인이 갑, 을과 공모하여 은행으로부터 대출금을 편취한 것과는 별도로 갑이 피고인을 기망하여 위 대출금을 편취하였으니 처벌해 달라는 취지로 고소하여 갑에 대해 사기죄로 공소제기까지 된 사안에서, 위 고소는 갑에 대한 관계에서 독립하여 형사처분 등의 대상이 되는 허위사실의 고소로 볼 여지가 있음에도 피고인이 공범이었다는 이유로 무고죄가 성립하지 않는다고 판단한 원심판결에 법리오해의 위법이 있다고 한 사례

전 문

피 고 인 피고인

상 고 인 검사 및 피고인

원심판결 수원지법 2009. 1. 20. 선고 2008노5612 판결

주 문 원심판결 중 피고인에 대한 부분을 파기하고, 이 부분 사건을 수원지방법원 본원 합의부에 환송한다.

이 유 상고이유를 판단한다.

1. 피고인의 상고이유에 대하여

원심은, 그 채용 증거에 의하면 피고인이 원심공동피고인 1, 3과 공모하여 판시 사기 범행을 저지른 사실 및 피고인이 판시 위증 범행을 저지른 사실을 인정할 수 있다고 하여 이 사건 공소사실 중 사기 및 위증의 점을 유죄로 인정하였는바, 기록에 비추어 살펴보면 원심의 이러한 조치는 정당하고, 거기에 상고이유의 주장과 같은 채증법칙 위배 등의 위법이 없다.

2. 검사의 상고이유에 대하여

무고죄에 있어서 허위의 사실이라 함은 그 신고된 사실로 인하여 상대방이 형사처분이나 징계처분 등을 받게 될 위험이 있는 것이어야 하고, 비록 신고내용에 일부 객관적 진실에 반하는 내용이 포함되었다 하더라도 그것이 독립하여 형사처분 등의 대상이 되지 아니하고 단지 신고사실의 정황을 과장하는 데 불과하거나 허위의 일부사실의 존부가 전체적으로 보아 범죄사실의 성부에 직접 영향을 줄 정도에 이르지 아니하는 내용에 관계되는 것이라면 무고죄가 성립하지 아니한다(대법원 2006. 9. 28. 선고 2006도2963 판결 등 참조). 그리고 피고인 자신이 상대방의 범행에 공범으로 가담하였음에도 자신의 가담사실을 숨기고 상대방만을 고소한 경우, 피고인의 고소내용이 상대방의 범행 부분에 관한 한 진실에 부합하므로 이를 허위의 사실로 볼 수 없고, 상대방의 범행에 피고인이 공범으로 가담한 사실을 숨겼다고 하여도 그것이 상대방에 대한 관계에서 독립하여 형사처분 등의 대상이 되지 아니할뿐더러 전체적으로 보아 상대방의 범죄사실의 성립 여부에 직접 영향을 줄 정도에 이르지 아니하는 내용에 관계되는 것이므로 무고죄가 성립하지 않는다(대법원 2008. 8. 21. 선고 2008도3754 판결 참조).

원심은, 피고인의 이 사건 고소는 피고인 자신이 원심공동피고인 1, 3의 그 판시와 같은 사기 범행에 공범으로 가담하였음에도 자신의 가담사실을 숨기고 원심공동피고인 1만을 고소한 경우로서 피고인의 고소내용이 원심공동피고인 1의 사기범행 부분에 관한 한 진실에 부합하므로 이를 허위의 사실로 볼 수 없고, 원심공동피고인 1의 사기범행에 피고인이 공범으로 가담한 사실을 숨겼다고 하여도 그것이 원심공동피고인 1에 대한 관계에서 독립하여 형사처분 등의 대상이 되지 아니할뿐더러 전체적으로 보아 원심공동피고인 1에 대한 사기의 범죄사실의 성립 여부에 직접 영향을 줄 정도에 이르지 아니하는 내용에 관계되는 것이므로 무고죄가 성립하지 아니하며, 달리 이 부분 고소로 인해 원심공동피고인 1에게 별도의 형사처벌 위험성이 있다는 점을 인정할 증거가 없다는 이유로 이 사건 공소사실 중 무고의 점에 대하여 유죄를 인정한 제1심판결을 파기하고 무죄를 선고하였다.

그런데 기록에 의하면, 피고인은 자신이 원심공동피고인 1, 3과 공모하여 피해자 농협으로부터 전세자금 대출

금 1,500만 원을 편취한 것과는 별도로 피고소인 원심공동피고인 1이 전세자금 대출을 받은 후 피고인에게 사정에 의해 전세를 들어올 수 없게 되었다고 하면서 임대보증금 1,500만 원을 돌려달라고 기망하여 그 정을 모르는 피고인으로부터 임대보증금을 돌려받게 되자 이를 농협에 변제하지 않고 임의로 사용하는 방법으로 편취하였으니 처벌하여 달라는 취지로 고소를 한 사실, 실제로 피고인의 이 사건 고소로 인하여 피고소인 원심공동피고인 1에 대하여 피고인을 피해자로 하여 사기죄로 공소제기까지 되기도 하였던 사실을 알 수 있는바, 이를 앞서 본 법리에 비추어 살펴보면 피고인의 이 사건 고소는 피고소인 원심공동피고인 1에 대한 관계에서 독립하여 형사처분 등의 대상이 되는 허위사실의 고소로 볼 여지도 없지 않다.

그럼에도 불구하고, 원심이 이 사건 고소의 경위와 내용 등에 관하여 충분히 심리하지 아니한 채 그 판시와 같은 이유만으로 피고인에 대하여 무고죄가 성립하지 않는다고 판단한 것은 무고죄에 관한 법리를 오해한 위법이 있고, 이러한 위법은 판결에 영향을 미쳤음이 분명하다. 이 점을 지적하는 상고이유의 주장은 이유 있다.

3. 결론

그러므로 원심판결 중 피고인에 대한 무고죄 부분은 파기되어야 할 것인바, 위 죄는 피고인에 대한 나머지 유죄 부분과 형법 제37조 전단의 경합범 관계에 있어 그 전체에 대하여 하나의 형이 선고되어야 하므로, 결국 원심판결 중 피고인에 대한 부분 전부를 파기하고, 이 부분 사건을 다시 심리·판단하게 하기 위하여 원심법원에 환송하기로 하여, 관여 대법관의 일치된 의견으로 주문과 같이 판결한다.

대법관 차한성(재판장) 박시환(주심) 안대희 신영철

대법원 2010.2.25. 선고 2008도8356 판결

【특경제범죄가중처벌등에관한법률위반(횡령)·특정경제범죄가중처벌등에관한법률위반(배임)일부예비적죄명:특정경제범죄가중처벌등에관한법률위반(횡령)·업무상횡령·업무상배임(일부예비적죄명:업무상횡령)·횡령·사기】

판시사항

1 불법영득의사의 실현행위로서 횡령행위에 대한 입증의 정도

2 업무상배임죄의 주관적 요건과 그 입증 방법

3 형사재판에서 관련 민사사건의 판결에서 인정된 사실의 증명력

전 문

피 고 인 피고인

상 고 인 검사

변 호 인 변호사

원심판결 서울고법 2008. 8. 28. 선고 2007노690 판결

주 문 상고를 기각한다.

이 유

1. 원심 판시 공소사실 제1 내지 12의 점(횡령, 업무상횡령, 업무상배임)에 대하여(예비적 공소사실 포함)

횡령죄에 있어 불법영득의사를 실현하는 행위로서의 횡령행위가 있다는 점도 어디까지나 검사가 입증하여야 하는 것으로서, 그 입증은 법관으로 하여금 합리적인 의심을 할 여지가 없을 정도의 확신을 생기게 하는 증명력을 가진 엄격한 증거에 의하여야 하고, 이와 같은 증거가 없다면 설령 피고인에게 유죄의 의심이 간다고 하더라도 피고인의 이익으로 판단할 수밖에 없다고 할 것인바, 피고인이 자신이 위탁받아 보관하고 있던 돈이 모두 없어졌는데도 그 행방이나 사용처를 제대로 설명하지 못한다면 일응 피고인이 이를 임의소비하여 횡령한 것이라고 추단할 수 있겠지만, 그렇지 아니하고 불법영득의사의 존재를 인정하기 어려운 사유를 들어 그 돈의 행방이나 사용처에 대한 설명을 하고 있고 이에 부합하는 자료도 있다면 달리 피고인이 그 위탁받은 돈을 일단 타용도로 소비한 다음 그만한 돈을 별도로 입금 또는 반환한 것이라는 등의 사정이 인정되지 아니하는 한 함부로 그 위탁받은 돈을 불법영득의사로 인출하여 횡령하였다고 인정할 수는 없다고 보아야 할 것이다(대법원 1994. 9. 9. 선고 94도998 판결, 대법원 2002. 9. 4. 선고 2000도637 판결 등 참조).

그리고 업무상배임죄의 고의는 업무상 타인의 사무를 처리하는 자가 본인에게 재산상의 손해를 가한다는 의사와 자기 또는 제3자의 재산상의 이득의 의사가 임무에 위배된다는 인식과 결합되어 성립되는 것이며, 이와 같은 업무상배임죄의 주관적 요소로 되는 사실(고의·동기 등의 내심적 사실)은 피고인이 본인의 이익을 위하여 문제가 된 행위를 하였다고 주장하면서 범의를 부인하고 있는 경우에는 사물의 성질상 고의와 상당한 관련성이 있는 간접사실을 증명하는 방법에 의하여 입증할 수밖에 없고, 무엇이 상당한 관련성이 있는 간접사실에 해당할 것인가는 정상적인 경험칙에 바탕을 두고 치밀한 관찰력이나 분석력에 의하여 사실의 연결상태를 합리적으로 판단하는 방법에 의하여야 한다(대법원 2000. 4. 11. 선고 99도334 판결 등 참조).

원심판결 이유에 의하면 원심은, 이 부분 각 공소사실에 대하여 그 판시와 같은 각 사정에 비추어 피고인에게 불법영득의 의사 및 배임의 범의를 인정하기 어렵다거나, 피해자인 공소외 1 등의 동의 내지는 양해가 있었다고 볼 가능성이 높다거나, 그 사용처가 피고인의 개인채무의 변제라는 점 등을 인정하기 어렵고 오히려 피고인이 주장하는 사용처에 부합하는 자료가 존재한다는 등의 이유로 이 부분 각 공소사실에 대하여 범죄의 증명이 없다고 보아 각 무죄로 판단하였다.

위 법리와 기록에 비추어 살펴보면 원심의 판단은 정당한 것으로 수긍이 가고, 거기에 상고이유에서 주장하는 바와 같은 채증법칙 위배 또는 법리오해 등의 위법이 없다.

2. 원심 판시 공소사실 제13의 점(업무상배임)에 대하여

형사재판에 있어서, 관련된 민사사건의 판결에서 인정된 사실은 공소사실에 대하여 유력한 인정자료가 된다

고 할지라도, 반드시 그 민사판결의 확정사실에 구속을 받는 것은 아니고, 형사법원은 증거에 의하여 민사판결에서 확정된 사실과 다른 사실을 인정할 수 있다(대법원 1996. 8. 23. 선고 95도192 판결 참조).

기록에 의하면, 공소외 2 주식회사(대표이사 공소외 1)가 공소외 3 등을 상대로 한 공사대금청구소송에서 피고인의 처인 공소외 4가 위 공소외 2 주식회사에 4억 원을 대여하였다는 사실을 인정할 증거가 없다는 내용의 판결이 선고되고 확정되었음을 알 수 있다. 그러나 원심은 그 채택 증거에 의하여 위 공소외 4 명의의 합계 4억 원의 금전소비대차계약서가 작성되어 있고, 공소외 1이 피고인과 그의 직원인 공소외 5가 위 금전소비대차계약서를 위조하였다고 주장하면서 위 공소외 5를 고소하였는데, 검사는 위 고소에 관하여 증거불충분을 이유로 혐의 없음 처분을 한 사실 등 그 판시와 같은 사실을 인정한 다음, 이 사건 사업에 있어 피고인의 투자금은 공소외 2 주식회사의 2002년도 세무조정계산서에 기재된 바와 같이 4억 원으로서 피고인이 위 금액에 50%의 이익을 붙인 6억 원을 상환받을 수 있는 지위에 있었다고 볼 가능성이 높다고 할 것이고, 이에 반하는 공소외 1의 진술은 위 세무조정계산서의 기재나 피고인과 공소외 1이 2004. 4. 16. 이 사건 사업의 정산에 관하여 합의하였던 점 등에 비추어 믿기 어렵다고 할 것이며, 달리 피고인의 투자금이 이 부분 공소사실 기재와 같이 177,420,000원에 불과하다는 점을 인정할 만한 증거가 없다고 보아 이 부분 공소사실을 무죄로 판단하였다.

위 법리와 기록에 비추어 살펴보면 원심의 판단은 정당한 것으로 수긍이 가고, 거기에 상고이유에서 주장하는 바와 같은 채증법칙 위배 또는 법리오해 등의 위법이 없다.

3. 원심 판시 공소사실 제14의 점(사기)에 대하여

이 부분 상고이유의 주장은 결국 사실심인 원심의 전권사항에 속하는 증거의 취사선택이나 사실의 인정을 탓하는 것으로서, 원심판결에는 상고이유에서 주장하는 바와 같이 채증법칙을 위반한 위법이 없으므로, 위와 같은 상고이유의 주장은 적법한 상고이유가 될 수 없거나 받아들일 수 없다.

4. 결론

그러므로 상고를 기각하기로 하여 관여 대법관의 일치된 의견으로 주문과 같이 판결한다.

대법관 김영란(재판장) 이홍훈 김능환(주심) 민일영

대법원 2010.2.11. 선고 2009도12958 판결

【상해】

판시사항

[1] 겉으로는 서로 싸움을 하는 것처럼 보이는 당사자 중 일방의 유형력 행사의 위법성이 조각되기 위한 요건

[2] 상대방 일행이 서로 합세하여 갑을 구타하였고, 갑은 이를 벗어나기 위하여 손을 휘저으며 발버둥치는 과정에서 상대방 등에게 상해를 가하게 된 사안에서, 갑의 행위의 위법성이 조각된다고 판단한 원심판결을 수긍한 사례

판결요지

[1] 맞붙어 싸움을 하는 사람 사이에서는 공격행위와 방어행위가 연달아 행하여지고 방어행위가 동시에 공격행위인 양면적 성격을 띠어서 어느 한쪽 당사자의 행위만을 가려내어 방어를 위한 '정당행위'라거나 '정당방위'에 해당한다고 보기 어려운 것이 보통이다. 그러나 겉으로는 서로 싸움을 하는 것처럼 보이더라도 실제로는 한쪽 당사자가 일방적으로 위법한 공격을 가하고 상대방은 이러한 공격으로부터 자신을 보호하고 이를 벗어나기 위한 저항수단으로서 유형력을 행사한 경우에는, 그 행위가 새로운 적극적 공격이라고 평가되지 아니하는 한, 이는 사회관념상 허용될 수 있는 상당성이 있는 것으로서 위법성이 조각된다.

[2] 갑과 자신의 남편과의 관계를 의심하게 된 상대방이 자신의 아들 등과 함께 갑의 아파트에 찾아가 현관문을 발로 차는 등 소란을 피우다가, 출입문을 열어주자 곧바로 갑을 밀치고 신발을 신은 채로 거실로 들어가 상대방 일행이 서로 합세하여 갑을 구타하기 시작하였고, 갑은 이를 벗어나기 위하여 손을 휘저으며 발버둥치는 과정에서 상대방 등에게 상해를 가하게 된 사안에서, 상대방의 남편과 갑이 불륜을 저지른 것으로 생각하고 이를 따지기 위하여 갑의 집을 찾아가 갑을 폭행하기에 이른 것이라는 것만으로 상대방 등의 위 공격행위가 적법하다고 할 수 없고, 갑은 그러한 위법한 공격으로부터 자신을 보호하고 이를 벗어나기 위한 사회관념상 상당성 있는 방어행위로서 유형력의 행사에 이르렀다고 할 것이어서 위 행위의 위법성이 조각된다고 판단한 원심판결에 법리오해의 위법이 없다고 한 사례.

전 문

피 고 인 피고인

상 고 인 검사

원심판결 대구지법 2009. 11. 5. 선고 2009노2723 판결

주 문 상고를 기각한다.

이 유 상고이유를 판단한다.

1. 맞붙어 싸움을 하는 사람 사이에서는 공격행위와 방어행위가 연달아 행하여지고 방어행위가 동시에 공격행위인 양면적 성격을 띠어서 어느 한쪽 당사자의 행위만을 가려내어 방어를 위한 정당행위라거나 정당방위에 해당한다고 보기 어려운 것이 보통이다. 그러나 겉으로는 서로 싸움을 하는 것처럼 보이더라도 실제로는 한쪽 당사자가 일방적으로 위법한 공격을 가하고 상대방은 이러한 공격으로부터 자신을 보호하고 이를 벗어나기 위한 저항수단으로서 유형력을 행사한 경우에는, 그 행위가 새로운 적극적 공격이라고 평가되지 아니하는 한, 이는 사회관념상 허용될 수 있는 상당성이 있는 것으로서 위법성이 조각된다(대법원 1984. 9. 11. 선고 84도1440 판결, 대법원 1999. 10. 12. 선고 99도3377 판결 등 참조).

2. 제1심은 다음과 같은 사실을 토대로 피고인의 이 사건 행위는 피해자들의 불법적인 공격으로부터 자신을 보호하고 이를 벗어나기 위한 저항수단으로 행하여진 것으로서 사회통념상 허용될 만한 상당성이 있는 행위이므로 위법성이 조각된다고 판단하여 피고인에 대하여 무죄를 선고하였다. 원심도 이러한 사실인정 및 판단을 정당한 것이라고 보아 제1심판결의 무죄 결론을 유지하였다.

① 피해자 공소외 1은 2008. 9. 20. 01:30경 자신을 데리러 오라는 남편 공소외 2의 연락을 받고 당시 공소외 2가 있다는 음식점으로 가던 중 위 음식점 근처 노래방에서 공소외 2와 피고인이 함께 팔짱을 끼고 나오는 장면을 목격하였다. ② 그 후 피고인과 공소외 2의 관계를 의심하게 된 공소외 1은 피고인의 휴대전화번호를 알아낸 후 이 사건 발생 전날부터 자신과 아들 공소외 3의 휴대전화를 이용하여 수십 회에 걸쳐 피고인에게 죽이겠다는 내용 등이 담긴 문자메시지를 보내거나 협박전화를 하였다. ③ 이에 피고인이 수신거부를 해놓고 전화를 받지 아니하자, 공소외 1은 피고인의 주소를 알아낸 다음 이 사건 당일 11:00경 자신의 아들인 공소외 3· 공소외 4, 올케인 공소외 5와 함께 피고인이 살고 있는 아파트에 찾아와서 초인종을 누르고 아파트 현관문을 발로 차면서 문을 열어 달라고 소리치는 등 소란을 피웠다. ④ 이에 당시 혼자 집에 있던 피고인이 겁을 먹고 문을 열어주지 아니하자, 공소외 1은 아들을 시켜 아파트 입구에 있던 공소외 2를 올라오게 하였고, 공소외 2가 와서 초인종을 누른 다음 피고인에게 별문제가 없을 것이니 문을 열어 달라고 말하였다. ⑤ 이 말을 듣고 다소 안심한 피고인이 출입문을 열어주자 곧바로 위 공소외 1 일행이 피고인을 밀치고 신발을 신은 채로 피고인의 집 거실로 들어왔다. ⑥ 그 직후 공소외 1과 공소외 3은 서로 합세하여 피고인을 구타하기 시작하였고, 피고인은 이를 벗어나기 위하여 손을 휘저으며 발버둥치는 과정에서 공소외 1 등에게 공소사실 기재와 같은 상해를 가하게 되었다. ⑦ 이 과정에서 공소외 3은 소지하고 있던 담배를 꺼내 피우다가 불이 꺼지지 않은 담배를 피고인의 집 거실 바닥에 버린 결과 바닥이 그을렸다. ⑧ 그 후 공소외 4, 5 등이 위 싸움을 말리는 틈을 타서 피고인은 거실에 있던 무선전화기를 들고 안방으로 들어가 문을 잠그고 경찰에 신고하였다는 것이다.

3. 위에서 본 법리에 비추어 기록을 살펴보면, 원심의 판단 및 그 전제가 된 제1심의 사실인정 등은 모두 수긍할 수 있다. 피해자들이 피해자 공소외 1의 남편과 피고인이 불륜을 저지른 것으로 생각하고 이를 따지기 위하여 피고인의 집을 찾아가 피고인을 폭행하기에 이른 것이라는 것만으로 피해자들의 위와 같은 공격행위가 적법하다고 할 수 없고, 피고인은 그러한 피해자들의 위법한 공격으로부터 자신을 보호하고 이를 벗어나기 위한 사회관념상 상당성 있는 방어행위로서 이 사건 유형력의 행사에 이르렀다고 할 것이다. 따라서 원심의 위와 같은 조치에 위법성조각사유 등에 관한 법리 오해 등의 위법이 없다.

4. 그러므로 상고를 기각하기로 하여, 관여 대법관의 일치된 의견으로 주문과 같이 판결한다.

대법관 김지형(재판장) 양승태 전수안 양창수(주심)

대법원 2010.2.11. 선고 2009도12627 판결

【특정경제범죄가중처벌등에관한법률위반(사기)·방문판매등에관한법률위반·특정경제범죄가중처벌등에관한법률위반(횡령)·유사수신행위의규제에관한법률위반】

판시사항

1 구 방문판매 등에 관한 법률 제53조 제1항 제6호, 제55조 제2호, 제52조 제1항 제2호, 제54조 제1항 제1호의 각 위반죄 및 같은 법률 제13조 제1항, 제23조 제2항의 각 위반죄와 형법 제347조 제1항의 사기죄와의 죄수관계(=실체적 경합)

2 친족상도례에 관한 형법 규정이 특정경제범죄 가중처벌 등에 관한 법률 제3조 제1항 위반죄에도 적용되는지 여부(적극)

3 상습범으로서 포괄적 일죄의 관계에 있는 여러 개의 범죄사실 중 일부에 대하여 유죄판결이 확정된 경우, 그 확정판결의 사실심판결 선고 전에 저질러진 나머지 범죄에 대하여 면소판결을 선고하기 위한 요건

4 양형부당을 상고이유로 할 수 없는 사건에서 정상에 관한 심리미진을 상고이유로 삼을 수 있는지 여부(소극)

판결요지

1 구 방문판매 등에 관한 법률(2007. 1. 19. 법률 제8529호로 개정되기 전의 것) 제53조 제1항 제6호, 제55조 제2호, 제52조 제1항 제2호, 제54조 제1항 제1호의 각 위반행위 자체가 사기행위라고 볼 수는 없고, 나아가 그 하나의 각 행위가 사기행위를 포함한다고 할 수도 없으며, 형법 제347조 제1항의 사기죄와 그 구성요건을 달리하는 별개의 범죄로서, 서로 보호법익을 달리하고 있어 양 죄를 법조경합 관계로 볼 것이 아니라 실체적 경합 관계로 봄이 상당하다. 또한 무등록영업행위나 금전거래를 통한 형법 제347조 제1항의 사기죄와 구 방문판매 등에 관한 법률 제13조 제1항 및 제23조 제2항의 각 위반죄는 법률상 1개의 행위로 평가되는 경우에 해당하지 않으며, 또 각 그 구성요건을 달리하는 별개의 범죄로서, 서로 보호법익을 달리하고 있어 양 죄를 법조경합 관계로 볼 것이 아니라 실체적 경합 관계로 봄이 상당하다.

2 형법 제354조, 제328조의 규정에 의하면, 직계혈족, 배우자, 동거친족, 동거가족 또는 그 배우자 간의 사기죄는 그 형을 면제하여야 하고 그 외의 친족 간에는 고소가 있어야 공소를 제기할 수 있는바, 형법상 사기죄의 성질은 특정경제범죄 가중처벌 등에 관한 법률 제3조 제1항에 의해 가중처벌되는 경우에도 그대로 유지되고 같은 법률에 친족상도례의 적용을 배제한다는 명시적인 규정이 없으므로, 형법 제354조는 같은 법률 제3조 제1항 위반죄에도 그대로 적용된다.

3 상습범으로서 포괄적 일죄의 관계에 있는 여러 개의 범죄사실 중 일부에 대하여 유죄판결이 확정된 경우에, 그 확정판결의 사실심판결 선고 전에 저질러진 나머지 범죄에 대하여 새로이 공소가 제기되었다면 그 새로운 공소는 확정판결이 있었던 사건과 동일한 사건에 대하여 다시 제기된 데 해당하므로 이에 대하여는 판결로써 면소의 선고를 하여야 하는 것인바(형사소송법 제326조 제1호), 다만 이러한 법리가 적용되기 위해서는 전의 확정판결에서 당해 피고인이 상습범으로 기소되어 처단되었을 것을 필요로 하는 것이고, 상습범 아닌 기본 구성요건의 범죄로 처단되는 데 그친 경우에는, 가사 뒤에 기소된 사건에서 비로소 드러났거나 새로 저질러진 범죄사실과 전의 판결에서 이미 유죄로 확정된 범죄사실 등을 종합하여 비로소 그 모두가 상습범으로서의 포괄적 일죄에 해당하는 것으로 판단된다 하더라도, 뒤늦게 앞서의 확정판결을 상습범의 일부에 대한 확정판결이라고 보아 그 기판력이 그 사실심판결 선고 전의 나머지 범죄에 미친다고 보아서는 아니 된다.

4 형사소송법 제383조 제4호는 형의 양정이 심히 부당하다고 인정할 현저한 사유가 있어 상고이유로 삼을 수 있는 경우를 '사형·무기 또는 10년 이상의 징역이나 금고가 선고된 사건'으로 제한하고 있으므로, 이에 해당하지 않는 사건에 대한 양형부당의 상고이유는 부적법할 뿐만 아니라, 이러한 경우 사실심인 원심이 피고인에 대한 양형조건이 되는 범행의 동기 및 수법이나 범행 전후의 정황 등의 제반 정상에 관하여 심리를 제대로 하지 아니하였음을 들어 상고이유로 삼을 수도 없다.

전　문

피 고 인 피고인 1외 5인

상 고 인 피고인들

변 호 인 변호사

원심판결 서울고법 2009. 10. 23. 선고 2009노1291 판결

주　문 상고를 모두 기각한다.

이　유 각 상고이유(상고이유서 제출기간이 경과한 후에 제출된 상고이유보충서의 기재는 상고이유를 보충하는 범위 내에서)를 판단한다.

1. 제1심 2007고합1375호 사건의 각 죄에 대하여(피고인 1, 2, 3, 4)

가. 법조경합은 1개의 행위가 외관상 수개의 죄의 구성요건에 해당하는 것처럼 보이나 실질적으로 1죄만을 구성하는 경우를 말하며, 실질적으로 1죄인가 또는 수죄인가는 구성요건적 평가와 보호법익의 측면에서 고찰하여 판단하여야 한다(대법원 2001. 3. 27. 선고 2000도5318 판결, 대법원 2002. 7. 18. 선고 2002도669 전원합의체 판결 등 참조).

구 방문판매 등에 관한 법률(2007. 1. 19. 법률 제8529호로 개정되기 전의 것, 이하 '방판법'이라 한다) 제53조 제1항 제6호는 제22조 제1항에서 규정한 "다단계판매업자는 다단계판매원 등록 또는 자격유지의 조건으로 과다한 재화 등의 구입 등 대통령령이 정하는 수준 이상의 부담을 지게 하여서는 아니 된다."는 규정을 위반한 자를, 제55조 제2호는 제11조 제1항 제3호에서 규정한 "가입비·판매보조물품·개인할당 판매액·교육비 등 그 명칭 및 형태 여하를 불문하고 방문판매원 등이 되고자 하는 자 또는 방문판매원 등에게 방문판매원 등이 되기 위한 조건 또는 방문판매원 등의 자격을 유지하기 위한 조건으로서 대통령령이 정하는 수준 이상의 비용 그 밖의 금품을 징수하거나 재화 등을 구매하게 하는 등 의무를 부과하는 행위"를 한 자를, 제52조 제1항 제2호는 제23조 제1항 제2호에서 규정한 "허위 또는 과장된 사실을 알리거나 기만적 방법을 사용하여 상대방과의 거래를 유도하거나 청약 철회 등 또는 계약의 해지를 방해하는 행위 또는 재화 등의 가격·품질 등에 대하여 허위사실을 알리거나 실제의 것보다도 현저히 우량하거나 유리한 것으로 오인시킬 수 있는 행위"를 한 자를, 제54조 제1항 제1호는 제11조 제1항 제2호에서 규정한 "허위 또는 과장된 사실을 알리거나 기만적 방법을 사용하여 소비자를 유인 또는 거래하거나 청약철회 등 또는 계약의 해지를 방해하는 행위"를 한 자를 각 처벌하고 있는바, 위와 같은 각 방판법을 위반하는 행위 자체가 사기행위라고 볼 수는 없고, 나아가 그 하나의 각 행위가 사기행위를 포함한다고 할 수도 없으며, 위 각 방판법 위반죄는 형법 제347조 제1항의 사기죄와 그 구성요건을 달리하는 별개의 범죄로서, 서로 보호법익을 달리하고 있어 양 죄를 법조경합 관계로 볼 것이 아니라 실체적 경합 관계로 봄이 상당하다.

같은 취지의 원심판결은 정당하고 거기에 각 상고이유에서 주장하는 바와 같은 법리오해 등의 위법이 없다.

나. 2인 이상이 공동으로 가공하여 범죄를 행하는 공동정범에 있어서 공모나 모의는 반드시 직접, 명시적으로 이루어질 필요는 없고 순차적, 암묵적으로 상통하여 이루어질 수도 있으나, 어느 경우에도 범죄에 공동 가공하여 이를 공동으로 실현하려는 의사의 결합이 있어야 하고, 피고인이 공모의 점과 함께 범의를 부인하는 경우에는 이러한 주관적 요소로 되는 사실은 사물의 성질상 범의와 상당한 관련성이 있는 간접사실 또는 정황사실을 증명하는 방법에 의하여 이를 입증할 수밖에 없다(대법원 2006. 2. 23. 선고 2005도8645 판결 등 참조). 한편 공모에 의한 범죄의 공동실행은 모든 공범자가 스스로 범죄의 구성요건을 실현하는 것을 전제로 하지 아니하고, 그 실현행위를 하는 공범자에게 그 행위결정을 강화하도록 협력하는 것으로도 가능하며, 이에 해당하는지 여부는 행위 결과에 대한 각자의 이해 정도, 행위 가담의 크기, 범행지배에 대한 의지 등을 종합적으로 고려하여 판단하여야 한다(대법원 2006. 12. 22. 선고 2006도1623 판결 등 참조).

위 법리와 기록에 비추어 살펴보면, 원심이 그 판시와 같은 사실을 인정한 다음, 이 부분 각 범죄사실에 관하여 피고인들을 공동정범으로 의율한 제1심판결을 유지한 것은 정당한 것으로 수긍이 가고, 거기에 각 상고

이유의 주장과 같은 채증법칙 위반으로 인한 사실오인, 이유모순, 판단누락, 공동정범에 관한 법리오해 등의 위법이 없다

2. 제1심 2008고합1247, 2009고합10호 사건의 각 죄 중 특정경제범죄 가중처벌 등에 관한 법률 위반(횡령)의 점을 제외한 나머지 죄에 대하여(피고인들 모두)

가. 피고인 2, 5의 공통된 상고이유에 대하여

(1) 방판법 제13조 제1항은 "다단계판매업자는 대통령령이 정하는 바에 따라 다음 각 호의 서류를 갖추어 공정거래위원회에 등록하거나 특별시장·광역시장 또는 도지사에게 등록하여야 한다."고 규정하고 있고, 제23조 제2항은 "누구든지 다단계판매조직 또는 이와 유사하게 단계적으로 가입한 자로 구성된 다단계조직을 이용하여 재화 등의 거래 없이 금전거래만을 하거나 재화 등의 거래를 가장하여 사실상 금전거래만을 하는 행위를 하여서는 아니된다."고 규정하고 있는바, 위 방판법 위반 행위들 그 자체를 사기행위라고 볼 수는 없고, 그러한 무등록영업행위나 금전거래를 통한 형법 제347조 제1항의 사기죄와 방판법 제13조 제1항 및 제23조 제2항의 각 위반죄는 법률상 1개의 행위로 평가되는 경우에 해당하지 않으며, 또 각 그 구성요건을 달리하는 별개의 범죄로서, 서로 보호법익을 달리하고 있어 양 죄를 법조경합 관계로 볼 것이 아니라 실체적 경합 관계로 봄이 상당하다(대법원 2000. 7. 7. 선고 2000도1899 판결, 대법원 2001. 3. 27. 선고 2000도5318 판결 등 참조).

같은 취지의 원심판결은 정당하고 거기에 각 상고이유의 주장과 같은 법리오해 등의 위법이 없다.

나. 피고인 4의 상고이유에 대하여

형법 제354조, 제328조의 규정에 의하면, 직계혈족, 배우자, 동거친족, 동거가족 또는 그 배우자 간의 사기죄는 그 형을 면제하여야 하고 그 외의 친족 간에는 고소가 있어야 공소를 제기할 수 있는바, 형법상 사기죄의 성질은 특정경제범죄 가중처벌 등에 관한 법률(이하 '특경법'이라 한다) 제3조 제1항에 의해 가중 처벌되는 경우에도 그대로 유지되고 특경법에 친족상도례에 관한 형법 제354조, 제328조의 적용을 배제한다는 명시적인 규정이 없으므로, 형법 제354조는 특경법 제3조 제1항 위반죄에도 그대로 적용된다(대법원 2000. 10. 13. 선고 99오1 판결, 대법원 2008. 10. 23. 선고 2008도7614 판결 등 참조).

기록에 의하면, 피고인의 누나가 공소외 1, 2, 남동생이 공소외 3, 계수가 공소외 4인 사실은 알 수 있으나, 나아가 판시 범죄일람표 3-2(분당)에 기재된 피해자 공소외 1, 2, 3, 4가 피고인의 누나인 공소외 1, 2, 남동생인 공소외 3, 계수인 공소외 4와 동일인임이 명백하다고 보기 어렵다. 가사 판시 범죄일람표 3-2(분당)상의 위 피해자들이 피고인과 혈족 또는 친족관계에 있다고 하더라도 이 사건 포괄일죄인 상습사기죄는 그 이득액 합계가 2,200억 원이 넘는 다액임에 비하여 위 피해자들로 인한 이득액 합계는 5,400만 원에 불과하므로, 이를 제외하더라도 피고인의 이득액이 피고인에게 적용된 특경법 제3조 제1항 제1호의 이득액인 50억 원 이상에 해당되는 점에는 변함이 없고, 이와 같이 동일한 법정형의 범위내에서 이득액에 대하여 극히 미미한 부분을 잘못 판단한 것에 지나지 아니한 것은 판결에 영향을 미친 법령위배라고 볼 수 없다 할 것이므로 원심의 이 부분에 관한 판단누락의 잘못은 판결 결과에 영향이 없다. 결국 이 점에 관한 상고이유의 주장은 받아들일 수 없다.

다. 피고인 5의 상고이유에 대하여

(1) 재물편취를 내용으로 하는 사기죄에 있어서는 기망으로 인한 재물교부가 있으면 그 자체로써 피해자의 재산침해가 되어 이로써 곧 사기죄가 성립하는 것이고, 상당한 대가가 지급되었다거나 피해자의 전체 재산상에 손해가 없다 하여도 사기죄의 성립에는 그 영향이 없으므로 사기죄에 있어서 그 대가가 일부 지급된 경우에도 그 편취액은 피해자로부터 교부된 재물의 가치로부터 그 대가를 공제한 차액이 아니라 교부받은 재물 전부라고 할 것이다(대법원 2005. 10. 28. 선고 2005도5774 판결 등 참조).

기록에 의하면, 이 사건 피해자들이 실제로 예금계좌로 그 수당을 입금받는 등으로 이를 수수한 후 나중에 이를 가지고 다시 재투자를 한 사실을 알 수 있는바, 원심이 이 사건 피해자들이 지급받은 각 수당액 및 이 사건 피해자들이 각 재투자한 금액을 각 피해자별 편취액으로부터 공제하지 아니한 것은 위 법리에 따른 것으로 정당하고 거기에 상고이유에서 주장하는 바와 같은 법리오해 등의 위법이 없다.

(2) 상습범으로서 포괄적 일죄의 관계에 있는 여러 개의 범죄사실 중 일부에 대하여 유죄판결이 확정된 경우에, 그 확정판결의 사실심판결 선고 전에 저질러진 나머지 범죄에 대하여 새로이 공소가 제기되었다면 그 새로운 공소는 확정판결이 있었던 사건과 동일한 사건에 대하여 다시 제기된 데 해당하므로 이에 대하여는 판결로써 면소의 선고를 하여야 하는 것인바(형사소송법 제326조 제1호), 다만 이러한 법리가 적용되기 위해서는 전의 확정판결에서 당해 피고인이 상습범으로 기소되어 처단되었을 것을 필요로 하는 것이고, 상습범 아닌 기본 구성요건의 범죄로 처단되는 데 그친 경우에는, 가사 뒤에 기소된 사건에서 비로소 드러났거나 새로 저질러진 범죄사실과 전의 판결에서 이미 유죄로 확정된 범죄사실 등을 종합하여 비로소 그 모두가 상습범으로서의 포괄적 일죄에 해당하는 것으로 판단된다 하더라도 뒤늦게 앞서의 확정판결을 상습범의 일부에 대한 확정판

결이라고 보아 그 기판력이 그 사실심판결 선고 전의 나머지 범죄에 미친다고 보아서는 아니 된다(대법원 2004. 9. 16. 선고 2001도3206 전원합의체 판결 등 참조).

기록에 의하면, 피고인 5는 공소외 6 주식회사와 관련하여 위 회사를 실질적으로 운영한 자로서 유사수신행위의 규제에 관한 법률 위반죄와 사기죄로 유죄의 확정판결을 받았음을 알 수 있는바, 위 법리에 의하면 단순사기죄에 관한 위 확정판결의 기판력은 이 사건 특경법 위반(사기)의 점에 미치지 아니한다고 할 것이다.

같은 취지의 원심은 정당하고 거기에 상고이유의 주장과 같은 법리오해 등의 위법이 없다.

(3) 동일 죄명에 해당하는 수개의 행위를 단일하고 계속된 범의하에 일정기간 계속하여 행하고 그 피해법익도 동일한 경우에는 이들 각 행위를 통틀어 포괄일죄로 처단하여야 할 것이다(대법원 2007. 1. 11. 선고 2006도6620 판결, 대법원 2007. 3. 29. 선고 2007도595 판결 등 참조).

기록에 의하면, 피고인 5에 대한 위 확정판결 중 유사수신행위의 규제에 관한 법률위반죄의 범죄사실은, 피고인 5가 공소외 7 등과 공모하여 수원시 팔달구 우만동 56-8 아이월드빌딩 2층에 있는 공소외 6 주식회사 사무실에서, 피해자들에게 'IP-TV 셋톱박스' 사업 등에 1,000,000원~5,000,000원을 출자하면 24주 동안에 출자원금의 130%를, 6,000,000원~10,000,000원을 출자하면 24주 동안에 출자원금의 140%를, 30,000,000원, 60,000,000원, 100,000,000원을 출자하면 26주 동안에 출자원금의 145%를 원금 및 배당금으로 지급하기로 약정하여 2006. 9. 25.경부터 2007. 11. 30.경까지 사이에 총 4,126회에 걸쳐 출자금으로 합계 32,932,000,000원을 수입하여 유사수신행위를 하였다는 것인바, 이는 이 사건 유사수신행위의 규제에 관한 법률 위반죄와 그 죄명은 동일하나, 위 각 범죄를 행하기 위하여 설립한 각 회사의 명칭, 그 소재지 및 구성원이 다르고, 그 영업방식에 있어서도 차이가 있음에 비추어 피고인의 범의가 단일하다고 할 수도 없으므로, 위 두 개의 죄는 포괄일죄에 해당하지 아니하고, 따라서 위 확정판결의 기판력이 이 사건 유사수신행위의 규제에 관한 법률 위반죄의 범죄사실에는 미치지 아니한다고 할 것이다.

원심이 이 점에 관한 위 피고인의 주장에 대해 명시적인 판단을 하지 아니한 것은 잘못이나, 위 주장은 배척될 것임이 분명하므로 원심의 위 잘못은 판결 결과에 영향이 없다. 이 점에 관한 상고이유의 주장은 받아들일 수 없다.

라. 피고인들의 나머지 사실오인 등의 주장에 대하여

증거의 취사선택과 사실의 인정은 논리와 경험칙에 반하지 않는 한 사실심의 전권에 속하는바, 원심판결 및 원심이 유지한 제1심판결의 채용 증거들을 기록에 비추어 살펴보면, 원심이 그 판시와 같은 이유에서 피고인들의 판시 각 범죄사실을 유죄로 인정한 제1심판결을 그대로 유지한 조치는 정당하고, 거기에 각 상고이유에서 주장하는 바와 같은 채증법칙 위반으로 인한 사실오인이나 방문판매 등에 관한 법률 및 유사수신행위의 규제에 관한 법률, 공동정범에 관한 법리오해 등의 위법이 없다.

3. 제1심 2008고합1247, 2009고합10호 사건의 각 죄 중 특경법위반(횡령)죄에 대하여(피고인 1)

회사의 대표이사가 회사를 위한 지출 이외의 용도로 거액의 회사 자금을 가지급금 등의 명목으로 인출, 사용함에 있어서 이자나 변제기의 약정이 없음은 물론 이사회 승인 등 적법한 절차도 거치지 아니하는 것은 통상 용인될 수 있는 범위를 벗어나 대표이사 등의 지위를 이용하여 회사 자금을 사적인 용도로 임의로 대여, 처분하는 것과 다름없어 횡령죄를 구성한다(대법원 2007. 1. 12. 선고 2004도8071 판결 등 참조). 그리고 횡령죄는 보관중인 타인의 재물을 임무에 반하여 임의 소비하거나 처분한 때 성립하고 사후에 이를 반환(변상)하였다 하더라도 이미 성립한 횡령죄에는 아무 영향이 없다(대법원 1985. 2. 26. 선고 84도1109 판결, 대법원 1986. 10. 28. 선고 86도1907 판결 등 참조).

원심이 같은 취지에서 위 피고인의 이 부분 범죄사실을 유죄로 인정한 조치는 정당하고 거기에 상고이유에서 주장하는 바와 같은 채증법칙 위반으로 인한 사실오인, 심리미진, 법리오해 등의 위법이 없다.

4. 피고인들의 양형부당 주장에 대하여

가. 피고인 5에 대하여

형사소송법 제383조 제4호는 형의 양정이 심히 부당하다고 인정할 현저한 사유가 있어 상고이유로 삼을 수 있는 경우를 사형·무기 또는 10년 이상의 징역이나 금고가 선고된 사건으로 제한하고 있으므로, 이에 해당하지 않는 사건에 대한 양형부당의 상고이유는 부적법할 뿐만 아니라, 이러한 경우 사실심인 원심이 피고인에 대한 양형조건이 되는 범행의 동기 및 수법이나 범행 전후의 정황 등의 제반 정상에 관하여 심리를 제대로 하지 아니하였음을 들어 상고이유로 삼을 수도 없다(대법원 2005. 11. 10. 선고 2005도6026 판결, 대법원 2008. 5. 8. 선고 2008도198 판결).

피고인에 대하여 징역 5년이 선고된 이 사건에서 원심이 인정한 바와 같은 피해자들과의 합의 대부분이 실질적으로 자신의 부담으로 성립된 것이라는 피고인의 주장은 원심의 양형이 부당하거나 피고인에 대한 양형조건이 되는 위 법리에서 설시한 바와 같은 제반 사정에 관하여 제대로 심리하지 아니하였거나 이를 참작하지 아니하였다는 취지로서 위 법리에 비추어 적법한 상고이유가 될 수 없다.

나. 나머지 피고인들에 대하여

피고인들에게 각 10년 미만의 징역형이 선고된 이 사건에서 원심의 형이 너무 무겁다는 등의 사유는 형사소송법 제383조 제4호의 규정상 적법한 상고이유가 되지 못한다.

5. 결론

그러므로 상고를 모두 기각하기로 하여 관여 대법관의 일치된 의견으로 주문과 같이 판결한다.

대법관 김영란(재판장) 이홍훈 김능환(주심) 민일영

대법원 2010.2.11. 선고 2009도12164 판결

【범인도피교사】

판시사항

[1] 피의자가 수사기관에서 공범에 관하여 허위 진술한 경우 범인도피죄의 성립 여부(원칙적 소극)

[2] 수사기관에서 조사받는 피의자가 사실은 게임장·오락실·피씨방의 실제 업주가 아님에도 불구하고 자신이 실제 업주라고 허위로 진술하는 행위가 범인도피죄를 구성하는지 여부(원칙적 소극)

전　문

피 고 인 피고인

상 고 인 검사

원심판결 창원지법 2009. 10. 15. 선고 2009노1809 판결

주　문 상고를 기각한다.

이　유 상고이유를 판단한다.

수사기관은 범죄사건을 수사함에 있어서 피의자나 참고인의 진술 여하에 불구하고, 피의자를 확정하고 그 피의사실을 인정할 만한 객관적인 제반 증거를 수집·조사하여야 할 권리와 의무가 있으므로, 참고인이 수사기관에서 범인에 관하여 조사를 받으면서 그가 알고 있는 사실을 묵비하거나 허위로 진술하였다고 하더라도, 그것이 적극적으로 수사기관을 기만하여 착오에 빠지게 함으로써 범인의 발견 또는 체포를 곤란 내지 불가능하게 할 정도가 아닌 한 범인도피죄를 구성하지 않는 것이고(대법원 2003. 2. 14. 선고 2002도5374 판결 등 참조), 이러한 법리는 피의자가 수사기관에서 공범에 관하여 묵비하거나 허위로 진술한 경우에도 그대로 적용된다(대법원 2008. 12. 24. 선고 2007도11137 판결 등 참조).

따라서 게임산업진흥에 관한 법률 위반 혐의로 수사기관에서 조사받는 피의자가 사실은 게임장·오락실·피씨방 등의 실제 업주가 아님에도 불구하고 자신이 실제 업주라고 허위로 진술하였다고 하더라도 그 자체만으로 범인도피죄를 구성하는 것은 아니다. 다만, 그 피의자가 실제 업주로부터 금전적 이익 등을 제공받기로 하고 단속이 되면 실제 업주를 숨기고 자신이 대신하여 처벌받기로 하는 역할(이른바 바지사장)을 맡기로 하는 등 수사기관을 착오에 빠뜨리기로 하고, 단순히 실제 업주라고 진술하는 것에서 나아가 게임장 등의 운영 경위, 자금 출처, 게임기 등의 구입 경위, 점포의 임대차계약 체결 경위 등에 관해서까지 적극적으로 허위로 진술하거나 허위 자료를 제시하여 그 결과 수사기관이 실제 업주를 발견 또는 체포하는 것이 곤란 내지 불가능하게 될 정도에까지 이른 것으로 평가되는 경우 등에는 범인도피죄를 구성할 수 있다.

원심판결 이유에 의하면, 원심은, 그 판시와 같은 사실을 인정한 다음, 공소외인이 경찰에서 한 진술은 단순히 자신이 이 사건 게임장을 운영하였음을 인정한 것으로서 완전히 허위의 진술이라고 볼 수 없고, 위 진술을 '자신이 이 사건 게임장의 실제 업주로서 이를 단독으로 운영하였다'는 취지로 보아 공범인 피고인의 존재를 숨겼다고 하더라도, 이는 다른 공범의 존재에 관하여 묵비한 것에 불과할 뿐, 경찰에서의 진술 외에 더 나아가 적극적으로 공범을 도피하게 하는 행위 또는 도피를 직접적으로 용이하게 하는 행위를 하지 아니한 이상, 그러한 허위 신술이 적극적으로 수사기관을 기만하여 착오에 빠지게 함으로써 범인의 발견 또는 체포를 곤란 내지 불가능하게 한 경우에 해당한다고 볼 수 없다는 이유로, 공소외인에 대하여 범인도피죄로 의율하여 처벌할 수 없고, 따라서 이를 교사한 피고인도 범인도피교사죄로 처벌할 수 없다고 판단하였다.

앞서 본 법리와 기록에 비추어 살펴보면, 이러한 원심의 사실인정과 판단은 정당한 것으로 수긍할 수 있고, 거기에 상고이유로 주장하는 바와 같은 채증법칙 위배나 범인도피죄의 성립에 관한 법리오해 등의 위법이 없다.

그러므로 상고를 기각하기로 하여 관여 대법관의 일치된 의견으로 주문과 같이 판결한다.

대법관 안대희(재판장) 차한성 신영철(주심)

대법원 2010.1.28. 선고 2009도11666 판결

【게임산업진흥에관한법률위반·사행행위등규제및처벌특례법위반·범인도피교사】

판시사항

1. 게임산업진흥에 관한 법률의 적용대상인 게임물에서 제외되는 '사행성게임물'의 의미 및 해석
2. '사행성게임물'을 이용하여 사행행위를 하게 하거나 경품 등을 제공하여 사행성을 조장한 행위를 게임산업진흥에 관한 법률 제44조 제1항 제1호, 제1호의2에 의하여 처벌할 수 있는지 여부(소극)
3. '사행성게임물'의 이용을 통해 획득한 결과물의 환전행위를 게임산업진흥에 관한 법률 제44조 제1항 제2호에 의하여 처벌할 수 있는지 여부(적극)
4. '사행성게임물'을 공중의 이용에 제공하는 영업을 관할 관청의 허가 없이 한 행위를 게임산업진흥에 관한 법률 제45조 제2호에 의하여 처벌할 수 있는지 여부(소극)

전　문

피 고 인 피고인

상 고 인 검사

변 호 인 변호사

원심판결 수원지법 2009. 10. 15. 선고 2009노3928 판결

주　문 원심판결 중 △△슈퍼 건물 내 게임장에서의 무허가 게임제공업 영업으로 인한 게임산업진흥에 관한 법률 위반의 점을 제외한 나머지 부분을 파기하고, 이 부분 사건을 수원지방법원 본원 합의부에 환송한다. 나머지 상고를 기각한다.

이　유 상고이유를 판단한다.

1. 원심의 판단

원심은, 피고인이 "2008. 5. 말경부터 2008. 6. 12.경까지 사이에 평택시 소재 ○○관광호텔 내 '바다이야기 게임장'에서 고래, 상어, 해파리 등의 그림이 화면에 나타날 경우 최고 2,500,000점이 당첨되고 그 점수가 리더기에 임의분할 형식으로 기록되는 등으로 사행성을 조장하는 속칭 '예시 기능'과 '메모리 연타 기능'이 불법 변조되어 내장된 '바다이야기' 게임기 40대를 설치하여 손님들의 이용에 제공하고, 리더기에 기록된 숫자 1을 5,000원으로 환산한 다음 수수료 10%를 제외한 4,500원을 지급하는 방식으로 환전하는 행위를 하고, 2008. 7. 6.경부터 2008. 7. 10.경까지 사이에 충남 당진군 소재 △△슈퍼 건물 내 '바다이야기 게임장'에서 고래, 상어, 해파리 등의 그림이 화면에 나타날 경우 부여된 점수에 따라 액면 금 5,000원의 문화상품권이 배출되는 등으로 사행성을 조장하는 속칭 '예시 기능'과 '메모리 연타 기능'이 불법 변조되어 내장된 '바다이야기' 게임기 40대를 설치하여 손님들의 이용에 제공하고, 게임기에서 배출된 액면 금 5,000원의 문화상품권을 1장당 수수료 500원을 공제한 4,500원에 환전하여 재매입하는 행위를 하여, 각 게임산업진흥에 관한 법률(이하 '게임산업법'이라 한다) 해당 법조를 위반하였다"는 공소사실에 대하여, 이 사건 각 게임물은 게임내용이 우연적인 방법으로 결과가 결정되고 그 결과에 따라 재산상 이익 또는 손실을 주는 것이어서 비록 그것들이 등급분류 받은 이후 이른바 '예시 기능'과 '메모리 연타 기능'이 불법으로 변조된 것이라 하더라도 게임산업법 제2조 제1호 및 제1호의2 소정의 '사행성 게임물'에 해당하여 게임산업법 제2조 제1호 소정의 '게임물'에는 해당하지 아니하고, 피고인이 공중의 이용에 제공한 게임이 '사행성 게임물'에 해당함에 따라 피고인은 게임산업법 제2조 제9호 소정의 '게임물 관련사업자'에도 해당하지 아니한다는 이유로 등급 받은 내용과 다른 내용의 게임물 이용의 점을 제외한 나머지 각 게임산업법 위반 부분에 관하여 무죄를 선고하였다.

2. 이 법원의 판단

가. ○○관광호텔 내 게임장과 관련한 게임산업법 위반 부분에 대하여

2007. 1. 19. 법률 제8247호로 개정된 게임산업법은 게임산업법의 적용대상이 되는 게임물을 컴퓨터프로그램 등 정보처리기술이나 기계장치를 이용하여 오락을 할 수 있게 하거나 이에 부수하여 여가선용, 학습 및 운동효과 등을 높일 수 있도록 제작된 영상물 또는 그 영상물의 이용을 주된 목적으로 제작된 기기 및 장치라고

규정하면서 개정 전의 구 게임산업법과는 다르게 '사행성 게임물'을 게임물에서 제외하였고(제2조 제1호 (가)목), 베팅이나 배당을 내용으로 하는 게임물, 우연적인 방법으로 결과가 결정되는 게임물, 「한국마사회법」에서 규율하는 경마와 이를 모사한 게임물, 「경륜·경정법」에서 규율하는 경륜·경정과 이를 모사한 게임물, 「관광진흥법」에서 규율하는 카지노와 이를 모사한 게임물, 그 밖에 대통령령이 정하는 게임물로서, 그 결과에 따라 재산상 이익 또는 손실을 주는 것을 '사행성 게임물'로 정의하고 있다(제2조 제1호의2). 그러므로 게임산업법의 적용대상이 되는 게임물에서 제외되는 '사행성 게임물'이라 함은 게임의 진행이 게임산업법 제2조 제1호의2에서 제한적으로 열거한 내용 또는 방법에 의하여 이루어져야 할 뿐만 아니라, 게임의 결과에 따라 게임기기 또는 장치에 설치된 지급장치를 통하여 게임이용자에게 직접 금전이나 경품 등의 재산상 이익을 제공하거나 손실을 입도록 만들어진 게임기기 또는 장치를 의미하는 것이고, 게임제공업자가 게임이용자에게 게임결과에 따라 시상하거나 경품을 제공하는 등 간접적인 방법에 의하여 재산상 이익이나 손실이 주는 경우에는 비록 게임내용이나 방법이 게임산업법 제2조 제1호의2에서 열거하고 있는 것이라고 하더라도 사행행위 등 규제 및 처벌특례법에서의 사행성 유기기구에 해당함은 별론으로 하고 이를 '사행성 게임물'이라고 할 수는 없다.

이와 같은 법리에 비추어 보면 게임기기 자체에서 게임결과에 따라 직접 금전이나 경품 등이 배출되지 아니하고 게임결과인 점수만 누적될 뿐인 이 사건 게임물은 '사행성 게임물'이라고 할 수 없고, 그럼에도 불구하고 이 사건 게임물을 '사행성 게임물'로 인정한 후 게임산업법 소정의 게임물이 아니라는 이유만으로 위 각 게임산업법 위반죄가 성립하지 않는다고 한 원심판결에는 게임산업법에 규정된 '사행성 게임물'에 관한 법리를 오해한 위법이 있다고 할 것이므로, 이 점을 지적하는 상고이유의 주장은 이유 있다.

나. △△슈퍼 건물 내 게임장과 관련한 게임산업법 위반 부분에 대하여

(1) 게임물 이용 사행행위 조장 및 경품 제공의 점

게임기기 또는 장치가 제작·배급될 당시에는 적법하게 등급을 부여받았지만, 불법적으로 개·변조되어 우연적인 방법으로 결과가 결정될 뿐만 아니라 그 결과에 의하여 재산상 이익을 주는 게임기기 또는 장치로 변하였다면 이는 최초 등급을 부여받았던 것과는 동질성이 상실되어 게임산업법 제2조 제1호, 제1호의2 소정의 '사행성 게임물'에 해당한다고 할 것이고, 한편, 게임산업법 제28조는 "게임물 관련사업자는 다음 각 호의 사항을 지켜야 한다"고 하면서, 제2호에서는 "게임물을 이용하여 도박 그 밖의 사행행위를 하게 하거나 이를 하도록 내버려 두지 아니할 것"이라고 규정하고, 제3호로 "경품 등을 제공하여 사행성을 조장하지 아니할 것"을 규정하고 있으며, 게임산업법 제44조 제1항 제1호는 위 제28조 제2호를 위반한 자를 처벌하고, 게임산업법 제44조 제1항 제1호의2는 위 제28조 제3호를 위반한 자를 처벌하도록 규정하고 있으므로 게임산업법 제44조 제1항 제1호 또는 같은 항 제1호의2에 의하여 처벌대상이 되는 자는 '게임물 관련사업자'이어야 한다. 그런데 게임산업법 제2조 제9호는 '게임물 관련사업자'를 '제4호 내지 제8호의 영업을 하는 자'로 정의하였는데, 같은 조 제6호는 '게임제공업'을 '공중이 게임물을 이용할 수 있도록 이를 제공하는 영업'으로 규정하고 있다.

이러한 '게임물 관련사업자' 및 '게임물제공업'에 관한 게임산업법의 제 규정들과 앞서 본 바와 같이 '사행성 게임물'은 게임물에서 제외된다는 점을 종합하여 보면, 게임물에 해당하지 않는 '사행성 게임물'을 공중의 이용에 제공하는 영업은 게임산업법 제2조 제6호의 '게임제공업'에 해당하지 아니하므로 이러한 영업을 하는 자는 같은 조 제9호 소정의 '게임물 관련사업자'가 아니라고 할 것이며, 나아가 게임산업법 제28조 제2호에서의 '게임물'이라 함은 게임산업법 제2조 제1호 소정의 '게임물'을 의미한다.

따라서 '사행성 게임물'을 이용하여 손님들로 하여금 사행행위를 하게 하거나, '사행성 게임물'을 이용하는 손님들에게 게임의 결과에 따라 경품 등을 제공하였다고 하더라도 이를 게임산업법 제44조 제1항 제1호, 제28조 제2호 또는 게임산업법 제44조 제1항 제1호의2, 제28조 제3호에 의하여 처벌할 수는 없다.

이러한 법리에 따라 원심판결의 이유를 살펴보면, 원심이, 그 판시와 같은 사실을 인정한 다음, 피고인이 공중의 이용에 제공한 이 사건 게임물이 게임산업법 제2조 제1호 소정의 게임물이 아닌 '사행성 게임물'에 해당하여, 피고인은 게임산업법 제2조 제9호 소정의 '게임물 관련사업자'가 아니라는 이유로, 이 사건 게임물을 설치하여 손님들로 하여금 사행행위를 하게 하고, 손님들에게 게임결과에 따른 경품으로 문화상품권을 제공한 피고인에 대하여 게임산업법 제44조 제1항 제1호, 제28조 제2호 및 제44조 제1항 제1호의2, 제28조 제3호에 의율하여 처벌할 수는 없다고 판단한 것은 정당하고, 거기에 상고이유로 주장하는 바와 같은 게임산업법에 관한 법리를 위반한 위법이 없다. 검사의 이 부분 상고이유의 주장은 이유 없다.

(2) 게임결과물 환전의 점

게임산업법이 '사행성 게임물'을 게임물에서 제외한 취지는 '사행성 게임물'이 시장에서 유통되지 않도록 하여 '사행성 게임물'을 근절함과 동시에 게임산업을 진흥시켜 국민의 건전한 게임문화를 조성하려는 데 그 목적이 있는 것이므로, 이러한 게임산업법의 규정들과 그 입법취지 등에 비추어 볼 때 게임산업법에서의 게임물에는 '사행성 게임물'에 해당하는 기기 및 장치가 포함되지 않는 것이 원칙이다.

다만, 게임산업법 제32조는 불법게임물 등의 유통 등의 행위를 금지하고 있는바, 이 조항의 취지가 게임물 산업의 정상적인 발전을 도모하기 위한 점임을 고려하여 보면 여기에서 말하는 불법게임물에는 '사행성 게임물'도 포함된다고 할 것이다. 그러므로 게임산업법 제32조 제1항 제7호에 의하여 금지되는 행위에는 '사행성 게임물'의 이용을 통해 획득한 결과물의 환전행위도 포함된다고 할 것이고, 이러한 환전금지규정에 위반한 행위에 관하여는 게임산업법 제44조 제1항 제2호, 제32조 제1항 제7호에 의하여 처벌할 수 있다고 할 것이다.

그런데도 원심은, 이 사건 게임물이 게임산업법 제2조 제1호 및 제1호의2 소정의 '사행성 게임물'에 해당한다는 이유로 피고인의 환전행위를 게임산업법 제44조 제1항 제2호, 제32조 제1항 제7호로 의율하여 처벌할 수는 없다고 판단하였는바, 위 법리에 비추어 볼 때 원심의 이러한 판단은 게임산업법 제32조 제1항 제7호에 관한 법리를 오해한 위법이 있고, 이를 지적하는 검사의 이 부분 상고이유 주장은 이유 있다.

(3) 무허가 게임제공업 영업의 점

게임산업법은 제2조 제6호의2 (나)목에서 일반게임제공업을 '제21조의 규정에 따라 등급분류된 게임물 중 청소년이용불가 게임물과 전체이용가 게임물을 설치하여 공중의 이용에 제공하는 영업'으로 정의한 다음, 제26조 제1항에서 일반게임제공업을 영위하고자 하는 자로 하여금 관할 관청의 허가를 받도록 하면서, 이에 위반하여 허가를 받지 아니하고 영업을 한 자를 제45조 제2호에 의하여 처벌하고 있다. 이와 같은 위 법률조항의 문언 및 체계와 아울러 형벌법규의 해석은 엄격하여야 하고 명문규정의 의미를 피고인에게 불리한 방향으로 확장해석하거나 유추해석하는 것은 허용되지 않는 점에 비추어 보면, 등급분류를 받지 아니한 게임물을 공중의 이용에 제공하는 것은 게임산업법 제2조 제6호의2 (나)목에 규정된 일반게임제공업에 해당하지 않으므로(대법원 2009. 8. 20. 선고 2009도4590 판결 참조), 게임물이 아닌 '사행성 게임물'을 공중의 이용에 제공하는 영업을 하는 경우에도 일반게임제공업에 해당하지 아니한다고 할 것이고, 그러한 영업을 관할 관청의 허가 없이 하였다고 하더라도 이를 게임산업법 제45조 제2호, 제26조 제1항에 의하여 처벌할 수는 없다.

같은 취지에서 원심이, 피고인이 공중의 이용에 제공한 이 사건 게임물이 '사행성 게임물'에 해당한다는 이유로 피고인에 대하여 게임산업법 제45조 제2호, 제26조 제1항에 의율하여 처벌할 수는 없다고 판단한 것은 정당하고, 거기에 상고이유로 주장하는 바와 같은 게임산업법에 관한 법리를 위반한 위법이 없다. 검사의 이 부분 상고이유의 주장은 이유 없다.

3. 파기의 범위

검사만이 원심판결의 무죄 부분에 대하여 상고한 이 사건에 있어서, 원심판결의 무죄 부분 가운데, ○○관광호텔 내 게임장과 관련한 게임산업법 위반 부분 및 △△슈퍼 건물 내 게임장과 관련한 게임산업법 위반 부분 중 게임결과물 환전의 점에 대하여는 위와 같은 파기사유가 있으며, 한편, 원심판결의 유죄 부분 중 사행행위 등 규제 및 처벌특례법(이하 '사행행위규제법'이라 한다) 위반 부분은 이 법원에 계속 중인 원심판결의 무죄 부분 중 게임물 이용 사행행위 조장 및 경품제공으로 인한 게임산업법 위반의 점과 서로 상상적 경합관계에 있고, 이것과 원심판결의 나머지 유죄 부분은 서로 실체적 경합관계에 있어, 아직 원심판결의 유죄 부분이 분리, 확정되지 아니하였는데, 위와 같이 파기되는 부분과 원심판결의 유죄 부분은 서로 실체적 경합범 또는 상상적 경합범의 관계에 있으므로, 결국, 원심판결의 유죄 부분 전부가 함께 파기될 수밖에 없다.

한편, 원심판결의 무죄 부분 중 △△슈퍼 건물 내 게임장에서의 게임물 이용 사행행위 조장 및 경품제공으로 인한 게임산업법 위반의 점에 대한 검사의 상고는 이유 없으나, 이 부분은 위와 같이 파기되는 원심판결의 유죄 부분 중 △△슈퍼 건물 내 게임장과 관련한 사행행위규제법 위반 부분과 서로 상상적 경합관계에 있으므로, 역시 함께 파기될 수밖에 없다.

4. 결론

그러므로 원심판결 중 △△슈퍼 건물 내 게임장에서의 무허가 게임제공업 영업으로 인한 게임산업법 위반의 점을 제외한 나머지 부분을 파기하고, 이 부분 사건을 다시 심리·판단하게 하기 위하여 원심법원으로 환송하기로 하며, 나머지 상고를 기각하기로 하여, 관여 대법관의 일치된 의견으로 주문과 같이 판결한다.

대법관 안대희(재판장) 박시환 차한성 신영철(주심)

대법원 2010.1.28. 선고 2009도10730 판결

【특정경제범죄가중처벌등에관한법률위반(배임)·업무상배임·상호저축은행법위반·자격모용유가증권작성·자격모용작성유가증권행사·자격모용사문서작성·자격모용작성사문서행사】

판시사항

1 금융기관이 거래처의 기존 대출금의 원리금으로 상환되도록 약정된 새로운 대출금을 실제로 거래처에 교부한 경우, 업무상배임죄의 성립 여부(적극)

2 상호저축은행의 임원들이 은행의 실질적 최대주주인 갑의 지시에 따라 상당한 담보를 확보하지 아니하고 관계 규정상의 적법한 대출심사를 거치지도 아니한 채 각 부실대출을 실행하여, 갑에게 실제로 귀속된 그 대출금 중 일부를 기존 대출금의 변제충당을 위하여 위 은행에 다시 입금하는 등의 용도로 사용한 사안에서, 위 부실대출을 실행함으로 인하여 그 대출과 동시에 은행으로 하여금 대출금 상당의 손해를 입게 하였다고 보아, 위 각 업무상배임의 점을 유죄로 판단한 원심의 조치를 정당하다고 수긍한 사례

전 문

피 고 인 피고인 1외 1인

상 고 인 피고인들

변 호 인 변호사

원심판결 서울고법 2009. 9. 23. 선고 2009노1454 판결

주 문 상고를 모두 기각한다.

이 유 각 상고이유(상고이유서 제출기간이 경과된 후에 제출된 변호인의 상고이유보충서의 기재는 상고이유를 보충하는 범위 내에서)를 본다.

1. 피고인 1의 배임죄의 고의에 관한 법리오해 주장에 대하여

원심이 적법하게 채택한 증거들을 기록에 비추어 보면, 피고인 1에게 판시 각 업무상배임의 점에 대한 고의가 있었다고 보아 각 유죄로 판단한 원심의 조치는 정당하고, 거기에 상고이유의 주장과 같은 배임죄의 고의에 관한 법리오해 등의 위법이 없다.

2. 피고인들의 배임죄의 성립에 관한 법리오해 등의 주장에 대하여

금융기관이 거래처의 기존 대출금에 대한 원리금에 충당하기 위하여 거래처에 신규대출을 함에 있어 형식상 신규대출을 한 것처럼 서류상 정리를 하였을 뿐 실제로 거래처에 대출금을 새로 교부한 것이 아니라면 그로 인하여 금융기관에 어떤 새로운 손해가 발생하는 것은 아니라고 할 것이므로 따로 업무상배임죄가 성립된다고 볼 수 없으나(대법원 2000. 6. 27. 선고 2000도1155 판결 등 참조), 금융기관이 실제로 거래처에 대출금을 새로 교부한 경우에는 거래처가 그 대출금을 임의로 처분할 수 없다거나 그 밖에 어떠한 이유로든 그 대출금이 기존 대출금의 원리금으로 상환될 수밖에 없다는 등의 특별한 사정이 없는 한 비록 새로운 대출금이 기존 대출금의 원리금으로 상환되도록 약정되어 있다고 하더라도 그 대출과 동시에 이미 손해발생의 위험은 발생하였다고 보아야 할 것이므로 업무상배임죄가 성립한다(대법원 2003. 10. 10. 선고 2003도3516 판결 등 참조).

원심이 적법하게 채택한 증거들을 기록에 의하여 살펴보면, 공소외인은 피해자 ○○상호저축은행(이하 '피해은행'이라고 한다)의 실질적인 최대주주로서 피해 은행의 임원인 피고인들에게 지시하였고 피고인들은 이에 따라 상당한 담보를 확보하지 아니하고 관계 규정상의 적법한 대출심사를 거치지도 아니한 채 판시 각 부실대출을 실행한 사실, 판시 각 부실대출에 의한 대출금은 타인의 명의를 사용한 공소외인에게 실제로 귀속되었으며, 피고인들 등은 공소외인의 지시에 따라 그 대출금 중 일부를 특정인에게 지급하거나 새로운 투자처에 제공하거나 기존 대출금의 변제충당을 위하여 피해 은행에 다시 입금하는 등의 용도로 이를 사용한 사실을 알 수 있다.

이를 앞서 본 법리에 비추어 보면, 원심이, 피고인들이 판시 각 부실대출을 실행함으로 인하여 그 대출과 동시에 피해 은행으로 하여금 대출금 상당의 손해를 입게 하였다고 보아 피고인들의 판시 각 업무상배임의 점에 대하여 유죄로 판단한 조치는 정당하고, 거기에 상고이유에서 주장하는 바와 같은 배임죄의 성립에 관한 법리

오해 등의 위법이 없다.

3. 피고인들의 특정경제범죄 가중처벌 등에 관한 법률 위반(배임)죄에 관한 법리오해 등의 주장에 대하여

배임죄에서 '재산상 손해를 가한 때'라 함은 현실적인 손해를 가한 경우 뿐만 아니라 재산상 실해 발생의 위험을 초래한 경우도 포함되고, 일단 손해의 위험을 발생시킨 이상 사후에 담보를 취득하였거나 피해가 회복되었다고 하여도 배임죄의 성립에 영향을 주는 것이 아니다(대법원 2003. 2. 11. 선고 2002도5679 판결 등 참조).

위 법리와 기록에 비추어 보면, 원심이 그 판시와 같은 사실을 인정한 다음 피고인들이 판시 각 부실대출을 실행함으로써 피해 은행으로 하여금 판시 각 대출금 상당의 손해를 입게 하였다고 판단한 조치 및 그 손해액에서 사후에 변제된 대출원리금을 공제하지 아니한 조치 등은 모두 정당하고, 거기에 상고이유로 주장하는 바와 같은 법리오해 등의 위법이 없다.

4. 피고인들의 상호저축은행법 위반죄에 관한 법리오해 등의 주장에 대하여

구 상호저축은행법(2007. 7. 19. 법률 제8522호로 개정되어 6개월 후에 시행되기 전의 것) 제37조 제1항은 출자자에 대한 대출을 금지하고 있는바, 부실대출을 방지하여 상호저축은행의 건전한 운영을 도모하는 구 상호저축은행법의 입법 취지와 조문체계 등에 비추어 보면, 여기에서 출자자에 대한 대출에 해당하는지 여부는 대출명의인이 아니라 대출금이 실질적으로 귀속되는 자를 기준으로 판단하여야 한다(대법원 2009. 6. 25. 선고 2008도10096 판결 참조).

원심이 적법하게 채택한 증거들을 위 법리와 기록에 비추어 살펴보면, 원심이 피고인들의 판시 각 출자자대출에 의한 대출금이 실질적으로 피해 은행의 최대주주인 공소외인에게 귀속되었다고 보아 유죄로 판단한 조치는 정당하고, 거기에 상고이유에서 주장하는 바와 같은 출자자대출에 대한 법리오해나 채증법칙 위반 등의 위법이 없다.

5. 피고인 2의 양형부당 주장에 대하여

위 피고인에게 10년 미만의 징역형이 선고된 이 사건에서 양형부당의 주장은 적법한 상고이유가 될 수 없다.

6. 결론

그러므로 상고를 모두 기각하기로 하여 관여 대법관의 일치된 의견으로 주문과 같이 판결한다.

대법관 김영란(재판장) 이홍훈 김능환(주심) 민일영

대법원 2010.1.28. 선고 2009도9997 판결

【사문서위조·위조사문서행사·사문서변조·변조사문서행사】

판시사항

일련번호 16번까지 투표지를 받은 사람들의 기명 및 서명이 기재되어 있고, 투표 후 확인업무 담당자인 갑, 을이 그 하단 공백 부분에 서명한 '건물 임시관리단집회 투표지대장'의 일련번호 17번란에 피고인이 자신의 이름을 기명하고 서명하여, 갑, 을 명의의 사문서인 위 투표지대장을 변조하고, 이를 법원에 증거자료로 제출하여 행사하였다는 공소사실에 대하여, 이를 무죄로 판단한 원심판결은 위 투표지대장의 문서성 및 작성명의인에 관한 법리를 오해한 것이라고 하여 파기한 사례

전 문

피 고 인 피고인 1외 1인

상 고 인 검사

변 호 인 법무법인

원심판결 서울중앙지법 2009. 9. 2. 선고 2009노1401 판결

주 문 원심판결 중 피고인 1의 사문서변조 및 변조사문서행사의 점에 관한 부분을 파기하고, 이 부분 사건을 서울중앙지방법원 합의부에 환송한다. 나머지 상고를 기각한다.

이 유 상고이유를 살펴본다.

1. 피고인들의 사문서위조 및 위조사문서행사의 점에 관하여

원심판결 이유를 기록에 비추어 살펴보면, 원심이 그 판시와 같은 이유에서 피고인들에 대한 이 사건 사문서위조 및 위조사문서행사의 공소사실에 대하여 무죄를 선고한 제1심판결을 그대로 유지한 것은 정당하고, 거기에 채증법칙을 위반하거나 사문서위조죄에 관한 법리를 오해한 잘못이 없다.

2. 피고인 1의 사문서변조 및 변조사문사행사의 점에 관하여

이 부분 공소사실의 요지는, "피고인 1이, 일련번호 16번까지 투표지를 받은 사람들의 기명 및 서명이 기재되어 있고, 투표 후에 공소외 1, 2가 하단 공백 부분에 서명한 '2008년 임시관리단집회 투표지대장'의 일련번호 17번란에 피고인 1이라고 기명하고 서명하여, 공소외 1, 2명의의 사문서인 위 투표지대장을 변조하고, 이를 법원에 증거자료로 제출하여 행사하였다"는 것이다.

원심은, 위 투표지대장은 투표용지를 받은 사람들(이하 '투표자들'이라 한다)이 이를 교부받았다는 뜻으로 이름을 순서대로 적은 일종의 연명문서에 해당하여, 비록 한 장의 종이에 담겨 있으나 이에 서명한 투표자들 부분은 각 개별적으로 독립한 문서를 구성하고, 공소외 1, 2가 투표 절차를 확인하였다는 의미로 개표 후 그 하단 공백에 서명한 부분은 투표자들의 서명 부분과는 분리되는 별개 문서일 뿐이어서, 공소외 1, 2의 서명이 있었다고 하여 기존의 투표자들의 서명 부분이 공소외 1, 2 명의의 문서에 포섭되어 위 투표지대장 전체가 '공소외 1, 2 명의의 문서'로 되는 것은 아니라는 이유로 이 부분 공소사실을 무죄로 판단한 제1심판결을 그대로 유지하였다.

그러나 원심의 위와 같은 판단은 수긍할 수 없다.

위 투표지대장은 투표자격이 있는 사람을 확인하여 그에게 투표지를 교부하는 업무를 담당하는 사람이 위와 같은 확인업무를 기록에 남기기 위한 용도로 작성된 것으로서(즉 투표자들이 공동의 의사로 어떤 법률관계를 형성한다는 의사표시가 표시된 것이 아니다), 이 사건에서 공소외 1, 2가 그와 같은 업무를 담당하면서 최종적으로 총 16명이 투표지를 받아 투표를 하였다는 사실을 확인한 후 이에 서명한 것이므로, 위와 같이 공소외 1, 2가 서명을 마친 투표지대장은 개별투표자 및 그 총인원수를 증명하는 기능을 가진 공소외 1, 2 명의의 독립적인 문서로도 완성되었다고 할 것이고, 그 후에 피고인이 임의로 17번란에 기명하고 서명한 것은 위와 같이 완성된 문서의 동일성을 해한 것이어서 사문서변조죄가 성립한다고 할 것이다.

그렇다면 원심판결이 앞서 본 바와 같은 사유로 이 부분 공소사실에 대하여 무죄로 판단한 것은 위 투표지대장의 문서성 및 작성명의인에 관한 법리를 오해한 것이다.

3. 결론

그러므로 원심판결 중 피고인 1의 사문서변조 및 변조사문서행사의 점에 관한 부분을 파기하고, 이 부분 사건을 다시 심리·판단하게 하기 위하여 원심법원으로 환송하기로 하며, 검사의 나머지 상고를 기각하기로 하여, 관여 대법관의 일치된 의견으로 주문과 같이 판결한다.

대법관 이홍훈(재판장) 김영란 김능환 민일영(주심)

대법원 2010.1.28. 선고 2009도9484 판결

【폭력행위등처벌에관한법률위반(단체등의구성·활동)·폭력행위등처벌에관한법률위반(집단·흉기등상해)·폭력행위등처벌에관한법률위반(집단·흉기등재물손괴등)·폭력행위등처벌에관한법률위반(공동감금)·폭력행위등처벌에관한법률위반(공동상해)·공갈·사기·업무방해·상해·재물손괴·전자금융거래법위반·주민등록법위반·마약류관리에관한법률위반(향정)】

판시사항

[1] 폭력행위집단인 소위 '부전동파'가 폭력행위 등 처벌에 관한 법률 제4조에서 규정한 '범죄단체'에 해당한다고 한 원심의 사실인정 및 판단을 정당한 것으로 수긍한 사례

[2] '범죄단체의 간부급 조직원들이 조직생활의 자부심을 심어 주고, 조직 결속력 강화 및 조직 이탈을 방지하기 위하여 개최한 회식에 참석한 행위' 및 '다른 폭력조직의 조직원의 장례식, 결혼식 등 각종 행사에 참석하여 하부 조직원들이 행사장에 도열하여 상부 조직원들이 도착할 때와 나갈 때 90°로 인사하는 이른바 병풍 역할을 하여 조직의 위세를 과시한 행위'는 폭력행위 등 처벌에 관한 법률 제4조 제1항의 '활동'에 해당하지 않는다고 한 사례

[3] '다른 폭력조직과의 싸움에 대비하고 조직의 위세를 과시하기 위하여 비상연락체계에 따라 다른 조직원들과 함께 집결하여 대기한 일련의 행위'가 폭력행위 등 처벌에 관한 법률 제4조 제1항의 '활동'에 해당한다고 한 사례

전 문

피 고 인 피고인 1외 22인

상 고 인 피고인들 및 검사

변 호 인 변호사

원심판결 부산고법 2009. 8. 27. 선고 2009노385, 420(병합)

주 문 원심판결 중 피고인 1, 2, 3, 4, 5, 6, 7, 8, 9, 10, 11, 12, 14, 15, 16, 17, 18, 19, 20, 21, 22, 23에 대한 부분을 파기하고, 이 부분 사건을 부산고등법원으로 환송한다. 피고인 13의 상고를 기각한다.

이 유

1. 피고인 1, 3, 4, 5, 6, 7, 8, 9, 10, 11, 12, 13, 14, 15, 16, 17, 19, 20, 21의 상고이유에 관하여 살펴본다.

가. '부전동파'가 범죄단체에 해당하는지 여부

폭력행위집단은 합법적인 단체와는 달라 범죄단체의 특성상 단체로서의 계속적인 결집성이 다소 불안정하고 그 통솔체제가 대내외적으로 반드시 명확하지 않은 것처럼 보이더라도 구성원들 간의 관계가 선·후배 혹은 형, 아우로 뭉쳐져 그들 특유의 규율에 따른 통솔이 이루어져 단체나 집단으로서의 위력을 발휘하는 경우가 많은 점에 비추어 볼 때, 폭력행위 등 처벌에 관한 법률 제4조에서 규정하는 '범죄를 목적으로 한 단체'는 위 법률에서 규정한 범죄를 한다는 공동의 목적 아래 특정 다수인에 의하여 이루어진 계속적인 결합체로서 그 단체를 주도하거나 내부의 질서를 유지하는 최소한의 통솔체계를 갖추면 되는 것이고, 그 범죄단체는 다양한 형태로 성립·존속할 수 있는 것으로서 정형을 요하는 것이 아닌 이상, 그 구성 또는 가입에 있어 반드시 단체의 명칭이나 강령이 명확하게 존재하고 단체 결성식이나 가입식과 같은 특별한 절차가 있어야만 하는 것은 아니다(대법원 2007. 11. 29. 선고 2007도7378 판결 참조).

원심은, 피고인들을 포함한 무리들로 이루어진 '부전동파'는 단체의 위력을 과시하며 상해를 가하는 등 폭력행위 등 처벌에 관한 법률에 규정된 범죄를 목적으로 구성된 단체이고, 두목, 부두목, 간부, 행동대원이라는 명칭을 사용하거나 명문화된 행동강령이 있는 것은 아니나 조직체계, 연락체계 및 행동강령을 엄연히 갖추고 있으며, 두목인 공소외인의 의사를 중간 간부가 하부 조직원에게 전달하여 일정한 장소에 집결하게 하고 집단싸움을 벌이는 등 계속적인 결합체로서 내부의 질서를 유지하는 최소한의 통솔체계를 갖추고 있는 단체로 볼 수 있다는 이유로, 부전동파는 폭력행위 등 처벌에 관한 법률 제4조에서 규정하고 있는 범죄단체에 해당한다

고 판단하였다.

위와 같은 법리와 원심이 적법하게 조사, 채택한 증거들에 비추어 살펴보면, 원심의 이와 같은 사실인정 및 판단은 정당한 것으로 수긍할 수 있고, 거기에 상고이유에서 주장하는 바와 같이 채증법칙을 위반한 잘못이 없다.

나. 범죄단체 활동의 점에 관하여

폭력행위 등 처벌에 관한 법률 제4조의 규정 내용과 형식, 입법취지, 처벌의 종류 및 정도 등을 종합하여 보면, 폭력행위 등 처벌에 관한 법률 제4조 제1항에서의 '활동'은 범죄단체 또는 집단의 내부 규율 및 통솔체계에 따른 조직적, 집단적 의사결정에 의하여 행하는 범죄단체 또는 집단의 존속·유지를 지향하는 적극적인 행위로서 그 기여의 정도가 폭력행위 등 처벌에 관한 법률 제4조 제3항, 제4항에 규정된 행위에 준하는 것을 의미한다고 할 것이다. 그리고 특정한 행위가 범죄단체 또는 집단의 구성원으로서의 '활동'에 해당하는지 여부는 당해 행위가 행해진 일시, 장소 및 그 내용, 그 행위가 이루어지게 된 동기 및 경위, 목적, 의사 결정자와 실행 행위자 사이의 관계 및 그 의사의 전달 과정 등의 구체적인 사정을 종합하여 실질적으로 판단하여야 할 것인바, 다수의 구성원이 관여되었다고 하더라도 범죄단체 또는 집단의 존속·유지를 목적으로 하는 조직적, 집단적 의사결정에 의한 것이 아니거나, 범죄단체 또는 집단의 수괴나 간부 등 상위 구성원으로부터 모임에 참가하라는 등의 지시나 명령을 소극적으로 받고 이에 단순히 응하는 데 그친 경우, 구성원 사이의 사적이고 의례적인 회식이나 경조사 모임 등을 개최하거나 참석하는 경우 등은 '활동'에 해당한다고 볼 수 없다(대법원 2009. 9. 10. 선고 2008도10177 판결 참조).

(1) 오리고기 음식점에서의 회식 및 각종 행사 참석의 점

원심은 "2007. 6. 초순경 부산 부산진구 가야동에 있는 오리고기 음식점에서 공소외인 등 부전동파의 간부급 조직원들이 조직생활의 자부심을 심어 주고, 조직 결속력 강화 및 조직 이탈을 방지하기 위하여 개최한 회식에 참석한 행위" 및 "2007. 7. 초순경부터 2008. 6. 19.까지 18회에 걸쳐 다른 폭력조직의 조직원의 장례식, 결혼식, 돌잔치, 회갑연, 진갑연, 내용 불상의 각종 행사에 참석하여 하부 조직원들이 행사장에 도열하여 상부 조직원들이 도착할 때와 나갈 때 90°로 인사하는 이른바 '병풍' 역할을 하여 조직의 위세를 과시한 행위"에 대하여도 폭력행위 등 처벌에 관한 법률 제4조 제1항의 '활동'에 해당한다고 판시하였다.

그러나 위 법리에 비추어 보면, 피고인들의 위와 같은 행위는 범죄단체 또는 집단의 수괴나 간부 등 상위 구성원으로부터 모임에 참가하라는 등의 지시나 명령을 소극적으로 받고 이에 단순히 응하는 데 그친 경우, 또는 구성원 사이의 사적이고 의례적인 회식이나 경조사 모임 등을 개최하거나 참석하는 경우에 해당할 뿐, 범죄단체의 존속·유지에 기여하기 위한 행위를 한 것이라고 볼 수 없어 범죄단체 구성원으로서의 활동이 있었다고 보기 어렵다. 그러므로 이를 지적하는 위 피고인들(다만 피고인 13은 위 공소사실로 기소되지 아니하였으므로 제외한다)의 주장은 이유 있다.

(2) 그 밖의 범죄단체 활동의 점

원심은 "다른 폭력조직과의 싸움에 대비하고 조직의 위세를 과시하기 위하여 비상연락체계에 따라 피고인들이 다른 조직원들과 함께 집결하여 대기한 일련의 행위"가 폭력행위 등 처벌에 관한 법률 제4조 제1항의 '활동'에 해당한다고 판시하였다.

이러한 원심의 판단은 위에서 본 법리에 비추어 볼 때 정당하고, 거기에 위 피고인들이 주장하는 바와 같은 법리오해 등의 잘못이 없다.

다. 위 피고인들의 나머지 주장은 모두 사실심인 원심의 전권에 속하는 증거의 취사선택 및 사실의 인정을 탓하는 것에 불과하여 적법한 상고이유가 될 수 없다.

2. 검사의 상고이유에 관하여 살펴본다.

원심은 적법하게 조사, 채택한 증거들을 종합하여 그 판시와 같은 사실들을 인정한 다음, 피고인 2, 6, 17, 18, 19, 22, 23은 폭력행위 등 처벌에 관한 법률 제4조 제1항 제3호에서 규정하고 있는 일반 구성원에 해당한다고는 할 수 있으나 더 나아가 같은 항 제2호에서 규정하고 있는 '간부'에 해당함을 인정할 증거가 부족하다고 판단하였다.

기록에 비추어 살펴보면, 원심의 위와 같은 사실인정 및 판단은 정당한 것으로 수긍할 수 있고, 거기에 상고이유에서 주장하는 바와 같이 채증법칙을 위반한 잘못이 없다.

3. 파기의 범위

상고를 제기한 피고인 19명 중 피고인 13을 제외한 나머지 18명에 대한 원심판결에는 앞서 본 것처럼 폭력행위 등 처벌에 관한 법률 제4조 제1항의 '활동'으로 볼 수 없는 부분을 유죄로 인정한 잘못이 있는바, 이 부분 공소사실은 나머지 공소사실과 형법 제37조 전단의 경합범 관계에 있어 그 전체에 대하여 하나의 형이 선고되어야 하므로, 결국 위 피고인들에 대한 원심판결은 그 전부를 파기할 수밖에 없다. 다만 피고인 13의 경우 위와

같은 잘못이 없으므로 파기의 대상이 되지 아니한다(피고인 13은 양형이 과중하다는 주장을 하고 있으나, 위 피고인에 대하여 10년 미만의 징역형이 선고된 이 사건에서 원심의 형이 너무 무거워서 부당하다는 사유는 적법한 상고이유가 될 수 없다).

한편 직권으로 보건대, 피고인 2, 18, 22, 23은 상고를 제기하지 아니하였고 검사만이 위 피고인들에 대하여 상고를 제기하였으나, 앞서 본 바와 같이, 원심이 피고인 13을 제외한 나머지 피고인 18명에 대하여 유죄로 인정한 범죄사실 중 일부에 대하여 파기사유가 있고 그 파기사유는 피고인 2, 18, 22, 23에 대하여도 공통된다 할 것이므로, 형사소송법 제392조의 규정에 따라 위 피고인들에 대한 부분도 파기한다(대법원 2002. 4. 9. 선고 2001도7056 판결 참조).

4. 결론

따라서 원심판결 중 피고인 13을 제외한 나머지 피고인들에 대한 부분은 위와 같은 파기 사유가 있으므로 이를 파기하여 이 부분 사건을 다시 심리·판단하게 하기 위하여 원심법원에 환송하기로 하고, 피고인 13의 상고를 기각하기로 하여, 관여 대법관의 일치된 의견으로 주문과 같이 판결한다.

대법관 이홍훈(재판장) 김영란 김능환 민일영(주심)

대법원 2010.1.28. 선고 2009도1884 판결

【횡령】

판시사항

[1] 이른바 '중간생략등기형 명의신탁'에 있어서 수탁자가 부동산을 임의로 처분한 경우, 횡령죄의 성립 여부(적극)

[2] 등기부상 소유명의인의 '배우자'로서 소유명의인의 위임에 의하여 그 부동산의 실질적인 지배·관리권 및 대외적인 처분권을 갖고 있는 경우, 횡령죄의 주체인 '부동산의 보관자'에 해당하는지 여부(적극)

전 문

피 고 인 피고인 1외 1인

상 고 인 검사

변 호 인 변호사

원심판결 서울중앙지법 2009. 2. 5. 선고 2008노760 판결

주 문 원심판결을 파기하고, 사건을 서울중앙지방법원 합의부에 환송한다.

이 유 상고이유를 판단한다.

1. 공소사실의 요지

이 사건 공소사실의 요지는, 피고인들이 공모하여, 1985. 6. 28. 고소인과 함께 매매대금의 1/3씩을 부담하여 이 사건 각 임야를 매수한 뒤, 같은 해 9. 20.경 고소인으로부터 그녀의 이 사건 각 임야에 대한 1/3 지분을 절반씩 명의신탁받아 피고인 1은 자신의 명의로, 피고인 2는 남편 공소외 1의 명의로 1/2 지분씩 소유권이전등기를 경료하여 고소인의 지분 상당을 보관하던 중 2005. 4. 18.경 이 사건 각 임야를 임의로 공소외 2에게 대금 1,098,000,000원에 매도하는 계약을 체결하고, 같은 해 5. 19.경 공소외 2 외 2인 명의로 소유권이전등기를 경료하여 주어 고소인의 이 사건 각 임야에 대한 1/3 지분 시가 366,000,000원 상당을 횡령하였다는 것이다.

2. 원심의 판단

원심은 고소인과 피고인들 사이에 명의신탁약정이 있었다는 점에 부합하는 핵심적인 증거로, 이 사건 각 임야 매매계약의 중개인 공소외 3의 경찰, 검찰 및 제1심 법정에서의 각 진술, 공소외 3과 함께 이 사건 각 임야를 고소인에게 소개한 공소외 4의 검찰 및 제1심 법정에서의 각 진술, 고소인의 경찰, 검찰, 제1심 및 원심 법정에서의 각 진술이 있다고 전제한 다음, ① 고소인은 피고인들과 이해가 상반되는 사람이고, 공소외 3과 공소외 4는 고소인과 거래를 하였을 뿐이지 피고인들과는 거래를 한 바 없으며, 특히 이 사건 각 임야의 매매계약 후에도 피고인들을 만나거나 전화통화 등을 하지 않았던 사람인 점, ② 고소인은 고소장에서 이 사건 각 임야를 1985. 7. 8.경 매매계약을 체결한 인근의 충남 금산군 추부면 성당리 산 59-2 임야보다 나중에 매수하였다고 하였다가, 검찰에서는 위 성당리 산 59-2 임야보다 먼저 매수하였다고 진술을 바꾸었고, 이후 고소장 정정 및 보충서면에서는 이 사건 각 임야의 매매계약체결 일자를 1985. 6. 28.경으로 특정하였는데, 당초 시점의 전후조차 불분명하였던 매매계약일자를 처분문서도 없는 상황에서 특정일로 명시하는 것은 이례적인 점, ③ 고소인은 고소장에서는 이 사건 각 임야를 평당 7,300원 내지 7,400원에 매수하였다고 하였다가 이후 고소장 정정 및 보충서면에서는 평당 7,000원 안팎에 매수하였다고 하는 등 고소인의 진술은 일관성이 없는 점, ④ 공소외 3은 이 사건 각 임야에 관한 매매계약서를 누가 어디에서 작성한 것인지는 기억하지 못하면서도 이 사건 각 임야의 면적은 9,150평이고 평당 매매가격은 7,000원이라며 일정한 수치로 진술하고 있는데, 약 20년 전의 매매계약에 관하여 면적과 평당 매매가격을 지금까지 일정한 수치로까지 기억하고 있다는 것은 오히려 경험칙에 반하는 점, ⑤ 공소외 3은 원심에서 증인으로 채택되어 여러 차례 소환을 받았음에도 소환에 응하지 아니한 점 등 고소인, 공소외 3, 4의 진술에는 신빙성을 의심할 만한 사정이 있다고 하였다.

그리고 원심은 ⑥ 고소인이 매매계약서, 매매대금 영수증, 명의신탁약정서와 같은 권리관계를 증명하는 서류를 소지하지 못하고 있고, 이에 대해 고소인이 이사하면서 매매계약서 등을 분실하였다고 주장하나, 비슷한 시

기에 매수한 위 성당리 산 59-2 임야에 관한 매매계약서는 현재까지 소지하고 있는 점에 비추어 위 주장에 설득력이 없으며, ⑦ 고소인이 이 사건 임야의 매수대금을 부담하였다는 객관적 금융자료가 없고, ⑧ 고소인이 주장하는 이 사건 각 임야의 평당 매수대금 7,000원은 인근의 위 성당리 산 59-2 임야의 평당 매수대금 4,600원과 차이가 크며, ⑨ 고소인은 위 성당리 산 59-2 임야는 공소외 5와 공동으로 매수하고도 명의신탁하지 않고 자신의 명의로 등기하였으므로 유독 이 사건 각 임야만을 피고인들에게 명의신탁할 이유가 있었다고 보기 어렵고, ⑩ 고소인 부부는 위 성당리 산 59-2 임야를 1993. 5. 11. 지인인 공소외 6에게 명의신탁하고, 충남 홍성군 서부면 어사리 산 41-3 임야 중 9917/39517 지분을 1989. 3. 23. 고소인의 막내 동생 공소외 7에게 명의신탁한 바 있는데, 1995. 7. 1. 시행된 부동산 실권리자명의 등기에 관한 법률에 의한 기존 명의신탁등기의 실명전환 유예기간 내에 위 성당리 산 59-2 임야와 위 어사리 산 41-3 임야를 고소인 또는 남편 공소외 8 명의로 실명전환하고서도, 이 사건 각 임야에 대하여는 실명전환하지 않았으며, ⑪ 이 사건 각 임야에 대한 세금은 피고인들만이 부담하였을 뿐 고소인이 부담한 바 없는 등 명의신탁약정이 있었음을 의심하게 하는 사정들도 인정된다고 하여, 결국 검사가 제출한 증거들만으로는 '고소인으로부터 충남 금산 쪽에 좋은 땅이 있으니 사두라는 제의를 받고 1985년 초여름경 고소인에게 여윳돈 2,300만 원을 송금하고 나서 매매계약서 등 관련서류를 받지 못하고 있다가 1989년경 피고인 앞으로 이 사건 각 임야에 관한 1/2 지분등기가 경료된 사실을 확인하였을 뿐, 위 송금 당시 고소인이 이 사건 각 임야의 매매대금 중 1/3을 부담하여 3인이 공동으로 매수하였다는 점에 관하여 들은 사실이 없고, 고소인이 1/3 지분을 갖는 것에 대하여 3자가 합의한 바도 없으며, 고소인은 단순 소개자에 불과하였다'는 피고인 1의 변명 및 '고소인으로부터 이 사건 각 임야가 좋은 땅이니 상피고인 1과 공동으로 사두라는 권유를 받고 이 사건 각 임야를 보고 나서 고소인이 하라는 대로 약 2,500만 원 내지 3,000만 원을 주었을 뿐, 고소인이 이 사건 각 임야의 매매대금 중 1/3을 부담하여 3인이 공동으로 매수하였다는 점에 관하여 들은 사실이 없고, 고소인이 1/3 지분을 갖는 것에 대하여 3자가 서로 합의한 바도 없으며, 고소인은 단순 소개자에 불과하였다'는 취지의 피고인 2의 변명을 허위라고 단정할 수 없고, 달리 합리적인 의심의 여지가 없을 정도로 고소인과 피고인들 사이에 명의신탁약정이 있었음을 인정할 증거가 없다고 판단하였다.

또한 원심은, 비록 토지의 일부 지분에 관하여 명의신탁약정이 있었다고 하더라도 명의를 수탁하기로 한 자가 자신 앞으로 일부 지분에 관한 소유권이전등기를 경료하지 아니하였다면 그 부동산을 보관하는 자의 지위에 있다고 할 수 없다고 하면서, 고소인과 피고인 2 사이에 이 사건 각 임야의 고소인 지분 1/3 중 절반에 관하여 고소인과 피고인 2 사이에 명의신탁약정이 있었다고 하더라도, 피고인 2는 자신의 명의가 아닌 남편 공소외 1 명의로 소유권이전등기를 마친 것이므로, 피고인 2는 고소인의 지분을 제3자에게 유효하게 처분할 수 있는 법적인 권능을 보유하지 아니하여 이 사건 각 임야에 관한 고소인의 지분을 보관하는 지위에 있다고도 볼 수 없다고 판단하였다.

3. 대법원의 판단

가. 명의신탁약정의 존부에 대하여

횡령죄의 위탁신임관계를 발생시키는 명의신탁관계는 반드시 신탁자와 수탁자 사이의 명시적 계약에 의하여서만 성립되는 것이 아니라 묵시적 합의에 의하여서도 성립될 수 있고, 명의신탁 합의가 있었는지 여부는 위탁자와 수탁자 사이의 관계, 수탁자가 그 재물을 보관하게 된 동기와 경위, 위탁자와 수탁자 사이의 거래 내용과 태양 등 모든 사정을 종합하여 사회통념에 비추어 합리적으로 판단하여야 한다(대법원 2008. 10. 23. 선고 2007도6463 판결 등 참조).

이러한 법리에 비추어 고소인과 피고인들 사이의 명의신탁약정의 존재를 부정한 원심의 판단은 다음과 같은 이유로 이를 수긍하기 어렵다.

먼저 원심판결에서도, 고소인이 이 사건 각 임야의 매수 당시 그 주거지인 서울 여의도에서 이 사건 각 임야 소재지인 충남 금산군까지 여러 번 내려가는 등 이 사건 각 임야의 매수 과정에서 주도적으로 일을 처리한 사실, 고소인은 이 사건 각 임야의 매매계약을 체결하면서 그 곳 이장이던 공소외 9의 부탁으로 그 친형인 공소외 10이 이 사건 각 임야에서 논농사를 짓도록 허락하였고, 약 2년 후에는 공소외 10의 부탁으로 그가 이 사건 각 임야에서 인삼농사를 짓도록 허락하였으며, 이후에도 이 사건 각 임야에 여러 번 내려가 둘러보는 등 이를 관리하여 온 사실, 고소인의 남편 공소외 8은 1993년경 이 사건 각 임야에 관하여 예정고지된 토지초과이득세의 조정을 위하여 충남 금산군 추부면장 앞으로 보낼 서면의 초안을 작성한 바 있고, 고소인 부부가 소유한 부동산의 각 연도별 개별공시지가를 수첩에 정리하여 왔는데 거기에는 이 사건 각 임야에 관한 것도 정리되어 있는 사실 등을 인정하고 있는바, 고소인이 단순 중개인에 불과하다고 하여서는 고소인 부부의 이와 같은 행위들을 설명하기 어렵고, 이는 고소인이 이 사건 각 임야를 매수한 당사자임을 전제로 하여야 합리적으로 설명될 수 있다.

다음으로 공소외 3과 공소외 4의 진술을 보면, 공소외 3의 진술은 "고소인을 1982년경 같은 교회에 다녀서 알게 되었고, 피고인 2도 고소인의 소개로 알게 되었다. 1985년 여름경 고소인이 지방에 좋은 땅이 있으면 소개해달라고 여러 차례 부탁하여 대전 쪽에서 부동산 일을 하는 공소외 11을 통해 충남 금산의 괜찮은 땅을 소개하였다. 고소인과 피고인 2가 몇 차례 현장을 둘러보았고, 매수대금이 모자라 고소인의 형부가 같이 돈을 내서 매수한다고 했다. 1985. 6.경 피해자 및 피고인 2 등과 함께 공소외 11을 만나 계약을 체결하였고, 매매대금은 6,000만여 원으로(평당 7,000원 정도), 평수는 9,000평 정도로 기억한다. 당시 고소인은 자기 형부되는 사람의 몫을 대신하여 '두 몫을 지급한다'고 얘기한 것으로 기억되고, 피고인 2는 자기 몫을 지급하였다. 고소인이 1/3을 매입하지 않았다면 이렇게 힘들게 나설 필요가 없었다. 고소인은 남편 공소외 8이 경기도청에 과장으로 근무하는 관계로 본인 명의로 등기하는 것을 꺼려하여 피고인들에게 명의신탁하였다. 고소인은 이 사건 각 임야를 매수한 직후 공소외 5라는 사람과 함께 근처의 조금 더 안좋은 땅을 샀는데 그 매매대금은 평당 5,000원 정도였다"는 내용이고, 공소외 4의 진술은 "1984년경부터 2년간 공소외 3과 함께 부동산 일을 했고 운전기사로도 일을 해주었다. 대전에 오래 살아서 대전의 부동산업자들을 좀 알고 있는데 1985년 3, 4월경 공소외 11이 금산군 추부면에 좋은 땅이 있다고 하여 고소인과 피고인 2에게 소개하게 되었다. 고소인과 피고인 2가 현장을 둘러본 후 돈이 좀 부족하다고 하였으나 그 후 계약을 했다. 땅 주인은 누군지 모르나 마을 이장과 공소외 11이 중간에 개입하여 땅을 팔았기 때문에 그들과 협의하였다. 매수인은 고소인과 피고인 2 그리고 대구에 사는 고소인 친척이라는 사람이었다. 계약 현장에 공소외 3, 11, 고소인, 피고인 2 등이 참여하였다. 땅 평수는 9,000평이 좀 넘었던 것 같고 매매가격은 평당 7,000원 정도로 6,000만 원이 좀 넘었던 것 같다. 등기부에 명의를 올릴 때 두 명으로 한 것은 고소인의 남편이 공무원이었기 때문이라고 들었다. 당시 공소외 11이 이 사건 각 임야를 소개시킨 대가로 소개비의 반을 주겠다고 했는데 실제로는 하나도 주지 않아서 공소외 11에 대해 감정이 좋지 않아 이 일을 잘 기억하고 있다"는 내용이다. 그런데, 공소외 3과 공소외 4는 이 사건 각 임야에 관한 매매계약 체결 당시 중개인 등으로 직접 관여한 사람들이므로 그 진술은 이 사건 명의신탁에 관한 직접적인 증거가 되는 내용인바, 그 진술 자체에 전후 모순이 없으며, 서로의 진술 내용도 일치된다.

그리고 기록에 의하면, 위 매매계약에 마을 이장으로서 관여한 공소외 9는 "주민 공소외 12가 몸이 좋지 않아 땅을 팔고 이사하려고 한다면서 이 사건 각 임야의 매매를 이장인 자신에게 부탁했다. 이에 1985년 여름 대전에 사는 공소외 11과 1차적으로 대금 4,500만 원에 가계약을 하였다. 그 후 얼마 있다가 공소외 11이 공소외 3이라는 서울 중개인을 통하여 서울 사람들 3명에게 전매했다고 들었다. 매매대금은 계약금과 중도금, 잔금을 공소외 12에게 3차례에 걸쳐 전달했다. 잔금이 지급되는 날 등기이전 서류를 주기 위해 그 자리에 참석했는데, 매수인이라고 하는 서울 여자 두 사람이 잔금을 치르면서 '매수인은 3명인데 등기는 두 사람 명의로 하겠다'고 하여 그대로 해주었던 기억이 난다. 그 자리에서 땅을 산 여자들이 땅 관리를 부탁하여 형님인 공소외 10에게 농사를 짓게 하였고, 약 2년 후 다시 승낙을 받아 인삼재배도 한 바 있다. 또 이 사건 각 임야 매매 후 얼마 지나지 않아 성당리 산 59-2 임야도 매매를 소개한 기억이 있다. 가격은 공소외 12의 이 사건 임야가 전답이기 때문에 더 비쌌다"는 내용으로, 이 사건 각 임야의 원 소유자인 공소외 12의 처 신금식은 "이 사건 각 임야 약 9,000평을 이장인 공소외 9에게 부탁하여 대전에 사는 중개인한테 팔았고, 그 얼마 후에 그 중개인이 서울 사람 3명에게 상당한 금액으로 되팔았다고 들었다. 계약금과 중도금, 잔금은 이장이 갖다 주어 받았다"는 내용으로, 공소외 10의 처 공소외 13은 "고소인의 허락을 받아 남편과 함께 이 사건 각 임야에서 5년 정도 논농사와 인삼농사를 지은 일이 있다"는 내용으로 각 진술하였음을 알 수 있는바, 이들의 진술 내용도 공소외 3, 4의 진술과 부합될 뿐 아니라, 이를 종합하여 보면, 원 소유자 공소외 12가 대금 4,500만 원(평당 5,000원 정도)에 마을 이장 공소외 9에게 매매를 부탁한 이 사건 각 임야를 대전의 부동산업자 공소외 11이 인수하여 고소인 등에게 6,000만여 원(평당 7,000원 정도)에 전매함으로써 미등기전매의 이익을 취득한 전체 거래내용이 자연스럽게 설명된다.

또한 기록에 의하면, 고소인의 오빠 공소외 14, 동생 공소외 15, 제부 공소외 16, 조카 공소외 17도 "이 사건 각 임야를 고소인과 피고인들이 공동으로 매입하여 고소인이 관리해온 사실을 친척들이 모두 알고 있다"라는 취지로 진술하고 있는바, 고소인의 언니 공소외 18과 그 남편인 피고인 1 외에는 이를 부정하는 고소인 친지들의 진술을 찾아볼 수 없다.

반면 피고인들의 주장을 보면, 고소인의 소개로 이 사건 각 임야를 매수하였을 뿐 그 넓이나 가격 등 매매계약의 내용은 제대로 알지 못하고 매매계약서나 등기권리증 등도 받지 못하였다는 취지인바, 피고인 2의 경우 위와 같이 사전 답사도 하고 매매계약 현장에도 있었던 것으로 보이므로 그 주장이 쉽게 납득이 되지 않을 뿐 아니라, 피고인 1이 이 사건 각 임야의 매매계약 내용을 제대로 모르는 점이나 피고인들이 매매계약서 등을 당초부터도 소지한 바 없었던 점은 피해자가 단순한 중개인일 뿐이라는 피고인들의 주장과도 모순되는 사정으로서, 이는 피해자가 주된 매수인으로서 이 사건 각 임야를 관리해왔다고 하여야 비로소 합리적으로 설명될 수 있다. 또 공소외 12가 이 사건 각 임야를 4,500만 원에 매도의뢰한 점이나 중간에서 공소외 11이 전매차익을 취득한 점 및 기타 중개수수료, 등기비용, 세금 등을 고려해보면 피고인들이 출연한 것으로 보이는 4,600만 원 정도로는 매매대금을 충당하기에 턱없이 부족하고, 고소인이 2,300만 원 정도를 더 출연했다고 하여야 전체 매매대금이 무리 없이 충당될 수 있는 것으로 보인다.

한편, 원심이 고소인, 공소외 3, 4의 진술의 신빙성을 의심한 점이나 명의신탁약정의 존재를 의심한 사정 등은 다음과 같이 고소인의 해명 등에 의하여 설명이 가능하다. 즉, ① 피고인 2의 진술에 의하더라도 공소외 3은 같은 교회에 다니는 사람으로서 친분이 있고 이 사건 각 임야의 매수 후 피고인 2를 위하여 부동산매매를 중개한 일도 있는 등 고소인과의 친분만 있는 것은 아니고, 공소외 4 역시 고소인을 위하여 거짓 진술까지 할 만한 사정은 발견되지 않으며, ② 고소인이 이 사건 각 임야의 매매계약 일자를 1985. 6. 28.로 특정할 수 있었던 것은 당일 500만 원을 인출한 금융거래자료가 있기 때문이라는 것이고, 고소장에 이 사건 각 임야와 위 성당리 산 59-2 구입 순서가 거꾸로 된 것은 고소장을 작성한 변호사가 고소인의 진술을 잘못 이해하였기 때문이라는 것인바, 이에 의하면 고소인이 고소장 기재와 달리 계약일자를 특정할 수 있었던 사정이 이해되고, ③ 기록에 의하면 고소인은 고소장에서 이 사건 각 임야를 평당 7,300원 내지 7,400원이라고 한 외에는 일관되게 그 평당 가격을 7,000원 안팎이라고 진술하였음을 알 수 있는바, 고소장의 기재는 앞서 본 것처럼 고소장을 작성한 변호사와의 의사소통에서의 착오로 설명이 가능하며, ④ 공소외 3과 공소외 4는 앞서 본 것처럼 이 사건 각 임야의 면적을 9,000평 정도로, 평당 매매가격을 7,000원 정도로 진술해왔고, 반드시 이를 특정한 수치로 진술한 취지는 아니고, ⑤ 공소외 3이 원심에서 여러 차례 증인 소환을 받고도 소환에 응하지 않은 것은 부적절한 행위라 할 것이지만, 기록에 의하면 공소외 3은 증인 소환을 받을 때마다 고령 및 고혈압 등의 질환으로 출석이 곤란함을 밝히면서 이러한 건강상의 이유와 경찰, 검찰, 제1심에서 아는 내용을 모두 자세히 진술하였음을 들어 출석에 응하지 않은 사정을 알 수 있어, 단지 원심에서 증인으로 출석하지 않았다는 이유만으로 공소외 3의 진술의 신빙성이 의심된다고 단정할 수는 없다.

뿐만 아니라, ⑥ 매매계약서, 매매대금 영수증, 등기권리증 등을 보관하다가 여러 차례 이사하는 과정에서 분실하였다는 고소인의 주장은 20년이 넘는 오랜 시간이 경과한 점에 비추어 이를 이해할 수 있으나, 고소인이 단순 중개인에 불과하였다고 하면서도 매매계약서 등을 전혀 보관한 바 없다는 피고인들의 주장은 합리적으로 이해가 되지 않고, ⑦ 이 사건 각 임야 및 위 성당리 산 59-2 임야의 매매대금의 자금 출처에 관한 고소인의 주장은 당시 고소인이 사용하던 국민은행 계좌에서의 인출금과 친지들로부터 차용한 자금으로 조달하였다는 것인데, 원심판결에 의하더라도 고소인의 국민은행 계좌의 거래내역에 의하여 1985년 4월에서 8월 사이에 상당한 금원이 인출된 사실이 확인된다는 것이고, 오빠 공소외 14, 제부 공소외 16 등 친지들도 고소인에게 금원을 대여해준 사실을 확인해주고 있으므로, 이에 더하여 위 매매가 있은 후 20년이 넘은 사정을 함께 고려하면 매매대금의 자금 출처는 상당한 정도로 증명이 되었다고 볼 수 있으며, ⑧ 이 사건 각 임야와 위 성당리 산 59-2 임야의 가격 차이를 보더라도, 이 사건 각 임야는 위 매매 당시 논, 밭으로 경작되고 있었고 위 성당리 산 59-2 임야는 여러 기의 분묘가 설치된 산지에 불과하였다는 것이므로, 그 실제 사용내역에 비추어 당시로서는 이 사건 각 임야가 훨씬 더 가치 있는 땅으로 평가되었다는 피해자의 해명을 수긍할 수 있고, ⑨ 이 사건 각 임야와 달리 위 성당리 산 59-2 임야를 명의신탁하지 않은 점도 이 사건 각 임야의 공동매수인들은 당시 믿을 만한 사람들인 반면 위 성당리 산 59-2 임야는 잘 모르는 사람인 공소외 5가 공동매수인이므로 일단 고소인 명의로 등기하였다는 고소인의 해명을 이해할 수 있으며, ⑩ 고소인 부부가 다른 토지와 달리 이 사건 각 임야를 실명전환하지 않은 것은 고소인이 당시만 하더라도 가까운 사이였던 피고인들을 믿고 있었고, 다른 부동산의 매도 등으로 인한 양도소득세 부담 등이 컸기 때문이라는 고소인의 해명도 전혀 이해하지 못할 바는 아니고, ⑪ 이 사건 각 임야의 제세공과금이 연 1만 원 정도로서 얼마 되지 않는 금액이어서 추후 매도 등이 이루어질 때에 정산하려 했다는 피해자의 해명도 일응 이해가 된다.

따라서, 이 사건 각 임야에 관한 고소인과 피고인들 사이의 명의신탁약정은 상당한 증거에 의하여 증명되었다고 할 수 있는바, 그럼에도 불구하고 위와 같이 명의신탁약정의 존재를 부정한 원심판결에는 명의신탁약정에 관한 법리오해 등으로 판결 결과에 영향을 미친 위법이 있다고 할 것이므로, 이를 지적하는 상고이유의 주장은 이유 있다.

나. 이 사건 명의신탁에 의한 횡령죄의 성립 여부에 대하여

<u>부동산을 그 소유자로부터 매수한 자가 그의 명의로 소유권이전등기를 하지 아니하고 제3자와 맺은 명의신탁약정에 따라 매도인으로부터 바로 그 제3자에게 중간생략의 소유권이전등기를 경료한 경우, 그 제3자가 그와 같은 명의신탁약정에 따라 그 명의로 신탁된 부동산을 임의로 처분하였다면 신탁자에 대한 횡령죄가 성립하고, 그 명의신탁이 부동산 실권리자명의 등기에 관한 법률 시행 전에 이루어졌고 같은 법이 정한 유예기간 이내에 실명등기를 하지 아니함으로써 그 명의신탁약정 및 이에 따라 행하여진 등기에 의한 물권변동이 무효</u>

로 된 후에 처분이 이루어졌다고 하여 달리 볼 것은 아니다(대법원 2001. 11. 27. 선고 2000도3463 판결 등 참조).

고소인과 피고인들 사이의 이 사건 명의신탁은, 고소인이 이 사건 각 임야의 1/3 지분을 매수하고 그 지분을 피고인들과 사이의 명의신탁약정에 기하여 피고인 1 및 피고인 2의 남편 공소외 1에게 중간생략의 소유권이전등기를 경료한 것으로서, 위와 같은 법리에 의하면, 비록 이 사건 명의신탁이 위 법률 시행 전에 이루어졌고 위 유예기간이 경과한 후 피고인들의 처분이 이루어졌다고 하더라도 피고인들의 처분행위는 횡령죄에 해당할 수 있다고 할 것이다.

다. 피고인 2의 보관자 지위 여부에 대하여

부동산의 보관은 원칙적으로 등기부상의 소유명의인에 대하여 인정되지만, 등기부상의 명의인이 아니라도 소유자의 위임에 의거해서 실제로 타인의 부동산을 관리·지배하면서 제3자에게 유효하게 처분할 수 있는 지위에 있는 자는 그 부동산에 대한 지배력을 가지고 있는 자로서 횡령죄의 성립에 있어 그 부동산을 보관하는 자에 해당한다고 보아야 할 것이므로(대법원 1990. 3. 23. 선고 89도1911 판결, 대법원 1993. 3. 9. 선고 92도2999 판결 등 참조), 등기부상 소유명의인의 배우자로서 소유명의인의 위임에 의하여 그 부동산의 실질적인 지배·관리권 및 대외적인 처분권을 갖고 있는 경우에는 그 부동산의 보관자에 해당한다고 할 것이다.

그런데 앞서 본 바와 같이 피고인 2는 이 사건 각 임야의 매매계약 및 위 명의신탁약정에 직접 참여한 당사자인 반면 남편 공소외 1은 매매계약과 명의신탁약정의 당사자도 아니었고, 원심이 적법한 증거조사를 거쳐 채택한 증거 등에 의하면, 공소외 1은 이 사건 각 임야의 소유명의인으로 등기된 사실 외에는 매매계약 체결 등의 구체적인 내용은 물론 이후의 처분 경위 등을 제대로 알지 못하였고, 이 사건 각 임야에 관한 사항은 모두 피고인 2가 알아서 처리하였다고 진술하고 있음을 알 수 있는바, 사정이 이러하다면 피고인 2가 이 사건 각 임야의 소유명의자인 남편 공소외 1의 위임을 받아 실질적인 지배·관리권과 대외적인 처분권을 갖고 있었다고 볼 수 있으므로, 앞서 본 법리에 비추어 보면 피고인 2는 이 사건 각 임야에 관하여 횡령죄의 보관자의 지위에 있었다고 할 수 있다.

따라서, 피고인 2가 이 사건 각 임야에 관한 고소인의 지분을 보관하는 자가 아니라고 한 원심판결에는 횡령죄의 보관자 지위에 관한 법리를 오해하여 판결 결과에 영향을 미친 위법도 있다고 할 것이므로, 이를 지적하는 상고이유의 주장 역시 이유 있다.

4. 결론

그러므로 원심판결을 파기하고 사건을 다시 심리·판단하게 하기 위하여 원심법원에 환송하기로 하여 관여 대법관의 일치된 의견으로 주문과 같이 판결한다.

대법관 신영철(재판장) 박시환 안대희(주심) 차한성

대법원 2010.1.21. 선고 2008도942 전원합의체 판결

【위증】

판시사항

[1] 위증죄의 구성요건인 '법률에 의하여 선서한 증인'의 의미

[2] 증인신문절차에서 법률에 규정된 증인 보호 규정이 지켜진 것으로 인정되지 않은 경우, 허위진술을 한 증인을 위증죄로 처벌할 수 있는지 여부(원칙적 소극)

[3] 증언거부사유가 있음에도 증언거부권을 고지받지 못함으로 인하여 그 증언거부권을 행사하는 데 사실상 장애가 초래되었다고 볼 수 있는 경우 위증죄 성립 여부(소극)

판결요지

[1] 위증죄와 형사소송법의 취지, 정신과 기능을 고려하여 볼 때, 형법 제152조 제1항에서 정한 '법률에 의하여 선서한 증인'이라 함은 '법률에 근거하여 법률이 정한 절차에 따라 유효한 선서를 한 증인'이라는 의미이고, 그 증인신문은 법률이 정한 절차 조항을 준수하여 적법하게 이루어진 경우여야 한다고 볼 것이다.

[2] 위증죄의 의의 및 보호법익, 형사소송법에 규정된 증인신문절차의 내용, 증언거부권의 취지 등을 종합적으로 살펴보면, 증인신문절차에서 법률에 규정된 증인 보호를 위한 규정이 지켜진 것으로 인정되지 않은 경우에는 증인이 허위의 진술을 하였다고 하더라도 위증죄의 구성요건인 "법률에 의하여 선서한 증인"에 해당하지 아니한다고 보아 이를 위증죄로 처벌할 수 없는 것이 원칙이다. 다만, 법률에 규정된 증인 보호 절차라 하더라도 개별 보호절차 규정들의 내용과 취지가 같지 아니하고, 당해 신문 과정에서 지키지 못한 절차 규정과 그 경위 및 위반의 정도 등 제반 사정이 개별 사건마다 각기 상이하므로, 이러한 사정을 전체적·종합적으로 고려하여 볼 때, 당해 사건에서 증인 보호에 사실상 장애가 초래되었다고 볼 수 없는 경우에까지 예외 없이 위증죄의 성립을 부정할 것은 아니라고 할 것이다.

[3] 증언거부권 제도는 증인에게 증언의무의 이행을 거절할 수 있는 권리를 부여한 것이고, 형사소송법상 증언거부권의 고지 제도는 증인에게 그러한 권리의 존재를 확인시켜 침묵할 것인지 아니면 진술할 것인지에 관하여 심사숙고할 기회를 충분히 부여함으로써 침묵할 수 있는 권리를 보장하기 위한 것임을 감안할 때, 재판장이 신문 전에 증인에게 증언거부권을 고지하지 않은 경우에도 당해 사건에서 증언 당시 증인이 처한 구체적인 상황, 증언거부사유의 내용, 증인이 증언거부사유 또는 증언거부권의 존재를 이미 알고 있었는지 여부, 증언거부권을 고지 받았더라도 허위진술을 하였을 것이라고 볼 만한 정황이 있는지 등을 전체적·종합적으로 고려하여 증인이 침묵하지 아니하고 진술한 것이 자신의 진정한 의사에 의한 것인지 여부를 기준으로 위증죄의 성립 여부를 판단하여야 한다. 그러므로 헌법 제12조 제2항에 정한 불이익 진술의 강요금지 원칙을 구체화한 자기부죄거부특권에 관한 것이거나 기타 증언거부사유가 있음에도 증인이 증언거부권을 고지받지 못함으로 인하여 그 증언거부권을 행사하는 데 사실상 장애가 초래되었다고 볼 수 있는 경우에는 위증죄의 성립을 부정하여야 할 것이다.

전 문

피 고 인 피고인

상 고 인 검사

원심판결 부산지법 2008. 1. 16. 선고 2007노3669 판결

주 문 상고를 기각한다.

이 유 상고이유를 판단한다.

1. 형법은 제152조 제1항에서 "법률에 의하여 선서한 증인이 허위의 진술을 한 때에는 5년 이하의 징역 또는 1천만 원 이하의 벌금에 처한다."고 규정하여 위증죄를 두고 있다. 위증죄의 보호법익은 국가의 사법작용 및 징계작용에 있으며, 위증죄는 선서에 의하여 담보된 증인 진술의 정확성을 확보함으로써 법원 또는 심판기관의 진실 발견을 위한 심리를 해하여 정당한 판단이 위태롭게 되는 것을 방지하는 기능을 수행한다.

   형사사법작용에 관한 대표적인 법률인 형사소송법은 진실 발견을 위하여 증인으로 출석하여 증언을 하는 것을 모든 국민의 의무로 규정하면서도(제146조), 다른 한편으로는 소송법이 지향하고 있는 목표 내지 이념 및 이와 긴장·대립관계에 있을 수 있는 증인의 기본권 내지 이익 또는 다른 공익적 가치와의 조화를 꾀하고 있다. 형사소송법이 증인신문과 관련하여 마련한 여러 제도와 상세하고도 구체적인 절차 조항들은 모두 이러한 가치, 권리, 이익의 균형·조화 속에서 적법 절차를 구현하기 위한 장치들이다. 위와 같은 위증죄와 형사소송법의 취지, 정신과 기능을 고려하여 볼 때, 형법 제152조 제1항에서 정한 "법률에 의하여 선서한 증인"이라 함은 "법률에 근거하여 법률이 정한 절차에 따라 유효한 선서를 한 증인"이라는 의미이고, 그 증인신문은 법률이 정한 절차 조항을 준수하여 적법하게 이루어진 경우여야 한다고 볼 것이다.

2. 형사소송법은 증인신문에 관하여 진지하고도 엄숙한 절차 규정을 두어 증인에게 진실의무를 부과함과 동시에 이를 어길 때에는 위증의 벌을 받는다는 것을 명확하고 충분하게 인식할 수 있도록 하고, 재판장으로 하여금 재판진행과정에서 이러한 절차 규정을 엄격하게 준수하게 함으로써 위증의 방지 및 궁극적으로는 형사소송의 이념을 실현할 것을 도모하고 있다. 즉, 재판장은 증인이 선서무능력자에 해당하지 아니하는 한 신문 전에 선서하게 하여야 하며(제156조, 제159조), 선서할 증인에 대하여 선서 전에 위증의 벌을 경고하여야 하고(제158조), 증인으로 하여금 기립하여 엄숙하게 "양심에 따라 숨김과 보탬이 없이 사실 그대로 말하고 만일 거짓말이 있으면 위증의 벌을 받기로 맹서합니다"라고 기재된 선서서를 원칙적으로 직접 낭독하고 기명날인 또는 서명하는 방식으로 선서하도록 하고 있다(제157조).

   한편, 형사소송법은 자신에 대한 소송절차가 아님에도 불구하고 법정에 출석하여 선서하고 경험한 사실을 진술하여야 하는 의무를 부담하는 증인을 위하여 일정한 경우에는 진술 대신 침묵할 수 있는 증언거부권 제도를 두고 있다. 즉, 자기나 자기와 친족 또는 친족관계가 있었던 자, 법정대리인 및 후견감독인 등이 형사소추 또는 공소제기를 당하거나 유죄판결을 받을 사실이 발로될 염려 있는 증언, 변호사, 의사, 종교의 직 등 일정한 직역에 있는 자 또는 이러한 직에 있던 자가 그 업무상 위탁을 받은 관계로 알게 된 사실로서 타인의 비밀에 관한 증언 등에 대해서는 증언거부권을 인정하고(제148조, 제149조), 증언을 거부하는 자는 거부사유를 소명하도록 하는 일방(제150조), 증언거부권 고지 제도를 마련하여 재판장으로 하여금 증인에게 증언거부사유가 있는 경우에는 신문 전에 증언을 거부할 수 있음을 설명하도록 하고 있다(제160조).

   위에서 살펴본 위증죄의 의의 및 보호법익, 형사소송법에 규정된 증인신문절차의 내용, 증언거부권의 취지 등을 종합적으로 살펴보면, 증인신문절차에서 법률에 규정된 증인 보호를 위한 규정이 지켜진 것으로 인정되지 않은 경우에는 증인이 허위의 진술을 하였다고 하더라도 위증죄의 구성요건인 "법률에 의하여 선서한 증인"에 해당하지 아니한다고 보아 이를 위증죄로 처벌할 수 없는 것이 원칙이다. 다만, 법률에 규정된 증인 보호 절차라 하더라도 개별 보호절차 규정들의 내용과 취지가 같지 아니하고, 당해 신문 과정에서 지키지 못한 절차 규정과 그 경위 및 위반의 정도 등 제반 사정이 개별 사건마다 각기 상이하므로, 이러한 사정을 전체적·종합적으로 고려하여 볼 때, 당해 사건에서 증인 보호에 사실상 장애가 초래되었다고 볼 수 없는 경우에까지 예외 없이 위증죄의 성립을 부정할 것은 아니라고 할 것이다.

   이러한 기준에서 보면, 재판장이 선서할 증인에 대하여 선서 전에 위증의 벌을 경고하지 않았다는 등의 사유는 그 증인신문절차에서 증인 자신이 위증의 벌을 경고하는 내용의 선서서를 낭독하고 기명날인 또는 서명한 이상 위증의 벌을 몰랐다고 할 수 없을 것이므로 증인 보호에 사실상 장애가 초래되었다고 볼 수 없고, 따라서 위증죄의 성립에 지장이 없다고 보아야 한다. 그리고 증언거부권 제도는 앞서 본 바와 같이 증인에게 증언의무의 이행을 거절할 수 있는 권리를 부여한 것이고, 형사소송법상 증언거부권의 고지 제도는 증인에게 그러한 권리의 존재를 확인시켜 침묵할 것인지 아니면 진술할 것인지에 관하여 심사숙고할 기회를 충분히 부여함으로써 침묵할 수 있는 권리를 보장하기 위한 것임을 감안할 때, 재판장이 신문 전에 증인에게 증언거부권을 고지하지 않은 경우에도 당해 사건에서 증언 당시 증인이 처한 구체적인 상황, 증언거부사유의 내용, 증인이 증언거부사유 또는 증언거부권의 존재를 이미 알고 있었는지 여부, 증언거부권을 고지받았더라도 허위진술을 하였을 것이라고 볼 만한 정황이 있는지 등을 전체적·종합적으로 고려하여 증인이 침묵하지 아니하고 진술한 것이 자신의 진정한 의사에 의한 것인지 여부를 기준으로 위증죄의 성립 여부를 판단하여야 한다. 그러므로 헌법 제12조 제2항에 정한 불이익 진술의 강요금지 원칙을 구체화한 자기부죄거부특권에 관한 것이거나 기타 증언거부사유가

<u>있음에도 증인이 증언거부권을 고지받지 못함으로 인하여 그 증언거부권을 행사하는 데 사실상 장애가 초래되었다고 볼 수 있는 경우에는 위증죄의 성립을 부정하여야 할 것이다.</u>

이와 달리, 피고인이 증인으로 선서한 이상 진실대로 진술한다고 하면 자신의 범죄를 시인하는 진술을 하는 것이 되고 증언을 거부하는 것은 자기의 범죄를 암시하는 것이 되는 처지에 있다 하더라도 증인에게는 증언을 거부할 수 있는 권리를 인정하여 위증죄로부터의 탈출구를 마련하고 있는 만큼 적법행위의 기대가능성이 없다고 할 수 없고 선서한 증인이 허위의 진술을 한 이상 증언거부권 고지 여부를 고려하지 아니한 채 위증죄가 바로 성립한다는 취지로 대법원 1987. 7. 7. 선고 86도1724 전원합의체 판결에서 판시한 대법원의 의견은 위 견해에 저촉되는 범위 내에서 이를 변경하기로 한다.

3. 위 법리에 비추어 볼 때, 원심이 판시와 같은 사정, 특히 피고인이 공소외인과 쌍방 상해 사건으로 공소 제기되어 공동피고인으로 함께 재판을 받으면서 자신은 폭행한 사실이 없다고 주장하며 다투던 중 공소외인에 대한 상해 사건이 변론분리되면서 피해자인 증인으로 채택되어 검사로부터 신문받게 되었고 그 과정에서 피고인 자신의 공소외인에 대한 폭행 여부에 관하여 신문을 받게 됨에 따라 증언거부사유가 발생하게 되었는데도, 재판장으로부터 증언거부권을 고지받지 못한 상태에서 자신의 종전 주장을 그대로 되풀이함에 따라 결국 거짓 진술에 이르게 된 사정 등을 이유로 피고인에게 위증죄의 죄책을 물을 수 없다고 판단한 것은 결론에 있어 정당하고, 거기에 상고이유에서 주장하는 바와 같은 위증죄의 성립 범위에 관한 법리오해의 위법은 없다.
4. 그러므로 상고를 기각하기로 하여 관여 법관의 일치된 의견으로 주문과 같이 판결한다.

대법원장 이용훈(재판장) 김영란 양승태 박시환 김지형 이홍훈 김능환 전수안 안대희(주심) 차한성 양창수 신영철 민일영

대법원 2010.1.14. 선고 2009도12109,2009감도38 판결

【현주건조물방화치사·현주건조물방화치상(인정된죄명:중과실치사·중과실치상·중실화)·치료감호】

판시사항

[1] 형법상 부작위범이 성립하기 위한 요건

[2] 모텔 방에 투숙하여 담배를 피운 후 재떨이에 담배를 끄게 되었으나 담뱃불이 완전히 꺼졌는지 여부를 확인하지 않은 채 불이 붙기 쉬운 휴지를 재떨이에 버리고 잠을 잔 과실로 담뱃불이 휴지와 침대시트에 옮겨 붙게 함으로써 화재가 발생한 사안에서, 위 화재가 중대한 과실 있는 선행행위로 발생한 이상 화재를 소화할 법률상 의무는 있다 할 것이나, 화재 발생 사실을 안 상태에서 모텔을 빠져나오면서도 모텔 주인이나 다른 투숙객들에게 이를 알리지 아니하였다는 사정만으로는 화재를 용이하게 소화할 수 있었다고 보기 어렵다는 이유로, 부작위에 의한 현주건조물방화치사상죄의 공소사실에 대해 무죄를 선고한 원심의 판단을 수긍한 사례

전 문

피고인 겸 피치료감호청구인 피고인

상 고 인 피고인 겸 피치료감호청구인 및 검사

변 호 인 변호사

원심판결 대전고법(청주재판부) 2009. 10. 22. 선고 2009노84, 2009감노3 판결

주 문 상고를 모두 기각한다.

이 유 상고이유를 판단한다.

1. 피고인 겸 피치료감호청구인(이하 '피고인'이라고만 한다)의 상고이유에 대하여

가. 이 사건 화재의 발생에 대한 책임이 없다는 주장에 대하여

피고인 및 국선변호인이 이 부분 상고이유로 주장하는 바는 결국 원심판결의 사실인정이 잘못되었다는 것이다. 그러나 사실인정의 권한은 자유심증주의의 한계를 벗어나지 않는 한 사실심의 전권에 속하는 것이므로, 원심판결과 기록을 대조하여 보아도 증거에 관한 원심의 판단이 위 한계를 넘어섰다고 볼 사유를 발견할 수 없는 이 사건에 있어, 상고논지는 결국 원심의 전권에 속하는 사항을 비난하는 것에 불과하여 적법한 상고이유가 되지 못한다.

나. 재범의 위험성이 없다는 주장에 대하여

관계 법리와 기록에 비추어 살펴보면, 원심이 그 판시와 같은 이유로 피고인의 정신장애를 치료감호시설에서 치료하는 것이 필요하고, 재범의 위험성도 인정된다고 판단한 조치는 정당한 것으로 수긍이 되고, 거기에 상고이유의 주장과 같은 채증법칙 위배나 치료감호법 제2조 제1항 제1호 소정의 재범의 위험성에 관한 법리오해 등의 위법이 있다고 할 수 없다.

다. 심신상실의 상태였다는 주장에 대하여

관계 법리와 기록에 비추어 살펴보면, 원심이 그 판시와 같은 이유로 이 사건 범행 당시 피고인이 알코올중독성 정신장애상태로 인하여 사물을 변별할 능력이나 의사를 결정할 능력이 미약한 상태에 있었을 뿐, 더 나아가 피고인이 위와 같은 능력을 상실한 상태에 있었다고 보기 어렵다고 판단한 조치는 정당한 것으로 수긍이 되고, 거기에 상고이유의 주장과 같은 심신장애에 관한 법리오해 등의 위법이 있다고 할 수 없다.

2. 검사의 상고이유에 대하여

가. 주위적 공소사실에 대하여

검사가 이 부분 상고이유로 주장하는 바는 결국 원심판결의 사실인정이 잘못되었다는 것이다. 그러나 사실인정의 권한은 자유심증주의의 한계를 벗어나지 않는 한 사실심의 전권에 속하는 것이므로, 원심판결과 기록을 대조하여 보아도 증거에 관한 원심의 판단이 위 한계를 넘어섰다고 볼 사유를 발견할 수 없는 이 사건에 있어, 상고논지는 결국 원심의 전권에 속하는 사항을 비난하는 것에 불과하여 적법한 상고이유가 되지 못한다.

나. 제1 예비적 공소사실에 대하여

형법이 금지하고 있는 법익침해의 결과발생을 방지할 법적인 작위의무를 지고 있는 자가 그 의무를 이행하지 아니한 경우, 이를 작위에 의한 실행행위와 동일하게 부작위범으로 처벌하기 위하여는, 그 의무를 이행함으로써 결과발생을 쉽게 방지할 수 있었음에도 불구하고 그 결과의 발생을 용인하고 이를 방관한 채 그 의무를 이행하지 아니한 결과, 그 부작위가 작위에 의한 법익침해와 동등한 형법적 가치를 가진다고 볼 수 있어 그 범죄의 실행행위로 평가될 만한 것이라야 한다(대법원 1992. 2. 11. 선고 91도2951 판결, 대법원 2006. 4. 28. 선고 2003도4128 판결 등 참조).

원심은, 이 사건 화재는 피고인이 모텔 방에 투숙하여 담배를 피운 후 재떨이에 담배를 끄게 되었으나 담뱃불이 완전히 꺼졌는지 여부를 확인하지 않은 채 불이 붙기 쉬운 휴지를 재떨이에 버리고 잠을 잔 과실로 담뱃불이 휴지와 옆에 있던 침대시트에 옮겨 붙게 함으로써 발생하였고, 이러한 피고인의 과실은 중대한 과실에 해당한다고 전제한 다음, 이와 같이 이 사건 화재가 피고인의 중과실로 발생하였다 하더라도, 이 부분 공소사실과 같이 부작위에 의한 현주건조물방화치사 및 현주건조물방화치상죄가 성립하기 위하여는, 피고인에게 법률상의 소화의무가 인정되는 외에 소화의 가능성 및 용이성이 있었음에도 피고인이 그 소화의무에 위배하여 이미 발생한 화력을 방치함으로써 소훼의 결과를 발생시켜야 하는 것인데, 이 사건 화재가 피고인의 중대한 과실 있는 선행행위로 발생한 이상 피고인에게 이 사건 화재를 소화할 법률상 의무는 있다 할 것이나, 피고인이 이 사건 화재 발생 사실을 안 상태에서 모텔을 빠져나오면서도 모텔 주인이나 다른 투숙객들에게 이를 알리지 아니하였다는 사정만으로는 피고인이 이 사건 화재를 용이하게 소화할 수 있었다고 보기 어렵고, 달리 이를 인정할 만한 증거가 없다는 이유로, 이 부분 공소사실에 대하여 무죄로 판단하였다.

앞서 본 법리에 비추어 기록을 살펴보면, 이러한 원심의 사실인정과 판단은 정당한 것으로 수긍이 되고, 거기에 상고이유의 주장과 같은 채증법칙 위배나 부작위범에 관한 법리오해 등의 위법이 있다고 할 수 없다.

3. 결론

그러므로 상고를 모두 기각하기로 하여 관여 대법관의 일치된 의견으로 주문과 같이 판결한다.

대법관 안대희(재판장) 박시환 차한성 신영철(주심)

대법원 2010.1.14. 선고 2009도10845 판결

【특정범죄가중처벌등에관한법률위반(위험운전치사상)·도로교통법위반(음주운전)·도로교통법위반·도로교통법위반(무면허운전)】

판시사항

[1] 특정범죄가중처벌 등에 관한 법률상 '위험운전치사상죄'와 도로교통법상 '업무상과실 재물손괴죄'의 죄수관계(=상상적 경합)

[2] 자동차 운전면허 없이 술에 취하여 정상적인 운전이 곤란한 상태에서 차량을 운전하던 중 전방에 신호대기로 정차해 있던 화물차의 뒷부분을 들이받아 그 화물차가 밀리면서 그 앞에 정차해 있던 다른 화물차를 들이받도록 함으로써, 피해자에게 상해를 입게 함과 동시에 위 각 화물차를 손괴하였다는 공소사실에 대하여, 특정범죄가중처벌 등에 관한 법률 위반(위험운전치사상)죄와 각 업무상과실 재물손괴로 인한 도로교통법 위반죄는 실체적 경합관계라고 본 원심판결에 죄수관계에 관한 법리를 오해한 위법이 있다고 한 사례

판결요지

[1] 음주 또는 약물의 영향으로 정상적인 운전이 곤란한 상태에서 자동차를 운전하여 사람을 상해에 이르게 함과 동시에 다른 사람의 재물을 손괴한 때에는 특정범죄가중처벌 등에 관한 법률 위반(위험운전치사상)죄 외에 업무상과실 재물손괴로 인한 도로교통법 위반죄가 성립하고, 위 두 죄는 1개의 운전행위로 인한 것으로서 상상적 경합관계에 있다.

[2] 자동차 운전면허 없이 술에 취하여 정상적인 운전이 곤란한 상태에서 차량을 운전하던 중 전방에 신호대기로 정차해 있던 화물차의 뒷부분을 들이받아 그 화물차가 밀리면서 그 앞에 정차해 있던 다른 화물차를 들이받도록 함으로써, 피해자에게 상해를 입게 함과 동시에 위 각 화물차를 손괴하였다는 공소사실에 대하여, 유죄로 인정되는 각 범죄 중 도로교통법 위반(음주운전)죄와 도로교통법 위반(무면허운전)죄 상호간만 상상적 경합관계에 있고 특정범죄가중처벌 등에 관한 법률 위반(위험운전치사상)죄와 각 업무상과실 재물손괴로 인한 도로교통법 위반죄는 실체적 경합관계라고 본 원심판결에 죄수관계에 관한 법리를 오해한 위법이 있다고 한 사례.

전 문

피 고 인 피고인

상 고 인 피고인

변 호 인 변호사

원심판결 대구지법 2009. 9. 22. 선고 2009노2471 판결

주 문 원심판결을 파기하고, 사건을 대구지방법원 본원 합의부에 환송한다.

이 유 상고이유를 본다.

1. 음주 또는 약물의 영향으로 정상적인 운전이 곤란한 상태에서 자동차를 운전하여 사람을 상해에 이르게 함과 동시에 다른 사람의 재물을 손괴한 때에는 특정범죄가중처벌 등에 관한 법률 위반(위험운전치사상)죄 외에 업무상과실 재물손괴로 인한 도로교통법 위반죄가 성립하고, 위 두 죄는 1개의 운전행위로 인한 것으로서 상상적 경합관계에 있다.

2. 이 사건 공소사실의 요지는, 피고인이 자동차 운전면허 없이 혈중알콜농도 0.201%의 술에 취하여 정상적인 운전이 곤란한 상태에서 (차량 번호 생략) 무쏘 차량을 운전하던 중, 전방에 신호대기로 정차하고 있던 포터 화물차량의 뒷부분을 들이받아 위 포터 화물차량이 밀리면서 그 앞에 정차하고 있던 포터II 화물차량을 들이받도록

함으로써, 피해자로 하여금 상해를 입게 함과 동시에 위 각 화물차량을 손괴하였다는 것이고, 원심은 이를 특정범죄가중처벌 등에 관한 법률 위반(위험운전치사상)죄, 도로교통법 위반(음주운전)죄, 도로교통법 위반(무면허운전)죄, 각 업무상과실 재물손괴로 인한 도로교통법 위반죄의 유죄로 인정하였는바, 앞서 본 법리에 따르면 특정범죄가중처벌 등에 관한 법률 위반(위험운전치사상)죄와 각 업무상과실 재물손괴로 인한 도로교통법 위반죄는 상상적 경합관계에 있다 할 것이다.

이와 달리 원심은, 도로교통법 위반(음주운전)죄와 도로교통법 위반(무면허운전)죄 상호간만 상상적 경합관계에 있고 특정범죄가중처벌 등에 관한 법률 위반(위험운전치사상)죄와 각 업무상과실 재물손괴로 인한 도로교통법 위반죄는 실체적 경합관계에 있는 것으로 보아, 특정범죄가중처벌 등에 관한 법률 위반(위험운전치사상)죄와 각 업무상과실 재물손괴로 인한 도로교통법 위반죄 및 도로교통법 위반(음주운전)죄에 정한 형의 장기를 합산한 형기범위 내에서 하나의 형을 선고하였는바, 이러한 원심의 조치에는 죄수관계에 관한 법리를 오해한 위법이 있고, 이는 판결 결과에 영향을 미쳤음이 분명하다. 상고이유 중 이 점을 지적하는 부분은 이유 있다.

3. 그러므로 나머지 상고이유에 관한 판단을 생략한 채 원심판결을 파기하고, 사건을 다시 심리·판단하게 하기 위하여 원심법원에 환송하기로 하여, 관여 대법관의 일치된 의견으로 주문과 같이 판결한다.

대법관 양승태(재판장) 김지형 전수안(주심) 양창수

대법원 2010.1.14. 선고 2009도9963 판결

【허위공문서작성·허위작성공문서행사·특정범죄가중처벌등에관한법률위반(뇌물)·특정경제범죄가중처벌등에관한법률위반(사기){피고인2에대하여인정된죄명:특정경제범죄가중처벌등에관한법률위반(사기)방조}·공문서변조·부동산실권리자명의등기에관한법률위반·부동산등기특별조치법위반·공인중개사의업무및부동산거래신고에관한법률위반·산지관리법위반(피고인2에대하여인정된죄명:산지관리법위반방조)·직무유기】

판시사항

[1] 방조범의 성립 요건으로서 '고의'의 의미 및 입증 방법

[2] 증거신청의 채택 여부가 법원의 재량인지 여부(적극)

[3] 직무유기죄의 성립 요건으로서의 '직무를 유기한 때'의 의미

[4] 허위공문서작성죄의 간접정범이 성립하기 위한 요건

[5] 군청 산림과 소속 공무원인 피고인 갑과 을이 공모하여 을이 기안하고 갑이 전결한 해당 임야에 대한 허위의 '산지이용구분 내역 통보'를 군청 민원봉사과에 보내거나, 또는 피고인 을이 일부 임야에 대하여는 단독으로, 일부 임야에 대하여는 공무원 아닌 피고인 병과 공모하여 허위의 각 '산지이용구분 내역 통보' 공문을 기안하고 그 정을 모르는 피고인 갑의 전결로 위 각 공문을 군청 민원봉사과로 보내어, 그 정을 모르는 민원봉사과 소속 공무원으로 하여금 군수 명의의 위 각 임야에 대한 토지이용계획확인서를 작성·발급하게 한 사안에서, 피고인들에게 허위공문서작성죄 및 허위작성공문서행사죄의 간접정범 내지 간접정범의 공동정범의 성립을 인정한 원심판결에 법리오해의 위법이 있다고 한 사례

전 문

피 고 인 피고인 1외 2인

상 고 인 피고인들

변 호 인 법무법인

원심판결 서울고법 2009. 9. 10. 선고 2009노1254 판결

주 문 원심판결 중 피고인 1에 대한 유죄 부분 및 피고인 2, 3에 대한 부분을 파기하고, 이 부분 사건을 서울고등법원에 환송한다.

이 유 상고이유를 본다.

1. 피고인 2의 상고이유에 대하여

가. 각 공문서변조에 관한 부분

원심은 그 채용증거들에 의하여 그 판시와 같은 사실을 인정한 다음, 제1심의 인정사실을 보태어, 원심공동피고인 4와 평소 절친한 관계를 유지하여 오던 피고인 2가 내부지침이 시행됨을 기화로 원심공동피고인 4의 편의를 도모하기 위하여 피고인 3, 원심공동피고인 4와 공동하여 각 공문서변조 범행을 저지른 것으로 판단하였는바, 기록에 비추어 살펴보면 원심의 위와 같은 사실인정과 판단은 정당하다.

원심판결에는 상고이유의 주장과 같이 채증법칙을 위반하는 등의 위법이 없다.

이 부분 상고이유의 주장은 모두 이유 없다.

나. 각 특정경제범죄 가중처벌 등에 관한 법률 위반(사기) 방조에 관한 부분

형법상 방조행위는 정범이 범행을 한다는 정을 알면서 그 실행행위를 용이하게 하는 직접·간접의 행위를 말하므로, 방조범은 정범의 실행을 방조한다는 이른바 방조의 고의와 정범의 행위가 구성요건에 해당하는 행위인 점에 대한 정범의 고의가 있어야 하나, 이와 같은 고의는 내심적 사실이므로 피고인이 이를 부정하는 경우에는 사물의 성질상 고의와 상당한 관련성이 있는 간접사실을 증명하는 방법에 의하여 증명할 수밖에 없고,

이 때 무엇이 상당한 관련성이 있는 간접사실에 해당할 것인가는 정상적인 경험칙에 바탕을 두고 치밀한 관찰력이나 분석력에 의하여 사실의 연결상태를 합리적으로 판단하는 외에 다른 방법이 없다고 할 것이며, 또한 방조범에 있어서 정범의 고의는 정범에 의하여 실현되는 범죄의 구체적 내용을 인식할 것을 요하는 것은 아니고 미필적 인식 또는 예견으로 족하다(대법원 2005. 4. 29. 선고 2003도6056 판결 참조).

원심은, 그 판시 사실 및 사정들을 종합하여, 피고인 2로서도 원심공동피고인 4가 관리지역으로 기재된 허위의 토지이용계획확인서를 이용하여 타인에게 토지를 매도하여 매매대금 상당을 편취하려 한다는 것을 미필적으로나마 인식 또는 예견하였다고 봄이 상당하므로 정범의 고의를 가지고 있음이 인정되고, 위와 같은 피고인 2의 행위는 정범의 사기범행의 실행을 직접적으로 용이하게 하는 것이어서 피고인 2에게 방조의 고의도 있었음이 명백하므로, 피고인 2에게 각 특정경제범죄 가중처벌 등에 관한 법률 위반(사기) 방조의 죄책을 물을 수 있다고 판단하였다.

원심판결 이유를 앞서 본 법리와 기록에 비추어 살펴보면, 원심의 위와 같은 사실인정과 판단은 정당한 것으로 수긍할 수 있다.

원심판결에는 상고이유의 주장과 같이 채증법칙을 위반하는 등의 위법이 없다.

이 부분 상고이유의 주장도 모두 이유 없다.

다. 특정범죄가중처벌 등에 관한 법률 위반(뇌물)에 관한 부분

원심은 그 채택증거에 의하여 그 판시와 같은 사실들 및 사정들을 인정한 다음, 이에 비추어 원심공동피고인 4의 수사기관 및 제1심법정에서의 각 진술에 대한 신빙성을 인정할 수 있다고 하여 피고인 2의 뇌물수수 사실을 인정한 제1심판결을 유지하였다.

원심판결 이유를 기록에 비추어 살펴보면, 위와 같은 원심의 증거 취사선택과 사실인정 및 판단은 정당한 것으로 수긍할 수 있다.

또한 증거신청의 채택 여부는 법원의 재량으로서 법원이 필요하지 아니하다고 인정할 때에는 이를 조사하지 아니할 수 있는 것이므로(대법원 2003. 10. 10. 선고 2003도3282 판결 참조), 원심이 피고인 2 측의 공소외 1 계좌에 대한 입출금내역 조회신청을 채택하지 않았다고 하여 반드시 위법하다고 할 수 없고, 기록에 의하면 위와 같은 증거결정으로 인하여 원심이 불충분한 증거에 의하여 피고인 2에게 유죄를 선고하였다고 보기도 어렵다.

원심판결에는 상고이유의 주장과 같이 채증법칙을 위반하거나 심리미진으로 인한 사실오인의 위법이 없다.

이 부분 상고이유의 주장도 모두 이유 없다.

라. 각 산지관리법 위반 방조에 관한 부분

원심판결 이유에 의하면, 원심은 그 판시 관계 법령을 근거로 이 사건 토사채취 허가와 같이 환경에 영향을 미치는 개발사업의 경우에는 「환경정책기본법」에 정한 사전환경성검토를 거쳐야 한다고 할 것인데, 이 사건 토사채취 허가는 사전환경성검토 대상의 제외사유 중 어느 것에도 해당하지 아니하므로, 설사 구 「산지관리법」(2007. 1. 26. 법률 제8283호로 개정되기 전의 것) 제33조 제2항 제1호에 해당하는 경우라도 여전히 사전환경성검토는 있어야 한다고 판단하였다.

또한 원심은, 제1심이 그 채택증거에 의하여 인정한 그 판시 사실을 전제로, 피고인 2가 토사채취 허가를 담당하는 주무부서의 실무 담당자로서 직접 현장을 확인하였을 뿐 아니라 공소외 2로부터 재산리 토지를 여러 명의인이 나누어 신청한다는 것을 들어 잘 알고 있음에도 사전환경성검토 대상인지 여부를 판단하는 공소외 3에게 연접지역임을 일부러 말하지 아니한 채 사전환경성검토 대상이 아닌 것으로 하여 토사채취 허가가 나가도록 하였고, 그에 기하여 공소외 4 등이 토사를 굴취·채취하리라는 사정을 인식 또는 예견하였으므로, 피고인 2는 정범의 고의를 가지고 있음이 인정되고, 위와 같은 피고인 2의 행위는 정범인 공소외 4 등이 부정한 방법으로 토사채취 허가를 받아 토사를 굴취·채취에 나아가는 행위를 직접적으로 용이하게 하는 것이어서 피고인 2에게 방조의 고의도 있었음이 명백하므로, 이러한 행위가 산지관리법 위반 방조죄에 해당한다는 제1심의 설시는 적절하다고 판단하였다.

원심판결 이유를 기록에 비추어 살펴보면, 위와 같은 원심의 판단은 정당한 것으로 수긍할 수 있다.

원심판결에는 상고이유 주장과 같이 채증법칙을 위반하거나 법리를 오해하는 등의 위법이 없다.

이 부분 상고이유의 주장도 모두 이유 없다.

마. 각 직무유기에 관한 부분

직무유기죄는 구체적으로 그 직무를 수행하여야 할 작위의무가 있는데도 불구하고 이러한 직무를 저버린다는 인식하에 그 작위의무를 수행하지 아니함으로써 성립하는 것이고, 또 그 직무를 유기한 때라 함은 공무원이 직장의 무단이탈, 직무의 의식적인 포기 등과 같이 그것이 국가의 기능을 저해하며 국민에게 피해를 야기시킬 가능성이 있는 경우를 말한다(대법원 2009. 3. 26. 선고 2007도7725 판결 참조).

원심은 제1심이 적법하게 채택하여 조사한 증거들에 의하여, 강원도지사가 2006. 6. 12. 하위 자치단체장들에게 「자연재해대책법」 개정으로 새로 도입된 사전재해영향성검토 협의제도와 관련하여 행정계획 및 개발사업 중 '산지개발 및 골재채취' 협의대상에 '「산지관리법」 제32조 규정에 의한 토사채취 허가'가 포함된다고 주의를 촉구하는 취지의 공문을 보냈고, 이에 평창군수는 2006. 1. 11. 실무담당 과장 등에게 2005. 8. 17. 「자연재해대책법」 시행령이 개정, 공포되어 사전재해영향성검토 협의를 요청하여야 하는 행정계획 및 개발사업의 범위와 그 협의시기가 법제화되었으므로, 반드시 사전재해영향성검토를 협의하여 사업을 추진하라는 취지의 공문을 보낸 사실, 피고인 2는 임의로 부하직원인 공소외 5로 하여금 사전재해영향성평가와 관련한 검토조서인 '1회 방문민원 실무종합 심의회 검토조서' 중 재난안전관리과의 항목을 삭제하도록 하여 사전재해영향성검토를 거치지 아니한 사실을 인정한 다음, 이는 피고인 2가 정당한 사유 없이 직무를 의식적으로 방임 내지 포기하여 수행하지 아니한 경우에 해당한다고 판단하였다.

원심판결 이유를 앞서 본 법리와 기록에 비추어 살펴보면, 위와 같은 원심의 사실인정과 판단은 정당한 것으로 수긍이 가고, 피고인 2가 주장하는 사정만으로는 그 직무를 수행하지 않은 데에 정당한 사유가 있었다고 보기 어렵다.

원심판결에는 상고이유 주장과 같이 채증법칙을 위반하거나 법리를 오해하는 등의 위법이 없다.

이 부분 상고이유의 주장도 모두 이유 없다.

2. 피고인 3의 상고이유에 대하여

가. 속사리 임야 관련 사기에 관한 부분

원심은 그 판시 사실을 인정한 다음, 이에 비추어 피고인 3이 원심공동피고인 4와 공모하여 속사리 임야 관련 사기 범행을 하였다고 판단하였는바, 기록에 비추어 보면 원심의 위와 같은 사실인정 및 판단은 정당하다.

원심판결에는 상고이유 주장과 같이 채증법칙을 위반하는 등의 위법이 없다.

이 부분 상고이유의 주장도 이유 없다.

나. 송정리 임야 관련 사기에 관한 부분

원심판결 이유 및 기록에 의하면, 2020년 평창군기본계획 수립시 진부역사 예정지에 대하여 시가화 예정지로 지정한 바 있으나 송정리 임야 일대와는 무관함에도, 피고인 3이 송정리 임야에 관한 매매계약 체결 전 피해자 공소외 6에게 평창군에서 관리지역 구분을 위하여 민간업체에 용역을 의뢰하여 만든 보고 자료를 입수하였다면서 이를 보여주며 마치 송정리 임야가 관리지역으로 확실히 변경될 것처럼 기망하였고, 이에 속은 피해자 공소외 6이 매매계약을 체결하기에 이르렀음을 알 수 있으므로, 피고인 3의 위와 같은 행위에 대하여 특정경제범죄 가중처벌 등에 관한 법률 위반(사기)의 죄책을 인정한 원심의 판단은 정당하다.

원심판결에는 상고이유 주장과 같이 채증법칙을 위반하거나 법리를 오해하는 등의 위법이 없다.

이 부분 상고이유의 주장도 모두 이유 없다.

다. 송정리 임야 관련 공문서변조에 관한 부분

원심은 그 판시 사실을 인정한 다음, 이에 비추어 피고인 3의 송정리 임야 관련 공문서변조 범행이 인정된다고 판단하였는바, 기록에 비추어 보면 원심의 위와 같은 사실인정 및 판단은 정당하다.

원심판결에는 상고이유 주장과 같이 채증법칙을 위반하는 등의 위법이 없다.

이 부분 상고이유의 주장도 이유 없다.

3. 피고인들에 대한 각 허위공문서작성 및 허위작성공문서행사의 점에 대하여

허위공문서작성죄의 간접정범은 공문서의 작성권한이 있는 공무원의 직무를 보좌하는 자가 그 직위를 이용하여 행사할 목적으로 허위의 내용이 기재된 문서 초안을 그 정을 모르는 상사에게 제출하여 결재하도록 하는 등의 방법으로 작성권한이 있는 공무원으로 하여금 허위의 공문서를 작성하게 한 경우에 성립한다(대법원 1992. 1. 17. 선고 91도2837 판결).

원심판결 이유를 위 법리에 비추어 살펴보면, 평창군청 산림과 소속 공무원인 피고인 1, 2는 공모하여 원심 판시 별지 범죄일람표 기재 각 임야가 산지이용구분도 상에 준보전산지에 해당한다는 내용으로 피고인 2가 기안하고, 피고인 1이 전결한 위 각 임야에 대한 '산지이용구분 내역 통보'를 평창군청 민원봉사과에 보내어 그 정을 모르는 성명불상 민원봉사과 소속 공무원으로 하여금 용도지역이 전부 관리지역으로 기재된 평창군수 명의의 위 각 임야에 대한 토지이용계획확인서를 작성, 발급하게 하였고, 피고인 2가 속사리 임야에 대하여는 단독으로, 원길리 임야 및 송정리 임야에 대하여는 피고인 3, 원심공동피고인 4와 공모하여, 속사리 임야, 원길리 임야 및 송정리 임야가 산지이용구분도 상에 준보전산지에 해당한다는 내용으로 각 '산지이용구분 내역 통보' 공문을 기안하고, 그 정을 모르는 피고인 1의 전결로 위 각 공문을 평창군청 민원봉사과로 보내어 그 정을 모르는 성명불상 민원봉사과 소속 공무원으로 하여금 용도지역이 관리지역으로 기재된 평창군수 명의의 속사리 임야, 원길리 임야 및 송정리 임야에 대한 각 토지이용계획확인서를 작성, 발급하게 하였음을 알 수 있으나, 그러한

사정만으로는 피고인 1, 2가 위 각 토지이용계획확인서의 작성권한자라고 볼 수 없을 뿐만 아니라 위 각 문서의 발급을 담당하는 민원봉사과 소속 공무원의 업무를 보조하는 직무에 종사하거나 위 각 문서의 작성을 기안하는 업무에 종사하는 지위에서 위 각 '산지이용구분 내역 통보' 공문을 보내 준 것으로 보기도 어려우므로, 피고인 1, 2를 각 허위공문서작성죄의 간접정범 내지 간접정범의 공동정범으로 볼 수는 없다고 할 것이고, 피고인 2에게 각 허위공문서작성죄의 간접정범으로서의 죄책이 인정되지 않으므로 그와 공모한 공무원 아닌 피고인 3 역시 각 허위공문서작성죄의 간접정범의 공동정범으로 처단할 수 없다 할 것이다.

또한 허위 내용이 기재된 공문서를 행사하였다고 하더라도 그 공문서가 허위공문서작성죄에 의하여 만들어진 것이 아닌 이상 이를 허위작성공문서행사죄로 처벌할 수는 없는 것인바, 이러한 점에서 피고인들에게 각 허위작성공문서행사죄의 간접정범 내지 간접정범의 공동정범으로서의 죄책 역시 물을 수 없다고 봄이 상당하다.

이와 달리 원심은 피고인들에 대한 이 사건 각 허위공문서작성죄 및 허위작성공문서행사죄의 간접정범 내지 간접정범의 공동정범의 성립을 인정하였는바, 원심판결에는 허위공문서작성죄 및 허위작성공문서행사죄 또는 위 각 죄의 간접정범에 관한 법리를 오해하여 판결에 영향을 미친 위법이 있다 할 것이다.

원심판결 중 피고인들에 대한 각 허위공문서작성 및 허위작성공문서행사 부분에 위와 같은 위법이 있다고 보아 원심판결을 파기하는 이상 위 각 점에 관한 피고인들의 나머지 상고이유에 대하여는 더 나아가 살펴볼 필요가 없다.

4. 결론

그러므로 원심판결 중 피고인 1에 대한 유죄 부분 및 피고인 2, 3에 대한 부분을 파기하고, 이 부분 사건을 다시 심리·판단하도록 하기 위해 원심법원에 환송하기로 하여, 관여 대법관의 일치된 의견으로 주문과 같이 판결한다.

대법관 양창수(재판장) 양승태 김지형(주심) 전수안

대법원 2010.1.14. 선고 2009도7737 판결

【횡령】

판시사항

피고인이 피해회사로부터 상품을 양도받으면서, 그 대금 지급에 관하여 피고인이 매일 그날의 매출액 전부를 피해회사에 송금하되 그 대금을 모두 지급하기 전까지는 피해회사가 위 상품에 대한 소유권을 가지기로 하는 상품거래계약을 체결한 후, 상품의 판매대금 중 일부 금원만 피해회사에 송금하고 나머지 금원은 매장 인테리어 비용, 홍보비용 등에 사용함으로써 위 나머지 금원을 횡령하였다는 공소사실에 대하여, 상품의 판매대금 중 공급가에 해당하는 금원만을 피해회사를 위하여 보관하고 있었다고 본 원심판결은 횡령죄에 있어 '보관자의 지위'에 관한 법리를 오해한 것이라고 한 사례

전 문

피 고 인 피고인

상 고 인 피고인 및 검사

원심판결 울산지법 2009. 7. 24. 선고 2008노954 판결

주 문 원심판결을 파기하고, 사건을 울산지방법원 합의부에 환송한다.

이 유

1. 검사의 상고이유에 관하여

가. 이 사건 공소사실의 요지는 "피고인이 피해자 공소외 주식회사(이하 '피해회사'라고 한다)로부터 시가 390,787,600원 상당(공급가 119,481,074원)의 의류, 잡화 등의 상품을 양도받으면서, 그 대금 지급에 관하여 피고인이 매일 그날의 매출액 전부를 피해회사에 송금하되 그 대금을 모두 지급하기 전까지는 피해회사가 위 상품에 대한 소유권을 가지기로 하는 계약(이하 '이 사건 상품거래계약'이라고 한다)을 체결한 후, 2007. 6. 10.부터 2007. 12. 28.까지 피고인 운영의 매장에서 시가 124,794,200원 상당의 상품을 판매하였음에도 그 중 28,622,000원만 피해회사에 송금하고 나머지 96,172,200원은 매장 인테리어 비용, 홍보비용 등에 사용함으로써 위 96,172,200원을 횡령하였다"는 것이다.

원심판결 이유에 의하면, 원심은, 그 판시와 같은 인정사실 및 사정에 비추어 보면 이 사건 상품거래계약에 따른 법률관계를 위탁매매관계라고 보기는 어려우므로 피고인이 상품을 소비자들에게 판매하고 받은 돈 전체에 관하여 보관자로서의 지위에 있다고 볼 수 없고, 다만 이 사건 상품거래계약은 일종의 소유권유보부 매매계약이므로 피고인은 상품의 판매대금 중 공급가에 해당하는 40,743,689원(즉 판매대금 중 피고인의 마진을 제외한 부분)만을 피해회사를 위하여 보관하고 있었다는 이유로, 위 40,743,689원에서 피고인이 피해회사에 지급한 28,622,000원을 공제한 나머지 12,121,689원에 대한 공소사실만을 유죄로 인정하고, 위 12,121,689원을 초과한 금액에 대한 공소사실은 무죄라고 판단하였다.

나. 그러나 위와 같은 원심의 판단은 다음과 같은 이유로 수긍하기 어렵다.

피해회사와 피고인 사이에 체결된 이 사건 상품거래계약이 상법상의 위탁매매계약이라고 보기 어려운 것은 원심이 지적한 바와 같다.

그런데 기록에 의하면, ① 이 사건 상품거래계약 체결 이전에 피해회사와 피고인 사이에 위탁매매계약이 체결된 바 있고, 이 사건 상품들은 당시 피고인이 위탁판매하고 남은 상품인 사실, ② 당초에 위 위탁매매계약을 체결할 때 피고인의 요구에 의하여 피해회사가 취급하지 않던 상품을 매수하여 공급했던 까닭에 위탁판매 후 남은 상품을 피해회사에 반품할 수 없어 피고인이 모두 매수하기로 약정한 사실, ③ 그런데 피고인이 자력이 부족하여 남은 상품에 대한 매수대금을 지급하지 못하게 되자, 피고인은 남은 상품을 판매하여 받은 돈으로 위 매수대금을 지급하되 대금 완납시까지 상품의 소유권을 피해회사에 유보하기로 하고 이 사건 상품거래계약을 체결한 사실, ④ 그에 따라 피고인이 상품의 현금매출액은 매일 피해회사의 계좌로 입금하고, 신용카드매출액은 피해회사의 단말기로 결제하기로 판매대금의 지급방법에 관하여 구체적으로 정한 사실을 알 수 있다.

위 인정사실 및 기록에 나타난 여러 사정을 종합하여 보면, 이 사건 상품거래계약은 상품을 판매한 돈으로 피고인의 매수대금을 지급하기 위하여 체결된 것으로서, 피고인의 상품판매행위는 그러한 목적을 위하여 피해회사의 구체적 위임에 따른 것이고, 그와 같은 사정으로 대금의 지급방법까지 구체적으로 지정하였으며, 나아가 대금 전액을 지급할 때까지 상품의 소유권을 피해회사에 유보하기로 한 것은 그 판매대금을 곧바로 피해회사에 귀속시키려고 한 것이라고 봄이 상당하므로, 결국 대금을 전액 지급하기 전까지는 피고인은 피해회사를 위하여 상품 및 그 판매대금 전액을 보관하는 지위에 있다고 할 것이다.

그렇다면, 원심이 그 판시와 같은 이유로 피고인이 상품의 판매대금 중 공급가에 해당하는 40,743,689원만을 피해회사를 위하여 보관하고 있었다고 보아 그 판시의 일부 공소사실에 대하여 무죄로 판단한 것은 횡령죄에 있어 보관자의 지위에 관한 법리를 오해한 것이라고 할 것이다(한편, 피고인은 공소사실상의 공급가인 119,481,074원을 전부 지급할 때까지 보관자의 지위에 있다고 할 것이어서, 위 금액에서 피해회사에 지급된 28,622,000원을 공제한 나머지 90,859,074원을 초과한 금액은 횡령액에 포함될 수 없음을 지적해 둔다).

2. 피고인의 상고에 대하여

피고인은 법정기간 내에 상고이유서를 제출하지 아니하였고, 상고장에도 그 이유를 기재하지 아니하였다.

3. 결론

그러므로 원심판결을 파기하고, 사건을 다시 심리·판단하게 하기 위하여 원심법원에 환송하기로 하여, 관여 대법관의 일치된 의견으로 주문과 같이 판결한다.

대법관 이홍훈(재판장) 김영란 김능환 민일영(주심)

대법원 2010.1.14. 선고 2009도5929 판결

【사문서위조·위조사문서행사】

판시사항

[1] 사인위조죄의 성립 요건

[2] 아파트 주민대표회 간부들이, 동대표로 당선된 공소외 갑이 사실은 대학을 졸업하지 않았음이 사립대학 교무처장 명의로 된 학력조회 회보서를 통해 확인되자, 갑의 허위학력 사실을 아파트 주민들에게 공고문 형식으로 알리면서 그 공고문의 신뢰성 제고를 위해 공고문 안에 대학 교무처장 명의의 직인을 함께 나타내어 사인장인 위 직인을 위조하였다는 공소사실에 대하여, 위 직인을 대학 교무처장의 정당한 인장인 것처럼 가장하기 위해서 현출하였다거나 위 직인을 위조하여 행사할 의사가 있었다고 볼 수는 없다고 판단한 원심판결에 사인위조죄의 성립 요건에 관한 법리오해의 위법이 있다고 한 사례

전 문

피 고 인 피고인 1외 8인

상 고 인 검사

변 호 인 변호사

원심판결 서울남부지법 2009. 6. 9. 선고 2009노216 판결

주 문 원심판결을 파기하고, 사건을 서울남부지방법원 합의부에 환송한다.

이 유 상고이유를 판단한다.

사인위조죄가 성립하기 위해서는 그 인장이 일반인으로 하여금 특정인의 진정한 인장으로 오신하게 할 정도에 이르러야 할 것이고, 일반인이 특정인의 진정한 인장으로 오신하기에 충분한 정도인지 여부는 그 인장의 형식과 외관, 작성경위 등을 고려하여야 할 뿐만 아니라 그 인장이 현출된 문서 등에 있어서의 인장 현출의 필요성, 그 문서 등의 작성경위, 종류, 내용 및 일반거래에 있어서 그 문서 등이 가지는 기능 등도 함께 고려하여 판단하여야 할 것이다(대법원 2005. 12. 23. 선고 2005도4478 판결 참조).

이 사건 예비적 공소사실의 요지는, '피고인들은 서울 강서구 (이하 생략) 주공아파트 1단지 주민대표회 간부들인바, 피고인들은 공소외인이 사실은 고려대학교를 졸업하지 않았음이 고려대학교 교무처장 명의로 된 학력조회 회보서를 통해 확인되자, 2008. 1. 14. 공소외인의 허위학력 사실을 아파트 주민들에게 공고문 형식으로 알리되 그 공고문의 신뢰성 제고를 위해 공고문 안에 고려대학교 교무처장 명의의 직인을 나타내어 사인장인 위 고려대학교 교무처장의 직인을 위조하기로 공모하였다. 피고인 9는 A4 용지에 "공고, 상기인(공소외인)은 고려대학교 가정과를 졸업하였다고 하며 지난번 동대표 선거에서 103동 대표로 당선되었고…확인 결과 상기 사실이 허위였음이 확인되었습니다. 고려대학교 확인증명 학적팀 1767호(2007. 9. 6.자) 교무처장 회신으로 확인되었습니다. 이로 인하여 공소외인은 103동 동대표로서 자격 상실되었음을 주민께 알려 드리오며 공고하는 바입니다. 2008. 1. 15. 주공1단지 주민대표회 회장 피고인 9, 부회장 피고인 2, 부장 피고인 3, 총무 피고인 4, 고문 피고인 5, 자문위원 피고인 6, 7, 1, 8"이라고 각 기재한 후 그 용지에 고려대학교 교무처장 명의의 학력조회 회보에 날인된 교무처장 명의의 직인을 복사한 후 이를 그 공고문에 오려붙인 후 이를 다시 복사하였고, 피고인들은 각자 자신의 이름 옆에 각자의 도장을 날인함으로써 사인장인 고려대학교 교무처장의 직인을 위조하였다. 피고인 3, 4는 2008. 1. 15.경 피고인들과의 위 공모에 따라 위 아파트 101동부터 110동까지의 각 동 게시판에 위 공고문을 게시함으로써 위조한 사인장인 고려대학교 교무처장의 직인을 행사하였다'라는 것이다.

원심판결 이유와 원심이 적법하게 조사한 증거 등에 의하면, 이 사건 공고문에 현출된 고려대학교 교무처장의 직인은 그 형식과 외관에서 진정한 직인의 그것과 일치하는 점, 그러나 일반인이 일견 보아서는 위 직인의 인영이 "고려대학교 교무처장"의 인영이라는 것을 쉽게 알기 어려운 점, 이 사건 공고문 하단에 "주공1단지 주민대표회"라고 기재된 옆에 "△△주공아파트1단지동대표회의" 직인이 찍혀 있고, 위 주민대표회 회장, 부회장 등 직책 옆에 피고인들의 기명 및 날인이 되어 있으며 피고인들의 기명 및 날인이 되어 있는 우측 상단에 "교무처장"이라는 기재

위에 겹쳐 "고려대학교 교무처장" 직인이 현출되어 있어, 일반인으로서는 일응 보기에 위 아파트 동대표회의 직인이나 주민대표회 임원들의 날인과 같은 경위로 교무처장의 직인이 현출된 것으로 오신할 수 있을 것으로 보이는 점, 피고인들은 고려대학교 교무처장으로부터 받은 회신을 첨부하거나 게시하지 않고 그 회신의 직인 부분만을 이 사건 공고문에 현출함으로써 이 사건 공고문 자체의 신뢰도를 높이기 위한 의도에서 위 교무처장 직인을 현출한 것이고 달리 이 사건 공고문 자체에 위 교무처장의 직인을 현출할 필요성이 있었다고 보이지 않는 점 등을 알 수 있는바, 사정이 이러하다면 이 사건 공고문에 현출된 "고려대학교 교무처장" 직인은 일반인으로 하여금 진정한 직인으로 오신하게 할 정도에 이르렀다고 할 것임에도, 원심은 판시와 같은 이유로 피고인들이 위 직인을 고려대학교 교무처장의 정당한 인장인 것처럼 가장하기 위해서 이를 현출하였다거나 위 직인을 위조하여 행사할 의사가 있었다고 볼 수는 없다고 판단하고 말았으니, 원심판결에는 사인위조죄의 성립요건에 관한 법리를 오해함으로써 판결 결과에 영향을 미친 위법이 있다고 할 것이다.

그러므로 원심판결 중 예비적 공소사실에 대한 부분은 파기를 면할 수 없고, 이와 불가분의 관계에 있는 주위적 공소사실에 관한 부분 역시 파기될 수밖에 없으므로 원심판결을 파기하고, 사건을 다시 심리·판단하게 하기 위하여 원심법원에 환송하기로 하여 관여 대법관의 일치된 의견으로 주문과 같이 판결한다.

대법관 신영철(재판장) 박시환 안대희(주심) 차한성

대법원 2010.1.14. 선고 2008도8868 판결

【특정범죄가중처벌등에관한법률위반(조세)·조세범처벌법위반·범인은닉교사·장물취득】

판시사항

1. 구 조세범 처벌법 제9조 제1항의 조세포탈죄에서 '고의'를 인정하기 위한 요건
2. 유류도매업체로부터 유류를 공급받은 것처럼 허위의 매입세금계산서를 교부받은 다음 그 세금계산서의 공급가액을 매입금액에 포함시켜 부가가치세 신고를 함으로써 매입세액을 공제받는 방법으로 부가가치세를 포탈하였다는 공소사실에 대하여, 구 조세범 처벌법 제9조 제1항이 규정하는 조세포탈죄의 고의가 있다고 판단한 원심판결에 법리오해 및 심리미진의 위법이 있다고 한 사례
3. 구 조세범 처벌법 제11조의2 제4항의 무거래 세금계산서 교부 및 수수죄는 각 세금계산서마다 하나의 죄가 성립하는지 여부(적극)

전 문

피 고 인 피고인

상 고 인 피고인

변 호 인 변호사

원심판결 부산고법 2008. 9. 24. 선고 2008노195 판결

주 문 원심판결을 파기하고, 사건을 부산고등법원에 환송한다.

이 유 상고이유를 판단한다.

1. 부가가치세 포탈의 점에 관한 주장에 대하여

원심판결 이유에 의하면, 원심은, 피고인이 유류도매업체로부터 실제 유류를 공급받은 사실이 없음에도 불구하고 유류를 공급받은 것처럼 허위의 매입세금계산서를 교부받은 다음 그 세금계산서의 공급가액을 매입금액에 포함시켜 부가가치세 신고를 함으로써 매입세액을 공제받는 방법으로 부가가치세를 포탈하였다는 공소사실에 대하여, 허위의 세금계산서를 구입하여 마치 세금계산서상의 가공의 공급자로부터 재화나 용역을 공급받은 것처럼 가장하여 매입세액을 공제받는 행위는 구 조세범 처벌법(2010. 1. 1. 법률 제9919호로 전문 개정되기 전의 것) 제9조 제1항 소정의 조세포탈죄를 구성하고 피고인의 조세포탈의 고의도 인정된다는 이유로 이를 모두 유죄로 인정하였다.

그러나 이 사건과 같은 경우에 피고인에게 구 조세범 처벌법 제9조 제1항 소정의 조세포탈죄의 고의가 있다고 하려면, 피고인에게 위 허위의 세금계산서에 의하여 매입세액의 환급을 받는다는 인식 이외에 위 유류도매업체들이 위 허위의 세금계산서상의 매출세액을 제외하고 부가가치세의 과세표준 및 납부세액을 신고·납부하거나 또는 위 허위의 세금계산서상의 매출세액 전부를 신고·납입한 후 그 매출세액을 환급받는 등으로 위 허위의 세금계산서상의 부가가치세 납부의무를 면탈함으로써 결과적으로 피고인이 위 허위의 세금계산서에 의한 매입세액의 공제를 받는 것이 국가의 조세수입의 감소를 가져오게 될 것이라는 인식이 있어야 한다고 할 것인바(대법원 2001. 2. 9. 선고 99도2358 판결 등 참조), 피고인은 유류도매업체로부터 허위의 세금계산서를 구입하면서 그 공급가액의 11~13%에 해당하는 금액을 지급하였는데 그 중 10%에 해당하는 금액은 유류도매업체의 매출부가가치세 납부용이었다고 주장하여 왔고, 실제 제1심법원의 각 세무서장에 대한 사실조회 결과에 의하면, 피고인에게 허위의 세금계산서를 발급한 대부분의 유류도매업체들이 그 세금계산서상의 공급가액을 포함하여 산출된 세액을 매출세액으로 신고하였고, 그 중 상당수 업체들이 신고한 세액을 실제 납부한 사실을 알 수 있는바, 사정이 이러하다면, 위 유류도매업체들이 피고인으로부터 교부받은 세액 전부를 매출세액으로 신고·납부할 것으로 피고인이 믿고 있었다고 볼 여지가 있다고 할 것이고, 따라서 피고인에게 허위의 세금계산서에 의한 매입세액의 공제를 받는 것이 국가의 조세수입의 감소를 가져오게 될 것이라는 인식이 없었다고 볼 여지가 있다고 할 것이므로, 원심으로서는 더 나아가 피고인이 그 주장과 같이 유류도매업체들로부터 허위의 세금계산서를 구입하면서 그 부가가치세 상당액을 지급하였는지, 위 유류도매업체들이 피고인으로부터 교부받은 세액 전부를 매출세액으로 신고·납부할 것으로 피고인이 믿고 있었던 것으로 볼 수 있는지 여부에 관하여 심리한 후 피고인의

조세포탈죄의 고의 유무를 판단했어야 할 것임에도, 원심이 그에 이르지 아니한 채 그 판시와 같은 사정만으로 피고인에게 조세포탈죄의 고의가 있다고 판단한 데에는 조세포탈죄에 있어서의 고의에 관한 법리를 오해함으로써 필요한 심리를 다하지 않은 위법이 있다고 할 것이다. 이 점을 지적하는 상고이유의 주장은 이유 있다.

2. 법인세 포탈의 점에 관한 주장에 대하여

원심판결 이유를 관련 법리와 기록에 비추어 살펴보면, 원심이 그 판시와 같은 추계방법에 의해 피고인의 법인세 포탈금액을 산정한 조치는 정당한 것으로 수긍할 수 있고, 거기에 상고이유로 주장하는 바와 같은 추계과세에 관한 법리오해나 사실오인, 심리미진 등의 위법이 없다.

3. 무거래 세금계산서 수수의 점에 관한 주장에 대하여

구 조세범 처벌법(2004. 12. 31. 법률 제7321호로 개정되기 전의 것) 제11조의2 제4항 및 구 조세범 처벌법(2010. 1. 1. 법률 제9919호로 전문 개정되기 전의 것) 제11조의2 제4항 소정의 무거래 세금계산서 교부 및 수수로 인한 조세범 처벌법 위반죄는 각 세금계산서마다 하나의 죄가 성립한다고 할 것이므로(대법원 2006. 10. 26. 선고 2006도5147 판결, 대법원 2007. 6. 29. 선고 2007도2076 판결 등 참조), 원심이 피고인의 범죄사실 중 각 허위 매입세금계산서 수수행위의 경우 각 세금계산서마다 하나의 죄가 성립한다고 판단한 것은 정당하고, 거기에 상고이유로 주장하는 바와 같은 조세범 처벌법 위반죄의 죄수에 관한 법리를 오해한 위법이 없다.

4. 장물취득의 점에 관한 주장에 대하여

원심은, 피고인이 러시아 선박의 선원으로부터 매수한 벙커씨유가 장물에 해당한다고 판단하여 피고인에 대한 장물취득의 공소사실을 모두 유죄로 인정하였는바, 관련 법리와 기록에 비추어 살펴보면, 원심의 위와 같은 사실인정과 판단은 정당한 것으로 수긍할 수 있고, 거기에 상고이유로 주장하는 바와 같은 장물취득죄에 관한 법리오해나 채증법칙 위반 등의 위법이 없다.

5. 파기의 범위

앞서 본 바와 같이 원심판결 중 부가가치세 포탈로 인한 특정범죄가중처벌 등에 관한 법률 위반(조세)죄 및 조세범 처벌법 위반죄 부분은 파기되어야 할 것인데, 원심은 위 각 부분과 피고인의 나머지 각 범죄사실을 포괄일죄 또는 형법 제37조 전단의 경합범으로 인정하여 피고인에 대해 각 하나의 징역형과 벌금형을 선고하였으므로, 결국 원심판결 전부가 파기되어야 한다.

6. 결론

그러므로 나머지 상고이유에 대한 판단을 생략한 채 원심판결을 파기하고 사건을 다시 심리·판단하게 하기 위하여 원심법원에 환송하기로 하여, 관여 대법관의 일치된 의견으로 주문과 같이 판결한다.

대법관 박시환(재판장) 안대희 차한성(주심) 신영철

대법원 2010.1.14. 선고 2007도10415 판결

【특정경제범죄가중처벌등에관한법률위반(배임)】

판시사항

[1] 경영상의 판단과 관련하여 기업의 경영자에게 배임의 고의가 있었는지 여부를 판단하는 방법

[2] 갑 회사가 부실회사인 을 회사를 인수할 당시 이미 검토되었던 투자의 실행으로서 이루어진 유상증자 참여결정에 따라 을 회사의 발행주식을 적정가액보다 고가로 인수한 사안에서, 을 회사 유상증자에의 참여를 결정한 갑 회사의 대표이사 및 이사에게 업무상배임의 고의가 있었다거나 임무를 위배하였다고 단정하기 어렵다고 한 사례

전 문

피 고 인 피고인 1외 2인

상 고 인 피고인들

변 호 인 법무법인

원심판결 부산고법 2007. 11. 14. 선고 2007노25 판결

주 문 원심판결을 파기하고, 사건을 부산고등법원에 환송한다.

이 유 상고이유를 판단한다.

경영상의 판단과 관련하여 기업의 경영자에게 배임의 고의가 있었는지 여부를 판단함에 있어서도 일반적인 업무상배임죄에 있어서 고의의 입증방법과 마찬가지의 법리가 적용되어야 함은 물론이지만, 기업의 경영에는 원천적으로 위험이 내재하여 있어서 경영자가 아무런 개인적인 이익을 취할 의도 없이 선의에 기하여 가능한 범위 내에서 수집된 정보를 바탕으로 기업의 이익에 합치된다는 믿음을 가지고 신중하게 결정을 내렸다 하더라도 그 예측이 빗나가 기업에 손해가 발생하는 경우가 있을 수 있는바, 이러한 경우에까지 고의에 관한 해석기준을 완화하여 업무상배임죄의 형사책임을 묻고자 한다면 이는 죄형법정주의의 원칙에 위배되는 것임은 물론이고 정책적인 차원에서 볼 때에도 영업이익의 원천인 기업가 정신을 위축시키는 결과를 낳게 되어 당해 기업뿐만 아니라 사회적으로도 큰 손실이 될 것이므로, 현행 형법상의 배임죄가 위태범이라는 법리를 부인할 수 없다 할지라도, 문제된 경영상의 판단에 이르게 된 경위와 동기, 판단대상인 사업의 내용, 기업이 처한 경제적 상황, 손실발생의 개연성과 이익획득의 개연성 등 제반 사정에 비추어 자기 또는 제3자가 재산상 이익을 취득한다는 인식과 본인에게 손해를 가한다는 인식(미필적 인식을 포함)하의 의도적 행위임이 인정되는 경우에 한하여 배임죄의 고의를 인정하는 엄격한 해석기준은 유지되어야 할 것이고, 그러한 인식이 없는데 단순히 본인에게 손해가 발생하였다는 결과만으로 책임을 묻거나 주의의무를 소홀히 한 과실이 있다는 이유로 책임을 물을 수는 없다(대법원 2004. 7. 22. 선고 2002도4229 판결 등 참조).

원심은, 그 거시증거들을 종합하여 그 판시와 같은 사실을 인정한 다음, 피고인들의 이 사건 유상증자 참여결정은 당초 신규 수익원 창출 및 수익안정화를 위한 투자 목적으로 피고인들이 대표이사 및 이사로 있는 에스에프에이 주식회사(이하 'SFA'라고만 한다)가 부실회사인 큰사람컴퓨터 주식회사(이하 'KC'라고만 한다)를 인수할 당시 이미 검토되었던 투자의 실행이라 할 것이고, 위 의사결정이 KC가 부도될 경우 SFA의 주주들로부터의 KC 인수결정에 대한 책임추궁에 대한 우려나 피고인들의 경제적 이익 등 개인적 이해관계에서 비롯된 것이라고 보기는 어렵다고 하면서도, SFA가 2002. 3.경 KC 인수시 검토하였던 25~30억 원 규모의 유상증자 실현을 위한 투자에 급급한 나머지 KC가 발행하는 신주 인수가액의 적정성에 관한 신중한 검토 없이 SFA에 배정된 주식 외에 실권주까지 포함하여 그 발행주식 전량에 대하여 적정가액보다 고가로 인수한 것은 그 자체로서 KC에 이익을 얻게 하고 SFA에 손해를 가하는 배임행위이고 피고인들에게 배임에 대한 고의도 충분히 인정된다고 하면서, 피고인들의 이러한 임무위배행위로 인하여 SFA에 실제 인수가액인 2,500원과 원심이 인정한 KC 신주의 적정가액인 1주당 1,330원과의 차액인 1,170원에 인수주식수 140만 주를 곱하여 산출된 합계 금 1,638,000,000원의 재산상 손해를 입혔다고 판단하여 피고인들에 대하여 특정경제범죄 가중처벌 등에 관한 법률 위반(배임)죄를 인정하였다.

위 법리에 비추어 볼 때, 원심이 인정한 사실관계에 의한다고 하더라도, SFA는 신규 수익원 창출 및 수익안정화

를 위하여 KC의 기술력, 지명도, 브랜드가치 등을 종합적으로 검토한 다음 KC를 인수하였고, SFA가 KC의 유상증자에 참여한 것은 KC 인수 당시에 이미 계획되었던 투자를 실행하기 위한 것이지 KC 인수결정에 대한 주주들의 책임추궁에 대한 우려나 피고인들의 경제적 이익 등 개인적 이해관계에 비롯된 것이 아니며, SFA의 매출액 및 순이익 규모에 비추어 볼 때 KC의 유상증자 참여로 인하여 SFA에 미치는 재정적 부담의 정도가 크지 않았으며, SFA는 이사회의 적법한 결의를 거쳐서 이 사건 유상증자에 참여한 것이고, KC는 유상증자로 확보한 자금을 기존의 채무변제나 대금결제에 지출하여 경영을 정상화시켰던 사정 등에 비추어 보면, KC의 유상증자에의 참여를 결정한 피고인들에게 배임의 고의가 있었다거나 SFA 임원으로서의 임무를 위배하였다고 단정하기 어렵다 할 것이다.

그럼에도 불구하고, 원심은 피고인들에 대하여 특정경제범죄 가중처벌 등에 관한 법률 위반(배임)죄의 성립을 인정하였는바, 이러한 원심판결에는 업무상배임죄에 있어서의 임무위배행위 내지 고의에 관한 법리를 오해한 위법이 있다 할 것이고, 이를 다투는 상고이유의 주장은 이유 있다.

그렇다면 원심판결은 위와 같은 파기사유가 있으므로 원심판결을 파기하고, 사건을 다시 심리·판단하게 하기 위하여 원심법원에 환송하기로 하여, 관여 대법관의 일치된 의견으로 주문과 같이 판결한다.

대법관 차한성(재판장) 박시환(주심) 안대희 신영철

ㄱ

ㄴ

ㄷ

ㄹ

ㅅ

ⓞ

ㅈ

ㅊ

ㅋ

ㅌ

ㅍ

ㅎ

저자 약력

경북대학교 대학원 법학과(법학박사)
국립중앙경찰학교 외래교수
경북대학교 법학과 외래교수
계명대학교 법학과 외래교수
대구가톨릭대학교 경찰행정학과 외래교수

저자와의
협의하에
인지생략

형법판례시리즈1 (2010년 1월~2014년 6월 대법원 판례 모음)

원문으로 배우는

형법판례

2014년 8월 15일 인쇄
2014년 8월 20일 발행

저 자 : 이 수 현
발 행 인 : 정 광 식
발 행 처 : **비앤엠북스**
서울특별시 금천구 가산디지털1로 70 B1-103
등 록 : 2004.12.29. / 제313-2004-00298호
전 화 : 2627-5710~12, 팩스 2627-5720
홈페이지: www.대학교재.net
이 메 일: bnmbook@daum.net

정가 48,000원 ISBN 978-89-6821-023-5